Wurzel/Schraml/Gaß
Rechtspraxis der kommunalen Unternehmen

Rechtspraxis der kommunalen Unternehmen

Herausgegeben von

Dr. Gabriele Wurzel
Staatssekretärin a. D., Wachtberg

Dr. Alexander Schraml
Vorstand des Kommunalunternehmens des Landkreises Würzburg,
Honorarprofessor an der Hochschule für angewandte Wissenschaften
Würzburg-Schweinfurt

Dr. Andreas Gaß
Direktor beim Bayerischen Gemeindetag, München

4. Auflage 2021

C.H.BECK

Zitiervorschlag:
Rechtspraxis KommUntern/*Bearbeiter* Kap.... Rn....
oder
Gaß in: Wurzel/Schraml/Gaß, Rechtspraxis KommUntern, Kap.... Rn....

www.beck.de

ISBN 978 3 406 75404 3

Wilhelmstraße 9, 80801 München
Druck: Beltz Grafische Betriebe GmbH
Am Fliegerhorst 8, 99947 Bad Langensalza

Satz: Druckerei C. H. Beck Nördlingen
Umschlaggestaltung: Druckerei C. H. Beck Nördlingen

CO_2 neutral
chbeck.de/nachhaltig

Gedruckt auf säurefreiem, alterungsbeständigem Papier
(hergestellt aus chlorfrei gebleichtem Zellstoff)

Bearbeiterverzeichnis 4. Auflage

Ingo Bachmann	Beauftragter für Beteiligungsmanagement, Vier-Tore-Stadt Neubrandenburg
Dr. Harald Breitenbach	Wirtschaftsprüfer, Koblenz
Dr. Angelika Eck	Oberregierungsrätin im Bayerischen Staatsministerium der Finanzen, München
Dr. Daniela Franke	Geschäftsführende Direktorin des Landkreistages Rheinland-Pfalz, Mainz
Dr. Andreas Gaß	Direktor beim Bayerischen Gemeindetag, München
Maik Gohlke	Steuerberater, Köln
Dr. Christoph Häusler	Geschäftsleiter des Landshuter Verkehrsverbundes
Prof. Dr. Hans-Günter Henneke ..	Hauptgeschäftsführer des Deutschen Landkreistages, Berlin
Christoph Heppekausen	Leiter der Stabstelle Recht der Bayerischen Krankenhausgesellschaft e. V., München
Dr. Otto Korte, M.B.L.	Rechtsanwalt, Berlin
Fabian Müller	Geschäftsführer der Gt-service Dienstleistungsgesellschaft mbH des Gemeindetags Baden-Württemberg; Referent für Gemeindewirtschaft, Energiewirtschaft, EU-Beihilfenrecht, Wasserwirtschaft und Wirtschaftspolitik beim Gemeindetag Baden-Württemberg
Dr. Christoph Naendrup LL.M ..	Rechtsanwalt, Köln
Anka Neudert	Steuerberaterin, Nürnberg
Gerit Rüsing	Justiziar, Oldenburg
Dr. Udo Schneider	Präsident des Verwaltungsgerichts, Meiningen
Prof. Dr. Alexander Schraml	Vorstand des Kommunalunternehmens des Landkreises Würzburg
Holger Schröder	Rechtsanwalt, Nürnberg
Linda Wagner	Referentin für Abfallwirtschaft und Stadtreinigung Verband kommunaler Unternehmen, Büro Brüssel
Dr. Werner Weber	Revisionsdirektor beim Bayerischen Kommunalen Prüfungsverband, München
Dr. Sonja Witte	Bereichsleiterin Grundsatz und Europa Verband kommunaler Unternehmen, Büro Berlin
Jürgen Wölfl	Oberrevisionsrat beim Bayerischen Kommunalen Prüfungsverband, München
Prof. Dr. Ferdinand Wollenschläger	Universität Augsburg
Dr. Gabriele Wurzel	Staatssekretärin a. D., Wachtberg

Vorwort zur 4. Auflage

Fragen der Rechtspraxis kommunaler Unternehmen sind im Zuge der Modernisierung der öffentlichen Verwaltung und Wirtschaft von weiter zunehmender Bedeutung.

Kaum eine kommunale Gebietskörperschaft kann sich dieser Problemstellung entziehen. Einerseits sind gerade kleinere kommunale Gebietskörperschaften aufgrund neuerer rechtlicher und wirtschaftlicher Entwicklungen nicht selten gezwungen, die Art und Weise der Erbringung kommunaler Leistungen auf den Prüfstand zu stellen. Andererseits sehen viele Städte, Kreise und Gemeinden in der wirtschaftlichen Betätigung angesichts zunehmend knapper finanzieller Ressourcen die Möglichkeit, sich zusätzliche Einnahmen zu verschaffen oder auch klassische Aufgaben der Daseinsvorsorge wirtschaftlicher zu erbringen.

In diesem Umfeld soll das vorliegende Handbuch – nun bereits in der 4. Auflage – Orientierung geben. Zielsetzung ist es, eine Entscheidungshilfe für die Praxis der Kommunen vor Ort zur Verfügung zu stellen. Zielgruppen sind jedoch nicht nur Kommunen und deren Unternehmen, sondern auch Rechtsanwälte, Steuerberater, Wirtschaftsprüfer, Aufsichtsbehörden und Personalvertretungen.

Anliegen der Herausgeber war und ist es, dass sich durch den engen Praxisbezug der einzelnen Beiträge die wesentlichen Fragestellungen der aktuellen Rechtsprobleme kommunaler Unternehmen in diesem Handbuch wiederfinden. Fachleute aus unterschiedlichen Tätigkeitsbereichen haben an diesem Handbuch mitgewirkt, so dass die jeweiligen Gebiete von ausgewiesenen Spezialisten bearbeitet wurden. Im Hinblick auf die bundesweite Nutzbarkeit des Werks werden die im kommunalen Wirtschaftsrecht verankerten Rechtsgrundlagen und Rechtsquellen sämtlicher Flächenländer berücksichtigt.

Das Handbuch stellt in systematischer Form, nach Themenkomplexen geordnet, das gesamte Recht der kommunalen Unternehmen dar. Ausgehend von der Frage, ob und inwieweit Kommunen als Unternehmer tätig sein dürfen, werden die europa- und verfassungsrechtlichen Vorgaben sowie die kommunalrechtlichen Rahmenbedingungen unternehmerischen Handelns der Kommunen behandelt.

Weiterhin werden die Rechts- und Betriebsformen, wie z. B. Regie- und Eigenbetrieb, Anstalt öffentlichen Rechts/Kommunalunternehmen, GmbH und Aktiengesellschaft sowie Stiftungen und Genossenschaften ausführlich dargestellt.

Dem Rechnungs-, Berichts- und Prüfungswesen (Stichwort „Verantwortung und Kontrolle"), dem Beamten- und Arbeitsrecht, dem Steuer- und Vergaberecht sowie dem Kartell- und Wettbewerbsrecht sind jeweils eigene Kapitel gewidmet. Schließlich werden – für den Praktiker besonders hilfreich – ausgewählte Betätigungsfelder wie z. B. Öffentlicher Personennahverkehr, Abfallentsorgung, Krankenhäuser, Kultur und Energie vorgestellt.

Über die Aktualisierung des Werkes hinaus enthält die 4. Auflage folgende Veränderungen:

Neu aufgenommen werden bei der Darstellung der Rechts- und Betriebsformen

- ein Kapitel über Stiftungen sowie
- ein Kapitel über Zweckverbände.

Das Kapitel Beamtenrecht wurde im Bereich Nebentätigkeitsrecht moderat ausgebaut.

Kapitel D. IV bis VI wurden bis einschließlich der 3. Auflage von Ralph Becker bearbeitet und werden ab der 4. Auflage von Werner Weber fortgeführt. Fabian Müller hat ab der 4. Auflage das Kapitel J. V übernommen, das zuvor von Miriam Marnich bearbeitet wurde. Andreas Gaß folgt als Herausgeber dem ausgeschiedenen Ralph Becker nach.

Die Herausgeber und Autoren des Handbuches sind auch weiterhin offen und dankbar für kritische Anmerkungen, konkrete sachorientierte Ergänzungen oder Verbesserungsvorschläge, die im Interesse der Nutzer zur Optimierung des Handbuchs beitragen können.

Wachtberg, Würzburg, München, im Januar 2021

Dr. Gabriele Wurzel
Prof. Dr. Alexander Schraml
Dr. Andreas Gaß

Geleitwort

Burkhard Jung
Präsident des Deutschen Städtetages und
Oberbürgermeister der Stadt Leipzig

Ganz selbstverständlich öffnen wir täglich den Wasserhahn oder schalten das Licht an. Über den Aufwand, der dahinter steht, machen wir uns zumeist weniger Gedanken. Das müssen wir grundsätzlich auch nicht. Denn die Versorgung der Bevölkerung mit Strom, Wärme und Wasser und die Entsorgung von Abwasser sind Kernaufgaben der kommunalen Daseinsvorsorge. Die Corona-Pandemie zeigt mehr denn je, wie wichtig kommunale Unternehmen für die Funktionsfähigkeit unserer Gesellschaft sind. Auch in Krisen können sich Bürgerinnen und Bürger auf die kommunalen Infrastrukturen und Dienstleistungen verlassen. Das ist ein hohes Gut.

Daseinsvorsorge orientiert sich nicht ausschließlich nach wirtschaftlichen Kennzahlen, sondern mit Blick auf das Gemeinwohl. Kultur, Theater, Museen bis hin zur frühkindlichen Bildung: viele kommunale Leistungen würden am Markt nicht erbracht werden können, weil es sich nicht um gewinnträchtige Aufgaben handelt. Der Mensch und die Gesellschaft stehen im Mittelpunkt. Bei der Entscheidung über die Aufgabenwahrnehmung spielen selbstverständlich der Preis, die Verlässlichkeit, die Effizienz, die Sicherstellung eines gleichwertigen und diskriminierungsfreien Zugangs zu der Leistung sowie die Qualität des Angebots eine große Rolle. Zugleich gewinnen aber soziale Kriterien sowie der Erhalt einer intakten Umwelt, die Ressourcenschonung und der Klimaschutz immer mehr an Bedeutung.

Kommunales Handeln muss die Umwelt schützen und verschiedene Bedarfe gut miteinander abwägen, um innovative Lösungen zu entwickeln, die sowohl das Bürger- und Stadtinteresse als auch das Klima- und Umweltinteresse bedienen. Dazu tragen gerade auch die kommunalen Betriebe der Wasserversorgung und Abwasser- und Abfallentsorgung bei. Sie schaffen beispielsweise Synergien durch klimaneutrale Kläranlagen und die Erzeugung von Biogas für Nahwärmekonzepte; Nachhaltigkeit steht für kommunale Unternehmen ganz oben auf der Agenda. Auch kommen zu den traditionellen Handlungsfeldern der kommunalen Unternehmen immer wieder neue hinzu, wie beispielsweise der Aufbau einer Ladeinfrastruktur oder Impulse für Smart-City-Konzepte.

Allerdings ist seit einigen Jahren die Tendenz der EU-Kommission erkennbar, mit Hilfe des Beihilfe-, Wettbewerbs- und Vergaberechts die Daseinsvorsorgeleistungen und damit die kommunalen Unternehmen dem Wettbewerb zu unterwerfen. Das Beihilferecht wurde in den vergangenen Jahren häufig reformiert, auch mit dem Ziel den veränderten Gegebenheiten zunehmend gerecht zu werden und die Voraussetzungen zu vereinfachen. Gleichwohl sind diese in der kommunalen Praxis eher schwer verständlich und häufig nur mit einem Rest an Rechtsunsicherheit umsetzbar. Deshalb setzt sich der Deutsche Städtetag seit Jahren für einfache Regelungen ein, die die erforderliche Rechtssicherheit einerseits gewährleistet und andererseits gerade den vielen kooperativen Projekten mit unterschiedlichen Akteuren zur Förderung intelligenter Vernetzung nicht im Wege stehen.

Das Gleiche gilt für den Bereich des Vergaberechtes. Auch hier setzen sich die kommunalen Spitzenverbände für eine Vereinfachung des Vergaberechts mit dem Ziel der Beschleunigung der Verfahren ein. Stellschrauben sind hier im Wesentlichen die Erhöhung der EU-Schwellenwerte sowie die Erhöhung der Auftragswerte für Beschränkte und Freihändige Vergaben im nationalen Vergaberecht.

Die nunmehr in 4. Auflage vorliegende Ausgabe des Handbuchs der Rechtspraxis der Kommunalen Unternehmen zeigt, wie schnelllebig die Entwicklungen verlaufen, insbesondere auch aufgrund der zahlreichen Entscheidungen des Europäischen Gerichtshofes, die es zu beachten gilt. Das Handbuch ist aufgrund der umfassenden Darstellung und Aufbereitung der betroffenen Rechtsbereiche kommunaler Unternehmen von großem Nutzen sowohl für diese als auch für die Kommunen als ihre Anteilseigner. Zudem wird damit noch mehr sichtbar, wie gemeinwohlorientierte kommunale Unternehmen einen maßgeblichen Beitrag zur Daseinsvorsorge leisten, und das nicht nur in Krisenzeiten.

Inhaltsübersicht

Abkürzungsverzeichnis

aA	anderer Ansicht
aM	anderer Meinung
ABl.	Amtsblatt
Abs.	Absatz
a. Chr. n.	ante Christum natum (vor Christus)
AEG	Allgemeines Eisenbahngesetz
AG	Amtsgericht
ALR	Allgemeines Landrecht für die Preußischen Staaten von 1794
ÄndG	Änderungsgesetz
Anh.	Anhang
Anm.	Anmerkung
AO	Abgabenordnung
AöR	Archiv des öffentlichen Rechts (Zeitschrift)
ArbStättV	Arbeitsstättenverordnung
Art.	Artikel
Aufl.	Auflage
ausgen.	ausgenommen
AVBayStG	Verordnung zur Ausführung des Bayerischen Stiftungsgesetzes
AVO	Ausführungsverordnung
Az.	Aktenzeichen
BAnz	Bundesanzeiger
BauGB	Baugesetzbuch
BauNVO	Baunutzungsverordnung
BauO	Bauordnung
BauR	Zeitschrift für das gesamte öffentliche und zivile Baurecht
Bay	Bayern
BayGO	Gemeindeordnung für den Freistaat Bayern
BayObLG	Bayerisches Oberstes Landesgericht
BayStG	Bayerisches Stiftungsgesetz
BayVBl.	Bayerische Verwaltungsblätter (Zeitschrift)
BayVerfGH	Bayerischer Verfassungsgerichtshof
BayVGH	Bayerischer Verwaltungsgerichtshof
Bbg	Brandenburg
Bd.	Band
Bek.	Bekanntmachung
best.	bestimmte
BGB	Bürgerliches Gesetzbuch
BGBl.	Bundesgesetzblatt
BGH	Bundesgerichtshof
BGHZ	Entscheidungen des Bundesgerichtshofes in Zivilsachen
BImSchG	Gesetz zum Schutz vor schädlichen Umwelteinwirkungen durch Luftverunreinigungen, Geräusche, Erschütterungen und ähnliche Vorgänge (Bundes-Immissionsschutzgesetz)
BImSchV	Verordnung zur Durchführung des Bundes-Immissionsschutzgesetzes
bish.	bisherig
Bln	Berlin

BM .... Bundesminister (Bundesministerium)
BNatSchG .... Gesetz über Naturschutz und Landschaftspflege (Bundesnaturschutzgesetz)
BR-Drs. .... Bundesratsdrucksache
Brem .... Bremen
BT-Drs. .... Bundestagsdrucksache
Buchholz .... Sammel- und Nachschlagewerk der Rechtsprechung des BVerwG
Buchst. .... Buchstabe
BVerfG .... Bundesverfassungsgericht
BVerwG .... Bundesverwaltungsgericht
BW .... Baden-Württemberg
BW VGH .... Verwaltungsgerichtshof Baden-Württemberg
BWVBl. .... Baden-Württembergisches Verwaltungsblatt (Zeitschrift)

ChE .... Verfassungsentwurf Herrenchiemsee

DAR .... Deutsches Autorecht
Def. .... Definition
ders. .... derselbe
dies. .... dieselbe
DIN .... Deutsche Industrie Norm
DÖV .... Die Öffentliche Verwaltung (Zeitschrift)
Drs. .... Drucksache
DVBl. .... Deutsches Verwaltungsblatt (Zeitschrift)
DVO .... Durchführungsverordnung

E .... Entscheidungssammlung
EG .... Europäische Gemeinschaft
EGBGB .... Einführungsgesetz zum Bürgerlichen Gesetzbuch
Einl. .... Einleitung
Erl. .... Erlass
EuGH .... Europäischer Gerichtshof
EuG .... Gericht erster Instanz der Europäischen Union

f., ff. .... die folgende(n) Seite(n) (oder Rn.)
Fn. .... Fußnote
FStrG .... Bundesfernstraßengesetz
Fundstelle .... Die Fundstelle. Erläuterungen und Fundstellennachweise zu allen Vorschriften für die Bayer. Gemeindeverwaltung (Zeitschrift)

G .... Gesetz
GBl./GVBl./GV/
GVOBl. .... Gesetz- (und Verordnungs)blatt
gem. .... gemäß
GemO RhPf ...... Gemeindeordnung Rheinland-Pfalz
G(er)OrgG .... Gerichtsorganisationsgesetz
GewArch .... Gewerbearchiv (Zeitschrift)
GFZ .... Geschossflächenzahl
GG .... Grundgesetz
GMBl. .... Gemeinsames Ministerialblatt
GO .... Gemeindeordnung
GVS .... Gesetz- und Verordnungssammlung

hM	herrschende Meinung
Hamb.	Hamburg
Hess.	Hessen
Hess VGH	Hessischer Verwaltungsgerichtshof
Hs.	Halbsatz
idF (d.)	in der Fassung (des/der)
idR	in der Regel
iS	im Sinne
iVm	in Verbindung mit
insbes.	insbesondere
JVBl.	Justizverwaltungsblatt
JZ	Juristenzeitung (Zeitschrift)
KommP BW	Kommunale Praxis Ausgabe Baden-Württemberg (Zeitschrift)
KommP BY	Kommunale Praxis Ausgabe Bayern (Zeitschrift)
KommP N	Kommunale Praxis Ausgabe Niedersachsen (Zeitschrift)
krit.	kritisch
LKV	Landes- und Kommunalverwaltung, Verwaltungssachen. Zeitschrift für die Länder Berlin, Brandenburg, Mecklenburg-Vorpommern, Sachsen, Sachsen-Anhalt und Thüringen
LS	Leitsatz
mwN	mit weiteren Nachweisen
MBliV	Ministerialblatt der inneren Verwaltung
MinBl./MBl.	Ministerialblatt
MV	Mecklenburg-Vorpommern
nF	neue Fassung
Nds.	Niedersachsen
NdsVBl.	Verwaltungsblätter für Niedersachsen
NF	Neue Folge
NJW	Neue Juristische Wochenschrift (Zeitschrift)
NordÖR	Öffentliches Recht (Zeitschrift)
NRW	Nordrhein-Westfalen
NuR	Natur und Recht (Zeitschrift)
NVwZ	Neue Zeitschrift für Verwaltungsrecht
NVwZ-RR	NVwZ-Rechtsprechungsreport (Zeitschrift)
NWVBl.	Verwaltungsblätter für Nordrhein-Westfalen
NZV	Neue Zeitschrift für Verkehrsrecht
o.J.	ohne Jahr
OLG	Oberlandesgericht
ÖPNV	öffentlicher Personennahverkehr
öR	öffentliches Recht, öffentlich-rechtlich
OVG Bbg.	Oberverwaltungsgericht für das Land Brandenburg
OVG Bln.	Oberverwaltungsgericht Berlin
OVG Brem.	Oberverwaltungsgericht der Freien Hansestadt Bremen
OVG Hamb.	Hamburgisches Oberverwaltungsgericht
OVG MV	Oberverwaltungsgericht Mecklenburg-Vorpommern

OVG Nds. .... Niedersächsisches Oberverwaltungsgericht
OVG NRW .... Oberverwaltungsgericht für das Land Nordrhein-Westfalen
OVG Rh-Pf. ..... Oberverwaltungsgericht Rheinland-Pfalz
OVG Saarl .... Oberverwaltungsgericht des Saarlandes
OVG Sachs. .... Sächsisches Oberverwaltungsgericht
OVG Sachs-Anh. Oberverwaltungsgericht des Landes Sachsen-Anhalt
OVG Schl-H. .... Schleswig-Holsteinisches Oberverwaltungsgericht
OVG Thür. .... Thüringer Oberverwaltungsgericht
OWiG .... Gesetz über Ordnungswidrigkeiten

PBefG .... Personenbeförderungsgesetz
p. Chr.n. .... post Christum natum (nach Christus)
Pkt. .... Punkt (als Gliederung)
preuß. .... preußisch
PrALR, prALR .. Allgemeines Landrecht für die Preußischen Staaten von 1794
PrGS .... Preußische Gesetzessammlung
PrOVG .... Preußisches Oberverwaltungsgericht
PrVBl. .... Preußisches Verwaltungsblatt

RdErl. .... Runderlass
RdL .... Recht der Landwirtschaft (Zeitschrift)
RegE .... Regierungsentwurf
RegBl. .... Regierungsblatt
RG .... Reichsgericht
RGBl. .... Reichsgesetzblatt
RheimstG .... Reichheimstättengesetz
RhPf .... Rheinland-Pfalz
RL .... Richtlinie
Rn. .... Randnummer(n)
RS .... Rechtssammlung
Rspr. .... Rechtsprechung
RuPrVBl. .... Reichs- und Preußisches Verwaltungsblatt
RVBl. .... Reichsverwaltungsblatt
RVO .... Rechtsverordnung

s.(o.) (u.) .... siehe (oben) (unten)
S. .... Seite oder Satz
Saar .... Saarland
Sachs .... Sachsen
Sachs-Anh .... Sachsen-Anhalt
SächsVBl. .... Sächsische Verwaltungsblätter (Zeitschrift)
SchlH .... Schleswig-Holstein
StAnz. .... Staatsanzeiger
StPO .... Strafprozessordnung
StVG .... Straßenverkehrsgesetz
StVO .... Straßenverkehrsordnung

Thür. .... Thüringen
ThürBO .... Thüringer Bauordnung
ThürVBl.. .... Thüringer Verwaltungsblätter (Zeitschrift)
TÜV .... Technischer Überwachungs-Verein

uÄ .... und Ähnliches
ua .... und andere, unter anderem
udgl. .... und dergleichen
uU .... unter Umständen
UPR .... Umwelt- und Planungsrecht (Zeitschrift)
Urt. .... Urteil
usw. .... und so weiter
UVgO .... Unterschwellenvergabeordnung
UVP .... Umweltverträglichkeitsprüfung
UVPG .... Gesetz über die Umweltverträglichkeitsprüfung

va .... vor allem
VA .... Verwaltungsakt
VB .... Verwaltungsbehörde
VerfGH .... Verfassungsgerichtshof
VerwArch. .... Verwaltungsarchiv
VerwRspr. .... Verwaltungsrechtsprechung in Deutschland
VG .... Verwaltungsgericht
VGG .... Verwaltungsgerichtsgesetz
VGH .... Verwaltungsgerichtshof (s. auch bei den Ländern)
vgl. .... vergleiche
VK .... Vergabekammer
VO .... Verordnung
vorüberg. .... vorübergehend
VRS .... Verkehrsrechts-Sammlung
VVDStRL .... Veröffentlichung der Vereinigung der Deutschen Staatsrechtslehrer
VwGO .... Verwaltungsgerichtsordnung
VwRR BY .... Verwaltungsrechtsreport Bayern (Zeitschrift)
VwRRMO .... VerwaltungsRechtsReport MO Aktuelle Rechtsprechung für die Verwaltungspraxis. Ausgabe Brandenburg, Mecklenburg-Vorpommern, Sachsen, Sachsen-Anhalt, Thüringen (Zeitschrift)
VwVfG .... Verwaltungsverfahrensgesetz (ohne Landesadjektiv: VwVfG des Bundes)
VwZG .... Verwaltungszustellungsgesetz

WaStrG .... Wasserstraßengesetz
WEG .... Gesetz über das Wohnungseigentum und das Dauerwohnrecht
WG .... Wassergesetz
WHG .... Wasserhaushaltsgesetz
WRV .... Weimarer Reichsverfassung

zB .... zum Beispiel
zT .... zum Teil
ZfBR .... Zeitschrift für deutsches und internationales Baurecht
ZfW .... Zeitschrift für Wasserrecht
ZMR .... Zeitschrift für Miet- und Raumrecht
ZPO .... Zivilprozessordnung
ZRP .... Zeitschrift für Rechtspolitik
ZStV .... Zeitschrift für Stiftungs- und Vereinswesen
ZTR .... Zeitschrift für Tarif-, Arbeits- und Sozialrecht des öffentlichen Dienstes
ZUR .... Zeitschrift für Umweltrecht

Literaturverzeichnis

(siehe auch die Literaturhinweise bei den einzelnen Kapiteln sowie die Verweise in den Fußnoten)

Badura	Staatsrecht, 7. Aufl. 2018
Baier	Die Finanzierung von (öffentlichen) Krankenhäusern in Deutschland – eine EU-beihilfenrechtliche Untersuchung, 2020
Battis	Bundesbeamtengesetz, Kommentar, 5. Aufl. 2017
Bauer	Genossenschafts-Handbuch, Loseblatt, Stand: Juni 2018
Bauer/Böhle/Ecker	Bayerische Kommunalgesetze, Kommentar, Loseblatt, Stand: 2019 (106. Aktualisierung)
Bauer/Büchner/Hajasch (Hrsg.)	Rekommunalisierung öffentlicher Daseinsvorsorge, KWI Schriften 6, 2012
Baumbach/Hopt (Hrsg.)	Handelsgesetzbuch mit GmbH & Co., 39. Aufl. 2020
Baumbach/Hueck/Servatius	GmbH-Gesetz, Kommentar, 22. Aufl. 2019
Bechtold/Bosch	Gesetz gegen Wettbewerbsbeschränkungen, GWB-Kommentar, 9. Aufl. 2018
Beck'scher Bilanzkommentar	Handels- und Steuerbilanz, 12. Aufl. 2020
Beck'sches Formularbuch	Aktienrecht, 2. Aufl. 2020
Beck'sches Formularbuch	GmbH-Recht, 2. Aufl. 2020
Beck'sches Handbuch der GmbH	Gesellschaftsrecht, Steuerrecht 5. Aufl. 2014 (Nachauflage: 6. Aufl. in 2021)
Beuthien	Genossenschaftsgesetz, 16. Aufl. 2018
Birnstiel/Bungenberg/Heinrich (Hrsg.)	Europäisches Beihilfenrecht, Kommentar, 2013
Blümich	EStG, KStG, GewStG, Kommentar, Loseblatt, 153. Aufl., Stand: Juni 2020
Bredemeier/Neffke	BAT/BAT-O, Kommentar, 2. Aufl. 2003; TVöD/TV-L, Tarifverträge für den öffentlichen Dienst, Kommentar, 5. Aufl. 2017
Breier/Dassau/Kiefer/Lang/Langenbrinck	TVöD-Kommentar, Tarif und Arbeitsrecht im öffentlichen Dienst, Loseblatt, Stand: 2020
Buchna/Leichinger/Seeger/Brox	Gemeinnützigkeit im Steuerrecht, 12. Aufl. 2020
Burgi	Neuer Ordnungsrahmen für die energiewirtschaftliche Betätigung der Kommunen, 2010
Burgi	Kommunalrecht, 6. Aufl. 2019
Cronauge	Kommunale Unternehmen, 6. Aufl. 2016
Danner/Theobald (Hrsg.)	Energierecht, Kommentar, Loseblatt, Stand: April 2014 (jetzt → Theobald/Kühling, Hrsg.)
Dettling/Gerlach	Krankenhausrecht, Kommentar, 2. Aufl. 2018
Dötsch/Pung/Möhlenbrock (Hrsg.)	Körperschaftsteuergesetz, Kommentar, Loseblatt (22. Erg.), 2018
Ehlers	Empfiehlt es sich, das Recht der öffentlichen Unternehmen im Spannungsverhältnis von öffentlichem Auftrag

	und Wettbewerb national und gemeinschaftsrechtlich neu zu regeln?, Gutachten E zum 64. Deutschen Juristentag, 2002
Ehlers/Fehling/Pünder (Hrsg.)	Besonderes Verwaltungsrecht, Bd. 1 Öffentliches Wirtschaftsrecht, 4. Aufl. 2019 und Bd. 3 Kommunalrecht, Haushalts- und Abgabenrecht u. a., 4. Aufl. 2021
Ek/Kock	Haftungsrisiken für Vorstand und Aufsichtsrat, 3. Aufl. 2019
Ellermann/Gietz	Steuerrecht der Krankenhäuser, 2007
Emmerich/Habersack/ Sonnenschein	Konzernrecht, 11. Aufl. 2020
Emmerich/Lange	Kartellrecht, 14. Aufl. 2018
Emmerich/Lange	Unlauterer Wettbewerb, 11. Aufl. 2019
Erbguth/Mann/Schubert (ehemals Tettinger/Erbguth/ Mann)	Besonderes Verwaltungsrecht, Kommunalrecht u. a., 13 Aufl. 2019
Erfurter Kommentar zum Arbeitsrecht	Müller-Glöge/Preis/Schmidt (Hrsg.), 21. Aufl. 2021 (zit. ErfK/Bearbeiter)
Fabry/Augsten u. a. (Hrsg.)	Handbuch Unternehmen der öffentlichen Hand, 2. Aufl. 2011
Fiebig (Hrsg.)	Kommunale Rechnungsprüfung: Grundlagen – Aufgaben – Organisation, 5. Aufl. 2018
Fittinger/Engels/Schmidt/ Trebinger/Linsenmaier	Betriebsverfassungsgesetz, 30. Aufl. 2020
Frotscher/Maas	Körperschaft-, Gewerbe- und Umwandlungssteuergesetz, Kommentar, Loseblatt, Stand: 2020 (154. Ergänzungslieferung)
Gaß	Die Umwandlung gemeindlicher Unternehmen, 2003
Gaß/Popp	Die Gemeinde als Unternehmer, 2. Aufl. 2018
Geis	Kommunalrecht, 5. Aufl. 2020
Gern/Brüning	Deutsches Kommunalrecht, 4. Aufl. 2019
Götz/Pach-Hanssenheimb	Handbuch der Stiftung, 4. Aufl. 2020
Gosch	Körperschaftsteuergesetz, Kommentar, 4. Aufl. 2020
Graf/Dirnberger/Gaß	Gemeinden in der Energiewende, 2013
Hauschka	Formularbuch Compliance, 2013
Hauschka/Moosmayer/Lösöer (Hrsg.)	Corporate Compliance – Handbuch der Haftungsvermeidung im Unternehmen, 3. Aufl. 2016
Heinze/Fehling/Fiedler	Personenbeförderungsgesetz, Kommentar, 2. Aufl. 2014
Held/Winkel (Hrsg.)	Gemeindeordnung Nordrhein-Westfalen, Kommentar, 5. Aufl. 2020
Held/Winkel/Wansleben (Hrsg.)	Kommunalverfassungsrecht Nordrhein-Westfalen, Kommentar, Loseblatt, 2019 (44. Aktualisierung)
Henneke	Kommunale Sparkassen – Verfassung und Organisation zwischen Selbstverwaltungsgarantie und Zentralisierungstrend, 2. Aufl. 2019
Henneke/Ritgen	Kommunales Energierecht, 2. Aufl. 2013
Herrmann/Heuer/Raupach	Einkommensteuer- und Körperschaftsteuergesetz, Kommentar, Loseblatt, Stand: Juni 2020

Hertwig .... Praxis der öffentlichen Auftragsvergabe, 6. Aufl. 2016 (Nachauflage: Praxis des Vergaberechts, 7. Aufl. 2021)

Heuvels/Höß/Kuss/Wagner (Hrsg.) .... Kommentar, Vergaberecht, 2013

Hillebrandt/Keßler (Hrsg.) .... Berliner Kommentar zum Genossenschaftsgesetz, 3. Aufl. 2019

Hölzl/Hien/Huber .... Gemeindeordnung mit Verwaltungsgemeinschaftsordnung, LKrO und BezO für den Freistaat Bayern, Kommentar, Loseblatt, Stand: August 2020

Hoppe/Uechtritz/Reck (Hrsg.) .... Handbuch Kommunale Unternehmen, 3. Aufl. 2012

Hüffer/Koch .... Aktiengesetz, Kommentar, 14. Aufl. 2020

Huster/Kaltenborn .... Krankenhausrecht, Handbuch, 2. Aufl. 2017

Immenga/Mestmäcker (Hrsg.) . Wettbewerbsrecht, Bd. 1 Europäisches Kartellrecht, Bd. 2. GWB, 6. Aufl. 2020

Ipsen (Hrsg.) .... Unternehmen Kommune?, 17. Bad Iburger Gespräche, 2007

Jarass .... Kommunale Wirtschaftsunternehmen im Wettbewerb, 2002

Jarass/Pieroth .... Grundgesetz, Kommentar, 16. Aufl. 2020

Kapellmann/Messerschmidt (Hrsg.) .... VOB Teile A und B, 7. Aufl. 2020

Katz .... Kommunale Wirtschaft, Leitfaden für die Praxis, 2. Aufl. 2017

Kirchhof/Söhn/Mellinghoff (Hrsg.) .... Einkommensteuergesetz, Kommentar, Loseblatt, Stand: August 2020 (308. Aktualisierung)

Kirchhof, G./Korte/Magen (Hrsg.) .... Öffentliches Wettbewerbsrecht, Neuvermessung eines Rechtsgebiets, 2014

Klein/Uckel/Ibler .... Kommunen als Unternehmer: Leitfaden für die Gründung, Umwandlung und Führung kommunaler Betriebe, Kommentar, Loseblatt, Stand: Februar 2017

Knemeyer/Kempen .... Kommunales Wirtschaftsrecht, in: Achterberg/Püttner/Würtenberger (Hrsg.), Besonderes Verwaltungsrecht, Band 2, 2. Aufl., 2000 (jetzt Ehlers/Fehling/Pünder, Besonderes Verwaltungsrecht)

Köhler/Bornkamm/Feddersen UWG, Kommentar, 38. Aufl. 2020 (Nachauflage 2021, 39. Aufl.)

Koller/Roth/Morck .... Handelsgesetzbuch, Kommentar, 9. Aufl. 2019

Kottenberg/Rehn/Cronauge u. a. .... Gemeindeordnung NRW, Print und Digital, Kommentar, Loseblattwerk und Onlinedatenbank, Stand: Mai 2020 (51. Ergänzungslieferung)

Kulartz/Kus/Marx/Portz/Prieß (Hrsg.) .... Vergabeverordnung, Kommentar, 2016

Kunze/Bronner/Katz .... Gemeindeordnung für Baden-Württemberg, Kommentar, Loseblatt, Stand: Mai 2020 (27. Aktualisierung)

Küting/Pfitzer/Weber (Hrsg.) Handbuch der Rechnungslegung, Kommentar, Loseblatt, 2020 (30. Aktualisierung)

Lang/Weidmüller .... Genossenschaftsgesetz, Kommentar, 39. Aufl. 2019

Lange	Kommunalrecht, 2. Aufl. 2019
Langen/Bunte	Kartellrecht, Kommentar, Bd. 1 Deutsches Kartellrecht, 13. Aufl. 2018
Langner	Die örtliche Begrenzung kommunaler Wirtschaftstätigkeit und die Grundfreiheiten des EG-Vertrages, 2008
Limmer (Hrsg.)	Handbuch der Unternehmensumwandlung, 6. Aufl., 2019
Lindner/Möstl/Wolff	Verfassung des Freistaates Bayern, Kommentar, 2. Aufl. 2017
Lipross/Seibel (Hrsg.)	Basiskommentar Steuerrecht, Loseblatt, Stand 2020
Littmann/Bitz/Pust	Das Einkommensteuerrecht, Kommentar, Loseblatt, Stand: August 2020 (145. Aktualisierung)
Loewenheim/Meessen/Riesenkampf/Kersting/Meyer-Lindemann	Kartellrecht, Kommentar, 4. Aufl. 2020
Lutter	Umwandlungsgesetz, Kommentar, 6. Aufl. 2019
Lutter/Hommelhoff (Hrsg.)	GmbH-Gesetz, Kommentar, 20. Aufl. 2020
von Mangoldt/Klein/Starck	GG, Kommentar, Bd. 2 und 3, 6. Aufl. 2010
Mann/Püttner (Hrsg.)	Handbuch der kommunalen Wissenschaft und Praxis, Band 2 Kommunale Wirtschaft, 3. Aufl. 2011
Müller	Homeoffice in der arbeitsrechtlichen Praxis, Rechtshandbuch für die Arbeit 4.0, 2. Aufl. 2020
Müller-Wrede	Kommentar zur VOF, 5. Aufl. 2014
Münchener Anwaltshandbuch	Personengesellschaftsrecht, 3. Aufl. 2019; Arbeitsrecht, 5. Aufl. 2020
Münchener Handbuch des Gesellschaftsrechts	Handbuch, Bd. 4, Aktiengesellschaft, 5. Aufl., 2020
Münchener Kommentar zum Aktiengesetz	Bd. 3, 4. Aufl. 2018
Münchener Kommentar zum GmbHG (Hrsg. Goette/Fleischer)	3. Aufl. 2019
Münchener Kommentar zum Wettbewerbsrecht	Kommentar (Bd. 1 Europäisches Wettbewerbsrecht, Bd. 2 Deutsches Wettbewerbsrecht (Kartellrecht), Bd. 3 und 4 Vergaberecht, Bd. 5 Beihilferecht), Bd. 1 und 2 3. Aufl. 2020
Ohly/Sonitza (ehemals Köhler/Piper)	UWG, Kommentar, 7. Aufl., 2016
Ohrtmann/Gimnich (Hrsg.)	Compliance-Praxishandbuch für öffentliche Unternehmen, 2. Aufl. 2013
Pöhlmann/Fandrich/Bloehs	Genossenschaftsgesetz, Kommentar, 5. Aufl. 2021
Praxis der Kommunalverwaltung	Sammelwerk (12 Bundesländer), Loseblatt, Stand: 2020
Pünder/Schellenberg (Hrsg.)	Vergaberecht, 3. Aufl. 2019
Püttner (Hrsg.)	Zur Reform des Gemeindewirtschaftsrechts, 2002
Purzer/Haertle	Das Rechnungswesen der Krankenhäuser, Loseblatt, Stand: August 2019 (65. Aktualisierung)
Quecke/Schmid/Menke u. a.	Gemeindeordnung für den Freistaat Sachsen, Kommentar, Loseblatt, Stand: 2020

Reich .... Beamtenstatusgesetz, Kommentar, 3. Aufl. 2018
Riedmayer/Schraml .... Das Kommunalunternehmen – Anstalt des öffentlichen Rechts – Erweiterung kommunaler Handlungsmöglichkeiten, 2000
Röwekamp/Kus/Portz/Prieß (Hrsg.) .... Kommentar zum GWB-Vergaberecht, 5. Aufl. 2020
v. Roetteken/Rothländer (Hrsg.) .... Beamtenstatusgesetz, Kommentar, Loseblatt, Stand: 2020 (29. Aktualisierung)
Roth/Altmeppen .... GmbHG, Kommentar, 9. Aufl. 2019
Rowedder/Schmidt-Leithoff .. GmbHG, Kommentar, 6. Aufl. 2017
Sachs .... Grundgesetz, Kommentar, 9. Aufl. 2020
Saxinger/Winnes (Hrsg.) .... Recht des öffentlichen Personenverkehrs, Kommentar, Loseblatt, Stand: 2017
Schaub/Koch/Linck u. a. .... Arbeitsrechts-Handbuch, 18. Aufl. 2019
Schmidt .... Einkommensteuergesetz, Kommentar, 39. Auflage, 2020 (Nachauflage: 40. Aufl. 2021)
Schmidt, R./Wollenschläger, F. (Hrsg.) .... Kompendium Öffentliches Wirtschaftsrecht, 5. Aufl. 2019
Schneider/Theobald .... Recht der Energiewirtschaft, Praxishandbuch, 4. Aufl. 2013 (5. Aufl. 2021 angekündigt)
Schreml/Westner/Bauer .... Kommunales Haushalts- und Wirtschaftsrecht in Bayern, Handbuch, Loseblatt, Stand: April 2020
Schütz/Maiwald .... Beamtenrecht des Bundes und der Länder – Gesamtausgabe, Loseblatt, 2020 (457. Aktualisierung)
Schulz/Wachsmuth/Zwick u. a. .... Kommunalverfassungsrecht Bayern, Kommentar, Loseblatt, Stand: Mai 2020 (23. Aktualisierung)
Stober/Vogel (Hrsg.) .... Wirtschaftliche Betätigung der öffentlichen Hand, 2000
Storbeck .... Grenzüberschreitende kommunale Zusammenarbeit, Göttinger Schriften zum Öffentlichen Recht, 2016
Stumpf/Suerbaum/Schulte/ Pauli .... Stiftungsrecht, Kommentar, 3. Aufl. 2018
Teplitzky .... Wettbewerbsrechtliche Ansprüche und Verfahren, 12. Aufl., 2019
Theobald/Kühling .... Energierecht, Kommentar, Loseblatt, 106. Aufl. 2020
Thiele .... Niedersächsisches Gesetz über die kommunale Zusammenarbeit, 3. Aufl. 2018
Verband kommunaler Unternehmen (Hrsg.) .... Compliance in kommunalen Unternehmen – Ein Überblick, 3. Aufl. 2019
Voppel/Osenbrück/Bubert ... Vergabeverordnung – Abschnitt 6 (VOF), Kommentar, 4. Aufl. 2018
Weiß/Zängl/Summer/ Niedermaier/Baßlsperger/ Conrad .... Beamtenrecht in Bayern, incl. BeamtStG, Kommentar, Loseblatt, Stand: 2021 (217. Aktualisierung)
Widmann/Mayer .... Umwandlungsrecht, Kommentar, Loseblatt, Stand: April 2020
Widtmann/Grasser/Glaser ...... Bayerische Gemeindeordnung, Kommentar, Loseblatt, 30. Aufl. Stand: Februar 2020

Wiedemann (Hrsg.) .... Handbuch des Kartellrechts, 4. Aufl. 2020
Wolff/Bachof/Stober/Kluth ... Verwaltungsrecht Band II, 8. Aufl. 2021
WP-Handbuch (Hrsg. Institut der Wirtschaftsprüfer, IDW) ... Wirtschaftsprüfung und Rechnungslegung, 15. Aufl. 2017
WP-Handbuch-Edition (Hrsg. IDW) .... Öffentliche Hand, besondere Branchen und Non-Profits – Rechnungslegung und Prüfung bei kommunalen Unternehmen, Energieversorgern, Krankenhäusern, Vereinen, Stiftungen u. a., 2019
Ziekow/Vollink .... Vergaberecht, 4. Aufl. 2020
Ziekow .... Öffentliches Wirtschaftsrecht, 5. Aufl., 2020
Zöllner/Noack (Hrsg.) .... Kölner Kommentar zum Aktiengesetz, 3. Aufl.

A. Kommunen als Unternehmer?

Übersicht

I. Relevanz und Aktualität der Fragestellung

Sind die Kommunen in der Pflicht, neue Finanzierungsquellen zu suchen, um die Erfüllung defizitärer Aufgaben im Bereich der Daseinsvorsorge zu sichern? Diese Frage wird in vielen Kommunen – in den Städten weit mehr als in den Landkreisen, in größeren Städten weitaus häufiger als in kleineren Gemeinden – bejaht. hat In vielen Kommunen hat seit einiger Zeit die unternehmerische Betätigung in Aufgabenbereichen zugenommen, die nicht gerade zum klassischen Aufgabenfächer kommunaler Daseinsvorsorgeleistungen für die eigenen Bürger zu zählen sind. Als „Erschließung neuer Geschäftsfelder" ist dieses Phänomen benannt worden; es ist aber vor etwa zwei Jahrzehnten auch in vielen Kommunen so etwas wie eine Goldgräbermentalität ausgemacht worden, die allerdings in der letzten Zeit weitgehender Ernüchterung gewichen ist. In der Absicht, Gewinne zu erzielen bzw. kommunale Arbeitsplätze zu sichern, ist in zahlreichen Kommunen ua Folgendes geschehen: 1

Kommunen erschließen sich den Telekommunikations- und Multimedia-Markt auch über das Gemeindegebiet hinaus. Kommunale Energieversorgungsunternehmen führen Wartungs- und Instandhaltungsarbeiten durch und beschränken sich bei der Belieferung mit Strom und Gas ebenfalls nicht mehr auf das Gemeindegebiet. Stadtwerke bieten Paketlösungen für Dienstleistungsangebote an, stellen sich als zentrale Dienstleister dar und beteiligen sich an kommunalen Unternehmen in den neuen Ländern. 2

Kommunale Verkehrsbetriebe warten bundesweit ausländische Busse, bieten Fahrzeugreparaturen und sonstige Werkstattleistungen für Dritte im Kfz-Bereich ebenso an, wie sie Autos recyceln und Abschleppdienste vorhalten. Hinzu treten Tourismusdienstleistungen und Ausflugsfahrten, das Betreiben von Taxen, das Vertreiben von Fahrzeugen und die Bereitstellung der eigenen Waschanlage für Außenstehende. Kommunale Wohnungsunternehmen verwalten und verwerten Wohnungen, üben Maklertätigkeiten aus und betreiben einen Umzugsservice. 3

Kommunale Gartenbaubetriebe haben gärtnerische Leistungen im Bereich der privaten Garten- und Grünpflege angeboten, Grünpflanzen verkauft, ökologischen Garten- und Landbau betrieben und sich am Weinbau beteiligt. Kommunale Druckereien bieten Druckarbeiten zu fairen Preisen an und drucken Geburts- und Todesanzeigen ebenso wie Hochzeitseinladungen für Trauungen, die Standesämter als Ambiente-Trauungen gegen Aufpreis veranstalten und für die städtische Kantinen einen Partyservice vorhalten. 4

Städtische Bauhöfe stellen Maschinen und Werkgeräte wie den kommunalen Baukran auch Privaten zur Verfügung. Consulting- und Planungstätigkeiten außerhalb des Gemein- 5 degebiets, auch im Ausland, werden ebenso angeboten, wie eine Software-Firma, die auch sanitäre Erzeugnisse und dekorative Baumaterialien vertreiben sollte, in Südindien betrieben. Tochtergesellschaften einer kommunalen Messegesellschaft befinden sich in Tokio, Singapur, Chicago und Warschau. Reisebüros, Sonnenstudios, Hotels, Gaststätten und Campingplätze werden betrieben sowie Fahrräder und Sonnenschirme verliehen. Service- und Reinigungsarbeiten werden Privaten genauso von kommunaler Seite angeboten wie Vermessungs- und Katasterleistungen. Auch Nachhilfeunterricht für Schüler durch Volkshochschulen durfte insoweit nicht fehlen.

6 Dagegen beschränkten sich die Kommunen in der Vergangenheit regelmäßig auf die klassischen Bereiche der Ver- und Entsorgungswirtschaft, also auf die Versorgung der örtlichen bzw. kreislichen Bevölkerung mit Strom, Gas, Wasser, Fernwärme und öffentlichem Personennahverkehr, die Entsorgung des Abfalls und Abwassers sowie den Betrieb von Krankenhäusern und Pflegeheimen.

6a Gerade in diesen Bereichen hatten sich die Kommunen seit den 1990er Jahren allerdings verstärkt aus der Eigenproduktion zurückgezogen und vielfach auf Privatisierungen gesetzt. Kommunale Energieversorgungsunternehmen, aber auch Gas- und Wasserwerke sowie Krankenhäuser wurden an private Investoren verkauft. Maßgebliches Privatisierungsmotiv waren in diesen Fällen – abgesehen von der Hoffnung, mit den Verkaufserlösen einen Beitrag zur Sanierung der kommunalen Haushalte leisten zu können – vielfach auch geänderte rechtliche Rahmenbedingungen. Namentlich im Energiesektor stellte sich nach der europarechtlich erzwungenen Liberalisierung der Märkte die Frage nach der Wettbewerbsfähigkeit kommunaler Energieversorgungsunternehmen (dazu noch → Rn. 18). Auch insoweit ist mittlerweile allerdings eine Trendwende spürbar, für die das Stichwort „Rekommunalisierung" steht.[1] Die Kommunen erschließen sich also nicht nur neue Geschäftsfelder, sie werden auch wieder verstärkt in Bereichen tätig, aus denen sie sich in der jüngeren Vergangenheit bereits zurückgezogen hatten.

1. Hauptmotiv: Unzureichende kommunale Finanzausstattung

7 Fragt man nun zunächst nach den Motiven für die Erschließung neuer Geschäftsfelder, liefert die kommunale Finanzlage das Hauptmotiv. Allen vorgenannten neuen Aktivitäten ist gemeinsam, dass sie nicht in erster Linie der Deckung eines Bedarfs der Bevölkerung dienen, sondern primär zur Erzielung von Einnahmen für die kommunalen Haushalte bzw. des Fachbereichsbudgets aufgenommen worden sind. Aber auch für die Rekommunalisierung kann der Erschließung von Einnahmequellen zur Querfinanzierung defizitärer Segmente kommunaler Aufgabenerfüllung ein Motiv sein, wenngleich insoweit auch noch zahlreiche andere Aspekte eine Rolle spielen (dazu unten sub 23a ff.).[2]

8 Unbestreitbar ist, dass die Entwicklung der kommunalen Einnahmen gerade seit Anfang der neunziger Jahre mit der Ausgabenentwicklung im insbesondere bei sozialen Aufgaben gesetzgeberisch immer stärker ausgeweiteten pflichtigen Bereich nicht Schritt gehalten hat. Neben den viele Jahre stagnierenden bzw. rückläufigen, in jüngerer Zeit bis zum Beginn der Corona-Pandemie allerdings stark ansteigenden Steuereinnahmen ist insbesondere auf ebenfalls stagnierende bzw. sogar rückläufige Kostenerstattungen und Finanzausgleichsleistungen der Länder zu verweisen, so dass – regional konzentriert – in vielen Kommunen selbst bei einem Verzicht auf alle freiwilligen Leistungen auch nach der dramatischen Finanz- und Konjunkturkrise seit Herbst 2008 die laufenden Einnahmen die laufenden Ausgaben nicht zu decken vermögen.

---

[1] Vgl. *Bauer,* Zukunftsthema „Rekommunalisierung", DÖV 2012, 329 ff.; *Budäus/Hilgers,* Mutatis Mutandis: Rekommunalisierung zwischen Euphorie und Staatsversagen, DÖV 2013, 701 ff.; *Leisner-Egensperger,* Rekommunalisierung und Grundgesetz, NVwZ 2013, 1110 ff.; *Christoph Brüning,* (Re-)Kommunalisierung von Aufgaben aus privater Hand – Maßstäbe und Grenzen, VerwArch 100 (2009), 453 ff.; *Burgi,* Privatisierung und Rekommunalisierung aus rechtswissenschaftlicher Sicht, NdsVBl 2012, 225 ff.

[2] *Bauer,* Zukunftsthema „Rekommunalisierung", DÖV 2012, 329 (335).

Die landesverfassungsgerichtliche Rechtsprechung hat in zahlreichen Ländern zutreffend herausgearbeitet, dass der Anspruch der Kommunen auf eine aufgabenangemessene Finanzausstattung auch bei fehlender Leistungsfähigkeit des Landes die vom Land zu gewährleistende Mindestausstattung nicht unterschreiten darf; insofern ist in den letzten Jahren allerdings in einigen Ländern eine Trendwende zu Lasten der Kommunen eingetreten. Hierzu hat der *Hessische Staatsgerichtshof* 2013 gleich mehrfach einen erfreulichen Gegenakzent gesetzt.[3] Positiv zu vermerken ist darüber hinaus, dass inzwischen in allen Ländern ein Anspruch der Kommunen auf Belastungsausgleich bei der Übertragung von Aufgaben hinzugetreten ist. Indes hapert es zT bei der landesrechtlichen Umsetzung dieser Verfassungsgebote, was von der Verfassungsgerichtsbarkeit in den einzelnen Ländern immer häufiger toleriert worden ist[4]. Diverse Länder lassen ihre Kommunen bei der Finanzierung der ihnen landes-, vor allem aber bundesseitig übertragenen Aufgaben also faktisch schlicht im Stich, was bei zahlreichen Kommunen neben Überlegungen zum Aufgabenabbau und zur Effizienzsteigerung auch Betrachtungen zur Erschließung neuer Einnahmequellen forciert hat, um mit den so zu erwirtschaftenden Mitteln klassische kommunale Aufgaben im pflichtigen, vor allem aber auch im freiwilligen Bereich, insbesondere für Soziales, Gesundheit, Jugend, Schule und Kultur, zu erwirtschaften bzw. einen Beitrag zur Konsolidierung des Haushalts zu leisten. Die Kommunalpolitik hofft mithin immer häufiger, nach dem Motto: „Der Zweck heiligt die Mittel" die kommunale Haushaltswirtschaft durch unternehmerische Betätigung mit Kommunen als Profitcenter sanieren zu können. 9

Die Kommunen praktizieren also nicht nur intelligentes Sparen, sondern mit vielfältigen Strategien eine kreative Finanzpolitik durch eine Kombination der Reduktion von Ausgaben, der inneren Modernisierung der eigenen Verwaltung durch Managementmethoden und der Erschließung neuer Einnahmequellen. Die periodisch wiederkehrenden Haushaltskrisen haben mithin viele Kommunen dazu veranlasst, einen zentralen Lösungsbeitrag in einer Ausweitung unternehmerischer Tätigkeit zu suchen, zumal vielen Kommunalpolitikern die bisherige restriktive Politik der Kommunalwirtschaft nicht mehr einsichtig erscheint. 10

Eine ähnliche Entwicklung hat es bereits in den Zwanzigerjahren des letzten Jahrhunderts gegeben, nachdem insbesondere im Kaiserreich, welches – anders als die nachfolgende Weimarer Republik – noch keinen Steuerstaat darstellte, die wirtschaftlichen Staats- und Kommunaleinnahmen noch die entscheidende Haushaltsvorgabe und damit zugleich eine natürliche Ausgabenbegrenzung bildeten. Während die Kommunalwirtschaft vor dem Ersten Weltkrieg auf die Daseinsvorsorge für die Gemeindebürger fixiert war, daneben allerdings auch beträchtliche Gewinne für die kommunalen Haushalte abwarf, weitete sich die kommunale Wirtschaftstätigkeit in der Weimarer Republik auch in den Bereich der reinen Erwerbswirtschaft aus – ein Phänomen, dem man in den letzten 25 Jahren erneut begegnet. Als Folge vielfältigen Missgeschicks der kommunalwirtschaftlichen Betätigung kam es 1931 zur rechtlichen Verselbständigung der Sparkassen und 1935 zur Statuierung des § 67 Deutsche Gemeindeordnung vom 30.1.1935[5], der in der Nachkriegszeit für nahezu fünf Jahrzehnte auch das Vorbild für entsprechende Regelungen in den Kommunalverfassungen der einzelnen Länder bildete. Diese Vorschrift hatte folgenden Wortlaut: 11

„(1) Die Gemeinde darf wirtschaftliche Unternehmen nur errichten oder wesentlich erweitern, wenn

1. der öffentliche Zweck das Unternehmen rechtfertigt,
2. das Unternehmen nach Art und Umfang in einem angemessenen Verhältnis zu der Leistungsfähigkeit der Gemeinde und zum voraussichtlichen Bedarf steht,

---

[3] Hessischer Staatsgerichtshof, LVerfGE 24, 260.

[4] Dazu umfassend: *Henneke,* Die Kommunen in der Finanzverfassung des Bundes und der Länder, 5. Aufl. 2012, Kap. 8; *ders.* in *Henneke/Pünder/Waldhoff* (Hrsg.), Recht der Kommunalfinanzen, 2006, § 24; *Schoch,* Aufgabenkreation des Bundes, Mehrbelastung der Kommunen, Ausgleichspflicht der Länder, Zeitschrift für Gesetzgebung 2018, 97.

[5] RGBl. I S. 49.

3. der Zweck nicht besser und wirtschaftlicher durch einen anderen erfüllt wird oder erfüllt werden kann.

(2) Wirtschaftliche Unternehmen im Sinne dieses Abschnitts sind nicht
1. Unternehmen, zu denen die Gemeinde gesetzlich verpflichtet ist,
2. Einrichtungen des Unterrichts-, Erziehungs- und Bildungswesens, der körperlichen Ertüchtigung, der Kranken-, Gesundheits- und Wohlfahrtspflege. Auch diese Unternehmen und Einrichtungen sind nach wirtschaftlichen Gesichtspunkten zu verwalten.

(3) Bankunternehmen darf die Gemeinde nicht errichten.

(4) Für das öffentliche Sparkassenwesen verbleibt es bei den besonderen Vorschriften."

2. Weiteres Motiv: Verwaltungsmodernisierung

12 Die Finanzkrise der öffentlichen Hand hat der Intensivierung der Verwaltungsmodernisierung im kommunalen Bereich insbesondere durch die Umsetzung neuer Steuerungsmodelle seit dem Anfang der neunziger Jahre mit der Folge nachdrücklich Schub verliehen, dass die dezentrale Ressourcenverantwortung gestärkt, dh den Fachbereichen der Verwaltung mehr Autonomie und Verantwortung verliehen worden ist. Betriebswirtschaftliche Steuerungs- und Managementinstrumente haben seit knapp drei Jahrzehnten Einzug in die kommunale Verwaltung gehalten. Seither bekommen die Fachbereiche Budgets zur Verfügung gestellt, können innerhalb ihres Budgets eigenverantwortlich wirtschaften und in diesem Rahmen auch darüber entscheiden, ob sie die benötigten Dienstleistungen von den Servicebereichen der eigenen Verwaltung, die bisher den Querschnittsämtern zugeordnet waren, erbringen lassen oder sie am Markt „einkaufen". Die Fachbereiche werden aber durch das Saldoprinzip bei der Budgetierung nicht nur zur Ausgabensenkung, sondern auch zur Erzielung eigener Einnahmen angeregt, was erhebliche Kreativität freisetzt, die nicht nur darauf ausgerichtet ist zu prüfen, wie die bestehenden Strukturen verbessert werden können, sondern auch darauf, wie durch Erschließung neuer Geschäftsfelder neue Einnahmen erzielt werden können. Das Konkurrieren der Serviceeinheiten wie Bauhof, Druckerei, Rechtsberatung etc mit privaten Konkurrenten hat zudem zur Folge, dass die kommunalen Anbieter im eigenen Hause gegenüber privaten Dienstleistern vielfach bei Durchführung von Vollkostenrechnungen nur dann noch wettbewerbsfähig sind, wenn ihnen auch der private Markt offen steht, um vorhandene Kapazitäten auszulasten. Können sie ihre Leistungen nicht zu wettbewerbsfähigen Konditionen anbieten, laufen sie Gefahr, vollständig aus dem Leistungsspektrum der jeweiligen Kommune verdrängt zu werden.

13 Viele Kommunen haben auf diese Weise durch die Einführung neuer Managementmethoden und ein stärkeres betriebswirtschaftliches Denken ganz erhebliche Rationalisierungserfolge zu verzeichnen. Auch setzt verändertes Recht mit dem Ziel zunehmender Deregulierung erhebliche Personalkapazitäten frei, was zu einem Dilemma führt, da die Kommunen bei Beginn des jeweiligen Modernisierungs- und Umstrukturierungsprozesses, um die Mitarbeiter für ein aktives Mitwirken zu gewinnen („Mitarbeiterorientierung"), in aller Regel auf betriebsbedingte Kündigungen verzichtet haben. Um die vorhandenen, indes frei gewordenen Kapazitäten auszulasten, gilt es mithin, „Arbeit aufzusaugen" und insbesondere mit bisher ausschließlich intern angebotenen Dienstleistungen an den Markt zu gehen. Jedenfalls so lange, wie sonst ungenutzte Kapazitäten eingesetzt werden, können diese Leistungen dabei auch bei streng betriebswirtschaftlicher Kalkulation zu sehr günstigen Konditionen angeboten werden, weil die Grenzkosten sehr niedrig sind. Vorübergehende Minderauslastungen führen mithin nicht zu Personalfreisetzungen, wie es das Gebot der Wirtschaftlichkeit eigentlich vorgeben würde, sondern werden durch neue Aktivitäten aufgefangen und dienen damit der Arbeitsplatzsicherung, zumal man sich dabei auf qualifizierte Mitarbeiter, vorhandenes Know-how und bewährte Strukturen stützen kann. Zudem wird bisweilen die Vorbildfunktion der öffentlichen Arbeitgeber angemahnt,

für die ein erhöhtes Anforderungsprofil bestehe, und ergänzend darauf hingewiesen, dass als Kehrseite Fehlentwicklungen am Arbeitsmarkt letztlich die Kommunen als Träger der Leistungen für Unterkunft und Heizung unmittelbar träfen.

Auch wird darauf abgestellt, dass die Vermarktung überschüssiger Kapazitäten aus Rentabilitätsgesichtspunkten geboten sei, um sonst brachliegendes Wirtschaftspotential auszunutzen. Die Wahrnehmung dieser gewinnorientierten Annextätigkeiten werde gleichsam durch das kommunalverfassungsrechtliche Rentabilitätsgebot gefordert. Gewinnmitnahmen bei Gelegenheit einer durch einen öffentlichen Zweck gerechtfertigten Betätigung seien so lange und so weit statthaft, wie das Rentabilitätsgebot verlange, dass vorhandene Produktivitätsreserven voll ausgelastet und sinnvoll genutzt würden. **14**

Schließlich wird gerade für die Stadtwerke geltend gemacht, dass sie in den herkömmlichen Geschäftsfeldern an Wachstumsgrenzen mit der Folge stoßen, dass bei der Versorgung mit Energie und Wasser insbesondere aufgrund des gestiegenen Umweltbewusstseins und der sprunghaften Kostenentwicklung nur noch geringe oder gar keine Wachstumserwartungen mehr bestehen, was ebenfalls zu unausgelasteten Ressourcen im personellen Bereich führt. Daraus resultiert die Forderung, dass die Kommunen ganz normale Mitspieler am Markt werden müssten und ihre Geschäftspolitik demnach ebenso wie private Unternehmen nach seinen Gesetzen ausrichten müssten. „Gleiches Recht für alle" und „Herstellung von Waffengleichheit" lautet dann die Devise; die „Identität der Kommunen" wird von einigen beschworen, während andere insoweit von einer krisenhaften Entwicklung sprechen. Die Gesetzgeber einiger Bundesländer – Nordrhein-Westfalen hat insoweit eine Vorreiterrolle übernommen – haben sich diese Erwägungen ein Stück weit zu eigen gemacht und den Bereich der Energiewirtschaft weitgehend von den hergebrachten, auf § 67 DGO zurückgehenden Limitierung kommunaler Wirtschaftstätigkeit befreit (vgl. etwa § 107a GO NRW).[6] Eine ähnliche Entwicklung zeichnet sich im Telekommunikationssektor ab. Hier spielt eine Rolle, dass die am Markt tätigen privaten Telekommunikationsunternehmen unter Wettbewerbsbedingungen vor allem im ländlichen Raum vielfach nicht bereit sind, die für eine Breitbandversorgung erforderlichen Investitionen zu tätigen. Deshalb schaffen die Länder rechtliche Rahmenbedingungen, die es den Kommunen – namentlich auch den Landkreisen – erlauben bzw. erleichtern, entsprechende Telekommunikationsnetze zu errichten und ggf. auch zu betreiben (vgl. zB § 136 Abs. 1 S. 2 Nr. 3 NKomVG).[7] **15**

3. Entmonopolisierung durch zunehmende Europäisierung

Angesichts der gänzlich unterschiedlichen Verwaltungstraditionen, die schon unter den sechs Gründungsmitgliedern der Europäischen Wirtschaftsgemeinschaft (EWG) im Jahre 1957 bestanden, kommt es bei der zunehmenden Vertiefung der europäischen Integration zu einer Europäisierung des Wirtschaftsrechts, also zu einem verstärkten Einfluss supranational zustande gekommener Entscheidungsprozesse auf die Politikfelder, aber auch auf die politischen und administrativen Strukturen der Mitgliedstaaten, was zu nachweisbaren Veränderungen in den davon betroffenen Verwaltungssystemen führt. Wegen der komplexen Wechselbeziehungen und Abhängigkeiten zwischen mitgliedstaatlicher und supranationaler Ebene beim Zustandekommen von Unionsrecht handelt es sich bei Einwirkung des Unionsrechts auf die mitgliedstaatlichen Rechtsordnungen allerdings keinesfalls um einen Oktroi für die Mitgliedstaaten. In der Union von mittlerweile 27 Mitgliedern kann dies indes nicht bedeuten, dass die Rechtstraditionen der einzelnen Mitgliedstaaten bei der Entwicklung allgemeiner europäischer Rechtsgrundsätze stets gleichermaßen berücksichtigt werden. Daher machen die europarechtlichen Anforderungen, die insbesondere mit **16**

[6] Eingehend *Burgi,* Neuer Ordnungsrahmen für die energiewirtschaftliche Betätigung der Kommunen, 2010.

[7] Dazu *Ritgen,* Breitbandnetze in (kreis-)kommunaler Trägerschaft, NdsVBl 2011, 97 ff.

den letzten Vertragsrevisionen von Maastricht, Amsterdam und Nizza erheblich zugenommen haben und mit dem Vertrag von Lissabon[8] ihre Vertiefung erfahren haben, Anpassungen notwendig.

17 Daher war es gerade nach der Einführung des Binnenmarktes 1993 nur eine Frage der Zeit, bis sich die Strategie der ausgedehnten Wirtschaftstätigkeit und -steuerung moderner Wohlfahrtsstaaten auch auf die öffentlichen Verwaltungen und den öffentlichen Sektor auswirken musste. Dabei hat die Anwendung des europäischen Wettbewerbsrechts auf den öffentlichen Sektor immer wieder zu rechtlichen und politischen Auseinandersetzungen geführt. Auf besonders heftige Kritik einiger Mitgliedstaaten, zu denen vor allem Deutschland gehört, ist sie im Zusammenhang mit der öffentlichen Daseinsvorsorge gestoßen. Insbesondere die stringente Politik der Generaldirektion Wettbewerb unter den seinerzeitigen Kommissaren van Miert, Monti und Kroes hat deutlich gemacht, dass die gerade in Deutschland verbreitete „Bastionenseligkeit", die sich auf nationale Rechtspositionen und Gewährleistungen versteift, dauerhaft kaum verhindern kann, dass die öffentliche Daseinsvorsorge in Deutschland und anderen Mitgliedstaaten europaechtskonform auszugestalten ist. In Art. 14 S. 2 des Vertrags über die Arbeitsweise der EU (AEUV) ist über Art. 16 EGV hinausgehend normiert, dass die Grundsätze und Bedingungen für das Funktionieren der Dienste von allgemeinem wirtschaftlichem Interesse vom Europäischen Parlament und vom Rat durch Verordnungen gemäß dem ordentlichen Gesetzgebungsverfahren festgelegt werden, unbeschadet der Zuständigkeit der Mitgliedstaaten, diese Dienste im Einklang mit den Verträgen zur Verfügung zu stellen, in Auftrag zu geben und zu finanzieren.

18 Im Ergebnis hat die Wettbewerbspolitik der Europäischen Kommission umfangreiche Veränderungen im öffentlichen Sektor angestoßen oder zumindest nationale Modernisierungstendenzen verstärkt. Dies hat etwa dazu geführt, dass frühere Dienstleistungsmonopole im Bereich der Telekommunikation und von Post und Bahn aufgelöst worden sind und es insoweit zu einer Umwandlung von bisher öffentlich-rechtlichen in nunmehr privatrechtliche Organisationsformen gekommen ist. Das den Wettbewerb betonende EU-Recht und seine nationale Umsetzung sind zudem immer tiefer in das kommunale Wirtschaftsrecht mit der Folge eingedrungen, dass zunehmend historisch gewachsene, angestammte Aufgabenfelder der Kommunen zur Disposition stehen, indem bislang den Kommunen zur alleinigen Erledigung zugewiesene Aufgaben für den Wettbewerb geöffnet werden. Die Kommunen sehen sich insoweit mit einer völlig veränderten, die wirtschaftlichen Rahmenbedingungen ihres Handelns verschlechternden Wettbewerbssituation und einem neuen Ordnungsrahmen konfrontiert und entwickeln auch von daher Strategien, wie sie mit ihren bisherigen exklusiven Tätigkeitsfeldern etwa in der Energieversorgung oder der gewerblichen Abfallentsorgung in einem dynamischen Änderungsprozess bestehen und sich behaupten können.

19 So hat die Neuregelung des Energiewirtschaftsrechts im Frühjahr 1998 den Schutz geschlossener Versorgungsgebiete mit der Folge beseitigt, dass Ausschließlichkeitsvereinbarungen in Konzessionsverträgen unzulässig geworden sind und fremde Energieversorgungsunternehmen Großkunden aus dem bisherigen Kundenkreis der Stadtwerke herausgebrochen werden können, was sich – neben der Gefahr des Rückgangs des Konzessionsabgabeaufkommens – massiv auf die Ertragslage der Stadtwerke ausgewirkt hat.[9]

20 Im Bereich der Sparkassen und Landesbanken konnte die öffentlich-rechtliche Organisationsform vielen Anfechtungen zum Trotz erhalten werden[10]; es kam aufgrund einer Verständigung mit der Europäischen Kommission allerdings zur Abschaffung der überkommenen Gewährträgerhaftung und Anstaltslast mit Wirkung seit 17.7.2005, was die Rahmenbedingungen für die öffentlich-rechtliche Kreditversorgung massiv verändert hat. Die weltweiten Entwicklungen im Bankensektor seit Sommer 2007, vor allem aber seit Herbst

[8] Dazu BVerfGE 123, 267 (339 ff.).

[9] Dazu eingehend *Henneke/Ritgen,* Kommunales Energierecht, 2. Auflage 2013, S. 44 ff.

[10] Dazu umfassend: *Henneke,* Kommunale Sparkassen – Verfassung und Organisation zwischen Selbstverwaltungsgarantie und Zentralisierungstrends, 2. Aufl. 2019.

2008 haben auf geradezu dramatische Weise bestätigt, welche Kraft dem von den Sparkassen und Landesbanken zur Aufrechterhaltung von Anstaltslast und Gewährträgerhaftung ins Feld geführten Argument des „too big to fail" zukommt.

Während das Verhalten der Mitgliedstaaten als Unternehmer inzwischen fast ausschließlich durch unionsrechtliche Anforderungen bestimmt ist, sind Verwaltungsorganisation sowie Zuständigkeiten und Verfahren in europäischen Angelegenheiten weiterhin national geprägt. Anpassungen an funktionelle Anforderungen der EU erfolgen eher durch graduelle Adjustierungen als durch tiefgreifende Reformen, was allerdings zu Dysfunktionalitäten führen kann. **21**

Obwohl die kommunale Ebene die klassische Vollzugsebene auch für die Implementation von Unionsrecht ist, sind hier bisher keine europaveranlassten organisatorischen Veränderungen zu verzeichnen. Die europäische Integration kann in gewissen Bereichen zwar vereinheitlichende Wirkung entfalten; es ist den Mitgliedstaaten aber grundsätzlich durchweg gelungen, ihre spezifischen Verwaltungstraditionen und -praktiken zu bewahren. **22**

4. Klassifizierung neuer kommunalwirtschaftlicher Betätigungen

Versucht man, die neu hinzutretende wirtschaftliche Betätigung der Kommunen zu klassifizieren, lassen sich zwei Fallgruppen unterscheiden: Zum einen sind völlig neue Geschäftsfelder wie der Telekommunikationssektor erschlossen und wahrgenommen worden, die die Kommunen bisher weder für interne (Eigenbedarfsdeckung) noch für externe Zwecke (Fremdbedarfsdeckung) ausgeübt haben, um die Leistungen Dritten anzubieten. Hierfür mussten in der Regel neue Ressourcen aufgebaut werden. Ausnahmsweise wurden auch vorhandene Ressourcen umgewidmet. Zum anderen werden Tätigkeiten, die bisher ausschließlich internen Zwecken gedient haben und nunmehr erstmalig Dritten auf dem Markt angeboten werden, ausgeübt, die überwiegend mit vorhandenen, aber nicht mehr oder nicht mehr im bisherigen Umfang benötigten Ressourcen erbracht werden. **23**

5. Rekommunalisierung

Mit dem bereits erwähnten Stichwort der Rekommunalisierung wird ein Trend beschrieben, der einen Kontrapunkt gegen eine aus heutiger Sicht vielfach als übertrieben empfundene Welle von Privatisierungsmaßnahme der letzten 20 Jahre markiert. Nicht zuletzt die weltweite Bankenkrise hat vor gut einem Jahrzehnt das Vertrauen in die Marktkräfte schwinden lassen und dafür gesorgt, dass staatliche bzw. kommunale Betätigung auch in Aufgabenbereichen, die prinzipiell ebenso gut von privaten Unternehmen wahrgenommen werden können, wieder „salonfähig" geworden ist. Denn darum geht es im Kern bei der Rekommunalisierung: die Kommunen bauen ihre wirtschaftliche Betätigung in Bereichen aus, aus denen sie sich zuvor zugunsten privaten Unternehmertums zurückgezogen hatten. Betroffen sind insbesondere die Bereiche der Abfallentsorgung sowie der Energie- und Wasserversorgung, also ehedem klassische Bestandteile kommunaler Daseinsvorsorge. Für die Energieversorgung spielt dabei auch eine Rolle, dass der größte Teil der Konzessionsverträge ausgelaufen ist, mit denen die Gemeinden jeweils einem Unternehmen das Recht einräumen, das jeweilige Netz der allgemeinen Versorgung im Gemeindegebiet oder in Teilen davon zu betreiben. Damit hat sich die – angesichts der regelmäßig sehr langen Laufzeit solcher Verträge nur in größeren Zeitabständen überhaupt gegebene – Möglichkeit geboten, sämtliche energiewirtschaftliche Wertschöpfungsstufen (Erzeugung, Verteilung, Vertrieb) wieder oder erstmals in kommunaler Hand zu vereinigen. Als weiterer wichtiger Treiber eines verstärkten kommunalen Engagements im Energiebereich wirkt die sog. Energiewende: der deutliche Ausbau der erneuerbaren Energien führt nahezu zwangsläufig zu einer stärkeren Dezentralisierung der Energieerzeugung und eröffnet den Kommunen die in wachsendem Umfang wahrgenommene Chance, allein oder in Partnerschaft mit ihren Bürgern als Betreiber von Wind- oder Solarparks in den Markt einzutreten. **23a**

23b Die Motive für die damit in ihren groben Zügen umrissene Trendwende sind ebenso zahlreich wie vielfältig. Das zeigt beispielhaft die Zusammenstellung von *Bauer,* der folgende Aspekte identifiziert hat:

- ein neu erwachtes Selbstbewusstsein der Kommunen,
- die Wiederbelebung der kommunalen Selbstverwaltungsidee,
- die Einbindung der Bürger in das Gemeinwesen durch die Erschließung von Mitwirkungspotenzialen und die Bereitstellung von Partizipationsoptionen in einem Modell der Bürgergemeinde,
- die Rückbesinnung auf Leitbilder öffentlicher Daseinsvorsorge (Gemeinwohlorientierung statt reiner Profitmaximierung, „citizen value" statt „shareholder value" etc),
- die Rückgewinnung kommunaler Steuerungsoptionen und Einflussmöglichkeiten auf die Aufgabenerledigung einschließlich der dazugehörigen Kontrolle,
- die Aufbrechung monopolartiger privater Leistungserbringung mit Gewinnerzielungsinteressen,
- die Schaffung effizienter kommunaler Firmenstrukturen mit Rückwirkungen auf die Qualität der Leistungserbringung,
- die Erhaltung von Arbeitsplätzen,
- die Wahrung von Umwelt- und Sozialstandards,
- Kostensenkungen für die Bürger und
- die Erschließung von Einnahmequellen zur Querfinanzierung defizitärer Segmente kommunaler Aufgabenerfüllung.[11]

23c Vor diesem Hintergrund verwundert es nicht, dass der Begriff bzw. das Phänomen der Rekommunalisierung überwiegend positiv konnotiert wird. Es mehren sich freilich bereits die Stimmen derjenigen, die zu Recht eine nüchternere Betrachtungsweise anmahnen. So wird aus wirtschaftswissenschaftlicher Sicht davor gewarnt, Rekommunalisierung schon allein deshalb positiv zu bewerten, weil Privatisierungsmaßnahmen in der Vergangenheit zu einer Reihe negativer Ergebnisse geführt hätten.[12] In der Tat lohnt es sich, daran zu erinnern, dass die in den 1980er Jahren einsetzende und dann in den 1990er Jahren zur vollen Entfaltung kommende Privatisierungswelle ja ihrerseits ebenfalls mit (angeblichen oder tatsächlichen) Defiziten staatlicher bzw. kommunaler Leistungsbereitstellung wie mangelnder Effizienz, Flexibilität etc begründet worden war. Wenn nun (angebliche oder tatsächliche) Defizite privater Leistungsbereitstellung als Argument für eine Rekommunalisierung – von einer „Reverstaatlichung" etwa der Deutschen Post AG oder der Deutschen Telekom AG ist bezeichnender Weise bislang noch nicht die Rede – herangezogen werden, sollte das als Mahnung dienen, nicht in das andere Extrem zu verfallen und der Rekommunalisierung ebenso vorbehaltlos zu begegnen wie seinerzeit der Privatisierung das Wort geredet wurde.

23d Darüber hinaus darf nicht in Vergessenheit geraten, dass einer Rekommunalisierung auch rechtliche Hürden entgegenstehen können. Verfassungsrechtlich ist hier in erster Linie sicher an Art. 12 GG zu denken.[13] Aber auch auf der Ebene des einfachen Rechts gibt es Grenzen, die zu beachten sind. Das gilt nicht zuletzt im Hinblick auf die Rekommunalisierung der Energieversorgungsnetze. Hinsichtlich des Abschlusses von Konzessionsverträgen enthält § 46 Abs. 3 EnWG eine Reihe von Vorgaben für ein Vergabeverfahren, die nicht ohne Weiteres mit dem Hinweis, die betreffende Kommune wolle den Netzbetrieb (wieder) selbst in die Hand nehmen, überspielt werden können. Vielmehr muss sich der mögliche kommunale Betreiber einem Auswahlverfahren stellen, für dessen Ausgang es in erster Linie darauf ankommt, ob er besser als andere Bewerber die Gewähr für eine möglichst sichere, preisgünstige, verbraucherfreundliche, effiziente und umweltverträgliche

---

[11] *Bauer,* Zukunftsthema „Rekommunalisierung", DÖV 2012, 329 (335).

[12] *Budäus/Hilgers,* Mutatis mutandis: Rekommunalisierung zwischen Euphorie und Staatsversagen, DÖV 2013, 701 ff.

[13] Eingehend *Leisner-Egensperger,* Rekommunaliserung und Grundgesetz, NVwZ 2013, 1110 ff.

Energieversorgung bietet. An diesen in § 1 Abs. 1 EnWG normierten Zielen hat sich die Auswahl auszurichten.

Im Ergebnis bleibt festzuhalten, dass Rekommunalisierung genauso wenig wie Privatisierung einen Selbstwert darstellt. Ziel muss eine bestmögliche Versorgung der Betroffenen sein, und zwar im Rahmen des geltenden Rechts. Auf welchem Weg das zu bewältigen ist, kann jeweils nur vor Ort entschieden werden. Der Verweis auf bloße Schlagworte kann diesen Prozess der Entscheidungsfindung nicht ersetzen. 23e

II. Unterschiedliche Regelungskonzepte und -erwartungen kommunalwirtschaftlicher Betätigung

Hinsichtlich der kommunalwirtschaftlichen Betätigung im Sektor der Daseinsvorsorge werden im AEUV und im deutschen Recht unterschiedliche Regelungskonzepte verfolgt. Bei der Daseinsvorsorge handelt es sich um eine deskriptive Kategorie, die die Bereitstellung bestimmter existenzieller oder wesentlicher Dienstleistungen erfasst, die sich der Einzelne nicht bzw. nicht mehr aus eigener Kraft beschaffen kann. Ihre Ausgestaltung hängt von den faktischen Gegebenheit in den einzelnen Mitgliedstaaten bzw. ihren Regionen und Kommunen ebenso ab wie von den jeweiligen kulturellen und sonstigen Traditionen und obliegt daher grundsätzlich den einzelnen Mitgliedstaaten. Dabei geht es im Kern hinsichtlich der davon erfassten Bereiche um das jeweilige Verhältnis von Staat und Wirtschaft bei der Versorgung der Bevölkerung mit Waren und Dienstleistungen, wobei bei der Ausformung grundsätzlich beliebige Abstufungen und Übergänge zwischen einer Versorgung durch öffentliche und durch private Einrichtungen, die einer differenzierten staatlichen Lenkung und Kontrolle unterliegen, möglich ist. 24

1. Aufgabenbezogene Betrachtung im AEUV

Da die Wettbewerbsvorschriften des AEUV auf einem eindimensionalen Ansatz beruhen, stellen sie im Grundsatz allein auf eine unternehmerische, also marktbezogene Verhaltensweise ohne Ansehung konkreter Organisations- und Handlungsformen und damit prinzipiell auch ohne Rücksicht auf damit verfolgte besondere Zwecke ab. Daher führt der spezifische Zusammenhang von staatlicher Aufgabenerfüllung und öffentlicher Zweckbindung bei der Anwendung der Art. 101 ff. AEUV potentiell zu Verwerfungen. Art. 106 AEUV erlaubt dabei – in einem eindeutigen Regel-Ausnahme-Verhältnis – Durchbrechungen des Wettbewerbsrechts zugunsten von trägerneutral gefassten Dienstleistungen von allgemeinem wirtschaftlichen Interesse. 25

Die EU-Kommission hat im Juli 2005 mit dem „Monti-Kroes-Paket" eine vertiefende Auslegung der Anforderungen an eine gerechtfertigte Beihilfe nach Art. 86 Abs. 2 EG-Vertrag (heute: Art. 106 Abs. 2 AEUV) vorgelegt. Das „Monti-Kroes-Paket" ist mittlerweile durch das sog. „Almunia-Paket" abgelöst und fortentwickelt worden. Im Einzelnen handelt sich dabei um

- einen Beschluss der EU-Kommission vom 20.12.2011[14], der an die Stelle der Freistellungsentscheidung des „Monti-Kroes-Pakets" getreten ist und mit dem erläutert wird, unter welchen Voraussetzungen generell und ohne nähere Prüfung durch die EU-Kommission (dh ohne Notifizierung) eine mit dem EU-Recht vereinbare Beihilfe angenommen werden kann,
- einen Gemeinschaftsrahmen[15], mit dem erläutert wird, unter welchen Voraussetzungen Zahlungen oÄ, die nicht die vom EuGH in der Altmark-Trans-Entscheidung aufgestellten Kriterien erfüllen und die weder von der De-minimis-Verordnung noch von der

[14] ABl. 2012 L 7, S. 3.

[15] Mitteilung der Kommission über einen Rahmen der Europäischen Union für staatliche Beihilfen in Form von Ausgleichsleistungen für die Erbringung öffentlicher Dienstleistungen (2011), ABl. 2012 C 8, S. 15.

Freistellungsentscheidung umfasst werden, gemäß der durch Art. 106 Abs. 2 AEUV umschriebenen Bereichsausnahme mit dem AEUV kompatibel erklärt werden können sowie

- um eine spezifische De-minimis-Verordnung für Dienstleistungen von allgemeinem wirtschaftlichem Interesse.[16]

Flankiert werden diese Rechtsakte durch eine Mitteilung der Kommission über die Anwendung der Beihilfevorschriften auf Ausgleichsleistungen für die Erbringung von Dienstleistung von allgemeinem wirtschaftlichem Interesse.[17] In dieser Mitteilung erläuter die Kommission ihre Schlüsselkonzepte für die Beihilfenkontrolle in diesem Bereich.

Zudem wurde schon durch Art. 16 EGV – der in Art. 14 AEUV um einen weiteren Satz ergänzt worden ist – die gemeinwohlorientierte Leistung selbst in den Vordergrund gerückt.

26 Die Fragen, durch wen oder mit welchen Mitteln die Leistungen erbracht werden, treten demgegenüber in den Hintergrund. So offenbart etwa die Kommissionsmitteilung über Leistungen der Daseinsvorsorge vom 20.9.2000 nach wie vor exemplarisch, dass sich die Kommission nicht mit Trägerfragen befasst, sondern aufgabenbezogen von gemeinwohlorientierten Leistungen spricht. Wenn Art. 14 AEUV aber aufgaben- und nicht trägerbezogen formuliert ist, dient diese Regelung gerade nicht der Sicherung des Status quo der Organisationsstrukturen in den Mitgliedstaaten, sondern der Sicherung der Erbringung von Diensten von allgemeinem wirtschaftlichen Interesse im Einklang mit der Rahmenordnung des Gemeinschaftsrechts. Angestrebt wird mithin europarechtlich eine Funktionsgarantie zugunsten der Dienste, nicht aber eine Bestandsgarantie zugunsten überkommener Strukturen und Modalitäten.

2. Trägerbezogene Betrachtung in Deutschland

27 In Deutschland ist die Daseinsvorsorge dagegen zur geläufigen Chiffre für die staatliche bzw. kommunale Leistungserbringung auf dem Gebiet der öffentlichen Versorgung avanciert. Daseinsvorsorgeleistungen wurden als exklusive Aufgaben- bzw. Verwaltungsmonopole nahezu ausschließlich von öffentlichen Trägern erbracht. Nach dem deutschen Begriffshorizont wird die Daseinsvorsorge mithin in den Kontext der Leistungsverwaltung gestellt und die Erbringung von Versorgungsleistungen durch Private grundsätzlich nicht erfasst. Daher wird in Deutschland in der Diskussion mit den europäischen Organen dem Begriff der Daseinsvorsorge eine gewisse „Hassliebe“ entgegengebracht. Gegenüber der Europäischen Kommission wird argumentiert, Rechtssicherheit anstreben zu wollen. Dabei muss man indes ganz deutlich hinzufügen, dass von deutscher Seite regelmäßig Rechtssicherheit nicht funktionsorientiert, sondern struktur- und trägerorientiert angestrebt wird. Mit anderen Worten wird in Deutschland – durchaus mit guten Gründen – viel Kraft darauf verwendet, die überkommenen Strukturen der Erbringung der Daseinsvorsorge insbesondere im Bereich der Kommunalwirtschaft möglichst aufrechtzuerhalten. Dies kollidiert allerdings tendenziell mit dem europäischen Regelungsansatz.

28 Der Konflikt spiegelt sich dabei in der öffentlichen Daseinsvorsorge in Deutschland nicht generell auf allen Ebenen wider, sondern erfasst schwerpunktmäßig den kommunalen Bereich. Bund und Länder haben die von ihnen früher wahrgenommenen Daseinsvorsorgeaufgaben, die am Markt erfüllbar sind, weitestgehend privatisiert und liberalisiert. Art. 87e und 87f GG sind Ausdruck dieses Gedankens.

29 Die Beratungen des 64. Deutschen Juristentages in Berlin im Herbst 2002 haben ganz deutlich gezeigt, dass die in den 1990er Jahren modifizierte Philosophie der Aufgaben-

[16] Verordnung (EU) Nr. 360/2012 der Kommission über die Anwendung der Art. 107 und 108 AEUV auf De-minimis-Beihilfen an Unternehmen, die Dienstleistungen von allgemeinem wirtschaftlichen Interesse erbringen, ABl. 2012 L 114, S. 8.

[17] ABl. 2012 C 8, S. 4.

erfüllung des Bundes und der Länder nur wenig Konfliktpunkte mit der Regelungsphilosophie der Art. 14, 101 ff. AEUV und insbesondere des Art. 106 Abs. 2 AEUV aufweist. Die eigentliche Problematik in der Diskussion liegt auf der kommunalen Ebene, weil man hier nach wie vor in der deutschen Diskussion von der kommunalen Eigenverantwortung und damit einem trägerorientierten Daseinsvorsorgebegriff, der den Bereich der öffentlichen Leistungsverwaltung umfasst, ausgeht.

Der Kernkonflikt einerseits und Konvergenzbedarf andererseits besteht also im träger- 30
orientierten Begriff der Daseinsvorsorge in Deutschland einerseits und im aufgabenorientierten Begriff der Dienstleistungen von allgemeinem wirtschaftlichen Interesse in Art. 106 Abs. 2, 14 AEUV andererseits. Insoweit muss man zugeben, dass die Hauptzielrichtung der in Deutschland geführten Diskussion weniger dahin geht, Rechtssicherheit per se zu schaffen, sondern mehr darauf abzielt, weitest möglich die Aufrechterhaltung überkommener Strukturen zu bewahren, also die kommunale Eigenwahrnehmung von Daseinsvorsorgeaufgaben durch kommunalwirtschaftliche Betätigung möglichst weitgehend EU-fest zu machen. Während man von deutscher Seite vorrangig das Instrument der Aufgabenerfüllung – etwa durch öffentliche Unternehmen – in den Blick rückt, stellt die EU-Konzeption primär auf die Wirkung der Aufgabenerfüllung ab. Dies lässt sich am Beispiel der Erörterungen des 64. Deutschen Juristentages 2002 ganz deutlich machen. Die gewählte Themenstellung lautete: „Empfiehlt es sich, das Recht der öffentlichen Unternehmen im Spannungsfeld von öffentlichem Auftrag und Wettbewerb national und gemeinschaftsrechtlich neu zu regeln?"

In dieser Themenstellung kam primär die deutsche Betrachtungsweise zum Tragen, 31
wobei allerdings das Ziel verfolgt wurde, zwischen dem europäischen und dem deutschen Regelungsansatz durch Modifizierung vor allem des deutschen Rechts möglichst Kompatibilität herzustellen. Aus Sicht des europäischen Rechts ist diese Themenwahl kritisiert worden, was allerdings den Ausgangspunkt der in Deutschland seit Jahren nachhaltig geführten und weiter zu führenden Diskussion verkennt, in der ausgehend von den überkommenen Strukturen die Frage nach einzuschlagenden (rechts-)politischen Lösungsansätzen kontrovers debattiert wird.[18]

Dabei schwankt das deutsche kommunale Wirtschaftsrecht seit einigen Jahren unent- 32
schlossen zwischen den Leitbildern einer klaren Zweckbestimmung für die kommunalwirtschaftliche Betätigung öffentlicher Unternehmen einerseits und einer Lockerung spezifischer öffentlich-rechtlicher Bindungen andererseits.

3. Der rechtspolitische Richtungsstreit

Wie eingangs dargestellt, befindet sich in den deutschen Kommunen das kommunale 33
Unternehmertum keinesfalls auf dem Rückzug, sondern ist trotz zunehmenden Wettbewerbs zusätzlich in immer weitere Sektoren vorgestoßen bzw. dabei, bereits aufgegebene Bereiche im Wege der Rekommunalisierung wieder für sich zu entdecken. Daraus kann allerdings keinesfalls Einigkeit über den einzuschlagenden Weg der Weiterentwicklung des kommunalen Wirtschaftsrechts abgeleitet werden. In den vergangenen Jahren hat zwar eine Strömung an Kraft gewonnen, die insbesondere das kommunale Unternehmertum von Zweck- und Zuständigkeitsbindungen befreien möchte, um ihm ein ökonomisch erfolgversprechenderes Agieren in bestehenden Märkten und eine Ausdehnung auf künftige Märkte zu ermöglichen. Diese Strömung zielt weniger auf die Kommunen bzw. den Staat als Unternehmensträger, sondern auf das Unternehmen selbst, dessen Rechtsstellung vorwiegend unter dem Aspekt der Gleichbehandlung, und dh der Beseitigung der bestehenden absichtsvollen Benachteiligung, gesehen wird. Genannt sei insoweit das Stichwort des „Wettbewerbsunternehmens".

[18] Dazu ausführlich: *Krautscheid* (Hrsg.), Die Daseinsvorsorge im Spannungsfeld von europäischem Wettbewerb und Gemeinwohl. Eine sektorspezifische Betrachtung, 2009.

34 Gegenwärtig sieht es allerdings nicht nach einem erfolgreichen Durchmarsch dieser Auffassung aus, sondern eher nach einer Rückgewinnung des Bewusstseins für die politische Funktion der öffentlichen Unternehmen und deren verfassungsrechtlicher Verteidigung und Erweiterung. Dafür sind insbesondere die in der Gesetzgebung einzelner Bundesländer unternommenen Versuche einer Wiederbelebung bzw. zur Verfügungsstellung öffentlich-rechtlicher Organisationsformen wie der Anstalt öffentlichen Rechts anzuführen. Auch gibt es auf der Ebene der Landesgesetzgebung durchaus Verschärfungen der kommunalwirtschaftsrechtlichen Voraussetzungen für eine unternehmerische Tätigkeit bis hin zur obligatorischen Durchführung von Markterkundungsverfahren bzw. der Pflicht zur Einstellung einer ursprünglich legitimen unternehmerischen Tätigkeit nach Wegfall des öffentlichen Interesses bzw. nach Etablierung Erfolg versprechender privater Alternativen. Aus dieser Entwicklung ist also eine stärkere Tendenz in Richtung der Repolitisierung der kommunalen Unternehmertätigkeit abzuleiten. Andererseits ist nicht zu verkennen, dass mit dem Energie- und dem Telekommunikationssektor gerade in zwei Bereichen, in denen kommunale Unternehmen in einem intensiven Wettbewerb mit privaten Unternehmen stehen, einzelne Landesgesetzgeber bereit gewesen sind, überkommene Beschränkungen kommunaler Wirtschaftstätigkeit zu beseitigen (dazu schon → Rn. 15).

35 Das Europarecht steht für beide Entwicklungen offen. Insbesondere steht es der Verfolgung öffentlicher Zwecke durch staatsunternehmerische Tätigkeit nicht entgegen. Stattdessen sind im Europarecht sogar Impulse in Richtung einer Repolitisierung der staatlichen bzw. kommunalen Wirtschaftstätigkeit auszumachen, wobei als zentraler Impulsgeber Art. 106 Abs. 2 iVm Art. 14 AEUV fungiert, der der Daseinsvorsorge in Europa eine eigene materiellrechtliche Heimat bietet. In diesen Bestimmungen liegt eine bedeutende normative Basis zur Repolitisierung der staatlichen bzw. kommunalen Unternehmertätigkeit, da die Rechtfertigung von Bereichsausnahmen zugunsten der unternehmerischen Staats- bzw. Kommunaltätigkeit nach Art. 106 Abs. 2 AEUV nur gelingen kann, wenn eine möglichst exakte und transparente Zielkonzeption, also mit anderen Worten eine politische Konzeption, zugrunde liegt, auf die die zu ihrer Verwirklichung eingesetzten Mittel nachvollziehbar bezogen sind. Dies spricht für eine Rückbesinnung auf die politischen Zwecke der Leistungserbringung, mithin darauf, dass wirtschaftliches Handeln nicht Selbstzweck, sondern Modus ist. Je schärfer die Bedingungen der kommunalen Daseinsvorsorge von denen der privatwirtschaftlichen Leistungserbringung abgesetzt sind, desto deutlicher treten die auferlegten Nachteile zu Tage – desto größer sind allerdings auch die Chancen, dass deren Kompensation durch Beihilfe- und andere Vorteilsgewährungen europarechtlich akzeptiert wird.

36 Dieser inzwischen etwas abgeebbte innerdeutsche Kampf um die strukturelle Richtungsentscheidung, wie sich die öffentliche Aufgabenerfüllung insbesondere mittels des Instruments öffentlicher Unternehmen weiterentwickeln soll, ist in Deutschland nicht entschieden. Dies ist vor allem in den kontroversen Diskussionen des 64. Deutschen Juristentages 2002 ganz deutlich zu Tage getreten, was dazu geführt hat, dass aus den dort gefassten Beschlüssen gänzlich unterschiedliche Schlussfolgerungen gezogen worden sind[19].

37 Der 67. Deutsche Juristentag, der im September 2008 in Erfurt stattgefunden hat, hat inmitten der weltweiten Bankenkrise und der Immobilienkrise in den USA einen anderen Zugang zu der hier behandelten Fragestellung gewählt und nach Gestaltungsmöglichkeiten, Grenzen und Regelungsbedarf bei der Privatisierung öffentlicher Aufgaben gefragt. Er ist dabei sehr einvernehmlich ua zu den Ergebnissen gekommen, dass Privatisierung eine dauerhafte ordnungspolitische Option für politische Entscheidungsträger darstellt, die wesentlich zur Modernisierung und Entbürokratisierung des Staatswesens und zur Stärkung des Wirtschaftsstandortes beitragen kann, wenn die betreffende öffentliche Aufgabe privati-

[19] Dazu ausführlich: *H. Meyer* NVwZ 2002, 1479 (1480 f.); *Henneke* Der Landkreis 2002, 644; *Henneke* Der Landkreis 2003, 15; *Ehlers* Der Landkreis 2003, 22; *Burgi* Der Landkreis 2003, 26; *Schöneich* Der Landkreis 2003, 32; *Katz* Der Gemeindehaushalt 2003, 1.

sierungsgeeignet ist, hierdurch nicht öffentliche durch private Monopole ersetzt werden und der Staat eine gegebenenfalls im Interesse des Gemeinwohls erforderliche Gewährleistungsverantwortung übernimmt.

Das gemeinschaftliche Beihilferecht bedürfe einer verbreiterten sekundärrechtlichen Grundlegung namentlich für die Anwendung des sog. privaten Investortests, die Erfassung von Ausgleichsleistungen und Unterstützungszahlungen sowie für die Behandlung von Quersubventionen. An der Stelle von Leitlinien und Mitteilung der Kommission seien entsprechende Regelungen auf der Grundlage von Art. 109 AEUV zu erlassen. Die zukünftig auf der Grundlage von Art. 14 S. 2 AEUV zu erlassenden Vorschriften haben die besonderen Funktionsbedingungen der Dienste von allgemeinem wirtschaftlichen Interesse ebenso zu gewährleisten wie die unverfälschten Wettbewerbsbedingungen. Im Interesse der Wettbewerbsgleichheit sollten die Anforderungen an die Erbringung von Universaldienstleistungen in stärkerem Maße angeglichen werden, soweit sie zu Kostenunterschieden führten, die sich nicht unwesentlich auf die Wettbewerbsverhältnisse der betroffenen Unternehmen auswirken.

Der 67. DJT vertrat überdies einmütig die Auffassung, dass es nicht der Aufnahme einer 38 Subsidiaritätsklausel in das Grundgesetz, nach der Privatisierungen verfassungsrechtlich geboten sind, bedürfe, wenn der Rückgriff auf private Strukturen möglich sei und dies die Aufgabenerfüllung qualitativ besser und effzienter mache. Einfach-gesetzliche Subsidiaritätsklauseln und Privatisierungspflichten liefen dem Ziel zuwider, aufgaben- und situationsgerechte Einzelentscheidungen bei möglichst klar definierten Tatbeständen zu ermöglichen. Eine aufgabenübergreifende Privatisierungspflicht zulasten der Kommunen sei mit der Selbstverwaltungsgarantie des Art. 28 Abs. 2 GG nicht vereinbar. Der Grundsatz der Wirtschaftlichkeit dürfe nicht auf finanzwirtschaftliche Aspekte beschränkt werden, sondern sei ergebnisoffen im Sinne einer umfassenden Nutzenbewertung unter Einbeziehung auch nichtmonetärer Vor- und Nachteile zu verstehen, in die namentlich auch die mit einer Privatisierung verbundene Risikoverteilung einfließt und die nach der Höhe der jeweiligen Transaktionsvolumina differenziert. Ferner solle eine Pflicht zur Berichterstattung gegenüber den für die Privatisierungsentscheidung zuständigen Organen über die Realisierung der bei der Privatisierungsentscheidung erwarteten Wirtschaftlichkeit vorgesehen werden. Privatisierungen müssten gegebenenfalls durch wettbewerbssichernde Maßnahmen sowie durch Anreizmechanismen flankiert werden, um sicherzustellen, dass die Individualinteressen mit den Gemeinwohlinteressen in Übereinstimmung stehen. Die staatliche Gewährleistungsverantwortung könne sich bei lebensnotwendigen Infrastrukturaufgaben zu einer Pflicht zur Sicherstellung der Dienstleistungserbringung verdichten. Eine Umsatzbesteuerung von kommunalen Dienstleistungsunternehmen des öffentlichen Rechts im Aufgabenfeld der Abwasserentsorgung wurde vom 67. DJT solange abgelehnt, wie nicht auf der Durchführungs- bzw. auf der Trägerebene der Markt für die Erbringung der entsprechenden Dienstleistungen eröffnet ist.

Es bleibt abzuwarten, welche Regelungsstrategie sich in Deutschland langfristig durch- 39 zusetzen vermag. Auf eines ist dabei ganz deutlich hinzuweisen: Kommunale Unternehmen sind kein Selbstzweck, sondern Instrument des Trägers zur Erfüllung öffentlicher Aufgaben. Diesen Aspekt gilt es bei der Weiterentwicklung des kommunalen Wirtschaftsrechts ebenso zu berücksichtigen, wie er auch bei der Neufassung der Sparkassengesetze aufgrund der Verständigungen mit der Europäischen Kommission zu berücksichtigen war und ist.

Wenn man sich von den Erfordernissen des Gebietsbezugs und des Vorliegens eines 40 öffentlichen Zwecks bei öffentlichen Unternehmen lösen sollte, stünde dies zwar mit dem EU-Recht in Einklang, nicht aber mit den Strukturen des öffentlichen Rechts in Deutschland, das stets Sonderrecht des Staates darstellt. Deshalb sind die Relativierungen, die das Örtlichkeitsprinzip im Bereich der Energieversorgung mittlerweile in den meisten Kommunalverfassungen erfahren hat, durchaus kritisch zu sehen.[20] Man kann nicht zugleich für

[20] Dazu *Henneke/Ritgen,* Kommunales Energierecht, 2. Auflage 2013, S. 89 ff., S. 99 ff.

Sicherheit der Aufgabenerfüllung für bestimmte Bereiche und Chancengleichheit im Wettbewerb eintreten. Koppeln sich die öffentlichen Unternehmen hinsichtlich ihres Betätigungsfeldes von ihren Trägern, deren Tätigkeit zwingend zweck- und gebietsbezogen ist, ab, werden sie zu einem – beliebigen – Instrument der Aufgabenerfüllung wie jedes andere auch. Was gegenwärtig durch Erweiterung der Handlungsmöglichkeiten wie eine Stabilisierung zu erscheinen vermag, würde auf Dauer die Spezifik öffentlicher Unternehmen zur Disposition stellen und damit letztlich unterminieren.[21]

[21] In diesem Sinne auch *Burgi,* Kommunalrecht, 6. Auflage 2019, § 17 Rn. 51, *Henneke,* Öffentlicher Auftrag und Regionalprinzip im Lichte des XX. Hauptgutachtens der Monopolkommission, Der Landkreis 2014, 527 ff.

B. Europa- und verfassungsrechtliche Vorgaben[1]

Übersicht

[1] Dieses Kapitel beruht auf den unions- und verfassungsrechtlichen Ausführungen des Autors in seinem Beitrag „Wettbewerbliche Vorgaben für öffentliche Unternehmen" [in: *G. Kirchhof/Korte/Magen* (Hrsg.), Öffentliches Wettbewerbsrecht, 2014, § 6], die es aktualisiert und erweitert.

Literatur:

Baier, Die Finanzierung von (öffentlichen) Krankenhäusern in Deutschland – eine EU-beihilfenrechtliche Untersuchung –, 2021; *Berger,* Staatseigenschaft gemischtwirtschaftlicher Unternehmen. Eine Untersuchung der staatlichen Qualität unternehmerischer Entscheidungen, 2006; *Cremer,* Gewinnstreben als öffentliche Unternehmen legitimierender Zweck: Die Antwort des Grundgesetzes, DÖV 2003, 921; *von Danwitz,* Vom Verwaltungsprivatrecht zum Verwaltungsgesellschaftsrecht – Zu Begründung und Reichweite öffentlich-rechtlicher Ingerenzen in der mittelbaren Kommunalverwaltung, AöR 120 (1995), 595; *Dietlmeier,* Rechtsfragen der Publizität im kommunalen Unternehmensrecht, 2015; *Ehlers,* Empfiehlt es sich, das Recht der öffentlichen Unternehmen im Spannungsverhältnis von öffentlichem Auftrag und Wettbewerb national und gemeinschaftsrechtlich neu zu regeln?, Gutachten E zum 64. Deutschen Juristentag 2002, 2002; *Fabry/Augsten* (Hrsg.), Handbuch Unternehmen der öffentlichen Hand, 2. Aufl. 2011; *Gersdorf,* Öffentliche Unternehmen im Spannungsfeld zwischen Demokratie- und Wirtschaftlichkeitsprinzip, 2000; *Hellermann,* Örtliche Daseinsvorsorge und gemeindliche Selbstverwaltung, 2000; *Hösch,* Die kommunale Wirtschaftstätigkeit, 2000; *P. M. Huber,* Konkurrenzschutz im Verwaltungsrecht, 1991; *ders.,* Die unternehmerische Betätigung der öffentlichen Hand, in: FS Badura, 2004, S. 897; *Ipsen* (Hrsg.), Kommunalwirtschaft im Umbruch, 11. Bad Iburger Gespräche, 2001; *Jarass,* Kommunale Wirtschaftsunternehmen im Wettbewerb, 2002; *ders.,* Kommunale Wirtschaftsunternehmen und Verfassungsrecht, DÖV 2002, 489; *Kater,* Grundrechtsbindung und Grundrechtsfähigkeit gemischtwirtschaftlicher Aktiengesellschaften. Folgenanalyse unter besonderer Beachtung der Position der Privataktionäre, 2016; *Katz,* Kommunale Wirtschaft. Leitfaden für die Praxis, 2. Aufl. 2017; *Kluth,* Grenzen kommunaler Wettbewerbsteilnahme, 1988; *ders.,* Kommunalwirtschaftliche Aktivitäten als Dienste von allgemeinem wirtschaftlichen Interesse, in: Mann/Püttner (Hrsg.), Handbuch der kommunalen Wissenschaft und Praxis, Bd. II, 3. Aufl. 2011, § 39; *Knauff,* Die wirtschaftliche Betätigung der öffentlichen Hand, in: R. Schmidt/F. Wollenschläger (Hrsg.), Kompendium Öffentliches Wirtschaftsrecht, 5. Aufl. 2019, § 6; *Köke,* Kommunale Unternehmen in Europa. Die Erbringung kommunaler Dienstleistungen zwischen Europäischem Wettbewerbsrecht und Europäischer Charta der kommunalen Selbstverwaltung, 2015; *von Komorowski,* Der allgemeine Daseinsvorsorgevorbehalt des Art. 106 Abs. 2 AEUV, EuR 2015, 310; *Kühling/Geilmann/Weck,* Enigma Art. 106 Abs. 2 AEUV – Welche Spielräume haben die Mitgliedstaaten?, ZHR 182 (2018), 539; *Langner,* Die örtliche Begrenzung kommunaler Wirtschaftstätigkeit und die Grundfreiheiten des EG-Vertrages, 2008; *Löwer,* Der Staat als Wirtschaftssubjekt und Auftraggeber, VVDStRL 60 (2001), 416; *Mann,* Die öffentlich-rechtliche Gesellschaft. Zur Fortentwicklung des Rechtsformenspektrums für öffentliche Unternehmen, 2002; *Nierhaus,* Selbstverwaltungsgarantie und wirtschaftliche Betätigung der Kommunen, in: Mann/Püttner (Hrsg.), Handbuch der kommunalen Wissenschaft und Praxis, Bd. II, 3. Aufl. 2011, § 40; *Pfahl,* Staatliche Wirtschaftsteilnahme und Art. 30 GG, 2016; *Pielow,* Gemeindewirtschaft im Gegenwind?, NWVBl. 1999, 369; *ders.,* Grundstrukturen öffentlicher Versorgung. Vorgaben des Europäischen Gemeinschaftsrechts sowie des französischen und des deutschen Rechts unter besonderer Berücksichtigung der Elektrizitätswirtschaft, 2001; *Pieroth/Hartmann,* Grundrechtsschutz gegen wirtschaftliche Betätigung der öffentlichen Hand, DVBl. 2002, 421; *Poppen,* Der Wettbewerb der öffentlichen Hand, 2007; *Reichard* (Hrsg.), Kommunen am Markt, 2001; *Rennert,* Der Selbstverwaltungsgedanke im kommunalen Wirtschaftsrecht, JZ 2003, 385; *Rödel,* Öffentlichkeit und Vertraulichkeit im Recht der kommunalen Eigengesellschaften. Am Beispiel Nordrhein-Westfalens, 2017; *M. Ronellenfitsch,* Verfassungsrechtliche und gemeinschaftsrechtliche Vorgaben, in: Hoppe/Uechtritz/Reck (Hrsg.), Handbuch Kommunale Unternehmen, 3. Aufl. 2012, § 3; *Scharpf,* Kommunales Unternehmensrecht in Bayern, 2004; *Schink,* Wirtschaftliche Betätigung kommunaler Unternehmen, NVwZ 2002, 129; *Stober/Vogel* (Hrsg.), Wirtschaftliche Betätigung der öffentlichen Hand, 2000; *Schwarze* (Hrsg.), Daseinsvorsorge im Lichte des Wettbewerbsrechts, 2001; *Suerbaum,* Kommunale und sonstige öffentliche Unternehmen, in: Ehlers/Fehling/Pünder (Hrsg.), Besonderes Verwaltungsrecht, Bd. I, 4. Aufl. 2019, § 16; *Tietje,* Die Neuordnung des Rechts wirtschaftlicher Betätigung und privatrechtliche Beteiligung der Gemeinden, 2002; *Wallerath* (Hrsg.), Kommunen im Wettbewerb, 2001; *Weiß,* Privatisierung und Staatsaufgaben, 2000; *Wessendorf,* Der Öffentliche Auftraggeber im Vergaberecht – Spiegelbild europäischer Integrationsbemühungen und Herausforderungen für die Rechtspraxis, 2018; *Wieland/Hellermann,* Der Schutz des Selbstverwaltungsrechts der Kommunen gegenüber Einschränkungen ihrer wirtschaftlichen Betätigung im nationalen und europäischen Recht, 1995; *Storr,* Der Staat als Unternehmer, 2001; *Wernicke,* Die gewandelte Bedeutung des Art. 106 AEUV: Aus den Apokryphen zum Kanon der Wirtschaftsverfassung, EuZW 2015, 281; *F. Wollenschläger,* Unionsrechtliche Grundlagen des Öffentlichen Wirtschaftsrechts, in: R. Schmidt/ders. (Hrsg.), Kompendium Öffentliches Wirtschaftsrecht, 5. Aufl. 2019, § 1; *ders.,* Verfassungsrechtliche Grundlagen des Öffentlichen Wirtschaftsrechts, in: R. Schmidt/ders. (Hrsg.), Kompendium Öffentliches Wirtschaftsrecht, 5. Aufl. 2019, § 2; *ders.,* Wettbewerbliche Vorgaben für öffentliche Unternehmen, in: G. Kirchhof/Korte/Magen (Hrsg.), Öffentliches Wettbewerbsrecht. Neuvermessung eines Rechtsgebiets, 2014, § 6.

I. Einführung: Öffentliche Unternehmen in der nationalen und supranationalen Wirtschaftsverfassung

1 Die Legitimation staatlichen Wirtschaftens und die Rolle öffentlicher Unternehmen stellen eine seit jeher kontrovers beurteilte **Grundfrage der Wirtschaftsordnung** dar. „No two characters seem more inconsistent than those of trader and sovereign“, bekräftigte schon

Adam Smith.[2] Und auch *Lorenz von Stein* sah die Staatswirtschaft als Fremdkörper im wettbewerblichen Geschehen, sei doch „der Staat [...] seiner Natur nach weder berufen noch seiner Natur nach fähig, Unternehmungen zu leiten".[3] Trotz dieser auch heute noch verbreiteten Skepsis gegenüber einer unternehmerischen Betätigung der öffentlichen Hand[4] kommt öffentlichen Unternehmen nicht nur zahlenmäßig eine gewisse Bedeutung im Wirtschaftsleben zu; vielmehr finden sie in ihrem spezifischen Gemeinwohlauftrag auch eine ökonomische, juristische und politische Rechtfertigung. Indes bedarf ihre Sonderstellung im Wettbewerb einer Einhegung. Diese hat das Wirtschaftsverfassungsrecht auf nationaler und unionaler Ebene zu verarbeiten.

Auch auf der Mikroebene kommt dem **Verfassungs- und Unionsrecht** eine **große Bedeutung für die Rechtspraxis** der öffentlichen und damit auch kommunalen Unternehmen zu. Dies resultiert zunächst daraus, dass die unternehmerische Betätigung der öffentlichen Hand einen Modus der staatlichen Aufgabenwahrnehmung[5] und damit Ausübung von Staatsgewalt darstellt, womit die besonderen verfassungs- und unionsrechtlichen Bindungen des Staatshandelns greifen: von den Vorgaben der grundgesetzlichen Kompetenzordnung über die umfassende Bindung an Grundrechte und Grundfreiheiten bis hin zur Anforderung einer hinreichenden demokratischen Legitimation. Hinzu kommt, dass die unternehmerische Betätigung der öffentlichen Hand, anders als etwa das Gewerberecht oder das GWB-Vergaberecht, nicht umfassend und detailliert gesetzlich geregelt ist, so dass auch in der Rechtspraxis die (Rahmen-)Vorgaben des Verfassungs- und Unionsrechts unmittelbar Anwendung finden und nicht mediatisiert und konkretisiert im Gewande des einfachen Gesetzesrechts.[6] Schließlich existieren mit dem EU-Beihilfen- und dem EU-Vergaberecht zwei Materien, die eine wettbewerbskonforme Finanzierung bzw. Beauftragung öffentlicher Unternehmen durch ihr Muttergemeinwesen verlangen und angesichts ihrer effektiven Durchsetzung eine nicht unerhebliche Bedeutung für den – im nationalen Recht schwächer ausgeprägten – Schutz privater Konkurrenten erlangt haben, freilich in einem Spannungsverhältnis zum Daseinsvorsorgeauftrag öffentlicher Unternehmen und zur kommunalen Organisationshoheit. Im Folgenden seien die Vorgaben des Unions- (II.) und Verfassungsrechts (III.) entfaltet. Nachdem das Unionsrecht nicht nur primärrechtliche Rahmenvorgaben, sondern auch sekundärrechtliche Detailregelungen enthält, ist es, anders als das nationale Verfassungsrecht, auch zu einer Feinsteuerung in der Lage.[7] 2

II. Vorgaben des Unionsrechts

Die Wirtschaftsverfassung der EU mit ihrer Verpflichtung auf das Ziel einer in hohem Maße wettbewerbsfähigen sozialen Marktwirtschaft (Art. 3 Abs. 3 EUV) lässt eine unternehmerische Betätigung des Staates zu.[8] Art. 106 AEUV erkennt ausdrücklich die Existenz 3

---

2 *Smith,* The Wealth of Nations, 1776, Book V.2.8 (344).

3 *Stein,* Lehrbuch der Finanzwissenschaft, 5. Aufl. 1885, 2. Teil 1, S. 208 f.

4 Siehe etwa Monopolkommission, Achtes Hauptgutachten, BT-Drs 11/7582, S. 25. Zum Bild in der jüngeren ökonomischen Literatur *Löwer,* in: VVDStRL 60 (2001), 416 (429 m. Fn. 61); zum Dauerthema „öffentliche Unternehmen" nur *Ehlers,* Verwaltung in Privatrechtsform, 1984; *Emmerich,* Das Wirtschaftsrecht der öffentlichen Unternehmen, 1969; *Hellermann,* in: *Hoppe/Uechtritz/Reck* (Hrsg.), Handbuch kommunale Unternehmen, 3. Aufl. 2012, S. 133; *Huber,* Konkurrenzschutz im Verwaltungsrecht, 1991; *Huber* FS Badura, 2004, S. 897; *Klein,* Die Teilnahme des Staates am wirtschaftlichen Wettbewerb, 1968; *Schachtschneider,* Staatsunternehmen und Privatrecht, 1986; *Storr,* Der Staat als Unternehmer, 2001; *F. Wollenschläger,* in: *Kirchhof/Korte/Magen* (Hrsg.), Öffentliches Wettbewerbsrecht, 2014, § 6.

5 *F. Wollenschläger,* in: *Kirchhof/Korte/Magen* (Fn. 4), § 6 Rn. 7. Zu den Grundmodi der staatlichen Aufgabenwahrnehmung *Schulze-Fielitz,* in: *Hoffmann-Riem/Schmidt-Aßmann/Voßkuhle* (Hrsg.), Grundlagen des Verwaltungsrechts, Bd. I, 2. Aufl. 2012, § 12 (zur Verwaltung als Marktteilnehmer) Rn. 122 ff.

6 Allgemein zu diesen Dimensionen des Verwaltungsverfassungsrechts *F. Wollenschläger,* in: VVDStRL 75 (2016), 187 (199 f.).

7 *F. Wollenschläger,* in: VVDStRL 75 (2016), 187 (228 f., 231).

8 So auch *Ehlers,* Gutachten 64. DJT, 2002, S. E 33; *Ruthig/Storr,* Öffentliches Wirtschaftsrecht, 4. Aufl. 2015, § 8 Rn. 730; *Manssen,* in: *v. Mangoldt/Klein/Starck/Huber/Voßkuhle* (Hrsg.), Grundgesetz Kommentar, Bd. I, 7. Aufl. 2018, Art. 12 Rn. 33; *Kluth,* Öffentliches Wirtschaftsrecht, 2019, § 14 Rn. 6.

öffentlicher Unternehmen an (vgl. auch Art. 54, Art. 345 AEUV[9]) und ordnet sie gleichzeitig in die unionale Wirtschaftsverfassung ein, indem er das Spannungsfeld von öffentlichem Auftrag und EU-Wettbewerbsgrundsätzen aufzulösen sucht (1.). Nach einem Blick auf die Verpflichtung und Berechtigung durch die EU-Marktfreiheiten (2.) und die EU-Grundrechte (3.), entfaltet dieser Abschnitt die Anforderungen des Wettbewerbs- (4.), Beihilfen- (5.) und Vergaberechts (6.) in Grundzügen (ausführlich hierzu Kap. H und L) sowie spezifische Transparenzvorgaben (7.). Abschließend sei die Aufsicht durch die Europäische Kommission erörtert (8.).

1. Öffentliche Unternehmen im Spannungsfeld von Daseinsvorsorge und Wettbewerb

4 **Dienstleistungen von allgemeinem wirtschaftlichem Interesse,** mit denen öffentliche Unternehmen oftmals betraut sind, spielen im europäischen Sozial- und Gesellschaftsmodell eine wichtige Rolle.[10] Da sie angesichts des Gebots sozialverträglicher Konditionen oder eines bestimmten Leistungsniveaus oftmals nicht nach rein marktwirtschaftlichen Gesichtspunkten erbracht werden können,[11] stehen sie in einem latenten **Spannungsfeld zum EU-Binnenmarkt- und EU-Wettbewerbsrecht,** das auf ein von staatlichen Interventionen weitmöglich freien Waren-, Personen-, Kapital- und Dienstleistungsverkehr (Art. 3 Abs. 3 S. 1 EUV; Art. 26 AEUV) sowie ein System unverfälschten Wettbewerbs (Art. 3 Abs. 3 S. 1 EUV i. V. m. Protokoll 27, Art. 101 ff. AEUV)[12] setzt.[13] Die Wirtschaftsverfassung der Europäischen Union gibt Eckpunkte für die **Auflösung** dieses Spannungsfelds vor: Einerseits erkennt sie in Art. 14 AEUV und in dem diesen konkretisierenden Protokoll Nr. 26 zum Vertrag von Lissabon über Dienste von allgemeinem Interesse die besondere Bedeutung dieser Dienstleistungen an[14] und setzt dies insbesondere in Art. 106 Abs. 2 S. 1 AEUV dadurch um, dass sie die Anwendung namentlich der EU-Wettbewerbsregeln unter den Vorbehalt stellt, dass diese „nicht die Erfüllung der [entsprechenden Unternehmen] übertragenen besonderen Aufgabe rechtlich oder tatsächlich verhindert."[15] Andererseits bekräftigt Art. 106 Abs. 1 AEUV die grundsätzliche Geltung des EU-Wettbewerbsrechts

---

9 Art. 345 AEUV bestimmt: „Die Verträge lassen die Eigentumsordnung in den verschiedenen Mitgliedstaaten unberührt." Dies überlässt den Mitgliedstaaten grundsätzlich die Entscheidungshoheit über das Ausmaß des öffentlichen Sektors und damit der unternehmerischen Betätigung der öffentlichen Hand, siehe nur *Badura* ZGR 1997, 291 (295 f.); *Weiß* EuR 2003, 165 (166, 176 ff.); die Vorschrift demgegenüber lediglich auf die zivilrechtliche Eigentumszuordnung beziehend: *Mann* JZ 2002, 819 (820). Nach dem EuGH (verb. Rs. C-105/12 bis 107/12, ECLI:EU:C:2013:677 Rn. 29 ff. – Staat der Nederlanden/ Essent NV u. a.) kommt in Art. 345 AEUV der „Grundsatz der Neutralität der Verträge gegenüber der Eigentumsordnung in den Mitgliedstaaten zum Ausdruck. Hierzu geht aus der Rechtsprechung des Gerichtshofs hervor, dass die Verträge grundsätzlich weder einer Verstaatlichung von Unternehmen [...] noch deren Privatisierung entgegenstehen [...] Folglich dürfen die Mitgliedstaaten das Ziel verfolgen, für bestimmte Unternehmen eine Zuordnung des Eigentums in öffentliche Trägerschaft einzuführen oder aufrechtzuerhalten." Freilich müssen sich Privatisierungsverbote am Unionsrecht im Übrigen, namentlich der Kapitalverkehrsfreiheit, messen lassen (Rn. 36 ff.).

10 Siehe *Kluth,* in: *Mann/Püttner* (Hrsg.), Handbuch der kommunalen Wissenschaft und Praxis, Bd. II, 3. Aufl. 2011, § 39 Rn. 7; GA *Jacobs,* in: EuGH Urt. v. 25.10.2001 – C-475/99, Slg. 2003, I-8089 Rn. 175 – Ambulanz Glöckner.

11 Siehe auch EuGH, verb. Rs. 188–190/80, Slg. 1982, 2545 Rn. 21 – Frankreich u. a./EK.

12 Obgleich das Ziel, ein System des unverfälschten Wettbewerbs zu schaffen, nicht mehr ausdrücklich in der Zielbestimmung des Art. 3 EUV genannt ist (vgl. demgegenüber Art. 3 Abs. 1 lit. g EG), stellt das – dem Primärrecht gemäß Art. 51 EUV zuzurechnende – Protokoll Nr. 27 über den Binnenmarkt und den Wettbewerb klar, „dass der Binnenmarkt, wie er in Artikel 3 des Vertrags über die Europäische Union beschrieben wird, ein System umfasst, das den Wettbewerb vor Verfälschungen schützt".

13 Näher *Kluth,* in: *Mann/Püttner* (Fn. 10), § 39 Rn. 1 ff.

14 Zur Bedeutung des Art. 14 AEUV *Kluth,* in: *Mann/Püttner* (Fn. 10), § 39 Rn. 54 ff.; *Köke,* Kommunale Unternehmen in Europa, 2015, S. 139 ff. Siehe ferner das in Art. 36 GRCh verankerte Grundrecht auf Zugang zu Dienstleistungen von allgemeinem wirtschaftlichen Interesse.

15 Nach GA *Alber,* in: EuGH Urt. v. 17.5.2001 – C-340/99, Slg. 2001, I-4109 Rn. 94 – TNT Traco, handelt es sich insoweit um eine „grundlegend[e] Wertentscheidung des Gemeinschaftsrechts".

auch mit Blick auf öffentliche Unternehmen, und begrenzt Art. 106 Abs. 2 S. 2 AEUV den Vorbehalt zugunsten von mit Dienstleistungen von allgemeinem wirtschaftlichem Interesse betrauten Unternehmen dadurch, dass dessen Aktivierung „[d]ie Entwicklung des Handelsverkehrs [...] nicht in einem Ausmaß beeinträchtig[en darf], das dem Interesse der Union zuwiderläuft."[16]

Damit muss die **Privilegierung notwendig** sein, um die Dienstleistung von allgemeinem wirtschaftlichem Interesse zu realisieren;[17] sie ist als Ausnahmevorschrift zudem eng auszulegen,[18] die Existenz des Unternehmens muss aber nicht bedroht sein,[19] es reicht aus, „dass ohne die streitigen Rechte die Erfüllung der dem Unternehmen übertragenen besonderen Aufgaben gefährdet wäre oder dass die Beibehaltung dieser Rechte erforderlich ist, um ihrem Inhaber die Erfüllung seiner im allgemeinen wirtschaftlichen Interesse liegenden Aufgaben zu wirtschaftlich tragbaren Bedingungen zu ermöglichen"[20]. Bei der **Definition** der Dienstleistungen von allgemeinem wirtschaftlichem Interesse[21] **kommt den Mitgliedstaaten ein Spielraum zu.**[22] Dies beschränkt die Kommission (wie auch die Unionsgerichte) auf eine Prüfung offensichtlicher Fehler bei der mitgliedstaatlichen Definition.[23] Allerdings ist im Interesse der Transparenz ein spezifischer **Betrauungsakt** erforderlich, die bloße Tätigkeit im Allgemeininteresse reicht nicht aus.[24] **5**

[16] Siehe hierzu auch *Dietlmeier,* Rechtsfragen der Publizität im kommunalen Unternehmensrecht, 2015, S. 261 ff.; *Kluth,* in: *Mann/Püttner* (Fn. 10), § 39 Rn. 35 ff.; *Katz,* Kommunale Wirtschaft, 2. Aufl. 2017, Rn. 236 ff.; *Köke* (Fn. 14), S. 82 ff., 125 ff.; *v. Komorowski* EuR 2015, 310; *Kühling/Geilmann/Weck,* ZHR 182 (2018), 539; *Wernicke* EuZW 2015, 281.

[17] Siehe auch EuGH Urt. v. 19.5.1993 – C-320/91, Slg. 1993, I-2533 Rn. 16 – Corbeau; Urt. v. 10.2.2000 – verb. Rs. C-147 und 148/97, Slg. 2000, I-825 Rn. 56 ff. – Deutsche Post AG; Urt. v. 25.10.2001 – C-475/99, Slg. 2003, I-8089 Rn. 56 f. – Ambulanz Glöckner; Urt. v. 8.3.2017 – C-660/15 P, ECLI:EU:C:2017:178 Rn. 29 – Viasat Broadcasting UK/Kommission; *Badura* ZGR 1997, 291 (300 ff.); *Jung,* in: *Calliess/Ruffert* (Hrsg.), EUV/AEUV, 5. Aufl. 2016, Art. 106 AEUV Rn. 50; *Weiß* EuR 2003, 165 (186 f.)

[18] EuGH Urt. v. 23.10.1997 – C-159/94, Slg. 1997, I-5815 Rn. 53 – EK/Frankreich; Urt. v. 17.5.2001 – C-340/99, Slg. 2001, I-4109 Rn. 56 – TNT Traco.

[19] EuGH Urt. v. 23.10.1997 – C-159/94, Slg. 1997, I-5815 Rn. 59, 95 – EK/Frankreich; Urt. v. 21.9.1999 – verb. Rs. C-115–117/97, Slg. 1999, I-6025 Rn. 107 – Brentjens; Urt. v. 17.5.2001 – C-340/99, Slg. 2001, I-4109 Rn. 54 – TNT Traco; Urt. v. 15.11.2007 – C-162/06, Slg. 2007, I-9911 Rn. 35 – International Mail Spain; Urt. v. 8.3.2017 – C-660/15 P, ECLI:EU:C:2017:178 Rn. 30 – Viasat Broadcasting UK/Kommission.

[20] EuGH Urt. v. 8.3.2017 – C-660/15 P, ECLI:EU:C:2017:178 Rn. 30 – Viasat Broadcasting UK/Kommission; ferner Urt. v. 23.10.1997 – C-159/94, Slg. 1997, I-5815 Rn. 95 f. – EK/Frankreich; Urt. v. 21.9.1999 – verb. Rs. C-115–117/97, Slg. 1999, I-6025 Rn. 107 – Brentjens; Urt. v. 10.2.2000 – verb. Rs. C-147 und 148/97, Slg. 2000, I-825 Rn. 49 f. – Deutsche Post AG; Urt. v. 17.5.2001 – C-340/99, Slg. 2001, I-4109 Rn. 54 – TNT Traco; Urt. v. 25.10.2001 – C-475/99, Slg. 2003, I-8089 Rn. 57 – Ambulanz Glöckner; Urt. v. 15.11.2007 – C-162/06, Slg. 2007, I-9911 Rn. 35 – International Mail Spain; *Mann* JZ 2002, 819 (823).

[21] Näher zum Begriff *Kluth,* in: *Mann/Püttner* (Fn. 10), § 39 Rn. 15 ff.; *Köke* (Fn. 14), S. 131 ff.

[22] Art. 1 Protokoll Nr. 26 zum Vertrag von Lissabon über Dienste von allgemeinem Interesse. Siehe ferner EuGH Urt. v. 21.9.1999 – verb. Rs. C-115–117/97, Slg. 1999, I-6025 Rn. 104 – Brentjens; Urt. v. 20.4.2010 – C-265/08, Slg. 2010, I-3377 Rn. 29 – Federutility u. a.; Urt. v. 7.9.2016 – C-121/15, ECLI:EU:C:2016:637 Rn. 40 f. – ANODE; Urt. v. 30.4.2020 – C-5/19, ECLI:EU:C:2020:343 Rn. 58 – Overgras Mrezhi; EuG Urt. v. 27.2.1997 – T-106/95, Slg. 1997, II-229 Rn. 167 ff. – FFSA; Urt. v. 16.6.2005 – T-17/02, Slg. 2005, II-2031 Rn. 216 – Olsen; Urt. v. 12.2.2008 – T-289/03, Slg. 2008, II-81 Rn. 165 ff. – BUPA; Urt. v. 7.11.2012 – T-137/10, ECLI:EU:T:2012:584 Rn. 99 ff. – CBI; Urt. v. 3.12.2014 – T-57/11, ECLI:EU:T:2014:1021 Rn 132 ff. – Castelnou Energía; Urt. v. 16.7.2014 – T-309/12, ECLI:EU:T:2014:676 Rn. 169 – Zweckverband Tierkörperbeseitigung; *Jung,* in: *Calliess/Ruffert* (Fn. 17), Art. 14 AEUV Rn. 9, 12; Art. 106 AEUV Rn. 37; *Kluth,* in: *Mann/Püttner* (Fn. 10), § 39 Rn. 41 f.; *Koenig/Paul,* in: *Streinz* (Hrsg.), EUV/AEUV, 3. Aufl. 2018, Art. 14 AEUV Rn. 4; *Suerbaum,* in: *Ehlers/Fehling/Pünder* (Hrsg.), Besonderes Verwaltungsrecht, Bd. I, 4. Aufl. 2019, § 16 Rn. 22; *Weiß* EuR 2003, 165 (185 ff.). Zum Begriff *Jung,* in: *Calliess/Ruffert* (Fn. 17), Art. 106 AEUV Rn. 36 ff.

[23] EuGH Urt. v. 20.12.2017 – C-70/16 P, ECLI:EU:C:2017:1002 Rn. 76 – Comunidad Autónoma de Galicia und Retegal; EuG Urt. v. 16.6.2005 – T-17/02, Slg. 2005, II-2031 Rn. 216 f. – Olsen; Urt. v. 12.2.2008 – T-289/03, Slg. 2008, II-81 Rn 220 – BUPA; Urt. v. 7.11.2012 – T-137/10, ECLI:EU:T:2012:584 Rn. 99 ff. – CBI; Urt. v. 16.7.2014 – T-309/12, ECLI:EU:T:2014:676 Rn. 169, 175 – Zweckverband Tierkörperbeseitigung.

[24] EuGH Urt. v. 14.7.1981 – C-172/80, Slg. 1981, 2021 Rn. 7 – Züchner; Urt. v. 2.3.1983 – C-7/82, Slg. 1983, 483 Rn. 29 ff. – GVL; Urt. v. 11.4.1989 – C-66/86, Slg. 1989, 803 Rn. 55 – Saeed; Urt. v.

6 Als **Quintessenz** hält der EuGH den Zweck dieses Regelungsgeflechts treffend fest, nämlich „das Interesse der Mitgliedstaaten am Einsatz bestimmter Unternehmen, insbesondere solcher des öffentlichen Sektors, als Instrument der Wirtschafts- oder Fiskalpolitik mit dem Interesse der Gemeinschaft an der Einhaltung der Wettbewerbsregeln und der Wahrung der Einheit des gemeinsamen Marktes in Einklang [zu] bringen".[25]

2. Öffentliche Unternehmen und Marktfreiheiten

7 Der EU-Binnenmarkt umfasst „einen Raum ohne Binnengrenzen, in dem der freie Verkehr von Waren, Personen, Dienstleistungen und Kapital gemäß den Bestimmungen der Verträge gewährleistet ist." Der Realisierung dieses zentralen Integrationsziels der Europäischen Union (siehe Art. 3 Abs. 3 UAbs. 1 S. 1 EUV), mithin dem Abbau entsprechender Hindernisse, dienen die **fünf Marktfreiheiten:** die Warenverkehrsfreiheit (Art. 28 ff. AEUV), die Arbeitnehmerfreizügigkeit (Art. 45 ff. AEUV), die Niederlassungsfreiheit (Art. 49 ff. AEUV), die Dienstleistungsfreiheit (Art. 56 ff. AEUV) und die Kapitalverkehrsfreiheit (Art. 63 ff. AEUV). Sie verbieten nicht zu rechtfertigende **Diskriminierungen** EU-ausländischer Waren und Erwerbstätiger sowie nicht zu rechtfertigende **Beschränkungen** des freien Verkehrs von Waren, Personen, Kapital und Dienstleistungen innerhalb der Europäischen Union.[26] Diese Marktfreiheiten binden den Staat – einschließlich der kommunalen Ebene – auch dann, wenn er unternehmerisch handelt, was eine Bindung verselbstständigter öffentlicher Unternehmen einschließt (a); in der Praxis spielt diese Bindung indes eine nur untergeordnete Rolle (b). Öffentliche Unternehmen können sich überdies auf die Marktfreiheiten berufen (c).

a) Bindung öffentlicher Unternehmen an Marktfreiheiten

8 Bietet die öffentliche Hand **entgeltlich Leistungen oder Waren** an, unterliegt sie den Bindungen der Marktfreiheiten. Dass sie damit gleichzeitig zur Erfüllung öffentlicher Aufgaben tätig wird, etwa Leistungen der Daseinsvorsorge (wie etwa Krankenhausbehandlungen oder Rundfunk) erbringt, ändert hieran nichts, da der Begriff des Wirtschaftslebens entsprechend weit zu verstehen ist;[27] eine Ausnahme greift lediglich für Tätigkeiten, die mit der Ausübung öffentlicher Gewalt verbunden sind (Art. 51, ggf. iVm Art. 62 AEUV)[28] oder bei denen es schon an den erwähnten Tatbestandsmerkmalen einer Dienstleistung (zB unentgeltlicher, da weitgehend steuerfinanzierter Hochschulunterricht[29]) oder Ware fehlt.

9 Auch formal von der (unmittelbaren) Staatsverwaltung getrennte Einrichtungen, wie rechtlich **verselbstständigte Unternehmen** (zB AG, GmbH, Kommunalunternehmen des öffentlichen Rechts), können einer Bindung an die Grundfreiheiten unterliegen. Denn

---

23.10.1997 – C-159/94, Slg. 1997, I-5815 Rn. 65 – EK/Frankreich; EuG Urt. v. 12.2.2008 – T-289/03, Slg. 2008, II-81 Rn. 172, 181 – BUPA; Urt. v. 7.11.2012 – T-137/10, ECLI:EU:T:2012:584 Rn. 101 f. – CBI; Urt. v. 6.4.2017 – T-219/14, ECLI:EU:T:2017:266 Rn. 152–154 – Regione autonoma della Sardegna/Kommission; *Badura* ZGR 1997, 291 (300); *Jung,* in: *Calliess/Ruffert* (Fn. 17), Art. 106 AEUV Rn. 40 ff.; *Kluth,* in: *Mann/Püttner* (Fn. 10), § 39, Rn. 38 f.; *Mann* JZ 2002, 819 (822 f.); *Ziekow,* Öffentliches Wirtschaftsrecht, 4. Aufl. 2016, § 7 Rn. 25.

[25] EuGH Urt. v. 19.3.1991 – C-202/88, Slg. 1991, I-1223 Rn. 12 – EK/Frankreich; ferner Urt. v. 23.10.1997 – C-159/94, Slg. 1997, I-5815 Rn. 55 – EK/Frankreich; Urt. v. 21.9.1999 – verb. Rs. C-115 –117/97, Slg. 1999, I-6025 Rn. 103 – Brentjens; Urt. v. 25.10.2001 – C-475/99, Slg. 2003, I-8089 Rn. 62 – Ambulanz Glöckner; Urt. v. 20.4.2010 – C-265/08, Slg. 2010, I-3377 Rn. 28 – Federutility u. a. Siehe auch *Weiß* EuR 2003, 165 (185).

[26] Näher zum Gewährleistungsgehalt der Marktfreiheiten *F. Wollenschläger,* in: *Schmidt/ders.* (Hrsg.), Kompendium Öffentliches Wirtschaftsrecht, 5. Aufl. 2019, § 1 Rn. 9 ff.

[27] Siehe zum Begriff des Wirtschaftslebens im Kontext des Dienstleistungsbegriffs nur *Kluth,* in: *Calliess/Ruffert* (Fn. 17), Art. 57 AEUV Rn. 11 ff.

[28] Zu dieser Bereichsausnahme *F. Wollenschläger,* in: *Schmidt/ders.* (Fn. 26), § 1 Rn. 59.

[29] Siehe EuGH Urt. v. 27.9.1988 – C-263/86, Slg. 1988, 5365 Rn. 14 ff. – Humbel; Urt. v. 7.12.1993 – C-109/92, Slg. 1993, I-6447 Rn. 15 f. – Wirth.

auch wenn das Unionsrecht keinerlei Vorgaben für die Verwaltungsorganisation der Mitgliedstaaten aufstellt, kann die Wahrnehmung öffentlicher Aufgaben durch selbstständige Einrichtungen nicht zu einem Dispens von den Grundfreiheiten führen. Die formale Zuordnung zur staatlichen Sphäre[30] und die Rechtsform der Einrichtung[31] sind demnach nicht entscheidend. Nach der – in Einzelfragen freilich umstrittenen – Kasuistik des EuGH erfolgt die **Zurechnung aufgrund** einer wertenden **Gesamtbetrachtung der staatlichen Einflussmöglichkeiten** auf die Einrichtung: Maßgebliche Gesichtspunkte sind mithin die Bestellung von Leitungsgremien, die überwiegende Finanzierung, die inhaltliche Beeinflussung der Tätigkeit, die staatliche Errichtung, die Wahrnehmung hoheitlicher oder im öffentlichen Interesse liegender Aufgaben sowie Kontrollmöglichkeiten;[32] Orientierung bieten auch die Kriterien des Art. 2 lit. b der Transparenz-Richtlinie 2006/111/EG[33] (dazu → Rn. 39)[34]. Auch Art. 106 Abs. 1[35] und 2 AEUV tragen eine Bindung öffentlicher Unternehmen.

b) Untergeordnete Bedeutung der Marktfreiheiten für die unternehmerische Tätigkeit des Staates

Unbeschadet der bestehenden Bindung öffentlicher Unternehmen an die **Marktfreiheiten** 10
spielen diese, anders als die Wirtschaftsgrundrechte des Grundgesetzes, in Wissenschaft und Praxis **keine besondere Rolle** für die Frage der Zulässigkeit einer unternehmerischen Betätigung der öffentlichen Hand; auf europäischer Ebene stehen vielmehr das **Wettbewerbs- und Beihilfenrecht im Zentrum.** Immerhin verpflichtet Art. 37 AEUV die Mitgliedstaaten, „ihre staatlichen Handelsmonopole derart um[zuformen], dass jede Diskriminierung in den Versorgungs- und Absatzbedingungen zwischen den Angehörigen der Mitgliedstaaten ausgeschlossen ist" (Abs. 1), und „jede neue Maßnahme [zu unterlassen], die [diesen] Grundsätzen widerspricht oder die Tragweite der Artikel über das Verbot von Zöllen und mengenmäßigen Beschränkungen zwischen den Mitgliedstaaten einengt" (Abs. 2). Darüber hinaus stellen (nicht nur) öffentlichen Unternehmen eingeräumte **Dienstleistungsmonopole** eine Beschränkung der Niederlassungs- (Art. 49 AEUV) bzw. Dienstleistungsfreiheit (Art. 56 f. AEUV) dar und bedürfen folglich einer Rechtfertigung aus zwingenden Gründen des Allgemeininteresses.[36] Kasuistik zur Beschränkung der freien unternehmerischen Betätigung aufgrund der **schlichten Marktteilnahme der öffentlichen Hand** existiert – soweit ersichtlich – nicht; vereinzelt werden in der Literatur

[30] EuGH Urt. v. 12.12.1990 – C-302/88, Slg. 1990, I-4625 Rn. 15 – Hennen Olie.

[31] EuGH Urt. v. 12.12.1990 – 302/88, Slg. 1990, I-4625 Rn. 16 – Hennen Olie; Urt. v. 25.12.2002 – C-325/00, Slg. 2002, I-9977 Rn. 17 – EK/Deutschland (CMA).

[32] EuGH Urt. v. 24.11.1982 – C-249/81, Slg. 1982, 4005 Rn. 15 – EK/Irland (Buy Irish); Urt. v. 13.12.1983 – C-222/82, Slg. 1983, 4083 Rn. 17 – Apple and Pears Council. Siehe auch EuGH Urt. v. 7.12.1984 – C-237/82, Slg. 1984, 483 Rn. 19 – Jongeneel Kaas; Urt. v. 25.12.2002 – C-325/00, Slg. 2002, I-9977 Rn. 18 – EK/Deutschland (CMA); Urt. v. 12.12.1990 – C-302/88, Slg. 1990, I-4625 Rn. 14 ff. – Hennen Olie; Urt. v. 18.5.1989 – verb. Rs. 266 und 267/87, Slg. 1989, 1295 Rn. 14 ff. – Royal Pharmaceutical Society; Urt. v. 28.4.1977 – C-71/76, Slg. 1977, 765 Rn. 15/18 – Thieffry; Urt. v. 13.2.1996 – C-197/94, Slg. 1985, 1819 Rn. 14 – Steinhauser; Urt. v. 15.12.1993 – C-292/92, Slg. 1993, I-6787 Rn. 13 ff. – Hünermund. Ausführlich dazu *Frenz,* Handbuch Europarecht, Bd. I, 2. Aufl. 2012, Rn. 313 ff.; *Köke* (Fn. 14), S. 78 ff.; *F. Wollenschläger* NVwZ 2007, 388 (390); *F. Wollenschläger,* in: *Schmidt/ders.* (Fn. 26), § 1 Rn. 18.

[33] Richtlinie 2006/111/EG der Kommission vom 16. November 2006 über die Transparenz der finanziellen Beziehungen zwischen den Mitgliedstaaten und den öffentlichen Unternehmen sowie über die finanzielle Transparenz innerhalb bestimmter Unternehmen, ABl. L 318 vom 17.11.2006, S. 17.

[34] Siehe auch die Definition des Kreises der an die die Marktfreiheiten konkretisierenden EU-Vergaberichtlinien gebundenen öffentlichen Auftraggeber (Art. 2 Abs. 1 Nr. 1, 4 RL 2014/24/EU).

[35] Für eine Adressierung öffentlicher Unternehmen (und nicht nur der Mitgliedstaaten) durch Art. 106 Abs. 1 AEUV: EuGH Urt. v. 20.4.1974 – C-155/73, Slg. 1974, 409 Rn. 14, 20 – Sachi; Urt. v. 6.7.1982 – verb. Rs. 188–190/80, Slg. 1982, 2545 Rn. 12 – Frankreich u. a./EK; *Jung,* in: *Calliess/Ruffert* (Fn. 17), Art. 106 AEUV Rn. 20; *Frenz,* Handbuch Europarecht (Fn. 32), Rn. 324. **A. A.** *Kühling,* in: *Streinz* (Fn. 22), Art. 106 AEUV Rn. 33.

[36] EuGH Urt. v. 11.9.2003 – C-6/01, Slg. 2003, I-8621 Rn. 65 ff. – Anomar u. a.; Urt. v. 6.3.2007 – verb. Rs. C-338/04, 359/04, 360/04, Slg. 2007, I-1891 Rn. 42 – Placanica. Siehe hierzu auch *Dietlmeier* (Fn. 16), S. 267 f.

allerdings nicht weiter vertiefte Parallelen zur nationalen Grundrechtsdogmatik gezogen[37]. Jedenfalls darzutun wäre eine Beeinträchtigung des Marktzugangs durch staatliche Konkurrenz, was angesichts ihrer nur mittelbaren Folgen für die unternehmerische Betätigung Privater einer besonderen Begründung bedarf;[38] auch wenn dies gelänge, bliebe eine Rechtfertigung möglich. Liegt eine Beschränkung der Grundfreiheiten vor, wären als Schranken-Schranke zudem die EU-Grundrechte zu berücksichtigen, namentlich die Berufs- und unternehmerische Freiheit (Art. 15 f. GRCh).[39]

c) Öffentliche Unternehmen als Berechtigte der Grundfreiheiten

11 Anders als dem nationalen Recht (→ Rn. 59 ff.) liegt dem Unionsrecht keine Scheidung von Staat und Gesellschaft in dem Sinne zugrunde, dass sich Berechtigung und Verpflichtung durch die Grundfreiheiten gegenseitig ausschließen. Vielmehr legt **Art. 54 AEUV** fest, dass sich „die Gesellschaften des bürgerlichen Rechts und des Handelsrechts einschließlich der Genossenschaften und die sonstigen juristischen Personen des öffentlichen und privaten Rechts mit Ausnahme derjenigen, die keinen Erwerbszweck verfolgen", auf die Niederlassungsfreiheit berufen können; gemäß Art. 62 AEUV gilt dies auch für die Dienstleistungsfreiheit. Dabei ist die Verfolgung eines Erwerbszwecks mit einer wirtschaftlichen Tätigkeit im oben entfalteten Sinne (→ Rn. 8) gleichzusetzen.[40] Auf die Rechtspersönlichkeit kommt es nicht an; es genügt „eine rechtlich verfestigte Struktur [...], die ein Auftreten im Rechtsverkehr erlaubt."[41] Hieraus wird gefolgert, dass sich auch **öffentliche Unternehmen auf die Grundfreiheiten berufen** können.[42] Der persönliche Anwendungsbereich der Warenverkehrsfreiheit (Art. 34 ff. AEUV) hängt angesichts ihres Charakters als „reine Produktverkehrsfreiheit" ohnehin nicht von persönlichen Voraussetzungen ab.[43] Hinsichtlich der Arbeitnehmerfreizügigkeit ist festzuhalten, dass sich öffentliche Unternehmen als Arbeitgeber auf diese berufen können, etwa um Beschränkungen zulasten von EU-ausländischen Arbeitnehmern entgegenzutreten.[44]

12 **Relevanz** erlangt hat die Möglichkeit kommunaler Unternehmen, sich auf die Marktfreiheiten berufen zu können, hinsichtlich der – im Ergebnis zu bejahenden – Unionsrechtskonformität der im Kommunalwirtschaftsrecht vorgesehenen **territorialen Beschränkungen** der unternehmerischen Betätigungsmöglichkeit (vgl. etwa Art. 87 Abs. 2 und 3 BayGO; dazu auch → Rn. 47).[45]

---

[37] *Frenz* GewArch 2006, 100 (102).

[38] Vgl. EuGH Urt. v. 17.2.2005 – C-134/03, Slg. 2005, I-1167 Rn. 38 – Viacom; Urt. v. 8.9.2005 – verb. Rs. C-544 und C-545/03, Slg. 2005, I-7723 Rn. 31 ff. – Mobistar und Belgacom; Urt. v. 28.4.2009 – C-518/06, Slg. 2009, I-3491 Rn. 66 ff. – EK/Italien.

[39] Zur umstrittenen Bindung der Mitgliedstaaten an die EU-Grundrechte bei Beschränkung der Grundfreiheiten (Art. 51 Abs. 1 S. 1 GRC) *Kingreen,* in: *Calliess/Ruffert* (Fn. 17), Art. 51 GRC Rn. 16 ff.; *Streinz/Michl,* in: *Streinz* (Fn. 22), Art. 51 GRC Rn. 15 ff; *Hatje,* in: *Schwarze* (Hrsg.), EU-Kommentar, 4. Aufl. 2018, Art. 51 GRC Rn. 16 ff.; *F. Wollenschläger,* in: *Hatje/Müller-Graff* (Hrsg.), Enzyklopädie Europarecht, Bd. I, 2. Aufl. 2020, § 13 Rn. 16 f.; *F. Wollenschläger* EuZW 2014, 577.

[40] Näher *Forsthoff,* in: *Grabitz/Hilf/Nettesheim,* Das Recht der Europäischen Union, Stand: 66. EL Februar 2019, Art. 54 AEUV Rn. 7 ff.

[41] *Forsthoff,* in: *Grabitz/Hilf/Nettesheim* (Fn. 40), Art. 54 AEUV Rn. 6.

[42] *Badura* ZGR 1997, 291 (299); *Ehlers,* Gutachten 64. DJT (Fn. 8), S. E 42; *Weiß* EuR 2003, 165 (171, 173 f.); *Ziekow* (Fn. 23), § 7 Rn. 20; *F. Wollenschläger,* in: *Schmidt/ders.* (Fn. 26), § 1 Rn. 47.

[43] *Leible/Streinz,* in: *Grabitz/Hilf/Nettesheim,* Das Recht der Europäischen Union, Stand: 55. EL Januar 2015, Art. 34 AEUV Rn. 31.

[44] EuGH Urt. v. 7.5.1998 – C-350/96, Slg. 1998, I-2521 Rn. 20, 25 ff. – Clean Car; Urt. v. 11.1.2007 – C-208/05, Slg. 2007, I-181 Rn. 23 – ITC.

[45] Vgl. dazu m. w. N. und ebenfalls für die Unionsrechtskonformität *Ehlers,* VorAufl., Rn. 11 ff.; *Knauff,* in: *Schmidt/Wollenschläger* (Fn. 26), § 6 Rn. 34; *Poppen,* Der Wettbewerb der öffentlichen Hand, 2007, S. 153 f.; *Suerbaum,* in: *Ehlers/Fehling/Pünder* (Fn. 22), § 16 Rn. 28. **A. A.** *Langner,* Die örtliche Begrenzung kommunaler Wirtschaftstätigkeit und die Grundfreiheiten des EG-Vertrages, 2008, S. 115 ff., zsf. 274 ff.; *Schwintowski* NVwZ 2001, 607 (610, zsf. 612). Siehe ferner zur Unionsrechtskonformität des Verbots einer rein gewinnorientierten Tätigkeit; *Meßmer,* in: *Fabry/Augsten* (Hrsg.), Handbuch Unternehmen der öffentlichen Hand, 2. Aufl. 2011, Teil 2, Rn. 16.

3. Öffentliche Unternehmen und Unionsgrundrechte

Seit der am 1.12.2009 in Kraft getretenen Lissabonner Vertragsreform enthält das EU-Primärrecht mit der in Art. 6 Abs. 1 EUV für verbindlich erklärten EU-Grundrechtecharta einen geschriebenen Grundrechtskatalog (Art. 6 Abs. 1 EUV).[46] Die Unionsgrundrechte binden in ihrem Anwendungsbereich öffentliche Unternehmen (a), wohingegen die Grundrechtsberechtigung letzterer umstritten ist (b). **13**

a) Bindung öffentlicher Unternehmen an die Unionsgrundrechte

Hinsichtlich der Bindung nationaler – und damit auch kommunaler – öffentlicher Unternehmen an die Unionsgrundrechte ist zunächst zu berücksichtigen, dass die **Mitgliedstaaten nur gegenständlich beschränkt an die Grundrechte-Charta gebunden** sind: Während die EU gemäß Art. 51 Abs. 1 GRCh einer umfassenden Unionsgrundrechtsbindung unterliegt, greift die Grundrechte-Charta für die Mitgliedstaaten „ausschließlich bei der Durchführung des Rechts der Union". Dies ist der Fall, wenn die Mitgliedstaaten EU-Recht umsetzen oder vollziehen, die Grundfreiheiten beschränken oder sonst in einem unionsrechtlich hinreichend determinierten Kontext handeln, wobei die Reichweite im Einzelnen nach wie vor nicht gänzlich geklärt ist.[47] Was des Weiteren die Grundrechtsbindung bei **unternehmerischem Handeln** betrifft, so erfolgt keine Differenzierung nach der Rechtsnatur des Handelns,[48] so dass, wie bei den Grundfreiheiten auch, die Bindung nicht von der Handlungs- bzw. Organisationsform abhängt. Wie bei den Marktfreiheiten auch, können sich schließlich bei gegenüber der unmittelbaren Staats- und Kommunalverwaltung **verselbstständigten Einrichtungen,** wie AGs, GmbHs oder Kommunalunternehmen des öffentlichen Rechts, Zurechnungsfragen stellen; diese sind analog zum dort Ausgeführten zu entscheiden (→ Rn. 8 f.).[49] **14**

b) Berechtigung öffentlicher Unternehmen durch die Unionsgrundrechte

Ob sich die öffentliche Hand und namentlich öffentliche Unternehmen[50] auf die EU-Grundrechte berufen können, ist **umstritten** und **in der Rechtsprechung des EuGH noch nicht abschließend geklärt.**[51] Der Wortlaut einzelner Grundrechte, sofern nicht von „Mensch", sondern (juristischer) Person die Rede ist, schließt dies nicht aus.[52] Überdies können durch Grundrechte geschützte Interessen auch für staatliche Einrichtungen relevant sein, so das Eigentumsrecht oder die unternehmerische Freiheit für öffentliche Unternehmen.[53] Daher erkennen zahlreiche Stimmen in der Literatur öffentlichen Einrichtungen zumindest unter bestimmten Voraussetzungen Grundrechtsschutz zu, so öffentlichen Unternehmen generell[54] oder zumindest im Falle einer Beteiligung Privater[55], bei einer **15**

---

[46] Grundrechte hat das Unionsrecht freilich schon zuvor als (ungeschriebene) allgemeine Rechtsgrundsätze anerkannt, siehe Art. 6 Abs. 3 EUV und aus der Frühzeit EuGH Urt. v. 12.11.1969 – C-29/69, Slg. 1969, 419 Rn. 7 – Stauder; Urt. v. 17.12.1970 – C-11/70, Slg. 1970, 1125 Rn. 4 – Internationale Handelsgesellschaft; Urt. v. 14.5.1974 – C-4/73, Slg. 1974, 491 Rn. 13 – Nold. Näher zur Genese des EU-Grundrechtsschutzes *F. Wollenschläger,* in: Enzyklopädie Europarecht (Fn. 39), § 13 Rn. 4 ff.

[47] Näher hierzu *F. Wollenschläger,* in: Enzyklopädie Europarecht (Fn. 39), § 13 Rn. 16 ff.

[48] Siehe nur *Jarass,* GRCh, 3. Aufl. 2016, Art. 51 Rn. 14; *Pache,* in: *Pechstein/Nowak/Häde* (Hrsg.), Frankfurter Kommentar EUV/GRC/AEUV, Bd. I, 2017, Art. 51 GRC Rn. 15; *F. Wollenschläger,* in: Enzyklopädie Europarecht (Fn. 39), § 13 Rn. 64.

[49] Siehe auch *Suerbaum,* in: *Ehlers/Fehling/Pünder* (Fn. 22), § 16 Rn. 26.

[50] Zum Begriff des öffentlichen Unternehmens Art. 2 lit. b RL 2006/111/EG.

[51] Diese Passage folgt *F. Wollenschläger,* in: *Schmidt/ders.* (Fn. 26), § 1 Rn. 89a, b.

[52] Siehe EuG Urt. v. 4.6.2014 – T-67/12, ECLI:EU:2014:348 Rn. 58 – Sina Bank; *Ziniel,* in: *Holoubek/Lienbacher,* GRC-Kommentar, 2. Aufl. 2019, Art. 17 GRC Rn. 15 ff.

[53] Siehe *Ziniel,* in: *Holoubek/Lienbacher* (Fn. 52), Art. 17 GRC Rn. 17 ff.

[54] *Jarass,* GRCh (Fn. 48), Art. 17 Rn. 17 (wenn keine Hoheitsgewalt ausgeübt wird); ferner *Vosgerau,* in: *Stern/Sachs* (Hrsg.), GRCh, 2016, Art. 17 Rn. 42 (wenn am Markt tätig); *Ziniel,* in: *Holoubek/Lienbacher* (Fn. 52), Art. 17 GRC Rn. 17 ff. (wenn keine Hoheitsgewalt ausgeübt wird).

[55] *v. Milczewski,* Der grundrechtliche Schutz des Eigentums, 1994, S. 267 ff.

gewissen Verselbstständigung gegenüber dem Staat,[56] wenn keine Hoheitsgewalt ausgeübt wird[57] oder keine öffentlichen Aufgaben wahrgenommen werden[58].[59] Indes ist eine **Grundrechtsberechtigung öffentlicher Unternehmen abzulehnen:**[60] Als Adressatin der Charta kann die öffentliche Hand nicht gleichzeitig grundrechtsberechtigt sein.[61] Insoweit kommt es nicht darauf an, ob die fragliche Einrichtung Hoheitsgewalt im engeren Sinne ausübt (vgl. Art. 51 AEUV) oder dem Staat lediglich aufgrund von staatlicher Beherrschung zurechenbar ist, etwa durch Eigentum, Kontrolle oder Ernennung von Aufsichts- und Leitungsgremien (siehe insoweit Art. 2 Abs. 1 Nr. 1, 4 RL 2014/24/EU[62] und Art. 2 lit. b. RL 2006/111/EG). Denn, abgesehen von Abgrenzungsschwierigkeiten, handeln in allen Fällen staatliche Einrichtungen in Erfüllung von Gemeinwohlaufgaben. Nachdem die Doppelrolle als Grundrechtsverpflichteter und -berechtigter nicht auf öffentliche Unternehmen, hinter denen Nicht-EU-Staaten stehen, zutrifft, hat der Gerichtshof diese in seiner jüngeren Rechtsprechung für grundrechtsberechtigt erklärt,[63] ohne eine definitive Antwort hinsichtlich Einrichtungen der EU und ihrer Mitgliedstaaten zu geben[64]. Anderes gilt nur für jedem Verfahrensbeteiligten zustehende Verfahrens- und Justizrechte[65]

---

[56] *Calliess,* in: *ders./Ruffert* (Fn. 17), Art. 17 GRC Rn. 5.

[57] *Frenz,* Handbuch Europarecht, Bd. IV, 2009, Rn. 2808 f.; *Kühling,* in: *Pechstein/Nowak/Häde* (Fn. 48), Art. 17 GRC Rn. 7; für eine Kombination der beiden Kriterien *Heselhaus,* in: *ders./Nowak* (Hrsg.), Handbuch der Europäischen Grundrechte, 2. Aufl. 2020, § 32 Rn. 60; *Jarass,* GRCh (Fn. 48), Art. 17 Rn. 17; siehe auch EuG Urt. v. 29.1.2013 – T-496/10, EU:T:2013:39 Rn. 42, 45 – Bank Mellat/Council: „entity which participated in the exercise of governmental powers or which ran a public service under governmental control" for what a participation in the company's share capital is not sufficient; kritisch wegen der Weite der zweiten Alternative *Kühling,* in: *Pechstein/Nowak/Häde* (Fn. 48), Art. 17 GRC Rn. 7. Vgl. ferner EGMR 1.1.1995 – Nr. 10/1993/405/483–484, Rep. 1997-V, Rn. 49 – The Holy Monasteries/Griechenland.

[58] *Müller-Michaels,* Grundrechtlicher Eigentumsschutz in der Europäischen Union, 1997, S. 70.

[59] Vgl. ferner für die Maßgeblichkeit einer grundrechtstypischen Gefährdungslage, die eine privatrechtliche Organisationsform – vorbehaltlich der Wahrnehmung hoheitlicher Aufgaben – indiziere und bei öffentlich-rechtlicher Organisationsform besonders begründungsbedürftig sei *Ludwigs/Friedmann* NVwZ 2018, 22 (27 f.).

[60] Zweifelnd auch *Schwerdtfeger,* in: *Meyer/Hölscheidt* (Hrsg.), GRCh, 5. Aufl. 2019, Art. 51 Rn. 61; BVerfG Beschl. v. 18.8.2020 – 1 BvQ 82/20, BeckRS 2020, 19742, Rn. 29 („erhebliche Bedenken").

[61] Kritisch zum Konfusionsargument indes *Ludwigs/Friedmann* NVwZ 2018, 22 (24).

[62] Richtlinie 2014/24/EU des Europäischen Parlaments und des Rates vom 26. Februar 2014 über die öffentliche Auftragsvergabe und zur Aufhebung der Richtlinie 2004/18/EG, zuletzt geändert durch: Delegierte Verordnung (EU) 2019/1828 der Kommission vom 30. Oktober 2019 zur Änderung der Richtlinie 2014/24/EU des Europäischen Parlaments und des Rates im Hinblick auf die Schwellenwerte für die Vergabe öffentlicher Liefer-, Dienstleistungs- und Bauaufträge sowie für Wettbewerbe, ABl. L 279 vom 31.10.2019, S. 25.

[63] EuGH Urt. v. 28.3.2017 – C-72/15, ECLI:EU:C:2017:236 Rn. 147 – Rosneft – ohne Begründung; EuG Urt. v. 29.1.2013 – T–496/10, ECLI:EU:T:2013:39 Rn. 35 ff. – Bank Mellat/Council; Urt. v. 5.2.2013 – T-494/10, ECLI:EU:T:2013:59 Rn. 33 ff. – Bank Saderat Iran/Council; Urt. v. 6.9.2013 – T-35/10 und T-7/11, ECLI:EU:T:2013:397 Rn. 64 ff. – Bank Melli Iran/Council; Urt. v. 29.4.2015 – T-10/13, ECLI:EU:T:2015:235 Rn. 53 ff. – Bank of Industry and Mine; Urt. v. 29.4.2015 – T-9/13, ECLI:EU:T:2015:236 Rn. 37 ff. – National Iranian Gas Company/Council; Urt. v. 16.7.2014 – T-578/12, ECLI:EU:T:2014:678 Rn. 168 ff. – National Iranian Oil Company/Council; Urt. v. 14.4.2014 – T-263/12, ECLI:EU:T:2014:228 Rn. 27 ff. – Kala Naft; Urt. v. 4.6.2014 – T-67/12, ECLI:EU:T:2014:348 Rn. 57 ff. – Sina Bank; zustimmend *Kühling,* in: *Pechstein/Nowak/Häde* (Fn. 48), Art. 17 GRC Rn. 7.

[64] Offen gelassen: EuGH Urt. v. 16.11.2011 – C–548/09 P, Slg. 2011, I-11381 Rn. 113 – Bank Melli Iran/Council; Urt. v. 20.12.2017 – C-521/15, ECLI:EU:C:2017:982 Rn. 89 – Spanien/Rat. (für Art. 41 GRC; parallelen allgemeinen Rechtsgrundsatz für anwendbar erachtet); EuG Urt. v. 29.4.2015 – T-10/13, ECLI:EU:T:2015:235 Rn. 53 ff. – Bank of Industry and Mine; Urt. v. 29.4.2015 – T-9/13, ECLI:EU:T:2015:236 Rn. 37 ff. – National Iranian Gas Company/Council; Urt. v. 16.7.2014 – T-578/12, ECLI:EU:T:2014:678 Rn. 168 ff. – National Iranian Oil Company/Council; Urt. v. 14.4.2014 – T-263/12, ECLI:EU:T:2014:228 Rn. 27 ff. – Kala Naft; Urt. v. 29.1.2013 – T–496/10, ECLI:EU:T:2013:39 Rn. 35 ff. – Bank Mellat/Council; Urt. v. 5.2.2013 – T-494/10, ECLI:EU:T:2013:59 Rn. 33 ff. – Bank Saderat Iran/Council; Urt. v. 6.9.2013 – T-35/10 und T-7/11, ECLI:EU:T:2013:397 Rn. 64 ff. – Bank Melli Iran/Council; offener, aber auf ein Drittstaats-Unternehmen bezogen: EuG Urt. v. 4.6.2014 – T-67/12, ECLI:EU:T:2014:348 Rn. 57 ff. – Sina Bank.

[65] EuGH Urt. v. 12.2.1992 – verb. Rs. C-48/90 und C-66/90, Slg. 1992, I-565 Rn. 40 ff. – Niederlande u. a./Kommission; Urt. v. 2.12.2009 – C-89/08, Slg. 2009, I-11245 Rn. 47 ff. – Kommission/Irland; Urt. v. 18.2.2016 – C-176/13, ECLI:EU:C:2016:96 Rn. 49 – Bank Mellat; *Schwerdtfeger,* in: *Meyer/Hölscheidt*

und für staatsferne, öffentlich-rechtliche Einrichtungen in bestimmten Gewährleistungsbereichen, etwa Religionsgemeinschaften (Art. 10 Abs. 1 GRCh), Rundfunkanstalten (Art. 11 GRCh)[66] oder Universitäten (Art. 13 GRCh).[67] Die Möglichkeit der Mitgliedstaaten, sich auf das Grundrecht auf gute Verwaltung (Art. 41 GRCh) zu berufen, hat der EuGH offen gelassen, indes eine Berechtigung derselben durch den parallelen allgemeinen Rechtsgrundsatz bejaht.[68]

Vor dem Hintergrund des in Art. 52 Abs. 3 Satz 1 GRCh formulierten Gebots der Konkordanzauslegung der GRCh mit der EMRK sei darauf hingewiesen, dass auch die **EMRK** staatlichen Organisationen zwar keine Beschwerdefähigkeit zuerkennt (Art. 34 EMRK), um eine Doppelrolle als Grundrechtsberechtigter und -verpflichteter zu vermeiden[69]; allerdings zieht sie den Kreis der vom Grundrechtsschutz ausgeschlossenen staatlichen Organisationen enger als die vorstehend vertretene Auffassung. So genügen für die Eigenschaft als staatliche Organisation weder staatliches Allein- bzw. Mehrheitseigentum noch die Ernennung der Mehrheit der Mitglieder von Leitungsgremien durch den Staat noch die Erbringung von Daseinsvorsorgeleistungen noch Zustimmungsrechte zu den Statuten der Einrichtung.[70] **Entscheidend** ist, **ob** die **Einrichtung Hoheitsgewalt ausübt** (participation „in the exercise of governmental powers") oder einen „public service" unter staatlicher Kontrolle betreibt.[71] Dies hängt von einer Gesamtbetrachtung ab, die den Rechtsstatus der Einrichtung und die ggf. mit diesem verbundenen Befugnisse, die Natur und den Kontext ihrer Tätigkeit und den Grad der Unabhängigkeit von politischen Entscheidungsträgern in den Blick nimmt.[72] Als weitere Parameter hat der EGMR auf eine Monopolstellung (oder, umgekehrt gewendet, die Existenz privater Konkurrenz) sowie die (Un-)Zuständigkeit der Verwaltungsgerichte verwiesen.[73] Als staatliche Organisationen versteht der EGMR die zentralen Organe des Staates und dezentralisierte Behörden, die öffentliche Aufgaben wahrnehmen, ebenso lokale und regionale Behörden einschließlich Gemeinden.[74] Die schlichte Betätigung als öffentliches Unternehmen auf dem Markt nach den für alle Marktteilnehmer geltenden Regeln ohne Sonderbefugnisse genügt indes nicht für die Qualifikation als staatliche Organisation.[75] Nicht 16

(Fn. 60), Art. 51 Rn. 61; *Ludwigs/Friedmann* NVwZ 2018, 22 (26 f.); *Streinz/Michl,* in: *Streinz* (Fn. 22), Art. 51 GRC Rn. 32; *Kühling,* in: *v. Bogdandy/Bast* (Hrsg.), Europäisches Verfassungsrecht, 2. Aufl. 2009, S. 688.

66 Vgl. auch EuGH Urt. v. 26.4.2012 – C-510/10, ECLI:EU:C:2012:244 Rn. 12, 57 – DR und TV2 Danmark.

67 BVerfG Beschl. v. 18.8.2020 – 1 BvQ 82/20, BeckRS 2020, 19742, Rn. 30; *Jarass,* GRCh (Fn. 48), Art. 51 Rn. 58; *Kühling,* in: *v. Bogdandy/Bast* (Fn. 65), S. 687 f.

68 EuGH Urt. v. 20.12.2017 – C-521/15, ECLI:EU:C:2017:982 Rn. 89 f. – Spanien/Rat.

69 Explizit zum Konfusionsargument: EGMR Urt. v. 13.12.2007 – Nr. 40998/98, Rep. 2007-V Rn. 81 – Iran Shipping Lines/Türkei; Urt. v. 16.2.2016 – Nr. 8895/10 Rn. 35 – Ärztekammer für Wien und Dorner/Österreich. Siehe ferner EGMR Urt. v. 23.3.2010 – Nr. 50108/06 – Döşemealtı Belediyesi/Türkei zur Irrelevanz der dezentralen Organisation hinsichtlich der Grundrechtsbindung.

70 EGMR Urt. v. 13.12.2007 – Nr. 40998/98, Rep. 2007-V Rn. 80 – Iran Shipping Lines/Türkei.

71 EGMR Urt. v. 13.12.2007 – Nr. 40998/98, Rep. 2007-V Rn. 79 – Iran Shipping Lines/Türkei; Urt. v. 30.3.2004 – Nr. 53984/00, Rep. 2004-II Rn. 26 – Radio France u. a./Frankreich (Auszüge); Urt. v. 7.12.2006 – Nr. 35841/02 Rn. 47 – Österreichischer Rundfunk/Österreich. Siehe bereits EGMR Urt. v. 9.12.1994 – Nr. 13092/87, Serie A, Nr. 301-A Rn. 48 f. – The Holy Monasteries/Griechenland.

72 EGMR Urt. v. 13.12.2007 – Nr. 40998/98, Rep. 2007-V Rn. 79 ff. – Iran Shipping Lines/Türkei; Urt. v. 30.3.2004 – Nr. 53984/00, Rep. 2004-II Rn. 26 – Radio France u. a./Frankreich (Auszüge); Urt. v. 7.12.2006 – Nr. 35841/02 Rn. 47 – Österreichischer Rundfunk/Österreich; Urt. v. 16.2.2016 – Nr. 8895/10 Rn. 35 – Ärztekammer für Wien und Dorner/Österreich.

73 EGMR Urt. v. 13.12.2007 – Nr. 40998/98, Rep. 2007-V Rn. 80 – Iran Shipping Lines/Türkei; Urt. v. 30.3.2004 – Nr. 53984/00, Rep. 2004-II Rn. 26 – Radio France u. a./Frankreich (Auszüge); Urt. v. 7.12.2006 – Nr. 35841/02 Rn. 52 – Österreichischer Rundfunk/Österreich; Urt. v. 16.2.2016 – Nr. 8895/10 Rn. 36 – Ärztekammer für Wien und Dorner/Österreich.

74 EGMR Urt. v. 30.3.2004 – Nr. 53984/00, Rep. 2004-II Rn. 26 – Radio France u. a./Frankreich (Auszüge); Urt. v. 16.2.2016 – Nr. 8895/10 Rn. 35 – Ärztekammer für Wien und Dorner/Österreich. Ablehnend für Gemeinden Urt. v. 23.3.2010 – Nr. 50108/06 – Döşemealtı Belediyesi/Türkei.

75 EGMR Urt. v. 13.12.2007 – Nr. 40998/98, Rep. 2007-V Rn. 80 f. – Iran Shipping Lines/Türkei; Urt. v. 16.2.2016 – Nr. 8895/10 Rn. 36 – Ärztekammer für Wien und Dorner/Österreich.

einmal juristische Personen des öffentlichen Rechts stellen zwingend staatliche Einrichtungen dar, so sie keine Hoheitsbefugnisse ausüben, nicht zu Zwecken der öffentlichen Verwaltung gegründet wurden und vollständig unabhängig gegenüber dem Staat sind.[76] Hierfür kann, wie im Falle öffentlicher Rundfunkanstalten, eine gegenüber dem Staat verselbstständigte, grundrechtlich abgesicherte Rechtsstellung streiten.[77] Umgekehrt hat der EGMR die öffentlich-rechtliche organisierte, mit Zwangsbeiträgen finanzierte, staatlicher Aufsicht unterliegende und mit hoheitlichen Befugnissen ausgestattete Ärztekammer für Wien als staatliche Organisation qualifiziert, zumal sie mit der Organisation und Verwaltung der Ausbildung und des Berufszugangs von Ärzten eine „public service role" einnimmt.[78] Freilich muss auch nach dieser weiten Rechtsprechung das in Frage stehende Grundrecht auf juristische Personen anwendbar sein (→ Rn. 15).[79] Ist dies der Fall, prüft der EGMR keine weiteren Voraussetzungen als jene des Art. 34 EMRK für die Grundrechtsberechtigung.[80] Der **EuGH hat diese Rechtsprechung bislang nicht allgemein auf die GRCh übertragen** und Art. 34 EMRK als vor den Unionsgerichten nicht anwendbare Verfahrensvorschrift qualifiziert;[81] es finden sich indes vereinzelte Verweise[82].

4. Öffentliche Unternehmen und EU-Wettbewerbsrecht

17 Das unionsrechtliche **Kartell- (Art. 101 AEUV) und Missbrauchsverbot (Art. 102 AEUV)** ist zunächst für die **Mitgliedstaaten** relevant: Art. 106 Abs. 1 AEUV verbietet ihnen nämlich, diesen Verboten widersprechende Maßnahmen in Bezug auf öffentliche Unternehmen und Unternehmen, denen sie besondere oder ausschließliche Rechte gewähren, zu treffen oder beizubehalten.[83] Überdies unterliegen die **öffentlichen Unternehmen** selbst, genauso wie Privatunternehmen, dem unionsrechtlichen Kartell- (Art. 101 AEUV) und Missbrauchsverbot (Art. 102 AEUV).[84] Die Anwendbarkeit des unionalen Wettbewerbsrechts knüpft nämlich nicht an die Rechtsnatur der Einrichtung, ihre Eingliederung in die Staatsverwaltung, die Rechtsform ihrer Handlungen oder die Finanzierungsquelle an,[85] sondern an eine funktional zu verstehende unternehmerische Betätigung. Ent-

[76] EGMR Urt. v. 13.12.2007 – Nr. 40998/98, Rep. 2007-V, Rn. 80 – Iran Shipping Lines/Türkei. Siehe bereits EGMR Urt. v. 19.12.1994 – Nr. 13092/87, Serie A, Nr. 301-A Rn. 48 f. – The Holy Monasteries/Griechenland.

[77] EGMR Urt. v. 30.3 2004 – Nr. 53984/00, Rep. 2004-II Rn. 26 – Radio France u. a./Frankreich (Auszüge); Urt. v. 7.12.2006 – Nr. 35841/02 Rn. 51 – Österreichischer Rundfunk/Österreich.

[78] EGMR Urt. v. 16.2.2016 – Nr. 8895/10 Rn. 32 ff. – Ärztekammer für Wien und Dorner/Österreich.

[79] Dies betonend *Grabenwarter/Pabel,* EMRK, 6. Aufl. 2016, § 17 Rn. 5.

[80] Siehe EGMR Urt. v. 13.12.2007 – Nr. 40998/98, Rep. 2007-V Rn. 78 ff., 85 ff. – Iran Shipping Lines/Türkei. So auch *Ludwigs/Friedmann* NVwZ 2018, 22 (26).

[81] Siehe etwa EuG Urt. v. 5.2.2013 – T-494/10, ECLI:EU:T:2013:59 Rn. 36 – Bank Saderat Iran/Council. Zur Relevanz des Art. 52 Abs. 3 GRCh insoweit *Ludwigs/Friedmann* NVwZ 2018, 22 (26).

[82] Siehe EuG Urt. v. 5.2.2013 – T-494/10, ECLI:EU:T:2013:59 Rn. 33 ff. – Bank Saderat Iran/Council.

[83] EuGH Urt. v. 19.6.2014 – C-501/12, ECLI:EU:C:2014:2005 Rn. 39; *Suerbaum,* in: *Ehlers/Fehling/Pünder* (Fn. 22), § 16 Rn. 20.

[84] Für den Staat als Unternehmer gelten die Art. 101 ff. AEUV unmittelbar; verpflichtet die öffentliche Hand Unternehmen zu einem wettbewerbswidrigen Verhalten – bestehende Entscheidungsfreiräume sind freilich in Einklang mit dem Wettbewerbsrecht auszufüllen (EuGH Urt. v. 2.3.1983 – C-7/82, Slg. 1983, 483 Rn. 53 – GVL) –, ist das letzteren zwar nicht als Wettbewerbsrechtsverstoß anzulasten (siehe etwa EuGH Urt. v. 9.9.2003 – C-198/01, Slg. 2003, I-8055 Rn. 51 – CIF); allerdings untersagen die Art. 4 Abs. 3 i. V. m. 3 Abs. 3 S. 1 EUV, 101 ff. AEUV dem Staat, entsprechende Regelungen zu erlassen respektive anzuwenden – vgl. nur EuGH Urt. 19.2.2002 – C-35/99, Slg. 2002, I-1529 Rn. 34 – Arduino: „Artikel [101 AEUV] betrifft zwar an sich nur das Verhalten von Unternehmen und nicht durch Gesetz oder Verordnung getroffene Maßnahmen der Mitgliedstaaten; in Verbindung mit Artikel [4 Abs. 3 EUV] verbietet er es jedoch den Mitgliedstaaten, Maßnahmen, auch in Form von Gesetzen oder Verordnungen, zu treffen oder beizubehalten, die die praktische Wirksamkeit der für die Unternehmen geltenden Wettbewerbsregeln aufheben könnten"; ferner EuGH Urt. v. 16.11.1977 – C-13/77, Slg. 1977, 2115 Rn. 30 ff. – GB-Inno-BM; Urt. v. 21.9.1988 – C-267/86, Slg. 1988, 4769 Rn. 16 – Van Eycke; Urt. v. 1.7.2008 – C-49/07, Slg. 2008, I-4863 Rn. 49 f. – MOTOE. Umfassend (und kritisch) dazu *Lange* EuR 2008, 3.

[85] EuGH Urt. v. 11.7.2006 – C-205/03 P, Slg. 2006, I-6295 Rn. 25 – Fenin; Urt. v. 16.3.2004 – verb. Rs. C-264/01, C-306/01, C-354/01 und C-355/01, Slg. 2004, I-2493, Rn. 46 – AOK Bundesverband u. a.;

scheidend ist mithin die Ausübung einer wirtschaftlichen Tätigkeit[86] und damit das Anbieten von Gütern oder Dienstleistungen auf einem bestimmten Markt[87]. Dies scheidet lediglich bei einem hoheitlichen Handeln des Staates aus.[88] Für ein missbräuchliches und damit wettbewerbswidriges Handeln reicht die Existenz einer Monopolstellung oder die Gewährung von Ausschließlichkeitsrechten noch nicht aus; hinzukommen muss vielmehr ein missbräuchliches Ausnutzen derselben (vgl. Art. 102 UAbs. 1 AEUV).[89] Um Dienstleistungen von allgemeinem wirtschaftlichem Interesse zu wirtschaftlich tragfähigen Konditionen erbringen zu können, hat der EuGH etwa die Gewährung von Ausschließlichkeitsrechten anerkannt, und zwar auch in anderen Bereichen zum Zwecke der Quersubventionierung.[90] Eine Monopolstellung ist freilich nur insoweit gerechtfertigt, wie der Monopolist die Nachfrage auf dem Markt zu befriedigen vermag.[91] Nicht beanstandet hat der EuGH auch eine Preisgestaltung, die durch ein entsprechendes Dienstleistungsniveau entstehende Mehrkosten berücksichtigt.[92] Die Anforderungen im Detail entfaltet Abschnitt I.[93]

5. Öffentliche Unternehmen und EU-Beihilfenrecht

Nach dem **EU-Beihilfenverbot** des Art. 107 Abs. 1 AEUV sind, vorbehaltlich Ausnah- **18**
meregelungen, „staatliche oder aus staatlichen Mitteln gewährte Beihilfen gleich welcher Art, die durch die Begünstigung bestimmter Unternehmen oder Produktionszweige den

---

Urt. v. 18.3.1997 – C-35/96, Slg. 1998, I-3851 Rn. 36 – EK/Italien; Urt. v. 23.4.1991 – C-41/90, Slg. 1991, I-1979 Rn. 21 – Höfner und Elser; Urt. v. 1.7.2008 – C-49/07, Slg. 2008, I-4863 Rn. 21 – MOTOE; EuG Urt. v. 4.3.2003 – T-319/99, Slg. 2003, II-357 Rn. 35 – Fenin; *Egger,* Europäisches Vergaberecht, 2008, Rn. 224 f.; *Weiß,* in: *Calliess/Ruffert* (Fn. 17), Art. 101 AEUV Rn. 25 ff.; *Witting,* in: *Säcker* (Hrsg.), Münchener Kommentar Europäisches und Deutsches Wettbewerbsrecht, Bd. V, 2. Aufl. 2018, Finanzielle Transfers und Transaktionen, Rn. 54 ff.; *F. Wollenschläger,* Verteilungsverfahren, 2010, S. 146 f.

[86] EuGH Urt. v. 11.7.2006 – C-205/03 P, Slg. 2006, I-6295 Rn. 25 – Fenin; Urt. v. 16.3.2004 – verb. Rs. C-264/01, C-306/01, C-354/01 und C-355/01, Slg. 2004, I-2493 Rn. 46 – AOK Bundesverband u. a.; Urt. v. 18.3.1997 – C-35/96, Slg. 1998, I-3851 Rn. 36 – EK/Italien; Urt. v. 23.4.1991 – C-41/90, Slg. 1991, I-1979 Rn. 21 – Höfner und Elser; EuG Urt. v. 4.3.2003 – T-319/99, Slg. 2003, II-357 Rn. 35 – Fenin; *Egger* (Fn. 85), Rn. 224; *Eilmansberger/Kruis,* in: *Streinz* (Fn. 22), vor Art. 101 AEUV Rn. 27 ff.; *Kluth,* in: *Mann/Püttner* (Fn. 10), § 39 Rn. 31; *Weiß,* in: *Calliess/Ruffert* (Fn. 17), Art. 101 AEUV Rn. 25 ff.; *F. Wollenschläger,* (Fn. 85), S. 146.

[87] Vgl. zu diesem funktionalen Unternehmensbegriff: EuGH Urt. v. 11.7.2006 – C-205/03 P, Slg. 2006, I-6295 Rn. 25 – Fenin; ferner Urt. v. 18.3.1997 – C-343/95, Slg. 1997, I-1547 Rn. 16 – Calì; Urt. v. 18.3.1997 – C-35/96, Slg. 1998, I-3851 Rn. 36 – EK/Italien; Urt. v. 24.10.2002 – C-82/01 P, Slg. 2002, I-9297 Rn. 79 – Aéroports de Paris; Urt. v. 1.7.2008 – C-49/07, Slg. 2008, I-4863 Rn. 22 – MOTOE; EuG Urt. v. 4.3.2003 – T-319/99, Slg. 2003, II-357 Rn. 36 f. – Fenin; *Badura* ZGR 1997, 291 (296 f.); *Dietlmeier* (Fn. 16), S. 257 ff.; *Köke* (Fn. 14), S. 73 ff.; *F. Wollenschläger* (Fn. 85), S. 147.

[88] EuGH Urt. v. 18.7.1975 C-94/74, Slg. 1975, 699 Rn. 33/35 – INAV; Urt. v. 4.5.1988 – C-30/87, Slg. 1988, 2479 Rn. 18 – Bodson; Urt. v. 18.3.1997 – C-343/95, Slg. 1997, I-1547 Rn. 16 ff. – Calì; Urt. v. 24.10.2002 – C-82/01 P, Slg. 2002, I-9297 Rn. 74 ff. – Aéroports de Paris; Urt. v. 1.7.2008 – C-49/07, Slg. 2008, I-4863 Rn. 24 – MOTOE; *Eilmansberger/Kruis,* in: *Streinz* (Fn. 22), vor Art. 101 AEUV Rn. 35; *Hitzler* GewArch 1981, 360 (361); *Koenig,* Die öffentlich-rechtliche Verteilungslenkung, 1994, S. 40 ff.; *Koenig/Hentschel* ZIP 2005, 1937 (1942); *Kupfer,* Die Verteilung knapper Ressourcen im Wirtschaftsverwaltungsrecht, 2005, S. 239 ff.; *Lange* EuR 2008, 3 (4 f.); *Weiß,* in: *Calliess/Ruffert* (Fn. 17), Art. 101 AEUV Rn. 29, 32.

[89] Näher *Jung,* in: *Grabitz/Hilf/Nettesheim,* Das Recht der Europäischen Union, Stand: 56. EL April 2015, Art. 102 Rn. 10, 117, 128 ff.

[90] EuGH Urt. v. 19.5.1993 – C-320/91, Slg. 1993, I-2533 Rn. 13 ff. – Corbeau; Urt. v. 23.10.1997 – C-159/94, Slg. 1997, I-5815 Rn. 49 – EK/Frankreich; Urt. v. 25.10.2001 – C-475/99, Slg. 2003, I-8089 Rn. 56 f. – Ambulanz Glöckner; *Badura* ZGR 1997, 291 (301 f.); *Weiß* EuR 2003, 165 (188). Differenziert *Wernicke,* in: *Grabitz/Hilf/Nettesheim,* Das Recht der Europäischen Union, Stand: 58. EL Januar 2016, Art. 106 Rn. 65.

[91] EuGH Urt. v. 23.4.1991 – C-41/90, Slg. 1991, I-1979 Rn. 25 – Höfner und Elser; *Badura* ZGR 1997, 291 (302); *Jung,* in: *Grabitz/Hilf/Nettesheim* (Fn. 89), Art. 102 Rn. 234.

[92] EuGH Urt. v. 18.6.1998 – C-266/96, Slg. 1998, I-3949 Rn. 42 ff. – Corsica Ferries.

[93] Siehe im Überblick auch *Kluth,* in: *Mann/Püttner* (Fn. 10), § 39 Rn. 30 ff.

Wettbewerb verfälschen oder zu verfälschen drohen, mit dem Binnenmarkt unvereinbar, soweit sie den Handel zwischen Mitgliedstaaten beeinträchtigen." Mit Blick auf öffentliche Unternehmen stellen sich **zwei Fragen,** nämlich unter welchen Voraussetzungen **öffentliche Unternehmen als Beihilfengeber** angesehen werden können (a) und inwieweit die **Finanzbeziehungen zwischen** dem **öffentlichen Unternehmen und** seinem **Muttergemeinwesen,** etwa Darlehen oder ein Defizitausgleich für die Erbringung am Markt nicht vollständig refinanzierbarer Leistungen zu gemeinwohlverträglichen Konditionen, **beihilfenrechtlich relevant** sind (b). Nachdem ein eigenes Kapitel dieses Buches das EU-Beihilfenrecht ausführlich erörtert (siehe Kapitel H.), beschränkt sich dieser Abschnitt auf Grundzüge.[94]

a) Öffentliche Unternehmen als Beihilfengeber

19 Begünstigungen durch ein öffentliches Unternehmen können unter den Beihilfentatbestand des Art. 107 Abs. 1 AEUV fallen. Hierfür müssen sie „zum einen unmittelbar oder mittelbar aus staatlichen Mitteln gewährt werden und zum anderen dem Staat zuzurechnen sein".[95] Für die **Staatlichkeit der Mittel** genügt, „dass der Staat in der Lage ist, durch die Ausübung seines beherrschenden Einflusses auf diese Unternehmen die Verwendung ihrer Mittel zu steuern, um gegebenenfalls besondere Vorteile zugunsten anderer Unternehmen zu finanzieren".[96]

20 Die **Zurechenbarkeit** kann nach ständiger Rechtsprechung des Gerichtshofs „aus einem Komplex von Indizien abgeleitet werden, die sich aus den Umständen des konkreten Falles und aus dem Kontext ergeben, in dem diese Maßnahme ergangen ist". Dabei „hat der Gerichtshof insbesondere berücksichtigt, dass die fragliche Einrichtung die beanstandete Entscheidung nicht treffen konnte, ohne den Anforderungen der öffentlichen Stellen Rechnung zu tragen, oder dass, abgesehen von organisationsrechtlichen Faktoren, die die öffentlichen Unternehmen mit dem Staat verbunden haben, diese Unternehmen, über die die Beihilfen gewährt worden waren, die Richtlinien der Einrichtungen des Staates zu beachten hatten. Weitere Indizien sind gegebenenfalls von Bedeutung, um auf die Zurechenbarkeit einer Beihilfemaßnahme eines öffentlichen Unternehmens an den Staat schließen zu können, wie insbesondere:

- seine Eingliederung in die Strukturen der öffentlichen Verwaltung,
- die Art seiner Tätigkeit und deren Ausübung auf dem Markt unter normalen Bedingungen des Wettbewerbs mit privaten Wirtschaftsteilnehmern,
- der Rechtsstatus des Unternehmens, ob es also dem öffentlichen Recht oder dem allgemeinen Gesellschaftsrecht unterliegt,
- die Intensität der behördlichen Aufsicht über die Unternehmensführung
- oder jedes andere Indiz, das im konkreten Fall auf eine Beteiligung der Behörden oder auf die Unwahrscheinlichkeit einer fehlenden Beteiligung am Erlass einer Maßnahme hinweist, wobei auch deren Umfang, ihr Inhalt oder ihre Bedingungen zu berücksichtigen sind".[97]

21 Hierbei schließt die Begünstigung durch ein öffentliches Unternehmen, das **privatrechtlich organisiert** ist, eine Zurechnung an den Staat nicht aus: „Denn die Existenz einer Kontrollsituation und die tatsächlichen Möglichkeiten der Ausübung eines beherrschenden Einflusses, die sie in der Praxis mit sich bringt, verhindern es, von vornherein auszuschließen, dass eine Maßnahme einer solchen Gesellschaft dem Staat zugerechnet werden kann

---

94 Siehe im Überblick auch *Dietlmeier* (Fn. 16), S. 269 ff.

95 EuGH Urt. v. 18.5.2017 – C-150/16, ECLI:EU:C:2017:388 Rn. 14 – Fondul Proprietatea SA/Complexul Energetic Oltenia SA.

96 EuGH Urt. v. 18.5.2017 – C-150/16, ECLI:EU:C:2017:388 Rn. 17 – Fondul Proprietatea SA/Complexul Energetic Oltenia SA.

97 EuGH Urt. v. 18.5.2017 – C-150/16, ECLI:EU:C:2017:388 Rn. 18 f. – Fondul Proprietatea SA/Complexul Energetic Oltenia SA.

und damit die Gefahr einer Umgehung der Vertragsbestimmungen über staatliche Beihilfen besteht, auch wenn die Rechtsform des öffentlichen Unternehmens als Indiz unter anderen an sich erheblich ist, um in einem konkreten Fall festzustellen, ob der Staat beteiligt ist oder nicht".[98]

b) Öffentliche Unternehmen als Beihilfenempfänger

Die dem **funktionalen Unternehmensbegriff** (zu diesem → Rn. 17) geschuldete Anwendbarkeit des EU-Wettbewerbsrechts auf öffentliche Unternehmen erstreckt auch das Beihilfenverbot (Art. 107 AEUV) auf die Finanzbeziehungen zwischen der öffentlichen Hand und ihren Unternehmen. Dies beschneidet Finanzierungsmöglichkeiten: Denn **jedweder Finanztransfer,** sei es ein Verlustausgleich oder ein sonstiger Zuschuss, die Übernahme einer Garantie oder die Übertragung von Vermögenswerten, muss auf seinen **Begünstigungscharakter** und damit seine Marktkonformität hin überprüft werden: Hätte ihn ein marktwirtschaftlich handelnder Gesellschafter nicht, jedenfalls nicht zu den vereinbarten Konditionen vorgenommen, ist er grundsätzlich unzulässig, so auch die weiteren Voraussetzungen des Beihilfentatbestands vorliegen (siehe zu diesen oben → Rn. 19 ff. und ausführlich Kapitel → H. Rn. 256 ff.).[99] Zu diesen rechnet auch das Erfordernis einer Beeinträchtigung des Handels zwischen Mitgliedstaaten, was bei **rein lokalen Auswirkungen** von Begünstigungen ausscheidet; insoweit ist gerade für den kommunalen Bereich festzuhalten, dass sich in der jüngeren Kommissionspraxis ein offenerer Ansatz abzeichnet, was den Beihilfentatbestand einschränkt (ausführlich Kapitel → H. Rn. 268 f.).[100] 22

Verbliebe es bei einem strikten Beihilfeverbot, wäre die Erbringung zahlreicher Leistungen der Daseinsvorsorge durch öffentliche Unternehmen gefährdet. Denn derartige Dienstleistungen im Allgemeininteresse können angesichts des Gebots, ein bestimmtes Leistungsniveau oder sozialverträgliche Konditionen anzubieten, oftmals nicht wirtschaftlich erbracht werden und sind daher auf staatliche Zuschüsse angewiesen. Mit **Ausnahmetatbeständen** hat das Unionsrecht auf diesen Umstand reagiert, von denen für gemeinwirtschaftliche Verpflichtungen die Altmark Trans-Rechtsprechung (aa) und das Almunia-Paket (bb) von besonderer Relevanz sind.[101] 23

aa) Altmark Trans-Rechtsprechung. Nach der Altmark Trans-Rechtsprechung des EuGH unterfallen **Ausgleichszahlungen** an ein Unternehmen, die mit der Erfüllung gemeinwirtschaftlicher Verpflichtungen einhergehende Defizite kompensieren, nicht dem Beihilfentatbestand (dazu auch → H. Rn. 264 f.). Denn mit dem schlichten Ausgleich gehe kein finanzieller Vorteil für das Unternehmen und damit keine Privilegierung im Wettbewerb einher. Um dies sicherzustellen, müssen **vier Voraussetzungen** erfüllt sein: „Erstens muss das begünstigte Unternehmen tatsächlich mit der Erfüllung gemeinwirtschaftlicher Verpflichtungen betraut sein, und diese Verpflichtungen müssen klar definiert sein 24

---

[98] EuGH Urt. v. 18.5.2017 – C-150/16, ECLI:EU:C:2017:388 Rn. 20 – Fondul Proprietatea SA/Complexul Energetic Oltenia SA.

[99] Zum „Market economy investor"-Test nur EuGH Urt. v. 29.6.1999 – C-256/97, Slg. 1999, I-3913 Rn. 23 f. – DMT; ferner Urt. v. 2.9.2010 – C-290/07, Slg. 2010, I-7763 Rn 68 – Kommission/Scott; Urt. v. 10.6.1986 – C-40/85, Slg. 1986, 2321 Rn. 13 ff. – Belgien/Kommission; Urt. v. 21.3.1991 – C-305/89, Slg. 1991, I-1603 Rn. 19 f. – Italien/Kommission; Urt. v. 14.9.1994 – C-42/93, Slg. 1994, I-4175 Rn. 13 f. – Spanien/Kommission; Urt. v. 28.1.2003 – C-334/99, Slg. 2003, I-1139 Rn. 133 – Kommission/Deutschland; Bekanntmachung 2016/C 262/01 Rn. 51, 74; *Cremer,* in: *Calliess/Ruffert* (Fn. 17), Art. 107 AEUV Rn. 10 ff.; *Heidenhain,* in: *ders.* (Hrsg.), Handbuch des Europäischen Beihilfenrechts, 2003, § 4 Rn. 2 ff.; *Kühling,* in: *Streinz* (Fn. 22), Art. 107 AEUV Rn. 29 ff.

[100] Siehe zusammenfassend Bekanntmachung 2016/C 262/01 Rn. 196 f. Dazu *Bonhage/Dieterich* EuZW 2018, 716 (719 ff.); *Herrmann* KommJur 2016, 201; *Soltész/Pflock* EuZW 2017, 207; *F. Wollenschläger/Baier* NZS 2020, 370 (373 f.).

[101] Siehe umfassend zur beihilfenrechtlichen Bewertung von finanziellen Transfers an öffentliche Unternehmen nur *Baier,* Die Finanzierung von (öffentlichen) Krankenhäusern in Deutschland – eine EU-beihilfenrechtliche Untersuchung –, 2021, S. 223 ff.; *Witting,* in: *Säcker* (Fn. 84), Finanzielle Transfers und Transaktionen, Rn. 54 ff.

[…] Zweitens sind die Parameter, anhand deren der Ausgleich berechnet wird, zuvor objektiv und transparent aufzustellen […] Drittens darf der Ausgleich nicht über das hinausgehen, was erforderlich ist, um die Kosten der Erfüllung der gemeinwirtschaftlichen Verpflichtungen unter Berücksichtigung der dabei erzielten Einnahmen und eines angemessenen Gewinns aus der Erfüllung dieser Verpflichtungen ganz oder teilweise zu decken […] Wenn viertens [– wie regelmäßig bei der Bezuschussung des ‚eigenen' öffentlichen Unternehmens –] die Wahl des Unternehmens, das mit der Erfüllung gemeinwirtschaftlicher Verpflichtungen betraut werden soll, im konkreten Fall nicht im Rahmen eines Verfahrens zur Vergabe öffentlicher Aufträge erfolgt, das die Auswahl desjenigen Bewerbers ermöglicht, der diese Dienste zu den geringsten Kosten für die Allgemeinheit erbringen kann, so ist die Höhe des erforderlichen Ausgleichs auf der Grundlage einer Analyse der Kosten zu bestimmen, die ein durchschnittliches, gut geführtes Unternehmen […] bei der Erfüllung der betreffenden Verpflichtungen hätte, wobei die dabei erzielten Einnahmen und ein angemessener Gewinn aus der Erfüllung dieser Verpflichtungen zu berücksichtigen sind."[102] Gerade die letzte Voraussetzung kann sich als unüberwindbare Hürde erweisen, bedeutet sie doch, dass, wenn mit dem öffentlichen Unternehmen konkurrierende Privatunternehmen die Leistung ohne staatliche Zuschüsse erbringen können, ein gut geführtes Unternehmen keines Ausgleichs bedarf und dieser damit beihilfenrechtlich zu unterbleiben hat.

25 **bb) Almunia-Paket.** Hier setzen weitere Ausnahmeregelungen der Europäischen Kommission an, namentlich das im Jahre 2011 verabschiedete und das Monti-Paket (2005) ersetzende Almunia-Paket.[103] Neben der **Ausnahme für geringfügige Beihilfen** (De-Minimis-Verordnung für DAWI-Beihilfen; zu dieser Kapitel → H. Rn. 270 ff.[104]) ist insbesondere auf den **Freistellungs-Beschluss** 2012/21/EU[105] zu verweisen, der bestimmt, „unter welchen Voraussetzungen staatliche Beihilfen, die bestimmten mit der Erbringung von Dienstleistungen von allgemeinem wirtschaftlichem Interesse betrauten Unternehmen als Ausgleich gewährt werden, als mit dem Binnenmarkt vereinbar angesehen werden und demzufolge von der Anmeldepflicht nach Artikel 108 Absatz 3 AEUV befreit sind" (Art. 1; zu diesem Kapitel → H. Rn. 273 ff.). Anders als die Altmark Trans-Rechtsprechung privilegiert der Beschluss allerdings nur **betragsmäßig begrenzte Beihilfen und Beihilfen in bestimmten Sektoren,** etwa im Krankenhauswesen (Art. 2); er setzt wie erstere aber eine Betrauung voraus (Art. 4). Ein wesentlicher Unterschied zur Altmark Trans-Rechtsprechung liegt darin, dass der Beschluss **keine Vergleichsbetrachtung** mit einem durchschnittlichen, gut geführten Unternehmen verlangt, sondern auf die tatsächlich beim

[102] EuGH Urt. v. 24.6.2003 – C-280/00, Slg. 2003, I-7747 Rn. 87 ff. – Altmark Trans. Bestätigt in EuGH Urt. v. 27.11.2003 – C-34/01, Slg. 2003, I-14243 Rn. 30 ff. – Enirisorse. Siehe für diese Tatbestandslösung bereits zuvor EuGH Urt. v. 22.11.2001 – C-53/00, Slg. 2001, I-9067 Rn. 23 ff. – Ferring. Vgl. dazu auch *Arhold,* in: *Säcker* (Fn. 85), Art. 107 AEUV Rn. 325 ff.; *Cremer* in: *Calliess/Ruffert* (Fn. 17), Art. 107 AEUV Rn. 17. Zu Weitungen der Altmark Trans-Kriterien in EuG Beschl. v. 4.3.2005 – T-289/03, Slg. 2005, II-741 – BUPA (Zusammenhang; Effizienzvergleich): *Cremer* in: *Calliess/Ruffert* (Fn. 17), Art. 107 AEUV Rn. 18 ff. Zur Altmark Trans-Rechtsprechung *Baier* (Fn. 101), S. 74 ff.

[103] Siehe zu diesem http://ec.europa.eu/competition/state_aid/legislation/sgei.html (Abruf: 12.3.2020); *Baier* (Fn. 101), S. 146 ff.; *Dietlmeier* (Fn. 16), S. 277 ff.; *Haubner* EuZW 2013, 816 (817 ff.); *Pauly/Jedlitschka* DVBl. 2012, 1269.

[104] Verordnung (EU) Nr. 360/2012 der Kommission vom 25. April 2012 über die Anwendung der Artikel 107 und 108 des Vertrags über die Arbeitsweise der Europäischen Union auf De-minimis-Beihilfen an Unternehmen, die Dienstleistungen von allgemeinem wirtschaftlichem Interesse erbringen, ABl. L 114 vom 26.4.2012, S. 8, zuletzt geändert und verlängert bis zum 31.12.2023 durch: Verordung (EU) 2020/1474 der Kommission vom 13. Oktober 2020 zur Änderung der Verordnung (EU) Nr. 360/2012 hinsichtlich der Verlängerung ihrer Geltungsdauer und einer befristeten Ausnahmeregelung für Unternehmen in Schwierigkeiten zur Berücksichtigung der Auswirkungen der COVID-19-Pandemie, ABl. L 337 vom 14.10.2020, S. 1–2.

[105] Beschluss 2012/21/EU der Kommission vom 20. Dezember 2011 über die Anwendung von Artikel 106 Absatz 2 des Vertrags über die Arbeitsweise der Europäischen Union auf staatliche Beihilfen in Form von Ausgleichsleistungen zugunsten bestimmter Unternehmen, die mit der Erbringung von Dienstleistungen von allgemeinem wirtschaftlichem Interesse betraut sind, ABl. L 7 vom 11.1.2012, S. 3.

Unternehmen „durch die Erfüllung der gemeinwirtschaftlichen Verpflichtungen verursachten Nettokosten" abstellt (Art. 5 Abs. 1). Für nicht vom Freistellungs-Beschluss erfasste Beihilfen stellt schließlich der **Rahmen der Europäischen Union für staatliche Beihilfen in Form von Ausgleichsleistungen für die Erbringung öffentlicher Dienstleistungen** (2011; zu diesem Kapitel → H. Rn. 284 ff.) Grundsätze auf, nach denen derartige Beihilfen als gemäß Art. 106 Abs. 2 AEUV binnenmarktkonform erklärt werden können, ohne dass die Notifikationspflicht gemäß Art. 108 Abs. 3 AEUV entfiele.[106]

6. Öffentliche Unternehmen und EU-Vergaberecht

Das EU-Vergaberecht ist **in dreifacher Hinsicht** für öffentliche Unternehmen **relevant.** 26
Erstens sind **öffentliche Unternehmen als öffentliche Auftraggeber** regelmäßig selbst zur Beachtung des Vergaberechts verpflichtet (a). Zweitens stellt sich die im Kontext von Privatisierungen und der interkommunalen Kooperation relevante Frage, ob und inwieweit **„Inhouse-Vergaben"**, mithin die Beauftragung eines öffentlichen Unternehmens durch sein Muttergemeinwesen mit der Erledigung bestimmter Tätigkeiten (b), **und sonstige Kooperationen im öffentlichen (kommunalen) Bereich dem Vergaberecht unterfallen** (c). Drittens stellt sich die Frage nach der **Teilnahmemöglichkeit öffentlicher Unternehmen an Vergabeverfahren** (d). Nachdem ein eigenes Kapitel dieses Buches das Vergaberecht ausführlich erörtert (siehe Kapitel H.), beschränkt sich dieser Abschnitt auf Grundzüge.

a) Öffentliche Unternehmen als öffentliche Auftraggeber

Hinsichtlich der Bindung öffentlicher Unternehmen an das Vergaberecht ist entsprechend 27
dessen **schwellenwertabhängiger Zweiteilung** (näher → H. Rn. 9, 56 ff.) zwischen dem in Umsetzung der EU-Richtlinien ergangenen GWB-Vergaberecht und dem Haushaltsvergaberecht zu unterscheiden.

Der persönliche Anwendungsbereich des **GWB-Vergaberechts** erfasst Auftraggeber 28
i. S. d. § 98 GWB, mithin öffentliche Auftraggeber (§ 99 GWB), Sektorenauftraggeber (§ 100 GWB) und Konzessionsgeber (§ 101 GWB). Zentral – auch für den Sektorenbereich (vgl. § 100 Abs. 1 Nr. 1 GWB) und die Konzessionsvergabe (vgl. § 101 Abs. 1 Nr. 1 GWB) – ist der Begriff des **öffentlichen Auftraggebers** (näher → H. Rn. 120 ff.). Dieser erfasst zunächst **institutionelle Auftraggeber,** mithin Gebietskörperschaften sowie deren Sondervermögen (§ 99 Nr. 1 GWB) und damit dem Rechtsträger Kommune zuzurechnende Unternehmen wie Regie- und Eigenbetriebe. Unternehmen mit eigener (privat- oder öffentlich-rechtlicher) Rechtspersönlichkeit können als **funktionelle Auftraggeber** gemäß § 99 Nr. 2 GWB an das GWB-Vergaberecht gebunden sein. Hierunter fallen „andere juristische Personen des öffentlichen und des privaten Rechts, die zu dem besonderen Zweck gegründet wurden, im Allgemeininteresse liegende Aufgaben nichtgewerblicher Art zu erfüllen, sofern

a) sie überwiegend von Stellen nach Nummer 1 oder 3 einzeln oder gemeinsam durch Beteiligung oder auf sonstige Weise finanziert werden,
b) ihre Leitung der Aufsicht durch Stellen nach Nummer 1 oder 3 unterliegt oder
c) mehr als die Hälfte der Mitglieder eines ihrer zur Geschäftsführung oder zur Aufsicht berufenen Organe durch Stellen nach Nummer 1 oder 3 bestimmt worden sind; dasselbe gilt, wenn diese juristische Person einer anderen juristischen Person des öffentlichen oder privaten Rechts einzeln oder gemeinsam mit anderen die überwiegende Finanzierung gewährt, über deren Leitung die Aufsicht ausübt oder die Mehrheit der Mitglieder eines zur Geschäftsführung oder Aufsicht berufenen Organs bestimmt hat".[107]

[106] Mitteilung der Europäischen Kommission vom 11.1.2012, ABl. C 8, S. 15.
[107] Monographisch aus jüngerer Zeit *Wessendorf,* Der Öffentliche Auftraggeber im Vergaberecht – Spiegelbild europäischer Integrationsbemühungen und Herausforderungen für die Rechtspraxis, 2018, dort, S. 297 ff., auch spezifisch zu gemischt-wirtschaftlichen Unternehmen.

29 Erfasst sind des Weiteren **Verbände,** deren Mitglieder unter diese beiden Tatbestände fallen (§ 99 Nr. 3 GWB), sowie bestimmte **Subventionsempfänger** gemäß § 99 Nr. 4 GWB, nämlich „natürliche oder juristische Personen des privaten Rechts sowie juristische Personen des öffentlichen Rechts, soweit sie nicht unter Nummer 2 fallen, in den Fällen, in denen sie für Tiefbaumaßnahmen, für die Errichtung von Krankenhäusern, Sport-, Erholungs- oder Freizeiteinrichtungen, Schul-, Hochschul- oder Verwaltungsgebäuden oder für damit in Verbindung stehende Dienstleistungen und Wettbewerbe von Stellen, die unter die Nummern 1, 2 oder 3 fallen, Mittel erhalten, mit denen diese Vorhaben zu mehr als 50 Prozent subventioniert werden."

30 Das **Haushaltsvergaberecht** knüpft regelmäßig an den institutionellen Auftraggeberbegriff an, erfasst mithin grundsätzlich nur dem Rechtsträger Gemeinde zuzurechnende Unternehmen; in einzelnen Bundesländern sind Erweiterungen erfolgt (näher → H. Rn. 70 ff.).

b) Ausschreibungspflicht und In-house-Vergaben

31 Gerade für den kommunalen Bereich von erheblicher Bedeutung ist die Frage, inwieweit die **Beauftragung von im (Mit-)Eigentum der öffentlichen Hand stehender Unternehmen** dem GWB-Vergaberecht unterliegt.[108] Dessen Einschlägigkeit sperrt nämlich die freihändige Auftragsvergabe der Kommune an das „eigene" Kommunalunternehmen, verpflichtet vielmehr zum Zuschlag auf das in einem Vergabeverfahren zu ermittelnde wirtschaftlich günstigste Angebot und kann damit – von der kommunalen Organisationshoheit geschützte (→ Rn. 46) – Re-Organisations-, namentlich Privatisierungsentscheidungen konterkarieren.[109]

32 **„In-house-Vergaben"**, mithin im staatlichen und damit auch kommunalen Bereich verbleibende Beschaffungsvorgänge, unterliegen unter bestimmten Voraussetzungen nicht dem GWB-Vergaberecht (→ H. Rn. 36 ff.). Dies ist stets der Fall, wenn der öffentliche Auftraggeber seinen Bedarf selbst deckt, dh keine von ihm verschiedene Rechtspersönlichkeit beauftragt.[110] Bei Einschaltung einer gegenüber dem öffentlichen Auftraggeber rechtlich verselbstständigten Einrichtung **entfällt** demgegenüber nach mittlerweile ständiger Rechtsprechung des Gerichtshofs eine **Ausschreibungspflicht** nur **unter „zwei Voraussetzungen** [...]. Erstens muss die öffentliche Stelle, die ein öffentlicher Auftraggeber ist, über die fragliche Einrichtung eine ähnliche Kontrolle ausüben wie über ihre eigenen Dienststellen, und zweitens muss diese Einrichtung ihre Tätigkeit im Wesentlichen mit der oder den öffentlichen Körperschaften ausführen, die ihre Anteile innehaben".[111] Hält der

---

108 Diese Passage folgt *F. Wollenschläger,* in: *Terhechte* (Hrsg.), Verwaltungsrecht der Europäischen Union, 2. Aufl. 2020, § 19 Rn. 40 f.

109 Hieran entzündet sich Kritik, die auf eine Missachtung der kommunalen Organisationshoheit und einen Privatisierungszwang verweist, siehe etwa *R. Gruneberg/A. Wilden* ZfBR 2013, S. 438 (446); politische Vorstöße zur Freistellung interkommunaler Kooperationen vom Vergaberecht blieben bislang erfolglos, siehe etwa die Position des Bundesrates im Kontext der Vergaberechtsmodernisierung des Jahres 2009: Begründung Gesetz Modernisierung VergabeR, BT-Drs. 16/10117, S. 30, 40.

110 EuGH Urt. v. 11.1.2005 – C-26/03, Slg. 2005, I-1 Rn 47 f. – Stadt Halle und RPL Lochau: „Eine öffentliche Stelle, die ein öffentlicher Auftraggeber ist, hat die Möglichkeit, ihre im allgemeinen Interesse liegenden Aufgaben mit ihren eigenen administrativen, technischen und sonstigen Mitteln zu erfüllen, ohne gezwungen zu sein, sich an externe Einrichtungen zu wenden, die nicht zu ihren Dienststellen gehören. In einem solchen Fall kann von einem entgeltlichen Vertrag mit einer Einrichtung, die sich rechtlich von dem öffentlichen Auftraggeber unterscheidet, nicht die Rede sein. Die Gemeinschaftsvorschriften über das öffentliche Auftragswesen sind daher nicht anwendbar"; *Egger* (Fn. 85), Rn 584 ff. Siehe dazu nun auch Erwägungsgrund 5 der RL 2014/24/EU, sowie Art. 1 Abs. 4 RL 2014/24/EU.

111 EuGH Urt. v. 18.12.2007 – C-220/06, Slg. 2007, I-12175 Rn 58 – Asociación Profesional de Empresas de Reparto y Manipulado de Correspondencia – Hervorhebung nicht im Original; ferner Urt. v. 18.11.1999 – C-107/98, Slg. 1999, I-8121 Rn 50 f – Teckal; Urt. v. 11.1.2005 – C-26/03, Slg. 2005, I-1 Rn 49 – Stadt Halle und RPL Lochau; Urt. v. 6.4.2006 – C-410/04, Slg. 2006, I-3303 Rn 24 ff – ANAV; Urt. v. 11.5.2006 – C-340/04, Slg. 2006, I-4137 Rn 32 ff – Carbotermo und Consorzio Alisei; Urt. v. 19.4.2007 – C-295/05, Slg. 2007, I-2999 Rn 54 – Asemfo; Urt. v. 13.11.2008 – C-324/07, Slg. 2008, I-8457 Rn 26 – Coditel Brabant; Urt. v. 10.9.2009 – C-573/07, Slg. 2009 I-8127 Rn 36 – Sea;

„öffentliche Auftraggeber allein oder zusammen mit anderen öffentlichen Stellen das gesamte Kapital einer auftragnehmenden Gesellschaft", so deutet dies auf eine Erfüllung des **Kontrollkriteriums** hin; anderes gilt freilich bei einer dennoch zu konstatierenden Verselbstständigung der Einrichtung.[112] Das **Wesentlichkeitskriterium** hat der Gerichtshof bislang als für gegeben erachtet, wenn die Einrichtung zu 90 % für ihre Anteilseigner tätig ist.[113] Die Kriterien bedeuten freilich gleichzeitig, dass Aufträge dann auszuschreiben sind, sobald an einem staatlichen Unternehmen Private beteiligt sind bzw. dieses nicht nur unwesentlich am Markt (für Dritte) tätig ist.

Der EU-Gesetzgeber hat diese in der **Rechtsprechung des EuGH** entwickelten Vor- **33**
gaben im Zuge der Vergaberechtsmodernisierung 2014 in Art. 12 Abs. 1–3, 5 RL 2014/24/EU **(mit Änderungen) kodifiziert,** und der deutsche Gesetzgeber hat dies in § 108 Abs. 1–5, 7 GWB umgesetzt. Ziel war es dabei, die europäischen Vorgaben „möglichst eins-zu-eins" zu übernehmen.[114] § 108 Abs. 1 GWB nimmt Beschaffungsvorgänge vom GWB-Vergaberecht aus, bei denen

- „der öffentliche Auftraggeber über die juristische Person eine ähnliche Kontrolle wie über seine eigenen Dienststellen ausübt" (Nr. 1),
- „mehr als 80 Prozent der Tätigkeiten der juristischen Person der Ausführung von Aufgaben dienen, mit denen sie von dem öffentlichen Auftraggeber oder von einer anderen juristischen Person, die von diesem kontrolliert wird, betraut wurde" (Nr. 2), und
- „an der juristischen Person keine direkte private Kapitalbeteiligung besteht" (Nr. 3).[115]

§ 108 Abs. 1 Nr. 1 und Nr. 3 reflektieren das vom EuGH entwickelte Kontrollkriteri- **34**
um, während Abs. 2 das Wesentlichkeitskriterium normiert. Hinsichtlich des **Kontrollkriteriums** hat es durch die Kodifizierung nur wenige Änderungen im Vergleich zur früheren Rechtslage gegeben. Gemäß § 108 Abs. 2 S. 1 GWB wird die Ausübung der Kontrolle iSd Abs. 1 Nr. 1 vermutet, „wenn der öffentliche Auftraggeber einen ausschlaggebenden Einfluss auf die strategischen Ziele und die wesentlichen Entscheidungen der juristischen Person ausübt".[116] Eine Beteiligung Privater führt zwar auch nach neuem Recht grundsätzlich zum Ausschluss des Kontrollkriteriums; allerdings ist eine solche gemäß § 108 Abs. 1 Nr. 3 GWB – in Übereinstimmung mit Art. 12 Abs. 1 lit. c RL 2014/24/EU – ausnahmsweise unschädlich, sofern es sich um eine indirekte Beteiligung handelt oder „nicht beherrschend[e] Formen der privaten Kapitalbeteiligung und Formen der privaten Kapitalbeteiligung ohne Sperrminorität, die durch gesetzliche Bestimmungen vorgeschrieben sind und die keinen maßgeblichen Einfluss auf die kontrollierte juristische

---

Urt. v. 15.10.2009 – C-196/08, Slg. 2009 I-9913 Rn. 51 – Acoset; Urt. v. 22.12.2009 – C-215/09, Slg. 2010 I-13749 Rn 32 – Oulun kaupunki; Urt. v. 29.11.2012 – verb Rs. C-182/11 und C–183/11, ECLI:EU:C:2012:758 Rn 25 – Econord; Urt. v. 19.5.2014, – C-574/12, ECLI:EU:C:2014:2004 Rn 32 ff. – Centro Hospitalar de Setúbal und SUCH; *Bovis,* The Law of EU Public Procurement, 2. Aufl. 2015, Rn 6.21 ff, 7.121 ff.

[112] EuGH Urt. v. 11.1.2005 – C-26/03, Slg. 2005, I-1 Rn. 49 – Stadt Halle und RPL Lochau; Urt. v. 13.10.2005 – C-458/03, Slg. 2005, I-8612 Rn. 64 ff. (dort auch zu Ausnahmen) – Parking Brixen; Urt. v. 10.11.2005 – C-29/04, Slg. 2005, I-9705 Rn. 44 ff. – Kommission/Österreich; Urt. v. 11.5.2006 – C-340/04, Slg. 2006, I-4137 Rn. 36 ff. (dort auch zu Ausnahmen) Carbotermo und Consorzio Alisei; Urt. v. 19.4.2007 – C-295/05, Slg. 2007, I-2999 Rn. 57 – Asemfo; Urt. v. 13.11.2008 – C-324/07, Slg. 2008, I-8457 Rn. 32 ff – Coditel Brabant; *Bovis* (Fn. 110), Rn 6.28 f., 7.134 ff. Siehe zusammenfassend auch den Schlussantrag der GAin Trstenjak in der Rs. C-324/07, Slg. 2008, I-8457 Rn. 52 ff – Coditel Brabant.

[113] EuGH Urt. v. 19.4.2007 – C-295/05, Slg. 2007, I-2999 Rn. 62 f. – Asemfo; *Egger* (Fn. 85), Rn. 606 ff.; *Frenz,* Handbuch Europarecht, Bd. III, 2007, Rn. 2392 ff.

[114] BT-Drs. 18/6281, S. 80.

[115] § 108 Abs. 1 GWB regelt die „klassischen" In-house-Konstellationen, während Abs. 2 S. 2 die Enkel- bzw Großenkelkonstellationen, Abs. 3 Schwesternkonstellationen und Abs. 4 und 5 gemeinschaftliche In-house-Geschäfte regeln. Näher dazu *Hofmann* VergabeR 2016, 189 (191 ff.).

[116] Dies entspricht wiederum den von der Rechtsprechung entwickelten Grundsätzen, EuGH Urt. v. 13.10.2005 – C-458/03, Slg. 2005, I-8612 Rn. 65 – Parking Brixen; Urt. v. 11.5.2006 – C-340/04, Slg. 2006, I-4137 Rn. 36 – Carbotermo und Consorzio Alisei; Urt. v. 13.11.2008 – C-324/07, Slg. 2008, I-8457 Rn. 28 – Coditel Brabant.

Person vermitteln“, vorliegen.[117] Eine wesentliche Änderung hat indes das **Wesentlichkeitskriterium** erfahren, das nun nicht nur erstmals gesetzlich konkretisiert ist, sondern auch eine Erweiterung auf 80% erfahren hat, was den Anwendungsbereich von vergabefreien In-house-Vergaben erweitert.[118] Näheres zur Berechnung des prozentualen Anteils findet sich in § 108 Abs. 7 GWB geregelt.[119]

c) Interkommunale Kooperationen und Public-Public-Partnerships

35 Neben der vergaberechtlichen Behandlung von In-house-Vergaben stellt sich die Frage, inwieweit **interkommunale Kooperationen** und sonstige **Public-Public-Partnerships** dem GWB-Vergaberecht unterliegen (→ H. Rn. 41 ff.).[120] Dies hat die **Vergaberechtsmodernisierung 2014/2016 ein Stück weiter geklärt.** Bisher bestimmte sich diese Frage nach den Grundsätzen der Vergabefreiheit von In-house-Geschäften; zu prüfen war insbesondere die gesicherte Kontrolle über die Einrichtung durch die öffentliche Hand.[121] Dass Minderheitsbeteiligungen einzelner kommunaler Stellen keinerlei Lenkungsmacht gewähren, hatte der **EuGH** für unschädlich erachtet: So kann die Kontrolle „über die Genossenschaft durch die ihr angeschlossenen Stellen, damit sie als eine Kontrolle wie über deren eigene Dienststellen angesehen werden kann, von den angeschlossenen Stellen gemeinsam, gegebenenfalls mit Mehrheitsbeschluss, ausgeübt werden.“[122] Eine Erweiterung des Spielraums der öffentlichen Hand für Kooperationen deutete sich zudem in der Entscheidung des EuGH vom 9.6.2009 in einem Vertragsverletzungsverfahren gegen die Bundesrepublik Deutschland an: In dieser hat der Gerichtshof einen von vier Landkreisen mit der Stadtreinigung Hamburg geschlossenen Abfallentsorgungsvertrag nicht dem Vergaberecht unterstellt. Denn diese Vereinbarung konstituiere lediglich den „Rechtsrahmen für die zukünftige Errichtung und den Betrieb einer Anlage [...], die für die Erfüllung einer öffentlichen Aufgabe – der thermischen Abfallverwertung – bestimmt ist. Der Vertrag wurde ausschließlich zwischen öffentlichen Stellen ohne Beteiligung Privater geschlossen, sieht keine Vergabe eventuell erforderlicher Aufträge über den Bau und den Betrieb der Anlage vor und präjudiziert sie auch nicht.“ Es steht der öffentlichen Hand frei, „ihre im allgemeinen Interesse liegenden Aufgaben mit ihren eigenen Mitteln [oder] auch in Zusammenarbeit mit anderen öffentlichen Stellen [zu] erfüllen, ohne gezwungen zu sein, sich an externe Einrichtungen zu wenden, die nicht zu ihren Dienststellen gehören“.[123] Beginnend mit dieser Entscheidung hat der EuGH das Vorliegen eines vergaberechtlichen Ausnahmetatbestands für „Verträge, mit denen eine Zusammenarbeit von öffentlichen Einrichtungen bei der Wahrnehmung einer ihnen allen obliegenden Gemeinwohlaufgabe vereinbart wird“ bejaht, wenn diese Vereinbarungen „ausschließlich zwischen öffentlichen Einrichtungen ohne Beteiligung Privater geschlossen werden, kein privater Dienstleistungserbringer besser gestellt wird als seine Wettbewerber und die darin vereinbarte Zusammen-

---

[117] Siehe dazu auch *Burgi*, Vergaberecht, 2. Aufl. 2018, § 11 Rn. 16 ff.; *Hofmann* VergabeR 2016, 189 (193); *Krönke* NVwZ 2016, 568 (571); *Ziekow* NZBau 2015, 258 (261).

[118] Die Normierung der 80%-Grenze soll nach der Begründung des Gesetzgebers für Rechtssicherheit sorgen, BT-Drs. 18/6281, S. 80.

[119] Zur Neuregelung der Inhouse-Vergaben *Brockhoff* VergabeR 2014, 625; *Burgi* (Fn. 117), § 11 Rn. 13 ff.; *Dabringhausen* VergabeR 2014, 512; *Hofmann* VergabeR 2016, 189; *Krönke* NVwZ 2016, 568 (570 ff.); *Müller-Wrede* VergabeR 2016, 292; *Ziekow* NZBau 2015, 258 (259 ff.).

[120] Diese Passage folgt *F. Wollenschläger*, in: *Terhechte* (Fn. 108), § 19 Rn. 42 f.

[121] Siehe insoweit EuGH Urt. v. 13.11.2008 – C-324/07, Slg. 2008, I-8457 Rn. 28 ff. – Coditel Brabant.

[122] EuGH Urt. v. 13.11.2008 – C-324/07, Slg. 2008, I-8457 Rn. 54 – Coditel Brabant, mit Schlussantrag GAin Trstenjak, Rn. 52 ff.; Siehe ferner OLG Düsseldorf Beschl. v. 21.6.2006 – VII Verg 17/06, NZBau 2006, 662; OLG Düsseldorf Beschl. v. 5.5.2004 – VII-Verg 78/03, NZBau 2004, 398; OLG Naumburg Beschl. v. 3.11.2005 – 1 Verg 9/05, DVBl 2006, 121; *Bergmann/Vetter* NVwZ 2006, 497; *Egger* (Fn. 85), Rn. 618 ff.; *Greb* VergabeR 2008, 409; *Hattig/Ruhland* VergabeR 2005, 425 (431 ff.); *Pietzcker* NVwZ 2007, 1225 (1230 f.); *Pietzcker* NZBau 2008, 293 (295).

[123] EuGH Urt. v. 9.6.2009 – C-480/06, Slg. 2009, I-4747 Rn. 31 ff. – EK/Deutschland, Zu den Konsequenzen *Gruneberg/Jänicke/Kröcher* ZfBR 2009, 754; *Pielow* EuZW 2009, 531; *Struve* EuZW 2009, 805.

arbeit nur durch Überlegungen und Erfordernisse bestimmt wird, die mit der Verfolgung von im öffentlichen Interesse liegenden Zielen zusammenhängen".[124]

Diese von der **Rechtsprechung** entwickelten Voraussetzungen sind nun in Art. 12 Abs. 4 RL 2014/24/EU bzw dessen wortgleicher Umsetzung in § 108 Abs. 6 GWB **kodifiziert.** Demnach ist die Zusammenarbeit zwischen öffentlichen Auftraggebern ausschreibungsfrei, wenn **36**

- „der Vertrag eine Zusammenarbeit zwischen den beteiligten öffentlichen Auftraggebern begründet oder erfüllt, um sicherzustellen, dass die von ihnen zu erbringenden öffentlichen Dienstleistungen im Hinblick auf die Erreichung gemeinsamer Ziele ausgeführt werden" (Nr. 1),
- „die Durchführung der Zusammenarbeit nach Nummer 1 ausschließlich durch Überlegungen im Zusammenhang mit dem öffentlichen Interesse bestimmt wird" (Nr. 2) und
- „die öffentlichen Auftraggeber auf dem Markt weniger als 20 Prozent der Tätigkeiten erbringen, die durch die Zusammenarbeit nach Nummer 1 erfasst sind" (Nr. 3).

Über den Wortlaut hinaus darf – in Einklang mit der vorausgehenden Rechtsprechung – „eine Zusammenarbeit zwischen öffentlichen Auftraggebern nach dem Gleichbehandlungsgrundsatz nicht dazu führen [...], dass ein privates Unternehmen bessergestellt wird als seine Wettbewerber".[125] Nähere Anhaltspunkte zur Auslegung der einzelnen Merkmale finden sich in Erwägungsgrund 33 RL 2014/24/EU.[126] In seinem Urteil in der Rs. Remondis vom 4.6.2020 hat der EuGH strenge Voraussetzungen für das Vorliegen einer Zusammenarbeit formuliert. Für eine solche ist „das Zusammenwirken aller Parteien der Kooperationsvereinbarung für die Gewährleistung der von ihnen zu erbringenden öffentlichen Dienstleistungen unerlässlich", wofür nicht genügt, dass „sich der einzige Beitrag bestimmter Vertragspartner auf eine bloße Erstattung von Kosten [...] beschränkt".[127] Im Gegensatz zur Auftragsvergabe kennzeichnet die Zusammenarbeit überdies eine „kollaborative Dimension", womit die Kooperationspartner „gemeinsam ihren Bedarf und die Lösungen dafür definieren" müssen; erforderlich ist „ein[e] gemeinsam[e] Strategie der Partner dieser Zusammenarbeit", d. h. „dass die öffentlichen Auftraggeber ihre Anstrengungen zur Erbringung von öffentlichen Dienstleistungen bündeln."[128] **37**

d) Teilnahmemöglichkeit öffentlicher Unternehmen an Vergabeverfahren

Öffentliche Unternehmen dürfen, wie sich aus Art. 2 Abs. 1 Nr. 5 und Nr. 10 iVm Erwägungsgrund 14 RL 2014/24/EU ergibt, **an Vergabeverfahren teilnehmen** **38**

[124] EuGH Urt. v. 13.6.2013 – C-386/11, ECLI:EU:C:2013:385 Rn. 36 f. – Piepenbrock; Urt. v. 19.12.2012 – C-159/11, ECLI:EU:C:2012:817 Rn. 34 f. – Lecce; Urt. v. 9.6.2009 – C-480/06, Slg. 2009, I-4747 Rn. 37 ff. – EK/Deutschland.

[125] EuGH Urt. v. 28.5.2020 – C-796/18, ECLI:EU:C:2020:395 Rn. 63 ff. (Zitat Rn. 76).

[126] Im Einzelnen *Burgi* (Fn. 117), § 11 Rn. 34 ff.; *Gurlit,* in: *Burgi/Dreher* (Hrsg.), Beck'scher Vergaberechtskommentar, Bd. I, 3. Aufl. 2017, § 108 GWB Rn. 33 ff; *Ziekow* NZBau 2015, 258 (263 f.). Siehe jüngst EuGH Urt. v. 28.5.2020 – C-796/18, ECLI:EU:C:2020:395 Rn. 54 ff. – Informatikgesellschaft für Software-Entwicklung; Urt. v. 4.6.2020 – C-429/19, ECLI:EU:C:2020:436 Rn. 39 – Remondis; ferner aus der nationalen Rechtsprechung OLG Düsseldorf Beschl. v. 5.5.2004 – VII-Verg 78/03, NVwZ 2004, 1022; OLG Düsseldorf Beschl. v. 21.6.2006 – VII Verg 17/06, NZBau 2006, 662; OLG Frankfurt Beschl. v. 7.9.2004 – 11 Verg 11/04, NZBau 2004, 692; OLG München Beschl. v. 21.2.2013 – Verg 21/12, NZBau 2013, 458; OLG Naumburg Beschl. v. 3.11.2005 – 1 Verg 9/05, NZBau 2006, 58; OLG Naumburg Beschl. v. 2.3.2006 – 1 Verg 1/06, NZBau 2006, 667; OLG Naumburg Beschl. v. 17.3.2017 – 7 Verg 8/16, VergabeR 2017, 627; OLG Koblenz Beschl. v. 3.12.2014 – Verg 8/14, ZfBR 2015, 308; VK Berlin Beschl. v. 16.9.2013 – Verg 4/13, NZBau 2014, 62. Siehe ferner den Vorlagebeschluss des OLG Koblenz zum EuGH v. 14.5.2019 – Verg 1/19, NZBau 2019, 534, und dazu *Kulartz/Boecker* NZBau 2020, 16. Siehe schließlich zur Ausklammerung von Kompetenzübertragungen (dazu auch Art. 1 Abs. 6 und Erwägungsgrund 5 RL 2014/24/EU) EuGH Urt. v. 21.12.2016 – C-51/15, ECLI:EU:C:2016:985 Rn. 39 ff. – Remondis.

[127] EuGH Urt. v. 4.6.2020 – C-429/19, ECLI:EU:C:2020:436 Rn. 29 – Remondis.

[128] EuGH Urt. v. 4.6.2020 – C-429/19, ECLI:EU:C:2020:436 Rn. 32 ff. – Remondis.

(→ H. Rn. 230 f.).[129] Ein zur Nachprüfung berechtigender Verstoß gegen den Wettbewerbsgrundsatz (§ 97 Abs. 1 GWB) wird jedoch weithin angenommen, wenn sich die Beteiligung nicht in den kommunalrechtlichen Grenzen für eine wirtschaftliche Betätigung bewegt (→ H. Rn. 230 f.).[130] Von Bedeutung sind auch die Regeln zur Vermeidung von Interessenkonflikten (§ 6 VgV).

7. Transparenz-Richtlinie

39 Die Prüfung, ob die finanziellen Beziehungen zwischen der öffentlichen Hand und ihren Unternehmen in Einklang mit dem EU-Wettbewerbsrecht stehen, setzt Klarheit über deren Art und Ausmaß voraus. Hier setzt die schon mehrfach novellierte Transparenz-Richtlinie 2006/111/EG an.[131] Ihrem Ziel, die **Transparenz der finanziellen Beziehungen zwischen Staat und öffentlichen Unternehmen** herzustellen, dienen die Vorgabe, die Bereitstellung öffentlicher Mittel und deren Verwendung gegenüber der Europäischen Kommission offenzulegen (Art. 1 Abs. 1, Art. 3, 5, 6, 8 RL 2006/111/EG), sowie die Pflicht zur getrennten Buchführung (Art. 1 Abs. 2, Art. 4, 6 RL 2006/111/EG).

8. Aufsicht durch die Europäische Kommission

40 Von besonderer Bedeutung im Kontext der Überwachung einer unternehmerischen Betätigung der öffentlichen Hand ist schließlich die der Europäischen Kommission obliegende Aufsicht über die Einhaltung des Unionsrechts (Art. 17 Abs. 1 S. 3 EUV), enthält dieses doch, wie vorstehend entfaltet, zahlreiche Vorgaben für öffentliche Unternehmen. Gerade dieser Mechanismus hat sich als **effektives Instrument zur Durchsetzung eines wettbewerbskonformen Verhaltens öffentlicher Unternehmen** erwiesen, wobei auch deren besonderer öffentlicher Auftrag nicht außer Acht blieb. Im Rahmen ihrer Überwachungstätigkeit hat die Kommission – gestützt auf das allgemeine Vertragsverletzungsverfahren (Art. 258 AEUV) und spezifische Überwachungsbefugnisse (Überwachung öffentlicher Unternehmen: Art. 106 Abs. 3 AEUV;[132] Beihilfenüberwachung: Art. 108 AEUV) – nicht nur im Einzelfall Vertragsverletzungen aufgrund einer Privilegierung öffentlicher Unternehmen aufgegriffen,[133] sondern wurde auch regelnd tätig; von besonderer Bedeutung ist die **Konkretisierungsbefugnis des Art. 106 Abs. 3 AEUV** hinsichtlich der Rolle öffentlicher Unternehmen, auf deren Grundlage etwa die Transparenz-Richtlinie oder der Freistellungs-Beschluss 2012/21/EU erlassen wurden[134]. Im Vertrag von Lissabon findet sich mit Art. 14 AEUV eine weitere Regelungsbefugnis hinsichtlich der „Grundsätze und Bedingungen, insbesondere jene[r] wirtschaftlicher und finanzieller Art, für das Funktionieren" der Dienste von allgemeinem wirtschaftlichem Interesse:

---

129 Siehe nur EuGH Urt. v. 23.12.2009 – C-305/08, Slg. 2009, I-12146 Rn. 26 ff.; Urt. v. 6.10.2015 – C-203/14, ECLI:EU:C:2015:664 Rn. 32 ff.; OLG Düsseldorf Beschl. v. 7.8.2013 – VII-Verg 14/13, NZBau 2014, 57 (60); *Dörr,* in: *Burgi/Dreher* (Fn. 126), § 97 Abs. 1 GWB Rn. 10.

130 So etwa OLG Düsseldorf Beschl. v. 7.8.2013 – VII-Verg 14/13, NZBau 2014, 57 (60 f.); *Dörr,* in: *Burgi/Dreher* (Fn. 126), § 97 Abs. 1 GWB Rn. 10 m. w. N. **A. A.** *Burgi,* Vergaberecht, 2. Aufl. 2018, § 6 Rn. 21.

131 Umfassend zu dieser *Witting,* in: *Säcker* (Fn. 85), Finanzielle Transfers und Transaktionen, Rn. 94 ff.

132 Zur Anordnungsbefugnis im Einzelfall EuGH Urt. v. 12.2.1992 – verb. Rs. C-48/90 und C-66/90, Slg. 1992, I-565 Rn. 27 ff. – Niederlande u. a./EK.

133 Siehe den Überblick bei *Jung,* in: *Calliess/Ruffert* (Fn. 17), Art. 106 AEUV Rn. 68 ff. Für ein Beispiel: Entscheidung 97/606/EG der Kommission vom 26. Juni 1997 nach Artikel 90 Absatz 3 EG-Vertrag über die Vergabe eines Exklusivrechts zur Ausstrahlung von Fernsehwerbung in Flandern, ABl. L 244 vom 6.9.1997, S. 18 – bestätigt von EuG Urt. v. 8.7.1999 –T-266/97, Slg. 1999, II-2329 – Vlaamse Televisie Maatschappij.

134 Zur Reichweite der Regelungsbefugnis: EuGH Urt. v. 19.3.1991 – C-202/88, Slg. 1991, I-1223 Rn. 17 – EK/Frankreich; ferner Urt. v. 12.2.1991 – verb. Rs. C-48/90 und C-66/90, Slg. 1992, I-565 Rn. 26 – Niederlande u. a./EK; Urt. v. 17.11.1992 – verb. Rs. C-271/90, C-281/90, C-289/90, Slg. 1992, I-5833 Rn. 12 – Spanien, Belgien und Italien/EK.

„Diese Grundsätze und Bedingungen werden vom Europäischen Parlament und vom Rat durch Verordnungen gemäß dem ordentlichen Gesetzgebungsverfahren festgelegt, unbeschadet der Zuständigkeit der Mitgliedstaaten, diese Dienste im Einklang mit den Verträgen zur Verfügung zu stellen, in Auftrag zu geben und zu finanzieren.“ Hinsichtlich der Aufsichtsbefugnisse sind ferner die Kompetenzen von Mitgliedstaaten und Union abzugrenzen. Hier kommt ersteren ein – auch in Art. 14 S. 2 AEUV anklingender und für die Kontrolle durch Kommission und Gerichtsbarkeit relevanter – Spielraum zu, da das Unionsrecht deren Definitionsmacht für Dienstleistungen von allgemeinem wirtschaftlichem Interesse anerkennt (→ Rn. 4 ff.).

III. Vorgaben des nationalen Verfassungsrechts

Das Grundgesetz enthält weder eine allgemeine Aussage zur Zulässigkeit öffentlicher Unternehmen[135] noch spezifische Regelungen[136]. Als Ausfluss der vielbeschworenen **„wirtschaftspolitischen Neutralität des Grundgesetzes“** steht dieses einer unternehmerischen Betätigung von Staat einschließlich Kommunen nicht entgegen (1.). Sie muss sich freilich im Rahmen der Verfassungsordnung bewegen, deren allgemeine Vorgaben, wie in diesem Abschnitt unternommen, für öffentliche Unternehmen kleinzuarbeiten sind. Es bedarf zunächst einer Einordnung in die grundgesetzliche Kompetenzordnung einschließlich der kommunalen Selbstverwaltungsgarantie (2.) und einer Betrachtung der Formenwahlfreiheit (3.). Im Zentrum stehen die Grundrechte, namentlich die Fragen einer Grundrechtsbindung und -berechtigung öffentlicher Unternehmen sowie grundrechtlicher Schranken der unternehmerischen Betätigung (4.). Eng damit zusammen hängt die Geltung des Gesetzesvorbehalts (5.). Schließlich ist die Anforderung einer (hinreichenden) demokratischen Legitimation zu beleuchten (6.).[137] 41

1. Wirtschaftspolitische Neutralität des Grundgesetzes und öffentliche Unternehmen

Das Grundgesetz enthält **keine ausdrückliche Positionierung** zur Zulässigkeit einer Staatswirtschaft. Vielmehr kommt auch hier die vielbeschworene „wirtschaftspolitische Neutralität des Grundgesetzes“ zum Tragen.[138] Nach dieser ist der Staat grundsätzlich frei, 42

[135] Siehe auch *Mann,* Die öffentlich-rechtliche Gesellschaft, 2002, S. 16 ff.; *Weiß,* Privatisierung und Staatsaufgaben, 2000, S. 249 ff. (wiewohl insgesamt restriktiv, S. 207 ff.).

[136] Zu punktuellen Regelungen Fn. 140.

[137] Die **Finanzverfassung** fungiert allenfalls als äußerste Grenze der unternehmerischen Betätigung der öffentlichen Hand, verlangt sie doch eine Einnahmenerzielung primär aus den Steuern (BVerfGE 93, 319 [342]: Prinzip des Steuerstaates) – vgl. *Ehlers* Jura 1999, 212 (214); *Knauff,* in: *Schmidt/Wollenschläger* (Fn. 26), § 6 Rn. 20; *Mann* JZ 2002, 819 (820); *Siekmann,* in: *Stober/Vogel* (Hrsg.), Wirtschaftliche Betätigung der öffentlichen Hand. Staat und Kommunen als Konkurrent der Privatwirtschaft, 2000, S. 110 f.; *Stober* NJW 2002, 2357 (2362); *Vollmöller,* in: *Schmidt/ders.* (Hrsg.), Kompendium Öffentliches Wirtschaftsrecht, 3. Aufl. 2007, § 5 Rn. 22; *Ziekow* (Fn. 24), § 7 Rn. 29. Vgl. auch *Selmer,* in: *Stober/Vogel* (Hrsg.), Wirtschaftliche Betätigung der öffentlichen Hand. Staat und Kommunen als Konkurrent der Privatwirtschaft, 2000, S. 75 (88 f.).

[138] Siehe BVerwGE 17, 306 (308); E 39, 329 (336); *Ehlers,* Gutachten 64. DJT (Fn. 8), S. E 33 f.; *Ruthig/Storr* (Fn. 8), § 8 Rn. 681 f.; *Manssen,* in: *v. Mangoldt/Klein/Starck/Huber/Voßkuhle* (Fn. 8), Art. 12 Rn. 32; *Kluth,* Öffentliches Wirtschaftsrecht (Fn. 8), § 6 Rn. 3; Dem Bekenntnis der Verfassung des Landes Rheinland-Pfalz zur sozialen Marktwirtschaft hat der VerfGH RhPf (Urt. v. 28.3.2000 – VGH N 12/98 = NVwZ 2000, 801 [804]) demgegenüber Grenzen für eine unternehmerische Betätigung des Staates entnommen. Diese Staatszielbestimmung gebiete nämlich „eine zweckentsprechende Aufgabenteilung zwischen dem staatlichen Sektor und dem privaten Sektor und markiert so zusätzlich die Grenzen, die bei richtigem Verständnis schon Art. 49 RhPfVerf. der gemeindlichen Wirtschaftstätigkeit zieht. Mit dem marktwirtschaftlichen Modell – namentlich seinen sozialen und ökologischen Komponenten (Art. 51 S. 2 RhPfVerf. n. F.) – ist und bleibt zwar eine öffentlichen Zwecken verpflichtete Kommunalwirtschaft weiterhin vereinbar. Diese ist aber kein Selbstzweck; marktwirtschaftlichen Zielen entspricht es, der Privatinitiative dort Vorrang zu geben, wo das gemeinsame Wohl der Einwohnerschaft eine eigene Wirtschaftstätigkeit der Gemeinde nicht erfordert.“

„die ihm jeweils sachgemäß erscheinende Wirtschaftspolitik zu verfolgen".[139] Hierzu rechnet auch die Befugnis, über „Ob" und „Wie" einer wirtschaftlichen Betätigung der öffentlichen Hand zu entscheiden. Diesen Befund bestätigen punktuelle Regelungen im Grundgesetz, die die prinzipielle Zulässigkeit öffentlicher Unternehmen voraussetzen.[140] Freilich steht der Gestaltungsspielraum des Gesetzgebers unter dem Vorbehalt, dass bei seiner Ausfüllung „das Grundgesetz, insbesondere die Grundrechte beachtet" werden müssen.[141] Damit gilt es auch hier, „die grundsätzliche Freiheit wirtschafts- und sozialpolitischer Gestaltung, die dem Gesetzgeber gewahrt bleiben muß, mit dem Freiheitsschutz zu vereinen, auf den der einzelne Bürger gerade auch dem Gesetzgeber gegenüber einen verfassungsrechtlichen Anspruch hat".[142] Dies verweist auf die noch zu erörternde zentrale verfassungsrechtliche Frage, ob und inwieweit Grundrechtspositionen privater Marktteilnehmer einer unternehmerischen Betätigung der öffentlichen Hand entgegenstehen (→ Rn. 64 ff.).

2. Unternehmerische Betätigung im Rahmen der grundgesetzlichen Kompetenzordnung

a) Kompetenzverteilung zwischen Bund und Ländern

43 Die **Gesetzgebungskompetenz** für das Kommunalwirtschaftsrecht – als Element des Kommunalrechts – liegt bei den Ländern, wobei parallel Sachgesetzgebungskompetenzen einschlägig sein können.[143] Nachdem die wirtschaftliche Betätigung einen Modus der staatlichen Aufgabenwahrnehmung darstellt und das Grundgesetz die Staatsaufgaben umfassend und abschließend in kompetentieller Hinsicht ordnet, unterliegt die unternehmerische Betätigung der öffentlichen Hand den grundgesetzlichen Vorgaben für die Kompetenzverteilung im Bundesstaat, nämlich den Vorschriften über die Verteilung der **Verwaltungskompetenzen** (Art. 30, 83 ff. GG).[144] Daher und auch wegen sonst entstehender Abgrenzungsschwierigkeiten verbietet sich, zwischen einer (primär) erwerbswirtschaftlichen und einer (primär) Verwaltungsaufgaben dienenden wirtschaftlichen Betätigung zu differenzieren und nur letztere den grundgesetzlichen Kompetenzregeln zu unterstellen.[145] Für deren Einschlägigkeit ebenfalls unerheblich ist, ob die Verwaltung privatrechtlich oder öffentlich-rechtlich handelt.[146] Damit besteht eine grundsätzliche Zuständigkeit der Länder

[139] BVerfGE 4, 7 (17); ferner E 50, 290 (336); BVerwGE 17, 306 (308); E 39, 329 (336); E 71, 183 (190).

[140] So ermöglichen Art. 15 und Art. 74 Abs. 1 Nr. 15 GG eine Vergesellschaftung von Grund und Boden, Naturschätzen und Produktionsmitteln, regeln Art. 105 Abs. 1, Art. 106 Abs. 1 und Art. 108 Abs. 1 GG Finanzmonopole, befasst sich Art. 110 Abs. 1 S. 1 2. HS GG mit der haushaltsmäßigen Erfassung von Bundesbetrieben und ordnet Art. 135 Abs. 6 GG den Übergang von (privatrechtlichen) Unternehmensbeteiligungen des ehemaligen Landes Preußen auf den Bund an. Siehe ferner die sektorspezifischen Regelungen in Art. 87e Abs. 3, Art. 87f Abs. 2, Art. 143a und Art. 143b GG. Vgl. *Jarass,* Kommunale Wirtschaftsunternehmen im Wettbewerb, 2002, S. 9 ff.; *Mann* JZ 2002, 819 (820); *Mann* (Fn. 135), S. 16 ff.; *Ziekow* (Fn. 24), § 7 Rn. 28; ferner *Pieroth/Hartmann* DVBl. 2002, 421 (426). Restriktiv *Isensee* FS Ipsen, 1977, S. 409 (431 f.).

[141] BVerfGE 50, 290 (336); ferner E 4, 7 (17); BVerwGE 17, 306 (308); E 39, 329 (336).

[142] BVerfGE 50, 290 (338).

[143] *Kluth,* in: *Mann/Püttner* (Fn. 10), § 39 Rn. 69.

[144] *Ehlers,* Gutachten 64. DJT (Fn. 8), S. E 43 f., 117 f.; *Huber* FS Badura, 2004, S. 903 f.; *Knauff,* in: *Schmidt/Wollenschläger* (Fn. 26), § 6 Rn. 31; *März,* in: *v. Mangoldt/Klein/Starck/Huber/Voßkuhle* (Hrsg.), Grundgesetz Kommentar, Bd. II, 7. Aufl. 2018, Art. 30 Rn. 44 f.; *Pfahl,* Staatliche Wirtschaftsteilnahme und Art. 30 GG, 2016, S. 172 ff., 193 ff.; *Ronellenfitsch,* in: *Isensee/Kirchhof,* Handbuch des Staatsrechts der Bundesrepublik Deutschland, Bd. IV, 3. Aufl. 2006, § 98 Rn. 3 f. m. w. N. auch zur Gegenauffassung; *Suerbaum,* in: *Ehlers/Fehling/Pünder* (Fn. 22), § 16 Rn. 31; *Weiß* (Fn. 135), S. 253 f.; *Ziekow* (Fn. 24), § 7 Rn. 30. Ablehnend *Hellermann,* Örtliche Daseinsvorsorge und gemeindliche Selbstverwaltung, 2000, S. 157 f.

[145] *Weiß* (Fn. 135), S. 253. Anders aber *Gubelt,* in: *v. Münch/Kunig,* Grundgesetz-Kommentar, 6. Aufl. 2012, Art. 30 Rn. 8; ferner für die Art. 86 ff. GG *Wittreck,* in: *Dreier* (Hrsg.), GG, Bd. III, 3. Aufl. 2018, Art. 86 Rn. 36 ff. [anders aber *Wittreck,* in: *Dreier* (Hrsg.), GG, Bd. II, 3. Aufl. 2015, Art. 30 Rn. 17 f. i. V. m. Rn. 22].

[146] BVerfGE 12, 205 (246); *Burgi,* in: Grundlagen des Verwaltungsrechts (Fn. 5), § 18 Rn. 54; *Gubelt,* in: *v. Münch/Kunig* (Fn. 145), Art. 30 Rn. 8; *Wittreck,* in: *Dreier* II, III (Fn. 145), Art. 30 Rn. 17 f.; Art. 86 GG Rn. 40.

(Art. 30 GG), es sei denn das Grundgesetz enthält eine abweichende Zuweisung an den Bund (Art. 83 ff. GG).[147] So ordnet etwa Art. 90 Abs. 2 Satz 1 GG die „Verwaltung der Bundesautobahnen" dem Bund zu.

Nachdem gemäß Art. 87f Abs. 2 Satz 1 GG **Dienstleistungen im Bereich Post und Telekommunikation** „durch die aus dem Sondervermögen Deutsche Bundespost hervorgegangenen Unternehmen und durch andere private Anbieter erbracht" werden, ist fraglich, ob diese Grundgesetzbestimmung eine entsprechende wirtschaftliche Betätigung der Kommunen – wie im Übrigen auch anderer staatlich beherrschter Unternehmen – zulässt.[148] **44**

b) Unternehmerische Betätigung und kommunale Selbstverwaltungsgarantie

Die im Grundgesetz – wie im Landesverfassungsrecht (vgl. etwa Art. 11 BV) – verankerte kommunale Selbstverwaltungsgarantie (Art. 28 Abs. 2 Satz 1 GG) weist den Gemeinden die **Allzuständigkeit für die Erledigung örtlicher Angelegenheiten** zu.[149] Hierunter fallen nach der Rechtsprechung des Bundesverfassungsgerichts „diejenigen Bedürfnisse und Interessen, die in der örtlichen Gemeinschaft wurzeln oder auf sie einen spezifischen Bezug haben [...], die also den Gemeindeeinwohnern gerade als solchen gemeinsam sind, indem sie das Zusammenleben und -wohnen der Menschen in der (politischen) Gemeinde betreffen".[150] Dabei lassen sich „[d]ie örtlichen Bezüge einer Aufgabe und deren Gewicht für die Garantie der kommunalen Selbstverwaltung [...] nicht an scharf konturierten Merkmalen messen. Vielmehr muss bei ihrer Bestimmung der geschichtlichen Entwicklung und den verschiedenen historischen Erscheinungsformen der Selbstverwaltung Rechnung getragen werden [...]. Es kommt insoweit darauf an, ob eine Aufgabe für das Bild der typischen Gemeinde charakteristisch ist. Art. 28 Abs. 2 Satz 1 GG enthält jedoch keine Garantie des Status quo im Sinne eines einmal erreichten Aufgabenbestands [...]. Die Angelegenheiten der örtlichen Gemeinschaft bilden keinen ein für alle Mal feststehenden Aufgabenkreis, weil sich die örtlichen Bezüge einer Angelegenheit mit ihren sozialen, wirtschaftlichen oder technischen Rahmenbedingungen wandeln".[151] An dieser gemeindlichen Allzuständigkeit muss sich die **gesetzgeberische Aufgabenverteilung** messen lassen; aus der kommunalen Selbstverwaltungsgarantie folgt „ein verfassungsrechtliches Aufgabenverteilungsprinzip hinsichtlich aller Angelegenheiten der örtlichen Gemeinschaft zugunsten der Gemeinden [...]. Der Entzug einer solchen Angelegenheit unterliegt strengen Rechtfertigungsanforderungen [...] und findet seine Grenze in einem unantastbaren Kernbereich der Selbstverwaltungsgarantie".[152] **45**

---

[147] Umfassend zu möglichen Verwaltungskompetenzen des Bundes *Pfahl,* Staatliche Wirtschaftsteilnahme und Art. 30 GG, 2016, S. 193 ff. Grundsätzliche Streitfragen können hier nicht vertieft werden, siehe zur Frage der Verwaltungskompetenzen bei Vollzug von Unionsrecht m. w. N. *Wittreck,* in: *Dreier* III (Fn. 145), Art. 83 Rn. 6 ff., 28, und im Bereich der nicht gesetzesakzessorischen Verwaltung *Wittreck,* in: *Dreier* III (Fn. 145), Art. 83 Rn. 28; Art. 86 GG, Rn. 21 f. – siehe freilich für die wirtschaftliche Betätigung Rn. 36 ff. Siehe ferner für eine Annexkompetenz zu Art. 134 f. GG *März,* in: *v. Mangoldt/Klein/Starck/Huber/Voßkuhle* (Fn. 144), Art. 30 Rn. 45.

[148] So bei Wahrung des Privatwirtschaftlichkeitsgebots *Möstl,* in: *Maunz/Dürig,* Grundgesetz-Kommentar, Stand: 60. EL Oktober 2010, Art. 87f Rn. 58 ff. m. w. N., auch zu den abweichenden Auffassungen; ferner *Pielow* NWVBl 1999, 369 (374 f.); *Poppen* (Fn. 45), S. 161; *Windthorst,* in: *Sachs* (Hrsg.), GG, 8. Aufl. 2018, Art. 87 f. Rn. 28.

[149] VerfGH RhPf Urt. v. 28.3.2000 – VGH N 12/98, NVwZ 2000, 801 (801 f., 804); *Ehlers,* Gutachten 64. DJT (Fn. 8), S. E 70 ff.; *Ruthig/Storr* (Fn. 8), § 8 Rn. 706 ff.; *Ziekow* (Fn. 24), § 7 Rn. 39 ff.

[150] BVerfGE 79, 127 (151 f.). Siehe ferner E 8, 122 (134); E 110, 370 (400); E 138, 1 (16). Näher *F. Wollenschläger,* in: *Meder/Brechmann,* Die Verfassung des Freistaates Bayern, 6. Aufl. 2020, Art. 11 Rn. 24 ff.

[151] BVerfGE 138, 1 (16 f.).

[152] BVerfGE 138, 1 (19). Näher *Dreier,* in: *ders.* II (Fn. 145), Art. 28 Rn. 101 ff., 109 ff.; *F. Wollenschläger,* in: *Meder/Brechmann* (Fn. 150), Art. 11 Rn. 11, 37 ff.; ferner – mit Blick auf Privatisierungen – *Rennert* JZ 2003, 385 (386 ff.).

46 Neben der Allzuständigkeit für Angelegenheiten der örtlichen Gemeinschaft gewährleistet die kommunale Selbstverwaltungsgarantie die **Organisationshoheit,** mithin „das Recht, über die innere Verwaltungsorganisation einschließlich der bei der Aufgabenwahrnehmung notwendigen Abläufe und Zuständigkeiten eigenverantwortlich zu entscheiden."[153] Diese bezieht sich auch auf die vom Staat übertragenen Angelegenheiten.[154] Die Organisationshoheit **umfasst** die **Entscheidung, Aufgaben mittels unternehmerischer Betätigung zu erledigen.**[155]

47 Vor diesem Hintergrund ist den Gemeinden **hinreichend Raum für eine Erledigung örtlicher Angelegenheiten auch im Wege der wirtschaftlichen Betätigung** zu lassen. Hieran sind die **Subsidiaritätsklauseln** des Kommunalwirtschaftsrechts zu messen, die – in unterschiedlicher Schärfe – das Verhältnis von Kommunal- und Privatwirtschaft bestimmen (→ C Rn. 131 ff.; dazu auch → Rn. 78).[156] Unbedenklich sind Regelungen wie Art. 87 Abs. 1 Satz 1 Nr. 4 BayGO, der eine unternehmerische Betätigung nur zulässt, wenn „bei einem Tätigwerden außerhalb der kommunalen Daseinsvorsorge der Zweck nicht ebenso gut und wirtschaftlich durch einen anderen erfüllt wird oder erfüllt werden kann".[157] Schließlich deckt der Örtlichkeitsbezug des Art. 28 Abs. 2 GG entsprechende räumliche Begrenzungen der unternehmerischen Betätigung, ohne eine (verhältnismäßige) **Expansion extra muros** zu verbieten[158].

48 **Gemeindeverbänden** ist die Selbstverwaltung demgegenüber gemäß Art. 28 Abs. 2 Satz 2 GG (vgl. für das Landesverfassungsrecht ferner Art. 10 BV) nur „im Rahmen ihres gesetzlichen Aufgabenbereiches" gewährleistet; sie setzt mithin eine Aufgabenzuweisung durch den Gesetzgeber voraus. Hierbei findet „[d]essen Gestaltungsspielraum [...] erst dort Grenzen, wo verfassungsrechtliche Gewährleistungen des Selbstverwaltungsrechts der Kreise entwertet würden. Der Gesetzgeber darf diese Gewährleistung nicht unterlaufen, indem er keine Aufgaben zuweist, die in der von der Verfassung selbst gewährten Eigenverantwortlichkeit wahrgenommen werden könnten. Der Gesetzgeber muss deshalb einen Mindestbestand an Aufgaben zuweisen, die die Kreise unter vollkommener Ausschöpfung der auch ihnen gewährten Eigenverantwortlichkeit erledigen können [...]. Dieser Aufgabenbestand muss für sich genommen und im Vergleich zu zugewiesenen staatlichen Aufgaben ein Gewicht haben, das der institutionellen Garantie der Kreise als Selbstverwaltungskör-

---

153 BVerfGE 138, 1 (17). Näher *F. Wollenschläger,* in: *Meder/Brechmann* (Fn. 150), Art. 11 Rn. 11, 37 ff.

154 BVerfGE 138, 1 (17).

155 BVerwG Beschl. v. 26.2.2010 – 8 B 91/09, BeckRS 2010, 47850, Rn. 4; VerfGH RhPf Urt. v. 28.3.2000 – N 12/98, DVBl. 2000, 992 (992); *Badura* DÖV 1998, 818 (823); *Cronauge,* Kommunale Unternehmen, 6. Aufl. 2016, Rn. 22 ff.; *Dietlmeier* (Fn. 16), S. 147; *Dreier,* in: *ders.* II (Fn. 145), Art. 28 Rn. 126; *Katz* (Fn. 16), Rn. 26, 28; *Köke* (Fn. 14), S. 35 ff., 41 f.; *Nierhaus,* in: *Mann/Püttner* (Fn. 10), § 40 Rn. 28 (Zuordnung zum Kernbereich); *Scharpf* GewArch 2005, 1 (2 f.); *Scharpf,* Kommunales Unternehmensrecht in Bayern, 2004, S. 12, 14; *F. Wollenschläger,* in: *Meder/Brechmann* (Fn. 150), Art. 11 Rn. 39. Vgl. auch differenziert *Hellermann* (Fn. 144), S. 145 ff.

156 Näher m. w. N. *Ehlers,* VorAufl., Rn. 67 f.; *Nierhaus,* in: *Mann/Püttner* (Fn. 10), § 40 Rn. 33 ff.

157 Siehe ferner für eine „Subsidiaritätsklausel (§ 85 I Nr. 3 RhPfGO), nach der eine Gemeinde wirtschaftliche Unternehmen nur mehr errichten, übernehmen oder wesentlich erweitern darf, wenn der öffentliche Zweck nicht ebenso gut und wirtschaftlich durch einen privaten Dritten erfüllt wird oder erfüllt werden kann" VerfGH RhPf (Urt. v. 28.3.2000 – VGH N 12/98 = NVwZ 2000, 801 [801 ff.]); *Ehlers,* in: *Ipsen* (Hrsg.), Kommunalwirtschaft im Umbruch, 11. Bad Iburger Gespräche, 2001, S. 10 (22); *Ehlers,* VorAufl., Rn. 67; *Nierhaus,* in: *Mann/Püttner* (Fn. 10), § 40 Rn. 33 ff.; *Poppen* (Fn. 45), S. 190 f. Anders *Hellermann* (Fn. 144), S. 217 ff.; *Wieland/Hellermann,* Der Schutz des Selbstverwaltungsrechts der Kommunen gegenüber Einschränkungen ihrer wirtschaftlichen Betätigung im nationalen und europäischen Recht, 1995, S. 57 ff.

158 *Buken,* Rechtsprobleme der kommunalen GmbH im Rechtsvergleich der Bundesländer, 2017, S. 32 ff. (mit Ausnahme der Leistungserbringung an Ortsfremde in anderen Bundesländern); *Nierhaus,* in: *Mann/Püttner* (Fn. 10), § 40 Rn. 41 ff., 45 m. w. N.; *Pielow* NWVBl 1999, 369 (372 f.); *Schink* NVwZ 2002, 129 (135 ff.); noch weiter *Hellermann* (Fn. 144), S. 157 f.; ferner umfassend *Langner* (Fn. 45), S. 9 ff., zsf. 269 ff. **A. A.** *Löwer,* in: VVDStRL 60 (2001), 416 (436 ff.); ferner *Ehlers,* VorAufl., Rn. 64 f.; *Ehlers,* in: *Ipsen* (Fn. 157), S. 10 (28 ff.); *Suerbaum,* in: *Ehlers/Fehling/Pünder* (Fn. 22), § 16 Rn. 63. **Restriktiv** *Lechleitner,* in: *Bungenberg/Danz/Heinrich/Hünemörder/Schmidt/Schroeder/Sickert/Unkroth* (Hrsg.), Recht und Ökonomik, 2004, S. 223 (241 ff.); *Poppen* (Fn. 45), S. 151 ff.

perschaften gerecht wird." Daher dürfen „neben einem Schwergewicht an Aufgaben im übertragenen Wirkungskreis [nicht] nur ganz randständige, in Bedeutung und Umfang nebensächliche Selbstverwaltungsaufgaben des eigenen Wirkungskreises zugewiesen" werden.[159]

c) Realbefund

Die vom Verwaltungsorganisationsrecht vorgezeichnete **dezentrale Kompetenzzuweisung** spiegelt sich auch in der tatsächlichen Verteilung wider: Von den 18.014 vom Statistischen Bundesamt für das Jahr 2017 verzeichneten staatlich kontrollierten öffentlichen Fonds, Einrichtungen und Unternehmen mit kaufmännischem Rechnungswesen sind 363 dem Bund, 1.812 den Ländern und 15.839 den Kommunen zuzurechnen.[160] Hierbei sind unterschiedliche Akzentsetzungen zu verzeichnen (auf der Basis der letztmals für 2008 veröffentlichten Zahlen): Kommunalunternehmen widmeten sich in erster Linie Aufgaben der Daseinsvorsorge (14% Wasserversorgung, 12% Grundstücks- und Wohnungswesen, 11% Abwasserentsorgung), Landesunternehmen den Bereichen „Verwaltung und Führung von Unternehmen und Betrieben; Unternehmensberatung" (13%) sowie Grundstücks- und Wohnungswesen (12%) und Bundesunternehmen dem Verkehrsbereich (Landverkehr und Transport in Rohrfernleitungen 23%; Lagerei sowie Erbringung von sonstigen Dienstleistungen für den Verkehr 16%).[161] Auch innerhalb einer Ebene findet eine weitere Dezentralisierung statt. Für die kommunale Ebene folgt dies bereits aus der – unbeschadet kommunaler Zusammenarbeit und exterritorialer Betätigung (→ Rn. 47) – lediglich auf das jeweilige Gemeindegebiet bezogenen Zuständigkeit; auf Bundesebene verteilen sich die 109 unmittelbaren Bundesbeteiligungen mit Geschäftstätigkeit des Jahres 2017 auf verschiedene Ressorts.[162] Dezentralisierung manifestiert sich schließlich in der unternehmerischen Betätigung durch Einheiten der funktionalen Selbstverwaltung, nämlich den Kammern.[163] 49

3. Formenwahlfreiheit und ihre Grenzen

Die **grundsätzliche Formwahlfreiheit** der Verwaltung[164] gestattet dem Staat, öffentliche Unternehmen sowohl in öffentlich- als auch in privatrechtlichen Organisations- und Handlungsformen zu betreiben.[165] Kommunalverfassungsrechtlich ist dies auch durch die Organisationshoheit als Ausprägung der kommunalen Selbstverwaltungsgarantie geschützt (hierzu → Rn. 45 ff.),[166] einfach-gesetzlich freilich in den Schranken des kommunalen Unternehmensrechts (für Bayern Art. 86 ff. BayGO). Nur im Ausnahmefall finden sich 50

[159] BVerfGE 119, 331 (352 ff.). Näher *Dreier,* in: *ders.* II (Fn. 145), Art. 28 Rn. 153 ff.; *F. Wollenschläger,* in: *Meder/Brechmann* (Fn. 150), Art. 11 Rn. 17 ff.

[160] Siehe https://www.destatis.de/DE/Themen/Staat/Oeffentliche-Finanzen/Fonds-Einrichtungen-Unternehmen/Tabellen/jahresabschluesse-eigner.html (Abruf: 13.11.2020).

[161] Statistisches Bundesamt, Wirtschaft und Statistik, 2/2011, S. 158.

[162] BMF, Beteiligungsbericht 2018, 2018, S. 10, 15: BMVI 28, BMI 15, BMBF 13, BMF 11, BMWi 10, BMVg 8, BMU 5, BKM 5, BMZ 4, AA 1, BMEL 1, BMJV 1, BMDSFJ 1 und 6 ohne Geschäftstätigkeit.

[163] Dazu *Ehlers,* Gutachten 64. DJT (Fn. 8), S. E 122 ff.

[164] Zu dieser BVerfG Beschl. v. 19.7.2016 – 2 BvR 470/089, NJW 2016, 3153 (3154); BVerwGE 92, 56 (64 f.); E 94, 229 (231 f.); E 96, 71 (73 f.); E 129, 9 (14 f.); *Schmidt-Aßmann,* Das allgemeine Verwaltungsrecht als Ordnungsidee, 2. Aufl. 2006, S. 289 f.; *F. Wollenschläger,* in: *Kahl/Ludwigs,* Handbuch des Verwaltungsrechts, 2021, Bd. 1, § 15 Rn. 28 f., iE. Generell **ablehnend** *Kempen,* Die Formenwahlfreiheit der Verwaltung, 1989, S. 122 ff. (wohl aber „Teil-Privatrechtsfähigkeit"); *Pestalozza,* Formenmißbrauch des Staates, 1973, S. 170 ff. **Restriktiv** (Rechtfertigungserfordernis) *Zuleeg,* VerwArch, 73 (1982), 384 (397 ff.); ferner *Ehlers,* in: *ders./Pünder* (Hrsg.), Allgemeines Verwaltungsrecht, 15. Aufl. 2016, § 3 Rn. 45 ff.; *Schlette,* Die Verwaltung als Vertragspartner, 2000, S. 122 ff.; *Weiß,* Privatisierung und Staatsaufgaben, 2000, S. 271 ff.

[165] Siehe nur *Knauff,* in: *Schmidt/Wollenschläger* (Fn. 26), § 6 Rn. 90; *Schulze-Fielitz* (Fn. 5), § 12 Rn. 130. Umfassend, auch zu allgemeinen verfassungsrechtlichen Schranken *Dietlmeier* (Fn. 16), S. 354 ff; *Mann* (Fn. 135), S. 49 ff.

[166] Vgl. *Wollenschläger,* in: *Meder/Brechmann* (Fn. 150), Art. 11 Rn. 39.

verfassungsrechtliche Vorgaben, so zugunsten einer privatrechtlichen Erbringung in den Art. 87e Abs. 3 Satz 1 GG (Eisenbahn)[167] oder Art. 87f Abs. 2 Satz 1 GG (Post- und Telekommunikation)[168] bzw. einer öffentlich-rechtlichen Erledigung, wie in Art. 87 Abs. 2 GG (Sozialversicherungsträger). Für die Verwaltung der Bundesautobahnen besteht Wahlfreiheit (Art. 90 Abs. 2 Satz 2 GG).[169] Auf der Ebene des einfachen Rechts ist die Festlegung öffentlicher Sparkassen auf die Rechtsform einer rechtsfähigen Anstalt des öffentlichen Rechts in Art. 3 BaySpkG zu nennen.

51 Darüber hinaus ist auf den **Funktionsvorbehalt des Art. 33 Abs. 4 GG** zu verweisen, der „[d]ie Ausübung hoheitsrechtlicher Befugnisse [...] als ständige Aufgabe in der Regel Angehörigen des öffentlichen Dienstes [vorbehält], die in einem öffentlich-rechtlichen Dienst- und Treueverhältnis stehen." Greift er, ist ein Einsatz von Beamten erforderlich,[170] was einen Einsatz privatrechtlicher Organisationsformen limitiert[171]. Der Funktionsvorbehalt gilt zwar unabhängig von der Organisationsform des Aufgabenträgers;[172] allerdings ist sein **Anwendungsbereich** umstritten[173]. Nach der Rechtsprechung des Bundesverfassungsgerichts liegt eine Ausübung hoheitlicher Befugnisse „jedenfalls [dann vor], wenn Befugnisse zum Grundrechtseingriff im engeren Sinne [...] ausgeübt werden, die öffentliche Gewalt also durch Befehl oder Zwang unmittelbar beschränkend auf grundrechtlich geschützte Freiheiten einwirkt".[174] Darüber hinaus hat eine (begrenzte) Geltung auch in der Leistungsverwaltung Anerkennung gefunden.[175] Dass die Ausübung hoheitsrechtlicher Befugnisse „in der Regel" Beamten vorbehalten ist, gestattet **Ausnahmen;** diese bedürfen indes „der Rechtfertigung durch einen besonderen sachlichen Grund [...]. Als rechtfertigender Grund kommt nur ein spezifischer, dem Sinn der Ausnahmemöglichkeit entsprechender – auf Erfahrungen mit gewachsenen Strukturen oder im Hinblick auf den Zweck des Funktionsvorbehalts relevante Besonderheiten der jeweiligen Tätigkeit Bezug nehmender – Ausnahmegrund in Betracht".[176]

52 Obgleich das Öffentliche Recht – über die herkömmlichen Organisationsformen, namentlich die Anstalt des Öffentliches Rechts und das Sondervermögen, hinaus – mit dem in die Verwaltung eingegliederten Regie- und dem haushaltstechnisch sowie organisatorisch verselbstständigten Eigenbetrieb spezifische Organisationsformen für die unternehmerische Betätigung kennt, haben sich in den letzten Jahrzehnten **zunehmend privatrechtliche Gesellschaftsformen** durchgesetzt,[177] und zwar aufgrund der haushalts- und kommunalrechtlich vorgegebenen Haftungsbeschränkung (vgl. nur § 65 Abs. 1 Nr. 2 BHO; Art. 92 Abs. 1 S. 1 Nr. 3 BayGO) namentlich die Aktiengesellschaft (AG) und die Gesellschaft mit beschränkter Haftung (GmbH). So betreibt die öffentliche Hand von den 18.014

167 Dieser bestimmt: „Eisenbahnen des Bundes werden als Wirtschaftsunternehmen in privat-rechtlicher Form geführt."

168 Dieser lautet: „Dienstleistungen im Sinne des Absatzes 1 werden als privatwirtschaftliche Tätigkeiten durch die aus dem Sondervermögen Deutsche Bundespost hervorgegangenen Unternehmen und durch andere private Anbieter erbracht."

169 Art. 90 Abs. 2 Satz 1 und 2 GG bestimmen: „Die Verwaltung der Bundesautobahnen wird in Bundesverwaltung geführt. Der Bund kann sich zur Erledigung seiner Aufgaben einer Gesellschaft privaten Rechts bedienen."

170 *Dietlmeier* (Fn. 16), S. 365 ff.; *Huber* FS Badura, 2004, S. 904 f.

171 Vgl. *Dietlmeier* (Fn. 16), S. 3; *Mann* (Fn. 135), S. 49 ff.; *Ruthig/Storr* (Fn. 8), § 8 Rn. 717.

172 BVerfGE 130, 76 (112); *Badura,* in: *Maunz/Dürig,* Grundgesetz-Kommentar, Stand: 88. EL August 2019, Art. 33 Rn. 56; *Brosius-Gersdorf,* in: *Dreier* II (Fn. 145), Art. 33 Rn. 154; *Mann* (Fn. 135), S. 49 ff. **A. A.** (öffentlich-rechtliche Tätigkeit erforderlich) *Hense,* in: BeckOK GG, Stand: 42. Edition 1.12.2019, Art. 33 Rn. 28.

173 Im Überblick und für ein enges Verständnis *Brosius-Gersdorf,* in: *Dreier* II (Fn. 145), Art. 33 Rn. 152 ff.

174 BVerfGE 130, 76 (113).

175 Siehe mit variierender Konturierung *Badura,* in: *Maunz/Dürig* (Fn. 172), Art. 33 Rn. 56; *Battis,* in: *Sachs* (Fn. 148), Art. 33 Rn. 57; *Brosius-Gersdorf,* in: *Dreier* II (Fn. 145), Art. 33 Rn. 152 ff.; *Hense,* in: BeckOK GG (Fn. 172), Art. 33 Rn. 28; *Mann* (Fn. 135), S. 49 ff. Ablehnend (Begrenzung auf Eingriffsverwaltung) *Dörr* ZTR 1991, 182 (183 ff.) – mit Ausnahme Schule/Hochschule qua Tradition.

176 BVerfGE 130, 76 (115).

177 *Ehlers,* Gutachten 64. DJT (Fn. 8), S. E 106; *Ruthig/Storr* (Fn. 8), § 8 Rn. 714 ff.

vom Statistischen Bundesamt für das Jahr 2017 verzeichneten staatlich kontrollierten öffentlichen Fonds, Einrichtungen und Unternehmen mit kaufmännischem Rechnungswesen 12.661 privatrechtlich (darunter 10.808 GmbHs) und 5.353 öffentlich-rechtlich (darunter 3.576 Eigenbetriebe und 1.092 Zweckverbände).[178]

4. Grundrechte

Betätigt sich der Staat unternehmerisch, unterliegt er stets, mithin rechts- und handlungs- **53**
formunabhängig, **grundrechtlichen Bindungen,** hat doch eine entsprechend umfassende Grundrechtsbindung zwischenzeitlich Anerkennung gefunden (a); mit dieser korrespondiert ein Ausschluss der Möglichkeit, sich auf Grundrechte zu berufen (b). In der Sache ist vor allem das **Konkurrenzverhältnis zur Privatwirtschaft** grundrechtlich zu verarbeiten, konfligiert die unternehmerische Betätigung der öffentlichen Hand angesichts ihrer Konsequenzen für den Wettbewerb doch mit wirtschaftlichen Interessen privater Mitbewerber. Ob und inwieweit letztere grundrechtlichen Schutz genießen, sei hinsichtlich der Wettbewerbsfreiheit (c) und -gleichheit (d) bei staatlicher Konkurrenz erörtert. Schließlich sind die aus der unmittelbaren Grundrechtsbindung öffentlicher Unternehmen auch im Übrigen resultierenden Anforderungen an die Marktteilnahme in den Blick zu nehmen (e).

a) Grundrechtsbindung

Angesichts der von Art. 1 Abs. 3 GG angeordneten umfassenden **Grundrechtsbindung** **54**
der öffentlichen Hand greifen die Grundrechte **bei jedweder unternehmerischer Betätigung des Staates.** Außer Zweifel steht dies, soweit sich der Staat öffentlich-rechtlicher Organisations- und Handlungsformen bedient, auf kommunaler Ebene mithin für das selbstständige Kommunalunternehmen des öffentlichen Rechts sowie für dem Rechtsträger Gemeinde zuzurechnende Regie- und Eigenbetriebe, soweit diese öffentlich-rechtlich handeln. Bei privatrechtlichem Handeln einschließlich eines Tätigwerdens in den Organisationsformen des Privatrechts, etwa durch Gesellschaften mit beschränkter Haftung (GmbH) oder Aktiengesellschaften (AG), stellt sich die zwischenzeitlich zu Recht bejahte Frage nach der sog. Fiskalgeltung der Grundrechte (aa). Die Grundrechtsbindung erstreckt sich auch auf staatlich beherrschte gemischt-wirtschaftliche Unternehmen (bb). Ohne Weiteres grundrechtsgebunden ist auch der Gesetzgeber sowie die Exekutive, wenn sie Maßnahmen hinsichtlich öffentlicher Unternehmen treffen, etwa steuerliche Privilegierungstatbestände normieren oder Subventionen gewähren.

aa) Fiskalgeltung der Grundrechte. Die Fiskalgeltung der Grundrechte,[179] mithin[180] **55**
eine Bindung des Staates bei einem Tätigwerden in privatrechtlichen Organisations- bzw. Handlungsformen, wird mitunter verneint, da die fiskalische Verwaltung keine vollziehende Gewalt iSd Art. 1 Abs. 3 GG ausübe: Denn sie trete nicht als Trägerin hoheitlicher Aufgaben unter Einsatz hoheitlicher Mittel auf.[181] Dem ist jedoch die von Art. 1 Abs. 3

[178] https://www.destatis.de/DE/Themen/Staat/Oeffentliche-Finanzen/Fonds-Einrichtungen-Unternehmen/Tabellen/jahresabschluesse-rechtsformen.html (Abruf 13.11.2020).

[179] Die folgenden Ausführungen beruhen auf *F. Wollenschläger* (Fn. 85), 2010, S. 32 f.

[180] Mitunter erfolgt eine – indes abzulehnende, siehe sogleich im Text – weitere Differenzierung zwischen der privatrechtsförmigen Erfüllung von Verwaltungsaufgaben und fiskalischem Handeln, namentlich der Auftragsvergabe, erwerbswirtschaftlichen Betätigung und Vermögensverwaltung. Siehe zu den unterschiedlichen Fiskusbegriffen und für die Aufgabe des Fiskusbegriffs *Ehlers,* in: *ders./Pünder* (Fn. 164), § 3 Rn. 80.

[181] Ablehnend noch BGH Urt. v. 26.10.1961 – KZR 1/61, NJW 1962, 196 (197 f.); BGH Urt. v. 2.12.2003 – XI ZR 397/02, NJW 2004, 1031 (1031) – wiewohl Bestehen „gewisse[r] Bindungen und Schranken" anerkannt; *Bullinger,* Öffentliches Recht und Privatrecht, 1968, S. 87 ff.; *Bullinger,* Die funktionelle Unterscheidung von öffentlichem Recht und Privatrecht als Beitrag zur Beweglichkeit von Verwaltung und Wirtschaft in Europa, in: *Hoffmann-Riem/Schmidt-Aßmann* (Hrsg.), Öffentliches Recht und Privatrecht als wechselseitige Auffangordnungen, 1996, S. 239 (256); *Forsthoff,* Staat als Auftraggeber, 1963, S. 13 f. Offen gelassen dann in BGH Urt. v. 20.1.2006 – V ZR 134/05, NJW 2006, S. 1054 (1054 f.).

GG bezweckte umfassende Grundrechtsbindung der öffentlichen Gewalt entgegenzuhalten. Da es nur eine vom Grundgesetz konstituierte und dessen Bindungen unterliegende Staatlichkeit gibt, stellt sich **auch staatliches Handeln in Privatrechtsform** als vom Grundgesetz erfasstes und damit **grundrechtsgebundenes** staatliches Handeln dar.[182] Dem Staat kommt damit **keine Privatautonomie** zu, auch bei privatrechtsförmigem Handeln tritt er als dem Gemeinwohl verpflichteter Sachwalter der Allgemeinheit auf.[183] Zudem kann die Wahl der Organisations- und Handlungsform nicht über die Grundrechtsbindung entscheiden, vielmehr darf es keine „Flucht aus der Grundrechtsbindung in das Privatrecht mit der Folge, dass der Staat unter Freistellung von Art. 1 Abs. 3 GG als Privatrechtssubjekt zu begreifen wäre", geben.[184] Schließlich ist es praktisch unmöglich, wollte man die staatliche Tätigkeit entsprechend auffächern,[185] überzeugend zwischen rein fiskalischem und öffentlichen Aufgaben dienendem Handeln zu unterscheiden,[186] einmal abgesehen von den weiteren eben ausgeführten Gegenargumenten[187]. Dies schließt auch eine Verneinung der Grundrechtsbindung für Unternehmen wie die Deutsche Bahn AG aus, für die das Grundgesetz eine Führung „als Wirtschaftsunternehmen in privat-rechtlicher Form" vorsieht (Art. 87e Abs. 3 Satz 1 GG; vgl. ferner Art. 87f Abs. 2 Satz 1 GG – siehe auch im Kontext der Grundrechtsberichtigung → Rn. 60).[188]

56 Dementsprechend hat das Bundesverfassungsgericht zwischenzeitlich – in Einklang mit der überwiegenden Literatur[189] – die Grundrechtsbindung der öffentlichen Hand auch bei

---

182 BVerfGE 128, 226 (244 ff.); BVerfG Beschl. v. 19.7.2016 – 2 BvR 470/08, NJW 2016, 3153 (3154); VK Bund Beschl. v. 29.4.1999 – VK 1–7/99, NJW 2000, 151 (153); *Dörr* DÖV 2001, 1014 (1015); *Dreier,* in: *ders.* (Hrsg.), GG, Bd. I, 3. Aufl. 2013, Art. 1 III Rn. 67 f.; *Ehlers,* Verwaltung in Privatrechtsform, 1984, S. 212 ff.; *Huber,* Konkurrenzschutz (Fn. 4), S. 315 f.; *Möstl,* Grundrechtsbindung öffentlicher Wirtschaftstätigkeit, 1999, S. 73 ff.; *F. Wollenschläger,* in: *Schmidt/ders.* (Fn. 26), § 2 Rn. 13; *Kluth,* Öffentliches Wirtschaftsrecht (Fn. 8), § 7 Rn. 4.

183 BVerfGE 128, 226 (244 f.); BVerfG Beschl. v. 19.7.2016 – 2 BvR 470/08, NJW 2016, 3153 (3154); *Dreier,* in: *ders.* (Fn. 182), Art. 1 III, Rn. 67; *Gurlit* NZG 2012, 249 (253 f.); *Starck,* in: *v. Mangoldt/Klein/ders./Huber/Voßkuhle* (Fn. 8), Art. 1 Rn. 228 f.

184 BVerfGE 128, 226 (245); ferner BVerfG Beschl. v. 19.7.2016 – 2 BvR 470/08, NJW 2016, 3153 (3154 f.). Die Formel „Flucht von Staat und Gemeinde in das Privatrecht" geht zurück auf *F. Fleiner,* Institutionen des Deutschen Verwaltungsrechts, 8. Aufl. 1928, S. 326.

185 So etwa *Herdegen,* in: *Maunz/Dürig,* Grundgesetz-Kommentar, Stand: 87. EL März 2019, Art. 1 III Rn. 12, 109 ff. für die unternehmerische Betätigung; *Ronellenfitsch,* in: *Isensee/Kirchhof* (Fn. 144), § 98 Rn. 46 ff.

186 *Cremer* DÖV 2003, 921 (925); *Dörr* DÖV 2001, 1014 (1015 f.); *Dreier,* in: *ders.* (Fn. 182), Art. 1 III Rn. 67; *Gurlit* NZG 2012, 249, (253 f.); *Huber* FS Badura, 2004, S. 899; *Möstl* (Fn. 182), S. 80 f.; *Starck,* in: *v. Mangoldt/Klein/ders./Huber/Voßkuhle* (Fn. 8), Art. 1 Rn. 229.

187 Deutlich hierzu auch BVerfG Beschl. v. 19.7.2016 – 2 BvR 470/08, NJW 2016, 3153 (3155): „Unerheblich ist auch, ob die für den Staat oder andere Träger öffentlicher Gewalt handelnde Einheit ‚spezifische' Verwaltungsaufgaben wahrnimmt, ob sie erwerbswirtschaftlich oder zur reinen Bedarfsdeckung tätig wird (‚fiskalisches' Handeln) und welchen sonstigen Zweck sie verfolgt. Der Vorstellung, die Grundrechtsbindung sei von der Natur des verfolgten Zwecks abhängig (vgl. *Dürig/Scholz,* in: *Maunz/Dürig,* Grundgesetz-Kommentar, Stand: 73. EL 2014, Art. 3 I Rn. 475 ff.), liegt eine Dichotomie zwischen öffentlichem Recht und Privatrecht zu Grunde, die mit der verfassungsrechtlichen Grundentscheidung für eine umfassende Grundrechtsbindung aller staatlichen Gewalt (Art. 1 III GG) nicht vereinbar ist." Siehe ferner *Kater,* Grundrechtsbindung und Grundrechtsfähigkeit gemischtwirtschaftlicher Aktiengesellschaften, 2016, S. 63 ff.

188 *Dreier,* in: *ders.* (Fn. 182), Art. 1 III Rn. 73. **A. A.** *Gersdorf,* in: *v. Mangoldt/Klein/Starck/Huber/Voßkuhle* (Hrsg.), Grundgesetz Kommentar, Bd. III, 7. Aufl. 2018, Art. 87e Rn 54, Art. 87f Rn. 70; *Uerpmann-Wittzack,* in: *v. Münch/Kunig* (Fn. 145), Art. 87f Rn. 18.

189 *Becker,* Verwaltungsprivatrecht, 1994, S. 48 ff.; *Burgi,* in: Grundlagen des Verwaltungsrechts (Fn. 5), § 18 Rn. 45; *Cremer* DÖV 2003, 921 (923 ff.); *Dreier,* in: *ders.* (Fn. 182), Art. 1 III Rn. 67; *Ehlers,* Verwaltung in Privatrechtsform, 1984, S. 214 ff.; *Ehlers,* Gutachten 64. DJT (Fn. 8), S. E 39; *Gurlit* NZG 2012, 249 (253 f.); *Hösch* DÖV 2000, 393 (398); *Hösch,* Die kommunale Wirtschaftstätigkeit, 2000, S. 55 f.; *Huber* FS Badura, 2004, S. 910 f.; *Huber,* Konkurrenzschutz (Fn. 4), S. 442; *Huber/Unger,* in: *Schoch* (Hrsg.), Besonderes Verwaltungsrecht, 2018, 4. Kap. Rn. 52 f., 352; *Kahl* FS von Zezschwitz, 2005, S. 151 (158); *Kluth,* Grenzen kommunaler Wettbewerbsteilnahme, 1988, S. 56 ff.; *Knauff,* in: *Schmidt/Wollenschläger* (Fn. 26), § 6 Rn. 109; *Poppen* (Fn. 45), S. 85 ff.; *Puhl,* in: VVDStRL 60 (2001), 456 (477 f.); *Sachs,* in: *ders.* (Fn. 148), Art. 1 Rn. 85, 106 ff.; *Scharpf* (Fn. 155), S. 23 f.; *Selmer,* in: *Stober/Vogel* (Fn. 137), S. 75 (96 f.) – mit Ausnahme primär gewinnorientierter Unternehmen *aus* Gründen des Bestandsschutzes;

privatrechtsförmigem Handeln bejaht, noch zögerlich in seiner Entscheidung zum Vergaberechtsschutz vom 13.6.2006,[190] sodann vollumfänglich in seinem **Fraport-Urteil** vom 22.2.2011[191] und in Folgeentscheidungen[192].

Um einen effektiven, da nicht von gesellschaftsrechtlichen und uU koordinierungsbedürftigen Einflussmöglichkeiten abhängigen Grundrechtsschutz sicherzustellen, erstreckt 57
sich die **Grundrechtsbindung** nicht nur auf den staatlichen Träger des Unternehmens, sondern auch auf das **Unternehmen selbst.**[193]

bb) Grundrechtsbindung staatlich beherrschter gemischt-wirtschaftlicher Unternehmen. 58
Im Kontext der Grundrechtsbindung bei privatrechtsförmigem Verwaltungshandeln stellt sich die Frage nach der Behandlung gemischt-wirtschaftlicher Unternehmen, an denen sowohl die öffentliche Hand als auch Private Beteiligungen halten. Es ist zu klären, ob und wann in diesen Fällen von einem staatlichen und damit (unmittelbar) grundrechtsgebundenem Handeln auszugehen ist.[194] In seiner auch insoweit grundlegenden **Fraport-Entscheidung** vom 22.2.2011 hat das Bundesverfassungsgericht die **Beherrschung durch einen öffentlichen Anteilseigner** zum **maßgeblichen Abgrenzungskriterium** erklärt; diese ist – entsprechend der aktienrechtlichen Wertungen der §§ 16 f. AktG – regelmäßig anzunehmen, wenn die öffentliche Hand mehr als die Hälfte der Anteile hält, wobei in Sonderfällen auch weitere Kriterien heranzuziehen sein können.[195] Dem ist **zuzustimmen.**[196] Angesichts ihres hybriden Charakters entziehen sich gemischtwirtschaftliche Unternehmen der Dichotomie grundrechtsgebundenen staatlichen Handelns einerseits und privatautonomer Gestaltung unterliegenden unternehmerischen Aktivitäten Privater andererseits; die gleichwohl notwendig bleibende Zuordnung zu einer der beiden Sphären wird damit zur Wertungsfrage, auf die der Grad der staatlichen Dominanz eine sachgerechte Antwort gibt. Die Aufrechterhaltung der Grundrechtsbindung findet ihre Rechtfertigung zudem darin, dass sich der Staat genauso wenig wie durch den Einsatz privatrechtlicher Handlungsformen durch ein kooperatives Tätigwerden mit Privaten seiner Grundrechtsbindung entziehen darf.[197] Gegen eine Grundrechtsbindung gemischt-wirt-

---

Suerbaum, in: *Ehlers/Fehling/Pünder* (Fn. 22), § 16 Rn. 35; *Weiß* (Fn. 135), S. 265 ff.; *F. Wollenschläger,* in: *Schmidt/ders.* (Fn. 26), § 2 Rn. 13 ff.; *F. Wollenschläger* (Fn. 85), S. 32 f.; *Ziekow* (Fn. 24), § 7 Rn. 31.

[190] BVerfGE 116, 135 (151, 153) – nur bezüglich des allgemeinen Gleichheitssatzes, bezüglich der Berufsfreiheit dagegen offen gelassen.

[191] BVerfGE 128, 226 (244 ff.).

[192] BVerfG Beschl. v. 10.5.2016 – 1 BvR 2871/13 – Rn. 5 f., BeckRS 2016, 47127; BVerfG Beschl. v. 19.7.2016 – 2 BvR 470/08, NJW 2016, 3153 (3154 f.). Siehe ferner BVerwGE 113, 208 (211); E 129, 9 (16) – für Art. 3 Abs. 1 GG; BGH Urt. v. 26.6.2015 – V ZR 227/14, NVwZ 2015, 1622 (1623).

[193] BVerfGE 128, 226 (245 f.); BVerfG Beschl. v. 19.7.2016 – 2 BvR 470/08, NJW 2016, 3153 (3154); E 147, 50 (144); *Sachs,* in: *ders.* (Fn. 148), Art. 1 Rn. 109; *F. Wollenschläger,* in: *Schmidt/ders.* (Fn. 26), § 2 Rn 13.

[194] Umfassend zum Diskussionsstand *Kater* (Fn. 187), S. 44 ff.

[195] BVerfGE 128, 226 (246 f.) – für ein darüber hinaus gehendes Erfordernis einer Interessenkoordination bei mehreren staatlichen Minderheitsbeteiligten die Abweichende Meinung des Richters Schluckebier zu diesem Urteil, S. 270 ff. Ebenso bereits BVerwGE 113, 208 (211); ferner BVerfG Beschl. v. 19.7.2016 – 2 BvR 470/08, NJW 2016, 3153 (3154); BVerfGE 147, 50 (144 f.). Stärker die Steuerungsmöglichkeiten akzentuierend: *Ziekow* (Fn. 24), § 7 Rn. 7, 33. Siehe auch *Gurlit* NZG 2012, 249 (253). Umfassend zu den unterschiedlichen Zurechnungskriterien (Beherrschung, Rechtsform, Ingerenzpflicht, öffentliche Aufgabe) und für einen normativen Ansatz (Zuweisung von Eigen- oder Wahrnehmungszuständigkeiten) *Berger,* Staatseigenschaft gemischtwirtschaftlicher Unternehmen, 2006, S. 31 ff., 96 ff.

[196] Eine Grundrechtsbindung ebenfalls anerkennend: *Dietlmeier* (Fn. 16), S. 171 f.; *Gurlit* NZG 2012, 249 (252); *Huber/Unger,* in: *Schoch* (Fn. 189), 4. Kap. Rn. 53; *Kater* (Fn. 187), S. 54 ff. – unter differenzierter Erörterung des Beherrschungskriteriums; *Kluth* WiVerw 2000, 184 (194 f.); *Möstl* (Fn. 182), S. 100 ff.; *Weiß* (Fn. 135), S. 280 ff. (sogar unabhängig von staatlicher Beherrschung); *F. Wollenschläger,* in: *Schmidt/ders.* (Fn. 26), § 2 Rn. 14; *Ziekow* (Fn. 24), § 7 Rn. 33. **A. A.** *Burgi,* Privatisierung öffentlicher Aufgaben – Gestaltungsmöglichkeiten, Grenzen, Regelungsbedarf, Verhandlungen des 67. DJT, Bd.I/Teil D, 2008, D 97 f., 107; *Ehlers,* Gutachten 64. DJT (Fn. 8), S. E 39 f.; *Kluth,* Grenzen kommunaler Wettbewerbsteilnahme (Fn. 189), S. 59; *Poppen* (Fn. 45), S. 101 ff.; *Sachs,* in: *ders.* (Fn. 148), Art. 1 Rn. 109 (lediglich Staat als Anteilseigner). Kritisch auch *Suerbaum,* in: *Ehlers/Fehling/Pünder* (Fn. 22), § 16 Rn. 36 ff. Offen gelassen *Dreier,* in: *ders.* (Fn. 182), Art. 1 III Rn. 71 f. (zumindest Staat als Anteilseigner).

[197] Ebenso *Ziekow* (Fn. 24), § 7 Rn. 33.

schaftlicher Unternehmen lässt sich nun nicht einwenden, dass es ausreiche, auf Einwirkungsmöglichkeiten des unstreitig grundrechtsgebundenen staatlichen Anteilseigners zu setzen. Denn diese vermögen keinen effektiven Grundrechtsschutz sicherzustellen, unterliegen sie doch gesellschaftsrechtlichen Beschränkungen (vgl. § 119 Abs. 2 AktG) sowie der Mitbestimmung (→ Rn. 88), und ist ihre Geltendmachung, zumal bei Beteiligung mehrerer staatlicher Anteilseigner, aufwändig.[198] Genauso wenig zeitigt die Grundrechtsverpflichtung eine nicht hinnehmbare Belastung der privaten Minderheitseigner, steht diesen eine Beteiligung doch frei und versprechen Öffentlich-private-Partnerschaften auch Chancen; im Übrigen verbleibt es beim Eigentumsschutz ihrer Beteiligung.[199]

b) Keine Grundrechtsberechtigung öffentlicher Unternehmen

59 Sieht man das Anliegen der Grundrechte im Schutz der Freiheitssphäre natürlicher Personen und auch die Rechtfertigung einer Erstreckung des Grundrechtsschutzes auf juristische Personen (Art. 19 Abs. 3 GG) in der mit ihnen kollektiv betätigten Freiheit Einzelner, scheidet eine Grundrechtsberechtigung des Staates aus.[200] Gegen letztere spricht zudem der Umstand, dass der Staat selbst grundrechtsverpflichtet ist (Art. 1 Abs. 3 GG) und damit nicht zugleich grundrechtsberechtigt sein kann.[201] Folglich können sich auch **öffentliche Unternehmen nicht auf Grundrechte berufen.**[202] Dem lässt sich auch nicht die Verselbstständigung öffentlicher Unternehmen entgegenhalten, da dies nichts an deren Zugehörigkeit zur staatlichen Sphäre ändert: „Vom Menschen und Bürger als dem ursprünglichen Inhaber der Grundrechte her gesehen, handelt es sich jeweils nur um eine besondere Erscheinungsform der einheitlichen Staatsgewalt."[203] Und durch eine entsprechende Organisationsentscheidung darf der Staat nicht selbst über seine Grundrechtsfähigkeit (und auch Bindung) disponieren.[204]

60 In früheren Entscheidungen hat das Bundesverfassungsgericht die Ablehnung der Grundrechtsfähigkeit staatlicher Einrichtungen verschiedentlich insofern qualifiziert, als dies „jedenfalls" – und damit unter Umständen *nur* – bei der Wahrnehmung öffentlicher Aufgaben

---

[198] BVerfGE 128, 226 (246).

[199] BVerfGE 128, 226 (247); vgl. auch *Huber* FS Badura, 2004, S. 912; *Kater* (Fn. 187), S. 175 ff.; *Kluth* WiVerw 2000, 184, 195; *Knauff,* in: *Schmidt/Wollenschläger* (Fn. 26), § 6 Rn. 109; *Vollmöller,* in: *Schmidt/ders.* (Fn. 137), § 5 Rn. 17; *Ziekow* (Fn. 24), § 7 Rn. 33. Zur Rechtsstellung der privaten Aktionäre *Gurlit* NZG 2012, 249 (254 f.).

[200] Grundlegend BVerfGE 21, 362 (369); ferner E 45, 63 (78); E 61, 82 (101); E 68, 193 (206); E 75, 192 (195 f.); BVerfG Beschl. v. 16.5.1989 – 1 BvR 705/88, NJW 1990, 1783 (1783); BVerfG Beschl. v. 18.5.2009 – 1 BvR 1731/05, NVwZ 2009, 1282 (1282 f.); BVerfG Beschl. v. 21.12.2009 – 1 BvR 2738/08, NVwZ 2010, 373 (374); BVerfGE 128, 226 (247); E 143, 246 (313 f.); E 147, 50 (143 f.); *Huber* FS Badura, 2004, S. 911; *Ruthig/Storr* (Fn. 8), § 8 Rn. 684, 692 f. Zudem handelt es sich um bloße Kompetenzkonflikte, vgl. BVerfGE 21, 362 (370).

[201] BVerfGE 21, 362 (369); E 128, 226 (247); E 143, 246 (313 f.); E 147, 50 (143 f.); *Ruthig/Storr* (Fn. 8), § 8 Rn. 684. Kritisch zum Konfusionsargument *Ludwigs/Friedmann* NVwZ 2018, 22.

[202] BVerfGE 45, 63 (78); E 128, 226 (247); BVerfG Beschl. v. 18.5.2009 – 1 BvR 1731/5, NVwZ 2009, 1282 (1282 f.); BVerfG Beschl. v. 18.5.2009 – 1 BvR 1731/05, NVwZ 2010, 373 (374); BVerfG Beschl. v. 19.7.2016 – 2 BvR 470/08, NJW 2016, 3153 (3154); BVerfGE 147, 50 (142 ff.); *Badura* ZGR 1997, 291 (299); *Burgi,* in: *Kahl/Waldhoff/Walter* (Hrsg.) Bonner, Kommentar GG, Stand: 196. Aktualisierung Feb. 2019, Art. 12 Rn. 96; *Cronauge* (Fn. 155), Rn. 121; *Dreier,* in: *ders.* (Fn. 184), Art. 19 III Rn. 69 ff.; *Gersdorf,* Öffentliche Unternehmen im Spannungsfeld zwischen Demokratie- und Wirtschaftlichkeitsprinzip, 2000, S. 134 ff., 165 f.; *Huber* FS Badura, 2004, S. 911; *Huber,* in: *v. Mangoldt/Klein/Starck/ders./Voßkuhle* (Fn. 8), Art. 19 Rn. 277 f.; *Huber/Unger,* in: *Schoch* (Fn. 189), 4. Kap. Rn. 52 f.; *Kluth* WiVerw 2000, 184 (196); *Knauff,* in: *Schmidt/Wollenschläger* (Fn. 26), § 6 Rn. 22; *Manssen,* in: *v. Mangoldt/Klein/Starck/Huber/Voßkuhle* (Fn. 8), Art. 12 Rn. 269; *Meßmer,* in: *Fabry/Augsten* (Fn. 45), Teil 2, Rn. 18; *Poppen* (Fn. 45), S. 129 ff.; *Remmert,* in: *Maunz/Dürig,* Grundgesetz-Kommentar, Stand: 55. EL Mai 2009, Art. 19 III Rn. 58; *Ronellenfitsch,* in: *Isensee/Kirchhof* (Fn. 144), § 98 Rn. 41; *Sachs,* in: *ders.* (Fn. 148), Art. 19 Rn. 110 (s. aber auch Rn. 112a); *Schmidt,* Öffentliches Wirtschaftsrecht. AT, 1990, S. 521 ff.; *Ruthig/Storr* (Fn. 8), § 8 Rn. 684, 692; *Storr* (Fn. 4), S. 237 f.; *Weiß* (Fn. 135), S. 266 f.; *F. Wollenschläger,* in: *Schmidt/ders.* (Fn. 26), § 2 Rn. 20; *Ziekow* (Fn. 24), § 7 Rn. 32. **A. A.** (bei grundrechtstypischer Gefährdungslage) *Ludwigs/Friedmann* NVwZ 2018, 22 (24).

[203] BVerfGE 21, 362 (370); ferner E 45, 63 (78); E 143, 246 (313 f.).

[204] BVerfG Beschl. v. 18.5.2009 – 1 BvR 1731/05, NVwZ 2009, 1282 (1283); E 147, 50 (144).

gelte.[205] Nachdem die Tätigkeit staatlicher Stellen jedoch stets von einem Gemeinwohlanliegen getragen ist, was nicht zuletzt in der umfassenden Grundrechtsbindung des Staates auch bei privatrechtsförmigem Handeln zum Ausdruck kommt, und andernfalls auch Abgrenzungsschwierigkeiten entstünden, vermag dieser Vorbehalt nicht zu überzeugen (siehe bereits oben → Rn. 54); vielmehr korrespondiert mit der umfassenden Grundrechtsbindung jedweden Staatshandelns die **fehlende Grundrechtsträgerschaft bei jedweder staatlichen Betätigung.** Zu Recht verzichtet das Bundesverfassungsgericht in seiner Fraport-Entscheidung vom 22.2.2011 auf die Formulierung eines derartigen Vorbehalts[206] und hat in einem Kammerbeschluss vom 10.5.2016 die ausschließliche Maßgeblichkeit des Beherrschungskriteriums bekräftigt[207]. Selbiges gilt für staatlich beherrschte Unternehmen, für die das Grundgesetz eine Führung „als Wirtschaftsunternehmen in privat-rechtlicher Form" (so Art. 87e Abs. 3 Satz 1 GG für die Eisenbahnen des Bundes) oder eine Erbringung von „Dienstleistungen [...] als privatwirtschaftliche Tätigkeiten" (so Art. 87f Abs. 2 Satz 1 GG für die Nachfolgeunternehmen der Deutschen Bundespost in den Bereichen Postwesen und Telekommunikation) vorsieht.[208] Damit scheidet es entgegen dem Bundesverwaltungsgericht auch aus, eine Grundrechtsberechtigung der seinerzeit mehrheitlich im staatlichen Eigentum stehenden Telekom AG unter Verweis auf deren „ausschließlich privatwirtschaftlich[e] Tätigkeit und Aufgabenstellung (Art. 87f II GG)" anzunehmen.[209]

Die mangelnde Grundrechtsfähigkeit gilt schließlich nicht nur für Unternehmen, die sich **61** im Alleineigentum des Staates befinden, sondern auch für von ihm beherrschte **(gemischtwirtschaftliche) Unternehmen.** Denn auch dann handelt es sich, wie im Kontext der Grundrechtsverpflichtung näher ausgeführt (→ Rn. 58), um staatliche und damit um grundrechtsgebundene, nicht aber grundrechtsberechtigte Akteure.[210]

---

205 BVerfG Beschl. v. 21.12.2009 – 1 BvR 2738/08, NVwZ 2010, 373 (374); ferner BVerfGE 21, 362 (369 f.); E 45, 63 (78): „soweit sie öffentliche Aufgaben erfüllen"; E 68, 193 (206); E 75, 192 (195 f.) – im Folgenden aber relativiert; BVerfG Beschl. v. 16.5.1989 –1 BvR 705/88, NJW 1990, 1783 (1783); BVerfG Beschl. v. 18.5.2009 – 1 BvR 1731/05, NVwZ 2009, 1282 (1283).

206 BVerfGE 128, 226 (247). Vgl. ferner bereits die Verneinung eines Schutzbedürfnisses hinsichtlich Art. 14 GG bei fiskalischer Tätigkeit einer Gemeinde in BVerfGE 61, 82 (105), und die Versagung der Grundrechtsfähigkeit von Sparkassen unabhängig von der Erfüllung einer öffentlichen Aufgabe in E 75, 192 (195 f.).

207 BVerfG, Beschl v. 10.5.2016 – 1 BvR 2871/13 – Rn. 5 f., BeckRS 2016, 47127.

208 BVerfGE 147, 50 (153 f.); *Remmert,* in: *Maunz/Dürig* (Fn. 202), Art. 19 III Rn. 59. **Anders** *Gersdorf,* in: *v. Mangoldt/Klein/Starck/Huber/Voßkuhle* (Fn. 187), Art. 87e Rn 53 und Art. 87f Rn. 67; *Suerbaum,* in: *Ehlers/Fehling/Pünder* (Fn. 22), § 16 Rn. 42; *Uerpmann-Wittzack,* in: *v. Münch/Kunig* (Fn. 145), Art. 87f Rn. 17; *Wieland,* in: *Dreier* III (Fn. 145), Art. 87f Rn. 20; offen gelassen, aber tendenziell positiv *Burgi,* in: *Kahl/Waldhoff/Walter* (Fn. 202), Art. 12 Rn. 96.

209 BVerwG Urt. v. 25.4.2001 – 6 C 6/00, NVwZ 2001, 1399 (1406); ferner Beschl. v. 19.12.2003 – 20 F 9/03, NVwZ 2004, 742 (743); *Gurlit* NZG 2012, 249 (253 f.). Das Bundesverfassungsgericht (E 115, 205 [227]) hat demgegenüber die Grundrechtsberechtigung lediglich angesichts einer Minderheitsbeteiligung des Staates (42,8 %) und einer auch im Übrigen fehlenden Beherrschung bejaht. Siehe gegen die Auffassung des BVerwG auch die Ausführungen des BVerfG zu Sparkassen (E 75, 192 [195 f.]): „Selbst wenn wegen der weitgehenden Angleichung an das private Bankgewerbe für die Beurteilung der Funktion der öffentlichrechtlichen Sparkassen nicht mehr deren öffentliche Aufgabe, sondern die privatwirtschaftliche Unternehmenstätigkeit bestimmend wäre, könnte dies nicht zu einem Grundrechtsschutz führen. Es würde auch dann der hierfür erforderliche Bezug zum Freiheitsraum natürlicher Personen fehlen, denn als Träger des Unternehmens käme nur die hinter der Sparkasse stehende Gebietskörperschaft in Betracht. Diese wäre aber, wie sich aus den Grundsätzen der Sasbach-Entscheidung des BVerfG [...] ergibt, auch dann, nicht ohne weiteres grundrechtsfähig, wenn sie sich auf dem Gebiet des Privatrechts wirtschaftlich betätigte."

210 BVerfG Beschl. v. 16.5.1989 – 1 BvR 705/88, NJW 1990, 1783 (1783) – unter zusätzlichem Verweis auf Erfüllung einer öffentlichen Aufgabe sowie strikter Regulierung (Versorgungspflicht und -bedingungen), so dass „von einer privatrechtlichen Selbständigkeit nahezu nichts übrig bleibt"; BVerfGE 128, 226 (247); BVerfG Beschl. v. 19.7.2016 – 2 BvR 470/08, NJW 2016, 3153 (3154); E 147, 50 (144 f.); *Dietlmeier* (Fn. 16), S. 171; *Dreier,* in: *ders.* (Fn. 182), Art. 19 III Rn. 73 ff.; *Gersdorf* (Fn. 202), S. 136 ff., 166; *Huber* FS Badura, 2004, S. 911 f.; *Huber,* in: *v. Mangoldt/Klein/Starck/ders./Voßkuhle* (Fn. 8), Art. 19 Rn. 279 ff.; *Huber/Unger,* in: *Schoch* (Fn. 189), 4. Kap. Rn. 53; *Kluth* WiVerw 2000, 184 (196); *Knauff,* in: *Schmidt/Wollenschläger* (Fn. 26), § 6 Rn. 109; *Ruthig/Storr* (Fn. 8), § 8 Rn. 686 ff.; *Weiß* (Fn. 135), S. 280 ff. (sogar unabhängig von staatlicher Beherrschung). **A. A.** – namentlich unter Verweis auf den Schutz der betei-

62 Anderes gilt für **inländische Unternehmen, die ein anderer EU-Mitgliedstaat beherrscht.** Diesen hat das Bundesverfassungsgericht in seinem Urteil zum Atomausstieg vom 6.12.2016 die **Grundrechtsberechtigung zuerkannt.** Zwar steht auch insoweit keine Betroffenheit Privater infrage; allerdings greift das Konfusionsargument nicht (→ zu diesem oben Rn. 59), besteht eine besondere Schutzbedürftigkeit mangels Einflussmöglichkeiten auf Entscheidungsprozesse in Deutschland und streitet die im Rahmen einer europarechtsfreundlichen Auslegung des Grundgesetzes zu berücksichtigende Niederlassungsfreiheit (Art. 43 ff. AEUV) hierfür.[211]

63 Als Ergebnis ist festzuhalten, dass sich **private und staatlich beherrschte Unternehmen,** obgleich sich beide am Markt betätigen, **nicht gleichgestellt** finden. Ein **Mindestschutz** lässt sich allerdings aus dem Rechtsstaatsprinzip ableiten: So „beansprucht der […] Gleichheitssatz oder das Willkürverbot auch Geltung für die Beziehungen innerhalb des hoheitlichen Staatsaufbaues; jedoch handelt es sich insoweit um einen allgemeinen Rechtsgrundsatz, der schon aus dem Wesen des Rechtsstaates, dem Prinzip der allgemeinen Gerechtigkeit folgt: die Konstruktion eines Grundrechtes der betreffenden juristischen Person des öffentlichen Rechts als eines subjektiven öffentlichen Rechts ist hierfür nicht erforderlich."[212] Hinzu kommt, dass eine Berufung auf Verfahrensgrundrechte allen Verfahrensbeteiligten – und damit auch staatlich beherrschten Unternehmen – zusteht.[213] Spezifisch für den kommunalen Bereich ist überdies zu berücksichtigen, dass die bundes- und landesverfassungsrechtlich verankerte kommunale Selbstverwaltungsgarantie (Art. 28 Abs. 2 GG; Art. 11 BV) Schutz auch der unternehmerischen Betätigung vermittelt (→ Rn. 45 ff.). Schließlich bejaht der Bayerische Verfassungsgerichtshof eine prinzipielle Grundrechtsfähigkeit der Gemeinden und Gemeindeverbände,[214] etwa Eigentumsschutz im fiskalischen – nicht aber hoheitlichen – Bereich[215].

c) Wettbewerbsfreiheit und Konkurrentenschutz (Art. 12 GG)

64 Zur **Abwehr negativer ökonomischer Auswirkungen einer unternehmerischen Betätigung der öffentlichen Hand** können sich private Marktteilnehmer auf die durch Art. 12 Abs. 1 GG[216] grundrechtlich verbürgte Wettbewerbsfreiheit berufen. Diese schützt – in den Worten des Bundesverfassungsgerichts – „das berufsbezogene Verhalten einzelner Personen oder Unternehmen am Markt".[217] Nach der herrschenden Auffassung bleibt ein

ligten Privaten – *Jarass,* Kommunale Wirtschaftsunternehmen (Fn. 140), S. 27 ff.; *Poppen* (Fn. 45), S. 131; *Sachs,* in: *ders.* (Fn. 148), Art. 19, Rn. 112; *Suerbaum,* in: *Ehlers/Fehling/Pünder* (Fn. 22), § 16 Rn. 40 ff.; *Manssen,* in: *v. Mangoldt/Klein/Starck/Huber/Voßkuhle* (Fn. 8), Art. 12 Rn. 270. Differenzierend *Remmert,* in: *Maunz/Dürig* (Fn. 202), Art. 19 III Rn. 66 ff. (Freiheitsausübung oder Kompetenzwahrnehmung); *Storr* (Fn. 4), S. 238 ff. Zusammenfassend zum Diskussionsstand *Kater* (Fn. 187), S. 31 ff.

211 Näher BVerfGE 143, 246 (315 ff.).

212 BVerfGE 21, 362 (372); *F. Wollenschläger,* in: *v. Mangoldt/Klein/Starck/Huber/Voßkuhle* (Fn. 8), Art. 3 Rn 254.

213 BVerfGE 6, 45 (49 f.); E 13, 132 (140); E 17, 356 (361); E 61, 82 (104); E 65, 227 (233); E 75, 201 (215); E 101, 397 (404); E 138, 64 (83); BVerfG Beschl. v. 9.1.2007 – 1 BvR 1949/05, NVwZ 2007, 1420 (1421); *Ehlers,* in: *ders./Pünder* (Fn. 164), § 3 Rn. 89; *Remmert,* in: *Maunz/Dürig,* Grundgesetz-Kommentar, Stand: 78. EL 2016, Art. 103 I Rn. 42.

214 Siehe BayVerfGHE 5, 1 (5 f.); E 29, 1 (3 f.); E 29, 105 (118 ff.); E 36, 113 (116); E 37, 101 (105); E 54, 1 (5); E 54, 109 (133 f.); E 60, 184 (210). Näher *F. Wollenschläger,* in: *Meder/Brechmann* (Fn. 150), Art. 11 Rn. 61.

215 Siehe BayVerfGHE 37, 101 (105 ff.); *F. Wollenschläger,* in: *Meder/Brechmann* (Fn. 150), Art. 11 Rn. 61 mwN.

216 Siehe nur BVerfGE 105, 252 (265); E 106, 275 (289 f.); E 116, 151 f.; *Dreier,* in: *ders.* (Fn. 182), Art. 2 I Rn. 35 f.; *Huber,* Konkurrenzschutz (Fn. 4), S. 319 f.; *Kluth* WiVerw 2000, 184 (197). Für eine Zuordnung zu Art. 2 Abs. 1 GG noch BVerwGE 17, 306 (309); E 30, 191 (198 f.); BVerwG Beschl. v. 1.3.1978 – 7 B 144/76, NJW 1978, 1539 (1539 f.) – relativiert (1540); offen gelassen dann in BVerwGE 71, 183 (189); BVerwG Beschl. v. 21.3.1995 – 1 B 211/94, NJW 1995, 2938 (2939). Für eine Radizierung in Art. 12 Abs. 1 GG.

217 BVerfGE 116, 135 (151); ferner E 105, 252 (265); E 106, 275 (298); *Selmer,* in: *Stober/Vogel* (Fn. 137), S. 75 (80).

entsprechender Abwehranspruch jedoch **meist ohne Erfolg:** Denn die Wettbewerbsfreiheit schütze weder vor (auch staatlicher) Konkurrenz noch gewährleiste sie bestimmte Marktchancen, -anteile oder -positionen. Mag diese in Rechtsprechung[218] und Literatur[219] mantrahaft wiederholte Formel auch den effektiven Gewährleistungsgehalt[220] treffend beschreiben, stellt sie freilich noch keine grundrechtsdogmatisch tragfähige Begründung dar.[221] Folglich ist weiter auszuholen: Mit neueren, jüngst wieder relativierten Tendenzen in der Rechtsprechung des Bundesverfassungsgerichts die staatliche Marktteilnahme als wettbewerbsimmanentes Verhalten a limine aus der Berufsfreiheit auszuklammern, vermag nicht zu überzeugen (aa). Nichtsdestoweniger stellt die unternehmerische Betätigung der öffentlichen Hand **nur unter besonderen Voraussetzungen** einen **Grundrechtseingriff** dar (bb), und selbst in diesem Fall bestehen **Rechtfertigungsmöglichkeiten** (cc).[222] Jedenfalls keine weiteren Grenzen folgen aus der bei einer Monopolstellung für einschlägig erachteten[223] **Eigentumsfreiheit** (Art. 14 Abs. 1 GG); sie bleibt daher im Folgenden außer Betracht.

aa) Schutzbereichseröffnung. (1) Restriktive Tendenzen in der Rechtsprechung des Bundesverfassungsgerichts. Mit öffentlichen Unternehmen tritt der Staat wie sonstige Private auch als Wettbewerber am Markt auf, so dass sich gerade vor dem Hintergrund neuerer Tendenzen in der Rechtsprechung des Bundesverfassungsgerichts die **Frage** stellt, **ob** hierin überhaupt ein **berufsfreiheitlich relevantes Verhalten** liegt.[224] Im **Glykol-Beschluss** vom 26.6.2002 scheint nämlich eine **restriktive Konzeptionalisierung des Schutzbereichs der Berufsfreiheit** auf: Gewährleistet sei diese nämlich nur nach Maßgabe der Funktionsbedingungen des Wettbewerbs.[225] Dementsprechend hat das Bundesverfassungsgericht staatliche Marktinformationen aus der Berufsfreiheit ausgeklammert. Zu den Funktionsbedingungen des Wettbewerbs, die die Reichweite des Freiheitsschutzes bestimmen, rechne nämlich die Möglichkeit Dritter, Kritik an der Qualität angebotener Produkte zu äußern. Denn eine adäquate Information der Verbraucher erhöhe die für die Funktionsfähigkeit des Wettbewerbs unerlässliche Markttransparenz.[226] Hieran knüpfte das Bundesverfassungsgericht in seiner Entscheidung zum Vergaberechtsschutz an: „Erfolgt die unternehmerische Berufstätigkeit am Markt nach den Grundsätzen des Wettbewerbs, wird die Reichweite des Freiheitsschutzes auch durch die rechtlichen Regeln mitbestimmt, die den Wettbewerb ermöglichen und begrenzen. Art. 12 Abs. 1 GG sichert in diesem Rah- 65

[218] BVerfGE 105, 252 (265); E 106, 275 (298 f.); E 116, 135 (152); BVerwGE 39, 329 (336); BVerwG Beschl. v. 1.3.1978 – 7 B 144/76, NJW 1978, 1539 (1540); BVerwGE 71, 183 (193).

[219] *Ruthig/Storr* (Fn. 8), § 8 Rn. 694 ff.; *Kluth,* Öffentliches Wirtschaftsrecht (Fn. 8), § 2 Rn. 22; *Burgi,* in: *Kahl/Waldhoff/Walter* (Fn. 202), Art. 12 Rn. 146.

[220] Zum effektiven Gewährleistungsgehalt der Grundrechte *Lübbe-Wolff,* Die Grundrechte als Eingriffsabwehrrechte, 1988.

[221] Differenziert *Weiß* (Fn. 135), S. 255 ff.

[222] Angesichts dieser die Reichweite des effektiven Grundrechtsschutzes für gering erachtend: *Löwer* (Fn. 4), S. 428; *Knauff,* in: *Schmidt/Wollenschläger* (Fn. 26), § 6 Rn. 24. Siehe im Überblick auch *Dietlmeier* (Fn. 16), S. 230 ff.

[223] VerfGH RhPf Urt. v. 21.10.1999 – VGH N 12/98, NVwZ 2000, 801 (802); BVerwGE 17, 306 (314); E 39, 329 (337); BVerwG Beschl. v. 1.3.1978 – 7 B 144/76, NJW 1978, 1539 (1540); BVerwG Beschl. v. 21.3.1995 – 1 B 211/94, NJW 1995, 2938 (2939); OVG Lüneburg Beschl. v. 14.8.2008 – 10 ME 80/08, NVwZ 2009, 258 (260); OVG Magdeburg Urt. v. 29.10.2008 – 4 L 146/5, NVwZ-RR 2009, 347 (348); VGH Mannheim Beschl. v. 21.7.1982 – 1 S 746/82, NJW 1984, 251 (252 f.); *Dietlmeier* (Fn. 16), S. 235; *Huber,* Konkurrenzschutz (Fn. 4), S. 322 ff.; *Poppen* (Fn. 45), S. 120 ff.; **Weiter** *Kluth,* Grenzen kommunaler Wettbewerbsteilnahme (Fn. 189), S. 77 ff.; *Wendt,* in: *Mann/Püttner* (Fn. 10), § 42 Rn. 53.

[224] Die folgenden Erwägungen beruhen auf *F. Wollenschläger* (Fn. 85), S. 200 ff.; *F. Wollenschläger* VerwArch 102 (2011), 20 (37 ff.). Für eine – wenn auch andersgeartete – Lösung auf Schutzbereichsebene auch *Pieroth/Hartmann* DVBl. 2002, 421 (421): Schutzumfang der Berufsfreiheit betrifft nur unzumutbare Einschränkungen.

[225] BVerfGE 105, 252 (265 ff.). Kritisch *Huber* FS Stober, 2008, S. 547 (552 f.).

[226] BVerfGE 105, 252 (266 f.). Dem folgended BVerwG Beschl. v. 15.6.2015 – 7 B 22/14, NVwZ 2015, 1297 (1298) – indes nicht für die antragsgebundene Information; OVG Münster Beschl. v. 30.10.2014 – 8 B 721/14, NVwZ 2015, 304 (305).

men die Teilhabe am Wettbewerb nach Maßgabe seiner Funktionsbedingungen [...] Dagegen umfasst das Grundrecht keinen Anspruch auf Erfolg im Wettbewerb und auf Sicherung künftiger Erwerbsmöglichkeiten [...] Vielmehr unterliegen die Wettbewerbsposition und damit auch der Umsatz und die Erträge dem Risiko laufender Veränderung je nach den Marktverhältnissen."[227] Sieht man nun mit dem Bundesverfassungsgericht in der **Beschaffungstätigkeit** der öffentlichen Hand nichts anderes als deren Teilnahme am Marktgeschehen, so kann diese um einen Auftrag konkurrierende Bieter nicht in ihrer unternehmerischen Freiheit berühren. Denn letztere kennzeichnet gerade der Wettbewerb: „Bei der Vergabe eines öffentlichen Auftrags beeinflusst die handelnde staatliche Stelle den Wettbewerb nicht von außen, sondern wird selbst auf der Nachfrageseite wettbewerblich tätig und eröffnet so einen Vergabewettbewerb zwischen den potentiellen Anbietern. Ein solches Verhalten einer staatlichen Stelle steht mit den Funktionsbedingungen der bestehenden Wirtschaftsordnung in Einklang. Es ist ein Wesenselement dieser Wirtschaftsordnung, dass ein Nachfrager den auf der Angebotsseite bestehenden Wettbewerb zu seinen Zwecken nutzt, indem er konkurrierende Angebote vergleicht und sich für das entscheidet, das ihm am günstigsten erscheint. Dabei ist es grundsätzlich Sache des Nachfragers, nach welchen Kriterien und in welchem Verfahren er das günstigste Angebot auswählt. Dementsprechend trägt ein Wettbewerber auf der Angebotsseite stets das Risiko, dass seinem Angebot ein anderes, für den Nachfrager günstigeres vorgezogen wird. Der wettbewerblichen Herausforderung durch konkurrierende Angebote hat der Anbieter sich durch sein eigenes wettbewerbliches Verhalten zu stellen."[228] **Analog** ließe sich für die **unternehmerische Betätigung am Markt** auf der Angebotsseite argumentieren, handelt es sich doch auch insoweit um ein wettbewerbstypisches Verhalten.[229]

66 **(2) Kritik. Zu Recht** ist jedoch diese **Neukonturierung des Schutzgehalts der Berufsfreiheit** im Allgemeinen[230] genauso wie die Gleichsetzung von privater und staatlicher Marktteilnahme im Besonderen[231] **auf Ablehnung gestoßen.** Nicht nur läuft eine Gewährleistung der Wettbewerbsfreiheit lediglich nach den – gesetzlich vorgezeichneten – Funktionsbedingungen des Wettbewerbs auf einen Ausgestaltungsvorbehalt des Gesetzgebers oder sogar – wie im Glykol-Fall – der Exekutive hinaus. Ein solcher läuft indes der Rechtsnatur der Berufsfreiheit als Abwehrrecht zuwider.[232] Vielmehr verkennt die dieser Rechtsprechung zugrunde liegende Gleichsetzung von privater und staatlicher Marktteilnahme auch einen wesentlichen, schon die Fiskalgeltung der Grundrechte (→ Rn. 55 ff.) rechtfertigenden Aspekt: Anders als die Privatautonomie genießenden privaten Nachfrager bleibt der Staat, selbst bei einem Handeln in Privatrechtsform, dem Gemeinwohl verpflichtet,[233] und kann sich, anders als diese, nicht „auf die Subjektivität gewillkürter Freiheit" berufen[234]. Das instrumentelle, gerade nicht der Gewinnerzielung dienende

---

[227] BVerfGE 116, 135 (152). Ähnlich bereits E 105, 252 (265); ferner E 106, 275 (298 f.). Die Übertragbarkeit der in der Glykol-Entscheidung entwickelten Grundsätze auf die öffentliche Auftragsvergabe bezweifelt dagegen *Cremer,* in: Kolloquium zum öffentlichen Wirtschaftsrecht an der Bucerius Law School, 2004, S. 29 (42 f.).

[228] BVerfGE 116, 135 (152). Ebenso *Otting* DÖV 2009, 364 (365 ff.); *Pietzcker* ZBB 2007, 295 (299).

[229] Vgl. auch *Burgi,* in: *Kahl/Waldhoff/Walter* (Fn. 202), Art. 12 Rn. 156; *Rennert* JZ 2003, 385 (396).

[230] *Huber* JZ 2003, 290; *Kahl* Der Staat 43 (2004), 167; *Ruthig/Storr* (Fn. 8), § 8 Rn. 696 ff.; *F. Wollenschläger* (Fn. 85), S. 38 f.; *F. Wollenschläger* JZ 2018, 980 (983 f.).

[231] Siehe nur *Hösch* DÖV 2000, 393 (398); *Hösch* (Fn. 189), S. 58 f.; *Ruthig/Storr* (Fn. 8), § 8 Rn. 696 ff.; *F. Wollenschläger* (Fn. 85), S. 201 f.; *F. Wollenschläger* JZ 2018, 980 (983 f.). Siehe ferner *Weiß* (Fn. 135), S. 255 ff., insb. 259 ff.

[232] *Burgi,* in: *Kahl/Waldhoff/Walter* (Fn. 202), Art. 12 Rn. 150; *Huber* ZLR 2004, 241 (258); *Murswiek* NVwZ 2003, 1 (4); *Ruthig/Storr* (Fn. 8), § 8 Rn. 694 ff.; *F. Wollenschläger* (Fn. 85), S. 38 f.; *F. Wollenschläger* JZ 2018, 980 (983). Deutlich insoweit BVerfGE 7, 377 (403 f.). Siehe aber auch die Interpretation bei *Lindner* DÖV 2003, 185 (188), der lediglich einen tatsächlichen, aber keinen rechtlichen Marktfunktionsvorbehalt annimmt.

[233] Zur Gemeinwohlbindung des Staates bei wirtschaftlicher Betätigung *Knauff,* in: *Schmidt/Wollenschläger* (Fn. 26), § 6 Rn. 26 ff.

[234] BVerfGE 128, 226 (249).

Anliegen einer unternehmerischen Betätigung der öffentlichen Hand unterstreicht dies. Damit ist das Marktverhalten des Staates nicht seiner Willkür anheimgestellt. Der **Staat** ist eben **kein Wettbewerbsteilnehmer wie jeder andere,** sein Marktverhalten nicht ein generell hinzunehmendes – und lediglich dem Wettbewerbsrecht unterliegendes[235] – Wesenselement des Marktes.[236] Werden demgegenüber nicht grundrechtsverpflichtete Private am Markt tätig, fehlt es schon an einem Anknüpfungspunkt für die Heranziehung der Berufsfreiheit.

(3) Aufgabe der Glykol-Rechtsprechung. Das Bundesverfassungsgericht hat in seinem **Beschluss** vom 21.3.2018 **zur** aktiven staatlichen **Verbraucherinformation** über Rechtsverstöße im Lebens- und Futtermittelsektor[237] die **Glykol-Rechtsprechung aufgegeben,** ohne freilich eine explizite Abkehr zu formulieren.[238] Der Rechtsprechungswende ist angesichts der Kritikwürdigkeit der Glykol-Rechtsprechung zuzustimmen.[239] Dies ändert freilich nichts daran, was auch die Entscheidung vom 21.3.2018 verdeutlicht, dass die Eingriffqualität mittelbar-faktischer Grundrechtsbeeinträchtigungen, wie die der streitgegenständlichen Verbraucherinformation, aber auch der hier infrage stehenden Wirtschaftsteilnahme der öffentlichen Hand, besonders begründungsbedürftig ist (→ Rn. 70).[240] 67

bb) Eingriff. Auch nach der jüngeren Rechtsprechung des Bundesverfassungsgerichts bleibt es demnach dabei, dass die unternehmerische Betätigung des Staates auf ihre **Eingriffsrelevanz** hin zu prüfen ist, was gleichzeitig eine umfassende Verhältnismäßigkeitsprüfung und eine Aktivierung des Gesetzesvorbehalts ermöglicht. Entsprechende Hintertüren blieben im Übrigen auch infolge der Glykol-Rechtsprechung offen,[241] was die Abkehr von der traditionellen Grundrechtsdogmatik umso fragwürdiger erscheinen ließ.[242] 68

Nachdem die wirtschaftliche Betätigung des Staates nicht als marktimmanente Erscheinung aus dem Schutzbereich der Berufsfreiheit betroffener Konkurrenten ausgeklammert werden kann, hat sie sich als staatliche Ingerenz in den Wettbewerb an Art. 12 Abs. 1 GG zu messen. Ohne weiteres Eingriffe, nämlich objektive Berufswahlregelungen, stellen **Monopolstellungen** öffentlicher Unternehmen dar.[243] Im Übrigen – und hierin liegt die 69

---

235 Anders aber BVerfGE 116, 135 (152).

236 Siehe auch *Hösch* DÖV 2000, 393 (398); *Poppen* (Fn. 45), S. 106 ff.; *Puhl* (Fn. 185), S. 456 (482); *Suerbaum* VERW 40 (2007), 29 (48 f.); *F. Wollenschläger* (Fn. 85), S. 200 ff.; *F. Wollenschläger* JZ 2018, 980 (983). Vgl. ferner *Burgi,* in: *Kahl/Waldhoff/Walter* (Fn. 202), Art. 12 Rn. 155.

237 BVerfGE 148, 40.

238 Hierzu *F. Wollenschläger* JZ 2018, 980 (984).

239 Näher *F. Wollenschläger* JZ 2018, 980 (983 f.).

240 BVerfGE 148, 40 (50 ff.). Siehe auch *F. Wollenschläger* JZ 2018, 980 (984).

241 So könne nach der Glykol-Entscheidung (BVerfGE 105, 252 [268]) von einer wettbewerbskonformen und damit nicht vom Schutzbereich der Berufsfreiheit erfassten Information der Marktteilnehmer nur dann die Rede sein, wenn sie „ohne Verzerrung der Marktverhältnisse nach Maßgabe der rechtlichen Vorgaben für staatliches Informationshandeln erfolgt." Und in der Vergaberechtsschutz-Entscheidung heißt es – nicht ohne Widerspruch zur kategorischen Verneinung der Einschlägigkeit der Berufsfreiheit –: „Besondere Umstände, aufgrund derer die Nichtberücksichtigung der Beschwerdeführerin bei der umstrittenen Auftragsvergabe gleichwohl an der Berufsfreiheit zu messen sein könnte, weil sie nach Ziel und Wirkungen Ersatz für eine staatliche Maßnahme ist, die als Grundrechtseingriff zu qualifizieren wäre [...], hat die Beschwerdeführerin nicht dargelegt und sind auch nicht ersichtlich" (BVerfGE 116, 135 [146]).

242 Vgl. auch *Huber* ZLR 2004, 241 (259 f.); *Ohler* ZLR 2002, 631 (633 f.).

243 BVerfGE 21, 245 (251 ff.); E 102, 197 (213); E 115, 276 (303); VerfGH RhPf Urt. v. 28.3.2000 – VGH N12/98, NVwZ 2000, 801 (802); BVerwG Urt. v. 25.6.1970 – I C 60.66, DÖV 1970, 823 (824); E 97, 79 (84); OVG Lüneburg Beschl. v. 14.8.2008 – 10 ME 280/08, NVwZ 2009, 258 (260); OVG Magdeburg Urt. v. 29.10.2008 – 4 L 146/05, NVwZ-RR 2009, 347 (348); VGH Mannheim Beschl. v. 6.3.2006 – 1 S 2490/05, NVwZ-RR 2006, 714 (716); OVG Münster Beschl. v. 13.8.2003 – 15 B 1137/03, NVwZ 2003, 1520 (1523 f.); OVG Münster Beschl. v. 21.9.2004 – 15 B 1709/04, NVwZ-RR 2005, 198 (200); OVG Münster Beschl. v. 23.3.2005 – 15 B 123/05, NVwZ-RR 2005, 738 (738 f.); BGH Urt. v. 18.12.1981 – I ZR 34/80, NJW 1982, 2117 (2119 f.); *Dietlmeier* (Fn. 16), S. 231; *Huber,* Konkurrenzschutz (Fn. 4), S. 321, 328; *Jarass,* Kommunale Wirtschaftsunternehmen (Fn. 140), S. 19; *Manssen,* in: *v. Mangoldt/Klein/Starck/Huber/Voßkuhle* (Fn. 8), Art. 12 Rn. 81; *Schmidt* (Fn. 202), S. 523; *Scholz,* in: *Maunz/Dürig,* Grundgesetz-Kommentar, Stand: 47. EL Juni 2006, Art. 12 Rn. 417; *Ruthig/Storr* (Fn. 8), § 8 Rn. 695. Siehe aber auch die Ausklammerung der „öffentlich-rechtlichen Versicherungsmonopole in

Schwierigkeit der grundrechtlichen Domestizierung – liegt **kein klassischer Eingriff** vor. Denn die unternehmerische Betätigung des Staates wirkt sich nur mittelbar auf die Wettbewerbsposition der privaten Marktteilnehmer aus, nämlich über die eigenverantwortliche Konsumentscheidung der Nachfrageseite;[244] auch handelt es sich um lediglich faktische Beeinträchtigungen und fehlt es an imperativen Verhaltensgeboten.

70 Bei derartigen **mittelbar-faktischen Beeinträchtigungen** bedarf die Annahme eines Eingriffs der besonderen Begründung. Die maßgeblichen Kriterien hierfür sind zwar im Einzelnen umstritten;[245] bei allen Differenzierungen im Detail kann jedoch für den begrenzten Zweck der vorliegenden Untersuchung festgehalten werden, dass entscheidend auf die Zielsetzung der staatlichen Maßnahme, deren Auswirkungen auf den Grundrechtsträger und den Kausalzusammenhang zwischen staatlichem Handeln und Grundrechtsbeeinträchtigung abzustellen ist, mithin auf die Kriterien der **Finalität, Intensität und Unmittelbarkeit.** Nichts anderes gilt mit Blick auf die in der Rechtsprechung des Bundesverfassungsgerichts verlangte berufsregelnde Tendenz eines entsprechenden Eingriffs.[246]

71 Für einen Eingriff sprechen können mithin **gravierende ökonomische Konsequenzen** der staatlichen Marktteilnahme oder das Ziel, durch diese trotz des Verzichts auf rechtsförmige Verhaltensgebote grundrechtlich geschützte Verhaltensweisen zu beeinflussen.[247] In der Transparenzlisten-Entscheidung spricht das Bundesverwaltungsgericht hinsichtlich letzterem von Maßnahmen der Wirtschaftslenkung; hierunter subsumiert es „ohne Rücksicht auf ihre Rechtsform alle staatlichen Maßnahmen [...], durch die auf den wirtschaftlichen Prozeß eingewirkt werden soll, um einen wirtschafts-, sozial- oder gesellschaftspolitisch erwünschten Zustand oder Ablauf des Wirtschaftslebens herzustellen oder zu erhalten".[248]

72 Nach dem **Intensitätskriterium** liegt ein Eingriff jedenfalls dann vor, wenn die öffentliche Hand durch das Ausmaß ihrer Betätigung eine **privatwirtschaftliche Konkurrenz verunmöglicht:**[249] „Die Wettbewerbsfreiheit darf durch die Konkurrenz eines durch eine Gemeinde gegründeten Betriebs nicht in unerträglichem Maße eingeschränkt werden; der Privatunternehmer darf in seinen Wettbewerbsmöglichkeiten nicht unzumutbar geschädigt werden".[250] Unterhalb dieser Schwelle sehen Rechtsprechung und Teile der Lehre in der wirtschaftlichen Betätigung der öffentlichen Hand indes lediglich eine „weitgehend system-

ihrer überkommenen Ausgestaltung als Wahrnehmung einer öffentlichen Aufgabe" aus Art. 12 Abs. 1 GG BVerfGE 41, 205 (OS 1, 218).

[244] Siehe auch OVG Münster Beschl. v. 23.3.2005 – 15 B 123/05, NVwZ-RR 2005, 738 (738); *Dietlmeier* (Fn. 16), S. 231; *Huber,* Konkurrenzschutz (Fn. 4), S. 326 f.; *Ruthig/Storr* (Fn. 7), § 8 Rn. 714.

[245] Siehe zur Diskussion nur *Bethge,* in: VVDStRL 57 (1998), 7; *Di Fabio* JZ 1993, 689 (694 ff.); *Eckhoff,* Der Grundrechtseingriff, 1992, S. 285 ff.; *Gallwas,* Faktische Beeinträchtigungen im Bereich der Grundrechte, 1970, S. 41 ff.; *Huber,* Konkurrenzschutz (Fn. 4), S. 230 ff.; *Ramsauer,* Die faktischen Beeinträchtigungen des Eigentums, 1980; *Roth,* Verwaltungshandeln mit Drittbetroffenheit und Gesetzesvorbehalt, 1991, S. 317 ff.; *Roth,* Faktische Eingriffe in Freiheit und Eigentum, 1994, S. 33 ff.; *Sachs,* in: *Stern/ders.,* Das Staatsrecht der Bundesrepublik Deutschland, Bd. III/2, 1994, § 78 S. 75 (128 ff., 149 ff., 156 ff.); *Weber-Dürler,* in: VVDStRL 57 (1998), 57; *F. Wollenschläger* (Fn. 85), S. 58 ff.

[246] BVerfGE 7, 377 (405 ff.); E 9, 83 (88); E 15, 223 (231 ff.); E 108, 370 (389); BVerwGE 87, 37 (42 ff.); *Kluth* WiVerw 2000, 184 (198 f.).

[247] Vgl. auch auch *Ruthig/Storr* (Fn. 8), § 8 Rn. 696 ff. Kritisch wegen der damit verbundenen Rechtsunsicherheit *Hösch* DÖV 2000, 393 (398); *Löwer* (Fn. 4), S. 445.

[248] BVerwGE 71, 183 (190).

[249] VerfGH RhPf Urt. v. 28.3.2000 – VGH N 12/98, NVwZ 2000, 801 (802); BVerwGE 39, 329 (337); BVerwG Beschl. v. 1.3.1978 – 7 B 144/76, NJW 1978, 1539 (1540) – nicht bei einem Marktanteil von lediglich 5 %; BayVGH Urt. v. 23.7.1976 – 32 V 75, BayVBl. 1976, 628 (630); OVG Lüneburg Beschl. v. 14.8.2008 – 10 ME 280/08, NVwZ 2009, 258 (260); OVG Magdeburg Urt. v. 29.10.2008 – 4 L 146/05, NVwZ-RR 2009, 347 (348) – nicht bei einem Marktanteil von 25 %; VGH Mannheim Beschl. v. 21.7.1982 – 1 S 746/82, NJW 1984, 251 (252 f.); VGH Mannheim Beschl. v. 6.3.2006 – 1 S 2490/05, NVwZ-RR 2006, 714 (716); OVG Münster Beschl. v. 13.8.2003 – 15 B 1137/03, NVwZ 2003, 1520 (1523); OVG Münster Beschl. v. 21.9.2004 – 15 B 1709/04, NVwZ-RR 2005, 198 (200); OVG Münster Beschl. v. 23.3.2005 – 15 B 123/05, NVwZ-RR 2005, 738 (738 f.). Vgl. auch BFH Urt. v. 5.10.2006 – VII R 24/03, NVwZ 2007, 854 (855 f.) – „fühlbare Wettbewerbsvorteile".

[250] BVerwG Beschl. v. 21.3.1995 – 1 B 211/94, NJW 1995, 2938 (2939).

immanente Verschärfung des marktwirtschaftlichen Konkurrenzdrucks",[251] womit sich die schlichte – auch staatliche – Konkurrenz als grundrechtlich irrelevant erweist[252].

Demgegenüber **senken Teile der Literatur** die **Eingriffsschwelle ab** und erachten eine **erhebliche, messbare bzw. spürbare Behinderung** der Betätigungsmöglichkeit für ausreichend.[253] Denn die staatliche Konkurrenz könne – anders als die Rede von einer „weitgehend systemimmanente[n] Verschärfung des marktwirtschaftlichen Konkurrenzdrucks" glauben machen möchte – nicht der privaten gleichgestellt werden. So fungiere die öffentliche Hand nicht als Wirtschaftsteilnehmer wie andere Private auch, sondern nehme eine Sonderrolle ein: Sie unterliege faktisch keinem Insolvenzrisiko und erhalte damit bessere Refinanzierungsbedingungen, profitiere von steuerlichen Vorteilen (§ 1 Abs. 1 Nr. 6, § 4 KStG;[254] vgl. auch § 2b UStG)[255] und nahezu unbegrenzten Finanzierungsmöglichkeiten (Defizitausgleich aus Steuermitteln), stehe aufgrund personeller Verflechtungen in einer besonderen Nähe zu Entscheidungsträgen, was die Gefahr von selektiver Information, Einflussmöglichkeiten und Privilegien berge, könne öffentliche Aufträge ohne Ausschreibung aufgrund der In-house-Ausnahme erhalten (zu dieser → Rn. 32 ff.), genieße qua Amtsautorität ein besonderes Vertrauen und könne sich des Öffentlichen Rechts bedienen, etwa zur Statuierung eines Anschluss- und Benutzungszwangs oder bei der Erhebung von Entgelten.[256] Angesichts ihrer Doppelrolle als Eigentümer und Hoheitsträger vermag sie zudem die Spielregeln für den Wettbewerb zu setzen. Diese Sonderrolle finde gerade in der Grundrechtsverpflichtung des Staates auch im Rahmen einer wirtschaftlichen Betätigung ihren Ausdruck, die aus der gemeinwohlorientierten Erbringung öffentlicher Aufgaben resultiert (→ Rn. 54 ff.); anders als Private kann sich der Staat insoweit auch nicht auf Grundrechte berufen (→ Rn. 59).[257] Noch **weiter** gehen **Auffassungen,** die die **staatliche Marktteilnahme** aus den genannten Gründen **stets** als **rechtfertigungs-** 73

[251] BVerwGE 71, 183 (193); BVerwG Beschl. v. 21.3.1995 – 1 B 211/94, NJW 1995, 2938 (2939).

[252] VerfGH RhPf Urt. v. 28.3.2000 – VGH N 12/98, NVwZ 2000, 801 (802); BVerwGE 39, 329 (336 ff.); OVG Lüneburg Beschl. v. 14.8.2008 – 10 ME 280/08, NVwZ 2009, 258 (260); OVG Magdeburg Urt. v. 29.10.2008 – 4 L 146/05, NVwZ-RR 2009, 347 (348); VGH Mannheim Beschl. v. 6.3.2006 – 1 S 2490/05, NVwZ-RR 2006, 714 (716); OVG Münster Beschl. v. 13.8.2003 – 15 B 1137/03, NVwZ 2003, 1520 (1523 f.); OVG Münster Beschl. v. 21.9.2004 – 15 B 1709/04, NVwZ-RR 2005, 198 (200); OVG Münster Beschl. v. 23.3.2005 – 15 B 123/05, NVwZ-RR 2005, 738 (738 f.); *Badura* ZGR 1997, 291 (304); *Dietlmeier* (Fn. 16), S. 250; *Hellermann* (Fn. 144), S. 164 ff.; *Huber* FS Badura, 2004, S. 915 f. – obgleich die Sonderrolle des Staates betonend; *Huber,* Konkurrenzschutz (Fn. 4), S. 317 f.; *Kluth* WiVerw 2000, 184 (201); *Manssen,* in: *v. Mangoldt/Klein/Starck/Huber/Voßkuhle* (Fn. 8), Art. 12 Rn. 83; *Stober* NJW 2002, 2357 (2365); *Wieland,* in: *Dreier* (Fn. 182), Art. 12 Rn. 74.

[253] *Ehlers,* Gutachten 64. DJT (Fn. 8), S. E 40 f.; *Huber,* Konkurrenzschutz (Fn. 4), S. 327 f.: bei Vorhersehbarkeit genügt messbare Beeinträchtigung; *Knauff,* in: *Schmidt/Wollenschläger* (Fn. 26), § 6 Rn. 24; *Lechleitner,* in: *Bungenberg/Danz/Heinrich/Hünemörder/Schmidt/Schroeder/Sickert/Unkroth* (Fn. 158), S. 223 (238 f.); *Nierhaus,* in: *Mann/Püttner* (Fn. 10), § 40 Rn. 48; *Pielow,* Grundstrukturen öffentlicher Versorgung, 2001, S. 511 ff., 703 (516: auch qualitative Betrachtung); *Ruthig/Storr* (Fn. 8), § 8 Rn. 697 ff.; *Suerbaum* Verw 40 (2007), 29 (49 f.); *Suerbaum,* in: *Ehlers/Fehling/Pünder* (Fn. 22), § 16 Rn. 46; *Vollmöller,* in: *Schmidt/ders.* (Fn. 137), § 5 Rn. 26 f.; *Wendt,* in: *Mann/Püttner* (Fn. 10), § 42 Rn. 49 f. (weiter uU Rn. 51).

[254] Freilich steht auch die Qualifikation als nicht der Körperschaftssteuer unterliegender Hoheitsbetrieb unter einem Wettbewerbsvorbehalt: „Eine Körperschaft des öffentlichen Rechts handelt nicht in Ausübung öffentlicher Gewalt, wenn sie sich in den wirtschaftlichen Verkehr einschaltet und eine Tätigkeit entfaltet, die sich ihrem Inhalt nach von der Tätigkeit eines privaten gewerblichen Unternehmens nicht wesentlich unterscheidet" [BFH Urt. v. 27.6.1990 – I R 166/85; *Hummel,* in: *Gosch* (Hrsg.), Körperschaftsteuergesetz Kommentar, 3. Aufl. 2015, § 1 Rn. 98].

[255] Im Überblick zur Sonderrolle öffentlicher Unternehmen *Suerbaum,* in: *Ehlers/Fehling/Pünder* (Fn. 22), § 16 Rn. 122 ff.

[256] *Pielow* NWVBl. 1999, 369 (375 f.); *ders.* (Fn. 253), S. 513; *Scharpf* (Fn. 155), S. 25; *Schmidt* (Fn. 202), S. 523 ff.; *Selmer,* in: *Stober/Vogel* (Fn. 137), S. 75 (93); *Siekmann,* in: *Stober/Vogel* (Fn. 137), S. 120; *F. Wollenschläger,* in: *Schmidt/ders.* (Fn. 26), § 2 Rn. 47. Siehe auch *Huber* FS Badura, 2004, S. 915 ff., der zwar die Sonderrolle des Staates betont, aber bei dessen schlichter Wettbewerbsteilnahme (jenseits des Ausspielens von Strukturvorteilen oder einer Monopolstellung) von einer grundrechtsirrelevanten Schmälerung von Gewinnchancen ausgeht; ferner *Wolf,* in: *Stober/Vogel* (Fn. 137), S. 10.

[257] *Knauff,* in: *Schmidt/Wollenschläger* (Fn. 26), § 6 Rn. 22; *Scharpf* (Fn. 155), S. 24 f.; *F. Wollenschläger,* in: *Schmidt/ders.* (Fn. 26), § 2 Rn. 13. Vgl. auch *Kluth* WiVerw 2000, 184 (200 f.); *Selmer,* in: *Stober/Vogel* (Fn. 137), S. 75 (80 f.); *Suerbaum* Verw 40 (2007), 29 (48 f.).

bedürftige und damit grundrechtsrelevante Intervention in den Wettbewerb Privater ansehen und einen Eingriff generell bejahen.[258]

74 Unbeschadet der beschriebenen Sonderrolle des Staates und des mit der Bejahung eines Eingriffs einhergehenden Umstands, die unternehmerische Betätigung einer Verhältnismäßigkeitsprüfung unterziehen zu können, ist vor Pauschalierungen zu warnen, insbesondere kann nach allgemeiner Grundrechtsdogmatik auch nicht jede mittelbar-faktische Grundrechtsbeeinträchtigung einem Grundrechtseingriff gleichgestellt werden. Folgte man letzterem, begründete man im Übrigen über die Erforderlichkeitsprüfung im Rahmen der Verhältnismäßigkeit eine subjektivierte Privatisierungspflicht. **Anzusetzen** ist vielmehr **am konkreten öffentlichen Unternehmen,** dessen **Rolle auf dem Markt sorgfältig zu analysieren** ist. Ergibt diese Prüfung **Sondervorteile,** etwa einen regelmäßigen Defizitausgleich, die die freie unternehmerische Betätigung privater Konkurrenten erheblich beeinträchtigen, etwa in Gestalt eines deutlichen Umsatzrückgangs oder des Lenkungswirkung widerspiegelnden Zwangs, seine Geschäftspolitik an den vom öffentlichen Unternehmen geschaffenen Fakten auszurichten (zB Preisgestaltung), liegt ein **Eingriff** vor.[259] Die **schlichte Wettbewerbsteilnahme** der öffentlichen Hand **genügt** hierfür aber **nicht,** auch wenn die **Eingriffsschwelle niedriger anzusetzen** ist, als dies die Rechtsprechung und weite Teile des Schrifttums annehmen.[260] Intensitätserwägungen sprechen ebenfalls dafür, mit Rechtsprechung und Teilen der Literatur einen Eingriff stets dann zu bejahen, wenn sich die öffentliche Hand in einem Ausmaß unternehmerisch betätigt, dass dies einer Monopolstellung gleichkommt.[261] Maßnahmen, die private Konkurrenten gezielt behindern (Verdrängungswettbewerb, etwa durch Dumpingangebote), lassen sich zudem mit dem Finalitätskriterium einfangen.[262] Schließlich ist zu berücksichtigen, dass auch das Wettbewerbsrecht und die grundrechtlich verbürgte Wettbewerbsgleichheit punktuell ansetzenden Schutz gewähren.

75 **cc) Rechtfertigung.** Mit der Bejahung eines Eingriffs in die Berufsfreiheit ist freilich noch nicht das Verdikt seiner Verfassungswidrigkeit gefällt, vielmehr ist er einer **Rechtfertigung entsprechend der Drei-Stufen-Lehre** zugänglich. Demnach kommt eine **Monopolstellung** öffentlicher Unternehmen als objektive Berufswahlregelung nur zur „Abwehr nachweisbarer oder höchstwahrscheinlicher schwerer Gefahren für ein überragend wichtiges Gemeinschaftsgut" in Betracht.[263] Sonstige aus der unternehmerischen Betätigung des Staates resultierende Wettbewerbsnachteile müssen als Berufsausübungsregeln lediglich „aufgrund vernünftiger Erwägungen des Gemeinwohls zweckmäßig erscheinen";[264] insoweit ist freilich zu berücksichtigen, dass die Drei-Stufen-Lehre nicht strikt gehandhabt

[258] *Cremer* DÖV 2003, 921 (925 ff., zsf. 929); *Frenz* GewArch 2006, 100 (102): Beeinträchtigung privater Aktionsmöglichkeiten; *Hösch* DÖV 2000, 393 (398 f.): Jedwede Grenzziehung anhand des modernen Eingriffsbegriffs sei willkürliche Dezision, im Übrigen widersprüchlich, da die wirtschaftliche Betätigung stets auf Expansion ziele; *Hösch* (Fn. 189), S. 56 ff.; *Kluth,* Grenzen kommunaler Wettbewerbsteilnahme (Fn. 189), S. 63 ff.; *Löwer* (Fn. 4), S. 444 f.; *Mann* (Fn. 135), S. 93 ff.; *Pielow* NWVBl. 1999, 369 (375 f., 379) – etwas relativiert durch Spürbarkeitserfordernis; *Poppen* (Fn. 45), S. 114 f.; *Scharpf* (Fn. 155), S. 24 ff.; *Schmidt* (Fn. 202), S. 523 ff.; *Selmer,* in: *Stober/Vogel* (Fn. 137), S. 75 (83 f.): „[j]ede eine Bagatellgrenze überschreitende Beeinflussung des Wettbewerbs"; *Weiß* (Fn. 135), S. 259 ff. Weit wohl auch *Ronellenfitsch,* in: *Isensee/Kirchhof* (Fn. 144), § 98 Rn. 36.

[259] Vgl. auch *Huber,* Konkurrenzschutz (Fn. 4), S. 317 f., 327 f.; *Jarass,* Kommunale Wirtschaftsunternehmen (Fn. 140), S. 21 ff.; *Kluth* WiVerw 2000, 184 (201). Siehe etwa – die wettbewerbsrechtliche Argumentation – bei BGH Urt. v. 18.12.1981 – I ZR 34/80, NJW 1982, 2117 (2121).

[260] Vgl. auch *Ronellenfitsch,* in: *Hoppe/Uechtritz/Reck* (Hrsg.), Handbuch Kommunale Unternehmen, 3. Aufl. 2012, § 3, Rn. 12 f.

[261] So insbesondere auch *Huber,* Konkurrenzschutz (Fn. 4), S. 328; *Jarass,* Kommunale Wirtschaftsunternehmen (Fn. 140), S. 24.

[262] *Huber,* Konkurrenzschutz (Fn. 4), S. 327; *Ruthig/Storr* (Fn. 8), § 8 Rn. 695. Zur Verdrängung durch Dumping OVG Magdeburg Urt. v. 29.10.2008 – 4 L 146/05, NVwZ-RR 2009, 347 (348 f.); *Huber* FS Badura, 2004, S. 919.

[263] BVerfGE 7, 377 (408); ferner E 21, 245 (251 ff.); E 102, 197 (214) – mit Aufweichungen für Spielbanken; E 115, 276 (303); *F. Wollenschläger,* in: *Schmidt/ders.* (Fn. 26), § 2 Rn. 59, 62.

[264] BVerfGE 7, 377 (405); E 77, 84 (106); *F. Wollenschläger,* in: *Schmidt/ders.* (Fn. 26), § 2 Rn. 62.

wird, mit der Intensität der Berufsausübungsregelung vielmehr auch die Rechtfertigungsanforderungen steigen und bei berufswahlnahen Regelungen strenge Verhältnismäßigkeitsanforderungen gelten.[265]

Im Rahmen der **Verhältnismäßigkeitsprüfung** sind zwei fundamentale wirtschaftsverfassungsrechtliche Fragen zu verhandeln, nämlich die nach der Zulässigkeit einer rein erwerbswirtschaftlichen Betätigung der öffentlichen Hand (1) und die nach der Subsidiarität staatlichen Wirtschaftens (2). Regelmäßig stellt das Erfordernis eines verfassungslegitimen Zweckes keine besonderen Hürden auf, lassen sich doch eine Vielzahl anerkennenswerter Gemeinwohlzwecke für eine unternehmerische Betätigung der öffentlichen Hand ins Felde führen, wie etwa die Daseinsvorsorge, die Regional- und Strukturförderung oder die Kompensation eines Marktversagens.[266] 76

(1) Rein erwerbswirtschaftliche Tätigkeit. Weithin wird die Legitimität staatlichen Wirtschaftens allerdings dann verneint, wenn dieses aus **reinem Gewinnstreben**[267] erfolge.[268] Dem ist sicherlich insofern zuzustimmen, als in diesem Fall die wirtschaftlichen Interessen privater Konkurrenten, die bei Vorliegen eines Eingriffs in erheblichem Maße betroffen sind, regelmäßig Vorrang beanspruchen, es mithin an einem **hinreichend gewichtigen** verfassungslegitimen Zweck fehlt.[269] Darüber hinausgehend wird vertreten, dass das rein fiskalische Interesse der Einnahmenerzielung generell, dh als solches und auch unabhängig von einem Grundrechtseingriff bei Privatunternehmen, verfassungswidrig sei. Begründet wird dies mit der namentlich aus dem Rechtsstaatsprinzip abzuleitenden Gemeinwohlbindung jedweden staatlichen Handelns[270], gegen die ein ausschließlich erwerbswirtschaftlich motiviertes Tätigwerden verstoße. Denn dann unterscheide sich der Staat nicht mehr von egoistisch handelnden Privaten.[271] Indes erscheint es fraglich, ob aus diesen 77

---

[265] BVerfG Urt. v. 23.3.1960 – 1 BvR 216/51, NJW 1960, 715 (716). Siehe ferner BVerfG Beschl. v. 20.3.2001 – 1 BvR 491/96, NJW 2001, 1779 (1779); *F. Wollenschläger,* in: *Schmidt/ders.* (Fn. 26), § 2 Rn. 64.

[266] *Kluth,* Grenzen kommunaler Wettbewerbsteilnahme (Fn. 189), S. 73 ff.; *Knauff,* in: *Schmidt/Wollenschläger* (Fn. 26), § 6 Rn. 24, 77 f.; *Pieroth/Hartmann* DVBl. 2002, 421 (428); *Vollmöller,* in: *Schmidt/ders.* (Fn. 137), § 5 Rn. 28. Insgesamt restriktiv indes *Pielow* (Fn. 253), S. 517 ff.; *Weiß* (Fn. 135), S. 207 ff.

[267] Zur mangelnden Abgrenzungsschärfe *Selmer,* in: *Stober/Vogel* (Fn. 137), S. 75 (88, Fn. 62).

[268] *Ehlers,* in: *Ipsen* (Fn. 157), S. 10 (15 f.); *Knauff,* in: *Schmidt/Wollenschläger* (Fn. 26), § 6 Rn. 27; *Löwer* (Fn. 4), S. 418 ff.; *Manssen,* in: *v. Mangoldt/Klein/Starck/Huber/Voßkuhle* (Fn. 8), Art. 12 Rn. 83; *Rennert* JZ 2003, 385 (390); *Schink* NVwZ 2002, 129 (133 ff.); *Selmer,* in: *Stober/Vogel* (Fn. 137), S. 75 (88); *Suerbaum,* in: *Ehlers/Fehling/Pünder* (Fn. 22), § 16 Rn. 30; *Vollmöller,* in: *Schmidt/ders.* (Fn. 137), § 5 Rn. 28; *Weiß* (Fn. 135), S. 223 ff., insb. 241 f., 264; restriktiv *Hösch* (Fn. 189), S. 62 ff. Anders *Britz* NVwZ 2001, 380 (381 f.); *Cremer* DÖV 2003, 921 (922); *Jarass,* Kommunale Wirtschaftsunternehmen (Fn. 140), S. 26 f. (abwägungsabhängig).

[269] Vgl. BVerfGE 115, 276 (307): Regelungen der Berufswahl, insbesondere staatliche Monopole, nicht allein mit dem Zweck der Einnahmenerzielung zu rechtfertigen. Siehe auch *Ehlers,* in: *Ipsen* (Fn. 157), S. 10 (16); *Isensee* (Fn. 140), S. 409 (431 f.); *Pielow* (Fn. 253), S. 517. Offener *Cremer* DÖV 2003, 921 (929 ff.); *Jarass,* Kommunale Wirtschaftsunternehmen (Fn. 140), S. 26 f.

[270] Zu dieser *Ehlers* Jura 1999, 212 (214); *Knauff,* in: *Schmidt/Wollenschläger* (Fn. 26), § 6 Rn. 26; *Mann* JZ 2002, 819 (820); *Nierhaus,* in: *Mann/Püttner* (Fn. 10), § 40 Rn. 40; *Pieroth/Hartmann* DVBl. 2002, 421 (427); *Ronellenfitsch,* in: *Isensee/Kirchhof* (Fn. 144), § 98 Rn. 40; *Scharpf* (Fn. 155), S. 17 f.

[271] Siehe etwa *Dietlmeier* (Fn. 16), S. 194 ff., 373; *Ehlers* Jura 1999, 212 (214), nach dem ein öffentlicher Zweck bei einem reinen Erwerbsstreben auch zur Finanzierung anderweitiger Staatsaufgaben ausscheide, da „ansonsten das Tätigwerden des Staates überhaupt nicht mehr überprüft, eingegrenzt und von dem egoistischen Handeln Privater abgegrenzt werden könnte, mit anderen Worten die Gemeinwohlbindung ins ‚Leere' ginge." Ähnlich *Knauff,* in: *Schmidt/Wollenschläger* (Fn. 26), § 6 Rn. 26 f.; *Löwer* (Fn. 4), S. 418 ff., nach dem der Staat damit ihm gerade nicht zukommende individuelle Freiheitsräume in Anspruch nehme; ihm stehe jedoch kein beliebig zu nutzendes Privateigentum zu, vielmehr lediglich durch ihre Aufgabennützigkeit legitimierte Eigentumspositionen. Ebenso – unter Berufung auf die kommunale Selbstverwaltungsgarantie – auch VerfGH RhPf Urt. v. 28.3.2000 – VGH N 12/98, NVwZ 2000, 801 (801; ferner 803): „Aus der Sicht der verfassungsrechtlichen Selbstverwaltungsgarantie ist kommunales Wirtschaftsengagement niemals privatautonomes Handeln, sondern zweckgebundene Verwaltungstätigkeit. Die öffentliche (kommunale) Verwaltung bleibt auch dann Verwaltung, wenn sie wirtschaftet. Von öffentlichen Aufgaben gelöste, erwerbswirtschaftlich-fiskalische Betätigungen, bei denen das Gewinnstreben Selbstzweck ist, genießen daher den Schutz der Selbstverwaltungsgarantie von vornherein nicht" [siehe insoweit auch *Löwer* (Fn. 4), S. 434 f.; *Mann* JZ 2002, 819 (820 f.); *Vollmöller* (Fn. 137), § 5 Rn. 35]

abstrakten Verfassungsprinzipien eine derart konkrete Folge hergeleitet werden kann, zumal die Staatsorgane doch zum einen in den verfassungsrechtlichen Grenzen Anliegen des Gemeinwohls definieren können und zum anderen die Generierung von Finanzmitteln zur anderweitigen Aufgabenerfüllung im Allgemeininteresse liegen kann.[272] Nach dem **kommunalen Wirtschaftsrecht** ist eine rein erwerbswirtschaftliche Betätigung demgegenüber ausgeschlossen: „Alle Tätigkeiten oder Tätigkeitsbereiche, mit denen die Gemeinde oder ihre Unternehmen an dem vom Wettbewerb beherrschten Wirtschaftsleben teilnehmen, um Gewinn zu erzielen, entsprechen keinem öffentlichen Zweck" (Art. 87 Abs. 1 Satz 1 BayGO; näher → C. Rn. 99).

78 **(2) Subsidiarität.** Das Gebot der **Erforderlichkeit** einer unternehmerischen Betätigung der öffentlichen Hand beantwortet die Frage nach dem Verhältnis von Staats- und Privatwirtschaft zugunsten der letzteren und verhilft dem Subsidiaritätsgrundsatz zum Durchbruch: Wenn Private den verfolgten öffentlichen Zweck in qualitativer und quantitativer Hinsicht genauso effektiv erfüllen können, scheidet eine unternehmerische Betätigung des Staates aus; die **privatwirtschaftliche Aufgabenerledigung** ist dann **milderes Mittel.**[273] Zu berücksichtigen ist freilich, dass der öffentlichen Hand insoweit eine Einschätzungsprärogative zukommt.[274] Über diese grundrechtliche Herleitung hinausgehend sehen Teile der Literatur den Vorrang privater Initiative auch in einem allgemeinen verfassungskräftigen Subsidiaritätsprinzip verankert.[275] Freilich ruht auch diese verfassungsunmittelbare Schrankenziehung auf tönernen Füßen.[276] Das kommunale Wirtschaftsrecht kennt freilich –

– auch hiergegen ließe sich freilich die kommunale Finanzhoheit einwenden. Vgl. – die Zulässigkeit einer erwerbswirtschaftlichen Betätigung ablehnend – ferner *Ehlers,* Gutachten 64. DJT (Fn. 8), S. E 34 f., 72 f.; *Mann* JZ 2002, 819 (820 f.); *Pieroth/Hartmann* DVBl. 2002, 421 (427 f.); *Rennert* JZ 2003, 385 (390); *Selmer,* in: *Stober/Vogel* (Fn. 137), S. 75 (88); *Suerbaum* Verw 40 (2007), 29 (45); *Suerbaum,* in: *Ehlers/Fehling/Pünder* (Fn. 22), § 16 Rn. 30; *Weiß* (Fn. 135), S. 223 ff., insb. 241 f., 264; *Ziekow* (Fn. 24), § 7 Rn. 29, 41. **A. A.** *Britz* NVwZ 2001, 380 (381 f.). Oftmals wird zur Begründung der Verfassungswidrigkeit auf BVerfGE 61, 82 (107 f.) verwiesen; diese Entscheidung bezieht sich allerdings ausschließlich auf die einfach-rechtliche Rechtslage – so zu Recht auch *Britz* NVwZ 2001, 380 (382); *Cremer* DÖV 2003, 921 (922); *Ehlers* Jura 1999, 212 (213).

272 Für die verfassungsrechtliche Zulässigkeit einer unternehmerischen Betätigung bei reiner Gewinnerzielungsabsicht *Britz* NVwZ 2001, 380 (381 f.); *Cremer* DÖV 2003, 921 (922 ff.); *Lechleitner,* in: *Bungenberg/Danz/Heinrich/Hünemörder/Schmidt/Schroeder/Sickert/Unkroth* (Fn. 158), S. 223 (236 f. m. w. N.). Aus der grundgesetzlichen **Finanzverfassung** und der ihr innewohnenden Schutzfunktion für die Steuerpflichtigen folgert das Bundesverfassungsgericht, „daß die Finanzierung der staatlichen Aufgaben in Bund und Ländern einschließlich der Gemeinden grundsätzlich aus dem Ertrag der in Art. 105 ff. GG geregelten Einnahmequellen erfolgt (Prinzip des Steuerstaates ...) und nur ausnahmsweise, d. h. unter besonderen Voraussetzungen, Einnahmen außerhalb des von der Finanzverfassung erfaßten Bereichs erschlossen werden dürfen" [E 78, 249 (266 f.); ferner E 93, 319 (342)]; aus dieser die Erhebung außersteuerlicher Abgaben betreffenden Rechtsprechung wird ein Rechtfertigungserfordernis für die Einnahmenerzielung aus wirtschaftlicher Betätigung abgeleitet und der notwendige öffentliche Zweck bei reiner Gewinnerzielungsabsicht verneint, so *Krämer* LKV 2016, 348 (350) – ablehnend *Britz* NVwZ 2001, 380 (381 f.); *Cremer* DÖV 2003, 921 (922); *Lechleitner,* in: *Bungenberg/Danz/Heinrich/Hünemörder/Schmidt/Schroeder/Sickert/Unkroth* (Fn. 158), S. 223 (237). Siehe ferner, aus finanzverfassungsrechtlichen Gründen ablehnend *Löwer* (Fn. 4), S. 420 f.; *Poppen* (Fn. 45), S. 166 ff.

273 Siehe auch – mit Ausnahme der dem staatlichen Kernbereich zugeordneten Daseinsvorsorge – *Selmer,* in: *Stober/Vogel* (Fn. 137), S. 75 (92 f.); *Vollmöller,* in: *Schmidt/ders.* (Fn. 137), § 5 Rn. 35: „aus den Grundrechten abzuleitende[r] Vorrang erwerbswirtschaftlicher Betätigung der Bürger" – siehe aber auch Rn. 29: aus „Verhältnismäßigkeitsgrundsatz [folgt] kein genereller Subsidiaritätsgedanke [...], wonach sich die öffentliche Hand wirtschaftlich erst dann betätigen darf, wenn privates Wirtschaften versagt". Etwas weiter *Ehlers,* VorAufl., Rn. 68: ausreichend, dass Gemeinde Zweck genauso gut wie Private erfüllte.

274 *Ehlers,* VorAufl., Rn. 68.

275 Siehe etwa *Ehlers,* Gutachten 64. DJT (Fn. 8), S. E 82 f., 85, 116: Erbringen Private Leistung besser und wirtschaftlicher als die öffentliche Hand, widerspricht das Tätigwerden der letzteren dem Gemeinwohl und verstößt damit mangels Gemeinwohlorientierung gegen das Rechtsstaatsprinzip; ferner *Isensee* (Fn. 140), S. 409 (416 f.): Konsequenz der Staatsform Steuerstaat; *Heintzen,* Rechtliche Grenzen und Vorgaben für eine wirtschaftliche Betätigung von Kommunen im Bereich der gewerblichen Gebäudereinigung, 1999, S. 47 ff.

276 Einen allgemeinen verfassungsrechtlichen Subsidiaritätsgrundsatz ablehnend: BVerwGE 23, 304 (306 f.); E 39, 329 (336); *Britz* NVwZ 2001, 380 (381); *Ehlers,* VorAufl., Rn. 67; *Hellermann* (Fn. 144), S. 162 ff.;

unterschiedlich scharf formulierte – Subsidiaritätsklauseln. So ist eine unternehmerische Betätigung etwa gemäß Art. 87 Abs. 1 Satz 1 Nr. 4 BayGO nur zulässig, wenn „bei einem Tätigwerden außerhalb der kommunalen Daseinsvorsorge der Zweck nicht ebenso gut und wirtschaftlich durch einen anderen erfüllt wird oder erfüllt werden kann" (→ C. Rn. 131 ff.).[277]

d) Wettbewerbsgleichheit (Art. 3 Abs. 1 iVm Art. 12 Abs. 1 GG)

Im Kontext der unternehmerischen Betätigung hat die öffentliche Hand die Wettbewerbsgleichheit (Art. 3 Abs. 1 iVm Art. 12 Abs. 1 GG) zu beachten.[278] Diese **verbietet** Gesetzgeber und Unternehmensträger, **öffentliche Unternehmen ohne sachlichen Grund zu privilegieren.** Dies ist etwa bei einer Subventionierung ohne Vorliegen eines rechtfertigenden öffentlichen Zwecks der Fall,[279] wobei der Ausgleich von Nachteilen, die aus der Erbringung eines nicht rentablen Leistungsangebots respektive aus der Gewährung defizitträchtiger, aber sozialstaatlich motivierter Sonderkonditionen resultieren, grundsätzlich rechtfertigungsfähig ist.[280] Rechtfertigungsbedürftig sind ferner ein selektives Informationsverhalten, die Einräumung von Steuervorteilen oder Quersubventionierungen.[281] Für gleichheitswidrig erklärt hat das Bundesverfassungsgericht die Privilegierung von Sparkassen gegenüber Privatbanken bei der Grundbucheinsicht[282] genauso wie landesrechtliche Selbsttitulierungsrechte für öffentlich-rechtliche Kreditinstitute[283]. Zum anderen bindet der Gleichheitssatz das öffentliche Unternehmen selbst (dazu sogleich → Rn. 81). 79

e) Grundrechtliche Vorgaben für die Wettbewerbsteilnahme des öffentlichen Unternehmens

Die Grundrechtsbindung des öffentlichen Unternehmens impliziert, dass dessen Handeln (am Markt) an den Freiheits- und Gleichheitsverbürgungen des Grundgesetzes zu messen ist und damit Schranken unterliegt, die für private Marktteilnehmer nicht in vergleichbarer Weise gelten.[284] Letztere genießen – unbeschadet mittelbarer Grundrechtswirkungen[285] – Privatautonomie und können sich damit „auf die Subjektivität gewillkürter Freiheit"[286] berufen. 80

Kluth WiVerw 2000, 184 (200); *Lechleitner,* in: *Bungenberg/Danz/Heinrich/Hünemörder/Schmidt/Schroeder/Sickert/Unkroth* (Fn. 158), S. 223 (238); *Mann* (Fn. 135), S. 25 ff.; *Pieroth/Hartmann* DVBl. 2002, 421 (427); *Poppen* (Fn. 45), S. 75 ff.; *Ronellenfitsch,* in: *Isensee/Kirchhof* (Fn. 144), § 98 Rn. 34; *Scharpf* (Fn. 155), S. 18 f.; *Scholz,* in: *Maunz/Dürig* (Fn. 243), Art. 12 Rn. 416; *Selmer,* in: *Stober/Vogel* (Fn. 137), S. 75 (77); *Storr* (Fn. 4), S. 433 ff.; *Wendt,* in: *Mann/Püttner* (Fn. 10), § 42 Rn. 45. Zu Zurückhaltung mahnend auch *Schulze-Fielitz* (Fn. 5), § 12 Rn. 132. Zur demokratischen Begründung des Subsidiaritätsgrundsatzes: *Gersdorf* (Fn. 202), S. 490 ff.

277 Siehe hierzu auch *Knauff,* in: *Schmidt/Wollenschläger* (Fn. 26), § 6 Rn. 80 f.; *F. Wollenschläger,* in: *Kirchhof/Korte/Magen* (Fn. 4), § 6 Rn. 87.

278 Dazu und zum Folgenden *F. Wollenschläger,* in: *v. Mangoldt/Klein/Starck/Huber/Voßkuhle* (Fn. 8), Art. 3 Rn. 254. Siehe etwa BVerwGE 39, 329 (336); *Huber* FS Badura, 2004, S. 919; *Ruthig/Storr* (Fn. 8), § 8 Rn. 694; *Vollmöller,* in: *Schmidt/ders.* (Fn. 137), § 5 Rn. 30.

279 BVerwG Beschl. v. 1.3.1978 – 7 B 144/76, NJW 1978, 1539 (1540); *F. Wollenschläger,* in: *v. Mangoldt/Klein/Starck/Huber/Voßkuhle* (Fn. 8), Art. 3 Rn. 254.

280 *Huber* FS Badura, 2004, S. 920; *F. Wollenschläger,* in: *v. Mangoldt/Klein/Starck/Huber/Voßkuhle* (Fn. 8), Art. 3 Rn. 254.

281 *F. Wollenschläger,* in: *v. Mangoldt/Klein/Starck/Huber/Voßkuhle* (Fn. 8), Art. 3 Rn. 254.

282 BVerfGE 64, 229 (239).

283 BVerfGE 132, 372 (388 ff.).

284 Umfassend zu den Konsequenzen *Kater* (Fn. 187), S. 105 ff. Siehe dazu und zum Folgenden auch *F. Wollenschläger,* in: *v. Mangoldt/Klein/Starck/Huber/Voßkuhle* (Fn. 8), Art. 3 Rn. 254.

285 Allgemein *Dreier,* in: *ders.* (Fn. 182), Vorbemerkungen vor Art. 1 GG Rn. 96 ff.; Art. 1 Abs. 3 Rn. 38 ff. Aus der jüngeren Rechtsprechung BVerfGE 128, 226 (248, 249 f.); BVerfG Beschl. v. 18.7.2015 – 1 BvQ 25/15, NJW 2015, 2485 (2485 f.); BVerfG Beschl. v. 11.4.2018 – 1 BvR 3080/09, NJW 2018, 1667 (1668 ff.); BVerfG Beschl. v. 27.8.2019 – 1 BvR 879/12, NJW 2019, 3769 (3769 f.); BVerfG Beschl. v. 30.1.2020 – 2 BvR 1005/18 Rn. 31 ff., BeckRS 2020, 1436.

286 BVerfGE 128, 226 (249).

81 Die **im Geschäftsleben** oftmals **notwendigen Differenzierungen,** etwa bei der Auswahl des Vertragspartners, sind **am allgemeinen Gleichheitssatz zu messen.** Freilich sind die insoweit geltenden Anforderungen kontextabhängig,[287] mithin vor dem Hintergrund der Teilnahme am Wirtschaftsverkehr zu bestimmen, so dass ein adäquates Wirtschaften möglich bleibt. Namentlich gestattet der Gleichheitssatz der Marktlogik entsprechende Differenzierungen, etwa hinsichtlich eines Vertragsschlusses nach Eignungs- oder Qualitätskriterien oder der Zahlungsfähigkeit.[288] Überdies sind auch hinreichend gerechtfertigte marktatypische Differenzierungen, wie eine an sozialstaatlichen Gesichtspunkten orientierte Preisgestaltung zulässig[289]. Anders als Private unterliegt das öffentliche Unternehmen indes dem (auch) rechtsstaatlichen Neutralitätsgebot, das es diesem verwehrt, seine „wirtschaftliche Tätigkeit nach Belieben mit subjektiv weltanschaulichen Präferenzen oder Zielsetzungen und hierauf beruhenden Differenzierungen zu verbinden."[290]

82 Hinsichtlich der aus den **Freiheitsrechten** resultierenden Anforderungen ist zu berücksichtigen, dass, sofern „Grundrechte im Rahmen von Vertragsbeziehungen in Frage stehen, [...] es möglich [ist], dass mangels einseitiger Entscheidungsgewalt der öffentlichen Hand schon kein Eingriff in Grundrechte stattfindet oder bei einer Grundrechtsbeschränkung die Freiwilligkeit des Vertragsschlusses seitens des Bürgers im konkreten Fall mit in Rechnung zu stellen ist."[291] Demgegenüber sind „einseitig verbindliche Entscheidungen", etwa die Ausübung des Hausrechts, „durch legitime Gemeinwohlzwecke am Maßstab der Grundrechte und des Verhältnismäßigkeitsgrundsatzes zu rechtfertigen."[292]

5. Vorbehalt des Gesetzes

83 Mit den haushalts- und kommunalrechtlichen Regelungen (§ 65 BHO; Art. 87 ff. BayGO) liegen **Rechtsgrundlagen** für die unternehmerische Betätigung der öffentlichen Hand vor. Fraglich ist freilich, ob diese allgemeinen und damit notwendigerweise unbestimmten Grundlagen dem Gesetzesvorbehalt genügen. Angesichts der fehlenden Grundrechtsrelevanz der schlichten staatlichen Erwerbstätigkeit ist dies jedoch für den Regelfall zu bejahen.[293] Lediglich mit Grundrechtseingriffen einhergehende Privilegierungen (etwa Ausschließlichkeitsrechte) bedürfen einer spezifischen Grundlage, deren Bestimmtheit und Regelungsebene sich wesentlich nach der Eingriffsintensität bemessen. Hieran ändert auch der Umstand nichts, dass es sich regelmäßig um mittelbar-faktische Grundrechtseingriffe handelt und das Bundesverfassungsgericht insoweit Ausnahmen von der Geltung des Gesetzesvorbehalts anerkannt hat;[294] denn die als Eingriff zu wertenden Sachverhalte sind vorhersehbar und folglich einer Normierung zugänglich[295].[296]

---

[287] Zur Maßgeblichkeit der kontextabhängigen Wesentlichkeit der Unterschiede bzw. Gemeinsamkeiten *F. Wollenschläger,* in: *v. Mangoldt/Klein/Starck/Huber/Voßkuhle* (Fn. 8), Art. 3 Rn. 120 ff.

[288] BVerfGE 128, 226 (248); *F. Wollenschläger,* in: *v. Mangoldt/Klein/Starck/Huber/Voßkuhle* (Fn. 8), Art. 3 Rn. 254; ferner *Starck,* in: *v. Mangoldt/Klein/ders./Huber/Voßkuhle* (Fn. 8), Art. 1 Rn. 230.

[289] *Starck,* in: *v. Mangoldt/Klein/ders./Huber/Voßkuhle* (Fn. 8), Art. 3 Rn. 78; *F. Wollenschläger,* in: *v. Mangoldt/Klein/Starck/Huber/Voßkuhle* (Fn. 8), Art. 3 Rn. 254.

[290] BVerfGE 128, 226 (248 f.); ferner *Starck,* in: *v. Mangoldt/Klein/ders./Huber/Voßkuhle* (Fn. 8), Art. 1 Rn. 230.

[291] BVerfGE 128, 226 (248).

[292] BVerfGE 128, 226 (249).

[293] Siehe *Storr* (Fn. 4), S. 420 ff.; ferner *Wieland/Hellermann* (Fn. 157), S. 28 ff. Großzügig *Hellermann* (Fn. 143), S. 167 ff. Die allgemeinen Regeln des Kommunalwirtschaftsrechts **generell für ausreichend erachtend:** *Ehlers,* Gutachten 64. DJT (Fn. 8), S. E 47 f.; *Jarass,* Kommunale Wirtschaftsunternehmen (Fn. 139), S. 26; *Wendt,* in: *Mann/Püttner* (Fn. 10), § 42 Rn. 52. **Strenger** *Mann* (Fn. 135), S. 79 f. (anders für kommunales Unternehmensrecht); *Pielow* (Fn. 253), S. 704; *Selmer,* in: *Stober/Vogel* (Fn. 137), S. 75 (84 ff.). Vgl. auch *Rennert* JZ 2003, 385 (396). Offen gelassen *Huber* FS Badura, 2004, S. 921 f.

[294] BVerfGE 105, 279 (304 f.).

[295] *Selmer,* in: *Stober/Vogel* (Fn. 137), S. 75 (87 ff.); *Ruthig/Storr* (Fn. 8), § 8 Rn. 697; *F. Wollenschläger,* in: *Schmidt/ders.* (Fn. 26), § 2 Rn. 53, 96.

[296] Vgl. auch *Kluth,* Grenzen kommunaler Wettbewerbsteilnahme (Fn. 189), S. 69 ff. Siehe aber auch *Hellermann* (Fn. 144), S. 169; *Jarass,* Kommunale Wirtschaftsunternehmen (Fn. 140), S. 25.

Darüber hinaus ist zu berücksichtigen, dass Art. 87 Abs. 3 S. 1 GG einen **institutionellen Gesetzesvorbehalt** für die Schaffung verselbstständigter Unternehmen in den Rechtsformen des Öffentlichen Rechts normiert, mithin von bundesunmittelbaren Körperschaften und Anstalten des öffentlichen Rechtes; Ähnliches gilt auf Landesebene (vgl. etwa Art. 77 Abs. 1 S. 1 BV[297]). Dies bezieht sich nach einer Auffassung auch auf ein Tätigwerden in den Rechtsformen des Privatrechts.[298] Mit den Regelungen des kommunalen Wirtschaftsrechts (und des Haushaltsrechts) finden sich aber entsprechende gesetzliche Grundlagen.[299] **84**

6. Demokratische Legitimation bei der unternehmerischen Betätigung des Staates

Die unternehmerische Betätigung des Staates wirft schließlich Fragen der demokratischen Legitimation auf, geht ein Handeln in privatrechtlicher Organisationsform doch mit **Steuerungseinbußen** einher. Bei gemischt-wirtschaftlichen Unternehmen liegt dies angesichts der Beteiligung sowohl staatlicher als auch privater Akteure auf der Hand; indes trifft dieser Befund auch auf Eigengesellschaften zu. Das Demokratieprinzip (Art. 20 Abs. 2 GG) fordert ein **hinreichendes Legitimationsniveau** staatlichen Handelns in personeller (a) und sachlich-inhaltlicher (b) Hinsicht.[300] Aus im Kontext der Grundrechtsbindung näher dargelegten Gründen (→ Rn. 54 ff.) erfasst diese Anforderung nicht nur hoheitliches Handeln, sondern **auch die sich in den Rechtsformen des Privatrechts vollziehende Tätigkeit** von staatlichen Eigengesellschaften und staatlich beherrschten gemischt-wirtschaftlichen Unternehmen; denn auch insoweit handelt es sich um die gemeinwohlverpflichtete Ausübung von Staatsgewalt.[301] Dementsprechend hat auch das Bundesverfassungsgericht in seinem Beschluss zur Deutschen Bahn AG vom 7.11.2017 betont: „Grundsätzlich ist von der Legitimationsbedürftigkeit der Geschäftstätigkeit öffentlicher Unternehmen auszugehen".[302] **85**

---

297 Dazu *H. Huber,* in: *Meder/Brechmann* (Fn. 150), Art. 77 Rn. 3 f.

298 *Burgi,* in: Grundlagen des Verwaltungsrechts (Fn. 5), § 18 Rn. 58; *Ehlers,* Gutachten 64. DJT (Fn. 8), S. E 48, 118; *Löwer* (Fn. 4), S. 433; *Mann* (Fn. 134), S. 74 ff.; *Schmidt-Aßmann,* Das allgemeine Verwaltungsrecht als Ordnungsidee, 2. Aufl. 2006, S. 293. **A. A.** *H. Huber,* in: *Meder/Brechmann* (Fn. 150), Art. 77 Rn. 4; *Schulze-Fielitz* (Fn. 5), § 12 Rn. 130.

299 *Ehlers,* in: *ders./Pünder* (Fn. 164), § 3 Rn. 46.

300 BVerfGE 83, 60 (71 ff.); E 83, 37 (50 ff.); E 93, 37 (66 ff.); E 107, 59 (87 f.); E 111, 191 (217 ff.); E 130, 76 (123 f.); *Böckenförde,* in: *Isensee/Kirchhof* (Hrsg.), Handbuch des Staatsrechts der Bundesrepublik Deutschland, Bd. II, 3. Aufl. 2004, § 24 Rn. 11 ff. Grundsatzkritik bei *Bryde* StWStP 5 (1994), 305 (insb. 314 ff.; 324: „Legitimationskettenfetischismus"), und *Trute,* in: *Hoffmann-Riem/Schmidt-Aßmann/Voßkuhle* (Hrsg.), Grundlagen des Verwaltungsrechts, Bd. I, 2. Aufl. 2012, § 6 Rn. 15 ff. Differenziert *Wißmann,* in: *Hoffmann-Riem/Schmidt-Aßmann/Voßkuhle* (Hrsg.), Grundlagen des Verwaltungsrechts, Bd. I, 2. Aufl. 2012, § 15 Rn. 59 ff. Umfassend zum Demokratieprinzip *Unger,* Das Verfassungsprinzip der Demokratie, 2008; im hiesigen Kontext *Mann* (Fn. 135), S. 55 ff., 97 ff.

301 Siehe nur *von Danwitz* AöR 120 (1995), 595 (606 ff.); *Dreier,* in: *ders.* II (Fn. 145), Art. 20 (Demokratie) Rn. 86 ff., 132 ff.; *Ehlers,* VorAufl., Rn. 61; *Gersdorf* (Fn. 202), S. 134 ff.; *Grzeszick,* in: *Maunz/Dürig,* Grundgesetz-Kommentar, Stand: 73. EL Dezember 2014, Art. 20 Rn. 96 ff. m. w. N., 221; *Mann* (Fn. 135), S. 58 f.; *Schmidt-Aßmann* AöR 116 (1991), 329 (346), der allerdings gemischt-wirtschaftliche Unternehmen ausklammert (ebenfalls ablehnend hinsichtlich gemischt-wirtschaftlicher Unternehmen und insoweit nur die Ausübung von Anteilseignerbefugnissen als legitimationsbedürftig erachtend *Burgi,* Privatisierung öffentlicher Aufgaben (Fn. 196), D 107); *Sommermann,* in: *v. Mangoldt/ Klein/Starck/Huber/ Voßkuhle* (Fn. 144), Art. 20 Abs. 2 Rn. 146. Grundsätzlich *Unger* (Fn. 300), S. 272 ff. Nach BVerfGE 83, 60 (73) – ebenso E 93, 37 (68) – stellt „alles amtliche Handeln mit Entscheidungscharakter" Ausübung von Staatsgewalt i. S. d. Art. 20 Abs. 2 GG dar. Dabei ist es unerheblich, „ob es unmittelbar nach außen wirkt oder nur behördenintern die Voraussetzungen für die Wahrnehmung der Amtsaufgaben schafft" (BVerfGE 93, 37 [68]).

302 BVerfGE 147, 50 (151) – siehe ferner 153: „Es bleibt dabei, dass jede staatliche Tätigkeit demokratischer Legitimation bedarf und demokratisch verantwortet werden muss"; zur Ablehnung einer Sonderrolle für die Deutsche Bahn AG mit Blick auf Art. 87e GG, ebd., 152; ferner BVerwG Urt. v. 31.8.2011 – 8 C 16/ 10, NJW 2011, 3735 (3737).

a) Personelle Legitimation

86 Entscheidend für die personelle Legitimation eines Amtsträgers ist, dass sich dessen Bestellung auf den Volkswillen im Sinne einer „ununterbrochenen **Legitimationskette**" zurückführen lässt, er mithin sein Amt „im Wege einer Wahl durch das Volk oder das Parlament oder dadurch erhalten hat, daß er durch einen seinerseits personell legitimierten, unter Verantwortung gegenüber dem Parlament handelnden Amtsträger oder mit dessen Zustimmung bestellt worden ist".[303] Personelle Legitimation sichert mithin die Bestellung von Leitungs- und Aufsichtsorganen durch ihrerseits (mittelbar) demokratisch legitimierte Amtsträger (siehe zur Kreation der Gesellschaftsorgane → D. Rn. 436 ff., 626 ff., 690 ff.).[304]

87 Besonderheiten gelten für **gemischt-wirtschaftliche oder der Mitbestimmung** (§ 4 DrittelbG; § 7 Abs. 1 S. 1 MitbestG)[305] **unterliegende öffentliche Unternehmen:** „Sieht das Gesetz [nämlich] ein Gremium als Kreationsorgan für die definitive Bestellung eines Amtsträgers vor, das nur teils aus personell legitimierten Amtsträgern zusammengesetzt ist, so erhält der zu Bestellende volle demokratische Legitimation für sein Amt nur dadurch, daß die die Entscheidung tragende Mehrheit sich ihrerseits aus einer Mehrheit unbeschränkt demokratisch legitimierter Mitglieder des Kreationsorgans ergibt. Die Vermittlung personeller demokratischer Legitimation setzt weiter voraus, daß die personell demokratisch legitimierten Mitglieder eines solchen Kreationsorgans bei ihrer Mitwirkung an der Bestellung eines Amtsträgers ihrerseits auch parlamentarisch verantwortlich handeln."[306]

b) Sachlich-inhaltliche Legitimation

88 Sachlich-inhaltliche Legitimation verlangt, dass „die Amtsträger im Auftrag und nach Weisung der Regierung – ohne Bindung an die Willensentschließung einer außerhalb parlamentarischer Verantwortung stehenden Stelle – handeln können und die Regierung damit in die Lage versetzen, die **Sachverantwortung** gegenüber Volk und Parlament zu übernehmen".[307] Sichergestellt[308] wird dies dadurch, dass das demokratisch legitimierte Muttergemeinwesen zum einen die Tätigkeit der Gesellschaft durch Vorgaben hinsichtlich des dem Gemeinwohl verpflichteten Gesellschaftszwecks in der **Unternehmenssatzung** bestimmt.[309] Bei Eigengesellschaften und staatlich beherrschten gemischt-wirtschaftlichen Unternehmen bestehen hier angesichts der aus der Beteiligung folgenden Steuerungsmöglichkeiten – zumindest in der Gründungsphase[310] – keine Probleme; in diesem Sinne verlangt etwa das Kommunalwirtschaftsrecht, dass „im Gesellschaftsvertrag oder in der Satzung sichergestellt ist, daß das Unternehmen den öffentlichen Zweck [...] erfüllt"

303 BVerfGE 93, 37 (67 f.) – Hervorhebung nicht im Original; ferner E 107, 59 (88); E 111, 191 (217 ff.); E 130, 76 (123 f.); *Böckenförde* Demokratie als Verfassungsprinzip, HStR I, § 24 Rn. 11 ff.; *Gersdorf* (Fn. 202), S. 30 ff. Kritisch *Bryde* StWStP 5 (1994), 305 (insb. 314 ff.; 324: „Legitimationskettenfetischismus"), und *Trute,* in: *Hoffmann-Riem/Schmidt-Aßmann/Voßkuhle* (Hrsg.), Grundlagen des Verwaltungsrechts, Bd. I, 2. Aufl. 2012, § 6 Rn. 15 ff. Differenziert *Wißmann,* in: *Hoffmann-Riem/Schmidt-Aßmann/Voßkuhle* (Hrsg.), Grundlagen des Verwaltungsrechts, Bd. I, 2. Aufl. 2012, § 15 Rn. 59 ff.

304 Siehe zur Vertretung der Kommune in Gesellschaftsorganen *Rödel,* Öffentlichkeit und Vertraulichkeit im Recht der kommunalen Eigengesellschaften, 2017, S. 33 ff.; ferner *Buken* (Fn. 158), S. 211 ff.

305 Ausgeblendet bleiben im Folgenden die Regelungen des Gesetzes über die Mitbestimmung der Arbeitnehmer in den Aufsichtsräten und Vorständen der Unternehmen des Bergbaus und der Eisen und Stahl erzeugenden Industrie.

306 BVerfGE 93, 37 (67 f.).

307 BVerfGE 93, 37 (67) – Hervorhebung nicht im Original; ferner *Gersdorf* (Fn. 202), S. 33 ff.

308 Umfassend *Gersdorf* (Fn. 202), S. 298 ff., 322 ff.

309 *Dreier,* in: *ders.* II (Fn. 145), Art. 20 (Demokratie) Rn. 132; *Grzeszick,* in: *Maunz/Dürig* (Fn. 301), Art. 20 Rn. 223.

310 Zu Schwierigkeiten bei nachträglichen Änderungen aufgrund des Mehrheitsverhältnisses *Schürnbrand,* in: *Goette/Habersack/Kalss* (Hrsg.), Münchener Kommentar zum Aktiengesetz, Bd. VI, 4. Aufl. 2016, Vor § 394 Rn. 97 ff.

(Art. 92 Abs. 1 S. 1 Nr. 1 BayGO).[311] Zum anderen muss ein hinreichender Einfluss aber auch bei der **laufenden Überwachung der Geschäftsführung** bestehen. Hier sind **Defizite** zu konstatieren, obgleich Haushalts- (§ 65 Abs. 1 Nr. 3 BHO)[312] und Kommunalrecht (Art. 92 Abs. 1 S. 1 Nr. 2, Art. 93 Abs. 2 BayGO)[313] einen angemessenen Einfluss der öffentlichen Hand, insbesondere im **Aufsichtsrat** oder in einem entsprechenden Überwachungsorgan, verlangen. Denn einmal beschränkt das Aktienrecht die Möglichkeit der Anteilseigner, Einfluss auf die Geschäftsführung zu nehmen, hat doch etwa der Vorstand einer Aktiengesellschaft die Gesellschaft eigenverantwortlich zu leiten (§ 76 Abs. 1 AktG), was Weisungen der Anteilseigner ausschließt;[314] das GmbH-Regime ist hier flexibler (für einen Nachrang der AG etwa § 103 Abs. 2 GO B-W)[315]. Verbleibenden Einflussmöglichkeiten über Aufsichtsgremien zieht zudem das Mitbestimmungsrecht Grenzen: So obliegt es zwar dem Aufsichtsrat, die Geschäftsführung zu überwachen (§ 111 Abs. 1 AktG, ggf. iVm § 52 Abs. 1 GmbHG); in diesem kann sich die öffentliche Hand je nach Art der Mitbestimmung und Beteiligung aber in der Minderheit befinden.[316] Im Übrigen steht das für die Tätigkeit der Aufsichtsratsmitglieder maßgebliche Unternehmensinteresse einem Weisungsrecht der öffentlichen Hand gegenüber Mitgliedern eines obligatorischen Aufsichtsrats entgegen (§ 111 Abs. 5, §§ 116, 93 AktG);[317] anderes gilt nur bei entsprechender gesellschaftsvertraglicher Vereinbarung für einen fakultativen GmbH-Aufsichtsrat (§ 52 GmbHG)[318]. Das Kommunalwirtschaftsrecht formuliert einen entsprechenden Vorbehalt gesellschaftsrechtlicher Zulässigkeit (Art. 93 Abs. 2 S. 3 BayGO). Des Weiteren können Inkompatibilitätsgründe gegen eine Beteiligung von Vertretern der öffentlichen Hand in diesem Gremium sprechen[319]. Einer effektiven Kontrolle der Gesellschaft können zudem **Verschwiegenheitspflichten** der vom Muttergemeinwesen entsandten Gremienmitglieder entgegenstehen (siehe etwa § 116 S. 2 AktG für Aufsichtsratsmitglieder einer AG); insoweit sehen die §§ 394 f. AktG allerdings Sonderregeln vor.[320] So entbindet § 394 AktG „Aufsichtsratsmitglieder, die auf Veranlassung einer Gebietskörperschaft in den Aufsichtsrat gewählt oder entsandt worden sind, [...] hinsichtlich der Berichte, die sie der Gebietskörperschaft zu erstatten haben, [von der] Verschwiegenheitspflicht. Für vertrauliche Angaben und Geheimnisse der Gesellschaft, namentlich Betriebs- oder Geschäfts-

---

[311] Zu gleichwohl bestehenden, auf eine Sicherung der eigenverantwortlichen Leitungsmöglichkeit abzielenden gesellschaftsrechtlichen Grenzen *Schürnbrand,* in: MüKo-AktG VI (Fn. 310), Vor § 394 Rn. 97 ff. Siehe insgesamt auch *Buken* (Fn. 158), S. 27 ff., 124 ff., *Dietlmeier* (Fn. 16), S. 334 ff.; *Pauly/Schüler* DÖV 2012, 339 (344 ff.).

[312] Im Einzelnen dazu *Kautzsch,* in: *Heuer* (Begr.)/*Scheller* (Hrsg.), Kommentar zum Haushaltsrecht und der Vorschriften zur Finanzkontrolle, 68. EL Dezember 2018, § 65 BHO Rn. 26 ff.

[313] Näher *Widtmann/Grasser/Glaser,* Bayerische Gemeindeordnung, Stand: 29. EL Juni 2019, Art. 92 GO Rn. 5; *Bauer/Böhle/Ecker,* Bayerische Kommunalgesetze, Stand: 106. EL Juni 2019, Art. 92 GO Rn. 9; *Prandl/Zimmermann/Büchner,* Kommunalrecht in Bayern, Stand: 116. EL Oktober 2011, Art. 92 GO Rn. 5.

[314] VGH Kassel Beschl. v. 4.5.2009 – 8 B 304/09, LKRZ 2009, 300 (302 f.); *Dietlmeier* (Fn. 16), S. 369 f.; *Gersdorf* (Fn. 202), S. 310 ff.; *Hüffer,* in: *ders.* (Hrsg.), AktG, 14. Aufl. 2020, § 394 Rn. 3; *Knauff,* in: *Schmidt/Wollenschläger* (Fn. 26), § 6 Rn. 60; *Schürnbrand,* in: MüKo-AktG VI (Fn. 309), Vor § 394 Rn. 27 f.

[315] Siehe insoweit *Dietlmeier* (Fn. 16), S. 369 ff.; *Gersdorf* (Fn. 202), S. 324 ff.; *Knauff,* in: *Schmidt/Wollenschläger* (Fn. 26), § 6 Rn. 55 f., 100 f.

[316] Dazu und zurückhaltend auch *Dietlmeier* (Fn. 16), S. 371; ferner *Buken* (Fn. 158), S. 225 ff.

[317] BVerwGE 140, 300 (301 f.); VGH Kassel Urt. v. 9.2.2012 – 8 A 2043/10, NVwZ-RR 2012, 566 (567); BGHZ 36, 292 (306); 169, 98 (106); *Hüffer,* in: *ders.* (Fn. 314), § 394 Rn. 3, 27 ff.; *Schürnbrand,* in: MüKo-AktG VI (Fn. 309), Vor § 394 Rn. 41 f.; *Pauly/Schüler* DÖV 2012, 339 (340 f.); *Ruthig/Storr* (Fn. 8), § 8 Rn. 724. **A. A.** etwa *v. Danwitz* AöR 120 (1995), 595 (628 f.); *Heidel* NZG 2012, 48 (51 ff.) m. w. N. Siehe insoweit auch § 65 Abs. 6 BHO: „Das zuständige Bundesministerium soll darauf hinwirken, daß die auf Veranlassung des Bundes gewählten oder entsandten Mitglieder der Aufsichtsorgane der Unternehmen bei ihrer Tätigkeit *auch* die besonderen Interessen des Bundes berücksichtigen" (Hervorhebung nicht im Original).

[318] BVerwGE 140, 300 (302 f.); *Pauly/Schüler* DÖV 2012, 339 (341 ff.); ferner *Buken* (Fn. 158), S. 211 ff.

[319] Dazu *Schürnbrand,* in: MüKo-AktG VI (Fn. 310), Vor § 394 Rn. 27 ff.; ferner VV-BHO, Tz. 55 zu § 65.

[320] Siehe insgesamt zu den Informationsbeziehungen zwischen Gesellschaft und Kommune *Buken* (Fn. 158), S. 231 ff.; *Dietlmeier* (Fn. 16), 2015, S. 404 ff.; *Rödel* (Fn. 304), S. 32 ff.

geheimnisse, gilt dies nicht, wenn ihre Kenntnis für die Zwecke der Berichte nicht von Bedeutung ist."[321] Darüber hinaus erstreckt § 44 HGrG die Prüfung durch die Rechnungshöfe auf öffentliche Unternehmen, und sehen die §§ 53 f. HGrG besondere Prüfrechte gegenüber in öffentlichem Mehrheitseigentum befindlichen privatrechtlichen Gesellschaften vor.[322]

c) Gebot einer aufgabenadäquaten Auslegung des Demokratieprinzips

89 Bemängelt man angesichts der skizzierten, mitunter bestehenden Steuerungsdefizite ein nicht stets sichergestelltes Letztentscheidungsrecht der öffentlichen Hand, ist freilich zu berücksichtigen, dass ein **hinreichendes Legitimationsniveau** angesichts der vielfältigen Erscheinungsformen der Staatsgewalt **auf unterschiedliche Weise erreicht** werden kann; entscheidend ist allein dessen aufgabenbezogene Effektivität.[323] So betont auch das Bundesverfassungsgericht die Offenheit des Demokratieprinzips: „Art. 20 Abs. 2 GG enthält eine Staatszielbestimmung und ein Verfassungsprinzip. Aufgrund seines Prinzipiencharakters ist Art. 20 Abs. 2 GG entwicklungsoffen. Das ‚Ausgehen der Staatsgewalt' vom Volk muss für das Volk wie auch die Staatsorgane jeweils konkret erfahrbar und praktisch wirksam sein. Bei veränderten Verhältnissen können Anpassungen notwendig werden [...] Außerhalb der unmittelbaren Staatsverwaltung und der in ihrem sachlich-gegenständlichen Aufgabenbereich nicht beschränkten gemeindlichen Selbstverwaltung ist das Demokratiegebot offen für andere, insbesondere vom Erfordernis lückenloser personeller demokratischer Legitimation aller Entscheidungsbefugten abweichende Formen der Organisation und Ausübung von Staatsgewalt."[324] Maßgeblich für das erforderliche Legitimationsniveau sind die in Frage stehenden Entscheidungsbefugnisse und auch der Grad von deren demokratisch verantworteter Vorstrukturierung.[325] Vor diesem Hintergrund kommen Modifikationen – nicht aber eine Preisgabe des Demokratieprinzips – mit Blick auf die Aufgabenadäquanz einer privatrechtlichen Organisationsform für die wirtschaftliche Betätigung und auf die ökonomische, im verfassungsrechtlichen Wirtschaftlichkeitsgebot (Art. 114 Abs. 2 GG) wurzelnde Notwendigkeit autonomen Handelns der Geschäftsführung in Betracht.[326] Angesichts dessen werden trotz fehlender Weisungsbefugnis und Rechtsaufsicht im Einzelfall die bestehenden Steuerungsmöglichkeiten durch Personalauswahl und Beteiligung in Kontrollgremien für ausreichend erachtet.[327] In seinem Urteil zur Deutschen Bahn AG vom

---

[321] § 395 Abs. 1 AktG betrifft „Personen, die damit betraut sind, die Beteiligungen einer Gebietskörperschaft zu verwalten oder für eine Gebietskörperschaft die Gesellschaft, die Betätigung der Gebietskörperschaft als Aktionär oder die Tätigkeit der auf Veranlassung der Gebietskörperschaft gewählten oder entsandten Aufsichtsratsmitglieder zu prüfen". Diese „haben über vertrauliche Angaben und Geheimnisse der Gesellschaft, namentlich Betriebs- oder Geschäftsgeheimnisse, die ihnen aus Berichten nach § 394 bekanntgeworden sind, Stillschweigen zu bewahren; dies gilt nicht für Mitteilungen im dienstlichen Verkehr." § 395 Abs. 2 AktG bestimmt: „Bei der Veröffentlichung von Prüfungsergebnissen dürfen vertrauliche Angaben und Geheimnisse der Gesellschaft, namentlich Betriebs- oder Geschäftsgeheimnisse, nicht veröffentlicht werden." Siehe zu §§ 394 f. AktG nur *Dietlmeier* (Fn. 16), S. 424 ff., insb. 434 ff.; *Hüffer,* in: *Hüffer* (Fn. 314), § 394 Rn. 33 ff.

[322] Siehe hierzu auch *Buken* (Fn. 158), S. 179 ff.; *Dietlmeier* (Fn. 16), S. 531 ff. Zur Vereinbarkeit mit der kommunalen Selbstverwaltungsgarantie *Meßmer,* in: *Fabry/Augsten* (Fn. 45), Teil 2, Rn. 22.

[323] BVerfG E 83, 60 (72); E 93, 37 (66 f.); E 107, 59 (93).

[324] BVerfGE 107, 59 (91).

[325] BVerfGE 83, 60 (74); ferner *Grzeszick,* in: *Maunz/Dürig* (Fn. 301), Art. 20 Rn. 222, 226, 229; *Ruthig/Storr* (Fn. 8), § 8 Rn. 721 f.

[326] *Löwer* (Fn. 4), S. 443 f.; *Möstl* (Fn. 182), S. 97 ff.; *Poppen* (Fn. 45), S. 139 ff. Vgl. auch *Wolf,* in: *Stober/Vogel* (Fn. 137), S. 5 f., der die Innovations- und Anpassungsfähigkeit durch eine starke staatliche Steuerung gefährdet sieht.

[327] Siehe nur *Möstl* (Fn. 182), S. 97 ff. Ablehnend etwa *Dreier,* in: *ders.* II (Fn. 145), Art. 20 (Demokratie) Rn. 137 f., unter Verweis auf die ohne Weiteres bestehende Möglichkeit, sich anderer Organisationsformen zu bedienen; *Gersdorf* (Fn. 202), S. 488 ff. (Ausnahme lediglich bei kraft Verfassung zu gewährleistender Aufgabe und Notwendigkeit eines staatlichen Handelns). Für eine Korrelation von Einflussmöglichkeiten und Haftungsrisiko: *Ruthig/Storr* (Fn. 8), § 8 Rn. 723. Die Abweichende Meinung des Richters Schluckebier zu BVerfGE 128, 226 (272), erachtet es für problematisch, dass das Bundesverfassungsgericht als einen Grund für die Grundrechtsbindung gemischt-wirtschaftlicher Unternehmen uU

7.11.2017 hat das Bundesverfassungsgericht pauschal festgehalten, dass „die maßgebliche Mitwirkung bei der Bestellung der Aufsichtsräte (und so mittelbar der Vorstände) sowie der Bestand von (auch nur mittelbaren) Einwirkungsmöglichkeiten [genügt], um die (parlamentarische) Verantwortlichkeit der Regierung zu begründen. Nicht erforderlich ist es demgegenüber, dass die Regierung in der Lage ist, Einfluss auf die konkret in Rede stehende Geschäftstätigkeit zu nehmen."[328]

Darüber hinaus wird ein Ausweg im Abschluss eines Beherrschungsvertrags (§§ 291 ff., 90
308 Abs. 1 AktG) gesehen.[329] Das Problem dieser Lösung besteht freilich in der dann geltenden Verlustausgleichspflicht (§ 302 AktG), die in Widerspruch zur gesetzlich vorgezeichneten Haftungsbegrenzung steht (§ 65 Abs. 1 Nr. 2 BHO; Art. 92 Abs. 1 S. 1 Nr. 3 BayGO).[330]

Ein weiterer Ausweg aus gesellschaftsrechtlichen Beschränkungen wird in der Entwick- 91
lung eines **Verwaltungsgesellschaftsrechts** gesehen, das – wie das Verwaltungsprivatrecht – öffentlich-rechtliche Bindungen der öffentlichen Hand auch bei einem Handeln in Privatrechtsform sicherstellen soll und verfassungsrechtlich gebotene Modifikationen des Privatrechts – etwa hinsichtlich beschränkter Weisungsrechte – impliziert.[331] Schließlich zielt die Schaffung einer spezifischen **öffentlich-rechtlichen Organisationsform für die unternehmerische Betätigung** – nämlich des selbstständigen Kommunalunternehmens des öffentlichen Rechts (Art. 89 ff. BayGO; §§ 76a ff. ThürKO) – darauf, öffentlich-rechtlichen Rahmen und Flexibilitätserfordernisse auszutarieren (→ D. Rn. 118 ff.).[332]

---

defizitäre Einflussmöglichkeiten des staatlichen Anteilseigners geltend macht; dies stünde in einem Spannungsverhältnis zum Gebot demokratischer Legitimation, das hinreichende Einwirkungsmöglichkeiten fordert. – Nichtsdestoweniger hat die Mehrheitsmeinung kein demokratisches Defizit bemängelt.

328 BVerfGE 147, 50 (151 f.).

329 *Gersdorf* (Fn. 202), S. 312, 334 ff. (gleichwohl kritisch mit Blick auf den aus der Beherrschung resultierenden und die Effizienz des Unternehmens in Frage stellenden Verlust an Eigenverantwortlichkeit des Unternehmens); *Diederichsen/Renner,* in: *Schmidt/Wollenschläger* (Fn. 26), § 7 Rn. 74; *Huber* FS Badura, 2004, S. 901.

330 *Löwer* (Fn. 4), S. 441 f.; *Pauly/Schüler* DÖV 2012, 339 (346). Eine Verlustausgleichspflicht demgegenüber für zulässig erachtend, da die Haftungsbegrenzung nur für das kommunale Unternehmen, nicht aber für die Kommune gelte: *Ehlers,* Gutachten 64. DJT (Fn. 8), S. E 108 f.; ferner *Gersdorf* (Fn. 202), S. 340 ff.

331 *v. Danwitz* AöR 120 (1995), 595 (603 ff.); *Huber* FS Badura, 2004, S. 906; *Knauff,* in: *Schmidt/Wollenschläger* (Fn. 26), § 6 Rn. 30; *Kraft,* Das Verwaltungsgesellschaftsrecht, 1982, S. 231 ff. (zum Begriff S. 237); *Ruthig/Storr* (Fn. 8), § 8 Rn. 724; *Schröder* DVBl. 2019, 1097 (1104). Zurückhaltend VGH Kassel Beschl. v. 4.5.2009 – 8 B 304/09, LKRZ 2009, 300 (302); VGH Kassel Urt. v. 9.2.2012 – 8 A 2043/10, NVwZ-RR 2012, 566 (568 ff.); *Ehlers,* Gutachten 64. DJT (Fn. 8), S. E 147 f.; *Hüffer,* in: *ders.* (Fn. 314), § 394 Rn. 2a. **Ablehnend** auch *Burgi,* Privatisierung öffentlicher Aufgaben (Fn. 196), D 106 ff.; *Geis/Madeja* JA 2013, 248 (254); *Rödel* (Fn. 304), S. 24 ff.; *Suerbaum,* in: *Ehlers/Fehling/Pünder* (Fn. 22), § 16 Rn. 131. Grundsätzlich zum Verwaltungsprivatrecht auch *F. Wollenschläger* (Fn. 164), § 15 Rn. 30 ff.

332 Dazu bereits *F. Wollenschläger,* in: *Kirchhof/Korte/Magen* (Fn. 4), § 6 Rn. 23. Im Überblick *Schraml/Gögercin* ThürVBl. 2014, 85 ff.; *Schulz* BayVBl. 1996, 129 ff. Umfassend zur „Entwicklung einer ‚öffentlich-rechtlichen Gesellschaft'" *Mann* (Fn. 135), S. 297 ff.

C. Kommunalrechtliche Rahmenbedingungen[1]

Übersicht

Literatur:

Badura, Wirtschaftliche Betätigung der Gemeinde zur Erledigung von Angelegenheiten der örtlichen Gemeinschaft im Rahmen der Gesetze, DÖV 1998, 818 ff.; *Basedow,* Altmodisch und ideologisch aufgeladen, Handelsblatt.com, 17.10.2000; *Becker,* Grenzenlose Kommunalwirtschaft, DÖV 2000, 1032 ff.; *Blum/Baumgarten/Freese* u. a., Kommunalverfassungsrecht Niedersachsen, Kommentar Losebl. 2019, zitiert KVR-NKomVG; *Breuer,* Zersplitterung und Bedeutungsverlust des Gemeindewirtschaftsrechts, WiVerw 2015, 150 ff.; *Britz,* Funktion und Funktionsweise öffentlicher Unternehmen im Wandel: Zu den jüngsten Entwicklungen im Recht der kommunalen Wirtschaftsunternehmen, NVwZ 2001, 380 ff.; *Brüning,* Risse im Rechtsrahmen kommunaler wirtschaftlicher Betätigung, NVwZ 2015, 689 ff.; *Bulla,* Kommunale Wohnungsvermittlung – unzulässige wirtschaftliche Betätigung der Gemeinden?, DVBl. 1975, 643 ff.; *Burgi,* Kommunalrecht, 6. Aufl. 2019; *ders.,* Neuer Ordnungsrahmen für die energiewirtschaftliche Betätigung der Kommunen, in: Bochumer Beiträge zum Berg- und Energierecht, Band 55, 2010; *Cronauge,* Kommunale Unternehmen,

[1] Bearbeitet bis zur 2. Auflage von Wolfgang Neutz, fortgeführt ab der 3. Auflage von Andreas Gaß.

6. Aufl., 2016; *Dietl,* Die kommunale Netzgesellschaft, DÖV 2018, 407; *Ehlers,* Verwaltung in Privatrechtsform, 1984; *ders.,* Rechtsprobleme der Kommunalwirtschaft, DVBl. 1998, 497 ff.; *Erdmann/Prochnow,* Kommunalverfassung das Landes Brandenburg, Praxis der Kommunalverwaltung, Kommentar, zit. PdK Br B-1; *Forsthoff,* Lehrbuch des Verwaltungsrechts, Erster Band: Allgemeiner Teil, 10. Aufl., 1973; *Gabler/Höhlein/Klöckner/Lukas/Oster/Rheindorf/Schaaf/Stubenrauch/Tutschapsky,* Kommunalverfassungsrecht Rheinland-Pfalz, Kommentar, Loseblatt, zit.: *Gabler/Höhlein* u. a.; *Gaß/Popp,* Die Gemeinde als Unternehmer, 2. Aufl. 2018; *Gern,* Der Rechtsstatus kommunal beherrschter Kapitalgesellschaften, KommJur 2004, 1 ff.; *Guckelberger,* Die wirtschaftliche Betätigung kommunaler Unternehmen außerhalb des Gemeindegebiets, BayVBl. 2006, 293 ff.; *Heilshorn,* Gebietsbezug der Kommunalwirtschaft, 2003; *Heintzen,* Zur Tätigkeit kommunaler (Energieversorgungs-)Unternehmen außerhalb der kommunalen Gebietsgrenzen, NVwZ 2000, 743 ff.; *Hellermann,* Mitgliedstaatliche Daseinsvorsorge im gemeinschaftlichen Binnenmarkt, Der Landkreis 2001, 434 ff.; *ders.,* Statement in der Anhörung zu dem Referentenentwurf für das 4. Landesgesetz zur Änderung kommunalrechtlicher Vorschriften am 16.9.1997 im Ministerium des Innern und für Sport des Landes Rheinland-Pfalz; *Henneke/Schmidt-Aßmann/Schoch (Hrsg.),* Aufsicht und Finanzkontrolle über gebietlich begrenzte kommunale Aufgabenerfüllung, 2015; *Hösch,* Öffentlicher Zweck und wirtschaftliche Betätigung von Kommunen, DÖV 2000, 393 ff.; *Hüttl,* Sind die gemeindlichen Versorgungsbetriebe den „wirtschaftlichen Unternehmen" in § 67 DGO zuzuordnen?, DÖV 1958, 198 ff.; *Jarass,* Kommunale Wirtschaftsunternehmen und Verfassungsrecht, DÖV 2002, 489 ff.; *ders.,* Kommunale Wirtschaftsunternehmen im Wettbewerb, 2002; *Kment* (Hrsg.), Energiewirtschaft und kommunale Selbstverwaltung, 2018; *Knemeyer,* Vom kommunalen Wirtschaftsrecht zum kommunalen Unternehmensrecht, BayVBl. 1999, 1 ff.; *Kühling,* Verfassungs- und kommunalrechtliche Probleme grenzüberschreitender Wirtschaftsbetätigung der Gemeinden, NJW 2001, 177 ff.; *Kunze/Bronner/Katz,* Gemeindeordnung für Baden-Württemberg, Kommentar, 4. Aufl., Loseblatt; *Leder,* Kohärenz und Wirksamkeit des kommunalen Wirtschaftsrechts im wettbewerbsrechtlichen Umfeld – Probleme und Lösungen unter Einschluss der Rechtsfigur „Wettbewerbsunternehmen", DÖV 2008, 173 ff.; *Lange,* Öffentlicher Zweck, öffentliches Interesse und Daseinsvorsorge als Schlüsselbegriffe des kommunalen Wirtschaftsrechts, NVwZ 2014, 616 ff.; *Löwer,* Der Staat als Wirtschaftssubjekt und Auftraggeber, DVBl. 2000, 175; *Mann/Püttner* (Hrsg.), Handbuch der kommunalen Wissenschaft und Praxis (HKWP), Band 2, Kommunale Wirtschaft, 3. Aufl. 2011; *Moraing,* Kommunale Wirtschaft zwischen Wettbewerb und Gemeindewirtschaftsrecht, Der Gemeindehaushalt 1998, 223 ff.; *Münch,* Grundsätze und Grenzen der Geschäftspolitik, HKWP, 2. Aufl. 1984, Band 5, S. 71 ff.; *Oebbecke,* Die kommunale Beteiligung nach der Reform des nordrhein-westfälischen Kommunalrechts, Städte- und Gemeinderat 1995, S. 387 ff.; *ders.,* Die kommunalen Versorgungs- und Verkehrsbetriebe im Kommunalwirtschaftsrecht, Der Gemeindehaushalt 2019, 217 ff.; *Otting,* Neues Steuerungsmodell und rechtliche Betätigungsspielräume der Kommunen, 1997; *ders.,* Öffentlicher Zweck, Finanzhoheit und fairer Wettbewerb – Spielräume kommunaler Erwerbswirtschaft, DVBl. 1997, 1258 ff.; *Peters* (Hrsg.), Handbuch der kommunalen Wissenschaft und Praxis, Dritter Band, Kommunale Finanzen und kommunale Wirtschaft, 1959; *Püttner,* Zur Reform des Kommunal-Wirtschaftsrechts in Rheinland-Pfalz, Rechtsgutachten 1997; *ders.* (Hrsg.), Handbuch der kommunalen Wissenschaft und Praxis, Band 5, Kommunale Wirtschaft, 2. Aufl., 1984; *ders.,* Das Recht der kommunalen Energieversorgung, 1967; *ders.,* Daseinsvorsorge und Wettbewerb von Stadtwerken, DVBl. 2010, 1189 ff.; *Quecke/Schmid/Menke/Rehak/Wahl/Vinke/Blazek/Schaffarzik/Trommer,* Gemeindeordnung für den Freistaat Sachsen, Kommentar, Loseblatt; *Rehn/Cronauge/von Lennep/Knirsch,* Gemeindeordnung für das Land Nordrhein-Westfalen, Kommentar, Loseblatt Stand Juli 2019, zit.: *Rehn/Cronauge; Ruffert,* Grundlagen und Maßstäbe einer wirkungsvollen Aufsicht über die kommunale wirtschaftliche Betätigung, VerwArch 2001, 27 ff.; *ders.,* Kommunalwirtschaft und Landes-Wirtschaftsverfassung, NVwZ 2000, 763 ff.; *Sander/Benz,* Kommunaler Breitbandausbau um Spannungsfeld von Gemeindewirtschaftsrecht und EU-Wettbewerbsrecht, 2018; *Schink,* Wirtschaftliche Betätigung kommunaler Unternehmen, NVwZ 2002, 129 ff.; *ders./Kuhn/Rühl,* Leistungen der öffentlichen Daseinsvorsorge aus kommunaler Sicht, Der Landkreis 2001, 438 ff.; *Schmidt,* Rechtliche Rahmenbedingungen und Perspektiven der Rekommunalisierung, DÖV 2014, 357 ff.; *Schmidt-Jortzig* Die Zulässigkeit kommunaler wirtschaftlicher Unternehmen im Einzelnen, HKWP, 2. Aufl. 1984, Band 5, S. 50 ff.; *Schoch/Wieland,* Verfassungsrechtliche Vorgaben für eine aufgabenangemessene kommunale Finanzausstattung, Vorlage 044 EK 14/01 für die Sitzung der Enquete-Kommission „Kommunen" des Landtags Rheinland-Pfalz am 11.7.2003; *Scholz,* Neue Entwicklungen im Gemeindewirtschaftsrecht – Strukturfragen und Verfassungskritik, DÖV 1976, 441 ff.; *Schulz/Wachsmuth/Zwick/Bauer/Mühlbauer/Oehler/Stanglmayr/Winkler/Bloeck/Hauth/Stadlöder/Graß,* Kommunalverfassungsrecht Bayern, Bayerische Gemeindeordnung, Kommentar, Loseblatt, zit.: *Schulz/Wachsmuth/Zwick; Schuster/Diehl/Steenbock,* Kommunales Verfassungsrecht Rheinland-Pfalz, Kommentar, Loseblatt, 1991; *Stehlin,* Wirkt die Subsidiaritätsklausel des § 102 I Nr. 3 BadWürttGO drittschützend?, NVwZ 2001, 645 ff.; *Siedentopf,* Grenzen und Bindungen der Kommunalwirtschaft, 1963; *Stern/ Püttner,* Die Gemeindewirtschaft, Recht und Realität 1965; *ders.,* Der rechtliche Standort der Gemeindewirtschaft, Archiv für Kommunalwissenschaften, 1964, S. 81 ff.; *Terhalle,* Die Finanzwirtschaft des Staates und der Gemeinden, 1948; *Wieland,* Kommunalwirtschaftliche Betätigung außerhalb des Gemeindegebiets, Stadt und Gemeinde 1998, S. 4 ff.; *ders./Hellermann,* Der Schutz des Selbstverwaltungsrechts der Kommunen gegenüber Einschränkungen ihrer wirtschaftlichen Betätigung im nationalen und europäischen Recht, Beiträge zur kommunalen Versorgungswirtschaft, Heft 85, 1995; *Wissenschaftliche Dienste des Deutschen Bundestages – WD –,* Zulässigkeit und Grenzen wirtschaftlicher Betätigung der Kommunen, 6.11.1996, Reg.Nr. WE III–188/96; *Wohltmann,* Neue europäische Weichenstellungen zu den rechtlichen Rahmenbedingungen der kommunalen Daseinsvorsorge, Der Landkreis 2003, 746 ff.; *Wolff,* Verfassungs- und europarechtliche Fragen der wirtschaftlichen

Betätigung deutscher Kommunen im Ausland, DÖV 2011, 721 ff.; *Wurzel,* Die Bestandsschutzregelung im GO-Reformgesetz NRW, Der Landkreis 2007, 576 ff.; *Zeiß,* Die Versorgungs- und Verkehrsbetriebe als wirtschaftliche Unternehmen der Gemeinden nach den Deutschen Gemeindeordnungen, DÖV 1958, 201 ff.; *ders.,* Kommunales Wirtschaftsrecht und Wirtschaftspolitik, HKWP, Band 3, 1959, S. 611 ff.

I. Wirtschaftliche Betätigung und nichtwirtschaftlicher Bereich

1. Einführung

Das zum Kommunalverfassungsrecht zählende und damit der Gesetzgebungskompetenz der Länder unterliegende Gemeindewirtschaftsrecht ist seit den 1990er Jahren vielfach Gegenstand der gesetzgeberischen Tätigkeit der Landesparlamente gewesen. Dabei erfolgten teils gravierende **Änderungen des Gemeindewirtschaftsrechts** (Rheinland-Pfalz), verschiedentlich in relativ kurzer Folge auch wiederholt (Nordrhein-Westfalen). 1

Auf die mit dem Ziel der **Liberalisierung** und **Deregulierung** vor der Jahrtausendwende geänderten Rahmenbedingungen durch die – weiterhin fortschreitende – Europäisierung des Rechts, die Neuregelungen des Abfall- und Energiewirtschaftsrechts[2] oder die Änderungen im Gesetz gegen Wettbewerbsbeschränkungen (GWB)[3], die eine gravierende Umbruchsituation der gemeindlichen Versorgungs- und Entsorgungsunternehmen einläuteten, reagierten die Landesgesetzgeber **ab Mitte der 1990er Jahre** zunächst mit gegenläufigen Zielrichtungen:

In einem Teil der Länder (zB Rheinland-Pfalz, Saarland, Hessen, Niedersachsen) gingen die gesetzgeberischen Bestrebungen dahin, die wirtschaftliche Betätigung der Kommunen durch restriktive kommunalrechtliche Regelungen einzuschränken und zu begrenzen zugunsten privater Anbieter.

In anderen Ländern hingegen erfolgten Änderungen der Gemeindeordnungen mit der Absicht, den kommunalen Unternehmen auch vor dem Hintergrund sich rasant verändernder, weil liberalisierter, Märkte (Beispiel: Strom) und einem gewandelten Verständnis vom Inhalt des Begriffs der Daseinsvorsorge (Beispiele: Kreislaufwirtschaft, Breitbandversorgung) auch künftig Möglichkeiten und Chancen zur von kommunaler Selbstverwaltung getragenen Leistungserbringung in Form wirtschaftlicher Tätigkeit zu erhalten. Zum Teil wurden die Möglichkeiten einer wirtschaftlichen Betätigung in Privatrechtsform erweitert, gleichzeitig aber Vorschriften zur Steuerung und Überwachung der verselbständigten Unternehmen eingeführt.

Damit wurde das Gemeindewirtschaftsrecht verstärkt zum Spielfeld für die **unterschiedlichen ordnungspolitischen Vorstellungen** zur Auflösung des Spannungsverhältnisses zwischen privatwirtschaftlicher und kommunalwirtschaftlicher Betätigung. Hintergründig geht es dabei auch um die rechtspolitische Frage, ob die **Finanzierung der öffentlichen Hand** aus eigenwirtschaftlicher Betätigung zumindest teilweise erhalten bleiben oder das Leitbild des „Steuerstaates“ durchgesetzt werden soll[4] – mit erwartbar weitreichenden Folgen für die Steuer- und Finanzausgleichssysteme. Bezugsrahmen ist daher stets auch die finanzielle Situation der Kommunen und deren gegen die Länder gerichteter Anspruch auf eine angemessene Finanzausstattung.[5]

Vielfach war in relativ kurzen Abständen ein – auch parteipolitisch bedingter – Paradigmenwechsel zu beobachten. So hat Nordrhein-Westfalen sein seit 1999 geltendes kommunalfreundliches Kommunalwirtschaftsrecht 2007 zu einer der restriktivsten Regelungen

---

2 Gesetz zur Neuregelung des Energiewirtschaftsrechts vom 28.4.1998, BGBl. I S. 730; Gesetz zur Vermeidung, Verwertung und Beseitigung von Abfällen (KrW-/AbfG) vom 27.9.1994, BGBl. I S. 2705. Zu europarechtlichen Vorgaben allgemein → B Rn. 3 ff.; zur Europäisierung des Abfallrechts vgl. → J II. 9 ff.

3 Sechstes Gesetz zur Änderung des Gesetzes gegen Wettbewerbsbeschränkungen vom 26.8.1998, BGBl. I S. 2521.

4 So zu recht *Oebbecke* in Mann/Püttner HKWP § 41 Rn. 3; *Nierhaus* in Mann/Püttner HKWP § 40 Rn. 30.

5 Vgl. dazu BVerwG 31.1.2013, NVwZ 2013, 1078 (1079 f.) mwN.; StGH Wiesbaden 16.1.2019, NVwZ 2019, 1036 mit Anm. *Meyer; Lange* DVBl. 2015, 457.

verändert, bevor mit dem „Gesetz zur Revitalisierung des Gemeindewirtschaftsrechts" vom 21.12.2010[6] die Zulässigkeitsvoraussetzungen für die kommunalwirtschaftliche Betätigung wieder deutlich gelockert wurden. Dies erfolgte nicht zuletzt aufgrund der Erkenntnis, dass die restriktiven Regelungen zu einer weiteren **Verengung der finanziellen Handlungsspielräume der Kommunen** und zu einem deutlichen **Wettbwerbsnachteil** kommunaler Unternehmen im Vergleich zu konkurrierenden Privatunternehmen, aber auch zu kommunalen Unternehmen aus anderen Bundesländern geführt hatten.[7]

2 Entscheidende Bedeutung im Hinblick auf die Klärung der **Zulässigkeit einschränkender landesgesetzgeberischer Maßnahmen** zu Lasten der Kommunen kommt der Änderung des Gemeindewirtschaftsrechts von Rheinland-Pfalz durch das 4. Landesgesetz zur Änderung kommunalrechtlicher Vorschriften vom 2.4.1998 (GVBl. S. 108) zu. Durch dieses Gesetz waren die Anforderungen an die Wirtschaftstätigkeit der Gemeinden deutlich verschärft worden. Ausweislich der Begründung des Gesetzentwurfs wollte der Gesetzgeber damit eine ungehemmte wirtschaftliche Betätigung der Gemeinden und Gemeindeverbände verhindern und sie stärker auf ihre eigentlichen öffentlichen Aufgaben festlegen.

Kern der damals getroffenen gesetzlichen Bestimmungen war die Normierung einer so genannten „echten" Subsidiaritätsklausel, wonach die Gemeinden generell wirtschaftliche Unternehmen nur dann errichten, übernehmen oder wesentlich erweitern durften, wenn der öffentliche Zweck nicht ebenso gut und wirtschaftlich durch einen privaten Dritten erfüllt wurde oder erfüllt werden konnte. Nach dem bis 1998 bestehenden Rechtszustand durften die Kommunen in Rheinland-Pfalz ein Unternehmen bereits dann errichten, übernehmen oder wesentlich erweitern, wenn „der Zweck nicht besser und wirtschaftlicher" durch einen anderen erfüllt wurde oder erfüllt werden konnte (einfache oder „unechte" Subsidiaritätsklausel bzw. „Funktionssperre").

Mit der Neuregelung wurde den Kommunen auch erstmalig die Pflicht auferlegt, über ihre wirtschaftliche Betätigung durch die Erstellung von Beteiligungsberichten periodisch zu berichten und hierüber auch die Öffentlichkeit in geeigneter Form zu unterrichten. Dies sollte zu größerer Transparenz der Gemeindewirtschaft beitragen und nach der Begründung des Gesetzentwurfs dazu dienen, die Gemeinde periodisch zur Überprüfung etwaiger Privatisierungspotentiale anzuhalten. Darzulegen war im Beteiligungsbericht auch das Vorliegen der Voraussetzungen der echten Subsidiaritätsklausel für das Unternehmen.

Bereits im Gesetzgebungsverfahren hatten die kommunalen Spitzenverbände des Landes wiederholt den neuen Bestimmungen nachhaltig widersprochen, weil sie deutliche Einschränkungen der wirtschaftlichen Betätigung der Kommunen – insbesondere mit negativen Auswirkungen auf Verbundunternehmen, vor allem den ÖPNV – sowie drastische Wettbewerbsverzerrungen zu Lasten kommunaler Unternehmen erwarteten. Nach Inkrafttreten des neuen Gemeindewirtschaftsrechts am 15.4.1998 ließ eine große kreisangehörige Stadt stellvertretend für andere Kommunen in Rheinland-Pfalz mit Unterstützung des Städtetages Rheinland-Pfalz die wesentlichen Rechtsänderungen mittels eines Normenkontrollantrags beim VerfGH Rheinland-Pfalz verfassungsgerichtlich überprüfen.

3 Das daraufhin ergangene **Urteil des VerfGH Rheinland-Pfalz vom 28.3.2000**[8] ist wegweisend für die Beurteilung der Zulässigkeit der genannten restriktiven Ausgestaltung des Gemeindewirtschaftsrechts eines Landes und soweit ersichtlich die bislang in jüngerer Zeit einzige in einem Normenkontrollverfahren ergangene Entscheidung eines Verfassungsgerichts zu einer derartigen Novelle einer Gemeindeordnung.[9] Der Entscheidung kommt daher im Hinblick auf die Bewertung der Rechtslage und der gesetzgeberischen Aktivitäten in den anderen Bundesländern unveränderte Bedeutung zu. Das hessische Gemeindewirtschaftsrecht orientiert sich weiterhin stark an der (damaligen) rheinland-pfälzischen Regelung. Die Ausführungen des VerfGH Rheinland-Pfalz zur öffentlichen

---

6 GVBl. S. 688.

7 *Rehn/Cronauge* GO § 107 Anm. I. 8.

8 VerfGH RhPf. 28.3.2000, NVwZ 2000, 801 ff.

9 Zur Signalwirkung der Entscheidung auch für andere Bundesländer vgl. *Ruffert* NVwZ 2000, 763 (765).

Zweckbindung sind von generellem Interesse, die Länder Baden-Württemberg, Bayern, Hessen und Thüringen verfügen weiterhin über eine echte Subsidiaritätsklausel, wie sie der zitierten Entscheidung zugrunde lag. Auf die Entscheidung wird daher in diesem Kapitel mehrfach zurückzukommen sein.

Größtenteils waren die einschränkenden gesetzgeberischen Maßnahmen aber nicht von dauerhaftem Bestand. Insbesondere **im Zeitraum zwischen 2009 bis 2016** haben viele Landesgesetzgeber die **kommunalrechtlichen Vorgaben** für eine gemeindewirtschaftliche Betätigung teilweise deutlich, mit im Wesentlichen gleicher Zielrichtung, aber uneinheitlich **gelockert** (→ Rn. 45).[10] Ausweislich der einschlägigen Gesetzesbegründungen sollen dadurch die kommunalen Handlungsspielräume in liberalisierten Bereichen und die – auch überregionale – Wettbewerbsfähigkeit kommunaler Unternehmen gestärkt, die hochwertige, flächendeckende Versorgung mit wichtigen Dienstleistungen gesichert[11] sowie die wirtschaftlichen Betätigungsmöglichkeiten der Kommunen zur Steigerung des Anteils erneuerbarer Energien und zum Ausbau der Breitbandinfrastruktur im ländlichen Raum erleichtert[12] werden. Nur vereinzelt werden zusätzlich Gewinnerwartungen der Trägerkommunen angesprochen.[13] 4

Wesentliche Treiber dieser Entwicklungen sind die tiefgreifenden und dynamischen **Umbrüche im Bereich der Energiewirtschaft,** verstärkt durch die seit 2011 erfolgte Neuausrichtung der Energie- und Klimapolitik, die einen hohen Wettbewerbs- und Anpassungsdruck kommunaler Unternehmen gegenüber privatwirtschaftlichen, aber auch anderen kommunalen Unternehmen nach sich ziehen.[14] Das Aufbrechen ehemals monopolartiger Strukturen ua durch Bildung unterschiedlicher Märkte im Bereich Netzbetrieb, Stromlieferung und Betrieb von Messstellen wurde ebenso vorangetrieben wie die Dezentralität der Erzeugung insbesondere erneuerbarer Energien. Gleichzeitig sehen sich die kommunalen Unternehmen großen Herausforderungen und hohen Erwartungen etwa im Bereich der **Digitalisierung** und Breitbandversorgung, des Öffentlichen Personenverkehrs (Stichwort **Mobilitätswende**) oder in Bezug auf die Sicherstellung der Wasserversorgung und Abwasserbeseitigung in vom **Klimawandel** besonders betroffenen Gebieten und generell die Aufrechterhaltung der Erfüllung gemeindlicher Daseinsvorsorgeaufgaben zur **Sicherung gleichwertiger Lebensverhältnisse** insbesondere in Gebieten mit negative demografischer Entwicklung ausgesetzt. 5

Die seit der Kapitalmarkt- und Finanzkrise 2007 in der öffentlichen Debatte **zunehmende Skepsis gegenüber Privatisierungen** und rein marktwirtschaftlichen Lösungen mag diese Entwicklung begünstigt haben. Im maßgeblichen Zeitraum erregten Volksbegehren über den Rückkauf ehemals privatisierter Stromnetze und die Gründung von Stadtwerken oder die Rekommunalisierung von Wasserbetrieben bundesweite Aufmerksamkeit.[15] Repräsentative Umfragen kommen zum Ergebnis, dass sich eine überwältigende 6

[10] Kritisch dazu *Brüning* NVwZ 2015, 689; *Breuer* WiVerw 2015, 150; *Burgi* in Kment Energiewirtschaft S. 1 (13) spricht von eher auf Zufällen als konzeptionellen Vorstellungen getragenen Änderungen.

[11] So Brandenburg, LT-Drs. 5/3023 vom 31.3.2011, 1; ähnlich Mecklenburg-Vorpommern, LT-Drs. 5/4173 vom 2.3.2011, 125, 146; Niedersachsen, LT-Drs. 17/5423 vom 22.3.2016, 19; Nordrhein-Westfalen, LT-Drs. 15/27 vom 7.7.2010, 1. Zur Beseitiung von Nachteilen gegenüber der Privatwirtschaft auch Sachsen-Anhalt, LT-Drs. 6/345 vom 31.8.2011, 4.

[12] Hessen, LT-Drs. 19/250 vom 25.3.2014, 1; Rheinland-Pfalz, LT-Drs. 16/2382 vom 31.5.2013, 4. Zur verbesserten Umsetzung der Energiewende vgl. auch Niedersachsen, LT-Drs. 17/5423 vom 22.3.2016, 19, 50; Nordrhein-Westfalen, LT-Drs. 15/27 vom 7.7.2010, 1.

[13] Vgl. Brandenburg, LT-Drs. 5/3023 vom 31.3.2011, 1.

[14] Dazu *Burgi* in Kment Energiewirtschaft S. 1 ff. *Brüning* NVwZ 2015, 689 (695) beobachtet darüber hinaus einen Konkurrenzkampf der Landesgesetzgeber um Wettbewerbsvorteile für ihre Gemeinden und deren Unternehmen.

[15] ZB die erfolgreichen Volksentscheide des Berliner Wassertischs zur Offenlegung der Teilprivatisierungsverträge bei den Berliner Wasserbetrieben am 13.2.2011 und der Initiative „Unser Hamburg – unser Netz“ am 22.9.2013 in Hamburg; Volksentscheid über die Rekommunalisierung der Berliner Energieversorgung am 3.11.2013 (abgelehnt); Bürgerbegehren „Augsburger Stadtwerke in Augsburger Bürgerhand“, vgl. dazu VGH München 17.5.2017 – 4 B 16.1856, BayVBl. 2018, 22.

Mehrheit in der Bevölkerung für eine kommunale Beteiligung bei der Erbringung von Leistungen der Daseinsvorsorge ausspricht.[16] In Rechtsprechung und Literatur wurden verstärkt die Grenzen der Privatisierung in den Blick genommen.[17] Auch in der rechtswissenschaftlichen Literatur wird die **Rekommunalisierung** als Zukunftsthema oder gar „Megatrend" diskutiert.[18] Als wesentliche Motive gelten aus Sicht der Bürgerinnen und Bürger insbesondere die Erschließung von Mitwirkungspotenzialen zur Durchsetzung von Umwelt- und Sozialstandards und die Erwartung von Kostensenkungen, aus kommunaler Perspektive daneben die Rückgewinnung von kommunaler Gestaltungsmacht sowie Steuerungs- und Einflussnahmemöglichkeiten auf die Aufgabenerledigung und nicht zuletzt die Erschließung von Einnahmequellen zur Querfinanzierung defizitärer Bereiche der kommunalen Aufgabenerfüllung.[19] In diesem Zusammenhang ist allerdings darauf hinzuweisen, dass gerade im Energiebereich bis 2015/2016 länderübergreifend die meisten der Konzessionsverträge ausgelaufen und daher für die nächsten in der Regel 20 Jahre neu vergeben worden sind, was ein wesentlicher Anlass für zahlreiche Rekommunalisierungen in diesem Zeitraum gewesen ist. Hinzu kamen einige Neugründungen von Stadtwerken als politisch durchaus gewünschte Folge der 2011 eingeleiteten „Energiewende" und der damit einhergehenden Dezentralisierung der Versorgungslandschaft.[20] Dieser Umbruch bringt für kommunale Versorgungsunternehmen Chancen, aber auch große Herausforderungen mit sich.[21] Ob sich dieser „Trend" also verstetigt, muss sich noch zeigen.[22]

Allerdings kommen neue Herausforderungen hinzu, etwa der flächendeckende Ausbau der Breitbandversorgung, für die Gemeinden im ländlichen Raum ein harter Standortfaktor, für private gewinnorientierte Telekommunikationsunternehmen eine Frage der Rentabilität. Zu berücksichtigen ist zudem, dass gerade auf kommunaler Ebene zahlreiche Politikfelder durch die Verfolgung übergeordneter Ziele wie der Umwelt- und Klimapolitik oder der Mobilitätswende miteinander verzahnt sind, was durch die Digitalisierung zusätzlich befördert wird. Vor diesem Hintergrund greift eine eindimensionale Betrachtung und Bewertung der Gemeindewirtschaft nur unter dem Aspekt der Erzielung von Gewinnen zur Verbesserung der finanziellen Situation der Kommunen jedenfalls zu kurz.[23] Zutreffend ist dagegen der Hinweis, dass der in den 1990er Jahren unter dem Schlagwort „Neues Steuerungsmodell" angestoßene Prozess der Verwaltungsmodernisierung zu einer Ökonomisierung auch auf kommunaler Ebene beigetragen und das unternehmerische Denken im Verwaltungsbereich gefördert hat.[24] Bei der notwendigen sachlichen Betrachtung wird man feststellen müssen, dass „Rekommunalisierung" ebenso wie „Privatisierung"

16 So das Ergebnis der 2011 durchgeführten repräsentativen Bevölkerungsumfrage „Daseinsvorsorge und politisches Vertrauen" der Freiherr vom Stein-Akademie für Europäische Kommunalwissenschaften e. V.; generell dazu *Willenberg,* Daseinsvorsorge und politisches Vertrauen (2019).

17 Vgl. nur die – umstrittene – Entscheidung des BVerwG 27.5.2009 – 8 C 10/08, DVBl. 2009, 1382, in der überraschend klar erstmals aus der Selbstverwaltungsgarantie des Art. 28 GG ein Verbot der (materiellen) Privatisierung einer kommunalen Aufgabe entnommen wurde. Aus der Literatur statt vieler *Katz,* Verantwortlichkeiten und Grenzen bei „Privatisierung" kommunaler Aufgaben, NVwZ 2010, 405 ff.; kritisch auch *Schoch* DVBl. 2009, 1533 ff.

18 Vgl. *Brüning* VerwArch 100 (2009), 453; *Burgi* NdsVBl. 2012, 225; *Bauer* DÖV 2012, 329; *Leisner-Egensperger* NVwZ 2013, 1110; *Budäus/Hilgers* DÖV 2013, 701; *Schmidt* DÖV 2014, 357. Nach einem Bericht im Behördenspiegel 8/2020, S. 13 gab es in Deutschland zwischen 2000 und 2019 insgesamt 411 Rekommunalisierungen (weltweit 2400), davon allein 305 im Energiebereich (weltweit 374).

19 *Bauer* DÖV 2012, 329 (335); *Schmidt* DÖV 2014, 357 (358) mwN.; vgl. → A Rn. 23b.

20 Vgl. Landtag Nordrhein-Westfalen, LT-Drs. 15/27 vom 7.7.2010, 1.

21 Vgl. dazu *Bruckner* Kommunale Energieversorger: Gewinner oder Verlierer der Energiewende?, WISO Diskurs 04/2017, abrufbar unter www.fes.de/publikationen. Vgl. auch die Studie „Der „Konzern Kommune" in der Krise?" des Instituts für den öffentlichen Sektor aus 2016 mit Aktualisierung 2018, abrufbar unter http://publicgovernance.de/html.

22 Vorsichtig auch DIW Wochenbericht 20.2016, S. 441 (446 f.).

23 So zu recht *Burgi* in Kment Energierecht, S. 1 (6).

24 So bereits *Ehlers* DVBl. 1998, 497 (498 mwN.); *Burgi,* Kommunalrecht § 17 Rn. 6.

keine Werte an sich, sondern Gestaltungsoptionen für die Erfüllung kommunaler Aufgaben bzw. deren Gewährleistung sind.[25]

Bei alldem ist zu beachten, dass die **Aufgabenerfüllung** durch kommunale Unterneh- 7
men **zunehmend außerhalb der landesgesetzlichen Kommunalordnungen** durch in der Zielrichtung teils gegenläufige fachgesetzliche Regelungen etwa des Energiewirtschaftsrechts oder Abfallrechts sowie europarechtliche Vorgaben **reguliert** wird. Vor allem die EU-Wettbewerbskonzeption, die bereits Treiber der Privatisierungswelle in den 1990er Jahren war und in Form zahlreicher europäischer Rechtsakte in viele kommunale Aufgabenbereiche hineinwirkt, gerät verstärkt in Konflikt mit landesgesetzgeberischen Intentionen. Dabei treten deutlich die unterschiedlichen Regelungsansätze des trägerbezogenen Gemeindewirtschaftsrechts einerseits und des Unionsrechts mit seinem funktionalen Regelungsansatz anderseits zu Tage, das auf den Grundsatz der Gleichbehandlung privater und öffentlicher Unternehmen sowie die Verwirklichung eines funktionierenden Wettbewerbs innerhalb des Binnenmarktes ausgerichtet ist.[26] So lässt sich seit den jüngsten Änderungen kommunalwirtschaftlicher Vorschriften und spätestens mit der Diskussion um Rekommunalisierungen eine **Verlagerung des Schwerpunkts rechtlicher Erörterungen und gerichtlicher Auseinandersetzungen** weg vom in den Kommunalordnungen geregelten „Ob" der kommunalwirtschaftlichen Betätigung hin zum „Wie" der kommunalen Wirtschaftstätigkeit im weitesten Sinne beobachten.[27] Die Vereinbarkeit mit den Vorgaben des EU-Beihilferechts, des Vergaberechts, Wettbewerbs- und Kartellrechts oder Steuerrechts steht dabei im Vordergrund[28], daneben aber auch Fragen der Steuerung der Unternehmen durch ihre kommunalen Träger oder die Transparenz der kommunalwirtschaftlichen Betätigung.

Geht man davon aus, dass das deutsche Recht tendenziell enger bei der Bestimmung der 8
Betätigungsfelder, aber weiter bei der Bestimmung der Betätigungsmodalitäten ist, während das Europarecht umgekehrt weiter bei den Betätigungsfeldern aber enger bei den Betätigungsmodalitäten wirkt,[29] wird diese Gesamtentwicklung den Druck auf die Landesgesetzgeber und die Kommunalaufsichten weiter erhöhen, die Handlungsspielräume gemeindewirtschaftlicher Betätigung zu erweitern bzw. eine möglichst weitgehende Auslegung der unbestimmten Rechtsbegriffe vorzunehmen. Es bleibt zu beobachten, ob die von den Landesgesetzgebern trotz der Uneinheitlichkeit im Detail generell eingeschlagene Richtung einer Lockerung der kommunalrechtlichen Beschränkungen, gepaart mit der aktuellen Entwicklung der öffentlichen Haushalte, in den nächsten Jahren lediglich zu weiteren „Rissen im Rechtsrahmen kommunaler wirtschaftlicher Betätigung"[30], zur Schaffung eines – möglicherweise sogar zwischen den Ländern abgestimmten – sektorenbezogenen spezifischen Ordnungsrahmens[31] oder gar zu einer weitgehenden Freigabe kommunalwirtschaftlicher Betätigung im Wettbewerb mit Privaten[32] führt.

[25] Vgl. → A Rn. 23e. Vgl. auch *Bauer* DÖV 2012, 329 (337); *Schmidt* DÖV 2014, 357 (365).

[26] Vgl. → A Rn. 24 ff. und → B Rn. 3 ff.; *Burgi,* Neuer Ordnungsrahmen, 35 ff.

[27] Vgl. zu Rekommunalisierungen *Schmidt* DÖV 2014, 357 (360 f.); *Correll* DVBl. 2016, 338; *Kleve/Gayger* NVwZ 2018, 273.

[28] Aktuelle Beispiele aus der Rechtsprechung: EuGH 18.2.2016 – C-446/14 = KommJur 2016, 225; BGH 24.3.2016, NJW 2016, 3176; OLG Stuttgart 23.3.2017, KommJur 2017, 220; OLG Nürnberg 21.11.2017, DÖV 2018, 178; BFH 13.3.2019, DStR 2019, 2296 (Beihilferecht; vgl. → H Rn. 253 ff.); EuGH 21.12.2016 – C-51/15 = NVwZ 2017, 373; OLG Celle 3.8.2017, KommJur 2017, 376; OLG Koblenz 14.5.2019 – Verg 1/19, NZBau 2019, 534 und EuGH 4.6.2020 – C-429/19, EuZW 2020, 816; BGH 12.11.2019, KommJur 2020, 155; OLG Düsseldorf 19.2.2020 – VII-Verg 2/19, BeckRS 2020, 2260 (Vergaberecht; vgl. → H Rn. 36 ff.); BGHZ 199, 289 = NVwZ 2014, 807; BGH 17.12.2013, NVwZ 2014, 817 (Konzessionsvergabe); BGHZ 184, 168 = NJW 2010, 2573 (Kartellrecht; vgl. → I Rn. 104 ff.).

[29] So anschaulich *Kluth* in Mann/Püttner HKWP § 39 Rn. 29.

[30] So die Bewertung des Status quo von *Brüning* NVwZ 2015, 689; kritisch vom wettbewerbsrechtlichen Standpunkt aus betrachtet auch *Breuer* WiVerw 2015, 150 (170 f.).

[31] So der Vorschlag von *Burgi,* Neuer Ordnungsrahmen für die energiewirtschaftliche Betätigung der Kommunen, S. 46 ff. Zum Stand der Diskussion vgl. *Püttner* DVBl 2010, 1189 (1191 ff.).

[32] Vgl. *Jarass* DÖV 2002, 489; ders., Reform des Kommunalwirtschaftsrechts, 2005.

2. Verfassungsrechtliche Bezüge

9 Der Schutzbereich der Selbstverwaltungsgarantie des Art. 28 Abs. 2 S. 1 GG sowie der entsprechenden Regelungen der Landesverfassungen[33] erfasst auch die wirtschaftliche Betätigung der Kommunen. Art. 28 Abs. 2 S. 1 GG gewährleistet das Recht der Kommunen, alle Angelegenheiten der örtlichen Gemeinschaft im Rahmen der Gesetze in Eigenverantwortung zu regeln. Diese **Garantie der kommunalen Selbstverwaltung** umfasst auch die wirtschaftliche Betätigung der Gemeinden. Die wirtschaftliche Betätigung ist ein wesentliches Element des den Gemeinden verfassungsrechtlich garantierten Aufgabenkreises. Im Rahmen ihres universellen Aufgabenzugriffsrechts obliegt der Kommune die Befugnis sowohl über die Wahrnehmung einer Aufgabe als solcher als auch über die Form der Organisation der Aufgabenerfüllung zu entscheiden.

10 Der Garantiegehalt des Art. 28 Abs. 2 GG kann dabei zweigeteilt gesehen werden. Zum einen bezieht er sich auf den Aufgabenbestand, zum anderen auf die Art und Weise der Aufgabenerfüllung. Die wirtschaftliche Betätigung als solche (dh losgelöst vom konkreten Aufgabenbezug) mag nicht Bestandteil des Aufgabenbestandes der Städte und Gemeinden sein, weil ihr als Aktivität nicht die Merkmale einer Aufgabe im eigentlichen Sinn zukommen, sondern als Art und Weise der Aufgabenerfüllung bezeichnet werden.[34] Letztlich muss für eine Bewertung allerdings immer der Gesamtsachverhalt betrachtet werden: Nichts anderes hat der VerfGH Rheinland-Pfalz getan, als er auf die Daseinsvorsorge abgehoben hat, und damit eben nicht nur auf die Art und Weise der Aufgabenerfüllung, sondern auch auf die erfüllte Aufgabe.[35]

11 Die Bestimmungen des Grundgesetzes sind wirtschaftspolitisch neutral, sie enthalten keine Festlegung auf ein bestimmtes Wirtschaftssystem. Insbesondere ist dem Grundgesetz **kein Vorrang des wirtschaftlichen Handelns Privater** zu entnehmen.[36] Das Grundgesetz ist mithin offen für eine wirtschaftliche Betätigung der öffentlichen Hand.[37]

12 Dem Grundgesetz ist die grundsätzliche Zulässigkeit einer erwerbswirtschaftlichen Tätigkeit des Staates zu entnehmen; verwiesen werden kann insoweit auf die Vorschriften des Art. 110 Abs. 1 GG und des Steuerverfassungsrechts – Art. 105 Abs. 1 GG – und die Unterscheidung zwischen Verwaltungsvermögen und sonstigem Vermögen, das üblicherweise als Finanzvermögen bezeichnet wird – Art. 134 Abs. 2 GG und Art. 135 Abs. 2 GG.[38]

Das Grundgesetz hält damit eine erwerbswirtschaftliche Tätigkeit des Staates für möglich, es trifft keine prinzipielle Entscheidung gegen eine erwerbswirtschaftliche Betätigung der öffentlichen Hand. Eine Festlegung dieses Inhalts würde sehr gewichtige Anhaltspunkte in der Verfassung erfordern, an denen es aber auch unter Berücksichtigung potenziell betroffener Grundrechte wie der Berufsfreiheit nach Art. 12 GG oder dem Eigentumsrecht nach Art. 14 GG fehlt.[39] Das GG enthält wie auch hinsichtlich des Wirtschaftsverfassungsrechts insoweit gleichfalls keine Systementscheidung.[40]

Allerdings sind rechtlich selbständige kommunale Unternehmen oder gemischtwirtschaftliche Unternehmen, an denen sowohl private als auch kommunale Anteilseigner beteiligt sind und die von der öffentlichen Hand beherrscht werden, an die Grundrechte

---

33 Vgl. nur Art. 49 Abs. 1 u. 3 LVerf RhPf.; Art. 11 Abs. 2, 83 Abs. 1 BayVerf.
34 *Ruffert* VerwArch 2001, 27 (32); *Burgi,* Kommunalrecht § 17 Rn. 8.
35 VerfGH RhPf. 28.3.2000, NVwZ 2000, 801.
36 BVerfGE 4, 7 (17 f.); 50, 290 (336 ff.); BVerwGE 17, 306 (308), 29, 329 ff.; *Britz* NVwZ 2001, 380 ff. (381 mwN). Vgl. → B Rn. 42 mwN.
37 Vgl. Wissenschaftliche Dienste des Deutschen Bundestages – WD – „Zulässigkeit und Grenzen wirtschaftlicher Betätigung der Kommunen" v. 6.11.1996, Reg.Nr. WE III – 188/96 mwN.
38 *Jarass* DÖV 2002, 489 ff. (490, 491).
39 Zum Grundrechtseingriff bei Rekommunalisierungen vgl. *Schmidt* DÖV 2014, 357 (360); kritisch *Leisner-Egensperger* NVwZ 2013, 1110 (1113 f.).
40 *Jarass* DÖV 2001, 489 ff. (491); *Ehlers* Verwaltung in Privatrechtsform, 92 f.

gebunden, aber nicht grundrechtsfähig,[41] und unterliegen dem Gebot der demokratischen Legitimation nach Art. 20 Abs. 2 GG.[42]

Besondere Beachtung verdient auch in diesem Zusammenhang die Entscheidung des VerfGH Rheinland-Pfalz vom 28.3.2000, in der das Gericht die gemeindewirtschaftliche Betätigung unmittelbar dem Schutzbereich des kommunalen Selbstverwaltungsrechts zuordnet und zu der Feststellung gelangt, dass die Kommunen keinesfalls nur kraft ausdrücklicher kompetenzrechtlicher Ermächtigung befugt seien, zu wirtschaften, also sich wirtschaftlich zu betätigen; es gebe keinen Vorbehalt des Gesetzes für die Freigabe des Weges zur wirtschaftlichen Betätigung.[43] Soweit es sich um diejenigen Bedürfnisse und Interessen handelt, die in der örtlichen Gemeinschaft wurzeln, weil sie das Zusammenleben in der Gemeinde und so die Gemeindeeinwohner in ihrer Gesamtheit betreffen, dürfen die Gemeinden sich dieser **ohne besonderen Kompetenztitel** annehmen. Dies mache ihr universelles Aufgabenzugriffsrecht aus.[44] **13**

Nach ständiger Rspr. des BVerfG und des BVerwG zählen zB die Durchführung der Wasser- und der Energieversorgung zu den typischen die **Daseinsvorsorge** betreffenden Aufgaben kommunaler Körperschaften und damit zu den durch Art. 28 Abs. 2 S. 1 GG gewährleisteten Selbstverwaltungsangelegenheiten örtlich relevanten Charakters.[45] **14**

Angeknüpft wird damit an den von *Forsthoff* vorgeschlagenen Leitbegriff der „Daseinsvorsorge" als Zusammenfassung für alle Funktionen der leistenden Verwaltung. Dem Begriff sollen alle Leistungen der Verwaltung an die Bevölkerung zugerechnet werden, gleich, ob diese lebensnotwendig sind oder nicht.[46] „Alles, was von Seiten der Verwaltung geschieht, um die Allgemeinheit oder nach objektiven Merkmalen bestimmte Personenkreise in den Genuss nützlicher Leistungen zu versehen", ist Daseinsvorsorge.[47] Der Bereich der Leistungsverwaltung ist seit jeher ein Schwergewicht kommunaler Betätigung. Schon unter Geltung der preußischen Städteordnung von 1808 hat das preußische OVG mit der Allzuständigkeit der Gemeinden vor allem die Vorstellung verbunden, dass eine Gemeinde all das in ihre Wirksamkeit einbeziehen durfte, was die Wohlfahrt des Ganzen, die materiellen Interessen und die geistige Entwicklung des Einzelnen fördert, ohne hierfür eines speziellen Kompetenztitels zu bedürfen.[48] Die Ursprünge der Daseinsvorsorge lagen naturgemäß bei der Schaffung der Voraussetzungen für hygienisches Wohnen durch Trinkwasserversorgung, Abwasserbeseitigung und Abfallentsorgung. Hinzu kamen die für eine technisierte und mobilisierte Gesellschaft wichtigen Dienstleistungen wie Energieversorgung, ÖPNV, die Telekommunikation und neuerdings die Breitbandversorgung. Daneben wurden und werden mit zunehmender Ausprägung des Sozialstaats die Bereitstellung sozialer Einrichtungen und der soziale Wohnungsbau immer bedeutsamer, nicht zu vergessen kulturelle Einrichtungen (zur historischen Entwicklung der Gemeindewirtschaft → Rn. 21 ff.). Der Begriff der kommunalen Daseinsvorsorge ist daher vielschichtig und dynamisch, weil dem gesellschaftlichen Wandel unterzogen.[49] Mangels Legaldefinition ist der Begriff im konkreten Sachzusammenhang auslegungsbedürftig.[50] **15**

[41] BVerfGE 128, 226 (244 ff.); BVerfG NVwZ 2018, 51 Rn. 238 ff.; vgl. → B Rn. 53 ff. mwN.
[42] BVerfG NVwZ 2018, 51 Rn. 217 ff. mit kritischer Anm. von *Poschmann;* vgl. dazu auch → B Rn. 85 ff. mwN.
[43] VerfGH RhPf. NVwZ 2000, 801 (802).
[44] VerfGH RhPf. NVwZ 2000, 801 unter Bezugnahme auf BVerfGE 79, 127 (143, 146).
[45] BVerfG 16.5.1989, NJW 1990, 1783; BVerfGE 79, 127; BVerwGE 98, 273 ff. (275); krit. *Ruffert* NVwZ 2000, 763.
[46] *Forsthoff,* Lehrbuch des Verwaltungsrechts, Bd. 1, S. 370.
[47] *Forsthoff* S. 370; kritisch zur unveränderten Geltung und Anwendung des Begriffs: *Basedow,* Altmodisch und ideologisch aufgeladen, Handelsblatt.com, 17.10.2000.
[48] Vgl. *Cronauge,* Kommunale Unternehmen, Rn. 23 mwN.
[49] So bereits *Papier* DVBl. 2003, 686.
[50] Vgl. zuletzt VGH Mannheim 29.11.2012, KommJur 2013, 137 (139 f.); 5.11.2014, NVwZ-RR 2015, 307 (309). Kritisch dazu *Lange* NVwZ 2014, 616 (620); *Burgi,* Kommunalrecht § 17 Rn. 11 ff.

16 Die gemeindliche Daseinsvorsorge und die Wirtschaftstätigkeit kommunaler Unternehmen insgesamt gehören mithin zum Kreis der kommunalen Selbstverwaltungsaufgaben. Die Gemeindewirtschaft prägt seit jeher das Wesen der kommunalen Selbstverwaltung und ist typenbestimmend.[51] Durch die **Gewährleistung der Selbstverwaltungsgarantie des Grundgesetzes** und den historisch gewachsenen tatsächlichen Aufgabenbestand sind die Kommunen als umfassendes örtliches Dienstleistungsunternehmen ausgestaltet. Durch die seitens kommunaler Unternehmen und Einrichtungen zur Verfügung gestellten Leistungen werden die örtliche Lebensqualität und die wesentlichen Standortbedingungen für die zentralen Funktionen Leben, Arbeiten, Wohnen und Verkehr geschaffen.[52]

17 Allerdings gewährt Art. 28 Abs. 2 S. 1 GG das Selbstverwaltungsrecht und den gemeindlichen Aufgabenbestand nur im Rahmen der Gesetze, stellt ihn also unter einen **Gesetzesvorbehalt.** Dieser aber eröffnet trotz des dem Gesetzgeber zugestandenen erheblichen Ausgestaltungsspielraums keine unbeschränkte, dh schrankenlose Eingriffsbefugnis, sondern unterliegt seinerseits der **Begrenzung** durch den Schutz des Kernbereichs der kommunalen Selbstverwaltung und den Grundsatz der Verhältnismäßigkeit.

18 Ob die wirtschaftliche Betätigung zum Wesensgehalt und damit zum Kernbereich der kommunalen Selbstverwaltung gehört, ist streitig.[53] Das BVerfG sieht den Wesensgehalt der gemeindlichen Selbstverwaltung nicht durch einen gegenständlich bestimmten oder nach feststehenden Merkmalen bestimmbaren Aufgabenkatalog determiniert.[54] Der VerfGH Rheinland-Pfalz jedenfalls hat in der Einführung der stringenten Subsidiaritätsklausel in Rheinland-Pfalz keinen Eingriff in den **Kernbereich der Selbstverwaltungsgarantie** gesehen, weil durch diese Norm keine Aufhebung des Rechtsprinzips der Universalität des gemeindlichen Wirkungskreises stattfinde und von ihr auch keine verfassungswidrige, das Selbstverwaltungsrecht in wesentlichen Teilen beseitigende oder aushöhlende Wirkung ausgehe.[55] Zwar verstärke die angefochtene Bestimmung den Druck auf die Kommunalwirtschaft, der durch die Neuregelung des Energiewirtschaftsrechts und das Kreislaufwirtschafts- und Abfallgesetz bereits entstanden sei. Die Folgen seien aber nicht so schwerwiegend, dass die Selbstverwaltungsgarantie in ihrem Kernbereich verletzt sei.[56]

19 Auch außerhalb des Kernbereichs ist der Gesetzgeber nicht von verfassungsrechtlichen Bindungen frei. Er hat stets den Grundsatz der Verhältnismäßigkeit und das Willkürverbot zu beachten. **Eingriffe außerhalb des Kernbereichs** der Selbstverwaltungsgarantie sind zulässig, wenn dies durch das Gemeinwohl geboten ist. Allerdings darf der Eingriff auch nur so weit reichen, wie Gemeinwohlgründe überwiegen.[57] Die Verfassungsgerichtsbarkeit beschränkt ihre Kontrolldichte insoweit darauf, ob die Einschätzungen und Entscheidungen des Gesetzgebers offensichtlich fehlerhaft oder eindeutig widerlegbar sind oder der verfassungsrechtlichen Ordnung widersprechen.[58]

20 Der Rechtsprechung des BVerfG ist bislang kein verfassungsrechtliches Verbot der auf Ausgabenfinanzierung gerichteten Gewinnerzielungsabsicht der Kommunen zu entneh-

---

[51] *Scholz* DÖV 1976, 441: *Cronauge,* Kommunale Unternehmen, Rn. 23.

[52] *Cronauge,* Kommunale Unternehmen, Rn. 393.

[53] In diese Richtung für den Bereich der Daseinsvorsorge VGH Mannheim 5.11.2014, NVwZ-RR 2015, 307 (309). Ablehnend *Wieland/Hellermann,* Der Schutz des Selbstverwaltungsrechts der Kommunen gegenüber Einschränkungen ihrer wirtschaftlichen Betätigung im nationalen und europäischen Recht, Beiträge zur kommunalen Versorgungswirtschaft, Heft 85, S. 33; aA *Scholz* DÖV 1976, 441 ff.; *Cronauge* Der Gemeindehaushalt 1997, 349 ff.

[54] BVerfGE 79, 127 ff.; vgl. dazu auch → B Rn. 45 ff.

[55] Krit. zum Ansatz des VerfGH RhPf., die Untersuchung wie eine Grundrechtsprüfung aufzubauen, *Ruffert* NVwZ 2000, 763 (763); ebenso nunmehr BVerfG 19.11.2014, KommJur 2015, 54 (57 f.); BVerfG 21.11.2017, NVwZ 2018, 140 (146 f).

[56] VerfGH RhPf. 28.3.2000, NVwZ 2000, 801 (802).

[57] VerfGH RhPf. 28.3.2000, NVwZ 2000, 801 (804). Vgl. auch BayVerfGH 45, 157/162 f.; BVerfG 21.11.2017, NVwZ 2018, 140 (146).

[58] BVerfGE 50, 50 ff., dort auch nähere Ausführungen zum Prüfungsmaßstab.

men.[59] Allerdings geht die überwiegende Auffassung in der Literatur von der verfassungsrechtlichen Unzulässigkeit einer rein **erwerbswirtschaftlich-fiskalischen Betätigung** der öffentlichen Hand ohne Bezug zur Aufgabenerfüllung aus.[60] Der VerfGH Rheinland-Pfalz hat zutreffend festgestellt, dass die öffentliche (kommunale) Verwaltung auch dann Verwaltung bleibt, wenn sie wirtschaftet. Von öffentlichen Aufgaben gelöste, erwerbswirtschaftlich-fiskalische Betätigungen, bei denen das Gewinnstreben Selbstzweck ist, seien deshalb vom Schutz der Selbstverwaltungsgarantie nicht gedeckt (dazu → Rn. 112 ff.).[61]

3. Historische Entwicklung

a) Die Zeit bis 1935

Die wirtschaftliche Betätigung von Gemeinwesen lässt sich zurückverfolgen zu ersten Ansätzen mit dem Betrieb allgemeiner Wasserversorgungsanlagen, der Versorgung der Bevölkerung mit Getreide und der Beseitigung der Abwässer in der **Antike.**[62] Über die Teilnahme der Städte am Wirtschaftsleben im **Mittelalter**[63] führt die Entwicklung zum **Merkantilismus** des 16. bis 18. Jahrhunderts. Hauptantrieb der wirtschaftspolitischen Maßnahmen dieser Zeit war der ständig steigende staatliche Geldbedarf, der die Erschließung neuer Finanzquellen notwendig machte. 21

Zu beachten ist, dass im Zeitalter des absolutistischen Merkantilismus das „Finanzsystem" der erwerbswirtschaftlichen Monopolwirtschaft in Form der Großunternehmung in Hand der öffentlichen Wirtschaft als besonders geeignete Finanzierungsquelle des Staates betrachtet wurde. Steuern hingegen wurden zu dieser Zeit noch keineswegs als normale Finanzierungsquelle angesehen, die Theorie der Staatsfinanzwirtschaft erkannte Steuern erst ab Mitte des 18. Jahrhunderts als solche an.[64] 22

Auch die gemeindliche Tätigkeit weitete sich auf Gebiete aus, die auch von Privaten wahrgenommen wurden. Beispiele sind von der öffentlichen Hand betriebene Tuchfabriken, Spinnereien, Eisenwerke, Porzellanmanufakturen, Reedereien und Banken. Grund für derartige Betätigungen war aber nicht nur die Absicht, durch die erwirtschafteten Gewinne höhere Einnahmen zu erzielen, sondern auch zur Förderung des Außenhandels Gewerbe, Handel und Verkehr durch die Bereitstellung von Musterbetrieben und wirtschaftlichen Vorbildern zu unterstützen.[65]

Nur kurze Zeit später zogen sich Staat und Gemeinden aus weiten Gebieten der zuvor gewonnenen wirtschaftlichen Tätigkeit aufgrund des dem **Liberalismus** immanenten „wirtschaftlichen Automatismus" wieder zurück.[66]

Der Ausgangspunkt für die geschichtliche Herleitung der heutigen wirtschaftlichen Betätigung der Gemeinden wird maßgeblich in der Zeit der **Industrialisierung** in der ersten Hälfte des 19. Jahrhunderts gesehen.[67] Seit Mitte des 19. Jahrhunderts wollten die Gemeinden im Bereich der Daseinsvorsorge zunehmend eine **geregelte Versorgung der Bevöl-** 23

[59] *Britz* NVwZ 2001, 380 ff. (382), die zu Recht darauf verweist, dass die oft zitierte „Sasbach-Entscheidung" (BVerfGE 61, 82) die Nichtgestattung allein der Gewinnerzielung dienender wirtschaftlicher Tätigkeit nur nach der kommunalrechtlichen (einfachgesetzlichen) Rechtslage feststellt.

[60] *Ehlers* DVBl. 1998, 497 (499 f.); *Stober* NJW 2002, (2361); *Schink* NVwZ 2002, 129 (134); *Lange* NVwZ 2014, 616; *Burgi,* Kommunalrecht § 17 Rn. 24; *Nierhaus* in Mann/Püttner HKWP § 40 Rn. 27. AA *Otting* DVBl 1997, 1258 (1262); *Möstl* BayVBl 1999, 547 (553); *Jarass* DÖV 2002, 489 (500); *Britz* NVwZ 2001, 380 (382); wohl auch *Hellermann,* Örtliche Daseinsvorsorge, S. 154 f.; offener auch *Wollenschläger* → B Rn. 77.

[61] VerfGH RhPf. 28.3.2000, NVwZ 2000, 801, allerdings unter Bezugnahme auf BVerfGE 61, 82 (107).

[62] *Zeiß,* Kommunales Wirtschaftsrecht und Wirtschaftspolitik, Handbuch der kommunalen Wissenschaft und Praxis, Band 3, 1959, S. 39.

[63] *Stern* Archiv für Kommunalwissenschaft (AfK) 1964, 81 ff.

[64] Vgl. *Terhalle,* Die Finanzwirtschaft des Staates und der Gemeinden, 1948, S. 94 f.

[65] *Siedentopf,* Grenzen und Bindungen der Kommunalwirtschaft, 1963, S. 17.

[66] *Siedentopf* S. 17.

[67] Vgl. *Stern/Püttner* S. 13.

kerung sicherstellen und übernahmen Aufgaben der Wasser-, Gas- und Elektrizitätsversorgung.[68] Maßgebend neben dem Erwerbszweck waren vorwiegend Gründe der Sozialgestaltung und Wirtschaftspolitik.[69] Ende des 19. Jahrhunderts setzte sich diese Bewegung beispielsweise durch den Betrieb elektrischer Straßenbahnen fort.

Eine beträchtliche Ausweitung der kommunalen Wirtschaftstätigkeit erfolgte nach dem **Ersten Weltkrieg.**[70] Gemeinden gründeten aufgrund der wirtschaftlichen Not insbesondere Unternehmen zur **Grundversorgung** der Bevölkerung mit Waren (kommunale Bäckereien) und Dienstleistungen (zB Friseure).

24 Ab 1920 ist eine verstärkte **fiskalische Inanspruchnahme** der Gemeindebetriebe festzustellen. Der Bezug der Gemeinden aus ihrem Erwerbsvermögen betrug im Jahr 1913 die Summe von 278 Mio. M, 1925 von 412 Mio. RM, 1930 von 752 Mio. RM, um 1932 auf 609 Mio. RM zurückzugehen und 1935 auf 341 Mio. RM zu fallen.[71] Unter anderem ist diese Entwicklung zurückzuführen auf die Finanznot der Gemeinden aufgrund des Wegfalls des gemeindlichen Zuschlagsrechts auf die Einkommensteuer durch die Erzbergersche Finanzreform von 1920.[72]

25 Aufgrund der wirtschaftspolitischen Denkweise ab der zweiten Hälfte des 19. Jahrhunderts war eine **Beteiligung der öffentlichen Hand an der Erwerbswirtschaft** in Form vieler und großer öffentlicher Betriebe in Deutschland selbstverständlich geworden. Bei einem Teil des gebietskörperschaftlichen Erwerbsvermögens handelte es sich um altüberkommenen Besitz, vor allem land- und forstwirtschaftlich genutztes Grundvermögen. Von größerer Bedeutung aber war das weit jüngere staatliche Erwerbsvermögen auf dem Gebiet der Wasser- und Energiewirtschaft, beim Staat (Reich) auch der Eisenbahn und der Post.

26 Das fiskalwirtschaftliche Interesse trat als einzige oder überwiegende Begründung der Existenz oder des Weiterbestehens von öffentlichen Betrieben oder Grundvermögen zurück. Öffentliche Betriebe fanden sich insbesondere dort, wo die Gebietskörperschaften Großabnehmer für bestimmte Güter und Leistungen waren oder wo sie für die Sicherheit, die Güte oder die Geheimhaltung von Produktion und Lieferung aus politischen Gründen als erforderlich angesehen wurden oder auch wo der Besitz eigener Kreditinstitute erwünscht erschien.[73] Hinzu kam der gebietskörperschaftliche Besitz, der gar nicht erstrebt, sondern mehr oder weniger erzwungen war. So war eine staatsseitige Übernahme von großen, Not leidenden Unternehmen zur Zeit der **Weltwirtschaftskrise** häufig. Bereits ab 1932 gab es deutliche Bestrebungen, sich von vielen dieser zwangsweise übernommenen Aufgaben zu trennen und eine Reprivatisierung durchzuführen.[74]

b) Die Regelungen der Deutschen Gemeindeordnung (DGO) von 1935

27 Das Vorkommen und die Erwünschtheit öffentlicher Betriebe fielen damit in den dreißiger Jahren vielfach auseinander, auch waren die einschlägigen politischen Zielsetzungen bei den unterschiedlichen Gebietskörperschaften verschieden.

Aufgrund dessen wurde die Notwendigkeit gesehen, von Staats wegen die Zulässigkeit öffentlicher Betriebe grundsätzlich zu klären und festzulegen.

Für das Gebiet der gemeindlichen Wirtschaft geschah dies durch die Deutsche Gemeindeordnung (DGO) vom 30.1.1935 (RGBl. I S. 49). In den §§ 67 ff. DGO wurden allgemeine **Grenzen der Zulässigkeit kommunaler wirtschaftlicher Betätigung** geregelt.

28 § 67 Abs. 1 DGO normierte die Voraussetzungen, dass die Gemeinde wirtschaftliche Unternehmen nur errichten oder wesentlich erweitern darf, wenn

1. der öffentliche Zweck das Unternehmen rechtfertigt,

[68] *Püttner,* Das Recht der kommunalen Energieversorgung, 1967, S. 13 f.
[69] *Siedentopf* S. 17.
[70] *Stern* AfK 1964, 81 ff.
[71] *Terhalle* S. 99.
[72] *Stern* AfK 1964, 81 ff. (85).
[73] Vgl. zum Ganzen *Terhalle* S. 101 f.
[74] Vgl. *Terhalle* S. 102, 103.

2. das Unternehmen nach Art und Umfang in einem angemessenen Verhältnis zu der Leistungsfähigkeit der Gemeinde sowie zum voraussichtlichen Bedarf steht,
3. der Zweck nicht besser und wirtschaftlicher durch einen anderen erfüllt wird oder erfüllt werden kann.

Eine Festlegung im Einzelnen, welche Betriebe der wirtschaftlichen Betätigung der Gemeinden zuzurechnen waren, traf die DGO nicht. **29**

In § 67 Abs. 2 DGO wurde aber bestimmt, dass **wirtschaftliche Unternehmen** im Sinne dieses Abschnitts der DGO **nicht sind** **30**

1. Unternehmen, zu denen die Gemeinde gesetzlich verpflichtet ist,
2. Einrichtungen des Unterrichts-, Erziehungs- und Bildungswesens, der körperlichen Ertüchtigung, der Kranken-, Gesundheits- und Wohlfahrtspflege.

Diese Einrichtungen wurden damit hinsichtlich ihrer Errichtung und Erweiterung von jeglichen gemeinderechtlichen Einschränkungen freigestellt. Bezüglich ihres Betriebes bestimmte § 67 Abs. 2 S. 2 DGO jedoch: „Auch diese Unternehmen und Einrichtungen sind nach wirtschaftlichen Gesichtspunkten zu verwalten." **31**

Durch die DGO erfolgte somit die reichsweite Normierung der Unterscheidung von „wirtschaftlichen Unternehmen" und „nichtwirtschaftlichen Unternehmen" bzw. „im öffentlichen Interesse unterhaltenen Veranstaltungen", die sich zuvor bereits in §§ 3 u. 4 des preußischen Kommunalabgabengesetzes von 1893 und Art. 126 der Württembergischen Gemeindeordnung von 1906 gefunden hatte.[75] **32**

Die Motive des Reichsgesetzgebers für die gesetzliche Regelung der Gemeindewirtschaft erschließen sich aus der Begründung zu § 67 DGO, in der es ua heißt, dass es der Gemeinde „nie" erlaubt sein solle, zu „wirtschaften", wenn ihr einziges Ziel dabei die **Gewinnerzielung** sei. Es solle sich bei öffentlichen Betrieben immer um Betätigungen handeln, die nach der ganzen Entwicklung und nach der herrschenden Anschauung eine im öffentlichen Interesse gebotene Versorgung breitester Volkskreise bezweckten oder die von so erheblicher funktioneller Bedeutung für den Staat oder die ganze Volkswirtschaft seien, dass sie Privaten nicht mehr überlassen werden könne.[76] **33**

Die entschiedene Zurückweisung von Gründungen, deren Zweck „nur" Gewinnerzielung war, bedeutete aber keineswegs, dass die betrieblichen Leistungen zur Versorgung der Bevölkerung nicht einen Gewinn abwerfen sollten. § 72 DGO verlangte ganz im Gegenteil einen Ertrag für den Haushalt der Gemeinde, und zwar außer der Deckung aller Betriebsaufwendungen und außer der Bildung von Rücklagen, auch außer Tilgungsbeiträgen für die zu Zwecken des Unternehmens aufgenommenen Schulden.[77] **34**

Nachdem sich das Gesetz selbst einer **Definition des „wirtschaftlichen Unternehmens"** enthielt, wurde versucht, durch die Vorläufige Ausführungsanweisung zu § 67 DGO eine gewisse Hilfe zur Verfügung zu stellen. Nach dieser Vorläufigen Ausführungsanweisung waren „wirtschaftliche Unternehmen Einrichtungen und Anlagen, die auch von Privatunternehmen mit der Absicht der Gewinnerzielung betrieben werden könnten".[78] Als Beispiele waren Versorgungsbetriebe, Verkehrsbetriebe, Industrie- und Handwerksbetriebe aufgezählt, ohne dass diese Zusammenstellung Anspruch auf Vollständigkeit erhob.[79] **35**

Diese Definition war allerdings bereits seinerzeit beschränkt auf die Zeit bis „zum Erlass der endgültigen Anweisung", was schon eine damals herrschende Unsicherheit kennzeichnete.[80] **36**

---

75 Näher *Stern* AfK 1964, 81 ff. (83 f.).
76 *Terhalle* S. 104.
77 *Terhalle* S. 106 f.
78 Zit. nach *Terhalle* S. 104.
79 *Zeiß,* Kommunales Wirtschaftsrecht und Wirtschaftspolitik, S. 613.
80 *Schuster/Diehl/Steenbock,* Kommunales Verfassungsrecht Rheinland-Pfalz, Kommentar, GemO § 85 Anm. I 1.

37 Durch die DGO wurde in § 67 Abs. 3 weiterhin eindeutig festgelegt: „Bankunternehmen darf die Gemeinde nicht errichten", zugleich in § 67 Abs. 4 aber bestimmt: „Für das **Sparkassenwesen** verbleibt es bei den besonderen Vorschriften." Der Gesetzgeber der DGO verfolgte also zwei Ziele, zum einen eine **Begrenzung** der gemeindlichen Wirtschaft im Verhältnis zur Privatwirtschaft sowie zum anderen den **Schutz** der Gemeinden vor wirtschaftlichen Risiken. An die Regelungen der §§ 67 ff. DGO knüpften die Gemeindeordnungen der Länder in der Bundesrepublik Deutschland nach dem Zweiten Weltkrieg an.

4. Gemeindeordnungen der Länder

a) Entwicklung des Gemeindewirtschaftsrechts nach 1945

38 Die Landesgesetzgeber der Bundesrepublik Deutschland orientierten sich bei der Schaffung ihrer Gemeindeordnungen nach dem Zweiten Weltkrieg am Gemeindewirtschaftsrecht der §§ 67 ff. DGO. So wurden die Erfordernisse des Vorliegens eines öffentlichen Zwecks und des Leistungsfähigkeitsbezugs in den einzelnen Ländern idR unverändert übernommen. Unterschiedlich aber erfolgte die Ausgestaltung des dritten Elements der sog. **„Schrankentrias"** des § 67 Abs. 1 DGO, der „Funktionssperre" bzw. der „einfachen Subsidiaritätsklausel".

39 Eine Reihe von Ländern übernahm auch diese „Funktionssperrklausel" unverändert. Andere hingegen verzichteten seinerzeit zunächst vollständig auf die Subsidiaritätsklausel (Hessen, Nordrhein-Westfalen).

40 Einen Sonderweg beschritt Bayern, das eine über die Regelung der DGO hinausgehende **„echte Subsidiaritätsklausel"** normierte, indem Art. 75 Abs. 1 der damaligen Bayerischen Gemeindeordnung (BayGO), der im Übrigen § 67 Abs. 1 DGO entsprach, in Nr. 3 lautete: „ebenso gut und wirtschaftlich" statt „besser und wirtschaftlicher". Dadurch wurde eine deutliche Verschärfung des Gemeindewirtschaftsrechts durch wesentlich höhere Anforderungen an die gemeindliche wirtschaftliche Tätigkeit im Vergleich zur Privatwirtschaft geschaffen.

41 Art. 75 Abs. 2 der damaligen BayGO lautete: „Gemeindliche Wirtschaftsunternehmen dürfen keine wesentliche Schädigung und keine Aufsaugung selbständiger Betriebe in Landwirtschaft, Handel, Gewerbe und Industrie bewirken."

42 Mit einer Popularklage beim VerfGH Bayern hatten die Städte München, Kulmbach und Bayreuth begehrt, Art. 75 Abs. 1 und 2 BayGO für verfassungswidrig zu erklären, weil sie sich in ihrem Selbstverwaltungsrecht beschnitten sahen.

Der VerfGH Bayern stellte in seiner Entscheidung vom 23.12.1957[81] zwar fest, dass die Regelung der BayGO dem verfassungsrechtlich garantierten Selbstverwaltungsrecht widerspreche, kam an einer Normverwerfung aber vorbei mit der Begründung, dass wirtschaftliche Unternehmen nur solche seien, „deren Zweck in erster Linie darauf gerichtet ist, an dem vom Wettbewerb beherrschten Wirtschaftsleben teilzunehmen und dabei Gewinn zu erzielen". Dies seien Versorgungs- und Verkehrsbetriebe nicht, daher fielen sie auch nicht unter Art. 75 Abs. 1 BayGO.[82]

Diese enge Auslegung der bayerischen „echten" Subsidiaritätsklausel führte im Ergebnis zu einer Bereichsausnahme für den angestammten Bereich der Daseinsvorsorge. Die verschärfte Subsidiaritätsklausel in Bayern hat damit kaum eine andere Wirkung entfaltet als die einfache Subsidiaritätsklausel in anderen Bundesländern.[83]

---

81 DÖV 1958, 216.

82 Vgl. auch *Hüttl,* Sind die gemeindlichen Versorgungsbetriebe den wirtschaftlichen Unternehmen in § 67 DGO zuzuordnen?, DÖV 1958, 198; *Zeiß,* Die Versorgungs- und Verkehrsbetriebe als wirtschaftliche Unternehmen der Gemeinden nach den deutschen Gemeindeordnungen, DÖV 1958, 201.

83 Wissenschaftliche Dienste des Deutschen Bundestages – WD – „Zulässigkeit und Grenzen wirtschaftlicher Betätigung der Kommunen" v. 6.11.1996, Reg.Nr. WE III – 188/96, S. 20.

Diese zunächst so restriktive Haltung gegenüber kommunaler wirtschaftlicher Tätigkeit hat Bayern in der späteren Entwicklung der **Neuregelungen im Bereich des Gemeindewirtschaftsrechts** bemerkenswerterweise nicht beibehalten. Vielmehr bildet das neue bayerische Gemeindewirtschaftsrecht[84] im Gesamtspektrum der letzten Entwicklungen der Landesrechte den Ausgangspunkt, von dem an versucht wurde, den durch den Wettbewerb entstandenen kommunalen Bedürfnissen gerecht zu werden. 43

Die BayGO verzichtet nunmehr auf eine Unterscheidung zwischen wirtschaftlichen und nichtwirtschaftlichen Unternehmen, nimmt den Bereich der „kommunalen Daseinsvorsorge" aus der weiterhin existenten echten Subsidiaritätsklausel aus und eröffnet den Kommunen die uneingeschränkte Auswahl der Rechtsformen für ihre Unternehmen einschließlich derjenigen des Privatrechts. Flankiert wird die Freiheit der Rechtsformenwahl durch die zusätzliche Voraussetzung, dass die einem Unternehmen zu übertragenden Aufgaben für die Wahrnehmung außerhalb der allgemeinen Verwaltung geeignet sein müssen. Diese Konzeption findet sich bislang außerhalb Bayerns nur in der Thüringer Kommunalordnung.[85] Darüber hinaus enthielt die BayGO als erste Kommunalverfassung eine Öffnungsklausel zum Örtlichkeitsprinzip.

Dass diese Rechtslage in der Praxis nicht auf ungeteilte Zustimmung, insbesondere im Bereich des Mittelstands, stößt, belegen der zwischenzeitlich erfolgte Erlass der „Vollzugsbekanntmachung zum kommunalen Unternehmensrecht"[86] und die Auseinandersetzung im Rahmen des Gesetzgebungsverfahrens zum Mittelstandsförderungsgesetz[87]. Durch diese soll den Bedenken aus dem Bereich der Wirtschaft insbesondere hinsichtlich der Grenzen öffentlicher Betätigung und der Einhaltung der Subsidiaritätsklausel Rechnung getragen werden.

Die **entgegengesetzte Entwicklung** Bayerns nahm zunächst der rheinland-pfälzische Gesetzgeber mit dem Änderungsgesetz vom 2.4.1998[88], das Vorreiter einer Reihe entsprechender Rechtsänderungen in anderen Ländern war.[89] So wurden ua die echte Subsidiaritätsklausel eingeführt, der Nachrang der Aktiengesellschaft gegenüber anderen Organisationsformen normiert, für den Inhalt der Gesellschaftsverträge von Unternehmen in GmbH-Form stringente Vorgaben gemacht und eine regelmäßige Berichtspflicht der Kommunen über ihre wirtschaftlichen Beteiligungen geschaffen. In Nordrhein-Westfalen ging man mit der Novelle vom 9.10.2007 noch darüber hinaus, indem zusätzlich zur stringenten Subsidiaritätsklausel ein „dringender" öffentlicher Zweck verlangt wurde. 44

Die Rechtsänderungen anderer Länder bewegten sich zunächst zwischen diesen Extremen. Spätestens **seit 2009** ist in den Ländern allerdings eine **Tendenz** erkennbar, die **Zulässigkeitsvoraussetzungen für die gemeindewirtschaftliche Betätigung** generell und insbesondere im Bereich der Daseinsvorsorge **zu lockern.** Rheinland-Pfalz hat 2009 sein restriktives Recht aus dem Jahr 1998 für zentrale Bereiche kommunaler wirtschaftlicher Betätigung liberalisiert und 2013[90] weitere Erleichterungen in die Gemeindeordnung auf- 45

[84] Gesetz zur Änderung des kommunalen Wirtschaftsrechts und anderer kommunalrechtlicher Vorschriften vom 24.7.1998 (GVBl. S. 424). Vgl. dazu *Knemeyer,* Vom kommunalen Wirtschaftsrecht zum kommunalen Unternehmensrecht, BayVBl. 1999, 1.

[85] Vgl. §§ 71, 72 ThürKO.

[86] VollzugsBekKUR – Bekanntmachung des Bayerischen Staatsministeriums des Innern vom 3.3.2003 Az.: I B 3–1515-66, AllMBl. S. 57, zuletzt geändert durch Bekanntmachung vom 25.5.2009 (AllMBl. S. 179).

[87] Vgl. insbesondere Art. 7 des Mittelstandsförderungsgesetzes vom 20.12.2007 (GVBl. S. 926), der einen Vorrang privater Leistungserbringung – ähnlich der Subsidiaritätsklausel – beschreibt, aber klarstellt, dass diese Regelung ausschließlich öffentlichen Interessen dient.

[88] → Rn. 2f.

[89] Das Saarland hat sich mit dem Gesetz Nr. 1532 vom 8.10.2003 zur Änderung des KSVG (ABl. 2004, S. 594) den damaligen gesetzgeberischen Zielen der Länder Rheinland-Pfalz, Brandenburg und Thüringen angeschlossen. Bemerkenswerterweise erfolgte die Verkündung und Inkraftsetzung der deutlich verschärften Bestimmungen mit einer zeitlichen Verzögerung von fünf Monaten nach der Beschlussfassung durch den Landtag, um den Kommunen noch Ausgründungen nach der seitherigen Gesetzeslage zu ermöglichen.

[90] Gesetz zur Änderung der Gemeindeordnung vom 20.12.2013, GVBl. S. 538.

genommen. Nordrhein-Westfalen folgte 2010[91] und nahm dabei insoweit eine Vorreiterrolle ein, als es erstmals eine Sonderregelung für die wirtschaftliche Betätigung der Gemeinen in einem liberalisierten Bereich – der Energiewirtschaft – geschaffen und dort die rechtlichen Beschränkungen weitgehend zurückgenommen hat.[92] Inhaltlich orientierte man sich ua an der bereits seit geraumer Zeit bestehenden Rechtslage in Sachsen-Anhalt.[93] Ob dieser Ansatz eines bereichsspezifischen Ordnungsrahmens für im Wettbewerb stehende kommunale Unternehmen fortentwickelt wird und Verbreitung findet, bleibt weiter abzuwarten.[94] Eine kommunalfreundliche gesetzgeberische Tätigkeit war in der Folge auch in den Ländern Sachsen-Anhalt[95], Brandenburg[96], Schleswig-Holstein[97] und Niedersachsen[98] zu verzeichnen. Der hessische Gesetzgeber agierte deutlich zurückhaltender, ist aber ein Stück weit auf diese Linie eingeschwenkt.[99] In Baden-Württemberg blieb man dagegen nach einer kontrovers geführten Debatte bei den bisherigen Zulässigkeitsvoraussetzungen für die gemeindewirtschaftliche Betätigung.[100] Zuletzt hat Sachsen 2019 seine bisher eher restriktive Linie[101] aufgegeben und ist schrittweise den vorgenannten Ländern gefolgt.[102] Zu den Gesetzesbegründungen vgl. → Rn. 4.

Inhalte der gesetzlichen Änderungen waren insbesondere die gesetzliche **Fiktion des öffentlichen Zwecks in Bezug auf die energiewirtschaftliche Betätigung** (Nordrhein-Westfalen, Niedersachsen, Rheinland-Pfalz, Sachsen, Sachsen-Anhalt, Schleswig-Holstein), die **Wiederherstellung der einfachen Subsidiaritätsklausel** (Brandenburg, Niedersachsen, Nordrhein-Westfalen, Sachsen-Anhalt) und / oder die **Erweiterung der sektoralen Ausnahmen vom Subsidiaritätsprinzip** vor allem in Bezug auf die Energie- und / oder Breitbandversorgung und Telekommunikation (Niedersachen, Nordrhein-Westfalen, Sachsen, Sachsen-Anhalt, Schleswig-Holstein; in Hessen beschränkt auf regional begrenzte Aktivitäten im Bereich erneuerbarer Energien). Im Gegenzug wurden teilweise Pflichten zu einer Markterkundung, Marktanalyse oä bezüglich der Auswirkungen der unternehmerischen Betätigung auf das Handwerk und die mittelständische Wirtschaft eingeführt (Hessen, Mecklenburg-Vorpommern, Nordrhein-Westfalen, Sachsen). Darüber hinaus enthalten nun alle einschlägigen Landesrechte Bestimmungen, die eine **Betätigung außerhalb des Gemeindegebiets gestatten** unter dem Vorbehalt, dass die berechtigten Interessen der betroffenen kommunalen Gebietskörperschaften gewahrt sind, wobei dieser Vorbehalt in gesetzlich liberalisierten Bereichen insbesondere im Bereich der Strom- und Gasversorgung wieder eingeschränkt wird (zuletzt eingeführt in Niedersachsen und Sachsen).

---

91 Gesetz zur Revitalisierung des Gemeindewirtschaftsrechts vom 28.12.2010, GVBl. S. 688.

92 Dazu *Burgi,* Neuer Ordnungsrahmen, S. 41 ff. Nach *Rehn/Cronauge* GO § 107a Anm. I. 3. wäre in diesem Zusammenhang weitergehend eine grundsätzliche Diskussion der Zweiteilung „wirtschaftlich/nichtwirtschaftlich" durchaus wünschenswert gewesen.

93 Vgl. § 128 Abs. 2 KVG LSA; *Burgi,* Neuer Ordnungsrahmen, S. 42 f., 50 f.

94 Zum Stand der Diskussion vgl. *Püttner* DVBl 2010, 1189 (1191 ff.). Dazu auch *Burgi* in Kment, Energiewirtschaft, S. 1 (21 ff.).

95 Viertes Gesetz zur Änderung der Gemeindeordnung vom 30.11.2011, GVBl. S. 814; Kommunalrechtsreformgesetz vom 17.6.2014, GVBl. S. 288.

96 Gesetz zur Stärkung der kommunalen Daseinsvorsorge vom 9.1.2012, GVBl. I S. 1.

97 Gesetz zur Stärkung der Kommunalwirtschaft vom 21.6.2016, GVOBl. S. 528.

98 Gesetz zur Änderung des Niedersächsischen Kommunalverfassungsgesetzes ua vom 26.10.2016, GVBl. S. 226.

99 Gesetz zur Änderung der Hessischen Gemeindeordnung und anderer Gesetze vom 16.12.2011, GVBl. S. 786; Gesetz zur Änderung der Hessischen Gemeindeordnung vom 18.7.2014 (GVBl. S. 178) mit Erleichterungen bezüglich der energiewirtschaftlichen Betätigung der Kommunen und im Bereich der Breitbandversorgung.

100 Vgl. LT-Drs. 15/3255 und Plenarprotokoll 15/81 vom 7.11.2013, 4909 ff. sowie den letztlich eingebrachten Gesetzentwurf der Landesregierung zur Änderung der Gemeindeordnung ua vom 27.10.2015, LT-Drs. 15/7610.

101 Gesetz zur Fortentwicklung des Kommunalrechts vom 28.11.2013, GVBl. S. 822.

102 Vgl. Art. 18 Nr. 6 des Haushaltsbegleitgesetzes 2015/2016 vom 29.4.2015, GVBl. S. 234; Viertes Gesetz zur Änderung der Sächsischen Gemeindeordnung vom 25.6.2019, GVBl. S. 494.

Ein Blick in die Rechtsprechung und Literatur der letzten Jahre zeigt jedenfalls, dass nach einem langjährigen Trend zur Privatisierung ein Umdenkprozess stattfindet. Die Rede ist verstärkt von den Grenzen der Privatisierung und von **„Rekommunalisierung“.** Die Gründe für die aktuellen Entwicklungen sind allerdings vielschichtig (→ Rn. 6).[103] Es gibt zudem gegenläufige Tendenzen sowie gesetzgeberische und rechtliche Entwicklungen vor allem aus den Bereichen des Wettbewerbs- und Vergaberechts (→ Rn. 7).[104]

In der **ehemaligen DDR** war bereits 1948 das kommunale Vermögen an wirtschaftlichen Einrichtungen sowie die Beteiligungen und Anteilsrechte in Volkseigentum überführt worden. Diese Überführung war bis 1952 abgeschlossen.[105] **46**

Nach der politischen Wende in der DDR wurde mit dem Gesetz über die Selbstverwaltung der Gemeinden und Landkreise in der DDR,[106] dem Gesetz zur Privatisierung und Reorganisation des volkseigenen Vermögens[107] und dem Gesetz über das Vermögen der Gemeinden, Städte und Landkreise[108] die Grundlage für die Rücküberführung volkseigenen Vermögens und volkseigener Betriebe und Unternehmen in das Eigentum der Kommunen geschaffen.[109]

In den neuen Bundesländern wurde die nach der Herstellung der Einheit Deutschlands am 3.10.1990 zunächst als Landesrecht fortgeltende Kommunalverfassung der DDR durch **eigene Kommunalverfassungen der Länder** ersetzt. Diese treffen wie die Gemeindeordnungen der alten Länder jeweils eigenständige Bestimmungen über das Wirtschaftsrecht der kommunalen Gebietskörperschaften. Bemerkenswert ist, dass in Mecklenburg-Vorpommern und nunmehr auch in Brandenburg und Sachsen-Anhalt eine zunächst bestehende „echte“ Subsidiaritätsklausel durch eine einfache Funktionssperre ersetzt wurde. In Brandenburg kommt selbst die einfache Funktionssperre dann nicht zur Anwendung, wenn die Gemeinde eine wirtschaftliche Betätigung im öffentlichen Interesse für erforderlich hält; damit wurde das Subsidiaritätsprinzip dort faktisch abgeschafft.[110] **47**

Ein im Jahr 1999 seitens der Innenministerkonferenz (IMK) unternommener Versuch, einen **GO-Musterentwurf** zu erstellen mit dem Ziel einer Fortentwicklung bzw. Harmonisierung gemeinderechtlicher Vorschriften, ist gescheitert. **48**

Der Arbeitskreis III „Kommunale Angelegenheiten“ hatte den Auftrag erhalten, die Möglichkeiten einer Fortentwicklung des Gemeindewirtschaftsrechts zu prüfen, insbesondere hinsichtlich der Auslegung des Örtlichkeitsprinzips und des Merkmals der Rechtfertigung durch einen öffentlichen Zweck. Eine hierzu vom zuständigen Unterausschuss „Kommunale Wirtschaft und Finanzen“ eingesetzte Arbeitsgruppe legte bis zum Frühjahr 2001 einen Zwischenbericht vor, der im wesentlichen Aussagen zu den Themen Öffnung des Örtlichkeitsgrundsatzes, öffentlicher Zweck, Annextätigkeiten, Subsidiaritätsklausel und der Aufgabe der Trennung wirtschaftlicher von nichtwirtschaftlichen Betätigungsbereichen enthielt. **49**

Der AK III hat diesen Zwischenbericht lediglich zur Kenntnis genommen und in einem Beschluss festgestellt, dass nach seiner Auffassung zum gegenwärtigen Zeitpunkt eine länderübergreifende harmonisierte Fortentwicklung des Gemeindewirtschaftsrechts aufgrund politischer Vorgaben nicht möglich sei. **50**

---

[103] Ausführlich zur Rekommunalisierung und den Motiven hierfür → A Rn. 23a ff.

[104] Vgl. nur die Diskussion um die am 15.1.2014 vom Europäischen Parlament beschlossene Konzessionsrichtlinie, den Tätigkeitsbericht des Bundeskartellamts 2011/2012, insbes. S. 14 ff. (BT-Drs. 17/13675) oder das XX. Hauptgutachten der Monopolkommission 2012/2013, Kapitel V.

[105] *Cronauge,* Kommunale Unternehmen, Rn. 40.

[106] Kommunalverfassung – KVDDR – v. 17.5.1990, GBl. I S. 255.

[107] Treuhandgesetz – THG – v. 17.6.1990, GBl. I S. 300.

[108] Kommunalvermögensgesetz – KVG – v. 6.7.1990, GBl. I S. 660.

[109] Zum Ganzen *Cronauge,* Kommunale Unternehmen, Rn. 40 f.

[110] So die Begr. zum Gesetzentwurf vom 31.3.2011, LT-Drs. 5/3023, 4 f.

b) Übersicht über die Rechtslage in den Bundesländern

51 Die derzeitige Rechtslage zu den wesentlichsten Regelungsbereichen des Gemeindewirtschaftsrechts in den einzelnen Bundesländern stellt sich wie folgt dar:

Land	Subsidiaritätsklausel	Festlegung nichtwirtschaftlicher Betätigungen (Negativklausel)	Ausnahme vom Örtlichkeitsprinzip
Baden-Württemberg (§ 102 GemO BW)	Echte Wenn bei einem Tätigwerden **außerhalb der kommunalen Daseinsvorsorge** der Zweck nicht ebenso gut und wirtschaftlich durch privaten Anbieter erfüllt wird oder erfüllt werden kann.	– Unternehmen, zu deren Betrieb gesetzliche Verpflichtung besteht – Einrichtungen des Unterrichts-, Erziehungs- u. Bildungswesens, der Kunstpflege, der körperl. Ertüchtigung, der Gesundheits- u. Wohlfahrtspflege sowie öffentl. Einrichtungen ähnl. Art – Hilfsbetriebe, die ausschließl. der Eigenbedarfsdeckung dienen	Ja (§ 102 Abs. 7 GemO BW) wenn – allg. Vorauss. erfüllt – berechtigte Interessen betroffener Gebietskörperschaften gewahrt. Bei Strom und Gas gelten nur Interessen als berechtigt, die nach den maßgebl. Vorschriften Wettbewerbseinschränkung zulassen.
Bayern (Art. 87 BayGO)	Echte Wenn bei einem Tätigwerden **außerhalb der kommunalen Daseinsvorsorge** der Zweck nicht ebenso gut und wirtschaftlich durch einen anderen erfüllt wird oder erfüllt werden kann. Unternehmen dürfen keine wesentliche Schädigung und kein Aufsaugen selbständiger Betriebe in Landwirtschaft, Handwerk, Handel, Gewerbe und Industrie bewirken (Art. 95 Abs. 2 BayGO)	Unternehmensbezogene Schrankentrias Tätigkeiten oder Tätigkeitsbereiche, mit denen die Gemeinde oder ihre Unternehmen an dem vom Wettbewerb beherrschten Wirtschaftsleben teilnehmen, um Gewinn zu erzielen, entsprechen keinem öffentl. Zweck (Art. 87 Abs. 1 S. 2 BayGO)	Ja (Art. 87 Abs. 2 BayGO) wenn – allg. Vorauss. erfüllt – berechtigte Interessen betroffener kommunaler Gebietskörperschaften gewahrt. Bei Strom u. Gas sind nur Interessen berechtigt, die nach Energiewirtschaftsgesetz Wettbewerbsbeschränkung zulassen.
Brandenburg (§ 91 BbgKVerf)	Einfache (Funktionssperre) Die Gemeinde hat im Interesse einer sparsamen Haushaltsführung dafür zu sorgen, dass	Keine (echte) Negativklausel Wirtschaftl. Betät. iSd Gesetzes ist das Herstellen, Anbieten oder Verteilen von Gütern,	Ja (§ 91 Abs. 4 BbgKVerf) für – Elektrizität, Gas und Fernwärme

Land	**Subsidiaritätsklausel**	**Festlegung nichtwirtschaftlicher Betätigungen (Negativklausel)**	**Ausnahme vom Örtlichkeitsprinzip**
	Leistungen, die von privaten Anbietern wirtschaftlicher erbracht werden können, diesen Anbietern übertragen werden. Dazu sind Angebote einzuholen und Vergleichberechnungen vorzunehmen. **Dies gilt nicht,** wenn die Gemeindevertretung eine wirtschaftliche Betätigung der Gemeinde im öffentlichen Interesse für erforderlich hält; dies ist zu begründen.	Dienstleistungen od. vergleichbaren Leistungen, die ihrer Art nach auch mit der Absicht der Gewinnerzielung erbracht werden könnten. Keine wirtschaftliche Betätigung ist die Vermögensverwaltung, insbes. das unmittelbare oder mittelbare Halten von Anteilen an einer Kapitalgesellschaft, wenn mit dem Vermögen keine kommunale Aufgabenerfüllung verbunden ist (§ 91 Abs. 7 BbgKVerf)	– Betätigung im Rahmen von Vereinbarungen oder Konzessionen von Gemeinden, Gemeindeverbänden u. komm. Unternehmen. Wirtschaftl. Betätigung im Ausland zulässig bei Einhaltung der allg. Voraussetzungen, wenn Interessen des Bundes oder des Landes nicht entgegenstehen; Unterrichtungspflicht an Aufsichtsbehörde
Hessen (§ 121 HGO)	Echte Wenn der Zweck nicht ebenso gut und wirtschaft- lich durch einen privaten Dritten erfüllt wird oder erfüllt werden kann. § 121 Abs. 1a HGO: Ausnahme für wirtschaftl. Betätigung im Bereich erneuerbare Energien und Verteilung elektrischer und thermischer Energie bis zum Hausanschluss, wenn Betätigung innerhalb des Gemeindegebiets oder im regionalen Umfeld in Form interkommunaler Zusammenarbeit. Die wirtschaftliche Beteiligung der Einwohner soll ermöglicht werden.	Tätigkeiten, – zu denen gesetzl. Verpflichtung besteht – auf den Gebieten des Bildungs-, Gesundheits- u. Sozialwesens, der Kultur, des Sports, der Erholung, der Abfall- u. Abwasserbeseitigung, der Breitbandversorgung – zur Deckung des Eigenbedarfs	Ja (§ 121 Abs. 5 HGO) wenn – allg. Voraussetzungen vorliegen und – berechtigte Interessen betroffener kommunaler Gebietskörperschaften gewahrt sind. Bei gesetzl. liberalisierten Tätigkeiten gelten nur Interessen als berechtigt, die nach den maßgebl. Vorschriften Wettbewerbseinschränkungen zulassen.

Land	Subsidiaritätsklausel	Festlegung nichtwirtschaftlicher Betätigungen (Negativklausel)	Ausnahme vom Örtlichkeitsprinzip
Mecklenburg–Vorpommern (§ 68 KV MV)	Einfache (Funktionssperre) Wenn die Gemeinde die Aufgaben ebenso gut und wirtschaftlich wie Dritte erfüllen kann.	Definition der wirtschaftlichen Betätigung in § 68 Abs. 1 KV MV, aber Befreiung bestimmter Einrichtungen von den Zulässigkeitsvoraussetzungen für Unternehmen in § 68 Abs. 3 KV M-V, namentlich – Einrichtungen, zu deren Betrieb gesetzl. Verpflichtung besteht – Einrichtungen des Unterrichts-, Erziehungs- u. Bildungswesens, der Kunstpflege, der körperl. Ertüchtigung, der Gesundheits- u. Wohlfahrtspflege u. öffentl. Einr. ähnl. Art – Einrichtungen zur ausschließl. Eigenbedarfsdeckung – Einrichtungen zur Erzeugung von Energie, insbesondere erneuerbarer Art, soweit Leistungsfähigkeitsbezug gegeben	Ja (§ 68 Abs. 2 S. 3 KV MV) Wirtschaftliche Betätigung in den Bereichen Strom-, Gas- und Wärmeversorgung dient auch bei Betätigung außerhalb des Gemeindegebiets einem öffentlichen Zweck
Niedersachsen (§ 136 NKomVG)	Einfache (Funktionssperre) Wenn der öffentliche Zweck nicht besser und wirtschaftlicher durch einen privaten Dritten erfüllt wird oder erfüllt werden kann **Ausgenommen** sind Betätigungen zum Zweck der **Energieversorgung, Wasserversorgung,** des **ÖPNV,** der **Einrichtung** und des **Betriebs von Tele-**	**Insbesondere** – Einrichtungen, zu denen gesetzl. Verpflichtung besteht – Einrichtungen des Unterrichts-, Erziehungs- u. Bildungswesens, des Sports u. der Erholung, des Gesundheits- u. Sozialwesens, des Umweltschutzes sowie ähnl. Art – Hilfsbetriebe zur ausschl. Deckung des Eigenbedarfs	Ja (§ 136 Abs. 1 Sätze 5, 6, 8 NKomVG) Überörtliche Betätigungen nach § 136 Abs. 1 Satz 3 NKomVG und zur Erzeugung von Strom aus erneuerbaren Energien zur Erfüllung des öffentlichen Zwecks bei Wahrung der berechtigten Interessen betroffener Kommunen zulässig; bzgl. Wasserversorgung Einvernehmen erforderlich. In gesetzlich libera-

Land	Subsidiaritätsklausel	Festlegung nichtwirtschaftlicher Betätigungen (Negativklausel)	Ausnahme vom Örtlichkeitsprinzip
	kommunikationsleitungsnetzen einschließlich der Telekommunikationsdienstleistungen insbesondere für Breitbandtelekommunikation (§ 136 Abs. 1 Satz 3 NKomVG).		lisierten Bereichen nur solche Interessen berechtigt, die nach den maßgeblichen Vorschriften eine Einschränkung des Wettbewerbs zulassen.
Nordrhein-Westfalen (§ 107 und § 107a GO NRW)	Einfache (Funktionssperre) Wenn bei einem Tätigwerden **außerhalb der Wasserversorgung, des öffentl. Verkehrs sowie des Betriebs von Telekommunikationsleitungsnetzen einschließl. der Telekommunikationsdienstleistungen** der öffentliche Zweck durch andere Unternehmen nicht besser und wirtschaftlicher erfüllt werden kann. Die Sondervorschrift § 107a nimmt auch die **Strom-, Gas- und Wärmeversorgung** aus, der öffentliche Zweck wird insoweit fingiert	– Einrichtungen, zu denen gesetzl. Verpflichtung besteht – öffentliche Einrichtungen, die für die soziale u. kulturelle Betreuung der Einwohner erforderlich sind, insbesondere… – Einrichtungen der Straßenreinigung, Wirtschaftsförderung, Fremdenverkehrsförderung, Wohnraumversorgung – Einrichtungen des Umweltschutzes, insbes. Abfallbeseitigung, Abwasserentsorgung, Messe-u. Ausstellungswesen – Einrichtungen zur ausschließlichen Deckung des Eigenbedarfs	Ja (§ 107 Abs. 3, § 107a Abs. 3 GO NRW) wenn – jeweils allg. Vorauss. erfüllt, – berechtigte Interessen betroffener Gebietskörperschaften gewahrt. Bei Strom-. Gas- u. Wärmeversorgung gelten nur Interessen als berechtigt, die nach Energiewirtschafts- gesetz Wettbewerbseinschränkung zulassen (§ 107a Abs. 3 S. 2). Wirtschaftl. Betätigung auf ausländ. Märkten zulässig, wenn die Vorauss. des § 107 Abs. 1 S. 1 Nr. 1 u. 2 bzw. § 107a Abs. 1 vorliegen (keine Funktionssperre); genehmigungspflichtig Ähnliche Regelung für nichtwirtschaftliche Betätigung außerhalb des Gemeindegebiets und im Ausland in § 107 Abs. 4

Land	Subsidiaritätsklausel	Festlegung nichtwirtschaftlicher Betätigungen (Negativklausel)	Ausnahme vom Örtlichkeitsprinzip
Rheinland-Pfalz (§ 85 GemO RhPf.)	Echte Wenn der öffentl. Zweck bei einem Tätigwerden **außerhalb der Versorgung mit Elektrizität, Gas, Wärme (Energieversorgung), der Versorgung mit Wasser, der Versorgung mit Breitbandtelekommunikation und des ÖPNV** nicht ebenso gut u. wirtschaftlich durch einen privaten Dritten erfüllt wird oder erfüllt werden kann	Einrichtungen, die **überwiegend** folgenden Zwecken zu dienen bestimmt sind: 1. Erziehung, Bildung und Kultur 2. Sport und Erholung 3. Sozial- u. Jugendhilfe 4. Gesundheitswesen 5. Umweltschutz 6. Wohnungswesen u. Stadtentwicklung 7. Deckung des Eigenbedarfs der Gemeinde	Ja (§ 85 Abs. 2 GemO RhPf.) wenn – die allg. Voraussetzungen vorliegen – berechtigten Interessen aller hiervon unmittelbar betroffenen Gemeinden gewahrt sind. Bei Versorgung mit Elektrizität und Gas gelten nur Interessen berechtigt, die nach Energiewirtschaftsgesetz Wettbewerbseinschränkungen zulassen. Beteiligung eines wirtsch. Unternehmens der Gemeinde an EE-Anlagen, die außerhalb der BRD im Ausland errichtet werden oder bestehen, ist zulässig, wenn öffentlicher Zweck Beteiligung rechtfertigt und angemessenes Verhältnis zur Leistungsfähigkeit der Gemeinde (§ 85 Abs. 2a GemO RhPf.)
Saarland (§ 108 KSVG)	Echte Wenn der öffentl. Zweck nicht ebenso gut u. wirtschaftlich durch einen privaten Dritten erfüllt wird oder erfüllt werden kann.	Einrichtungen – des Bildungs-, Gesundheits- u. Sozialwesens, der Kultur, des Sports, der Erholung, der Freizeitgestaltung, der Abfall- u. Abwasserbeseitigung sowie ähnlicher Art – die als Hilfsbetriebe ausschließl. der Eigen-	Ja (§ 108 Abs. 4 KSVG) wenn – allg. Vorauss. erfüllt – keine betroffene kommunale Gebietskörperschaft aus berechtigten Interessen widerspricht. Bei gesetzl. liberalisierten Tätigkeiten gelten nur Interessen als berechtigt,

Land	Subsidiaritätsklausel	Festlegung nichtwirtschaftlicher Betätigungen (Negativklausel)	Ausnahme vom Örtlichkeitsprinzip
		bedarfsdeckung dienen.	die nach den maßgebl. Vorschriften Wettbewerbseinschränkung zulassen.
Sachsen (§ 94a und § 97 SächsGemO)	Einfache (Funktionssperre) Wenn der Zweck nicht besser u. wirtschaftlicher durch einen privaten Dritten erfüllt wird oder erfüllt werden kann. **Ausgenommen** sind Unternehmen der Bereiche **Strom-, Gas-, Wärme- und Wasserversorgung** sowie **Telekommunikation** (§ 97 Abs. 1 SächsGemO). Im Bereich der **Wohnungswirtschaft** hat die Gemeinde ua. darauf hinzuwirken, dass der von ihr unmittelbar oder mittelbar gehaltene Wohnungsbestand **keine marktbeherrschende Stellung** einnimmt (§ 94a Abs. 2 SächsGemO).	– Unternehmen, die Aufgaben wahrnehmen, zu denen die Gemeinde verpflichtet ist – Einrichtungen des Unterrichts-, Erziehungs- und Bildungswesens, der Kunstpflege, der körperlichen Ertüchtigung, der Gesundheits- und Wohlfahrtspflege – Hilfsbetriebe zur ausschließl. Eigenbedarfsdeckung	Ja (§ 97 Abs. 1 SächsGemO) Für Betätigung von Versorgungsunternehmen in den Bereichen Strom-, Gas-, Wärme- und Wasserversorgung sowie Telekommunikation, wenn nach Art und Umfang im angemessenen Verhältnis zur Leistungsfähigkeit der Gemeinde
Sachsen-Anhalt (§ 128 KVG LSA)	Einfache (Funktionssperre) Wenn der Zweck nicht besser u. wirtschaftlicher durch einen anderen erfüllt wird oder erfüllt werden kann. Subsidiaritätsklausel gilt **nicht in den Bereichen Strom-, Gas- u. Wärmeversorgung, Wasserversorgung, Abfallentsorgung,**	Keine Negativklausel	Ja (§ 128 Abs. 3 bis 5 KVG LSA) 1. Bei Strom-, Gas-, Wärmeversorgung, wenn angemessenes Verhältnis zur Leistungsfähigkeit der Gemeinde, Funktionssperre beachtet; 2. bei anderen Betätigungen nur in begründeten Ausnahmefällen, wenn öffentlicher Zweck,

Land	Subsidiaritätsklausel	Festlegung nichtwirtschaftlicher Betätigungen (Negativklausel)	Ausnahme vom Örtlichkeitsprinzip
	Abwasserbeseitigung, Breitbandversorgung, Wohnungswirtschaft, öffentl. Verkehr. Öffentlicher Zweck wird insoweit fingiert.		angemesenes Verhältnis zur Leistungsfähigkeit (ohne Funktionssperre). In allen Fällen müssen berechtigte Interessen der betroffenen Gemeinde gewahrt sein. Im Wettbewerb gelten Interessen nur als berechtigt, soweit jeweiliger Ordnungsrahmen Wettbewerbseinschränkung zulässt. Genehmigungspflicht für Betätigung im Ausland.
Schleswig-Holstein (§ 101 und § 101a GO SchlH)	Einfache (Funktionssperre) Wenn der Zweck nicht besser u. wirtschaftlicher auf andere Weise erfüllt werden kann. **Ausgenommen** ist die **energiewirtschaftliche Betätigung** (Erzeugung, Gewinnung, Vertrieb oder Verteilung von Energie zur Strom-, Gas-, Wärme- und Kälteversorgung)	– Einrichtungen, zu denen gesetzliche Verpflichtung besteht – Einrichtungen des Bildungs-, Gesundheits- u. Sozialwesens, der Kultur, des Sports, der Erholung, der Abfallentsorgung und Abwasserbeseitigung sowie Einrichtungen ähnlicher Art – Hilfsbetriebe zur ausschließlichen Eigenbedarfsdeckung	Ja (§ 101 Abs. 2, 3, § 101a Abs. 1 S. 2 GO SchlH) wenn – allg. Vorauss. erfüllt – berechtigte Interessen betroffener Gebietskörperschaft gewahrt. Bei im Wettbewerb wahrgenommenen Aufgaben sind nur Interessen berechtigt, die nach Bundesrecht Wettbewerbseinschränkung zulassen. **Erzeugung und Gewinnung von erneuerbaren Energien** ohne Wahrnehmung eines Versorgungsauftrags soll auf angrenzende Gemeinden beschränkt sein, Einvernehmen der betroffenen Gemeinde erforderlich (§ 101a Abs. 2 S. 2 GO SchlH). Besonderheit **Ausland:** – allg. Vorauss. erfüllt

Land	Subsidiaritätsklausel	Festlegung nichtwirtschaftlicher Betätigungen (Negativklausel)	Ausnahme vom Örtlichkeitsprinzip
			– keine entgegenst. ber. Interessen des Bundes oder Landes – Genehmigungspflicht
Thüringen (§ 71 ThürKO)	Echte Wenn bei einem Tätigwerden **außerhalb der kommunalen Daseinsvorsorge, insbesondere** im Bereich der Strom-, Gas- und Wärmeversorgung einschließliche der Erzeugung, Speicherung und Einspeisung erneuerbarer Energien sowie der Verteilung von hieraus gewonnener thermischer Energie, der Zweck nicht ebenso gut und wirtschaftlich durch einen anderen erfüllt wird oder erfüllt werden kann. Ggf. ist ein Markterkundungsverfahren unter Einbindung der betroffenen örtlichen Betriebe in Landwirtschaft, Handel, Gewerbe und Industrie durchzuführen. Unternehmen der Gemeinde dürfen keine wesentliche Schädigung und keine Aufsaugung selbständiger Betriebe in Landwirtschaft, Handel, Gewerbe und Industrie bewirken.	Unternehmensbezogene Schrankentrias	Ja (§ 71 Abs. 5 ThürKO) wenn – allg. Vorauss. erfüllt – berechtigte Interessen betroffener kommunaler Gebietskörperschaften gewahrt sind. Bei liberalisierten Tätgkeiten sind nur Interessen berechtigt, die nach den maßgeblichen Vorschriften Wettbewerbseinschränkung zulassen. Genehmigungspflicht, ausgenommen Tätigkeiten, die Versorgung mit Strom und Gas betreffen (nur anzeigepflichtig).

Vorstehender Übersicht über einzelne Elemente der Gemeindewirtschaftsrechte der Länder ist bereits zu entnehmen, dass alle Landesrechte **Regelungen mehr oder weniger restriktiven Inhalts** normieren, um die kommunale Wirtschaftstätigkeit zu beschränken. Grundsätzlich geschieht dies durch den Ansatz der bereits in der DGO[111] enthaltenen 52

[111] Vgl. → Rn. 27 ff.

Schrankentrias, deren Anforderungen erfüllt sein müssen, damit eine kommunale Gebietskörperschaft zulässigerweise ein wirtschaftliches Unternehmen errichten, übernehmen oder erweitern darf.

53 Im Einzelnen sind regelmäßig folgende Voraussetzungen zu erfüllen:

1. Ein öffentlicher Zweck muss die wirtschaftliche Betätigung erfordern oder rechtfertigen,
2. die wirtschaftliche Betätigung muss in einem angemessenen Verhältnis zur Leistungsfähigkeit der Gemeinde und dem voraussichtlichen Bedarf stehen,
3. eine Subsidiaritätsklausel.

54 Das Vorliegen eines **öffentlichen Zwecks** (Nr. 1.) ist weiterhin die zentrale gemeinsame Zulässigkeitsvoraussetzung, wobei die Regelungen im Detail differieren und einige Landesgesetzgeber mittlerweile für bestimmte Betätigungen feststellen, dass sie einen öffentlichen Zweck erfüllen (dazu → Rn. 100 ff.). Die Schranke Nr. 2. ist in Bezug auf die **Leistungsfähigkeit** weiterhin in allen Gemeindeordnungen enthalten, in Nordrhein-Westfalen und Schleswig-Holstein fehlt seit den letzten Gesetzesänderungen generell die Anforderung des **voraussichtlichen Bedarfs.** § 85 Abs. 1 S. 2 GO RhPf. normiert insoweit eine Sonderregelung für die energiewirtschaftlichen Betätigung, indem ausnahmsweise auf das Kriterium eines bestehenden Bedarfs innerhalb der Gemeinde verzichtet wird. Mecklenburg-Vorpommern und Niedersachsen beschränken diese Privilegierung auf den Bereich der Energieerzeugung, Sachsen-Anhalt auf energiewirtschaftliche Betätigungen außerhalb des Gemeindegebiets. In Sachsen entfällt das Bedarfskriterium bzgl. kommunaler Versorgungsunternehmen in den Bereichen Energie- und Wasserversorgung sowie Telekommunikation (insgesamt dazu → Rn. 127 ff.).

Unterschiede bestehen zwischen den Ländern auch in der Ausgestaltung der **Subsidiaritätsklausel** (→ Rn. 131 ff.). Die gesetzgeberischen Aktivitäten der Länder sind in den letzten fünfzehn Jahren zunächst bestimmt gewesen durch den Trend, die ehemals einfachen Funktionssperren durch stringente Subsidiaritätsklauseln zu ersetzen. Mittlerweile ist eine deutliche Tendenz festzustellen, diese Verschärfungen entweder zurückzunehmen oder durch „Bereichsausnahmen“, dh Herausnahme bestimmter Aufgabenbereiche aus dem Anwendungsbereich der Schrankentrias insgesamt oder von Teilen davon (Bedarfskriterium, Subsidiaritätsklausel) sowie durch die Schaffung von Öffnungsklauseln beim Örtlichkeitsprinzip (dazu → Rn. 165 ff.) zu relativieren.

c) Wirtschaftliche – nichtwirtschaftliche Betätigung

55 **aa) Unterscheidung.** Die Gemeindeordnungen gehen – mit **Ausnahme** der Kommunalordnungen in **Bayern und Thüringen,** die auf eine Unterscheidung zwischen wirtschaftlichen und nichtwirtschaftlichen Betätigungen zugunsten des einheitlichen Begriffs des „Unternehmens“ verzichten – sämtlich von einem weiten Begriff des wirtschaftlichen Unternehmens aus. Die Kommunalverfassungen in Brandenburg, Mecklenburg-Vorpommern und Nordrhein-Westfalen enthalten eine im Wesentlichen gleichlautende **Definition** der wirtschaftlichen Betätigung als das Herstellen, Anbieten oder Verteilen von Gütern oder Dienstleistungen, die ihrer Art nach auch von Privaten mit der Absicht der Gewinnerzielung erbracht werden könnten.[112] Nachdem die positive Begriffsbestimmung auf eine potenzielle Marktgängigkeit der Tätigkeit abstellt, ist sie als Abgrenzungskriterium aber wenig geeignet.[113] Die Gesetzgeber der meisten Länder haben daher nach dem Vorbild der DGO für bestimmte Bereiche kommunaler wirtschaftlicher Betätigung eine Ausnahme von dem Anwendungsbereich der einschränkenden Bestimmungen geregelt. Einzelne Länder sind den Weg gegangen, unter Verzicht auf eine solche Negativklausel (Sachsen-Anhalt) oder neben einer Negativklausel (Baden-Württemberg, Hessen, Niedersachsen, Nordrhein-Westfalen, Rheinland-Pfalz, Sachsen, Schleswig-Holstein) für bestimmte Versor-

[112] § 91 Abs. 1 S. 1 BbgKVerf, § 68 Abs. 1 Satz 1 KV M-V, § 107 Abs. 1 S. 3 GO NRW. So auch BVerwGE 39, 329 (333).

[113] *Oebbecke* in Mann/Püttner HKWP § 41 Rn. 14; *Rehn/Cronauge* § 107 Erl. II. 2.

gungsaufgaben (die nicht bereits von einer Negativklausel erfasst sind) Bereichsausnahmen von der geltenden Subsidiaritätsklausel zu normieren und teilweise zudem das Vorliegen eines öffentlichen Zwecks für bestimmte Aufgaben festzustellen (so in Nordrhein-Westfalen, Niedersachsen, Rheinland-Pfalz, Sachsen, Sachsen-Anhalt, Schleswig-Holstein insbesondere in Bezug auf die energiewirtschaftliche Betätigung). Die der Ausnahme unterfallenden Unternehmen werden damit privilegiert, weil sie von der Erfüllung der Voraussetzungen der in den betreffenden Ländern geltenden Schrankentrias vollständig oder größtenteils freigestellt werden.

Diese Länder – mit Ausnahme Brandenburgs und Sachsen-Anhalts – bedienen sich zu **56** diesem Zweck der aus § 67 Abs. 2 DGO bekannten **Negativklausel,** dh, es findet eine Negativabgrenzung bestimmter Unternehmen und Einrichtungen im Sinne eine Negativkatalogs statt.[114] Dadurch werden qua definitionem „nichtwirtschaftliche Unternehmen" von „wirtschaftlichen Unternehmen" unterschieden. Es handelt sich um eine **Fiktion.**[115] Bei diesen wirtschaftlichen Unternehmen liegt damit keine wirtschaftliche Betätigung iSd Gemeindeordnung vor, wohl aber im weiteren Sinne. Die jeweils enumerativ aufgeführten Einrichtungen dienen zweifelsfrei der kommunalen Daseinsvorsorge und tragen ihre öffentliche Zwecksetzung gewissermaßen auf der Stirn.[116]

Die inhaltliche **Ausgestaltung** der Negativklauseln in den Ländern **differiert.** Den **57** Negativklauseln ist gemein, dass Unternehmen bzw. Einrichtungen, zu deren Betrieb die Gemeinde gesetzlich verpflichtet ist, zu den nichtwirtschaftlichen Unternehmen zählen. Eine derartige Abgrenzung fehlt nur in den Gemeindeordnungen von Rheinland-Pfalz und des Saarlandes.

Ebenso verhält es sich mit der Zuordnung der Hilfsbetriebe bzw. Einrichtungen, die **58** (ausschließlich) der Eigenbedarfsdeckung der Gemeinde dienen; alle Negativklauseln der Länder bezeichnen diese als nichtwirtschaftliche Unternehmen.

Alle Negativklauseln zählen Einrichtungen, die der Erziehung, der Bildung, der Kultur, **59** dem Sport, dem Sozialwesen bzw. der Wohlfahrtspflege oder der Gesundheit dienen, zu den nichtwirtschaftlichen Betätigungen.

In Niedersachsen, Nordrhein-Westfalen[117] und Rheinland-Pfalz werden auch Einrichtungen des Umweltschutzes generell ausdrücklich genannt, in Hessen, dem Saarland und Schleswig-Holstein solche, die der Abwasser- und Abfallbeseitigung dienen. Andere Tätigkeitsbereiche, wie zB das Messe- und Ausstellungswesen oder das Wohnungs- und Siedlungswesen werden vereinzelt aufgeführt. In Mecklenburg-Vorpommern wurden 2011 „Einrichtungen zur Erzeugung von Energie, insbesondere erneuerbarer Art", in den Katalog neu aufgenommen, um „dem Anliegen einer nachhaltigen Entwicklung der Energieversorgung" Rechnung zu tragen[118]; allerdings findet die Vorgabe, dass die Energieerzeugung nach Art und Umfang in einem angemessenen Verhältnis zur Leistungsfähigkeit der Gemeinde stehen muss, ausnahmsweise auf eine in der Negativklausel genannte Einrichtung Anwendung.

In Hessen wurde kürzlich die Breitbandversorgung in den Katalog der nichtwirtschaftlichen Betätigungen aufgenommen.

Diese Unterschiede sind nur mit der Historie der jeweiligen Landesgesetzgebung zu erklären.[119] Aufgrund der entweder nicht abschließenden oder sehr weit gefassten Bezeichnungen der Tätigkeitsfelder in den Negativklauseln der Gemeindeordnungen ergeben sich für die Praxis in den einzelnen Ländern nur vereinzelt signifikante Unterschiede.

[114] Vgl. *Kunze/Bronner/Katz* GemO § 102 Rn. 65.

[115] *Oebbecke* Städte- und Gemeinderat 1995, 387 (389).

[116] *Ehlers* DVBl 1998, 497 (498); *Lange* NVwZ 2014, 616 (618).

[117] Besonders hervorgehoben („insbesondere") werden dabei Einrichtungen der Abfallbeseitigung und der Abwasserentsorgung, vgl. § 107 Abs. 2 S. 1 Nr. 4 GO NRW.

[118] Vgl. § 68 Abs. 3 S. 1 Nr. 4 KV MV, eingeführt durch Gesetz vom 13.7.2011 (GVBl. S. 777) und die Begründung zum Gesetzentwurf, LT-Drs. 5/4173, 146 f.

[119] So *Brüning* NVwZ 2015, 689 (690). *Burgi* (Kommunalrecht § 17 Rn. 39) spricht von im Einzelnen schwer nachvollziehbaren Zuordnungen.

60 **bb) Rechtsfolgen.** Die **Freistellung** von den einschränkenden Bestimmungen des Gemeindewirtschaftsrechts gilt für die von der Negativklausel erfassten Unternehmen **umfassend.** Dabei ist es gleich, ob es sich um pflichtige oder freiwillige Aufgabenerfüllung handelt. Von den strengen Voraussetzungen der Schrankentrias – auch bei echter Subsidiaritätsklausel – ausgenommen sind der Negativklausel unterfallende Unternehmen auch dann, wenn sie rein tatsächlich Teil der kommunalen Wirtschaftstätigkeit sind. Ausdrücklich hat dies der VerfGH Rheinland-Pfalz[120] für die Einrichtungen des Umweltschutzes, namentlich für solche der Abfallentsorgung festgestellt; es macht dabei keinen Unterschied, ob die betreffenden Aufgaben von der Kommune als Pflichtaufgaben zu erledigen sind oder von ihr freiwillig übernommen werden, wie dies etwa bei der Verwertung von Abfällen gewerblicher Herkunft der Fall ist.

61 Soweit in einzelnen Gemeindeordnungen auf eine explizite Unterscheidung nichtwirtschaftlicher von wirtschaftlichen Unternehmen verzichtet wurde, wird dies in der Regel mit nicht gegebener Praktikabilität und Undurchführbarkeit im Einzelfall begründet. Bayern und Thüringen nehmen dann allerdings Differenzierungen innerhalb der Schranken-Trias vor, indem zB der Bereich der kommunalen Daseinsvorsorge von der Subsidiaritätsklausel ausgenommen wird. In Brandenburg wurde die Subsidiaritätsklausel faktisch abgeschafft.

Der **Wegfall der Subsidiaritätsklausel** in Nordrhein-Westfalen durch die Kommunalrechtsnovelle von 1994 – der durch die GO-Novelle von 2007 zunächst in sogar verschärfter Form revidiert wurde, bevor 2010 eine Ausgestaltung als einfache Subsidiaritätsklausel erfolgt ist – war seinerzeit mit Schwierigkeiten eines Vergleichs von Kommunal- und Privatwirtschaft begründet worden.[121]

62 Die zweite Auswirkung der Fiktion der „nichtwirtschaftlichen" Betätigung ist in verschiedenen Bundesländern die ausdrückliche **Befreiung** von der Forderung nach der **Erzielung eines Überschusses** für den Gemeindehaushalt durch die betroffenen Unternehmen.[122] Bei diesen Einrichtungen handelt es sich üblicherweise um solche, deren Entgelte nach den einschlägigen Kommunalabgabengesetzen zu kalkulieren sind. Durch das Kommunalabgabenrecht ist das Kostendeckungsprinzip zur Limitierung der Gebühren- bzw. Beitragshöhe vorgegeben.

Nur den „wirtschaftlichen" Unternehmen soll eine Erwerbsfunktion für den allgemeinen Haushalt der Gemeinde zukommen.

63 Eine dritte Bedeutung hat die Klassifizierung als „nichtwirtschaftliche" Betätigung für die betroffenen Unternehmen insoweit, als für die Rechtsformwahl in verschiedenen Ländern **andere Maßstäbe** gelten. Unternehmen mit „wirtschaftlicher Tätigkeit" können dort unter anderen, in der Regel geringeren Voraussetzungen in einer Rechtsform des Privatrechts betrieben werden als solche mit „nichtwirtschaftlichem" Betätigungsbereich.[123]

d) Wirtschaftsgrundsätze

64 Die Kommunalverfassungen beinhalten nicht nur Regelungen für die Errichtung, sondern auch für den Betrieb sowohl der wirtschaftlichen als auch der nichtwirtschaftlichen Unternehmen der Kommunen.

65 Wirtschaftliche Unternehmen sind nach fast allen Gemeindeordnungen so zu führen, dass der öffentliche Zweck erfüllt (Muss-Vorschrift) und daneben ein Überschuss für den Haushalt der Gemeinde erzielt wird (Soll-Bestimmung).[124]

---

[120] VerfGH RhPf. 28.3.2000, NVwZ 2000, 801 ff.; vgl. auch OVG Münster 12.10.2004 – 15 B 1873/04, NVwZ 2005, 1211.

[121] Vgl. *Ehlers* DVBl 1998, 497 ff. (501).

[122] Vgl. § 102 Abs. 3 und 4 GemO BW, § 121 Abs. 8 iVm § 121 Abs. 2 HGO, § 75 Abs. 1 KV MV, § 149 Abs. 1 NKomVG, § 109 Abs. 1 GO NRW, § 85 Abs. 3 u. 4 GemO RhPf., § 94a Abs. 3 u. 4 SächsGemO, § 107 GO SchlH.

[123] Vgl. § 122 Abs. 2 HGO, § 69 Abs. 1 Nr. 2 KV MV, § 136 Abs. 4 NKomVG, § 108 Abs. 1 Nr. 2 GO NRW.

[124] So § 102 Abs. 3 GemO BW, § 92 Abs. 4 BbgKVerf, § 121 Abs. 8 HGO, § 75 Abs. 1 S. 2 KV MV, § 149 Abs. 1 NKomVG, § 109 Abs. 1 GO NRW, § 85 Abs. 3 GemO RhPf., § 116 KSVG, § 94a Abs. 4

Hierin kommt der eindeutige **Vorrang des öffentlichen Zwecks** vor der Ertragserzielung für den Haushalt zum Ausdruck. Begründet ist dieser im gemeinwirtschaftlichen Charakter der kommunalen Unternehmen, wenn unter gemeinwirtschaftlichen Unternehmen diejenigen Einzelwirtschaften verstanden werden, „die kraft Gesetzes, Satzung, Vertrages oder sonstiger äußerlich erkennbarer Merkmale ihrer organisatorischen Form nachhaltig bestimmt sind, nicht nur dem Wohle ihrer Träger, sondern unmittelbar dem Wohle einer übergeordneten Gesamtheit oder einer von ihr vertretenen Idee zu dienen"; Leistungen und Ergebnis dieser Unternehmen sollen einer objektiv bestimmten Aufgabe „gewidmet" sein.[125]

Der nachhaltigen und stetigen Erfüllung des öffentlichen Zwecks kommt die Primärfunk- 66
tion zu. Die Erzielung eines Ertrags für den Gemeindehaushalt ist hingegen eine Sekundärfunktion, ein Nebenziel.[126] Die festgelegte **Rangfolge zwischen öffentlichem Zweck und Ertragserzielung** ist eine eindeutige Handlungs- und Entscheidungsvorgabe für sämtliche an der Führung kommunaler Unternehmen beteiligten Personen und Gremien.[127]

Die Priorisierung des öffentlichen Zwecks bedeutet, dass das Ertragsstreben mit der 67
öffentlichen Zielsetzung des Unternehmens und den Besonderheiten kommunaler Bedürfniserfüllung abzustimmen ist. Im Hinblick hierauf ist uU teilweise oder ganz auf einen Ertrag zu verzichten. In bestimmten Fällen können bei Gefährdung des Primärziels oder einer ansonsten nicht gegebenen Erreichbarkeit sozial tragbarer Entgelte auch Verluste zulässig sein.

Hinsichtlich der **Höhe des anzustrebenden Ertrags oder Gewinns** finden sich in den 68
Gemeindeordnungen Regelungen unterschiedlicher Regelungsdichte und unterschiedlicher Terminologie.

Thüringen, Rheinland-Pfalz und Niedersachsen, eingeschränkter auch Hessen, normieren insoweit am umfassendsten den Umfang des anzustrebenden Unternehmensergebnisses.[128] Als Minimum nennen Rheinland-Pfalz und Niedersachsen eine Ertragshöhe, durch die alle Aufwendungen und kalkulatorischen Kosten gedeckt werden, eine Rücklagenbildung zur Erhaltung des Vermögens des Unternehmens sowie zu seiner notwendigen technischen und wirtschaftlichen Fortentwicklung ermöglicht und eine marktübliche Verzinsung des Eigenkapitals erzielt wird. Zu den Aufwendungen gehören auch die Steuern, Konzessionsabgaben und die Zinsen für Fremdkapital. Lieferungen und Leistungen von anderen Unternehmen und anderen Verwaltungszweigen der Gemeinde an das Unternehmen sowie Lieferungen und Leistungen des Unternehmens an andere Unternehmen und Verwaltungszweige sind angemessen zu vergüten. Thüringen nennt darüber hinaus noch angemessene Aufwands- und Gefahrenrückstellungen.

Mecklenburg-Vorpommern, Nordrhein-Westfalen und Schleswig-Holstein normieren hingegen mit identischem Gesetzeswortlaut lediglich einen anzustrebenden Jahresgewinn zur Bildung der für die technische und wirtschaftliche Fortentwicklung notwendigen Rücklagen und eine mindestens marktübliche Verzinsung des Eigenkapitals, Brandenburg beschränkt sich auf letzteres.[129]

Baden-Württemberg, das Saarland und Sachsen formulieren zwar das „Soll" eines Ertrags für den Haushalt der Gemeinde, enthalten sich aber weiterer Bestimmungen zu dessen Höhe.[130]

SächsGemO, § 107 GO SchlH. Graduell anders Bayern: Normierung der Erfüllung d. öffentl. Zwecks, keine Nennung der Überschusserzielung (Art. 95 Abs. 1 BayGO), Thüringen: Normierung des Soll-Überschusses für den Haushalt ohne Nennung der Erfüllung des öffentl. Zwecks (§ 75 Abs. 1 ThürKO), lediglich Sachsen-Anhalt trifft insoweit gar keine Regelung.

[125] *Münch,* Grundsätze und Grenzen der Geschäftspolitik, HKWP, 2. Aufl., Bd. 5, S. 71 ff., S. 76 mwN.

[126] Vgl. → Rn. 20, 112 ff.; *Kunze/Bronner/Katz* GemO § 102 Rn. 61.

[127] *Münch* S. 77.

[128] Vgl. § 75 Abs. 2 u. 3 ThürKO, § 85 Abs. 3 GemO RhPf., § 149 Abs. 2 NKomVG, § 121 Abs. 8 HGO.

[129] Vgl. § 92 Abs. 4 BbgKVerf, § 75 Abs. 2 GO MV, § 109 Abs. 2 GO NRW, § 107 GO SchlH.

[130] Vgl. § 102 Abs. 3 GemO BW, § 116 KSVG, § 94a Abs. 4 SächsGemO.

Die Begriffe „Gewinn“ und „Ertrag“ für den Haushalt werden von den Ländern mit dem gleichen Sinngehalt verwendet.

69 Unter Zugrundelegung betriebswirtschaftlicher Grundsätze und in Ansehung der für das betriebswirtschaftliche Ergebnis (Gewinn und Verlust) maßgebenden Faktoren ist trotz der **uneinheitlichen Regelungsdichte** und der **uneinheitlichen Terminologie** in den Gemeindeordnungen der Länder davon auszugehen, dass materiell-rechtliche Unterschiede nicht bestehen.[131]

70 Auch soweit in der Mehrzahl der Landesrechte „nichtwirtschaftliche“ Unternehmen mittels einer Negativklausel definiert werden,[132] treffen die Gemeindeordnungen gleichwohl Regelungen, wonach auch diese Unternehmen **nach wirtschaftlichen Grundsätzen** zu verwalten sind, soweit dies mit dem öffentlichen Zweck vereinbar ist. Dies ergibt sich bereits aus haushaltsrechtlichen Grundsätzen. Eine Gewinnerzielung führt für die „nichtwirtschaftlichen“ Unternehmen deshalb auch nicht zu einem Verlust der Fiktion der Nichtwirtschaftlichkeit.[133]

e) Aktuelle Bedeutung der Unterscheidung „nichtwirtschaftlicher“ von „wirtschaftlichen“ Unternehmen

71 *Cronauge* ist der Auffassung, zumindest in den Bereichen der Abfallwirtschaft und wohl auch der Abwasserbeseitigung sei die tatsächliche und auch rechtliche Entwicklung über diesen ausschließlich historisch begründbaren Dualismus hinweggegangen.[134] Es ist zuzugestehen, dass veränderte rechtliche Rahmenbedingungen wie das KrWG und die Veränderung der Marktsituation durch das sich nunmehr auf ehemals klassische kommunale Tätigkeitsfelder erstreckende Interesse Privater zu entscheidend **veränderten Bewertungen** geführt haben. Dies begründet für die Kommunen auch die Gefahr eines weitgehenden Verlustes der Aufgaben, die sie im Interesse des Funktionierens der örtlichen Gemeinschaft erfüllen. Gerade in der Abfallwirtschaft findet eine schleichende Aushöhlung der kommunalen Verantwortung statt.[135]

72 Eine rechtliche Funktionslosigkeit des **Dualismus „wirtschaftlich – nichtwirtschaftlich“** aber ist damit bisher nicht einhergegangen.[136] Zwar wurde die Unbestimmtheit dieser Rechtsbegriffe kritisiert.[137] In Bayern und Thüringen, die auf diese Unterscheidung verzichten und gemeindliche „Unternehmen“ generell den Zulässigkeitsvoraussetzungen unterwerfen, wurden die ordnungspolitischen Grundentscheidungen in der Folge auf das Erfordernis eines öffentlichen Zwecks und die Daseinsvorsorge als Ausnahme zur Subsidiaritätsklausel verlagert, also Begriffe, die im Einzelfall ebenfalls Abgrenzungsprobleme aufwerfen können. Das wiederholt geänderte Gemeindewirtschaftsrecht Nordrhein-Westfalens stellt dagegen weiterhin ganz entscheidend auf die Terminologie „wirtschaftlich – nichtwirtschaftlich“ ab.[138] Daneben beschreitet Nordrhein-Westfalen mit dem 2010 geschaffenen § 107a GO einen neuen Weg, der eine Sonderregelung für die **energiewirtschaftliche Betätigung** enthält und ausweislich der Gesetzesbegründung neben die

---

[131] Vgl. nur zu der baden-württembergischen Regelung *Kunze/Bronner/Katz* GemO § 102 Rn. 64.

[132] → Rn. 51, 55 f.

[133] OLG Düsseldorf 12.1.2000, NVwZ 2000, 714 (715); *Britz* NVwZ 2001, 380 ff. (383).

[134] *Cronauge,* Kommunale Unternehmen, Rn. 403.

[135] *Schink/Kuhn/Rühl* Der Landkreis 2001, 438 (440). Anschaulich die aktuelle Diskussion über die Umsetzung der EU-Abfallrahmenrichtlinie v. 30.5.2018 (ABl. L 150 v. 14.6.2018, 109) durch Änderungen des KrWG oder die Auseinandersetzungen um das Gesetz zur Neuordnung des Kreislaufwirtschafts- und Abfallrechts 2011/2012, die erst im Vermittlungsausschuss einem Kompromiss zugeführt werden konnten, vgl. die einschägigen Stellungnahmen des DStGB, abrufbar unter www.dstgb.de, Schwerpunkt Kommunale Abfallwirtschaft.

[136] Kritisch wegen der nicht konkretisierten und typisierten Legalfiktionen der Nichtwirtschaftlichkeit und deren Rechtsfolgen *Breuer* WiVerw 2015, 150 (156).

[137] *Schulz,* Wirtschaftliche, nichtwirtschaftliche und nicht nichtwirtschaftliche Unternehmen, BayVBl. 1997, 518 ff.

[138] § 107 Abs. 2, 3 u. 4 GO NRW. Kritisch dazu *Rehn/Cronauge* GO § 107 Anm. VII. 1.

Bestimmungen in § 107 Abs. 1 und 2 GO NRW über wirtschaftliche und nichtwirtschaftliche Betätigungen tritt; dadurch sollte ein **eigener Ordnungsrahmen** definiert werden, um eine „rechtssystematisch umstrittene Klärung weiterer Zuordnungen im Rahmen der wirtschaftlichen bzw. nichtwirtschaftlichen Betätigung" zu vermeiden.[139] Inhaltlich handelt es sich dabei aber um sektorenspezifische Sonderregelungen zu einer wirtschaftlichen Betätigung, die weiterhin in starkem Kontext zu den bestehenden Vorschriften stehen.[140] In Rheinland-Pfalz ist die im Gemeindewirtschaftsrecht unverändert vorhandene Negativklausel eine **tragende Norm** für die Entscheidung des VerfGH Rheinland-Pfalz vom 28.3.2000 zur Verfassungskonformität der Einführung einer stringenten Subsidiaritätsklausel und einer Berichtspflicht der Kommunen über ihre wirtschaftlichen Beteiligungen.[141]

Für die kommunalen Unternehmen von durchaus existenzieller Bedeutung ist die Feststellung des VerfGH, dass die strengen **Zulässigkeitsvoraussetzungen** des § 85 Abs. 1 GemO RhPf. **einschließlich der „echten" Subsidiaritätsklausel keine Geltung** beanspruchen für Unternehmen, die überwiegend Zwecken dienen, die § 85 Abs. 4 GemO RhPf. als nichtwirtschaftlich fingiert. Sie sind umfassend von diesen Voraussetzungen freigestellt, auch insoweit, als sie rein tatsächlich Teil der kommunalen Wirtschaftstätigkeit sind. Dabei mache es keinen Unterschied, ob die betreffenden Aufgaben von den Kommunen als Pflichtaufgaben zu erledigen sind oder von ihnen freiwillig übernommen werden. Ausdrücklich festgestellt wird dies für die Einrichtungen des Umweltschutzes, namentlich der Abfallentsorgung in Bezug auf die Verwertung von Abfällen gewerblicher Herkunft.[142] Zu der Frage, ob die stringente Subsidiaritätsklausel auch auf kommunale Unternehmen, die von der Fiktion der Negativklausel erfasst werden, ausgedehnt werden könnte, hat der VerfGH ausdrücklich nicht Stellung genommen mit der Begründung, dass der in dem konkreten Verfahren zu überprüfende § 85 Abs. 1 Nr. 3 GemO RhPf. aF die fraglichen Bereiche der Daseinsvorsorge ausdrücklich von seiner Geltung ausnehme.[143] 73

Damit hat der VerfGH Rheinland-Pfalz eine klare Leitlinie für die oftmals nur unter eingehender Würdigung der Verhältnisse des Einzelfalls mögliche Zuordnung eines Unternehmens zum „wirtschaftlichen" oder „nichtwirtschaftlichen" Bereich gegeben. Durch diese ist klargestellt, dass die Erweiterung des Betätigungsfeldes eines fiktiv „nichtwirtschaftlichen" kommunalen Unternehmens auch in den sog. „wirtschaftlichen" Bereich hinein ohne die Erfüllung der Kriterien der Schrankentrias zulässig ist und auch keine Änderung der Qualifizierung als „nichtwirtschaftliches Unternehmen" bewirkt, sofern es sich bei der Aufgabe als solcher nur um eine der in der Negativklausel genannten handelt und der Anteil der ausgeübten wirtschaftlichen Tätigkeit nicht den der fiktiv nichtwirtschaftlichen überwiegt. 74

Zum gleichen Ergebnis kommt die Rechtsprechung des OVG Münster zu § 107 Abs. 1 S. 1 GO NRW aF in einem Verfahren, in dem die Zulässigkeit der Vermietung des obersten Stockwerks eines Parkhauses durch eine kommunale Gesellschaft zum Betrieb eines Fitness-Studios zur Entscheidung stand.[144] Das Gericht erkennt auf die Zulässigkeit von Hilfs- und Nebengeschäften „wirtschaftlicher" Art zu Betätigungen, die dem fiktiv nichtwirtschaftlichen Bereich zuzuordnen sind. Für den **Begriff der wirtschaftlichen Betätigung** iSd § 107 Abs. 1 GO NRW komme es nicht auf den Charakter jeder einzelnen wirtschaftlichen Handlung an. Der Begriff sei nämlich **betriebs-, und nicht** 75

139 Vgl. LT-Drs. 15/27, 11. Grundlegend dazu *Burgi,* Neuer Ordnungsrahmen, 41, 44 ff.

140 Darauf weisen *Rehn/Cronauge* GO § 107a Anm. I. 3. zu recht hin.

141 VerfGH RhPf. 28.3.2000, NVwZ 2000, 801 (802, 805).

142 VerfGH RhPf. 28.3.2000, NVwZ 2000, 801 (802). Vgl. dazu auch OVG NRW 12.10.2004, NVwZ 2005, 1211 (1212).

143 Vgl. VerfGH RhPf. 28.3.2000, NVwZ 2000, 801 (802); unzutreffend *Britz* NVwZ 2001, 380 ff. (383), die davon ausgeht, in RhPf. seien die Daseinsvorsorgeaufgaben von der Subsidiaritätsklausel nicht mehr freigestellt.

144 OVG Münster 13.8.2003, NVwZ 2003, 1520 (1522 f.); kritisch dazu *Lange* NVwZ 2014, 616 (618).

handlungsbezogen. Die Definition stelle ab auf den Betrieb eines Unternehmens, das in bestimmter Weise am Markt tätig wird, nicht auf die einzelne Tätigkeit des Herstellens, Anbietens oder Verteilens von Gütern oder Dienstleistungen. Daraus ergebe sich, dass es für die Zulässigkeitsschranken des § 107 Abs. 1 S. 1 GO NRW nur auf den Unternehmensgegenstand insgesamt ankomme, nicht aber im Wege atomisierender Betrachtung auf jede einzelne unternehmerische Handlung, die bei Gelegenheit der Verfolgung des Unternehmensgegenstandes vorgenommen wird.[145]

76 Grundlegende Bedeutung für die Entscheidung darüber, ob die fiktiv nichtwirtschaftliche Tätigkeit auch die angestrebte Hilfs- oder Nebentätigkeit erfasst, kommt nach Auffassung des OVG als Abgrenzungskriterium der Bestimmung des Unternehmenszwecks im Gesellschaftsvertrag oder in der Satzung zu. Entscheidend dafür, ob eine konkrete unternehmerische Tätigkeit den Schranken des § 107 Abs. 1 S. 1 GO NRW unterworfen ist oder ob sich die Zulässigkeit des Unternehmensgegenstandes ohne weiteres auf jene erstreckt, ist deshalb, ob sich das Unternehmen mit der in Rede stehenden Tätigkeit noch im Rahmen des Unternehmensgegenstandes bewegt. Auch § 107 Abs. 1 S. 3 GO NRW will nach Auffassung des OVG Münster mit seinem betriebsbezogenen Begriff wirtschaftlicher Betätigung lediglich den Unternehmensgegenstand an die Beschränkungen des § 107 Abs. 1 S. 1 GO NRW binden, so dass erst eine Überschreitung dieses Unternehmensgegenstandes eine erneute Überprüfung auslöst. Begründet wird dies mit der im Gesellschaftsrecht anerkannten Zulässigkeit von Hilfs- und Nebengeschäften auch außerhalb des Unternehmensgegenstandes. Ausdrücklich erwähnt wird die Zulässigkeit der Wahrnehmung von Erwerbschancen außerhalb des Unternehmenszwecks zur Verhinderung des Brachliegens vorhandener Ressourcen der Gesellschaft oder zur besseren Auslastung eigener Einrichtungen, wobei allerdings der unternehmensgegenstandsfremde Geschäftsumfang der Haupttätigkeit untergeordnet bleiben muss. Die zu dieser Zulässigkeit führenden Wirtschaftlichkeitsgründe sieht das OVG Münster auch in den Bestimmungen der GO NRW über die wirtschaftliche Verwaltung von Vermögensgegenständen (§ 90 Abs. 2 S. 1 GO NRW) und die Haushaltswirtschaft (§ 75 Abs. 1 GO NRW) verankert. Damit ergebe sich auch aus der GO die Erlaubnis derartiger Nebengeschäfte bei kommunaler wirtschaftlicher Betätigung, ohne dass sie selbst den Schranken des § 107 Abs. 1 S. 1 GO NRW unterworfen wären.[146]

77 Die beiden dargestellten Entscheidungen sind ein Beleg für die unverändert große rechtliche Bedeutung der Fiktion der „nichtwirtschaftlichen" Betätigung kommunaler Unternehmen insbesondere für die Zulässigkeit **untergeordneter,** isoliert betrachtet **„wirtschaftlicher" Betätigungen,** ohne dass es auf die Beachtung oder Erfüllung der Kriterien für die Zulässigkeit wirtschaftlicher Betätigung ankäme.

Vor diesem Hintergrund ist darüber hinaus festzustellen, dass für die Anpassungsfähigkeit an veränderte Rahmenbedingungen und die Erschließung ergänzender Betätigungsfelder (Annextätigkeiten) der kommunalen, fiktiv nichtwirtschaftlichen Unternehmen in all den Ländern, die in ihren Negativklauseln die privilegierten Aufgaben nicht gesetzespositivistisch aufgelistet haben, sondern lediglich allgemeine kommunale Aufgabenbereiche oder Zwecksetzungen (Umweltschutz) benennen, erheblich günstigere Rahmenbedingungen bestehen.

---

[145] Vgl. OVG Münster 13.8.2003, NVwZ 2003, 1520 (1522 f.); an dieser Auffassung scheint der erkennende Senat auch unter der Geltung des zwischen 2007 und 2010 verschärften § 107 GO NRW festzuhalten, vgl. OVG Münster 1.4.2008 – 15 B 122/08 Rn. 45 (juris) = NVwZ 2008, 1031 (1033).

[146] Zum Ganzen OVG Münster 13.8.2003, NVwZ 2003, 1520 (1522, 1523).

II. Allgemeine Zulässigkeit von kommunalen Unternehmen

1. Ausdrücklich verbotene Unternehmen – ausdrücklich gestattete Unternehmen

a) Ausdrücklich verbotene Unternehmen

Die Gemeindeordnungen verbieten den Gemeinden die Errichtung bzw. den Betrieb von **Bankunternehmen.** Dieses Verbot ist teilweise genereller Art,[147] andere hingegen formulieren ein grundsätzliches Verbot des Betreibens mit einem gesetzlichen Erlaubnisvorbehalt.[148] Soweit nach dem Wortlaut der Verbotsnorm nur der Betrieb untersagt wird, werden diese Bestimmungen allerdings gleichfalls dahingehend ausgelegt, dass neben dem Betrieb auch die Errichtung und die Beteiligung ausgeschlossen sein sollen.[149] 78

Banken sind Kreditinstitute und damit Unternehmen, die Bankgeschäfte iSd in § 1 Abs. 1 S. 2 Nr. 1–12 KWG aufgeführten Art betreiben, wenn der Umfang dieser Geschäfte einen in kaufmännischer Weise eingerichteten Gewerbebetrieb erfordert. Nicht als Kreditinstitute gelten nach § 2 KWG ua private und öffentliche Versicherungsunternehmen und unter bestimmten Voraussetzungen Unternehmen des Pfandleihgewerbes. 79

Wie schon die DGO[150] wollen die Gemeindeordnungen der Länder die Kommunen insbesondere vor den wirtschaftlichen Risiken von Bankgeschäften schützen. Das bloße **Vermitteln von Bankgeschäften für Dritte** hingegen fällt nicht unter die Verbotsklausel, etwa der Abschluss von Bank-/Agenturverträgen mit der Deutschen Post AG.[151] 80

Auch der bloße Erwerb eines Mindestanteils an einer Genossenschaftsbank, um bei dieser ein Zahlungsverkehrskonto einzurichten oder um zu den für Mitglieder geltenden Konditionen Kredite zu erhalten, ist nicht von dem Verbot erfasst.[152] 81

Im Gegensatz zu dem Verbot von Bankgeschäften gilt nach allen Gemeindeordnungen etwas anderes für die Errichtung und den Betrieb öffentlicher **Sparkassen.** Diese Betätigungen sind nach den besonderen Bestimmungen der Landessparkassengesetze zulässig und unterliegen nicht den Bestimmungen des jeweiligen Gemeindewirtschaftsrechts. Begründet ist dies einerseits historisch, resultiert aber auch aus der Anbindung des Sparkassenauftrags an die Aufgaben des kommunalen Trägers, der Qualifizierung der Sparkassentätigkeit als Teil der kommunalen Daseinsvorsorge und aus der Rechtsstellung der Sparkassen als rechtsfähige Anstalten des öffentlichen Rechts.[153] Die Sparkassen betreiben zwar auch Bankgeschäfte, doch werden ihre Tätigkeiten durch die Sparkassengesetze dahin gehend modifiziert, dass sie besonders auf die öffentlichen, gemeinwohlorientierten bankwirtschaftlichen Aufgaben verpflichtet und grundsätzlich auf den Hoheitsbereich ihrer Trägerkörperschaft (en) beschränkt sind.[154] Merkmale der Sparkassen waren seit jeher die Anstaltslast und die Gewährträgerhaftung der Errichtungskörperschaft(en). Aufgrund des Brüsseler Kompromisses vom 17.7.2001 zur Beilegung des EU-Bankenstreits, bei dem es ausgelöst durch Maßnahmen um die Westdeutsche Landesbank um die Unzulässigkeit der den Sparkassen bei der Refinanzierung aus der Anstaltslast und der Gewährträgerhaftung erwachsenden Wettbewerbsvorteile und um den Verstoß dieser Garantien gegen das EU-Wettbewerbsrecht ging, fand eine Neustrukturierung des Sparkassenwesens nach dem sog. Plattformmodell statt. 82

---

[147] Vgl. nur Art. 87 Abs. 4 BayGO, § 92 Abs. 6 BbgKVerf, § 121 Abs. 9 HGO, § 107 Abs. 6 GO NRW, § 85 Abs. 5 GemO RhPf., § 94a Abs. 5 SächsGemO.

[148] Vgl. § 102 Abs. 5 S. 1 GemO BW.

[149] *Kunze/Bronner/Katz* GemO § 102 Rn. 72.

[150] § 67 Abs. 3 DGO, → Rn. 37.

[151] *Kunze/Bronner/Katz* GemO § 102 Rn. 72; vgl. auch *Schulz/Wachsmuth/Zwick* BayGO Art. 87 Anm. 6.1.

[152] Näher *Schulz/Wachsmuth/Zwick* BayGO Art. 87 Anm. 6.3.

[153] BVerfG 23.9.1994, NVwZ 1995, 370 (371); vgl. zuletzt SächsVerfGH 23.11.2000, LKV 2001, 216 (217).

[154] Näher *Schink/Karpenstein,* Kommunale Sparkassen – verfassungsrechtliche Grundlagen und Möglichkeiten der Fortentwicklung, DÖV 2014, 481 (483 ff. mwN).

83 Dieses beinhaltet im Wesentlichen folgendes:

- Der öffentlich-rechtliche Charakter und die öffentlich-rechtliche Rechtsform bleiben ebenso bestehen wie der öffentliche Auftrag mit der Betonung des Gemeinwohls sowie die Zweistufigkeit von Sparkassen und Landesbanken.
- Die Gewährträgerhaftung ist zum 18.7.2005 weggefallen, die Kommunen bleiben aber Träger der Sparkassen. Die Anstaltslast wurde modifiziert, um sie in Einklang mit dem Beihilferecht der EU zu bringen. Für alle Geschäfte, die die Sparkassen bis zum 18.7.2005 abgeschlossen haben, gilt für die volle Laufzeit noch die Gewährträgerhaftung, längstens aber bis zum 31.12.2015.
- Das Regionalprinzip, die dezentralen Strukturen in der Sparkassenorganisation und damit das Verbundprinzip in Verbindung mit dem Subsidiaritätsgrundsatz bleiben bestehen.

84 Die Sparkassengesetze der Bundesländer wurden vor diesem Hintergrund im Hinblick auf den 18.7.2005 eingehenden Novellierungen unterzogen. Die Entwicklungen der Finanzmärkte seit der Krise 2007 sowie veränderte rechtliche und tatsächliche Rahmenbedingungen etwa durch die „Basel III" und „Basel-IV"-Vorgaben, die aktuelle Zinspolitik und sich wandelndes Kundenverhalten haben in den letzten Jahren den Anpassungsdruck erhöht und erneut Diskussionen um die Fortentwicklung des Sparkassenrechts ausgelöst.[155] Wie in Bezug auf die Kommunalwirtschaft in liberalisierten Bereichen allgemein stehen auch hier insbesondere das Örtlichkeits- bzw. Regionalprinzip sowie europarechtliche Bezüge inmitten.[156]

b) Ausdrücklich gestattete Unternehmen

85 Ein ausdrücklicher Gestattungstatbestand ist den Gemeindeordnungen zu entnehmen, die durch eine **Negativklausel** bestimmte Unternehmen oder kommunale Tätigkeitsfelder als „nichtwirtschaftlich" fingieren und damit von den einschränkenden Bestimmungen des jeweiligen Gemeindewirtschaftsrechts ausnehmen. Insoweit wird auf die Darstellung unter → Rn. 55–77 verwiesen.

Sämtliche von der Fiktion erfassten Betätigungen nebst der untergeordneten Hilfs- und Nebentätigkeiten sind kommunalrechtlich zulässig.

2. Eingeschränkt gestattete Unternehmen

86 Alle nicht von den ausdrücklichen Gestattungstatbeständen der Gemeindeordnungen erfassten wirtschaftlichen Unternehmen der Kommunen unterliegen den aus den Gründen einer Beschränkung kommunaler wirtschaftlicher Betätigung im Interesse privater Anbieter oder zum Schutz der Kommunen vor zu großen wirtschaftlichen Risiken erlassenen restriktiven Regelungen, die als **Zugangsvoraussetzung zur wirtschaftlichen Betätigung** erfüllt sein müssen.[157]

Wie bereits dargestellt, handelt es sich idR um die bereits aus der DGO bekannte Schrankentrias[158] sowie das verfassungsrechtlich begründete Örtlichkeitsprinzip.

87 Eingeschränkt werden in allen Ländern **die Errichtung, die Übernahme und die wesentliche Erweiterung wirtschaftlicher Unternehmen** durch die Gemeinde. Auf die ausdrückliche Nennung dieser Tatbestände beschränken sich Niedersachsen, Rheinland-Pfalz und Schleswig-Holstein.[159] Auch das Saarland und Thüringen nennen diese, allerdings ohne die Einschränkung auf „wesentliche" Erweiterungen, erfasst wird dort jede Erweiterung.[160]

---

155 Dazu *Schink/Karpenstein* DÖV 2014, 481 (486 ff.); *Gerlach* in Mann/Püttner HKWP, § 53b Rn. 46 ff.

156 Vgl. die Beiträge von *Becker* und *Brosius-Gersdorf* in *Henneke/Schmidt-Aßmann/Schoch,* Aufsicht und Finanzkontrolle, S. 29 ff., 46 ff.; *Henneke* in Mann/Püttner HKWP, § 53a Rn. 174 ff.

157 Vgl. *Gern* KommJur 2004, 1 (2); zur Motivation der Gesetzgeber vgl. *Ruffert* VerwArch 2001, 27 (29 f.).

158 → Rn. 28 ff.

159 § 136 Abs. 1 S. 2 NKomVG, § 85 Abs. 1 GemO RhPf., § 101 Abs. 1 GO SchlH.

160 § 108 Abs. 1 KSVG, § 71 Abs. 2 ThürKO.

Andere Länder unterwerfen zusätzlich jede **Beteiligung** der Gemeinde an einem Unternehmen den Zulässigkeitsvoraussetzungen des Gemeindewirtschaftsrechts. Es sind dies Baden-Württemberg, Bayern, das Saarland und Sachsen.[161] Zu den Zulässigkeitsvoraussetzungen mittelbarer Beteiligungen → Rn. 209 ff. 88

Die sächsische Regelung geht allerdings noch einen Schritt weiter und bezieht auch die **Unterhaltung** wirtschaftlicher Unternehmen ein.

Keine Nennung konkreter Tatbestände, die zur Anwendung der allgemeinen Zulässigkeitsschranken führen, enthalten die Gemeindeordnungen Brandenburgs, Hessens, Mecklenburg-Vorpommerns, Nordrhein-Westfalens und Sachsen-Anhalts. In Mecklenburg-Vorpommern ist ganz allgemein bestimmt: „Unternehmen der Gemeinde sind nur zulässig, wenn…",[162] ähnlich ist die Regelung in Brandenburg, Hessen und Sachsen-Anhalt: „Die Gemeinde darf sich… wirtschaftlich betätigen, wenn…"[163] Nordrhein-Westfalen formuliert: „Die Gemeinde darf sich zur Erfüllung ihrer Aufgaben wirtschaftlich betätigen, wenn…",[164] um dann zu konkretisieren „Als wirtschaftliche **Betätigung** ist der Betrieb von Unternehmen zu verstehen, die…".[165]

Dies verdeutlicht, dass die **Beschränkung** kommunaler wirtschaftlicher Betätigung **in den einzelnen Ländern unterschiedlich stark** ausgeprägt ist. 89

Den jeweiligen Restriktionen des Gemeindewirtschaftsrechts werden im weitestgehenden Fall alle denkbaren Tatbestände wirtschaftlicher Tätigkeit unterworfen, insbesondere auch die Fortführung bestehender Unternehmen. Es handelt sich dann um einen permanenten Ansatz der Gemeindeordnung, der eine dauerhafte Beobachtung und Überprüfung während der gesamten Zeit des Betriebes eines Unternehmens vorsieht. Eine solche **permanente Betätigungskontrolle** sehen die unter → Rn. 88 in Bezug genommenen Regelungen in Brandenburg, Hessen, Mecklenburg-Vorpommern und Sachsen-Anhalt vor.

§ 91 Abs. 6 BbgKVerf enthält eine als Sollvorschrift ausgestaltete regelmäßige Prüf- und Nachweispflicht im Rahmen des Beteiligungsberichts, ob bei der wirtschaftlichen Betätigung fortlaufend der öffentlichen Zweck erfüllt, die Subsidiaritätsklausel eingehalten sowie die Grenzen für Nebenleistungen beachtet werden. In Mecklenburg-Vorpommern und Sachsen-Anhalt sind in Bezug auf die Unternehmen in Privatrechtsform, an denen die Gemeinde unmittelbar oder mittelbar beteiligt ist, im Beteiligungsbericht ua Angaben über die Erfüllung des öffentlichen Zwecks zu machen, wobei in Mecklenburg-Vorpommern diese Verpflichtung entfällt, wenn die Gemeinde einen doppischen Jahresabschluss erstellt.[166] Brandenburg und Mecklenburg-Vorpommern schreiben zudem ausdrücklich ein **Beteiligungsmanagement** zur Koordinierung und Überwachung der öffentlichen Zwecksetzung bzw. der Zulässigkeitsvoraussetzungen generell vor.[167]

Das Saarland hat mit dem am 11.3.2004 verkündeten Gesetz Nr. 1532 vom 8.10.2003[168] in § 108 Abs. 6 KSVG geregelt, dass die Gemeinden in regelmäßigen Abständen prüfen sollen, inwieweit wirtschaftliche Unternehmen materiell privatisiert werden können. Dabei ist privaten Dritten die Möglichkeit gegeben, darzulegen, ob und wie sie die dem öffentlichen Zweck dienende wirtschaftliche Betätigung ebenso gut und wirtschaftlich erfüllen können. Über das Ergebnis ist der Kommunalaufsicht zu berichten.In Hessen haben die Gemeinden mindestens einmal in jeder Wahlzeit zu prüfen, inwieweit ihre wirtschaftliche Betätigung noch die Zulässigkeitsvoraussetzungen erfüllt und inwieweit die Tätigkeiten privaten Dritten übertragen werden können.[169]

[161] § 102 Abs. 1 GemO BW, Art. 87 Abs. 1 iVm Abs. 3 BayGO, § 108 Abs. 1 KSVG, § 94a Abs. 1 S. 1 Sächs GemO.
[162] § 68 Abs. 2 GO MV.
[163] § 91 Abs. 2 BbgKVerf, § 121 Abs. 1 HGO, § 128 Abs. 1 KVG LSA.
[164] § 107 Abs. 1 S. 1 GO NRW.
[165] § 107 Abs. 1 S. 3 GO NRW.
[166] § 73 Abs. 3 und 4 KV MV, § 130 Abs. 2 S. 2 Nr. 2 KVG LSA.
[167] § 98 Nr. 1 BbgKVerf, § 75a KV MV,
[168] ABl. Saarl. 2004, S. 594.
[169] § 121 Abs. 7 HGO.

Sachsen beschränkt sich dagegen auf die in § 102 SächsGemO vorgesehenen Anzeige- und **Vorlagepflichten** für bestimmte Rechtsgeschäfte und Ratsbeschlüsse.

Die Gemeindeordnung **Nordrhein-Westfalens** normiert **keine anlassunabhängige Dauerprüfung** der Zulässigkeit gemeindewirtschaftlicher Betätigungen, sondern lediglich die Erstellung eines Beteiligungsberichts mit den in § 117 GO NRW vorgegebenen Informationen bzw. die Aufstellung eines Gesamtabschlusses nach § 116 GO NRW.[170]

90 Die **Mehrzahl der Länder** beschränkt sich hingegen auf die Erfassung der Errichtung, der Übernahme und der (wesentlichen) Erweiterung wirtschaftlicher Unternehmen. Dies ist eine lediglich **einmalige Betrachtungsweise,** die nur bezogen auf den Zeitpunkt der jeweiligen Errichtungs-, Übernahme- oder Erweiterungsmaßnahme ansetzt. Bestehende Unternehmen dürfen bei dieser Ausgestaltung fortgeführt werden, auch wenn die Voraussetzungen der Restriktionsvorschrift (bspw. die Erfüllung der Subsidiaritätsklausel) nicht (mehr) gegeben sind.[171]

Etwaige Regelungen in diesen Ländern zur Einrichtung eines Beteiligungsmanagements[172] oder zum Inhalt eines Beteiligungsberichts[173] beziehen sich auf die Steuerung und Überwachung der öffentlichen Zweckbestimmung bzw. Angaben zur Erfüllung des öffentlichen Zwecks. In Niedersachsen ist im Rahmen des jährlich fortzuschreibenden Beteiligungsberichts zwar auch auf das Vorliegen der Zulässigkeitsvoraussetzungen für die wirtschaftliche Betätigung insgesamt einzugehen, Rheinland-Pfalz enthält hierzu eine Sollvorschrift.[174] Dies ändert aber nichts an der dargestellten punktuellen Betrachtungsweise, ein Zwang zur Aufgabe bestehender Unternehmen ist damit nicht verbunden.[175]

Gleiches gilt im Ergebnis für etwaige haushaltsrechtliche Sondervorschriften wie etwa der Privatisierungsklausel in Art. 61 Abs. 2 S. 2 BayGO.[176]

Ausdrückliche Ausnahmen von bestimmten Zulässigkeitsvoraussetzungen für zu bestimmten Stichtagen vorhandene wirtschaftliche Betätigungen im Sinne eines **Bestandsschutzes** regeln Bayern, Hessen und Nordrhein-Westfalen.[177] Vgl. dazu auch die Sonderregelung in § 66 Abs. 2 ThürKO zu Wettbewerbsunternehmen, an denen Gemeinden unmittelbar oder mittelbar beteiligt waren und bei denen der öffentliche Zweck entfallen ist.

Im Hinblick hierauf ist in jedem konkreten Einzelfall eine eingehende Prüfung des einschlägigen Landesrechts unumgänglich.

91 Von Interesse für die kommunale Praxis ist zudem, dass nicht überall sämtliche **Betriebsformen** wirtschaftlicher Betätigung gleichermaßen den jeweiligen Zulässigkeitsvoraussetzungen unterworfen werden. In verschiedenen Fällen erfassen die einschränkenden Regelungen nur die verselbständigten Betriebsformen (Eigenbetrieb, Anstalt/Kommunalunternehmen, privatrechtliche Gesellschaftsformen), nicht aber den Regiebetrieb.[178]

92 Ein Fall der **Errichtung** eines wirtschaftlichen Unternehmens liegt vor, wenn eine derartige Einrichtung bisher nicht existierte und die Gemeinde das Unternehmen neu begründet, dh rechtlich konstitutiv schafft und tatsächlich einrichtet. Umstritten ist, ob auch die bloße Ausgliederung bereits ausgeübter Tätigkeiten von einem Regiebetrieb auf eine rechtlich verselbständige Betriebsform hierunter fällt. Zumindest bei einer betriebs-

---

170 *Rehn/Cronauge* GO, § 107 Anm. II. 1 interpretieren die Formulierung in § 107 Abs. 1 aufgrund der Gesetzeshistorie und mit Blick auf die in § 108 Abs. 1 GO NRW vorgesehenen Steuerungs- und Kontrollmechanismen sowie den vorgeschriebenen jährlichen Beteiligungsbericht eher als an die Gemeinde gerichtete Verdeutlichung, dass die wirtschaftliche Betätigung auf Dauer angelegt ist und daher auch gemeindlicherseits ständiger Begleitung bedarf.

171 So zu § 85 Abs. 1 GemO RhPf. ausdrücklich VerfGH RhPf. 28.3.2000, NVwZ 2000, 801 (802).

172 § 150 S. 1 NKomVG, § 109a Abs. 1 S. 1 GO SchlH.

173 Vgl. § 105 Abs. 2 S. 2 Nr. 2 GemO BW, Art. 94 Abs. 3 S. 2 BayGO, § 75a Abs. 2 Nr. 2 ThürKO.

174 § 151 S. 2 Nr. 4 NKomVG, § 90 Abs. 2 S. 2 Nr. 4 GO RhPf.

175 Vgl. VerfGH RhPf. 28.3.2000, NVwZ 2000, 801 (805).

176 Vgl. dazu *Schulz/Wachsmuth/Zwick* BayGO Art. 61 Anm. 7.

177 Art. 87 Abs. 1 S. 3 BayGO; § 121 Abs. 1 S. 2 HGO; Art. XI § 1 Gesetz zur Stärkung der kommunalen Selbstverwaltung v. 9.10.2007 (GV. NRW S. 380), siehe auch *Wurzel* Der Landkreis 2007, 576 ff.

178 Vgl. Art. 87 Abs. 1 iVm Art. 86 BayGO, § 128 Abs. 1 KVG LSA; § 71 Abs. 1 und 2 ThürKO.

formbezogenen Ausgestaltung der Zulässigkeitsschranken ist dies durchaus diskutabel.[179] Hier wird es auf die jeweilige landesgesetzliche Ausgestaltung ankommen. Jedenfalls ist ein bloßer Rechtsformenwechsel im Wege der Gesamtrechtsnachfolge – zB die Umwandlung eines Eigenbetriebs in ein Kommunalunternehmen – keine „Errichtung" eines Unternehmens in og Sinne, sodass die Prüfung der Schrankentrias entfällt. In dem Fall, dass ein Gründungsakt im eigentlichen Sinne nicht stattfindet, wie zB beim Regiebetrieb, wird eine wirtschaftstätigkeitsbezogene Bewertung der Einrichtung vorzunehmen sein.

Auch wenn die bisherigen Geschäftstätigkeiten in den bestehenden Betriebsanlagen 93
durch funktional wesentlich andere ersetzt werden, kann darin eine Neuerrichtung zu sehen sein.[180] Die Angliederung eines neuen bedeutsamen Geschäftszweiges, durch den ein zusätzliches Betätigungsfeld eröffnet wird, ist hingegen als Erweiterung zu bewerten. Nur so ist der Weg zu einer Klärung anhand der vom VerfGH Rheinland-Pfalz[181] und vom OVG Münster[182] formulierten Kriterien eröffnet, ob diese zusätzlichen wirtschaftlichen Aktivitäten ohne Einschränkungen zulässig sind oder den strengen Zulässigkeitsvoraussetzungen des Gemeindewirtschaftsrechts für wirtschaftliche Betätigungen unterliegen. Es bedarf insoweit nämlich einer weitergehenden Prüfung durch eine gesamtbetriebsbezogene, nicht aber atomisierend handlungsbezogene, Betrachtung, welche der ausgeübten Tätigkeiten (die bisherige, über die Negativklausel privilegierte oder die neue, wirtschaftliche) überwiegt bzw. ob der Unternehmensgegenstand des (wirtschaftlichen) Gesamtunternehmens durch die hinzutretende Tätigkeit so verändert wird, dass der durch den Unternehmenszweck festgelegte Rahmen in einem Umfang verlassen wird, dass die unternehmensgegenstandsfremde neue Tätigkeit der Haupttätigkeit nicht mehr untergeordnet ist.

Eine **Übernahme** liegt dann vor, wenn ein vorhandenes, in fremder Trägerschaft 94
befindliches Unternehmen in die unternehmerische Verantwortung der Gemeinde überführt wird. Dabei ist gleich, ob dies durch Kauf, Pacht, Tausch oder ein anderes Rechtsgeschäft erfolgt. Maßgeblich ist nur, dass die Gemeinde die Stellung des Unternehmensträgers erlangt.

Eine **Erweiterung** besteht darin, dass der Umfang und die Leistung eines bestehenden 95
Unternehmens ausgedehnt werden. Dies kann durch Übertragung einer zusätzlichen Aufgabe auf das gemeindliche Unternehmen, investive Maßnahmen, durch personelle Aufstockung, die Erschließung zusätzlicher Geschäftsfelder und anderes mehr geschehen.[183] Die bloße Nutzung vorhandener Ressourcen stellt bereits begrifflich keine Erweiterung dar, solange sie von ihrem Umfang her nicht als Geschäftsfelderweiterung angesehen werden kann.[184] Ob die Erweiterung „wesentlich" ist, kann nur im Einzelfall anhand der jeweiligen individuellen Verhältnisse festgestellt werden. Eine allgemeine Festlegung ist nicht möglich. Jedenfalls muss die Erweiterung nach Art und Umfang mit den Tatbeständen der Errichtung und Erweiterung funktionell gleichartig sein.[185]

Der VerfGH Rheinland-Pfalz sieht eine Erweiterung erst dann als wesentlich an, wenn 96
die fraglichen Maßnahmen den Umfang oder die Leistungsfähigkeit eines Unternehmens iS einer räumlichen oder funktionellen Ausdehnung erheblich steigern,[186] so etwa, wenn Stadtwerke zusätzlich zur schon wahrgenommenen Stromversorgung auch die Gasversorgung übernehmen. Keine wesentliche Erweiterung sieht der VerfGH ausdrücklich in

[179] Vgl. → Rn. 91; bejahend *Schulz/Wachsmuth/Zwick* BayGO Art. 87 Anm. 1.2.1 (mwN) insbesondere unter Hinweis auf die neben die klassische Schrankentrias tretende weitere Zulässigkeitsvoraussetzung des Art. 87 Abs. 1 S. 1 Nr. 3 BayGO, nach der „die dem Unternehmen zu übertragenden Aufgaben für die Wahrnehmung außerhalb der allgemeinen Verwaltung geeignet" sein müssen.

[180] *Kunze/Bronner/Katz* GemO § 102 Rn. 27 hingegen sehen diese Rechtsfolge als zwingend an.

[181] VerfGH RhPf. 28.3.2000, NVwZ 2000, 801 (802 f.).

[182] OVG Münster 13.8.2003, DVBl 2004, 133 (135 f.).

[183] Vgl. *Kunze/Bronner/Katz* GemO § 102 Rn. 29; *Köhler* BayVBl. 2000, 1 (2); *Scharpf* BayVBl. 2005, 549 (550).

[184] *Köhler* BayVBl. 2000, 1 (2 f.); *Scharpf* BayVBl. 2005, 549 (550).

[185] *Köhler* BayVBl. 2000, 1 (4); *Scharpf* BayVBl. 2005, 549 (551).

[186] VerfGH RhPf. 28.3.2000, NVwZ 2000, 801 (802 mwN).

bloßen Rationalisierungsmaßnahmen, wie der Verbesserung der Betriebseinrichtungen oder Arbeitsmethoden oder auch der Übernahme untergeordneter Annexaufgaben zum Unternehmensgegenstand. Soweit sich eine Unternehmenserweiterung wirtschaftlich gesehen und wegen des Sachzusammenhangs als bloße Ergänzung oder Abrundung der einem öffentlichen Zweck dienenden Hauptleistung darstelle und sie nicht behindere, sei sie von der öffentlichen Zweckbestimmung mit umfasst und ist somit als Unternehmenserweiterung nicht wesentlich. Ein Kriterium für die Feststellung der Unwesentlichkeit der Erweiterung eines Unternehmens wird also vom VerfGH ganz entscheidend in dem mit der Hauptbetätigung verfolgten öffentlichen Zweck und dessen Reichweite gesehen.[187] Hierauf wird bei der Darstellung der einzelnen Bestandteile der Schrankentrias zurückzukommen sein (→ Rn. 100, 109 ff.).

Eine unwesentliche Unternehmenserweiterung ist danach zB die Erweiterung des Energieversorgungsangebots von Stadtwerken zur Abrundung durch Zusatzdienste wie Beratung oder Installation zu einer wettbewerbsfähigen Gesamtleistung.[188]

97 An den dargestellten Maßstäben des VerfGH Rheinland-Pfalz sind auch andere Versuche der definitorischen **Unterscheidung wesentlicher von unwesentlichen Unternehmenserweiterungen** zu messen, wie etwa die Anknüpfung der Wesentlichkeit einer Unternehmenserweiterung an eine mit dem Auftritt auf dem Markt verbundene Übernahme einer neuen Aufgabe.[189] Richtigerweise liegt diese nicht nur bei einer ausdrücklichen Änderung der Betriebssatzung, sondern auch bei einer faktischen und planmäßigen Übernahme der neuen Aufgabe durch das Unternehmen vor.[190] Im Übrigen bedarf es aber der Prüfung der Reichweite der Legitimationswirkung des mit der Haupttätigkeit verfolgten öffentlichen Zwecks und des evtl. Charakters einer bloß marktgerechten Abrundung der bisherigen Tätigkeit durch die neu angebotene Leistung.

98 Die Grenze des Zulässigen wird danach bestimmt, ob die Leistung des Unternehmens selbst, dh sein Dienstleistungs- und Güterangebot unmittelbar dem Wohl der Allgemeinheit dient, insbesondere einen Versorgungsbedarf deckt. Mit einer erwerbswirtschaftlich geprägten, gewinnorientierten Nebentätigkeit zu einer von einem öffentlichen Zweck getragenen Haupttätigkeit erzielte Gewinne sind nur insoweit zulässig, als dadurch vorhandene, sonst brachliegende, aber noch benötigte Kapazitäten genutzt werden. Dauernd entbehrlich gewordene Kapazitäten dürfen aber nicht aufrechterhalten oder gar neu aufgebaut werden, um außerhalb des öffentlichen Unternehmenszwecks Gewinne zu erwirtschaften.[191]

Hessen und Brandenburg haben in ihrem Gemeindewirtschaftsrecht ausdrückliche allgemeine Regelungen über die Zulässigkeit von Nebenleistungen getroffen.[192] In Hessen sind mit einer wirtschaftlichen Betätigung verbundene Tätigkeiten, die üblicherweise im Wettbewerb zusammen mit der Haupttätigkeit erbracht werden, ebenfalls zulässig; allerdings sollen mit der Ausführung private Dritte beauftragt werden, soweit dies nicht unwirtschaftlich ist. Nach der 2012 neu gefassten Bestimmung in Brandenburg dürfen Nebenleistungen (Annextätigkeiten) erbracht werden, wenn sie im Wettbewerb üblicherweise zusammen mit der Hauptleistungen angeboten werden und den öffentlichen Hauptzweck nicht beeinträchtigen; mit deren Durchführung sollen private Anbieter beauftragt werden, es sei denn, dies ist mit berechtigten Interessen der Gemeinde oder des Unternehmens nicht vereinbar. Daneben ist die Erbringung sogenannter Randnutzungen, also von Nebenleistungen zur Ausnutzung bestehender, sonst brachliegender Kapazitäten bei der Gemeinde oder dem Unternehmen ausdrücklich zugelassen. Bemerkenswert sind die in Nordrhein-

[187] VerfGH RhPf. 28.3.2000, NVwZ 2000, 801 (803); *Köhler* BayVBl. 2000, 1 (2); aA *Schulz/Wachsmuth/Zwick* BayGO Art. 87 Anm. 1.2.2, die die Frage der Wesentlichkeit der Erweiterung von der Prüfung des öffentlichen Zwecks der Erweiterung trennen wollen.

[188] VerfGH RhPf. 28.3.2000, NVwZ 2000, 801 (803).

[189] *Stehlin* NVwZ 2001, 645 (646).

[190] *Stehlin* NVwZ 2001, 645 (646); *Köhler* BayVBl. 2000, 1 (2).

[191] VerfGH RhPf. 28.3.2000, NVwZ 2000, 801 (803); *Ehlers* NVwZ 1998, 497 (500); *Schink* NVwZ 2002, 129 (134). Näher dazu → Rn. 109 ff.

[192] § 121 Abs. 4 HGO, § 91 Abs. 5 BbgKVerf.

Westfalen, Sachsen-Anhalt und Thüringen neu eingeführten Regelungen zur Zulässigkeit von Nebenleistungen, die bereichsspezifisch ausgestaltet sind und entweder beim öffentlichen Zweck oder im Rahmen der Subsidiaritätsklausel ansetzen.[193]

a) Die allgemeinen Zulässigkeitsvoraussetzungen (Schrankentrias)

Nach den Gemeindeordnungen der Länder[194] sind als Zulässigkeitsvoraussetzungen kommunaler Wirtschaftstätigkeit regelmäßig **drei Kriterien,** die sog. **Schrankentrias,** zu erfüllen. Diese sind schlagwortartig zu bezeichnen mit 99

- öffentlicher Zweck,
- Leistungsfähigkeitsbezug und
- Subsidiaritätsklausel.

aa) Der öffentliche Zweck. Grundvoraussetzung wirtschaftlicher Betätigung der Kommunen ist nach den Gemeindeordnungen aller Länder die damit verfolgte Erfüllung eines öffentlichen Zwecks. Der öffentliche Zweck ist die zentrale kommunalrechtliche Legitimationsgrundlage für die Kommunalwirtschaft und nach ganz hM verfassungsrechtlich vorgegeben.[195] Sein Erfordernis legt die Kommunalwirtschaft auf Gemeinwohlbelange fest.[196] Besondere Bedetung kommt dem insbesondere zu im Hinblick auf die „Fiktion" eines öffentlichen Zwecks durch landesgesetzliche Regelungen (→ Rn. 103), die Zulassung einer wirtschaftlichen Betätigung außerhalb des Gemeindegebiets (→ Rn. 165 ff.) und die Zulässigkeit sogenannter Annextätigkeiten, die für sich genommen keinem öffentlichen Zweck dienen (→ Rn. 109). 100

Die meisten Kommunalverfassungen fordern als Zulässigkeitsvoraussetzung, dass die wirtschaftliche Betätigung **durch einen öffentlichen Zweck gerechtfertigt** ist.[197] Einige Länder gehen darüber hinaus und verlangen, dass **der öffentliche Zweck die wirtschaftliche Betätigung erfordert.**[198] 101

In Nordrhein-Westfalen wurde das 2007 eingeführte Tatbestandsmerkmal „dringend" mit Gesetz zur Revitalisierung des Gemeindewirtschaftsrechts vom 21.12.2010 wieder abgeschafft. Die Bedeutung des bereits zuvor bis 1999 bestehenden Dringlichkeitserfordernisses war ohnehin zweifelhaft.[199]

Soweit Gemeindeordnungen verlangen, dass der öffentliche Zweck die wirtschaftliche Betätigung erfordert, bedeutet dies eine gesteigerte Anforderung im Sinne einer Bedürfnisprüfung. Eine allgemeine Gemeinwohldienlichkeit der Betätigung ist in diesen Fällen nicht ausreichend. Der in der Literatur vertretenen Auffassung, wonach die Zulässigkeit kommunalwirtschaftlicher Betätigung insoweit neben der Feststellung eines öffentlichen Zwecks vom Vorliegen unzureichender Marktergebnisse, deren Behebung durch die Betätigung angestrebt wird, abhängig sei,[200] ist aus Gründen der Systematik der Schrankentrias abzulehnen. Damit würde nämlich ein Teil der Prüfung der im Rahmen der Schrankentrias als selbständiges Kriterium zu beachtenden Subsidiaritätsklausel bereits in die Gemeinwohl-

[193] § 128 Abs. 1 S. 3 KVG LSA, § 107a Abs. 2 GO NRW, § 71 Abs. 2 Nr. 4 S. 2 ThürKO; vgl. auch § 108 Abs. 3 S. 1 und 2 KSVG. Dazu → Rn. 103, 109 ff.

[194] → Rn. 38 ff.

[195] *Burgi,* Kommunalrecht § 17 Rn. 24, 42; *Ehlers* in Henneke/Schmidt-Aßmann/Schoch Aufsicht und Finanzkontrolle, S. 11 ff. (15, 21); *Nierhaus* in Mann/Püttner HKWP § 40 Rn. 24 ff.; *Brüning* NVwZ 2015, 689 (690), jeweils mwN. Vgl. → B Rn. 77.

[196] *Ehlers* DVBl 1998, 497 (498).

[197] § 102 Abs. 1 Nr. 1 GemO BW, § 91 Abs. 2 Nr. 1 BbgKVerf, § 121 Abs. 1 S. 1 Nr. 1 HGO, § 68 Abs. 2 S. 1 Nr. 1 KV MV, § 136 Abs. 1 S. 2 Nr. 1 NKomVG, § 85 Abs. 1 S. 1 Nr. 1 GemO RhPf., § 108 Abs. 1 Nr. 1 KSVG, § 94a Abs. 1 S. 1 Nr. 1 SächsGemO, § 128 Abs. 1 S. 1 Nr. 1 KVG LSA, § 101 Abs. 1 Nr. 1 GO SchlH; § 71 Abs. 2 Nr. 1 ThürKO.

[198] Art. 87 Abs. 1 S. 1 Nr. 1 BayGO, § 107 Abs. 1 S. 1 Nr. 1 GO NRW.

[199] Vgl. zum Ganzen *Wellmann* NWVBl. 2007, 1 (6); *Rehn/Cronauge* GO § 107 Anm. III. 2.

[200] So aber *Hösch* DÖV 2000, 393 (400); vgl. auch Ziff. 1144 des XX. Hauptgutachtens der Monopolkommission 2012/2013.

bestimmung und in den öffentlichen Zweck verlagert (vgl. → Rn. 126). Der Umstand, dass die Bedürfnisse der Bevölkerung durch Private befriedigt werden können, schließt die öffentliche Zwecksetzung eines kommunalen Unternehmens nicht aus.[201] Der Begriff des Erforderns bedeutet auch nicht, dass die wirtschaftliche Betätigung für den öffentlichen Zweck unausweichlich sein muss, vielmehr reicht es aus, dass die Betätigung für den öffentlichen Zweck objektiv erforderlich im Sinne von vernünftigerweise geboten ist.[202] Erwähnenswert ist in diesem Zusammenhang die Regelung in § 91 Abs. 3 S. 3 BbgKVerf. Grundsätzlich genügt in Brandenburg die Rechtfertigung der Betätigung durch einen öffentlichen Zweck; kann die Gemeinde allerdings begründen, dass sie eine wirtschaftliche Betätigung im öffentlichen Interesse für erforderlich hält, entfallen die Prüfung der Funktionssperre und Vergleichsberechnungen zur Wirtschaftlichkeit.[203]

102 **Besonderheiten** in Bezug auf das Kriterium des öffentlichen Zwecks bestehen mittlerweile in zahlreichen Gemeindeordnungen, so in Bayern, Brandenburg, Mecklenburg-Vorpommern, Niedersachsen, Nordrhein-Westfalen, Rheinland-Pfalz, Sachsen, Sachsen-Anhalt und Schleswig-Holstein sowie im Saarland. Art. 87 Abs. 1 S. 2 BayGO, § 91 Abs. 2 Nr. 1 BbgKVerf, § 68 Abs. 2 S. 2 KV MV, § 108 Abs. 3 S. 3 KSVG und § 128 Abs. 1 S. 2 KVG LSA enthalten eine **Negativabgrenzung** des öffentlichen Zwecks, indem festgelegt wird, dass alle Tätigkeiten oder Tätigkeitsbereiche, mit denen die Gemeinde oder ihre Unternehmen an dem vom Wettbewerb beherrschten Wirtschaftsleben (in Mecklenburg-Vorpommern: ganz überwiegend) teilnehmen, um Gewinn zu erzielen, keinem öffentlichen Zweck entsprechen. Das Saarland regelt aber zugleich positiv, dass durch den öffentlichen Zweck auch gerechtfertigt sind Tätigkeiten, die üblicherweise im Wettbewerb zusammen mit der Haupttätigkeit erbracht werden; mit der Ausführung dieser Tätigkeiten sollen die Unternehmen aber private Dritte beauftragen.[204] Eine Besonderheit ist die saarländische Bestimmung für Unternehmen, an denen auch private Dritte beteiligt sind, nach der bei diesen ausreichend ist, wenn ein Anteil von Leistungen an der Gesamtleistung des Unternehmens, der der Höhe der kommunalen Beteiligung entspricht, durch den öffentlichen Zweck gerechtfertigt ist.

103 In Bayern enthält Art. 87 Abs. 1 S. 1 Nr. 1 GO darüber hinaus eine **inhaltliche Konkretisierung** des „öffentlichen Zwecks", indem beispielhaft auf die Erfüllung der in Art. 83 Abs. 1 der Bayerischen Verfassung und Art. 57 BayGO genannten, insbesondere die Daseinsvorsorge betreffenden Aufgaben hingewiesen wird. Damit wird für die gemeindlichen Aufgaben des eigenen Wirkungskreises und gemeindliche Pflichtaufgaben der öffentliche Zweck bereits kraft Gesetzes unterstellt, sodass es auf die Motive der Gemeinde für eine unternehmerische Betätigung nicht mehr ankommt.[205] Aufgrund der Herleitung der öffentlichen Zweckbindung aus dem Rechtstaats- und Sozialstaatsprinzip sowie der in Art. 28 Abs. 2 GG umrissenen gemeindlichen Verbandskompetenz (→ Rn. 104 ff.) ist dies nur konsequent.

Sachsen-Anhalt normiert zunächst in § 128 Abs. 2 S. 1 KVG LSA ausdrücklich, dass Betätigungen in den Bereichen Strom-, Gas-, Wärme- und Wasserversorgung, Abfallentsorgung, Abwasserbeseitigung, Breitbandversorgung, Wohnungswirtschaft und öffentlicher Verkehr einem öffentlichen Zweck dienen und unter der Voraussetzung, dass die Betätigungen in einem angemessenen Verhältnis zur Leistungsfähigkeit der Gemeinde und zum voraussichtlichen Bedarf stehen, zulässig sind. Damit wird das Vorliegen eines öffentlichen Zwecks für diese Betätigungen **fingiert.**[206] Des Weiteren regelt Sachsen-Anhalt im Zu-

[201] Vgl. BVerwGE 39, 329 (335) = VerwRspr 1973, 215 (219).

[202] OVG Münster 13.8.2003, NVwZ 2004, 1520 (1523) und 1.4.2008, NVwZ 2008, 1031 (1035); *Schulz/Wachsmuth/Zwick* BayGO, Art. 87 Anm. 1.3.4.

[203] Ausweislich der Gesetzesbegründung steht der Gemeinde dabei ein weiter Beurteilungsspielraum zu, vgl. LT-Drs. 5/3023, 5.

[204] § 108 Abs. 3 S. 1 KSVG. So auch § 91 Abs. 5 Nr. 1 BbgKVerf. Zur Zulässigkeit von Nebenleistungen → Rn. 109.

[205] Vgl. *Schulz/Wachsmuth/Zwick* BayGO Art. 87 Anm. 1.3.1.

[206] Nach OVG Magdeburg 7.5.2015, NVwZ 2015, 1231 (1234) mit Anm. *Nebel* (1236 f.) folgt daraus nicht, dass die Vorgaben des Örtlichkeitsprinzips und das Verbot einer (ausschließlichen) Gewinnerzielungs-

sammenhang mit dem öffentlichen Zweck auch die Zulässigkeit von Annextätigkeiten für alle Tätigkeitsbereiche. In § 128 Abs. 1 S. 3 KVG LSA wird ausdrücklich bestimmt, dass die mit einer wirtschaftlichen Betätigung verbundenen Dienstleistungen zulässig sind, wenn ihnen im Vergleich zum Hauptzweck untergeordnete Bedeutung zukommt und der Zweck nicht besser und wirtschaftlicher durch einen anderen erfüllt wird oder erfüllt werden kann; dh, insoweit gilt nur eine einfache Funktionssperre.[207]

Nordrhein-Westfalen ist dieser Systematik 2010 in einer eigens für die **energiewirtschaftliche Betätigung** geschaffenen **Sonderregelung** gefolgt. Nach § 107a Abs. 1 GO NRW wird für die wirtschaftliche Betätigung in den Bereichen der Strom-, Gas- und Wärmeversorgung der öffentliche Zweck ebenfalls fingiert. Sie ist zulässig, wenn sie nach Art und Umfang in einem angemessenen Verhältnis zur Leistungsfähigkeit der Gemeinde steht. Damit entfällt insoweit die Prüfung des Erfordernisses eines öffentlichen Zwecks im konkreten Einzelfall ebenso wie die Subsidiaritätsklausel.[208] Die Erbringung mit diesen Betätigungen unmittelbar verbundener Dienstleistungen ist zulässig, wenn sie den Hauptzweck fördern; die Gemeinde hat allerdings sicher zu stellen, dass bei der Erbringung dieser Dienstleistungen die Belange kleiner Unternehmen, insbesondere des Handwerks, berücksichtigt werden.[209]

Schleswig-Holstein ist dem 2016 mit der Einführung der Neuregelung des § 101a Abs. 1 GO SchlH gefolgt mit dem Ziel, den Kommunen und ihren Unternehmen erweitere wirtschaftliche Betätigungsmöglichkeiten bei der Energiewende einzuräumen. Ausweislich der Gesetzesbegründung enthält § 101a Abs. 1 S. 1 GO SchlH die **widerlegbare Vermutung,** dass eine energiewirtschaftliche Betätigung durch einen öffentlichen Zweck gerechtfertigt und nicht mehr gesondert darzulegen ist.[210] Gleichzeitig sollte mit der neuen Vorschrift des § 101a Abs. 2 GO SchlH in gewissem Umfang Rechtssicherheit bei der Erzeugung oder Gewinnung erneuerbarer Energien zur Netzeinspeisung nach EEG geschaffen werden für die Kommunen, die nicht durch eigene Stadt- oder Gemeindewerke einen Energieversorgungsauftrag wahrnehmen, sowie für kommunale Unternehmen ohne einen solchen Versorgungsauftrag.[211]

In Niedersachsen unterstellt der Gesetzgeber den öffentlichen Zweck ebenfalls seit 2016 nicht nur im Bereich der Energieversorgung, sondern auch für Betätigungen zum Zweck der Wasserversorgung, des ÖPNV sowie der Einrichtung und des Betriebs von Telekommunikationsnetzen einschließlich des Erbringens von Telekommunikationsdienstleistungen insbesondere für die Breitbandtelekommunikation.[212]

Zuletzt hat Sachsen 2019 eine solche Sonderregelung generell für kommunale Versorgungsunternehmen geschaffen und neben den Bereichen der Strom-, Gas- und Wärmeversorgung auch die Wasserversorgung und die Telekommunikation einbezogen.[213] Insoweit wird der öffentliche Zweck ebenfalls unterstellt, die Prüfung des Bedarfs (→ Rn. 130) und die Subsidiaritätsklausel entfallen.

Auch der rheinland-pfälzische Gesetzgeber hat eine Sonderregelung für den Bereich der Energieversorgung (Elektrizität, Gas, Wärme) getroffen: Die Errichtung, Übernahme oder

---

absicht entfallen. Vgl. für die Bereiche Strom-, Gas- und Wärmeversorgung auch § 68 Abs. 2 S. 3 KV MV.

[207] Die Ausdehnung der Funktionssperre auf Annextätigkeiten in allen genannten Tätigkeitsbereichen erfolgte durch das 4. Gesetz zur Änderung der Gemeindeordnung vom 30.11.2011 (GVBl. S. 814); zuvor war dies auf die mit den Tätigkeiten Strom-, Gas- und Wärmeversorgung verbundenen Dienstleistungen beschränkt, im Übrigen galt eine echte Subsidiaritätsklausel.

[208] *Rhen/Cronauge* GO, § 107a Anm. II. 2. Vgl. auch → Rn. 72.

[209] § 107a Abs. 2 GO NRW. Zu den gesetzlichen Bestimmungen über die Zulässigkeit von Nebenleistungen vgl. → Rn. 98 und → Rn. 109 ff.

[210] Vgl. LT-Drs. 18/3152 vom 30.6.2015, 36 f.

[211] LT-Drs. 18/3152 vom 30.6.2015, 38 unter Bezugnahme auf OVG Schleswig 11.7.2013 – 2 LB 32/12, BeckRS 2013, 59141.

[212] § 136 Abs. 1 S. 4 NKomVG. Vgl. dazu LT-Drs. 17/5423, 19, 50.

[213] § 97 Abs. 1 SächsGemO, eingeführt durch G vom 25.6.2019 (SächsGVBl. S. 494).

wesentliche Erweiterung eines wirtschaftlichen Unternehmens in diesem Betätigungsfeld ist stets durch einen öffentlichen Zweck gerechtfertigt; zudem wird – wie in Nordrhein-Westfalen, Sachsen und Schleswig-Holstein – lediglich ein Leistungsfähigkeitsbezug gefordert und auf den Nachweis eines bestimmten Bedarfs innerhalb der Gemeinde verzichtet (→ Rn. 130). Dies gilt allerdings nicht für die künftige Beteiligung eines wirtschaftlichen Unternehmens der Gemeinde an Anlagen zur Energieerzeugung aus fossilen Energieträgern und Kernbrennstoffen. Davon ausgenommen sind aber erdgasbasierte Kraftwerke als hocheffiziente GuD-Anlagen, im Rahmen der Kraft-Wärme-Kopplung oder als Erzeuger von Regel- und Ausgleichsenergie für einen stabilen Betrieb des elektrischen Netzes.[214] Nach den bereits 2009 erfolgten Erleichterungen durch Abschaffung der Subsidiaritätsklausel für die kommunale Energieversorgung und die Lockerung des Örtlichkeitsprinzips soll damit der Ausbau der dezentralen Energieerzeugung aus erneuerbaren Energieträgern im Rahmen der Energiewende weiter gefördert werden.[215]

104 Die Leistungen und Lieferungen der kommunalen Unternehmen müssen im Aufgabenbereich der Gemeinde liegen und eine im öffentlichen Interesse gebotene Versorgung der Einwohner zum Ziel haben. In diesem Sinne ist **jede gemeinwohlorientierte, im öffentlichen Interesse der Einwohner liegende Zielsetzung,** also die Wahrnehmung einer sozial-, gemeinwohl- und damit einwohnernützigen Aufgabe ein öffentlicher Zweck. Der Begriff ist nicht eng auf die klassische Versorgung der Einwohner mit Elektrizität, Gas und Wasser zu beziehen oder auf den Bereich der Daseinsvorsorge zu beschränken, vielmehr kommen für die Bedürfnisprüfung der Einwohner und der Gemeinde Leistungen und Lieferungen auf den verschiedensten Lebens- und Aufgabengebieten in Betracht.[216] Die Gemeinwohlbelange lassen sich nicht umfassend umschreiben, sie können sich auf die Versorgung mit bestimmten Wirtschaftsgütern beziehen, marktbezogen sein im Hinblick auf die Art und Weise der Versorgung (zB ein funktionierender Wettbewerb[217]), oder die Art und Weise der Produktion von Waren und Dienstleistungen betreffen (zB der umweltschonende Einsatz von Ressourcen).[218] In Betracht kommen zB neben der klassischen kommunalen Daseinsvorsorge die örtliche Infrastruktur, der soziale Wohnungsbau, städtebauliche Entwicklungs- und Sanierungsmaßnahmen, sozial- und umweltpolitische Aufgaben sowie in gewissem Umfang auch kommunale Wirtschaftsförderungs- und Arbeitsmarktaktivitäten.[219]

105 Soweit gefordert wird, dass der öffentliche Zweck nicht ohne weiteres mit jeglichen Versorgungsbedürfnissen der Einwohner gleichgesetzt werden dürfe, sondern zusätzliche Umstände vorliegen müssten, die die Aufgabe zu einer öffentlichen **Gemeindeaufgabe** machen und deshalb ein kommunales Unternehmen rechtfertigen,[220] ist dem zuzustimmen. Allerdings birgt diese Feststellung das Problem der Notwendigkeit einer Abgrenzung dieser öffentlichen Gemeindeaufgaben zu den Bedürfnisbefriedigungen, die ohne weiteres von privaten Anbietern erfüllt werden können. Insofern kommt dem Begriff der Daseinsvorsorge und seiner Entwicklung für die Auslegung der einschlägigen Bestimmungen der Gemeindeordnungen wiederum eine wesentliche Bedeutung zu.

106 Daseinsvorsorge ist ein Verwaltungszweck der leistenden Verwaltung, durch den Bedürfnisse befriedigt werden sollen, die durch die Hilfsquellen des Begünstigten oder durch die

---

[214] § 85 Abs. 1 S. 2–4 GO RhPf. nF, angefügt durch das 2. Landesgesetz zur Änderung der Gemeindeordnung vom 20.12.2013 (GVBl. S. 538).

[215] Vgl. die Gesetzesbegründung in LT-Drs. 16/2382.

[216] Vgl. BVerwG 22.2.1972 – I C 24.69, VerwRspr 1973, 215 (218); OVG Schleswig 11.7.2013 – 2 LB 32/12, juris Rn. 91, 93; OVG Magdeburg 17.2.2011 – 2 L 126/09, BeckRS 2011, 48533; OVG Münster 1.4.2008, NVwZ 2008, 1031 (1035). *Kunze/Bronner/Katz* GemO § 102 Rn. 33; *Rehn/Cronauge* GO § 107 Anm. III. 3.; *Cronauge* Der Gemeindehaushalt 1998, 131 (133).

[217] Vgl. die amtl. Begründungen der Landesgesetzgeber → Rn. 4; *Burgi,* Neuer Ordnungsrahmen, 58 f.; kritisch *Brüning* NVwZ 2015, 689 (691 f.).

[218] So *Köhler* BayVBl. 2000, 1 (5 f.); vgl. auch *Ehlers* DVBl 1998, 497 (498).

[219] *Burgi,* Kommunalrecht § 17 Rn. 43; *Kunze/Bronner/Katz* GemO § 102 Rn. 33.

[220] *Kunze/Bronner/Katz* GemO § 102 Rn. 33 mwN.

Arbeitsweise des Marktes nicht hinreichend befriedigt werden würden. Unter Bezugnahme auf den Sozialstaat des Grundgesetzes wird bei Bewertung der jeweiligen kommunalen Betätigung zu berücksichtigen sein, ob die lebensnotwendigen Bedürfnisse der Bevölkerung mit Mitteln, die krisenfest sind, befriedigt werden. Auch ist die dauernde und ungestörte Versorgung der Bevölkerung unbedingt sicherzustellen und die Leistungen müssen zu sozial gerechtfertigten Bedingungen erbracht werden.[221] Diese Kriterien sind auch zur Ermittlung des öffentlichen Zwecks bei kommunalwirtschaftlichen Betätigungen außerhalb der klassischen Daseinsvorsorge heranzuziehen.

Angesichts der auch danach verbleibenden Unsicherheiten einer positiven Bestimmung der öffentlichen Zwecksetzung dürfte sich aber häufig anbieten, eine **negative Abgrenzung** vorzunehmen. Stets muss nämlich die Leistung des Unternehmens selbst, sein Güter- oder Dienstleistungsangebot unmittelbar und nicht nur mittelbar sein Gewinn, Ertrag oder eine sonstige Nebenwirkung, zB beschäftigungspolitischer Art, unmittelbar dem Wohl der Gemeindebürger dienen, insbesondere einen Versorgungsbedarf decken. Rein erwerbswirtschaftlich-fiskalische Unternehmen der Gemeinden sind nicht zulässig.[222] Der öffentliche Zweck ist also gemeinwohldienlich, einwohnernützig und gemeindebezogen zu bestimmen.[223] 107

Als Kriterien oder Indizien für das Vorliegen eines öffentlichen Zwecks können herangezogen werden die mit der kommunalwirtschaftlichen Betätigung verfolgte Sicherung des Bedarfs der Gemeinde und besonders ihrer Einwohner, des ortsansässigen Gewerbes und der Industrie mit öffentlichen Versorgungs- und Dienstleistungen, Unterstützung der gemeindlichen Entwicklungs- und Bauleitplanung, der Siedlungspolitik und der Stadterneuerung, die Berücksichtigung sozialer Belange und Bedürfnisse der Leistungsempfänger (zB die Festsetzung angemessener, sozial tragbarer Entgelte und Tarife), die Wahrung des Einflusses auf die örtliche Versorgung gegenüber Großunternehmen sowie die Überwachung örtlicher Monopole zur Verhinderung von Missbräuchen durch überhöhte Preise und ungünstige Bedingungen, Beseitigung sozialer und anderer unzuträglicher Missstände, Notwendigkeit objektiver und neutraler Aufgabenwahrnehmung und vieles mehr.[224] 108

Die Frage, ob der öffentliche Zweck eine örtliche **Versorgung der Einwohnerschaft** zwingend voraussetzt, wird insbesondere im Hinblick auf die Errichtung von Anlagen zur **Energieerzeugung** bzw. Beteiligung an Energieerzeugungsunternehmen diskutiert. Entscheidend ist dabei die konkrete Ausgestaltung und Auslegung des Landesrechts. So hat beispielsweise das OVG Schleswig in Bezug auf § 101 Abs. 1 Nr. 1 GO SchlH[225] ausgeführt, dass eine gemeindliche Beteiligung an einem Windpark jedenfalls dann dem öffentlichen Zweck der Daseinsvorsorge in ihrem Gebiet zuzuordnen sei, solange und soweit tatsächlich eine ausschließliche oder zumindest deutlich vordergründige Vermarktung des erzeugten Windstroms unmittelbar an die Gemeindeeinwohner im Gemeindegebiet erfolgt. Unter diesen Bedingungen schade es auch nicht, wenn in gewissen Maßen eine **Netzeinspeisung nach EEG,** die im Verhältnis vernehmlich hinter dem Direktvermarktungsanteil zurückbleiben müsse, stattfindet und auf diese Weise Ertragseinnahmen im Wege der garantierten Einspeisevergütung erzielt werden.[226] Der Landesgesetzgeber hat daraufhin in § 101a Abs. 2 GO SchlH eine Sonderregelung geschaffen, um Kommunen und deren Unternehmen in gewissem Umfang eine rechtssichere Möglichkeit zur Erzeugung erneuerbarer Energien zu ermöglich, auch wenn sie nicht selbst einen

221 *Bulla* DVBl 1975, 643 (648) unter Bezugnahme auf *Badura.*

222 BVerfG 8.7.1982 – 2 BvR 1187/80, NJW 1982, 2173 (2175); VerfGH RhPf. 28.3.2000 NVwZ 2000, 801 (803); *Badura* DÖV 1998, 818 (821); vgl. → Rn. 20, 65 ff., 102, 112 ff.

223 *Kunze/Bronner/Katz* GemO § 102 Rn. 33 mwN. Ähnlich *Köhler* BayVBl. 2000, 1 (5) in Abgrenzung des schutzwürdigen Gemeinwohlinteresses zu privaten oder individuellen Zwecken.

224 *Kunze/Bronner/Katz* GemO § 102 Rn. 34 mwN.

225 Danach ist die wirtschaftliche Betätigung zulässig, wenn ein öffentlicher Zweck, dessen Erfüllung im Vordergrund der Unternehmung stehen muss, das Unternehmen rechtfertigt.

226 OVG Schleswig11.7.2013 – 2 LB 32/10, juris Rn. 87 ff., insbes. 98.

Energieversorgungsauftrag wahrnehmen.[227] Dieselben Zwecke verfolgt Niedersachsen mit den 2016 eingeführten Neuregelungen in § 136 Abs. 1 S. 4 und 7 NKomVG.[228] Nach Auffassung des Bayerischen Staatsministeriums des Innern kann der gemeindliche Bedarf bei der Versorgung über überörtliche und liberalisierte Netzstrukturen dagegen nur auf der Grundlage eines rechnerischen Bedarfs mengenmäßig umrissen werden. Die für die Erfüllung der gemeindlichen Versorgungsaufgabe zulässige und maßgebliche Energiemenge bestimme sich daher nicht nach der tatsächlichen Abnahme vom kommunalen Energieerzeuger durch Kunden im Gemeindegebiet, sondern errechne sich aus dem im Gemeindegebiet bestehenden (fiktiven) Gesamtenergiebedarfs unter Einbeziehung aller Energieerzeugungsarten. Eine Auslastung vorhandener Anlagen aus Rentabilitätsgründen könne gewisse Überschreitungen dieses Bedarfs rechtfertigen, solange nicht von vornherein Überkapazitäten aufgebaut würden. Betätige sich die Gemeinde über den örtlichen Bedarf hinaus, läge die Vermutung einer vorrangigen, nicht vom öffentlichen Zweck gedeckten und damit unzulässigen Gewinnerzielung nahe.[229] In Nordrhein-Westfalen und neuerdings auch in Sachsen unterstellt bereits der Gesetzgeber, dass die Versorgung mit Strom, Gas und Wärme schon vom Grundsatz her einem öffentlichen Zweck dient und als einzige Zulässigkeitsvoraussetzung der Leistungsfähigkeitsbezug bleibt.[230] Auch in Sachsen-Anhalt und Rheinland-Pfalz wird insoweit ein öffentlicher Zweck fingiert, Sachsen Anhalt verlangt allerdings zusätzlich, dass die energiewirtschaftliche Betätigung nach Art und Umfang in einem angemessenen Verhältnis zum voraussichtlichen Bedarf steht.[231] Die Gemeinwohlkonformität der kommunalen Energieerzeugung wird in diesen Fällen mit der Erreichung von Sachzielen wie Versorgungssicherheit, Preisverträglichkeit oder Umweltverträglichkeit im Rahmen der Energiewende und Klimaschutzpolitik begründet.[232] Die Problematik bleibt im Hinblick auf das Örtlichkeitsprinzip weiter virulent.[233]

109 Nicht ausgeschlossen ist, dass die Gemeinde mit einer **Nebentätigkeit** zu einer von einem öffentlichen Zweck getragenen Haupttätigkeit Gewinne erzielt, wenn sie dadurch vorhandene, sonst brachliegende, aber noch benötigte Kapazitäten ausnutzt **(Ressourcennutzung).**[234] In § 91 Abs. 5 Nr. 2 BbgKVerf wird dies ausdrücklich klargestellt; danach dürfen Nebenleistungen im Rahmen der wirtschaftlichen Betätigung erbracht werden, die der Ausnutzung bestehender, sonst brachliegender Kapazitäten bei der Gemeinde oder dem Unternehmen dienen. Dauernd entbehrlich gewordene Kapazitäten dürfen jedoch nicht aufrechterhalten oder gar neue Kapazitäten aufgebaut werden, um außerhalb des öffentlichen Unternehmenszwecks Gewinne zu erwirtschaften.[235]

110 Die Kriterien, die maßgeblich sind für die Qualifizierung einer kommunalwirtschaftlichen Betätigung als „nichtwirtschaftlich" oder „wirtschaftlich" und nach denen die Zulässigkeit von Annextätigkeiten „nichtwirtschaftlicher" Unternehmen im „wirtschaftlichen" Bereich zu bewerten ist, finden somit ebenfalls Anwendung bei der Feststellung des Vorliegens eines öffentlichen Zwecks und dessen Reichweite.[236]

---

[227] So die amtl. Begr. LT-Drs. 18/3152 vom 30.6.2015, 38; dazu *Brüning* NVwZ 2015, 689 (691 f.).

[228] G. vom 26.10.2016, NdsGVBl. S. 226. Vgl. dazu LT-Drs. 17/5423, 50.

[229] Schreiben des Bayerischen Staatsministeriums des Innern vom 31.7.2012, IB3–3321-7, S. 2 f.

[230] § 107a Abs. 1 und 3 GO NRW; dazu *Rehn/Cronauge* GO § 107a Anm. II. 2., IV. 1. und 2; § 97 Abs. 1 SächsGemO, eingefügt durch G. vom 25.6.2019, GVBl. S. 494.

[231] § 128 Abs. 2 S. 1 iVm Abs. 1 S. 1 Nr. 2 KVG LSA; § 85 Abs. 1 S. 2 (bis 4) GemO RhPf.

[232] Vgl. *Burgi* in Kment, Energiewirtschaft, 1 (16 ff.); ders. Neuer Ordnungsrahmen, 58 f.; *Oebbecke* Der Gemeindehaushalt 2019, 217 (223).

[233] Vgl. OVG Magdeburg 7.5.2015, NVwZ 2015, 1231; dazu *Nebel/Steinbach* NVwZ 2015, 1235 (1236 f.); → Rn. 165 ff.

[234] Vgl. *Schink* NVwZ 2002, 129 (134), der zwischen Gewinnmitnahme, Randnutzung und Annextätigkeit differenziert.

[235] VerfGH RhPf. 28.3.2000, NVwZ 2000, 801 (803); BVerwG 21.4.1989, NJW 1989, 2409 (2410); aA OLG Hamm 23.9.1997, NJW 1998, 3504 – Gelsengrün; vgl. dazu *Köhler* BayVBl. 2000, 1 (6 f.); *Britz* NVwZ 2001, 380 (384).

[236] Vgl. → Rn. 73–77.

Wesentlich ist auch insoweit, dass die kapazitätsauslastende Tätigkeitserweiterung im Hinblick auf das Erfordernis des öffentlichen Zwecks nur dann erlaubt ist, wenn sie im Dienste der ursprünglichen, vom öffentlichen Zweck getragenen Tätigkeit steht; das setzt jedenfalls voraus, dass die neue der ursprünglichen Tätigkeit quantitativ nachgeordnet ist.[237]

Für die kommunalen Unternehmen ist weiterhin von Bedeutung, inwieweit eine Erweiterung der angebotenen Leistungen über das bisherige Angebotsspektrum hinaus zulässig ist. Es handelt sich insoweit nicht um den Fall der Ausnutzung bereits vorhandener Kapazitäten, sondern um die Schaffung einer **Kapazitätserweiterung.** 111

Der VerfGH Rheinland-Pfalz hat sogar vor dem Hintergrund der zum Entscheidungszeitpunkt umfassend geltenden stringenten Subsidiaritätsklausel in Rheinland-Pfalz hierzu festgestellt, dass die **marktgerechte Ergänzung der angestammten Tätigkeitsfelder kommunaler Unternehmen** zulässig ist, soweit es sich um unwesentliche Erweiterungen handelt. Ausdrücklich „unwesentlich" und vom öffentlichen Zweck umfasst sei es, wenn Stadtwerke ihr Energieversorgungsangebot durch Zusatzdienste wie Beratung und Installation zu einer wettbewerbsfähigen Gesamtleistung abrunden.[238] Damit wird ausdrücklich der Stagnation kommunaler Unternehmen eine Absage erteilt. Dies ist auch sachgerecht, denn wollte man den kommunalen Unternehmen verbieten, sich am Wettbewerb um die Erbringung von Gesamtleistungen zu beteiligen, könnte es auch seine einem öffentlichen Zweck dienende Hauptaufgabe nicht mehr erfüllen und müsste zum Nachteil der Verbraucher und Kunden, die vom wirksamen Wettbewerb profitieren, aus dem Markt ausscheiden.[239]

Dementsprechend nimmt eine Randnutzungen bzw. **Annextätigkeit,** selbst wenn sie als solche keinem öffentlichen Zweck dient, an der Zulässigkeit der von einem öffentlichen Zweck getragenen Haupttätigkeit teil, wenn sie üblicherweise im Zusammenhang der Hauptleistung steht (zB marktgerechte Ergänzung zu einer wettbewerbsfähigen Gesamtleistung), nach Art und Umfang untergeordnet ist und die sachgerechte Aufgabenerledigung nicht beeinträchtigt.[240] Besondere Abgrenzungsschwierigkeiten ergeben sich insoweit insbesondere im sich äußerst dynamisch entwickelnden Energiesektor in Bezug auf die Reichweite des Begriffs der „Energieversorgung" bzw. „energiewirtschaftlichen Betätigung" und hinsichtlich der Dienstleistungen kommunaler Unternehmen „hinter dem Zähler".[241]

Einige Landesgesetzgeber haben solche Nebenleistungen, die im Wettbewerb üblicherweise zusammen mit der Hauptleistung angeboten werden, ausdrücklich zugelassen, allerdings mit der Einschränkung, dass mit der Durchführung dieser Nebenleistung private Anbieter beaufragt werden sollen.[242] Eine ähnliche Regelung existiert in Nordrhein-Westfalen in Bezug auf die energiewirtschaftliche Betätigung.[243] In Schleswig-Holstein muss die Erfüllung des öffentlichen Zwecks „im Vordergrund der Unternehmung" stehen, in Mecklenburg-Vorpommern entsprechen Tätigkeiten, mit denen die Gemeinde „ganz überwiegend" Gewinnerzielungsabsichten verfolgt, keinem öffentlichen Zweck.[244]

---

237 *Britz* NVwZ 2001, 380 (384).

238 VerfGH RhPf. 28.3.2000, NVwZ 2000, 801 (803). Vgl. auch VGH Mannheim 5.11.2014, NVwZ-RR 2015, 307 (309): „sinnvolle Abrundung" der Daseinsvorsorge; OVG Münster 13.8.2003, NVwZ 2003, 1520 (1522 f.).

239 *Britz* NVwZ 2001, 380 (385) mwN, dort auch zur Kritik in der Lit. zur Entfernung von der unmittelbaren Bindung an den öffentlichen Zweck.

240 *Ehlers* DVBl. 1998, 497 (501); *Köhler* BayVBl. 2000, 1 (7); *Britz* NVwZ 2001, 380 (385), *Lange* NVwZ 2014, 616 (617); *Brüning* NVwZ 2015, 689 (692); kritisch *Krämer* LKV 2016, 348 ff.

241 Vgl. dazu *Oebbecke* Der Gemeindehaushalt 2019, 217 (222 ff.); *Wolters/Frey* KommJur 2018, 205 ff.; *Gödeke/Jördening* RdE 2019, 109 (111 f.). Allgemein zum Energiesektor *Burgi* in Kment Energiewirtschaft, 1 ff.

242 § 91 Abs. 5 Nr. 1 BbgKV, § 121 Abs. 4 HGO, § 108 Abs. 3 S. 1 KSVG. § 128 Abs. 1 Satz 3 KVG LSA erklärt insoweit die einfache Funktionssperre für anwendbar. § 71 Abs. 2 Nr. 4 S. 2 ThürKO enthät eine Regelung hierzu im Rahmen der Subsidiaritätsklausel.

243 § 107a Abs. 2 GO NRW.

244 § 101 Abs. 1 Nr. 1 GO SchlH, § 68 Abs. 2 S. 2 KV MV.

112 In der Literatur wird vor dem Hintergrund der zunehmend dramatischeren Finanznot kommunaler Haushalte – die sowohl hinsichtlich der Rasanz ihrer Steigerung als auch der absoluten Höhe der aufgelaufenen Altschulden und der aktuellen operativen Defizite noch vor wenigen Jahren unvorstellbare Dimensionen angenommen hat – verschiedentlich die Auffassung vertreten, der Aspekt der **Gewinnerzielung** durch wirtschaftliche Betätigung müsse eine andere Gewichtigkeit als früher erfahren.[245] Das in der kommunalen Selbstverwaltungsgarantie mitenthaltene Recht auf eine angemessene Finanzausstattung garantiere den Kommunen in einer Situation kommunaler Unterfinanzierung die Ausschöpfung aller nicht hoheitlichen Einnahmequellen, zu denen auch die Erzielung von Gewinnen durch rein erwerbswirtschaftliche Betätigung gehöre.[246]

113 In einer Situation kommunaler Unterfinanzierung wegen zu geringer Steuereinnahmen und unzureichender Landeszuweisungen aus dem Finanzausgleich wird eine Lösung zum Teil in einer Anwendung der Regeln des strafrechtlichen Notstands gesucht, wobei bei der Wahl, entweder die haushaltsrechtlichen Regeln des Haushaltsausgleichs zu missachten oder aber sich über zwingende rechtliche Regeln bezüglich der Leistungsdichte oder der Standards kommunaler Aufgabenerfüllung hinwegzusetzen, dem Haushaltsausgleich das wesentlich überwiegende Interesse zukommen soll, das eine Abweichung von sonstigen Regeln legitimieren könne.[247] *Otting* sieht bei nicht mehr gegebener Deckung der Aufwendungen für die Erfüllung der Pflichtaufgaben und der Aufrechterhaltung des Kernbereichs der kommunalen Selbstverwaltung, nämlich eines Minimums an freiwilligen Aufgaben, die Ausschöpfung aller Einnahmemöglichkeiten unter Erschließung zusätzlicher nichthoheitlicher Einnahmequellen als verpflichtend an. Dies sei gegenüber einem kontrollierten Gesetzesbruch auf der Ausgabenseite das mildere Mittel. In dem Fall, dass der einfache Gesetzgeber nicht in der Lage ist, die Gemeinden ausreichend mit Finanzmitteln auszustatten, sei er gehindert, diesen durch das Gemeindewirtschaftsrecht die Ausschöpfung an sich vorhandener Einnahmepotentiale zu verwehren. In dem Extremfall, dass ohne die Nutzung der Einnahmemöglichkeiten aus wirtschaftlicher Betätigung der Kernbereich der kommunalen Selbstverwaltung **wegen verfassungswidriger Unterfinanzierung** verletzt wäre, könne dies durch extensive Interpretation der Zulässigkeitsschranke des „öffentlichen Zwecks" verhindert werden.[248]

Anzumerken ist, dass nicht ohne weiteres plausibel erscheint, weshalb der Rechtsverstoß, wenn er auf der Einnahmenseite begangen wird, weniger gravierend sein soll, als wenn Gleiches auf der Ausgabenseite geschieht. An dieser Stelle kann dies aber nicht vertieft werden.

114 Der Ansatz in beiden Ausprägungsformen ist aus Sicht der kommunalen Verwaltungspraxis gewiss verlockend. Allerdings dürfte seiner Nutzung vielfach bereits entgegenstehen, dass von der einzelnen Kommune kaum tatsächlich und juristisch wird dargelegt werden können, dass die Voraussetzungen vorliegen, die von den Vertretern dieser Auffassung für erforderlich gehalten werden (unzureichende Mittelbereitstellung durch den Finanzausgleich – ggf. bei insgesamt zutreffender Dotierung nur im konkreten Einzelfall wegen kostenträchtiger Sonderbedingungen –, Verletzung des Kernbereichs der kommunalen Selbstverwaltung).

115 Zweifelhaft ist aber insbesondere, ob die Verfolgung des Ansatzes, der seine Legitimation letztlich aus der Zielsetzung der Erhaltung des Kernbereichs der kommunalen Selbstverwaltung im Sinne der Wahrnehmbarkeit eines Minimums an freiwilligen Aufgaben bezieht, überhaupt tragfähig ist in einer Situation, in der vielfach bereits die von den Kommunen als Auftragsangelegenheit wahrzunehmenden staatlichen Aufgaben nur noch durch Kassen-

---

[245] *Cronauge* Der Gemeindehaushalt 1998, 131 (133); *Moraing* Der Gemeindehaushalt 1998, 223 (224); auch *Britz* NVwZ 2001, 380 (382); *Wolff* DÖV 2011, 721 (725).
[246] *Otting*, Neues Steuerungsmodell und rechtliche Betätigungsspielräume der Kommunen, 1997, S. 199, 218; *ders.* DVBl 1997, 1258 (1262); krit. dazu *Ehlers* DVBl 1998, 497 (499 f.).
[247] Vgl. *Otting* DVBl 1997, 1258 (1262) mwN.
[248] *Otting.* DVBl 1997, 1258 (1262).

kredite finanziert werden können. Die kommunalwirtschaftliche Betätigung würde damit letztlich eine Einnahmebeschaffungsmaßnahme für die Finanzierung staatlicher Aufgaben. Dies aber wäre als Verstoß gegen staatliche Finanzierungsgrundsätze abzulehnen.

Die verfassungsrechtlichen Regelungen der Finanzausstattung der Kommunen lassen **116** weder dem Notstandsgedanken noch der extensiven Interpretation der einfachgesetzlichen Bestimmungen über die kommunalwirtschaftliche Betätigung Raum. *Ehlers* stützt die Ablehnung bloßen „Money makings" als Gemeinwohlbeitrag auf die Finanzverfassung des Grundgesetzes und die dazu ergangene Rechtsprechung des BVerfG, nach der die Finanzierung der staatlichen Aufgaben in Bund und Ländern „einschließlich der Gemeinde" in erster Linie der Steuer vorbehalten bleiben müsse. Diese Finanzverfassung verlöre ihren Sinn und ihre Funktion, wenn daneben beliebig andere Abgaben oder die Erzielung von Einkünften durch eine ausschließlich erwerbswirtschaftlich motivierte Wirtschaftsteilnahme treten könnten.[249] Der Heranziehung dieser staatlichen Finanzierungsgrundsätze, die nach der Systematik des GG unmittelbare Geltung nur für den Bund und die Länder haben, ist im Kern zuzustimmen, vermag hier allerdings für sich genommen noch nicht vollständig zu überzeugen.

Tragfähig wird dieser Ansatz erst durch die insoweit vom VerfGH Rheinland-Pfalz[250] **117** herangezogene Begründung, die die besonderen Beziehungen der kommunalen Gebietskörperschaften zum Land, als dessen Bestandteil die Kommunen verfassungsrechtlich gelten, berücksichtigt. Der Gerichtshof führt aus, dass der die kommunale **Finanzausstattungsgarantie** regelnde Art. 49 Abs. 5 RhPfVerf.[251] staatsgerichtet und auf öffentlich-rechtliche Einnahmequellen sowie Finanzausgleichsmittel bezogen ist. Er gewährleiste den Gemeinden aber keine gewinnorientierte, erwerbswirtschaftliche Betätigung. Unter Bezugnahme auf eine frühere Entscheidung des Gerichtshofs wird sodann darauf verwiesen, dass auf etwaige Unterfinanzierung der Gemeinden das Land durch Pflichtenreduzierung (Senkung von Standards) oder Finanzmittelzuweisung zu reagieren hat. Etwaige Verstöße wären dort begründet und auch dort zu korrigieren.

Für die Enquete-Kommission „Kommunen" des Landtags Rheinland-Pfalz haben die **118** Sachverständigen Schoch und Wieland ua die verfassungsrechtlichen Grundlagen des kommunalindividuellen **Anspruchs auf aufgabenangemessene Finanzausstattung gegen das jeweilige Land** eindeutig herausgearbeitet.[252] Die Kommunen haben aufgrund normativer Basis in den meisten Landesverfassungen einen Anspruch auf eine aufgabenangemessene Finanzausstattung. Das Bundesverwaltungsgericht teilt diese Auffassung auf der bundesverfassungsrechtlichen Grundlage des Art. 28 Abs. 2 GG ausdrücklich, ebenso einige Landesverfassungsgerichte unter Bezugnahme auf das jeweils einschlägige Landes(verfassungs)recht.[253]

Die Aufgabenangemessenheit der kommunalen Finanzausstattung bezieht sich zunächst **119** auf die Gesamtheit der Kommunen und die Gesamtheit ihrer Aufgaben. Das kommunale Selbstverwaltungsrecht stellt aber nicht nur eine lediglich objektivrechtlich wirkende institutionelle Garantie dar, sondern schützt in der Ausprägung als subjektive Rechtsstellungsgarantie jede einzelne kommunale Gebietskörperschaft. Jede einzelne Kommune hat also verfassungsrechtlich einen Anspruch auf eine aufgabenangemessene Finanzausstattung. Eine verfassungswidrige Lage ist demnach nicht erst dann gegeben, wenn für die Gesamtheit der Kommunen Defizite in der Finanzausstattung zu verzeichnen sind, sondern schon dann, wenn einzelnen Kommunen die aufgabenangemessenen Mittel vorenthalten werden.

---

249 *Ehlers* DVBl 1998, 497 (499).

250 VerfGH RhPf. 28.3.2000, NVwZ 2000, 801 (803).

251 Vgl. auch Art. 83 Abs. 3 der Bayerischen Verfassung.

252 *Schoch/Wieland,* Verfassungsrechtliche Vorgaben für eine aufgabenangemessene kommunale Finanzausstattung, Vorlage 044 EK 14/01 für die Sitzung der Enquete-Kommission „Kommunen" des Landtags Rheinland-Pfalz am 11.7.2003. Vgl. auch Lange DVBl. 2015, 457 ff.

253 BVerwG 25.3.1998, DVBl 1998, 776 (779); BVerwG 30.1.2013 – 8 C 1.12, BeckRS 2013, 181941 Rn. 19 f.; auf Landesebene zuletzt StGH Hessen 16.1.2019, NVwZ 2019, 1036 (1037 mwN).

Verpflichtungsadressat der kommunalen Finanzausstattungsgarantie ist das Land, ihm ist es verfassungsrechtlich untersagt, die Kommunen insoweit an den Bund zu verweisen. Die Länder tragen die Letztverantwortung für die kommunale Finanzausstattung.[254]

120 Bei diesem Befund müssen Lösungen, die veranlasst durch die kommunale Finanznot auf eine Auflösung der Bindung an den öffentlichen Zweck als Voraussetzung der Zulässigkeit kommunalwirtschaftlicher Betätigung hinauslaufen, ausscheiden. Vielmehr ist Abhilfe durch Geltendmachung der kommunalindividuellen Ansprüche gegen das Land zu suchen.[255]

121 Der Begriff des öffentlichen Zwecks ist ein unbestimmter Rechtsbegriff. Bei der Entscheidung, ob ein öffentlicher Zweck gegeben ist, ist eine Einbeziehung sämtlicher Umstände des Einzelfalles aus der spezifisch örtlichen Sicht in den **Prüfungs- und Abwägungsprozess** erforderlich. Die Bewertung hat den heutigen wirtschaftlichen Verhältnissen und den heutigen kommunalen Aufgabenstellungen Rechnung zu tragen. Zu berücksichtigen sind auch Veränderungen der tatsächlichen Lebensverhältnisse, der Funktionswandel der Gemeinden sowie die Herausbildung neuer Schwerpunkte innerhalb des gemeindlichen Aufgabenspektrums.[256] Als aktuelles Beispiel für die sich wandelnden Rahmenbedingungen seien nur die Veränderungen im Bereich der Telekommunikationsdienstleistungen – Stichwort Breitbandversorgung – genannt.[257] Aufgrund der für die nächsten Jahrzehnte prognostizierten demografischen Entwicklung in Deutschland sind für die Zukunft öffentliche Zwecke absehbar, die gegenwärtig als solche noch nicht bestehen. So ist nicht unwahrscheinlich, dass bei einer überalterten, immobil gewordenen Bevölkerung in ländlichen Ortschaften ohne Versorgungsinfrastruktur künftig den Gemeinden ua die Aufgabe der Lebensmittelversorgung zuwächst, weil die bisherige Abdeckung dieser Bedürfnisse durch Private mittels Verkaufswagen mangels Rentabilität dann möglicherweise nicht mehr gewährleistet ist.

122 *Cronauge* stellt deshalb zu Recht die **Notwendigkeit dynamischer Auslegung** des geltenden Rechts fest.[258] Der kommunalverfassungsrechtliche Rahmen für die Kommunalwirtschaft ist nicht statisch und auf bloße Bestandssicherung des Vorhandenen gerichtet. Vielmehr ist bei der Auslegung und Anwendung seiner unbestimmten Rechtsbegriffe den sich wandelnden politischen, wirtschaftlichen und rechtlichen Rahmenbedingungen Rechnung zu tragen. Für das Recht der kommunalwirtschaftlichen Tätigkeit ist diesbezüglich das Gleiche in Anspruch zu nehmen, was in den übrigen Rechtsbereichen Geltung hat.

123 Weil die Gemeinwohlbedingungen und damit der öffentliche Zweck mangels statischer Beschreibbarkeit nicht abstrakt festgelegt werden können, sondern prozedural sind, müssen sie in jedem Einzelfall entwickelt werden.[259] Für die Entscheidung, ob ein öffentlicher Zweck eine bestimmte kommunalwirtschaftliche Betätigung *rechtfertigt* oder *erfordert,* steht der Gemeinde ein weiter Beurteilungsspielraum in Form einer kommunalpolitischen, **gerichtlich nur eingeschränkt überprüfbare Einschätzungsprärogative** zu.[260] Systematisch schlüssig weisen die Gemeindeordnungen die betreffende Konkretisierungsent-

---

254 BVerfGE 86, 148 (219); BVerwGE 145, 378; StGH Hessen 16.1.2019, NVwZ 2019, 1036 (1037).

255 Im Ergebnis ebenso *Heilshorn,* Gebietsbezug der Kommunalwirtschaft, S. 154.

256 *Rehn/Cronauge* GO § 107 Anm. III. 3.; *Kunze/Bronner/Katz* GemO § 102 Rn. 32.

257 Vgl. *Ehlers* DVBl 1998, 497 ff. (499). Der Bereich Telekommunikation bzw. Breitbandversorgung wurde in den letzten Jahren im Kommunalwirtschaftsrecht mehrerer Länder in unterschiedlicher Ausprägung privilegiert verankert, vgl. § 121 Abs. 2 Nr. 2 HGO, § 136 Abs. 1 S. 3 bis 5 NKomVG, § 107 Abs. 1 S. 1 Nr. 3, S. 2 GO NRW, § 85 Abs. 1 S. 1 Nr. 3 GO RhPf., § 97 Abs. 1 SächsGemO, § 128 Abs. 2 KVG LSA. In Bayern wird dies durch Subsumtion der Breitbandversorgung unter den Begriff der kommunalen Daseinsvorsorge iSv Art. 87 Abs. 1 S. 1 Nr. 4 BayGO erreicht, vgl. LT-Drs. 16/18211 vom 21.8.2013.

258 *Cronauge* Der Gemeindehaushalt 1998, 131 (135 f.).

259 *Britz* NVwZ 2001, 380 (382); *Cronauge,* Kommunale Unternehmen, Rn. 412.

260 *Cronauge,* Kommunale Unternehmen, Rn. 414; *Moraing* Der Gemeindehaushalt 1998, 223 (224 f.); *Ehlers* DVBl 1998, 497 (499); *Schmidt-Jortzig,* HKWP, 2. Aufl., Bd. 5, S. 58; *Kunze/Bronner/Katz* GemO § 102 Rn. 32; *Rehn/Cronauge* GO § 107 Anm. III. 4.; *Quecke/Schmid* SächsGemO § 97 Rn. 53. VerfGH RhPf. 28.3.2000, NVwZ 2000, 801 (803); OVG Schleswig 11.7.2013 – 2 LB 32/12, juris Rn. 95; OVG Münster 1.4.2008, NVwZ 2008, 1031 (1035).

scheidung der Vertretungskörperschaft als demokratisch legitimiertem Beschlussorgan der Gemeinde zu.[261]

Unklar ist, ob das Verhandensein einer öffentliche Zwecksetzung als solches der uneingeschränkten gerichtlichen Kontrolle unterliegt.[262] Nach einer Entscheidung des BVerwG ist die Beurteilung des öffentlichen Zwecks für die Errichtung und Fortführung eines Gemeindeunternehmens der Beurteilung durch den Richter weitgehend entzogen; es handele sich letztlich um eine Frage sachgerechter Kommunalpolitik, die sehr stark von Zweckmäßigkeitsüberlegungen bestimmt werde.[263] Die Kommunalaufsichtsbehörden und die Verwaltungsgerichte dürfen daher lediglich eine Plausibilitätskontrolle vornehmen, nicht aber in die eigentliche Gemeinwohlbestimmung eingreifen.[264] Im Ergebnis dürfte das Merkmal des öffentlichen Zwecks wegen des Kreises der potenziellen öffentlichen Zwecke und der weiten Auslegung durch die Gerichte ohnehin nur eingeschränkt Begrenzungskraft entfalten.[265] 124

Es besteht insoweit eine Spannungslage zwischen Selbstverwaltung und Staatsaufsicht. Soweit deshalb eindeutigere gesetzliche Vorgaben für die Kommunalaufsicht als wünschenswert diskutiert werden, wird zutreffend darauf verwiesen, dass dies nur schwer durchsetzbar ist, weil damit zugleich die Steuerung der Kommunalwirtschaft zu Lasten der Kommunen eingeschränkt würde. Auch insoweit müssen die unbestimmten Rechtsbegriffe verfassungskonform ausgefüllt und Verfassungsrecht damit als anwendbares Verwaltungsrecht konkretisiert werden.[266] 125

Keinesfalls immanent ist dem öffentlichen Zweck per se ein **Subsidiaritätsgrundsatz eigener Art** zu Lasten der Gemeinden, durch den diesen eine bloße Lückenbüßer-Funktion zugewiesen würde, um Defizite in der Tätigkeit Privater auszugleichen. Dem steht bereits die Systematik der Schrankentrias entgegen, die in den Gemeindeordnungen der Länder in unterschiedlich scharfer Ausformung neben dem Erfordernis eines öffentlichen Zwecks die Beachtung einer ausdrücklichen Subsidiaritätsklausel als Zulässigkeitsvoraussetzung kommunalwirtschaftlicher Betätigung verlangt.[267] Allein die Subsidiaritätsklausel regelt die Abgrenzung der zulässigen von der unzulässigen kommunalwirtschaftlichen Tätigkeit im Verhältnis zu privaten Wettbewerbern. Auch dem Grundgesetz ist keine Subsidiarität kommunaler wirtschaftlicher Betätigung gegenüber privatwirtschaftlichem Handeln zu entnehmen. Die Bestimmungen des Grundgesetzes sind wirtschaftspolitisch neutral, sie enthalten keine Festlegung auf ein bestimmtes Wirtschaftssystem und damit auch nicht auf eine Vorrangstellung privatwirtschaftlicher Betätigung.[268] 126

bb) Relationsklausel: Leistungsfähigkeitsbezug, Bedarf. Die Gemeindeordnungen der meisten Länder fordern als zweite Voraussetzung der Schrankentrias, dass die wirtschaftliche Betätigung in einem angemessenen Verhältnis zur **Leistungsfähigkeit der Gemeinde** und dem voraussichtlichen Bedarf steht.[269] Nur Nordrhein-Westfalen und 127

[261] *Schmidt-Jortzig,* HKWP, 2. Aufl., Bd. 5, S. 58; *Britz* NVwZ 2001, 380 (382).
[262] So OVG Schleswig 11.7.2013 – 2 LB 32/12, juris Rn. 96; OVG Münster 1.4.2008, NVwZ 2008, 1031 (1035).
[263] BVerwG 22.2.1972 – I C 24.69, VerwRspr 1973, 215 (218); ebenso OVG Magdeburg 17.2.2011 – 2 L 126/09, juris Rn. 33. Zustimmend Lange NVwZ 2014, 616 (617).
[264] *Moraing* Der Gemeindehaushalt 1998, 223 (224 f.).
[265] Vgl. *Burgi,* Kommunalrecht § 17 Rn. 43; *Brüning* NVwZ 2015, 689 (691) unter Bezugnahme auf OVG Schleswig 11.7.2013 – 2 LB 32/10, juris Rn. 90, 94; *Oebbecke* in Mann/Püttner HKWP § 41 Rn. 29.
[266] *Ruffert* VerwArch 2001, 27 (38). Zum Problemkreis Staatsaufsicht über die Kommunalwirtschaft zuletzt *Brüning* DÖV 2010, 553.
[267] Str., wie hier *Cronauge* Der Gemeindehaushalt 1998, 131 (134); *Rehn/Cronauge* GO § 107 Anm. III. 5., *Schulz/Wachsmuth/Zwick* BayGO Art. 87 Anm. 1.6, *Jungkamp* NVwZ 2010, 546, jeweils mwN; aA *Ehlers* DVBl 1998, 497 (501); *Lange* NVwZ 2014, 616 (616 f.); *Burgi,* Kommunalrecht § 17 Rn. 65.
[268] Vgl. → Rn. 11 ff.
[269] § 102 Abs. 1 Nr. 2 GemO BW, Art. 87 Abs. 1 S. 1 Nr. 2 BayGO, § 91 Abs. 1 Nr. 2 BbgKV, § 121 Abs. 1 S. 1 Nr. 2 HGO, § 68 Abs. 2 S. 1 Nr. 2 KV MV, § 136 Abs. 1 S. 2 Nr. 2 NKomVG, § 85 Abs. 1 S. 1 Nr. 2 GO RhPf., § 108 Abs. 1 Nr. 2 KSVG, § 94a Abs. 1 S. 1 Nr. 2 SächsGemO, § 128 Abs. 1 S. 1 Nr. 2 KVG LSA, § 71 Abs. 2 Nr. 2 ThürKO.

Schleswig-Holstein verzichten generell auf das letztgenannte Kriterium[270], in Mecklenburg-Vorpommern, Niedersachsen, Rheinland-Pfalz, Sachsen und Sachsen-Anhalt sind wirtschaftliche Unternehmen insbesondere im Bereich der (erneuerbaren) Energieerzeugung und teilweise in weiteren Versorgungsbereichen hiervon befreit (→ Rn. 130).

Durch die genannten Anforderungen sollen die Gemeinden von wirtschaftlichen Aktivitäten abgehalten werden, die ihre Verwaltungs- und/oder Finanzkraft übersteigen, dh ihre personellen, sachlichen und finanziellen Kräfte überfordern.[271] Diese Anforderung der Verhältnismäßigkeit ist eine weithin als unproblematisch angesehene Bindung der Kommunalwirtschaft.[272]

128 Das Kriterium muss als besonders nachdrücklicher Appell an die beschließende Kommunalvertretung verstanden werde, die geplante Initiative unter diesem Gesichtspunkt einer gezielten und gesonderten Prüfung zu unterziehen.[273] Dabei müssen auch greifbare Zukunftsaussichten im Sinne einer Prognose von der Kommune mit berücksichtigt werden.[274] Die Prüfung der langfristigen Fähigkeit der Gemeinde zur Unterhaltung der beabsichtigten Einrichtung unter Minimierung der Folgekosten ist ebenfalls durchzuführen. Der Gemeinde bzw. ihrem Beschlussorgan steht auch insoweit ein weiter **Beurteilungsspielraum** zu. Die getroffene Entscheidung wird nur bei offenkundiger Fehlentscheidung, bei einem Ermittlungsdefizit oder Abwägungsausfall als rechtswidrig angesehen werden können.[275]

129 Der Bindung an das Erfordernis, dass die kommunalwirtschaftliche Betätigung nach Art und Umfang in einem angemessenen Verhältnis zu der Leistungsfähigkeit der Kommune stehen muss, kann angesichts der teils extremen Verschuldung der Gemeinden erhebliche Bedeutung zukommen. Ist eine Kommune hoch verschuldet oder muss sie nach dem jeweiligen Landesrecht ein Haushaltssicherungskonzept aufstellen, ist sie nur eingeschränkt leistungsfähig. Mit Wagnissen und Risiken verbundene Wirtschaftsaktivitäten dürften dann ausgeschlossen sein.[276]

130 Die Prüfung des **voraussichtlichen Bedarfs** soll gewährleisten, dass Umfang und Ausmaß des wirtschaftlichen Unternehmens dem gegenwärtigen und zu erwartenden künftigen Bedarf entsprechen. Unzulässige dauerhafte Überdimensionierungen sollen damit vermieden und Beeinträchtigungen der Wirtschaftlichkeit durch damit verbundene Investitions- und Finanzierungslasten sowie ein eventueller Zuschussbedarf aus dem kommunalen Haushalt verhindert werden.

Vor diesem Hintergrund ist fraglich, ob das Bedarfskriterium – so jüngere Entscheidungen des OVG Schleswig und des OVG Magdeburg zu einem Windpark mit kommunaler Beteiligung bzw. der Errichtung und dem Betrieb einer Photovoltaikanlage und Einspeisung des erzeugten Stroms in ein überörtliches Netz[277] – allgemein im Sinne eines auf das örtliche Versorgungsgebiet beschränkten Bedarfs bzw. einer (nur) dort bestehenden Nachfrage ausgelegt werden muss. Vielmehr wäre insoweit zu bedenken gewesen, ob unter Berücksichtigung der Regelungen des EEG bei einer wirtschaftlich vernünftigen Einschät-

---

[270] § 107 Abs. 1 S. 1 Nr. 2 GO NRW, § 101 Abs. 1 Nr. 2 GO SchlH.

[271] Vgl. nur *Rehn/Cronauge* GO § 107 Anm. IV. 1.; *Kunze/Bronner/Katz* GemO § 102 Rn. 39; *Gabler/Höhlein* ua GemO § 85 Anm. 3.4.

[272] *Ehlers* DVBl 1998, 497 (503). Vgl. auch das im Auftrag des Landtags NRW im Juli 2013 erstellte (Information 16/134) Rechtsgutachten von *Oebbecke*, Zur Vereinbarkeit der Beteiligung von Gemeinden in schwieriger Haushaltslage an Unternehmen der Energiewirtschaft mit § 107a GO NRW, insbes. S. 25 ff.

[273] *Schmidt-Jortzig*, HKWP, 2. Aufl., Bd. 5, S. 60; *Gabler/Höhlein* GemO § 85 Anm. 3.4.

[274] *Cronauge* Der Gemeindehaushalt 1998, 131 (134).

[275] *Schmidt-Jortzig*, HKWP, 2. Aufl., Bd. 5, S. 60; *Gabler/Höhlein* ua GemO § 85 Anm. 3.4.

[276] Vgl. *Ehlers* DVBl 1998, 497 (503), der als Beispiel auf eine Beteiligung der Stadt Köln an dem Fernsehsender Vox verweist. Kritisch wegen der Zufälligkeit der Haushaltslage *Brüning* NVwZ 2015, 689 (692); *Conauge* Kommunale Unternehmen, Rn. 415 unter Hinweis auf eine drohende Zwei-Klassen-Gesellschaft.

[277] OVG Schleswig 11.7.2013 – 2 LB 32/12, juris Rn. 102 f.; OVG Magdeburg 7.5.2015, NVwZ 2015, 1231 (1234 f.).

zung generell von einer ausreichenden Nachfrage ausgegangen werden kann.[278] Jedenfalls darf das Bezugskriterium nicht mit dem Örtlichkeitsprinzip gleichgesetzt werden (→ Rn. 165 ff.). Der Landesgesetzgeber in Schleswig-Holstein hat dies zum Anlass genommen, die Bedarfsklausel aufgrund ihres „missverständlichen Wortlauts" und der „Gefahr einer über das verfassungsrechtlich gebotene Maß" hinausgehenden Beschränkung der kommunalwirtschaftlichen Betätigung in Anlehnung an die bereits seit 2010 bestehende Rechtslage in NRW generell zu streichen.[279]

In Rheinland-Pfalz wurden wirtschaftliche Unternehmen 2013 im Bereich der **Energieversorgung** von dieser Zulässigkeitsvoraussetzung freigestellt, um kommunalen Unternehmen, die bereits eine Strommenge erzeugen, die zur Versorgung der Gemeinde ausreichen würde, weitere Investitionen zur Erzeugung von Strom aus erneuerbaren Energien zu ermöglichen; ähnliches gilt seit 2014 in Sachsen-Anhalt.[280] Mecklenburg-Vorpommern und Niedersachsen beschränken die Ausnahme von der Bedarfsprüfung auf Betätigungen zur Erzeugung von Strom aus erneuerbaren Energien.[281] Zuletzt hat Sachsen kommunale Versorgungsunternehmen in den Bereichen Strom-, Gas-, Wärme- und Wasserversorgung sowie Telekommunikation von der Bedarfsprüfung ausgenommen.[282]

cc) Subsidiaritätsklausel. Die dritte und **umstrittenste Zulässigkeitsschranke** für die kommunalwirtschaftliche Betätigung in den Gemeindeordnungen der Länder ist die Subsidiaritätsklausel, in der das ordnungspolitische Verhältnis zwischen kommunalen Unternehmen und privater Wirtschaft in unterschiedlicher Weise geregelt ist. 131

Zu unterscheiden sind zwei Formen von Subsidiaritätsklauseln. 132

Die **einfache Subsidiaritätsklausel,** auch als Funktionssperre bezeichnet, bestimmt, dass der durch ein kommunales Unternehmen zu erfüllende Zweck nicht besser und wirtschaftlicher durch einen anderen erfüllt wird oder erfüllt werden kann. Diese Ausgestaltung entspricht derjenigen in § 67 Abs. 1 Nr. 3 DGO.[283] Die kommunale wirtschaftliche Betätigung hat danach zur Voraussetzung, dass zwischen der Gemeinde und anderen Marktteilnehmern Leistungsparität besteht. Anders ausgedrückt wird die gemeindliche Wirtschaft in die Gesamtorganisation der deutschen Wirtschaft so eingeordnet, dass der Privatwirtschaft der Vorrang bleibt, wenn sie dem von der Gemeinde beabsichtigten Zweck besser und wirtschaftlicher als ein kommunales Unternehmen entsprechen kann.

Darüber hinaus geht die „echte", auch als „stringente" oder **„verschärfte"** bezeichnete **Subsidiaritätsklausel** der Gemeindeordnungen von Baden-Württemberg, Bayern, Hessen, Rheinland-Pfalz, des Saarlandes und von Thüringen.[284] Nach diesen ist die kommunalwirtschaftliche Tätigkeit nur dann zugelassen, wenn der (öffentliche)[285] Zweck nicht ebenso gut und wirtschaftlich durch einen privaten Dritten erfüllt wird oder erfüllt werden kann. Dies bedeutet mit anderen Worten und klarer ausgedrückt, dass Leistungsparität für die Zulässigkeit einer gemeindlichen Tätigkeit nicht ausreichend ist, sondern diese die Voraussetzung besserer und wirtschaftlicherer Aufgabenerfüllung gegenüber Privaten erfüllen muss.

Einen Sonderweg schlägt Brandenburg mit dem Gesetz zur Stärkung der kommunalen Daseinsvorsorge vom 9.1.2012 ein, durch das die Subsidiaritätsklausel „abgeschafft" wurde.[286] Die in § 91 Abs. 3 S. 1 BbgKVerf enthaltene einfache Subsidiaritätsklausel gilt dann nicht, wenn die Gemeinde eine wirtschaftliche Betätigung im öffentlichen Interesse für

[278] So zu recht *Shirvani* NVwZ 2014, 1185 (1186 f.); vgl. auch *Köhler* BayVBl. 2000, 1 (7).
[279] Vgl. LT-Drs. 18/3152 vom 30.6.2015, 33 f.; § 101 Abs. 1 Nr. 2 GO SchlH.
[280] § 85 Abs. 1 S. 2 bis 4 GO RhPf., dazu LT-Drs. 16/2382, 4; § 128 Abs. 3 Satz 1 KVG LSA. Vgl. dazu → Rn. 103, 108.
[281] § 68 Abs. 3 S. 1 Nr. 4 KV MV (dort Energieerzeugung „inbesondere" erneuerbarer Art), § 136 Abs. 1 S. 7 NKomVG.
[282] § 97 Abs. 1 SächsGemO.
[283] → Rn. 28.
[284] Vgl. auch die Übersicht → Rn. 51.
[285] § 85 Abs. 1 Nr. 3 GemO RhPf.; § 108 Abs. 1 Nr. 3 KSVG.
[286] GVBl. 2012 S. 1; so die Begründung in LT-Drs. 5/3123, 4 f.

erforderlich hält; diese Entscheidung ist zu begründen, wobei der Gemeinde dabei ein weiter Beurteilungsspielraum zusteht.[287]

133 Mit Ausnahme von Mecklenburg-Vorpommern[288] und dem Saarland haben die Bundesländer den **Anwendungsbereich** der Subsidiaritätsklauseln unterschiedlich weitgehend **eingeschränkt.** Am restriktivsten ist dabei die Einschränkung in Hessen, nach der eine wirtschaftliche Betätigung im Bereich der Erzeugung, Speicherung und Einspeisung erneuerbarer Energien und der Verteilung von hieraus gewonnener thermischer Energie unter bestimmten Voraussetzungen abweichend von der (echten) Subsidiaritätsklausel zulässig ist.[289] Baden-Württemberg, Bayern und Thüringen nehmen Tätigkeiten im Bereich der kommunalen Daseinsvorsorge generell aus dem Anwendungsbereich der (echten) Subsidiaritätsklausel aus, wobei auf eine Definition des (dynamischen) Begriffs der Daseinsvorsorge zu Recht verzichtet wurde.[290] In Thüringen wird in diesem Zusammenhang klargestellt, dass diese Ausnahme „insbesondere" für die Bereiche der Strom-, Gas- und Wärmeversorgung einschließlich einer Betätigung auf dem Gebiet der Erzeugung, Speicherung und Einspeisung erneuerbarer Energien sowie der Verteilung von hieraus gewonnener thermischer Energie gilt und dies auch die Erbringung von damit verbundenen Nebenleistungen einschließt, soweit ihnen im Vergleich zum Hauptzweck eine untergeordnete Bedeutung zukommt.[291] In Niedersachsen, Nordrhein-Westfalen, Rheinland-Pfalz, Sachsen, Sachsen-Anhalt und Schleswig-Holstein werden die von der Subsidiaritätsklausel nicht erfassten Betätigungen konkret aufgezählt, insbesondere – und je nach Ausgestaltung des Katalogs der nichtwirtschaftlichen Betätigungen – die Energie- und Wasserversorgung, der ÖPNV und die Telekommunikation bzw. Breitbandversorgung.[292]

134 Umstritten und nicht pauschal zu beantworten ist die Frage, ob die **einfache Subsidiaritätsklausel** (Funktionssperre) auch den **Schutz privater Konkurrenten** bezweckt. Gegen die Interpretation der Funktionssperre als Ausdruck eines allgemeinen, auf Vorrangigkeit privater Wirtschaftstätigkeit abzielenden Subsidiaritätsprinzips wird auf die Entstehungsgeschichte des § 67 Abs. 1 DGO verwiesen und eine rein technische, wertneutrale Auslegung reklamiert im Sinne einer Sperre kommunaler Wirtschaftsinitiative, solange sich der angestrebte Verbesserungserfolg für die Versorgung der Einwohner anderweitig effektiver und weniger aufwendig erzielen lässt, sei dies durch bürgerliche Selbsthilfe, durch privatwirtschaftliche Angebote oder durch bereits vorhandene bzw. in anderem Zusammenhang zu errichtende Versorgungseinrichtungen öffentlicher Leistungsträger sowie der Gemeinde selbst, vor allem aber durch nicht-wirtschaftliche Anstrengungen.[293] Damit wird der Funktionssperre der Inhalt einer wertfreien, begünstigungslosen Zurückdrängung kommunaler Wirtschaftstätigkeit beigemessen, die nur in spezieller Ausrichtung die Wirkung eines Privatwirtschaftsschutzes erreicht. In erster Linie zielt die Klausel danach auf eine Reduzierung kommunalwirtschaftlicher Tätigkeit im Interesse der Gemeinde selbst und

---

[287] § 91 Abs. 3 S. 2 und 3 BbgKVerf, LT-Drs. 5/3123, 5. Ein Privatisierungsgebot ist mit dieser Regelung nicht verbunden, vgl. *Tomerius* in Erdmann/Prochnow PdK Br B-1, § 91 Anm. 4.

[288] Dort unterfallen Einrichtungen zur Erzeugung von Energie allerdings generell nicht dem Unternehmensbegriff und sind zulässig, soweit sie im angemessenen Verhältnis zur Leistungsfähigkeit stehen, vgl. § 68 Abs. 3 S. 1 Nr. 4 KV MV.

[289] § 121 Abs. 1a HGO. Die Vorschrift wurde durch Gesetz vom 18.7.2014 (GVBl. S. 178) – nach ihrer Einführung in 2011 – zugunsten der Gemeinden gelockert, indem ua die Verpflichtung zur Beteiligung Privater an diesen Beteiligungen gestrichen wurde.

[290] Nach VGH Mannheim 29.11.2012, KommJur 2013, 137 (140), best. durch Urt. v. 5.11.2014, NVwZ-RR 2015, 307 (309) verbietet sich allerdings eine Auslegung, bei der für die Subsidiaritätsklausel kein nennenswerter Anwendungsbereich verbleibt. In Bezug auf die Erbringung untergeordneter Nebentätigkeiten hält das Gericht eine Zuordnung zur Daseinsvorsorge für möglich, solange der Schwerpunkt der unternehmerischen Betätigung im Bereich der Daseinsvorsorge liegt (verneint für Erwerb, Bebauung und Veräußerung von Grundstücken für den gehobenen Wohnbedarf).

[291] § 71 Abs. 2 Nr. 4 ThürKO, der in diesem Zusammenhang auch die Durchführung eines Markterkundungsverfahrens vorsieht.

[292] Vgl. die Übersicht in → Rn. 51.

[293] *Schmidt-Jortzig,* HKWP, 2. Aufl., Bd. 5, S. 60 f.

ihrer Rolle im Zusammenhang staatlich-öffentlicher Aufgabenstellung. Sofern speziell ein Privatrechtsschutz gewollt ist, müsse dieser ausdrücklich durch gesetzliche Regelung präjudiziert werden.[294] Eine ausdrückliche Regelung zum Privatrechtsschutz der einfachen Funktionssperre existiert bislang nur in Brandenburg. § 91 Abs. 1 S. 2 BbgKVerf stellt klar, dass die Zulässigkeitsvoraussetzungen ausschließlich dem Schutz der Leistungsfähigkeit der Gemeinden dienen.[295]

Weil die Funktionssperre die **Leistungsparität** zwischen öffentlicher und privater Auf- **135**
gabenerfüllung als notwendig, aber auch ausreichend ansieht, bedeutet dies, dass der Private im Einzelfall besser als die kommunale Wirtschaft sein muss. Hierfür obläge ihm auch die Beweislast.[296]

Nach der Begründung des baden-württembergischen Gesetzentwurfs zur Einfügung der **136**
früheren einfachen Subsidiaritätsklausel mit der GemO-Novelle 1999 sind für den Leistungserfüllungsvergleich von einer Gemeinde die relevanten Marktgegebenheiten im Hinblick auf das Vorhandensein, die Leistungsfähigkeit und die Effizienz privater Anbieter zu prüfen sowie ein Vergleich zwischen der Leistungserbringung durch ein kommunales Unternehmen oder einen privaten Anbieter anzustellen. Neben der Wirtschaftlichkeit ist dabei auch die „Güte" der Leistung zu berücksichtigen, ua auch die Versorgungssicherheit und Dauerhaftigkeit sowie soziale und ökologische Komponenten.[297]

Die Konkretisierung dieser Anforderungen ist im Einzelfall nur der **Kommune** aufgrund ihrer umfassenden Kenntnisse der örtlichen Situation und Wirtschaftsverhältnisse möglich. Ihr steht deshalb insoweit ein **Beurteilungsspielraum,** eine Einschätzungsprärogative zu.[298] Im Hinblick auf die praktischen Schwierigkeiten der erforderlichen Bewertungen und die anzustellenden Prognosen[299] dürfen keine überzogenen Forderungen gestellt werden, der kommunale Handlungsspielraum nicht unverhältnismäßig tangiert werden.

Dies muss auch für die Erfüllung der in verschiedenen Ländern ergänzend zu den **137**
Bestimmungen der Gemeindeordnung geltenden Regelungen in Mittelstandsförderungsgesetzen gelten.[300] In der Rechtsprechung hatte die einfache Subsidiaritätsklausel bei der Bewertung der Zulässigkeit kommunaler Wirtschaftstätigkeit soweit ersichtlich bislang selten eine entscheidende Bedeutung[301], vielmehr problematisierten die Gerichte im Rahmen der Schrankentrias regelmäßig das Kriterium des öffentlichen Zwecks.[302]

Die **verschärfte Subsidiaritätsklausel** stellt im Gegensatz zu der einfachen eine deutli- **138**
che Beschneidung des kommunalen Handlungsspielraums dar. Durch sie wird ein absoluter Vorrang privater Dritter mit einer Umkehr der Beweislast zu Lasten der Städte und Gemeinden festgeschrieben. Die herkömmliche Subsidiaritätsklausel wird damit in ihr Gegenteil verkehrt. Im Einzelfall muss nunmehr die Gemeinde darlegen und beweisen, dass sie zur **besseren und wirtschaftlicheren Aufgabenerfüllung** in der Lage ist.[303]

Dies ist auch die erklärte Absicht derartiger gesetzlicher Bestimmungen, wie zum Beispiel **139**
den Begründungen der Gesetzentwürfe zum 4. Landesgesetz zur Änderung kommunal-

---

[294] *Schmidt-Jortzig,* HKWP, 2. Aufl., Bd. 5, S. 61; differenzierend *Jungkamp* NVwZ 2010, 546 (547).

[295] Nach der amtl. Begr. zu § 136 Abs. 1 S. 2 Nr. 3 NKomVG dient die Funktionsklausel ebenfalls allein dem öffentlichen Interesse, vgl. LT-Drs. 17/5423, 50. Näher zum Drittschutz und zum Rechtsweg → Rn. 163, 164.

[296] *Cronauge* Der Gemeindehaushalt 1998, 131 (134).

[297] Vgl. *Kunze/Bronner/Katz* GemO § 102 Rn. 41.

[298] *Cronauge* Kommunale Unternehmen, Rn. 417; *Ehlers* DVBl 1998, 497 (502); OVG Magdeburg 17.2.2011 – 2 L 126/09, juris Rn. 42.

[299] *Cronauge* Kommunale Unternehmen, Rn. 420 kritisiert zu Recht, dass der von der Subsidiaritätsklausel geforderte Vergleich im Grunde Unmögliches verlangt, weil die Privatwirtschaft mit dem ausschließlichen Ziel der Gewinnerzielung und die kommunale Wirtschaft mit der primären Aufgabenstellung der Verwirklichung des öffentlichen Auftrages unvergleichbar sind.

[300] Vgl. nur Art. 7, 18 BayMFG oder §§ 3, 22 MFG BW; dazu *Kunze/Bronner/Katz* GemO § 102 Rn. 41.

[301] Zuletzt OVG Magdeburg 17.2.2011 – 2 L 126/09, juris Rn. 39 ff.

[302] Vgl. VGH Mannheim 6.3.2006, NVwZ-RR 2006, 714 (715) zu § 102 GemO BW in der bis 31.12.2005 geltenden Fassung (einfache Subsidiaritätsklausel); OVG Münster 13.8.2003, NVwZ 2003, 1520 (1521).

[303] VerfGH RhPf. 28.3.2000, NVwZ 2000, 801 (804); *Berghäuser/Gelbe,* KommJur 2012, 47.

rechtlicher Vorschriften des Landes Rheinland-Pfalz vom 2.4.1998 bzw. zu dem am 20.9.2007 beschlossenen „Gesetz zur Stärkung der kommunalen Selbstverwaltung – GO – Reformgesetz" des Landes Nordrhein-Westfalen zu entnehmen ist. In Rheinland-Pfalz wurde explizit ausgeführt, durch die Einführung der verschärften Subsidiaritätsklausel solle eine ungehemmte wirtschaftliche Betätigung der Gemeinden und Gemeindeverbände verhindert und diese stärker auf ihre eigentlichen öffentlichen Aufgaben festgelegt werden.[304]

140 Die rheinland-pfälzischen kommunalen Spitzenverbände hatten bereits im Gesetzgebungsverfahren sowohl die Erforderlichkeit der beabsichtigten Regelung als auch die Argumentation in der Begründung abgelehnt. Bewertet wurde die Rechtsänderung als bedenklicher Eingriff in die kommunale Selbstverwaltung.[305]

141 In dem insbesondere gegen die in § 85 Abs. 1 Nr. 3 GemO RhPf. im Jahr 1998 mit ausnahmsloser Geltung eingefügte echte Subsidiaritätsklausel von der Stadt Bad Kreuznach mit Unterstützung des Städtetages Rheinland-Pfalz angestrengten Normenkontrollverfahren wurde geltend gemacht, dass die stringente Subsidiaritätsklausel die Stadt in ihrem verfassungsrechtlich geschützten Recht auf kommunale Selbstverwaltung (Art. 49 LV RhPf.) verletze. Die wirtschaftliche Betätigung sei, jedenfalls soweit sie der öffentlichen Daseinsvorsorge diene, ein wesentliches Element des den Gemeinden verfassungsrechtlich garantierten Aufgabenkreises. Geschützt sei dieser nicht nur gegen die Umverteilung von Aufgaben auf staatliche Aufgabenträger höherer Ordnung (sog. Hochzonung), sondern prinzipiell auch gegen die Aufgabenprivatisierung. Denn der politisch-demokratische Aspekt bürgerschaftlicher Partizipation sei jeweils in gleicher Weise betroffen. Die Selbstverwaltungsgarantie werde durch § 85 Abs. 1 Nr. 3 GemO RhPf. in der Fassung der Novelle von 1998 im Kernbereich verletzt, weil die Gemeinden nunmehr auf die im Wesentlichen unveränderte Fortführung bestehender Unternehmen beschränkt seien, neue gewinnträchtige Unternehmungen aber gleich gut und gleich wirtschaftlich anbietenden Privaten überlassen müssten und zudem Gewinne und Verluste nicht mehr ausgleichen könnten. Dies werde dazu führen, dass die Kommunen auf defizitären öffentlichen Aufgaben (bspw. dem Nahverkehr) „sitzen bleiben", während Privatunternehmen die gewinnträchtigen Bereiche an sich ziehen. Indem das Gesetz den kommunalen Unternehmen die Anpassung an die sich verändernden Wettbewerbsbedingungen verwehre, zwinge es sie faktisch zur Aufgabe. Jedenfalls aber verstoße § 85 Abs. 1 Nr. 3 GemO RhPf. in der Fassung der Novelle von 1998 gegen die Bindungen, die die Selbstverwaltungsgarantie außerhalb ihres Kernbereichs dem Gesetzgeber auferlege. Dieser habe ein Regel-Ausnahme-Verhältnis zugunsten der kommunalen Zuständigkeit zu beachten. Die Zuweisung von Aufgaben an andere Stellen, auch an die Privatwirtschaft, sei nur im dringenden öffentlichen Interesse zulässig. Ein derartig wichtiges Interesse, für das allgemeine wirtschafts- und ordnungspolitische Vorstellungen nicht ausreichen, sei hier weder dargetan noch sonst ersichtlich.[306]

142 Der VerfGH Rheinland-Pfalz ist dieser Argumentation in seinem Urteil vom 28.3.2000 allerdings nicht gefolgt.[307] Der Gerichtshof hat entschieden, § 85 Abs. 1 Nr. 3 GemO RhPf. in der Fassung der Novelle von 1998 greife zwar in den Schutzbereich der kommunalen Selbstverwaltungsgarantie des Art. 49 RhPfVerf. ein. In den Fällen, in denen die Grenze der stringenten Subsidiaritätsklausel Wirksamkeit entfalte,[308] nämlich der beabsich-

---

[304] RhPf.: LT-Drs. 13/230; NRW: LT-Drs. 14/3979. Vor diesem Hintergrund ist eine rein wettbewerbsbezogene Auslegung der Subsidiaritätsklausel dergestalt, dass der Markteintritt eines kommunalen Unternehmens erst bei Gefahr einer Monopolisierung des Marktes und der Verdrängung privater Mitbewerber unzulässig ist, wohl nicht vertretbar; vgl. dazu *Köhler* BayVBl. 2000, 1 (8).

[305] *Püttner,* Rechtsgutachten „Zur Reform des Kommunal-Wirtschaftsrechts in Rheinland-Pfalz" 1997; *Hellermann,* Statement in der Anhörung zu dem Referentenentwurf für das 4. Landesgesetz zur Änderung kommunalrechtlicher Vorschriften am 16.9.1997 im Ministerium des Innern und für Sport des Landes Rheinland-Pfalz. So weiterhin *Cronauge* Kommunale Unternehmen, Rn. 419.

[306] Vgl. *Neutz* ZG 2000, 279 ff.

[307] VerfGH RhPf. 28.3.2000, NVwZ 2000, 801 ff.

[308] Der Gerichtshof führt zunächst umfangreich aus, dass erstens wesentliche kommunale Tätigkeitsfelder von der Norm gänzlich unberührt bleiben, weil diese aufgrund der Negativklausel des § 85 Abs. 3 GemO

tigten Errichtung, Übernahme oder wesentlichen Erweiterung eines zweckgebundenen Unternehmens, bleibe der **Kernbereich des Selbstverwaltungsrechts** aber **gewahrt.**

Der Gemeinde sei das beabsichtigte wirtschaftliche Engagement erst dann untersagt, 143
wenn ein privater Dritter den öffentlichen Zweck mindestens ebenso gut und ebenso wirtschaftlich erfüllen könne wie die Gemeinde. Maßgebend seien damit zwei Kriterien von gleichem Gewicht, die Wirtschaftlichkeit der Leistung und ihre Güte. Wenn der private Dritte auch nur bei einem dieser Merkmale schlechter bewertet werde, sei der Gemeinde die Errichtung, Übernahme oder wesentliche Erweiterung des Unternehmens gestattet.

Der VerfGH Rheinland-Pfalz stellt fest, dass die Gemeinde nach allgemeiner, durch 144
Art. 49 RhPfVerf. abgesicherter Auffassung, dabei einen Beurteilungsspielraum hat. Dies werde im Übrigen durch die Gesetzesmaterialien der angefochtenen Norm ausdrücklich hervorgehoben. Dieser Beurteilungsspielraum beziehe sich auch und gerade auf die **„Güte" der betreffenden Leistung.** Damit sei vor allem deren Nachhaltigkeit, dh Dauerhaftigkeit und Zuverlässigkeit angesprochen. Je wichtiger eine durch den öffentlichen Zweck gerechtfertigte Leistung sei, desto größer sei das Bedürfnis nach einem krisenfesten, stetigen und möglichst ungestörten Angebot, und zwar zu sozial gerechtfertigten Bedingungen. Diese Kontinuität der Aufgabenerfüllung könne von Fall zu Fall den Ausschlag dafür geben, dass ein Privater den öffentlichen Zweck nach der rechtlich vertretbaren Einschätzung der Gemeinde nicht „ebenso gut" verwirklichen wird wie sie. Denn der Private stehe stärker noch als die Gemeinde unter betriebswirtschaftlichem Erfolgszwang, der eine mögliche Einschränkung oder gar Einstellung des Betriebes einschließe.

Weiter führt der VerfGH Rheinland-Pfalz unmissverständlich aus, dass entsprechende 145
Erwägungen auch für kommunale **Verbundunternehmen** gelten, die, gegliedert in einzelne Unternehmenssparten, verschiedene Aufgaben wahrnehmen, die jede für sich und in ihrer konkreten betrieblichen Zusammenfassung durch einen öffentlichen Zweck gerechtfertigt sind. Als Beispiel genannt werden die Stromversorgung und der öffentliche Nahverkehr als Leistungsangebot der Stadtwerke. Das Gericht trifft die Feststellung, dass ein Gesetz, das die Gemeinden zwänge, rentierliche Unternehmen zu privatisieren, und ihnen nur die defizitären beließe, vor Art. 49 RhPfVerf. schwerlich Bestand haben könnte. Derartige Wirkungen entfalte die verschärfte Subsidiaritätsklausel bei sachgerechter, an Wortlaut und Systematik orientierter Auslegung aber gerade nicht. Zum einen betreffe die gesetzliche Neuregelung – vorbehaltlich der gleichzeitig eingeführten Berichtspflicht des § 90 Abs. 2 GemO RhPf. – bestehende und nicht wesentlich erweiterte Querverbünde ohnehin nicht. Zum anderen, und dies vor allem, fordere die Gemeindeordnung die Rechtfertigung durch den öffentlichen Zweck für das *Unternehmen.* Derselbe Begriff der öffentlichen Zweckbindung gelte auch für die stringente Subsidiaritätsklausel in § 85 Abs. 1 Nr. 3 GemO RhPf. in der Fassung der Novelle von 1998, weil beide Bestimmungen in engem systematischem Zusammenhang stehen. Bei einem etwaigen Wirtschaftlichkeits- und Qualitätsvergleich, den die Gemeinde im Rahmen des ihr obliegenden Beurteilungsspielraums zwischen einem kommunalen Verbundunternehmen und einem privaten Dritten anzustellen habe, sei maßgeblicher **Bezugspunkt das gesamte Unternehmen, nicht seine einzelnen Sparten oder Teile.** Das Leistungsangebot des privaten Dritten müsse sich an der von dem Verbundunternehmen zu erfüllenden Gesamtaufgabe messen lassen.

Wenn die Gemeinde aufgrund eines vollständig ermittelten Sachverhalts und ausgehend 146
von einem richtigen Verständnis der anzuwenden Norm vertretbar darlege, dass und warum

RhPf. als nicht-wirtschaftlich fingiert werden, zweitens wesentliche kommunale Tätigkeitsfelder im Hinblick auf schon vorhandene Unternehmen einem umfassenden Bestandsschutz unterlägen, und drittens rein erwerbswirtschaftliche Aktivitäten den Kommunen – ganz unabhängig von der gesetzlichen Neuregelung – ohnehin verschlossen seien.

ihre eigene Leistungserbringung wirtschaftlicher und besser ist, haben dies sowohl das Verwaltungsgericht als auch der private Dritte hinzunehmen.[309]

Die Verwaltungsgerichte haben diesen Beurteilungsspielraum zu achten und sind gehindert, eine eigene Beurteilung an diejenige der Gemeinde zu setzen. Ob sich aber die Beurteilung der Gemeinde in dem durch das Gesetz vorgegebenen Rahmen hält, ist eine voll nachprüfbare Rechtsfrage.

147 Im Hinblick auf den Kernbereich der kommunalen Selbstverwaltung trifft der VerfGH Rheinland-Pfalz in der Gesamtschau die Wertung, dass die verschärfte Subsidiaritätsklausel des § 85 Abs. 1 Nr. 3 GemO RhPf. in der Fassung der Novelle von 1998 den Kommunen einen beträchtlichen, diesen **Kernbereich wahrenden Handlungsspielraum** belasse. Was ihn in seinen historischen und regionalen Erscheinungsformen historisch und durchlaufend präge, werde durch die strittige Norm weder rechtlich noch faktisch beseitigt oder ausgehöhlt. Vielmehr biete der unternehmensbezogene Ansatz zusammen mit dem kommunalen Beurteilungsspielraum die Gewähr, dass sich die Gemeinden gerade auf ihren angestammten, die Selbstverwaltung traditionell prägenden Betätigungsfeldern auch weiterhin in angemessenem Umfang wirtschaftlich betätigen könnten.[310]

148 Für die Gemeinden und die kommunalen Unternehmen von elementarer Bedeutung ist insbesondere, dass nach dieser verfassungsgerichtlichen Entscheidung kommunale **Verbundunternehmen als Gesamtheit in den Wirtschaftlichkeits- und Gütevergleich** mit den Leistungen des Privaten einzubringen sind. Damit wird ein Herausbrechen lukrativer Geschäftszweige aus kommunalen Unternehmen durch Private (Rosinenpickerei) durch isolierte, atomisierte vergleichende Betrachtung einzelner Unternehmensbereiche verhindert.[311] Von nicht minderer Bedeutung sind die Feststellungen, dass die erforderliche vergleichende Prüfung der Leistungen des kommunalen Unternehmens und derjenigen des Privaten vor allem hinsichtlich der „Güte" anhand des Kriteriums der Nachhaltigkeit von der Gemeinde im Rahmen eines ihr zustehenden Beurteilungsspielraums vorzunehmen ist.[312]

149 Auch **außerhalb des Kernbereichs** verletzt die verschärfte Subsidiaritätsklausel nach Auffassung des VerfGH Rheinland-Pfalz die Selbstverwaltungsgarantie nicht. Art. 49 RhPfVerf. lege kein Regel-Ausnahme-Verhältnis zugunsten der kommunalen gegenüber einer privaten Aufgabenerfüllung fest. Ebenso wie Art. 28 Abs. 2 GG enthalte Art. 49 RhPfVerf. ein verfassungsrechtliches Aufgabenverteilungsprinzip hinsichtlich der Angelegenheiten der örtlichen Gemeinschaft zugunsten der Gemeinden, das aber nur einer Aufgabenverlagerung auf übergeordnete Ebenen der öffentlichen Verwaltung (Hochzonung) entgegenstehe. Nicht gelte dies für die Aufgabenprivatisierung, auch wenn die Folgen aus Sicht der Gemeinden vergleichbar seien.[313]

150 Das bedeute aber nicht, dass der privatisierende Gesetzgeber außerhalb des Kernbereichs der Selbstverwaltungsgarantie frei von jeglichen rechtlichen Bindungen sei. In diesen Bereich dürfe nur insoweit eingegriffen werden, als dies durch das Gemeinwohl geboten sei. Bei der Konkretisierung dessen, was Gemeinwohl sei, habe der Gesetzgeber einen weiten Gestaltungsspielraum. Im Wesentlichen müsse die fragliche Regelung von sachgerechten Erwägungen getragen werden, geeignet sein, den mit ihr verfolgten Zweck zu erreichen, und dürfe nicht willkürlich sein.

§ 85 Abs. 1 Nr. 3 GemO RhPf. in der Fassung der Novelle von 1998 erfülle diese Anforderungen. Maßgeblich seien die für die neugefasste Subsidiaritätsklausel bestimmenden zwei Regelungszwecke, nämlich der Schutz der Privatwirtschaft und die Bewahrung der Gemeinden vor unvertretbaren wirtschaftlichen Risiken.

---

[309] Diese Feststellung erfolgt vor dem Hintergrund, dass der VerfGH RhPf. der Subsidiaritätsklausel in § 85 Abs. 1 Nr. 3 GemO RhPf. die Wirkung einer drittschützenden Norm zuerkennt, dazu → Rn. 163.

[310] VerfGH RhPf. 28.3.2000, NVwZ 2000, 801 (804).

[311] *Neutz* ZG 2000, 279 (283, 285).

[312] Wegen der beschränkenden Wirkung dieser rechtlichen Situation für die Kommunalaufsicht vgl. *Ruffert* VerwArch 2001, 27 (37 f.).

[313] VerfGH RhPf. 28.3.2000, NVwZ 2000, 801 (804).

Gegen § 85 Abs. 1 Nr. 3 GemO RhPf. in der Fassung der Novelle von 1998 war weiterhin geltend gemacht worden, die Norm verstoße gegen den **Bestimmtheitsgrundsatz,** denn das Gesetz treffe weder eine ausdrückliche Regelung noch lasse es erkennen, wie der geforderte Leistungsvergleich zwischen dem kommunalen Unternehmen und dem privaten Dritte durchzuführen sei, noch wer in ihn einbezogen werden müsse.[314] **151**

Der VerfGH Rheinland-Pfalz sah aber schließlich auch keine Verletzung des Art. 49 RhPfVerf. unter dem Gesichtspunkt mangelnder Bestimmtheit. Das Gericht gesteht zwar zu, dass der Wortlaut hinsichtlich des Kreises der in den Leistungsvergleich einzubeziehenden Privaten mehrdeutig sein möge, allerdings sei es nicht Sinn des Gesetzes, einen Vergleich zwischen einem konkret beabsichtigten wirtschaftlichen Unternehmen der Gemeinde und imaginären Privatunternehmen zu verlangen; anderenfalls wäre der Vergleich uferlos und die Vorschrift nicht handhabbar. Unter Verweis auf die Gesetzesmaterialien und die einschlägige Kommentarliteratur postuliert der Gerichtshof, dass in den Leistungsvergleich nur solche Dritte einzubeziehen seien, die die von der Kommune beabsichtigte Leistung schon anbieten oder konkret bereit sind, das zu tun. Im Hinblick darauf, dass der Gesetzgeber ein bestimmtes Markterkundungsverfahren für den Wirtschaftlichkeits- und Qualitätsvergleich zwischen der Gemeinde und dem privaten Dritten nicht vorgeschrieben hat, sieht das Gericht die Möglichkeit zur Behebung der Auslegungsschwierigkeiten mit herkömmlichen juristischen Methoden. Es biete sich an, ein Markterkundungsverfahren entsprechend § 7 Abs. 2 S. 2 BHO durchzuführen. Soweit den Begriffen „wirtschaftlich" und mehr noch „gut" klare inhaltliche Kriterien fehlten – was der Antragstellerin zuzugestehen sei –, sei den Gemeinden hier zum Schutz der Selbstverwaltung bewusst ein Beurteilungsspielraum eingeräumt, der mit einem Verlust an Regelungsdichte zwangsläufig verbunden sei. **152**

Im Hinblick auf die von der antragstellenden Stadt und den kommunalen Spitzenverbänden geltend gemachte Unbestimmtheit des § 85 Abs. 1 Nr. 3 GemO RhPf. in der Fassung der Novelle von 1998 und die in der Literatur vertretene Notwendigkeit eines Markterkundungsverfahrens[315] – für die sich im Gesetz kein Anhaltspunkt findet – wären klarere Aussagen des Gerichtshofs zu erwarten gewesen.[316] **153**

Die Entscheidung des VerfGH Rheinland-Pfalz hat nicht die beantragte Normenverwerfung ausgesprochen, die angefochtenen Normen, insbesondere die verschärfte Subsidiaritätsklausel, sind in Rheinland-Pfalz weiterhin geltendes Recht. Allerdings wurde den Forderungen der kommunalen Spitzenverbände aufgrund der Veränderung der Rahmenbedingungen für die wirtschaftliche Betätigung der Kommunen durch Privatisierung und Wettbewerb und der dadurch verursachten dramatischen Umbruchsituation insbesondere im Bereich der leitungsgebundenen Energie zwischenzeitlich durch ein Änderungsgesetz vom 7.4.2009 (GVBl. S. 162 f.) Rechnung getragen. Mit diesem Gesetz wurde die Subsidiaritätsklausel des § 85 Abs. 1 Nr. 3 GemO dahingehend geändert, dass diese Klausel nur noch gilt, wenn sich die Gemeinde außerhalb der Energieversorgung, der Wasserversorgung und des öffentlichen Personennahverkehrs wirtschaftlich betätigt. 2013 wurde dieser Ausnahmetatbestand auf die Versorgung mit Breitbandtelekommunikation ausgedehnt.[317] Um für die kommunalen Unternehmen im Wettbewerb die gleichen Bedingungen wie für die Privatwirtschaft zu schaffen, gilt in den genannten Bereichen nunmehr weder eine Subsidiaritätsklausel noch eine Funktionssperre. Außerhalb dieser Tätigkeiten allerdings wurde die stringente Subsidiaritätsklausel beibehalten. Die kommunalen Spitzenverbände hingegen hatten insoweit die Forderung erhoben, den bis 1998 geltenden Rechtszustand (Funktionssperre) wieder herzustellen. **154**

---

[314] *Neutz* ZG 2000, 279 (280).
[315] *Gabler/Höhlein* ua GemO § 85 Anm. 3.5.2.
[316] *Neutz* ZG 2000, 279 (286).
[317] Gesetz vom 20.12.2013, GVBl. S. 538.

Ungeachtet dieser Rechtsänderung sind die Urteilsgründe der Entscheidung des VerfGH Rheinland-Pfalz im Hinblick auf die grundsätzlich unverändert fortgeltende verschärfte Subsidiaritätsklausel von außerordentlicher Bedeutung.

Dort hat das Gericht sehr konkrete und eindeutige **Klarstellungen der angegriffenen Bestimmungen** vorgenommen und **Kriterien zu ihrer Auslegung** festgeschrieben, die uneingeschränkt zu beachten sind, um verfassungswidrige Ergebnisse bei der Anwendung der Normen zu vermeiden. In einer Vielzahl von Einzelheiten hat die verfassungsgerichtliche Entscheidung Transparenz geschaffen und den Anwendungsbereich der umstrittenen Normen eindeutig begrenzt. Dadurch wurde die Situation der kommunalen wirtschaftlichen Unternehmen deutlich verbessert und diese Unternehmen in ihrem Bestand und in ihrer Fortentwicklung gesichert.[318]

155 Zur korrekten Einordnung der Entscheidung des VerfGH Rheinland-Pfalz insbesondere im Hinblick auf die gemeindewirtschaftsrechtlichen Bestimmungen anderer Bundesländer ist zu beachten, dass die GemO RhPf. keine Rechtsfolge vorsieht für den **Fall des Nicht-Nachweises der Voraussetzungen der verschärften Subsidiaritätsklausel** bei bestehenden Unternehmen im Rahmen des in der Regel jährlich zu erstellenden Beteiligungsberichts der Gemeinde.[319], [320]

156 Die wesentlichen Feststellungen des VerfGH Rheinland-Pfalz zur **verfassungskonformen Auslegung der verschärften Subsidiaritätsklausel** in der Fassung der Novelle von 1998 sind wie folgt zusammenzufassen:

157 – Die Schrankentrias (§ 85 Abs. 1 GemO RhPf.) gilt nicht für Einrichtungen, die in § 85 Abs. 3 (jetzt: 4) GemO RhPf. (Negativklausel) genannt sind. Dabei ist es gleich, ob es sich um pflichtige oder freiwillige Aufgabenerfüllung handelt. Diese Freistellung von der Schrankentrias gilt umfassend. Von den strengen Voraussetzungen des § 85 Abs. 1 GemO RhPf. sind kommunale Einrichtungen auch dann freigestellt, wenn sie rein tatsächlich Teil der kommunalen Wirtschaftstätigkeit sind. Ausdrücklich festgestellt wird dies für die Einrichtungen des Umweltschutzes, namentlich für solche der Abfallentsorgung. Es macht dabei keinen Unterschied, ob die betreffenden Aufgaben von den Kommunen als Pflichtaufgaben zu erledigen sind oder von ihnen freiwillig übernommen werden, wie dies etwa bei der Verwertung von Abfällen gewerblicher Herkunft der Fall ist.

158 – Bestehende Unternehmen genießen Bestandsschutz, sie dürfen auch dann fortgeführt werden, wenn der öffentliche Zweck ebenso gut und wirtschaftlich durch einen privaten Dritten erfüllt wird oder erfüllt werden kann. Weil § 90 Abs. 2 GemO RhPf. keine Rechtsfolge für den Fall des Nicht-Nachweises der Voraussetzungen des § 85 Abs. 1 (S. 1) Nr. 3 GemO RhPf. (verschärfte Subsidiaritätsklausel) vorsieht, kann die Kommunalaufsicht den Rückzug der Gemeinde aus dem Unternehmen nicht erzwingen.

---

[318] *Neutz* ZG 2000, 279 (285).

[319] Vgl. § 90 Abs. 2 GemO RhPf.; diese Norm war in dem Normenkontrollverfahren vor dem VerfGH RhPf. ebenfalls angefochten, wurde vom Gerichtshof bei verfassungskonformer Auslegung aber auch für mit der Verfassung vereinbar erklärt, VerfGH RhPf. 28.3.2000, NVwZ 2000, 801 (805 f.). Wichtig ist vor allem die Feststellung des Gerichts, dass der notwendige Inhalt der Beteiligungsberichte eingeschränkt ist. Die Berichtspflicht des § 90 Abs. 2 GemO RhPf. zwingt nicht zu selbstschädigender ruinöser Offenlegung der eigenen Unternehmensverhältnisse. Ist konkret erkennbar, dass die Kommune bestimmte Vergleichsdaten nicht offen legen kann, ohne sich selbst im Wettbewerb zu benachteiligen, müssen diese Daten nicht in den Bericht aufgenommen werden.

[320] Das Saarland erlegt (§ 108 Abs. 6 KSVG) seinen Kommunen zwar die Pflicht zur regelmäßigen Überprüfung der Möglichkeit materieller Privatisierung wirtschaftlicher Unternehmen auf und gewährt privaten Dritten dabei die Möglichkeit zur Darlegung ihrer Leistungsfähigkeit. Allerdings wird lediglich normiert, dass über das Ergebnis der Kommunalaufsicht zu berichten ist. Rechtsfolgen sieht auch das verschärfte saarländische Gemeindewirtschaftsrecht nicht vor. Das Gesetz Nr. 1532 vom 8.10.2003 (ABl. 2004, S. 594) enthält in Art. 6 zudem die Übergangsvorschrift, dass die verschärften gesetzlichen Voraussetzungen nicht für bestehende Unternehmen und Beteiligungen gelten. Sh. auch die vergleichbare Regelung des § 121 Abs. 7 HGO. Zum Erfordernis einer Betätigungskontrolle vgl. → Rn. 89 f.

- Die marktgerechte Ergänzung der angestammten Tätigkeitsfelder kommunaler Unternehmen ist zulässig, soweit es sich um „unwesentliche“ Erweiterungen handelt. „Unwesentlich“ ist nach Auffassung des VerfGH Rheinland-Pfalz ausdrücklich, wenn Stadtwerke ihr Energieversorgungsangebot durch Zusatzdienste wie Beratung und Installation zu einer wettbewerbsfähigen Gesamtleistung abrunden. Der Bestandschutz, den § 85 Abs. 1 GemO RhPf. den Kommunen gewähre, sei deshalb keineswegs gleichbedeutend mit Stagnation. 159
- Die Kommune darf für eine öffentliche Haupttätigkeit vorhandene, sonst brachliegende, aber noch benötigte Kapazitäten ausnutzen für eine mit Gewinnerzielungsabsicht betriebene Nebentätigkeit. Lediglich dauernd entbehrlich gewordene Kapazitäten dürfen nicht aufrechterhalten oder gar derartige neue Kapazitäten aufgebaut werden zur Gewinnerwirtschaftung außerhalb des öffentlichen Unternehmenszwecks. 160
- Die Prüfung, ob ein privater Dritter einen öffentlichen Zweck „ebenso gut“ und „ebenso wirtschaftlich“ erfüllen kann, obliegt der Kommune. Diese hat einen Beurteilungsspielraum auch und gerade hinsichtlich der „Güte“ der jeweiligen Leistung. Kriterium für diese Beurteilung ist vor allem die Nachhaltigkeit, dh die Dauerhaftigkeit und Zuverlässigkeit der Aufgabenerfüllung. Je wichtiger eine Leistung für den Bürger ist, desto größere Bedeutung kommt einem krisenfesten, stetigen und ungestörten Angebot zu sozialgerechtfertigten Bedingungen zu.[321] 161
- Bei dem Wirtschaftlichkeits- und Gütevergleich zwischen kommunalen Verbundunternehmen und privaten Dritten ist maßgeblicher Bezugspunkt das gesamte Unternehmen, nicht etwa nur einzelne Sparten oder Teile. Das Leistungsangebot des Privaten muss sich an der von dem Verbundunternehmen zu erfüllenden Gesamtaufgabe messen lassen. Ein Gesetz, das die Gemeinden zwänge, rentierliche Unternehmensteile zu privatisieren und ihnen nur die defizitären beließe, könnte vor der verfassungsrechtlichen Selbstverwaltungsgarantie schwerlich Bestand haben.[322] 162

Bemerkenswert ist, dass der VerfGH Rheinland-Pfalz in der verschärften Subsidiaritätsklausel des § 85 Abs. 1 Nr. 3 GemO RhPf. in der Fassung der Novelle von 1998 – im Gegensatz zur Gesetzesbegründung dieser Norm – nach Wortlaut und Gesetzeszweck eine **drittschützende Norm** iSd § 42 Abs. 2 VwGO erkannt hat.[323] In der Rechtsprechung anderer Oberverwaltungsgerichte zeichnet sich die Tendenz ab, den Regelungen über die Zulässigkeit kommunaler Unternehmen ebenfalls eine drittschützende Wirkung zuzuerkennen, wobei die jeweiligen landesrechtlichen Ausgestaltungen zu berücksichtigen sind. Der VGH Mannheim attestiert der echten Subsidiaritätsklausel in § 102 Abs. 1 Nr. 3 GemO BW eine drittschützende Wirkung.[324] Das VG Meiningen hat sich dem in Bezug auf die thüringische Rechtslage angeschlossen.[325] Das OVG Saarlouis hat in einer Entscheidung vom 22.10.2008 eine gewisse Tendenz zu dieser Auslegung erkennen lassen, musste diese Frage aber mangels Entscheidungserheblichkeit nicht abschließend klären.[326] Das OVG Münster leitet den Drittschutz aus dem Erfordernis eines öffentlichen Zwecks in § 107 Abs. 1 S. 1 Nr. 1 GO NRW ab.[327] 163

---

321 Zu den in diesem Zusammenhang in einigen Ländern ausdrücklich vorgesehenen Markterkundungsverfahren bzw. Marktanalysen → Rn. 186 ff.

322 Die vom VerfGH RhPf. vorgenommene verfassungskonforme Auslegung der verschärften Subsidiaritätsklausel kann als Leitlinie für die Interpretation der Gemeindewirtschaftsrechte anderer Länder herangezogen werden; vgl. dazu *Wellmann* NWVBl. 2007, 1 ff.

323 VerfGH RhPf. 28.3.2000, NVwZ 2000, 801 (803 f.).

324 VGH Mannheim 6.3.2006, NVwZ-RR 2006, 714 (715); 5.11.2014, KommJur 2015, 22; aA OVG Magdeburg 29.10.2008 – 4 L 146/05, KommJur 2009, 468 (469 f.) zur zwischen 2003 und 2011 in Sachsen-Anhalt geltenden echten Subsidiaritätsklausel (§ 116 Abs. 1 S. 1 Nr. 3 GO LSA aF); zweifelnd, aber offen gelassen von OVG Lüneburg 14.8.2008, NVwZ 2009, 259 zu § 108 Abs. 1 S. 2 Nr. 3 NdsGO aF.

325 VG Meiningen 17.3.2015 – 2 K 174/13Me, BeckRS 2015, 45553 unter Bezugnahme auf die einschlägige Gesetzesbegründung in LT-Drs. 1/2149, 95.

326 OVG Saarlouis 22.10.2008 – 3 B 279/08, juris Rn. 13 ff; zustimmend *Jungkamp* NVwZ 2010, 546 (549).

327 OVG Münster 1.4.2008, NVwZ 2008, 1031 (1032) mwN.

In Hessen hat der Gesetzgeber ausdrücklich klargestellt, dass die (echte) Subsidiaritätsklausel auch dem Schutz privater Dritter dient.[328] Für Sachsen enthält die Gesetzesbegründung zur Einführung der Subsidiaritätsklausel Ausführungen, die in diese Richtung gehen.[329] Unklar ist die Rechtslage in Mecklenburg-Vorpommern und Schleswig-Holstein.

Der brandenburgische Landesgesetzgeber hat dagegen in § 91 Abs. 1 S. 2 BbgKVerf normiert, dass die Regelungen zur Zulässigkeit wirtschaftlicher Betätigung ausschließlich dem Schutz der Leistungsfähigkeit der Gemeinden dienen. In Niedersachsen wurde die in § 136 Abs. 1 S. 3 NKomVG aF zum Drittschutz getroffene Regelung aufgehoben und in der amtl. Begr. klargestellt, dass die (nunmehr) einfache Funktionssperre allein dem öffentlichen Interesse dient.[330]

In Bayern hat zuletzt das Verwaltungsgericht Würzburg entschieden, dass der (echten) Subsidiaritätsklausel wegen der landesspezifischen Historie und Systematik der einschlägigen Vorschriften keine drittschützende Wirkung zukommt.[331]

164 Privaten Dritten ist damit jedenfalls in Baden-Württemberg, Hessen, Rheinland-Pfalz und Nordrhein-Westfalen der **Rechtsweg zu den Verwaltungsgerichten** eröffnet, wenn sie sich durch die Beurteilungsentscheidung der Kommune in ihren Rechten verletzt sehen. Zum Konkurrentenschutz nach Art. 12 Abs. 1 GG vgl. → B Rn ff.

In der Vergangenheit wurde versucht, die Problemfälle der Drittwirkung in das Wettbewerbsrecht und damit auf die **Zivilgerichtsbarkeit** zu verlagern. Dem ist der BGH durch ein Grundsatzurteil vom 25.4.2002 entgegengetreten, indem er einen zivilrechtlichen Unterlassungsanspruch nach § 1 UWG aF und § 823 Abs. 2 BGB zur Abwehr des Marktzutritts kommunaler Unternehmen abgelehnt hat.[332] Ein derartiger Anspruch kann daher nur auf die kommunalrechtliche Unzulässigkeit gestützt werden und ist gegebenenfalls vor den Verwaltungsgerichten geltend zu machen.[333] Dagegen sind zivilgerichtliche Klagen gegen das **Marktverhalten** kommunaler Unternehmen, zB wegen Unlauterbarkeit nach Wettbewerbsrecht, weiterhin möglich.[334] Jüngst zu beobachtenden Bestrebungen der Zivilgerichte, die Vorschriften über die Zulässigkeit kommunalen Unternehmen in den vergaberechtlichen Prüfungskatalog einzubeziehen, ist mit dem OVG Münster aus gesetzessystematischen Gründen eine Absage zu erteilen.[335]

b) Das Örtlichkeitsprinzip

165 Durch die in den neunziger Jahre aufgrund zunehmender Forderungen nach Privatisierung, Deregulierung und Wettbewerb eingeleitete **Veränderung der Rahmenbedingungen für die wirtschaftliche Betätigung der Kommunen** wurde für die kommunalen Unternehmen eine tiefgreifende Umbruchsituation herbeigeführt.[336] Die kommunalen Unternehmen müssen sich vielfältigen neuen Herausforderungen stellen, die historisch gewachsene Teilhabe der Städte, Gemeinden und Kreise am Wirtschaftsleben[337] wird nachhaltig in Frage gestellt.[338]

---

328 § 121 Abs. 1b HGO.

329 Vgl. Plenarprotokoll 3/75, S. 5279 f.

330 Vgl. LT-Drs. 17/5423, 19, 50; G v. 26.10.2016, NdsGVBl. S. 226.

331 VG Würzburg 5.9.2012 – W 2 K 10.1204, BeckRS 2012, 60321 – rechtskräftig; so auch *Schulz/Wachsmuth/Zwick* BayGO Art. 87 Anm. 1.8.2; *Jungkamp* NvwZ 2010, 546 (547).

332 BGH 25.4.2002 – I ZR 250/00, NVwZ 2002, 1141; zust. Meyer NVwZ 2002, 1075 (1077 f.).

333 Vgl. *Schulz/Wachsmuth/Zwick* BayGO Art. 87 Anm. 1.8.1.

334 Vgl. BGH 25.4.2002 – I ZR 250/00; NVwZ 2002, 1141 (1143). Zum wettbewerbsrechtlichen Drittschutz → I Rn. 151 ff., 186 ff.

335 OVG Münster 1.4.2008, NVwZ 2008, 1031 (1032); zustimmend *Ennuschat* NVwZ 2008, 966 ff.; *Mann,* Kommunales Wirtschaftsrecht als Vorfrage des Vergaberechts?, NVwZ 2010, 857 (862). AA OLG Düsseldorf 13.8.2008 – VII-Verg 42/07, juris Rn. 22 ff.; *Gabler/Höhlein ua* GemO § 85 Anm. 9.1.2.

336 Siehe die Zusammenstellung der äußeren und internen Gründe für die Veränderungen der kommunalwirtschaftlichen Aktivitäten bei *Ruffert* VerwArch 2001, 27 (28 f.); *Cronauge* Kommunale Unternehmen, Rn. 43 ff.

337 Vgl. → Rn. 21 ff.

338 *Cronauge* Der Gemeindehaushalt 1998, 131 (131).

Beispiele für ursächliche Rechtsänderungen sind die Verpackungsverordnung, das Kreislaufwirtschafts- und Abfallgesetz (aF), das Telekommunikationsgesetz, die Änderung des Wasserhaushaltsgesetzes und das Energiewirtschaftsrecht[339]. Nicht zu unterschätzen sind auch die Wirkungen des Europäischen Rechts, der Maßnahmen der EU-Kommission und der Rechtsprechung des EuGH.[340] **166**

Erfolgt ist durch die Liberalisierung eine Herauslösung ehemals klassischer Bereiche der kommunalen Ver- und Entsorgungswirtschaft aus der bisherigen Monopolsituation und deren Überführung in einen Wettbewerbsrahmen. Auch geht damit einher eine Neubewertung eines gewichtigen Teils der kommunalen Aufgaben der Daseinsvorsorge.

Wenn die Kommunalwirtschaft durch derart gravierende Veränderungen seitens des Gesetzgebers in eine allgemeine Konkurrenzsituation mit privaten Wettbewerbern hineingestellt wird, muss aber den kommunalen Unternehmen eine Teilnahme an diesem Wettbewerb auch möglich sein. Die Möglichkeit der Strukturanpassung an die veränderten Rahmenbedingungen und die Fähigkeit zur Reaktion auf die Erfordernisse des Markts sind in dieser Situation von existenzieller Bedeutung. Unerlässlich für tatsächlichen Wettbewerb ist die Chancengleichheit der am Markt Beteiligten. Unter anderem verlangt diese Forderung nach **Vermeidung von Wettbewerbsverzerrungen,** dass ebenso wie kommunale Unternehmen nunmehr den Wettbewerb privater Unternehmen in ihrem seitherigen Geschäftsgebiet hinnehmen müssen, sie ihrerseits nicht behindert werden dürfen, einen Ausgleich für nunmehr im Gemeindegebiet entgehenden Absatz bzw. Umsatz im Wettbewerb auch jenseits der Gemeindegrenzen zu erwirtschaften.[341] Die durch das grundlegend veränderte Energiewirtschaftsrecht geschaffene Wettbewerbssituation zielt zB gerade darauf ab, dass ein Wettbewerb um den einzelnen Kunden, sowohl Industrie- wie Tarifkunden, dh jeden einzelnen Bürger erfolgt. Auch die Stadtwerke, die früher – wie jeder andere Energieversorger – in geschlossenen Versorgungsgebieten operierten, haben im Wettbewerb durch den Zugriff externer Konkurrenten Kunden verloren und werden nach den Regeln des Wettbewerbs erfahrungsgemäß auch in Zukunft Kunden verlieren. Dies muss aber durch die Anwerbung neuer Kunden außerhalb des früheren geschlossenen, durch die Gemeindegrenzen gebildeten Versorgungsgebiets kompensiert werden können. Das Stadtwerk hält in einem solchen Fall an seinem örtlichen Ursprung fest, indem es weiter den **Schwerpunkt** seiner Tätigkeit im eigenen Gemeindegebiet durchführt, aber durch außergebietliche Aktivitäten jenseits der Gemeindegrenzen Rentabilitätsgewinne und Synergieeffekte erzielt, die dem Fortbestand der gesamten Einrichtung und damit der örtlichen Gemeinschaft zugute kommen.[342] Auch bei Verknüpfung gemeindlicher Linienverkehre oder Telekommunikationsnetze[343] mit überörtlichen Linien oder Netzen findet die Wertschöpfung und Zweckerfüllung weiter im Wesentlichen vor Ort statt, die örtliche Unternehmung wird deshalb nicht überörtlich tätig. **167**

Soweit die veränderten Marktgegebenheiten eine Anpassung des Angebots an das Nachfrageverhalten in Form einer **Ergänzung der Angebotspalette** des Kerngeschäfts verlangen oder die Wirtschaftlichkeit vorhandener und noch benötigter Ressourcen die **Erschließung zusätzlicher Betätigungsfelder** erfordern, kann den insoweit einschränkenden Bestimmungen des Gemeindewirtschaftsrechts durch verfassungskonforme Auslegung die für eine Markttauglichkeit der Kommunalwirtschaft notwendige Weite verliehen werden.[344] **168**

---

[339] Vgl. dazu *Burgi* in Kment, Energiewirtschaft, 1 ff.

[340] Vgl. → Rn. 1 ff. und A Rn. 16 ff.

[341] Vgl. *Moraing* Der Gemeindehaushalt 1998, 223 (223), der zu Recht in diesem Zusammenhang die Frage der Widerspruchsfreiheit der Gesetzgebung aufwirft; vgl. auch *Brüning* NVwZ 2015, 689 (691 f.). *Burgi* schlägt in diesem Zusammenhang einen neuen Ordnungsrahmen für die energiewirtschaftliche Betätigung vor, vgl. gleichlautende Veröffentlichung, 46 ff.

[342] *Rehn/Cronauge* GO § 107 Anm. VIII. 4; *Schulz/Wachsmuth/Zwick* BayGO Art. 87 Anm. 4.2. Vgl. für den Bereich des Abfallrechts OVG Münster 1.4.2008, NVwZ 2008, 1031 (1034).

[343] Ausführlich dazu *Brüning* Wettbewerb beim Ausbau des Breitbandnetzes zwischen kommunalen Unternehmen, Der Gemeindehaushalt 2019, 241 (242 f.).

[344] → Rn. 95 f., 109 ff. mwN.

Im Hinblick auf die Wettbewerbsfähigkeit genauso bedeutsam ist die Klärung der Frage, ob eine Beschränkung der kommunalwirtschaftlichen Betätigung auf das Gebiet der **eigenen Gemeindegrenzen** besteht oder ob sich die Kommunen mit ihren Unternehmen – außerhalb zulässiger interkommunaler Zusammenarbeit – über diese Grenzen hinaus wirtschaftlich betätigen dürfen.

169 In der Literatur werden insoweit zwei absolut **konträre Auffassungen** vertreten.

Nach einer Auffassung beschränkt Art. 28 Abs. 2 S. 1 GG die Zuständigkeit der Gemeinden auf die Angelegenheiten der örtlichen Gemeinschaft. Erforderlich sei diese Beschränkung aus Kompetenzgründen und zur Wahrung der Interessen der betroffenen (Nachbar-)Gemeinden.[345] Einbezogen werden alle Bereiche des Tätigwerdens, auch das wirtschaftliche Handeln. Zum Teil wird auch auf das Demokratieprinzip rekurriert. Danach sei die wirtschaftliche Betätigung einer Gemeinde in Konkurrenz zu privaten Wettbewerbern, die nicht Mitglieder der betreffenden Gemeinde sind, aufgrund der fehlenden bzw. unzureichenden Beteiligung dieser Personen an der demokratischen Legitimation dieser Betätigung grundsätzlich unzulässig. Dies gelte aufgrund der gemeindlichen Gebietshoheit nicht auf dem eigenen Gemeindegebiet.[346]

170 Zwischenzeitlich haben allerdings alle Länder den veränderten Bedingungen für die Kommunalwirtschaft in Wettbewerbsmärkten Rechnung getragen durch ausdrückliche Ausdehnung des kommunalen unternehmerischen Aktionsradius im Wege einer **Lockerung des Territorialprinzips,** um die Position der Kommunen im Wettbewerb zu stärken, aber auch zur Umsetzung der Energiewende und Erreichung der Klimaschutzziele sowie Erhöhung des Wettbewerbsdrucks speziell im Energiesektor.[347]

Nach den meisten dieser ausdrücklichen Ausnahmeregelungen vom Örtlichkeitsgrundsatz ist eine wirtschaftliche Betätigung außerhalb des Gemeindegebietes nur zulässig, wenn neben der Erfüllung der allgemeinen Zulässigkeitsvoraussetzungen (Schrankentrias)[348] die berechtigten Interessen der betroffenen kommunalen Gebietskörperschaften gewahrt sind.[349] Eine weitgehende Privilegierung enthalten die Bestimmungen in Nordrhein-Westfalen, Sachsen-Anhalt und Schleswig-Holstein für die überörtliche Betätigung in den Bereichen Strom-, Gas- und Wärmeversorgung, die den öffentlichen Zweck insoweit fingieren.[350] Solche Betätigungen sind zulässig, wenn der Leistungsfähigkeitsbezug gegeben ist und die berechtigten Interessen der betroffenen Gemeinden gewahrt sind; Sachsen-Anhalt verlangt zudem die Einhaltung der (einfachen) Subsidiaritätsklausel, in Schleswig-Holstein soll die Erzeugung oder Gewinnung erneuerbarer Energien außerhalb des Gemeindegebiets auf angrenzende Gemeinden beschränkt sein.[351] Auch in Mecklenburg-Vorpommern dient die energiewirtschaftliche Betätigung außerhalb der Gemeinde kraft Gesetzes einem öffentlichen Zweck.[352] Noch großzügiger ist Brandenburg, wo die wirtschaftliche Betätigung außerhalb der Versorgung der örtlichen Gemeinschaft sowie der Nutzung

345 Vgl. *Ehlers* DVBl. 1998, 497 (504); *Britz* NVwZ 2001, 380 (385); *Guckelberger* BayVBl. 2006, 293 (295); *Schink* NVwZ 2002, 129 (135 f.); *Gabler/Höhlein* ua GemO Vorb. zu §§ 85–92 Anm. 2.2.1, jeweils mwN; kritisch auch *Breuer* WiVerw 2015, 150 (164).

346 *Heilshorn,* Gebietsbezug der Kommunalwirtschaft, S. 101 ff., S. 195.

347 Vgl. die Nachweise → Rn. 4 f. und die Übersicht → Rn. 51.

348 → Rn. 99 ff.

349 § 102 Abs. 7 GemO BW, Art. 87 Abs. 2 BayGO, § 121 Abs. 5 HGO, § 107 Abs. 3 GO NRW (für Betätigungen außerhalb der Energiewirtschaft; für die nichtwirtschaftliche Betätigung außerhalb des Gemeindegebiets gilt dies mit Ausnahme der Subsidiaritätsklausel, vgl. § 107 Abs. 4 GO NRW), § 85 Abs. 2 GemO RhPf., § 108 Abs. 4 KSVG, § 101 Abs. 2 GO SchlH, § 71 Abs. 5 ThürKO.

350 Zur Bedeutung des Kriteriums „öffentlicher Zweck" für die energiewirtschaftliche Betätigung in anderen Ländern → Rn. 108.

351 § 107a Abs. 3 GO NRW. § 128 Abs. 3 KVG LSA; alle anderen wirtschaftlichen Betätigungen außerhalb des Gemeindegebiets sind nach § 128 Abs. 4 KVG LSA nur in begründeten Ausnahmefällen zulässig, wenn ein öffentlicher Zweck dies rechtfertigt, der Leistungsfähigkeitsbezug besteht und die berechtigten Interessen der betroffenen Gemeinden gewahrt sind; die Regelung zur Zulässigkeit von Annextätigkeiten aus § 128 Abs. 2 S. 2 KVG LSA wird allgemein für anwendbar erklärt. Ähnlich § 101a Abs. 1 S. 2, Abs. 2 S. 2, § 101 Abs. 2 und 3 GO SchlH.

352 § 68 Abs. 2 S. 3 KV MV.

von Einrichtungen bzw. Angeboten in der Gemeinde erstens für die Versorgung mit Elektrizität, Gas und Fernwärme und zweitens im Rahmen von Vereinbarungen oder Konzessionen der betroffenen Gemeinde generell für zulässig erklärt wird.[353] Sachsen hat diese Regelungen auf kommunale Versorgungsunternehmen der Bereiche Strom-, Gas-. Wärme- und Wasserversorgung sowie Telekommunikation erweitert.[354] Einschränkender dagegen Niedersachsen, das zwar neben der Energieversorgung ebenfalls die weiteren Bereiche der Wasserversorgung (dort nur im Einvernehmen mit der betroffenen Gemeinde), des ÖPNV und der (Breitband-)Telekommunikation in die Exterritorialklausel einbezieht, aber ausdrücklich klarstellt, dass die Betätigung sich nur „zur Erfüllung des öffentlichen Zwecks" auf das Gebiet der anderen Kommunen „erstrecken" darf; lediglich die Erzeugung von Strom aus erneuerbaren Energien ist ausschließlich am Kriterium der Leistungsfähigkeit zu messen.[355]

Was die Abwehrmöglichkeit der betroffenen Gemeinden angeht, sehen die Gemeindeordnungen der Länder Baden-Württemberg, Bayern, Hessen, Nordrhein-Westfalen und Rheinland-Pfalz für die Bereiche der Versorgung mit Strom und Gas vor, dass nur die Interessen als berechtigt gelten, die nach den Vorschriften des Energiewirtschaftsgesetzes eine Einschränkung zulassen. Sachsen-Anhalt und Schleswig-Holstein gehen darüber hinaus und regeln allgemein, dass bei im Wettbewerb wahrgenommenen Aufgaben nur die Interessen als berechtigt gelten, die nach bundesgesetzlichen Vorgaben eine Einschränkung des Wettbewerbs zulassen; in Schleswig-Holstein soll die Erzeugung oder Gewinnung erneuebarer Energien außerhalb des Gemeindegebiets auf angrenzende Gemeinden beschränkt und nur im Einvernehmen mit der betroffenen Gemeinde zulässig sein. In Hessen, Niedersachsen, Thüringen und im Saarland gelten bei gesetzlich liberalisierten Tätigkeiten nur die Interessen als berechtigt, die nach den hierfür maßgeblichen Vorschriften eine Einschränkung des Wettbewerbs zulassen.

Für die wirtschaftliche (und nichtwirtschaftliche) **Betätigung im Ausland** müssen nach nordrhein-westfälischem Recht das Erfordernis eines öffentlichen Zwecks und der Leistungsfähigkeitsbezug gegeben sein, bei der energiewirtschaftlichen Betätigung im Ausland wird wiederum der öffentliche Zweck fingiert; generell bedarf die Aufnahme einer solchen Betätigung im Ausland der Genehmigung.[356] Rheinland-Pfalz lässt die Beteiligung eines wirtschaftlichen Unternehmens der Gemeinde an im Ausland zu errichtenden oder bestehenden Erneuerbare-Energie-Anlagen zu, wenn ein öffentlicher Zweck dies rechtfertigt und der Leistungsfähigkeitsbezug gegeben ist; die Beteiligung ist genehmigungspflichtig.[357]Brandenburg und Schleswig-Holstein bestimmen, dass die wirtschaftliche Betätigung im Ausland zulässig ist, wenn die allgemeinen Zulässigkeitsvoraussetzungen für die wirtschaftliche Betätigung vorliegen und berechtigte Interessen des Bundes oder des Landes nicht entgegenstehen; in Brandenburg sind die Kommunalaufsichtsbehörden von der Aufnahme nur rechtzeitig zu unterrichten.[358] Sachsen-Anhalt sieht für die Aufnahme einer wirtschaftlichen Betätigung im Ausland ebenfalls eine Genehmigungspflicht vor.[359] Die übrigen Landesrechte enthalten hierzu keine ausdrückliche Regelung.[360]

[353] § 91 Abs. 4 S. 1 BbgKVerf.
[354] § 97 Abs. 1 SächsGemO.
[355] § 136 Abs. 1 S. 5 bis 8 NKomVG; ausführlich dazu LT-Drs. 17/6747, 6 ff.
[356] § 107 Abs. 3 S. 2 und 3, Abs. 4 S. 3 und 4, § 107a Abs. 3 S. 3 und 4 GO NRW.
[357] § 85 Abs. 2a GemO RhPf.
[358] Vgl. § 91 Abs. 4 S. 2 BbgKVerf, § 101 Abs. 3 GO SchlH.
[359] § 128 Abs. 5 KVG LSA.
[360] Zur Zulässigkeit kommunalwirtschaftlicher Betätigung im Ausland *Guckelberger* BayVBl. 2006, 293 (298 ff.), *Wolff* DÖV 2011, 721 ff. mwN. Zur ebenfalls umstrittenen Frage der Zulässigkeit einer Erweiterung kommunalwirtschaftlicher Betätigungen auf andere Bundesländer *Guckelberger* BayVBl. 2006, 293 (298); *Burgi,* Neuer Ordnungsrahmen, 85. Teilweise wird eine Öffnungsklausel des betroffenen Bundeslandes oder ein Staatsvertrag gefordert, vgl. *Ehlers* NWVBl. 2000, 1 (6); *Kühling* NJW 2001, 177 (181); *Brüning* NVwZ 2015, 689 (694 f.);

171 Von einigen Vertretern der dargestellten restriktiven Literaturmeinung ist die mit diesen Bestimmungen erfolgte gesetzliche Ausdehnung der gemeindlichen wirtschaftlichen Tätigkeit über die Gemeindegrenzen hinaus wegen Verstoßes gegen die Art. 28 Abs. 2 GG beigemessene Beschränkungswirkung als verfassungswidrig bezeichnet worden.[361]

Nach dieser Auffassung wird der Verfassungsbestimmung des Art. 28 Abs. 2 S. 1 GG bzw. den entsprechenden landesverfassungsrechtlichen Bestimmungen also bezogen auf die wirtschaftende Gemeinde sowohl die Funktion einer **Schutznorm** als auch einer **Beschränkungsnorm** zuerkannt.

172 Hier setzt die Kritik der entgegengesetzten Meinung an. Nach dieser ist Art. 28 Abs. 2 S. 1 GG zwar als Schutznorm zugunsten der Gemeinden, nicht aber als Beschränkungsnorm zu verstehen.[362] Den Kommunen werde durch sie das Recht der Selbstverwaltung garantiert, nicht jedoch die wirtschaftliche Tätigkeit beschränkt. Nur hoheitliches Handeln setze nämlich Kompetenzen voraus, welche die Handlungsbefugnisse verschiedener Hoheitsträger gegeneinander abgrenzen müssen.[363] Ganz anders sei die Rechtslage, wenn Gemeinden sich wirtschaftlich betätigen. Wirtschaftliches Handeln erfolge im Wettbewerb einer theoretisch unbeschränkten Anzahl von Unternehmen. Deshalb hätten die Gemeinden weder das Recht, auf ihrem Gebiet allein wirtschaftlich tätig zu werden, noch seien sie umgekehrt in ihrer wirtschaftlichen Betätigung auf ihr Gemeindegebiet bzw. die Erledigung von Angelegenheiten der örtlichen Gemeinschaft beschränkt. Es wird darauf verwiesen, dass für Kommunen insoweit nichts anderes gelte als für sonstige Gebietskörperschaften, für die eine über ihr Gebiet hinausgehende wirtschaftliche Tätigkeit auch von der vorherrschenden Meinung als zulässig angesehen wird. Die **Wirtschaftstätigkeit** der Kommunen bleibe tatsächlich im Bereich des wirtschaftlichen Handelns und **außerhalb des Bereichs der Verwaltungstätigkeit,** selbst wenn sie zur Daseinsvorsorge auf örtlicher Ebene erfolge. Für Kommunen gelte insoweit nichts anderes als für Bund und Länder; anderenfalls gerate das in Art. 28 Abs. 2 GG den Kommunen garantierte Recht, örtliche Gemeinwohlzwecke auf dem Weg wirtschaftlicher Betätigung zu verfolgen, in Gefahr leer zu laufen.[364]

Einzelne weitergehende Stimmen, nach denen das kommunale Örtlichkeitsprinzip wegen Verstoßes gegen Art. 106 Abs. 1 AEUV und die Grundfreiheiten **europarechtswidrig** sei, haben sich zu recht nicht durchsetzen können.[365]

173 Für die Praxis der Kommunalwirtschaft bedeutsam ist zunächst, dass sich die beiden konkträren Standpunkte im Ergebnis einander annähern. Denn auch seitens restriktiver Vertreter der Auffassung, nach der Art. 28 Abs. 2 GG den Kommunen und möglicherweise auch dem Gesetzgeber Schranken hinsichtlich der Ausweitung kommunaler Wirtschaftstätigkeit setzt, wird zugestanden, dass das außerörtliche wirtschaftliche Engagement durchaus im Dienste der Erledigung der örtlichen Aufgabe stehen kann. Formuliert wird dies teils als Zulässigkeit erwerbswirtschaftlicher **Randnutzungen außerhalb des eigenen Gebiets,**[366] teils als Zulässigkeit **annexweise wahrgenommener** erwerbswirtschaftlicher **Tätigkeiten,** die nicht zwingend den Gebietsangehörigen oder den Personen zugute kommen müssen, die sich auf dem Gebiet der Kommune aufhalten.[367] Mithin kann nicht ohne Weiteres die Verfassungswidrigkeit jeglicher außerörtlicher wirtschaftlicher Tätigkeit

[361] *Heilshorn* S. 170 ff., 175; weitere Nachweise bei *Britz* NVwZ 2001, 380 (385); Schink NVwZ 2002, 129 (135).

[362] *Wolff* DÖV 2011, 721 (723 f.).

[363] *Wieland* Stadt und Gemeinde 7–8/1998, 4; *Moraing* Der Gemeindehaushalt 1998, 223 (227, 228); *Hellermann* Örtliche Daseinsvorsorge und gemeindliche Selbstverwaltung (2000), 156 ff. mwN.

[364] *Wieland* Stadt und Gemeinde 7–8/1998, 4 (5 f.).

[365] Vgl. dazu *Wolff* DÖV 2011, 721 (726 f.); *Scharpf* NVwZ 2005, 148 (152 f.); *Ehlers* in Henneke/Schmidt-Aßmann/Schoch, Aufsicht und Finanzkontrolle, 11 (16 ff.).

[366] *Heilshorn* S. 148, 195.

[367] *Ehlers* DVBl 1998, 497 (504), der keine Bedenken hat, wenn für die Gemeindeverwaltung entwickelte Software an andere Gemeinden, auswärts wohnende Private oder sogar ausländische Interessenten verkauft wird.

der Kommunen oder der Außerörtlichkeitsklauseln in den Gemeindeordnungen der Länder festgestellt werden.[368]

Das OLG Düsseldorf hat diese Auffassung zu einem tragenden Entscheidungsgrund seines Beschlusses vom 12.1.2000 zur überörtlichen Tätigkeit einer Kommune bei der Abfallentsorgung gemacht.[369] Zwar handelte es im entschiedenen Fall nicht um eine wirtschaftliche Betätigung, weshalb § 107 Abs. 3 GO NRW nicht zur Anwendung kam.[370] Gleichwohl befand das Gericht die Tätigkeit für zulässig. Zwar habe die Stadt als öffentlich-rechtlicher Entsorgungsträger nach dem Kreislaufwirtschafts- und Abfallgesetz nur die in ihrem Gebiet angefallenen und überlassenen Abfälle aus privaten Haushaltungen und Abfälle zur Beseitigung aus anderen Herkunftsbereichen zu verwerten und zu beseitigen. Daraus folge jedoch kein generelles Verbot, dies (auch) außerhalb der eigenen Gemeindegrenzen zu tun. Dies lasse sich auch nicht aus Art. 28 Abs. 2 GG oder Art. 78 Abs. 2 NWVerf. herleiten. Selbst wenn man insoweit fordere, dass mit Blick auf die grundsätzlich ortsbezogene Verbandskompetenz einer Gemeinde der von ihrer Einrichtung zu erfüllende öffentliche Zweck in der örtlichen Gemeinschaft wurzeln müsse, wäre dies im konkreten Fall gegeben. Die gemeindliche Einrichtung halte an ihrem territorialen Ursprung fest, indem sie nach wie vor die Entsorgung im Stadtgebiet ausführe und dort ihr Hauptbetätigungsfeld habe. Daran ändere nichts, dass sie ergänzende Investitionen tätigen wolle, zumal sich daraus – ähnlich wie in Unternehmensfusionen – Synergieeffekte ergeben könnten, die sich günstig auf die Organisationsstruktur und die Rentabilität der gesamten Einrichtung der Gemeinde auswirken und damit auch der örtlichen Gemeinschaft zugute kommen.[371] 174

Diese Bewertung durch das OLG Düsseldorf entspricht den Erwägungen, die der VerfGH Rheinland-Pfalz in Bezug auf die Zulässigkeit kapazitätsauslastender und kapazitätserweiternder wirtschaftlicher Betätigungen der Kommunen vor dem Hintergrund des Art. 28 Abs. 2 GG bzw. des Art. 49 RhPfVerf angestellt hat,[372] wenngleich sich diese Entscheidung ausdrücklicher Aussagen zur gebietsübergreifenden wirtschaftlichen Betätigung enthält.[373] Auch das OVG Münster hat in einer Entscheidung vom 1.4.2008 unter Bezugnahme auf das zitierte Urteil des OLG Düsseldorf zu einer gemeindegebietsüberschreitenden Abfallentsorgung ausgeführt, dass eine (nichtwirtschaftliche) Tätigkeit außerhalb des Gemeindegebiets noch als Angelegenheit der örtlichen Gemeinschaft jedenfalls dann zugeordnet werden könne, wenn sie als sog. Annex- oder Hilfstätigkeit erfolgt, es aber auch im Übrigen nicht ausgeschlossen scheine, bestimmte gemeindeexterne Tätigkeiten als Angelegenheiten der örtlichen Gemeinschaft anzusehen.[374] 175

Die Vertreter der Auffassung, die in Art. 28 Abs. 2 GG keine Beschränkungsnorm zu Lasten der wirtschaftenden Kommunen erkennt, sehen ihrerseits aber dennoch gewisse Grenzen der außergemeindlichen wirtschaftlichen Betätigung. Festgestellt wird, dass der Schutzbereich des Art. 28 Abs. 2 GG über das Gemeindegebiet hinausreichende wirtschaftliche Betätigungen dann nicht erfasst, wenn sie **in keinem sachlichen Bezug zur Daseinsvorsorge im eigenen Gemeindegebiet** stehen, sondern der örtlichen Gemeinschaft nur noch durch die erzielten Gewinne dienen.[375] 176

[368] *Britz* NVwZ 2001, 380 (386); *Schink* NVwZ 2002, 129 (137).

[369] OLG Düsseldorf 12.1.2000, NVwZ 2000, 714, AWISTA; kritisch dazu *Kühling* NJW 2001, 177 (181).

[370] Die außerörtliche Betätigung im Bereich der Abfallwirtschaft stellte eine durch die Negativklausel des § 107 Abs. 2 Nr. 4 GO NRW privilegierte Tätigkeit des Betriebs von Einrichtungen des Umweltschutzes dar.

[371] OLG Düsseldorf 12.1.2000, NVwZ 2000, 714 (715); auch OLG Düsseldorf 13.8.2008 – Verg 42/07, juris Rn. 33 ff., 37; abl. im Hinblick auch auf Synergieeffekte durch sog. Randnutzungen *Heintzen* NVwZ 2000, 734 (746); *Schulz/Wachsmuth/Zwick* BayGO Art. 87 Anm. 4.2, mit dem Argument, dadurch könne eine praktisch schrankenlose Expansion begründet werden. Vgl. dazu → Rn. 178.

[372] VerfGH RhPf. 28.3.2000, NVwZ 2000, 801 (803); → Rn. 111.

[373] Vgl. *Neutz* ZG 2000, 279 (284).

[374] OVG Münster 1.4.2008, NVwZ 2008, 1031 (1035).

[375] *Schulz* BayVBl. 1998, 449 (451 f.); *Ruffert* VerwArch 2001, 27 (35); *Wieland* Stadt und Gemeinde 7–8/98, 4 (6).

Im Übrigen wird das Erfordernis **einer Radizierung der überörtlichen Betätigung in der örtlichen Gemeinschaft** als Voraussetzung der Zulässigkeit dieser Betätigung anerkannt.[376] Als notwendig angesehen wird eine institutionelle Betrachtungsweise des Merkmals der örtlichen Gemeinschaft. Entscheidend und maßgeblich sei, wo die eigentliche „Wertschöpfung" einer gemeindlichen Einrichtung erfolge.[377]

177 Die zwischenzeitlich wohl herrschende Meinung[378] hält jedenfalls eine **landesgesetzliche Relativierung des Örtlichkeitsprinzips** im Hinblick auf Art. 28 Abs. 2 GG für **zulässig,** wenngleich die dogmatische Herleitung und mögliche Reichweite dieser Regelungen weiter umstritten ist. [379] Als materiell-rechtliche **Schranken** werden im Wesentlichen erstens die Wahrung der berechtigten Interessen der betroffenen Gemeinden, in deren Selbstverwaltungsrecht eingegriffen wird (dazu. → Rn. 181), zweitens das Demokratieprinzip und drittens das Erfordernis einer öffentlichen Zweckbindung und die Beachtung des Verhältnismäßigkeitsgrundsatzes genannt.[380] Während die landesgesetzlichen Regelungen als mit dem Demkratieprinzip noch vereinbar angesehen werden[381], stellt die verfassungsrechtliche Vorgabe der Bindung an einen öffentlichen Zweck (→ Rn. 100 ff.) eine dogmatische Herausforderung dar.[382] Geht man davon aus, dass die reine Gewinnerzielungsabsicht keinen öffentlichen Zweck darstellt und auch eine mittelbare Wirkung für die eigene Gemeinde dergestalt, dass die aus der gemeindegebietsübergreifenden Betätigung erwirtschafteten Gewinne der gemeindlichen Aufgabenerfüllung im Gemeindegebiet zugute kommen, nicht ausreicht (→ Rn. 112 ff.), bleibt als verfassungsrechtliche Rechtfertigung zur „Herstellung" der örtlichen Legtimation nur der Rückgriff der Landesgesetzgeber auf andere, (auch) überörtliche öffentliche Zwecke[383] und der Hinweis auf die Besonderheiten bestimmter, zwischenzeitlich liberalisierter Märkte wie den Energiesektor, bei denen die Grenzlinien zwischen örtlich und überörtlich aufgehoben sind.[384] *Burgi* hat in diesem Zusammenhang einen neuen Ordnungsrahmen für den Bereich der energiewirtschaftlichen Betätigung vorgeschlagen, bei dem den wegfallenden Rechtsbindungen auf der anderen Seite wegfallende rechtlich begründete Vorteile dieser kommunalen Unternehmen gegenüberstehen sollten.[385]

178 Damit ist für die Praxis in erster Linie die Ausgestaltung der jeweiligen landesgesetzlichen Regelung entscheidend. Die Intention des jeweiligen Landesgesetzgebers zugrunde gelegt, die Kommunalwirtschaft in bestimmten Tätigkeitsbereichen wie der Energiewirtschaft von der Bindung an den Örtlichkeitsgrundsatz (teilweise) zu befreien, sind die Regelungen in Brandenburg, aber auch in Nordrhein-Westfalen, Sachsen-Anhalt und Schleswig-Holstein

---

376 *Moraing* Der Gemeindehaushalt 1998, 223 (228); *Scharpf* NVwZ 2005, 148 (150 f.); *Brüning* NVwZ 2015, 689 (693 f.); *Rehn/Cronauge* GO § 107 Anm. VIII. 2. Vgl. auch BVerwG 20.1.2005, NVwZ 2005, 958 (959).

377 *Cronauge* Der Gemeindehaushalt 1998, 131 (134).

378 *Britz* NVwZ 2001, 380 (385 f.); *Kühling* NJW 2001, 177 (179); *Schink* NVwZ 2002, 129 (136 f.); *Papier* DVBl. 2003, 686 (688); *Guckelberger* BayVBl. 2006, 293 (296); *Wolff* DÖV 2011, 721 (722 ff.); *Burgi,* Neuer Ordnungsrahmen, 82 f.; *Nierhaus* in Mann/Püttner HKWP, § 40 Rn. 45; *Schulz/Wachsmuth/Zwick* BayGO, Art. 87 Anm. 4.2. So auch OVG Münster 1.4.2008, NVwZ 2008, 1031 (1035).

379 Nach *Schink* NVwZ 2002, 129 (136), *Brosius-Gersdorf* AöR 130 (2005), 414 f. handelt es sich um Aufgaben- und Kompetenzerweiterungsnormen, *Burgi,* Kommunalrecht § 17 Rn. 49 sieht darin eine (bloße) Erweiterung des Wirkungskreises in räumlicher Hinsicht.

380 Vgl. die Zusammenfassung bei *Ehlers* in Henneke/Schmidt-Aßmann/Schoch, Aufsicht und Finanzkontrolle, 11 (19 ff.) mwN.

381 Vgl. *Burgi,* Neuer Ordnungsrahmen, 88 f. unter Hinweis auf den lt BVerfGE 107, 59 ff. gegebenen Gestaltungsspielraum des Gesetzgebers und die Einflussnahmemöglichkeiten auf das kommunale Unternehmen; *Ehlers* in Henneke/Schmidt-Aßmann/Schoch, Aufsicht und Finanzkontrolle, 11 (21) mwN.

382 *Burgi,* Neuer Ordnungsrahmen, 76 spricht von „Verrenkungen" in der Anwendungs- und Rechtsprechungspraxis.

383 So *Brüning* NVwZ 2015, 689 (694); *Burgi* in: Kment Energiewirtschaft, 12 f., 18 f. *Ehlers* in Henneke/Schmidt-Aßmann/Schoch, Aufsicht und Finanzkontrolle, 11 (22 f.). Vgl. nur die Diskussion im niedersächsischen Landtag zur Neufassung des § 136 Abs. 1 S. 5 bis 7 NKomVG, LT-Drs. 17/6747, 6 ff.

384 *Burgi,* Neuer Ordnungsrahmen, 79 ff.

385 Vgl. *Burgi* in Kment Energiewirtschaft, 1, (22 ff.); ders. Neuer Ordnungsrahmen, 46 ff.

(in Reaktion auf eine Entscheidung des OVG Schleswig[386]) folgerichtig, durch die gleichzeitig das **Vorliegen eines öffentlichen Zwecks unterstellt** und das **Bedarfskriterium aufgehoben** wird.[387]

Welche Rechtsunsicherheiten hier dennoch bestehen können, zeigt ein jüngeres Urteil des OVG Magdeburg. [388] Nach Auffassung des Gerichts ist der Betrieb einer Energieerzeugungsanlage durch eine Kommune wegen der Vorgaben des Örtlichkeitsprinzips nur zulässig, wenn zumindest ein – nicht näher bestimmter – Anteil des erzeugten Stroms der Versorgung von Abnehmern im Gebiet der betreibenden Gemeinde diene; die bloße Einspeisung in ein überörtliches Netz gegen Vergütung nach dem EEG erfolge lediglich zur Gewinnerzielung und diene keinem öffentlichen Zweck. Das OVG stützt sich dabei auf eine historische Auslegung anhand der Gesetzesmaterialien und kommt zum Ergebnis, dass der Gesetzgeber zwar eine Lockerung, aber keine Abschaffung des Örtlichkeitsprinzips beweckt habe. Zwingend ist diese restriktive Auslegung indes nicht. Anders als bei ortsgebundenen Versorgungseinrichtungen, bei denen die Versorgung des im Gemeindegebiet bestehenden Bedarfs mit der tatsächlichen Abnahme im Gemeindegebiet korrespondiert, hätte man bei der Versorgung über überörtliche und liberalisierte Netzstrukturen, wie es bei der Stromversorgung der Fall ist, den Ortsbezug auch auf Grundlage eines rechnerisch im Gemeindegebiet bestehenden Gesamtbedarfs – unabhängig von den tatsächlichen vertraglichen Versorgungsverhältnissen – herstellen können, wenn das Ziel der Gemeinde primär darauf gerichtet war, einen Beitrag zur Versorgung der eigenen Bevölkerung mit Strom aus erneuerbaren Energien zur Verwirklichung der Energiewende zu leisten. Danach läge erst bei einer Energieerzeugung jenseits dieser Bemessungsgröße die Vermutung einer unzulässigen Gewinnerzielungsabsicht nahe.[389]

Eine restriktive Auslegung der Exterritorialklauseln dürfte vor allem in den Ländern **179**
geboten sein, in denen das Vorliegen der Voraussetzungen der **Schrankentrias** explizit in Bezug genommen wird.[390]

Insoweit und außerhalb bestehender, sektorenspezifischer Regelungen ist festzustellen ist, dass als Leitlinie für die Praxis gelten kann, dass die Zulässigkeit der exterritorialen wirtschaftlichen Betätigung dann gegeben ist, wenn eine wirtschaftliche **Tätigkeit auf die territorial definierte Gemeinschaft und die dortige unmittelbare Aufgabenerfüllung rückführbar** ist.[391] Dies bedeutet gerade nicht eine schlichte kartographische Abgrenzung der örtlich begründeten Aktivitäten.[392] Kapazitätsauslastende und rentabilitätserhöhende außerörtliche Tätigkeiten sind vielmehr möglich, sofern sie der Rentabilität der örtlichen Tätigkeit dienen und damit auf diese rückführbar sind.[393]

Gefordert sind insoweit auch die Landesgesetzgeber und die Kommunalaufsichtsbehör- **180**
den. Es ist nicht vertretbar, dass die Gemeinden einzelner Bundesländer an einer Teilnahme am Wettbewerb über die Gemeindegrenze hinaus gehindert werden, während zugleich kommunale Unternehmen aus anderen Bundesländern über die Landesgrenzen hinweg als Wettbewerber auf ihrem ehemals angestammten originären Territorium auftreten. Insoweit muss Gleichheit im Wettbewerb herrschen. Andererseits darf die Entwicklung nicht zu einem Konkurrenzkampf der Landesgesetzgeber um Wettbewerbsvorteile für ihre kom-

[386] OVG Schleswig 11.7.2013 – 2 LB 32/12, BeckRS 2013, 59141; dazu → Rn. 108.

[387] § 91 Abs. 4 S. 1 Nr. 1 BbgKV, § 107a GO NRW, § 128 Abs. 3 KVG LSA, § 101a GO SchlH. Vgl. auch § 136 Abs. 1 S. 8 NKomVG zur Zulässigkeit der Erzeugung erneuerbarer Energien außerhalb des Gemeindegebiets unabhängig von der Versorgung der eigenen Einwohner.

[388] OVG Magdeburg 7.5.2015, NVwZ 2015, 1231; kritisch dazu *Nebel/Steinbach,* NVwZ 2015, 1235 ff.; wohl auch *Burgi* in Kment, Energiewirtschaft, 1 (13).

[389] So die Auslegung durch das Bayerische Staatsministerium des Innern, vgl. IMS vom 31.7.2012, IB3–3321-7, 2 f. In diese Richtung auch *Ehlers* in Henneke/Schmidt-Aßmann/Schoch Aufsicht und Finanzkontrolle, 11 (19).

[390] Vgl. zur bayerischen Rechtslage zB *Scharpf* NVwZ 2005, 148 (150 f.); *Schulz/Wachsmuth/Zwick* BayGO, Art. 87 Anm. 4.2.

[391] Vgl. *Jarass* DÖV 2002, 489 (498); *Britz* NVwZ 2001, 380 (386).

[392] *Kühling* NJW 2001, 177 (178).

[393] Vgl. *Britz* NVwZ 2001, 380 (386) mwN.

munalen Unternehmen führen, der diese zu beliebig austauschbaren Dienstleistern werden lässt.[394] Letzeres zu verhindern, liegt auch in der Verantwortung der Kommunen selbst und ihrer Unternehmen.[395]

181 Den Schutz der von außergebietlicher kommunaler Wirtschaftstätigkeit betroffenen Kommunen sehen die Gemeindeordnungen in der Regel ausdrücklich vor, indem sie bestimmen, dass deren Interessen zu wahren sind, dies allerdings als Bestandteil sog. Expansionsklauseln.[396] Sowohl die **wirtschaftlich exterritorial handelnde Kommune** als auch die **von dieser Betätigung betroffene Gemeinde** können sich auf das ihnen verbürgte **Selbstverwaltungsrecht des Art. 28 Abs. 2 GG** berufen. Dies ist zu beachten von allen Kommunen bzw. deren Unternehmen, die wirtschaftlich im Gebiet anderer kommunaler Gebietskörperschaften tätig werden wollen oder schon tätig sind.

182 Ob eine Verletzung der „Zielkommune" im Schutzbereich ihres Selbstverwaltungsrechts vorliegen wird, bedarf der **individuellen Prüfung in jedem Einzelfall,** weil sich insoweit unterschiedliche Abwägungsergebnisse ergeben können. Abhängig sein wird das Ergebnis ua entscheidend davon, ob die in ihrem Territorium betroffene Kommune selbst nicht tätig werden will, aus welchen Gründen dies geschieht – ob aus bloßem Desinteresse oder bewusst zur Förderung von Mittelstand und Handwerk –, ob sie aus tatsächlichen oder rechtlichen Gründen nicht tätig werden kann – zB mangels hinreichender Leistungsfähigkeit – oder aber ob sie die betreffende Aufgabe bereits selbst erfüllt und die expandierende Gemeinde ihr nunmehr auf dem eigenen Gemeindegebiet Konkurrenz macht.[397] Nur vereinzelt wird die Zulässigkeit der Betätigungen außerhalb des Gemeindegebiets für bestimmte Aufgabenbereiche kraft Gesetzes vom Einvernehmen der betroffenenen Gemeinde abhängig gemacht.[398]

183 Hieraus ergeben sich auch nicht unbeachtliche verfassungsrechtliche Bedenken hinsichtlich der in viele Gemeindeordnungen aufgenommenen Bestimmungen zur außergebietlichen Wirtschaftstätigkeit mit einer gesetzlichen Reduzierung der zu berücksichtigenden „berechtigten Interessen" der betroffenen Kommunen – zumindest im Bereich der Strom- und Gasversorgung, teilweise aber auch darüber hinausgehend.[399] Im Einzelfall schwierig zu bestimmen ist die Schwelle, ab deren Überschreiten eine Verletzung der Garantie des Art. 28 Abs. 2 GG bei der Zielkommune vorliegt.[400]

184 Der Vorzug ist auf jeden Fall Lösungen zu geben, bei denen im Wege der **Kooperation und Abstimmung** der beteiligten Kommunen untereinander ein Ausgleich der jeweils relevanten Interessen erfolgt.[401]

185 Für die Landesgesetzgeber bestehen im Hinblick hierauf verschiedene Möglichkeiten, durch **legislative Ausgestaltung** von Abstimmungsprozessen eine Klärung und abwägende Bewertung der evtl. widerstreitenden Interessenlagen der beteiligten bzw. betroffenen kommunalen Gebietskörperschaften im Vorfeld gebietsübergreifender kommunaler Wirtschaftstätigkeit sicherzustellen.[402]

---

394 Kritisch auch *Henneke* → A Rn. 40; *Breuer* WiVerw 2015, 150 (164); *Brüning* NVwZ 2015, 689 (695).

395 Treffend *Burgi,* Kommunalrecht § 17 Rn. 51, der die Frage des Ausreizens des gegebenen Rahmens als solche der „politischen Klugheit" bezeichnet.

396 → Rn. 170; krit. dazu *Becker* DÖV 2000, 1032 (1037 f.).

397 Vgl. *Becker* DÖV 2000, 1032 (1037 f.); *Guckelberger* BayVBl. 2006, 293 (296 f.). AA Britz NVwZ 2001, 380 (386), nach der Art. 28 Abs. 2 GG keinen Schutz vor Konkurrenz vermittelt. Zur Konkurrenzsituation bei Energienetzen *Dietl* DÖV 2018, 407 (413 f.).

398 § 136 Abs. 1 S. 5 NKomVG (Wasserversorgung), § 101a Abs. 2 S. 2 GO SchlH (Erzeugung EE). § 121 Abs. 1a HGO (Energieversorgung mit EE nur in interkommunaler Zusammenarbeit). Weitergehend *Scharpf* NVwZ 2005, 148 (151), der im Rahmen einer verfassungskonformen Auslegung generell eine Zustimmungspflicht der betroffenen Gemeinde fordert.

399 Vgl. *Guckelberger* BayVBl. 2006, 293 (296 f.); *Schink* NVwZ 2002, 129 (136 f.); zustimmend *Burgi,* Neuer Rechtsrahmen, 86 f.; vgl. auch *Brüning* NVwZ 2015, 689 (694).

400 Vgl. dazu *Kühling* NJW 2001, 177 (179 f.).

401 Anschaulich *Burgi,* Neuer Ordnungsrahmen, 85, 87 f. mwN. Zu den Grenzen derartiger Kooperationsmodelle *Becker* DÖV 2000, 1032 (1038 f.).

402 ZB § 128 Abs. 3 S. 3 KVG LSA. Vgl. *Kühling* NJW 2001, 177 (180); solche gesetzgeberischen Maßnahmen befürwortend wohl *Moraing* Der Gemeindehaushalt 1998, 223 (228) und *Cronauge* Der Gemeindehaushalt 1998, 131 (134).

c) Marktererkundung, Marktanalyse, Wirtschaftlichkeitsanalyse

Hessen, Nordrhein-Westfalen, das Saarland und Thüringen sehen als weitere Voraussetzung der Aufnahme wirtschaftlicher Betätigung der Kommune die Durchführung eines Markterkundungsverfahrens bzw. die Erstellung einer Marktanalyse vor. 186

Thüringen hatte mit § 71 Abs. 1 (jetzt: Abs. 2) Nr. 4 ThürKO erstmalig in eine Kommunalverfassung eine derartige Bestimmung aufgenommen. Im Zusammenhang mit der verschärften Subsidiaritätsklausel soll privaten Anbietern in geeigneten Fällen die Möglichkeit gegeben werden, darzulegen, ob und inwieweit sie staatliche Aufgaben oder öffentlichen Zwecken dienende wirtschaftliche Tätigkeiten ebenso gut und wirtschaftlich erfüllen können. Das Gesetz sieht dazu ausdrücklich die **Einbindung der betroffenen örtlichen Betriebe** in Landwirtschaft, Gewerbe und Industrie in das Verfahren vor. Erforderlich ist somit eine Erkundung des Marktes nach wettbewerblichen Grundsätzen mit anschließendem Vergleich des Ergebnisses mit den zur Verfügung stehenden kommunalen Lösungsmöglichkeiten. Das Verfahren ist offenbar angelehnt an das Interessenbekundungsverfahren des § 7 Abs. 2 BHO.[403] 187

§ 107 Abs. 5 S. 1 GO NRW schreibt vor der Entscheidung über die Gründung von oder die (unmittelbare oder mittelbare) Beteiligung an einem wirtschaftlichen Unternehmen iSd § 107 Abs. 1 GO NW vor, dass der Rat auf Grundlage einer Marktanalyse über die Chancen und Risiken des beabsichtigten wirtschaftlichen Engagements und über die Auswirkungen auf das Handwerk und die mittelständische Wirtschaft zu unterrichten ist. Dabei ist den **örtlichen Selbstverwaltungsorganisationen** von Handwerk, Industrie und Handel und der für die Beschäftigten der jeweiligen Branche handelnden Gewerkschaften **Gelegenheit zur Stellungnahme** zu den Marktanalysen zu geben. Der damit vorgesehene sog. Branchendialog geht weit über das thüringische Markterkundungsverfahren hinaus. Die Vorschrift begegnet erheblichen Bedenken im Hinblick auf die Selbstverwaltungsgarantie des Art. 28 Abs. 2 GG und die Chancengleichheit kommunaler Unternehmen im Wettbewerb; sie bedarf der einschränkenden Interpretation als Verfahrensweg zur Konfliktlösung.[404] Für die energiewirtschaftliche Betätigung wurde in § 107a Abs. 4 GO NRW auch insoweit eine Sonderregelung geschaffen, die die Anforderungen deutlich zurücknimmt; die genannten Institutionen sind nur noch für den Fall einzubinden, dass die gemeindliche Entscheidung die Erbringung verbundener Dienstleistungen betrifft, das Erfordernis einer Marktanalyse entfällt. Das Saarland hat seit März 2004 in § 108 Abs. 5 KSVG eine mit § 107 Abs. 5 GO NRW grundsätzlich vergleichbare Regelung eingeführt. Den Kammern der gewerblichen Wirtschaft und der freien Berufe sowie der Arbeitskammer ist dort Gelegenheit zur Stellungnahme zur Marktanalyse zu geben, soweit ihr Geschäftsbereich betroffen ist; die Stellungnahmen sind dem Gemeinderat zur Kenntnis zu geben. Hessen schreibt eine umfassende Unterrichtung der Gemeindevertretung über die Chancen und Risiken der beabsichtigten unternehmerischen Betätigung sowie über deren zu erwartenden Auswirkungen auf das Handwerk und die mittelständische Wirtschaft auf der Grundlage eines Markterkundungsverfahrens vor; den örtlichen Handwerkskammern, Industrie- und Handwerkskammern sowie Verbänden ist Gelegenheit zur Stellungnahme zu geben und die Gemeindevertretung hierüber in Kenntnis zu setzen.[405] 188

Die Gemeindeordnungen in Baden-Württemberg, Mecklenburg-Vorpommern und Sachsen enthalten Anhörungsrechte der (örtlichen) wirtschafts- und ggf. berufsständischen Kammern im Vorfeld der Entscheidung zu einer wirtschaftlichen Betätigung ua.[406] Kriti- 189

[403] *Cronauge* Kommunale Unternehmen, Rn. 421.

[404] Eingehend *Rehn/Cronauge* GO § 107 Anm. X. 1. und 3.

[405] § 121 Abs. 6 HGO. Die 2011 in § 121 Abs. 1a HGO eingeführte gesonderte Markterkundung zur Beteiligung privater Dritter an Erneuerbare-Energien-Projekten der Gemeinden wurde mit Gesetz vom 18.7.2014 (GVBl. S. 178) wieder abgeschafft.

[406] § 102 Abs. 2 GemO BW (bei einem Tätigwerden außerhalb der Daseinsvorsorge nach § 102 Abs. 1 Nr. 3), § 68 Abs. 7 KV MV, § 94a Abs. 1 S. 2 SächsGemO.

siert wird die dadurch verursachte Bürokratie und Verkomplizierung der kommunalen Entscheidungsfindung vor Ort.[407] Darüber hinaus oder statt dessen erfolgt in einigen Bundesländern eine besondere **Berücksichtigung der Belange des Mittelstandes** nicht (nur) in der Gemeindeordnung selbst, sondern in besonderen Mittelstandsförderungsgesetzen, die auch von den kommunalen Gebietskörperschaften im Vorfeld wirtschaftlicher Betätigungen zu beachten sind. Hingewiesen sei insoweit auf das baden-württembergische Gesetz zur Mittelstandsförderung, das in § 3 einen Vorrang der privaten Leistungserbringung normiert – mit dem Wortlaut einer verschärften Subsidiaritätsklausel.[408]

190 In Rheinland-Pfalz hat die Gemeinde im Vorfeld der Entscheidung, ein wirtschaftliches Unternehmen oder eine nichtwirtschaftliche Einrichtung als Unternehmen in einer Rechtsform des privaten Rechts zu errichten oder wenn die Gemeinde ein bestehendes Unternehmen in einer Rechtsform des privaten Rechts übernehmen, sich an einem solchen Unternehmen unmittelbar beteiligen oder einen Eigenbetrieb oder eine rechtsfähige Anstalt des öffentlichen Rechts in eine Rechtsform des privaten Rechts umwandeln will, eine sog. **Vorteilsanalyse** zu erstellen.[409] In dieser sollen die Vor- und Nachteile der öffentlich-rechtlichen und der privatrechtlichen Organisationsformen im konkreten Einzelfall dargestellt werden. Ein Anhörungs- oder Beteiligungsrecht Außenstehender besteht dabei nicht. Darzustellen ist in der Analyse insbesondere, welche organisatorischen, mitbestimmungs- und gleichstellungsrechtlichen Auswirkungen zu berücksichtigen sind, welche wirtschaftlichen, finanziellen und steuerlichen Unterschiede bestehen sowie welche Auswirkungen sich auf den kommunalen Haushalt bzw. die Entgeltgestaltung ergeben.[410] Eine solche Analyse versteht sich gerade bei Ausgründungen oder Umstrukturierungen eigentlich von selbst und ist schon nach haushaltsrechtlichen Grundsätzen geboten.

Ähnliche Regelungen finden sich in Sachsen-Anhalt für die Gründung eines Unternehmens in einer Rechtsform des öffentlichen Rechts oder des Privatrechts oder die Änderung seiner Rechtsform innerhalb des Privatrechts, sowie auch in Schleswig-Holstein für die Gründung oder Beteiligung an einer Gesellschaft.[411]

§ 92 Abs. 3 BbgKVerf verlangt vor Gründung oder wesentlicher Erweiterung eines rechtlich selbständigen Unternehmens, dieses Vorhaben entweder öffentlich bekannt zu machen, verbunden mit der Aufforderung an private Anbieter, eigene Angebote vorzulegen, oder den Vergleich und die Bewertung der Unternehmensgründung und Privatisierungsmöglichkeiten in einer unabhängigen sachverständigen oder von der Gemeinde erstellten **Wirtschaftlichkeitsanalyse;** allerdings entfällt diese Vorgabe, wenn die Gemeindevertretung die Unternehmensgründung im öffentlichen Interesse für erforderlich hält. Der örtlichen Industrie- und Handelskammer beziehungsweise Handwerkskammer ist im Rahmen ihres Zuständigkeitsbereichs Gelegenheit zur Stellungnahme zu geben.

191 Die Vorteilsanalyse kann sowohl von der Verwaltung der betreffenden Gemeinde selbst als auch durch eine beauftragte außenstehende sachverständige Stelle erstellt werden. Die Entscheidung hierüber obliegt der Gemeinde in Ausübung ihres Selbstverwaltungsrechts.

Vorzulegen ist die Analyse in Rheinland-Pfalz der Aufsichtsbehörde und dem Landesrechnungshof, in Sachsen-Anhalt der Aufsichtsbehörde.[412]

In Rheinland-Pfalz sind der **Aufsichtsbehörde** spätestens sechs Wochen vor ihrem Vollzug **schriftlich anzuzeigen:**

---

407 Vgl. *Woitschek* Sachsenlandkurier 1/14, 10 ff. (12) zur mit Gesetz vom 28.11.2013 (GVBl. S. 822) neu eingeführten Regelung in Sachen.

408 Vgl. auch Art. 7 BayMfG, § 5 MfG NRW, § 6 MfG RhPf., § 4 MfG SchlH, § 5 MfG Thü.

409 § 92 Abs. 1 GemO RhPf.

410 Zu einzelnen in diesem Zusammenhang interessierenden Fragestellungen vgl. *Gabler/Höhlein* ua GemO § 92 Anm. 1.

411 § 135 Abs. 1 KVG LSA, § 102 Abs. 1 S. 2 GO SchlH.

412 § 92 Abs. 1 S. 4 GemO RhPf., §§ 111 Abs. 1 iVm 102 Abs. 1 Nr. 3 LHO RhPf.; § 135 Abs. 1 S. 3 KVG LSA.

- Die wesentliche Erweiterung, die Änderung der Rechtsform oder die Änderung der Aufgaben eines Unternehmens in einer Rechtsform des privaten Rechts, das von einer Gemeinde geführt wird oder an dem eine Gemeinde beteiligt ist,
- Die gänzliche oder teilweise Veräußerung eines von der Gemeinde in einer Rechtsform des privaten Rechts geführten Unternehmens oder der Beteiligung der Gemeinde an einem Unternehmen in einer Rechtsform des privaten Rechts,
- Die Änderung des Gesellschaftsvertrages oder der Satzung eines Unternehmens in einer Rechtsform des privaten Rechts, das von der Gemeinde geführt wird oder an dem die Gemeinde beteiligt ist,
- Die Errichtung, die wesentliche Erweiterung oder die Auflösung einer rechtsfähigen Anstalt des öffentlichen Rechts der Gemeinde.

Auch die übrigen Bundesländer beschränken sich insoweit auf Anzeige- oder Vorlagepflichten, nur teilweise besteht noch eine Genehmigungspflicht für bestimmte Sachverhalte.[413]

III. Besondere Anforderungen bei Unternehmen in Privatrechtsform

1. Rechtsform

a) Öffentlich-rechtliche Rechtsformen

Den kommunalen Gebietskörperschaften in allen Bundesländern stehen die klassischen öffentlich-rechtlichen, unselbständigen Betriebsformen des **Regiebetriebes** und des **Eigenbetriebes** für ihre wirtschaftlichen und fiktiv nichtwirtschaftlichen Betätigungen offen (dazu → D I.). **192**

Mittlerweile haben elf Bundesländer zusätzlich die Möglichkeit eröffnet, die Organisationsform einer **Anstalt des öffentlichen Rechts bzw.** eines **Kommunalunternehmens** zu wählen; entsprechende Bestimmungen enthalten die Gemeindeordnungen der Flächenländer Baden-Württemberg, Bayern, Brandenburg, Hessen, Mecklenburg-Vorpommern, Niedersachsen, Nordrhein-Westfalen, Rheinland-Pfalz, Sachsen-Anhalt, Schleswig-Holstein und Thüringen.[414] **193**

Daneben existieren öffentlich-rechtliche Rechtsformen für die **interkommunale Zusammenarbeit** wie Zweckverbände (dazu → D III.), gemeinsame Kommunalunternehmen (→ D II. Rn. 239a) oder Wasser- und Bodenverbände. **193a**

Einen **Vorrang für die öffentlich-rechtlichen Rechtsformen** des Eigenbetriebs und – soweit nach dem betreffenden Landesrecht zugelassen – der Anstalt des öffentlichen Rechts gegenüber Unternehmen in Privatrechtsform haben die Länder Mecklenburg-Vorpommern, Niedersachsen, Saarland, Sachsen-Anhalt und Schleswig-Holstein normiert.[415] Nordrhein-Westfalen fordert nur noch für Gesellschaftsgründungen im Bereich der nichtwirtschaftlichen Betätigung ein wichtiges Interesse der Gemeinde.[416] Allgemein zur Formenwahlfreiheit und ihren Grenzen vgl. → B Rn. 50 ff. **194**

b) Privatrechtliche Rechtsformen

Die Gemeindeordnungen aller Bundesländer bestimmen, dass die Gemeinde ein Unternehmen in Privatrechtsform nur gründen bzw. sich an einem solchen beteiligen darf, wenn die Haftung der Gemeinde auf einen ihrer Leistungsfähigkeit angemessenen Betrag begrenzt wird und die Gemeinde einen ihrer Beteiligung angemessenen Einfluss, insbesondere im **195**

[413] § 100 Abs. 2 BbgKVerf, § 152 Abs. 2 NKomVG, § 102 Abs. 1 SächsGemO. Vgl. → Rn. 223 ff.
[414] § 102a GemO BW, Art. 89 BayGO, § 94 BbgKVerf, § 126a HGO, § 70 KV MV, § 141 NKomVG, § 114a GO NRW, § 86a GemO RhPf., § 128 Abs. 1 KVG LSA, § 106a GO SchlH, § 76a ThürKO. Vgl. dazu → D II Rn. 118 ff.
[415] § 69 Abs. 1 Nr. 2 KV MV, §§ 136 Abs. 4, 148 Abs. 1 S. 1 Nr. 1 NKomVG, § 110 Abs. 1 Nr. 1 KSVG, § 129 Abs. 1 Nr. 1 KVG LSA, § 102 Abs. 1 S. 1 GO SchlH.
[416] § 108 Abs. 1 Nr. 2 GO NRW.

Aufsichtsrat oder in einem entsprechenden Überwachungsorgan des Unternehmens, erhält. Die privaten Rechtsformen ohne Haftungsbeschränkung (zB OHG, Komplementär einer KG) und die privaten Rechtsformen ohne Einflussmöglichkeit (zB Kommanditist einer KG) sind den kommunalen Gebietskörperschaften damit verwehrt. Auch die GbR scheidet aufgrund der rechtlichen Schwierigkeiten, die ein notwendig einzelvertraglich mit dem jeweiligen Vertragspartner zu vereinbarender Haftungsausschluss mit sich bringt[417], in der Regel aus. Als **zulässige Rechtsformen** verbleiben insbesondere die GmbH und die AG[418], daneben unter gewissen Voraussetzungen vor allem auch die GmbH & Co.KG und die Genossenschaft.[419]

196 **aa) Haftungsbeschränkung.** Die Bestimmungen der Gemeindeordnungen zur Haftungsbeschränkung sollen verhindern, dass Gemeinden Risiken eingehen bzw. Vermögensverluste erleiden können, die nicht abschätzbar sind und die finanzielle Leistungsfähigkeit der Gemeinde möglicherweise übersteigen. Es handelt sich also um **Schutznormen vor zu hohen, nicht zu vertretenden Haushaltsrisiken.** Bei Unternehmensformen mit begrenzter Haftung sind die Einzahlungs- oder Nachschussverpflichtungen und damit der maximale Haftungsumfang betragsmäßig begrenzt und damit kalkulierbar.

Neben den bereits erwähnten Rechtsformen der GmbH und der AG können noch die Erwerbs- und Wirtschaftsgenossenschaft mbH sowie evtl. die GmbH & Co.KG und eine Genossenschaft als zulässige Unternehmensformen in Betracht kommen. Letztere bedürfen allerdings äußerst sorgfältiger Prüfung und Konstruktion der kommunalen Beteiligung, damit die Vereinbarkeit mit den Vorgaben der jeweiligen Gemeindeordnung sichergestellt ist. Insbesondere muss eine Nachschusspflicht der Gemeinde ausgeschlossen sein.

197 **bb) Angemessener Einfluss.** Die gesetzliche Forderung eines angemessenen Einflusses der Gemeinde im Aufsichtsrat oder dem entsprechenden Überwachungsorgan des Unternehmens soll die **Einwirkungs- und Kontrollmöglichkeiten der Gemeinde** auf ihre Unternehmen, Einrichtungen und Beteiligungen sichern.[420] Die nähere Bestimmung des „angemessenen Einflusses" kann nur anhand der Größenordnung und des Umfangs der gemeindlichen Beteiligung im konkreten Einzelfall erfolgen. Bei Beteiligungsgesellschaften werden den Möglichkeiten der Gemeinde insoweit Grenzen durch den Beteiligungsumfang und die berechtigte Interessenlage der anderen Gesellschafter gezogen sein. Die „Angemessenheit" wird aber gewahrt sein, wenn die konkreten gesellschaftsrechtlichen Anteilsverhältnisse ihren Niederschlag in der Besetzung des Kontrollorgans berücksichtigt sind. Dies bedeutet, dass eine kommunale Minderheitsbeteiligung nicht die Pflicht zur kommunalen Dominanz im Aufsichtsrat auslösen kann, andererseits sich eine kommunale Mehrheitsbeteiligung in der Besetzung des Überwachungsorgans niederzuschlagen hat.[421] Das Kriterium des „angemessenen Einflusses" wird bei Kapitalgesellschaften wie der GmbH, bei der grundsätzlich die Höhe der Kapitaleinlage über die Gewichtung der Stimme bestimmt, im Rahmen der gesellschaftsrechtlichen Möglichkeiten ohne weiteres zu erfüllen sein. Viel

[417] Vgl. *Palandt/Sprau,* BGB, 79. Aufl. 2020, § 714 Rn. 12 mwN.

[418] Vgl. im Einzelnen dazu → D IV. und → D V.

[419] Vgl. dazu → D VI. und → D VII. Ingesamt zu den Rechtsformen *Gaß/Popp* Gemeinde als Unternehmer, 173 ff.

[420] Grundlegend BVerfG 7.11.2017, NVwZ 2018, 51 (55 f.); dazu *Burgi* NVwZ 2018, 601 ff.; *Katz* NVwZ 2018, 1091 ff.

[421] *Rehn/Cronauge* GO § 108 Anm. IV. 5; vgl. auch *Schulz/Wachsmuth/Zwick* BayGO Art. 92 Anm. 1.2. Deutlich restriktiver unter Hinweis auf die notwendige demokratische Legitimation des unternehmerischen Handelns der Kommune OVG Lüneburg 8.4.2020 – 10 ME 61/20, BeckRS 2020, 6560 Rn. 22 f.; ebenso *Wefelmeier* in KVR-NKomVG § 137 Rn. 33. Danach müsse die Kommune auch bei Minderheitsbeteiligungen durch entsprechende Gestaltung des Gesellschaftsvertrags oder der Unternehmenssatzung in der Lage sein, auf die grundlegenden Entscheidungen des Unternehmens entscheidenden Einfluss auszuüben. *Pauly/Schlüter,* DÖV 2012, 339/345 schlagen insoweit z. B. die Verankerung von Entsendungsrechten, qualifizierten Mehrheiten bei wichtigen Abstimmungen, Vetorechte, Mehrfachstimmrechte, Weisungsrechte an die kommunalen Vertreter, Stimmbindungsverträge mit anderen Anteilseignern oder Sonderkündigungsrechte vor.

schwieriger ist dies zum Beispiel im Rahmen einer Beteiligung an einer Genossenschaft zu realisieren, die ähnlich wie ein Verein mitgliedschaftlich organisiert ist, indem jedes Mitglied grundsätzlich unabhängig von seiner Kapitalbeteiligung eine Stimme in der Generalversammlung hat und die Mitglieder des Aufsichtsrats von der Generalversammlung gewählt werden.[422] Hier wird man sich gegebenenfalls mit Konstruktionen wie der Sekundärgenossenschaft oder doppelstöckigen Genossenschaft bzw. Holding-Modellen behelfen müssen, um einen angemessenen Einfluss auf den Vorstand zu gewährleisten.[423]

Eine Besonderheit sind in diesem Zusammenhang die umfassenden Regelungen in Nordrhein-Westfalen zur Arbeitnehmermitbestimmung in fakultativen Aufsichtsräten.[424]

Die ggf. gesellschaftsrechtlich nur fakultative Einrichtung eines Aufsichtsrates – wie **198**
regelmäßig bei der GmbH – wird nicht durch die Bestimmungen des Kommunalverfassungsrechts verpflichtend. Insoweit gilt der Vorrang des Gesellschaftsrechts vor dem Kommunalverfassungsrecht, der auch in anderer Hinsicht in der Praxis immer wieder bedeutsam ist.[425]

c) Nachrangigkeit der AG

Für die Wahl privatrechtlicher Gesellschaftsformen für kommunale Eigengesellschaften oder **199**
Beteiligungen regeln eine Nachrangigkeit der AG im Verhältnis zur GmbH die Gemeindeordnungen von Baden-Württemberg, Brandenburg, Hessen, Nordrhein-Westfalen, Rheinland-Pfalz und Sachsen.[426] In Mecklenburg-Vorpommern ist die Errichtung einer AG oder die Umwandlung von bestehenden Unternehmen oder Einrichtungen in eine solche gänzlich ausgeschlossen.[427]

Zur Begründung wird auf den Verselbständigungsgrad der AG gegenüber der Gesell- **200**
schafterin Gemeinde verwiesen, der sehr weitgehend sei. Wegen des **gesellschaftsformbedingten Einflussnahmedefizits** werde in der Regel davon auszugehen sein, dass die Rechtsform der AG nicht als geeignete Unternehmensform eines kommunalen Unternehmens in Betracht komme. Die herausgehobene Stellung des Vorstandes und des Aufsichtsrates, die aufgrund der Unabdingbarkeit des Aktienrechts nicht zugunsten der Hauptversammlung geändert werden kann, begrenzten die Möglichkeiten der Gemeinde, eine AG im Sinne der Erfüllung des öffentlichen Zwecks zu steuern.[428]

Zuzugeben ist, dass die Einflussnahmemöglichkeiten der Gemeinde auf den weisungs- **201**
frei agierenden Vorstand einer AG aufgrund der starren Vorgaben des Aktienrechts beschränkt sind. Dies hat zum Beispiel auch Auswirkungen auf die Frage, ob zwischen der Gemeinde und ihrer AG vergaberechtsfreie Inhouse-Geschäfte möglich sind.[429]

[422] Vgl. §§ 43 Abs. 3, 36 Abs. 1 GenG. Gewisse Erleichterungen hat der durch G vom 17.7.2017 (BGBl. I S. 2434) eingeführte § 36 Abs. 5 GenG gebracht, nach dem die Satzung unter bestimmten Voraussetzungen Entsenderechte vorsehen kann. § 105 S. 1 GO SchlH sieht insoweit eine Ausnahme für Genossenschaften vor.

[423] Vgl. *Gaß/Popp* Gemeinde als Unternehmer, 207 ff. Denkbar wäre auch die rechtlich gesicherte Entsendung eines gemeindlichen Vertreters unmittelbar in den Vorstand einer Genossenschaft, um einen angemessenen Einfluss zu sichern.

[424] § 108a, § 108b GO NRW; kritisch dazu aus verfassungsrechtlicher Sicht *Dünchheim/Gräler* NVwZ 2019, 1225 ff.; *Rehn/Cronauge* GO § 108 Anm. 4 f.

[425] Dies va im Hinblick auf die Einflussnahmemöglichkeiten der Städte und Gemeinden auf ihre Gesellschaften zB im Wege von Weisungs- und Informationsrechten, exemplarisch dazu VGH Kassel 9.2.2012 – 8 A 2043/10, juris Rn. 74 ff. = NVwZ-RR 2012, 566 (568 f.); OVG Bautzen 3.7.2012 – 4 B 211/12, GmbHR 2013, 35.

[426] § 103 Abs. 2 GemO BW, § 96 Abs. 4 BbgKVerf, § 122 Abs. 3 HGO, § 108 Abs. 4 GO NRW, § 87 Abs. 2 GemO RhPf., § 96 Abs. 2 SächsGemO.

[427] § 68 Abs. 4 S. 2 KV MV.

[428] *Gabler/Höhlein* ua GemO § 87 Anm. 3.

[429] Nach der EuGH-Rechtsprechung ist hierfür ua Voraussetzung, dass der kommunale Gesellschafter und Auftraggeber über das Unternehmen eine Kontrolle wie über eine eigene Dienststelle ausüben kann. Vgl. dazu → H Rn. 37 und BGH 3.7.2008 – I ZR 145/05, BeckRS 2008, 15038 Rn. 29 (verneint); EuGH 13.10.2005 – C-458/03, NZBau 2005, 644 (649) – Parking Brixen (verneint) und 10.9.2009 – C 573/07, NVwZ 2009, 1421 (1424) – Sea (bejaht).

Gleichwohl sollte die Entscheidung, ob im konkreten Fall die AG als geeignete Rechtsform für eine wirtschaftliche Betätigung in Betracht kommt, der Eigenverantwortlichkeit der kommunalen Gebietskörperschaften in Ausübung ihres Rechts auf Selbstverwaltung überlassen sein.

2. Kommunalrechtliche Anforderungen an den Gesellschaftsvertrag privatrechtlicher Unternehmen

a) Allgemeine Regelungen

202 Alle Gemeindeordnungen beinhalten die Bestimmung, dass der **Gesellschaftsvertrag** oder die **Satzung** des Unternehmens in Privatrechtsform sicherstellen muss, dass das Unternehmen den öffentlichen Zweck erfüllt, der angemessene Einfluss der Gemeinde im Aufsichtsrat oder einem entsprechenden Überwachungsorgan des Unternehmens gesichert ist und die Einzahlungsverpflichtungen der Gemeinde in einem angemessenen Verhältnis zu ihrer Leistungsfähigkeit stehen.[430] Vgl. im Einzelnen dazu → Rn. 100 ff., → Rn. 127 ff., → Rn. 197 und D. IV. bis D. VIII. zu den jeweiligen Rechtsformen.

b) Wirtschaftsplan und Finanzplan

203 Die Gemeindeordnungen der Bundesländer sehen mit Ausnahme Niedersachsens und Thüringens vor, dass für wirtschaftliche Unternehmen und Einrichtungen in Privatrechtsform (teilweise beschränkt auf solche mit Mehrheitsbeteiligung der Gemeinde) für jedes Wirtschaftsjahr ein Wirtschaftsplan aufgestellt und der Wirtschaftsführung eine in der Regel fünfjährige Finanzplanung zugrunde gelegt wird.[431] Häufig genügt nach den Gemeindeordnungen, dass die Gemeinden auf eine Aufstellung eines Wirtschaftsplanes und eine mehrjährige Finanzplanung **hinwirken.** In Baden-Württemberg, Brandenburg, Rheinland-Pfalz, Saarland, Sachsen und Schleswig-Holstein aber wird verlangt, dass eine entsprechende Regelung in den Gesellschaftsvertrag bzw. die Unternehmenssatzung **aufgenommen wird.**[432]

c) Zusätzliche Anforderungen an Gesellschaftsvertrag oder Satzung

204 Über die dargestellten Anforderungen hinaus enthalten die **Gemeindeordnungen** der Länder **verschiedentlich weitere Anforderungen** an die Inhalte der Gesellschaftsverträge bzw. Satzungen kommunaler Unternehmen in Privatrechtsform.

205 Durch diese Bestimmungen soll die **Zuständigkeit der Gesellschafterversammlung** einen bestimmten Mindestumfang erhalten und so die Mitwirkungsmöglichkeit des Gesellschafters Kommune insoweit gewährleistet werden. So fordern Bayern und Thüringen zur Sicherstellung des öffentlichen Zwecks von GmbHs, dass im Gesellschaftsvertrag oder in der Satzung bestimmt wird, dass die Gesellschafterversammlung auch über den Erwerb und die Veräußerungen von Unternehmen und Beteiligungen und über den Abschluss und die Änderung von Unternehmensverträgen beschließt.[433] Für Aktiengesellschaften soll die Satzung vorsehen, dass zum Erwerb und zur Veräußerung von Unternehmen und Beteiligun-

---

[430] § 103 Abs. 1 GemO BW, Art. 92 Abs. 1 BayGO, § 96 Abs. 1 BbgKVerf, § 122 Abs. 1 HGO, § 69 Abs. 1 KV MV, § 137 Abs. 1 NKomVG, § 108 Abs. 1 GO NRW, § 87 Abs. 1 GemO RhPf., § 110 Abs. 1 KSVG, § 96 Abs. 1 SächsGemO („Erfüllung der Aufgaben der Gemeinde sichergestellt ist" statt Erfüllung des öffentlichen Zwecks), § 129 Abs. 1 KVG LSA, § 102 Abs. 2 GO SchlH, § 73 Abs. 1 ThürKO.

[431] § 103 Abs. 1 Nr. 5a) GemO BW, Art. 94 Abs. 1 S. 1 Nr. 1 BayGO, § 96 Abs. 1 S. 1 Nr. 6 BbgKVerf, § 122 Abs. 4 Nr. 1 HGO, § 73 Abs. 1 S. 1 Nr. 1 KV MV, § 108 Abs. 3 Nr. 1 GO NRW, § 87 Abs. 1 Nr. 7a) GemO RhPf., § 111 Abs. 1 Nr. 3 KSVG, § 96a Abs. 1 Nr. 5 SächsGemO, § 133 Abs. 1 Nr. 1 KVG LSA (hier bezieht sich die Finanzplanung auf das Haushaltsjahr), § 102 Abs. 2 Nr. 7 GO SchlH.

[432] § 103 Abs. 1 Nr. 5a) GemO BW (für Beteiligungen nach § 53 HGrG), § 96 Abs. 1 Nr. 6 u. 7 BbgKVerf, § 87 Abs. 1 Nr. 7a) GemO RhPf., § 96a Abs. 1 Nr. 5 SächsGemO, § 111 Abs. 1 Nr. 3 KSVG, § 102 Abs. 2 Nr. 7 GO SchlH (soweit andere gesetzliche Vorschriften nicht entgegenstehen).

[433] Art. 92 Abs. 1 S. 2 BayGO, § 73 Abs. 1 S. 2 ThürKO.

gen die Zustimmung des **Aufsichtsrates** erforderlich ist.[434] In Thüringen bedarf darüber hinaus deren Gründung, die Änderung der Zweckbestimmung oder Beteiligung der Genehmigung.[435]

In **Nordrhein-Westfalen** und **Rheinland-Pfalz** darf eine Gemeinde eine GmbH nur gründen oder sich daran beteiligen, wenn durch die Ausgestaltung des Gesellschaftsvertrags sichergestellt ist, dass die Gesellschafterversammlung auch beschließt über **206**

- den Abschluss und die Änderung von Unternehmensverträgen iSd §§ 291 und 292 Abs. 1 Aktiengesetz (Beherrschungsvertrag, Gewinnabführungsvertrag und Gewinngemeinschaft),
- (RhPf.: die Errichtung), den Erwerb und die Veräußerung von Unternehmen und Beteiligungen,
- den Wirtschaftsplan, die Feststellung des Jahresabschlusses und die Verwendung des Ergebnisses sowie
- die Bestellung und die Abberufung der Geschäftsführer, soweit dies nicht der Gemeinde vorbehalten ist, und

der Gemeinderat den von der Gemeinde bestellten oder auf Vorschlag der Gemeinde gewählten Mitgliedern des Aufsichtsrats Weisungen erteilen kann, soweit die Bestellung eines Aufsichtsrats gesetzlich nicht vorgeschrieben ist.[436]

Darüber hinaus sieht § 108 Abs. 6 S. 1b) GO NRW vor, dass Vertreter der Gemeinde in einer Gesellschaft, an der ua Gemeinden unmittelbar oder mittelbar mit mehr als 25 % beteiligt sind, einer wesentlichen Änderung des Gesellschaftszwecks oder sonstiger wesentlicher Änderungen des Gesellschaftsvertrags nur nach vorheriger Entscheidung des Rates zustimmen dürfen; als Vertreter der Gemeinde gelten nach Satz 3 auch Geschäftsführer, Vorstandsmitglieder und Mitglieder sonstiger Organe und ähnlicher Gremien der Gesellschaft, die von der Gemeinde oder auf ihre Veranlassung oder ihren Vorschlag in das Organ oder Gremium entsandt oder gewählt worden sind.

Auch **Sachsen** normiert in § 96a Abs. 1 SächsGemO[437] umfassende Vorgaben in Bezug auf den Inhalt des Gesellschaftsvertrags, soweit der Gemeinde allein oder zusammen mit anderen Körperschaften eine zur Änderung des Gesellschaftsvertrags berechtigende Mehrheit der Anteile zusteht; zudem bedarf die Errichtung, Übernahme und Beteiligung an anderen Unternehmen der Zustimmung des Gemeinderats.

In **Baden-Württemberg** darf die Gemeinde eine GmbH nur errichten, übernehmen, wesentlich erweitern oder sich daran beteiligen, wenn im Gesellschaftsvertrag sichergestellt ist, dass die Gesellschafterversammlung auch beschließt über **207**

- den Abschluss und die Änderung von Unternehmensverträgen im Sinne der §§ 291 und 292 Abs. 1 Aktiengesetz,
- die Übernahme neuer Aufgaben von besonderer Bedeutung im Rahmen des Unternehmensgegenstands,
- die Errichtung, den Erwerb und die Veräußerung von Unternehmen und Beteiligungen, sofern dies im Verhältnis zum Geschäftsumfang der Gesellschaft wesentlich ist,
- die Feststellung des Jahresabschlusses und die Verwendung des Ergebnisses.[438]

Das **Saarland** schränkt die Gemeinden bei der Ausgestaltung des Gesellschaftsvertrags oder der Satzung noch weitergehend ein, indem verlangt wird, dass die Gesellschafterversammlung auch beschließt über **208**

---

[434] Art. 92 Abs. 1 S. 3 BayGO, § 73 Abs. 1 S. 3 ThürKO.

[435] § 73 Abs. 1 S. 4 ThürKO.

[436] § 108 Abs. 5 Nr. 1 u. 2 GO NRW, § 87 Abs. 3 Nr. 1 u. 3 GemO RhPf. Vgl. auch § 96a Abs. 1 Nr. 2, Abs. 3 SächsGemO.

[437] Für kommunale Versorgungsunternehmen mit unmittelbarer gemeindlicher Beteiligung sieht § 97 Abs. 2 SächsGemO insoweit wenige Ausnahmen vor; bei mittelbaren Beteiligungen an solchen Unternehmen wird nach § 97 Abs. 3 SächsGemO hiervon befreit. Zu § 96 SächsGemO aF vgl. VerfGH Leipzig 20.5.2005, NVwZ 2005, 1057 ff.

[438] § 103a GemO BW.

- die Aufnahme neuer Geschäftszweige innerhalb des Rahmens des Unternehmensgegenstandes und die Aufgabe vorhandener Geschäftszweige,
- die Gründung, den Erwerb und die vollständige oder teilweise Veräußerung eines Unternehmens,
- den Erwerb, die Veräußerung und die vollständige oder teilweise Veräußerung von Beteiligungen an anderen Unternehmen,
- den Abschluss, die Änderung und die Kündigung von Unternehmensverträgen,
- die Feststellung und die Änderung des Wirtschaftsplanes,
- die Feststellung des Jahresabschlusses und die Behandlung des Ergebnisses,
- die Bestellung und die Abberufung der Geschäftsführerinnen oder Geschäftsführer, soweit dies nicht der Gemeinde vorbehalten ist, sowie die Entlastung derselben,
- die Bestellung und die Abberufung von Mitgliedern des Aufsichtsrates oder entsprechenden Überwachungsorgans von Beteiligungsunternehmen.[439]

3. Mittelbare Beteiligungen

209 Vielfach sehen die Gemeindeordnungen vor, dass die Zulässigkeitsvoraussetzungen für eine kommunalwirtschaftliche Betätigung ganz oder teilweise auch in den Fällen zur Anwendung kommen, in denen es sich um mittelbare Beteiligungen der Gemeinde handelt. Dabei beteiligt sich ein Unternehmen, an dem die Gemeinde ausschließlich oder anteilig beteiligt ist, an einem anderen Unternehmen **(Tochtergesellschaft).** In den Ländern, in denen die Rechtsform einer Anstalt des öffentlichen Rechts bzw. eines Kommunalunternehmens zulässig ist, kann die mittelbare Beteiligung auch durch Beteiligung dieses Unternehmens als „Mutter" an einem anderen Unternehmen erfolgen.[440]

Von Bedeutung sind derartige Gestaltungen für die Kommunalwirtschaft insbesondere im Hinblick auf die zunehmende Bildung kommunaler Konzerne durch verbundene Unternehmen oder **Holdingstrukturen.**

210 Die Vorgaben knüpfen in der Regel an die **Zustimmung *der Gemeinde*** zur Beteiligung ihres Unternehmens an einem anderen Unternehmen an. Dies setzt ein notwendiges Zustimmungserfordernis der Gemeinde für diese unternehmerische Entscheidung voraus, das sich entweder aus der hierzu erforderlichen Beschlussfassung in der Gesellschafterversammlung oder einer im Gesellschaftsvertrag vorgesehenen Zustimmung des Aufsichtsrats des gemeindlichen Unternehmens ergeben kann, soweit die Aufsichtsratsmitglieder gegenüber der Gemeinde weisungsgebunden sind.[441] Die meisten Gemeindeordnungen enthalten entsprechende Sollvorschriften zur Ausgestaltung der Gesellschaftsverträge bzw. Satzungen ihrer Unternehmen.[442]

In Bezug auf die Anstalt des öffentlichen Rechts bzw. das Kommunalunternehmen ergibt sich die Pflicht zur Zustimmung des Verwaltungsrats zu Unternehmensbeteiligungen und zur hierfür erforderlichen vorherigen Zustimmung bzw. Befassung des Gemeinderats unmittelbar aus den einschlägigen landesrechtlichen Vorschriften bzw. der Anstalts- bzw. Unternehmenssatzung.[443]

---

439 § 111 Abs. 1 Nr. 2 KSVG.

440 Zu den landesrechtlichen Voraussetzungen vgl. → D II. Rn. 139 f. mwN.

441 Vgl. dazu *v. Blumenthal/Dietl* BayVBl. 2017, 187 (189 ff.).

442 Vgl. § 103a Nr. 3 GemO BW, Art. 92 Abs. 1 S. 2 und 3 BayGO, § 96 Abs. 1 S. 1 Nr. 8 BbgKV, § 108 Abs. 5 und Abs. 6a GO NRW, § 87 Abs. 3 Nr. 1b GemO RhPf., § 111 Abs. 1 Nr. 2b und c KSVG, § 96a Abs. 1 Nr. 1 SächsGemO, § 102 Abs. 2 Nr. 5 GO SchlH, § 73 Abs. 1 S. 2 und 3 ThürKO.

443 § 102b Abs. 3 S. 2 Nr. 4, S. 7 GemO BW, Art. 90 Abs. 2 S. 3 Nr. 4 BayGO, § 95 Abs. 2 S. 3 Nr. 2, § 97 Abs. 1 S. 6 BbgKV, 126a Abs. 6 S. 3 Nr. 5 HGO, § 70a Abs. 3 S. 3 Nr. 4, S. 4 KV MV, § 145 Abs. 3 S. 3 Nr. 3, S. 4 NKomVG, § 114a Abs. 7 S. 3 Nr. 2, S. 5 GO NRW, § 5 Abs. 3 S. 3 Nr. 4 AnstG LSA, § 76b Abs. 2 S. 3 Nr. 3, S. 4 ThürKO. In Bayern, Hessen, Rheinland-Pfalz, Sachsen-Anhalt und Schleswig-Holstein bleiben diesbezügliche Regelungen zur Zustimmung des Gemeinderats bzw. zu Weisungsrechten des Gemeinderats gegenüber den Mitgliedern des Verwaltungsrats der Ausgestaltung der Anstalts- bzw. Unternehmenssatzung vorbehalten, vgl. Art. 90 Abs. 2 S. 5 BayGO, § 126a Abs. 6 S. 7 HGO, § 86b Abs. 2 S. 3 GemO RhPf., § 5 Abs. 3 S. 5 AnstG LSA, § 106a Abs. 1a S. 4 GO SchlH.

Hinsichtlich der **Voraussetzungen** für die Zulässigkeit mittelbarer Beteiligungen mittels Unternehmen in Privatrechtsform enthalten die Gemeindeordnungen Bayerns, Sachsens und Thüringens die weitestgehenden Bestimmungen, indem dem kommunalen Unternehmen uneingeschränkt die gleichen Voraussetzungen auferlegt werden, die für die Gemeinde selbst gelten, wenn sie sich wirtschaftlich betätigen will.[444] In Sachsen wurden jüngst mittelbare Beteiligungen an Unternehmen aus den Bereichen der Strom-, Gas-, Wärme- und Wasserversorgung sowie Telekommunikation hiervon ausgenommen, allerdings unter Genehmigungsvorbehalt der Rechtsaufsichtsbehörde gestellt.[445] 211

Mehrheitlich allerdings treffen die Länder einschränkende Regelungen nur für Unternehmen, an denen die Gemeinde allein oder gemeinsam mit anderen kommunalen Gebietskörperschaften eine Beteiligung von über 50% (Mecklenburg-Vorpommern: 20%; Nordrhein-Westfalen: 25%) hält.

Baden-Württemberg, Hessen, Mecklenburg-Vorpommern, Niedersachsen, Nordrhein-Westfalen, Sachsen-Anhalt und Schleswig-Holstein[446] bringen für derartige Fälle die für die Gemeinde selbst geltenden Bestimmungen zur Anwendung, wodurch die Schrankentrias in der jeweiligen landesrechtlichen Ausgestaltung zur Anwendung kommt.

Die übrigen Länder, die Bestimmungen zur mittelbaren Beteiligung in ihre Gemeindeordnungen aufgenommen haben, nehmen entweder nur auf die öffentliche Zweckbestimmung aus der Schrankentrias Bezug (Rheinland-Pfalz)[447] oder verzichten vollständig auf eine Bezugnahme auf die Schrankentrias und stellen lediglich Anforderungen zur Haftungsbeschränkung bzw. an die Ausgestaltung des Gesellschaftsvertrages (Brandenburg, Saarland).[448]

Das Saarland, Hessen und Nordrhein-Westfalen – soweit es nicht um eine Beteiligung im Rahmen einer energiewirtschaftlichen Betätigung geht – sehen darüber hinaus die Durchführung der Marktanalyse bzw. Markterkundung[449] auch vor mittelbarer Beteiligung vor.[450]

Die Beteiligung einer Anstalt des öffentlichen Rechts bzw. eines Kommunalunternehmens an einem anderen Unternehmen ist zulässig, wenn das dem Anstalts- bzw. Unternehmenszweck dient und die Anstalts- bzw. Unternehmenssatzung dem nicht entgegensteht[451]; darüber hinaus finden regelmäßig die für die Gemeinde geltenden Vorschriften entsprechend Anwendung.[452]

4. Beteiligungsbericht

Alle Länder fordern in ihren Gemeindeordnungen von den Gemeinden grundsätzlich die Erstellung von Informationen über deren Beteiligungen, in der Regel in Form von Beteiligungsberichten. Diese Berichte sollen in knapper Form **den Rat und die Öffentlichkeit** über die Beteiligungen der Gemeinde in Privatrechtsform **unterrichten.** Regelmäßig werden Angaben über die Beteiligungsverhältnisse, die Zusammensetzung der Organe, die Erfüllung des öffentlichen Zwecks und die Kreditaufnahme verlangt.[453] 212

[444] Art. 92 Abs. 2 BayGO, § 94a Abs. 1 SächsGemO, § 74 Abs. 2 ThürKO.
[445] § 97 Abs. 3 SächsGemO; zur Anzeige- und Genehmigungspflich vgl. § 97 Abs. 4 und 5 SächsGemO.
[446] § 105a GemO BW (Geltung Rechtfertigung öffentlicher Zweck, Subsidiaritätsklausel), § 122 Abs. 5 HGO, § 69 Abs. 2 KV MV, § 137 Abs. 2 NKomVG, § 108 Abs. 6 S. 1a) GO NRW, § 129 Abs. 2 KVG LSA, § 102 Abs. 1 S. 1 und 3 GO SchlH.
[447] § 91 Abs. 1 GemO RhPf.
[448] § 96 Abs. 1 und 3 BbgKVerf, § 112 Abs. 1 S. 1 KSVG.
[449] → Rn. 186 ff.
[450] § 121 Abs. 6 HGO (Markterkundung), § 107 Abs. 5 GO NRW, § 108 Abs. 5 S. 1 KSVG.
[451] § 126a Abs. 3 S. 3 HGO, § 141 Abs. 3 NKomVG, § 1 Abs. 1 S. 3 AnstG LSA, § 106a Abs. 1 S. 2 GO SchlH.
[452] § 102a Abs. 1 S. 3 GemO BW, Art. 89 Abs. 1 S. 2 BayGO, § 94 Abs. 4 BbgKV, § 70 Abs. 3 KV MV, § 114a Abs. 4 GO NRW, § 86a Abs. 5 GemO RhPf., § 76a Abs. 1 S. 3 ThürKO.
[453] § 105 Abs. 2 GemO BW, Art. 94 Abs. 3 BayGO, § 98 Nr. 3 BbgKVerf, § 123a HGO, § 73 Abs. 3 KV MV, § 151 NKomVG, § 90 Abs. 2 GemO RhPf., § 115 Abs. 2 KSVG, § 99 Abs. 2–4 SächsGemO, § 130 Abs. 2 und 3 KVG LSA, § 45c S. 4 GO SchlH, § 75a ThürKO.

In Baden-Württemberg, Mecklenburg-Vorpommern und Niedersachsen ersetzt der Gesamtabschluss den Beteiligungsbericht, in Brandenburg ist der Beteiligungsbericht dem Gesamtabschluss als Anlage beizufügen.[454] In Nordrhein-Westfalen können die Gemeinden, die einen Gesamtabschluss und Gesamtlagebericht aufstellen, auf die Erstellung eines Beteiligungsberichts verzichten; eine Einschränkung der gegenüber dem Rat und der Öffentlichkeit darzulegenden Informationen soll damit allerdings nicht verbunden sein; zudem sind Ausnahmen für verselbständigte Aufgabenbereiche von untergeordneter Bedeutung vorgesehen.[455]

213 Exemplarisch soll nachfolgend in Bezug auf die Beteiligungsberichte wegen der hierzu ergangenen verfassungsgerichtlichen Grundsatzentscheidung auf die Rechtslage in Rheinland-Pfalz eingegangen werden. Dort ist im Einzelnen darzustellen[456] der Gegenstand des Unternehmens, die Beteiligungsverhältnisse, die Besetzung der Organe, die Beteiligungen des Unternehmens, der Stand der Erfüllung des öffentlichen Zwecks, die Grundzüge des Geschäftsverlaufs, die Lage des Unternehmens, die Kapitalzuführungen und -entnahmen, die Auswirkungen auf die Haushaltswirtschaft, die Gesamtbezüge der Mitglieder der Geschäftsführung und das Vorliegen der Voraussetzungen des § 85 Abs. 1 GemO RhPf.[457]

214 Die mit dem 4. Landesgesetz zur Änderung kommunalrechtlicher Vorschriften vom 2.4.1998[458] den Kommunen erstmals auferlegte Pflicht, über ihre wirtschaftliche Betätigung periodisch zu berichten und auch die Öffentlichkeit in geeigneter Form zu unterrichten, soll nach der Begründung des Gesetzentwurfs zu größerer Transparenz der Gemeindewirtschaft beitragen und dazu dienen, **die Gemeinde periodisch zur Überprüfung etwaiger Privatisierungspotentiale anzuhalten.**

215 Im Rahmen des gegen die Änderung des Gemeindewirtschaftsrechts durch dieses Änderungsgesetz geführten Normenkontrollverfahrens vor dem VerfGH Rheinland-Pfalz bildete neben der verschärften Subsidiaritätsklausel die Berichtspflicht den Kern des Verfahrens. Die Geltendmachung der Verfassungswidrigkeit der Berichtspflicht in § 90 Abs. 2 S. 3 Nr. 4 GemO RhPf. wurde im Wesentlichen auf die gegen die verschärfte Subsidiaritätsklausel vorgetragene Argumentation gestützt, weil im Rahmen der Berichtspflicht unter anderem das Vorliegen der Voraussetzungen dieser Klausel für das betreffende Unternehmen darzustellen ist. Darüber hinaus machten die Stadt Bad Kreuznach und die kommunalen Spitzenverbände des Landes geltend, die Norm verstoße gegen das **Diskriminierungsverbot,** weil durch die weitgehenden Offenlegungspflichten Unternehmen, die ganz oder teilweise kommunalgetragen sind, gegenüber anderen Unternehmen, die eine rein private Gesellschafterstruktur aufweisen, Regelungen unterworfen würden, die in der Praxis dazu führen könnten, dass private Gesellschafter sich an derartigen Unternehmen nicht mehr beteiligten bzw. sich aus bestehenden derartigen Unternehmen zurückzögen.

216 In seinem Urteil vom 28.3.2000 hat der VerfGH Rheinland-Pfalz die Vereinbarkeit der Norm mit der Landesverfassung festgestellt, weil die **kommunale Selbstverwaltungsgarantie weder innerhalb noch außerhalb des Kernbereichs verletzt werde.**[459]

Zur Begründung wird darauf verwiesen, dass die Berichtspflicht mit keinerlei Zwang zur Aufgabe bestehender Unternehmen verbunden ist.

Auch sei die Norm von sachgerechten Erwägungen getragen, zur Erreichung des verfolgten Regelungszwecks geeignet und nicht willkürlich.

217 Im Einzelnen führt das Gericht aus, der Zweck der Berichtspflicht bestehe darin, ergänzend zu § 85 Abs. 1 GemO RhPf., der seine Anforderungen nach Art einer „Mo-

[454] § 95a Abs. 4 S. 3 GemO BW, § 83 Abs. 4 S. 2 Nr. 5 BbgKV, § 73 Abs. 4 KV MV, §§ 128 Abs. 6 S. 4 (wenn er die dortigen Anforderungen erfüllt), 151 S. 4 NKomVG.
[455] § 116a Abs. 3, § 116b, § 117 Abs. 1 GO NRW; vgl. dazu LT-Drs. 17/3570 vom 11.9.2018, 101 ff.
[456] § 90 Abs. 2 GemO RhPf.
[457] Voraussetzungen der Schrankentrias einschließlich der verschärften Subsidiaritätsklausel.
[458] GVBl. RhPf. 1998, S. 108.
[459] VerfGH RhPf. 28.3.2000, NVwZ 2000, 801 (805 f.).

mentaufnahme" auf den Zeitpunkt der Errichtung, Übernahme oder wesentlichen Erweiterung des wirtschaftlichen Unternehmens beschränkt, eine wiederkehrende Kontrolle und Aufgabenkritik anzustoßen. Ihr **Fernziel** sei auf **weitere Aufgabenprivatisierung** gerichtet, doch setzte sie dabei nicht auf staatlichen Zwang, sondern allein auf den durch Transparenz und Publizität erzeugten faktischen Privatisierungsdruck.[460] Weder diesem Ziel des Gesetzgebers noch dem von ihm gewählten Mittel könne der VerfGH Rheinland-Pfalz die Sachgerechtigkeit absprechen.

§ 90 Abs. 2 S. 3 Nr. 4 GemO RhPf. verstoße insbesondere nicht gegen das von Art. 49 RhPfVerf. mit umfasste **Willkürverbot.** Eine verfassungswidrige Ungleichbehandlung kommunaler und gemischt kommunal-privater Unternehmen im Verhältnis zu rein privaten Gesellschaften liege nicht darin, dass nur erstere, nicht aber letztere Gruppe der hier strittigen, über die gesellschaftsrechtlichen Anforderungen hinausgehenden Publizitätspflicht unterworfen ist. Der wesentliche Unterschied zwischen beiden Vergleichsgruppen bestehe darin, dass Unternehmen mit maßgeblicher kommunaler Beteiligung, anders als privatwirtschaftliche Erwerbsbetriebe, nicht vorrangig auf Gewinnerzielung ausgerichtet seien, sondern einem öffentlichen Zweck dienen müssten. Dass das Gesetz an diese Verschiedenheit der Lebenssachverhalte maßgeblich anknüpft, sei verfassungsrechtlich unbedenklich. 218

Die **Ungleichbehandlung** sei ferner in ihrem Gewicht **nicht unangemessen** und auch insoweit **nicht willkürlich.** Die Antragstellerin sehe die von ihr beklagte Diskriminierung vor allem darin, dass der Beteiligungsbericht in *öffentlicher* Sitzung zu erörtern und in geeigneter Form der Einwohnerschaft zugänglich zu machen ist (§ 90 Abs. 2 S. 4–6 GemO RhPf. damaliger Fassung). Eben diese Handhabung entspreche aber dem Zweck des Gesetzes; an ihm gemessen seien die Folgen der Regelung nicht unverhältnismäßig. Die neu geschaffene Berichtspflicht solle für mehr Transparenz in der Kommunalwirtschaft sorgen. Zwar liege (auch) der rheinland-pfälzischen Kommunalverfassung gem. Art. 28 Abs. 1 GG und Art. 50 Abs. 1 RhPfVerf. das repräsentative Modell bürgerschaftlicher Interessenvertretung zugrunde. Trotzdem sei es nicht nur für die Ratsmitglieder, sondern auch und gerade für die Öffentlichkeit von erheblichem Interesse, in welcher Form, in welchem Umfang und mit welchen Ergebnissen die Gemeinde sich wirtschaftlich betätigt. Die Bürger könnten nicht nur über die Teilnahme an Wahlen, sondern in verschiedener Weise auch unmittelbar auf die kommunale Willensbildung Einfluss nehmen; Einwohnerantrag, Bürgerbegehren und Bürgerentscheid seien wichtige und in den letzten Jahren weiter ausgebaute und verstärkte Elemente bürgerschaftlicher Mitwirkung. Erst aus der verfassungsrechtlich gewollten Teilnahme der Bürger an der Kommunalverwaltung rechtfertige sich letztlich die prinzipielle gemeindliche Zuständigkeit in örtlichen Angelegenheiten. Insofern sei es nur konsequent, dass die Gemeindeverwaltung nicht nur dem Gemeinderat, sondern auch der Öffentlichkeit Rechenschaft darüber abzulegen habe, ob und inwieweit sie ihre wirtschaftlichen Betätigungen und Verflechtungen (noch) für gerechtfertigt hält. 219

Den Einwand, die Berichtspflicht greife grob verzerrend in den Wettbewerbsprozess ein, indem sie die Gemeinden zu **selbstschädigender, ja ruinöser Offenlegung der eigenen Unternehmensverhältnisse** zwinge, teilt der VerfGH Rheinland-Pfalz nicht. Das Gesetz bezwecke, die Privatisierungsdiskussion anzustoßen und in Gang zu halten, nicht aber, die Kommunalwirtschaft mittels der **Veröffentlichung von Geschäftsgeheimnissen** zur Aufgabe zu zwingen. Deshalb begnüge § 90 Abs. 2 GemO RhPf. sich damit, „Angaben" über das Vorliegen der Voraussetzungen des § 85 Abs. 1 für das Unternehmen zu verlangen, und sei zudem als Soll-Vorschrift ausgestaltet. Sei konkret erkennbar, dass die Gemeinde bestimmte Vergleichsdaten nicht offen legen kann, ohne sich selbst (und unter Umständen auch einen oder mehrere ihrer privaten Konkurrenten) im Wettbewerb zu benachteiligen, brauche sie diese Einzelheiten nicht in den Bericht 220

[460] Vgl. dazu auch *Schulz/Wachsmuth/Zwick* BayGO, Art. 93 Anm. 4.

aufzunehmen.[461] Ob sie ihren Beteiligungsbericht in diesem Sinne sachgerecht abgefasst und eingegrenzt habe, sei ggf. von der Kommunalaufsichtsbehörde (§ 90 Abs. 3 GemO RhPf.) zu überprüfen.

221 § 90 Abs. 2 S. 2 Nr. 4 GemO RhPf. sei schließlich auch hinreichend bestimmt. Auslegungsschwierigkeiten hinsichtlich der **Reichweite der Berichtspflicht** im Einzelfall seien nach der Eigenart des Sachverhalts unvermeidlich, ließen sich aber mit Rücksicht auf den Normzweck gemäß den oben angestellten Erwägungen bewältigen. Unzutreffend sei der Vorwurf, das Gesetz lasse nicht erkennen, auf welche Maßnahmen eine Gemeinde sich einstellen müsse, wenn sie in dem Beteiligungsbericht das Vorliegen der Voraussetzungen des § 85 Abs. 1 Nr. 3 GemO RhPf. für ein bestehendes (also weder neu errichtetes noch übernommenes oder wesentlich erweitertes) Unternehmen nicht nachweisen könne. Diese Frage beantworte sich unmittelbar aus Wortlaut und Systematik des Gesetzes: Wie bereits ausgeführt, habe der Gesetzgeber bewusst davon abgesehen, bestehende Unternehmen und damit die wirtschaftliche Betätigung der Gemeinden als solche den Schranken des § 85 Abs. 1 GemO RhPf. zu unterwerfen. Der insoweit *allein* anwendbare § 90 Abs. 2 GemO RhPf. verpflichte die Gemeinden nur zur Erstellung, fristgerechten Vorlage und Erörterung des Beteiligungsberichts sowie zur Unterrichtung der Öffentlichkeit in geeigneter Form. Das Schweigen des Gesetzes über weitergehende Rechtsfolgen sei beredt. Art. 49 Abs. 3 RhPfVerf. beschränke die staatliche Kommunalaufsicht darauf, dass die Gemeinden ihre Verwaltung im Einklang mit den Gesetzen führen. Mehr als das gesetzlich Gebotene, insbesondere der **Rückzug der Gemeinde** aus dem bestehenden Wirtschaftsunternehmen, welches den Gegenstand des Berichts bilde, sei deshalb **nicht erzwingbar.**

222 Soweit verschiedentlich darauf hingewiesen wurde, für diese Feststellungen habe es des verfassungsgerichtlichen Verfahrens nicht bedurft, weil die Aufsichtsbehörden in Rheinland-Pfalz bislang die angefochtenen Bestimmungen nicht anders auslegten als der Verfassungsgerichtshof, ist dem entgegenzuhalten, dass das Interesse der Gemeinden und ihrer Unternehmen an **Rechtssicherheit und -klarheit** dieses Verfahren durchaus erforderte. Rechtsauslegung und -anwendung – gerade wenn sie wie im Rahmen der Kommunalaufsicht nach dem Opportunitätsprinzip erfolgt – ist nicht unbedingt unbeeinflusst von politischen und wirtschaftlichen Interessen. Auch wenn hinsichtlich bestimmter Auslegungsgrundsätze zu einer bestimmten Zeit Konsens zwischen den Aufsichtsbehörden und den Kommunen bestehen sollte, wäre dies keinesfalls zwangsläufig auch für die Zukunft gesichert. Vor diesem Hintergrund ist das Urteil des VerfGH Rheinland-Pfalz eine verlässlichere und sicherere Grundlage kommunalwirtschaftlichen Handelns als dies gegenseitige Konsensversicherungen sein können.[462] Die grundlegenden Aussagen des Verfassungsgerichtshofs dürften auch in anderen Ländern fruchtbar gemacht werden können.

5. Beteiligungsmanagement

222a Die Gemeindeordnungen Brandenburgs, Mecklenburg-Vorpommerns, Niedersachsens, Sachsens, Sachsen-Anhalts und Schleswig-Holsteins enthalten ausdrückliche Regelungen zur Beteiligungsverwaltung bzw. zum **Beteiligungsmanagement,** die teilweise weit in die Organisationshoheit der Gemeinde hineinreichen.[463] Dabei geht es insbesondere um die Verpflichtung der Gemeinden, die Unternehmen und Einrichtungen, an denen sie beteiligt sind, zu steuern und zu überwachen sowie die auf ihre Veranlassung tätigen

---

[461] Zum Schutz von Betriebs- und Geschäftsgeheimnissen von Privatrechtsunternehmen im Mehrheitseigentum der öffentlichen Hand BVerwG 23.2.2017, NVwZ 2017, 1775 (1784); vgl. auch § 2 Nr. 2 GeschGehG. Allgemein zur Öffentlichkeit von Ratssitzungen bei Angelegenheiten kommunaler Unternehmen *Burgi* NVwZ 2014, 609 ff.

[462] *Neutz* ZG 2000, 279 (285).

[463] Dessen sind sich die Gesetzgeber auch bewusst, vgl. zuletzt zur Verankerung einer Beteiligungsverwaltung in SchlH LT-Drs. 18/3152 vom 30.6.2015, 53, wonach auf Vorgaben zur Personalausstattung verzichtet werde, um nicht in die gemeindliche Organisationshoheit einzugreifen.

Organmitglieder fachlich zu unterstützen[464], sowie um die Gewährleistung ausreichender Informationsrechte der Gemeinde.[465]

Am weitest gehend sind die Formulierungen in Brandenburg. Danach soll die Gemeinde zur Steuerung ihrer Beteiligungen eine mit hierzu qualifiziertem Personal ausgestattete Stelle einrichten, die insbesondere die Aufgaben wahrzunehmen hat,

- die Einhaltung der Vorschriften über die Haushaltswirtschaft durch die Unternehmen zu kontrollieren,
- die Beteiligungen zur Erreichung strategischer und finanzieller Ziele der Gemeinde zu steuern,
- die Gemeindevertretung zu informieren, insbesondere den Beteiligungsbericht und den Konsolidierungsbericht vorzubereiten und
- die Vertreter der Gemeinde in den Organen der Unternehmen in Angelegenheiten von grundsätzlicher rechtlicher oder finanzieller Bedeutung zu betreuen, zu unterstützen und zu beraten, sowie ihre Qualifizierung und Weiterbildung im Rahmen des aus dieser Tätigkeit resultierenden Bedarfs in handels- und gesellschaftsrechtlichen Fragen zu gewährleisten.[466]

In Nordrhein-Westfalen findet sich unter der Überschrift Wirtschaftsgrundsätze die Vorgabe, dass die Unternehmen und Einrichtungen so zu führen, zu steuern und zu kontrollieren sind, dass der öffentliche Zweck nachhaltig erfüllt wird; dadurch sollen die Gemeinden verpflichtet werden, die ihnen zustehenden Einwirkungsmöglichkeiten auch tatsächlich zu nutzen.[467] Auch in Bayern wird die Pflicht zu einer dem Umfang der unternehmerischen Betätigung angemessenen Beteiligungsverwaltung bzw. einem entsprechenden Beteiligungscontrolling aus Art. 95 Abs. 1 BayGO hergeleitet, der Grundsätze für die Führung gemeindlicher Unternehmen, ua deren Steuerung und Überwachung, enthält.[468] Ähnliches dürfte im Ergebnis auch in anderen Ländern gelten. Jedenfalls wird die Einrichtung eines Beteiligungsmanagements allgemein empfohlen (vgl. auch → E I. Rn. 104 ff.).[469]

6. Anzeige- und Genehmigungspflichten bei Unternehmensgründungen

Die überwiegende Zahl der Bundesländer hat die früher bestehende Genehmigungspflicht 223 für die Gründung, Übernahme und Umwandlung von Unternehmen sowie die Beteiligung an Unternehmen aufgegeben und sieht nur noch eine **Anzeigepflicht bei der Kommunalaufsichtsbehörde** vor.[470] In Brandenburg bedürfen nur die Gründung oder gründungsgleiche Vorgänge in Bezug auf die kommunale Anstalt einer Genehmigung[471], in Sachsen erstreckt sich die Genehmigungspflicht auf die (unmittelbare und mittelbare) Beteiligung an Unternehmen in Privatrechtsform.[472]

---

464 § 75a KV MV, § 150 S. 1 NKomVG, § 99 Abs. 1 SächsGemO, § 130 Abs. 4 KVG LSA, § 109a GO SchlH.

465 § 130 Abs. 4 KVG LSA, § 109a Abs. 2 GO SchlH, § 150 S. 2 NKomVG; letzterer weist ausdrücklich auf die gesellschaftsrechtlichen Schranken hin.

466 § 98 BbgKVerf.

467 Vgl. § 109 Abs. 1 S. 1 GO NRW und LT-Drs. 11/4983 vom 4.2.1993, 27.

468 Vgl. dazu Nr. 6.3 der Bek. des Bayerischen Staatsministeriums des Innern vom 10.3.2010 (AllMBl. S. 87), bestätigt durch Nr. 4 der Bek. vom 26.2.2013 (AllMBl. S. 156).

469 Vgl. *Gabler/Höhlein* ua GemO BW, § 90 Anm. 4; Bericht Nr. 3/2012 der Kommunalen Gemeinschaftsstelle für Verwaltungsmanagement (KGSt) zur Steuerung kommunaler Beteiligungen.

470 § 108 GemO BW, Art. 96 BayGO, § 100 Abs. 1 BbgKVerf, § 127a HGO, § 77 Abs. 1 S. 1 KV MV, § 115 GO NRW, § 92 GemO RhPf., § 118 Abs. 1 KSVG, § 102 Abs. 2 und 3 SächsGemO, § 135 Abs. 2 KVG LSA, § 108 GO SchlH, § 72 ThürKO.

471 § 100 Abs. 2 BbgKVerf, mit der Begründung, dass hierdurch ein eigenständiger Verwaltungsträger entstehe (vgl. LT-Drs. 5/3023, 15); für die Gründung einer Eigengesellschaft gilt dagegen eine Anzeigepflicht.

472 § 102 Abs. 1 SächsGemO.

224 Für **Rheinland-Pfalz** und **Sachsen-Anhalt** ist die Verpflichtung zur Erstellung und Vorlage der Vorteilsanalyse[473] bis spätestens sechs Wochen vor der Entscheidung zu beachten, die in ihrer Wirkung damit einer Anzeigepflicht immanent ist.

Im Übrigen sind alle wesentlichen Entscheidungen und Maßnahmen einer Gemeinde, die ein Unternehmen in Privatrechtsform betreffen, spätestens sechs Wochen vor ihrem Vollzug der Aufsichtsbehörde schriftlich anzuzeigen.

225 Niedersachsen normiert grundsätzlich eine Anzeigepflicht,[474] sieht für verschiedene Fallgestaltungen aber weitergehend eine Genehmigungspflicht vor. Diese besteht bei Entscheidungen der Gemeinde über

- die Veräußerung eines Eigenbetriebs, einer Eigengesellschaft oder einer Mehrheitsbeteiligung an einem Unternehmen oder einer Einrichtung mit eigener Rechtspersönlichkeit,
- die Umwandlung einer Eigengesellschaft in eine Gesellschaft, an der Personen des Privatrechts eine Mehrheitsbeteiligung eingeräumt wird, und
- den Zusammenschluss eines gemeindlichen Unternehmens oder einer Einrichtung mit einem privaten Unternehmen ohne Einräumung eines beherrschenden kommunalen Einflusses.[475]

226 Die **Fristen zur Anzeige** sind in den Ländern unterschiedlich ausgestaltet. Baden-Württemberg, Brandenburg, Mecklenburg-Vorpommern und Sachsen sehen gar keine Frist vor. Das Saarland normiert eine Frist von einem Monat,[476] die übrigen Bundesländer eine solche von sechs Wochen (Rheinland-Pfalz: im Bereich Energieversorgung vier Wochen) vor Beginn des Vollzugs der jeweiligen Maßnahme, in Schleswig-Holstein vor Beschlussfassung des zuständigen Organs.

Mecklenburg-Vorpommern und Schleswig-Holstein bestimmen allerdings, dass die Entscheidung der Gemeinde erst wirksam wird, wenn die Kommunalaufsichtsbehörde nicht innerhalb von zwei Monaten nach Eingang der erforderlichen Unterlagen[477] bzw. innerhalb von sechs Wochen nach Eingang der Anzeige[478] wegen Verletzung von Rechtsvorschriften widerspricht.

Im Saarland können die zuständigen Ministerien auf Antrag aus Gründen überwiegenden öffentlichen Interesses **Befreiungen** von den Voraussetzungen für die gemeindewirtschaftliche Betätigung erteilen.[479] Andere Länder sehen die Möglichkeit der Befreiung nur von einzelnen Voraussetzungen für die Beteiligung an Unternehmen in Privatrechtsform durch die Aufsichtsbehörde vor.[480]

IV. Zusammenfassung

227 Die Erbringung öffentlicher Dienstleistungen für die Bürgerschaft ist eine traditionelle Aufgabe der Kommunen. Diese bedienen sich dazu bereits seit langem häufig in ihrer Trägerschaft oder Beteiligung befindlicher Unternehmen. Verbreitet sind sowohl Rechtsformen des öffentlichen Rechts als auch des Privatrechts. Die Gemeinden sehen sich aufgrund veränderter rechtlicher Rahmenbedingungen und einer sich wandelnden Auffassung vom Begriff der Daseinsvorsorge mit einer tiefgreifenden Veränderung ihrer angestammten Tätigkeitsfelder konfrontiert. Ehemals monopolisierte Tätigkeitsbereiche wurden dem Wettbewerb geöffnet, andere klassische Aufgaben finden zwischenzeitlich das wirtschaftliche Interesse privater Anbieter. Auswirkungen hat dies in besonderem Maß auf

473 Vgl. → Rn. 190 f.
474 § 152 Abs. 1 NKomVG.
475 § 152 Abs. 2 NKomVG.
476 § 118 Abs. 1 S. 1 KSVG.
477 § 77 Abs. 1 S. 2 KV MV.
478 § 108 Abs. 1 S. 4 GO SchlH.
479 § 118 Abs. 2 KSVG.
480 Vgl. Art. 92 Abs. 1 S. 1 Nr. 3 Halbs. 2 BayGO, § 122 Abs. 1 S. 2 HGO, § 108 Abs. 1 S. 2 und 3, Abs. 6 S. 2 GO NRW, § 73 Abs. 1 S. 1 Nr. 5 Halbs. 2 ThürKO.

kommunale Verbundunternehmen, bei denen Einnahmen aus profitablen Geschäftsfeldern zur Gewährleistung sozial vertretbarer Bedingungen in defizitären Leistungsbereichen verwendet werden.

Die Bestimmungen des Gemeindewirtschaftsrechts zählen zum Kommunalverfassungsrecht und liegen damit in der Gesetzgebungskompetenz der Länder. Basierend auf den Bestimmungen der DGO von 1935 treffen alle Gemeindeordnungen in unterschiedlich starker Ausprägung einschränkende Vorgaben für die Kommunalwirtschaft. Motive dafür sind insbesondere der Schutz der Privatwirtschaft und die Bewahrung der Kommunen vor unvertretbaren wirtschaftlichen Risiken. Das verwendete rechtliche Instrumentarium zur Einschränkung kommunalwirtschaftlicher Tätigkeit besteht in der Regel aus der sog. Schrankentrias (Öffentlicher Zweck, Leistungsfähigkeitsbezug, Subsidiaritätsklausel) und – in der Mehrzahl der Bundesländer – einer durch eine sog. Negativklausel vorgenommenen Fiktion bestimmter Betätigungen als „nichtwirtschaftlich“. 228

Auf die neueren Entwicklungen der ehemals klassisch kommunal erfüllten Aufgaben haben die Landesgesetzgeber zunächst unterschiedlich reagiert. Zum Teil wurde versucht, den Gemeinden erleichterte Bedingungen für eine Teilnahme am Wettbewerb – auch in räumlicher Hinsicht – zu gewähren; andere Länder hingegen haben die Restriktionen zunächst verstärkt. Allerdings ist in den landesgesetzgeberischen Aktivitäten zuletzt ein Trend zur Rücknahme dieser Restriktionen bzw. zu einer (weiteren) Lockerung der rechtlichen Vorgaben für die kommunalwirtschaftliche Betätigung jedenfalls in den von Wettbewerb geprägten Betätigungsfeldern ablesbar. Beispielsweise wurden echte Subsidiaritätsklauseln durch einfache Subsidiaritätsklauseln (Funktionssperren) ersetzt bzw. Tätigkeiten aus dem Anwendungsbereich der Subsidiaritäsklauseln ausgenommen, die öffentliche Zweckbestimmung bestimmter Betätigungen gesetzlich unterstellt oder das Örtlichkeitsprinzip aufgeweicht. Bemerkenswert ist der zunehmend verfolgte sektorenspezifische Ansatz einer eigenständigen, privilegierenden Sonderregelung insbesondere für die energiewirtschaftliche Betätigung.

Die Gesetzgeber der Länder sind in ihrer Rechtsetzung beschränkt durch die verfassungsrechtliche Garantie der kommunalen Selbstverwaltung, die auch den Bereich der Kommunalwirtschaft umfasst. Wegen der Verfassungsrelevanz ist das Kommunalwirtschaftsrecht geprägt durch eine Vielzahl unbestimmter Rechtsbegriffe, zu deren Konkretisierung den Gemeinden eine Einschätzungsprärogative zuerkannt wird. Hieraus resultiert, dass vielfach zur Bestimmung der Zulässigkeit bestimmter kommunalwirtschaftlicher Betätigungen allgemeine Kriterien nicht herausgebildet werden können, sondern jeweils einzelfallbezogene Prüfungen erforderlich sind. Dabei ist häufig eine Lösung nur durch das Verfassungsrecht interpretierende Auslegung möglich. Hinzu kommen europarechtliche Vorgaben, die auf einem anderen – prinzipiell aufgaben- statt trägerbezogenen[481] – Regelungskonzept aufbauen und immer stärker auf die Zulässigkeit der wirtschaftlichen Betätigung kommunaler Unternehmen einwirken. Generell lässt sich in jüngerer Zeit eine Verschiebung der Diskussion von den landesrechtlichen Marktzutrittsregeln hin zu den bundes- und europarechtlich determinierten Marktverhaltensregeln beobachten, also vom „Ob“ zum „Wie“ der gemeindewirtschaftlichen Betätigung. Umso wichtiger ist es, auf europäischer Ebene für das Modell der kommunalen Selbstverwaltung zu werben und europarechtliche Entwicklungen frühzeitig zu erkennen. 229

Für die Praxis problematisch sind landesrechtlich unterschiedliche Ausgestaltungen beispielsweise des Örtlichkeitsprinzips. Insoweit sind die Landesgesetzgeber gefordert, die Ausgestaltung von Abstimmungsprozessen im Vorfeld gebietsübergreifender kommunalwirtschaftlicher Betätigung – auch über Landesgrenzen hinweg – zu regeln. 230

Veränderte Wettbewerbsmärkte und die zunehmende Digitalisierung in allen Bereichen erfordern sachgerechte Bedingungen für die in diesen Märkten tätigen Unternehmen, auch die kommunalen. Die geltenden Gemeindeordnungen und die Auslegung der einschlägi- 231

[481] Dazu → Rn. 7 f. und → A Rn. 25 ff.

gen Vorschriften müssen den dynamischen Entwicklungen ebenso wie den sich verändernden rechtlichen Rahmenbedingungen Rechnung tragen. Es wird deshalb weiterer Änderungen des Gemeindewirtschaftsrechts in den Gemeindeordnungen bedürfen. Ein interessanter Ansatz besteht insoweit in dem Vorschlag, eine Unterscheidung von Wettbewerbsunternehmen und sonstigen kommunalen Unternehmen vorzunehmen, um sodann für beide Gruppen jeweils unterschiedliche rechtliche Rahmenbedingungen zu normieren.[482] Ein weiterer liegt mit dem Konzept einer sektorenspezifischen Modernisierung des kommunalen Wirtschaftsrechts vor.[483] Die künftige Entwicklung des Gemeindewirtschaftsrechts darf mit Interesse verfolgt werden.

[482] *Jarass,* Kommunale Unternehmen im Wettbewerb, S. 91 ff., *Leder* DÖV 2008, 173 ff.
[483] *Burgi,* Neuer Ordnungsrahmen, 41 ff.

D. Rechts- und Betriebsformen

Übersicht

I. Regie- und Eigenbetrieb

Literatur:

Baier/Müller, Die Umwandlung von Regie- und Eigenbetrieben in ein Kommunalunternehmen, BayVBl. 2011, S. 493 ff.; *Benne,* Umwandlung von Eigenbetrieben und Eigengesellschaften in eine kommunale Anstalt öffentlichen Rechts, ZKF 2016, S. 193 ff.; *ders.* Auflösung der kommunalen Anstalt öffentlichen Rechts und Gründung eines Eigenbetriebes, ZKF 2015, S. 7 ff.; *Bolsenkötter/Dau/Zuschlag,* Gemeindliche Eigenbetriebe und Anstalten, 5. Aufl., 2004; *Britz,* Funktion und Funktionsweise kommunaler Unternehmen, NVwZ 2001, S. 380 ff.; *Cronauge/Westermann,* Kommunale Unternehmen, 5. Aufl., 2006; *Emmerlich,* Das novellierte kommunale Eigenbetriebsrecht in Sachsen, LKV 2010, S. 537 ff.; *Füßer/Wolfrum,* Organisatorische Grenzen und Gestaltungsmöglichkeiten bei der Erledigung der Aufgaben der Kinder- und Jugendhilfe – Zugleich ein Beitrag zu den Grenzen des „Eigenbetriebs" im Freistaat Sachsen, SächsVBl 2014, S. 101 ff.; *Kurzreferat Hillermeier,* Grenzen bei der Privatisierung öffentlicher Einrichtungen, KommunalPraxis spezial, 2002, S. 9; *Hoppe/Uechtritz/Reck,* Handbuch kommunale Unternehmen, 3. Aufl. 2012; *Kern,* Zur Bindung kommunaler Eigenbetriebe und -gesellschaften an das Vergaberecht bei Vergaben unterhalb der Schwellenwerte, VergabeR 2008, S. 416 ff.; *Klein,* Kommunalwirtschaftliche Eigen- und Regiebetriebe im Spiegel des Handelsregisterrechts, MittBayNot 2016, S. 291 ff.; *Kremer,* Die Errichtung von Eigenbetrieben und eigenbetriebsähnlichen Einrichtungen, DVP 2006, S. 410 ff.; *Leitzen,* Die Umwandlung kommunaler Eigengesellschaften und Regie- und Eigenbetriebe aus zivilrechtlicher und notarieller Sicht, MittBayNot 2009, S. 354 ff.; *Lindl,* Vertretungen, Vertretungsbefugnisse und Vollmachten bei Eigenbetrieben, insbesondere im Licht des § 174 Satz 1 BGB, KommunalPraxis BY 2017, 313 ff.; *Müller,* Die Neuregelungen in der nordrhein-westfälischen EigBetrVO und der KUV durch das Gesetz über ein neues kommunales Finanzmanagement, DVP 2006, S. 185 ff.; *Pauli,* Die Umwandlung von Kommunalunternehmen, BayVBl 2008, S. 325 ff.; *Plagemann/Ziegler,* Kommunale Trägerschaft von MVZ, DVBl 2016, S. 1432 ff.; *Quardt/Wolters,* Die „implizite staatliche Bürgschaft" – zur fehlenden Insolvenzfähigkeit von Eigenbetrieben im Lichte des Beihilfenrechts, KommJur 2016, S. 327 ff.; *Säcker/Busche,* Kommunale Eigenbetriebe im Spannungsfeld von Selbstverwaltungskompetenz und Kartellaufsicht, VerwArch 1992, S. 1 ff.; *Schäfer,* Der Eigenbetrieb im Schriftverkehr, NordÖR 2008, S. 258 ff.; *Schmidt,* Das Recht kommunaler Eigenbetriebe, KKZ 2009, S. 266 ff., 2010, 1 ff., 26 ff., 73 ff.; *Vogel,* Ausgewählte Rechtsfragen bei einer (vorübergehenden) Tätigkeit für einen kommunalen Eigenbetrieb, öAT 2014, S. 225 ff.; *Weber,* Zur Behördeneigenschaft der Betriebsleitung eines Eigenbetriebs, DVP 2011, S. 53 ff.; *Zander,* Kommunale Eigenbetriebe und deren Vertretung im verwaltungsgerichtlichen Verfahren, SächVBl. 2018, S. 245 ff.; *Zimmermann,* Leiter kommunaler Eigenbetriebe als Beamte auf Zeit – eine verfassungswidrige Altregelung neu aufgelegt? LKV 2019, S. 97 ff.

Der Eigenbetrieb gilt als das **„klassische" Instrument** wirtschaftlicher Betätigung von Gemeinden. Bis vor drei Jahrzehnten bot er für die Mehrzahl der kommunalen Unternehmen die rechtliche und finanzwirtschaftliche Struktur, um im Geflecht von kommunaler Selbstverwaltung und unternehmerischen Handeln Aufgaben der Daseinsvorsorge für die Bürger zu erfüllen. Die Möglichkeit umfassender politischer Kontrolle des kommunalen Wirtschaftens durch die gewählten Räte bzw. durch die Verwaltungsspitze verbindet sich bei diesem Modell mit der Option kaufmännischen Rechnens und Wirtschaftens. Letzteres verlangt eine gewisse organisatorische Verselbständigung gegenüber der Verwaltung der Kommune. 1

Inzwischen gerät der Eigenbetrieb als Organisationsform im Wettbewerb mit privat- 2
rechtlich organisierten Modellen durch die Forderung nach Abbau von Regulierungen und dem Wunsch zu mehr **Privatisierungen** zunehmend unter Druck. Die Motive, die hinter den Veränderungswünschen stehen, sind vielgestaltig. Sie wurzeln in Haushaltszwängen, in betriebswirtschaftlichen und steuerrechtlichen Überlegungen, in politischen Grundüberzeugungen, in dem Willen, kommunales Wirtschaften „zukunftsfähig" zu machen, rechtliche Vorgaben des Staates zu erfüllen bzw. sich dem europäischen Integrationsprozess anzupassen, aber auch darin, politischen Forderungen der Bürger nachzukommen. Allerdings zeigen demgegenüber die neuen sozialen Bewegungen, dass der Trend zur Privatisierung bislang öffentlich-rechtlich organisierter Aufgaben zunehmend auf politischen Widerstand stößt. So wird eingewandt, dass die bei der Privatisierung angestrebten Ziele wie Kostenersparnis, eine bürokratische und kommunalpolitische „Entfesselung" der Kommunalwirtschaft und sachorientiertes unternehmerisches Handeln nicht selten in Konflikt mit unerwünschten „Nebeneffekten" wie Stellenabbau, Verlust demokratischer Kontrolle sowie Abbau und Qualitätsverlust kommunaler Leistungen geraten. Entscheidungsträger in den Kommunen, in den Aufsichtsbehörden und den Länderparlamenten können eine verantwortliche und sachgerechte Entscheidung über die generelle Veränderung rechtlicher Rahmenbedingungen und die **Wahl der konkreten Organisationsform,** die der Organisationshoheit der Kommunen unterliegt, nur treffen, wenn die realen Stärken und Schwächen der jeweiligen Struktur klar vor Augen stehen. Die Vor- und Nachteile des Eigenbetriebs gegenüber anderen Formen mittelbarer Kommunalverwaltung lassen sich nur überschauen, wenn zunächst die rechtlichen und organisatorischen Rahmenbedingungen

dargestellt und analysiert werden, um auf dieser Grundlage dann die wirtschaftlichen, insbesondere steuerlichen Aspekte näher zu untersuchen.

3 Dabei darf nicht vergessen werden, dass die oben angesprochen Zielkonflikte nicht neu sind, sondern mit der Schaffung dieses Modells gerade in ein abgewogenes Verhältnis gebracht werden sollten. Die **historische Rückschau** bietet insofern reiches Anschauungsmaterial, warum der Eigenbetrieb als Organisationsform Ende der 20er bis Mitte der 30er Jahre entwickelt wurde und welche guten und schlechten Erfahrungen sich damit machen ließen (siehe dazu auch → Rn. 11 ff.).

1. Rechtsgrundlagen

4 Im Folgenden soll zunächst kurz der rechtliche Rahmen abgesteckt werden, in dem die kommunalen Eigenbetriebe agieren. Dabei soll zur Vermeidung von Wiederholungen der spezifische Bezug des höherrangigen Rechts zum Eigenbetrieb herausgestellt werden (vgl. zu den Einzelheiten oben → B Rn. 1 ff.; → Rn. 41 ff.).

a) Recht der Europäischen Union

5 Das Recht der öffentlichen Unternehmen und damit insbesondere das der kommunalen Eigenbetriebe muss sich an den Vorgaben des mit Anwendungsvorrang auch gegenüber Art. 28 Abs. 2 GG versehenen Rechts der Europäischen Union messen lassen. So streben das gemeinschaftliche **Vergaberecht** und das **Beihilfenrecht** den Wettbewerb aller Wirtschaftsteilnehmer an, der von öffentlichen Hoheitsträgern nicht verfälscht werden darf. Nach Art. 106 des AEUV dürfen die Mitgliedstaaten in Bezug auf die öffentlichen Unternehmen und auf Unternehmen, denen sie besondere oder ausschließliche Rechte gewähren, keine dem Art. 18 (Diskriminierungsverbot) und den Art. 101 bis 109 (Wettbewerbsregeln für Unternehmen und staatliche Beihilfen) widersprechende Maßnahmen treffen oder beibehalten. Diese Anordnung unterscheidet nicht zwischen den Rechtsformen öffentlicher Unternehmen und erfasst daher auch den Eigenbetieb. Wettbewerbsverzerrende staatliche Beihilfen, wozu auch Kostenentlastungen, finanzielle und sächliche Zuwendungen, Gewährträgerhaftung und Anstaltslasten der Kommunen zählen, sind unter den Voraussetzungen des Art. 107 Abs. 1 AEUV unzulässig.[1] Art. 37 AEUV verpflichtet daneben die Mitgliedstaaten aus kartellrechtlicher Sicht zur Umformung staatlicher Handelsmonopole, um Diskriminierungen Angehöriger anderer Mitgliedstaaten auszuschließen.

6 Damit ist im Grundsatz das traditionell den Kommunen monopolartig zustehende Aufgabenfeld der **Daseinsvorsorge,** die in überkommener Weise in der Rechtsform des Eigenbetriebs gewährleistet wurde (Versorgung mit Strom, Gas, Wasser; öffentlicher Verkehr; Abfall- und Abwasserversorgung; Wohnungswirtschaft), im Grundsatz dem störungsfreien Wettbewerb zu öffnen, soweit nicht Dienstleistungen von allgemeinen wirtschaftlichen Interesse erbracht werden (vgl. Art. 14 und 106 Abs. 2 AEUV; Art. 36 GRCh).[2] Damit sind marktbezogene oder nichtmarktbezogene Tätigkeiten gemeint, die im Interesse der Allgemeinheit erbracht und daher von den Mitgliedstaaten mit besonderen Gemeinwohlverpflichtungen verbunden werden. Für diese gelten die Wettbewerbsregeln des Vertrages allerdings ebenfalls, soweit die Anwendung dieser Vorschriften nicht die Erfüllung der besonderen Aufgaben rechtlich oder tatsächlich verhindert.

---

[1] Vgl. zur näheren Differenzierung EuGH, Entsch. v. 23.7.2003 – Rs. C-280/00 Altmark Trans GmbH. Vgl. hierzu auch: *Quardt/Wolters,* Die „implizite staatliche Bürgschaft" – zur fehlenden Insolvenzfähigkeit von Eigenbetrieben im Lichte des Beihilfenrechts, KommJur 2016, S. 327 ff. Vgl. aber Kommissionsbeschluss v. 26.10.2015 – Staatliche Beihilfen – SA. 39094 (214-NN) – Deutschland Staatliche Münzen Baden-Württemberg (KOM, SMBW), der ein Prüfungsschema in einem eher besonderen Fall eines Eigenbetriebs betrifft.

[2] Hierzu näher *Blanke,* Kommunale Selbstverwaltung und Daseinsvorsorge nach dem Unionsvertrag von Lissabon, DVBl. 2010, 1333, 1335 ff. m. w. N.

Vor allem für die Bereiche Strom- und Gasversorgung, aber auch für den öffentlichen Personennahverkehr und für das Sparkassenwesen ergeben sich aus der grundsätzlichen Verpflichtung zur Einhaltung der Wettbewerbsregeln **fundamentale Veränderungen.** Aber auch die kommunale Wasserversorgung und Abfallwirtschaft stehen vor neuen Anforderungen. Bisher durch die Erfüllung öffentlicher Pflichtaufgaben begründete Monopolstellungen öffentlicher Unternehmen werden mithin durch Liberalisierungsentscheidungen dem Wettbewerb geöffnet und diesem ausgesetzt. Die Wettbewerbssituation hat zwangsläufig zur Folge, dass der staatliche und kommunale Träger die Organisationsformen diesen Erfordernissen anpassen oder gar die künftige Erfüllung dieser Aufgabenfelder überdenken muss. 7

b) Bundesrecht, insbesondere Selbstverwaltungsgarantie

Das Grundgesetz schützt die Gemeinden in Art 28 Abs. 2 vor staatlichen Eingriffen. Eine Betrachtung des Schutzbereichs dieser Bestimmung zeigt aber die Grenzen auf, innerhalb der die Gemeinden vor staatlichen Zugriffen sicher sind. Die Gewährleistung des Art. 28 Abs. 2 GG umfasst die Befugnis, sich aller Angelegenheiten der örtlichen Gemeinschaft, die nicht bereits anderen Trägern öffentlicher Verwaltung übertragen sind, ohne besonderen Kompetenztitel anzunehmen.[3] Zum Wesensgehalt der gemeindlichen Selbstverwaltung gehört aber kein gegenständlich bestimmter oder nach feststehenden Merkmalen bestimmter Aufgabenkatalog. Der Aufgabenbestand ist grundsätzlich nur „im Rahmen der Gesetze" gewährleistet. Der Gesetzgeber kann deshalb, wenn die ordnungsgemäße Aufgabenerfüllung nicht sichergestellt ist, unter Umständen die Wahrnehmung bestimmter Angelegenheiten entziehen (vgl. zu den Einzelheiten Kapitel → B. Rn. 43 ff.). 8

Für die unternehmerische Betätigung der Kommunen bedeutete dies, dass ihr **Recht zur Schaffung und Unterhaltung** von Einrichtungen der Daseinsvorsorge, verstanden als Organisationsform einer öffentlichen Versorgungsaufgabe, grundsätzlich ebenso geschützt ist wie ihre Hoheit, dies eigenverantwortlich zu organisieren. Sie dürfen sich nach den Regeln des Grundgesetzes insoweit auch unternehmerisch betätigen und dabei sogar Gewinnerzielungsabsicht an den Tag legen, wenn die Erfüllung einer öffentlichen Aufgabe und nicht die Gewinnerzielung Hauptzweck ist.[4] Allerdings ist diese Betätigung in der Regel nur im Zusammenhang mit der Wahrnehmung öffentlicher Aufgaben und bezogen auf den jeweiligen Ort geschützt.[5] Soweit Gemeinden nicht-öffentliche und/oder über den örtlichen Bereich hinausgreifende Aufgaben wahrnehmen, bewegen sie sich außerhalb ihres eigentlichen Aufgabenbereichs, weshalb auch ein geringerer (verfassungs-)rechtlicher Schutz vor gesetzgeberischen Eingriffen in diese Aufgaben gewährt ist. Ob eine öffentliche örtliche Aufgabe wahrgenommen wird, ist im Einzelfall festzustellen. Der Eigen- und Regiebetrieb als Organisationsform lässt jedenfalls grundsätzlich keine zwingende Aussage über die in dieser Form durchgeführte Aufgabe zu.[6] In der überkommenen, klassischen Form vollzieht der Eigenbetrieb aber in der Tendenz eher zweckgebundene Verwaltungstätigkeit als erwerbswirtschaftliches Handeln. Die zunehmende Liberalisierung bestimmter Bereiche der Daseinsvorsorge lässt die Gemeinden aber auch in diesem herkömmlichen Handlungsfeld in die Defensive geraten. 9

Neben den verfassungsrechtlichen Vorgaben des Grundgesetzes begrenzen bzw. steuern direkt oder indirekt andere **Bundesgesetze** das unternehmerische Handeln der kommunalen Unternehmen. So zeigt sich, dass private Dienstleister zunehmend auf der Grundlage des Wettbewerbsrechts deren Handlungsraum unter Zuhilfenahme gerichtlichen Rechtsschutzes einzuschränken versuchen. Während der Weg zu den Verwaltungs- 10

[3] BVerfG, NVwZ 1989, 347.
[4] Vgl. RhPfVerfGH, NVwZ 2000, 801; hierzu: *Ruffert,* Kommunalwirtschaft und Landes-Wirtschaftsverfassung, NVwZ 2000, 763.
[5] BVerfG, NJW 1982, 2173.
[6] Vgl. etwa für einen Streit über Beförderungsentgelte eines Eigenbetriebs: OVG Berlin-Brandenburg, Beschl. v. 28.11.2019 – OVG 10 L 30.19 (zivilrechtlich).

gerichten, denen nach der herkömmlichen Zwei-Stufen-Theorie die Prüfung der rechtlichen Zulässigkeit des „Ob" der wirtschaftlichen Betätigung von Gemeinden obliegt, in der Vergangenheit wegen der restriktiven Rechtsprechung zum drittschützenden Charakter des Gemeindewirtschaftsrechts und des fehlenden grundrechtlichen Konkurrentenschutzes wenig erfolgreich war,[7] war der über den gewerblichen Rechtsschutz erfolgreicher. So wurden unter Verweis auf genau diese Vorschriften, die die Begrenzung der unternehmerischen Tätigkeit auf öffentliche Zwecke regeln, etwa die Erfüllung nichtöffentlicher Aufgaben, erfolgreiche Angriffe privater Marktteilnehmer im Zivilrechtsweg nach dem Gesetz gegen den unlauteren Wettbewerb (UWG) oder nachdem Gesetz gegen Wettbewerbsbeschränkungen (GWB) gegen Kommunen geführt[8]. Damit wurden Fragen des „Ob`s" gemeindlicher Aktivitäten in solche des „Wie`s" umgemünzt[9] und tendenziell der Rechtsweg zu den Verwaltungsgerichten unterlaufen. Im europarechtlich überlagerten Vergaberecht ist der Konkurrentenschutz effektiver. Auch wettbewerbs- und markenrechtliche Streitigkeiten um die Bezeichnung „Stadtwerke" sind festzustellen.[10] Inzwischen hat sich das Bild etwas verändert. Während durch gesetzgeberische Klarstellungen im Kommunalrecht der Länder der drittschützende Charakter der Subsidiaritätsklausel zunehmend hervorgehoben wird,[11] hat der Bundesgerichtshof den Rechtsschutz vor den ordentlichen Gerichten beschränkt.[12]

Je nach Unternehmenszweck des Eigenbetriebs sind die Bestimmungen des Energiewirtschaftsgesetzes und seiner Ausführungsbestimmungen, des Personenbeförderungsgesetzes, des Konzessionsabgabenrechts, des Kartellrechts, aber auch des Handelsrechtes[13] bei der Gründung und der Betriebsführung des Eigenbetriebes zu beachten.[14]

---

7 Vgl. BVerwGE 39, 329, 336; OVG Niedersachsen, Beschl. v. 14.8.2008 – 10 ME 280/08 – NVwZ 2009, 258; OVG NRW, Beschl. v. 1.4.2008 – 15 B 122/08 –; OVG Sachsen-Anhalt, Urt. v. 29.10.2008 – 4 L 146/05; demgegenüber aber RhPfVerfGH, Urt. v. 28.3.2000, vgl. Fn. 4; OVG NRW, Beschl. v. 13.8.2003 – 15 B 1137/03; *Jungkamp,* Rechtsschutz privater Komkurrenz gegen die wirtschaftliche Betätigung der Gemeinden, NVwZ 2010, 546. In einzelnen Ländern hat der Gesetzgeber inzwischen den drittschützenden Charakter der Subsidiaritätsklausel klargestellt.

8 vgl. OLG Düsseldorf, NWVBl. 1997, 35 und NVwZ 2000, 111 und 714; OLG Hamm, NJW 1998, 3504; zurückhaltender BGH, Urt. v. 25.4.2002 – I ZR 250/00 – DVBl. 2002, 1282 zum bayerischen Recht; ebenfalls kritisch: OLG Karlsruhe (DÖV 2001,431) zum baden-württembergischen Recht; nach dem Thüringer Oberlandesgericht, OLG-NL 1995, 15, besteht kein wettbewerbsrechtlicher Unterlassungsanspruch gegen einen kommunalen Eigenbetrieb der Abfallentsorgung in den neuen Bundesländern wegen Preisunterbietung; *Hübschle,* Wettbewerbsrechtliche Abwehransprüche gegen unternehmerische Betätigung der öffentlichen Hand, GewArch 2000, 186; *Schink,* Wirtschaftliche Betätigung kommunaler Unternehmen, NVwZ 2002, 129.

9 vgl. hierzu und zum Drittschutz des § 107 GO NW: OVG NRW, Beschl. v. 1.4.2008 – 15 B 122/08.

10 Vgl. zusammenfassend: *Hoffmann,* „Stadtwerke" als Marke und Betriebsbezeichnung, NVwZ 2013, 896 ff.

11 HessVGH, Urt. v. 2.10.2014 – 8 C 305/14.N –.

12 Im Bereich des unlauteren Wettbewerbs ist festzustellen, ob eine geschäftliche Handlung gemäß § 2 Abs. 1 Nr. 1 UWG vorliegt. Für die Frage, ob die öffentliche Hand eine geschäftliche Handlung vornimmt, ist zwischen rein erwerbswirtschaftlichen und hoheitlichen Tätigkeiten zu unterscheiden. Die erwerbswirtschaftliche Betätigung der öffentlichen Hand ist auch dann als geschäftliche Handlung anzusehen, wenn öffentliche Zwecke mitverfolgt werden. Dagegen ist bei einer Tätigkeit zur Erfüllung öffentlicher Aufgaben weiter danach zu unterscheiden, ob die öffentliche Hand aufgrund gesetzlicher Ermächtigung hoheitlich tätig wird. Ist dies der Fall, ist ihre Betätigung einer Überprüfung anhand des Wettbewerbsrechts entzogen. Handelt die öffentliche Hand dagegen zwar zur Erfüllung einer öffentlichen Aufgabe, wird sie aber ohne ausdrückliche gesetzliche Ermächtigung tätig, ist eine geschäftliche Handlung nicht ausgeschlossen: vgl. BGH, Urteil vom 27. Juli 2017 – I ZR 162/15 –, keine geschäftliche Handlung, wenn die Gemeinde mit Bestattungen, die behördlich zu veranlassen sind, weil die bestattungspflichtigen Angehörigen nicht oder nicht rechtzeitig für die Bestattung sorgen, ausschließlich ihren Eigenbetrieb Friedhöfe betraute.

13 zur Frage der Handelsregistereintragung unter diesem Namen vgl. *Klein,* Kommunalwirtschaftliche Eigen- und Regiebetriebe im Spiegel des Handelsregisterrechts, MittBayNot 2016, 291 ff.

14 Vgl. zur Kaufmannseigenschaft der Gemeinde/des Eigenbetriebs bei der Führung eines Eigenbetriebs: BGH, NJW 1991, 2134; OLG Stuttgart, NJW-RR 1999, 1557; nach dem BayObLG, BayVBl. 2002, 315, sind bei der Eintragung des Eigenbetriebs einer bayerischen Gemeinde in das Handelsregister als Mitglieder des Vorstandes die Mitglieder der Werkleitung einzutragen.

c) Gemeindeordnungen

Die **Kompetenz** für die gesetzliche Regelung des Kommunalrechts, insbesondere der kommunalen Unternehmenstätigkeit, steht den **Ländern** zu (vgl. Art. 70 ff. GG). Dort sind auch die speziellen landesverfassungsrechtlichen Gewähreistungen zu beachten. Für den Eigenbetrieb haben sie entweder bereits in den Gemeinde- oder Kommunalordnungen umfassende und abschließende Regelungen getroffen oder diese Betriebsart in eigenständigen Eigenbetriebsgesetzen entsprechend geregelt. 11

Trotzdem hat diese Kompetenzordnung nicht zu einer völligen **Zersplitterung des Eigenbetriebsrechtes** geführt. Denn die rechtliche und organisatorische Grundstruktur des Eigenbetriebs hat bereits in der Deutschen Gemeindeordnung – DGO – vom 30.1.1935[15] und der Eigenbetriebsverordnung vom 21.11.1938[16] ihre erste die Landesgrenzen übergreifende und exemplarische Ausprägung gefunden. An ihr haben nach 1945 die landesrechtlichen Regelungen im Grundsatz angeknüpft und dabei lediglich den Anforderungen eines demokratischen Gemeinwesens Rechnung getragen. Auch hat es in den 60er und 70er Jahren des vorigen Jahrhunderts Bemühungen gegeben, das Gemeindehaushaltsrecht und damit das Eigenbetriebsrecht länderübergreifend durch Musterentwürfe zu vereinheitlichen. Auch in den 80er Jahren wurde der Musterentwurf im Zusammenhang mit dem Bilanzrichtlinien-Gesetz fortgeschrieben. Deshalb stimmte und stimmt das Eigenbetriebswesen in den Ländern in den Grundzügen noch weitgehend überein. Mit der Kommunalverfassung der DDR vom 17. Mai 1990,[17] die in den neuen Bundesländern zunächst als Landesrecht fortgalt, wurde diese Rechtsform auch in den neuen Bundesländern eingeführt (vgl. § 58 KommVerf-DDR) und im eigenständigen Kommunalrecht der neuen Länder etabliert. Einzuräumen ist allerdings, dass seit Ende der 50er Jahre der Eigenbetrieb als Organisationsform zunächst von der privatrechtlichen GmbH und seit ihrer Etablierung im Kommunalrecht durch die kommunale Anstalt abgelöst wurde. 12

Trotz dieser gemeinsamen geschichtlichen Wurzeln und trotz des Bemühens um einheitliche Regelung des Eigenbetriebsrechts haben die einzelnen Bundesländer bei der inneren und äußeren Ausgestaltung des Eigenbetriebswesens im Einzelnen doch unterschiedliche Akzente gesetzt. Dies führt dazu, dass im Folgenden in erster Linie der übereinstimmende Kern dieser Regelungen dargestellt wird. Es ist bei der konkreten Rechtsanwendung stets darauf zu achten, was das jeweilige Landesrecht an spezialgesetzlichen **Besonderheiten** bereithält. 13

Um den Nutzer hier den Zugang zu den derzeit geltenden Rechtsquellen zu erleichtern, finden sich im Weiteren die derzeit geltenden Bestimmungen mit ihren Fundstellen: 14

Baden-Württemberg: Gemeindeordnung – GemO BW – in der Fassung v. 24.7.2000 (GBl. S. 581; ber. S. 698) zuletzt geändert durch Artikel 16 des Gesetzes v. 21.5.2019 (GBl. S. 161, 186); Art. 48 Landkreisordnung für Baden-Württemberg – LKrO – in der Fassung vom 19.6.1987 (GBl. S. 288), zuletzt geändert durch Gesetz v. 21.5.2019 (GBl. S. 161, 186)

Bayern: Art. 86 und 88 der Gemeindeordnung für den Freistaat Bayern – BayGO – v. 22.8.1998 (GVBl. S. 796), zuletzt geändert durch Gesetz v. 24.7.2020 (GVBl. S. 350); Art. 74 und 76 der Landkreisordnung für den Freistaat Bayern – BayLkrO – v. 22.8.1998 (GVBl. S. 826) zuletzt geändert durch Gesetz v. 24.7.2020 (GVBl. S. 350); Art. 72 und 74 der Bezirksordnung für den Freistaat Bayern – BayBezO – v. 22.8.1998 (GVBl. S. 850), zuletzt geändert durch Gesetz v. 24.7.2020 (GVBl. S. 350)

Berlin: Art. 92 der Verfassung von Berlin v. 23.11.1995 (GVBl. S. 779), zuletzt geändert durch Gesetz v. 22.3.2016 (GVBl. S. 114)

Brandenburg: § 93 Kommunalverfassung des Landes Brandenburg (BbgKVerf) v. 18.12.2007 (GVBl. I S. 286), zuletzt geändert durch Gesetz v. 19.6.2019 (GVBl. I Nr. 38)

---

[15] RGBl. I. S. 49; vgl. §§ 67, 74 DGO; vgl. zur historischen Entwicklung auch VG Stuttgart, Urt. v. 14.3.2019 – 4 K 9692/18 –; siehe → C Rn. 27 ff.

[16] RGBl. I S. 1650.

[17] GBl.-DDR I Nr. 28 S. 255.

Hessen: § 127 der Hessischen Gemeindeordnung – HGO – in der Fassung v. 1.4.2005 (GVBl. I S. 142), zuletzt geändert durch Gesetz v. 7.5.2020 (GVBl. S. 318); § 52 der Hessischen Landkreisordnung – HKO – in der Fassung v. 1.4.2005 (GVBl. 2005 I S. 183), zuletzt geändert durch Gesetz v. 4.9.2020 (GVBl. S. 572)

Mecklenburg-Vorpommern: §§ 68 Abs. 4 der Kommunalverfassung für das Land Mecklenburg-Vorpommern – KV M-V – in der Fassung v. 13.7.2011 (GVOBl. S. 777), zuletzt geändert durch Gesetz v. 23.7.2019 -(GVOBl. S. 467)

Niedersachsen: § 140 der Niedersächsisches Kommunalverfassungsgesetz (NKomVG) v. 17.12.2010 (GVBl. S. 576), zuletzt geändert durch Gesetz v. 15.7.2020 (GVBl. S. 244)

Nordrhein-Westfalen: § 114 Gemeindeordnung für das Land Nordrhein-Westfalen in der Fassung v. 14.7.1994 – GO NW – (GV. NRW. S. 666), zuletzt geändert durch Gesetzes v. 29.9.2020 (GV. NRW. S. 916); Kreisordnung für das Land Nordrhein-Westfalen in der Fassung v. 14.7.1994 – KrO NW – (GV. NRW. S. 646), zuletzt geändert durch Gesetz v. 29.9.2020 (GV. NRW. S. 916)

Rheinland-Pfalz: § 86 Gemeindeordnung in der Fassung v. 31.1.1994 – RP GO – (GVBl. S. 153), zuletzt geändert durch Gesetz v. 19.12.2018 (GVBl. S. 448); Landkreisordnung in der Fassung v. 31.1.1994 – RP LkO – (GVBl. S. 188), zuletzt geändert durch Gesetz v. 19.12.2018 (GVBl. S. 448)

Saarland: § 109 Kommunalselbstverwaltungsgesetz – KSVG – in der Fassung v. 27.6.1997 (Amtsbl. S. 682), zuletzt geändert durch das Gesetz v. 26.6.2020 (Amtsbl. I S. 776)

Sachsen: § 95a Gemeindeordnung für den Freistaat Sachsen in der Fassung der Bekanntmachung v. 9.3.2018 – SächsGemO – (GVBl. S. 62), zuletzt geändert durch Gesetz v. 2.7.2019 (GVBl. S. 542, 548); § 63 Landkreisordnung für den Freistaat Sachsen in der Fassung der Bekanntmachung v. 9.3.2018 – SächsLkrO – (GVBl. S. 99), zuletzt geändert durch Gesetz v. 2.7.2019 (GVBl. S. 542, 548)

Sachsen-Anhalt: § 121 Kommunalverfassungsgesetz des Landes Sachsen-Anhalt (Kommunalverfassungsgesetz – KVG LSA) v. 17.6.2014 (GVBl. S. 288), zuletzt geändert durch Gesetz v. 7.7.2020 (GVBl. S. 372)

Schleswig-Holstein: § 106 Gemeindeordnung für Schleswig-Holstein – GO SH – in der Fassung v. 28.2.2003 (GVOBl. S. 57, ber. S. 35), zuletzt geändert durch Gesetz v. 4.1.2018 (GVOBl. S. 6); Kreisordnung für Schleswig-Holstein – KrO SH – in der Fassung vom 28.2.2003 (GVOBl. S. 94) zuletzt geändert durch Gesetz v. v. 14.3.2017 (GVOBl. S. 140)

Thüringen: § 76, § 114 der Thüringer Gemeinde- und Landkreisordnung – ThürKO – in der Fassung v. 28.1.2003 (GVBl. S. 41), zuletzt geändert durch Gesetz v. 16.10.2019 (GVBl. S. 429, 433)

d) Eigenbetriebsrecht/-verordnungen

15 Die Gemeindeordnungen bzw. die Eigenbetriebsgesetze regeln die **Grundfragen** des Eigenbetriebsrechts. Sie bestimmen den Anwendungsbereich und klären die Rechtsgrundlagen,[18] enthalten grundlegende Regelungen zur Verfassung und Verwaltung[19] sowie zur Wirtschaftsführung und das Rechnungswesen.[20]

16 Die Eigenbetriebsverordnungen, die auf Ermächtigungsnormen der Kommunalordnungen bzw. der Eigenbetriebsgesetze der Länder beruhen, führen die Gesetze aus und enthalten **Detailregelungen** zum Eigenbetriebsrecht. Zum Teil wird zunächst der Anwendungsbereich näher bestimmt.[21] Sie regeln insbesondere – wenn es nicht schon in den Gesetzen angeordnet ist –, dass das Eigenbetriebsrecht auch für die Eigenbetriebe der Landkreise, Verwaltungsgemeinschaften, Ämter oder Zweckverbände gilt.[22] Außerdem begrenzen sie zum Teil den Anwendungsbereich dadurch, dass auf Eigenbetriebe mit einem Versorgungs- und Einzugsgebiet unter einer bestimmten Einwohnerzahl die Regelungen der Verordnung nicht anzuwenden sind. Insoweit bleibt es den Gemeinden überlassen, in der Betriebssatzung evtl. Rechtslücken durch einen Verweis oder durch die Übernahme

[18] Vgl. z. B. §§ 1 bis 3 EigBG BW; § 1 HEigBGes; § 114 GO NW; § 86 Abs. 2 RP GO; § 1 RP EigAnVO; §§ 1 und 2 EigBG LSA; § 109 Abs. 1 und Abs. 4 KSVG.

[19] Vgl. z. B. §§ 4 bis 11 EigBG BW; §§ 2 bis 9 HEigBGes; § 86 Abs. 3 und 4 RP GO in Verbindung mit §§ 2 bis 10 RP EigAnVO.

[20] Vgl. z. B. §§ 12 bis 17 EigBG BW; §§ 10 bis 29 HEigBGes.

[21] Wirtschaftliche/nichtwirtschaftliche Unternehmen: vgl. z. B. § 1 EigVO NRW; § 1 Abs. 1 SaarlEigVO.

[22] Vgl. z. B. § 1 BayEBV; § 1 Satz 2 BbgEigV; § 30 HEigBGes; § 1 EigBG LSA.

dieser Bestimmungen zu schließen. Im Einzelfall kann die zuständige Aufsichtsbehörde von bestimmten Anforderungen befreien.

Regelmäßig verpflichten die Eigenbetriebsgesetze bzw. -verordnungen die Kommunen, alle Versorgungs- bzw. Verkehrsbetriebe in jeweils einem Betrieb zusammenzufassen.[23] Sie ermöglichen aber auch eine Trennung. Sollvorschriften regeln die Bezeichnung des Versorgungsbetriebes („Gemeindewerke"/„Stadtwerke") und das Verhältnis zwischen Hoheitsbetrieben und „wirtschaftlichen" Eigenbetrieb.[24] Eigenbetriebsgesetze und -verordnungen regeln zum Teil den notwendigen und den möglich Inhalt der Betriebssatzungen,[25] die Organisation und die Aufgaben der Werk- oder Betriebsleitung[26] und des Ausschusses bzw. der Betriebskommission[27] sowie die der Gemeindevertretungen in jedem Falle vorbehaltenen Entscheidungen[28] und die Stellung der Verwaltungsspitze zu den Organen des Eigenbetriebs.[29] 17

Im Weiteren regeln die Gesetze und Verordnungen im Einzelnen die Wirtschaftsführung und das Rechnungswesen der Eigenbetriebe.[30] Zunächst werden die Kommunen zur Erhaltung des Vermögens und der Leistungsfähigkeit der Betriebe verpflichtet. Im Anschluss daran finden sich einzelne Bestimmungen zu folgenden Aspekten: Rücklagenbildung; Voraussetzungen für die Verminderung des Eigenkapitals; Kreditaufnahme bei umfangreichen Investitionen; Lieferungen und Leistungen im Verhältnis zwischen Eigenbetrieb und Gemeinde; Vergabe von Aufträgen; Bestimmung des Wirtschaftsjahres; Aufstellung, Inhalt und Umgang mit dem Wirtschafts-, Erfolgs-, Vermögens- und Stellenplan; Finanzplanung; Leitung des Rechnungswesens; Buchführung und Kostenrechnung; Kassenwirtschaft; Zwischenbericht, Jahresabschluss und Lagebericht sowie deren Aufstellung, Behandlung und Offenlegung; Bilanz und Gewinn- und Verlustrechnung; Umgang mit Jahresgewinn und -verlust.

Das Eigenbetriebsrecht regelt auch die Ausnahmen, unter denen – in der Regel nach vorheriger Entscheidung der Kommunalaufsicht – von der Anwendung des Eigenbetriebsrechtes befreit werden kann.[31] Dies kommt insbesondere dann in Betracht, wenn der Umfang des Eigenbetriebs nach der Höhe der Bilanzsumme und des Umsatzes nur gering ist oder der Eigenbetrieb nur geringe wirtschaftliche Bedeutung für die Gemeinde oder ein nur geringes Versorgungsgebiet hat.

Eine Sonderstellung im deutschen Eigenbetriebsrecht nehmen aufgrund ihres besonderen Charakters als Kommune *und* Bundesland die **Stadtstaaten** ein. So hat **Hamburg** bislang kein Eigenbetriebsrecht. **Berlin** hat auf der Grundlage von Art. 92 der Berliner Verfassung, in dem die Grundsätze des Eigenbetriebsrechtes geregelt sind, sein Eigenbetriebsgesetz erlassen. In ihm werden unter Berücksichtigung des Umstandes, dass Berlin gleichzeitig Land und Kommune ist, die Verfassung und das Zusammenwirken der Organe des Eigenbetriebes (Geschäftsleitung, Verwaltungsrat) und das Zusammenwirken von Senat, Abgeordnetenhaus, Bezirksämter und Bezirksverordnetenversammlung geregelt.[32] Die Strukturen sind insgesamt aber den sonstigen eigenbetriebsrechtlichen Regelungen anderer Länder vergleichbar. Auch die Bestimmungen über die Wirtschaftsführung und das Rechnungswesen sind mit den Regelungen in den Flächenländern vergleichbar.[33] Allerdings hat das 18

23 Vgl. z. B. § 2 BbgEigV; § 8 EigVO NRW.
24 Vgl. z. B. § 4 BayEBV.
25 Vgl. z. B. § 3 BbgEigV; § 8 EigVO M-V; § 4 NEigBetrVO; § 4 EigBG LSA.
26 Vgl. z. B. § 4 bis 6 BbgEigV; §§ 2 bis 4 HEigBGes; § 3 EigVO M-V; § 2 NEigBetrVO; §§ 2 und 3 EigVO NRW; §§ 4 und 5 RP EigAnVO; §§ 3 und 6 SaarlEigVO; §§ 5 bis 7 EigBG LSA.
27 Vgl. z. B. § 8 BbgEigV; §§ 6 und 7 HEigBGes;§ 5 EigVO NRW; § 4 SaarlEigVO; §§ 8 bis 9 EigBG LSA.
28 Vgl. z. B. § 7 BbgEigV; § 5 HEigBGes; § 5 Abs. 1 EigVO M-V; § 4 EigVO NRW; § 2 RP EigAnVO; § 4 SaarlEigVO; § 10 EigBG LSA.
29 Vgl. z. B. § 9 BbgEigV; § 6 EigVO NRW; § 6 RP EigAnVO; § 3 Abs. 1 SaarlEigVO.
30 Vgl. z. B. §§ 10 bis 27 BbgEigV; §§ 9 bis 28 EigVO M-V; §§ 5 ff. NEigBetrVO; §§ 9 bis 26 EigVO NRW; §§ 10 ff. RP EigAnVO; §§ 12 bis 18 EigBG LSA i. V. m. EigVO LSA.
31 Vgl. z. B. § 28 BbgEigV; § 31 HEigBGes; § 37 NEigBetrVO; § 26 SaarlEigVO; § 16 EigVO LSA.
32 Vgl. §§ 1 bis 9 BerlEigG.
33 Vgl. §§ 10 bis 28 BerlEigG.

Eigenbetriebswesen in Berlin seine Bedeutung dadurch verloren, dass die bedeutensten Eigenbetriebe in den 90er Jahren in rechtsfähige Anstalten des öffentlichen Rechts übergeleitet wurden. Initiativen, das Eigenbetriebsgesetz ganz aufzuheben, hatten aber keinen Erfolg. In Teilbereichen wurden neue Eigenbetriebe gebildet[34]. **Bremen** hat in seinem Eigenbetriebsgesetz – neben den Regelungen zu den Eigenbetrieben des Landes – im Wesentlichen ein Rahmengesetz für die Eigenbetriebe der Stadtgemeinden Bremen und Bremerhaven[35] beschlossen. Ähnlich wie im Falle Berlins sind darin die inneren Strukturen und die Bestimmungen über die Wirtschaftsführung und das Rechnungswesen den eigenbetriebsrechtlichen Regelungen anderer Länder vergleichbar geregelt. Besonderheiten bestehen hinsichtlich der Regelung zur Kapazitätsauslastung (§ 14 Abs. 2 Satz 3 BremSVG) oder des Nachweises des Beschäftigungsvolumens im Personalplan (§ 21 Abs. 2 BremSVG).

19 Derzeit gelten in den Ländern folgende Eigenbetriebsgesetze oder -verordnungen:

Baden-Württemberg: Gesetz über die Eigenbetriebe der Gemeinden – EigBG BW – in der Fassung v. 8.1.1992 (GBl. S. 22) zuletzt geändert durch Gesetz v. 17.4.2020 (GBl. S. 403); Verordnung des Innenministeriums über die Wirtschaftsführung und das Rechnungswesen der Eigenbetriebe – EigBVO BW – v. 7.12.1992 (GBl. S. 776)

Bayern: Eigenbetriebsverordnung v. 29.5.1987 – BayEBV – (GVBl. S. 195), zuletzt geändert durch Gesetz v. 26.3.2019 (GVBl. S. 98)

Berlin: Gesetz über die Eigenbetriebe des Landes Berlin v. 13.7.1999 – BerlEigG – (GVBl. S. 374)

Brandenburg: Verordnung über die Eigenbetriebe der Gemeinden v. 26.3.2009 – BbgEigV- (GVBl. II S. 150)

Bremen: Bremisches Gesetz für Eigenbetriebe und sonstige Sondervermögen des Landes und der Stadtgemeinden – BremSVG – v. 24.11.2009 (GBl. S. 505), zuletzt geändert durch Gesetz v. 10.9.2019 (GBl. S. 580)

Hessen: Eigenbetriebsgesetz – HEigBGes –in der Fassung vom 9.6.1989 (GVBl. I S. 154), zuletzt geändert durch Gesetz v. 14.7.2016 (GVBl. S. 121)

Mecklenburg-Vorpommern: Eigenbetriebsverordnung – EigVO M-V – v. 14.7.2017 (GVOBl. S. 206)

Niedersachsen: Eigenbetriebsverordnung – EigBetrVO – v. 12.7.2018 (GVBl. S. 161), Berichtigung (GVBl. S. 172)

Nordrhein-Westfalen: Eigenbetriebsverordnung für das Land Nordrhein-Westfalen – EigVO NRW – v. 16.11.2004 (GV NRW S. 644, berichtigt durch GV NRW 2005 S. 15), zuletzt geändert geändert durch Gesetz v. 8.7.2016 (GV. NRW. S. 559); Verordnung über die Durchführung der Jahresabschlussprüfung bei Eigenbetriebe und prüfungspflichtigen Einrichtungen v. 9.3.1981 (GVNRW. S. 147), zuletzt geändert durch Verordnung v. 30.8.2012 (GV. NRW. S. 296, 297); Verordnung über das Wahlverfahren zur Benennung der Beschäftigten des Eigenbetriebs für die Wahl in den Werksauschuss vom 24.10.2001 (GVNRW. S. 771), zuletzt geänder durch Verordnung v. 30.8.2012 (GV. NRW. S. 296, 297); Verordnung über den Betrieb gemeindlicher Krankenhäuser – GemKHBVO NW – v. 5.8.2009 (GVNRW. S. 360), zuletzt geändert durch Verordnung v. 13.8.2012 (GV NRW. S. 297)

Rheinland-Pfalz: Eigenbetriebs- und Anstaltsverordnung – RP EigAnVO – v. 5.10.1999 (GVBl. S. 373)

Saarland: Eigenbetriebsverordnung (EigVO) v. 29.11.2010 (Amtsbl. I S. 1426), zuletzt geändert durch die Verordnung v. 15.10.2018 (Amtsbl. I S. 792); Verordnung über die Prüfung des Jahresabschlusses der Eigenbetriebe und sonstigen Unternehmen ohne eigene Rechtspersönlichkeit mit Sonderrechnung (Jahresabschlussprüfungsverordnung) – AbschlPrüfV -vom 29.11.2010 (Amtsbl. I S. 1424), geändert durch die Verordnung v.12.11.2015 (Amtsbl. I S. 888)

Sachsen: Verordnung des Sächsischen Staatsministeriums des Innern über kommunale Eigenbetriebe im Freistaat Sachsen (Sächsische Eigenbetriebsverordnung – SächsEigBVO) in der Fassung der Bekanntmachung v. 10.12.2018 (GVBl. S. 816, 817)

Sachsen-Anhalt: Gesetz über kommunale Eigenbetriebe im Land Sachsen-Anhalt – EigBG LSA – v. 24.3.1997 (GVBl. S. 446), zuletzt geändert durch Gesetz v. 22.6.2018 (GVBl. S. 166, 179); Ver-

[34] Vgl. *Hundt,* Kita-Eigenbetriebe in Berlin, LKV 2009, 17 ff.

[35] Art. 143 BremLVerf.; Bremisches Gesetz für Eigenbetriebe und sonstige Sondervermögen des Landes und der Stadtgemeinden (BremSVG) v. 24.11.2009 (GBl. S. 505; vgl. auch das im Internet verfügbare, zum früheren Recht erstellte Handbuch für Eigenbetriebe der Freien Hansestadt Bremen (Land und Stadtgemeinde) und der Stadt Bremerhaven; Stand: Juli 2005.

ordnung über die Wirtschaftsführung und das Rechnungswesen der Eigenbetriebe (Eigenbetriebsverordnung – EigBVO) v. 25.5.2012 (GVBl. S. 160)

Schleswig-Holstein: Landesverordnung über die Eigenbetriebe der Gemeinden – EigVO – v. 5.12.2017 (GOVBl. S 558)

Thüringen: Thüringer Eigenbetriebsverordnung – ThürEBV – v. 6.9.2014 (GVBl. S. 642)

e) Verwaltungsvorschriften

Zu den gesetzlichen Eigenbetriebsregelungen haben einzelne der zuständigen Ministerien 20 der Länder Verwaltungsvorschriften erlassen. Dabei fällt auf, dass durch zunehmend detaillierte Rechtsverordnung der Bedarf an Verwaltungsvorschriften zurückgeht. Dies mag auch an dem Problem der „Verbindlichkeit" (→ Rn 21) liegen. In den noch bestehenden Verwaltungsvorschriften finden sich neben Begriffsbestimmungen (zum „Eigenbetrieb" oder „wirtschaftlichen Unternehmen") Erläuterungen zu Zuständigkeiten, die sich nach den Kommunalordnungen, Eigenbetriebsverordnungen und Betriebssatzungen ergeben, sowie Ansichten zum Verständnis einzelner gesetzlicher Bestimmungen. Vereinzelt enthalten sie auch Hinweise zu anderen Rechtsmaterien (z. B. Kommunalabgabenrecht, Steuer-, Handels-, Preis- und Vergaberecht). Den Verwaltungsvorschriften sind regelmäßig Formblätter (Bilanzgliederung, Gliederung und Formulare für Anlagennachweise und Gewinn- und Verlustrechnungen) als Anlagen beigefügt, die in der täglichen Praxis der Betriebe Verwendung finden sollen.

Zur **Verbindlichkeit der Verwaltungsvorschriften** gilt Folgendes: Diese Bestimmun- 21 gen werden in der Regel vom Innenministerium des jeweiligen Landes erlassen. Sie können aber, nachdem der Eigenbetrieb zu den eigenen Angelegenheiten zählt, gegenüber der jeweiligen Kommune nicht als „Anweisung" in allgemeiner Form wirken. Sie dienen vielmehr in erster Linie dazu, aus Sicht des Verordnungsgebers oder in Interpretation des Gesetzgebers das Verständnis von Bestimmungen des Eigenbetriebsrechtes des Landes für den jeweiligen Rechtsanwender bei der staatlichen Kommunalaufsicht verständlich und im Einzelfall handhabbar zu machen. Der Sichtweise des zuständigen Ministeriums als oberster Rechtsaufsichtsbehörde wird allerdings im Falle einer Nichtbeachtung durch die Kommunen bzw. den Eigenbetrieb im Falle einer rechtsaufsichtlichen Maßnahme entscheidende Bedeutung zukommen (vgl. dazu → Rn. 110). Ob sich die Auffassung der Verwaltungsvorschrift aber auch in einem verwaltungsgerichtlichen Verfahren der Kommune gegen eine kommunalaufsichtliche Maßnahme durchsetzt, hängt aber letztlich davon ab, ob das Gericht, das an die Regelungen der Verwaltungsvorschriften nicht gebunden ist, diese Rechtsansicht teilt.

Als Beispiele für solche Verwaltungsvorschriften mögen folgende dienen: 22

Bayern: Bekanntmachung des Staatsministeriums des Inneren über Verwaltungsvorschriften zur Eigenbetriebsverordnung – VwvEBV – v. 5.6.1987 (MABl. S. 428, ber. S. 694); Bekanntmachung des Bayerischen Staatsministeriums des Innern und für Integration Verwaltungsvorschriften über die Muster zum kommunalen Haushalts-, Kassen- und Rechnungswesen nach den Grundsätzen der doppelten kommunalen Buchführung (VV-Mu-KommHV-Doppik) v. 26.3.2018, Az. IB4–1512-10-1

Bremen: Richtlinien für die Aufstellung und Ausführung von Wirtschaftsplänen der Wirtschaftsbetriebe und der Eigenbetriebe (RlWiPl) v. 6.9.1994 (Brem.Abl. S. 425) zuletzt geändert durch Schreiben des Senators für Finanzen v.18.10.2001

Hessen: Erlass des Ministeriums des Innern und für Sport v. 23.2.2018, Finanzplanung der kommunalen Eigenbetriebe, sonstiger kommunaler Sondervermögen und Treuhandvermögen mit Sonderrechnung (StAnz. 2018, S. 402)

Mecklenburg-Vorpommern: Ministerium für Inneres und Europa, Hinweise zur Umsetzung der Eigenbetriebsverordnung (EigVOVV M-V) v. 11.7.2018 (AmtsBl. M-V S. 402)

Rheinland-Pfalz: Vollzug der Eigenbetriebsverordnung – Rundschreiben des Ministeriums des Innern und für Sport vom 22.6.1992 – VVEigVO – (MinBl. S. 386)

Schleswig-Holstein: Musterbetriebssatzung für Eigenbetriebe, Runderlaß des Innenministers vom 13.6.1975 – IV 320 – 9100 (Amtsbl. S. 750)

f) Betriebssatzungen

23 Die Betriebssatzungen, die nach den meisten kommunalrechtlichen Regelungen zwingend erforderlich sind, werden von den Räten als Recht der jeweiligen Kommune erlassen. Sie müssen daher die Anforderungen an das gemeindliche Normsetzungsverfahren erfüllen und haben mit dem materiellen höherrangigen Eigenbetriebsrecht in Einklang zu stehen. Die Satzungen der Kommunen haben mithin in dem Verfahren und der Form zu ergehen, die das Landeskommunalrecht für den Satzungserlass vorsieht. Insbesondere sind die rechtsaufsichtlichen Anzeige- oder Mitteilungspflichten zu beachten. Soweit ersichtlich besteht in keinem Bundesland eine aufsichtliche Genehmigungspflicht, sieht man von den Genehmigungspflichten von gebietsübergreifenden Unternehmen ab. In Berlin erlässt der Senat die „Betriebssatzung" durch Rechtsverordnung. In Bremen regelt anstelle der Betriebssatzung das Ortsgesetz, durch das der Eigenbetrieb errichtet wird, nähere Einzelheiten des Eigenbetriebs[36].

24 Regelmäßig – aber nicht zwingend – wird mit dem Erlass der Betriebssatzung der Eigenbetrieb rechtlich gegründet. Als **Mindestinhalt** dieser Satzung gelten Bestimmungen über die Wirtschaftsführung, die Vermögensverwaltung und die Rechnungslegung des Eigenbetriebs. Allerdings ist nach dem jeweiligen Landesrecht zu klären, welche Regelungen notwendig getroffen werden müssen und welche nur getroffen werden sollen oder können.[37] Die Betriebssatzung ergänzt das Eigenbetriebsrecht auf örtlicher Ebene, trifft die Bestimmungen, die nach dem Eigenbetriebsrecht der Betriebssatzung vorbehalten sind, und berücksichtigt dabei die örtlichen und betrieblichen Besonderheiten.

In der Regel enthalten sie zu Beginn eine Regelung über den Gründungszeitpunkt, die Bezeichnung oder den Namen des Eigenbetriebs sowie über die Höhe des Stammkapitals. In diesem Zusammenhang werden dann der Betriebszweck, Gegenstand bzw. die Aufgaben des Eigenbetriebs sowohl in sachlicher wie territorialer Hinsicht umschrieben.[38] Weiter werden die Zuständigkeiten der einzelnen, für den Eigenbetrieb verantwortlichen Organe (Werkleitung, -ausschuss, Rat, Bürgermeister/Landrat) abgegrenzt sowie ihre Zusammensetzung und ihre Zusammenarbeit näher bestimmt. Zweckmäßigerweise geschieht dies dadurch, dass für jedes Organ ein Zuständigkeitskatalog erstellt wird. In diesem Zusammenhang wird regelmäßig auch bestimmt, was „laufende Geschäfte" sind bzw. und bis zu welchem Betrag diese vorliegen. Der Umfang der Befugnisse der Werkleitung bei der Vertretung der Kommune nach außen und ihre Übertragbarkeit auf Bedienstete des Eigenbetriebs wird in der Satzung ebenfalls geregelt. Vereinzelt finden sich Berichts- und Beteiligungspflichten sowie Anhörungsrechte einzelner Organe zueinander. Folgende weitere Regelungsgegenstände können bzw. müssen je nach landesrechtlichen Vorgaben in der Betriebssatzung geregelt werden: Verfahren bei Meinungsverschiedenheiten innerhalb der Werkleitung; Bezeichnung des Werkleiters (z. B. „Werkdirektor"); Mitwirkung der Werkleitung bei Anstellung, Beförderung und Entlassung von Personal; Beauftragung von Dienststellen der Stadtverwaltung durch die Werkleitung; Form der Verpflichtungserklärungen bei rechtsgeschäftlichen Erklärungen nach außen; Bestimmung des vom Haushaltsjahr der Gemeinde abweichenden Wirtschaftsjahrs.

Einzelne Länder haben als Arbeitshilfe Muster für Eigenbetriebssatzungen veröffentlicht.[39]

---

[36] Vgl. Handbuch für Eigenbetriebe der Freien Hansestadt Bremen (Land und Stadtgemeinde) und der Stadt Bremerhaven; Stand: Juli 2005.

[37] Vgl. z. B. § 5 Abs. 3, § 8 EigVO M-V; § 4 NEigBetrVO.

[38] Zur konkreten Umschreibung des Betriebsgegenstandes vgl. VG Dessau, LKV 2001, 233.

[39] Vgl. z. B. für Bayern: Bekanntmachung des Staatsministeriums des Inneren über Muster einer Betriebssatzung für Eigenbetriebe bayerischer Gemeinden vom 28.3.1995 (AllMBl. S. 252); jetzt: Mustersatzung für Eigenbetriebe bayerischer Städte und Gemeinden vom Verband kommunaler Unternehmen e. V. (VKU) Landesgruppe Bayern vom November 2010; für Schleswig-Holstein: Musterbetriebssatzung für Eigenbetriebe (Amtsbl. 1975, 750).

g) Geschäftsordnungen/Dienstanweisungen

Soweit die Betriebssatzung keine Regelungen zu der Frage enthält, wie die Geschäfte im Einzelnen (insbesondere die Abgrenzung der Geschäftsbereiche und Zuständigkeiten) bei einer aus mehreren Personen bestehenden Geschäftsleitung zu führen sind, kann bzw. muss dies nach einigen kommunalrechtlichen Bestimmungen in einer Geschäftsordnung geregelt werden. In einigen Ländern wird dies auch für das Verfahren und den Geschäftsgang des Werksauschusses verlangt. Für die Dienstanweisungen bzw. für die Geschäftsordnung der Werkleitung ist insoweit das Organ zuständig, an dessen Stelle die Werkleitung handelt, in der Regel also der Bürgermeister bzw. der Landrat. Soweit für das Verfahren und den Geschäftsgang des Werksauschusses eine Geschäftsordnung erforderlich ist, beschließt dieser selbst. 25

Ist der Werkleitung die eigenverantwortliche Erledigung von Aufgaben übertragen, kann sie für den ihr nachgeordneten Bereich wiederum dienstliche Anweisungen erlassen.

2. Begriffsbestimmung und Rechtsnatur

a) Der Begriff des Eigenbetriebs

Der kommunale Eigenbetrieb ist ein Unternehmen einer kommunalen Gebietskörperschaft ohne eigene Rechtspersönlichkeit, das außerhalb des Haushaltsplans der Gemeinde nach kaufmännischen Grundsätzen als Sondervermögen verwaltet wird. Bei ihm handelt es sich um ein kommunales Unternehmen, das gegenüber der Gebietskörperschaft nur teilweise verselbständigt ist. 26

Ausgehend von dieser Definition lassen sich im Einzelnen folgende Abgrenzungen vornehmen.

aa) „kommunal“. Auch der Bund und die Länder können Eigenbetriebe errichten. Diese staatlichen Sondervermögen unterliegen den besonderen haushaltsrechtlichen Anforderungen des Bundes und der Länder. Im Folgenden werden nur die Eigenbetriebe der kommunalen Gebietskörperschaften und ihrer Zweckverbände dargestellt. Hierbei ist zu beachten, dass die Kommunalordnungen bzw. Eigenbetriebsgesetze für die Landkreise und die Zweckverbände regelmäßig auf die Bestimmungen des Gemeindewirtschaftsrechts verweisen. Eine Sonderstellung haben insoweit allerdings die Eigenbetriebe der Stadtstaaten, die – wie etwa in Berlin – Eigenbetriebe des Landes sind. In Bremen hingegen sind die Stadtgemeinden Bremen und Bremerhaven Träger der Eigenbetriebe. 27

bb) Unternehmen. Mit diesem Begriff wird in sehr allgemeiner Form der Gegenstand dieses Betriebes angesprochen. Dabei handelt es sich um solche Einrichtungen und Anlagen, die die Kommune regelmäßig mit wirtschaftlicher Zielsetzung als verselbständigte organisatorische Einheit zur Erfüllung ihrer Aufgaben außerhalb ihrer allgemeinen Verwaltung betreibt. 28

Ob der Eigenbetrieb als Unternehmen ein **„wirtschaftliches“** sein muss oder auch ein **„nichtwirtschaftliches“** – die Unterscheidung geht auf § 67 DGO zurück – sein kann, hängt von der jeweiligen Kommunalordnung ab.[40] Die landesrechtlichen Regeln lassen die Tendenz erkennen, dass für einen Eigenbetrieb die wirtschaftliche Betätigung nicht (mehr) wesentliches Merkmal ist.[41] Wirtschaftlich in diesem Sinne ist ein auf Gewinnerzielung gerichtetes Unternehmen, das auch von privaten Rechtsträgern betrieben werden kann. 29

Die früher noch als **„eigenbetriebsähnliche Einrichtungen“** oder „Hoheitsbetriebe“ bezeichneten **nichtwirtschaftlichen Unternehmen** der Kommunen, also solche die herkömmlich nicht wirtschaftlich betrieben werden können, nämlich 30

---

40 Vgl. z. B. Thüringen: § 76 Abs. 1 ThürKO, sämtliche gemeindliche Unternehmen dieser Organisationsform.
41 Vgl. § 76 ThürKO.

- Unternehmen, zu deren Errichtung die Gemeinde gesetzlich verpflichtet ist [z. B. nach dem Seuchen- und Tierkörperbeseitigungsrecht],
- Einrichtungen der Abwasser- und Abfallbeseitigung, der Straßenreinigung,
- des Sports [Hallen, Stadien, Bäder], der Kultur [Theater, Oper, Orchester, Museen], der Erziehung [z. B. Jugendheime und –herbergen, Kindergärten und -horte[42]] und des Unterrichts [Volkshochschule, Schulen] sowie der Erholung [z. B. zoologische und botanische Gärten];
- Betriebe zur ausschließlichen Deckung des gemeindlichen Eigenbedarfs (Hilfsbetriebe),

werden in den Gemeindeordnungen zunehmend und/oder grundsätzlich dem Eigenbetriebsrecht unterworfen.[43] Auch Krankenhäuser und Sanatorien können als Eigenbetriebe geführt werden.[44] Der Verzicht auf den abgrenzenden Begriff „wirtschaftliches Unternehmen“ hat zur Folge, dass auch dann, wenn die Kommune ihre Aufgaben „nichtwirtschaftlich“, aber außerhalb ihrer allgemeinen Verwaltung erfüllt, sie den Beschränkungen der kommunalwirtschaftlichen Bestimmungen unterliegt. Bei der steuerlichen Betrachtung und bei der unternehmerischen Mitbestimmung im Eigenbetrieb kann der Unterschied zwischen „Hoheitsbetrieb“ und „wirtschaftlichen“ Unternehmen allerdings wieder zum Tragen kommen (vgl. zu den Einzelheiten der Abgrenzung wirtschaftliche/nichtwirtschaftliche Betätigung: oben → C. Rn. 55 ff.).

31 Die klassischen Tätigkeitsfelder[45] des Eigenbetriebs als **„wirtschaftliches Unternehmen“** sind Folgende:

- Versorgungsbetriebe (z. B. Wasser-, Gas-, Elektrizitäts-, Heizkraftwerke jeweils einschließlich der Verteilungsbetriebe);
- Verkehrsbetriebe (z. B. Hoch-, Untergrund-, Stadtschnell-, Klein-, Berg-, Sessel- und Straßenbahnen, Busse, Skilifte, Industriebahnen, Gleisbetriebe, Hafenbetriebe, Speicher- und Lagerhäuser, Flughäfen, Parkhäuser, Tankstellen, Schiffs- und Fährbetriebe);
- Betriebe der Urproduktion und darauf bezogene Verarbeitungsbetriebe (Landgüter, Gestüte, Molkereien, Mostereien, Wein-, Obst- und Gartenbaubetriebe, Brennereien, Fischereien, Mühlen, Sägewerke, Kühlanlagen, Steinbrüche und Sandgruben, Ziegeleien);
- sonstige Betriebe (Messe-, Mehrzweck- und Stadthallen, Gaststätten [Ratskeller, Theatergaststätten], Kurbetriebe, Wäschereien).

32 **cc) ohne eigene Rechtspersönlichkeit.** Der Eigenbetrieb ist keine eigenständige juristische Person des öffentlichen Rechts, sondern nur Teil oder Gliederung der juristischen Person Gemeinde oder Landkreis. Alles Handeln oder Unterlassen wird deshalb unmittelbar der sie tragenden Gebietskörperschaft zugerechnet (vgl. unten Rn. 97 ff.). Nur sie und nicht der Eigenbetrieb wird berechtigt und verpflichtet. Der Eigenbetrieb handelt also als Gliederung der Gebietskörperschaft und kann insoweit auch als **„Behörde“** angesprochen werden.[46] Ihn als „nichtrechtsfähige öffentliche Anstalt“ zu bezeichnen, sollte – unabhängig von dem darin zum Ausdruck kommenden geschichtlich überholten Verständnis – aus Gründen klarer Begrifflichkeit unterbleiben.

---

42 Vgl. hierzu aber auch OVG Bautzen, Urt. v.30.9.2015 – 4 A 459/14 –: Die Aufgaben „Förderung der Kinder in Tagespflege“ und „Förderung der Träger der freien Jugendhilfe“ können danach einem Eigenbetrieb nicht übertragen werden, weil es sich nicht um eine unternehmerische Tätigkeit handelt. Siehe auch: *Füßer/Wolfrum,* Organisatorische Grenzen und Gestaltungsmöglichkeiten bei der Erledigung der Aufgaben der Kinder- und Jugendhilfe – Zugleich ein Beitrag zu den Grenzen des „Eigenbetriebs“ im Freistaat Sachsen, SächsVBl 2014, 101.

43 Vgl. § 107 Abs. 2 Satz 2 GO NW; § 76 Abs. 1 ThürKO.

44 Vgl. § 29 Abs. 1 Nr. 2 ThürKHG. Zu Medizinischen Versorgungszentren (MVZ): *Plagemann/Ziegler,* Kommunale Trägerschaft von MVZ, DVBl 2016, 1432, 1435 ff.

45 Ausgehend vom Runderlass des Reichsministeriums des Inneren vom 22.3.1939 (MBliV 467).

46 hierzu im Einzelnen: VGH BW, Urt. v. 28.2.2019 – 2 S 929/17 – und Urt. v. 10.12.2015 – 2 S 1516/14 – (bei Rechtsbehelfsbelehrung); VGH München, Urt. v. 26.6.2017 – 20 B 16.189 –. Vgl. auch: *Weber,* Zur Behördeneigenschaft der Betriebsleitung eines Eigenbetriebs, DVP 2011, 53 ff.

Manche Kommunalordnungen sehen überdies vor, dass der Zweck eines Eigenbetriebs in Gestalt einer rechtsfähigen **Anstalt des öffentlichen Rechts** wahrgenommen werden kann bzw. bestehende Eigen- und Regiebetriebe in solche überführt werden dürfen.[47] Jedenfalls für die Landkreise und kreisfreien Städte ist es in allen Bundesländern möglich, Sparkassen als Anstalten des öffentlichen Rechts zu betreiben. Auf diese ist aufgrund der bestehenden eigenständigen Regelungen das Recht der wirtschaftlichen Unternehmen der Gemeinden nicht anwendbar. 33

Gegenüber der Erfüllung der Aufgaben in der Rechtsform einer **juristischen Person des Privatrechts** (GmbH, AG) genießt der Eigenbetrieb nach einigen Kommunalordnungen den Vorrang. Die Wahl der privaten Rechtsform für das Unternehmen ist danach erst dann möglich, wenn der öffentliche Zweck nicht ebenso gut in einer Rechtsform des öffentlichen Rechts, insbesondere durch einen Eigenbetrieb, erfüllt werden kann. Dieser Vorrang gilt allerdings dann nicht, wenn an der Erfüllung des öffentlichen Zwecks Private wesentlich beteiligt werden sollen und die Aufgabe hierfür geeignet ist. 34

Wirtschaftliche Unternehmen in der Rechtsform des privaten Rechts, an denen die Gebietskörperschaft die Mehrheit der Anteile besitzt, heißen **Eigengesellschaften. Eigenbeteiligungen** heißen die Unternehmensanteile der Gebietskörperschaften an wirtschaftlichen Unternehmen in der Rechtsform des privaten Rechts. 35

dd) außerhalb des Haushaltsplans. In diesem Kriterium wird der Charakter des Eigenbetriebs als Sondervermögen besonders deutlich. So bestimmen die Kommunalordnungen der Länder in der Regel im Zusammenhang mit den Haushaltsplänen der Gemeinden, dass die Vorschriften über die Einnahmen, Ausgaben und Verpflichtungsermächtigungen der Eigenbetriebe unberührt bleiben. Damit und mit den jeweiligen Eigenbetriebsgesetzen und -verordnungen werden sie unter ein besonderes, dem Zweck dieser Einrichtung dienendes Haushaltsregime gestellt. 36

In der Regel taucht die Wirtschaftslage des Eigenbetriebs im Vorbericht zum **Haushaltsplan** der Gemeinde bzw. des Landkreises auf. Dort ist darzustellen, wie sich die Wirtschaftslage der Eigenbetriebe in den dem Haushaltsjahr vorangehenden Jahren entwickelt hat und wie sie sich im Haushaltsjahr voraussichtlich entwickeln wird. 37

Wesentliche Unterschiede zum kommunalen Haushaltsrecht bestehen darin, dass der Eigenbetrieb vor Beginn eines jeden Wirtschaftsjahrs einen **Wirtschaftsplan**[48] zu erstellen hat, der in der Regel aus dem Erfolgsplan und dem Vermögensplan besteht. Wirtschaftliche Veränderungen des Eigenbetriebs (z. B. absehbare, erhebliche Verschlechterung des Jahresergebnisses mit Auswirkungen auf den Gemeindehaushalt; erforderliche Zuführungen von Gemeindevermögen oder höhere Kredite; erhöhter Personalbedarf) verlangen eine unverzügliche Änderung des Wirtschaftsplanes. 38

Der **Erfolgsplan** enthält alle voraussehbaren Erträge und Aufwendungen (bei der Gebietskörperschaft: Verwaltungshaushalt mit Einnahmen und Ausgaben). Er ist mindestens wie die Gewinn- und Verlustrechnung zu gliedern. 39

Im **Vermögensplan** (bei der Gebietskörperschaft: Vermögenshaushalt) sind alle voraussehbaren Einnahmen und Ausgaben zu erfassen, die sich aus Anlagenänderungen (Erneuerung, Erweiterung, Neubau, Veräußerung) und aus der Kreditwirtschaft des Eigenbetriebs ergeben. Außerdem sind die notwendigen Verpflichtungsermächtigungen aufzunehmen. Auf der Einnahmenseite des Vermögensplans sind die vorhandenen oder zu beschaffenden Deckungsmittel nachzuweisen. Insoweit bestehen Verknüpfungen mit der Haushaltssatzung der Gebietskörperschaft als dort der Gesamtbetrag der vorgesehenen Kreditaufnahmen für Investitionen, der Gesamtbetrag der vorgesehenen Verpflichtungsermächtigungen und der Höchstbetrag der Kassenkredite getrennt für das Haushaltswesen der Gebietskörperschaft

[47] Vgl. Art. 89 BayGO bzw. Art. 77 BayLkrO in Verbindung mit der Verordnung über Kommunalunternehmen vom 19.3.1998; § 114a GO NW; §§ 86a ff. RP GO; § 106a GOSH siehe unten → D. II. Rn. 118 ff.

[48] Vgl. zu den Anforderungen an einen Wirtschaftsplan: OVG Magdeburg, Urt. v. 17.10.2002 – 2 L 313/01.

und des Eigenbetriebs anzugeben sind. Weitere Deckungsmittel, die aus dem Haushalt der Gemeinde stammen, müssen mit den Ansätzen im Haushaltsplan der Gemeinde übereinstimmen.

40 Die **Stellenübersicht** ist ein Anhang zum Wirtschaftsplan, die nachrichtlich als Auszug aus dem Stellenplan der Gemeinde die im Wirtschaftsjahr erforderlichen Stellen der Beamten und der nicht nur vorübergehend beschäftigten Arbeitnehmern[49] des Eigenbetriebs enthält.

Außerdem hat der Eigenbetrieb einen fünfjährigen **Finanzplan** zu erstellen.

Am Ende des Wirtschaftsjahres ist ein **Jahresabschluss** aufzustellen,[50] der aus einer Bilanz, der Gewinn- und Verlustrechnung und dem Anhang besteht. Dieses Abschluss ist dem Rat zur Feststellung zuzuleiten.

41 Das Ziel des wirtschaftlich geführten Eigenbetriebs ist letztlich aber doch wieder auf den Haushalt gerichtet. Er soll – wie alle Unternehmen und Beteiligungen der Kommunen – einen **Ertrag für den Haushalt** abwerfen.[51] Die Einnahmen, zu denen auch angemessene Vergütungen für Leistungen des Eigenbetriebs an die Kommune oder an andere kommunale Unternehmen mit eigener oder ohne eigene Rechtspersönlichkeit gehören (Bruttoprinzip), sollten mindestens alle Aufwendungen, bei denen ebenfalls das Bruttoprinzip gilt, decken. Der Jahresgewinn sollte der Bildung angemessener Rücklagen und – nach Steuern – einer marktüblichen Verzinsung des eingesetzten Kapitals dienen.

42 **ee) nach kaufmännischen Grundsätzen.** Die Wirtschaftsführung und das Rechnungswesen des Eigenbetriebs unterliegt anders als der nach kameralistischen Vorgaben geführte Haushalt der Gemeinde, die zum Teil noch dem Nachweis des Haushaltsvollzuges dient, kaufmännischen Regeln. Hier wird nach der doppelten Buchführung oder einer entsprechenden Verwaltungsbuchführung vorgegangen. Deren Zweck ist es, den während des Rechnungsjahres erzielten Gewinn oder Verlust sowie die Rentabilität des eingesetzten Kapitals zu ermitteln. Sie soll außerdem einen Einblick in die Liquidität und die Vermögens- und Kapitalstruktur des Eigenbetriebs eröffnen.

43 Das Rechnungswesen der Eigenbetriebe unterscheidet sich regelmäßig von dem der Gemeinde oder des Landkreises. Der Jahresabschluss und der Lagebericht sind zu prüfen.[52] Die Prüfung wird je nach Landesrecht von öffentlich bestellten Wirtschaftsprüfern, kommunalen Prüfungsverbänden oder -anstalten, der Rechtsaufsichtsbehörde oder anderen Behörden durchgeführt. Auch eine bloß örtliche Prüfung durch das Prüfungsamt der Gemeinde findet sich im Recht der Länder.

44 **ff) Sondervermögen.** Das Vermögen, das der Erfüllung der Aufgaben des Eigenbetriebs dient, wird neben dem sonstigen Vermögen der Gebietskörperschaft verwaltet. Die organisatorische und finanzwirtschaftliche Sonderstellung des Eigenbetriebsvermögens ergibt sich zum einen aus der beschränkten Selbstverwaltung dieses Vermögens durch Werksleitung und Werkausschuss, zum anderen aus einem eigenen Wirtschafts-, Erfolgs-, Stellen- und Finanzplan sowie der besonderen Rechnungs- bzw. Buchführung.[53] Der Eigenbetrieb ist mit einem angemessenen Stammkapital auszustatten, dessen Höhe in der Betriebssatzung auszuweisen ist. Sacheinlagen sind angemessen zu bewerten.

45 **Zusammenfassend lässt sich festhalten:** Der Organisationsform „Eigenbetrieb" gelingt mit ihrer Sonderstellung in der kommunalen Verwaltung ein Spagat. Sie ermöglicht einerseits eine wirtschaftliche Unternehmensführung unter Berücksichtigung kaufmän-

[49] Hierzu: *Vogel,* Ausgewählte Rechtsfragen bei einer (vorübergehenden) Tätigkeit für einen kommunalen Eigenbetrieb, öAT 2014, 225 ff.

[50] Zur Bildung passiver Rechnungsabschlussposten durch Eigenbetriebe, die kommunalen Friedhof betreiben: VG Greifswald, Urt. v. 9.5.2017 – 2 A 2246/16 HGW –.

[51] Zur haushaltsrechtlichen Einordnung der Inanspruchnahme von liquiden Mitteln der Eigenbetriebe durch die Kommune: VG Magdeburg, Urt. v. 21.10.2015 – 9 A 351/14 –.

[52] Vgl. § 111 GemO BW.

[53] Vgl. hierzu z. B. §§ 12 ff. EigBG BW bzw. EigBVO BW; §§ 6 ff. BayEBV.

nischer Verhaltensregeln und der damit verbundenen (Teil-)Verselbständigung gegenüber der Kommunalverwaltung. Andererseits ist bei ihr eine weitgehende Kontrolle und Einflussnahme durch die Trägerkommune gewährleistet. Sie bestimmen die „Unternehmenspolitik", was insbesondere im Bereich der klassischen Daseinsvorsorge von Belang sein kann. Im Außenverhältnis zum Benutzer liegt ihr Vorteil darin, dass die Beziehungen privat- oder öffentlich-rechtlich ausgestaltet werden können. Als Nachteile dieser Betriebsform gelten die geringere Flexibilität bei der Verwaltung und Unternehmensführung, die teilweise ungünstige steuerliche Behandlung sowie – so man dies als Nachteil ansehen will – die Bindungen an die öffentlich-rechtlichen Vorgaben.

b) Regiebetrieb

aa) Begriff. Im Gegensatz zum Eigenbetrieb wird der Regiebetrieb im Rahmen der allgemeinen Verwaltung mit seinen Einnahmen und Ausgaben im gemeindlichen Haushaltsplan, also gerade nicht als Sondervermögen, geführt. Er unterliegt damit hinsichtlich seiner Organisation, Leitung und seines Haushalts gegenüber der normalen Verwaltung keinen Besonderheiten.[54] Für die Personalwirtschaft gilt der allgemeine Stellenplan. Es sind die allgemeinen Regeln des kommunalen Haushalts-, Kassen- und Rechnungswesen anzuwenden. Er ist kein kommunales Unternehmen wie der Eigenbetrieb, weil er Teil der unmittelbaren Kommunalverwaltung ist. Beim Regiebetrieb handelt es sich nur um eine Zusammenfassung technischer und finanzieller Mittel als Abteilung der Gemeindeverwaltung. Die Einflussnahme der Gemeinde ist bei dieser Organisationsform jederzeit und umfassend gewährleistet.[55] Er entsteht je nach Größe der Kommune durch interne Anordnung der Verwaltungsspitze im Rahmen der laufenden Verwaltung oder – wegen der grundsätzlichen Bedeutung – durch Beschluss des Rates. Manche Kommunalordnungen sehen jedoch vor, dass Regiebetriebe unter bestimmten Voraussetzungen ganz oder teilweise nach den Vorschriften über die Wirtschaftsführung der Eigenbetriebe geführt werden können.[56] 46

bb) Arten. Als **Hilfsbetriebe** decken sie den kommunalen Eigenbedarf ab (z. B. Gemeindegärtnerei, die nur die öffentlichen Anlagen betreut; Friedhofsgärtnerei; Bauhof; Reparaturbetriebe). **Bruttoregiebetriebe** oder **kostenrechnende Einrichtungen** sind solche öffentliche Einrichtungen, die die Kommunen ohne organisatorische Verselbständigung gegen Entrichtung einer Benutzungsgebühr auf der Grundlage des jeweiligen Abgabenrechts oder gegen Zahlung eines vergleichbaren privatrechtlichen Entgelts den Benutzern zur Verfügung stellt (z. B. Abwasserbeseitigung, Abfallentsorgung, Friedhof; Schlachthof). Die Zusammenfassung dient auch dem Zweck, das gebührenrechtliche Kostendeckungsprinzip auf eine organisatorische Grundlage zu stellen. Das Kostendeckungsprinzip verlangt, dass sich die Kosten der Inanspruchnahme der kommunalen Leistung nach dem abgrenzbaren Aufwand der Kommune für die jeweilige Einrichtung oder Anlage bemessen. 47

Bei **Nettoregiebetrieben** handelt es sich – soweit kommunalrechtlich überhaupt zugelassen – um Regiebetriebe mit eigener Rechnung, bei denen nur das Endergebnis in den kommunalen Haushalt eingestellt wird. Hier werden vom Eigenbetriebsrecht nur die Bestimmungen über die Wirtschaftsführung und das Rechnungswesen, nicht aber die organschaftliche Verselbständigung übernommen. 48

3. Gründung und andere Bestandsveränderungen beim Eigenbetrieb

a) Gründung und Errichtung

Gründung ist die Neuschaffung eines bisher noch nicht vorhandenen Unternehmens, wobei „Gründung" die rechtliche, „Errichtung" die tatsächliche Schaffung meint: 49

[54] Hierzu im Einzelnen: VGH Mannheim, Urt. v. 29.7.2020 – 6 S 1043/19 –.
[55] Vgl. hierzu: VGH München, Beschl. v. 24.9.2019 – 4 CE 19.337 – Rn. 24.
[56] Vgl. z. B. Art. 88 Abs. 6 BayGO.

50 **aa) Allgemeine Gründungsvoraussetzungen.** Für die Gründung von Eigenbetrieben gelten grundsätzlich die allgemeinen Voraussetzungen für die rechtliche Zulässigkeit von kommunalen Unternehmen. Diese allgemeinen Voraussetzungen sichern unter anderem, dass die Aufgaben nur ausnahmsweise aus der allgemeinen Verwaltung ausgegliedert werden, dass sich die Kommunen nicht zum Schaden ihrer eigentlichen Aufgaben auf wirtschaftliche Abenteuer einlassen und dass keine wettbewerbsverzerrenden Markteingriffe durch die Kommunen vorgenommen werden. Sie sind in den Kommunalordnungen der Länder in unterschiedlicher Weise geregelt. Regelmäßig sind folgende Voraussetzungen zu erfüllen, die übereinstimmend die Schranken „öffentlicher Zweck", „Leistungsfähigkeit" und „Subsidiarität" kennen (vgl. im Einzelnen → C. Rn. 78 ff., 86 ff.):

- der öffentliche Zweck muss das Unternehmen erfordern bzw. rechtfertigen, wobei mehr als nur Gewinnerzielung für den Gemeindehaushalt beabsichtigt sein muss;
- das Unternehmen muss nach Art und Umfang in einem angemessenen Verhältnis zu der Leistungsfähigkeit der Gemeinde und zum voraussichtlichen Bedarf bestehen, um unnötige Belastungen der Finanz- und Verwaltungskraft der Kommune zu vermeiden;
- die dem Unternehmen übertragenen Aufgaben sind für die Wahrnehmung außerhalb der allgemeinen Verwaltung geeignet (Vorrang des Handelns im Rahmen der allgemeinen Verwaltung);
- bei einem Tätigwerden des Unternehmens außerhalb der kommunalen Daseinsvorsorge kann der Zweck nicht ebenso gut und wirtschaftlich („strenge" Subsidiarität) oder besser („mildere" Subsidiarität) durch einen anderen erfüllt werden. Das Unternehmen darf keine Schädigung oder Aufsaugung bestehender nicht-kommunaler Unternehmen bewirken (Ziel: Schutz der Privatwirtschaft)[57]; bestimmte Bereiche (Wasserversorgung, Energieversorgung, ÖPNV; Telekomunikation) werden in einigen Ländern von der Subsidiaritätsklausel ausgenommen;
- bei gebietsübergreifenden Tätigkeiten müssen die Interessen der betroffenen kommunalen Gebietskörperschaften gewahrt sein bzw. dürfen nur auf der Grundlage einer Vereinbarung bzw. nach den Formen kommunaler Zusammenarbeit gemeinsam durchgeführt werden (Sicherung des Örtlichkeitsprinzip).

In einzelnen Ländern werden bestimmte Betätigungen generell verboten (Bankgeschäfte vorbehaltlich des Sparkassenrechts) oder durch rechtsaufsichtliche Anzeige- oder Genehmigungsvorbehalte beschränkt (Lieferung von Wasser, Gas und Strom). Manche fordern vor der Entscheidung über die Gründung und Errichtung eine Marktanalyse oder ein Erkundungsverfahren unter Einbindung der betroffenen örtlichen Betriebe in Landwirtschaft, Handel, Gewerbe und Industrie.

51 **bb) Besondere Gründungsvoraussetzungen.** Die Entscheidung über die Gründung eines Eigenbetriebs hat, da es sich um eine grundsätzliche Entscheidung handelt, der Rat zu treffen. In der Regel wird er diese Entscheidung beim Eigenbetrieb in die Form einer Betriebssatzung gießen, die den gesetzlich geforderten Mindestinhalt enthält. Denkbar ist aber auch, dass der Rat einen Gründungsbeschluss fasst und zu seiner Ausführung von der Verwaltungsspitze bzw. den Rat die weiteren erforderlichen Rechtsakte getroffen werden.

52 Regelmäßig besteht eine Verpflichtung der Gebietskörperschaft, der Rechtsaufsichtsbehörde die Gründung, Übernahme oder Erweiterung eines Eigenbetriebs rechtzeitig (z. B. innerhalb von sechs Wochen) vor dem Beginn, d. h. z. T. bereits vor dem Gründungsbeschluss, z. T. vor dessen Vollzug, oder vor der Vergabe von Arbeiten oder vor Abschluss des Übernahmevertrages und unter Darlegung der Gründungs-, Übernahme- und Erweiterungsvoraussetzungen anzuzeigen.[58] Diese Information geschieht je nach landesrechtlicher Vorgabe, in der Sache aber weitgehend identisch, in der Gestalt einer „Vorlage", eines

---

[57] Hier setzt in der Regel der mögliche Drittschutz für private Konkurrenten an: vgl. etwa § 136 Abs. 1 Satz 2 Nr. 3 NKomVG in der Fassung von 2011.

[58] Vgl. z. B. § 72 ThürKO.

„Berichtes" oder einer „Anzeige". Damit soll sichergestellt werden, dass die Rechtsaufsichtbehörde bei rechtswidrigen Gründungsbeschlüssen kommunalaufsichtliche Maßnahmen ergreifen kann, bevor tatsächlich (Beginn von Arbeiten; Ausschreibungen) oder rechtlich (Vergabeentscheidungen, Vertragsabschlüsse) nur schwer rückgängig zu machende Fakten geschaffen werden. Rechtsaufsichtliche Genehmigungen sind in der Regel nur bei der Gründung gebietsübergreifender Unternehmen erforderlich und sind daher bei Eigenbetrieben, die regelmäßig auf das Territorium der Kommune beschränkt bleiben, zumeist nicht erforderlich. Im Bereich der Versorgung mit Strom und Gas gelten überdies die besonderen Genehmigungserfordernisse des Energiewirtschaftsgesetzes.

Im Rahmen der **Errichtung** ist zur Herstellung der Betriebsfähigkeit dem Betrieb 53 Personal durch Einstellungen oder Umsetzungen zuzuweisen und es sind Haushaltsmittel für das Stammkapital bereitstellen. In diesem Zusammenhang sind die sächlichen Mittel, wie Immobilien, Fahrzeuge und sonstige Ausstattungen zu beschaffen sowie entsprechende Verträge mit Versicherungen und anderen Leistungserbringern abzuschließen.

b) Übernahme

Ein Unternehmen zu übernehmen heißt ein vorhandenes Unternehmen zu einer Einrich- 54 tung der Gemeinde zu machen, wobei die Gemeinde das Eigentum daran erwirbt oder es pachtet. Wegen der Rechtsnatur des Eigenbetriebes ist diese Erscheinungsform im vorliegenden Zusammenhang praktisch kaum von Belang.

c) Erweiterung

Unter „Erweitern" sind Maßnahmen zu verstehen, die den Umfang oder die Leistungs- 55 fähigkeit des Unternehmens im Sinne einer räumlichen oder funktionellen Ausdehnung steigern, z. B. Erweiterungsbauten, Anschaffung maschineller Einrichtungen; Aufnahme neuer Geschäftszweige. Nicht hier zu zählen allerdings Rationalisierungsmaßnahmen.

Für diese Maßnahmen müssen die allgemeinen (Gründungs-)Voraussetzungen in der Regel nur dann erfüllt sein, wenn es sich um wesentliche Erweiterungen handelt. Wann bei Erweiterungsbauten und bei der Anschaffung maschineller Einrichtungen von einer „Erweiterung" im engeren Sinne gesprochen werden kann, ist allgemein schwer zu bestimmen. Zu Erweiterungsmaßnahmen dürfte jedenfalls die Übernahme neuer Aufgaben zählen.

d) Zusammenfassung mehrerer Eigenbetriebe/Unternehmungen

aa) „kommunaler Querverbund". Zum Teil verpflichten die Eigenbetriebsregelungen 56 der Länder die Kommunen, alle Versorgungs- bzw. Verkehrsbetriebe in jeweils einem Betrieb organisatorisch zusammenzufassen. Die Versorgungsbetriebe tragen dabei die Bezeichnung „Gemeindewerke" bzw. „Stadtwerke". Diese Zusammenfassungen dienen der effektiveren Verwaltung (rationellere Betriebsabläufe durch Ausschöpfung organisatorischer, personalwirtschaftlicher, betriebswirtschaftlicher und technischer Synergieeffekte), der breiteren Kapitalausstattung sowie der Ersparnis von Kosten und der Verrechnung von Gewinnen mit Verlusten aus steuerlichen Gründen. Solche Zusammenfassungen sind sowohl bei der Neuerrichtung als auch durch spätere Übernahme denkbar.

bb) „Kombinierte Eigenbetriebe". Die landesrechtlichen Bestimmungen zu den Ei- 57 genbetrieben lassen zunehmend auch für nichtwirtschaftliche Hoheitsbetriebe die Anwendung des Eigenbetriebsrechtes zu. Soweit dies eröffnet ist, wird auch die Möglichkeit geschaffen die Hoheitsbetriebe, die in einem engen wechselseitigen wirtschaftlichen oder technischen Zusammenhang mit einem wirtschaftlichen Unternehmen stehen und die nach den eigenbetriebsrechtlichen Regeln geführt werden, mit dem wirtschaftlichen Unternehmen zu einem einheitlichen Eigenbetrieb zusammenzufassen.

58 **cc) Mehrere kommunale Gebietskörperschaften.** Diese können nicht Träger eines Eigenbetriebs sein. Allerdings ist insoweit vorstellbar, dass ein von ihnen gegründeter Zweckverband Träger eines Eigenbetriebs zur Erfüllung der Verbandsaufgabe ist.

e) Umwandlung

59 Die Voraussetzungen für die Gründung eines privaten Unternehmens, insbesondere das Erfordernis der rechtsaufsichtlichen Genehmigung, gelten nach nicht unbestrittener Ansicht grundsätzlich auch für die Umwandlung eines Eigenbetriebs in eine privat-rechtliche Eigengesellschaft.[59] Insoweit wird – bei entsprechender gesetzlicher Bestimmung – insbesondere der Vorrang der öffentlich-rechtlichen Rechtsform des Eigenbetriebs gegenüber privatrechtlicher Organisationsformen ein besonderes Gewicht erlangen. Denn es dürfte der Gemeinde bei strikter Handhabung dieses Grundsatzes schwer fallen, eine bloß „formale" Privatisierung bei bislang öffentlich-rechtlich erfüllter Aufgabenwahrnehmung zu begründen. Leichter fällt dies dann, wenn die Aufgabe, so sie denn hierfür geeignet ist, nach Umwandlung in Zusammenarbeit mit einem Privaten erfüllt werden soll („Public-private-partnership").

60 Die Rechtsprechung hat für einzelne Probleme, die bei der Umwandlung entstehen können, bereits die Maßstäbe aufgezeigt, so zum Übergang von Versorgungslasten bei der Umwandlung eines Eigenbetriebs in eine Aktiengesellschaft,[60] zur Umwandlung eines Eigenbetriebs in eine GmbH[61] und zur personalvertretungsrechtlichen Seite.[62] Die Umwandlung eines Eigen- oder Regiebetriebes in eine kommunale Anstalt bzw. ein Kommunalunternehmen des öffentlichen Rechts im Wege der Gesamtrechtsnachfolge ist in einigen Bundesländern vorgesehen (vgl. im Einzelnen → D. Rn. 144 ff.).[63] Umgekehrt ist nach der Auflösung der kommunalen Anstalt öffentlichen Rechts die Gründung eines Eigenbetriebes möglich.[64]

4. Organe

61 Als Ausdruck organisatorischer Verselbständigung handelt der Eigenbetrieb durch besondere Organe. Von Organen des Eigenbetriebs zu sprechen, ist allerdings wegen dessen rechtlicher Unselbständigkeit zumindest missverständlich. Nach den landesrechtlichen Eigenbetriebsregelungen spiegelt die Organstruktur des Eigenbetriebs die der Kommune. Neben der Verwaltungsspitze, im Eigenbetrieb die Werk- oder Betriebsleitung, steht ein beschließendes Gremium, der Werk- oder Betriebsausschuss. Werkleitung und Werkausschuss sind Organe der Gemeinde, denen durch die jeweiligen Gemeindeordnungen ein eigener Aufgaben- und Befugnisbereich sowie die gesetzliche Vertretungsmacht für den Eigenbetrieb eingeräumt ist. Im Rahmen ihrer Zuständigkeit treten die Werkleitung und der Werkausschuss regelmäßig an die Stelle der sonst üblichen allgemeinen Organe der Gebietskörperschaft (Bürgermeister/Landrat bzw. Gemeinderat/Kreistag).

---

[59] Vgl. § 73 Abs. 1 ThürKO.

[60] Vgl. BVerwG, DVBl. 1999, 1727.

[61] Vgl. OVG Weimar, Urt. v. 17.3.2016 – 4 KO 200/12 –; ThürOLG, ThürVBl. 1994, 140, zur Untersagung des Vollzug eines Umwandlungsbeschlusses vgl. OVG Saarland, Beschl. v. 11.6.1993 – 1 W 66/93 –.

[62] Vgl. VGH Kassel, Beschl. v. 1.6.1994 – TL 864/94 –.

[63] Vgl. hierzu z. B. § 102a Abs. 1 GemO BW, Art. 89 Abs. 1 BayGO, § 141 NsKommVG; § 114a GO NRW; § 106a GO SH; im Einzelnen auch: *Baier/Müller,* Die Umwandlung von Regie- und Eigenbetrieben in ein Kommunalunternehmen, BayVBl. 2011, 493; *Benne,* Umwandlung von Eigenbetrieben und Eigengesellschaften in eine kommunale Anstalt öffentlichen Rechts, ZKF 2016, 193; *Leitzen,* Die Umwandlung kommunaler Eigengesellschaften und Regie- und Eigenbetriebe aus zivilrechtlicher und notarieller Sicht, MittBayNot 2009, 354; VG Köln, Beschl. v. 31.1.2019 – 17 L 2295/18 –; zur Umwandlung eines Regiebetriebs in eine Anstalt des öffentlichen Rechts: FG München, Urt. v. 19.6.2019 – 4 K 2515/16 –.

[64] Hierzu: *Benne,* Auflösung der kommunalen Anstalt öffentlichen Rechts und Gründung eines Eigenbetriebes, ZKF 2015, 7 ff.

Die **Verletzung dieser Organrechte** kann unter Umständen zur Folge haben, dass die Betroffenen dies streitig austragen und dabei zu Beteiligten eines kommunalverfassungsrechtlichen Streits vor den Verwaltungsgerichten werden. Ein solcher Streit ist aber nur statthaft, wenn er kommunalrechtlich zugewiesene Organrechte betrifft.[65] Hierunter fallen nicht Auseinandersetzungen um Maßnahmen, die allein das dienstrechtliche oder arbeitsrechtliche Verhältnis des jeweiligen Organwalters berühren (zum Beispiel: Kündigung des Werkleiters sowie deren Androhung, Abmahnung, dienstliche Rüge). Hiergegen kann der Organwalter persönlich Klage erheben, und zwar als Beamter vor den Verwaltungsgerichten bzw. als Angestellter vor den Zivilgerichten oder Arbeitsgerichten. 62

a) Werk- oder Betriebsleitung

Die Werk- oder Betriebsleitung soll möglichst ein umfassendes Maß an Selbstständigkeit gegenüber den Organen der Gebietskörperschadft haben, um ihrer Funktion, der selbständigen und eigenverantwortlichen Leitung des Eigenbetriebs, sachgerecht nachkommen zu können. Sie kann – je nach Landesrecht und Betriebssatzung sowie Größe des Eigenbetriebs – aus einem oder mehreren Werkleitern bestehen.[66] Ob es praktisch vorteilhaft ist, mehrere Werkleiter einzusetzen, hängt von der Größe des Betriebes (Umsatzvolumen, Anzahl der Beschäftigten, Bilanzsumme), aber auch von den zur Auswahl stehenden Personen ab. Die Trennung zwischen kaufmännischen und technischen Werkleiter bietet sich häufig an. Insbesondere beim Querverbund liegt es nahe, die jeweiligen Teilbetriebe von technischen Leitern führen zu lassen, während die kaufmännischen Angelegenheiten des Gesamtbetriebes in der Hand eines entsprechend vorgebildeten Werkleiters stehen sollten. Auch wenn ein Eigenbetrieb mehrere Teilbetriebe hat, besteht aber bezogen auf den gesamten Betrieb nur eine Werkleitung. Das Landesrecht kann aber vorsehen, dass für den jeweiligen Teilbetrieb eine Betriebsleitung bestellt wird. 63

In jedem Falle müssen der oder die Werkleiter zur ordnungsgemäßen Erfüllung ihrer Aufgaben geeignet bzw. die erforderlichen fachlichen Voraussetzungen erfüllen. Angesichts der herausgehobenen Stellung gehört zu den persönlichen Eignungsvoraussetzungen regelmäßig auch eine hinreichende Berufs- und Lebenserfahrung.

Ein – auch zeitlich befristeter – **Verzicht auf eine Werkleitung** ist grundsätzlich nicht möglich. In personellen Übergangsphasen (Kündigung, Entlassung, Tod,…) ist ein kommissarischer Werkleiter einzusetzen. Jedenfalls hat die Verwaltungsspitze der Kommune diese Aufgaben wahrzunehmen,[67] wenn dies nicht durch Landesrecht verboten ist. Soweit die Vereinigung der Funktion von Verwaltungsspitze und Werkleitung nicht schon landesrechtlich ausgeschlossen ist, verbietet sich die Personalunion[68] schon zur Vermeidung von Interessenkollisionen und Überlastungen. Außerdem ergeben sich gerade aus der Reibung zwischen den getrennten Funktionen unter Umständen reflektiertere Enscheidungen. 64

Bestellung der Werkleitung: Unter Abweichung von der sonst in den Gebietskörperschaften bestehenden Regel, dass das Personal von der Verwaltungsspitze ernannt bzw. eingestellt wird, sehen einige Landesgesetze vor, dass der Rat die Werkleitung bestellt bzw. wählt. Allerdings ist dies nicht durchgängig der Fall. In einigen Ländern verbleibt es bei der Kompetenz der Verwaltungsspitze, wobei aber teilweise eine Zustimmung des Rates oder des Werksausschusses vorgesehen ist. 65

Aufgabe der Werkleitung ist – wie der Name sagt – die Leitung des Betriebes. Nachdem es um die Führung eines wirtschaftlichen Unternehmens geht, hat sie – allgemein gesprochen – im rechtlich vorgegebenen Rahmen die unternehmerischen Ziele zu setzen, die betrieblichen Prozesse zu planen, zu organisieren, zu überwachen und zu koordinieren, die hierfür erforderlichen Mittel bereitzustellen und deren Einsatz zu steuern sowie das 66

[65] Vgl. VG Minden, Urt. v. 17.4.1985 – 10 K 1431/84 –.
[66] Vgl. z. B. § 4 EigBG BW; § 2 Abs. 2 EigVO M-V.
[67] Vgl. hierzu z. B. § 10 Abs. 3 EigBG BW; § 4 Abs. 1 Satz 2 BbgEigV.
[68] Hierzu: OVG Bautzen, Beschl. v. 13.9.2013 – 4 B 402/13.

eingesetzte Personal anzuweisen und zu beaufsichtigen.[69] Über den Betriebserfolg ist in den vorgegebenen Formen Rechenschaft abzulegen. Beim Eigenbetrieb sind insbesondere die öffentlichen Interessen und die Belange der Gemeindeeinwohner zu beachten.

67 Diese Aufgaben werden in erster Linie im Rahmen der **„laufenden Geschäfte“**[70] des Eigenbetriebs erfüllt (auch: „laufende Betriebsführung“). Die Werkleitung nimmt damit allein verantwortlich und andere Organe ausschließend Aufgaben war, die im Grundsatz sonst als „laufende Angelegenheiten“ (auch: „einfache Geschäfte der laufenden Verwaltung“) in die Zuständigkeit des Bürgermeisters oder Landrates fallen. Laufende Geschäfte sind solche, die im täglichen Geschäftsgang nach Art und Ausmaß immer wieder anfallen und zur Aufrechterhaltung des Betriebes notwendig sind. Entsprechend den Kriterien für die Abgrenzung der Zuständigkeiten von Rat und Bürgermeister bzw. Landrat sind dies nur solche Angelegenheiten, die für die Gemeinde oder Landkreis keine grundsätzliche Bedeutung haben und keine erheblichen Verpflichtungen erwarten lassen. Hierzu zählen insbesondere die selbständige eigenverantwortliche Leitung des Eigenbetriebs einschließlich Organisation und Geschäftsleitung, der Abschluss wiederkehrender Verträge, wie etwa bei der Beschaffung von Roh-, Hilfs- und Betriebsstoffen sowie von Investitionsgütern des laufenden Bedarfs und deren Ersatzbeschaffung, die Anordnung der notwendigen Instandhaltungsmaßnahmen von Anlagen, die dem Betriebszweck dienen, deren bedarfsgerechter Ausbau und Erweiterung sowie der Abschluss von Verträgen mit Kunden. Ob ein Geschäft ein „laufendes“ ist, kann je nach Größe, Struktur, Finanzkraft und Verwaltungsintensität der Gebietskörperschaft bzw. des Eigenbetriebs unterschiedlich sein. So können z. B. bei einem großen städtischen Verkehrsbetrieb die Anschaffung von Bussen oder Bahnen ein „laufendes Geschäft“ sein, während bei einem gemeindlichen Wasserwerk die Anschaffung eines LKWs nicht dazu zählt.

68 Neben den laufenden Geschäften hat die Werkleitung **weitere Aufgaben.** Hierzu zählt je nach den Regeln des jeweils geltenden Eigenbetriebsrechtes die Verantwortung für das Rechnungswesen (Buchführung, Kostenrechnung, Jahresabschluss, Lagebericht, Wirtschaftsplan) und – in einigen Bundesländern[71] – die Umsetzung der Entscheidungen und Beschlüsse der anderen kommunalen Organe, die sich auf den Eigenbetrieb beziehen (Rat, Werksausschuss, Verwaltungsspitze). In allen Bundesländern ist die Werkleitung zur rechtzeitigen Information gegenüber dem jeweils zuständigen Organ verpflichtet.[72] Die Vorbereitung und Durchführung der Sitzungen des Werkausschusses ist von ihm ebenso zu leisten wie der Vollzug dessen Beschlüsse, soweit diese Aufgabe gesetzlich nicht der Verwaltungsspitze zugewiesen ist.

69 Durch die Betriebssatzung, durch eine Dienstanweisung oder eine Geschäftsordnung des Bürgermeisters/Landrates – je nach Landesrecht ohne oder mit Zustimmung des Werksausschusses – oder des Werksauschusses ist die **interne Geschäftsverteilung** der Werkleiter, insbesondere der Gang der internen Abstimmung und der Vertretung nach außen, zu regeln.[73] Dabei kann auch ein „Erster Werkleiter“ bestellt werden,[74] dessen herausgehobene Stellung näher festgelegt wird und dessen Stimme bei Stimmengleichheit der Werkleiter den Ausschlag gibt. Durch die Bestellung einer ungeraden Zahl an Werkleitern kann verhindert werden, dass es zu Meinungsverschiedenheiten kommt, die auf der Ebene der Werkleitung nicht mehr lösbar sind. Sollte ein solcher Fall dennoch eintreten, sind zunächst die in der Betriebssatzung vorgesehenen Konfliktlösungsverfahren einzuschlagen bzw. im letzten Falle die Entscheidung der kommunalen Verwaltungsspitze herbeizuführen.[75] Be-

[69] Vgl. z. B. § 5 EigBG BW; § 3 EigVO M-V.
[70] Vgl. § 140 Abs. 4 NKomVG.
[71] Vgl. z. B. § 5 Abs. 2 EigBG BW, § 4 Abs. 2 BbgEigV; § 3 Abs. 3 EigVO M-V.
[72] Vgl. z. B. § 5 Abs. 3 EigBG BW; § 4 Abs. 3 BbgEigV; § 3 Abs. 4 EigVO M-V.
[73] Vgl. z. B. § 4 Abs. 3 BbgEigV; § 2 Abs. 2 EigVO M-V; § 2 Abs. 2 NEigBetrVO.
[74] Vgl. z. B. § 4 Abs. 2 BbgEigV.
[75] Vgl. VG Gießen, NVwZ-RR 1994, 173, zu der in einer Satzung eines Eigenbetriebs enthaltene Regelung, wonach im Falle zweier gleichberechtigter Betriebsleiter die Stimme des Bürgermeisters den Ausschlag geben soll.

stimmte Aufgaben (Jahresabschluss, Lagebericht) sind regelmäßig von allen Werkleitern zu verantworten. Auch ein mit Mitentscheidungsbefugnissen ausgestatteter, „stellvertretender Werkleiter" kann bestellt werden, der vom Stellvertreter des Werkleiters[76] im jeweiligen Aufgabengebiet zu unterscheiden ist. Bei der ressortmäßigen Aufteilung der Aufgaben sind auch die zivilrechtlichen Haftungsfragen (Organisationsverschulden, Auswahl- und Überwachungspflichten) mitzubedenken. Die Aufteilung sollte unter diesem Aspekt klar und schriftlich erfolgen.

Auch arbeitsrechtliche Konsequenzen sind zu berücksichtigen. So meint das Landes- **70**
arbeitsgericht Schleswig-Holstein,[77] gegenüber einem Angestellten, der gemäß Arbeitsvertrag zum Ersten Werkleiter eines kommunalen Eigenbetriebs bestellt worden ist und innerhalb der Werkleitung in Übereinstimmung mit der Betriebssatzung die Alleinentscheidungsbefugnis hat, sei die spätere Änderung der Betriebssatzung insoweit unwirksam, als bei Meinungsverschiedenheiten innerhalb der Werkleitung nunmehr mit Mehrheit entschieden werden solle. Diese Auffassung – so sie sich durchsetzen würde – würde jedoch die Befugnis einer Kommune, die Satzung eines Eigenbetriebes zu ändern, erheblich einschränken, wenn sie ihr Organisationsermessen gegenüber dem Arbeitnehmer durch eine bestimmte arbeitsvertragliche Regelung gebunden hat. Diese Auffassung erscheint unter öffentlich-rechtlicher Betrachtungsweise nur schwer vertretbar.

Zur Klarstellung und zur Vermeidung positiver oder negativer Kompetenzkonflikte in **71**
Sachangelegenheiten liegt es nahe, in der Betriebssatzung – ggf. unter Angabe von Geldbeträgen als Zuständigkeitsgrenzen – näher zu bestimmen, was laufende Geschäfte sind, die der Entscheidung der Werkleitung obliegen, und wann der Bereich „grundsätzlich bedeutsamer Maßnahmen" erreicht ist. Diese Bestimmung kann rechtlich im Zweifel – falls die gesetzlichen Grenzen, die in dem Begriff des „laufenden Geschäfts" gerichtlich voll überprüfbar gesetzt sind, überschritten werden – auch als Übertragung der Befugnisse des Gemeinderats auf die Werkleitung bewertet werden, soweit das Gesetz die Übertragung zulässt.

Die **Vertretung** der Kommune durch die Werkleitung **nach außen** ist rechtlich nur **72**
dann wirksam, wenn dies durch Gesetz vorgesehen ist und/oder sie auf der Grundlage des Gesetzes durch die Betriebssatzung übertragen ist.[78] Insoweit bestehen in den Ländern unterschiedliche Regelungsansätze, die auch zu einer jeweils unterschiedlichen Reichweite der Vertretungsmacht führen. Ist eine Übertragung der Vertretungsmacht gesetzlich vorgesehen, kann die Betriebssatzung den Umfang der Vertretungsmacht – ggf. nach der gesetzlich geforderten Zustimmung des Bürgermeisters – im Einzelnen bestimmen und die rechtliche Möglichkeit eröffnen, die Vertretungsbefugnis auf andere Beschäftigte des Eigenbetriebs weiter zu übertragen bzw. diese mit der Durchführung bestimmter Angelegenheiten – öffentlich-rechtlich – zu beauftragen. Einige Länder schreiben aus Gründen der Rechtssicherheit und der Rechtsklarheit vor, dass die Vertretungsberechtigten und der Umfang der Vertretungsmacht öffentlich bekannt gemacht werden müssen.[79] Ist die Vertretungsmacht übertragen, handelt die Werkleitung nicht für den Eigenbetrieb, der nicht rechtsfähig ist, sondern für die jeweilige Gebietskörperschaft.[80] Daran ändert nichts, dass „unter dem Namen des Eigenbetriebs" gezeichnet wird bzw. werden muss. Dies signalisiert nach außen nur die gesetzlichen Grenzen der Vertretungsmacht. Die Wirksamkeit von

---

[76] Vgl. hierzu: OLG Frankfurt, Beschl. v. 10.12.2010 – 20 W 150/09-.

[77] LAG Schleswig-Holstein, Urt. v. 7.2.1990 – 5 Sa 559/89 –.

[78] Vgl. z. B. § 6 EigBG BW; § 5 BbgEigV; § 4 EigVO M-V. Zu Brandenburg: BAG, Beschl. v. 17.12.2008 – 5 AZB 69/08 –. Zu Hessen: VG Gießen, Beschluss vom 26.6.2013 – 8 L 807/13.GI; zu Sachsen-Anhalt: OVG Sachsen-Anhalt, Beschluss vom 8.5.2009 – 4 L 272/07 – und Urt. v. 28.9.2009 – 4 L 313/07 –; zu Schleswig-Holstein: VG Schleswig, Urt. v. 27.11.2015 – 4 A 16/14 –. Hierzu auch: *Lindl,* Vertretungen, Vertretungsbefugnisse und Vollmachten bei Eigenbetrieben, insbesondere im Licht des § 174 Satz 1 BGB, KommunalPraxis BY 2017, 313 ff.; *Weber,* Zur Behördeneigenschaft der Betriebsleitung eines Eigenbetriebs, DVP 2011, 53 ff.

[79] Vgl. z. B. § 6 Abs. 2 BbgEigV.

[80] Zur Vertretung vor den Verwaltungsgerichten nach sächsischem Recht: *Zander,* Kommunale Eigenbetriebe und deren Vertretung im verwaltungsgerichtlichen Verfahren, SächsVBl. 2018, 245 ff.

Erklärungen der Werkleitung wird in einigen Ländern von der Einhaltung bestimmter Formen abhängig gemacht (z. B. Schriftform, handschriftliche Unterzeichnung von zwei Vertretungsberechtigten; rechtsaufsichtliche Genehmigung bestimmter Geschäfte).

73 Da der Werkleiter regelmäßig gesetzlich (nur) zur Führung der laufenden Geschäfte des Eigenbetriebes ermächtigt ist, kann er auch nur in diesen Grenzen vom Gemeinderat zur Vertretung nach außen ermächtigt werden. Unter diesem Aspekt wird in einigen Bundesländern die Auffassung vertreten, dass sich die Vertretungsbefugnis nur auf die rein wirtschaftliche Betriebsführung und das insoweit nach außen allein geforderte zivilrechtliche Handeln richtet und sich somit nicht auf die gesetzliche Vertretung der Gebietskörperschaft in Angelegenheiten erstreckt, die über die wirtschaftliche Tätigkeit hinausgehen, insbesondere **hoheitliche Maßnahmen** betreffen (vgl. auch Rn. 101).[81] Maßnahmen, die nicht der kaufmännischen und wirtschaftlichen Führung des Eigenbetriebes dienen, sondern als hoheitliche Tätigkeit im Zusammenhang mit der Benutzung der öffentlichen Einrichtung anzusehen sind – wie die durch Verwaltungsakt zu treffende Entscheidung über Begründung, Umfang oder Aufrechterhalten eines Anschluss- und Benutzungsverhältnisses sowie die Heranziehung zu Anschlussbeiträgen oder Gebühren – gehören danach grundsätzlich nicht zu den auf die Werkleitung gesetzlich übertragenen Aufgaben. Allerdings sind gerade hier die teils umstrittenen landes- oder ortsgesetzlichen Besonderheiten zu beachten, die nach Übertragung der Befugnisse ein hoheitliches Tätigwerden des Eigenbetriebs ermöglichen können.[82] Wird die Vertretungsmacht nicht übertragen, bleibt der Bürgermeister bzw. Landrat im Außenverhältnis zuständig.

74 Ob der Werkleitung ein **Eilentscheidungsrecht** – vergleichbar mit Befugnissen des Bürgermeisters/Landrats – zusteht, richtet sich nach dem jeweiligen Landesrecht und ist auch dort zum Teil streitig. In einigen Ländern ist bestimmt, dass dieses Recht von der Verwaltungsspitze der Gebietskörperschaft nicht auf die Werkleitung übertragen werden kann. In der Praxis wird die Werkleitung dort in unaufschiebbaren Notfällen beim Bürgermeister bzw. Landrat oder eines Vertreters im Amt anregen müssen, von seinem Eilentscheidungsrecht Gebrauch zu machen. In den Ländern, die ein Eilentscheidungsrecht der Werkleitung kennen, sind jedenfalls Informationspflichten gegenüber dem Werkausschuss, der Verwaltungsspitze oder dem Rat bzw. die Pflicht begründet, baldmöglichst eine Entscheidung des zuständigen Organs herbeizuführen.

75 In **Personalangelegenheiten** ist die Zuständigkeit des Bürgermeisters oder Landrats als oberste Dienstbehörde der Beamten und als Vorgesetzter bzw. Dienstvorgesetzter der Gemeindebediensteten grundsätzlich gesetzlich vorgegeben.[83] Einzelne Gemeindeordnungen bzw. Eigenbetriebsgesetze sehen allerdings vor, dass die Werkleitung Dienstvorgesetzter der Beamten im Eigenbetrieb ist und die Dienstaufsicht über sie und die im Eigenbetrieb tätigen Arbeitnehmern führt.[84] Insoweit kann die Werkleitung Dienstanweisungen und Dienstordnungen für die Beschäftigten des Eigenbetriebs erlassen. Der Gemeinderat kann

---

[81] Vgl. OVG NRW, Beschl. v. 24.10.2013 – 9 A 2553/11 –, das aber die Behördeneigenschaft bejaht; VG Münster, Urt. v. 10.9.2015 – 3 K 1656/14 –, das eine konkrete Aufgabenübertragung durch gemeindliche Satzung oder einen sonstigen gemeindlichen Organisationsakt verlangt. Dagegen:VG Köln, Beschl. v. 22.7.2013 – 14 L 679/13 –; ThürOVG, Beschl. v. 20.5.1998 – 4 EO 736/95 –; OVG Rhl-Pfl., Beschl. v. 4.6.1993 – 7 B 11203/93 –, BayVGH, Urt. v. 25.1.2010 – 20 B 09.1553 –; VG München, Beschl. v. 22.6.2010 – M 10 S 10.2303 – und Urt. v. 2.4.2009 – M 10 K 08.1631 – (a. A. VG Neustadt, Beschl. v. 28.2.2013 – 4 L 44/13.NW); Sonderfall einer Rückforderung von Zuwendungen: VG Aachen, Urt. v. 8.8.2007 – 6 K 1444/06.

[82] VGH Baden-Württemberg, Urt. v. 28.2.2019 – 2 S 929/17 –; Befugnis muss ausdrücklich übertragen werden: BayVGH, Urt. v. 25.1.2010 – 20 B 09.1553 –, NVwZ-RR 2010, 931, v. 6.9.2012 – 20 B 11.2171 – und v. 26.6.2017 – 20 B 16.189 –; OVG Berlin-Brandenburg, Beschl. v. 6.7.2007 – 12 S 60.07 –; VG Frankfurt (Oder), Urt. v. 31.1.2020 – 5 K 1168/14 –; HessVGH, Urt. v. 19.9.2002 – 5 UE 1147/02 –, VG Gießen, Urt. v. 17.10.2013 – 8 K 2080/12.GI –; OVG Mecklenburg-Vorpommern, Beschl. v. 24.6.2008 – 1 M 54/08 –; OVG NRW, Beschl. v. 30.4.2019 – 15 A 883/19 – und 24.10.2013 – 9 A 2553/11 –; SächsOVG 30.6.2004 – 5 B 369/03 –.

[83] Vgl. Betriebsleiter als Vorgesetzter: § 11 EigBG BW.

[84] Vgl. z. B. Art. 88 Abs. 3 Satz 3 BayGO.

nach Maßgabe der jeweiligen gesetzlichen Grundlage mit Zustimmung des Bürgermeisters der Werkleitung für Beamte und Arbeitnehmer im Eigenbetrieb personalrechtliche Befugnisse übertragen.[85] Auch insoweit wird jedoch zu beachten sein, dass der Werkleiter nur „laufende Geschäfte" wahrnehmen darf, zu denen auch dann, wenn ihm die Einstellung von Bediensteten übertragen wurde, die Entscheidung über die Weiterbeschäftigung eines Auszubildenden, der Mitglied einer Jugend- oder Auszubildendenvertretung ist, nicht zählt.[86] Die personalvertretungsrechtlichen Zuständigkeiten des Werkleiters im Übrigen hängen vom Bestehen einer **eigenständigen Dienststelle „Eigenbetrieb"** und damit regelmäßig von einem Beschluss der wahlberechtigten Beschäftigten ab. Ob die Beschäftigten des Eigenbetriebes personalvertretungsrechtlich Angehörige einer eigenständigen Dienststelle sind, richtet sich dabei nach dem jeweiligen Landesrecht und den Verhältnissen in der Kommune.[87] Die in einzelnen Bundesländern vorgesehene unternehmerische Mitbestimmung für den Bereich der Eigenbetriebe wirkt sich bei der Zusammensetzung der stimmberechtigten Mitglieder des Werkausschusses aus (vgl. → Rn. 82).

Sieht das Landesrecht eine **Übertragung von Personalbefugnissen** kraft Gesetzes nicht 76
vor, lässt es die Personalhoheit des Bürgermeisters/Landrats jedenfalls zu, dass der konkrete Personaleinsatz durch die Werkleitung organisiert wird bzw. ihr die Fachaufsicht obliegt. Ob der Werkleitung vom Bürgermeister auch beamtenrechtliche Entscheidungen übertragen werden dürfen, die – wie etwa die Ernennung, Beförderung oder Entlassung – eine Verfügung der obersten Dienstbehörde verlangen, hängt davon ab, ob das jeweilige Landesbeamtenrecht in Verbindung mit der jeweiligen Kommunalordnung dies zulassen. Soweit die Gesetze oder – bei Personalmaßnahmen gegenüber Arbeitnehmern – die Tarifverträge eine Übertragung auf den nachgeordneten Werkleiter zulassen, wird dies im Rahmen einer allgemeinen Dienstanweisung oder einer Einzelübertragung geschehen können. Soweit solche auf die Werkleitung übertragenen Personalentscheidungen im Einzelfall der Zustimmung des Rates bedürfen, liegt es nahe – soweit gesetzlich zulässig –, dem Werkausschuss diese Befugnis zu übertragen.

Der jeweilige **Werkleiter ist Kommunalbediensteter** (Beamter auf Zeit[88] oder Le- 77
benszeit oder Angestellter)[89] und unterliegt damit grundsätzlich der Dienstaufsicht des Bürgermeister bzw. Landrats. In manchen Kommunalordnungen ist die – denkbare, insbesondere bei größeren Betrieben praktisch aber wenig sinnvolle – Personalunion zwischen dem Bürgermeister und dem Werkleiter untersagt,[90] andere lassen sie zu.[91] Beschäftigte des Eigenbetriebs sind nach einigen Kommunalordnungen nicht für den Rat ihres Arbeitgebers wählbar (Inkompatibilität).[92] Werden dem Fachbeamten für das Finanzwesen – Kämmerer

[85] Vgl. z. B. Art. 88 Abs. 3 Satz 4 BayGO.

[86] Vgl. BayVGH Beschl. v. 23.4.1997 – 17 P 2259/96 und 17 P 2260/96 –.

[87] Vgl. BVerwG, Beschl. v. 20.9.2013 – 6 P 3/13 – zum sächsischen Personalvertretungsgesetz: Danach obliegt nicht nur die in § 85 Abs. 1 Satz 3 SächsPersVG geregelte Bestellung der Beisitzer der Einigungsstelle dem Eigenbetriebsleiter und dem Personalrat des Eigenbetriebs, sondern sind diese auch zuständig für die Einigung auf die Person des Vorsitzenden der Einigungsstelle, wenn im Mitbestimmungsverfahren zwischen dem Eigenbetriebsleiter und dem Personalrat des Eigenbetriebs keine Einigung zustande kommt und einer von ihnen daraufhin die Einigungsstelle (§ 85 SächsPersVG) anruft. Zu Baden-Württemberg: BVerwG, Beschl. v. 13.3.2013 – 6 PB 4/13, VGH BW Beschl. v. 29.6.1999 – PL 15 S 1670/98 – und – PL 15 S 1927/98 –, Beschl. v. 24.7.2007 – PL 15 S 3/06 –, Beschl. v. 25.8.2016 – PL 15 S 1966/15 –; LAG Frankfurt, Urt. v. 5.7.1984 – 12 Sa 814/83 –; OVG Niedersachsen, Beschl. v. 28.32019 – 18 LP 5/17 – zur Bildung eines Gesamtbetriebsrates mit der Personalvertretung der übrigen Kommune. LAG Schleswig-Holstein, Urt. v. 6.4.1987 – 4 Sa 16/87 –; *Püttner,* Zur Mitbestimmung in öffentlich-rechtlich organisierten Unternehmen, DVBl 1984, 165.

[88] Zu der Frage, ob die Beschäftigung als Beamter auf Zeit verfassungswidrig ist: *Zimmermann,* Leiter kommunaler Eigenbetriebe als Beamte auf Zeit, LKV 2019, 97 ff.

[89] *Vogel,* Ausgewählte Rechtsfragen bei einer (vorübergehenden) Tätigkeit für einen kommunalen Eigenbetrieb, öAT 2014, 225 ff.

[90] SächsOVG, Beschl. v. 20.11.2014 – 4 B 402/13 –.

[91] Nach § 10 Abs. 3 EigBG BW ist dies zulässig.

[92] Hierzu: BVerwG, Urt. v. 14.6.2017 – 10 C 2/16 – zu VGH BW, Urt. v. 21.12.2015 – 1 S 485/14 –; dagegen: VG Magdeburg, Urt. v. 11.2.2014 – 9 A 212/13 –.

– die Aufgaben des Werkleiters eines gemeindlichen Eigenbetriebs als Nebentätigkeit übertragen, so ist hierin nicht ohne weiteres ein Missbrauch der Organisationsgewalt durch den Bürgermeister einer Gemeinde zu sehen.[93] Bei der Umwandlung zu Kommunalunternehmen können Beamte in einem Regie- oder Eigenbetrieb im dienstlichen oder öffentlichen Interesse mit ihrer Zustimmung eine ihrem Amt entsprechende Tätigkeit bei dem Kommunalunternehmen zugewiesen werden. Die Rechtsstellung des Beamten bleibt unberührt.[94]

78 Als vertretungsberechtigtes Organ der Gemeinde unterfällt der Werkleiter im Status des **Angestellten** selbst nicht dem **Kündigungsschutz**gesetz.[95] Für die Vergütung ist im Grundsatz auf die Regeln des Tarifrechts zurückzugreifen. Soweit dessen Regeln nicht einschlägig sind, werden die Werkleiter auf der Grundlage von Privatdienstverträgen tätig.

79 Als **Beamter** unterliegt der Werkleiter dem jeweiligen Landesbeamtenrecht.[96] Die Besoldung des Werkleiters richtete sich früher auch nach der Verordnung über die Zuordnung der Ämter der Leiter kommunaler Versorgungs- und Verkehrsbetriebe des Bundes – Werkleiterbesoldungsverordnung –.[97] Die Einstufung wurde insoweit ausgehend von bestimmten Betriebszahlen vorgenommen. Der Landesgesetzgeber kann nunmehr etwa durch eine Kommunalbesoldungs- oder Eingruppierungsverordnung die besoldungsrechtlichen Fragen regeln.[98]

Ob der Werkleiter über Dienstreisen zur Erfüllung seiner gesetzlichen Aufgaben selbst entscheiden kann, sollte zur Klarstellung in der Betriebssatzung bzw. der allgemeinen Dienstanweisung des Bürgermeisters bzw. Landrats festgelegt werden.

80 Als Beamter **haftet** der Werkleiter neben dem kommunalen Träger des Eigenbetriebs nach beamtenrechtlichen Grundsätzen persönlich nur für Vorsatz und grobe Fahrlässigkeit.[99] Gleiches gilt für tariflichen Arbeitnehmer. Bei sonstigen dienstvertraglichen Arbeitnehmer gelten die vertraglichen und allgemeinen zivilrechtlichen Haftungsbegrenzungen.

b) Werk(s)ausschuss oder Betriebsausschuss

81 Der Werkausschuss (z. T. auch „Betriebsauschuss“[100], „Betriebskommission“, „Werksenat“, „Verwaltungsrat“) verkörpert das **demokratische** Element in der Organisation des Eigenbetriebs. Insofern kann er auch als „Instrument der Werkspolitik“ bezeichnet werden. In ihm wirkt sich der Idee nach der politische Wille der Bürger mittelbar auf die Betriebsführung des Eigenbetriebs aus. Er ist als spezialisiertes und sachkundiges Organ zugleich verlängerter Arm des Rats. Er hat im Rahmen der Beschlüsse des Rats über die Grundsätze der Wirtschaftsführung, der Vermögensverwaltung und der Rechnungslegung zu beraten und – als beschließender Ausschuss – zu entscheiden. Er befasst sich ausschließlich mit den Angelegenheiten des Eigenbetriebs, für den er eingesetzt wurde.[101] Er wird nicht in allen Ländern als weiteres Organ neben der Werkleitung unbedingt für erforderlich gehalten. In manchen Bundesländern ist er bei kleineren Gemeinden oder Betrieben nur als vorberatender oder vorbereitender, also nur fakultativ als beschließender Ausschuss, tätig. In den meisten Bundesländern kann für mehrere in einer Gemeinde bestehenden Eigenbetriebe

---

93 Vgl. VGH Baden-Württemberg, Urt. v. 15.8.1994 – 1 S 1540/93 –; HessVGH, Beschl. v. 19.9.1995 – 1 TG 2628/95 –.

94 BVerwG, Urt. v. 25.10.2007 – 4 B 30/07 – zum bayerischen Recht.

95 Vgl. § 14 Abs. 1 Nr. 1 KSchG; BAG Urt. v. 17.1.2002 – 2 AZR 719/00 für das bayerische Kommunalrecht; LAG Mecklenburg-Vorpommern, Urt. v. 30.4.2008 – 2 Sa 236/07 –; BAG, PersR 1990, 46 zur Anhörung des zuständigen Personalrats bei der Kündigung eines Werkleiters.

96 Verwaltungsrechtsweg für die Geltendmachung eines Bewerberverfahrensanspruchs betreffend eine Stelle als Betriebsleiter eines Eigenbetriebs in NRW: LG Duisburg, Beschl. v. 3.3.2016 – 8 O 58/16 –.

97 BGBl. I S. 1983, 731.

98 Z. B. Höhe der Dienstaufwandsentschädigung: vgl. z. B. § 7 NWEingrVO.

99 Vgl. § 46 BeamtStG.

100 Vgl. § 140 Abs. 2 NKomVG.

101 Vgl. z. B. §§ 7 und 8 EigBG BW.

bzw. für die in einem Eigenbetrieb zusammengefassten wirtschaftliche Unternehmen **ein Werksausschuss** bestellt werden.

Der Werksausschuss, ein in der Regel beschließender Ausschuss des Rates, wird grundsätzlich durch den Rat bestellt, der dabei die jeweiligen gesetzlichen Regelungen über die **Zusammensetzung** der Ausschüsse zu beachten hat. Er besteht regelmäßig aus dem Bürgermeister/Landrat oder einem von ihm beauftragten Beigeordneter mit Stimmrecht und den weiteren Mitgliedern aus dem Kreis der Ratsmitglieder. Bei der Berufung der übrigen Mitglieder ist dem Stärkeverhältnis der im Rat vertretenen Parteien und Wählergruppen Rechnung zu tragen. In einigen Bundesländern[102] besteht der Werksausschuss ab einer bestimmten Beschäftigtenzahl des Eigenbetriebs, der sich „wirtschaftlich" betätigt, zu einem gesetzlich festgelegten Anteil aus Beschäftigten. Dabei werden diese Vertreter von den Beschäftigten im Wege der personalvertretungsrechtlichen Mitbestimmung oder auf der Grundlage der Entscheidung einer Versammlung der Beschäftigten vorgeschlagen und dann vom Rat gewählt.[103] Problematisch kann diese Art der Mitbestimmung dann werden, wenn nichtwirtschaftliche „Hoheitsbetriebe", für die die unternehmerische Mitbestimmung nicht gilt, und wirtschaftliche Betriebe in einem Eigenbetrieb zusammengefasst werden. In einigen Ländern ist zur Stärkung des Sachverstandes in diesem Ausschuss auch die Berufung sachkundiger Bürger möglich. In der Regel ist sichergestellt, dass die Zahl der sachkundigen Einwohner zusammen mit der Zahl der Beschäftigten die der Gemeindevertreter im Ausschuss nicht erreicht. 82

Im Interesse der Sache sollte nach Maßgabe der landesrechtlichen Bestimmungen bei der Auswahl der Mitglieder die **Sachkunde,** insbesondere zu wirtschaftlichen Abläufen, und die Verhinderung auch kommunalrechtlich beachtlicher Interessenkollisionen im Vordergrund stehen. Die Größe des Ausschusses muss sich nach der Betriebsgröße und der Überlegung richten, die Arbeitsfähigkeit des Ausschusses nicht zu gefährden. 83

Ihrer **rechtlichen Stellung** nach stehen die Ausschussmitgliedern nach Maßgabe der jeweiligen Kommunalordnung zum Teil Ehrenbeamten bzw. den Räten gleich. Sie sind unabhängig und – auch nach dem Ausscheiden aus dem Amt – zur Verschwiegenheit verpflichtet. Regelmäßig steht ihnen Verdienstausfall- und Aufwandsentschädigung für die Teilnahme an Sitzungen oder sonstiger Tätigkeiten in Angelegenheiten des Eigenbetriebs nach Maßgabe der jeweiligen Betriebssatzung zu. Auch kennen die Kommunalordnungen Bestimmungen, die ein arbeitsrechtliches Benachteiligungsverbot oder einen Freistellungsanspruch normieren. Die Mitglieder haften für einen Schaden, der der Gemeinde dadurch entsteht, dass sie vorsätzlich oder fahrlässig eine ihrer Pflichten verletzt haben. 84

Die Einzelheiten und Besonderheiten, die bei der Besetzung, der Geschäftsführung und Beschlussfassung des Ausschusses zu beachten sind, richten sich nach den jeweiligen Kommunalgesetzen. Sie sind in diesem Bereich äußerst vielgestaltig.[104] Für den **Geschäftsgang und die Beschlussfassung** gelten regelmäßig die Bestimmungen für den Rat entsprechend. Soweit ein Beschluss einem Ausschussmitglied einen unmittelbaren persönlichen Vor- oder Nachteil bereitet, also nicht nur als Angehörigen einer Berufs- oder einer Bevölkerungsgruppe betrifft, darf er nicht mitberaten und mitstimmen. In einigen Ländern gilt eine Pflicht für die Mitglieder des Ausschusses, an dessen Sitzungen teilzunehmen. Die Werkleitung bereitet teilweise diese Sitzungen vor, an der sie teilzunehmen berechtigt und verpflichtet ist. 85

Die **Zuständigkeit des Werksausschusses** kann abstrakt nur **negativ** abgegrenzt werden. Danach entscheidet er – soweit gesetzlich vorgesehen – allein und abschließend 86

[102] Vgl. z. B. Hessen: § 6 Abs. 2 HEigBGes, Nordrhein-Westfahlen: § 114 Abs. 3 GO NW; Sachsen-Anhalt: § 8 Abs. 2 und 3 EigBG LSA.

[103] Vgl. hierzu OVG NW, Beschl. v. 15.5.1997 – 1 A 5987/94 –; VG Düsseldorf, PersR 1995, 350, zur Begrenzung der Wählbarkeit von Beschäftigten der Eigenbetriebe in den Werksausschuss auf Deutsche.

[104] Vgl. zur Bildung und Zusammensetzung: z. B. § 40 GemO BW, Art. 33 BayGO; § 6 BerlEigG Verwaltungsrat); § 6 HEigBGes und § 62 HGO; § 57, 58 GO NW; §§ 44, 45 RP GO; § 48 KSVG; § 46 SHGO.

über die Angelegenheiten des Eigenbetriebs, die nicht in der Zuständigkeit des Bürgermeisters/Landrats bzw. der Werkleitung liegen, d. h. keine „laufenden" Angelegenheiten bzw. Geschäfte sind, oder die nach dem jeweils geltenden Kommunal- oder Eigenbetriebsrecht nicht vom Rat an den Ausschuss übertragen werden dürfen (vgl. insoweit den jeweiligen landesrechtlichen Katalog der nicht an einen Ausschuss übertragbaren Angelegenheiten) bzw. übertragen worden sind. Insoweit ist auch das Recht des Rats zu berücksichtigen, dass er dem Werksausschuss allgemein oder im Einzelfall Kompetenzen entziehen kann. Die Unterschiede zwischen den Bundesländern bei der gesetzlichen Ausgestaltung der Zuständigkeiten sind in diesem Bereich beachtlich.

Da der Werksausschuss regelmäßig ein beschließender Ausschuss ist, er also die ihm übertragenen Aufgaben anstelle des Gemeinderats erledigt, lassen sich ihm alle bzw. eine Fülle von Aufgaben zuordnen.[105] Sinnvollerweise wird die Zuständigkeit des Werksausschusses in der Betriebssatzung zur Wahrung einer transparenten und Kompetenzkonflikte ausschließenden Abgrenzung zwischen den gemeindlichen Organen **positiv** umschrieben (grundsätzliche Entscheidungen über Einnahmen und Ausgaben; nach Zuweisung durch den Rat: Kreditaufnahmen und deren Absicherung; Personalentscheidungen; Vergabeentscheidungen; Verfügungen über Vermögensteile; bestimmte Verträge; Festsetzung allgemeiner Vertrags- und Lieferbedingungen und Tarife; ggf. Beteiligungen), wobei auch hier mit betragsmäßigen Abgrenzungen Zuständigkeitsgrenzen markiert werden können. Letzteres ist insbesondere für die Zuständigkeitsabgrenzung beim Abschluss von Verträgen und Vergleichen sowie bei der Befugnis zum Führen von Rechtsstreitigkeiten empfehlenswert. Ist ein dezidiert festgelegter Zuständigkeitskatalog erstellt, ist im Rahmen der Zuständigkeitsermittlung im Zweifel davon auszugehen, dass nicht erfasste Bereiche als laufende Geschäfte bei der Werkleitung verbleiben. Als grober Anhaltspunkt für die positive Umschreibung seiner Zuständigkeit gilt: Der Werksausschuss hat im Rahmen der Beschlüsse des Rats über die Grundsätze der Wirtschaftsführung, der Vermögensverwaltung und der Rechnungslegung zu entscheiden. Daneben hat er die Aufgabe, für die Gemeindevertretung Gegenständen, die nicht seiner Beschlussfassung unterliegen, sachkundig vorzuberaten und Berichte der zur Unterrichtung verpflichteten Werkleitung entgegenzunehmen und zu beraten.

87 Wer für den **Vollzug der Beschlüsse** des Werksausschusses zuständig ist, ist in den Ländern unterschiedlich geregelt. Zum Teil ist die Werkleitung,[106] zum Teil die Verwaltungsspitze der Kommune hierzu berufen. Von dieser gesetzgeberischen Grundentscheidung hängt auch ab, wie zu verfahren ist, wenn rechtswidrige Beschlüsse gefasst wurden. Regelmäßig ist vorgesehen, dass das zuständige Vollzugsorgan den Beschluss beanstandet, seinen Vollzug aussetzt und – zum Teil erst nach Beschlussfassung des Rates oder des Ausschusses – der Rechtsaufsichtsbehörde mit der Bitte vorlegt, eine Entscheidung herbeizuführen.

c) Organe der Gemeinde bzw. des Kreises

88 **aa) Verwaltungsspitze.** Die Leitung der Verwaltung in den Kommunen der Länder liegt je nach kommunalverfassungsrechtlicher Ausgestaltung in der Hand einer Person als Hauptverwaltungsbeamten (Bürgermeister, Amtsdirektor, Landrat, Zweckverbandsvorsitzender,...), der dabei teilweise mit einem Leitungsgremium zusammenzuarbeiten hat (Gemeinde- bzw. Stadtvorstand, Verwaltungsausschuss). Nachdem ihre Aufgabe darin besteht, die gesamte gemeindliche Verwaltung zu leiten, gehört im Grundsatz auch die Verwaltung des Eigenbetriebes hierzu. Manche Kommunalordnungen sehen für den Bereich des Eigenbetriebes ab einer bestimmten Größe der Gemeinde die Bestellung eines Beigeordneten – auch „berufsmäßiges Gemeinderatsmitglied" – vor, der insoweit die Aufgaben und Befugnisse der Verwaltungsspitze wahrnimmt. Ob dies zweckmäßig ist, ist jedoch fraglich. Denn

[105] Vgl. z. B. § 8 EigBG BW, Art. 88 Abs. 4 BayGO.
[106] Vgl. z. B. § 5 Abs. 2 EigBG BW (Vollzug durch Werkleiter); § 3 Abs. 3 EigVO M-V.

es ist gerade Sinn und Zweck der Sonderstellung des Eigenbetriebes, dessen Leitung innerhalb der Verwaltung zu verselbständigen, um so den besonderen wirtschaftlichen Erfordernissen Rechnung zu tragen. In erster linie kommt der Verwaltungsspitze eine Koordinations- und Überwachungsfunktion zu.

Bei der Verwaltung ist zwischen der Spitze der kommunalen Verwaltung und der des Eigenbetriebs die **Abgrenzung der Zuständigkeiten** genau zu beachten.[107] Soweit „laufende Angelegenheiten" oder Personalbefugnisse durch Gesetz, durch die Betriebssatzung oder durch die Geschäftsverteilung der Verwaltungsspitze rechtswirksam auf die Werkleitung übertragen wurden, ist Letztere zuständiges Entscheidungsorgan. Sonst bleibt es bei der Zuständigkeit der Gemeindespitze, insbesondere als Dienstvorgesetzter bzw. oberste Dienstbehörde. Auch im Bereich der laufenden Angelegenheiten können Zuständigkeiten bei ihr verbleiben, insbesondere in den Bereichen, die ihr vom Rat nach der Hauptsatzung zur eigenständigen Erledigung übertragen wurden. 89

Der Verwaltungsspitze gegenüber hat die Werkleitung **Auskunftspflichten,** die im Einzelfall (ohne oder nach Aufforderung) oder durch regelmäßige Berichte zu erfüllen sind. In manchen Ländern ist die Werkleitung mit Rücksicht auf die finanziellen Verflechtungen von Gemeindehaushalt und Eigenbetrieb auch dem **Kämmerer** gegenüber zur Unterrichtung verpflichtet. Die Auskünfte dienen der allgemeinen Unterrichtung und der Wahrung des Rechtes der Verwaltung, Weisungen zu erteilen. 90

Die Befugnis des Bürgermeisters/Landrats, der Werkleitung **Weisungen** zu erteilen, findet ihre Grenze darin, dass sie nur im Interesse der Einheitlichkeit der Verwaltung und bei Vernachlässigung oder Verletzung der Pflichten der Werkleitung ausgeübt werden darf und nicht in die kraft Gesetzes bestehenden oder eingeräumten Organrechte eingreifen darf.[108] Im Bereich der bei der Verwaltungsspitze verbliebenen Zuständigkeiten gelten diese Grenzen nicht. In einigen Ländern kommt ihr das Recht zu, von der Werkleitung zu fordern, Maßnahmen, die schwerwiegende Nachteile für die Gemeinde nach sich ziehen oder gesetzeswidrig sind, zu unterlassen oder zurückzunehmen. Die Weisungen sind an die Werkleitung und nicht an einen dieser nachgeordneten Bediensteten zu richten. Zum Weisungsrecht gehört – soweit es nicht nach dem jeweiligen Landesrecht einem anderen kommunalen Organ (in der Regel dem Werksausschuss) zugewiesen oder mit dessen Einwilligung auszuüben ist – die Geschäfte innerhalb der Werkleitung zu verteilen. Im Interesse wichtiger Belange der Gemeinde, der Gesetzmäßigkeit und Einheitlichkeit der Verwaltung besteht unter Umständen sogar eine Weisungspflicht.[109] In einigen Ländern besteht für die Werkleitung die Möglichkeit sich bei ungerechtfertigten Weisungen an den Werksausschuss zu wenden. Unter Umständen kommt auch eine Eingabe bei der Rechtsaufsicht und bei der Verletzung von Organrechten ein kommunalverfassungsrechtlicher Streit vor den Verwaltungsgerichten in Betracht. 91

Das dem Bürgermeister bzw. Landrat zustehende Recht, in Angelegenheiten, deren Erledigung nicht ohne Nachteil für die Gemeinde bis zu einer Sitzung des Gemeinderates oder des zuständigen Ausschusses aufgeschoben werden kann, anstelle des Gemeinderates oder Ausschusses zu entscheiden **(Eilentscheidungsrecht),** besteht uneingeschränkt gegenüber dem Werksausschuss. Aber auch der Werkleitung gegenüber besteht dieses Recht in entsprechender Weise. Denn dieses Notrecht ist ein exklusives und nicht übertragbares Recht des Verwaltungsspitze. Insofern bietet es sich an in der Betriebssatzung klarzustellen, dass der Bürgermeister/Landrat anstelle von Gemeinderat/Kreistag bzw. Werksausschuss in Angelegenheiten entscheidet, deren Erledigung nicht ohne Nachteile für den Eigenbetrieb bis zu einer Sitzung des zuständigen Organs aufgeschoben werden kann. 92

Die Verwaltungsspitze ist nach einigen landesrechtlichen Bestimmungen **Vorsitzender des Werksausschusses.** Insoweit kommen ihr zum Teil auch die auf diese Funktion 93

[107] Vgl. z. B. § 10 EigBG BW; § 7 RP EigAnVO.
[108] Vgl. hierzu z. B. § 10 Abs. 1 EigBG BW; § 9 Abs. 1 BbgEigV.
[109] Vgl. hierzu z. B. § 10 Abs. 2 EigBG BW.

bestehenden Rechte und Aufgaben zu (Vorbereitung der Sitzung, Vollzug der Beschlüsse). Der Vollzug der Beschlüsse des Rates betreffend den Eigenbetrieb bzw. des Werksausschusses kommen grundsätzlich der Verwaltungsspitze zu, soweit diese Aufgabe nicht der Werkleitung übertragen sind.

94 **bb) Der Rat (z. B. Gemeinderat/Kreistag).** Die Gemeindevertretung, der Kreistag oder die Verbandsversammlung – im Folgenden: der Rat –, dessen konkrete Zusammensetzung in den Kommunalverfassungsgesetzen zum Teil sehr unterschiedlich ausgestaltet ist, trifft nach der gesetzlichen Verteilung der Zuständigkeit der Kommunalorgane die grundsätzlichen Entscheidungen, die den Eigenbetrieb betreffen und die er nicht nach dem jeweils geltenden Kommunalrecht in der Betriebssatzung auf den Werksausschuss übertragen kann bzw. übertragen hat.[110] Bei ihm liegen mithin die grundsätzlichen Kompetenzen; er ist in diesem Sinne oberstes Organ der Kommune und damit auch des Eigenbetriebs. Dessen Zuständigkeiten können zum Teil auch nicht auf den Werksausschuss übertragen werden. Sie enden aber – wie beim Hauptverwaltungsbeamten der Gemeinde – bei den laufenden Geschäften, auf die der Rat unmittelbar keinen Einfluss hat. Es ist regelmäßig zweckmäßig, die dem Rat vorbehaltenen Zuständigkeiten in der Betriebssatzung geordnet zusammenzustellen und damit transparent zu machen. Denn diese Kompetenzen sind zum Teil in verschiedenen höherrangigen Gesetzen geregelt und damit nicht sofort erkennbar.

95 Der **vorbehaltene Aufgabenkatalog** des Rates, der landesrechtlich und/oder ortsrechtlich im Einzelnen auch anders ausgestaltet sein kann, lässt sich grundsätzlich wie folgt umschreiben: Er entscheidet über die Errichtung, Erweiterung oder Umwandlung des Eigenbetriebes. Er bestellt insbesondere die Mitglieder des Werksausschusses. Er erlässt und ändert die Betriebssatzung einschließlich der denkbaren Anordnung eines Anschluss- und Benutzungszwangs. In diesem Rahmen bestimmt er auch die Grenzen der Vertretungsbefugnis des Werkleiters. Nur der Rat kann die Betriebssatzung wieder aufheben. Die Tarife und die sonstigen allgemeinen Entgelte werden regelmäßig von ihm festgelegt. Er entscheidet über die Kapitalausstattung und die Grundentscheidungen betreffend das Personal. Die Aufnahme von Krediten und deren Absicherung sowie bedeutsamer Verträge (z. B. Vermögensverfügungen) wird ihm häufig vorbehalten sein, insbesondere bei erheblicher wirtschaftlicher Bedeutung für die Gemeinde. Er bestimmt auch regelmäßig den Abschlussprüfer. Er stellt die Jahresabschlüsse der Eigenbetriebe fest und beschließt die Entlastung und den Wirtschaftsplan. Er entscheidet über die Verwendung des Jahresgewinns, die Rückzahlung des Eigenkapitals und die Deckung des Verlustes.

96 Selbst wenn er an den Ausschuss Zuständigkeiten auf der Grundlage einer gesetzlichen **Delegation** übertragen hat, hat der Rat nach einigen Gemeindeordnungen das Recht, sie dem Werksausschuss allgemein oder im Einzelfall wieder zu entziehen (so genanntes **Rückholrecht**). Grundsätzlich bedarf es – soweit gesetzlich nicht anderes bestimmt ist – dabei keines förmlichen Beschlusses, in dem er die Zuständigkeit ausdrücklich entzieht. Vielmehr liegt die „Rückholung" in der jeweiligen Sachentscheidung selbst. Auch über diese Befugnis ist er Kontrollorgan für den Eigenbetrieb. Manche Kommunalordnungen verlangen für die Rückholung der Kompetenz dieselbe Form wie für die Übertragung. Einige Landesgesetze gehen sogar soweit, dass der Rat auch nach dem Beschluss des Werksausschusses von diesem Recht Gebrauch machen kann, soweit nicht bereits Rechte Dritter entstanden sind.

Ob der Rat einen bereits gefassten **Beschluss des Werksausschusses** ändern oder gar aufheben kann, richtet sich nach der Ausgestaltung des jeweiligen Landesrechts. Soweit das Gesetz hierzu schweigt, spricht mehr für diese Kompetenz als gegen sie. Denn das Gesetz behält regelmäßig dem Rat gegenüber dem Eigenbetrieb und seinem Ausschuss mehr Rechte zurück und weist ihm die Klärung grundsätzlicher Fragen zu, wozu auch zwischen dem Rat und dem Ausschuss politisch umstrittene Grundsatzfragen zählen.

---

[110] Vgl. z. B. § 9 EigBG BW; § 5 EigVO M-V.

5. Rechtsverhältnis zum kommunalen Träger

Der Eigenbetrieb ist rechtlich nicht verselbständigt. Trägerin und Eigentümerin des Sondervermögens „Eigenbetrieb" ist die ihn betreibende Kommune.[111] Dieser Rechtszustand hat konsequenterweise Auswirkungen sowohl im Verhältnis Eigenbetrieb zur Gemeinde als auch im Verhältnis Eigenbetrieb zu Dritten. 97

Die fehlende Rechtsfähigkeit führt dazu, dass zwischen dem kommunalen Träger und dem Eigenbetrieb keine **Verträge** abgeschlossen werden können. Das Verhältnis ist vielmehr kommunalverfassungsrechtlich, beamten- und arbeitsrechtlich ausgestaltet. So kann sich etwa der Eigenbetrieb vertraglich nicht verpflichten, an die Gemeinde Konzessionsabgaben, also privat-rechtliche Entgelte, die von Unternehmen an die Gemeinde für die Einräumung des Rechts bezahlt werden, die öffentlichen Verkehrswege im Gemeindegebiet für die Verlegung und den Betrieb von Versorgungsleitungen und Entsorgungsleitungen benutzen zu dürfen, zu zahlen. Dies setzt nämlich den Abschluss eines entsprechenden privat-rechtlichen Vertrages zwischen zwei Rechtssubjekten voraus. Der Eigenbetrieb selbst besitzt aber keine Rechtsfähigkeit.[112] Wenn es gleichwohl in der Praxis üblich ist, die rechtlichen Beziehungen etwa hinsichtlich der Wegenutzung zwischen einer Gemeinde und ihrem Eigenbetrieb unter der Bezeichnung „Konzessionsvertrag" zu regeln, so handelt es sich hierbei nicht um einen Vertrag, sondern seinem rechtlichen Charakter nach um eine besonders gestaltete Verwaltungsanweisung des Bürgermeisters bzw. der jeweiligen Verwaltungsspitze.[113] Gemeinden mit Eigen- und Regiebetrieben sind auch keine Zwangsmitglieder von Industrie- und Handelskammern.[114]

Auch im Kostenrecht, insbesondere bei der Frage einer **Gebührenbefreiung,** ist eine identische Behandlung des Eigenbetriebs mit der Gebietskörperschaft üblich.[115]

Lieferungen, Leistungen und Darlehen des Eigenbetriebs an die Gemeinde oder anderer Eigenbetriebe der Gemeinde, die – wie soeben dargestellt – nicht im Wege rechtsgeschäftlicher Vereinbarung, sondern im Wege des Austausches stattfinden, sind nach den Regelungen des jeweils geltenden Eigenbetriebsrechtes zu vergüten.[116] Damit wird dem Umstand Rechnung getragen, dass die wirtschaftliche Leistung bzw. der Bestand des Sondervermögens Eigenbetrieb nachweisbar erfasst bzw. gesichert wird. 98

Der Eigenbetrieb kann **Verträge mit Dritten,** auch mit rechtlich selbständigen Eigengesellschaften, nur für den kommunalen Träger abschließen,[117] wobei die Vertretungsbefugnis – wie unter → Rn. 72 ausgeführt – im Einzelnen durch Gesetz geregelt ist bzw. durch Einzel- oder Generalvollmacht herzustellen ist. Für die Verbindlichkeiten aus diesen Verträgen bzw. für sonstige Schulden haftet daher die Kommune ohne Beschränkung auf das Sondervermögen des Eigenbetriebs. Die Kommune haftet also mit ihrem Vermögen für die wirtschaftlichen Verluste des Eigenbetriebs. 99

Im Markenrecht bestehen hinsichtlich der Rechtsfähigkeit allerdings Besonderheiten. So können teilrechtsfähige Verwaltungseinheiten – wie der Eigenbetrieb „Stadtwerk X" –

[111] Eigenbetriebe sind im Verwaltungsverfahren nicht beteiligtenfähig und können auch nicht Adressat einer (Bau)Genehmigung sein: VG Arnsberg; Urt. v. 6.10.2015 – 4 K 1510/15 –. Ein trotz fehlender Beteiligungsfähigkeit des Adressaten in der Sache ergehender Verwaltungsakt ist nichtig.

[112] Vgl. OVG Schleswig, Urt. v. 28.11.2001 – 2 K 6/99 –; zu den Folgen für die Gebührenkalkulation: VGH Kassel Urt. v. 11.12.2018 – 5 A 1305/17 – m. w. N. OVG Saarlouis Beschl. v. 7.5.2020 – 1 A 196/19; VG Düsseldorf, Urt. v. 11.11.2015 – 5 K 6187/14 –.

[113] Vgl. OVG Schleswig, Urt. v. 28.11.2001 – 2 K 6/99 –.

[114] VG Stuttgart, Urt. v. 14.3.2019 – 4 K 9692/18 – zu § 2 Abs. 5 IHKG.

[115] OLG Naumburg, Beschl. v. 9.1.2012 – 2 W 90/10 – (zum Justizkostenrecht); VG Sigmaringen, Urt. v. 14.6.2011 – 4 K 671/10 – und ThürOVG, Urt. v. 13.2.2009 – 1 KO 896/07 –; dagegen VG Frankfurt/Oder, Urt. v. 2.12.2010 – 5 K 1923/07 – (zum Verwaltungskostenrecht); Zum Problem der Berücksichtigung von Konzessionsabgaben von Dritten an die Gemeinde bei der Kalkulation von Wassergebühren: HessVGH, Urt. v. 11.12.2018 – 5 A 1305/17 –.

[116] Vgl. z. B. § 7 BayEBV.

[117] OVG Magdeburg, Beschl. v. 11.3.2019 – 4 M 65/19 –.

Immaterialgüterrechte, wie Markenrechte, erwerben.[118] Zu beachten ist auch, dass nach § 46 Abs. 6 EnWG die Regeln der Konzessionsvergabe für die Wegenutzung auf Eigenbetriebe der Gemeinden entsprechend anzuwenden sind,[119] was auch zu einer Verfahrensbeteiligung führen kann.[120]

100 Im **Grundbuch** sind vom Eigenbetrieb genutzte Grundstücke als Eigentum der Kommune einzutragen. Allerdings besteht die Möglichkeit, dass auf Antrag durch einen Zusatz auf die organisatorische Zugehörigkeit des Grundstücks zum Eigenbetrieb hingewiesen wird. Dass das Grundstück in der Jahresbilanz dagegen in jedem Falle beim Eigenbetrieb zu verbuchen ist, ergibt sich aus dem Charakter als Sondervermögen. Im **Handelsregister** sind Regie- und Eigenbetriebe grundsätzlich einzutragen.[121]

101 **Verwaltungsakte** ergehen – wenn das jeweilige Kommunalrecht oder das Ortsrecht dem Eigenbetrieb den Erlass überhaupt ermöglicht – grundsätzlich „durch" die Gemeinde, die auch bei einer Klage passivlegitimiert ist (vgl. auch oben Rdnr. 73).[122] Will sich der Eigenbetrieb den Einwand ersparen, er habe keine Befugnis zum Erlass des Bescheides, wird er die hoheitliche Maßnahme nicht als „Eigenbetrieb", sondern als Teil der Verwaltung ihres Rechtsträgers (Stadt, Gemeinde, Landkreis,...) erlassen und den Bescheid in seiner äußeren Erscheinung entsprechend gestalten.

102 Erhebt der **Eigenbetrieb** Klage, ist durch Auslegung zu ermitteln, ob hier die Gemeinde unter der Bezeichnung des Eigenbetriebs in dessen Angelegenheiten auftritt oder ein Parteiunfähiger handelt. Im Zweifel wird sich die erste Alternative als die sachgerechte erweisen und wurde auch in der Rechtsprechung akzeptiert.[123] Dabei ist aber auch klar, dass damit keine „Teilrechtsfähigkeit" begründet wird, weil Klägerin in jedem Falle die Kommune ist, allerdings unter der Bezeichnung ihres Eigenbetriebs. Gleiches gilt hinsichtlich der Passivlegitimation.[124] In Bremen und Berlin ist gesetzlich vorgesehen, dass die Eigenbetriebe unmittelbar für die Stadtgemeinde bzw. das Land Berlin handeln können.

6. Rechtsverhältnis zum Gemeindeeinwohner

103 Betreibt der Eigenbetrieb aufgrund der öffentlichen Zwecksetzung eine öffentliche Einrichtung der Gemeinde, hat der Gemeindeeinwohner grundsätzlich einen öffentlich-rechtlichen Anspruch auf seine Leistungen. Daneben und hiervon zu unterscheiden, kann im Einzelfall ein zivilrechtlicher Kontrahierungszwang bestehen. Die Kommune ist auch und gerade auf der Betriebsebene an Art. 3 GG gebunden und hat das Schädigungsverbot zu achten. Schließlich bestehen für einzelne Versorgungsbereiche allgemeine Anschluss- und

[118] BPatG München, Beschl. v. 15.9.2009 – 27 W (pat) 166/09. Hierzu auch *Hoffmann,* „Stadtwerke" als Marke und Betriebsbezeichnung, NVwZ 2013, 896 ff.

[119] Vgl. hierzu LG Kiel, Urt. v. 21.6.2019 – 14 HKO 56/18 Kart –, Rn. 89.

[120] Bei vorbeugenden Rechtsschutz in Form einer Unterlassungsklage nach § 33 Abs. 2 GWB: KG Berlin, Urt. v. 4.4.2019 – 2 U 5/15 Kart.

[121] *Klein,* Kommunalwirtschaftliche Eigen- und Regiebetriebe im Spiegel des Handelsregisterrechts, MittBayNot 2016, 291 ff. Dort auch zu weiteren Einzelheiten der Eintragung.

[122] Vgl. aber: VG Frankfurt (Oder), Beschl. v. 19.2.2007 – 5 L 418/06 –; insbesondere kann der Eigenbetrieb nach dem Landesrecht als passivlegitimierte Behörde i. S. d. § 78 Abs. 1 Nr. 2 VwGO ausgestaltet sein: OVG NRW, Urt. v. 7.12.1988 – 22 A 1013/88 –, dagegen VG Potsdam, Urt. v. 1.9.2008 – 9 K 1480/04 –.

[123] Vgl. BGH, Beschl. v. 18.10.2016 – KZB 46/15 –, dagegen Urt. v. 25.2.1981 – 8 ZR 64/80 –; im Verfahren vor dem OLG Stuttgart, Urt. v. 31.5.2017 – 4 U 204/16 –, wurde klargestellt, dass Klägerin die Kommune ist (dort auch zur Vertretungsberechtigung des Betriebsleiters); AG Bergen, Urt. v. 9.4.2013 – 23 C 578/12 – stellt für Mecklenburg-Vorpommern fest, dass die Gemeinde „unter dem Namen" des Eigenbetriebes verklagt werden kann und der Werkleiter Vertreter der Kommune ist (zustimmend: OLG Rostock, Beschl. v. 4.7.2017 – 6 W 28/17 –). Amtsgericht Passau, RdE 1984, 132, geht – wohl fehlerhaft – sogar von einer Parteifähigkeit aus; vgl. aber auch KG Berlin, Urt. v. 4.4.2019 – 2 U 5/15 Kart.; zur (fehlenden) Beteiligtenfähigkeit im Verwaltungsverfahren VG Aachen, Urt. v. 11.12.2019 – 6 K 410/18 –.

[124] VG Gießen, Beschl. v. 14.11.2018 – 8 L 5636/18.GI –.

Versorgungspflichten, die auf der Seite des Nutzers durchsetzbare Ansprüche begründen.[125] Selbstredend stehen diese Ansprüche unter dem Vorbehalt, dass der Nutzer bzw. Gemeindeeinwohner die durch Satzung oder durch sonstige Nutzungsbedingungen festgelegten Bedingungen erfüllt, insbesondere die geforderten Tarife zahlt.

Auf der anderen Seite ist die Gemeinde für gesetzlich bestimmte öffentliche Einrichtungen (insbesondere Wasserversorgung, Abwasserbeseitigung, Straßenreinigung) ermächtigt, im Wege einer Satzung, die auch die Betriebssatzung sein kann, einen Anschluss- und Benutzungszwang anzuordnen. 104

Eine Reihe von Kommunalordnungen der Länder sehen vor, dass direkt-demokratische Entscheidungsformen **(Bürgerbegehren, Bürgerentscheid)** nicht stattfinden, soweit Entscheidungen des oder bezogen auf den Eigenbetriebe betroffen ist.[126] 104a

7. Aufsicht

Versteht man den Begriff „Aufsicht" in einem weiteren Sinne, so ist unter diesem Aspekt nicht nur die staatliche Aufsicht, sondern auch die gegenseitige Kontrolle und Überwachung der kommunalen Organe, insbesondere der Organe des Eigenbetriebs, anzusprechen. 105

a) Innerhalb der Kommune[127]

Kontrolle des Werksausschusses gegenüber der Werkleitung. Regelmäßig kommt dem Werksausschuss gegenüber der Werkleitung keine Kontrollfunktion im Einzelfall zu. Stellt der Werksausschuss fest, dass seine Beschlüsse nicht ausgeführt wurden oder die Werkleitung sonst sich nicht an die Vorgaben anderer Organe handelt, bleibt ihm nur die Möglichkeit, sich an die Verwaltungsspitze, den Rat, die Rechtsaufsicht und – wo eigene Organrechte verletzt werden – an das Verwaltungsgericht zu wenden. Nur vereinzelt finden sich Bestimmungen, wonach der Werksausschuss ein Widerspruchsrecht gegenüber Maßnahmen der Werkleitung oder gar die Überwachung der gesamten Werkleitung zukommt. Regelmäßig ist die Werkleitung verpflichtet, den Ausschuss rechtzeitig und umfassend zu informieren und die Zwischenberichte vorzulegen. 106

Kontrolle durch den Hauptverwaltungsbeamten. Ihm stehen nach einigen Eigenbetriebsgesetzen bzw. Gemeindeordnungen gegenüber der Werkleitung Weisungsrechte sowie dienstaufsichtliche Mittel zu. Er unterrichtet den Rat als Kollegium bzw. den Werksausschuss in den bedeutsamen Angelegenheiten und eröffnet dadurch dessen Kontrollmöglichkeit. In einigen Kommunalordnungen ist außerdem vorgesehen, dass der Hauptverwaltungsbeamte, hält er die Entscheidung des Rates oder des Werksausschusses für rechtswidrig, den Vollzug aussetzen und in der nächsten Sitzung gegenüber dem jeweils betroffenen Gremium beanstanden muss. Verbleibt der Rat oder der Ausschuss bei seiner Entscheidung, so hat der Hauptverwaltungsbeamte unverzüglich die Rechtsaufsichtsbehörde zu richten. Teilt die Rechtsaufsichtsbehörde die Ansicht des Hauptverwaltungsbeamten nicht, hat er die Entscheidung zu vollziehen. Im anderen Fall kann der Rat für die Gemeinde wegen des unterbliebenen Vollzugs Klage zum Verwaltungsgericht erheben. 107

Kontrolle durch die Gemeindevertretung. Als das Organ, dem in der Gemeinde alle wesentlichen Entscheidungen im Bereich der eigenen Angelegenheiten vorbehalten sind, überwacht der Rat grundsätzlich die gesamte Verwaltung der Kommune und damit auch die Betriebsführung des Eigenbetriebs. Allerdings obliegt es ihm nicht, der Werkleitung 108

[125] Vgl. § 17 EnWG.

[126] Vgl. etwa § 21 Abs. 2 Nr. 2, 4 und 5 GemO BW. In Niedersachsen kann das Abstimmungsverhalten von Vertreterinnen und Vertretern der Kommune in der Gesellschafterversammlung einer kommunalen Eigengesellschaft grundsätzlich Gegenstand eines Bürgerbegehrens sein: OVG Lüneburg, Urt. v. 4.12.2019 – 10 LC 154/18 –.

[127] Vgl. hierzu: *Kraft-Zörcher,* Kontrolle kommunaler Aufgabenerfüllung durch Stadt- und Gemeinderäte, ThürVBl. 2008, 1.

oder dem Werksausschuss Weisungen zu erteilen. Er kann jedoch – über den Hauptverwaltungsbeamten oder die Werkleitung – um Auskunft und Aktenvorlage bitten. Der Rat wird, soweit grundsätzliche Fragen, also seine Zuständigkeiten, betroffen sind in der Form des Beschlusses oder der Satzungsänderung reagieren. Denkbar ist auch, dass er sich an den Hauptverwaltungsbeamten oder – als ultima ratio – an die Rechtsaufsicht wendet und um Einschreiten bittet.

109 **Rechnungsprüfung.** Wesentliches Mittel der innerkommunalen Aufsicht über die wirtschaftliche Betätigung des Eigenbetriebs ist die kommunale Rechnungsprüfung. Sie ist Gegenstand des Kapitels E 1. Teil auf das insoweit verwiesen wird.

b) Staatliche Aufsicht

110 Neben dem innerkommunalen Kontroll- und Aufsichtssystem steht die staatliche Kommunalaufsicht, die hier – nachdem im Bereich des Eigenbetriebsrechtes im Wesentlichen Angelegenheiten des eigenen Wirkungskreises (freiwillige oder pflichtige Selbstverwaltungsaufgabe) berührt sind – inhaltlich auf die Rechtsaufsicht beschränkt ist. Das heißt, dass die staatliche Aufsicht nur die Erfüllung der gesetzlich festgelegten und übernommenen öffentlich-rechtlichen Aufgaben und Verpflichtungen sowie die Gesetzmäßigkeit der Verwaltungstätigkeit im staatlichen Interesse überwachen kann. Oberste Aufsichtsbehörde ist regelmäßig das Innenministerium, obere Aufsichtsbehörde der Regierungspräsident, die Bezirksregierung bzw. ein Landesverwaltungsamt, die untere Aufsichtsbehörde (über kreisangehörige Gemeinden) der Landrat als untere staatliche Verwaltungsbehörde. Sie lässt sich unterteilen in Maßnahmen der „präventiven" und der „repressiven" Aufsicht. Während die Ersteren auf einen ordnungsgemäßen Verwaltungsvollzug hinwirken und ihn begleiten, greifen Letztere in das Selbstverwaltungsrecht unmittelbar ein.

aa) Präventive Aufsicht

111 – **Rechtsaufsichtliche Beratung und Hilfe.** Die kommunalen Gebietskörperschaften können, bevor sie Entscheidungen treffen, rechtsaufsichtlichen Rat einholen. Die Rechtsaufsichtsbehörden sind grundsätzlich verpflichtet, die Kommunen bei der Erfüllung ihrer Aufgaben zu beraten, zu fördern und zu unterstützen, ihre Rechte, ihrer Entschlusskraft und Selbstverwaltung zu stärken. Für den Bereich des Eigenbetriebs besteht also die Möglichkeit, bevor externer – und in der Regel kostspieliger – Sachverstand „eingekauft" wird, die Kenntnisse und Erfahrungen der staatlichen Aufsichtsbehörden bei der Gründung, Errichtung, Ausgestaltung und Betriebsführung von Eigenbetrieben in Anspruch zu nehmen. Insbesondere die oberen und obersten Rechtsaufsichtsbehörden verfügen über einen umfassenderer Überblick über die Möglichkeiten und Grenzen kommunalen Wirtschaftens in der Form des Eigenbetriebs bzw. sind in der Lage über andere staatliche Behörden, insbesondere andere Ressorts, sich die notwendigen Kenntnisse zu beschaffen.

112 – **Informationsrecht.** Dem Beratungsrecht der Kommune korrespondiert ihre Pflicht, die Aufsichtsbehörde über die Angelegenheiten des Eigenbetriebs zu unterrichten. Insbesondere dann, wenn Organe der Kommune oder Bürger Verstöße gegen öffentlich-rechtliche Aufgaben und Verpflichtungen der Kommune im Zusammenhang mit der Betriebsführung des Eigenbetriebs bei der Rechtsaufsichtsbehörde anzeigen, kann sie Einrichtungen des Eigenbetriebs besichtigen und prüfen sowie Akten, Berichte und sonstige Unterlagen einsehen oder anfordern.

113 – **Genehmigungserfordernisse.** Eine Reihe von Rechtsgeschäften des Eigenbetriebs oder für ihn bedürfen der rechtsaufsichtlichen Genehmigung. Hierzu zählen – wie generell bei den Gemeinden – die Aufnahme von Krediten, die Übernahme von Verpflichtungen aus Gewährverträgen und die Übernahme von Bürgschaften, soweit sie nicht im Rahmen der laufenden Betriebsführung abgeschlossen werden, die Veräußerung von Vermögen.

bb) Repressive Aufsicht

- **Beanstandung und Aufhebungsbegehren.** Rechtswidrige Beschlüsse oder Maßnahmen der kommunalen Organe kann bzw. – in einigen Ländern – muss die Rechtsaufsichtsbehörde beanstanden und ihre Aufhebung oder Änderung verlangen.[128] 114
- **Anordnungsrecht.** Bei Nichterfüllen öffentlich-rechtlicher Aufgaben oder Verpflichtungen hat die Rechtsaufsichtsbehörde die Kommune zur Durchführung der notwendigen Maßnahmen aufzufordern. Erfüllt ein Organ der Gemeinde, insbesondere des Eigenbetriebs, seine ihm obliegenden öffentlich-rechtlichen Aufgaben oder Verpflichtungen nicht, ist streitig, ob das Anordnungsrecht erst besteht, wenn zugleich eine der Körperschaft nach außen obliegenden Pflicht verletzt wurde, oder ob es ausreicht, dass eine öffentlich-rechtliche Pflicht des Organs (ggf. gegenüber einem anderen Organ) nicht erfüllt wurde. Die Verletzung bürgerlich-rechtlicher Verpflichtungen durch Organe des Eigenbetriebs löst das Anordnungsrecht grundsätzlich nicht aus. 115
- **Ersatzvornahme.** Kommt eine Kommune innerhalb einer angemessenen Frist einem Aufhebungs- oder Abänderungsbegehren der Rechtsaufsichtsbehörde bzw. einer ihrer Anordnungen nicht nach, so kann bzw. muss die Rechtsaufsichtbehörde die notwendigen Maßnahmen anstelle und auf Kosten der Kommune treffen und vollziehen. Gegen rechtsaufsichtliche Maßnahmen kann die Kommune grundsätzlich um verwaltungsgerichtlichen Rechtsschutz nachsuchen. 116

Zusammenfassend lässt sich feststellen: Der Eigenbetrieb als klassische Betriebsform kommunaler Unternehmen verbindet die Möglichkeit umfassender politischer Kontrolle durch die gewählten Räte bzw. der Verwaltungsspitze mit der Option kaufmännischen Rechnens und Wirtschaftens. Damit sind gleichzeitig die Vor- und Nachteile dieser Betriebsform umschrieben. So kann die politische Kontrolle kommunalen Wirtschaftens unter dem Aspekt der demokratischen Legitimation und Steuerung im Bereich der Erfüllung der Daseinsvorsorge der Bürger einen wichtigen Beitrag zur Akzeptanz und Transparenz seiner Tätigkeit leisten. Auf der anderen Seite besteht die Gefahr, dass die Aufgaben wegen schwerfälliger Abläufe nicht effizient oder nicht immer sachgerecht, d. h. unökonomisch, erfüllt werden. Es ist nicht auszuschließen, dass bei wachsender Skepsis der Bevölkerung gegen die Privatisierung staatlicher und kommunaler Aufgaben diese derzeit auf dem Rückzug befindlichen Betriebsform eine Renaissance erlebt. Allerdings könnte dem der Erfolg der im nächsten Kapitel abzuhandelnden Betriebsform „Anstalt des öffentlichen Rechts/Kommunalunternehmen" entgegenstehen. 117

II. Kommunalunternehmen (Anstalt des öffentlichen Rechts)[129]

Literatur:

Bauer/Böhle/Ecker, Bayerische Kommunalgesetze – Kommentar, München; *Blessing,* Öffentlich-rechtliche Anstalten unter Beteiligung Privater, Baden-Baden 2008; *Busch,* „Kleine Kommunalrechtsreform" in Schleswig-Holstein, NordÖR 2005, S. 201 ff.; *Cronauge,* Kommunale Unternehmen, 6. Aufl. 2016, S. 207 ff.; *Detig,* Die kommunale Anstalt des öffentlichen Rechts als Wirtschaftsförderungsinstitution, 2004; *Ehlers,* Die Anstalt des öffentlichen Rechts als neue Unternehmensform der kommunalen Wirtschaft, ZHR 167 (2003), S. 546 ff.; *Erdmann,* Die Anstalt des öffentlichen Rechts – eine neue Rechtsform für gemeindliche Betriebe in Niedersachsen, NdsVBl. 2003, S. 261 ff.; *Fabry/Augsten* (Hrsg.), Handbuch Unternehmen der öffentlichen Hand, Baden-Baden, 2. Aufl., 2011; *Gaß,* Die Umwandlung gemeindlicher Unternehmen, 2003; *Hamacher,* GO-Reform in NRW und wirtschaftliche Betätigung, NWVBl. 2008, S. 81 ff.; *Hofmann-Hoeppel,* Das Kommunalunternehmen, KommP spezial 2008, S. 61 ff.; *Hogeweg,* Die Kommunale Anstalt in Niedersachsen, 2007; *Hoppe/Nüßlein,* Die Anstalt öffentlichen Rechts in Nieder-

[128] Vgl. zur kommunalaufsichtlichen Beanstandung eines Wirtschaftsplanes eines gemeindlichen Eigenbetriebes VG Magdeburg, Urt. v. 19.9.2012 – 9 A 208/11 –, zur rechtsaufsichtlichen Beanstandung der tariflichen Eingruppierung von Bediensteten des Eigenbetriebs: OVG Lüneburg, Urt. v. 25.2.1970 – V A 23/68 –, OVGE MüLü 26, 421; rechtsaufsichtliche Untersagung der Umwandlung eines Eigenbetriebs: OVG Saarland, NVwZ-RR 1994, 40.

[129] Für die Unterstützung bei der 4. Auflage bedanke ich mich recht herzlich bei Jurist (Univ.) Matthias Schraml.

sachsen – ein Mittel zur Verwaltungsoptimierung, der gemeindehaushalt 2009, S. 112 ff.; *Hoppe/Uechtritz/Reck* (Hrsg.), Handbuch Kommunale Unternehmen, 3. Aufl. 2012; *Ipsen (Hrsg.),* Unternehmen Kommune?, 17. Bad Iburger Gespräche, 2007; *Kirchgässner/Knemeyer/Schulz,* Das Kommunalunternehmen – Neue Rechtsform zwischen Eigenbetrieb und GmbH, 1997; *Klein/Uckel/Ibler,* Kommunen als Unternehmer: Gründung, Umwandlung und Führung kommunaler Betriebe, Loseblattsammlung, 1997 ff.; *Knemeyer,* Privatisierung und modernes kommunales Unternehmensrecht, Juridica International, XVI/2009, S. 22 ff.; *Koller/Roth/Morck,* Handelsgesetzbuch – Kommentar, 9. Aufl. 2019; *Kronawitter,* Interkommunale Zusammenarbeit im Gemeinsamen Kommunalunternehmen, KommP By 2010, S. 266 ff.; *Leisner-Egensperger,* Die kommunale Anstalt des Öffentlichen Rechts nach §§ 76a bis c ThürKO n. F. – Ein Beitrag zu den verfassungsrechtlichen Vorgaben für eine Rekommunalisierung in Thüringen, ThürVBl. 2014, S. 81 ff.; *Lindt,* Gemeinsame Kommunalunternehmen als neue Gestaltungsform interkommunaler Zusammenarbeit, KommP spezial 2008, S. 76 ff.; *Lux,* Das neue kommunale Wirtschaftsrecht in Nordrhein-Westfalen, NWVBl. 2000, S. 7 ff.; *Mann/Püttner* (Hrsg.), Handbuch der kommunalen Wissenschaft und Praxis, Teil 2, Kommunale Wirtschaft, 3. Aufl. 2011; *Menzel/Hornig,* Die Anstalt des öffentlichen Rechts – Eine neue Rechtsform für gemeindliche Betriebe in Nordrhein-Westfalen, ZKF 2000, S. 178 ff. und 199 ff.; *Neusinger/Lindt,* Ein Unternehmen auf dem Vormarsch – 7 Jahre bayerisches Kommunalunternehmen, BayVBl. 2002, S. 689 ff.; *Pauli,* Die Umwandlung von Kommunalunternehmen, BayVBl. 2008, S. 325 ff.; *Pencereci/Brandt,* Die Kommunale Anstalt, LKV 2008, S. 293 ff.; *Prandl/Zimmermann/Buchner/Pahlke,* Kommunalrecht in Bayern, Loseblattsammlung; *Püttner* (Hrsg.), Zur Reform des Gemeindewirtschaftsrechts, 2002; *Reich,* BeamtStG – Beamtenstatusgesetz, Kommentar, 3. Aufl. 2018; *Riedmayer/Schraml,* Das Kommunalunternehmen – Anstalt des öffentlichen Rechts – Erweiterung kommunaler Handlungsmöglichkeiten, 2000; *Rinken,* Alternativen zur Privatisierung, Baden- Baden 2008; *Schraml/Gögercin,* Die kommunale Anstalt – eine neue Rechtsform für die Kommunen Thüringens, ThürVBl. 2014, S. 85 ff.; *Schulz,* in: Praxis der Kommunalverwaltung, Loseblattsammlung, Komm. zu Art. 86 ff. GO Bay und zu Art. 49 ff. KommZG Bay; *Schwartz,* Hatte Bismarck Unrecht? – Zur Reform der Kommunalverfassung in Mecklenburg-Vorpommern im Hinblick auf das Gemeindewirtschaftsrecht, NordÖR 2011, S. 421 ff.; *Storr,* Das neue Kommunalunternehmen in Schleswig-Holstein, NordÖR 2005, S. 94 ff.; *Wambach* (Hrsg.), Kommunale Unternehmer im Fokus, 2003; *Waldmann,* Das Kommunalunternehmen als Rechtsformalternative für die wirtschaftliche Betätigung von Gemeinden, NVwZ 2008, S. 284 ff.; *Wolff/Bachof/Stober/Kluth,* Verwaltungsrecht Band II, 7. Aufl. 2010; *Wurzel,* Die Bestandsschutzregelung im GO-Reformgesetz NRW, Der Landkreis 2007, S. 576 ff.

118 Mitte der neunziger Jahre begann in den Bundesländern eine grundlegende **Neuordnung des kommunalen Wirtschaftsrechts.**[130] Ein wesentlicher Bestandteil dieser Reformen war die Einführung einer neuen Rechtsform für kommunale Unternehmen – der kommunalen rechtsfähigen Anstalt des öffentlichen Rechts.[131] Abgesehen von den Stadtstaaten Berlin[132] und Hamburg[133] war der Freistaat Bayern mit seinem Gesetz zur Änderung des kommunalen Wirtschaftsrechts vom 26. Juli 1995[134] Vorreiter dieser Rechtsentwicklung.[135] Es folgten die Bundesländer Rheinland-Pfalz im April 1998[136], Nordrhein-Westfalen im Juni 1999[137],

[130] Siehe den Erfahrungsbericht von *Detig,* S. 124 ff., dem umfangreiche empirische Untersuchungen zugrunde liegen.

[131] Im Folgenden wird sich jeweils auf die Gemeindeordnungen der Länder beschränkt. Die Gesetze für andere kommunale Gebietskörperschaften sind in der Regel identisch.

[132] Das Land Berlin hat sich durch das als Art. I des Berliner Eigenbetriebsreformgesetzes vom 9. Juli 1993 (GVBl. S. 319) verkündete Berliner Betriebegesetz (BerlBG) für die Wahrnehmung öffentlicher Aufgaben in bestimmten Bereichen der Form der rechtsfähigen Anstalten des öffentlichen Rechts bedient. Als Anstalten wurden gem. § 1 Abs. 1 des Berliner Betriebe-Gesetz (BerlBG) vom 14. Juli 2006 (GVBl. S. 827) die Berliner Stadtreinigungsbetriebe, die Berliner Verkehrsbetriebe und die Berliner Wasserbetriebe errichtet.

[133] Durch das Gesetz zur Errichtung der Anstalt Stadtreinigung Hamburg (Stadtreinigungsgesetz – SRG) vom 9. März 1994 (HmbGVBl. S. 79) gründete die Hansestadt Hamburg die „Stadtreinigung Hamburg" als Anstalt des öffentlichen Rechts.

[134] GVBl. Bay S. 376.

[135] Zu den Hintergründen der bayerischen Reform vgl. *Knemeyer* und *Schulz* in: *Kirchgäßner/Knemeyer/Schulz,* S. 9 ff. und 18 ff.; ein Erfahrungsbericht aus dem Landkreis Würzburg gibt *Schraml* in: *Ipsen,* S. 73 ff.

[136] §§ 86a, 86b GemO RhPf; eingeführt durch Viertes Landesgesetz zur Änderung kommunalrechtlicher Vorschriften vom 2. April 1998, GVBl. RhPf S. 108.

[137] § 114a GO NRW; eingeführt durch Erstes Gesetz zur Modernisierung von Regierung und Verwaltung in Nordrhein-Westfalen vom 15. Juni 1999 (1. ModernG NRW), GV. NRW. S. 386; vgl. dazu *Lux,* NWVBl. 2000, S. 7 (11 ff.) und *Menzel/Hornig,* ZKF 2000, S. 178 ff. und 199 ff.; zum GO-Reformgesetz 2007, GV. NRW. S. 380 siehe u. a. *Hamacher,* NWVBl. 2008, S. 81 ff., *Wurzel,* Der Landkreis, 2007, S. 576 ff.

Sachsen-Anhalt im April 2001[138], Schleswig-Holstein im Juni 2002[139], Niedersachsen im Januar 2003[140], Brandenburg im Januar 2008[141], Mecklenburg-Vorpommern im Juli 2011[142], Hessen im Dezember 2011[143], Thüringen Ende Juli 2013[144], Bremen im März 2015[145] sowie Baden-Württemberg im Dezember 2015.[146] Lediglich in den Bundesländern Sachsen[147] und Saarland gibt es die Möglichkeit kommunaler Unternehmen in der Rechtsform der Anstalt des öffentlichen Rechts (noch) nicht.

Die **Bezeichnung** für die neue Rechtsform variiert. In Bayern, Sachsen-Anhalt, Meck- 119
lenburg-Vorpommern, Schleswig-Holstein und Bremen wird sie „Kommunalunternehmen" genannt, in Niedersachen, Thüringen, Brandenburg und Baden-Württemberg „kommunale Anstalt" bzw. „Kommunalanstalt", in Nordrhein-Westfalen, Hessen und Rheinland-Pfalz nur „Anstalt des öffentlichen Rechts".[148] Im Folgenden wird aus Vereinfachungsgründen die kommunale rechtsfähige Anstalt des öffentlichen Rechts ausschließlich als Kommunalunternehmen bzw. KU bezeichnet.

1. Rechtsgrundlagen

Das Kommunalunternehmen ist im kommunalen Wirtschaftsrecht verankert. Neben Re- 120
gie- und Eigenbetrieb sowie den privaten Rechtsformen wird den Kommunen eine weitere Gestaltungsmöglichkeit eröffnet. Folgende **Gesetze** sind insoweit maßgeblich:

Baden-Württemberg: §§ 102a bis 102d GemO BW, §§ 24a f. GKZ[149]

Bayern: Art. 89 bis 91 GO Bay, Art. 49 f. KommZG[150]

138 Eingeführt durch Gesetz über die kommunalen Anstalten des öffentlichen Rechts (Anstaltsgesetz – AnstG) vom 3. April 2001, GVBl. LSA S. 136 zuletzt geändert durch Art. 6 des Gesetzes vom 22. Juni 2018, GVBl. LSA S. 166, 179.

139 § 106a GO SH; eingeführt durch Gesetz zur Stärkung der kommunalen Selbstverwaltung vom 25. Juni 2002, GVOBl. Schl.-H. S. 126.

140 §§ 141 ff. des Niedersächsischen Kommunalverfassungsgesetzes (NKomVG) vom 17. Dezember 2010, GVBl. Nds. S. 576; erstmals eingeführt wurde die kommunale Anstalt durch das Gesetz zur Änderung des kommunalen Wirtschaftsrechts vom 27. Januar 2003, GVBl. Nds. S. 36; vgl. dazu *Erdmann,* NdsVBl. 2003, S. 261 ff., *Hogeweg,* Die kommunale Anstalt in Niedersachsen, 2007, *Hoppe/Nüßlein,* der gemeindehaushalt 2009, S. 112 ff.

141 §§ 94 f. der Kommunalverfassung des Landes Brandenburg (BbgKVerf); eingeführt durch das Gesetz zur Reform der Kommunalverfassung und zur Einführung der Direktwahl der Landräte sowie zur Änderung sonstiger kommunalrechtlicher Vorschriften (Kommunalrechtsreformgesetz – KommRRefG) vom 18. Dezember 2007, GVBl. I S. 286.

142 §§ 70 ff., 167a ff. der Kommunalverfassung für das Land Mecklenburg-Vorpommern (Kommunalverfassung – KV M-V), eingeführt durch das Gesetz über die Kommunalverfassung und zur Änderung weiterer kommunalrechtlicher Vorschriften vom 13. Juli 2011, GVOBl. M-V S. 777; siehe dazu *Schwartz,* NordÖR 2011, S. 421, 425.

143 § 126a der Hessischen Gemeindeordnung (HGO) in der Fassung der Bek. v. 7. März 2005; eingeführt durch das Gesetz zur Änderung der Hessischen Gemeindeordnung und anderer Gesetze vom 16. Dezember 2011, GVBl. I S. 786.

144 §§ 76a ff. der Thüringer Kommunalordnung (ThürKO) und §§ 43 f. des Thüringer Gesetzes über die kommunale Gemeinschaftsarbeit (ThürKGG), eingeführt durch das Gesetz zur Änderung der Thüringer Kommunalordnung und anderer Gesetze vom 23. Juli 2013, GVBl. S. 194 ff.; siehe dazu *Schraml/Gögercin,* ThürVBl. 2014, S. 85 ff., *Leisner-Egensperger,* ThürVBl. 2014, S. 81 ff.

145 Eingeführt durch Bremisches Kommunalunternehmensgesetz (BremKuG) vom 24. März 2015, Brem. GBl. S. 114.

146 § 102a ff. der Gemeindeordnung für Baden-Württemberg (GemO BW), eingeführt durch das Gesetz zur Änderung der Gemeindeordnung, des Gesetzes über kommunale Zusammenarbeit und anderer Gesetze vom 15. Dezember 2015, Gbl. S. 1147.

147 Der in Sachsen vorgelegte Gesetzentwurf der Fraktion DIE Linke (Sächsischer Landtag, Drs. 5/11427, 5. März 2013) blieb erfolglos.

148 Die nordrhein-westfälische „Verordnung über kommunale Unternehmen und Einrichtungen als Anstalt des öffentlichen Rechts" heißt jedoch – wie in Bayern – „Kommunalunternehmensverordnung – KUV", Verordnung vom 24. Oktober 2001, GV. NRW. S. 733.

149 Gesetz über kommunale Zusammenarbeit (GKZ) in der Fassung vom 16. September 1974, GBl. BW S. 403.

150 Gesetz über die kommunale Zusammenarbeit (KommZG) in der Fassung der Bekanntmachung vom 20. Juni 1994, GVBl. Bay. S. 555; 1995 S. 98.

Brandenburg: §§ 92, 94 und 95 BbgKVerf, §§ 37 bis 40 GKGBbg[151]
Bremen: §§ 1 ff. BremKuG
Hessen: § 126a HGO, §§ 29a f. KGG[152]
Mecklenburg-Vorpommern: §§ 70 ff., 167a ff. KV M-V
Niedersachsen: §§ 141 ff. NKomVG, §§ 3 f. NKomZG[153]
Nordrhein-Westfalen: § 114a GO NRW, §§ 27 f. GkG NRW[154]
Rheinland-Pfalz: §§ 86a f. GemO RhPf, §§ 14a f. KomZG[155]
Sachsen-Anhalt: §§ 1 ff. AnstG[156]
Schleswig-Holstein: § 106a GO SH und §§ 19b ff. GkZ[157]
Thüringen: §§ 76a ff. ThürKO und §§ 43 f. ThürKGG[158]

121 Die Bestimmungen der Kommunalgesetze werden ergänzt und konkretisiert durch **Verordnungen** über das Kommunalunternehmen, die jedoch noch nicht in allen Ländern mit der Rechtsform des Kommunalunternehmens vorliegen:
- **Bayern:** Verordnung über Kommunalunternehmen (KUV) vom 19. März 1998[159]
- **Niedersachen:** Verordnung über kommunale Anstalten (KomAnstVO) vom 18. Oktober 2013[160]
- **Nordrhein-Westfalen:** Verordnung über kommunale Unternehmen und Einrichtungen als Anstalt des öffentlichen Rechts (Kommunalunternehmensverordnung – KUV) vom 24. Oktober 2001[161]
- **Rheinland-Pfalz:** Eigenbetriebs- und Anstaltsverordnung (EigAnVO) vom 5. Oktober 1999[162]
- **Sachsen-Anhalt:** Verordnung über die kommunalen Anstalten des öffentlichen Rechts (Anstaltsverordnung – AnstVO) vom 14. Januar 2004[163]
- **Schleswig-Holstein:** Landesverordnung über Kommunalunternehmen als Anstalt des öffentlichen Rechtes (KUVO) vom 3. April 2017[164]
- **Thüringen:** Thüringer Verordnung über die kommunalen Anstalten des öffentlichen Rechts (Thüringer Kommunalanstaltsverordnung – ThürAVO) vom 28. April 2016[165]

2. Rechtsnatur – Anstalts- und Gewährträgerschaft – Beteiligungen

a) Rechtsfähige Anstalt des öffentlichen Rechts

122 Das Kommunalunternehmen ist eine rechtsfähige Anstalt des öffentlichen Rechts.[166] Die **rechtsfähige Anstalt** stellt eine mit eigenem Stammkapital sowie eigenen Personal- und

[151] Gesetz über kommunale Gemeinschaftsarbeit im Land Brandenburg (GKGBbg) vom 10. Juli 2014, GVBl.I/14, Nr. 32, S. 2.
[152] Gesetz über kommunale Gemeinschaftsarbeit (KGG) vom 16. Dezember 1969, GVBl. I S. 307.
[153] Niedersächsisches Gesetz über die kommunale Zusammenarbeit (NKomZG) in der Fassung vom 21. Dezember 2011, Nds.GVBl. Nr. 31/2011 S. 493.
[154] Gesetz über kommunale Gemeinschaftsarbeit (GkG NRW) in der Fassung der Bekanntmachung vom 1. Oktober 1979, GV. NRW. S. 621.
[155] Landesgesetz über die kommunale Zusammenarbeit (KomZG) vom 22. Dezember 1982, GVBl. S. 476.
[156] Das Kommunalverfassungsgesetz des Landes Sachsen-Anhalt (KVG LSA) enthält in §§ 128 ff. KVG LSA nur einige wenige Bestimmungen zur „Anstalt des öffentlichen Rechts", z. B. in §§ 128, 130, 135 KVG LSA.
[157] Gesetz über kommunale Zusammenarbeit (GkZ) in der Fassung vom 28. Februar 2003, GVOBl. Schl.-H. S. 122, siehe dazu *Busch*, NordÖR 2005, S. 201 ff. und *Storr*, NordÖR 2005, S. 94 ff.
[158] Thüringer Gesetz über die kommunale Gemeinschaftsarbeit (ThürKGG) in der Fassung der Bekanntmachung vom 10. Oktober 2001, GVBl. S. 194, 201.
[159] GVBl. Bay S. 220, zuletzt geändert durch VO v. 26. März 2019, GVBl. Bay S. 98.
[160] Nds. GVBl. S. 244.
[161] GV. NRW. S. 773, zuletzt geändert durch VO v. 19. September 2014, GV. NRW. S. 616.
[162] GVBl. RhPf S. 373.
[163] GVBl. LSA S. 38.
[164] GVOBl. Schl.-H. S. 244.
[165] GVBl. Thür S. 196.
[166] § 102a Abs. 1 S. 1 GemO BW, Art. 89 Abs. 1 S. 1 GO Bay, § 94 BbgKVerf, § 1 Abs. 1 S. 1 BremKuG, § 126a Abs. 1 S. 1 HGO, § 70 Abs. 1 KV M-V, § 141 Abs. 1 S. 1 NKomVG, § 114a Abs. 1 S. 1 GO NRW, § 86a Abs. 1 S. 1 GemO RhPf, § 1 Abs. 1 S. 1 AnstG, § 106a Abs. 1 GO SH, § 76a Abs. 1 S. 1 ThürKO.

Sachmitteln ausgestattete öffentlich-rechtliche Organisationsform dar, durch die der Anstaltsträger ihm obliegende öffentliche Aufgaben erfüllt. Im Unterschied zur Körperschaft ist die Anstalt nicht mitgliedschaftlich organisiert, sie hat „Benutzer", keine Mitglieder.[167] Anders als Regie- oder Eigenbetrieb ist die Anstalt unmittelbar Träger von Rechten und Pflichten, kann selbst Eigentum und andere dingliche Rechte erwerben und ist im Prozess parteifähig. Soweit gesetzlich vorgesehen,[168] kann der Anstalt darüber hinaus eine eigene Satzungsgewalt und damit ein partielles Selbstverwaltungsrecht übertragen werden. Das Kommunalunternehmen als rechtsfähige Anstalt des öffentlichen Rechts ist daher – wie die Kommune selbst – Teil der mittelbaren Staatsverwaltung.[169]

Im Unterschied zu Körperschaften oder Personen- und Kapitalgesellschaften ist die 123
Kommune aber nicht Mitglied oder Gesellschafter der Anstalt, sondern **Anstaltsträger.** Die für die Gewährleistung der Aufgabenerfüllung erforderliche Einflussnahme übt der Anstaltsträger in einem entsprechenden Repräsentativorgan der Anstalt – beim Kommunalunternehmen der Verwaltungsrat – aus. Die Anstalt fungiert damit als eine Art verselbständigter „Erfüllungsgehilfe" des Anstaltsträgers.

b) Anstaltsträgerschaft – Anstaltslast – Gewährträgerschaft

Das Kommunalunternehmen ist nicht als Körperschaft und damit nicht mitgliedschaftlich 124
organisiert. Ursprünglich war die Rechtslage für Kommunalunternehmen dahingehend beschränkt, dass nur **eine Kommune** Anstaltsträger sein konnte. Anders als bei Zweckverbänden (vgl. Kap. D. III.) oder bei anderen spezialgesetzlich geregelten rechtsfähigen Anstalten konnte das Kommunalunternehmen meist nur von einer Kommune getragen werden.[170] Einen Ausweg eröffnete das Zweckverbandsrecht, so dass das KU – begründet von einem Zweckverband – mittelbar auch von mehreren Kommunen getragen werden kann.[171] In mehreren Reformgesetzen seit 2004 wurde diese als unbefriedigend empfundene Rechtslage geändert und das **„gemeinsame Kommunalunternehmen"** geschaffen.[172]

Ein Kommunalunternehmen kann nur von einer **Kommune,** nicht jedoch von einem 125, 126
Kommunalunternehmen selbst getragen werden. Ein KU kann also selbst kein Kommunalunternehmen gründen. Eine Holding-Struktur ist demzufolge nur dadurch möglich, dass eine Kommune mehrere KU gründet und diese kraft Unternehmenssatzung in ein Hierarchie-Verhältnis zueinander bringt.[173]

Nachdem auf Zweckverbände die Vorschriften des Gemeindewirtschaftsrechts anwend- 127
bar sind, können Kommunalunternehmen jedoch auch von Zweckverbänden gegründet werden.[174] Im Wege der kommunalen Zusammenarbeit ist es also nicht ausgeschlossen, dass mehrere Kommunen einen Zweckverband gründen, dessen einzige Aufgabe in der Anstaltsträgerschaft für ein KU besteht („ausgehöhlter Zweckverband").

Eng verbunden mit der Rechtsnatur ist die **Gewährträgerhaftung** des Anstaltsträgers. 128
Die Gemeinde haftet für die Verbindlichkeiten des Kommunalunternehmens unbeschränkt, soweit nicht Befriedigung aus dessen Vermögen zu erlangen ist. Derartige Bestimmungen

---

167 Ausf. dazu *Wolff/Bachof/Stober/Kluth,* S. 253 ff., *Blessing,* S. 41 ff.

168 § 102a Abs. 5 S. 1 GemO BW, Art. 89 Abs. 2 S. 3 GO Bay, § 94 Abs. 4 S. 3 BbgKVerf, § 4 Abs. 1 S. 3 BremKuG, § 126a Abs. 3 S. 2 HGO, § 70 Abs. 4 S. 3 KV M-V, § 143 Abs. 1 S. 3 NKomVG, § 114a Abs. 3 S. 2 GO NRW, § 86a Abs. 3 S. 2 GemO RhPf, § 3 S. 3 AnstG, § 106a Abs. 3 S. 2 GO SH, § 76a Abs. 2 S. 3 ThürKO.

169 Siehe dazu *Detig,* S. 74 f.

170 § 102a Abs. 1 S. 1 GemO BW, Art. 89 Abs. 1 S. 1 GO Bay, §§ 94 Abs. 1 S. 1, 131 Abs. 2 BbgKVerf, § 126a Abs. 1 S. 1 HGO, § 70 Abs. 1 KV M-V, § 141 Abs. 1 S. 1 NKomVG, § 114a Abs. 1 S. 1 GO NRW, § 86a Abs. 1 S. 1 GemO RhPf, § 1 Abs. 1 S. 1 AnstG, § 106a Abs. 1 S. 1 GO SH, § 76a Abs. 1 S. 1 ThürKO.

171 Siehe dazu *Lindt,* KommP spezial, S. 76, 77.

172 → Rn. 239a ff.

173 Ausf. dazu *Schulz,* Art. 89 GO Bay, Erl. 1.5.

174 So z. B. in Bayern Art. 40 Abs. 1 S. 1 KommZG.

sehen die Kommunalgesetze Bayerns, Brandenburgs, Bremens, Nordrhein-Westfalens, von Rheinland-Pfalz, Hessen, Sachsen-Anhalt und Thüringen vor.[175] Ausdrücklich verneint wird die Haftung der Gemeinde für Verbindlichkeiten des KU vom baden-württembergischen, niedersächsischen und schleswig-holsteinischen Kommunalrecht.[176] In Mecklenburg-Vorpommern ist die Haftung der Gemeinde auf die Höhe des einzuzahlenden Stammkapitals beschränkt.[177]

129 Die Gewährträgerhaftung gegenüber Dritten ist das Spiegelbild zur **Anstaltslast.**[178] Eine Kommune ist im Innenverhältnis verpflichtet, die Existenz der Anstalt zu sichern. Sie muss gewährleisten, dass das KU seine Aufgaben nachhaltig erfüllen kann. Dies setzt eine angemessene Ausstattung mit Stammkapital voraus.[179] Eine Besonderheit bieten hier die niedersächsische Gemeindeordnung sowie die Kommunalverfassung Mecklenburg-Vorpommerns: Die Gemeinde unterstützt das KU bei der Erfüllung seiner Aufgaben mit der Maßgabe, dass ein Anspruch des KU gegen die Gemeinde oder eine sonstige rechtliche Verpflichtung der Gemeinde, dem KU Mittel zur Verfügung zu stellen, nicht besteht.[180]

130 Gewährträgerhaftung und Anstaltslast sind letztlich Ausfluss der den Kommunen kraft Gesetzes eingeräumten Möglichkeit, sich einer selbstständigen Organisationsform zur Erfüllung ihrer Aufgaben zu bedienen. Dies darf nicht dazu führen, dass sich die Kommunen ihrer Verantwortung durch schlichte Ausgliederung der Aufgaben entledigen. Jedenfalls im Bereich kommunaler Pflichtaufgaben muss die Kommune als Anstaltsträger daher deren Erfüllung ungeachtet von Liquiditätsschwierigkeiten der Anstalt stets sicherstellen. Ein nennenswerter Nachteil gegenüber den Organisationsformen des privaten Gesellschaftsrechts erwächst dem Kommunalunternehmen dadurch aber nicht. Bedient sich die Kommune einer Kapitalgesellschaft zur Erfüllung ihrer Pflichtaufgaben, trifft sie auch dort jedenfalls insoweit eine **Insolvenzabwendungspflicht.**[181]

131 Ob Gewährträgerhaftung und Anstaltslast im Bereich des kommunalen Wirtschaftsrechts von den **europarechtlichen Regelungen** zu staatlichen Beihilfen (Art. 106, 107 AEUV) überlagert werden, bleibt abzuwarten.[182] Für den Bereich der Sparkassen wurde die Gewährträgerhaftung und Anstaltslast von der EU-Kommission als wettbewerbsverzerrende und damit grundsätzlich gemeinschaftsrechtswidrige Beihilfe qualifiziert. Die Länder Baden-Württemberg, Niedersachsen und Schleswig-Holstein haben bereits auf diese Sicht der Dinge reagiert und explizit eine interne Haftung der Kommune abgelehnt oder generell auf eine entsprechende Regelung verzichtet. Allerdings ist zu beachten, dass das Beihilfeverbot des Art. 107 AEUV überhaupt nur dann zur Anwendung kommt, wenn die Gewährung kommunaler Mittel den Wettbewerb verfälscht oder zu verfälschen droht *und* der Handel zwischen den Mitgliedstaaten beeinträchtigt wird, indem etwa Ausfuhren erleichtert oder Einfuhren erschwert werden.[183] Insoweit bestehen aber erhebliche Unterschiede zwischen dem international verflochtenen Finanzsektor und der in der Regel lokal oder regional begrenzten kommunalwirtschaftlichen Tätigkeit außerhalb des Sparkassenwesens. Darüber hinaus enthält das Europarecht selbst in Art. 106 Abs. 2 AEUV eine

175 So oder ähnlich z. B. Art. 89 Abs. 4 GO Bay, § 94 Abs. 9 BbgKVerf, § 5 Abs. 1 BremKuG, § 114a Abs. 5 GO NRW, § 86a Abs. 4 GemO RhPf, § 4 S. 1 AnstG, § 126a Abs. 4 S. 1 HGO, § 76a Abs. 5 S. 1 ThürKO.

176 § 102a Abs. 8 S. 4 GemO BW, § 144 Abs. 2 S. 2 NKomVG, § 9 S. 2 KUVO.

177 § 70 Abs. 7 S. 2 KV M-V.

178 Vgl. dazu auch *Hellermann* in: *Hoppe/Uechtritz/Reck,* § 7, Rn. 73, sowie *Schulz,* Art. 89, Ziff. 4.

179 § 102a Abs. 8 S. 2 GemO BW, § 9 KUV Bay, § 5 Abs. 1 S. 2 BremKuG, § 4 Abs. 1 KomAnstVO, § 9 KUV NRW, § 29 EigAnVO, § 4 S. 2 AnstG, § 106a Abs. 4 GO SH und § 9 KUVO, § 7 Abs. 1 ThürAVO.

180 § 144 Abs. 1 NKomVG, § 70 Abs. 6 KV M-V.

181 Näher dazu *Gaß,* S. 79 f.

182 Ausf. zu den europarechtlichen Rahmenbedingungen kommunaler Unternehmen *Beyer,* in: *Wambach,* S. 65 ff. sowie → B. Rn. 1 ff.; kritisch *Hofmann-Hoeppel,* KommP spezial 2008, S. 61, 66 f., *Püttner,* in: *Püttner,* S. 501, und *Waldmann,* NVwZ 2008, S. 284, 285.

183 Darauf weist auch *Ehlers,* ZHR 167 (2003), S. 546 (574) hin.

Ausnahme für den Bereich der Daseinsvorsorge, so dass jedenfalls in diesem – freilich nicht abschließend abgrenzbaren, weil im Fluss befindlichen – Bereich die Gewährträgerhaftung weiter Bestand haben dürfte. Die Thüringer Kommunalordnung hat die Gewährträgerhaftung unter dem Vorbehalt der Vereinbarkeit mit dem europäischen Beihilferecht gestellt.[184] Gegen die Anwendbarkeit des europäischen Beihilferechts auf die Gewährträgerhaftung spricht jedoch, dass die Kommune – wie beim Regie- und Eigenbetrieb – hier lediglich eine Organisationsentscheidung getroffen hat. Die – letztlich formale – Tatsache, dass mit dem Kommunalunternehmen eine selbständige Rechtsperson geschaffen wurde, ist materiellrechtlich ohne Bedeutung und kann damit beihilferechtlich nicht von Belang sein: Das Kommunalunternehmen rückt in seinem Unternehmensgegenstand uneingeschränkt an die Stelle der Kommune. Für die Anwendbarkeit des Beihilferechts ist somit kein Raum.

c) Kaufmannseigenschaft

Ein Kommunalunternehmen muss in das Handelsregister eingetragen werden, wenn es ein Handelsgewerbe betreibt und somit **Kaufmann** ist (§ 1 HGB). Ein Handelsgewerbe betreibt jeder Gewerbebetrieb, es sei denn, dass das Unternehmen nach Art und Umfang einen in kaufmännischer Weise eingerichteten Geschäftsbetrieb nicht erfordert. Nach § 8 Abs. 1 KUV Bay ist der Vorstand zur Anmeldung beim Registergericht und zur Vorlage der kommunalrechtlich notwendigen Zustimmungsbeschlüsse gemäß § 33 HGB verpflichtet.[185] 132

Das Vorliegen eines Gewerbebetriebes setzt zwingend voraus, dass **Gewinnerzielungsabsicht** besteht.[186] Dabei kommt es nur auf die Absicht an und nicht darauf, ob tatsächlich Gewinne erzielt werden. Öffentliche Unternehmen sind insoweit nicht privilegiert. Bei der Erledigung hoheitlicher Aufgaben wird es jedoch in der Regel an der Gewinnerzielungsabsicht fehlen. Dies gilt insbesondere für Unternehmen, die dem kommunalen Abgabenrecht (z. B. Abfallwirtschaft, Wasser, Abwasser) unterliegen und kostendeckende Entgelte kalkulieren müssen. Ohne Gewinnerzielungsabsicht wirtschaften auch Einrichtungen mit gemeinnützigen Zwecken. Mit Gewinnerzielungsabsicht betrieben werden hingegen in der Regel Energieversorgungsunternehmen, Krankenhäuser, Alten- und Pflegeheime, soweit Letztere nicht gemeinnützig sind. Ein Gewerbebetrieb stellt auch das Halten einer Beteiligung im Rahmen einer Holding-Konstruktion dar. 133

Gemäß § 33 Abs. 1 HGB ist das KU vom Vorstand zur **Eintragung ins Handelsregister** anzumelden. Der Anmeldung sind die Unternehmenssatzung und die Urkunden über die Bestellung des Vorstandes in Urschrift oder in öffentlich beglaubigter Abschrift beizufügen (§ 33 Abs. 2 HGB). Problematisch könnten Satzungsbestimmungen sein, die in Anlehnung an die Verordnungen über das KU vorsehen, dass das KU vom vorsitzenden Mitglied des Verwaltungsrates vertreten wird, wenn noch kein Vorstand vorhanden ist oder der Vorstand handlungsunfähig ist.[187] Möglicherweise erachtet das Registergericht diese Regelung als zu unbestimmt. Eintragungsfähig wird das KU aber jedenfalls dadurch, wenn diese Bestimmung nicht in die Unternehmenssatzung aufgenommen wird. Aufgrund der jeweiligen landesrechtlichen Verordnung gilt die Vertretungsregelung auch ohne Verankerung in der Unternehmenssatzung. Für die Anmeldung und Eintragung in das Handelsregister hat das KU die gesetzlich vorgeschriebenen Gebühren zu entrichten und die notwendigen Auslagen zu erstatten. 134

[184] § 76a Abs. 5 S. 1 und 2 ThürKO.
[185] Entsprechendes gilt für das gemeinsame Kommunalunternehmen; trotz des Wortlautes des § 8 Abs. 1 KUV Bay sind auch in Bayern nicht alle KU unabhängig von der Kaufmannseigenschaft einzutragen.
[186] Siehe zum Begriff des Handelsgewerbes *Koller/Roth/Morck,* HGB, § 1 Rn. 1 ff.
[187] So z. B. § 2 Abs. 3 S. 2 KUV Bay.

d) Beteiligung Privater am Kommunalunternehmen

135 Eine **Beteiligung Privater** ist beim Kommunalunternehmen grundsätzlich nicht möglich.[188] Anders als bei den Zweckverbänden[189] sieht dies das kommunale Wirtschaftsrecht nicht vor.[190]

136 Zulässig ist jedoch die **„typische stille Beteiligung"** eines Privaten im Sinne der §§ 230 ff. HGB.[191] Der (typische) stille Gesellschafter leistet lediglich eine Einlage. Diese Beteiligung ändert nichts an der Gewährträgerschaft der Kommune und den kommunalrechtlichen Zuständigkeitsregelungen. Die Einlage begründet keine Einflussmöglichkeit auf die Geschäftsführung des KU, sondern stellt lediglich ein „qualifiziertes Kreditverhältnis" dar.[192] Eine stille Beteiligung ist jedenfalls dann zulässig, wenn dem Gesellschafter keine unternehmerischen Rechte eingeräumt werden, die das Unternehmen an der eigenverantwortlichen Erfüllung seiner Aufgaben hindern könnten.[193]

137 Problematisch erscheint vor dem gegenwärtigen rechtlichen Hintergrund hingegen eine **atypische stille Beteiligung,** da Mitentscheidungsrechte die Organe des KU in ihren Rechten beschneiden.[194]

138 Ob in Zukunft überhaupt ein Bedürfnis für eine unmittelbare Beteiligung Privater an Kommunalunternehmen besteht, wird von der Entwicklung und Verbreitung der Rechtsform abhängen. Dass eine private Beteiligung an Anstalten des öffentlichen Rechts zumindest aus rechtlicher Sicht als möglich und zulässig erscheint, zeigt das Modell der **Berliner Wasserbetriebe,** einer Anstalt des öffentlichen Rechts, an der eine Holding-AG als atypisch stille (Minderheits-)Gesellschafterin beteiligt ist.[195]

e) Beteiligungsfähigkeit

139 Das KU kann sich an anderen Unternehmen beteiligen, wenn es dem Unternehmenszweck dient. Dies schließt auch die Befugnis ein, selbst Tochter-Gesellschaften zu gründen. Voraussetzung für eine Beteiligung des KU an anderen Unternehmen ist jedoch, dass die allgemeinen Voraussetzungen über die Zulässigkeit wirtschaftlicher Betätigung erfüllt sind[196] und die **Unternehmenssatzung** eine Beteiligung zulässt.[197] Lediglich in Rheinland-Pfalz ist dies nicht möglich.[198]

140 Mit der Beteiligung an anderen Unternehmen wird damit auch die Möglichkeit der Kooperation mit Privatunternehmen eröffnet. Das KU eignet sich demzufolge für eine **Holdingstruktur** und für flexible Gestaltungen: Für Aufgaben, die sinnvollerweise mit einem privaten Partner erledigt werden, wird eine Tochter-Gesellschaft gegründet, an der sich das Privatunternehmen beteiligen kann. Andere, insbesondere hoheitliche Aufgaben, bleiben dagegen beim KU.[199] Auf diese Weise wird eine mittelbare Beteiligung Privater am KU ermöglicht.[200]

---

188 A. a. *Waldmann,* NVwZ 2008, S. 284, 285; ausf. Dazu *Blessing,* S. 92 ff.
189 Siehe z. B. Art. 17 Abs. 2 S. 2 KommZG, § 7 Abs. 3 NkomZG, § 4 Abs. 2 S. 2 GkG NRW, § 2 Abs. 2 KomZG, unter weiterer Voraussetzung auch § 6 Abs. 1 S. 3 GKG-LSA.
190 Kritisch dazu *Pauli,* BayVBl. 2008, S. 325, 326.
191 Ausf. Dazu *Klein/Uckel/Ibler,* 31.40, Erl. 1.2.3., zur stillen Gesellschaft allg. siehe *Koller/Roth/Morck,* HGB, §§ 230 ff.
192 Näher dazu *Gaß,* S. 118.
193 So zu Recht *Neusinger/Lindt,* BayVBl. 2002, S. 689 (694).
194 *Blessing,* S. 113, erachtet auch eine atypische stille Beteiligung für zulässig.
195 Vgl. dazu die Entscheidung des BerlVerfGH, NVwZ 2000, S. 794. Näher dazu *Gaß,* S. 119 ff. m. w. N.
196 Vgl. dazu Kapitel C.
197 § 102a Abs. 1 S. 3 GemO BW, Art. 89 Abs. 1 S. 2 GO Bay, § 94 Abs. 3 BbgKVerf, § 1 Abs. 1 S. 5 BremKuG, § 141 Abs. 3 NkomVG, § 114a Abs. 4 GO NRW, § 1 Abs. 1 S. 3 AnstG, § 106a Abs. 1 S. 2 GO SH, § 126a Abs. 3 S. 3 HGO, § 70 Abs. 3 KV M-V, § 76a Abs. 1 S. 3 ThürKO.
198 § 86a GemO RhPf enthält keine Bestimmung, die hierzu ermächtigt.
199 So z. B. beim Kommunalunternehmen des Landkreises Würzburg, vgl. *Schraml,* in: *Riedmayer/Schraml,* S. 35 f.
200 Zur Einbindung des KU in privatrechtliche Konzernstrukturen am Beispiel Berlin siehe *Ehlers,* ZHR 167 (2003), S. 546 (557 f.).

Das KU besitzt auf dem Gebiet der kommunalen Zusammenarbeit die gleiche Rechtsstellung wie die Kommune selbst. Sie unterliegt daher nicht den Beschränkungen, die für andere juristische Personen des öffentlichen Rechts gelten. Das KU kann daher Mitglied eines **Zweckverbandes** (vgl. Kap. D. III.) sein. Voraussetzung ist allerdings auch in diesem Fall, dass die Unternehmenssatzung eine derartige Aufgabenübertragung gestattet. Der Abschluss einer **Zweckvereinbarung** ist im Rahmen der übertragenen Aufgaben uneingeschränkt zulässig. Darüber hinaus ist ein KU befugt, Aufgaben zu übernehmen, die eng mit dem Unternehmensgegenstand zusammenhängen (Annexkompetenz) oder deren Wahrnehmung die ordnungsgemäße Erfüllung der satzungsmäßigen Aufgaben überhaupt erst ermöglicht. Diese Voraussetzung ist auch dann gegeben, wenn der Grundsatz der Wirtschaftlichkeit und Sparsamkeit eine stärkere Kapazitätsauslastung fordert. 141

Davon zu unterscheiden ist der Fall, dass sich eine Kommune bereits vor Gründung des KU an einem Zweckverband beteiligt hat. In diesen Fällen hat die Kommune die Aufgabe bereits abgegeben, so dass eine weitere Übertragung auf das KU ins Leere geht. Das KU übernimmt demnach nicht die Rechtsstellung der Kommune in diesem Zweckverband. Zweckverbandsmitglied bleibt die Kommune. Hat die Kommune nur einen Teil einer Aufgabe übertragen, so erhält das KU mit der Unternehmenssatzung allenfalls eine (Rest-) Zuständigkeit.[201] 142

3. Gründung und Auflösung

Die Gründung eines Kommunalunternehmens erfolgt entweder durch **Umwandlung** eines bereits bestehenden Regie- und Eigenbetriebs im Wege der Gesamtrechtsnachfolge oder durch **Neuerrichtung.** Rechtstechnisch ist der Erlass einer Unternehmenssatzung erforderlich. Auch eine Umwandlung kommunaler Eigen- oder Beteiligungsgesellschaften in Kommunalunternehmen ist mittlerweile kommunalrechtlich geregelt.[202] 143

a) Umwandlung eines Regie- oder Eigenbetriebs

Die klassischen Formen wirtschaftlicher Betätigung einer Kommune sind der **Regie**- und der **Eigenbetrieb.** In beiden Fällen wurden innerhalb des Hoheitsträgers Betriebe geschaffen, die eine teilweise rechtliche, in jedem Fall aber faktische Eigenständigkeit erlangt haben. Die Umwandlung eines derartigen Betriebes erfordert seine klare Abgrenzung von der sonstigen Verwaltung. Dem Beschluss zur Umwandlung ist demnach eine Eröffnungsbilanz zu Grunde zu legen. Liegt die Eröffnungsbilanz zum Zeitpunkt des Entstehens des KU nicht vor, so ist über diese gesondert zu beschließen.[203] 144

Beim **Eigenbetrieb** besteht bereits außerhalb der eigenen Verwaltung ein Sondervermögen mit eigener Wirtschaftsführung. Mit dem jeweiligen Jahresabschluss bzw. einer gesondert zu erstellenden Zwischenbilanz ist damit der Unternehmensgegenstand hinreichend definiert. Der Kommune bleibt es freilich unbenommen, einzelne Bestandteile des bisherigen Betriebes von der Umwandlung auszuklammern. In diesem Fall ist im Rahmen einer Eröffnungsbilanz der Unternehmensgegenstand abzugrenzen. 145

Von Bedeutung ist dies insbesondere aufgrund der **Grunderwerbsteuerpflicht.**[204] Sind Grundstücke Bestandteil des Betriebsvermögens, so führt der Umwandlungsvorgang zur Grunderwerbsteuerpflicht. Eine Ausnahme gilt nur für Erwerb eines Grundstücks durch eine juristische Person des öffentlichen Rechts, wenn das Grundstück anlässlich des Übergangs von öffentlich-rechtlichen Aufgaben übergeht und nicht überwiegend einem Betrieb 146

[201] Ebenso *Neusinger/Lindt,* BayVBl. 2002, S. 689 (694).

[202] Weiterhin ungeklärt ist demgegenüber die Umwandlung von Kommunalunternehmen in Rechtsformen des Privatrechts; siehe dazu *Pauli,* BayVBl. 2008, S. 325 ff.

[203] So ausführlich § 7 Abs. 2 S. 1 KUV Bay, § 7 Abs. 1 KUV NRW, § 8 KUVO und § 7 Abs. 2 S. 3 ThürAVO.

[204] Zur Grunderwerbsteuer → G. Rn. 179 ff.

gewerblicher Art dient.[205] Da beispielsweise Krankenhäuser oder Altenheime einen Betrieb gewerblicher Art darstellen, würde bei der Umwandlung solcher Einrichtungen in ein KU in einem erheblichen Umfang Grunderwerbsteuer anfallen. Die Kommune kann dies vermeiden, indem sie die Grundstücke aus dem Betriebsvermögen herauslöst und sie im Rahmen eines Pacht- oder Nutzungsvertrages dem neuen KU zur Verfügung stellt.

147 Sollen **Regiebetriebe** umgewandelt werden, so steht man vor der Schwierigkeit, dass ein von der sonstigen Verwaltung abgegrenztes Sondervermögen nicht besteht. Vor der Umwandlung in ein Kommunalunternehmen ist daher gemäß den für alle Kaufleute geltenden Vorschriften des HGB eine Eröffnungsbilanz aufzustellen.[206] Es empfiehlt sich, bereits bei der Beschlussfassung über die Gründung des KU eine detaillierte Vermögensübersicht vorzulegen.

148, 149 Die Umwandlung selbst erfolgt nach der jeweils einschlägigen kommunalrechtlichen Vorschrift.[207] Die kommunalrechtlichen Umwandlungsvorschriften wurden erforderlich, weil § 168 des Umwandlungsgesetzes (UmwG) die **Umwandlung** in eine Anstalt des öffentlichen Rechts nicht erfasst. Die Länder haben damit die Ermächtigung in § 1 Abs. 2 UmwG genutzt und vergleichbare Bestimmungen in ihre Kommunalgesetze aufgenommen.

150 Mit der Umwandlung eines Regie- oder Eigenbetriebs tritt das neu gegründete KU in alle Rechte und Pflichten des bisherigen Betriebes ein. Diese **Gesamtrechtsnachfolge** erfolgt kraft Gesetzes, so dass es keiner gesonderten Übertragungsakte bedarf. Werden Grundstücke in einer Unternehmenssatzung aufgeführt, so bedarf es für den Übergang keiner notariellen Beurkundung. Beurkundungspflichtig ist jedoch gemäß § 15 Abs. 4 S. 1 und Abs. 3 GmbHG die Übertragung von GmbH-Anteilen.

151 Im Rahmen der Gesamtrechtsnachfolge tritt das Kommunalunternehmen in alle Rechte und Pflichten der im Zeitpunkt des Übergangs bestehenden **Arbeitsverhältnisse** und damit in die arbeitsvertragliche Position der Kommune als früherer Arbeitgeber ein.[208] Unterliegt das Kommunalunternehmen mangels Mitgliedschaft in einem kommunalen Arbeitgeberverband nicht der Tarifbindung, werden die bislang tarifvertraglichen Regelungen Bestandteil der einzelnen Arbeitsverträge.[209] Durch die Mitgliedschaft des Kommunalunternehmens in der jeweiligen Zusatzversorgungskasse der Kommunen wird die Problematik der Bildung von Rückstellungen für Versorgungslasten vermieden.

152 Das Kommunalunternehmen ist eine Dienststelle im Sinne der einschlägigen Personalvertretungsgesetze der Länder, so dass in dem neuen Unternehmen ein **Personalrat** zu bilden ist. Wird in Bayern ein Regie- oder ein Eigenbetrieb in ein KU umgewandelt, so sieht Art. 27a BayPVG eine Übergangsregelung vor. Der Personalrat übernimmt die Funktion eines Übergangspersonalrates für das neue Unternehmen, bis sich dort der neue Personalrat konstituiert hat, längstens jedoch für zwölf Monate. Erfolgt keine Personalratswahl im KU, so erlischt das Mandat des Personalrats mit der regulären Wahl eines neuen Personalrates der Kommune. Die gleichen Grundsätze dürften wegen der Gesamtrechtsnachfolge – zur Vermeidung einer vertretungslosen Zeit zumindest bis zur Neuwahl eines Personalrates – auch in den übrigen Ländern jedenfalls dann gelten, wenn der Betrieb als organisatorische Einheit unverändert auf das Kommunalunternehmen übergeht.

153 Insgesamt empfiehlt sich in diesem Zusammenhang der Abschluss eines **Personalüberleitungsvertrags** zwischen der Kommune und dem Kommunalunternehmen, in dem im

205 § 4 Nr. 1 GrEStG.

206 So z. B. § 7 Abs. 1 KUV Bay, § 7 Abs. 1 KUV NRW, § 8 KUVO und § 7 Abs. 2 S. 3 ThürAVO.

207 § 102a Abs. 1 S. 1 GemO BW, Art. 89 Abs. 1 S. 1 GO Bay, § 94 Abs. 1 BbgKVerf, § 1 Abs. 1 S. 1 BremKuG, § 126a Abs. 1 S. 1 HGO, § 70 Abs. 2 KV M-V, § 141 Abs. 1 NkomVG, § 114a Abs. 1 S. 1 GO NRW, § 86a Abs. 1 S. 1 GemO RhPf, § 1 Abs. 1 S. 1 AnstG, § 106a Abs. 1 S. 1 GO SH, § 76a Abs. 1 S. 1 f. und Abs. 3 ThürKO; in der Regel gilt das Umwandlungsgesetz (teilweise) analog.

208 Dies wird teilweise aus dem Institut der Gesamtrechtsnachfolge oder aus einer direkten oder analogen Anwendung von § 613a BGB gefolgert, vgl. *Ehlers,* ZHR 167 (2003), S. 546 (569) m. w. N.; zu Fragen des Beamten- und Arbeitsrechts siehe Kap. F.

209 Bei direkter oder analoger Anwendung von § 613a BGB dürfen diese Regelungen nach dessen Abs. 1 S. 2 nicht vor Ablauf eines Jahres geändert werden.

Interesse der Rechtssicherheit die maßgeblichen Fragen der Personalüberleitung geregelt werden.

Besitzt das Kommunalunternehmen Dienstherrenfähigkeit, sind die bisher bei der Kommune für den Regie- oder Eigenbetrieb tätigen **Beamten** gemäß Landesrecht vom Kommunalunternehmen zu übernehmen. 154

Übt das Kommunalunternehmen keine hoheitlichen Befugnisse aus und ist daher nicht dienstherrenfähig, besteht die Möglichkeit einer Zuweisung nach § 20 BeamtStG. Eine Zustimmung des Beamten ist nicht erforderlich, wenn dringende öffentliche Interessen die Zuweisung erfordern.[210] Sowohl Übernahme als auch Zuweisung lassen den bisher erreichten beamtenrechtlichen Status unberührt.[211]

Das Kommunalunternehmen entsteht grundsätzlich am Tag nach der Bekanntmachung der Unternehmenssatzung, wenn nicht in dieser Satzung ein späterer Zeitpunkt vorgesehen ist. Anders als etwa die GmbH entsteht das Kommunalunternehmen damit in einem Akt, so dass die im Gesellschaftsrecht geltenden Regelungen über die **Vorgesellschaft** keine Anwendung finden können.[212] Rechtsgeschäfte, die vor Entstehung des Kommunalunternehmens im Rahmen des umzuwandelnden Betriebs abgeschlossen werden, berechtigen und verpflichten daher unmittelbar die Kommune und gehen erst mit Entstehung des Kommunalunternehmens im Wege der Gesamtrechtsnachfolge auf dieses über. 155

b) Umwandlung von Eigen- oder Beteiligungsgesellschaften

Eine direkte **Umwandlung** von kommunalen Eigen- oder Beteiligungsgesellschaften in der Rechtsform einer GmbH oder einer Aktiengesellschaft in ein Kommunalunternehmen ist im Umwandlungsgesetz nicht vorgesehen. Ursprünglich enthielten auch die meisten Kommunalgesetze hierzu keine Regelungen. Eine derartige Umstrukturierung im Wege der Gesamtrechtsnachfolge kann dann nur durch zwei hintereinander geschaltete Umwandlungsvorgänge erreicht werden.[213] Im Übrigen bleibt lediglich die Möglichkeit der Übertragung des Gesellschaftsvermögens durch Einzelrechtsakte. Aufgrund der Komplexität dieser Verfahren war die Umwandlung von kommunalen Gesellschaften in Kommunalunternehmen auf diesem Weg eine Seltenheit und ist kaum zu erwarten.[214] 156

Mittlerweile existieren spezielle kommunalrechtliche Umwandlungsvorschriften in **Baden-Württemberg,** in **Bayern,** in **Brandenburg,** in **Bremen,** in **Mecklenburg-Vorpommern,** in **Niedersachsen,** in **Schleswig-Holstein** und in **Thüringen.**[215] Kapitalgesellschaften, an den ausschließlich eine Kommune beteiligt ist, können durch Formwechsel in ein KU umgewandelt werden.[216] Der Formwechsel setzt den Erlass einer Unternehmenssatzung und einen sich darauf beziehenden Umwandlungsbeschluss der formwechselnden Gesellschaft voraus. Die Umwandlung richtet sich im Wesentlichen nach Umwandlungsrecht. Die Umwandlung wird wirksam, wenn sie in das Handelsregister eingetragen wurde und die Unternehmenssatzung in Kraft getreten ist. Mit dem speziellen kommunalen Umwandlungsrecht wurde in vielen Bundesländern eine Gesetzeslücke geschlossen und der Weg für die Errichtung weiterer Kommunalunternehmen freigemacht. 156a

c) Neuerrichtung

Die Neuerrichtung eines Kommunalunternehmens erfolgt durch Erlass und Bekanntmachung einer entsprechenden **Unternehmenssatzung.** Die im Gesellschaftsrecht an- 157

[210] In Bayern folgt dies bereits aus Art. 90 Abs. 4 S. 2 GO Bay; zu § 20 BeamtStG siehe *Reich,* § 20.
[211] Ausführungen zum Beamten- und Arbeitsrecht s. Kapitel F.
[212] *Klein/Uckel/Ibler,* 32.00; Ehlers, ZHR 167 (2003), S. 546 (556).
[213] *Gaß,* S. 298 f.
[214] Ausf. Dazu *Gaß,* S. 309 ff.
[215] § 102c GemO BW, Art. 89 Abs. 2a GO Bay, § 94 Abs. 1 BbgKVerf, § 1 Abs. 2 BremKuG, § 70 Abs. 2 KV M-V, § 141 Abs. 1 S. 4 bis 6 NkomVG, § 106a Abs. 1a GO SH, § 76a Abs. 3 ThürKO.
[216] Ausf. Dazu *Schulz,* Art. 89, Ziff. 1.4.

wendbaren Vorschriften über die Vorgründungs- und Vorgesellschaft gelten auch hier weder unmittelbar noch entsprechend. In Brandenburg[217], Nordrhein-Westfalen[218], Rheinland-Pfalz[219] und Sachsen-Anhalt[220] ist vor der Neugründung eines Kommunalunternehmens die Durchführung einer Wirtschaftlichkeits- oder Marktanalyse bzw. eines Branchendialogs vorgeschrieben.

d) Unternehmenssatzung

158 Rechtstechnisch erfolgt die Gründung eines Kommunalunternehmens durch die **Bekanntmachung der Unternehmenssatzung.**[221] In ihr werden die Rechtsverhältnisse des Unternehmens geregelt. Die Kommune behält auch nach der Gründung des KU diese Regelungskompetenz, diese geht nicht auf ein Unternehmensorgan über. Die zuständigen Gremien der Kommune bleiben somit „Herr" über das Unternehmen.

159 Die Unternehmenssatzung ist vom Anstaltsträger nach den allgemeinen kommunalrechtlichen Bestimmungen zu erlassen. Aufgrund der Tragweite der Entscheidung hat das Kommunalgremium selbst den **Beschluss** über die Satzung zu fassen, eine Übertragung auf einen beschließenden Ausschuss kommt nicht in Betracht. Die Satzung wird vom Bürgermeister, Landrat etc. ausgefertigt und bekannt gemacht. Das Kommunalunternehmen entsteht am Tag nach der **Bekanntmachung,** wenn nicht in der Unternehmenssatzung ein späterer Zeitpunkt bestimmt ist.[222] Wie der Wortlaut der einschlägigen Vorschriften zeigt, kann die Unternehmenssatzung nicht rückwirkend in Kraft gesetzt werden. Sondervorschriften gelten in Bayern für die Umwandlung einer Kapitalgesellschaft in ein (gemeinsames) KU. Hier entsteht das KU erst mit dessen Eintragung oder – wenn es nicht eingetragen wird – mit der Eintragung der Umwandlung.[223]

160 Anders als der Gesellschaftsvertrag einer GmbH bedarf es keiner (kostenpflichtigen) notariellen Beurkundung. Die Errichtung eines Kommunalunternehmens verursacht daher grundsätzlich keine **Gründungskosten.**

161 Gesetze und Verordnungen schreiben bestimmte **Mindestinhalte** für die Satzung vor:

162 So ist es in **Bayern**[224], **Thüringen**[225] und **Brandenburg**[226] gesetzlich zwingend erforderlich, dass die Unternehmenssatzung Bestimmungen über den Namen und die Aufgaben des Unternehmens, die Anzahl der Mitglieder des Vorstands und des Verwaltungsrates sowie die Höhe des Stammkapitals enthält.

162a In **Baden-Württemberg**[227] werden zusätzlich zu den oben genannten Anforderungen an die Unternehmenssatzung Bestimmungen über den Sitz der selbstständigen Kommunalanstalt und die Abwicklung im Falle der Auflösung gesetzlich zwingend erfordert. Ähnliche Regelungen gelten in **Mecklenburg-Vorpommern**[228] und **Schleswig-Holstein.**[229]

---

217 § 92 Abs. 3 BbgKVerf.

218 § 107 Abs. 5 GO NRW.

219 § 92 Abs. 1 GemO RhPf.

220 § 135 Abs. 1 KVG LSA.

221 In Baden-Württemberg und in Brandenburg „Anstaltssatzung", § 102a Abs. 3 S. 1 GemO BW und § 94 Abs. 2 BbgKVerf; in Bremen Ortsgesetz (Errichtungsortgesetz), § 1 Abs. 1 BremKuG.

222 § 102a Abs. 4 S. 4 GemO BW, Art. 89 Abs. 3 S. 4 GO Bay. In Brandenburg zugleich noch frühestens mit Wirksamwerden der Genehmigung, § 94 Abs. 3 S. 1 BbgKVerf. In den übrigen Bundesländern tritt die Unternehmenssatzung nach den allgemeinen kommunalrechtlichen Vorschriften in Kraft.

223 Art. 89 Abs. 2a S. 6 GO Bay, Art. 49 Abs. 5 S. 3 KommZG.

224 Art. 89 Abs. 3 S. 2 GO Bay; Sonderregelungen gelten beim gemeinsamen KU, Art. 50 Abs. 2 KommZG.

225 § 76a Abs. 4 S. 2 ThürKO; Sonderregelungen gelten beim gemeinsamen KU, § 44 Abs. 2 ThürKGG und § 5 Abs. 2 ThürAVO.

226 § 94 Abs. 2 S. 2 BbgKVerf.

227 § 102a Abs. 3 S. 2 GemO BW.

228 § 70 Abs. 5 KV M-V

229 § 106a Abs. 2 GO SH, § 6 KUVO; siehe auch Mustersatzung für Schleswig-Holstein, Bek. Des Innenministeriums vom 31. Oktober 2008, Abl. S. 1019.

In **Bayern** verlangt die Verordnung über das Kommunalunternehmen zudem Regelungen über die Geschäftsordnung des Verwaltungsrates und des Vorstands (falls dieser aus mehr als einer Person besteht), sowie über die Beschlussfähigkeit des Verwaltungsrates.[230] **162b**

In **Thüringen** muss die Unternehmenssatzung noch Bestimmungen über die Zuständigkeiten innerhalb des Vorstands (wenn dieser aus mehreren Mitgliedern besteht), den Geschäftsgang im Verwaltungsrat, die Höhe der Entschädigung für die Mitglieder des Verwaltungsrats, die Höhe der Mehrausgaben für Einzelvorhaben, über die der Verwaltungsrat zu beschließen hat, sowie die Form der öffentlichen Bekanntmachung von Satzungen enthalten.[231] **162c**

In **Bremen**[232] sind nur der Name und der Zweck des Unternehmens und die Anzahl der Mitglieder des Verwaltungsrates zwingend erforderlich. Die Höhe des Stammkapitals ist fakultativ. **162d**

Die Unternehmenssatzung der kommunalen Anstalt in **Niedersachsen**[233] und **Sachsen-Anhalt**[234] muss Bestimmungen über den Namen und den Zweck des Unternehmens, die Anzahl der Mitglieder des Verwaltungsrates und die Höhe des Stammkapitals enthalten. **163**

Nordrhein-Westfalen[235] verlangt Satzungsbestimmungen über den Namen und die Aufgaben des KU, die Anzahl der Vorstands- und Verwaltungsratsmitglieder, die Höhe des Stammkapitals, die Wirtschaftsführung, die Vermögensverwaltung, die Rechnungslegung, die Geschäftsordnung des Verwaltungsrates und des Vorstands (falls dieser aus mehr als einer Person besteht) sowie über die Beschlussfähigkeit des Verwaltungsrates. Ähnliche Regelungen gelten in **Hessen.**[236] **164**

In **Rheinland-Pfalz**[237] muss die Unternehmenssatzung nähere Bestimmungen über den Namen und die Aufgaben sowie die Organe der Anstalt, insbesondere über die Zahl der Mitglieder, deren Bestellung, Amtsdauer und Aufgaben enthalten. **165**

Neben diesen rechtlich zwingenden Inhalten kann die Kommune **fakultativ weitere Regelungen** treffen, u. a.: **166**

- Beteiligung des KU an anderen Unternehmen[238]
- Verteilung der Zuständigkeiten der Organe[239]
- Weisungs- und Zustimmungsrechte der Kommune gegenüber den Organen des KU[240]
- Vertretungsregelung bei einem Vorstand, der aus mehreren Personen besteht[241]

Den Kommunen eröffnet sich daher ein weiter Spielraum für die Gestaltung der Unternehmenssatzung, so dass eine ideale Anpassung der Unternehmensstruktur an die vom Kommunalunternehmen zu erfüllende Aufgabe möglich wird. **167**

e) Auflösung und Abwicklung

So wie das KU durch den Erlass einer Unternehmenssatzung entsteht, wird es durch den gegenteiligen Akt, die **Aufhebung** dieser Satzung, aufgelöst. Auch diese Aufhebung **168**

230 § 2 Abs. 2 S. 3 und § 5 KUV Bay.
231 § 5 Abs. 1 ThürAVO; § 5 Abs. 3 ThürAVO regelt weitere fakultative Bestimmungen.
232 § 3 S. 2 BremKuG.
233 § 142 NkomVG.
234 § 2 AnstG.
235 § 114a Abs. 2 GO NRW, § 5 KUV NRW.
236 § 126a Abs. 2 S. 2 HGO.
237 § 86a Abs. 2 GemO RhPf.
238 Z. B. Art. 89 Abs. 1 S. 2 GO Bay, § 141 Abs. 3 S. 1 NkomVG, § 114a Abs. 4 GO NRW, § 1 Abs. 1 S. 3 AnstG, § 126a Abs. 3 S. 3 HGO, § 70 Abs. 3 KV M-V, § 76a Abs. 1 S. 3 ThürKO.
239 Z. B. Art. 90 Abs. 1 S. 1 GO Bay, § 145 Abs. 2 S. 1 NkomVG, § 114a Abs. 6 S. 1 GO NRW, § 5 Abs. 2 S. 1 AnstG, § 126a Abs. 5 S. 1 HGO, § 70a Abs. 2 S. 1 KV M-V, § 76b Abs. 1 S. 1 ThürKO; dazu sogleich Rn. 195 ff.
240 Z. B. Art. 90 Abs. 2 S. 5 GO Bay, § 95 Abs. 2 S. 3 BbgKVerf, § 145 Abs. 3 S. 5 NkomVG, § 114a Abs. 7 S. 6 GO NRW, § 86b Abs. 2 S. 2 GemO RhPf, § 5 Abs. 3 S. 5 AnstG, § 126a Abs. 6 S. 4 und 6 HGO; vgl. Unten Rn. 223 ff.
241 Z. B. § 3 Abs. 2 KUV Bay.

erfolgt in Form einer Satzung, die nach den allgemeinen kommunalrechtlichen Bestimmungen bekannt zu machen ist. Die Entscheidung muss vom Kommunalgremium selbst getroffen werden. Eine Delegation auf einen (beschließenden) Ausschuss ist nicht zulässig.[242]

169 Das **Vermögen** eines aufgelösten KU geht im Wege der Gesamtrechtsnachfolge auf den Anstaltsträger über.[243] Es bedarf also weder einer rechtsgeschäftlichen Übertragung einzelner Vermögensgegenstände noch der rechtsgeschäftlichen Vertragsübernahme. Die Gesamtrechtsnachfolge gilt auch für die Beschäftigungsverhältnisse. Ist das KU Eigentümer von Grundstücken, so ist nach der Auflösung das Grundbuch zu berichtigen; eine Auflassung ist nicht erforderlich.

4. Aufgaben

a) Umfang der Aufgabenübertragung

170 Nach den weitgehend identischen gesetzlichen Vorschriften kann der Anstaltsträger dem KU einzelne oder alle mit einem bestimmten Zweck zusammenhängende Aufgaben ganz oder teilweise übertragen. Abgesehen von den allgemeinen Bestimmungen über die Zulässigkeit der kommunalen wirtschaftlichen Betätigung[244] hat der Gesetzgeber auf einschränkende Bestimmungen verzichtet. Er überlässt es der Entscheidung der Kommune, welche Aufgaben auf das KU übertragen werden sollen. Übertragen werden können demnach Pflichtaufgaben ebenso wie freiwillige Aufgaben, Aufgaben des eigenen Wirkungskreises ebenso wie solche des übertragenen.[245] In Brandenburg ist ausdrücklich normiert, dass die Übertragung auf Teile des „Anstaltsgebietes" beschränkt werden kann.[246]

171 Eine Beschränkung der Kommune ergibt sich auch nicht aus **Fachgesetzen,** die bestimmte Aufgaben einer „Gemeinde" oder einem „Landkreis" zuweisen. Eine Aufgabenübertragung wird dadurch nicht ausgeschlossen, da das Fachgesetz die Zuständigkeit nur einer bestimmten Verwaltungsebene zuordnet, ohne in deren Organisationsrecht einzugreifen. Werden beispielsweise im Abfallrecht, in den ÖPNV-Gesetzen der Länder oder in den Ausführungsgesetzen zum Pflegeversicherungsrecht die kreisfreien Städte und Landkreis zu Aufgabenträgern bzw. zuständigen Behörden bestimmt, so schließt dies nicht aus, dass die jeweilige Kommune diese Aufgabe auf ein KU überträgt.

172 Dem KU können auch **mehrere Aufgaben** übertragen werden.[247] Die Kommune hat also die Möglichkeit ein KU mit mehreren Unternehmenssparten zu gründen (Spartenorganisation). Als Alternative steht ihr die Gründung mehrerer Kommunalunternehmen zur Verfügung. Sie kann jedoch auch das KU als Holding ausgestalten und die operativen Tätigkeiten auf Tochter-Gesellschaften übertragen (Holding-Organisation). Das KU bekommt in diesem Fall zwar kraft Unternehmenssatzung alle Aufgaben, gibt diese aber kraft Gesellschaftsvertrags zur Erfüllung weiter. Die Gründung eines eigenen „Tochter-KU" bleibt dem „Holding-KU" jedoch untersagt, da nur die Kommune selbst ein KU gründen darf. Für die Spartenorganisation spricht der geringere Gründungsaufwand und die bessere Übersichtlichkeit. Sie ist jedenfalls dann zu bevorzugen, wenn sich die Unternehmensbereiche weitgehend ähneln. Die Holding-Organisation schafft demgegenüber homogene Organisationseinheiten („Profitcenter"). Der Verwaltungsaufwand kann dadurch minimiert werden, dass Querschnittsaufgaben (z. B. Personal-, Rechnungswesen, Rechtsabteilung, Marketing, Controlling) unmittelbar durch die Holding wahrgenommen werden.

---

242 Siehe dazu *Klein/Uckel/Ibler,* 37.40, Ziff. 2.1.
243 § 28 KUV Bay, § 28 KUV NRW, § 38 EigAnVO, § 25 ThürAVO, § 28 AnstVO.
244 Siehe hierzu Kapitel C.
245 Zur Wirtschaftsförderung in der Rechtsform des KU, siehe *Detig,* S. 164 ff.
246 § 94 Abs. 5 S. 1 BbgKVerf.
247 A. A. *Bauer/Böhle/Ecker,* Art. 89 GO, Rn. 15.

Eine **Sondervorschrift** für mehrere kommunale Betriebe existiert in Bayern[248], Nordrhein-Westfalen[249] und Schleswig-Holstein.[250] Die Versorgungs- oder Verkehrsbetriebe einer Kommune sollen die gleiche Rechtsform haben und, wenn sie ein Kommunalunternehmen sind, jeweils zu einem KU zusammengefasst werden. Versorgungs-, Verkehrsbetriebe und sonstige Unternehmen einer Kommune können zu einem einheitlichen oder verbundenen KU zusammengefasst werden. 173

Wird dem KU eine Aufgabe übertragen, so gehen damit grundsätzlich alle mit ihr zusammenhängenden **Befugnisse** auf das KU über. Wenn dennoch einzelne Befugnisse bei der Kommune verbleiben sollen, so bedarf es hierfür eines ausdrücklichen Vorbehalts in der Unternehmenssatzung.[251] 174

Mit der Aufgabenübertragung erhält das KU das Recht und die Pflicht, die übertragene Angelegenheit umfassend zu erledigen. Handelt es sich um einen Bereich der **Hoheitsverwaltung** (z. B. Abfallentsorgung), so ist das KU berechtigt, Verwaltungsakte zu erlassen und mit Verwaltungszwang durchzusetzen. Dies schließt auch den Erlass von Gebührenbescheiden ein.[252] Das KU ist zur Vollstreckung von Verwaltungsakten in demselben Umfang berechtigt wie die Kommune.[253] Eine besondere Satzungsbestimmung ist lediglich dann erforderlich, wenn dem KU das Recht eingeräumt werden soll, Satzungen und – soweit Landesrecht zu deren Erlass ermächtigt – auch Verordnungen für das übertragene Aufgabengebiet zu erlassen. Der Erlass von Abgabesatzungen durch das KU ist verfassungsrechtlich unbedenklich. Die kommunalrechtlichen Bestimmungen gewährleisten eine unmittelbare demokratische und rechtsstaatliche Legitimation.[254] 175

Einer differenzierteren Betrachtung bedarf es dann, wenn die Kommune dem KU nicht die Aufgabe selbst, sondern nur deren Erfüllung übertragen hat. In diesem Fall wäre das KU nur der **„Erfüllungsgehilfe“** der Kommune, die weiterhin öffentlich-rechtlich verantwortlich bliebe. Hierfür sieht das Kommunalrecht vor, dass die Kommune durch gesonderte Satzung einen Anschluss- und Benutzungszwang zugunsten des KU festlegen und das Unternehmen zu dessen Durchsetzung ermächtigen kann. Das KU erlässt dann die Verwaltungsakte und sorgt gegebenenfalls für deren zwangsweise Durchsetzung. 176

b) Dienstherrenfähigkeit[255]

Zur Erfüllung seiner Aufgaben kann das KU auch Beamte beschäftigen.[256] 177

In Bayern[257], Bremen[258], Mecklenburg-Vorpommern[259], Niedersachsen[260], Nordrhein-Westfalen[261], Sachsen-Anhalt[262] und Thüringen[263] ist dies jedoch nur dann möglich, wenn dem KU hoheitliche Aufgaben übertragen worden sind. Es genügt, wenn dem KU zumindest auch hoheitliche Tätigkeiten übertragen worden sind. Welche Aufgabe der jeweilige Beamte 178

---

248 § 6 KUV Bay.
249 § 6 KUV NRW.
250 § 7 KUVO.
251 A. A. VG Würzburg, Urt. v. 31.5.2006, W 2 K 05.1587: ausdrückliche Übertragung der Befugnisse erforderlich; offen gelassen wurde diese Frage von der Berufungsinstanz, VGH München Urt. v. 1.3.2007, 23 B 06.1892; siehe dazu *Hofmann-Hoeppel,* KommP spezial 2008, S. 61, 64 ff.
252 Eine ausdrückliche Übertragung in der Unternehmenssatzung bzw. Anstaltssatzung fordert § 143 Abs. 2 NkomVG und § 102a Abs. 5 S. 4 GemO BW.
253 Art. 91 Abs. 4 GO Bay, § 126a Abs. 11 HGO, § 102a Abs. 5 S. 4 GemO BW.
254 Ausf. Dazu *Schulz,* Art. 89 GO Bay, Erl. 2.3.
255 Zur Übernahme bzw. Zuweisung von Beamten im Rahmen einer Umwandlung vgl. Rn. 154.
256 Zum Beamtenrecht siehe Kap. F.
257 Art. 90 Abs. 4 S. 1 GO Bay.
258 § 8 BremKuG.
259 § 70a Abs. 5 KV M-V, die Dienstherrenfähigkeit kann dem Kommunalunternehmen dann durch Satzung verliehen werden.
260 § 146 S. 1 NkomVG.
261 § 114a Abs. 9 S. 1 GO NRW.
262 § 6 S. 1 AnstG.
263 § 76b Abs. 4 S. 1 ThürKO.

zu erfüllen hat, ist ohne Belang. Es ist also durchaus möglich, dass einem KU Aufgaben auf dem Gebiet der Abfallwirtschaft und der Krankenversorgung übertragen worden sind, der Beamte jedoch ausschließlich für die kommunale Klinik tätig wird. Das brandenburgische, hessische und rheinland-pfälzische Kommunalrecht überlässt es der jeweiligen Kommune, dem KU mit der Unternehmenssatzung Dienstherrenfähigkeit zu verleihen.[264]

5. Organe und Zuständigkeiten

179 Die Organe eines KU sind gesetzlich[265] festgelegt: Ein Vorstand und ein Verwaltungsrat sind für die Geschicke des KU verantwortlich.[266] Ergänzt werden diese gesetzlichen Bestimmungen durch Geschäftsordnungen.[267]

180 Das KU ähnelt insoweit einer GmbH: Der Vorstand erhält weitgehende Handlungsbefugnisse – vergleichbar mit der Geschäftsführung einer GmbH. Der Verwaltungsrat entscheidet über strategische Angelegenheiten und kontrolliert den Vorstand – vergleichbar mit dem Aufsichtsrat einer GmbH. Da das KU nicht mitgliedschaftlich verfasst ist, nimmt der Verwaltungsrat zugleich die Funktion der Gesellschafterversammlung wahr. Einer gesonderten Betrachtung bedürfen die Einwirkungsmöglichkeiten der kommunalen Entscheidungsgremien.

a) Vorstand

181 Das Kommunalunternehmen wird von einem Vorstand in eigener Verantwortung geleitet.

182 **aa) Natürliche Person.** Vorstand eines KU kann nur eine **natürliche Person** sein. Juristische Personen können daher nicht zum Vorstand bestellt werden.

183 Möglich bleibt freilich, die Beauftragung einer juristischen Person als **Managementgesellschaft.** Zwischen dem KU und der juristischen Person wird ein Managementvertrag geschlossen, in dem sich die Managementgesellschaft gegen Zahlung einer Vergütung verpflichtet, den Vorstand zu stellen. Ein Beschäftigter der Managementgesellschaft wird dann vom Verwaltungsrat zum Vorstand bestellt. Das Rechtsverhältnis zwischen dem Vorstand und dem KU wird in einem gesonderten Gestellungsvertrag geregelt.[268]

184 **bb) Vertretungsmacht.** Der Vorstand ist das Organ, das das KU nach außen vertritt.[269] Diese Vertretungsmacht ist unbeschränkt und auch durch die Unternehmenssatzung nicht beschränkbar. Eine Ausnahme gilt für den Fall, dass noch kein Vorstand vorhanden ist oder dieser handlungsfähig ist. Das KU wird dann vom Vorsitzenden des Verwaltungsrates vertreten. Auch gegenüber den Vorstandsmitgliedern selbst, insbesondere beim Abschluss des Dienstvertrages, ist der Vorsitzende des Verwaltungsrates vertretungsberechtigt.[270] Besteht der Vorstand aus mehreren Personen, so sind – vorbehaltlich einer abweichenden Satzungsbestimmung – sämtliche Vorstandsmitglieder nur gemeinschaftlich zur Vertretung des KU befugt.[271] Der Vorstand selbst kann wiederum gemäß den allgemeinen zivilrecht-

[264] § 94 Abs. 8 S. 2 BbgKVerf, § 126a Abs. 8 HGO, § 86b Abs. 4 GemO RhPf.

[265] In Schleswig-Holstein erfolgt die Festlegung in der Verordnung, siehe §§ 2 ff. KUVO.

[266] § 102b GemO BW, Art. 90 GO Bay, § 95 Abs. 1 BbgKVerf, § 6 BremKuG, § 126a Abs. 5 und 6 HGO, § 70a Abs. 1 KV M-V, § 145 NkomVG, § 114a Abs. 6 und 7 GO NRW, § 86b GemO RhPf, § 5 AnstG, § 2 KUVO, § 76b Abs. 1 und 2 ThürKO.

[267] Siehe z. B. § 5 Nr. 2 KUV Bay, § 4 Nr. 1 AnstVO; eine Muster-Geschäftsordnung für den Verwaltungsrat findet sich bei *Kein/Uckel/Ibler,* 33.15.

[268] Dazu näher *Klein/Uckel/Ibler,* 33.11., Nr. 1.1.1.

[269] § 102b Abs. 2 S. 4 GemO BW, Art. 90 Abs. 1 GO Bay, § 95 Abs. 1 S. 2 BbgKVerf, § 6 Abs. 3 BremKuG, § 126a Abs. 5 S. 2 HGO, § 70a Abs. 2 S. 2 KV M-V, § 145 Abs. 2 S. 2 NkomVG, § 114a Abs. 6 GO NRW, § 86b GemO RhPf, § 5 Abs. 2 AnstG, § 3 Abs. 1 S. 2 KUVO, § 76b Abs. 1 S. 2 ThürKO.

[270] § 2 Abs. 3 KUV Bay, § 2 Abs. 3 KUV NRW, § 4 Abs. 9 KUVO, § 2 Abs. 4 ThürAVO; in den anderen Ländern gibt es keine entsprechende Gesetzes- oder Verordnungsregelung.

[271] § 3 Abs. 2 KUV Bay, § 3 Abs. 2 KUV NRW, § 3 Abs. 3 S. 1 KUVO, § 3 Abs. 3 ThürAVO; in Brandenburg ist bei einem Vorstand, der aus mehreren Personen besteht, eine Satzungsregelung zwin-

lichen Bestimmungen den Beschäftigten des KU Vertretungsmacht – auch in der Form der Prokura gemäß §§ 48 ff. HGB – erteilen.

cc) Bestellung und Abberufung. Der Vorstand wird bestellt vom Verwaltungsrat. Die Kommune hat daher keinen unmittelbaren Einfluss auf die personelle Besetzung des Vorstandes. Allerdings können in die **Unternehmenssatzung** entsprechende Regelungen über ein unverbindliches Vorschlagsrecht bis hin zu einer Weisungsbefugnis der Kommune gegenüber dem Verwaltungsrat im Rahmen der Bestellung von Vorstandsmitgliedern aufgenommen werden. 185

Der **Zeitraum** der Bestellung ist in Baden-Württemberg, Bayern, Brandenburg, Bremen, Hessen, Mecklenburg-Vorpommern, Niedersachsen, Nordrhein-Westfalen, Sachsen-Anhalt, Schleswig-Holstein und Thüringen auf fünf Jahre beschränkt, wobei eine erneute Bestellung zulässig ist.[272] In Rheinland-Pfalz ist auch eine zeitlich unbeschränkte Bestellung möglich. 186

Die Kompetenz zur Bestellung des Vorstands umfasst auch das **Rechtsverhältnis des Vorstands zum KU.** In Betracht kommt ein zivilrechtliches, tarifliches oder außertarifliches Dienstverhältnis. Ist das KU dienstherrenfähig, so kann der Vorstand auch zum Beamten auf Zeit ernannt werden. 187

Die Amtszeit als Vorstand endet in der Regel mit Ablauf der gesetzlich oder – in Rheinland-Pfalz – kraft Satzung normierten Amtsdauer. Daneben ist eine vorzeitige **Abberufung** des Vorstands zulässig, wenn ein hinreichend wichtiger Grund vorliegt. Dies folgt aus den allgemeinen kommunalrechtlichen Grundsätzen über die Abberufung von Funktions- und Amtsträgern.[273] Zur Rechtsklarheit empfiehlt sich die Aufnahme einer entsprechenden Regelung in die Unternehmenssatzung, wonach beispielsweise der Vorstand vom Verwaltungsrat kraft eines qualifizierten Mehrheitsbeschlusses bei Vorliegen eines wichtigen Grundes abberufen werden kann. 188

Die Abberufung betrifft allerdings lediglich die Organstellung des Vorstands. Davon zu unterscheiden ist das **Dienst- oder Anstellungsverhältnis** der betreffenden Person zum Kommunalunternehmen. Wurde der Anstellungsvertrag unter der auflösenden Bedingung des Fortbestandes der Organstellung als Vorstand abgeschlossen, endet das Anstellungsverhältnis automatisch mit dem Ablauf der Amtszeit oder der Abberufung als Vorstand, ohne dass es einer weiteren Kündigung bedarf. Soweit das Angestelltenverhältnis zeitlich auf die Amtsdauer des Vorstands befristet eingegangen wurde, kommt im Falle einer vorzeitigen Abberufung lediglich eine außerordentliche Kündigung des Angestelltenverhältnisses in Betracht. Fehlt eine zeitliche Befristung, muss das Angestelltenverhältnis ordentlich oder außerordentlich gekündigt werden. Handelt es sich um ein Beamtenverhältnis, ist eine Beendigung nur nach den restriktiven beamtenrechtlichen Regelungen möglich. 189

dd) Bemessung der Vorstandsgehälter. Die **Höhe** der Vorstandsgehälter ist in den Kommunalgesetzen nicht geregelt. Ist der Vorstand zum Beamten (auf Zeit) ernannt worden, so gelten die beamtenrechtlichen Bestimmungen, ansonsten das öffentliche Tarifwerk oder außertarifliche individuelle Vereinbarungen. Für die Höhe der Vorstandsgehälter gilt lediglich der allgemeine Grundsatz der Sparsamkeit und Wirtschaftlichkeit[274], nicht jedoch das vergütungsrechtliche (engere) Angemessenheitsgebot.[275] 190

Zur Gewährleistung von Transparenz und Kontrolle sehen einige Kommunalgesetze vor, dass die Vorstandsbezüge im Sinne von § 285 Nr. 9 Buchst. a HGB veröffentlicht werden. 191

gend, § 95 Abs. 1 S. 3 BbgKVerf; in den anderen Ländern gibt es keine entsprechende Gesetzes- oder Verordnungsregelung.

[272] § 102b Abs. 2 S. 2 GemO BW, Art. 90 Abs. 2 S. 2 GO Bay, § 95 Abs. 1 S. 6 BbgKVerf, § 6 Abs. 4 BremKuG, § 126a Abs. 6 S. 2 HGO, § 70a Abs. 3 S. 2 KV M-V, § 145 Abs. 3 S. 2 NkomVG, § 114a Abs. 7 S. 2 GO NRW, § 5 Abs. 3 S. 2 AnstG, § 4 Abs. 2 S. 1 KUVO, § 76b Abs. 2 S. 2 ThürKO.

[273] Vgl. *Klein/Uckel/Ibler,* 33.11, Nr. 1.3.1.

[274] Z. B. Art. 61 Abs. 2 GO Bay, § 110 Abs. 2 NkomVG.

[275] Z. B. Art. 43 Abs. 4 GO Bay.

In Baden-Württemberg, Bayern, Mecklenburg-Vorpommern und Sachsen-Anhalt hat die Gemeinde darauf hinzuwirken, dass jedes Vorstandsmitglied vertraglich verpflichtet wird, die ihm im Geschäftsjahr jeweils gewährten Bezüge der Gemeinde jährlich zur **Veröffentlichung** mitzuteilen.[276] In Niedersachsen ergibt sich die Veröffentlichungspflicht unmittelbar aus dem Gesetz,[277] in Sachsen-Anhalt enthält der Beteiligungsbericht Angaben über die Vorstandsbezüge.[278]

192 **ee) Rechtsstellung.** Die Rechtsstellung des Vorstands wird in Bayern, Niedersachsen, Nordrhein-Westfalen, Sachsen-Anhalt, Schleswig-Holstein und Thüringen konkretisiert in den Verordnungen zum Kommunalunternehmen. Dabei wird besonders die **Auskunfts- und Berichtspflicht** gegenüber dem Verwaltungsrat und dem Anstaltsträger hervorgehoben.

193 Der Vorstand hat dem Verwaltungsrat in allen Angelegenheiten auf Anforderung Auskunft zu geben und ihn über alle wichtigen Vorgänge rechtzeitig zu unterrichten.[279] Über die Abwicklung des Vermögens- und Erfolgsplans muss der Verwaltungsrat vierteljährlich schriftlich unterrichtet werden.[280] Lediglich in Niedersachsen besteht nur eine halbjährliche Berichtspflicht des Vorstands.[281] In Bayern, Nordrhein-Westfalen, Sachsen-Anhalt und Schleswig-Holstein besteht zudem eine sofortige Berichtspflicht bei Erfolg gefährdenden Mindererträgen oder Mehraufwendungen. Sind Verluste zu erwarten, so muss auch der Anstaltsträger vom Vorstand informiert werden.[282] Besteht der Vorstand aus mehreren Mitgliedern, so haben diese mit der Sorgfalt ordentlicher Geschäftsleute vertrauensvoll und eng zum Wohle des KU zusammenzuarbeiten.[283]

194 Bei einem **mehrköpfigen Vorstand** sind die einzelnen Mitglieder grundsätzlich gleichberechtigt. Der Verwaltungsrat kann jedoch ein Hierarchie- oder Vertretungsverhältnis festlegen.

195 **ff) Zuständigkeit.** Der Vorstand ist das zentrale Organ des KU. Nach der Intention der Gesetzgeber soll dem Vorstand grundsätzlich eine eigenständige und **eigenverantwortliche Leitungsfunktion** zukommen.[284] Seine Rechtsstellung geht damit erheblich über die des Werkleiters eines Eigenbetriebes oder des Leiters eines Regiebetriebes hinaus und ist am ehesten mit der des Vorstands einer AG vergleichbar. Die Kompetenzen des Vorstands werden nur durch das Gesetz und durch die Unternehmenssatzung konkretisiert bzw. beschränkt. Im Übrigen handelt der Vorstand eigenverantwortlich und unterliegt lediglich der Kontrolle des Verwaltungsrates.

196 In den Ländern **Baden-Württemberg, Bayern, Brandenburg, Bremen, Hessen, Mecklenburg-Vorpommern, Niedersachsen, Nordrhein-Westfalen, Sachsen-Anhalt, Schleswig-Holstein und Thüringen** werden die Kompetenzen des Vorstands kraft Gesetzes bzw. Verordnung beschränkt, indem dem Verwaltungsrat bestimmte grundsätzliche Angelegenheiten zur Entscheidung zugewiesen werden bzw. ein Zustimmungsvorbehalt zugunsten des Verwaltungsrates normiert wird.[285]

---

276 § 102b Abs. 2 S. 7 GemO BW, Art. 90 Abs. 1 S. 3 GO Bay, § 70a Abs. 2 S. 3 KV M-V, § 5 Abs. 2 S. 3 AnstG.

277 § 145 Abs. 2 S. 3 NkomVG.

278 § 130 Abs. 2 S. 2 Nr. 4 KVG LSA.

279 § 3 Abs. 1 S. 2 KUV Bay, § 2 KomAnstVO, § 3 Abs. 1 S. 2 KUV NRW, § 6 Abs. 2 AnstVO, § 3 Abs. 2 KUVO, § 3 Abs. 2 ThürAVO.

280 § 21 Abs. 1 KUV Bay, § 21 Abs. 1 KUV NRW, § 18 Abs. 1 AnstVO, § 21 Abs. 1 KUVO, § 18 Abs. 1 ThürAVO.

281 § 2 KomAnstVO.

282 § 21 Abs. 2 KUV Bay, § 21 Abs. 2 KUV NRW, § 18 Abs. 2 AnstVO, § 21 Abs. 2 KUVO.

283 § 3 Abs. 1 S. 1 KUV Bay, § 3 Abs. 1 S. 1 KUV NRW, § 6 Abs. 1 S. 1 AnstVO, § 3 Abs. 3 S. 2 KUVO, § 3 Abs. 1 S. 1 ThürAVO.

284 Vgl. § 102b Abs. 2 S. 1 GemO BW, Art. 90 Abs. 1 S. 1 GO Bay, § 95 Abs. 1 S. 1 BbgKVerf, § 6 Abs. 3 S. 1 BremKuG, § 126a Abs. 5 S. 1 HGO, § 70a Abs. 2 S. 1 KV M-V, § 145 Abs. 2 S. 1 NkomVG, § 114a Abs. 6 GO NRW, § 86b Abs. 1 GemO RhPf, § 5 Abs. 2 AnstG, § 3 Abs. 1 S. 1 KUVO, § 76b Abs. 1 S. 1 ThürKO.

285 Vgl. dazu die Ausführungen zur Zuständigkeit des Verwaltungsrates → Rn. 211 ff.

Im Übrigen und besonders in Rheinland-Pfalz bleibt es den Kommunen überlassen, die Kompetenzen des Vorstands in der **Unternehmenssatzung** nach ihren Vorstellungen zu gestalten.[286] So kann die Kommune in der Unternehmenssatzung bestimmen, dass bestimmte Kompetenzen vom Vorstand auf den Verwaltungsrat verlagert werden. Durch die im Verwaltungsrat vertretenen Kommunalorgane eröffnet sich für die Kommune dann die Möglichkeit einer direkten Einflussnahme auf unternehmerische Entscheidungen. Diese vom Gesetzgeber bewusst eingeräumte Flexibilität bei der Ausgestaltung der Unternehmensstruktur sollte dazu genutzt werden, eine der zu erfüllenden Aufgabe gerecht werdende Balance zwischen Eigenverantwortlichkeit des Vorstands einerseits und Kontrolle bzw. Einflussnahme durch den Verwaltungsrat und die Kommune andererseits herzustellen. Je größer die Haftungs- und Einstandspflichten des Anstaltsträgers aus der Unternehmertätigkeit einzuschätzen sind, desto stärker wird dessen Bedürfnis nach Einflussnahme und Kontrolle sein. 197

b) Verwaltungsrat

Der Verwaltungsrat ist das kollegial strukturierte Organ des Kommunalunternehmens, das für strategische Entscheidungen zuständig ist und Kontrollfunktionen wahrnimmt. Er hat außerdem die Aufgabe, die Geschäftsführung des Vorstands zu überwachen. 198

aa) Zusammensetzung. Die Kommunalgesetze enthalten detaillierte, im Wesentlichen ähnliche Bestimmungen über die Zusammensetzung des Verwaltungsrates.[287] Lediglich in Schleswig-Holstein finden sich derartige Bestimmungen in der Verordnung über Kommunalunternehmen.[288] 199

Den **Vorsitz im Verwaltungsrat** führt in der Regel kraft Amtes der jeweilige Bürgermeister des Anstaltsträgers.[289] Lediglich in Schleswig-Holstein wählen die Mitglieder des Verwaltungsrates aus ihrer Mitte den Vorsitz.[290] In Baden-Württemberg, Bayern, Mecklenburg-Vorpommern, Niedersachsen und Sachsen-Anhalt kann mit seiner Zustimmung jedoch auch eine andere Person zum Vorsitzenden bestellt werden.[291] Sind in Hessen, Nordrhein-Westfalen oder Rheinland-Pfalz Beigeordnete mit eigenem Geschäftsbereich bestellt, so führt derjenige Beigeordnete den Vorsitz, zu dessen Geschäftsbereich die dem KU übertragenen Aufgaben gehören. Sind die Aufgaben mehreren Geschäftsbereichen übertragen, so entscheidet der Bürgermeister über den Vorsitz.[292] Dem Verwaltungsratsvorsitzenden kommen darüber hinaus keine besonderen Befugnisse zu. Bei der Beschlussfassung ist seine Stimme gleichwertig mit der der übrigen Verwaltungsratsmitglieder. Die Unternehmenssatzung kann jedoch vorsehen, dass bei Stimmengleichheit die Stimme des Vorsitzenden den Ausschlag gibt. Ein Beanstandungs- und Aussetzungsrecht bei vermeintlich rechtswidrigen Beschlüssen (entsprechend den kommunalrechtlichen Vorschriften bei den Kommunalgremien) steht ihm jedenfalls mangels gesetzlicher Grundlage nicht zu.[293] 200

[286] § 102b Abs. 2 S. 1 GemO BW, Art. 90 Abs. 1 S. 1 GO Bay, § 95 Abs. 1 S. 1 BbgKVerf, § 6 Abs. 3 BremKuG, § 126a Abs. 5 HGO, § 70a Abs. 2 KV M-V, § 145 Abs. 2 S. 1 NkomVG, § 114a Abs. 6 S. 1 GO NRW, § 86b Abs. 1 S. 1 GemO RhPf, § 5 Abs. 2 S. 1 AnstG, § 3 Abs. 1 S. 1 KUVO, § 76b Abs. 1 S. 1 ThürKO.

[287] § 102b Abs. 4 GemO BW, Art. 90 Abs. 3 GO Bay, § 95 Abs. 2 BbgKVerf, § 7 BremKuG, § 126a Abs. 7 HGO, § 70a Abs. 4 KV M-V, § 145 Abs. 4 bis 7 NkomVG, § 114a Abs. 8 GO NRW, § 86b Abs. 3 GemO RhPf, § 5 Abs. 4 AnstG, § 76b Abs. 3 ThürKO.

[288] § 4 Abs. 3 bis 8 KUVO.

[289] In Brandenburg, Niedersachsen und Sachsen-Anhalt ist dies die Hauptverwaltungsbeamtin oder der Hauptverwaltungsbeamte, § 95 Abs. 2 S. 1 BbgKVerf, § 145 Abs. 6 S, 1 NkomVG und § 5 Abs. 4 S. 4 AnstG.

[290] § 4 Abs. 3 S. 3 KUVO.

[291] § 102b Abs. 4 S. 2 GemO BW, Art. 90 Abs. 3 S. 2 GO Bay, § 70a Abs. 4 S. 3 KV M-V § 145 Abs. 6 S. 2 NkomVG, § 5 Abs. 4 S. 4 AnstG.

[292] § 126a Abs. 7 S. 3 und 4 HGO, § 114a Abs. 8 S. 3 und 4 GO NRW, § 86b Abs. 3 S. 4 und 5 GemO RhPf.

[293] A. A. *Schulz,* Art. 90 GO Bay, Erl. 3.2.

201 Die **übrigen Verwaltungsratsmitglieder** werden vom jeweiligen Kollegialgremium des Anstaltsträgers (insb. Gemeinde- oder Stadtrat) bestellt. Anders als bei den Organen von Regie- und Eigenbetrieben können auch Personen bestellt werden, die nicht dem Kollegialgremium des Anstaltsträgers angehören. Damit wird die Möglichkeit eröffnet, Fachleute in das Gremium zu berufen. Die Unternehmenssatzung kann auch bestimmen, dass für Verwaltungsratsmitglieder Vertreter bestellt werden.[294]

202 Äußerst unterschiedlich geregelt ist die **Personalvertretung** im Verwaltungsrat.[295]

203 In **Bayern** können Beamte und leitende oder hauptberufliche Angestellte des KU, leitende Beamte und leitende Arbeitnehmer von juristischen Personen oder sonstigen Organisationen des öffentlichen oder privaten Rechts, an denen das KU mit mehr als 50 % beteiligt ist (Beteiligung am Stimmrecht genügt), sowie Beamte und Arbeitnehmer der Rechtsaufsichtsbehörde, die unmittelbar mit Aufgaben der Aufsicht über das KU befasst sind, nicht Mitglied des Verwaltungsrates sein.[296] Ähnliche Regelungen enthalten die Gemeindeordnung **Baden-Württembergs**[297] und **Nordrhein-Westfalens**[298], die Kommunalverfassung **Mecklenburg-Vorpommerns**[299], das Anstaltgesetz in **Sachsen-Anhalt**[300], die Kommunalunternehmensverordnung **Schleswig-Holsteins**[301] und die **Thüringer** Kommunalordnung.[302]

In **Hessen** können Bedienstete der Anstalt generell, sowie Bedienstete der Aufsichtsbehörde, die unmittelbar mit Aufgaben der Aufsicht über die Anstalt befasst sind, nicht Mitglieder des Verwaltungsrates sein.[303] Beschäftigte der Kommunalaufsichtsbehörde können auch in **Niedersachsen** nicht Mitglied des Verwaltungsrates sein.[304] In **Rheinland-Pfalz** sind Mitglieder des Vorstands des KU für den Verwaltungsrat nicht wählbar.[305]

204 In **Niedersachsen**[306] muss mindestens ein Mitglied des Verwaltungsrates beim KU beschäftigt sein, die Zahl der Beschäftigtenvertreter darf aber ein Drittel aller Mitglieder des Verwaltungsrates nicht übersteigen. Näheres regelt die Unternehmenssatzung nach Maßgabe des niedersächsischen Personalvertretungsrechts.

205 Beschäftigtenvertreter als beratende Mitglieder sind in **Rheinland-Pfalz**[307] und **Sachsen-Anhalt**[308] vorgesehen. In Sachsen-Anhalt darf die Anzahl der Beschäftigtenvertreter ein Drittel aller Mitglieder des Verwaltungsrates nicht übersteigen.

206 **bb) Bestellung, Amtsdauer, Abberufung.** Die Mitglieder des Verwaltungsrates werden vom jeweils zuständigen kommunalen Kollegialorgan bestellt. Im Rahmen eines Umwandlungsvorgangs oder bei Neugründung eines Kommunalunternehmens ist der Verwaltungsrat als für die **Bestellung** des Vorstands zuständiges Organ vor der Errichtung des Unternehmens zu bilden. Solange noch kein Vorstand vorhanden ist, vertritt der Verwaltungsratsvorsitzende das Kommunalunternehmen, um dessen Handlungsfähigkeit herzustellen.[309]

---

294 Siehe dazu *Schulz,* Art. 90 GO Bay, Erl. 3.1.
295 Dazu ausf. *Ehlers,* ZHR 167 (2003), S. 546 (563 ff.); allg. zur Mitbestimmung in kommunalen Unternehmen *Becker* in: *Mann/Püttner,* § 50.
296 Art. 90 Abs. 3 S. 6 GO Bay.
297 § 102b Abs. 5 S. 3 GemO BW.
298 § 114a Abs. 8 S. 8 GO NRW.
299 § 70a Abs. 4 S. 6 KV M-V.
300 § 5 Abs. 4 S. 9 AnstG.
301 § 4 Abs. 7 KUVO.
302 § 76b Abs. 3 S. 6 ThürKO.
303 § 126a Abs. 7 S. 8 Nr. 1 und 2 HGO.
304 § 145 Abs. 4 S. 2 NkomVG.
305 § 86b Abs. 3 S. 7 GemO RhPf.
306 § 145 Abs. 4 S. 1 und Abs. 5 NkomVG.
307 § 86b Abs. 3 S. 1 f. GemO RhPf.
308 § 5 Abs. 4 S. 1 bis 3 AnstG.
309 Dies ist in Bayern, Nordrhein-Westfalen, Sachsen-Anhalt, Schleswig-Holstein und Thüringen in § 2 Abs. 3 S. 2 KUV Bay, § 2 Abs. 3 S. 2 KUV NRW, § 5 Abs. 3 S. 2 AnstVO, § 4 Abs. 9 S. 2 KUVO und § 2 Abs. 4 S. 2 ThürAVO ausdrücklich geregelt.

Die **Amtsdauer** beträgt in Baden-Württemberg, Hessen, Niedersachsen, Sachsen-Anhalt, Schleswig-Holstein und Thüringen fünf Jahre, in Bayern sechs Jahre und in Bremen vier Jahre.[310] In Rheinland-Pfalz ergibt sich die Amtsdauer aus der Unternehmenssatzung des jeweiligen KU. In Nordrhein-Westfalen werden die Mitglieder des Verwaltungsrats für die Dauer der Wahlperiode bestellt.[311] **207**

Die Amtszeit von Mitgliedern, die dem kommunalen Gremium des Anstaltsträgers angehören, endet in der Regel mit dem Ende der Wahlzeit oder dem vorzeitigen Ausscheiden aus dem kommunalen Gremium.[312] Eine zwingende Verknüpfung von kommunalem Mandat und der Funktion des Verwaltungsratsmitglieds besteht allerdings nicht.[313] In Bayern endet die Mitgliedschaft von berufsmäßigen Gemeinderatsmitgliedern im Verwaltungsrat mit dem Ausscheiden aus dem Beamtenverhältnis.[314] **208**

Bis zum **Amtsantritt der neuen Mitglieder** üben in Bayern, Hessen, Nordrhein-Westfalen, Sachsen-Anhalt, Schleswig-Holstein und Thüringen die bisherigen Mitglieder ihr Amt aber weiter aus.[315] In Niedersachsen und Bremen muss die Amtsausübung bis zum Amtsantritt der neuen Mitglieder durch die Unternehmenssatzung geregelt werden.[316] Die Gemeindeordnungen der Länder Baden-Württemberg und Rheinland-Pfalz sowie die Kommunalverfassung Brandenburgs und Mecklenburg-Vorpommerns äußern sich hierzu nicht. Eine Bestimmung in der Unternehmenssatzung ist jedoch zulässig und aus Gründen der Rechtssicherheit und Kontinuität der Unternehmensführung sinnvoll. Die Satzungsnorm sollte sich insoweit an den Kommunalgesetzen der anderen Länder orientieren. **209**

Uneinheitlich geregelt ist die Frage der **Abberufung** von Verwaltungsratsmitgliedern. In Sachsen-Anhalt und in Schleswig-Holstein können Verwaltungsratsmitglieder in besonders begründeten Fällen jederzeit mit einer Zwei-Drittel-Mehrheit der Mitglieder des kommunalen Gremiums abberufen werden.[317] Eine Abberufung „aus wichtigem Grund" durch den Gemeinderat sieht die Thüringer Kommunalordnung vor.[318] In Niedersachsen muss die Unternehmenssatzung dazu eine Aussage treffen.[319] In den anderen Ländern gelten die allgemeinen kommunal- bzw. verwaltungsverfahrensrechtlichen Bestimmungen. So ist in Bayern gemäß Art. 86 VwVfG Bay eine Abberufung aus wichtigem Grund zulässig.[320] **210**

cc) Zuständigkeit. Die Länder haben in ihren Kommunalgesetzen unterschiedliche Regelungssysteme für die Abgrenzung der Zuständigkeiten geschaffen. Im Grundsatz gilt es festzuhalten, dass der Verwaltungsrat nur in den Angelegenheiten zuständig ist, die ihm durch Gesetz oder Unternehmenssatzung zugewiesen werden. **211**

In **Bayern**[321] ist der Verwaltungsrat kraft Gesetzes zuständig für **212**
- die Bestellung des Vorstands,
- den Erlass von Verordnungen und Satzungen,
- die Feststellung des Wirtschaftsplans und des Jahresabschlusses,
- die Feststellung allgemein geltender Tarife und Entgelte für die Leistungsnehmer,

310 § 102b Abs. 4 S. 4 GemO BW, § 126a Abs. 7 S. 5 HGO, § 145 Abs. 7 S. 1 NkomVG, § 5 Abs. 4 S. 5 AnstG, § 4 Abs. 4 S. 1 KUVO, § 76b Abs. 3 S. 3 ThürKO, Art. 90 Abs. 3 S. 3 GO Bay, § 7 Abs. 3 S. BremKuG.

311 § 114a Abs. 8 S. 5 GO NRW.

312 Art. 90 Abs. 3 S. 4 GO Bay, § 7 Abs. 3 S. 3 BremKuG, § 126a Abs. 7 S. 6 HGO, § 70a Abs. 4 S. 5 KV M-V, § 145 Abs. 7 S. 2 NkomVG, § 114a Abs. 8 S. 6 GO NRW, § 5 Abs. 4 S. 6 AnstG, § 4 Abs. 4 S. 1 und 3 KUVO, § 76 Abs. 3 S. 4 ThürKO.

313 Keine Regelung gibt es diesbezüglich z. B. in Schleswig-Holstein und in Brandenburg; siehe dazu auch *Waldmann,* NVwZ 2008, S. 284, 285.

314 Art. 90 Abs. 3 S. 4 GO Bay.

315 Art. 90 Abs. 3 S. 5 GO Bay, § 126a Abs. 7 S. 7 HGO, § 114a Abs. 8 S. 7 GO NRW, § 5 Abs. 4 S. 8 AnstG, § 4 Abs. 6 S. 2 KUVO, § 76b Abs. 3 S. 5 ThürKO.

316 § 145 Abs. 7 S. 3 NkomVG, § 7 Abs. 3 S. 4 BremKuG.

317 § 5 Abs. 4 S. 7 AnstG, § 4 Abs. 6 S. 1 KUVO.

318 § 76b Abs. 3 S. 6 ThürKO.

319 § 145 Abs. 7 S. 3 NkomVG.

320 *Schulz,* Art. 90 GO Bay, Erl. 3.1.

321 Art. 90 Abs. 2 S. 2 und 3 GO Bay.

- die Beteiligung des KU an anderen Unternehmen,
- die Bestellung des Abschlussprüfers sowie
- die Ergebnisverwendung.

Die Unternehmenssatzung kann dem Verwaltungsrat weitere Angelegenheiten zuordnen. Ähnliche Bestimmungen enthalten die Gemeindeordnungen **Baden-Württembergs**[322], **Hessens**[323], **Nordrhein-Westfalens**[324] und **Thüringens**[325], die Kommunalverfassungen **Brandenburgs**[326], **Mecklenburg-Vorpommerns**[327] und **Niedersachsens**[328], **Bremens**[329] Kommunalunternehmensgesetz, das Anstaltgesetz **Sachsen-Anhalts**[330] sowie die Kommunalunternehmensverordnung **Schleswig-Holsteins.**[331]

213 Keine Aussagen zur Zuständigkeitsverteilung zwischen Vorstand und Verwaltungsrat treffen die Kommunalgesetze von **Rheinland-Pfalz**[332] und **Schleswig-Holstein.**[333] Hier bleibt es den Kommunen selbst überlassen, eine geeignete Abgrenzung in der Unternehmenssatzung vorzunehmen.

214 Die Gesetzgeber haben damit ein flexibles System der Zuständigkeitsverteilung geschaffen. Den Kommunen wird dadurch die Möglichkeit eröffnet, für eine aufgabenorientierte und effektive Ausgestaltung der Unternehmensstruktur zu sorgen.[334]

215 **dd) Entschädigung.** Die Mitglieder des Verwaltungsrates haben in **Bayern** und **Thüringen** einen Anspruch auf angemessene Entschädigung, alles Weitere regelt die jeweilige Unternehmenssatzung.[335] Diese kann Höhe und Art der Entschädigung selbst festlegen oder den Verwaltungsrat ermächtigen, einen entsprechenden Beschluss zu fassen. Gleiches gilt in **Sachsen-Anhalt,** wobei dort nur die ehrenamtlichen Mitglieder des Verwaltungsrats einen Anspruch auf angemessene Entschädigung haben.[336] In **Nordrhein-Westfalen** und **Schleswig-Holstein** kann nach Maßgabe der jeweiligen Unternehmenssatzung eine angemessene Entschädigung für die Teilnahme an den Sitzungen gewährt werden.[337] Eine Gewinnbeteiligung darf den Verwaltungsratsmitgliedern in Bayern, Nordrhein-Westfalen, Sachsen-Anhalt und Schleswig-Holstein nicht gewährt werden.[338] Dieser Passus fehlt in der Thüringer Kommunalanstaltsverordnung, sodass in Thüringen den Mitgliedern des Verwaltungsrates eine Gewinnbeteiligung gewährt werden darf. Die beamten- und kommunalrechtlichen Ablieferungs- bzw. Abführungspflichten sind zu beachten.

216 Keine Aussage zur Entschädigung trifft das Kommunalrecht **Baden-Württembergs, Brandenburgs, Bremens, Hessens, Mecklenburg-Vorpommerns, Niedersachsens** und des Landes **Rheinland-Pfalz.** In diesen Ländern besitzen die Anstaltsträger uneingeschränkten Gestaltungsspielraum.

217 **ee) Öffentlichkeit und Verschwiegenheitspflicht.** Der Verwaltungsrat ist ein Organ der Exekutive. Deren Entscheidungen werden in **nichtöffentlichen Sitzungen** getroffen, es sei denn, das Gesetz oder eine Verordnung sehen etwas Anderes vor. Dementsprechend ordnet die bayerische Verordnung über Kommunalunternehmen an, dass die allgemeinen

---

[322] § 102b Abs. 2 S. 2 und Abs. 3 GemO BW.
[323] § 126a Abs. 6 S. 2 und 3 HGO
[324] § 114a Abs. 7 S. 2 und 3 GO NRW.
[325] § 76b Abs. 2 S. 2 und 3 ThürKO
[326] § 95 Abs. 1 S. 6 und 7 BbgKVerf.
[327] § 70a Abs. 3 S. 2 und 3 KV M-V.
[328] § 145 Abs. 3 S. 2 und 3 NkomVG.
[329] § 6 Abs. 5 BremKuG.
[330] § 5 Abs. 3 S. 2 und 3 AnstG.
[331] § 4 Abs. 2 S. 1 und 2.
[332] § 86b Abs. 2 S. 2 GemO RhPf.
[333] § 106a Abs. 2 S. 2 GO SH.
[334] Vgl. dazu die Ausführungen zur Zuständigkeit des Vorstands → Rn. 195 ff.
[335] § 2 Abs. 2 S. 1 und 3 KUV Bay, § 2 Abs. 2 ThürAVO.
[336] § 5 Abs. 2 S. 1 AnstVO.
[337] § 2 Abs. 2 S. 1 KUV NRW, § 4 Abs. 8 S. 1 KUVO.
[338] § 2 Abs. 2 S. 2 KUV Bay, § 2 Abs. 2 S. 2 KUV NRW, § 5 Abs. 2 S. 2 AnstVO, § 4 Abs. 8 S. 2 KUVO.

kommunalrechtlichen Grundsätze für die Öffentlichkeit von Sitzungen[339] gelten, soweit in Sitzungen des Verwaltungsrates in **Bayern** Satzungen und Verordnungen beraten und beschlossen werden, die Rechte und Pflichten Dritter begründen.[340] In **Schleswig-Holstein** gilt dies für alle Abgabensatzungen.[341] In **Hessen** hat der Gesetzgeber generell die Öffentlichkeit von Sitzungen angeordnet.[342] Im Übrigen haben die Landesgesetzgeber – anders als bei den Gremien einer Kommune – auf entsprechende Vorschriften verzichtet. Aus dem Demokratieprinzip folgt auch nicht zwingend, dass Satzungen und Verordnungen in öffentlicher Sitzung erörtert und beschlossen werden müssen.[343] Zudem ist zu beachten, dass Satzungen und Verordnungen dem Weisungsrecht bzw. Zustimmungsvorbehalt des kommunalen Gremiums unterworfen werden können[344] und diese Angelegenheit dann dort in öffentlicher Sitzung behandelt wird. Eine Unternehmenssatzung, die entgegen den gesetzlichen Bestimmungen dennoch die Öffentlichkeit von Sitzungen anordnet, ist insoweit nichtig. Der strikte Grundsatz der Nichtöffentlichkeit gilt auch für die Mitglieder des Kommunalgremiums, die nicht dem Verwaltungsrat angehören.[345]

Dem Grundsatz der Nichtöffentlichkeit (mit Ausnahme Hessens) entsprechend sind die Mitglieder des Verwaltungsrates zur Verschwiegenheit verpflichtet. Sie haben über alle vertraulichen Angaben, Geschäfts- und Betriebsgeheimnisse **Verschwiegenheit** zu bewahren. Diese Pflicht besteht auch nach ihrem Ausscheiden aus dem Verwaltungsrat fort.[346] 218

Die Verschwiegenheitspflicht besteht nicht gegenüber dem kommunalen Gremium[347], in Sachsen-Anhalt auch nicht gegenüber den mit der örtlichen und der überörtlichen Prüfung beauftragten Stelle.[348] Gemäß den kommunalrechtlichen Bestimmungen wird jedoch zu beachten sein, dass die Informations- und Auskunftspflicht zur Wahrung der Betriebs- und Geschäftsgeheimnisse regelmäßig nur in nichtöffentlicher Sitzung erfüllt werden kann. Satzungen und Verordnungen, die meist dem Weisungsrecht des kommunalen Gremiums unterliegen, sind demgegenüber grundsätzlich in öffentlicher Sitzung zu behandeln. Gerade in den Ländern, in denen das Kommunalrecht keine ausdrückliche Regelung enthält, empfehlen sich insoweit Konkretisierungen in der Unternehmenssatzung. 219

6. Rechtsverhältnis zum Träger

Die Kommune hat als Anstalts- und Gewährträger eine besondere Verantwortung für das Kommunalunternehmen. Diese Verantwortung ist geprägt von der gesetzlich intendierten Selbständigkeit des Unternehmens und der demokratischen Notwendigkeit, in strategischen Fragen steuernd und kontrollierend eingreifen zu können. Die **Einwirkungsrechte** ergeben sich zum einen unmittelbar aus dem Gesetz oder der Verordnung über das Kommunalunternehmen, zum anderen aus der Unternehmenssatzung. Diese hat insoweit nach sorgfältiger Abwägung aller Vor- und Nachteile Festlegungen zu treffen. 220

---

339 In Bayern Art. 52 GO Bay; dazu ausf. *Prandl/Zimmermann/Buchner/Pahlke,* Komm. Zu Art. 52 GO.

340 § 2 Abs. 4 KUV Bay.

341 § 4 Abs. 2 S. 4 KUVO i. V. m. § 35 GO SH.

342 § 126a Abs. 6 S. 4 HGO; rechtlich bedenklich, da nach dem insoweit eindeutigen Gesetzeswortlaut auch die kommunalrechtlich üblichen Gründe für die Nichtöffentlichkeit nicht zur Anwendung kommen.

343 A. A. *Ehlers,* ZHR 167 (2003), S. 546, 562, *Schulz,* Art. 90 GO Bay, Erl. 3.3.

344 So Art. 90 Abs. 2 S. 4 GO Bay, § 102b Abs. 3 S. 5 GemO BW, § 126a Abs. 6 S. 7 HGO, § 70a Abs. 3 S. 4 KV M-V, § 145 Abs. 3 S. 4 NkomVG, § 114a Abs. 7 S. 4 GO NRW, § 5 Abs. 3 S. 4 AnstG, § 4 Abs. 2 S. 3 KUVO, § 76b Abs. 2 S. 4 ThürKO.

345 Ebenso *Schulz,* Art. 90 GO Bay, Erl. 3.3.

346 So z. B. § 4 S. 1 und 2 KUV Bay, § 4 S. 1 und 2 KUV NRW, § 7 S. 1 und 2 AnstVO, § 5 S. 1 KUVO, § 4 S. 1 und 2 ThürAVO.

347 So z. B. geregelt in § 4 S. 3 KUV Bay, § 4 S. 3 KUV NRW, § 7 S. 3 AnstVO, § 5 S. 2 KUVO, § 4 S. 3 ThürAVO. Näher dazu unter Rn. 229 ff.

348 § 7 S. 3 AnstVO.

a) Übertragung von Aufgaben und Befugnissen

221 Die Einwirkungsmöglichkeiten der Kommune auf die vom Kommunalunternehmen zu erfüllende(n) Aufgabe(n) werden bereits durch den Umfang der auf das Unternehmen übertragenen Aufgaben und Befugnisse beeinflusst.[349] Die Kommune kann die Aufgabenerfüllung und darüber hinaus insoweit auch die Satzungs- und Verordnungsgewalt auf das Kommunalunternehmen übertragen oder aber weiterhin selbst die **Aufgabenträgerschaft** beanspruchen, so dass das Kommunalunternehmen – ähnlich einer GmbH – lediglich als ihr „Erfüllungsgehilfe" tätig wird. In letzterem Falle reduziert sich die Reichweite der Entscheidungsbefugnisse der Unternehmensorgane auf die Erfüllung der kraft Satzung oder Verordnung normierten Vorgaben des Anstaltsträgers.

222 Das Rechtsverhältnis zwischen Kommune und Kommunalunternehmen kann zudem durch eine hinreichend präzise Umschreibung der übertragenen Aufgabe und des **öffentlichen Zwecks** des Unternehmens konkretisiert werden. Dadurch gibt die Kommune den Unternehmensorganen einen verbindlichen Handlungsrahmen vor und ermöglicht eine effektive Kontrolle von Aufgabenerfüllung und Zweckerreichung durch die Kommune bzw. ihre Vertreter im Verwaltungsrat sowie auch der Aufsichtsbehörde.[350]

b) Zustimmungs- und Weisungsrechte

223 Alle Kommunalgesetze sehen vor, dass das kommunale Gremium bei besonders bedeutsamen Angelegenheiten auf die Entscheidungsfindung beim Kommunalunternehmen Einfluss nehmen kann. Die Ausgestaltung im Einzelnen variiert.

224 In **Schleswig-Holstein**[351] existieren zum einen zwingende Zustimmungsrechte beim Erlass von Satzungen und bei Entscheidungen über Unternehmensbeteiligungen. Zum anderen kann die Unternehmenssatzung festlegen, dass bei Entscheidungen von grundsätzlicher Bedeutung – sowohl des Verwaltungsrates als auch des Vorstands – die Zustimmung der Kommune eingeholt werden muss.[352] In **Bayern**[353] hingegen unterliegen die Mitglieder des Verwaltungsrates beim Erlass von Satzungen und Verordnungen kraft Gesetzes dem Weisungsrecht des kommunalen Gremiums. Dieses Weisungsrecht kann in der Unternehmenssatzung auf weitere Angelegenheiten ausgedehnt werden, es kann aber angesichts der eindeutigen Gesetzeslage nicht zu einem Zustimmungsvorbehalt aufgewertet werden.[354] Die Abstimmung entgegen der Weisung berührt zwar nicht die Gültigkeit des Verwaltungsratsbeschlusses. Ein solches Abstimmungsverhalten kann jedoch einen wichtigen Grund zur Abberufung eines Verwaltungsratsmitgliedes darstellen. Ein derartiges Einwirkungsrecht des kommunalen Gremiums besteht nur in Angelegenheiten, die dem Verwaltungsrat obliegen. Ein Weisungsrecht gegenüber dem Vorstand besteht nicht. Damit das kommunale Gremium sein Weisungsrecht überhaupt wahrnehmen kann, empfiehlt sich eine ergänzende Satzungsbestimmung: Das kommunale Gremium ist in allen Fällen, in denen es zur Weisung berechtigt ist, vor der Beschlussfassung im Verwaltungsrat oder vor dem Vollzug eines Verwaltungsratsbeschlusses durch den Vorstand mit der Angelegenheit zu befassen. Eine Beschlussfassung des kommunalen Gremiums ist dagegen nicht erforderlich. Gegenüber dem Vorstand ist das kommunale Gremium nicht weisungsberechtigt. Dies gilt auch dann, wenn Beschäftigte der Kommune zum Vorstand des KU bestellt werden. Die arbeits- oder beamtenrechtlichen Weisungsrechte sind gegenüber den kommunalrechtlichen Organisationsvorschriften nachrangig.[355] Eine mit der bayerischen Gesetzeslage vergleichbare Bestimmung gilt in **Sachsen-An-**

349 Zu den Möglichkeiten der Aufgabenübertragung → Rn. 170 ff.
350 Vgl. *Gaß,* S. 349.
351 § 106a Abs. 2 S. 4 GO SH, § 4 Abs. 2 S. 3 KUVO.
352 Dazu grundsätzlich *Storr,* NordÖR 2005, S. 94, 96 f.
353 Art. 90 Abs. 2 S. 4 bis 6 GO Bay.
354 A. A. *Schulz,* Art. 90 GO Bay, Erl. 3.2.
355 Ausf. dazu *Gaß,* S. 354 f.

halt.[356] In **Brandenburg** wird das Weisungsrecht ergänzt um die Befugnis der Gemeindevertretung, für Entscheidungen von grundsätzlicher Bedeutung Richtlinien zu erlassen.[357]

Eine Kombination aus Zustimmungs- und Weisungsrecht sehen die Gemeindeordnungen in **Baden-Württemberg**[358], **Niedersachsen**[359], **Hessen**[360], **Mecklenburg-Vorpommern**[361] und **Thüringen**[362] vor. Die Gemeindeordnung in Baden-Württemberg ergänzt das mit der bayerischen Gesetzeslage vergleichbare (auf bestimmte weitere Fälle erweiterbare) Weisungsrecht bei Erlass von Satzungen um ein Zustimmungsrecht des kommunalen Gremiums bei Entscheidungen über die Beteiligung des KU an anderen Unternehmen. Für den Erlass von Satzungen und einer Entscheidung über die Beteiligung an anderen Unternehmen bedarf der Verwaltungsrat in Niedersachsen der Zustimmung des Gemeinderates. Für weitere Angelegenheiten kann die Unternehmenssatzung vorsehen, dass der Gemeinderat den Verwaltungsratsmitgliedern Weisungen erteilen kann. In Hessen bedürfen Entscheidungen über den Erlass von Satzungen der Zustimmung des kommunalen Gremiums. Die Unternehmenssatzung kann ein Zustimmungsrecht darüber hinaus auch für Entscheidungen von grundsätzlicher Bedeutung sowie ein Weisungsrecht vorsehen. Während ein Beschluss ohne die nötige Zustimmung nichtig ist, berührt ein weisungswidriges Abstimmungsverhalten die Wirksamkeit einer Verwaltungsratsentscheidung nicht. In Mecklenburg-Vorpommern bedürfen der Erlass von Satzungen sowie Beschlüsse über die Beteiligung an anderen Unternehmen und die Ergebnisverwendung der vorherigen Zustimmung der Gemeinde. In allen anderen Angelegenheiten des Verwaltungsrats unterliegen dessen Mitglieder einem Weisungsrecht und den Richtlinien der Gemeindevertretung. In Thüringen bedarf es der Zustimmung des Gemeinderats beim Erlass von Satzungen und Verordnungen, bei der Festsetzung von allgemein geltenden Tarifen und privatrechtlichen Entgelten sowie bei Beschlüssen über die Beteiligung an anderen Unternehmen. Darüber hinaus kann die Unternehmenssatzung weitere Zustimmungs- und Weisungsvorbehalte vorsehen. 225

Das Kommunalunternehmensgesetz in **Bremen**[363] fordert für Entscheidungen über den Erwerb, die Veräußerung und die Belastung von Grundstücken (ab einer vom Verwaltungsrat zu bestimmenden Wertgrenze), über die Beteiligung oder Erhöhung einer Beteiligung des KU an anderen Unternehmen in privater Rechtsform oder Einrichtungen sowie deren Gründung, die Aufnahme von Krediten sowie die Gewährung von Darlehen ab einer vom Verwaltungsrat zu bestimmenden Wertgrenze sowie die Festsetzung allgemein geltender Abgaben und Tarife für die Leistungsnehmer die Zustimmung des kommunalen Gremiums. 225a

Die Gemeindeordnung **Nordrhein-Westfalens**[364] enthält differenzierte, aber auch unklare Regelungen. So besteht ein Weisungsrecht beim Erlass von Satzungen. Bei allen anderen dem Verwaltungsrat vorbehaltenen Angekegenheiten „bedarf es der vorherigen Entscheidung des Rates". Außerdem kann die Satzung dem Rat weitere Entscheidungsbefugnisse einräumen. Und schließlich können die Entscheidung der Anstaltsorgane (also auch des Vorstands) von „grundsätzlicher Bedeutung" von den Entscheidungen des Rates abhängig gemacht werden.[365] Die Gemeindeordnung geht damit über das bloße Weisungsrecht hinaus und ordnet einen Zustimmungsvorbehalt bei „grundsätzlicher Bedeutung" an. Sie lässt jedoch offen, was sie darunter versteht. Die gerade für Zuständigkeitsabgrenzungen notwendige Rechtsklarheit geht auf diese Weise verloren. Des Weiteren kann ein nord- 226

356 § 5 Abs. 3 S. 4 bis 6 AnstG.
357 §§ 95 Abs. 2 S. 2, 97 Abs. 1 S. 6 BbgKVerf.
358 § 102b Abs. 3 S. 5 bis 7 GemO BW.
359 § 145 Abs. 3 S. 4 bis 6 NKomVG.
360 § 126a Abs. 6 S. 6 und 7 HGO.
361 § 70a Abs. 3 S. 4 und 5 i. V. m. § 71 Abs. 1 S. 5 KV M-V.
362 § 76b Abs. 2 S. 4 und 5 ThürKO
363 § 6 Abs. 5 S. 2 BremKuG.
364 § 114a Abs. 7 S. 4 bis 7 GO NRW.
365 § 114a Abs. 7 S. 7 GO NRW.

rhein-westfälischer Gemeinderat nicht nur auf die Entscheidung des Verwaltungsrates Einfluss nehmen, sondern auch auf die des Vorstands. Dieser „Durchgriff" über den Verwaltungsrat hinweg ist unsystematisch. In dem Gefüge Vorstand – Verwaltungsrat – Gemeinderat nimmt die Bedeutung der Angelegenheiten, für die das jeweilige Organ zuständig ist, zu. Eine Angelegenheit, die von solch grundsätzlicher Bedeutung ist, dass der Gemeinderat zustimmen muss, ist zu Unrecht beim Vorstand angesiedelt. Der Gemeinderat muss in diesen Fällen die Unternehmenssatzung ändern, den Regelungsgegenstand in die Zuständigkeit des Verwaltungsrates stellen und sich hierfür ein Weisungsrecht einräumen.

227 Dieselben Bedenken bestehen hinsichtlich der Gesetzeslage in **Rheinland-Pfalz.**[366] In der Unternehmenssatzung „kann ferner vorgesehen werden, dass bei Entscheidungen der Organe der Anstalt von grundsätzlicher Bedeutung die Zustimmung des Gemeinderats erforderlich ist". Konkrete Angelegenheiten sind weder im Gesetz genannt, noch dürfen solche in der Unternehmenssatzung benannt werden. Diese Bestimmung ist für die Praxis ungeeignet.[367]

228 Insgesamt kann festgestellt werden, dass die Einwirkungsmöglichkeiten der Kommune auf unternehmerische Entscheidungen maßgeblich von der **Kompetenzverteilung** zwischen Vorstand und Verwaltungsrat abhängen. Da ein unmittelbares Weisungsrecht bzw. Zustimmungsrecht – außerhalb Nordrhein-Westfalens, Rheinland-Pfalz und bei entsprechender Satzungsregelung auch Schleswig-Holsteins – gegenüber dem Vorstand nicht besteht, kann die Kommune direkt nur auf solche Entscheidungen einwirken, die kraft Unternehmenssatzung dem Verwaltungsrat zugewiesen sind. Im Übrigen verbleibt nur eine mittelbare Einflussnahme über die im Verwaltungsrat sitzenden kommunalen Vertreter, soweit dem Verwaltungsrat in der jeweiligen Angelegenheit ein Weisungsrecht gegenüber dem Vorstand zukommt.[368] Hier gilt es, eine den Bedürfnissen der Kommune und des Kommunalunternehmens gerecht werdende Unternehmensstruktur zu schaffen, die die grundsätzlich konträren Interessen nach Einflussnahme und Kontrolle einerseits und **unternehmerischer Freiheit** andererseits in sinnvoller Weise vereint.

c) Informationsrechte

229 Die Mitglieder der Unternehmensorgane unterliegen zwar grundsätzlich einer Verschwiegenheitspflicht.[369] Dies gilt jedoch nicht im Innenverhältnis zum Anstaltsträger. Der Vorstand ist gegenüber dem Verwaltungsrat zur regelmäßigen Berichterstattung verpflichtet.[370] Besondere Berichtspflichten bestehen in **Bayern, Nordrhein-Westfalen, Sachsen-Anhalt, Schleswig-Holstein** und **Thüringen** für den Fall, dass über die im Erfolgsplan ausgewiesenen Mindereinnahmen hinaus Verluste zu erwarten sind, die Auswirkungen auf den kommunalen Haushalt haben können.[371]

230 In den Fällen, in denen das Gesetz oder die Unternehmenssatzung ein **Weisungsrecht** der Kommune normiert, folgt allerdings bereits aus der Natur der Sache, dass gleichzeitig ein entsprechendes Informationsrecht bestehen muss. Die Erteilung von sachgerechten Weisungen ist nämlich überhaupt nur bei genauer Kenntnis der die unternehmerischen Entscheidungen tragenden Gesichtspunkte denkbar und möglich.[372] Das Informationsrecht stellt sozusagen das Pendant zum Weisungsrecht dar. In diesem Zusammenhang ist eine Satzungsregelung daher nicht zwingend erforderlich, gleichwohl im Interesse der Rechtssicherheit zu empfehlen.

---

[366] § 86b Abs. 2 S. 3 GemO RhPf.

[367] A. A. *Waldmann,* NVwZ 2008, S. 284, 285.

[368] So auch *Gaß,* S. 356 f.

[369] Vgl. oben Rn. 217 ff.

[370] Siehe z. B. §§ 3 Abs. 1 S. 2, 21 KUV Bay, § 2 KomAnstVO, §§ 3 Abs. 1 S. 2, 21 KUV NRW, §§ 6 Abs. 2, 18 AnstVO, §§ 3 Abs. 2, 21 KUVO, §§ 3 Abs. 2, 18 ThürAVO.

[371] § 21 Abs. 2 S. 2 KUV Bay, § 21 Abs. 2 S. 2 KUV NRW, § 18 Abs. 2 S. 2 AnstVO, § 21 Abs. 2 S. 2 KUVO, § 13 Abs. 3 S. 2 ThürAVO.

[372] Vgl. *Gaß,* S. 387 m. w. N.

Daneben können die Kommunen ohne weiteres in die Unternehmenssatzung entsprechende Bestimmungen über Informationsrechte und Berichtspflichten aufnehmen. Die Möglichkeiten reichen dabei von der Normierung eines allgemeinen und/oder punktuellen **Informationsrechts** des kommunalen Kollegialorgans bzw. des kommunalen Vertretungsorgans gegenüber Vorstand und/oder Verwaltungsrat bis hin zur Regelung einer **Berichtspflicht** der Unternehmensorgane gegenüber dem kommunalen Kollegialorgan bzw. dem kommunalen Vertretungsorgan in bestimmten Angelegenheiten und/oder in bestimmten zeitlichen Abständen. 231

In diesem Zusammenhang sei mit Nachdruck darauf hingewiesen, dass die Mitglieder des kommunalen Organs als Informationsempfänger der strikten **Verschwiegenheit** nach außen verpflichtet sind. Dies ergibt sich bereits aus den einschlägigen allgemeinen kommunalen Vorschriften[373] und gilt umso mehr, als das Kommunalunternehmen wie jedes andere wirtschaftlich tätige Unternehmen ein schützenswertes Interesse an der Geheimhaltung unternehmerischer Interna gegenüber Dritten hat. Dementsprechend sind die Berichte der Unternehmensorgane auch in **nichtöffentlichen Sitzungen** des kommunalen Kollegialorgans – soweit dieses empfangsberechtigt ist – zu erstatten. 232

7. Rechtsverhältnis zum Bürger

Soweit dem Kommunalunternehmen die entsprechenden Aufgaben und Befugnisse von der Kommune kraft Unternehmenssatzung übertragen wurden, steht ihm als Anstalt des öffentlichen Rechts hinsichtlich der Ausgestaltung der Rechtsverhältnisse zum Bürger das gleiche **Wahlrecht** zu wie der Kommune selbst. Das Nutzungs- und Leistungsverhältnis zwischen dem Kommunalunternehmen und den Bürgern kann daher öffentlich-rechtlich in Gestalt von Satzungen, Verordnungen, Verwaltungsakten oder öffentlich-rechtlichen Verträgen als auch privatrechtlich etwa durch Allgemeine Geschäftsbedingungen nach den §§ 307 ff. BGB geregelt werden. Die Kommune kann dem Kommunalunternehmen dabei insbesondere auch das Recht zum Erlass einer Abgabensatzung übertragen.[374] 233

Diese Gestaltungsfreiheit verschafft der Rechtsform des Kommunalunternehmens einen nicht unwesentlichen Vorteil gegenüber den Privatrechtsformen, welche lediglich durch Privatrechtsakte tätig werden können. So ist das Kommunalunternehmen selbst – immer vorausgesetzt, die entsprechende Befugnis wurde von der Kommune übertragen – für die **Vollstreckung** nach den einschlägigen Verwaltungsvollstreckungsgesetzen zuständig, ohne dass es eines zivilrechtlichen Verfahrens nach der ZPO bedarf.[375] Des Weiteren bestehen gerade im Bereich der Leistungsverwaltung Vorteile bei der **Begründung von Rechtsverhältnissen** zu Minderjährigen, die im Gegensatz zu den zivilrechtlichen Regelungen über die Geschäftsfähigkeit im öffentlichen Recht Handlungsfähigkeit besitzen.[376] 234

8. Aufsicht

Anders als bei kommunalen Eigengesellschaften erstreckt sich die staatliche Aufsicht bei Kommunalunternehmen auf zwei Rechtssubjekte. 235

Zum einen unterliegt die **Kommune** der staatlichen Aufsicht, soweit sie selbst Handlungen vornimmt bzw. unterlässt. Gegenstand der Aufsicht sind insbesondere die Gründung des Kommunalunternehmens selbst und dabei vor allem die zu erlassende Unternehmenssatzung, die Bestellung und Abberufung von Organmitgliedern sowie die Wahrnehmung kommunaler Einwirkungsrechte zur Gewährleistung einer ordnungsgemäßen Aufgabenerfüllung. 236

---

[373] Z. B. Art. 20 Abs. 2 und 4 GO Bay, §§ 43 Abs. 2 Nr. 1, 30 Abs. 1 S. 2, Abs. 6 GO NRW, § 20 GemO RhPf, §§ 32 Abs. 2 und 5, 52 Abs. 3 KVG LSA.

[374] *Klein/Uckel/Ibler,* 31.20, Nr. 1.2; *Ehlers,* ZHR 167 (2003), S. 546 (567).

[375] *Klein/Uckel/Ibler,* 31.20, Nr. 1.2.

[376] Näher dazu *Ehlers,* ZHR 167 (2003), S. 546 (568).

237 Hinsichtlich der Gründung des Kommunalunternehmens oder der Umwandlung von Regie- oder Eigenbetrieben in Kommunalunternehmen besteht in der Regel nur eine Anzeigepflicht gegenüber der Aufsichtsbehörde; die maßgeblichen Unterlagen sind rechtzeitig vorzulegen.[377] In einigen Bundesländern existiert aber auch ein (partieller) Genehmigungsvorbehalt.[378]

238 Zum anderen ist das **Kommunalunternehmen** selbst unmittelbar Objekt der Rechtsaufsicht, so dass die Aufsichtsbehörde nicht den Umweg über die Kommune gehen muss.[379] Der Aufsicht unterliegen insbesondere die vom Kommunalunternehmen erlassenen Satzungen und Verordnungen sowie sonstige in Vollzug von unternehmerischen Entscheidungen erlassene Rechtsakte. Durch die staatliche Aufsicht wird sichergestellt, dass das Kommunalunternehmen die kommunalrechtlichen Vorgaben über die Zulässigkeit einer wirtschaftlichen Betätigung und dabei vor allem das Erfordernis eines öffentlichen Zwecks beachtet. Die Aufsichtsbehörde kann jedoch nur rückwirkend im Wege der **Kontrolle** tätig werden und nicht – abgesehen von einer beratenden Tätigkeit – auf laufende Entscheidungsprozesse einwirken. Eine besondere Anzeigepflicht wurde aber in Bayern eingeführt: Das KU muss – wie die Kommune selbst auch – die Errichtung, Übernahme und wesentliche Erweiterung sowie die Änderung der Rechtsform oder der Aufgaben seiner Unternehmen, seine unmittelbare oder mittelbare Beteiligung an Unternehmen sowie die gänzliche oder teilweise Veräußerung seiner Unternehmen oder Beteiligungen der Rechtsaufsichtsbehörde mindestens sechs Wochen vorher mitteilen.[380]

9. Prüfungswesen, Bindung an das Vergaberecht

239 Hinsichtlich der für das Kommunalunternehmen bestehenden Regelungen zum Prüfungswesen und zum Vergaberecht sei auf die Ausführungen in den einschlägigen Kapiteln dieses Buches hingewiesen.[381]

10. Gemeinsames Kommunalunternehmen (gKU)

239a Gemeinden, Landkreise und Bezirke können in **Baden-Württemberg**[382], **Bayern**[383], **Brandenburg**[384], **Bremen**[385], **Hessen**[386], **Mecklenburg-Vorpommern**[387], **Niedersachsen**[388], **Nordrhein-Westfalen**[389], **Rheinland-Pfalz**[390], **Sachsen-Anhalt**[391], **Schleswig-Holstein**[392] und **Thüringen**[393] durch Vereinbarung einer Unternehmenssatzung ein gemeinsames Kommunalunternehmen errichten.[394] Regie- und Eigenbetriebe sowie

377 Siehe im Einzelnen Art. 96 GO Bay, § 127a HGO, § 77 Abs. 1 KV M-V, § 152 Abs. 1 S. 1 Nr. 6 NKomVG, § 115 Abs. 1d), h) GO NRW, § 92 Abs. 2 Nr. 2 GemO RhPf, § 135 Abs. 2 Nr. 1 KVG LSA, § 108 Abs. 1 Nr. 1 GO SH.

378 Z. B. § 100 Abs. 2 BbgKVerf, § 27 Abs. 4 S. 3 GkG NRW, § 86b Abs. 4 S. 2 GemO RhPf.

379 Vgl. § 102d Abs. 5 GemO BW, Art. 91 Abs. 3 GO Bay, § 126a Abs. 10 HGO, § 147 Abs. 1 S. 1 NKomVG, § 114a Abs. 11 GO NRW, § 86b Abs. 5 S. 1 GemO RhPf, § 7 Abs. 3 AnstG, § 106a Abs. 5 GO SH, § 76c Abs. 2 ThürKO.

380 Art. 96 Abs. 2 GO Bay.

381 Vgl. dazu Kapitel E.

382 §§ 24a und 24b GKZ.

383 Art. 49 und 50 KommZG; siehe dazu *Schulz,* Art. 49 ff. KommZG Bay und *Kronawitter,* KommP BY, 2010, S. 266 ff.

384 §§ 37 bis 40 GKGBbg

385 § 2 BremKuG.

386 §§ 29a f. KGG.

387 § 167a ff. KV M-V.

388 §§ 3 und 4 NKomZG.

389 §§ 27 f. GkG NRW.

390 §§ 14a f. KomZG.

391 § 1a AnstG.

392 §§ 19b ff. GkZ; siehe dazu *Busch,* NordÖR 2005, S. 201, 202.

393 §§ 43 f. ThürKGG.

394 Ausf. dazu *Lindt,* KommP spezial 2008, S. 76 ff.

Zweckverbände und Kapitalgesellschaften, an denen ausschließlich kommunale Körperschaften des öffentlichen Rechts beteiligt sind, können in ein gemeinsames KU ausgegliedert bzw. umgewandelt werden. Ebenso möglich ist die Verschmelzung bereits bestehender KU und der Beitritt einer Kommune zu einem bereits bestehenden (gemeinsamen) KU.[395]

Die beteiligten Kommunen müssen jeweils der gemeinsamen Unternehmenssatzung uneingeschränkt zustimmen. Die Unternehmenssatzung muss unter anderem Angaben über die Stammeinlagen sowie die Sitz- und Stimmenverteilung enthalten. Nach dem Verhältnis der Stammeinlagen richtet sich – vorbehaltlich einer insoweit abweichenden Unternehmenssatzung – auch die interne Haftungsverteilung.[396] Mit den Organen „Vorstand" und „Verwaltungsrat" weist das gKU dieselbe interne Struktur auf wie das KU. Im Außenverhältnis sind die Gewährträger Gesamtschuldner. **239b**

Unterschiedliche Wege gehen die Kommunalverfassungen bei der wichtigen Frage der Änderung der Unternehmenssatzung. Während beim KU das Kollegialorgan der Kommune „Herr der Unternehmenssatzung" bleibt, wird diese Zuständigkeit beim gKU in Baden-Württemberg[397], Bayern[398], Brandenburg[399], Hessen[400], Rheinland-Pfalz[401], Schleswig-Holstein[402] und Thüringen[403] auf den Verwaltungsrat übertragen. In Niedersachsen und Mecklenburg-Vorpommern wird diese Zuständigkeit in der Unternehmenssatzung festgesetzt[404], in Nordrhein-Westfalen, Sachsen-Anhalt und Bremen bleiben die Kollegialorgane der beteiligten Kommunen auch für die Änderung der Unternehmenssatzung zuständig.[405] **239c**

Das gemeinsame Kommunalunternehmen wird aufgrund der klaren und unbürokratischen Strukturen auf Dauer den Zweckverband als Rechtsform der kommunalen Zusammenarbeit ablösen.[406] Da die Beschränkung des KU auf einen Anstaltsträger weder rechtlich zwingend noch organisatorisch sinnvoll war, reformierten alle Bundesländer, die die Gestaltungsmöglichkeit des KU haben ihr kommunales Unternehmensrecht dahingehend. **239d**

11. Checkliste „Gründung eines Kommunalunternehmens"

Im Folgenden sollen nochmals die für die Gründung eines Kommunalunternehmens notwendigen Schritte und Überlegungen stichpunktartig aufgezeigt werden: **240**

(1) Vorbereitende Überlegungen der Verwaltung:
 - Formulierung der Unternehmensziele bzw. der zu erfüllenden kommunalen Aufgabe
 - Bewertung der zur Verfügung stehenden Rechtsformen nach ihrer Geeignetheit
 - Zulässigkeit der Unternehmensgründung/Umwandlung
 - Abwägung der Alternativen; bei Umwandlungen Abwägung zwischen Gestaltungspotential der bestehenden Rechtsform gegenüber Vorteilen anderer Rechtsformen
 - bei Umwandlungen evtl. Einbindung/Information der betroffenen Arbeitnehmer

(2) Grundsatzentscheidung des kommunalen Kollegialorgans

(3) Vorbereitung der erforderlichen Bilanzen/Rechtstexte:
 - Eröffnungsbilanz (insbesondere bei Umwandlungen)
 - Unternehmenssatzung

---

395 Siehe hierzu im Einzelnen z. B. Art. 49 Abs. 1 bis 4 KommZG.
396 Zur Organisation siehe z. B. Art. 50 KommZG.
397 § 24b Abs. 3 GKZ.
398 Art. 50 Abs. 6 KommZG.
399 § 39 Abs. 3 Nr. 1 GKGBbg.
400 § 29b Abs. 6 S. 1 KGG.
401 § 14b Abs. 5 KomZG.
402 § 19d Abs. 4 GkZ.
403 § 44 Abs. 6 S. 1 ThürKGG.
404 § 3 Abs. 3 S. 2 NKomZG, § 167b Abs. 3 S. 2 KV M-V.
405 § 27 Abs. 6 GkG NRW, § 1a Abs. 2 S. 1 AnstG, § 2 Abs. 2 S. 1 BremKuG.
406 Ebenso *Lindt*, KommP spezial 2008, S. 76, 79.

– ggf. Personalüberleitungsvertrag
– ggf. Nutzungs- und Überlassungsvertrag
– ggf. Umlagevertrag (bei Holdingstruktur)

(4) Kontaktaufnahme mit der Personalvertretung und Behörden (Rechtsaufsichtsbehörde, Finanzamt, Kommunaler Prüfungsverband)
(5) Beschluss des kommunalen Kollegialorgans:
– Unternehmenssatzung
– Bestellung der Verwaltungsratsmitglieder
– Ausübung von Weisungs- und Informationsrechten
(6) Anzeige an die Rechtsaufsichtsbehörde
(7) Ausfertigung und Bekanntmachung der Unternehmenssatzung
(8) ggf. Eintragung in das Handelsregister
(9) Einberufung der ersten Verwaltungsratssitzung durch den Verwaltungsratsvorsitzenden:
– Bestellung des Vorstands
– Beschluss über die Geschäftsordnung und ggf. wichtige Verträge
– Feststellung des Wirtschaftsplans
– Beschluss über die Entschädigung der Verwaltungsratsmitglieder
– Bestellung des Abschlussprüfers
– ggf. Beschluss über die Eröffnungsbilanz
– ggf. Erlass von Satzungen und Verordnungen.

III. Zweckverbände

Literatur:

Bott in Körperschaftssteuergesetz – Kommentar, Loseblattsammlung Online; Stand Mai 2020; *Cronauge,* Kommunale Unternehmen, 6. Auflage 2016; *Drüen* in Kommentar zum Körperschaft-, Gewerbe- und Umwandlungssteuergesetz, Loseblattwerk, Stand 20.3.2020; *Düsterdiek,* Aufgabenübertragung auf einen Zweckverband und Vergaberecht, NZBau 2006, 618; *Eschenbruch* in Kommentar zum GWB-Vergaberecht, 4. Auflage 2016; *Franke,* NdsVBl 2007, 289; *Gaß* in Rechtspraxis der kommunalen Unternehmen, 3. Auflage 2015, S. 51 ff.; *Gern/Brüning* in Deutsches Kommunalrecht, 4. Auflage 2019; *Hellermann* in Handbuch Kommunale Unternehmen, 3. Auflage 2012; *Jestaedt,* Kommunale Gemeinschaftsarbeit im Spannungsfeld der Gemeinden und Gemeindeverbände, 1966; *Klingebiel* in Kommentar zum KStG und EStG, Loseblattwerk, Stand 1.6.2019 2019; *Koch,* Das neue niedersächsische Recht der kommunalen Zusammenarbeit, NdsVBl. 2004, 150; *Kornblum,* Alle kaufmännischen öffentlichen Unternehmen müssen sich in das Handelsregister eintragen lassen, DÖV 2012, 20; *Langen,* Kartellrecht, Kommentar – Band 1: Deutsches Kartellrecht, 13. Auflage 2018; *Micker* in BeckOK KStG, 5. Edition 2020; *Nordholtz,* Das Niedersächsische Gesetz über die kommunale Zusammenarbeit, 2008; *Oebbecke,* Die Aufgaben des Zweckverbandes, NVwZ 2010, 665; *Portz* in Kommentar zum GWB-Vergaberecht, 5. Auflage 2020; *Schmidt,* Kommunale Kooperation – Der Zweckverband als Nukleus des öffentlich-rechtlichen Gesellschaftsrechts, 2005; *Schröder,* Die vergaberechtliche Problematik der interkommunalen Zusammenarbeit am Beispiel der Bildung von Zweckverbänden, NVwZ 2005, 25; *Thiele,* Niedersächsisches Gesetz über die kommunale Zusammenarbeit, 3. Auflage 2018; *von Lennep* in Handbuch interkommunale Zusammenarbeit Nordrhein-Westfalen, 2. Auflage 2012; *Wagener,* Gemeindeverbandsrecht in Nordrhein-Westfalen, Kommentar zur Landkreisordnung, Amtsordnung, Landschaftsverbandsordnung und zum Gesetz über kommunale Gemeinschaftsarbeit, 1967; *Zimmermann,* Thüringer Gesetz über die kommunale Gemeinschaftsarbeit: Kommentar für die Praxis, 2003

1. Einleitung

241 Zweckverbände gibt es in Deutschland bereits seit 1911. Schon 1965 gab es allein in Nordrhein-Westfalen 479 Zweckverbände, deren Zahl bis 2008 auf 1082 in ganz Deutschland anwuchs.[407] Teilweise wird der Zweckverband per Gesetz einem Gemeindeverband gleichgestellt[408] mit der Folge der entsprechenden Anwendung der Vorschriften über

[407] *Cronauge* Kommunale Unternehmen 6. Auflage (2016), S. 299, Rn. 355.
[408] Vgl. § 5 Abs. 2 1. HS GkG, NRW, siehe auch *Cronauge* Kommunale Unternehmen 6. Auflage (2016), S. 301 Rn. 356; § 12 Abs. 3 GKG, Bbg.

Gemeindeverbände, sofern sich nicht aus dem Gesetz etwas anderes ergibt. Dort wo das Gesetz keine Aussage dazu trifft, wird vertreten, es handele sich bei einem Zweckverband gerade nicht um einen Gemeindeverband.[409] Zweckverbände befinden sich – trotz ihres Status als juristische Körperschaften des öffentlichen Rechts – in einem Spannungsverhältnis zwischen wettbewerblicher Betätigung und Wahrnehmung hoheitlicher Aufgaben. Das gilt insbesondere für solche Zweckverbände, denen keine hoheitlichen Aufgaben übertragen wurden, sondern denen *Aufgaben zur Durchführung übertragen* wurden. Die Dialektik wird verschärft, wenn Aufgaben der Daseinsvorsorge und der örtlichen Angelegenheiten durch Zweckverbände wahrgenommen werden, Aufgaben also bei denen es sich um typisch kommunale Aufgaben handelt, und gleichzeitig aufgrund der Handlungsform grundsätzlich die Möglichkeit besteht, private Dritte an der Aufgabenbewältigung zu beteiligen.

Der Zweckverband eignet sich daher vor allem als Institut, um hoheitliche Aufgaben an 242 ihn zu übertragen; dies gar über Gemeinde- und Landesgrenzen hinweg, wenn die (Mehrzahl der) beteiligten Mitglieder öffentlich-rechtliche (Gebiets-)Körperschaften sind. Denn ausschließlich dann, wenn er überwiegend für seine Mitglieder tätig wird bzw überwiegend hoheitliche Leistungen erbringt, kann er vergaberechtliche bzw steuerrechtliche Vorteile in sich vereinen.

Möglicherweise kann im Einzelfall die *Dienstherrenfähigkeit* eines Zweckverbands für 243 dieses Institut sprechen; dann wenn Beamte im Zweckverband beschäftigt werden sollen und das Landesrecht dem nicht widerspricht.

2. Arten von Zweckverbänden

Der Zweckverband ist die typische öffentlich-rechtliche Organisationsform für die inter- 244 kommunale Zusammenarbeit.[410] Zweckverbände existieren in allen Bundesländern und zur Erfüllung aller nur erdenklichen Arten von Aufgaben. So gibt es Zweckverbände für

- Energieversorgung
- Abfallwirtschaft
- Veterinärwesen
- Tierkörperbeseitigung
- Wasserversorgung
- Abwasserbeseitigung/ Entwässerung
- Verkehr/ÖPNV
- Raumplanung
- den schulisch-kulturellen Bereich
- Tourismus
- Feuerschutz
- Denkmalpflege und Denkmalschutz
- Informationsverarbeitung/Rechenzentren
- und für vieles weitere.

Zweckverbände sind damit längst nicht auf wirtschaftliche Unternehmen beschränkt, 245 sondern finden sich in allen Bereichen örtlicher und überörtlicher Gemeinschaftsarbeit.[411]

3. Rechtsgrundlagen

Die Formen der zulässigen kommunalen Zusammenarbeit im öffentlich-rechtlichen Rah- 246 men, sind zumeist in eigens dafür erlassenen Landesgesetzen geregelt. Diese Vorschriften

[409] Vgl. für Niedersachsen *Thiele* Niedersächsisches Gesetz über die kommunale Zusammenarbeit 3. Auflage (2018), § 8 Rn. 1.
[410] Vgl. *Cronauge* Kommunale Unternehmen 6. Auflage (2016), S. 174, Rn. 168 und S. 290 Rn. 344 sowie S. 299 Rn. 354; *Hellermann* in Handbuch Kommunale Unternehmen 3. Auflage (2012), S. 185, Rn. 143.
[411] Vgl. *Cronauge* Kommunale Unternehmen 6. Auflage (2016), S. 175, Rn. 168.

tragen Namen wie „Gesetz über kommunale Zusammenarbeit" oder „Gesetz über kommunale Gemeinschaftsarbeit". Nicht überraschend findet sich daher die gesetzliche Ausgestaltung des Instituts „Zweckverband" in diesen Landesvorschriften. Ausnahmem sind lediglich das Bundesland Mecklenburg-Vorpommern, in dem die Regelungen der Zweckverbände in der Kommunalverfassung mit aufgenommen wurden[412] und Bremen, das ein eigenes Zweckverbandsgesetz besitzt.[413] Von den Stadtstaaten Hamburg, Berlin und Bremen besitzt nur Bremen ein eigenes Zweckverbandsgesetz.[414]

247 Die Rechtsgrundlagen für die Einrichtung und die Führung eines Zweckverbandes ergeben sich aus nachfolgender Tabelle:[415]

Bundesland	**Vorschrift**	**Abkürzung**	**Verkündungsblatt**
Baden-Württemberg	Gesetz über kommunale Zusammenarbeit	GKZ	In der Fassung vom 16.9.1974 (GBl. S. 408, bes. 1975 S. 460, 1976 S. 408) zuletzt geändert durch Art. 2 Gesetz v. 17.6.2020 (GBl. S. 403))
Bayern	Gesetz über die kommunale Zusammenarbeit	KommZG	In der Fassung der Bekanntmachung vom 20.6.1994 (GVBl. S. 555, 1995 S. 98), zuletzt geändert durch § 1 Abs. 43 VO v. 26.3.2019 (GVBl. S. 98)
Berlin	-	-	-
Brandenburg	Gesetz über kommunale Gemeinschaftsarbeit im Land Brandenburg	GKGBbg	vom 10.7.2014 (GVBl.I Nr. 32, S. 2) zuletzt geändert durch Art. 2 Gesetz v. 19. Juni 2019 (GVBl.I Nr. 38)
Bremen	Zweckverbandsgesetz	Zweckverbandsgesetz	vom 7. Juni 1939 (RGBl. I 1939, 979; SaBremR 2012 -b- 1)
Freistaat Thüringen	Thüringer Gesetz über die kommunale Gemeinschaftsarbeit	ThürKGG	in der Fassung der Bekanntmachung vom 10. Oktober 2001, zuletzt geändert durch Artikel 5 des Gesetzes vom 23. Juli 2013 (GVBl. S. 194, 201)
Hamburg	-	-	-
Hessen	Gesetz über kommunale Gemeinschaftsarbeit	KGG	vom 16. Dezember 1969 (GVBl. I S. 307) zuletzt geändert durch

[412] Kommunalverfassung für das Land Mecklenburg-Vorpommern (Kommunalverfassung – KV M-V) vom 13. Juli 2011, Teil 4 Kommunale Zusammenarbeit, Abschnitt 2 – Der Zweckverband.
[413] Zweckverbandsgesetz vom 7. Juni 1939 (RGBl. I 1939, 979), (RGBl. I 1939, 979; SaBremR 2012 -b- 1).
[414] ZweckverbG, Br.
[415] Stand Juni 2020.

Bundesland	Vorschrift	Abkürzung	Verkündungsblatt
			Artikel 1 des Gesetzes vom 11. Dezember 2019 (GVBl. S. 416)
Mecklenburg-Vorpommern	Kommunalverfassung für das Land Mecklenburg-Vorpommern	Kommunalverfassung – KV M-V	vom 13. Juli 2011 letzte berücksichtigte Änderung – geändert durch Artikel 1 des Gesetzes vom 23. Juli 2019 (GVOBl. MV S. 467)
Niedersachsen	Niedersächsisches Gesetz über die kommunale Zusammenarbeit	NKomZG	in der Fassung vom 21.12.2011 (Nds.GVBl. Nr. 31/ 2011 S. 493), geändert durch Art. 5 des Gesetzes v. 18.7.2012 (Nds.GVBl. Nr. 16/ 2012 S. 279) und Art. 2 des Gesetzes v. 26.10.2016 (Nds. GVBl. 15/2016 S. 226) – VORIS 20300 –
Nordrhein-Westfalen	Gesetz über kommunale Gemeinschaftsarbeit	GkG NRW	in der Fassung der Bekanntmachung vom 1. Oktober 1979 (GV. NRW. S. 621) zuletzt geändert durch Artikel 9 des Gesetzes vom 23. Januar 2018 (GV. NRW. S. 90)
Rheinland-Pfalz	Landesgesetz über die kommunale Zusammenarbeit	KommZG	vom 22. Dezember 1982, letzte berücksichtigte Änderung – zuletzt geändert durch Artikel 14 des Gesetzes vom 2.3.2017 (GVBl. S. 21)
Saarland	Kommunale-Gemeinschaftsarbeitsgesetz	KGG	vom 26.2.75 (Amtsbl.75,490) in der Fassung der Bekanntmachung vom 27.6.97 (Amtsbl_97,723) zuletzt geändert Gesetz vom 13.7.2016 (Amtsbl. I, S. 711)
Sachsen	Sächsisches Gesetz über kommunale Zusammenarbeit	SächsKomZG	in der Fassung der Bekanntmachung vom 15.4.2019 (SächsGVBl. S. 270)

Bundesland	Vorschrift	Abkürzung	Verkündungsblatt
Sachsen-Anhalt	Gesetz über kommunale Gemeinschaftsarbeit	GKG-LSA	in der Fassung der Bekanntmachung Vom 26.2.1998 zuletzt geändert durch Artikel 3 des Gesetzes vom 22.6.2018 (GVBl. LSA S. 166, 174)
Schleswig-Holstein	Gesetz über kommunale Zusammenarbeit	GkZ-SH	in der Fassung der Bekanntmachung vom 28.2.2003 (GVOBl. Schl.-H. S. 122) zuletzt geändert durch Artikel 4 des Gesetzes vom 21.6.2016 (GVOBl. Schl.-H. S. 528) Zuständigkeiten und Ressortbezeichnungen zuletzt ersetzt durch Artikel 18 der Verordnung vom 16.1.2019 (GVOBl. Schl.-H. S. 30)

4. Rechtsnatur

248 Ein Zweckverband ist per Gesetz eine Körperschaft des öffentlichen Rechts.[416] Er ist damit im Verhältnis zu seinen Mitgliedern rechtlich verselbständigt.[417] Das bedeutet insbesondere, dass er seine Angelegenheiten im Rahmen der Gesetze in eigener Verantwortung regelt.[418] Bundeseinheitlich kann außerdem erkannt werden, dass es sich bei einem Zweckverband nicht um eine Gebietskörperschaft handelt, da es ihm an einem Zweckverbandsgebiet und an Zweckverbandsbürgern fehlt.[419] In Rheinland-Pfalz ist der Zweckverband berechtigt, ein Dienstsiegel mit dem Landeswappen zu führen. Das Recht ein eigenes Wappen oder eine eigene Flagge zu führen hat er in keinem Bundesland.[420]

5. Beteiligtenfähigkeit/ Verbandsmitglieder

249 Verbandsmitglieder können generell öffentlich-rechtliche (Gebiets-)körperschaften ebenso wie natürliche oder privatrechtliche juristische Personen sein. Die Voraussetzungen für die Beteiligung an einem Zweckverband unterscheiden sich je nach anzuwendendem Landesrecht.

---

[416] § 3 GKZ, BW; § 8 Abs. 1 S. 1 NKomZG, Ni; § 2 Abs. 3 KommZG, Bay; § 10 Abs. 2 S. 1 GKG, Bbg; § 4 S. 1 ZweckverbG, Br; § 2 Abs. 3 S. 1 ThürKGG, Thür; § 6 S. 1 KGG, He; § 8 Abs. 1 S. 1 NKomZG, Ni; § 5 Abs. 1 S. 1 GkG, NRW; § 2 Abs. 1 S. 1 KomZG, RP; § 3 Abs. 1 S. 1 KGG, SL; § 45 Abs. 1 S. 1 SächsKommZG, Sachsen; § 7 S. 1 GKG-LSA, SA, § 4 GkZ, SH.

[417] *Hellermann* in Handbuch Kommunale Unternehmen 3. Auflage (2012), S. 186, Rn. 144.

[418] Vgl. Art. 57 Niedersächsische Verfassung vom 19. Mai 1993, letzte berücksichtigte Änderung durch Art. 1 des Gesetzes vom 23.10.2019 (Nds. GVBl. S. 288); *Thiele* Niedersächsisches Gesetz über die kommunale Zusammenarbeit 3. Auflage (2018), § 8 Rn. 1; *Cronauge* Kommunale Unternehmen 6. Auflage (2016), S. 174, Rn. 168.

[419] *Thiele* Niedersächsisches Gesetz über die kommunale Zusammenarbeit 3. Auflage (2018), § 8 Rn. 1.

[420] So ausdrücklich Art. 25 KommZG, Bay; § 2 Abs. 1 S. 4 KomZG, RP; § 45 Abs. 2 SächsKommZG, Sachsen.

a) Kommunen

Gemeinden und Landkreise können stets Mitglieder eines Zweckverbands sein.[421] In Brandenburg ist der Begriff der Kommune sogar gesetzlich definiert[422] und begründet dadurch die Kooperationshoheit zur Gründung eines Zweckverbands. Daneben sind per Gesetz immer auch andere Körperschaften, Anstalten und Stiftungen des öffentlichen Rechts als Mitglieder eines Zweckverbands zugelassen,[423] zumeist vorbehaltlich entgegenstehender Sondervorschriften; allerdings gilt dies beispielsweise in Baden-Württemberg und wohl auch in Bayern nur für den Fall des sogenannten „Freiverbands".[424] In Niedersachsen gibt es besondere Beschränkungen der Zulassung weiterer juristischer Personen des öffentlichen Rechts neben den Gebietskörperschaften: nämlich das Verbot zu Lasten einer gemeinsamen kommunalen Anstalt, eines anderen Zweckverbands oder einer Kommune, die eine Aufgabe per Zweckvereinbarung übertragen bekommen hat, einem Zweckverband anzugehören.[425] In Mecklenburg-Vorpommern darf ein Zweckverband nicht ausschließlich aus Gemeinden eines Amtes gebildet werden.[426] In Sachsen können Gemeinden, die demselben Verwaltungsverband angehören, keinen Zweckverband gründen, wenn der Verwaltungsverband die Aufgaben selbst ebenso gut wahrnehmen kann.[427] Generell ist empfehlenswert genau zu prüfen, ob nicht besondere Vorschriften einem Zusammenschluss in einem Zweckverband entgegen stehen. 250

b) Privatrechtliche Beteiligte

Grundsätzlich ist es auch natürlichen und juristischen Personen des Privatrechts eröffnet, Mitglieder eines Zweckverbands zu werden. Dies ist jedoch nur bei Vorliegen eines „Freiverbands" möglich[428] und steht regelmäßig unter dem Vorbehalt weiterer, strengerer gesetzlicher Vorgaben. Häufig muss die Mitgliedschaft Privater der Erfüllung der Verbandsaufgaben förderlich sein[429] und es dürfen „Gründe des öffentlichen Wohls nicht entgegen stehen".[430] In manchen Ländern ist der Beitritt Privater von der Genehmigung durch die 251

[421] § 2 Abs. 2 S. 2 GKZ, BW, § 17 Abs. 1 KommZG, Bay ergänzend noch Bezirke, § 2 Abs. 1 S. 1 Nr. 3 iVm § 1 Abs. 3 GKG, Bbg ergänzend Verbandsgemeinden, sowie „Ämter", die den Kommunen gleichgestellt werden (§ 1 Abs. 3 S. 2), GKG, Bbg; § 1 Abs. 1 ZweckverbG, Br mangels Landkreisen gilt es in Bremen nur für Gemeinden und Gemeindeverbände; § 1 Abs. 1 in Verbindung mit § 16 Abs. 1 ThürKGG, Thür lässt auch Verwaltungsgemeinschaften zu; § 5 Abs. 1 KGG, He; § 1 Abs. 1 S. 1 Nr. 4 und 5 NKomZG, Ni; § 150 Abs. 2 S. 1 KV M-V ergänzend noch „Ämter", allerdings darf ein Zweckverband nicht ausschließlich aus Gemeinden eines Amtes gebildet werden (§ 150 Abs. 4 KV M-V); § 4 Abs. 1 GkG, NRW, § 2 Abs. 2 KomZG, RP, § 2 Abs. 1 S. 1 KGG, SL; § 44 Abs. 1 SächsKommZG, Sachsen; § 6 Abs. 1 GKG-LSA, SA; § 2 Abs. 1 GkZ, SH ergänzt um „Ämter".

[422] § 1 Abs. 3 S. 1 GKG, Bbg.

[423] § 7 NKomZG, Ni; § 2 Abs. 2 S. 1 GKZ, BW; § 16 Abs. 2 ThürKGG, Thür; § 5 Abs. 2 KGG, He; § 150 Abs. 2 S. 2 KV M-V; § 4 Abs. 2 GkG, NRW; § 2 Abs. 2 KomZG, RP(mit Zustimmung der Errichtungsbehörde); § 2 Abs. 2 KGG, SL; § 44 Abs. 2 SächsKommZG, Sachsen; § 6 Abs. 1 S. 2 GKG-LSA, SA; § 2 Abs. S. 1 GkZ, SH.

[424] § 2 Abs. 2 S. 2 GKZ, BW; § 17 Abs. 2 S. 2 KommZG, Bay; § 11 Abs. 1 GKG, Bbg; § 3 Abs. 1 ZweckverbG, Br – Rechtsträger von Gutsbezirken und sonstigen gemeindefreien Grundstücken werden wie Gemeinden behandelt (§ 3 Abs. 2 ZweckverbG, Br).

[425] § 7 Abs. 4 NKomZG, Ni.

[426] § 150 Abs. 4 S. 1 KV M-V, eine Ausnahme bestimmt § 150 Abs. 4 S. 2 KV M-V für Planungsverbände nach § 205 Abs. 1–4 BauGB.

[427] § 44 Abs. 3 SächsKommZG, Sachsen.

[428] § 2 Abs. 2 S. 2 GKZ, BW; wohl auch in Bayern, da Art. 178 Abs. 2 S. 2 KommZG, Bay über Abs. 2 S. 1 auf Abs. 1 verweist, wo von einem „Freiverband" die Rede ist; in Brandenburg wird dagegen nicht zwischen einem Freiverband und einem Pflichtverband unterschieden: § 11 Abs. 1 S. 2 GKG, Bbg.

[429] § 2 Abs. 2 S. 2 GKZ, BW; § 7 Abs. 3 Nr. 2 NKomZG, Ni; § 16 Abs. 2 S. 2 ThürKGG, Thür; § 5 Abs. 2 S. 2 KGG, He; § 150 Abs. 2 S. 3 KV M-V; § 4 Abs. 2 S. 2 GkG, NRW; § 2 Abs. 2 S. 1 KomZG, RP; § 2 Abs. 3 KGG, SL; § 44 Abs. 2 S. 2 SächsKommZG, Sachsen; § 6 Abs. 1 S. 3 GKG-LSA, SA, wobei es hier heißt, „wenn es für die Erreichung des Zwecks von besonderer Bedeutung ist"; § 2 Abs. 2 S. 2 GkZ, SH.

[430] § 2 Abs. 2 S. 2 a. E. GKZ, BW; § 7 Abs. 3 Nr. 3 NKomZG, Ni; § 16 Abs. 2 S. 2 ThürKGG, Thür; § 5 Abs. 2 S. 2 KGG, He; § 150 Abs. 2 S. 3 KV M-V; § 4 Abs. 2 S. 2 GkG, NRW; § 2 Abs. 2 S. 1 KomZG, RP; § 2 Abs. 3 KGG, SL; § 44 Abs. 2 S. 2 SächsKommZG, Sachsen; § 2 Abs. 2 S. 2 GkZ, SH.

Aufsichtsbehörde/Errichtungsbehörde abhängig.[431] Regelmäßig wird in den Vorschriften verlangt, der öffentlichen Hand die Kontrolle zu sichern, indem ihre Anteils- oder Stimmenmehrheit gegenüber Privaten gewährleistet sein muss.[432] In Niedersachsen können natürliche Personen und juristische Personen des privaten Rechts nur dann Mitglieder sein, wenn „die Aufgabenerfüllung durch die Verbandsmitglieder selbst eine Beteiligung" Privater zuließe.[433]

c) Sonstige Beteiligte

252 Generell können Beteiligte auch sonstige Körperschaften, Anstalten oder Stiftungen des öffentlichen Rechts sein.[434] In Brandenburg,[435] Nordrhein-Westfalen,[436] Rheinland-Pfalz[437] und im Saarland[438] sind ausdrücklich auch (andere) Bundesländer selbst oder gar der Bund als mögliche Mitglieder eines Zweckverbands gesetzlich aufgeführt.

6. Überregionale Zusammenarbeit

253 Die Zusammenarbeit in Zweckverbänden ist nicht auf Landesgrenzen beschränkt. Es besteht die Möglichkeit einer überörtlichen Zusammenarbeit von kommunalen (Gebiets-)körperschaften. Dies ist zumeist in Staatsverträgen geregelt. Diese Staatsverträge beinhalten die einzelnen Zulässigkeitsvoraussetzungen für solche überregionalen kommunalen Kooperationen. In Niedersachsen beispielsweise lässt das NKomZG, Ni besondere Rechtsvorschriften über „eine die Landesgrenzen überschreitende Zusammenarbeit" unberührt,[439] so dass Staatsverträge, wie zB mit dem Bundesland Mecklenburg-Vorpommern,[440] möglich

[431] § 3 Abs. 3 ZweckverbG, Br, es sei denn das Kapital befindet sich ausschließlich in öffentlich-rechtlicher Hand; § 2 Abs. 2 S. 1 KomZG, RP.

[432] In Baden-Württemberg gilt, dass Private nicht mehr als 2/5 aller Stimmenrechte ausüben dürfen, wobei diejenigen (privaten) Verbandsmitglieder außer Betracht bleiben sollen, an denen Gemeinden oder Landkreise unmittelbar oder mittelbar mit mehr als 50 % beteiligt sind, § 13 Abs. 2 S. 4 GKZ, BW; Brandenburg beschränkt die Stimmrechte auf 50 % der Stimmen, wobei Ausnahmen von der Kommunalaufsichtsbehörde zugelassen sind, § 11 Abs. 2 GKG, Bbg; in Niedersachsen müssen die Kommunen die Mehrheit der Verbandsmitglieder stellen und die Mehrheit der Stimmen in den Kollegialorganen des Zweckverbandes haben, § 7 Abs. 3 Nr. 1 NKomZG, Ni; unklar ist hier die Formulierung unter Verwendung des Wortes „neben" in Abs. 3, das nach wohl h. M. voraussetzt, dass schon mindestens zwei Kommunen einen Zweckverband gegründet haben (vgl. auch *Thiele* Niedersächsisches Gesetz über die kommunale Zusammenarbeit 3. Auflage (2018), S. 54, Rn. 3); in Rheinland-Pfalz muss die Mehrheit der Stimmen und die Mehrheit der Mitglieder von kommunalen Gebietskörperschaften, Anstalten im Sinne des § 86a Abs. 1 der Gemeindeordnung (GemO, RP), gemeinsamen kommunalen Anstalten und Zweckverbänden gewahrt bleiben, § 2 Abs. 2 KomZG, RP; in Sachsen-Anhalt müssen die kommunalen Gebietskörperschaften die Mehrheit der Mitglieder und die Mehrheit der Stimmen in der Verbandsversammlung haben, § 6 Abs. 1 S. 4 GKG-LSA, SA.

[433] § 7 Abs. 3 Nr. 4 NKomZG, Ni.

[434] § 11 Abs. 1 GKG, Bbg; Art. 17 Abs. 1 KommZG, Bay; § 2 Abs. 2 S. 1 GKZ, BW; § 3 Abs. 1 ZweckverbG, Br; § 16 Abs. 2 ThürKGG, Thür, wobei gem. § 16 Abs. 3 ein Beitritt von Körperschaften, Anstalten und Stiftungen des öffentlichen Rechts einem Genehmigungsvorbehalt unterliegen, wenn sie nicht der Aufsicht des Landes unterstehen und der Zweckverband innerhalb des Landes seinen Sitz hat. Die Genehmigung ist durch das für kommunale Angelegenheiten zuständigen Ministeriums zu erteilen. § 5 Abs. 2 KGG, He; § 150 Abs. 2 S. 2 KV M-V; § 7 Abs. 3 NKomZG, Ni lässt unter den dort genannten Voraussetzungen grundsätzlich alle juristischen Personen des öffentlichen (und privaten) Rechts zu, § 7 Abs. 4 NKomZG, Ni nennt die Ausnahmen (gemeinsame kommunale Anstalt, Zweckverband, Kommune, die eine Aufgabe per Zweckvereinbarung übernommen hat). § 4 Abs. 2 GkG, NRW; § 2 Abs. 2 KomZG, RP mit Zustimmung der Errichtungsbehörde; § 2 Abs. 2 KGG, SL; § 44 Abs. 2 SächsKommZG, Sachsen; § 6 Abs. 1 S. 2 GKG-LSA, SA; § 2 Abs. 2 GkZ, SH.

[435] § 11 Abs. 1 GKG, Bbg.

[436] § 4 Abs. 2 GkG, NRW.

[437] § 2 Abs. 3 KomZG, RP.

[438] § 2 Abs. 2 KGG, SL.

[439] § 1 Abs. 2 NKomZG, Ni.

[440] ZB StV zwischen dem Land Mecklenburg-Vorpommern und dem Land Niedersachsen über die grenzüberschreitende kommunale Zusammenarbeit in Zweckverbänden, gemeinsamen kommunalen Unternehmen, Planungsverbänden nach § 205 des Baugesetzbuchs und durch öffentlich-rechtliche Vereinbarungen vom 22. März/4. April 2019.

sind, welche durch landeseigene Zustimmungsgesetze gesetzliche Gültigkeit erlangen.[441] Allerdings ist auch in einem solchen Fall einer überregionalen kommunalen Zusammenarbeit ein Genehmigungsvorbehalt des für Inneres zuständigen Ministeriums des Landes Niedersachsen vorgesehen.[442, 443]

Im Bundesland Brandenburg findet sich ein konkreter Verweis auf die Voraussetzung des Bestehens eines gültigen Staatsvertrags mit dem Bundesland, in dem sich die Kooperationsgemeinde befindet.[444] 254

In den im Folgenden aufgeführten Fällen ist die überregionale Zusammenarbeit in einem Zweckverband in den kommunalen Kooperationsgesetzen selbst geregelt. 255

Im Fall Nordrhein-Westfalens muss die Bezirksregierung eine Mitgliedschaft einer Gemeinde außerhalb Nordrhein-Westfalens oder einer sonstigen nicht der Aufsicht des Landes unterstehenden Körperschaft, Anstalt oder Stiftung des öffentlichen Rechts in einem Zweckverband Nordrhein-Westfalens genehmigen, und dies umgekehrt ebenso bei einer Mitgliedschaft einer landeszugehörigen Gemeinde in einem Zweckverband außerhalb des Landes.[445] 256

In Thüringen besteht ein Genehmigungsvorbehalt durch das für kommunale Angelegenheiten zuständige Ministerium, wenn eine Gemeinde, ein Gemeindeverband oder eine sonstige der Aufsicht des Landes unterstehende Anstalt, Stiftung oder Körperschaft des öffentlichen Rechts Mitglied in einem Zweckverband werden möchte, der seinen Sitz außerhalb der Landesgrenzen hat oder wenn andersherum eine fremde Gemeinde oder ein Gemeindeverband bei einem Zweckverband Mitglied werden will, der seinen Sitz in Thüringen hat.[446] 257

In Bayern bestimmt das Staatsministerium des Innern, für Sport und Integration über die Aufnahme nicht-bayrischer Mitgliedsgemeinden und Mitgliedsgemeindeverbände in einem bayrischen Zweckverband[447] und ebenso über den umgekehrten Fall, wenn eine Gemeinde, ein Landkreis, ein Bezirk oder eine sonstige der Aufsicht des Freistaates Bayern unterstehende Körperschaft, Anstalt oder Stiftung des öffentlichen Rechts in einem Zweckverband Mitglied werden will, der seinen Sitz außerhalb des Freistaates Bayern hat.[448] 258

7. Gründung: Pflichtverband oder Freiverband

In einigen Bundesländern wird zwischen einem sogenannten *Pflichtverband* und einem *Freiverband* unterschieden. Der Freiverband wird freiwillig durch die Beteiligten mittels Vertrag oder Satzung gegründet. Der Pflichtverband dagegen wird als kommunalaufsichtliche Maßnahme von der Aufsichtsbehörde gegründet. Einzige Ausnahmen sind Niedersachsen, Brandenburg und Rheinland-Pfalz in denen die Institution des Pflichtverbands als solche nicht gesetzlich geregelt ist. Folge der Gründung eines Pflichtverbandes ist, dass die beteiligten Mitglieder sich der Mitgliedschaft nicht entziehen können, weder während der Gründung noch später während des Bestehens des Zweckverbandes. 259

---

441 Für diesen Fall durch das Gesetz zum Staatsvertrag zwischen dem Land Mecklenburg-Vorpommern und dem Land Niedersachsen über die grenzüberschreitende kommunale Zusammenarbeit in Zweckverbänden, gemeinsamen kommunalen Unternehmen, Planungsverbänden nach § 205 des Baugesetzbuchs und durch öffentlich-rechtliche Vereinbarungen vom 11. Dezember 2019.

442 Art. 1 Abs. 4 BauGB§205MVStrVtrG ND.

443 Für einen Staatsvertrag zwischen Niedersachsen und Nordrhein-Westfalen siehe Staatsvertrag zwischen dem Land Niedersachsen und dem Land Nordrhein-Westfalen über Zweckverbände, öffentlich-rechtliche Vereinbarungen, kommunale Arbeitsgemeinschaften und Wasser- und Bodenverbände vom 23. April/ 9. Mai 1969, Nds. GVBl. 1970,64.

444 § 1 Abs. 4 GKG, Bbg.

445 § 4 Abs. 3 GkG, NRW.

446 § 16 Abs. 3 ThürKGG, Thür.

447 Art. 17 Abs. 3 S. 1 KommZG, Bay.

448 Art. 17 Abs. 3 S. 2 KommZG, Bay.

260 Eine Besonderheit stellt übrigens der *Zweckverband Raum Kassel* dar, der per Gesetz gegründet wurde.[449]

261 Voraussetzung für die Bildung eines Pflichtverbands ist die Erfüllung von Pflichtaufgaben oder von Auftragsangelegenheiten von Gemeinden, Gemeindeverbänden oder Landkreisen, die dem zu gründenden Zweckverband übertragen werden sollen, wobei (zwingende) Gründe des öffentlichen Wohls dies („dringend" oder „zwingend") gebieten müssen.[450, 451]

262 Im Fall eines Pflichtverbands sind damit die Aufsichtsbehörden[452] die Gründer des Zweckverbands, zumeist nachdem sie den Beteiligten innerhalb einer Frist Gelegenheit gegeben haben müssen, den Zweckverband selbst – als Freiverband – einvernehmlich zu gründen. Der Pflichtverband ist damit die ultima ratio; zuvor müssen die Aufsichtsbehörden darauf hinwirken, dass ein freiwilliger Zweckverband gegründet wird.[453] Satzungsänderungen unterliegen regelmäßig der Genehmigungspflicht durch die Aufsichtsbehörde.[454] Beteiligte eines Pflichtverbands können den Verband nicht von sich aus auflösen. In der Regel erklärt die Aufsichtsbehörde den Wegfall der Gründe, die für die Gründung des Pflichtverbands bestanden, wodurch der Pflichtverband als Freiverband weiter besteht und Mitglieder ihren Austritt erklären können, wenn sie dies für geboten halten.[455] Im Saarland hingegen besteht der Freiverband nur fort, wenn die Mitglieder dies ausdrücklich erklären.[456]

263 Nicht nur die Gründung eines Zweckverbands steht den Aufsichtsbehörden in manchen Bundesländern als Maßnahme zur Verfügung, sondern auch der verpflichtende Beitritt einer kommunalen Gebietskörperschaft zu einem bereits bestehenden Zweckverband. In diesem Fall spricht man von einem *Pflichtanschluss.*[457]

264 Gegenüber dem Pflichtverband steht der Freiverband für den freiwilligen Zusammenschluss kommunaler Gebietskörperschaften in einem Zweckverband. Der Freiverband ist die bei weitem häufigste Erscheinungsform in der kommunalen Landschaft.

8. Gründungsakt/Gründungsbeschränkungen

265 Für die Gründung eines Zweckverbands (Freiverbands) bedarf es zunächst der Erstellung einer Satzung, ihres Beschlusses und ihrer Bekanntmachung.[458] Regelmäßig entsteht der

[449] Am 11.7.1972 wurde das Gesetz zur Neugliederung der Landkreise Hofgeismar, Kassel und Wolfhagen erlassen. Dadurch wurde (in § 15) der „Zweckverband Raum Kassel" gegründet, dem die Städte und Gemeinden Ahnatal, Baunatal, Fuldabrück, Fuldatal, Kassel, Kaufungen, Lohfelden, Niestetal, Schauenburg und Vellmar sowie der Landkreis Kassel angehören. Damit liegt kein nach dem KGG, He über die obere Aufsichtsbehörde gegründeter Zweckverband vor, sondern ein unmittelbar durch Landesgesetz gegründeter (siehe https://www.zrk-info.de/ueber-uns/rechtsgrundlagen.html, abgerufen am 19.5.2020). Die Aufgabe besteht in der gemeinsamen Erarbeitung der Flächennutzungs- und -entwicklungsplanung. Bis zum Erlass eines Gesetzes, welches das Nähere über Organisation und Aufgaben dieses Verbandes regelt, finden die Vorschriften des Gesetzes über kommunale Gemeinschaftsarbeit (KGG) vom 16.12.1969 (GVBl. I, S. 307) und des Bundesbaugesetzes (BBauG) vom 23.6.1960 (BGBl. I, S. 341) Anwendung. Auf der Basis dieses Gesetzes wurde schon 1974 (12.04.) eine Verbandssatzung erlassen, die noch heute fortgeführt wird.

[450] § 11 Abs. 1 GKZ, BW; Art. 28 KommZG, Bay; § 15 Abs. 1 ZweckverbG, Br; § 25 Abs. 1 ThürKGG, Thür; § 150 Abs. 3 KV M-V; § 13 GkG, NRW; § 12 KGG, SL; § 50 SächsKommZG, Sachsen; § 8b Abs. 1 GKG-LSA, SA; § 7 GkZ, SH.

[451] Eine Ausnahme ist Hessen, wo keine Pflichtaufgabe oder Auftragsangelegenheit gegeben sein muss, § 13 Abs. 1 KGG, He.

[452] In Rheinland-Pfalz deswegen „Errichtungsbehörde" genannt, § 5 KomZG, RP.

[453] Vgl. *von Lennep* in Handbuch interkommunale Zusammenarbeit Nordrhein-Westfalen 2. Auflage (2012), S. 16.

[454] Siehe zB § 42 Abs. 1 Nr. 4 ThürKGG, Thür; § 8b Abs. 5 GKG-LSA, SA; § 21 Abs. 4 KGG, He; § 20 Abs. 2 GkG, NRW.

[455] § 64 S. 1 SächsKommZG, Sachsen.

[456] § 12 Abs. 4 KGG, SL.

[457] So zB in Hessen § 13 Abs. 1 KGG, He oder in Mecklenburg-Vorpommern, § 150 Abs. 3 KV M-V.

[458] § 6 Abs. 1 iVm § 8 Abs. 2 S. 1 GKZ, BW; Art. 18 iVm Art. 21 Abs. 1 S. 2 KommZG, Bay; § 13 iVm § 14 ABs. 2 S. 1 GKG, Bbg; § 17 Abs. 1 iVm § 19 Abs. 1 S. 2 ThürKGG, Thür; § 7 Abs. 1 iVm § 11 ZweckverbG, Br; § 9 Abs. 1 iVm § 11 Abs. 1 S. 2 KGG, He; § 152 Abs. 1 KV M-V, mit der Besonderheit, dass hier der Zweckverband durch öffentlich-rechtlichen Vertrag der Beteiligten errichtet wird. Trotzdem bedarf es einer Verbandssatzung (§ 152 Abs. 2 KV M-V); § 9 Abs. 1 NKomZG, Ni, auch hier

Zweckverband am Tag nach der öffentlichen Bekanntmachung. Die Bekanntmachtung selbst muss von der Aufsichtsbehörde oder dem Zweckverband selbst veranlasst werden. Üblicherweise müssen auch die Mitglieder ihre Beteiligung öffentlich bekannt machen.

Gemeinhin wird beim Gründungsakt vom Abschluss eines öffentlich-rechtlichen Vertrags ausgegangen. In einigen Bundesländern wird die Gründung auch in den gesetzlichen Vorschriften ausdrücklich als solcher bezeichnet.[459] 266

Wichtig ist die Berücksichtigung beschränkender Normen, die einer Gründung oder einem Beitritt entgegen stehen können. Da sind zum einen die überall vermerkten „entgegen stehenden Normen", die eine kommunale Zusammenarbeit bestimmter kommunaler Gebietskörperschaften ausschließen. Zum anderen gibt es konkrete Ausschlussnormen in den Zusammenarbeitsgesetzen. 267

Das ThürKGG, Thür zB gestattet keine Zusammenarbeit von thüringischen Gemeinden, die der gleichen Verwaltungsgemeinschaft angehören, wenn die Verwaltungsgemeinschaft die Aufgabe ebenso wirkungsvoll und wirtschaftlich erfüllen kann. Zweckverbände, die aus denselben Mitgliedern wie die Verwaltungsgemeinschaft bestehen, können nicht gebildet werden.[460] In ähnlicher Weise dürfen in Niedersachsen keine Mitgliedsgemeinden von Samtgemeinden eine kommunale Zusammenarbeit (damit auch keinen Zweckverband) begründen, wenn sie die Aufgabe nach § 98 Abs. 1 S. 2 NKomVG ihrer Samtgemeinde übertragen könnten (§ 1 Abs. 1 S. 2 NKomZG, Ni)[461]. Auch dürfen regelmäßig Aufgaben, die auf das potentielle Mitglied seinerseits übertragen wurden, nicht auf einen Zweckverband weiter übertragen werden[462]. In Niedersachsen besteht auch die Möglichkeit für eine Kommune, einem Zweckverband nur zeitweilig beizutreten.[463] Dagegen können Zweckverbände, gemeinsame Kommunale Anstalten oder Kommunen, die die Aufgabe per Zweckvereinbarung übernommen haben, nicht Mitglieder eines Zweckverbands sein.[464] 268

9. Aufgaben

Ziel einer Zweckverbandsgründung ist immer, dem Zweckverband eine Aufgabe zu übertragen, die die Mitglieder andernfalls selbst bearbeiten müssten. In Betracht kommt dabei auch die Übertragung einzelner (Teil-)Aufgaben oder solcher, die mit einem bestimmten Zweck zusammenhängen.[465] In Niedersachsen (§ 2 Abs. 1 S. 2 NKomZG, Ni), Rheinland-Pfalz (§ 3 KomZG, RP) und Sachsen-Anhalt (§ 6 Abs. 2 GKG-LSA, SA) kann sich die übertragene Aufgabe auf sachlich oder örtlich begrenzte Teile der Aufgabe beschränken. 269

Bei der Aufgabenübertragung ist die *Bestimmtheit der Aufgaben* als Ausdruck der Klarheit der Zuständigkeitsordnung zu beachten. Die Aufgaben des Zweckverbands müssen daher präzise bestimmt sein.[466] 270

wird die Verbandsordnung durch einen öffentlich-rechtlichen Vertrag vereinbart. Errichtung nach § 9 Abs. 6 S. 2 NKomZG, Ni; § 7 iVm § 11 Abs. 2 GkG, NRW; § 4 Abs. 1 iVm Abs. 6 KomZG, RP; § 6 Abs. 1 iVm § 8 KGG, SL; § 48 Abs. 1 iVm § 49 Abs. 1 S. 4 iVm § 13 Abs. 2 SächsKommZG, Sachsen; § 8 Abs. 1 iVm Abs. 5 S. 3 GKG-LSA, SA; § 5 Abs. 1 (durch ö-r Vertrag) iVm Abs. 3 GkZ, SH.

459 § 9 Abs. 1 NKomZG, Ni; § 152 Abs. 1 S. 2 KV M-V.

460 § 3 Abs. 2 ThürKGG, Thür.

461 Vgl. *Thiele* Niedersächsisches Gesetz über die kommunale Zusammenarbeit 3. Auflage (2018), § 1 Rn. 2.

462 Daher dürfen in Niedersachsen Zweckverbände, eine gemeinsame kommunale Anstalt und eine Kommune bezüglich einer ihr durch Zweckvereinbarung übertragenen Aufgabe nicht Mitlieder eines Zweckverbands werden, § 7 Abs. 4 NKomZG. Ebenso können ein Zweckverband, eine kommunale Anstalt und eine gemeinsame kommunale Anstalt durch Zweckvereinbarung eine ihnen obliegende Aufgabe zwar von Kommunen übernehmen oder für diese durchführen, aber nicht auf andere übertragen, vgl. *Thiele* Niedersächsisches Gesetz über die kommunale Zusammenarbeit 3. Auflage (2018), S. 2.

463 § 7 Abs. 1 S. 3 NKomZG, Ni.

464 § 7 Abs. 4 NKomZG, Ni.

465 ZB Art. 17 Abs. 1 KommZG, Bay, § 16 Abs. 1 2. HS ThürKGG, Thür.

466 Vgl. *Oebbecke* NVwZ (2010, 665), S. 666, mit Verweisen auf *Wagener* Gemeindeverbandsrecht in Nordrhein-Westfalen Kommentar zur Landkreisordnung Amtsordnung Landschaftsverbandsordnung und zum Gesetz über kommunale Gemeinschaftsarbeit (1967), § 4 GkG Rn. 3 und *Schulz* in Kommunalverfassungsrecht Bayern, Art. 17 KommZG Anm. 5.

271 Als Aufgaben kommen alle kommunalen Aufgaben in Betracht, somit auch Auftragsangelegenheiten.[467]

272 In einigen Bundesländern besteht eine besondere Unterscheidung in der Art der Aufgabenübertragung. Hier können zum einen, wie in allen Bundesländern generell möglich und üblich, **Aufgaben übertragen** werden (sog. „Delegation") oder Aufgaben **zur Durchführung übertragen werden** (sog. „Mandatierung").[468] Der Grund dieser Unterscheidung liegt darin, dass eine Reihe von Tätigkeiten, die regelmäßig Querschnittsfunktionen dienen und damit in diesen Ländern den sog. *Beistandsleistungen* zugerechnet werden, nicht mehr als übertragbare Aufgaben angesehen wurden und deswegen auch nicht mehr den Möglichkeiten und Regelungen der Vorschriften über die kommunale Zusammenarbeit unterfallen würden. Daher wurden sie als *Aufgaben zur Durchführung* bezeichnet und gesondert betrachtet.[469] In Niedersachsen existiert aus diesem Grund und zur Vermeidung von historisch bedingter Rechtsunsicherheit die „Übergangsregelung" des § 21 Abs. 3 NKomZG, Ni, nach der solche Aufgabenübertragungen aus der Vergangenheit für die Zukunft nicht unwirksam sind.[470] Diese sogenannten *Serviceleistungen und Hilfstätigkeiten* wie *Einkauf, Hausverwaltung, Personalverwaltung, Finanzbuchhaltung, Hausdruckerei* und *Informationstechnologie* [471] werden in Niedersachsen auch als *Ressourcenmanagement* bzw. *innere Organisationsangelegenheiten* bezeichnet.[472] Die Gründung eines Zweckverbands zur *Übertragung einer Aufgabe zur Durchführung* bedarf daher, trotz der grundsätzlichen Zulässigkeit, besonderen Augenmerks.

273 Konsequenz der *Übertragung einer Aufgabe* an den Zweckverband ist der Übergang aller Rechte und Pflichten in Bezug auf diese Aufgabe von den Mitgliedern auf den Zweckverband[473], die übertragenden Mitglieder werden von der Aufgabenerfüllung frei.[474]

---

[467] *Oebbecke* NVwZ (2010, 665), S. 666 mit Verweisen auf *Wagener* Gemeindeverbandsrecht in Nordrhein-Westfalen Kommentar zur Landkreisordnung Amtsordnung Landschaftsverbandsordnung und zum Gesetz über kommunale Gemeinschaftsarbeit (1967), § 1 GkG, Rn. 2 und § 4, Rn. 3, *Schmidt* Kommunale Kooperation – Der Zweckverband als Nukleus des öffentlich-rechtlichen Gesellschaftsrechts (2005), S. 141, *Schulz* in Kommunalverfassungsrecht Bayern, Art. 3 KommZG Anm. 1, *Zimmermann* Thüringer Gesetz über die kommunale Gemeinschaftsarbeit: Kommentar für die Praxis (2003), § 3, S. 38, *Jestaedt* Kommunale Gemeinschaftsarbeit im Spannungsfeld der Gemeinden und Gemeindeverbände (1966), S. 74 ff.

[468] Vgl. bspw. für die Durchführung von Aufgaben in Niedersachen; § 7 Abs. 1 S. 1 NKomZG, Ni; Brandenburg: § 3 Abs. 1 GKG, Bbg; Nordrhein-Westfalen: § 6 Abs. 1 S. 2 GkG, NRW; in Baden-Württemberg wohl über § 4 Abs. 1, 2. HS iVm § 25 Abs. 2 S. 2 GKZ, BW; zur Delegation auch *Oebbecke* NVwZ (2010, 665), S. 668.

[469] Vgl. *Thiele* Niedersächsisches Gesetz über die kommunale Zusammenarbeit 3. Auflage (2018), S. 27, Rn. 1, aA wohl *Oebbecke* NVwZ (2010, 665), S. 666, der darin nur klarstellenden Charakter sieht für die Zerlegung und Zusammenführung von Aufgaben, entgegen *Koch* NdsVBl. (2004, 150), S. 150 u. 153.

[470] Vgl. *Thiele* Niedersächsisches Gesetz über die kommunale Zusammenarbeit 3. Auflage (2018), S. 28, Rn. 1.

[471] *Franke* NdsVBl (2007, 289), S. 290, *Oebbecke* NVwZ (2010, 665), S. 667.

[472] *Oebbecke* NVwZ (2010, 665), S. 667, *Nordholtz* Das Niedersächsische Gesetz über die kommunale Zusammenarbeit 1. Auflage (2008), S. 95 ff., wobei spätestens im Zuge der zunehmenden Digitalisierung (Vgl. Gesetz zur Verbesserung des Onlinezugangs zu Verwaltungsleistungen, auch kurz Onlinezugangsgesetz genannt, siehe Art. 9 des Gesetzes vom 14. August 2017 BGBl. I S. 3122) und der erstrebten vollautomatisierten Verwaltungsvorgänge die Kategorisierung von Informationstechnolgie als Service- und Hilfstätigkeiten sicherlich mit guten Gründen angezweifelt werden darf.

[473] § 3 Abs. 3 S. 1 GKG, Bbg für den Fall der Übertragung der Aufgabe (Delegation); § 4 Abs. 1 S. 1 GKZ, BW; Art. 22 Abs. 1 KommZG, Bay; § 20 Abs. 1 ThürKGG, Thür; § 2 Abs. 1 ZweckverbG, Br; § 8 Abs. 1 S. 1 KGG, He; § 151 Abs. 1 S. 2 KV M-V; § 2 Abs. 3 S. 1, Abs. 4 S. 1 NKomZG, Ni für den Fall der Aufgabenübertragung; § 6 Abs. 1 S. 3 GkG, NRW für den Fall der Aufgabenerfüllung; wohl auch § 3 Abs. 1 S. 1 KomZG, RP; § 4 Abs. 1 KGG, SL; § 46 SächsKommZG, Sachsen; § 9 Abs. 1 S. 1 GKG-LSA, SA; § 3 Abs. 1 GkZ, SH; siehe auch *Cronauge* Kommunale Unternehmen 6. Auflage (2016), S. 290 Rn. 344.

[474] Sofern nicht die Verbandssatzung etwas anderes bestimmt.

Die übertragende Kommune darf in dieser Aufgabe auch nicht mehr tätig werden.[475] Der Übergang der Rechte und Pflichten beinhaltet zugleich den Übergang der Satzungs- und Verordnungsgewalt auf den Zweckverband.[476] **274**

Dagegen werden bei einer *Übertragung zur Durchführung* die Mitglieder nicht von der Verantwortung für die Aufgabe befreit. Sie sind jedoch weisungsbefugt.[477] **275**

Ein Zweckverband kann neben seiner übernommenen „Hauptaufgabe" noch weitere Ergänzungsaufgaben für alle oder einzelne Mitglieder übernehmen.[478] Ein sachlicher Zusammenhang zwischen den übernommenen Aufgaben ist nicht erforderlich.[479] In der Praxis sind Mehraufgabenverbände keineswegs selten.[480] Verantwortlich für die Aufgabenerfüllung ist nicht mehr der ursprüngliche Aufgabenträger, sondern der Zweckverband, der von nun an auch der Fach- und Rechtsaufsicht untersteht.[481] **276**

Eine weitere Einschränkung bei der **Aufgabenübertragung zur Durchführung** (zB gem. § 2 Abs. 1 Nr. 2 NKomZG, Ni) besteht in Niedersachsen: Für den Fall der Aufgabenübertragung zur Durchführung und wenn der Hauptzweck des Zweckverbands ist, sich wirtschaftlich zu betätigen, fordert § 7 Abs. 6 S. 1 NKomZG, Ni, dass die Voraussetzungen des § 136 Abs. 1 S. 2 NKomVG vorliegen müssen.[482] Das wiederum bedeutet, ein Zweckverband darf in Niedersachsen nur errichtet, übernommen oder wesentlich erweitert werden, wenn und soweit **277**

1. der öffentliche Zweck das Unternehmen rechtfertigt,
2. die Unternehmen nach Art und Umfang in einem angemessenen Verhältnis zu
   a. der Leistungsfähigkeit der Kommune und
   b. zum voraussichtlichen Bedarf stehen und
3. der öffentliche Zweck nicht besser und wirtschaftlicher durch einen privaten Dritten erfüllt wird oder erfüllt werden kann.

Die Voraussetzungen wirtschaftlicher Tätigkeit sind ein weites Feld und werden an anderer Stelle ausführlich behandelt.[483] **278**

Der Zweckverband kann Aufgaben des eigenen oder des übertragenen Wirkungskreises übernehmen, sowie Freiwillige Aufgaben wie auch Pflichtaufgaben.[484] **279**

Schließlich kommt auch die Übertragung einer Aufgabe in Betracht, die bisher von den Mitgliedern selbst nicht wahrgenommen wurde oder welche die Mitglieder bisher nicht wahrnehmen konnten. Als Beispiel dienen unter anderem Zweckverbände im Bereich der Regionalentwicklung und der Datenverarbeitung. Dazu gehören sogar Aufgaben eines konkurrierenden Zuständigkeitsbereichs.[485] **280**

---

[475] *Thiele* Niedersächsisches Gesetz über die kommunale Zusammenarbeit 3. Auflage (2018), S. 29, Rn. 6.

[476] Vgl. § 20 Abs. 1 und 2 ThürKGG, Thür, § 2 Abs. 3, § 18 Abs. 1 NKomZG, Ni iVm §§ 10 und 11 NKomVG analog, vgl. *Thiele* Niedersächsisches Gesetz über die kommunale Zusammenarbeit 3. Auflage (2018), S. 30, Rn. 7; § 7 Abs. 1 S. 1 KomZG, RP; § 46 SächsKommZG, Sachsen; § 9 Abs. 1 GKG-LSA, SA; § 3 Abs. 1 GkZ, SH; Art. 22 Abs. 1 KommZG, Bay.

[477] § 2 Abs. 4 S. 2,3 NKomZG, Ni.

[478] § 4 Abs. 1 GKZ, BW, wenn die ergänzenden Aufgaben „nachrangig" sind; § 6 Abs. 1 S. 2 GkG, NRW.

[479] *Oebbecke* NVwZ (2010, 665), S. 666.

[480] *Oebbecke* NVwZ (2010, 665), S. 666.

[481] *Thiele* Niedersächsisches Gesetz über die kommunale Zusammenarbeit 3. Auflage (2018), S. 29, Rn. 6.

[482] Außer es liegen Aufgaben des § 136 Abs. 3 NKomVG vor („Einrichtungen, zu denen die Kommune gesetzlich verpflichtet ist, Einrichtungen des Unterrichts-, Erziehungs- und Bildungswesens, des Sports und derh Erholung, des Gesundheits- und Sozialwesens, des Umweltschutzes sowie solche ähnlicher Art und Einrichtungen, die als Hilfsbetriebe ausschließlich der Deckung des Eigenbedarfs der Kommune dienen).

[483] Zur sogenannten Schrankentrias siehe ausführlich *Gaß,* C. Rn. 99 ff.; zur Gültigkeit der Maßgabe der Einhaltung kommunalwirtschaftlicher Vorgaben auch in anderen Bundesländern über den Verweis auf die entsprechende Anwendung der gemeinderechtlichen Bestimmungen vgl. zB *Hellermann* in Handbuch Kommunale Unternehmen 3. Auflage (2012), S. 189, Rn. 159.

[484] Vgl. *Cronauge* Kommunale Unternehmen 6. Auflage (2016), S. 290, Rn. 344; *Hellermann* in Handbuch Kommunale Unternehmen 3. Auflage (2012), S. 189, Rn. 157.

[485] Siehe dazu ausführlich *Oebbecke* NVwZ (2010, 665), S. 667 ff.

281 Die Gründung eigener Unternehmen in Form von Eigenbetrieben oder öffentlich-rechtlicher oder privatrechtlicher Unternehmen steht einem Zweckverband offen.[486]

10. Verbandssatzung/-ordnung

282 Verfassung und Verwaltung des Zweckverbandes richten sich nach der von dem Zweckverband zu erlassenden Verbandssatzung.[487, 488] Die Verbandssatzung ist konstituierende Voraussetzung: Der Bestand eines Zweckverbands ist abhängig von der Existenz einer Satzung.

283 Diese (konstituierende) Zweckverbandssatzung muss eine Reihe obligatorischer inhaltlicher Vorgaben erfüllen, um rechtmäßig zu sein. Dazu gehören vor allem folgende Bestimmungen: [489]

1. Die Angabe der Verbandsmitglieder,
2. die Zahl ihrer Stimmen in der Verbandsversammlung,
3. die Bestimmung der Aufgabe(n) des Zweckverbandes,
4. den Sitz des Zweckverbandes,
5. den räumlichen Wirkbereich,
6. den Maßstab, nach dem die Verbandsmitglieder zur Deckung des Finanzbedarfs beizutragen haben,
7. die Form der öffentlich-rechtlichen Bekanntmachungen,
8. die Abwicklung des Zweckverbands, oft auch das Verfahren eines Austritts/ einer Kündigung einzelner Mitglieder.

284 Die Verbandssatzung ist durch die Aufsichtsbehörde zu prüfen. Die Prüfung wird entweder aufgrund einer Anzeigepflicht gegenüber der Aufsichtsbehörde oder aufgrund eines gesetzlich vorgesehenen Genehmigungsvorbehalts der Satzung durch die Aufsichtsbehörde durchgeführt.[490] Sofern gesetzlich ein Genehmigungsverfahren vorgeschrieben ist, kann die Genehmigung der Satzung jedoch zumeist nur aus bestimmten, vorgegebenen Gründen versagt werden, zB wenn *Gründe des öffentlichen Wohls* oder Rechtsgründe entgegen stehen, die *Bildung des Verbandes unzulässig* ist, die *Satzung nicht den gesetzlichen Vorschriften* entspricht oder wegen ähnlicher Hindernisse.

285 Sind weitere (besondere) Genehmigungen im Gründungsverfahren erforderlich, darf regelmäßig die Genehmigung durch die Aufsichtsbehörde nicht erteilt werden, bevor nicht diese Genehmigungen vorliegen.[491] Besagte Genehmigungen sind solche, die für die Durchführung der zu übertragenden Aufgabe zwecks Einhaltung anderer gesetzlicher Vorschriften erforderlich würden.

---

[486] *Hellermann* in Handbuch Kommunale Unternehmen 3. Auflage (2012), S. 189, Rn. 159; dies voraussetzend auch *Cronauge* Kommunale Unternehmen 6. Auflage (2016), S. 315, Rn. 377.

[487] *Cronauge* Kommunale Unternehmen 6. Auflage (2016), S. 174, Rn. 168.

[488] In Niedersachsen Verbandsordnung genannt.

[489] Vgl. im einzelnen dazu § 6 Abs. 2 Nr. 1–7 GKZ, BW; Art. 19 KommZG, Bay; § 13 GKG, Bbg; § 24 Abs. 1 ZweckverbG, Br; § 17 Abs. 2 ThürKGG, Thür; § 9 Abs. 2 KGG, He; § 152 Abs. 3 KV M-V; § 9 Abs. 2 GkG, NRW; § 6 Abs. 1 KomZG, RP; § 11 Abs. 2 SächsKommZG, Sachsen; § 8 Abs. 2 GKG-LSA, SA; § 5 Abs. 4 GkZ, SH.

[490] **Genehmigungsverfahren** in: Baden-Württemberg, § 20 Abs. 1 S. 1 GKZ, BW; Bayern, Art. 20 Abs. 1 S. 1 KommZG, Bay; Thüringen, § 18 Abs. 1 ThürKGG, Thür – im Falle der Übernahme von Aufgaben des übertragenen Wirkungskreises entscheidet die Aufsichtsbehörde nach Anhörung der Fachaufsichtsbehörde; Niedersachsen, § 2 Abs. 5 S. 2 NKomZG, Ni, wenn Aufgaben betroffen sind, die durch Rechtsvorschrift zugewiesen oder übertragen worden sind; Nordrhein-Westfalen § 10 Abs. 1 S. 1 GkG, NRW; Saarland § 7 Abs. 1 KGG, SL, – wobei im Falle der Übernahme staatlicher Auftragsangelegenheiten das zuständige Fachministerium ebenfalls vorher zustimmen muss (S. 2); Schleswig-Holstein § 5 Abs. 5 GkZ, SH (öffentlich-rechtlicher Vertrag und Satzung sind genehmigungsbedürftig); **Anzeigeverfahren** in: Niedersachsen, § 2 Abs. 5 S. 1 NKomZG, Ni; Mecklenburg-Vorpommern § 152 Abs. 1 S. 2 KV M-V, der öffentlich-rechtliche Vertrag bedarf der Genehmigung durch die Rechtsaufsichtsbehörde, aber die Satzung nach § 152 Abs. 4 S. 2 KV M-V ist lediglich anzeigepflichtig.

[491] § 7 Abs. 2 GKZ, BW; Art. 20 Abs. 2 KommZG, Bay; § 18 Abs. 2 ThürKGG, Thür; § 10 Abs. 2 KGG, He; § 10 Abs. 2 GkG, NRW; § 7 Abs. 2 KGG, SL.

In der Verbandssatzung kann das Recht des Zweckverbands eigene Satzungen und Verordnungen, insgesamt oder für Teilbereiche der Aufgabenerfüllung, zu erlassen, erteilt oder entzogen werden. Die Satzungsgewalt ist häufig abhängig von den Vorgaben der Gemeindeordnungen. Zweckverbände können Zuwiderhandlungen gegen ihre Satzungen als Ordnungsbehörden verfolgen.[492] **286**

Das Recht, Steuern zu erheben ist ausgeschlossen.[493] **287**

11. Änderungen der Verbandssatzung

Die Verbandssatzung wird stets durch Beschluss der Verbandsversammlung geändert. Ein Unterschied zwischen Pflicht- und Freiverbänden besteht dabei nur insoweit, als jegliche Satzungsänderung eines Pflichtverbandes zwingend durch die Aufsichtsbehörde genehmigt werden muss.[494] Die Verbandssatzung zu ändern ist in der Regel mit einigem organisatorischen Aufwand verbunden. Bei wesentlichen Änderungen, wie der Änderung oder Ergänzung der Verbandsaufgaben oder dem Beitritt, dem Austritt oder dem Ausschluss von Mitgliedern, ist zumindest eine Zweidrittelmehrheit in der Verbandsversammlung erforderlich.[495] Die Änderungen sind regelmäßig der Aufsichtsbehörde anzuzeigen oder sogar durch die Aufsichtsbehörde genehmigungspflichtig.[496] Die Genehmigung darf aber durch die Aufsichtsbehörde nicht willkürlich verweigert werden. In der Praxis gibt es oft keinen (auf die Dauer der Kontrollmaßnahme bezogenen) Unterschied zwischen einem Genehmigungsvorbehalt und einer Anzeigepflicht, da die Beteiligten die Satzungsänderung ohne eine Stellungnahme der Aufsichtsbehörde in der Regel nicht bekannt machen werden und die Änderung damit nicht vor deren Stellungnahme in Kraft tritt. **288**

Satzungsänderungen (bzw deren Beschlüsse) sind auf dieselbe Weise bekannt zu machen, wie die Gründungssatzung selbst. Sofern eine Genehmigung der Aufsichtsbehörde erforderlich ist so ist zumeist auch diese mit zu veröffentlichen.[497] Die Änderungen werden am **289**

---

492 Vgl. § 5 Abs. 1, 3 und 5 GKZ, BW; Art. 22 KommZG, Bay; §§ 6 Abs. 3, 28 ZweckverbG, Br; § 20 Abs. 2, 3 ThürKGG, Thür; § 8 Abs. 1, 2 KGG, He; § 151 Abs. 2 KV M-V; § 2 Abs. 3 NKomZG, Ni; § 8 Abs. 4 GkG, NRW; § 3 Abs. 3 KGG, SL; § 9 Abs. 1 GKG-LSA, SA; § 3 Abs. 1 GkZ, SH.

493 § 6 Abs. 4 ZweckverbG, Br; § 3 Abs. 3 KGG, SL; § 19 Abs. 3 GKZ, BW; Art. 42 Abs. 4 iVm Art. 1 Abs. 4 S. 2 KommZG, Bay; § 20 S. 2 KGG, He; § 60 Abs. 3 S. 2 SächsKommZG, Sachsen.

494 Art. 48 Abs. 1 Nr. 4 KommZG, Bay; § 42 Abs. 1 Nr. 4 ThürKGG, Thür; § 20 Abs. 2 GkG, NRW.

495 § 21 GKZ, BW, wonach Aufgabenänderungen der Zustimmung aller Mitglieder bedürfen, sonstige Änderungen mit Zweidrittelmehrheit angenommen werden können. Die Satzung darf zwecks Änderung dieser Mehrheiten nur *nach oben* abweichen. Art. 44 KommZG, Bay, unter Vorbehalt einer abweichenden Satzung (Satzungsvorbehalt); § 31 Abs. 2 GKG, Bbg; § 21 Abs. 2 ZweckverbG, Br; § 38 Abs. 1 ThürKGG, Thür, wobei auch hier die Satzung bzgl der Mehrheiten nach oben abweichen darf; § 21 Abs. 1 S. 1 KGG, He, unter Vorbehalt einer abweichenden Satzung; § 152 Abs. 5 S. 2 KV M-V, ohne Satzungsvorbehalt; § 20 Abs. 1 GkG, NRW mit Satzungsvorbehalt; § 6 Abs. 2 KomZG, RP generell Zweidrittelmehrheit bei Änderungen, bei Aufgabenänderungen zusätzlich Zustimmung von zwei Dritteln der Mitglieder, § 6 Abs. 3 KomZG, RP; § 10 Abs. 1 KGG, SL mit Satzungsvorbehalt; § 26 Abs. 1 S. 1 SächsKommZG, Sachsen, die Satzung darf nach oben abweichen, § 26 Abs. 1 S. 2 SächsKommZG, Sachsen; § 16 GkZ, SH, mit dem Vorbehalt, dass die Satzung zudem noch die Zustimmung bestimmter oder aller Mitglieder erfordern kann.

496 § 21 Abs. 5 GKZ, BW, Genehmigungspflicht bei Auflösung oder Aufgabenänderung für einzelne Mitglieder; Art. 48 Abs. 1 KommZG, Bay für genehmigungspflichtige Änderungen, Art. 48 Abs. 2 KommZG, Bay für anzeigepflichtige Änderungen der Satzung; § 41 Abs. 3 Nr. 3 GKG, Bbg – Genehmigungspflicht bei Aufhebung, gem. Nr. 4 bei bestimmten Änderungen; § 42 Abs. 1 und 2 ThürKGG, Thür; § 21 Abs. 3 S. 1 und 2 KGG, He; § 152 Abs. 5 iVm Abs. 4 KV M-V; § 2 Abs. 5 NKomZG, Ni; § 20 Abs. 4 iVm § 10 Abs. 1 GkG, NRW – Genehmigungspflicht; § 6 Abs. 2 KomZG, RP – Feststellung durch die Errichtungsbehörde; § 10 Abs. 3 iVm § 7 Abs. 1 KGG, SL; § 61 Abs. 1 iVm § 26 Abs. 3 S. 1 SächsKommZG, Sachsen; § 14 Abs. 2 S. 1 GKG-LSA, SA; § 16 GkZ, SH.

497 § 21 Abs. 6 GKZ, BW durch den Zweckverband selbst; Art. 48 Abs. 3 KommZG, Bay Aufsichtsbehörde macht bekannt bei genehmigungs- und anzeigepflichtigen Änderungen zusammen mit ihrer Genehmigung; § 31 Abs. 3 GKG, Bbg; § 22 Abs. 4 ZweckverbG, Br durch die Aufsichtsbehörde; § 42 Abs. 3 ThürKGG, Thür durch die Aufsichtsbehörde, Hinweis durch Mitglieder gem. § 42 Abs. 3 S. 5 ThürKGG, Thür gemäß deren Vorschriften zur Bekanntmachung von Satzungen; § 21 Abs. 5 iVm § 11 KGG, He; § 154 iVm § 5 Abs. 2 S. 6 KV M-V mit weiteren Verweisen; § 17 Abs. 3 S. 1 NKomZG, Ni;

Tag nach der Bekanntmachung wirksam, sofern nicht in der Satzung oder im Beschluss ein anderes Datum festgesetzt wird.[498]

12. Bekanntmachtung der Satzung

290 Die Satzung wird zumeist zusammen mit deren aufsichtsbehördlicher Genehmigung von der Aufsichtsbehörde bekannt gemacht.[499] Ausnahmen sind Niedersachsen, wo gem. § 9 Abs. 6 S. 1 NKomZG, Ni die Kommunen die erstmalige öffentliche Bekanntmachung der Verbandsordnung nach den für die Verkündung ihrer Satzungen geltenden Rechtsvorschriften vorzunehmen haben, und Schleswig-Holstein, wo die Bekanntmachung nach der Bekanntmachungsverordnung durch die Träger zu erfolgen hat.[500] Vorgesehen ist zumeist, dass die Aufsichtsbehörde den genauen Entstehungszeitpunkt des Zweckverbands bestimmt. Dies ist regelmäßig der Tag nach der Veröffentlichung.[501] Allerdings kann die Satzung einen anderen Zeitpunkt ihres Inkrafttretens bzw der Entstehung des Zweckverbands bestimmen.

13. Pflicht zur Eintragung ins Handelsregister

291 Wegen § 33 Abs. 1 HGB ist auch ein Zweckverband im Handelsregister eintragungspflichtig, wenn es sich um eine kaufmännisch tätige Einrichtung handelt.[502]

14. Organe

292 Die Gesetze aller Bundesländer sehen zwingend zwei Organe vor: Die **Verbandsversammlung** und den **Verbandsgeschäftsführer** oder **Verbandsvorsteher** bzw. **Verbandsvorsitzenden** (die Bezeichnungen sind in den Bundesländern unterschiedlich).[503] Neben diesen beiden Hauptorganen kann die Verbandssatzung noch ein oder mehrere Ausschüsse vorsehen, die im Rahmen bestimmter Aufgaben selbst entscheiden können oder Entscheidungen der Verbandsversammlung vorbereiten.[504]

---

§ 20 Abs. 4 iVm § 11 Abs. 1 GkG, NRW; § 6 Abs. 2 iVm § 4 Abs. 5 KomZG, RP; § 10 Abs. 3 S. 1 iVm § 8 Abs. 1 KGG, SL; § 63 iVm § 26 Abs. 3 iVm § 13 Abs. 1 SächsKommZG, Sachsen; § 16 GKG-LSA, SA iVm KVG LSA außer 150 Abs. 1 GKG-LSA, SA; vgl. § 16 Abs. 1 S. 4 GKG-LSA, SA.

498 Art. 48 Abs. 3 S. 2 KommZG, Bay; § 42 Abs. 3 S. 3 ThürKGG, Thür; § 21 Abs. 5 iVm § 11 KGG, He; § 154 iVm § 5 Abs. 4 S. 3 KV M-V; § 18 Abs. 1 NKomZG, Ni iVm § 10 Abs. 3 NKomVG, Ni am 14. Tag nach Ablauf des Tages an dem die Satzung verkündet wurden; § 20 Abs. 4 i. Vm. § 11 Abs. 2 GkG, NRW; § 7 Abs. 1 Nr. 4 KomZG, RP iVm § 24 Abs. 3 GemO, RP; § 10 Abs. 3 S. 1 iVm § 8 Abs. 2 KGG, SL; § 63 iVm § 26 Abs. 3 iVm § 13 Abs. 2 SächsKommZG, Sachsen; § 16 GKG-LSA, SA iVm KVG LSA außer 150 Abs. 1 GKG-LSA, SA; vgl. § 16 Abs. 1 S. 4 GKG-LSA, SA.

499 § 8 Abs. 1 GKZ, BW; Art. 21 Abs. 1 S. 1 KommZG, Bay; § 14 Abs. 1 GKG, Bbg; § 11 Abs. 2 ZweckverbG, Br; § 19 Abs. 1 S. 1 ThürKGG, Thür, zusammen mit Genehmigung im Amtsblatt der Aufsichtsbehörde; § 11 Abs. 1 S. 1 KGG, He, zusammen mit Genehmigung; § 11 Abs. 1 GkG, NRW, zusammen mit Genehmigung; § 4 Abs. 5 KomZG, RP auf Kosten der Mitglieder in deren Bekanntmachungsorganen; § 8 Abs. 1 KGG, SL, zusammen mit Genehmigung; § 49 Abs. 1 S. 4 iVm § 13 Abs. 1 SächsKommZG, Sachsen, zusammen mit Genehmigung im sächsischen Amtsblatt; § 8 Abs. 5 GKG-LSA, SA zusammen mit Genehmigung in ihrem Amtsblatt.

500 § 1 Abs. 2 Landesverordnung über die örtliche Bekanntmachung und Verkündung (Bekanntmachungsverordnung – BekanntVO) vom 14. September 2015.

501 Vgl. zB § 8 Abs. 1 GKZ, BW; Art. 21 Abs. 1 S. 2 KommZG, Bay; § 11 Abs. 3 ZweckverbG, Br; § 11 Abs. 1 S. 2 KGG, He.

502 *Kornblum* Die öffentliche Verwaltung DÖV (2012, 20), S. 23 f.

503 Eine Ausnahme ist offenbar Bremen, wo das ZweckverbG, Br keine Verbandsversammlung vorsieht. Auch werden in § 24 ZweckverbG, Br, der die zwingenden Vorschriften einer Verbandssatzung vorschreibt, keine Stimmenverteilungen in einer Verbandsversammlung geregelt.

504 *Cronauge* Kommunale Unternehmen 6. Auflage (2016), S. 306, Rn. 362.

15. Verbandsversammlung

Die Verbandsversammlung ist das Hauptorgan des Zweckverbands. In Rheinland-Pfalz wird dies allerdings nicht ausdrücklich im KomZG, RP vorgeschrieben, sondern ergibt sich aus einem Verweis in die Gemeindeordnung (GemO, RP).[505] 293

Die Verbandsversammlung setzt sich aus den Vertretern der am Zweckverband beteiligten Mitglieder zusammen. Jedes Verbandsmitglied muss in ihr vertreten sein.[506] Das heisst, jedes Verbandsmitglied muss mindestens einen Vertreter in die Verbandsversammlung entsenden.[507] Die Vertreter der kommunalen Verbandsmitglieder sind zumeist die Hauptverwaltungsbeamten der Kommunen oder deren allgemeine Vertreter.[508] Es ist in manchen Bundesländern möglich, alternativ Bedienstete mit der Wahrnehmung der Vertretung des Mitglieds in der Verbandsversammlung dauerhaft zu betrauen.[509] In Hessen, Nordrhein-Westfalen und Sachsen-Anhalt werden, statt pauschal die Hauptverwaltungsbeamten mit der Vertretung im Zweckverband zu betrauen, die kommunalen Vertreter zur Entsendung in den Zweckverband von der jeweiligen Vertretungskörperschaft gewählt.[510] Nach den jeweiligen Vorschriften sind zugleich Verhinderungsvertreter zu ernennen. 294

Die Mitglieder der Verbandsversammlung (einschließlich ihres Vorsitzenden) sind ehrenamtlich tätig. Ausnahmen sind nach den landesrechtlichen Vorschriften möglich. Die in die Verbandsversammlung entsandten Vertreter sind in der Regel an die Weisungen der entsendenden Mitgliedskommunen gebunden.[511] 295

Die Mitglieder der Verbandsversammlung wählen aus ihrer Mitte einen *Vorsitzenden der Verbandsversammlung*. Dieser hat – wohlgemerkt – keine Organstellung![512] 296

Mit die wichtigste Amtshandlung der Verbandsversammlung ist – neben dem Beschluss der konstituierenden Satzung (siehe Verbandssatzung/-ordnung → Rn. 282 ff.) – 297

[505] § 12 Abs. 1 GKZ, BW; Art. 29 S. 1 KommZG, Bay; § 17 S. 1 Nr. 1 GKG, Bbg; § 26 ThürKGG, Thür; § 15 Abs. 1 KGG, He; § 156 Abs. 1KV M-V; § 10 S. 1 NKomZG, Ni; § 14 GkG, NRW; § 7 Abs. 1 S. 1 Nr. 6 iVm S. 2 KomZG, RP iVm § 8 Abs. 1 GemO, RP; § 13 Abs. 1 KGG, SL; § 53 S. 1 SächsKommZG, Sachsen; § 10 GKG-LSA, SA; § 8 GkZ, SH.

[506] *Cronauge* Kommunale Unternehmen 6. Auflage (2016), S. 206, Rn. 363.

[507] In Bayern und Thüringen werden die Vertreter in der Verbandsversammlung *Verbandsräte* genannt.

[508] § 19 Abs. 3 S. 1 und 2 GKG, Bbg; § 13 Abs. 4 S. 1 GKZ, BW; § 28 Abs. 2 ThürKGG, Thür, weitere Vertreter werden durch das Beschlussorgan der Gebietskörperschaft bestellt; § 156 Abs. 2 KV M-V; § 11 Abs. 1 NKomZG, Ni u. a. mit der Option auf Vorschlag des HVB durch Beschlussorgan einen Beschäftigten des Verbandsmitglieds zu benennen; § 8 Abs. 2 S. 3 KomZG, RP iVm § 88 Abs. 1 S. 1–5 GemO, RP; § 13 Abs. 3 KGG, SL iVm § 114 KSVG, Saarl; § 52 Abs. 3 SächsKommZG, Sachsen mit der Option auf Vorschlag des HVB durch Beschlussorgan einen Beschäftigten des Verbandsmitglieds zu benennen; § 9 Abs. 1 GkZ, SH mit der Option in der Verbandssatzung, jemand anderen zur Vertretung zu bestimmen.

[509] ZB § 19 Abs. 3 S. 2 GKG, Bbg; § 9 Abs. 1 GkZ, SH; § 11 Abs. 1 NKomZG, Ni; § 52 Abs. 3 SächsKommZG, Sachsen.

[510] § 15 Abs. 2 S. 2 KGG, He; § 15 Abs. 2 S. 1 GkG, NRW Vertreter wird gestellt aus Vertretungskörperschaft oder Dienstkräften des Verbandsmitglieds; § 11 Abs. 2 S. 1 GKG-LSA, SA.

[511] § 13 Abs. 5 GKZ, BW; § 19 Abs. 7 GKG, Bbg; § 15 Abs. 2a KGG, He; § 156 Abs. 7 KV M-V in den dort aufgelistetenn Fällen; § 12 Abs. 2 NKomZG, Ni iVm § 138 Abs. 1 S. 2 NKomVG, NI; § 15 Abs. 1 S. 4 GkG, NRW; § 8 Abs. 2 S. 1 KomZG, RP; § 13 Abs. 3 KGG, SL iVm § 114 Abs. 4 KSVG, Saarl; § 52 Abs. 4 SächsKommZG, Sachsen; § 11 Abs. 3 GKG-LSA, SA; § 9 Abs. 6 GkZ, SH im Rahmen der dort aufgeführten Themenfelder dazu auch *Cronauge* Kommunale Unternehmen 6. Auflage (2016), S. 307, Rn. 363.

[512] § 13 Abs. 1 Nr. 3 NKomZG, Ni; *Cronauge* Kommunale Unternehmen 6. Auflage (2016), S. 307, Rn. 363; § 15 Abs. 3 KGG, He; § 157 Abs. 1 S. 2 u. 4 KV M-V; § 15 Abs. 4 GkG, NRW; § 56 Abs. 3 S. 1 SächsKommZG, Sachsen; § 11 Abs. 6 GKG-LSA, SA; § 9 Abs. 8 S. 2 GkZ, SH; in Brandenburg ist die Wahl nicht geregelt, der *Vorsitzende der Verbandsversammlung* ist jedoch in § 19 Abs. 2, § 20 Abs. 2 S. 2, § 21 Abs. 4 S. 4 und S. 7, § 26 Nr. 2 a. und b. und § 35 Abs. 2 S. 1 GKG, Bbg erwähnt; kein *Vorsitzender der Verbandsversammlung* in Bayern, wo der Verbandsvorsitzende der Verbandsversammlung vorsteht, § 36 Abs. 1 S. 3 KommZG, Bay; selbiges gilt für Thüringen: hier nimmt ebenfalls der *Verbandsvorsitzende* die Rolle des Vorsitzes der Verbandsversammlung wahr, § 33 Abs. 1 S. 2 ThürKGG, Thür; in Rheinland-Pfalz und im Saarland finden weder ein *Vorsitzender der Verbandsversammlung* noch die Rolle des Vorsitzes in der Verbandsversammlung besondere Beachtung.

die Wahl des zweiten Organs des Zweckverbands: des *Verbandsgeschäftsführerers* bzw. des *Verbandsvorstehers* bzw. des *Verbandsvorsitzenden* (siehe Vorsitz/Geschäftsführung → Rn. 304 ff.).[513]

298 Im Übrigen ist die Verbandsversammlung als das wichtigste Organ des Zweckverbands grundsätzlich für alle wesentlichen Entscheidungen des Zweckverbands zuständig. Bestimmte Entscheidungen sind deswegen oft auch von Gesetzes wegen nicht übertragbar. In den meisten Fällen gibt zudem die Verbandssatzung (mancherorts „Verbandsordnung" genannt) vor, welche Entscheidungen bei der Verbandsversammlung verbleiben müssen. Das gilt insbesondere für Entscheidungen über die Änderung der Verbandsaufgabe(n), den Austritt und Ausschluss von Verbandsmitgliedern und die Auflösung des Zweckverbands;[514] aber auch wichtige Beschlussfassungen, zB über die Haushaltssatzung, die Rechnungslegung, die Entlastung des Verbandsvorstehers, die Wahl des Verbandsvorstehers, Beschlüsse aus ihrer Stellung als Dienstvorgesetzter des Verbandsvorstehers und zur Änderung der Zweckverbandssatzung sind der Verbandsversammlung vorbehalten oder sollten der Verbandsversammlung vorbehalten bleiben.[515] Die Verbandsversammlung hat – sofern von Gesetz und Satzung erlaubt und vorgesehen – das Recht (weitere) Satzungen oder Rechtsverordnungen zu erlassen.[516] Dadurch kann sie neben ihrer eigenen Verfassung, den Gebrauch öffentlicher Einrichtungen, gemeinsamer Güter oder ähnliches regeln (vgl. zu Satzungs- und Verordnungsgewalt → Rn. 313).

299 Die Verbandsversammlung muss einberufen werden. Die Voraussetzungen für eine Einberufung der Verbandsversammlung sollte in der Satzung geregelt werden, da es nur wenige diesbezügliche Vorschriften in den Landesgesetzen gibt, welche zudem recht uneinheitlich erscheinen.[517] Sitzungen der Verbandsversammlung sind öffentlich. Die nichtöffentliche Verhandlung ist nur bei Vorliegen eines berechtigten Interesses Einzelner oder im Interesse des öffentlichen Wohls zulässig.[518]

300 Die Beschlussfähigkeit der Verbandsversammlung hängt von der korrekten Ladung ab und von der Anwesenheit, der für die Beschlussfassung erforderlichen Stimmenzahl. Maßgeblich ist dabei auch die Feststellung des Stimmenverhältnisses von öffentlich-rechtlichen

---

[513] Bedauerlicherweise ist die Bezeichnung des zweiten Organs eines Zweckverbands sehr uneinheitlich: In Baden-Württemberg, Bayern, Thüringen, Hessen und Sachsen heisst er *Verbandsvorsitzender;* in Brandenburg, Mecklenburg-Vorpommern, Nordrhein-Westfalen, Rheinland-Pfalz, im Saarland und in Schleswig-Holstein wird er *Verbandsvorsteher* genannt und in Niedersachsen und Sachsen-Anhalt heisst er *Verbandsgeschäftsführer.* Bremen hat einen *Leiter des Zweckverbandes.* Um die Verwirrung komplett zu machen gibt es in Niedersachsen einen *Vorsitzenden der Verbandsversammlung,* der *Verbandsvorsitzender* genannt wird (und ebenfalls kein Organ des Zweckverbandes ist; im Gegensatz zum Verbandsgeschäftsführer).

[514] Art. 34 Abs. 1 KommZG, Bay; § 18 GKG, Bbg iVm § 28 Abs. 2 BbgKVerf, Bbg; § 31 Abs. 2 und § 38 ThürKGG, Thür; § 15 Abs. 1 KGG, He; § 156 Abs. 1 und § 157 Abs. 2 KV M-V; § 13 NKomZG, Ni; § 15 Abs. 6 GkG, NRW; § 6 Abs. 3 und 4 NKomZG, Ni; § 20 Abs. 1 GkG, NRW; § 11 Abs. 1 KomZG, RP; § 10 Abs. 1 KGG, SL; § 53 S. 1 und § 63 Abs. 1 SächsKommZG, Sachsen; § 14 Abs. 1 GKG-LSA, SA; § 10 GkZ, SH.

[515] Vgl. *Hellermann* in Handbuch Kommunale Unternehmen 3. Auflage (2012), S. 187, Rn. 150; *Cronauge* Kommunale Unternehmen 6. Auflage (2016), S. 307, Rn. 364; siehe zB Art. 34 Abs. 2 KommZG, Bay, § 31 Abs. 2 ThürKGG, Thür, § 157 Abs. 2 KV M-V.

[516] Siehe Art. 26 Abs. 4 KommZG, Bay; § 20 Abs. 2 u. 3 ThürKGG, Thür; § 2 Abs. 3 NKomZG, Ni; § 7 Abs. 3 KomZG, RP; § 13 Abs. 1 S. 2 und § 16 Abs. 2, 2. HS GKZ, BW; § 53 S. 2 SächsKommZG, Sachsen; § 9 Abs. 1 GKG-LSA, SA; § 3 Abs. 1 GkZ, SH.

[517] ZB § 29 Abs. 1 ThürKGG, Thür vor der Wahl des Verbandsvorsitzenden durch die Aufsichtsbehörde, sonst durch diesen, dort finden sich auch weitere Regelungen; § 15 Abs. 5 KGG, He; § 157 Abs. 1 KV M-V; § 14 Abs. 3, 5 NKomZG, Ni; § 15 Abs. 5 GkG, NRW; § 11 Abs. 5 GKG-LSA, SA iVm § 55 KVG LSA; § 9 Abs. 8 GkZ, SH.

[518] § 15 Abs. 1 S. 1 GKZ, BW; Art. 32 Abs. 4 KommZG, Bay; § 14 Abs. 3 S. 4 NKomZG, Ni; *Thiele* Niedersächsisches Gesetz über die kommunale Zusammenarbeit 3. Auflage (2018), § 9 Rn. 7 und § 14 Rn. 9; § 15 Abs. 1 GKZ, BW; § 29 Abs. 4 ThürKGG, Thür durch Verweis auf die ThürKO; Sachsen: § 47 II SächsKommZG, Sachsen analog Verwaltungsverband, § 5 Abs. 3 S. 1 SächsKommZG, Sachsen; analoge Anwendung der Gemeindeordnung, § 37 Abs. 1 Sächsische Gemeindeordnung; § 5 Abs. 6 GkZ, SH iVm § 35 GO, SH; § 8 GkG, NRW iVm § 48 Abs. 2 S. 1 GO NRW, NW. Im Ergebnis jedenfalls auch *Cronauge* Kommunale Unternehmen 6. Auflage (2016), S. 307, Rn. 264.

Beteiligten und privaten Beteiligten.[519] Die Stimmenanzahl der privaten Teilnehmer darf einen bestimmten Anteil der Stimmen der Verbandsversammlung nicht übersteigen. Allerdings zählen mancherorts in öffentlich-rechtlicher Hand befindliche jedoch privatrechtlich organisiserte, Unternehmen nicht zu den privaten Beteiligten im Sinne der Vorschrift.[520] In die Satzung können weitere Voraussetzungen für die Beschlussfähigkeit der Verbandsversammlung aufgenommen werden. Sofern das Landesrecht hierzu keine konkreten Aussagen macht, erscheint es als empfehlenswert, entsprechende Bestimmungen in die Satzung aufzunehmen.

Üblicherweise hat jedes Verbandsmitglied eine Stimme, es sei denn die Verbandssatzung 301 bestimmt etwas anderes.[521] Mehrere Vertreter und mehrere Stimmen sind auch möglich. Dann sind die Stimmen jedoch einheitlich abzugeben.[522] Regelmäßig ist das Stimmrecht übertragbar. Ziel ist es also, die Stimmen einheitlich pro Mitglied zählen zu können.

In Bayern und Mecklenburg-Vorpommern hat die Verbandsversammlung die Aufsicht 302 über die Dienstkräfte und ist Dienstvorgesetzter für die Beamten (siehe auch Dienstherrenfähigkeit → Rn. 343 f.).[523] Anders als beispielsweise in Sachsen, wo der Verbandsvorsitzende (gem. § 47 Abs. 2 S. 1 iVm § 22 Abs. 2 SächsKommZG, Sachsen) die Rolle des Vorgesetzten, Dienstvorgesetzten und der obersten Dienstbehörde der Verbandsbediensteten innehat.

Im Übrigen lohnt sich ein genauer Blick in die landesrechtlichen Bestimmungen zur 303 Verbandsversammlung und ihren gesetzlichen Aufgaben, da doch nicht ganz unerhebliche landesrechtliche Differenzen bestehen. Zugleich ist zu beachten, dass die eigene Zweckverbandssatzung (Verbandsordnung) häufig gesetzlich zulässige Ausnahmen und Abweichungen enthalten kann, so dass hier ein beachtlicher Gestaltungsspielraum besteht.

16. Vorsitz/Geschäftsführung

Das zweite Organ des Zweckverbands ist der *Verbandsvorsteher* bzw der *Verbandsvorsitzende* 304 bzw der *Verbandsgeschäftsführer* (im Folgenden der Einfachheit halber *Verbandsvorsitzender* genannt). In Hessen ist der *Verbandsvorsitzende* Teil des *Verbandsvorstands,* der aus ihm, seinem Stellvertreter und mindestens einem weiteren Mitglied besteht (analog der Gemeindevertretung und dem Gemeindevorstand gem. HGO). Damit tritt in Hessen der Verbandsvorstand an die Stelle des Verbandsvorstehers in den anderen Bundesländern. In Mecklenburg-Vorpommern und im Saarland ist die Bildung eines Verbandsvorstands dagegen optional möglich.[524] Der Verbandsvorsitzende ist ebenfalls ehrenamtlich tätig.[525]

[519] Art. 31 Abs. 1 S. 4 KommZG, Bay; § 15 Abs. 4 KGG, He; § 154 KV M-V iVm § 30 KV M-V; § 14 Abs. 1 NKomZG, Ni; § 15 Abs. 5 GkG, NRW; § 52 Abs. 2 SächsKommZG, Sachsen; Sachsen: § 47 II SächsKommZG, Sachsen analog Verwaltungsverband, § 5 Abs. 3 S. 1 SächsKommZG, Sachsen analoge Anwendung der Gemeindeordnung, § 39 Abs. 2 Sächsische Gemeindeordnung; § 11 Abs. 5 GKG-LSA, SA; § 5 Abs. 6 GkZ, SH iVm § 38 GO, SH.

[520] Bayern Art. 31 Abs. 1 S. 4 KommZG, Bay Private müssen weniger als 2/5 der satzungsmäßigen Stimmenzahl stellen, wobei juristische Personen des Privatrechts, deren Kapital sich ganz oder überwiegend in öffentlicher Hand befindet, nicht mitgerechnet werden; ebenso in Thüringen § 28 Abs. 1ThürKGG, Thür und Sachsen, § 52 Abs. 2 SächsKommZG, Sachsen; in Nordrhein-Westfalen § 15 Abs. 1 S. 5 GkG, NRW; im Saarland § 13 Abs. 2 KGG, SL.

[521] ZB § 19 Abs. 1 S. 3 GKG, Bbg.

[522] § 19 Abs. 1 S. 4 GKG, Bbg; § 156 Abs. 8 KV M-V; § 8 Abs. 2 KomZG, RP Ausnahmen in Abs. 3; § 52 Abs. 1 S. 3 u. 4 SächsKommZG, Sachsen; § 11 Abs. 4 GKG-LSA, SA; § 5 Abs. 7 GkZ, SH.

[523] Art. 38 Abs. 3 KommZG, Bay; § 160 Abs. 4 KV M-V.

[524] § 16 Abs. 1 KGG, He, nach § 16 Abs. 1 S. 3 können die Mitglieder des Verbandsvorstands nicht zugleich Mitglieder der Verbandsversammlung sein; in Mecklenburg-Vorpommern ist dies bei entsprechender Satzung möglich, § 159 Abs. 3 KV M-V; im Saarland kann für Zweckverbände, die nicht überwiegend hoheitliche Aufgaben erfüllen, statt dem Verbandsvorsteher ein aus mehreren Personen bestehender Verbandsvorstand vorgesehen werden; alles weitere regelt die Satzung, § 13 Abs. 6 KGG, SL.

[525] § 22 Abs. 1 GKG, Bbg; § 23 GKG, Bbg regelt in Brandenburg die *Hauptamtliche Verbandsleitung;* § 17 Abs. 1 S. 2 KGG, He; § 160 KV M-V nach Abs. 2 Ausnahmen möglich; § 17 Abs. 1 GkG, NRW, Ausnahmen sind möglich; § 9 Abs. 1 S. 2 KomZG, RP; § 13 Abs. 1 GkZ, SH, Ausnahmen sind möglich; § 56 Abs. 2 S. 1 SächsKommZG, Sachsen.

305 Der Verbandsvorsitzende vertritt den Zweckverband nach außen und „führt die Geschäfte der laufenden Verwaltung".[526] Abweichend vertritt in Hessen der Verbandsvorstand den Zweckverband und Erklärungen werden im Namen des Verbandsvorstands durch den Verbandsvorsitzenden oder dessen Stellvertreter abgegeben.[527] Der Verbandsvorsitzende hat nach den Weisungen der Verbandsversammlung zu agieren und ihre Beschlüsse umzusetzen.[528]

306 Die Erklärungen müssen nach den gesetzlichen Vorgaben meist von zwei Personen unterschrieben sein, um rechtsverbindlich zu sein. Zudem ist immer Schriftform vorgeschrieben.[529]

307 Die Verbandsversammlung ist die Dienstvorgesetzte des Verbandsvorsitzenden.[530] In Mecklenburg-Vorpommern und in Schleswig-Holstein sind der Verbandsvorsteher und seine Stellvertreter in das Beamtenverhältnis als Ehrenbeamte zu berufen.[531] In Sachsen ist der Verbandsvorsitzende hauptamtlicher Beamter auf Zeit.[532] Oft ist er Dienstvorgesetzter der Beamten und führt die Dienstaufsicht über die Dienstkräfte des Zweckverbands.[533]

308 Ihm obliegt nach einigen Landesgesetzen der Vorsitz der Verbandsversammlung.[534] Nicht so jedoch zB in Niedersachsen, wo gesondert ein *Verbandsversammlungsvorsitzender* gewählt wird.[535]

309 Der Verbandsvorsitzende wird in einigen Bundesländern von der Verbandsversammlung **aus ihrer Mitte** gewählt.[536] In einer ganzen Reihe anderer Bundesländer dagegen muss er nicht oder darf er sogar nicht Teil der Verbandsversammlung sein.[537]

17. Ausschüsse

310 Die Landesgesetze erlauben neben den Pflichtorganen beratende oder beschließende Ausschüsse einzusetzen. In der Regel stehen die Ausschüsse – sofern sie denn eingesetzt werden

[526] § 16 Abs. 2 S. 2 GKZ, BW; Art. 36 Abs. 1 KommZG, Bay; in Brandenburg wird der Verbandsvorsteher unter dem Begriff *Verbandsleitung* zusammengefasst. Hier ist in § 18 S. 2 GKG, Bbg geregelt, dass die Verbandsversammlung ihre Zuständigkeit „in Einzelfällen oder für Gruppen von Angelegenheiten" durch Beschluss auf die Verbandsleitung übertragen kann. § 33 Abs. 1–4 ThürKGG, Thür; § 158 Abs. 1 KV M-V; § 159 Abs. 1 KV M-V ein ehrenamtlicher Verbandsvorsteher kann zugleich auch Vorsitzender der Verbandsversammlung sein. § 16 Abs. 2 GkG, NRW; § 12 Abs. 3 GkZ, SH.

[527] § 16 Abs. 2 KGG, He.

[528] Art. 36 II KommZG, Bay; § 33 Abs. 2 ThürKGG, Thür; § 159 Abs. 5 KV M-V „leitet die Verwaltung des Zweckverbands nach den Grundsätzen und Richtlinien der Verbandsversammlung und im Rahmen der von ihr bereitgestellten Mittel"; § 16 Abs. 2 GkG, NRW; § 12 Abs. 3 GkZ, SH; § 21 Abs. 1 S. 2 SächsKommZG, Sachsen.

[529] § 15 Abs. 2 S. 3 NKomZG, Ni, was nicht für Geschäfte der laufenden Verwaltung gilt (§ 15 Abs. 2 S. 5 NKomZG, Ni) und die Verbandssatzung kann abweichen (§ 15 Abs. 2 S. 4 NKomZG, Ni); Schriftform ergibt sich aus § 15 Abs. 2 S. 2 NKomZG, Ni; § 16 Abs. 2 S. 3 KGG, He; § 158 Abs. 2 KV M-V vom Verbandsvorsteher und einem Vertreter handschriftlich zu unterzeichnen, wobei die Schriftform einzuhalten und ein Dienstsiegel zu verwenden ist; § 16 Abs. 4 GkG, NRW wo der Verbandsvorsteher allein oder zusammen mit seinem Vertreter oder einem anderen von der Verbandsversammlung bestimmten Mitglied unterzeichnen kann; die Verbandssatzung kann aber für einen bestimmten Kreis von Geschäften die Unterzeichnung durch Verbandsvorsteher ausreichen lassen; § 13 Abs. 5 KGG, SL, Ausnahme für Geschäfte der laufenden Verwaltung über § 62 Abs. 2 und 3 KSVG, Saarl; § 11 Abs. 2 GkZ, SH.

[530] § 16 Abs. 2 GkG, NRW.

[531] § 159 Abs. 2 KV M-V; § 12 Abs. 2 GkZ, SH.

[532] § 20 Abs. 1 S. 1 SächsKommZG, Sachsen.

[533] § 33 Abs. 5 ThürKGG, Thür; § 16 Abs. 2 GkG, NRW; § 56 Abs. 3 iVm § 22 Abs. 2 SächsKommZG, Sachsen.

[534] § 16 Abs. 1 S. 1 GKZ, BW; § 33 Abs. 1 ThürKGG, Thür; § 56 Abs. 3 S. 1 (§§ 21 und 22 gelten entsprechend) SächsKommZG, Sachsen.

[535] § 14 Abs. 2 NKomZG, Ni.

[536] § 16 Abs. 3 S. 1 GKZ, BW; Art. 35 Abs. 1 S. 1 KommZG, Bay; § 32 Abs. 1 ThürKGG, Thür; § 159 Abs. 1 KV M-V; § 56 Abs. 1 SächsKommZG, Sachsen; § 12 Abs. 1 GkZ, SH.

[537] § 21 GKG, Bbg; § 27 Abs. 1 S. 2 ZweckverbG, Br; § 16 Abs. 1 S. 3 KGG, He; § 15 Abs. 3 NKomZG, Ni, wobei hier der Begriff des Verbandsgeschäftsführers verwendet wird; der *Verbandsvorsitzende* ist als Vorsitzender der Verbandsversammlung Teil dieser; § 16 Abs. 1 GkG, NRW; § 9 Abs. 1 S. 2 KomZG, RP; § 13 KGG, SL; § 12 Abs. 2 GKG-LSA, SA.

– als weitere Organe neben den Pflichtorganen.[538] Dort wo keine Ausschüsse im landesrechtlichen kommunalen Zusammenarbeitsgesetz vorgesehen sind, ist die Einrichtung von Ausschüssen per Satzung über die entsprechende Anwendung der gemeindlichen Vorschriften möglich.

Zumeist ist ein *Verbandsausschuss* vorgesehen, neben dem dann noch weitere Ausschüsse **311**
existieren können. Die Einrichtung, Besetzung und die Aufgaben aller Ausschüsse ist in der Verbandssatzung zu regeln. Ausschüsse können beispielsweise die Beschlüsse der Verbandsversammlung vorbereiten, die Geschäftsführung überwachen oder bestimmte Beschlussfähigkeiten übertragen bekommen. Die Mitglieder der Ausschüsse sind – abhängig von den Regelungen der Verbandssatzung – aus den Mitgliedern der Verbandsversammlung gewählt oder von den Verbandsmitgliedern entsandt.[539]

18. Verwaltungsräte

In den Bundesländern Sachsen und Baden-Württemberg besteht die Möglichkeit, als wei- **312**
teres Organ einen Verwaltungsrat einzurichten.[540] Einrichtung und Geschäftsgang sind dann in der Satzung festzulegen. Auch das Verfahren und der Geschäftsgang des Verwaltungsrats entspricht weitgehend denjenigen des Gemeinderats.[541]

19. Satzungs- und Verordnungsgewalt

Neben der Gründungssatzung, die den Zweckverband konstituiert und ihm seine Ver- **313**
fassung gibt, sowie neben der Haushaltssatzung, ist es ihm gestattet, weitere Satzungen oder Verordnungen zu erlassen. Diese Befugnis ergibt sich aus der Übertragung der Aufgabenerfüllung von den Mitgliedern auf den Zweckverband und der gleichzeitigen Übertragung der mit der Aufgabenerfüllung verbundenen notwendigen Befugnisse.[542] Daher gilt für das Recht, Satzungen oder Verordnungen zu erlassen, regelmäßig das Recht der Mitglieder, nämlich die Gemeindeordnungen.[543] Der örtliche Geltungsbereich dieser Satzungen bestimmt sich nach dem Aufgabengebiet des Zweckverbands; er kann jedoch durch die Verbandssatzung oder per Landesvorschrift beschränkt werden.[544] Auch kann die Satzungs- und Verordnungsgewalt durch die Verbandssatzung aufgehoben oder, zB für bestimmte Teilaufgaben, eingeschränkt werden.[545] Satzungen und Verordnungen können erlassen

---

538 § 14 GKZ, BW; Art. 29 KommZG, Bay; §§ 17, 25 GKG, Bbg; in Bremen über die Anwendung der Gemeindevorschriften § 6 Abs. 1 ZweckverbG, Br; § 26 S. 2 ThürKGG, Thür; § 14 S. 2 KGG, He; in Mecklenburg-Vorpommern sind die Organe auf Verbandsversammlung und Verbandsvorsteher beschränkt, beratende Ausschüsse sind über § 154 iVm § 36 Absatz 1 Satz 1, 3 und 4, Absatz 2 Satz 5 und Absatz 3 bis 7 KV M-V möglich; § 10 S. 2 1. HS NKomZG, Ni; in Nordrhein-Westfalen hat ein Ausschuss ebenfalls keine Organstellung, § 14 GkG, NRW, ist aber durch Regelung in der Satzung möglich; § 7 Abs. 1 Nr. 6 KomZG, RP iVm §§ 44 ff. GemO, RP; § 13 Abs. 1 KGG, SL; §§ 54, 18 SächsKommZG, Sachsen; § 16 Abs. 1 GKG-LSA, SA in Verbindung mit § 46 ff. KVG LSA; § 12 Abs. 4 GkZ, SH.

539 *Cronauge* Kommunale Unternehmen 6. Auflage (2016), S. 306 Rn. 362.

540 § 12 Abs. 2 GKZ, BW, § 51 Abs. 2 SächsKommZG, Sachsen.

541 *Gern/Brüning* in Deutsches Kommunalrecht 4. Auflage (2019), Rn. 1549.

542 Vgl. Art. 22 Abs. 1 und 2 KommZG, Bay; § 8 Abs. 1 S. 2 KGG, He; § 151 Abs. 2 KV M-V; § 2 Abs. 3 NKomZG, Ni; § 3 Abs. 3 S. 1 KGG, SL; § 46, § 47 Abs. 2 S. 1 iVm § 6 Abs. 1 SächsKommZG, Sachsen; § 9 Abs. 1 GKG-LSA, SA; § 3 Abs. 1 GkZ, SH.

543 § 5 Abs. 2 – 4 GKZ, BW; § 6 Abs. 3 ZweckverbG, Br, § 28 ZweckverbG, Br; § 20 Abs. 1, 2 ThürKGG, Thür; § 18 Abs. 1 NKomZG, Ni, *Thiele* Niedersächsisches Gesetz über die kommunale Zusammenarbeit 3. Auflage (2018), S. 30, Rn. 7; § 8 Abs. 4 GkG, NRW, abhängig von den Mitgliedern jedoch auch die KrO oder die Landschaftsverbandsordnung, § 8 GkG, NRW.

544 § 5 Abs. 3 GKZ, BW; § 8 Abs. 4 GkG, NRW.

545 Art. 22 Abs. 3 KommZG, Bay, wobei die Grenze dafür dort gezogen wird, wo ohne die Befugnis die übertragenen Aufgaben durch den Zweckverband nicht mehr erfüllt werden können; § 20 Abs. 3 ThürKGG, Thür; § 8 Abs. 2 KGG, He; § 3 Abs. 1 S. 2 GkZ, SH erlaubt satzungsmäßige Rechtsbeschränkungen für alle oder für bestimmte Mitglieder Satzungen und Verordnungen zu erlassen.

werden, um die Nutzung von öffentlichen Einrichtungen zu regeln, den Anschluss- und Benutzungszwang auszugestalten oder um Gebühren und Beiträge zu erheben bzw erforderlichen Verwaltungszwang anzuwenden.[546] Zuwiderhandlungen gegen Bestimmungen der Satzungen eines Zweckverbands können als Ordnungswidrigkeiten verfolgt werden.[547]

314 Ein Recht zur Erhebung von Steuern steht den Zweckverbänden nicht zu. [548]

20. Finanzierung

315 Die Finanzierung des Zweckverbands basiert auf zwei Grundlagen: Zum einen auf der Erzielung von Einnahmen durch die Erhebung von Gebühren und Beiträgen bzw Kostenerstattungen – wohlgemerkt: keine Steuern[549] – zum anderen auf Mitgliederbeiträgen in Form von Umlagen (sog. **Verbandsumlagen**). Zur Sicherung der Finanzierung steht dem Zweckverband zudem das Mittel des Anschluss- und Benutzungszwangs zur Verfügung. Dieses Instrument ist zwar für die Finanzplanung äußerst günstig, wird aber nicht in allen Fällen von den Beteiligten gewünscht sein. Eine Einigung auf einen Anschluss- und Benutzungszwang weist regelmäßig aber auf die Ernsthaftigkeit und Entschlossenheit der Mitglieder hin, den Zweckverband mit den notwendigen Werkzeugen auszustatten, um die übertragene Aufgabe auch effektiv erfüllen zu können.

316 Häufig beschränkt sich die Umlagepflicht auf die Bereitstellung derjenigen finanziellen Mittel, die dem Zweckverband fehlen, um nach Ansatz der Einnahmen die Kosten vollständig zu decken.[550] Deshalb wird in diesem Zusammenhang auch von **primären** und **sekundären** Deckungsmitteln gesprochen.[551]

317 Die Umlagepflicht kann in der Satzung, in Bezug auf die Höhe des Beitrags, für einzelne oder für bestimmte Mitglieder generell beschränkt werden.[552] Die Höhe der Umlagezahlung ist jährlich in der Haushaltssatzung festzulegen.[553] Dabei ist die Inanspruchnahme von Leistungen des Zweckverbands durch die Mitglieder zu berücksichtigen.[554] Vorauszahlungen auf die Umlage sind grundsätzlich möglich, gelegentlich aber unter gesetzliche Voraussetzungen gestellt.[555]

318 Sofern zur Deckung von Einnahmen Kosten, Gebühren, Beiträge oder ähnliches erhoben werden, ist das Kommunalabgabenrecht anzuwenden.[556]

---

546 Vgl. zB § 5 Abs. 4 GKZ, BW; § 28 ZweckverbG, Br; § 8 Abs. 1 S. 2 KGG, He; § 3 Abs. 3 KGG, SL.

547 § 5 Abs. 5 GKZ, BW; Art. 26 Abs. 2 KommZG, Bay; § 9 Abs. 2 GKG-LSA, SA.

548 § 6 Abs. 4 ZweckverbG, Br; § 7 Abs. 1 Nr. 4 KomZG, RP iVm §§ 24, 26 GemO, RP; § 3 Abs. 3 S. 2 KGG, SL; § 60 Abs. 3 S. 2 SächsKommZG, Sachsen.

549 ZB § 19 Abs. 3 GKZ, BW.

550 § 19 Abs. 1 S. 1 GKZ, BW; Art. 42 Abs. 1 KommZG, Bay; § 29 Abs. 1 S. 1, 3 GKG, Bbg; Vgl. auch § 30 Abs. 2 ZweckverbG, Br; § 37 Abs. 1 ThürKGG, Thür; § 19 Abs. 1 KGG, He; § 162 Abs. 1 KV M-V; § 8 Abs. 2 und § 16 Abs. 1 S. 1 NKomZG, Ni; § 19 Abs. 1 GkG, NRW; § 10 Abs. 1 KomZG, RP; § 16 Abs. 1 KGG, SL, beachte die Sonderregelung für die Regelung in den Haushaltsjahren 2016 –2024 in S. 2; § 60 Abs. 1 SächsKommZG, Sachsen; § 13 Abs. 1 GKG-LSA, SA; § 15 Abs. 1 GkZ, SH.

551 Vgl. *Schröder* NVwZ (2005, 25), S. 27.

552 ZB § 37 Abs. 1 ThürKGG, Thür; § 29 Abs. 1 S. 2 GKG, Bbg; § 19 Abs. 1 S. 4 KGG, He; § 162 Abs. 1 KV M-V; § 19 Abs. 1 S. 2 GkG, NRW; § 16 Abs. 2 KGG, SL; § 15 Abs. 1 GkZ, SH.

553 § 29 Abs. 2 GKG, Bbg; Art. 42 Abs. 3 KommZG, Bay; § 37 Abs. 3 ThürKGG, Thür; § 19 Abs. 2 KGG, He; § 162 Abs. 2 KV M-V; § 16 Abs. 1 S. 2 NKomZG, Ni; § 19 Abs. 2 S. 1 GkG, NRW; § 10 Abs. 2 KomZG, RP, ist das Land an dem Zweckverband beteiligt, kann es Zustimmungserfordernisse für bestimmte Umstände der Umlage durch Rechtsverordnung festlegen (Abs. 3); § 60 Abs. 1 S. 3 SächsKommZG, Sachsen; § 13 Abs. 3 S. 1 GKG-LSA, SA; § 15 Abs. 2 GkZ, SH.

554 Art. 42 Abs. 2 KommZG, Bay; § 29 Abs. 1 S. 5 GKG, Bbg; § 37 Abs. 2 ThürKGG, Thür; § 16 Abs. 1 S. 3 NKomZG, Ni; § 19 Abs. 1 S. 3 GkG, NRW, ein anderer Maßstab ist möglich (S. 4); § 10 Abs. 2 KomZG, RP; § 16 Abs. 2 KGG, SL; § 60 Abs. 1 S. 2 SächsKommZG, Sachsen; § 13 Abs. 2 GKG-LSA, SA; § 15 Abs. 1 GkZ, SH.

555 ZB § 29 Abs. 3 GKG, Bbg, wonach die Haushaltssatzung verspätet aufgestellt und ein Kassenkredit nicht möglich oder untunlich sein muss.

556 § 19 Abs. 3 GkG, NRW; Art. 42 Abs. 4 KommZG, Bay; § 37 Abs. 4 ThürKGG, Thür; § 20 Abs. 1 KGG, He; § 19 Abs. 3 GkG, NRW.

Auch die eigene Vollstreckbarkeit von Verwaltungsakten kann durch entsprechende Ermächtigung zur Sicherung der Einnahmen dienen.[557] 319

Ein Zweckverband ist nicht insolvenzfähig.[558] 320

21. Steuerrechtliche Gesichtspunkte

Im Folgenden werden kurz einige steuerrechtliche Aspekte im Zusammenhang mit Zweckverbänden dargestellt. 321

a) Körperschaftssteuer und Dauerverlustgeschäfte

Maßgeblich für Zweckverbände ist der § 4 KStG, der Betriebe gewerblicher Art (BgA) von juristischen Personen des öffentlichen Rechts erfasst. Ein Betrieb gewerblicher Art ist nämlich grundsätzlich auch dann unbeschränkt steuerpflichtig, wenn er eine juristische Person des öffentlichen Rechts ist, § 4 Abs. 2 KStG. 322

Nicht steuerpflichtig sind jedoch Betriebe, die überwiegend der Ausübung der öffentlichen Gewalt dienen (Hoheitsbetriebe), § 4 Abs. 5 S. 1 KStG; wobei Zwangs- oder Monopolrechte nicht ausreichen, um das Vorliegen eines Hoheitsbetriebs anzunehmen, § 4 Abs. 5 S. 2 KStG. 323

Es ist daher häufig – sogar innerhalb eines Unternehmens/Zweckverbandes – nötig, nicht steuerpflichtige Hoheitsbetriebe und Betriebe gewerblicher Art iSv § 4 Abs. 1 KStG voneinander zu trennen. 324

b) Dauerdefizitäre Betriebe gewerblicher Art

Sofern ein Betrieb gewerblicher Art (BgA) einer juristischen Person des öffentlichen Rechts identifiziert ist, gilt § 8 Abs. 1 S. 2 KStG (wegen des Verweises auf § 4 KStG) und lässt bei der Ermittlung des Einkommens die Gewinnerzielungsabsicht und die Beteiligung am allgemeinen wirtschaftlichen Verkehr als Voraussetzungen entfallen. Das hat zur Folge, dass die „Liebhabereigrundsätze" des BFH nicht anzuwenden sind und deshalb bei strukturell dauerdefizitären BgA von juristischen Personen des öffentlichen Rechts ein Einkommen zu ermitteln ist.[559] 325

c) Streit über verdeckte Gewinnausschüttungen

Im Streit steht derzeit die Regelung des § 8 Abs. 7 S. 1 Nr. 1 KStG idF des JStG 2009, welche bei Betrieben gewerblicher Art im Bereich der Daseinsvorsorge Dauerverlustgeschäfte iSd § 8 Abs. 7 S. 2 KSt von den Rechtsfolgen einer verdeckten Gewinnausschüttung ausnimmt. Diese Vorschrift verstoße nach Ansicht des BFH[560] gegen das Beihilfenverbot nach Art. 107 Abs. 1 AEUV.[561] 326

Dauerverlustgeschäfte sind in § 8 Abs. 7 S. 2 KStG legaldefiniert.[562] Dauerverlustgeschäfte bestehen beispielsweise, wenn Theater oder Schwimmbäder ohne kostendeckendes Entgelt unterhalten werden oder wenn das Geschäft Ausfluss einer Tätigkeit ist, die bei juristischen Personen des öffentlichen Rechts zu einem Hoheitsbetrieb gehört.[563] 327

Beim Betrieb von Dauerverlustgeschäften in einem Zweckverband sollte daher jetzt und in der Folgezeit unbedingt eine Steuerberatung in Anspruch genommen werden. 328

557 Vgl. zB § 161 Abs. 2 iVm § 70b KV M-V.
558 § 29 Abs. 6 GKG, Bbg.
559 *Klingebiel* in Kommentar zum KStG und EStG (Loseblattwerk Stand 1.6.2019), § 8 Abs. 1 KStG, Tz. 176 ff.
560 BFH v. 13.3.2019, I R 18/19, BFH/NV 2019, 1440.
561 *Drüen* in Kommentar zum Körperschaft- Gewerbe- und Umwandlungssteuergesetz Loseblattwerk (Stand 20.3.2020), § 4, Rz. 2a.; *Micker* in BeckOK KStG 5. Edition (2020), § 8 Rn. 1734 f.
562 *Micker* in BeckOK KStG 5. Edition (2020), § 8 Rn. 1719.
563 Ausführlich dazu siehe *Micker* in BeckOK KStG 5. Edition (2020), Rn. 1719–1738.

d) Umsatzsteuer

329 Durch Art. 12 des Steueränderungsgesetzes 2015 hat sich auch die umsatzsteuerrechtliche Situation der Zweckverbände als juristische Personen des öffentlichen Rechts geändert.

330 Seit dem 1.1.2016 gilt der § 2 Abs. 3 UStG in der alten Fassung (eigentlich) nicht mehr. Allerdings war durch eine Übergangsregelung gem. § 27 Abs. 22 S. 1 UStG die Anwendung weiterhin möglich für Umsätze, die nach dem 31.12.2015 und vor dem 1.1.2017 ausgeführt wurden. Der neu eingefügte § 2b UStG (Fassung vom 1.1.2016) gilt gem. § 27 Abs. 22 S. 2 UStG für Umsätze, die nach dem 31.12.2016 ausgeführt werden. Gem. § 27 Abs. 22 Satz 3 UStG gilt, nach Abgabe einer „Optionserklärung" durch die juristische Person des öffentlichen Rechts, der § 2 Abs. 3 UStG a. F. für Umsätze von nach dem 31.12.2016 und vor dem 1.1.2021 ausgeführten Leistungen. Diese Optionserklärung konnte jedoch nur bis zum 31.12.2016 abgegeben werden.[564] Ob die Frist, die durch die Optionserklärung in Gang gesetzt wurde, über den 1.1.2021 verlängert werden wird, ist derzeit ungewiss.[565]

331 Für solche Zweckverbände, deren Leistungen an ihre Mitglieder von der Umsatzsteuer befreit waren und die rechtzeitig bis zum 31.12.2016 eine Optionserklärung abgaben, gilt bis zum 1.1.2021 der § 2 Abs. 3 UStG in der (alten) Fassung vom 31.12.2015 fort. Alle anderen müssen sich auf eine neue Bewertung ihrer Steuerpflicht einstellen. Diese ist seit dem 1.1.2017 durch § 2b UStG geregelt.

332 Bislang unterlagen juristische Personen des öffentlichen Rechts mit ihren Leistungen nur insoweit der Umsatzbesteuerung, als diese Betriebe gewerblicher Art gem. § 4 KStG unterhielten. Für die Umsatzbesteuerung knüpfte also die Finanzverwaltung an den körperschaftssteuerlichen BgA-Begriff an und qualifizierte eine juristische Person des öffentlichen Rechts nur in diesem Rahmen als Unternehmer.

333 Nunmehr wird auf die Art des Handelns abgestellt. Ein nachhaltiges Handeln auf privatrechtlicher Grundlage begründet grundsätzlich die Unternehmereigenschaft und damit die Steuerbarkeit der juristischen Person nach Umsatzsteuerrecht.

334 Wird jedoch im Rahmen öffentlich-rechtlicher Gewalt gehandelt, kommt es darauf an, ob die Gefahr größerer Wettbewerbsverzerrungen besteht.[566] Wenn dem so ist, ist eine juristische Person des öffentlichen Rechts grundsätzlich Unternehmer im Sinne des Umsatzsteuerrechts. Wann ausnahmsweise die Umsatzsteuerbarkeit wegen Anwendbarkeit des § 2b UStG bei Vorliegen der Voraussetzungen entfällt, sollen die BMF Schreiben als Verwaltungsanweisungen der Finanzverwaltung näher erläutern.[567] Im Einzelnen ist hier trotzdem noch vieles unklar. Zumindest aber hat das BMF-Schreiben vom 14.11.2019 klargestellt, dass Verträge, die auf die Gebäudereinigung, Grünpflegearbeiten, Neubau- und Sanierungsmaßnahmen an Straßen und Gebäuden sowie auf unterstützende IT-Dienstleistungen beschränkt sind, aus der Nichtsteuerbarkeit ausscheiden.[568]

335 Sollte jedoch die Umsatzsteuerbarkeit nicht entfallen, weil – trotz § 2b UStG – die Unternehmereigenschaft nach § 2 UStG bejaht wird, so besteht dennoch grundsätzlich die Möglichkeit der Umsatzsteuerbefreiung einer sogenannten „Kostenteilungsgemeinschaft" gem. § 4 Nr. 29 UStG.

336 Ob im Einzelfall die Voraussetzungen für die Steuerbefreiung vorliegen, sollte mit einem Steuerberater oder mit dem zuständigen Finanzamt geklärt werden.

---

[564] Vgl. BMF, 19.4.2016, III C 2 – S 7106/07/10012 – 06.

[565] Stand Juni 2020.

[566] Vgl. auch schon BFH v. 3.3.2011, V R 23/10, BStBl II 2012, 74, BFH/NV 2011, 1261, DB 2012, 380; BFH v. 10.11.2011, V R 41/10, BFHE 235, 554, BFH/NV 2012, 670, mwN

[567] Insbesondere BMF, 16.12.2016, III C 2 – S 7107/16/10001 und BMF, 14.11.2019, III C 2 – S 7107/19/10005:011.

[568] Siehe zur Thematik von sogenannten Beistandsleistungen BFH v. 10.11.2011, V R 41/10, BFHE 235, 554 Rz. 20ff; BFH v. 10.11.2011, V R 41/10, BFHE 235, 554 Rz. 13ff, vgl. für kommunale Rechenzentren das obiter dictum in Rz. 26, sowie *Bott* in Körperschaftssteuergesetz – Kommentar, Loseblattsammlung Online; Stand Mai 2020, § 4 KStG, Rz. 202.

22. Vergaberechtliche Vorteile

Zweckverbände unterfallen als öffentliche Auftraggeber entweder gem. § 99 Nr. 2 GWB[569] oder gem. § 99 Nr. 3 iVm Nr. 1 GWB[570] regelmäßig dem Vergaberecht, ebenso wie ihre Mitglieder, sofern sie Gebietskörperschaften sind, § 99 Nr. 1 GWB. Das bedeutet, sie müssen ihre Beschaffungen an den Vorschriften des Vergaberechts ausrichten. **337**

Jedoch wird die interkommunale Kooperation (auch) in Form von Zweckverbänden zum Teil vergaberechtlich privilegiert, wenn auch nur unter bestimmten, eingeschränkten Voraussetzungen, nämlich im Bereich der sogenannten „Inhouse-Vergabe". Inhouse-Vergabe wird eine direkte Beschaffung von Lieferungen oder Leistungen von eigenen bzw gemeinschaftlich geführten Unternehmen genannt, bei der keine Ausschreibung vorangehen muss. Die Rechtmäßigkeit einer Inhouse-Vergabe und ihrer Voraussetzungen wurde nach jahrelanger rechtlicher Unklarheit, ausgelöst von stark differierender und uneinheitlicher Rechtsprechung des EuGH,[571] schließlich in der Vergaberichtlinie 2014/24/EU-Richtlinie[572] festgeschrieben. Maßgeblicher Artikel der Richtlinie ist Art. 12, dessen Entstehungsmotivation in den Erwägungsgründen unter den Ziffern 31–33 zu finden ist.[573] Da eine Europäische Richtlinie eine Transformation in nationales Recht erfordert, um unmittelbar bindende Wirkung zu entfalten, wurde das **Gesetz zu Modernisierung des Vergaberechts (VergRModG)** [574] und zudem die **Verordnung zur Modernisierung des Vergaberechts(VergRModVO)** (letztlich eine komplette Neufassung der **VgV**)[575] in Deutschland erlassen. **338**

Per Art. 1 wurde durch das VergRModG der Vierte bis Sechste Teil des **Gesetzes gegen Wettbewerbsbeschränkungen (GWB)** geändert und in dem Zuge der § 108 GWB mit dem Titel „Ausnahmen bei öffentlich-öffentlicher Zusammenarbeit" eingefügt. Dieser enthält die eng am Wortlaut des Art. 12 der Vergaberichtlinie ausgerichteten Ausnahmeregelungen für die direkte Vergabe öffentlicher Aufträge an verbundene öffentlich-rechtliche Körperschaften oder juristische Personen des Privatrechts. Die unmittelbare Rechtsfolge besteht darin, dass die Vergabevorschriften im Fall einer solchen Inhouse-Vergabe keine Anwendung finden sollen.[576] **339**

Kurz zusammengefasst bilden drei Kriterien die wesentlichen Voraussetzungen:[577] **340**

1. das **Kontrollkriterium,**
2. das **Wesentlichkeitskriterium,**
3. das Kriterium **keiner direkten privaten Kapitalbeteiligung** auf Seiten des Auftragnehmers als juristischer Person.

Die Erfüllung des **Kontrollkriteriums** setzt voraus, dass der öffentliche Auftraggeber über die juristische Person (den Auftragnehmer) eine „ähnliche Kontrolle wie über seine eigenen Dienststellen ausübt", § 108 Abs. 1 Nr. 1 GWB. Weiterhin muss entsprechend dem **Wesentlichkeitskriterium** der Auftragnehmer zu „mehr als 80 Prozent" mit Tätigkeiten von dem öffentlichen Auftraggeber „betraut" worden sein, § 108 Abs. 1 Nr. 2 GWB. Und der Auftragnehmer darf als juristische Person **keine direkte Kapitalbetei-** **341**

---

[569] VK Lüneburg, 18.3.2004 – 203-VgK-06/2004; VK Leipzig, 1.3.2004 – 1/SVK/005-04, siehe auch *Langen* Kartellrecht Kommentar – Band 1: Deutsches Kartellrecht 13. Auflage (2018), § 99 GWB, Rn. 54.

[570] *Langen* Kartellrecht Kommentar – Band 1: Deutsches Kartellrecht 13. Auflage (2018), § 99 GWB, Rn. 54; *Eschenbruch* in Kommentar zum GWB-Vergaberecht 4. Auflage (2016), § 99, Rn. 281 ff.

[571] Vgl. *Düsterdiek* NZBau (2006, 618), *Schröder* NVwZ (2005, 25).

[572] 2014/24/EU DES EUROPÄISCHEN PARLAMENTS UND DES RATES vom 26. Februar 2014 über die öffentliche Auftragsvergabe und zur Aufhebung der Richtlinie 2004/18/EG (ABl. L 094 vom 28.3.2014, S. 65).

[573] ELI-URI:http://data.europa.eu/eli/dir/2014/24/oj.

[574] BGBl. I 2016, S. 203.

[575] BGBl. I 2016, S. 624.

[576] „Dieser Teil ist nicht anzuwenden auf die Vergabe von öffentlichen Aufträgen, …", § 108 Abs. 1 S. 1, 1. HS GWB.

[577] Vgl. auch OLG Düsseldorf, 19.2.2020 – Verg 26/17.

ligung aufweisen, mit Ausnahme nicht beherrschender Formen, § 108 Abs. 1 Nr. 3 GWB.

342 Die Vorschrift enthält noch eine Reihe anderer Fallgestaltungen und Voraussetzungen, insbesondere zur gemeinsamen Kontrolle über einen Auftragnehmer, zur sog horizontalen Zusammenarbeit und zu den Voraussetzungen des Vorliegens einer „gemeinsamen Kontrolle", auf die hier nicht weiter eingegangen werden soll.[578]

23. Dienstherrenfähigkeit

343 Zweckverbände können Dienstherrenfähigkeit erlangen. Neben der gesetzlich vorgesehenen Zulässigkeit bedarf es jedoch in den meisten Fällen auch gleichzeitig einer Ermächtigung in der Satzung, Beamte zu ernennen bzw zu beschäftigen.[579] In Rheinland-Pfalz gilt dies mit der Einschränkung, dass es zur Erfüllung der Aufgaben notwendig und zulässig ist.[580] In einigen Ländern bedarf es für die Dienstherrenfähigkeit einer Ermächtigung durch die Aufsichtsbehörde,[581] oder der Erfüllung der Voraussetzung, dass alle Mitglieder ausnahmslos selbst Dienstherrenfähigkeit besitzen müssen.[582]

344 In vielen Bundesländern bedarf es im Zusammenhang mit der Erlangung der Dienstherrenfähigkeit zudem einer Regelung in der Satzung, die vorgibt, wie im Fall einer Auflösung des Zweckverbands oder im Falle einer Änderung seiner Aufgaben mit den beschäftigten Beamten zu verfahren ist.[583]

IV. Gesellschaft mit beschränkter Haftung

Literatur:

Altmeppen, Die Einflussrechte der Gemeindeorgane in einer kommunalen GmbH, NJW 2003, 2561; *Baumbach/Hueck/Servatius,* GmbHG, 22. Aufl. 2019; *Bayer/Hoffmann/Schmidt,* Satzungskomplexität und Mustersatzung, GmbHR 2007, 953; *Becker,* Die Erfüllung öffentlicher Aufgaben durch gemischtwirtschaftliche Unternehmen, 1997; Beck'sches Formularbuch GmbH-Recht, 2. Aufl. 2020; Beck'sches Handbuch der GmbH, 5. Aufl. 2014; *Ehlers,* Verwaltung in Privatrechtsform, 1984; *Ehlers,* Die Entscheidung der Kommunen für eine öffentlich-rechtliche oder privatrechtliche Organisation ihrer Einrichtungen und Unternehmen, DÖV 1986, 897; *Emmerich/Habersack/Sonnenschein,* Konzernrecht, 11. Aufl. 2020; *Erle/Becker,* Der Gemeinderat als Gesellschafterversammlung der GmbH, NZG 1999, 58; *Fischer,* Das Entsendungs- und Weisungsrecht öffentlich-rechtlicher Körperschaften beim Aufsichtsrat einer Aktiengesellschaft, AG 1982, S. 85; *Gaß,* Die Umwandlung gemeindlicher Unternehmen, 2003; *Goette,* Die GmbH, 3. Aufl. 2019; *Grunewald,* Einsichts- und Auskunftsrecht des GmbH-Gesellschafters nach neuem Recht, ZHR 146 (1982), 211; *Habersack,* Private public partnership: Gemeinschaftsunternehmen zwischen Privaten und der öffentlichen Hand – Gesellschaftsrechtliche Analyse –, ZGR 1996, 544; *Harbarth,* Anlegerschutz in öffentlichen Unternehmen, 1998; *Harder/Ruter,* Die Mitglieder des Aufsichtsrats einer GmbH mit öffentlich-rechtlichem Anteilseigner – ihre Rechte und Pflichten, GmbHR 1995, S. 813; *Hueck,* Zur arbeitsrechtlichen Stellung des GmbH-Geschäftsführers, ZfA 1985, S. 25; *Joost,* Unternehmergesellschaft, Unterbilanz und Verlustanzeige, ZIP 2007, 2242; *Karl,* Das Auskunfts- und Einsichtsrecht des GmbH-Gesellschafters nach § 51a GmbHG, DStR 1995, 940; Kölner Kommentar zum Aktiengesetz, 3. Aufl. 2004; *Kraft,* Das Verwaltungsgesellschafts-

---

[578] Siehe statt dessen die ausführliche Kommentierung bei *Portz* in Kommentar zum GWB-Vergaberecht 5. Auflage (2020) zu § 108 GWB.

[579] § 17 Abs. 1 GKZ, BW; § 23 Abs. 1 GKZ, BW; § 23 Abs. 1 GKG, Bbg; § 27 Abs. 2 ZweckverbG, Br; § 17 Abs. 2 KGG, He; § 160 Abs. 3 S. 1 und 2 KV M-V, wobei sich der Satzungsvorbehalt nicht auf Beamte beschränkt, sondern generell für Bedienstete gilt; § 8 Abs. 1 S. 2 NKomZG, Ni; § 17 Abs. 2 GkG, NRW; § 14 KGG, SL; § 57 Abs. 1 SächsKommZG, Sachsen, mit weiteren Voraussetzungen; § 13 Abs. 3 GkZ, SH; außer in Sachsen-Anhalt: § 7 S. 1, 2. HS GKG-LSA, SA und in Rheinland-Pfalz: § 2 Abs. 1 S. 3 KomZG, RP wo es keiner Regelung in der Satzung bedarf.

[580] § 2 Abs. 1 S. 3 KomZG, RP.

[581] § 57 Abs. 2 SächsKommZG, Sachsen.

[582] § 21 Abs. 1 S. 1 ThürKGG, Thür, hier ist auch die Möglichkeit der Einräumung durch Satzung mit Genehmigung der Aufsichtsbehörde möglich; § 57 Abs. 2 SächsKommZG, Sachsen mit den dort genannten weiteren Voraussetzungen, zB der Ermächtigung durch die Aufsichtsbehörde; § 23 Abs. 1 KommZG, Bay.

[583] § 27 Abs. 3 ZweckverbG, Br; § 21 Abs. 2 ThürKGG, Thür; § 160 Abs. 3 S. 2 KV M-V; § 17 Abs. 2 GkG, NRW; § 57 Abs. 3 SächsKommZG, Sachsen; § 13 Abs. 3 GkZ, SH.

recht, Frankfurt/Main u. a. 1982; *Koehler,* Kopplungsklauseln in Geschäftsführeranstellungsverträgen, NZG 2019, 1406; *Kropff,* Zur Anwendbarkeit des Rechts der verbundenen Unternehmen auf den Bund, ZHR 144 (1980), 74; *Leisner,* Der Vorrang des Gesellschaftsinteresses bei den Eigengesellschaften der öffentlichen Hand, WiVerw 1983, S. 212; *Limmer,* Handbuch der Unternehmensumwandlung, 6. Aufl. 2019; *Lutter,* Umwandlungsgesetz, Kommentar, 6. Aufl. 2019; *Lutter/Hommelhoff,* GmbH-Gesetz, Kommentar, Köln 18. Aufl. 2012; *Lutter/Krieger/Verse,* Rechte und Pflichten des Aufsichtsrats, 7. Aufl. 2020; *Lutter/Timm,* Konzernrechtlicher Präventivschutz im GmbH-Recht, NJW 1982, 409; *Mayer,* Erste Zweifelsfragen bei der Unternehmensspaltung, DB 1995, 861; *Mertens,* Die Prüfung der Ordnungsmäßigkeit der Geschäftsführung bei kommunalen Wirtschaftsunternehmen nach § 53 HGrG, Der Gemeindehaushalt 1983, S. 104; Michalski/Heidinger/Leible/J. Schmidt, GmbH-Gesetz, 3. Auflage 2017; *Müller,* Rechtsformenwahl bei der Erfüllung öffentlicher Aufgaben, 1993; *Müller,* Reichweite der Vertretungsmacht des GmbH-Geschäftsführers bei der Veräußerung des gesamten Gesellschaftsvermögens, NZG 2019, 807; Münchener Kommentar zum GmbH-Gesetz, 3. Auflage 2019; *Noack,* Der Regierungsentwurf des MoMiG – Die Reform des GmbH-Rechts geht in die Endrunde, DB 2007, 1395; *Ossola-Haring,* Die GmbH mit kommunaler Beteiligung und die gemeinnützige GmbH, 3. Aufl. 2009; *Paschke,* Die kommunalen Unternehmen im Lichte des GmbH-Konzernrechts, ZHR 152 (1988), S. 263; *Püttner,* Die öffentlichen Unternehmen, 2. Aufl. 1985; *ders.,* Die Einwirkungspflicht, DVBl. 1975, 353; Praxis der Kommunalverwaltung Bayern (PdK Bayern), 10. Fssg. 2019; *Raiser,* Konzernverflechtungen unter Einschluss öffentlicher Unternehmen, ZGR 1996, 458; *ders.,* Der Begriff der juristischen Person, AcP 199 (1999), 104; *Roth/Altmeppen,* GmbHG, 9. Aufl. 2019; *Rowedder/Schmidt-Leithoff,* Gesetz betreffend die Gesellschaften mit beschränkter Haftung (GmbHG), 4. Aufl. 2002; *R. Schmidt,* Öffentliches Wirtschaftsrecht – Allgemeiner Teil, 1990; *Schmitt/Hörtnagl/Stratz,* Umwandlungsgesetz/Umwandlungssteuergesetz, 8. Aufl. 2018; *Schneider,* Konzernbildung, Konzernleitung und Verlustausgleich im Konzernrecht der Personengesellschaften – Zugleich eine Beitrag zur Bedeutung des Gervais-Urteils für die Entwicklung des Konzernrechts, ZGR 1980, 511; Schockenhoff, Geheimnisschutz bei Aktiengesellschaften mit Beteiligung der öffentlichen Hand, NZG 2018, 521; *Scholz,* Kommentar zum GmbH-Gesetz, 10. Aufl. 2006 ff.; *Schwintowski,* Verschwiegenheitspflicht für politisch legitimierte Mitglieder des Aufsichtsrats, NJW 1990, 1009; *ders.,* Gesellschaftsrechtliche Bindungen für entsandte Aufsichtsratsmitglieder der öffentlichen Hand, NJW 1995, 1316; Semler/Stengel, Umwandlungsgesetz, 4. Auflage 2017; *Spannowsky,* Die Verantwortung der öffentlichen Hand für die Erfüllung öffentlicher Aufgaben und die Reichweite ihrer Einwirkungspflichten auf Beteiligungsunternehmen, DVBl. 1992, 1072; *ders.,* Der Einfluss öffentlich-rechtlicher Zielsetzung auf das Statut privatrechtlicher Eigengesellschaften in öffentlicher Hand: – Öffentlich-rechtliche Vorgaben, insbesondere zur Ingerenzpflicht –, ZGR 1996, 400; *Stober,* Die privatrechtlich organisierte Verwaltung: Zur Problematik privatrechtlicher Gesellschaften und Beteiligungen der öffentlichen Hand, NJW 1984, 449; *Ulmer/Habersack/Winter,* Großkommentar zum GmbHG, 1. Aufl. 2008; *v. Danwitz,* Vom Verwaltungsprivat- zum Verwaltungsgesellschaftsrecht – Zu Begründung und Reichweite öffentlich-rechtlicher Ingerenz in der mittelbaren Kommunalverwaltung, AöR 120 (1995), 595; *Veil,* Die Unternehmergesellschaft nach dem Regierungsentwurf des MoMiG, GmbHR 2007, 1080; *Weber,* Der side letter zum GmbH-Vertrag als Grundlage und Grenze von Gesellschafterbeschlüssen, 1996; *Widmann/Mayer,* Umwandlungsrecht, Umwandlungsgesetz, Umwandlungssteuergesetz, Kommentar, Losebl. Stand: April 2020; *Zeichner,* Die Voraussetzungen für die Beteiligung des Bundes/eines Landes an einem Unternehmen nach § 65 Abs. 1 BHO/LHO und ihre Prüfung durch den Rechnungshof, AG 1985, S. 61.

1. Rechtsgrundlagen

Die kommunale GmbH findet ihre **Rechtsgrundlage** bereits im GmbH-Gesetz vom 345
20. April 1892 (RGBl. S. 477), in der Fassung der Bekanntmachung vom 20. Mai 1898 (RGBl. S. 369, 846, ber. abgedr. im BGBl. III/FNA 4123-1), diese Fassung zuletzt geändert durch Art. 1 des Gesetzes vom 17. Juli 2017 (BGBl. I S. 2446). Daneben treten die Regelungen der Gemeindeordnungen der Länder zur Zulässigkeit wirtschaftlicher Unternehmen in privater Rechtsform.[584]

a) Die kommunale GmbH zwischen Gesellschafts- und Kommunalrecht

Die wirtschaftliche Betätigung kommunaler Gebietskörperschaften durch den organisatori- 346
schen Einsatz von Kapitalgesellschaften muss zwangsläufig zur Frage des Verhältnisses zwischen den **Regelungen des Gesellschaftsrechts** und den **Vorschriften des Kom-**

[584] §§ 102 ff. GemO Baden-Württemberg, Art. 86 ff. GemO Bayern, §§ 121 ff. GemO Hessen, §§ 107 ff. GemO Nordrhein-Westfalen, §§ 108 ff. GemO Niedersachsen, §§ 85 ff. GemO Rheinland-Pfalz, §§ 106 ff. KSVG Saarland, §§ 101 ff. GemO Schleswig-Holstein, §§ 91 ff. GemO Brandenburg, §§ 68 ff. KommunalVerf. Mecklenburg-Vorpommern, §§ 94 ff. GemO Sachsen, §§ 128 ff. GemO Sachsen-Anhalt, §§ 71 ff. KommunalO Thüringen; ausführlich oben → C. Rn. 195 ff.

munalrechts führen. Die Regelungen des Kommunalrechts geben der Kommune nämlich die „Leitplanken" vor, die für eine Beteiligung an einer Gesellschaft privater Rechtsform eingehalten werden müssen.

347 Aus dieser **Einwirkungs- oder Ingerenzpflicht**[585] folgt die Verpflichtung der öffentlichen Hand, auf die von ihr geschaffenen Rechtssubjekte dahin gehend einzuwirken, dass diese ihrerseits die Ziele kommunaler Politik, die Orientierung am Allgemeinwohl und das Gebot der Rechtsstaatlichkeit einhalten.[586] Die Einwirkungspflicht kann somit im Ergebnis als die Pflicht beschrieben werden, auf eine in einer privaten Organisationsform betriebene öffentliche Einrichtung mit geeigneten Mitteln so einzuwirken, dass die Einhaltung der durch das öffentliche Recht bestimmten besonderen rechtlichen Bindungen jederzeit sichergestellt ist.[587]

348 Die Gemeindeordnungen versuchen dieser Pflicht Rechnung zu tragen, indem sie verlangen, dass sich die Gemeinde angemessene **Informations- und Einflussmöglichkeiten** vorbehält. Durch die indirekte Aufgabenwahrnehmung über ein Beteiligungsunternehmen werden nämlich z. B. die Verhandlungen vom öffentlich tagenden Gemeinderat in die internen Gremien der Gesellschaft verlagert. Hierdurch geht aber im Interesse der größeren Effizienz ein Großteil der Publizität und Transparenz verloren.[588]

349 Aus dem **Demokratieprinzip** folgt aber die Verpflichtung zur Aufrechterhaltung der Legitimationskette, da sich aus der Tatsache, dass die Kommune ihre Kontrollpflichten wegen der Existenz nicht kontrollierbarer Freiräume nicht mehr erfüllen kann, kein Abreißen der durch demokratische Wahl legitimierten Kette ergeben darf. Weiterhin verlangt das **Rechtsstaatsprinzip** hinsichtlich der Verantwortlichkeit der öffentlichen Hand, dass keine kontrollfreien Räume in der Erfüllung öffentlicher Aufgaben entstehen.

350 Daher ergibt sich für die Kommune als Gesellschafterin einer GmbH die Verpflichtung ihre Rechtsbeziehungen zu der GmbH so auszugestalten, dass die **Kontrolle und Steuerung** dieser GmbH durch die Kommune sichergestellt ist.

b) Das Verhältnis zwischen Gesellschafts- und Kommunalrecht in einer kommunalen GmbH

351 In die Beurteilung der **privatrechtlichen Rechtsbeziehungen** zwischen einer GmbH und der Kommune als deren Gesellschafterin sind Aspekte des GmbH-Rechts und des Kommunalrechts einzubeziehen. Hierbei steht der öffentlichen Hand grundsätzlich die Möglichkeit zu, sich einen besonderen Einfluss durch gesetzliche Einführung von gesellschaftsrechtlichen Sonderpositionen zu sichern.

352 Aus verfassungsrechtlicher Sicht lässt sich solchen Eingriffen in das Privatrecht kein prinzipieller **„Vorrang des Gesellschaftsrechts"** entgegenhalten. Gesetzgeberische Sonderregelungen für die öffentliche Hand im Rahmen des Gesellschaftsrechts sind aber nur dem Bund als derjenigen Gebietskörperschaft möglich, der im Rahmen der konkurrierenden Gesetzgebung nach Art. 74 Nr. 1 GG die entsprechende Gesetzgebungskompetenz zusteht.[589]

353 Hieraus folgt, dass **landesgesetzliche Regelungen** für öffentliche Unternehmen die gesellschaftsrechtliche Rechtslage nicht modifizieren können.[590] Durch die umfangreichen Vorschriften der Gemeindeordnungen über kommunale Gesellschaften wird das Innen- und Außenrecht dieser Unternehmen also nicht beeinflusst.

---

[585] Vgl. auch *Kraft,* §§ 2, 3; *Ehlers,* Verwaltung in Privatrechtsform, S. 124 ff.; zum Begriff siehe auch *Püttner,* DVBl. 1975, 353 (354).
[586] *Müller,* S. 249 m. w. N.
[587] *Becker,* S. 96.
[588] Vgl. auch *Leisner,* WiVerw 1983, 212 (225); *Spannowsky,* ZGR 1996, 400 (412).
[589] Vgl. *Püttner,* Die öffentlichen Unternehmen, S. 234 f.; *Fischer,* AG 1982, 85 (90); siehe auch *Schön,* ZGR 1996, 429 (432); a. A. *v. Danwitz,* AöR 120 (1995), 595 (616 ff.).
[590] *R. Schmidt,* S. 513 ff.; *Spannowsky,* DVBl. 1992, 1072 (1077); *Zeichner,* AG 1985, 61 (69); *Schwintowski,* NJW 1990, 1009 (1013); *ders.,* NJW 1995, 1316 (1317); *Schön,* ZGR 1996, 429 (432).

Die **Gemeindeordnungen** können für ihren Adressaten „Kommune“ nur Grundsätze 354
für eine Beteiligung an einer GmbH aufstellen, die diese im Rahmen der gesellschaftsrechtlich zulässigen Gestaltungsmöglichkeiten umzusetzen hat. Dabei sind die Kommunen verpflichtet, die Gestaltungsmöglichkeiten des Gesellschaftsrechts so weit auszuschöpfen, dass die Interessen der Kommune und die Ziele der Selbstverwaltung mit dem Demokratieprinzip so weit wie möglich verwirklicht werden.

Diese Grundsätze können aber nicht das Gesellschaftsverhältnis unmittelbar regeln. Für 355
die Beurteilung des **Verhältnisses zwischen Kommune und GmbH** kommt es somit vorrangig auf das GmbH-Recht an. Ob und inwieweit die Kommune von dem so gesetzten Rahmen Gebrauch machen darf bzw. muss, bestimmt sich nach der Gemeindeordnung und den ihr zugrundeliegenden Zielen.

Somit lässt sich die **Organisationsverfassung** einer kommunalen GmbH nur aus der 356
Gemengelage von Öffentlichem Recht und privatem Wirtschaftsrecht, von gemeindewirtschaftsrechtlichen und gesellschaftsrechtlichen Vorschriften bestimmen.

2. Rechtsnatur

Die GmbH ist eine **selbständige juristische Person** des privaten Rechts.[591] Sie beginnt 357
mit der Eintragung in das Handelsregister (§ 11 Abs. 1 GmbHG) und endet mit Eintritt der Vermögenslosigkeit und Löschung aus dem Register.

Als juristische Person im Sinne eines rechtstechnischen Verständnisses des Begriffs ist die 358
GmbH selbst Trägerin von Rechten und Pflichten.[592] Sie ist durch ihre **Organe** (Geschäftsführung, Gesellschafterversammlung) handlungsfähig.[593]

Für **Verbindlichkeiten** der GmbH haftet nach § 13 Abs. 2 GmbHG nur das **Gesellschaftsvermögen.**[594]

Gemäß § 5 Abs. 1 GmbHG hat die GmbH ein **Stammkapital.** Seine Existenz bietet 359
den notwendigen Ausgleich für den in § 13 Abs. 2 GmbHG angeordneten Haftungsausschluss.[595] Das Stammkapital dient nämlich der Sicherung der Gläubiger, weil die GmbH über Vermögensgegenstände verfügen muss, deren Gesamtwert wenigstens dem Betrag des Stammkapitals entspricht.

Mit dem Stammkapital allein ist den Gläubigern allerdings nicht gedient. Die Gesellschaft 360
muss vielmehr dafür sorgen, dass ein der Grundkapitalziffer entsprechendes Vermögen auch tatsächlich aufgebracht wird **(Prinzip der Kapitalaufbringung).**[596] Seine Garantiefunktion kann das Grundkapital aber nur erfüllen, wenn ein entsprechendes Mindestvermögen nicht nur aufgebracht wird, sondern dauerhaft auch erhalten bleibt **(Prinzip der Kapitalerhaltung).**[597]

Das Stammkapital besteht aus den Stammeinlagen der Gesellschafter (§ 5 Abs. 2 AktG). 361
Ein Gesellschafter kann bei Errichtung der Gesellschaft mehrere **Stammeinlagen** übernehmen. Die Untergrenze beträgt EUR 1,00; eine Obergrenze besteht nicht.

Zu den Strukturmerkmalen der GmbH gehört schließlich ihr Charakter als **Handels-** 362
gesellschaft. Aus § 13 Abs. 3 GmbHG i. V. m. § 6 HGB folgt, dass die GmbH notwendig den Bestimmungen des Handelsrecht unterliegt.[598]

---

591 *Lutter/Hommelhoff,* GmbHG, Einl. Rn. 2.
592 *Raiser,* AcP 199 (1999), 104 (115).
593 *Lutter/Hommelhoff,* GmbHG, Einl. Rn. 5.
594 *Lutter/Hommelhoff,* GmbHG, § 13 Rn. 5.
595 *Lutter/Hommelhoff,* GmbHG, § 5 Rn. 5.
596 *Lutter/Hommelhoff,* GmbHG, § 5 Rn. 1.
597 *Lutter/Hommelhoff,* GmbHG, § 5 Rn. 2; § 30 Rn. 1 ff.
598 *Lutter/Hommelhoff,* GmbHG, § 13 Rn. 1.

3. Gründung

a) Errichtung der kommunalen GmbH

363 **aa) Gründung einer GmbH.** Eine GmbH entsteht durch **Abschluss des Gesellschaftsvertrages** und **Eintragung** in das Handelsregister.

364 Gründer und Gesellschafter einer GmbH können **natürliche und juristische Personen**[599] sowie **Personengesellschaften**[600] sein. Die GmbH kann auch von nur einer Person gegründet werden.[601]

365 Im Rahmen der GmbH-Reform durch das Gesetz zur Modernisierung des GmbH-Rechts und zur Bekämpfung von Mißbräuchen (MoMiG) vom 23. Oktober 2008[602] wurde in § 5a GmbHG eine Gründungsvariante der GmbH – die sog. „Unternehmergesellschaft" (UG) – eingeführt. Der Gesetzgeber wollte durch diese Gründungsvariante die Gründung einer GmbH mit einem minimalen gesetzlichen Mindeststammkapital (EUR 1,00) ermöglichen. Alle Vorschriften des GmbHG und des gesamten deutschen Rechts, die die GmbH betreffen, gelten auch für die UG, es sei denn § 5a GmbHG trifft eine andere Regelung.[603]

366 Der **Gesellschaftsvertrag** der GmbH ist ein Organisationsvertrag und zugleich die Satzung der Gesellschaft. In dieser Satzung[604] müssen Regelungen enthalten sein über Firma, Sitz, Gegenstand, Stammkapital und Stammeinlage. Sie muss notariell beurkundet werden (§ 2 GmbHG).

367 Zur Erleichterung der Gründung einer GmbH in Standardfällen wurde durch das MoMiG ein vereinfachtes Gründungsverfahren mit einem **Musterprotokoll** eingeführt (§ 2 Abs. 1a GmbHG).

368 Das vereinfachte Gründungsverfahren kann nur unter Verwendung des in der Anlage 1 zum GmbHG niedergelegten Musterprotokolls für eine Gesellschaft mit bis zu drei Gesellschaftern und einem Geschäftsführer durchgeführt werden. Es kann sowohl für die Gründung einer „klassischen" GmbH als auch für die UG verwendet werden.

369 Das Musterprotokoll hat folgende zwingenden, inhaltlich aber individuell festlegbaren Satzungsbestandteile: Firma, Sitz, Höhe und Aufteilung des Stammkapitals, Unternehmensgegenstand. Da bei der Gründung kommunaler GmbHs aber gerade durch die jeweiligen Gemeindeordnungen zusätzliche – über das Musterprotokoll hinausgehende – Regelungen gefordert werden, scheidet die Verwendung dieses Musterprotokolls wohl grundsätzlich für die Gründung kommunaler Gesellschaften aus.[605]

370 Daneben kann es auch die Bestellung des Geschäftsführers beinhalten, ohne dass ein gesonderter Beschluss erforderlich ist. Dabei ist aber zu beachten, dass der Geschäftsführer in diesem Fall kein satzungsmäßiges Geschäftsführungsrecht mit der Bestellung erhält.

371 Das Musterprotokoll ist durch einen Notar zu beurkunden.

372 Mit **Beurkundung** der Satzung ist die GmbH zwar errichtet. Sie ist aber noch keine juristische Person.[606] Dazu wird sie erst mit **Eintragung in das Handelsregister** (§ 11 Abs. 1 GmbHG).

373 Die GmbH-Gründer müssen schon vor Eintragung der GmbH[607] in das Handelsregister einen oder mehrere **Geschäftsführer** bestellen, die sämtlich bei der Anmeldung mitwirken müssen (§§ 8, 78 GmbHG). Zum Geschäftsführer kann nur eine natürliche, voll geschäfts-

---

599 *Lutter/Hommelhoff,* GmbHG, § 2 Rn. 1 ff.

600 *Lutter/Hommelhoff,* GmbHG, § 2 Rn. 7; zur GbR vgl. BGHZ 78, 311; BGH WM 1992, 12; zur Erbengemeinschaft siehe auch *Heinze,* in: MüKo, GmbHG, § 2 Rn. 101; zu sonstigen Gesamthandsgemeinschaften vgl. *Heinze,* in: MüKo, GmbHG, § 2 Rn. 98 ff.; bei der Verwendung des Musterporotokolls sollen Personengesellschaften als Gründer ausscheiden, vgl. *Noack,* DB 2007, 1395 (1398).

601 *Lutter/Hommelhoff,* GmbHG, § 1 Rn. 2.

602 BGBl. I S. 2026.

603 Begr. RegE, Beilage zu ZIP 23/2007, S. 7 f.

604 Zum Inhalt → Rn. 311 ff.

605 Vgl. auch *Bayer/Hoffmann/Schmidt,* GmbHR 2007, 953.

606 Sog. „Vor-Gesellschaft", vgl. auch *Lutter/Hommelhoff,* GmbHG, § 11 Rn. 5 f.

607 *Lutter/Hommelhoff,* GmbHG, § 6 Rn. 8 ff.

fähige Person bestellt werden (§ 6 GmbHG). Auch Gesellschafter können zu Geschäftführern bestellt werden.

Zusammen mit den Regelungen über die **Kapitalerhaltung**[608] sind die Vorschriften des GmbH-Rechts über die **Kapitalaufbringung** unverzichtbare Voraussetzung für die Beschränkung der Haftungsmasse auf das Gesellschaftsvermögen. 374

Die Pflicht zur **Leistung der Stammeinlagen** kann den GmbH-Gründern nicht erlassen[609] oder gestundet[610] werden. Bei verspäteter Leistung schulden sie Verzugszinsen (§ 20 GmbHG). Sie können gegen die Forderung auf Leistung ihrer Einlagen nur mit Gegenforderungen aufrechnen, wenn diese Gegenforderungen aus der Überlassung von Gegenständen resultieren, deren Anrechnung auf die Einlageverpflichtung nach § 5 Abs. 4 S. 1 GmbHG vereinbart worden ist (§ 19 Abs. 2 Satz 2 GmbHG). 375

Dagegen kann die Vor-GmbH und nach ihrer Eintragung auch die GmbH die Aufrechnung gegen die Verpflichtung des Gesellschafters auf **Leistung der Einlage** erklären, wenn der Gründer eine liquide, fällige und vollwertige Forderung gegen die Vor-GmbH bzw. gegen die GmbH hat.[611] 376

Es muss also gewährleistet sein, dass der GmbH der **als Einlage versprochene Betrag** auch tatsächlich zufließt bzw. dass sie darüber **uneingeschränkt verfügen** kann.[612] 377

Bei Säumnis mit der Einzahlung kann der Gesellschafter nach Fristsetzung und Fristablauf seines Gesellschaftsanteils für verlustig erklärt werden **(Kaduzierung),** ohne dass die Verpflichtung des Ausgeschlossenen zur Leistung der rückständigen Einlage damit entfällt (§ 21 GmbHG). Rechtsvorgänger des Ausgeschlossenen haften ebenfalls auf den Ausfall (§ 22 GmbHG). 378

Die Gesellschaft kann den Geschäftsanteil im Wege **öffentlicher Versteigerung** verkaufen, wenn die Zahlung der rückständigen Einlage auch vom Rechtsvorgänger nicht zu erlangen ist (§ 23 GmbHG). Schließlich haften aber auch alle übrigen Gesellschafter anteilig für die bei einem Mitgesellschafter oder bei dessen Rechtsvorgänger uneinbringliche Einlage (§ 24 GmbHG). 379

Bei Gründung der GmbH kann in ihrer Satzung vorgesehen werden, dass der Gesellschafter seine Stammeinlage in Form einer **Sacheinlage** erbringt.[613] Der Wert der Sacheinlage muss mindestens dem Nennwert der übernommenen Stammeinlage entsprechen.[614] 380

Weil die **Bewertung von Sacheinlagen** schwierig ist und die Beteiligten ihre Sachwerte häufig zu hoch einschätzen, muss über die Sacheinlage, ihren Erwerb, ihren Zustand, ihre Bewertung usw. ein **Sachgründungsbericht** erstellt werden (§ 5 Abs. 4 S. 2 GmbHG), in dem die Gesellschafter alle für die Angemessenheit der Leistungen für Sacheinlagen wesentlichen Umstände darzulegen haben.[615] Bei nicht unwesentlicher **Überbewertung von Sacheinlagen** ist das Registergericht verpflichtet, die Eintragung abzulehnen (§ 9c GmbHG). 381

Wurde die Sacheinlage zu hoch bewertet, hat der Einlageverpflichtete die Differenz zwischen dem tatsächlichen Wert zum Zeitpunkt der Anmeldung zum Handelsregister und dem Nennwert des übernommenen Geschäftsanteils in bar nachzuzahlen (**Differenzhaftung,** § 9 GmbHG). 382

Bei der UG sind bei der Gründung, aber auch bei späteren Kapitalerhöhungen Sacheinlagen unzulässig (§ 5a Abs. 2 S. 2 GmbHG). Erst wenn das Stammkapital durch (Bar-) Kapitalerhöhung das Mindeststammkapital einer „normalen" GmbH (EUR 25.000,00) 383

---

608 *Baumbach/Hueck,* GmbHG, § 30 Rn. 5 ff.

609 *Lutter/Hommelhoff,* GmbHG, § 19 Rn. 13 ff., ebensowenig ist ein Vergleich (rechtsgeschäftlich oder prozessual) über die Einlageforderung zulässig, BayObLG, DB 1985, 107.

610 *Lutter/Hommelhoff,* GmbHG, § 19 Rn. 19.

611 *Lutter/Hommelhoff,* GmbHG, § 19 Rn. 27 ff.

612 *Lutter/Hommelhoff,* GmbHG, § 7 Rn. 18 ff.

613 *Lutter/Hommelhoff,* GmbHG, § 5 Rn. 12 ff.

614 *Lutter/Hommelhoff,* GmbHG, § 5 Rn. 24 ff.

615 *Fastrich,* in: *Baumbach/Hueck,* GmbHG, § 5 Rn. 55.

erreicht hat, unterliegt diese nicht mehr den Beschränkungen des § 5a GmbHG, weshalb ab diesem Zeitpunkt Sachkapitalerhöhungen uneingeschränkt zulässig sind.[616]

384 Wird statt einer Bareinlage eine **verschleierte Sacheinlage**[617] erbracht, bleibt die Bareinlageschuld weiterhin bestehen (§ 19 Abs. 4 GmbHG). Der objektive Wert der verdeckt eingelegten Sacheinlage kann aber auf die Geldeinlageverpflichtung angerechnet werden (§ 19 Abs. 4 S. 3 GmbHG). Sowohl das mit der verdeckten Sacheinlage verbundene schuldrechtliche, als auch das dingliche Rechtsgeschäft bleiben vollumfänglich wirksam (§ 19 Abs. 4 S. 2 GmbHG).[618]

385 Sacheinlagen müssen bei der Gründung einer GmbH sofort und uneingeschränkt erbracht werden, während ein Teil der in Geld geschuldeten Einlagen auch erst nach der Eintragung der GmbH geleistet werden kann.

386 Jeder Gesellschafter muss mindestens 25 % auf seine **Stammeinlage** einzahlen, insgesamt muss bis zur Eintragung der GmbH in das Handelsregister mindestens soviel eingezahlt worden sein, dass der Gesamtbetrag der eingezahlten Geldeinlagen zuzüglich des Gesamtnennbetrags der Geschäftsanteile, für die Sacheinlagen zu leisten sind, die Hälfte des Mindeststammkapitals der Gesellschaft gemäß § 5 Abs. 1 GmbHG erreichen (§ 7 Abs. 2 GmbHG).

387 Bei der UG muss das von den Gründern gewählte Stammkapital in voller Höhe eingezahlt werden. Andernfalls darf keine Anmeldung nach § 7 Abs. 2 GmbHG erfolgen (§ 5a Abs. 2 GmbHG).

388 Sämtliche **Einzahlungen** müssen auf ein Konto der Vor-GmbH oder als Barzahlung an deren Geschäftsführer erfolgen. Über die eingezahlten Beträge muss der Geschäftsführer der Vor-GmbH frei verfügen können, bevor die Gesellschaft in das Handelsregister eingetragen werden kann und damit entsteht.[619]

389 Über die nach dem Gesellschaftsvertrag geschuldeten **Sacheinlagen** muss der Geschäftsführer schon vor der Eintragung der GmbH nicht nur teilweise, sondern vollständig verfügen können (§ 7 Abs. 2, 3 GmbHG).

390 Unrichtige Angaben über Art und Umfang der Kapitalaufbringung bei der Gründung begründen Schadensersatzansprüche (§§ 9a, 9b GmbHG) und können mit Freiheitsstrafe geahndet werden (§ 82 Ziff. 1 und 2 GmbHG).

391 Der **Antrag auf Eintragung** der GmbH in das Handelsregister ist vom Geschäftsführer beim zuständigen Registergericht (Amtsgericht) zu stellen (§ 7 Abs. 1 GmbHG). Die **Unterschrift** des Geschäftsführers muss notariell beglaubigt sein.

392 Dem Antrag sind die in § 8 GmbHG aufgeführten **Unterlagen und Nachweise** beizufügen.[620] Bei **Sachgründungen** sind außerdem ein Sachgründungsbericht, die Verträge über die Übertragung der Sachen sowie Unterlagen über ihre Bewertung beizufügen.

393 Das **Registergericht** prüft den Gesellschaftsvertrag und den Eintragungsantrag auf Übereinstimmung mit den gesetzlichen Anforderungen. Bei begründeten Zweifeln an der Richtigkeit der Angaben muss es Nachweise über die behaupteten Leistungen anfordern und gegebenenfalls eigene Ermittlungen durchführen. Werden die Zweifel nicht ausgeräumt, muss es die Eintragung ablehnen (§ 9c GmbHG).

---

616 Begr. RegE, Beilage ZIP 23/2007, S. 8; *Joost*, ZIP 2007, 2242 (2245); *Veil*, GmbHR 2007, 1080 (1081).

617 Vgl. beispielsweise zuletzt BGH, Urt. v. 19.1.2016 – II ZR 61/15: *„Eine verdeckte Sacheinlage einer Altforderung des Gesellschafters liegt sowohl dann vor, wenn erst die geschuldete Bareinlage eingezahlt und sodann zur Tilgung der Gesellschafterforderung zurückgezahlt wird, als auch dann, wenn in umgekehrter Reihenfolge erst die Gesellschafterforderung getilgt und der erhaltene Betrag sodann ganz oder teilweise als Bareinlage zurückgezahlt wird."*

618 Vgl. zur Rechtslage bis zum Inkrafttreten des MoMiG statt aller BGH ZIP 2003, 1540.

619 *Lutter/Hommelhoff*, GmbHG, § 7 Rn. 20 ff.

620 Beurkundeter Gesellschaftsvertrag; Legitimation des Geschäftsführers; Angabe über die Vertretungsbefugnis der Geschäftsführer; Unterschriftsprobe der Geschäftsführer zur Aufbewahrung bei Gericht; Versicherung des Geschäftsführers, dass die Leistungen auf die Stammeinlagen erbracht sind und endgültig zu seiner freien Verfügung stehen; Versicherung des Geschäftsführers, dass er nicht wegen eines Konkursdelikts verurteilt wurde und seiner Tätigkeit keine Berufs oder Gewerbeverbote entgegenstehen; die von allen Geschäftsführern unterzeichnete Liste der Gesellschafter; Angabe einer inländischen Geschäftsanschrift.

Unrichtige Bestätigungen Dritter gegenüber dem Registergericht begründen in entsprechender Anwendung von § 37 Abs. 1 Satz 4 AktG deren persönliche Haftung. 394

bb) Rechtsformwechsel (Ausgliederung). Gemäß § 168 UmwG können **Gebietskörperschaften** oder deren Zusammenschlüsse von ihnen in öffentlich-rechtlicher Organisationsform betriebene Unternehmen in bestimmte privatrechtliche Gesellschaftsformen, namentlich in eine GmbH, **überführen.** Dabei ist in § 168 UmwG ausdrücklich klargestellt, dass das für den Zusammenschluss maßgebende Bundes- oder Landesrecht, insbesondere also auch das kommunale Wirtschaftsrecht, einer Umwandlung nicht entgegenstehen darf.[621] 395

Das Umwandlungsrecht ermöglicht eine **privatisierende Umwandlung** mit Gesamtrechtsnachfolge.[622] Damit wird der ansonsten notwendige umständliche Weg von Einzelrechtsübertragungen erspart und, z. B. mit Blick auf die zu Dritten begründeten Rechtsverhältnisse (z. B. Verträge mit Kunden oder Benutzern), eine praktische Vereinfachung erzielt. 396

Im Vergleich zur Ausgliederung aus dem Vermögen eines anderen Rechtsträgers ist zu beachten, dass Gebietskörperschaften nur gesamte **Unternehmen** ausgliedern können.[623] Während Gesellschaften und andere Rechtsträger beliebig Vermögen, auch einen einzigen Vermögensgegenstand, ausgliedern und abspalten können, verlangt § 168 UmwG, dass das gesamte Vermögen ausgegliedert wird. Daher ist Voraussetzung einer Ausgliederung aus dem Vermögen einer Gebietskörperschaft das Vorliegen einer in der Form einer organisatorisch weitgehend verselbständigten, finanzwirtschaftlich als eigenes Vermögen getrennt zu verwaltende Unternehmenstätigkeit.[624] 397

Die Vorschriften über die Ausgliederung aus dem Vermögen von Gebietskörperschaften sind **Sondervorschriften der Ausgliederung,** die wiederum **Sondervorschriften der Spaltung** darstellen. Es gelten daher grundsätzlich auch die allgemeinen Vorschriften über Spaltung und Ausgliederung, soweit nicht die §§ 168 ff. UmwG Sondervorschriften vorsehen. Dabei ist zwischen einer Ausgliederung zur Aufnahme[625] und einer Ausgliederung zur Neugründung[626] zu unterscheiden. 398

Da gemäß § 125 S. 1 UmwG auf die Spaltung der Vorschriften des zweiten Buches des UmwG anwendbar sind, gilt auch § 6 UmwG, d. h. ein Ausgliederungsplan bzw. ein Ausgliederungsvertrag muss **notariell beurkundet** werden. Nach § 169 S. 1 UmwG ist **kein Ausgliederungsbericht** für die Gebietskörperschaft notwendig. 399

Da die Ausgliederung ein Sonderfall der Spaltung ist, muss für den Ausgliederungsplan bzw. Ausgliederungsvertrag § 126 UmwG berücksichtigt werden, der den Inhalt des **Spaltungsvertrages** beschreibt. 400

In diesem Zusammenhang ist insbesondere die Frage zu beachten, auf welche Weise gem. § 126 Abs. 1 Nr. 9 UmwG die Gegenstände zu bezeichnen sind, die ausgegliedert werden sollen. Hierbei ist im Hinblick auf den **sachenrechtlichen Bestimmtheitsgrundsatz** von einer genauen Abgrenzung des Kreises übergehenden **Aktiva und Passiva** auszuge- 401

---

[621] *Gaß,* S. 195.

[622] *Perlitt/Krebs,* in: *Semler/Stengel,* UmwG § 168 Rn. 4; *H. Schmidt,* in: *Lutter,* UmwG, § 168 Rn. 5; zu steuerlichen Fragen vgl. unten Kapitel G. Rn. 249 ff.

[623] *Perlitt/Krebs,* in: *Semler/Stengel,* UmwG § 168 Rn. 31; *H. Schmidt,* in: *Lutter,* UmwG, § 168 Rn. 12; *Gaß,* S. 190 ff.

[624] *Perlitt/Krebs,* in: *Semler/Stengel,* UmwG § 168 Rn. 29*H. Schmidt,* in: *Lutter,* UmwG, § 168 Rn. 10; *Gaß,* S. 191.

[625] Dabei liegt grundsätzlich ein Vertrag vor, der die 2,0 Gebühr nach Nr. 21100 KV-GNotKG entstehen lässt.

[626] Hier kann der bereits bestehende Rechtsträger mit dem erst noch zu gründenden Rechtsträger keinen Vertrag schließen. Folglich tritt an die Stelle des Spaltungs- oder Ausgliederungsvertrages der Spaltungs- oder Ausgliederungsplan in Form einer einseitigen nicht empfangsbedürftigen Willenserklärung. Der Gesellschaftsvertrag des neuen Rechtsträgers muss im Spaltungsplan festgestellt werden (§§ 125, 37 UmwG). Für die notwendige Beurkundung eines Spaltungs- oder Ausgliederungsplans fällt daher nur eine 1,0 Gebühr nach Nr. 21200 KV-GNotKG an.

hen, und zwar möglichst mit der gleichen Genauigkeit, mit der etwa bei einer Veräußerung von Unternehmen im Wege der Übertragung von Einzelwirtschaftsgütern gearbeitet wird.

402 Bei der Übertragung von **Eigenbetrieben oder sonstigen Sondervermögen** wird es häufig ausreichen, dass auf Bilanzen und Inventar Bezug genommen wird.[627] Sind jedoch auch **Grundstücke** von der Ausgliederung betroffen, so müssen diese gemäß § 126 Abs. 2 S. 2 UmwG nach § 28 GBO hinreichend individualisiert sein. Weiterhin sind auch die **nicht-bilanzierungsfähigen Gegenstände** und insbesondere die Vertragsverhältnisse gesondert aufzuführen.

403 Mit der **Eintragung** der Ausgliederung in das Register des Sitzes des übernehmenden Rechtsträgers geht das ausgegliederte Unternehmen gemäß § 171 UmwG auf den neuen Rechtsträger über, ohne dass noch Einzelübertragungen erforderlich sind.[628] Mit dem Wirksamwerden der Ausgliederung gehen damit die zu übertragenden Vermögensteile im Wege der **Sonderrechtsnachfolge bzw. partielle Gesamtrechtsnachfolge** automatisch auf die übernehmende Gesellschaft über, ohne dass es irgendwelcher weiteren Übertragungshandlungen bedarf. Der Umfang des übergehenden Vermögens muss dabei im Ausgliederungsplan bzw. Ausgliederungsvertrag festgelegt werden. In ihm ist detailliert zu bestimmen, welche Aktiva und Passiva auf welchen übernehmenden Rechtsträger übergehen bzw. beim übertragenden Rechtsträger verbleiben sollen.[629]

404 Soweit ein Vertragsverhältnis ohne die Zustimmung der anderen Vertragspartei auf den übernehmenden Rechtsträger übergehen kann, gilt dies auch für die damit zusammenhängenden Kundendaten, so dass der übernehmende Rechtsträger die Vertragsdaten erhalten und verarbeiten, ohne dass dem der Vertragspartner gem. Art. 6 Abs. 1 Satz 1 Buchst. a) DSGVO einwilligen müsste, weil schon keine Datenübermittlung im Sinne von Art. 4 Nr. 2 DSGVO vorliegt. Jedenfalls wird die Einwilligung durch die Gesamtrechtsnachfolge ersetzt. [630] Das unterstellt allerdings, dass die Daten auch nach der Spaltung zu dem ursprünglich vereinbarten Zweck verwendet werden.

405 Mit der Eintragung im Register des übernehmenden Rechtsträgers geht das ausgegliederte Unternehmen als Gesamtheit nach § 131 Abs. 1 Nr. 1 UmwG auf den aufnehmenden Rechtsträger über.[631]

406 Der übernehmende Rechtsträger tritt in die Rechtsstellung ein, die der übertragende Rechtsträger innehatte. Der **Rechtsübergang** vollzieht sich dabei außerhalb von mit öffentlichem Glauben versehenen Registern.[632]

407 Bei einer Ausgliederung besteht für die **Verbindlichkeiten,** die bis zur Eintragung der Ausgliederung in das Handelsregister begründet worden sind, eine Haftung des übertragenden Rechtsträgers gesamtschuldnerisch mit dem übernehmenden Rechtsträger, auf den die Verbindlichkeiten übergegangen sind, für die Dauer von fünf Jahren fort. Dies ist ausdrücklich in den §§ 172, 173 UmwG klargestellt. Die Gebietskörperschaft oder der Zusammenschluss haftet für alle übergehenden Verbindlichkeiten, die vor Ablauf von fünf Jahren nach dem Wirksamwerden der Ausgliederung fällig werden.[633]

408 Es besteht Einigkeit darüber, dass der Gesetzgeber durch die Einführung der Ausgliederung als neue Umwandlungsform den Gesellschaftern nicht die Möglichkeit der **Einzelrechtsübertragung** verschießen wollte. Die allgemeinen Möglichkeiten der Einzelrechts-

---

[627] *Widmann/Mayer,* Umwandlungsrecht, § 126 Rn. 209 ff.; *Mayer,* DB 1995, 861 (864); ausführlich *Perlitt/Krebs,* in: *Semler/Stengel,* UmwG § 168 Rn. 70 ff.

[628] *Schröer,* in: *Semler/Stengel,* UmwG § 131 Rn. 13 f.; *Teichmann,* in: *Lutter,* UmwG, § 131 Rn. 1; *Schwarz,* in: *Widmann/Mayer,* Umwandlungsrecht, § 123 Rn. 4.1.3; *Vossius,* in: *Widmann/Mayer,* Umwandlungsrecht, § 131 Rn. 23.

[629] *Leonhard,* in: *Semler/Stengel,* UmwG § 131 Rn. 7; *Hörtnagel,* in: *Schmitt/Hörtnagl/Stratz,* UmwG § 131 Rn. 4.

[630] *Schröer,* in: *Semler/Stengel,* UmwG § 131 Rn. 40 noch zum BDSG.

[631] *H. Schmidt,* in: *Lutter,* UmwG, § 171 Rn. 7; zur Frage der Wertansätze dieser Vermögensgegenstände → G. Rn. 234 ff.

[632] *Vossius,* in: *Widmann/Mayer,* Umwandlungsrecht, § 131 Rn. 38.

[633] *H. Schmidt,* in: *Lutter,* UmwG, § 172 Rn. 10 ff *Perlitt/Krebs,* in: *Semler/Stengel,* UmwG § 173 Rn. 6.

übertragung und der Sachgründung bzw. Sachkapitalerhöhung bleiben demnach weiter eröffnet.[634]

cc) Vermögensübertragung. Für den Fall, dass der Geschäftszweck der einmal gegründeten GmbH für die Zukunft entfällt oder, dass die bisher in der Rechtsform einer GmbH geführte Eigengesellschaften wieder auf die öffentliche Hand in einen Regie- oder Eigenbetrieb „rückumgewandelt" werden soll **(„Re-Kommunalisierung")**[635], besteht die Möglichkeit einer Vermögensübertragung nach §§ 174 ff. UmwG, die eine Sonderform der Verschmelzung bzw. Spaltung von Unternehmen auf die öffentliche Hand darstellen (§ 175 Nr 1 UmwG). Der Vorteil einer Vermögensübertragung gegenüber der Auflösung durch Auflösungsbeschluss (vgl. § 60 Abs. 1 Nr. 2 GmbHG) und einer (langwierigen) Liquidation der GmbH besteht darin, dass das Vermögen der GmbH als Ganzes unter **Auflösung ohne Abwicklung mit allen Rechten und Pflichten (Gesamtrechtsnachfolge)** auf der Grundlage einer bei Anmeldung maximal acht Monate (vgl. § 17 Abs. 2 Satz 4 UmwG) zurückliegenden Schlussbilanz (Übertragungsstichtag) auf die öffentliche Hand übertragen werden kann. 409

Von diesem Übertragungsstichtag an bis zum Zeitpunkt des Erlöschens der übertragenden Gesellschaft gelten gemäß § 176 Abs. 1 i. V. m. §§ 20 Abs. 1 Nr. 2, 176 Abs. 2 Satz 2 UmwG alle Handlungen und Geschäfte der übertragenden Gesellschaft als für die Rechnung der übernehmenden Gesellschaft vorgenommen **(„Rückwirkungsfiktion").** Die übernehmende Körperschaft wird mit Wirksamwerden der Vermögensübertragung neuer Arbeitgeber der zu diesem Zeitpunkt bei der übertragenden Gesellschaft beschäftigten Arbeitnehmer. Gemäß § 324 UmwG findet auf die Vermögensübertragung § 613a Abs. 1 und 4 bis 6 BGB Anwendung; die Vermögensübertragung führt zum **Betriebsübergang gemäß § 613a BGB.** Jedoch verfügen die Arbeitnehmer entgegen § 613a Abs. 6 BGB nicht über ein Widerspruchsrecht, da die übertragende Gesellschaft durch die Vermögensübertragung als Rechtsträger ohne Abwicklung aufgelöst wird und erlischt. 410

(einstweilen frei) 411

b) Der Gesellschaftsvertrag der kommunalen GmbH

Der Gesellschaftsvertrag einer kommunalen GmbH muss nach § 3 Abs. 1 GmbHG bestimmte **Mindestanforderungen** erfüllen. Daneben beschränkt sich das Gemeindewirtschaftsrecht nicht auf eine Definition der Voraussetzungen für die Rechtsform des kommunalen Unternehmens. Vielmehr machen die Gemeindeordnungen eine Reihe von **weitergehenden Vorgaben** für die Ausgestaltung des Gesellschaftsvertrages kommunaler Gesellschaften. 412

aa) Firma und Sitz. Im Gesellschaftsvertrag einer GmbH sind Firma und Sitz der Gesellschaft anzugeben. 413

Die **Firma** ist der Name, unter dem die GmbH am Rechtsverkehr teilnimmt. Sie muss die Bezeichnung „Gesellschaft mit beschränkter Haftung" oder die Abkürzung „GmbH" enthalten. Für die UG ordnet § 5a Abs. 1 GmbHG hiervon abweichend an, dass diese die Bezeichnung „Unternehmergesellschaft (haftungsbeschränkt)" oder „UG (haftungsbeschränkt)" zu führen hat[636]. 414

[634] *Gaß*, S. 228.

[635] *Henssler/Strohn*, GesR/Decker, 4. Aufl. 2019, UmwG § 175 Rn. 1: Die Vermögensübertragung nach § 175 Nr. 1 eröffnet den Rückweg zum Eigen- oder Regiebetrieb im Wege der Gesamtrechtsnachfolge.

[636] Nach der Handelsregistereintragung einer Erhöhung des Stammkapitals auf den Betrag des Mindeststammkapitals nach § 5 Abs. 1 oder darüber finden die Sondervorschriften der Absätze 1 bis 4 keine Anwendung mehr. Die gesetzliche Rücklage nach § 5a Abs. 3 Satz 1 ist nach dem Übergang in eine ordentliche GmbH nicht mehr zu bilden. Soweit noch eine Rücklage dotiert ist, entfällt deren Zweckbindung nach § 5a Abs. 3 Satz 2, so dass sie aufgelöst werden kann. Die Gesellschaft kann nach den allgemeinen Grundsätzen des Firmenrechts ihren Firmenkern mit dem Rechtsformzusatz des § 4 vollständig neu zu bilden oder unter Beibehaltung des bisherigen Firmenkerns den alten Rechtsformzusatz „UG (haftungsbeschränkt)" gegen den neuen Rechtsformzusatz „GmbH" auszutauschen (vgl. *Altmeppen*, in: *Roth/Altmeppen*, GmbHG, § 5a Rn. 51–53).

415 Aufgrund der neuen Fassung des § 4 GmbHG im Rahmen des Gesetzes zur Neuregelung des Kaufmanns- und Firmenrechts vom 22. Juni 1998[637] hat sich die frühere Streitfrage, ob die Firma aus dem Gegenstand des Unternehmens entlehnt sein muss, erledigt. Es sind nun auch **Fantasiefirmen** zulässig.

416 Sitz der Gesellschaft ist nach § 4a Abs. 1 GmbHG der Ort, den die Satzung bestimmt. Dieser **(Satzungs-)Sitz** der Gesellschaft muss innerhalb der Bundesrepublik Deutschland liegen. Ein Doppel- oder Mehrfachsitz einer GmbH ist nur bei Vorliegen außergewöhnlicher Fälle zulässig, deren Vorliegen die Gesellschaft dem Handelsregister darlegen müsste[638], so dass der Satzungssitz einer GmbH nur in einer, nicht aber in mehreren Gemeinden gleichzeitig sein kann. Der Sitz der **Verwaltung, Geschäftsleitung** oder des **Betriebs** der Gesellschaft kann sich dagegen im Ausland befinden.

417 **bb) Unternehmensgegenstand und Öffentlicher Zweck.** Ein weiterer notwendiger Bestandteil des Gesellschaftsvertrages ist der **Gegenstand des Unternehmens.** Gegenstand des Unternehmens ist die **Tätigkeit,** die die Gesellschaft zu betreiben beabsichtigt.[639] Die Angabe des Unternehmensgegenstandes muss derart individualisierbar sein, dass der **Schwerpunkt der Geschäftstätigkeit** erkennbar ist.

418 Der Gesellschaftsvertrag der kommunalen GmbH muss sicherstellen, dass der **öffentliche Zweck** des Unternehmens erfüllt wird[640]. Geht man davon aus, dass jede Beteiligung einer Kommune an einer GmbH durch einen öffentlichen Zweck legitimiert sein muss, so drängt sich die Frage auf, ob dieser Zweck im Sinne des verfolgten Verwaltungszieles im Gesellschaftsvertrag des Unternehmens festgelegt werden muss.[641]

419 Ausgehend von der allgemein anerkannten Unterscheidung zwischen **Unternehmensgegenstand** und **Unternehmenszweck**[642] ist festzuhalten, dass zumindest in dem Fall, in dem sich aus dem Unternehmensgegenstand eindeutige Hinweise auf den Versorgungsauftrag und damit auf die öffentlich-rechtliche Zwecksetzung ergeben, eine ausdrückliche Bestimmung, wonach der Zweck der Gesellschaft in der Wahrnehmung öffentlicher Aufgaben besteht, nicht notwendig ist.[643] Ansonsten ist von einer deklaratorischen Bedeutung der Angabe des Unternehmenszwecks auszugehen, die sich aus der Steuerungsaufgabe der Kommune gegenüber ihren Beteiligungen an privaten Unternehmen ergibt.[644]

420 Die Entscheidung, welche Tätigkeiten im Einzelfall zulässig sind, obliegt den jeweils zuständigen kommunalen Organen, denen dabei ein weiter kommunalpolitischer Gestaltungsspielraum offensteht[645], der von Zweckmäßigkeitsüberlegungen bestimmt wird und nur eingeschränkt einer Nachprüfung zugänglich ist, so dass rechtsaufsichtliche Maßnahmen nur dann in Betracht kommen, wenn die kommunale Gebietskörperschaft diesen Spielraum im Enzelfall überschritten haben sollte. Die Entscheidung der Kommune ist

637 BGBl. 1998 I S. 1474 ff.

638 Vgl. OLG Brandenburg, Beschluss vom 8.9.2005 – 6 Wx 10/04; *Baumbach/Hueck/Servatius,* GmbHG, § 4a Rn. 6: Solche Ausnahmen sind aber kaum denkbar, so dass die Gesellschaft nur einen Sitz haben kann.

639 BayObLG, NJW 1976, 1694.

640 Vgl. für Bayern: Hinweise zur Anwendung von Art. 87 GO, Art. 75 LKrO und Art. 73 BezO (Vollzugsbekanntmachung zum kommunalen Unternehmensrecht – VollzugsBekKUR), Bekanntmachung des Bayerischen Staatsministeriums des Innern vom 3. März 2003 (AllMBl. S. 57), geändert durch IMBek vom 25. Mai 2009 (AllMBl. S. 179). Ausführlich zur Problematik: *Klein/Uckel/Ibler,* Kommunen als Unternehmer (Bayern), Abschnitt 52.10, Ziffer 1.3.1: Der Betrieb der Gesellschaft muss dem wirtschaftlichen, sozialen und kulturellen Wohl der Einwohner und damit der Erfüllung kommunaler Aufgaben dienen. Soweit in den eigenen Wirkungskreis der kommunalen Gebietskörperschaft fallende Aufgaben erfüllt werden ist stets von einem öffentlichen Zweck auszugehen.

641 Vgl. hierzu auch *Habersack,* ZGR 1996, 544 (553).

642 Vgl. z. B. Lutter/Hommelhoff, GmbHG, § 1 Rn. 2 m. w. N.

643 Ausführlich zu diesem Thema *Becker,* S. 100 ff.; nach *Harbarth,* S. 117 ff. und *Habersack,* ZGR 1996, 544 (553) soll die bloße Beschreibung des Unternehmensgegenstandes nicht ausreichend sein; vgl. auch *Ehlers,* DÖV 1986, 897 (904).

644 *Becker,* S. 107.

645 Vgl. *Klein/Uckel/Ibler,* Kommunen als Unternehmer (Bayern), Abschnitt 52.10, Ziffer 1.3.2 m. w. N.

daher (verwaltungsgerichtlich) nur auf Ermittlungsdefizite und Abwägungsmängel sowie daraufhin überprüfbar, ob sich die ihr zugrunde liegenden Einschätzungen in den Grenzen des Vertretbaren halten[646].

cc) Stammkapital. Das **Stammkapital** ist die rechnerische Zusammenfassung aller Stammeinlagen der Gesellschafter in einer Summe. Es muss bei der „klassischen" GmbH mindestens EUR 25.000 betragen. Seine Höhe ist im Gesellschaftsvertrag anzugeben. **421**

Anders als bei der „normalen" GmbH kann die UG ohne Einhaltung des nach § 5 Abs. 1 GmbH vorgeschriebenen Mindeststammkapitals von EUR 25.000,00 gegründet werden. Dennoch hat auch die UG ein „Mindeststammkapital" – nämlich mindestens EUR 1,00 – entsprechend dem Mindestnennbetrag eines Geschäftsanteils. Bei mehreren Geschäftsanteilen erhöht sich dieses Mindestkapital entsprechend der Anzahl der Gesellschafter. Das Maximalstammkapital einer UG beträgt EUR 24.999,00, da es sich ab einem Stammkapital von EUR 25.000,00 um eine „normale" GmbH handelt. **422**

Das Stammkapital ist nicht mit dem Gesellschaftsvermögen identisch. Das Gesellschaftsvermögen kann höher oder niedriger sein als das Stammkapital. **423**

dd) Stammeinlagen. Als **Stammeinlage** übernehmen die Gesellschafter Anteile am Stammkapital. Jeder Gesellschafter kann mehrere Stammeinlagen übernehmen, die auf volle Euro lauten müssen. **424**

Die Einlage kann in **bar** oder in **Sachwerten** erbracht werden. **425**

Nach der Höhe der jeweiligen Stammeinlage bemisst sich der **Geschäftsanteil** der Gesellschafter (§ 14 GmbHG). **426**

Im Gesellschaftsvertrag kann vorgesehen werden, dass die Gesellschafter auch zu **Nachschüssen** verpflichtet sind (§ 26 GmbHG). Von einer unbeschränkten Nachschusspflicht kann sich ein Gesellschafter dadurch befreien, dass er der Gesellschaft seinen Geschäftsanteil zur Befriedigung zur Verfügung stellt (Abandon, § 27 GmbHG). **427**

ee) Wirtschaftsplan, Jahresabschluss, Abschlussprüfung. Die Gemeindeordnungen[647] fordern, dass im Gesellschaftsvertrag der GmbH sichergestellt wird, dass für jedes Wirtschaftsjahr ein **Wirtschaftsplan** aufgestellt wird und der **Wirtschaftsführung** eine fünfjährige Finanzplanung zugrunde gelegt wird. Darüber hinaus sind der **Jahresabschluss und der Lagebericht** in entsprechender Anwendung der Vorschriften des Handelsgesetzbuchs für große Kapitalgesellschaften aufzustellen und durch einen Wirtschaftsprüfer zu prüfen. **428**

Der Wirtschaftsplan und die Finanzplanung, der Jahresabschluss und der Lagebericht sowie der Prüfungsbericht des Abschlussprüfers sind der Kommune zu übersenden. Für die **Prüfung der Betätigung der Gemeinde** bei dem Unternehmen sind darüber hinaus dem Rechnungsprüfungsamt und der für die überörtliche Prüfung zuständigen Prüfungsbehörde die in § 54 HGrG vorgesehenen Befugnisse wie auch das **Recht zur überörtlichen Prüfung** der Haushalts- und Wirtschaftsführung des Unternehmens nach den Vorschriften der Gemeindeordnungen einzuräumen.[648] **429**

---

646 Vgl. *Klein/Uckel/Ibler,* Kommunen als Unternehmer (Bayern), a. a. O.

647 § 103 Abs. 1 Nr. 5 Buchst. a) GemO Baden-Württemberg, Art. 94 Abs. 1 Nr. 1 GemO Bayern, § 122 Abs. 4 Nr. 1 GemO Hessen, § 108 Abs. 3 Nr. 1 GemO Nordrhein-Westfalen, § 87 Abs. 1 Nr. 7 Buchst. a) GemO Rheinland-Pfalz, § 110 Abs. 1 Nr. 3 KSVG Saarland, § 9 KommunalprüfungsG Schleswig-Holstein, § 73 Abs. 1 Nr. 1 Buchst. a) KommunalVerf. Mecklenburg-Vorpommern, § 96a Abs. 1 Nr. 5 GemO Sachsen, § 121 Abs. 1 Nr. 1 Buchst. a) GemO Sachsen-Anhalt, vgl. auch § 114 GemO Niedersachsen, § 107 GemO Brandenburg, § 75 KommunalO Thüringen; vgl. auch oben Kapitel C. Rn. 203.

648 § 103 Abs. 1 Nr. 5 GemO Baden-Württemberg, Art. 94 Abs. 1 Nr. 2 bis 5 GemO Bayern, § 122 Abs. 1 Nr. 4 GemO Hessen, § 108 Abs. 2 GemO Nordrhein-Westfalen, § 124 GemO Niedersachsen, § 87 Abs. 1 Nr. 7 GemO Rheinland-Pfalz, § 110 Abs. 1 Nr. 4 KSVG Saarland, § 9 KommunalprüfungsG Schleswig-Holstein, § 105 GemO Brandenburg, § 73 Abs. 1 Nr. 2 KommunalVerf. Mecklenburg-Vorpommern, § 96a Abs. 1 Nr. 12 GemO Sachsen, § 121 GemO Sachsen-Anhalt, § 75 Abs. 4 KommunalO Thüringen; ausführlich → E. Rn. 231 ff.

430 **ff) Fakultativer Inhalt des Gesellschaftsvertrages.** Das Legalstatut der GmbH geht von einer weitgehenden **Satzungsfreiheit** aus.[649] Im Gegensatz zur AG, bei der der Grundsatz gilt „,was nicht ausdrücklich gesetzlich erlaubt ist, ist als Satzungsinhalt verboten",[650] kann bei der GmbH jede nicht ausdrücklich verbotene Regelung Satzungsinhalt werden.

431 Soweit also **Vorschriften der Gemeindeordnungen** die Aufnahme bestimmter Regelungen in den Gesellschaftsvertrag zur Sicherung der Einflussmöglichkeiten der Kommune fordern,[651] lässt sich dies bei einer GmbH problemlos umsetzen.

432 **gg) Satzungsänderungen. Die Änderung des Gesellschaftsvertrages** bedarf eines mit qualifizierter Mehrheit gefassten Beschlusses der Gesellschafterversammlung von 3/4 der abgegebenen Stimmen sowie der notariellen Beurkundung (§ 53 Abs. 2 GmbHG). Der Beschluss wird erst mit der Eintragung in das Handelsregister wirksam (§ 54 Abs. 3 GmbHG).

433 Das gilt allerdings nur für **Änderungen des materiellen Satzungsinhalts,** nicht dagegen für sonstige Bestimmungen, die nicht zu den normativen Grundregeln der Gesellschaft gehören (also nicht für sog. **unechte Satzungsbestandteile**).[652]

4. Aufgaben und Befugnisse

434 Einer kommunalen **Aufgabenerfüllung** durch eine kommunale GmbH stehen nur wenige zu erfüllende Zulässigkeitskriterien entgegen.[653] Die einschlägigen Vorschriften der Gemeindeordnungen sehen somit ausdrücklich vor, dass die Gemeinden Unternehmen in der Rechtsform der GmbH führen können, wobei sich normative Beschränkungen nur insoweit ergeben, als bestimmte Einrichtungen des Bildungs-, Gesundheits- und Sozialwesens nicht als **wirtschaftliche Unternehmen** geführt werden können.[654]

435 Zu beachten ist, dass nicht die kommunalen Aufgaben selbst, sondern nur ihre **Durchführung** auf ein privatrechtliches Unternehmen übertragen werden können. Dies gilt insbesondere im Hinblick auf kommunale Pflichtaufgaben, bei denen die **Verantwortung für die ordnungsgemäße Erfüllung** bei der Kommune verbleibt.[655]

5. Organe

436 Als juristische Person kann eine GmbH nur durch ihre **Gesellschaftsorgane** handeln: Geschäftsführer und die Gesamtheit ihrer Gesellschafter (Gesellschafterversammlung).

---

[649] *Lutter/Hommelhoff,* GmbHG, § 3 Rn. 48 ff.

[650] Vgl. hierzu auch → D. Rn. 507.

[651] § 103a GemO Baden-Württemberg, Art. 92 Abs. 1 S. 2 GemO Bayern, § 108 Abs. 4 GemO Nordrhein-Westfalen, § 87 Abs. 3 GemO Rheinland-Pfalz, § 96 Abs. 2 Nr. 3 GemO Sachsen, § 73 Abs. 1 S. 2 KommunalO Thüringen; siehe → C. Rn. 204 ff.

[652] *Lutter/Hommelhoff,* GmbHG, § 53 Rn. 37; vgl auch *Zöllner/Noack,* in: *Baumbach/Hueck,* GmbHG, § 53 Rn. 24 f., wonach zwischen unechten Satzungsbestandteile ohne Regelungscharakter und solchen mit Regelungscharakter zu unterscheiden sei: Während für erstere eine einfache Mehrheit genügt, soll in Bezug auf individualrechtliche Rechtsverhältnisse der Gesellschafter untereinander die Änderungskompetenz bei der Gesellschafterversammlung liegen und im Zweifel eine qualifizierte Mehrheit gewollt sein f.; zu unechten oder nichtkorporativen Satzungsbestandteilen vgl. auch *Weber,* Der side letter zum GmbH-Vertrag als Grundlage und Grenze von Gesellschafterbeschlüssen, 1996, S. 23 f.

[653] §§ 102 ff. GemO Baden-Württemberg, Art. 86 ff. GemO Bayern, §§ 121 ff. GemO Hessen, §§ 107 ff. GemO Nordrhein-Westfalen, §§ 108 ff. GemO Niedersachsen, §§ 85 ff. GemO Rheinland-Pfalz, §§ 108 ff. KSVG Saarland, §§ 101 ff. GemO Schleswig-Holstein, §§ 91 ff. GemO Brandenburg, §§ 68 ff. KommunalVerf. Mecklenburg-Vorpommern, §§ 94a ff. GemO Sachsen, §§ 128 ff. GemO Sachsen-Anhalt, §§ 71 ff. KommunalO Thüringen.

[654] § 102 Abs. 3 GemO Baden-Württemberg, Art. 57 GemO Bayern, § 121 Abs. 2 Nr. 2 GemO Hessen, § 107 Abs. 2 Nr. 2 GemO Nordrhein-Westfalen, § 108 Abs. 3 Nr. 2 GemO Niedersachsen, § 85 Abs. 3 GemO Rheinland-Pfalz, § 108 Abs. 2 Nr. 1 KSVG Saarland, § 101 Abs. 2 Nr. 2 GemO Schleswig-Holstein, § 101 Abs. 2 Nr. 2 GemO Brandenburg; § 68 Abs. 2 Nr. 2 KommunalVerf. Mecklenburg-Vorpommern, für Sachsen, Sachsen-Anhalt und Thüringen fehlen entsprechende Vorschriften; vgl. → C. Rn. 55 ff.

[655] *Gaß,* S. 185 ff.

Ein Aufsichtsrat ist grundsätzlich fakultativ; es bietet sich aber an, einen solchen einzurichten, zumal die Gemeindeordnungen ihn teilweise voraussetzen.[656] Ist auf eine GmbH wegen der Zahl ihrer Arbeitnehmer das BetrVG 1952 oder das MitBestG anwendbar, so muss ein Aufsichtsrat als obligatorisches Kontrollorgan gebildet werden.[657] 437

a) Die Geschäftsführung

Die GmbH muss einen oder mehrere **Geschäftsführer** haben (§ 6 Abs. 1 GmbHG). Sie werden von den Gesellschaftern durch einen Beschluss mit einfacher Mehrheit bestellt (§§ 46 Ziff. 5, 47 Abs. 1 GmbHG). Die Bestellung ist jederzeit widerruflich (§ 38 Abs. 1 GmbHG). Besteht ein Aufsichtsrat nach dem MitbestG, so bestellt dieser den Geschäftsführer (§ 31 MitbestG). 438

Der Geschäftsführer ist in das Handelsregister des Sitzortes einzutragen und nach § 35a GmbHG auf den **Geschäftsbriefen** der Gesellschaft zu benennen. Das Registergericht kann das durch Androhung und Festsetzung von Zwangsgeldern erzwingen. 439

Von der **Bestellung** des Geschäftsführers ist dessen **Anstellung** durch schuldrechtlichen Anstellungsvertrag zu unterscheiden. Das ist meist ein freier Dienstvertrag i. S. von §§ 611 ff. BGB, in dem die beiderseitigen Rechte und Pflichten einschließlich der dem Geschäftsführer geschuldeten Vergütung vereinbart werden.[658] 440

In der Literatur wird zwar auch die Auffassung vertreten, zumindest Fremdgeschäftsführer, die keine oder nur unbedeutende Geschäftsanteile halten, seien häufig Arbeitnehmer. Regelmäßig sind die entgeltlichen Vertragsverhältnisse zwischen GmbH und GmbH-Geschäftsführer aber als freie **Dienstverträge**[659] und nicht als Arbeitsverträge einzuordnen, weil sie Unternehmer- bzw. Arbeitgeberfunktionen wahrnehmen und keine abhängige Arbeit leisten. 441

Sie genießen also keinen arbeitsrechtlichen Kündigungsschutz nach den Vorschriften des KSchG. Teilweise sind allerdings **arbeitsrechtliche Vorschriften** auch auf die freien Dienstverhältnisse anzuwenden, wie beispielsweise die Anwendung der gesetzlichen Regelungen über die betriebliche Altersversorgung zur Unverfallbarkeit, die nach § 17 Abs. 1 S. 2 BetrAVG auch für Personen, die nicht Arbeitnehmer sind, denen aber Leistungen der Alters-, Invaliditäts- oder Hinterbliebenenversorgung aus Anlass ihrer Tätigkeit für ein Unternehmen zugesagt worden sind, in die betriebliche Altersversorgung einbezogen sind.[660] War der Geschäftsführer vor seiner Bestellung und Anstellung Arbeitnehmer der GmbH, liegt in dem Abschluss eines Geschäftsführer-Dienstvertrags **im Zweifel die** 442

[656] Vgl. § 103 Abs. 1 Nr. 3 GemO Baden-Württemberg, Art. 92 Abs. 1 Nr. 2 GemO Bayern, § 122 Abs. 1 Nr. 3 GemO Hessen, § 108 Abs. 1 Nr. 6 GemO Nordrhein-Westfalen, § 109 Abs. 1 Nr. 6 GemO Niedersachsen, § 87 Abs. 1 Nr. 3 GemO Rheinland-Pfalz, § 110 Abs. 1 Nr. 3 KSVG Saarland, § 102 Abs. 1 Nr. 3 GemO Schleswig-Holstein, § 102 Nr. 2 GemO Brandenburg; § 69 Abs. 1 Nr. 3 KommunalVerf. Mecklenburg-Vorpommern, § 96 Abs. 1 Nr. 2 GemO Sachsen, § 117 Abs. 1 Nr. 3 GemO Sachsen-Anhalt, § 73 Abs. 1 Nr. 2 KommunalO Thüringen.

[657] § 77 BetrVG 1952, § 1 MitBestG.

[658] *Lutter/Hommelhoff,* GmbHG, Anh. § 6 Rn. 3; vgl. auch BGH, Urt. v. 14.5.2019 – II ZR 299/17, wonach für den Abschluss von Verträgen, mit denen der Bestellungskörperschaft die Kosten der Tätigkeit ihres **drittangestellten Geschäftsführers** in Rechnung gestellt werden, nicht das Geschäftsführungs-, sondern das Bestellungsorgan zuständig ist: „Der **Kompetenz der Gesellschafterversammlung** zur Regelung der Geschäftsführervergütung unterfällt auch eine Absprache der GmbH mit einem Dritten, nach der der Dritte die Kosten, die bei ihm deshalb ohne Gegenleistung anfallen, weil seine von ihm bezahlten Mitarbeiter ihrer Tätigkeit als Geschäftsführer der GmbH nachgehen, der GmbH weiterberechnen darf.".

[659] *Goette,* S. 258 m. w. N.

[660] Vgl. Münchener Handbuch des Gesellschaftsrechts, Bd. 2, § 52 Geschäftsführung und Vertretung, Rn. 27: Allerdings geht man davon aus, dass § 17 Abs. 2 S. 2 BetrAVG nicht auf Organmitglieder anzuwenden ist, die aufgrund ihrer Kapitalbeteiligung und der daraus folgenden Leitungsmacht als Unternehmer anzusehen sind; *Hueck,* ZfA 1985, 25 (32); BGH, Urt. v. 26.3.2019 – II ZR 244/17: „Der Fremdgeschäftsführer einer GmbH ist bei europarechtskonformer Auslegung jedenfalls insoweit als Arbeitnehmer im Sinne von § 6 I 1 Nr. 1 AGG anzusehen, wie bei einer Kündigung seines Geschäftsführerdienstvertrags der sachliche Anwendungsbereich des Allgemeinen Gleichbehandlungsgesetzes über § 2 I Nr. 2 AGG eröffnet ist".

konkludente Aufhebung des bisherigen Arbeitsverhältnisses. Nach dem Willen der vertragschließenden Parteien soll regelmäßig neben dem Dienstverhältnis nicht noch ein Arbeitsverhältnis ruhend fortbestehen. Dem Arbeitnehmer muss im Regelfall klar sein, dass er, wenn keine andere Vereinbarung getroffen wird, mit dem Abschluss eines Geschäftsführer-Dienstvertrags seinen Status als Arbeitnehmer aufgibt. Die vertraglichen Beziehungen werden auf eine neue Grundlage gestellt, die bisherige Grundlage verliert ihre Bedeutung. Eine andere Auslegung kommt nur in Ausnahmefällen in Betracht, für die zumindest deutliche Anhaltspunkte vorliegen müssen.[661]

443 Der Geschäftsführer führt die Geschäfte der Gesellschaft und vertritt sie gegenüber Außenstehenden. Er leitet das Unternehmen der GmbH und nimmt auch die Arbeitgeberfunktionen wahr.[662] Seine **Geschäftsführungsbefugnis** umfasst alle rechtsgeschäftlichen und tatsächlichen Handlungen im Interesse der Gesellschaft mit Wirkung nach innen, wie z. B. Abschluss von Kauf- und Arbeitsverträgen, Buchführung, Management usw.

444 Er ist prinzipiell für alle Fragen zuständig, die nicht einem anderen Organ (vgl. § 46 GmbHG) vorbehalten sind. Dazu gehört auch die **Erfüllung öffentlich-rechtlicher Pflichten** der GmbH, wie etwa die Abführung der Arbeitnehmerbeiträge zur Sozialversicherung[663], deren **Nichterfüllung nach § 266a StGB strafbewehrt** ist. Diese Pflicht umfasst sowohl Beiträge zur Kranken-, Pflege- und Rentenversicherung als auch zur Agentur für Arbeit gem. § 28d SGB IV.[664]

445 Anders als bei der Aktiengesellschaft ist aber bei der GmbH eine weitgehende **Beschränkung der Geschäftsführungsbefugnis** möglich.[665] Das kann sich im Einzelfall aus einem besonderen Gesellschafterbeschluss ergeben (§ 37 Abs. 1 GmbHG).

446 Der Geschäftsführer vertritt die Gesellschaft nach außen. Seine **Vertretungsbefugnis** ist im Gegensatz zur Geschäftsführungsbefugnis prinzipiell **nicht beschränkbar** (§ 37 Abs. 2 GmbHG).[666] Sind mehrere Geschäftsführer bestellt, vertreten sie die Gesellschaft gemeinsam, es sei denn, der Gesellschaftsvertrag sieht etwas anderes vor. (**Gesamtvertretungsbefugnis,** § 35 Abs. 2 S. 1 GmbHG).[667]

447 Aus den weitreichenden und nach außen unbeschränkbaren Befugnissen des Geschäftsführers bei der Wahrung der (Vermögens-)Interessen der Gesellschafter ergibt sich ein besonderes **Vertrauensverhältnis** und eine **wechselseitige Treuepflicht.** Geschäftsführer haben bei ihren Geschäftsführungstätigkeiten die Sorgfalt eines ordentlichen Geschäftsmanns anzuwenden (§ 43 GmbHG).[668]

---

[661] Vgl. entgegen der Vorauflage: BAG, Beschluss vom 3.2.2009 – 5 AZB 100/08. Allerdings kann nach Auffassung des LAG München, Urt. v. 30.1.2019 – 4 Sa 336/1die vom BAG aufgestellte **Vermutungsregel,** dass in dem Abschluss eines Geschäftsführer-Dienstvertrages durch einen angestellten Mitarbeiter im Zweifel die konkludente Aufhebung des bisherigen Arbeitsverhältnisses liegt, nicht angewendet werden, wenn in dem Arbeitsvertrag bzw. dem Dienstvertrag der Parteiwille, zwei parallele Verträge abzuschließen, hinreichend klar und deutlich zum Ausdruck gebracht worden ist.

[662] *Jaeger/Steinbrück,* in: MüKo, GmbHG, § 35 Rn. 278.

[663] Hinsichtlich der dem Geschäftsführer im öffentlichen Interesse auferlegten Aufgaben können die Gesellschafter keine Weisungen erteilen, die den Geschäftsführer zwingen würden, seine öffentlich-rechtlichen Pflichten zu verletzen (arg. § 43 Abs. 3 S. 3 GmbHG), *Altmeppen,* in: *Roth/Altmeppen,* GmbHG, § 43 Rn. 22.

[664] Vgl. dazu beispielsweise BGH, Urt. v. 15.10.1996 – VI ZR 319/95: „1. Zu den Aufgaben des Geschäftsführers einer GmbH gehört es, dafür zu sorgen, daß die der Gesellschaft auferlegten öffentlichrechtlichen Pflichten, zu denen die Abführung der Arbeitnehmerbeiträge zur Sozialversicherung gehört, erfüllt werden. 2. Diesen Pflichten können sich die Geschäftsführer einer mehrgliedrigen Geschäftsleitung weder durch Zuständigkeitsregelungen noch durch Delegation auf andere Personen entledigen. 3. Interne Zuständigkeitsvereinbarungen oder die Delegation von Aufgaben können aber die deliktische Verantwortlichkeit des Geschäftsführers beschränken. In jedem Fall verbleiben ihm Überwachungspflichten, die ihn zum Eingreifen verpflichten können. Eine solche Überwachungspflicht kommt vor allem in finanziellen Krisensituationen zum Tragen, in denen die laufende Erfüllung der Verbindlichkeiten nicht mehr gewährleistet erscheint."

[665] *Stephan/Tieves,* in: MüKo, GmbHG, § 35 Rn. 5.

[666] BFH, DB 1993, 460; *Stephan/Tieves,* in: MüKo, GmbHG, § 37 Rn. 2; *Lenz,* in: *Michalski/Heidinger/Leible/J. Schmidt,* GmbHG, § 37 Rn. 1.

[667] Zu den Rechtsformen der Gesamtvertretung vgl. *Lutter/Hommelhoff,* GmbHG, § 35 Rn. 26 ff.

[668] Siehe hierzu *Ziemons,* in: *Michalski/Heidinger/Leible/J. Schmidt,* GmbHG, § 43 Rn. 408 ff.

Im Rahmen seiner Legalitätspflicht hat ein Geschäftsführer dafür Sorge zu tragen, dass Unternehmen so organisiert und beaufsichtigt wird, dass keine Gesetzesverstöße wie Schmiergeldzahlungen erfolgen. Seiner Organisationspflicht genügt ein Vorstands- bzw. Geschäftsführungsmitglied bei entsprechender Gefährdungslage nur dann, wenn er **eine auf Schadensprävention und Risikokontrolle angelegte Compliance-Organisation einrichtet.** Entscheidend für den Umfang im Einzelnen sind dabei Art, Größe und Organisation des Unternehmens, die zu beachtenden Vorschriften, die geografische Präsenz wie auch Verdachtsfälle aus der Vergangenheit. Die Einhaltung des Legalitätsprinzips und demgemäß die Einrichtung eines funktionierenden Compliance-Systems gehört zur Gesamtverantwortung des Geschäftsführers.[669] Er darf danach seine Stellung nicht zum eigenen Vorteil auf Kosten der Gesellschaft nutzen und hat alles zu unterlassen, was der Gesellschaft schaden könnte. 448

Für GmbH-Geschäftsführer folgt daraus auch ohne eine ausdrückliche Vereinbarung ein **Wettbewerbsverbot.**[670] Eine gesetzlich ausgeformte Treuepflicht ist die **Geheimhaltungspflicht** (§ 85 GmbHG). 449

Schäden, die der GmbH entstehen, weil der Geschäftsführer bei seiner Tätigkeit die **Sorgfalt eines ordentlichen Kaufmanns** verletzt hat, begründen Ersatzansprüche gegen ihn. Am Maßstab der Sorgfalt eines ordentlichen Kaufmanns wird also auch das gesellschaftsinterne Verhalten des Geschäftsführers gemessen, das sich aus dem gesetzlich bestimmten Verantwortungsbereich und aus der Satzung ergibt.[671] 450

Sind mehrere Geschäftsführer bestellt, haften sie gesamtschuldnerisch, wenn für die Verfehlung des anderen eine Mitverantwortung gegeben ist. Das ist der Fall, wenn für den Geschäftsbereich eine **Überwachungspflicht** besteht und wohl auch, wenn bei der Geschäftsleitung zu **Grundsatzfragen** gemeinsam entschieden wird. 451

Der Geschäftsführer kann nach § 38 GmbHG jederzeit von den Gesellschaftern **abberufen** werden. Ein wichtiger Grund ist dafür nicht erforderlich.[672] 452

Von der **Abberufung** ist die **Kündigung seines Anstellungsvertrages** zu unterscheiden, die ohne eine entsprechende Vereinbarung nur unter Einhaltung der üblichen Kündigungsfrist oder aus wichtigem Grund fristlos[673] möglich ist (§ 626 BGB). Die Abberufung allein stellt keinen wichtigen Grund für eine außerordentliche Kündigung des Anstellungsvertrages dar.[674] 453

---

[669] Vgl. LG München I, Urt. v. 10.12.2013 – 5 HK O 1387/10 („Siemens/Neubürger").

[670] *Lutter/Hommelhoff,* GmbHG, Anh. § 6 Rn. 20 ff.

[671] Zum Sorgfaltmaßstab vgl. auch *Lutter/Hommelhoff,* GmbHG, § 43 Rn. 23 ff.

[672] *Lutter/Hommelhoff,* GmbHG, § 38 Rn. 2 ff.

[673] Das OLG Hamm geht in seinem Urt. v. 29.5.2019 – 8 U 146/18 davon aus, dass ein GmbH-Geschäftsführer, der eine Zahlung auf eine – wie er weiß – fingierte Forderung freigibt, um damit eine Provisionsabrede zu honorieren, die gegen die unternehmensinternen Compliance Vorschriften über zustimmungsbedürftige Geschäfte verstieß, kann darin eine Pflichtverletzung liegen, die einen wichtigen Grund zur Kündigung des Anstellungsvertrages darstellt. Vorliegend war die nach den Konzernrichtlinien erforderliche Zustimmung des Bereichsvorstands dadurch umgangen worden, dass mit einem Zwischenhändler im schriftlichen Provisionsvertrag nur eine Provision von 2,9 % des Nettoauftragsvolumens vereinbart wurde, während darüber hinaus mündlich vereinbart wurde, den Rest der Provision über eine Reklamationsgutschrift abzurechnen. Der Geschäftsführer unterschrieb in seiner Position als Vorgesetzter die Reklamationsgutschrift, obwohl er wusste, dass es tatsächlich weder einen Mangel noch eine Reklamation gegeben hat. Den Geschäftsführer entlastet auch nicht die Annahme, sein Mitgeschäftsführer habe das Vorgehen gebilligt. Eine solche Kündigung aus wichtigem Grund wegen gravierender Compliance-Verstöße eines Geschäftsführers setzt keine Abmahnung voraus.

[674] Anders bei Verkoppelung durch eine auflösende Bedingung im Anstellungsvertrag, BGH, BB 1989, 1578. Ausführlich zu Kopplungsklauseln Koehler, NZG 2019, 1406: Diese können in mehreren Varianten auftreten: Einmal können sie die Abberufung des Geschäftsführers als auflösende Bedingung für das Anstellungsverhältnis vorsehen, so dass das Anstellungsverhältnis ohne eine zusätzliche Kündigungserklärung endet. Dann fingiert die Abberufung die Kündigung, welche sonst in einer separaten Erklärung ausgesprochen werden müsste. Zum anderen kann die Abberufung des Geschäftsführers als Grund für die Kündigung definiert werden, so dass das Anstellungsverhältnis dann nicht automatisch endet, so dass eine zusätzliche Kündigungserklärung notwendig ist. Die Kopplungsklausel ist aber nur in ersterem Fall rechtlich interessant, wenn sie als auflösende Bedingung für das Anstellungsverhältnis ausgestaltet wird. Koehler unterscheidet dabei wie folgt:

454 Umgekehrt kann auch ein Geschäftsführer selbst sein Amt niederlegen, ohne zugleich sein Anstellungsverhältnis fristlos zu kündigen.[675] Ein wichtiger Grund ist für die **Niederlegung** des Amts durch den Geschäftsführer nicht erforderlich. Damit gibt er seine Kompetenzen auf und entzieht sich für die Zukunft seiner organschaftlichen Verantwortung für die GmbH, ohne zugleich seine Entgeltansprüche aus seinem Anstellungsvertrag aufzugeben.

455 Wegen der unterschiedlichen Rechtsfolgen sind also **Beendigung der organschaftlichen Stellung** durch Abberufung oder Amtsniederlegung und **Beendigung des Dienstverhältnisses** durch Kündigung voneinander zu unterscheiden. In der Praxis ist hier außerdem zu beachten, dass die Zuständigkeiten für Abberufung und Kündigung durchaus zwischen den Organen Gesellschafterversammlung und Aufsichtrat aufgeteilt sein kann und dann die Beschlüsse beider Gremien erforderlich sein würden.

b) Der (fakultative) Aufsichtsrat

456 Der Gesellschaftsvertrag einer GmbH kann die Bildung eines **fakultativen Aufsichtsrats** vorsehen. Das GmbHG stellt dafür jedoch keine eigenen Regeln auf, sondern verweist auf die entsprechenden Vereinbarungen in der Satzung und auf das AktG (§ 52 GmbHG).[676]

457 Zu den Aufgaben des Aufsichtsrats gehören regelmäßig die **Überwachung der Geschäftsführung** (§ 52 GmbHG i. V. m. § 111 AktG),[677] die Einberufung der Gesellschafterversammlung, die Entgegennahme des Berichts des Geschäftsführers, die Prüfung des Jahresabschlusses sowie die Vertretung der GmbH gegenüber dem Geschäftsführer.

458 Nach **§ 1 Abs. 1 Nr. 3 DrittelbG** ist in einer GmbH ein Aufsichtsrat dann zu bilden, wenn mehr als 500 Arbeitnehmer beschäftigt werden. Er ist zu 1/3 mit Arbeitnehmervertretern zu besetzen.[678]

„Ist die Kopplungsklausel eine AGB, sind folgende Formulierungen denkbar: Bei unbefristeten/befristeten Verträgen (zugunsten der GmbH): „Der Geschäftsführer kann von der Gesellschafterversammlung nach § 38 I BGB jederzeit ordentlich abberufen werden oder sein Amt jederzeit niederlegen. Wird der Geschäftsführer ordentlich abberufen oder legt er sein Amt nieder, gilt nicht die unter Nr. […] vereinbarte Kündigungsfrist [Vertragslaufzeit]. In diesem Fall endet dieser Anstellungsvertrag innerhalb der gesetzlichen Kündigungsfristen. Wird der Geschäftsführer außerordentlich aus wichtigem Grund nach § 626 I BGB abberufen, gilt diese Abberufung zugleich als fristlose Kündigung dieses Anstellungsvertrags. Dem Geschäftsführer bleibt es vorbehalten, sich auf die Rechte nach § 626 II BGB zu berufen."
Bei unbefristeten Verträgen (zugunsten des Geschäftsführers): „Wird der Geschäftsführer ordentlich abberufen, endet dieser Anstellungsvertrag zum nächstmöglichen Zeitpunkt, zu dem auch eine Kündigung möglich wäre. Wird der Geschäftsführer außerordentlich aus wichtigem Grund nach § 626 I BGB abberufen, gilt diese Abberufung zugleich als fristlose Kündigung dieses Anstellungsvertrags. Dem Geschäftsführer bleibt es vorbehalten, sich auf die Rechte nach § 626 II BGB zu berufen."
Ist die Kopplungsklausel nicht als AGB einzustufen, empfehlen sich die folgenden Formulierungen:
Bei unbefristeten Verträgen: „Wird der Geschäftsführer ordentlich abberufen [oder legt er sein Amt nieder], gilt dies zugleich als Kündigung dieses Anstellungsvertrags innerhalb der gesetzlichen Kündigungsfristen. Wird der Geschäftsführer außerordentlich aus wichtigem Grund abberufen, gilt diese Abberufung zugleich als außerordentliche Kündigung dieses Anstellungsvertrags."
Bei befristeten Verträgen: „Wird der Geschäftsführer ordentlich abberufen oder legt er sein Amt nieder, gilt nicht die unter Nr. […] vereinbarte Vertragslaufzeit. In diesem Fall endet dieser Anstellungsvertrag innerhalb der gesetzlichen Kündigungsfristen. Wird der Geschäftsführer außerordentlich aus wichtigem Grund abberufen, gilt diese Abberufung zugleich als außerordentliche Kündigung dieses Anstellungsvertrags."

[675] BGHZ 78, 84.

[676] Zum fakultativen Aufsichtsrat vgl. *Lutter/Hommelhoff,* GmbHG, § 52 Rn. 3 ff.

[677] *Lutter/Hommelhoff,* GmbHG, § 52 Rn. 13, 16 ff.; *Zöllner/Noack,* in: Baumbach/Hueck, GmbH-Gesetz, § 52 Rn. 66 ff.

[678] *Lutter/Hommelhoff,* GmbHG, § 52 Rn. 37 ff.; *Zöllner/Noack,* in: Baumbach/Hueck, GmbH-Gesetz, § 52 Rn. 165 ff.

Der Aufsichtsrat eines Unternehmens, in dem mehr als 2.000 Arbeitnehmer beschäftigt sind, muss nach § 1 MitbestG paritätisch mit Arbeitnehmervertretern und Vertretern der Anteilseigner besetzt werden. Beim **paritätisch besetzten Aufsichtsrat** der GmbH ist durch die Zweitstimme des von der Arbeitgeberseite gestellten Aufsichtsratsvorsitzenden gesichert, dass die Anteilseigner sich in Abstimmungen bei Pattsituationen und bei der Wahl der Geschäftsführer stets durchsetzen können. **459**

Zusammensetzung, Zuständigkeit und Arbeitsweise der **obligatorischen Aufsichtsräte** ergeben sich im Einzelnen aus den Regelungen des MitbestG und des DrittelbG, die wiederum auf die aktienrechtlichen Regelungen verweisen. **460**

Steuerliche Behandlung der Aufsichtsratsvergütung: Nach dem EuGH-Urteil „IO" v. 13.6.2019. C-420/18 übt ein Aufsichtsratsmitglied keine selbständige Tätigkeit aus, auch wenn es dem Vorstand oder Aufsichtsrat hierarchisch nicht untergeordnet ist, aber nicht in eigenem Namen, für eigene Rechnung und in eigener Verantwortung, sondern für Rechnung und unter Verantwortung des Aufsichtsrats handelt und dabei wegen einer Festvergütung auch nicht das wirtschaftliche Risiko seiner Tätigkeit trägt. Der BFH schließt sich der EuGH-Auffassung mit Urt. v. 27.11.2019, V R 23/19 (V R 62/17) für den Fall an, dass das Aufsichtsratsmitglied kein wirtschaftliches Risiko trägt. Ausdrücklich offengelassen hat der BFH, ob für den Fall, dass das Aufsichtsratsmitglied eine variable Vergütung erhält, an der Unternehmereigenschaft entsprechend bisheriger Rechtsprechung festzuhalten ist. **461**

c) Die Gesellschafterversammlung

Die Gesellschafter in ihrer Gesamtheit sind das **oberste Organ der GmbH** mit einer umfassenden Zuständigkeit.[679] **462**

Für eine **Beschlussfassung** ist die Abhaltung einer Gesellschaftsversammlung nicht erforderlich, wenn sich sämtliche Gesellschafter schriftlich mit einem Vorschlag oder mit einer schriftlichen Stimmabgabe einverstanden erklären (§ 48 Abs. 2 GmbHG). **463**

Gesetzlich sind die Gesellschafter zuständig für die in § 46 GmbHG genannten **Aufgaben,** zu denen vor allem die Feststellung des Jahresabschlusses, die Gewinnverwendung, die Berufung oder Abberufung des Geschäftsführers sowie Änderungen der Satzung einschließlich der Liquidation der Gesellschaft gehören (§§ 53, 60 Abs. 1 Nr. 2 GmbHG). Weitere obligatorische Zuständigkeiten der Gesellschafterversammlung bestehen bei der Verschmelzung und Umwandlung, bei Unternehmensverträgen, bei der Wahl des Abschlussprüfers sowie bei der Geltendmachung von Ersatzansprüchen gegenüber dem Geschäftsführer.[680] **464**

Die Gesellschafterversammlung ist **Willensbildungs- und Kontrollorgan** der GmbH zugleich.[681] Der Gesellschaftsvertrag kann die Gesellschafterversammlung nicht durch ein anderes, insbesondere kein externes Gremium (wie z. B. den Gemeinderat) ersetzen.[682] **465**

Anders als die Hauptversammlung einer Aktiengesellschaft kann die Gesellschafterversammlung von sich aus auch über **Geschäftsführungsmaßnahmen** beschließen (§§ 37 Abs. 1, 46 Nr. 6 GmbHG). Die Gesellschafterversammlung kann damit aber lediglich den Geschäftsführer zur Ausführung ihrer Beschlüsse verpflichten; die Ausführung selbst obliegt allein den nach § 35 Abs. 1 GmbHG zur Außenvertretung befugten Geschäftsführern.[683] **466**

Zu ihren Aufgaben gehört auch die Bestellung eines **Prokuristen** (§ 46 Ziff. 7 GmbHG). Wird der Prokurist vom Geschäftsführer ohne einen solchen Beschluss bestellt, **467**

---

679 *Goette,* S. 199; *Lorz,* in: Beck'sches Formularbuch GmbH-Recht, A. II.2.b.
680 *Lutter/Hommelhoff,* GmbHG, § 46 Rn. 2.
681 *Goette,* S. 199.
682 Siehe hierzu *Erle/Becker,* NZG 1999, 58 (60); *Altmeppen,* NJW 2003, 2561 (2563).
683 Vgl. *Schmiegelt/Schmidt,* in: Beck'sches Handbuch der GmbH, § 3 Der Gesellschafter Rn. 4, wonach die organschaftliche Vertretung der GmbH im Außenverhältnis im Interesse der Rechtssicherheit zwingend den Geschäftsführern zugeordnet ist.

ist das Dritten gegenüber wirksam (§ 48 Abs. 1 HGB, §§ 35, 37 GmbHG), und nur eine Verletzung seiner Pflichten, die Schadensersatzansprüche begründen kann.

468 Mit seinem Urteil vom 8.1.2019 hat der BGH[684] entgegen der bislang herrschenden Meinung klargestellt, dass **§ 179a AktG** bei der Veräußerung des ganzen Gesellschaftsvermögens[685] mit seinem Erfordernis eines notariell zu beurkundenden und mit Dreiviertelmehrheit zu fassenden Zustimmungsbeschlusses **nicht entsprechend auf die GmbH anwendbar** ist. Bei besonders wichtigen Geschäften ist der Geschäftsführer stattdessen GmbH-rechtlich nur verpflichtet, einen zustimmenden Gesellschafterbeschluss einzuholen. Das erleichtert den Ablauf von Unternehmenskäufen und Immobilientransaktionen mit einer GmbH als Veräußerin. Bei der Veräußerung des ganzen Gesellschaftsvermögens bedarf es in Zukunft nämlich nicht mehr eines notariell beurkundeten Zustimmungsbeschlusses. Ein schriftlicher Beschluss mit einfacher Mehrheit reicht aus. Beides ergibt sich zwar nicht ausdrücklich aus dem Urteil, folgt aber aus dem nunmehr allein anwendbaren GmbH-Recht. Auch die Rechtslage beim Fehlen eines notwendigen Beschlusses ist anders: der betreffende Kaufvertrag ist nicht mehr unwirksam, sondern grundsätzlich gleichwohl verbindlich[686]. Auch wenn sich der Geschäftsführer intern schadensersatzpflichtig machen kann, könnte eine fehlende Verbindlichkeit im Außenverhältnis nur dann vorliegen, wenn die Grundsätze über den Missbrauch der Vertretungsmacht greifen, wenn also beispielsweise der Geschäftspartner weiß oder wenn es sich ihm geradezu „aufdrängen" muss, dass der Geschäftsführer ohne einen erforderlichen Gesellschafterbeschluss handelt und somit intern seine Vertretungsmacht überschreitet.

469 Zur **Einberufung der Gesellschafterversammlung** ist jeder Geschäftsführer[687] berechtigt (§ 49 Abs. 1 GmbHG). Sie erfolgt durch eingeschriebenen Brief (§ 51 Abs. 1 GmbHG), soweit nicht der Gesellschaftsvertrag wie typischerweise üblich eine Einberufung mit einfachem Brief, Fax oder E-Mail zulässt. Die Einberufung kann auch von Gesellschaftern zuerst gefordert und dann vorgenommen werden, die 10 % der Geschäftsanteile halten (§ 50 GmbHG).

470 Eine **Pflicht zur Einberufung** besteht nur, wenn das Wohl der Gesellschaft das erfordert (§ 49 Abs. 2 GmbHG) und beim Verlust der Hälfte des Stammkapitals (§ 49 Abs. 3 GmbHG). Für die UG regelt § 5a Abs. 4 GmbHG, dass die Gesellschafterversammlung abweichend von § 49 Abs. 3 GmbHG bei drohender Zahlungsunfähigkeit unverzüglich einzuberufen ist.

471 Mit der Einladung soll der Zweck der Versammlung **(Tagesordnung)** mitgeteilt werden. Ohne diese Mitteilung ist die Einberufung zwar wirksam, Beschlüsse sind aber anfechtbar, wenn die Gegenstände der Beschlussfassung nicht wenigstens 3 Tage vor der Versammlung den Gesellschaftern angekündigt worden sind (§ 51 Abs. 4 GmbHG).

472 Beschlüsse der Gesellschafter werden mit **einfacher Mehrheit** gefasst, es sei denn, Gesetz oder Gesellschaftsvertrag schreiben eine qualifizierte Mehrheit vor. Eine 3/4-Mehrheit ist insbesondere bei Änderungen des Gesellschaftsvertrages erforderlich (§ 53 Abs. 2 GmbHG). Im Gesellschaftsvertrag wird häufig für die Zustimmung zur Übertragung von Geschäftsanteilen sowie für die Einziehung von Geschäftsanteilen, die Abberufung von Geschäftsführern u. Ä. eine qualifizierte Mehrheit vorgesehen.

---

[684] BGH, Urt. v. 8.1.2019 – II ZR 364/18, NZG 2019, 505.

[685] Diese Frage kann sich nicht nur stellen, wenn eine GmbH ihr gesamtes Anlage- und Umlaufvermögen im Wege eines Asset Deals verkauft, sondern auch bei einer Beteiligungsveräußerung durch eine Holdinggesellschaft oder beim Immobilienverkauf durch eine Zweckgesellschaft (vgl. Müller, NZG 2019, 807).

[686] *Müller,* NZG 2019, 807, 812.

[687] BGH, Urt. v. 8.11.2016 – II ZR 304/15: § 121 Abs. 2 Satz 2 AktG ist auf die GmbH nicht analog anwendbar, so dass ein zwar **nicht (mehr) amtierender,** aber als solcher (noch) in das Handelsregister eingetragener **Geschäftsführer** zur Einberufung der Gesellschafterversammlung **nicht befugt** ist.

Einige Beschlüsse müssen **notariell beurkundet** werden, z. B. Satzungsänderungen, Kapitalerhöhung oder -herabsetzung, Übertragung von Geschäftsanteilen (§ 53 Abs. 1 und Abs. 2 GmbHG). 473

Im Übrigen ist nur für die ohne Einhaltung von Frist und Form für die Einberufung der Gesellschafter gefassten Beschlüsse und für Beschlüsse der Einmann-Gesellschaft eine **Protokollierung** erforderlich (§ 48 Abs. 3 GmbHG). 474

Ebenso wie andere Rechtsgeschäfte können auch Beschlüsse nichtig[688] oder anfechtbar[689] sein. Beides kann allerdings nur durch Klage geltend gemacht werden. Die aktienrechtlichen Vorschriften über **Nichtigkeit** und **Anfechtbarkeit** werden entsprechend angewandt[690]. 475

Allerdings führen nicht alle Verstöße gegen die für die Beschlussfassung bestehenden Regelungen zur Anfechtbarkeit oder Nichtigkeit. So können etwa wirksame Beschlüsse auch in einer nicht ordnungsgemäß einberufenen Versammlung gefasst werden, wenn alle Gesellschafter anwesend sind (§ 51 Abs. 3 GmbHG). Möglich ist auch eine **schriftliche Stimmabgabe** (§ 48 Abs. 2 GmbHG). 476

Im Verhältnis der Gesellschafter zur Gesellschaft sowie zwischen den Gesellschaftern selbst besteht die **gesellschaftsrechtliche Treuepflicht.**[691] Die Gesellschafter einer GmbH dürfen ihre Individualrechte deshalb nur so ausüben, dass die Rechte ihrer Mitgesellschafter und der GmbH nicht unangemessen beeinträchtigt werden. 477

Ein Gesellschafter hat sich auch persönlich für die **Belange der Gesellschaft** einzusetzen und alles zu unterlassen, was diese schädigen könnte.[692] Er hat darauf bedacht zu sein, das Gesellschaftsunternehmen wirtschaftlich zu unterhalten und zu fördern. Daraus ist u. a. ein allgemeines Schädigungsverbot, die Unzulässigkeit von Mehrheitsentscheidungen in bestimmten Fällen,[693] die Verpflichtung zur Anpassung des Gesellschaftsvertrages an veränderte Bedingungen[694] u. Ä. abgeleitet worden. 478

---

688 *Goette,* S. 227 ff.; *Lutter/Hommelhoff,* GmbHG, Anh. § 47 Rn. 9 ff.

689 *Goette,* S. 229 ff.; *Lutter/Hommelhoff,* GmbHG, Anh. § 47 Rn. 38 ff.

690 Vgl. OLG München, Urt. v. 9.1.2019 – 7 U 1509/18: „Eine Beschlussfassung, die wegen nicht ordnungsgemäßer Ankündigung gegen § 51 Abs. 2, 4 GmbHG verstößt, ist nicht nur anfechtbar, sondern nichtig. Auf eine etwaige Relevanz des Verstoßes kommt es bei der Nichtigkeitsklage nicht an." und „Eine angekündigte **Tagesordnung muss die Beschlussgegenstände hinreichend konkretisieren,** wobei allerdings weder eine genaue Formulierung der Beschlussanträge noch eine Begründung erforderlich ist. Dabei ist ausreichend, wenn klar ist, was gemeint ist, sodass unter Umständen auch eine allgemeine Formulierung oder Bezugnahme auf frühere Versammlungen hinreichend ist. Die Ankündigung eines Bestätigungsbeschlusses über den Verkauf von Gesellschaftsanteilen beinhaltet aber nicht die Entlastung der Geschäftsführer für ihre Handlungen im Rahmen des tatsächlichen Vollzugs des Beschlusses und damit des Verkaufs der Geschäftsanteile."

691 Vgl. BGHZ 103, 184 (194), *Weber,* Der side letter zum GmbH-Vertrag als Grundlage und Grenze von Gesellschafterbeschlüssen, 1996, Seite 150 ff. zur Frage der Treuepflichtverletzung bei Verletzung von Side Letter-Vereinbarungen sowie zuletzt BGH, Urt. v. 12.4.2016 – II ZR 275/14 (Media-Saturn): „1. Auf Grund der **Treuepflicht** muss der Gesellschafter einer **Maßnahme zustimmen,** wenn sie zur Erhaltung wesentlicher Werte, die die Gesellschafter geschaffen haben, oder zur Vermeidung erheblicher Verluste, die die Gesellschaft bzw. die Gesellschafter erleiden könnten, objektiv unabweisbar erforderlich ist und den Gesellschaftern unter Berücksichtigung ihrer eigenen **schutzwürdigen Belange** zumutbar ist, also wenn der **Gesellschaftszweck und das Interesse der Gesellschaft gerade diese Maßnahme zwingend gebieten** und der Gesellschafter seine Zustimmung ohne vertretbaren Grund verweigert. 2. Soweit ein Gesellschafter durch die Treuepflicht nicht zur Zustimmung verpflichtet ist, darf er sie zu einer vorgeschlagenen Maßnahme **verweigern, selbst wenn seine Beweggründe dafür sachwidrig und unverständlich** erscheinen. Eine Beschränkung dieser Stimmrechtsausübungsfreiheit kommt nur im Ausnahmefall in Frage, wenn der Gesellschaftszweck objektiv eine bestimmte Maßnahme zwingend gebietet und dem Gesellschafter die Zustimmung zumutbar ist. 3.Wenn ein Gesellschafter aufgrund seiner gesellschafterlichen Treuepflicht zur Zustimmung verpflichtet war, ist seine abweichend abgegebene Stimme unwirksam und der beantragte Beschluss zustande gekommen."

692 BGHZ 65, 15; BGH, WM 1978, 1205.

693 Zum Stimmrechtsmißbrauch vgl. auch *Lutter/Hommelhoff,* GmbHG, § 47 Rn. 51.

694 BGH, WM 1978, 1230; Für den Fall einer Kommanditgesellschaft: OLG München, DStR 1992, 1102 und ausführlich OLG Hamm, Urt. v. 14.6.1999, 8 U 177/96: „Eine **Zustimmungsverpflichtung** zur Änderung des GesV kommt nur dann in Betracht, wenn ein **besonderer Ausnahmefall** vorliegt, die Vertragsänderung zur Verwirklichung des Gesellschaftszweckes oder sonst mit Rücksicht auf die Rechts-

479 Ein **Wettbewerbsverbot der Gesellschafter** besteht zwar grundsätzlich nicht.[695] Es kann jedoch vereinbart werden oder sich aus den Umständen ergeben. Die Befreiung von einem bestehenden Wettbewerbsverbot oder der Verzicht auf die Geltendmachung von Schadensersatzansprüchen wegen seiner Missachtung kann aber als eine (auch steuerrechtlich relevante) verdeckte Gewinnausschüttung Rückzahlungsansprüche der Gesellschaft begründen.[696] Die Befreiung des beherrschenden Gesellschafters oder des Gesellschafter-Geschäftsführers vom Wettbewerbsverbot ist zivilrechtlich wirksam, wenn sie entweder in der ursprünglichen Satzung enthalten ist oder durch späteren satzungsändernden Beschluß in sie aufgenommen worden ist. Für eine zivilrechtlich wirksame Befreiung vom Wettbewerbsverbot reicht die Aufnahme einer sog. Öffnungsklausel in die Satzung aus, durch die die Gesellschafterversammlung ermächtigt wird, durch Beschluß mit einfacher Mehrheit im Einzelfall die Befreiung vom Wettbewerbsverbot zu erteilen und die näheren Einzelheiten (z. B. Aufgabenabgrenzung, Entgeltsvereinbarung) zu regeln[697].

480 Umgekehrt dürfen Gesellschafter von der Gesellschaft und von ihren Mitgesellschaftern aber auch nicht ohne Grund unterschiedlich behandelt werden **(Gleichbehandlungsgebot bzw. Willkürverbot).**[698] Die Verletzung dieses Grundsatzes begründet für den Betroffenen z. B. ein Anfechtungsrecht von Beschlüssen der Gesellschafterversammlung und Ausgleichsansprüche (Rückgewähr des erlangten Vorteils).[699]

481 Schadensersatzansprüche gegen einen Mitgesellschafter sind an sich auf Weisung der Gesellschafterversammlung durch den Geschäftsführer geltend zu machen. Ausnahmsweise können sie allerdings auch durch Gesellschafterklage, d. h. durch die im eigenen Namen erhobene Klage eines Gesellschafters gegen seinen Mitgesellschafter auf Leistung an die GmbH geltend gemacht werden, wenn die Durchsetzung der dem Geschäftsführer erteilten Weisung auf Erhebung einer Schadensersatzklage durch die GmbH selbst ein zeitraubender, kostenträchtiger und deshalb unzumutbarer Umweg wäre.

482 Jeder Gesellschafter hat das Recht, an der Gesellschafterversammlung teilzunehmen und sein **Stimmrecht** auszuüben. Ein Gesellschafter kann zwar nicht sein Stimmrecht, wohl aber dessen Ausübung auf einen Dritten übertragen.[700] Soweit aber der Gesellschafter selbst teil nimmt, wird die Grundlage der Teilnahme des Vertreters beseitigt, sodass dieser dann nicht mehr zugelassen werden muss; umgekehrt kann der Gesellschafter nicht die Teil-

---

beziehung unter den Beteiligten erforderlich ist und die vorgesehene Änderung dem einzelnen Gesellschafter zuzumuten ist.

2. Für eine Zustimmungspflicht aus Rücksicht gegenüber einem Beteiligten **genügt es nicht, dass die gewünschte Änderung rechtlich zulässig, wirtschaftlich sinnvoll und den Gesellschaftern sowie der Gesellschaft zumutbar** ist, mithin der gesellschaftlichen Treuepflicht entspricht: Es muss vielmehr die derzeitige Regelung der Treuepflicht widersprechen und eine **für den betroffenen Gesellschafter unzumutbare Situation** bestehen.".

[695] Vgl. hierzu *Lutter/Hommelhoff*, GmbHG, § 14 Rn. 26 m. w. N.; Beck'sches Handbuch der GmbH, § 3 Der Gesellschafter Rn. 130, wonach die gesellschaftsrechtliche Treuepflicht nur dann ein Wettbewerbsverbot für Gesellschafter begründet, wenn die GmbH besonders stark personalistisch strukturiert, also auf die Personen der Gesellschafter ausgerichtet ist oder wenn es sich um einen Mehrheitsgesellschafter handelt, der auf die Gesellschaft beherrschenden Einfluss ausüben kann.

[696] *Lutter/Hommelhoff*, GmbHG, § 14 Rn. 31. Vgl. auch Schreiben vom 4.2.1992 – IV B 7–S 2742-6/92: „Nach der Rechtsprechung des Bundesfinanzhofs liegt eine Verletzung des Wettbewerbsverbotes vor, wenn der beherrschende Gesellschafter oder der Gesellschafter-Geschäftsführer im Geschäftszweig der Gesellschaft ohne Erlaubnis Geschäfte für eigene Rechnung macht. **Bei einer Verletzung des Wettbewerbsverbots steht der Gesellschaft ein Anspruch auf Schadenersatz oder auf Herausgabe des erlangten Vorteils zu. Verzichtet die Gesellschaft** gegenüber dem Gesellschafter-Geschäftsführer (BFH-Urteil vom 11. Februar 1981, BStBl. II S. 448) oder dem nicht geschäftsführenden beherrschenden Gesellschafter (BFH-Urteil vom 26. April 1989, BStBl. II S. 673) auf diesen Anspruch, so liegt eine **verdeckte Gewinnausschüttung** vor. Dasselbe gilt für die Konkurrenztätigkeit des Geschäftsführers einer Gesellschaft, der im Verhältnis zum beherrschenden Gesellschafter nahestehende Person ist (BFH-Urteil vom 11. Februar 1987, BStBl. II S. 461)."

[697] Vgl. BMF Schreiben vom 29.6.1993 IV B 7 – S 2742 – 54/93

[698] *Lutter/Hommelhoff*, GmbHG, § 14 Rn. 33.

[699] Vgl. hierzu auch *Lutter/Hommelhoff*, GmbHG, Anh. § 47 Rn. 55.

[700] *Lutter/Hommelhoff*, GmbHG, § 47 Rn. 15.

nahme neben seinem Vertreter beanspruchen; die übrigen Gesellschafter brauchen eine Verdoppelung des Teilnahme- und des damit verbundenen Rederechts grundsätzlich nicht hinnehmen.[701]

Die **Stimmkraft** bemisst sich nach der Höhe der Beteiligung am Stammkapital. Jeder **483**
Geschäftsanteil gewährt eine Stimme (§ 47 Abs. 2 GmbHG).

Das Stimmrecht eines Gesellschafters kann **vertraglich ausgeschlossen** werden. Es ruht **484**
bei der Beschlussfassung über seine Entlastung oder Abberufung aus wichtigem Grund als Geschäftsführer, über seine Befreiung von einer Verbindlichkeit, über die Vornahme von Rechtsgeschäften mit ihm und über die Einleitung oder Erledigung eines Rechtsstreits (§ 47 Abs. 4 GmbHG).[702]

Exkurs: Im Hinblick auf § 47 Abs. 4 GmbHG stellt sich zur Vermeidung einer Selbst- **485**
entlastung die Frage, wie die Entlastung der in den Aufsichtsrat einer Beteiligungsgesellschaft entsandten Gemeinderatsmitglieder erfolgen kann. Zum einen könnte der Aufsichtsrat der Beteiligungsgesellschaft in einer Größe gebildet werden, die Beschlussfähigkeit des Gemeinderats auch bei einem Befangenheitsausschluss der in den Aufsichtsrat der Beteiligungsgesellschaft entsandten Mitglieder fortbestehen lässt. Zum anderen wäre es möglich, die Abstimmung über die Entlastung im Gemeinderat durch Einzelentlastung aller Aufsichtsratsmitglieder durchzuführen, wobei die Gremiumsmitglieder nur bei der eigenen Entlastung einem kommunalrechtlichen Stimmverbot unterliegen würden, nicht aber bei einer Entlastung der übrigen Gremiumsmitglieder. Eine dritte Möglichkeit wäre die Bildung eines sog. Beteiligungsausschusses, der sich nur aus Mitgliedern zusammensetzt, die nicht auch Mitglied im Aufsichtsrat einer Beteiligungsgesellschaft sind. Die Ausschussmitglieder müssten sich dann aber eine ausreichende Entscheidungsgrundlage verschaffen (Kenntnis von Jahresabschluss, Prüfungsbericht inkl. Beauftragung der Prüfung über die Ordnungsmäßigkeit der Geschäftsführung, Geschäftsbericht und Aufsichtsratsprotokollen sowie ggf. weiterer Unterlagen), um eine ausreichende Grundlage für seine Abstimmung zu haben. Soweit der Erste Bürgermeister Mitglied des Aufsichtsrats der Beteiligungsgesellschaft wäre, könnte er nicht gleichzeitig den Vorsitz dieses Beteiligungsausschusses übernehmen.

Jeder Gesellschafter[703] kann vom Geschäftsführer **Auskunft** über Angelegenheiten der **486**
Gesellschaft fordern.[704] Er hat das Recht, die Bücher und Unterlagen einzusehen und sich Kopien anzufertigen (§§ 51a, 51b GmbHG). Die Einsicht braucht nur in den Geschäftsräumen gewährt zu werden; er kann nicht die Anfertigung oder Übersendung von Fotokopien durch die Gesellschaft verlangen.[705] Im Rahmen des Auskunftsverlangens ist auch die Einsicht in digitale Unterlagen zu eröffnen, nicht aber durch einen unmittelbaren Vollzugriff auf das IT-System, sondern nur durch die Gewährung eines selektiven gesicherten Zugriffs.[706]

---

[701] *Liebscher,* in: MüKoGmbHG, 3. Aufl. 2019, GmbHG § 48 Rn. 34a; *Römermann,* in: Michalski u. a., GmbHG, § 48 Rn. 51.

[702] Vgl. zum Stimmverbot des Gesellschafters auch *Lutter/Hommelhoff,* GmbHG, § 47 Rn. 28 ff.

[703] Das Informationsrecht des § 51a GmbHG steht jedem Gesellschafter ohne Rücksicht auf die Höhe seiner Beteiligung zur Wahrnehmung seiner mitgliedschaftlichen Eigeninteressen zu.

[704] *Grunewald,* ZHR 146 (1982), 211; *Karl,* DStR 1995, 940. Das Recht aus § 51a Abs. 1 GmbHG ist wegen § 51a Abs. 3 GmbHG nicht dispositiv, d. h., dass von den Regelungen des § 51a im Gesellschaftsvertrag nicht nachteilig abgewichen werden kann, so dass eine Schwächung des Informationsrechts des einzelnen Gesellschafters unzulässig ist. Eine Verstärkung dieses Rechts durch entsprechende gesellschaftsvertragliche Regelungen wäre möglich. (vgl. Beck'sches Handbuch der GmbH, § 3 Der Gesellschafter Rn. 66).

[705] *Zöllner/Noack,* in: Baumbach/Hueck, GmbH-Gesetz, § 51a Rn. 23; *Römermann,* in: Michalski u. a., GmbHG, § 51a Rn. 171; vgl. auch OLG München, Urteil vom 12.1.2005 – 7 U 3691/04: „Das Auskunftsrecht des Gesellschafters darf **nicht** faktisch dadurch eingeschränkt werden, dass der Inhalt umfangreicher Unterlagen durch **nur handschriftliche Aufzeichnungen** beschränkt dokumentiert werden kann. Das Auskunftsrecht umfasst **auch das Anfertigen von Kopien** als heute übliche, technisch einfach durchzuführende Methode zur Speicherung von Informationen, die bei komplizierten oder umfangreichen Unterlagen eine effektive Unterrichtung ermöglicht."

[706] *Zöllner/Noack,* in: Baumbach/Hueck, GmbH-Gesetz, § 51a Rn. 23.

487 Der Begriff **„Angelegenheiten der Gesellschaft“** ist umfassend zu verstehen. Er umfasst sämtliche rechtlichen und wirtschaftlichen Daten der GmbH, unabhängig davon, ob diese Daten in verkörperter Form (zB Verträgen oder Protokollen) vorliegen. Ebenso kommt es nicht darauf an, ob die Angelegenheit für eine konkrete Abstimmung in einer Gesellschafterversammlung von Bedeutung ist oder nicht, weil das Informationsrecht unabhängig vom Stimmrecht besteht. Es ist auch nicht von Bedeutung, ob die gewünschte Information unmittelbar einem Gewinn- oder Vermögensinteresse des Gesellschafters dient.[707]

488 Die begehrte Information kann nach § 51a Abs. 2 GmbHG verweigert werden, wenn zu besorgen ist, dass der Gesellschafter sie zu gesellschaftsfremden Zwecken verwenden und dadurch der Gesellschaft oder einem verbundenen Unternehmen einen nicht unerheblichen Nachteil zufügen wird. Der Auskunft begehrende Gesellschafter ist also nach Erteilung der Information zur vertraulichen Behandlung verpflichtet. Eine Weitergabe erteilter Informationen ist im Zweifel unzulässig. Nur ausnahmsweise kann für Zwecke anwaltlicher Beratung oder im Zusammenhang mit einem beabsichtigten Geschäftsanteilsverkauf gestattet sein, wenn dem Empfänger der Information die Pflicht zur Vertraulichkeit auferlegt wird.[708] Verstöße gegen die Verschwiegenheitspflicht können schon neben einem Schadensersatzanspruch der Gesellschaft gegen den Gesellschafter auch Grundlage dafür sein, dem Gesellschafter zukünftig entsprechende Informationen zu verweigern,[709] Der Gesellschafter sollte daher bei Erteilung der Information stets ausdrücklich auf seine Verschwiegenheitspflicht und sich andernfalls ergebenden Schadenersatzansprüche hingewiesen werden.

489 Wird die Auskunft verweigert, so hat der Gesellschafter ein **Auskunftserzwingungsrecht** nach aktienrechtlichen Grundsätzen (§ 51b GmbHG mit Verweis auf § 132 AktG). Im Informationserzwingungsverfahren nach § 51b GmbHG kann der Gesellschafter nicht ein globales Auskunftsbegehren geltend machen; vielmehr muss sich aus der Antragsschrift der gesamte notwendige Inhalt des Begehrens aus ihr selbst ergeben. Der Gesellschafter muss die in Frage stehende Angelegenheit der Gesellschaft benennen und die begehrten Informationen jedenfalls soweit bestimmbar machen, dass auf dieser Grundlage ein vollstreckbarer Tenor formuliert werden kann.[710]

6. Rechtsverhältnis zum Träger

a) Die Gemeinde als Gesellschafterin der kommunalen GmbH

490 Der **Bürgermeister** als organschaftlicher Vertreter der Kommune (und nicht etwa der Gemeinderat als Kollegialorgan) repräsentiert diese auch in der Gesellschafterversammlung. Er übt insoweit die Gesellschafterrechte der Kommune in der GmbH aus.[711]

491 Ob und in welchem Umfang er bei dieser organschaftlichen Vertretung selbst entscheiden darf oder nur den Beschluss des Gemeinderates zu vollziehen hat, richtet sich nach allgemeinem Kommunalrecht und hängt grundsätzlich davon ab, ob es sich bei dieser Entscheidung um eine **Angelegenheit der laufenden Verwaltung** handelt.[712] Hierbei ist zu beachten, dass die Bedeutung der Angelegenheit nicht aus Sicht der Gesellschaft,

[707] *Römermann,* in: Michalski u. a., GmbHG, § 51a Rn. 26.

[708] Beck'sches Handbuch der GmbH, § 3 Der Gesellschafter Rn. 71.

[709] Beck'sches Handbuch der GmbH, a. a. O., insbesondere, wenn dem Gesellschafter Informationen über Vertragsbeziehungen zu Dritten gegeben werden, die bei Verletzung der Vertraulichkeit Schadensersatzansprüche gegen die Gesellschaft begründen könnten.

[710] OLG Frankfurt, Beschluss vom 15.11.1996 – 20 W 610/94; Beck'sches Handbuch der GmbH, § 3 Der Gesellschafter Rn. 86.

[711] Vgl. hierzu auch *Altmeppen,* NJW 2003, 2561 (2562 f.).

[712] § 44 Abs. 2 GemO Baden-Württemberg, Art. 37 Abs. 1 Nr. 1 GemO Bayern, § 70 Abs. 2 GemO Hessen, § 62 Abs. 1 Nr. 6 GemO Niedersachsen, § 47 Abs. 1 Nr. 3 GemO Rheinland-Pfalz, § 59 Abs. 3 S. 1 KSVG Saarland, § 55 Abs. 1 S. 2 GemO Schleswig-Holstein, § 63 Abs. 1 Buchst. e GemO Brandenburg, § 38 Abs. 3 KommunalVerf. Mecklenburg-Vorpommern, § 53 Abs. 2 S. 1 GemO Sachsen, § 63 Abs. 1 S. 2 GemO Sachsen-Anhalt, § 29 Abs. 2 Nr. 1 KommunalO Thüringen.

sondern aus Sicht der Kommune zu beurteilen ist. In der Regel dürften die Entscheidungen, für die eine Gesellschafterversammlung zuständig ist (Beschluss des Wirtschaftsplans, Feststellung des Jahresabschlusses, Entlastung von Geschäführer und Aufsichtsrat), für den ersten Bürgermeister keine laufenden Angelegenheiten sein,[713] so dass seine Stimmabgabe daher in derartigen Fällen einen Beschluss des Gemeinderats voraussetzt. Möglich wäre aber auch, dass der Gemeinderat dem Ersten Bürgermeister die Zuständigkeit für solche Entscheidungen in der Gesellschaft überträgt.[714]

Aus der aus dem Demokratieprinzip folgenden **Ingerenzpflicht** ergibt sich für die Gemeinde die Verpflichtung, einen angemessenen Einfluss in Form von **Beteiligungs-, Mitsprache- und Kontrollrechten** zu etablieren. Es stellt sich somit die Frage, wie diese Verpflichtung bei einer kommunalen GmbH umgesetzt werden kann. 492

Die GmbH ermöglicht durch die **„legale Herrschaft über die Geschäftsführung"**[715] ausgeprägte Einwirkungen der Kommune und ist aus diesem Grund gegenüber der Aktiengesellschaft als unproblematischere Rechtsform für ein Beteiligungsunternehmen der Kommune anzusehen.[716] 493

Die GmbH kennt nämlich in ihrem Legalstatut mit der Geschäftsführung und der Gesellschafterversammlung nur zwei obligatorische Organe. Des Weiteren eröffnet diese Rechtsform der Kommune über die Gesellschafterversammlung nach §§ 37 Abs. 1, 38 Abs. 1, 45 Abs. 1 GmbHG die Möglichkeit der Durchsetzung von **Weisungsrechten** gegenüber der Geschäftsleitung.[717] 494

Darüber hinaus besteht durch die Einrichtung eines **fakultativen Aufsichtsrats** die Möglichkeit,[718] in einem faktischen Abhängigkeitsverhältnis problemlos **Kontroll- und Prüfungsmechanismen** implementieren zu können, um der Ingerenzpflicht der Kommune gerecht zu werden.[719] Hierbei sind über entsprechende **Berichtspflichten der Geschäftsführung** an den Aufsichtsrat und einen **Katalog zustimmungspflichtiger Geschäfte** Überwachungsinstrumente und Überwachungsfunktionen einzurichten, die die Beteiligungs-, Mitsprache- und Kontrollrechten der Kommune entsprechend absichern.[720] 495

Dieses Instrumentarium hat sich in der Praxis als ausreichend erwiesen, den vom Gesetz geforderten Einfluss zur Geltung zu bringen.[721] Eine Absicherung durch die Statuierung von **Entsendungsrechten** kann zusätzlich zur Sicherstellung der Leitung des Unternehmens dienen.[722] Darüber hinaus kann die Kommune nach § 52 GmbHG i. V. m. § 103 Abs. 1 AktG Aufsichtsratsmitglieder, die gegen die Interessen der Kommune verstoßen, auch ohne das Vorliegen eines wichtigen Grundes abberufen. 496

Dem steht auch nicht entgegen, dass jedes Aufsichtsratsmitglied primär das **Unternehmensinteresse** zu vertreten hat. Das Unternehmensinteresse kann inhaltlich nämlich regelmäßig mit den zusammengefassten gemeinschaftlichen Interessen der Gesellschafter identi- 497

---

713 PdK Bayern, GO Art. 93 2.

714 PdK Bayern, a. a. O.

715 Lutter/Timm, NJW 1982, 409.

716 Zu den Problemen bei der AG → Rn. 564 ff.

717 Vgl. auch *Becker,* S. 116 f.

718 Siehe hierzu *Becker,* S. 116 f.

719 Ausführlich hierzu *Becker,* S. 151 f.

720 Beachte dazu auch BGH, Urt. v. 10.7.2018 – II ZR 24/17 (**„Schloss Eller"),** wonach dann, wenn die Satzung oder der Aufsichtsrat bestimmen, dass bestimmte Arten von Geschäften nur mit seiner Zustimmung vorgenommen werden dürfen, der Vorstand die **Zustimmung** des Aufsichtsrats grundsätzlich **vor der Durchführung des Geschäfts einzuholen** hat. Diese Zustimmung kann nur durch ausdrücklichen Beschluss des Aufsichtsrats erteilt werden und kann **nicht durch eine Entscheidung des Aufsichtsratsvorsitzenden ersetzt** werden. Der Vorstand kann aber gegenüber einer Schadensersatzklage der Aktiengesellschaft, die mit dem Verstoß gegen einen zugunsten des Aufsichtsrats eingerichteten Zustimmungsvorbehalt begründet ist, einwenden, der Aufsichtsrat hätte den von ihm durchgeführten Maßnahmen zugestimmt, wenn er ihn gefragt hätte **(Einwand des „rechtmäßigen Alternativverhaltens").**

721 *Schlitt,* FB 1999, 440 (443).

722 Zur Weisungsgebundenheit der von der Kommune gewählten oder entsandten Mitglieder des Aufsichtsrats vgl. z. B. *Becker,* S. 113; *Hüffer/Koch,* AktG, § 394 Rn. 27 ff; *Schön,* ZGR 1996, 429 (449); *Harder/Ruter,* GmbHR 1995, 813 (814); *Altmeppen,* NJW 2003, 2561 (2563 ff.).

fiziert werden.[723] Daher ist das **öffentliche Interesse** als Beteiligungszweck der Kommune von den Aufsichtsratsmitgliedern stets mit zu beachten.[724]

b) Absicherung der Einwirkungspflicht der Gemeinde durch einen Beherrschungsvertrag?

498 Die Verfassung der GmbH sieht – im Gegensatz zu dem vom Grundsatz der Eigenverantwortlichkeit und Weisungsfreiheit des Vorstandes der Aktiengesellschaft ausgehenden AktG – **Weisungen der Gesellschafterversammlung** an die Geschäftsführer vor. Eine Änderung der Interessenausrichtung der GmbH auf das herrschende Unternehmen ist aber auch für die GmbH nur im Rahmen eines Vertragskonzerns möglich.[725]

499 Daher wird teilweise[726] auch für die GmbH vertreten, zur **Sicherung der Einflussmöglichkeiten** der Kommune sei zusätzlich der Abschluss eines **Beherrschungsvertrages** nach § 291 AktG geboten. Die aufgrund eines solchen Beherrschungsvertrages mögliche Weisung sei als Essentiale der verfassungsmäßig gebotenen **Ingerenzpflicht** zu sehen.[727]

500 Grundsätzlich ist festzuhalten, dass das GmbH-Recht dem Abschluss eines Beherrschungsvertrages nicht entgegensteht.[728] Der Abschluss eines solchen Beherrschungsvertrages zwischen Kommune und kommunaler GmbH ist aber nach diesseitiger Ansicht rechtlich **nicht zulässig** und darüber hinaus auch **nicht notwendig.**

501 Die Vorschriften des Gemeindewirtschaftsrechts setzen für die Beteiligung der Kommune an einer Rechtsform des privaten Rechts eine **Begrenzung der Haftung der Kommune** voraus.[729] Diese Regelungen stehen aber grundsätzlich einer in der Rechtsfolge des § 302 AktG zum Ausdruck gebrachten uneingeschränkten Einstandspflicht der Kommune für Verluste aus ihrer wirtschaftlichen Betätigung entgegen.[730]

502 Die **Verlustübernahmepflicht** als ein die Kapitalgrundlagen der Gesellschaft gefährdender Zustand[731] bringt die Kommune in eine spezifische Haftungssituation, die ihr als herrschendes Unternehmen[732] für die Vertragsdauer des Beherrschungsvertrages das gesamte **Geschäftsrisiko** der abhängigen GmbH aufbürdet. Darüber hinaus besteht die mit dem Beherrschungsvertrag verbundene Verlustausgleichspflicht auch dann, wenn die Kommune als herrschendes Unternehmen von ihrer Direktionsbefugnis tatsächlich keinen Gebrauch macht oder im Rahmen eines Verbots nachteiliger Weisungen keinen Gebrauch machen darf (§ 308 Abs. 1 S. 2 AktG). Da die Verlustausgleichspflicht auch in den Fällen, in denen der entstandene Verlust auf ungünstige konjunkturelle Entwicklungen oder höhere Gewalt zurückzuführen ist, besteht, weil § 302 AktG tatbestandlich keinerlei Handlungs- oder

---

723 BGHZ 95, 330 (346 m. w. N.).

724 *Becker,* S. 112.

725 *Schneider,* ZGR 1980, 511 (519).

726 Vgl. statt aller *Spannowsky,* ZGR 1996, 400 (423).

727 *Kraft,* S. 254; *Stober,* NJW 1984, 449 (455); *v. Danwitz,* AöR 120 (1995), 595 (622).

728 So z. B. *Lutter/Hommelhoff,* Anh. § 13 Rn. 43 ff.; *Habersack,* in: *Emmerich/Habersack,* Aktien-/GmbH-KonzernR, AktG nach § 318 Rn. 1 ff.

729 § 103 Abs. 1 Nr. 4 GemO Baden-Württemberg, Art. 91 Abs. 1 Nr. 3 GemO Bayern, § 122 Abs. 1 Nr. 2 GemO Hessen, § 108 Abs. 1 Nr. 3 und 5 GemO Nordrhein-Westfalen, § 109 Abs. 1 Nr. 2 und 4 GemO Niedersachsen, § 87 Abs. 1 Nr. 4 und 6 GemO Rheinland-Pfalz, § 110 Abs. 1 Nr. 2 KSVG Saarland, § 102 Abs. 1 Nr. 2 GemO Schleswig-Holstein, § 102 Nr. 3 GemO Brandenburg, § 69 Abs. 1 Nr. 4 KommunalVerf. Mecklenburg-Vorpommern, § 96 Abs. 1 Nr. 3 GemO Sachsen, § 117 Abs. 1 Nr. 4 und 6 Sachsen-Anhalt, § 73 Abs. 1 Nr. 4, 5 KommunalO Thüringen; vgl. → C. Rn. 196.

730 Dies entspricht auch regelmäßig – entgegen der abweichenden Meinung von Lenz in Lenz/Wager, Eigenbetriebsvcerordnung Bayern, 5. Auflage, Art. 92 GO, Rn. 10, wonach der Abschluss eines zur Verlustübernahme verpflichtenden Ergebnisabführungsvertrages nicht Art. 92 Abs. 1 Satz 1 Nr. 3 GO widersprechen würde, weil die Haftung der Gemeinde nicht aus der Beteiligung, sondern aus dem Vertrag selbst entstehe – der Genehmigungspraxis der Rechtsaufsichtsbehörden.

731 *Ulmer,* AG 1986, 123, 127 f.

732 Dass die Kommunen „Unternehmen" i. S. d. Rechts der verbundenen Unternehmen sind, ist auch für den Fall, dass die Kommune nur ein Unternehmen privater Rechtsform beherrscht, wohl inzwischen unstreitig, vgl. hierzu *Becker,* S. 122 ff.; *Gaß,* S. 402 ff.; *Raiser,* ZGR 1996, 458 (464) jeweils m. w. N.

Verschuldenselemente vorsieht, kann die Norm als Fall der Zustandshaftung eingeordnet werrden.[733]

Diese **haftungsrechtlichen Konsequenzen** führen zu einer für die Gemeinde unüberschaubaren Inanspruchnahmemöglichkeit von Haushaltsmitteln, welche ihr einen beherrschungsvertraglich gesicherten Einfluss auf die kommunale GmbH verbietet.[734] **503**

7. Aufsicht

Die spezielle Natur der Kommune als Treuhänderin der ihr überlassenen Steuergelder[735] **504** hat zur Entwicklung eigener, sich von Privaten unterscheidenden Methoden zur **nachträglichen Kontrolle** der Aktivitäten geführt. Hierdurch soll gewährleistet werden, dass auch tatsächlich durchgeführt wird, was einmal beschlossen wurde. Diese Kontrolle ist einem unabhängigen Organ, dem **Gemeindeprüfungsamt,** übertragen.

Daneben verpflichten die Gemeindeordnungen die Kommunen dazu ihre Beteiligungs- **505** unternehmen eine **Abschlussprüfung** durch Wirtschaftsprüfer durchführen zu lassen, auch wenn die Gesellschaft selbst nicht prüfungspflichtig wäre.[736]

a) Die haushaltsrechtlichen Prüfungsrechte

Die Vorschriften des Gemeindewirtschaftsrechts[737] räumen den Kommunen die Möglich- **506** keit ein, die **Betätigung der Gebietskörperschaften** in ihren privatrechtlichen Beteiligungen zu prüfen. Von dieser Übertragung darf die Gemeinde nur dann absehen, wenn sie über kein Rechnungsprüfungsamt verfügt.[738] In diesem Fall würde die Betätigungsprüfung leer laufen, da kein Prüfer vorhanden wäre, der die Befugnisse ausüben könnte.

Die **Betätigungsprüfung** umfasst nicht das Unternehmen selbst, sondern – ohne Rück- **507** sicht auf die Höhe der kommunalen Beteiligung – die die Beteiligung verwaltende Stelle. Anerkanntermaßen umfasst diese Prüfung insbesondere die Frage, ob die für die Beteiligung an privatrechtlich organisierten Unternehmen von der Verwaltung **zu beachtenden Vorschriften** eingehalten wurden. Insbesondere die Frage der Konformität von Satzung bzw. Gesellschaftsvertrag mit den spezifischen aus dem Kommunalrecht resultierenden Anforderungen, die Implementierung der Aufsichtsgremien sowie deren Überwachungstätigkeit steht im Fokus der Prüfung. Insbesondere ist festzustellen, ob die Rechte nach § 53 Abs. 1 HGrG ausgeübt wurden, dem Abschlussprüfer ein entsprechend erweiterter Prüfungsauftrag erteilt wurde und dementsprechend auch die Ordnungsmäßigkeit der Geschäftsführung (§ 53 Abs. 1 Nr. 1 HGrG) geprüft wurde und im Prüfungsbericht die in § 53 Abs. 1 Nr. 2 HGrG aufgezeigten Gesichtspunkte behandelt wurden.

Sind der Gemeinde auch die Befugnisse nach § 54 HGrG eingeräumt, so ist die Prüfung durch Einsicht in den Betrieb, die Bücher und die Schriften des Unternehmens unter Beachtung kaufmännischer Grundsätze dann veranlasst, wenn bei der Betätigungsprüfung anhand der zur Verfügung stehenden Unterlagen Fragen von Bedeutung ungeklärt blieben.

---

[733] Hüffer/Koch, AktG, § 302 Rn. 6.

[734] Ebenso *Becker,* S. 132 ff.; *Kropff,* ZHR 144 (1980), 74 (97 f.); *Paschke,* ZHR 152 (1988), 263 (277).

[735] Vgl. hierzu *Becker,* S. 43 ff.; ausführlich → E. Rn. 231 ff.

[736] § 103 Abs. 1 Nr. 5 Buchst. b) GemO Baden-Württemberg, Art. 94 Abs. 1 Nr. 2 GemO Bayern, § 122 Abs. 1 Nr. 4 GemO Hessen, § 108 Abs. 2 Nr. 1 GemO Nordrhein-Westfalen, § 124 GemO Niedersachsen, § 89 GemO Rheinland-Pfalz, § 110 Abs. 1 Nr. 4 KSVG Saarland, § 9 KommunalprüfungsG Schleswig-Holstein, § 73 Abs. 1 Nr. 2 Buchst. a) KommunalVerf. Mecklenburg-Vorpommern, § 96a Abs. 1 Nr. 8 GemO Sachsen, § 121 Abs. 1 Nr. 2 GemO Sachsen-Anhalt, § 75 Abs. 4 Nr. 1 KommunalO Thüringen, für Brandenburg fehlt eine entsprechende Vorschrift; vgl. → E. Rn. 159 ff.

[737] Vgl. § 112 Abs. 2 Nr. 3 GemO Baden-Württemberg, Art. 106 Abs. 4 GemO Bayern, § 131 Abs. 2 Nr. 6 GemO Hessen, § 103 Abs. 2 Nr. 5 GemO Nordrhein-Westfalen, § 119 Abs. 3 Nr. 3 GemO Niedersachsen, § 112 Abs. 2 Nr. 2 GemO Rheinland-Pfalz, § 121 Abs. 2 Nr. 1 KSVG Saarland, § 116 Abs. 2 Nr. 4 GemO Schleswig-Holstein, § 113 Abs. 2 Nr. 4 GemO Brandenburg, § 96a Abs. 1 Nr. 11, 12 GemO Sachsen, § 129 Abs. 2 Nr. 4 GemO Sachsen-Anhalt, § 84 Abs. 4 KommunalO Thüringen.

[738] *Becker,* S. 93.

Das Selbstunterrichtungsrecht nach § 54 HGrG ist auf die Klärung von Fragen beschränkt, die bei der Betätigungsprüfung entstehen und ohne Einsichtnahme in das Unternehmen nicht geklärt werden können.

508 Aus diesem Grund ist es herausragende Aufgabe der Rechnungsprüfungsämter festzustellen, ob der **„öffentliche Zweck"** für eine wirtschaftliche Betätigung der Gemeinde noch gegeben ist. Es ist also zu prüfen, ob sichergestellt ist, dass das Unternehmen nachhaltig einem öffentlichen Zweck dient, die Gemeinde ihre Unternehmen steuert und überwacht und sich dazu die erforderlichen Informationen beschafft und auswertet und die Vertreter der Gemeinde in den Unternehmen ihre Aufgaben pflichtgemäß, mit der gebotenen Sorgfalt und unter angemessener Berücksichtigung der besonderen Interessen der Gemeinde erfüllt haben.

b) Die handelsrechtliche Rechnungslegung und Abschlussprüfung

509 Die **Rechnungslegung** der GmbH dient der Ermittlung des Bilanzgewinns und damit des Betrages, der an die Gesellschafter ausgeschüttet werden darf. Darüber hinaus dient sie aber auch der Information der Gläubiger über die wirtschaftliche Lage der Gesellschaft. Wegen des Grundsatzes der Maßgeblichkeit der Handelsbilanz für die Steuerbilanz und damit für die Besteuerung der GmbH dient die Rechnungslegung auch der Ermittlung der geschuldeten Körperschaftsteuer.

510 Grundsätzlich hat jeder Kaufmann und damit auch jede GmbH in den ersten drei Monaten des Geschäftsjahrs für das vergangene Geschäftsjahr einen **Jahresabschluss**[739] aufzustellen (§ 242 Abs. 1 HGB), der aus der **Jahresbilanz und der Gewinn- und Verlustrechnung** besteht. Als Kapitalgesellschaften haben GmbHs nach § 264 Abs. 1 HGB ihren Jahresabschluss um einen **Anhang**[740] zu erweitern (§§ 284 f. HGB) und einen **Lage- oder Geschäftsbericht**[741] aufzustellen (§ 289 HGB).

511 Jahresabschluss und Geschäftsbericht sind von der Geschäftsführung **aufzustellen** und nach den Regelungen des Gemeindewirtschaftsrechts durch **Abschlussprüfer** zu prüfen (§ 316 Abs. 1 HGB). Danach sind sie zum Handelsregister einzureichen und ggf. zusätzlich zu veröffentlichen (§ 325 HGB).

512 Da die Aufstellung und Veröffentlichung von Jahresabschlüssen nur sinnvoll ist, wenn die Einhaltung der bilanziellen Vorschriften überwacht wird, müssen Jahresabschluss und Geschäftsbericht von einem sachverständigen Prüfer **(Abschlussprüfer)** geprüft werden (§§ 316 ff. HGB). Die öffentlich bestellten Sachverständigen (Wirtschaftsprüfer und Wirtschaftsprüfungsgesellschaften) haben über das Ergebnis ihrer Prüfung einen **Prüfungsbericht** mit dem in § 321 Abs. 1 HGB vorgeschriebenen Inhalt zu erstatten, der von ihnen zu unterzeichnen und der Geschäftsführung der GmbH vorzulegen ist (§ 321 Abs. 3 HGB).

513 Als äußeres Zeichen der Prüfung und ihres Ergebnisses erteilen die Abschlussprüfer einen uneingeschränkten oder mit Einschränkungen versehenen **Bestätigungsvermerk** (§ 322 HGB). Bei schwerwiegenden Mängeln des Jahresabschlusses haben die Abschlussprüfer den Bestätigungsvermerk zu versagen (§ 322 Abs. 3 HGB).

514 Durch die Verpflichtung zur **Einreichung** des mit dem Bestätigungsvermerk des Wirtschaftsprüfers oder mit dem Vermerk über dessen Versagung versehenen Jahresabschlusses zum Handelsregister des Gesellschaftssitzes (§ 325 Abs. 1 HGB), ist sichergestellt, dass ein eingeschränkter oder versagter Bestätigungsvermerk publik wird und von Interessenten berücksichtigt werden kann.

515 Der Prüfungsbericht des Abschlussprüfers wird grundsätzlich nicht veröffentlicht. Er steht nur der Geschäftsführung zur Verfügung. Daher sehen die Gemeindeordnungen die Ver-

[739] *Lutter/Hommelhoff,* GmbHG, § 29 Rn. 6 ff.
[740] Vgl. *Lutter/Hommelhoff,* GmbHG, § 42 Rn. 5.
[741] Zum Begriff vgl. *Lutter/Hommelhoff,* GmbHG, § 42 Rn. 6.

pflichtung zur **Übersendung** des Jahresabschlusses und des Prüfungsberichts **an die Kommune** vor.[742]

Da sich die **Aufgabe der Rechnungsprüfungsämter** auf die Überprüfung der Haushalts- und Wirtschaftsführung der Kommune beschränkt und somit nicht das Verhalten der GmbH selbst umfasst, erhalten diese von den Vorgängen in der Gesellschaft prinzipiell nur mittelbar Kenntnis. Hierfür stellt der **Bericht des Wirtschaftsprüfers** die wichtigste Unterlage dar.[743] **516**

Daher ist durch die entsprechende Anwendung des § 53 HGrG[744] vorgeschrieben, dass eine Prüfung der **Ordnungsmäßigkeit der Geschäftsführung** durch den Abschlussprüfer erfolgen muss. Aus diesem Grund ist der Prüfungsauftrag bei einer kommunalen GmbH um die Prüfung nach § 53 HGrG zu erweitern. Während der Abschlussprüfer nach den allgemeinen handelsrechtlichen Bestimmungen die Ordnungsmäßigkeit der Geschäftsführung nicht aktiv überprüfen muss, sondern nur die Pflicht hat, gem. § 321 Abs. 1 Satz 3 HGB über solche Gesetzesverstöße oder Unregelmäßigkeiten zu berichten, die ihm bei der vorgeschriebenen Abschlussprüfung aufgefallen sind, muss er die Prüfung der „Ordnungsmäßigkeit der Geschäftsführung" auch darauf erstrecken, ob ungewöhnliche oder risikoreiche Geschäfte getätigt wurden und ob Gesetze, Satzung, Geschäftsordnung sowie Beschlüsse der Gesellschafterversammlung und des Aufsichtsrats eingehalten wurden, ohne allerdings den Entscheidungsprozess in seinen Einzelheiten zu prüfen.[745] § 53 Abs. 1 Nr. 1 HGrG kann damit auch Grundlage der Untersuchung von etwaigen Complianceverstößen sein. § 53 Abs. 1 Nr. 1 HGrG bildet aber keine Grundlage für eine „getarnte" Sonderprüfung. Im Rahmen dieser erweiterten Prüfung stehen dem Abschlussprüfer die Vorlage- und Auskunftsrechte nach § 320 HGB zu, so dass er zusätzliche Auskunfts- und Vorlagerechte gegenüber dem Geschäftsführer hat. Der Geschäftsführer hat den erweiterten Prüfbericht des Abschlussprüfers lediglich dem Aufsichtsrat und der Gebietskörperschaft zu übersenden; das Ergebnis der ergänzenden Prüfung ist zum Schutz vertraulicher Angaben und Geheimnisse der Gesellschaft insbesondere mit Blick auf den Rechtsgedanken des § 395 II AktG nicht in den nach § 322 HGB erforderlichen Bestätigungsvermerk aufzunehmen, sondern gesondert zu bescheinigen oder nur im Prüfungsbericht darzustellen.[746] **517**

(einstweilen frei) **518**

V. Aktiengesellschaft

Literatur:

Altmeppen, Die Einflussrechte der Gemeindeorgane in einer kommunalen GmbH, NJW 2003, 2561; *Becker,* Die Erfüllung öffentlicher Aufgaben durch gemischtwirtschaftliche Unternehmen, 1997; *Berrar,* Die zustimmungspflichtigen Geschäfte nach § 111 Abs. 4 AktG im Lichte der Corporate Governance-Diskussion, DB 2001, 2181; *Böttcher/Krömker,* Abschied von der kommunalen AG in NW?, NZG 2001, 590; *Ehlers,* Verwaltung in Privatrechtsform, 1984; *ders.,* Die Entscheidung der Kommunen für eine öffentlich-rechtliche oder privatrechtliche Organisation ihrer Einrichtungen und Unternehmen, DÖV 1986, 897; *Fischer,* Die Entsen-

[742] § 103 Abs. 1 Nr. 5 Buchst. c) GemO Baden-Württemberg, § 108 Abs. 2 S. 2 GemO Nordrhein-Westfalen, § 87 Abs. 3 GemO Rheinland-Pfalz, § 110 Abs. 1 Nr. 3 KSVG Saarland, § 9 KommunalprüfungsG Schleswig-Holstein, § 73 Abs. 1 Nr. 3 KommunalVerf. Mecklenburg-Vorpommern, § 96a Abs. 1 Nr. 9 GemO Sachsen, § 121 Abs. 1 Nr. 3 GemO Sachsen-Anhalt, nach § 124 Abs. 1 S. 3 GemO Niedersachsen ist der Prüfungsbericht der Kommunalaufsicht zu übersenden; in Bayern, Hessen, Brandenburg und Thüringen fehlen entsprechende Vorschriften.

[743] Ausführlich hierzu *Harbarth,* S. 393 ff.

[744] Die Anwendung des HGrG ergibt sich im kommunalen Bereich aus folgenden Vorschriften: § 103 Abs. 1 GemO Baden-Württemberg, Art. 94 GemO Bayern, § 123 GemO Hessen, § 112 GemO Nordrhein-Westfalen, § 124 GemO Niedersachsen, § 89 GemO Rheinland-Pfalz, § 111 KSVG Saarland, § 9 KommunalprüfungsG Schleswig-Holstein, § 105 GemO Brandenburg, § 73 Abs. 2 KommunalVerf. Mecklenburg-Vorpommern, § 96a Abs. 1 Nr. 7 GemO Sachsen, § 121 GemO Sachsen-Anhalt, § 75 Abs. 4 KommunalO Thüringen; vgl. auch *Mertens,* Der Gemeindehaushalt 1983, 104 (106); siehe auch → E. Rn. 163 ff.

[745] Schockenhoff, NZG 2018, 521, 526.

[746] Schockenhoff, a. a. O.

dungs- und Weisungsrechte öffentlich-rechtlicher Körperschaften beim Aufsichtsrat einer Aktiengesellschaft, AG 1982, S. 85; *Frankenberger:* Die Beteiligung von Gemeinden an Gesellschaften des privaten Rechts gemäß §§ 107 ff. NRWGO, RNotZ 2018, 649; *Ganske,* Das zweite gesellschaftsrechtliche Koordinierungsgesetz vom 13.12.1978, DB 1978, 2461; *Gaß,* Die Umwandlung gemeindlicher Unternehmen, 2003; *Götz,* Zustimmungsvorbehalte des Aufsichtsrats der Aktiengesellschaft, ZGR 1990, 633; *Götz,* Leitungssorgfalt und Leitungskontrolle der Aktiengesellschaft hinsichtlich abhängiger Unternehmen, ZGR 1998, 524; Großkommentar zum Aktiengesetz, 4. Aufl. 1992 ff.; *Habersack,* Private public partnership: Gemeinschaftsunternehmen zwischen Privaten und der öffentlichen Hand – Gesellschaftsrechtliche Analyse –, ZGR 1996, 544; *Harbarth,* Anlegerschutz in öffentlichen Unternehmen, 1998; *Harder/Ruter,* Die Mitglieder des Aufsichtsrats einer GmbH mit öffentlich-rechtlichem Anteilseigner – ihre Rechte und Pflichten, GmbHR 1995, 813; *Held/Becker/Decker/Kirchhof/Krämer/Wansleben,* Kommunalverfassungsrecht Nordrhein-Westfalen, Gemeindeordnung für das Land Nordrhein-Westfalen (GO), Kreisordnung für das Land Nordrhein-Westfalen (KrO), Gesetz über kommunale Gemeinschaftsarbeit (GkG), Landschaftsverbandsordnung für das Land Nordrhein-Westfalen (LVerbO), Gesetz über den Kommunalverband Ruhrgebiet (KVRG); Kommentare, 1994 ff.; *Hüffer/Koch,* Aktiengesetz, 14. Aufl. 2020; Kölner Kommentar zum Aktiengesetz, 3. Aufl. 2004; *Kraft,* Das Verwaltungsgesellschaftsrecht, 1982; *Kropff,* Zur Anwendbarkeit des Rechts der verbundenen Unternehmen auf den Bund, ZHR 144 (1980), 74; *Leisner,* Der Vorrang des Gesellschaftsinteresses bei den Eigengesellschaften der öffentlichen Hand, WiVerw 1983, 212; *Limmer,* Handbuch der Unternehmensumwandlung, 6. Aufl. 2019; *Lutter,* Umwandlungsgesetz, Kommentar, 6. Aufl. 2019; *Mayer,* Erste Zweifelsfragen bei der Unternehmensspaltung, DB 1995, 861; *Mertens,* Die Prüfung der Ordnungsmäßigkeit der Geschäftsführung bei kommunalen Wirtschaftsunternehmen nach § 53 HGrG, Der Gemeindehaushalt 1983, 104; *Müller,* Rechtsformenwahl bei der Erfüllung öffentlicher Aufgaben, 1993; Münchener Handbuch des Gesellschaftsrechts, Bd. 4, Aktiengesellschaft, 4. Aufl. 2015; Münchener Kommentar zum Aktiengesetz, 4. Aufl. 2018; *Paschke,* Die kommunalen Unternehmen im Lichte des GmbH-Konzernrechts, ZHR 152 (1988), 263; *Püttner,* Die öffentlichen Unternehmen, 2. Aufl. 1985; *ders.,* Die Einwirkungspflicht, DVBl. 1975, 353; *Raiser,* Konzernverflechtungen unter Einschluss öffentlicher Unternehmen, ZGR 1996, 458; *ders.,* Der Begriff der juristischen Person, AcP 199 (1999), 104; *Schiessl,* Abhängigkeitsbericht bei Beteiligungen der öffentlichen Hand – Besprechung des Beschlusses BGHZ 135, 107 VW/Niedersachsen –, ZGR 1998, 871; *Schlitt,* Rechtliche Rahmenbedingungen des Börsengangs kommunaler AGs, FB 1999, 440; *Schmid,* Kommunale Beteiligungen: Abwägungspflicht der Kommunen und Nachrang der Aktiengesellschaft, ZKF 2004, 1; *R. Schmidt,* Öffentliches Wirtschaftsrecht – Allgemeiner Teil, 1990; Schockenhoff, Geheimnisschutz bei Aktiengesellschaften mit Beteiligung der öffentlichen Hand, NZG 2018, 521; *Schön,* Der Einfluss öffentlich-rechtlicher Zielsetzung auf das Statut privatrechtlicher Eigengesellschaften der öffentlichen Hand: – Gesellschaftsrechtliche Analyse –, ZGR 1996, 429; *Schwark,* Spartenorganisation in Großunternehmen und Unternehmensrecht, ZHR 142 (1978), 203; *Schwintowski,* Verschwiegenheitspflicht für politisch legitimierte Mitglieder des Aufsichtsrats, NJW 1990, 1009; *ders.,* Gesellschaftsrechtliche Bindungen für entsandte Aufsichtsratsmitglieder der öffentlichen Hand, NJW 1995, 1316; *Spannowsky,* Die Verantwortung der öffentlichen Hand für die Erfüllung öffentlicher Aufgaben und die Reichweite ihrer Einwirkungspflichten auf Beteiligungsunternehmen, DVBl. 1992, 1072; *ders.,* Der Einfluss öffentlich-rechtlicher Zielsetzung auf das Statut privatrechtlicher Eigengesellschaften in öffentlicher Hand: – Öffentlich-rechtliche Vorgaben, insbesondere zur Ingerenzpflicht –, ZGR 1996, 400; *Stober,* Die privatrechtlich organisierte Verwaltung: Zur Problematik privatrechtlicher Gesellschaften und Beteiligungen der öffentlichen Hand, NJW 1984, 449; *v. Danwitz,* Vom Verwaltungsprivat- zum Verwaltungsgesellschaftsrecht – Zu Begründung und Reichweite öffentlich-rechtlicher Ingerenz in der mittelbaren Kommunalverwaltung, AöR 120 (1995), 595; *Widmann/Mayer,* Umwandlungsrecht, Umwandlungsgesetz, Umwandlungssteuergesetz, Kommentar, Losebl. Stand: April 2020; *Zeichner,* Die Voraussetzungen für die Beteiligung des Bundes/eines Landes an einem Unternehmen nach § 65 Abs. 1 BHO/LHO und ihre Prüfung durch den Rechnungshof, AG 1985, 61.

1. Rechtsgrundlagen

519 Die kommunale Aktiengesellschaft (AG) findet ihre Rechtsgrundlage im Aktiengesetz vom 6. September 1965 (BGBl. I S. 1089), zuletzt geändert durch Artikel 2 des Gesetzes vom 8. Dezember 2008 (BGBl. I S. 2369). Daneben treten die Regelungen der Gemeindeordnungen der Länder zur Zulässigkeit wirtschaftlicher Unternehmen in privater Rechtsform.[747]

[747] §§ 102 ff. GemO Baden-Württemberg, Art. 86 ff. GemO Bayern, §§ 121 ff. GemO Hessen, §§ 107 ff. GemO Nordrhein-Westfalen, §§ 108 ff. GemO Niedersachsen, §§ 85 ff. GemO Rheinland-Pfalz, §§ 106 ff. KSVG Saarland, §§ 101 ff. GemO Schleswig-Holstein, §§ 100 ff. GemO Brandenburg, §§ 68 ff. KommunalVerf. Mecklenburg-Vorpommern, §§ 95 ff. GemO Sachsen, §§ 116 ff. GemO Sachsen-Anhalt, §§ 71 ff. KommunalO Thüringen; ausführlich oben → C. Rn. 195 ff.

a) Die kommunale AG zwischen Gesellschafts- und Kommunalrecht

Die wirtschaftliche Betätigung kommunaler Gebietskörperschaften durch den organisatorischen Einsatz von Kapitalgesellschaften muss zwangsläufig zur Frage des Verhältnisses zwischen den **Regelungen des Gesellschaftsrechts** und den **Vorschriften des Kommunalrechts** führen. Die Regelungen des Kommunalrechts geben der Kommune nämlich die „Leitplanken" vor, die für eine Beteiligung an einer Gesellschaft privater Rechtsform eingehalten werden müssen. **520**

Aus der **Einwirkungs- oder Ingerenzpflicht**[748] folgt die Verpflichtung der öffentlichen Hand, auf die von ihr geschaffenen Rechtssubjekte dahin gehend einzuwirken, dass diese ihrerseits die Ziele kommunaler Politik, die Orientierung am Allgemeinwohl und das Gebot der Rechtsstaatlichkeit einhalten.[749] Die Einwirkungspflicht kann somit im Ergebnis als die Pflicht beschrieben werden, auf eine in einer privaten Organisationsform betriebene öffentliche Einrichtung mit geeigneten Mitteln so einzuwirken, dass die Einhaltung der durch das öffentliche Recht bestimmten besonderen rechtlichen Bindungen jederzeit sichergestellt ist.[750] **521**

Die Gemeindeordnungen versuchen dieser Pflicht Rechnung zu tragen, indem sie verlangen, dass sich die Gemeinde erhebliche **Informations- und Einflussmöglichkeiten** vorbehält. Durch die indirekte Aufgabenwahrnehmung über ein Beteiligungsunternehmen werden nämlich z. B. die Verhandlungen vom öffentlich tagenden Gemeinderat in die internen Gremien der Gesellschaft verlagert. Hierdurch geht aber im Interesse der größeren Effizienz ein Großteil der Publizität und Transparenz verloren.[751] **522**

Aus dem **Demokratieprinzip** folgt aber die Verpflichtung zur Aufrechterhaltung der Legitimationskette, da sich aus der Tatsache, dass die Kommune ihre Kontrollpflichten wegen der Existenz nicht kontrollierbarer Freiräume nicht mehr erfüllen kann, kein Abreißen der durch demokratische Wahl legitimierten Kette ergeben darf. Weiterhin verlangt das **Rechtsstaatsprinzip** hinsichtlich der Verantwortlichkeit der öffentlichen Hand, dass keine kontrollfreien Räume in der Erfüllung öffentlicher Aufgaben entstehen. **523**

Daher ergibt sich für die Kommune als Aktionärin einer AG die Verpflichtung ihre Rechtsbeziehungen zu der AG so auszugestalten, dass die **Kontrolle und Steuerung** dieser AG durch die Kommune sichergestellt ist. **524**

b) Das Verhältnis zwischen Gesellschafts- und Kommunalrecht in einer kommunalen AG

In die Beurteilung der **privatrechtlichen Rechtsbeziehungen** zwischen einer AG und der Kommune als deren Aktionärin sind Aspekte des Aktienrechts und des Kommunalrechts einzubeziehen. Hierbei steht der öffentlichen Hand grundsätzlich die Möglichkeit zu, sich einen besonderen Einfluss durch gesetzliche Einführung von gesellschaftsrechtlichen Sonderpositionen zu sichern. **525**

Aus verfassungsrechtlicher Sicht lässt sich solchen Eingriffen in das Privatrecht kein prinzipieller **„Vorrang des Gesellschaftsrechts"** entgegenhalten. Gesetzgeberische Sonderregelungen für die öffentliche Hand im Rahmen des Gesellschaftsrechts sind aber nur dem Bund als derjenigen Gebietskörperschaft möglich, der im Rahmen der konkurrierenden Gesetzgebung nach Art. 74 Nr. 1 GG die entsprechende Gesetzgebungskompetenz zusteht.[752] **526**

---

[748] Vgl. auch Kraft, §§ 2, 3; Ehlers, Verwaltung in Privatrechtsform, S. 124 ff.; zum Begriff siehe auch Püttner, DVBl. 1975, 353 (354).

[749] *Müller,* S. 249 m. w. N.

[750] *Becker,* S. 96.

[751] Vgl. auch *Leisner,* WiVerw 1983, 212 (225); *Spannowsky,* ZGR 1996, 400 (412).

[752] Vgl. *Püttner,* Die öffentlichen Unternehmen, S. 234 f.; *Fischer,* AG 1982, 85 (90); siehe auch *Schön,* ZGR 1996, 429 (432); a. A. *v. Danwitz,* AöR 120 (1995), 595 (616 ff.).

527 Hieraus folgt, dass **landesgesetzliche Regelungen** für öffentliche Unternehmen die gesellschaftsrechtliche Rechtslage nicht modifizieren können.[753] Durch die umfangreichen Vorschriften der Gemeindeordnungen über kommunale Gesellschaften wird das Innen- und Außenrecht dieser Unternehmen also nicht beeinflusst.

528 Die **Gemeindeordnungen** können für ihren Adressaten „Kommune" nur Grundsätze für eine Beteiligung an einer AG aufstellen, die diese im Rahmen der gesellschaftsrechtlich zulässigen Gestaltungsmöglichkeiten umzusetzen hat. Dabei sind die Kommunen verpflichtet, die Gestaltungsmöglichkeiten des Gesellschaftsrechts soweit auszuschöpfen, dass die Interessen der Kommune und die Ziele der Selbstverwaltung mit dem Demokratieprinzip so weit wie möglich verwirklicht werden.

529 Diese Grundsätze können aber nicht das Gesellschaftsverhältnis unmittelbar regeln. Für die Beurteilung des **Verhältnisses zwischen Kommune und AG** kommt es somit vorrangig auf das Aktienrecht an. Ob und inwieweit die Kommune von dem so gesetzten Rahmen Gebrauch machen darf bzw. muss, bestimmt sich nach der Gemeindeordnung und den ihr zugrunde liegenden Zielen.

530 Somit lässt sich die **Organisationsverfassung** einer kommunalen AG nur aus der Gemengelage von Öffentlichem Recht und privatem Wirtschaftsrecht, von gemeindewirtschaftsrechtlichen und gesellschaftsrechtlichen Vorschriften bestimmen.

c) Besonderheiten für die Zulässigkeit kommunaler Aktiengesellschaften

531 Verschiedene Gemeindeordnungen sehen einen prinzipiellen **Nachrang der Rechtsform** der Aktiengesellschaft vor.[754] Hiernach darf die Gemeinde ein Unternehmen in der Rechtsform der Aktiengesellschaft nur noch errichten, übernehmen oder sich an ihm beteiligen, wenn der öffentliche Zweck des Unternehmens nicht ebenso gut in einer anderen Rechtsform erfüllt wird oder erfüllt werden kann.

532 Zweck dieses Nachranges ist es, den Einfluss der Kommune auf ein kommunales Unternehmen zu sichern. Grund für die **Subsidiarität** einer Beteiligung in der Rechtsform einer Aktiengesellschaft ist der weniger ausgeprägte **Katalog an Einflussmöglichkeiten** der Gemeinde auf die Organe der Aktiengesellschaft als dies z. B. bei einer GmbH der Fall ist.

533 Gemäß § 76 Abs. 1 AktG führt der **Vorstand** die Geschäfte der Gesellschaft in eigener Verantwortlichkeit und unabhängig von etwaigen Weisungen der Aktionäre.[755] Auch der Aufsichtsrat unterliegt nicht den Weisungen Dritter, insbesondere nicht des Gemeinderates.[756] Steuerungsmöglichkeiten bestehen nur über die Hauptversammlung und in rechtlich beschränktem Umfang über die Entsendung von Aufsichtsratsmitgliedern. Die Aktiengesellschaft ist daher in der Regel eine für die Erfüllung kommunaler Aufgaben wenig geeignete Rechtsform.[757]

534 Wegen des **Vorrangs des Bundesrechts** gegenüber den Landesgesetzen ist das Kommunalrecht nicht in der Lage, sich über diese aktienrechtlichen Vorgaben hinwegzusetzen. Ziel des Landesgesetzgebers war es deshalb, mit der Einführung des Nachranges der Aktien-

---

[753] *R. Schmidt,* S. 513 ff.; *Spannowsky,* DVBl. 1992, 1075 (1077); *Zeichner,* AG 1995, 61 (69); *Schwintowsky,* NJW 1990, 1009 (1013); *ders.,* NJW 1995, 1316 (1317); *Schön,* ZGR 1996, 429 (432)).

[754] § 103 Abs. 2 GemO Baden-Württemberg; § 108 Abs. 3 GemO Nordrhein-Westfalen, § 87 Abs. 2 GemO Rheinland-Pfalz, § 95 Abs. 2 GemO Sachsen; vgl. auch *Schulz,* in: PdK Bay B-1, GO Art. 92 1. 1.2. und Art. 93 3. 3.3: Weil in einer Aktiengesellschaft keine Weisungsrechte der Aktionäre gegenüber den Aufsichtsratsmitgliedern begründet werden können; weil der Aufsichtsrat ein selbständiges und selbstverantwortliches Kontrollorgan gegenüber dem Vorstand ist (§§ 116, 93, 111 AktG) und allein dem Gesellschaftsinteresse verpflichtet ist, kann allenfalls ein faktischer Einfluss erreicht werden. Ob ein solcher Einfluss zur Durchsetzung der gemeindlichen Interessen noch ausreicht, also „angemessen" ist, erscheint im Regelfall eher zweifelhaft.

[755] *Hüffer/Koch,* AktG, § 76 Rn. 10.

[756] *Becker,* S. 111 f.

[757] *Schulz,* in: PdK Bay B-1, GO Art. 86 2.2.2.

gesellschaft dieses **Steuerungs- und Kontrolldefizit** der Gemeinde in Bezug auf Aktiengesellschaften so weit wie möglich einzuschränken.[758]

Die Gemeinde soll durch die Wahl der Rechtsform und die Ausgestaltung des Gesellschaftsvertrages bei einer kommunalen Gesellschaft sicherstellen können, dass dem **Gemeinderat** als unmittelbar demokratisch legitimiertem Organ die Freiheit zur aktiven Mitgestaltung bei wesentlichen Entscheidungen in einem kommunalen Unternehmen verbleibt.[759] **535**

Zur Durchsetzung dieser Zielsetzung müssen Steuerungs- und Kontrollinstrumente vorgesehen werden, die eine **aktive Einflussnahme des Gemeinderates** ermöglichen, was aber in der Satzung einer Aktiengesellschaft im Gegensatz zu den Gesellschaftsverträgen anderer haftungsbeschränkender Rechtsformen des Privatrechts nicht möglich ist.[760] **536**

Die GmbH beispielsweise bietet einer Gemeinde die Möglichkeit, über die Einführung von Kontrollinstrumenten (Zustimmungserfordernisse, Beirat, Aufsichtsrat usw.) im Gesellschaftsvertrag oder den Erlass einer Geschäftsordnung für die Geschäftsführung die gewünschten Einflussmöglichkeiten zu sichern. In einer Aktiengesellschaft besteht diese Möglichkeit wegen der zwingenden **Unabhängigkeit von Vorstand und Aufsichtsrat** nur eingeschränkt. Daher soll die Aktiengesellschaft nur dann gewählt werden, wenn es unbedingt notwendig ist.[761] **537**

Wie bereits dargestellt, ist **die Gründung und die Übernahme, Beteiligung und wesentliche Erweiterung von Unternehmen** und Einrichtungen durch die Gemeinde in der **Rechtsform der Aktiengesellschaft nachrangig,** sofern der öffentliche Zweck nicht ebenso gut durch eine andere Rechtsform erreicht werden kann. Es stellt sich damit die Frage, wann dies der Fall ist. **538**

Ausgangspunkt der Betrachtung muss die **Zielsetzung des Nachranges** der Aktiengesellschaft sein. Die Landesgesetzgeber haben durch diese Regelung nicht nur eine Stärkung des gemeindlichen Einflusses auf kommunale Gesellschaften beabsichtigt, sondern wollten auch den heutigen wirtschaftlichen Verhältnissen und den modernen Aufgabenstellungen der Kommune Rechnung tragen.[762] Hieraus ergibt sich unter anderem, dass der **Begriff des öffentlichen Zwecks** heute nicht mehr nur die Aufgabenwahrnehmung im klassischen Bereich wie **Daseinsvorsorge und Kulturpflege** beinhaltet, sondern – angepasst an die tatsächlichen Lebensverhältnisse – auch **neue Tätigkeiten** innerhalb des gemeindlichen Aufgabenspektrums, wie z. B. Wirtschaftsförderung, Wettbewerbssicherung oder Telekommunikation. Alle gemeinwohlorientierten und im öffentlichen Interesse liegenden Zielsetzungen dienen folglich einem öffentlichen Zweck.[763] **539**

Lediglich ausschließlich auf **Gewinnerzielung** ausgerichtete Tätigkeiten vermögen ein gemeindliches Tätigwerden nicht zu rechtfertigen.[764] Innerhalb dieses Tätigkeitsspektrums steht der Gemeinde ein weiter Beurteilungsspielraum zu, der fachaufsichtlich und gerichtlich nur eingeschränkt überprüft werden kann.[765] **540**

In diesem Zusammenhang ist insbesondere zu beachten, dass die Gemeinden in vielen ihrer ursprünglichen und meist monopolartig beherrschten Tätigkeiten sowie in neu hinzugekommenen Aufgabenbereichen nunmehr dem **Wettbewerb** ausgesetzt sind. **541**

Eine Geschäftstätigkeit im **freien Wettbewerb** erfordert aber eine gewisse Größe.[766] Daher gehen immer mehr Gemeinden dazu über, ihre Energieversorgungsbetriebe zu Gesellschaften von **wettbewerbsfähiger Größe** zusammenzuschließen. Solche wett- **542**

---

[758] Vgl. z. B. die Amtliche Begründung des Gesetzentwurfs zur Änderung der Gemeindeordnung von Nordrhein-Westfalen, LT-Drs. 12/3730, S. 109.
[759] Vgl. hierzu *Böttcher/Krömker,* NZG 2001, 590 (591) m. w. N.
[760] *Becker,* S. 114 f.
[761] Ebenso *Böttcher/Krömker,* NZG 2001, 590 (591); *Schulz,* in: PdK Bay B-1, GO Art. 86 2.2.2.
[762] Vgl. z. B. *Held/Becker/Decker/Kirchhof/Krämer/Wansleben,* GemO NW, § 107 Anm. 4.3.
[763] Vgl. hierzu z. B. auch *Becker,* S. 72 ff.
[764] BVerfGE 61, 82 (107).
[765] BVerwGE 39, 329 (334); vgl. auch *Schmid,* ZKF 2004, 1 (2).
[766] *Böttcher/Krömker,* NZG 2001, 590 (592) m. w. N.

bewerbsfähigen Einheiten bedürfen einer professionellen Organisationsstruktur, die ein weisungsunabhängiger und deswegen von politischen Trendwenden unbeeinflusster Vorstand einer Aktiengesellschaft ggf. besser gewährleisten kann als die weisungsabhängige Geschäftsführung einer GmbH.[767]

543 Weiterhin ist eine ausreichende und den jeweiligen Notwendigkeiten angepasste **Kapitaldecke** für ein flexibles und ergebnisorientiertes Agieren auf liberalisierten Märkten unbedingt notwendig. Auch hier zeigt sich der Vorteil der Aktiengesellschaft gegenüber der GmbH, da sie weitaus einfacher mit (Fremd-)Kapital ausgestattet werden kann (etwa durch Ausgabe von Anleihen) als die GmbH.[768]

544 Schließlich treten die meisten der großen Mitbewerber auf den liberalisierten Märkten selbst als Aktiengesellschaft auf, so dass der Markt ein **Auftreten eines öffentlichen Unternehmens** in der Rechtsform einer Aktiengesellschaft erwartet, die außerdem auch ein größeres Ansehen als etwa die GmbH genießt.[769]

545 Als Alternative zur Ermöglichung der Zulässigkeit einer Aktiengesellschaft wird auch das „Zwischenschalten" einer GmbH zur Haftungsbegrenzung diskutiert. Um ein Unternehmen in der Rechtsform der AG betreiben zu können, gründet die Gemeinde also zunächst eine GmbH, diese wiederum errichtet dann eine AG (Enkelgesellschaft der Gemeinde).[770]

2. Rechtsnatur

546 Die Aktiengesellschaft ist eine **selbständige juristische Person** des privaten Rechts.[771] Sie beginnt mit der Eintragung in das Handelsregister (§ 41 Abs. 1 S. 1 AktG) und endet mit Eintritt der Vermögenslosigkeit und Löschung aus dem Register.

547 Als juristische Person im Sinne eines rechtstechnischen Verständnisses des Begriffs ist die Aktiengesellschaft selbst Trägerin von Rechten und Pflichten.[772] Sie ist durch ihre **Organe** (Vorstand, Aufsichtsrat, Hauptversammlung) handlungsfähig.[773]

548 Für **Verbindlichkeiten** der Aktiengesellschaft haftet nach § 1 Abs. 1 S. 2 AktG nur das **Gesellschaftsvermögen.**[774]

549 Gemäß § 1 Abs. 2 AktG hat die Aktiengesellschaft ein in Aktien zerlegtes **Grundkapital.** Seine Existenz bietet den notwendigen Ausgleich für den in § 1 Abs. 1 S. 2 AktG angeordneten Haftungsausschluss.[775] Das Grundkapital dient nämlich der Sicherung der Gläubiger, weil die Aktiengesellschaft über Vermögensgegenstände verfügen muss, deren Gesamtwert wenigstens dem Betrag des Grundkapitals entspricht.

550 Mit dem Grundkapital allein ist den Gläubigern allerdings nicht gedient. Die Gesellschaft muss vielmehr dafür sorgen, dass ein der Grundkapitalziffer entsprechendes Vermögen auch tatsächlich aufgebracht wird **(Prinzip der Kapitalaufbringung).**[776]

551 Seine Garantiefunktion kann das Grundkapital aber nur erfüllen, wenn ein entsprechendes Mindestvermögen nicht nur aufgebracht wird, sondern dauerhaft auch erhalten bleibt **(Prinzip der Kapitalerhaltung).**[777] Das Grundkapital ist in Aktien zerlegt (§ 1 Abs. 2 AktG). Zerlegung bedeutet im Wortsinne eine Aufteilung in mehrere (mindestens 2) **Aktien.**[778] Ihre Zahl ist in der Satzung anzugeben (§ 23 Abs. 3 Nr. 4 AktG).[779]

---

767 *Schlitt,* FB 1999, 440, 443; *Böttcher/Krömker,* NZG 2001, 590 (592).
768 *Schlitt,* FB 1999, 440, 443; *Böttcher/Krömker,* NZG 2001, 590 (592).
769 *Schlitt,* FB 1999, 440, 443; *Böttcher/Krömker,* NZG 2001, 590 (592).
770 Vgl. → D. Rn. 579 und Frankenberger, RNotZ 2018, 649, 660.
771 *Hüffer/Koch,* AktG, § 1 Rn. 4.
772 *Raiser,* AcP 199 (1999), 104 (115).
773 *Hüffer/Koch,* AktG, § 1 Rn. 4.
774 *Hüffer/Koch,* AktG, § 1 Rn. 8.
775 *Hüffer/Koch,* AktG, § 1 Rn. 10.
776 *Hüffer/Koch,* AktG, § 1 Rn. 11.
777 *Hüffer/Koch,* AktG, § 1 Rn. 12.
778 *Hüffer/Koch,* AktG, § 1 Rn. 13.
779 *Hüffer/Koch,* AktG, § 23 Rn. 29.

Zu den Strukturmerkmalen der Aktiengesellschaft gehört schließlich ihr Charakter als **Handelsgesellschaft.** Aus § 3 Abs. 1 AktG i. V. m. § 6 HGB folgt, dass die Aktiengesellschaft notwendig den Bestimmungen des Handelsrechts unterliegt.[780] **552**

3. Gründung

a) Errichtung der kommunalen Aktiengesellschaft

Eine Aktiengesellschaft entsteht durch die in den §§ 23 ff. AktG geregelte Gründung, als **Bar- oder Sachgründung.** Darüber hinaus ist eine Gründung einer kommunalen Aktiengesellschaft auch durch die **Ausgliederung** einer bisher in öffentlich-rechtlicher Organisationsform betriebenen Einheit möglich (Rechtsformwechsel). **553**

aa) Gründung einer AG. Die rechtsgeschäftliche Errichtung der Aktiengesellschaft erfolgt in einem notariell beurkundeten **Gründungsprotokoll.** Für die notarielle Beurkundung gelten die §§ 8 ff. BeurkG. Gleichzeitige Anwesenheit der Gründer ist danach nicht erforderlich. Ihre Beitrittserklärungen können zeitlich nacheinander vor dem Notar abgegeben werden, der hierüber ein einheitliches Protokoll fertigt. Die **Satzung** ist wirksam festgestellt, sobald der letzte Gründer unterzeichnet hatte (vgl. § 152 S. 1 BGB).[781] **554**

Die sich **an der Gründung beteiligenden Personen** sind im Gründungsprotokoll namentlich aufzuführen (§ 23 Abs. 2 Nr. 1 AktG).[782] Nach § 2 AktG müssen sich eine oder mehrere Personen an der Feststellung der Satzung beteiligen und die Aktien gegen Einlagen übernehmen. **555**

Gründer kann jede natürliche oder juristische Person[783] sowie eine offene Handelsgesellschaft oder Kommanditgesellschaft sein.[784] Ebenfalls kann die als Gesamthandsgemeinschaft strukturierte Gesellschaft bürgerlichen Rechts Gründer sein.[785] **556**

Im Gründungsprotokoll oder als Anlage ist die **Satzung** der zu errichtenden Aktiengesellschaft festzustellen.[786] Die Satzung der Aktiengesellschaft muss nach § 23 Abs. 3 und 4 AktG einen bestimmten Mindestinhalt haben. **557**

Der oder die Gründer der Aktiengesellschaft müssen sämtliche **Aktien** übernehmen. Die Aufteilung der Aktien auf die einzelnen Gründer ist im Gründungsprotokoll anzugeben. Im Gründungsprotokoll muss ferner der **Nennbetrag der Aktien,** der **Ausgabebetrag** – auch wenn er mit dem Nennbetrag übereinstimmt – und, wenn mehrere Gattungen bestehen, auch die **Gattung der Aktien** bezeichnet werden, die jeder Gründer übernimmt. **558**

Der **Ausgabebetrag** kann dem Nennbetrag entsprechen. Er darf aber in keinem Fall geringer **(Verbot der Unterpariemission),** kann aber jederzeit höher sein (§ 9 AktG). **559**

Die Gründer haben den **ersten Aufsichtsrat** der Aktiengesellschaft zu bestellen (§ 30 Abs. 1 S. 1 AktG). Die Bestellung bedarf der notariellen Beurkundung (§ 30 Abs. 1 S. 2 AktG). Sie muss nicht notwendigerweise – wird jedoch zweckmäßigerweise – zusammen mit der Feststellung der Satzung und der Übernahme der Aktien im notariellen Gründungsprotokoll erfolgen. **560**

Der erste Aufsichtsrat bestellt nach § 30 Abs. 4 AktG den ersten **Vorstand.** Die Bestellung erfolgt gem. § 108 AktG durch Beschluss mit einfacher Mehrheit. Ein Formerforder- **561**

[780] *Hüffer/Koch,* AktG, § 3 Rn. 3 f.
[781] Vgl. auch *Hüffer/Koch,* AktG, § 23 Rn. 9 m. w. N.
[782] Vgl. hierzu *Hüffer/Koch,* AktG, § 23 Rn. 16 ff.
[783] *Hüffer/Koch,* AktG, § 2 Rn. 6 ff.; *Hoffmann-Becking,* in: Münchener Handbuch des Gesellschaftsrechts, Bd. 4, Aktiengesellschaft, § 3 Rn. 4.
[784] *Hüffer/Koch,* AktG, § 2 Rn. 9; *Hoffmann-Becking,* in: Münchener Handbuch des Gesellschaftsrechts, Bd. 4, Aktiengesellschaft, § 3 Rn. 4.
[785] BGH, WM 1992, 1225 (1230); Schuldnerin der Einlageschuld ist in diesem Fall die Gesellschaft bürgerlichen Rechts, neben der die Gesellschafter zwingend als Gesamtschuldner haften BGHZ 78, 311 (316); BGH, WM 1992, 1225 (1230 f.); *Hüffer/Koch,* AktG, § 2 Rn. 10.
[786] Siehe zum Inhalt der Satzung → Rn. 480 ff.

nis für die Bestellung besteht nicht. Sie wird gemäß § 107 Abs. 2 AktG in einer Niederschrift über den Aufsichtsratsbeschluss festgehalten.

562 Die **Bestellung** der Mitglieder des ersten sowie jedes weiteren Vorstands kann auf längstens **fünf Jahre** erfolgen (§ 84 Abs. 1 S. 1 AktG). Eine wiederholte Bestellung ist zulässig (§ 84 Abs. 1 S. 2 AktG).

563 Nach § 30 Abs. 1 AktG haben die Gründer neben dem ersten Aufsichtsrat in notariell beurkundeter Form auch den **Abschlussprüfer** für das erste Voll- oder Rumpfgeschäftsjahr der Aktiengesellschaft zu bestellen. Auch dies erfolgt zweckmäßigerweise in der Gründungsurkunde.

564 Gemäß § 32 Abs. 1 AktG haben der oder die Gründer einen schriftlichen Bericht (§ 126 BGB) über den Hergang der Gründung zu erstatten. Die Gründer haben diesen **Gründungsbericht** persönlich zu erstatten.[787]

565 In dem Gründungsbericht haben die Gründer insbesondere Angaben zu machen über die für die wirtschaftliche Lage der Aktiengesellschaft sehr gefährlichen **Sacheinlagen** und **Sachübernahmen** (§ 32 Abs. 2 AktG). Darüber hinaus sind Angaben darüber zu machen, ob und in welcher Weise die Mitglieder des Aufsichtsrats und des Vorstandes an der Gesellschaft beteiligt sind und ob andere wirtschaftliche Beziehungen zwischen der Gesellschaft und diesen Personen bestehen.[788]

566 Zu diesem Gründungsbericht tritt eine **Prüfung** der Gründung (§ 33 AktG) und damit auch eine Prüfung des Gründungsberichts. Diese Prüfung ist in erster Linie von den Mitgliedern des Aufsichtsrats und des Vorstandes vorzunehmen (§ 33 Abs. 1 AktG).

567 Gründungsprüfer werden vom Gericht bestellt, wenn besondere Beziehungen zwischen mindestens einem Mitglied des Vorstandes oder des Aufsichtsrates und der Gesellschaft bestehen (§ 33 Abs. 2 Nr. 1 bis 3 AktG). Sie müssen die erforderliche **Sachkunde** haben, brauchen aber nicht Wirtschaftsprüfer zu sein (§ 33 Abs. 4 AktG). Die Gründungsprüfung hat sich auf die wesentlichen **Umstände der Gründung** zu erstrecken (§ 34 Abs. 1 AktG). Der Prüfungsbericht ist schriftlich zu erstatten.

568 Die Aktiengesellschaft ist in das **Handelsregister** einzutragen (§ 36 Abs. 1 AktG). Diese Eintragung ist Voraussetzung für die **Entstehung** der Aktiengesellschaft (§ 41 Abs. 1 S. 1 AktG).

569 Erst mit der **Eintragung** in das Handelsregister wird die Aktiengesellschaft zu einer rechtlich selbständigen **juristischen Person.**[789] Aus Rechtsgeschäften, die vor der Eintragung im Namen der Gesellschaft vorgenommen worden sind, haften die Handelnden persönlich (§ 41 Abs. 1 S. 2 AktG). Vor der Eintragung können Anteilsrechte nicht übertragen und auch Aktien oder Zwischenscheine nicht ausgegeben werden (§ 41 Abs. 4 S. 1 AktG).

570 Voraussetzung für die Eintragung ist eine **Anmeldung** der Gesellschaft durch alle Gründer, alle Mitglieder des Vorstands und des Aufsichtsrats (§ 36 Abs. 1 AktG).[790] Die bar zu zahlenden und vom Vorstand eingeforderten Beträge müssen vor der Anmeldung eingezahlt sein (§§ 36 Abs. 2, 54 Abs. 3 S. 1 AktG).

571 Bei **Bareinlagen** muss der eingeforderte Betrag mindestens ein Viertel des Nennbetrags der Aktie und das gesamte Aufgeld umfassen (§ 36a Abs. 1 AktG). Sacheinlagen sind grundsätzlich vor der Anmeldung vollständig zu leisten (§ 36a Abs. 2 AktG). Für einzelne Vermögensgegenstände kann die Übertragung um bis zu fünf Jahre hinausgeschoben werden (§ 36a Abs. 2 S. 2 AktG).[791]

572 Gehören alle Aktien allein oder neben der Gesellschaft einem Aktionär, so ist dies sowie der Name, Vorname, Beruf und Wohnort des **alleinigen Aktionärs** ebenfalls anzumelden (§ 42 AktG).

---

[787] *Hüffer/Koch,* AktG, § 32 Rn. 9; *Pentz,* in: MüKo, AktG, § 32 Rn. 6: höchstpersönliche Pflicht der Gründer.

[788] *Pentz,* in: MüKo, AktG, § 32 Rn. 28 ff.

[789] Vgl. *Hüffer/Koch,* AktG, § 2 Rn. 4.

[790] *Hüffer/Koch,* AktG, § 36 Rn. 2 ff.

[791] Zur sog. „gemischten Einlage" siehe auch *Hüffer/Koch,* AktG, § 36 Rn. 12.

573 Das Gericht **prüft** die Anmeldung und die beigefügten Unterlagen und hat die Eintragung **abzulehnen,** wenn die Gesellschaft nicht ordnungsgemäß errichtet worden ist (§ 38 Abs. 1 AktG) und die in § 39 AktG aufgeführten Anforderungen nicht erfüllt sind.

574 Darüber hinaus kann es die Eintragung bei Mängeln des Gründungsberichts oder des Prüfungsberichts des Vorstands und des Aufsichtsrats ablehnen (§ 38 Abs. 2 S. 1 AktG). Schließlich kann das Registergericht die Eintragung ablehnen, wenn es der Auffassung ist, dass der Wert der Sacheinlagen nicht unwesentlich hinter dem Nennbetrag der dafür zu gewährenden Aktien zurückbleibt oder dass der Wert der Sachübernahmen nicht unwesentlich hinter dem Wert der dafür zu gewährenden Leistungen zurückbleibt (§ 38 Abs. 2 S. 2 AktG).

575 Hält das Gericht die Voraussetzung einer **Eintragung** für gegeben, so trägt es die Gesellschaft in das Handelsregister ein. Mit der Eintragung entsteht die Aktiengesellschaft.[792] Erst nach der Eintragung dürfen Aktienurkunden ausgegeben und übertragen werden (§ 41 Abs. 4 AktG).

576 **bb) Rechtsformwechsel (Ausgliederung).** Gemäß § 168 UmwG können **Gebietskörperschaften** oder deren Zusammenschlüsse von ihnen in öffentlich-rechtlicher Organisationsform betriebene Unternehmen in bestimmte privatrechtliche Gesellschaftsformen, namentlich in eine Aktiengesellschaft, **überführen.** Dabei ist in § 168 UmwG ausdrücklich klargestellt, dass das für den Zusammenschluss maßgebende Bundes- oder Landesrecht, insbesondere also auch das kommunale Wirtschaftsrecht, einer Umwandlung nicht entgegenstehen darf.[793]

577 Das Umwandlungsrecht ermöglicht eine **privatisierende Umwandlung** mit Gesamtrechtsnachfolge.[794] Damit wird der ansonsten notwendige umständliche Weg von Einzelrechtsübertragungen erspart und, z. B. mit Blick auf die zu Dritten begründeten Rechtsverhältnisse (z. B. Verträge mit Kunden oder Benutzern), eine praktische Vereinfachung erzielt.

578 Im Vergleich zur Ausgliederung aus dem Vermögen eines anderen Rechtsträger ist zu beachten, dass Gebietskörperschaften nur gesamte **Unternehmen** ausgliedern können.[795] Während Gesellschaften und andere Rechtsträger beliebig Vermögen, auch einen einzigen Vermögensgegenstand, ausgliedern und abspalten können, verlangt § 168 UmwG, dass das gesamte Vermögen ausgegliedert wird. Daher ist Voraussetzung einer Ausgliederung aus dem Vermögen einer Gebietskörperschaft das Vorliegen einer in der Form einer organisatorisch weitgehend verselbständigten, finanzwirtschaftlich als eigenes Vermögen getrennt zu verwaltende Unternehmenstätigkeit.[796]

579 Die Vorschriften über die Ausgliederung aus dem Vermögen von Gebietskörperschaften sind **Sondervorschriften der Ausgliederung,** die wiederum **Sondervorschriften der Spaltung** darstellen. Es gelten daher grundsätzlich auch die allgemeinen Vorschriften über Spaltung und Ausgliederung, soweit nicht die §§ 168 ff. UmwG Sondervorschriften vorsehen. Dabei ist zwischen einer Ausgliederung zur Aufnahme[797] und einer Ausgliederung zur Neugründung[798] zu unterscheiden.

---

792 Vgl. *Hüffer/Koch,* AktG, § 41 Rn. 1.

793 *Gaß,* S. 195.

794 *H. Schmidt,* in: *Lutter,* UmwG, § 168 Rn. 5; zu steuerlichen Fragen vgl. → G. Rn. 232 ff.

795 *H. Schmidt,* in: *Lutter,* UmwG, § 168 Rn. 12; *Gaß,* S. 190 ff.

796 *H. Schmidt,* in: *Lutter,* UmwG, § 168 Rn. 10; *Gaß,* S. 191.

797 Dabei liegt grundsätzlich ein Vertrag vor, der die **2,0 Gebühr** nach Nr. 21100 KV-GNotKG entstehen lässt.

798 Hier kann der bereits bestehende Rechtsträger mit dem erst noch zu gründenden Rechtsträger keinen Vertrag schließen. Folglich tritt an die Stelle des Spaltungs- oder Ausgliederungsvertrages der Spaltungs- oder Ausgliederungsplan in Form einer einseitigen nicht empfangsbedürftigen Willenserklärung. Der Gesellschaftsvertrag des neuen Rechtsträgers muss im Spaltungsplan festgestellt werden (§§ 125, 37 UmwG). Für die notwendige Beurkundung eines Spaltungs- oder Ausgliederungsplans fällt daher **nur eine 1,0 Gebühr** nach Nr. 21200 KV-GNotKG an.

580 Da gemäß § 125 S. 1 UmwG auf die Spaltung die Vorschriften des zweiten Buches des UmwG anwendbar sind, gilt auch § 6 UmwG, d. h. ein Ausgliederungsplan bzw. ein Ausgliederungsvertrag muss **notariell beurkundet** werden. Nach § 169 S. 1 UmwG ist **kein Ausgliederungsbericht** für die Gebietskörperschaft notwendig.

581 Da die Ausgliederung ein Sonderfall der Spaltung ist, muss für den Ausgliederungsplan bzw. Ausgliederungsvertrag § 126 UmwG berücksichtigt werden, der den Inhalt des **Spaltungsvertrages** beschreibt.

582 In diesem Zusammenhang ist insbesondere die Frage zu beachten, auf welche Weise gemäß § 126 Abs. 1 Nr. 9 UmwG die Gegenstände zu bezeichnen sind, die ausgegliedert werden sollen. Hierbei ist im Hinblick auf den **sachenrechtlichen Bestimmtheitsgrundsatz** von einer genauen Abgrenzung des Kreises übergehender **Aktiva und Passiva** auszugehen, und zwar möglichst mit der gleichen Genauigkeit, mit der etwa bei einer Veräußerung von Unternehmen im Wege der Übertragung von Einzelwirtschaftsgütern gearbeitet wird.

583 Bei der Übertragung von **Eigenbetrieben oder sonstigen Sondervermögen** wird es häufig ausreichen, dass auf **Bilanzen und Inventare** Bezug genommen wird.[799] Sind jedoch auch **Grundstücke** von der Ausgliederung betroffen, so müssen diese gemäß § 126 Abs. 2 S. 2 UmwG nach § 28 GBO hinreichend individualisiert sein. Weiterhin sind auch die **nicht-bilanzierungsfähigen Gegenstände** und insbesondere die Vertragsverhältnisse gesondert aufzuführen.

584 Mit der **Eintragung** der Ausgliederung in das Register des Sitzes des übernehmenden Rechtsträgers geht das ausgegliederte Unternehmen gemäß § 171 UmwG auf den neuen Rechtsträger über, ohne dass noch Einzelübertragungen erforderlich sind.[800] Mit dem Wirksamwerden der Ausgliederung gehen damit die zu übertragenden Vermögensteile im Wege der **Sonderrechtsnachfolge bzw. partielle Gesamtrechtsnachfolge** automatisch auf die übernehmende Gesellschaft über, ohne dass es irgendwelcher weiteren Übertragungshandlungen bedarf. Der Umfang des übergehenden Vermögens muss dabei im Ausgliederungsplan bzw. Ausgliederungsvertrag festgelegt werden. In ihm ist detailliert zu bestimmen, welche Aktiva und Passiva auf welchen übernehmenden Rechtsträger übergehen bzw. beim übertragenden Rechtsträger verbleiben sollen.[801]

585 Soweit ein Vertragsverhältnis ohne die Zustimmung der anderen Vertragspartei auf den übernehmenden Rechtsträger übergehen kann, gilt dies auch für die damit zusammenhängenden Kundendaten, so dass der übernehmende Rechtsträger die Vertragsdaten erhalten und verarbeiten, ohne dass dem der Vertragspartner gem. Art. 6 Abs. 1 Satz 1 Buchst. a) DSGVO einwilligen müsste, weil schon keine Datenübermittlung im Sinne von Art. 4 Nr. 2 DSGVO vorliegt. Jedenfalls wird die Einwilligung durch die Gesamtrechtsnachfolge ersetzt. [802] Das unterstellt allerdings, dass die Daten auch nach der Spaltung zu dem ursprünglich vereinbarten Zweck verwendet werden.

586 Mit der Eintragung im Register des übernehmenden Rechtsträgers geht das ausgegliederte Unternehmen als Gesamtheit nach § 131 Abs. 1 Nr. 1 UmwG auf den aufnehmenden Rechtsträger über.[803]

587 Der übernehmende Rechtsträger tritt in die Rechtsstellung ein, die der übertragende Rechtsträger innehatte. Der **Rechtsübergang** vollzieht sich dabei außerhalb von mit öffentlichem Glauben versehenen Registern.[804]

---

[799] *Widmann/Mayer,* Umwandlungsrecht, § 126 Rn. 209 ff.; *Mayer,* DB 1995, 861 (864); ausführlich *Perlitt/Krebs,* in: *Semler/Stengel,* UmwG § 168 Rn. 70 ff.

[800] *Schröer,* in: *Semler/Stengel,* UmwG § 131 Rn. 13 f; *Teichmann,* in: *Lutter,* UmwG, § 131 Rn. 1; *Schwarz,* in: *Widmann/Mayer,* Umwandlungsrecht, § 123 Rn. 4.1.3; *Vossius,* in: *Widmann/Mayer,* Umwandlungsrecht, § 131 Rn. 23.

[801] *Leonhard,* in: *Semler/Stengel,* UmwG § 131 Rn. 7; *Hörtnagel,* in: *Schmitt/Hörtnagl/Stratz,* UmwG § 131 Rn. 4.

[802] *Schröer,* in: *Semler/Stengel,* UmwG § 131 Rn. 40 noch zum BDSG.

[803] *H. Schmidt,* in: *Lutter,* UmwG, § 171 Rn. 7; zur Frage der Wertansätze dieser Vermögensgegenstände → G. Rn. 234 ff.

[804] *Vossius,* in: *Widmann/Mayer,* Umwandlungsrecht, § 131 Rn. 38.

Bei einer Ausgliederung besteht für die **Verbindlichkeiten,** die bis zur Eintragung der Ausgliederung in das Handelsregister begründet worden sind, eine Haftung des übertragenden Rechtsträger gesamtschuldnerisch mit dem übernehmenden Rechtsträger, auf den die Verbindlichkeiten übergegangen sind, für die Dauer von fünf Jahren fort. Dies ist ausdrücklich in den §§ 172, 173 UmwG klargestellt.[805] 588

Es besteht Einigkeit darüber, dass der Gesetzgeber durch die Einführung der Ausgliederung als neue Umwandlungsform den Gesellschaftern nicht die Möglichkeit der **Einzelrechtsübertragung** verschließen wollte. Die allgemeinen Möglichkeiten der Einzelrechtsübertragung und der Sachgründung bzw. Sachkapitalerhöhung bleiben demnach weiter eröffnet.[806] 589

cc) Vermögensübertragung. Für den Fall, dass der Geschäftszweck der einmal gegründeten AG für die Zukunft entfällt oder, dass die bisher in der Rechtsform einer AG geführte Eigengesellschaften wieder auf die öffentliche Hand in einen Regie- oder Eigenbetrieb „rückumgewandelt" werden soll **(„Re-Kommunalisierung")**[807], besteht die Möglichkeit einer Vermögensübertragung nach §§ 174 ff. UmwG, die eine Sonderform der Verschmelzung bzw. Spaltung von Unternehmen auf die öffentliche Hand darstellen (§ 175 Nr. 1 UmwG). Der Vorteil einer Vermögensübertragung gegenüber der Auflösung durch Auflösungsbeschluss (vgl. § 262 Abs. 1 Nr. 2 AktG) und einer (langwierigen) Liquidation der AG besteht darin, dass das Vermögen der AG als Ganzes unter **Auflösung ohne Abwicklung mit allen Rechten und Pflichten (Gesamtrechtsnachfolge)** auf der Grundlage einer bei Anmeldung maximal acht Monate (vgl. § 17 abs. 2 Satz 4 UmwG) zurückliegenden Schlussbilanz (Übertragungsstichtag) auf die öffentliche Hand übertragen werden kann. 590

Von diesem Übertragungsstichtag an bis zum Zeitpunkt des Erlöschens der übertragenden Gesellschaft gelten gemäß § 176 Abs. 1 i. V. m. §§ 20 Abs. 1 Nr. 2, 176 Abs. 2 Satz 2 UmwG alle Handlungen und Geschäfte der übertragenden Gesellschaft als für die Rechnung der übernehmenden Gesellschaft vorgenommen **(„Rückwirkungsfiktion").** Die übernehmende Körperschaft wird mit Wirksamwerden der Vermögensübertragung neuer Arbeitgeber der zu diesem Zeitpunkt bei der übertragenden Gesellschaft beschäftigten Arbeitnehmer. Gemäß § 324 UmwG findet auf die Vermögensübertragung § 613a Abs. 1 und 4 bis 6 BGB Anwendung; die Vermögensübertragung führt zum **Betriebsübergang gemäß § 613a BGB.** Jedoch verfügen die Arbeitnehmer entgegen § 613a Abs. 6 BGB nicht über ein Widerspruchsrecht, da die übertragende Gesellschaft durch die Vermögensübertragung als Rechtsträger ohne Abwicklung aufgelöst wird und erlischt. 591

b) Die Satzung der kommunalen Aktiengesellschaft

Die Satzung einer kommunalen Aktiengesellschaft muss nach § 23 Abs. 3 und 4 AktG bestimmte **Mindestanforderungen** erfüllen. Daneben beschränkt sich das Gemeindewirtschaftsrecht nicht auf eine Definition der Voraussetzungen für die Rechtsform des kommunalen Unternehmens. Vielmehr machen die Gemeindeordnungen eine Reihe von **weitergehenden Vorgaben** für die Ausgestaltung der Satzung kommunaler Gesellschaften. 592

aa) Firma und Sitz. In der Satzung einer Aktiengesellschaft sind **Firma und Sitz** der Gesellschaft anzugeben. 593

Die **Firma** ist der Name, unter dem die Aktiengesellschaft am Rechtsverkehr teilnimmt. Sie muss die Bezeichnung „Aktiengesellschaft" oder eine allgemein verständliche Abkürzung dieser Bezeichnung enthalten. Aufgrund der neuen Fassung des § 4 AktG im Rahmen des Gesetzes zur Neuregelung des Kaufmanns- und Firmenrechts vom 22. Juni 1998[808] hat 594

[805] *H. Schmidt,* in: *Lutter,* UmwG, § 172 Rn. 10 ff.; *Perlitt/Krebs,* in: *Semler/Stengel,* UmwG § 173 Rn. 6.
[806] *Gaß,* S. 228.
[807] *Henssler/Strohn,* GesR/Decker, 4. Aufl. 2019, UmwG § 175 Rn. 1: Die Vermögensübertragung nach § 175 Nr. 1 eröffnet den Rückweg zum Eigen- oder Regiebetrieb im Wege der Gesamtrechtsnachfolge.
[808] BGBl. 1998 I S. 1474 ff.

sich die frühere Streitfrage, ob die Firma aus dem Gegenstand des Unternehmens entlehnt sein muss, erledigt. Es sind nun auch Fantasiefirmen zulässig.

595 Sitz der Gesellschaft ist nach § 5 Abs. 1 AktG der Ort, den die Satzung bestimmt. Dieser **(Satzungs-)Sitz** der Gesellschaft muss innerhalb der Bundesrepublik Deutschland liegen. Der Sitz der **Verwaltung, Geschäftsleitung** oder des **Betriebes** kann sich dagegen im Ausland befinden.

596 **bb) Unternehmensgegenstand und Öffentlicher Zweck.** Ein weiterer notwendiger Satzungsbestandteil ist der **Gegenstand des Unternehmens.** Gegenstand des Unternehmens ist die **Tätigkeit,** die die Gesellschaft zu betreiben beabsichtigt.[809] Die Angabe des Unternehmensgegenstandes muss derart individualisierbar sein, dass der **Schwerpunkt der Geschäftstätigkeit** erkennbar ist.

597 Die Satzung der kommunalen Aktiengesellschaft muss sicherstellen, dass der **öffentliche Zweck** des Unternehmens erfüllt wird. Geht man davon aus, dass jede Beteiligung einer Kommune an einer Aktiengesellschaft durch einen öffentlichen Zweck legitimiert sein muss, so drängt sich die Frage auf, ob dieser Zweck im Sinne des verfolgten Verwaltungszieles in der Satzung des Unternehmens festgelegt werden muss.[810]

598 Ausgehend von der allgemein anerkannten Unterscheidung zwischen **Unternehmensgegenstand** und **Unternehmenszweck**[811] ist festzuhalten, dass zumindest in dem Fall, in dem sich aus dem Unternehmensgegenstand eindeutige Hinweise auf den Versorgungsauftrag und damit auf die öffentlich-rechtliche Zwecksetzung ergeben, eine ausdrückliche Bestimmung, wonach der Zweck der Gesellschaft in der Wahrnehmung öffentlicher Aufgaben besteht, nicht notwendig ist.[812] Ansonsten ist von einer deklaratorischen Bedeutung der Angabe des Unternehmenszwecks auszugehen, die sich aus der Steuerungsaufgabe der Kommune gegenüber ihren Beteiligungen an privaten Unternehmen ergibt.[813]

599 **cc) Grundkapital.** Das in der Satzung anzugebende **Grundkapital** der Aktiengesellschaft muss nach § 7 AktG mindestens EUR 50.000,00 betragen.

600 Bei einer **Sachgründung**[814] müssen in der Satzung der Gegenstand der Sacheinlage, die Person, von der die Gesellschaft den Gegenstand erwirbt und der Nennbetrag, bei Stückaktien die Zahl der bei der Sacheinlage zu gewährenden Aktien, oder bei der Sachübernahme zu gewährenden Vergütung festgesetzt werden (§ 27 Abs. 1 S. 1 AktG). Ohne diese Festsetzung sind die Sacheinlage sowie Rechtshandlungen zu ihrer Ausführung unwirksam.[815] Der Aktionär ist in diesem Fall verpflichtet, den Nennbetrag oder den höheren Ausgabebetrag der Aktien in bar einzuzahlen (§ 27 Abs. 3 AktG).[816]

601 **dd) Aktien.** Darüber hinaus ist in der Satzung nach § 23 Abs. 3 Nr. 4 AktG die Zerlegung des Grundkapitals in entweder **Nennbetragsaktien** oder in **Stückaktien** anzugeben. Bei Nennbetragsaktien beträgt der Nennwert einer Aktie mindestens EUR 1,00 (§ 8 Abs. 2 S. 1 AktG). Höhere Aktienennbeträge müssen auf volle Euro lauten (§ 8 Abs. 2 S. 4 AktG).

602 Stückaktien lauten auf keinen Nennbetrag (§ 8 Abs. 3 S. 1 AktG). Die **Stückaktien** einer Gesellschaft sind am Grundkapital in gleichem Umfang beteiligt (§ 8 Abs. 3 S. 2 AktG). Der auf die einzelne Aktie entfallende anteilige Betrag des Grundkapitals darf einen Euro nicht unterschreiten (§ 8 Abs. 3 S. 3 AktG). Ermitteln lässt sich die Beteiligungsquote des Aktionärs durch Division der Grundkapitalziffer durch die Zahl der ausgegebenen Stückaktien.

---

809 BayObLG, NJW 1976, 1694.

810 Vgl. hierzu auch *Habersack,* ZGR 1996, 544 (553).

811 Vgl. z. B. Hüffer/Koch, AktG, § 23 Rn. 22.

812 Ausführlich zu diesem Thema *Becker,* S. 100 ff.; nach *Harbarth,* S. 117 ff. und *Habersack,* ZGR 1996, 544 (553) soll die bloße Beschreibung des Unternehmensgegenstandes nicht ausreichend sein; vgl. auch *Ehlers,* DÖV 1986, 897 (904).

813 *Becker,* S. 107.

814 Zur verdeckten Sacheinlage vgl. Hüffer/Koch, AktG, § 27 Rn. 23 ff.

815 *Hüffer/Koch,* AktG, § 27 Rn. 12, 12a.

816 Zu Fragen der Heilung vgl. *Hüffer/Koch,* AktG, § 27 Rn. 45 f.

Der Anteil am Grundkapital bestimmt sich bei **Nennbetragsaktien** nach dem Verhältnis ihres Nennbetrags zum Grundkapital, bei Stückaktien nach der Zahl der Aktien (§ 8 Abs. 4 AktG). **603**

Die Aktien können auf den Namen **(Namensaktien)** oder auf den Inhaber **(Inhaberaktien)** lauten. Die Gründer können grundsätzlich frei entscheiden, welche Art der Aktien sie wählen. **604**

Namensaktien sind unter Bezeichnung des Inhabers nach Namen, Geburtsdatum und Adresse in das **Aktienregister** der Gesellschaft einzutragen (§ 67 Abs. 1 AktG). Im Verhältnis zur Gesellschaft gilt nur derjenige als Aktionär, der als solcher im Aktienregister eingetragen ist (§ 67 Abs. 2 AktG). **605**

Bei Namensaktien kann durch Satzungsregelung die Übertragung der Aktien an die Zustimmung der Gesellschaft gebunden werden (sog. **„vinkulierte Namensaktien"**, § 68 Abs. 2 S. 1 AktG). Die Zustimmung erteilt der Vorstand, sofern diese Befugnis nicht in der Satzung dem Aufsichtsrat oder der Hauptversammlung übertragen wurde (§ 68 Abs. 2 S. 2 und 3 AktG). Sofern die Satzung nicht die Gründe abschließend bestimmt, aus denen die Zustimmung verweigert werden kann, hat das zur Entscheidung berufene Organ seine Entscheidung nach pflichtgemäßem Ermessen zu treffen.[817] **606**

Jede Aktie gewährt grundsätzlich nach § 12 Abs. 1 S. 1 AktG das **Stimmrecht** (Stammaktie). Es ist jedoch nach der Regelung des § 12 Abs. 1 S. 2 AktG zulässig, **Vorzugsaktien ohne Stimmrecht** auszugeben. Die näheren Regelungen hierzu finden sich in den §§ 139 ff. AktG. **607**

Stimmrechtslose Vorzugsaktien müssen danach einen **Vorzug bei der Verteilung des Gewinns** erhalten (§ 139 Abs. 1 AktG). Wird der Vorzugsbetrag in einem Jahr nicht oder nicht vollständig gezahlt und der Rückstand auch im nächsten Jahr nicht neben dem vollen Vorzug dieses Jahres nachgezahlt, so steht den Vorzugsaktionären so lange ein Stimmrecht zu, bis die Rückstände nachgezahlt sind (§ 140 Abs. 2 S. 1 AktG). **608**

Der Gesamtnennbetrag stimmrechtsloser Vorzugsaktien darf den Gesamtnennbetrag der anderen ausgegebenen Aktien nicht übersteigen. **Vorzugsaktien ohne Stimmrecht** dürfen nur bis zur Hälfte des Grundkapitals ausgegeben werden (§ 139 Abs. 2 AktG). **609**

Die Ausgabe von **Mehrstimmrechtsaktien** ist unzulässig (§ 12 Abs. 2 AktG). Gemäß § 5 Abs. 1 EGAktG kann eine Fortgeltung für bereits ausgegebene Mehrstimmrechtsaktien über den 1. Juni 2003 hinaus nur aufgrund eines Hauptversammlungsbeschlusses bestimmt werden. **610**

ee) Vorstand. Nach § 23 Abs. 2 Nr. 6 AktG ist weiterer zwingender Satzungsbestandteil die Angabe der **Anzahl der Mitglieder** des Vorstandes oder der Regel, nach denen diese Anzahl festgelegt wird. Der Vorstand kann aus einer oder mehreren Personen bestehen. Bei Gesellschaften mit einem Grundkapital von mehr als EUR 3.000.000,00 hat er aus mindestens zwei Personen zu bestehen, es sei denn, die Satzung bestimmt, dass er aus einer Person besteht (§ 76 Abs. 2 S. 2 AktG). **611**

Statt der Festlegung einer bestimmten Zahl von Vorstandsmitglieder kann in der Satzung auch eine **Mindest- oder Höchstzahl** genannt werden.[818] Die nähere Bestimmung der Zahl der Vorstandsmitglieder erfolgt dann durch den Aufsichtsrat.[819] Die Satzung kann dieses Recht aber auch der Hauptversammlung zubilligen.[820] **612**

ff) Gesellschaftsblätter. Nach § 23 Abs. 4 AktG muss die Satzung Bestimmungen über die Form der Bekanntmachungen der Gesellschaft enthalten. Das Pflichtgesellschaftsblatt für Aktiengesellschaften ist der **elektronische Bundesanzeiger** (§ 25 AktG). Daneben **613**

[817] LG Aachen, DB 1992, 1564.
[818] LG Köln, AG 1999, 137; *Hüffer/Koch,* AktG, § 23 Rn. 31; *Pentz,* in: Münchener Kommentar zum Aktiengesetz, § 23 Rn. 144.
[819] *Ganske,* DB 1978, 2461.
[820] *Wiesner,* in: Münchener Handbuch des Gesellschaftsrechts, Bd. 4, Aktiengesellschaft, § 19 Rn. 48.

kann die Satzung andere Blätter oder elektronische Informationsmedien als Gesellschaftsblätter bezeichnen.

614 **gg) Gründungsaufwand.** Weiterhin muss in der Satzung die Gesamtziffer des von der Gesellschaft zu tragenden **Gründungsaufwands** festgesetzt werden (§ 26 Abs. 2 AktG). Der Gründungsaufwand ist der Gesamtaufwand, der zu Lasten der Gesellschaft an Aktionäre oder andere Personen als Entschädigung oder als Belohnung für die Gründung oder ihre Vorbereitung gewährt wird. Er umfasst die **Gründungsentschädigung** und den **Gründerlohn.**

615 Entschädigung ist der **Ersatz von Aufwendungen** für die Kosten der Gründung und der Einlagenleistung. Dazu gehören Steuern, Gebühren des Notars und des Gerichts, Honorare der Gründungsprüfer, Kosten der Bekanntmachung oder des Drucks von Aktienurkunden.[821] Gründerlohn ist die **Tätigkeitsvergütung** für die Mitwirkung bei der Gründung und ihrer Vorbereitung einschließlich der Honorare für Gutachten, Beratung und Vermittlung, gleichgültig, ob die Leistung an Gründer oder an Dritte erfolgt.

616 Fehlt eine Festsetzung des Gründungsaufwands in der Satzung, so sind die **Verträge und Rechtshandlungen** zu ihrer Ausführung der Gesellschaft gegenüber unwirksam (§ 26 Abs. 3 S. 1 AktG).

617 **hh) Wirtschaftsplan, Jahresabschluss, Abschlussprüfung.** Die Gemeindeordnungen[822] fordern, dass in der Satzung der Aktiengesellschaft sichergestellt wird, dass für jedes Wirtschaftsjahr ein **Wirtschaftsplan** aufgestellt wird und der **Wirtschaftsführung** eine fünfjährige Finanzplanung zugrundegelegt wird. Darüber hinaus sind der **Jahresabschluss und der Lagebericht** in entsprechender Anwendung der Vorschriften des Handelsgesetzbuchs für große Kapitalgesellschaften aufzustellen und zu prüfen.

618 Der Wirtschaftsplan und die Finanzplanung, der Jahresabschluss und der Lagebericht sowie der Prüfungsbericht des Abschlussprüfers sind der Kommune zu übersenden. Für die **Prüfung der Betätigung der Gemeinde** bei dem Unternehmen sind darüber hinaus dem Rechnungsprüfungsamt und der für die überörtliche Prüfung zuständigen Prüfungsbehörde die in § 54 HGrG vorgesehenen Befugnisse wie auch das **Recht zur überörtlichen Prüfung** der Haushalts- und Wirtschaftsführung des Unternehmens nach den Vorschriften der Gemeindeordnungen einzuräumen.[823]

619 **ii) Gestaltungsmöglichkeiten in der Satzung.** Nach § 23 Abs. 5 S. 1 AktG kann die Satzung von Vorschriften des Aktiengesetzes nur abweichen, wenn es ausdrücklich zugelassen ist.[824] Nach § 23 Abs. 5 S. 2 AktG sind **ergänzende Bestimmungen** zulässig, es sei denn, dass das Aktiengesetz eine abschließende Regelung enthält.[825]

---

[821] *Hüffer/Koch,* AktG, § 26 Rn. 5; *Pentz,* in: Münchener Kommentar zum Aktiengesetz, § 26 Rn. 30.

[822] § 103 Abs. 1 Nr. 5 Buchst. a) GemO Baden-Württemberg, Art. 94 Abs. 1 Nr. 1 GemO Bayern, § 122 Abs. 3 Nr. 1 GemO Hessen, § 108 Abs. 3 Nr. 1 GemO Nordrhein-Westfalen, § 87 Abs. 1 Nr. 7 Buchst. a) GemO Rheinland-Pfalz, § 110 Abs. 1 Nr. 3 KSVG Saarland, § 9 KommunalprüfungsG Schleswig-Holstein, § 73 Abs. 1 Nr. 1 Buchst. a) KommunalVerf. Mecklenburg-Vorpommern, § 96a Abs. 1 Nr. 5 GemO Sachsen, § 121 Abs. 1 Nr. 1 Buchst. a) GemO Sachsen-Anhalt, vgl. auch § 114 GemO Niedersachsen, § 107 GemO Brandenburg, § 75 KommunalO Thüringen; vgl. auch → C. Rn. 203.

[823] § 103 Abs. 1 Nr. 5 GemO Baden-Württemberg, Art. 94 Abs. 1 Nr. 2 bis 5 GemO Bayern, § 122 Abs. 1 Nr. 4 GemO Hessen, § 108 Abs. 2 GemO Nordrhein-Westfalen, § 124 GemO Niedersachsen, § 87 Abs. 1 Nr. 7 GemO Rheinland-Pfalz, § 110 Abs. 1 Nr. 4 KSVG Saarland, § 9 KommunalprüfungsG Schleswig-Holstein, § 105 GemO Brandenburg, § 73 Abs. 1 Nr. 2 KommunalVerf. Mecklenburg-Vorpommern, § 96a Abs. 1 Nr. 12 GemO Sachsen, § 121 GemO Sachsen-Anhalt, § 75 Abs. 4 KommunalO Thüringen; ausführlich → E. Rn. 231 ff.

[824] Vgl. zur Frage, wann eine Abweichung i. S. d. § 23 Abs. 5 AktG anzunehmen ist, *Pentz,* in: Münchener Kommentar zum Aktiengesetz, § 23 Rn. 163; *Hüffer/Koch,* AktG, § 23 Rn. 36.

[825] Eine Ergänzung liegt vor, wenn das Gesetz einen entsprechenden Regelungsinhalt nicht enthält oder die gesetzliche Regelung ihrem Gedanken nach weitergeführt wird, also im Grundsatz unberührt bleibt; siehe hierzu auch *Hüffer/Koch,* AktG, § 23 Rn. 37; *Pentz,* in: Münchener Kommentar zum Aktiengesetz, § 23 Rn. 169; *Wiesner,* in: Münchener Handbuch des Gesellschaftsrechts, Bd. 4, Aktiengesellschaft, § 6 Rn. 11.

jj) Satzungsänderungen. Eine **Satzungsänderung** bedarf grundsätzlich eines Beschlusses der Hauptversammlung (§ 179 Abs. 1 S. 1 AktG). 620

Satzungsänderungen, die auch für die **Erhöhung und Herabsetzung des Grundkapitals** erforderlich sind, können durch Beschluss der Hauptversammlung mit einer Mehrheit von mindestens 3/4 des vertretenen Grundkapitals vorgenommen werden (§ 179 Abs. 1, Abs. 2 AktG) und bedürfen notarieller Beurkundung (§ 130 Abs. 1 AktG). In der Satzung der Aktiengesellschaft können auch andere Mehrheiten vorgesehen werden (§ 179 Abs. 2 S. 2 AktG). 621

Soll das bisherige Verhältnis mehrerer Gattungen von Aktien geändert werden, so müssen die benachteiligten Aktionäre dem durch **Sonderbeschluss** zustimmen (§ 179 Abs. 3 AktG). Alle betroffenen Aktionäre müssen zustimmen, denen durch Satzungsänderung Nebenverpflichtungen auferlegt werden sollen (§ 180 Abs. 1 AktG) oder denen die Veräußerung von Namensaktien künftig nur noch mit Zustimmung der Gesellschaft möglich sein soll (§ 180 Abs. 2 AktG, Vinkulierung – § 68 Abs. 2 AktG). 622

Satzungsänderungen werden erst mit **Eintragung in das Handelsregister** wirksam (§ 181 Abs. 3 AktG). 623

4. Aufgaben und Befugnisse

Einer kommunalen **Aufgabenerfüllung** durch eine kommunale Aktiengesellschaft stehen nur wenige zu erfüllende Zulässigkeitskriterien entgegen.[826] Die einschlägigen Vorschriften der Gemeindeordnungen sehen somit ausdrücklich vor, dass die Gemeinden Unternehmen in der Rechtsform der Aktiengesellschaft führen können, wobei sich normative Beschränkungen nur insoweit ergeben, als bestimmte Einrichtungen des Bildungs-, Gesundheits- und Sozialwesens nicht als **wirtschaftliche Unternehmen** geführt werden können.[827] 624

Etwas Anderes gilt nur im Hinblick auf **kommunale Pflichtaufgaben.** Insoweit können diese Aufgaben nicht selbst, sondern nur ihre **Durchführung** auf ein privatrechtliches Unternehmen übertragen werden. Die Aufgabe selbst und die **Verantwortung für die ordnungsgemäße Erfüllung** verbleiben bei der Kommune.[828] 625

5. Organe

Wie jede juristische Person benötigt auch eine Aktiengesellschaft Organe, um funktionsfähig zu sein. Diese Organe sind nicht nur nötig, damit jemand für die AG handelt; sie müssen auch für sie denken. Die Aktiengesellschaft braucht ihre Organe also nicht nur zur Abgabe von Willenserklärungen; sie ist ohne deren Mitwirkung gar nicht in der Lage, einen eigenen Willen zu bilden. Für die Aktiengesellschaft sind als **Gesellschaftsorgane** Vorstand, Aufsichtsrat und Hauptversammlung zwingend vorgeschrieben. 626

a) Der Vorstand (§§ 76–94 AktG)

Der Vorstand leitet[829] die AG unter eigener Verantwortung (§ 76 Abs. 1 AktG) und ist zu ihrer **Geschäftsführung**[830] berechtigt und verpflichtet (§ 77 Abs. 1 AktG) sowie zu ihrer 627

[826] Zu diesen Zulässigkeitskriterien → Rn. 411 ff.

[827] § 102 Abs. 3 GemO Baden-Württemberg, Art. 57 GemO Bayern, § 121 Abs. 2 Nr. 2 GemO Hessen, § 107 Abs. 2 Nr. 2 GemO Nordrhein-Westfalen, § 108 Abs. 3 Nr. 2 GemO Niedersachsen, § 85 Abs. 3 GemO Rheinland-Pfalz, § 108 Abs. 2 Nr. 1 KSVG Saarland, § 101 Abs. 2 Nr. 2 GemO Schleswig-Holstein, § 101 Abs. 2 Nr. 2 GemO Brandenburg; § 68 Abs. 2 Nr. 2 KommunalVerf. Mecklenburg-Vorpommern, für Sachsen, Sachsen-Anhalt und Thüringen fehlen entsprechende Vorschriften; vgl. auch → C. Rn. 55 ff.

[828] *Gaß,* S. 185 ff.

[829] Zur Leitungsfunktion als Teilbereich der Geschäftsführung vgl. Mertens, in: Kölner Kommentar zum Aktiengesetz, § 76 Rn. 4; Schwark, ZHR 142 (1978), 203 (215 f.).

[830] Hüffer/Koch, AktG, § 77 Rn. 3 f.; *Spindler,* in: Münchener Kommentar zum Aktiengesetz, § 77 Rn. 5.

Vertretung ermächtigt (§ 78 Abs. 1 AktG). Er besteht aus einer oder mehreren natürlichen, unbeschränkt geschäftsfähigen Personen (§ 76 Abs. 2 und 3 AktG).

628 Bei allen größeren Aktiengesellschaften mit einem Grundkapital von mehr als EUR 3.000.000,00 muss der Vorstand aus mindestens zwei Personen bestehen (§ 76 Abs. 2 S. 2 AktG). Auch bei Aktiengesellschaften, auf die das Mitbestimmungsgesetz oder das Montanmitbestimmungsgesetz anzuwenden ist, muss der Vorstand aus mindestens zwei Personen bestehen, weil ein Vorstandsmitglied die Aufgaben des **Arbeitsdirektors** wahrzunehmen hat (vgl. § 13 MontanMitbestG bzw. § 33 MitBestG).

629 Vorstandsmitglieder müssen nicht Aktionäre sein **(Grundsatz der Fremdorganschaft).**[831] Sie werden vom Aufsichtsrat für höchstens fünf Jahre bestellt (§ 84 Abs. 1 S. 1 AktG). Eine wiederholte **Bestellung** oder Verlängerung ihrer Amtszeit ist zulässig (§ 84 Abs. 1 S. 2 AktG). Ein Widerruf der Bestellung durch den Aufsichtsrat ist nach § 84 Abs. 3 AktG möglich, wenn dafür ein wichtiger Grund vorliegt[832] (z. B. grobe Pflichtverletzung, Unfähigkeit oder Entzug des Vertrauens durch die Hauptversammlung).[833] Der BGH[834] konkretisierte die Voraussetzungen des Vertrauensentzugs dahingehend, dass der diesbezügliche Beschluss der Hauptversammlung nicht schon dann offenbar unsachlich oder willkürlich ist, wenn sich die Gründe für den Vertrauensentzug als nicht zutreffend erweisen. Der Hauptversammlungsbeschluss, mit dem einem Vorstandsmitglied das Vertrauen entzogen wird, muss auch nicht begründet werden; ebensowenig ist die Anhörung des Vorstandsmitglieds Wirksamkeitsvoraussetzung für den Widerruf der Bestellung.

630 Von der **Bestellung** des einzelnen Vorstandsmitgliedes ist dessen **Anstellung** zu unterscheiden. Während durch den körperschaftlichen Akt der Bestellung die Leitungs- und Vertretungsmacht begründet wird,[835] folgt die Geschäftsführungspflicht erst aus dem Anstellungsvertrag,[836] die selten unentgeltlich als Auftrag (§§ 662 ff. BGB) und meist entgeltlich durch Abschluss eines Dienstvertrages (§§ 611 ff. BGB) übernommen wird[837].

631 Der freie **Dienstvertrag** von Vorstandsmitgliedern ist zwar kein Arbeitsvertrag; auf ihn finden aber teilweise arbeitsrechtliche Vorschriften (z. B. das BetrAVG auf Ruhegeldzusagen) Anwendung. Zur Beendigung des Anstellungsvertrages reicht der Widerruf der Bestellung (§ 84 Abs. 3 AktG) nicht aus. Dafür ist vielmehr auch noch eine außerordentliche Kündigung des Anstellungsvertrages erforderlich.[838]

632 Aus § 620 Abs. 1 BGB ergibt sich, dass der für höchstens fünf Jahre und damit für eine bestimmte Zeit abgeschlossenen Anstellungsvertrag von Vorstandsmitgliedern durch Fristablauf endet.[839] Eine Beendigung von Vorstandsverträgen durch **ordentliche Kündigung** ist daher ausgeschlossen, denn sie ist nach § 620 Abs. 2 BGB nur bei Dienstverhältnissen möglich, die nicht für eine bestimmte Dauer geschlossen worden sind[840].

---

[831] *Hüffer/Koch,* AktG, § 76 Rn. 59.

[832] Vgl. *Hüffer/Koch,* AktG, § 84 Rn. 34 ff.; *Spindler,* in: Münchener Kommentar zum Aktiengesetz, § 84 Rn. 128 ff.

[833] Beispiele bei *Hüffer/Koch,* AktG, § 84 Rn. 36 ff.

[834] BGH, Urt. v. 15.11.2016 – II ZR 217/15, NZG 2017, 261.

[835] *Hüffer/Koch,* AktG, § 84 Rn. 3 ff.; *Spindler,* in: Münchener Kommentar zum Aktiengesetz, § 84 Rn. 8 ff.

[836] *Hüffer/Koch,* AktG, § 84 Rn. 14 ff.

[837] Vgl. BGH, Urt. v. 28.4.2015 – II ZR 63/14, wonach für die Entscheidung über die Vergütung der Vorstandsmitglieder und für den Abschluss der die Vergütung betreffenden Verträge nach § 84 Abs. 1 Satz 5 iVm Satz 1, §§ 87, 112 AktG der Aufsichtsrat zuständig ist. Der Abschluss dieser Verträge fällt auch dann in die **Zuständigkeit des Aufsichtsrats,** wenn sie von der Gesellschaft nicht mit dem Vorstandsmitglied selbst, sondern einem Dritten abgeschlossen werden **(Drittanstellung)** und mit diesem eine Vergütung für die Vorstandstätigkeit vereinbart wird. Nur dadurch ist der Gleichlauf von Bestellungs- und Anstellungskompetenz gewährleistet.

[838] *Hüffer/Koch,* AktG, § 84 Rn. 48 ff.; *Spindler,* in: Münchener Kommentar zum Aktiengesetz, § 84 Rn. 163 ff.

[839] *Hüffer/Koch,* AktG, § 84 Rn. 20; zu Einzelfragen vgl. *Spindler,* in: Münchener Kommentar zum Aktiengesetz, § 84 Rn. 81 ff.

[840] In diesem Zusammenhang ist für den Fall einer Krise auch BGH, Urteil vom 27.10.2015 – II ZR 296/14 zu beachten: „Das Recht zur Herabsetzung der Bezüge gem. § 87 Abs. 2 AktG ist ein einseitiges Gestaltungsrecht der Aktiengesellschaft, das durch eine Gestaltungserklärung ausgeübt wird, die der

Obwohl die **Geschäftsführungsbefugnis** des einzelnen Vorstandsmitgliedes im Innenverhältnis beschränkt werden kann (§ 82 Abs. 2 AktG), besteht gegenüber Dritten eine nicht beschränkbare **Vertretungsmacht** des Organs Vorstand (§ 82 Abs. 1 AktG). Überschreitet also ein Vorstandsmitglied seine Geschäftsführungsbefugnis, so ändert das nichts an der Wirksamkeit der von ihm im Namen der Gesellschaft abgeschlossenen Rechtsgeschäfte.[841] Es führt höchstens zu seiner Haftung im Innenverhältnis, d. h. zu einer Verpflichtung, den der Gesellschaft entstandenen Schaden zu ersetzen (§ 93 Abs. 2 AktG). **633**

Eine allgemeine Bindung von Geschäftsführungsmaßnahmen an die Zustimmung anderer Gremien kann allerdings auch im Innenverhältnis nicht wirksam vorgesehen werden.[842] Satzung oder Aufsichtsrat haben jedoch für bestimmte Arten von Geschäften zu bestimmen, dass sie nur mit **Zustimmung des Aufsichtsrates** vorgenommen werden dürfen (§ 111 Abs. 4 AktG).[843] Verzichtet der Satzungsgeber auf die Fixierung solcher Zustimmungsvorbehalte verbleibt allein dem Aufsichtrat die Pflicht diese zu bestimmen, aber auch regelmäßig zu prüfen und bei Bedarf forzuschreiben[844]. Solche Zustimmungsvorbehalte können sich auch konzernbezogen auf Maßnahmen in einer Untergesellschaft erstrecken und diese von der Zustimmung des Aufsichtsrats der Obergesellschaft abhängig machen[845]. **634**

Bestimmen die Satzung oder der Aufsichtsrat, dass bestimmte Arten von Geschäften nur mit seiner Zustimmung vorgenommen werden dürfen, hat der Vorstand die **Zustimmung** des Aufsichtsrats grundsätzlich **vor der Durchführung des Geschäfts einzuholen.** Diese Zustimmung kann nur durch ausdrücklichen Beschluss des Aufsichtsrats erteilt werden und kann **nicht durch eine Entscheidung des Aufsichtsratsvorsitzenden ersetzt** werden.[846] Der Vorstand kann aber gegenüber einer Schadensersatzklage der Aktiengesellschaft, die mit dem Verstoß gegen einen zugunsten des Aufsichtsrats eingerichteten Zustimmungsvorbehalt begründet ist, einwenden, der Aufsichtsrat hätte den von ihm durchgeführten Maßnahmen zugestimmt, wenn er ihn gefragt hätte **(Einwand des „rechtmäßigen Alternativverhaltens").** **635**

Die zustimmungsbedürftigen Maßnahmen müssen hinreichend bestimmt definiert werden. Es kommen hier sowohl wesentliche Personalmaßnahmen, Strukturmaßnahmen oder auch die Offenlegung wesentlicher Unternehmensinformationen, etwa im Rahmen einer Due-Diligence-Prüfung in Betracht[847]. Wesentlichen Rechtsgeschäfte wie Grundstücksgeschäfte oder Kreditaufnahmen werden idR erst ab einer bezifferten Größenordnung einem Zustimmungsvorbehalt unterworfen. Ziff 3.3 des DCGK beschränkt Zustimmungs- **636**

Aufsichtsrat in Vertretung der Gesellschaft gegenüber dem Vorstandsmitglied abgibt. 2. Eine **Verschlechterung der Lage der Gesellschaft** im Sinne von § 87 Abs. 2 AktG tritt jedenfalls dann ein, wenn die Gesellschaft insolvenzreif wird. Die **Weiterzahlung der Bezüge ist unbillig** im Sinne des § 87 Abs. 2 Satz 1 AktG, wenn der Vorstand pflichtwidrig gehandelt hat oder ihm zwar kein pflichtwidriges Verhalten vorzuwerfen ist, die Verschlechterung der Lage der Gesellschaft jedoch in die Zeit seiner Vorstandsverantwortung fällt und ihm zurechenbar ist. 3. Die **Herabsetzung der Bezüge** muss mindestens auf einen Betrag erfolgen, dessen Gewährung angesichts der Verschlechterung der Lage der Gesellschaft nicht mehr als unbillig angesehen werden kann. Die Vorschrift erlaubt andererseits keine Herabsetzung der Bezüge des Vorstandsmitglieds, die weitergeht, als es die Billigkeit angesichts der Verschlechterung der Lage der Gesellschaft erfordert."

841 *Hüffer/Koch,* AktG, § 78 Rn. 5, § 82 Rn. 2.

842 *Hüffer/Koch,* AktG, § 78 Rn. 5, 8 ff.

843 Das TransPuG vom 19.7.2002, BGBl. 2002 I 2681 hat auf Empfehlung der Regierungskommission Corporate Governance aus der „Kann"-Vorschrift des Abs. 4 S. 2 eine „Muss"-Vorschrift gemacht. Aus der Überwachungsaufgabe des Aufsichtsrats konnte sich aber schon vor der Neuregelung in bestimmten Fällen eine Pflicht zum Erlass von Zustimmungsvorbehalten ergeben, vgl BGH Urt. V. 15.11.1993, II ZR 235//92: „Den Beschluss über die Anordnung eines Zustimmungsvorbehaltes nach § 111 IV 2 AktG fasst der Aufsichtsrat grundsätzlich nach pflichtgemäßem Ermessen. Dieses Ermessen kann sich zu einer Pflicht verdichten, wenn eine gesetzwidrige Geschäftsführungsmaßnahme des Vorstandes nur noch durch eine solche Anordnung verhindert werden kann.".

844 *Habersack,* in: MüKo, AktG § 111 Rn. 121.

845 *Hüffer/Koch,* AktG § 111 Rn. 33b).

846 BGH, Urt. v. 10.7.2018 – II ZR 24/17 („Schloss Eller").

847 *Grigoleit/Grigoleit/Tomasic,* AktG § 111 Rn. 47.

vorbehalte in Konkretisierung von § 111 IV 2 AktG auf „Geschäfte von grundlegender Bedeutung.“ Hierzu gehören „Maßnahmen, die die Vermögens-, Finanz- oder Ertragslage des Unternehmens grundlegend verändern“ (Ziff 3.3 S 2 DCGK). Der Aufsichtsrat hat bei der Aufstellung einen weiten Ermessensspielraum[848].

637 Nur wenn der Vorstand es verlangt, kann die Hauptversammlung über **Fragen der Geschäftsführung** einen Beschluss fassen (§ 119 Abs. 2 AktG).[849] An einer derartigen Beschlussfassung über Geschäftsführungsmaßnahmen kann der Vorstand etwa dann interessiert sein, wenn er seine Ersatzpflicht wegen einer möglichen Pflichtverletzung ausschließen will (§ 93 Abs. 4 S. 1 AktG).

638 Nur in wenigen, im Aktiengesetz ausdrücklich genannten Fällen fehlt dem Vorstand die **Vertretungsmacht,** die Gesellschaft wirksam zu verpflichten:

639 – Für den Abschluss von **Verträgen zwischen der Aktiengesellschaft** und ihren aktiven oder ausgeschiedenen **Vorstandsmitgliedern** ist der Aufsichtsrat zuständig (§ 112 AktG).

640 – Die Gewährung eines **Kredites** an ein Vorstandsmitglied setzt einen Beschluss des Aufsichtsrates voraus (§ 89 Abs. 1 AktG).

641 – Ein **Verzicht auf Schadensersatzansprüche,** die der Aktiengesellschaft gegen ein Vorstandsmitglied zustehen, ist frühestens drei Jahre nach der Entstehung des Schadens möglich und nur wirksam, wenn dem die Hauptversammlung zustimmt (§ 93 Abs. 4 S. 3 AktG).

642 – Die Erteilung des **Prüfungsauftrags für den Jahres- und den Konzernabschluss** an den von der Hauptversammlung gewählten Wirtschaftsprüfer obliegt nicht dem Vorstand, sondern dem Aufsichtsrat (§ 111 Abs. 2 AktG).

643 Vorstandsmitglieder sind der Aktiengesellschaft nach § 93 Abs. 2 S. 1 AktG zum **Schadensersatz** verpflichtet, wenn sie ihr bei ihrer Geschäftsführung einen Schaden zufügen. Im Zweifel müssen sie nach § 93 Abs. 2 S. 2 AktG nachweisen, dass sie ihre Aufgaben mit der Sorgfalt eines ordentlichen und gewissenhaften Geschäftsführers erfüllt haben.

644 Im Rahmen seiner Legalitätspflicht hat ein Vorstand dafür Sorge zu tragen, dass Unternehmen so organisiert und beaufsichtigt wird, dass keine Gesetzesverstöße wie Schmiergeldzahlungen erfolgen. Seiner Organisationspflicht genügt ein Vorstandsmitglied bei entsprechender Gefährdungslage nur dann, wenn er **eine auf Schadensprävention und Risikokontrolle angelegte Compliance-Organisation einrichtet.** Entscheidend für den Umfang im Einzelnen sind dabei Art, Größe und Organisation des Unternehmens, die zu beachtenden Vorschriften, die geografische Präsenz wie auch Verdachtsfälle aus der Vergangenheit. Die Einhaltung des Legalitätsprinzips und demgemäß die Einrichtung eines funktionierenden Compliance-Systems gehört zur Gesamtverantwortung des Vorstandsmitglieds.[850]

645 Gegenüber **Dritten** haften Vorstandsmitglieder nach den allgemeinen Vorschriften über **unerlaubte Handlungen** (§§ 823 ff. BGB). Dritte können sich dann allerdings auch an die Aktiengesellschaft halten, die nach § 31 BGB für unerlaubte Handlungen ihrer Vorstandsmitglieder ebenfalls haftet, wenn diese in Ausführung der ihnen zustehenden Verrichtungen gehandelt haben.

b) Der Aufsichtsrat (§§ 95–116 AktG)

646 Dem **Aufsichtsrat** gehören nach § 95 S. 1–4 AktG zwischen drei und 21 Mitglieder an.[851] Soweit die Regelungen der Mitbestimmungsgesetze über die Zusammensetzung und die

[848] *Grigoleit/Grigoleit/Tomasic,* AktG § 111 Rn. 44.
[849] Bei Geschäftsführungsmaßnahmen von herausragender Bedeutung besteht eine Pflicht des Vorstandes zur Einholung eines Zustimmungsbeschlusses der Hauptversammlung, vgl. BGHZ 83, 122 („Holzmüller“); BGH AG 2004, 384 („Gelatine“); OLG München, AG 1995, 232 (233); LG Hamburg, AG 1997, 238; LG Frankfurt a. M., AG 1993, 287 (288 f.); LG Köln, AG 1992, 238 (239 f.); LG Stuttgart, AG 1992, 236 (237 f.).
[850] Vgl. LG München I, Urt. v. 10.12.2013 – 5 HK O 1387/10 („Siemens/Neubürger“).
[851] § 95 S. 4 AktG statuiert bestimmte Höchstzahlen.

Mitgliederzahl des Aufsichtsrates anwendbar sind[852], gehen diese **Sonderregelungen** vor (§ 95 S. 5 AktG).

Mitglieder des Aufsichtsrates können nur **natürliche, unbeschränkt geschäftsfähige Personen** sein (§ 100 Abs. 1 AktG). Ämterhäufungen (mehr als zehn Mandate, wobei die Stellung als Aufsichtsratsvorsitzender doppelt zählt, § 100 Abs. 2 AktG) und Pflichtenkollisionen (§ 105 AktG) sollen ausgeschlossen werden. **647**

Aufsichtsratsmitglieder werden mit ihrer **Wahl** bestellt.[853] Dafür ist teilweise die Hauptversammlung, teilweise aber auch die Arbeitnehmerschaft der Aktiengesellschaft zuständig (§ 101 Abs. 1 AktG). Ausnahmsweise kann auch ein **Entsendungsrecht** einzelner Aktionäre oder der Inhaber bestimmter Aktien die Bestellung eines Aufsichtsratsmitgliedes begründen (§ 101 Abs. 2 AktG). **648**

Die **Amtszeit** der Aufsichtsratsmitglieder beträgt höchstens fünf Jahre (§ 102 Abs. 1 AktG). Sie beginnt mit der Annahme der Wahl im ersten Geschäftsjahr[854] und endet spätestens im fünften Geschäftsjahr mit der ordentlichen Hauptversammlung, die über die Entlastung für das vierte Geschäftsjahr beschließt. Wiederwahl ist möglich. **649**

Von der Hauptversammlung gewählte Aufsichtsratsmitglieder können nur dann jederzeit wieder **abberufen** werden, wenn sie von ihr ohne Bindung an einen Wahlvorschlag gewählt worden sind (§ 103 Abs. 1 AktG). Das schließt die Abwahl jener Arbeitnehmervertreter aus, die nach § 6 MontanMitbestG aufgrund eines die Hauptversammlung bindenden Vorschlags von Betriebsräten oder Spitzenorganisationen in den Aufsichtsrat von Montanunternehmen gewählt worden sind.[855] **650**

Neben der Bestellung und Abberufung des Vorstandes (§ 84 AktG), der laufenden Überwachung seiner Geschäftsführung (§ 111 Abs. 1 AktG), gehört es zu den **Aufgaben des Aufsichtsrates,** die Hauptversammlung einzuberufen, wenn das Wohl der Gesellschaft dies erfordert (§ 111 Abs. 3 AktG), den Jahresabschluss zu prüfen (§ 171 AktG), bei rechtswidrigen Beschlüssen der Hauptversammlung Anfechtungsklage zu erheben (§ 245 Nr. 5 AktG) und die Gesellschaft gegenüber Vorstandsmitgliedern zu vertreten (§ 112 AktG). **651**

Die **innere Ordnung des Aufsichtsrats** wird im Wesentlichen durch die Satzung oder die Geschäftsordnung bestimmt.[856] Vorgeschrieben ist lediglich, dass ein Vorsitzender und sein Stellvertreter zu wählen sind (§ 107 Abs. 1 AktG). Die Bildung von Ausschüssen ist in § 107 Abs. 3 AktG vorgesehen und in § 27 Abs. 3 MitbestG für die von diesem Gesetz erfassten Aktiengesellschaften vorgeschrieben. **652**

Einberufungen, Sitzungen und Art der **Beschlussfassung** des Aufsichtsrates sind in §§ 107 Abs. 2, 108 bis 110 AktG geregelt. **653**

Die den Aufsichtsratsmitgliedern obliegende **Sorgfaltspflicht** und ihre Haftung bei Pflichtverletzung entspricht derjenigen von Vorstandsmitgliedern (§ 116 AktG). Umgekehrt haftet auch die Aktiengesellschaft nach § 31 BGB für die unerlaubten Handlungen ihrer ordentlich bestellten Aufsichtsratsmitglieder **(Organhaftung).**[857] **654**

---

[852] Vgl. hierzu EuGH (Große Kammer), Urteil vom 18.7.2017 – C-566/15 (Erzberger/TUI AG): „Art. 45 AEUV ist dahin auszulegen, dass er einer Regelung eines Mitgliedstaats wie der im Ausgangsverfahren fraglichen nicht entgegensteht, wonach die **bei den inländischen Betrieben eines Konzerns beschäftigten Arbeitnehmer das aktive und passive Wahlrecht bei den Wahlen der Arbeitnehmervertreter im Aufsichtsrat** der in diesem Mitgliedstaat ansässigen Muttergesellschaft des Konzerns sowie gegebenenfalls das Recht auf Ausübung oder weitere Ausübung eines Aufsichtsratsmandats **verlieren, wenn sie ihre Stelle in einem solchen Betrieb aufgeben** und eine Stelle bei einer in einem anderen Mitgliedstaat ansässigen Tochtergesellschaft dieses Konzerns antreten."

[853] *Hüffer/Koch,* AktG, § 101 Rn. 3 ff.

[854] *Hüffer/Koch,* AktG, § 101 Rn. 8; *Hoffmann-Becking,* in: Münchener Handbuch des Gesellschaftsrechts, Bd. 4, Aktiengesellschaft, § 30 Rn. 67.

[855] *Hüffer/Koch,* AktG, § 103 Rn. 14.

[856] *Hüffer/Koch,* AktG, § 107 Rn. 2.

[857] BGH NJW 1984, 1893 verneint eine Haftung aus § 31 BGB der benennenden oder entsendenden Kommune neben dem Aufsichtsratsmitglied.

655 **Steuerliche Behandlung der Aufsichtsratsvergütung:** Nach dem EuGH-Urteil „IO" v. 13.6.2019. C-420/18 übt ein Aufsichtsratsmitglied keine selbständige Tätigkeit aus, auch wenn es dem Vorstand oder Aufsichtsrat hierarchisch nicht untergeordnet ist, aber nicht in eigenem Namen, für eigene Rechnung und in eigener Verantwortung, sondern für Rechnung und unter Verantwortung des Aufsichtsrats handelt und dabei wegen einer Festvergütung auch nicht das wirtschaftliche Risiko seiner Tätigkeit trägt. Der BFH schließt sich der EuGH-Auffassung mit Urteil vom 27.11.2019, V R 23/19 (V R 62/17) für den Fall an, dass das Aufsichtsratsmitglied kein wirtschaftliches Risiko trägt. Ausdrücklich offengelassen hat der BFH, ob für den Fall, dass das Aufsichtsratsmitglied eine variable Vergütung erhält, an der Unternehmereigenschaft entsprechend bisheriger Rechtsprechung festzuhalten ist.

c) Die Hauptversammlung (§§ 118–149 AktG)

656 Die **Hauptversammlung** ist das oberste Organ der Aktiengesellschaft, in dem die Aktionäre ihre Rechte ausüben, soweit das Gesetz ihnen nicht noch andere Möglichkeiten einräumt (§ 118 Abs. 1 AktG).

657 Die Zuständigkeit der Hauptversammlung ist auf die in § 119 Abs. 1 AktG genannten, besonders bedeutsamen Aufgaben beschränkt:

658 – **Bestellung der Aufsichtsratsmitglieder,** soweit sie nicht als Arbeitnehmervertreter von anderen Gremien zu wählen sind (§ 119 Abs. 1 Nr. 1 AktG).

659 – Beschlussfassung über die **Verwendung des Bilanzgewinns** (§ 119 Abs. 1 Nr. 2 AktG). Dies ist jedoch von der wesentlich bedeutsameren Feststellung des Jahresgewinns zu unterscheiden, die der Hauptversammlung nur ausnahmsweise obliegt (§ 173 AktG).

660 – **Entlastung** der Mitglieder von **Vorstand und Aufsichtsrat** (§§ 119 Abs. 1 Nr. 3, 120 AktG).

661 – Bestellung der Abschlussprüfer (§ 119 Abs. 1 Nr. 4 AktG, § 318 HGB).

662 – **Satzungsänderungen** (§§ 119 Abs. 1 Nr. 5, 179 ff. AktG).

663 – Maßnahmen der **Kapitalbeschaffung und -herabsetzung** (§§ 119 Abs. 1 Nr. 6, 182, 192, 202, 207, 222, 229, 237 AktG).

664 – Bestellung von **Sonderprüfern** (§§ 119 Abs. 1 Nr. 7, 142 AktG).

665 – **Auflösung** der Gesellschaft (§§ 119 Abs. 1 Nr. 8, 262 Abs. 1 Nr. 2 AktG – aber auch Fortsetzung einer aufgelösten AG – § 274 AktG).

666 **Exkurs:** Im Hinblick auf § 136 Abs. 1 AktG stellt sich zur Vermeidung einer Selbstentlastung die Frage, wie die Entlastung der in den Aufsichtsrat einer Beteiligungsgesellschaft entsandten Gemeinderatsmitglieder erfolgen kann. Zum einen könnte der Aufsichtsrat der Beteiligungsgesellschaft in einer Größe gebildet werden, die die Beschlussfähigkeit des Gemeinderats auch bei einem Befangenheitsausschluss der in den Aufsichtsrat der Beteiligungsgesellschaft entsandten Mitglieder fortbestehen lässt. Zum anderen wäre es möglich, die Abstimmung über die Entlastung im Gemeinderat durch Einzelentlastung aller Aufsichtsratsmitglieder durchzuführen, wobei die Gremiumsmitglieder nur bei der eigenen Entlastung einem kommunalrechtlichen Stimmverbot unterliegen würden, nicht aber bei einer Entlastung der übrigen Gremiumsmitglieder. Eine dritte Möglichkeit wäre die Bildung eines sog. Beteiligungsausschusses, der sich nur aus Mitgliedern zusammensetzt, die nicht auch Mitglied im Aufsichtsrat einer Beteiligungsgesellschaft sind. Die Ausschussmitglieder müssten sich dann aber eine ausreichende Entscheidungsgrundlage verschaffen (Kenntnis von Jahresabschluss, Prüfungsbericht inkl. Beauftragung der Prüfung über die Ordnungsmäßigkeit der Geschäftsführung, Geschäftsbericht und Aufsichtsratsprotokollen sowie ggf. weiterer Unterlagen), um eine ausreichende Grundlage für seine Abstimmung zu haben. Soweit der Erste Bürgermeister Mitglied des Aufsichtsrats der Beteiligungsgesellschaft wäre, könnte er nicht gleichzeitig den Vorsitz dieses Beteiligungsausschusses übernehmen.

Eine Beschlussfassung über **Fragen der Geschäftsführung** ist nur auf Verlangen des Vorstandes möglich (§ 119 Abs. 2 AktG).[858] 667

Kompetenzen, die nach der gesetzlichen Regelung einem anderen Gesellschaftsorgan zugewiesen sind, kann die Hauptversammlung auch durch eine entsprechende **Satzungsänderung** nicht an sich ziehen. Sie kann den Vorstand auch nicht selbst zur **Rechenschaft** ziehen, weil das zu den Aufgaben des Aufsichtsrats gehört. Sie hat also nur die Möglichkeit, dem Vorstand durch **Verweigerung der Entlastung** (§ 120 AktG) das Vertrauen zu entziehen, damit dann der Aufsichtsrat die Bestellung der Vorstandsmitglieder widerruft (§ 84 Abs. 3 AktG). 668

Die **Einberufung der Hauptversammlung** ist normalerweise Sache des Vorstandes (§ 121 Abs. 2 AktG). Nur ausnahmsweise erfolgt sie durch den Aufsichtsrat (§ 111 Abs. 3 AktG). Eine Aktionärsminderheit, die 5 % des Grundkapitals einer Aktiengesellschaft hält, kann jederzeit die Einberufung verlangen (§ 122 Abs. 1 AktG) und notfalls gerichtlich durchsetzen (§ 122 Abs. 3 AktG). 669

Die Einberufung und die Tagesordnung sind durch **Veröffentlichung in den Gesellschaftsblättern** bekannt zu machen (§§ 121 Abs. 3, 124 Abs. 1 AktG). Die Information der Aktionäre erfolgt aber auch über die Kreditinstitute und Aktionärsvereinigungen (§§ 125 Abs. 1, 128 AktG) sowie unmittelbar durch die AG (§ 125 Abs. 2 AktG). 670

Sind die Aktionäre der Gesellschaft namentlich bekannt, so kann die Hauptversammlung statt durch Veröffentlichung in den Gesellschaftsblättern auch **mit eingeschriebenem Brief** einberufen werden; der Tag der Absendung gilt als Tag der Bekanntmachung (§ 121 Abs. 4 AktG). Sind alle Aktionäre erschienen oder vertreten, so kann die Hauptversammlung Beschlüsse **ohne Einhaltung der gesetzlichen Formvorschriften** fassen, soweit kein Aktionär der Beschlussfassung widerspricht (§ 121 Abs. 6 AktG). 671

Eine **ordentliche Hauptversammlung** ist jährlich innerhalb der ersten acht Monate eines Geschäftsjahres einzuberufen (§§ 120 Abs. 1 AktG). **Außerordentliche Hauptversammlungen** finden bei Bedarf statt (§§ 121 Abs. 1, 111 Abs. 4 AktG). 672

Jeder Aktionär kann in der Hauptversammlung **Auskunft** über alle Angelegenheiten fordern, die zur sachgemäßen Beurteilung der Gegenstände der Tagesordnung und zur Beschlussfassung erforderlich sind (§ 131 AktG). Damit sind sowohl unmittelbare wie mittelbare Angelegenheiten erfasst, also alles, was sich auf die Gesellschaft und ihre Tätigkeit bezieht.[859] Wenn über die Entlastung von Vorstands- und Aufsichtsratsmitgliedern ein Beschluss gefasst werden soll, kann das sehr weit gehende Fragen zu einzelnen Geschäftsführungsmaßnahmen rechtfertigen. Allerdings können angesichts der Vielzahl von geschäftsleitenden und überwachenden Entscheidungen und Maßnahmen nur solche für das Auskunftsrecht relevant sein, die sich auf die Gesetzes- bzw. Satzungskonformität des jeweiligen Handelns (oder Unterlassens) oder auf die Darstellung des Unternehmens in der Öffentlichkeit auswirken oder, die in nennenswertem Umfang die Vermögens-, Ertrags- oder Finanzlage der Gesellschaft beeinflußen. Die nachgesuchten Auskünfte müssen eine gewisse Relevanz für den zu berücksichtigenden Tagesordnungspunkt haben, so dass eine Maßgeblichkeitsschwelle gilt, die für eine hinreichende Beurteilungserheblichkeit überschritten sein muss.[860] 673

Zur **Auskunftserteilung** ist der Vorstand verpflichtet (§ 131 Abs. 1 AktG). Die Auskunft muss alle wesentlichen Tatsachen umfassen und begründet werden.[861] Wird sie zu Unrecht verweigert, so entscheidet über die Berechtigung auf Antrag eines Aktionärs das Gericht (§ 132 AktG). Eine zu Unrecht verweigerte Auskunft berechtigt zur **Anfechtung von Beschlüssen** der Hauptversammlung (§ 243 Abs. 4 AktG). 674

858 Bei Maßnahmen von herausragender Bedeutung besteht eine Pflicht des Vorstandes, die Zustimmung der Hauptversammlung gem. § 119 Abs. 2 AktG einzuholen, BGHZ 83, 122 („Holzmüller"); siehe auch BGH AG 2004, 384 („Gelatine").

859 *Siems,* in: *Spindler/Stilz,* AktG § 131 Rn. 23.

860 *Kubis,* in: MüKo, AktG, § 131 Rn. 53.

861 *Hüffer/Koch,* AktG, § 131 Rn. 21 f.

675 Für die Beschlussfassung in der Hauptversammlung ist grundsätzlich nur die **einfache Mehrheit** der abgegebenen Stimmen erforderlich (§ 133 AktG). Das Stimmrecht steht jedem Aktionär zu (§ 12 AktG). Im Regelfall richtet es sich nach den Kapitalanteilen der Aktionäre (§ 134 Abs. 1 S. 1 AktG).

676 Ausnahmen bestehen für **Vorzugsaktien ohne Stimmrecht** (§§ 12 Abs. 1 S. 2, 139 AktG) und für **Mehrstimmrechtsaktien,** mit denen bestimmten Aktionärsgruppen ein ihrer kapitalmäßigen Beteiligung nicht entsprechender überproportionaler Einfluss eingeräumt wird. Möglich sind aber auch **Stimmrechtsbeschränkungen** auf einen bestimmten Anteil am Grundkapital, die in der Satzung festgesetzt werden können (§ 134 Abs. 1 S. 2 AktG). Mit ihnen können die Einflussmöglichkeiten eines Großaktionärs verringert, Übernahmen erschwert und die Stellung des Vorstands verstärkt werden.[862]

677 Sämtliche in der Hauptversammlung gefassten Beschlüsse müssen **durch einen Notar protokolliert** und damit **beurkundet** werden (§ 130 Abs. 1 AktG). Eine Missachtung dieser Protokollierungspflicht führt zur Nichtigkeit der gefassten Beschlüsse (§ 241 Nr. 2 AktG).

678 Geringere Anforderungen bestehen für Aktiengesellschaften, deren **Aktien nicht an einer Börse zum Handel** zugelassen sind. Bei ihnen reicht eine **vom Vorsitzenden des Aufsichtsrats zu unterzeichnende Niederschrift,** soweit keine Beschlüsse gefasst worden sind, für die das Gesetz eine Dreiviertel- oder größere Mehrheit bestimmt (§ 130 Abs. 3 AktG).

679 Wenn über die Entlastung eines Aktionärs oder Befreiung eines Aktionärs von einer Verbindlichkeit oder über den Verzicht auf die Geltendmachung eines Anspruchs gegen einen Aktionär Beschluss gefasst werden soll, ist das Stimmrecht für den Betroffenen wegen der **Interessenkollision** ausgeschlossen (§ 136 Abs. 1 AktG).[863] Für **eigene Aktien** darf die Aktiengesellschaft das Stimmrecht nicht ausüben oder ausüben lassen, weil ihr aus eigenen Aktien nach § 71 AktG keine Rechte und damit auch keine Stimmrechte zustehen.[864]

680 Abstimmung durch **Bevollmächtigte,** die eine schriftliche Vollmacht vorweisen müssen, ist möglich (§ 134 Abs. 3 AktG). Häufig erfolgt auch eine Legitimationsübertragung, die es einem Dritten ermöglicht, das Stimmrecht des Aktionärs im eigenen Namen auszuüben (§ 129 Abs. 3 AktG).

6. Rechtsverhältnis zum Träger

681 Aus der dem Demokratieprinzip folgenden **Ingerenzpflicht** ergibt sich für die Gemeinde die Verpflichtung, einen angemessenen Einfluss in Form von **Beteiligungs-, Mitsprache- und Kontrollrechten** zu etablieren. Es stellt sich somit die Frage, wie diese Verpflichtung bei einer kommunalen Aktiengesellschaft umgesetzt werden kann.

a) Die Gemeinde als Aktionärin der kommunalen Aktiengesellschaft

682 Der **Bürgermeister** als organschaftlicher Vertreter der Kommune repräsentiert diese auch in der Hauptversammlung. Er (und nicht der Stadtrat bzw. Gemeinderat) übt insoweit die Gesellschafterrechte der Kommune in der AG aus.

683 Ob und in welchem Umfang er bei dieser organschaftlichen Vertretung selbst entscheiden darf oder nur den Beschluss des Gemeinderates zu vollziehen hat, richtet sich nach allgemeinem Kommunalrecht und hängt grundsätzlich davon ab, ob es sich bei dieser Entscheidung um eine **Angelegenheit der laufenden Verwaltung** handelt.[865] Hierbei ist zu beachten, dass die Bedeutung der Angelegenheit nicht aus Sicht der Gesellschaft,

---

862 Zu weitergehenden gesetzlichen und satzungsmäßigen Anforderungen vgl. *Hüffer/Koch,* AktG, § 133 Rn. 14f.

863 *Hüffer/Koch,* AktG, § 136 Rn. 17ff.

864 *Hüffer/Koch,* AktG, § 71b Rn. 5; *Oechsler,* in: Münchener Kommentar zum Aktiengesetz, § 71b Rn. 10.

865 § 44 Abs. 2 GemO Baden-Württemberg, Art. 37 Abs. 1 Nr. 1 GemO Bayern, § 70 Abs. 2 GemO Hessen, § 62 Abs. 1 Nr. 6 GemO Niedersachsen, § 47 Abs. 1 Nr. 3 GemO Rheinland-Pfalz, § 59 Abs. 3 S. 1 KSVG Saarland, § 55 Abs. 1 S. 2 GemO Schleswig-Holstein, § 63 Abs. 1 Buchst. e GemO Brandenburg, § 38 Abs. 3 KommunalVerf. Mecklenburg-Vorpommern, § 53 Abs. 2 S. 1 GemO Sachsen, § 63 Abs. 1 S. 2 GemO Sachsen-Anhalt, § 29 Abs. 2 Nr. 1 KommunalO Thüringen.

sondern aus Sicht der Kommune zu beurteilen ist. In der Regel dürften die Entscheidungen, für die eine Gesellschafterversammlung zuständig ist (Beschluss des Wirtschaftsplans, Feststellung des Jahresabschlusses, Entlastung von Geschäfüführer und Aufsichtsrat), für den ersten Bürgermeister keine laufenden Angelegenheiten sein,[866] so dass seine Stimmabgabe daher in derartigen Fällen einen Beschluss des Gemeinderats voraussetzt. Möglich wäre aber auch, dass der Gemeinderat dem Ersten Bürgermeister die Zuständigkeit für solche Entscheidungen in der Gesellschaft überträgt.[867]

Bei einer Aktiengesellschaft ist grundsätzlich jede **unmittelbare Einwirkung der Aktionäre** auf den Vorstand nach § 76 Abs. 1 AktG ausgeschlossen. Darüber hinaus sind die Rechte der Aktionäre nach § 119 AktG auf das Recht zur Satzungsgebung, der Entlastung von Vorstand und Aufsichtsrat und das Recht zur Bestimmung über die Verwendung des Bilanzgewinnes beschränkt.[868] 684

Aus diesem Grund stellt sich die Frage, ob die Rechtsform der Aktiengesellschaft **andere Einwirkungsmöglichkeiten** für die Kommune bietet, um ihrer Ingerenzpflicht nachkommen zu können.[869] 685

Hier ist zuvorderst natürlich an den mittelbaren Einfluss über die Wahl des Aufsichtsrats zu denken. Nach § 84 AktG erfolgt die Bestellung und die Abberufung des Vorstandes durch den Aufsichtsrat. Weiterhin überwacht dieses Organ die **Ordnungsmäßigkeit der Geschäftsführung,** d. h. die Übereinstimmung der Geschäftsführung mit Gesetz und Satzung, wie auch deren Zweckmäßig- und Wirtschaftlichkeit (§ 111 Abs. 1 AktG). 686

Zwar schließt die in § 76 Abs. 1 AktG verankerte eigenverantwortliche Leitungsbefugnis des Vorstandes den Aufsichtsrat sowohl von **Maßnahmen der Geschäftsführung** (§ 111 Abs. 4 S. 1 AktG) als auch von Weisungen an den Vorstand aus. Nach den §§ 90, 111 Abs. 2 AktG steht dem Aufsichtsrat allerdings ein laufendes Unterrichtungsrecht zu und darüber hinaus sind nach § 111 Abs. 4 S. 2 AktG zum Zwecke einer **vorbeugenden Überwachung** bestimmte Geschäfte des Vorstandes einem **Genehmigungsvorbehalt zu unterwerfen.**[870] 687

Dieses Instrumentarium hat sich in der Praxis als ausreichend erwiesen, den vom Gesetz geforderten Einfluss zur Geltung zu bringen.[871] Eine Absicherung durch die Statuierung von **Entsendungsrechten** kann zusätzlich zur Sicherstellung der Leitung des Unternehmens dienen.[872] Darüber hinaus kann die Kommune nach § 103 Abs. 1 AktG Aufsichtsratsmitglieder, die gegen die Interessen der Kommune verstoßen, auch ohne das Vorliegen eines wichtigen Grundes abberufen. 688

Dem steht auch nicht entgegen, dass jedes Aufsichtsratsmitglied primär das **Unternehmensinteresse** zu vertreten hat. Das Unternehmensinteresse kann inhaltlich nämlich regelmäßig mit den zusammengefassten gemeinschaftlichen Interessen der Gesellschafter identifiziert werden.[873] Daher ist das **öffentliche Interesse** als Beteiligungszweck der Kommune von den Aufsichtsratsmitgliedern stets mit zu beachten.[874] 689

---

866 PdK Bayern, GO Art. 93 2.

867 PdK Bayern, a. a. O.

868 Vgl. → Rn. 540 ff.

869 Siehe auch *Schön,* ZGR 1996, 429 (447 f.).

870 Das TransPuG vom 19.7.2002, BGBl. 2002 I 2681 hat auf Empfehlung der Regierungskommission Corporate Governance aus der „Kann"-Vorschrift des Abs. 4 S. 2 eine „Muss"-Vorschrift gemacht. Aus der allgemeinen Überwachungsaufgabe des Aufsichtsrats konnte sich aber schon vor der Neuregelung in bestimmten Fällen eine Pflicht zum Erlass von Zustimmungsvorbehalten ergeben, vgl BGH Urt. V. 15.11.1993, II ZR 235//92: „Den Beschluss über die Anordnung eines Zustimmungsvorbehaltes nach § 111 IV 2 AktG fasst der Aufsichtsrat grundsätzlich nach pflichtgemäßem Ermessen. Dieses Ermessen kann sich zu einer Pflicht verdichten, wenn eine gesetzwidrige Geschäftsführungsmaßnahme des Vorstandes nur noch durch eine solche Anordnung verhindert werden kann.".

871 *Schlitt,* FB 1999, 440 (443).

872 Zur Weisungsgebundenheit der von der Kommune gewählten oder entsandten Mitglieder des Aufsichtsrats vgl. z. B. *Becker,* S. 113; *Hüffer/Koch,* AktG, § 394 Rn. 28 ff.; *Schön,* ZGR 1996, 429 (449); *Harder/Ruter,* GmbHR 1995, 813 (814); *Altmeppen,* NJW 2003, 2561 (2563 ff.).

873 BGHZ 95, 330 (346 m. w. N.).

874 *Becker,* S. 112.

b) Absicherung der Einwirkungspflicht der Gemeinde durch einen Beherrschungsvertrag?

690 Teilweise[875] wird nun vertreten, bei einer kommunalen Aktiengesellschaft sei zur **Sicherung der Einflussmöglichkeiten** der Kommune zusätzlich der Abschluss eines **Beherrschungsvertrages** nach § 291 AktG geboten. Die aufgrund eines solchen Beherrschungsvertrages mögliche Weisung sei als Essentiale der verfassungsmäßig gebotenen **Ingerenzpflicht** zu sehen.[876]

691 Der Abschluss eines solchen Beherrschungsvertrages zwischen Kommune und kommunaler Aktiengesellschaft ist aber nach diesseitiger Ansicht rechtlich **nicht zulässig** und darüber hinaus auch **nicht notwendig.**

692 Die Vorschriften des Gemeindewirtschaftsrechts setzen für die Beteiligung der Kommune an einer Rechtsform des privaten Rechts eine **Begrenzung der Haftung der Kommune** voraus.[877] Diese Regelungen stehen aber grundsätzlich einer in der Rechtsfolge des § 302 AktG zum Ausdruck gebrachten uneingeschränkten Einstandspflicht der Kommune für Verluste aus ihrer wirtschaftlichen Betätigung entgegen.[878]

693 Die **Verlustübernahmepflicht** als ein die Kapitalgrundlagen der Gesellschaft gefährdender Zustand[879] bringt die Kommune in eine spezifische Haftungssituation, die ihr als herrschendes Unternehmen[880] für die Vertragsdauer des Beherrschungsvertrages das gesamte **Geschäftsrisiko** der abhängigen Aktiengesellschaft aufbürdet. Darüber hinaus besteht die mit dem Beherrschungsvertrag verbundene Verlustausgleichspflicht auch dann, wenn die Kommune als herrschendes Unternehmen von ihrer Direktionsbefugnis tatsächlich keinen Gebrauch macht oder im Rahmen eines Verbots nachteiliger Weisungen keinen Gebrauch machen darf (§ 308 Abs. 1 S. 2 AktG). Da die Verlustausgleichspflicht auch in den Fällen, in denen der entstandene Verlust auf ungünstige konjunkturelle Entwicklungen oder höhere Gewalt zurückzuführen ist, besteht, weil § 302 AktG tatbestandlich keinerlei Handlungs- oder Verschuldenselemente vorsieht, kann die Norm als Fall der Zustandshaftung eingeordnet werrden.[881]

694 Diese **haftungsrechtlichen Konsequenzen** führen zu einer für die Gemeinde unüberschaubaren Inanspruchnahmemöglichkeit von Haushaltsmitteln, welche ihr einen beherrschungsvertraglich gesicherten Einfluss auf die kommunale Aktiengesellschaft verbietet.[882]

695 Darüber hinaus ist eine solche Absicherung über einen Beherrschungsvertrag aber auch nicht notwendig, da auch in einem faktischen Abhängigkeitsverhältnis problemlos **Kontroll- und Prüfungsmechanismen** implementiert werden können, um der Ingerenzpflicht der Kommune gerecht zu werden.[883] Hierbei sind über entsprechende **Berichtspflichten des Vorstandes** an den Aufsichtsrat und einen **Katalog zustimmungspflich-**

---

[875] Vgl. statt aller *Gaß*, S. 414; *Spannowsky*, ZGR 1996, 400 (423).

[876] *Kraft*, S. 254; *Stober*, NJW 1984, 449 (455); *v. Danwitz*, AöR 120 (1995), 595 (622).

[877] § 103 Abs. 1 Nr. 4 GemO Baden-Württemberg, Art. 91 Abs. 1 Nr. 3 GemO Bayern, § 122 Abs. 1 Nr. 2 GemO Hessen, § 108 Abs. 1 Nr. 3 und 5 GemO Nordrhein-Westfalen, § 109 Abs. 1 Nr. 2 und 4 GemO Niedersachsen, § 87 Abs. 1 Nr. 4 und 6 GemO Rheinland-Pfalz, § 110 Abs. 1 Nr. 2 KSVG Saarland, § 102 Abs. 1 Nr. 2 GemO Schleswig-Holstein, § 102 Nr. 3 GemO Brandenburg, § 69 Abs. 1 Nr. 4 KommunalVerf. Mecklenburg-Vorpommern, § 96 Abs. 1 Nr. 3 GemO Sachsen, § 117 Abs. 1 Nr. 4 und 6 Sachsen-Anhalt, § 73 Abs. 1 Nr. 4, 5 KommunalO Thüringen; vgl. → C. Rn. 196.

[878] Dies entspricht auch regelmäßig – entgegen der abweichenden Meinung von Lenz in Lenz/Wager, Eigenbetriebsverordnung Bayern, 5. Auflage, Art. 92 GO, Rn. 10, wonach der Abschluss eines zur Verlustübernahme verpflichtenden Ergebnisabführungsvertrages nicht Art. 92 Abs. 1 Satz 1 Nr. 3 GO widersprechen würde, weil die Haftung der Gemeinde nicht aus der Beteiligung, sondern aus dem Vertrag selbst entstehe – der Genehmigungspraxis der Rechtsaufsichtsbehörden.

[879] *Ulmer*, AG 1986, 123, 127 f.

[880] Dass die Kommunen „Unternehmen" i. S. d. Rechts der verbundenen Unternehmen sind, ist auch für den Fall, dass die Kommune nur ein Unternehmen privater Rechtsform beherrscht, wohl inzwischen unstreitig, vgl. hierzu *Becker*, S. 122 ff.; *Gaß*, S. 402 ff.; *Raiser*, ZGR 1996, 458 (464) jeweils m. w. N.

[881] *Hüffer/Koch*, AktG, § 302 Rn. 6.

[882] Ebenso *Becker*, S. 132 ff.; *Kropff*, ZHR 144 (1980), 74 (97 f.); *Paschke*, ZHR 152 (1988), 263 (277).

[883] Ausführlich hierzu *Becker*, S. 148 ff.

tiger Geschäfte Überwachungsinstrumente und Überwachungsfunktionen einzurichten, die die Beteiligungs-, Mitsprache- und Kontrollrechten der Kommune entsprechend absichern.[884]

Soweit aus kommunaler Sicht der Abschluss eines Beherrschungsvertrages dennoch notwendig erscheint, ist eine GmbH als **„Holding"** zwischenzuschalten, die der Kommune eine entsprechende Abschirmwirkung vermittelt.[885] Zwischen dieser GmbH, die aufgrund ihres Legalstatuts der Kommune bereits umfangreiche Einflussmöglichkeiten eröffnet,[886] und der Aktiengesellschaft kann unproblematisch ein Beherrschungsvertrag abgeschlossen werden. **696**

7. Aufsicht

Die spezielle Natur der Kommune als Treuhänderin der ihr überlassenen Steuergelder[887] hat zur Entwicklung eigener, sich von Privaten unterscheidenden Methoden zur **nachträglichen Kontrolle** der Aktivitäten geführt. Hierdurch soll gewährleistet werden, dass auch tatsächlich durchgeführt wird, was einmal beschlossen wurde. Diese Kontrolle ist einem unabhängigen Organ, dem **Gemeindeprüfungsamt,** übertragen. **697**

Daneben verpflichten die Gemeindeordnungen die Kommunen dazu ihre Beteiligungsunternehmen eine **Abschlussprüfung** durch Wirtschaftsprüfer durchführen zu lassen, auch wenn die Gesellschaft selbst nicht prüfungspflichtig wäre.[888] **698**

a) Die haushaltsrechtlichen Prüfungsrechte

Die Vorschriften des Gemeindewirtschaftsrechts[889] räumen den Kommunen die Möglichkeit ein, die **Betätigung der Gebietskörperschaften** in ihren privatrechtlichen Beteiligungen zu prüfen. Von dieser Übertragung darf die Gemeinde nur dann absehen, wenn sie über kein Rechnungsprüfungsamt verfügt.[890] In diesem Fall würde die Betätigungsprüfung leer laufen, da kein Prüfer vorhanden wäre, der die Befugnisse ausüben könnte. **699**

Die **Betätigungsprüfung** umfasst nicht das Unternehmen selbst, sondern – ohne Rücksicht auf die Höhe der kommunalen Beteiligung – die die Beteiligung verwaltende Stelle. Anerkanntermaßen umfasst diese Prüfung insbesondere die Frage, ob die für die Beteiligung an privatrechtlich organisierten Unternehmen von der Verwaltung **zu beachtenden** **700**

---

[884] Beachte dazu auch BGH, Urt. v. 10.7.2018 – II ZR 24/17 **(„Schloss Eller"),** wonach dann, wenn die Satzung oder der Aufsichtsrat bestimmen, dass bestimmte Arten von Geschäften nur mit seiner Zustimmung vorgenommen werden dürfen, der Vorstand die **Zustimmung** des Aufsichtsrats grundsätzlich **vor der Durchführung des Geschäfts einzuholen** hat. Diese Zustimmung kann nur durch ausdrücklichen Beschluss des Aufsichtsrats erteilt werden und kann **nicht durch eine Entscheidung des Aufsichtsratsvorsitzenden ersetzt** werden. Der Vorstand kann aber gegenüber einer Schadensersatzklage der Aktiengesellschaft, die mit dem Verstoß gegen einen zugunsten des Aufsichtsrats eingerichteten Zustimmungsvorbehalt begründet ist, einwenden, der Aufsichtsrat hätte den von ihm durchgeführten Maßnahmen zugestimmt, wenn er ihn gefragt hätte **(Einwand des „rechtmäßigen Alternativverhaltens").**

[885] Vgl. auch *Gaß* S. 418 f. und aktuell *Frankenberger,* RNotZ 2018, 649, 660.

[886] Zu den Einwirkungsmöglichkeiten auf eine GmbH → Rn. 382 ff.

[887] Vgl. hierzu *Becker,* S. 43 ff.; ausführlich → E. Rn. 231 ff.

[888] § 103 Abs. 1 Nr. 5 Buchst. b) GemO Baden-Württemberg, Art. 94 Abs. 1 Nr. 2 GemO Bayern, § 122 Abs. 1 Nr. 4 GemO Hessen, § 108 Abs. 2 Nr. 1 GemO Nordrhein-Westfalen, § 124 GemO Niedersachsen, § 89 GemO Rheinland-Pfalz, § 110 Abs. 1 Nr. 4 KSVG Saarland, § 9 KommunalprüfungsG Schleswig-Holstein, § 73 Abs. 1 Nr. 2 Buchst. a) KommunalVerf. Mecklenburg-Vorpommern, § 96a Abs. 1 Nr. 8 GemO Sachsen, § 121 Abs. 1 Nr. 2 GemO Sachsen-Anhalt, § 75 Abs. 4 Nr. 1 KommunalO Thüringen, für Brandenburg fehlt eine entsprechende Vorschrift; vgl. auch unten → E. Rn. 159 ff.

[889] Vgl. § 112 Abs. 2 Nr. 3 GemO Baden-Württemberg, Art. 106 Abs. 4 GemO Bayern, § 131 Abs. 2 Nr. 6 GemO Hessen, § 103 Abs. 2 Nr. 5 GemO Nordrhein-Westfalen, § 119 Abs. 3 Nr. 3 GemO Niedersachsen, § 112 Abs. 2 Nr. 2 GemO Rheinland-Pfalz, § 121 Abs. 2 Nr. 1 KSVG Saarland, § 116 Abs. 2 Nr. 4 GemO Schleswig-Holstein, § 113 Abs. 2 Nr. 4 GemO Brandenburg, § 96a Abs. 1 Nr. 11, 12 GemO Sachsen, § 129 Abs. 2 Nr. 4 GemO Sachsen-Anhalt, § 84 Abs. 4 KommunalO Thüringen.

[890] *Becker,* S. 93.

Vorschriften eingehalten wurden. Insbesondere die Frage der Konformität von Satzung bzw. Gesellschaftsvertrag mit den spezifischen aus dem Kommunalrecht resultierenden Anforderungen, die Implementierung der Aufsichtsgremien sowie deren Überwachungstätigkeit steht im Fokus der Prüfung. Insbesondere ist festzustellen, ob die Rechte nach § 53 Abs. 1 HGrG ausgeübt wurden, dem Abschlussprüfer ein entsprechend erweiterter Prüfungsauftrag erteilt wurde und dementsprechend auch die Ordnungsmäßigkeit der Geschäftsführung (§ 53 Abs. 1 Nr. 1 HGrG) geprüft wurde und im Prüfungsbericht die in § 53 Abs. 1 Nr. 2 HGrG aufgezeigten Gesichtspunkte behandelt wurden.

701 Sind der Gemeinde auch die Befugnisse nach § 54 HGrG eingeräumt, so ist die Prüfung durch Einsicht in den Betrieb, die Bücher und die Schriften des Unternehmens unter Beachtung kaufmännischer Grundsätze dann veranlasst, wenn bei der Betätigungsprüfung anhand der zur Verfügung stehenden Unterlagen Fragen von Bedeutung ungeklärt blieben. Das Selbstunterrichtungsrecht nach § 54 HGrG ist auf die Klärung von Fragen beschränkt, die bei der Betätigungsprüfung entstehen und ohne Einsichtnahme in das Unternehmen nicht geklärt werden können.

702 Aus diesem Grund ist es herausragende Aufgabe der Rechnungsprüfungsämter festzustellen, ob der **„öffentliche Zweck“** für eine wirtschaftliche Betätigung der Gemeinde noch gegeben ist. Es ist also zu prüfen, ob sichergestellt ist, dass das Unternehmen nachhaltig einem öffentlichen Zweck dient, die Gemeinde ihre Unternehmen steuert und überwacht und sich dazu die erforderlichen Informationen beschafft und auswertet und die Vertreter der Gemeinde in den Unternehmen ihre Aufgaben pflichtgemäß, mit der gebotenen Sorgfalt und unter angemessener Berücksichtigung der besonderen Interessen der Gemeinde erfüllt haben.

b) Der Abhängigkeitsbericht

703 Ist eine Aktiengesellschaft von einem anderen Unternehmen[891] abhängig, ist der Vorstand der Aktiengesellschaft verpflichtet, für jedes Geschäftsjahr einen schriftlichen Bericht über die Beziehungen der Gesellschaft zu verbundenen Unternehmen aufzustellen (§ 312 AktG). Der **Abhängigkeitsbericht** ist durch den Abschlussprüfer (§ 313 AktG) und den Aufsichtsrat (§ 314 AktG) zu prüfen. Erheben der Abschlussprüfer oder der Aufsichtsrat Einwendungen oder erklärt der Vorstand selbst, dass die Gesellschaft durch bestimmte Maßnahmen benachteiligt worden ist, ohne dass die Nachteile nach § 311 AktG ausgeglichen wurden, kann jeder Aktionär eine **Sonderprüfung** beantragen (§ 315 S. 1 AktG).

704 Der Abhängigkeitsbericht ergänzt das System der §§ 311, 317, 318 AktG, die die Gesellschaft im **faktischen Konzern** vor der Zufügung von unausgeglichenen Nachteilen schützen sollen. Nach den §§ 317, 318 AktG haften das herrschende Unternehmen, seine gesetzlichen Vertreter sowie unter gewissen Umständen die Verwaltungsmitglieder der abhängigen Gesellschaft auf Schadensersatz.[892]

705 Die Ansprüche können durch Aktionäre und Gläubiger der Gesellschaft geltend gemacht werden (§§ 317 Abs. 4, 318 Abs. 4, 309 Abs. 3, 4 AktG). In diesem Zusammenhang soll der Abhängigkeitsbericht sicherstellen, dass Aktionäre und Gläubiger die erforderlichen Informationen über **nicht ausgeglichene Nachteile** erhalten, um solche Ansprüche geltend machen zu können.[893]

706 Voraussetzung für eine Anwendung des § 312 AktG auf das Verhältnis zwischen Kommune und kommunaler Aktiengesellschaft, ist die Qualifikation der Kommune als **„Unternehmen“.** Es ist insoweit allgemein anerkannt, dass die Kommunen ebenso wie Private den Regelungen des Rechts der verbundenen Unternehmen unterworfen sind, wenn sie

---

891 Zur Unternehmenseigenschaft der öffentlichen Hand vgl. *Becker,* S. 122 ff.; *Gaß,* S. 402 ff.; *Raiser,* ZGR 1996, 458 (464) jeweils m. w. N.
892 *Schiessl,* ZGR 1998, 871 (872).
893 *Schiessl,* ZGR 1998, 871 (872).

andere Unternehmen beherrschen,[894] selbst wenn sie keine weiteren Beteiligungen neben der kommunalen Aktiengesellschaft mehr halten.[895]

Darüber hinaus muss ein **Abhängigkeitsverhältnis** zwischen Kommune und kommunaler Aktiengesellschaft vorliegen. Die Abhängigkeit im Sinne der §§ 17, 312 Abs. 1 AktG setzt einen unmittelbar oder mittelbar **beherrschenden Einfluss der Kommune** auf die kommunale Aktiengesellschaft voraus. Dieser Einfluss wird bei einer Mehrheitsbeteiligung vermutet (§ 17 Abs. 2 AktG), kann aber auch bei einer unter 50 % liegenden Beteiligung in Verbindung mit weiteren verlässlichen Umständen rechtlicher oder tatsächlicher Art vorliegen.[896] 707

Nach § 312 Abs. 1 S. 2 AktG sind in dem Abhängigkeitsbericht alle **Rechtsgeschäfte,** die die Aktiengesellschaft mit dem herrschenden Unternehmen oder einem mit ihm verbundenen Unternehmen oder auf Veranlassung oder im Interesse dieser Unternehmen vorgenommen wurden, und alle **anderen Maßnahmen,** die sie auf Veranlassung oder im Interesse dieser Unternehmen getroffen oder unterlassen hat, aufzuführen. Darüber hinaus sind nach § 312 Abs. 1 S. 3 AktG bei den Rechtsgeschäften Leistung und Gegenleistung, bei den Maßnahmen die Gründe der Maßnahme und deren Vor- und Nachteile für die Aktiengesellschaft anzugeben. 708

Um die hieraus resultierende Informationsflut auf das Notwendige zu beschränken, werden in Rechtsprechung und Literatur Wege gesucht, den **Umfang der Berichtspflicht** gerade für Gebietskörperschaften auf das Erforderliche zu beschränken.[897] 709

Bei **Drittgeschäften** ist es ausreichend, über diejenigen Rechtsgeschäfte zu berichten, die von der Kommune als herrschendem Unternehmen veranlasst wurden oder bei denen Zweifel bleiben, ob der Vorstand einer unabhängigen Aktiengesellschaft das Geschäft unter Beachtung seiner Sorgfaltspflichten ebenfalls abgeschlossen hätte.[898] Bei der **Veranlassung anderer Maßnahmen** sind solche Vorgänge berichtspflichtig, bei denen die Kommune ihren gesellschaftsrechtlich vermittelten Einfluss geltend gemacht hat.[899] 710

Durch eine solche Berichterstattung wird der **Schutzzweck des Abhängigkeitsberichtes** erfüllt, um hierdurch die Gesellschaft von einer einseitigen Förderung öffentlicher Aufgaben und politischer Ziele zu Lasten der Gesellschaft zu bewahren.[900] 711

c) Die handelsrechtliche Rechnungslegung und Abschlussprüfung

Die **Rechnungslegung** der Aktiengesellschaft dient der Ermittlung des Bilanzgewinns und damit des Betrages, der an die Aktionäre ausgeschüttet werden darf. Darüber hinaus dient sie aber auch zur Information der Gläubiger über die wirtschaftliche Lage der Gesellschaft. Wegen des Grundsatzes der Maßgeblichkeit der Handelsbilanz für die Steuerbilanz und damit für die Besteuerung der Aktiengesellschaft dient die Rechnungslegung auch zur Ermittlung der geschuldeten Körperschaftsteuer. 712

Grundsätzlich hat jeder Kaufmann und damit auch jede Aktiengesellschaft in den ersten drei Monaten des Geschäftsjahrs für das vergangene Geschäftsjahr einen **Jahresabschluss**[901] aufzustellen (§ 242 Abs. 1 HGB), der aus der **Jahresbilanz und der Gewinn- und Verlustrechnung** besteht. Als Kapitalgesellschaften haben Aktiengesellschaften nach § 264 713

---

[894] BGHZ 69, 334 (338 ff.) („VEBA/Gelsenberg"); 105, 168 (176 f.) („HSW"); *Hüffer/Koch,* AktG, § 15 Rn. 18; *Becker,* S. 122 ff.; *Gaß,* S. 402 ff.; *Raiser,* ZGR 1996, 458 (464) jeweils m. w. N.

[895] BGHZ 135, 107 (114) („VW/Land Niedersachsen").

[896] BGHZ 69, 334 (337); 135, 107 (114).

[897] BGHZ 69, 334 (343); OLG Braunschweig ZIP 1996, 875 (877); *Hüffer/Koch,* AktG, § 312 Rn. 22; *Kropff,* ZHR 144 (1980), 74 (96 f.); ausführlich zum Abhängigkeitsbericht einer Aktiengesellschaft mit öffentlich-rechtlichem Anteilseigner *Harbarth,* S. 296 ff.

[898] *Hüffer/Koch,* AktG, § 312 Rn. 22; *Kropff,* ZHR 144 (1980), 74 (96 f.); *Schiessl,* ZGR 1998, 871 (880).

[899] Vgl. hierzu die Beispiele bei *Schiessl,* ZGR 1998, 871 (880 f.).

[900] BGHZ 135, 107 (114).

[901] *Hüffer/Koch,* AktG, § 170 Rn. 2.

Abs. 1 HGB ihren Jahresabschluss um einen **Anhang**[902] zu erweitern (§§ 284 f. HGB) und einen **Lage- oder Geschäftsbericht**[903] aufzustellen (§ 289 HGB).

714 Jahresabschluss und Geschäftsbericht sind vom Vorstand **aufzustellen,** durch Abschlussprüfer zu prüfen (§ 316 Abs. 1 HGB) und dem Aufsichtsrat zur **Prüfung** vorzulegen (§§ 170 f. AktG).[904] Danach sind sie zum Handelsregister einzureichen und ggf. zusätzlich zu veröffentlichen (§ 325 HGB).

715 Da die Aufstellung und Veröffentlichung von Jahresabschlüssen nur sinnvoll ist, wenn die Einhaltung der bilanziellen Vorschriften überwacht wird, müssen Jahresabschluss und Geschäftsbericht von einem sachverständigen Prüfer **(Abschlussprüfer)** geprüft werden (§§ 316 ff. HGB). Die öffentlich bestellten Sachverständigen (Wirtschaftsprüfer und Wirtschaftsprüfungsgesellschaften) haben über das Ergebnis ihrer Prüfung einen **Prüfungsbericht** mit dem in § 321 Abs. 1 HGB vorgeschriebenen Inhalt zu erstatten, der von ihnen zu unterzeichnen und dem Vorstand der Aktiengesellschaft vorzulegen ist (§ 321 Abs. 3 HGB).

716 Als äußeres Zeichen der Prüfung und ihres Ergebnisses erteilen die Abschlussprüfer einen uneingeschränkten oder mit Einschränkungen versehenen **Bestätigungsvermerk** (§ 322 HGB). Bei schwerwiegenden Mängeln des Jahresabschlusses haben die Abschlussprüfer den Bestätigungsvermerk zu versagen (§ 322 Abs. 3 HGB).

717 Durch die Verpflichtung zur **Einreichung** des mit dem Bestätigungsvermerk des Wirtschaftsprüfers oder mit dem Vermerk über dessen Versagung versehenen Jahresabschlusses zum Handelsregister des Gesellschaftssitzes (§ 325 Abs. 1 HGB) ist sichergestellt, dass ein eingeschränkter oder versagter Bestätigungsvermerk publik wird und von Interessenten berücksichtigt werden kann.

718 Der Prüfungsbericht des Abschlussprüfers wird grundsätzlich nicht veröffentlicht. Er steht nur dem Vorstand und dem Aufsichtsrat zur Verfügung. Daher sehen die Gemeindeordnungen die Verpflichtung zur **Übersendung** des Jahresabschlusses und des Prüfungsberichts **an die Kommune** vor.[905]

719 Da sich die **Aufgabe der Rechnungsprüfungsämter** auf die Überprüfung der Haushalts- und Wirtschaftsführung der Kommune beschränkt und somit nicht das Verhalten der Aktiengesellschaft selbst umfasst, erhalten diese von den Vorgängen in der Gesellschaft prinzipiell nur mittelbar Kenntnis. Hierfür stellt der **Bericht des Wirtschaftsprüfers** die wichtigste Unterlage dar.[906]

720 Daher ist durch die entsprechende Anwendung des § 53 HGrG[907] vorgeschrieben, dass eine Prüfung der **Ordnungsmäßigkeit der Geschäftsführung** durch den Abschlussprüfer erfolgen muss. Daher ist der Prüfungsauftrag bei einer kommunalen Aktiengesellschaft um die **Prüfung nach § 53 HGrG** zu erweitern. Während der Abschlussprüfer nach den allgemeinen handelsrechtlichen Bestimmungen die Ordnungsmäßigkeit der Geschäfts-

---

902 Vgl. *Hüffer/Koch,* AktG, § 160 Rn. 2.

903 Zum Begriff vgl. *Hüffer/Koch,* AktG, § 170 Rn. 2.

904 Zum Verhältnis von Abschlussprüfung und Prüfung durch den Aufsichtsrat siehe auch *Hüffer/Koch,* AktG, § 171 Rn. 5.

905 § 103 Abs. 1 Nr. 5 Buchst. c) GemO Baden-Württemberg, § 108 Abs. 2 S. 2 GemO Nordrhein-Westfalen, § 87 Abs. 3 GemO Rheinland-Pfalz, § 110 Abs. 1 Nr. 3 KSVG Saarland, § 9 KommunalprüfungsG Schleswig-Holstein, § 73 Abs. 1 Nr. 3 KommunalVerf. Mecklenburg-Vorpommern, § 96a Abs. 2 Nr. 9 GemO Sachsen, § 121 Abs. 1 Nr. 3 GemO Sachsen-Anhalt, nach § 124 Abs. 1 S. 3 GemO Niedersachsen ist der Prüfungsbericht der Kommunalaufsicht zu übersenden; in Bayern, Hessen, Brandenburg und Thüringen fehlen entsprechende Vorschriften.

906 Ausführlich hierzu *Harbarth,* S. 393 ff.

907 Die Anwendung des HGrG ergibt sich im kommunalen Bereich aus folgenden Vorschriften: § 103 Abs. 1 GemO Baden-Württemberg, Art. 94 GemO Bayern, § 123 GemO Hessen, § 112 GemO Nordrhein-Westfalen, § 124 GemO Niedersachsen, § 89 GemO Rheinland-Pfalz, § 111 KSVG Saarland, § 9 KommunalprüfungsG Schleswig-Holstein, § 105 GemO Brandenburg, § 73 Abs. 2 KommunalVerf. Mecklenburg-Vorpommern, § 96a Abs. 1 Nr. 7 GemO Sachsen, § 121 GemO Sachsen-Anhalt, § 75 Abs. 4 KommunalO Thüringen; vgl. auch *Mertens,* Der Gemeindehaushalt 1983, 104 (106); siehe auch → E. Rn. 163 ff.

führung nicht aktiv überprüfen muss, sondern nur die Pflicht hat, gem. § 321 Abs. 1 Satz 3 HGB über solche Gesetzesverstöße oder Unregelmäßigkeiten zu berichten, die ihm bei der vorgeschriebenen Abschlussprüfung aufgefallen sind, muss er die Prüfung der „Ordnungsmäßigkeit der Geschäftsführung" auch darauf erstrecken, ob ungewöhnliche oder risikoreiche Geschäfte getätigt wurden und ob Gesetze, Satzung, Geschäftsordnung sowie Beschlüsse der Hauptversammlung und des Aufsichtsrats eingehalten wurden, ohne allerdings den Entscheidungsprozess in seinen Einzelheiten zu prüfen.[908] § 53 Abs. 1 Nr. 1 HGrG kann damit auch Grundlage der Untersuchung von etwaigen Complianceverstöße sein. § 53 Abs. 1 Nr. 1 HGrG bildet aber keine Grundlage für eine „getarnte" Sonderprüfung. Im Rahmen dieser erweiterten Prüfung stehen dem Abschlussprüfer die Vorlage- und Auskunftsrechte nach § 320 HGB zu, so dass er zusätzliche Auskunfts- und Vorlagerechte gegenüber dem Vorstand hat. Der Vorstand hat den erweiterten Prüfbericht des Abschlussprüfers lediglich dem Aufsichtsrat und der Gebietskörperschaft zu übersenden; das Ergebnis der ergänzenden Prüfung ist zum Schutz vertraulicher Angaben und Geheimnisse der Gesellschaft insbesondere mit Blick auf den Rechtsgedanken des § 395 II AktG nicht in den nach § 322 HGB erforderlichen Bestätigungsvermerk aufzunehmen, sondern gesondert zu bescheinigen oder nur im Prüfungsbericht darzustellen.[909] Soweit neben der kommunalen Gebietskörperschaft weitere Aktionäre vorhanden sind, haben diese keinen Zugang zu dem Prüfungsbericht, insbesondere steht ihnen kein Anspruch auf eine erweiterte Auskunftserteilung nach § 131 IV AktG zu.[910]

Erst der geprüfte Jahresabschluss ist zusammen mit dem Geschäftsbericht und dem 721
Prüfungsbericht vom Vorstand dem Aufsichtsrat vorzulegen und von diesem noch einmal zu prüfen. Billigt[911] der Aufsichtsrat den Jahresabschluss, so ist dieser festgestellt, sofern nicht Vorstand und Aufsichtsrat (ausnahmsweise) beschließen, die **Feststellung** der Hauptversammlung[912] zu überlassen (§ 172 AktG).

Die Beschlüsse des Vorstandes und des Aufsichtsrats sind in den Bericht des Aufsichtsrats 722
an die Hauptversammlung aufzunehmen.[913] Die **Hauptversammlung** ist sodann vom Vorstand unverzüglich einzuberufen (§ 175 AktG).

Haben Vorstand und Aufsichtsrat den Jahresabschluss festgestellt, so hat die Hauptver- 723
sammlung nur noch einen sehr **geringen Entscheidungsspielraum.**

Sie ist an den vom Aufsichtsrat festgestellten Jahresabschluss gebunden (§ 174 Abs. 1 S. 2 724
AktG) und kann nach § 119 Abs. 1 Nr. 2, § 58 Abs. 3 AktG nur noch über die **Verwendung des festgestellten Bilanzgewinns** entscheiden.[914] Dabei hat sie auch noch die gesetzlichen Vorgaben über die Einstellung eines Teils des Jahresüberschusses in eine **gesetzliche Rücklage** (§ 150 AktG) und in **zusätzliche Gewinnrücklagen** (§ 59 AktG) zu beachten.

(einstweilen frei) 725

VI. Personengesellschaften

Literatur:

Baumbach/Hopt, Handelsgesetzbuch mit GmbH & Co., Handesklauseln, Bank- und Börsenrecht, Transportrecht (ohne Seerecht), 36. Aufl. 2014; *Becker,* Die Erfüllung öffentlicher Aufgaben durch gemischtwirtschaftliche Unternehmen, 1997; *Ehlers,* Verwaltung in Privatrechtsform, 1984; *ders.,* Die Entscheidung der Kommunen für eine öffentlich-rechtliche oder privatrechtliche Organisation ihrer Einrichtungen und Unternehmen, DÖV 1986, 897; *Fischer,* Die Entsendungs- und Weisungsrechte öffentlich-rechtlicher Körperschaften beim Aufsichtsrat einer Aktiengesellschaft, AG 1982, S. 85; *Gaß,* Die Umwandlung gemeindlicher Unterneh-

---

[908] Schockenhoff, NZG 2018, 521, 526.
[909] *Schockenhoff,* a. a. O.
[910] *Schockenhoff,* a. a. O.
[911] Vgl. auch *Hüffer/Koch,* AktG, § 172 Rn. 2 ff.
[912] Vgl. hierzu *Hüffer/Koch,* AktG, § 173 Rn. 1 ff.
[913] Zu den einzelnen Berichtspunkten siehe auch *Hüffer/Koch,* AktG, § 171 Rn. 17 ff.
[914] Vgl. hierzu *Hüffer/Koch,* AktG, § 58 Rn. 22 ff.

men, 2003; *Habersack,* Private public partnership: Gemeinschaftsunternehmen zwischen Privaten und der öffentlichen Hand – Gesellschaftsrechtliche Analyse –, ZGR 1996, 544; *Harbarth,* Anlegerschutz in öffentlichen Unternehmen, 1998; *Kraft,* Das Verwaltungsgesellschaftsrecht, 1982; *Leisner,* Der Vorrang des Gesellschaftsinteresses bei den Eigengesellschaften der öffentlichen Hand, WiVerw 1983, 212; *Limmer,* Handbuch der Unternehmensumwandlung, 3. Aufl. 2007; *Lutter,* Umwandlungsgesetz, Kommentar, 3. Aufl. 2004; *Lutter/Timm,* Konzernrechtlicher Präventivschutz im GmbH-Recht, NJW 1982, 409; *Mayer,* Erste Zweifelsfragen bei der Unternehmensspaltung, DB 1995, 861; *Müller,* Rechtsformenwahl bei der Erfüllung öffentlicher Aufgaben, 1993; Münchener Anwaltshandbuch Personengesellschaftsrecht, 3. Aufl 2019; *Püttner,* Die öffentlichen Unternehmen, 2. Aufl. 1985; *ders.,* Die Einwirkungspflicht, DVBl. 1975, 353; *Reichert,* GmbH & Co. KG, 7. Aufl. 2015; R. *Schmidt,* Öffentliches Wirtschaftsrecht – Allgemeiner Teil, 1990; *Schockenhoff,* Geheimnisschutz bei Aktiengesellschaften mit Beteiligung der öffentlichen Hand, NZG 2018, 521; *Schön,* Der Einfluss öffentlich-rechtlicher Zielsetzung auf das Statut privatrechtlicher Eigengesellschaften der öffentlichen Hand: – Gesellschaftsrechtliche Analyse –, ZGR 1996, 429; *Schwintowski,* Verschwiegenheitspflicht für politisch legitimierte Mitglieder des Aufsichtsrats, NJW 1990, 1009; *ders.,* Gesellschaftsrechtliche Bindungen für entsandte Aufsichtsratsmitglieder der öffentlichen Hand, NJW 1995, 1316; *Spannowsky,* Die Verantwortung der öffentlichen Hand für die Erfüllung öffentlicher Aufgaben und die Reichweite ihrer Einwirkungspflichten auf Beteiligungsunternehmen, DVBl. 1992, 1072; *ders.,* Der Einfluss öffentlich-rechtlicher Zielsetzung auf das Statut privatrechtlicher Eigengesellschaften in öffentlicher Hand: – Öffentlich-rechtliche Vorgaben, insbesondere zur Ingerenzpflicht –, ZGR 1996, 400; *Stober,* Die privatrechtlich organisierte Verwaltung: Zur Problematik privatrechtlicher Gesellschaften und Beteiligungen der öffentlichen Hand, NJW 1984, 449; *v. Danwitz,* Vom Verwaltungsprivat- zum Verwaltungsgesellschaftsrecht – Zu Begründung und Reichweite öffentlich-rechtlicher Ingerenz in der mittelbaren Kommunalverwaltung, AöR 120 (1995), 595; *v. Proff,* Die Einheits-KG als Variante der GmbH & Co. KG – Gründung und Vertragsgestaltung nach dem Urteil des BFH v. 13.7.2017, DStR 2017, 2590; *Widmann/Mayer,* Umwandlungsrecht, Umwandlungsgesetz, Umwandlungssteuergesetz, Kommentar, Losebl. Stand: April 2020; *Zeichner,* Die Voraussetzungen für die Beteiligung des Bundes/eines Landes an einem Unternehmen nach § 65 Abs. 1 BHO/LHO und ihre Prüfung durch den Rechnungshof, AG 1985, 61.

1. Rechtsgrundlagen

726 Die kommunale Personengesellschaft findet ihre Rechtsgrundlage insbesondere im Bürgerlichen Gesetzbuch (BGB) vom 18. August 1896 in der Fassung der Bekanntmachung vom 2. Januar 2002 (BGBl. I S. 42, 2909; 2003 I S. 738), zuletzt geändert durch Artikel 2 des Gesetzes vom 16. Oktober 2020 (BGBl. I S. 2187) und im Handelsgesetzbuch (HGB) vom 10. Mai 1897 in der im Bundesgesetzblatt Teil III, Gliederungsnummer 4100-1, veröffentlichten bereinigten Fassung, zuletzt geändert durch Artikel 1 des Gesetzes vom 12. August 2020 (BGBl. I S. 1874). Daneben treten die Regelungen der Gemeindeordnungen der Länder zur Zulässigkeit wirtschaftlicher Unternehmen in privater Rechtsform.[915]

a) Die kommunale Personengesellschaft zwischen Gesellschafts- und Kommunalrecht

727 Die wirtschaftliche Betätigung kommunaler Gebietskörperschaften durch den organisatorischen Einsatz von Personengesellschaften muss zwangsläufig zur Frage des Verhältnisses zwischen den **Regelungen des Gesellschaftsrechts** und den **Vorschriften des Kommunalrechts** führen. Die Regelungen des Kommunalrechts geben der Kommune nämlich die „Leitplanken“ vor, die für eine Beteiligung an einer Gesellschaft privater Rechtsform eingehalten werden müssen.

728 Aus der **Einwirkungs- oder Ingerenzpflicht**[916] folgt die Verpflichtung der öffentlichen Hand, auf die von ihr geschaffenen Rechtssubjekte dahin gehend einzuwirken, dass diese ihrerseits die Ziele kommunaler Politik, die Orientierung am Allgemeinwohl und das

[915] §§ 102 ff. GemO Baden-Württemberg, Art. 86 ff. GemO Bayern, §§ 121 ff. GemO Hessen, §§ 107 ff. GemO Nordrhein-Westfalen, §§ 108 ff. GemO Niedersachsen, §§ 85 ff. GemO Rheinland-Pfalz, §§ 106 ff. KSVG Saarland, §§ 101 ff. GemO Schleswig-Holstein, §§ 100 ff. GemO Brandenburg, §§ 68 ff. KommunalVerf. Mecklenburg-Vorpommern, §§ 95 ff. GemO Sachsen, §§ 116 ff. GemO Sachsen-Anhalt, §§ 71 ff. KommunalO Thüringen; ausführlich oben Kapitel C. Rn. 195 ff.

[916] Vgl. auch *Kraft,* §§ 2, 3; *Ehlers,* Verwaltung in Privatrechtsform, S. 124 ff.; zum Begriff siehe auch *Püttner,* DVBl. 1975, 353 (354).

Gebot der Rechtsstaatlichkeit einhalten.[917] Die Einwirkungspflicht kann somit im Ergebnis als die Pflicht beschrieben werden, auf eine in einer privaten Organisationsform betriebene öffentliche Einrichtung mit geeigneten Mitteln so einzuwirken, dass die Einhaltung der durch das öffentliche Recht bestimmten besonderen rechtlichen Bindungen jederzeit sichergestellt ist.[918]

Die Gemeindeordnungen versuchen dieser Pflicht Rechnung zu tragen, indem sie ver- 729 langen, dass sich die Gemeinde erhebliche **Informations- und Einflussmöglichkeiten** vorbehält. Durch die indirekte Aufgabenwahrnehmung über ein Beteiligungsunternehmen werden nämlich z. B. die Verhandlungen vom öffentlich tagenden Gemeinderat in die internen Gremien der Gesellschaft verlagert. Hierdurch geht aber im Interesse der größeren Effizienz ein Großteil der Publizität und Transparenz verloren.[919]

Aus dem **Demokratieprinzip** folgt aber die Verpflichtung zur Aufrechterhaltung der 730 Legitimationskette, da sich aus der Tatsache, dass die Kommune ihre Kontrollpflichten wegen der Existenz nicht kontrollierbarer Freiräume nicht mehr erfüllen kann, kein Abreißen der durch demokratische Wahl legitimierten Kette ergeben darf. Weiterhin verlangt das **Rechtsstaatsprinzip** hinsichtlich der Verantwortlichkeit der öffentlichen Hand, dass keine kontrollfreien Räume in der Erfüllung öffentlicher Aufgaben entstehen.

Daher ergibt sich für die Kommune als Gesellschafterin einer Personengesellschaft die 731 Verpflichtung ihre Rechtsbeziehungen zu der Personengesellschaft so auszugestalten, dass die **Kontrolle und Steuerung** dieser Personengesellschaft durch die Kommune sichergestellt ist.

b) Das Verhältnis zwischen Gesellschafts- und Kommunalrecht in einer kommunalen Personengesellschaft

In die Beurteilung der **privatrechtlichen Rechtsbeziehungen** zwischen einer Personen- 732 gesellschaft und der Kommune als deren Gesellschafterin sind Aspekte des Gesellschaftsrechts und des Kommunalrechts einzubeziehen. Hierbei steht der öffentlichen Hand grundsätzlich die Möglichkeit zu, sich einen besonderen Einfluss durch gesetzliche Einführung von gesellschaftsrechtlichen Sonderpositionen zu sichern.

Aus verfassungsrechtlicher Sicht lässt sich solchen Eingriffen in das Privatrecht kein 733 prinzipieller **„Vorrang des Gesellschaftsrechts"** entgegenhalten. Gesetzgeberische Sonderregelungen für die öffentliche Hand im Rahmen des Gesellschaftsrechts sind aber nur dem Bund als derjenigen Gebietskörperschaft möglich, der im Rahmen der konkurrierenden Gesetzgebung nach Art. 74 Nr. 1 GG die entsprechende Gesetzgebungskompetenz zusteht.[920]

Hieraus folgt, dass **landesgesetzliche Regelungen** für öffentliche Unternehmen die 734 gesellschaftsrechtliche Rechtslage nicht modifizieren können.[921] Durch die umfangreichen Vorschriften der Gemeindeordnungen über kommunale Gesellschaften wird das Innen- und Außenrecht dieser Unternehmen also nicht beeinflusst.

Die **Gemeindeordnungen** können für ihren Adressaten „Kommune" nur Grundsätze 735 für eine Beteiligung an einer Personengesellschaft aufstellen, die diese im Rahmen der gesellschaftsrechtlich zulässigen Gestaltungsmöglichkeiten umzusetzen hat. Dabei sind die Kommunen verpflichtet, die Gestaltungsmöglichkeiten des Gesellschaftsrechts soweit auszuschöpfen, dass die Interessen der Kommune und die Ziele der Selbstverwaltung mit dem Demokratieprinzip so weit wie möglich verwirklicht werden.

---

917 *Müller,* S. 249 m. w. N.

918 *Becker,* S. 96.

919 Vgl. auch *Leisner,* WiVerw 1983, 212 (225); *Spannowsky,* ZGR 1996, 400 (412).

920 Vgl. *Püttner,* Die öffentlichen Unternehmen, S. 234 f.; *Fischer,* AG 1982, 85 (90); siehe auch *Schön,* ZGR 1996, 429 (432); a. A. *v. Danwitz,* AöR 120 (1995), 595 (616 ff.).

921 *R. Schmidt,* S. 513 ff.; *Spannowsky,* DVBl. 1992, 1075 (1077); *Zeichner,* AG 1995, 61 (69); *Schwintowsky,* NJW 1990, 1009 (1013); *ders.,* NJW 1995, 1316 (1317); *Schön,* ZGR 1996, 429 (432)).

736 Diese Grundsätze können aber nicht das Gesellschaftsverhältnis unmittelbar regeln. Für die Beurteilung des **Verhältnisses zwischen Kommune und Personengesellschaft** kommt es somit vorrangig auf das Gesellschaftsrecht an. Ob und inwieweit die Kommune von dem so gesetzten Rahmen Gebrauch machen darf bzw. muss, bestimmt sich nach der Gemeindeordnung und den ihr zugrundeliegenden Zielen.

737 Somit lässt sich die **Organisationsverfassung** einer kommunalen Personengesellschaft nur aus der Gemengelage von Öffentlichem Recht und privatem Wirtschaftsrecht, von gemeindewirtschaftsrechtlichen und gesellschaftsrechtlichen Vorschriften bestimmen.

c) Besonderheiten für die Zulässigkeit kommunaler Personengesellschaften

738 Die kommunalen Gebietskörperschaften können grundsätzlich zwischen allen Formen des Gesellschaftsrechts wählen. Da aber die Gemeindeordnungen vorschreiben, dass die Haftung der Gemeinde auf einen bestimmten Betrag begrenzt sein muss[922], kommen als privatrechtliche Formen wirtschaftlicher Unternehmen der kommunalen Gebietskörperschaften die BGB-Gesellschaft (GbR), OHG, KG und der nichtrechtsfähige Verein nicht in Betracht.

739 Möglich ist demnach die Gründung einer kommunalen Personengesellschaft nur in der Rechtsform einer GmbH und Co. KG (bzw. UG & Co. KG).

740 Eine Kommanditgesellschaft stellt grundsätzlich eine modifizierte Form der OHG dar, bei der es neben persönlich voll haftenden Gesellschaftern, genannt Komplementäre, solche gibt, die lediglich mit den von ihnen geleisteten Einlagen haften und der Rechtsform zu ihrem Namen verhelfen, den Kommanditisten. Daher ist für die Komplementäre das OHG-Recht (§§ 105 bis 160 HGB), für die Kommanditisten ergänzend die §§ 161 bis 177a HGB anzuwenden.

741 Aus dem Wortlaut der Vorschriften folgt, dass die Gesellschaft mindestens aus zwei Gesellschaftern besteht und es zwangsläufig eines Kommanditisten bedarf, um eine KG zu bilden. Wie festgestellt, scheidet die OHG für Gemeinden aufgrund der in den Gemeindeordnungen geforderten Haftungsbeschränkung aus. Ebenfalls ist die KG in ihrer Grundform ungeeignet, weil auch hier die Vollhafterposition für die Gemeinde ausscheidet, die bloße Beteiligung als Kommanditist zwar die begrenzte Haftung auf die Einlage mit sich bringt, jedoch dieser grundsätzlich von der Geschäftsführung ausgeschlossen ist.

742 Die GmbH als Komplementär schlägt dazu schließlich die Brücke: Sie haftet zwar als solcher „persönlich", dennoch tatsächlich aufgrund ihrer rechtlichen Selbständigkeit als juristische Person nur mit ihrem Gesellschaftsvermögen. Da hierdurch im Vergleich zur ursprünglichen KG keine unbeschränkte Haftung der Gemeinde mehr besteht, wird im Rechtsverkehr dies Dritten durch die Firmierung unter Verwendung des Zusatzes „GmbH & Co. KG" angezeigt

2. Rechtsnatur

743 Die GmbH & Co. KG ist eine Sonderform der Kommanditgesellschaft (KG), bei der die Stelle des Komplementärs von einer GmbH eingenommen wird[923].

744 Die Besonderheit gegenüber einer „normalen" KG liegt darin begründet, dass den Gläubigern der Gesellschaft keine natürliche Person haftet. Die Kommanditisten haften nach §§ 171 Abs. 1, 172 Abs. 4 HGB[924] beschränkt bis zur Höhe ihrer Haftsumme; die

922 Vgl. oben → C. Rn. 195 f.

923 *Baumbach/Hopt,* HGB, Anh. § 177a Rn. 1.

924 Vgl. dazu zuletzt BGH, Beschluss vom 28.6.2016 – II ZR 290/15 und II ZR 291/15, wonach eine Rückzahlung der Einlage eines Kommanditisten gemäß § 172 IV HGB bei jeder Zuwendung an den Kommanditisten vorliegt, durch die dem Gesellschaftsvermögen ein Wert ohne eine entsprechende Gegenleistung entzogen wird. Eine solche Zuwendung ohne entsprechende Gegenleistung ist auch im Rahmen eines Austauschgeschäfts gegeben, wenn die Gesellschaft von dem Kommanditisten einen Gegenstand bei Anwendung eines Drittvergleichs zu einem überhöhten Preis kauft. In Betracht kommen

GmbH haftet zwar als Komplementärin gem. § 128 HGB unbeschränkt, haftet aber ihrerseits nur mit ihrem Gesellschaftsvermögen (§ 13 Abs. 2 GmbHG).

Die KG wird dadurch aber nicht etwa zur Kapitalgesellschaft, sondern bleibt Personengesellschaft. Man kann die GmbH & Co. KG jedoch als Personengesellschaft mit Haftungsbeschränkung bezeichnen. 745

Als KG ist die GmbH & Co. KG gemäß § 6 Abs. 1 HGB Kaufmann[925]. 746

Da in der GmbH & Co. KG keine natürliche Person persönlich haftet, muss der Rechtsformzusatz der Firma eine Bezeichnung enthalten, welche die Haftungsbeschränkung kennzeichnet (§ 19 Abs. 2 HGB). Dies ist durch die Abkürzung „GmbH & Co. KG" gewährleistet[926]. 747

In der Praxis ist die Gestaltung der so genannten Einpersonen-GmbH & Co. KG häufig. Damit ist gemeint, dass der Gesellschafter der GmbH mit dem Kommanditisten der KG identisch ist. Die GmbH & Co. KG hat dann zwar formal zwei Gesellschafter, die GmbH und den Kommanditisten. Letztlich steht aber nur eine Person hinter dem Unternehmen, der Kommanditist. 748

Da die GmbH bei dieser Unternehmensform strukturell nur eine untergeordnete Rolle einnimmt, kann auf die Ausführungen zur GmbH an anderer Stelle dieses Kapitels[927] verwiesen werden. Nachfolgend wird ausschließlich auf die KG eingegangen, soweit die Besonderheiten der GmbH & Co. KG nichts Anderes erfordern. 749

3. Gründung

a) Errichtung der kommunalen GmbH & Co. KG

aa) Gründung einer GmbH & Co. KG. Bei der Gründung einer KG ist zwischen der Entstehung der Gesellschaft als Rechtssubjekt und der Entstehung der Gesellschaft in der Rechtsform der KG zu unterscheiden. 750

Die Gesellschaft entsteht als Rechtssubjekt bereits mit dem Abschluss des Gesellschaftsvertrages, allerdings zunächst in der Rechtsform der GbR[928]. 751

Die Entstehung der Gesellschaft als KG (einschließlich der damit einhergehenden Haftungsbeschränkung der Kommanditisten) ist dagegen von weiteren Voraussetzungen abhängig: 752

- Betreibt die Gesellschaft ein vollkaufmännisches Handelsgewerbe (§ 1 Abs. 2 HGB), so entsteht sie in der Rechtsform der KG unabhängig von der (deklaratorischen) Eintragung ins Handelsregister bereits mit dem Beginn der Geschäfte (§§ 161 Abs. 2, 105 Abs. 1, 123 Abs. 2 HGB). 753
- Betreibt die Gesellschaft ein Kleingewerbe nach § 2 HGB, so obliegt es den Gesellschaftern, entweder durch (konstitutive) Eintragung der Gesellschaft ins Handelsregister den Status einer KG zu erhalten (§§ 161 Abs. 2, 105 Abs. 2, 123 Abs. 1 HGB) oder die Gesellschaft als GbR zu betreiben (dann allerdings ohne die mit der Rechtsform der KG einhergehende Haftungsbeschränkung der „Kommanditisten"!). 754

Die KG kann schließlich auch dadurch entstehen, dass ein neuer Gesellschafter als Kommanditist unter gleichzeitiger entsprechender Änderung des Gesellschaftsvertrags in eine bestehende oHG eintritt. Von dem Zeitpunkt an, in welchem der Eintritt wirksam wird, wandelt sich die Gesellschaft in eine KG um. 755

---

etwa ein überhöhter Kaufpreis, Werklohn, Zins, Mietzins oder umgekehrt eine entsprechende Ersparnis sowie unangemessen hohe Tätigkeitsvergütung, so dass zur Risikovermeidung eine Tätigkeitvergütung stets als Dienstleistungsentgelt in einem Dienstvertrag dokumentiert werden sollte, um klarzustellen, dass die Zahlung, soweit angemessen, aufgrund eines haftungsneutralen Austauschvertrages erfolgt.

[925] *Baumbach/Hopt,* HGB, § 6 Rn. 1.

[926] Vgl. auch *Baumbach/Hopt,* HGB, § 19 Rn. 26, 28 ff.

[927] Vgl. oben → D. Rn. 241 ff.

[928] S. a. *Baumbach/Hopt,* HGB, Anh. § 177a Rn. 15.

756 Der Gesetzgeber hat die Rechtsform der GmbH & Co. KG bei Schaffung des HGB nicht vorgesehen. Vielmehr wurde diese durch die Vertragspraxis entwickelt, um die Vorteile der Kapitalgesellschaft mit den Vorteilen der Personengesellschaft in noch idealerer Weise miteinander zu kombinieren, als dies bei einer „normalen“ KG möglich ist.

757 Die Vorteile der Personengesellschaft bestehen neben der (mittlerweile teilweise abgebauten) steuerlichen Begünstigung der Personengesellschaften gegenüber den Kapitalgesellschaften in dem Fehlen einer Kapitalbindung sowie in der weitgehenden Freiheit bei der Gestaltung des Gesellschaftsvertrages, die eine flexible Anpassung der Gesellschaftsorganisation an das jeweilige Geschäftsmodell ermöglicht[929].

758 Der wesentliche Vorteil der Kapitalgesellschaft, der durch die Errichtung einer GmbH & Co. KG realisiert werden soll, ist das Fehlen einer persönlichen Haftung aller Personen, die hinter der Gesellschaft stehen.

759 Eine derart weitgehende Haftungsbeschränkung ist selbst bei der „normalen“ KG im Hinblick auf die unbeschränkte persönliche Haftung des Komplementärs nicht gegeben. Sie lässt sich aber bei der GmbH & Co. KG dadurch erreichen, dass die Stellung des Komplementärs durch eine ihrerseits haftungsbeschränkte Kapitalgesellschaft eingenommen wird.

760 Durch diese Maßnahme lässt sich schließlich auch das für Personengesellschaften geltende Prinzip der Selbstorganschaft umgehen. Zwar wird die KG durch ihre Komplementär-GmbH verwaltet (§§ 164, 170 HGB). Diese selbst kann allerdings als juristische Person wiederum nur über ihren Geschäftsführer als Organ handeln. Mittelbar wird die GmbH & Co. KG daher durch den Geschäftsführer der Komplementär- GmbH verwaltet, bei dem es sich auch um eine gesellschaftsfremde Person handeln kann.

761 Auf diese Weise lässt sich eine für die Kapitalgesellschaften (insbesondere die AG) typische Trennung von Management und Kapital erreichen, wodurch die GmbH & Co. KG – gleich einer AG – die Funktion einer Kapitalsammelstelle erfüllen kann.

762 Es wurde bereits dargelegt, dass es bei der KG streng genommen keine echte Kapitalbindung zugunsten der Gläubiger der Gesellschaft gibt, d. h. es finden sich auch für die Kommanditisten keine unabdingbaren Regelungen, wonach diese eine bestimmte Einlage gegenüber der Gesellschaft erbringen müssen und nachträglich nicht mehr entnehmen dürfen.

763 Im Hinblick auf die bei der KG fehlende unbeschränkte persönliche Haftung der Kommanditisten werden die Gläubiger aber durch eine beschränkte Außenhaftung der Kommanditisten geschützt, soweit letztere ihre im Innenverhältnis gegenüber der Gesellschaft geschuldete Einlage noch nicht erbracht bzw. wieder zurückerlangt haben. Wegen dieser Verknüpfung der Einlageleistung im Innenverhältnis mit der Haftung im Außenverhältnis kann man aber bei der KG im weitesten Sinn von einer Kapitalbindung sprechen.

764 Hier ist zwischen der Kapitalaufbringung in der KG und der Kapitalaufbringung in der Komplementär-GmbH zu unterscheiden[930].

765 In der KG unterliegt allein der Kommanditist einer **Kapitalaufbringungspflicht** (im weitesten Sinne), da er nur durch Einlageleistung in Höhe seiner Haftsumme die Außenhaftung gegenüber den Gläubigern der Gesellschaft vermeiden kann (vgl. § 171 Abs. 1 HGB).

766 **Einlage und Haftsumme** müssen weder ihrem Inhalt nach noch in ihrer Höhe deckungsgleich sein (vgl. § 172 Abs. 3 HGB). So kann der Kommanditist eine Sachleistung als Einlage versprechen, während die Haftsumme immer auf einen (Geld-)Betrag lautet. Schuldet der Kommanditist eine Einlage in Geld, kann der geschuldete Betrag höher oder niedriger sein als die im Handelsregister eingetragene Haftsumme.[931] Während die Einlage das Verhältnis zwischen Gesellschaft und Gesellschafter betrifft, also das Innenverhältnis,

---

929 *Baumbach/Hopt,* HGB, Anh. § 177a Rn. 2 f.

930 Ausführlich hierzu *Gummert,* in: MAH Personengesellschaftsrecht, § 3 Rn. 1 ff.

931 Vgl. ausführlich *Reichert,* GmbH & Co. KG, 11. Kapitel. Haftung der Gesellschafter § 43 Haftung der Kommanditisten, Rn. 4.

definiert die Haftsumme den Umfang, bis zu dem der Kommanditist im Außenverhältnis von Gesellschaftsgläubigern höchstens in Anspruch genommen werden kann.

Der Kommanditist haftet Gläubigern der Gesellschaft also nicht unbeschränkt, sondern **767**
nach § 171 Abs. 1 HS. 1 HGB bis zur Höhe seiner Einlage unmittelbar; die Haftung ist nach § 171 Abs. 1, 2. Hs. HGB ausgeschlossen, soweit die Einlage geleistet ist. Im Verhältnis zu den Gesellschaftsgläubigern wird die Einlage des Kommanditisten durch den im Handelsregister angegebenen Betrag bestimmt, § 172 Abs. 1 HGB[932].

Für die Komplementär-GmbH besteht dagegen keine Kapitalaufbringungspflicht, da sie **768**
den Gläubigern der KG gemäß §§ 161 Abs. 1, 128 HGB unbeschränkt, allerdings nur mit ihrem Gesellschaftsvermögen haftet. Für die Gesellschafter der GmbH besteht dagegen die Pflicht zur Aufbringung eines Mindest-Stammkapitals nach den Vorschriften des GmbHG (§§ 19, 5 Abs. 1 GmbHG). Hierbei handelt es sich um eine Kapitalaufbringungspflicht im eigentlichen Sinne, die allerdings nicht die KG, sondern einzig die GmbH betrifft.

Durch die Kombination der Regeln zur Kapitalaufbringung bei der GmbH und § 171 **769**
Abs. 1 HGB bei der KG (= Kapitalaufbringung im weitesten Sinne) wird somit zugunsten der Gläubiger der KG die Aufbringung einer Gesamt-Haftungsmasse sichergestellt, die sich aus der Haftsumme des Kommanditisten und dem Stammkapital der Komplementär-GmbH zusammensetzt.

Etwas komplizierter ist die Kapitalerhaltung in der GmbH & Co. KG ausgestaltet. **770**
Werden dem Kommanditisten Gelder aus der KG „zurückgezahlt“, lebt zunächst seine Außenhaftung gegenüber den Gläubigern bis zur Höhe der Haftsumme wieder auf[933]. Die haftungsbefreiende Wirkung der Einlageleistung wird nämlich durch eine Einlagenrückgewähr wieder aufgehoben, weil die Einlage nach § 172 Abs. 4 HGB den Gläubigern gegenüber als nicht geleistet gilt, soweit sie zurückbezahlt wird. Das Gleiche gilt nach § 172 Abs. 4 Satz 2 HGB, soweit Gewinnanteile entnommen werden, während der Kapitalanteil des Kommanditisten durch Verlust bzw. Entnahme unter den Betrag der geleisteten Einlage herabgemindert ist bzw. wird.[934] Dabei gilt als schädliche Einlagenrückgewähr jede Vermögenszuwendung an den Kommanditisten aus dem Gesellschaftsvermögen, der keine gleichwertige Gegenleistung gegenübersteht.

Zusätzlich steht den Gläubigern der KG das Stammkapital der GmbH als Haftungsmasse **771**
zur Verfügung, da diese als Komplementärin für die Verbindlichkeiten der KG nach §§ 161 Abs. 2, 128 HGB haftet.

Auszahlungen aus dem KG-Vermögen an den Kommanditisten, die über die Höhe seiner **772**
Haftsumme hinausgehen, führen wegen dieser Einstandspflicht der GmbH zu entsprechenden, in der Bilanz der GmbH zu passivierenden Verbindlichkeiten und schmälern auf diese Weise mittelbar auch das Stammkapital der GmbH. Dies führt wiederum dazu, dass den Gläubigern der KG nicht mehr die ihnen versprochene Gesamthaftungsmasse, bestehend aus Kommanditeinlage und Stammkapital der GmbH, zur Verfügung steht.

Insbesondere für den Fall, dass es sich bei dem Gesellschafter der Komplementär-GmbH **773**
und dem Kommanditisten um dieselbe Person handelt (Einpersonen-GmbH & Co. KG), wäre es jedoch unbillig, einzig die Gläubiger der Gesellschaft über den Verlust ihrer Haftmasse und dem damit einhergehenden Ausfallrisiko in der Insolvenz der KG mit den Folgen der von dem „Alleingesellschafter“ gewählten gesellschaftsrechtlichen Konstruktion zu belasten.

Deshalb hat der Bundesgerichtshof für den Fall der Einpersonen-GmbH & Co. KG **774**
schon sehr früh entschieden, dass die Kapitalerhaltungsvorschriften des GmbH-Rechts auch auf Auszahlungen der KG an den „Alleingesellschafter“ analog Anwendung finden[935].

Sinkt also durch solche Auszahlungen das Vermögen der GmbH unter die Stammkapital- **775**
ziffer, so entsteht der KG ein Anspruch gegen den „Alleingesellschafter“ auf Rückgewähr

---

[932] Vgl. *Reichert,* a. a. O. Rn. 1.
[933] S. a. *Gummert,* in: MAH Personengesellschaftsrecht, § 6 Rn. 27 ff.
[934] Vgl. *Reichert,* a. a. O. Rn. 15.
[935] BGHZ 60, 324 (328 ff.).

der ausgezahlten Beträge analog. In einer späteren Entscheidung hat der Bundesgerichtshof diese Haftung auch auf den so genannten „Nur-Kommanditisten“, der nicht zugleich Gesellschafter der Komplementär-GmbH ist, ausgedehnt[936].

776 **bb) Rechtsformwechsel (Ausgliederung).** Gemäß § 168 UmwG können **Gebietskörperschaften** oder deren Zusammenschlüsse von ihnen in öffentlich-rechtlicher Organisationsform betriebene Unternehmen in bestimmte privatrechtliche Gesellschaftsformen, namentlich in eine KG, **überführen.** Dabei ist in § 168 UmwG ausdrücklich klargestellt, dass das für den Zusammenschluss maßgebende Bundes- oder Landesrecht, insbesondere also auch das kommunale Wirtschaftsrecht, einer Umwandlung nicht entgegenstehen darf.[937]

777 Das Umwandlungsrecht ermöglicht eine **privatisierende Umwandlung** mit Gesamtrechtsnachfolge.[938] Damit wird der ansonsten notwendige umständliche Weg von Einzelrechtsübertragungen erspart und, z. B. mit Blick auf die zu Dritten begründeten Rechtsverhältnisse (z. B. Verträge mit Kunden oder Benutzern), eine praktische Vereinfachung erzielt.

778 Im Vergleich zur Ausgliederung aus dem Vermögen eines anderen Rechtsträger ist zu beachten, dass Gebietskörperschaften nur gesamte **Unternehmen** ausgliedern können.[939] Während Gesellschaften und andere Rechtsträger beliebig Vermögen, auch einen einzigen Vermögensgegenstand, ausgliedern und abspalten können, verlangt § 168 UmwG, dass das gesamte Vermögen ausgegliedert wird. Daher ist Voraussetzung einer Ausgliederung aus dem Vermögen einer Gebietskörperschaft das Vorliegen einer in der Form einer organisatorisch weitgehend verselbständigten, finanzwirtschaftlich als eigenes Vermögen getrennt zu verwaltende Unternehmenstätigkeit.[940]

779 Die Vorschriften über die Ausgliederung aus dem Vermögen von Gebietskörperschaften sind **Sondervorschriften der Ausgliederung,** die wiederum **Sondervorschriften der Spaltung** darstellen. Es gelten daher grundsätzlich auch die allgemeinen Vorschriften über Spaltung und Ausgliederung, soweit nicht die §§ 168 ff. UmwG Sondervorschriften vorsehen. Zu beachten ist, dass nach Gesetzeswortlaut des § 168 UmwG anders als bei der GmbH oder AG nur eine Ausgliederung zur Aufnahme, nicht aber eine zur Neugründung möglich ist.

780 Da gemäß § 125 S. 1 UmwG auf die Spaltung die Vorschriften des zweiten Buches des UmwG anwendbar sind, gilt auch § 6 UmwG, d. h. ein Ausgliederungsplan bzw. ein Ausgliederungsvertrag muss **notariell beurkundet** werden. Nach § 169 S. 1 UmwG ist **kein Ausgliederungsbericht** für die Gebietskörperschaft notwendig.

781 Da die Ausgliederung ein Sonderfall der Spaltung ist, muss für den Ausgliederungsplan bzw. Ausgliederungsvertrag § 126 UmwG berücksichtigt werden, der den Inhalt des **Spaltungsvertrages** beschreibt.

782 In diesem Zusammenhang ist insbesondere die Frage zu beachten, auf welche Weise gemäß § 126 Abs. 1 Nr. 9 UmwG die Gegenstände zu bezeichnen sind, die ausgegliedert werden sollen. Hierbei ist im Hinblick auf den **sachenrechtlichen Bestimmtheitsgrundsatz** von einer genauen Abgrenzung des Kreises übergehender **Aktiva und Passiva** auszugehen, und zwar möglichst mit der gleichen Genauigkeit, mit der etwa bei einer Veräußerung von Unternehmen im Wege der Übertragung von Einzelwirtschaftsgütern gearbeitet wird.

783 Bei der Übertragung von **Eigenbetrieben oder sonstigen Sondervermögen** wird es häufig ausreichen, dass auf **Bilanzen und Inventare** Bezug genommen wird.[941] Sind jedoch auch **Grundstücke** von der Ausgliederung betroffen, so müssen diese gemäß § 126

936 BGHZ 110, 342 (355 f.).
937 *Gaß,* S. 195.
938 *H. Schmidt,* in: *Lutter,* UmwG, § 168 Rn. 5; zu steuerlichen Fragen vgl. unten Kapitel G.
939 *H. Schmidt,* in: *Lutter,* UmwG, § 168 Rn. 12; *Gaß,* S. 190 ff.
940 *H. Schmidt,* in: *Lutter,* UmwG, § 168 Rn. 10; *Gaß,* S. 191.
941 *Widmann/Mayer,* Umwandlungsrecht, § 126 Rn. 209 ff.; *Mayer,* DB 1995, 861 (864); ausführlich *Perlitt/Krebs,* in: *Semler/Stengel,* UmwG § 168 Rn. 70 ff.

Abs. 2 S. 2 UmwG nach § 28 GBO hinreichend individualisiert sein. Weiterhin sind auch die **nicht-bilanzierungsfähigen Gegenstände** und insbesondere die Vertragsverhältnisse gesondert aufzuführen.

Mit der **Eintragung** der Ausgliederung in das Register des Sitzes des übernehmenden Rechtsträgers geht das ausgegliederte Unternehmen gemäß § 171 UmwG auf den neuen Rechtsträger über, ohne dass noch Einzelübertragungen erforderlich sind.[942] Mit dem Wirksamwerden der Ausgliederung gehen damit die zu übertragenden Vermögensteile im Wege der **Sonderrechtsnachfolge bzw. partielle Gesamtrechtsnachfolge** automatisch auf die übernehmende Gesellschaft über, ohne dass es irgendwelcher weiteren Übertragungshandlungen bedarf. Der Umfang des übergehenden Vermögens muss dabei im Ausgliederungsplan bzw. Ausgliederungsvertrag festgelegt werden. In ihm ist detailliert zu bestimmen, welche Aktiva und Passiva auf welchen übernehmenden Rechtsträger übergehen bzw. beim übertragenden Rechtsträger verbleiben sollen.[943] 784

Soweit ein Vertragsverhältnis ohne die Zustimmung der anderen Vertragspartei auf den übernehmenden Rechtsträger übergehen kann, gilt dies auch für die damit zusammenhängenden Kundendaten, so dass der übernehmende Rechtsträger die Vertragsdaten erhalten und verarbeiten, ohne dass dem der Vertragspartner gem. Art. 6 Abs. 1 Satz 1 Buchst. a) DSGVO einwilligen müsste, weil schon keine Datenübermittlung im Sinne von Art. 4 Nr. 2 DSGVO vorliegt. Jedenfalls wird die Einwilligung durch die Gesamtrechtsnachfolge ersetzt. [944] Das unterstellt allerdings, dass die Daten auch nach der Spaltung zu dem ursprünglich vereinbarten Zweck verwendet werden. 785

Mit der Eintragung im Register des übernehmenden Rechtsträgers geht das ausgegliederte Unternehmen als Gesamtheit nach § 131 Abs. 1 Nr. 1 UmwG auf den aufnehmenden Rechtsträger über; die **partielle Gesamtrechtsnachfolge** umfasst dabei die im Ausgliederungsplan bzw. Ausgliederungsvertrag sowie deren Anlagen aufgeführten Vermögensgegenstände.[945] 786

Der übernehmende Rechtsträger tritt in die Rechtsstellung ein, die der übertragende Rechtsträger innehatte. Der **Rechtsübergang** vollzieht sich dabei außerhalb von mit öffentlichem Glauben versehenen Registern.[946] 787

Bei einer Ausgliederung besteht für die **Verbindlichkeiten,** die bis zur Eintragung der Ausgliederung in das Handelsregister begründet worden sind, eine Haftung des übertragenden Rechtsträger gesamtschuldnerisch mit dem übernehmenden Rechtsträger, auf den die Verbindlichkeiten übergegangen sind, für die Dauer von fünf Jahren fort. Dies ist ausdrücklich in den §§ 172, 173 UmwG klargestellt.[947] 788

Es besteht Einigkeit darüber, dass der Gesetzgeber durch die Einführung der Ausgliederung als neue Umwandlungsform den Gesellschaftern nicht die Möglichkeit der **Einzelrechtsübertragung** verschließen wollte. Die allgemeinen Möglichkeiten der Einzelrechtsübertragung und der Sachgründung bzw. Sachkapitalerhöhung bleiben demnach weiter eröffnet.[948] 789

[942] *Schröer,* in: *Semler/Stengel,* UmwG § 131 Rn. 13f.; *Teichmann,* in: *Lutter,* UmwG, § 131 Rn. 1; *Schwarz,* in: *Widmann/Mayer,* Umwandlungsrecht, § 123 Rn. 4.1.3; *Vossius,* in: *Widmann/Mayer,* Umwandlungsrecht, § 131 Rn. 23.

[943] *Leonhard,* in: *Semler/Stengel,* UmwG § 131 Rn. 7; *Hörtnagel,* in: *Schmitt/Hörtnagl/Stratz,* UmwG § 131 Rn. 4.

[944] *Schröer,* in: *Semler/Stengel,* UmwG § 131 Rn. 40 noch zum BDSG.

[945] *H. Schmidt,* in: *Lutter,* UmwG, § 171 Rn. 7; zur Frage der Wertansätze dieser Vermögensgegenstände vgl. unten Kapitel G.

[946] *Vossius,* in: *Widmann/Mayer,* Umwandlungsrecht, § 131 Rn. 38.

[947] *H. Schmidt,* in: *Lutter,* UmwG, § 172 Rn. 10ff.; *Perlitt/Krebs,* in: *Semler/Stengel,* UmwG § 173 Rn. 6.

[948] *Gaß,* S. 228.

b) Der Gesellschaftsvertrag der kommunalen GmbH & Co. KG

790 Für den Gesellschaftsvertrag der kommunalen Komplementär-GmbH ergeben sich keine Besonderheiten. Es kann insoweit auf die Ausführungen zur kommunalen GmbH verwiesen werden[949].

791 Der Gesellschaftsvertrag einer kommunalen KG muss nach §§ 705 BGB, 105 HGB bestimmte **Mindestanforderungen** erfüllen. Daneben beschränkt sich das Gemeindewirtschaftsrecht nicht auf eine Definition der Voraussetzungen für die Rechtsform des kommunalen Unternehmens. Vielmehr machen die Gemeindeordnungen eine Reihe von **weitergehenden Vorgaben** für die Ausgestaltung der Satzung kommunaler Gesellschaften.

792 **aa) Firma und Sitz. Im Gesellschaftsvertrag einer KG sind Firma und Sitz** der Gesellschaft anzugeben.

793 Die **Firma** ist der Name, unter dem die KG am Rechtsverkehr teilnimmt. Sie muss die Bezeichnung „GmbH & Co., KG" enthalten. Aufgrund der neuen Fassung der § 17 ff. HGB im Rahmen des Gesetzes zur Neuregelung des Kaufmanns- und Firmenrechts vom 22. Juni 1998[950] hat sich die frühere Streitfrage, ob die Firma aus dem Gegenstand des Unternehmens entlehnt sein muss, erledigt. Es sind nun auch Fantasiefirmen zulässig.

794 Sitz der Gesellschaft ist nach § 106 HGB der Ort, den der Gesellschaftsvertrag bestimmt. Der **Sitz** der Gesellschaft muss innerhalb der Bundesrepublik Deutschland liegen.

795 **bb) Unternehmensgegenstand und Öffentlicher Zweck. Ein weiterer notwendiger Bestandteil des Gesellschaftsvertrags ist der Gegenstand des Unternehmens.** Gegenstand des Unternehmens ist die **Tätigkeit,** die die Gesellschaft zu betreiben beabsichtigt.[951] Die Angabe des Unternehmensgegenstandes muss derart individualisierbar sein, dass der **Schwerpunkt der Geschäftstätigkeit** erkennbar ist.

796 Der Gesellschaftsvertrag der kommunalen KG muss sicherstellen, dass der **öffentliche Zweck** des Unternehmens erfüllt wird. Geht man davon aus, dass jede Beteiligung einer Kommune an einer KG durch einen öffentlichen Zweck legitimiert sein muss, so drängt sich die Frage auf, ob dieser Zweck im Sinne des verfolgten Verwaltungszieles im Gesellschaftsvertrag des Unternehmens festgelegt werden muss.[952]

797 Ausgehend von der allgemein anerkannten Unterscheidung zwischen **Unternehmensgegenstand** und **Unternehmenszweck** ist festzuhalten, dass zumindest in dem Fall, in dem sich aus dem Unternehmensgegenstand eindeutige Hinweise auf den Versorgungsauftrag und damit auf die öffentlich-rechtliche Zwecksetzung ergeben, eine ausdrückliche Bestimmung, wonach der Zweck der Gesellschaft in der Wahrnehmung öffentlicher Aufgaben besteht, nicht notwendig ist.[953] Ansonsten ist von einer deklaratorischen Bedeutung der Angabe des Unternehmenszwecks auszugehen, die sich aus der Steuerungsaufgabe der Kommune gegenüber ihren Beteiligungen an privaten Unternehmen ergibt.[954]

798 **cc) Kommanditanteile.** Die KG kennt keine fixes Mindest-Grund- oder Stammkapital. Die Kommune ist insoweit bei der Wahl der Höhe des Haftkapitals weitgehend flexibel.

799 **dd) Geschäftsführung.** Wie bereits ausgeführt, übernimmt die GmbH als Komplementärin der KG die Geschäftsführung und Vertretung der Gesellschaft. Dabei handelt die GmbH – weil sie juristische Person ist – durch ihr Gesellschaftsorgan, den Geschäftsführer der

[949] Vgl. → D. Rn. 311 ff.
[950] BGBl. 1998 I S. 1474 ff.
[951] BayObLG, NJW 1976, 1694.
[952] Vgl. hierzu auch *Habersack,* ZGR 1996, 544 (553).
[953] Ausführlich zu diesem Thema *Becker,* S. 100 ff.; nach *Harbarth,* S. 117 ff. und *Habersack,* ZGR 1996, 544 (553) soll die bloße Beschreibung des Unternehmensgegenstandes nicht ausreichend sein; vgl. auch *Ehlers,* DÖV 1986, 897 (904).
[954] *Becker,* S. 107.

GmbH. Auf diese Weise führt der Geschäftsführer der GmbH mittelbar auch die Geschäfte der KG, ist aber nicht selbst deren Geschäftsführer.

ee) Wirtschaftsplan, Jahresabschluss, Abschlussprüfung. Die Gemeindeordnungen[955] fordern, dass im Gesellschaftsvertrag der KG sichergestellt wird, dass für jedes Wirtschaftsjahr ein **Wirtschaftsplan** aufgestellt wird und der **Wirtschaftsführung** eine fünfjährige Finanzplanung zugrundegelegt wird. Darüber hinaus sind der **Jahresabschluss und der Lagebericht** in entsprechender Anwendung der Vorschriften des Handelsgesetzbuchs für große Kapitalgesellschaften aufzustellen und zu prüfen. 800

Der Wirtschaftsplan und die Finanzplanung, der Jahresabschluss und der Lagebericht sowie der Prüfungsbericht des Abschlussprüfers sind der Kommune zu übersenden. Für die **Prüfung der Betätigung der Gemeinde** bei dem Unternehmen sind darüber hinaus dem Rechnungsprüfungsamt und der für die überörtliche Prüfung zuständigen Prüfungsbehörde die in § 54 HGrG vorgesehenen Befugnisse wie auch das **Recht zur überörtlichen Prüfung** der Haushalts- und Wirtschaftsführung des Unternehmens nach den Vorschriften der Gemeindeordnungen einzuräumen.[956] 801

ff) Fakultativer Inhalt des Gesellschaftsvertrages. Das Legalstatut der KG geht von einer weitgehenden **Satzungsfreiheit** aus. Im Gegensatz zur AG, bei der der Grundsatz gilt „,was nicht ausdrücklich gesetzlich erlaubt ist, ist als Satzungsinhalt verboten",[957] kann bei der KG jede nicht ausdrücklich verbotene Regelung Satzungsinhalt werden. 802

Soweit also **Vorschriften der Gemeindeordnungen** die Aufnahme bestimmter Regelungen in den Gesellschaftsvertrag zur Sicherung der Einflussmöglichkeiten der Kommune fordern,[958] lässt sich dies bei einer KG problemlos umsetzen. 803

gg) Gesellschaftsvertragsänderungen. Eine Gesellschaftsvertragsänderung bedarf grundsätzlich eines Beschlusses der Gesellschafter (§ 709 BGB)[959]. 804

hh) Einheits-KG. Die Einheits-KG zeichnet sich dadurch aus, dass an der Komplementär-GmbH allein die KG beteiligt ist. An der KG wiederum sind vermögensmäßig nur die Kommanditisten, nicht aber die Komplementär-GmbH beteiligt. Die Einheits-KG erhält in der Gestaltungspraxis bisweilen den Vorzug vor der beteiligungsidentischen GmbH & Co. KG – dort sind die Kommanditisten im gleichen Verhältnis an der KG und auch unmittelbar an der Komplementär-GmbH beteiligt –, weil sie den nicht unerheblichen Gestaltungsaufwand zwecks Verzahnung der Gesellschaftsverträge und Wahrung des Gleichlauts der Beteiligungsverhältnisse an beiden Gesellschaften erspart.[960] Für die Einheits-KG gründen die (künftigen) Kommanditisten zunächst die Komplementär-GmbH und bringen die Stammeinlage ein; anschließend gründen sie die GmbH & Co. KG. Dazu muss die GmbH noch nicht im Handelsregister eingetragen sein, sondern kann als GmbH 805

[955] § 103 Abs. 1 Nr. 5 Buchst. a) GemO Baden-Württemberg, Art. 94 Abs. 1 Nr. 1 GemO Bayern, § 122 Abs. 3 Nr. 1 GemO Hessen, § 108 Abs. 2 Nr. 1 GemO Nordrhein-Westfalen, § 87 Abs. 1 Nr. 7 Buchst. a) GemO Rheinland-Pfalz, § 111 Abs. 1 Nr. 3 KSVG Saarland, § 9 KommunalprüfungsG Schleswig-Holstein, § 73 Abs. 1 Nr. 1 Buchst. a) KommunalVerf. Mecklenburg-Vorpommern, § 96 Abs. 1 Nr. 4 GemO Sachsen, § 121 Abs. 1 Nr. 1 Buchst. a) GemO Sachsen-Anhalt, vgl. auch § 114 GemO Niedersachsen, § 107 GemO Brandenburg, § 75 KommunalO Thüringen; vgl. → C. Rn. 203.

[956] § 103 Abs. 1 Nr. 5 GemO Baden-Württemberg, Art. 94 Abs. 1 Nr. 2 bis 5 GemO Bayern, § 122 Abs. 1 Nr. 4 GemO Hessen, § 108 Abs. 2 GemO Nordrhein-Westfalen, § 124 GemO Niedersachsen, § 87 Abs. 1 Nr. 7 GemO Rheinland-Pfalz, § 111 Abs. 1 Nr. 4 KSVG Saarland, § 9 KommunalprüfungsG Schleswig-Holstein, § 105 GemO Brandenburg, § 73 Abs. 1 Nr. 2 KommunalVerf. Mecklenburg-Vorpommern, § 96 Abs. 1 Nr. 7 GemO Sachsen, § 121 GemO Sachsen-Anhalt, § 75 Abs. 4 KommunalO Thüringen; ausführlich → E. Rn. 231 ff.

[957] Vgl. hierzu auch → D. Rn. 507.

[958] § 103a GemO Baden-Württemberg, Art. 92 Abs. 1 S. 2 GemO Bayern, § 108 Abs. 4 GemO Nordrhein-Westfalen, § 87 Abs. 3 GemO Rheinland-Pfalz, § 96 Abs. 2 Nr. 3 GemO Sachsen, § 73 Abs. 1 S. 2 KommunalO Thüringen; siehe → C. Rn. 204 ff.

[959] *Baumbach/Hopt,* HGB, Anh. § 177a Rn. 33.

[960] Vgl. *v. Proff,* DStR 2017, 2590.

i. G. firmieren und kann auch als solche als persönlich haftende Gesellschafterin der GmbH & Co. KG im Handelsregister der KG eingetragen werden.

806 Bei der Einheits-KG ist die KG Alleingesellschafterin der GmbH und somit für deren Willensbildung alleine zuständig. Sie wird jedoch in der Gesellschafterversammlung der Komplementär-GmbH mangels abweichender vertraglicher Vereinbarungen von der Komplementär-GmbH und diese wiederum von ihren Geschäftsführern vertreten. KG einerseits und Komplementär-GmbH andererseits bleiben auch in der Einheits-KG juristisch selbständige Rechtsträger mit unterschiedlicher rechtlicher Struktur und unterschiedlichen Organen.

807 In der GmbH-Satzung kann vorgesehen werden, dass einzelne Kompetenzen der Alleingesellschafterin KG nicht von dieser, sondern von ihren Kommanditisten wahrgenommen werden. Somit können der Gesellschafterversammlung nach § 46 GmbHG obliegende Aufgaben nach § 45 GmbHG dieser entzogen und z. B. den Kommanditisten oder einem Aufsichtsrat übertragen werden.[961]

808 Auch im KG-Vertrag sollten Regelungen aufgenommen werden, die die Verwaltungsrechte der Kommanditisten in der GmbH stärken, insbesondere, weil den Kommanditisten grundsätzlich keine Informationsrechte nach § 51a GmbHG zustehen.[962] Daher sollte die Komplementär-GmbH im KG-Vertrag zweckmäßigerweise von der Kapitalbeteiligung an der KG ausgeschlossen, das Stimmgewicht nach Festkapitalanteilen (Festkapitalkonten) verteilt und die in der KG erforderlichen Mehrheiten an das Recht der GmbH angepasst werden.[963]. Ebenso ist es empfehlenswert die Komplementärin im KG-Vertrag von der Geschäftsführung auszuschließen, soweit die Wahrnehmung von Gesellschafterrechten in der Komplementärin in Rede steht und diese Rechte den Kommanditisten zuzuweisen.

4. Aufgaben und Befugnisse

809 Einer kommunalen **Aufgabenerfüllung** durch eine kommunale GmbH & Co. KG stehen nur wenige zu erfüllende Zulässigkeitskriterien entgegen.[964] Die einschlägigen Vorschriften der Gemeindeordnungen sehen damit auch vor, dass die Gemeinden Unternehmen in der Rechtsform der GmbH & Co. KG führen können, wobei sich normative Beschränkungen nur insoweit ergeben, als bestimmte Einrichtungen des Bildungs-, Gesundheits- und Sozialwesens nicht als **wirtschaftliche Unternehmen** geführt werden können.[965]

810 Etwas Anderes gilt nur im Hinblick auf **kommunale Pflichtaufgaben.** Insoweit können diese Aufgaben nicht selbst, sondern nur ihre **Durchführung** auf ein privatrechtliches Unternehmen übertragen werden. Die Aufgabe selbst und die **Verantwortung für die ordnungsgemäße Erfüllung** verbleiben bei der Kommune.[966]

5. Organe

811 Bei einer Personengesellschaft gilt grundsätzlich das Prinzip der Selbstorganschaft, d. h. die Gesellschafter führen die Geschäfte der Gesellschaft selbst und vertreten die Gesellschaft auch nach außen. Dieses Prinzip ist bei einer GmbH & Co. KG in zweifacher Weise abgewandelt:

---

961 Vgl. *v. Proff*, DStR 2017, 2590, 2593.

962 Vgl. OLG Celle v. 14.3.2017 – 9 W 18/17, ZIP 2017, 1761.

963 Vgl. *v. Proff*, DStR 2017, 2590, 2594.

964 Zu diesen Zulässigkeitskriterien → Rn. 623 ff.

965 § 102 Abs. 3 GemO Baden-Württemberg, Art. 57 GemO Bayern, § 121 Abs. 2 Nr. 2 GemO Hessen, § 107 Abs. 2 Nr. 2 GemO Nordrhein-Westfalen, § 108 Abs. 3 Nr. 2 GemO Niedersachsen, § 85 Abs. 3 GemO Rheinland-Pfalz, § 108 Abs. 2 Nr. 1 KSVG Saarland, § 101 Abs. 2 Nr. 2 GemO Schleswig-Holstein, § 101 Abs. 2 Nr. 2 GemO Brandenburg; § 68 Abs. 2 Nr. 2 KommunalVerf. Mecklenburg-Vorpommern, für Sachsen, Sachsen-Anhalt und Thüringen fehlen entsprechende Vorschriften; vgl. → C. Rn. 55 ff.

966 *Gaß*, S. 185 ff.

Zum einen ist bei der KG die Befugnis zur Geschäftsführung und Vertretung der Gesellschaft grundsätzlich auf die Komplementäre beschränkt. **812**

Die Kommanditisten sind dagegen nach der gesetzlichen Grundkonzeption von der Geschäftsführung ausgeschlossen (§ 164 HGB). Sie haben auch kein Widerspruchsrecht gegen Geschäftsführungsmaßnahmen, die nicht über den gewöhnlichen Betrieb eines Handelsgewerbes hinausgehen. Der Gesellschaftsvertrag kann allerdings eine abweichende Regelung treffen und die Geschäftsführung einem Kommanditisten übertragen. Man spricht dann von einer atypischen KG. **813**

Allerdings steht dem Kommanditisten neben dem Informationsrecht aus § 166 Abs. 1 HGB die abschriftliche Mitteilung des Jahresabschlusses zu verlangen und dessen Richtigkeit unter Einsicht der Bücher und Papiere[967] zu prüfen[968], als selbständiges Recht das Kontrollrecht aus § 166 Abs. 3 HGB zu.[969] **814**

§ 170 HGB sieht darüber hinaus einen Ausschluss der Kommanditisten von der Vertretung der Gesellschaft vor. Diese das Außenverhältnis betreffende Regel ist – anders als § 164 HGB zur Geschäftsführung – nach h. M. nicht abdingbar. **815**

Einem Kommanditisten kann daher die organschaftliche Vertretungsmacht der KG nicht übertragen werden. Möglich ist allerdings, dem in der atypischen Gesellschaft geschäftsführungsbefugten Kommanditisten rechtsgeschäftliche Vertretungsmacht (z. B. Prokura) zu erteilen. Auf diese Weise kann eine KG auch von einem Kommanditisten beherrscht werden. **816**

Wie bereits ausgeführt, übernimmt die GmbH als Komplementärin der KG die Geschäftsführung und Vertretung der Gesellschaft. Dabei handelt die GmbH – weil sie juristische Person ist – durch ihr Gesellschaftsorgan, den Geschäftsführer der GmbH. Auf diese Weise führt der Geschäftsführer der GmbH mittelbar auch die Geschäfte der KG, ist aber nicht selbst deren Geschäftsführer[970]. **817**

a) Die Geschäftsführung

Wie ausgeführt, übernimmt bei einer kommunalen GmbH & Co. KG die GmbH als Komplementärin der KG die Geschäftsführung und Vertretung der Gesellschaft. Daher kann hinsichtlich der Fragen der Geschäftsführung vollumfänglich auf die Ausführungen zur Geschäftsführung der kommunalen GmbH verwiesen werden[971]. **818**

b) Der (fakultative) Aufsichtsrat

Der Gesellschaftsvertrag einer GmbH & Co. KG kann die Bildung eines **fakultativen Aufsichtsrats** vorsehen[972]. Weder das BGB noch das HGB stellen dafür jedoch eigenen Regeln auf. **819**

Zu den Aufgaben des Aufsichtsrats gehören regelmäßig die **Überwachung der Geschäftsführung,** die Einberufung der Gesellschafterversammlung, die Entgegennahme des **820**

[967] Zu den Büchern und Papieren der KG gehören alle Unterlagen der Gesellschaft einschließlich der Prüfungsberichte.

[968] Zeit, Ort, Art und Weise der Einsicht im Rahmen der Treuepflicht, wobei kein Anspruch auf Herausgabe, Mitnahme oder Versendung besteht (vgl. *Roth,* in: *Baumbach/Hopt,* HGB, § 166 Rn. 4).

[969] BGH, Beschl. v. 14.6.2016 – II ZB 10/15: „Das in § 166 III HGB geregelte außerordentliche Informationsrecht des Kommanditisten ist nicht auf Auskünfte beschränkt, die der Prüfung des Jahresabschlusses dienen oder zum Verständnis des Jahresabschlusses erforderlich sind. Vielmehr erweitert § 166 III HGB das Informationsrecht des Kommanditisten bei Vorliegen eines wichtigen Grundes auch auf Auskünfte über die Geschäftsführung des Komplementärs allgemein und die damit im Zusammenhang stehenden Unterlagen der Gesellschaft."

[970] Vgl. auch *Baumbach/Hopt,* HGB, Anh. § 177a Rn. 26 f.

[971] Vgl. → D. Rn. 336 ff.

[972] S. a. *Baumbach/Hopt,* HGB, Anh. § 177a Rn. 31. Typischerweise wird der Aufsichtsrat bei der Kommanditgesellschaft, nicht aber bei ihrer Komplementärin gebildet. Eine Bildung des Aufsichtsrats bei der Komplementärin könnte sich aber dann anbieten, wenn diese die Komplementärstellung nicht nur für eine, sondern für mehrere Kommanditgesellschaften übernimmt.

Berichts des Geschäftsführers, die Prüfung des Jahresabschlusses sowie die Vertretung der GmbH gegenüber dem Geschäftsführer.

821 **Steuerliche Behandlung der Aufsichtsratsvergütung:** Nach dem EuGH-Urteil „IO" v. 13.6.2019. C-420/18 übt ein Aufsichtsratsmitglied keine selbständige Tätigkeit aus, auch wenn es dem Vorstand oder Aufsichtsrat hierarchisch nicht untergeordnet ist, aber nicht in eigenem Namen, für eigene Rechnung und in eigener Verantwortung, sondern für Rechnung und unter Verantwortung des Aufsichtsrats handelt und dabei wegen einer Festvergütung auch nicht das wirtschaftliche Risiko seiner Tätigkeit trägt. Der BFH schließt sich der EuGH-Auffassung mit Urt. v. 27.11.2019, V R 23/19 (V R 62/17) für den Fall an, dass das Aufsichtsratsmitglied kein wirtschaftliches Risiko trägt. Ausdrücklich offengelassen hat der BFH, ob für den Fall, dass das Aufsichtsratsmitglied eine variable Vergütung erhält, an der Unternehmereigenschaft entsprechend bisheriger Rechtsprechung festzuhalten ist.

c) Die Gesellschafterversammlung

822 Anders als in Kapitalgesellschaften, für die sowohl das GmbHG als auch das AktG spezielle Regelungen über die Versammlungen der Gesellschafter vorsehen, werden Gesellschafterbeschlüsse in der Personengesellschaft mangels gesetzlicher Regelung grundsätzlich formfrei gefasst. Es ist nicht erforderlich, zur Fassung von Gesellschafterbeschlüssen eine Gesellschafterversammlung einzuberufen.

823 Weder im BGB noch im HGB finden sich daher Regelungen zur Einberufung und Durchführung von Gesellschafterversammlungen[973].

824 Um einen Stillstand in der Geschäftsführung der Gesellschaft durch Blockaden einzelner Gesellschafter zu verhindern, sollte der Gesellschaftsvertrag allerdings Regelungen über die Einberufung, Beschlussfähigkeit und Durchführung von Gesellschafterversammlungen enthalten. Darüber hinaus empfiehlt es sich, ausdrücklich vorzusehen, dass Gesellschafterbeschlüsse in nur Gesellschafterversammlungen gefasst werden können.

825 Im Personengesellschaftsrecht sind, anders als im Kapitalgesellschaftsrecht, Beschlüsse generell einstimmig zu fassen (vgl. § 119 I HGB, § 709 I BGB). Durch das **Einstimmigkeitsprinzip** wird ein weitreichender Minderheitenschutz festgelegt, es kann jedoch im Gesellschaftsvertrag abbedungen. Solche **Mehrheitsklauseln** unterlagen zum Schutz der Minderheitsgesellschafter dem von der Rechtsprechung entwickelten „Bestimmtheitsgrundsatz", wonach sich die dem Mehrheitsbeschluss unterworfenen Beschlussgegenstände aus der im Gesellschaftsvertrag festgehaltenen Mehrheitsklausel ergeben mussten[974]. Diese Rechtsprechung hat der BGH mit Urteil vom 21.10.2014 aufgegeben und durch eine **(i) formelle und (ii) materielle Beschlusskontrolle** ersetzt[975]. Die Zulässigkeit eines Mehr-

[973] *Baumbach/Hopt,* HGB, Anh. § 177a Rn. 32.

[974] BGH, Urteil vom 15.1.2007 – II ZR 245/05: „1. Eine die Abweichung vom personengesellschaftsrechtlichen Einstimmigkeitsprinzip legitimierende **Mehrheitsklausel** muss dem **Bestimmtheitsgrundsatz** entsprechen. Dieser verlangt nicht eine Auflistung der betroffenen Beschlussgegenstände, Grund und Tragweite der Legitimation für Mehrheitsentscheidungen können sich vielmehr auch durch Auslegung des Gesellschaftsvertrags ergeben. Ob der konkrete Mehrheitsbeschluss wirksam getroffen worden ist, ist auf einer zweiten Stufe zu prüfen. 2. Die Feststellung des Jahresabschlusses einer Personengesellschaft ist eine den Gesellschaftern obliegende Angelegenheit der laufenden Verwaltung und wird regelmäßig von einer allgemeinen Mehrheitsklausel im Gesellschaftsvertrag gedeckt."

[975] BGH, Urt. v. 21.10.2014 – II ZR 84/13: „1. Die formelle Legitimation einer auf eine Mehrheitsklausel im Gesellschaftsvertrag einer Personengesellschaft gestützten Mehrheitsentscheidung ist auch bei einem Beschluss, mit dem die nach dem Gesellschaftsvertrag vorgesehene Einwilligung der Gesellschafterversammlung zur Abtretung eines Gesellschaftsanteils erklärt wird, bereits dann gegeben, wenn die **Auslegung des Gesellschaftsvertrags nach allgemeinen Auslegungsgrundsätzen** ergibt, dass dieser Beschlussgegenstand einer Mehrheitsentscheidung unterworfen sein soll. 2. Dem früheren Bestimmtheitsgrundsatz kommt für die formelle Legitimation einer Mehrheitsentscheidung keine Bedeutung mehr zu. Er ist bei der Auslegung auch nicht in Gestalt einer Auslegungsregel des Inhalts zu berücksichtigen, dass eine allgemeine Mehrheitsklausel restriktiv auszulegen ist oder sie jedenfalls dann, wenn sie außerhalb eines konkreten Anlasses vereinbart wurde, **Beschlussgegenstände, die die Grundlagen der Gesellschaft betreffen oder ungewöhnliche Geschäfte beinhalten, regelmäßig nicht erfasst.**"

heitsbeschlusses kann sich (i) aus jeder Vereinbarung der Gesellschafter ergeben, die einer dahingehenden Auslegung zugänglich ist, also von der ausdrücklichen Anführung des betreffenden Beschlussgegenstands in einem Katalog von Beschlussgegenständen über eine umfassende oder auslegungsfähige Mehrheitsklausel im (schriftlichen) Gesellschaftsvertrag bis hin zu einer konkludenten Vereinbarung der Mehrheitszuständigkeit. Für die (ii) materielle Legitimation kommt es bei Eingriffen in die individuelle Rechtsstellung des Gesellschafters, dh in seine rechtliche und vermögensmäßige Position in der Gesellschaft, letztlich maßgeblich immer darauf an, ob der Eingriff im Interesse der Gesellschaft geboten und dem betroffenen Gesellschafter unter Berücksichtigung seiner eigenen schutzwerten Belange zumutbar ist. Der BGH knüpft die materielle Wirksamkeit ausschließlich an das **Interesse der Gesellschaft und an die Zumutbarkeit für den einzelnen Gesellschafter**[976].

Zwar ist nun eine ausdrückliche Aufzählung der einzelnen Beschlussgegenstände nicht **826** mehr nötig, wenn eine eindeutige und für alle Gesellschafter erkennbare Einbeziehung des betroffenen Beschlussgegenstands möglich ist. Dennoch sollte die **Kautelarpraxis** zur Vermeidung von Auslegungsschwierig- oder Streitigkeiten der Gesellschaftsvertrag weiterhin **neben einer allgemeinen Mehrheitsklausel Regelbeispiele für absehbare Mehrheitsentscheidungen** sowie die dafür erforderlichen Mehrheiten bestimmen und die Treuepflicht der Gesellschafter konkretisieren. Für essentielle Beschlusstatbestände wie Änderung des Gesellschaftsvertrags, Liquidation der Gesellschaft, Strukturierungs- und Umwandlungsmaßnahmen, Ausschluss von Gesellschaftern, Änderung der Gewinnausschüttungsquote, Einziehungstatbestände sollten individuell abweichende höhere Mehrheiten festgelegt werden[977]. Gleiches gilt für Veto- und Sonderrechte, Mehrfachstimmrechte oder Stimmausschlüsse[978].

Die Gemeindeordnungen selbst sehen – über die allgemeinen Zulässigkeitsvoraussetzungen hinaus – keine zusätzlichen Bedingungen an die Beteiligung der öffentlichen **827** Hand oder die Gestaltung des Gesellschaftsvertrags vor. Jedoch wird im Regelfall auf die für die GmbH geltenden Regelungen[979] zurückgegriffen werden, da diese sich bei der Gestaltung von Gesellschaftsverträgen kommunaler Beteiligungsunternehmen bewährt haben.

Im Falle der **Einheits-KG** existiert neben der Gesellschafterversammlung typischerweise **828** noch eine reine **Kommanditistenversammlung,** um so die Komplementär-GmbH von der Abstimmung auszuschließen. Dieser Kommanditistenversammlung wird dann hinsichtlich des Geschäftsanteils an der Komplementärin, der allein der KG gehört, die Geschäftsführung zugewiesen, während die Komplementärin verpflichtet wird, diesbezüglich von ihrer organschaftlichen Vertretungsbefugnis nur nach Weisung der Kommanditisten Gebrauch zu machen.

---

[976] Heckschen/Bachmann: Mehrheitsklauseln bei Personengesellschaften, NZG 2015, 531, 535.

[977] Heckschen/Baumann, a. a. O. mit weiteren Gestaltungsempfehlungen: „Man sollte überlegen, ob man nicht Krisensituationen und Liquiditätsengpässe gleich bei der Festlegung der Beitragspflichten regelt. Anbieten würde sich beispielsweise eine Staffelregelung, wie sie im Zuge von Investorenvereinbarungen üblich ist. Hier könnten abgestufte Beitragspflichten vorgesehen werden. Der Gesellschaftsvertrag könnte eine Höchstsumme des Beitrags festlegen und die Fälligkeiten dann unterschiedlich ausgestalten und zum Beispiel vom Eintritt bestimmter Verschlechterungen der Vermögenslage der Gesellschaft die Fälligkeit weiterer Zahlungen abhängig machen. Man könnte damit unseres Erachtens der sehr rigiden Rechtsprechung zu Nachschusspflichten entgehen. Die Transparenz für den Gesellschafter ist erhöht und die Klausel umso sicherer je klarer Konstellationen, bei denen die Fälligkeit weiterer Zahlungen eintritt, beschrieben werden."

[978] Vgl. Heckschen/Bachmann, a. a. O.: „Der Berater muss darauf hinweisen, dass die Mehrheitsentscheidung auch bei sehr sorgfältiger Formulierung der Mehrheitsklausel jeweils im Einzelfall einer Prüfung nach dem Maßstab von Treu und Glauben unterliegt, die dazu führen kann, dass der Beschluss entweder insgesamt unwirksam ist oder aber zumindest einzelnen Gesellschaftern gegenüber keine Wirksamkeit entfaltet."

[979] Vgl. → D. Rn. 311 ff.

6. Rechtsverhältnis zum Träger

829 Aus der dem Demokratieprinzip folgenden **Ingerenzpflicht** ergibt sich für die Gemeinde die Verpflichtung, einen angemessenen Einfluss in Form von **Beteiligungs-, Mitsprache- und Kontrollrechten** zu etablieren. Es stellt sich somit die Frage, wie diese Verpflichtung bei einer kommunalen GmbH & Co. KG umgesetzt werden kann.

a) Die Gemeinde als Gesellschafterin der kommunalen GmbH & Co. KG

830 Der **Bürgermeister** als organschaftlicher Vertreter der Kommune repräsentiert diese auch in der Gesellschafterversammlung. Er (und nicht der Stadtrat bzw. Gemeinderat) übt insoweit die Gesellschafterrechte der Kommune in der KG aus.

831 Ob und in welchem Umfang er bei dieser organschaftlichen Vertretung selbst entscheiden darf oder nur den Beschluss des Gemeinderates zu vollziehen hat, richtet sich nach allgemeinem Kommunalrecht und hängt grundsätzlich davon ab, ob es sich bei dieser Entscheidung um eine **Angelegenheit der laufenden Verwaltung** handelt.[980] Hierbei ist zu beachten, dass die Bedeutung der Angelegenheit nicht aus Sicht der Gesellschaft, sondern aus Sicht der Kommune zu beurteilen ist. In der Regel dürften die Entscheidungen, für die eine Gesellschafterversammlung zuständig ist (Beschluss des Wirtschaftsplans, Feststellung des Jahresabschlusses, Entlastung von Geschäführer und Aufsichtsrat), für den ersten Bürgermeister keine laufenden Angelegenheiten sein,[981] so dass seine Stimmabgabe daher in derartigen Fällen einen Beschluss des Gemeinderats voraussetzt. Möglich wäre aber auch, dass der Gemeinderat dem Ersten Bürgermeister die Zuständigkeit für solche Entscheidungen in der Gesellschaft überträgt.[982]

832 Aus der aus dem Demokratieprinzip folgenden **Ingerenzpflicht** ergibt sich für die Gemeinde die Verpflichtung, einen angemessenen Einfluss in Form von **Beteiligungs-, Mitsprache- und Kontrollrechten** zu etablieren. Es stellt sich somit die Frage, wie diese Verpflichtung bei einer kommunalen GmbH & Co. KG umgesetzt werden kann.

833 Die GmbH & Co. KG ermöglicht durch die **„legale Herrschaft über die Geschäftsführung“**[983] bei der Komplementär-GmbH ausgeprägte Einwirkungen der Kommune und ist aus diesem Grund gegenüber der Aktiengesellschaft als unproblematischere Rechtsform für ein Beteiligungsunternehmen der Kommune anzusehen.[984]

834 Die GmbH & Co. KG kennt nämlich in ihrem Legalstatut mit der Geschäftsführung und der Gesellschafterversammlung der Komplementär-GmbH nur zwei obligatorische Organe. Des Weiteren eröffnet diese Rechtsform der Kommune über die Gesellschafterversammlung die Möglichkeit der Durchsetzung von **Weisungsrechten** gegenüber der Geschäftsleitung.[985]

835 Darüber hinaus besteht durch die Einrichtung eines **fakultativen Aufsichtsrats** die Möglichkeit,[986] in einem faktischen Abhängigkeitsverhältnis problemlos **Kontroll- und Prüfungsmechanismen** implementieren zu können, um der Ingerenzpflicht der Kommune gerecht zu werden.[987] Hierbei sind über entsprechende **Berichtspflichten der Geschäftsführung** an den Aufsichtsrat und einen **Katalog zustimmungspflichtiger Geschäfte** Überwachungsinstrumente und Überwachungsfunktionen einzurichten, die

---

980 § 44 Abs. 2 GemO Baden-Württemberg, Art. 37 Abs. 1 Nr. 1 GemO Bayern, § 70 Abs. 2 GemO Hessen, § 62 Abs. 1 Nr. 6 GemO Niedersachsen, § 47 Abs. 1 Nr. 3 GemO Rheinland-Pfalz, § 59 Abs. 3 S. 1 KSVG Saarland, § 55 Abs. 1 S. 2 GemO Schleswig-Holstein, § 63 Abs. 1 Buchst. e GemO Brandenburg, § 38 Abs. 3 KommunalVerf. Mecklenburg-Vorpommern, § 53 Abs. 2 S. 1 GemO Sachsen, § 63 Abs. 1 S. 2 GemO Sachsen-Anhalt, § 29 Abs. 2 Nr. 1 KommunalO Thüringen.

981 PdK Bayern, GO Art. 93 2.

982 PdK Bayern, a. a. O.

983 Lutter/Timm, NJW 1982, 409.

984 Zu den Problemen bei der AG vgl. oben Kapital D. Rn. 564 ff.

985 Vgl. auch *Becker,* S. 116 f.

986 Siehe hierzu *Becker,* S. 116 f.

987 Ausführlich hierzu *Becker,* S. 151 f.

die Beteiligungs-, Mitsprache- und Kontrollrechten der Kommune entsprechend absichern.[988]

Dem steht auch nicht entgegen, dass jedes Aufsichtsratsmitglied primär das **Unternehmensinteresse** zu vertreten hat. Das Unternehmensinteresse kann inhaltlich nämlich regelmäßig mit den zusammengefassten gemeinschaftlichen Interessen der Gesellschafter identifiziert werden.[989] Daher ist das **öffentliche Interesse** als Beteiligungszweck der Kommune von den Aufsichtsratsmitgliedern stets mit zu beachten.[990] 836

b) Absicherung der Einwirkungspflicht der Gemeinde durch einen Beherrschungsvertrag?

Teilweise[991] wird nun vertreten, bei einer kommunalen Beteiligungsgesellschaft sei zur **Sicherung der Einflussmöglichkeiten** der Kommune zusätzlich der Abschluss eines **Beherrschungsvertrages** nach § 291 AktG geboten. Die aufgrund eines solchen Beherrschungsvertrages mögliche Weisung sei als Essentiale der verfassungsmäßig gebotenen **Ingerenzpflicht** zu sehen.[992] 837

Allerdings scheidet der Abschluss eines solchen Beherrschungsvertrages zwischen Kommune und kommunaler GmbH & Co. KG schon deswegen aus, weil eine KG definitionsmäßig nicht als beherrschtes Unternehmen Partei eines Beherrschungsvertrages sein kann. 838

7. Aufsicht

Die spezielle Natur der Kommune als Treuhänderin der ihr überlassenen Steuergelder[993] hat zur Entwicklung eigener, sich von Privaten unterscheidenden Methoden zur **nachträglichen Kontrolle** der Aktivitäten geführt. Hierdurch soll gewährleistet werden, dass auch tatsächlich durchgeführt wird, was einmal beschlossen wurde. Diese Kontrolle ist einem unabhängigen Organ, dem **Gemeindeprüfungsamt,** übertragen. 839

Daneben verpflichten die Gemeindeordnungen die Kommunen dazu ihre Beteiligungsunternehmen eine **Abschlussprüfung** durch Wirtschaftsprüfer durchführen zu lassen, auch wenn die Gesellschaft selbst nicht prüfungspflichtig wäre.[994] 840

a) Die haushaltsrechtlichen Prüfungsrechte

Die Vorschriften des Gemeindewirtschaftsrechts[995] räumen den Kommunen die Möglichkeit ein, die **Betätigung der Gebietskörperschaften** in ihren privatrechtlichen Betei- 841

[988] Beachte dazu auch BGH, Urt. v. 10.7.2018 – II ZR 24/17 **(„Schloss Eller"),** wonach dann, wenn die Satzung oder der Aufsichtsrat bestimmen, dass bestimmte Arten von Geschäften nur mit seiner Zustimmung vorgenommen werden dürfen, der Vorstand die **Zustimmung** des Aufsichtsrats grundsätzlich **vor der Durchführung des Geschäfts einzuholen** hat. Diese Zustimmung kann nur durch ausdrücklichen Beschluss des Aufsichtsrats erteilt werden und kann **nicht durch eine Entscheidung des Aufsichtsratsvorsitzenden ersetzt** werden. Der Vorstand kann aber gegenüber einer Schadensersatzklage der Aktiengesellschaft, die mit dem Verstoß gegen einen zugunsten des Aufsichtsrats eingerichteten Zustimmungsvorbehalt begründet ist, einwenden, der Aufsichtsrat hätte den von ihm durchgeführten Maßnahmen zugestimmt, wenn er ihn gefragt hätte **(Einwand des „rechtmäßigen Alternativverhaltens").**

[989] BGHZ 95, 330 (346 m. w. N.).

[990] *Becker,* S. 112.

[991] Vgl. statt aller *Gaß,* S. 414; *Spannowsky,* ZGR 1996, 400 (423).

[992] *Kraft,* S. 254; *Stober,* NJW 1984, 449 (455); *v. Danwitz,* AöR 120 (1995), 595 (622).

[993] Vgl. hierzu *Becker,* S. 43 ff.; ausführlich → E. Rn. 231 ff.

[994] § 103 Abs. 1 Nr. 5 Buchst. b) GemO Baden-Württemberg, Art. 94 Abs. 1 Nr. 2 GemO Bayern, § 122 Abs. 1 Nr. 4 GemO Hessen, § 108 Abs. 2 Nr. 1 GemO Nordrhein-Westfalen, § 124 GemO Niedersachsen, § 89 GemO Rheinland-Pfalz, § 110 Abs. 1 Nr. 4 KSVG Saarland, § 9 KommunalprüfungsG Schleswig-Holstein, § 73 Abs. 1 Nr. 2 Buchst. a) KommunalVerf. Mecklenburg-Vorpommern, § 96 Abs. 2 Nr. 6 GemO Sachsen, § 121 Abs. 1 Nr. 2 GemO Sachsen-Anhalt, § 75 Abs. 4 Nr. 1 KommunalO Thüringen, für Brandenburg fehlt eine entsprechende Vorschrift; vgl. → E. Rn. 159 ff.

[995] Vgl. § 112 Abs. 2 Nr. 3 GemO Baden-Württemberg, Art. 106 Abs. 4 GemO Bayern, § 131 Abs. 2 Nr. 6 GemO Hessen, § 103 Abs. 2 Nr. 5 GemO Nordrhein-Westfalen, § 119 Abs. 3 Nr. 3 GemO Nieder-

ligungen zu prüfen. Von dieser Übertragung darf die Gemeinde nur dann absehen, wenn sie über kein Rechnungsprüfungsamt verfügt.[996] In diesem Fall würde die Betätigungsprüfung leer laufen, da kein Prüfer vorhanden wäre, der die Befugnisse ausüben könnte.

842 Die **Betätigungsprüfung** umfasst nicht das Unternehmen selbst, sondern – ohne Rücksicht auf die Höhe der kommunalen Beteiligung – die die Beteiligung verwaltende Stelle. Anerkanntermaßen umfasst diese Prüfung insbesondere die Frage, ob die für die Beteiligung an privatrechtlich organisierten Unternehmen von der Verwaltung **zu beachtenden Vorschriften** eingehalten wurden. Insbesondere die Frage der Konformität von Satzung bzw. Gesellschaftsvertrag mit den spezifischen aus dem Kommunalrecht resultierenden Anforderungen, die Implementierung der Aufsichtsgremien sowie deren Überwachungstätigkeit steht im Fokus der Prüfung. Insbesondere ist festzustellen, ob die Rechte nach § 53 Abs. 1 HGrG ausgeübt wurden, dem Abschlussprüfer ein entsprechend erweiterter Prüfungsauftrag erteilt wurde und dementsprechend auch die Ordnungsmäßigkeit der Geschäftsführung (§ 53 Abs. 1 Nr. 1 HGrG) geprüft wurde und im Prüfungsbericht die in § 53 Abs. 1 Nr. 2 HGrG aufgezeigten Gesichtspunkte behandelt wurden.

Sind der Gemeinde auch die Befugnisse nach § 54 HGrG eingeräumt, so ist die Prüfung durch Einsicht in den Betrieb, die Bücher und die Schriften des Unternehmens unter Beachtung kaufmännischer Grundsätze dann veranlasst, wenn bei der Betätigungsprüfung anhand der zur Verfügung stehenden Unterlagen Fragen von Bedeutung ungeklärt blieben. Das Selbstunterrichtungsrecht nach § 54 HGrG ist auf die Klärung von Fragen beschränkt, die bei der Betätigungsprüfung entstehen und ohne Einsichtnahme in das Unternehmen nicht geklärt werden können.

843 Aus diesem Grund ist es herausragende Aufgabe der Rechnungsprüfungsämter festzustellen, ob der **„öffentliche Zweck"** für eine wirtschaftliche Betätigung der Gemeinde noch gegeben ist. Es ist also zu prüfen, ob sichergestellt ist, dass das Unternehmen nachhaltig einem öffentlichen Zweck dient, die Gemeinde ihre Unternehmen steuert und überwacht und sich dazu die erforderlichen Informationen beschafft und auswertet und die Vertreter der Gemeinde in den Unternehmen ihre Aufgaben pflichtgemäß, mit der gebotenen Sorgfalt und unter angemessener Berücksichtigung der besonderen Interessen der Gemeinde erfüllt haben.

b) Die handelsrechtliche Rechnungslegung und Abschlussprüfung

844 Die **Rechnungslegung** der GmbH & Co. KG dient der Ermittlung des Bilanzgewinns und damit des Betrages, der an die Gesellschafter ausgeschüttet werden darf. Darüber hinaus dient sie aber auch der Information der Gläubiger über die wirtschaftliche Lage der Gesellschaft. Wegen des Grundsatzes der Maßgeblichkeit der Handelsbilanz für die Steuerbilanz und damit für die Besteuerung der GmbH & Co. KG dient die Rechnungslegung auch der Ermittlung der geschuldeten Körperschaftsteuer der Anteilseignerin Kommune.

845 Grundsätzlich hat jeder Kaufmann und damit auch jede GmbH & Co. KG in den ersten drei Monaten des Geschäftsjahrs für das vergangene Geschäftsjahr einen **Jahresabschluss**[997] aufzustellen (§ 242 Abs. 1 HGB), der aus der **Jahresbilanz und der Gewinn- und Verlustrechnung** besteht. Da für die GmbH & Co. KG die Vorschriften für Kapitalgesellschaften analog Anwendung finden, haben diese nach § 264 Abs. 1 HGB ihren Jahresabschluss um einen **Anhang**[998] zu erweitern (§§ 284 f. HGB) und einen **Lage- oder Geschäftsbericht**[999] aufzustellen (§ 289 HGB).

sachsen, § 112 Abs. 2 Nr. 2 GemO Rheinland-Pfalz, § 121 Abs. 2 Nr. 1 KSVG Saarland, § 116 Abs. 2 Nr. 4 GemO Schleswig-Holstein, § 113 Abs. 2 Nr. 4 GemO Brandenburg, § 106 Abs. 2 Nr. 5 GemO Sachsen, § 129 Abs. 2 Nr. 4 GemO Sachsen-Anhalt, § 84 Abs. 4 KommunalO Thüringen.

996 *Becker,* S. 93.

997 *Baumbach/Hopt,* HGB, § 242 Rn. 2.

998 Vgl. *Baumbach/Hopt,* HGB, § 284 Rn. 1.

999 Zum Begriff vgl. *Baumbach/Hopt,* HGB, § 289 Rn. 1 ff.

Jahresabschluss und Geschäftsbericht sind von der Geschäftsführung **aufzustellen** und nach den Regelungen des Gemeindewirtschaftsrechts durch **Abschlussprüfer** zu prüfen (§ 316 Abs. 1 HGB). Danach sind sie zum Handelsregister einzureichen und ggf. zusätzlich zu veröffentlichen (§ 325 HGB). **846**

Da die Aufstellung und Veröffentlichung von Jahresabschlüssen nur sinnvoll ist, wenn die Einhaltung der bilanziellen Vorschriften überwacht wird, müssen Jahresabschluss und Geschäftsbericht von einem sachverständigen Prüfer **(Abschlussprüfer)** geprüft werden (§§ 316 ff. HGB). Die öffentlich bestellten Sachverständigen (Wirtschaftsprüfer und Wirtschaftsprüfungsgesellschaften) haben über das Ergebnis ihrer Prüfung einen **Prüfungsbericht** mit dem in § 321 Abs. 1 HGB vorgeschriebenen Inhalt zu erstatten, der von ihnen zu unterzeichnen und der Geschäftsführung der GmbH & Co. KG vorzulegen ist (§ 321 Abs. 3 HGB). **847**

Als äußeres Zeichen der Prüfung und ihres Ergebnisses erteilen die Abschlussprüfer einen uneingeschränkten oder mit Einschränkungen versehenen **Bestätigungsvermerk** (§ 322 HGB). Bei schwerwiegenden Mängeln des Jahresabschlusses haben die Abschlussprüfer den Bestätigungsvermerk zu versagen (§ 322 Abs. 3 HGB). **848**

Durch die Verpflichtung zur **Einreichung** des mit dem Bestätigungsvermerk des Wirtschaftsprüfers oder mit dem Vermerk über dessen Versagung versehenen Jahresabschlusses zum Handelsregister des Gesellschaftssitzes (§ 325 Abs. 1 HGB), ist sichergestellt, dass ein eingeschränkter oder versagter Bestätigungsvermerk publik wird und von Interessenten berücksichtigt werden kann. **849**

Der Prüfungsbericht des Abschlussprüfers wird grundsätzlich nicht veröffentlicht. Er steht nur der Geschäftsführung zur Verfügung. Daher sehen die Gemeindeordnungen die Verpflichtung zur **Übersendung** des Jahresabschlusses und des Prüfungsberichts **an die Kommune** vor.[1000] **850**

Da sich die **Aufgabe der Rechnungsprüfungsämter** auf die Überprüfung der Haushalts- und Wirtschaftsführung der Kommune beschränkt und somit nicht das Verhalten der GmbH & Co. KG selbst umfasst, erhalten diese von den Vorgängen in der Gesellschaft prinzipiell nur mittelbar Kenntnis. Hierfür stellt der **Bericht des Wirtschaftsprüfers** die wichtigste Unterlage dar.[1001] **851**

Daher ist durch die entsprechende Anwendung des § 53 HGrG[1002] vorgeschrieben, dass eine Prüfung der **Ordnungsmäßigkeit der Geschäftsführung** durch den Abschlussprüfer erfolgen muss. Aus diesem Grund ist der Prüfungsauftrag bei einer kommunalen GmbH & Co. KG um die Prüfung nach § 53 HGrG zu erweitern. Während der Abschlussprüfer nach den allgemeinen handelsrechtlichen Bestimmungen die Ordnungsmäßigkeit der Geschäftsführung nicht aktiv überprüfen muss, sondern nur die Pflicht hat, gem. § 321 Abs. 1 Satz 3 HGB über solche Gesetzesverstöße oder Unregelmäßigkeiten zu berichten, die ihm bei der vorgeschriebenen Abschlussprüfung aufgefallen sind, muss er die Prüfung der „Ordnungsmäßigkeit der Geschäftsführung" auch darauf erstrecken, ob ungewöhnliche oder risikoreiche Geschäfte getätigt wurden und ob Gesetze, Satzung, Geschäftsordnung sowie Beschlüsse der Gesellschafterversammlung und des Aufsichtsrats eingehalten wurden, **852**

[1000] § 103 Abs. 1 Nr. 5 Buchst. c) GemO Baden-Württemberg, § 108 Abs. 2 S. 2 GemO Nordrhein-Westfalen, § 87 Abs. 3 GemO Rheinland-Pfalz, § 110 Abs. 1 Nr. 3 KSVG Saarland, § 9 KommunalprüfungsG Schleswig-Holstein, § 73 Abs. 1 Nr. 3 KommunalVerf. Mecklenburg-Vorpommern, § 96 Abs. 2 Nr. 7 GemO Sachsen, § 121 Abs. 1 Nr. 3 GemO Sachsen-Anhalt, nach § 124 Abs. 1 S. 3 GemO Niedersachsen ist der Prüfungsbericht der Kommunalaufsicht zu übersenden; in Bayern, Hessen, Brandenburg und Thüringen fehlen entsprechende Vorschriften.

[1001] Ausführlich hierzu *Harbarth,* S. 393 ff.

[1002] Die Anwendung des HGrG ergibt sich im kommunalen Bereich aus folgenden Vorschriften: § 103 Abs. 1 GemO Baden-Württemberg, Art. 94 GemO Bayern, § 123 GemO Hessen, § 112 GemO Nordrhein-Westfalen, § 124 GemO Niedersachsen, § 89 GemO Rheinland-Pfalz, § 111 KSVG Saarland, § 9 KommunalprüfungsG Schleswig-Holstein, § 105 GemO Brandenburg, § 73 Abs. 2 KommunalVerf. Mecklenburg-Vorpommern, § 96 Abs. 2 Nr. 1 GemO Sachsen, § 121 GemO Sachsen-Anhalt, § 75 Abs. 4 KommunalO Thüringen; vgl. auch *Mertens,* Der Gemeindehaushalt 1983, 104 (106); siehe → E. Rn. 163 ff.

ohne allerdings den Entscheidungsprozess in seinen Einzelheiten zu prüfen.[1003] § 53 Abs. 1 Nr. 1 HGrG kann damit auch Grundlage der Untersuchung von etwaigen Complianceverstöße sein. § 53 Abs. 1 Nr. 1 HGrG bildet aber keine Grundlage für eine „getarnte" Sonderprüfung. Im Rahmen dieser erweiterten Prüfung stehen dem Abschlussprüfer die Vorlage- und Auskunftsrechte nach § 320 HGB zu, so dass er zusätzliche Auskunfts- und Vorlagerechte gegenüber dem Geschäftsführer hat. Der Geschäftsführer hat den erweiterten Prüfbericht des Abschlussprüfers lediglich dem Aufsichtsrat und der Gebietskörperschaft zu übersenden; das Ergebnis der ergänzenden Prüfung ist zum Schutz vertraulicher Angaben und Geheimnisse der Gesellschaft insbesondere mit Blick auf den Rechtsgedanken des § 395 II AktG nicht in den nach § 322 HGB erforderlichen Bestätigungsvermerk aufzunehmen, sondern gesondert zu bescheinigen oder nur im Prüfungsbericht darzustellen.[1004]

VII. Genossenschaften

Literatur:

Althanns, Genossenschaftliche Modelle bei der Realisierung von Anlagen der erneuerbaren Energien, ZfBR-Beil. 2012, 36 ff.; *Bauer,* Genossenschafts-Handbuch, Stand: Juni 2018; *Becker,* Die Erfüllung öffentlicher Aufgaben durch gemischtwirtschaftliche Unternehmen, 1997; Beck'sches Handbuch der Genossenschaft, 2009; Berliner Kommentar zum Genossenschaftsgesetz, 3. Aufl. 2019; *Beuthien,* Genossenschaftsgesetz, 16. Aufl. 2018; *ders.,* Müssen Sonderrechte unentziehbar sein?, ZGR 2014, 24 ff.; *ders.,* Zur Zulässigkeit beschließender Aufsichtsratsausschüsse, NZG 2010, 333 ff.; *Cario,* Die ungeschriebenen Zuständigkeiten der Generalversammlung einer Genossenschaft, Festschrift für Schaffland, 2008, S. 111 ff.; *Carspecken,* Die Zuständigkeit des Aufsichtsrates für die fristlose Kündigung von Vorstandsmitgliedern der eG, Festschrift für Schaffland, 2008, S. 123 ff.; *Frankenberger/Gschrey/Bauer/Plamann,* Der Aufsichtsrat der Genossenschaft, 9. Aufl. 2020; *Glenk,* Genossenschaftsrecht, 2. Aufl. 2013; *Gräser,* Die Generalversammlung und die Vertreterversammlung der Genossenschaft, 10. Aufl. 2018; *Henssler/Strohn* (Hrsg.), Gesellschaftsrecht, 4. Aufl. 2019; *Hoppe/Uechtritz/Reck* (Hrsg.), Handbuch Kommunale Unternehmen, 3. Aufl. 2012; *Keßler/Herzberg,* Zur Anwendung der Prüfungs- und Unterrichtungsrechte der Kommunen gegenüber ihren Beteiligungen aus den §§ 53, 54 HGrG auf genossenschaftlich verfasste Unternehmen, NZG 2007, 531 ff.; *Klemisch/Maron,* Genossenschaftliche Lösungsansätze zur Sicherung der kommunalen Daseinsvorsorge, ZfgG 60 (2010), 3 ff.; *Kluth,* Der Beitrag von Infrastrukturgenossenschaften zur Daseinsvorsorge, ZfgG 69 (2019), 117 ff.; *Korte,* Die vermeintlichen Probleme einer kommunalen Genossenschaft – Eine „Tour d'Horizont" durch das Genossenschaftsgesetz, Festschrift für Keßler, 2015, S. 23 ff.; *Lang/Weidmüller,* Genossenschaftsgesetz, 39. Aufl. 2019; Münchener Kommentar zum Aktiengesetz, Bd. 6, 4. Aufl. 2017; *Pöhlmann/Fandrich/Bloehs,* Genossenschaftsgesetz, 4. Aufl. 2012; *Volz,* Zur Umsetzung des Förderauftrags in Energiegenossenschaften, ZfgG 61 (2011), 289 ff.; *Voormann,* Die Stellung des Beirats im Genossenschaftsrecht, ZfgG 34 (1984), 237 ff.

1. Rechtsgrundlagen

853 Die Genossenschaft beruht auf dem Gesetz betreffend die Erwerbs- und Wirtschaftsgenossenschaften vom 1.5.1889 (Genossenschaftsgesetz) in der Fassung der Bekanntmachung vom 16.10.2006 (BGBl. I S. 2230), zuletzt geändert durch Art. 8 des Gesetzes vom 17.7.2017 (BGBl. I S. 2541). Daneben treten für die kommunale Genossenschaft die Regelungen der landesrechtlichen Gemeindeordnungen zur Zulässigkeit wirtschaftlicher Unternehmen in privater Rechtsform.[1005]

a) Kommunale Genossenschaft zwischen Gesellschafts- und Kommunalrecht[1006]

854 Den (öffentlich-rechtlichen) Vorschriften des Kommunalrechts muss zunächst die Zulässigkeit einer Überführung von wirtschaftlichen Betätigungen der öffentlichen Hand auf eine kommunale Genossenschaft entnommen werden können. Auch wenn dies der Fall ist, haben die kommunalen Gebietskörperschaften dafür Sorge zu tragen, die kommunalrecht-

[1003] Schockenhoff, NZG 2018, 521, 526.
[1004] Schockenhoff, a. a. O.
[1005] S. Fn. 583 → D. Rn. 345 bzw. Fn. 746 → D. Rn. 519.
[1006] Vgl. zum Nachfolgenden *Weber* unter → D. Rn. 346 ff. (GmbH) bzw. → D. Rn. 520 ff. (AG).

lichen Vorgaben für eine solche Beteiligung an einer Genossenschaft (zB im Hinblick auf die Sicherung von Mitspracherechten und Einflussmöglichkeiten) einzuhalten. Die Organisationsverfassung der kommunalen Genossenschaft wird allerdings in erster Linie durch die privatrechtlichen Normen des Gesellschaftsrechts bestimmt. Des Weiteren ist zu bedenken, dass die Genossenschaft selbst – auch wenn sie kommunale Aufgaben wahrnimmt – im Rechtsverkehr als privatrechtlich organisiertes Rechtssubjekt behandelt wird. Es kommt somit zwangsläufig zu einer Gemengelage von anwendbaren Vorschriften des öffentlichen Rechts sowie des privaten Wirtschaftsrechts.

Die Wahrnehmung kommunaler Aufgaben durch einen privaten Rechtsträger befreit die 855 öffentliche Hand aufgrund der weiterhin bestehenden **Einwirkungs- und Ingerenzpflicht**[1007] nicht von der Verantwortung für die ordnungsgemäße Erfüllung der Aufgaben. Es muss deshalb durch geeignete Instrumentarien sichergestellt werden können, dass auch bei einer Aufgabenwahrnehmung durch private Rechtsträger eine Orientierung am Allgemeinwohl unter Berücksichtigung der kommunalpolitischen Ziele stattfindet und das Gebot der Rechtsstaatlichkeit eingehalten wird.[1008]

Die Gemeindeordnungen sehen daher zur Sicherstellung dieser öffentlich-rechtlichen 856 Bindung häufig vor, dass sich die Gemeinde erhebliche **Informations- und Einflussmöglichkeiten** auf die Rechtssubjekte, an denen sie sich beteiligen möchte, vorbehalten muss, zumal die wesentlichen Unternehmensentscheidungen nunmehr in den internen Gremien der Rechtsträger besprochen und getroffen werden, was ein Informationsdefizit im Vergleich zu den Verhandlungen des öffentlich tagenden Gemeinderats bedeutet.[1009]

Schließlich sind auch die Anforderungen des **Rechtsstaats- sowie des Demokratieprinzips** zu beachten, wonach keine unkontrollierten bzw. unkontrollierbaren Freiräume 857 bei der Erfüllung öffentlicher Aufgaben entstehen dürfen.

Aus den genannten Gründen folgt daher in Bezug auf die Übernahme kommunaler 858 Aufgaben durch eine Genossenschaft, dass die Rechtsbeziehungen zu der Kommune so auszugestalten sind, dass das notwendige Maß an **Kontrolle und Steuerung** der Genossenschaft durch die Kommune gewährleistet ist.

b) Verhältnis zwischen Gesellschafts- und Kommunalrecht in einer kommunalen Genossenschaft[1010]

Aus Sicht der kommunalen Gebietskörperschaft ist im Falle einer Aufgabenwahrnehmung 859 durch einen privaten Rechtsträger insbesondere das Verhältnis zwischen den Regelungen des Kommunalrechts und des Gesellschaftsrechts von Bedeutung.

Sofern die Kommune ihre Aufgaben indirekt über eine Genossenschaft wahrnehmen 860 möchte, richten sich die **privatrechtlichen Rechtsbeziehungen** und damit auch die Gestaltungsmöglichkeiten hinsichtlich der Mitgliedschaftsrechte vorrangig nach dem Genossenschaftsrecht.

Dies bedeutet keinen grundsätzlichen **„Vorrang des Gesellschaftsrechts“.** Dem Bund 861 als derjenigen Gebietskörperschaft, die im Rahmen der konkurrierenden Gesetzgebung nach Art. 74 Nr. 1 GG die entsprechende Gesetzgebungskompetenz innehat, steht es frei, diese Kompetenz wahrzunehmen und den Einfluss der öffentlichen Hand durch gesetzliche Einführung von gesellschaftsrechtlichen Sonderpositionen zu sichern.[1011]

Landesgesetzliche Regelungen können dagegen stets nur einen Gestaltungsauftrag 862 formulieren, dessen Grenzen durch das Genossenschaftsrecht bzw. das Privatrecht gezogen werden – und zwar sowohl im Hinblick auf die Organisationsverfassung (Innenrecht) als auch im Verhältnis zu den anderen Teilnehmern im Rechtsverkehr (Außenrecht).[1012]

[1007] S. Fn. 584 → D. Rn. 347 bzw. Fn. 747 → D. Rn. 521.
[1008] S. Fn. 585 → D. Rn. 347 bzw. Fn. 748 → D. Rn. 521.
[1009] S. Fn. 587 → D. Rn. 348 bzw. Fn. 750 → D. Rn. 522; ferner *Klemisch/Maron* ZfgG 60 (2010), 3 (5).
[1010] Vgl. zum Nachfolgenden *Weber* unter → D. Rn. 351 ff. (GmbH) bzw. → D. Rn. 525 ff. (AG).
[1011] S. Fn. 588 → D. Rn. 352 bzw. Fn. 751 → D. Rn. 526.
[1012] S. Fn. 589 → D. Rn. 353 bzw. Fn. 752 → D. Rn. 527.

863 Sofern die **Gemeindeordnungen** Anforderungen an die Beteiligung an einem privaten Rechtsträger aufstellen, ist entscheidend, ob diesen durch eine entsprechende Ausgestaltung der Organisationsverfassung oder der Mitgliedschaftsrechte Rechnung getragen werden kann. Ungeachtet dessen sind – bezogen auf die Beteiligung an einer Genossenschaft – die durch das Genossenschaftsgesetz zugelassenen Gestaltungsmöglichkeiten im Hinblick auf die Besetzung der Organe und die Ausgestaltung der Mitgliedschaftsrechte in einer Weise einzusetzen, dass die oben genannten Prinzipien (zB das Demokratieprinzip) eingehalten werden und den Interessen der Kommunen und den Zielen der Selbstverwaltung angemessen Rechnung getragen wird.[1013]

864 Ob und inwieweit die Kommune von dem durch das Genossenschaftsrecht gesetzten Rahmen überhaupt Gebrauch machen darf, bestimmt sich also nach der Gemeindeordnung und den ihr zugrunde liegenden Zielen. Hierbei gestaltet sich das Zusammenwirken der Kommune mit einer Genossenschaft insofern flexibler als das Zusammenwirken mit einer Kapitalgesellschaft, weil diese grundsätzlich auf die Gewinnerzielung ausgerichtet ist.[1014]

865 Die **Organisationsverfassung** einer kommunalen Genossenschaft wird daher nicht nur von gesellschaftsrechtlichen Vorschriften, sondern mittelbar auch durch öffentlich-rechtliche Normen und Anforderungen geprägt.

2. Rechtsnatur

866 Die Genossenschaft ist eine Gesellschaft von nicht geschlossener Mitgliederzahl, deren Zweck darauf gerichtet ist, den Erwerb oder die Wirtschaft ihrer Mitglieder oder deren soziale oder kulturelle Belange durch gemeinschaftlichen Geschäftsbetrieb zu fördern (§ 1 Abs. 1 GenG). Das Wesen der Genossenschaft zeichnet sich somit durch eine „nicht geschlossene" Zahl von Mitgliedern und die ausdrückliche Festlegung eines bestimmten Gesellschaftszwecks aus.[1015]

867 Das erste Wesensmerkmal der **nicht geschlossenen Mitgliederzahl** unterscheidet die Genossenschaft nicht grundlegend von der GmbH oder der Aktiengesellschaft. Die Satzung der Genossenschaft muss in ihrer generellen Ausgestaltung vorsehen, dass jederzeit neue Mitglieder eintreten und bestehende Mitglieder (in dem durch § 65 Abs. 2 GenG zugelassenen Gestaltungsrahmen) austreten können. Ein Rechtsanspruch auf Aufnahme ist damit grundsätzlich nicht verbunden.[1016] Die Genossenschaft ist – wie auch die GmbH und die Aktiengesellschaft – eine körperschaftlich verfasste Personenvereinigung in Form eines rechtsfähigen wirtschaftlichen Sondervereins.[1017]

868 § 17 Abs. 1 GenG ordnet an, dass die Genossenschaft Träger von Rechten und Pflichten sein kann und damit eine **juristische Person** ist. Gerichtlich wie außergerichtlich handelt sie durch ihre Organe, dh durch den Vorstand als gesetzlicher Vertreter (§ 24 Abs. 1 S. 1 GenG) und in den in § 39 Abs. 1 S. 1 GenG bestimmten Fällen durch den Aufsichtsrat. Die Mitglieder können ihre Rechte in der Generalversammlung geltend machen (§ 43 Abs. 1 GenG). Als Mitglieder einer juristischen Person haften sie den Gläubigern der Genossenschaft im Außenverhältnis nicht, wie § 2 GenG ausdrücklich klarstellt. Soweit § 23 GenG in der Überschrift von einer „Haftung der Mitglieder" spricht, ist damit eine Haftung im Innenverhältnis gemeint.[1018] In bestimmten Fällen (Insolvenz der Genossenschaft, Ausscheiden aus einer überschuldeten Genossenschaft) kann es zu einer Nachschusspflicht gegenüber der Genossenschaft kommen, sofern eine

---

1013 Aufschlussreich für die kommunale Genossenschaft unter dem Aspekt „bürgerschaftliches Engagement" *Klemisch/Maron* ZfgG 60 (2010), 3 (6 ff.).

1014 Vgl. zu den mit der Gewinnerzielung einhergehenden Schwierigkeiten bei der Satzungsgestaltung *Schürnbrand* in Münchener Kommentar zum AktG vor § 394 Rn. 25 f., 97 ff.

1015 Vgl. etwa *Beuthien* GenG § 1 Rn. 6 ff.

1016 Vgl. *Lang/Weidmüller* GenG § 1 Rn. 17.

1017 Siehe *Beuthien* GenG § 1 Rn. 2.

1018 Vgl. *Beuthien* GenG § 23 Rn. 1; *Lang/Weidmüller* GenG § 23 Rn. 1.

solche Haftung nicht – wie in der Praxis üblich[1019] – satzungsmäßig beschränkt oder ganz ausgeschlossen ist.

Aus § 17 Abs. 2 GenG folgt, dass die Genossenschaft, obwohl sie – anders als die GmbH und die Aktiengesellschaft – keine Handelsgesellschaft ist, kraft ihrer Rechtsform und damit unabhängig vom Gegenstand des Unternehmens gleichwohl Kaufmann ist (**Formkaufmann:** § 6 Abs. 2 HGB). 869

Das wesentliche Unterscheidungsmerkmal der Genossenschaft zur GmbH oder Aktiengesellschaft besteht darin, dass ihr Zweck nicht in der eigenen Gewinnerzielung, sondern in der Unterstützung der wirtschaftlichen Betätigung ihrer Mitglieder durch **gemeinschaftlichen Geschäftsbetrieb** liegt. Alle weiteren Besonderheiten der Genossenschaft (wie zB die Gleichberechtigung der Mitglieder unabhängig von der Höhe ihrer Beteiligung) lassen sich aus diesem genossenschaftlichen Grundprinzip der Förderung der Mitgliederbelange ableiten, bei dem es nicht um die Erwirtschaftung eines zwischen den Gesellschaftern verteilbaren Gewinns (zB in Form einer Dividende), sondern als Grundsatz um die Erzielung eines Vorteils durch Inanspruchnahme der Einrichtungen der Genossenschaft geht.[1020] 870

Innerhalb dieser Vorgaben sind zahlreiche genossenschaftsrechtlich zulässigen Ausprägungen eines gemeinschaftlich betriebenen Geschäftsbetriebs denkbar, solange dadurch entweder der **Erwerb oder die Wirtschaft der Mitglieder** (im Sinne einer Erhöhung der Einnahmen bzw. einer Verminderung der Ausgaben) **oder deren soziale oder kulturelle Belange** gefördert werden. Das Spektrum der Erscheinungsformen reicht je nach der Art des verfolgten wirtschaftlichen Zwecks von Kreditgenossenschaften über Einkaufsgenossenschaften, Absatz- und Verwertungsgenossenschaften, Dienstleistungsgenossenschaften, Wohnungsbaugenossenschaften bis hin zu den in den letzten Jahren verstärkt neu gegründeten Energiegenossenschaften.[1021] Sofern die Genossenschaft die Inanspruchnahme des Ergebnisses des gemeinschaftlichen Geschäftsbetrieb nur ihren Mitgliedern vorbehält, aber eine Monopolstellung innehat und lebenswichtige Güter produziert oder vertreibt, kann ausnahmsweise ein Anspruch auf Aufnahme als Mitglied bestehen.[1022] 871

Kommt jemand als förderndes Mitglied der Genossenschaft nicht in Frage, so kann die Satzung bestimmen, dass er als **investierendes Mitglied** zugelassen werden kann; die näheren Einzelheiten regelt § 8 Abs. 2 GenG. 872

3. Gründung

a) Errichtung und Satzung

Die Gründung der Genossenschaft erfolgt gemäß § 5 GenG durch einen schriftlichen Vertrag, dh durch **Feststellung der Satzung,** die inhaltlich den Anforderungen der §§ 6–8a GenG genügen muss. Die Satzung muss durch mindestens drei Gründer unterzeichnet (§ 11 Abs. 2 Nr. 1 GenG) und in das Genossenschaftsregister eingetragen werden (§ 10 Abs. 1 GenG). Die Zahl der Mitglieder bei Gründung beträgt mindestens drei (§ 4 GenG). 873

Hinsichtlich des Satzungsinhalts ist zu unterscheiden zwischen den in §§ 6 und 7 GenG angeordneten Mindestvorgaben und den fakultativen Regelungsmöglichkeiten, wie sie in §§ 7a, 8 und 8a GenG vorgesehen sind. 874

In der Satzung muss demnach Folgendes zwingend festgelegt werden: 875

- die Firma (§ 6 Nr. 1 GenG); sie muss die Bezeichnung „eingetragene Genossenschaft" oder die Abkürzung „eG" enthalten (§ 3 S. 1 GenG), aber nicht zwingend eine Sachfirma sein,

[1019] Siehe *Geschwandtner* in Beck'sches Handbuch der Genossenschaft, § 4 Rn. 95.

[1020] Zu den Einzelheiten *Lang/Weidmüller* GenG § 1 Rn. 18 ff. Entgegen *Hellermann* in *Hoppe/Uechtritz/Reck* (Hrsg.), Handbuch Kommunale Unternehmen, § 7 Rn. 132 spricht dieser Zweck der Genossenschaft nicht gegen einen kommunalwirtschaftlichen Einsatz; siehe *Korte* FS Keßler, 2015, 23 (24) und jüngst *Kluth* ZfgG 69 (2019), 117 (124 ff.).

[1021] Zu den Letztgenannten *Volz* ZfgG 61 (2011), 289 ff.; *Althanns* ZfBR-Beil. 2012, 36 ff.

[1022] Vgl. *Beuthien* GenG § 15 Rn. 30 mwN.

– der Sitz (§ 6 Nr. 1 GenG),
– der Gegenstand des Unternehmens (§ 6 Nr. 2 GenG), wobei für die kommunale Genossenschaft die damit einhergehende Zweckbindung in Bezug auf die Wahrnehmung öffentlicher Aufgaben zu beachten ist,
– eine eventuelle Nachschusspflicht (Haftart; § 6 Nr. 3 GenG),
– die Form für die Einberufung der Generalversammlung und für die Beurkundung ihrer Beschlüsse sowie der Vorsitzende in der Versammlung (§ 6 Nr. 4 GenG),
– die Bekanntmachungsblätter (§ 6 Nr. 5 GenG),
– die Höhe des Geschäftsanteils sowie die darauf zu leistenden Einzahlungen (§ 7 Nr. 1 GenG),
– die Bildung einer gesetzlichen Rücklage (§ 7 Nr. 2 GenG).

876 Darüber hinaus können, wenn die Genossenschaft dies wünscht, weiter gehende Regelungen getroffen werden, zB zur Zulässigkeit der Übernahme mehrerer Geschäftsanteile inklusive der Angabe diesbezüglicher Höchstgrenzen (§ 7a Abs. 1 GenG), zur Leistung der Einzahlung auf den Geschäftsanteil im Wege der Sacheinlage (§ 7a Abs. 3 GenG) oder zur Bildung eines bestimmten Mindestkapitals (§ 8a GenG). Einen umfangreichen Katalog von zulässigen Satzungsvorbehalten enthält § 8 Abs. 1 GenG. Danach kann zB die Genossenschaft auf eine bestimmte Dauer beschränkt (§ 8 Abs. 1 Nr. 1 GenG) oder der Geschäftsbetrieb auch für Nichtmitglieder geöffnet werden (§ 8 Abs. 1 Nr. 5 GenG). Letzteres stellt ebenso eine zulässige „Aufweichung" des genossenschaftlichen Förderprinzips durch gemeinschaftlichen Geschäftsbetrieb der Mitglieder dar wie – auf eine ganz andere Art und Weise – die in § 8 Abs. 2 GenG mit Einschränkungen vorgesehene Möglichkeit der Zulassung sog. investierender Mitglieder.[1023]

877 Vorstand und Aufsichtsrat sind gemäß § 9 Abs. 1 S. 1 GenG notwendige Organe der Genossenschaft, weshalb die Gründung daher die (erstmalige) **Bestellung von Vorstand und Aufsichtsrat** voraussetzt. Für die Wahl der Mitglieder des Aufsichtsrats ist grundsätzlich die Versammlung der Mitglieder zuständig; für die Wahl des Vorstands können nach Maßgabe der Satzung abweichende Zuständigkeiten bestehen, weshalb gegebenenfalls der Aufsichtsrat unmittelbar nach seiner Bestellung den Vorstand ernennen muss.

878 Die Anmeldung der Genossenschaft zur Eintragung in das beim zuständigen Amtsgericht geführte Genossenschaftsregister (§ 10 Abs. 1 GenG) erfolgt aufgrund einer in öffentlich beglaubigter Form vorzunehmenden „Anmeldung" durch den gesamten Vorstand (§§ 11 Abs. 1, 157 GenG). Der Anmeldung sind gemäß § 11 Abs. 2 Nr. 1 und 2 GenG die von mindestens drei Mitgliedern unterzeichnete Satzung sowie eine Abschrift der Urkunden über die Bestellung von Vorstand und Aufsichtsrat (Gründungsprotokoll) beizufügen.

879 Da jede Genossenschaft gemäß § 54 S. 1 GenG einem Prüfungsverband angehören muss,[1024] fordert § 11 Abs. 2 Nr. 3 GenG ferner die Einreichung der **Mitgliedsbescheinigung eines Prüfungsverbandes** sowie eine gutachtliche Äußerung desselben, ob nach den persönlichen oder wirtschaftlichen Verhältnissen eine Gefährdung der Belange der Mitglieder oder der Gläubiger der Genossenschaft zu besorgen ist.

Nach erfolgreicher **Gründungsprüfung** durch das Gericht (§ 11a GenG) erfolgt die **Eintragung in das Genossenschaftsregister.** Die Genossenschaft erlangt erst dadurch ihre Rechtsfähigkeit (Umkehrschluss aus § 13 GenG).

b) Rechtsformwechsel (Ausgliederung)[1025]

880 Das Umwandlungsgesetz regelt verschiedene Formen der nachträglichen Veränderung der gesellschaftsrechtlichen Organisationsform unterschiedlicher Rechtsträger. Die Vorzüge von Restrukturierungsmaßnahmen nach dem Umwandlungsgesetz liegen regelmäßig in steuerlichen Vorteilen sowie der erleichterten Vermögensübertragung im Wege der (par-

[1023] Vgl. *Glenk,* Genossenschaftsrecht, Rn. 287.
[1024] Zur diesbezüglichen Verfassungskonformität BVerfG 19.1.2001, NJW 2001, 2617 ff.
[1025] Vgl. zum Nachfolgenden *Weber* unter → D. Rn. 395 ff. (GmbH) bzw. → D. Rn. 576 ff. (AG).

tiellen) Gesamtrechtsnachfolge.[1026] Eine Übertragung im Wege der Einzelrechtsnachfolge soll durch das Umwandlungsgesetz aber nicht eingeschränkt werden.[1027]

In §§ 168 ff. UmwG wird **Gebietskörperschaften** oder deren Zusammenschlüssen generell die Möglichkeit einer Ausgliederung ihrer Unternehmen auf einen privatrechtlich organisierten Rechtsträger eröffnet, sofern das einschlägige Bundes- oder Landesrecht (insbesondere auch das kommunale Wirtschaftsrecht) diesem Vorgang nicht entgegenstehen.[1028] 881

Die Ausgliederung als Unterfall der Spaltung ist grundsätzlich in zwei Varianten möglich (vgl. § 123 Abs. 3 UmwG): 882

- **Ausgliederung zur Aufnahme** durch Übertragung des Vermögens auf einen bestehenden (übernehmenden) Rechtsträger;
- **Ausgliederung zur Neugründung** durch Übertragung des Vermögens auf einen neuen Rechtsträger.

Dabei sind bei der Ausgliederung durch Gebietskörperschaften folgende Besonderheiten zu beachten: 883

- Entgegen der allgemeinen Regelung in § 123 Abs. 3 UmwG darf Gegenstand der Ausgliederung nur ein Unternehmen als Ganzes sein, nicht aber einzelne Vermögensgegenstände.[1029] Was der Gesetzgeber in diesem Zusammenhang als „Unternehmen" versteht, wird weder hier noch an anderer Stelle definiert. Es herrscht aber weitgehend Einigkeit, dass eine organisatorisch verselbstständigte, finanzwirtschaftlich als eigenes Vermögen getrennt zu verwaltende Unternehmenstätigkeit vorliegen muss, die nicht zwingend eine Gewinnerzielungsabsicht voraussetzt.[1030]
- Der Kreis der zulässigen Zielrechtsträger ist eingeschränkt, wobei die Genossenschaft (wie auch die Kapitalgesellschaften) in beiden Ausgliederungsvarianten als Zielrechtsträger in Betracht kommt.

Von der Gesetzessystematik her enthalten die §§ 168 ff. UmwG **Sonderregelungen,** die den – grundsätzlich ebenfalls anwendbaren – allgemeinen Regelungen für die Spaltung (und Ausgliederung) in §§ 123 ff. UmwG sowie den über den Verweis in § 125 S. 1 UmwG einbezogenen Vorschriften vorgehen. So sind neben den Vorschriften des Umwandlungsrechts auch die für die jeweilige Gesellschaftsform geltenden Spezialgesetze zu beachten, im Falle der Genossenschaft als Zielrechtsträger also die Normen des Genossenschaftsgesetzes, soweit sich aus dem Umwandlungsgesetz nichts anderes ergibt, wie etwa aus § 81 UmwG im Hinblick auf die Mitwirkung des Prüfungsverbandes[1031] oder aus § 135 Abs. 2 S. 3 UmwG, wonach § 4 GenG, also die Vorgabe einer Mindestanzahl von drei Gründern, nicht anwendbar ist.[1032] 884

Die Durchführung der Ausgliederung setzt für die Ausgliederung zur Aufnahme einen **Ausgliederungsvertrag** und für die Ausgliederung zur Neugründung einen einseitigen **Ausgliederungsplan** voraus, der gewissen inhaltlichen Mindestanforderungen genügen (§ 126 Abs. 1 UmwG) und notariell beurkundet werden muss (§ 6 UmwG). 885

Dagegen ist nach § 169 S. 1 UmwG **kein Ausgliederungsbericht** für die Gebietskörperschaft notwendig, da sie keine Anteilseigner hat, zu deren Information ein solcher Bericht notwendig wäre. 886

Vollzogen – und damit wirksam – ist die Ausgliederung des Unternehmens auf den Zielrechtsträger mit der letzten notwendigen Eintragung durch das Registergericht des neu gegründeten oder aufnehmenden Rechtsträgers (vgl. § 171 UmwG).[1033] 887

1026 S. Fn. 621 → D. Rn. 396 bzw. Fn. 793 → D. Rn. 577.
1027 S. Fn. 633 → D. Rn. 408 bzw. Fn. 805 → D. Rn. 589.
1028 S. Fn. 620 → D. Rn. 395 bzw. Fn. 792 → D. Rn. 576.
1029 S. Fn. 622 → D. Rn. 397 bzw. Fn. 794 → D. Rn. 578.
1030 S. Fn. 623 → D. Rn. 397 bzw. Fn. 795 → D. Rn. 578.
1031 Im Einzelnen *Lang/Weidmüller,* GenG, UmwG § 81 Rn. 1 ff.
1032 Vgl. *Wolff* in *Beuthien,* GenG, UmwG §§ 123 ff. Rn. 47.
1033 S. Fn. 627 → D. Rn. 403 bzw. Fn. 799 → D. Rn. 584.

888 Es erfolgt gemäß § 131 Abs. 1 Nr. 1 UmwG der gesetzlich angeordnete (automatische) Übergang der von der Umwandlung betroffenen Aktiva und Passiva auf den Zielrechtsträger im Wege der **(partiellen) Gesamtrechtsnachfolge.**[1034]

889 Insofern kommt der in § 126 Abs. 1 Nr. 9 UmwG vorgesehenen Bezeichnung der übergehenden Gegenstände im Ausgliederungsvertrag bzw. Ausgliederungsplan eine besondere Bedeutung zu, da diese mit hinreichender Genauigkeit, dh mit **sachenrechtlicher Bestimmtheit,** zu erfolgen hat. Nicht bilanzierungsfähige Gegenstände und Vertragsverhältnisse sind gesondert aufzuführen. Bei der Übertragung von Grundstücken sind gemäß § 126 Abs. 2 S. 2 UmwG zudem die Vorschriften der Grundbuchordnung (§ 28 GBO) zu beachten, da sich auch der Eigentumsübergang an dem Grundstück mit dem Wirksamwerden der Ausgliederung außerhalb des Grundbuchs vollzieht.

890 Der übernehmende Rechtsträger tritt in die Rechtsstellung ein, die der übertragende Rechtsträger innehatte, im Gegenzug erhält der übertragende Rechtsträger (also die Gebietskörperschaft) Anteile an dem aufnehmenden oder neu gegründeten Rechtsträger. Es ist im Hinblick auf die Folgen des § 80 Abs. 1 S. 1 GenG (Auflösung durch das Gericht) bei der Ausgliederung zur Neugründung auf eine Genossenschaft darauf zu achten, dass die vorgesehene Mindestanzahl an Mitgliedern innerhalb von sechs Monaten nach Gründung eingehalten wird.

891 Auch bei der Ausgliederung durch Gebietskörperschaften wird an dem für die Spaltung geltenden Grundsatz festgehalten, dass die beteiligten Rechtsträger für die vor Wirksamwerden der Ausgliederung begründeten Verbindlichkeiten als **Gesamtschuldner** haften (vgl. § 172 UmwG), und zwar für einen Zeitraum von fünf Jahren (§ 157 iVm § 173 UmwG).[1035]

4. Aufgaben und Befugnisse[1036]

892 Hinsichtlich der Zulässigkeit einer **kommunalen Aufgabenerfüllung** durch eine kommunale Genossenschaft ist zwischen den Pflichtaufgaben und den freiwilligen Aufgaben zu unterscheiden. Im Grundsatz gilt jedoch, dass kommunale Aufgaben, zB im Bereich der Daseinsvorsorge,[1037] auch durch private Rechtsträger erfüllt werden können.[1038] Die einschlägigen Vorschriften der Gemeindeordnungen sehen entsprechend die Möglichkeit vor, dass die Gemeinden Unternehmen auch in der Rechtsform der Genossenschaft führen können.

893 Allerdings ist es für bestimmte Einrichtungen des Bildungs-, Gesundheits- und Sozialwesens gesetzlich nicht gestattet, diese als **wirtschaftliche Unternehmen** zu führen.[1039]

894 Beschränkungen ergeben sich in Bezug auf die **kommunalen Pflichtaufgaben** zudem daraus, dass die Gemeinde keine Entscheidungsfreiheit hinsichtlich der Wahrnehmung der Aufgaben (das „Ob“), sondern nur – zumindest bei den Pflichtaufgaben im eigenen Wirkungskreis – hinsichtlich der Art und Weise ihrer Durchführung (das „Wie“) hat.

895 Die Gemeinde kann daher weder die Pflichtaufgaben selbst noch die **Verantwortung für die ordnungsgemäße Erfüllung,** sondern lediglich die Durchführung auf einen privaten Rechtsträger delegieren.[1040] Mehr Gestaltungsspielraum hat sie dagegen bei den freiwilligen Aufgaben, die sie sich selbst stellt (zB Betrieb von Bibliotheken oder Jugendeinrichtungen); hier kann sie auch über das „Ob“ entscheiden.

[1034] S. Fn. 630 → D. Rn. 405 bzw. Fn. 802 → D. Rn. 586.
[1035] S. Fn. 632 → D. Rn. 407 bzw. Fn. 804 → D. Rn. 588.
[1036] Vgl. zum Nachfolgenden *Weber* unter → D. Rn. 434 f. (GmbH) bzw. → D. Rn. 624 f. (AG).
[1037] Wie Abwasser, Abfall, Verkehr oder der Betrieb von Krankenhäusern.
[1038] S. Fn. 652 → D. Rn. 434.
[1039] S. Fn. 653 → D. Rn. 434 bzw. Fn. 826 → D. Rn. 624.
[1040] S. Fn. 654 → D. Rn. 435 bzw. Fn. 827 → D. Rn. 625.

5. Vorstand

a) Zahl der Vorstandsmitglieder

§ 24 Abs. 2 S. 1 GenG legt als Grundsatz fest, dass der Vorstand aus zwei Personen besteht. 896
In diesem Rahmen existiert weitgehend Gestaltungsfreiheit in der Satzung; dort können Anordnungen zu Höchst- und/oder Mindestzahl getroffen werden.[1041] Zu beachten ist allerdings, dass lediglich der Vorstand einer Genossenschaft mit nicht mehr als 20 Mitgliedern von der Mindestvorgabe eines doppelköpfigen Vorstands abweichen und vorbehaltlich einer entsprechenden Satzungsregelung aus nur einer Person bestehen darf (§ 24 Abs. 2 S. 3 GenG).

b) Persönliche Voraussetzungen

Bei der Genossenschaft gilt anders als bei der GmbH oder der Aktiengesellschaft der 897
Grundsatz der Selbstorganschaft, dh die Geschäftsführung und Vertretung der Genossenschaft darf nicht – wie bei der Fremdorganschaft – durch außenstehende Dritte erfolgen. Die Mitglieder des Vorstands müssen Mitglieder der Genossenschaft sein (vgl. § 9 Abs. 2 S. 1 GenG), wobei ausreichend ist, dass sie diesen Status während ihrer Amtsführung, also nicht notwendig bereits im Zeitpunkt ihrer Wahl bzw. Bestellung haben.[1042] Gehören der Genossenschaft andere Genossenschaften als Mitglieder an, können deren Mitglieder in den Vorstand gewählt werden, ohne persönlich die Mitgliedschaft erwerben zu müssen (§ 9 Abs. 2 S. 2 Hs. 1 GenG). Diese Einschränkung gilt entsprechend für gesetzliche oder rechtsgeschäftliche Vertreter anderer juristischer Personen oder Personengesellschaften (§ 9 Abs. 2 S. 2 Hs. 2 GenG).

In allen Varianten ist zwingend erforderlich, dass die Vorstandsmitglieder natürliche 898
Personen sind. Dies wird in § 9 Abs. 2 S. 1 GenG ausdrücklich klargestellt, folgt aber letztlich schon aus der Natur des Vorstandsamts, durch dessen Wahrnehmung die juristische Person erst handlungsfähig wird. Auch wenn das Genossenschaftsgesetz keine dem § 76 Abs. 3 S. 1 AktG vergleichbare ausdrückliche Regelung enthält, ist unstreitig als weitere persönliche Voraussetzung die unbeschränkte Geschäftsfähigkeit notwendig.[1043]

c) Wahl

Nach § 24 Abs. 2 GenG wird der Vorstand grundsätzlich von der Generalversammlung mit 899
einfacher Mehrheit (vgl. dazu § 43 Abs. 2 GenG) gewählt; die Satzung kann aber eine andere Art der Bestellung oder andere Mehrheitsverhältnisse bestimmen.

Von diesen Satzungsvorbehalten wird in der Praxis regelmäßig zugunsten des Aufsichts- 900
rats Gebrauch gemacht, sodass sich die Zuständigkeit der Generalversammlung meist auf die Wahl der **ehrenamtlichen Vorstandsmitglieder** beschränkt.[1044] Um diese Abkehr vom gesetzlichen Leitbild auch begrifflich zu verdeutlichen, wird häufig im Zusammenhang mit der Ernennungskompetenz der Generalversammlung der Begriff „Wahl" verwendet, während es im Zusammenhang mit dem Aufsichtsrat „Bestellung" heißt, auch wenn es die Formulierung in § 24 Abs. 2 S. 2 GenG („eine andere Art der Bestellung") an sich nahelegt, dass „Bestellung" der Oberbegriff für die Berufung des Vorstands ist.

d) Bestellung

Wie soeben dargelegt, besteht im Allgemeinen nur eine eingeschränkte Zuständigkeit der 901
Generalversammlung bei der Bestellung des Vorstands. Insofern hat sich die genossenschaftliche Praxis dem gesetzlichen Leitbild der Aktiengesellschaft (Bestellung des Vorstands

---

[1041] Vgl. *Lang/Weidmüller* GenG § 24 Rn. 14.
[1042] Vgl. *Beuthien* GenG § 9 Rn. 8.
[1043] Vgl. etwa *Beuthien* GenG § 24 Rn. 7.
[1044] Siehe *Lang/Weidmüller* GenG § 24 Rn. 38.

gemäß § 84 Abs. 1 AktG durch den Aufsichtsrat) angepasst. Hier wie dort wird der Aufsichtsrat mit seiner umfassenden Kontrollfunktion in Bezug auf das Leitungsgremium der Gesellschaft bereits für das Stadium der Auswahl und der Berufung geeigneter Kandidaten als besonders kompetent angesehen. Hinsichtlich der notwendigen Mehrheitserfordernisse gilt das für die Generalversammlung Gesagte in gleicher Weise. Ebenfalls zulässig ist schließlich auch eine sonstige Art der Bestellung, wie zB die Ernennung durch einen Dritten.

e) Beendigung des Amts

902 Gemäß § 24 Abs. 3 S. 2 GenG ist der **Widerruf der Bestellung** als Vorstand jederzeit auch ohne Vorliegen eines wichtigen Grundes möglich. Der Widerruf erfolgt durch das zuständige Organ, also grundsätzlich durch einen ordnungsgemäßen Beschluss der Generalversammlung oder aufgrund einer entsprechenden satzungsmäßigen Bestimmung durch den Aufsichtsrat, wobei im Zweifel das für die Bestellung zuständige Organ auch für den Widerruf der Bestellung zuständig ist (und umgekehrt).[1045]

903 Bei bestehender Abberufungszuständigkeit der Generalversammlung ermächtigt § 40 GenG den Aufsichtsrat, nach pflichtgemäßem Ermessen ein Vorstandsmitglied vorläufig seines Amts zu entheben **(Suspendierung).** Der Aufsichtsrat hat sodann unverzüglich eine Entscheidung der Generalversammlung über die Amtsenthebung herbeizuführen, die im Falle eines bestätigenden Beschlusses einen Widerruf nach § 24 Abs. 3 S. 1 GenG darstellt.

904 Von der Organstellung zu trennen ist ein dienstvertragliches Anstellungsverhältnis, wie es regelmäßig bei den hauptamtlichen Vorstandsmitgliedern zusätzlich besteht.

905 Der Widerruf der Organstellung führt nicht automatisch zur **Beendigung eines zusätzlich bestehenden Dienstvertrags** (§ 24 Abs. 3 S. 2 GenG). Grundsätzlich ist allerdings davon auszugehen, dass beide Rechtsbeziehungen eines Vorstandsmitglieds zur Genossenschaft in ihrem Schicksal voneinander abhängen und daher im Falle des für die Beendigung insgesamt zuständigen Aufsichtsrats in der Kündigung des Dienstverhältnisses regelmäßig auch der Widerruf der Bestellung mit Wirkung zum selben Zeitpunkt liegt.[1046] Bis dahin ist das Vorstandsmitglied berechtigt und verpflichtet, die Amtsgeschäfte weiterzuführen.

906 Die Zuständigkeit des Aufsichtsrats für eine **Kündigung des Dienstverhältnisses** wird aus der Wahrnehmungszuständigkeit für die Verträge mit den Vorstandsmitgliedern (§ 39 Abs. 1 GenG) hergeleitet.[1047] Gleiches gilt auch für den praktisch relevanten Fall einer einvernehmlichen Trennung durch Abschluss eines Aufhebungsvertrages anstelle einer einseitigen Beendigung durch Kündigung. Ganz grundsätzlich ist allerdings bei auseinanderfallenden Kompetenzen zu beachten, dass der Aufsichtsrat eine bestehende Abberufungszuständigkeit der Generalversammlung im Hinblick auf die Organstellung nicht faktisch aushöhlen darf, was insbesondere für eine von ihm ausgesprochene außerordentliche Kündigung des Dienstvertrags nach § 626 Abs. 1 BGB der Fall wäre.[1048] Deshalb muss insoweit die Zuständigkeit des Aufsichtsrats ausdrücklich in der Satzung angeordnet werden.[1049]

907 Es wurde bereits darauf hingewiesen, dass die **nicht hauptamtlichen Vorstandsmitglieder** in der Regel von der Generalversammlung gewählt und entsprechend von dieser abberufen werden, wobei auch hier Satzungsfreiheit besteht. Die zivilrechtliche Ebene wird nicht durch einen Dienstvertrag, sondern durch ein Auftragsverhältnis geprägt.[1050] Praktisch relevant wird dieser Unterschied bei der freiwilligen Aufgabe des Amts durch Niederlegung. Die ehrenamtlichen Vorstandsmitglieder können ihr Amt jederzeit niederlegen (es

[1045] Vgl. *Beuthien* GenG § 24 Rn. 20.
[1046] Differenzierend *Beuthien* GenG § 24 Rn. 22.
[1047] Vgl. *Lang/Weidmüller* GenG § 24 Rn. 71 mwN.
[1048] Im Einzelnen *Bauer*, Genossenschafts-Handbuch, GenG § 24 Rn. 233 mwN.
[1049] Grundlegend zur Zuständigkeit des Aufsichtsrats für die fristlose Kündigung von Vorstandsmitgliedern *Carspecken* FS Schaffland, 2008, 123 ff.
[1050] Vgl. *Lang/Weidmüller* GenG § 24 Rn. 47.

sei denn, dies geschieht „zur Unzeit"), ohne dadurch eine Vertragsverletzung zu begehen.[1051]

f) Vorstand als gesetzlicher Vertreter der Genossenschaft

Der Vorstand ist gemäß §§ 24 Abs. 1 S. 1, 27 Abs. 1 S. 1 GenG das zur gerichtlichen und außergerichtlichen Vertretung sowie zur Geschäftsleitung berufene Organ. § 26 Abs. 1 GenG ordnet entsprechend an, dass die Genossenschaft (nur) durch die vom Vorstand in ihrem Namen geschlossenen Rechtsgeschäfte berechtigt und verpflichtet wird. Beschränkungen im Innenverhältnis sind gemäß § 27 Abs. 2 GenG im Außenverhältnis grundsätzlich unbeachtlich. Von dieser gesetzlichen Vertretungsmacht des Vorstands ist die rechtsgeschäftlich eingeräumte Vertretungsmacht zu unterscheiden. Der Vorstand kann anderen Personen (zB Mitarbeitern) Handlungsvollmacht oder Prokura erteilen (siehe dazu § 42 GenG) und diese so in dem jeweils damit einhergehenden Umfang ermächtigen, mit Wirkung für und gegen die Genossenschaft im Rechtsverkehr tätig zu sein. **908**

g) Zusammenwirken von Vorstand und Aufsichtsrat

Die Organisationsverfassung der Genossenschaft geht davon aus, dass sich Vorstand und Aufsichtsrat auf Augenhöhe begegnen, während sie die ihnen durch das Gesetz (oder die Satzung) zugewiesenen Aufgaben wahrnehmen. Wie auch bei anderen Gesellschaftsformen ist im Sinne der Genossenschaft daher ein respektvoller und vertrauensvoller Umgang miteinander unerlässlich. Der Aufsichtsrat muss insbesondere in die Lage versetzt werden, seinen Kontrollpflichten gegenüber dem Vorstand gemäß § 38 GenG nachzukommen. Es ist daher anerkannt, dass der Vorstand auf Verlangen des Aufsichtsrats an Aufsichtsratssitzungen teilzunehmen hat, und zwar auch dann, wenn umgekehrt ein Recht des Vorstands auf Teilnahme an den Aufsichtsratssitzungen nicht besteht.[1052] **909**

h) Pflichten des Vorstands

aa) Rechtsquellen der Pflichten. Die Pflichten des Vorstands ergeben sich aus den ihm als Organ durch das Genossenschaftsgesetz zugewiesenen Funktionen. Der Vorstand hat die Genossenschaft eigenverantwortlich zu leiten und dabei insbesondere den Förderauftrag (§ 1 Abs. 1 GenG) zu berücksichtigen sowie die Genossenschaft im Rechtsverkehr und vor Gericht zu vertreten. Dabei haben sämtliche Vorstandsmitglieder die Sorgfalt eines ordentlichen und gewissenhaften Geschäftsleiters zu beachten (§ 34 Abs. 1 GenG). Über diese allgemein gefassten gesetzlichen Vorgaben hinaus können sich im konkreten Einzelfall für alle bzw. einzelne Vorstandsmitglieder weitere Pflichten aus der Satzung, der Geschäftsordnung des Vorstands und – soweit vorhanden – aus dem Anstellungsvertrag ergeben. **910**

bb) Leitungs- und Sachverantwortung. Die Geschäftsführung obliegt gemäß § 27 Abs. 1 GenG dem Vorstand unter eigenverantwortlicher Leitung. Er unterliegt grundsätzlich keinen Weisungsrechten der Generalversammlung oder des Aufsichtsrats. Die Vorstandsmitglieder sind verpflichtet, den Betrieb der Genossenschaft in sachlicher und personeller Hinsicht adäquat auszustatten und so zu leiten, dass der Genossenschaftszweck der Mitgliederförderung erreicht werden kann. Von dieser „Leitungsverantwortung" ist die „Sachverantwortung" zu unterscheiden. Insbesondere bei größeren Genossenschaften ist eine Aufteilung der Vorstandsaufgaben nach einem bestimmten Ressortprinzip, innerhalb dessen jedes Vorstandsmitglied sein Fachgebiet (zB Finanzen, Personal, Recht, Vertrieb) eigenständig unter Einbeziehung der Mitarbeiter leitet, üblich. An der Gesamtverantwortung ändert diese Ressortaufteilung allerdings grundsätzlich nichts.[1053] **911**

[1051] Vgl. *Lang/Weidmüller* GenG § 24 Rn. 92.
[1052] Vgl. *Fandrich* in *Pöhlmann/Fandrich/Bloehs* GenG § 36 Rn. 22.
[1053] Vgl. *Fandrich* in *Pöhlmann/Fandrich/Bloehs* GenG § 34 Rn. 10.

912 **cc) Schadensersatzpflicht.** Vorstandsmitglieder, die ihre Pflichten verletzen und nicht die Sorgfalt eines ordentlichen und gewissenhaften Geschäftsleiters walten lassen, sind der Genossenschaft als Gesamtschuldner zum Ersatz des daraus entstehenden Schadens verpflichtet (§ 34 Abs. 2 GenG). § 34 Abs. 3 GenG enthält eine nicht abschließende Aufzählung von haftungsauslösenden Pflichtverletzungen, wie zB die gesetz- oder satzungswidrige Auszahlung von Geschäftsguthaben. Ganz grundsätzlich kommt eine haftungsrelevante Verletzung der Sorgfaltspflicht dann in Betracht, wenn (mindestens) ein Vorstandsmitglied nicht das objektiv Mögliche und subjektiv Zumutbare getan hat, um die Genossenschaft selbst sowie ihre Mitglieder und Gläubiger vor Schaden zu bewahren.[1054]

6. Aufsichtsrat

a) Zahl der Aufsichtsratsmitglieder

913 Genossenschaften mit mehr als 20 Mitgliedern müssen zwingend einen Aufsichtsrat haben; bei einer kleineren Mitgliederzahl kann die Satzung vorsehen, dass die Aufgaben und Pflichten des Aufsichtsrats von der Generalversammlung wahrgenommen werden (siehe § 9 Abs. 1 GenG). Die Größe des Aufsichtsrats hängt wesentlich von der Größe der Genossenschaft und der Komplexität der durch den Aufsichtsrat wahrzunehmenden Kontrollfunktion ab. Gemäß § 36 Abs. 1 S. 1 GenG liegt die Mindestzahl bei drei Mitgliedern. Die Satzung kann eine höhere Zahl vorsehen. Bei Genossenschaften, die aufgrund ihrer Größe einer Mitbestimmung der Arbeitnehmer unterliegen, muss eine gewisse Anzahl der Aufsichtsratsmitglieder aus den Reihen der Arbeitnehmer kommen. Einzelheiten regeln die einschlägigen mitbestimmungsrechtlichen Gesetze.

b) Persönliche Voraussetzungen

914 Aus dem Grundsatz der Selbstorganschaft folgt auch für die Besetzung des Aufsichtsrats, dass dessen Mitglieder der Genossenschaft angehören müssen (vgl. § 9 Abs. 2 S. 1 GenG mit den bereits für den Vorstand dargestellten Besonderheiten des § 9 Abs. 2 S. 2 GenG im Falle von juristischen Personen oder Personengesellschaften als Mitgliedsunternehmen). Hinsichtlich des Erfordernisses, dass es sich um natürliche Personen mit unbeschränkter Geschäftsfähigkeit handeln muss, bestehen keine Unterschiede zu den bereits dargestellten persönlichen Anforderungen an die Vorstandsmitglieder. Weitere persönliche Voraussetzungen für die Wählbarkeit werden – mit Ausnahme der Sonderregelung in § 36 Abs. 4 GenG für die kapitalmarktorientierte Genossenschaft – nicht verlangt. Die Satzung kann zusätzliche Anforderungen enthalten.[1055] Dass die Mitglieder des Aufsichtsrats neben dem notwendigen Engagement über eine hinreichende Qualifikation (auch in Wirtschaftsfragen) und Unabhängigkeit verfügen müssen, um ihre Aufgaben sachgerecht und frei von persönlichen Interessen auszuüben, versteht sich von selbst.

915 Auch im Genossenschaftsgesetz findet sich die im Gesellschaftsrecht übliche Kollisionsregel zur Verhinderung möglicher Interessenkonflikte bei der Wahrnehmung unterschiedlicher interner Funktionen: Gemäß § 37 Abs. 1 S. 1 GenG dürfen Mitglieder des Aufsichtsrats nicht zugleich Mitglieder des Vorstands, dauernde Stellvertreter derselben, Prokuristen oder zum Betrieb des gesamten Geschäfts ermächtigte Handlungsbevollmächtigte der Genossenschaft sein. Eine dem § 105 Abs. 2 AktG vergleichbare Regelung enthält § 37 Abs. 1 S. 2 GenG, wonach es für einen im Voraus begrenzten Zeitraum zulässig ist, dass ein an der Ausübung seines Amts gehindertes Vorstandsmitglied durch ein Mitglied des Aufsichtsrats vertreten wird. Die Amtsgeschäfte als Aufsichtsrat dürfen allerdings erst wieder aufgenommen werden, nachdem die Entlastung für die stellvertretende Vorstandstätigkeit erteilt worden ist.

[1054] Siehe *Lang/Weidmüller* GenG § 34 Rn. 23.
[1055] Vgl. *Beuthien* GenG § 36 Rn. 2.

Hinsichtlich des personellen Wechsels vom Vorstand in den Aufsichtsrat fordert § 37 Abs. 2 GenG für die Wählbarkeit, dass zuvor Entlastung erteilt worden ist; weitergehende gesetzliche Anforderungen bestehen nicht. 916

c) Beendigung der Amtszeit

Das Amt des Aufsichtsratsmitglieds endet regulär mit dem **Ablauf der Wahlperiode,** die in der Satzung festgelegt ist.[1056] 917

Widerruf und Abberufung: Die vorzeitige Abberufung eines Aufsichtsratsmitglieds durch Widerruf der Bestellung kann nur durch die Generalversammlung erfolgen und setzt einen entsprechenden, hinreichend konkreten Hinweis (unter Nennung des abzuberufenden Mitglieds) in der Einladung voraus. § 36 Abs. 3 GenG fordert eine Stimmenmehrheit von mindestens drei Viertel der abgegebenen Stimmen. Durch diese erschwerten Abberufungsvoraussetzungen soll insbesondere der exponierten Stellung des Aufsichtsrats zwischen Vorstand einerseits und Generalversammlung andererseits Rechnung getragen werden. 918

d) Aufgaben des Aufsichtsrats

Der Aufsichtsrat ist das **Kontrollorgan** der Genossenschaft, dessen Hauptaufgabe in der umfassenden Überwachung der geschäftsleitenden Tätigkeit des Vorstands besteht. Zur Wahrnehmung dieser Aufgabe werden ihm entsprechende Informations- und Einsichtsrechte eingeräumt; er kann sogar selbst Prüfungsmaßnahmen durchführen (Einzelheiten in § 38 Abs. 1 und 1a GenG). Darüber hinaus vertritt der Aufsichtsrat die Genossenschaft gegenüber den Vorstandsmitgliedern gerichtlich und außergerichtlich (§ 39 Abs. 1 S. 1 GenG). 919

Weitere Aufgaben: Neben den gesetzlich konkret geregelten Zuständigkeiten kann die Satzung dem Aufsichtsrat weitere Aufgaben – auch geschäftsleitender Art – übertragen (§ 38 Abs. 3 GenG). Diese Vorschrift korrespondiert mit § 27 Abs. 1 S. 2 GenG, wonach die Leitungskompetenz des Vorstands durch die Satzung eingeschränkt werden kann. Von dieser Ermächtigung wird häufig Gebrauch gemacht, indem bestimmte Arten von Geschäften der Zustimmung des Aufsichtsrats unterworfen werden. Beide Gremien beraten dann gegebenenfalls gemeinsam, fassen aber getrennt Beschlüsse.[1057] 920

Der Aufsichtsrat nimmt somit eine wichtige Funktion innerhalb der Genossenschaft wahr. Unabhängig von der notwendigen fachlichen Kompetenz geeigneter Kandidaten, sollte daher auch die Zusammensetzung des Organs mit Bedacht erfolgen. Es empfiehlt sich insbesondere, dass die Mitglieder nach regionalen, berufsständischen oder anderen für die Mitgliedschaft bedeutenden Merkmalen im Aufsichtsrat vertreten sind. Des Weiteren wurde bereits darauf hingewiesen, dass sich die Gemeinden im Falle der Übertragung kommunaler Pflichtaufgaben auf private Rechtsträger ihrer öffentlich-rechtlichen Verantwortung für deren ordnungsgemäße Erfüllung nicht entziehen können und daher unter Ausnutzung der gesellschaftsrechtlich bestehenden Möglichkeiten entsprechende Einfluss- und Informationsmöglichkeiten, zB über einen oder mehrere Sitze im Aufsichtsrat, sichergestellt werden.[1058] Nicht zuletzt können auch geschäftspolitische Interessen die Zusammensetzung des Aufsichtsrats prägen. So kann es auch unter diesen Aspekten sinnvoll sein, Mandatsträger aus kommunalen oder staatlichen Institutionen als Mitglied zu gewinnen und in den Aufsichtsrat zu wählen. 921

[1056] Vgl. *Beuthien* GenG § 36 Rn. 21.

[1057] Vgl. *Keßler* in Berliner Kommentar zum GenG § 38 Rn. 30 ff.

[1058] Nachdem im Zuge des Gesetzes zum Bürokratieabbau und zur Förderung der Transparenz bei Genossenschaften vom 17.7.2017 (BGBl. I S. 2434) die Vorschrift des § 36 Abs. 5 GenG, wonach die Genossenschaft die Möglichkeit hat, in der Satzung für bestimmte Genossenschaftsmitglieder das Recht vorzusehen, Mitglieder in den Aufsichtsrat zu entsenden (Entsendungsrecht), neu hinzugekommen ist, besteht die von den Kommunen für die Zusammenarbeit mit der Genossenschaft teilweise als unzulänglich angesehene Regelung der Aufsichtsratsbefugnisse (siehe *Althanns* ZfBR-Beil. 2012, 36, 40) heute nicht mehr.

e) Aufsichtsratsvorsitzender

922 **Wahl und Abberufung:** Das Genossenschaftsgesetz enthält im Gegensatz zum Aktiengesetz (vgl. § 107 Abs. 1 AktG) keine Regelung über die Notwendigkeit der Bestimmung eines Aufsichtsratsvorsitzenden sowie seines Stellvertreters. Es entspricht gleichwohl genossenschaftlicher Praxis (und wird auch in einigen Regelungen des Genossenschaftsgesetzes aufgegriffen, siehe etwa § 57 Abs. 2–4 GenG), dass der Aufsichtsrat aus seiner Mitte einen Vorsitzenden sowie gegebenenfalls einen Stellvertreter wählt. Vorbehaltlich einer abweichenden Festlegung durch die Satzung oder die Geschäftsordnung des Aufsichtsrats erfolgt die Wahl für die Amtsperiode des Gesamtorgans. Die Satzungen sehen indes häufig die Beschränkung auf eine einjährige Wahlperiode des Vorsitzenden (bzw. seines Stellvertreters) vor. Die Abberufung des Vorsitzenden durch den Aufsichtsrat ist jederzeit möglich; einfache Stimmenmehrheit genügt.[1059]

923 Auch die **Aufgaben des Vorsitzenden** ergeben sich weitgehend nicht unmittelbar aus dem Gesetz, sondern aus dem Sachzusammenhang (Vorsitz). Danach hat der Aufsichtsratsvorsitzende die Sitzungen des Gremiums zu leiten, wozu auch die Vorbereitung und Einberufung selbst zählen. Der Vorsitzende ist ferner der Sprecher des Aufsichtsrats und hat die Gremienbeschlüsse an die zuständigen Adressaten weiterzuleiten. Im Rahmen des Prüfungsverfahrens ist der Aufsichtsratsvorsitzende frühzeitig in Kenntnis zu setzen und – wenn notwendig – einzubinden (Einzelheiten in §§ 57 f. GenG). Ein allgemeines Mandat des Vorsitzenden, für den Aufsichtsrat tätig zu werden, ist indes gesetzlich nicht vorgesehen. Die grundsätzliche Entscheidungsbildung findet somit entweder im Gesamtorgan oder in den Ausschüssen statt. Dem Aufsichtsratsvorsitzenden obliegt dann kraft einer entsprechenden Ermächtigung durch die Satzung oder den Aufsichtsrat die Umsetzung der getroffenen Beschlüsse, wie zB die Unterzeichnung der vom Aufsichtsrat (oder dessen Personalausschuss) ausgehandelten und beschlossenen Dienstverträge mit den Vorstandsmitgliedern.

f) Ausschüsse

924 **Ausschussarten:** Der Aufsichtsrat kann beschließen, Ausschüsse zu bilden. Eine ausdrückliche Regelung dazu enthält lediglich § 38 Abs. 1a GenG hinsichtlich der Möglichkeit zur Einsetzung eines Prüfungsausschusses. Es ist jedoch anerkannt, dass auch weitere Ausschüsse (Kreditausschuss etc) gebildet werden können. In der genossenschaftlichen Praxis häufig anzutreffen ist ein Personalausschuss, der sich mit den dienstvertraglichen Belangen des Vorstands befasst. Inwieweit die Einsetzung von Ausschüssen sinnvoll ist, richtet sich nach dem jeweiligen Einzelfall. Anhaltspunkte sind die Größe der Genossenschaft und des Aufsichtsrats sowie Art und Komplexität des Geschäftsbetriebs. Die Einsetzung von Ausschüssen entbindet den Aufsichtsrat nicht von seiner Verantwortlichkeit als Gesamtorgan; er kann daher auch die übertragenen Aufgaben jederzeit wieder an sich ziehen.[1060]

925 **Beratende oder beschließende Funktion:** Bei der Einsetzung eines Ausschusses muss der Aufsichtsrat als Gesamtorgan ausdrücklich festlegen, ob der Ausschuss nur beratende oder auch beschließende Funktion haben soll. Die einschränkenden (neuen) Regelungen des Aktienrechts (siehe § 107 Abs. 3 S. 3 iVm § 87 Abs. 1 und 2 AktG) gelten für Genossenschaften nicht entsprechend.[1061] Es ist also bei einer Genossenschaft möglich, die Beschlussfassung über die Grundsätze für die Bezüge der Vorstandsmitglieder einem Ausschuss (dem Personalausschuss) zu übertragen.

926 Die Bildung eines Ausschusses setzt begrifflich voraus, dass er aus **mindestens drei Personen** besteht, weshalb der Aufsichtsrat seine Aufgaben (zB im Hinblick auf die

[1059] Vgl. zum Ganzen *Lang/Weidmüller* GenG § 36 Rn. 49 ff.

[1060] Vgl. *Fandrich* in *Pöhlmann/Fandrich/Bloehs* GenG § 36 Rn. 48.

[1061] Vgl. *Geibel* in *Henssler/Strohn* (Hrsg.), Gesellschaftsrecht, GenG § 36 Rn. 6 mwN; aA *Beuthien* NZG 2010, 333 (334).

Personalkompetenz für die Vorstandsmitglieder) grundsätzlich nur an ein kleineres Gremium, nicht aber an den Aufsichtsratsvorsitzenden als Einzelperson delegieren darf.[1062]

g) Aufwandsentschädigung

Aufsichtsratsmitglieder einer Genossenschaft dürfen gemäß § 36 Abs. 2 GenG keine Tantieme, dh keine nach dem Geschäftsergebnis bemessene Vergütung, beziehen. Hintergrund dieser Regelung ist der Gesellschaftszweck, der bei der Genossenschaft nicht primär in der Gewinnerzielung, sondern vielmehr in der genossenschaftlichen Förderung ihrer Mitglieder liegt. Dies schließt die Zahlung einer von dem Ergebnis unabhängigen Vergütung nicht aus, setzt aber eine entsprechende satzungsmäßige Bestimmung oder einen Beschluss der Generalversammlung voraus. Von der Vergütung zu trennen ist die Erstattung von Auslagen, dh von Barauslagen und sonstigen für die Genossenschaft aufgewendeten Kosten der Aufsichtsratsmitglieder wie zB Reise-, Übernachtungs- und Portokosten sowie Sitzungsgelder, die in vertretbarem Rahmen auch pauschaliert werden können. Derartige Aufwendungen sind zu ersetzen, wenn sie im Rahmen der Amtsausübung entstanden sind und das Aufsichtsratsmitglied sie den Umständen nach für erforderlich halten durfte.[1063] 927

h) Sorgfaltspflichten

Auch die Mitglieder des Aufsichtsrats einer Genossenschaft haben bei der Durchführung ihrer Aufsicht oder – im Falle einer entsprechenden Übertragung – bei der Wahrnehmung der ihnen zugewiesenen Aufgaben die Sorgfalt eines ordentlichen und gewissenhaften Aufsichtsrats einer Genossenschaft anzuwenden (§ 41 iVm § 34 Abs. 1 S. 1 GenG) und haften entsprechend für durch sie verursachte Schäden als Gesamtschuldner (§ 41 iVm § 34 Abs. 2 S. 1 GenG). Wenn es streitig ist, ob infolge einer unzureichenden Aufsichtsratstätigkeit ein Schadensfall bei der Genossenschaft entstanden ist, greift die gesetzliche Vermutung des § 41 iVm § 34 Abs. 2 S. 2 GenG: Die Aufsichtsratsmitglieder müssen dann beweisen, dass sie nicht gegen ihre Sorgfaltspflichten verstoßen haben. Bei einer mitbestimmten Genossenschaft bestehen für die Arbeitnehmervertreter im Aufsichtsrat keine Besonderheiten im Hinblick auf den Sorgfaltsmaßstab und die Haftung.[1064] 928

Im Unterschied zu § 394 AktG, wonach Aufsichtsratsmitglieder, die auf Veranlassung einer Gebietskörperschaft in den Aufsichtsrat gewählt oder entsandt wurden, nur einer eingeschränkten **Verschwiegenheitspflicht** unterliegen, sieht das Genossenschaftsgesetz für eine entsprechende Verpflichtung, über vertrauliche Angaben und Geheimnisse der Genossenschaft Stillschweigen zu bewahren (§ 41 iVm § 34 Abs. 1 S. 3 GenG), keinen vergleichbaren Ausnahmetatbestand vor. Dies wurde teilweise von Kommunen als Hinderungsgrund für eine Beteiligung an einer Genossenschaft angesehen.[1065] Andererseits soll ausweislich der Begründung des Gesetzes zum Bürokratieabbau und zur Förderung der Transparenz bei Genossenschaften die Einführung des Entsendungsrechts nach § 36 Abs. 5 GenG dazu dienen, die Beteiligung an Genossenschaften für die kommunalen Gebietskörperschaften attraktiver zu machen.[1066] Aus diesem Grunde spricht einiges dafür, § 394 AktG analog anzuwenden.[1067] 929

i) Beirat

Als weiteres Organ neben dem Aufsichtsrat kann ein Beirat gebildet werden. Hat ein Beirat nur beratende Funktion – zB Unterstützung des Aufsichtsrats bei seiner Kontrolltätigkeit – 930

[1062] Vgl. *Frankenberger/Gschrey/Bauer/Plamann* Aufsichtsrat S. 90; aber auch *Lang/Weidmüller* GenG § 38 Rn. 48.
[1063] Vgl. zum Ganzen *Beuthien* GenG § 36 Rn. 10.
[1064] Vgl. *Lang/Weidmüller* GenG § 41 Rn. 3.
[1065] Siehe *Althanns* ZfBR-Beil. 2012, 36 (40 f.).
[1066] Siehe BT-Drs. 18/11506, 28.
[1067] So auch *Lang/Weidmüller* GenG § 36 Rn. 93c.

bedarf es keiner satzungsmäßigen Regelung.[1068] Soll der Beirat dagegen auch beschließende Funktion haben, braucht er zum einen eine satzungsmäßige Grundlage, zum anderen darf nicht in die dem Aufsichtsorgan zwingend zugewiesenen Aufgaben eingegriffen werden.[1069] Zulässig ist jedoch insbesondere, dass der Vorstand für einzelne Geschäfte satzungsgemäß die Zustimmung des Beirats benötigt (siehe § 27 Abs. 2 S. 2 GenG). Darüber hinaus ist es zulässig, dass die Satzung dem Beirat die Bestellung der Vorstandsmitglieder überträgt (siehe § 24 Abs. 2 S. 2 GenG) oder die Mitwirkung für den Mitgliedschaftserwerb bzw. Mitgliederausschluss[1070] oder das ausschließliche Vorschlagsrecht für die Wahlen zum Aufsichtsrat einräumt.[1071] Zulässig ist ferner die satzungsmäßige Bildung von zusätzlichen Kontrollorganen, sofern die Aufgabenstellung durch die Satzung sachlich beschränkt ist und sich hinreichend deutlich von der Aufgabenstellung des Aufsichtsrats unterscheidet.[1072] Da die Bestellung des Beirats selbst keinerlei gesetzlichen Einschränkungen unterliegt, kann die Satzung zB die Kommune als hierfür zuständig benennen und damit für diese die Möglichkeit der Einflussnahme auf die Ausgestaltung, die Kontrolle und die Konzeption der kommunalen Genossenschaft maßgeblich erhöhen. Dies ist auch ein maßgeblicher Grund dafür, dass in manchen Gemeindeordnungen die Beteiligung an einer Aktiengesellschaft wegen der geringeren Gestaltungsmöglichkeiten für kommunale Einflussnahmen,[1073] nicht dagegen die Beteiligung an einer Genossenschaft gegenüber anderen Gesellschaftsformen subsidiär ist.[1074]

7. Generalversammlung

931 Die Generalversammlung (Mitgliederversammlung) ist das „Parlament" der Genossenschaft und damit ihr oberstes Willensbildungsorgan. Ausgestattet mit einer weitreichenden Entscheidungszuständigkeit (auch im Vergleich zur Hauptversammlung der Aktiengesellschaft) bietet sie den Mitgliedern die Möglichkeit, unmittelbar auf das Geschehen der Genossenschaft einzuwirken und im Bereich ihrer Zuständigkeiten rechtsverbindliche Beschlüsse zu fassen.

a) Zuständigkeiten

932 Das Genossenschaftsgesetz enthält entsprechend einen umfassenden Katalog von Entscheidungszuständigkeiten. Danach ist die Generalversammlung ausschließlich und unentziehbar zuständig für:

- Alle Satzungsänderungen (§ 16 Abs. 1 GenG),
- Fortsetzung einer auf bestimmte Zeit beschränkten Genossenschaft (§ 16 Abs. 1 GenG),
- Wahl der Mitglieder des Aufsichtsrats (§ 36 Abs. 1 GenG),
- Amtsenthebung von Mitgliedern des Aufsichtsrats (§ 36 Abs. 3 GenG),
- Beschlussfassung über die Wahlordnung für die Vertreterversammlung (§ 43a Abs. 4 GenG),
- Beschlussfassung über den Jahresabschluss (§ 48 Abs. 1 GenG),
- Beschlussfassung über die Verteilung von Gewinn und die Deckung von Verlust (§§ 19, 48 GenG),
- Entlastung des Vorstands und des Aufsichtsrats (§ 48 Abs. 1 GenG),
- Festsetzung der Kreditbeschränkungen (§ 49 GenG),

1068 Vgl. nur *Voormann* ZfgG 34 (1984), 237 (239).
1069 Im Einzelnen *Bauer*, Genossenschafts-Handbuch, GenG vor §§ 24 ff. Rn. 3 ff. mwN.
1070 Vgl. zum letzteren RGZ 73, 406 (408).
1071 Vgl. den Hinweis bei *Voormann* ZfgG 34 (1984), 237 (241).
1072 Vgl. *Voormann* ZfgG 34 (1984), 237 (246 f.).
1073 Im Einzelnen *Weber* unter → D. Rn. 531 ff.
1074 Dafür, dass auch für die Einräumung von Sonderrechten die Genossenschaft weiter geht als die Aktiengesellschaft, unlängst *Beuthien* ZGR 2014, 24 (41 f.).

– Festsetzung von Einzahlungen auf den Geschäftsanteil, wenn die Einzahlungspflicht nur dem Grunde nach in der Satzung geregelt ist (§ 50 GenG),
– Beschlussfassung über die Verlesung des Prüfungsberichts (§ 59 Abs. 3 GenG),
– Beschlussfassung über die Beseitigung der im Prüfungsbericht festgestellten Mängel (§ 60 Abs. 1 GenG),
– Auflösung der Genossenschaft (§ 78 Abs. 1 GenG),
– Fortsetzung der aufgelösten Genossenschaft (§ 79a Abs. 1 GenG),
– Abberufung der Liquidatoren (§ 83 Abs. 4 GenG),
– Maßnahmen zur Abwendung der Insolvenz (§ 87a GenG),
– Verschmelzung der Genossenschaft (§§ 79 ff. UmwG),
– Ausgliederung von Betriebsteilen (§§ 147, 148 UmwG),
– Formwechsel der Genossenschaft (§§ 258 ff. UmwG).

Neben diesen ausdrücklich geregelten Zuständigkeiten kann die Generalversammlung **933** nach allgemeiner Meinung über alle Gegenstände Beschluss fassen, die nicht durch Gesetz oder Satzung anderen Organen zugewiesen sind. Der zwingenden Beschlussfassung durch die Generalversammlung unterliegen schließlich ungeschrieben solche Entscheidungen, die den Kernbereich der Genossenschaft betreffen.[1075]

b) Einberufung

aa) Einzuladende Personen. Grundsätzlich sind alle Mitglieder teilnahmeberechtigt und **934** somit zur Generalversammlung einzuladen. Im Falle einer Kündigung der Mitgliedschaft ist für die Frage der Teilnahmeberechtigung nicht der Zeitpunkt der Kündigung entscheidend, sondern der Zeitpunkt des Ausscheidens.[1076] Aus der Genossenschaft ausgeschlossene Mitglieder werden nicht mehr eingeladen, sobald der Ausschließungsbeschluss per Einschreiben an sie abgesandt worden ist (vgl. § 68 Abs. 2 S. 2 GenG). Einzuladen ist schließlich auch der jeweilige Prüfungsverband, der eine beratende Funktion einnehmen soll. Sein Teilnahmerecht ist gesetzlich statuiert (vgl. § 59 Abs. 3 GenG), folgt aber im Allgemeinen auch aus der Satzung des Prüfungsverbandes, die von der Genossenschaft akzeptiert worden ist.

Neben dem genannten Kreis der Teilnahmeberechtigten steht es im Ermessen des Ver- **935** sammlungsleiters, auch Gäste (zB Mitarbeiter der Genossenschaft, fachkundige Berater von Mitgliedern oder Pressevertreter) zur Generalversammlung zuzulassen.

bb) Einberufungsberechtigte. Die Einberufung ist grundsätzlich Aufgabe des Vorstands **936** (vgl. § 44 Abs. 1 GenG), ersatzweise des Aufsichtsrats, wenn die Einberufung im Interesse der Genossenschaft erforderlich ist (§ 38 Abs. 2 S. 1 GenG) oder die Satzung dem Aufsichtsrat die Einberufungszuständigkeit zuweist. Gemäß § 45 Abs. 1 S. 1 GenG kann – vorbehaltlich einer abweichenden satzungsmäßigen Bestimmung zur Mindestanzahl – eine qualifizierte Minderheit von 10 % der Mitglieder die unverzügliche Einberufung der Generalversammlung verlangen. Wird dieser Forderung nicht entsprochen, können diese Mitglieder selbst nach § 45 Abs. 3 GenG durch das Gericht zur Einberufung ermächtigt werden. Schließlich steht die Einberufungszuständigkeit nach § 60 Abs. 1 GenG ausnahmsweise auch dem Prüfungsverband zu, wenn die Beschlussfassung über den Prüfungsbericht ungebührlich verzögert wird oder die Generalversammlung über wesentliche Feststellungen oder Beanstandungen des Prüfungsberichts unzulänglich unterrichtet war.

cc) Form und Frist. Gemäß § 46 Abs. 1 S. 1 GenG muss die Generalversammlung in der **937** durch die Satzung bestimmten Weise mit einer Frist von mindestens zwei Wochen einberufen werden. Die Form der Einberufung richtet sich also im Rahmen des § 6 Nr. 4 GenG nach den Vorgaben der Satzung, die üblicherweise alternativ die Einladung durch unmittelbare Benachrichtigung der Mitglieder oder durch Bekanntmachung in einem

[1075] Zu den Einzelheiten *Cario* FS Schaffland, 2008, 111 (116 ff.).
[1076] Vgl. *Bauer,* Genossenschafts-Handbuch, GenG § 65 Rn. 22.

näher bestimmten öffentlichen Blatt vorsieht.[1077] Letzteres ist aus Beweissicherungsgründen für die Wahrung der Einberufungsfrist von Vorteil, während die unmittelbare Benachrichtigung „persönlicher“ ist. In der genossenschaftlichen Praxis werden beide Einberufungsmöglichkeiten daher eher kumulativ als alternativ eingesetzt.

938 **dd) Bekanntgabe der Tagesordnung.** Mit der Einberufung ist die Tagesordnung bekannt zu machen (§ 46 Abs. 1 S. 2 GenG). Nähere Einzelheiten zu den Punkten der Tagesordnung sind nicht erforderlich, solange die Mitglieder hinreichend Gelegenheit haben, sich inhaltlich auf die Versammlung vorzubereiten bzw. eine fundierte Entscheidung zu treffen, ob sie überhaupt teilnehmen möchten.[1078] Gegenstände, über die ein Beschluss gefasst werden soll, sind nach § 46 Abs. 2 S. 1 GenG grundsätzlich mindestens eine Woche vor der Generalversammlung anzukündigen.

939 **ee) Anfechtungsmöglichkeit.** Im Falle eines Verstoßes gegen die dargestellten Verfahrensvorschriften greifen – je nach der Schwere des Mangels – die gesellschaftsrechtlich bekannten Instrumentarien der Anfechtungs- bzw. der Nichtigkeitsklage (vgl. § 51 GenG). Behauptet ein in der Versammlung überstimmtes Mitglied die Verletzung gesetzlicher oder satzungsmäßiger Bestimmungen oder einen Verstoß gegen den Grundsatz der Gleichbehandlung, kann sich dieses Mitglied auch gegen den materiellen Inhalt eines ordnungsgemäß zustande gekommenen Beschlusses wehren. Ein erschienenes Mitglied ist allerdings stets nur dann anfechtungsbefugt, wenn es vor der Beendigung der Generalversammlung seinen Widerspruch zu Protokoll gegeben hat (§ 51 Abs. 2 S. 1 GenG).

c) Rechte der Mitglieder

940 **aa) Rede-, Antrags- und Vorschlagsrecht.** Zu den im Rahmen der Generalversammlung auszuübenden Mitverwaltungsrechten der Mitglieder zählen neben den bereits genannten Sonderfällen des Einberufungs- und des Anfechtungsrechts das Recht, in der Generalversammlung das Wort zu ergreifen (Rederecht), Anträge zur Beschlussfassung über einzelne Tagesordnungspunkte oder zur Geschäftsordnung zu stellen (Antragsrecht) sowie Wahlvorschläge zu unterbreiten (Vorschlagsrecht). Hinsichtlich des Vorschlagsrechts besteht allerdings eine Einschränkung für die Mitglieder des Vorstands, obwohl diese wegen der bereits beschriebenen Selbstorganschaft auch Mitglieder der Genossenschaft sind; sie dürfen keine Vorschläge bei den Wahlen zum Aufsichtsrat unterbreiten. Dadurch soll die Neutralität der Willensbildung in der Generalversammlung gestärkt werden, da die Erfahrung gezeigt hat, dass Vorschlägen aus den Reihen des Vorstands ein größeres Gewicht beigemessen wird und daher die Gefahr eines Vertrauensvorschusses für den vorgeschlagenen Kandidaten zu befürchten ist.[1079]

941 **bb) Auskunftsrecht.** Das Auskunftsrecht ist das Recht eines jeden Mitglieds, sich in der Generalversammlung über die Angelegenheiten der Genossenschaft zu informieren, soweit dies zur Meinungsbildung oder sachgemäßen Beurteilung eines Tagesordnungspunkts erforderlich ist. Das Auskunftsrecht folgt in seinem Grundsatz aus dem in § 18 GenG niedergelegten Rechtsverhältnis zwischen Genossenschaft und Mitglied. Vereinzelt finden sich, vor allem zu Informationsrechten außerhalb der Generalversammlung, auch ausdrückliche gesetzliche Regelungen:

- Recht auf Einsichtnahme in die Niederschrift der Generalversammlung (§ 47 Abs. 4 S. 1 GenG),
- Recht auf Einsichtnahme in den Jahresabschluss (§ 48 Abs. 3 S. 1 GenG),

[1077] Zum Teil wird allerdings die Auffassung vertreten, dass sich aus der Satzung selbst ergeben muss, für welche Form sich die Genossenschaft entscheidet; vgl. *Beuthien* GenG § 6 Rn. 10.
[1078] Vgl. *Lang/Weidmüller* GenG § 46 Rn. 16.
[1079] Vgl. *Lang/Weidmüller* GenG § 36 Rn. 24.

– Recht auf Einsichtnahme in das zusammengefasste Ergebnis des Prüfungsberichts (§ 59 Abs. 1 S. 2 GenG).

Eine in der Generalversammlung zu erteilende Auskunft erfolgt – je nach der Entscheidung des Versammlungsleiters – durch den Vorstand oder Aufsichtsrat bzw. durch einen sachverständigen Dritten (zB einen Vertreter des Prüfungsverbandes). Der Vorstand hat stets das Recht und unter Umständen sogar die Pflicht, seine eigene Auffassung darzulegen.[1080] 942

cc) Stimmrecht. Das Stimmrecht ist das Recht eines Mitglieds, an der Beschlussfassung in der Generalversammlung und damit unmittelbar an der Willensbildung innerhalb der Genossenschaft teilzunehmen (§ 43 Abs. 3 GenG). Eine Entziehung des Stimmrechts ist im Allgemeinen unzulässig (Ausnahme: Interessenkonflikt gemäß § 43 Abs. 6 GenG). 943

Für die Genossenschaft gilt die Besonderheit, dass jedes Mitglied ohne Rücksicht auf die Anzahl seiner Geschäftsanteile grundsätzlich nur eine Stimme hat (§ 43 Abs. 3 S. 1 GenG). Die Satzung kann allerdings nach § 43 Abs. 3 S. 2 GenG die Gewährung von Mehrstimmrechten vorsehen. Bei den Primärgenossenschaften liegt die Höchstgrenze bei drei Stimmen (§ 43 Abs. 3 S. 3 Nr. 1 GenG), es sei denn, mehr als drei Viertel der Mitglieder sind dies als Unternehmer iSd § 14 BGB; auch dann darf jedoch ein einzelnes mehrstimmberechtigtes Mitglied nicht mehr als höchstens 10 % der in der Generalversammlung anwesenden Stimmen ausüben (§ 43 Abs. 3 S. 3 Nr. 2 GenG). Bei Zentralgenossenschaften (Genossenschaften, deren Mitglieder wiederum ausschließlich oder überwiegend Genossenschaften sind) unterliegt die Gewährung von Mehrstimmrechten nach § 43 Abs. 3 S. 3 Nr. 3 GenG dagegen keinerlei Beschränkungen. 944

Das Bayerische Staatsministerium des Innern steht in seinen Hinweisen zu kommunalrechtlichen Fragen im Zusammenhang mit der Erzeugung regenerativer Energien vom 31.7.2012[1081] auf dem Standpunkt, die **Beteiligung der Kommune** an einer Primärgenossenschaft scheide gemäß Art. 92 Abs. 1 S. 1 Nr. 2 BayGO, Art. 80 Abs. 1 S. 1 Nr. 2 BayLKrO sowie Art. 78 Abs. 1 S. 1 Nr. 2 BayBezO wegen des Fehlens einer dem Beteiligungsumfang entsprechenden Einflussnahme in der Regel aus (S. 6 und 10). Ob eine derartige Schlussfolgerung zutreffend ist (ist die Einflussnahme eines Genossenschaftsmitglieds gegenüber der nach dem Grundsatz „ein Mitglied – eine Stimme“ strukturierten Generalversammlung wirklich geringer als etwa die Einflussnahme eines Minderheitsaktionärs gegenüber der von einem Mehrheitsaktionär beherrschten Hauptversammlung?), kann hier offenbleiben. Jedenfalls widerspricht es diesem Gleichlauf nicht, wenn die Kommune sich nur mit einem Anteil an der Genossenschaft beteiligt; denn dann entspricht die (geringe) Möglichkeit der Einflussnahme dem (geringen) Beteiligungsumfang.[1082] Und um die Einflussmöglichkeit entsprechend zu erhöhen, steht für die Kommune namentlich der genossenschaftliche Beirat zur Verfügung.[1083] 945

Auch wenn der Leitidee der Genossenschaft die persönliche Ausübung des Stimmrechts näher steht, können Mitglieder (oder ihre gesetzlichen Vertreter) auch **Stimmvollmacht** erteilen (vgl. § 43 Abs. 5 GenG). Eine persönliche Wahrnehmung des Stimmrechts ist daher trotz der Regelung in § 43 Abs. 4 GenG nicht zwingend erforderlich. Ein Bevollmächtigter kann jedoch nicht mehr als zwei Mitglieder vertreten, also inklusive seiner eigenen Stimme maximal drei Stimmen abgeben (§ 43 Abs. 5 S. 3 GenG). Von der rechtsgeschäftlichen Vertretung zu unterscheiden ist die Stellung als gesetzlicher Vertreter; hier bestehen keine zahlenmäßigen Beschränkungen. 946

1080 Vgl. *Gräser* Generalversammlung S. 85.

1081 https://www.energieatlas.bayern.de/file/pdf/1027

1082 Vgl. auch die im Internet verfügbare, von der genossenschaftlichen Stiftung in Auftrag gegebene, von Prof. Degenhart geleitete und von Herrn Holstenkamp koordinierte Projektstudie „Bürgerwindparks als genossenschaftliche Kooperationsprojekte“, 2012/2013, S. 29 f.

1083 Siehe unter → Rn. 930. Zu den Möglichkeiten, durch die Konstruktion einer „zweistufigen“ Genossenschaft oder einer Zentralgenossenschaft die Einflussnahme der Kommune ebenfalls zu erhöhen, siehe *Korte* FS Keßler, 2015, 23 (32 f.).

947 In den Grenzen des Willkürverbots und der auch bei der Genossenschaft bestehenden gesellschaftsrechtlichen Treuepflicht sind die Mitglieder frei in der **Stimmrechtsausübung.**

948 Das Genossenschaftsgesetz enthält keine Vorgaben für die **Stimmabgabe** selbst. Vorbehaltlich ausdrücklicher satzungsmäßiger Bestimmungen liegt die Entscheidung, ob eine „offene" (zB durch Handzeichen) oder eine „geheime" Abstimmung über Stimmzettel erfolgt, daher grundsätzlich im Ermessen des Versammlungsleiters. Die Abstimmung durch Handzeichen ist in der genossenschaftlichen Praxis der Regelfall. Insbesondere bei Wahlen kann eine geheime Abstimmung ratsam sein, um eine unabhängige Stimmabgabe zu gewährleisten, zB wenn mehrere Aufsichtsratsmitglieder gewählt werden sollen und es mehr Wahlvorschläge als zu besetzende Aufsichtsratssitze gibt.

d) Durchführung der Generalversammlung und Beschlussfassung

949 Der Versammlungsleiter (in der Regel der Vorsitzende des Aufsichtsrats) eröffnet und schließt die Generalversammlung und leitet diese nach parlamentarischen Grundsätzen. Er stellt nach angemessener Aussprache die zu den einzelnen Tagesordnungspunkten vorliegenden Anträge zur Beschlussfassung durch die Mitglieder und verkündet das Abstimmungsergebnis.

950 Die erforderlichen Mehrheiten richten sich nach dem Beschlussgegenstand. Die Generalversammlung beschließt gemäß § 43 Abs. 2 S. 1 GenG mit einfacher Stimmenmehrheit, soweit nicht Gesetz oder Satzung eine größere Mehrheit bestimmt. Es kommt auf die Anzahl der gültig abgegebenen Stimmen an, dh nicht auf die Zahl der insgesamt stimmberechtigten Mitglieder und auch nicht auf die Zahl der erschienenen Mitglieder. Wie auch bei anderen Gesellschaftsformen ist für Satzungsänderungen grundsätzlich eine qualifizierte Mehrheit von drei Vierteln der abgegebenen Stimmen erforderlich (vgl. § 16 GenG). In Bezug auf die bereits erwähnten investierenden Mitglieder ist zu beachten, dass nach § 8 Abs. 2 S. 2 GenG durch geeignete Regelungen sicherzustellen ist, dass diese die anderen Mitglieder in keinem Fall überstimmen oder qualifizierte Mehrheiten verhindern können.

951 § 47 Abs. 1 GenG ordnet an, dass über die Beschlüsse der Generalversammlung eine Niederschrift anzufertigen ist. Dies dient vor allem zu Beweiszwecken. Das Protokoll darf knapp gehalten sein; entscheidend ist, dass die gefassten Beschlüsse im Wortlaut mit Angabe des Abstimmungsergebnisses festgehalten werden.

e) Vertreterversammlung

952 Bei Genossenschaften mit mehr als 1.500 Mitgliedern kann die Generalversammlung aus einer satzungsmäßig eingesetzten Vertreterversammlung bestehen (fakultative Vertreterversammlung; § 43a GenG). Maßgeblich für die Berechnung der Mitgliederzahl ist der Schluss des vorangegangenen Geschäftsjahres (§ 43a Abs. 1 S. 3 GenG).

953 **Anzahl der Vertreter:** Die Vertreterversammlung muss gemäß § 43a Abs. 3 S. 1 GenG aus mindestens 50 Mitgliedern (zuzüglich einer ausreichenden Anzahl Ersatzmitglieder) bestehen, die von den Mitgliedern der Genossenschaft für eine satzungsmäßig zu bestimmende Amtszeit (in der Regel vier Jahre) gewählt werden.

954 Das **aktive Wahlrecht,** einen Vertreter zu wählen, steht jedem Mitglied der Genossenschaft zu, das bei Weiterbestehen der Generalversammlung stimmberechtigt gewesen wäre.

955 Hinsichtlich des **passiven Wahlrechts** trifft § 43a Abs. 2 GenG im Wesentlichen vergleichbare Anordnungen, wie sie bereits für den Vorstand und den Aufsichtsrat dargestellt wurden, wenngleich die Mitglieder dieser beiden Organe nicht als Vertreter oder Ersatzvertreter gewählt werden können. Auch hier ist von zentraler Bedeutung, dass als Ausdruck der Selbstorganschaft grundsätzlich nur Mitglieder der Genossenschaft diese Funktionen wahrnehmen dürfen.

956 Das **Wahlverfahren** erfolgt gemäß § 43a Abs. 4 S. 1 GenG in allgemeiner, unmittelbarer, gleicher und geheimer Wahl. Weitere Anordnungen zum Prozedere trifft das Gesetz

nicht. In der Praxis werden die Einzelheiten in einer Wahlordnung geregelt. Die Wahl erfolgt dann – je nach Praktikabilität – entweder als Listenwahl (üblich bei Kreditgenossenschaften) oder als Bezirkswahl (so zB bei ländlichen Warengenossenschaften). Eine Liste mit den Namen sowie den Anschriften, Telefonnummern oder E-Mail-Adressen der gewählten Vertreter und der Ersatzvertreter ist zur Einsichtnahme für die Mitglieder mindestens zwei Wochen lang in den Geschäftsräumen der Genossenschaft und ihren Niederlassungen auszulegen oder bis zum Ende der Amtszeit der Vertreter auf der Internetseite der Genossenschaft zugänglich zu machen (§ 43a Abs. 6 S. 1 GenG).

Zuständigkeiten: Die Vertreterversammlung ist eine besondere Form der Generalversammlung. Sofern die Satzung daher nicht bestimmte Beschlüsse weiterhin der Generalversammlung zuweist, hat die Vertreterversammlung dieselben Zuständigkeiten und Kompetenzen wie die Generalversammlung (einschließlich eines Beschlusses zur Liquidation der Genossenschaft). Auch hinsichtlich der Einberufung, Durchführung, Beschlussfassung und der notwendigen Mehrheiten gelten mit Ausnahme der nachfolgenden Punkte keine Besonderheiten: 957

- Eine Stimmvollmacht kann nicht erteilt werden (§ 43a Abs. 3 S. 2 GenG).
- Ein Vertreter kann kein Mehrstimmrecht haben (§ 43a Abs. 3 S. 3 GenG).
- Die Vertreter haben ein allgemeines Mandat aller Mitglieder; sie sind somit zwar nicht an Weisungen einzelner Mitglieder gebunden, müssen sich aber bei der Stimmabgabe an den Interessen der Gesamtheit der Mitglieder und der Genossenschaft orientieren.[1084]
- Das Vertreteramt geht nicht auf den Erben über (vgl. § 43a Abs. 5 GenG).

Sinkt die Mitgliederzahl zum entscheidenden Stichtag (Ende eines Geschäftsjahres) unter die notwendige Mitgliederzahl von 1.500, erlischt das Amt der Vertreter und die Generalversammlung tritt automatisch wieder an die Stelle der Vertreterversammlung.[1085] 958

Zulassung von Mitgliedern: Mitglieder, die keine Vertreter sind, haben zwar das Recht auf Bekanntmachung der Tagesordnung und Stellung von eigenen Anträgen, können aber an der Generalversammlung allenfalls als Gäste teilnehmen. Ein aus der Mitgliedschaft abgeleitetes Teilnahmerecht haben sie nicht (mehr), es sei denn, einer der in § 45 Abs. 1 und 2 GenG geregelten Ausnahmefälle liegt vor. Was dagegen bestehen bleibt, ist das Recht der Mitglieder darauf, die Ergebnisse der Vertreterversammlung zu erfahren, indem sie Einsicht in die Versammlungsniederschrift nehmen können. 959

Eine Ausnahme hinsichtlich des Teilnahmerechts gilt für diejenigen Mitglieder der Genossenschaft, die dem Vorstand oder Aufsichtsrat angehören. Sie müssen sogar an der Vertreterversammlung teilnehmen, in der ihnen mit Ausnahme des Stimmrechts die bereits beschriebenen Mitverwaltungsrechte (Rederecht bzw. Antrags- und – in Grenzen – Vorschlagsrecht) zustehen.[1086] 960

Aufwandsentschädigung: Das Vertreteramt ist ein Ehrenamt, weshalb die Zahlung einer Vergütung grundsätzlich ausgeschlossen ist. Davon zu trennen ist – wie auch schon beim Aufsichtsrat – die Möglichkeit der Erstattung von Aufwendungen im Rahmen der Amtsausübung (zB Fahrtkosten). 961

8. Mitgliedschaft der Gemeinde[1087]

Der **Bürgermeister** als organschaftlicher Vertreter der Kommune repräsentiert diese auch in der Generalversammlung und nimmt insoweit ihre Mitgliederrechte in der Genossenschaft wahr.[1088] 962

[1084] Im Einzelnen *Lang/Weidmüller* GenG § 43a Rn. 9.
[1085] Vgl. *Schöpflin* in *Beuthien* GenG § 43a Rn. 3.
[1086] Vgl. *Lang/Weidmüller* GenG § 43a Rn. 72.
[1087] Vgl. zum Nachfolgenden *Weber* unter → D. Rn. 490 ff. (GmbH) bzw. → D. Rn. 682 ff. (AG).
[1088] S. Fn. 710 → D. Rn. 490.

963 Ob er bei der organschaftlichen Vertretung die Entscheidung selbst treffen oder nur den Beschluss des Gemeinderats vollziehen kann, richtet sich grundsätzlich danach, ob es sich bei der Maßnahme um eine **laufende Verwaltungsangelegenheit** handelt.[1089] Hierbei kommt es maßgeblich darauf an, welche Bedeutung diese Angelegenheit nicht etwa für die Genossenschaft, sondern vielmehr für die Kommune selbst hat.

964 Der mit dem Demokratieprinzip einhergehenden **Ingerenzpflicht** folgt für die Gemeinde die Verpflichtung, einen angemessenen Einfluss in Form von Beteiligungs-, Mitsprache- und Kontrollrechte zu gewährleisten.[1090]

965 Die Forderung, dass hierfür zwingend der Abschluss eines **Beherrschungsvertrages** vonnöten ist (wobei sämtliche Primärgenossenschaften schon wegen des grundlegenden Erfordernisses der Abhängigkeit im Sinne des Aktienrechts ausscheiden würden[1091]), ist aber nicht nur abzulehnen, sondern wäre darüber hinaus ein solcher Vertrag auch gar nicht zulässig.[1092]

9. Aufsicht

966 Auf die besondere Rolle der Kommune als Treuhänderin der ihr überlassenen Steuergelder wurde bereits hingewiesen, weshalb die Anforderungen an die Methoden der **nachträglichen Kontrolle** in diesem Zusammenhang in vergleichbarer Weise auch im Falle der Überführung von wirtschaftlichen Betätigungen der öffentlichen Hand auf eine Genossenschaft gelten.[1093]

967 Die Durchführung der Kontrolle im Sinne einer Überprüfung der Umsetzung der getroffenen Gemeindebeschlüsse obliegt einem unabhängigen Organ, dem **Gemeindeprüfungsamt.**

968 Als rechtsformunabhängiger, in den Gemeindeordnungen festgelegter Grundsatz ist zu beachten, dass die Beteiligungsunternehmen eine **Abschlussprüfung** entsprechend den für große Kapitalgesellschaften geltenden Vorschriften durchführen lassen müssen sowie darüber hinaus spezielle **Unterrichtungsrechte der Kommune** vorsehen.[1094]

a) Haushaltsrechtliche Prüfungsrechte[1095]

969 Die Vorschriften des Gemeindewirtschaftsrechts räumen den Kommunen die Möglichkeit ein, die **Betätigung der Gebietskörperschaften** in ihren privatrechtlichen Beteiligungen zu prüfen.[1096] Zuständig ist das jeweilige kommunale Rechnungsprüfungsamt. Die Prüfung darf entfallen, wenn die Gemeinde nicht über eine solche Kontrollbehörde verfügt.[1097]

970 Diese sog. **Betätigungsprüfung** bezieht sich nicht auf das Beteiligungsunternehmen, sondern auf die Arbeit der diese Beteiligung verwaltenden öffentlich-rechtlichen Einheit.

971 Zum Prüfungsumfang gehört neben der Haushalts- und Wirtschaftlichkeitsprüfung auch die Feststellung, ob der **„öffentliche Zweck"** noch besteht und ob die entsprechenden rechtlichen Vorgaben für eine Beteiligung der Kommune an einem privaten Rechtsträger eingehalten werden.

1089 S. Fn. 711 → D. Rn. 491 bzw. Fn. 864 → D. Rn. 683.

1090 Was die genossenschaftliche Rechtsform als Einflussmöglichkeiten für die Kommune bereithält, um ihrer Ingerenzpflicht zu entsprechen, siehe unter → Rn. 919 ff. und Rn. 930.

1091 Im Einzelnen *Bauer*, Genossenschafts-Handbuch, GenG § 1 Rn. 116 ff. mwN.

1092 Zur eingehenden Begründung siehe *Weber* unter → D. Rn. 498 ff. (GmbH) bzw. → D. Rn. 690 ff. (AG).

1093 Vgl. *Weber* → D. Rn. 504 (GmbH) bzw. → D. Rn. 697 f. (AG).

1094 S. Fn. 646 f. → D. Rn. 428 f. bzw. Fn. 821 f. → D. Rn. 617 f. Ein Teil der Gemeindeordnungen sieht allerdings die genannten Prüfungs- und Unterrichtungsrechte der Kommune nur dann vor, wenn diese Anteile an einem Unternehmen in dem in §§ 53, 54 HGrG bezeichneten Umfang gehören, was aber bei der Genossenschaft schon dem Grunde nach nicht in Frage kommt; vgl. im Einzelnen *Keßler/Herzberg* NZG 2007, 531 ff.

1095 Vgl. zum Nachfolgenden *Weber* unter → D. Rn. 506 ff. (GmbH) bzw. → D. Rn. 699 ff. (AG).

1096 S. Fn. 736 → D. Rn. 506 bzw. Fn. 888 → D. Rn. 699.

1097 Vgl. *Becker* Erfüllung S. 93.

b) Umfang der genossenschaftlichen Prüfung

Jede Genossenschaft muss nach § 54 S. 1 GenG einem Verband angehören, dem das Prüfungsrecht verliehen worden ist. Dies wurde im Zusammenhang mit der Gründungsprüfung bereits dargelegt und erstreckt sich auch auf die Zeit nach Aufnahme des Geschäftsbetriebs. Die Genossenschaft wird durch den Verband geprüft, dem sie angehört (§ 55 Abs. 1 S. 1 GenG). **972**

Gegenstand der Prüfung nach § 53 Abs. 2 S. 1 GenG (Bilanzsumme über 1,5 Mio. Euro und Umsatzerlöse über 3 Mio. Euro) sind neben dem Jahresabschluss unter Einbeziehung der Buchführung und des Lageberichts die **Einrichtungen, die wirtschaftliche Lage sowie die Geschäftsführung.** Alle drei Prüfungsgegenstände, die für sämtliche Genossenschaften gelten, wobei für Kleinstgenossenschaften iSv § 336 Abs. 2 S. 3 HGB gemäß § 53a GenG geringere Anforderungen zu stellen sind, werden wegen ihrer zentralen Bedeutung in § 53 Abs. 1 S. 1 GenG ausdrücklich erwähnt. Die Prüfung umfasst damit im Grunde die gesamte Binnenorganisation einschließlich der Kontrollsysteme sowie des Organisations- und Informationswesens. Im Mittelpunkt steht dabei zunächst die Geschäftsführung als Institution sowie ihre Arbeitsweise und Organisation, wozu bei größeren Genossenschaften auch die Themen Delegation und Kontrolle der delegierten Aufgaben gehören. Die Geschäftsführung muss ferner nachweisen können, dass dem bereits beschriebenen Förderauftrag hinreichend Rechnung getragen wurde und der Grundsatz der Gleichbehandlung aller Mitglieder beachtet worden ist. Von zentraler Bedeutung sind naturgemäß auch die Vermögensverhältnisse der Genossenschaft, dh der Bereich Rechnungswesen (Finanzen). Die Prüfung der wirtschaftlichen Lage betrifft dabei sämtliche Aspekte der Vermögens-, Finanz- und Ertragslage sowie die Wirtschaftlichkeit. Auch der Prüfungsgegenstand der Einrichtungen ist umfassend (unter Berücksichtigung der Art des Gesellschaftszwecks und der Größe der Genossenschaft) zu verstehen und kann von den Betriebsanlagen und der technischen Ausstattung bis hin zur gesamten Innen- und Außenorganisation reichen.[1098] **973**

c) Ablauf der genossenschaftlichen Prüfung

aa) Unterrichtung des Aufsichtsratsvorsitzenden. Es wurde bereits darauf hingewiesen, dass das Gesetz dem Aufsichtsratsvorsitzenden im Rahmen des Prüfungsverfahrens eine herausgehobene Stellung innerhalb des Kontrollgremiums einräumt. Gemäß § 57 Abs. 2 S. 1 GenG hat der Verband dem Vorsitzenden des Aufsichtsrats den Beginn der Prüfung rechtzeitig anzuzeigen. Dieser setzt dann seinerseits unverzüglich die übrigen Mitglieder des Gremiums in Kenntnis. Jedes Aufsichtsratsmitglied ist auf sein Verlangen oder auf Verlangen des Prüfers hinzuziehen (§ 57 Abs. 2 S. 2 GenG). **974**

bb) Gewährung von Einsicht. Der Vorstand hat dem Prüfer die Einsicht der Bücher und Schriften der Genossenschaft sowie die Untersuchung sämtlicher Bestände (Kassenbestand, Wertpapiere, Waren) zu gestatten und ihm alle Aufklärungen und Nachweise zu geben, die der Prüfer für eine sorgfältige Prüfung benötigt (§ 57 Abs. 1 S. 1 GenG). Der Prüfer bestätigt die Einhaltung dieser gesetzlichen Vorgabe durch die zu Beginn oder am Ende der Prüfung auszufertigende Vollständigkeitserklärung.[1099] **975**

cc) Prüfungsdurchführung. Zentrales Element der Prüfung ist die Feststellung, ob die gesetzlichen und satzungsmäßigen Vorgaben (einschließlich einer ordnungsgemäßen Rechnungslegung) beachtet worden sind. Der Verband darf die notwendigen Entscheidungen treffen, wenn der Vorstand die Durchführung der Prüfung verweigert oder nicht ausreichend mitwirkt. Der Prüfer hat für die Zwecke seiner Feststellungen geeignete Prüfungsmaßnahmen einzuleiten, also insbesondere eine entsprechende Stichprobenauswahl für seine rechnerischen und vergleichenden Prüfungsschritte vorzunehmen. Von zentraler **976**

[1098] Vgl. zum Ganzen *Lang/Weidmüller* GenG § 53 Rn. 19 ff.
[1099] Vgl. *Schöpflin* in *Beuthien* GenG § 57 Rn. 6.

Bedeutung für die Qualität der Prüfung und der Prüfungsergebnisse ist dabei die ständige Kommunikation mit dem Vorstand bzw. – auf Arbeitsebene – die Prüfungsgespräche mit dem intern bei der Genossenschaft zuständigen Ansprechpartner. § 57 Abs. 4 S. 1 GenG sieht vor, dass der Prüfer in einer gemeinsamen Sitzung von Vorstand und Aufsichtsrat über das voraussichtliche Ergebnis der Prüfung berichtet. Sinn dieser Prüfungsschlusssitzung ist neben ihrer Informationsfunktion auch das Verhindern von negativen Überraschungen. Vorstand und Aufsichtsrat sollen in die Lage versetzt werden, etwaige Zweifelsfragen oder Meinungsunterschiede vor dem Ende der Prüfung auszuräumen. Die Prüfung schließt mit einem Prüfungsbericht. Im Nachgang dazu können sich Maßnahmen der Prüfungsverfolgung ergeben.[1100]

977 **dd) Dokumentation und Beratung des Prüfungsergebnisses.** Der Prüfer muss Art, Umfang und Ergebnis seiner Prüfungshandlungen angemessen dokumentieren (Arbeitspapiere, Prüfungsberichte). Über wichtige Feststellungen, nach denen sofortige Maßnahmen des Aufsichtsrats notwendig erscheinen, soll der Prüfer unverzüglich den Vorsitzenden des Aufsichtsrats in Kenntnis setzen (§ 57 Abs. 3 GenG).

978 § 58 Abs. 4 S. 1 GenG ordnet schließlich an, dass Vorstand und Aufsichtsrat unverzüglich nach Erhalt des Prüfungsberichts über das Prüfungsergebnis gemeinsam beraten.

d) Organisation des Prüfungsverbandes

979 Die Prüfungsverbände haben grundsätzlich die **Rechtsform des eingetragenen Vereins** (§ 63b Abs. 1 S. 1 GenG). Dem Vorstand soll mindestens ein Wirtschaftsprüfer angehören (§ 63b Abs. 5 S. 1 GenG).

980 Die Verbände und die von ihnen beauftragten Prüfer und Prüfungsgesellschaften sind zur **gewissenshaften und unparteiischen Prüfung und zur Verschwiegenheit** verpflichtet (§ 62 Abs. 1 S. 1 GenG).

981 Die Prüfungsverbände unterliegen der **Staatsaufsicht** (§ 64 GenG). Sie müssen sich grundsätzlich wie Wirtschaftsprüfer oder Wirtschaftsprüfungsgesellschaften einer externen Qualitätskontrolle unterziehen (§ 63e GenG).

VIII. Stiftungen

Literatur:

Backert, Troll, Kommunale Stiftungen in Bayern – ein rechtlicher Überblick, BayVBl. 2019, S. 438 ff.; *Büch,* Das kommunale Unternehmen als Stifter, DVBl. 2010, S. 1151 ff.; *Cronauge/Piek,* Kommunale Unternehmen, 6. Auflage 2016; *Gaß/Popp,* Die Gemeinde als Unternehmer, 2. Auflage 2018; *Götz/Pach-Hanssenheimb,* Handbuch der Stiftung, 2. Auflage 2016; *Hoppe/Uechtritz/Reck,* Handbuch kommunale Unternehmen, 3. Auflage 2012; *Münchner Kommentar zum BGB,* 8. Auflage 2018; *Schieren,* Spitale in der Trägerschaft historischer örtlicher Stiftungen nach der Einführung der Pflegeversicherung, BayVBl. 2019, S. 433 ff.; *Schlüter/Krüger,* Die Gemeinde als Stifter – Ziele, Grenzen und Gestaltungsformen –, DVBl. 2003, S. 830 ff.; *Schreml/Bauer/Westner,* Kommunales Haushalts- und Wirtschaftsrecht in Bayern, Losebl. Stand: Februar 2020; *Schulte,* Der Staat als Stifter: Die Errichtung von Stiftungen durch die öffentliche Hand, Non Profit Law Yearbook 2001, 127 ff.; *Schulte/Herbrich,* Die Errichtung privatrechtlicher Stiftungen durch kommunale Gesellschaften, ZStV 2014, S. 1 ff.; *Schulz/Wachsmuth/Zwick,* Gemeindeordnung für den Freistaat Bayern, Losebl. Stand: August 2019; *Staudinger,* Kommentar zum BGB, Buch 1, Neubearbeitung 2017; *Stumpf/Suerbaum/Schulte/Pauli,* Stiftungsrecht, 3. Auflage 2018; Thüringer Innenministerium, Rundschreiben R 34-1/2014 vom 30.6.2014; *Voll/Störle,* Bayerisches Stiftungsgesetz, 6. Auflage; *Wallenhorst/Halaczinsky,* Die Besteuerung gemeinnütziger und öffentlich-rechtlicher Körperschaften, 7. Auflage 2017; *Werner,* Kommunale Stiftungstätigkeit und ihre Schranken, NVwZ. 2013, S. 1520 ff.; *Widtmann/Grasser/Glaser,* Bayerische Gemeindeordnung, Stand: Mai 2018

[1100] Vgl. *Lang/Weidmüller* GenG § 53 Rn. 33 f.

Vorbemerkungen

Der Bund und die Bundesländer sind teils Stifter oder Mitstifter bei rechtsfähigen Stiftungen (z. B. Deutsche Bundesstiftung Umwelt, Bayerischer Naturschutzfonds). Kommunen verwalten vielfach rechtsfähige Stiftungen. In diesen Fällen wurden den Kommunen meist von Dritten durch Rechtsgeschäft unter Lebenden (Schenkung) oder durch eine Verfügung von Todes wegen (z. B. Testament) Vermögenswerte mit der Maßgabe übertragen, sie zu erhalten und deren Erträge für einen (gemeinnützigen) Zweck zu verwenden. Darin zeigt sich auch, dass die Stiftung dem Grunde nach vorwiegend ein Instrument zur Förderung bürgerschaftlichen Engagements ist. Teils handelt es sich bei den von Kommunen verwalteten Stiftungen um Stiftungen des öffentlichen Rechts, meist jedoch um Stiftungen des bürgerlichen Rechts. Kommunen als Stifter oder Mitstifter bei rechtsfähigen Stiftungen spielen – zumindest in Bayern – bislang eine untergeordnete Rolle. 982

Es ist umstritten, inwieweit die Errichtung einer Stiftung durch eine Kommune überhaupt zulässig ist. Insbesondere die rechtlichen Vorgaben im Hinblick auf die Frage, ob und ggf. unter welchen Voraussetzungen eigenes Vermögen in eine rechtsfähige Stiftung eingebracht werden darf, setzen der Errichtung einer Stiftung klare – oft unüberwindbare – Schranken. Bei der Zulässigkeitsprüfung ist eine „Gemengelage" aus öffentlich-rechtlichen und privatrechtlichen Normen in den Blick zu nehmen. Die Zulässigkeit der Errichtung einer Stiftung durch die Kommune mit eigenem Vermögen ist zum einen an den Normen des Stiftungsrechts (grundlegende Regelungen des BGB und der Landes-Stiftungsgesetze) und zum anderen am Kommunalverfassungsrecht zu messen. Die besonderen Probleme zeigen sich an dieser Schnittstelle von Stiftungs- und Kommunalrecht[1101]. Die nachfolgenden Ausführungen basieren auf den Regelungen des Bayerischen Stiftungsgesetzes (BayStG[1102]) und der Gemeindeordnung für den Freistaat Bayern (BayGO[1103]). Die außerbayerischen Regelungen werden teils in eine vergleichende Betrachtung einbezogen. 983

1. Rechtsgrundlagen

Die Grundlagen der Entstehung, der Verfassung und der Aufhebung von rechtsfähigen **Stiftungen des bürgerlichen Rechts** sind in den §§ 80 bis 88 **BGB**[1104] geregelt (Stiftungsprivatrecht). Das **Stiftungsrecht der Länder** (z. B. BayStG) beinhaltet im Wesentlichen ergänzende Vorschriften zur Anerkennung von Stiftungen, zu deren Verwaltung und zur Aufsicht. Zum Verständnis des Rechts der rechtsfähigen Stiftungen des bürgerlichen Rechts sind insoweit die Regelungen des BGB und des Landesstiftungsrechts in den Blick zu nehmen. 984

Stiftungen des öffentlichen Rechts sind grundsätzlich nicht Gegenstand des Stiftungsprivatrechts. Die Errichtung, Ausgestaltung usw. von Stiftungen des öffentlichen Rechts richtet sich vielmehr ausschließlich nach öffentlichem Recht[1105]. Für den bayerischen Bereich enthält das BayStG insbesondere Regelungen zur Entstehung, zur Verfassung und zur Verwaltung von Stiftungen des öffentlichen Rechts (soweit sie nicht durch Gesetz errichtet werden). Teils werden die Vorschriften der §§ 80 ff. BGB für Stiftungen des öffentlichen Rechts für entsprechend anwendbar erklärt. So verweist z. B. Art. 3 Abs. 2 985

[1101] Vgl. Schlüter/Krüger, DVBl. 2003, S. 830 ff. und Werner, NVwZ. 2013, S. 1520 ff.

[1102] In der Fassung der Bekanntmachung vom 26.9.2008, BayGVBl. S. 834 (BayRS 282-1-1-WK), zuletzt geändert durch § 1 Abs. 279 der Verordnung vom 26.3.2019, BayGVBl. S. 98; ergänzt durch die Verordnung zur Ausführung des Bayerischen Stiftungsgesetzes (AVBayStG) in der Fassung der Bekanntmachung vom 19.12.2001, BayGVBl. S. 23 (BayRS 282-1-1-1-WK), zuletzt geändert durch § 1 Abs. 280 der Verordnung vom 26.3.2019, BayGVBl. S. 98.

[1103] In der Fassung der Bekanntmachung vom 22.8.1998, BayGVBl. S. 796 (BayRS 2020-1-1-I), zuletzt geändert durch § 5 Abs. 2 des Gesetzes vom 23.12.2019, BayGVBl. S. 737.

[1104] Bürgerliches Gesetzbuch in der Fassung der Bekanntmachung vom 2.1.2002, BGBl. I S. 42, 2909; 2003 I S. 738, zuletzt geändert durch Artikel 1 des Gesetzes vom 19.3.2020, BGBl. I S. 541.

[1105] Vgl. Stumpf/Suerbaum/Schulte/Pauli, Teil B, Vorbemerkung, Rn. 4 m. w. N.

Satz 1 BayStG hinsichtlich der Entstehung einer Stiftung des öffentlichen Rechts auf §§ 80 bis 84 BGB.

986 **Kommunalverfassungsrechtliche Vorgaben** sind insbesondere hinsichtlich der Frage, ob und ggf. unter welchen Voraussetzungen eine Gemeinde eigenes Vermögen in eine rechtsfähige Stiftung einbringen kann, zu beachten (für Bayern: Art. 75 Abs. 4 BayGO).

987 Für **nichtrechtsfähige Stiftungen** (auch als unselbständige oder fiduziarische bezeichnet) gelten die Regelungen des Stiftungsprivatrechts und des (bayerischen) Landesstiftungsrechts nicht; diese können allenfalls im Wege der Analogiebildung herangezogen werden. Für die von Gemeinden verwalteten nichtrechtsfähigen Stiftungen gelten in Bayern die Regelungen in Art. 84 und Art. 85 BayGO. Diese Form der Stiftungen bleibt schon aufgrund der fehlenden Rechtsfähigkeit bei den hier angestellten Betrachtungen außen vor.

988 Die weit überwiegende Zahl der rechtsfähigen Stiftungen des bürgerlichen Rechts unterliegt den Regelungen des Abschnitts „Steuerbegünstigte Zwecke" der **Abgabenordnung** (AO[1106]). Das steuerliche Gemeinnützigkeitsrecht (§§ 51 bis 68 AO) setzt der Verwaltung von Stiftungen (insbesondere bei der Rücklagenbildung) Grenzen und normiert (zusätzliche) Anforderungen (z. B. bei der Mittelverwendung).

2. Begriffsbestimmungen

989 Das BayStG unterscheidet nach der Rechtsstellung die rechtsfähigen Stiftungen des bürgerlichen Rechts und des öffentlichen Rechts[1107]. Nach der Art der Verwaltung und der Zuständigkeit der Aufsichtsbehörden unterscheidet das Gesetz die staatlich verwalteten (Art. 10 Abs. 1 Satz 1 BayStG), die kommunalen (Art. 20 BayStG), die kirchlichen (Art. 21 Abs. 1 BayStG) und die sog. allgemeinen Stiftungen. Letztere sind solche, die nicht zu den staatlich verwalteten, kommunalen oder kirchlichen Stiftungen gehören[1108]. Nachfolgend näher zu betrachten sind die rechtsfähigen Stiftungen des bürgerlichen Rechts und des öffentlichen Rechts sowie die kommunalen Stiftungen.

a) Stiftung des bürgerlichen Rechts

990 Eine Legaldefinition des Begriffs der Stiftung des bürgerlichen Rechts fehlt. Dennoch gibt es nach herrschender Meinung eine anerkannte Definition im Rechtssinne. Danach ist die Stiftung eine von einem Stifter (oder mehreren Stiftern) errichtete Organisation, die mit Hilfe des der Stiftung gewidmeten Vermögens einen vom Stifter festgelegten Zweck dauernd erfüllen soll[1109]. Zur Errichtung einer rechtsfähigen Stiftung des bürgerlichen Rechts bedarf es zunächst eines Gründungsakts in Form eines **Stiftungsgeschäfts** nach § 81 BGB. Das Stiftungsgeschäft ist eine einseitige Willenserklärung des Stifters, die darauf gerichtet ist, ein Vermögen zur Erfüllung eines von ihm vorgegebenen Zwecks zu widmen. Ferner muss die Stiftung durch das Stiftungsgeschäft eine **Stiftungssatzung** mit Regelungen über den Namen, den Sitz, den Zweck, das Vermögen und die Bildung eines Vorstands erhalten. Die Stiftung entsteht jedoch nicht bereits mit dem Stiftungsgeschäft, sondern erst durch die **Anerkennung** der nach dem jeweiligen Landesrecht zuständigen Behörde (§ 80 Abs. 1 BGB). Bereits nach dem Wortlaut des Gesetzes besitzt der Stifter einen Anspruch auf Anerkennung, soweit die in § 80 Abs. 2 BGB genannten Voraussetzungen erfüllt sind. Danach muss insbesondere die dauernde und nachhaltige Erfüllung des Stiftungszwecks gesichert erscheinen. Dazu muss das Stiftungsvermögen in einem angemessenen Verhältnis zum verfolgten Stiftungszweck stehen[1110].

[1106] In der Fassung der Bekanntmachung vom 1.10.2002, BGBl. I S. 3866, 2003 I S. 61, zuletzt geändert durch Artikel 1 des Gesetzes vom 21.12.2019, BGBl. I S. 2875.

[1107] Art. 1 Abs. 2 BayStG; vgl. z. B. auch § 1 Sächsisches Stiftungsgesetz, § 1 Hessisches Stiftungsgesetz.

[1108] Vgl. auch Voll/Störle, Vorbemerkungen, Rn. 2.

[1109] Vgl. Weitemeyer in Münchner Kommentar zum BGB, § 80, Rn. 1 m. w. N.

[1110] Vgl. Stumpf/Suerbaum/Schulte/Pauli, § 80, Rn. 59 ff.

Im Gegensatz zu einer Gesellschaft ist nicht der Personenverband, sondern das Vermögen einer rechtsfähigen Stiftung rechtlich verselbständigt. Die Stiftung ist insoweit eine reine **Verwaltungsorganisation,** mit deren Hilfe der vom Stifter gewollte Zweck verwirklicht werden soll[1111]. 991

b) Stiftung des öffentlichen Rechts

Nach der Legaldefinition in Art. 1 Abs. 3 Satz 1 BayStG sind Stiftungen des öffentlichen Rechts Stiftungen, die ausschließlich öffentliche Zwecke verfolgen und mit dem Staat, einer Gemeinde, einem Gemeindeverband oder einer sonstigen unter der Aufsicht des Staates stehenden Körperschaft oder Anstalt des öffentlichen Rechts in einem organischen Zusammenhang stehen, der die Stiftung selbst zu einer öffentlichen Einrichtung macht. Als **öffentliche Zwecke** gelten nach Art. 1 Abs. 3 Satz 2 BayStG die der Religion, der Wissenschaft, der Forschung, der Bildung, dem Unterricht, der Erziehung, der Kunst, der Denkmalpflege, der Heimatpflege, dem Schutz der natürlichen Lebensgrundlagen, dem Sport, den sozialen Aufgaben oder sonst dem Gemeinwohl dienenden Zwecke. Der geforderte **organische Zusammenhang** besteht insbesondere dann, wenn die genannten juristischen Personen die Stiftung (z. B. aufgrund von Art. 20 Abs. 2 BayStG) selbst verwalten oder in den Stiftungsorganen ausschlaggebend bestimmen[1112]. 992

Die Errichtung einer Stiftung des öffentlichen Rechts erfolgt durch eine rechtsgeschäftliche Vermögenswidmung des Stifters und einen staatlichen Hoheitsakt[1113]. Nach bayerischem Landesrecht entsteht eine Stiftung des öffentlichen Rechts, soweit sie nicht durch Gesetz errichtet wird, durch das **Stiftungsgeschäft** und die **Anerkennung** in entsprechender Anwendung der §§ 80 bis 84 BGB (Art. 3 Abs. 2 BayStG)[1114]. 993

Zu beachten ist, dass eine Stiftung des öffentlichen Rechts nicht gleichzusetzen ist mit einer **öffentlichen Stiftung.** Eine öffentliche Stiftung ist – im Gegensatz zu einer privaten Stiftung – dadurch gekennzeichnet, dass sie öffentliche Zwecke erfüllt[1115]. Diese Differenzierung zielt einzig auf die Zweckverwirklichung, nicht jedoch auf die Rechtsstellung. 994

c) Kommunale Stiftung

Kommunale Stiftungen können ihrer Rechtsstellung nach – nach bayerischem Landesrecht – sowohl Stiftungen des bürgerlichen Rechts als auch Stiftungen des öffentlichen Rechts sein (so z. B. auch nach thüringischem Landesrecht). Kommunale Stiftungen und Stiftungen des öffentlichen Rechts sind zwei voneinander unabhängige Rechtskategorien, die allerdings eine erhebliche Schnittmenge aufweisen[1116]. 995

Art. 20 Abs. 1 BayStG definiert die kommunalen Stiftungen als solche, deren Zweck im Rahmen der jeweiligen kommunalen Aufgaben liegt und nicht wesentlich über den räumlichen Umkreis der Gebietskörperschaft hinausreicht[1117]. Unter die **kommunalen Aufgaben** fallen die Pflicht- und die freiwilligen Aufgaben des eigenen Wirkungskreises (Art. 7 und Art. 57 BayGO)[1118]. Einer in Teilen der Literatur vertretenen, weitergehenden Einschränkung auf Pflichtaufgaben oder Aufgaben, die regelmäßig wahrgenommen wer- 996

1111 Vgl. BGH, Urt. v. 22.1.1987 – III ZR 26/85 – BGHZ 99, 344–358.

1112 Vgl. Voll/Störle, Art. 1, Rn. 5.

1113 Vgl. Schlüter/Krüger, DVBl. 2003, S. 830 ff. und Werner, NVwZ. 2013, S. 1520 ff.

1114 Vgl. zum außerbayerischen Recht z. B. § 13 Abs. 2 Sächsisches Stiftungsgesetz; danach entsteht eine kommunale Stiftung des öffentlichen Rechts durch den Satzungsbeschluss der kommunalen Gebietskörperschaft und die Anerkennung durch die Stiftungsbehörde.

1115 Vgl. Art. 1 Abs. 3 BayStG a. F.

1116 Vgl. Backert, Troll, BayVBl. 2019, S. 438 ff.

1117 In einigen Landesstiftungsgesetzen finden sich vergleichbare Definitionen (z. B. § 13 Sächsisches Stiftungsgesetz, § 20 Saarländisches Stiftungsgesetz); teils wird die Bezeichnung örtliche Stiftung verwendet (z. B. § 3 Stiftungsgesetz Brandenburg, § 18 Hessisches Stiftungsgesetz).

1118 Vgl. Voll/Störle, Art. 20, Rn. 1.

den[1119], treten Backert und Troll mit beachtlichen Argumenten entgegen[1120]. Der Zweck einer Stiftung reicht dann nicht wesentlich über den **räumlichen Umkreis der Gebietskörperschaft** hinaus, wenn der Genuss der Stiftungserträgnisse in der Hauptsache den Gemeindeangehörigen zu Gute kommt[1121].

997 Die **Verwaltung und Vertretung** einer kommunalen Stiftung können in Bayern frei bestimmt werden; sie sind nicht zwingend von den im Gesetz genannten Gebietskörperschaften vorzunehmen. Wurde in der Satzung keine Bestimmung zur Verwaltung und Vertretung getroffen, obliegen sie nach Art. 20 Abs. 2 BayStG den für die Vertretung und Verwaltung der Gebietskörperschaft zuständigen Organen. Möglich sind insoweit kommunal verwaltete und nicht kommunal verwaltete kommunale Stiftungen. Bei kommunal verwalteten kommunalen Stiftungen handelt es sich stets um solche des öffentlichen Rechts[1122]. Für die **kommunal verwalteten kommunalen Stiftungen** gelten nach Art. 20 Abs. 3 BayStG nicht alle Regelungen des BayStG, weitgehend aber die Vorschriften über die Wirtschaftsführung der Gebietskörperschaften entsprechend.

3. Stifterfähigkeit

998 Einigkeit besteht in der Literatur, dass jede **natürliche (geschäftsfähige) Person** stiften kann[1123]. Nach ganz h. M. können Stiftungsgeschäfte auch von **juristischen Personen des Privatrechts** und von **rechtsfähigen Personengesellschaften** vorgenommen werden[1124]. Streit besteht teils bei der Beurteilung der Frage, ob die **öffentliche Hand** eine Stiftung des bürgerlichen Rechts errichten kann (sog. privatrechtliche Stifterunfähigkeit der öffentlichen Hand)[1125]. So wird u. a. vorgebracht, es bestehe ein unversöhnlicher Gegensatz zwischen den verfassungsrechtlichen Anforderungen an die Legitimation des Verwaltungshandelns und den privatrechtlichen Anforderungen an die Unabhängigkeit der Stiftung. Während das **Demokratieprinzip,** die Möglichkeit der Steuerung des Stiftungsgeschehens durch die öffentliche Hand verlange, fordere das privatrechtliche Stiftungsrecht gerade den Ausschluss dieser Möglichkeit[1126]. Teils wird argumentiert, die Errichtung einer Stiftung des bürgerlichen Rechts durch die öffentliche Hand sei – weil es dadurch zu einer „Verfolgung von Verwaltungszwecken" komme – eine **rechtsmissbräuchliche Denaturierung der Stiftungsform**[1127]. Zum Meinungsstand wird auf die Ausführungen von *Weitemeyer,* MüKo BGB, § 80, Rn. 237 – 239 verwiesen. *Weitemeyer* weist einerseits darauf hin, dass die privatrechtliche Stiftung kein Träger mittelbarer Staatsverwaltung sein kann. Er legt andererseits mit beachtlichen Argumenten dar, es gebe keinen überzeugenden Grund, der öffentlichen Hand die Möglichkeit zu verwehren, sich durch Stärkung des Dritten Sektors mittels Gründung privatrechtlicher Stiftungen auf dazu geeigneten Gebieten von der unmittelbaren Verantwortlichkeit für das Gemeinwohl zu entlasten[1128]. Privatrechtliche Stiftungen der öffentlichen Hand könnten auf ein Instrument der Privatisierung öffentlicher Aufgaben bei Ausschluss ihres Einsatzes als mittelbare Verwaltungsträgerin beschränkt werden. Der Auslagerung in privatrechtliche Stiftungen sind nur solche Aufgaben zugänglich, die nach den zugrundeliegenden Gesetzten nicht zwingend von der öffentlichen Hand selbst zu erfüllen

[1119] Vgl. Schieren, BayVBl. 2019, S. 433 ff.
[1120] Vgl. Backert, Troll, BayVBl. 2019, S. 438 ff.
[1121] Vgl. Wölfl in Schreml/Bauer/Westner, Teil VIII D, Erläuterung 3.
[1122] Vgl. Backert, Troll, BayVBl. 2019, S. 438 ff.
[1123] Vgl. u. a. Götz/Pach-Hanssenheimb, Rn. 111.
[1124] Vgl. Weitemeyer in Münchner Kommentar zum BGB, § 81, Rn. 4.
[1125] Vgl. u. a. Schulte, Non Profit Law Yearbook 2001, S. 127 ff., Hüttemann/Rawert in Staudinger, Vorbem. zu § 80 ff., Rn. 45.
[1126] Vgl. Weitemeyer in Münchner Kommentar zum BGB, § 80, Rn. 237; Schulte, Non Profit Law Yearbook 2001, S. 127 ff.
[1127] Vgl. Büch, DVBl. 2010, S. 1151 ff. m. w. N.
[1128] Vgl. Weitemeyer in Münchner Kommentar zum BGB, § 80, Rn. 240–242.

sind[1129]. Jedenfalls ist festzustellen, dass die Anerkennungspraxis von der grundsätzlich uneingeschränkten privatrechtlichen Stifterfähigkeit der öffentlichen Hand ausgeht[1130].

4. Kommunalverfassungsrechtliche Zulässigkeit

Nach Art. 75 Abs. 4 BayGO darf **Gemeindevermögen** nur im Rahmen der Aufgaben- **999**
erfüllung der Gemeinde und nur dann in Stiftungsvermögen eingebracht werden, wenn der mit der Stiftung verfolgte Zweck auf andere Weise nicht erreicht werden kann. Identische bzw. vergleichbare Bestimmungen finden sich in den kommunalverfassungsrechtlichen Regelungen zahlreicher weiterer Bundesländer[1131]. Der Regelungsbereich des Art. 75 Abs. 4 BayGO erfasst nicht nur die Einbringung von Gemeindevermögen in eine bestehende Stiftung, sondern auch die Errichtung einer Stiftung, zumindest sofern diese ganz auf die Dotierung mit Gemeindevermögen ausgerichtet ist[1132].

Nach h. M. kann eine Stiftung i. S. des Art. 75 Abs. 4 BayGO nur eine **rechtsfähige** **1000**
Stiftung sein[1133]. Im Hinblick auf die gesetzliche Vorgabe, wonach Gemeindevermögen nur im Rahmen der Aufgabenerfüllung in eine Stiftung eingebracht werden darf, wird es sich bei einer solchen Stiftung um eine kommunale Stiftung zu handeln haben. **Kommunale Stiftungen** können sowohl Stiftungen des bürgerlichen Rechts als auch des öffentlichen Rechts sein. Nicht zwingend erforderlich ist, dass die kommunale Stiftung auch kommunal verwaltet wird. Die Einbringung kommunalen Vermögens in eine nicht von der Kommune verwaltete Stiftung kann nicht geringeren Anforderungen unterliegen, als die finanzielle Beteiligung an einer Stiftung, die im Rahmen der Kommunalverwaltung betrieben und solchermaßen auch unmittelbar durch die Organe der Kommune kontrolliert wird[1134].

Die **Aufgaben** der Gemeinde, deren Erfüllung das einzubringende Gemeindevermögen **1001**
dienen soll, müssen Aufgaben des eigenen Wirkungskreises sein. Übertragene Aufgaben in der Rechtsform einer Stiftung zu erfüllen, kann schon deshalb nicht in Betracht kommen, weil andernfalls – nachdem Stiftungen nur der Rechtsaufsicht unterliegen – die Erfüllung der übertragenen Aufgaben der staatlichen Fachaufsicht entzogen werden könnte[1135]. Die kommunale Aufgabe muss – im Hinblick auf die auf Dauerhaftigkeit ausgerichtete Zweckerfüllung von Stiftungen – von entsprechender Dauer sein und darf keinem grundlegenden Wandel unterliegen.

Der Begriff **Gemeindevermögen** ist als umfassender Vermögensbegriff zu verstehen. Er **1002**
umfasst alle beweglichen und unbeweglichen Sachen, dingliche und schuldrechtliche Rechte, Geld usw. sowie immaterielle Vermögensgegenstände, über die die Gemeinde verfügungsberechtigt ist. Im betriebswirtschaftlichen Sinn ist insoweit vom Aktivvermögen auszugehen. Nach Auffassung des OVG NRW ist – über das insoweit zivilrechtliche Verständnis hinaus – von einem wirtschaftlich bestimmten Vermögensbegriff auszugehen. Demnach gehört zum Gemeindevermögen auch Vermögen, welches zwar nicht im Eigentum der Kommune, aber im Eigentum einer hundertprozentigen kommunalen Tochtergesellschaft steht[1136]. Daraus folgt, dass der – mit dem Art. 75 Abs. 4 BayGO identische –

[1129] Vgl. Weitemeyer in Münchner Kommentar zum BGB, § 80, Rn. 243.
[1130] Vgl. Weitemeyer in Münchner Kommentar zum BGB, § 80, Rn. 238.
[1131] Vgl. u. a. § 84 Abs. 2 GemO Rheinland-Pfalz, § 127 Abs. 1 Kommunalverfassungsgesetz Sachsen-Anhalt, § 67 Abs. 5 Thüringer Kommunalordnung, § 94 Abs. 4 Sächsische Gemeindeordnung, § 89 Gemeindeordnung Schleswig-Holstein, § 135 Abs. 4 Niedersächsisches Kommunalverfassungsgesetz.
[1132] Vgl. Schulz/Wachsmuth/Zwick, Erläuterung 5 zu Art. 75 GO, unter Verweis auf OVG NRW, Urteil vom 19.12.2012 – 16 A 1451/10 – DVBl. 2013, S. 449 ff. zum insoweit identischen nordrhein-westfälischen Kommunalrecht; vgl. auch Landtag Rheinland-Pfalz, Drs. 16/4222, Zu Frage 3.
[1133] Vgl. Widtmann/Grasser/Glaser, Erläuterung 5 zu Art. 75 GO; Schulz/Wachsmuth/Zwick, Erläuterung 5 zu Art. 75 GO.
[1134] Vgl. OVG Münster, Urt. v. 19.12.2012 – 16 A 1451/10 – DVBl. 2013, S. 449 ff.
[1135] Vgl. Schulz/Wachsmuth/Zwick, Erläuterung 5 zu Art. 75 GO.
[1136] Vgl. OVG Münster, Urt. v. 19.12.2012 – 16 A 1451/10 – DVBl. 2013, S. 449 ff.

Normbefehl des § 100 Abs. 3 GO NRW, auch von der Gemeinde beherrschte Eigengesellschaften trifft. Das ggf. einzubringende Gemeindevermögen muss eine Höhe haben, die gewährleistet, dass aus dessen Erträgen (allein darauf ist eine Stiftungstätigkeit ausgerichtet) der verfolgte Zweck verwirklicht werden kann.

1003 Der in Art. 75 Abs. 4 BayGO formulierte **Subsidiaritätsgrundsatz** („wenn der mit der Stiftung verfolgte Zweck auf andere Weise nicht erreicht werden kann") bezeichnet eine klare **Nachrangigkeit der Stiftung** im Vergleich zu allen anderen (zulässigen) Organisationsformen. Dies kommt auch in der Gesetzesbegründung zum Ausdruck[1137]: „Die Form der Stiftung mag in besonderen Fällen das geeignete Mittel für die Erfüllung öffentlicher Aufgaben sein. Von dieser Möglichkeit sollte aber im Interesse der Einheitlichkeit der Verwaltung und der Haushaltswirtschaft der Gemeinde sowie zur Wahrung der Mitwirkungsrechte des Gemeinderats nur Gebrauch gemacht werden, wenn der Zweck auf andere Weise nicht erreicht werden kann."

1004 Die Wahrnehmung öffentlicher Aufgaben bedingt in der Regel auch deren Begleitung durch demokratische Willensbildungsprozesse; dazu ist die Organisationsform der Stiftung bereits aufgrund ihrer Strukturmerkmale kaum geeignet[1138]. Durch den vom Gesetzgeber verfolgten **restriktiven Ansatz** wird die Erfüllung eines (öffentlichen) Zwecks in Form einer Stiftung auf Ausnahmefälle beschränkt bleiben. Ein **wirtschaftliches Unternehmen** in der Rechtsform einer rechtsfähigen Stiftung zu betreiben dürfte bereits aufgrund der vom Stifterwillen eingeschränkten Zwecksetzung ausscheiden[1139]. Die Absicht, Gemeindevermögen aus dem Haushalt herauszulösen und dem Zugriff der kommunalen Organe zu entziehen, ist kein rechtfertigender Zweck für eine Stiftung[1140].

1005 Zur Beantwortung der Frage der Zulässigkeit der Einbringung von Gemeindevermögen in Stiftungen unter Beachtung des Subsidiaritätsgrundsatzes ist nach Ansicht der OVG Münster[1141] eine **wirtschaftliche Betrachtungsweise** zugrunde zu legen. Danach ist zu prüfen, ob bei der Erfüllung der Aufgabe durch eine Stiftung ein monetärer **Mehrwert** zu erwarten ist. Dazu reicht allein die Erzielung von Steuervorteilen nicht aus. Ein solcher Mehrwert kann dann angenommen werden, wenn sich mit Hilfe der Stiftungsgründung bzw. der Einbringung kommunalen Vermögens zusätzliche private Finanzierungsressourcen erschließen lassen, das heißt, dass schon im Stadium der Stiftungsgründung gesicherte Erkenntnisse über eine quantitativ bedeutsame finanzielle Beteiligung Dritter am Stiftungsvermögen vorliegen. Die Organisationsform der Stiftung muss insoweit konkretisiert erwarten lassen, dass Zustiftungen Dritter in einem Ausmaß erzielt werden, wie sie als Zuwendungen Dritter bei anderen Organisationsformen nicht realisierbar wären[1142]. Bei der Beurteilung der Frage, welche Höhe eine Beteiligung Dritter erreichen muss, ist u. a. zu berücksichtigen, ob es sich um eine neue oder noch zu entwickelnde Aufgabe oder um einen Zweck handelt, der ein fest definiertes Kapital verlangt[1143]. Eine deutlich hinter dem gemeindlichen Anteil zurückbleibende private Beteiligung dürfte nicht als mehrwertbegründend angesehen werden können[1144]. Eine Kommune sollte substantiiert darlegen können, worin der Mehrwert der Zweckverfolgung durch die Übertragung von Gemeindevermögen auf eine Stiftung liegen soll[1145].

1006 Der Auffassung des OVG Münster, wonach die Bindung kommunalen Vermögens nur mit dem Subsidiaritätsgrundsatz zu vereinbaren sei, wenn diese zu einem „Mehrwert"

[1137] Vgl. Bayerischer Landtag, LT-Drs. 7/3103, 1.21.

[1138] Vgl. auch Schlüter/Krüger, DVBl. 2003, S. 830 ff.; vgl. auch Rundschreiben R 34-1/2014 des Thüringer Innenministeriums vom 30.6.2014.

[1139] Vgl. auch Cronauge/Piek, Rn. 161; Gaß/Popp, S. 48; Hoppe/Uechtritz/Reck, § 7, Rn. 88 f.

[1140] Vgl. Schulz/Wachsmuth/Zwick, Erläuterung 5 zu Art. 75 GO.

[1141] Vgl. OVG Münster, Urt. v. 19.12.2012 – 16 A 1451/10 – DVBl. 2013, S. 449 ff.; vgl. auch Schulz/Wachsmuth/Zwick, Erläuterung 5 zu Art. 75 GO.

[1142] Vgl. Werner, NVwZ. 2013, S. 1520 ff. und Schlüter/Krüger, DVBl. 2003, S. 830 ff.

[1143] Vgl. Werner, NVwZ. 2013, S. 1520 ff. und Schlüter/Krüger, DVBl. 2003, S. 830 ff.

[1144] Vgl. OVG Münster, Urt. v. 19.12.2012 – 16 A 1451/10 – DVBl. 2013, S. 449 ff.

[1145] Vgl. Schlüter/Krüger, DVBl. 2003, S. 830 ff.

führe, der wiederum nur dann angenommen werden könne, wenn sich „zusätzliche private Finanzierungsressourcen erschließen lassen", findet nach Ansicht von Schulte/Herbrich so **keine Stütze im Gesetz**[1146]. Dieser Auffassung ist zuzustimmen: Bei der Beurteilung der Zulässigkeit der Einbringung von Gemeindevermögen in Stiftungen ist nach dem klar zum Ausdruck gebrachten Willen des Gesetzgebers ausschließlich in den Blick zu nehmen, ob der mit der Stiftung verfolgte Zweck auf andere Weise erreicht werden kann. Sofern es eine solche „alternative Handlungsform" gibt, muss die Einbringung von Gemeindevermögen in eine Stiftung ausscheiden; weitergehende Betrachtungen sind nicht anzustellen.

Zur Errichtung einer bürgerlich-rechtlichen Stiftung durch eine Kommune bedarf es **1007** (wie bei einem privaten Stifter) auch eines Stiftungsgeschäfts i. S. des § 81 Abs. 1 BGB und der Anerkennung durch die zuständige Stiftungsbehörde (§ 80 Abs. 1 BGB), in Bayern die jeweilige Bezirksregierung (Art. 3 Abs. 3 BayStG). Als einseitiges und nicht empfangsbedürftiges Rechtsgeschäft unterliegt das Stiftungsgeschäft den allgemeinen Regeln des Bürgerlichen Gesetzbuchs; somit finden neben den sonstigen Grundsätzen der allgemeinen Rechtsgeschäftslehre auch die an den Inhalt des Rechtsgeschäfts anknüpfenden Bestimmungen der §§ 134 und 138 BGB Anwendung. Zu den bürgerlich-rechtlichen Anforderungen an die Wirksamkeit des Stiftungsgeschäfts als Rechtsgeschäft i. S. d. §§ 104 ff. BGB gehört, dass es nicht gegen ein **gesetzliches Verbot** verstößt; ist das der Fall, ist das Rechtsgeschäft nichtig, wenn sich nicht aus dem Gesetz ein anderes ergibt. Der Begriff des Gesetzes i. S. v. § 134 BGB umfasst auch das Landesrecht, so dass über § 134 BGB ohne Verstoß gegen die Gesetzgebungszuständigkeit auch landesrechtliche Bestimmungen Geltung erlangen können, soweit sich diese Bestimmungen als Verbotsgesetze verstehen lassen und sich darüber hinaus spezifisch mit dem Landesrecht unterfallenden Regelungsmaterien befassen[1147].

Art. 75 Abs. 4 BayGO ist ein **Verbotsgesetz** i. S. v. § 134 BGB[1148]. Schon dem Wortlaut **1008** der Norm („darf nur ..., wenn") ist deutlich ein Verbot zu entnehmen, weil aus der gewählten Gesetzesformulierung zwanglos abgeleitet werden kann, dass die Einbringung von Gemeindevermögen in eine Stiftung nur unter der genannten, engen Voraussetzung der Unmöglichkeit einer andersgearteten Zweckerreichung zulässig und anderenfalls untersagt ist. Das Fehlen des Wortes „Verbot" ist insoweit unerheblich. Nach dem Sinn und Zweck der Vorschrift ist nichts dafür ersichtlich, dass es sich lediglich um eine vergleichsweise nachgiebige Ordnungsvorschrift handeln könnte. Ein Verstoß gegen den Subsidiaritätsgrundsatz führt zur **Nichtigkeit des Stiftungsgeschäfts.** Dass ein Stiftungsgeschäft gegen die Verbotsnorm des Art. 75 Abs. 4 GO verstößt, lässt jedoch nicht die Schlussfolgerung zu, dass aus der Anerkennung der Stiftung eine Gemeinwohlgefährdung erwächst. Die Gemeinwohlgefährdung ist ausschließlich am verfolgten Zweck der Stiftung zu beurteilen[1149].

5. Organe, Verwaltung, Aufsicht und Prüfung

Im Hinblick auf die Organe, die Verwaltung (insbesondere die Vorgaben zur Haushalts- **1009** wirtschaft, Buchführung und Rechnungslegung) und die staatliche Aufsicht und Prüfung sind in der kommunalen Praxis die allgemeinen und die kommunalen (kommunal und nicht kommunal verwalteten) Stiftungen bedeutsam; die nachfolgenden Ausführungen beschränken sich insoweit auf diese Arten von Stiftungen.

[1146] Vgl. Schulte/Herbrich, ZStV 2014, S. 1 ff.
[1147] Vgl. OVG Münster, Urt. v. 19.12.2012 – 16 A 1451/10 – DVBl. 2013, S. 449 ff.
[1148] Vgl. OVG Münster, Urt. v. 19.12.2012 – 16 A 1451/10 – DVBl. 2013, S. 449 ff, zum identischen § 100 Abs. 3 GO NW.
[1149] Vgl. Schulte/Herbrich, ZStV 2014, S. 1 ff.

a) Organe

1010 Die Stiftung benötigt zur Erlangung der Handlungsfähigkeit die Einrichtung einer entsprechenden Stiftungsorganisation[1150]. Nach den gesetzlichen Vorgaben ist mindestens ein **Vorstand** als gesetzliches Vertretungsorgan einzurichten[1151]. Für dieses Organ kann auch eine andere Bezeichnung gewählt werden. Die Organisation der Stiftung bestimmt sich primär nach der Stiftungssatzung. Darin können weitere (beratende oder überwachende) Organe der Stiftung vorgesehen werden[1152]. Die Stiftungssatzung hat u. a. auch die Befugnisse und Pflichten der Organe sowie Regelungen zum Geschäftsgang zu enthalten.

1011 Die Vertretung und Verwaltung der **kommunalen Stiftungen** obliegt, soweit nicht durch die Stiftungssatzung anderes bestimmt wurde, nach Art. 20 Abs. 2 BayStG den für die Vertretung und Verwaltung der Gemeinden, Landkreise und Bezirke zuständigen Organen. Die Stiftungen werden demnach von der jeweiligen Gebietskörperschaft verwaltet, die durch das zuständige Organ handelt. Für eine Gemeinde sind das nach Art. 29 ff. BayGO (im Wesentlichen) der **Gemeinderat** und der erste **Bürgermeister.** Angesichts der gesetzlichen Regelung in Art. 20 Abs. 2 BayStG ist die Regelung der Verwaltung und Organisation nicht notwendiger Inhalt der Stiftungssatzung kommunaler Stiftungen; da sich die nach § 81 Abs. 1 Satz 3 Nr. 5 BGB notwendige Satzungsregelung (nur) subsidiär aus Art. 20 Abs. 2 BayStG in Verbindung mit den kommunalrechtlichen Vorschriften ergibt, ist ein Verstoß gegen § 81 Abs. 1 Satz 3 Nr. 5 wohl nicht gegeben[1153].

b) Verwaltung (Haushaltswirtschaft, Buchführung, Rechnungslegung)

1012 Nach Art. 20 Abs. 3 Satz 3 BayStG gelten für die **kommunalen, kommunal verwalteten Stiftungen** die **Vorschriften über die Gemeindewirtschaft** – mit Ausnahme des Art. 62 Abs. 1 und der Art. 77 bis Art. 85 BayGO – entsprechend. Dies sind insbesondere die Vorschriften über Haushaltssatzung und Haushaltsplan (Art. 63 und Art. 64 BayGO), über die Vermögenswirtschaft (Art. 74 bis Art. 76 BayGO) und die Regelungen zur Kassenführung und Rechnungslegung (Art. 100 ff. BayGO)[1154]. Daneben sind auch verschiedene Rechts- und Verwaltungsvorschriften entsprechend anwendbar (z. B. die Kommunalhaushaltsverordung-Kameralistik[1155]).

1013 Für **allgemeine und kommunale, nicht kommunal verwaltete Stiftungen** gelten uneingeschränkt die Vorschriften des BayStG[1156]. Die Vorschriften über die Gemeindewirtschaft in den Kommunalgesetzen sind von Gesetzes wegen nicht anwendbar. Die grundlegenden Vorschriften zur Haushaltswirtschaft, zur Buchführung und zur Rechnungslegung sind in Art. 16 Abs. 1 BayStG zusammengefasst. Danach sind die Stiftungen zu einer **ordnungsgemäßen Buchführung** verpflichtet. Die dabei anzuwendende Buchführungsart können sie im Rahmen der gesetzlichen Bestimmungen selbst wählen. Die Stiftungen sollen vor Beginn eines jeden Geschäftsjahres einen **Voranschlag** aufstellen, der die Grundlage für die Verwaltung aller Einnahmen und Ausgaben bildet. Die Stiftungen haben innerhalb von sechs Monaten nach Ablauf des Geschäftsjahres einen Rechnungsabschluss und eine Vermögensübersicht **(Jahresrechnung)** zu erstellen und diese mit einem **Bericht über die Erfüllung des Stiftungszwecks** der Stiftungsaufsichtsbehörde vorzulegen[1157].

1150 Vgl. Stumpf/Suerbaum/Schulte/Pauli, § 81, Rn. 36.
1151 Vgl. § 81 Abs. 1 Satz 3 Nr. 5 BGB.
1152 Vgl. Weitemeyer in Münchner Kommentar zum BGB, § 81, Rn. 45.
1153 Vgl. Voll/Störle, Art. 20, Rn. 3.
1154 Vgl. zum Ganzen Wölfl in Schreml/Bauer/Westner, Teil VIII D, Erläuterung 4.
1155 KommHV-Kameralistik in der in der Bayerischen Rechtssammlung (BayRS 2023-1-I) veröffentlichten bereinigten Fassung, zuletzt geändert durch § 1 Abs. 49 der Verordnung vom 26.3.2019, BayGVBl. S. 98.
1156 Die Stiftungssatzungen enthalten oftmals auch Vorschriften zur Haushaltswirtschaft, zum Rechnungswesen und zu Prüfungszuständigkeiten. Diese satzungsrechtlichen Vorgaben sind ggf. neben den bzw. ergänzend zu den gesetzlichen Vorgaben bei der Verwaltung der Stiftungen zu berücksichtigen.
1157 Vgl. zum Ganzen Wölfl in Schreml/Bauer/Westner, Teil VIII D, Erläuterung 5.

c) Aufsicht

Die Rechte und Pflichten der Stiftungsaufsichtsbehörde nach Art. 10 Abs. 1 und 2, Art. 11, 12, 14, 17, 18 und 19 Nrn. 1 und 3 BayStG sind bei **kommunalen, kommunal verwalteten Stiftungen** von der Rechtsaufsichtsbehörde wahrzunehmen (Art. 20 Abs. 3 Satz 2 BayStG). 1014

Bei **allgemeinen und kommunalen nicht kommunal verwalteten Stiftungen** kann in der Stiftungssatzung – neben den Vertretungsorganen – auch ein Aufsichtsorgan geschaffen werden, das den Vorstand kontrolliert und ihn ggf. auch bestellt und abberuft[1158]. Die allgemeinen und kommunalen nicht kommunal verwalteten Stiftungen unterstehen der Rechtsaufsicht des Staates (Stiftungsaufsicht). Stiftungsaufsichtsbehörden sind die Regierungen (Art. 10 Abs. 1 Satz 2 BayStG). Als Oberste Stiftungsbehörden sind nach Art. 10 Abs. 2 Satz 1 BayStG zuständig das Staatsministerium für Unterricht und Kultus (für Stiftungen, die der Religion oder Bildung gewidmet sind), das Staatsministerium für Wissenschaft und Kunst (für Stiftungen, die der Wissenschaft, Forschung, Kunst oder Denkmalpflege gewidmet sind) sowie das Staatsministerium des Innern, für Sport und Integration (für alle übrigen Stiftungen). 1015

d) Prüfung

Die Jahresrechnungen bzw. die Jahresabschlüsse der **kommunalen, kommunal verwalteten Stiftungen** unterliegen der **örtlichen** (Art. 103 BayGO) und der **überörtlichen** (Art. 105 BayGO) **Rechnungsprüfung** bzw. Rechnungs- und Kassenprüfung. Die örtliche Rechnungsprüfung obliegt dem Gemeinderat oder einem Rechnungsprüfungsausschuss. Die überörtliche Prüfung führt bei kommunalen Stiftungen, die von Mitgliedern des Bayerischen Kommunalen Prüfungsverbandes verwaltet werden, dieser Verband durch[1159], in den übrigen Fällen die staatliche Rechnungsprüfungsstelle der Landratsämter[1160]. Die Prüfung umfasst die Einhaltung der für die Wirtschaftsführung geltenden Vorschriften und Grundsätze, die Erhaltung des Grundstockvermögens und die bestimmungsgemäße Verwendung seiner Erträge und der zum Verbrauch bestimmten Zuwendungen. Prüfungen nach Art. 16 Abs. 2 bis 4 BayStG sind bei den kommunalen, kommunal verwalteten Stiftungen nicht vorgesehen (Art. 20 Abs. 3 Satz 2 BayStG)[1161]. Bei den **allgemeinen Stiftungen** und den **kommunalen, nicht kommunal verwalteten Stiftungen** sind grundsätzlich die **Stiftungsaufsichtsbehörden** für die Prüfung der Jahresrechnung zuständig (Art. 16 Abs. 2 BayStG). Die Prüfung durch die Stiftungsaufsichtsbehörden sollte der Regelfall sein. Die Prüfung muss sich neben der rechnerischen Richtigkeit der Jahresrechnung vor allem darauf erstrecken, ob die Grundsätze ordnungsgemäßer Buchführung eingehalten wurden, das Grundstockvermögen ungeschmälert erhalten blieb und die Erträge des Vermögens der Stiftung und die zum Verbrauch bestimmen Zuwendungen satzungsgemäß verwendet wurden (§ 4 Abs. 2 Nr. 3 AVBayStG). Die Prüfung kann sich nur dann auf Stichproben beschränken, wenn auf Grund der Ergebnisse vorausgegangener Prüfungen eine umfassende Prüfung nicht erforderlich erscheint. Die Stiftungsaufsichtsbehörde kann bei Stiftungen, die jährlich im Wesentlichen gleichbleibende Einnahmen und Ausgaben aufweisen, die Prüfung der Jahresrechnungen für mehrere Jahre zusammenfassen. Sie kann ferner für höchstens drei Jahre von einer Vorlage der Unterlagen durch die Stiftung nach Art. 16 Abs. 1 Satz 4 BayStG sowie einer Prüfung der Jahresrechnungen nach Art. 16 Abs. 2 Satz 1 BayStG absehen, wenn die Prüfung der Jahres- 1016

[1158] Vgl. Stumpf/Suerbaum/Schulte/Pauli, § 81, Rn. 39.

[1159] Art. 3 Abs. 1 Nr. 7 des Gesetzes über den Bayerischen Kommunalen Prüfungsverband vom 24.4.1978, BayGVBl S. 131 (BayRS 2023-5-I), zuletzt geändert durch § 1 Abs. 52 der VO v. 26.3.2019, BayGVBl S. 98.

[1160] § 9 Kommunalwirtschaftliche Prüfungsverordnung (KommPrV) vom 3.11.1981, BayGVBl S. 492 (BayRS 2023-2-I), zuletzt geändert durch § 1 Abs. 50 der Verordnung vom 26.3.2019, BayGVBl S. 98.

[1161] Vgl. Wölfl in Schreml/Bauer/Westner, Teil VIII D, Erläuterung 4.2.6.

rechnungen in mindestens fünf aufeinander folgenden Jahren keine Beanstandung ergeben hat. Ergibt auch die anschließende Rechnungsprüfung keine Beanstandung, kann erneut für höchstens drei Jahre von der Vorlage der Unterlagen und der Prüfung abgesehen werden (Art. 16 Abs. 2 Sätze 4 und 5 BayStG). Ist hingegen eine Beanstandung auszusprechen, sind (zunächst wieder) fünf Jahresrechnungen zu prüfen[1162].

1017 Art. 16 Abs. 3 Satz 1 BayStG regelt den Inhalt der Prüfung durch sog. **Externe.** Externe in diesem Sinn sind verwaltungseigene Stellen der staatlichen Rechnungsprüfung, ein Prüfungsverband, ein Wirtschaftsprüfer oder ein vereidigter Buchprüfer (davon umfasst sind auch Wirtschaftsprüfungs- und Buchprüfungsgesellschaften). Die Prüfung kann dabei von der Stiftung selbst veranlasst (z. B. aufgrund einer entsprechenden Satzungsregelung) oder auf Verlagen der Stiftungsaufsichtsbehörde nach Art. 16 Abs. 4 BayStG durchgeführt werden. Die Prüfung durch Externe muss sich auf die Erhaltung des Grundstockvermögens und die bestimmungsgemäße Verwendung seiner Erträge und zum Verbrauch bestimmter Zuwendungen erstrecken. Im Hinblick auf die Vorgabe in Art. 6 Abs. 3 Satz 1 BayStG (und auch die noch gültige Regelung in § 4 Abs. 2 Nr. 3 AVBayStG) wird sich die Prüfung nicht (nur) auf die bestimmungsgemäße Verwendung der Erträge des Grundstockvermögens, sondern auch auf die bestimmungsgemäße Verwendung der Erträge des gesamten Stiftungsvermögens zu erstrecken haben. Auch die Einhaltung der Grundsätze ordnungsgemäßer Buchführung ist zu prüfen (§ 4 Abs. 2 Nr. 3 AVBayStG). Erforderlichenfalls kann der Prüfungsumfang im Rahmen der Auftragserteilung auch um zusätzliche Inhalte erweitert werden. Der Prüfungsbericht ist nach Art. 16 Abs. 3 Satz 2 BayStG der Stiftungsaufsichtsbehörde vorzulegen. Der (Mindest-)Inhalt des Prüfungsberichts ergibt sich aus § 4 Abs. 2 AVBayStG. Bei einer externen Prüfung sieht die Stiftungsaufsichtsbehörde von einer eigenen Prüfung der Jahresrechnung ab. Auch eine „Verbescheidung der Jahresrechnung“ durch die Stiftungsaufsichtsbehörde ist nicht (mehr) vorgesehen.

6. Stiftungsrechtliche Anforderungen – Vermögenserhalt und Zweckerfüllung

1018 Kernpunkte der stiftungsrechtlichen Regelungen sind der Erhalt des (Grundstock-) Vermögens und die Erfüllung des Stiftungszwecks. Die dabei zu stellenden, grundlegenden Anforderungen gelten gleichermaßen für (nahezu) alle Stiftungsformen; insoweit sind keine differenzierenden Betrachtungen anzustellen.

a) Erhalt des Grundstockvermögens

1019 Das Grundstockvermögen[1163] bildet die materielle Grundlage für den Bestand einer Stiftung und die dauernde und nachhaltige Erfüllung des Stiftungszwecks. Als zentraler stiftungsrechtlicher Grundsatz ist daher in Art. 6 Abs. 2 BayStG[1164] normiert, dass das Grundstockvermögen „ungeschmälert zu erhalten“ ist. Dies bedeutet zunächst, dass es nicht verschenkt, grundsätzlich nicht verbraucht (auch nicht für den Stiftungszweck) oder unter seinem tatsächlichen Wert veräußert werden darf. Darüber hinaus muss das Erhaltungsgebot als Auftrag zum **Erhalt des wirtschaftlichen, realen Wertes** (Ertragskraft, Kaufkraft) verstanden werden[1165]. Die rein nominelle Erhaltung des Grundstockvermögens ist nicht ausreichend, um die reale Leistungskraft einer Stiftung auf Dauer zu sichern. Danach sind

[1162] Vgl. Wölfl in Schreml/Bauer/Westner, Teil VIII D, Erläuterung 5.2.2.

[1163] Nach der Legaldefinition in Art. 6 Abs. 2 BayStG ist das Grundstockvermögen definiert als das „Vermögen, das der Stiftung zugewendet wurde, um aus seiner Nutzung den Stiftungszweck dauernd und nachhaltig zu erfüllen“ (ebenso in § 7 Abs. 2 Satz 1 Stiftungsgesetz Sachsen-Anhalt; in § 4 Abs. 2 Satz 1 Stiftungsgesetz Schleswig-Holstein als Stiftungsvermögen bezeichnet).

[1164] Identische bzw. vergleichbare Regelungen finden sich u. a. in § 3 Berliner Stiftungsgesetz, § 6 Abs. 1 Satz 1 Hessisches Stiftungsgesetz, § 4 Abs. 2 Satz 1 Stiftungsgesetz NRW, § 7 Abs. 2 Satz 1 Stiftungsgesetz Sachsen-Anhalt; teils wurde die Formulierung „ist in seinem Bestand zu erhalten“ gewählt.

[1165] Vgl. Wölfl in Schreml/Bauer/Westner, Teil VIII D, Erläuterung 4.3.3; vgl. auch Voll/Störle, Art. 6, Rn. 6; in § 4 Abs. 3 Satz 1 des Sächsischen Stiftungsgesetzes ausdrücklich normiert.

u. a. inflationsbedingte Wertverluste auszugleichen. Insoweit erlaubt Art. 6 Abs. 3 Satz 2 BayStG – als Ausnahme von der Verwendungspflicht der Erträge zur Erfüllung des Stiftungszwecks – die Zuführung von Erträgen zum Grundstockvermögen, um dieses in seinem Wert zu erhalten.

Die weit überwiegende Zahl der Stiftungen unterliegt den Regelungen des Abschnitts „Steuerbegünstigte Zwecke" der AO. Die stiftungsrechtlichen Vorgaben des Vermögenserhalts können – um die Erhaltung der steuerlichen **Gemeinnützigkeit** nicht zu gefährden – insoweit nur im Rahmen der steuerrechtlichen Vorschriften erfüllt werden[1166]. In diesem Zusammenhang ist insbesondere auf die Möglichkeit der Bildung einer freien Rücklage nach § 62 Abs. 1 Nr. 3 AO hinzuweisen. 1020

b) Erfüllung des Stiftungszwecks

Der Stiftungszweck ist das **Kernelement** der Stiftung. Er bildet die oberste Richtschnur für alle Entscheidungen der Stiftungsorgane und der Aufsichtsbehörde, er hat eine „Weisungsfunktion"[1167]. Nach Art. 6 Abs. 3 Satz 1 BayStG dürfen die Erträge des Vermögens der Stiftung und zum Verbrauch bestimmte Zuwendungen nur zur Erfüllung des Stiftungszwecks verwendet werden[1168]. Darunter fallen die Erträge aller Vermögenswerte, nicht nur die des Grundstockvermögens. Keine Erträge im Sinne des Art. 6 Abs. 3 Satz 1 BayStG sind die (Mehr)Erlöse aus der Veräußerung von Teilen des Grundstockvermögens (z. B. Kursgewinne, Buchgewinne) und die Erlöse aus einer übermäßigen oder ungewöhnlichen Nutzung des Vermögens (z. B. Rodung eines Waldes)[1169]. 1021

Soweit Stiftungen den gemeinnützigkeitsrechtlichen Vorgaben des **Steuerrechts** unterliegen, ist darauf hinzuweisen, dass steuerrechtlich insoweit nicht vom Ertrag, sondern (weitergehend) von den „zeitnah zu verwendenden Mitteln" der gemeinnützigen Körperschaften die Rede ist (§ 55 Abs. 1 AO)[1170]. Von dieser Verwendungspflicht sind jedoch die sogenannten „gebundenen Mittel" (insbesondere das Grundstockvermögen) ausgenommen (Nr. 29 AE zu § 55 AO). 1022

Der unmittelbaren Verwendungspflicht für den Stiftungszweck unterliegt der **Reinertrag,** also der Rohertrag abzüglich der notwendigen Kosten der Verwaltung, des Aufwands für die Instandhaltung des Stiftungsvermögens und der rechtlichen Verpflichtungen sowie der öffentlichen Lasten[1171]. 1023

Ertragsverwendung ist nicht gleichzusetzen mit einem Abfluss der Finanzmittel, sondern meint grundsätzlich **jede (zulässige) Disposition.** Eine zweckentsprechende Verwendung kann danach neben der unmittelbaren Erfüllung des Stiftungszwecks (z. B. Gewährung von Stipendien, Beihilfen) auch in der Dotierung von Rücklagen (nach § 62 Abs. 1 AO) oder in der Beschaffung von Vermögensgegenständen, die satzungsgemäßen Zwecken dienen, gesehen werden. 1024

1166 Vgl. zum Ganzen etwa Wallenhorst/Halaczinsky.
1167 Vgl. Weitemeyer in Münchner Kommentar zum BGB, § 80, Rn. 2, m. w. N.
1168 Identische bzw. vergleichbare Regelungen finden sich u. a. § 7 Abs. 3 Stiftungsgesetz Sachsen-Anhalt, § 8 Abs. 3 Thüringer Stiftungsgesetz, § 4 Abs. 3 Stiftungsgesetz NRW, § 6 Abs. 3 Hessisches Stiftungsgesetz.
1169 Vgl. zum Ganzen Wölfl in Schreml/Bauer/Westner, Teil VIII D, Erläuterung 4.4 und 5.4.
1170 Vgl. auch insoweit etwa Wallenhorst/Halaczinsky.
1171 Vgl. Voll/Störle, Art. 6, Rn. 7.

E. Verantwortung und Kontrolle

Übersicht

1. Teil. Rechnungs-, Berichts- und Prüfungswesen

Literatur:
Adler/Düring/Schmaltz, Rechnungslegung und Prüfung der Unternehmen, 6. Aufl. 1995 ff.; *Bärenz,* Haftung des Abschlussprüfers bei Bestätigung fehlerhafter Jahresabschlüsse gemäß § 323 Abs. 1 S. 3 HGB, BB 2003, 1781 ff.; *Baumbach/Hopt,* Handelsgesetzbuch, 39. Aufl. 2020; *Baumbach/Hueck,* GmbHG, 22. Aufl. 2019; *Bayerischer Landkreistag,* Leitfaden für das Beteiligungsmanagement in den Landratsämtern, 2014; *Bissinger,* Aufsichtsrat – Stellung und Pflichten in kommunalen Unternehmen, Geschäftsbericht des Bayer. Komm. Prüfungsverbandes 2011, S. 13 ff.; *Bormann/Gucht,* Übermittlung des Prüfungsberichts an den Aufsichtsrat – ein Beitrag zu § 170 Abs. 3 S. 2 AktG, BB 2003, 1887 ff.; *Bundesverband der Energie- und Wasserwirtschaft e. V. (BDEW),* Umsetzungshilfe zum Kraft-Wärmekopplungsgesetz – KWKG 2016 (abrufbar: https://www.bdew.de/media/documents/Awh_20180601_BDEW-Umsetzungshilfe_KWK-G-2016.pdf); *Deloitte/Zeppelin Universität Friedrichshafen,* PeB-Studie 2019 – Personaleinsatz und Organisationsmodelle im öffentlichen Beteiligungsmanagement, Stand 4/2019 (abrufbar: https://www2.deloitte.com/content/dam/Deloitte/de/Documents/public-sector/Studie_Oeffentliches_Beteiligungsmanagement_Deloitte_Deutschland.pdf); Deutscher Corporate Governance Kodex (Stand 16.12.2019 – abrufbar: https://www.dcgk.de//files/dcgk/usercontent/de/download/kodex/191216_Deutscher_Corporate_Governance_Kodex.pdf); *Deutscher Städtetag,* Gute Unternehmenssteuerung, Strategien und Handlungsempfehlungen für die Steuerung städtischer Beteiligungen, 2017 (abrufbar: http://www.staedtetag.de/imperia/md/content/dst/veroeffentlichungen/mat/strategien_handlungsempfehlungen_gute_unternehmenssteuerung.pdf); *Diller,* Aufgaben und Organisation einer Innenrevision im kommunalen Krankenhaus, Geschäftsbericht 2002 des Bayer. Komm. Prüfungsverbandes, S. 66 ff.; *Fabry/Augsten* (Hrsg.), Handbuch Unternehmen der öffentlichen Hand, 2. Aufl. 2011; *Fiebig,* Kommunale Rechnungsprüfung. Grundlagen – Aufgaben – Organisation, 5. Aufl. 2018; *Gampe/Iltgen,* Controlling kommunaler Beteiligungen unter Einbindung eines externen Dienstleisters, GemH 2004, S. 25 ff.; *Gaß,* Die Umwandlung gemeindlicher Unternehmen, Stuttgart u. a. 2003; *GPA Baden-Württemberg,* Geschäftsbericht 2002; *Grottel/Schmidt/Schubert/Winkeljohann,* Beck'scher Bilanzkommentar, Handels- und Steuerrecht, 12. Aufl. 2020; Grundsätze guter Unternehmens- und Beteiligungsführung im Bereich des Bundes, Beschluss der Bundesregierung vom 1.7.2009, Bek. d. BMF v. 16.2.2011 (GMBl 2011 Nr. 21/22, S. 410); *Haertle/Purzer,* Das Rechnungswesen der Krankenhäuser, Stand (65. Lfg.) 2019; *Hahn,* Was bedeutet die Reform der Rechnungslegung der öffentlichen Verwaltung aus der Perspektive der kommunalen Unternehmen?, in Rödl & Partner, Newsletter Öffentliches Management, April 2003, S. 3 f.; *Hessischer Rechnungshof,* 10. Zusammenfassender Bericht 2001; *Hille/S. Müller,* Der neue Bestätigungsvermerk – Erweiterte Berichterstattung, in Rödl & Partner, Newsletter Potenziale nutzen, Fokus Gesundheits- und Sozialwirtschaft, Dezember 2018, S. 16 f. (abrufbar: https://www.roedl.de/de-de/de/medien/publikationen/newsletter/fokus-gesundheits-sozialwirtschaft/documents/fokusgesoz-dez-2018.pdf); *Hoffmann/Lüdenbach,* Bilanzrechtsreformgesetz – Seine Bedeutung für den Einzel- und Konzernabschluß der GmbH, GmbHR 2004, S. 145 ff.; *Hofmann,* Prüfungs-Handbuch, Leitfaden für eine Überwachungs- und Revisionskonzeption in der Corporate Governance, 5. Aufl. 2005; *Hoppe/Uechtritz* (Hrsg.), Handbuch Kommunale Unternehmen, 3. Aufl. 2012; *IDW,* Formulierungsvorschlag zur Unabhängigkeit des Abschlussprüfers, FN-IDW 2002, S. 755 f.; *IDW* PH (Prüfungshinweis) 9.970.11: Besonderheiten der Prüfung nach § 75 Satz 1 EEG 2017 der zusammengefassten Endabrechnung eines Netzbetreibers für das Kalenderjahr 2019, Stand: 14.2.2020, IDW Life 3/2020, S. 199 ff.; *IDW* PH 9.970.12: Besonderheiten der Prüfungen nach § 75 Satz 2 EEG 2017, § 30 Abs. 1 Nr. 5 KWKG und § 17f Abs. 5 Satz 2 EnWG i. V. m. § 30 Abs. 1 Nr. 5 KWKG der Abrechnungen von Elektrizitätsversorgungsunternehmen, stromkostenintensiven Unternehmen, Letztverbrauchern und Eigenversorgern für das Kalenderjahr 2019, Stand: 18.3.2020, IDW Life 4/2020, S. 267 ff.; *IDW* PH 9.970.33: Besonderheiten der Prüfung nach § 30 Abs. 1 Nr. 9 KWKG der Abrechnungen eines Netzbetreibers für das Kalenderjahr 2019, 17.4.2020, IDW Life 5/2020, S. 419 ff.; *IDW* PS (Prüfungsstandard) 210: Zur Aufdeckung von Unregelmäßigkeiten im Rahmen der Abschlussprüfung, Stand 12.12.2012, WPg Supplement 1/2013, S. 7, FN-IDW 1/2013, S. 11; *IDW,* PS 250 n. F.: Wesentlichkeit im Rahmen der Abschlussprüfung, WPg 2013, Supplement 1, S. 4; *IDW* PS 261 n. F., Feststellung und Beurteilung von Fehlerrisiken und Reaktionen des Abschlussprüfers auf die beurteilten Fehlerrisiken, Stand 15.9.2017, IDW Life 8/2016, S. 635, IDW Life 1/2018, S. 172 f.; *IDW* PS 270 n. F.: Die Beurteilung der Fortführung der Unternehmenstätigkeit im Rahmen der Abschlussprüfung, Stand 11.7.2018, IDW Life 8/2018, S. 752 ff.; *IDW* PS 345, Auswirkungen des Deutschen Corporate Governance Kodex auf die Abschlussprüfung, Stand: 10.7.2017, IDW Life 9/2017, S. 1036 ff.; *IDW PS* 400 n. F.: Bildung eines Prüfungsurteils und Erteilung eines Bestätigungsvermerks, Stand 30.11.2017, IDW Life 1/2018, S. 29 ff.; *IDW* PS 401: Mitteilung besonders wichtiger Prüfungssachverhalte im Bestätigungsvermerk, Stand 30.11.2017, IDW Life 1/2018, S. 87 ff.; *IDW* PS 405: Modifizierungen des Prüfungsurteils im Bestätigungsvermerk, Stand 30.11.2017, IDW Life 1/2018,

S. 101 ff.; *IDW* PS 406: Hinweise im Bestätigungsvermerk, Stand 30.11.2017, IDW Life 1/2018, S. 130 ff.; *IDW,* PS 650 n. F.: Zum erweiterten Umfang der Jahresabschlussprüfung von Krankenhäusern nach Landeskrankenhausrecht, IDW Life 2019, S. 560; *IDW* PS 720, Berichterstattung über die Erweiterung der Abschlussprüfung, Stand 9.9.2010, FN-IDW 2/2011, S. 113 f., WPg Supplement 1/2011, S. 1; *IDW* EPS (Entwurf einer Neufassung des Prüfungsstandards) 970 n. F.: Sonstige betriebswirtschaftliche Prüfungen und ähnliche Leistungen im Zusammenhang mit energierechtlichen Vorschriften, Stand des Entwurfs 15.2.2016, IDW Life 3/2016, S. 169 ff.; *IDW,* RS HFA 1: Stellungnahme zur Rechnungslegung: Aufstellung des Lageberichts, WPg 1998, S. 653 (aufgehoben in 198. Sitzung des HFA am 1.7.2005); *IDW* (Hrsg.), WP Handbuch Wirtschaftsprüfung und Rechnungslegung, 16. Aufl. 2019; *IDW* (Hrsg.), WPH-Edition, Öffentliche Hand, besondere Branchen und Non-Profits – Rechnungslegung und Prüfung bei kommunalen Unternehmen, Energieversorgern, Krankenhäusern, Vereinen, Stiftungen u. a., 1. Aufl. 2019; *Janssen,* Holding und Organschaft: Bestandsaufnahme, Gestaltung, Perspektiven, Die Wirtschaftsprüfung, Sonderheft 2003; *Jöhnk/Mitschke/Uhlen* (PwC), Modell zur Steuerung und Kontrolle kommunaler Beteiligungen, 2002; *Kämpfer/Schmidt,* Die Auswirkungen der neueren Prüfungsstandards auf die Durchführung von Abschlussprüfungen, WPg 2009, S. 47 ff.; *Kajüter,* Der Lagebericht als Instrument einer kapitalmarktorientierten Rechnungslegung – Umfassende Reformen nach dem Entwurf zum BilReG und E-DRS 20 –, DB 2004, 197 ff.; *Köhler,* Die Aufstellung des Lageberichts für kommunale Krankenhäuser und Pflegeeinrichtungen, Bayer. Komm. Prüfungsverband, Geschäftsbericht 2006, S. 182 ff.; *Küting/Dawo/Heiden,* Das Testat des Wirtschaftsprüfers im Internet – Internationale audit guidance als Vorbild einer künftigen deutschen Regelung?, JurPC Web-Dok. 25/2002, Abs. 63; *Küting/Pfitzer/Weber (Hrsg.),* Handbuch der Rechnungslegung – Einzelabschluss, Kommentar zur Bilanzierung und Prüfung, 5. Aufl., Stand (29. Lfg.) Dezember 2019.; *Latz,* Europäisches Beihilferecht – Das Monti-Paket und kommunale Leistungen der Daseinsvorsorge, Geschäftsbericht des Bayer. Komm. Prüfungsverbandes 2007, S. 15 ff.; *Leffson,* Die Grundsätze ordnungsgemäßer Buchführung, 7. Aufl. 1987, S. 163 ff.; *Leisner,* Staatliche Rechnungsprüfung Privater unter besonderer Berücksichtigung der freien Wohlfahrtspflege, 1990; *Leßweng,* Einsatz von Business Intelligence Tools (BIT) im betrieblichen Berichtswesen, Controlling 2004, S. 41 ff.; *Lommatzsch,* „Von alledem nichts gewusst?“ – Persönliche Außenhaftung des Aufsichtsrats, Status:Recht 2008, 287; *Lutter/Krieger/Verse,* Rechte und Pflichten des Aufsichtsrats, 7. Aufl. 2020; *Marx,* Unabhängige Abschlussprüfung und Beratung, 2001; *Meyer,* Grundlagen und Reichweite der Einrichtungs- und der Betätigungsprüfung nach dem Gesetz zur Regelung der überörtlichen Prüfung kommunaler Körperschaften in Hessen (ÜPKKG), 1995; *Meyer,* Der Regierungsentwurf des Bilanzrechtsreformgesetzes (BilReG): Wichtige Neuerungen in der externen Rechnungslegung, DStR 2004, 971 ff.; *Modellprojekt „Doppischer Kommunalhaushalt in NRW“ (Hrsg.),* Neues Kommunales Finanzmanagement – Betriebswirtschaftliche Grundlagen für das doppische Haushaltsrecht, 2. Aufl. 2003; *Mühlenkamp,* Effizienzkonzepte, Effizienzmessung und Effizienzvergleiche bei öffentlichen Unternehmen in Mühlenkamp et al. (Hrsg.), Öffentliche Wirtschaft, Handbuch für Wissenschaft und Praxis, 2019, 339 ff.; *Niehus,* Nahestehende Personen nach dem BilMoG, DStR 2008, 2280; *Och/Wager,* Betriebswirtschaftslehre in der öffentlichen Verwaltung, herausgegeben von der Bayerischen Verwaltungsschule, 2003; *Pfitzer/Orth/Hettich,* Stärkung der Unabhängigkeit des Abschlussprüfers? Kritische Würdigung des Referentenentwurfs zum Bilanzrechtsreformgesetz, DStR 2004, 328 ff.; *Püttner,* Zur Frage der zu empfehlenden Rechtsform für kommunale Unternehmen in Bayern unter den heute gegebenen Rahmenbedingungen, Anlage zum VKU-Nachrichtendienst Juli 1999; Rechnungshof Rheinland-Pfalz, Kommunalbericht 1999 Tz. 4, S. 43 ff.; *Reindl,* Rechnungslegung nach IAS/IFRS – Pflicht oder Kür?, GmbHR 2003, R 181 f.; *Sächsischer Landkreistag/Sächsisches Staatsministerium des Innern/Sächsischer Städte- und Gemeindetag,* Leitfaden Beteiligungsmanagement im kommunalen Bereich, 2014 (abrufbar: https://www.kommunale-verwaltung.sachsen.de/download/Kommunale_Verwaltung/Leitfaden_Beteiligungsmanagement.pdf); *Säcker (Hrsg.),* Münchener Kommentar zum Europäischen und Deutschen Wettbewerbsrecht, Band 5 (Beihilfenrecht), 2. Auflage 2018; *Schreml/Bauer/Westner* u. a., Kommunales Haushalts- und Wirtschaftsrecht in Bayern, Stand April 2020; *Schruff,* Zur Aufdeckung von Top-Management-Fraud durch den Wirtschaftsprüfer im Rahmen der Jahresabschlussprüfung, WPg 2003, S. 901 ff.; *Strobel,* Der Beteiligungsbericht als Informationsinstrument des Gemeinderats, DÖV 2004, 477 ff.; *Theile,* Erstmalige Anwendung der IAS/IFRS, DB 2003, S. 1745 ff.; *Tomerius/Breitkreuz,* Selbstverwaltungsrecht und „Selbstverwaltungspflicht“, DVBl 2003, 426 ff.; *Trapp/Bolay,* Privatisierung in Kommunen – eine Auswertung kommunaler Beteiligungsberichte, Deutsches Institut für Urbanistik, 2003 (abrufbar: https://networks-group.de/sites/default/files/docs/privatisierung-in-kommunen.pdf); *v. Mutius/Groth,* Amtshaftung bei fehlerhafter kommunalaufsichtsbehördlicher Genehmigung privatrechtlicher Rechtsgeschäfte, NJW 2003, 1278 ff.; *Vogelpoth/Poullie/Voß,* Probleme im Zusammenwirken von HGB, BilMoG und kommunaler Rechnungslegung, WPg 2009, S. 83 ff.; *Wager,* Bilanz/Gewinn- und Verlustrechnung der Eigenbetriebe und Kommunalunternehmen, 3. Aufl. 2011; *Wambach,* in: *Rödl & Partner,* Newsletter Öffentliches Management, April 2003, S. 1; *Widtmann/Grasser/Glaser,* Bayerische Gemeindeordnung, Stand (30. Lfg.) 2020; *Wirtschaftsprüferkammer,* Hinweise für die Ausschreibung von Dienstleistungen von Wirtschaftsprüfern und vereidigten Buchprüfern, Stand: 25.4.2018 (abrufbar: https://www.wpk.de/fileadmin/documents/Mitglieder/Praxishinweise/WPK_Merkblatt_Vergabestellen_Ausschreibung_Dienstleistungen_WP-vBP.pdf); *Wirtschaftsprüferkammer,* Keine externe Rotation bei Unternehmen der öffentlichen Hand, 22.8.2016 (abrufbar: https://www.wpk.de/fileadmin/documents/Neu/WPK_Positionspapier_Keine_externe_Rotation_AP_bei_Unternehmen_der_oeffentlichen_Hand.pdf); *Wirtschaftsprüferkammer,* Mitglieder fragen – WPK antwortet: Anwendung der International Standards on Auditing (ISA) in Deutschland, 13.3.2020 (abrufbar: https://www.wpk.de/neu-auf-wpkde/pruefung/2020/sv/anwendungder-international-standards-on-auditing-isa-in-deutschland/); *Wöhe/Döring/Brösel,* Einführung in die Allgemeine Betriebswirtschaftslehre, 26. Aufl. 2016; *Zeitler,* Rechnungslegung und Rechtsstaat – Übernahme der IAS oder Reform des HGB? –, DB 2003, 1529 ff.; *Zwirner,* Finanzkrise – Auswirkungen auf die Rechnungslegung, DB 2009, S. 353 ff.

I. Einführung

1 Die Zusammenfassung von Rechnungs-, Berichts- und Prüfungswesen in einem eigenen Abschnitt verdeutlicht, dass sich alle drei Bereiche thematisch unter einem einzigen Bezug fassen lassen, dem der **Steuerungsrelevanz.** Rechnungs- und Berichtswesen liefern die für die Steuerung des Unternehmens notwendigen Informationen. Art und Weise dieser Informationsgewinnung sowie daraus abgeleitete Steuerungsmaßnahmen untersuchen (interne und externe) Prüfungsorgane, die darüber hinaus auch selbst Steuerungsmaßnahmen empfehlen.

2 Die Steuerung kommunaler Unternehmen ist nicht lediglich eine unternehmensinterne Angelegenheit. Denn kommunale Unternehmen erfüllen im Grunde **öffentliche Aufgaben** mit öffentlichen Geldern. Mittels Ausgliederungen dürfen Kommunen sich nicht ihrer Verantwortung entledigen. Nach neuerer Auffassung gewährleistet Art. 28 Abs. 2 GG den Kommunen nicht nur das Recht zur Selbstverwaltung ihrer eigenen Angelegenheiten, sondern es trifft sie auch eine Pflicht hierzu, also eine verfassungsrechtlich abgeleitete Pflicht zur eigenverantwortlichen Entscheidung über ihre weitere Entwicklung.[1] Vor dem Hintergrund verschiedentlich geäußerter Bestrebungen zur Ausgliederung und Privatisierung öffentlicher Aufgaben muss eine Kommune deshalb ihre aus wirtschaftlichen oder organisatorischen Gründen getroffenen Entscheidungen, bestimmte Aufgaben auf (in Teilen selbständige) Eigenbetriebe oder rechtlich selbständige Unternehmen zu übertragen, mittels satzungsmäßiger, vertraglicher und organisatorischer Vorkehrungen absichern, die gewährleisten, dass sie für die Aufgabenerfüllung wesentliche Fragen in diesen Unternehmen steuernd beeinflussen und Entwicklungen im kommunalen Interesse korrigier- und notfalls umkehrbar halten kann. Ergänzend sei erwähnt, dass auch EU-rechtliche Vorgaben für kommunale Beihilfen an kommunale Unternehmen zu derartigen Vorkehrungen zwingen (sog. Almunia-Paket, das das sog. Monti-Paket der EU-Kommission am 31.01.2012 abgelöst hat)[2]. Das Verselbständigen kommunaler Aufgabenerfüllung in eigenständigen Unternehmen birgt grundsätzlich die Gefahr, dass die durch Wahlen den kommunalen Mandatsträgern vermittelte demokratische Legitimation ausgedünnt wird. Dem muss eine Kommune mittels Steuerung ihrer Unternehmen entgegenwirken. Die notwendige **Steuerung** kommunaler Unternehmen umfasst auch und gerade ihre **Lenkung** und **Kontrolle.**[3] Die Bedeutung guter Unternehmensführung, größerer Effizienz und Transparenz unterstreicht die Diskussion um den Public Corporate Governance Kodex (PCGK) mit seinen Empfehlungen u. a. zur Verbesserung von Prozessen und Arbeitsstrukturen der Unternehmensorgane Vorstand/Geschäftsführung, Aufsichts-/Verwaltungsrat und zum Thema Rechnungslegung und Prüfungsrechte.[4] Geeignete Instrumente, welche die steuernde Einflussnahme der gewählten öffentlichen Mandatsträger sichern können, sind insbesondere die Einführung von **Berichtspflichten** und die Einräumung und das Wahrnehmen von **Prüfungsrechten.** Beide Bereiche werden neben dem **Rechnungswesen** als Grundlage unternehmensbezogener Informationen im Folgenden näher erläutert. Dazu muss betont werden, dass öffentliche Mandatsträger, die in Gremien kommunaler Unternehmen (Über-

---

[1] *Tomerius/Breitkreuz* DVBl 2003, 426 ff.; zur Gewährleistungsverantwortung OVG Weimar 29.1.2013 – 4 KO 840/09, BeckRS 2013, 52413, 13.

[2] Dazu *IDW,* WPH-Edition, Öffentliche Hand, besondere Branchen und Non-Profits Profits – Rechnungslegung und Prüfung bei kommunalen Unternehmen, Energieversorgern, Krankenhäusern, Vereinen, Stiftungen u. a., Kap. L.

[3] *Tomerius/Breitkreuz* DVBl. 2003, 426 (431).

[4] Vgl. https://www.bundesfinanzministerium.de/Content/DE/Standardartikel/Themen/Bundesvermoegen/Privatisierungs_und_Beteiligungspolitik/Beteiligungspolitik/grundsaetze-guter-unternehmensfuehrung-anlage-de.pdf?__blob=publicationFile; *Papenfuß U.* (2019) Public Corporate Governance, in Veit/Reichard/Wewer (eds) Handbuch zur Verwaltungsreform. Springer VS, Wiesbaden.

wachungs-)Aufgaben wahrnehmen, ohne ein Mindestmaß an betriebswirtschaftlichen Kenntnissen nicht auskommen.

Dass kommunale Unternehmen in der Regel nur zur Erfüllung eines **öffentlichen Zwecks** errichtet werden dürfen und im Grunde öffentliche Aufgaben erfüllen, was die Gewinnerzielung als alleinigen Unternehmenszweck ausschließt[5], bedeutet weiter, dass eine allein unternehmensbezogene Betrachtung mittels gängiger betriebswirtschaftlicher Instrumentarien nicht ausreicht, um beurteilen zu können, ob die spezifischen kommunalrechtlichen Vorgaben beachtet werden.[6] Der Erfolg kommunaler Unternehmen und die Tätigkeit ihrer Organe werden regelmäßig nicht daran gemessen, ob es gelingt, den Unternehmensgewinn zu maximieren, sondern am Maß der Erfüllung des öffentlichen Zwecks und damit letztlich an der **Gemeinwohlausrichtung.** Entscheidend sind damit die wohlverstandenen Interessen der hinter einem kommunalen Unternehmen stehenden Kommune. 3

Bundes- und Landesgesetzgeber haben versucht, dieser besonderen Stellung kommunaler Unternehmen Rechnung zu tragen. Allerdings führen EU-rechtliche Vorgaben, der Vorrang der Gesetzgebungskompetenz des Bundes für das Gesellschaftsrecht (Art. 74 Nr. 11 GG i. V. m. Art. 31 GG), die Gesetzgebungskompetenz der Länder für das Kommunalrecht, die Vielzahl der den Kommunen zur Verfügung gestellten Formen unternehmerischer Betätigung sowie branchenspezifische Besonderheiten dazu, dass sich ein **einheitliches Bild** des Rechnungs-, Berichts- und Prüfungswesens kommunaler Unternehmen **nicht** zeichnen lässt. Im Folgenden soll versucht werden, wenigstens einen Überblick zu geben, wobei ein gewisser Schwerpunkt auf die Regelung in Bayern gelegt wird.[7] 4

II. Rechnungswesen

1. Begriff und Zweck des Rechnungswesens

Unter dem **Rechnungswesen** eines Unternehmens versteht man die systematische Erfassung, Überwachung und Auswertung der in Wert- oder Mengengrößen vorliegenden und ermittelbaren Vorgänge.[8] 5

Das betriebliche Rechnungswesen dient unternehmensbezogen einem vierfachen Zweck.[9] Zunächst erfasst es mit der **Buchführung** als Grundlage des Rechnungswesens chronologisch die tatsächlich eingetretenen Sachverhalte in zeitlicher und sachlicher Weise (Dokumentationsfunktion). Diese werden mittels der sog. **Kostenrechnung** verursachungsgerecht den Kostenstellen und -trägern zugeordnet sowie ausgewertet. Das Erstellen von **Jahres-** und ggf. **Zwischenabschlüssen** (Bilanzierung) dient der Rechenschaftslegung, dem Vergleich mit anderen Unternehmen und der Informationsgewinnung. Das Rechnungswesen stellt damit der Leitung des Unternehmens die Daten zur Verfügung, auf deren Grundlage sie **unternehmerische (steuernde) Entscheidungen** treffen und jeweils vor Beginn eines jeden Wirtschaftsjahres den **Wirtschaftsplan** aufstellen kann. Das Rechnungswesen spielt danach eine zentrale Rolle für die Unternehmensführung.[10] 6

Daneben lassen sich aus dem Rechnungswesen auch die für **Externe,** vor allem Gesellschafter und Gläubiger des Unternehmens, wichtigen Informationen (etwa für die Gewinnausschüttung oder ein Rating) gewinnen. Schließlich leitet der Fiskus aus der Rechnungs- 7

---

[5] Siehe *Lange,* Kommunalrecht, 2. Auflage 2019, Kap. 14, Tz. 158.

[6] Siehe dazu *Mühlenkamp,* Effizienzkonzepte, Effizienzmessung und Effizienzvergleiche bei öffentlichen Unternehmen in Mühlenkamp et al., Öffentliche Wirtschaft, Handbuch für Wissenschaft und Praxis, 1. Aufl. 2019, 339 ff.

[7] Die angegebenen Internet-Adressen wurden am 25.6.2020 gesichtet.

[8] *Och/Wager,* Betriebswirtschaftslehre in der öffentlichen Verwaltung, 174.

[9] Siehe auch *Dengler,* Wirtschaftsführung, Rechnungswesen und Prüfung von Unternehmen der öffentlichen Hand, in Fabry/Augsten, Handbuch Unternehmen der öffentlichen Hand, 2. Aufl. 2011, Teil 7, Rn. 24.

[10] *Wambach* in Rödl & Partner, Newsletter Öffentliches Management, April 2003, 1.

legung die geschuldete Körperschaftsteuer ab (Grundsatz der Maßgeblichkeit der Handelsbilanz für die Steuerbilanz) (vgl. → D Rn. 400).

7a Die Steuerbilanz ist eine abgeleitete Handelsbilanz, denn nach § 5 Abs. 1 S. 1 EStG ist in der Steuerbilanz das Betriebsvermögen anzusetzen, das nach den handelsrechtlichen Grundsätzen ordnungsmäßiger Buchführung (GoB) auszuweisen ist. Handelsrechtliche Bilanzierungsgebote und Bilanzierungsverbote sind für die Steuerbilanz maßgebend, sofern nicht § 5 EStG eine abweichende Regelung enthält. In § 5 EStG ist im Einzelnen geregelt:

- Für immaterielle Wirtschaftsgüter des Anlagevermögens ist ein Aktivposten nur anzusetzen, wenn sie entgeltlich erworben wurden (§ 5 Abs. 2 EStG).
- Für Verpflichtungen, die nur zu erfüllen sind, soweit künftig Einnahmen oder Gewinne anfallen, sind Verbindlichkeiten oder Rückstellungen erst anzusetzen, wenn die Einnahmen oder Gewinne angefallen sind (§ 5 Abs. 2a EStG).
- Rückstellungen wegen Verletzung fremder Patent-, Urheber- oder ähnlicher Schutzrechte dürfen erst gebildet werden, wenn die Voraussetzungen in § 5 Abs. 3 EStG erfüllt sind.
- Rückstellungen für die Verpflichtung zu einer Zuwendung anlässlich eines Dienstjubiläums dürfen nur gebildet werden, wenn die Voraussetzungen des § 5 Abs. 4 EStG erfüllt sind.
- Rückstellungen für drohende Verluste aus schwebenden Geschäften dürfen nicht gebildet werden (§ 5 Abs. 4a EStG).
- Rückstellungen für Aufwendungen, die in künftigen Wirtschaftsjahren als Anschaffungskosten oder Herstellungskosten eines Wirtschaftsguts zu aktivieren sind, dürfen nicht gebildet werden (§ 5 Abs. 4b EStG).

Nach der Rechtsprechung des BFH[11] gelten bei Bilanzierungswahlrechten in der Handelsbilanz für die Aktivierung und Passivierung von Wirtschaftsgütern in der Steuerbilanz folgende Grundsätze:

- Was handelsrechtlich aktiviert werden darf (Aktivierungswahlrecht), muss steuerrechtlich im Interesse einer möglichst zutreffenden Abschnittsbesteuerung (BFH 21.10.1993 IV R 87/92, BStBl. II 1994, 176) aktiviert werden (Aktivierungspflicht).
- Was handelsrechtlich passiviert werden darf (Passivierungswahlrecht), darf steuerrechtlich nicht passiviert werden (Passivierungsverbot).

Von diesen Grundsätzen gibt es nur Ausnahmen, wenn das EStG eine eigene gesetzliche Regelung enthält, in der ein Bilanzierungswahlrecht eingeräumt wird, das in der Handelsbilanz nicht geregelt ist.[12] Dies ist insbesondere bei der Bildung von Rücklagen bei Veräußerung bestimmter Anlagegüter nach § 6b EStG, bei Rücklagen für Ersatzbeschaffungen nach R 6.6 EStR und bei Zuschussrücklagen nach R 6.5 Abs. 4 EStR der Fall (§ 5 Abs. 1 EStG).

Bestehen dagegen in Handels- und Steuerbilanz dieselben Bilanzierungswahlrechte, greift wieder der Maßgeblichkeitsgrundsatz, d. h. der Ansatz in der Handelsbilanz ist dann bindend für die Steuerbilanz. Dies ist bei Alt-Pensionszusagen der Fall, die vor dem 1.1.1987 gewährt wurden.[13]

8 Weiterhin ist auch auf die nahezu abgeschlossene Reform des Rechnungswesens der Kommunen hinzuweisen,[14] die trotz der möglichen Schärfung der Kameralistik zur sog. erweiterten Kameralistik einen deutlichen Trend hin zum kaufmännischen Rechnungswesen (häufig als **(kommunale) Doppik** oder **„Neues Kommunales Finanzwesen –**

---

[11] BFH 3.2.1969 GrS 2/68, BStBl. II 1969, 291.

[12] BMF 12.3.2010, BStBl. I 2010, 239, unter Berücksichtigung der Aktualisierung durch BMF 22.6.2010, BStBl. I 2010, 597.

[13] *Blümich/Krumm* EStG § 5 Rn. 188 ff.; *Schmidt/Weber-Grellet* EStG § 5 Rn. 30–31.

[14] Siehe als Überblick über die Umsetzungsprojekte in den einzelnen Bundesländern www.haushaltssteuerung.de.

NKF" bezeichnet) erkennen lässt:[15] Allerdings besteht in Bayern und Thüringen eine Option zur Einführung der Doppik oder Weiterführung der Kameralistik und in Schleswig-Holstein die Option zwischen der erweiterten Kameralistik und der Doppik. In den anderen Bundesländern ist mittlerweise die Doppik verpflichtend eingeführt worden. Auf lange Sicht dürfte aber auch in den Ländern, die ein Wahlrecht zwischen (ggf. erweiterter) Kameralistik und Doppik vorsehen (Bayern, Schleswig-Holstein, Thüringen), ein die Vergleichbarkeit von Kommunen erschwerendes, letztlich aufwendiges Nebeneinander zweier Buchungssysteme nicht haltbar sein. Das kaufmännische Rechnungswesen dürfte allein wegen seiner Verbreitung im Unternehmensbereich beste Chancen haben, sich mit den notwendigen Anpassungen an kommunale Spezifika bei den Kommunen durchzusetzen. Für kommunale Unternehmen bietet ihre Vertrautheit mit dem kaufmännischen Rechnungswesen trotz der nicht zu unterschätzenden Besonderheiten und notwendigen Abweichungen im kommunalen Bereich zum einen die Chance, ihre Kommunen beim Umstellungsprozess und danach als Dienstleister zu begleiten und zu unterstützen. Zum andern werden die Bewertung des kommunalen Unternehmens als Beteiligung in der Eröffnungsbilanz der Kommune und die Pflicht zur Erstellung konsolidierter Jahresabschlüsse eine nicht zu vernachlässigende Rolle spielen. Die Beteiligungsverwaltung und -steuerung könnten infolge der Annäherung der Systeme der Rechnungslegung in Kernverwaltung und Unternehmen auf lange Sicht erleichtert werden.[16]

2. Rechtsgrundlagen

Maßgeblich für das Rechnungswesen juristisch verselbständigter kommunaler **Unternehmen in Privatrechtsform** sind in erster Linie die Bestimmungen des HGB, wobei nach kommunalrechtlichen Vorgaben regelmäßig die Vorschriften für große Kapitalgesellschaften im Dritten Buch des HGB anzuwenden sind (z. B. Art. 94 Abs. 1 S. 1 Nr. 2 BayGO, vgl. → Rn. 160), so dass die für kleine und mittelgroße Kapitalgesellschaften (zum Begriff siehe § 267 HGB) und Personengesellschaften eingeräumten Bilanzierungs- und Bewertungserleichterungen nicht zum Tragen kommen.[17] Zudem ist es möglich, gesellschaftsvertraglich die Anwendung haushaltsrechtlicher Bestimmungen aus dem kommunalen oder sonstigen öffentlich-rechtlichen Bereich zu vereinbaren. Bei **öffentlich-rechtlichen Rechtsformen** (z. B. Eigenbetriebe, Anstalten des öffentlichen Rechts (Kommunalunternehmen)) wird ebenfalls regelmäßig auf die Vorschriften für große Kapitalgesellschaften im Dritten Buch des HGB verwiesen (z. B. § 18 Abs. 2 Eigenbetriebsverordnung – EBV – BY, § 20 Abs. 2 Verordnung über Kommunalunternehmen – KUV – BY), wobei (regelmäßig strengere) landesrechtliche Sonderregelungen in den jeweiligen Eigenbetriebsgesetzen oder -verordnungen Vorrang haben (§ 263 HGB). Die besonderen landesrechtlichen Vorschriften zielen vor allem darauf ab, die Information der hinter dem Unternehmen stehenden Kommune zu verbessern und ihr Kontrolle, Prüfung und Steuerung des Unternehmens zu erleichtern.[18] 9

Der Gesetzgeber hat die Vorschriften der Rechnungslegung in den letzten Jahren kontinuierlich weiterentwickelt und sich dabei an internationalen Standards orientiert. 10

---

[15] Vgl. Beschluss der Innenministerkonferenz vom 24.11.2000, „Eckpunkte für die Reform des kameralistischen Haushalts- und Rechnungssystems der Kommunen" und „Eckpunkte für ein doppisches Haushaltsrecht", GemH 2001, S. 112 ff.; Beschluss der Innenministerkonferenz vom 20./21.11.2003, KKZ 2004, 12; Breitenbach/Veldboer in: *IDW,* WPH-Edition, Öffentliche Hand, Kap. C,Tz. 1 ff.

[16] Vgl. *Hahn,* Was bedeutet die Reform der Rechnungslegung der öffentlichen Verwaltung aus der Perspektive der kommunalen Unternehmen?, in: Rödl & Partner, Newsletter Öffentliches Management, April 2003, 3 f.

[17] Zur Rechnungslegung siehe allgemein z. B. *Adler/Düring/Schmaltz,* Rechnungslegung und Prüfung der Unternehmen; *Grottel/Schmidt/Schubert/Winkeljohann,* Beck'scher Bilanzkommentar, Handels- und Steuerrecht; *Küting/Pfitzer/Weber,* Handbuch der Rechnungslegung – Einzelabschluss, Kommentar zur Bilanzierung und Prüfung.

[18] Vgl. *Och/Wager,* Betriebswirtschaftslehre in der öffentlichen Verwaltung, 180.

10a **Reform durch das BilMoG.** Die umfassendste Reform des Bilanzrechts seit der Verabschiedung des BiRiLiG erfolgte durch das Bilanzrechtsmodernisierungsgesetz (BilMoG) vom 25.5.2009.[19] Der Gesetzgeber hatte das Ziel, das HGB zu einem dauerhaften und im Verhältnis zu den internationalen Rechnungslegungsstandards vollwertigen, aber kostengünstigeren und einfacheren Recht weiterzuentwickeln. Das Informationsniveau des handelsrechtlichen Jahresabschlusses sollte verbessert, das Rechenwerk aber gleichzeitig die Grundlage für die Ausschüttungsbemessung und die steuerliche Gewinnermittlung bleiben. Weiterhin sollte das Bilanzrecht des HGB dereguliert und europarechtlich harmonisiert werden.[20] Das Informationsniveau wurde durch eine Vielzahl von Änderungen verbessert. Der Gesetzgeber hat erstens Ansatz- und Bewertungswahlrechte abgeschafft (z. B. Abschreibungen nach vernünftiger kaufmännischer Beurteilung § 253 Abs. 4 HGB a. F.), zweitens verzerrende steuerliche Einflüsse entfernt (z. B. durch Streichung der umgekehrten Maßgeblichkeit in § 5 Abs. 1 S. 1 a. F. EStG), drittens die rechtsformabhängigen Ansatz- und Bewertungsunterschiede der §§ 279 ff. HGB a. F. abgeschafft und viertens das HGB an die internationale Rechnungslegung angenähert. Letzterem geschuldet ist z. B. das Aktivierungswahlrecht für selbst geschaffene immaterielle Vermögensgegenstände des Anlagevermögens nach § 248 Abs. 2 S. 1 sowie die Berücksichtigung künftiger Preis- und Kostensteigerungen gemäß § 253 Abs. 1 S. 2 bei der Rückstellungsbewertung (künftig sind Rückstellungen abzuzinsen und dabei im Finanzergebnis zu buchen, wobei künftige Entwicklungen, z. B. Preis- und Kostensteigerungen, Personalentwicklung, einzuberechnen sind).

Das BilMoG nähert die Rechnungslegung nur behutsam an internationale Standards an; das insbesondere für kommunale Unternehmen, die im Grunde öffentliche Gelder verwenden, bedeutsame handelsrechtliche Vorsichtsprinzip bleibt erhalten, wenngleich die neu eingeräumten Wahlrechte die Vergleichbarkeit von Jahresabschlüssen künftig erschweren könnten. Insgesamt betreffen die durch das BilMoG eingeführten Änderungen öffentliche Unternehmen in geringerem Maß, zum einen, weil viele Neuerungen nur für kapitalmarktorientierte Unternehmen gelten, zum andern, weil größenabhängige Erleichterungen wegen der kommunalgesetzlichen Verweise auf große Kapitalgesellschaften nur eingeschränkt zum Tragen kommen.

10b **EU-Bilanzrichtlinie und BilRUG.** Die EU-Bilanzrichtlinie (RL 2013/34/EU)[21] ist seit dem Jahr 2013 die neue europarechtliche Grundlage der Rechnungslegung in den Mitgliedstaaten. Sie hat die 4. und 7. EG-Richtlinie zusammengeführt und die mitgliedstaatliche Rechnungslegung weiter harmonisiert. Jahresabschlüsse sollten dadurch grenzüberschreitend besser vergleichbar werden, hinzu kamen Erleichterungen für kleine und mittlere Unternehmen.[22] Das HGB wurde durch das Bilanzrichtlinie-Umsetzungsgesetz (BilRUG)[23] vom 23.7.2015 an die neuen europarechtlichen Vorgaben angepasst. Bedeutsam war z. B., dass die außerordentlichen Posten in der GuV-Gliederung (§ 275 Abs. 1) gestrichen, die Definition der Umsatzerlöse im § 277 Abs. 1 geändert und die Angaben im (Konzern-Anhang deutlich erweitert und spezifiziert wurden.[24]

10c **Corporate Social Responsibility (CSR)-Richtlinie und Umsetzungsgesetz.** Die neue Bilanzrichtlinie wurde durch die CSR-Richtlinie zur Offenlegung von nichtfinanziellen und die Diversität betreffenden Informationen (RL 2014/95/EU)[25] geändert. Damit soll die Berichterstattung großer Unternehmen über nichtfinanzielle und die Diversität betreffende Sachverhalte verstärkt werden.[26] Der Gesetzgeber hat die Richtlinie durch das CSR-Richtlinie-Umsetzungsgesetz vom 9.3.2017[27] umgesetzt.

[19] BGBl. I 2009, 1102.
[20] Vgl. Begr. RegE BilMoG, BT-Drs. 16/10067, S. 32 ff.
[21] ABl. EU L 182/19 v. 29.6.2013.
[22] Eingehend zu den Inhalten Beck-Hdb-RL/*Scheffler* A Rdn. 11 ff.
[23] BGBl. I 2015, 1245.
[24] Überblick zu den wesentlichen Neuregelungen geben *Oser/Wirtz/Orth* DB 2015, 1729 ff.
[25] Vom 22.10.2014, ABl. EU Nr. L 330/1 v. 15.11.2014.
[26] Vgl. Begr. RegE CSR-RL-UG, BT-Drs. 18/9982, S. 1.
[27] BGBl. I 2017, 802.

Abschlussprüferrichtlinie, AReG, APAReG und EU-Abschlussprüfungsverordnung. Das Recht der Abschlussprüfung wurde mit der Richtlinie 2014/56/EU neu gefasst.[28] Aufgrund der Erfahrungen der Finanzkrise hat die Richtlinie das Ziel, die Abschlussprüfung stärker zu regulieren, um die Prüfungsqualität zu verbessern. Das Vertrauen in die Kapitalmärkte und deren Stabilität soll gestärkt und gesichert werden. In Deutschland wurde die Richtlinie mit dem Abschlussprüfungsreformgesetz (AReG) vom 10.5.2016[29] und dem Abschlussprüferaufsichtsreformgesetz (APAReg) vom 31.3.2016[30] in das HGB eingepflegt. 10d

Hinzugekommen ist eine Verordnung für die spezifischen Anforderungen an die Abschlussprüfung bei Unternehmen von öffentlichem Interesse (VO EU Nr. 537/2014)[31]. Sie ist vorrangig bei der Prüfung derartiger Unternehmen zu beachten und seit dem 17.6.2016 unmittelbar geltendes Recht. Beabsichtigt ist, die Unabhängigkeit des Abschlussprüfers zu stärken, was durch eine vorgeschriebene externe Pflichtrotation, Regelungen zur Vereinbarkeit von Prüfungs- und Nichtprüfungsleistungen und eine verbesserte Zusammenarbeit des Abschlussprüfers mit dem Aufsichtsrat bzw. dem Prüfungsausschuss sichergestellt werden soll (ausführlich → Rn. 176a ff.). 10e

Ziel ist, das bewährte Bilanzrecht des HGB zu einer dauerhaften und im Verhältnis zu internationalen Standards vollwertigen, aber kostengünstigeren und einfacheren Alternative weiter zu entwickeln, ohne seine Eckpunkte (Bilanz als Grundlage der Ausschüttungsbemessung und der steuerlichen Gewinnermittlung) und das System der Grundsätze ordnungsgemäßer Buchführung aufzugeben. Die Informationsfunktion des Jahres- und des Konzernabschlusses soll gestärkt werden. Mit der Anhebung der Schwellenwerte (§ 267 HGB) will es der Gesetzgeber Kapitalgesellschaften (und bestimmten Kapitalgesellschaften & Co.) verstärkt ermöglichen, größenabhängige Erleichterungen und Befreiungen in Anspruch zu nehmen; für kommunale Unternehmen führt aber die typischerweise in den landesrechtlichen Vorschriften bezüglich der Aufstellung und Prüfung des Jahresabschlusses und des Lageberichts enthaltene Verweisung auf die Vorschriften für große Kapitalgesellschaften (vgl. → Rn. 160) insoweit nicht zu Änderungen. 11

3. Adressaten des Rechnungswesens

Die verschiedenen Teilbereiche des Rechnungswesens im weiteren Sinn (Buchführung und Bilanzierung, Kosten- und Leistungsrechnung, Planungsrechnung, betriebliche Statistik) können danach, an wen sich die jeweils gewonnenen Informationen richten, in **internes** und **externes Rechnungswesen** unterschieden werden. Das interne Rechnungswesen wendet sich mit den Ergebnissen der Kosten- und Leistungsrechnung, der Planungsrechnung und der betrieblichen Statistik an die Entscheidungsträger des Unternehmens, während das externe Rechnungswesen daneben auch für die Gesellschafter, die Gläubiger, den Fiskus, die Konkurrenz und allgemein die Öffentlichkeit Informationen bereithält.[32] Sie werden mittels der Veröffentlichung des Jahresabschlusses und bei Kapitalgesellschaften des Lageberichts erreicht. Zu Verbindungen zwischen internem und externem Rechnungswesen vgl. → 64a). 12

Während selbständige kommunale Unternehmen in Privatrechtsform selbst den Aufbau des internen Rechnungswesens bestimmen können, unterliegen sie hinsichtlich des externen Rechnungswesens im Interesse des Schutzes der außenstehenden Adressaten gesetzlichen Bindungen (§§ 238–342e HGB, Anforderungen der Kommunalgesetze). Dabei sind im Bereich der externen Rechnungslegung internationale Bestrebungen erkennbar, die Vorschriften zu harmonisieren (vgl. dazu → Rn. 10a). 13

[28] Vom 16.4.2014, ABl. EU Nr. L 158/196 v. 27.5.2014.
[29] BGBl. I 2016, 1142.
[30] BGBl. I 2016, 518.
[31] Vom 16.4.2014, ABl. EU Nr. L 158/77 v. 27.5.2014 ber. ABl. EU Nr. L 170 v. 11.6.2014 S. 66.
[32] *Wöhe/Döring/Brösel,* Einführung in die Allgemeine Betriebswirtschaftslehre, 26. Aufl. 2016, 631 ff.

4. Planungsrechnung – Wirtschaftsplan und Finanzplanung

14 Nicht eigentlich Teil des Rechnungswesens kommunaler Unternehmen sind **Wirtschaftsplan** und **Finanzplanung.** Da diese Instrumente aber als Planungsrechnungen dazu dienen, die Überwachung und Steuerung kommunaler Unternehmen zu erleichtern, sollen sie hier vorgestellt werden.

15 Bei Eigenbetrieben als kommunalen Sondervermögen und bei Kommunalunternehmen (Anstalten des öffentlichen Rechts) nimmt der für jedes Wirtschaftsjahr zu erstellende **Wirtschaftsplan,** über den die zuständigen kommunalen Gremien zu beschließen haben, die Stelle des Haushaltsplans ein, mit dem er abzustimmen ist (vgl. § 2 Abs. 2 Nr. 4 KommHV-Kameralistik BY); eine **fünfjährige Finanzplanung** ergänzt ihn (vgl. z. B. § 3 Abs. 1. EigBG BW i. V. m. § 85 GemO BW, § 4 EigBVO BW, Art. 88 Abs. 5 und Art. 91 Abs. 4 i. V. m. Art. 70 BayGO, § 17 BayEBV, § 19 BayKUV, § 106a Abs. 5 i. V. m. § 83 GO SchlH, § 19 KUVO SchlH). Die Kommunalgesetze der Länder schreiben außerdem regelmäßig vor, dass kommunale Unternehmen in Privatrechtsform in sinngemäßer Anwendung der für Eigenbetriebe geltenden Vorschriften für jedes Jahr einen Wirtschaftsplan und eine fünfjährige Finanzplanung aufzustellen haben (z. B. § 103 Abs. 1 S. 1 Nr. 5 Buchst. a GemO BW, Art. 94 Abs. 1 S. 1 Nr. 1 BayGO, § 108 Abs. 3 S. 1 Nr. 1 Buchst. b GO NRW, § 87 Abs. 1 S. 1 Nr. 7 Buchst. a GemO RhPf.). Eine jährliche Wirtschaftsplanung und eine mittelfristige Finanzplanung sind bereits aus betriebswirtschaftlichen Gründen notwendig; die **sinngemäße Anwendung** der Vorschriften des Eigenbetriebsrechts beinhaltet jedoch einen gewissen Spielraum bei der Ausgestaltung der Planungsrechnung.

16 Der Wirtschaftsplan untergliedert sich in **Erfolgsplan** und **Vermögensplan;** ihm ist ein Auszug aus dem **Stellenplan** beizufügen (vgl. § 14 Abs. 1 EigBG BW, §§ 1 ff. EigBVO BW, §§ 13 ff. BayEBV, § 16 KUVO SchlH). Oft enthält er auch Aufstellungen genehmigungspflichtiger Kreditaufnahmen und Verpflichtungsermächtigungen. Darüber hinaus ist nach sächsischem Landesrecht zusätzlicher Bestandteil des Wirtschaftsplans der Liquiditätsplan (§ 16 Abs. 1 S. 2, § 19 SächsEigBVO), der unter entsprechender Anwendung des DRS 21 als Kapitalflussrechnung zu gliedern ist (§ 19 Abs. 3 SächsEigBVO).

17 Der (mindestens) wie die Gewinn- und Verlustrechnung zu gliedernde **Erfolgsplan** enthält alle voraussehbaren Erträge und Aufwendungen des Wirtschaftsjahres. Der in Einnahmen und Ausgaben ausgeglichene (vgl. § 15 Abs. 1 Nr. 2 EigBG BW, § 13 Abs. 2 Nr. 2 BayEBV) **Vermögensplan** stellt die voraussehbaren Vermögensänderungen und die dafür verwendeten Finanzierungsmittel dar. Der **Stellenplan** weist die im Wirtschaftsjahr notwendigen Stellen für Beschäftigte aus. Bei wesentlichen Änderungen ist der Wirtschaftsplan unterjährig zu ändern (vgl. § 15 EigBG BW, § 13 Abs. 2 BayEBV, § 16 Abs. 3 KUVO SchlH).

18 Die **mehrjährige Finanzplanung,** die letztlich auf Art. 109 Abs. 4 GG fußt, soll einen Überblick über künftige Ausgaben und ihre Finanzierung geben. Eine wesentliche Rolle spielen daher der **Investitions-** und der **Kredittilgungsplan.**

5. Buchführung kommunaler Unternehmen

a) Grundlagen

19 Die **Buchführung** erfasst in zeitlicher Reihenfolge systematisch und vollständig die in einer Periode angefallenen Geschäftsvorfälle und ist damit die Basis für die am Ende der Periode aufzustellende Bilanz und die Gewinn- und Verlustrechnung. Ihre handelsrechtlichen Vorgaben enthalten die §§ 238 bis 263 HGB. Ein sachverständiger Dritter muss sich anhand der Buchhaltung in angemessener Zeit einen Überblick über die Geschäftsvorfälle und die wirtschaftliche Lage des Unternehmens verschaffen können. Die Pflicht zur Buchführung, die mit der Unternehmensgründung beginnt, endet mit dem Untergang des Unternehmens (z. B. durch Verschmelzung).

Im Rechnungswesen der Eigenbetriebe (und der nach Eigenbetriebsrecht geführten Regiebetriebe – vgl. z. B. Art. 88 Abs. 6 BayGO), der Kommunalunternehmen und der Gesellschaften in Rechtsformen des Privatrechts findet die **doppelte kaufmännische Buchführung** – grundsätzlich nach Handelsrecht – Verwendung.[33] [34] Anders als der (herkömmlichen, nicht erweiterten) Kameralistik, bei der es sehr vereinfacht ausgedrückt darum geht, ob die tatsächlichen Einnahmen die tatsächlichen Ausgaben decken und der Haushaltsplan vollzogen wurde, geht es der kaufmännischen Buchführung insbesondere um die Ermittlung von Gewinn und Verlust, den Verbrauch von Ressourcen und die Erfassung des Vermögens zum aktuellen Wert. Um es den Kommunen zu ermöglichen, für ihre Eigenbetriebe und Kommunalunternehmen soweit wie möglich die für die Kommune selbst geltenden Regelungen der Haushaltswirtschaft nach den Grundsätzen der doppelten kommunalen Buchführung anzuwenden und ein Nebeneinander verschiedener Normen in Kommune und Unternehmen zu vermeiden, gibt es vereinzelt entsprechende Öffnungsklauseln (§ 12 Abs. 1 EigBG sowie § 6 Abs. 1 S. 1 BVO BW; §§ 5 und 27 Nds. EigBetrV; § 22 Nds. KomAnstVO; § 25a EigVO SL; § 25 EigVO SchlH, § 28 KUVO SchlH; §§ 3, 16, 17 Abs. 2 i. V. m. §§ 22 ff. Nds. KomAnstaltV). 20

Gemäß § 238 Abs. 1 HGB unterliegen der **Buchführungspflicht** grundsätzlich alle Kaufleute (§§ 1 ff. HGB), also insbesondere auch Kapitalgesellschaften als Formkaufleute (§ 6 Abs. 1 HGB). § 140 AO übernimmt die handelsrechtliche Buchführungspflicht in das Steuerrecht. Für Eigenbetriebe und Kommunalunternehmen sind zusätzlich landesrechtliche Regelungen zu beachten (z. B. § 18 Abs. 1 und 2 BayEBV, § 20 Abs. 2 BayKUV). 21

b) Inventur

Zum Gründungszeitpunkt und für den Schluss eines jeden Geschäftsjahres muss nach § 240 HGB ein Verzeichnis **(Inventar)** aufgestellt werden, das alle zum Unternehmen gehörenden Gegenstände und Schulden erfasst und bewertet, wobei ggf. unter Beachtung des Grundsatzes der Vorsicht zu schätzen ist (zur Anwendung auf Eigenbetriebe und Kommunalunternehmen vgl. z. B. § 18 Abs. 2 BayEBV, § 20 Abs. 2 BayKUV). Das Inventar ist Grundlage für den Jahresabschluss. Der Vorgang der Bestandsaufnahme wird als **Inventur** bezeichnet. 22

Zu den **Grundsätzen ordnungsgemäßer Inventur (GoI)** zählen:[35] 23

- Grundsatz der Vollständigkeit: Alle dem Unternehmen rechtlich und/oder wirtschaftlich zuordenbare Vermögensgegenstände (verkehrsfähige Sachen und Rechte) und Schulden sind einschließlich der Risiken zu erfassen. Auch auf den sog. Erinnerungswert abgeschriebene Gegenstände sind in das Inventar aufzunehmen. Eine Ausnahme besteht für sog. geringwertige Wirtschaftsgüter des Anlagevermögens.
- Grundsatz der Einzelerfassung und –bewertung: Jeder Vermögensgegenstand und jede Schuld sind grundsätzlich für sich zu erfassen und zu bewerten. Dieser Grundsatz wird durchbrochen, wenn der damit verbundene Aufwand wirtschaftlich nicht vertretbar ist (z. B. Inventurvereinfachungsverfahren nach § 240 Abs. 3 und 4 HGB, § 241 Abs. 1 HGB, Bildung von Bewertungseinheiten nach § 254 HGB, Sammelbewertungsverfahren bei gleichartigen Gegenständen des Vorratsvermögens nach § 256 HGB).
- Grundsatz der Richtigkeit und Willkürfreiheit: Vermögensgegenstände und Schulden sind nach Art, Menge und Wert richtig zu erfassen. Schätzungen müssen sachgerecht sein.
- Grundsatz der Nachprüfbarkeit: Ein sachverständiger Dritter muss die im Inventar ausgewiesenen Bestände nachvollziehen können.

---

[33] Zu Spezifika der landesrechtlichen Eigenbetriebsregelungen siehe *Holz/Kühn* in IDW WPH Edition, Öffentliche Hand, Kap. J Tz. 29 ff.

[34] Zu Spezifika der landesrechtlichen Regelungen für Anstalten/Kommunalunternehmen siehe *Holz/Kühn* in IDW WPH Edition, Öffentliche Hand, Kap. J Tz. 91 ff.

[35] *Störk/Philipps* in Grottel/Schmidt/Schubert/Winkeljohann, Beck'scher Bilanzkommentar, Handels- und Steuerrecht, 12. Aufl. 2020, § 240 HGB Anm. 17 ff.

- Grundsatz der Klarheit: Das Inventar ist verständlich und übersichtlich zu gestalten, um die Nachprüfbarkeit zu gewährleisten.

24 Als **Inventurverfahren** können die **Stichtagsinventur** zum Bilanzstichtag, die **ausgeweitete Stichtagsinventur** mit Bestandsaufnahme innerhalb von zehn Tagen vor oder nach dem Bilanzstichtag, die **vor- oder nachgelagerte Stichtagsinventur** mit Bestandsaufnahme an einem Tag innerhalb der letzten drei Monate vor oder innerhalb der ersten beiden Monate nach dem Bilanzstichtag (mit Fort- oder Rückschreibung der Bestände), die **permanente Inventur** mit Bestandsaufnahme an einem beliebigen Stichtag zwischen zwei Bilanzstichtagen (und Fortschreibung der Bestände – Skontration) und die **Stichprobeninventur** unterschieden werden. Neben der vollständigen Inventur lässt § 241 Abs. 1 HGB die Stichprobeninventur bei Vermögensgegenständen, nicht aber bei Schulden, auf der Grundlage mathematisch-statistischer Verfahren zu. Dabei entspricht es den Grundsätzen ordnungsgemäßer Buchführung noch, wenn der maximale Stichprobenfehler bei einer Aussagegenauigkeit von 95 % bei 1 % liegt.[36]

c) Grundsätze ordnungsmäßiger Buchführung nach HGB

25 § 238 Abs. 1 HGB bestimmt, dass die Bücher nach den **Grundsätzen ordnungsmäßiger Buchführung (GoB)** zu führen sind (für Eigenbetriebe und Kommunalunternehmen vgl. die entsprechenden Verweise, z. B. § 18 Abs. 2 BayEBV, § 20 Abs. 2 BayKUV[37]). Auch an anderen Stellen nimmt das Gesetz auf die GoB Bezug (z. B. § 243 Abs. 1, § 264 Abs. 2 HGB, § 5 Abs. 1 EStG), ohne sie abschließend zu definieren. Die Buchführung ist danach ordnungsgemäß, wenn sich ein sachverständiger Dritter innerhalb angemessener Zeit aus den Aufzeichnungen einen Überblick über die Geschäftsvorfälle machen kann. Der unbestimmte Rechtsbegriff der GoB bedarf der inhaltlichen Konkretisierung im Sinn von Mindestanforderungen an Inhalt und Form der Bücher, wobei insbesondere Gesetz, Rechtsprechung, Fachliteratur, Verfahrensweise ordentlicher Kaufleute und Äußerungen von Fachverbänden (z. B. Institut der Wirtschaftsprüfer – IDW) heranzuziehen sind.[38]

26 Die systematische Einteilung der GoB, etwa nach GoB im engeren und weiteren Sinn, nach Elementar- und abgeleiteten Grundsätzen, nach Dokumentations- und Rechenschaftsgrundsätzen, nach formellen und materiellen Grundsätzen, nimmt im Schrifttum breiten Raum ein.[39] Auch die GoI (→ Rn. 23), die **Grundsätze ordnungsmäßiger Bilanzierung (GoBil** – siehe auch → Rn. 43 ff.) und die **Grundsätze ordnungsgemäßer DV-gestützter Buchführungssysteme (GoBS)**[40] rechnen zu den GoB. Weil die systematische Einteilung für die Praxis nicht entscheidend ist, wird hier nicht weiter darauf eingegangen.

27 Zu den GoB gehören insbesondere:

- Grundsatz der Klarheit und Übersichtlichkeit. Für kommunale Unternehmen empfiehlt sich die Anwendung bestimmter Kontenpläne, wie sie von verschiedenen Verbänden herausgegeben werden.
- Grundsatz der Vollständigkeit (einschließlich des Ausschlusses von Doppelerfassungen); allerdings lässt der durch das BilMoG eingefügte § 246 Abs. 2 S. 2 HGB unter engen Voraussetzungen Verrechnungen zu (→ Rn. 44).

---

[36] *Störk/Philipps* in Grottel/Schmidt/Schubert/Winkeljohann, Beck'scher Bilanzkommentar, Handels- und Steuerrecht, 12. Aufl. 2020, § 241 HGB Anm. 20.

[37] *Störk/Philipps* in *Grottel/Schmidt/Schubert/Winkeljohann,* Beck'scher Bilanzkommentar, Handels- und Steuerrecht, 12. Aufl. 2020, § 240 HGB Anm. 17 ff. und § 241 HGB Anm. 20.

[38] *Dengler* Wirtschaftsführung, Rechnungswesen und Prüfung von Unternehmen der öffentlichen Hand, in Fabry/Augsten, Unternehmen der öffentlichen Hand, 2. Aufl. 2011, Teil 7, Rn. 39.

[39] Vgl. *Leffson,* Die Grundsätze ordnungsgemäßer Buchführung, S. 163 ff.

[40] BMF-Schreiben vom 7.11.1995 – IVA8-S0316-52/95 –, veröffentlicht in DB 1996 Beilage Nr. 2, https://www.bundesfinanzministerium.de/Content/DE/Downloads/BMF_Schreiben/Weitere_Steuerthemen/Betriebspruefung/1995-11-07-Grundsaetze-ordnungsmaessiger-DV-gestuetzter-Buchfuehrungssysteme-GoBS.pdf?__blob=publicationFile&v=3.

- Grundsatz der Richtigkeit und Willkürfreiheit
- Grundsatz der Nachprüfbarkeit (§ 238 Abs. 1 S. 2 HGB)
- Grundsatz der Belegbarkeit
- Grundsatz der zeitnahen Verbuchung von Geschäftsvorfällen (Zeitgerechtigkeit)
- Verwendung einer lebenden Sprache
- Erkennbarkeit nachträglicher (notwendiger) Änderungen (§ 239 Abs. 3 HGB)
- Installieren eines internen Kontrollsystems
- Geordnete Aufbewahrung von Geschäftsunterlagen (dazu → Rn. 28 ff.)
- Grundsatz der Bewertungsstetigkeit/Bilanzidentität
- Grundsatz der Einzelbewertung; der Grundsatz wird allerdings durch die mit dem BilMoG auch im Gesetz verankerte Möglichkeit der Bildung von Bewertungseinheiten – § 254 HGB – eingeschränkt.
- Stichtagsprinzip
- Vorsichtsprinzip: Die sich aus der Tätigkeit des Unternehmens ergebenden Chancen und Risiken sind vorsichtig, also zurückhaltend zu bewerten. Das Vorsichtsprinzip ist mit das zentrale Prinzip der GoB (vgl. auch → Rn. 45, 56 f.), an dem auch das BilMoG festgehalten hat.
- Realisationsprinzip: Gewinne sind danach nur zu erfassen, wenn sie zum Abschlussstichtag realisiert sind; der Grundsatz wird allerdings durch die mit dem BilMoG auch im Gesetz verankerte Möglichkeit der Bildung von Bewertungseinheiten – § 254 HGB – eingeschränkt.
- Imparitätsprinzip: Am Abschlussstichtag bestehende Verluste müssen erfasst werden, auch wenn sie noch nicht realisiert wurden; der Grundsatz wird allerdings durch die mit dem BilMoG auch im Gesetz verankerte Möglichkeit der Bildung von Bewertungseinheiten – § 254 HGB – eingeschränkt.
- Anschaffungskostenprinzip
- Herstellungskostenprinzip
- Periodengerechte Zuordnung von Einnahmen und Ausgaben

d) Aufbewahrung von Geschäftsunterlagen

Die Pflicht zur **Aufbewahrung von Geschäftsunterlagen** bestimmt sich bei kommunalen Gesellschaften – wie für alle Kaufleute – nach § 257 HGB. Danach sind Jahresabschlüsse, Lageberichte, Eröffnungsbilanzen, Handelsbücher, Inventare, Buchungsbelege sowie die zu ihrem Verständnis erforderlichen Arbeitsanweisungen und sonstigen Organisationsunterlagen zehn Jahre aufzubewahren; Handelsbriefe sind sechs Jahre aufzubewahren (§ 257 Abs. 4 HGB). Die Frist beginnt mit dem Schluss des Kalenderjahres, in dem die letzte Eintragung in das Handelsbuch gemacht, das Inventar aufgestellt, die Eröffnungsbilanz oder der Jahresabschluss festgestellt, der Buchungsbeleg entstanden, der Handelsbrief empfangen oder abgesandt worden ist (§ 257 Abs. 5 HGB). 28

Die Unterlagen sind geordnet aufzubewahren (§ 257 Abs. 1 HGB, § 147 Abs. 1 AO). Jahresabschlüsse und Eröffnungsbilanz sind ausgedruckt aufzubewahren, während das Gesetz für sonstige Unterlagen das Aufbewahren auf Bildträgern oder anderen Datenträgern zulässt (§ 257 Abs. 3 HGB, § 147 Abs. 2 AO). Während der Dauer der Aufbewahrungsfrist muss sichergestellt sein, dass die Wiedergabe oder die Daten mit den Originalen bildlich (Handelsbriefe und Buchungsbelege) und inhaltlich (sonstige Unterlagen) übereinstimmen, verfügbar sind, unverzüglich lesbar gemacht und (für steuerliche Zwecke) maschinell ausgewertet werden können. 29

Für Eigenbetriebe und Kommunalunternehmen gelten vorrangig die landesspezifischen Regelungen. So schreiben § 94, § 69 Abs. 2 S. 1 BayKommHV-Doppik i. V. m. § 10 Abs. 1, § 18 Abs. 2 BayEBV vor, dass Jahresabschlüsse und Eröffnungsbilanzen dauernd aufzubewahren sind. Andere Unterlagen als Jahresabschlüsse und Eröffnungsbilanzen können z. T. erst nach Abschluss der überörtlichen Prüfung auf Bildträgern oder anderen 30

Datenträgern aufbewahrt werden (§ 94, § 69 Abs. 3 BayKommHV-Doppik). Für Kommunalunternehmen verweist z. B. § 20 Abs. 2 BayKUV auf die Vorschriften des HGB.

6. Jahresabschluss und Lagebericht

a) Pflicht zur Aufstellung

31 Aus der Buchführung (§§ 238 f. HGB) und dem Inventar (§§ 240 f. HGB) wird der handelsrechtliche **Jahresabschluss** abgeleitet. Die Pflicht zur Aufstellung (in den ersten drei Monaten des Geschäftsjahres für das vergangene Geschäftsjahr, bei Eigenbetrieben und Kommunalunternehmen länderspezifisch in den ersten drei bis sechs Monaten[41]) ergibt sich für Kapitalgesellschaften aus § 264 Abs. 1 HGB, im Übrigen für kommunale Unternehmen mit Kaufmannseigenschaft (§§ 1 ff. HGB) aus § 242 HGB. Für die OHG und die GmbH & Co. KG gilt § 264a HGB. Die gesellschaftsvertragliche Verlängerung der Frist wäre unwirksam. Die Kommunalgesetze der Länder verpflichten die Kommunen regelmäßig, bei **Mehrheitsbeteiligungen** an Kapitalgesellschaften im Sinn des § 53 HGrG dafür zu sorgen, dass der Jahresabschluss und der Lagebericht nach den für **große Kapitalgesellschaften** geltenden Vorschriften des HGB aufgestellt und geprüft werden (§ 103 Abs. 1 S. 1 Nr. 5 Buchst. b GemO BW, Art. 94 Abs. 1 S. 1 Nr. 2 BayGO, § 122 Abs. 1 S. 1 Nr. 4 HGO, § 108 Abs. 1 S. 1 Nr. 8 GO NRW, § 89 Abs. 6 Nr. 1 GemO RhPf., § 96a Abs. 1 Nr. 8 SächsGemO, § 133 Abs. 1 Nr. 3 KVG LSA, § 102 Abs. 2 S. 1 Nr. 6 GO SchlH, § 75 Abs. 4 S. 1 Nr. 1 ThürKO). Im Wesentlichen inhaltsgleiche Anforderungen bestehen für Eigenbetriebe und Kommunalunternehmen (§ 20 BayEBV, § 22 BayKUV; in Baden-Württemberg unterliegen Eigenbetriebe grundsätzlich nur der Abschlussprüfungspflicht durch das Rechnungsprüfungsamt gemäß § 111 Abs. 1 GemO BW.). Die **größenabhängigen Erleichterungen** (vgl. § 266 Abs. 1 S. 3 und 4, § 274a HGB, § 276, § 326, § 327 HGB i. V. m. § 267 HGB) kommen für kommunale Unternehmen nur Ausnahmsweise zum Tragen.[42]

32 Den Jahresabschluss unterzeichnet bei Kapitalgesellschaften der Geschäftsführer oder Vorstand als Vertreter der Gesellschaft, bei Kommunalunternehmen der Vorstand und bei Eigenbetrieben der Werkleiter (vgl. § 245 HGB). Dabei meint **Unterzeichnung** die Unterschrift am Ende des Anhangs unter Angabe des Datums.

b) Gliederung

33 Der Jahresabschluss besteht aus der **Bilanz,** der **Gewinn- und Verlustrechnung (GuV)** und einem (erläuternden) **Anhang.** Bei Kapitalgesellschaften kommt ein **Lagebericht** dazu, der selbst nicht Bestandteil des Jahresabschlusses ist. Nicht Bestandteil des Jahresabschlusses ist auch die kommunalrechtlich bei Eigenbetrieben und Kommunalunternehmen mit mehreren Betriebszweigen geforderte **Erfolgsübersicht** (z. B. § 22 Abs. 3 BayEBV, § 24 Abs. 3 BayKUV, § 21 Abs. 3 EigVO SchlH, § 24 Abs. 3 KUVO SchlH[43]),

---

[41] 3 Monate: BW (Nur Anstalt: § 102d Abs. 1 S. 1 GemO i. V. m. § 264 Abs. 1 S. 3 HGB), Bbg. (§ 21 Abs. 3 S. 1 EigV; § 95 Abs. 3 S. 3 KomVerf i. V. m. § 264 Abs. 1 S. 3 HGB), NRW (§ 26 Abs. 1 EigV; § 27 Abs. 1 S. 1 KUV); LSA (nur Anstalt: § 24 Abs. 1 S. 1 AnstV); SchlH (§ 24 Abs. 1 S. 1 EigVO; § 27 Abs. 1 S. 1 KUV); 3 Monate (Soll) bis 6 Monate (Spätestens): Nds. (§ 25 S. 1 EigBetrV; § 14 Abs. 2 S. 1 KommAnstV), Saarl. (§ 24 Abs. 1 S. 3 EigBetrV); 4 Monate: H (Nur MV (§ 39 Abs. 1 S. 1 EigV), LSA (nur Eigenbetrieb: § 19 Abs. 2 S. 1 EigBetrG); 6 Monate: BW (nur: Eigenbetrieb: § 16 Abs. 2 S. 1 EigBG), Bay. (§ 25 Abs. 1 EBV, § 27 Abs. 1 S. 1 KUV), H (Eigenbetrieb: § 27 Abs. 1 EigBGes; Anstalt, soweit überwiegend wirtschaftlich tätig: § 126a Abs. 9 S. 4 HGO, soweit Anstaltssatzung Anwendung von Eigenbetriebsrecht bestimmt), RhPf. (§§ 27 Abs. 1 S. 1 und 37 Abs. 1 S. 1 EigAnVO), Thür. (§ 25 Abs. 1 S. 1 ThürEBV, § 24 Abs. 1 S. 1 ThürAVO).

[42] Siehe § 96 Abs. 1 Nr. 4 BbgKVerf; siehe auch § 137 NKomVG sowie § 111 KSVG, die gerade nicht die Anwendung der für große Kapitalgesellschaftem geltenden Vorschriften frs HGB vorsehen.

[43] § 25 Nr. 1 EigVO SchlH/§ 28 Nr. 1 KUVO SchlH schreiben bei der Anwendung der Regeln der GemHVO-Doppik SchlH für Eigenbetriebe/Kommunalunternehmen eine Ergebnisrechnung vor, in der gemeinsame Aufwendungen und Erträge sachgerecht auf die Unternehmenszweige aufzuteilen sind.

welche die Aufwendungen und Erträge sowie das Betriebsergebnis nach Betriebszweigen getrennt aufzeigt.

Die Gliederung der **Bilanz** bestimmt sich nach § 266 HGB, die der GuV nach § 275 HGB. Die in **Aktiv-** und **Passivseite** unterteilte Bilanz muss das Anlage- und das Umlaufvermögen, das Eigenkapital, die Rückstellungen (§ 249 HGB), die Verbindlichkeiten und die Rechnungsabgrenzungsposten (§ 250 HGB) ausweisen und ist diesbezüglich hinreichend zu gliedern (vgl. § 247 HGB). Als Bestandsrechnung stellt sie Vermögens- und Kapitalposten zu einem bestimmten Zeitpunkt gegenüber und stellt im Saldo zwischen Aktiv- und Passivseite den Erfolg der Wirtschaftsperiode dar. 34

Für Eigenbetriebe und Kommunalunternehmen enthalten landesspezifische Formblätter besondere Vorgaben für die Gliederung der Bilanz, welche u. a. bestimmte Ausweiswahlrechte des HGB (z. B. § 277 Abs. 3 S. 1 HGB) ausschließen. 35

Die **GuV** ist gleichsam ein Unterkonto des Eigenkapitals. Aus ihr sind Entstehung und Zusammensetzung des Erfolgs sowie Höhe und Herkunft von Aufwand und Ertrag in einer Wirtschaftsperiode ersichtlich. Sie ist i. d. R. in der sog. Staffelform aufzustellen (§ 275 HGB). 36

c) Inhalt des Jahresabschlusses

Nach der sog. Generalnorm des § 264 Abs. 2 HGB hat der Jahresabschluss einer Kapitalgesellschaft unter Beachtung der Grundsätze ordnungsmäßiger Buchführung ein den tatsächlichen Verhältnissen entsprechendes Bild der **Vermögens-, Finanz- und Ertragslage** zu vermitteln. Dazu bildet er die in einer Periode entstandenen und verbrauchten Werte (periodengerechte Gewinnermittlung) sowie den Wertbestand (Vermögen) am Ende der Periode unter Beachtung besonderer Regeln zahlungsorientiert ab. Aus Sicht der kommunalen Anteilseigner liegt seine Hauptaufgabe in seiner Informationsfunktion und – darauf fußend – seiner Steuerungs- und Kontrollfunktion. 37

Durchgehend alle Kommunalgesetze (Gemeinde-/Kommunalhaushaltsverordnung) sehen vor, dass z. B. der Wirtschaftsplan, der Jahresabschluss, der Lagebericht und bisweilen der Bericht über die Einhaltung der öffentlichen Zweckerfüllung als Anlage dem **Haushaltsplan** beizugeben sind.[44] Information und Transparenz sollen so verbessert werden. 38

d) Lagebericht

Die inhaltlichen Anforderungen an den **Lagebericht** einer Kapitalgesellschaft enthält § 289 HGB, der durch landesrechtliche Regelungen ergänzt werden kann.[45] Der Lagebericht enthält als notwendige Informationen zumindest eine tatsachengetreue Darstellung des Geschäftsverlaufs und der Lage der Kapitalgesellschaft, wobei auch auf die **Chancen und Risiken der künftigen Entwicklung** einzugehen ist (§ 289 Abs. 1 HGB). § 289 Abs. 1 HGB enthält auch Vorschriften zur Darstellung des Geschäftsverlaufs und der Lage entsprechend dem Umfang und der Komplexität der Geschäfte und zur Erläuterung der wichtigsten finanziellen und nicht finanziellen Leistungsindikatoren (vgl. § 289 Abs. 3 HGB für große Kapitalgesellschaften).[46] Sofern dies für die Beur- 39

[44] § 1 Abs. 3 Nr. 7 und 8 GemHVO BW, § 2 Abs. 2 Nr. 4 BayKomHV-Doppik, § 1 Abs. 3 Nr. 7 BayKomHV-kameral, § 2 Abs. 2 Nr. 5 und 6 BbgGemHV, § 1 Abs. 4 Nr. 9 und 10 HessGemHVO, § 1 Nr. 7, 8 und 10 GemHVO-Doppik MV, § 1 S. 1 Nr. 8 und 9 NdsKomHVO, § 1 Abs. 2 Nr. 8 und 9 KomHVO NRW, § 1 Abs. 1 Nr. 6 GemHVO RhPf., § 1 Abs. 2 Nr. 9 SaarlKommHVO, § 1 Abs. 3 Nr. 7 SächsKomHVO, § 1 III Nr. 2 GemHVO-Doppik SchlH, § 2 Abs. 3 Nr. 3 GemHVO-kameral SchlH; § 2 Abs. 2 Nr. 4 ThürGemHV.

[45] § 11 EigBVO B; § 102d Abs. 1 S. 1 GemO BW; § 24 BayEBV; § 26 BayKUV; § 21 EigV MV; § 95 Abs. 3 S. 3 BbgKVerf; § 26 EigBGes; § 126 Abs. 9 HGO i. V. m. § 26 EigBGes; § 38 EigV MV; § 70b Abs. 2 S. 2 KV MV; § 24 NdsEigBetrV; § 21 KomAnstVO; § 25 EigVO NRW; § 26 KUV NRW; §§ 26 und 36 EigAnVO RhPf.; § 23 SaarlEigVO; § 30 SächsEigBVO; § 8 EigBVO LSA; § 23 AnstVO LSA; § 23 EigVO SchlH; § 26 KUVO SchlH; § 24 ThürEBV; § 23 ThürAVO.

[46] Vgl. auch IDW-Stellungnahme zur Rechnungslegung: Aufstellung des Lageberichts (IDW RS HFA 1), WPg. 1998, S. 653, die der Hauptfachausschuss des IDW allerdings am 1.7.2005 aufgehoben hat.

teilung der Lage oder der voraussichtlichen Entwicklung der Gesellschaft von Belang ist, soll der Lagebericht auch auf Risikomanagementziele und -methoden sowie Absicherungsmethoden und Ausfall- und Liquiditätsrisiken bzgl. Finanzinstrumenten (z. B. Derivate wie Futures, Optionen, Swaps) eingehen (§ 289 Abs. 2 Nr. 1 HGB). In die Analyse sind auch Informationen über Umwelt- und Arbeitnehmerbelange einzubeziehen, soweit sie für das Verständnis des Geschäftsverlaufs oder der Lage von Bedeutung sind (§ 289 Abs. 3 HGB).

Die Maßgabe, dass u. a. auf Vorgänge von besonderer Bedeutung, die nach dem Schluss des Geschäftsjahrs eingetreten sind, und die voraussichtliche Entwicklung eingegangen werden soll (so § 289 Abs. 2 Nr. 1 HGB in der bis zum 22.7.2015 geltenden Fassung), ist entfallen und ersetzt worden durch eine Pflichtangabe im Anhang (siehe § 285 Nr. 33 HGB).[47]

40 Als Besonderheit für kommunale Unternehmen in Nordrhein-Westfalen, an denen eine Kommune mehr als 50 % der Anteile hält, sieht § 108 Abs. 3 S. 1 Nr. 2 GO NRW vor, dass im oder im Zusammenhang mit dem Lagebericht darzustellen ist, inwieweit der öffentliche Zweck erfüllt wird.

e) Anhang

41 Der erläuternde **Anhang** enthält nach §§ 284 f. HGB insbesondere nähere Angaben, Aufgliederungen oder Begründungen zur Bilanz und zur Gewinn- und Verlustrechnung oder zu einzelnen ihrer Positionen. Außerdem lässt sich dem Anhang entnehmen, welche Bilanzierungs- und Bewertungsmethoden angewendet wurden. Weitere Pflichtangaben sind eingeführt worden durch

- **das Bilanzrechtsreformgesetz** vom 4.12.2004, z. B.
  - zu Art und Umfang derivativer Finanzinstrumente mit beizulegendem Zeitwert (Fair Value),
  - zu Gründen für das Unterlassen der Abschreibung von zu den Finanzanlagen gehörenden Finanzinstrumenten (z. B. Aktien, Beteiligungen), wenn sie bei Anwendung des gemilderten Niederstwertprinzips über dem Fair Value ausgewiesen sind,
  - für große Kapitalgesellschaften die Pflicht, über wesentliche Geschäfte mit nahestehenden natürlichen Personen im Anhang zu berichten (§ 285 Nr. 21 HGB). Diese Regelung, die die Beziehungen zu nahestehenden Unternehmen und Personen transparenter machen soll, erfasst nicht nur Geschäfte mit Aufsichtsrats- und Vorstandsmitgliedern (wie bisher § 285 Nr. 10 HGB), sondern auch mit Führungskräften auf der Ebene darunter.[48]
- **das Bilanzrichtlinie-Umsetzungsgesetz** vom 17.7.2015, z. B.
  - zur Darstellung der Entwicklung der einzelnen Posten des Anlagevermögens in einer gesonderten Aufgliederung (§ 284 Abs. 3 HGB),
  - über Erträge und Aufwendungen von außergewöhnlicher Größenordnung oder außergewöhnlicher Bedeutung zu berichten (§ 285 Nr. 31 HGB),
  - zu Erläuterungen von periodenfremden Aufwendungen und Erträgen (§ 285 Nr. 32 HGB),
  - zu Vorgängen von besonderer Bedeutung, die nach dem Schluss des Geschäftsjahrs eingetreten und weder in der Gewinn- und Verlustrechnung noch in der Bilanz berücksichtigt worden sind (§ 285 Nr. 33 HGB, dessen Regelung die gleichzeitig aufgehobene Maßgabe zum Lagebericht in § 289 Abs. 2 Nr. 1 HGB a. F. kompensieren soll),

---

[47] Wobei hier nicht auf die weiteren Maßgaben eingegangen wird, die für sog. kapitalmarktorientierte Unternehmen (siehe § 264d HGB) insbsondere durch das CSR-Richtlinien-UmsetzungsG vom 11.4.2017 (BGBl. I S 802) und das Gesetz zur Umsetzung der 2. Aktionärsrechte RL (ARUG II) vom 12.12.2019 (BGBl. I S. 2637) eingeführt worden sind.

[48] *Niehus* DStR 2008, 2280.

- zur Angabe des Ergebnisverwendungsvorschlags oder –beschlusses (§ 285 Nr. 34 HGB),
- zur Angabe der latenten Steuersalden und die Änderung dieser Salden im Geschäftsjahr bei bilanzierten latenten Steuerschulden.

Werden für die Bilanz Bewertungseinheiten nach § 254 HGB gebildet, ist – falls die Angaben nicht im Lagebericht gemacht werden – im Anhang zu erläutern, zur Absicherung welcher Risiken welche Bewertungseinheiten gebildet wurden, und zur Wirksamkeit der Bewertungseinheiten hinsichtlich der abgesicherten Risiken Stellung zu nehmen (§ 285 Nr. 23 HGB).

Für Eigenbetriebe und Kommunalunternehmen ergeben sich weitere inhaltliche Anforderungen aus den **landesrechtlichen Regelungen.** So gehört bei Eigenbetrieben und Kommunalunternehmen auch der – nach landesspezifischen Formblättern zu erstellende – **Anlagenachweis** zum Anhang (z. B. § 23 Abs. 2 BayEBV, § 25 Abs. 2 BayKUV, § 25 Abs. 2 KUVO SchlH). Die ordnungsgemäße Anlagenbuchführung mit Anlagenachweis ersetzt die an sich für das Anlagevermögen notwendige jährliche körperliche Bestandsaufnahme. 42

f) Ansatz und Bewertung der Vermögenswerte und Verpflichtungen im Jahresabschluss

Kommunale Unternehmen müssen grundsätzlich für die Gliederung und Bewertung der einzelnen Abschlussposten die GoB sowie die handelsrechtlichen **Ansatzvorschriften** (§§ 246 bis 251 HGB) und **Bewertungsvorschriften** (§§ 252 bis 256 HGB) beachten. Dazu treten ergänzend die Vorschriften für Kapitalgesellschaften (§§ 268 bis 274a HGB, §§ 279 bis 283 HGB). Das **BilMoG** (→ Rn. 10 f.) hat in der Annäherung an internationale Standards eine Reihe von Änderungen eingeführt, insbesondere das Wahlrecht zur Aktivierung selbst geschaffener immaterieller Vermögensgegenstände des Anlagevermögens (z. B. Software-Entwicklung) mit dann folgender Ausschüttungssperre gemäß § 268 Abs. 8 HGB, das Wahlrecht zum Ausweis der aktiven latenten Steuern und die Möglichkeit der Bildung von Bewertungseinheiten (§ 254 HGB). 43

Der Jahresabschluss muss **vollständig** sein. Posten der Aktivseite dürfen grundsätzlich ebenso wenig mit denjenigen der Passivseite verrechnet werden wie Aufwendungen mit Erträgen (§ 246 HGB). Eine Ausnahme enthalten die durch das BilMoG neu eingefügten § 246 Abs. 2 Sätze 2 und 3 HGB, welche unter dem Gesichtspunkt der Information über die Belastung des Unternehmens die Verrechnung von Vermögensgegenständen mit Schulden aus Altersversorgungsverpflichtungen oder vergleichbaren langfristig fälligen Verpflichtungen dann vorsehen, wenn diese Vermögensgegenstände dem Zugriff aller übrigen Gläubiger entzogen sind (zur Bewertung siehe § 253 Abs. 1 S. 3 HGB). In der Bilanz sind **alle selbständig bewertbaren Vermögensgegenstände** aufzunehmen, die einen wirtschaftlichen Wert haben und dem Unternehmen wirtschaftlich zuzuordnen sind. Bilanzierungsverbote (§ 248 HGB) dürfen nicht bestehen. **Verbindlichkeiten,** die in die Bilanz aufgenommen werden, müssen ebenfalls selbständig bewertbar sein und auf einer rechtlichen oder wirtschaftlichen Leistungsverpflichtung des Unternehmens gründen. 44

Mit der Frage, zu welchem Wert Vermögensgegenstände oder Kapitalposten in die Bilanz aufzunehmen sind, befassen sich insbesondere die **allgemeinen Bewertungsvorschriften** des § 252 HGB, der folgende Grundsätze aufstellt: 45

- Grundsatz der **Bilanzidentität:** Schlussbilanz und Eröffnungsbilanz des Folgejahres müssen identisch sein.
- Grundsatz der **Fortführung (Going-Concern-Prinzip):** Es wird unter der Annahme bewertet, dass das Unternehmen fortgeführt wird.
- Grundsatz der **Einzelbewertung:** Vermögensgegenstände und Schulden sind einzeln zu bewerten.

- **Vorsichtsprinzip** mit **Imparitäts-** und **Realisationsprinzip:** Das Vorsichtsprinzip ist als zentraler Grundsatz, an dem auch das BilMoG grundsätzlich festhält, in der Bilanzierung und Bewertung stets zu beachten. Als Imparitätsprinzip meint es die ungleiche Behandlung noch nicht realisierter Gewinne und Verluste. Zum Zeitpunkt der Bilanzerstellung vorhersehbare Risiken und Verluste sind in der Bewertung zu berücksichtigen, während zu erwartende, aber noch nicht realisierte Gewinne in der Bilanz nicht ausgewiesen werden dürfen (Realisationsprinzip). Die durch das BilMoG nunmehr gesetzlich geregelte Möglichkeit zur Bildung von Bewertungseinheiten (§ 254 HGB) führt allerdings zu einer Durchbrechung.
- Grundsatz der **Periodenabgrenzung:** Aufwendungen und Erträge des Wirtschaftsjahres sind unabhängig vom Zahlungszeitpunkt im Jahresabschluss anzusetzen.
- Grundsatz der **Stetigkeit:** Die auf den vorhergehenden Jahresabschluss angewandten Bewertungsmethoden (z. B. Abschreibungsmethode, Ausübung von Wahlrechten) sind beizubehalten (vgl. § 252 Abs. 1 Nr. 6 HGB).
- Von den Grundsätzen darf nur in begründeten Ausnahmefällen abgewichen werden (§ 252 Abs. 2 HGB).

46 Einzelvorschriften zur Bewertung enthalten die §§ 253 ff. HGB:

- Vermögensgegenstände sind danach höchstens mit den Anschaffungs- oder Herstellungskosten (§ 255 HGB), die um Abschreibungen vermindert sind, anzusetzen (**Anschaffungswertprinzip** – § 253 Abs. 1 HGB).
- Vermögensgegenstände des **Anlagevermögens** sind bei einer voraussichtlich dauernden Wertminderung außerplanmäßig abzuschreiben; sie sind mit dem niedrigeren Wert des Abschlussstichtags anzusetzen (**Niederstwertprinzip** – § 253 Abs. 3 HGB). Bei Finanzanlagen können außerplanmäßige Abschreibungen auch bei voraussichtlich nicht dauernder Wertminderung vorgenommen werden.
- Vermögensgegenstände des **Umlaufvermögens** sind mittels Abschreibungen mit dem gegenüber dem Buchwert niedrigeren Wert anzusetzen, der sich am Abschlussstichtag aus einem Börsen- oder Marktpreis ergibt oder ihnen beizulegen ist (**strenges Niederstwertprinzip** – § 253 Abs. 4 HGB).
- Verbindlichkeiten sind mit ihrem Erfüllungsbetrag, im Zweifel mit dem höchsten zulässigen Betrag, anzusetzen **(Höchstwertprinzip).**
- **Rückstellungen** sind grundsätzlich mit dem nach vernünftiger kaufmännischer Beurteilung notwendigen Erfüllungsbetrag zu bilanzieren (§ 253 Abs. 1 S. 2 HGB). Das BilMoG hat hier allerdings zu wesentlichen Änderungen geführt. So sind Rückstellungen mit einer Restlaufzeit von mehr als einem Jahr grundsätzlich mit dem ihrer Restlaufzeit entsprechenden durchschnittlichen Marktzinssatz der vergangenen sieben Geschäftsjahre **abzuzinsen** (§ 253 Abs. 2 S. 1 HGB); Ausnahme: Durch Art. 7 des WohnimmobilienkreditRi-UmsetzG vom 11.3.2016[49] (Übergangsrecht in Art. 76 Abs. 6 und 7 EGHGB) wurde eine Ausnahmeregelung für Rückstellungen für Altersversorgungsverpflichtungen geschaffen, die verlangt, dass künftig bei derartigen ein längerer Betrachtungszeitraum, nämlich die vergangenen zehn Geschäftsjahre, für die Ermittlung des durchschnittlichen Marktzinssatzes angewendet wird. Ziel ist es, die negativen Auswirkungen der Niedrigzinsphase auf die Attraktivität der Direktzusagen von Betriebsrenten spürbar zu vermindern.[50] Künftige Entwicklungen (z. B. Lohnkosten, Preise) sind einzubeziehen. Soweit sich die Höhe von **Altersversorgungs**- oder vergleichbaren langfristig fälligen Verpflichtungen ausschließlich nach dem beizulegenden Zeitwert von Wertpapieren im Sinn des § 266 Abs. 2 A III 5. HGB bestimmt, sind die Rückstellungen hierfür aus Vereinfachungsgründen, soweit sie eine Mindestverpflichtung übersteigen, zum beizulegenden Teilwert der Wertpapiere zu bewerten; damit sollen kostenaufwändige Pensionsgutachten vermieden werden.[51]

---

[49] BGBl. I 2016, S. 396.
[50] BT-Drs. 18/7584, 149.
[51] Vgl. BT-Drs. 16/12407, S. 111.

- Im Übrigen können – steuerlich nicht anerkannte – Rückstellungen für eigenen Instandhaltungsaufwand nicht mehr gebildet werden.
- Der durch das BilMoG neu gefasste § 254 HGB lässt die Bildung von **Bewertungseinheiten** (Zusammenfassung von Vermögensgegenständen, Schulden, schwebenden Geschäften oder mit hoher Wahrscheinlichkeit erwarteten Transaktionen zum Ausgleich gegenläufiger Wertänderungen oder Zahlungsströme aus dem Eintritt vergleichbarer Risiken) in dem Umfang und für den Zeitraum zu, in dem sich die gegenläufigen Wertänderungen oder Zahlungsströme ausgleichen. Grundgeschäfte und Sicherungsinstrumente müssen dabei demselben, eindeutig ermittelbaren Risiko ausgesetzt sein.[52]

g) Feststellung des Jahresabschlusses und Gewinnverwendung

Über die **Feststellung des Jahresabschlusses** einer **GmbH** ist spätestens bis zum Ablauf der ersten acht Monate des Geschäftsjahres (bei kleinen Kapitalgesellschaften i. S. d. § 267 HGB bis zum Ablauf der ersten elf Monate)[53] von den Gesellschaftern, also i. d. R. von der Gesellschafterversammlung (§ 46 Nr. 1 GmbHG – die Zuständigkeit kann auf ein anderes Organ übertragen werden), gemäß § 42a Abs. 2 GmbHG zu beschließen. Die Frist kann nicht durch den Gesellschaftsvertrag verlängert werden. Bis zur Feststellung kann der Jahresabschluss jederzeit geändert oder ergänzt werden. Für **Aktiengesellschaften** gelten die §§ 170 ff. AktG. Zur Frist siehe § 171 Abs. 3 AktG. Beschließen Vorstand und Aufsichtsrat, die Feststellung des Jahresabschlusses der Hauptversammlung zu überlassen, oder billigt der Aufsichtsrat den Jahresabschluss nicht, so stellt die Hauptversammlung den Jahresabschluss fest (§ 173 Abs. 1 S. 1 AktG). Diese beschließt über die Gewinnverwendung (§ 174 AktG). Der informatorische, freiwillig erstellte IFRS-Einzelabschluss wird bei der GmbH von der Geschäftsführung aufgestellt; die Gesellschafterversammlung entscheidet über Billigung und Offenlegung (siehe dazu § 325 Abs. 2a HGB). Bei der AG stellt der Vorstand den informatorischen IFRS-Einzelabschluss auf, den er nach Billigung durch den Aufsichtsrat offen legen darf. 47

In der **GuV** wird der Jahresgewinn oder –verlust ausgewiesen. Außerdem ist die Ergebnisverwendung nachrichtlich anzugeben (z. B. Abführung an die Kommune, Zuweisung an die Rücklagen, Vortrag auf neue Rechnung). 48

Bei **Eigenbetrieben** stellt das zuständige Gremium der Kommune (Gemeinderat, Stadtrat, Verbandsversammlung etc.) i. d. R. innerhalb eines Jahres nach Ende des Wirtschaftsjahres den Jahresabschluss und den Lagebericht fest und beschließt über die Gewinnverwendung oder die Behandlung des Verlustes. Erwirtschaften Eigenbetriebe einen Verlust, so ist er nach landesrechtlichen Bestimmungen i. d. R. innerhalb von fünf Wirtschaftsjahren durch Gewinne oder aus Haushaltsmitteln der Kommune auszugleichen (z. B. § 8 Abs. 2 BayEBV). Zuständiges Gremium bei **Kommunalunternehmen** ist der Verwaltungsrat; der Verlustausgleich ist wie bei Eigenbetrieben geregelt (z. B. § 14 Abs. 2 BayKUV, § 14 Abs. 2 KUVO SchlH). Diese Verlustausgleichspflicht könnte EU-beihilferechtlich problematisch sein und ist zumindest EU-rechtskonform zu lesen. 49

Nicht festzustellen ist der Lagebericht. 50

h) Offenlegung

Für die Offenlegung des Jahresabschlusses gelten für **Kapitalgesellschaften** §§ 325 bis 329 HGB. Mit dem Jahresabschluss sind der Bestätigungsvermerk des Abschlussprüfers oder der Vermerk über dessen Versagung, der Lagebericht, der Bericht des Aufsichtsrats und grundsätzlich der Vorschlag und der Beschluss über die Ergebnisverwendung unverzüglich nach der Vorlage des Jahresabschlusses an die Gesellschafter, jedoch spätestens vor Ablauf des 51

[52] Vgl. BT-Drs. 16/12407, S. 112.

[53] Die Kommunalgesetze schließen die größenabhängigen Erleichterungen nur für Aufstellung und Prüfung des Jahresabschlusses aus.

zwölften Monats des dem Abschlussstichtag nachfolgenden Geschäftsjahrs beim Betreiber des **elektronischen Bundesanzeigers** elektronisch einzureichen und bekannt zu machen (§ 325 Abs. 1 Sätze 1 bis 3 und Abs. 2 HGB). Die Kommunalgesetze verweisen nur für Aufstellung und Prüfung des Jahresabschlusses, nicht aber für die Offenlegung auf die Vorschriften des HGB, so dass die in den §§ 326 f. HGB enthaltenen Erleichterungen für kleine und mittlere Kapitalgesellschaften auch von entsprechenden kommunalen Unternehmen genutzt werden können. § 325 Abs. 2a HGB eröffnet Kapitalgesellschaften die Möglichkeit, einen IFRS-Einzelabschluss offenzulegen.

52 Für **Eigenbetriebe** und **Kommunalunternehmen** gelten die landesrechtlichen Bestimmungen, die in der Regel vorschreiben, dass der Beschluss über die Feststellung des Jahresabschlusses und die Verwendung des Ergebnisses oder die Behandlung des Verlustes **ortsüblich bekannt zu machen** ist. Der Jahresabschluss und der Lagebericht sind regelmäßig **öffentlich auszulegen** (z. B. § 25 Abs. 4 BayEBV, § 27 Abs. 3 BayKUV, § 27 Abs. 3 KUVO SchlH).

i) Konzernabschluss

53 Öffentliche Unternehmen, die auf Tochterunternehmen unmittelbar oder mittelbar einen beherrschenden Einfluss ausüben können, müssen einen **Konzernabschluss** aufstellen, wenn sie die Rechtsformvoraussetzungen der §§ 264a, 290 HGB erfüllen und eine Befreiung (§§ 290 Abs. 5, 291, 293 HGB) nicht in Betracht kommt. § 290 Abs. 2 HGB regelt, in welchen Fällen stets ein beherrschender Einfluss besteht; erfasst sind seit Inkrafttreten des BilMoG nicht nur Stimmrechtsmehrheiten und Beherrschungsverträge, sondern auch sog. Zweckgesellschaften. Die Pflicht zur Aufstellung eines Konzernabschlusses kann sich auch für Unternehmen ab einer bestimmten Größe ergeben (§ 14 Abs. 1 i. V. m. § 11 PublG). Der Konzernabschluss besteht aus der Konzernbilanz, der Konzern-Gewinn- und Verlustrechnung, dem Konzernanhang, der Kapitalflussrechnung und dem Eigenkapitalspiegel; er kann um eine Segmentberichterstattung erweitert werden (§ 295 Abs. 1 HGB).

54 Die Kommune selbst trifft keine Pflicht, einen Konzernabschluss aufzustellen, sie kann aber herrschendes Unternehmen i. S. d. § 17 AktG mit daraus folgenden Mitteilungspflichten (§ 20 AktG) sein.[54] Allerdings verfolgt das NKF (→ Rn. 8) auch das Ziel, die wirtschaftliche Lage einer Kommune unter Einbeziehung ihrer unternehmerischen Betätigung in Eigenbetrieben, Kommunalunternehmen und privatrechtlich verfassten Unternehmen darzustellen. Instrument hierfür ist der kommunale Gesamtabschluss. Während ein Konzernabschluss (vgl. → Rn. 53) für privatrechtlich organisierte Unternehmen nach handelsrechtlichen Vorschriften bzw. den IFRS aufgestellt wird, umfasst der kommunale Gesamtabschluss als kommunaler Konzernabschluss einer Gebietskörperschaft neben dem Kernhaushalt der Kommune sowohl privatrechtliche Beteiligungen als auch öffentlich-rechtliche „Beteiligungen" (Anstalten des öffentlichen Rechts/Kommunalunternehmen, Zweckverbände, Eigenbetriebe und eigenbetriebsähnliche Einrichtungen).[55]

7. Rechnungslegung nach IFRS

a) Anwendbarkeit der IFRS

55 Kapitalmarktorientierte Gesellschaften mit Sitz innerhalb der EU (d. h. Unternehmen, deren Wertpapiere zum Handel auf einem organisierten Kapitalmarkt i. S. v. Art. 1 Abs. 13 der Wertpapierdienstleistungs-Richtlinie zugelassen sind (Richtlinie 93/22/EWG)) sind für Geschäftsjahre, die ab dem 1.1.2005 beginnen, zwingend verpflichtet, im Konzernabschluss die **International Financial Reporting Standards (IFRS)** anzuwenden (VO (EG)

[54] *Dengler,* Wirtschaftsführung, Rechnungswesen und Prüfung von Unternehmen der öffentlichen Hand, in Fabry/Augsten, Handbuch Unternehmen der öffentlichen Hand, 2. Aufl. 2011, Teil 7, Rn. 70.

[55] Zum kommunalen Gesamtabschluss Meyer in: *IDW,* WPH-Edition, Öffentliche Hand, Kap. D.

Nr. 1606/2002 vom 19.7.2002). Anzuwenden sind nur solche Standards der IAS/IFRS, die durch die EU im Wege des Komitologieverfahrens förmlich übernommen worden sind. Neben den Standards bleiben bestimmte Vorschriften des HGB anwendbar. Die EU-rechtliche Verpflichtung ist unmittelbar geltendes Recht in den EU-Mitgliedstaaten. In Deutschland ergänzt § 315e HGB diese europarechtliche Anwendungsregelung.

Kommunale Unternehmen werden hierunter regelmäßig nicht fallen. Bezüglich der Einzel- und Konzernabschlüsse sonstiger Unternehmen und bezüglich der Einzelabschlüsse kapitalmarktorientierter Unternehmen ist den Mitgliedstaaten in Art. 5 IAS-Verordnung ein Wahlrecht eingeräumt, die Anwendung der IAS/IFRS zu untersagen oder (obligatorisch oder fakultativ) vorzugeben. § 325 Abs. 2a HGB eröffnet über § 315e HGB hinaus Kapitalgesellschaften die Möglichkeit, einen IFRS-Einzelabschluss zum Gegenstand der Offenlegung zu machen und sich so als international geprägtes Unternehmen darzustellen. Angesichts des damit verbundenen Aufwands und der Gemeinwohlorientierung kommunaler Unternehmen mit ihrem Örtlichkeitsbezug dürfte die Inanspruchnahme dieser Regelung im kommunalen Bereich typischerweise ausscheiden.

b) Effekte der Umstellung auf IFRS

56 Abgesehen davon, dass IFRS internes und externes Rechnungswesen einander annähern könnten, kann die Umstellung der Rechnungslegung auf IFRS dazu führen, dass die Eigenkapitalquote tendenziell steigt und eine positive Präsentation des Unternehmens nach außen erleichtert wird. Denn bei der Bilanzierung nach HGB steht abgesehen von steuerrechtlichen Einflüssen das **Vorsichtsprinzip** im Vordergrund. Gewinne sind danach erst zu bilanzieren, wenn sie realisiert sind, während Verluste bereits auszuweisen sind, wenn sie nur drohen (Realisations- und Imparitätsprinzip). Demgegenüber erlauben die IFRS, die der periodengerechten Gewinnermittlung mehr Bedeutung zuweisen, Bewertungen von Vermögensgegenständen zum sog. **Fair Value** (Markt- oder Zeitwert) und nach dem Grad der Fertigstellung von Produkten, so dass für die Bilanz stille Reserven aufgedeckt werden können.

57 Im Hinblick darauf, dass kommunale Unternehmen eine besondere **Gemeinwohlverpflichtung** haben und letztlich mit öffentlichen Mitteln wirtschaften, wäre allerdings eine weitgehende Abkehr vom handelsrechtlichen Vorsichtsprinzip nicht wünschenswert.[56]

8. Sonderfälle

a) Sonderfall Krankenhäuser und Pflegeeinrichtungen[57]

58 Für kommunale **Krankenhäuser** und **Pflegeeinrichtungen** gelten rechtsformunabhängig, also auch für Eigenbetriebe und Kommunalunternehmen, die besonderen Rechnungslegungsvorschriften der Krankenhaus-Buchführungsverordnung – KHBV – und der Pflege-Buchführungsverordnung – PBV –, die teilweise landesrechtlich ergänzt werden (z. B. für Bayern Verordnung über die Wirtschaftsführung kommunaler Krankenhäuser – WkKV – und Verordnung über die Wirtschaftsführung kommunaler Pflegeeinrichtungen – WkPV –; beide Verordnungen gelten für als Regiebetriebe, als Eigenbetriebe oder als Kommunalunternehmen geführte Krankenhäuser, nicht aber für kommunale Krankenhäuser in Privatrechtsform, § 1 Abs. 2 S. 2 WkKV, § 1 Abs. 2 S. 2 WkPV; seit 1.1.2007 ist auch für Eigen- und Regiebetriebe die Aufstellung eines Lageberichts vorgeschrieben, § 11 WkKV, § 11 WkPV).[58] Zur Gliederung der Bilanz von Krankenhäusern und Pflegeeinrichtungen

---

[56] Krit. auch *Zeitler* DB 2003, 1529 ff.

[57] Siehe dazu *Koch* in IDW WPH-Edition, Öffentliche Hand, Kap. R, Rn. 6 ff. und 199 ff.

[58] Siehe *Haertle/Purzer,* Das Rechnungswesen der Krankenhäuser; *Köhler,* Die Aufstellung des Lageberichts für kommunale Krankenhäuser und Pflegeeinrichtungen, Bayer. Komm. Prüfungsverband, Geschäftsbericht 2006, 182 ff.

siehe jeweils Anlage 1 zur KHBV und zur PBV, zur Gliederung der GuV jeweils Anlage 2 zur KHBV und PBV.

§ 75 Abs. 7 SGB XI beauftragt im Einzelnen aufgeführte Spitzenverbände der Pflegekassen, Sozialhilfeträger und Pflegeeinrichtungen, Bundesvereinbarungen zur Pflegebuchführung abzuschließen. Dabei können die Vertragsparteien sich an bestehenden Buchführungsregelungen, wie etwa im HGB, orientieren, unter Zuhilfenahme von Sachverständigen eigene Grundsätze entwickeln oder sich an die bestehenden Regelungen der PBV anlehnen (BT-Drs. 16/7439, S. 69). Damit eine solche Bundesvereinbarung in Kraft treten und dann die PBV ersetzen kann, muss allerdings erst noch die PBV aufgehoben werden (§ 75 Abs. 7 S. 2 SGB XI). Eine Bundesvereinbarung ist bisher nicht zustande gekommen.

b) Sonderfall Energieversorgung[59]

59 Vertikal integrierte **Energieversorgungsunternehmen** i. S. d. § 3 Nr. 38 EnWG müssen nach § 6b Abs, 1 EnWG rechtsformunabhängig einen Jahresabschluss nach den für Kapitalgesellschaften geltenden Vorschriften des HGB aufstellen, prüfen lassen und offen legen. Die Liberalisierung der leitungsgebundenen Wirtschaftszweige Strom und Gas erfordert zudem nach Auffassung des Gesetzgebers (§§ 6 ff. EnWG) die Entflechtung **(Unbundling)** des weiterhin bestehenden natürlichen Netzmonopols von den übrigen, wettbewerbsbezogenen Aktivitäten des Unternehmens. Vertikal integrierte Energieversorgungsunternehmen (§ 3 Nr. 38 EnWG) und mit ihnen im Sinne von § 3 Nr. 38 EnWG verbundene rechtlich selbständige Betreiber von Elektrizitäts- und Gasversorgungsnetzen müssen deshalb die Unabhängigkeit der Netzbetreiber von anderen Tätigkeitsbereichen der Energieversorgung nach den §§ 7 bis 10e EnWG sicherstellen. Damit soll Transparenz geschaffen werden. Das lässt sich auf verschiedene Weise erreichen. Neben der Trennung in rechtlich selbständige Einheiten (legal unbundling, § 7 EnWG), der operationellen Entflechtung hinsichtlich Organisation, Entscheidungsgewalt und Ausübung des Netzgeschäfts (§ 7a EnWG), der informationellen Entflechtung (§ 6a EnWG) und der eigentumsrechtlichen Entflechtung ist eine andere Methode die **buchhalterische Entflechtung** (§ 6b EnWG). Um Bevorzugungen, Quersubventionierungen und Wettbewerbsverzerrungen von vornherein auszuschließen, müssen Energieversorgungsunternehmen nach § 6b Abs. 3 EnWG die Rechnungslegung ihrer verschiedenen Sparten durch das Führen getrennter Konten so aufspalten, als würden die verschiedenen Tätigkeiten von rechtlich selbständigen Unternehmen ausgeführt. Dazu sind getrennte Konten für einzelne Tätigkeitsbereiche (§ 6b Abs. 3 S. 1 Nrn. 1 bis 6 EnWG) einschließlich der wirtschaftlichen Nutzung eines Eigentumsrechts an den Netzen, Speichern oder Anlagen sowie deren Verpachtung zu führen (§ 6b Abs. 3 S. 1 EnWG) sowie für jeden Tätigkeitsbereich jeweils einen Tätigkeitsabschluss in Form einer Bilanz und einer Gewinn- und Verlustrechnung (§ 6 Abs. 3 S. 6 EnWG) sowie ggfs. Erläuterungen (§ 6b Abs. 3 S. 7 EnWG) zu erstellen[60]). Das betrifft die Tätigkeitsbereiche Elektrizitätsübertragung und -verteilung, Gasfernleitung, -verteilung und -speicherung sowie den Betrieb von LNG-Anlagen. § 6b EnWG gilt auch für Regie- und Eigenbetriebe sowie Kommunalunternehmen.[61] § 6b EnWG enthält (anders als § 7 Abs. 2 und § 7a Abs. 7 EnWG) keine De-minimis-Klausel für Unternehmen mit weniger als 100.000 Kunden.

---

[59] Siehe dazu *Patek* in Petersen/Zwirner: Handbuch Bilanzrecht, 2. Auflage 2018, Kap. E, X. B.; *Trepte* in IDW WPH-Edition, Öffentliche Hand, Kap. Q, Rn. 11 ff.

[60] Dazu *Trepte* in IDW WPH-Edition, Öffentliche Hand, Kap. Q, Rn. 28 ff.

[61] *Patek* in Petersen/Zwirner: Handbuch Bilanzrecht, 2. Auflage 2018, Kap. E, X. B. Rn. 19; IDW RS ÖFA 2 vom 24.8.2015 Rn. 8 ff.

9. Kosten- und Leistungsrechnung

a) Zweck der Kosten- und Leistungsrechnung

Die **Kosten- und Leistungsrechnung (KLR)** ist neben der Buchführung/Finanzbuchhaltung ein weiterer wesentlicher Teil des Rechnungswesens. Sie dient der **Dokumentation,** der **Kontrolle** (im Sinn einer Wirtschaftlichkeitskontrolle) und der **Planung.** Mit ihrer Hilfe lassen sich die Kosten für die Erstellung **(Verbrauch von Ressourcen)** klar den Leistungen (Produkten) des Unternehmens zuordnen. Damit liefert die KLR auch die Grundlagen für die **bilanzielle Bewertung** und die **Entscheidung,** welche Leistungen in welcher Art und Menge erbracht werden sollen und ob sie vom Unternehmen selbst erstellt oder von einem Dritten bezogen werden sollen. Insbesondere für kommunale Unternehmen, die im Wettbewerb stehen (z. B. Stromversorgungsunternehmen) ist es von eminenter Bedeutung, über die Kenntnis der Kosten Kalkulationen kostendeckend erstellen zu können und Entscheidungen auch an den aus der KLR gewonnenen Informationen auszurichten. 60

b) Begriffe

Unter **Kosten** versteht man den bewerteten Verbrauch von Gütern in einer Rechnungsperiode, der erforderlich ist, um betriebliche Leistungen zu erstellen und abzusetzen sowie um die dazu notwendigen Kapazitäten aufrechtzuerhalten. 61

Leistungen lassen sich als Wert der (innerbetrieblich und gegenüber Dritten) erstellten Wirtschaftsgüter und erbrachten Dienstleistungen verstehen. 62

c) Gliederung der Kosten- und Leistungsrechnung

Um ihren Zweck zu erfüllen, betrachtet die KLR Kosten und Leistungen aus unterschiedlichen Blickwinkeln.[62] Sie lässt sich in Kostenarten-, Kostenstellen- und Kostenträgerrechnung gliedern: 63

- Die **Kostenartenrechnung** erfasst als erste Stufe der KLR die gesamten in einer Rechnungsperiode angefallenen Kosten und gliedert sie in einzelne Arten (z. B. Personalkosten, Materialkosten, kalkulatorische Kosten).
- Die **Kostenstellenrechnung,** die in der Regel mittels sog. **Betriebsabrechnungsbögen** (BAB) durchgeführt wird, zeigt, in welchen Unternehmensbereichen (Kostenstellen) diese Kosten angefallen sind. Die Kostenstellen können nach Funktionsbereichen, Leistungsarten oder Verantwortungsbereichen gebildet werden und lassen sich einteilen in **Endkostenstellen** (die Leistungen nach außen erbringen) und **Vorkostenstellen** (die innerbetriebliche Leistungen erstellen). Die Kostenstellenrechnung dient ferner der Ermittlung der Gemeinkostenzuschläge für die Kostenträgerrechnung.
- Die **Kostenträgerrechnung** ordnet die Kosten – ggf. unterschieden nach Einzel- und Gemeinkosten – den einzelnen Produkten zu. Systematisch lassen sich **Kostenträgerstückrechnung** (Kalkulation) und **Kostenträgerzeitrechnung** (Erfolgsrechnung) unterscheiden. Erstere ermittelt die Kosten je Kostenträger, also je erzeugtem Wirtschaftsgut oder je erbrachter innerbetrieblicher Leistung; sie dient v. a. der Ermittlung von Preisuntergrenzen. Letztere stellt die Gesamtkosten je Kostenträger in einer Periode dar. Bei Eigenbetrieben und Kommunalunternehmen, die im Bereich der Abfallwirtschaft tätig sind, wird regelmäßig bei der Kostenträgerrechnung zwischen dem hoheitlichen und dem gewerblichen und damit grundsätzlich steuerrechtlich verhafteten Bereich der Abfallwirtschaft abzugrenzen sein.

[62] Dazu ausführlich *Och/Wager,* Betriebswirtschaftslehre in der öffentlichen Verwaltung, 247 ff.; *Wöhe/Döring/Brösel,* Einführung in die Allgemeine Betriebswirtschaftslehre, 26. Aufl. 2016, 856 ff.

d) Gesetzliche Vorgaben

64 In einigen Bereichen bestehen gesetzliche Vorschriften, deren Erfüllung das Einrichten einer KLR bedingt:

- Kostenrechnende kommunale Einrichtungen (vgl. z. B. § 12 BayKommHV-Kameralistik) müssen ihre **Gebühren kostendeckend** nach dem tatsächlichen Werteverzehr festsetzen, also Über- und Unterdeckungen vermeiden (z. B. Art. 8 BayKAG). Das setzt Vor- und Nachkalkulation voraus. Die Feststellung einer Über- oder Unterdeckung ist nur durch eine Betriebsabrechnung möglich, in der die nach betriebswirtschaftlichen Grundsätzen ansatzfähigen Kosten den Erlösen im betriebswirtschaftlichen Sinn gegenübergestellt werden (vgl. Art. 8 Abs. 6 S. 2 BayKAG). Betriebsfremde Kosten und Erlöse sind deshalb in der Kostenstellenrechnung auszugliedern.
- **Eigenbetriebe und Kommunalunternehmen** sind nach landesrechtlichen Regelungen i. d. R. gehalten, nach Bedarf eine Kostenrechnung zu führen (z. B. § 18 Abs. 3 BayEBV, § 20 Abs. 3 BayKUV). Wenn sie mehr als einen Betriebszweig haben, müssen sie eine Aufwendungen und Erträge gegenüberstellende Erfolgsübersicht fertigen (z. B. § 22 Abs. 3 BayEBV, § 24 Abs. 3 BayKUV), für die regelmäßig eine Kostenstellenrechnung notwendig sein wird.[63]

64a Dabei sind die Unterlagen, die eine Kostenrechnung erfordert, im Wesentlichen die Aufwandsartenkonten der Finanzbuchhaltung. Für die weitere Verteilung auf Kostenträger sind meist zusätzliche Aufzeichnungen notwendig, wenn man an die gegenwärtig aktuelle Kostenträgerrechnung im Energiesektor denkt. Davon abgesehen genügt aber die Finanzbuchhaltung, um eine Kostenrechnung zu erstellen.

Bei dem erstmaligen Aufbau einer Kostenrechnung ist von den Aufwandsarten auszugehen. Zu beachten ist aber, dass sich Aufwendungen und Kosten nicht decken. Kosten sind der Wertverzehr, der zur Leistungserstellung normalerweise notwendig ist. Der Kostenbegriff ist einmal um die sog. Zusatzkosten weiter als der Aufwandsbegriff; er ist andererseits auch enger als der Aufwandsbegriff, vor allem dann, wenn die Aufwendungen zufallsbedingt vergleichsweise hoch sind.

Nach den (Landes-)Kommunalabgabengesetzen (siehe beispielhaft für Bayern Art. 8 Abs. 2 und 3 KAG; für NRW § 6 Abs. 1 S. 2, Abs. 2 KAG; für Rheinland-Pfalz § 8 KAG) ist zur Feststellung von Benutzungsgebühren eine umfassende Kalkulation notwendig, in der im Fall von Pflichtaufgaben oder Anschluss- und Benutzungszwang ermittelt wird, dass das veranschlagte Gebührenaufkommen die nach betriebswirtschaftlichen Grundsätzen ansatzfähigen Kosten nicht überschritten werden.

In der Praxis fallen vor allem Wasser- und Abwasserwerke unter diese Kalkulationsvorschriften, die sich – vereinfacht – wie folgt entwickeln lassen:

Grundlage der Kalkulation sind die Kosten, nicht der Aufwand. Gleichwohl geht man von der Gewinn- und Verlustrechnung oder der Erfolgsübersicht des betreffenden Betriebs aus, weil sich Aufwands- und Kostenbeträge decken, mit zwei wesentlichen Ausnahmen:

(1) Die Abschreibungen dürfen nur das betriebsnotwendige Vermögen erfassen, Vermögensgegenstände, die nicht zur Leistungserbringung (z. B. Wasserversorgung) notwendig sind dürfen gar nicht erfasst werden. Die Abschreibungen haben linear zu erfolgen; sind also gleichmäßig auf die Nutzungsdauer zu verteilen. Die Nutzungsdauer ist grundsätzlich für jeden Gegenstand individuell zu bestimmen. Den Abschreibungen können grundsätzlich Anschaffungs- und Herstellungskosten oder Wiederbeschaffungszeitwerte zu Grunde gelegt werden (so ausdrücklich z. B. in Bayern § 8 Abs. 3 S. 2 KAG); anders allerdings die Rechtslage in Rheinland-Pfalz: dort ist im Falle der Erfüllung von Pflichtaufgaben der Selbstverwaltung oder Anschluss- und Benutzungszwang die Abschreibung zwingend nach den Anschaffungs- und Herstellungswerten zu bemessen (so § 8 Abs. 2 S. 1 KAG). Vermögen, das durch „Beiträge und ähnliche

[63] *Och/Wager*, Betriebswirtschaftslehre in der öffentlichen Verwaltung, 289.

Entgelte“ finanziert ist, darf nicht abgeschrieben werden. Zuwendungsfinanzierte Vermögensgegenstände können abgeschrieben werden. Hierauf entfallende Abschreibungen samt Zinsen und Mehrerlöse, die sich gegebenenfalls aus Abschreibungen aus Wiederbeschaffungs- statt aus Anschaffungswerten ergeben, sind dem Betrieb wieder zuzuführen.

(2) Den Zinsen ist das betriebsnotwendige Kapital zugrunde zu legen. Das ist das Kapital, das der Betrieb zur Finanzierung des betriebsnotwendigen Vermögens benötigt. Auszuscheiden ist von Dritten zinslos zur Verfügung gestelltes Kapital wie Staatszuschüsse und Beiträge. Dabei ist zu unterstellen, dass Staatszuschüsse die Gebührenschuldner entlasten sollen. Eine Unterscheidung zwischen Eigen- und Fremdkapital entfällt; auch das Eigenkapital ist zu verzinsen. Der Zinssatz sollte sich an einem mehrjährigen Mittel der Kapitalmarktrenditen orientieren (die Umlaufrenditen inländischer Inhaberschuldverschreibungen von 2008 bis 2017 aller Laufzeiten betrugen im Gesamtdurchschnitt 4,9 %; in den letzten 10 Jahren 1,7 %; in den letzten 20 Jahren 3,0 %).

e) Vorgaben des EU-Beihilferechts

Ausgehend von der Entscheidung des EuGH in der Rechtssache Altmark[64] setzte die EU- 65
Kommission am 29.11.2005 mit dem sog. **Monti-Paket** (ersetzt durch das sog. Almunia-Paket) den durch den EG-Vertrag (nunmehr Vertrag über die Arbeitsweise der Europäischen Union – AEUV –) vorgegebenen rechtlichen Rahmen für die Gewährung von Beihilfen an mit der Wahrnehmung von Dienstleistungen von allgemeinem wirtschaftlichen Interesse (kurz DAWI) betraute Unternehmen. Für diese Unternehmen gelten gemäß Art. 106 Abs. 2 AEUV die Wettbewerbsregeln und das Beihilfenverbot nicht uneingeschränkt, da EU-rechtlich die Notwendigkeit anerkannt ist, dass die öffentliche Hand die besonderen Kosten der von ihr erfüllten Gemeinwohlverpflichtung ganz oder teilweise trägt, wenn die gemeinwohlbezogene Aufgabe nicht mehr zu tragbaren und wirtschaftlich ausgewogenen Bedingungen erfüllt werden kann. Der sog. **Freistellungsbeschluss** als Teil des Almunia-Pakets[65] konkretisiert – abgesehen von den sonstigen Regelungen, die hier nicht näher darzustellen sind – für die unter den Beschluss fallenden Unternehmen die Anforderungen für den buchungsmäßigen Ausweis von Zuschüssen etc. für die Wahrnehmung von Dienstleistungen von allgemeinem wirtschaftlichen Interesse, die erfüllt sein müssen, damit keine notifizierungspflichtige Beihilfe vorliegt. Die Einnahmen und Ausgaben der Dienstleistung von allgemeinem wirtschaftlichen Interesse und die der sonstigen wirtschaftlichen Tätigkeit sind in den Büchern getrennt auszuweisen (Art. 5 Abs. 9 des Freistellungsbeschlusses). Vorgaben, in welcher Form die Bücher zu trennen sind, enthält die Freistellungsentscheidung nicht. Eine **getrennte Kostenrechnung** dürfte den Anforderungen genügen (z.B. Erfolgsübersicht nach § 22 Abs. 3 BayEBV, die gegebenenfalls noch weiter nach den einzelnen Tätigkeiten differenziert werden muss). Getrennte Kostenrechnungen sind auch zwischen unterschiedlichen Dienstleistungen von allgemeinem wirtschaftlichen Interesse und sogar nichtwirtschaftlichen Tätigkeiten erforderlich.[66]

(freibleibend) 66–99

[64] EuGH 24.7.2003 – C-280/00, NJW 2003, 2515 ff.

[65] 2012/21/EU vom 20.12.1011, ABl. EU L 7/3.

[66] Vgl. zum Ganzen: *Wolf* in Säcker (Hrsg.), Münchener Kommentar zum Europäischen und Deutschen Wettbewerbsrecht, Band 5 (Beihilfenrecht), 2. Auflage 2018, Teil 3; zum Monti-Paket: *Latz,* Europäisches Beihilferecht – Das Monti-Paket und kommunale Leistungen der Daseinsvorsorge, Geschäftsbericht des Bayer. Komm. Prüfungsverbandes 2007, 15 ff.; Zur Prüfung → Rn. 275.

III. Berichtswesen

1. Steuerungsrelevanz des Berichtswesens

100 Die Kommunalgesetze der Länder verlangen, dass den Kommunen in Unternehmen, an denen sie Beteiligungen halten, durch Gesellschaftsvertrag, Satzung oder in sonstiger Weise ein **angemessener Einfluss** im Aufsichtsrat oder einem entsprechenden Organ eingeräumt sein muss (§ 103 Abs. 1 S. 1 Nr. 3 GemO BW, Art. 92 Abs. 1 S. 1 Nr. 2 BayGO, § 96 Abs. 1 Nr. 2 BbgKVerf, § 122 Abs. 1 S. 1 Nr. 3 HGO, § 69 Abs. 1 Nr. 4 KV MV, § 137 Abs. 1 Nr. 6 NKomVG, § 108 Abs. 1 Nr. 6 GO NRW, § 110 Abs. 1 Nr. 3 KSVG, § 96 Abs. 1 Nr. 2 SächsGemO, § 129 Abs. 1 Nr. 3 KVG LSA, § 102 Abs. 2 S. 1 Nr. 3 GO SchlH, § 73 Abs. 1 Nr. 2 ThürKO – sog. Ingerenzpflicht). Zudem bestehen gesetzliche, die Vertreter der Kommunen zumindest im Innenverhältnis bindende Vorgaben für die Führung kommunaler Unternehmen (z. B. Beachtung des Grundsatzes der Sparsamkeit und Wirtschaftlichkeit – Art. 95 BayGO). Der kommunale Einfluss auf kommunale Unternehmen ist das notwendige Korrelat zur Zulässigkeit der Ausgliederung einer kommunalen Aufgabe auf eine eigenständige juristische Person. Eine Kommune kann sich nicht durch die Ausgliederung bestimmter Aufgaben auf ihre Unternehmen ihrer eigenen Verantwortung entziehen. Soweit sie sich unternehmerisch betätigt, muss sie sich einen angemessenen Einfluss auf ihre Beteiligungen sichern und diesen auch wahrnehmen. Einflussnahme und **Steuerung** im geforderten Umfang setzen ausreichendes Wissen der kommunalen Gremien und der Kommunalverwaltung und einen strukturierten Informationsfluss vom Unternehmen zur Kommune voraus. Davon hängt die Qualität kommunaler Steuerung ab.

101 Abgesehen von dieser gesellschafterbezogenen Betrachtung ist – unternehmensbezogen gesehen – die **Unternehmensführung** selbst für eine wirksame Steuerung auf die Kenntnis der steuerungsrelevanten Daten angewiesen. Zugleich kann sie aus dem Berichtswesen gewonnene Daten für die Präsentation des Unternehmens in der Öffentlichkeit nutzen.

102 Sowohl den Interessen der Kommune als auch denen des Unternehmens dient das **Berichtswesen** kommunaler Unternehmen, das unerlässliche Voraussetzung einer wirksamen Unternehmenssteuerung ist. Unter dem betrieblichen Berichtswesen sind die Einrichtungen, Mittel und Maßnahmen eines Unternehmens zu verstehen, die dazu dienen, Informationen über den Betrieb und seine Umwelt zu erarbeiten, weiterzuleiten, zu sammeln, zu verarbeiten und zu speichern; Berichte sind zweckgerichtet zusammengefasste Informationen.[67] Das betriebliche Berichtswesen wendet sich an Adressaten innerhalb des Unternehmens, insbesondere die Geschäftsführung und den Aufsichtsrat, und ist von der Berichterstattung nach außen, z. B. an die Kommune, zu unterscheiden. Der Unternehmensberichterstattung kommt eine dreifache Wirkrichtung zu. Zum einen ist sie an die Kommunen als Träger oder Gesellschafter (und damit an die dahinter stehende Öffentlichkeit) gerichtet, zum andern dient sie unternehmensintern dem Vorbereiten und Treffen von Entscheidungen; und schließlich stellt sie Informationen für Dritte (z. B. Gläubiger, kreditgewährende Banken, potentielle Partner) zur Verfügung. Gerade im Hinblick auf die wohl zunehmende Bedeutung des Ratings für die Kreditaufnahme werden kommunale Unternehmen auf die Darstellung kreditrelevanter Teile ihres Berichtswesens besonderes Augenmerk richten müssen.

103 Im Folgenden wird wegen der besonderen Verflechtung zwischen Kommunen und kommunalen Unternehmen auch auf das in der **Beteiligungsverwaltung** der Kommunen angesiedelte Berichtswesen eingegangen.

[67] Vgl. *Leßweng,* Einsatz von Business Intelligence Tools (BIT) im betrieblichen Berichtswesen, Controlling 2004, 41.

2. Beteiligungsverwaltung der Kommune (Beteiligungsmanagement)

Die Vertreter der Kommune in Entscheidungsgremien kommunaler Unternehmen müssen dafür Sorge tragen, dass neben den (Partikular-)Interessen des Unternehmens auch die Interessen der Kommune und damit letztlich Gemeinwohlinteressen gewahrt werden (vgl. Art. 95 BayGO). Dabei werden sie von der bei der bei der Kommune einzurichtenden Beteiligungsverwaltung unterstützt. Die Beteiligungsverwaltung ist das Bindeglied zwischen den Beteiligungen in der privaten Rechtsform bzw. Anstalten des öffentlichen Rechts und Verwaltung/Kommunalgremium. Ihr obliegt daher die primäre Aufgabe, die Gesellschafterin/Anstaltslast- und Gewährträgerin Kommune bei der Steuerung ihrer Beteiligungsunternehmen zu unterstützen. **104**

a) Aufgaben der Beteiligungsverwaltung[68]

Aufgabe der Beteiligungsverwaltung ist es,[69] **105**

- den Zusammenhang der finanziellen Situation der kommunalen Unternehmen mit der Finanzlage der Kommune darzustellen,
- Entwicklungstendenzen zu erkennen,
- Planabweichungen durch – im Regelfall unterjährige – Soll-/Ist-Vergleiche zu erkennen und zu analysieren und
- der Verwaltungsspitze, der Vertretungskörperschaft und den kommunalen Mandatsträgern in Gesellschafterversammlungen, Verwaltungsratssitzungen, Aufsichtsratssitzungen usw. Beschluss-, Steuerungs- und ggf. Empfehlungen für Zielvereinbarungen zu geben, d. h. bei der strategischen Beteiligungssteuerung mitzuwirken.

Die Aufgaben der Beteiligungsverwaltung formuliert etwa § 98 BbgKVerf (siehe auch § 75a KV MV, § 150 NKomVG, § 99 SächsGemO, § 130 KVG LSA, § 109a GO SchlH).

Die Aufgaben der Beteiligungsverwaltung bei der Mutterkommune entsprechen damit weitgehend denen des im Unternehmen angesiedelten **Controllings.** Von der Zielrichtung her hat jedoch die Beteiligungsverwaltung einen umfassenderen Ansatz, da das Controlling nur auf das Unternehmen ausgerichtet ist. **106**

b) Funktionsweise der Beteiligungsverwaltung

Die Beteiligungsverwaltung wird ihren Aufgaben nur gerecht, wenn steuerungsrelevante Daten **systematisch gesammelt** und nach betriebswirtschaftlichen Grundsätzen **analysiert** werden (vgl. → Rn. 215 ff.).[70] Dabei darf sie sich nicht auf die bloße Sammlung von Unterlagen und die Weitergabe von Informationen, also auf lediglich verwaltende Tätigkeiten beschränken. Neben dem Vergleich von Plandaten und -zahlen sowie der Prüfung, ob vereinbarte Ziele erreicht wurden, obliegt es ihr auch, selbst Ziele zu entwickeln und den Entscheidungsträgern vorzuschlagen.[71] **107**

Für eine funktionierende Beteiligungsverwaltung sollten sowohl seitens der Kommune als auch seitens ihrer kommunalen Unternehmen Ansprechpartner benannt und **Informationswege** (einschließlich des zeitlichen Vorlaufs) vereinbart werden, damit Informationen rechtzeitig und der zuständigen Stelle zur Verfügung gestellt werden. In diesem Zusam- **108**

---

[68] Siehe *Deutscher Städtetag,* Gute Unternehmenssteuerung, Strategien und Handlungsempfehlungen für die Steuerung städtischer Beteiligungen, 2017 (abrufbar: http://www.staedtetag.de/imperia/md/content/dst/veroeffentlichungen/mat/strategien_handlungsempfehlungen_gute_unternehmenssteuerung.pdf); Sächsischer Landkreistag/Sächsisches Staatsministerium des Innern/Sächsischer Städte- und Gemeindetag, Leitfaden Beteiligungsmanagement im kommunalen Bereich, 2014 (abrufbar: https://www.kommunale-verwaltung.sachsen.de/download/Kommunale_Verwaltung/Leitfaden_Beteiligungsmanagement.pdf); Bayerischer Landkreistag, Leitfaden für das Beteiligungsmanagement in den Landratsämtern, 2014.

[69] Vgl. etwa Landesrechnungshof Mecklenburg-Vorpommern, Jahresbericht 2002, S. 227 Rn. 478.

[70] Siehe auch GPA Baden-Württemberg, Geschäftsbericht 2002, Nr. 6.3 Instrumente der Beteiligungsverwaltung.

[71] Landesrechnungshof Mecklenburg-Vorpommern, Jahresbericht 2002, 227 Rn. 478 f.

menhang kann das Einsichtsrecht nach § 51a GmbHG Bedeutung erlangen. Nach § 150 S. 2 NKomVG ist die Gemeinde berechtigt, sich jederzeit bei ihren unmittelbaren und mittelbaren Beteiligungen zu unterrichten. Zu den relevanten **Unterlagen,** auf welche die Kommune angewiesen ist, um ihre Überwachungs- und Steuerungsaufgaben wahrnehmen zu können, zählen insbesondere Jahresabschluss, Lagebericht, Wirtschaftsplan, Finanzplan, die Prüfungsberichte des Aufsichtsrats, des Abschlussprüfers und der Rechnungsprüfung, Quartalsberichte, sonstige Berichte, Registerauszüge sowie Sitzungsprotokolle, etwa der Gesellschafterversammlung und von Aufsichtsratssitzungen. Die Beteiligungsverwaltung sammelt diese sowie weitere, z. B. aus der Kommune selbst erhaltene Unterlagen, die zur Beteiligungsüberwachung und -steuerung und für das Erstellen eines Beteiligungsberichts benötigt werden, systematisch, wertet sie aus und verwaltet sie. Für die Datenbeschaffung, das Erstellen von Berichten sowie ihre Verwaltung kommen IT-gestützte Werkzeuge in Betracht.[72] Zweckmäßigerweise sollten kommunale Vertreter in Gremien eines Unternehmens von der Kommune angehalten werden, erhaltene Unterlagen der Beteiligungsverwaltung weiterzureichen.

109 Die Beteiligungsverwaltung sollte insbesondere die Feststellungen im Prüfungsbericht des Abschlussprüfers kritisch hinterfragen. Denn der Abschlussprüfer wird von dem Unternehmen beauftragt und hat typischerweise vor allem dessen Interessen mehr im Blick als die Interessen der hinter dem Unternehmen stehenden Kommune.

110 Aufbau und Organisation der Beteiligungsverwaltung sind der Anzahl und dem Gewicht der von der Kommune gehaltenen Beteiligungen **anzupassen.** Vereinzelt ist die Einrichtung einer mit **qualifiziertem Personal** ausgestatteten Stelle gesetzlich vorgesehen (§ 98 BbgKVerf, § 130 Abs. 4 KVG LSA). Bisweilen ist auch die Beteiligungsverwaltung einem selbständigen Unternehmen übertragen (vgl. das sog. **Leipziger Modell**)[73]; da ein solches Unternehmen aber selbst wieder kommunaler Überwachung und Steuerung unterworfen werden sollte, ist die Ausgliederung der Beteiligungsverwaltung auf ein selbständiges Unternehmen schon vom Grundsatz her kritisch zu hinterfragen.

3. Kommunaler Beteiligungsbericht

a) Rechtsgrundlagen

111 Alle Länderkommunalgesetze verpflichten die Kommunen, jährlich sog. **Beteiligungsberichte** zu erstellen (§ 105 Abs. 2 GemO BW, Art. 94 Abs. 3 BayGO, § 82 Abs. 2 Nr. 5 und § 83 Abs. 4 S. 2 Nr. 5 sowie § 91 Abs. 6 BbgKVerf, § 123a HGO, § 73 Abs. 3 KV MV, § 151 NKomVG, § 117 GO NRW, § 90 Abs. 2 und 3 GemO RP, § 115 Abs. 2 KSVG, § 99 Abs. 2 SächsGemO, § 130 Abs. 2, § 45c S. 4 GO SchlH; § 75a ThürKO), die kommunale Beteiligungen an Unternehmen in Privatrechtsform ab einer gewissen kapitalmäßigen, z. T. nach unmittelbaren und mittelbaren Beteiligungen gestaffelten Bagatellgrenze ausweisen (z. B. Art. 94 Abs. 3 S. 1 BayGO: 5 %; § 105 Abs. 2 GemO BW: bei unmittelbaren Beteiligungen unabhängig von der Höhe der Beteiligung, bei mittelbaren Beteiligungen nur, wenn die Beteiligungsquote mehr als 50 v. H. beträgt). Zur Ermittlung der Anteilsverhältnisse kann auf § 271 Abs. 1 S. 4 HGB, § 16 Abs. 2 und 4 AktG zurückgegriffen werden. In den Beteiligungsbericht kann jedermann **Einsicht** nehmen (z. B. Art. 94 Abs. 3 S. 5 BayGO, § 151 S. 3 NKomVG); damit soll die Erfüllung kommunaler Aufgaben trotz privatrechtlicher Ausgliederung auch für die Bürger **transparent** sein.

112 Teilweise ist ausdrücklich vorgeschrieben, dass die **Rechtsaufsichtsbehörden** die Vorlage des Beteiligungsberichts verlangen können (z. B. § 105 Abs. 4 GemO BW). Im

[72] Vgl. *Leßweng,* Einsatz von Business Intelligence Tools (BIT) im betrieblichen Berichtswesen, Controlling 2004, S. 43 ff.

[73] Vgl. http://www.bbvl.de/; siehe auch *Gampe/Iltgen,* Controlling kommunaler Beteiligungen unter Einbindung eines externen Dienstleisters, GemH 2004, S. 25 ff.

Übrigen ist dieses Recht ohnehin Teil des grundsätzlich umfassenden Informationsrechts der Rechtsaufsichtsbehörden.

Selbst wenn nicht ausdrücklich vorgeschrieben ist, bis wann der Beteiligungsbericht **spätestens** zu erstellen und ortsüblich bekannt zu geben ist, dürfte als Grenze das Ende des auf das Berichtsjahr folgenden Jahres anzusehen sein, weil die mit dem Beteiligungsbericht bezweckte Unterrichtung der Mandatsträger und der Öffentlichkeit aktuelle Angaben und zeitnahe Offenlegung voraussetzt. Bis zu diesem Zeitpunkt dürften die Jahresabschlüsse und Lageberichte, die nach § 42a Abs. 2 GmbHG bis zum Ablauf der ersten acht Monaten des Geschäftsjahres (bei kleinen GmbH i. S. v. § 267 Abs. 1 HGB elf Monate) festzustellen sind, vorliegen und die dafür vorgeschriebenen Prüfungen durch den Aufsichtsrat und den Abschlussprüfer erledigt sein. 113

b) Inhalt

Zum Inhalt eines Beteiligungsberichts bestimmt z. B. Art. 94 Abs. 3 S. 2 BayGO, dass er insbesondere Angaben über die **Erfüllung des öffentlichen Zwecks,** die **Beteiligungsverhältnisse,** die Zusammensetzung der **Organe der Gesellschaft,** die **Bezüge der einzelnen Mitglieder des geschäftsführenden Unternehmensorgans,** die **Ertragslage** und die **Kreditaufnahme** enthalten soll. Diese Aufzählung ist nicht abschließend. Andere Kommunalgesetze enthalten z. T. weitergehende Vorschriften, etwa bezüglich der Darstellung der Grundzüge des Geschäftsverlaufs für das jeweilige letzte Geschäftsjahr, der Lage des Unternehmens, der Zuschüsse und Kapitalentnahmen durch die Kommune und (im Vergleich mit den Werten des vorangegangenen Geschäftsjahrs) der durchschnittlichen Zahl der beschäftigten Arbeitnehmer (vgl. § 267 Abs. 5 HGB), der wichtigsten Kennzahlen der Vermögens-, Finanz- und Ertragslage des Unternehmens sowie der gewährten Gesamtbezüge der Mitglieder der Geschäftsführung und des Aufsichtsrats oder der entsprechenden Organe des Unternehmens (vgl. § 105 Abs. 2 GemO BW, § 75a ThürKO – siehe auch § 286 Abs. 4 HGB zum handelsrechtlich zulässigen Verzicht auf diese Angaben bei der Möglichkeit, die Bezüge eines einzelnen Mitglieds der Geschäftsleitung festzustellen, was aber das kommunalrechtliche Veröffentlichungsgebot unberührt lässt).[74] § 99 Abs. 2 Nr. 1 SächsGemO verlangt auch die namentliche Angabe des Abschlussprüfers. 114

Die gesetzlichen Regelungen fordern regelmäßig nicht, **Regie- und Eigenbetriebe** sowie **Kommunalunternehmen** im Beteiligungsbericht aufzuführen (§ 151 S. 1 NKomVG erfasst jedoch auch Kommunalunternehmen). Bei Regie- und Eigenbetrieben lässt sich das damit begründen, dass sie keine eigene Rechtspersönlichkeit haben (§ 99 Abs. 1 S. 1 SächsGemO bezieht allerdings Eigenbetriebe in den Beteiligungsbericht ein). Den Kommunen ist aber zu empfehlen, sämtliche kommunalen unternehmerischen Betätigungen bis hin zu Mitgliedschaften in **Zweckverbänden** im Beteiligungsbericht aufzuführen.[75] Die Betätigung der Kommune gewinnt damit für Mandatsträger und Bürger an **Transparenz.** Im Hinblick auf die Darstellung von **mittelbaren** Beteiligungen im Beteiligungsbericht z. B. über **Kommunalunternehmen** wäre dieses zur Verdeutlichung der Zusammenhänge im Beteiligungsbericht aufzunehmen. 115

Bei im Wettbewerb zu Privaten stehenden kommunalen Unternehmen ist dafür Sorge zu tragen, dass aus den im Beteiligungsbericht enthaltenen Informationen und Kennzahlen Konkurrenzunternehmen **Betriebsgeheimnisse** nicht ersehen oder ableiten können. 116

c) Steuerungsrelevanz

Da sich die kommunalen Gremien ohnehin vor der Erstellung des Beteiligungsberichts mit den wesentlichen Unternehmensdaten (z. B. Wirtschaftsplan, Finanzplan, Jahresabschluss, 117

---

[74] Vgl. auch *Strobel* DÖV 2004, 477 ff.

[75] *Hessischer Rechnungshof,* 18. Zusammenfassender Bericht 2008, S. 55; vgl. auch *Oebbecke* in Hoppe/Uechtritz, Handbuch Kommunale Unternehmen, § 9 Rn. 68.

Lageberícht) beschäftigen müssen, ist der Beteiligungsbericht weniger steuerungsrelevant. Seine Bedeutung liegt vor allem darin, dass er (vergangenheitsbezogen) einen Überblick über die Beteiligungen gewährt und Vergleiche erleichtert.[76] Wichtiger für die Steuerung kommunaler Unternehmen sind unterjährige Berichte, die detailliertere Informationen über einzelne Unternehmen liefern, als das mit dem wesensmäßig eher auf Überblick und Vergleich hin ausgerichteten Beteiligungsbericht möglich ist.

4. Sonstige Berichte

a) Jährliche Berichte

118 Im Zusammenhang mit dem Berichtswesen sind neben dem Beteiligungsbericht auch **Jahresabschluss, Lagebericht** und **Abschlussprüfungsbericht** anzuführen (vgl. → Rn. 31 ff., 39 f., 193 ff., 197 ff.), aus denen ebenfalls steuerungsrelevante Informationen hervorgehen. Zum Abhängigkeitsbericht nach § 312 AktG siehe → D Rn. 585 ff.

119 Weiter ist darauf hinzuweisen, dass mit dem NKF (→ Rn. 8) auch das Ziel verfolgt wird, die wirtschaftliche Lage einer Kommune unter Einbeziehung ihrer unternehmerischen Betätigung in Eigenbetrieben, Kommunalunternehmen und privatrechtlich verfassten Unternehmen darzustellen. Das kann in Form eines **Konsolidierungsberichts** (Gesamtlagebericht) geschehen, der den konsolidierten Jahresabschluss/Gesamtabschluss erläutert (vgl. Art. 102a Abs. 3 BayGO).[77] Allerdings dürfte mit der Erstellung eines Konzernberichts ein sehr großer Aufwand verbunden sein, der auch seine Aktualität gefährdet.

b) Unterjährige Berichte

120 Die unter 1. genannten Berichtstypen (→ Rn. 102) erlauben eine zeitnahe Steuerung nur sehr eingeschränkt. Es ist deshalb zumindest in größeren Kommunen, die eine nicht mehr ohne weiteres im Detail für die kommunalen Entscheidungsorgane überblickbare Anzahl von Beteiligungen halten, sinnvoll, die Beteiligungsunternehmen (in der Gesellschaftssatzung) zu verpflichten, auch **unterjährig** zu **berichten.**[78] Das Gleiche gilt bezüglich der Regie- und Eigenbetriebe. Dabei ist zu unterscheiden zwischen **anlassunabhängigen Berichten** in regelmäßigen, einheitlichen Abständen (z. B. monatlich, quartalsweise, halbjährlich – vgl. § 19 S. 1 BayEBV, der einen vierteljährlichen Bericht über die Abwicklung des Vermögens- und des Erfolgsplans vorschreibt) und einer anlassabhängigen **(Ad-hoc-) Risikoberichterstattung.** Wenn Berichtspflichten (z. B. in der Betriebssatzung) eingeführt werden, sollte darauf geachtet werden, dass Informationen in möglichst standardisierter Form und nur so weit übermittelt werden, als sie für die Adressaten notwendig sind. Ein effektives Berichtswesen muss **steuerungsrelevante** Informationen den Entscheidungsträgern zweckmäßig und übersichtlich aufbereiten. Entscheidend für Form und Inhalt der Berichte sind die einzelnen Ebenen der Berichtsadressaten. Sachgerecht ist es, Berichte dergestalt an ihren **Adressaten** auszurichten, dass Kennzahlen umso mehr verdichtet werden, je höher die Adressaten in der Hierarchie angesiedelt sind. An Funktion und Verantwortung der Adressaten wird sich auch die Häufigkeit der Berichte orientieren (z. B. Monatsbericht an die Beteiligungsverwaltung, Quartalsbericht an den Aufsichtsrat, Halbjahresbericht an das kommunale Entscheidungsorgan).

121 Danach ist insbesondere zu unterscheiden zwischen

- Berichten der Geschäftsführung an den Aufsichtsrat und/oder die Gesellschafterversammlung,

[76] Vgl. auch *Weiblen,* Beteiligungscontrolling und -management, Rn. 118, in Fabry/Augsten, Handbuch der öffentlichen Unternehmen.
[77] Zum Gesamtlagebericht Meyer in: IDW WPH-Edition, Öffentliche Hand, Kap. D Rn. 30.
[78] Vgl. *Jöhnk/Mitschke/Uhlen* (PwC), Modell zur Steuerung und Kontrolle kommunaler Beteiligungen, 2002.

- Berichten der Geschäftsführung an Fachressorts und/oder die Beteiligungsverwaltung der Kommune,
- Berichten der Geschäftsführung an das (kollegiale) Entscheidungsorgan der Kommune,
- (Vorab-)Berichten des Aufsichtsrats an die Beteiligungsverwaltung der Kommune oder an ihr Entscheidungsorgan und
- Berichten der Fachressorts/der Beteiligungsverwaltung an das Entscheidungsorgan der Kommune.

Regelmäßige und anlassbezogene Pflichten der mit der Wahrnehmung von Dienstleistungen von allgemeinem wirtschaftlichen Interesse betrauten Unternehmen, an die Kommune anhand der Parameter des Art. 5 der Freistellungsbeschlusses zu berichten (vgl. → Rn. 65, 275), erleichtern diese Kontrolle und Steuerung. **122**

(freibleibend) **123–149**

IV. Prüfungswesen

1. Systematik

Im Prüfungswesen kommunaler Unternehmen lässt sich grundsätzlich zwischen **interner Prüfung** durch Organisationseinheiten des Unternehmens selbst (Innenrevision; Prüfung durch den Aufsichtsrat nach gesellschaftsrechtlichen Vorschriften; örtliche Rechnungsprüfungsorgane, wie Rechnungsprüfungsausschuss und Revisionsamt) und **externer Prüfung** durch Dritte (Wirtschaftsprüfer, örtliche und überörtliche Rechnungsprüfungsorgane) unterscheiden. Zur externen Prüfung zählt die Abschlussprüfung, während die Rechnungsprüfung sowohl interne Prüfung sein kann (wenn das kommunale Unternehmen als Regie- oder Eigenbetrieb rechtlich nicht verselbständigt ist und das örtliche Rechnungsprüfungsorgan der Kommune die Prüfung durchführt) als auch externe (wenn das überörtliche Prüfungsorgan ein rechtlich nicht verselbständigtes Unternehmen prüft oder wenn das örtliche oder überörtliche Prüfungsorgan aufgrund besonderer Rechte das Unternehmen selbst oder im Rahmen der sog. Betätigungsprüfung die kommunale unternehmerische Betätigung bei dem Unternehmen prüft). **150**

Für kommunale Unternehmen in Privatrechtsform gelten hinsichtlich der **Abschlussprüfung** die Vorschriften des HGB (§§ 316 ff. HGB) sowie § 53 HGrG, die branchenspezifisch ergänzt werden (z. B. § 6b EnWG). Für öffentlich-rechtlich verfasste kommunale Unternehmen gelten besondere landesrechtliche Bestimmungen zur Abschlussprüfung (z. B. Art. 107 BayGO). Bezüglich der Prüfung durch **Rechnungsprüfungsorgane** gilt das jeweilige Landesrecht (ggf. in Konkordanz mit Bundesrecht); ferner ist hinsichtlich der Befugnisse § 54 HGrG zu beachten. **151**

Das Bilanzkontrollgesetz vom 15.12.2004 hat darüber hinaus für kapitalmarktorientierte Unternehmen unter bestimmten Voraussetzungen die Überprüfung von Unternehmensabschlüssen und -berichten durch eine (private) Prüfstelle für Rechnungslegung und die Bundesanstalt für Finanzdienstleistungsaufsicht (BaFin) eingeführt (§§ 342b ff. HGB). Seit 17.6.2016 ist in Deutschland die vor allem, aber nicht nur die Abschlussprüfung bei Unternehmen von öffentlichem Interesse anbelangende EU-Verordnung Nr. 537/2014 vom 16.4.2014[79] und damit EU-Recht als unmittelbar geltendes Recht anzuwenden. Die wichtigsten sich daraus ergebenden Neuerungen werden nachfolgend an betreffender Stelle dargestellt. **152**

[79] Verordnung (EU) Nr. 537/2014 des Europäischen Parlaments und des Rates vom 16.4.2014 über spezifische Anforderungen an die Abschlussprüfung bei Unternehmen von öffentlichem Interesse und zur Aufhebung des Beschlusses 2005/909/EG der Kommission (Abl. L 158, 27.5.2014, S. 77 ff.).

2. Innenrevision

a) Unterstützung der Leitungsorgane

153 Auch die Leitungsorgane kommunaler Unternehmen sehen sich mit der zunehmenden Komplexität wirtschaftlicher Abläufe und den daraus resultierenden erhöhten Beanspruchungen konfrontiert. Es empfiehlt sich deshalb, die Einrichtung einer **Innenrevision** zu prüfen, welche die Leitungsorgane in ihren Kontroll- und Steuerungsfunktionen **unterstützt.** In diesem Zusammenhang ist auch die durch das Gesetz zur Kontrolle und Transparenz im Unternehmensbereich (KonTraG)[80] in § 91 Abs. 2 AktG aufgenommene Bestimmung zu beachten, wonach der Vorstand verpflichtet ist, geeignete Maßnahmen zu treffen, insbesondere ein Überwachungssystem einzurichten, damit Entwicklungen frühzeitig erkannt werden, die den Fortbestand des Unternehmens gefährden. Diese Verpflichtung gilt zwar zunächst nur für Aktiengesellschaften, sie strahlt aber auf andere Rechtsformen aus.[81] Für Unternehmen, die der erweiterten Abschlussprüfung nach § 53 HGrG unterliegen, kommt zu dieser Ausstrahlungswirkung hinzu, dass die Einrichtung eines **Risiko-Management-Systems** als Konkretisierung der ohnehin bereits bestehenden Anforderungen des § 53 HGrG gesehen werden kann, die nur der neueren Sicht zur Notwendigkeit einer verbesserten Steuerung und Kontrolle der Unternehmen Rechnung trägt. Die Innenrevision ist ein wesentliches Element dieses Risiko-Management-Systems und auch Gegenstand der erweiterten Abschlussprüfung nach § 53 HGrG. Der Fragenkatalog des IDW (vgl. → Rn. 191 f.) zur erweiterten Abschlussprüfung befasst sich damit in Fragenkreis 6.

154 Methodisch kann sich die Innenrevision einer Vielzahl von Instrumenten bedienen (z. B. Kosten- und Leistungsrechnung, Bilanzanalyse, Balanced Score Card).

b) Begriff

155 Die Innenrevision kann als eine **prozessunabhängige** (freiwillige) **Überwachungsfunktion** definiert werden, die im Auftrag der Geschäftsleitung Prüfungen in allen Unternehmensbereichen durchführt.[82] „Prozessunabhängig" meint, dass Personen, welche die Innenrevision durchführen, typischerweise weder von den zu überwachenden Abläufen noch den jeweiligen Verantwortungsbereichen abhängig sein dürfen. Die Berichterstattung ergeht direkt an die Geschäftsleitung, die auch Vorgaben hinsichtlich der Prüfungsgebiete machen kann.

156 Von der **Kontrolle** lässt sich die Innenrevision begrifflich dahin unterscheiden, dass Kontrollfunktionen von mit der Ausführung der Aufgabe selbst befassten Personen ausgeübt werden.[83]

157 Vom **Controlling** unterscheidet sich die Innenrevision insofern, als sie eher vergangenheitsbezogen ist, während das Controlling auf zukunftsgerichtete Lenkung zielt.[84]

c) Aufgaben

158 Die Innenrevision lässt sich als eine aus der umfassenden Verantwortung der Geschäftsführung abgeleitete Funktion begreifen.[85] Ihre **Aufgaben** sind insbesondere[86]

[80] Gesetz vom 27.4.1998, BGBl. I S. 786.
[81] Gesetzesbegründung, BT-Drs. 872/97, S. 37.
[82] *Hofmann,* Prüfungs-Handbuch, Praxisorientierter Leitfaden einer umfassenden Revisionskonzeption, 15. Aufl. 2005.
[83] *Diller,* Aufgaben und Organisation einer Innenrevision im kommunalen Krankenhaus, Geschäftsbericht 2002 des Bayerischen Kommunalen Prüfungsverbandes, 66, 68.
[84] *Diller,* Aufgaben und Organisation einer Innenrevision im kommunalen Krankenhaus, Geschäftsbericht 2002 des Bayerischen Kommunalen Prüfungsverbandes, 71.
[85] Vgl. *Tanski,* Interne Revision im Krankenhaus, 10.
[86] Vgl. *Diller,* Aufgaben und Organisation einer Innenrevision im kommunalen Krankenhaus, Geschäftsbericht 2002 des Bayerischen Kommunalen Prüfungsverbandes, 68.

- Überwachung der Beachtung von Gesetzen, behördlichen Auflagen, unternehmensinternen Richtlinien und Vorgaben, vertraglichen Bindungen,
- Prüfung der formellen und materiellen Ordnungsmäßigkeit des Rechnungs- und des Berichtswesens,
- Überprüfung des prozessabhängigen Kontrollsystems,
- Rentabilitäts- und Wirtschaftlichkeitsuntersuchungen

3. Abschlussprüfung

a) Zweck und Rechtsgrundlagen

Gegenstand der Abschlussprüfung sind zunächst (zur erweiterten Abschlussprüfung siehe → Rn. 163 ff.) die Vollständigkeit und Ordnungsmäßigkeit des Jahresabschlusses unter Einbeziehung der Buchführung und des Lageberichts einschließlich der Darstellung der Risiken der künftigen Entwicklung (§ 317 HGB). Die Jahresabschlussprüfung bezweckt damit vor allem, **Dritte** davor zu **schützen,** dass sie infolge eines fehlerhaften Rechnungswesens Schaden erleiden. 159

aa) Prüfung des Jahresabschlusses und des Lageberichts nach Handels- und Gesellschaftsrecht. Die Mehrzahl kommunaler Unternehmen in Privatrechtsform unterliegt wie regelmäßig private Unternehmen der **Jahresabschlussprüfung** durch einen Abschlussprüfer (§ 316 HGB; für die GmbH & Co. KG siehe § 264a HGB). Allerdings schreiben die Kommunalgesetze regelmäßig für die Fälle, in denen eine Kommune eine Mehrheitsbeteiligung im Sinn des § 53 HGrG hält, vor, dass sie u. a. dafür Sorge zu tragen hat, dass der Jahresabschluss und der Lagebericht nach den für **große Kapitalgesellschaften** geltenden Vorschriften des HGB aufgestellt und geprüft werden (z. B. § 103 Abs. 1 S. 1 Nr. 5 Buchst. b GemO BW, Art. 94 Abs. 1 S. 1 Nr. 2 BayGO, § 122 Abs. 1 S. 1 Nr. 4 HGO, § 73 Abs. 1 S. 1 Nr. 2 KV MV, § 108 Abs. 1 S. 1 Nr. 8 GO NRW, § 110 Abs. 1 Nr. 4 KSVG, § 96a Abs. 1 Nr. 7 SächsGemO, § 102 Abs. 2 S. 1 Nr. 6 GO SchlH, § 75 Abs. 4 S. 1 Nr. 1 ThürKO). 160

Die Prüfungspflicht hinsichtlich der Jahresabschlüsse der **Eigenbetriebe** und der **Kommunalunternehmen** ergibt sich aus den landesgesetzlichen Bestimmungen (z. B. Art. 107 BayGO, der verfahrensmäßig durch § 25 Abs. 2 BayEBV, § 27 BayKUV ergänzt wird; in Baden-Württemberg unterliegen Eigenbetriebe grundsätzlich nur der Abschlussprüfungspflicht durch das Rechnungsprüfungsamt gemäß § 111 Abs. 1 GemO BW; § 157 NKomVG). In Hessen und Schleswig-Holstein ist auch die Erfolgsübersicht Gegenstand der Abschlussprüfung. 161

Als **Abschlussprüfer** kommen Wirtschaftsprüfer und Wirtschaftsprüfungsgesellschaften in Betracht; vereidigte Buchprüfer scheiden aus, wenn die jeweiligen Landeskommunalgesetze auch für kleine Kapitalgesellschaften die Prüfung des Jahresabschlusses nach den Vorschriften des dritten Buches des HGB für große Kapitalgesellschaften vorsehen (siehe → Rn. 160). In Bayern ist als Besonderheit für die Abschlussprüfung rechtlich nicht verselbständigter Unternehmen (insbes. Eigenbetriebe) und von Kommunalunternehmen auch der Bayer. Kommunale Prüfungsverband zuständig (Art. 107 BayGO); das lässt sich damit begründen, dass der Prüfungsverband selbst fachkundiges Personal, wie Wirtschaftsprüfer, beschäftigt (siehe im Einzelnen den Überblick über die Rechtsgrundlagen der Flächenländer für die externe Prüfung im **Anhang** → Rn 277 ff.). 162

bb) Erweiterte Abschlussprüfung nach § 53 HGrG. (1) Prüfungsmaßstab. Im Rahmen der Abschlussprüfung wird grundsätzlich u. a. die Geschäftsführung nicht geprüft. Aus Sicht der hinter einem Unternehmen stehenden Kommune wäre das misslich. § 53 HGrG legt daher im öffentlichen Interesse besondere Rechte der Kommunen gegenüber Unternehmen in einer Rechtsform des privaten Rechts fest. Diese Rechte ergeben sich in Bezug auf die Abschlussprüfung unter den Voraussetzungen des § 53 Abs. 1 HGrG (sog. **erweiterte Abschlussprüfung**). 163

164 Eine Kommune, der die Mehrheit der Anteile eines privatrechtlich verfassten Unternehmens gehört oder der allein mindestens ein Viertel und zusammen mit anderen Gebietskörperschaften die Mehrheit der Anteile gehört, kann verlangen, dass das Unternehmen

- im Rahmen der Abschlussprüfung auch die Ordnungsmäßigkeit der Geschäftsführung prüfen lässt (Nr. 1),
- die Abschlussprüfer beauftragt, in ihrem Bericht auch die Entwicklung der Vermögens- und Ertragslage sowie die Liquidität und Rentabilität der Gesellschaft (Nr. 2 Buchst. a), verlustbringende Geschäfte und die Ursachen der Verluste, wenn diese Geschäfte und die Ursachen für die Vermögens- und Ertragslage von Bedeutung waren (Nr. 2 Buchst. b), und die Ursachen eines in der Gewinn- und Verlustrechnung ausgewiesenen Jahresfehlbetrages darzustellen (Nr. 2 Buchst. c),
- ihr den Prüfungsbericht der Abschlussprüfer und, wenn das Unternehmen einen Konzernabschluss aufzustellen hat, auch den Prüfungsbericht der Konzernabschlussprüfer unverzüglich nach Eingang übersendet (Nr. 3).

165 § 53 Abs. 1 HGrG gilt nur für Unternehmen in einer Rechtsform des privaten Rechts. Um eine in gleichem Umfang erweiterte Abschlussprüfung auch bei öffentlich-rechtlich verfassten kommunalen Unternehmen sicherzustellen, enthalten die Kommunalgesetze der Länder § 53 Abs. 1 HGrG nachgebildete Bestimmungen (z. B. Art. 107 Abs. 3 BayGO für Eigenbetriebe und Kommunalunternehmen, § 106 Abs. 1 BbgKVerf).

166 **(2) Einzelfragen des Anwendungsbereichs des § 53 HGrG.** Für die Ermittlung des nach § 53 Abs. 1 HGrG maßgeblichen **Anteils** einer Kommune zählen als ihre Anteile auch diejenigen, die einem ihrer Sondervermögen (Eigenbetrieb) gehören; als Anteile der Kommune gelten ferner Anteile, die Unternehmen gehören, bei denen die Rechte aus § 53 Abs. 1 HGrG der Kommune zustehen (§ 53 Abs. 2 HGrG).

167 § 53 HGrG erfasst nur **Gebietskörperschaften.** Hält ein Zweckverband oder ein Kommunalunternehmen die Mehrheit der Anteile an einem Unternehmen in Privatrechtsform oder gehört einer Kommune, die allein mindestens ein Viertel der Anteile hält, zusammen mit einem Zweckverband oder einem Kommunalunternehmen die Mehrheit der Anteile, greift § 53 HGrG nicht. Ebenso wenig greift § 53 HGrG, wenn einer Kommune zusammen mit anderen Kommunen zwar die Mehrheit der Anteile eines Unternehmens gehört, sie aber nicht mindestens ein Viertel der Anteile hält. Diese Lücken lassen sich durch eine entsprechende gesellschaftsvertragliche Gestaltung schließen. Die Kommunalgesetze enthalten dazu für die Kommunen z. T. entsprechende Hinwirkungspflichten (z. B. Art. 94 Abs. 2 BayGO, § 108 Abs. 2 S. 3 GO NRW).

168 Die Tatbestandsvoraussetzungen des § 53 Abs. 1 HGrG sind nicht erfüllt, wenn die Kommune zwar die Mehrheit der Stimmrechte hat, aber nicht **kapitalmäßig** die Mehrheit der Anteile hält.

169 **cc) Überblick nach Unternehmensformen.** Für **privatrechtlich** verfasste **kommunale Unternehmen** gibt im Wesentlichen das Bundesrecht die Vorgaben zur Abschlussprüfung in §§ 316 ff. HGB, §§ 1 ff. PublG und § 6b EnWG sowie zum Prüfungsmaßstab in § 53 HGrG. Der durch das BilMoG neu eingefügte § 317 Abs. 5 HGB schreibt die Anwendung der von der EU angenommenen internationalen Prüfungsstandards vor (Abschlussprüferrichtlinie, Abänderungsrichtlinie); der ebenfalls neue § 317 Abs. 6 HGB enthält eine Verordnungsermächtigung für zusätzliche Anforderungen an die Abschlussprüfung oder für die Nichtanwendung von Teilen der internationalen Prüfungsstandards. Für öffentlich-rechtlich verfasste kommunale Unternehmen gelten dagegen länderspezifische Regelungen aufgrund der jeweiligen Kommunalgesetze, Eigenbetriebsgesetze und -verordnungen und Verordnungen über Kommunalunternehmen, die zu einem insgesamt uneinheitlichen Befund führen, dem im Folgenden nicht in allen Einzelheiten nachgegangen werden kann.

Danach lässt sich überblicksmäßig wie folgt unterscheiden: 170

- Einrichtungen, die entsprechend den Vorschriften über das Rechnungswesen der Eigenbetriebe geführt werden, können landesrechtlich der Abschlussprüfungspflicht unterworfen werden (z. B. § 107 Abs. 2, § 103 Abs. 5 GO NRW). Die Abschlussprüfung ist in diesem Fall nach landesrechtlichen Vorschriften im Umfang des § 53 HGrG erweitert (Regiebetriebe, die gemäß Art. 88 Abs. 6 BayGO ganz oder teilweise nach den Vorschriften über die Wirtschaftsführung der Eigenbetriebe geführt werden, sind nicht abschlussprüfungspflichtig; denn die Abschlussprüfungspflicht ergibt sich aus Art. 107 BayGO, den § 25 Abs. 2 BayEBV nur ergänzt).
- Für **Eigenbetriebe** besteht grundsätzlich die – in Anlehnung an § 53 HGrG erweiterte – Abschlussprüfungspflicht (z. B. Art. 107 BayGO, § 106 Abs. 1 BbgKVerf, § 103 GO NRW).
- Das Gleiche gilt für **Kommunalunternehmen** als rechtlich selbständige Unternehmen in der Rechtsform einer Anstalt des öffentlichen Rechts (z. B. Art. 91 Abs. 1 BayGO). Im Übrigen schreiben auch § 6 i. V. m. § 3 Abs. 1 Nr. 5 i. V. m. § 1 Abs. 1 PublG die Jahresabschlussprüfung vor.
- **Kommunale Unternehmen** in der Rechtsform einer juristischen Person des **Privatrechts** (insbes. GmbH, AG) unterliegen der Abschlussprüfungspflicht nach §§ 316 ff. HGB. Die Kommunen dürfen sie regelmäßig nur gründen oder sich an ihnen beteiligen, wenn ihre Jahresabschlüsse und Lageberichte nach den Vorschriften für große Kapitalgesellschaften geprüft werden (z. B. Art. 94 Abs. 1 S. 1 Nr. 2 BayGO, § 108 Abs. 1 S. 1 Nr. 8 GO NRW; siehe auch → Rn. 160). Die Abschlussprüfung ist nach § 53 HGrG erweitert. Die Kommunen haben die Rechte nach § 53 HGrG auszuüben (z. B. Art. 94 Abs. 1 S. 1 Nr. 3 BayGO, § 112 Abs. 1 Nr. 1 GO NRW).

Daneben ist auf einige **Sonderfälle** hinzuweisen: 171

- In einigen Ländern ist die Prüfung der Jahresabschlüsse von **Krankenhäusern** verpflichtend vorgeschrieben und der Prüfungsumfang gegenüber der Jahresabschlussprüfung nach HGB erweitert (z. B. § 29 HmbKHG, § 16 HessKHG, § 30 KHGG NRW, § 35 SächsKHG, § 30 ThürKHG). Hervorzuheben ist die Prüfung der Kosten- und Leistungsrechnung, die eine betriebsinterne Steuerung sowie eine Beurteilung der Wirtschaftlichkeit und Leistungsfähigkeit erlauben muss (§ 8 KHBV – für ein Krankenhaus mit bis zu 100 Betten oder mit nur einer bettenführenden Abteilung besteht die Befreiungsmöglichkeit nach § 9 KHBV). Prüfungsgegenstand ist ferner die zweckentsprechende, sparsame und wirtschaftliche Verwendung öffentlicher Fördermittel. Für Berichtszeiträume ab dem 15.12.2018 hat das IDW dazu einen neuen Prüfungsstandard veröffentlicht.[87]
- Als Eigenbetriebe geführte **Krankenhäuser** und **Pflegeeinrichtungen** unterliegen z. B. nach § 12 BayWkKV und § 12 BayWkPV nicht der Jahresabschlussprüfung. Eine freiwillige Prüfung des Jahresabschlusses wird damit aber nicht ausgeschlossen. Demgegenüber bezieht etwa § 10 KPG SchlH kommunale Krankenhäuser und Pflegeheime vollständig in die Jahresabschlussprüfung ein.
- **Strom- und Gasversorgungsunternehmen,** die § 6b EnWG unterliegen, müssen 172 ihren Jahresabschluss rechtsformunabhängig nach den für Kapitalgesellschaften geltenden Vorschriften des HGB aufstellen, prüfen lassen und offenlegen.

b) Aufgaben der Abschlussprüfung

Die Abschlussprüfung soll die Verlässlichkeit der Informationen erhöhen, die Jahres- 173 abschluss und Lagebericht enthalten (sog. Gesetz- und Ordnungsmäßigkeitsprüfung). Sie hat insbesondere folgende Funktionen:

[87] Zum erweiterten Umfang der Jahresabschlussprüfung von Krankenhäusern nach Landeskrankenhausrecht (IDW PS 650 n. F.) – Stand 31.3.2019.

- **Beglaubigungsfunktion** (§ 317 Abs. 1 S. 2 HGB): Mit dem Bestätigungsvermerk testiert der Abschlussprüfer nach außen die Gesetz- und Ordnungsmäßigkeit des Jahresabschlusses.
- **Informationsfunktion:** Der Abschlussprüfungsbericht (und der sog. Management-Letter → Rn. 196) unterrichtet die gesetzlichen Vertreter, die Aufsichtsgremien und die Gesellschafter über die wirtschaftliche Lage des Unternehmens.
- **Kontrollfunktion:** Der Abschlussprüfungsbericht ist ein wesentliches Hilfsmittel für den Aufsichtsrat, um wirksam kontrollieren zu können, ob die Geschäftsführung gesetzliche, satzungsmäßige und sonstige Vorgaben eingehalten hat.

c) Befreiung von der Abschlussprüfungspflicht

174 Kommunale Unternehmen, die nicht nach Handels- und Gesellschaftsrecht, sondern nur nach den jeweiligen kommunalgesetzlichen Bestimmungen abschlussprüfungspflichtig sind (z. B. kleine, nicht börsenorientierte AG – § 316 Abs. 1 S. 1 HGB), können hiervon ganz oder teilweise **befreit** werden. In Betracht kommen grundsätzlich Eigenbetriebe, Kommunalunternehmen und kleine Kapitalgesellschaften (soweit nicht bundesrechtliche, spezielle Gesetze die Abschlussprüfung vorsehen, vgl. § 6b EnWG). Gegen eine Freistellung von der kommunalrechtlich vorgeschriebenen Abschlussprüfungspflicht (vgl. Art. 94 Abs. 1 S. 2 BayGO, § 11 Abs. 1 KPG MV) bestehen grundsätzlich keine Bedenken, sofern die Verhältnisse geordnet, einfach und überschaubar sind und im **Gesellschaftsvertrag** den örtlichen und/oder überörtlichen Rechnungsprüfungsorganen **volle** Prüfungsrechte eingeräumt werden.

175 Weiter besteht nach landesrechtlichen Bestimmungen die Möglichkeit, mehrere **Jahresabschlüsse zusammengefasst zu prüfen.** So können Eigenbetriebe nach bayerischem Landesrecht nicht mehr insgesamt von der Abschlussprüfungspflicht befreit werden. Nach § 5 Abs. 2 Kommunalwirtschaftliche Prüfungsverordnung – BayKommPrV besteht lediglich die Möglichkeit, auf Antrag widerruflich zuzulassen, dass zwei oder drei Jahresabschlüsse zusammengefasst geprüft werden. Voraussetzung dafür ist, dass die Verhältnisse des Eigenbetriebs geordnet sind und seine Betriebsführung einfach und übersichtlich ist. Die für die Entscheidung zuständigen Bezirksregierungen stellen insoweit auch auf die Größe des Anlagevermögens ab.

d) Bestellung und Beauftragung des Abschlussprüfers

176 **aa) Bestellung.** Der Abschlussprüfer wird von der **Gesellschafterversammlung** oder der **Hauptversammlung bestellt** (§ 318 Abs. 1 S. 1 HGB, § 48 Abs. 1 GmbHG, § 119 Abs. 1 Nr. 5 AktG). Für Eigenbetriebe und Kommunalunternehmen gelten die landesrechtlichen Regelungen (z. B. für Eigenbetriebe in Bayern: Gemeinderat wegen der Bedeutung der Sache oder Werkausschuss (str.);[88] § 145 Abs. 3 S. 3 Nr. 5 NKomVG: Verwaltungsrat des Kommunalunternehmens; § 8 Kommunalprüfungsgesetz – KPG – SchlH: Landesrechnungshof).

176a Seit 17.6.2016 ist in Deutschland die **EU-Verordnung zur Abschlussprüfung**[89] unmittelbar anzuwenden und sind zu dem genannten Datum flankierend das Abschlussprüfungsreformgesetz – AReG – und das Abschlussprüferaufsichtsreformgesetz – APAReG – in Kraft getreten. Die vorgenannte EU-Verordnung (nachfolgend EU-APrVO) regelt u. a. das Verfahren zur Auswahl von Wirtschaftsprüfern und Wirtschaftsprüfungsgesellschaften bei **Unternehmen von öffentlichem Interesse** (englisch **Public Interest Entities –**

[88] Vgl. *Widtmann/Grasser/Glaser* BayGO, Art. 107 Rn. 4, und LKrO, Art. 76 Rn. 4.

[89] Verordnung (EU) Nr. 537/2014 des Europäischen Parlaments und des Rates vom 16.4.2014 über spezifische Anforderungen an die Abschlussprüfung bei Unternehmen von öffentlichem Interesse und zur Aufhebung des Beschlusses 2005/909/EG der Kommission (Abl.EU L 158, 27.5.2014, S. 77 ff.).

PIEs). Unternehmen von öffentlichem Interesse/PIEs sind entsprechend Art. 2 Nr. 13 der EU-Abschlussprüferrichtlinie[90] – AP-RiLi – in Deutschland:

- Unternehmen, die i. S. d. § 264d HGB als kapitalmarktorientiert gelten mit Beantragung der Börsenzulassung;
- CRR-Kreditinstitute i. S. d. § 1 Abs. 3d Satz 1 KWG (mit Ausnahme der in § 2 Abs. 1 Nr. 1 und 2 KWG genannten Institute);
- Versicherungsunternehmen im Sinne des Artikels 2 Absatz 1 der Richtlinie 91/674/EWG oder
- Unternehmen, die von den Mitgliedstaaten als Unternehmen von öffentlichem Interesse bestimmt werden, beispielsweise Unternehmen, die aufgrund der Art ihrer Tätigkeit, ihrer Größe oder der Zahl ihrer Mitarbeiter von erheblicher öffentlicher Bedeutung sind.

Von dem Bestimmungsrecht der letzten Fallgruppe hat der deutsche Gesetzgeber bislang keinen Gebrauch gemacht, vgl. § 319a Abs. 1 HGB. Auswirkungen können sich innerhalb von Konzernverbindungen auch auf Nicht-PIEs/Non-PIEs ergeben, wenn es sich bei Mutter– oder Tochterunternehmen um ein PIE handelt. Zwar ist nur ein sehr kleiner Kreis der Unternehmen der öffentlichen Hand durch die Ausgabe von Wertpapieren kapitalmarktorientiert,[91] jedoch verkörpern die Regelungen den EU-Prototyp einer qualitativ hochwertigen Abschlussprüfung, so dass diese auch bereits auf den Bereich der Non-PIEs ausgestrahlt haben und ausstrahlen werden. Von daher werden sie nachfolgend auch ausführlicher behandelt.

Im Rahmen der Bestellung des Abschlussprüfers ist zunächst auf die Verpflichtung zur **176b** sog. **externen Rotation** des Abschlussprüfers hinzuweisen, nach der die PIEs ihren Abschlussprüfer regelmäßig wechseln müssen. Art. 17 Abs. 1 UAbs. 2 EU-APrVO sieht insoweit für das Prüfungsmandat eine Höchstlaufzeit von zehn Jahren vor. Art. 17 Abs. 4 bis 6 EU-APrVO gestattet es Mitgliedstaaten durch Ausübung eines sog. Mitgliedstaatenwahlrechts diese Höchstlaufzeiten unter Einhaltung der aufgeführten Vorgaben zu verlängern. Der deutsche Gesetzgeber hat von dieser Möglichkeit – sog. Derogation – in § 318 Abs. 1a HGB Gebrauch gemacht. Sofern es sich nicht um ein Kreditinstitut oder Versicherungsunternehmen handelt, kann demnach die Mandatsdauer auf insgesamt 20 Jahre, bei einer Gemeinschaftsprüfung von mindestens zwei Wirtschaftsprüfern – sog. Joint Audit – auf insgesamt 24 Jahre verlängert werden. Nach Ablauf der Höchstlaufzeit dürfen weder der Abschlussprüfer noch andere Prüfer eines Netzwerks für einen Zeitraum von vier Jahren Abschlussprüfungen bei der betreffenden PIE durchführen – Ruhephase/Cooling-off-Periode – (Art. 17 Abs. 3 EU-APrVO).

Unabhängig von der externen hat auch eine sog. **interne Rotation** stattzufinden. Danach ist personenbezogen der sog. verantwortliche Prüfungspartner nach maximal sieben Jahren zu wechseln. Die Cooling-off-Periode beträgt 3 Jahre (Art. 17 Abs. 7 UAbs. 1 und 3 EU-APrVO).

Grundsätzlich ist der **Prüfungsausschuss** für die Auswahl des Prüfers zuständig, alterna- **176c** tiv ein den aktienrechtlichen Vorgaben entsprechender Aufsichts- oder Verwaltungsrat, wobei die Mitglieder des Prüfungsausschusses in ihrer Gesamtheit über Sektor-, also Branchenkenntnisse verfügen müssen (§ 324 Abs. 2 S. 2 HGB). Es muss nach detaillierten Vorgaben ein transparenter, fairer, und diskriminierungsfreier Auswahlprozess gewährleistet werden. Pflichtverstöße der insoweit geforderten Personen können nun auch mit Sanktionen belegt werden.

Konkret erfolgt die **Auswahl des Abschlussprüfers** dabei in einem mehrstufigen Pro- **176d** zess. Sofern nicht das bestehende Mandat eines Abschlussprüfers innerhalb der Höchstlauf-

[90] Richtlinie 2014/56/EU des Europäischen Parlaments und des Rates vom 16.4.2014 zur Änderung der Richtlinie 2006/43/EG über Abschlussprüfungen von Jahresabschlüssen und konsolidierten Abschlüssen (Abl.EU L 158, 27.5.2014, S. 196 ff.).

[91] *Göken,* in: IDW (Hrsg.), WPH-Edition, Öffentliche Hand, besondere Branchen und Non-Profits – Rechnungslegung und Prüfung bei kommunalen Unternehmen, Energieversorgern, Krankenhäusern, Vereinen, Stiftungen u. a., 2019, Kap. H, Rn. 5.

zeit (§ 318 Abs. 1a HGB, Art. 17 EU-APrVO) verlängert wird, ist im Zusammenwirken mit dem Vorstand bzw. Mitarbeitern von Fachabteilungen unter der Leitung und Verantwortung des Prüfungsausschusses ein Auswahlverfahren nach den detaillierten Vorgaben des Art. 16 Abs. 3 EU-APrVO durchzuführen:

- Bei der Ausschreibung ist sicherzustellen, dass die Höchstlaufzeit des Prüfungsmandats nicht überschritten wird und die Cooling-off-Periode (Ruhephase) i. S. d. 17 Abs. 3 EU-APrVO gegeben ist. Kleine oder mittelgroße Unternehmen dürfen nicht von der Prüfung ausgeschlossen werden, Art. 16 Abs. 3 Buchst. a EU-APrVO). Aus den Ausschreibungsunterlagen muss die Geschäftstätigkeit des zu prüfenden Unternehmens und die Art der durchzuführenden Abschlussprüfung ersichtlich sein (Buchst. b S. 2). Soll ein bestehendes Mandat ausnahmsweise über die Höchstlaufzeit verlängert werden, so ist eine öffentliche Ausschreibung durchzuführen (Art. 16 Abs. 4 Buchst. a EU-APrVO).
- Die Beurteilung der eingegangenen Angebote erfolgt anhand der in den Ausschreibungsunterlagen aufgestellten transparenten, diskriminierungsfreien Auswahlkriterien und der dort ebenfalls darzustellenden Qualitätsstandards der parallel beim Bundesamt für Wirtschaft und Ausfuhrkontrolle als Abschlussprüferaufsichtsbehörde eingerichteten Abschlussprüferaufsichtsstelle – APAS. Das zu prüfende Unternehmen erstellt einen Bericht über die im Auswahlverfahren gezogenen Schlussfolgerungen, der vom Prüfungsausschuss validiert wird (Art. 16 Abs. 3 Buchst. e EU-APrVO). Die APAS kann von dem Unternehmen die Darlegung der fairen Durchführung des Auswahlverfahrens verlangen (Art. 16 Abs. 3 Buchst. f EU-APrVO). Sie führt gemäß §§ 66a Abs. 6 S. 1, 62b Wirtschaftsprüferordnung u. a. auch anlassfreie Inspektionen bei mit Abschlussprüfungen bei PIE befassten Prüfern durch. Über Bieter veröffentlichte Inspektionsberichte sind bei der Auswahl zu berücksichtigen (Art. 16 Abs. 3 Buchst. e S. 3 EU-APrVO).
- Gemäß Art. 16 Abs. 2 EU-APrVO hat der Prüfungsausschuss dem Aufsichtsrat des zu prüfenden Unternehmens dann unter Angabe einer Präferenz mindestens zwei Prüfer zu empfehlen. Empfehlung und Präferenz sind zu begründen. Der Prüfungsausschuss hat in seiner Auswahlempfehlung auch ausdrücklich zu erklären, dass diese frei von der Einflussnahme Dritter ist und nicht auf bestimmte Prüfer begrenzt war.
- Nach Art. 16 Abs. 5 EU-APrVO unterbreitet schließlich der Aufsichtsrat von der Auswahlempfehlung des Prüfungsausschusses ausgehend und diese mitteilend der Gesellschafter- bzw. Hauptaktionärsversammlung des zu prüfenden Unternehmens einen eigenen Wahlvorschlag. Weicht dieser von der Präferenz des Prüfungsausschusses ab, so ist er zu begründen. Der oder die empfohlenen Prüfer müssen jedoch auch das vorstehende Auswahlverfahren nach § 16 Abs. 3 EU-APrVO durchlaufen haben.

177 Nach § 256 Abs. 1 Nr. 3 AktG ist allgemein, also auch bei Non-PIEs, ein festgestellter Jahresabschluss **nichtig,** wenn er im Fall einer gesetzlichen Prüfungspflicht von Personen geprüft wurde, die nicht zum Abschlussprüfer bestellt sind. Ob eine wirksame Bestellung vorliegt, bestimmt sich nach den gesellschaftsrechtlichen Vorschriften.

178 **bb) Beauftragung.** Von der Bestellung des Abschlussprüfers ist die Erteilung des Prüfungsauftrags zu unterscheiden. Den **Vertrag** mit dem Abschlussprüfer, einen Geschäftsbesorgungsvertrag mit Werkvertragscharakter,[92] schließt bei **AG und GmbH** seit Inkrafttreten des KonTraG der **Aufsichtsrat** (§ 111 Abs. 2 S. 3 AktG, § 52 Abs. 1 GmbHG). Mit der Verlagerung dieser Kompetenz weg von Vorstand und Geschäftsführer sollte die Neutralität des Abschlussprüfers betont werden. In der Gesellschaftssatzung kann die Organkompetenz des fakultativen Aufsichtsrats einer GmbH zum Abschluss des Vertrages abbedungen werden. Für **Eigenbetriebe** und **Kommunalunternehmen** verbleibt es bei den landesrechtlichen Zuständigkeitsvorschriften zum Vollzug von Beschlüssen.

---

[92] BGH, NJW 1994, 323 ff.; streitig, s. *Merkt* in Baumbach/Hopt, Handelsgesetzbuch, 39. Aufl. 2020, § 318 Rn. 3.

Soweit nicht gesetzliche Bestimmungen (bei Eigenbetrieben und sonstigen Einrichtungen) vorsehen, dass die Erweiterungen der Prüfung nach § 53 HGrG Teil der Abschlussprüfung sind, bedarf es für die **erweiterte Abschlussprüfung** eines gesonderten Auftrags. **179**

Im Rahmen der gesetzlichen Mindestbestimmungen zum Prüfungsumfang (Prüfung des Jahresabschlusses, des Lageberichts, des Risikomanagements, der Erweiterungen nach § 53 HGrG) ist der Aufsichtsrat befugt, **Prüfungsschwerpunkte** zu bestimmen oder **erweiterte Prüfungen** zu vereinbaren, z. B. bezüglich strafrechtlich relevanter Vorwürfe. **180**

Am 18.4.2016 ist das Gesetz zur Modernisierung des Vergaberechts (VergRModG) in Kraft getreten. In Umsetzung dreier EU-Vergaberichtlinien aus dem Jahr 2014 handelt es sich um die größte Reform des Oberschwellenvergaberechts seit 2004. Das dabei novellierte GWB umfasst nun erstmals die wesentlichen Vorgaben zur Vergabe von öffentlichen Aufträgen und von Konzessionen oberhalb der maßgeblichen EU-Schwellenwerte. Für die **Vergabe** von Aufträgen zur Jahresabschlussprüfung kommunaler Unternehmen, die öffentliche Auftraggeber i. S. d. § 98 GWB sind, besteht bei Überschreiten der in § 106 GWB genannten Schwellenwerte (seit 1.1.2020: geschätzter Auftragswert ohne Umsatzsteuer über 214.000 Euro) eine europaweite **Ausschreibungspflicht.** Im Zuge der Reform ist die Vergabeordnung für freiberufliche Dienstleistungen (VOF) entfallen, nach der regelmäßig das Verhandlungsverfahren anzuwenden war. Nach Auffassung des Bundesministeriums für Wirtschaft und Energie als Verordnungsgeber betrifft die Vergabe freiberuflicher Leistungen häufig einen Auftrag, der „konzeptionelle und innovative Lösungen" i. S. d. § 14 Abs. 3 Nr. 2 VgV umfasst,[93] so dass der Auftrag dann von öffentlichen Auftraggebern ausnahmsweise im Verhandlungsverfahren mit Teilnahmewettbewerb oder im wettbewerblichen Dialog vergeben werden kann. Ob dies für einen konkret an einen Wirtschaftsprüfer zu vergebenden Auftrag zutrifft, bedarf der Prüfung im Einzelfall. Da auch die frühere VOF nach ihrem Wortlaut nur für freiberufliche Leistungen, deren Lösung nicht vorab „eindeutig und erschöpfend" beschrieben werden konnte, galt,[94] wird im Ergebnis bei vielen Aufträgen kein materieller Unterschied zur früheren Rechtslage bestehen.[95] Für die beteiligungsführenden Stellen des Bundes sehen mit dem Institut der Wirtschaftsprüfer – IDW – und dem Bundesrechnungshof abgestimmte Grundsätze vor, dass eine wiederholte Bestellung von Abschlussprüfern in einem Zeitraum bis zu vier Jahren ohne jährliches Vergabeverfahren möglich ist, wenn über diese Leistung eine Rahmenvereinbarung mit dem Bestbieter abgeschlossen wird, die für den Prüfer keinen Rechtsanspruch auf eine wiederholte Bestellung begründet.[96] Diese Handhabung empfiehlt sich auch für größere kommunale Unternehmen.[97] **181**

Daneben kann sich auch **unterhalb der EU-Schwellenwerte** eine Ausschreibungspflicht aus haushaltsrechtlichen Vorschriften ergeben. Gemäß § 55 der Landeshaushaltsordnungen sind Leistungen grundsätzlich in öffentlicher Ausschreibung oder beschränkter Ausschreibung mit Teilnahmewettbewerb zu vergeben, es sei denn, die „Natur des Geschäfts" rechtfertigt eine Abweichung. Für freiberufliche Dienstleistungen i. S. v. § 18 Abs. 1 Nr. 1 S. 2 Einkommensteuergesetz und damit für solche von Wirtschaftsprüfern **182**

---

93 Verordnung der Bundesregierung zur Modernisierung des Vergaberechts mit Begründung, 20.1.2016, BT-Drs. 18/7318, S. 157.

94 § 2 Abs. 2 UAbs. 2 VOF.

95 *Wirtschaftsprüferkammer,* Hinweise für die Ausschreibung von Dienstleistungen von Wirtschaftsprüfern und vereidigten Buchprüfern, Stand: 25.4.2018, Abschn. D.1.

96 Abs. 2 Anlage 6 der Grundsätze guter Unternehmens- und Beteiligungsführung im Bereich des Bundes, Beschluss der Bundesregierung vom 1.7.2009, Bek. d. BMF v. 16.2.2011 (GMBl 2011 Nr. 21/22, S. 410).

97 Allerdings steht die Wirtschaftsprüferkammer der externen Rotation bei Unternehmen der öffentlichen Hand grundsätzlich kritisch gegenüber, insbesondere sofern diese auf untergesetzlichen Regelungen beruhen. Neben negativen Auswirkungen im Rahmen der Durchführung der Prüfung sowie auf die Qualität und Verwertbarkeit des Prüfungsergebnisses verweist die Kammer auf die Ausübung des Mitgliedstaatenwahlrechts zur Verlängerung der Höchstbestelldauer der Prüfer durch den deutschen Gesetzgeber für den Bereich der Unternehmen von öffentlichen Interesse/PIE (→ Rn. 176b). Im Einzelnen: *Wirtschaftsprüferkammer,* Keine externe Rotation bei Unternehmen der öffentlichen Hand, 22.8.2016.

wird die Möglichkeit einer solchen Abweichung überwiegend bejaht.[98] Auch die Vergabe öffentlicher Aufträge auf nationaler Ebene unterhalb der EU-Schwellenwerte wurde zur Angleichung an den Oberschwellenbereich reformiert. Inzwischen haben die meisten Bundesländer ihre haushaltsrechtlichen Vorschriften zur Inkraftsetzung der neuen Verfahrensordnung für die Vergabe öffentlicher Liefer- und Dienstleistungsaufträge unterhalb der EU-Schwellenwerte vom 2.2.2017 – **Unterschwellenvergabeordnung (UVgO)** – angepasst. Im Freistaat Bayern gilt die UVgO nur für staatliche Auftraggeber, für Kommunen eine spezielle Verwaltungsvorschrift für die Vergabe von Aufträgen im kommunalen Bereich.[99] Letztere enthält in Abschn. 1.11 Bestimmungen zur Vergabe von freiberuflichen Dienstleistungen, welche gemäß Abschn. 1.11.4 im hier interessierenden Bereich bis zu einem voraussichtlichen Nettoauftragswert in Höhe von 10.000 Euro die direkte Auftragsvergabe ohne Durchführung eines Vergabeverfahrens erlauben. Sie empfiehlt jedoch in Abschn. 4.1 auch kommunalen Abtraggebern die Anwendung der UVgO. § 50 UVgO greift die Regelung in § 55 der Landeshaushaltsordnungen auf. „Dabei ist so viel Wettbewerb zu schaffen, wie dies nach der Natur des Geschäfts oder nach den besonderen Umständen möglich ist." Demnach können Dienstleistungen an Wirtschaftsprüfer im Unterschwellenbereich grundsätzlich freihändig vergeben werden.[100]

182a Ggf. bestehen spezielle Vorschriften für Kommunen (z. B. § 30 BayKommHV-Doppik i. V. m. § 9 BayEBV, § 29 HessGemHVO, § 22 GemHVO RhPf.), die aber regelmäßig nur für rechtlich unselbständige Unternehmen gelten (Eigenbetriebe).[101] Keine Pflicht zur Ausschreibung besteht bzgl. der Eigenbetriebe von Kommunen, die Mitglieder des Bayer. Komm. Prüfungsverbandes sind, da es um die Inanspruchnahme mitgliedschaftlicher Rechte geht; das entspricht der Rechtsprechung des EuGH zur kommunalen Zusammenarbeit (grundlegendes Urteil vom 9.6.2009, Rs. C-480/06 „Stadtreinigung Hamburg"), die über eine entsprechende EU-Richtlinie in dem im Jahr 2016 neu gefassten § 108 GWB ihren Niederschlag fand.

e) Unabhängigkeit des Abschlussprüfers

183 Die **Unabhängigkeit** des Abschlussprüfers ist unerlässlich für eine funktionierende Abschlussprüfung, wenn sie von ernst zu nehmender Qualität sein soll.[102] Der Abschlussprüfer muss nunmehr im Prüfungsbericht seine Unabhängigkeit bestätigen (§ 321 Abs. 4a HGB). Über den allgemeinen Grundsatz der Besorgnis der Befangenheit hinaus enthält § 319 Abs. 2 bis 4 HGB dementsprechend **Inkompatibilitätsvorschriften,** unter deren Voraussetzungen Wirtschaftsprüfer oder Wirtschaftsprüfungsgesellschaften nicht Abschlussprüfer sein dürfen. Generell ist ein Wirtschaftsprüfer von der Abschlussprüfung ausgeschlossen, wenn Gründe vorliegen, nach denen die Besorgnis der Befangenheit besteht (insbesondere Beziehungen geschäftlicher, finanzieller oder persönlicher Art – § 319 Abs. 2 HGB). § 319 Abs. 2 ff. HGB konkretisieren die Ausschlussgründe, z. T. in Form einer beispielhaften Aufzählung. Der früher nur berufsrechtlich verankerte Grundsatz des **Selbstprüfungsverbots** wird – auch im Einklang mit europarechtlichen Vorgaben – präzisiert und verschärft. Hervorzuheben ist § 319 Abs. 3 S. 1 Nr. 3 HGB, wonach ein Wirtschaftsprüfer nicht Abschlussprüfer sein darf, wenn er bei der Führung der Bücher oder der Aufstellung des zu prüfenden Jahresabschlusses oder bei der Durchführung der internen Revision in verant-

98 *Wirtschaftsprüferkammer,* Hinweise für die Ausschreibung von Dienstleistungen von Wirtschaftsprüfern und vereidigten Buchprüfern, Stand: 25.4.2018, Abschn. D.2.

99 Bekanntmachung des Bayerischen Staatsministeriums des Innern und für Integration über die Vergabe von Aufträgen im kommunalen Bereich vom 31. Juli 2018 (AllMBl. S. 547).

100 *Wirtschaftsprüferkammer,* Hinweise für die Ausschreibung von Dienstleistungen von Wirtschaftsprüfern und vereidigten Buchprüfern, Stand: 25.4.2018, Abschn. D.2.

101 So gilt etwa § 30 BayKommHV-Doppik trotz der öffentlich-rechtlichen Verfasstheit bayerischer Kommunalunternehmen i. S. d. Art. 89 BayGO nicht für diese.

102 Siehe zum Problemkreis Unabhängigkeit auch *Marx,* Unabhängige Abschlussprüfung und Beratung, 2001.

wortlicher Position über die Prüfungstätigkeit hinaus mitgewirkt hat. Gleiches gilt, wenn er über die Prüfungstätigkeit hinaus Unternehmensleitungs- oder Finanzdienstleistungen oder eigenständige versicherungsmathematische oder Bewertungsleistungen erbracht hat, die sich auf den zu prüfenden Jahresabschluss nicht nur unwesentlich auswirken. Tätigkeiten von untergeordneter Bedeutung werden nicht erfasst. Im Übrigen unterliegen Wirtschaftsprüfer bei ihrer Berufsausübung der Unabhängigkeitsverpflichtung gemäß § 43 WPO. Mit dem durch das BilMoG neu eingeführten § 319b HGB werden die Unabhängigkeitserfordernisse auf das **Netzwerk** des Abschlussprüfers ausgedehnt (soweit nicht ohnehin die Sozietätsklauseln in § 319 HGB greifen); der Abschlussprüfer hat – im Interesse der Erhaltung mittelständischer Abschlussprüfer, die mittels eines Netzwerkes eine breite Beratungs- und Prüfungspalette anbieten – die Möglichkeit, sich zu entlasten, wenn das Mitglied des Netzwerks keinen Einfluss auf die Abschlussprüfung nehmen kann. Ein Netzwerk liegt nach der Legaldefinition in § 319b Abs. 1 S. 3 HGB vor, wenn Personen bei ihrer Berufsausübung zur Verfolgung gemeinsamer wirtschaftlicher Interessen für eine gewisse Dauer zusammenwirken.

Im Rahmen der Abschlussprüfung von **Unternehmen von öffentlichem Interesse/** **183a**
PIEs wurde die Überwachung der Unabhängigkeit des Abschlussprüfers verschärft. Neben den bereits dargestellten Besonderheiten (→ Rn. 176a ff.) gehören dazu auch:

- Art. 5 Abs. 1 der EU-Verordnung Nr. 537/2014 enthält einen Katalog verbotener Nichtprüfungsleistungen (sog. Blacklist). Gemäß Art. 5 Abs. 3 der EU-APrVO können EU-Mitgliedstaaten die Erbringung dort aus dem Katalog der Verbotsleistungen aufgeführter Nichtprüfungsleistungen unter den dort genannten Voraussetzungen zulassen. Der deutsche Gesetzgeber hat von dieser Möglichkeit der sog. Derogation in § 319a Abs. 1 Nr. 2 und 3 HGB Gebrauch gemacht.
- Das Honorar für Nichtprüfungsleistungen darf 70 % der im Durchschnitt der vorausgegangenen drei Jahre gezahlten Prüfungshonorare nicht übersteigen – sog. 70 %-Cap, Art. 4 Abs. 2 UAbs. 1 EU-APrVO. Auf Antrag des Prüfers kann diese Honorarobergrenze gemäß § 319a Abs. 1a HGB, Art. 4 Abs. 2 UAbs. 3 EU-APrVO durch die APAS für höchstens ein Geschäftsjahr auf bis zu 140 % heraufgesetzt werden.
- Sofern die von einer PIE an den Abschlussprüfer in jedem der letzten drei aufeinanderfolgenden Geschäftsjahre insgesamt gezahlten Honorare 15 % seiner insgesamt vereinnahmten Honorare übersteigen, hat der Prüfer den Prüfungsausschuss darüber zu informieren und mit ihm über die Gefahren für seine Unabhängigkeit und mögliche Schutzmaßnahmen zu beraten, Art. 4 Abs. 3 UAbs. 1 EU-APrVO. Der für kapitalmarktorientierte Unternehmen geltende § 319a Abs. 1 Nr. 1 HGB a. F. wurde durch diese Regelung ersetzt.
- Nach Art. 5 Abs. 4 EU-APrVO ist erforderlich, dass der Prüfungsausschuss zudem sämtliche nach diesen Vorgaben erlaubten Nichtprüfungsleistungen des Abschlussprüfers (bzw. von Mitgliedern eines Netzwerkes, dem er angehört) vor deren Beauftragung nach entsprechender Prüfung billigt.
- Gemäß Art. 6 Abs. 2 Buchst. EU-APrVO erörtert der Abschlussprüfer mit dem Prüfungsausschuss Gefahren für seine Unabhängigkeit und die von ihm zur Verminderung dieser Gefahren gemäß Abs. 1 dokumentierten Maßnahmen. Jährlich hat er zudem gegenüber dem Prüfungsausschuss eine schriftliche Unabhängigkeitserklärung abzugeben. Die insoweit im Rahmen des Prüfungsberichts bereits gemäß § 321 Abs. 4a HGB vorgesehene Unabhängigkeitserklärung ist entsprechend der EU-APrVO anzupassen und ergänzend im Bestätigungsvermerk zu erklären.[103] Die Einhaltung dieser Verpflichtungen hat der Prüfungsausschuss ebenfalls zu überwachen.
- Sofern Mitglieder des Prüfungsausschusses Pflichten zur Überwachung der Unabhängigkeit des Abschlussprüfers verletzen, kann dies Sanktionen nach sich ziehen, insbes. die Ahndung als Ordnungswidrigkeit nach § 334 Abs. 2a Nr. 1 HGB.

[103] IDW PS 345, Anhang 2, IDW PS 400 n.F: Bildung eines Prüfungsurteils und Erteilung eines Bestätigungsvermerks, Stand 30.11.2017, IDW Life 1/2018, 29 ff., Tz. A57.

184 Hinzuweisen ist auch auf eine mit der Unabhängigkeit des Abschlussprüfers zusammenhängende Folge aus der verstärkten Anwendung internationaler Rechnungslegungsgrundsätze. Soweit diese subjektiven Bewertungen der Unternehmensführung für die Bilanzierung mehr Gewicht zumessen (z. B. Fair Value des Goodwill), könnte dem Abschlussprüfer seine regelmäßig eher geringere fachliche Erfahrung in der Branche des geprüften Unternehmens bei der Durchsetzung gegenüber der Unternehmensführung hinderlich sein.[104]

185 Der generellen, insbesondere auch Beratungsleistungen geringeren Umfangs oder Gewichts erfassenden **Trennung von Prüfung und Beratung** ist eine Absage zu erteilen, da sie die Qualität der Abschlussprüfung gefährden könnte. In Rahmen der Beratung gewonnene Erkenntnisse über ein Unternehmen erleichtern die Abschlussprüfung und können sie problemorientierter und wirksamer machen.[105] Das gilt insbesondere für steuerberatende Dienstleistungen,[106] jedenfalls wenn sie nicht gestaltender Art sind und nicht die Prozessvertretung umfassen. Das bayerische Landesrecht trägt diesen Gedanken Rechnung, indem es dem Bayer. Komm. Prüfungsverband als unabhängiger („Non-profit"-)Einrichtung per Gesetz die Prüfung und Beratung als Aufgabe zuweist und ihn zugleich für Abschlussprüfungen von Eigenbetrieben und Kommunalunternehmen zuständig sein lässt (Art. 2 Gesetz über den Bayerischen Kommunalen Prüfungsverband – BayPrVbG, Art. 107 BayGO). Auch hier gilt aber für die jeweilige Abschlussprüfung § 319 Abs. 2 und 3 HGB entsprechend (§ 4 Abs. 3 BayKommPrV).

f) Prüfungsfelder und Durchführung der Abschlussprüfung

186 Der Abschlussprüfer ist nach § 321 Abs. 1 S. 3 HGB gehalten, im Prüfungsbericht über bei der Durchführung der Prüfung festgestellte Unrichtigkeiten und Verstöße gegen gesetzliche Vorschriften sowie Tatsachen zu berichten, die den Bestand des geprüften Unternehmens oder des Konzerns gefährden oder seine Entwicklung wesentlich beeinträchtigen können oder die schwerwiegende Verstöße der gesetzlichen Vertreter oder von Arbeitnehmern gegen Gesetz, Gesellschaftsvertrag oder die Satzung erkennen lassen. Daran orientieren sich Prüfungsfelder und Durchführung der Prüfung. Der Abschlussprüfer führt seine Prüfung unter Beachtung der vom **Institut der Wirtschaftsprüfer (IDW)** festgelegten **Grundsätze ordnungsgemäßer Abschlussprüfung** durch. Das IDW hat sich dazu in Fachgutachten, Stellungnahmen und Prüfungsstandards (PS) geäußert. Der durch das BilMoG neu eingefügte § 317 Abs. 5 HGB verpflichtet die Abschlussprüfer, bei der Durchführung gesetzlich vorgeschriebener Abschlussprüfungen die von der EU übernommenen **internationalen Prüfungsstandards** (International Standards on Auditing – ISA) anzuwenden. Das IDW hatte zunächst die ISA in IDW Prüfungsstandards transformiert, künftig sollen die wortgetreu in die deutsche Sprache übersetzten ISA unter Berücksichtigung nationaler Modifikationen unmittelbar in Form sog. ISA [DE] anzuwenden sein, der Umstellungsprozess ist schon im Gange, allerdings hat die EU-Kommission bislang noch keine solche internationale Prüfungsstandards angenommen. Die ISA [DE] gelten einheitlich erstmals für die Prüfung von Abschlüssen für Zeiträume, die am oder nach dem 15. Dezember 2021 beginnen. Ausgenommen sind Rumpfgeschäftsjahre, die vor dem 31. Dezember 2022 enden. Eine freiwillige vorzeitige Anwendung ist möglich für Berichtszeiträume, die am oder nach dem 15. Dezember 2019 beginnen, mit Ausnahme von Rumpfgeschäftsjahren, die vor dem 31. Dezember 2020 enden.[107] Mit Inkrafttreten ersetzen die ISA [DE] die korrespondierenden IDW PS.

[104] *Baetge/Richter* Buchbesprechung von *Marx,* Unabhängige Abschlussprüfung und Beratung, Baden-Baden 2001, WPg 2003, 672.

[105] *Janssen,* Holding und Organschaft: Bestandsaufnahme, Gestaltung, Perspektiven, Die Wirtschaftsprüfung, Sonderheft 2003, S 2.

[106] IDW, Stellungnahme vom 28.5.2003 zur Mitteilung der EU-Kommission: Stärkung der Abschlussprüfung in der EU, WPg 2003, 668, 670.

[107] *Wirtschaftsprüferkammer,* Mitglieder fragen – WPK antwortet: Anwendung der International Standards on Auditing (ISA) in Deutschland, 13.3.2020.

Die Abschlussprüfung ist so zu planen und durchzuführen, dass Unrichtigkeiten und Verstöße, die sich auf die Darstellung des durch den Jahresabschluss (unter Beachtung der GoB) und durch den Lagebericht vermittelten Bildes der Vermögens-, Finanz- und Ertragslage wesentlich auswirken, mit hinreichender Sicherheit erkannt werden. Mittels des sowohl quantitativ als auch qualitativ zu verstehenden Kriteriums der **Wesentlichkeit** wird die Abschlussprüfung risikoorientiert auf entscheidungserhebliche Sachverhalte konzentriert.[108] Letztlich beurteilt der Abschlussprüfer, ob nicht bereinigte Unrichtigkeiten und Verstöße wesentlich für das Prüfungsergebnis sind. Prüfungsgrundsätze sind Sorgfalt, Wesentlichkeit und Wirtschaftlichkeit. Dabei greift die Berichtspflicht des Abschlussprüfers nicht erst, wenn im Rahmen der Prüfung festgestellte Tatsachen schwerwiegende Verstöße darstellen, sondern bereits dann, wenn diese Tatsachen derartige Verstöße erkennen lassen. **186a**

Soweit es der Sicherung einer ordnungsmäßigen Rechnungslegung dient, gehören zur Prüfung in diesem Sinn auch die Prüfung und Beurteilung des **internen Kontrollsystems (IKS).** Die Prüfung des internen Kontrollsystems und das Verständnis der Abläufe (Transaktionen) stehen bei der modernen Abschlussprüfung vermehrt im Vordergrund, während die Konzentration auf Bilanzpositionen eher zurücktritt. Ausgehend davon kann der Abschlussprüfer Art und Umfang seiner einzelnen Prüfungshandlungen festlegen. Dabei prüft er in **Stichproben,** wobei die qualitativ und quantitativ **risikoorientierte** Stichprobenauswahl regelmäßig außergewöhnliche Geschäftsvorfälle oder Abläufe und solche, bei denen der Geschäftsführung ein weiter Entscheidungsspielraum zukommt, besonders berücksichtigen wird. Dazu kann auch der außerbuchhalterische Bereich des Unternehmens gehören, also z. B. seine vertraglichen Bindungen. Die Prüfungshandlungen zur Risikobeurteilung sind in systematischem Zusammenhang mit den Funktionsprüfungen des IKS und den sachbezogenen Prüfungshandlungen zu sehen; dabei definieren die IDW-Standards auch Mindestanforderungen an Prüfungshandlungen und schreiben die umfassende **Dokumentation** der Einhaltung der Prüfungspflichten in Zusammenhang mit der risikoorientierten Prüfung vor.[109] Auch die seit 2008 in ihren Auswirkungen deutliche Finanzkrise stellt besondere Anforderungen im Rahmen der risikoorientierten Prüfung. Insbesondere im Bereich der Finanzanlagen ist die Notwendigkeit von Abschreibungen und die Absicherung zu prüfen. Auch die Prognosen über die Entwicklung des Unternehmens und seine Chancen und Risiken sind vor diesem Hintergrund zu sehen.[110] **187**

Zur Abschlussprüfung gehört auch die Prüfung von Aufbau und Funktion **IT-gestützter Rechnungslegungssysteme,** wobei insoweit wohl regelmäßig Spezialisten beizuziehen sind. **188**

Eine wirksame Abschlussprüfung setzt voraus, dass das geprüfte Unternehmen kooperiert; § 320 HGB normiert eine entsprechende **Mitwirkungspflicht.** Dazu zählt z. B., dass der Jahresabschluss und der Lagebericht vorliegen, das Kontroll- und das Risikofrüherkennungssystem ordnungsgemäß dokumentiert sind, sachkundige, zur Auskunft berechtigte Ansprechpartner benannt und verfügbar sind, zu den für die Prüfung erforderlichen Unterlagen dem Prüfer und seinen Hilfskräften – bei digital vorgehaltenen Unterlagen mittels eines Nur-Lese-Zugriffs – unbeschränkt Zugang gewährt wird. Vom geprüften Unternehmen wird dazu eine sog. Vollständigkeitserklärung verlangt. **189**

Nach § 53 HGrG umfasst die **erweiterte** Abschlussprüfung auch die Prüfung und Beurteilung der **Ordnungsmäßigkeit der Geschäftsführung** und der **wirtschaftlichen Verhältnisse** (vgl. → Rn. 163 f., 193 ff.). **190**

---

[108] Vgl. IDW Prüfungsstandard: Wesentlichkeit im Rahmen der Abschlussprüfung (IDW PS 250 n. F. – Stand 12.12.2012, WPg Supplement 1/2013, 1 ff., FN-IDW 1/2013, 4 ff.).

[109] *Kämpfer/Schmidt,* Die Auswirkungen der neueren Prüfungsstandards auf die Durchführung von Abschlussprüfungen, WPg 2009, 48 f.

[110] *Zwirner* DB 2009, 353 ff.; vgl. auch IDW PS 261 n. F., Feststellung und Beurteilung von Fehlerrisiken und Reaktionen des Abschlussprüfers auf die beurteilten Fehlerrisiken, Stand 15.9.2017, WPg Supplement 2/2012, S. 3 ff., FN-IDW 4/2012, S. 239 ff., WPg Supplement 3/2013, 13, FN-IDW 9/2013, 402, IDW Life 8/2016, 635, IDW Life 1/2018, 172 f.

191 Die Durchführung der nach § 53 HGrG erweiterten Abschlussprüfung prägt in der Praxis der dazu vom IDW verabschiedete **Fragenkatalog** zur Prüfung der Ordnungsmäßigkeit der Geschäftsführung und der wirtschaftlichen Verhältnisse nach § 53 HGrG (IDW PS 720 – Stand 9.9.2010), der mit dem Bundesfinanzministerium und den Rechnungshöfen abgestimmt ist und in 16 Fragenkreisen mit 67 Fragen die Bereiche Geschäftsorganisation, Instrumentarien der Geschäftsführung, Geschäftsführung, Finanzinstrumente, interne Revision, Berichterstattung an das Überwachungsorgan, Vermögens-, Finanz- und Ertragslage abdeckt. Große Bedeutung wird auf das Risikofrüherkennungssystem gelegt.

192 Die Fragen des Katalogs sind – unabhängig von ihrer Relevanz im konkreten Fall – vollständig zu bearbeiten; sind einzelne Fragen nicht einschlägig, ist das zu begründen. In der Praxis ist dieses vorgeschriebene Vorgehen eher zeitaufwendig zu Lasten der eigentlichen Prüfung und kann im Ergebnis die Lesbarkeit beeinträchtigen, wenngleich die Straffung des Katalogs zu einer schlankeren und effizienteren Berichterstattung geführt hat. Die Berichterstattung zum Fragenkatalog geschieht regelmäßig in Form einer Anlage zum Prüfungsbericht.

g) Berichterstattung gemäß § 53 Abs. 1 HGrG

193 § 53 Abs. 1 HGrG erweitert die Berichterstattung gegenüber der sonst bei der Abschlussprüfung gebräuchlichen insofern, als die Abschlussprüfer neben

- der **Beurteilung der Ordnungsmäßigkeit der Geschäftsführung** in ihrem Bericht auch
- die Entwicklung der **Vermögens-** und **Ertragslage** sowie die **Liquidität** und **Rentabilität** der Gesellschaft,
- **verlustbringende Geschäfte** und die **Ursachen der Verluste,** wenn diese Geschäfte und die Ursachen für die Vermögens- und Ertragslage von Bedeutung waren, und
- die **Ursachen** eines in der Gewinn- und Verlustrechnung ausgewiesenen **Jahresfehlbetrages**

darstellen müssen.

194 Dabei orientiert sich die Beurteilung der Ordnungsmäßigkeit der Geschäftsführung an der Sorgfalt eines ordentlichen und gewissenhaften Geschäftsleiters (vgl. § 93 Abs. 1 S. 1 AktG, § 43 Abs. 1 GmbHG). Allerdings wird der Abschlussprüfer nur wesentliche Verstöße gegen diese Sorgfaltspflicht darstellen, also insbesondere grob fehlerhafte oder missbräuchliche kaufmännische Entscheidungen.

195 Die Berichterstattung des Abschlussprüfers ist insoweit durch den **Fragenkatalog** des IDW (vgl. → Rn. 191 f.) vorgegeben. Der Fragenkatalog deckt jedoch nicht alle für die Kommune als Anteilseignerin interessanten Bereiche ab. Z. B. beschäftigen sich die Fragenkreise nicht mit der kommunalrechtlichen Relevanz von Beratungstätigkeiten von (von der Kommune entsandten) Aufsichtsräten bei der Gesellschaft und einer daraus folgenden beamten- oder kommunalrechtlichen Ablieferungs- oder Abführungspflicht, der wettbewerbswidrigen Tätigkeit der Geschäftsführer bei Konkurrenzunternehmen, möglichen Interessenkonflikten durch weitere Beschäftigungsverhältnisse der Geschäftsführer (z. B. beim privaten Mitgesellschafter) oder der Angemessenheit der Aufsichtsrats- und Geschäftsführervergütung.

h) Management Letter

196 Neben dem gesetzlich vorgeschriebenen Prüfungsbericht über die Abschlussprüfung erstellt der Abschlussprüfer berufsüblich für den Vorstand oder Geschäftsführer einen sog. **Management Letter,** der Hinweise auf Schwächen in den betrieblichen Abläufen des Unternehmens enthält und Mängel aufzeigt, die bei der Prüfung aufgefallen sind und abgestellt werden sollten, aber unterhalb der Schwelle der rechtlichen Berichtspflichten liegen, so dass sie das Testat nicht beeinflussen. In der Vergangenheit wurde der Management Letter dem

Aufsichtsrat regelmäßig **nicht** zugeleitet. Mit der durch das KonTraG und das Transparenz- und Publizitätsgesetz – TransPubG – erweiterten Überwachungsfunktion des Aufsichtsrats ist das nicht mehr vereinbar.[111] Zumindest der Vorsitzende des Aufsichtsrats und der Prüfungsausschuss des Aufsichtsrats sollten daher den Management Letter zur Kenntnis erhalten. Dies könnte bereits bei der Auftragserteilung durch das zuständige Unternehmensorgan (vgl. → Rn. 176) entsprechend festgelegt werden.

i) Abschlussprüfungsbericht und Berichterstattung

Unabhängig von der Rechtsform des geprüften Unternehmens muss der Abschlussprüfer vom Ergebnis seiner Prüfung **schriftlich berichten** (§ 321 HGB). Negativerklärungen bezüglich dessen, was im Rahmen der Prüfung nicht festgestellt wurde, sind nicht erforderlich. Der Abschlussprüfer muss im Prüfungsbericht seine Unabhängigkeit bestätigen (§ 321 Abs. 4a HGB). § 53 Abs. 1 Nr. 3 HGrG und die entsprechenden landesrechtlichen Bestimmungen für Eigenbetriebe und Kommunalunternehmen stellen sicher, dass die **Kommune** den Abschlussprüfungsbericht ihres Unternehmens erhält. Adressat dieser Pflicht ist nicht der Abschlussprüfer, sondern das Unternehmen. 197

Der Abschlussprüfungsbericht richtet sich an den **Aufsichtsrat** (§ 321 Abs. 5 S. 2 HGB). Die Übermittlung des Abschlussprüfungsberichts an die einzelnen Mitglieder des Aufsichtsrats bestimmt sich bei AG nach § 170 Abs. 3 AktG, bei GmbH nach § 52 Abs. 1 GmbHG i. V. m. § 170 Abs. 3 AktG (vgl. → Rn. 214). 198

An der Bilanzsitzung des Aufsichtsrats muss der Abschlussprüfer teilnehmen und seinen schriftlichen Bericht erläutern sowie auf Fragen eingehen. Er muss an den Verhandlungen des Aufsichtsrats oder des Prüfungsausschusses über den Jahresabschluss teilnehmen und über die wesentlichen Ergebnisse seiner Prüfung, insbesondere wesentliche Schwächen des internen Kontroll- und des Risikomanagementsystems bezogen auf den Rechnungslegungsprozess, berichten. Er informiert über Umstände, die seine Befangenheit besorgen lassen und über Leistungen, die er zusätzlich zu den Abschlussprüfungsleistungen erbracht hat (§ 171 Abs. 1 S. 2 und 3 AktG). 199

j) Bestätigungsvermerk

Der **Bestätigungsvermerk** stellt die Ergebnisse der Prüfung des Jahresabschlusses zusammenfassend fest. Seine rechtliche Grundlage ist § 322 HGB, der in Absatz 3 ein sog. **Formeltestat** enthält. § 322 HGB wird durch landesrechtliche Vorschriften ergänzt (z. B. § 7 Abs. 4 BayKommPrV). Der Bestätigungsvermerk muss neben einer Beschreibung von Gegenstand, Art Umfang der Prüfung und der Angabe der dabei angewandten Rechnungslegungs- und Prüfungsgrundsätze auch eine Beurteilung des Prüfungsergebnisses beinhalten (§ 322 Abs. 1 HGB). Sind vom Abschlussprüfer keine Einwendungen zu erheben, so hat er in seinem Bestätigungsvermerk zu erklären, dass die von ihm nach § 317 HGB durchgeführte Prüfung zu keinen Einwendungen geführt hat und dass der von den gesetzlichen Vertretern der Gesellschaft aufgestellte Jahres- oder Konzernabschluss aufgrund der bei der Prüfung gewonnenen Erkenntnisse des Abschlussprüfers nach seiner Beurteilung den gesetzlichen Vorschriften entspricht und unter Beachtung der Grundsätze ordnungsmäßiger Buchführung oder sonstiger maßgeblicher Rechnungslegungsgrundsätze ein den tatsächlichen Verhältnissen entsprechendes Bild der Vermögens-, Finanz- und Ertragslage des Unternehmens oder des Konzerns vermittelt (§ 322 Abs. 3 HGB). Hierin liegt eine wesentliche Erweiterung des Formeltestats, die das KonTraG eingeführt hat. 200

Seit 17.6.2016 ist in Deutschland die **EU-Verordnung zur Abschlussprüfung**[112] 200a
unmittelbar anzuwenden und ist zu dem genannten Datum flankierend u. a. das Abschluss-

[111] Vgl. auch Abschn. D.9 und D.10 Deutscher Corporate Governance Kodex.

[112] Verordnung (EU) Nr. 537/2014 des Europäischen Parlaments und des Rates vom 16.4.2014 über spezifische Anforderungen an die Abschlussprüfung bei Unternehmen von öffentlichem Interesse und zur Aufhebung des Beschlusses 2005/909/EG der Kommission (Abl. L 158, 27.5.2014, S. 77 ff.).

prüfungsreformgesetz – AReG – in Kraft getreten. Ziel dieser Reform ist es, die Kommunikation zwischen dem Abschlussprüfer und den Abschlussadressaten zu verbessern, durch mehr Transparenz und Verständlichkeit die Aussagekraft des Bestätigungsvermerks zu erhöhen, sowie eine international einheitliche Berichterstattung sicherzustellen. Durch Art. 10 der vorgenannten EU-Verordnung (nachfolgend EU-APrVO) und einer moderaten Änderung des § 322 HGB erfuhr der Bestätigungsvermerk grundlegende Änderungen in seiner Struktur mit vorangestelltem Prüfungsurteil, Gliederungsstärke sowie in Form einer wesentlichen Erweiterung der Berichterstattung und damit des bisherigen Formeltestats sowie damit einhergehend auch der internationalen und nationalen Prüfungsstandards.[113]

200b Für **Unternehmen von öffentlichem Interesse/PIE** (→ Rn. 176a) gelten die Neuregelungen für nach dem 16.6.2016 beginnende Geschäftsjahre. Die wichtigste Neuerung betrifft die geforderte Berichterstattung zu zentralen Aspekten der Prüfung, die sog. **Key Audit Matters – KAM.** Solche besonders wichtigen Prüfungssachverhalte sind gemäß Tz. 9 IDW PS 401 *„Sachverhalte, die nach pflichtgemäßem Ermessen des Abschlussprüfers am bedeutsamsten in der Prüfung des Abschlusses für den aktuellen Berichtszeitraum waren. Besonders wichtige Prüfungssachverhalte sind aus Sachverhalten ausgewählt, die mit den für die Überwachung Verantwortlichen erörtert wurden. Hierunter fallen die „bedeutsamsten beurteilten Risiken wesentlicher falscher Darstellungen", die in Übereinstimmung mit Artikel 10 Abs. 2 Buchst. c) EUAPrVO zur Untermauerung des Prüfungsurteils im Bestätigungsvermerk beschrieben werden müssen."* Über diese wichtigsten Prüfungssachverhalte/KAM ist also unternehmensindividuell zu berichten, zudem gemäß Tz. 16 IDW PS 401 auch, wie jeder einzelne Sachverhalte in der Abschlussprüfung berücksichtigt wurde, einschließlich einer Zusammenfassung der Reaktionen des Prüfers auf diesen Sachverhalt und ggf. auch diesbezügliche wichtige Feststellungen („key observations"). Außerdem ist die Einstufung als KAM zu begründen. Gemäß Tz. 20 IDW PS 401 ist mit den für die Überwachung Verantwortlichen über die KAM bzw. deren Fehlen zu kommunizieren, was zu einem intensivierten Austausch und damit zu einer höheren Transparenz der Tätigkeit des Abschlussprüfers führen soll. Darüber hinaus ist ein regelmäßiger Austausch über identifizierte KAMs schon im Verlauf der Prüfung zur Reduzierung des Zeitaufwands für Erörterungen in der ohnehin schon zeitkritischen Endphase der Prüfung zu empfehlen.[114]

200c Für alle anderen Unternehmen, also **Non-PIEs,** wurden die Prüfungsstandards zum Teil denen der PIEs angepasst, um ein zu weites Zurückfallen zu verhindern. Die IDW-Prüfungsstandards enthalten jeweils die Vorgaben für beide Unternehmensarten. Dabei ist für Non-PIEs insbesondere die Aufnahme der KAMs optional, sie muss im Voraus schriftlich vereinbart werden (IDW PS 401, Tz. 5).

201 Auch sonst soll das Prüfungsergebnis allgemein verständlich und problemorientiert beurteilt werden. Auf erkannte **Risiken,** die den Fortbestand des Unternehmens gefährden, ist gesondert einzugehen.[115] Dabei betont das Gesetz, dass die gesetzlichen Vertreter der Gesellschaft den Jahresabschluss zu verantworten haben (§ 322 Abs. 2 HGB). Darin, dass der Abschlussprüfer im Bestätigungsvermerk nicht nach § 322 Abs. 2 S. 3 HGB auf den Fortbestand des Unternehmens gefährdende Risiken hingewiesen hat, liegt nicht eine Garantie, dass die Fortführung der Unternehmenstätigkeit gesichert ist. Nach § 252 Abs. 1 Nr. 2 HGB ist bei der Bewertung der im Jahresabschluss ausgewiesenen Vermögensgegen-

[113] Alle mit aktuellem Stand 30.11.2017.
IDW PS 400 n. F.: Bildung eines Prüfungsurteils und Erteilung eines Bestätigungsvermerks, IDW Life 1/2018, 29 ff.;
IDW PS 401: Mitteilung besonders wichtiger Prüfungssachverhalte im Bestätigungsvermerk, IDW Life 1/2018, 87 ff.;
IDW PS 405: Modifizierungen des Prüfungsurteils im Bestätigungsvermerk, IDW Life 1/2018, 101 ff.;
IDW PS 406: Hinweise im Bestätigungsvermerk, IDW Life 1/2018, 130 ff.

[114] *Hille/Müller* Der neue Bestätigungsvermerk – Erweiterte Berichterstattung, in Rödl & Partner, Newsletter Potenziale nutzen, Fokus Gesundheits- und Sozialwirtschaft, Dezember 2018, 16, 17.

[115] Bei PIE oder optional vereinbarter Aufnahme der KAM beachte Tz. 18 IDW PS 401.

stände und Schulden von der Fortführung der Unternehmenstätigkeit auszugehen, sofern dem nicht tatsächliche oder rechtliche Gegebenheiten entgegenstehen. Der Abschlussprüfer hat auf bestandsgefährdende Tatsachen zu achten und beurteilt die Einschätzung der gesetzlichen Vertreter für den Prognosezeitraum (mindestens zwölf Monate, gerechnet vom Abschlussstichtag des Geschäftsjahrs).[116]

Im Bestätigungsvermerk ist auch darauf einzugehen, ob der **Lagebericht** insgesamt nach der Beurteilung des Abschlussprüfers eine zutreffende Vorstellung von der Lage des Unternehmens vermittelt. Dabei ist auch zu erörtern, ob die Chancen und Risiken der zukünftigen Entwicklung zutreffend dargestellt sind (§ 322 Abs. 6 HGB). 202

Sind **Einwendungen** zu erheben, so schreibt § 322 Abs. 4 HGB vor, dass der Abschlussprüfer sein Testat in geeigneter Weise **einzuschränken** oder bei besonders schwerwiegenden Einwendungen zu **versagen** hat. Die Versagung ist in den Vermerk, der nicht mehr als Bestätigungsvermerk zu bezeichnen ist, aufzunehmen. Die Einschränkung und die Versagung sind zu begründen. Einschränkungen sind so darzustellen, dass deren Tragweite erkennbar wird. Der Bestätigungsvermerk ist auch dann zu versagen, wenn der Abschlussprüfer nach Ausschöpfung aller angemessenen Möglichkeiten zur Klärung des Sachverhalts nicht in der Lage ist, ein Prüfungsurteil abzugeben (§ 322 Abs. 5). 203

Der Abschlussprüfer hat den Bestätigungsvermerk oder den Vermerk über die Versagung zu unterzeichnen und in den Prüfungsbericht aufzunehmen (§ 322 Abs. 7 HGB). 204

Probleme können sich für den Abschlussprüfer im Rahmen der externen Berichterstattung im **Internet** ergeben, wenn der Bestätigungsvermerk Teil der Internetpräsentation des Unternehmens ist und gleichzeitig nicht testierte Informationen damit verknüpft werden. Der Abschlussprüfer sollte insbesondere darauf achten, dass testierte und nicht testierte Informationen deutlich voneinander abgegrenzt werden und der Bestätigungsvermerk durch eine digitale Signatur geschützt wird.[117] 205

k) Grenzen der Abschlussprüfung

Die Abschlussprüfung kann wie jede Prüfung wesensmäßig nicht sämtlichen Geschäftsvorfällen nachspüren. Sie ist auf **Stichproben** beschränkt. Daraus und aus den jedem rechnungslegungsbezogenen internen Kontrollsystem immanenten Grenzen folgt, dass ein gewisses **Risiko** nicht auszuschließen ist, dass selbst wesentliche falsche Angaben nicht aufgedeckt werden. Das Finden von Verdachtsmomenten für **Straftaten,** wie Unterschlagungen, Untreue, Bilanzfälschung u. Ä., ist nicht notwendig Ziel der Abschlussprüfung. Hier sieht sich die Abschlussprüfung allerdings zunehmend erhöhten Erwartungen ausgesetzt, die auch schon zur Fortentwicklung einschlägiger Prüfungsstandards geführt haben.[118] Die ordnungsgemäße Buchführung, das Aufstellen des Jahresabschlusses und des Lageberichts sowie die Einrichtung eines angemessenen internen Kontrollsystems, das auch gelebt werden muss, liegen in der **Verantwortung der Unternehmensleitung,** die durch die Abschlussprüfung hiervon nicht befreit wird. 206

l) Haftung des Abschlussprüfers

Maßgebend ist zunächst § 323 HGB, wonach dem **geprüften Unternehmen** (und ggf. einem verbundenen Unternehmen) aus einer fahrlässigen oder vorsätzlichen Pflichtverletzung des Abschlussprüfers oder seiner Gehilfen ein **Schadensersatzanspruch** entsteht. 207

[116] Vgl. IDW Prüfungsstandard: Die Beurteilung der Fortführung der Unternehmenstätigkeit im Rahmen der Abschlussprüfung (IDW PS 270 n. F.), Stand 11.7.2018, IDW Life 8/2018, 752 ff.

[117] *Küting/Dawo/Heiden,* Das Testat des Wirtschaftsprüfers im Internet – Internationale audit guidance als Vorbild einer künftigen deutschen Regelung?, JurPC Web-Dok. 25/2002, Abs. 63.

[118] IDW PS 210: Zur Aufdeckung von Unregelmäßigkeiten im Rahmen der Abschlussprüfung, Stand 12.12.2012, WPg 22/2006, 1422 ff, FN-IDW 11/2006, 694 ff., WPg Supplement 4/2010, 1 ff., FN-IDW 10/2010, 423 ff., WPg Supplement 1/2013, 7, FN-IDW 1/2013, 11.; *Schruff,* Zur Aufdeckung von Top-Management-Fraud durch den Wirtschaftsprüfer im Rahmen der Jahresabschlussprüfung, WPg 2003, 901 ff.

Die Ersatzpflicht ist für den Fall einer fahrlässigen Pflichtverletzung bei gesetzlich vorgeschriebenen Abschlussprüfungen auf 1.000.000 Euro beschränkt (§ 323 Abs. 2 HGB). Im Übrigen ist auf die „Allgemeinen Auftragsbedingungen für Wirtschaftsprüfer und Wirtschaftsprüfungsgesellschaften" (Fassung vom 1.1.2017) zu verweisen; der erweiterte Haftungsrahmen kommt zum Tragen, soweit nicht gesetzlich eine niedrigere Haftungsbegrenzung bestimmt ist. Die Europäische Kommission veröffentlichte am 5.6.2008 eine Empfehlung zur Beschränkung der zivilrechtlichen Haftung von Abschlussprüfern kapitalmarktorientierter Unternehmen;[119] die in Deutschland bestehenden Regelungen entsprechen bereits dieser Empfehlung. Die Haftung des Abschlussprüfers begründet z. B. regelmäßig die Bestätigung einer von der BFH-Rechtsprechung abweichenden Bilanzierung.[120]

208 Auch gegenüber Dritten kann nach den Grundsätzen des **Vertrages mit Schutzwirkung für Dritte** eine vorsätzliche oder grob fahrlässige Pflichtverletzung zur Haftung führen, etwa, wenn ein Kreditinstitut auf die Richtigkeit eines Testats vertrauen durfte (und auch vertraute) und deshalb dem geprüften Unternehmen einen Kredit gewährte, der Not leidend wurde. Allerdings ist das Risiko der **Dritthaftung** des Abschlussprüfers entsprechend der in § 323 HGB zum Ausdruck kommenden gesetzgeberischen Intention angemessen zu begrenzen und darf nicht auf eine Vielzahl von Gläubigern etc. erstreckt werden. Voraussetzung ist, dass die Abschlussprüfung nach dem Willen der Vertragsparteien auch im Interesse eines Dritten durchgeführt werden und ihr Ergebnis dem Dritten als Entscheidungsgrundlage dienen sollte.[121]

4. Prüfung durch den Aufsichtsrat

a) Prüfungspflicht des Aufsichtsrats

209 Der **Aufsichtsrat** einer Kapitalgesellschaft hat den **Jahresabschluss,** den **Lagebericht** und den Vorschlag über die Ergebnisbehandlung zu **prüfen** und über das Ergebnis seiner Prüfung der Haupt- oder Gesellschafterversammlung schriftlich zu berichten (für GmbH: § 52 Abs. 1 GmbHG i. V. m. § 171 AktG, außerdem für den obligatorischen Aufsichtsrat einer mitbestimmten GmbH § 6 Abs. 2 S. 1, § 25 Abs. 1 S. 1 Nr. 2 MitbestG; für AG: §§ 171, 172 AktG). In dem **Bericht** muss der Aufsichtsrat auch mitteilen, in welcher Art und in welchem Umfang er die Geschäftsführung der Gesellschaft während des Geschäftsjahres geprüft hat. Außerdem hat er zu dem Ergebnis der Prüfung des Jahresabschlusses durch den Abschlussprüfer Stellung zu nehmen. Der Aufsichtsrat kann einen besonderen **Ausschuss** aus seiner Mitte bestellen (z. B. **Bilanzprüfungsausschuss**), der ihn bei der Prüfung des Jahresabschlusses unterstützt (§ 107 Abs. 3 AktG). Allerdings sind bislang in eher wenig Unternehmen Bilanzprüfungsausschüsse eingerichtet worden. Ein Prüfungsausschuss ist verpflichtend nur von Kapitalgesellschaften i. S. d. § 264d HGB unter den Voraussetzungen des § 324 Abs. 1 HGB zu bilden, worunter kommunale Unternehmen regelmäßig nicht fallen. Wegen der durch die EU-APrVO und das AReG in ihrem Anwendungsbereich gestärkte bzw. gestiegene Verantwortung der Prüfungsausschüsse und der ggf. deren Rolle übernehmenden Aufsichts- bzw. Verwaltungsräte wird auf → Rn. 176c f. verwiesen.

210 Der Aufsichtsrat kommunaler Unternehmen und seine Überwachungsarbeit sind ein zentraler Anker einer guten und verantwortungsvollen Unternehmensführung, sie stehen daher im Mittelpunkt eines **Public Corporate Governance Kodex** (PCGK). Solche Kodizes existieren mittlerweile in unterschiedlichsten Ausgestaltungen auf allen kommunalen Ebenen. Aufsichtsräte, die als Vertreter einer am Unternehmen beteiligten Kommune

---

[119] Abl. EU vom 21.6.2008, L 162/39.
[120] Vgl. *Bärenz* BB 2003, 1781 ff.
[121] BGH 11.11.2008 – III ZR 317/07, BeckRS 2008, 24197, Rn. 5.; BGH, NJW 1998, 1948 ff.; OLG Düsseldorf, OLGR Düsseldorf 2000, 335 ff.

ihrer kommunalen Funktion wegen ein Mandat im Aufsichtsrat haben, unterliegen im Grundsatz den gleichen rechtlichen Rahmenbedingungen wie jedes andere Aufsichtsratsmitglied. Dabei sind Aufsichtsräte mit hinreichenden Fachkenntnissen und Kontrollrechten nicht nur aus betriebswirtSchaftlicher Sicht, sondern auch aufgrund des Demokratieprinzips geboten. Kommunale Unternehmen sind der Bevölkerung wegen ihrer Ausrichtung auf die Erfüllung **öffentlicher Zwecke** und der Verwendung **öffentlicher** (und regelmäßig knapper) **Mittel** besonders zu **Transparenz** und **wirtschaftlicher Effizienz** verpflichtet.[122] Die Leitfäden der Länder Mecklenburg-Vorpommern[123], Sachsen-Anhalt[124] und Sachsen[125] für Aufsichtsratsmitglieder in kommunalen Unternehmen sowie Mitarbeiter in den Beteiligungsverwaltungen enthalten detaillierte Ausführungen zur Qualifikation sowie zu den Rechten und Pflichten der Aufsichtsratsmitglieder in kommunalen Unternehmen (ergänzend hierzu auch Geschäftsbericht des Bayer. Kommunalen Prüfungsverbandes 2011, Aufsichtsrat-Stellung und Pflichten in kommunalen Unternehmen[126]).

Im Hinblick auf die Aufgabenstellung des Aufsichtsrats fordert die Rspr. von seinen **211** Mitgliedern gewisse **Mindestqualifikationen** allgemeiner, wirtschaftlicher, organisatorischer und rechtlicher Art, die notwendig sind, um alle üblicherweise anfallenden Geschäftsvorfälle selbst sachgerecht beurteilen zu können (z. B. Kenntnisse der Aufgaben des Aufsichtsrats, für die Jahresabschlussprüfung, zur Beurteilung von Führungsentscheidungen vgl. → Rn. 215).[127] Dabei tendiert die Rspr. dazu, auch die Haftung der Aufsichtsratsmitglieder zu verschärfen. Das gilt nicht nur für die sog. **Innenhaftung,** also die Haftung gegenüber der Gesellschaft (vgl. §§ 116, 93 Abs. 2 AktG)[128], sondern auch die sog. **Außenhaftung** (z. B. wegen vorsätzlicher sittenwidriger Schädigung in Form der Beihilfe zu einer strafbaren Handlung des Vorstands – §§ 826, 830 Abs. 2 BGB, während § 823 Abs. 2 BGB wegen des fehlenden Schutzgesetzcharakters der §§ 116, 93 AktG kaum zum Tragen kommen dürfte). Insgesamt sind die Anforderungen, die Gesetz und Rspr. an die Aufsichtsratsmitglieder stellen, gewachsen (vgl. § 52 Abs. 1 GmbHG i. V. m. § 100 Abs. 5, § 107 Abs. 4 AktG in der Fassung des BilMoG; vgl. für mitbestimmte GmbH § 6 Abs. 2 S. 1, § 25 Abs. 1 S. 1 Nr. 2 MitbestG). Dabei kann es für die Bejahung des Vorsatzes genügen, wenn ein Mitglied des Aufsichtsrates trotz starker Verdachtsmomente Möglichkeiten nicht wahrnimmt, sich Klarheit zu verschaffen, um gerade zu vermeiden, dass aus einem Verdacht Gewissheit wird (bewusstes Sichverschließen). Auch eine D&O-Versicherung steht dem Aufsichtsrat regelmäßig nicht zur Seite, weil sie i. d. R. bei Vorsatz oder wissentlichem Abweichen vom Gesetz nicht greift.[129]

Die Kompetenz des **fakultativen Aufsichtsrats** einer GmbH zur Prüfung des Jahres- **212** abschlusses und des Lageberichts kann durch Satzung insoweit abbedungen werden (§ 52 Abs. 1 GmbHG), als es um die entsprechende Anwendung der §§ 170 f. AktG geht. Nicht disponibel ist jedoch eine **Kernkompetenz** zur Prüfung des Jahresabschlusses und des Lageberichts, die sich bereits aus der zum Wesen des Aufsichtsrats notwendig gehörenden Aufgabe ergibt, die Geschäftsführung zu überwachen (vgl. §§ 93, 116 S. 1 AktG). Soll dem Aufsichtsrat satzungsmäßig auch diese Kernkompetenz nicht zukommen, handelt es sich in Wahrheit nur um einen unzutreffend bezeichneten Beirat.[130]

---

[122] Vgl. Institut für den öffentlichen Sektor e. V. (http://www.publicgovernanceinstitute.com/public_ governance/index_13571.htm).

[123] https://publicgovernance.de/media/Leitfaden_Mecklenburg-Vorpommern_2012.pdf.

[124] https://mf.sachsen-anhalt.de/fileadmin/Bibliothek/Politik_und_Verwaltung/MF/Zentrales_Beteiligungs management_Internetauftritt/Beteiligungshandbuch/2019-01-14_BHB_2019_LSA._veroeffentlicht_-_Handbuch_Beteiligungsmanagement.pdf.

[125] https://publicgovernance.de/media/Leitfaden_Land_Sachsen_2003.pdf.

[126] *Bissinger,* Aufsichtsrat – Stellung und Pflichten in kommunalen Unternehmen, Geschäftsbericht des Bayer. Komm. Prüfungsverbandes 2011, 13 ff.

[127] BGHZ 85, 293 ff.; Landesrechnungshof Schleswig-Holstein, Kommunalbericht 2008, 103

[128] *Hüffer/Koch,* AktG, § 116 Rn. 13.

[129] OLG Düsseldorf 23.6.2008, DB 2008, 1961 mit Anm. *Wilsing/Ogorek; Lommatzsch,* „Von alledem nichts gewusst?" – Persönliche Außenhaftung des Aufsichtsrats, Status:Recht 2008, 287.

[130] *Lutter/Krieger/Verse,* Rechte und Pflichten des Aufsichtsrats, 7. Aufl. 2020, Rn. 1205 ff.

b) Aufsichtsrat und Abschlussprüfer

213 Der Aufsichtsrat kann seine Aufgabe, die Geschäftsführung zu überwachen, nur mit Unterstützung des Abschlussprüfers und insbesondere nicht ohne Kenntnis des Abschlussprüfungsberichts erfüllen. Die Aufgabe des Abschlussprüfers ist nicht nur darin zu sehen, dass er gegenüber der Öffentlichkeit und den Anlegern die Richtigkeit des Jahresabschlusses, des Lageberichts und des Anhangs bestätigt, sondern insbesondere auch darin, dass er als **„Gehilfe"** des Aufsichtsrats prüft. Das KonTraG hat diese **Doppelfunktion** unterstrichen.[131] Das BilMoG hat die Pflichten des Abschlussprüfers hinsichtlich der Teilnahme an Sitzungen des Aufsichtsrats noch intensiviert. So muss er an den Verhandlungen des Aufsichtsrats oder des Prüfungsausschusses über den Jahresabschluss **teilnehmen** und über die wesentlichen Ergebnisse seiner Prüfung, insbesondere wesentliche Schwächen des internen Kontroll- und des Risikomanagementsystems bezogen auf den Rechnungslegungsprozess, berichten. Er informiert ferner über Umstände, die seine Befangenheit besorgen lassen und über Leistungen, die er zusätzlich zu den Abschlussprüfungsleistungen erbracht hat (§ 171 Abs. 1 Sätze 2 und 3 AktG, der gemäß § 52 Abs. 1 GmbHG auch für GmbH entsprechend anzuwenden ist, deren Gesellschaftsvertrag die Bestellung eines Aufsichtsrats vorsieht). Der Aufsichtsrat muss damit mit Unterstützung des Abschlussprüfers Rechnungslegung, Wirksamkeit des IKS und Revisionssystem überwachen (z. B. hinsichtlich der Risikoeinschätzungen), wobei sich aus der Berichterstattung des Abschlussprüfers für den Aufsichtsrat eigene Überwachungs- und Prüfungsschwerpunkte ergeben können.

c) Übermittlung des Abschlussprüfungsberichts an die Aufsichtsratsmitglieder

214 Jedes Aufsichtsratsmitglied einer AG (und einer GmbH mit obligatorischem Aufsichtsrat) hat das Recht, von den Vorlagen und Prüfungsberichten zum Jahresabschluss Kenntnis zu nehmen. Diese sind auch jedem Aufsichtsratsmitglied oder, soweit der Aufsichtsrat das beschlossen hat, den Mitgliedern eines Ausschusses übermitteln (§ 170 Abs. 3 AktG).[132] Vorlagen und Prüfungsberichte können dann als Mehrexemplare oder Kopien, seit Inkrafttreten des TransPubG[133] auch **elektronisch** übermittelt werden. § 170 Abs. 3 AktG wird auch auf GmbH mit fakultativem Aufsichtsrat und bei freiwilligen Abschlussprüfungen Anwendung finden. Ein Verstoß gegen § 170 Abs. 3 AktG kann zur Nichtigkeit des Jahresabschlusses wegen nicht ordnungsgemäßer Mitwirkung des Aufsichtsrats bei seiner Feststellung führen (§ 256 Abs. 2 AktG).

d) Auswertung des Jahresabschlusses, Bilanzanalyse

215 Um die Interessen ihrer Kommune und damit letztlich Gemeinwohlinteressen wirksam vertreten zu können, sind für kommunale Mandatsträger und Bedienstete, die in den Aufsichtsrat oder ein ähnliches Gremium eines kommunalen Unternehmens entsandt oder gewählt werden, betriebswirtschaftliche Kenntnisse unerlässlich. Zu den **Mindestkenntnissen,** die erforderlich sind, um alle üblicherweise anfallenden Geschäftsvorfälle ohne fremde Hilfe verstehen und sachgerecht beurteilen zu können, gehören insbesondere nicht nur Kenntnisse der gesetzlichen und satzungsmäßigen Aufgaben des Aufsichtsrats sowie der Rechte und Pflichten als Aufsichtsratsmitglied, sondern auch Kenntnisse zum Verständnis und zur Bewertung der vorzulegenden Berichte, Kenntnisse für die Prüfung des Jahresabschlusses mit Hilfe des Abschlussprüfers und Kenntnisse zur Beurteilung der Ordnungsmäßigkeit, Wirtschaftlichkeit und Zweckmäßigkeit von Führungsentscheidungen.[134] Insbesondere lassen sich mit betriebswirtschaftlichen Methoden, die hier nur angerissen wer-

[131] Vgl. BR-Drs. 872/97, S. 41; *Lutter/Krieger/Verse,* Rechte und Pflichten des Aufsichtsrats, 7. Aufl. 2020, Rn. 172.

[132] Zu den dabei auftretenden Fragen siehe *Bormann/Gucht* BB 2003, 1887 ff.

[133] Transparenz- und Publizitätsgesetz vom 19.7.2002, BGBl. I S. 2681 ff.

[134] Vgl. BGHZ 85, 293 ff.; Landesrechnungshof Schleswig-Holstein, Kommunalbericht 2008, 103 f.

den können, aus Jahresabschluss und Bilanz Erkenntnisse über die Vermögens-, Finanz- und Ertragslage des kommunalen Unternehmens gewinnen.[135]

In einem ersten Schritt wird dazu der **Jahresabschluss aufbereitet,** d. h. er wird (z. B. **216**
von außerordentlichen Posten, wie sie etwa aus der einmaligen Veräußerung von Gegenständen des Anlagevermögens resultieren) **bereinigt,** zusammengehörige Positionen werden **zusammengefasst** (z. B. lang- und kurzfristig), wirtschaftlich zusammengehörende Positionen werden **aufgerechnet** (z. B. zusammengehörende Forderungen und Verbindlichkeiten), Beträge werden **gerundet** und **prozentuale Anteile** errechnet.

In einem zweiten Schritt lassen sich die aufbereiteten Zahlen und daraus gewonnene **217**
Kennzahlen mit denen anderer Wirtschaftsjahre, Branchen oder mit Soll-Zahlen (etwa aus der Planungsrechnung) **vergleichen.**

Weitere Erkenntnisse liefert die eigentliche **Bilanzanalyse,** die versucht, eine Bilanz **218**
nach einer Reihe von bestimmten Kennzahlen zu beurteilen. Damit werden Vermögens- und Kapitalstruktur, Anlagenfinanzierung und Liquidität untersucht. Ferner lassen sich die Finanzströme nach Mittelherkunft und Mittelverwendung gliedern. Wesentlich sind weiter Kapitalflussrechnungen (Cashflow-Rechnungen), welche die Veränderung des Geldvermögens ermitteln sollen, und Rentabilitätskennzahlen zur Beurteilung der Ertragslage.

Beispielhaft lassen sich folgende **Kennzahlen** nennen: **219**

- Anlagenintensität (in % = Anlagevermögen / Gesamtvermögen 6100)
- Eigenkapitalanteil (in % = Eigenkapital / Gesamtkapital 6100)
- Verschuldungsgrad (in % = Fremdkapital / Gesamtkapital 6100)
- Anlagendeckungsgrad I (in % = Eigenkapital / Anlagevermögen 6100)
- Anlagendeckungsgrad II (in % = (Eigenkapital + langfristiges Fremdkapital) / Anlagevermögen 6100)
- Liquidität 1. Grades (in % = flüssige Mittel / kurzfristiges Fremdkapital 6100)
- Liquidität 2. Grades (in % = (flüssige Mittel + kurzfristige Forderungen) / kurzfristiges Fremdkapital 6100)
- Liquidität 3. Grades (in % = kurzfristiges Umlaufvermögen / kurzfristiges Fremdkapital 6100)
- Bindungsgrad der Selbstfinanzierung (in % = planmäßige Darlehenstilgung / Selbstfinanzierung 6100)
- Cashflow aus der laufenden Geschäftstätigkeit (= Jahresergebnis + nicht auszahlungswirksame Aufwendungen – nicht einzahlungswirksame Erträge)
- Cashflow aus der Investitionstätigkeit (= Auszahlungen für Investitionen – Einzahlungen aus Anlagenabgängen)
- Eigenkapitalrentabilität (= Jahresgewinn 6100 / 0,56 (Eigenkapital Anfangsstand + Eigenkapital Endstand))
- Fremdkapitalrentabilität (= Zinsaufwand 6100 / 0,56 (Fremdkapital Anfangsstand + Fremdkapital Endstand))
- Gesamtkapitalrentabilität (= (Fremdkapitalzins + Jahresergebnis) 6100 / 0,56 (Gesamtkapital Anfangsstand + Gesamtkapital Endstand))
- Umsatzrentabilität (= Jahresgewinn / Umsatzerlöse 6100)
- Personalintensität (= Personalaufwand / Gesamtaufwand 6100)

Ein wichtiger Grundsatz ist, dass langfristiges Vermögen auch langfristig zu finanzieren ist **220**
(Goldene Bilanzregel).

Eine Bilanzanalyse sollte allerdings nicht isoliert anhand dieser Kennzahlen durchgeführt **221**
werden, sondern ergänzende Informationen heranziehen, z. B. aus dem Unternehmen, aus Perioden- und Betriebsvergleichen.

[135] Vgl. zum Ganzen *Och/Wager,* Betriebswirtschaftslehre in der öffentlichen Verwaltung, 231 ff.

5. Rechnungsprüfung

a) Allgemeines

222 Die Rechnungsprüfung ist ein traditionelles Instrument der **öffentlichen Finanzkontrolle,** die für einen demokratischen Staat von hoher Bedeutung ist, weil sie die Rechenschaftslegung über die Verwendung öffentlicher Mittel gewährleistet. Ungeachtet der länderspezifischen Unterschiede gehört zu den Aufgaben der örtlichen Finanzkontrolle neben der überkommenen Prüfung der Jahresrechnung und der Prüfung der Kassen nach modernem Verständnis auch die Prüfung der Zweckmäßigkeit und Wirtschaftlichkeit des Verwaltungshandelns, das Durchführen von Organisationsuntersuchungen und weit gefächerte Beratungsleistungen. Z. T. hat sich deshalb bereits die umfassendere Bezeichnung „Revisionsamt" eingebürgert.[136] Nach dem Verständnis der öffentlichen Finanzkontrolle, der prüfungsfreie Räume grundsätzlich fremd sind, ist Gegenstand der Rechnungsprüfung auch die **unternehmerische Betätigung** der öffentlichen Hand, wobei es zunächst nicht auf die private oder öffentliche Rechtsform dieser Betätigung ankommt.

223 Die Rechnungsprüfung wird in der Literatur zum Prüfungswesen kommunaler Unternehmen bislang eher nur am Rande behandelt. Das mag zum einen daran liegen, dass sie als traditionelle Finanzkontrolle der Kommunen nicht recht in eine Zeit schnellen Wandels zu passen scheint. Zum andern ist sie systematisch zunächst **Prüfung der Kommune** selbst und **ihrer Betätigung** bei einem rechtlich verselbständigten (privatrechtlich oder öffentlich-rechtlich verfassten) kommunalen Unternehmen, nicht des Unternehmens selbst. Lediglich Eigenbetriebe und Regiebetriebe unterliegen als Teil der Kommune ohne weiteres der Rechnungsprüfung.

224 Von der Prüfung des Jahresabschlusses, die stets unmittelbar das Unternehmen betrifft, ist die Rechnungsprüfung scharf zu trennen, obgleich sie typischerweise auf die Ergebnisse der Jahresabschlussprüfung mit abstellt (z. B. Art. 106 Abs. 3 S. 2 BayGO). Über gesetzlich oder sonst eingeräumte Prüfungsrechte (vgl. → Rn. 234, 247, 249) kann sie aber auch ein Unternehmen selbst erfassen. Wer interne Revision, Tätigkeit des Aufsichtsrats, Abschluss- und Rechnungsprüfung nicht als einander ergänzende Bausteine sieht, die der Steuerung kommunaler Unternehmen dienen, verschenkt wesentliche Chancen.

225 Die Rechnungsprüfung der kommunalen Körperschaften (insbesondere Gemeinden; Verwaltungsgemeinschaften; Gemeindeverbände, d. h. Landkreise; Zweckverbände; in Bayern auch Bezirke) und Anstalten (Kommunalunternehmen) hat in den Bundesländern organisatorisch und nach der Reichweite der Prüfungsrechte eine **unterschiedliche Ausgestaltung** gefunden. Z. T. sind dafür Rechnungsprüfungs- oder Revisionsämter geschaffen, die zwar zur Verwaltung gehören, hinsichtlich der Prüfung aber unabhängig sind. Z. T. bestehen Rechnungsprüfungsausschüsse, die – je nach Größe der Körperschaft – von Rechnungsprüfungsämtern unterstützt werden (Art. 103 Abs. 3 BayGO). Dabei bestimmt sich die Form der Finanzkontrolle auch nach Status und Größe der Körperschaft (vgl. Art. 104 Abs. 1 BayGO, der für kreisfreie Städte ein Rechnungsprüfungsamt vorschreibt). In den meisten Bundesländern gibt es zusätzlich zur örtlichen Prüfung noch eine überörtliche Prüfung in unterschiedlichen Ausprägungen (siehe dazu unten den Länderüberblick im **Anhang** → Rn. 277 ff.).

b) Örtliche und überörtliche Rechnungsprüfung

226 Die Kommunalgesetze unterscheiden zwischen **örtlicher** und **überörtlicher Rechnungsprüfung.** Dabei ist die örtliche Rechnungsprüfung im Gegensatz zur (externen) überörtlichen (mit der Besonderheit vergleichender Prüfungen in Hessen) nicht flächendeckend vorgeschrieben.

227 Die **Zuständigkeit** für die überörtliche Rechnungsprüfung ist in den Kommunalgesetzen der Länder geregelt. Ein bundeseinheitliches Bild ergibt sich danach nicht. Die örtliche

[136] Vgl. http://www.revisionsamt.de.

Rechnungsprüfung führen der Rechnungsprüfungsausschuss und, falls ein solches besteht (regelmäßig in Kommunen ab einer bestimmten Größenordnung), das Rechnungsprüfungsamt durch. Für die überörtliche Rechnungsprüfung ergibt sich in den Flächenstaaten kein einheitliches Bild. Z. T. sind letztlich die (Kommunal-)Abteilungen der Innenministerien mit nachgeschalteten Behörden zuständig (Brandenburg, Saarland), z. T. die Landesrechnungshöfe (Hessen – der Hessische Rechnungshof vergibt die einzelnen Prüfungsaufträge seiner vergleichenden Prüfungen an Wirtschaftsprüfer oder Wirtschaftsprüfergesellschaften, Mecklenburg-Vorpommern, Niedersachsen, Rheinland-Pfalz, Sachsen, Sachsen-Anhalt, Schleswig-Holstein, Thüringen), z. T. sind eigene juristische Personen des öffentlichen Rechts gebildet, so die Gemeindeprüfanstalten in Baden-Württemberg (für Gemeinden mit mehr als 4.000 Einwohnern) und Nordrhein-Westfalen sowie der körperschaftlich (also mitgliedschaftlich) verfasste Kommunale Prüfungsverband in Bayern, der überörtliches Prüfungsorgan für die bayerischen Bezirke, Landkreise, kreisfreien Städte und Gemeinden ab etwa 5.000 Einwohner ist (die das Bayerische Staatsministerium des Innern als Mitglieder bestimmt hat), während für kleinere Gemeinden die staatlichen Rechnungsprüfungsämter bei den Landratsämtern die überörtliche Rechnungsprüfung durchführen.

c) Historische Entwicklung von Abschluss- und Rechnungsprüfung

Die Prüfung der Wirtschaftsbetriebe der öffentlichen Hand bestimmte sich früher nach den **228** Bestimmungen über die Prüfungspflicht vom 6.10.1931 und der Durchführungsverordnung vom 30.3.1933.

Für den Freistaat Bayern wurden die Bestimmungen durch das Dritte Rechtsberei- **229** nigungsgesetz vom 1.8.1968 grundsätzlich für nicht mehr anwendbar erklärt.

Die Beibehaltung der besonderen Abschlussprüfung beruhte auf einer Absprache mit den **230** Innenministerien der Bundesländer. Man hielt das u. a. für erforderlich, weil die dortigen Prüfungseinrichtungen (anders als etwa der Bayer. Kommunale Prüfungsverband) nicht mit dem nötigen Fachpersonal ausgestattet waren. Mit Rücksicht auf die anderen Bundesländer wurde daher in Bayern die Abschlussprüfung nicht voll in die Rechnungsprüfung eingebaut.[137]

d) Betätigungsprüfung

aa) Wesen. Typischerweise sind die Rechnungsprüfungsorgane auf die sog. **Betätigungs- 231** **prüfung** beschränkt, die Teil der Rechnungsprüfung ist. Dabei wird nicht die Betätigung des Unternehmens oder dieses selbst geprüft, sondern die Betätigung der Kommune, also die **kommunale Einflussnahme,** bei Unternehmen in einer Rechtsform des privaten Rechts und bei Kommunalunternehmen.[138] Beide Bereiche werden sich aber nach der Art der getroffenen Feststellungen nicht stets scharf trennen lassen, so dass die Prüfung kommunaler Betätigung auch eine indirekte Prüfung des Unternehmens bedeuten kann.[139]

bb) Rechtsgrundlagen. Trotz ihres Bezugs auf das kommunale Unternehmen findet die **232** Betätigungsprüfung (als Teil der Rechnungsprüfung der Kommune selbst) zunächst nur bei der Kommune statt. Es liegt auf der Hand, dass dabei Fragen auftreten können, die nur beim kommunalen Unternehmen und durch Einsicht in dessen Unterlagen geklärt werden können. Um den Rechnungsprüfungsorganen die Befugnis für diesen unmittelbaren Zugriff auf das Unternehmen zu schaffen, regelt § 54 Abs. 1 HGrG, dass in den Fällen des § 53 HGrG in der Satzung (im Gesellschaftsvertrag) mit Dreiviertelmehrheit des vertretenen Kapitals bestimmt werden kann, dass sich die Rechnungsprüfungsbehörde der Kom-

137 *Schreml/Bauer/Westner,* Art. 107 BayGO, Anm. 3.
138 Vgl. VG Magdeburg 15.11.2007 – 9 B 208/07, BeckRS 2008, 34161 Rn. 17.
139 Zur Betätigungsprüfung siehe allgemein *Fiebig,* Kommunale Rechnungsprüfung. Grundlagen – Aufgaben – Organisation, Rn. 234 ff.; *Meyer,* Grundlagen und Reichweite der Einrichtungs- und der Betätigungsprüfung nach dem Gesetz zur Regelung der überörtlichen Prüfung kommunaler Körperschaften in Hessen (ÜPKKG), 1995.

mune zur **Klärung von Fragen,** die bei der Betätigungsprüfung (vgl. § 44 HGrG) auftreten, im Rahmen ihres Prüfungsermessens **unmittelbar unterrichten** und zu diesem Zweck den Betrieb, die Bücher und die Schriften des Unternehmens **einsehen** kann. Dabei bestimmt das Rechnungsprüfungsorgan, welche Unterlagen zur Klärung noch offener Fragen erforderlich sind. Eine Vorauswahl durch das Unternehmen ist nicht zulässig. Die Einsicht in die entsprechenden Unterlagen und Bücher schließt das Kopieren der entsprechenden Vorgänge ein; zum einen gehört das zur typischen Prüfungsmethodik, zum andern wird die – ihrerseits aus öffentlichen Mitteln finanzierte – Prüfung beschleunigt. Vor Inkrafttreten des HGrG begründete Rechte der Rechnungsprüfungsbehörde auf unmittelbare Unterrichtung bleiben unberührt (§ 54 Abs. 2 HGrG).

233 § 54 HGrG gilt wie § 53 HGrG nur für Unternehmen in einer Rechtsform des privaten Rechts. Um der Betätigungsprüfung auch den Zugriff bei selbständigen **Kommunalunternehmen** zu ermöglichen, enthalten die Kommunalgesetze der Länder § 54 Abs. 1 HGrG nachgebildete Bestimmungen (Art. 91 Abs. 2 BayGO, §§ 26 Abs. 1 und 2 KommAnstVO, 147 Abs. 2 NKomVG).

234 Der unmittelbare Zugriff bei kommunalen Unternehmen in privater Rechtsform setzt eine **satzungsmäßige/gesellschaftsvertragliche** Einräumung der Befugnisse nach § 54 Abs. 1 HGrG voraus. Im Interesse einer wirksamen Steuerung des Unternehmens durch die Kommune und einer ausreichenden öffentlichen Finanzkontrolle ist Kommunen zu empfehlen, sich die Befugnisse nach § 54 Abs. 1 HGrG einräumen zu lassen. Die meisten Kommunalgesetze enthalten die Vorgabe, dass die Kommunen darauf hinzuwirken haben, dass ihnen die in § 54 HGrG vorgesehenen Befugnisse eingeräumt werden (z. B. Art. 94 Abs. 1 S. 1 Nr. 4 BayGO; siehe **Anhang** → Rn. 277 ff.). Soweit keine Rechte nach § 54 HGrG eingeräumt wurden und die erforderlichen Unterlagen bei der Kommune nicht vorliegen, darf die Betätigungsprüfung deshalb **nicht vereitelt** werden. Die Kommune hat alles zu unternehmen, um die gewünschten Unterlagen zu beschaffen. Insbesondere kann sie hierzu nach § 51a GmbHG Auskunft über Angelegenheiten der Gesellschaft verlangen und Einsicht in Bücher und Schriften des Unternehmens nehmen (vgl. dazu → Rn. 249 f.).

235 Sind die Befugnisse allgemein der Rechnungsprüfungsbehörde eingeräumt, sind darunter sowohl das **örtliche** wie das **überörtliche Prüfungsorgan** zu verstehen. Ist ausdrücklich nur die örtliche Prüfungsbehörde angesprochen, dürfte regelmäßig die Inanspruchnahme der Befugnisse des § 54 Abs. 1 HGrG auch im Rahmen der überörtlichen Rechnungsprüfung zulässig sein. Maßgeblich ist die Auslegung der Satzung/des Gesellschaftsvertrages. Dabei handelt es sich nicht (nur) um gegenseitige Vereinbarungen, sondern vielmehr auch um normative Bestimmungen. Die Kommune als Gesellschafterin ist nicht isoliert in ihrer Interessenlage zu betrachten, sondern im Gefüge der für sie geltenden kommunalrechtlichen Bestimmungen. Dabei gewinnt an Bedeutung, dass die überörtliche Prüfung systematisch der Rechtsaufsicht zuzuordnen ist, deren Informationsrecht gegenüber der Kommune wiederum vom Grundsatz her unbeschränkt ist. Das spricht dafür, Befugnisse des örtlichen Rechnungsprüfungsorgans auch dem überörtlichen zuzugestehen. Das ist für andere, private Gesellschafter auch nicht unzumutbar. Wer mit Kommunen vertragliche Bindungen, insbesondere gesellschaftsvertraglicher Art, eingeht, muss davon ausgehen, dass die Kommune sich im öffentlich-rechtlichen Regime bewegt und ihr Handeln besonders dem Allgemeinwohl verpflichtet ist. Die überörtliche Rechnungsprüfung ist als öffentliche Finanzkontrolle letztlich Ausfluss dieser Allgemeinwohlbindung. Teilweise hat das gesetzlichen Niederschlag gefunden, z. B. in Art. 106 Abs. 4 S. 3 BayGO, § 106 Abs. 2 S. 1 Nr. 6 SächsGemO, § 84 Abs. 4 ThürKO, wonach die Rechnungsprüfung auch die Buch-, Betriebs- und sonstigen Prüfungen umfasst, die sich die Kommune vorbehalten hat. Etwas anderes wird gelten, wenn das überörtliche Prüfungsorgan in der Satzung/im Gesellschaftsvertrag ausdrücklich ausgeschlossen wird und auch keine landesgesetzlichen Regelungen wie o. g. bestehen.[140] Sind

[140] Ob ein solcher Ausschluss aufgrund der obigen Überlegungen nicht durch die Rechtsaufsicht beanstandet werden könnte, ist eine andere Frage.

dagegen die Befugnisse des § 54 Abs. 1 HGrG ausdrücklich nur dem (möglicherweise als besonders neutral verstandenen) überörtlichen Prüfungsorgan eingeräumt, dürfte eine Ausdehnung auf das örtliche Prüfungsorgan im Wege der Auslegung eher ausscheiden.

Wenn die Befugnisse nach § 54 Abs. 1 HGrG eingeräumt sind, spricht viel dafür, dass darauf gestützte Einzelfallmaßnahmen trotz der „nur“ gesellschaftsvertraglichen Einräumung notfalls **hoheitlich** durch die Befugnisse konkretisierenden Verwaltungsakt (der Kommune für die örtliche Rechnungsprüfung oder des überörtlichen Prüfungsorgans im Rahmen der überörtlichen Prüfung der Kommune) durchgesetzt werden können. **236**

cc) Reichweite der Betätigungsprüfung. Es besteht grundsätzlich keine rechtliche Befugnis, etwa Bereiche der Organisation der Unternehmen, die IT-Ausstattung oder Vertragsverhältnisse mit Dritten (z. B. Versicherungsverhältnisse) an sich zu prüfen. Das kann nur in Frage kommen, wenn sich aus der **Betätigung der Kommune** selbst als Gesellschafterin **Anknüpfungspunkte** für eine Prüfung ergeben (wobei die Prüfung auch in diesem Fall auf die Betätigung der Kommune beschränkt ist) oder der Kommune weiter gehende oder umfassende Prüfungsrechte (z. B. gesellschafts- oder einzelvertraglich) mit der Folge eingeräumt sind, dass der Bereich der eigentlichen Betätigungsprüfung in Richtung auf eine Prüfung des Unternehmens selbst hin (ggf. im Auftrag der Kommune) verlassen werden kann (vgl. → Rn. 247). **237**

Die Ausübung dieser Befugnisse ist aber ihrerseits auf die **Klärung von Fragen** bezogen, die bei der Prüfung der Betätigung der Kommune auftreten. Die eingeräumten Einsichtsrechte sind nicht gleichsam davon entkoppelt und ermöglichen nicht eine davon unabhängige Prüfung der Betätigung der Unternehmen selbst. **238**

Bloße einzelvertraglich oder gesetzlich ohne Bezug auf die Prüfungsorgane eingeräumte Einsichtsrechte (z. B. § 51a GmbHG) werden nicht ohne weiteres genügen, um beim Unternehmen direkt zu prüfen. Letztlich ist das Auslegungsfrage. **239**

Anknüpfungspunkte für die Betätigungsprüfung werden sich z. B. aus den zwischen der Kommune und dem Unternehmen bestehenden Rechtsverhältnissen und aus dem Verhalten (Tun oder Unterlassen) kommunaler Mandatsträger und Bediensteter in der Gesellschafterversammlung und in Sitzungen des Aufsichts- oder Verwaltungsrates des Unternehmens und in seinen sonstigen Organen sowie aus ggf. daneben bestehenden vertraglichen Beziehungen kommunaler Mandatsträger oder Bediensteter mit dem Unternehmen ergeben können. Dabei werden die Kompetenzen des betreffenden Organs zugrunde zu legen sein. Wenn etwa kommunale Mandatsträger im Aufsichtsrat einer Angelegenheit nicht nachgehen, die regelungsbedürftig ist und in den Kompetenzbereich des Aufsichtsrates fällt, so kann das Anlass sein, in der Betätigungsprüfung darauf einzugehen. **240**

dd) Prüfungsgegenstände. Die daraus ableitbaren möglichen Gegenstände der Betätigungsprüfung, also der Prüfung der **kommunalen Einflussnahme,** können nicht abschließend aufgezählt werden. Folgende Prüfungsfelder bieten sich im Wesentlichen an:[141] **241**

- Allgemeine gesetzliche Zulässigkeitsvoraussetzungen unternehmerischer Betätigung und Beteiligung an Unternehmen in Privatrechtsform (öffentlicher Zweck, finanzielle Leistungsfähigkeit der Kommune, Subsidiarität der Aufgabenerfüllung, Begrenzung der Haftung, Nachschusspflicht, Pflicht zur Übernahme von Verlusten)
- Wirtschaftlichkeit und Eignung der gewählten Rechtsform; ggf. Prüfung, ob Kostenvergleich, Folgekostenanalyse, Analyse der Vor- und Nachteile der gewählten Form im Vergleich zu anderen durchgeführt wurden; ggf. Prüfung, ob die gewählte Form eine kommunalrechtlich gebotene und ausreichende Einflussnahme zulässt

[141] Schr. des BayStMI v. 13.10.2008, Az. IB4–1517.3–35 (nicht veröffentlicht); Rechnungshof Rheinland-Pfalz, Kommunalbericht 1999 Tz. 4, S. 3 ff.; vgl. auch BayGK 1991, 239 Nr. 5; Grundsätze guter Unternehmens- und Beteiligungsführung im Bereich des Bundes, Beschluss der Bundesregierung vom 1.7.2009, Bek. d. BMF v. 16.2.2011 (GMBl 2011 Nr. 21/22, S. 410).

- Vorliegen eines Wirtschaftsplans, Bestehen einer (i. d. R. fünfjährigen) Finanzplanung (diese Unterlagen müssten der Kommune in aller Regel ohnehin vorliegen, vgl. § 1 Abs. 3 Nr. 7 BayKommHV-Doppik, § 2 Abs. 2 Nr. 4 BayKommHV-Kameralistik)
- Einhaltung der Vorgaben zu Aufstellung und Prüfung des Jahresabschlusses und des Lageberichts (z. B. Offenlegung, Beachtung des § 53 HGrG, Vorliegen des Abschlussprüfungsberichts bei der Kommune)
- Mitteilung der Bezüge des geschäftsführenden Unternehmensorgans von Unternehmen in Privatrechtsform an den Träger (vgl. Art. 94 Abs. 1 S. 1 Nr. 5 BayGO)
- Bestellung des Abschlussprüfers durch zuständiges Organ
- Beachtung des § 319 HGB bei der Auswahl des Abschlussprüfers
- Sicherung der gesetzlich vorgesehenen Rechte/Einflussmöglichkeiten der Kommune bei Kommunalunternehmen, Eigen- und Beteiligungsgesellschaften durch entsprechende Ausgestaltung der Satzung, des Gesellschaftsvertrags und ggf. sonstiger vertraglicher Regelungen und ihre sachgerechte Wahrnehmung, insbesondere:
  - Einräumen der Befugnisse des § 54 HGrG
  - Weisungsbindung (vgl. § 37 Abs. 1 GmbHG), Berichtspflicht und -erstattung kommunaler Vertreter in den kommunalen Vertretungsorganen
  - Vertretung der Kommune in den Organen des Unternehmens sowie durch die kommunalen Vertreter nach den kommunalgesetzlichen Vorgaben zu veranlassende Einbeziehung der kommunalen Vertretungsgremien in Entscheidungsprozesse (z. B. Gemeinderat, Kreistag, Kreisausschuss)
  - Sachgerechte Gestaltung von Zustimmungskatalogen für Gesellschafterversammlung und Aufsichtsrat (z. B. in Bezug auf Erwerb und Veräußerung von Beteiligungen, Abschluss und Änderung von Beherrschungs- und Gewinnabführungsverträgen, Art. 92 Abs. 1 S. 2 BayGO)
  - Innere Ordnung des Aufsichtsrats/Verwaltungsrats (Geschäftsordnung) und Wahrnehmung einzelner Aufgaben und (Unterrichtungs- und Prüfungs-)Rechte; Abstimmungsverhalten und geäußerte Auffassungen von Mandatsträgern der Kommune in Gremien des Unternehmens
  - Geschäftsordnung für den Geschäftsführer
  - Sonderbestimmungen bei mittelbarer Beteiligung – Tochter- und Enkelunternehmen – zur Sicherung von Rechten/Einflussmöglichkeiten auch im Rahmen von Konzernstrukturen
- Beteiligungsverwaltung, Berichtswesen; insbesondere die Frage, ob die Beteiligungsverwaltung eigene Erkenntnisse und etwaige Feststellungen des Abschlussprüfers zum Anlass nimmt, bei Bedarf unter Wahrung der Interessen der Kommune steuernd auf die Wirtschaftsführung der Unternehmen einzuwirken
- Entgeltgestaltung im Verhältnis Kommune – Unternehmen und ihre Auswirkung auf die Bürgerinnen und Bürger
- Angemessenheit von Erwerbs- und Veräußerungspreisen bei Beteiligungen und sonstigen Vermögensgegenständen von Bedeutung für die Gesellschaft
- Angemessene Verteilung von Chancen und Risiken zwischen Kommune und Unternehmen
- Defizitausgleich zwischen Kommune und Unternehmen, Bürgschaften und sonstige Haftungsübernahmen zu Gunsten des Unternehmens, Darlehensverträge zwischen Kommune und Unternehmen
- Ablieferung/Abführung von Vergütungen, die kommunale Mandatsträger für ihre Tätigkeit in Organen des Unternehmens erhalten
- Sonstige Prüfungsgegenstände (z. B. erforderliche Sorgfalt und Wirtschaftlichkeit der Geschäftsführung; Verträge der Gesellschaft mit Aufsichtsratsmitgliedern (z. B. Beraterverträge), Geschäftsführern/Vorstandsmitgliedern oder mit Gesellschaftern; Angemessenheit der Bezüge und Sachleistungen für Mitglieder der Geschäftsleitung und Aufsichtsrats-

mitglieder (insbes. im Verhältnis zu Aufgaben und Lage des Unternehmens sowie zu Verantwortung und persönlicher Absicherung); Entlastung der Geschäftsführung/des Vorstands und des Aufsichtsrats)

Die Betätigungsprüfung darf sich nicht in der Abhandlung formeller Gesichtspunkte erschöpfen. Diese sollen nur Ausgangspunkte für eine nachfolgende und weitergehende **materielle** Prüfung sein, auch wenn diese in der Praxis häufig rasch an rechtliche Grenzen stoßen dürfte, weil eine Prüfung des Unternehmens selbst ausscheidet und Vollprüfungsrechte fehlen, wenn sie nicht gesellschaftsvertraglich festgelegt sind. **242**

ee) Prüfungsunterlagen. Zur Durchführung der Betätigungsprüfung hat die geprüfte Kommune dem örtlichen oder überörtlichen Prüfungsorgan die **Unterlagen** vorzulegen, die dieses nach seiner Einschätzung zur Durchführung der Betätigungsprüfung für erforderlich hält (vgl. Art. 106 Abs. 6 BayGO). Eine besondere Begründung ist nicht erforderlich; sie liefe regelmäßig dem Zweck der Prüfung zuwider. Anhaltspunkte für die Durchführung der Betätigungsprüfung geben die Bundeshaushaltsordnung (BHO) und die Haushaltsordnungen der Länder. In den Grundsätzen guter Unternehmens- und Beteiligungsführung im Bereich des Bundes[142] ist im Einzelnen aufgeführt, welche Unterlagen dem Bundesrechnungshof zu übersenden sind. In entsprechender Anwendung dieser Bestimmungen kann der Rechnungsprüfer bzw. das Rechnungsprüfungsorgan von der Kommune als Gesellschafterin oder Unternehmensträgerin insbesondere Einsicht in folgende Prüfungsunterlagen verlangen: **243**

- Bericht des Abschlussprüfers (einschließlich der Feststellungen nach § 53 HGrG sowie der Berichte über Zwischen- oder Ergänzungsprüfungen) und die etwaige Stellungnahme der Geschäftsleitung des Unternehmens und des Aufsichtsrats oder eines sonstigen Überwachungsorgans
- Berichte über Zwischen- und Sonderprüfungen
- Bericht des Aufsichtsrats
- Vorlagen an den Verwaltungsrat, Aufsichtsrat und seine Ausschüsse sowie Sitzungsniederschriften, die den Gang der Verhandlungen und die Abstimmungsergebnisse wiedergeben sollen
- Berichte der Aufsichtsratsmitglieder und der Mitglieder anderer Überwachungsorgane
- Niederschriften nebst Anlagen über ordentliche und außerordentliche Haupt- oder Gesellschafterversammlungen
- Gesellschaftsvertrag oder Satzung
- Geschäftsanweisung für die Geschäftsführung, den Vorstand, den Verwaltungs- oder Aufsichtsrat und seine Ausschüsse
- Mitteilungen an den Aufsichts- oder Verwaltungsrat oder seinen Vorsitzenden über die Prüfung bestimmter Gebiete (z. B. Organisation, Kasse, Bezüge der Mitglieder der Gesellschaftsorgane)
- Jahresabschlüsse (Bilanz, Gewinn- und Verlustrechnung und Anhang), Lageberichte
- Sonstige Berichte an den Aufsichtsrat oder ein sonstiges zur Überwachung zuständiges Organ, insbesondere des Vorstands/der Geschäftsführung, z. B. über die beabsichtigte Geschäftspolitik, die Rentabilität der Gesellschaft, den Gang der Geschäfte und über Geschäfte und Vorgänge, die für die Gesellschaft von erheblicher Bedeutung sein können
- Vom Aufsichtsrat oder einem sonstigen Überwachungsorgan zu genehmigende Verträge
- Geschäftsführervertrag
- Betrauungsakte zum Defizitausgleich für die Erbringung von Dienstleistungen von allgemeinem wirtschaftlichen Interesse (DAWI) im Sinn der Freistellungsentscheidung oder des Gemeinschaftsrahmens (Almunia-Paket)
- Sonstige Verträge zwischen Kommune und Unternehmen

---

[142] Beschluss der Bundesregierung vom 1.7.2009, Bek. d. BMF v. 16.2.2011 (GMBl 2011 Nr. 21/22, S. 410), Teil B, Tz. 90.

Wenn die **Befugnisse nach § 54 HGrG** eingeräumt sind, kann das Rechnungsprüfungsorgan bei der Gesellschaft im Rahmen der Betätigungsprüfung zur Klärung von (bestimmten) Fragen diese Unterlagen einsehen (soweit diese nicht ohnehin schon zweckmäßigerweise bei der Kommune vorhanden sind). Auch diesbezüglich sind aufgrund des Zwecks der Prüfung keine besonderen Anforderungen an die Begründung des Einsichtsverlangens zu stellen.

244 Welche Unterlagen im konkreten Fall bei der Gesellschaft eingesehen werden dürfen, ist von der Fragestellung abhängig. Die Unterlagen werden regelmäßig aus dem Prüfungszeitraum stammen. Auch Unterlagen aus früheren Zeiträumen können eingesehen werden, soweit auf sie Bezug genommen wird oder sie sonst von Bedeutung sind.

245 Kommunale Wahlbeamte oder Beamte als gesetzliche oder sonstige Vertreter der Kommune in der Haupt- oder Gesellschafterversammlung erhalten Schriftstücke und sonstige Unterlagen im Hauptamt; diese haben daher **dienstlichen Charakter** und müssen auf Verlangen des Dienstherrn herausgegeben werden (vgl. § 37 Abs. 6 BeamtStG). Gleiches gilt, wenn die Tätigkeit als entsandtes oder auf Veranlassung der Kommune gewähltes Aufsichtsratsmitglied nach Landesrecht[143] zum Hauptamt gehört. Ist die Tätigkeit als Aufsichtsratsmitglied trotz der Entsendung oder der von der Kommune veranlassten Wahl als Nebentätigkeit anzusehen (so nach bayerischem Landesrecht), ist, falls die Nebentätigkeit nicht genehmigungsfrei ist, eine die Verpflichtung zur Herausgabe an die Kommune regelnde Nebenbestimmung in der Nebentätigkeitsgenehmigung zu empfehlen. Eine Verpflichtung der Mitglieder des Aufsichts- oder Verwaltungsrats zur Herausgabe der Geschäftsunterlagen der Gesellschaft nach Beendigung ihrer Amtszeit (entsprechend §§ 675, 666 f. BGB)[144] besteht nicht, wenn die Unterlagen (der Beteiligungsverwaltung) der Kommune übermittelt wurden.

246 Hinsichtlich der bei der Betätigungsprüfung zur Verfügung zu stellenden Unterlagen besteht auch kein Konflikt zwischen gesellschafts- und kommunalrechtlichen Vorschriften. Zwar unterliegen Aufsichtsratsmitglieder einer **Verschwiegenheitspflicht** (§ 116 Abs. 1 S. 2 AktG). Für Aufsichtsratsmitglieder einer GmbH gilt dies von vornherein nur gegenüber Dritten, also nicht gegenüber der Kommune als Gesellschafterin und den für sie zuständigen Rechnungsprüfungsorganen oder Rechtsaufsichtsbehörden. Die von der Kommune entsandten oder auf ihre Veranlassung gewählten Personen haben die Kommune über wichtige Angelegenheiten möglichst frühzeitig zu unterrichten und auf Verlangen Auskunft zu erteilen (vgl. Art. 93 Abs. 2 S. 2 BayGO). Bei Aktiengesellschaften unterliegen Aufsichtsratsmitglieder, die auf Veranlassung einer Kommune entsandt oder gewählt worden sind, hinsichtlich der Berichte, die sie der Kommune zu erstatten haben, grundsätzlich keiner Verschwiegenheitspflicht. Etwas anderes gilt nur für vertrauliche Angaben oder Geheimnisse der Gesellschaft, deren Kenntnis für den Berichtszweck unbedeutend ist (§ 394 S. 2 AktG). Ein kommunales Unternehmen darf gegenüber Rechnungsprüfungsorganen die Einsichtnahme mit Verweis auf besondere, vertrauenswürdige und zu schützende Dokumente bzw. Interessen des Unternehmens nicht verweigern, da das Unternehmen durch die auf die Rechnungsprüfer erweiterte Verschwiegenheitspflicht in § 395 AktG ausreichend geschützt ist.[145] Soweit den Rechnungsprüfungsorganen die Befugnisse nach § 54 HGrG eingeräumt sind, wäre diese Argumentation im Übrigen widersprüchlich und unbeachtlich.

---

[143] OVG RhPf. 13.12.2002 – 2 A 11104/02, NVwZ 2003, 889 ff.

[144] Vgl. BGH 7.7.2008 – II ZR 71/07, DB 2008, 2074.

[145] *Eibelshäuser/Nowak,* Haushaltsrecht, § 54 HGrG, Rn. 21; Schr. des BayStMI v. 13.10.2008, Az. IB4–1517.3–35 (nicht veröffentlicht); vgl. auch Landesrechnungshof Schleswig-Holstein, Kommunalbericht 2008, 99, 106 f.

e) Gesellschaftsvertragliche oder sonstige vertragliche Einräumung von Prüfungsrechten

Mehrere Kommunalgesetze (z. B. Art. 106 Abs. 4 S. 3 BayGO, § 106 Abs. 2 S. 1 Nr. 6 SächsGemO, § 84 Abs. 4 ThürKO) zählen zur Rechnungsprüfung auch die Buch-, Betriebs- und sonstigen Prüfungen, die sich die Kommune bei der Hingabe eines Darlehens oder sonst **vorbehalten** hat. Ein solcher sonstiger Vorbehalt kann sich etwa daraus ergeben, dass in der Satzung, im Gesellschaftsvertrag des Unternehmens oder in weiteren Verträgen (z. B. Kooperationsverträge, Betreiberverträge) den Organen der (über-)örtlichen Rechnungsprüfung besondere Prüfungsrechte oder sogar volle Prüfungsrechte wie im Rahmen der Rechnungsprüfung eingeräumt sind. Werden auf ein kommunales Unternehmen Kassen- und Rechnungsgeschäfte übertragen (z. B. im Rahmen der Besorgung von IT-Dienstleistungen), ergibt sich aus kommunalgesetzlichen Vorgaben die Verpflichtung der Kommune, sich Prüfungsrechte einräumen zu lassen (Art. 101 BayGO, § 94 GemO BW). Noch zu § 129 Abs. 2 Nr. 5 GO LSA (jetzt § 140 Abs. 2 Nr. 5 KVG LSA), der sich ähnlich wie die genannten Normen auf Buch-, Betriebs- und Kassenprüfungen, die sich die Kommune bei der Hergabe eines Kredits oder sonst vorbehalten hat, bezieht, hatte das VG Magdeburg im Verfahren des vorbeugenden Rechtsschutzes entschieden, dass gestützt auf diesen Prüfungsvorbehalt ausschließlich geprüft werden dürfe, ob die Gefahr der Inanspruchnahme aus einer Beteiligung zu befürchten sei und ob insoweit die gemeindlichen Interessen bei der Beteiligung hinreichend berücksichtigt oder abgesichert worden seien (sog. **Gefährdungsprüfung**). Eine auf die Prüfung der Geschäftsführung und nicht auf die Feststellung einer Gefährdung angelegte Prüfung scheide aus.[146] Diese Auffassung ist angesichts des Verfassungsrangs der öffentlichen Finanzkontrolle und des Gebots, prüfungsfreie Räume bei der Verwendung öffentlicher Mittel zu vermeiden (vgl. → Rn. 258), zu eng. Sie findet auch keine Stütze im Wortlaut des § 129 Abs. 2 Nr. 5 GO LSA/§ 140 Abs. 2 Nr. 5 KVG LSA. Vielmehr sind vertragliche oder satzungsmäßige Vorbehalte von Prüfungsrechten im Interesse einer wirksamen Finanzkontrolle regelmäßig **weit auszulegen.** Insbesondere ist zu berücksichtigen, dass sich eine Kommune nicht von vornherein bestimmter Prüfungsmöglichkeiten begeben darf; hierauf muss sich auch ein privater Mitgesellschafter redlicherweise einlassen. An die Formulierung der Einräumung von Rechten zur Prüfung der Wirtschaftsführung eines kommunalen Unternehmens selbst dürfen daher keine überzogenen Anforderungen gestellt werden. Zur Frage, ob auch das überörtliche Prüfungsorgan die eingeräumten Prüfungsrechte in Anspruch nehmen kann, gelten die obigen Überlegungen zur Einräumung der Befugnisse nach § 54 HGrG (vgl. → Rn. 234). 247

Nach § 6a Abs. 1 S. 1 SGB II (in der Fassung des Kommunalen Optionsgesetzes vom 30.7.2004, BGBl I S. 2014) sollten zur Weiterentwicklung der Grundsicherung für Arbeitsuchende an Stelle der **Agenturen für Arbeit** als Träger der Leistung nach § 6 Abs. 1 S. 1 Nr. 1 SGB II kommunale Träger zugelassen werden können. 96 Kommunen durften bundesweit von der Option Gebrauch machen. Die übrigen Kommunen sollten mit der Bundesagentur für Arbeit Arbeitsgemeinschaften (ARGE) bilden (§ 44b SGB II a. F.). Das BVerfG entschied mit Urteil vom 20.12.2007, dass Arbeitsgemeinschaften gemäß damaligen § 44b SGB II dem Grundsatz eigenverantwortlicher Aufgabenwahrnehmung widersprechen und eine unzulässige Mischverwaltung darstellen.[147] Das Gericht erklärte die Regelungen des § 44b SGB II für verfassungswidrig und gab dem Gesetzgeber eine Neuregelung auf. § 44b SBG II blieb nach dem Urteil des BVerfG bis 31.12.2010 in Kraft, so dass bis zu diesem Zeitpunkt auch die ARGEn bestehen konnten. Durch Artikel 1 des Gesetzes zur Weiterentwicklung der Organisation der Grundsicherung für Arbeitssuchende vom 3.8.2010 erfolgte eine Neuregelung zum 1.1.2011. Entsprechend entfiel die Bezeichnung „Arbeitsgemeinschaften" und seitdem führen die gemeinsamen Einrichtungen nach 248

[146] VG Magdeburg 15.11.2007 – 9 B 208/07, BeckRS 2008, 34161 Rn. 18 f.
[147] BVerfG 20.12.2007 – 2 BvR 2433/04, NVwZ 2008, 183 ff.

§ 44b und die zugelassenen kommunalen Träger nach § 6a die Bezeichnung „Jobcenter", § 6d SGB II.

Das SGB II schreibt vor, dass die Bundesagentur für eine Innenrevision zu sorgen hat (§ 49 SGB II), wobei mit der Durchführung der Prüfungen Dritte beauftragt werden können. Außerdem ist der Bundesrechnungshof berechtigt, die Leistungsgewährung optierender Kommunen unmittelbar zu überprüfen (§ 6b Abs. 3 SGB II). Prüfungsrechte für nach Landesrecht bestehende Organe der überörtlichen Rechnungsprüfung sind in entsprechenden Landesausführungsgesetzen verankert (z. B. Art. 2 Abs. 4 S. 2 BayAGSG).

f) Verhältnis der Rechnungsprüfung zur Wahrnehmung gesellschaftsrechtlicher Informations-, Auskunfts- und Einsichtsrechte nach § 51a GmbHG

249 § 51a Abs. 1 GmbHG gibt jedem Gesellschafter das Recht auf Auskunft über die Angelegenheiten der Gesellschaft und das Recht, in Bücher und Schriften der Gesellschaft Einsicht zu nehmen. Die Geschäftsführer dürfen die Auskunft und die Einsicht verweigern, wenn zu besorgen ist, dass der Gesellschafter sie zu gesellschaftsfremden Zwecken verwenden und dadurch der Gesellschaft oder einem verbundenen Unternehmen einen nicht unerheblichen Nachteil zufügen wird. Die Kommune hat alles zu unternehmen, um die für eine Betätigungsprüfung gewünschten Unterlagen zu beschaffen. Insbesondere kann sie hierzu nach § 51a GmbHG Auskunft über Angelegenheiten der Gesellschaft verlangen und Einsicht in Bücher und Schriften des Unternehmens nehmen. Das Ermöglichen von demokratisch legitimierter öffentlicher Finanzkontrolle im Rahmen der überörtlichen Rechnungsprüfung ist dabei **kein gesellschaftsfremder Zweck** im Sinn des § 51a GmbHG, der eine Verweigerung der Auskunft ausnahmsweise rechtfertigen könnte. Die intendierte öffentliche Finanzkontrolle gehört bereits wesensmäßig zur unternehmerischen Betätigung der Kommune in Privatrechtsform und liegt ihr gedanklich voraus. Im Übrigen reicht im Hinblick auf die Verwendung öffentlicher Mittel und das notwendige Maß demokratischer Legitimation bei mittelbarem Tätigwerden der öffentlichen Hand das in § 51a GmbHG eingeflossene berechtigte Interesse der Gesellschaft, vor Schäden durch Gesellschafter bewahrt zu werden, nicht weiter, als die unternehmerische Betätigung der Kommune den kommunalrechtlichen Vorgaben entspricht. Die Verweigerung bedarf eines Beschlusses der Gesellschafter (§ 51a Abs. 2 GmbHG). Diese Bestimmungen können im Gesellschaftsvertrag nicht abbedungen werden (§ 51a Abs. 3 GmbHG). Ob auch die (über-)örtlichen Prüfungsorgane bei GmbH mit kommunaler Beteiligung diese Rechte unmittelbar haben, ist im Gesetz nicht ausdrücklich geregelt. Im Hinblick auf die Einschränkung der Rechnungsprüfung auf die Betätigung der Kommune **bei** Unternehmen erscheint es aber ausgeschlossen, die Rechte nach § 51a GmbHG unmittelbar auch den überörtlichen Prüfungsorganen zuzubilligen. Denn die Betätigung des Unternehmens ist für diese gerade nicht Prüfungsgegenstand. Bei den Rechten aus § 51a GmbHG handelt es sich auch nicht um Prüfungsrechte, die sich die Kommune vorbehalten hat (etwa im Sinn des Art. 106 Abs. 4 S. 3 BayGO), sondern um bereits von Gesetzes wegen bestehende Rechte der Gesellschafter. Im Übrigen ist § 51a GmbHG als Schutzrecht für Minderheitsgesellschafter konzipiert. Unbenommen bleibt allerdings eine entsprechende Regelung im Gesellschaftsvertrag.

250 Die Kommune kann ferner zur Ausübung ihrer Informationsrechte Bevollmächtigte und **Dritte** (Sachverständige) einschalten oder beiziehen, wenn die Geheimhaltung hinreichend gewährleistet erscheint, etwa weil der Dritte und seine Mitarbeiter der beruflichen Schweigepflicht unterliegen. Es begegnet danach keinen Bedenken, das (über-)örtliche Rechnungsprüfungsorgan mit der Wahrnehmung der Auskunfts- und Einsichtsrechte nach § 51a GmbHG zu betrauen. Diese Möglichkeit kann z. B. im Rahmen von Beratungsaufträgen oder Aufträgen zu Sonderprüfungen in Anspruch genommen werden. Die Kommune kann sich auch im Verhältnis zur Gesellschaft des überörtlichen Prüfungsorgans zur Wahrnehmung ihrer Rechte nach § 51a GmbHG bedienen, während das überörtliche Prüfungsorgan insoweit zugleich die Betätigung der Kommune bei der Gesellschaft im Rahmen der überörtlichen Rechnungsprüfung prüft. Die Handlungen des Prüfungsorgans hätten dann eine **doppelte Rechtsnatur:** gegenüber der Kommune würde das Prüfungsorgan hoheitlich handeln, gegenüber der Gesellschaft ginge es um die Wahrnehmung gesellschaftsrechtlicher Rechte und damit um zivilrechtliches Handeln. Diese Fragen sind – soweit ersichtlich – in der Rechtsprechung bislang nicht geklärt. In der Praxis könnte es bei diesem Dreiecksverhältnis allerdings zu Abgrenzungsproblemen dahin gehend kommen, welche Feststellungen Eingang in den (auch der Rechtsaufsicht zuzuleitenden) Prüfungsbericht finden können und welche zunächst nur der Kommune mitgeteilt werden. Dabei begegnet die Übermittlung personenbezogener Daten aus den Akten einer kommunalen GmbH an die Kommune als Gesellschafterin keinen durchgreifenden **datenschutzrechtlichen** Bedenken. Seit 25.5.2018 finden die vorrangige EU-Datenschutzgrundverordnung – DSGVO – und infolge in dieser enthaltener sog. Öffnungs– und Konkretisierungsklauseln das neue Bundesdatenschutzgesetz Anwendung. Die Kommune ist zwar Dritte i. S. d. Art. 4 Nr. 10 DSGVO, die Übermittlung aber nach Maßgabe des Art. 6 Abs. 1 Buchst. f DSGVO zulässig.[148] Bezüglich der Weitergabe der Daten an die Rechtsaufsichtsbehörden wird auf deren umfassendes Informationsrecht abzustellen sein (z. B. Art. 111 BayGO).

Zu beachten ist ferner für lediglich **mittelbare Beteiligungen,** dass die Rechte nach **251** § 51a GmbHG nicht der Kommune selbst, sondern nur dem jeweiligen Mutterunternehmen als Gesellschafter zustehen, das seinerseits der Rechnungsprüfung nur über besondere vertragliche oder satzungsmäßige Vereinbarungen zugänglich ist.

Allgemein finden der Auskunftsanspruch der Kommune als Gesellschafterin aus § 51a **252** GmbHG und damit die Wahrnehmung dieses Auskunftsrechts durch das Rechnungsprüfungsorgan ihre Grenze nach Maßgabe des **Verhältnismäßigkeitsgrundsatzes.** Im Übrigen dürfen Auskunft und Einsicht zwar verweigert werden, wenn zu besorgen ist, dass der Gesellschafter sie zu gesellschaftsfremden Zwecken verwenden und dadurch der Gesellschaft oder einem verbundenen Unternehmen einen nicht unerheblichen Nachteil zufügen wird. Das Ermöglichen von demokratisch legitimierter öffentlicher Finanzkontrolle im Rahmen der überörtlichen Rechnungsprüfung ist aber kein gesellschaftsfremder Zweck im Sinn des § 51a GmbHG. Die Rechnungsprüfung in Form der Betätigungsprüfung gehört vielmehr wesensmäßig zur unternehmerischen Betätigung der Kommune in Privatrechtsform. Im Übrigen kann angesichts der Verwendung öffentlicher Mittel und des daher notwendigen Maßes demokratischer Legitimation bei mittelbarem Tätigwerden der öffentlichen Hand das nach § 51a GmbHG zu berücksichtigende berechtigte Interesse der Gesellschaft, vor Schäden durch Gesellschafter bewahrt zu werden, nicht weiter reichen, als die Betätigung der Kommune den kommunalrechtlichen Vorgaben entspricht.

g) Veröffentlichung der Prüfungsergebnisse in Bezug auf selbständige kommunale Unternehmen; Unterrichtung der Rechtsaufsichtsbehörde

Die Bezugnahme auf selbständige kommunale Unternehmen (evtl. mit Beteiligung Pri- **253** vater) in Prüfungsberichten ist nicht unproblematisch, da insoweit auch Rechte Dritter betroffen sein können. Es lässt sich nicht immer vermeiden, dass im Rahmen der Prüfung der Verwendung öffentlicher Mittel auch Dritte Erwähnung finden, mit denen die geprüfte Kommune in finanziellen Beziehungen steht. Solchen **Drittbetroffenen** kann im Einzelfall in engen Grenzen ein öffentlich-rechtlicher Unterlassungsanspruch analog § 1004 BGB zustehen, wenn der Bericht sie in geschäftlichen Interessen rechtswidrig schädigt. Allerdings müssen diejenigen, die mit der öffentlichen Hand in finanzielle Beziehungen treten, es im Rahmen des öffentlich-rechtlichen Beziehungsgeflechts hinnehmen, dass sie in Prüfungsbemerkungen und Prüfungsberichten – ggf. in anonymisierter Form (insbesondere bei privaten Mitgesellschaftern) – erwähnt werden.[149] Für kommunale Eigengesellschaften gilt das wohl in erhöhtem Maß.

[148] *Zöller/Noack* in Baumbach/Hueck, GmbHG, 22. Aufl. 2019, § 51a, Rn. 20 und 42.
[149] BayVGH, NVwZ 1999, 549 f.

254 Die Verabschiedung und die Veröffentlichung von Prüfungsberichten sind zwar keine Entscheidungen, durch welche die Rechte der darin genannten Personen unmittelbar beeinträchtigt werden, können für diese aber so folgenschwer sein, dass den Betroffenen vor der endgültigen Verabschiedung der Berichte **Gelegenheit** gegeben werden muss, zu den darin enthaltenen Punkten, in denen sie namentlich genannt sind, **Stellung zu nehmen.**[150] Ggf. können auch Teile von der Veröffentlichung ausgenommen werden.[151] Allerdings ist auch der Zweck der Prüfung zu beachten; wäre er dadurch, dass einem Dritten Gelegenheit zur Stellungnahme gegeben würde, vereitelt oder würden erkennbar z. B. die Ermittlungen in einem Strafverfahren gefährdet, muss keine Gelegenheit zur Stellungnahme eingeräumt werden.

255 Bei der Unterrichtung der **Rechtsaufsichtsbehörde** über die Prüfungsergebnisse müssen die überörtlichen Rechnungsprüfungsorgane darauf achten, dass die **Wettbewerbsfähigkeit** der kommunalen Unternehmen nicht beeinträchtigt wird und insbesondere Betriebs- oder Geschäftsgeheimnisse gewahrt werden.[152]

h) Haftung der Rechnungsprüfungsorgane

256 Nach der Rechtsprechung des BGH[153] kann die kommunale Rechtsaufsicht **Amtspflichten** der Aufsichtsbehörde auch gegenüber der zu beaufsichtigenden Kommune als einem geschützten Dritten begründen. Schutzpflichten der Aufsicht gegenüber der Kommune können auch bei begünstigenden Maßnahmen bestehen, also solchen, die von der Kommune selbst angestrebt werden, etwa bei der Genehmigung eines von der Kommune abgeschlossenen Rechtsgeschäfts. Verletzungen dieser Pflichten können **Amtshaftungsansprüche** der Kommune gegen die Aufsichtsbehörde nach § 839 BGB i. V. m. Art. 34 GG auslösen. Dabei kann eine Kommune nur „Dritter“ im Sinne des § 839 Abs. 1 S. 1 BGB sein, wenn ihr der für die haftpflichtige Behörde tätig gewordene Beamte bei Erledigung seiner Dienstgeschäfte in einer Weise gegenübertritt, wie sie für das Verhältnis zwischen ihm und seinem Dienstherrn einerseits und dem Staatsbürger andererseits charakteristisch ist. Wirken hingegen der Dienstherr des Beamten und eine andere Körperschaft des öffentlichen Rechts bei der Erfüllung einer ihnen gemeinsam übertragenen Aufgabe gleichsinnig und nicht in Vertretung einander widerstreitender Interessen derart zusammen, dass sie im Rahmen dieser Aufgabe als Teil eines einheitlichen Ganzen erscheinen, dann können jene Pflichten, die dem Beamten im Interesse der Förderung des gemeinsam angestrebten Ziels obliegen, nicht als drittgerichtete Amtspflichten angesehen werden, deren Verletzung außenrechtliche Amtshaftungsansprüche der geschädigten Kommune auslöst. Ein Amtshaftungsanspruch scheidet jedenfalls aus, wenn das jeweilige Landesgesetz der Rechtsaufsicht Schutzfunktionen zugunsten der zu beaufsichtigenden Kommune nicht auferlegt, sondern die **Aufsicht allein im staatlichen Interesse** vorschreibt (z. B. § 117 Abs. 1 ThürKO).

257 Der BGH ließ in einer Entscheidung aus dem Jahr 2008 offen, ob diese für das Verhältnis von Rechtsaufsichtsbehörde und Kommune entwickelten Grundsätze auch auf das Verhältnis der überörtlichen (externen) Rechnungsprüfungsorgane zur Kommune übertragen werden können.[154] Im entschiedenen Fall sah er den wegen einer – tatsächlich nicht gebotenen – Personalaufstockung geltend gemachten Schaden bereits als nicht vom **Schutzzweck der Prüfungspflicht** umfasst an. Denn die vom überörtlichen Prüfungsorgan konkret gegebene Empfehlung zur Aufstockung sei an statistischen Durchschnittswerten ausgerichtet gewesen, ohne die konkreten Besonderheiten im Einzelfall zu erfassen,

[150] Vgl. EuGH, EuGHE I 2001, S. 5281 ff.; VGH Kassel, DÖV 1994, 1015.
[151] A. A. VG Magdeburg 15.11.2007 – 9 B 208/07, BeckRS 2008, 34161 Rn. 20, mit der wenig praxisnahen Begründung, zulässigerweise zu veröffentlichende Teile könnten in einen neu zu erstellenden Prüfungsbericht übernommen werden.
[152] So für eine vergleichbare Sachlage Art. 13 Abs. 4 S. 2 Bayerisches Rundfunkgesetz – BayRG.
[153] BGH, NJW 2003, 1318; krit. *v. Mutius/Groth* NJW 2003, 1278 ff.
[154] BGH 5.6.2008 – III ZR 225/07, BayVBl 2009, 27 ff.

und habe keine hinreichende Verlässlichkeitsgrundlage für das Handeln der geprüften Stelle geboten, ohne dass diese sich zuvor eigenverantwortlich von der Notwendigkeit der Empfehlung vergewissert und Alternativen geprüft hatte. Einen Schadensersatzanspruch wegen Verletzung der Pflichten aus einer verwaltungsrechtlichen Sonderbeziehung lehnte der BGH im Ergebnis aus den gleichen Gründen ab.

Letztlich wird unabhängig von diesem Einzelfall Folgendes gelten:

- Die überörtliche Prüfung lässt sich als öffentliche Finanzkontrolle dogmatisch aus dem allgemeinen staatlichen Aufsichtsrecht herleiten.[155]
- Auch die Rechnungsprüfungsorgane haben auf die Belange der Kommune die gebührende Rücksicht zu nehmen und sie vor Schädigungen zu bewahren. Das gilt sowohl im Bereich der Prüfung als auch der Beratung.
- Rechnungsprüfungsorgane und Kommune wirken grundsätzlich gleichgerichtet auf die rechtmäßige und wirtschaftliche Aufgabenerfüllung hin. Zwischen Beanstandung oder Empfehlung eines Prüfungsorgans und Umsetzung liegt die eigenverantwortliche Entscheidung des zuständigen Organs der Kommune, die ggf. von der Rechtsaufsichtsbehörde angestoßen wird.
- Ist die überörtliche Rechnungsprüfung außerhalb der unmittelbaren Staatsverwaltung in Form selbständiger Anstalten oder Körperschaften (deren Mitglieder die geprüften Stellen sind) organisiert, fällt die Annahme schwer, das Prüfungsorgan trete der geprüften Stelle in einer Weise gegenüber, wie sie „für das Verhältnis zwischen ihm und seinem Dienstherrn einerseits und dem Staatsbürger andererseits charakteristisch" und Voraussetzung eines Amtshaftungsanspruchs ist.
- Gibt ein überörtliches Prüfungsorgan in Hinsicht auf ein rechtlich selbständiges kommunales Unternehmen Empfehlungen ab, die beim Unternehmen zu einem Schaden führen, liegt abhängig vom Einzelfall die Annahme einer verwaltungsrechtlichen Sonderbeziehung nahe, aus der Pflichten entstehen, deren Verletzung Schadensersatzansprüche – ggf. unter dem Gesichtspunkt der Schutzwirkung für Dritte – begründen können. Für das örtliche Prüfungsorgan als Teil der Gesellschaftsanteile haltenden Kommune ergibt sich das bei Unternehmen des Privatrechts aus gesellschaftsrechtlichen Grundsätzen.

i) Prüfung der kommunalen Betätigung versus Prüfung der kommunalen Unternehmen – Notwendigkeit einer externen öffentlichen Finanzkontrolle in kommunalen Unternehmen

Die kommunale unternehmerische Betätigung bedarf einer öffentlich verantworteten exter- **258**
nen und unabhängigen Finanzkontrolle. Diese ist nach den geltenden Länderkommunalgesetzen weithin nur bei Eigenbetrieben und der unternehmerischen Betätigung innerhalb der Verwaltung (Regiebetriebe) gewährleistet. Bei kommunalen Unternehmen in Privatrechtsform und z. T. bei Kommunalunternehmen in der Rechtsform einer Anstalt des öffentlichen Rechts ist die Rechnungsprüfung kommunalgesetzlich typischerweise auf die Betätigung der Kommune in diesen Unternehmen beschränkt, während ihr die Prüfung der Unternehmen selbst verwehrt ist (siehe **Anhang** → Rn. 277 ff.). Einzelne Länder haben auch für kommunale Unternehmen in Privatrechtsform und Kommunalunternehmen eine öffentliche Finanzkontrolle in Form der (örtlichen und/oder überörtlichen) Rechnungsprüfung eingerichtet oder einzurichten versucht. Für Unternehmen in Privatrechtsform wurde dazu in den Kommunalgesetzen als Gründungsvoraussetzung festgeschrieben, dass die jeweiligen **Gesellschaftssatzungen** ein entsprechendes **Prüfungsrecht** (insbes. der Haushalts- und Wirtschaftsführung) vorsehen müssen (§ 103 Abs. 1 S. 1 Nr. 5 Buchst. e GemO BW, § 87 Abs. 1 S. 1 Nr. 7 Buchst. c GemO RhPf., § 96a Abs. 1 Nr. 11 SächsGemO). In Niedersachsen unterliegen unter den Voraussetzungen des § 1 Abs. 2 NKPG Unternehmen in Privatrechtsform der überörtlichen Rechnungsprüfung, Kommunalunter-

[155] *Schreml/Bauer/Westner,* Art. 105 BayGO Anm. 8.2.

nehmen hingegen unmittelbar (§ 1 Abs. 1 NKPG). Einer unmittelbaren Regelung der Prüfungsrechte in den Kommunalgesetzen steht bei Unternehmen in Privatrechtsform anders als bei Kommunalunternehmen die (konkurrierende) Gesetzgebungskompetenz des Bundes für das Gesellschaftsrecht entgegen (Art. 74 Abs. 1 Nr. 11 GG), die der Bund mit AktG, GmbHG etc. ausgefüllt hat.

259 Dieser Ausdehnung der Rechnungsprüfung auf selbständige kommunale Unternehmen liegen folgende Überlegungen zugrunde:

Auch bei kommunaler unternehmerischer Betätigung handelt es sich um die **Verwendung öffentlicher Mittel.**[156] Deren Verwendung sollte aus verfassungs- und haushaltsrechtlichen Gründen unabhängig von der gewählten Rechtsform und ohne Ausgrenzung bestimmter Bereiche geprüft werden können. Bei haushaltswirtschaftlicher Betrachtungsweise besteht zwischen der Kommune und ihrer Beteiligung eine (Teil-)Identität, die sie selbst geschaffen hat und die auch für die Prüfung relevant ist.[157] Diese Prüfung muss einem externen Prüfungsorgan offen stehen, um von vornherein Interessenkonflikten zu begegnen. Das entspricht dem System der verfassungsrechtlich verankerten Aufsicht über die Kommunen.

260 Es liegt in der Natur der Sache und ist die eigentliche Rechtfertigung externer Kontrolle, dass Gesetz und tatsächlicher Befund nicht stets zusammenpassen. So lässt sich die ausreichende Umsetzung der kommunalgesetzlichen Vorgaben an die Kommunen zur Steuerung ihrer Unternehmen in der Praxis bislang nicht durchgängig belegen. Insbesondere stellen die Rechnungsprüfungsorgane Defizite der Beteiligungsverwaltung und -steuerung fest (z. B. fehlende Unterlagen, kein zentrales Sammeln relevanter Unterlagen, fehlende Bindung kommunaler Mandatsträger, Fehlen eines formalen Regelwerks wie z. B. eines Public Corporate Governance Kodex).[158]

261 Eine **externe Finanzkontrolle** muss, um wirksam sein zu können, eine Reihe wesentlicher Voraussetzungen erfüllen und grundsätzliche Wesensmerkmale aufweisen:[159]

262 Dazu gehört neben der fachlichen Kompetenz ihrer Prüfer das **Recht zur umfassenden Prüfung,** also die Möglichkeit, den Prüfungsstoff nach bestimmten, an Belangen des Gemeinwohls ausgerichteten Ermessenserwägungen selbst auszuwählen und einer zumindest stichprobenartigen Prüfung in formeller und vor allem **materieller** Hinsicht unterziehen zu können. Es liegt im Wesen der externen Kontrolle, dass sie nicht flächendeckend und vollständig sein kann und will, sondern sich selbst nach bestimmten Kriterien beschränken muss. Solche Kriterien können etwa die Bedeutung einer Angelegenheit, besondere Anlässe oder Ereignisse oder auch Anregungen der geprüften Stelle selbst sein, ohne dass sich zu Beginn einer Prüfung stets sichere Aussagen über ihren Umfang und ihre Dauer treffen ließen. Dass Bereiche der Finanzkontrolle entzogen sein könnten, würde ihren Aussagewert und ihre Wirksamkeit einschränken. Die Prüfung folgt im Grundsatz einem **riskoorientierten Ansatz.**

263 Wesentliche Merkmale einer wirksamen Finanzkontrolle sind ferner **Unabhängigkeit** und **Neutralität** der Prüfungseinrichtung (und ihrer Prüfer). Dazu zählt nicht nur die Freiheit von Weisungen, sondern auch die persönliche und sachliche sowie vor allem die

---

156 Vgl. *Gaß,* Die Umwandlung gemeindlicher Unternehmen, 144.

157 *Leisner,* Staatliche Rechnungsprüfung Privater unter besonderer Berücksichtigung der freien Wohlfahrtspflege, 98.

158 Z. B. Thüringer Rechnungshof, Jahresbericht 2019 – Überörtliche Kommunalprüfung, Beispielsfälle ab Seite 21; *Deloitte/Zeppelin Universität Friedrichshafen,* PeB-Studie 2019 – Personaleinsatz und Organisationsmodelle im öffentlichen Beteiligungsmanagement, Stand 4/2019, 4, 27, die in der Betätigungsprüfung durch Rechnungsprüfungsämter und Rechnungshöfe weiter ein wichtiges Feld sehen, zumal in der Gesamtschau die auf kommunaler Ebene im Beteiligungsmanagement eingesetzten Personalressourcen im Verhältnis zum Beteiligungsportfolio als gering eingestuft werden und sich schon vor dem Hintergrund der demografischen Entwicklung eine Aufstockung zukünftig als große Herausforderung darstellen wird, 4, 26 f.

159 Zum Folgenden siehe Schreiben des Bayerischen Kommunalen Prüfungsverbandes an das Bayer. Landtagsamt vom 26.1.2001 zur Anhörung zur Reform der Bezirke (nicht veröffentlicht).

wirtschaftliche Unabhängigkeit. Eine Prüfungseinrichtung darf in ihrem Bestand nicht auf die Akquisition von Aufträgen und Folgeaufträgen angewiesen sein. Sie muss frei sein von sonstigen Abhängigkeiten und Bindungen, wie sie durch erhebliche Auftragsmacht entstehen können.

Zum Wesen der Finanzkontrolle gehören ferner ihr **öffentlicher Auftrag** und ihre Orientierung am **Gemeinwohl.** Sie darf nicht die Interessen des geprüften Unternehmens in den Vordergrund ihrer Tätigkeit stellen. Besonders deutlich wird diese Problematik bei gemischtwirtschaftlichen Unternehmen, deren private Mitgesellschafter typischerweise am wirtschaftlichen Erfolg interessiert sind (shareholder value), nicht dagegen daran, wie dieser Erfolg refinanziert wird und ob er im Ergebnis die Kommune und ihre Bürgerinnen und Bürger belastet. **264**

Diese Ansprüche an eine wirksame Finanzkontrolle können durch die Organe der hoheitlich und antrags- sowie auftragsunabhängig agierenden **Rechnungsprüfung** erfüllt werden. Demgegenüber wird verschiedentlich die Auffassung vertreten, für eine wirksame externe Finanzkontrolle reiche die Prüfung nach unternehmerischen Maßstäben durch private Wirtschaftsprüfer, etwa in Gestalt der **Abschlussprüfung,** aus.[160] Diese Auffassung greift ungeachtet der fachlichen Professionalität und des beruflichen Selbstverständnisses der Wirtschaftsprüfer aus der Sicht des öffentlichen Auftrags der Finanzkontrolle etwas zu kurz. Die handelsrechtlich vorgeschriebene Abschlussprüfung durch Wirtschaftsprüfer kann die öffentliche Finanzkontrolle auch in Gestalt der Erweiterungen, die sie durch § 53 HGrG und entsprechende Bestimmungen der Kommunalgesetze erfahren hat, nicht ersetzen. Die Abschlussprüfung verfolgt nämlich einen sich wesensmäßig von der öffentlichen Rechnungsprüfung unterscheidenden Ansatz. Ihre Zielrichtung ist **unternehmensbezogen;** sie betrachtet Wirtschaftlichkeit, finanzbuchhalterische Sicherheit und Ertragskraft des Unternehmens. Dagegen sind öffentlich-rechtlich geprägte, am **Gemeinwohl** ausgerichtete Belange wie die wirtschaftliche und sparsame Verwendung der öffentlichen Mittel bei kommunalen Unternehmen und die Ausrichtung auf die hinter dem Unternehmen stehenden Interessen der Kommune als Gesellschafterin und ihrer Bürgerinnen und Bürger regelmäßig nicht Gegenstand einer Abschlussprüfung. Der Schwerpunkt der Rechnungsprüfung liegt bei der sachlichen und materiellen Prüfung finanzwirksamen Handelns. Sie erstreckt sich auch auf die Beachtung des Grundsatzes der Sparsamkeit und Wirtschaftlichkeit (z. B. Art. 106 Abs. 1 Nr. 3 BayGO) aus der Sicht der Kommune und dabei z. B. auch auf die Frage, ob Aufgaben mit geringerem Personal- oder Sachaufwand oder auf andere Weise wirksamer erfüllt werden können (z. B. Art. 106 Abs. 1 Nr. 4 BayGO). Diese Gesichtspunkte können zwar auch bei der Abschlussprüfung im Abschnitt „verlustbringende Geschäfte" eine Rolle spielen, dürften aber von der Intensität her weniger gewichtig sein. **265**

Die Abschlussprüfung ist zudem enger als die Rechnungsprüfung angelegt. Der Abschlussprüfer deckt in der Praxis regelmäßig nicht alle materiellen Prüfungsfelder im Sinn einer umfassenden öffentlichen Finanzkontrolle ab. Zu nennen sind vor allem: **266**

- Planung, Abwicklung und Abrechnung von Baumaßnahmen
- Angemessenheit der Abgaben- und Entgeltgestaltung sowie Wirtschaftlichkeit vertraglicher Bindungen in ihren Folgen für die hinter dem Unternehmen stehende Kommune und ihre Bürger (z. B. für die Benutzung leitungsgebundener Einrichtungen)
- vertragliche Beziehungen zwischen dem Unternehmen und etwaigen privaten Mitgesellschaftern oder ihren Organvertretern
- eine **detaillierte** Prüfung der Steuerveranlagung und steuerlicher Gestaltungsmöglichkeiten; sie ist nicht Gegenstand der Abschlussprüfung.[161]

[160] *Püttner,* Rechtsform für kommunale Unternehmen in Bayern, Anlage zum VKU-Nachrichtendienst Juli 1999, 6.

[161] Demgemäß nehmen auch die Allgemeinen Auftragsbedingungen für Wirtschaftsprüfer (Nrn. 2, 11 – Stand 1.1.2017) aus Haftungsgründen bestimmte Vorgänge, wie insbesondere die Einhaltung der Vorschriften des Steuerrechts, von der Abschlussprüfung aus.

267 Die Abschlussprüfung genügt den Ansprüchen einer öffentlichen Finanzkontrolle an die Unabhängigkeit und Neutralität nicht in gleichem Maß wie die überörtliche Rechnungsprüfung. Die Abschlussprüfer sind zwar kraft berufsrechtlicher Regelungen persönlich und sachlich unabhängig. Faktisch besteht aber der aus Sicht einer öffentlichen Finanzkontrolle missliche Umstand, dass sie wirtschaftlich in eine **gewisse Abhängigkeit** von den geprüften Stellen geraten können. Die öffentliche Finanzkontrolle darf, um effizient zu sein, nicht von der Akquisition sich wirtschaftlich rechnender Aufträge abhängig sein. Der Abschlussprüfer, dessen Auswahl dem geprüften Unternehmen und nicht der Kommune obliegt, muss gewinnorientiert arbeiten und könnte deshalb sein Augenmerk auf Folgeaufträge richten. Interessenkonflikte sind daher nicht von vornherein von der Hand zu weisen. Das gilt sogar in besonderem Maße, wenn eine zusätzliche freiwillige oder gesetzlich vorgeschriebene Erweiterung des Prüfauftrags an den Abschlussprüfer oder einen Wirtschaftsprüfer, etwa im Wege von Sonderprüfungen, ins Auge gefasst würde, um die (Abschluss-) Prüfung durch Wirtschaftsprüfer inhaltlich zur Rechnungsprüfung auszubauen. Denn damit würde der Bereich der Gebührenordnung für Wirtschaftsprüfer verlassen und die Bestimmung des Honorars wäre davon unabhängig. Es ist mit den Grundsätzen einer neutralen und unabhängigen öffentlichen Finanzkontrolle nicht vereinbar, dass sich die zu prüfende Stelle ihren Prüfer selbst wählt und zudem die Auswahl möglicherweise danach ausrichtet, welcher Prüfer am billigsten prüft. Dazu tritt, dass der Abschlussprüfer im Angebot, das er abgibt, auch seine zeitlichen Vorstellungen zur Prüfungsdauer festschreibt. Unabhängig davon, welche Prüfungstiefe und -zeit von ihm erst während der Prüfung festgestellte Vorgänge erfordern würden, kann er also nicht ohne weiteres von seinem Prüfungszeitplan nachträglich abgehen, ohne wirtschaftliche Nachteile befürchten zu müssen.

268 Die Argumentation, die Abschlussprüfung oder Sonderprüfungen durch private Wirtschaftsprüfer reichten aus, setzt nur scheinbar konsequent fort, was mit dem Zulassen der Erledigung kommunaler Aufgaben in Privatrechtsform begonnen wurde. Sie übersieht, dass es auch bei unternehmerischer Betätigung der Kommunen um die **Verwendung öffentlicher Mittel** und letztlich um die Ausübung mittelbarer öffentlicher Gewalt geht. Die Erleichterung unternehmerischer Betätigung der Kommunen ist unabhängig vom Charakter der Prüfung zu sehen. Die Rechtsform der Betätigung sollte nicht die Rechtsform der Prüfung bedingen. Es ist deshalb bedenklich, wenn bisweilen ausgeführt wird, ein Vorteil der kommunalen GmbH gegenüber dem Eigenbetrieb sei im Fehlen der Rechnungsprüfung zu sehen.[162] Die Beschränkung der Rechnungsprüfung auf die Prüfung der Betätigung der Kommune bei ihren Unternehmen in Privatrechtsform und Kommunalunternehmen wäre mittels privat verantworteter Prüfungen durch Wirtschaftsprüfer nicht kompensierbar. Eine öffentliche Finanzkontrolle bedingt nämlich in ihrer am Gemeinwohl orientierten Ausrichtung sowohl eine entsprechende „Philosophie" der Prüfungseinrichtung als auch eine entsprechende Grundhaltung des Prüfers, die bei einer unternehmensbezogenen, aus dem Privatrechtsbereich überkommenen Betrachtungsweise nur schwerlich vorliegen werden. Die öffentliche Finanzkontrolle ist privatisierungsfeindlich. Ihrer öffentlich-rechtlichen Einbindung entspricht es, dass der Prüfer aus der Fülle möglicher Prüfungsgebiete nach pflichtgemäßem, auf öffentliche Belange hin ausgerichtetem Ermessen den Prüfungsstoff wählt und Stichproben zieht. Eine vergleichbar öffentlich-rechtlich verankerte Pflichtenstellung hat eine private, zudem wirtschaftlich gebundene Institution nicht, so dass die Einräumung eines entsprechenden, wegen der Unmöglichkeit vollständiger Prüfungen erforderlichen Ermessens bedenklich erschiene.

269 Den Anforderungen an eine unabhängige externe Finanzkontrolle, wie sie die überörtliche Rechnungsprüfung leistet, werden nach alledem bereits aus systematischen Gründen weder Abschlussprüfungen noch Sonderprüfungen durch Wirtschaftsprüfer ge-

---

162 *Püttner,* Rechtsform für kommunale Unternehmen in Bayern, Anlage zum VKU-Nachrichtendienst Juli 1999, 6.

recht.[163] Die Länder Baden-Württemberg (§ 103 Abs. 1 S. 1 Nr. 5 Buchst. e GemO BW), Niedersachsen (§ 1 Abs. 2 NKPG), Rheinland-Pfalz (§ 87 Abs. 1 S. 1 Nr. 7 Buchst. c GemO RhPf.) und Sachsen (§ 96a Abs. 1 Nr. 11 SächsGemO) haben Überlegungen dieser Art bewogen, für die Rechnungsprüfungsorgane **volle Prüfungsrechte** der Haushalts- und Wirtschaftsführung bei selbständigen kommunalen Unternehmen zu verlangen. Schleswig-Holstein ist dem für Kommunalunternehmen gefolgt (§ 7a KPG SchlH). Die Stärken von **Rechnungs- und Abschlussprüfung** lassen sich damit im kommunalen Interesse und zur Unternehmenssteuerung **kombinieren.**[164]

Die Regelung in den Ländern Baden-Württemberg, Niedersachsen, Rheinland-Pfalz **270** und Sachsen führt nicht zu einer flächendeckenden, die geprüften Unternehmen über Gebühr belastenden überörtlichen Rechnungsprüfung oder zu überflüssigen und unwirtschaftlichen **Doppelprüfungen.** Die gegen die Stärkung der überörtlichen Rechnungsprüfung geäußerten Bedenken, es käme entweder infolge des Nebeneinanders von Abschluss- und Rechnungsprüfung zu im Aufwand intensiveren oder Mehrfachprüfungen mit daraus resultierenden finanziellen und organisatorischen Belastungen für das geprüfte Unternehmen oder die Rechnungsprüfung greife infolge ihres langen Prüfungszyklus regelmäßig zu spät, um wirksam zu sein, verfangen nicht. Denn die Rechnungsprüfung bei Unternehmen in Privatrechtsform und Kommunalunternehmen kann nicht isoliert verstanden werden. Dass dabei auf die Ergebnisse einer Abschlussprüfung mit abgestellt wird, ist selbstverständlich. Aus den jährlichen Unternehmenskennzahlen können im Rahmen der Rechnungsprüfung längere Zeitreihen gebildet und hieraus weitere Schlüsse gezogen werden. Eine flächendeckende überörtliche Rechnungsprüfung kommunal beherrschter Unternehmen in Privatrechtsform oder von Kommunalunternehmen ist schon wegen der **präventiven Wirkung** einmal eingeräumter Prüfungsrechte, die nicht notwendig in Anspruch genommen werden müssen und für deren Inanspruchnahme der Verhältnismäßigkeitsgrundsatz gilt, nicht erforderlich. Zudem könnten in den Fällen, in denen eine zeitnahe Prüfung gewünscht wird oder etwa anlass- und ereignisbezogen geboten erscheint, die Organe der Rechnungsprüfung und unter ihrer Verantwortung selbst private Wirtschaftsprüfer eingeschaltet werden. Ähnlich wird z. B. in Baden-Württemberg und Hessen verfahren. Damit bliebe zugleich das **öffentlich-rechtliche Prüfungsregime** erhalten.

6. Sonderfälle

Das Gesetz sieht in Sonderfällen eine Prüfung durch Wirtschaftsprüfer (oder vereidigte **271** Buchprüfer) unter besonderen Aspekten vor. Zu nennen sind beispielhaft folgende Bereiche:

Zum 1.1.2016 hat das **Kraft-Wärme-Kopplungsgesetz – KWKG –** durch das Gesetz **272** zur Neuregelung des Kraft-Wärme-Kopplungsgesetzes vom 21.12.2015 eine Neufassung erfahren. Gemäß § 30 KWKG müssen nun die dort in Abs. 1 genannten Abrechnungen, Angaben oder Nachweise von einem Wirtschaftsprüfer, einer Wirtschaftsprüfungsgesellschaft, einem genossenschaftlichen Prüfungsverband, einem vereidigten Buchprüfer oder einer Buchprüfungsgesellschaft geprüft und testiert werden. Insbesondere sieht dies im Rahmen des mit den Förderzuschlägen verbundenen Belastungsausgleichs § 30 Abs. 1 Nr. 8 KWKG für die Jahresendabrechnungen der Übertragungsnetzbetreiber untereinander nach § 28 Abs. 5 S. 1 Alt. 2, Abs. 2 KWKG vor. Gemäß §§ 30 Abs. 1 Nr. 9, 28 Abs. 5 S. 1 Alt. 1, Abs. 1 KWKG ist eine Jahresendabrechnung der Netzbetreiber zu prüfen,

---

163 Vgl. auch Landesrechnungshof Brandenburg, Jahresbericht 1999, Teil B Tz. 28 Nr. 2.1.6 a. E.

164 In Zusammenhang mit dem Nebeneinander bestehender Prüfungspflichten und -rechte sowie den gestiegenen Anforderungen an die Prüfung (auch hinsichtlich der Einhaltung von Mindeststandards und Dokumentationspflichten) wird auch die Kostenfrage diskutiert werden. Allein für die Abschlussprüfung werden deutliche Kostensteigerungen erwartet, welche um den Preis fehlender Vergleichbarkeit die Einführung verminderter Standards für kleine und mittlere Unternehmen mit sich bringen (vgl. *Kämpfer/Schmidt,* Die Auswirkungen der neueren Prüfungsstandards auf die Durchführung von Abschlussprüfungen, WPg 2009, S. 53), aber auch dazu führen könnte, das Bestreben zu hinterfragen, öffentliche Aufgaben zu privatisieren.

sofern die Übertragungsnetzbetreiber auf Grund einer nicht unerheblichen Bedeutung für den Belastungsausgleich die Prüfung verlangen. In diesem Fall sind die Prüfungshinweise des IDW *Besonderheiten der Prüfung nach § 30 Abs. 1 Nr. 9 KWKG* (IDW PH 9.970.33) zu beachten. Siehe dort auch zu weiteren Belastungsausgleichen gemäß § 19 Abs. 2 S. 15 StromNEV, § 17f Abs. 1 EnWG sowie § 18 Abs. 1 AbLaV. Im Übrigen sind die IDW-Prüfungsstandards *Prüfungen nach dem Kraft-Wärme-Kopplungsgesetz* (IDW PS 971, Stand 26.11.2013) und *Sonstige betriebswirtschaftliche Prüfungen und ähnliche Leistungen im Zusammenhang mit energierechtlichen Vorschriften* (IDW EPS 970 n. F., Stand des Entwurfs 15.2.2016) zu beachten, der IDW PH 9.420.3 wurde durch diese ersetzt.[165] Die Systeme zur Erfassung und Aufzeichnung der relevanten Daten werden auf der Basis von Stichproben beurteilt.

273 Nach § 75 S. 1 **Erneuerbare-Energien-Gesetz – EEG 2017** müssen die zusammengefassten Endabrechnungen nach § 72 Abs. 1 Nr. 2 EEG 2017 (Endabrechnungen von Netzbetreibern, die nicht Übertragungsnetzbetreiber sind) durch einen Wirtschaftsprüfer, eine Wirtschaftsprüfungsgesellschaft, einen genossenschaftlichen Prüfungsverband, einen vereidigten Buchprüfer oder eine Buchprüfungsgesellschaft geprüft werden. Gemäß § 75 S. 2 EEG 2017 können Netzbetreiber und Elektrizitätsversorgungsunternehmen verlangen, dass die Endabrechnungen nach § 73 EEG 2017 (Endabrechnungen von Übertragungsnetzbetreibern), nach § 74 EEG 2017 (Verpflichtung von Elektrizitätsversorgungsunternehmen, ihrem regelverantwortlichen Übertragungsnetzbetreiber unverzüglich die an Letztverbraucher gelieferte Energiemenge elektronisch mitzuteilen und bis zum 31. Mai die Endabrechnung für das Vorjahr vorzulegen) und nach § 74a EEG 2017 (Angaben von Letztverbrauchern und Eigenversorgern, die Strom verbrauchen, der ihnen nicht von einem Energieversorgungsunternehmen zur Verfügung gestellt worden ist) bei Vorlage durch einen der vorgenannten Prüfer bescheinigt werden. Geprüft wird die Ordnungsmäßigkeit der Angaben unter Beachtung des IDW-Prüfungsstandards *Sonstige betriebswirtschaftliche Prüfungen und ähnliche Leistungen im Zusammenhang mit energierechtlichen Vorschriften* (IDW EPS 970 n. F., Stand des Entwurfs 15.2.2016). Außerdem werden im IDW PH 9.970.11 die Besonderheiten der Prüfung nach § 75 S. 1 und im IDW PH 9.970.12 die der nach § 75 S. 2 EEG 2017 dargestellt.

274 Zur Ermittlung von Mehr- oder Mindererlösen bestätigt der Jahresabschlussprüfer dem Krankenhausträger die Aufstellung der Erlöse (§ 4 Abs. 3 S. 7 **Krankenhausentgeltgesetz – KHEntgG**).

275 Gewährt eine Kommune einem kommunalen, mit der Wahrnehmung von Dienstleistungen von allgemeinem wirtschaftlichen Interesse (DAWI) betrauten Unternehmen unter Inanspruchnahme der Erleichterungen des sog. Almunia-Pakets **Ausgleichszahlungen** (vgl. → Rn. 65), muss sie durch die Festlegung geeigneter Kontrollmechanismen **Vorkehrungen gegen Überkompensierungen** treffen und im Betrauungsakt fixieren (Art. 6 Freistellungsbeschluss[166]). Danach führen die EU-Mitgliedstaaten in regelmäßigen Abständen Kontrollen durch oder veranlassen regelmäßige Kontrollen, um sicherzustellen, dass die Unternehmen keine Ausgleichszahlungen erhalten, die über das durch die Dienstleistung von allgemeinem wirtschaftlichen Interesse veranlasste Defizit hinausgehen. Dafür kommen eigens mit dieser Aufgabe betraute Organisationseinheiten der Kommune, die Rechtsaufsicht, die Organe der örtlichen und überörtlichen Rechnungsprüfung (denen z. B. besondere Prüfungsrechte im Betrauungsakt eingeräumt werden können) und der Abschlussprüfer (mit einem entsprechend erweiterten Prüfungsauftrag) in Betracht.[167]

---

[165] Siehe auch die „Umsetzungshilfe zum Kraft-Wärmekopplungsgesetz – KWKG 2016", herausgegeben vom Bundesverband der Energie– und Wasserwirtschaft e. V. (BDEW).

[166] Beschluss der Kommission vom 20.12.2011 über die Anwendung von Artikel 106 Absatz 2 des Vertrags über die Arbeitsweise der Europäischen Union auf staatliche Beihilfen in Form von Ausgleichsleistungen zugunsten bestimmter Unternehmen, die mit der Erbringung von Dienstleistungen von allgemeinem wirtschaftlichem Interesse betraut sind, K(2011) 9380, 2012/21/EU Abl.EU Nr. L 7 v. 11.1.2012, 3 ff.

[167] *Latz*, Europäisches Beihilferecht – Das Monti-Paket und kommunale Leistungen der Daseinsvorsorge, Geschäftsbericht des Bayer. Komm. Prüfungsverbandes 2007, Abschn. 3.2.2.5.

Auf sonstige Prüfungen (nach Steuerrecht, Sozialversicherungsrecht) kann hier nur hingewiesen werden. Das Bilanzkontrollgesetz vom 15.12.2004 hat darüber hinaus für kapitalmarktorientierte Unternehmen unter bestimmten Voraussetzungen die Überprüfung von Unternehmensabschlüssen und -berichten durch eine (private) Prüfstelle für Rechnungslegung und die Bundesanstalt für Finanzdienstleistungsaufsicht (BaFin) eingeführt (§§ 342b ff. HGB). 276

Anhang: Überblick über die Rechtsgrundlagen der Flächenländer für die externe Prüfung kommunaler Unternehmen/bei kommunalen Unternehmen

Der nachfolgende Überblick beschränkt sich auf die für die (überörtliche) Prüfung im Bereich der kommunalen Unternehmen wichtigsten Aussagen der Kommunalgesetze der Länder. Soweit die Abschlussprüfung nicht eigens erwähnt ist, verbleibt es bei der bundesgesetzlichen Regelung (insbes. §§ 316 ff. HGB). 277

Aus den Kommunalgesetzen werden im Folgenden regelmäßig nur die einschlägigen Bestimmungen der jeweiligen Gemeindeordnungen, nicht der Landkreisordnungen angegeben. 278

Baden-Württemberg

Nach § 103 Abs. 1 S. 1 Nr. 5 GemO BW sind für Kommunen unmittelbare und mittelbare Mehrheitsbeteiligungen i. S. d. § 53 HGrG u. a. nur zulässig, wenn für jedes Wirtschaftsjahr ein Wirtschaftsplan aufgestellt und der Wirtschaftsführung eine fünfjährige Finanzplanung zugrunde gelegt wird (Buchst. a), wenn Jahresabschluss und Lagebericht nach den für große Kapitalgesellschaften geltenden Vorschriften des HGB aufgestellt und geprüft werden (Buchst. b) und wenn den örtlichen und überörtlichen Prüfungsorganen für die Durchführung der Betätigungsprüfung im Gesellschaftsvertrag oder der Satzung § 54 HGrG entsprechende Unterrichtungs- und Einsichtsbefugnisse eingeräumt sind (Buchst. d). 279

Ferner sieht § 103 Abs. 1 S. 1 Nr. 5 Buchst. e GemO BW die sog. überörtliche Unternehmensprüfung (Prüfung der Haushalts- und Wirtschaftsführung) vor. Dabei handelt es sich um ein Prüfungsrecht (keine Pflichtprüfung), das vom überörtlichen Prüfungsorgan in der Regel aus besonderem Anlass ausgeübt werden kann. Anders als bei der Betätigungsprüfung ist Prüfungsgegenstand das kommunale Unternehmen selbst. Das Recht zur überörtlichen Unternehmensprüfung wurde durch das Gemeindewirtschaftsrechtsänderungsgesetz 1999 – GWR-ÄndG 1999 – als gesellschaftsvertraglich umzusetzende Zulässigkeitsvoraussetzung einer kommunalen Mehrheitsbeteiligung i. S. d. § 53 HGrG eingeführt. 280

Zuständig für die Durchführung der überörtlichen Prüfung der Gemeinden (mit mehr als 4.000 Einwohnern) und Landkreise ist die Gemeindeprüfungsanstalt – GPA – (§ 2 Abs. 1 GPA-Gesetz). Die GPA ist ferner zuständig für die überörtliche Unternehmensprüfung. Abschlussprüfungen führt sie auf Antrag durch, soweit diese nicht durch Bundesrecht vorgeschrieben und deshalb ausschließlich den in § 319 Abs. 1 HGB bestimmten Abschlussprüfern vorbehalten sind (also Jahresabschlussprüfungen bei Eigenbetrieben als freiwillige Prüfungen und bei kleinen kommunalen Unternehmen in Privatrechtsform, die sich nach § 103 Abs. 1 S. 1 Nr. 5 Buchst. b und § 106a GemO BW durch Bestimmung im Gesellschaftsvertrag oder in der Satzung einer Pflicht zur Abschlussprüfung unterwerfen müssen). 281

Bayern

Nach Art. 94 Abs. 1 BayGO (und Art. 82 Abs. 1 BayLKrO sowie Art. 80 Abs. 1 BayBezO) sind die Kommunen bei Mehrheitsbeteiligungen i. S. d. § 53 Abs. 1 HGrG u. a. verpflichtet, 282

- darauf hinzuwirken, dass für jedes Wirtschaftsjahr ein Wirtschaftsplan aufgestellt und der Wirtschaftsführung eine fünfjährige Finanzplanung zugrunde gelegt wird,
- dafür Sorge zu tragen, dass der Jahresabschluss und der Lagebericht nach den für große Kapitalgesellschaften geltenden Vorschriften des HGB aufgestellt und geprüft werden,

sofern nicht weitergehende gesetzliche Vorschriften gelten oder andere gesetzliche Vorschriften entgegenstehen,
- die Rechte nach § 53 Abs. 1 HGrG auszuüben,
- darauf hinzuwirken, dass ihnen und dem für sie zuständigen überörtlichen Prüfungsorgan die in § 54 HGrG vorgesehenen Befugnisse eingeräumt werden.

Die Rechtsaufsichtsbehörde kann Ausnahmen zulassen.

283 Ist eine kommunale Beteiligung an einem Unternehmen keine Mehrheitsbeteiligung im Sinn des § 53 HGrG, so soll die Kommune, soweit ihr Interesse das erfordert, darauf hinwirken, dass ihr in der Satzung oder im Gesellschaftsvertrag die Rechte nach § 53 Abs. 1 HGrG und ihr und dem für sie zuständigen überörtlichen Prüfungsorgan die Befugnisse nach § 54 HGrG eingeräumt werden. Bei mittelbaren Beteiligungen gilt das nur, wenn die Beteiligung 25 % der Anteile übersteigt und einer Gesellschaft zusteht, an der die Kommune allein oder zusammen mit anderen Gebietskörperschaften oder deren Zusammenschlüssen mit Mehrheit im Sinn des § 53 HGrG beteiligt ist.

284 Die Prüfung kommunaler Betätigung in Kommunalunternehmen und in Unternehmen in Privatrechtsform ist in Art. 106 Abs. 4 BayGO (und Art. 92 Abs. 4 BayLKrO sowie Art. 88 Abs. 4 BayBezO) geregelt. Für Kommunalunternehmen gelten außerdem Art. 91 Abs. 2 BayGO, Art. 79 Abs. 2 BayLKrO, Art. 77 Abs. 2 BayBezO und Art. 107 Abs. 3 BayGO, Art. 93 Abs. 3 BayLKrO, Art. 89 Abs. 3 BayBezO, die § 54 und § 53 HGrG nachgebildet sind. Kommunalunternehmen unterliegen wie Eigenbetriebe der Abschlussprüfungspflicht; im Übrigen wird nur die Betätigung der Kommune geprüft, während eine „Vollprüfung" seitens der Rechnungsprüfungsorgane nicht stattfinden kann, sofern das Recht dazu nicht eigens eingeräumt ist.

285 Überörtliches Prüfungsorgan für Bezirke, Landkreise und Gemeinden ab etwa 5.000 Einwohnern (die das Bayerische Staatsministerium des Innern als Mitglieder bestimmt hat) ist der Bayer. Kommunale Prüfungsverband, während für kleinere Gemeinden die staatlichen Rechnungsprüfungsämter bei den Landratsämtern die überörtliche Rechnungsprüfung und damit auch die sog. Betätigungsprüfung durchführen.

286 Der Kommunale Prüfungsverband führt (neben Wirtschaftsprüfern und Wirtschaftsprüfungsgesellschaften) auch Abschlussprüfungen bei Eigenbetrieben und Kommunalunternehmen durch (Art. 107 Abs. 2 BayGO).

Brandenburg

287 Bei einem Unternehmen in der Rechtsform des privaten Rechts, an der der Gemeinde allein oder zusammen mit anderen kommunalen Trägern die Mehrheit der Anteile zusteht, ist durch Gesellschaftsvertrag beziehungsweise -satzung sicherzustellen, dass die in § 53 Abs. 1 und § 54 des HGrG normierten Rechte der Gemeinden und der Rechnungsprüfungsbehörde bei Eigengesellschaften und unmittelbaren und mittelbaren Mehrheitsbeteiligungen, die eine Gemeinde allein oder mit anderen kommunalen Trägern innehat, wahrzunehmen sind (§ 96 Abs. 1 S. 1 Nr. 5 BbgKVerf).

288 Prüfungsbehörde für die überörtliche Prüfung ist der Landrat als allgemeine untere Landesbehörde. Sie wird vom Rechnungsprüfungsamt des Landkreises wahrgenommen. Bei kreisfreien Städten erfolgt die überörtliche Prüfung durch das kommunale Prüfungsamt bei dem für Inneres zuständigen Ministerium (§ 105 Abs. 3 BbgKVerf). Für die Jahresabschlussprüfung der Eigenbetriebe gilt die Zuständigkeitsregel des § 105 Abs. 3 BbgKVerf ebenfalls; zur Durchführung kann sich die zuständige Stelle eines Wirtschaftsprüfers oder einer Wirtschaftsprüfungsgesellschaft bedienen (§ 106 Abs. 2 BbgKVerf).

289 Dem Rechnungsprüfungsamt obliegt im Rahmen der örtlichen Prüfung auch die Einsichtnahme gemäß § 54 Abs. 1 HGrG bei Unternehmen in Privatrechtsform und bei Anstalten des öffentlichen Rechts, soweit sich die Gemeinde eine solche vorbehalten hat (§ 102 Abs. 1 S. 3 BbgKVerf). Das überörtliche Prüfungsorgan hat nicht das Recht, sich bei einer Gesellschaft unmittelbar zu unterrichten.

Hessen

Nach § 122 Abs. 1 S. 1 Nr. 4 HGO muss gewährleistet sein, dass der Jahresabschluss und der Lagebericht kommunaler Unternehmen in Privatrechtsform grundsätzlich nach den Vorschriften des HGB für große Kapitalgesellschaften aufgestellt und geprüft werden. Hält eine Kommune die Mehrheit der Anteile an einem Unternehmen, treffen sie besondere Pflichten. So muss sie darauf hinwirken, dass das Unternehmen einen Wirtschaftsplan aufstellt und der Wirtschaftsführung eine fünfjährige Finanzplanung zugrunde legt (§ 122 Abs. 4 HGO); außerdem muss die Kommune die Rechte nach § 53 HGrG ausüben und darauf hinwirken, dass ihr die Befugnisse nach § 54 HGrG eingeräumt werden (§ 123 HGO). 290

Nach § 3 Abs. 1 S. 3 Gesetz zur Regelung der überörtlichen Prüfung kommunaler Körperschaften in Hessen – ÜPKKG – ist die Betätigung bei Gesellschaften in einer Rechtsform des privaten Rechts, an denen kommunale Körperschaften unmittelbar oder mittelbar beteiligt sind, im Rahmen der überörtlichen Prüfung zu prüfen, wobei die Sondervermögen mit zu prüfen sind. Seit 2005 sind die Kommunen verpflichtet, auch dem überörtlichen Prüfungsorgan bei ihren Mehrheitsbeteiligungen die Unterrichtungsrechte nach § 54 HGrG einzuräumen (§ 123 Abs. 1 Nr. 2 HGO), wobei die Prüfung auch durch eigene Bedienstete des Landesrechnungshofs möglich ist. 291

Überörtliches Prüfungsorgan ist der Präsident des Hessischen Rechnungshofs – überörtliche Prüfung kommunaler Körperschaften (§ 3 Abs. 1 S. 3 i.V.m. § 1 ÜPKKG). 292

Mecklenburg-Vorpommern

Die Kommunen haben je nach Beteiligungsvariante dafür Sorge zu tragen bzw. darauf hinzuwirken, dass dem überörtlichen Prüfungsorgan in der Satzung oder im Gesellschaftsvertrag die in § 54 HGrG vorgesehenen Befugnisse eingeräumt werden (§ 73 Abs. 1 S. 1 Nr. 4 und S. 2 KV MV). 293

Überörtliches Prüfungsorgan für kommunale Körperschaften, die der unmittelbaren Rechtsaufsicht des Landes unterliegen, ist der Landesrechnungshof (§ 5 KPG MV), dem die überörtliche Prüfung kommunaler Wirtschaftsbetriebe obliegt (Abschnitt III KPG MV). 294

Sind kommunale Gesellschaften nicht nach anderen Vorschriften abschlussprüfungspflichtig (z.B. § 316 HGB), beauftragt der Landesrechnungshof im Namen und für Rechnung der kommunalen Körperschaften einen Abschlussprüfer (§ 13 Abs. 2 S. 1 KPG MV). Das gilt insbesondere für kleine Kapitalgesellschaften (§ 267 HGB). Im Übrigen kann der Landesrechnungshof nach § 14 Abs. 4 S. 1 KPG MV die Vorlage der Prüfungsberichte verlangen. 295

Niedersachsen

Bei einer Mehrheitsbeteiligung nach § 53 HGrG hat die Gemeinde darauf hinzuwirken, dass den für sie zuständigen Prüfungseinrichtungen die in § 54 HGrG vorgesehenen Befugnisse eingeräumt werden (§ 158 Abs. 2 NKomVG). Eine Befugnis zur Prüfung der Unternehmen selbst besteht aber nicht; die Einsichtnahme in Unterlagen bei Unternehmen in Privatrechtsform dient nur als „Erkenntnismittel" für die Prüfung der Betätigung der Kommunen. Kommunalunternehmen unterliegen unmittelbar der überörtlichen Rechnungsprüfung (§ 1 Abs. 1 NKPG). 296

Die Jahresabschlussprüfung von Unternehmen in Privatrechtsform richtet sich nach § 158 NKomVG. Ist der Jahresabschluss aufgrund anderer Rechtsvorschriften zu prüfen, muss die Gemeinde die Rechte nach § 53 HGrG ausüben. 297

Der Niedersächsische Landtag hat zum 31.12.2010 die ehemalige Kommunalprüfungsanstalt aufgelöst (G v. 17.12.2010, GVBl. S. 629). Seitdem obliegt die überörtliche Prüfung der Gemeinden, Samtgemeinden, Landkreise, kommunalen Anstalten, gemeinsamen kommunalen Anstalten und Zweckverbände der Präsidentin oder dem Präsident des Landesrechnungshofs. Die Prüfbehörde kann ferner die überörtliche Prüfung bei denjenigen rechtlich selbständigen privatrechtlichen Unternehmen vornehmen, an denen Kommunen in dem in § 53 HGRG bezeichneten Umfang beteiligt sind, wenn dem Land im Gesellschaftsvertrag oder in der Unternehmenssatzung ein Prüfungsrecht unter Hinweis auf das 298

NKPG eingeräumt worden ist. Die für die Prüfung der Kommunen geltenden Bestimmungen finden dann entsprechende Anwendung (§ 1 Abs. 2 NKPG).

Nordrhein-Westfalen

299 Die Gemeinde darf Unternehmen und Einrichtungen in einer Rechtsform des privaten Rechts nur gründen oder sich daran beteiligen, wenn u. a. gewährleistet ist, dass der Jahresabschluss und der Lagebericht, soweit nicht weitergehende Vorschriften bestehen, in entsprechender Anwendung der Vorschriften des HGB für große Kapitalgesellschaften aufgestellt und geprüft werden (§ 108 Abs. 1 S. 1 Nr. 8 GO NRW). Die Aufsichtsbehörde kann in begründeten Fällen Ausnahmen zulassen. Außerdem muss die Kommune bei Mehrheitsbeteiligungen darauf hinwirken, dass für jedes Wirtschaftsjahr ein Wirtschaftsplan aufgestellt und der Wirtschaftsführung eine fünfjährige Finanzplanung zugrunde gelegt wird (§ 108 Abs. 3 S. 1 GO NRW). Gehören einer Kommune unmittelbar oder mittelbar Anteile an einem Unternehmen in Privatrechtsform in dem in § 53 HGrG bezeichneten Umfang, soll sie die Rechte nach § 53 HGrG ausüben und darauf hinwirken, dass ihr die in § 54 HGrG vorgesehenen Befugnisse eingeräumt werden. Bei Minderheitsbeteiligungen soll sie, soweit ihr Interesse das erfordert, nur darauf hinwirken, dass ihr die Befugnisse nach § 53 HGrG eingeräumt werden (§ 112 Abs. 1 und 2 GO NRW). Nach § 104 Abs. 2 Nr. 3 GO NRW kann der Rat dem Rechnungsprüfungsamt als Aufgabe die Prüfung der Betätigung der Kommune als Gesellschafterin oder Aktionärin in Unternehmen in Privatrechtsform oder in Kommunalunternehmen sowie die Wahrnehmung sonst vorbehaltener Prüfungsrechte übertragen.

300 Überörtliches Prüfungsorgan ist die zum 1.1.2003 gegründete Gemeindeprüfanstalt (§ 105 Abs. 1 GO NRW i. V. m. Art. 1 GPA-Gesetz).

301 Der GPA obliegt gemäß Art. 10 Abs. 1 des Zweiten Gesetzes zur Weiterentwicklung des Neuen Kommunalen Finanzmanagements für Gemeinden und Gemeindeverbände im Land Nordrhein-Westfalen und weiterer kommunalrechtlicher Vorschriften – 2. NKFWG NRW – vom 18.12.2018 auch noch für die bis zum Ablauf des 31.12.2020 endenden Wirtschaftsjahre die Jahresabschlussprüfung der Eigenbetriebe und solcher Einrichtungen, die gemäß § 107 Abs. 2 GO NRW entsprechend den Vorschriften über das Rechnungswesen der Eigenbetriebe geführt werden. Dazu bedient sich die GPA eines Wirtschaftsprüfers, einer Wirtschaftsprüfungsgesellschaft oder in Einzelfällen eines hierzu befähigten eigenen Prüfers. Die GPA kann auch zulassen, dass der Betrieb mit ihrem Einvernehmen unmittelbar einen Wirtschaftsprüfer oder eine Wirtschaftsprüfungsgesellschaft beauftragt (§ 106 Abs. 2 GO NRW in der bis zum 31.12.2018 gültigen Fassung).

301a Nach dem Ende der Übergangsregelung, also bei Jahresabschlussprüfungen für Wirtschaftsjahre, die am 1.1.2021 und später enden, findet der unter Wegfall des § 106 GO NRW neu gefasste § 103 GO NRW Anwendung. Die Jahresabschlussprüfung der Eigenbetriebe und sonstigen prüfungspflichtigen Einrichtungen erfolgt dann ohne die obligatorische Einbindung der GPA, allerdings kann die GPA mit der Jahresabschlussprüfung alternativ zu einem Wirtschaftsprüfer und einer Wirtschaftsprüfungsgesellschaft beauftragt werden. In allen Fällen erfolgt die Beauftragung durch die Betriebsleitung nach vorheriger Beschlussfassung durch den Betriebsausschuss. Wird die Buchführung nach den für Gemeinden geltenden Vorschriften geführt, kann abweichend dazu auch die örtliche Rechnungsprüfung mit der Jahresabschlussprüfung beauftragt werden (§ 103 Abs. 2 und 5 GO NRW).

302 Die Jahresabschlüsse und Lageberichte der Kommunalunternehmen werden nach den für große Kapitalgesellschaften geltenden Vorschriften des HGB geprüft (§ 114a Abs. 10 GO NRW).

Rheinland-Pfalz

303 Die Kommunen haben nach § 89 Abs. 6 GemO RhPf. bei Unternehmen, an denen sie eine Mehrheitsbeteiligung halten,

1. zu verlangen, dass im Gesellschaftsvertrag oder in der Satzung vorgeschrieben wird, dass der Jahresabschluss und der Lagebericht in entsprechender Anwendung der für Eigen-

betriebe geltenden Vorschriften aufgestellt und geprüft werden, soweit sich nicht die entsprechenden Anforderungen für das Unternehmen bereits aus dem Handelsgesetzbuch ergeben oder weitergehende gesetzliche Vorschriften gelten oder andere gesetzliche Vorschriften entgegenstehen,
2. darauf hinzuwirken, dass ihnen, der Aufsichtsbehörde und dem für sie zuständigen überörtlichen Prüfungsorgan die in § 54 Abs. 1 HGrG vorgesehenen Befugnisse eingeräumt werden, und
3. die Befugnisse nach § 53 Abs. 1 HGRG auszuüben.

Die obere Aufsichtsbehörde kann in begründeten Fällen Ausnahmen zulassen.

Gehören einer Kommune weniger als 50% der Anteile, soll sie, soweit die Wahrung gemeindlicher Belange dies erfordert, darauf hinwirken, dass u. a. die Befugnisse nach § 54 Abs. 1 HGrG und § 53 HGrG eingeräumt werden (§ 89 Abs. 7 S. 1 Nrn. 3 und 4 GemO RhPf.). Bei mittelbaren Beteiligungen gilt das nur, wenn die Beteiligung 25% der Anteile übersteigt und einem Unternehmen zusteht, an dem die Kommune allein oder zusammen mit anderen kommunalen Gebietskörperschaften in dem in § 53 HGrG bezeichneten Umfang beteiligt ist (§ 89 Abs. 7 S. 2 GemO RhPf.). 304

Geprüft wird danach grundsätzlich nur die Betätigung der Kommunen bei Unternehmen (der Bürgermeister kann dem Rechnungsprüfungsamt diese Aufgabe übertragen – § 112 Abs. 2 Nr. 5 GemO RhPf.). Die überörtliche Prüfung erstreckt sich allerdings auch auf die Haushalts- und Wirtschaftsführung der von Kommunen geführten rechtsfähigen Anstalten des öffentlichen Rechts (§ 110 Abs. 5 S. 2 GemO RhPf.). 305

Nach § 87 Abs. 1 S. 1 Nr. 7 Buchst. c GemO RhPf. dürfen Kommunen zudem wirtschaftliche Unternehmen in Privatrechtsform nur führen oder sich daran beteiligen, wenn dem Rechnungshof durch Gesellschaftsvertrag oder Satzung ein unmittelbares Recht zur überörtlichen Prüfung der Haushalts- und Wirtschaftsführung kommunaler Eigen- und Beteiligungsgesellschaften, die mehrheitlich der öffentlichen Hand gehören, nach Maßgabe des § 110 Abs. 5 GemO RhPf. eingeräumt wird, so dass eine „Vollprüfung" stattfinden kann. 306

Überörtliche Prüfungsorgane sind der Rechnungshof (§ 110 Abs. 5 GemO RhPf.) oder die Gemeindeprüfungsämter (§ 110 Abs. 5 S. 4 GemO RhPf.). 307

Saarland

Kommunale Körperschaften, denen allein oder mit anderen kommunalen Körperschaften die Mehrheit der Anteile gehört, dürfen Unternehmen in Privatrechtsform nur errichten, übernehmen, erweitern oder sich daran beteiligen, wenn u. a. im Gesellschaftsvertrag oder in der Satzung geregelt ist, dass die Rechte nach § 53 HGrG ausgeübt werden, und ihnen und dem überörtlichen Prüfungsorgan die in § 54 HGrG vorgesehenen Befugnisse eingeräumt sind (§ 111 Abs. 1 Nr. 4 Kommunalselbstverwaltungsgesetz – KSVG). Ferner muss gewährleistet sein, dass der Jahresabschluss und der Lagebericht nach den für große Kapitalgesellschaften geltenden Vorschriften des HGB aufgestellt und geprüft werden (§ 110 Abs. 1 Nr. 4 KSVG). 308

Die laufende Prüfung der Wirtschaftsführung der Eigenbetriebe, die Prüfung der Betätigung der Gemeinde bei Unternehmen in einer Rechtsform des privaten Rechts und die Buch- und Betriebsprüfungen, die sich die Gemeinde bei einer Beteiligung oder sonst vorbehalten hat, kann den örtlichen Rechnungsprüfungsämtern übertragen werden (§ 121 Abs. 2 KSVG). Die Jahresabschlussprüfung der Eigenbetriebe regelt § 124 KSVG. 309

Die überörtliche Prüfung obliegt dem Landesverwaltungsamt als Kommunalaufsichtsbehörde (§ 123 Abs. 4 KSVG). Die überörtliche Prüfung erstreckt sich darauf, ob die Gemeinde sowie ihre Sonder- und Treuhandvermögen rechtmäßig und wirtschaftlich verwaltet werden (§ 123 Abs. 1 KSVG). Die Prüfung kommunaler Betätigung in Unternehmen des Privatrechts ist in Satz 2 der Vorschrift aufgeführt. 310

Sachsen

Steht einer Kommune allein oder zusammen mit anderen kommunalen Trägern der Selbstverwaltung, die der Aufsicht des Freistaates Sachsen unterstehen, die zur Änderung 311 des Gesellschaftsvertrages oder der Satzung berechtigende Mehrheit zu, ist im Gesellschaftsvertrag oder in der Satzung nach § 96a Abs. 1 SächsGemO u. a. festzulegen, dass

- eine erweiterte Abschlussprüfung nach § 53 Abs. 1 HGrG durchgeführt wird (Nr. 7),
- den örtlichen und überörtlichen Prüfungsbehörden die Befugnisse nach § 54 HGrG eingeräumt sind (Nr. 12),
- den örtlichen und überörtlichen Prüfungsbehörden das Recht eingeräumt ist, die Haushalts- und Wirtschaftsführung des Unternehmens zu prüfen (Nr. 11),
- Jahresabschluss und Lagebericht entsprechend den Vorschriften des HGB für große Kapitalgesellschaften aufgestellt und geprüft werden (Nr. 8),
- der Jahresabschluss, der Lagebericht und der Prüfungsbericht des Abschlussprüfers der Gemeinde und der Rechtsaufsichtsbehörde unverzüglich zu übersenden sind (Nr. 9).

312 Damit kann im Rahmen der Rechnungsprüfung nicht nur die kommunale Betätigung in Unternehmen geprüft werden, sondern es besteht die Möglichkeit, eine Prüfung der Haushalts- und Wirtschaftsführung des Unternehmens selbst ohne die Beschränkungen auf die Regelungen der Betätigungsprüfung durchzuführen.

313 Die Prüfung des Jahresabschlusses und des Lageberichts der Eigenbetriebe wird durch Wirtschaftsprüfer oder Wirtschaftsprüfungsgesellschaften durchgeführt, die von der Gemeinde bestellt werden. Bei kleinen Betrieben entsprechend § 267 Abs. 1 HGB kann der Gemeinderat auch die örtliche Prüfungseinrichtung mit der Jahresabschlussprüfung beauftragen, wenn in der Gemeinde das neue Haushalts- und Rechnungswesen eingeführt worden ist (§ 18 Abs. 3 SächsEigBG).

314 Überörtliches Prüfungsorgan ist der Rechnungshof (§ 108 SächsGemO).

Sachsen-Anhalt

315 Kommunen, die an einem Unternehmen mit eigener Rechtspersönlichkeit Anteile in dem in § 53 HGrG bezeichneten Umfang besitzen, haben darauf hinzuwirken, dass die in § 54 HGrG vorgesehenen Befugnisse eingeräumt werden (§ 140 Abs. 3 KVG LSA). Dasselbe gilt, wenn Kommunen gemeinsam mit anderen Gebietskörperschaften Anteile in dem in § 53 HGrG bezeichneten Umfang halten (§ 140 Abs. 4 KVG LSA). Außerdem haben die Kommunen dafür Sorge zu tragen, dass für jedes Wirtschaftsjahr ein Wirtschaftsplan aufgestellt und der Wirtschaftsführung eine fünfjährige Finanzplanung zugrunde gelegt wird, sowie dafür, dass Jahresabschluss und Lagebericht nach den Vorschriften des HGB für große Kapitalgesellschaften aufgestellt und geprüft werden (§ 133 Abs. 1 KVG LSA).

316 Der Gemeinderat kann dem Rechnungsprüfungsamt für die örtliche Prüfung als Aufgabe die Prüfung der unternehmerischen Betätigung übertragen (§ 140 Abs. 2 Nr. 4 KVG LSA). Die Prüfung der Eigenbetriebe und Anstalten des öffentlichen Rechts umfasst auch die Prüfung der Ordnungsmäßigkeit der Geschäftsführung (einschließlich der wirtschaftlichen Führung des Unternehmens) und die verlustbringenden Geschäfte sowie die Ursachen der Verluste (§ 142 Abs. 1 KVG LSA).

317 Überörtliches Prüfungsorgan für kreisangehörige Gemeinden und Verwaltungsgemeinschaften bis 25.000 Einwohner ist das Rechnungsprüfungsamt des Landkreises als Gemeindeprüfungsamt; für kreisfreie Städte und Verwaltungsgemeinschaften mit mehr als 25.000 Einwohnern sind der Rechnungshof und seine staatlichen Rechnungsprüfungsämter überörtliche Prüfungsorgane (§ 137 Abs. 1 KVG LSA).

Schleswig-Holstein

318 Kommunen dürfen Gesellschaften nur gründen oder sich an ihnen beteiligen, wenn u. a. gewährleistet ist, dass der Jahresabschluss und der Lagebericht in entsprechender Anwendung der Vorschriften des HGB für große Kapitalgesellschaften aufgestellt und geprüft werden. Die Kommunalaufsichtsbehörde kann in besonderen Fällen Ausnahmen zulassen (§ 102 Abs. 2 GO SchlH). § 11 Kommunalprüfungsgesetz – KPG SchlH schreibt vor, dass eine Kommune, der Anteile an Gesellschaften in dem in § 53 HGrG bezeichneten Umfang gehören,

- verlangen muss, dass in der Satzung oder im Gesellschaftsvertrag auch außerhalb des Anwendungsbereiches des HGB oder anderer gesetzlicher Vorschriften die Durchführung einer Jahresabschlussprüfung nach diesem Gesetz gewährleistet wird,
- die Rechte nach § 53 Abs. 1 HGrG ausüben muss,
- darauf hinzuwirken hat, dass ihr und der für die überörtliche Prüfung zuständigen Prüfungsbehörde in der Satzung oder im Gesellschaftsvertrag die in § 54 HGrG vorgesehenen Befugnisse eingeräumt werden.

Die Kommunalaufsichtsbehörde kann im Einvernehmen mit der Prüfungsbehörde Ausnahmen von den letztgenannten beiden Erfordernissen zulassen.

Bei Minderheitsbeteiligungen gilt Entsprechendes, soweit es das Interesse der Kommune **319** erfordert. Bei mittelbaren Beteiligungen gilt das nur, wenn die Beteiligung 25 % der Anteile übersteigt und einem Unternehmen zusteht, an dem die Kommune allein oder zusammen mit anderen kommunalen Körperschaften mit Mehrheit nach § 53 HGrG beteiligt ist.

Geprüft wird nur die Betätigung der Kommunen in Unternehmen in Privatrechtsform **320** mit den in § 54 HGrG vorgesehenen Befugnissen. Kommunalunternehmen unterliegen allerdings der überörtlichen Rechnungsprüfung (§ 7a KPG SchlH). In die Betätigungsprüfung (§ 54 HGrG) werden auch die Gesellschaften einbezogen, deren Jahresabschlüsse nicht nach dem KPG SchlH, sondern aufgrund ihrer Größe nach dem HGB geprüft werden.

Überörtliches Prüfungsorgan für die Kreise, die kreisfreien Städte und die kreisangehöri- **321** gen Städte über 20.000 Einwohner ist der Rechnungshof (§ 2 Abs. 1 und 2 Gesetz über den Landesrechnungshof i. V. m. § 2 KPG SchlH). Im Übrigen sind die Landräte überörtliche Prüfungsorgane, wobei sie sich der Rechnungsprüfungsämter der Kreise als Gemeindeprüfungsämter bedienen. Der Landesrechnungshof kann aber unabhängig von der kommunalrechtlichen Zuordnung Querschnittsprüfungen vornehmen (§ 5a KPG SchlH).

Der Landesrechnungshof ist auch zuständig für die Jahresabschlussprüfung der Eigen- **322** betriebe und kleinen Kapitalgesellschaften, d. h. er beauftragt damit Wirtschaftsprüfer oder Wirtschaftsprüfungsgesellschaften. Kommunale Krankenhäuser und Pflegeheime sowie Kommunalunternehmen sind in die Jahresabschlussprüfung einbezogen (§§ 10, 14a KPG SchlH). Die §§ 8 ff. KPG SchlH enthalten detaillierte Aussagen zur Abschlussprüfung, u. a. zum Wechsel des Abschlussprüfers nach höchstens sechs Jahren (§ 9 Abs. 3 KPG SchlH).

Thüringen

Die Kommunen haben nach § 75 Abs. 4 ThürKO dafür Sorge zu tragen, **323**

- dass der Jahresabschluss und der Lagebericht nach den für große Kapitalgesellschaften geltenden Vorschriften des HGB aufgestellt und geprüft werden (Nr. 1),
- dass die Möglichkeit der Einsichtnahme in den Jahresabschluss und in das Ergebnis der Prüfung des Jahresabschlusses und des Lageberichts sowie in die beschlossene Verwendung des Jahresüberschusses oder die Behandlung des Jahresfehlbetrags besteht und darauf hingewiesen wird (Nr. 2),
- dass die Rechte nach § 53 HGrG eingeräumt und ausgeübt werden (Nr. 3) und
- dass ihnen und dem für sie zuständigen überörtlichen Prüfungsorgan die Befugnisse nach § 54 HGrG eingeräumt werden (Nr. 4).

Geprüft wird nur die Betätigung der Kommunen in Unternehmen in privater Rechtsform **324** (unmittelbare und mittelbare Beteiligung) unter Beachtung kaufmännischer Grundsätze. Die Rechnungsprüfung umfasst ferner Buch-, Betriebs- und sonstige Prüfungen, die sich die Kommune bei Hingabe eines Darlehens oder sonst vorbehalten hat (§ 84 Abs. 4 ThürKO).

Die Abschlussprüfung der Eigenbetriebe und kommunalen Anstalten wird grds. von **325** einem Wirtschaftsprüfer oder einer Wirtschaftsprüfungsgesellschaft durchgeführt (§ 85 ThürKO).

Durch das Prüfungs- und Beratungsgesetz – ThürPrBG – vom 25.6.2001 wurde dem **326** Thüringer Rechnungshof die überörtliche Rechnungs- und Kassenprüfung für die kommunalen Körperschaften übertragen.

2. Teil. Compliance in kommunalen Unternehmen – Public Compliance

Literatur:
Acker/Ehling, Einladung in die Business-Lounge? – Strafbarkeitsrisiko bei Vergabe oder Annahme von Einladungen im geschäftlichen Verkehr, BB 2012, 2517; *Baumbach/Hueck,* GmbHG, 22. Aufl. 2019; *Baumert,* Handlungssicherheit in der Compliance-Arbeit an Beispielen, CCZ 2013, 265; *BDEW-Info,* Compliance-Anwendungshilfe für die Praxis – Erarbeitung einer Compliance- Risiko-Matrix, 2013; *BDEW-Info,* Compliance-Fragen aus der Praxis – Fallsammlung – Zuwendungen, Sponsoring und Spenden, 2012; *Beck'sches Handbuch der GmbH,* Gesellschaftsrecht, Steuerrecht, 5. Aufl. 2014; *Bicker,* Compliance – organisatorische Umsetzung im Konzern; Bihr/Philippsen, Qualitätsaspekte bei der Arbeit von Aufsichtsratsgremien – Grundsätze ordnungsgemäßer Überwachung für Aufsichtsräte, DStR 2011, 1133; *Böttcher,* Compliance: Der IDW PS 980 – Keine Lösung für alle (Haftungs-)Fälle!, NZG 2011, 1054; *Buck-Heeb,* Die Haftung von Mitgliedern des Leitungsorgans bei unklarer Rechtslage, BB 2013, 2247; *Bürkle,* Grenzen der strafrechtlichen Garantenstellung des Compliance-Officers, CCZ 2010,4; *Busekist/Hein,* Der IDW PS 980 und die allgemeinen rechtlichen Mindestanforderungen an ein wirksames Compliance Management System (1) – Grundlagen, Kultur und Ziele, CCZ 2012, 41; von *Busekist/Schlitt,* Der IDW PS 980 und die allgemeinen rechtlichen Mindestanforderungen an ein wirksames Compliance Management System (2) – Risikoermittlungspflicht, CCZ 2012, 86; *Cyrus,* Neue Entwicklungen in der D&O-Versicherung, NZG 2018, 7; *Daghles,* Cybersecurity-Compliance: Pflichten und Haftungsrisiken für Geschäftsleiter in Zeiten fortschreitender Digitalisierung, DB 2018, 2289; *Dann/Mengel,* Tanz auf einem Pulverfass – oder: Wie gefährlich leben Compliance-Beauftragte? NJW 2010, 3265; *Ek/Kock,* Haftungsrisiken für Vorstand und Aufsichtsrat, 3. Auflage 2019; *Ensch,* Compliance im öffentlich-rechtlichen Rundfunk, ZUM 2012, 16; *Eufinger,* Grundsätze der Arbeitnehmerhaftung und Compliance-Verstöße, CCZ 2017, 130; *Federmann/Racky/Kalb/Modszyk,* Die Whistleblower-Richtlinie der EU: Die neuen Regeln und deren Auswirkungen auf Unternehmen des privaten Sektors, DB 2019, 1665; *Fischer/Schwab,* Tax Compliance in KMU: Hinweise der Bundessteuerberaterkammer für ein steuerliches innerbetriebliches Kontrollsystem (Steuer-IKS), DStR 2018, 2040; *Fleischmann,* Aktienrechtliche Compliance-Pflichten im Praxistest: Das Siemens/Neubürger-Urteil des LG München I, NZG 2014, 321; *Fischer,* StGB, 66. Aufl. 2019; *Gärtner,* BB-Rechtsprechungsreport zur Organhaftung 2012, BB 2013, 2242; *Gerst/Meinicke,* Die strafrechtliche Relevanz der Kick-Back-Rechtsprechung des XI. BGH-Zivilsenates und die Folgen für eine ordnungsgemäße Compliance-Funktion, CCZ 2011, 96; *Grigoleit,* AktG, 2. Aufl. 2020; *Giesen,* Die Haftung des Compliance- Officers gegenüber seinem Arbeitgeber – Haftungsprivilegierung bei innerbetrieblichem Schadensausgleich, CCZ 2009, 102; *Grützner/Behr,* Die Haftung von Compliance Officer, Vorstand und Aufsichtsrat bei Rechtsverstößen von Mitarbeitern, DB 2013, 561; *Grunewald,* Interne Aufklärungspflichten von Vorstand und Aufsichtsrat, NZG 2013, 841; *Haas,* Geschenke an Arbeitnehmer: Was ist erlaubt, was ist verboten? BC 2010, 492; *Hauschka/Moosmayer/Lösler,* Corporate Compliance – Handbuch der Haftungsvermeidung im Unternehmen, 3. Aufl. 2016; *Heidel,* Zur Weisungsgebundenheit von Aufsichtsratsmitgliedern bei Beteiligung von Gebietskörperschaften und Alleinaktionären, NZG 2012, 48; *Heißner/Benecke,* Compliance-Praxis im Wandel: von der reinen Kontrolle zum Integrity Management, BB 2013, 2923; *Held,* Die Garantenpflicht des Compliance-Officers und die D&O-Versicherung als „Allheilmittel“, CCZ 2009, 231; *Heuking/von Coelln,* „Public Compliance“ – Maßnahmen zur Regelkonformität im öffentlichen Sektor, DÖV 2012, 827; *Hölzl/Ritzenhoff,* Compliance leicht gemacht! Zu den Voraussetzungen des Verlusts, den Konsequenzen daraus und der Wiedererlangung der Zuverlässigkeit im Vergaberecht, NZBau 2012, 28; *Hoffmann,* Existenzvernichtende Haftung von Vorständen und Aufsichtsräten? NJW 2012, 1393; *Horrer/Patschke,* Strafrechtlicher Umgang mit Fremdzahlungen von Geldbußen, -strafen und –auflagen durch Unternehmen für ihre Mitarbeiter – Können sich Unternehmensverantwortliche strafbar machen, wenn ein Unternehmen Geldstrafen, Geldbußen und Geldauflagen für seine Mitarbeiter übernimmt; *Hüffer/Koch,* AktG, 14. Aufl. 2020; *Illing/Umnuß,* Die arbeitsrechtliche Stellung des Compliance Managers – insbesondere Weisungsunterworfenheit und Reportingpflichten, CCZ 2009, 1; *Jahn,* Compliance, Litigation-PR und die Medien, CCZ 2011, 139; *Jüttner,* Die 42 der Compliance – Das Kriterium der Wirksamkeit eines Compliance Management Systems, CCZ 2018, 168; *Jüttner/Artinger/Keller/Petersen,* Compliance-Risiken unter Unsicherheit effektiv managen, CCZ 2019,225; *Karlsruhe Kommentar zum OWiG,* 5. Aufl. 2018; *Kiethe,* Vermeidung der Haftung von geschäftsführenden Organen durch Corporate Compliance, GmbHR 2007, 393; *Kindler,* Umfang der Pflicht von Betriebsinhabern und Vorgesetzten zur Verhinderung von Straftaten nachgeordneter Mitarbeiter, GWR 2012, 48; *Klein/Uckel/Ibler,* Kommunen als Unternehmer (Bayern), Online-Ausgabe; *Klindt/Pelz/Theusinger,* Compliance im Spiegel der Rechtsprechung, NJW 2010, 2385, *Kort,* Compliance-Pflichten und Haftung von GmbH-Geschäftsführern, GmbHR 2013, 566; *Kopp,* Recht, Transparent und Integrität beim Lobbying – Compliance angesichts von Regulierung und Selbstverpflichtung, CCZ 2013, 67; *Krause,* Strafrechtliche Haftung des Aufsichtsrates, NStZ 2011, 57; *Krause/Albien,* BB-Gesetzgebungs- und Rechtsprechungsreport zu Compliance 2012/2013, BB 2013, 2883; *Krieger/ Günther,* Die arbeitsrechtliche Stellung des Compliance Officers – Gestaltung einer Compliance Organisation unter Berücksichtigung der Vorgaben im BGH-Urteil vom 17.7.2009, NZA 2010, 367; *Kromer/Henschel/Simshäuser,* Umsetzung einer effektiven Tax Compliance Organisation – Teil I: Erfüllung von Steuererklärungs-

pflichten, BB 2013, 2903; *Lackhoff/Schulz,* Das Unternehmen als Gefahrenquelle? Compliance-Risiken für Unternehmensleiter und Mitarbeiter, CCZ 2010, 81; *Löw,* Korruptionsdelikte im Lichte der Compliance-Funktion – „Aber Sie doch, wie es läuft", JA 2013, 88; *Loritz/Wagner,* Haftung von Vorständen und Aufsichtsräten, DStR 2012, 2189; *Marschlich,* Praxis der Compliance-Organisation: Zuständigkeit der Compliance-Organisation, CCZ 2010, 195; *Meier,* Der Arbeitsvertrag des Compliance-Beauftragten – Rechtliche Notwendigkeiten und Möglichkeiten, NZA 2011, 779; *Meier-Greve,* Zur Unabhängigkeit des sog. Compliance-Officers, CCZ 2010, 216; *Mengel,* Compliance und Arbeitsrecht, 2. Aufl. 2020; *Menner/Bexa,* Praktische Vorgehensweise bei der Einführung eines Tax Compliance Management Systems im Unternehmen, CCZ 2019, 129; *Moll,* Münchener Anwaltshandbuch Arbeitsrecht, 4. Aufl. 2017; *Moosmayer,* Compliance – Praxisleitfaden für Unternehmen, 3. Aufl. 2015; *Moosmayer,* Modethema oder Pflichtprogramm guter Unternehmensführung? – Zehn Thesen zu Compliance, NJW 2012, 3013; *Münchner Kommentar zum AktG,* 5.Aufl. 2019; *Münchner Kommentar zum GmbHG, 3.* Aufl. 2018; *Ohrtmann/Gimnich,* Compliance – Praxishandbuch für öffentliche Unternehmen, 2. Aufl. 2013; *Otto/Fonk,* Haftung und Corporate Compliance in der öffentlichen Wirtschaft – Aspekte der Haftungsvermeidung aus Sicht kommunaler Unternehmen, CCZ 2012, 161; *Pauli/Albrecht,* Die Erfüllung gesetzlicher Risikomanagement-Anforderungen mit Hilfe von Risikomanagement-Informationssystemen, CCZ 2014, 17; *Pauthner/de Lamboy,* Aufbau unternehmensinterner Kompetenz- und Wissensressourcen für das Compliance Management – A. Teil 1 – Grundlagen des Compliance-Kompetenzmanagements, CCZ 2011, 106; *Pauthner/de Lamboy,* Aufbau unternehmensinterner Kompetenz- und Wissensressourcen für das Compliance Management – B. Teil 2 – Aufbau von Compliance-Ressourcen durch geeignete und angemessene Schulungskonzepte und Schulungsformen, CCZ 2011, 146; *Peters/Hecker,* BB-Report zu Änderungen des DCGK im Jahr 2013, BB 2013, 2887; *Pisani,* Compliance: Wege aus der persönlichen Haftung, Energiewirtschaftliche Tagesfragen 2013, 97; *Plagemann,* Der Aufsichtsratsausschuss für Integrität, Unternehmenskultur und Unternehmensreputation am Beispiel des Integritätsausschusses der Deutsche Bank AG, NZG 2013, 1293; *PwC,* Compliance und Unternehmenskultur – Zur aktuellen Situation in deutschen Großunternehmen, 2010; *PwC,* Kriminalität im öffentlichen Sektor 2010 – Auf der Spur von Korruption & Co, 2010; *Raiser,* Kommuale Corporate Governance Kodizes – Zum Verhältnis von Aktienrecht und Kommunalrecht, Hans Böckler Stiftung, Arbeitspapier 226, November 2010; *Reichert/Lüneborg,* Compliance in der GmbH – 10 Jahre MoMiG, GmbHR 2018, 1141; *Rieble,* Zivilrechtliche Haftung der Compliance-Agenten, CCZ 2010, 1; *Rauch,* Energierechtliche Compliance nach § 7a Abs. 5 EnWG – ein Fall privater Selbstregulierung, CCZ 2011, 175; *Römermann,* Münchener Anwaltshandbuch, GmbH-Recht, 4. Aufl. 2018; *Rudkowski,* Die Aufklärung von Compliance-Verstößen durch „Interviews", NZA 2011, 612; *Salvenmoser/Hauschka,* Korruption, Datenschutz und Compliance, NJW 2010, 331; *Schäfer/Baumann,* Compliance-Organisation und Sanktionen bei Verstößen, NJW 2011, 3601; *Schmid,* Die Garantenpflicht des Compliance-Beauftragten zur Verhinderung fremder Straftaten, JA 2013, 835; *Scherer,* Good Governance und ganzheitliches strategisches und operative Management: Die Anreicherung des „unternehmerischen Bauchgefühls" mit Risiko-, Chancen- und Compliancemanagement, CCZ 2012, 201; *Schreiber,* Implementierung von Compliance-Richtlinien, NZA-RR 2010, 617; *Schürrle/Olbers,* Compliance-Verantwortung in der AG – Praktische Empfehlungen zur Haftungsbegrenzung an Vorstände und Aufsichtsräte, CCZ 2010, 102; *Spindler,* Beratungsverträge mit Aufsichtsratsmitgliedern – Die Fresenius-Entscheidung des BGH, NZG 2012, 1161; *Schröder,* Anforderungen an einen Compliance-/CSR-Prozess im Lieferantenmanagement (Compliance-Risiko: Korruption); *Spindler/Stilz,* Aktiengesetz, 4. Aufl. 2019; *Strohn,* Pflichtenmaßstab und Verschulden bei der Haftung von Organen einer Kapitalgesellschaft; *Transparency International,* Checkliste für „Self-Audits" zur Korruptionsprävention in Unternehmen, 2007; *Transparency International,* Korruptionsbekämpfung in Deutschland: Institutionelle Resourcen der Bundesländer im Vergleich, 2012; *Troßbach,* Geschäftspartner-Compliance – Wichtig wie nie zuvor, aber wie etabliert mein Unternehmen einen angemessenen Prozess?, CCZ 2017, 216; *Umnuß,* Corporate Compliance Checklisten – Rechtliche Risiken im Unternehmen erkennen und vermeiden, 4. Aufl. 2020; *VKU,* Compliance in kommunalen Unternehmen – Ein Überblick, 3. Aufl. 2019; *Vogt,* Compliance und Investigations – Zehn Fragen aus der Sicht der arbeitsrechtlichen Praxis, NJW 2009, 3755; *Walther/Zimmer,* Mehr Rechtssicherheit für Compliance-Ermittlungen, BB 2013, 2933; *Warnecke,* Die Garantenstellung von Compliance-Beauftragten, NStZ 2010, 312; *Withus/Hein,* Prüfung oder Zertifizierung eines Compliance Management Systems – Voraussetzungen und mögliche Rechtsfolgen; *Wolf,* Der IDW Prüfungsstandard 980 zur ordnungsgemäßen Prüfung von Compliance Management Systemen, DStR 2011, 997; *Zenke/Schäfer/Brocke,* Compliance in Energieversorgungsunternehmen – Ein Praxishandbuch; *Ziemons/Jaeger/Pöschke,* BeckOK, GmbHG, 43. Edition, Stand: 1.2.2020.

1. Einführung

Compliance ist zwar ein Modethema, aber keine bloße Modeerscheinung[168] und erfährt infolgedessen seit einigen Jahren immer größere Aufmerksamkeit sowohl in der Öffentlichkeit durch mediale Berichterstattung als auch in der Unternehmenspraxis. Einer der ersten großen öffentlichkeitswirksamen Fälle war im Jahr 2006 die sog. Ruhrgas-Affäre, die damit begann, dass bekannt wurde, dass die Aufsichtsratsmitglieder eines kommunalen Gasversor- 327

[168] *Von Busekist/Hein,* CCZ 2012, 41.

gers, meist führende Mandatsträger aus den angeschlossenen Stadt- und Kreisräten, nebst Begleitung in einem edlen Hotel in Rom verbrachten. Offiziell als Arbeitsbesuch tituliert, soll das Tourprogramm Themen der Gaswirtschaft aber nur gestreift haben. Die Kosten der Reise, etwa 90.000 Euro, teilte man sich brüderlich. Zwei Drittel übernahm Ruhrgas direkt, ein Drittel zahlte zunächst die lokale Gasgesellschaft. Später gewährte Ruhrgas Lieferrabatte und füllte so die Kasse der lokalen Gasgesellschaft wieder auf[169]. Ein staatsanwaltschaftliches Ermittlungsverfahren wurde mit der Begründung eingeleitet, die Vergnügungsreise sei bezahlt worden, um sich geschäftliche Vorteile zu verschaffen. Der Ruhrgas-Affäre folgte der Siemens-Korruptionsskandal mit der Aufdeckung schwarzer Kassen und in dessen Folge der Aufbau eines umfangreichen Compliance-Management-Systems in den Jahren 2007 und 2008 als Reaktion auf die Ermittlungen der Staatsanwaltschaft München, der US-Börsenaufsicht, des US-Justizministeriums und zahlreicher anderer Ermittlungsbehörden weltweit[170]. Viel beachtet wurden auch die von den Kommunalen Wasserwerken Leipzig (KWL) ausgehenden Negativschlagzeilen wegen der untreue- und betrugsrelevanten Aktivitäten ihres ehemaligen Geschäftsführers[171]. Die Liste an Beispielen ist lang[172]. Aktuell tauchen auch Pressemeldungen über Manipulationsversuche im Zusammenhang mit den zahlreichen, aktuell stattfindenden Neuvergaben von Strom- und Gaskonzessionen durch die konzessionsgebenden Gemeinden an die das jeweilige Netz betreibenden Strom- oder Gasversorgungsunternehmen auf[173]. Ebenso sorgte die Anklage gegen den früheren Geschäftsführer eines Klinikums wegen des Verdachts der Untreue in 99 Fällen, der Vorteilsannahme in drei Fällen und der Bestechlichkeit für Schlagzeilen. Er soll Verwandte über Fremdfirmen zu nicht vertretbaren Konditionen angestellt und Aufträge

[169] Vgl. Focus vom 23.1.2006, Korruption – Ratsherren gekauft.

[170] Vgl. *Moosmayer,* Compliance, Rn. 362.

[171] In dem Prozess wirft die Staatsanwaltschaft Leipzig dem ehemaligen Geschäftsführer Untreue, Bestechlichkeit, Bilanzfälschung und Steuerhinterziehung vor. Er soll hinter dem Rücken der Aufsichtsgremien von 2005 bis 2007 riskante Finanzwetten unter anderem bei der Schweizer Großbank UBS abgeschlossen haben, die mittlerweile geplatzt sind. Der Stadt Leipzig soll dadurch ein Schaden von bis zu 300 Millionen Euro entstanden sein. Die zwei mitangeklagten Finanzberater sollen den ehemaligen Geschäftsführer mit rund 3,5 Millionen Euro bestochen haben.

[172] Vgl. z. B. Aachener Zeitung vom 14.8.2012: Ein Bürgermeister soll in seiner Funktion als damaliger Aufsichtsratsvorsitzender einer kommunalen Gesellschaft dem Geschäftsführer zwei Mal Vorauszahlungen auf Tantiemen angeboten und deren Auszahlung bewilligt haben, die diesem laut seinem Anstellungsvertrag gar nicht zustanden. In einem dritten Fall soll sich der Geschäftsführer Tantiemen selbst bewilligt und ausgezahlt haben. Kern der Anklage ist der Anstellungsvertrag des Geschäftsführers, der ihm zusätzlich zum Grundgehalt von 96.000 Euro pro Jahr eine nach Umsatz gestaffelte jährliche Umsatzbeteiligung in Aussicht stellte. Die Gesellschaft war zu dem Zweck gegründet worden, private Investitionsmittel und Fördergelder zu akquirieren: beim Land, beim Bund, bei der EU. Je mehr Geld der Geschäftsführer eintrieb, desto mehr Tantiemen gestand ihm sein Anstellungsvertrag zu, maximal 25.000 Euro pro Jahr. Die Staatsanwaltschaft ging davon aus, dass die Abschlagszahlungen für zu erwartende Tantiemen für die Jahre 2004 bis 2007 vom Bürgermeister zu Unrecht angeboten und bewilligt und vom Geschäftsführer zu Unrecht akzeptiert worden seien. In beiden Fällen habe es sich „um höhere fünfstellige Summen" gehandelt. In dem dritten, nur dem Geschäftsführer zur Last gelegten Fall um 25.000 Euro. Während ihrer Ermittlungen hat die Staatsanwaltschaft Beweise dafür zusammengetragen haben, dass die Gesellschaft von 2005 bis 2007 defizitär gewirtschaftet und keine nennenswerten Summen akquiriert habe. 2004 seien zwar Umsätze verzeichnet worden; doch die für diese Umsätze ausgezahlte Tantieme sei gemäß Anstellungsvertrag um ein Vielfaches zu hoch gewesen. Vgl. außerdem Berliner Morgenpost vom 10.9.2012: Einem Stadtwerke-Geschäftsführer war vorgeworfen worden, an den Aufsichtsgremien vorbei einem Fußball-Drittligisten heimlich Bürgschaften gewährt zu haben. Der Geschäftsführer war zugleich Chef des Aufsichtsrats des Fußballklubs. Die Staatsanwaltschaft ging von einer fremdnützigen Untreue aus, auch wenn dem Unternehmen kein wirklicher Schaden entstanden sei und der Geschäftsführer sich keine privaten Vorteile verschafft habe. Als Konsequenz beriefen die Stadtverordneten eine Transparenz-Kommission ein, in der die Gehälter in kommunalen Unternehmen offengelegt werden, neue Regeln für Sponsoring aufgestellt wurden und ein Anti-Korruptionsbeauftragter bestellt wurde.

[173] Vgl. beispielsweise Südwestpresse vom 3.5.2013: Danach soll ein Mitarbeiter der EnBW einen Bürgermeister dazu gedrängt haben, den Stromkonzessionsvertrag mit der EnBW zu verlängern und nicht einen anderen Betreiber für das Stromnetz zu beauftragen. Als Gegenleistung habe der EnBW-Mitarbeiter dem Bürgermeister das große Sommerschirmzelt des Energiekonzerns angeboten, um es kostenlos für ein Dorffest nutzen zu können.

zu ungewöhnlich hohen Summen vergeben haben. Auch soll er etwa privat gratis Steuerberatungsleistungen erhalten haben im Gegenzug für die Vergabe von Klinik-Aufträgen. Zuletzt wurde mehreren Geschäftsführern einer Nahverkehrsgesellschaften vorgeworfen, überhöhte Kaufpreise für Busse verabredet und sich dadurch wegen Bestechlichkeit, Untreue und wettbewerbswidriger Absprache strafbar gemacht zu haben. Zuletzt machte der Skandal um die Kostenexplosion bei der Errichtung des World Congress Centers in Bonn (WCCB) Schlagzeilen, der letztlich durch das VG Köln[174] in einem Schadensersatzurteil gegen Oberbürgermeisterin und Stadtkämmerer wegen grob fahrlässiger Verletzung beamtenrechtlicher Dienstpflichten endete.

Nach einer Studie der Wirtschaftsprüfungsgesellschaft PwC zur Kriminalität im öffentlichen Sektor[175] wird die öffentliche Verwaltung durch verschiedene Formen von Kriminalität, insbesondere Vermögens- und Urkundendelikte sowie wettbewerbswidrige Absprachen und Subventionsbetrug geschädigt. Danach war fast jede dritte Behörde (29 %) in den letzten zwei Jahren nachweislich von mindestens einer strafbaren Handlung betroffen. Sogar 44 % der Behörden berichteten von konkreten Verdachtsfällen. Während die Zahl der nachgewiesenen Fälle von Korruption in der öffentlichen Verwaltung relativ niedrig ist, vermuteten über 25 % der Verwaltungen in den letzten zwei Jahren mindestens einen Fall von Vorteilsannahme und 14 % einen Fall von Bestechlichkeit. Außerdem berichtet jede fünfte Behörde von Bestechungsversuchen gegenüber ihren Mitarbeitern durch Privatpersonen oder Unternehmen. Ausgehend von insgesamt 8.500 Strafanzeigen wegen Korruption im Jahr 2008 schätzt man die Zahl der jährlichen Korruptionsverdachtsfälle in der öffentlichen Verwaltung auf circa 20.000. Infolgedessen haben rund 80 % der befragten Behörden interne Richtlinien zur Korruptionsbekämpfung und zur Annahme von Belohnungen und Geschenken eingeführt. Dennoch sind die Kontroll- und Präventionsmaßnahmen oft unzureichend; die Aufdeckung von Straftaten ist häufig von Zufällen abhängig. Insbesondere Korruptionsfälle werden erst von Strafverfolgungsbehörden aufgedeckt[176]. Dem Thema Compliance kann sich damit weder ein privates noch ein öffentliches Unternehmen, insbesondere auch kein kommunales Unternehmen mehr verschließen. 328

Entscheidend bei der Umsetzung eines Compliance-Programms ist es nicht, Rechtsverstöße Einzelner völlig auszuschließen, sondern systematisches Fehlverhalten im Unternehmen zu verhindern bzw. entsprechende Warnzeichen rechtzeitig zu erkennen, um Gegenmaßnahmen einleiten zu können[177]. 329

2. Begriffsbestimmung

Es existiert keine allgemein gültige oder gar gesetzlich fixierte Definition für den Begriff „Compliance", so dass über dessen Bedeutung in der Praxis oft erhebliche Unklarheit herrscht[178]. Der Begriff wurde wie auch der der „Corporate Governance" aus der angelsächsischen Rechtsterminologie in das deutsche Recht übernommen und kann wörtlich mit „Befolgung, Einhaltung, Konformität, Ordnungsmäßigkeit oder Übereinstimmung" übersetzt werden[179]. Mit dem ursprünglich aus der Medizin stammenden Begriff wurde das Verhalten eines Patienten beschrieben, sich an die Therapievorgaben des Arztes zu halten, d. h. therapietreu oder compliant zu sein[180]. So wie sich der Patient zur Erreichung des Behandlungserfolges an die Therapievorgaben seines Arztes zu halten hat, verlangt Compliance von den Unternehmen und deren Organen, dass sie im Einklang mit den 330

[174] Urteile des VG Köln v. 10.9.2020 – 19 K 4769/18 und 19 K 4770/18 (nrkr.).
[175] *PwC,* Kriminalität im öffentlichen Sektor 2010 – Auf der Spur von Korruption & Co, 2010.
[176] Vgl. *PwC,* a. a. O.
[177] Vgl. *Moosmayer,* Compliance, S. 3.
[178] Vgl. *Schäfer/Holzingen,* in: *Zenke/Schäfer/Brocke,* Compliance in Energieversorgungsunternehmen, S. 5.
[179] Vgl. *Heuking/von Coelln,* DÖV 2012, S. 827, 828.
[180] Vgl. *Schäfer/Holzingen,* a. a. O., S. 6.

geltenden gesetzlichen und den selbst auferlegten Regeln, also rechtskonform handeln müssen[181].

331 Der Begriff „Compliance" ist auch gegenüber dem Risikomanagement[182] abzugrenzen. Während es Aufgabe des Risikomanagements ist, eine vornehmlich ökonomische Risikobewertung einzelner Handels- und Geschäftsvorgänge im Unternehmen vorzunehmen[183], zielt Compliance durch präventives Handeln auf die Einhaltung gesetzlicher Vorschriften und sonstiger Regeln, damit keine Haftungsfälle oder Imageschäden für das Unternehmen entstehen[184].

332 Daran knüpfen auch der Deutsche Corporate Governance Kodex (DCGK)[185] in Grundsatz 5 und der Public Corporate Governance Kodex des Bundes (PCGK)[186] in Nr. 4.1.2 an, die Compliance jeweils dahingehend definieren, dass die Geschäftsleitung für die Einhaltung der gesetzlichen Bestimmungen und der internen Richtlinien zu sorgen hat und auf deren Beachtung im Unternehmen hinwirkt.[187] Ähnlich definiert der Prüfungsstandard des Instituts der Wirtschaftsprüfer zur ordnungsgemäßen Prüfung von Compliance-Management-Systemen (IDW PS 980) den Begriff Compliance als die Einhaltung von Regeln, d. h. von gesetzlichen Bestimmungen und unternehmensinternen Richtlinien und infolgedessen ein Compliance-Management-System als die Gesamtheit der Grundsätze und Maßnahmen eines Unternehmens zur Einhaltung dieser Regeln und damit zur Vermeidung von Regelverstößen[188].

333 Folgerichtig wird man den Bedeutungsgehalt des Begriffs „Compliance" daher weitergehend als Verpflichtung aller Mitarbeiter und der Geschäftsleitung zur Beachtung der rechtlichen Vorschriften und sonstigen Regeln des Unternehmens verstehen müssen[189]. Zu diesen sonstigen Regeln des Unternehmens gehören insbesondere Unternehmenssatzung, Geschäftsordnungen für Geschäftsführung und Aufsichtsrat, Unterschriftenregelungen,

---

181 Vgl. *Hauschka*, in: *Hauschka/Moosmayer/Lösler*, Corporate Compliance, § 1 Rn. 2–4.

182 Seit 1998 schreibt das Gesetz zur Kontrolle und Transparenz im Unternehmensbereich vom 27.4.1998 (KonTraG) für Handelsgesellschaften die Einrichtung eines Risikomanagementsystems vor. Ausgehend von § 91 Abs. 2 AktG besteht die Verpflichtung, ein mit einem Frühwarnsystem verbundenes Risikomanagementsystem einzurichten.

183 Vgl. *BDEW-Info,* Compliance-Anwendungshilfe für die Praxis, S. 4: „Um Mehrarbeit oder Doppelarbeit zu vermeiden, kann das Compliance-Risikomanagement eng in das übrige Risikomanagement des Unternehmens eingebunden werden. Letzteres nimmt in ähnlicher Art und Weise Risiken auf und bewertet sie. Zwischen Compliance-Management- und Risikomanagement-Systemen bestehen demnach methodische und inhaltliche Überschneidungen. Gegebenenfalls kann auch eine Verbindung beider Systeme für eine effiziente Organisation und/oder die Durchführung gemeinsamer Workshops sinnvoll sein. Denn Mängel in der Compliance des Unternehmens können zugleich Risiken darstellen, die in den Aufgabenbereich des übrigen Risikomanagements fallen. Alternativ ist es möglich – soweit das Unternehmen legale Risiken aus normaler unternehmerischer Tätigkeit von solchen aus Regelverstößen (Risiken aus illegalem Handeln) getrennt halten will – eine klare Schnittstellenabgrenzung zu treffen."

184 Vgl. *Schäfer/Holzingen,* a. a. O., S. 10.

185 Die Regierungskommission Deutscher Corporate Governance Kodex hat am 16. Dezember 2019 eine neue Fassung des Kodex beschlossen. Der neue Kodex wurde am 23. Januar 2020 beim Bundesministerium der Justiz und für Verbraucherschutz zur Prüfung und Veröffentlichung eingereicht. Der Kodex 2020 wird mit der Veröffentlichung durch das Ministerium im elektronischen Bundesanzeiger in Kraft treten und damit den bis dahin gültigen Kodex in der Fassung vom 7. Februar 2017 ablösen.

186 Stand: 30.6.2009.

187 Empfehlungen und Anregung A2 DCGK: „Der Vorstand soll für ein an der Risikolage des Unternehmens ausgerichtetes Compliance Management System sorgen und dessen Grundzüge offenlegen. Beschäftigten soll auf geeignete Weise die Möglichkeit eingeräumt werden, geschützt Hinweise auf Rechtsverstöße im Unternehmen zu geben; auch Dritten sollte diese Möglichkeit eingeräumt werden."

188 Vgl. IDW PS 980 Tz. 6.

189 Vgl. *Schäfer/Holzingen,* a. a. O., S. 9; *Moosmayer,* Compliance, Rn. 1: „Eine inhaltliche Einschränkung bei der Begriffsdefinition etwa auf das Antikorruptionsrecht oder das Wettbewerbsrecht ist dabei nicht zulässig. Die Verantwortung der Unternehmensleitung erstreckt sich eben nicht nur darauf, dass keine Bestechungsgelder gezahlt oder wettbewerbswidrige Absprache getroffen werden, sondern in gleicher Weise etwa auch auf die Einhaltung des Datenschutzrechts, des Außenwirtschaftsrechts, die Bekämpfung der Geldwäsche oder auf die Bestimmungen zum Schutz der Umwelt und der Arbeitssicherheit."

Dienst- und Arbeitsanweisungen und sonstige unternehmensinterne bzw. innerbetriebliche Regelungen.

3. Notwendigkeit des Aufbaus eines Compliance-Management-Systems

a) Allgemeine Pflicht des Unternehmensinhabers

Der Einhaltung bestimmter Regeln immanent ist die Verhinderung von Regelverstößen. **334** Die durch solche Regelverstöße ausgelösten Haftungsrisiken, Reputationsverluste und finanziellen Aufwendungen können für Unternehmen im Einzelfall sogar Existenz bedrohend sein. Die Nichteinhaltung von Regeln kann nämlich zu Unternehmensstrafen, Bußgeldern, Gewinnabschöpfungen oder dem Verfall des durch den Gesetzesverstoß erzielten Gewinns führen. Gleichzeitig resultiert aus dem Verstoß oftmals ein erheblicher Imageverlust.

Das deutsche Recht kennt aber keine allgemeingültigen gesetzlichen Regelungen, die **335** der Geschäftsleitung eines Unternehmens ausdrücklich die Einrichtung eines Compliance-Management-Systems vorschreiben[190]. Die Notwendigkeit der Einhaltung von Compliance-Regeln ist nicht in einer Norm geregelt, sondern ergibt sich aus verschiedenen vom Gesetzgeber getroffenen spezialgesetzlichen Regelungen, die aber durchaus Anhaltspunkte für die Ausgestaltung und Dokumentation in anderen Rechtsgebieten mit vergleichbaren Risiken liefern können[191]. Aus einer Vielzahl solcher Regelungen ist die bußgeldbewehrte[192] Norm des § 130 OWiG hervorzuheben, die den Betriebsinhaber zu einer „gehörigen Aufsicht“, also zu objektiv zumutbaren Aufsichtsmaßnahmen verpflichtet[193], um die Verletzung von betriebsbezogenen Pflichten zu verhindern. Grundsätzlich sind Unternehmensinhaber und vertretungsberechtigte Unternehmensorgane (vgl. § 9 Abs. 1 Nr. 1 OWiG) daher über § 130 OWiG gefordert, dafür Sorge zu tragen, dass aus dem Unternehmen heraus keine Gesetzesverstöße erfolgen; eine flächendeckende Kontrolle kann aber nicht gefordert werden[194]. Eine Pflicht zur Sicherstellung der Compliance ergibt sich auch aus

[190] Vgl. *Orthmann/Gimnich,* Compliance – Praxishandbuch für öffentliche Unternehmen, 2. Aufl. 2013, S. 9; *Schäfer/Holzingen,* a. a. O., S. 18.

[191] Vgl. beispielsweise § 33 Abs. Nr. 1 WpHG, wonach ein Wertpapierdienstleistungsunternehmen „angemessene Grundsätze aufstellen, Mittel vorhalten und Verfahren einrichten [muss], die darauf ausgerichtet sind, sicherzustellen, dass das Wertpapierdienstleistungsunternehmen selbst und seine Mitarbeiter den Verpflichtungen dieses Gesetzes nachkommen, wobei insbesondere eine dauerhafte und wirksame Compliance-Funktion einzurichten ist, die ihre Aufgaben unabhängig wahrnehmen kann“.

[192] Bei Verletzung kann gegen den Inhaber des Betriebes gem. § 130 Abs. 3 OWiG eine Geldbuße festgesetzt werden; die durch Zuwiderhandlungen erzielten Mehrerlöse können nach §§ 30 Abs. 3 i. V. mit 17 Abs. 4 OWiG abgeschöpft werden.

[193] Vgl. *Rogall,* in: Karlsruher Kommentar zum OWiG, § 130 Rn. 49: „Nicht verlangt werden können ferner Maßnahmen, die in ihrem Umfang und damit in kostenmäßiger Hinsicht wirklichkeitsfremd und überspannt sind.... Auch eine übermäßige Bürokratisierung des Unternehmens und damit eine Beeinträchtigung von dessen Effektivität soll ebenso verhindert werden wie solche Maßnahmen, die wenig Aussicht auf Erfolg haben; denn Aufsichtsmaßnahmen, die nur ein „Stochern im Netz“ sind und nur „Zufallstreffer“ einbringen können, sind weder erforderlich iSd. § 130 noch zumutbar.“

[194] Vgl. OLG Düsseldorf: Urteil vom 5.4.2006 – 2 Kart 5, 6/05: „Dem Betroffenen ist vorzuwerfen, dass er die durchführbaren und zumutbaren Organisationsmaßnahmen, die erforderlich und geeignet sind, Verstöße gegen kartellrechtliche Bestimmungen zu verhindern, nicht ergriffen hat. Das Ausmaß der Aufsichtspflicht hängt von den Umständen des Einzelfalles ab. Die Aufsichtspflicht soll die Beachtung der bestehenden Gebote und Verbote gewährleisten und muss folglich so ausgeübt werden, dass die betriebsbezogenen Pflichten aller Voraussicht nach eingehalten werden. Zu den erforderlichen Aufsichtsmaßnahmen gehören insbesondere die sorgfältige Auswahl der Mitarbeiter und gegebenenfalls die Bestellung von Aufsichtspersonen, sachgerechte Instruktion und Aufgabenverteilung, Aufklärung, Belehrung und Überwachung der Mitarbeiter und Aufsichtspersonen, unter Umständen auch Androhung und Vollzug zulässiger Sanktionen.... Die Aufsichtsmaßnahmen müssen objektiv erforderlich und zumutbar sein, wobei der Maßstab wesentlich durch die konkreten Zuwiderhandlungsgefahren in dem jeweiligen Betrieb geprägt ist.... Für den Umfang der Maßnahmen ist die Sorgfalt bestimmend, die einem ordentlichen Angehörigen des jeweiligen Tätigkeitsbereichs abverlangt werden kann....Erforderlich sind von vornherein nur solche Aufsichtsmaßnahmen, die auch geeignet sind, betriebsbezogene Verstöße zu verhindern. Dies ergibt sich daraus, dass § 130 OWiG keine „flächendeckende Personalkontrolle“, also nicht die

§ 91 AktG (Organisation, Buchführung), § 93 AktG (Sorgfaltspflicht und Verantwortlichkeit der Vorstandsmitglieder) sowie § 43 GmbHG (Haftung der Geschäftsführer). Daneben empfiehlt der Deutsche Corporate Governance Kodex die Beachtung der dort für börsennotierte Gesellschaften und Gesellschaften mit Kapitalmarktzugang aufgestellten Regeln durch nicht kapitalmarktorientierte Gesellschaften, so dass mit ihrer Einhaltung den unternehmerischen Sorgfaltspflichten Genüge getan werden kann[195].

b) Aktienrecht

336 Nach § 76 Abs. 1 AktG obliegt dem Vorstand einer Aktiengesellschaft deren Leitung. § 91 Abs. 2 AktG verlangt vom Vorstand in diesem Rahmen ausdrücklich ein Überwachungssystem einzurichten, damit den Fortbestand der Gesellschaft gefährdende Entwicklungen frühzeitig erkannt werden. Der Vorstand muss also zur Vorbeugung gegen Haftungsrisiken ein Risikofrüherkennungssystem und damit Compliance-Instrumentarien implementieren[196]. Für die Aktiengesellschaft ist es heute – spätestens seit der sog. Neubürger-Entscheidung[197] – allgemein anerkannt, obwohl im Aktiengesetz nicht ausdrücklich normiert, dass der Vorstand zur Einrichtung eines Compliance-Management-Systems verpflichtet ist[198]. Diese Pflicht des Vorstands, durch organisatorische Vorkehrungen für die Einhaltung gesetzlicher Bestimmungen und unternehmensinterner Richtlinien durch Unternehmensangehörige zu sorgen, findet ihre Rechtsgrundlage in der Leitungs- und Organisationsverantwortung des Vorstands aus §§ 76 Abs. 1, 93 Abs. 1 AktG. Der Vorstand muss dafür Sorge tragen, dass geeignete Maßnahmen und organisatorische Vorkehrungen im Unternehmen getroffen werden, damit die Einhaltung von geltendem in- und ausländischem Recht und interner Richtlinien des Unternehmens gewährleistet ist; die Organisation der Gesellschaft und deren interne Entscheidungsprozesse müssen Gesetz und Satzung entsprechen. Die Legalitätspflicht der Leitungsorgane erschöpft sich nicht in eigener Rechtstreue, sondern schließt eine Legalitätskontrolle fremder Personen ein (Legalitäts- und Organisationspflicht). Jedes Vorstandsmitglied muss daher in seinem Verantwortungsbereich durch geeignete organisatorische Maßnahmen für ein gesetzestreues Verhalten auch auf nachgeordneten Leitungsebenen sorgen[199], um Gesetzesverstöße von sämtlichen Unternehmensangehörigen zu unterbinden.[200] Der Vorstand hat im Rahmen seiner Leitungs-

---

Aufsicht bloß um der Aufsicht willen, sondern nur solche Maßnahmen fordert, die eine hohe Wahrscheinlichkeit dafür bieten, dass betriebsbezogene Verstöße unterbleiben. Aufsichtsmaßnahmen, von denen keinerlei Verhaltensbeeinflussung ausgehen kann, sind von vornherein als untauglich anzusehen."

195 Vgl. *Orthmann/Gimnich,* a. a. O., S. 9. Siehe auch die Ausführungen unter Ziffer 6. a) bb), wonach der BGH in seinem Urteil vom 9.5.2017 – 1 StR 265/161 festgestellt hat, dass für die Bemessung des Bußgelds nach § 30 I OWiG entscheidend ist, **inwieweit** ein **effizientes Compliance-Management installiert** wurde, um der Pflicht, Rechtsverletzungen aus der Sphäre des Unternehmens zu verhindern, zu genügen.

196 Vgl. *Orthmann/Gimnich,* a. a. O., S. 10.

197 LG München I, Urt. v. 10.12.2013 – 5 HK O 1387/10 („Siemens/Neubürger").

198 Vgl. *Fleischer,* in: *Spindler/Stilz,* Aktiengesetz, § 91 Rn. 47; *Hüffer/Koch,* AktG, § 76 Rn. 11 ff. m. w. N.; *Kort,* GmbHR 2013, 566; *Orthmann/Gimnich,* a. a. O., S. 9. Zurückhaltender dagegen *Spindler,* in *Münchner Kommentar zum AktG,* § 91 Rn. 66, der es zum einen für eine Selbstverständlichkeit hält, dass das Unternehmen und der Vorstand als sein Leitungsorgan gesetzliche Bestimmungen einzuhalten haben und dass der Vorstand zum anderen auch hier einen Ermessensspielraum im Sinne der Business Judgement Rule genießt, wie die Compliance-Organisation zu gestalten ist. Er kommt daher zum Ergebnis, dass eine Rechtspflicht für alle Unternehmen, gleich welcher Größe, Branche etc., ein umfassendes Compliance-Management-System einzurichten nicht angenommen werden kann, sondern es entscheidend auf die Größe, Struktur und Lage des Unternehmens, das Risikopotential der Märkte, auf dem das Unternehmen tätig ist, sowie die Art des Kapitalmarktzugangs ankommt. Vgl. auch LG Kiel, Urteil vom 5.2.2016 – 14 HKO 134/12 in Fn. 141.

199 Vgl. *Fleischer,* in: *Spindler/Stilz,* Aktiengesetz, § 91 Rn. 47.

200 Vgl. LG München I, Urt. v. 10.12.2013 – 5 HK O 1387/10 („Siemens/Neubürger"): Im Rahmen seiner **Legalitätspflicht** hat ein Vorstandsmitglied dafür Sorge zu tragen, dass Unternehmen **so organisiert und beaufsichtigt wird, dass keine Gesetzesverstöße** wie Schmiergeldzahlungen erfolgen. Seiner Organisationspflicht genügt ein Vorstands- bzw. Geschäftsführungsmitglied bei entsprechender Gefähr-

aufgabe und Organisationsverantwortung nach bestem Wissen dafür zu sorgen, dass alle Mitarbeiter sämtliche Vorschriften einhalten, die das Unternehmen als Rechtssubjekt treffen. Insoweit trifft sich die Legalitätskontrolle mit der Überwachungsverantwortung der Vorstandsmitglieder. Die Legalitätskontrollpflicht bzw. Überwachungspflicht der Geschäftsleiter beschränkt sich nicht auf die Kontrolle vertikaler, nachgeordneter Unternehmensebenen, sondern betrifft auch die horizontale Überwachung[201]. Die hinreichende Wahrnehmung der Compliance-Aufgabe durch den Vorstand ist ihrerseits Teil der Überwachungsverpflichtung des Aufsichtsrats nach § 111 AktG[202].

c) GmbH-Recht

Im GmbH-Gesetz fehlt ebenso wie im Aktiengesetz eine Definition des Begriffs der Compliance. Wie der Vorstand einer Aktiengesellschaft muss der Geschäftsführer einer GmbH nicht nur selbst die der Gesellschaft obliegenden Pflichten einhalten, sondern auch organisatorische Vorkehrungen treffen, die eine Beachtung von Recht und Gesetz durch die Gesellschaft, insbesondere deren Angestellte, nach außen sicherstellen[203]. Dies umfasst auch die Pflicht des Geschäftsführers im Rahmen der Gesetze, des Gesellschaftsvertrages und unter Berücksichtigung öffentlicher Interessen die Interessen der Gesellschaft zu fördern, ihre Vorteile zu wahren, Schaden von ihr abzuwenden und sich rechtstreu sowie nach den anerkannten Grundsätzen der Geschäftsmoral zu verhalten[204]. Damit ist der Geschäftsführer wie auch der Vorstand zu diesem Zweck verpflichtet, eine Compliance-Organisation einzurichten.[205] Unter Hinweis auf die schon oben erwähnte Begriffsbestimmung in Ziffer 4.1.3 DCGK, wonach der Vorstand für die Einhaltung der gesetzlichen Bestimmungen und der unternehmerischen Richtlinien zu sorgen hat, wird angenommen, dass die dortige Compliance-Verpflichtung sinngemäß nicht nur für Vorstandsmitglieder einer börsennotiert AG, sondern ebenso für Geschäftsführer von GmbH gilt[206]. Die Regelungen des Aktiengesetzes zu den Compliance-Verpflichtungen des Vorstands sollen nach dem Willen des Gesetzgebers zudem auch auf den Pflichtenrahmen der Geschäftsführung anderer Gesellschaften Ausstrahlungswirkung haben. Eine solche Ausstrahlungswirkung wird man jedenfalls bei einer GmbH mit einem mitbestimmten oder fakultativen Aufsichtsrat annehmen können[207], insbesondere weil auch die Geschäftsführer einer GmbH nach § 43 GmbHG[208], wonach diese in den Angelegenheiten der Gesellschaft die Sorgfalt eines 337

dungslage nur dann, wenn er **eine auf Schadensprävention und Risikokontrolle angelegte Compliance-Organisation einrichtet.**

201 Vgl. OLG München (23. Zivilsenat), Endurteil vom 22.10.2015 – 23 U 4861/14: „Der Geschäftsführer einer GmbH haftet nach § 43 II GmbHG, wenn er für ihn erkennbare pflichtwidrige Gehaltsauszahlungen eines Mitgeschäftsführers an sich selbst nicht verhindert oder unterbindet.

202 Vgl. *Hüffer/Koch,* AktG, § 76 Rn. 11 und § 111 Rn. 4. Beachte dazu auch BGH, Urt. v. 10.7.2018 – II ZR 24/17 **(„Schloss Eller“),** wonach dann, wenn die Satzung oder der Aufsichtsrat bestimmen, dass bestimmte Arten von Geschäften nur mit seiner Zustimmung vorgenommen werden dürfen, der Vorstand die **Zustimmung** des Aufsichtsrats grundsätzlich **vor der Durchführung des Geschäfts einzuholen** hat. Diese Zustimmung kann nur durch ausdrücklichen Beschluss des Aufsichtsrats erteilt werden und kann **nicht durch eine Entscheidung des Aufsichtsratsvorsitzenden ersetzt** werden. Der Vorstand kann aber gegenüber einer Schadensersatzklage der Aktiengesellschaft, die mit dem Verstoß gegen einen zugunsten des Aufsichtsrats eingerichteten Zustimmungsvorbehalt begründet ist, einwenden, der Aufsichtsrat hätte den von ihm durchgeführten Maßnahmen zugestimmt, wenn er ihn gefragt hätte **(Einwand des „rechtmäßigen Alternativverhaltens“).**

203 Vgl. *Beurskens,* in: *Baumbach/Hueck,* § 43 Rn. 11, wonach die Errichtung einer Compliance-Organisation von konkretem Gefährdungspotential und der Zumutbarkeit der Aufwendungen abhängen soll.

204 Vgl. *Orthmann/Gimnich,* a. a. O., S. 12 m. w. N.

205 Die im Urteil des LG München I, Urt. v. 10.12.2013 – 5 HK O 1387/10 („Siemens/Neubürger“) für den Vorstand einer AG normierten Grundsätze gelten gleichermaßen für den Geschäftsführer einer GmbH.

206 Vgl. auch *Kort,* GmbHR 2013, 566.

207 Vgl. *Otto/Fonk,* Haftung und Corporate Compliance in der öffentlichen Wirtschaft – Aspekte der Haftungsvermeidung aus Sicht kommunaler Unternehmen, CCZ 2012, 161, 162.

208 Vgl. *Heuking/von Coelln,* DÖV 2012, 827 829.

ordentlichen Geschäftsmannes anzuwenden haben, eine allgemeine Sorgfalts- und Organisationspflicht trifft.

338 Unter bestimmten Voraussetzungen, insbesondere bei Vorliegen eines bestimmten Risikopotenzials oder einer entsprechenden Zumutbarkeit[209], kann also eine Verpflichtung der Unternehmensführung bestehen, eine Compliance-Organisation aufzubauen[210]. Für das Bestehen einer solchen Verpflichtung spielen viele Faktoren eine Rolle. Anhaltspunkte sind Organisationsform, Art und Größe des Unternehmens, Branche und Tätigkeitsfeld, Anzahl der Mitarbeiter, Umfang und Bedeutung der zu beachtenden Vorschriften und Vorkommnisse oder Unregelmäßigkeiten in der Vergangenheit[211]. Dabei ist das jeweilige Risiko, inwieweit es im Unternehmen überhaupt zu Rechtsverstößen kommen kann, für die Beantwortung der Notwendigkeit einer Compliance-Organisation, ausschlaggebend, immer aber auch vor dem Hintergrund eine unnötige oder unzumutbare Überregulierung zu vermeiden[212]. Starre und überdimensionierte Lösungen gilt es zu vermeiden[213].

339 Sowohl der Aufsichtsrat als auch die Geschäftsführung sind nicht nur für die Wirksamkeit interner Kontroll- und Risikomanagementsysteme verantwortlich, sondern bereits für ihr Vorhandensein und ihren Einsatz. Die Praxis offenbart jedoch, dass bei kommunalen Unternehmen Strategien zur Haftungsvermeidung häufig noch nicht etabliert sind[214]. Vor allem kleinere Stadtwerke stehen bei der Umsetzung der neuen Anforderungen auch vor organisatorischen Problemen, weil ihre technischen Anlagen und Prozesse sowie ihre hohen Beschaffungsvolumina vergleichsweise hohe Risiken bergen. Daneben fehlen mitunter die personellen Ressourcen zur Ausbildung einer eigenständigen Compliance-Funktion, so dass Compliance-Verantwortlichkeiten eher geschäftsbereichs- bzw. abteilungsbezogen existieren. In vielen Unternehmen herrscht Unsicherheit, ob sie damit die gesetzlichen Anforderungen an eine ordnungsgemäße Compliance erfüllen. Darum sollte jedes Unternehmen, gleichgültig, ob in privater oder öffentlicher Hand, organisatorische Vorkehrungen zur wirksamen und dauerhaften Befolgung aller gesetzlichen Regelungen und unternehmensinternen Richtlinien treffen und umsetzen.

d) Anstalt des öffentlichen Rechts (Kommunalunternehmen)

340 Auch für das rechtlich selbständige Kommunalunternehmen[215] fehlt eine Definition von Compliance. Nach Art. 90 GO Bay führt der Vorstand das Kommunalunternehmen in eigener Verantwortung; die Mitglieder des Vorstands sind dabei nach § 3 Abs. 1 S. 1 KUV Bay verpflichtet mit der Sorgfalt ordentlicher Geschäftsleute vertrauensvoll und eng zum Wohl des Kommunalunternehmens zusammenzuarbeiten. Der Vorstand ist das zentrale Organ des Unternehmens und damit für den gesetz- und ordnungsgemäßen Geschäftsablauf originär zuständig. In diesem Rahmen ist er auch verpflichtet, dass bei der Wahrnehmung der Leitungsaufgaben die methodischen Grundregeln ordnungsgemäßer Unternehmensführung zu beachten sind[216]. Deshalb gehört es wegen der Stellung des Vorstands

[209] Vgl. *Beurskens,* in: *Baumbach/Hueck,* a. a.O; *Fleischer,* in: *Münchner Kommentar zum GmbHG,* § 43 Rn. 147: doppelter Vorbehalt der Erforderlichkeit und Zumutbarkeit, so dass Geschäftsführern nicht aus der ex-post-Perspektive in allen Einzelheiten vorgeschrieben werden kann, wie sie ihr Unternehmen hätten organisieren sollen, sondern Zubilligung eines Organisationsermessen hinsichtlich der näheren Compliance-Ausgestaltung und damit Schutz im Rahmen der sog. „Business Judgment Rule".
(MüKoGmbHG/Fleischer, 3. Aufl. 2019, GmbHG § 43 Rn. 148); *Schäfer/Holzingen,* a. a. O., S. 19.

[210] Vgl. *von Busekist/Hein,* Der IDW PS 980 und die allgemeinen rechtlichen Mindestanforderungen an ein wirksames Compliance Management System (1) – Grundlagen, Kultur und Ziele, CCZ 2012, 41, 43; *Hauschka,* in: *Hauschka/Moosmayer/Lösler,* § 1 Rn. 30.

[211] Vgl. *Spindler,* in: *Münchner Kommentar zum AktG,* § 91 Rn. 36; *Fleischer,* in: *Münchner Kommentar zum GmbHG,* § 43 Rn. 147; *Hauschka,* in: *Hauschka/Moosmayer/Lösler,* § 1 Rn. 31.

[212] Vgl. *Hauschka,* in: *Hauschka/Moosmayer/Lösler,* § 1 Rn. 31.

[213] *Reichert/Lüneborg,* GmbHR 2018, 1141, 1143.

[214] Vgl. *Otto/Fonk,* Haftung und Corporate Compliance in der öffentlichen Wirtschaft – Aspekte der Haftungsvermeidung aus Sicht kommunaler Unternehmen, CCZ 2012, 161.

[215] Vgl. dazu Kap. D. II.

[216] Vgl. *Klein/Uckel/Ibler,* Kommunen als Unternehmer, 33.11 Ziffer 1.4.2.

im Unternehmen auch zu seinen Pflichten abhängig von Größe, Struktur und Lage des Unternehmens sowie dessen Risikopotential eine Compliance-Organisation aufzubauen[217]. Allerdings kann die Ausgestaltung der Unternehmenssatzung und die Einflussnahme von Kommune oder Verwaltungsrat den Pflichtenrahmen im Einzelfall stark beschränken.

e) Eigenbetrieb

Anders als das Kommunalunternehmen ist der Eigenbetrieb[218] keine eigenständige juristische Person des öffentlichen Rechts, sondern ein nur wirtschaftlich selbständiges Sondervermögen, rechtlich aber Teil der juristischen Person Gemeinde oder Landkreis, so dass jeweils nur die jeweilige Kommune aus dem Handeln des Eigenbetriebs berechtigt und verpflichtet wird. Die Werkleitung ist nur für die laufenden Geschäfte zuständig, also für die Entscheidungen, die im täglichen Geschäftsgang von Art und Umfang regelmäßig wiederkehren. Zu den Aufgaben der Werkleitung gehört sowohl die unternehmerische Planung, in deren Rahmen die langfristige Strategie und die Entwicklung der Unternehmensziele, das Investitionsprogramm und seine Finanzierung festgelegt werden als auch die Organisation (Personalführung und Personaleinsatz, Koordination von Arbeitsmitteln) einschließlich der Betriebs- und Geschäftsleitung und die Kontrolle, ob und wie das durch die Planung vorgegebene Soll tatsächlich erreicht wird[219]. Im Rahmen dieses Aufgaben- und Verantwortungsbereichs muss die Werkleitung – wie bei GmbH und Kommunalunternehmen abhängig von Größe, Struktur und Lage sowie Risiko des Unternehmens – Compliance-Maßnahmen ergreifen, um den Aufgaben ordnungsgemäß gerecht zu werden, während es Aufgabe des kommunalen Vertretungsorgans als oberstem Beschlussorgan ist, ein um fassendes Compliance-Management-System zu implementieren[220]. 341

4. Implementierung eines Compliance-Management-Systems als Aufgabe der Unternehmensleitung

Der Kern der Compliance-Verpflichtungen des Vorstands bzw. Geschäftsführers wird durch § 91 Abs. 2 AktG bzw. § 43 Abs. 1 GmbHG vorgegeben, wonach diese geeignete Maßnahme zu treffen und vor allem ein Überwachungssystem einzurichten haben, damit den Fortbestand der Gesellschaft gefährdende Entwicklungen frühzeitig erkannt werden[221]. Da sich allgemein verbindliche Leitlinien zur Ausgestaltung einer Compliance-Organisation nicht aufstellen lassen, ist eine unter Berücksichtigung des Gefahrenpotenzials auf Haftungsvermeidung und Risikokontrolle angelegte Compliance-Organisation einzurichten[222], die sich auf alle insbesondere für öffentliche Unternehmen compliance-relevanten Risikobereiche wie Arbeitsrecht (insbesondere Diskriminierungsverbot), Datenschutzrecht, Gesellschaftsrecht, Kartellrecht, Korruptionsstrafrecht, Steuerrecht, Umweltrecht (insbesondere Wasser- und Immissionsschutzrecht) sowie Vergabe- und Beihilferecht erstreckt[223]. Die Verpflichtung, Compliance-Vorkehrungen zu ergreifen, ist nicht unbegrenzt, sondern steht unter dem Vorbehalt der Erforderlichkeit und Zumutbarkeit, so dass sich die Compliance-Aktivitäten auf die kritischen Bereiche konzentrieren dürfen[224]. Bei der Beurteilung der 342

---

217 Vgl. *Orthmann/Gimnich,* a. a. O., S. 42.
218 Vgl. dazu Kap. D. I.
219 Vgl. *Klein/Uckel/Ibler,* Kommunen als Unternehmer, 43.20 Ziffer 1.
220 Vgl. *Orthmann/Gimnich,* a. a. O., S. 41.
221 Vgl. *Otto/Fonk,* Haftung und Corporate Compliance in der öffentlichen Wirtschaft – Aspekte der Haftungsvermeidung aus Sicht kommunaler Unternehmen, CCZ 2012, 161, 162.
222 Vgl. *Fleischer,* in: *Spindler/Stilz,* Aktiengesetz, § 91 Rn. 54.
223 Vgl. *PCGK,* Anmerkung zu Ziffer 3.3.1: „Zu den Regeln der ordnungsgemäßen Unternehmensführung zählen neben den einschlägigen Gesetzen und sonstigen zwingenden Vorschriften auch der aktuelle Stand der betriebswirtschaftlichen Erkenntnisse und Erfahrungen im Hinblick auf eine gute und verantwortungsvolle Unternehmensführung und -überwachung sowie die Grundsätze des Public Corporate Governance Kodex.
224 Vgl. *Fleischer,* in: *Spindler/Stilz,* Aktiengesetz, § 91 Rn. 56: *„Ein flächendeckendes Kontrollnetz aufzubauen oder unverhältnismäßige Schnüffelei zu betreiben, wird dem Vorstand nicht abverlangt."*

Notwendigkeit von konkreten Compliance-Maßnahmen ist dem Vorstand ein weiter Gestaltungsspielraum einzuräumen[225], der aber im Einzelfall durch Branchenstandards[226], Vorfälle in der Vergangenheit im Unternehmen selbst oder in derselben Branche eingeschränkt sein kann.

343 Die Verpflichtung zur Einrichtung einer Compliance-Organisation wird nach Auffassung von Moosmayer in einem dreistufigen Prozess erfüllt[227]. In einer ersten Stufe muss sich die Geschäftsführung einen nachhaltigen Eindruck von den Risiken des Unternehmens im Rahmen seiner geschäftlichen Aktivitäten einschließlich seiner Geschäftspartner verschaffen **(Risikoanalyse)**[228]. Im Anschluss gilt es, ein **Compliance Programm** und eine **Compliance-Organisation** aufzusetzen und dabei den Grundfunktionen einer funktionierenden Compliance gerecht zu werden: Vorbeugen (Prevent), Erkennen (Detect) und Reagieren (Respond). Entscheidend und größte Herausforderung ist anschließend die Implementierung des Compliance Programms in die tägliche Arbeitspraxis des Unternehmens durch **Integration in die Geschäftsprozesse.** Dabei handelt es sich um keine statische Aufgabe, sondern einen fortwährenden Prozess abhängig von den Veränderungen aufgrund strategischer Entscheidungen, aufgrund sich ändernder externer Rahmenbedingungen, die das Unternehmen zu befolgen hat oder auch aufgrund von erkanntem Verbesserungspotenzial[229].

a) Grundelemente eines Compliance-Management-Systems

344 Kernstück eines Compliance-Managements-Systems ist zunächst eine Art Pflichtenheft, in dem die Geschäftsführung die unternehmensindividuell maßgeblichen Aufgaben und Standards festlegt und die Verhaltensregeln für alle Führungskräfte und Beschäftigten definiert, die sowohl für das Verhalten nach außen (z. B. Umgang mit Geschäftspartnern, Kunden, Anlegern oder Behörden) als auch für die betriebsinternen Grundsätze (z. B. Arbeitsplatzsicherheit, Diskriminierungsverbote) Vorgaben machen und statuieren. Die insoweit festgelegten Leitlinien[230] reflektieren auch die ethischen Grundsätze, nach denen sich das Unternehmen im Geschäftsverkehr richten will[231].

345 Ein Compliance-Management-System muss also regelkonformes Verhalten sicherstellen. Es ist dann angemessen, wenn es geeignet ist, mit hinreichender Sicherheit sowohl Risiken für wesentliche Regelverstöße rechtzeitig zu erkennen als auch solche Regelverstöße zu verhindern oder bereits eingetretene Regelverstöße zeitnah an die zuständige Stelle im Unternehmen zu berichten, um Konsequenzen zur Verbesserung des Compliance-Management-Systems ziehen zu können[232]. Das Compliance-Management-System beinhaltet entsprechend Ziffer 23 des IDW PS 980 die folgenden sieben miteinander in Wechselwirkung stehenden Grundelemente[233], die nicht neben der Unternehmensorganisation

---

[225] Vgl. schon oben unter Fußnote 26 und *Spindler,* in *Münchner Kommentar zum AktG,* § 91 Rn. 67; *Fleischer,* in: *Spindler/Stilz,* Aktiengesetz, § 91 Rn. 56.

[226] So verpflichtet beispielsweise § 7a Abs. 5 EnWG vertikal integrierte Energieversorgungsunternehmen dazu, „für die mit Tätigkeiten des Netzbetriebs befassten Mitarbeiter ein Programm mit verbindlichen Maßnahmen zur diskriminierungsfreien Ausübung des Netzgeschäfts (Gleichbehandlungsprogramm) festzulegen, den Mitarbeitern dieses Unternehmens und der Regulierungsbehörde bekannt zu machen und dessen Einhaltung durch eine natürliche oder juristische Person (Gleichbehandlungsbeauftragter) zu überwachen." Vgl. ausführlich zur energierechtlichen Compliance nach § 7a Abs. 5 EnWG: *Rauch,* CCZ 2011, 175.

[227] Vgl. *Moosmayer,* Compliance, Rn. 2 ff.

[228] Vgl. *Reichert/Lüneborg,* GmbHR 2018, 1141, 1143, wonach die Bestandsaufnahme (im Rahmen von Gesprächen und Workshops) neben der Organisationstruktur die Geschäftsfelder, Länder, Produkte, Kunden und Absatzmärkte sowie bestehende Compliance-Vorkehrungen und bekannte Non-Compliance-Fälle umfasst.

[229] Vgl. *Orthmann/Gimnich,* a. a. O., S. 106.

[230] Häufig werden diese Grundsätze als „Unternehmensrichtlinien", „Code of Conduct", „Verhaltenskodex" oder „Mission Statement" bezeichnet.

[231] Vgl. *VKU,* Compliance in kommunalen Unternehmen, S. 47.

[232] Vgl. IDW PS 980 Tz. 20.

[233] Vgl. IDW PS 980 Tz. 23.

existieren, sondern in die Geschäftsabläufe eingebunden und vom jeweiligen Unternehmen konkret ausgestaltet werden müssen:

aa) Compliance-Kultur. Als Compliance-Kultur werden die Grundeinstellungen und Verhaltensweisen, die von der Unternehmensleitung vermittelt werden, bezeichnet (sog. „tone at the top" bzw. „tone from the top"). Die Compliance-Kultur soll allen Mitarbeitern sowie auch Kunden und Lieferanten die Bedeutung vermitteln, die das Unternehmen der Beachtung von Regeln beimisst. **346**

bb) Compliance-Ziele. Die gesetzlichen Vertreter legen auf der Grundlage der allgemeinen Unternehmensziele und der für das Unternehmen bedeutsamen Regeln die Ziele fest, die durch das Compliance-Management-System erreicht werden sollen. Dazu werden Compliance-Themen eingegrenzt oder Kriterien für die Bestimmung von Compliance-Risiken definiert. **347**

cc) Compliance-Risiken. Auf der Basis der Compliance-Ziele werden durch systematische Identifikation und Bewertung der Risiken (sog. Risikoanalyse) die Compliance-Risiken festgestellt, die die Verfehlung der Ziele zur Folge haben können. **348**

dd) Compliance-Programm. Auf der Grundlage der Beurteilung der Compliance-Risiken werden die Grundsätze und Maßnahmen bestimmt, die auf eine Begrenzung und damit Vermeidung von Compliance-Verstößen ausgerichtet sind, also beginnend bei der Festlegung der grundsätzlichen Werte und Ziele bis hin zu den sich darauf gründenden Einzelmaßnahmen. **349**

ee) Compliance-Organisation. Das Management regelt die Rollen und Verantwortlichkeiten (Aufgaben) sowie die Aufbau- und Ablauforganisation und stellt die notwendigen Ressourcen zur Verfügung. **350**

ff) Compliance-Kommunikation. Dabei werden die betroffenen Mitarbeiter und ggf. Dritte über das Compliance-Programm sowie die festgelegten Rollen und Verantwortlichkeiten informiert, damit sie ihre Aufgabe im Compliance-Management-System ausreichend verstehen und sachgerecht erfüllen können. **351**

gg) Compliance-Überwachung und -Verbesserung. Voraussetzung für die Überwachung ist eine ausreichende Dokumentation des Compliance-Management-Systems. Die gesetzlichen Vertreter sorgen für die Durchsetzung des Compliance-Management-Systems, die Beseitigung der Mängel und die Verbesserung des Systems. **352**

b) Aufbau eines Compliance-Management-Systems

Die Einführung eines Compliance-Management-Systems ist unternehmensindividuell; es ist ausgehend von der Identifikation der Geschäftsleitung und der Festlegung der Ziele und Risikobereiche eine für den Einzelfall maßgeschneiderte Compliance-Struktur zu definieren und zu implementieren. Dazu ist zunächst der Handlungsrahmen zu bestimmen, entweder durch Eingrenzung auf bestimmte Compliance-Themen oder Bestimmung spezifischer Compliance-Risiken. Die Eingrenzung kann also thematisch erfolgen, indem etwa ausschließlich die Vermeidung von Korruption und Kartellrechtsverstößen als Compliance-Ziele definiert werden oder qualitativ, indem etwa die Einhaltung der gesetzlichen Bestimmungen, die strafbewehrt sind oder deren Verletzung einen hohen materiellen oder immateriellen Schaden zur Folge haben kann, in den Fokus des Compliance-Management-Systems gerückt werden[234]. Es muss herausgearbeitet werden, in welchen Organisationseinheiten, Prozessabläufen und Tätigkeiten im Allgemeinen das jeweilige Compliance-Risiko besteht. Daran anschließend folgt eine detaillierte Untersuchung der ausgewählten Bereiche und Erarbeitung der Verhaltensrichtlinien und Dokumentationen. Um die indivi- **353**

[234] Vgl. *Orthmann/Gimnich,* a. a. O., S. 120.

duelle Risikosituation des Unternehmens festzustellen, ist das Wissen aller Fachbereiche des Unternehmens zu bündeln. Dazu ist eine systematische Identifikation und Bewertung der Risiken für Rechtsverstöße im Unternehmen vorzunehmen, um eine ausreichende Informationsbasis zu erlangen (Compliance-Risiko-Analyse). Bei der Risikoerhebung ist sicherzustellen, dass alle aktuellen und potenziellen Risiken vollständig erfasst werden und die erhobenen Daten aktuell sind, damit die sich anschließende Bewertung aussagekräftig ist. Zur Risikoidentifikation existieren verschiedene Methoden und Instrumente. Angesetzt werden kann bei den Risikoursachen oder bei den mit einem Risikomanagement verfolgten Zielen, den so genannten Sicherheitszielen[235]. Die Risikoinventur kann in Form eines „top down“ oder „bottom up“ Ansatzes erfolgen. Unter dem Top-down-Vorgehen versteht man einen Ansatz, in dem man nur die oberste Führungsebene zu Compliance-Risiken befragt. Man blickt also von den obersten Hierarchiestufen hinab auf die Organisation in der Annahme, dass die Topführungskräfte aus der Perspektive ihrer Leitungsfunktion einen vollständigen Überblick über ihren jeweiligen Bereich haben. Die Bottom-up-Methode stellt dagegen das Prinzip der Top-down-Methode auf den Kopf und beginnt mit der Befragung der unteren Hierarchiestufen.

354 Im Rahmen der Compliance-Risiko-Analyse ist die Wahrscheinlichkeit des Eintritts eines Risikos zu ermitteln. Dabei kann es hilfreich sein, ein Bewertungsschema in Form eines Risiko-Diagramms mit Auswirkungen und Eintrittswahrscheinlichkeit zu erarbeiten, um die Bewertung von Ursachen und Auswirkungen sichtbar zu machen. Auf einer Achse des Risikodiagramms kann die Eintrittswahrscheinlichkeit beispielsweise mit einer Einteilung in fünf Schritten von der Gewissheit (480 %) der Verwirklichung eines Risikos über hochwahrscheinliche (50 % – 80 %), wahrscheinliche (25 % – 50 %) und nur mögliche (10 % – 25 %) bis zu den unwahrscheinlichen (510 %) Fällen aufgenommen werden. Auf der anderen Achse werden die Auswirkungen auf das Unternehmen beurteilt, gestaffelt in hohe, mittlere oder geringe Auswirkungen[236]. Eintrittswahrscheinlichkeit und Schadenspotenzial bilden damit die Grundlage für die Risikoklassifikation.

355 Erst dadurch wird für die Geschäftsleitung der konkrete Handlungsbedarf sichtbar und bildet die Grundlage für Dimensionierung und Ausgestaltung eines Compliance-Programms. Abhängig von der konkreten Ausgestaltung der Richtlinien und Dienstanweisungen für das Verhalten der Mitarbeiter ist unter Umständen der jeweilige Betriebsrat gemäß § 87 Abs. 1 Nr. 1 BetrVG bei der Erarbeitung der Regeln zu beteiligen[237]. In diesem Zusammenhang ist die sog. „Wal-Mart-Entscheidung“ zu berücksichtigen, wonach für die Prüfung der Zulässigkeit einer innerbetrieblichen Ethikrichtlinie insbesondere das allgemeine Persönlichkeitsrecht der Mitarbeiter aus Art. 1 und 2 GG einzubeziehen ist. Im Übrigen werden große Regelungsbereiche einer Ethikrichtlinie – beispielsweise hinsichtlich der Annahme von Geschenken und Zuwendungen durch die Arbeitnehmer – als mitbestimmungspflichtig beurteilt[238].

---

[235] Vgl. *Pampel/Glage,* in: *Hauschka/Moosmayer/Lösler,* § 14 Rn. 56.

[236] Vgl. *BDEW-Info,* Compliance-Anwendungshilfe für die Praxis, S. 7.

[237] Ausführlich zur Implementierung von Compliance-Richtlinien durch Abschluss einer Betriebsvereinbarung *Schreiber,* NZA-RR 2010, 617, 621.

[238] Vgl. LAG Düsseldorf, Beschl. v. 14.11.2005, Az.: 10 TaBV 46/05, NZA-RR 2006, 81, in dem das Gericht davon ausgeht, dass dann, wenn die Arbeitgeberin anordnet, dass ihr jeglicher Verstoß gegen die Ethikrichtlinie entweder über den Vorgesetzten, über eine anonyme Telefonhotline oder über ein Ethikbüro mitgeteilt werden muss, dieses Verfahren der Mitbestimmung nach § 87 Abs. 1 Nr. 1 BetrVG unterliegt. Bestimme die Arbeitgeberin in der Ethikrichtlinie weiter, dass die Arbeitnehmer von Lieferanten keine Geschenke und Zuwendungen entgegennehmen dürfen, habe der Gesamtbetriebsrat ein Mitbestimmungsrecht nach § 87 Abs. 1 Nr. 1 BetrVG, das auch die Frage umfasst, ob auch die gebräuchlichen Gelegenheitsgeschenke wie z. B. Kugelschreiber, einfacher Kalender, Feuerzeuge etc. von diesem Verbot erfasst werden und wie sich der Arbeitnehmer insoweit verhalten soll. Verbietet die Arbeitgeberin in der Ethikrichtlinie jegliche Belästigung von Mitarbeitern, ohne dass sich dieses Gebot ausschließlich auf sexuelle Belästigung beschränkt, unterliegt dieses Verbot der Mitbestimmung des Gesamtbetriebsrats. Wird eine sexuelle Belästigung von einem Mitarbeiter nicht erkennbar abgelehnt, hat der Gesamtbetriebsrat jedenfalls bei den vorbeugenden Maßnahmen nach § 2 Abs 1 BeschSchG ein Mitbestimmungsrecht.

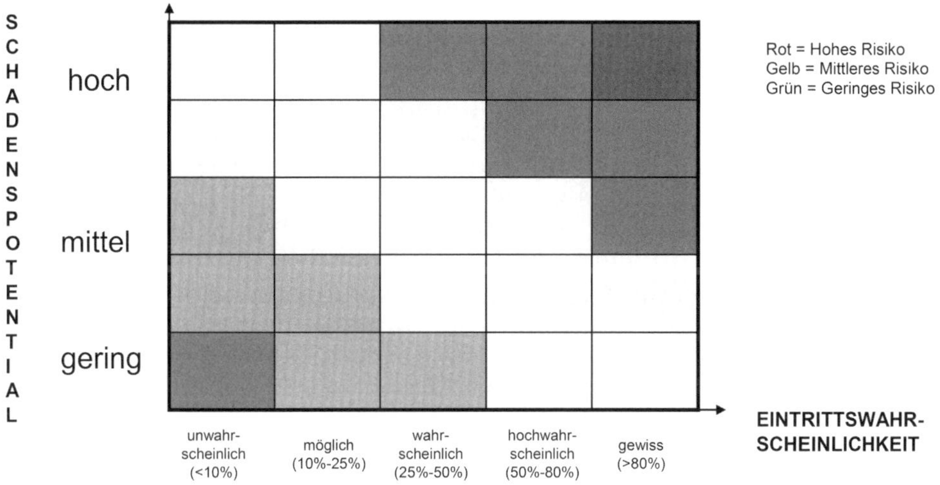

Quelle: BDEW-Info: Anwendungshilfe für die Praxis, 2013

356 Mit der Umsetzung des Compliance-Programms geht die Bestimmung notwendiger Verantwortlichkeiten einher, um das Funktionieren der Compliance-Vorgaben in der Praxis zu gewährleisten. Dazu kann die Position eines internen Compliance-Officers geschaffen werden, die in kleineren Unternehmen in Personalunion durch die Rechtsabteilung oder Innenrevision wahrgenommen oder auch an externe Stellen wie etwa eine Rechtsanwaltskanzlei ausgelagert werden kann[239].

c) Inhalt eines Compliance-Programms

357 Um Compliance-Verstößen wirksam vorzubeugen wird im Rahmen des Aufbaus eines Compliance-Management-Systems ein umfassendes Werk an Regeln für alle Mitarbeiter und Führungskräfte erarbeitet, um diesen klare Verhaltensanweisungen an die Hand zu geben. Die entwickelten Verhaltensanforderungen sind unmittelbar in die entsprechenden Geschäftsprozesse zu integrieren, um damit korrektes Verhalten zu unterstützen. Ein solcher Verhaltenskodex normiert konkrete Regeln und Vorschriften für einzelne Situationen und Sachverhalte im beruflichen Umfeld, insbesondere beispielsweise zu folgenden Themengebieten: Verhalten im geschäftlichen Umfeld, Umgang mit Zusammenarbeit mit Kunden, Lieferanten und sonstigen Geschäftspartnern, Zusammenarbeit mit Amtsträgern

Es besteht kein Mitbestimmungsrecht des Gesamtbetriebsrats bei der Anordnung der Arbeitgeberin, dass auf ihrem Betriebsgelände oder während der Arbeit ausnahmslos keine Gewalt ausgeübt oder angedroht wird. Regelt die Ethikrichtlinie, dass nur berechtigte Personen Einblick in die Personal- und Krankenakte nehmen dürfen, besteht mangels Regelungsspielraum kein Mitbestimmungsrecht des Gesamtbetriebsrats. Der Gesamtbetriebsrat kann nicht darüber mitentscheiden, wer Einblick nehmen darf. Eine Ethikrichtlinie, die bestimmt, dass Mitarbeiter nicht mit jemandem ausgehen oder in eine Liebesbeziehung eingehen dürfen, der Einfluss auf die Arbeitsbedingungen nehmen kann oder deren Arbeitsbedingungen von der anderen Person beeinflusst werden können, verstößt gegen das Grundgesetz (Artikel 1 und 2 GG). Sie ist unwirksam.

[239] Vgl. *Heuking/von Coelln,* DÖV 2012, 827 829. Nach Auffassung von *Bürkle,* in: *Hauschka/Moosmayer/Lösler,* § 36 D. Rn. 78 f. ist nur ein partielles Outsourcing der Compliance-Funktion sinnvoll, etwa bei Schulungsmaßnahmen, Information und Beratung sowie bei vorgetäuschten Auftritten von Behörden oder unternehmensinternen Ermittlungen. Eine Komplettauslagerung wird aus haftungsrechtlichen Gründen für nicht empfehlenswert gehalten, weil ansonsten den Geschäftsleiter die Compliance-Verantwortung direkt und umfassend treffen würde, so dass auf die sachkundige Beratungs- und Überwachungsinstanz im Unternehmen nicht zu verzichten sei.

und öffentlich-rechtlichen Körperschaften, Gewährung und Annahme von Geschenken, Vergünstigungen und sonstigen Vorteilen, Spenden und Sponsoring, Schutz von Umwelt und Natur, Einhaltung der Unbundling-Vorgaben, Verhalten gegenüber Wettbewerbern, Verhalten bei Marktbeherrschung, Schutz des Unternehmensvermögens, Verhalten gegenüber Kollegen und Mitarbeitern wie Gleichbehandlung und Nichtdiskriminierung, Arbeits- und Gesundheitsschutz der Arbeitnehmer, Arbeitssicherheit, Umgang mit vertraulichen Informationen, Insiderinformationen, Datenschutz und Informationssicherheit, Umgang mit Medien, Risikomanagement, Krisenmanagement. Einige von diesen Themengebieten und diesbezügliche Regelungsmöglichkeit in einem Verhaltenskodex bzw. Code of Conduct sollen nachfolgend näher dargestellt werden.

358 **aa) Verhalten im geschäftlichen Umfeld. (1) Fairer Wettbewerb.** Insbesondere wird der Verhaltenskodex Regeln zum Verhalten im geschäftlichen Umfeld enthalten und das Befolgen von Gesetzen und Vorschriften als wesentliches Grundprinzip wirtschaftlich verantwortlichen Handelns definieren, auch wenn damit kurzfristige wirtschaftliche Nachteile oder Schwierigkeiten für das Unternehmen oder einzelne Personen verbunden sind[240]. Darüber hinaus gilt es anzuordnen, dass Geschäftsentscheidungen ausschließlich im besten Interesse des Unternehmens zu treffen sind, um Interessenkonflikte mit privaten Belangen oder anderweitigen wirtschaftlichen oder sonstigen Aktivitäten, auch von nahestehenden Personen schon im Ansatz zu vermeiden. Dennoch auftretende Interessenkonflikte sind in transparenter Weise offenzulegen. Um einen fairen Wettbewerb sicherzustellen, sind Korruption und Kartellverstöße in Form von Schmiergeldern oder Kartellabsprachen als Mittel, um einen Auftrag zu erlangen, auszuschließen. Es muss der Grundsatz gelten, lieber auf ein Geschäft oder auf das Erreichen interner Ziele zu verzichten, als gegen Gesetze zu verstoßen[241]. Dazu muss jeder Mitarbeiter in seinem Verantwortungsbereich aktiv an der Umsetzung des Compliance Programms mitwirken. Im Hinblick auf Geldwäscheprävention sind alle Mitarbeiter aufzufordern, ungewöhnliche finanzielle Transaktionen, insbesondere unter Einschluss von Barmitteln, die einen Geldwäscheverdacht begründen können, im Zweifel durch die zuständige Finanz-, Rechts- oder Compliance Abteilung prüfen zu lassen.

359 **(2) Auftragsvergabe.** Die Mitarbeiter müssen sich bei der Vergabe von Aufträgen und im Zusammenhang mit Vertriebsaktivitäten an dem Grundprinzip orientieren, dass die Beschaffung von Gütern und Dienstleistungen ausschließlich auf objektiven Kriterien, wie beispielsweise Preis, Qualität und Zuverlässigkeit des Geschäftspartners[242] beruhen darf. Leistungsbezogene geschäftliche Anreize (z. B. Rabatte, Provisionen) können im geschäfts-

[240] Vgl. *ThyssenKrupp,* Code of Conduct, S. 2, Stand: Mai 2020; *KUKA,* Handbuch zum Corporate Compliance-Programm des KUKA-Konzerns, A. I. und B. II.5., Stand: März 2020: „Das Prinzip des fairen Wettbewerbs verbietet unter anderem: Falsche oder diffamierende Bemerkungen zu den Produkten, Leistungen, Aktivitäten oder Mitarbeitern von Kunden oder Wettbewerbern. Nachahmung von Produkten oder Leistungen eines Wettbewerbers, sofern hierfür rechtswidrig erlangte Kenntnisse oder rechtswidrig erlangtes Know-How genutzt werden. Gezielte Behinderung von Wettbewerbern."

[241] Vgl. *ThyssenKrupp,* Code of Conduct, S. 3, Stand: Mai 2020; Schulte-Schlagbaum Gruppe: Compliance-Richtlinie der Schulte-Schlagbaum Gruppe, B.2.e), Stand: April 2018: „Insbesondere sind zu unterlassen: Abstimmungen im Zusammenhang mit Preisen und Preisparametern (z. B. Rabatte, Boni, Skonti etc.), Absprachen über einen Wettbewerbsverzicht oder über die Abgabe von Scheinangeboten, Vereinbarungen hinsichtlich der Aufteilung von Märkten, Festlegung von Liefer- oder Bezugsmengen, Austausch von geheimen Marktinformationen (z. B. Umsätze, Preise, Strategien und Kundendaten etc.)".

[242] Für eine wirksame Korruptionsprävention und die damit verbundene Vermeidung von Reputationsrisiken gehört auch das sog. „Business Partner Screening", die systematische und risikoorientierte Analyse von Geschäftspartnern, insbesondere im Bereich der Lieferantenauswahl und der Zusammenarbeit mit Vertriebspartnern hinsichtlich ihrer Integrität und Zuverlässigkeit. Vgl. ausführlich dazu Troßbach, CCZ 2017, 216, wonach das Geschäftspartner Management ein unverzichtbarer Bestandteil eines robusten CMS und im weiteren Sinne wie die Prüfung der Bonität eines Lieferanten oder die Qualitätssicherung sachlogischer Teil eines Risikomanagements ist. Als flankierende Maßnahmen werden dabei Compliance-Klauseln empfohlen, die zur Einhaltung von Korruptionsgesetzen und des Verhaltenskodex verpflichten, Auditrechte festlegen, Kündigungsrechte und Vertragsstrafen bei Verstößen normieren etc.

üblichen Umfang vereinbart werden und wären ausführlich zu dokumentieren[243]. Gesetzliche und unternehmensinterne Vorschriften zur Gestaltung von Vergabeverfahren, vor allem bei der Vergabe von öffentlichen Aufträgen, müssen eingehalten werden. So soll sichergestellt werden, dass die Mittel des Unternehmens möglichst wirtschaftlich eingesetzt werden und den interessierten Unternehmen in einem fairen Wettbewerb die Möglichkeit gegeben wird, Aufträge zu erhalten. Erfolgt die Vergabe eines Auftrags durch einen öffentlichen Auftraggeber oberhalb der EU-Schwellenwerte sind die §§ 97 ff. GWB i. V. mit der Vergabeverordnung (VgV) und den entsprechenden Vergabeordnungen, also der VOB/A (Abschnitt 2) bzw. VOL/A (Abschnitt 2) oder VOF sowie nationale haushaltsrechtliche Vorschriften und der Grundsatz der Wirtschaftlichkeit und Sparsamkeit sowie das Preisrecht zu beachten. Auch unterhalb der EU-Schwellenwerte ist der öffentliche Auftraggeber durch das Haushaltsrecht, Landesgesetze oder innerdienstliche Weisungen gebunden und in der Regel verpflichtet, öffentliche Aufträge nach den vergaberechtlichen Grundsätzen der Vergabe- und Vertragsordnungen (VOB und VOL) zu vergeben. Sämtliche vorgenannten Regeln zur Vergabe können Gegenstand einer Compliance-Richtlinie sein.

Bei Verletzung der vergaberechtlichen Verpflichtungen, drohen dem Auftraggeber bei **360** Auftragsvergaben oberhalb der Schwellenwerte Nachprüfungsverfahren (Primärrechtsschutz)[244], Schadensersatzklagen, dienst- und fachaufsichtliche Beschwerden oder ein Vertragsverletzungsverfahren der Europäischen Kommission[245]. Unterhalb der Schwellenwerte können benachteiligte Bieter im Wege der einstweiligen Verfügung gegen den Gleichbehandlungsgrundsatz verstoßende Vergaben vorgehen und Schadensersatz als Sekundärrechtschutz einklagen, während nach Auftragsvergabe ein Primärrechtsschutz unterhalb der Schwellenwerte nicht vorgesehen ist[246]. Außerdem bejaht die Rechtsprechung die Haftung eines Geschäftsführers gegenüber der Gesellschaft wegen einer Obliegenheitsverletzung aus § 43 Abs. 2 GmbHG, wenn er eine öffentliche VOB/A-Ausschreibung, deren Notwendigkeit sich aus den einer Subventionsbewilligung zu Grunde liegenden Nebenbestimmungen ergibt, unterlässt[247].

(3) Geschenke und Bewirtungen. Der Volksmund sagt, dass kleine Geschenke die **361** Freundschaft erhalten; das gilt für den privaten und den geschäftlichen Bereich gleichermaßen. In einem angemessenen Rahmen sind Geschenke daher oftmals üblich und akzeptiert. Spätestens dann aber, wenn das Geschenk in der mehr oder weniger offensichtlichen Erwartung einer Gegenleistung erbracht wird, ist Vorsicht geboten[248]. In vielen Verhaltens-

[243] Vgl. *KUKA,* Handbuch zum Corporate Compliance-Programm des KUKA-Konzerns, B. III.9., Stand: März 2020.

[244] Das Nachprüfungsverfahren (§§ 107 ff. GWB) ist ein eigenes Rechtschutzverfahren, das bei der Vergabe öffentlicher Aufträge oberhalb der Schwellenwerte anwendbar ist. Die erste Instanz bilden die Vergabekammern, die zweite Instanz die Vergabesenate bei den Oberlandesgerichten. Gegen die Entscheidungen des Oberlandesgerichtes ist keine weitere Instanz vorgesehen.

[245] Vgl. *Orthmann/Gimnich,* a. a. O., S. 45.

[246] Vgl. BVerfG, Beschl. v. 13.6.2006, 1 BvR 1160/03: „Die in der Rechtsordnung dem übergangenen Konkurrenten eingeräumten Möglichkeiten des Rechtsschutzes gegen Entscheidungen über die Vergabe öffentlicher Aufträge mit Auftragssummen unterhalb der Schwellenwerte genügen den Anforderungen des Justizgewährungsanspruchs (Art. 20 Abs. 3 GG). Es verletzt nicht den Gleichheitssatz (Art. 3 Abs. 1 GG), dass der Gesetzgeber den Rechtsschutz gegen Vergabeentscheidungen unterhalb der Schwellenwerte anders gestaltet hat als den gegen Vergabeentscheidungen, die die Schwellenwerte übersteigen." Allerdings kann ein Bieter auch bei Vergaben unterhalb der Schwellenwerte im Wege des Primärrechtschutzes aus §§ 241 Abs. 2, 311 Abs. 2 Nr. 1, 280 Abs. 1 BGB i. V. mit § 1004 Abs. 1 BGB analog die Unterlassung der Zuschlagserteilung begehren (vgl. OLG Saarbrücken, Urt. v. 13.6.2012 – 1 U 357/11–107).

[247] Vgl. LG Münster, Urt. v. 18.5.2006, 12 O 484/05, wo der Geschäftsführer den aufgrund des wegen der fehlenden öffentlichen Ausschreibung ergangenen Widerrufs- und Rückforderungsbescheides entgangenen Zuschuss als Schadenersatz zu ersetzen hatte.

[248] Vgl. *Haas,* BC 2010, 492: „Die rechtlich bedeutsame Grenze ist grundsätzlich bereits dann überschritten, wenn das Geschenk objektiv geeignet ist, das geschäftliche Urteilsvermögen und die professionelle Unabhängigkeit des Beschenkten zu beeinträchtigen."

richtlinien deutscher Unternehmen ist daher die Gewährung von Zuwendungen, d. h. von Geschenken an Dritte in Form von Geld, Sachgeschenken, Einladungen, Dienstleistungen oder sonstigen Vorteilen sowie die Erbringung von Sach- und Dienstleistungen, für welche kein angemessenes Entgelt erhoben wird, im Verhaltenskodex bzw. der Antikorruptionsrichtlinie geregelt. Geldgeschenke sollten unabhängig von einem Schwellenwert ohne Ausnahme untersagt werden[249]. Bewirtungen oder Einladungen müssen einem geschäftlichen Zweck dienen und in einem angemessenen Rahmen liegen. Die Gewährung von Geschenken zu Werbezwecken und im Rahmen von Kundenbindungsmaßnahmen sowie zu bestimmten Gelegenheiten (z. B. Geburtstagen, Jubiläen etc.) wird ausnahmsweise gestattet, wenn diese sozial adäquat sind, d. h. wenn weder die Grenze der Geschäftsüblichkeit noch die nach den Umständen des Einzelfalls zu beurteilende Angemessenheit überschritten wird[250]. Wann eine solche Angemessenheit vorliegt, ist im unternehmensspezifischen Verhaltenskodex zu definieren[251]. Dabei sollte berücksichtigt werden, ob der Beschenkte durch die Annahme des Geschenks in einen möglichen Interessenkonflikt gerät oder eine ungerechtfertigte persönliche Bereicherung erhält, ob die Einladung in gleicher Form erfolgt wäre, wenn der Gastgeber sie hätte privat finanzieren müssen und ob die Zuwendung allem Anschein nach in der Absicht gemacht wurde, einen unlauteren Einfluss auszuüben oder einen solchen Anschein zu erwecken[252]. In korruptionsgefährdeten Bereichen (z. B. Einkauf, Vergabe von Bau- u. Montageleistungen) werden die Führungskräfte darüber hinaus verpflichtet werden, geeignete Maßnahmen zur Vorgangskontrolle vorzunehmen, wie z. B. Wiedervorlagen, stichprobenweise Überprüfung von Ermessensentscheidungen und Auftragsvergaben.

362 **(4) Veranstaltungen.** Es besteht aktuell enorme Unsicherheit, in welchem Umfang Einladungen an Kunden oder Geschäftspartner zu Veranstaltungen mit allgemeinem gesellschaftlichem Bezug (z. B. Kulturevents, Sportveranstaltungen, insbesondere VIP-Logen von Fußball-Arenen) ausgesprochen oder straflos angenommen werden können. Die Unsicherheit beruht auf den offen gefassten und schwer greifbaren Bestimmungen der §§ 299,

---

249 Vgl. *Schäfer/Paetzel,* in: *Zenke/Schäfer/Brocke,* Compliance in Energieversorgungsunternehmen, S. 342.

250 Vgl. *EnBW,* Regeln einhalten – Verantwortung übernehmen, Der Verhaltenskodex des EnBW-Konzerns, IV.1.c, Stand 2015.

251 Die einkommensteuerliche Freigrenze des § 4 Abs. 5 Nr. 1 EStG für Geschenke von 35,00 EURO pro Person und Jahr kann dabei nur als grober Anhaltspunkt im Sinne einer Untergrenze dienen. Zur Beurteilung der Angemessenheit sind dabei losgelöst von der steuerlichen Einordnung sowohl der Anlass des Geschenks als auch die Stellung und der persönliche Lebensstandard des Beschenkten zu berücksichtigen. In Zweifelsfällen ist eine vorherige Abstimmung mit dem Compliance-Beauftragten vorzunehmen: vgl. Compliance-Richtlinie des E-Werks Mittelbaden, S. 7, Stand: Februar 2012: „In Ausnahmefällen kann jedoch der disziplinarische Vorgesetzte die Annahme von Geschenken und gelegentlichen Einladungen bis zu einem Wert (Bagatellwert) von 35,00 EURO gestatten.... Analog gilt die Regelung selbstverständlich für die Vergabe von Geschenken an Lieferanten, Dienstleister und Geschäftspartner des E-Werks Mittelbaden. Auch hier ist die Obergrenze von 35,00 EURO zwingend einzuhalten. Ausnahme ist ein Beschluss des Aufsichtsrats, der dem Vorstand eine Bewirtungsobergrenze pro Person von 50,00 EURO im Rahmen des Dispositionsfonds eingeräumt hat. Die Bewirtungsausgaben des Vorstandes werden zweimal pro Jahr vom Prüfungsausschuss des Aufsichtsrats geprüft." Diese Grenze von 35,00 EURO wird heutzutage wohl allein in ländlichen Gegenden als Anhaltspunkt dienen können, während in Großstädten mit dieser Grenze eine angemessene Bewirtung eines Geschäftspartner schwierig zu sein scheint; Schulte-Schlagbaum Gruppe: Compliance-Richtlinie der Schulte-Schlagbaum Gruppe, B.2.a3), Stand: April 2018: „Mitarbeiter dürfen keinesfalls Essenseinladungen einfordern. Als Gast von Geschäftspartnern dürfen die Mitarbeiter Einladungen zu Geschäftsessen nur annehmen, wenn die Einladung freiwillig und im Rahmen der gewöhnlichen geschäftlichen Zusammenarbeit erfolgt. Eine Einladung darf einen Wert von 50,00 EURO bzw. 75,00 CHF pro Person nicht übersteigen. Für Einladungen, bei denen abzusehen ist, dass der Wert von 50,00 EURO bzw. 75,00 CHF pro Person überschritten wird, ist vorher die Zustimmung des Vorgesetzten einzuholen. Eine Einladung, bei der der Wert von 50,00 EURO bzw. 75,00 CHF überschritten wurde, obwohl dies im Vorfeld nicht abzusehen war, ist dem Vorgesetzten unverzüglich anzuzeigen und von diesem auf eine nachträgliche Genehmigung hin zu überprüfen. In Zweifelsfällen hat der Vorgesetzte dann eine Genehmigung des Compliance Officers einzuholen. Die vorgenannten Grundsätze gelten gleichermaßen für Essenseinladungen, die der Mitarbeiter selbst gegenüber Geschäftspartnern ausspricht."

252 Vgl. *Haas,* BC 2010, 492, 494.

331 ff. StGB[253]. Der BGH geht in der sog. EnBW-Entscheidung davon aus, dass Einladungen zu Freizeitveranstaltungen grundsätzlich geeignet seien, um die Eingeladenen sachfremd zu beeinflussen[254]. Aus dem Urteil des BGH wird deutlich, wie wichtig eine formalisierte und insbesondere transparente Vorgehensweise im Rahmen von Sponsoring und sonstigen Zuwendungen – wie Einladungen an Amtsträger – ist[255]. Die Compliance-Richtlinie könnte die Teilnahme an Veranstaltungen daher für solche Fälle erlauben, die geschäftsüblich sind, keinen unangemessen hohen Wert haben und auch dem sonstigen persönlichen Lebensstandard der Beteiligten entsprechen. In Zweifelsfällen wäre eine vorherige Abstimmung mit dem Compliance-Beauftragten vorzunehmen. Die Einladung von Amtsträgern[256] zu solchen Veranstaltungen sollte in jedem Fall mit dem Compliance-Beauftragten abgestimmt werden, der dann bei Bedarf eine Abstimmung mit dem Rechtsbereich herbeiführen kann.

bb) Verhalten gegenüber Kollegen und Mitarbeitern. Ein weiterer Themenkomplex kann das Verhalten gegenüber Kollegen und Mitarbeitern sein. Hierzu ist das Gleichbehandlungsgebot in den Mittelpunkt zu stellen, um beispielsweise eine Diskriminierung bei der Einstellung von Arbeitnehmern sowie bei der Beförderung oder Gewährung von Aus- und Weiterbildungsmaßnahmen aus Gründen des Geschlechts, des Alters, der Hautfarbe, Kultur, der ethnischen Herkunft, der sexuellen Identität, einer Behinderung, der Religionszugehörigkeit oder Weltanschauung zu vermeiden[257]. In diesem Zusammenhang kann 363

[253] Vgl. *Acker/Ehling,* BB 2012, 2517, 2518.

[254] Vgl. BGH, Urteil v. 14.10.2008 – 1 StR 260/08, NJW 2008, 3580: „1. Die für eine Vorteilsgewährung nach §; 333 Abs. 1 StGB erforderliche (angestrebte) Unrechtsvereinbarung setzt voraus, dass der Vorteilsgeber mit dem Ziel handelt, auf die künftige Dienstausübung des Amtsträgers Einfluss zu nehmen und/oder seine vergangene Dienstausübung zu honorieren, wobei eine solche dienstliche Tätigkeit nach seinen Vorstellungen nicht – noch nicht einmal in groben Umrissen – konkretisiert sein muss. 2. Ob in diesem Sinne eine Unrechtsvereinbarung vorliegt, ist Tatfrage und unterliegt der wertenden Beurteilung des Tatgerichts, die regelmäßig im Wege einer Gesamtschau aller in Betracht kommenden Indizien zu erfolgen hat. 3. In die Würdigung fließen als mögliche Indizien neben der Plausibilität einer anderen Zielsetzung namentlich ein: die Stellung des Amtsträgers und die Beziehung des Vorteilsgebers zu dessen dienstlichen Aufgaben (dienstliche Berührungspunkte), die Vorgehensweise bei dem Angebot, dem Versprechen oder dem Gewähren von Vorteilen (Heimlichkeit oder Transparenz) sowie die Art, der Wert und die Zahl solcher Vorteile."

[255] Vgl. *Greeve,* CCZ 2009, 76: „Im Besonderen ist das (umfängliche) Transparenzgebot relevant, da zumindest ein erhebliches Indiz die Verheimlichung von Vorteilsgewährungen bzw. -annahme ist – zumal dann auch unter Umgehung bestehender Anzeige- und Genehmigungspflicht bzw. weitergehender dienstrechtlicher Vorschriften und Richtlinien. Zu bedenken ist ebenfalls, dass die Zustimmung bzw. Genehmigung der zuständigen genehmigungsbefugten Behörde – also des Dienstvorgesetzten oder des (öffentlichen) Arbeitgebers – rechtfertigende Wirkung hat (§ 331 Abs. 3, § 333 Abs. 3 StGB), sofern es sich um genehmigungsfähige Vorteile handelt."

[256] Vgl. *Acker/Ehling,* BB 2012, 2517, 2522; *Eser/Hecker,* in: *Schönke/Schröder,* StGB, § 11 Rn. 21; **Amtsträger** im Sinne der §§ 331 ff. StGB sind nicht nur klassische Beamte und Richter, sondern auch solche Personen, die gem. § 11 Abs. 1 Nr. 2c) StGB dazu bestellt sind, bei einer Behörde oder einer sonstigen Stelle oder in deren Auftrag Aufgaben der öffentlichen Verwaltung unbeschadet der zur Aufgabenerfüllung gewählten Organisationsform wahrzunehmen: Dazu zählt auch die schlicht-hoheitliche Verwaltung wie sie für den Bereich der Daseinsvorsorge typisch ist: z. B. öffentliche Verkehrsbetriebe, Wasser- und Strom- oder Wärmeversorgung (siehe dazu BGH, Urt. v. 14.11.2003, 2 StR 164/03 für den Geschäftsführer einer im städtischen Alleinbesitz befindlichen GmbH, deren wesentliche Tätigkeit die Wärmeversorgung der Einwohner ist, wenn die Stadt die Geschäftstätigkeit im öffentlichen Interesse steuert), kulturelle Einrichtungen oder nach der sehr weitreichenden Auffassung des OLG Düsseldorf, Urt. v. 9.10.2007, III-5 Ss 67/07–35/07 I sogar der kaufmännische Vorstand einer AG, die über eine Beteiligungsgesellschaft im Alleinbesitz einer Kommune steht und auf deren Gebiet den öffentlichen Personennahverkehr allein betreibt. § 11 Abs. 1 Nr. 4 Buchst. b) StGB erfasst mit der Variante Tätigkeit „für" eine Behörde oder sonstige Stelle außerdem solche Personen, die nicht in einem Beschäftigungs- sondern in einem Auftragsverhältnis zu der Behörde stehen. Erforderlich ist eine konkrete Beauftragung durch eine Behörde oder sonstige Stelle, die selbst Aufgaben der öffentlichen Verwaltung wahrnimmt. Typische Beispiele für diese Fallgruppe sind per Einzelauftrag für eine Behörde tätige Gutachter oder Sachverständige (vgl. *Radtke,* in: *Münchener Kommentar zum StGB,* § 11 Rn. 101; *Löw,* JA 2013, 88, 89).

[257] Vgl. *ThyssenKrupp,* Code of Conduct, S. 4, Stand: Mai 2020; *EnBW,* Regeln einhalten – Verantwortung übernehmen, Der Verhaltenskodex des EnBW-Konzerns, IV.4.b, Stand 2015.

das Compliance-Programm anweisen, Belästigungen von Mitarbeitern, sei es im direkten Umgang, im Schriftverkehr, elektronisch oder verbal oder in sonstiger Weise zu unterlassen. Gleiches gilt für Mobbing oder vergleichbare Handlungen, die dazu führen können, Mitarbeiter innerhalb des Unternehmens sozial auszugrenzen oder in ihrer Leistung abzuwerten[258]. Ergänzend könnten die Mitarbeiter verpflichtet werden, die Überzeugung Anderer zu respektieren sowie die Privatsphäre eines jeden Mitarbeiters zu achten. Entscheidend ist es auch zu kodifizieren, die Mitarbeiter vor gesundheitlichen Gefahren im Zusammenhang mit der Durchführung ihrer Aufgaben zu bewahren, insbesondere bestehende Sicherheitsvorschriften einzuhalten, gesetzliche Regelwerke und Branchenstandards zu beachten sowie vorgeschriebene Vorsorgeuntersuchungen durchzuführen. Die Sicherheit und die Gesundheit der Mitarbeiter kann neben der Qualität der Erzeugnisse des Unternehmens und dessen wirtschaftlichen Erfolg als gleichrangiges Unternehmensziel definiert werden. Dieses Unternehmensziel kann auch auf die Mitarbeiter von Subunternehmen ausgedehnt und bei der Auswahl und Zusammenarbeit berücksichtigt werden.

364 Die Führungskräfte haben die Einhaltung gesetzlicher Arbeitszeitvorgaben zu überwachen, bei Bedarf Gegenmaßnahmen einzuleiten und Mitbestimmungs- und Beteiligungsrechte für die betrieblichen Interessenvertretungen zu beachten[259]. Dazu gehört eine vertrauensvolle und enge Zusammenarbeit mit den Arbeitnehmervertretern.

365 **cc) Gesellschaftliches Engagement. (1) Umwelt- und Klimaschutz.** Nachhaltiger Umwelt- und Klimaschutz können als Unternehmensziele in den Verhaltenskodex einfließen, so dass sich alle Mitarbeiter im Rahmen ihrer Tätigkeit für die Einhaltung der Gesetze und Vorschriften zum Umweltschutz sowie für die hierfür geltenden innerbetrieblichen Regelungen einsetzen und unternehmensspezifische Regelungen strikt eingehalten werden. Dazu muss für Verstöße gegen umweltrechtliche Vorgaben ein Meldesystem installiert werden; eine festgelegte Informationskette ist einzuhalten; die zuständige Führungskraft oder der Umweltkoordinator sind zu informieren.

366 **(2) Finanzielle Zuwendungen.** Weiteres Themenfeld für den Verhaltenskodex kann die Gewährung von finanziellen Zuwendungen, insbesondere Spenden und Sponsoring-Maßnahmen für politische Parteien und parteinahe oder parteiähnliche Organisationen sowie Amts- oder Mandatsträger oder Bewerber hierfür sein. Während vorgenannte Zuwendungen beispielsweise ausgeschlossen werden können, kann die Möglichkeit der Gewährung von angemessenen Spenden und anderen Formen des gesellschaftlichen Engagements für soziale, kulturelle und gesellschaftliche Zwecke eröffnet werden. Der Rahmen für Sponsoring-Maßnahmen um das Image des Unternehmens sowie seinen Bekanntheitsgrad zu fördern kann definiert werden. Beim Sponsoring als Austauschgeschäfte ist stets darauf zu achten, dass Leistung und Gegenleistung in einem angemessenen Verhältnis zueinander stehen[260].

367 **(3) Auftreten in der Öffentlichkeit.** Jedem Mitarbeiter sollte bewusst sein, dass er auch im privaten Bereich als Teil und Repräsentant des Unternehmens wahrgenommen werden kann und daher durch sein Verhalten und Auftreten in der Öffentlichkeit, vor allem gegenüber Medien, das Ansehen und die Reputation des Unternehmens zu wahren hat. Daher sollte der Verhaltenskodex das Auftreten und die Kommunikation in der Öffentlichkeit regeln, beispielsweise dahingehend, dass offizielle Stellungnahmen, insbesondere gegenüber Medien, nur durch hierzu autorisierte Personen erfolgen und dass die Mitarbeiter in sozialen Medien, Internet-Foren oder Blogs deutlich zu machen haben, dass sie für sich und nicht für das Unternehmen sprechen. Ferner kann klargestellt werden, dass respektvol-

---

[258] Vgl. *STEAG,* Verhaltenskodex, Ziffer 13, Stand: März 2013.

[259] Vgl. *EnBW,* Regeln einhalten – Verantwortung übernehmen, Der Verhaltenskodex des EnBW-Konzerns, IV.4.b, Stand 2015.

[260] Vgl. *EnBW,* Regeln einhalten – Verantwortung übernehmen, Der Verhaltenskodex des EnBW-Konzerns, IV.1.d, Stand: 2015; *E-Werk Mittelbaden,* Compliance-Richtlinie des E-Werks Mittelbaden, S. 6, Stand: Februar 2012.

les und seriöses Auftreten erwartet wird, sofern der Unternehmensname genannt wird; Diskreditierungen des Unternehmens, die Kommunikation von vertraulichen Daten sowie jegliche Nennung der Namen von Mitarbeitern oder Geschäftspartnern werden danach untersagt ebenso wie der Gebrauch des Unternehmenslogos sowie die Verwendung von Kommunikationsmaterial zu privaten Zwecken.

dd) Datenschutz und Informationssicherheit. Der Schutz von personenbezogenen Daten insbesondere der Mitarbeiter, Kunden und Lieferanten hat für jedes Unternehmen besondere Bedeutung. Ohne eine Einwilligung des Betroffenen oder eine gesetzliche Zulässigkeit dürfen keine personenbezogenen Daten erhoben oder verarbeitet werden; personenbezogene Daten dürfen nur für vorher festgelegte, eindeutige und rechtmäßige Zwecke erhoben, verarbeitet und genutzt werden. Die vertrauensvolle und sichere Handhabung personenbezogener Daten und das Anstreben eines hohen Datenschutzniveaus kann daher Gegenstand des Verhaltenskodex und damit Grundlage für das Vertrauen von Mitarbeitern und Externen in das Unternehmen sein. **368**

Ebenso gilt es, alle internen Angelegenheiten des Unternehmens, die nicht öffentlich bekanntgemacht worden sind, vertraulich zu behandeln und vor dem Zugriff und dem Einblick nicht beteiligter Kollegen und sonstiger Dritter in geeigneter Weise zu schützen[261]. Solche Angelegenheiten umfassen zum Beispiel Informationen bezüglich der Organisation des Unternehmens, Geschäfts-, Produktions-, Forschungs- und Entwicklungsvorgänge sowie Zahlen zur Geschäftsentwicklung. Die Verpflichtung zur Verschwiegenheit sollte auch auf den Zeitraum nach Beendigung des Arbeitsverhältnisses erstreckt werden. **369**

ee) Schutz des Unternehmenseigentums. Den Mitarbeitern obliegt die Verantwortung, das Eigentum und die Ressourcen des Unternehmens sachgemäß und schonend zu verwenden und es vor Verlust, Diebstahl oder Missbrauch zu schützen, so dass Inhalt des Verhaltenskodex sein könnte, materielles und immaterielles Eigentum des Unternehmens ausschließlich für Unternehmenszwecke und nicht für persönliche Zwecke zu verwenden, sofern nicht ausdrücklich etwas Anderes erlaubt wurde (z. B. Betriebsvereinbarungen, Dienstvereinbarungen, Organisationsanweisungen)[262]. **370**

d) Umsetzung durch Schaffung von Organisationsstrukturen

Zur Verankerung des Compliance-Programms sind im Unternehmen klare Strukturen zu schaffen oder vorhandene Strukturen zu modifizieren, um (rechtliche) Risiken erkennbar und beherrschbar zu machen[263]. Sowohl in der Aufbau- als auch der Ablauforganisation ist klar festzulegen, dass etwa gewährleistet wird, dass Informationen als Grundlage für Entscheidungen gewonnen, gesammelt, verteilt und ausgewertet werden können. Im Rahmen der Ablauforganisation ist darauf zu achten, dass Geschäftsentscheidungen transparent dokumentiert sind und dass Entscheidungsprozesse dezentralisiert sind, z. B. durch Aufteilung bestimmter Zuständigkeiten oder Zustimmungserfordernisse bei der Bewilligung bestimmter Ausgaben[264]. So kann es sich zur Begrenzung möglicher Risiken empfehlen, nicht zu viele Funktionen in der Hand eines Mitarbeiters zu vereinen (Segregation of Duties[265]) und durchweg das Vier-Augen Prinzip einzuführen, insbesondere in sensiblen, für Korruption anfälligen Bereichen (z. B. Materiallager, Beschaffung, Rechnungsbearbeitung)[266]. Außerdem sind Regeln für das Verhalten der Mitarbeiter in Form von verbindli- **371**

[261] Vgl. *ThyssenKrupp*, Code of Conduct, S. 5, Stand: Mai 2020; *STEAG*, Verhaltenskodex, Ziffer 7.2, Stand: März 2013.
[262] Vgl. *ThyssenKrupp*, Code of Conduct, S. 5, Stand: Mai 2020; *STEAG*, Verhaltenskodex, Ziffer 14, Stand: März 2013.
[263] Vgl. *Theusinger/Jung*, in: *Römermann*, Münchener Anwaltshandbuch, GmbH-Recht, § 24 Rn. 43.
[264] Vgl. *Herb*, in: *Hauschka/Moosmeyer/Lösler*, § 19 Rn. 35;
[265] Der Begriff „Segregation of Duties" beschreibt die im Risikomanagement und der Compliance erforderliche Funktionstrennung
[266] Vgl. *Heuking/von Coelln*, DÖV 2012, 827 829.

chen internen Richtlinien bzw. Dienstanweisungen sowie Vertretungsregelungen/Unterschriftenregelungen zu verfassen, in denen genau geregelt wird, wer was wann im Unternehmen zu tun berechtigt ist und in denen klar definierte Dokumentationsanforderungen normiert werden. Daneben sind eindeutig bestimmte Berichtswege und klar definierte Eskalationsprozesse festzulegen; die Mitarbeiter sind in regelmäßigen Schulungen für Entwicklungen in Gesetzgebung und Rechtsprechung zu sensibilisieren. In Vertraulichkeitsbereichen sollte die Möglichkeit einer Stellenrotation[267] in Betracht gezogen werden, weil empirische Untersuchungen gezeigt haben, dass Korruptionstaten vor allem bei Unternehmensangehörigen mit langjähriger Unternehmenszugehörigkeit wegen der intimen und detaillierten Kenntnisse über Organisation und Prozesse der Unternehmensstruktur sowie den langjährigen Beziehungen zu den Geschäftspartnern auftreten[268].

372 Die Einhaltung der erlassenen Regeln ist zu überwachen und Verstöße sind konsequent zu sanktionieren. Es sind detaillierte Pläne zu erstellen, wie im Unternehmen Präventivmaßnahmen implementiert werden und wie diese unternehmensintern kommuniziert werden. Die ergriffenen Maßnahmen sind laufend zu überwachen und regelmäßig auf Effektivität und Angemessenheit zu überprüfen. Voraussetzung für eine erfolgreiche Umsetzung des Compliance-Management-Systems ist es, dass die Geschäftsleitung sowohl gegenüber den Führungskräften des Unternehmens als auch den Geschäftspartnern deutlich macht, dass die Nichteinhaltung der Compliance-Richtlinien nicht akzeptiert wird. Alle Vorgesetzten haben im Rahmen ihrer Vorbildfunktion dafür Sorge zu tragen und zu überwachen, dass sämtliche Mitarbeiter von den Inhalten der Compliance-Richtlinien sowohl Kenntnis haben als diese auch verinnerlicht haben. Sie sind erste Ansprechpartner bei Fragen zum Verständnis der Regelungen.

372a Dazu empfiehlt es sich, ein **Internes Kontrollsystem (IKS)** einzuführen. Nach dem IDW Prüfungsstandard „Feststellung und Beurteilung von Fehlerrisiken und Reaktionen des Abschlussprüfers auf die beurteilten Fehlerrisiken (IDW PS 261)“[269] werden unter einem IKS die vom Management im Unternehmen eingeführten **Grundsätze, Verfahren und Maßnahmen** (Regelungen) verstanden, die gerichtet sind auf die organisatorische Umsetzung der Entscheidungen der Unternehmensleitung (1.) zur Sicherung der Wirksamkeit und Wirtschaftlichkeit der Geschäftstätigkeit, (2.) zur Ordnungsmäßigkeit und Verlässlichkeit der internen und externen Rechnungslegung und (3.) zur Einhaltung der für das Unternehmen geltenden internen Regelungen sowie der maßgeblichen rechtlichen Vorschriften (Compliance). Ein wirksames IKS bindet alle Geschäftsbereiche sowie die gesamte Geschäftstätigkeit ein.[270] Die Sicherung der Wirksamkeit und Wirtschaftlichkeit der Geschäftstätigkeit umfasst auch den Schutz des Vermögens einschließlich der Verhinderung und Aufdeckung von Vermögensschädigungen.[271]

372b Da sich das IKS auf die Sicherstellung des gesamten Rechnungswesens bezieht, geht es über die bloß augenblickliche Bestandsicherung hinaus und bildet die Grundlage für die Überwachung und vorausschauende Planung (intern und extern), die sich auch aus der allgemeinen Leitungspflicht abzuleiten ist. Das IKS bildet die Gesamtheit aller Maßnahmen und Methoden, die darauf gerichtet sind, die Ziele der Sicherheit, Ordnungsmäßigkeit und Wirtschaftlichkeit im Unternehmen sicherzustellen.[272] Dazu gehören Maßnahmen zur **Sicherstellung der Ordnungsmäßigkeit und Verlässlichkeit der internen und externen Rechnungslegung** sowie zur Einhaltung der für das Unternehmen maßgeblichen rechtlichen Vorschriften.

---

[267] Vgl. *Heuking/von Coelln,* DÖV 2012, 827 832: Bei größeren Gemeinden wird eine regelmäßige Rotation von Sachbearbeitern empfohlen.

[268] Vgl. *Schäfer/Paetzel,* in: *Zenke/Schäfer/Brocke,* S. 315.

[269] Institut der Wirtschaftsprüfer in Deutschland e. V. (IDW): IDW Prüfungsstandard: Feststellung und Beurteilung von Fehlerrisiken und Reaktionen des Abschlussprüfers auf die beurteilten Fehlerrisiken (IDW PS 261).

[270] *Grützner/Jakob,* Compliance von A-Z, 2 Aufl. 2015, Internes Kontrollsystem (IKS)

[271] *Deussen,* in: BeckOK GmbHG, § 41 Rn. 9.

[272] *Kalass,* in: Münchner Kommentar zum AktG, § 91 Rn. 102.

Ein IKS sollte aber nicht nur auf die Rechnungslegung beschränkt sein. Vielmehr sind **alle wesentlichen Geschäftsprozesse** in die Betrachtung einzubeziehen, um die Wirksamkeit und Wirtschaftlichkeit der Geschäftstätigkeit sicherzustellen. Diese Forderung ergibt sich unter anderem aus der Begriffsdefinition des IKS, denn die „organisatorische Umsetzung von Entscheidungen der Unternehmensleitung" betrifft nicht nur den Bereich der Rechnungslegung, sondern alle wichtigen Entscheidungsfelder des Unternehmens. 372c

Ein IKS besteht aus Regelungen zur Steuerung der Unternehmensaktivitäten (internes Steuerungssystem) und aus Regelungen zur Überwachung der Einhaltung dieser Regelungen (internes Überwachungssystem). Das **interne Steuerungssystem** umfasst alle Anweisungen zur Steuerung der Unternehmensaktivitäten, die einen wirtschaftlichen und fehlerfreien Arbeitsablauf gewährleisten sollen. Dies betrifft sowohl die Arbeitsabläufe der Buchhaltung im speziellen als auch die rechnungslegungsrelevanten Bereiche der Unternehmensorganisation. Zu den rechnungslegungsrelevanten Bereichen der Unternehmensorganisation zählen neben der Buchhaltung und Bilanzierung auch Einkauf und Vertrieb, Lager, Versand und IT.[273] 372d

Das **interne Überwachungssystem** dient der Kontrolle des internen Steuerungssystems. Die interne Überwachung erfolgt durch prozessintegrierte und prozessunabhängige Überwachungsmaßnahmen. Bei den **prozessintegrierten Überwachungsmaßnahmen** handelt es sich um organisatorische Sicherheitsmaßnahmen und Kontrollen, die in die Arbeitsabläufe integriert werden. Organisatorische Sicherungsmaßnahmen, die durch laufende, automatische Einrichtungen wahrgenommen werden, umfassen auch fehlerverhindernde Maßnahmen, die sowohl **in die Aufbau- als auch die Ablauforganisation eines Unternehmens integriert werden müssen** und ein bestimmtes Sicherheitsniveau gewährleisten sollen (z. B. (z. B. Vier-Augen-Prinzip; Vollständigkeitskontrollen, IT-Zugriffsrechte und –beschränkungen, Funktionstrennung und Zahlungsrichtlinien).[274] 372e

Prozessunabhängige Überwachungsmaßnahmen sind grundsätzlich nicht in die Arbeitsabläufe integriert. Sie werden durch die Geschäftsleitung direkt oder durch eigenständige organisatorische Abteilungen (interne Revision; internes Audit) veranlasst und durchgeführt. Durch prozessunabhängige Überwachungsmaßnahmen soll gewährleistet werden, dass das interne Steuerungssystem einschließlich der prozessintegrierten Überwachungsmaßnahmen zuverlässig funktionieren.[275] Um Ordnungsmäßigkeit und Verlässlichkeit des Rechnungswesens (Buchführung, Jahresabschluss und Lagebericht) zu gewährleisten, ist Die Implementierung ein IKS unerlässlich. Art und Umfang des IKS richten sich nach der individuellen Komplexität des Unternehmens. 372f

---

[273] *Deussen,* in: BeckOK GmbHG, § 41 Rn. 11.1.

[274] Vgl. auch Schreiben betr. Grundsätze zur ordnungsmäßigen Führung und Aufbewahrung von Büchern, Aufzeichnungen und Unterlagen in elektronischer Form sowie zum Datenzugriff (GoBD) vom 14.11.2014, BStBl. I S. 1450 – BMF IV A 4 – S 0316/13/10003, Tz. 100 ff.: „Für die Einhaltung der Ordnungsvorschriften des § 146 AO (siehe unter 3.) hat der Steuerpflichtige **Kontrollen einzurichten, auszuüben und zu protokollieren.** Hierzu gehören beispielsweise
- Zugangs- und Zugriffsberechtigungskontrollen, auf Basis entsprechender Zugangs- und Zugriffsberechtigungskonzepte (z. B. spezifische Zugangs- und Zugriffsberechtigungen),
- Funktionstrennungen,
- Erfassungskontrollen (Fehlerhinweise, Plausibilitätsprüfungen),
- Abstimmungskontrollen bei der Dateneingabe,
- Verarbeitungskontrollen,
- Schutzmaßnahmen gegen die beabsichtigte und unbeabsichtigte Verfälschung von Programmen, Daten und Dokumenten.

Die konkrete Ausgestaltung des Kontrollsystems ist abhängig von der Komplexität und Diversifikation der Geschäftstätigkeit und der Organisationsstruktur sowie des eingesetzten DV-Systems.
Im Rahmen eines funktionsfähigen IKS muss auch **anlassbezogen** (z. B. Systemwechsel) **geprüft** werden, ob das eingesetzte DV-System tatsächlich dem dokumentierten System entspricht (siehe Rz. 155 zu den Rechtsfolgen bei fehlender oder ungenügender Verfahrensdokumentation).
Die Beschreibung des IKS ist Bestandteil der Verfahrensdokumentation."

[275] *Deussen,* in: BeckOK GmbHG, § 41 Rn. 12.

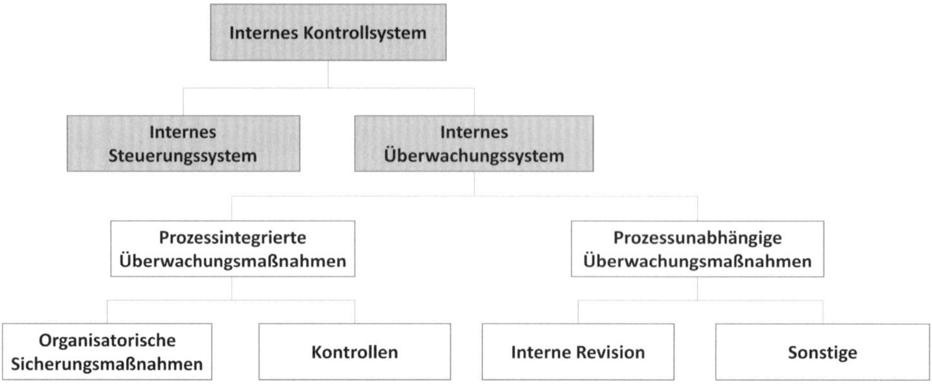

Quelle: Institut der Wirtschaftsprüfer in Deutschland e. V. (IDW): IDW Prüfungsstandard: Feststellung und Beurteilung von Fehlerrisiken und Reaktionen des Abschlussprüfers auf die beurteilten Fehlerrisiken (IDW PS 261), Tz. 20

372g Kontrollen erfolgen durch Maßnahmen, die in den Arbeitsablauf integriert sind. Erfolgen die Kontrollen durch Überwachungsträger, so können diese sowohl für das Ergebnis des überwachten Prozesses als auch für das Ergebnis der Überwachung verantwortlich sein. Kontrollen sollen vor allem die **Wahrscheinlichkeit für das Auftreten von Fehlern in den Arbeitsabläufen vermindern bzw. aufgetretene Fehler aufdecken** (z. B. Überprüfung der Vollständigkeit und Richtigkeit von empfangenen und weitergereichten Daten, manuelle Soll-Ist-Vergleiche und programmierte Plausibilitätsprüfungen).

e) Präventionsmaßnahmen, insbesondere Schulung und Kommunikation

373 Oft resultieren Compliance-Verstöße aus bloßem Nichtwissen, etwa wenn die Schwelle von „eher erlaubtem" zu „eher verbotenem" bis hin zu definitiv unzulässigem Verhalten nicht klar ersichtlich ist. Daher sind die Mitarbeiter in einem nächsten Schritt zu schulen. Die bloße Überlassung schriftlicher Informationen allein im Umlaufverfahren ist unzureichend; vielmehr ist zu kontrollieren, ob die Mitarbeiter die Informationen verstanden haben und die gesetzten Vorschriften auf die alltäglichen Geschäftsvorfälle anwenden können. Um einen unternehmensweiten Verhaltenskodex zu etablieren, helfen regelmäßige Trainingsmaßnahmen für Mitarbeiter und erhöhen ihre Fähigkeit, grenzwertiges oder -überschreitendes Verhalten bei sich und anderen zu erkennen. Schulung und Kommunikation sind zwingend, damit die präventiven Maßnahmen von den Mitarbeitern des Unternehmens auch verinnerlicht und diese hinreichend sensibilisiert werden[276]. Dadurch sollte es für jeden Mitarbeiter ohne größere Schwierigkeiten ersichtlich sein, welches Verhalten von ihm in welcher Situation verlangt wird und welches Verhalten vom Unternehmen missbilligt wird. Die Compliance-Schulungen sollten zumindest für neue Mitarbeiter und Mitarbeiter in besonders korruptionsgefährdeten Bereichen wie Einkauf und Vertrieb verpflichtend sein und zwingend in regelmäßigen Abständen wiederholt werden. Hinsichtlich der Art des Trainings bieten sich vom klassischen Fortbildungsseminar bis hin zum E-Learning vielfältige Medien an.

f) Überwachung und Aufdeckung

374 Hauptzweck von Compliance aus funktionaler Sicht ist die Herstellung einer organisatorischen Situation, die darauf abzielt, Regel-/Rechtsverstöße möglichst zu vermeiden, mindestens aber die Auswirkungen solcher Verstöße mit angemessenen Mitteln so gering wie möglich zu halten[277]. Die von der Compliance-Organisation betriebenen Systeme werden

---

[276] Vgl. *Schäfer/Paetzel,* in: *Zenke/Schäfer/Brocke,* S. 312; *Theusinger/Jung,* in: *Römermann,* Münchener Anwaltshandbuch, GmbH-Recht, § 24 Rn. 49.

[277] Vgl. *Schäfer/Paetzel,* in: *Zenke/Schäfer/Brocke,* S. 310.

kontinuierlich ausgewertet, um zum einen Entwicklungen frühzeitig erkennen zu können und zum anderen durch Plausibilitätsprüfungen und Stichproben die Funktionsfähigkeit und Anwendungsbreite im Unternehmen zu überwachen und entsprechend laufend zu verbessern. Neben der Information an die Mitarbeiter über die Unternehmensvorgaben ist es daher auch notwendig, ein fortlaufendes Überwachungssystem zur Kontrolle, ob diese Vorgaben eingehalten werden, zu installieren. Dazu sind zumindest stichprobenartige Kontrollen im Unternehmen durchzuführen.

aa) Compliance Audits. Die Überwachung kann durch sogenannte Compliance Audits erfolgen, durch die wenigstens stichprobenartig die Einhaltung der Unternehmensrichtlinien überprüft wird. Welche Maßnahmen in diesem Rahmen konkret zu ergreifen sind, hängt zum einen von der Unternehmensgröße und Branche ab und zum anderen davon, ob bereits Erfahrungen mit Rechtsverstößen gegen Vorschriften zum Schutz vor Korruption gemacht wurden[278]. Vor diesem Hintergrund sind beispielsweise Fragen dahingehend aufzuwerfen, ob alle Mitarbeiter des Unternehmens zur Einhaltung der Gesetze und Unternehmensrichtlinien schriftlich und/oder arbeitsvertraglich verpflichtet wurden und ob es regelmäßige Schulungen für Mitarbeiter zu internen und externen Vorschriften gibt. Außerdem wäre zu prüfen, ob die Mitarbeiter dazu verpflichtet sind, Bestechungsversuche anzuzeigen und dabei die Anonymität der Mitarbeiter als Hinweisgeber gegeben ist. Ergänzend stellt sich die Frage, ob es einen standardisierten Prozess gibt, wie mit Korruptionsverdachtsfällen umgegangen wird. Insbesondere ist zu prüfen, ob es im Unternehmen einen offiziellen Ansprechpartner (z. B. Compliance Officer) zu Fragen und Maßnahmen betreffend die Einhaltung des gesetzlichen und unternehmensinternen Regelwerks gibt oder ob sonstige Stellen existieren, an die sich Mitarbeiter bei entdeckten oder vermuteten Regelverstößen ggf. anonym wenden können. Wichtig ist, ob regelmäßige interne Prüfungen zur Identifizierung von Korruptionsgefahren durchgeführt werden und ob im Unternehmen ein Risiko-Management-System besteht. Die Implementierung interner Kontrollsysteme, auf deren Grundlage regelmäßig alle Unternehmensbereiche untersucht werden, ist zu prüfen. Erkannte Korruptionsverdachtsfälle werden ausgewertet und bilden die Grundlage für Maßnahmen zur Minimierung künftiger Risiken. 375

bb) Hinweisgebersystem. Ein weiteres mögliches Mittel zur Aufdeckung von Complianceverstößen kann die Einrichtung einer Meldestelle sein. Dadurch kann die Kommunikation im Unternehmen nicht nur von oben nach unten, sondern in beide Richtungen erfolgen. Eine Verpflichtung, eine unternehmensinterne Informationssammelstelle oder ein Hinweisgebersystems (sog. Whistleblower[279]-Hotline, Ombudsstelle oder ähnliche Reporting-Stelle) einzurichten besteht nicht[280]. Insbesondere vor dem Hintergrund der bestehenden arbeits[281]-, mitbestimmungs- und auch datenschutzrecht- 376

[278] Vgl. Pyrcek, in: *Umnuß,* Corporate Compliance Checklisten, Kapitel 11 Rn. 93 f.; *Transparency International,* Checkliste für „Self-Audits" zur Korruptionsprävention in Unternehmen, S. 9 ff.

[279] Unter „Whistleblower" ist ein Informant zu verstehen, der Missstände, wie z. B. illegales Handeln, Korruption, allgemeine Gefahren, von denen er an seinem Arbeitsplatz erfährt, an die Öffentlichkeit bringt.

[280] *Kort,* GmbHR 2013, 566, 570.

[281] Vgl. EGMR, Urt. v. 21.7.2011 – Beschwerdenr. 28274/08: Der EGMR hat entgegen den vorhergehenden Entscheidungen der deutschen Arbeitsgerichte die Kündigung einer Arbeitnehmerin eines öffentlichen Pflegeheims wegen einer Strafanzeige gegen den Arbeitgeber und wegen öffentlicher Bekanntmachung vermeintlicher Pflegemissstände für unwirksam erachtet: „1. Die Anzeige eines Arbeitnehmers des öffentlichen Sektors zu illegalem Verhalten oder von Fehlverhalten im Unternehmen ist, unter bestimmten Voraussetzungen, schützenswert. 2. Arbeitnehmer schulden ihren Arbeitgebern Loyalität, Zurückhaltung und Verschwiegenheit. Art und Umfang der im Einzelfall geschuldeten Loyalität haben Auswirkungen auf die Abwägung der widerstreitenden Interessen des Arbeitnehmers und des Arbeitgebers. 3. Daher hat unter Berücksichtigung dieser Loyalitätspflicht eine Offenlegung zunächst gegenüber dem Vorgesetzten des Arbeitnehmers oder einer anderen zuständigen Stelle zu erfolgen. Nur, wenn dies offensichtlich nicht sinnvoll durchführbar ist, darf die Information als ultima ratio gegenüber der Öffentlichkeit offen gelegt werden."

lichen[282] Unklarheiten und Unsicherheiten, ist vor der Einführung eines Whistleblowing-Systems eine genaue rechtliche Prüfung notwendig. Dem Betriebsrat steht zwar kein allgemeines Mitbestimmungsrecht zum Ob und zu der Art interner Ermittlungen zu. Allerdings können zu einzelnen Aspekten einer internen Ermittlungsaktion Mitbestimmungsrechte bestehen. In Betracht kommt ein Mitbestimmungsrecht des Betriebsrats nach § 87 Abs. 1 Nr. 1 BetrVG, wenn der Arbeitgeber die Nutzung des Whistleblowing-Systems verbindlich vorschreibt oder ggf. ein Mitbestimmungsrecht nach § 87 Abs. 1 Nr. 6 BetrVG, wenn die Telefondaten bzw. die IP-Nummer erfasst oder die Telefonate aufgezeichnet werden[283]. Entscheidend ist in jedem Fall, dass alle im Rahmen des Whistleblowing-Systems gesammelten Hinweise strikt vertraulich behandelt werden.

376a Am 7. Oktober 2019 hat der Europäische Rat die Richtlinie zum Schutz von Personen, die Verstöße gegen das Unionsrecht melden („Whistleblower-Richtlinie"; im Folgenden: **EU Whistleblower-RL**), verabschiedet.[284] Die Mitgliedstaaten haben nun bis Oktober 2021 zwei Jahre Zeit, die Richtlinie in nationales Recht umzusetzen. Grundsätzlich ist die EU Whistleblower-RL dem Schutz von Personen gewidmet, die **Verstöße gegen bestimmte Bereiche des Unionsrechts** melden (zum Beispiel Verstöße in den Bereichen der öffentlichen Auftragsvergabe, Finanzdienstleistungen, Geldwäsche, etc.). Es ist zu erwarten, dass der deutsche Gesetzgeber bei der **Umsetzung in nationales Recht,** den

---

[282] Vgl. *Mengel,* Compliance und Arbeitsrecht, Kap. 7 Rn. 40 ff.: Im Rahmen eines Whistleblowing-Systems werden personenbezogene Daten des Beschuldigten und ggf. auch des Hinweisgebers erhoben, übermittelt und gespeichert. Die Übermittlung liegt in der Meldung der angeblichen Verletzungshandlung an die zuständige Stelle. Diese Vorgänge bedürfen gemäß § 4 Abs. 1 BDSG einer Rechtfertigung, soweit nicht eine andere Vorschrift sie erlaubt. Solche anderen Vorschriften sind nur nationale Rechtsvorschriften. Ob eine Betriebsvereinbarung genügt, ist nicht eindeutig. Auch die notwendige Einwilligung de Arbeitnehmer muss gemäß § 4a Abs. 1 S. 1 BDSG freiwillig erfolgen, so dass Zweifel angebracht sind, wenn der Arbeitnehmer sich zur Abgabe gezwungen sieht, um sein Arbeitsverhältnis nicht zu gefährden. Außerdem ist eine Einwilligung widerruflich, so dass die Gestaltung eines effektiven Whistleblowing-Systems auf dieser Grundlage schwierig oder sogar unmöglich erscheint. Allerdings ist die Verarbeitung nach § 28 Abs. 1 Nr. 1 BDSG zulässig, wenn sie der Zweckbestimmung des Arbeitsverhältnisses dient, d. h. soweit der Arbeitgeber durch das Compliance-Programm vorhandene Regeln in Ausübung seines Direktionsrechts konkretisiert, ist die Meldung von Verhaltensverstößen gerechtfertigt. Geht der Zweck der Datennutzung bei Whistleblowing-Hotlines jedoch über die Vertragszwecke hinaus, so kommt eine Rechtfertigung nach § 28 Abs. 1 Nr. 2 BDSG in Betracht, wenn ein berechtigtes Interesse des Arbeitgebers vorliegt und schutzwürdige Interessen des Arbeitnehmers nicht überwiegen. Auf dieser Grundlage kann ein anonymes Whistleblowing-System datenschutzkonform gestaltet werden.

[283] Vgl. ausführlich *Dendorfer-Ditges,* in: *Moll,* Münchener Anwaltshandbuch Arbeitsrecht, § 35 Rn. 151 ff: Zunächst normiert § 80 Abs. 2 BetrVG eine allgemeine Informationspflicht über Ermittlungsmaßnahmen. Dazu soll dem Betriebsrat im Falle interner Ermittlungen mitgeteilt werden, dass eine Befragung stattfinden wird, was Gegenstand der Befragung sein wird sowie wieviele Arbeitnehmer von der Befragung betroffen sein werden. Für die Frage eines Mitbestimmungsrechts nach § 87 Abs. 1 Nr. 1 BetrVG ist festzustellen, ob die Ermittlungsmaßnahme kollektiven Charakter aufweist, also zumindest mittelbar eine Vielzahl von Arbeitnehmern im Betrieb materiell betroffen ist und nicht nur einzelne Arbeitnehmer gezielt angesprochen und persönlich zur Auskunft aufgefordert werden. Auch der Einsatz interner Ermittler als solcher löst nicht per se ein Mitbestimmungsrecht nach § 87 Abs. 1 Nr. 1 BetrVG aus, weil ebenso wenig wie beim Einsatz von Privatdetektiven kein Verhalten der Arbeitnehmer geregelt wird. Nicht mitbestimmungspflichtig sind die Auswertung dienstlicher Unterlagen von Arbeitnehmern oder die Anweisung zur Herausgabe von dienstlichen Akten im Rahmen einer Untersuchung, weil hier nur das Arbeitsverhalten, nicht aber das Ordnungsverhalten betroffen ist. Dieses kann bei der Durchsuchung von (privaten) Dokumenten, insb. Emails, betroffen sein, so dass ein Mitbestimmungsrecht nach § 87 Abs. 1 Nr. 1 BetrVG bestehen kann. Schließlich kann sich bei dem Einsatz von Fragebögen ein Mitbestimmungsrecht nach § 94 Abs. 1 BetrVG hinsichtlich der Ausgestaltung der Befragung ergeben, wenn und soweit Informationen über persönliche Verhältnisse, Kenntnisse und Fertigkeiten kollektiv in gleicher Weise erhoben werden. Das Ob einer Befragung und deren Inhalt bleiben hingegen als unternehmerische Entscheidung des Arbeitgebers mitbestimmungsfrei. § 87 Abs. 1 Nr. 6 BetrVG kommt in Betracht, wenn für die Auswertung der Ermittlungsergebnisse eine Datenbank eingerichtet oder spezielle Software bzw. sonstige technische bzw. EDV-gestützte Helfer genutzt werden. Bei Beauftragung Externer mit der Prüfung und Auswertung der Unterlagen (z. B. Rechtsanwälte), greift ein Mitbestimmungsrecht des Betriebsrates selbst dann nicht, wenn diese wiederum technische Einrichtungen dafür verwenden.

[284] Ausführlich *Federmann/Racky/Kalb/Modszyk,* Die Whistleblower-Richtlinie der EU: Die neuen Regeln und deren Auswirkungen auf Unternehmen des privaten Sektors, DB 2019, 1665.

sachlichen Anwendungsbereich auch auf Meldungen von Verstößen gegen innerstaatliches Recht erstrecken wird, weil es dem Hinweisgeber im Einzelfall wohl nicht zuzumuten wäre, zu entscheiden, ob Unionsrecht oder nur deutsches Recht betroffen ist. Unternehmen mit **mehr als 50 Mitarbeitern** werden daher verpflichtet sein, **interne Meldekanäle zu implementieren** (z. B. eigener interner Meldekanal in Form eines Internet-gestützten Hinweisgebertools oder externer Meldekanal durch Dritten). Dieser Meldekanal muss es ermöglichen, Hinweise entweder schriftlich oder telefonisch oder auf Wunsch auch persönlich abzugeben. Es muss sichergestellt sein, dass der Meldekanal von qualifizierten Personen abgerufen und Meldungen innerhalb definierter Fristen entsprechend qualifiziert bearbeitet werden. Eingerichtete Meldekanäle müssen die **Vertraulichkeit der Identität** von Hinweisgebern wahren. Die Meldekanäle müssen so sicher konzipiert, eingerichtet und betrieben werden, dass die Vertraulichkeit der Identität der Hinweisgeber und Dritter, die in der Meldung erwähnt werden, gewahrt bleibt. Zwar sollen auch **anonyme Meldungen** möglich sein, doch überlässt die Richtlinie es den Mitgliedstaaten, ob anonyme Meldungen entgegengenommen und weiterverfolgt werden sollen. Hinweisgeber, die im guten Glauben eine Meldung abgeben, sollen künftig aktiv und umfassend **vor Vergeltungsmaßnahmen jedweder Art geschützt** werden, sei es etwa durch Kündigung, Suspendierung oder aber eine sonstige andere Form der Herabstufung und/oder Diskriminierung.

5. Compliance Beauftragter / Compliance-Officer

a) Aufgaben des Compliance-Officers

Abhängig von der Unternehmensgröße und der Branche, in der das Unternehmen tätig ist, wird die Geschäftsleitung einen Compliance-Beauftragten bzw. Compliance-Officer bestimmen, dessen Aufgabe die Verhinderung von Regelverstößen, insbesondere auch von Straftaten, ist, die aus dem Unternehmen heraus begangen werden und diesem erhebliche Nachteile durch Haftungsrisiken oder Ansehensverlust bringen können[285]. Er ist für die Implementierung, Dokumentation und Weiterentwicklung des von der Unternehmensleitung beschlossenen Compliance-Management-Systems zuständig[286]. 377

Umfang und Inhalt der Rechte und Pflichten eines Compliance-Beauftragten sind gesetzlich nicht geregelt; auch andere allgemein akzeptierte Standards über das Berufsbild des Compliance-Beauftragten fehlen. Die Ausgestaltung seines Aufgabengebiets und seiner Befugnisse hängen entscheidend vom einzelnen Unternehmen und dessen regulatorischem Umfeld ab[287]. Es ist daher zu empfehlen, die **Pflichten und Rechte des Compliance-Beauftragten im Hinblick auf die konkreten Aufgabenstellungen, Verantwortung und Kompetenzen schriftlich festzuhalten** und dabei sowohl die Aufgabenbreite als auch die Aufgabentiefe zu definieren, z. B. in einer Stellen- oder Aufgabenbeschreibung, in einer Anlage zum Anstellungsvertrag oder in einem Pflichtenheft. Aber auch um arbeitsrechtliche Unsicherheiten für den Compliance-Beauftragten zu vermeiden, sollte dessen Verantwortungsbereich klar eingegrenzt werden. Der Compliance-Beauftragte sollte seine Aufgaben weisungsfrei, unabhängig und objektiv wahrnehmen können[288]. Er muss in der Lage sein, seine Aufgabe effektiv wahrzunehmen. Dies erfordert Unabhängigkeit im Sinne einer weitest gehenden Weisungsfreiheit[289]. Dazu sollte der Compliance-Beauftragte mit umfassenden Rechten ausgestattet werden und insbesondere alle erforderlichen Informatio- 378

[285] Vgl. *Bürkle,* in: *Hauschka/Moosmayer/Lösler,* § 36 Rn. 34 ff.; BGH, Urteil vom 17.7.2009, Az. 5 StR 394/08, NStZ 2009, 657.

[286] Vgl. *Unger,* in: *Umnuß,* Corporate Compliance Checklisten, Kapitel 5 Rn. 114.

[287] Vgl. *Pisani,* Energiewirtschaftliche Tagesfragen 2013, 97.

[288] Vgl. *VKU,* Compliance in kommunalen Unternehmen, S. 48.

[289] Vgl. *Meier-Greve,* CCZ 2010, 216, 221: „Der Vorstand handelt daher nur dann pflichtgemäß im Sinne des § 91 Abs. 1 AktG, wenn er im Fall der Berufung eines Compliance Officers diesem Unabhängigkeit zubilligt. Ein Ermessen kommt ihm insoweit nicht zu."

nen zur gewissenhaften Ausübung seiner Tätigkeit erhalten und auch Untersuchungen bei möglichen Compliance-Verstößen veranlassen können[290]. Von daher sollte er in seiner Funktion als Compliance-Beauftragter grundsätzlich ein uneingeschränktes Auskunfts-, Einsichts- und Zutrittsrecht erhalten. Sämtliche Mitarbeiter sollten verpflichtet werden, ihn in seiner Tätigkeit in bestmöglicher Weise zu unterstützen und die notwendigen Auskünfte zu erteilen sowie Einsichtnahmen in Unterlagen oder Datenträgern zu gewähren bzw. auszuhändigen. Hinsichtlich der erhaltenen Informationen ist der Compliance-Beauftragte zur Verschwiegenheit verpflichtet. Er hat sicherzustellen, dass er seine Tätigkeiten vollständig, nachvollziehbar und in rechtlich belastbarer Weise dokumentiert und archiviert.

b) Strafrechtliche Verantwortung

379 Die Definition des Aufgabenbereichs des Compliance-Beauftragten ist schon aufgrund seiner Aufgabe, rechtswidrige Handlungen, die aus dem Unternehmen herausbegangen werden könnten, zu vermeiden und der damit verbundenen strafrechtlichen Garantenstellung, notwendig. Für Compliance-Beauftragte bestehen nämlich aufgrund ihrer Aufgabe, unternehmensbezogene Regelverstöße zu vermeiden, besondere Haftungsrisiken, insbesondere vor dem Hintergrund der BGH-Entscheidung aus dem Jahr 2009[291], in der die Strafbarkeit des Leiters der Innenrevision einer Anstalt des öffentlichen Rechts bejaht wurde, weil er eine besondere Verpflichtung zur Abwehr des tatbestandlichen Erfolges habe, deren Inhalt und Umfang sich aus dem konkret übernommenen Pflichtenkreis ergebe. Die Position des Angeklagten sei zwar mit der eines Compliance-Officers nicht vergleichbar. Dass der BGH dennoch eine Garantenpflicht annahm, begründete er damit, dass der Angeklagte für eine Anstalt des öffentlichen Rechts tätig war und die von ihm nicht unterbundenen Tätigkeiten sich auf den hoheitlichen Bereich der Anstalt bezogen: *„Derartige Beauftragte wird regelmäßig strafrechtlich eine Garantenpflicht im Sinne des § 13 Abs. 1 StGB treffen, solche im Zusammenhang mit der Tätigkeit des Unternehmens stehende Straftaten von Unternehmensangehörigen zu verhindern. Dies ist die notwendige Kehrseite ihrer gegenüber der Unternehmensleitung übernommenen Pflicht, Rechtsverstöße und insbesondere Straftaten zu unterbinden.*“ Anders als bei einem auf Gewinnerzielung ausgerichteten privaten Unternehmen ist bei einer Anstalt des öffentlichen Rechts der Gesetzesvollzug das Kernstück der Tätigkeit. Die Unterscheidung zwischen Unternehmensinteressen und den Interessen außenstehender Dritter entfällt im hoheitlichen Bereich, so dass eine Einstandspflicht nach Auffassung des BGH auch im Hinblick auf Straftaten gegen Dritte bestand und der Angeklagte im Urteilssachverhalt verpflichtet war, die Straßenanlieger vor betrügerisch überhöhten Gebühren zu schützen. Bedeutsam an der Entscheidung ist, dass der BGH in Privatunternehmen eine solche Garantenstellung wohl nur für den Compliance-Officer bejahen will, während er den Kreis der Garantenpflichtigen in Anstalten öffentlichen Rechts wesentlich weiter zieht.

---

[290] Vgl. Baumert, Handlungssicherheit in der Compliance-Arbeit an Beispielen, CCZ 2013, 265, wonach nur eine auch mit Kompetenzen ausgestattete Compliance-Abteilung wirkungsvoll arbeiten kann: „Wer jede Prüfungstätigkeit vorher genehmigen lassen und jede Kontrolle vorher anmelden muss, wird kaum erfolgversprechend arbeiten können. Wer bei der Aufklärung von Fehlverhalten wirkungsvoll arbeiten soll, muss idealerweise überraschend prüfen und mit klar definierten Kompetenzen ausgestattet sein. Wie genau die Unternehmensorganisation aufgebaut ist, steht im Gestaltungsspielraum des Unternehmens selbst.“

[291] BGH, Urteil vom 17.7.2009, Az. 5 StR 394/08, NStZ 2009, 657: Der BGH kam in der Entscheidung zum Ergebnis, dass den Angeklagten als Leiter der Innenrevision einer Anstalt des öffentlichen Rechts eine Garantenpflicht dahingehend treffe, betrügerische Abrechnungsvorgänge in seinem Zuständigkeitsbereich zu unterbinden. Im dem zugrunde liegenden Sachverhalt mussten Grundstücksanleger infolge einer fehlerhafter Berechnung überhöhte Straßenreinigungsgebühren entrichten. Weil der Angeklagte in seiner Eigenschaft als Leiter der Innenrevision trotz Kenntnis aller Umstände nichts getan hatte, um dies zu verhindern, wurde er wegen Beihilfe durch Unterlassen verurteilt; das Gericht folgerte aus der Stellung des Angeklagten als Leiter der Innenrevision eine Garantenstellung. Zwar ergibt sich aus einem Arbeitsverhältnis üblicherweise keine Pflicht, aus dem eigenen Unternehmen kommende Straftaten gegenüber Dritten zu verhindern. Etwas anderes gelte nur für so genannte Compliance-Officers, deren Aufgabe im Unternehmen gerade in der Unterbindung derartiger Straftaten besteht.

Konsequenz daraus muss also sein, dass der, der als Compliance-Beauftragter um die bevorstehende oder andauernde Begehung von unternehmensbezogenen Straftaten in oder aus dem Unternehmen heraus weiß, verpflichtet ist, im Rahmen des ihm Möglichen und Zumutbaren dagegen vorzugehen. Im vorstehenden, dem Urteil vom 17.9.2009 zugrunde liegenden Sachverhalt, hätte der Angeklagte zur Vermeidung eines strafrechtlich relevanten Verhaltens die ihm (positiv) bekannten Fehler in der Berechnung der Straßenreinigungsgebühr entweder gegenüber dem Vorstandsvorsitzenden oder Aufsichtsratsvorsitzenden beanstanden müssen, was ihm auch möglich gewesen wäre. Da er dies in pflichtwidriger Weise unterlassen hat, machte er sich wegen Unterlassens der gebotenen Maßnahmen zur Verhinderung der jeweiligen Straftat strafbar. Was möglich und zumutbar ist, richtet sich nach den individuellen Kompetenzen und Verhältnissen im Einzelfall[292]. 380

Das Strafverfolgungsrisiko erstreckt sich auch auf Fahrlässigkeitstaten, etwa im Bereich des Arbeitsschutzes oder der Umweltdelikte, sowie auf aktives Tun. Der Compliance-Beauftragte muss aber nicht mehr zur Verhinderung einer Straftat tun, als es seine Kompetenzen im Innenverhältnis (Arbeitsvertrag) ermöglichen.[293]

Neben die strafrechtliche Verantwortlichkeit könnte eine bußgeldrechtliche Haftung nach § 130 Abs. 1 Satz 1 OWiG treten, wonach der Compliance-Officer als Aufsichtpflichtiger wegen Unterlassen der erforderlichen Aufsichtsmaßnahmen belangt werden kann, wenn Mitarbeiter des Unternehmens betriebsbezogene Straftaten oder Ordnungswidrigkeiten begehen und der Compliance-Officer als Beauftragter des Unternehmens im Sinne von § 9 Abs. 2 Nr. 2 OWiG zu qualifizieren ist; dies wäre dann der Fall, wenn der Beauftrage im Rahmen seines Auftrags und mit eigenem Entscheidungsspielraum handelt[294]. Rechtsprechung, ob der Compliance-Officer davon erfasst wird, existiert, soweit ersichtlich, nicht. 381

c) Zivilrechtliche Haftung

Die strafrechtliche Qualifikation als Garant ist für die zivilrechtliche Haftung des Compliance-Beauftragten allenfalls mittelbar von Bedeutung. Es ist vielmehr zwischen der Innenhaftung gegenüber dem Unternehmen und einer Außenhaftung gegenüber Dritten zu differenzieren. 382

aa) Innenhaftung. Die Innenhaftung von Arbeitnehmern gegenüber dem Arbeitgeber legt ein Dreistufenmodell[295] zugrunde, wonach der Arbeitnehmer grundsätzlich nicht bei leichtester Fahrlässigkeit, anteilig bei mittlerer Fahrlässigkeit und in der Regel voll bei grober Fahrlässigkeit und Vorsatz haftet. Für das Vorliegen von grober Fahrlässigkeit frägt die Rechtsprechung, ob der Schädiger die erforderliche Sorgfalt nach den gesamten Umständen in ungewöhnlich großem Maße verletzt und unbeachtet gelassen hat, was in gegebenem Falle jedem hätte einleuchten müssen. Leichteste Fahrlässigkeit soll vorliegen, wenn es sich um geringfügige und leicht entschuldbare Pflichtwidrigkeiten handelt, die jedem Arbeitnehmer unterlaufen können. Irgendwo zwischen grober und leichtester Fahrlässigkeit liegt der Grad der mittleren Fahrlässigkeit, bei dem der Haftungsanteil des 383

[292] Vgl. BGH a. a. O.: „Der Inhalt und der Umfang der Garantenpflicht bestimmen sich aus dem konkreten Pflichtenkreis, den der Verantwortliche übernommen hat. Dabei ist auf die besonderen Verhältnisse des Unternehmens und den Zweck seiner Beauftragung abzustellen. Entscheidend kommt es auf die Zielrichtung der Beauftragung an, ob sich die Pflichtenstellung des Beauftragten allein darin erschöpft, die unternehmensinternen Prozesse zu optimieren und gegen das Unternehmen gerichtete Pflichtverstöße aufzudecken und zukünftig zu verhindern, oder ob der Beauftragte weitergehende Pflichten dergestalt hat, dass er auch vom Unternehmen ausgehende Rechtsverstöße zu beanstanden und zu unterbinden hat. Unter diesen Gesichtspunkten ist gegebenenfalls die Beschreibung des Dienstpostens zu bewerten."

[293] Vgl. *VKU*, Compliance in kommunalen Unternehmen, S. 49.

[294] Vgl. dazu ausführlich *Grützner/Behr*, Die Haftung von Compliance Officer, Vorstand und Aufsichtsrat bei Rechtsverstößen von Mitarbeitern, DB 2013, 561, 563.

[295] Vgl. BAG GS, Beschl. v. 27-09-1994 – GS 1/89: „Die Grundsätze über die Beschränkung der Arbeitnehmerhaftung gelten für alle Arbeiten, die durch den Betrieb veranlasst sind und aufgrund eines Arbeitsverhältnisses geleistet werden, auch wenn diese Arbeiten nicht gefahrgeneigt sind."

Arbeitnehmers gegenüber dem Arbeitgeber unter Berücksichtigung aller Umstände zu bestimmen ist, u. a. die Versicherbarkeit des eingetretenen Schadens, die Stellung des Arbeitnehmers im Betrieb, die Höhe des Arbeitsentgeltes, in der möglicherweise eine Risikoprämie für den Arbeitnehmer enthalten sein kann, der Grad des Verschuldens des Arbeitnehmers sowie seine persönlichen Umstände wie die Dauer der Betriebszugehörigkeit, sein Lebensalter, seine Familienverhältnisse und sein Vorverhalten[296].

384 Diese Grundsätze der privilegierenden Arbeitnehmerhaftung im Innenverhältnis sind auch auf den Anspruch des Arbeitgebers gegenüber dem unternehmensinternen, angestellten Compliance-Officer übertragbar[297], weil er arbeitnehmerähnlich in Bezug auf die Art und Ausführung seiner Tätigkeit regelmäßig in den örtlichen und zeitlichen Arbeitsablauf des Unternehmens integriert ist. Schon durch das Reporting wird der Compliance-Officer in die betriebliche Organisation eingebunden sein. Eine etwaige fachliche Weisungsungebundenheit des Compliance-Officers steht dem nicht entgegen, weil seine Tätigkeit aufgrund der mit der Komplexität der Compliance-Beauftragung einhergehende Verantwortung und die möglichen Folgen fehlerhafter Aufgabenerfüllung zumindest risikobehaftet und daher in der Regel auch gefahrgeneigt ist, so dass ihm in der Gesamtschau die Arbeitnehmereigenschaft nicht abzusprechen ist[298].

385 **bb) Außenhaftung.** Eine vertragsrechtliche Eigenhaftung von Compliance-Beauftragten kommt typischerweise nicht in Betracht, weil deren Anstellungs- und Arbeitsverträge keine Schutzpflichten zugunsten der Geschädigten begründen[299]. Für die Außenhaftung des Compliance-Beauftragten gelten vielmehr die allgemeinen Bestimmungen des Deliktsrechts, insbesondere nach §§ 823 Abs. 1, 823 Abs. 2 BGB i. V. mit einem verletzten Straftatbestand als Schutzgesetz. Eine solche deliktische Eigenhaftung wird in der Praxis vor allem dann von Bedeutung sein, wenn der Unternehmensträger nicht zahlungsfähig ist[300]. Der Compliance-Beauftragte des Unternehmens haftet dann sowohl für eine vorsätzliche Tat – wie § 823 Abs. 2 BGB i. V. m. dem entsprechenden Vorsatzstraftatbestand (wie Betrug) – als auch für die bloß fahrlässige deliktische Schädigung[301], wenn er Rechtsgüter des Geschädigten unmittelbar durch aktives Tun selbst verletzt hat.

386 Soweit Betriebsangehörige die Rechtsgutverletzung herbeiführen, kann eine Haftung bei Bestehen einer drittbezogenen Garantenstellung begründet werden[302]. Problematisch für

---

[296] Vgl. BAG (Großer Senat), Beschl. v. 25.9.1957, GS 4 (5)/56, NJW 1957, 235, 237.

[297] Vgl. grundsätzlich *Eufinger,* Grundsätze der Arbeitnehmerhaftung und Compliance-Verstöße, CCZ 2017, 130, wonach die Haftungsprivilegien der Arbeitnehmerhaftung auch bei Compliance-Verstößen vollumfänglich zum Tragen kommen, wobei aber den Arbeitgeber die Pflicht trifft, den Arbeitnehmer über die ihn treffenden gesetzlichen Vorgaben zu unterrichten und deren Einhaltung nach Maßgabe von § 130 OWiG zu kontrollieren; *Dendorfer-Ditges,* in: *Moll,* Münchener Anwaltshandbuch Arbeitsrecht, § 35 Rn. 305; *Giesen,* Die Haftung des Compliance-Officers gegenüber seinem Arbeitgeber – Haftungsprivilegierung bei innerbetrieblichem Schadensausgleich, CCZ 2009, 102, 104; *Lackhoff/Schulz,* Das Unternehmen als Gefahrenquelle? Compliance-Risiken für Unternehmensleiter und Mitarbeiter, CCZ 2010, 81, 87; *Pisani,* Energiewirtschaftliche Tagesfragen 2013, 97, 98.

[298] Vgl. *Giesen,* a. a. O.

[299] Vgl. *Rieble,* Zivilrechtliche Haftung der Compliance-Agenten, CCZ 2010, 1, 3.

[300] Im der BGH-Entscheidung vom 17.9.2009 zugrunde liegenden Sachverhalt ist es eher schwer vorstellbar, dass sich die betrogenen Kunden nicht an die Stadtreinigung, sondern an den Leiter der Rechtsabteilung halten.

[301] Vgl. *Rieble,* a. a. O.

[302] Vgl. sog. Baustoff-Entscheidung des BGH, Urt. v. 5.12.1989, VI ZR 335/88, wo er ausgeführt hat, dass die von der Gesellschaft zum Schutze absoluter Rechtsgüter zu beachtenden Pflichten auch den Geschäftsleiter in einer Garantenstellung aus den ihm übertragenen organisatorischen Aufgaben treffen, und bei Verletzung dieser Pflichten seine deliktische Eigenhaftung auslösen, so dass ein bloßes Unterlassen nur dann eine Haftung begründen kann, wenn – vergleichbar mit der strafrechtlichen Garantenstellung – eine *eigene* Rechtspflicht zum Handeln bestand, die insbesondere aus den sog. Verkehrssicherungs- und Organisationspflichten folgen; vgl. *Lackhoff/Schulz,* CCZ 2010, 81, 85 wonach Rechtsprechung und Literatur in bestimmten Konstellationen annehmen, dass Mitgliedern von Leitungsorganen aufgrund ihrer Geschäftsführeraufgaben selbst Verkehrspflichten obliegen und folglich deren Verletzung zu einer *eigenen* Außenhaftung führen kann. Vor dem Hintergrund der genannten Baustoff-Entscheidung soll das Risiko einer persönlichen Außenhaftung für den Fall bestehen, dass es infolge unzureichender Compliance-

eine solche Haftung ist aber jeweils der Nachweis der Kausalität, d. h. das Unterlassen des Compliance-Beauftragten muss kausal für den konkreten Schadensfall gewesen sein, der bei rechtzeitigem Handeln verhindert worden wäre. Eine deliktische Haftung könnte danach also beispielsweise nur dann in Betracht kommen, wenn das Vorbehaltseigentum eines Lieferanten durch Einbau untergeht und der verlängerte Eigentumsvorbehalt am Abtretungsverbot mit dem Kunden scheitert, weil der Lieferant bei entsprechender Information durch den Compliance-Beauftragten auf das Geschäft verzichtet hätte[303].

d) Möglichkeiten der Haftungsbegrenzung für den Compliance-Officer

Trotz der Möglichkeit der Haftungsprivilegierung gibt es für den Compliance-Officer **387** keine sichere Haftungsbegrenzung oder gar einen Haftungsausschluss. Daher könnte schon im eigenen Interesse entweder im Rahmen des rechtlich Möglichen bei der Gestaltung des Anstellungsvertrages oder im Rahmen der Ausübung des Direktionsrechts des Arbeitgebers bei der Bestellung zum Compliance-Officer der Pflichtenkreis des Compliance-Officers entsprechend konkretisiert werden[304]. Da der BGH mit seiner oben dargestellten Entscheidung aber nunmehr selbst eine Aussage zum typischen Pflichtenkreis eines Compliance-Officers getroffen hat, ist es fraglich, ob hierdurch im Einzelfall tatsächlich eine Garantenstellung des Compliance-Officers verneint werden kann. Deswegen ist zu empfehlen, den Compliance-Officer in den Versicherungsschutz einer D&O-Versicherung ausdrücklich als versicherte Person einzubeziehen und dazu die D&O-Versicherungspolice wie folgt zu ergänzen[305]: *„Mitversichert sind auch sonstige Angestellte, ohne dass sie gleichzeitig leitende Angestellte sein müssen und auch nicht gleichzeitig im Zusammenhang mit einem Organmitglied in Anspruch genommen werden, soweit sie in ihrer Eigenschaft als benannter Compliance-Beauftragter eines versicherten Unternehmens oder in ihrer Eigenschaft als besondere vom Gesetzgeber oder durch Industriestandards vorgesehene Beauftragte zur Sicherstellung der Compliance, z. B. als Datenschutz-, Geldwäsche-, Arbeitsschutz- oder Sicherheitsbeauftragte, handeln.“* Bei der D&O-Versicherung als Haftpflichtversicherung geht es um die Abwehr unberechtigter und die Befriedigung begründeter Schadenersatzansprüche – in erster Linie somit um zivilrechtliche Fälle. Soweit es aber um die strafrechtliche Verantwortlichkeit des Compliance-Officers

Maßnahmen zu betriebsbezogenen Straftaten von Betriebsangehörigen oder zu anderen Verletzungen deliktisch geschützter Rechtsgüter Dritter im Zusammenhang mit der betrieblichen Tätigkeit kommt.

303 Vgl. *Rieble,* a. a. O., wonach die Schutz- und Schadensabwendungspflicht in erster Linie die juristische Person trifft und eine Garantenstellung gegenüber dem Geschädigten mangels Vorliegen einer eigenen gefahrerhöhenden Handlung fehle, die nur bei einer eigenen Einwirkungsmöglichkeit auf Unternehmensmitarbeiter zu bejahen sei. Da auch Aufsichtspflichten grundsätzlich nur unternehmensintern bestehen und nicht drittgerichtet seien, führe auch das „vorsätzliche Wegschauen“ nicht ohne einen zusätzlichen Grund zu einer Außendurchgriffshaftung. So auch *Pisani,* Energiewirtschaftliche Tagesfragen 2013, 97, 99.

304 Vgl. *Dendorfer-Ditges,* in: *Moll,* Münchener Anwaltshandbuch Arbeitsrecht, § 35 Rn. 297, 302; *Illing/Umnuß,* Die arbeitsrechtliche Stellung des Compliance Managers, CCZ 2009, 1, 7: „Die Kompetenzen des CCO sollten detailliert im Anstellungsvertrag beschrieben werden. Insbesondere sollte im Rahmen einer umfassenden Aufgabenbeschreibung z. B. festgelegt werden, ob er etwa routinemäßig Nachforschungen anstellen soll, bzw. Berichte anfordern kann, welche Maßnahmen er zur Aufklärung von Verstößen durchführen darf (z. B. Durchsuchung von Räumen, Internetprotokolle, Emails), ab welchem Schweregrad des Verstoßes die Geschäftsleitung einzuschalten ist, nach welchem Modus und in welchem zeitlichem Abstand Vorschläge zur Verbesserung des Compliance Managements gemacht werden sollen oder in wieweit er im Rahmen seiner Aufgabenwahrnehmung auf personelle und finanzielle Ressourcen zurückgreifen kann.“; *Meier,* NZA 2011, 779, 782: „Der Arbeitsvertrag eines Compliance-Beauftragten sollte schriftlich erfolgen, eine nach Maßgabe der jeweiligen betriebliche Umstände konkretisierte genaue Arbeitsplatzbeschreibung enthalten, die nicht nur die Aufgaben (einschließlich Berichtswesens) sondern auch die hierarchische Einordnung, die Befugnisse und gegebenenfalls zu ergreifenden Maßnahmen (der Struktur nach) nennt. Die Weisungsfreiheit in fachlicher Sicht ist aufzuführen sowie deren Grenzen und die räumliche, personelle (auch externe) und auch finanzielle Ausstattung für z. B. passive wie aktive Schulungen. Schließlich sind die Bedingungen zur persönlichen Absicherung darzustellen, also etwa Versicherungen und Kündigungsschutzregelungen.“.

305 Vgl. *Held,* CCZ 2009, 231, 232.

geht, gewährt die D&O-Versicherung regelmäßig nur in einem dem Schutzzweck noch entsprechenden Umfang Versicherungsschutz hinsichtlich des sich aus einer Garantenstellung des Compliance-Officers ergebenden Risikos. Da der Compliance-Officer aber gerade auch strafrechtlichen Risiken ausgesetzt ist und er aufgrund seiner Aufgabenstellung leichter als andere Führungskräfte von staatlichen Ermittlungsverfahren betroffen sein kann, bedarf er in diesen Fällen selbst eines Rechtsbeistandes zur Verteidigung[306]. Unbeachtlich der Übernahme der Kosten für eine Strafverteidigung aufgrund der arbeitsrechtlichen Fürsorgepflicht des Arbeitgebers ist es zu empfehlen, dass für den Compliance-Officer und seine Mitarbeiter bereits bei Übernahme der Funktion eine entsprechende Rechtsschutzversicherung, ggf. bei einem von der D&O-Versicherung verschiedenen Versicherer, abgeschlossen wird.[307]

6. Non Compliance

388 Compliance im gesellschaftsrechtlichen Sinn wird als eine präventiv wirkende und das Risiko der Haftung des Unternehmens bzw. der Unternehmensleitung minimierende Unternehmensorganisation beschrieben[308]. Es ist daher die Frage nach den haftungsrechtlichen Konsequenzen für die Organe der Gesellschaft zu stellen, wenn und soweit den Compliance-Pflichten nicht oder nur unzureichend nachgekommen wird (Non Compliance).

a) Haftung der Geschäftsleitung

389 Die Geschäftsleitung ist dafür verantwortlich, dass sich das Unternehmen und seine Mitarbeiter rechtstreu verhalten, weil ihr andernfalls eine strafrechtliche oder bußgeldrechtliche Verfolgung oder eine zivilrechtliche Haftung droht.

390 **aa) Strafrechtliche Verantwortung.** Nach der gegenwärtig (noch) geltenden Rechtslage kann eine strafrechtliche Verantwortung nur den Geschäftsleiter selbst treffen, während ein zukünftiges Verbandssanktionengesetz („VerSanG") [309] die juristische Person oder rechts-

---

[306] Vgl. *Moosmayer,* Compliance, Rn 140 f.

[307] Vgl. *Cyrus,* Neue Entwicklungen in der D&O-Versicherung, NZG 2018, 7, 12: „**Unterhält das Unternehmen eine Strafrechtschutzversicherung,** besteht Versicherungsschutz, jedoch mit der **Unsicherheit, dass diese dem betroffenen Organ nicht zur Verfügung gestellt wird.** Kommt es zu Ermittlungen z. B. wegen Untreue oder Betrug und ist das Unternehmen möglicherweise geschädigt, ist es wahrscheinlich, dass das Unternehmen entweder von seinem Widerspruchsrecht in der Police Gebrauch macht oder diese erst gar nicht zur Verfügung stellt. Liegt dann keine eigene Strafrechtschutzversicherung vor, muss der Strafverteidiger selbst bezahlt werden, was bei umfangreichen Ermittlungen sehr teuer oder sogar ruinös werden kann. Um dem zu begegnen wird dringend empfohlen, in der D&O-Versicherung einen erweiterten Strafrechtschutz zu vereinbaren, der unabhängig vom Eintritt des Versicherungsfalls zumindest für die Organe die Verteidigungskosten bei strafrechtlichen Ermittlungen und Verfahren abdeckt. Denn im Unterschied zur Strafrechtschutzversicherung des Unternehmens gibt die D&O-Versicherung den versicherten Personen einen direkten Anspruch gegen den Versicherer auf Übernahme der Abwehrkosten, so dass das Risiko eines Widerspruchs entfällt. Gerade in Fällen, wo die Trennung vom Unternehmen mit der Einleitung strafrechtlicher Ermittlungen in Gang gesetzt wird, kann ein erweiterter Strafrechtschutz elementar sein."

[308] Vgl. *Kiethe,* GmbHR 2007, 393

[309] Aktuell (20.4.2020) liegt der abgestimmte Ressortentwurf des sog. Verbandssanktionengesetz („VerSanG") vor. Als sog. Verbandstat (im ersten Entwurf noch „Verbandsstraftat") kommen danach etwa Vermögens- und Steuerdelikte in Betracht. Darüber hinaus alle Deliktsgruppen des deutschen Strafrechts, insbesondere Umweltdelikte und Straftaten gegen den Wettbewerb. Eine Verbandssanktion soll immer dann verhängt werden, wenn eine Leitungsperson eine Verbandsstraftat begangen hat oder eine Nicht-Leitungsperson in Wahrnehmung der Aufgaben des Verbandes eine Verbandsstraftat begeht, wenn eine Leitungsperson diese Straftat durch entsprechende Vorkehrungen hätte verhindern oder wesentlich erschweren können. Als Sanktionen sind nur noch die Verbandsgeldsanktion sowie die Verwarnung mit Sanktionsvorbehalt („Geldstrafe auf Bewährung") vorgesehen. Die noch in der Vorgängerfassung vorgesehene Möglichkeit der Verbandsauflösung ist entfallen. Der Sanktionsrahmen beträgt bei vorsätzlichen Straftaten zwischen 1.000 EUR und 10 Mio. EUR, bei fahrlässigen Straftaten zwischen 500 EUR und 5 Mio. EUR. Bei konzernangehörigen Verbänden mit einem durchschnittlichen Jahresumsatz von mehr als

fähige Personengesellschaft als solche treffen soll. Die strafrechtliche Verantwortung im Falle eines aktiven rechtswidrigen Handelns, also beispielsweise bei einem rechtswidrigen Eingriff des Geschäftsleiters in das Eigentum eines Dritten ist unzweifelhaft; dagegen bestehen im Zusammenhang mit der Frage einer Strafbarkeit wegen Beihilfe durch Unterlassen, wenn der Geschäftsleiter Kenntnis von betriebsbezogenen Straftaten seiner Mitarbeiter erlangt und keine Vorkehrungen gegen deren zukünftige Begehung trifft, viele ungeklärte Fragen[310].

Die strafrechtliche Verantwortung der Geschäftsleiter aufgrund der aus dem Betrieb des 391 Unternehmens entspringenden Garantenstellung war in den letzten Jahren zunehmend Gegenstand von BGH-Entscheidungen. Zuletzt kam der BGH in seinem Urteil vom 20.10.2011 zu dem Ergebnis, dass sich aus der Stellung als Betriebsinhaber bzw. Vorgesetzter eine Garantenpflicht zur Verhinderung von Straftaten nachgeordneter Mitarbeiter ergeben kann[311]. Diese Garantenpflicht erstreckt sich nur auf die Verhinderung betriebsbezogener Straftaten, also solche Straftaten, die einen inneren Zusammenhang mit der betrieblichen Tätigkeit des Täters oder der Art des Betriebes aufweisen, und umfasst nicht solche Taten, die der Mitarbeiter lediglich bei Gelegenheit seiner Tätigkeit im Betrieb begeht. Bei den lediglich bei Gelegenheit begangenen Exzesstaten nachgeordneter Mitarbeiter, so der BGH, scheide aber eine Strafbarkeit der Unternehmensleitung nicht von vornherein aus. Spätestens seit dieser Entscheidung muss Unternehmensverantwortlichen – und nicht nur auf der ersten Führungsebene – somit bewusst sein, dass ein „Wegschauen" bei internen Problemen ein eigenes Strafbarkeitsrisiko begründen kann[312]. Eine endgültige Klärung in der Rechtsprechung, ob sich ein Vorstandsmitglied, das Kenntnis von betriebsbezogenen Straftaten seiner Mitarbeiter zulasten Dritter erlangt und keine Vorkehrungen gegen deren zukünftige Begehung trifft, wegen Beihilfe durch Unterlassen strafbar macht steht aber noch aus[313].

Unabhängig von der Beantwortung der Frage nach der Garantenstellung trifft den Vor- 392 stand oder Geschäftsführer eine durch § 266 StGB sanktionierte Vermögensbetreuungs-

100 Mio. EUR beträgt die Obergrenze bei vorsätzlicher Begehung bis zu zehn Prozent bzw. bei fahrlässiger Begehung bis zu fünf Prozent des weltweiten durchschnittlichen Jahresumsatzes aller als wirtschaftliche Einheit operierenden Unternehmen der letzten drei Geschäftsjahre ausmachen können. Entscheidend ist auch, dass das für das OWi-Recht geltende Opportunitätsprinzip (d. h. die Entscheidung über die Verfolgung der Tat bzw. über die Verhängung einer Geldbuße nach § 47 OWiG liegt im Ermessen der Verfolgungsbehörden) durch das im Strafrecht geltende Legalitätsprinzip (d. h. die Verfolgungsbehörden sind bei Vorliegen eines Anfangsverdachts verpflichtet, ein Ermittlungsverfahren einzuleiten) ersetzt werden soll. Eine Milderung der Verbandssanktionen ist bei Durchführung einer internen Untersuchung möglich. Dies gilt allerdings nur dann, wenn das Unternehmen umfassend kooperiert, seine Erkenntnisse den Behörden offenlegt und die interne Untersuchung erhebliche qualitative Anforderungen erfüllt. Insbesondere muss die Untersuchung die geltenden Gesetze sowie Grundsätze eines fairen Verfahrens beachten. Zudem muss die Untersuchung unabhängig von der Unternehmensverteidigung sein und darf nicht von den mit der Verteidigung betrauten Anwälten durchgeführt werden.

310 Vgl. *Grützner/Behr,* Die Haftung von Compliance Officer, Vorstand und Aufsichtsrat bei Rechtsverstößen von Mitarbeitern, DB 2013, 561, 564.

311 Vgl. BGH, Urt. v. 20.10.2011, 4 StR 71/11: Der Angeklagte war Vorarbeiter beim städtischen Bauhof. Seine Mitarbeiter misshandelten einen Kollegen in einer anderen Kolonne während der Arbeitszeit wiederholt körperlich in demütigender Weise in Anwesenheit des Angeklagten, der die Übergriffe nicht verhinderte. Das LG kam zwar zu keiner Strafbarkeit wegen Beihilfe zur gefährlichen Körperverletzung und zur Nötigung, weil eine Beihilfe durch aktives Tun in Form einer psychischen Unterstützung nicht festgestellt sei und eine durch Unterlassen begangene Beihilfe mangels einer sog. Garantenstellung ausscheide. Der BGH hielt in der Revision aber eine Strafbarkeit gemäß § 323c StGB für möglich, weil ein „Unglücksfall" im Sinne der Vorschrift auch eine Straftat Dritter sein könne. Die erforderliche Hilfe hätte der Angeklagte unterlassen, weil er als Vorgesetzter, gegebenenfalls unter Androhung arbeitsrechtlicher Maßnahmen, die Mitarbeiter dazu hätte bewegen können, die Misshandlungen zu unterlassen bzw. zu beenden. Den Betriebsinhaber treffen im Hinblick auf seine Mitarbeiter nicht nur aus seiner Fürsorgepflicht als Arbeitgeber erwachsene Schutzpflichten, sondern auch Überwachungspflichten zur Verhinderung von im Betrieb begangenen Straftaten. Insoweit trifft den Betriebsinhaber die jedermann obliegende allgemeine Hilfspflicht aus § 323c StGB, sofern er von solchen Vorgängen Kenntnis hat.

312 Vgl. *Kindler,* GWR 2012, 48.

313 Vgl. *Grützner/Behr,* DB 2013, 561, 565.

pflicht gegenüber seiner Gesellschaft[314]. Typische Fälle sind der Griff in die Kasse, Kick-Back-Geschäfte[315], Schmiergeldzahlungen, Einrichtung einer schwarzen Kasse, Risikodarlehen, Spekulationsgeschäfte, unverhältnismäßige Ausgaben oder Verfügungen über den Satzungszweck hinaus ebenso wie das Unterlassen einer rechtsgeschäftlichen Handlung einer Garantenstellung.[316]

392a Der BGH geht in seinem Urteil vom 12.10.2016 davon aus, dass aber eine aktienrechtliche Pflichtverletzung im Sinne des § 93 Abs. 1 AktG zugleich eine Pflichtwidrigkeit im Sinne des § 266 Abs. 1 StGB darstellt[317]. Im Ergebnis sind damit die als sog. **Business Judgement Rule**[318] in § 93 Abs. 1 Satz 2 AktG kodifizierten Grundsätze **Maßstab für das Vorliegen einer Pflichtverletzung im Sinne des Untreuetatbestands** nach § 266 Abs. 1 StGB. Für eine Untreue wäre daher nach wirtschaftlichen Gesichtspunkten genau zu prüfen, ob dem Inhaber des betreuten Vermögens ein Nachteil zugefügt wurde und der Vorstand diesen billigend in Kauf genommen hat[319]. An beide Voraussetzungen sind strenge Maßstäbe zu setzen.[320]

393 **bb) Bußgeldrechtliche Haftung.** Wenn Mitarbeiter des Unternehmens betriebsbezogene Straftaten oder Ordnungswidrigkeiten begehen, diese Taten sich aber durch ordnungsgemäße Aufsicht und Kontrolle hätten verhindern oder wesentlich erschweren lassen, droht dem Vorstand oder Geschäftsführer nach §§ 130, 30 OWiG eine Geldbuße[321]. Ihn trifft

---

[314] Vgl. Baumert, Handlungssicherheit in der Compliance-Arbeit an Beispielen, CCZ 2013, 265.

[315] Das OLG Hamm geht in seinem Urt. v. 29.5.2019 – 8 U 146/18 davon aus, dass ein GmbH-Geschäftsführer, der eine Zahlung auf eine – wie er weiß – fingierte Forderung freigibt, um damit eine Provisionsabrede zu honorieren, die **gegen die unternehmensinternen Compliance Vorschriften über zustimmungsbedürftige Geschäfte verstieß,** kann eine Pflichtverletzung begehen, die einen wichtigen Grund zur Kündigung des Anstellungsvertrages darstellt.
Vorliegend war die nach den Konzernrichtlinien erforderliche Zustimmung des Bereichsvorstands dadurch umgangen worden, dass mit einem Zwischenhändler im schriftlichen Provisionsvertrag nur eine Provision von 2,9 % des Nettoauftragsvolumens vereinbart wurde, während darüber hinaus mündlich vereinbart wurde, den Rest der Provision über eine Reklamationsgutschrift abzurechnen. Der Geschäftsführer unterschrieb in seiner Position als Vorgesetzter die Reklamationsgutschrift, obwohl er wusste, dass es tatsächlich weder einen Mangel noch eine Reklamation gegeben hat. Den Geschäftsführer entlastet auch nicht die Annahme, sein Mitgeschäftsführer habe das Vorgehen gebilligt. Eine solche Kündigung aus wichtigem Grund wegen gravierender Compliance-Verstöße eines Geschäftsführers setzt keine Abmahnung voraus.

[316] *Ek/Kock,* Haftungsrisiken für Vorstand und Aufsichtsrat, Rn. 516.

[317] BGH, Urt. v. 12.10.2016 – 5 StR 134/15: „1. Sind die in § 93 I AktG normierten **Grenzen unternehmerischen Ermessens überschritten** und ist damit eine Hauptpflicht gegenüber dem zu betreuenden Unternehmen verletzt worden, so liegt eine **Verletzung gesellschaftsrechtlicher Pflichten** vor, die so gravierend ist, dass sie zugleich eine **Pflichtwidrigkeit im Sinne von § 266 StGB** begründet; für eine gesonderte Prüfung der Pflichtverletzung als „gravierend" bzw. „evident" ist insoweit kein Raum.
2. Eine Pflichtverletzung nach § 93 I AktG liegt vor, wenn die Grenzen, in denen sich ein **von Verantwortungsbewusstsein getragenes, ausschließlich am Unternehmenswohl orientiertes, auf sorgfältiger Ermittlung der Entscheidungsgrundlagen beruhendes unternehmerisches Handeln** bewegen muss, überschritten sind, die **Bereitschaft, unternehmerische Risiken einzugehen, in unverantwortlicher Weise überspannt** wird oder das Verhalten des Vorstands aus anderen Gründen als pflichtwidrig gelten muss."

[318] Siehe ausführlich unten unter cc) Zivilrechtliche Haftung.

[319] Auch die Gewährung einer **Vergütung oberhalb des geltenden Tarifvertrags TVöD kann eine Untreuehandlung begründen:** Der BGH geht im BGH, Urt. v. 24.5.2016 – 4 StR 440/15 davon aus, dass einen Bürgermeister auf Grund seiner Obliegenheit, die Haushaltswirtschaft u. a. nach den Grundsätzen der Wirtschaftlichkeit und Sparsamkeit zu führen, eine Vermögensbetreuungspflicht i. S. des § 266 StGB treffen kann.

[320] Vgl. grundlegend zur Untreue BGH, Urt. v. 21.12.2005 – 3 StR 470/04 (Vodafone/Mannesmann). Der BGH hat hier klargestellt, dass für eine Untreue des Unternehmers eine „gravierende Pflichtverletzung" insoweit Voraussetzung ist, dass zwar nicht jede Verletzung einer Vermögensbetreuungspflicht eine taugliche Tathandlung der Untreue ist, jedoch nicht jede Verletzung einer – irgendwie – vermögensrelevanten Sorgfaltspflicht bereits die von § 266 StGB angesprochene Vermögensbetreuungspflicht verletzt.

[321] Vgl. Baumert, a. a. O., wonach im Siemens-Fall in verschiedener Weise gegen Verantwortliche des Unternehmens und gegen das Unternehmen selbst vorgegangen und unter anderem eine Geldbuße in Höhe von 395 Mio. EURO gegen das Unternehmen festgesetzt wurde, weil sich aus Einträgen in den Pro-

insbesondere die **Pflicht zur Auswahl von geeignetem Personal, zur sachgerechten Organisation, sowie zur Überwachung und Kontrolle.** Die Geschäftsleitung muss ihre Aufsichts- und Kontrollpflichten so ausüben, dass die betriebsbezogenen Pflichten aus ex ante Sicht eingehalten werden können und dazu die durchführbaren und zumutbaren Organisationsmaßnahmen ergreifen. Zu den erforderlichen Aufsichtsmaßnahmen gehören nach § 130 Abs. 1 S. 2 OWiG auch die Bestellung, sorgfältige Auswahl und Überwachung von Aufsichtspersonen.[322]

cc) Zivilrechtliche Haftung. (1) Innenverhältnis. Den Vorstand bzw. den Geschäftsführer trifft im Innenverhältnis zur Gesellschaft die Pflicht, für die Einhaltung der gesetzlichen Bestimmungen und der unternehmensinternen Richtlinien zu sorgen (Legalitätspflicht). Dabei ist es unerheblich, ob der Gesetzesverstoß im Einzelfall für die Gesellschaft vorteilhaft ist, die Einhaltung von Recht und Gesetz hat insofern Vorrang vor dem Unternehmenswohl. **394**

Im Rahmen seiner Legalitätspflicht hat ein Vorstandsmitglied dafür Sorge zu tragen, dass das Unternehmen so organisiert und beaufsichtigt wird, dass keine Gesetzesverstöße wie Schmiergeldzahlungen erfolgen. Seiner Organisationspflicht genügt ein Vorstands- bzw. Geschäftsführungsmitglied bei entsprechender Gefährdungslage nur dann, wenn er **eine auf Schadensprävention und Risikokontrolle angelegte Compliance-Organisation einrichtet.** Spätestens seit dem sog. Neubürger-Urteil[323] sollte jedem Unternehmensverantwortlichen klar sein, dass er zur Ergreifung angemessener Compliance-Maßnahmen, insbesondere zur **Einrichtung eines angemessenen Compliance-Management-Systems, persönlich verpflichtet** ist. Wann aber Compliance-Maßnahmen in diesem Sinne „angemessen" sind, dürfte gerade bei komplexeren Unternehmensstrukturen nicht immer ohne Weiteres rechtssicher zu beantworten sein. Entscheidend für den Umfang im Einzelnen sind dabei Art, Größe und Organisation des Unternehmens, die zu beachtenden Vorschriften, die geografische Präsenz wie auch Verdachtsfälle aus der Vergangenheit. Die Einhaltung des Legalitätsprinzips und demgemäß die Einrichtung eines funktionierenden **394a**

tokollen von Vorstandssitzungen ergab, dass ein bereits vorhandenes Compliance-System nicht ausreichend war, hiergegen aber nicht entschieden vorgegangen worden war, was als Pflichtversäumnis im Sinne der §§ 30, 130 OWiG gewertet wurde. Für die Bemessung des Bußgelds hat der BGH in seinem Urteil vom 9.5.2017 – 1 StR 265/161 folgende Grundsatzentscheidung gefällt: „1. Für die Bemessung eines Bußgelds nach § 30 I OWiG ist die Schuld der Leitungsperson, bei mehreren an derselben Straftat beteiligten Leitungspersonen die Schuld aller an der Anknüpfungstat beteiligten Leitungspersonen, grundlegend. 2. Bei der Bemessung der Geldbuße ist entscheidend, **inwieweit** ein **effizientes Compliance-Management installiert** wurde, um der Pflicht, Rechtsverletzungen aus der Sphäre des Unternehmens zu verhindern, zu genügen. Dabei kommt es auch darauf an, ob und inwieweit bei einem der Tatentdeckung nachfolgenden staatlichen Sanktionsverfahren **entsprechende Regelungen optimiert und betriebsinterne Abläufe in einer Weise ausgestaltet, dass entsprechende Normverletzungen in Zukunft jedenfalls deutlich erschwert** werden."

[322] Vgl. dazu oben Ziffer 3. a) und *Grützner/Behr,* DB 2013, 561, 565; nach Schäfer/Baumann, Compliance-Organisation und Sanktionen bei Verstößen, NJW 2011, 3601, 3604 kann der Einwand des rechtmäßigen Alternativverhaltens vom Vorstand nur erhoben werden, sofern es nicht um die Verletzung von Organisations-, Kompetenz- oder Verfahrensregeln (also insbesondere um die fehlende Zustimmung des Aufsichtsrats) geht, da diese gerade der Abstimmung und Herbeiführung von gemeinsamen Beschlüssen und Verfahrensweisen dienen und ansonsten der Schutzzweck und eine Sanktionierung über die Schadensersatzpflicht weitgehend leerlaufen würde, so dass bei allen übrigen Compliance-Verstößen mit an Sicherheit grenzender Wahrscheinlichkeit feststehen muss, dass der Schaden nicht eingetreten wäre, wenn das Unternehmen über eine vollwertige Compliance-Organisation verfügt hätte.

[323] Vgl. LG München I, Urt. v. 10.12.2013 – 5 HK O 1387/10 („Siemens/Neubürger"). Mit dieser Entscheidung wurde erstmals ein Vorstandsmitglied wegen Compliance-Verstößen im Unternehmen zu einer hohen Schadensersatzsumme (15 Mio. Euro) verurteilt. Die Legalitätspflicht der Leitungsorgane erschöpft sich nicht in eigener Rechtstreue, sondern schließt eine Legalitätskontrolle anderer Personen ein.
Vgl. auch *Fleischmann,* NZG 2014, 321: „Die Legalitätspflicht der Leitungsorgane erschöpft sich nicht in eigener Rechtstreue, sondern schließt eine Legalitätskontrolle anderer Personen ein. **Jedes Vorstandsmitglied muss daher in seinem Verantwortungsbereich durch geeignete organisatorische Maßnahmen für ein gesetzestreues Verhalten nachgeordneter Unternehmensangehöriger sorgen.**"

Compliance-Systems gehört zur Gesamtverantwortung des Vorstands bzw. Geschäftsführers.

394b Der Vorstand ist verpflichtet, alle ihm zur Verfügung stehenden Erkenntnisquellen auszuschöpfen und dabei Kosten und Nutzen gegeneinander abzuwägen. Vor diesem Hintergrund kann auch eine persönliche Haftung im Bereich der **IT-Sicherheit** drohen, wenn Risiken nicht angemessen identifiziert und adressiert werden[324]. Den Vorstandsmitgliedern müssen also die unternehmensspezifischen IT-Sicherheitsrisiken ihrer Gesellschaft bekannt sein. Sie sind gehalten, sich mit den Komplexitäten der IT-Sicherheit in ihren Unternehmen vertraut zu machen und geeignete Maßnahmen nach seinem Ermessen im Rahmen der Business Judgement Rule zur Gewährleistung der IT-Sicherheit zu ergreifen. Je bedeutsamer die IT für das Unternehmen und je gravierender die Auswirkungen eines etwaigen Angriffs auf die Systeme, desto mehr Informationen haben Vorstandsmitglieder einzuholen.

394c Für eine Haftung von Vorstand oder Geschäftsführer wegen Compliance-Verstößen von Mitarbeitern ist es also entscheidend, dass er selbst seine Pflichten verletzt hat (§ 93 Abs. 2 S. 1 AktG bzw. § 43 Abs. 2 GmbHG)[325]. Wenn die Geschäftsleitung von dem rechtswidrigen Handeln der Mitarbeiter keine Kenntnis hatte, wird ein Pflichtverstoß regelmäßig nur in Betracht kommen, wenn sich das rechtswidrige Verhalten – vergleichbar zu § 130 Abs. 1 S. 1 OWiG – durch ordnungsgemäße Aufsicht und Kontrolle hätte verhindern oder wesentlich erschweren lassen[326]. Dabei ist für die Frage nach der gebotenen Compliance zum einen eine ex ante-Perspektive zugrunde zu legen, d. h. eingetretene Normenverstöße sind auszublenden. Zum anderen ist das Organisationsermessen der Geschäftsleitung bei der Ausgestaltung der jeweiligen Compliance-Organisation zu berücksichtigen[327]. Wenn die Geschäftsleitung über begründete Verdachtsmomente in Kenntnis gesetzt wird, verlangen die Aufsichts- und Kontrollpflichten von ihr, Hinweisen auf Gesetzesverletzungen oder Pflichtverstößen von Mitarbeitern umfassend und unverzüglich nachzugehen und ggf. Ansprüche der Gesellschaft gegen die Täter geltend zu machen. Gleichzeitig muss die Geschäftsleitung präventiv tätig werden, um gleich gelagerte Pflichtverstöße in der Zukunft zu verhindern[328].

394d Ein Verstoß gegen die vorgenannten Pflichten stellt die für eine Schadenersatzpflicht erforderliche Pflichtverletzung dar. Allerdings kann sich der Geschäftsleiter aufgrund der in § 93 Abs. 1 Satz 2 AktG kodifizierten sog. **Business Judgement Rule** vom Vorwurf der Pflichtverletzung zu exkulpieren. Bei unternehmerischen Entscheidungen ist dem Vorstand nach der BGH-Rechtsprechung nach der Business Judgement Rule grundsätzlich ein weiter Ermessensspielraum zuzubilligen. Eine Pflichtverletzung ist daher nicht anzunehmen, solange die Grenzen nicht überschritten sind, in denen sich ein von Verantwortungsbewusstsein getragenes, ausschließlich am Unternehmenswohl orientiertes, auf sorgfältiger Ermittlung der Entscheidungsgrundlagen beruhendes unternehmerisches Handeln bewegen muss[329]. Dem Geschäftsleiter steht im Rahmen von unternehmerischen Entscheidungen

---

[324] *Daghles,* Cybersecurity-Compliance: Pflichten und Haftungsrisiken für Geschäftsleiter in Zeiten fortschreitender Digitalisierung, DB 2018, 2289, 2290.

[325] Beachte dazu auch BGH, Urt. v. 10.7.2018 – II ZR 24/17 **(„Schloss Eller"),** wonach dann, wenn die Satzung oder der Aufsichtsrat bestimmen, dass bestimmte Arten von Geschäften nur mit seiner Zustimmung vorgenommen werden dürfen, der Vorstand die **Zustimmung** des Aufsichtsrats grundsätzlich **vor der Durchführung des Geschäfts einzuholen** hat. Diese Zustimmung kann nur durch ausdrücklichen Beschluss des Aufsichtsrats erteilt werden und kann **nicht durch eine Entscheidung des Aufsichtsratsvorsitzenden ersetzt** werden. Der Vorstand kann aber gegenüber einer Schadensersatzklage der Aktiengesellschaft, die mit dem Verstoß gegen einen zugunsten des Aufsichtsrats eingerichteten Zustimmungsvorbehalt begründet ist, einwenden, der Aufsichtsrat hätte den von ihm durchgeführten Maßnahmen zugestimmt, wenn er ihn gefragt hätte **(Einwand des „rechtmäßigen Alternativverhaltens").**

[326] Vgl. Grützner/Behr, DB 2013, 561, 566.

[327] Vgl. *Fleischer,* in: *Spindler/Stilz,* Aktiengesetz, § 91 Rn. 76.

[328] Vgl. *Grützner/Behr,* DB 2013, 561, 566.

[329] Vgl. dazu aus dem Bereich der Versorgungswirtschaft exemplarisch LG Kiel, Urt. v. 5.2.2016 – 14 HKO 134/12: „Der Beklagte hat über viele Jahre im Voraus den **mutmaßlichen Gesamtjahresenergiebe-**

ein weiter haftungsfreier Handlungsspielraum (unternehmerisches Ermessen) zu, ohne den eine unternehmerische Tätigkeit schlechterdings nicht denkbar ist. Das bewusste Eingehen geschäftlicher Risiken, dass eine unternehmerische Tätigkeit wesentlich prägt, umfasst grundsätzlich auch Fehleinschätzungen. § 92 AktG bzw. § 43 GmbHG begründen gerade **keine Haftung für wirtschaftlichen Misserfolg,** soweit der Geschäftsführer sein Ermessen fehlerfrei ausgeübt hat. **Gewagte Geschäfte stellen deshalb keine Sorgfaltspflichtverletzungen dar, wenn ein erlaubtes Risiko nicht überschritten ist.** Eine fehlerhafte Ausübung unternehmerischen Ermessens ist daher erst dann anzunehmen, wenn aus der ex ante Perspektive das Handeln des Geschäftsführers gemessen am Wohl der Gesellschaft als unvertretbar erscheint[330].

Bei mehreren Geschäftsführern kann eine Entlastung aufgrund fehlender Ressortzuständigkeit ausnahmsweise dann in Betracht kommen, wenn eine Geschäftsverteilung oder **Ressortaufteilung** auf der Ebene der Geschäftsführung durch eine **klare und eindeutige Abgrenzung der Geschäftsführungsaufgaben** auf Grund einer von allen Mitgliedern des Organs mitgetragenen Aufgabenzuweisung festgelegt wurde, die die vollständige Wahrnehmung der Geschäftsführungsaufgaben durch hierfür fachlich und persönlich geeignete Personen sicherstellt und ungeachtet der Ressortzuständigkeit eines einzelnen Geschäftsführers die Zuständigkeit des Gesamtorgans insbesondere für nicht delegierbare Angelegenheiten der Geschäftsführung wahrt; eine diesen Anforderungen genügende Aufgabenzuweisung bedarf nicht zwingend einer schriftlichen Dokumentation[331], auch wenn eine solche schon aus Beweisgründen aber ausnahmslos zu empfehlen ist. Im Hinblick auf eine Ressortverteilung ist Geschäftsführern daher anzuraten, sich regelmäßig, auch in wirtschaftlich guten Zeiten, unter Heranziehung der betriebswirtschaftlichen Auswertungen ein Bild über die Lage der Gesellschaft zu machen und dies zu dokumentieren. **394e**

(2) Außenverhältnis. Da regelmäßig keine vertraglichen Beziehungen zwischen einem geschädigten Dritten und dem Vorstand bzw. Geschäftsführer bestehen, verbleibt allein eine deliktische Haftung für Vermögensschäden, die weitgehend der strafrechtlichen Verantwortlichkeit folgt[332]. Anders als der 5. Strafsenat des BGH in seiner Entscheidung vom 17.7.2009[333] kommt aber der 6. Zivilsenat in seiner Entscheidung vom 10.7.2012[334] zum Ergebnis, dass sich allein aus der Stellung als Geschäftsführer einer GmbH bzw. als Mitglied des Vorstands einer Aktiengesellschaft keine Garantenpflicht gegenüber außenstehenden Dritten dahingehend ergibt, eine Schädigung ihres Vermögens zu verhindern. Die **395**

---

darf der Beklagten an zwei Tagen geordert. Dabei handelt es sich um ein **Warentermingeschäft** aufgrund einer hochspekulativen Wette auf steigende Marktpreise. Eine solche Vorgehensweise mag für die Führung eines Fonds, der Risikokapital zwecks Erzielung einer möglichst hohen Rendite einsetzt, sachgerecht sein. Bei der Klägerin handelt sich jedoch um ein Versorgungsunternehmen, das Energie zu sicheren und preisstabilen Bedingungen zur Verfügung zu stellen hat. Dieses Ziel kann mit der von dem Beklagten verfolgten Einkaufspolitik nicht erreicht werden, weil seine Einkäufe mit dem Risiko eines Preisrückgangs belastet sind. Dieses Risiko ist auch in einer länger andauernden Phase von Preissteigerungen weder gebannt noch zu vernachlässigen. Denn es bestand auch aus damaliger Sicht keine Gewähr oder auch nur objektive Anhaltspunkte dafür, dass die Preise nicht zurückgehen werden. Es liegt daher auf der Hand, dass der Beklagte dieses Risiko nicht nur durch zeitnähere Käufe sondern insbesondere durch eine höhere Streuung der Käufe mit jeweils geringeren Teilmengen zu minimieren hatte. Denn bei Käufen von jeweils kleineren Mengen über einen größeren Zeitraum wird – was allgemein bekannt ist – das Risiko von Kursschwankungen ausgeglichen bzw. verringert."

330 Vgl. LG Kiel, a. a. O.; *Beurskens,* in: *Baumbach/Hueck,* § 43 Rn. 22.

331 BGH, Urt. v. 6.11.2018 – II ZR 11/17

332 Vgl. dazu oben Ziffer 3. a) und *Grützner/Behr,* DB 2013, 561, 566.

333 Vgl. BGH, Urt. v. 17.9.2009, 5 StR 394/08.

334 Vgl. BGH, Urt. v. 10.7.2012, VI ZR 341/10 und *Beurskens,* in: *Baumbach/Hueck,* GmbHG, § 43 Rn. 137: Erforderlich ist ein Verstoß gegen eine **gerade den Geschäftsführer persönlich treffende Verkehrspflicht,** die nicht allein aus seiner Amtsstellung folgt. Nicht jede Pflicht der Gesellschaft begründet automatisch eine persönliche Verpflichtung des Geschäftsführers gegenüber Dritten. Der Geschäftsführer übernimmt derartige Pflichten gerade nicht mit Annahme des Amtes, Abschluss des Anstellungsvertrags oder tatsächlichem Tätigwerden. Für Organisationsmängel, die gerade nicht einem bestimmten Organ angelastet werden können, haftet im Außenverhältnis die Gesellschaft, nicht aber der Geschäftsführer.

Pflichten aus der Organstellung zur ordnungsgemäßen Führung der Geschäfte der Gesellschaft aus § 43 Abs. 1 GmbHG, § 93 Abs. 1 S. 1 AktG, zu denen auch die Pflicht gehört, für die Rechtmäßigkeit des Handelns der Gesellschaft Sorge zu tragen, bestehen dieser gegenüber und lassen bei ihrer Verletzung grundsätzlich nur Schadensersatzansprüche der Gesellschaft entstehen. Damit stellt der BGH zugunsten der Leitungsorgane klar, dass diese nicht allein aufgrund ihrer Stellung als Geschäftsführer oder Vorstände gegenüber Dritten haften, wenn aus dem eigenen Unternehmen entspringende Straftaten zu Schäden Dritter führen[335].

396 Eine Außenhaftung kommt daher nur in begrenztem Umfang aufgrund besonderer Anspruchsgrundlagen in Betracht[336]. Es müssen besondere Umstände vorliegen, die eine Garantenpflicht begründen, die sich jedenfalls nicht schon aus der grundsätzlich bestehenden Legalitätspflicht ergibt. So kommt der BGH im sog. Baustoff-Urteil[337] zum umstrittenen[338] Ergebnis, dass die von der Gesellschaft zum Schutze absoluter Rechtsgüter zu beachtenden Pflichten auch ihren Geschäftsleiter in einer Garantenstellung aus den ihm übertragenen organisatorischen Aufgaben treffen und bei Verletzung eine deliktische Haftung auslösen. Eine Außenhaftung des Geschäftsführers wurde daher bejaht, weil dieser keine organisatorischen Maßnahmen zur Vermeidung einer Kollision zwischen dem verlängerten Eigentumsvorbehalt eines Lieferanten mit dem Abtretungsverbot des Auftraggebers der Gesellschaft getroffen hatte. Ähnlich hat der BGH[339] in einer weiteren ebenfalls umstrittenen[340] Entscheidung eine allgemeine Verhaltenspflicht des Geschäftsleiters mit der Folge einer deliktischen Organaußenhaftung aus (darlehens-)vertraglichen Interessenwahrungs-, Schutz- und Loyalitätspflichten der Gesellschaft gegenüber dem Dritten hergeleitet.

---

335 *Grützner/Behr,* DB 2013, 561, 564 halten diese Entscheidung im Hinblick auf die Tendenz der Strafsenate des BGH und die jahrzehntelange Rechtsprechung des VI. Zivilsenats selbst, welche er mit der sog. Baustoff-Entscheidung im Jahr 1989 begründete, für überraschend, weil er bislang – entgegen der Auffassung der Literatur – davon ausging, dass ein Vorstand kraft seiner organschaftlichen Stellung eine Garantenpflicht zum Schutz fremder, absolut geschützter Rechtsgüter innehabe.

336 Vgl. *Fleischer,* in *Münchner Kommentar zum GmbHG,* § 43 Rn. 340, 349b unter Verweis auf BGH Urt. v. 19.7.2012 – VI ZR 341/10, wo ein Vorstandsmitglied wegen Beihilfe durch Unterlassen zu Untreuestraftaten des Geschäftsleiters eines anderen Unternehmens auf Schadensersatz in Anspruch genommen wurde (§ 823 Abs. 2 BGB iVm §§ 266, 27 StGB), weil er gegen die Ausstellung von Scheinrechnungen durch einen Vorstandskollegen seiner eigenen Gesellschaft gegenüber dem anderen Unternehmen nicht eingeschritten war. Der BGH betonte, dass zwar die Pflichten eines Geschäftsleiters auch die Verpflichtung umfassten, dafür zu sorgen, dass sich die Gesellschaft rechtmäßig verhalte und ihren gesetzlichen Verpflichtungen nachkomme. Diese **Legalitätspflicht** bestehe aber grundsätzlich nur gegenüber seiner Gesellschaft und **nicht auch im Verhältnis zu außenstehenden Dritten.** Allein aus der Stellung als Vorstandsmitglied einer AG oder Geschäftsführer einer GmbH ergebe sich daher keine Garantenpflicht gegenüber außenstehenden Dritten, eine Schädigung ihres Vermögens zu verhindern, und damit auch keine Schadensersatzhaftung im Außenverhältnis.
Ebenso entschied der BGH im Urt. v. 18.6.2014 – I ZR 242/12, wonach ein Geschäftsleiter für unlautere Wettbewerbshandlungen der von ihm vertretenen Gesellschaft nur dann persönlich hafte, wenn er daran entweder durch positives Tun beteiligt war oder wenn er die Wettbewerbsverstöße auf Grund einer nach allgemeinen Grundsätzen des Deliktsrechts begründeten Garantenstellung hätte verhindern müssen. Allein die Organstellung und die allgemeine Verantwortlichkeit für den Geschäftsbetrieb begründen keine Verpflichtung des Geschäftsleiters gegenüber außenstehenden Dritten, Wettbewerbsverstöße der Gesellschaft zu verhindern. Der Geschäftsleiter haftet allerdings persönlich auf Grund einer eigenen wettbewerbsrechtlichen Verkehrspflicht, wenn er ein auf Rechtsverletzungen angelegtes Geschäftsmodell selbst ins Werk gesetzt hat.

337 Vgl. BGH, Urt. v. 5.12.1989, VI ZR 335/88 und oben Ziffer 5.c) bb).

338 Vgl. *Fleischer,* in *Münchner Kommentar zum GmbHG,* § 43 Rn. 339, 348: Die Kritik richtet sich überwiegend dagegen, dass dadurch – gewollt oder ungewollt – der Grundsatz der Haftungskonzentration auf die Gesellschaft unterlaufe werde.

339 Vgl. BGH, Urt. v. 24.1.2006, XI ZR 384/03 (Kirch/Deutsche Bank und Breuer).

340 Vgl. *Fleischer,* in *Münchner Kommentar zum GmbHG,* § 43 Rn. 349, wonach die Kritiker dem BGH entgegenhalten, er missachte den Grundsatz der Relativität der Schuldverhältnisse und das daraus folgende Verbot des Vertrages zu Lasten Dritter, wenn er deliktische Pflichten des Geschäftsleiters aus den vertraglichen Pflichten der Gesellschaft herleite.

b) Haftung des Aufsichtsrats

Anders als die Geschäftsleitung kann der Aufsichtsrat mangels Leitungsfunktion nicht unmittelbar Einfluss auf die Compliance-Organisation nehmen oder Verdachtsmomente aufklären. Sein Handeln ist aber gefordert, wenn der Verdacht eines rechtswidrigen Handelns den Vorstand in Person trifft oder wenn der Vorstand trotz Kenntnis von hinreichenden Verdachtsmomenten nicht tätig wird. **397**

aa) Strafrechtliche Verantwortung. Dem Aufsichtsrat als Kontrollorgan kann keine größere Verantwortung zukommen als der Geschäftsleitung, so dass auf ihn die Grundsätze der strafrechtlichen Geschäftsherrenhaftung regelmäßig keine Anwendung finden und der Aufsichtsrat gegenüber dem Vermögen Dritter kein Garant ist[341]. Dagegen besitzt der Aufsichtsrat im Verhältnis zum Unternehmen wegen und im Rahmen seiner Einwirkungsmöglichkeiten auf die Geschäftsleitung eine Garantenstellung. Der Aufsichtsrat ist zwar mangels umfassender Entscheidungs- und Beurteilungsgrundlagen kein Garant für die Ordnungsmäßigkeit des unternehmerischen Handelns der Geschäftsleitung; gleichwohl hat er insoweit eine Garantenstellung, die ihn verpflichtet, solche Handlungen der Geschäftsleitung, die die Rechts- und Vermögensgüter der Gesellschaft verletzen und die ihm im Rahmen seiner Überwachungstätigkeit bekannt werden zu verhindern[342]. Soweit er nicht einschreitet, um weiteres Fehlverhalten zu verhindern, droht dem Aufsichtsrat eine Strafbarkeit wegen Unterlassens. **398**

bb) Bußgeldrechtliche Haftung. Während das Unternehmen nach § 30 Abs. 1 Nr. 5 OWiG für ein Fehlverhalten des Aufsichtsrats haftet, trifft den Aufsichtsrat selbst keine bußgeldrechtliche Haftung gem. § 130 Abs. 1 S. 1 OWiG[343], er ist kein vertretungsberechtigtes Organ im Sinne von § 9 Abs. 1 S. 1 Nr. 1 OWiG und er nimmt auch keine Leitungsaufgaben im Sinne von § 9 Abs. 2 Nr. 1 oder und 2 OWiG wahr[344]. **399**

cc) Zivilrechtliche Haftung. (1) Innenverhältnis. Nach § 116 S. 1 AktG i. V. m. § 93 Abs. 1 S. 1 AktG haben die Mitglieder des Aufsichtsrats analog zum Vorstand die Sorgfalt eines ordentlichen und gewissenhaften Geschäftsleiters anzuwenden, so dass der Maßstab für die anzuwendende Sorgfalt bei Vorstand und Aufsichtsrat identisch ist. Der Aufsichtsrat muss die Geschäftsführung des Vorstands/der Geschäftsführer überwachen im Hinblick auf ihre Rechtmäßigkeit, Ordnungsmäßigkeit, Zweckmäßigkeit und Wirtschaftlichkeit. Er muss sein Handeln dabei am Unternehmensinteresse ausrichten, Chancen des Unternehmens wahren sowie Schaden von ihm abwenden.[345] Im Hinblick auf die Ordnungsmäßigkeit des Handelns von Vorstand bzw. Geschäftsführer ist zu kontrollieren, ob die sich aus Gesetz, Satzung oder Geschäftsordnung ergebenden Verfahrensregeln sowie die kaufmännischen Sorgfalt beachtet wurde.[346] Der Aufsichtsrat muss im Rahmen seines **400**

---

341 Vgl. *Grützner/Behr,* DB 2013, 561, 566; *Krause,* Strafrechtliche Haftung des Aufsichtsrates, NStZ 2011, 57, 60: „Eine Garantenstellung kann sich nicht daraus ergeben, dass die Aufsichtsratsmitglieder – einem Compliance Officer vergleichbar – vertraglich eigens dazu bestellt wären, für die Verhinderung von Rechtsverstößen, insbesondere auch von Straftaten, zu sorgen, die aus dem Unternehmen heraus begangen werden und diesem erhebliche Nachteile bringen können. Denn es fehlt bei Aufsichtsräten sowohl an einer vertraglichen Pflichtenbegründung als auch an einem vergleichbaren besonderen, auf Straftaten-Prävention gerichteten Zweckbezug der von ihnen zu erbringenden Aufsichtstätigkeit. Die Aufgaben des Aufsichtsrates sind allgemeinerer Natur." DAGEGEN BGH, Beschl. v. 26.11.2015 – 3 StR 17/15 im Nürburgringverfahren: „1. Ein Mitglied des **Aufsichtsrats** einer GmbH trifft die **Pflicht im Sinne des Untreuetatbestands, das Vermögen der Gesellschaft zu betreuen.** Es verletzt diese Pflicht unter anderem dann, wenn es mit einem leitenden Angestellten der Gesellschaft bei einem das Gesellschaftsvermögen **schädigenden, die Grenzen der unternehmerischen Entscheidungsfreiheit überschreitenden Fehlverhalten zusammenwirkt.**"

342 Vgl. *Krause,* Strafrechtliche Haftung des Aufsichtsrates, NStZ 2011, 57, 60.

343 Vgl. *Grützner/Behr,* DB 2013, 561, 566.

344 Vgl. *Rogall,* in: *Karlsruher Kommentar* zum OWiG, § 9 Rn. 43.

345 *Ek/Kock,* a. a. O. Rn. 540.

346 *Ek/Kock,* a. a. O. Rn. 542: „Zu überwachen sind die ordnungsgemäße Geschäftsorganisation des Unternehmens, insbesondere des Planungs- und Rechnungswesens sowie der Risikokontroll- und Compliance-

Ermessens das Handeln des Vorstands sorgfältig und sachgerecht prüfen, insbesondere daraufhin, ob ihm Verdachtsmomente für ein rechtswidriges Handeln vorliegen[347]. Dabei ist aber zu berücksichtigen, dass dem Aufsichtsrat nur beschränkte Informationsbeschaffungsmöglichkeiten[348] und keine Weisungsrechte gegenüber den Mitarbeitern der Gesellschaft zustehen und ihm also eine rein überwachende Tätigkeit zukommt. Mit einem Mehr an gesetz- oder satzungsmäßigen unternehmerischen Mitentscheidungsrechten, insbesondere an Zustimmungsrechten nach § 111 Abs. 4 S. 2 AktG, steigen auch die an die Aufsichtsräte zu stellenden Anforderungen[349]. Die Sorgfaltsmaßstäbe des Aktienrechts gelten einheitlich sowohl für den zwingenden, mitbestimmten Aufsichtsrat wie auch für den fakultativen Aufsichtsrat[350], jedenfalls dann, wenn der Aufsichtsrat eine starke Stellung gegenüber der Geschäftsleitung hat und die Einsicht des Geschäftsführers in die Notwendigkeit, einen Insolvenzantrag zu stellen, zu vermuten ist[351]. Hat der Aufsichtsrat seine Überwachungsaufgabe pflichtwidrig vernachlässigt und entsteht dem Unternehmen hierdurch weiterer Schaden, kann er dem Unternehmen zum Ersatz des Schadens verpflichtet sein.[352]

401 Die Satzung kann für den fakultativen Aufsichtsrat hiervon abweichen und den Sorgfaltsmaß herabsetzen, aber nicht unter grobe Fahrlässigkeit[353]. Die Vertreter kommunaler Anteilseigner im Aufsichtsrat haben gegen die Entsendungskörperschaft meist einen gesetzlichen **Freistellungsanspruch**[354]. Daneben sind weitere Haftungserleichterungen wie eine

---

Systeme. Da dem Vorstand bei Ausgestaltung der Geschäftsorganisation und der Risikokontroll- und Compliance-Systeme ein breiter Ermessenspielraum zusteht, beschränkt sich die Überwachung auf eine ordnungsgemäße Berichterstattung des Vorstands sowie die Plausibilität der vom Vorstand getroffenen Maßnahmen. Zudem ist vom Vorstand zu beachten, dass bedeutsame Entscheidungen unter Verwendung der erforderlichen Unterlagen vorbereitet und hinsichtlich der wichtigsten Ergebnisse auch dokumentiert werden."

[347] Grundlage dafür ist das sog. **ARAG/Garmenbeck-Urteil** des BGH vom 21.4.1997 – II ZR 175/95, wonach der Aufsichtsrat aufgrund seiner Aufgabe, die Tätigkeit des Vorstands zu überwachen und zu kontrollieren, die **Pflicht hat, das Bestehen von Schadensersatzansprüchen der AG gegenüber Vorstandsmitgliedern eigenverantwortlich zu prüfen.** Dabei hat er zu berücksichtigen, dass dem Vorstand für die Leitung der Geschäfte der AG ein weiter Handlungsspielraum zugebilligt werden muss, ohne den unternehmerisches Handeln („Business Judgement Rule") schlechterdings nicht denkbar ist. Kommt der Aufsichtsrat danach zu dem Ergebnis, dass sich der Vorstand schadensersatzpflichtig gemacht hat, muss er aufgrund einer sorgfältigen und sachgerecht durchzuführenden Risikoanalyse abschätzen, ob und in welchem Umfang die gerichtliche Geltendmachung zu einem Ausgleich des entstandenen Schadens führt. Wenn der Gesellschaft nach dem Ergebnis dieser Prüfung durchsetzbare Schadensersatzansprüche zustehen, hat der Aufsichtsrat diese grundsätzlich zu verfolgen und darf er nur dann davon absehen, wenn gewichtige Gründe des Gesellschaftswohls dagegensprechen und diese Umstände die Gründe, die für eine Rechtsverfolgung sprechen, überwiegen oder ihnen zumindest gleichwertig sind.

[348] Vgl. aber BGH, Beschl. v. 6.11.2012 – II ZR 111/12 (Porsche/Piech), wonach es die Pflicht des Aufsichtsrats zur Überwachung gebietet, dass er sich über mögliche erhebliche Risiken selbst kundig macht und das Ausmaß dieser Risiken unabhängig vom Vorstand bewertet. Wenn das, was dem Aufsichtsrat an Informationen als Entscheidungsgrundlage zur Verfügung gestellt wird, nach seiner eigenen Einschätzung unvollständig, nicht plausibel genug oder, gar in seiner Tragweite nicht klar, so genügt der Aufsichtsrat diesen Anforderungen nicht, handelt pflichtwidrig und macht sich gegenüber der Gesellschaft gemäß §§ 116, 93 Abs. 2 S. 1 AktG dem Grunde nach schadenersatzpflichtig.

[349] Vgl. Grützner/Behr, DB 2013, 561, 566; Krause, NStZ 2011, 57, 59.

[350] Vgl. *Spindler,* in *Münchner Kommentar zum GmbHG,* § 52 Rn. 625.

[351] Vgl. OLG Brandenburg, Urt. v. 17.2.2009, 6 U 1002/07, wonach die Mitglieder eines fakultativen GmbH-Aufsichtsrats nach § 52 Abs. 1 GmbHG, § 116 i. V. m. § 93 Abs. 2, 3 Nr. 6 AktG für Zahlungen der Geschäftsführung aus dem Gesellschaftsvermögen nach Eintritt der Insolvenzreife haften, wenn sie es trotz Kenntnis der Zahlungsunfähigkeit unterlassen haben, die Geschäftsführung darauf hinzuweisen, dass ein Insolvenzantrag gestellt werden muss.

[352] Vgl. aktuell BGH, Urt. v. 18.9.2018 – II ZR 152/17, wonach die Verjährung von Schadensersatzansprüchen einer Aktiengesellschaft gegen ein Aufsichtsratsmitglied gemäß § 116 S. 1, § 93 Abs. 2, Abs. 6 AktG wegen Verjährenlassens von Ersatzansprüchen der Gesellschaft gegen ein Vorstandsmitglied beginnt gemäß § 200 S. 1 BGB mit dem Zeitpunkt der Verjährung des Ersatzanspruchs der Gesellschaft gegen das Vorstandsmitglied beginnt.

[353] Vgl. *Zöllner/Noack,* in: *Baumbach/Hueck,* GmbHG, § 52 Rn. 72.

[354] Vgl. z. B. Art. 93 Abs. 3 S. 1 GO Bay.

Verkürzung der Verjährungsfristen von Schadensersatzansprüchen oder eine **summenmäßige Begrenzung** der Haftung denkbar. Dagegen führt eine geringe Aufwandsentschädigung nicht zu einer Haftungsprivilegierung.

(2) Außenverhältnis. Da durch § 116 AktG keine Außenhaftung gegenüber Dritten geschaffen wird[355], gelten für den Aufsichtsrat die Grundsätze der unmittelbaren Haftung des GmbH-Geschäftsführers gegenüber Dritten, sofern aus der Stellung als Aufsichtsratsmitglied keine Besonderheiten resultieren. Ein Haftungsrisiko kann daher mit Blick auf die sog. Baustoff-Entscheidung des BGH[356] dann bestehen, wenn absolut geschützte Rechtsgüter Dritter geschädigt werden[357]. 402

7. Tax Compliance

Aufgrund der Änderung des AEAO zu § 153 durch das **BMF-Schreiben vom 23.5.2016** hat die Finanzverwaltung die Grundlage für die **Einführung eines Tax-Compliance-Management-Systems** gelegt. Gemäß § 153 Abs. 1 AO muss ein Steuerpflichtiger der jeweiligen Steuerbehörde unverzüglich anzeigen, wenn er erkennt, dass eine von ihm oder für ihn abgegebene Steuererklärung objektiv unrichtig oder unvollständig ist und es dadurch zu einer Steuerverkürzung gekommen ist oder kommen kann. Die Steuerbehörden sind angehalten bei der Berichtigung von Steuererklärungen nach § 153 AO die Buß- und Strafgeldstellen einzuschalten. Dabei wird geprüft, ob gegebenenfalls leichtfertig oder sogar vorsätzlich Steuern verkürzt wurden. 403

Im genannten BMF-Schreiben hat die Finanzverwaltung zu der Abgrenzung einer strafrechtlich nicht relevanten Berichtigung fehlerhafter Steuererklärungen von einer strafbefreienden Selbstanzeige Stellung genommen und sich dabei erstmalig dazu geäußert, dass die **Einrichtung eines steuerlichen innerbetrieblichen Kontrollsystems (Steuer-IKS)** bzw. **Tax-Compliance-Management-Systems (Tax-CMS),** das der Erfüllung der steuerlichen Pflichten dient, ein **Indiz** darstellen kann, das **gegen das Vorliegen eines Vorsatzes oder der Leichtfertigkeit** sprechen kann[358]. Ein implementiertes und gelebtes Steuer-IKS ist damit ein Indiz, dass eventuelle Pflichtverletzungen weder vorsätzlich noch fahrlässig begangen wurden. 404

Ein Steuer-IKS ist ein auf die Einhaltung steuerlicher Vorschriften gerichtetes System, das aus einer Reihe von einzelnen, aufeinander abgestimmten Bearbeitungs- und Kontrollschritten zur Fehlervermeidung und -aufdeckung sowie zur Risikominimierung besteht. Ziel ist die Erstellung und fristgerechte Einreichung richtiger Steuererklärungen sowie die Erfüllung der übrigen steuerlichen Pflichten. Durch die Dokumentation des Tax-CMS kann der Geschäftsführer eines Unternehmens einen Nachweis erbringen, dass er Maßnahmen ergriffen hat, um seinen gesetzlichen Verpflichtungen nachzukommen[359]. 405

Folgende Grundsätze sind nach Ansicht der Bundessteuerberaterkammer bei der Implementierung zu beachten[360]: 406

[355] Vgl. Spindler, in Münchner Kommentar zum GmbHG, § 52 Rn. 698 f.

[356] Siehe dazu → Rn. 386.

[357] Vgl. OLG Düsseldorf, Urt. v. 23.6.2008, 9 U 22/08, wonach die Haftung eines Aufsichtsratsmitglieds zu bejahen ist, wenn er ein strafbares oder sittenwidriges Verhalten des Vorstands vorsätzlich veranlasst oder aktiv unterstützt. Objektiv liegt dabei eine Beihilfe schon vor, wenn das Aufsichtsratsmitglied das Amt in dem Bewusstsein übernimmt, keine echte Kontrolle durchführen zu wollen. In subjektiver Hinsicht reicht für den Beihilfevorsatz, wenn das Aufsichtsratsmitglied es für möglich hält, dass sein Tun zur Begehung einer Straftat genutzt wird, bewusstes Sichverschließen aus.

[358] BMF, Schreiben vom 23.5.2016, IV A 3 – S 0324/15/10001, IV A 4 – S 0324/14/10001, Tz. 2.6: „Hat der Steuerpflichtige ein innerbetriebliches Kontrollsystem eingerichtet, das der Erfüllung der steuerlichen Pflichten dient, kann dies ggf. ein Indiz darstellen, das gegen das Vorliegen eines Vorsatzes oder der Leichtfertigkeit sprechen kann, jedoch befreit dies nicht von einer Prüfung des jeweiligen Einzelfalls."

[359] Vgl. Bundessteuerberaterkammer, Hinweise der Bundessteuerberaterkammer für ein steuerliches innerbetriebliches Kontrollsystem – Steuer-IKS, Rz. 7 ff.

[360] Bundessteuerberaterkammer, a. a. O., Rz. 24.

- **Angemessenheit:** Es muss so einfach sein, dass es vom Unternehmen auch im täglichen Geschäftsbetrieb umgesetzt und gelebt werden kann.
- **Verantwortlichkeit:** Es muss klare Verantwortlichkeiten schaffen und benennen und diese nach innen und außen deutlich kommunizieren.
- **Risikoadäquanz:** Es setzt dort an, wo die wesentlichen steuerlichen Risiken für das Unternehmen liegen. Diese Risiken müssen daher identifiziert, bewertet und mit entsprechenden Maßnahmen belegt werden.
- **Kontinuität:** Der Aufbau eines Steuer-IKS ist kein einmaliger, sondern ein fortlaufender Prozess.
- **Nachvollziehbarkeit:** Es wird durch die Beschreibung der Prozesse, Kontrollen und Überwachungsmaßnahmen nachvollziehbar und nachprüfbar gemacht.

407 Der Aufbau und die Implementierung eines Tax-CMS startet wie der eines generellen Compliance-Management-Systems mit der **Bestandsaufnahme.** Dabei wird zunächst geprüft, in welchen Bereichen des Unternehmens ein Risiko für einen Verstoß gegen steuerrechtliche Vorschriften besteht. Das Unternehmen wird im Ergebnis gleichsam einer **steuerlichen Due Diligence** unterzogen, so wie diese üblicherweise bei M&A-Transaktionen erfolgt.[361] Zu diesem Zweck wertet das Unternehmen zusammen mit dem steuerlichen Berater alle Dokumente aus, die Rückschlüsse auf steuerliche Risiken zulassen. Dazu gehören beispielsweise Berichte vergangener Außen- und Sonderprüfungen, berichtigte Steuererklärungen oder ggf. abgegebene Selbstanzeigen nach § 371 AO. Ein wesentlicher Teil der Risikoermittlung besteht in Gesprächen mit Mitarbeitern des Unternehmens, die entweder mit steuerlichen Aufgaben und Pflichten betraut sind oder mit steuerlich erheblichen Sachverhalten in Berührung kommen, weil sie den besten Einblick in **potenzielle Problemfelder steuerlicher Natur** gewähren können. Mögliche Fragen könnten dann wie folgt aussehen:[362]

- Welche Prozesse sind im Bereich der Steuern im Unternehmen etabliert?
- Sind die Prozesse und/oder die Verantwortlichkeiten bereits dokumentiert?
- Existiert bereits eine Verfahrensdokumentation, auf welche zurückgegriffen werden kann (z. B. nach den GoBD)?
- Wer ist für welche einzelnen Schritte verantwortlich?
- Welche Konsequenzen wurden aus bereits aufgetretenen Fehlern gezogen?
- Welche Aufgaben können delegiert werden?

408 Nachdem die steuerlichen Themen identifiziert wurden, sind diese zu bewerten und in Risikostufen einzuordnen. Dazu werden verschiedene Faktoren, wie **Eintrittswahrscheinlichkeit des identifizierten Risikos sowie die mögliche Schadenshöhe** berücksichtigt. Die im Rahmen der Risikobewertung vorgenommene Einstufung des steuerlichen Risikos soll mögliche steuerliche und sonstige Auswirkungen vor Augen zu führen, um eine Agenda zu erarbeiten, mit welcher Priorität, welche Prozesse zur Risikovermeidung im Unternehmen implementiert werden sollen.[363] Im Rahmen der **Risikoanalyse und -bewertung** könnten folgende Fragen gestellt werden:[364]

- Welche Risiken aus dem Steuerbereich sind für das Unternehmen zu erkennen?

---

[361] *Menner/Bexa,* Praktische Vorgehensweise bei der Einführung eines Tax Compliance Management Systems im Unternehmen, CCZ 2019, 129, 132.

[362] Bundessteuerberaterkammer, a. a. O., Rz. 43.

[363] Vgl. dazu *Menner/Bexa,* a. a. O. S. 132: „Allerdings darf die Risikoeinstufung nicht dazu führen, dass unzutreffende oder unvollständige Steuererklärungen nicht entsprechend § 153 AO korrigiert werden. Die in § 153 AO statuierte Pflicht greift unabhängig vom Umfang der nicht oder nicht vollständig in der Steuererklärung gemachten Angaben und der daher nicht festgesetzten Steuer. Jede unzutreffende oder unvollständige Steuererklärung ist zu korrigieren, auch wenn die aus der unzutreffenden Erklärung resultierende Steuer nur wenige Euro beträgt. Der Vorwurf der Steuerhinterziehung bzw. der leichtfertigen Steuerverkürzung ist grundsätzlich unabhängig von der Höhe der verkürzten Steuern."

[364] Bundessteuerberaterkammer, a. a. O., Rz. 43.

- Welche Fehler haben in der Vergangenheit zu spürbaren Steuernachzahlungen oder anderen Auffälligkeiten im Besteuerungsverfahren geführt?
- Welche Bereiche sind besonders fehleranfällig?
- Welche Risiken sind von besonderer finanzieller Reichweite?
- Gegen welche Risiken müssen vordringlich Maßnahmen ergriffen werden?

Sodann ist zu überlegen, welche Maßnahmen bereits in der Vergangenheit im Unterneh- 409
men getroffen wurden, um den identifizierten Risiken zu begegnen, und ob diese auch effektiv waren bzw. verbesserungsbedürftig sind. Ggf. wären weitere bzw. verbesserte Steuerungs- und Kontrollmaßnahmen zu treffen[365]:

- Welche Prozesse, Maßnahmen und Berichtswege sind von wem, wie, bis wann umzusetzen?
- Sind alle benötigten Ressourcen vorhanden bzw. wie werden diese beschafft?
- Wer ist für die Umsetzung verantwortlich?
- Wer informiert und schult die betroffenen Mitarbeiter?
- Wer stellt fest, ob die Prozesse, Maßnahmen und Berichtswege wie gefordert umgesetzt wurden und dauerhaft beachtet werden?
- Welche Rolle spielt ggf. der Steuerberater?
- Wenn der Steuerberater in die Prozesse eingebunden ist: Wie sehen die Schnittstellen zu ihm aus und wie sind sie dokumentiert?

Neben der Risiko-und Prozessanalyse ist die **Dokumentation** des Ergebnisses und der 410
zu treffenden/getroffenen Maßnahmen ein wesentlicher Bestandteil des Tax-CMS. Dazu könnte ein **Tax-CMS Handbuch** bzw. eine **Tax-CMS Richtlinie** erstellt werden, die alle steuerlich einschlägigen Regelungen enthält und die steuerlich relevanten Prozesse beschreibt.[366] Alle erarbeiteten Elemente des Tax-CMS sollten sich in der Dokumentation wiederfinden, so dass zum einen im Hinblick auf den Anwendungserlass zu § 153 AO ein Nachweis der Implementierung eines Tax-CMS gegenüber den Finanzbehörden und zum anderen eine verbindliche Richtschnur und Anleitung für Unternehmen und Mitarbeiter geschaffen wird.

Das Tax-CMS ist kein statisches Projekt, das einen definierten Anfangs- und Endzeit- 411
punkt besitzt, sondern muss regelmäßig kontrolliert und an den jeweiligen Unternehmensalltag angepasst und optimiert werden, um dauerhaft Wirkung entfalten zu können. Ein umfassendes Tax-CMS ist daher auch nicht in einem einzigen Schritt zu entwickeln und zu etablieren; es ist ein fortlaufender Prozess nach dem Motto **„Der Weg ist das Ziel.“** [367]

8. Schlusswort und Ausblick

Das Vorhalten eines sog. Compliance Management Systems ist unstreitig rechtlich erforder- 412
lich, auch wenn die rechtliche Herleitung außerhalb spezialgesetzlicher Normierungen sich aus verschiedenen Rechtsquellen speist. Ziel ist dabei die Sicherstellung eines regelkonformen Verhaltens der gesetzlichen Vertreter und der Mitarbeiter des Unternehmens sowie ggf. von Dritten bzw. die aus dem Unternehmen herrührenden Gefahren für die Außenwelt auf ein zumutbares Risiko zu minimieren.[368] Compliance sollte nicht als Zunahme von Bürokratie im Geschäftsablauf verstanden werden, sondern als Reaktion auf wachsende Haftungsrisiken, insbesondere für die Unternehmensleitung und auf Zunahme der indirekten Schadensfolgen aufgrund der gestiegenen Aufmerksamkeit in der Öffentlichkeit und

[365] Bundessteuerberaterkammer, a. a. O., Rz. 43.
[366] *Menner/Bexa,* a. a. O. S. 133; Bundessteuerberaterkammer, a. a. O., Rz. 45 f.: Checklisten, Diagramme, Prüf- und Kontrollschemata, Arbeitsanweisungen, Programmier- und Verarbeitungsanweisungen, Zugangskontrollen, Schulungsunterlagen, Protokolle und Zuweisung von Verantwortlichkeiten.
[367] *Fischer/Schwab,* Tax Compliance in KMU: Hinweise der Bundessteuerberaterkammer für ein steuerliches innerbetriebliches Kontrollsystem (Steuer-IKS), DStR 2018, 2040, 2042.
[368] *Jüttner,* CCZ 2018, 168.

den Medien[369]. Die Implementierung eines Compliance-Management-Systems kann die Risiken reduzieren, die Effizienz steigern und das Risk-Management verbessern. Compliance ist jedoch nicht ausschließlich vor dem Hintergrund der Haftungsvermeidung und Risikoreduzierung zu betrachten, sondern schafft die Möglichkeit einer Steigerung der Wettbewerbsfähigkeit des Unternehmens und kann als eine wesentliche Säule einer wertorientierten Unternehmenssteuerung betrachtet werden. Daher sollte nicht die Angst vor einer aufoktroyierten Überregulierung des Innenlebens des Unternehmens überwiegen, sondern die Überzeugung, dass eine professionelle Compliance-Organisation dazu führt, dass das Recht weitgehend im Hintergrund bleibt und den Entscheidungsträgern eine volle Konzentration auf das operative Tagesgeschäft ermöglicht.

413 Zudem erwarten die Bürger insbesondere von öffentlichen Unternehmen mehr als von privaten Unternehmen die Einhaltung von Recht und Gesetz und ein in jeder Hinsicht vorbildliches Verhalten. Um dieser Erwartungshaltung gerecht zu werden, sollte die Schaffung eines Compliance-Management-Systems nicht nur als formales oder organisatorisches Thema oder Last begriffen werden, sondern als Chance im Falle einer effektiven Implementierung, das Unternehmen und seine Verantwortlichen vor weitreichenden zivil- und strafrechtlichen Haftungsfolgen zu schützen. Während die großen Energieversorgungsunternehmen bei der Umsetzung von Compliance-Management-Systemen schon große Anstrengungen unternommen haben, besteht insbesondere bei kleinen und mittleren Versorgungsunternehmen oder sonstigen kommunalen Unternehmen noch großer Nachholbedarf. Allerdings ist zu erwarten, dass aufgrund der verstärkten medialen Aufmerksamkeit ein entsprechender Handlungsdruck entsteht und die Verantwortlichen das Thema Compliance verstärkt in den Fokus des Interesses und der Aufmerksamkeit rücken werden.

[369] Vgl. *PwC,* Compliance und Unternehmenskultur, S. 3, 11.

F. Beamten- und Arbeitsrecht

Übersicht

I. Beamte in kommunalen Unternehmen

Die **Rechtstellung der Beamten,** dh ihre Pflichten und Rechte, werden **ausschließlich durch den Gesetzgeber** geregelt. Im Gegensatz dazu kann ein Arbeitnehmer – auch im öffentlichen Dienst – seinen Arbeitsvertrag grundsätzlich, dh unter Berücksichtigung einer hier regelmäßig bestehenden Tarifgebundenheit, frei aushandeln. Diese Möglichkeit gibt es für den Beamten nicht, er muss akzeptieren, was der Gesetzgeber unter Beachtung der verfassungsrechtlich durch Art. 33 Abs. 5 GG abgesicherten hergebrachten Grundsätze des Berufsbeamtentums gesetzlich fixiert. Die wesentlichen Definitionsmerkmale des staatsrechtlichen, auf den Status (im Unterschied zum haftungsrechtlichen, auf die Funktionalität bzw. den Aufgabenbereich) abstellenden Beamtenbegriffes ergeben sich aus Art. 33 Abs. 4 GG, § 3 BeamtStG. Beamter ist danach, wer zu einem Dienstherrn in einem öffentlich-rechtlichen Dienst- und Treueverhältnis steht.[1] 1

Mit dem **Gesetz zur Änderung des Grundgesetzes vom 28.8.2006**[2] wurden die Gesetzgebungskompetenzen im Bereich des Dienstrechts zwischen Bund und Ländern 2

[1] Mit einbezogen sind Konstellationen der Beleihung mit Dienstherrnbefugnis kraft sondergesetzlicher Regelung (s. auch § 2 Nr. 2 BeamtStG bzw. weitere Spezialregelungen, wie etwa Art. 143b Abs. 3 S. 2 GG, mit der Verleihung von Dienstherrnbefugnissen – ausnahmsweise – auch an Unternehmen in privater Rechtsform.)

[2] BGBl. I 2034.

grundlegend neu geordnet. Die Rahmengesetzgebungskompetenz des Bundes für die Rechtsverhältnisse der im öffentlichen Dienst der Länder, Gemeinden und anderen Körperschaften des öffentlichen Rechtes stehenden Personen (Art. 75 Abs. 1 S. 1 Nr. 1 GG aF) sowie die konkurrierende Gesetzgebungskompetenz des Bundes für die Besoldung und Versorgung der Angehörigen des öffentlichen Dienstes (Art. 74a GG aF) sind entfallen. Mit der Neuordnung der Gesetzgebungskompetenzen als ein Bestandteil der Föderalismusreform hat der Bund eine konkurrierende Gesetzgebungskompetenz für die Statusrechte und -pflichten der Beamten der Länder, Gemeinden und anderen Körperschaften des öffentlichen Rechtes sowie der Richter in den Ländern mit Ausnahme der Laufbahnen, Besoldung und Versorgung (Art. 74 Abs. 1 Nr. 27 GG) erhalten.

3 Von dieser neuen Kompetenz machte der Bund mit dem **Gesetz zur Regelung des Statusrechts der Beamtinnen und Beamten in den Ländern (Beamtenstatusgesetz – BeamtStG)**[3] Gebrauch. Das BeamtStG regelt – in Fortführung wesentlicher Inhalte des Beamtenrechtsrahmengesetzes (BRRG) – bundeseinheitlich und unmittelbar die Statusrechte und -pflichten der Beamten (unter Anderem) der Kommunen. Für diejenigen Bereiche, in denen eine Bundesgesetzgebungskompetenz entfallen ist, ordnet die Übergangsvorschrift des Art. 125a Abs. 1 S. 1 GG die Fortgeltung des Bundesrechts an. Nach Art. 125a Abs. 1 S. 2 GG kann dieses Recht jedoch jederzeit durch abweichendes Landesrecht ersetzt werden.

4 Nach **§ 3 Abs. 2 BeamtStG** ist die **Begründung eines Beamtenverhältnisses** nur zulässig zur Wahrnehmung hoheitsrechtlicher Aufgaben (zB aus dem klassischen Bereich der Eingriffsverwaltung oder auch aus den der Sicherung der sozialen und wirtschaftlichen Existenz dienenden Bereiche der Leistungsverwaltung [Daseinsvorsorge]) oder zur Wahrnehmung solcher Aufgaben, die zur Sicherung des Staates oder des öffentlichen Lebens nicht ausschließlich Personen in einem privatrechtlichen Arbeitsverhältnis übertragen werden dürfen (zB Tätigkeiten im Auswärtigen Dienst). Solange die **Kommunen** ihre wirtschaftlichen Bereiche überwiegend und vorrangig in der Form der **Eigen- oder Regiebetriebe**[4] als öffentlich-rechtliche Organisationsformen ohne eigene Rechtspersönlichkeit (vgl. dazu → Schneider, Teil D Rn. 26, 46 ff., Rn. 75 ff. [konkret zu Personalangelegenheiten bei Eigentrieben]), organisieren, und die dort Beschäftigten im Rahmen der Daseinsvorsorge bzw. im dienstlichen oder öffentlichen Interesse tätig sind, bestehen keine Bedenken gegen den Einsatz von Beamten.[5] Maßgeblich ist hier ausschließlich die (nach § 2 Nr. 1 BeamtStG bestehende) Dienstherrnfähigkeit der Kommune. Entsprechendes gilt bei Kommunalunternehmen (s. dazu → Schraml, Teil D Rn. 118 ff.) in der Form einer **Anstalt des öffentlichen Rechts** (als eigenständigem Rechtsträger), wenn diese die Dienstherrenfähigkeit nach § 2 Nr. 2 BeamtStG bzw. durch oder auf Grund eines Landesgesetzes verliehen bekommen haben und die Anstalt (jedenfalls auch) hoheitliche Aufgaben wahrnimmt, für die Beamte eingesetzt sind.

5 Organisiert die Kommune ihr zugewiesene Aufgaben, etwa den Nahverkehr oder die Versorgung mit Wasser und Energie sowie die Entsorgung von Abfall und Abwasser, zB in einem Stadtwerk mit **privatrechtlicher Rechtsform (GmbH, AG),** so ist der Einsatz von Beamten dort problematisch, da diese Betriebe nicht dienstherrnfähig sind (§ 2 BeamtStG). Eine in öffentlicher Hand befindliche, privatrechtlich organisierte Gesellschaft kann danach grundsätzlich keine Beamten beschäftigen. Auch ist weder eine Versetzung noch eine Abordnung eines in der Kommunalverwaltung tätigen Beamten zu einem privatrechtlich organisierten Unternehmen möglich bzw. ein „Übergang“ kraft Gesetzes nach zivilrechtlichen Bestimmungen (zB § 613a BGB, § 324 UmwG). Entsprechend der inso-

---

3 BGBl. I 2008, 1010.

4 Zur Abgrenzung zwischen Eigen- und Regiebetrieb s. v. a. → D. Rn. 26, 46: Ein Regiebetrieb verfügt im Unterschied zu einem Eigenbetrieb über kein Sondervermögen und für die Personalwirtschaft gilt der allgemeine Stellenplan.

5 S. zur Bedeutung und Reichweite des Funktionsvorbehalts des Art. 33 Abs. 4 GG etwa BeckOK GG *Epping/Hillgruber* Art. 33 Rn. 27 ff.

weit als allgemeingültig anzusehenden bundesrechtlichen Regelungen (vgl. § 14 Abs. 1, § 15 Abs. 1 BeamtStG; § 27 Abs. 1 BBG, § 28 Abs. 1 BBG), aber auch aufgrund der funktionellen Bedeutung der beiden Rechtsinstitute der Abordnung und Versetzung als verwaltungsorganisatorische Handlungsformen ist Voraussetzung für die Zulässigkeit einer Abordnung bzw. Versetzung, dass die neue Beschäftigungsstelle eine dienstherrnfähige Einrichtung ist.

Unter Aufrechterhaltung aller beamtenrechtlichen Bindungen und Beziehungen zu den 6 Beamten konnte die **Kommune** aber (bereits) bisher **aufgrund vertraglicher Regelung** Dienstleistungen für Private erbringen und damit – außerhalb des Rechtsinstituts der Abordnung oder Versetzung – im Ergebnis eine Tätigkeit von Beamten für ihre Privatbetriebe veranlassen.[6] Diese Form der reinen Dienstleistungsergebnisüberlassung (teilweise auch als „Organisationsprivatisierung" bezeichnet) war vor allem „Behelfsmechanismus" für einen flexiblen, im öffentlichen Interesse stehenden Personaleinsatz vor der gesetzlichen Regelung der Zuweisung.

Erst mit der im Jahr **1990 erfolgten Einfügung des § 123a BRRG**[7] wurde für 7 Beamte die Möglichkeit der Zuweisung einer Tätigkeit bei einer Einrichtung ohne Dienstherrnfähigkeit ausdrücklich normiert. Die Rechtsgrundlage dafür befindet sich mittlerweile in **§ 20 BeamtStG.** Über **§ 20 Abs. 1 Nr. 1 BeamtStG** kann dem Beamten mit seiner Zustimmung bei Vorliegen eines dienstlichen oder öffentlichen Interesses eine Tätigkeit bei einer öffentlichen (insbesondere auch supra- oder internationalen) Einrichtung ohne Dienstherrnfähigkeit übertragen werden. Nach **§ 20 Abs. 1 Nr. 2 BeamtStG** ist die Zuweisung einer Tätigkeit auch bei einer anderen Einrichtung (va einem privatrechtlich ausgestalteten Unternehmen) möglich, wenn öffentliche Interessen dies erfordern. Da auch die amtliche Gesetzesbegründung zu § 20 Abs. 1 Nr. 2 BeamtStG davon ausgeht, dass diese Norm eine Rechtsgrundlage für die Zuweisung von Beamten zu privatrechtlich organisierten Einrichtungen darstellt,[8] kann davon ausgegangen werden, dass der früher in der Literatur[9] geführte Disput über die Reichweite des § 123a BRRG entschieden ist.

Gleichsam „Testfall" für die Schaffung weitergehenden Zuweisungsrechts war die **Privatisierung von Bahn und Post.** Im Zuge der Bahnreform im Jahr 1993 wurde Artikel 143a GG verabschiedet, und, in Umsetzung dessen, im Gesetz zur Neuordnung des Eisenbahnwesens (Eisenbahnneuordnungsgesetz – ENeuOG) in Art. 2, § 12 Abs. 2 (Deutsche Bahn Gründungsgesetz – DBGrG) bestimmt, dass Beamte gesetzlich unter Wahrung ihrer Rechtsstellung einer Aktiengesellschaft zugewiesen werden konnten.[10] Das Reformgesetz vom 24. Februar 1997[11] hat mit einem **neuen Abs. 2 des § 123a BRRG** eine allgemeine Rechtsgrundlage für eine zustimmungsfreie Zuweisung von Beamten ua für die Fälle der Umbildung einer Dienststelle oder von Teilen einer Dienststelle geschaffen. Mit Art. 2 des Gesetzes zur Modernisierung der Besoldungsstruktur vom 21. Juni 2002 wurde diese Regelung noch um den Tatbestand der öffentlich-rechtlich organisierten Einrichtung erweitert.[12] Der Regelung des § 123a Abs. 2 BRRG aF entspricht im Wesentlichen § 20 Abs. 2 BeamtStG.[13] 8

[6] S. dazu etwa auch BVerwGE 69, 303 = BeckRS 9998, 45235.

[7] BGBl. I 967.

[8] BT-Drs. 16/4027, S. 27.

[9] Vgl. dazu *Battis,* § 29 BBG Rn. 2 f. m. w. N. sowie *Kathke,* in: *Schütz/Maiwald,* § 20 BeamtStG Rn. 8, 12.

[10] Für die Deutsche Bundespost wurde über Art. 143b GG und das Gesetz zur Neuordnung des Postwesens und der Telekommunikation – Postneuordnungsgesetz – PTNeuOG (BGBl. I 1994, 2325) eine entsprechende Rechtsgrundlage geschaffen. S. dazu auch *Kathke,* in: *Schütz/Maiwald,* § 20 BeamtStG Rn. 19, wonach es sich in diesen Fällen aufgrund des Übergangs nahezu aller wesentlicher Befugnisse des Dienstherrn auf die aufnehmenden Unternehmen eigentlich nicht mehr um eine Zuweisung handele, sondern um eine Form der Beleihung.

[11] BGBl. I 322. Zur Rechtshistorie s. auch *Kathke,* in: *Schütz/Maiwald,* § 20 BeamtStG Rn. 5 ff.

[12] BGBl. I 2138. S. dazu auch BT-Drs. 14/6390, S. 17.

[13] Zur entsprechenden Regelung für Bundesbeamte s. § 29 BBG.

9 Nach **§ 20 Abs. 2 BeamtStG** kann einem Kommunalbeamten im Falle der Umwandlung eines Eigen-, Regiebetriebes oder eines Kommunalunternehmens in eine Gesellschaft des privaten Rechts oder aber der Umwandlung eines Eigen-, Regiebetriebs in ein Kommunalunternehmen bzw. sonstige öffentlich-rechtlich organisierte Einrichtung ohne Dienstherrneigenschaft (etwa eine gemeinsame Einrichtung nach § 44b SGB II[14]) **auch ohne seine Zustimmung** eine seinem Amt entsprechende Tätigkeit unbefristet übertragen werden, wenn öffentliche Interessen dies erfordern. **Öffentliche Interessen** können ausnahmsweise auch durch hinreichend gewichtige fiskalische Aspekte begründet sein, etwa wenn andernfalls die Wahrnehmung kommunaler Aufgaben im Übrigen berührt wäre.[15] Auf diesen Gesichtspunkt zur Begründung öffentlichen Interesses wird jedoch in der Regel gar nicht abgestellt werden müssen, da das öffentliche Interesse bereits hinreichend damit begründet werden kann, dass den Kommunen in der Regel anderweitige Dienstposten nicht zur Verfügung stehen, um eine amtsangemessene Beschäftigung des Beamten weiterhin zu ermöglichen, und die Gesellschaft andererseits auf das Fachwissen des Beamten angewiesen sein wird, um die übernommenen Aufgaben ordnungsgemäß und im Sinn der Kommune erfüllen zu können.

10 Soweit teilweise im **Landesrecht (noch) „Zuweisungsrecht" parallel zu § 20 BeamtStG** geregelt war (vgl. zB Art. 90 Abs. 5 BayGO aF, Art. 78 Abs. 5 BayLkrO aF, Art. 76 Abs. 5 BayBezO aF), wurde dieses als ergänzend zu § 20 BeamtStG nicht mehr zulässig bzw. notwendig aufgehoben.

11 Neben dem Zuweisungsrecht (→ Rn. 12 ff.) sind auch **andere Formen eines Tätigwerdens** von Beamten für privatrechtlich organisierte Einrichtungen im kommunalen Bereich denkbar. So ist ggf. ein Einsatz während einer **Beurlaubung des Beamten** möglich (→ Rn. 35), oder der Beamte lässt sich entlassen (→ Rn. 40). Die ausdrückliche gesetzliche Regelung in § 20 BeamtStG bzw. vorhergehend § 123a BRRG aF führt zudem nicht zum Ausschluss der (auf § 37 BRRG aF bzw. – nachfolgend – § 35 BeamtStG beruhenden) **allgemeinen Dienstüberlassung** (ohne Aufgabe des abstrakt- bzw. konkret-funktionellen Amtes (s. Rn. 6). Die grundsätzliche Möglichkeit einer Dienstleistungsergebniserbringung durch den Dienstherrn unter Einsatz von Beamten bei Aufrechterhaltung aller beamtenrechtlichen Bindungen und Beziehungen ist nicht ausdrücklich ausgeschlossen und eine nicht unmittelbar von § 20 BeamtStG erfasste Gestaltungsform.[16]

1. Zugewiesene Beamte

a) Grundsatz

12 Ist ein Beamter einem kommunalen Unternehmen gemäß § 20 BeamtStG (ganz oder teilweise) zugewiesen, so richten sich seine Pflichten und Rechte nach dem jeweiligen, für seinen Dienstherrn anwendbaren Beamtenrecht. Das Beamtenverhältnis bleibt seinem Inhalt nach unverändert bestehen (s. auch § 20 Abs. 3 BeamtStG), dh das Amt im statusrechtlichen Sinne[17], Besoldung, Versorgung bzw. Fürsorgeleistungen werden (grundsätzlich; → Rn. 22) nicht tangiert. Dies bedeutet andererseits, dass der als Bestandteil der hergebrachten Grundsätze des Berufsbeamtentums nach Art. 33 Abs. 5 GG geschützte Anspruch auf amtsangemessene Beschäftigung auch bei Zuweisung (fort-)gilt.[18]

---

14 S. dazu BT-Drs. 17/1555, 23 ff.; *Reich,* § 20 BeamtStG Rn. 9.

15 Vgl. dazu auch *Kathke,* in: *Schütz/Maiwald,* § 20 BeamtStG Rn. 38.

16 In diesem Sinne etwa BVerwGE 150, 366 = BeckRS 2015, 43191.

17 S. dazu auch *Battis,* § 29 BBG Rn. 1 (Zuweisung verändere wie eine Abordnung bzw. Versetzung das Amt im abstrakt-funktionalen Sinn).

18 BVerwG NVwZ-RR 2008, 268 = BeckRS 2008, 30445.

Während § 20 Abs. 1 BeamtStG den Fall einer vorübergehenden Zuweisung[19] regelt, ist die Konstellation des § 20 Abs. 2 BeamtStG grundsätzlich auf Dauer (im Regelfall bis zum Eintritt des Beamten in den Ruhestand) angelegt. 13

In Zusammenhang mit der Zuweisung ist zwischen folgenden Rechtsverhältnissen zu unterscheiden: 14

- **Rechtsverhältnis zwischen dem Beamten und der aufnehmenden Einrichtung:** Es können hier besondere (arbeits-) vertragliche Vereinbarungen bestehen, vor allem in den Fällen, in denen der Beamte mit der Zuweisung einverstanden ist. Möglicher Regelungsgegenstand der Vereinbarung kann zB eine Sonderzahlung (s. auch Rn. 22) oder aber auch konkrete Modalitäten der Inanspruchnahme von Urlaub etc. sein. Die Vereinbarungen können sich – je nach aufnehmender Einrichtung – auch nach inter-, supranationalem Recht oder ausländischem Recht richten. Die Beendigung der Zuweisung führt – vorbehaltlich einer anderen Regelung – nicht automatisch auch zur Beendigung einer zwischen dem Beamten und der aufnehmenden Einrichtung bestehenden Rechtsbeziehung (→ Rn. 29 f.).
- **Rechtsverhältnis zwischen dem Dienstherrn und der aufnehmenden Einrichtung:** Wie zwischen dem Beamten und der Einrichtung, können auch zwischen Dienstherrn und der aufnehmenden Einrichtungen vertragliche Vereinbarungen bestehen, die dann auch „Grundlage" für eine Zuweisung sind (zB Regelung von Auskunftspflichten, von Tätigkeitszeiten bei der Einrichtung, Nebentätigkeitsgenehmigung etc.). Regelungen können insbesondere in den Fällen des § 20 Abs. 2 BeamtStG angezeigt sein, wenn der Beamte mit der Zuweisung nicht einverstanden ist. Es ist auch hier zu beachten, dass die Beendigung einer Zuweisung (je nach der konkreten Ausgestaltung der vertraglichen Vereinbarungen) nicht automatisch zu einer Beendigung einer zwischen Dienstherrn und aufnehmenden Einrichtung bestehenden Vereinbarung führt (→ Rn. 29 f.).
- **Rechtsverhältnis zwischen Dienstherrn und Beamten:** Die Rechtsbeziehung bestimmt sich nach BeamtStG sowie – etwa hinsichtlich Zuständigkeitsregelungen – nach ergänzendem jeweiligem Landesbeamtenrecht.

b) Tatbestandsmäßige Voraussetzungen einer Zuweisung

Voraussetzungen für eine Zuweisung sind Folgende: 15

- **„Zuweisungsfähige Beamte"?** grundsätzlich alle Beamte im Sinne des § 4 BeamtStG
- **Aufnehmende Einrichtung** ohne Dienstherrneigenschaft (insoweit auch in Abgrenzung zu § 16 BeamtStG bzw. entsprechende landesrechtliche Bestimmungen) nach § 20 Abs. 1 BeamtStG bzw. § 20 Abs. 2 BeamtStG, dh entweder öffentliche Einrichtung (§ 20 Abs. 1 Nr. 1), öffentlich-rechtliche Religionsgemeinschaften (§ 20 Abs. 1 Nr. 1), andere Einrichtungen (§ 20 Abs. 1 Nr. 2) bzw. öffentlich-rechtlich oder privatrechtlich organisierte Einrichtung der öffentlichen Hand (§ 20 Abs. 2). Zu den „anderen Einrichtungen" gehören insbesondere auch Wirtschaftsunternehmen in jeglicher Form des Privatrechts. Für die Einordnung eines solchen als Einrichtung im Sinne des § 20 Abs. 2 Var. 2 BeamtStG bedarf es eines beherrschenden Einflusses der Kommune (etwa über eine entsprechende Mehrheitsbeteiligung oder Regelung im Gesellschaftsvertrag).
- Je nach Fallkonstellation **öffentliches Interesse** (allgemein, auch gesamtstaatlich, zB in Form eines Interesses an einer Stärkung der deutschen Präsenz in internationalen Einrich-

[19] Nach *Reich,* § 20 BeamtStG Rn. 3 ist die Zuweisung in diesen Fällen zwingend zu befristen. Fehle es an einer Befristung, handele es sich um keine Zuweisung. Eine Heilungsmöglichkeit nach § 11 BeamtStG bestehe hier nicht. **A. A.:** *Kathke,* in: *Schütz/Maiwald,* § 20 BeamtStG Rn. 40 (Befristung in der Zuweisungsverfügung nicht zwingend, wenn aus anderen Gründen mit der Rückkehr gerechnet werden könne, zB bei absehbarem Wegfall der zu erfüllenden Aufgaben).

tungen) oder **dienstliches Interesse** (rgm. dienstherrnbezogen bzw. dienststellenbezogen zu sehen).[20]

- **Erforderlichkeit,** dh Notwendigkeit der Zuweisung in den Fällen des § 20 Abs. 1 Nr. 2, Abs. 2 BeamtStG
- (Notwendigerweise vorausgehende) **Zustimmung des Beamten:** nur in den Fällen des § 20 Abs. 1 BeamtStG erforderlich, es sei denn es liegt ein Sonderfall nach § 56 Abs. 1 BeamtStG vor. Für eine **Zuweisung ohne Zustimmung** müssen die besonderen Voraussetzungen des § 20 Abs. 2 BeamtStG vorliegen, dh die ganz oder teilweise stattfindende Umwandlung einer Dienststelle in eine aufnahmefähige Einrichtung. Umwandlung ist dabei weit zu verstehen, insbesondere nicht nur in dem rechtstechnischen Sinne des Umwandlungsgesetzes, was bereits mit Bezug auf die erste Variante (öffentlich-rechtlich organisierte Einrichtung) keinen Sinn machen würde. Fehlt eine nach § 20 BeamtStG erforderliche Zustimmung, so ist die Zuweisung fehlerhaft, aber nicht nichtig.[21]
- **Amtsangemessene Tätigkeit** bei der aufnehmenden Einrichtung: Einem Beamten darf ohne sein Einverständnis – von eng begrenzten Ausnahmen wie Not- oder Katastrophenfällen abgesehen (s. zB § 56 BeamtStG) – grundsätzlich keine Tätigkeit zugeordnet werden, die gemessen an seinem statusrechtlichen Amt „unterwertig" ist (s. zu Ausnahmen etwa in Zusammenhang mit einer Abordnung § 14 Abs. 2 BeamtStG). Im Rahmen des Zuweisungsrechts nach § 20 BeamtStG ist die ohnehin generell nur in engen Grenzen zulässige Übertragung unterwertiger Tätigkeiten, die immer zeitlich begrenzt und erforderlich sein muss[22], nicht vorgesehen. Die Zuweisung einer höherwertigen Tätigkeit ist dagegen nicht ausgeschlossen.[23]

c) Rechtsnatur; Zuständigkeit und Verfahren

16 Die Zuweisung nach § 20 BeamtStG ist – wie die Abordnung oder Versetzung – ein (anfechtbarer) Verwaltungsakt. Für eine hinreichende inhaltliche Bestimmtheit (vgl. auch § 37 VwVfG) ist es für die Zuweisung einer dem abstrakt-funktionellen Amt entsprechenden Tätigkeit ausreichend, dem Beamten den Tätigkeitskreis der Arbeitsposten abstrakt zuzuweisen, die bei dem Unternehmen eingerichtet und entsprechend dem statusrechtlichen Amt des Beamten bewertet sind, sofern dadurch eine hinreichende Bestimmbarkeit gewährleistet ist.[24]

17 Zur Zuständigkeit bzw. Verfahren bei Zuweisungen nach § 20 BeamtStG ist im Einzelnen Folgendes auszuführen:

- **Zuständigkeit:** Eine Zuständigkeitsregelung findet sich in § 20 BeamtStG nicht, da insoweit keine Gesetzgebungskompetenz des Bundes mehr besteht (vgl. bisher § 123a Abs. 1 S. 2 HS 2 BRRG aF; auf Bundesebene: § 29 Abs. 1 Satz 2 BBG). Die Zuständigkeit bestimmt sich nach ergänzenden Regelungen oder allgemeinen Grundsätzen auf Landesebene.
- **Verfahren:** (je nach landesspezifischer Ausgestaltung) Beteiligung von Personalrat, Gleichstellungsbeauftragter, Schwerbehindertenbeauftragter.[25]
- **Form und Inhalt:** regelmäßig schriftlich, da Ermessensentscheidung. Es kann bzw. wird in der Regel in die Zuweisung auch eine (sog.) „Mantelweisung" aufgenommen werden, dh Ausführungen dazu, welchen Weisungen und Regelungen der aufnehmenden Ein-

---

[20] So BR-Drs. 780/06, 52 f., wonach (mit konkretem Bezug zu § 20 Abs. 1 Nr. 2 BeamtStG) der Begriff des „öffentlichen Interesses" grundsätzlich eng auszulegen sei. Öffentliches Interesse sei jedoch etwa dann zu bejahen, wenn die Zuweisung dem Erfahrungsaustausch zwischen Privatwirtschaft und öffentlichen Dienst diene.

[21] S. dazu *Kathke,* in: *Schütz/Maiwald,* § 20 BeamtStG Rn. 42.

[22] BVerwGE 69, 208 = BeckRS 9998, 152541; BVerwGE 123, 107 = BeckRS 2005, 26888.

[23] *Reich,* § 20 BeamtStG Rn. 12.

[24] OVG Hamburg, BeckRS 2011, 50463.

[25] S. dazu auch *Reich,* § 20 BeamtStG Rn. 1 mwN.

richtung der Beamte Folge zu leisten hat, bzw. allgemein zur Ausgestaltung der gegenüber der aufnehmenden Einrichtung bestehenden Dienstleistungspflicht.[26]

d) Rechtsfolgen einer Zuweisung

Mit einer Zuweisung an eine Einrichtung des Privatrechts wird in der Regel nicht zusätzlich zum Beamtenverhältnis ein Arbeitnehmerverhältnis begründet. Der **Status** als Beamter bleibt **uneingeschränkt erhalten** (vgl. § 20 Abs. 3 BeamtStG; s. auch Rn. 12).[27] Letzteres bedeutet nicht nur die Fortführung des Status (Beamtenverhältnis) als solchen, sondern auch die Fortgeltung der mit diesem Status verbundenen Rechtsstellung des Beamten.[28] Dies gilt insbesondere für die Fürsorgepflicht, die weiterhin vollumfänglich gegenüber dem abgebenden Dienstherrn besteht.[29] Einzelne Pflichten oder Rechte bzw. deren inhaltliche Ausgestaltung können jedoch durch eine gesonderte (Rechts-) Beziehung zwischen aufnehmender Einrichtung und dem Beamten bzw. auch rein faktisch aufgrund der Tätigkeitsausübung bei der aufnehmenden Einrichtung determiniert sein.[30] Entsprechendes gilt generell für die mit einer Zuweisung verbundenen Funktionsänderung.[31] **18**

Dienstvorgesetzter bleibt der bisherige Dienstherr, der allerdings nur noch die generelle Anweisung zur Wahrnehmung einer dienstlichen Tätigkeit bei der Einrichtung erteilt, der der Beamte zugewiesen worden ist (sog. „Mantelweisung"). Im Übrigen besteht regelmäßig ein **(fachliches) Weisungsrecht** im Sinne des § 35 BeamtStG für die **aufnehmende Einrichtung,** die insoweit Dienstherrnbefugnisse (auch durch Nichtbeamte) ausüben kann[32]. **Vorgesetzter** des zugewiesenen Beamten bei der aufnehmenden Einrichtung (und damit – im vorhergehenden Sinne – Weisungsberechtigter) kann jeder dort tätige Geschäftsführer oder Arbeitnehmer sein, der aufgrund der internen Organisation ein Direktionsrecht bezüglich der von dem zugewiesenen Beamten wahrzunehmenden Aufgabe hat; es bedarf dazu keiner Ermächtigung durch den Dienstherrn des Beamten. Diese Beschäftigten sind zur Ausübung eines Weisungsrechts befugt, soweit die Dienstausübung des Beamten in der aufnehmenden Einrichtung dies erfordert. **19**

Mit der Zuweisung werden die bei der aufnehmenden Einrichtung **wahrzunehmenden Aufgaben** grundsätzlich zu Dienstpflichten, die der Beamte gleichermaßen korrekt wie im Rahmen seiner bisherigen Tätigkeit zu erfüllen hat. Es gilt dabei weiterhin (mit Bezug auf den hoheitlichen Tätigkeitsbereich) das sich aus dem Beamtenrecht ergebende **Haftungsprivileg,** dh der Beamte haftet seinem Dienstherrn im Rahmen des § 48 BeamtStG nur für Vorsatz und grobe Fahrlässigkeit, auch wenn er in Ausübung der ihm übertragenen Tätigkeit handelt. Die aufnehmende Einrichtung kann jedoch mangels **20**

---

[26] Im Einzelnen dazu auch *Kathke,* in: *Schütz/Maiwald,* § 20 BeamtStG Rn. 66 f.

[27] Daher wird auch (regelmäßig) keine Nachversicherung nach §§ 8, 181 ff. SGB VI ausgelöst.

[28] BVerfG NVwZ 2012, 627 = BeckRS 2012, 47996; BAG NJOZ 2013, 1954 = BeckRS 2013, 66464.

[29] *Kathke,* in: *Schütz/Maiwald,* § 20 BeamtStG Rn. 4. So auch *Reich,* § 20 BeamtStG Rn. 15, wonach der abgebende Dienstherr aufgrund seiner Fürsorgepflicht bei der Zuweisung auf eine entsprechende Anwendung der Grundsätze der Fürsorgepflicht hinzuwirken habe.

[30] S. dazu etwa VGH München DVBl. 2006, 1599 = BeckRS 2006, 25926 („Auch durch die „Mantelweisung", die in der Zuweisungsverfügung vom 28.2.2000 ausgesprochen wurde, ist die Dienstherrnpflicht, den Kl. amtsgemäß zu verwenden, nicht vom Zweckverband auf das Kommunalunternehmen übergegangen. Mit dem Rechtsinstitut der Zuweisung werden nur begrenzte Befugnisse für die Erledigung laufender Aufgaben auf die Einrichtung übertragen, bei der dem Beamten eine Tätigkeit zugewiesen wird. Die reine Dienst l e i s t u n g s pflicht des Beamten gegenüber dieser Einrichtung – hier des Kl. gegenüber dem beklagten Kommunalunternehmen – beruht auf der Mantelweisung des Dienstherrn an den zugewiesenen Beamten, Weisungen des Kommunalunternehmens zu beachten.... Der Arm des Dienstherrn reicht jedoch bei der Zuweisung „in die Einrichtung... hinein". Es ist Sache des zuweisenden Dienstherrn, die Amtsgemäßheit der Verwendung zu prüfen.... Dies folgt nach Auffassung des Senats daraus, dass mit den Dienstherrnbefugnissen auch die Kerndienstherrnpflichten bei dem beigeladenen Zweckverband verblieben sind.... Demgegenüber sind auf den Vorstand des beklagten Kommunalunternehmens nur Weisungsbefugnisse übergegangen, die sich auf die konkrete Tätigkeit des Kl. vor Ort beziehen."); OVG Greifswald BeckRS 2011, 52439.

[31] S. dazu VG Gelsenkirchen, BeckRS 2011, 45348.

[32] BVErfGK 18, 498 = BeckRS 2011, 52630; BVerfG NVwZ 2016, 1313 = BeckRS 2016, 46681.

Dienstherrneigenschaft aus § 48 BeamtStG selbst keine Ansprüche ableiten. Für die aufnehmende Einrichtung empfiehlt es sich daher, mit dem Dienstherrn vor einer Zuweisung von Beamten nicht nur die übliche Vereinbarung zur Erstattung der Personalkosten zu treffen, sondern insbesondere auch die Fragen der Haftung und des internen Schadensausgleichs klar zu regeln.

21 Kommt der Beamte seinen Verpflichtungen nicht nach, drohen **disziplinarrechtliche Sanktionen.** Für die Einleitung eines Disziplinarverfahrens ist nicht die Geschäftsführung des kommunalen Unternehmens bzw. allgemein die aufnehmende Einrichtung, sondern der Dienstvorgesetzte beim Dienstherrn zuständig. Es ist hierbei allerdings fraglich, ob dann die Grundsätze eines außerdienstlichen Dienstvergehens zur Anwendung gelangen, ausgehend davon, dass eine aufnehmende Einrichtung im Sinne des § 20 BeamtStG regelmäßig außerhalb der Organisation des Dienstherrn stehen wird, oder man vielmehr bei Verletzung der Dienstpflichten nach allgemeinen Grundsätzen von einem innerdienstlichen Dienstvergehen ausgeht. Diese Fragestellung ist deswegen relevant, da mit § 47 Abs. 1 Satz 2 BeamtStG im Vergleich zur Vorgängerregelung des § 45 BRRG aF die Gewichtigkeit außerdienstlichen Verhaltens relativiert worden ist.[33] Es erscheint jedoch nicht wirklich nachvollziehbar, warum für Beamte hier nicht die allgemeinen Grundsätze gelten sollten, wenn und soweit es sich (inhaltlich) um (Dienst-) Pflichten handelt, auch wenn diese nunmehr bei der aufnehmenden Einrichtung zu erfüllen sind. Anderes gilt gegebenenfalls, wenn etwa (auch) arbeitsrechtliche Beziehungen zwischen dem Beamten und der aufnehmenden Einrichtung bestehen, die inhaltlich über die zum Dienstherrn bestehende Pflichtenstellung hinausgehen.[34] Dahingehende Pflichtverletzungen (aus dem Arbeitsverhältnis) können ggf. ein außerdienstliches Dienstvergehen darstellen.

22 Das **Einkommen des Beamten** wird durch seine Zuweisung zunächst nicht berührt. Er erhält die ihm zustehenden Bezüge – einschließlich einer eventuellen Sonderzahlung, vermögenswirksamer Leistungen usw. – in unveränderter Höhe weiter. Das kommunale Unternehmen bzw. die aufnehmende Einrichtung kann dem zugewiesenen Beamten neben den von der Kommune gewährten Bezügen aber eine weitere Vergütung zukommen lassen. Diese wird allerdings gemäß § 9a Abs. 2 BBesG in der am 31.8.2006 geltenden Fassung bzw. entsprechender landesrechtlicher Bestimmungen auf die Bezüge angerechnet, sofern nicht die Kommune als oberste Dienstbehörde von der Anrechnung ganz oder teilweise absieht. Soweit § 9a Abs. 2 Satz 2 BBesG in der am 31.8.2006 geltenden Fassung noch Anwendung findet (vgl. Art. 125a GG), bedarf es für ein Absehen von der Anrechnung zusätzlich des Einvernehmens des für das Besoldungsrecht (des jeweiligen Landes) zuständigen Ministeriums.[35] Änderungen des Einkommens können sich auch aufgrund des **Wegfalls einer funktionsgebundenen Zulage** ergeben, wenn die nach Zuweisung ausgeübte Tätigkeit eine andere ist und die Zulage nur für die Dauer der tatsächlichen Ausübung der Funktion vorgesehen ist.

23 Allein durch eventuell ergänzende Zahlungen einer aufnehmenden Einrichtung an den Beamten wird noch kein **Arbeitsverhältnis** begründet. Ob neben dem fortbestehenden Beamtenverhältnis ein Arbeitsverhältnis begründet wird, ist eine Frage des Einzelfalls und insbesondere davon abhängig, wie die sonstigen rechtlichen Beziehungen zwischen der aufnehmenden Einrichtung und dem Beamten ausgestaltet sind.[36] Sollte ein privatrechtliches Arbeitsverhältnis bestehen, führt dies nicht zum Erlöschen des Beamtenverhältnisses kraft Gesetzes (vgl. § 20 Abs. 3, § 22 Abs. 2 BeamtStG).

24 Soweit der Beamte die Voraussetzungen für die Gewährung von **Reise- und Umzugskosten** sowie für **Trennungsgeld** erfüllt, sind ihm diese Ansprüche nach dem jeweils für ihn anzuwendenden Landesrecht zu gewähren.

---

[33] BT-Drs. 16/4027, 34; s. ferner *Reich,* § 47 BeamtStG Rn. 6.

[34] S. auch BVerwGE 111, 231 = BeckRS 9998,171069.

[35] S. *Kathke,* in: *Schütz/Maiwald,* § 20 BeamtStG Rn. 78, der darauf verweist, dass das Zustimmungserfordernis trotz Art. 28 Abs. 2 GG auch bei kommunalen Beamten gelte.

[36] Vgl. dazu BAGE 98, 157 = BeckRS 2001, 30188956.

Der Anspruch auf **Erholungsurlaub** bleibt im bisherigen Umfang bestehen. Die aufnehmende Einrichtung hat den Beamten entsprechend freizustellen. Kommt eine Einigung hinsichtlich des Zeitpunktes der Einbringung zwischen ihr und dem Beamten nicht zustande, muss eine Entscheidung im Einvernehmen mit der aufnehmenden Einrichtung mit der Kommune als Dienstherrn herbeigeführt werden. Will der Beamte Urlaub einklagen, muss er die Klage gegen seinen Dienstherrn richten. Dieser wiederum muss ggf. einen gerichtlich festgestellten Anspruch seines Beamten bei der aufnehmenden Einrichtung durchsetzen. 25

Der zugewiesene Beamte ist auch von **Beförderungen** nicht ausgeschlossen. Tätigkeitszeiten bei der aufnehmenden Einrichtungen zählen als Dienstzeiten.[37] Auch für die **dienstliche Beurteilung** (als maßgebliche Auswahlgrundlage für Beförderungen) bleibt (vorbehaltlich abweichender gesetzlicher Regelung) grundsätzlich der Dienstherr bzw. die bei diesem als Beurteiler bestimmte Stelle zuständig. Von der aufnehmenden Einrichtung sind Beurteilungsbeiträge anzufordern. Soweit eine Beförderung in Betracht kommt, ist diese nach den bei der Kommune geltenden Grundsätzen (bei vorhandenen Planstellen) zu vollziehen. Der Beamte kann sich auch auf Beförderungsämter bei seiner Kommune oder bei sonstigen Dienstherren bewerben. Kommt er im Rahmen einer Auswahlentscheidung zum Zuge, ist die Zuweisung aufzuheben und ihm der neue Dienstposten zu übertragen. 26

Die **Arbeitszeit** des zugewiesenen Beamten richtet sich grundsätzlich nach der im jeweiligen Landesbeamtenrecht dazu enthaltenen Regelung. Unmaßgeblich ist eine betriebsübliche oder sich aus einem Tarifvertrag für Arbeitnehmer ergebende allgemeine Arbeitszeitsregelung, die für die aufnehmende Einrichtung sonst gilt. Punktuelle, die landesbeamtenrechtlichen Regelungen zur Arbeitszeit konkretisierende Bestimmungen beim neuen „Arbeitgeber" sind dadurch aber nicht ausgeschlossen. 27

Das BVerfG hat in seiner Entscheidung vom 12. Juni 2018[38] klargestellt, dass das **Streikverbot für Beamte** verfassungsgemäß ist, es sich hierbei um einen hergebrachten Grundsatz des Berufsbeamtentums im Sinne des Art. 33 Abs. 5 GG handele. Das Streikverbot gilt auch dann (uneingeschränkt), wenn der Beamte nach § 20 BeamtStG einer nicht dienstherrnfähigen Einrichtung zugewiesen ist. Da die bei einem Dienstherrn in einer Behörde tätigen Beamten unstreitig nicht streiken dürfen, ist nicht einsichtig, weshalb zugewiesene Beamte hier privilegiert werden sollten, obwohl gerade deren besoldungsrechtlicher Status durch die Zuweisung unberührt bleibt. 28

e) Beendigung einer Zuweisung

Die Zuweisung endet entweder mit dem in der Verfügung genannten **Zeitpunkt** bzw. nach **Erfüllen der Voraussetzungen,** aus denen sich der vorübergehende Charakter in den Fällen des § 20 Abs. 1 BeamtStG alternativ ergibt, oder aber mit **Beendigung des Beamtenverhältnisses.** Ein Beamter ist auf eigenen (schriftlichen) Antrag jederzeit aus dem Beamtenverhältnis zu entlassen (§ 23 Abs. 1 Nr. 4 BeamtStG). Die Entlassung ist grundsätzlich zu dem beantragten Zeitpunkt auszusprechen und kann längstens drei Monate hinausgeschoben werden. Da mit Wirksamwerden der Entlassung auch die Zuweisung endet, ist der Beamte nicht mehr zur Dienstleistung in der aufnehmenden Einrichtung verpflichtet. Eine Verpflichtung kann sich auch nicht aus arbeits- bzw. tarifrechtlichen Bestimmungen (etwa Regelungen zu Kündigungsfristen) ergeben. 29

Bei einer Zuweisung zu einer **gemeinsamen Einrichtung** nach § 44b SGB II, sieht § 44g Abs. 5 Satz 1 Nr. 2 SGB II als sondergesetzliche Regelung für die Beziehung zwischen Beamten und aufnehmender Einrichtung ein jederzeitiges „außerordentliches Kündigungsrecht" für den zugewiesenen Beamten (bzw. Arbeitnehmer) vor, dem allerdings 30

[37] *Kathke,* in: *Schütz/Maiwald,* § 20 BeamtStG Rn. 73.
[38] NVwZ 2018, 1121 = BeckRS 2018, 11031 mit umfangreichen weiteren Nachweisen zum bisherigen Streitstand.

der Geschäftsführer der gemeinsamen Einrichtung aus zwingenden dienstlichen Gründen widersprechen kann.[39]

31 Da die **Zuweisung Verwaltungsakt** ist, gelten hinsichtlich einer anderweitigen „Beendigung" der Zuweisung (Rücknahme bzw. Widerruf) die allgemeinen Grundsätze der §§ 48 f. VwVfG bzw. der entsprechenden landesrechtlichen Regelungen.

32 Für die Aufhebung bzw. Beendigung der Zuweisung bedarf es weder der **Zustimmung** des Beamten noch der aufnehmenden Einrichtung. *Kathke* verweist jedoch zu Recht darauf, dass eine Abstimmung mit der aufnehmenden Einrichtung regelmäßig aufgrund eventueller seitens des Dienstherrn oder des Beamten bestehender Vereinbarungen mit dieser angezeigt erscheint.[40]

f) Rechtsschutz

33 Widerspruch bzw. Klage gegen eine Zuweisung haben nach § 54 BeamtStG, § 80 Abs. 1 VwGO **aufschiebende Wirkung.** § 54 Abs. 4 BeamtStG findet keine (entsprechende) Anwendung. Eine ergänzungsbedürftige Regelungslücke insoweit ist hier bereits aufgrund der Möglichkeit der Anordnung der sofortigen Vollziehung nach § 80 Abs. 2 Satz 1 Nr. 4 VwGO zu verneinen.

34 Hat der Beamte der Zuweisung zugestimmt, fehlt regelmäßig das **Rechtsschutzbedürfnis** bei einem Vorgehen gegen die Zuweisung. Anderes kann dann gelten, wenn sich der zugrunde liegende Sachverhalt geändert hat und, würden jetzt die Voraussetzungen für eine Zuweisung bewertet werden, eine andere Entscheidung angezeigt wäre. Maßgeblich ist hier der für die Bewertung im Rahmen des Rechtsschutzverfahrens anzusetzende Zeitpunkt. Die heute überwiegende Meinung und insbesondere die ständige Rechtsprechung des *BVerwG* gehen davon aus, dass das Prozessrecht einen allgemeinen Grundsatz zum maßgeblichen Zeitpunkt nicht kennt, dieser sich vielmehr nach dem jeweiligen materiellen Recht bestimmt.[41] Nur dann, wenn sich keine Anhaltspunkte aus dem materiellen Recht für den **maßgeblichen Beurteilungszeitpunkt** ergeben, ist auf den Zeitpunkt der letzten Behördenentscheidung oder – bei Verpflichtungssituationen (ohne behördliches Ermessen) – auf den Zeitpunkt der letzten mündlichen Verhandlung bzw. gerichtlichen Entscheidung abzustellen. Wendet sich der Beamte gegen die Zuweisung, der er zuvor zugestimmt hat, handelt es sich um eine **Anfechtungssituation.** Der gesetzlichen Regelung des § 20 BeamtStG können keine ausdrücklichen Vorgaben hinsichtlich des Beurteilungszeitpunkts entnommen werden. Danach dürfte regelmäßig, abstellend auf den Zeitpunkt der Verfügung der Zuweisung bei Zustimmung des Beamten, das Rechtschutzbedürfnis ausgeschlossen sein. Es ist dabei jedoch zu differenzieren zwischen § 20 Abs. 1 BeamtStG, mit der Konstellation einer vorübergehenden Zuweisung, für die die Zustimmung des Beamten erforderlich ist, und § 20 Abs. 2 BeamtStG, der eine regelmäßig dauerhafte Zuweisung regelt, wofür die Zustimmung des Beamten nicht erforderlich ist. Nach dieser systematischen Differenzierung dürfte es nicht ausgeschlossen sein, dass der Beamte in den Fällen des § 20 Abs. 1 BeamtStG trotz erteilter Zustimmung nach einer gewissen Zeit die weiterhin bestehende Notwendigkeit bzw. Erforderlichkeit einer Zuweisung überprüfen lässt, und insoweit ein Rechtsschutzbedürfnis zu bejahen ist.

2. Beurlaubte Beamte

35 Das Beamtenrecht sieht ferner die **Möglichkeit einer Beurlaubung** aufgrund eines Antrags des Beamten vor. Sonderurlaub kann entweder mit Bezügen – dies ist in der Regel nur für einen Zeitraum von wenigen Monaten und bei Bestehen eines dienstlichen

[39] S. dazu BR-Drs. 226/10, 44.
[40] *Kathke,* in: *Schütz/Maiwald,* § 20 BeamtStG Rn. 69.
[41] BVerwGE 82, 260 = BeckRS 9998, 38016; BVerwGE 97, 79 = BeckRS 9998, 166752; BVerwG NVwZ 2012, 880 = BeckRS 2012, 50798. S. dazu auch allg. *Schoch/Schneider/Bier,* VwGO § 113 Rn. 235 ff.

Interesses möglich – oder unter Wegfall der Bezüge gewährt werden. Umstritten ist, ob eine längerfristige Beurlaubung (mit dem Status des Beamten) vereinbar ist.[42]

Die **Gleichzeitigkeit von (ruhendem) Beamten- und (aktivem) Arbeitsverhältnis** 36 ist nicht ausgeschlossen. Ein mit seinem Einverständnis von seinem Dienstherrn beurlaubter Beamter unterliegt gegenüber seinem Dienstherrn keinen Dienstleistungspflichten mehr. Ihm ist kein amtsgemäßer Aufgabenbereich mehr übertragen. Die Begründung eines Arbeitsverhältnisses neben dem fortbestehenden Beamtenverhältnis führt deshalb nicht zu einer Pflichtenkollision, sondern ist grundsätzlich möglich.

Der beurlaubte Beamte kann mit dem kommunalen Unternehmen einen **Arbeitsvertrag oder einen Dienstvertrag** 37 für den Fall seiner Bestellung als Organvertreter (Geschäftsführer, Vorstandsmitglied) abschließen. Bei einem Dienstvertrag oder einem außertariflichen Arbeitsvertrag gilt grundsätzlich Vertragsfreiheit. Wird dem beurlaubten Beamten eine Tätigkeit übertragen, die üblicherweise der Eingruppierung nach dem TVöD oder dem TV-L etc. unterliegt, so richten sich die Arbeitsbedingungen (im Rahmen der bestehenden Tarifgebundenheit) nach diesen Tarifverträgen. Abweichende Vereinbarungen sind in verbandsangehörigen Unternehmen nur zugunsten des Arbeitnehmers möglich.

Ist dagegen der Beamte **im dienstlichen Interesse** beurlaubt und wird er als Arbeitneh- 38 mer beschäftigt, so ist er von der **Versicherungspflicht** in der gesetzlichen Renten-, Arbeitslosen- und Krankenversicherung befreit, sofern der (bisherige) Dienstherr einen (besonderen) Gewährleistungsbescheid erlassen hat. Allerdings muss er für diesen Fall zur Erlangung eines solchen nachweisen, dass aufgrund des Arbeitsvertrags vergleichbare Ansprüche für ihn gegeben sind. Ob die Beurlaubungszeit ruhegehaltsfähige Dienstzeit ist, bestimmt sich nach den jeweiligen versorgungsrechtlichen Regelungen dazu (zB § 6 Abs. 1 Satz 2 Nr. 5 BeamtVG). In der Regel erklärt sich der Arbeitgeber bereit, einen eventuell erforderlichen **Versorgungszuschlag** zugunsten des Beamten an dessen Dienstherrn zu entrichten. Dieser gewährt dem Beamten im Falle des Eintritts in den Ruhestand eine Versorgung, wie er sie bei Verbleib im aktiven Dienst als Beamter erhalten hätte. Dem stehen beim Unternehmen sowohl die ersparten Zahlungen des Arbeitgebers hinsichtlich seines Anteils am Beitrag zur gesetzlichen Sozialversicherung als auch der ansonsten vom Arbeitnehmer insoweit zu entrichtende Anteil gegenüber.

Das Unternehmen kann dem beurlaubten Beamten in seiner Funktion als Arbeitnehmer 39 eine **zusätzliche betriebliche Altersversorgung** gewähren (dann aber ggf. bei Beendigung der Beurlaubung und Erhalt von Ruhegehalt nach den jeweils maßgeblichen versorgungsrechtlichen Regelungen mit „Auswirkung“ auf dieses, s. zB §§ 54 ff. BeamtVG, sofern nicht nach jeweiligem einschlägigen Recht überhaupt Voraussetzung für die Berücksichtigung als Dienstzeit ist, dass keine Zusatzversorgung gewährt wird). Soweit das Unternehmen im Falle seiner Mitgliedschaft in einer (kommunalen) Zusatzversorgungskasse seinen sonstigen Arbeitnehmern eine Zusatzversorgung gewährt, ist es jedoch nicht verpflichtet, den als Arbeitnehmer tätigen beurlaubten Beamten dort anzumelden.

3. Beamte als Arbeitnehmer nach Beendigung des Beamtenverhältnisses

Entscheidet sich der Beamte für eine Beendigung seines Beamtenverhältnisses, so endet 40 dieses auf seinen Antrag hin (vgl. auch Rn. 29). Der Beamte wird entsprechend der Höhe seiner in der Vergangenheit gezahlten Bezüge – maximal bis zu der jeweils gültigen Beitragsbemessungsgrenze – regelmäßig (vgl. § 8 SGB VI) in der gesetzlichen Rentenversicherung nachversichert und erwirbt unter gleichzeitigem Verlust seines Anspruchs auf Versorgung damit für die Zukunft einen Anspruch in der gesetzlichen Rentenversicherung.

[42] S. dazu auch VGH München BeckRS 2007, 22886, wonach es dem Landesgesetzgeber nicht möglich sei, eine beamtenrechtliche Beurlaubung zu regeln bzw. vorzunehmen, die – unter Ausschluss einzelner Aspekte, zB der Unfallfürsorge – alle wesentlichen Elemente einer Zuweisung beinhalte.

Eine **Nachversicherung** in einer Zusatzversorgungskasse des öffentlichen Dienstes kann er gegenüber seinem Dienstherrn dagegen nicht beanspruchen.

41 Bei der Aufnahme einer Tätigkeit als Arbeitnehmer unterliegt er der **gesetzlichen Rentenversicherungspflicht** und ist in der **Arbeitslosenversicherung** anzumelden. Von der gesetzlichen **Krankenversicherung** kann er nur – wie jeder andere Arbeitnehmer – bei Vorliegen der Befreiungstatbestände ausgenommen werden.

42 Wird ein ehemaliger Beamter als Arbeitnehmer eingestellt, sind grundsätzlich **keine Besonderheiten** zu beachten. Es ist wie bei Einstellungen von sonstigen Arbeitnehmern zu verfahren.

4. Anwendung von BetrVG/BPersVG

43 Grundsätzlich fallen die Kommunal- und Landesbeamten gleichermaßen unter das jeweils im Bundesland geltende **Personalvertretungsgesetz.** Diese Gesetze sind im Detail teilweise recht unterschiedlich, in der Grundstruktur sind sie jedoch dem Bundespersonalvertretungsgesetz (BPersVG) nachgebildet, das für die Beschäftigten des Bundes zur Anwendung gelangt. Der Geltungsbereich der Landesgesetze bestimmt sich nach § 95 Abs. 1 BPersVG und umfasst ua die Verwaltungen und Betriebe der Länder, der Gemeinden, Gemeindeverbände sowie sonstige juristische Personen, die der Aufsicht des Staates unterliegen. Ist ein Beamter daher in einem solchen Kommunalunternehmen tätig, so gilt das Personalvertretungsgesetz des Landes für ihn, da in diesem Unternehmen eine Personalvertretung und kein Betriebsrat zu wählen ist.

44 Das **Personalvertretungsrecht** der Länder findet jedoch in einer **privatrechtlich organisierten Einrichtung keine Anwendung.** Dabei ist nicht maßgebend, ob sich dieses Unternehmen ausschließlich in öffentlicher Hand befindet. Es gilt hier bundesweit das Betriebsverfassungsgesetz (BetrVG). Dieses Gesetz findet nach seinem Wortlaut Anwendung auf Arbeitnehmer in Unternehmen. Beamte, die während einer Beurlaubung, nach dem Ausscheiden aus dem Beamtenverhältnis, im Ruhestand oder als Nebentätigkeit aufgrund eines Arbeitsvertrags im Betrieb eines privatrechtlichen Unternehmens tätig werden, sind ebenfalls vom BetrVG erfasste Arbeitnehmer.

45 **§ 5 Abs. 1 S. 3 BetrVG** bestimmt (allgemein)[43] mit Wirkung vom 4. August 2009, dass als Arbeitnehmer auch Beamte, Soldaten sowie Arbeitnehmer des öffentlichen Dienstes einschließlich der zu ihrer Berufsausbildung Beschäftigten gelten, die in Betrieben privatrechtlich organisierter Unternehmen tätig sind (unabhängig von dem Abschluss eines Arbeitsvertrags).[44] Dies hat auch Bedeutung für die **Wahlberechtigung** und **Wählbarkeit** nach BetrVG. Im Ergebnis kann dies zur Folge haben, dass entweder vorübergehend oder dauerhaft ein „Doppelwahlrecht" bzw. eine „doppelte Wählbarkeit" sowohl nach BPersVG (bzw. entsprechender landesrechtlicher Bestimmungen) als auch nach BetrVG besteht (s. zB auch die Regelung des § 44h Abs. 5 SGB II). In § 13 Abs. 2 S. 4, § 14 BPersVG ist jedoch der Verlust des Wahlrechts bei der abgebenden Dienststelle vorgesehen, wenn die Zuweisung länger als drei Monate dauert und feststeht, dass der Beamte nicht binnen weiterer sechs Monate an die bisherige Dienststelle zurückkehren wird. Ganz oder teilweise ent-

[43] S. zu speziellen Regelungen etwa in Zusammenhang mit der Privatisierung der Deutschen Bundespost und Regelung der Anwendung des BetrVG § 24 Abs. 2 PostPersRG sowie § 19 Abs. 1 des Gesetzes über die Gründung einer Deutsche Bahn Aktiengesellschaft (DBGrG).

[44] Art. 9 des Gesetzes zur Errichtung eines Bundesaufsichtsamtes für Flugsicherung und zur Änderung und Anpassung weiterer Vorschriften vom 29.7.2009, BGBl. I 2424. Zur Begründung dessen wird ua auf Folgendes verwiesen: „Mit den Änderungen in § 5 des Betriebsverfassungsgesetzes wird dem Wunsch des Bundesrates vom 26. April 2006 im Rahmen des Gesetzgebungsverfahrens zum Bundesschuldenwesenmodernisierungsgesetz (Bundestagsdrucksache 16/1336) entsprochen, eine allgemeine Regelung in das Betriebsverfassungsgesetz aufzunehmen, nach der Beamte bei Zuweisung an privatrechtlich organisierte Einrichtungen generell für die Anwendung des Betriebsverfassungsgesetzes als deren Arbeitnehmer gelten und damit auch aktiv und passiv bei den Betriebsratswahlen wahlberechtigt sind." (BT-Drs. 16/11608, 21).

sprechende Regelungen finden sich auch in Landespersonalvertretungsgesetzen (s. zB § 9 Abs. 2 S. 3 des Hess. Personalvertretungsgesetzes [HPVG]). Demgegenüber sieht etwa das Bayer. Personalvertretungsgesetz (BayPVG) in Art. 13 Abs. 1 Satz 2 generell eine parallele Anwendbarkeit von BayPVG als auch BetrVG und damit die Möglichkeit eines dauerhaften doppelten Wahlrechts bzw. einer dauerhaften doppelten Wählbarkeit vor.

Davon getrennt zu sehen ist **der Umfang der Geltung des BetrVG.** Bei Zuweisungsbeamte im Sinne des § 20 Abs. 2 BeamtStG sind alle betriebsverfassungsrechtlichen Regelungen anzuwenden, die das fachliche Weisungsrecht der privatrechtlichen Einrichtung tangieren (zB in Zusammenhang mit Arbeits-, Pausenzeiten, Arbeitskleidung etc.). Bei beamtenrechtlichen bzw. personalrechtlichen Fragen des Gehalts, der Dauer des Urlaubs, Sonderzahlungen, Versorgungsleistungen oder der Beendigung, verdrängen hingehen die gesetzlichen Regelungen des Beamtenrechts die (kollektivvertraglichen) Regelungen auf Betriebsebene.[45] Entsprechendes gilt auch für die Anwendbarkeit von Betriebsnormen im Sinne des § 3 Abs. 2 TVG. 46

Unabhängig von Vorgehendem ist das **Beteiligungsrecht des Personalrats** der abgebenden Dienststelle bei Vornahme der Zuweisung zB nach § 76 Abs. 1 Nr. 5a BPersVG. 47

5. Nebentätigkeitsrecht

§ 40 BeamtStG bestimmt allgemein nur noch den Grundsatz des Nebentätigkeitsrechts, wonach eine Nebentätigkeit grundsätzlich anzeigepflichtig ist und, sofern sie geeignet ist, dienstliche Interessen zu beeinträchtigen, unter Erlaubnis- oder Verbotsvorbehalt zu stellen ist. Die maßgeblichen Detailregelungen finden sich in den **jeweiligen Landesbeamtengesetze.** Im Einzelnen sind dies vor allem Folgende[46]: 48

Baden-Württemberg: §§ 60 bis 65 LBG
Bayern: Art. 81 bis 85 BayBG, Art. 30 KWBG
Berlin: §§ 60 bis 67 LBG
Brandenburg: §§ 83 bis 91, 93 LBG
Bremen: §§ 70 bis 78 BremBG
Hamburg: §§ 70 bis 78 HmbBG
Hessen: §§ 71 bis 77, 79 HBG
Mecklenburg-Vorpommern: §§ 70 bis 78 LBG M-V
Niedersachsen: §§ 70 bis 78 NBG
Nordrhein-Westfalen: §§ 48 bis 58 LBG NRW
Rheinland-Pfalz: §§ 82 bis 86 LBG
Saarland: §§ 84 bis 92, 94 f. SBG
Sachsen: §§ 101 bis 109 SächsBG
Sachsen-Anhalt: §§ 73 bis 80 LBG LSA
Schleswig-Holstein: §§ 70 bis 78 LBG
Thüringen: §§ 49 bis 57 ThürBG

Nebentätigkeit ist jede nicht zu einem Hauptamt gehörende Tätigkeit innerhalb oder außerhalb des öffentlichen Dienstes mit Ausnahme derjenigen Tätigkeiten, die nach allgemeiner Lebensanschauung zur persönlichen Lebensgestaltung gehören.[47] Die Ausübung eines öffentlichen Ehrenamts (zB als ehrenamtlicher kommunaler Wahlbeamter) oder aber auch die unentgeltliche Führung der Vormundschaft, Betreuung oder Pflegschaft ist regelmäßig von dem Begriff der Nebentätigkeit ausgenommen. 49

Die **Übernahme einer Nebentätigkeit** im öffentlichen Dienst bzw. im öffentlichen Interesse (auch mit Bezug auf den Bund, ein anderes Land oder eine andere öffentlich- 50

[45] Vgl. dazu etwa BAGE 138, 116 = BeckRS 2011, 74719 (darauf abstellend, bei wem die „Entscheidungsmacht" ist. § 5 Abs. 1 S. 3 BetrVG begründe kein Mitbestimmungsrecht des Betriebsrats, wo der Betriebsinhaber weder formell noch materiell etwas zu entscheiden habe).
[46] S. dazu auch Schnellenbach/Bodanowitz, BeamtenR 9. A., § 8 Rz. 43 ff.
[47] So BT-Drs. 16/4027, 32.

rechtliche Körperschaft) auf Anordnung (Verlangen als Verwaltungsakt) des Dienstherrn kann (landesgesetzlich) **als Pflicht** des Beamten ausgestaltet sein. Es gilt insoweit jedoch der Vorrang des Hauptamtes, dh eine Tätigkeit, die Teil des Hauptamtes ist, darf nicht als Nebentätigkeit übertragen werden.[48] Entsprechend kann auch ein (anderes bzw. weiteres) Hauptamt nicht als Nebentätigkeit zugewiesen werden. Dafür bedarf es vielmehr einer Ernennung (§ 8 BeamtStG). Der Begriff des „öffentlichen Dienstes" bzw. „öffentlichen Interesses" wird in den landesrechtlichen Bestimmungen vielfach näher bestimmt. Eine Anordnung einer Nebentätigkeit durch den Dienstherrn kommt (als allgemeiner Ausfluss des Verhältnismäßigkeitsgrundsatzes) jedoch nur in Betracht, wenn die Nebentätigkeit der Vorbildung bzw. Berufsausbildung des Beamten entspricht und diesen nicht über Gebühr in Anspruch nimmt, dh zumutbar ist.[49]

51 Übernimmt der Beamte eine Nebentätigkeit auf Verlangen des Dienstherrn, so ist das Entgelt dafür regelmäßig **abzuliefern.**

52 Eine Nebentätigkeit **auf Eigeninitiative** des Beamten unterliegt regelmäßig mindestens einer **Anzeigepflicht,** um dem Dienstherrn eine Prüfung der Nebentätigkeit und der eventuellen Beeinträchtigung dienstlicher Interessen, aber auch einer eventuellen Überlastung des Beamten dadurch zu ermöglichen. Ferner ist regelmäßig ein **Erlaubnis- bzw. Verbotsvorbehalt** vorgesehen. Der Vorbehalt greift insbesondere dann, wenn die Nebentätigkeit geeignet ist, dienstliche Interessen zu beeinträchtigen. Regelmäßig ausreichend ist, dass eine Beeinträchtigung dienstlicher Interessen **zu besorgen** ist, was nach BVerwG dann der Fall ist, „wenn bei verständiger Würdigung der gegenwärtig erkennbaren Umstände unter Berücksichtigung der erfahrungsgemäß zu erwartenden Entwicklung eine Beeinträchtigung dienstlicher Interessen wahrscheinlich ist."[50] Wann **„dienstliche Interessen"** beeinträchtigt sein können, ist abhängig vom Einzelfall. Insoweit gibt es eine umfangreiche Kasuistik. Regelmäßig eine Beeinträchtigung dienstlicher Interessen stellt etwa die Besorgnis der Unparteilichkeit bzw. Unbefangenheit des Beamten dar.[51] Entsprechendes gilt regelmäßig dann, wenn der Beamte eine Nebentätigkeit während Krankheit bzw. Dienstunfähigkeit ausüben will. Insoweit geht es um den Schutz der Gesundheit des Beamten (gerade in Ausfluss der Fürsorgepflicht des Dienstherrn, aber auch der Gesunderhaltungspflicht des Beamten). Eine Beeinträchtigung dienstlicher Interessen kann aber allgemein nur dann bejaht werden, wenn ein Zusammenhang der beabsichtigten Nebentätigkeit mit den konkret vom Beamten wahrgenommenen Dienstaufgaben besteht.

53 Die **Nichteinhaltung der sich aus dem Nebentätigkeitsrecht ergebenden Pflichten** kann disziplinarrechtlich geahndet werden. Zudem kann dies besoldungsrechtliche Auswirkungen haben, wenn und soweit die Wahrnehmung einer (nicht angezeigten/nicht genehmigten, aber anzeige- bzw. genehmigungspflichtigen) Nebentätigkeit als unentschuldigtes Fernbleiben vom Dienst gewertet wird (vgl. etwa § 9 BBesG).

II. Arbeitnehmer in kommunalen Unternehmen

1. Geltung von Tarifverträgen

a) Allgemeines

1 Für die konkrete Ausgestaltung der Rechtsverhältnisse der Arbeitnehmer in kommunalen Betrieben ist weniger die konkrete Rechtsform des Unternehmens, sondern die Frage, ob der jeweilige Arbeitgeber **tarifgebunden** ist, von entscheidender Bedeutung. Fehlt eine Tarifbindung des Arbeitgebers, können Arbeitgeber und Arbeitnehmer die arbeitsvertraglichen Rechte und Pflichten im Rahmen der gesetzlichen und verfassungsrechtlichen

[48] S. dazu auch Schnellenbach/Bodanowitz, BeamtenR 9. A., § 8 Rz. 3 ff.
[49] Schnellenbach/Bodanowitz, BeamtenR 9. A., § 8 Rz. 10.
[50] BVerwG BeckRS 1980, 30707085.
[51] BVerwG BeckRS 1980, 30707085. S. dazu auch ausführlich Schnellenbach/Bodanowitz, BeamtenR 9. A., § 8 Rz. 20 f.

Grenzen frei vereinbaren (§ 105 GewO). Die ausgehandelten Regelungen unterliegen dabei einer richterlichen Inhaltskontrolle nach den Generalklauseln der §§ 138, 242 und 315 BGB. Vorformulierte Arbeitsverträge unterliegen zudem der Kontrolle nach den §§ 305 ff. BGB. Bei einer fehlenden Tarifbindung kann durch einzelvertragliche Bezugnahme (dynamisch oder statisch) die Anwendung eines Tarifvertrages vereinbart werden.

Eine Tarifbindung des Arbeitgebers kann entweder durch Mitgliedschaft in einem tarifschließenden Arbeitgeberverband bewirkt werden oder dadurch, dass der Arbeitgeber selbst Tarifverträge vereinbart. Bei einer Mitgliedschaft in einem Arbeitgeberverband wäre allerdings noch der Status des Arbeitgebers zu berücksichtigen. Die Satzungen zahlreicher Arbeitgeberverbände ermöglichen mittlerweile eine Mitgliedschaft ohne Tarifbindung (sog. Gast- oder OT-Mitglieder). Diese Mitglieder ohne Tarifbindung sind, ebenso wie sonstige nicht tarifgebundene Arbeitgeber, frei darin, ob und welchen Tarifvertrag sie auf die Arbeitsverhältnisse im Wege einer einzelvertraglichen Verweisung im Arbeitsvertrag anwenden wollen. Zulässig wäre auch, unter Beachtung der gesetzlichen Mindestbedingungen die einzelnen arbeitsvertraglichen Bedingungen individuell mit dem Beschäftigten auszuhandeln. Mehrheitlich sind die kommunalen Unternehmen jedoch Mitglied in einem kommunalen Arbeitgeberverband und unterliegen der Tarifbindung, weshalb sich die nachfolgenden Ausführungen auf die bundesweit geltenden tarifvertraglichen Vorschriften, den TVöD (VKA) und den TV-V beziehen.

Für die Anwendung der o. g. Tarifverträge ist jedoch eine Tarifbindung allein des Arbeit- 2
gebers nicht ausreichend. Vielmehr bedarf es auch einer **Tarifbindung des Arbeitnehmers.** Dieser muss Mitglied einer der Gewerkschaften sein, die bspw. den TVöD mit abgeschlossen haben. Nur dann liegt eine beiderseitige Tarifbindung i. S. von § 4 Abs. 1 TVG vor, die bedingt, dass die einschlägigen Tarifverträge kraft Gesetzes Anwendung finden. Bei einer **beiderseitigen Tarifbindung** kann der Arbeitnehmer grundsätzlich nicht wirksam auf tarifvertragliche Rechte verzichten; entsprechende Erklärungen oder Vereinbarungen sind unwirksam. Arbeitgeber und Arbeitnehmer können allerdings eine für den Arbeitnehmer im Vergleich zur tarifvertraglichen Bestimmung günstigere Regelung im Arbeitsvertrag vereinbaren, sog. Günstigkeitsprinzip (§ 4 Abs. 3 TVG).

Der tarifgebundene Arbeitgeber hat regelmäßig keine Kenntnis von der Gewerkschafts- 3
zugehörigkeit des Beschäftigten. Diesbezügliche Fragen sind im Hinblick auf Art. 9 Abs. 3 GG (Koalitionsfreiheit) grundsätzlich unzulässig, d. h. der Beschäftigte muss sie nicht oder nicht wahrheitsgemäß beantworten. In den üblichen Formulararbeitsverträgen wird daher regelmäßig auf die jeweils einschlägigen Tarifverträge verwiesen und werden somit alle Beschäftigten so gestellt, als wären sie Mitglied der tarifschließenden Gewerkschaft (Gleichstellung). Eine solche Verweisung bzw. Bezugnahme auf den einschlägigen Tarifvertrag kann für den Arbeitgeber allerdings zur Folge haben, dass er auch bei einem Wechsel der Tarifbindung (z. B. bei einem Verbandswechsel, bei einem Verbandsaustritt oder im Falle des Betriebsübergangs nach § 613a BGB bei anderweitiger Tarifbindung des Erwerbers) an die Bestimmungen des bisherigen Tarifvertrages gebunden bleibt. Dies ist nach der Rechtsprechung des BAG bei Vertragsklauseln, die nach dem 31.12.2001, d. h. nach dem Inkrafttreten der Schuldrechtsreform, vereinbart worden sind, dann der Fall, wenn sich aus dem Arbeitsvertrag nicht ausdrücklich ergibt, dass der Arbeitgeber die Anwendbarkeit tariflicher Bestimmungen davon abhängig macht, dass diese für ihn verbindlich sind.[52] Nur bei einem solchen ausdrücklichen Verweis auf die erforderliche Tarifgebundenheit des Arbeitgebers liegt nämlich eine echte sog. **Gleichstellungsabrede** vor, mit der Folge, dass z. B. bei einem Wechsel der Tarifbindung des Arbeitgebers das bisherige Tarifwerk durch den neuen einschlägigen Tarifvertrag ersetzt wird. Für Altverträge, die vor dem 1.1.2002 abgeschlossen worden sind, bleibt es aus Gründen des Vertrauensschutzes bei der früheren Rechtsprechung des BAG, wonach der ausdrückliche Hinweis auf die Tarifgebundenheit des Arbeit-

[52] BAG v. 5.7.2017 – 4 AZR 867/16 –, NZA 2018, 47.

gebers für eine wirksame Gleichstellungsabrede nicht vorausgesetzt wird.[53] Wird ein solcher Altvertrag allerdings nach dem 1.1.2002 geändert und dabei vereinbart, dass die im Änderungsvertrag nicht behandelten Regelungen aus dem alten Arbeitsvertrag weiter gelten sollen, wird dieser Altvertrag nach der Rechtsprechung des BAG wie ein Neuvertrag behandelt, und zwar mit dem Argument, dass der Arbeitsvertrag so insgesamt erneut zum Gegenstand der rechtsgeschäftlichen Willensbildung der Vertragsparteien gemacht werden sollte.[54] Dies hat zur Folge, dass auch für diesen Altvertrag die neuen, für den Arbeitgeber u. U. strengeren Anforderungen des BAG an Gleichstellungsabreden gelten. Fehlt es an einer solchen echten Gleichstellungsabrede, liegt lediglich eine, im Regelfall **dynamische, Verweisung** auf einen anzuwendenden Tarifvertrag vor, die von einer zukünftigen (anderweitigen) Tarifbindung des Arbeitgebers nicht berührt wird und auch weiterhin für das Arbeitsverhältnis einschlägig ist. Eine Ablösung des bisherigen Tarifvertrages kann dann nur über eine Änderung des Arbeitsvertrages oder die Herstellung der beiderseitigen Tarifbindung nach § 4 Abs. 1 TVG erreicht werden.

b) Reform des Tarifrechts im kommunalen Bereich

4 Mit der Einführung eines besonderen **Tarifvertrages für die Versorgungsbetriebe** (TV-V) vom 5.10.2000 wurde ein erster wichtiger Schritt für eine grundlegende Reform des bisherigen Tarifrechts im Bereich der kommunalen Arbeitgeber getan. Für einen Dienstleistungsbereich wurde ein spezifischer eigenständiger Tarifvertrag geschaffen, der im Verhältnis zum BAT/BMT-G II anwenderfreundlicher gestaltet war und mit relativ wenigen Vorschriften auskam. Die bisherige Differenzierung in Angestellte und Arbeiter wurde ebenso aufgegeben, wie die Bindungen an das Beamtenrecht. Zudem wurde eine weitgehende Flexibilisierung der Arbeitszeit und die Einführung von leistungsbezogenen Entgeltbestandteilen geregelt.

5 Die Ausrichtung auf einzelne Dienstleistungsbereiche und deren Besonderheiten ist ein prägendes Element des ab 1.10.2005 geltenden **TVöD.** Dieser Tarifvertrag besteht aus einem **Allgemeinen Teil,** der für alle Dienstleistungsbereiche gilt, und mehreren **Besonderen Teilen** jeweils für einen Dienstleistungsbereich. Derzeit bestehen für die Bereiche Verwaltung, Sparkassen, Entsorgungsbetriebe, Flughäfen, Krankenhäuser sowie Pflege- und Betreuungseinrichtungen Besondere Teile. Der Allgemeine Teil des TVöD und der Besondere Teil bilden gemeinsam das maßgebliche Tarifrecht für den jeweiligen Dienstleistungsbereich. Die Tarifvertragsparteien haben sich am 9.1.2003 darauf verständigt, für die jeweiligen Dienstleistungsbereiche zur besseren Übersicht und Lesbarkeit durchgeschriebene Fassungen zu erstellen, so dass für jeden Dienstleistungsbereich ein einheitlicher Tarifvertrag besteht.

6 Mit der Einführung des TVöD wurden insbesondere folgende **Ziele** verfolgt:

- Ausrichtung auf die besonderen Bedürfnisse einzelner Dienstleistungsbereiche,
- Loslösung von der Anbindung an das Beamtenrecht,
- Einführung leistungsabhängiger Vergütungsfaktoren,
- weitgehende Arbeitszeitflexibilisierung,
- Förderung der Qualifizierung im Arbeitsverhältnis.

Mit Einführung des TVöD bestehen für das Tarifgebiet Ost keine gesonderten Tarifverträge mehr, vielmehr gilt der TVöD für beide Tarifgebiete. Allerdings wird in einzelnen Regelungen nach wie vor differenziert zwischen Tarifgebiet West und Ost. Seit dem 1.1.2008 (Entgeltgruppen 1 bis 9) bzw. dem 1.1.2010 (Entgeltgruppen 10–15) bestehen hinsichtlich der Vergütung einheitliche Tabellen.

7 Im TVöD gibt es keine besonderen Regelungen für den **Nahverkehr** mehr, vielmehr sind diese Unternehmen vom Geltungsbereich weitgehend ausgenommen (§ 1 Abs. 2 lit. e

[53] BAG v. 14.12.2005 – 4 AZR 536/04 –, v. 18.4.2007 – 4 AZR 652/05 –, v. 6.7.2011 – 4 AZR 706/09 –.
[54] BAG v. 21.10.2015 – 4 AZR 649/14 –.

TVöD). Für diese Unternehmen gelten auf landesbezirklicher Ebene unterschiedliche Tarifverträge (TV-N). Auf diese wird nachfolgend nicht eingegangen, da es sich um keinen bundesweiten Tarifvertrag handelt.

Eine weitere Besonderheit besteht im Krankenhausbereich. Aufgrund der Konkurrenzsi- 8
tuation der Gewerkschaften ver.di und Marburger Bund existiert für die **Ärzte** an kommunalen Krankenhäusern neben dem TVöD noch der TV-Ärzte (VKA). Der TV-Ärzte (VKA) findet für Mitglieder des Marburger Bundes Anwendung, der TVöD gilt für ver.di-Mitglieder. Um zu verhindern, dass in einem Betrieb mehrere nicht inhaltsgleiche Tarifverträge verschiedener Gewerkschaften Anwendung finden, in einem Klinikbetrieb für Ärzte also sowohl der TV-Ärzte als auch der TVöD, wurde am 10. Juli 2015 durch das **Tarifeinheitsgesetz** der neue § 4a in das Tarifvertragsgesetz eingefügt. Danach ist bei Kollision zweier Tarifverträge im Betrieb nur der Tarifvertrag derjenigen Gewerkschaft anwendbar, die zum Zeitpunkt des Abschlusses des zuletzt abgeschlossenen kollidierenden Tarifvertrages im Betrieb die meisten Mitglieder hat, sog. **Mehrheitstarifvertrag** (§ 4a Abs. 2 Satz 2 TVG). Allerdings hat das BVerfG im Juli 2017[55] festgestellt, dass in § 4a TVG strukturelle Vorkehrungen fehlen, die die Interessen der Mitglieder einer Minderheitsgewerkschaft, deren Tarifvertrag verdrängt wird, hinreichend schützen, und die Neuregelung insoweit mit der in Art. 9 Abs. 3 GG geregelten Koalitionsfreiheit für unvereinbar erklärt. Der Bundesgesetzgeber hat diesem Regelungsauftrag im Dezember 2018 entsprochen und § 4a Abs. 2 Satz 2 TVG um eine Bestimmung ergänzt, wonach die Rechtsnormen des verdrängten Tarifvertrages weiterhin auf die Mitglieder der Minderheitsgewerkschaft anwendbar bleiben, wenn beim Zustandekommen des Mehrheitstarifvertrages die Interessen der Arbeitnehmergruppen, die auch vom Minderheitstarifvertrag erfasst sind, nicht ernsthaft und wirksam berücksichtigt worden sind. Diese neue Vorschrift gilt seit 1. Januar 2019. In der Praxis können die Interessen der Minderheitsgewerkschaft z. B. durch Beteiligungsverfahren im Vorfeld von Tarifverhandlungen ernsthaft und wirksam berücksichtigt werden. Die Interessenberücksichtigung kann auch dadurch gewährleistet werden, dass die Arbeitnehmergruppe der Minderheitsgewerkschaft in den für das Zustandekommen von Tarifverträgen zuständigen Gremien angemessen berücksichtigt wird. Auch die Neuregelung trifft auf Kritik seitens der Gewerkschaften, da sie nach deren Auffassung u. a. den Anschein erweckt, die Darlegungs- und Beweislast für eine nicht ernsthafte und wirksame Interessenberücksichtigung läge bei der mit Verdrängung bedrohten Minderheit.

2. Tarifvertrag für den öffentlichen Dienst (TVöD)

a) Allgemeiner Teil

aa) Geltungsbereich. Der **betriebliche Geltungsbereich** des TVöD (VKA) erstreckt 9
sich zunächst auf alle Arbeitgeber, die Mitglied eines Kommunalen Arbeitgeberverbandes sind. Insoweit wird auf eine Tarifbindung des Arbeitgebers i. S. von § 3 Abs. 1 TVG abgestellt. Ausgenommen sind jedoch tarifgebundene Arbeitgeber, für die andere Spartentarifverträge außerhalb des TVöD gelten (TV-V, TV-WW/NW, TV-N) oder die dem fachlichen Geltungsbereich des TV-V oder des TV-WW/NW zuzuordnen sind und die eine näher geregelte Beschäftigtenzahl aufweisen (§ 1 Abs. 2 lit. d und e TVöD). Darüber hinaus ist es nach Maßgabe von § 1 Abs. 3 TVÖD möglich, Betriebe, die dem Geltungsbereich des TV-V oder des TV-WW/NW unterfallen, durch landesbezirklichen Tarifvertrag ganz oder teilweise in den Geltungsbereich des TVöD einzubeziehen. Auch Betriebsteile, die dem Geltungsbereich des TV-N entsprechen, können durch landesbezirklichen Tarifvertrag in den Geltungsbereich des TVöD oder des TV-V einbezogen werden.

Besteht eine solche Tarifbindung des Arbeitgebers nicht, sei es aufgrund einer fehlenden Vollmitgliedschaft oder einer Mitgliedschaft ohne Tarifbindung, kann die Anwendung des

[55] BVerfG Urt. v. 11.7.2017 – 1 BvR 1571/15 –, NZA 2017, 915.

TVöD, ganz oder nur teilweise, nur durch eine vertragliche Inbezugnahme im Arbeitsvertrag erreicht werden.

10 Der **persönliche Geltungsbereich** des TVöD erstreckt sich auf alle Arbeitnehmer, die in einem Arbeitsverhältnis zu einem Arbeitgeber stehen, der dem betrieblichen Geltungsbereich des TVöD unterliegt. Nach § 1 Abs. 2 TVöD werden bestimmte Gruppen von Arbeitnehmern ausdrücklich vom Geltungsbereich ausgenommen. Die Tarifvertragsparteien können im Rahmen ihrer Koalitionsfreiheit selbständig festlegen, ob und für welche Berufsgruppen tarifliche Regelungen vereinbart werden.[56] In § 1 Abs. 2 TVöD werden abschließend diejenigen Gruppen von Beschäftigten aufgeführt, die trotz einer Tarifbindung des Arbeitgebers nicht unter den Geltungsbereich des TVöD fallen. Unbeschadet des fehlenden persönlichen Geltungsbereichs besteht natürlich die Möglichkeit, in diesen Fällen durch einzelvertragliche Regelung den TVöD ganz oder teilweise anzuwenden.

11 Die Herausnahme aus dem Geltungsbereich betrifft einerseits Arbeitnehmer, die bereits unter den betrieblichen **Geltungsbereich eines anderen Tarifvertrages** fallen oder üblicherweise zugeordnet werden und andererseits Arbeitnehmer, die aufgrund ihrer **Stellung im Betrieb** oder der **Eigenart ihrer Tätigkeit** aus dem Geltungsbereich herausgenommen worden sind.

Beschäftigte, die bereits unter den **Geltungsbereich des TV-V, des TV-WW/NW, des TV-N, des Tarifvertrages für Waldarbeiter** oder des **TV-Fleischuntersuchung** fallen, findet der TVöD folgerichtig keine Anwendung (§ 1 Abs. 2 lit. d, e, f und g TVöD). Damit wird eine Tarifkonkurrenz vermieden, die entstehen könnte, wenn die Arbeitnehmer unter den Geltungsbereich mehrerer Flächentarifverträge fallen. Allerdings werden unter bestimmten Bedingungen auch Arbeitnehmer ausgenommen, die in rechtlich selbständigen Betrieben beschäftigt sind, wenn diese Betriebe lediglich unter den fachlichen Geltungsbereich eines Tarifvertrages fallen, ohne dass diese Tarifverträge tatsächlich Anwendung finden. Dies betrifft Betriebe, die dem **fachlichen Geltungsbereich des TV-V oder des TV-WW/NW** zuzuordnen sind und regelmäßig mehr als 20 zum Betriebsrat wahlberechtigte Arbeitnehmer beschäftigen, die Tätigkeiten ausüben, die zum fachlichen Geltungsbereich eines der beiden Tarifverträge gehören (§ 1 Abs. 2 lit d TVöD). Gleiches gilt für Beschäftigte in rechtlich selbständigen **Nahverkehrsbetrieben,** die regelmäßig mehr als 50 zum Betriebs-oder Personalrat wahlberechtigte Arbeitnehmer beschäftigen. Mit dieser Herausnahme aus dem Geltungsbereich des TVöD soll die Anwendung der spezifischen Spartentarifverträge gefördert werden. Sofern die betreffenden Beschäftigten am 30.9.2005 unter den Geltungsbereich des BAT/BMT-G II gefallen sind, erfolgte keine Überleitung in TVöD, sondern es gilt weiterhin, sofern nicht zwischenzeitlich ein Wechsel in die o. g. Tarifverträge erfolgte, der BAT/BMT-G II.

12 Ausgenommen vom Geltungsbereich sind **leitende Angestellte** im Sinne von § 5 Abs. 3 BetrVG, sofern ihre Arbeitsbedingungen abweichend vom TVöD einzelvertraglich geregelt werden (§ 1 Abs. 2 lit. a TVöD). Fehlt es an einer abweichenden Gestaltung der Arbeitsbedingungen, verbleiben sie im Geltungsbereich des TVöD. Für eine abweichende einzelvertragliche Regelung ist es unerheblich, ob alle oder nur bestimmte Arbeitsbedingungen abweichend vom TVöD vereinbart werden. Als leitender Angestellter im Sinne von § 5 Abs. 3 BetrVG gilt, wer zur selbständigen Einstellung und Entlassung von Beschäftigten befugt ist, wem zur Vertretung des Arbeitgebers Generalvollmacht oder Prokura erteilt ist oder wer regelmäßig Aufgaben wahrnimmt, die für den Bestand und die Entwicklung des Unternehmens bzw. Betriebes von Bedeutung sind sowie deren Erfüllung besondere Erfahrungen und Kenntnisse voraussetzen und der dabei die Entscheidungen im Wesentlichen weisungsfrei trifft oder sie maßgeblich beeinflusst. Auch **Chefärzte** und Beschäftigte, die eine regelmäßige Vergütung erhalten, die über das Tabellenentgelt der Entgeltgruppe 15 hinausgeht, sind vom Geltungsbereich ausgenommen. Gleiches gilt für **Auszubildende** und **Praktikanten,** da für diesen Personenkreis eigenständige tarifliche Regelungen bestehen (TVAöD, TVPöD).

[56] BAG v. 27.5.2004 – 6 AZR 129/03 –, BB 2005, 159.

Beschäftigte, für die **Eingliederungszuschüsse nach den §§ 217 SGB III ff.** bzw. nach den diese Regelungen seit 1. April 2012 ersetzenden **§§ 88 ff. SGB III** gewährt werden, sind ebenfalls vom Geltungsbereich ausgenommen (§ 1 Abs. 2 lit. I TVöD). Dasselbe gilt für Beschäftigte, die **Arbeiten nach den §§ 260 SGB III** (sog. Arbeitsbeschaffungsmaßnahmen) verrichten (§ 1 Abs. 2 lit. k TVöD). Da seit 1. April 2012 neue Arbeitsbeschaffungsmaßnahmen nicht mehr gefördert werden, kommt der Regelung allerdings keine praktische Bedeutung mehr zu.

Leiharbeitnehmer fallen, sofern bei der Personal-Service-Agentur ein eigener Tarifvertrag besteht, ebenfalls nicht unter den TVöD (§ 1 Abs. 2 lit. l TVöD). Sind deren Rechtsverhältnisse jedoch nicht durch einen Tarifvertrag geregelt, findet der TVöD Anwendung. Hintergrund der Vorschrift ist die Bestimmung in § 9 Nr. 2 AÜG, wonach die Leiharbeitnehmer für die Zeit der Überlassung Anspruch auf die wesentlich gleichen Arbeitsbedingungen wie vergleichbare Beschäftigte beim Entleiher haben („equal-pay").[57] Durch einen Tarifvertrag bei der Personal-Service-Agentur können abweichende Regelungen getroffen werden. Einschlägige Tarifverträge haben sowohl die Gewerkschaften des DGB mit den Arbeitgeberverbänden in der Leiharbeit iGZ und BAP, als auch die Tarifgemeinschaft Christlicher Gewerkschaften Zeitarbeit und PSA (CGZP) abgeschlossen. Die Tariffähigkeit und -zuständigkeit der CGZP für den Bereich Arbeitnehmerüberlassung ist allerdings vom BAG verneint worden.[58]

Des Weiteren unterfallen die **geringfügig Beschäftigten** nach § 8 Abs. 1 Nr. 2 SGB IV nicht dem Geltungsbereich des TVöD, also diejenigen, die nur kurzzeitig (längstens 2 Monate oder 50 Tage im Kalenderjahr; vom 1. Januar 2015 bis 31. Dezember 2018 nach § 115 SGB IV längstens drei Monate oder 70 Tage) oder befristet mit einem Entgelt von nicht mehr als 450 Euro im Monat beschäftigt werden (§ 1 Abs. 2 lit. m TVöD). Dagegen unterfallen geringfügig Beschäftigte nach § 8 Abs. 1 Nr. 1 SGB IV, die dauerhaft beschäftigt werden, dem Geltungsbereich des TVöD.

bb) Auswahlverfahren, Arbeitsvertrag, Probezeit, Nebenabrede. Eine Pflicht zur 13
Ausschreibung freier Stellen besteht im Tarifbereich grundsätzlich nicht,[59] auch nicht aus Mitbestimmungstatbeständen der Personalvertretungsgesetze.[60] Schreibt der Arbeitgeber allerdings aus, so ist er an das von ihm festgelegte Anforderungsprofil für die Stelle gebunden.[61] Das auf die Stellenausschreibung folgende **Auswahlverfahren** erfolgt auf der Grundlage der eingereichten Bewerbungsunterlagen, insbesondere von Zeugnissen, herbeigezogener Personalakten und des in der Regel stattfindenden Vorstellungsgespräches. Zum Vorstellungsgespräch sind schwerbehinderte Bewerberinnen und Bewerber einzuladen, es sei denn, es fehlt ihnen offensichtlich die fachliche Eignung (§ 165 Sätze 3 und 4 SGB IX). Bei Nichtbeachtung der Einladungspflicht können ggf. Entschädigungsansprüche nach § 15 Abs. 2 AGG entstehen.[62] Im Vorstellungsgespräch kann der Arbeitgeber nach ständiger Rechtsprechung des BAG alle die Fragen stellen, an deren wahrheitsgemäßen Beantwortung er ein berechtigtes, billigenswertes und schutzwürdiges Interesse hat.[63] Dies gilt z. B. für Fragen nach dem beruflichen Werdegang, nach einschlägigen Vorstrafen[64] oder nach dem Vorliegen einer Arbeitserlaubnis. Nicht zulässig sind dagegen grundsätzlich Fragen nach der Religionszugehörigkeit (§§ 1, 2 Abs. 1 Ziff. 1 AGG), der Gewerkschafts- (Art. 9 Abs. 3 GG) oder Parteizugehörigkeit, es sei denn, es handelt sich um die Frage nach einer verfassungsfeindlichen Partei,[65] sowie im Sinne des § 164 Abs. 2 SGB IX ohne

[57] BAG v. 13.3.2013 – 5 AZR 146/12 –.
[58] BAG v. 14.12.2010 – 1 ABR 19/10-.
[59] BVerwG v. 14.1.2010 – 6 P 10.09 –.
[60] Näheres hierzu HK-TVöD/TV-L § 2 Rn 2.
[61] BAG v. 21.7.2009 – 9 AZR 431/08 –.
[62] BAG v. 22.10.2015 – 8 AZR 384/14 –.
[63] BAG v. 11.11.1993 – 2 AZR 467/93, v. 5.10.1995 – 2 AZR 923/94, v. 18.10.2000 – 2 AZR 380/99 –.
[64] HK-TVöD/TV-L § 2 Rn 9 u. 10.
[65] BAG v. 5.3.1980 – 5 AZR 604/78 –.

konkreten Tätigkeitsbezug nach Vorliegen einer Schwerbehinderung[66]oder einer Schwangerschaft (§ 3 Abs. 1 Satz 2 AGG). Die Auswahlentscheidung hat gemäß Art. 33 Abs. 2 GG nach Eignung, fachlicher Leistung und Befähigung zu erfolgen.

14 Das Arbeitsverhältnis wird nach Maßgabe der §§ 145 ff. BGB durch eine übereinstimmende Willenserklärung (Angebot und Annahme) begründet. Grundsätzlich können Arbeitgeber und Arbeitnehmer nach § 105 S. 1 GewO Abschluss, Inhalt und Form des Arbeitsvertrages frei vereinbaren, soweit nicht zwingende gesetzliche Vorschriften, Bestimmungen aus Tarifverträgen und Betriebsvereinbarungen dem entgegenstehen. Nach § 2 Abs. 1 TVöD ist der Arbeitsvertrag **schriftlich** abzuschließen. Allerdings hat diese Vorschrift nur deklaratorischen Charakter, so dass Arbeitsverhältnisse auch durch mündliche Abreden oder konkludentes Handeln begründet bzw. geändert werden können.[67] Aus Gründen der Rechtssicherheit ist jedoch die Schriftform zu empfehlen. Wirksamkeitsvoraussetzung ist die Schriftform jedoch bei befristeten Verträgen (§ 14 Abs. 4 TZBfG). Allerdings bezieht sich das gesetzliche Schriftformgebot (§ 126 BGB) allein auf die Befristungsabrede, nicht jedoch auf die übrigen Vertragsbedingungen.[68]

15 Das Arbeitsverhältnis unterscheidet sich vom Rechtsverhältnis eines **selbstständig Tätigen** durch den Grad der persönlichen Abhängigkeit des Dienstverpflichteten.[69] Nach ständiger Rechtsprechung des BAG ist Arbeitnehmer, wer aufgrund eines privatrechtlichen Vertrags im Dienste eines anderen zur Leistung weisungsgebundener, fremdbestimmter Arbeit in persönlicher Abhängigkeit verpflichtet ist.[70] Was die Weisungsgebundenheit anbelangt, so kann sich diese auf Inhalt, Ort und Zeit der Arbeitsleistung beziehen (vgl. zum Direktionsrecht des Arbeitnehmers Rn. 16). So ist nach § 84 Abs. 1 Satz 2 HGB selbständig, wer im Wesentlichen frei seine Tätigkeit gestalten und seine Arbeitszeit bestimmen kann. Ein Indiz für Selbstständigkeit kann auch die freie Wahl des Arbeitsortes sein. Es kann für eine selbständige Tätigkeit sprechen, wenn der Dienstverpflichtete die geschuldete Leistung nicht selbst in Person erbringen muss, sondern auch eigenes Personal einsetzen kann; auch das Stellen von Arbeitsgeräten und Arbeitsmitteln durch denjenigen, der zur Leistung verpflichtet ist, kann auf eine selbstständige Tätigkeit hindeuten.[71] Welches Rechtsverhältnis vorliegt, hängt – so das BAG – von einer Gesamtwürdigung aller maßgeblichen Umstände des Einzelfalles ab.[72] Die Bezeichnung des Vertrages etwa als Honorarvertrag ist dabei nicht ausschlaggebend. Auch der Wortlaut des Vertrages allein ist nicht entscheidend. Bei Widersprüchen zwischen Vereinbarung und tatsächlicher Ausführung des Vertrages, ist Letztere maßgeblich.[73]

16 Der Tarifvertrag enthält keine weitergehenden Vorgaben zur **inhaltlichen Gestaltung** der schriftlichen Arbeitsverträge. Unbeschadet dessen sollten im Arbeitsvertrag zumindest der Tag des Beginns des Arbeitsverhältnisses, der Umfang der Arbeitszeit sowie die Anwendung der maßgeblichen Tarifverträge vereinbart und die Entgeltgruppe angegeben werden. Weitergehende Regelungen zur auszuübenden Tätigkeit, zum Arbeitsort und zur Verteilung der Arbeitszeit können im Arbeitsvertrag vereinbart werden. Allerdings ist zu beachten, dass mit derartigen Abreden das Direktionsrecht des Arbeitgebers eingeschränkt werden kann. Nach § 106 GewO hat der Arbeitgeber das Recht, Inhalt, Ort und Zeit der Arbeitsleistung nach **billigem Ermessen** näher zu bestimmen, soweit diese Bedingungen nicht durch Gesetz, Tarifvertrag, Betriebsvereinbarung oder einzelvertragliche Abrede konkret bestimmt sind. Der TVöD lässt, insbesondere mit Blick auf die Verteilung der Arbeitszeit und die Möglichkeiten zur Übertragung anderweitiger Tätigkeiten, dem Arbeitgeber

[66] HK-TVöD/TV-L § 2 Rn 18 m. w. N.; anders lt. BAG v. 16.2.2012 – 6 AZR 553/10 in einem bereits bestehenden Arbeitsverhältnis nach sechs Monaten.
[67] BAG v. 9.2.1972 – 4 AZR 149/71 –.
[68] BAG v. 23.6.2004 – 7 AZR 636/06 –.
[69] BAG v. 21.5.2019 – 9 AZR 295/18 –.
[70] Zuletzt BAG v. 21.5.2019 – 9 AZR 295/18 –.
[71] BAG v. 21.5.2019 – 9 AZR 295/18 –.
[72] BAG v. 21.5.2019 – 9 AZR 295/18 –.
[73] BAG v. 21.5.2019 – 9 AZR 295/18 –.

ein relativ weitgefasstes Direktionsrecht. Es ist aber grundsätzlich zulässig, im Arbeitsvertrag das Weisungsrecht des Arbeitgebers, bspw. durch die Vereinbarung eines bestimmten Arbeitsorts, einzuschränken. Im Arbeitsvertrag kann auch die Möglichkeit eröffnet werden, die Arbeitsleistung ganz oder zum Teil in Form von **Telearbeit** zu erbringen. Spätestens seit der COVID-19-Pandemie wird statt des Begriffs Telearbeit häufig der Begriff des **Homeoffice** verwendet. Homeoffice kann sowohl für den Arbeitgeber als auch für den Arbeitnehmer in den Fällen, in denen sich der Arbeitsplatz für Homeoffice eignet, vorteilhaft sein. Die Vereinbarkeit von Beruf und Familie wird u. U. erleichtert und die Mitarbeiterzufriedenheit erhöht. Dadurch können qualifizierte Beschäftigte gewonnen oder stärker an den Betrieb gebunden werden. Die Effizienz kann erhöht und Büroflächen können ggf. eingespart werden.[74] Das Homeoffice birgt jedoch auch Gefahren, denen durch gute und klare Absprachen bzw. „Spielregeln" zwischen Arbeitgeber und Arbeitnehmer sowie mit den Teamkolleginnen und –kollegen zumindest teilweise abgeholfen werden kann.[75] So werden etwa die Arbeitszeiten und die Privatzeit nicht mehr klar voneinander abgegrenzt und die Möglichkeiten der Kommunikation mit Führungskräften sowie Teamkolleginnen und -kollegen eingeschränkt.[76] Häufig wird die generelle Zulässigkeit von Telearbeit in einer Dienstvereinbarung geregelt, auf deren Grundlage dann zwischen dem Arbeitgeber und dem einzelnen Beschäftigten näheres zur konkreten Ausführung der Telearbeit, insbesondere die Gestaltung der Arbeitszeit, ihr Nachweis, die Zeiten der Anwesenheit in der Dienststelle, die Kostentragung für Einrichtung und laufende Unterhaltung des Telearbeitsplatzes, Regelungen zum Umgang mit sensiblen betrieblichen Daten sowie personenbezogenen Daten, arbeitsschutzrechtliche Vorkehrungen, Zugangsrechte des Arbeitgebers zum häuslichen Arbeitsplatz zum Zweck der Überwachung arbeitszeit- und arbeitsschutzrechtlicher Bestimmungen sowie Haftungsregelungen individuell vereinbart werden.[77] Zu Fragen des Homeoffice in Zeiten der **COVID-19-Pandemie** → Rn. 228.

Unabhängig davon, ob der Arbeitsvertrag schriftlich vereinbart und wie er inhaltlich **17**
ausgestaltet wurde, sind die Vorgaben des **Nachweisgesetzes** zu beachten, das den Arbeitgeber verpflichtet, dem Arbeitnehmer bis spätestens einen Monat nach Beginn des Arbeitsverhältnisses eine Niederschrift über wesentliche Arbeitsbedingungen zu erteilen, die Angaben zu der vom Arbeitnehmer zu leistenden Tätigkeit, zur Zusammensetzung und Höhe des Entgelts, der Dauer des jährlichen Urlaubs usw. (§ 2 Abs. 1 und 2 NachwG) enthalten muss. Hierzu gehört auch ein allgemeiner Hinweis auf die anzuwendenden Tarifverträge. Die Verpflichtung entfällt, soweit die geforderten Angaben in einem schriftlichen Arbeitsvertrag enthalten sind (§ 1 Abs. 4 NachwG). Bei Änderungen der wesentlichen Vertragsbedingungen hat nach § 3 NachwG der Arbeitgeber spätestens einen Monat nach Beginn der Änderung diese dem Arbeitnehmer schriftlich mitzuteilen. Mit dem NachwG soll eine größere Rechtssicherheit durch schriftliche Niederlegung der wesentlichen Arbeitsbedingungen erreicht werden. Insbesondere wird die Beweisführung auf Seiten der Arbeitnehmer für den Fall erleichtert, dass keine schriftlichen vertraglichen Abreden getroffen worden sind. Wird vom Arbeitgeber pflichtwidrig keine Niederschrift erstellt, hat dies keine unmittelbaren rechtlichen Konsequenzen zur Folge, da das NachwG keine Sanktionen vorsieht. Der Beschäftigte kann allerdings die Anfertigung einer Niederschrift oder die Berichtigung einer fehlerhaften Niederschrift im Klagewege durchsetzen.[78] Weist ein Arbeitgeber entgegen § 2 Abs. 1 S. 2 Nr. 10 NachwG nicht auf den einschlägigen Tarifvertrag hin und verabsäumt der Arbeitnehmer eine tarifliche Ausschlussfrist, so ist zu vermuten,

[74] Müller, Homeoffice in der arbeitsrechtlichen Praxis, Rechtshandbuch für die Arbeit 4.0, 2. Auflage 2020, Rn. 6.

[75] Vgl. hierzu: Schlass, Tipps und Spielregeln für die Zeit im Homeoffice, Verbändereport 3/2020, S. 32 ff.

[76] Vgl. hierzu: Müller, Homeoffice in der arbeitsrechtlichen Praxis, Rechtshandbuch für die Arbeit 4.0, 2. Auflage 2020, Rn. 5 ff.

[77] dbb beamtenbund und tarifunion, Moderne Arbeitsformen – Arbeitszeitflexibilisierung und Telearbeit, Verwaltung im 21. Jahrhundert, Band 3, Juli 2002; vgl. auch Müller, Homeoffice in der arbeitsrechtlichen Praxis, Rechtshandbuch für die Arbeit 4.0, 2. Auflage 2020, Rn. 121.

[78] LAG Berlin-Brandenburg v. 5.11.2015 – 5 Sa 969/15 –.

dass der Arbeitnehmer, wenn er auf die Geltung des Tarifvertrages hingewiesen worden wäre, die Ausschlussfrist beachtet hätte. Für die Entkräftung dieser Vermutung ist der Arbeitgeber darlegungspflichtig.[79]

18 Grundsätzlich ist es möglich, dass zu demselben Arbeitgeber zeitgleich **mehrere Arbeitsverhältnisse** nebeneinander bestehen. Nach § 2 Abs. 2 TVöD ist dies nur dann zulässig, wenn zwischen den jeweils übertragenen Tätigkeiten kein unmittelbarer Sachzusammenhang besteht. Ein unmittelbarer Sachzusammenhang kann ohne weiteres auch bei unterschiedlichen Tätigkeiten gegeben sein (bspw. bei Sachbearbeitertätigkeit in unterschiedlichen Entgeltgruppen; nicht aber bei Sachbearbeitertätigkeit und Reinigungstätigkeit). Wird der Sachzusammenhang bejaht, ist von einem einheitlichen Arbeitsverhältnis auszugehen. Dagegen wird man regelmäßig von mehreren rechtlich selbständigen Arbeitsverträgen ausgehen können, wenn die Arbeitsverträge mit verschiedenen Dienststellen oder Betrieben desselben Arbeitgebers abgeschlossen worden sind.[80]

19 Nach § 2 Abs. 3 TVöD können im Arbeitsvertrag **Nebenabreden** vereinbart werden. In Abgrenzung zu den Hauptabreden des Arbeitsvertrages werden in Nebenabreden Rechte und Pflichten außerhalb der Hauptpflichten und Hauptrechte des Arbeitsvertrages (Arbeitsleistung und Arbeitsentgelt) geregelt. Gegenstand einer Nebenabrede können bspw. die private Nutzung eines Dienstwagens, die Gewährung von Verpflegungszuschüssen, von Fahrtkostenersatz oder ähnliche Leistungen sein.[81] Voraussetzung ist, dass diese Leistungen nicht als Gegenleistung für eine vom Beschäftigten erbrachte Arbeitsleistung gewährt werden. Keine Nebenabreden stellen hingegen Vereinbarungen zur Arbeitszeit, zur Übertragung bestimmter (zusätzlicher) Arbeitsaufgaben oder zur Gewährung einer übertariflichen Arbeitsvergütung dar.[82] Die Gewährung einer übertariflichen Funktionszulage im Schreibdienst ist dagegen als Nebenabrede möglich[83] ebenso wie eine Pauschalierungsabrede für Erschwerniszuschläge.[84] Sofern der Inhalt der Vereinbarung nicht als Nebenabrede, sondern als Hauptabrede zu qualifizieren ist, berührt dies die Wirksamkeit der Abrede als solche nicht. Es entfällt lediglich das besondere Kündigungsrecht für Nebenabreden nach § 2 Abs. 3 S. 2 TVöD. Nebenabreden sind gemäß § 2 Abs. 3 S. 1 TVöD schriftlich zu vereinbaren. Im Gegensatz zum Arbeitsvertrag ist **das Schriftformgebot** konstitutiv und damit Wirksamkeitsvoraussetzung. Nebenabreden können nach Maßgabe von § 2 Abs. 3 S. 2 TVöD gesondert gekündigt werden, ohne dass hiervon die sonstigen vertraglichen Bedingungen des Arbeitsvertrages berührt werden. Aus rechtlicher Sicht handelt es sich nicht um eine Teilkündigung, sondern um einen **Widerrufsvorbehalt,** dessen Ausübung im Rahmen des billigen Ermessens (§ 315 BGB) zulässig ists[85] Gerichtlicher Prüfungsmaßstab sind daher nicht die gesetzlichen Kündigungsschutzvorschriften, sondern das billige Ermessen.[86] Empfehlenswert ist die Vereinbarung einer besonderen Kündigungsfrist, bspw. von zwei Wochen zum Monatsschluss. Fehlt eine solche Vereinbarung zur Kündigungsfrist, gelten die Fristen für die Kündigung des Arbeitsverhältnisses (§ 34 Abs. 1 TVöD).

20 Nach § 2 Abs. 4 TVöD gelten die ersten sechs Monate des Arbeitsverhältnisses als **Probezeit.** Die Tarifvertragsparteien gehen dabei von einem unbefristeten Arbeitsverhältnis aus, das nach Ablauf der Probezeit, sofern keine Kündigung erfolgte, fortgeführt wird. Grundsätzlich kann zur Erprobung auch ein befristetes Arbeitsverhältnis vereinbart werden, wobei der Zweck der Erprobung als sachlicher Grund nach § 14 Abs. 1 Satz 2 Nr. 5 TzBfG gilt. Einer ausdrücklichen Vereinbarung einer Probezeit im Arbeitsvertrag bedarf es

[79] BAG v. 5.11.2002 – 5 AZR 676/02 –.
[80] HK-TVöD/TV-L § 2 Rn. 57.
[81] BAG v. 26.7.1972 – 4 AZR 365/71 –; v. 18.9.2002 – 1 AZR 477/01 –.
[82] BAG v. 9.9.1981 – 4 AZN 213/81 –; v. 12.7.1983 – 3 AZR 129/81 –.
[83] BAG v. 16.5.2012 – 10 AZR 252/11 –.
[84] BAG v. 18.5.2017 – 2 AZR 721/16 –.
[85] BAG v. 12.2.1987 – 6 AZR 129/84 –.
[86] BAG v. 7.10.1982 – 2 AZR 455/82 –.

regelmäßig nicht. Fehlt eine solche Abrede, hat dies keine Auswirkungen auf die Kündigungsmöglichkeit und die Kündigungsfrist. Hat das Arbeitsverhältnis zum Zeitpunkt der Kündigung noch keine sechs Monate bestanden, ist damit die Wartezeit für den allgemeinen Kündigungsschutz noch nicht erfüllt (§ 1 Abs. 1 KSchG; ebenso der Kündigungsschutz für schwerbehinderte Arbeitnehmer, § 173 Abs. 1 Nr. 1 SGB IX) und zwar unabhängig davon, ob eine Probezeit vereinbart wurde. Maßgeblich ist der Zeitpunkt des Zugangs der Kündigung und nicht der Ablauf der Kündigungsfrist. Die Kündigungsfrist nach § 34 Abs. 1 TVöD stellt gleichfalls nur auf die Dauer des Arbeitsverhältnisses ab. Eine nach § 2 Abs. 4 TVöD in Form einer Nebenabrede mögliche Verkürzung der Probezeit hat insoweit auf den Kündigungsschutz und die Kündigungsfristen keine Auswirkungen. Bei der Übernahme von Auszubildenden im unmittelbaren Anschluss an das Ausbildungsverhältnis entfällt nach § 2 Abs. 4 S. 2 TVöD die Probezeit. Dabei kommt es nicht darauf an, ob der Auszubildende bei derselben Dienststelle oder im selben Betrieb des Arbeitgebers ausgebildet wurde.[87] Die Zeit der Ausbildung ist bei der unmittelbaren Übernahme im Übrigen auf die Wartezeit nach § 1 Abs. 1 KSchG anzurechnen.[88] Die Probezeit beginnt mit dem im Arbeitsvertrag vorgesehenen Tag der Einstellung, unabhängig davon, ob an diesem Tag tatsächlich die Arbeit aufgenommen wird. Die Fristberechung erfolgt nach den §§ 187 Abs. 2, 188 Abs. 2 BGB. Zeiten ohne Arbeitsleistung (Urlaub, Krankheit, Freistellung) führen nicht zu einer automatischen Verlängerung der Probezeit. Bei einer Kündigung innerhalb der sechsmonatigen Probezeit ist der Arbeitgeber nur an die Grundsätze von Treu und Glauben nach § 242 BGB gebunden. Eine treuwidrige Kündigung ist danach z. B. ein widersprüchliches Verhalten des Arbeitgebers, der Ausspruch einer Kündigung zur Unzeit, z. B. einen Tag vor der Beerdigung des Ehegatten des Arbeitnehmers oder eine Kündigung, die den Arbeitnehmer diskriminiert.[89]

cc) allgemeine Arbeitsbedingungen. In § 3 Abs. 1 TVöD ist die **Verschwiegenheitspflicht** des Beschäftigten geregelt, die auch über die Beendigung des Arbeitsverhältnisses hinaus gilt. Der Schweigepflicht unterliegen einerseits Angelegenheiten, deren Geheimhaltung bereits durch die gesetzlichen Vorschriften vorgesehen ist und anderseits Angelegenheiten, für die der Arbeitgeber ausdrücklich eine Schweigepflicht angeordnet hat. Diese Anordnung ist an keine Form gebunden. Ein Verstoß gegen eine Verschwiegenheitspflicht kann je nach Einzelfall zu einer verhaltensbedingten ordentlichen oder sogar zu einer außerordentlichen Kündigung führen; unter bestimmten Voraussetzungen drohen auch strafrechtliche Sanktionen (§§ 203, 353b, 355 StGB). Am 26. April 2019 ist das **Geschäftsgeheimnisgesetz** (GeschGehG) in Kraft getreten (BGBl. I, S. 466). Es gilt grundsätzlich auch für die Tarifbeschäftigten des öffentlichen Dienstes, allerdings gehen die Regelungen in Tarifverträgen und in Arbeitsverträgen den Bestimmungen des GeschGehG vor (§ 1 Abs. 3 Nr. 3 und 4 GeschGehG). § 5 Nr. 2 GeschGehG enthält eine Ausnahmevorschrift zugunsten von Hinweisgebern (sog. Whistleblowing).[90] 21

Den Beschäftigten ist es gemäß § 3 Abs. 2 TVöD ausdrücklich untersagt, von Dritten in Bezug auf ihre Tätigkeit **Belohnungen, Geschenke,** Provisionen oder sonstige Vergünstigungen unabhängig von deren Wert anzunehmen. Mit diesem Verbot soll bereits der Anschein vermieden werden, die Beschäftigten des öffentlichen Dienstes würden in ihrer Tätigkeit sachfremden Einflüssen von Außen unterliegen.[91] Die Annahme einer der vorstehend genannten Leistungen kann ausnahmsweise erfolgen, wenn der Arbeitgeber hierzu seine Zustimmung gegeben hat. Sie dürfte insbesondere bei geringerwertigeren Sachen oder Leistungen wie z. B. Streuwerbeartikeln in Betracht kommen, wenn eine Beein- 22

[87] HK-TVöD/TV-L § 2 Rn. 71.
[88] HL-TVöD/TV-L § 2 Rn. 71.
[89] BAG v. 21.2.2001 – 2 AZR 15/00 –.
[90] Näheres hierzu: Bauschke, Aktuelles zum Whistleblowing – Erläuterung der neuen EU-Richtlinie, öAT 2019, 250 ff.
[91] HK-TVöD/TV-L § 3 Rn. 13.

flussung der Tätigkeit des Beschäftigten ausgeschlossen erscheint.[92] Die Zustimmung kann sowohl vorab, bspw. in einer allgemeinen Regelung, als auch nachträglich erteilt werden. Je nach den Umständen des Einzelfalls ist auch eine stillschweigende Zustimmung durch Duldung denbar. Der Beschäftigte ist verpflichtet, bereits das Anbieten von solchen Vergünstigungen dem Arbeitgeber unverzüglich anzuzeigen.

23 Die Beschäftigten können außerhalb ihres Arbeitsverhältnisses grundsätzlich **Nebentätigkeiten** nachgehen. Allerdings sind sie bei **entgeltlichen** Nebentätigkeiten verpflichtet, diese vor deren Aufnahme dem Arbeitgeber schriftlich anzuzeigen (§ 3 Abs. 3 Satz 1 TVöD). Nicht der **Anzeigepflicht** unterliegen Nebentätigkeiten, die ohne Entgelt oder üblicherweise ohne Entgelt ausgeübt werden (z. B. Ehrenämter). Nicht maßgeblich ist, ob die entgeltliche Nebentätigkeit im Rahmen eines Arbeitsverhältnisses, eines freien Dienstverhältnisses oder als Selbständiger ausgeübt wird. Die Anzeige muss dem Arbeitgeber vor der Aufnahme der Nebentätigkeit so rechtzeitig vorliegen, dass er ordnungsgemäß prüfen kann, ob die Tätigkeit zu untersagen oder mit Auflagen zu versehen ist. Der Beschäftigte erfüllt seine Anzeigepflicht nur dann, wenn er dem Arbeitgeber diejenigen Informationen mitteilt, die eine entsprechende Prüfung ermöglichen. Welche Informationen erforderlich sind, richtet sich nach den Umständen des Einzelfalls. Notwendig sind in jedem Fall, nähere Angaben zum Arbeitgeber, zur Art der Tätigkeit und den hierfür notwendigen Zeitaufwand. Soweit es sich um Nebentätigkeiten im öffentlichen Dienst (i. S. von § 34 Abs. 3 S. 3, 4 TVöD) handelt, sind mit Blick auf mögliche Ablieferungspflichten auch Angaben zur Höhe des Entgelts zu machen. Die Anzeige hat schriftlich zu erfolgen.

24 Einer ausdrücklichen **Genehmigung** der Nebentätigkeit durch den Arbeitgeber bedarf es nicht. Vielmehr hat der Beschäftigte einen Rechtsanspruch (Art. 12 Abs. 1 GG) auf die Ausübung einer Nebentätigkeit, dem der Arbeitgeber nur unter bestimmten Bedingungen entgegentreten kann. Dies ist insbesondere zulässig, wenn die Nebentätigkeit geeignet ist, die Erfüllung der arbeitsvertraglichen Pflichten oder berechtigte Interessen des Arbeitgebers zu beeinträchtigen (§ 3 Abs. 3 Satz 2 TVöD). Dies betrifft bspw. die Schutzregelungen des Arbeitszeitgesetzes bezüglich der täglichen und wöchentlichen Höchstarbeitszeit, der Ruhezeiten usw. Weiterhin ist eine Interessenbeeinträchtigung anzunehmen, wenn der Beschäftigte mit seiner Nebentätigkeit in Konkurrenz zum Arbeitgeber tritt oder die Nebentätigkeit geeignet ist, das Ansehen des Arbeitgebers zu schädigen.[93] Der Arbeitgeber kann die Ausübung der Nebentätigkeit mit **Auflagen** (befristet oder unbefristet) versehen oder sie im Ausnahmefall gänzlich untersagen. Wird die Nebentätigkeit bei demselben Arbeitgeber oder im öffentlichen Dienst ausgeübt, kann eine Verpflichtung zur Ablieferung eines Teils der Einkünfte zur Auflage gemacht werden. Eine Ablieferungspflicht ergibt sich nicht aus dem Tarifvertrag selbst, sie kann aber in sinngemäßer Anwendung der für Beamte geltenden Bestimmungen vorgesehen werden.

25 Nach § 3 Abs. 4 TVöD ist der Arbeitgeber berechtigt, den Arbeitnehmer **ärztlich untersuchen** zu lassen. Allerdings darf die Untersuchung nur aus sachlichen Gründen angeordnet werden („begründete Veranlassung"), wenn bspw. Zweifel an der Arbeitsfähigkeit bestehen oder in Zusammenhang mit einer beabsichtigten Einstellung zur Feststellung der gesundheitlichen Eignung. Zweifel an der Arbeitsunfähigkeit dagegen erlauben nur eine Überprüfung nach § 275 Abs. 1a SGB V durch die Krankenkasse und deren medizinischen Dienst; für eine ärztliche Untersuchung nach § 3 Abs. 4 TVöD muss der Arbeitgeber Zweifel an der Arbeitsfähigkeit, nicht dagegen an der Arbeitsunfähigkeit haben, das kann etwa bei bei längeren oder wiederholten Arbeitsunfähigkeitszeiten der Fall sein.[94] An einer begründeten Veranlassung kann es fehlen, wenn kein Bezug zur geschuldeten arbeitsvertraglichen Leistung bzw. zu den Anforderungen des Arbeitsplatzes besteht.[95] Besteht eine begründete Veranlassung, ist der Arbeitnehmer zur Mitwirkung verpflichtet, indem er sich

[92] HK-TVöD/TV-L § 3 Rn. 18 m. w. N.
[93] Vgl. *Breier/Dassau/Kiefer/Lang/Langenbrinck* § 3 TVöD Rn. 54 ff.
[94] HK-TVöD/TV-L § 3 Rn. 42; a. A.: *Breier/Dassau/Kiefer/Lang/Langenbrinck* § 3 TVöD Rn. 97,101.
[95] LAG RhPf. v. 10.7.2007 – 3 Sa 186/07 –.

der Untersuchung unterzieht, dem Arzt die notwendigen Auskünfte erteilt und die im Ergebnis der Untersuchung ausgestellte ärztliche Bescheinigung dem Arbeitgeber vorlegt. Der Arbeitgeber ist berechtigt, mit der Untersuchung den nach § 2 Abs. 1 ASiG bestellten Betriebsarzt oder einen anderen Arzt, auf den sich die Betriebsparteien geeinigt haben, zu beauftragen. Die Kosten der Untersuchung sind vom Arbeitgeber zu tragen. Dazu gehören nicht nur das ärztliche Honorar, sondern auch die möglichen Fahrtkosten des Beschäftigten. Da der Arbeitgeber die Untersuchung veranlasst hat, führt ein Versäumnis von Arbeitszeit nicht zu einer Entgeltminderung.

Gemäß § 3 Abs. 5 TVöD haben die Beschäftigten das Recht auf Einsichtnahme in ihre **Personalakte.** In die Personalakte sind alle den Beschäftigten betreffenden Unterlagen aufzunehmen, die mit dem Arbeitsverhältnis in Zusammenhang stehen. Die Unterlagen müssen vollständig und zutreffend sein. Der Inhalt der Personalakten ist vertraulich und vor dem unberechtigten Zugriff Dritter zu schützen. Das Einsichtsrecht des Beschäftigten ist an keine besonderen Voraussetzungen gebunden. Er muss hierzu kein konkretes berechtigtes Interesse geltend machen.[96] Das Einsichtsrecht kann wiederholt bis zur Grenze des Missbrauchs ausgeübt werden. Der Beschäftigte kann mit der Ausübung des Einsichtsrechts einen Dritten (z. B. Rechtsanwalt) beauftragten. Hierzu bedarf es einer schriftlichen Bevollmächtigung, die dem Arbeitgeber vorzulegen ist. Das Recht zur Einsichtnahme kann auch noch nach der Beendigung des Arbeitsverhältnisses bestehen.[97] Grundsätzlich wird das Einsichtsrecht durch Inaugenscheinnahme erfüllt. Die Beschäftigten können jedoch auch Auszüge oder Kopien aus ihrer Personalakte erhalten. Die Kosten für die Anfertigung von Auszügen oder Kopien hat, soweit keine anderweitige Regelung getroffen ist, der Beschäftigte zu tragen. Personalaktendaten sind im Übrigen regelmäßig personenbezogene Daten. Für ihre Erhebung, Verarbeitung, Speicherung und Nutzung gelten die Bestimmungen der Datenschutzgesetze des Bundes und der Länder (vgl. etwa § 26 BDSG oder bspw. § 20 LDSG RLP, § 18 DSG NRW). 26

Mit dem ÄnderungsTV vom 31.3.2008 wurde eine **Haftungsbeschränkung** zugunsten der Beschäftigten in § 3 Abs. 6 TVöD aufgenommen. Grundsätzlich sind Arbeitnehmer verpflichtet, dem Arbeitgeber entstandene Schäden zu ersetzen, soweit sie diese im Rahmen des Arbeitsverhältnisses schuldhaft verursacht haben. Dabei ist der Umfang der Arbeitnehmerhaftung wesentlich vom Grad des Verschuldens abhängig. Während außerhalb des Tarifvertrages die Arbeitnehmer bereits für Schäden in Haftung genommen werden können, die sie bei mittlerer (normaler) Fahrlässigkeit verursacht haben, haften nach § 3 Abs. 6 TVöD Beschäftigte nur für Schäden, die sie vorsätzlich oder grob fahrlässig verursacht haben. Dies stellt eine erhebliche Einschränkung der Arbeitnehmerhaftung dar, denn in der Praxis überwiegen die Fälle mit normaler Fahrlässigkeit. Während bei der normalen Fahrlässigkeit der Arbeitnehmer in Abhängigkeit von den Umständen des Einzelfalls regelmäßig nur einen Teil des Schadens zu ersetzen hat, trägt der Beschäftigte bei grober Fahrlässigkeit oder Vorsatz regelmäßig den gesamten Schaden. Bei grober Fahrlässigkeit kann ausnahmsweise auch eine Quotelung des Schadens in Betracht kommen, wenn bspw. die Schadenshöhe in einem deutlichen Missverhältnis zu dem Einkommen des Beschäftigten steht. 27

dd) Versetzung, Abordnung, Zuweisung, Personalgestellung. Nach § 106 GewO erlaubt das **Direktionsrecht** dem Arbeitgeber, u. a. Ort und Inhalt der Arbeitsleistung nach billigem Ermessen näher zu bestimmen; dies gilt nicht, soweit durch den Arbeitsvertrag, eine Betriebsvereinbarung, einen anwendbaren Tarifvertrag oder durch gesetzliche Vorschriften Arbeitsbedingungen zu Inhalt und Ort festgelegt sind. Durch konkrete einzelvertragliche Regelungen kann daher das Direktionsrecht des Arbeitsgebers zum **Arbeitsort** weitgehend eingeschränkt werden. Allerdings führt die Angabe eines bestimmten Arbeitsorts in den Formularverträgen des öffentlichen Dienstes nicht zwingend dazu, eine einzelvertragliche Vereinbarung anzunehmen, die die Zuweisung des Beschäftigten an einen 28

[96] BAG v. 16.11.2010 – 9 AZR 573/09 –.
[97] BAG v. 16.11.2010 – 9 AZR 573/09 –.

anderen Arbeitsort ausschließt. Vielmehr ist der gesamte Arbeitsvertrag bei Auslegung zu würdigen. Wird etwa der Arbeitsort im Arbeitsvertrag zusammen mit dem Beginn und der Art der Beschäftigung genannt, so spricht dies eher dafür, dass die Vertragsparteien nur die erste Einsatzstelle des Arbeitnehmers bezeichnet haben, ohne künftige Verwendungen an anderen Dienstorten damit auszuschließen, zumal dann, wenn im Arbeitsvertrag an anderer Stelle auf einen Tarifvertrag verwiesen wird, der das Recht des Arbeitgebers vorsieht, dem Arbeitnehmer einen anderen Arbeitsort zuzuweisen.[98] Zu berücksichtigen ist zudem, dass ein Bewerber für den öffentlichen Dienst regelmäßig davon ausgehen muss, dass er grundsätzlich jede im Bereich des Arbeitgebers zugewiesene Tätigkeit verrichten muss, sofern sie seiner Eingruppierung entspricht und ihm billigerweise zuzumuten ist.[99] Auch der Umstand, dass ein Arbeitnehmer bereits seit langer Zeit an einem bestimmten Arbeitsort eingesetzt ist, läßt nicht den Schluss zu, dass das Direktionsrecht des Arbeitgebers nunmehr auf diesen Arbeitsort eingeschränkt ist.[100]

29 Fehlt eine ausdrückliche vertragliche Abrede bezüglich der zu **erbringenden Arbeitsleistung,** wird sie regelmäßig im Arbeitsvertrag mit der Angabe der maßgeblichen (tarifgerechten) Entgeltgruppe umschrieben. Danach können dem Beschäftigten dauerhaft nur Tätigkeiten zugewiesen werden, die mit dieser Entgeltgruppe bewertet sind. Die dauerhafte Übertragung von Tätigkeiten, die einer anderen Entgeltgruppe entsprechen, ist im Wege des Direktionsrechts nicht möglich, sondern bedarf eines Änderungsvertrags oder einer Änderungskündigung. Wird die zu erbringende Arbeitsleistung lediglich mit der Entgeltgruppe rahmenmäßig beschrieben, ist der Arbeitgeber berechtigt, dem Arbeitnehmer einen anderen Arbeitsplatz bzw. eine andere Arbeitsaufgabe in derselben Dienststelle bzw. in demselben Betrieb im Wege einer **Umsetzung** zuzuweisen, sofern dadurch die Eingruppierung nicht berührt wird. Sein Direktionsrecht kann der Arbeitgeber nur in den Grenzen des billigen Ermessens (§ 315 BGB) ausüben. Es darf nicht willkürlich oder aus unsachlichen Gründen ausgeübt werden. Im Rahmen des billigen Ermessens sind sowohl die betrieblichen Interessen, als auch die berechtigten Interessen des Beschäftigten zu berücksichtigen. Die Möglichkeit der Umsetzung wird in § 4 TVöD nicht ausdrücklich aufgeführt, ergibt sich aber bereits aus § 106 GewO.

30 In § 4 TVöD wird die Ausübung des Direktionsrechts bei der **Versetzung,** der **Abordnung,** der **Zuweisung** und der **Personalgestellung** geregelt. Eine **Versetzung** liegt nach Begriffsbestimmung in der Protokollerklärung Nr. 2 zu § 4 Abs. 1 TVöD vor, wenn dem Beschäftigten auf Dauer ein Arbeitsplatz in einem anderen Betrieb oder einer anderen Dienststelle desselben Arbeitgebers unter Fortführung des bestehenden Arbeitsverhältnisses zugewiesen wird. Unter einer Dienststelle ist eine organisatorisch verselbständigte Verwaltungseinheit zu verstehen, die einen eigenständigen Aufgabenbereich hat.[101] Als Betrieb wird eine organisatorische Einheit bezeichnet, innerhalb derer der Arbeitgeber allein oder mit seinen Arbeitnehmern mit Hilfe von technischen und immateriellen Mitteln bestimmte arbeitstechnische Zwecke fortgesetzt verfolgt.[102] Eine Versetzung ist nur zulässig, wenn entsprechende dienstliche oder betriebliche **Gründe** vorliegen, die diese Maßnahme rechtfertigen. In Betracht kommen sowohl organisatorische, als auch verhaltensbedingte oder personenbedingte (z. B. persönliche Eignung) Gründe. Der Arbeitgeber kann mit einer Versetzung auch auf eine Konfliktlage im Betrieb reagieren, wobei er nicht die Ursachen und Verantwortlichkeiten für die Enstehung des Konfliktes aufklären muss.[103] Bei der Entscheidung zur Versetzung, insbesondere wenn sie gegen den Willen des Beschäftigten

---

98 BAG v. 21.1.2004 – 6 AZR 583/02 –.
99 BAG v. 21.1.2004 – 6 AZR 583/02 –.
100 BAG v. 28.8.2013 – 10 AZR 569/12 –; v. 13.6.2012 – 10 AZR 296/11 –.
101 BAG v. 22.1.2004 – 1 AZR 495/01 –; BVerwG v. 29.3.2001 – 6 P 7/00 –; vgl. auch BAG v. 21.6.1990 – 6 AZR 342/88 –.
102 BAG v. 22.6.2005 – 7 ABR 57/04 –; BAG v. 29.4.1999 – 2 AZR 352/98 –; v. 22.1.1998 – 8 AZR 243/95 –.
103 LAG Mecklenburg-Vorpommern v. 30.7.2019 – 5 Sa 233/18 –, öAT 2019, 216.

erfolgt, sind die Interessen des betroffenen Beschäftigten angemessen zu berücksichtigen. Ist die Versetzung mit einem Wechsel des Arbeitsorts verbunden, ist der betroffene Beschäftigte vor der Durchführung der Maßnahme zu hören. Unter dem Arbeitsort ist dabei die politische Gemeinde zu verstehen, in der sich der Arbeitsplatz befindet.[104] Mit dem Anhörungsrecht soll dem Beschäftigten die Gelegenheit gegeben werden, mögliche Einwendungen dem Arbeitgeber mitzuteilen, die dieser bei seiner Entscheidungsfindung im Rahmen der Interessenabwägung mit zu berücksichtigen hat, z. B. familiäre Gründe oder Fahrtzeiten zum Arbeitsplatz. Dem Anhörungsrecht wird nicht Genüge getan, wenn dem Beschäftigten die beabsichtigte Versetzung lediglich kundgetan wird. Es müssen vielmehr die maßgeblichen Gründe mitgeteilt und dem Beschäftigten die Möglichkeit zur Stellungnahme eingeräumt werden. Das Unterbleiben der Anhörung führt nicht zur Unwirksamkeit der Versetzung; allerdings trägt der Arbeitgeber das Risiko, wenn er mangels Anhörung keine vollständige Interessenabwägung vorgenommen hat und die Versetzung im Ergebnis nicht billigem Ermessen entspricht.[105] Bei mehreren für eine Versetzung in Betracht kommenden Beschäftigten ist eine Auswahlentscheidung zu treffen, für die allerdings nicht die strengen Kriterien der Sozialauswahl nach § 1 Abs. 3 KSchG gelten.[106]

Die ebenfalls in § 4 Abs. 1 TVöD geregelte **Abordnung** unterscheidet sich von der Versetzung vor allem dadurch, dass sie nur vorübergehend erfolgt und auch eine Abordnung zu einem anderen Arbeitgeber möglich ist. Es bedarf ebenso wie bei der Versetzung zunächst eines dienstlichen oder betrieblichen Grundes. Der Tarifvertrag regelt weder eine Mindest- noch eine Höchstdauer für die Abordnung.[107] Die Dauer der Abordnung muss nicht kalendermäßig bestimmt sein, sondern kann sich auch aus dem Zweck der Abordnung (z. B. zur Vertretung oder zur Erprobung vor einer Versetzung) ergeben. Die Verlängerung einer Abordnung ist ebenso möglich wie eine Teilabordnung. Im Unterschied zur Versetzung kann eine Abordnung auch zu einem anderen Arbeitgeber erfolgen und zwar unter Fortsetzung des Arbeitsverhältnisses mit dem abordnenden Arbeitgeber. Die tarifliche Vorschrift stellt vom Wortlaut her, im Unterschied zur Zuweisung (§ 4 Abs. 2 TVöD), keine Anforderungen an den anderen Arbeitgeber. Aus dem Vergleich mit der Regelung in Abs. 2 (Arbeitgeber außerhalb des Geltungsbereiches des TVöD) wird allerdings gefolgert, dass eine Abordnung nur zu einem Arbeitgeber zulässig ist, der unter den TVöD fällt.[108] Die Abordnung zu einem **anderen Arbeitgeber** setzt regelmäßig eine entsprechende Vereinbarung zwischen den beteiligten Arbeitgebern voraus. Einzelfallabhängig wäre zudem zu prüfen, ob es sich um eine erlaubnispflichtige Arbeitnehmerüberlassung i. S. von § 1 AÜG handelt. **31**

Sofern die Abordnung voraussichtlich länger als drei Monate andauert, besteht die Pflicht zur **Anhörung** des betroffenen Arbeitnehmers. Diese Pflicht besteht auch, wenn eine Abordnung zunächst voraussichtlich weniger als drei Monate andauern sollte, sich aber im Laufe der Abordnung eine Verlängerung als notwendig erweist, so dass insgesamt die Drei-Monatsgrenze überschritten wird. In diesem Fall ist die Anhörung nachzuholen, sobald erkennbar ist, dass die Dauer von drei Monaten überschritten wird. Hinsichtlich der Durchführung der Anhörung und den Rechtsfolgen einer unterlassenen Anhörung wird auf die Ausführungen bei der Versetzung verwiesen.[109] **32**

§ 4 Abs. 2 TVöD sieht die **Zuweisung** von Arbeitnehmern zur vorübergehenden Beschäftigung bei einem Dritten im In- und Ausland unter Fortsetzung des bisherigen Arbeitsverhältnisses vor. Als Dritter kommt jeglicher Arbeitgeber, unabhängig von der Rechtsform, in Betracht, bei dem der Allgemeine Teil des TVöD nicht zur Anwendung kommt. Ebenso wie die Abordnung kann die Zuweisung nur vorübergehend erfolgen, **33**

---

[104] BAG v. 22.1.2004 – 1 AZR 495/01 –.
[105] LAG Mecklenburg-Vorpommern v. 30.7.2019 – 5 Sa 233/18 –, öAT 2019, 216.
[106] HK-TVöD/TV-L § 4 Rn. 16.
[107] HK-TVöD/TV-L § 4 Rn. 11.
[108] *Breier/Dassau/Kiefer/Lang/Langenbrinck,* § 4 Rn. 42 TVöD.
[109] → Rn. 30.

wobei auch hier keine Höchst- oder Mindestfristen geregelt sind. Eine Zuweisung darf nur vorgenommen werden, wenn sie im dienstlichen bzw. betrieblichen oder öffentlichen Interesse erfolgt. Insofern sind hier vom Wortlaut die Anforderungen niedriger als bei einer Versetzung oder Abordnung, denn es wird nur das Vorliegen eines Interesses, nicht aber eines Grundes gefordert.

34 Im Unterschied zur Abordnung oder Versetzung bedarf eine Zuweisung allerdings der **vorherigen Zustimmung** des Beschäftigten. Der Beschäftigte kann jedoch seine Zustimmung wirksam nur aus **wichtigen Gründen** verweigern. Was hierunter zu verstehen ist, ist im Tarifvertrag selbst nicht geregelt. Aus der Systematik ergibt sich jedoch, dass es sich hierbei um gewichtige sachliche Gründe handeln muss, die die beabsichtigte Zuweisung für den Beschäftigten nahezu unzumutbar machen, so z. B. familiäre oder gesundheitliche Gründe.[110] Eine Zustimmungsverweigerung ohne Angabe von Gründen oder ohne wichtigen Grund ist unbeachtlich. Da der Tarifvertrag keine Regelungen zur Schriftform oder Äußerungsfristen enthält, empfiehlt es sich, dem betroffenen Arbeitnehmer Gelegenheit zu einer schriftlichen Stellungnahme innerhalb einer angemessenen Frist zu geben. Dem Beschäftigten sind dabei die maßgebenden Gründe und näheren Umstände der beabsichtigen Zuweisung mitzuteilen. Es ist dann eine Abwägung zwischen den Interessen des Arbeitgebers an der Zuweisung und den vom Arbeitnehmer dagegen vorgebrachten Gründen vorzunehmen. Da bei der Zuweisung das Arbeitsverhältnis zu dem bisherigen Arbeitgeber unverändert bestehen bleibt, darf dem Beschäftigten bei dem anderen Arbeitgeber keine geringer zu vergütende Tätigkeit zugewiesen werden. Der Entgeltanspruch des Beschäftigten richtet sich grundsätzlich gegen den bisherigen Arbeitgeber. Sollte der zugewiesene Beschäftigte bei dem Dritten jedoch für seine Arbeitsleistung Bezüge erhalten, werden diese auf den Entgeltanspruch gegen seinen Arbeitgeber angerechnet. Auch bei der Zuweisung ist einzelfallbezogen zu prüfen, ob eine erlaubnispflichtige Arbeitnehmerüberlassung nach § 1 AÜG vorliegt.

35 Als weiteres Instrument sieht § 4 Abs. 3 TVöD die Möglichkeit einer **Personalgestellung** vor. Dabei wird die Personalgestellung als eine auf Dauer angelegte Beschäftigung bei einem Dritten unter Fortsetzung des bestehenden Arbeitsverhältnisses zu dem bisherigen Arbeitgeber verstanden. Voraussetzung hierfür ist, dass die **Aufgaben,** mit denen der Beschäftigte bisher betraut war, auf einen Dritten verlagert werden, etwa im Rahmen einer Privatisierung staatlicher Betriebe bzw. Betriebsteile oder eines Outsourcings von Aufgaben. Erforderlich ist daher eine sog. Funktionsnachfolge, die voraussetzt, dass die dem Beschäftigten oder seiner Organisationseinheit übertragenen Aufgaben bei dem Dritten tatsächlich anfallen und dort einen entsprechenden funktionellen Personalbedarf auslösen.[111] Eine Personalgestellung kann auch im Zusammenhang mit einem Betriebsübergang nach § 613a BGB erfolgen. Ein solcher Betriebsübergang liegt vor, wenn ein neuer Rechtsträger eine bestehende wirtschaftliche Einheit unter Wahrung ihrer Identität fortführt.[112] Das Instrument der Personalgestellung erlaubt es dem öffentlichen Arbeitgeber, dem Dritten, der Aufgaben übernommen hat, das notwendige Personal zur Verfügung zu stellen, ohne dass er selbst Arbeitgeber für diese Beschäftigten wird. Ansonsten notwendige Kündigungen infolge des Aufgabenwegfalls können damit ggf. vermieden werden; bei nach § 34 Abs. 2 TVöD unkündbaren Tarifbeschäftigten kann bei einer Verlagerung von Aufgaben auf Dritte die Personalgestellung für den Arbeitgeber die einzige Möglichkeit darstellen, den Arbeitnehmer weiter zu beschäftigen. Die Personalgestellung kann auch in den Fällen des § 613a BGB Bedeutung erlangen, in denen Beschäftigte von ihrem Widerspruchsrecht Gebrauch machen und somit die Arbeitsverhältnisse beim Veräußerer verbleiben. Mit der Personalgestellung kann erreicht werden, dass der Beschäftigte trotz des Widerspruchs nach § 613a Abs. 6 BGB seine Arbeitsleistung bei dem Dritten (Erwerber) erbringt.

110 HK-TVöD § 4 Rn. 21.
111 LAG Düsseldorf v. 23.9.2009 – 12 Sa 357/09 –.
112 BAG v. 20.3.2014 – 8 AZR 1/13 –.

Mit der Personalgestellung übt der Arbeitgeber sein Direktionsrecht aus, einer Zustimmung, einer Anhörung oder einer anderweitigen Beteiligung des Arbeitnehmers bedarf es nicht.[113] Vielmehr ist der Beschäftigte verpflichtet, auf Verlangen des Arbeitgebers bei weiterbestehendem Arbeitsverhältnis seine arbeitsvertraglich geschuldete Arbeitsleistung bei dem Dritten zu erbringen. Die Personalgestellung stellt somit regelmäßig einen spürbaren Eingriff in Rechtspositionen des Arbeitnehmers dar. Dementsprechend zurückhaltend ist das Direktionsrecht des Arbeitgebers im Rahmen des § 4 Abs. 3 TVöD auszulegen.[114] Ist mit der Personalgestellung auch ein Wechsel des Arbeitsortes verbunden, so sind die für eine Versetzung geltenden Voraussetzungen nach § 4 Abs. 1 Satz 2 TVöD zu beachten.[115] Notwendig ist allerdings ein entsprechender **Gestellungsvertrag** zwischen dem Arbeitgeber und dem Dritten, in dem die Einzelheiten der praktischen Durchführung (Ausübung des Direktionsrechts, Haftung, Entgeltregelung usw.) geregelt sind. Eine Personalgestellung setzt die auf Dauer angelegte Beschäftigung bei dem Dritten voraus (vgl. die Protokollerklärung zu § 4 Abs. 3 TVöD). Der Gestellungsvertrag muss daher unbefristet sein, andernfalls, d. h. bei einem nur vorübergehenden Einsatz beim Dritten, kommt nur eine Abordnung oder eine Zuweisung in Betracht.[116] 36

Die Personalgestellung war lange Zeit aufgrund der dauerhaften Überlassung der Beschäftigten mit Blick auf das AÜG nicht unproblematisch. Denn unabhängig von der Frage der Erlaubnispflicht geht das AÜG an sich lediglich von einer zeitweiligen Überlassung aus. Eine dauerhafte Überlassung, wie bei der Personalgestellung vorgesehen, ist daher grundsätzlich unzulässig.[117] Mit der im Jahr 2017 eingefügten Regelung in § 1 Abs. 3 Nrn. 2b und 2c AÜG ist dieser Konflikt allerdings gelöst worden. Das AÜG ist nunmehr grundsätzlich nicht mehr anwendbar u. a. auf die Arbeitnehmerüberlassung zwischen Arbeitgebern, wenn Aufgaben eines Arbeitnehmers von dem bisherigen zu dem anderen Arbeitgeber verlagert werden, aufgrund eines Tarifvertrages des öffentlichen Dienstes das Arbeitsverhältnis mit dem bisherigen Arbeitgeber weiter besteht und die Arbeitsleistung zukünftig bei dem anderen Arbeitgeber erbracht wird (§ 1 Abs. 3 Nr. 2b AÜG).

Bei den o. g. Maßnahmen sind die Beteiligungsrechte des Betriebsrates gemäß § 99 BetrVG sowie die unterschiedlich ausgestalteten Beteiligungstatbestände nach den Personalvertretungsgesetzen der Länder zu beachten.

ee) Qualifizierung. Mit den Regelungen in § 5 TVöD bekennen sich die Tarifvertragsparteien zur Notwendigkeit einer ständigen Qualifizierung im Rahmen des Arbeitsverhältnisses („lebenslanges Lernen"). Allerdings wird darauf verzichtet, dem Beschäftigten einen **individuellen Rechtsanspruch** auf Qualifizierung einzuräumen (§ 5 Abs. 2 Satz 1 TVöD). Vielmehr wird den Betriebsparteien ein Angebot zur Organisation und Durchführung von Qualifizierungsmaßnahmen unterbreitet, dessen Ausgestaltung durch **freiwillige Betriebs- bzw. Dienstvereinbarungen** erfolgen soll, wobei dies für Dienstvereinbarungen nur im Rahmen der personalvertretungsrechtlichen Möglichkeiten gilt. Weitergehende Mitbestimmungsrechte des Betriebs- oder Personalrats bleiben unberührt (im Bereich des BetrVG: § 97 Abs. 2 S. 1 – Mitbestimmungsrecht bei der betrieblichen Berufsbildung, § 98 Abs. 1 und 6 – Mitbestimmungsrecht bei der Durchführung von Maßnahmen der betrieblichen Berufsbildung und sonstiger Bildungsmaßnahmen). Im Bereich des Personalvertretungsrechtes kommen je nach Ausgestaltung der landesrechtlichen Regelungen insbesondere Mitbestimmungsrechte bei der Auswahl der Teilnehmer an Fortbildungsveranstaltungen (vgl. § 75 Abs. 3 Nr. 7 BPersVG[118]) oder 37

---

[113] HK-TVöD/TV-L § 4 Rn. 29.
[114] LAG Düsseldorf v. 23.9.2009 – 12 Sa 357/09 –.
[115] LAG Düsseldorf v. 23.9.2009 – 12 Sa 357/09 –.
[116] HK-TVöD/TV-L § 4 Rn. 31.
[117] LAG B-W v. 17.4.2013 – 4 TaBV 7/12 –.
[118] Als Beispiel für landesrechtliche Regelungen vgl. § 78 Abs. 2 Nr. 16 LPersVG RLP mit der Einschränkung, dass ein Mitbestimmungsrecht bei der Auswahl der Teilnehmer nur besteht, wenn mehr Bewerberinnen und Bewerber vorhanden sind, als Plätze zur Verfügung stehen.

bei allgemeinen Fragen der Fortbildung (vgl. z. B. § 72 Abs. 4 Nr. 16 LPVG NRW) in Betracht.

38 **Qualifizierungsmaßnahmen** im Sinne der tariflichen Regelung sind nicht nur Bildungsmaßnahmen mit dem Ziel des Erwerbs einer zusätzlichen Qualifikation (Fort- und Weiterbildung), sondern auch Qualifizierungen zur Arbeitsplatzsicherung (Qualifizierung für eine andere Tätigkeit, Umschulung), zur Fortentwicklung der fachlichen, methodischen und sozialen Kompetenzen für die übertragenen Tätigkeiten (Erhaltungsqualifizierung) und zur Einarbeitung im Anschluss an eine längere Abwesenheit (Wiedereinstiegsqualifizierung), § 5 Abs. 3 TVöD. Gemäß § 5 Abs. 8 TVöD soll insbesondere Teilzeitbeschäftigten eine gleichberechtigte Teilnahme an Qualifizierungsmaßnahmen ermöglicht werden, die ihre Möglichkeiten und Bedürfnisse berücksichtigt.[119] Dem Beschäftigten ist eine entsprechende Teilnahmebestätigung auszuhändigen und seine Teilnahme ist vom Arbeitgeber zu dokumentieren. Die **Dokumentation** soll als Nachweis für die Teilnahme an Qualifizierungsveranstaltungen dienen und zwar nicht nur für den Beschäftigten, sondern auch für den Arbeitgeber, der die Qualifizierung als Teil der Personalentwicklung nutzen soll.

39 Nach § 5 Abs. 4 Satz 1 TVöD haben die Beschäftigten einen Anspruch auf ein **regelmäßiges Gespräch** mit ihrer jeweiligen Führungskraft zur Feststellung des Qualifizierungsbedarfs. Der Anspruch besteht auch bei längerer Abwesenheit des Beschäftigten (z. B. aufgrund von Krankheit), da die Einarbeitung nach längerer Abwesenheit als Wiedereinstiegsqualifizierung verstanden wird (Abs. 3 lit. d). Das Gespräch kann von jedem Vorgesetzten geführt werden, soweit er für den Beschäftigten zuständig ist („jeweilige" Führungskraft). Die Gespräche können sowohl als Einzelgespräch, aber auch als Gruppengespräch mit mehreren Beschäftigten geführt werden (Abs. 4 S. 2). Dies liegt im Ermessen des Arbeitgebers, der allerdings angesichts möglicher personenbezogener und vertraulicher Gesprächsinhalte Wünsche des Arbeitnehmers nach einem Einzelgespräch zu berücksichtigen hat.[120] Die tarifliche Vorschrift sieht keinen konkreten Turnus zur Durchführung der Gespräche vor. Vielmehr bleibt es den Betriebsparteien überlassen, die Häufigkeit dieser Gespräche näher zu bestimmen. Fehlt eine solche Regelung, kann der Beschäftigte verlangen, dass das Gespräch jährlich geführt wird. Der Beschäftigte kann aber weder die Bestimmung eines konkreten Termins, noch eine bestimmte Führungskraft als Gesprächspartner beanspruchen. Verlangt wird nicht, dass während oder im Ergebnis des Gesprächs verbindliche Entscheidungen, Festlegungen oder Zusagen hinsichtlich der Teilnahme an bestimmten Qualifizierungsmaßnahmen getroffen werden. Es geht vielmehr vorrangig um die unverbindliche, ergebnisoffene Klärung eines möglichen Qualifizierungsbedarfs. Eine schriftliche Dokumentation des Gesprächsverlaufes oder der Ergebnisse wird nicht verlangt; allerdings ist eine entsprechende Protokollierung der Ergebnisse anzuraten.

40 Nach § 5 Abs. 5 S. 1 TVÖD ist der Arbeitgeber verpflichtet, die **Kosten** einer von ihm **veranlassten Qualifizierungsmaßnahme** zu tragen. Vom Arbeitgeber veranlasst ist die Maßnahme, wenn die Fort- oder Weiterbildung vom Arbeitgeber erkennbar gewollt ist; unerheblich ist dabei, ob die Qualifizierung auch einem Wunsch des Arbeitnehmers entspricht.[121] Zu den maßgeblichen Kosten gehören neben den unmittelbaren Kosten für die Qualifizierungsmaßnahme (Teilnahmegebühren usw.), die Aufwendungen für notwendige Lern- und Arbeitsmittel (Literatur usw.) und die notwendigen Reisekosten, einschließlich der Kosten für Unterbringung und Verpflegung. Soweit die Kosten für die Qualifizierungsmaßnahme von dritter Seite übernommen werden, ist der Arbeitgeber von seiner Kostentragungspflicht befreit.

41 Abweichend von der in § 5 Abs. 5 S. 1 TVöD geregelten Kostentragungspflicht des Arbeitgebers können im Wege einer individualrechtlichen **Qualifizierungsvereinbarung** mit dem Arbeitnehmer ein vom Beschäftigten aufzubringender **Eigenanteil** und eine

[119] HK TVöD/TV-L § 5 Rn. 32.
[120] HK TVöD/TV-L § 5 Rn. 16.
[121] BAG v. 15.3.2000 – 5 AZR 584/98 –.

Rückzahlungsverpflichtung geregelt werden (Abs. 5 S. 2). Der Eigenbeitrag des Beschäftigten kann in Form einer Beteiligung an den finanziellen Kosten der Qualifizierung sowie in Arbeitszeit (z. B. Einsatz von Zeitguthaben für die Teilnahme) erfolgen (Abs. 5 S. 4). Zum Umfang der möglichen Eigenbeteiligung haben die Tarifvertragsparteien keine Vorgaben gemacht. Hierbei ist der Grundsatz der Verhältnismäßigkeit zu wahren. Angesichts der Formulierung „Eigenbeitrag" und der grundsätzlichen Kostentragungspflicht des Arbeitgebers dürften Regelungen, die den Beschäftigten zu einer Übernahme der Gesamtkosten verpflichten, unwirksam sein.

In Qualifizierungsvereinbarungen können neben einem möglichen Eigenbeitrag auch **Rückzahlungspflichten** des Beschäftigten aufgenommen werden. Entsprechende Rückzahlungsklauseln etwa in der Qualifizierungsvereinbarung unterliegen seit 1. Januar 2003 der Inhaltskontrolle nach §§ 307 ff. BGB.[122] Für die Zulässigkeit einer solchen Rückzahlungsverpflichtung ist eine Interessenabwägung nach Maßgabe des Verhältnismäßigkeitsgrundsatzes unter Heranziehung aller Umstände des Einzelfalls maßgeblich.[123]Das Interesse des Arbeitgebers, die vom Arbeitnehmer mit der Qualifizierungsmaßnahme erworbenen Fähigkeiten möglichst lange für seinen Betrieb nutzen zu können, ist gegen das Interesse des Arbeitnehmers abzuwägen, durch die Qualifizierung die eigenen Arbeitsmarktchancen zu verbessern und seinen Arbeitsplatz möglichst belastungsfrei wählen zu können.[124] Danach ist eine Rückzahlungsklausel nur zulässig, wenn die Qualifizierungsmaßnahme nicht nur für den Arbeitgeber, sondern auch für den Arbeitnehmer von Nutzen ist, etwa weil er damit die Voraussetzungen für eine höhere Vergütung erfüllt oder die erworbenen Fähigkeiten auch anderweitig nutzen kann.[125] Die mögliche Dauer der Bindungsfrist hängt von der Dauer der Aus- oder Fortbildungsmaßnahme und von der Qualität der erworbenen Qualifikation ab; auch die vom Arbeitgeber aufgewandten Mittel für die Qualifizierung beeinflussen die Bindungsfrist.[126] In der Rechtsprechung hat sich folgende Orientierung für die Dauer der Bindung herausgebildet: 42

Bei einer Dauer der Qualifizierungsmaßnahme von

- bis zu einem Monat (ohne Verpflichtung zur Arbeitsleistung): höchstens 6-monatige Bindungsdauer,
- bis zu zwei Monaten: einjährige Bindung,
- drei bis vier Monaten: zweijährige Bindung,
- sechs bis zwölf Monaten (ohne Verpflichtung zur Arbeitsleistung): dreijährige Bindung und
- mehr als zwei Jahren: fünfjährige Bindung.[127]

Unzulässig lange Bindungsfristen in Formularverträgen werden nicht angepasst, sondern entfallen ersatzlos (§ 306 Abs. 2 BGB).[128]Die Höhe des zurückzahlbaren Betrages ist in der Vereinbarung anzugeben. Der Betrag muss sich zeitanteilig zum Bestand des Arbeitsverhältnisses während der Bindungsdauer vermindern. Regelmäßig wird eine monatliche Staffelung vereinbart.

Als Auslöser für die Rückzahlungspflicht kommen nur Ereignisse in Betracht, die im alleinigen Verantwortungs- und Risikobereich, also in der **Sphäre des Beschäftigten,** liegen.[129] Hierzu gehören arbeitnehmerseitige Kündigungen, sowie Kündigungen, die vom Arbeitgeber aus verhaltensbedingten Gründen ausgesprochen werden. Aufhebungsverträge können gleichfalls die Rückzahlungspflicht auslösen, wenn sie auf Wunsch des Arbeitnehmers zustande kommen, sofern in der Rückzahlungsklausel deutlich ausgeführt ist, dass die 43

---

122 BAG v. 11.4.2006 – 9 AZR 610/05 –.
123 BAG v. 19.1.2011 – 3 AZR 621/08; v. 11.4.2006 – 9 AZR 610/05 –.
124 BAG v. 19.1.2011 – 3 AZR 621/08; v. 5.6.2007 – 9 AZR 604/06 –.
125 BAG v. 19.11.2011 – 3 AZR 621/08 –.
126 BAG v. 5.6.2007 – 9 AZR 604/06; v. 19.1.2011 – 3 AZR 621/08 –.
127 BAG v. 19.1.2011 – 3 AZR 621/08 –.
128 BAG v. 11.4.2006 – 9 AZR 610/05 –; v. 14.1.2009 – 3 AZR 900/07 –.
129 BAG v. 19.1.2011 – 3 AZR 621/08 –.

Rückzahlungspflicht nur bei Beendigung des Arbeitsverhältnisses aus in der Sphäre des Beschäftigten liegenden Gründen ausgelöst wird.[130] Ein vorzeitiger Abbruch der Maßnahme durch den Arbeitnehmer oder das Nichtbestehen einer vorgesehenen Prüfung kann gleichfalls eine Rückzahlungspflicht auslösen, soweit dies auf ein schuldhaftes Verhalten des Beschäftigten zurückzuführen ist. Liegen jedoch der Kündigungsgrund bzw. die Gründe für die vorzeitige Beendigung des Arbeitsverhältnisses in der Sphäre des Arbeitgebers, besteht kein Rückzahlungsanspruch.[131]

44 **ff) Gestaltung der Arbeitszeit.** Die Regelungen zur Arbeitszeit nehmen im TVöD relativ breiten Raum ein (§§ 6 bis 11 TVöD). Dabei werden die vom ArbZG eröffneten Regelungsspielräume weitgehend genutzt und ein hohes Maß an Arbeitszeitflexibilisierung ermöglicht. Die **regelmäßige Arbeitszeit** beträgt, ohne die Pausen, gemäß § 6 Abs. 1 TVöD für Beschäftigte im Tarifgebiet West durchschnittlich 39 Stunden wöchentlich und für Beschäftigte im Tarifgebiet Ost durchschnittlich 40 Stunden wöchentlich. Nach § 4 ArbZG muss spätestens nach einer Arbeitszeit von sechs Stunden eine Pause eingelegt werden; die Gesamtzeit der Pause muss bei einer Arbeitszeit von mehr als sechs bis zu neun Stunden mindestens 30 Minuten und bei einer Arbeitszeit von mehr als neun Stunden insgesamt 45 Minuten betragen. Der Arbeitgeber muss keine vergüteten Raucherpausen gewähren, selbst dann nicht, wenn er über eine lange Zeit für Raucherpausen keine Zeiterfassung vorgenommen und diese somit als vergütete Arbeitszeit behandelt hat.[132] Für die Ermittlung des Durchschnittes der wöchentlichen regelmäßigen Arbeitszeit ist nach § 6 Abs. 2 Satz 1 TVöD ein Zeitraum von **bis zu einem Jahr** zugrunde zu legen. Maßgeblich ist daher nicht das jeweilige Kalenderjahr. Sofern ständige Wechselschicht oder Schichtarbeit in Sinne von § 7 Abs. 1 und 2 TVöD geleistet wird, kann für die Durchschnittsermittlung sogar ein noch längerer Zeitraum zugrunde gelegt werden. Die regelmäßige Arbeitszeit wird im Regelfall auf **fünf Tage pro Woche** verteilt. Aus betrieblichen oder dienstlichen Gründen kann die Arbeitszeit auch auf sechs Tage verteilt werden. Die regelmäßige Arbeitszeit stellt keine Höchstgrenze für den zeitlichen Umfang der vom Beschäftigten zu erbringenden Arbeitsleistung dar, sondern kennzeichnet den Gegenwert für das monatliche Entgelt. Die Beschäftigten sind daher unter bestimmten Umständen verpflichtet, auch außerhalb der regelmäßigen Arbeitszeit zusätzliche Arbeitsleistungen, in Form von Rufbereitschaft, Bereitschaftsdienst oder Überstunden zu erbringen.

45 Der TVöD enthält keine Regelungen zu **Beginn und Ende der täglichen Arbeitszeit.** Soweit nichts anderes bestimmt ist, beginnt und endet die Arbeitszeit mit der Aufnahme bzw. der Beendigung der vertraglich geschuldeten Arbeitsleistung. Der Zeitaufwand für die Fahrt von der Wohnung zum Betrieb (Wegezeit)[133] sowie für das Umkleiden und Waschen[134] stellt regelmäßig keine Arbeitszeit dar. Betrieblich können hierzu andere Regelungen getroffen werden. **Umkleidezeiten** und durch das Umkleiden veranlasste innerbetriebliche Wegezeiten stellen jedoch vergütungsrechtliche Arbeitszeit dar, wenn der Arbeitgeber das Tragen einer bestimmten Kleidung vorschreibt und das Umkleiden im Betrieb erfolgen muss bzw. dem Arbeitnehmer der Weg von zu Hause zum Betrieb in der Arbeitsbekleidung nicht zugemutet werden kann oder es sich um besonders auffällige Dienstkleidung handelt.[135] Eine tarifliche Vorgabe hinsichtlich des Umfangs der **täglichen Arbeitszeit** fehlt. Es gelten die Grenzen des § 3 ArbZG zur täglichen Höchstarbeitszeit von werktäglich acht Stunden, die auf bis zu zehn Stunden verlängert werden darf, wenn innerhalb von sechs Kalendermonaten oder 24 Wochen der Durchschnitt von acht Stunden werktäglich nicht überschritten wird. § 6 Abs. 4 TVöD ermöglicht, von der Öffnungs-

[130] BAG v. 23.1.2007 – 9 AZR 482/06 –.
[131] BAG v. 6.5.1998, AP BGB § 611 Ausbildungsbeihilfe Nr. 28.
[132] HK-TVöD/TV-L § 6 Rn. 4; LAG Nürnberg v. 21.7.2015 -7 Sa 131/15 –; LAG Nürnberg v. 5.11.2015 – 5 Sa 58/15 –.
[133] BAG v. 21.12.2006 – 6 AZR 341/06 –.
[134] BAG v. 3.9.1997 – 5 AZR 428/96–, NZA 1998, 540; v. 11.10.2000 – 5 AZR 122/99 –, NZA 2001, 458.
[135] BAG v. 6.9.2017 – 5 AZR 382/16; v. 19.9.2012 – 5 AZR 678/11 –.

klausel in § 7 Abs. 1 Nr. 1 ArbZG Gebrauch zu machen und die Arbeitszeit auf **über zehn Stunden** werktäglich zur verlängern, wenn in die Arbeitszeit regelmäßig und in erheblichen Umfang Arbeitsbereitschaft oder Bereitschaftsdienst fällt. Aus den gesetzlichen Vorschriften ergibt sich somit eine wöchentliche Höchstarbeitszeit von 48 Stunden bzw. 60 Stunden, die bei der Umsetzung der tariflichen Arbeitszeitregelungen zu beachten ist. Bei dringenden betrieblichen Gründen besteht die Möglichkeit, im Wege einer Dienst-/Betriebsvereinbarung die weitgehenden Öffnungsklauseln in § 7 Abs. 1 und 2 ArbZG zu nutzen (§ 6 Abs. 4 TVöD). Zu den arbeitszeitrechtlichen Besonderheiten während der COVID-19-Pandemie → Rn. 229.

Bei Abschluss des Arbeitsvertrages können die Vertragsparteien den Umfang der zur **46** leistenden Arbeitszeit bis zur regelmäßigen Vollarbeitszeit nach § 6 Abs. 1 S. 1 TVöD frei vereinbaren.

Die Begründung von Arbeitsverhältnissen in **Teilzeit** ist ohne weiteres zulässig. Verschiedene gesetzliche Regelungen räumen dem Arbeitnehmer unter bestimmten Voraussetzungen einen Anspruch auf dauerhafte oder zeitlich befristete Reduzierung der regelmäßigen Arbeitszeit ein. Nach § 8 Abs. 1 TzBfG hat jeder Arbeitnehmer, dessen Arbeitsverhältnis länger als sechs Monate bestanden hat, einen Anspruch auf dauerhafte Verringerung seiner Arbeitszeit, ohne dass es besonderer Gründe bedarf. Der Arbeitgeber kann den Teilzeitwunsch des Beschäftigten nur aus betrieblichen Gründen ablehnen, d. h. insbesondere wenn die Verringerung der Arbeitszeit die Organisation, den Arbeitsablauf oder die Sicherheit im Betrieb wesentlich beeinträchtigt oder unverhältnismäßige Kosten verursacht (§ 8 Abs. 4 TzBfG). Unter bestimmten Voraussetzungen besteht seit dem 1. Januar 2019 zudem gemäß § 9a TzBfG ein Anspruch auf zeitlich begrenzte Verringerung der Arbeitszeit für ein bis höchstens fünf Jahre. Schwerbehinderte Menschen haben nach § 81 Abs. 5 SGB IX ebenfalls einen Anspruch auf Reduzierung ihrer Arbeitszeit, sofern dies wegen ihrer Behinderung notwendig ist. Ein weiterer gesetzlicher Anspruch auf Reduzierung der Arbeitszeit ergibt sich für Eltern aus § 15 Abs. 6 und 7 BEEG. Beschäftigte, die pflegebedürftige nahe Angehörige pflegen, können sich gemäß §§ 3 und 4 PflegeZG von der Arbeitsleistung – auch teilweise – für längstens sechs Monate freistellen lassen (vgl. zur Verringerung der Arbeitszeit insbesondere § 3 Abs. 4 PflegeZG).

Neben diesen gesetzlichen Ansprüchen auf Reduzierung der Arbeitszeit sieht § 11 TVöD **47** unter bestimmten Voraussetzungen einen **Anspruch auf eine befristete Reduzierung der Arbeitszeit** vor. Zwar ist dem Wortlaut nach lediglich von „soll… vereinbart werden" die Rede, dies ist jedoch nach allgemeiner Auffassung als weitgehender Anspruch zu verstehen. Der Beschäftigte hat bei Vorliegen der tariflichen Voraussetzungen einen Rechtsanspruch auf Abschluss einer Vereinbarung zur befristeten Reduzierung der Arbeitszeit. Er muss entweder mindestens ein **Kind** unter 18 Jahren oder einen nach ärztlichem Gutachten pflegebedürftigen sonstigen **Angehörigen** tatsächlich betreuen oder pflegen. Im Tarifvertrag wird weder der Begriff „Kind" definiert, noch angegeben, wer als „sonstiger Angehöriger" gilt. Es wird empfohlen, auf die berücksichtigungsfähigen Kinder i. S. der §§ 32 und 63 EStG und auf die Angehörigen i. S. von § 20 Abs. 5 VerwVerfG abzustellen.[136] Die Pflege- und Betreuungsbedürftigkeit ist vom Arbeitnehmer entsprechend nachzuweisen. Sind diese Voraussetzungen erfüllt, kann der Arbeitgeber den Antrag auf Teilzeitbeschäftigung nur ablehnen, wenn dem Begehren dringende dienstliche oder betriebliche Belange entgegenstehen. Die entgegenstehenden dienstlichen oder betrieblichen Belange müssen von erheblichem Gewicht sein; sie müssen sich als zwingende Hindernisse für die beantragte Verkürzung der Arbeitszeit und deren Verteilung darstellen.[137] Der Teilzeitanspruch ist grundsätzlich auf maximal fünf Jahre begrenzt. Eine Verlängerung auf Antrag ist jedoch möglich, allerdings besteht kein Anspruch auf eine solche Verlängerung. Die Entscheidung darüber ist in das billige Ermessen des Arbeitgebers gestellt.

[136] *Breier/Dassau/Kiefer/Lang/Langenbrinck,* § 11 TVÖD Rn. 22 f.; HK TVöD/TV-L § 11 Rn. 9 f.
[137] BAG v. 18.3.2003 – 9 AZR 126/02 –.

48 Außerhalb des Rechtsanspruchs nach § 11 Abs. 1 TVöD können Beschäftigte jederzeit, auch ohne Vorliegen besonderer Gründe ihren **Teilzeitwunsch** an den Arbeitgeber herantragen (§ 11 Abs. 2 TVöD). Sie können vom Arbeitgeber eine Erörterung ihrer Teilzeitwünsche verlangen. Ein genereller Anspruch auf Genehmigung des Teilzeitwunsches besteht aber nicht, soweit nicht weitere gesetzliche Anspruchsgrundlagen hinzutreten. Nach § 11 Abs. 3 TVöD besteht die Verpflichtung, unbefristet teilzeitbeschäftigte Arbeitnehmer, die ursprünglich in Vollzeit tätig waren, auf ihren Wunsch hin bei der Besetzung eines Vollzeitarbeitsplatzes bevorzugt zu berücksichtigen.

49 Im Rahmen seines Direktionsrechts ist der Arbeitgeber berechtigt, die Zeit der Arbeitsleistung, also die Lage und die Dauer der Arbeitszeit zu bestimmen. Die Beschäftigten sind nach § 6 Abs. 5 TVöD bei betrieblicher Notwendigkeit zur Ableistung von **Sonntags-, Feiertags-, Nacht-, Wechselschicht-, Schichtarbeit** sowie von **Bereitschaftsdienst, Rufbereitschaft, Überstunden** und **Mehrarbeit** verpflichtet. Teilzeitbeschäftigte sind zur Ableistung von Bereitschaftsdienst, Rufbereitschaft, Überstunden und Mehrarbeit nur verpflichtet, wenn dies ausdrücklich im Arbeitsvertrag vereinbart ist oder die Anordnung mit ihrer Zustimmung erfolgt. Aus Gründen der Rechtssicherheit ist eine ausdrückliche arbeitsvertragliche Regelung, wonach der Teilzeitbeschäftigte zur Erbringung dieser Leistungen verpflichtet ist, unbedingt zu empfehlen. Fehlt eine solche ausdrückliche arbeitsvertragliche Regelung, bedarf es der Zustimmung des Teilzeitbeschäftigten im Einzelfall. Da für die Zustimmung keine besondere Form geregelt ist, kann sie sowohl ausdrücklich, als auch konkludent durch das Ableisten der angeordneten Dienste erteilt werden.

50 § 7 TVöD enthält bezüglich der o. g. Sonderformen der Arbeit die einschlägigen Begriffsbestimmungen. Die Ableistung dieser Sonderformen begründet regelmäßig einen Anspruch der Beschäftigten auf Gewährung entsprechender Zuschläge (§ 8 TVöD). **Wechselschichtarbeit** liegt nach § 7 Abs. 1 TVöD vor, wenn die Arbeit nach einem Schichtplan erfolgt, der einen regelmäßigen Wechsel der täglichen Arbeitszeit in Wechselschichten vorsieht, bei denen der Beschäftigte durchschnittlich längstens nach Ablauf eines Monats erneut zur Nachtschicht herangezogen wird, sog. arbeitnehmerbezogene Komponente der Wechselschichtarbeit.[138] Dabei sind Wechselschichten wechselnde Arbeitsschichten, in denen ununterbrochen bei Tag und Nacht, werktags, sonntags und feiertags gearbeitet wird, sog. organisationsbezogene Komponente. Soweit die ununterbrochene Arbeitsleistung gefordert wird, ist nicht auf den einzelnen Beschäftigten oder auf den Betrieb in seiner Gesamtheit, sondern auf die Organisationseinheit abzustellen, in der der Beschäftigte tätig ist und für die ein eigener Schichtplan besteht (z. B. chirurgische Ambulanz eines Krankenhauses).[139] Jede Unterbrechung der täglichen Arbeit, selbst wenn sie nur kurzzeitig ist, steht der Annahme von Wechselschichtarbeit entgegen.[140] Eine solche schädliche Unterbrechung liegt auch vor, wenn in der Organisationseinheit für einen bestimmten Zeitraum lediglich Bereitschaftsdienst i. S. von § 7 Abs. 3 TVöD[141] oder Rufbereitschaft[142] geleistet wird. Bereitschaftsdienst wird zwar im schutzrechtlichen Sinne als Arbeitszeit gewertet, ist aber keine Arbeitszeit im tarifrechtlichen Sinn, da sich der Beschäftigte auf Anordnung des Arbeitgebers außerhalb der regelmäßigen Arbeitszeit an einer vom Arbeitgeber bestimmten Stelle aufhält, um im Bedarfsfall die Arbeit aufzunehmen (§ 7 Abs. 3 TVöD). Dabei setzt Bereitschaftsdienst voraus, dass erfahrungsgemäß die Zeit ohne Arbeitsleistung überwiegt.[143] Anders verhält es sich dagegen, wenn die wechselnden Arbeitsschichten durch Bereitschaftszeiten i. S. des § 9 TVöD unterbrochen werden. Diese Bereitschaftszeiten, in denen sich der Beschäftigte am Arbeitsplatz oder an einer anderen vom Arbeitgeber bestimmten Stelle zur Verfügung halten muss, um im Bedarfsfall die Arbeit selbständig

[138] Litschen, Das arbeitnehmerbezogene Tatbestandselement bei Wechselschichtarbeit, öAT 2019, 199 ff.
[139] BAG v. 24.9.2008 – 10 AZR 770/07 –.
[140] BAG v. 16.10.2013 – 10 AZR 1053/12 –.
[141] BAG v. 20.1.2010 – 10 AZR 990/08 –.
[142] BAG v. 16.10.2013 – 10 AZR 1053/12 –.
[143] BAG v. 20.1.2010 – 10 AZR 990/08 –; v. 24.9.2008 – 10 AZR 770/07 –.

aufzunehmen, binden den Beschäftigten in höherem Maße an den Aufenthaltsort und beanspruchen ihn so stärker.[144] Sie sind im Unterschied zum Bereitschaftsdienst Bestandteil der regelmäßigen Arbeitszeit, wenn auch mit verminderter Arbeitsleistung.[145]

Die Wechselschichtarbeit verlangt nicht, dass der Beschäftigte tatsächlich in allen Schichten oder an allen Wochentagen eingesetzt wird. Notwendig ist sein Einsatz nach einem Schichtplan in den angeordneten Schichtarten, i. d. R. **Frühschicht, Spätschicht und Nachtschicht** im tariflichen Sinn,[146] wobei der Beschäftigte durchschnittlich längstens nach Ablauf eines Monats mindestens einmal erneut zur Nachtschicht herangezogen werden muss. Als Nachtschicht gilt gemäß § 7 Abs. 1 S. 3 TVöD eine Arbeitsschicht die mindestens zwei Stunden Nachtarbeit, d. h. Arbeit in der Zeit zwischen 21.00 und 06.00 Uhr, umfasst. **51**

Hinsichtlich der **Zulage** ist zwischen ständiger und nicht ständiger Wechselschichtarbeit zu differenzieren (§ 8 Abs. 5 TVöD). Eine nähere Begriffsbestimmung ist im Tarifvertrag nicht enthalten. Ausgehend vom Wortsinn liegt „ständige" Wechelschichtarbeit nur vor, wenn sie häufig, regelmäßig oder fast ausschließlich ausgeübt wird.[147]Daher wird die Zulage als fester Monatsbetrag gewährt. Teilzeitbeschäftigte erhalten die Zulage nur anteilig, im Verhältnis zu ihrer Arbeitszeit.[148] Wird die Wechelschichtarbeit nicht ständig geleistet, wird ein Zuschlag pro Stunde gewährt. Mit der Wechselschichtzulage wird die generelle Belastung durch die Schichtarbeit honoriert, die im Wesentlichen durch die unterschiedlichen, den Lebensrhythmus bestimmenden Wechselschichten zum Ausdruck kommt.[149] Bei der Ableistung von Wechselschichtarbeit besteht nach Maßgabe von § 27 TVöD ein Anspruch auf Gewährung von **Zusatzurlaub.** **52**

Im Unterschied zur Wechselschichtarbeit verlangt **Schichtarbeit** i. S. von § 7 Abs. 2 TVöD nicht, dass die Arbeit in Schichten ununterbrochen geleistet wird. Schichtarbeit nach der tariflichen Vorschrift liegt vor, wenn die Arbeit nach einem Schichtplan erfolgt, der einen regelmäßigen Wechsel des Beginns der täglichen Arbeitszeit um mindestens zwei Stunden und zwar längstens innerhalb eines Monats vorsieht. Ausreichend ist daher, wenn der Beschäftigte einmal im Monat mit der Schicht wechselt. Dabei muss allerdings zwischen dem Beginn der ersten Schicht und dem Ende der letzten Schicht eine Zeitspanne von mindestens 13 Stunden liegen. Unschädlich ist, wenn sich die Schichten zeitlich überlappen oder zwischen den Schichten längere Arbeitsunterbrechungen liegen, da ein durchlaufender Schichtbetrieb nicht gefordert wird.[150] Leistet der Beschäftigte ständige Schichtarbeit, erhält er gemäß § 8 Abs. 6 TVöD eine monatliche **Zulage** und bei nicht ständiger Schichtarbeit eine Zulage pro Stunde. Mit der Schichtzulage soll dem Arbeitnehmer ein finanzieller Ausgleich dafür gewährt werden, dass die Schichtarbeit erheblich auf seinen Lebensrhythmus einwirkt.[151] Bei ständiger Schichtarbeit besteht ein Anspruch auf Gewährung von **Zusatzurlaub** nach Maßgabe von § 27 Abs. 1 TVöD. Bei nicht ständiger Schichtarbeit soll bei annähernd gleicher Belastung aufgrund einer betrieblichen Regelung (Dienst-oder Betriebsvereinbarung) ein Anspruch auf Zusatzurlaub geschaffen werden (§ 27 Abs. 3 TVöD). **53**

§ 7 Abs. 4 TVöD regelt die Anordnung von **Rufbereitschaft.** Rufbereitschaft liegt vor, wenn der Beschäftigte sich auf Anordnung des Arbeitgebers außerhalb der regelmäßigen Arbeitszeit an einer dem Arbeitgeber anzuzeigenden Stelle aufhält, um auf Abruf hin die Arbeit aufzunehmen. Sie darf nur angeordnet werden, wenn erfahrungsgemäß Arbeit nur **54**

---

144 BAG v. 18.5.2011 – 10 AZR 255/10.
145 BAG v. 24.9.2008 – 10 AZR 669/07 –.
146 BAG v. 16.10.2013 – 10 AZR 1053/12 –; v. 24.3.2010 – 10 AZR 58/09 –; v. 13.10.1993 – 10 AZR 294/92; Litschen, Das arbeitnehmerbezogene Tatbestandselement bei Wechselschichtarbeit, öAT 2019, 199 ff., 200.
147 BAG v. 20.1.2010 – 10 AZR 990/08 –.
148 BAG v. 24.9.2008 – 10 AZR 634/07 –.
149 BAG v. 20.1.2010 – 10 AZR 990/08 –.
150 BAG v. 2.10.1996 – 10 AZR 232/96 –.
151 BAG v. 2.10.1996 – 10 AZR 232/96 –.

im Ausnahmefall anfällt. Im Unterschied zum Bereitschaftsdienst kann der Arbeitnehmer seinen Aufenthaltsort selbst bestimmen, daher ist die Rufbereitschaft die gegenüber dem Bereitschaftsdienst weniger belastende Maßnahme. Allerdings darf der Arbeitnehmer sich nicht so weit weg von der Arbeitsstelle bewegen, dass der Einsatz bei Abruf gefährdet ist.[152]Der Arbeitgeber darf ab Abruf mit einer Wegezeit rechnen, die dem normalen Arbeitsweg vom Wohnort zum Arbeitsort entspricht.[153]Von Bereitschaftsdienst und Bereitschaftszeit unterscheidet sich die Rufbereitschaft außerdem dadurch, dass als Arbeitszeit im Sinne des Arbeitsschutzrechts nicht die gesamte Zeit der Bereitschaft, sondern nur die Zeit der tatsächlichen Inanspruchnahme des Arbeitnehmers gilt.[154] Der EuGH hat allerdings nach einer neueren Entscheidung vom 21.2.2018 zu einer Neubetrachtung Anlass gegeben, da er bei einer engen Zeitvorgabe für ein Erscheinen am Arbeitsplatz nach Abruf (im zu entscheidenden Fall ein Zeitraum von acht Minuten) die volle Zeit der Bereitschaft als Arbeitszeit im arbeitsschutzrechtlichen Sinn gewertet hat.[155] Eine vom Arbeitgeber bestimmte kurze Zeitvorgabe zum Erreichen des Arbeitsplatzes kann aber auch Auswirkungen auf die tarifrechtlich anrechenbare Arbeitszeit haben: ist nämlich die Zeitvorgabe kürzer als die Wegezeit vom Wohnort zur Arbeitsstelle, kann der Arbeitnehmer im Ergebnis seinen Aufenthaltsort nicht mehr selbst bestimmen. In einem solchen Fall liegt keine Rufbereitschaft mehr vor, sondern je nach Konstellation Bereitschaftsdienst oder Bereitschaftszeit[156]mit den entsprechenden vergütungsrechtlichen Folgen. Bei schwerbehinderten Beschäftigten ist § 207 SGB IX zu beachten, wonach diese auf ihr Verlangen von Mehrarbeit freigestellt werden. Rufbereitschaft nach einem normalen Acht-Stunden-Arbeitstag kommt für diese Beschäftigtengruppe daher regelmäßig nicht in Betracht, da ein Arbeitseinsatz innerhalb der Rufbereitschaftszeit die Voraussetzungen für Mehrarbeit im Sinne des § 207 SGB IX erfüllen würde.[157]

55 Klarstellend wurde geregelt, dass Rufbereitschaft nicht dadurch ausgeschlossen wird, dass der Beschäftigte vom Arbeitgeber mit einem **Mobiltelefon** oder einem vergleichbaren technischen Hilfsmittel ausgestattet ist, da auch in diesen Fällen der Beschäftigte in der Bestimmung seines Aufenthaltsortes beschränkt ist. So muss er sich immer im Empfangsbereich befinden und darf sich nicht an Orten aufhalten, an denen die Benutzung von Mobiltelefonen untersagt ist.[158] Rufbereitschaft liegt bereits dann vor, wenn die zu erbringende Arbeit nur darin besteht, telefonisch Weisungen oder ähnliches durchzugeben. Rufbereitschaft kann in Abhängigkeit von den Notwendigkeiten sowohl **stundenweise,** als auch für einen oder **mehrere Tage** (z. B. von Freitag nach Dienstschluss bis zum Dienstbeginn am darauffolgenden Montag) angeordnet werden. Dauert die Rufbereitschaft mindestens zwölf Stunden oder länger an, ist eine tägliche Pauschale gemäß § 8 Abs. 3 S. 1 und 2 TVöD zu gewähren. Bei weniger als zwölf Stunden beträgt die Zulage 12,5 v. H. des tariflichen Stundenentgelts (§ 8 Abs. 3 S. 7 bis 9 TVöD).

56 Für die **Arbeitsleistung während der Rufbereitschaft** außerhalb des Aufenthaltsorts wird die Zeit der tatsächlichen Inanspruchnahme und die erforderliche Wegezeit auf die volle Stunde aufgerundet. Dies erfolgt für jede einzelne Inanspruchnahme während der Rufbereitschaft. Die auf diese Weise ermittelte (fiktive) Arbeitszeit wird mit dem Entgelt für Überstunden vergütet (§ 8 Abs. 3 Satz 4 TVöD). Ob es sich hierbei um Überstunden im Sinne von § 7 Abs. 7 TVöD handelt, ist nicht maßgeblich. Zudem werden die etwaigen Zeitzuschläge nach § 8 Abs. 1 TVöD gewährt. Hierbei gilt jedoch die Besonderheit, dass für diese Zuschläge jeweils die einschlägigen Voraussetzungen erfüllt sein müssen. Sie werden nur für tatsächliche Arbeitsleistung gewährt. Dies bedeutet, dass nicht die aufgerun-

152 BAG v. 22.6.2011 – 8 AZR 102/10; v. 31.1.2002 – 6 AZR 214/00 –.
153 HK TVöD/TV-L § 7 Rn. 74.
154 HK TVöD/TV-L § 7 Rn. 67.
155 EuGH v. 21.2.2018 – C – 518/15; Näheres hierzu HK TVöD/TV-L § 7 Rn. 67.
156 BAG v. 31.1.2002 – 6 AZR 214/00 –.
157 HK-TVöD/TV-L § 7 Rn. 69.
158 BAG v. 9.6.2000 – 6 AZR 900/98 –.

dete Arbeitszeit, sondern nur die tatsächliche Arbeitszeit für die Berechnung der Zeitzuschläge nach § 8 Abs. 1 TVöD heranzuziehen ist.[159] Allerdings werden nach neuerer Rechtsprechung nunmehr Zeitzuschläge für die Wegezeiten geleistet.[160]Wird die Arbeitsleistung während der Rufbereitschaft am Aufenthaltsort selbst erbracht (z. B. durch die Weitergabe von Anweisungen per Telefon), wird die Zeitdauer aller Inanspruchnahmen zusammengefasst, auf die volle Stunde aufgerundet und mit dem Entgelt für Überstunden sowie mit etwaigen Zeitzuschlägen bezahlt.

Im Unterschied zur Rufbereitschaft liegt **Bereitschaftsdienst** nach § 7 Abs. 3 TVöD **57** vor, wenn sich die Beschäftigten auf Anordnung des Arbeitgebers außerhalb der regelmäßigen Arbeitszeit an einer vom Arbeitgeber bestimmten Stelle aufhalten müssen, um im Bedarfsfall die Arbeit aufzunehmen. Die Anordnung trifft der Arbeitgeber im Wege seines Direktionsrechts im Rahmen des billigen Ermessens (§ 315 BGB), wenn mit dem Anfall von Arbeitsleistung erfahrungsgemäß zu rechnen ist, wobei die Zeiten der Nichtinanspruchnahme überwiegen. Die Dauer des Bereitschaftsdienstes gilt, unabhängig vom zeitlichen Umfang der tatsächlichen Arbeitsleistung, als Arbeitszeit im arbeitszeitschutzrechtlichen Sinn.[161] Dies bedeutet, dass die tägliche Höchstarbeitszeit zehn Stunden (§ 3 ArbZG), die Ruhezeit von 11 Stunden (§ 5 ArbZG) und die wöchentliche Höchstarbeitszeit von 48 Stunden (Ausnahme: schriftliche Einwilligung des Beschäftigten nach § 7 Abs. 7 ArbZG) bei Anordnung von Bereitschaftsdienst zu beachten sind. Der vom Arbeitgeber bestimmte Aufenthaltsort ist regelmäßig der Arbeitsplatz bzw. der Betrieb, kann aber auch eine Stelle außerhalb des Betriebes sein. Das Entgelt für Bereitschaftsdienst ist landesbezirklich zu regeln. Sofern eine landesbezirkliche Regelung fehlt, gelten die für den Betrieb am 30.9.2005 geltenden tariflichen Vorschriften weiter (§ 8 Abs. 4 TVöD).

Als weitere Sonderform der Arbeit sind **Bereitschaftszeiten** im TVöD geregelt. Hie- **58** runter sind gemäß § 9 Abs. 1 TVöD Zeiten zu verstehen, in denen sich der Beschäftigte am Arbeitsplatz oder einer vom Arbeitgeber bestimmten Stelle aufhalten muss, um im Bedarfsfall selbständig, ggf. auch auf Anforderung hin, die Arbeit aufzunehmen, wobei die Zeiten ohne Arbeitsleistung überwiegen (zu Bereitschaftszeiten für Hausmeister, im Rettungsdienst und in Leitstellen vgl. Anhang zu § 9 TVöD). Die Feststellung, ob und in welchem Umfang Zeiten ohne Arbeitsleistung anfallen, dürfte in der Praxis häufig mit Schwierigkeiten verbunden sein. Im Streitfall bedarf es entsprechender Nachweise, bspw. anhand von Tätigkeitsaufzeichnungen, Protokollen usw. Bereitschaftszeiten unterscheiden sich von der vollen Arbeitstätigkeit, die vom Beschäftigten eine ständige Aufmerksamkeit und Arbeitsleistung verlangt, durch ein geringeres **Maß an Beanspruchung.** Zeiten einer geringeren Beanspruchung („wache Achtsamkeit im Zustand der Entspannung"[162]) wechseln sich mit Zeiten der vollen Arbeitsleistung ab. In Abgrenzung zum Bereitschaftsdienst ist der Beschäftigte regelmäßig gehalten, selbständig die Arbeit aufzunehmen. Bereitschaftszeiten liegen nicht etwa außerhalb der regelmäßigen Arbeitszeit, vielmehr sind sie Bestandteil der regelmäßigen Arbeitszeit.[163] Sie verlängern wegen der geringeren Beanspruchung des Arbeitnehmers die Gesamtarbeitszeit, weil Bereitschaftszeiten nur zur Hälfte als tarifliche Arbeitszeit gewertet werden (§ 9 Abs. 1 Satz 2 lit.a TVöD). Sie gelten jedoch aus arbeitsschutzrechtlicher Sicht als Arbeitszeit, weshalb die Summe aus Vollarbeits- und Bereitschaftszeiten durchschnittlich 48 Stunden wöchentlich nicht überschreiten darf (§ 9 Abs. 1 Satz 2 lit. d TVöD). Die Summe der zur Hälfte gewerteten, d. h. zu 50 % faktorisierten Bereitschaftszeiten und der Vollarbeitszeit darf zudem die regelmäßige Arbeitszeit im Sinne von § 6 Abs. 1 TVöD (39 bzw. 40 Wochenstunden) nicht übersteigen. Dies ist allerdings nur für Beschäftigte relevant, wenn in deren Tätigkeit regelmäßig und in **nicht unerheb-**

[159] BAG v. 24.9.2008 – 6 AZR 259/08 –.
[160] BAG v. 20.8.2014 – 10 AZR 937/13 – für die inhaltsgleiche Regelung im TV-Ärzte/VKA; anders noch BAG v. 24.9.2008 – 6 AZR 259/08 –.
[161] EuGH v.3.10.2000 – C 303/98 – SIMAP; BAG v. 18.2.2003 – 1 ABR 2/02 –.
[162] BAG v. 12.12.2012 – 5 AZR 918/11 –; v. 29.10.2002 – 1 AZR 603/01 –.
[163] BAG v. 24.9.2008 – 10 AZR 669/07 –.

lichem Umfang solche Bereitschaftszeiten anfallen (§ 9 Abs. 1 Satz 2 TVöD). Diese Zeiten müssen mindestens 25 % der Gesamttätigkeit ausmachen.[164]

59 Es bedarf gegenüber dem Beschäftigten **keiner ausdrücklichen Anordnung** des Arbeitgebers, dass Bereitschaftszeiten geleistet werden. Dies ergibt sich vielmehr aus der Natur der jeweiligen Tätigkeit. Allerdings bedarf die Anwendung des § 9 Abs. 1 TVöD, mit Ausnahme der im Anhang zu § 9 aufgeführten Fälle,[165] im Geltungsbereich des Personalvertretungsrechts einer einvernehmlichen Dienstvereinbarung (§ 9 Abs. 2 TVöD), d. h. einer Vereinbarung, die im Verhandlungsweg und nicht durch eine Entscheidung der Einigungsstelle herbeigeführt wurde. Sollte keine einvernehmliche Dienstvereinbarung zustande kommen, kann eine landesbezirkliche tarifliche Regelung getroffen werden. Soweit das BetrVG einschlägig ist, besteht nach § 87 Abs. 1 Nr. 2 BetrVG ein Beteiligungsrecht.

60 Als weitere Sonderform der Arbeit ist in § 7 Abs. 6 TVöD die **Mehrarbeit** aufgeführt, die nur von Teilzeitbeschäftigten geleistet werden kann. Damit werden Arbeitsstunden bezeichnet, die der Teilzeitbeschäftigte über die vereinbarte regelmäßige Arbeitszeit hinaus bis zur regelmäßigen Arbeitszeit eines Vollzeitbeschäftigten leistet. Überstunden im Sinne von § 7 Abs. 7 TVöD können daher bei Teilzeitbeschäftigten erst dann anfallen, wenn Arbeit über die regelmäßige Arbeitszeit eines Vollzeitbeschäftigten hinaus geleistet wird. Ihre Anordnung bedarf bei Teilzeitbeschäftigten gemäß § 6 Abs. 5 TVöD einer arbeitsvertraglichen Grundlage oder der Zustimmung des Beschäftigten. Für anfallende Mehrarbeit wird entweder entsprechende Freizeit gewährt oder sie nach Maßgabe von § 8 Abs. 2 TVöD mit dem tariflichen Entgelt vergütet. Ein gesonderter Zuschlag wird für Mehrarbeit lt. Tarifvertrag nicht gewährt, vgl. den Wortlaut des § 8 Abs. 1 TVöD „Überstunden". Das BAG hat allerdings im Jahr 2018 entschieden, dass eine zuschlagsfreie Mehrarbeit von Teilzeitbeschäftigten grundsätzlich gegen das Verbot der Diskriminierung von Teilzeitbeschäftigten nach § 4 Abs. 1 TzBfG verstößt.[166] Aus der Mehrarbeitsregelung in § 7 Abs. 6 TVöD kann also nicht mehr geschlossen werden, dass Teilzeitbeschäftigte für Mehrarbeit bis zur regelmäßigen wöchentlichen Arbeitszeit von Vollbeschäftigten keine Überstundenzuschläge erhalten, vielmehr gilt § 8 Abs. 1 TVöD auch für Mehrarbeit.[167] Schwerbehinderte Beschäftigte werden auf ihr Verlangen von Mehrarbeit freigestellt (§ 207 SGB IX); dies gilt im Übrigen auch für Überstunden im Sinne des § 7 Abs. 7 TVöD.

61 Die Beschäftigten sind nach § 7 Abs. 7 TVöD verpflichtet, auf Anordnung des Arbeitgebers **Überstunden** zu leisten. Für entstandene Überstunden ist nach § 8 Abs. 1 lit. a TVöD ein **Zuschlag** in Höhe von 30 bzw. 15 v. H. je Stunde zu gewähren. Die geleistete Arbeitszeit ist zudem mit dem tariflichen Entgelt zu vergüten oder ein bezahlter Freizeitausgleich zu gewähren. Im Unterschied zur Mehrarbeit sind Überstunden auf Anordnung des Arbeitgebers geleistete Arbeitsstunden, die über die im Rahmen der regelmäßigen Arbeitszeit von Vollzeitbeschäftigten für die Woche dienstplanmäßig bzw. betriebsüblich festgesetzten Arbeitsstunden hinausgehen und nicht bis zum Ende der folgenden Kalenderwoche durch Freizeit ausgeglichen werden. Die Anordnung seitens des Arbeitgebers kann dabei ausdrücklich (schriftlich oder mündlich) oder konkludent erfolgen. Eine konkludente Anordnung ist bereits anzunehmen, wenn der Arbeitgeber die Überstunden kennt und duldet.[168] Ohne eine solche Anordnung des Arbeitgebers können keine Überstunden entstehen. Besteht bspw. ein **Gleitzeitmodell,** bei dem der Beschäftigte innerhalb der

---

[164] BAG v. 6.9.2018 – 6 AZR 204/17 –.

[165] LAG Niedersachsen v. 30.9.2008 – 13 Sa 640/08 –.

[166] BAG vom 19.12.2018 – 10 AZR 231/18 –.

[167] A. A.: LAG Nürnberg v. 30.4.2019 – 7 Sa 346/18 –, ZTR 2019, 505 ff. u. LAG Nürnberg v. 3.5.2019 – 3 Sa 340/18, ZTR 2019, 509 f. mit dem wenig überzeugenden Hinweis, die unterschiedliche Behandlung von Vollzeit- und Teilzeitbeschäftigten sei hier deshalb zulässig, weil der Leistungszweck der Überstundenzuschläge darin liege, eine grundsätzlich zu vermeidende besondere Arbeitsbelastung durch ein zusätzliches Entgelt auszugleichen, vgl. hierzu auch HK TVöD/TV-L § 7 Rn. 87 sowie Litschen öAT 2019, 191.

[168] BAG v. 15.10.1992 – 6 AZR 349/91 –.

Gleitspanne selbst den zeitlichen Umfang seiner Arbeitsleistung bestimmen kann, können innerhalb der Gleitzeitspanne regelmäßig keine Überstunden anfallen. Eine weitere Voraussetzung für das Entstehen von Überstunden ist, dass die zu leistende Arbeitszeit über den Rahmen der für die Woche dienstplanmäßig oder betriebsüblich festgesetzten Arbeitsstunden (z. B. im Schichtplan) hinausgehen muss. Aufgrund der Durchschnittsberechnung der regelmäßigen Arbeitszeit ist es nicht erforderlich, dass sich die Arbeitszeit der Beschäftigten gleichmäßig auf die einzelnen Wochen verteilt. So ist es ohne weiteres zulässig, in einer Kalenderwoche bis zu 48 Stunden Arbeit dienstplanmäßig festzulegen, wenn in den übrigen Wochen des für die Durchschnittsberechnung herangezogenen Zeitraumes entsprechend weniger Arbeitsleistung vorgesehen ist. Werden in einem Dienstplan oder betriebsüblich zu bestimmten Zeiten bspw. eine Arbeitsleistung von 43 Stunden pro Woche vorgesehen, führt dies nur dann zur Entstehung von Überstunden, wenn auf Anordnung des Arbeitgebers über die planmäßig vorgesehenen 43 Stunden hinaus weitere Arbeitsstunden geleistet werden und in der folgenden Kalenderwoche kein entsprechender Freizeitausgleich gewährt wird.

Besonderheiten gelten, wenn Wechselschicht- oder Schichtarbeit geleistet wird bzw. ein **62** Arbeitszeitkorridor nach § 6 Abs. 6 TVöD festgelegt oder eine Rahmenzeit nach § 6 Abs. 7 TVöD vereinbart ist. Wird die Arbeit im Rahmen von Wechselschicht- oder Schichtarbeit geleistet, kommen Überstunden nach den Voraussetzungen des § 7 Abs. 8 lit. c TVöD in Betracht. Da die Vorschrift – so das BAG – nur schwer verständlich formuliert ist, hat das Gericht in seiner Entscheidung vom 25.4.2013 die tarifliche Regelung wie folgt ausgelegt: „abweichend von Abs. 7 sind nur die Arbeitsstunden Überstunden, die im Falle von Wechselschicht- oder Schichtarbeit über die im Schichtplan festgelegten täglichen Arbeitsstunden hinaus angeordnet worden sind, und/oder die im Schichtplan vorgesehenen (festgesetzten) Arbeitsstunden, die – bezogen auf die regelmäßige wöchentliche Arbeitszeit (im Sinne von § 6 Abs. 1 TVöD) – im Schichtplanturnus nicht ausgeglichen werden".[169] Konkretisiert wird diese Auslegung in der Entscheidung des BAG vom 23.3.2017[170] wie folgt: bei sog. **ungeplanten Überstunden,** die über die tägliche Arbeitszeit hinaus abweichend vom Schichtplan angeordnet wurden (§ 7 Abs. 8 lit. c 1. Alt. TVöD), gibt es anders als im Fall sog. **eingeplanter Überstunden** nach der 2. Alt. der Vorschrift keine Möglichkeit des Freizeitausgleichs. Hier fällt also der Anspruch auf Überstundenzuschlag unmittelbar am Ende des – längeren – Arbeitstages an.[171] Bei den eingeplanten Überstunden wird die regelmäßige wöchentliche Arbeitszeit bereits durch die im Schichtplan angeordneten Stunden überschritten. In diesem Fall ist ein Ausgleich der anfallenden Überstunden innerhalb des Schichtplanturnus möglich. Lediglich die innerhalb des Schichtplanturnus nicht auf die regelmäßige durchschnittliche wöchentliche Arbeitszeit nach § 6 Abs. 1 TVöD zurückgeführten Arbeitsstunden sind dann Überstunden im Tarifsinne.[172] Ist ein **Arbeitszeitkorridor** nach § 6 Abs. 6 TVöD vereinbart worden, können Überstunden nur bei der Ableistung von Arbeitszeit außerhalb des Arbeitszeitkorridors anfallen. Ähnliches gilt, wenn gemäß § 6 Abs. 7 TVöD eine **Rahmenzeit** eingeführt worden ist. In diesem Falle können Überstunden nur bei der Leistung von Arbeitszeit außerhalb der Rahmenzeit entstehen.

Im Interesse einer weitergehenden Arbeitszeitflexibilisierung können gemäß § 6 Abs. 6 **63** und 7 TVöD ein **wöchentlicher Arbeitszeitkorridor** oder eine **tägliche Rahmenzeit** eingeführt werden. Beide Arbeitszeitinstrumente sind für Bereiche von Bedeutung, bei denen der Umfang der zu leistenden Arbeit nicht im Voraus bereits feststeht, sondern situationsbedingt Schwankungen unterworfen ist. Der Arbeitszeitkorridor ist dabei auf den Umfang der wöchentlich zu leistenden Arbeit bezogen und die Rahmenzeit auf die Dauer der täglichen Arbeitszeit. Der wöchentliche Arbeitszeitkorridor kann bis zu 45 Stunden betragen. Innerhalb dieses Korridors entstehen keine Überstunden, sondern erst wenn über

[169] BAG v. 25.4.2013 – 6 AZR 800/11 –.
[170] BAG v. 23.3.2017 – 6 AZR 161/16 –.
[171] HK TVöD/TV-L § 7 Rn. 107.
[172] HK TVöD/TV-L § 7 Rn. 108.

die Grenze von 45 Stunden hinaus Arbeitsleistungen erbracht werden. Bei dem zweiten Arbeitszeitmodell, der täglichen Rahmenzeit, kann innerhalb der Zeitspanne von 6.00 bis 20.00 Uhr eine tägliche Rahmenzeit von bis zu zwölf Stunden vereinbart werden. Während der Rahmenzeit können keine Überstunden entstehen, sondern nur wenn Arbeitsleistungen außerhalb des täglichen Rahmens erbracht werden.

64 Leistet der Beschäftigte mehr oder weniger als 39 bzw. 40 Stunden in der Woche, so ist innerhalb eines Jahres ein entsprechender Ausgleich herbeizuführen (§ 6 Abs. 2 S. 1 TVöD). Zudem ist der Arbeitgeber verpflichtet, für die betroffenen Beschäftigten ein **Arbeitszeitkonto** nach Maßgabe von § 10 TVöD einzurichten. Gemäß § 6 Abs. 8 TVöD können Arbeitszeitkorridor und Rahmenzeit nur **alternativ** eingeführt werden. Eine Kombination der beiden Modelle ist unzulässig. Möglich ist jedoch, dass beide Modelle innerhalb eines Betriebes für unterschiedliche Bereiche oder zeitlich aufeinanderfolgend zur Anwendung kommen. Für Bereiche, in denen Schicht- oder Wechselschichtarbeit geleistet wird, ist die Einführung eines Arbeitszeitkorridors bzw. der Rahmenzeit generell unzulässig (§ 6 Abs. 8 TVöD). Angesichts der tariflichen Vorgabe bedarf die Einführung dieser Arbeitszeitmodelle einer Dienst- oder Betriebsvereinbarung. Kommt im Bereich des Personalvertretungsrechts die Dienstvereinbarung nicht einvernehmlich zustande und hat der Arbeitgeber ein Letztentscheidungsrecht, bedarf es eines landesbezirklichen Tarifvertrages (§ 6 Abs. 9 TVöD).

65 Angesichts der weitgehenden Arbeitszeitflexibilisierung gewinnen sog. **Arbeitszeitkonten** zunehmend an Bedeutung. Sie erlauben den Beschäftigten, Zeitguthaben für Freistellungen anzusammeln und damit ein höheres Maß an Zeitsouveränität zu erlangen. Hierzu haben die Tarifvertragsparteien in § 10 TVöD eine entsprechende Regelung geschaffen, die die Einrichtung von Arbeitszeitkonten zur Flexibilisierung der Arbeitszeit vorsieht. Zudem können nach § 10 Abs. 6 TVöD auch Langzeitkonten eingerichtet werden.

66 Gemäß § 10 Abs. 2 TVöD können **Arbeitszeitkonten** für den ganzen Betrieb oder für einzelne Teile eingeführt werden. Eine generelle Verpflichtung hierzu besteht aber nicht. Lediglich wenn ein wöchentlicher Arbeitszeitkorridor oder die tägliche Rahmenzeit (§ 6 Abs. 6, 7 TVöD) eingeführt werden sollen, bedarf es zwingend für den betroffenen Personenkreis eines Arbeitszeitkontos (§ 10 Abs. 1 Satz 3 TVöD). Das Arbeitszeitkonto nach § 10 TVöD darf dabei nicht mit einem bloßen Soll-Ist Vergleich im Sinne eines Arbeitszeitnachweises verwechselt werden. Vielmehr können gemäß § 10 Abs. 3 TVöD auf das Arbeitszeitkonto folgende **Zeiten gebucht** werden:

- die nach der Durchschnittsberechnung der regelmäßigen Arbeitszeit in dem festgelegten Ausgleichszeitraum (§ 6 Abs. 2 TVöD) verbliebenen Zeitguthaben oder Zeitschulden,
- Überstunden, die nicht durch Freizeit ausgeglichen wurden (§ 8 Abs. 1 S. 5 TVöD),
- nicht durch Freizeit ausgeglichene Mehrarbeit (§ 8 Abs. 2 TVöD),
- auf Wunsch des Beschäftigten umgewandelte Zeitzuschläge für Sonderformen der Arbeit (§ 8 Abs. 1 S. 4 TVöD).

Durch eine Betriebs- oder Dienstvereinbarung können **weitere Kontingente** zur Buchung freigegeben werden. Beispielhaft werden die Entgelte für Rufbereitschaft und Bereitschaftsdienst aufgeführt. Den Arbeitnehmern verbleibt grundsätzlich das **Wahlrecht,** welche der möglichen Zeiten bzw. der umgewandelten Zuschläge und Entgelte auf ihr Arbeitszeitkonto gebucht werden sollen. Allerdings wird dieses Entscheidungsrecht nicht von Fall zu Fall ausgeübt, sondern der Beschäftigte muss im Voraus für einen durch die betriebliche Vereinbarung bestimmten Zeitraum festlegen, welche zulässigen Kontingente gebucht werden sollen.

67 Die Einführung von Arbeitszeitkonten bedarf einer **Vereinbarung der Betriebsparteien.** Der Tarifvertrag enthält dabei hinsichtlich des Mindestinhalts zwingende Vorgaben. So darf innerhalb eines zu bestimmenden Zeitraums die Zeitschuld höchstens 40 Stunden und das Zeitguthaben ein Vielfaches von 40 Stunden betragen. Zu regeln sind die Fristen für den Ausgleich von Zeitguthaben und Zeitschulden, die mögliche Berechtigung des

Arbeitgebers, auch ohne Zustimmung des Beschäftigten Abbuchungen vorzunehmen (z. B. für Brückentage) und die Folgen, wenn der Arbeitgeber einen bereits genehmigten Freizeitausgleich kurzfristig widerruft (§ 10 Abs. 5 TVöD).

Ein **Langzeitkonto** i. S. von § 10 Abs. 6 TVöD wird hingegen aufgrund vertraglicher Abrede zwischen Arbeitgeber und Arbeitnehmer eingerichtet. Ein Langzeitkonto ist auf einen längerfristigen Zeitausgleich gerichtet und soll dem Arbeitnehmer die Inanspruchnahme einer längeren Freistellung (z. B. Sabbatjahr) ermöglichen. Ein Rechtsanspruch auf Einrichtung eines Langzeitkontos besteht nicht. Der Personal-/Betriebsrat ist bei der Einrichtung des Kontos zu beteiligen, wobei die Form der Beteiligung von den Tarifvertragsparteien nicht vorgegeben ist. Soweit keine andere gesetzliche Regelung besteht, dürfte eine Unterrichtung ausreichend sein. Ist der Arbeitgeber insolvenzfähig, sind zum Schutz der Zeitguthaben Regelungen zur Insolvenzsicherung zu treffen. **68**

Der EuGH hat am 14.5.2019 entschieden, dass Arbeitgeber künftig die Arbeitszeit ihrer Mitarbeiter systematisch und vollständig erfassen müssen.[173] Nach den Feststellungen des EuGH müssen die Mitgliedstaaten dafür Sorge tragen, dass Arbeitnehmer ihre Rechte auf Begrenzung der Höchstarbeitszeit sowie auf Ruhezeiten tatsächlich wahrnehmen können. Die Mitgliedstaaten müssen deshalb Arbeitgeber verpflichten, ein objektives, verlässliches und zugängliches System einzuführen, mit dem die von jedem Arbeitnehmer geleistete tägliche Arbeitszeit gemessen werden kann **(Arbeitszeiterfassung).** Die Entscheidung des EuGH bedarf – auch für den öffentlichen Dienst – noch der Umsetzung und näheren Ausgestaltung durch die Mitgliedstaaten, wobei eine Umsetzungsfrist nicht vorgegeben ist.[174] **69**

gg) Eingruppierung, Stufenzuordnung. Seit 1. Januar 2017 gilt für den Bereich der kommunalen Arbeitgeberverbände eine **Entgeltordnung,** die als Anlage 1 im TVöD aufgenommen wurde. Mit diesem letzten wichtigen Baustein ist die Tarifreform für den öffentlichen Dienst zwölf Jahre nach ihrem Beginn, der Einführung des TVöD im Jahr 2005, nunmehr abgeschlossen. Die neue Entgeltordnung hat viele bislang geltende Eingruppierungsgrundsätze beibehalten bzw. übernommen. So wird etwa weiterhin auf die übertragenen Tätigkeiten abgestellt und es verbleibt auch beim Arbeitsvorgang als bewertungsrelevantes Element der Stellenbeschreibung. Demgegenüber entfallen endgültig die Unterscheidung in Arbeiter und Angestellte sowie die Bewährungs-, Zeit- und Tätigkeitsaufstiege. Die neue Entgeltordnung zum TVöD für den Bereich der VKA ist unterteilt in einen Allgemeinen Teil (A) mit allgemeinen Tätigkeitsmerkmalen (I) und speziellen Tätigkeitsmerkmalen (II) sowie in einen Besonderen Teil (B) mit Entgeltgruppen für bestimmte Beschäftigtengruppen, wobei für die kommunalen Unternehmen Abschnitt XI „Beschäftigte in Gesundheitsberufen" oder auch „Beschäftigte an Theatern und Bühnen", Abschnitt XXVII, besonders relevant sein dürften. Die allgemeinen Tätigkeitsmerkmale orientieren sich deutlich an der Systematik des alten BAT. Geändert hat sich u. a., dass die Einstiegsentgeltgruppe von Beschäftigten mit mindenstens dreijähriger Ausbildung und entsprechender Tätigkeit grundsätzlich Entgeltgruppe 5 ist. Die bisherige Entgeltgruppe 9 wird in die Entgeltgruppen 9a, 9b und 9c aufgeteilt und die Einstiegseingruppierung von Beschäftigten mit Bachelorabschluss ist die Entgeltgruppe 9b. Bei den speziellen Tätigkeitsmerkmalen (II) ist hervorzuheben, dass es nunmehr das lang erwartete neue Eingruppierungsrecht für Beschäftigte in der Informations- und Kommunikationstechnik gibt, die die veralteten und nicht mehr anwendbaren Tätigkeitsmerkmale des BAT-Angestellte in der Datenverarbeitung- aus dem Jahr 1983 ablöst.[175] Den Tätigkeitsmerkmalen im Allgemeinen und Besonderen Teil vorangestellt sind als Vorbemerkungen grundsätzliche Eingruppierungsregelungen. Sie betreffen etwa den Vorrang spezieller Tätigkeitsmerkmale vor all- **70**

[173] EuGH v. 14.5.2019 Rs. C-55/18.
[174] Hahn, Die Arbeitszeitmessung wird Pflicht, öAT 2019, 202 ff.
[175] Näheres hierzu: Dahl, Die Eingruppierung von Beschäftigten in der Informations- und Kommunikationstechnik im Rahmen der Neuen Entgeltordnung VKA ab 1.1.2017, ZTR 2019, 488 ff.

gemeinen Tätigkeitsmerkmalen, persönliche Anforderungen, Definitionen zur (wissenschaftlichen) Hochschulbildung, zu anerkannten Ausbildungsberufen sowie Anforderungen an eine Ausbildungs- und Prüfungspflicht. Für die **Überleitung** der vorhandenen Beschäftigten, also derer, die seinerzeit in den TVöD übergeleitet wurden, sowie derer, die zwischen dem Inkrafttreten des TVöD und dem 31. Dezember 2016 neu eingestellt worden sind, gelten die §§ 29 ff. TVÜ (VKA). Danach gilt ein Besitzstand für die bisherige Entgeltgruppe grundsätzlich ohne Überprüfung und Neufeststellung der Eingruppierung, § 29a TVÜ (VKA). Auf Antrag konnte allerdings geprüft werden, ob sich nach der neuen Entgeltordnung eine höhere Entgeltgruppe für die übertragenen Tätigkeiten ergibt, § 29b TVÜ (VKA).

71 Die Eingruppierung des Beschäftigten richtet sich nach den Tätigkeitsmerkmalen. Nach wie vor gilt die **Tarifautomatik:** der Beschäftigte wird nicht etwa eingruppiert, sondern er ist eingruppiert in die Entgeltgruppe, deren Tätigkeitsmerkmalen die gesamte von ihm nicht nur vorübergehend auszuübende Tätigkeit entspricht (§ 12 TVöD VKA). Die Eingruppierung ist somit ein Akt strikter Rechtsanwendung.[176] Daher ist auch nicht maßgeblich, ob im Stellenplan eine Stelle der entsprechenden Wertigkeit vorhanden ist. Vielmehr hat der Arbeitgeber den Stellenplan so einzurichten, dass er mit den Tätigkeitsmerkmalen der Beschäftigten in Einklang zu bringen ist (sog. Grundsatz Tarifrecht bricht Haushaltsrecht).[177]Der Tarifvertrag stellt für die Eingruppierung auf die **auszuübende Tätigkeit** und damit nicht auf die tatsächlich wahrgenommene Tätigkeit ab. Damit ist die durch Arbeitsvertrag oder Weisung im Rahmen des Direktionsrechts übertragene Tätigkeit bewertungsrelevant, § 12 Abs. 2 TVöD VKA.[178] Die Entgeltgruppe ist im Arbeitsvertrag anzugeben. Allerdings ist die Bezeichnung der Entgeltgruppe im Arbeitsvertrag grundsätzlich nicht im Sinne einer sog. konstitutiven Entgeltvereinbarung auszulegen. Dies gilt jedenfalls dann, wenn sich aus dem Inhalt des Arbeitsvertrages deutlich ergibt, dass allein die tariflichen Eingruppierungsbestimmungen für die Ermittlung der zutreffenden Entgelthöhe maßgebend sein sollen und nicht die angegebene Entgeltgruppe.[179] Der Arbeitgeber kann dem Arbeitnehmer im Rahmen der Eingruppierung auch andere Tätigkeiten zuweisen,[180] dabei muss es sich allerdings um gleichwertige Aufgaben handeln. Demgegenüber ist es grundsätzlich nicht vom Direktionsrecht gedeckt, dem Arbeitnehmer eine niedriger zu bewertende Tätigkeit zuzuweisen, selbst dann nicht, wenn der Arbeitgeber die Vergütung weiterhin aus der höheren, bisherigen Engeltgruppe zahlt.[181] Macht der Arbeitnehmer geltend, dass die ihm übertragenen Aufgaben eine höhere Eingruppierung rechtfertigen, so trägt er für das Vorliegen der tariflichen Voraussetzungen einer Höhergruppierung die Darlegungs- und Beweislast;[182] er kann dies im Wege einer **Eingruppierungsfeststellungsklage** geltend machen. Der Arbeitgeber kann eine **korrigierende Rückgruppierung** vornehmen, wenn die tatsächliche Eingruppierung niedriger ist als die im Arbeitsvertrag angegebene; für diese Konstellation trägt er allerdings die Darlegungs- und Beweislast und muss vortragen sowie notfalls auch beweisen, dass eine der tariflichen Voraussetzungen für die bisherige Eingruppierung tatsächlich nicht besteht.[183] Da hier Vertrauensschutzinteressen berührt sein können, kann der Arbeitnehmer Umstände geltend machen, aufgrund derer der Arbeitgeber nach Treu und Glauben gehindert ist, die objektiv gerechtfertigte korrigierende Rückgruppierung auch umzusetzen.[184] Das Mitbestimmungsrecht des Betriebsrates nach § 99 Abs. 1 und 2 BetrVG besteht in den Fällen der Ein- und

[176] So das BVerwG v. 15.5.2012 – 6 P 9.11 –.
[177] BAG v. 9.11.1986 – 4 AZR 640/85 –.
[178] HK TVöD/TV-L §§ 12, 13 Rn. 10.
[179] BAG v. 21.8.2013 – 4 AZR 656/11 –.
[180] HKTVöD/TvL §§ 12,13 Rn. 24.
[181] BAG v. 30.8.1995 – 1 AZR 47/95 –.
[182] LAG Mecklenburg-Vorpommern v. 4.9.2019 – 3 Sa 21/19; LAG Rheinland-Pfalz v. 16.5.2018 – 7 Sa 338/17 –.
[183] BAG v. 17.5.2000 – 4 AZR 232/99 –.
[184] Vgl. etwa BAG v. 13.12.2017 – 4 AZR 576/16 –.

Umgruppierung, bei denen es sich ja wie oben[185] ausgeführt um eine reine Rechtsanwendung handelt, in einem Recht auf Mitbeurteilung.[186] Im Anwendungsbereich der Personalvertretungsgesetze besteht regelmäßig ein Mitbestimmungsrecht bei der Eingruppierung sowie bei der Übertragung einer höher- oder niedriger zu bewertenden Tätigkeit.[187]

Grundlage für die Eingruppierung ist eine **Stellenbewertung.** Ihr liegt eine Stellen- 72
beschreibung zugrunde, die die einzelnen Arbeitsvorgänge[188] und die auf sie im Einzelnen entfallenden Zeitanteile auflistet. Für eine Eingruppierung in eine Entgeltgruppe müssen zeitlich mindestens zu 50 % Arbeitsvorgänge anfallen, die für sich genommen die Anforderungen eines Tätigkeitsmerkmals oder mehrerer Tätigkeitsmerkmale dieser Entgeltgruppe erfüllen (§ 12 Abs. 2 Satz 2 TVöD VKA). **Arbeitsvorgänge** sind Arbeitsleistungen, die, bezogen auf den Aufgabenkreis des Beschäftigten, zu einem bei natürlicher Betrachtung abgrenzbaren Arbeitsergebnis führen, so die Protokollerklärung zu § 12 Abs. 2 TVöD VKA. Dazu gehören beispielsweise die unterschriftsreife Bearbeitung eines Antrags auf Erteilung einer Baugenehmigung, die Fertigung einer Bauzeichnung oder die Duchführung von Beschaffungsvorgängen.[189] Zu einem Arbeitsvorgang gehören auch Zusammenhangstätigkeiten, so etwa bei der Erstellung von Redeentwürfen die Quellenrecherche. Beim Tarifmerkmal der **Vielseitigkeit** von **Fachkenntnissen** ergibt sich diese in der Regel erst aus der Zusammenschau von Arbeitsvorgängen, daher sind hier Arbeitsvorgänge zusammen zu bewerten (§ 12 Abs. 2 Satz 3 TVöD VKA). Nicht immer erfordert ein Tarifmerkmal, dass Arbeitsvorgänge einen Zeitanteil von mindestens 50 % ausmachen müssen. So fordert beispielweise die Entgeltgruppe 8 (Bürotätigkeit) nur zu einem Zeitanteil von einem Drittel **selbstständige Leistungen,** wobei unter dem Begriff der Selbstständigkeit nicht etwa ein bestimmtes Maß an Eigenverantwortung oder Weisungsfreiheit verstanden wird, sondern vielmehr die Ausübung von Entscheidungs-, Gestaltungs-, Ermessens- oder Beurteilungsspielräumen, die vom Beschäftigten Abwägungsprozesse verlangen und in deren Rahmen Anforderungen an das Überlegungsvermögen gestellt werden.[190]

Alle Entgeltgruppen, mit Ausnahme der Entgeltgruppe 1, sind in 6 **Stufen** gegliedert 73
(§ 16 Abs. 1 TVöD). Die Stufen 1 und 2 sind als Grundstufen und die Stufen 3 bis 6 als Entwicklungsstufen ausgewiesen. Neueingestellte Beschäftigte werden in Abhängigkeit von ihrer **Berufserfahrung** den Stufen 1 bis 3 zugeordnet. Die Zuordnung zur Stufe 1 erfolgt, sofern der Beschäftigte über keine einschlägige Berufserfahrung von mindestens einem Jahr verfügt, ansonsten gelangt er in die Stufe 2. Bei einer Einstellung nach dem 31.12.2008 erfolgt bei einer einschlägigen Berufserfahrung von mindestens 3 Jahren regelmäßig eine Zuordnung zur Stufe 3. Es kommt insoweit, im Unterschied zum bisherigen Recht, nicht mehr auf das Lebensalter oder die Beschäftigungszeit an. Maßgeblich ist vielmehr allein der zeitliche Umfang der einschlägigen Berufserfahrung. Darüber hinaus wird dem Arbeitgeber die Möglichkeit eingeräumt, zur Deckung eines bestehenden Personalbedarfs auch andere Zeiten einer beruflichen Tätigkeit bei der Stufenzuordnung zugunsten des Beschäftigten zu berücksichtigen, wenn diese Tätigkeit zumindest **förderlich** ist (§ 16 Abs. 2 Satz 3 TVöD VKA); dabei werden hierfür lediglich Schwierigkeiten bei der Deckung des Personalbedarfs, nicht aber deren Unmöglichkeit vorausgesetzt.[191] Ein Rechtsanspruch seitens des Beschäftigten auf die Berücksichtigung von „förderlichen Zeiten" besteht jedoch nicht.

---

185 → Rn. 71.

186 BAG v. 12.6.2019 – 1 ABR 30/18 –.

187 § 75 Abs. 1 Ziff. 2 BPersVG; für die Landespersonalvertretungsgesetze vgl. etwa § 78 Abs. 2 Ziff. 1 und 3 LPersVG RLP sowie § 72 Abs. 1 Ziff. 4 LPVG NRW.

188 Aus der eigenen Erfahrung sei als Anhaltspunkt angemerkt, dass eine Stellenbeschreibung idealerweise nicht mehr als fünf Arbeitsvorgänge auflisten sollte, wobei dies im Einzelfall natürlich von der Eigenart der konkreten Stelle abhängig ist.

189 Vgl. auch die in der Protokollerklärung genannten Beispiele.

190 Vgl. auch BAG v. 22.2.2017 – 4 AZR 514/16 –.

191 LAG Rheinland-Pfalz v. 15.11.2019 – 1 Sa 18/19 –.

74 Wenn Beschäftigte zwischen **Arbeitgebern wechseln,** die den TVöD anwenden, verlieren sie ihre bisherige Stufenzuordnung und sind als Neueinstellung in Abhängigkeit von ihrer einschlägigen Berufserfahrungen den Stufen 1 bis 3 zuzuordnen. Allerdings können gemäß § 16 Abs. 2a TVöD VKA bei einem vorangegangenen Arbeitgeber erworbene Stufen bei der Stufenzuordnung ganz oder teilweise berücksichtigt werden. Ob und inwieweit eine solche Berücksichtigung erfolgt, ist allein in das Ermessen des Arbeitgebers gestellt. Der Beschäftigte hat keinen Rechtsanspruch darauf, dass seine bei einem anderen Arbeitgeber erworbene Stufe mitberücksichtigt wird.

75 Der weitere **Aufstieg in den Stufen** erfolgt nach Maßgabe von § 16 Abs. 3 TVöD VKA zeitabhängig. Die Stufe 2 wird nach einer Verweildauer von einem Jahr in der Stufe 1 erreicht, die Stufe 3 nach einer Verweildauer von 2 Jahren in der Stufe 2, die Stufe 4 nach 3 Jahren in der Stufe 3, die Stufe 5 nach 4 Jahren in der Stufe 4 und die Stufe 6 nach 5 Jahren in der Stufe 5. Maßgebend ist dabei immer die Zeit der **ununterbrochenen Tätigkeit.** Unterbrechungen sind grundsätzlich schädlich. Allerdings enthält § 17 Abs. 3 Satz 1 TVöD eine abschließende Aufzählung von Unterbrechungen, die den Zeiten einer ununterbrochenen Tätigkeit gleichgestellt sind. Diese haben insoweit keinen Einfluss auf die Stufenlaufzeit. So gilt bspw. nach lit b) eine Arbeitsunfähigkeit von bis zu 39 Wochen als ununterbrochene Tätigkeit. Dauert jedoch die Arbeitsunfähigkeit länger als 39 Wochen an, tritt ab der 39. Woche eine schädliche Unterbrechung ein. Nach Beendigung der Arbeitsunfähigkeit beginnt dann die Stufenlaufzeit von Anfang an erneut zu laufen. Darüber hinaus sind in § 17 Abs. 3 S. 2 TVöD Unterbrechungen geregelt, die zwar unschädlich sind, aber nicht auf die Stufenlaufzeit angerechnet werden. Dies betrifft Zeiten der Unterbrechung mit einer Dauer von bis zu jeweils 3 Jahren, die nicht in Satz 1erfasst sind, sowie Unterbrechungen aufgrund von Elternzeit mit einer Zeitdauer von jeweils bis zu 5 Jahren. Unschädlich bedeutet, dass nach Beendigung der Unterbrechung die Stufenlaufzeit nicht erneut von vorn beginnt. Allerdings wird die Zeit der Unterbrechung bei der Stufenlaufzeit nicht mitberücksichtigt. Unterbrechungen von mehr als 3 Jahren oder Elternzeit von mehr als 5 Jahren sind nach Abs. 3 Satz 3 **schädliche Unterbrechungen,** die eine Stufenminderung zur Folge haben. Nach der Rückkehr wird der Beschäftigte der nächstniedrigen Stufe zugeordnet. Allerdings darf diese vorangegangene Stufe nicht niedriger sein als bei einer Neueinstellung. In diesem Falle beginnt die Stufenlaufzeit in der niedrigeren Stufe mit dem Tag der jeweiligen Arbeitsaufnahme.

76 Nach § 17 Abs. 2 TVöD kann die Stufenlaufzeit bei den Stufen 4 bis 6 **leistungsabhängig** gestaltet werden. Liegt die Leistung des Beschäftigten erheblich über dem Durchschnitt, kann eine Kürzung der Stufenlaufzeit vorgenommen werden und der Arbeitnehmer gelangt vorzeitig in die nächsthöhere Stufe. Andererseits kann bei Leistungen, die nachweislich erheblich unter dem Durchschnitt liegen, die erforderliche Stufenlaufzeit angemessen verlängert werden. Für diese Verlängerung der Stufenlaufzeit trägt der Arbeitgeber in einem Rechtsstreit die entsprechende Darlegungs- und Beweislast. Es wären dann Tatsachen vorzutragen, die den Schluss zulassen, dass die Leistung des betreffenden Beschäftigten erheblich, also deutlich wahrnehmbar, unter dem Durchschnitt liegt. Dabei muss die festgesetzte Verlängerung der Stufenlaufzeit in einem angemessenen Verhältnis zur Minderleistung des Beschäftigten stehen. Ist eine Verlängerung der Stufenlaufzeit vom Arbeitgeber festgesetzt worden, ist er verpflichtet, jährlich zu prüfen, ob die Voraussetzungen für die festgesetzte Verlängerung noch gegeben sind (§ 17 Abs. 2 Satz 3 TVöD).

77 **Höhergruppierungen** erfolgen seit 1. März 2017 für die Entgeltgruppen 2 bis 14 der Beschäftigten im Bereich der VKA stufengleich. Die bis zu diesem Zeitpunkt geltende betragsmäßige Stufenzuordnung entfällt damit ebenso wie der Garantiebetrag, der in bestimmten, für den Beschäftigten ungünstigen Konstellationen einen Mindesthöhergruppierungsgewinn sicherstellen sollte. Beschäftigte werden bei einer Höhergruppierung demnach der gleichen Stufe zugeordnet, die sie in der niedrigeren Entgeltgruppe bislang innehatten, mindestens jedoch der Stufe 2 (§ 17 Abs. 4 Satz 1 TVöD). Bei einer Höhergruppierung aus der Entgeltgruppe 1 verbleibt es demgegenüber bei der betragsmäßigen Stufenzuordnung,

der Beschäftigte wird also der Stufe zugeordnet, in der er mindestens sein bisheriges Tabellenentgelt erhält, mindestens jedoch der Stufe 2 (§ 17 Abs. 4a Satz 1). Mit dem Zeitpunkt der Höhergruppierung beginnt in der neuen Stufe jeweils die Stufenlaufzeit neu zu laufen. Sonderregelungen bestehen für Höhergruppierungen aus der Entgeltgruppe 9a Stufen 2 bis 4 in die Entgeltgruppe 9b (vgl. die Niederschriftserklärung zu § 17 Abs. 4). Bei **Herabgruppierungen** ist der Beschäftigte in der niedrigeren Entgeltgruppe seiner bisher innegehabten Stufe zuzuordnen (§ 17 Abs. 4 Satz 3 TVöD).

Im Rahmen seines Direktionsrechts ist der Arbeitgeber nach § 14 TVöD berechtigt, dem **78** Beschäftigten **vorübergehend höherwertigere Tätigkeiten** zu übertragen, die den Tätigkeitsmerkmalen einer höheren als der derzeitigen Entgeltgruppe entsprechen. Die Übertragung hat im Rahmen des billigen Ermessens zu erfolgen, dabei sind auch Aspekte der Zumutbarkeit für den Beschäftigten zu berücksichtigen, z. B. eine zu erwartende Überforderung, ungünstigere Arbeitszeiten, etc.[192] Eine Höchstdauer für die Übertragung höherwertiger Tätigkeiten ist nicht geregelt, es darf sich allerdings objektiv nicht um die Übertragung einer Daueraufgabe handeln.[193] Maßgeblich sind die Gründe, die zur Übertragung geführt haben, aus denen sich der lediglich vorübergehende Charakter ergeben muss. In Betracht kommen bspw. Vertretungstätigkeiten, Übertragungen zur Erprobung oder der befristete Anfall von höherwertigen Arbeitsaufgaben. Übt der Beschäftigte diese höherwertigere Tätigkeit mindestens einen Monat lang aus, erhält er rückwirkend ab dem Zeitpunkt der Übertragung eine **persönliche Zulage** (§ 14 Abs. 1 TVöD). Die Zulage bemisst sich nach dem Unterschiedsbetrag zwischen dem bisherigen Tabellenentgelt des Beschäftigten und dem Tabellenentgelt, das er erhalten hätte, wenn ihm die Tätigkeit dauerhaft übertragen und eine Höhergruppierung nach § 17 Abs. 4 Satz 1 TVöD erfolgt wäre. Nach § 14 Abs. 2 TVöD kann durch landesbezirklichen Tarifvertrag ein Katalog von Fällen geregelt werden, bei denen die Gewährung der Zulage bereits dann einsetzt, wenn die vorübergehend übertragene Tätigkeit mindestens drei Arbeitstage angedauert hat.

hh) Leistungsentgelt. Ein wichtiges Ziel bei der Reformierung des Tarifrechtes des **79** öffentlichen Dienstes war eine stärkere Leistungsorientierung. Der TVöD enthält verschiedene leistungsabhängige Regelungen. Dazu gehören neben dem Leistungsentgelt nach § 18 TVöD auch die leistungsabhängigen Stufenaufstiege (§ 17 Abs. 2 TVöD)[194] und die Übertragung von Führungsfunktionen auf Probe bzw. auf Zeit (§§ 31, 32 TVöD).[195] Das **Leistungsentgelt** nach § 18 TVöD wird zusätzlich zum Tabellenentgelt gewährt. Eine Minderung des Tabellenentgelts aufgrund nicht erbrachter Leistungen ist somit ausgeschlossen. Das derzeit jährlich zur Verteilung anstehende **finanzielle Volumen** (Leistungstopf) beträgt 2 % (ab 1.1.2013) der ständigen Monatsentgelte des Vorjahres aller unter den Geltungsbereich des TVöD fallenden Beschäftigten des jeweiligen Arbeitgebers. Als ständige Monatsentgelte sind dabei das Tabellenentgelt (ohne die Sozialversicherungsbeiträge des Arbeitgebers und dessen Kosten für die betriebliche Altersvorsorge), die in Monatsbeträgen festgelegten Zulagen einschl. Besitzstandszulagen sowie das Entgelt im Krankheitsfall und bei Urlaub mit zu berücksichtigen. Unberücksichtigt bleiben hingegen gemäß der Protokollerklärung zu § 18 Abs. 3 S. 1 insbesondere Abfindungen, Aufwandsentschädigungen, Einmalzahlungen, Jahressonderzahlungen, Leistungsentgelt, Strukturausgleiche u. a. Zahlungen. Die Aufzählung in der Protokollerklärung ist nicht abschließend. Es besteht die Möglichkeit, durch eine betriebliche Regelung auch unständige Entgeltbestandteile, wie etwa Zulagen für Überstunden, Nachtarbeit, Sonntagsarbeit usw. mit zu berücksichtigen und damit den zur Verteilung anstehenden Leistungstopf zu vergrößern. Bei den rechnerisch zu berücksichtigenden Entgelten des Vorjahres ist das **Zuflussprinzip** zu beachten. Die Entgelte sind nur insoweit zu berücksichtigen, wie sie im Vorjahr den Beschäftigten

[192] HK-TVöD/TV-L § 14 Rn. 6.
[193] HK-TVöD/TV-L § 14 Rn. 8.
[194] → Rn. 76.
[195] → Rn. 119 ff.

tatsächlich gezahlt worden sind. Sind derartige berücksichtigungsfähige Entgeltbestandteile zwar im Vorjahr fällig gewesen, aber erst im laufenden Kalenderjahr ausgezahlt worden, sind sie bei der Bildung des Leistungstopfes für das laufende Kalenderjahr nicht mit zu berücksichtigen, sondern erst für das Folgejahr. Die Tarifvertragsparteien beabsichtigen, zukünftig den Umfang des Leistungsbudgets auf 8 % anzuheben. Das rechnerisch ermittelte Gesamtvolumen ist für die jährliche Gewährung des Leistungsentgeltes zu verwenden.

80 § 18 Abs. 4 TVöD sieht drei Formen des zu gewährenden Leistungsentgelts vor. Zum einen die **Leistungsprämie** und die **Leistungszulage,** die sich beide aus dem o. g. Startvolumen finanzieren und zum anderen die **Erfolgsprämie,** die in Abhängigkeit von einem bestimmten wirtschaftlichen Erfolg zusätzlich gewährt werden kann und nicht aus dem Startvolumen finanziert wird, sondern über den zusätzlichen wirtschaftlichen Erfolg. Die **Leistungsprämie** ist eine Einmalzahlung, die regelmäßig auf der Basis einer Zielvereinbarung dem einzelnen Beschäftigten oder einer Gruppe von Beschäftigten gewährt werden soll. Demgegenüber stellt die **Leistungszulage** eine zeitlich befristete, widerrufliche, monatlich wiederkehrende Zahlung dar (§ 18 Abs. 4 TVöD).

81 **Zielvereinbarung** und **systematische Leistungsbewertung** sind die beiden von den Tarifvertragsparteien vorgesehenen Methoden der Leistungsbewertung (§ 18 Abs. 5 Satz 1 TVöD). Eine Zielvereinbarung ist eine freiwillige Vereinbarung zwischen der Führungskraft und dem einzelnen Beschäftigten bzw. einer Gruppe von Beschäftigten über objektivierbare Leistungsziele und die Bedingungen ihrer Erfüllung. Bei der systematischen Leistungsbewertung wird die erbrachte Leistung über einen bestimmten Zeitraum hinweg nach möglichst messbaren oder objektivierbaren Kriterien bewertet (§ 18 Abs. 5 TVöD). Dabei ist eine Kombination von Zielvereinbarung und systematischer Leistungsbewertung zulässig. Die konkrete Ausgestaltung des jeweiligen Systems obliegt allein den Betriebsparteien, die hierzu eine Betriebsvereinbarung oder eine einvernehmliche Dienstvereinbarung abzuschließen haben. Kommt eine Vereinbarung nicht zustande, ist der gebildete Leistungstopf nach Maßgabe der Protokollerklärung zu § 18 Abs. 4 TVöD auszuschütten. Danach erhalten die Beschäftigten mit dem Entgeltanspruch für den Monat Dezember 6 v. H. ihres für den Monat September zustehenden Tabellenentgelts. Der nicht ausgeschüttete Restbetrag erhöht das Gesamtvolumen für das Leistungsentgelt des Folgejahres. Dadurch wird der Druck auf die Betriebsparteien erhöht, eine einvernehmliche Regelung zur Gewährung des Leistungsentgelts zu treffen.[196] Besteht kein Betriebs- oder Personalrat, kann gemäß der Protokollerklärung zu § 18 Abs. 6 TVöD ausnahmsweise ein solches System mit der nach Abs. 7 zu bildenden betrieblichen Kommission vereinbart werden.

82 Unbeschadet dessen soll die **betriebliche Kommission** bei der Entwicklung und dem Controlling des Systems zur leistungsabhängigen Vergütung mitwirken und den Betriebsparteien entsprechende Vorschläge zur Verbesserung und Optimierung unterbreiten. Daneben fungiert die Kommission als Beschwerdestelle für die Beschäftigten und unterbreitet dem Arbeitgeber entsprechende Entscheidungsvorschläge. Allerdings liegt das Entscheidungsrecht allein beim Arbeitgeber, der nicht an die Vorschläge der Kommission gebunden ist. Folgt der Arbeitgeber dem Vorschlag der Kommission nicht, muss er dies der Kommission gegenüber begründen (§ 18 Abs. 7 Satz 4 TVöD).

83 Die Kommission hat, soweit ein Betriebs- oder Personalrat besteht, keine eigenen Entscheidungskompetenzen. Sie wird **paritätisch** von Vertretern des Arbeitgebers und des Betriebs-/Personalrats besetzt. Die Mitglieder müssen aus dem jeweiligen Betrieb stammen. Deren Anzahl ist nicht geregelt, vielmehr obliegt es den Parteien, sich hierauf zu verständigen. Es wird empfohlen, nicht mehr als drei bis vier Beisitzer von jeder Seite zu benennen. Die Kommission kann sich eine Geschäftsordnung geben.

84 **ii) Erschwerniszuschläge, Jahressonderzahlung, besondere Zahlungen.** Die Beschäftigten haben nach Maßgabe von § 19 TVöD Anspruch auf **Erschwerniszuschläge,** sofern die Arbeit durch außergewöhnliche Erschwernisse gekennzeichnet ist, die nicht

[196] BAG v. 16.5.2012 – 10 AZR 202/11 –.

bereits mit der Eingruppierung abgegolten sind. Wird den Erschwernissen durch geeignete Vorkehrungen Rechnung getragen, entfällt der Anspruch auf die Erschwerniszuschläge (§ 19 Abs. 3 TVöD). In § 19 Abs. 2 TVöD sind abstrakte Erschwernisse aufgeführt. Die Zuschläge sollen regelmäßig 5 bis 15 v. H. des Stundenentgelts für die Entgeltgruppe 2 Stufe 2 betragen. Diesbezüglich handelt es sich um Vorgaben für landesbezirkliche Regelungen, in denen konkret die zuschlagspflichtigen Arbeiten und die Höhe der Zuschläge zu vereinbaren sind.[197] Bis dahin gelten nach § 23 Abs. 1 Satz 1 TVÜ-VKA die bisherigen tariflichen Regelungen weiter (bezirkliche Regelungen zu Erschwerniszuschlägen gemäß § 23 Abs. 3 BMT-G II; TV zu § 23 Abs. 3 BMT-G-O; TV Zulagen gemäß § 33 Abs. 1 lit. c BAT/BAT-O). Dabei sind jedoch die Grenzen und Bemessungsgrundlagen des § 19 Abs. 4 TVöD zu beachten.

Beschäftigte, die am 1. Dezember eines Jahres im Arbeitsverhältnis stehen, haben nach **85** Maßgabe von § 20 TVöD VKA Anspruch auf eine **Jahressonderzahlung.** Sofern bis zum 31. März 2005 Altersteilzeit vereinbart wurde, haben die betreffenden Beschäftigten ausnahmsweise auch dann Anspruch auf die Jahressonderzahlung, wenn ihr Arbeitsverhältnis wegen Rentenbezugs vor dem 1. Dezember endet (§ 20 Abs. 6 TVöD). Der Anspruch verkürzt sich um ein Zwölftel für jeden Kalendermonat, für den kein Anspruch auf Entgelt oder Entgeltfortzahlung nach § 21 TVöD bestand. In § 20 Abs. 4 S. 2 TVöD sind abschließend die Fälle aufgeführt, in denen eine Verminderung unterbleibt.

Die Sonderzahlung beträgt im Tarifgebiet West in den Entgeltgruppen 1 bis 8 79,51 **86** v. H., in den EG 9 bis 12 70,28 v. H. und in den EG 13 bis 15 51,78 v. H. des in den Monaten Juli, August und September **durchschnittlich gezahlten monatlichen Entgelts.** Für das Tarifgebiet Ost beträgt der Bemessungssatz derzeit 88 v. H. der Sätze des Tarifgebiets West (also 69,97 v. H., 61,84 v. H. und 45,56 v. H.). Hinsichtlich der maßgeblichen Entgeltgruppe ist auf den 1. September abzustellen. Bei der Ermittlung des durchschnittlichen Entgelts werden die Entgelte für Überstunden und Mehrarbeit (soweit diese nicht im Dienstplan vorgesehen waren), Leistungszulagen sowie Leistungs- und Erfolgsprämien nicht mit berücksichtigt. Alle anderen ständigen und unständigen Bestandteile des monatlichen Entgelts werden hingegen in die Durchschnittsberechnung mit einbezogen[198].

Wurde im **Bemessungszeitraum** nicht für alle Kalendertage Entgelt gezahlt, wird das **87** gezahlte Entgelt der drei Monate addiert, durch die Zahl der Kalendertage mit Entgelt geteilt und sodann mit 30,67 multipliziert.[199] Bestand innerhalb des Bemessungszeitraums für weniger als 30 Tage Anspruch auf Entgelt, ist als Bemessungszeitraum der letzte Kalendermonat heranzuziehen, in dem für alle Kalendertage Anspruch auf Entgelt bestand. Beginnt das Arbeitsverhältnis erst nach dem Bemessungszeitraum, ist der erste volle Kalendermonat des Arbeitsverhältnisses maßgeblich. Die Sonderzahlung ist mit dem Tabellenentgelt für den Monat November fällig.

Nach Maßgabe von § 23 Abs. 1 TVöD besteht ein Anspruch auf Gewährung von **88** **vermögenswirksamen Leistungen** in Höhe von 6,65 EUR für jeden vollen Kalendermonat. Teilzeitbeschäftigte können die vermögenswirksame Leistung lediglich anteilig beanspruchen (§ 24 Abs. 2 TVöD).

Voraussetzung ist, dass der Beschäftigte eine Anlageform nach dem Vermögensbildungsgesetz in der jeweiligen Fassung (derzeit: Fünftes Vermögensbildungsgesetz) gewählt hat. Zudem muss das Arbeitsverhältnis voraussichtlich länger als sechs Monate bestehen. Notwendig ist eine schriftliche Mitteilung des Beschäftigten über die konkrete Anlageform. Der Anspruch entsteht frühestens für den Kalendermonat, in dem die Mitteilung dem Arbeitgeber zugeht und kann rückwirkend für die beiden vorangegangenen Monate desselben Kalenderjahres gewährt werden. Die vermögenswirksame Leistung wird nur für dieje-

[197] Ein entsprechender Tarifvertrag besteht in NRW (§ 5 TVöD-NRW).
[198] Vgl. hierzu im Einzelnen: Donath, Die Jahressonderzahlung im TVöD/TV-L-ein Überblick, ZTR 2019, 587 ff., 590.
[199] Protokollerklärung zu § 20 Abs. 2.

nigen Kalendermonate gezahlt, in denen dem Beschäftigten Tabellenentgelt, Entgeltfortzahlung oder Krankengeldzuschuss zusteht. Da hierbei nicht auf den vollen Kalendermonat abgestellt wird, ist es ausreichend, wenn zumindest für einen Teil des Monats eine der vorstehend genannten Leistungen gezahlt wird. Die vermögenswirksame Leistung kann auch im Rahmen der Entgeltumwandlung nach Maßgabe des Tarifvertrages zur Entgeltumwandlung für die betriebliche Altersversorgung genutzt werden.

89 Weiterhin können Beschäftigte bei Vollendung einer Beschäftigungszeit nach § 34 Abs. 3 TVöD von 25 Jahren ein **Jubiläumsgeld** in Höhe von 350 EUR, bei einer Vollendung einer Beschäftigungszeit von 40 Jahren in Höhe von 500 EUR, erhalten. Hierbei ist auf den erweiterten Begriff der Beschäftigungszeit abzustellen, der nicht nur Zeiten bei demselben Arbeitgeber, sondern auch Zeiten bei einem anderen öffentlich-rechtlichen Arbeitgeber bzw. einem Arbeitgeber, der vom Geltungsbereich des TVöD erfasst wird, mit einschließt. Teilzeitbeschäftigte erhalten das Jubiläumsgeld, unabhängig von ihrer individuellen Arbeitszeit, in voller Höhe.

90 Nach Maßgabe von § 23 Abs. 3 TVöD besteht ein Anspruch auf **Sterbegeld,** wenn ein Beschäftigter, dessen Arbeitsverhältnis zum Todeszeitpunkt nicht geruht hat, verstirbt. Anspruch auf das Sterbegeld haben der hinterbliebene Ehepartner bzw. ein Lebenspartner im Sinne des Lebenspartnerschaftsgesetzes oder die Kinder des Verstorbenen. § 23 Abs. 3 Satz 1 TVöD enthält eine abschließende Aufzählung der Berechtigten. Bei dem Ehepartner bzw. dem Lebenspartner ist auf eine zum Zeitpunkt des Todes tatsächlich noch bestehende Ehe bzw. Lebenspartnerschaft abzustellen. Mit den Kindern sind die leiblichen Abkömmlinge des Verstorbenen bzw. seine Adoptivkinder gemeint. Die Zahlung des Sterbegeldes an einen von mehreren Berechtigten bringt den Anspruch der übrigen Berechtigten gegenüber dem Arbeitgeber zum Erlöschen, unabhängig von möglichen Erbregelungen. Der Arbeitgeber erfüllt den Anspruch auch durch die Zahlung des Sterbegeldes auf das Gehaltkonto des Verstorbenen. Als maßgebliches Sterbegeld wird für die restlichen Tage des Sterbemonats und für zwei weitere Monate das Tabellenentgelt des Verstorbenen gezahlt. Abzustellen ist dabei ausschließlich auf das Tabellenentgelt und nicht auf die übrigen Entgeltbestandteile. Das Sterbegeld ist in einer Summe auszuzahlen.

91 **jj) Entgeltfortzahlung, Arbeitsunfähigkeit.** § 21 TVöD regelt die **Bemessungsgrundlage** für die Entgeltfortzahlung für die Arbeitsbefreiung am 24. und 31. Dezember (§ 6 Abs. 3 S. 1), für den Fall der Erkrankung (§ 22), für den Zeitraum der Inanspruchnahme von Urlaub (§§ 26, 27) sowie für sonstige Arbeitsbefreiungen mit Lohnfortzahlungsanspruch (§ 29). Danach werden das Tabellenentgelt und die in Monatsbeträgen festgelegten Entgeltbestandteile weitergezahlt. Zu den in Monatsbeträgen festgelegten Entgeltbestandteilen gehören u. a. Strukturausgleiche (§ 12 TVÜ-VKA) sowie Besitzstandszulagen nach §§ 9 bis 11 TVÜ-VKA u. a., nicht aber die persönliche Zulage nach § 14 TVöD.[200] Auch vermögenswirksame Leistungen sind fortzuzahlen (§ 23 Abs. 1 S. 4 TVöD).

92 Weiterhin sind auch die **nicht in Monatsbeträgen** festgelegten Entgeltbestandteile bei der Entgeltfortzahlung mit zu berücksichtigen. Dies betrifft insbesondere die Zuschläge für Sonderformen der Arbeit (§ 8) und die Erschwerniszuschläge (§ 19) sowie die persönliche Zulage nach § 14 TVöD. Für diese wird der Tagesdurchschnitt auf der Grundlage der letzten drei vollen Kalendermonate vor dem Eintritt der Entgeltfortzahlung ermittelt (§ 21 Abs. 1 Satz 2 TVöD). Hat das Arbeitsverhältnis weniger als drei Kalendermonate bestanden, sind die vollen Kalendermonate, an denen es bestanden hat, heran zu ziehen (Protokollerklärung Nr. 1 Satz 2). Tritt während des für die Durchschnittsberechnung maßgeblichen Zeitraumes eine Änderung der individuellen Arbeitszeit ein, sind die nach der Arbeitszeitänderung liegenden vollen Kalendermonate für die Durchschnittsberechnung zugrunde zu legen. Dies darf aber aufgrund des Verbots der Benachteiligung von Teilzeitbeschäftigten nach § 4 TzBfG nicht dazu führen, dass der von einem Beschäftigten vor der Verringerung der Arbeitszeit erworbene und nach der Verringerung erst angetretene Jahresurlaub mit

[200] Str., vgl. HK-TVöD/TV-L § 21 Rn. 5 m. w. N.

einem reduzierten Urlaubsentgelt vergütet wird.[201] Unberücksichtigt für die Entgeltfortzahlung bleiben aufgrund der Aufzählung in § 21 Satz 3 TVöD gewährte Leistungsentgelte, die Jahressonderzahlung, die besonderen Zahlungen nach § 23 Abs. 2 (Jubiläumsgeld) und 3 (Sterbegeld) TVöD, sowie das zusätzlich für Überstunden und Mehrarbeit gezahlte Entgelt, sofern die Überstunden und die Mehrarbeit nicht im Dienstplan vorgesehen sind. Leistet ein Teilzeitbeschäftigter über einen längeren Zeitraum dienstplanmäßig Mehrarbeit, ist die dafür gezahlte Vergütung bei der Entgeltfortzahlung mit zu berücksichtigen. Für die Ermittlung des Tagesdurchschnitts ist bei einer Fünf-Tage Arbeitswoche die Summe der nicht in Monatsbeträgen festgelegten Entgeltbestandteile durch 65, das ist die Anzahl der auf drei Monate im Durchschnitt entfallenden Arbeitstage, zu dividieren.

Arbeitnehmer sind nach § 5 Abs. 1 EFZG verpflichtet, dem Arbeitgeber unverzüglich 93
eine bestehende **Arbeitsunfähigkeit** und deren voraussichtliche Dauer anzuzeigen. Dauert die Arbeitsunfähigkeit länger als drei Kalendertage, haben sie eine entsprechende ärztliche Bescheinigung spätestens am darauffolgenden Arbeitstag vorzulegen. Der Arbeitgeber ist berechtigt, die Vorlage der ärztlichen Bescheinigung auch früher zu verlangen. Zu den Erleichterungen für die Ausstellung einer Arbeitsunfähigkeitsbescheinigung in Zeiten der COVID-19-Pandemie vgl. Rn. 231. Zum 1. Januar 2022 wird die Vorlagepflicht beim Arbeitgeber für Arbeitnehmer, die in einer gesetzlichen Krankenkasse versichert sind, entfallen (§ 5 Abs. 1a EFZG neu). Vielmehr wird dann gemäß § 109 SGB IV die Krankenkasse nach Eingang einer Arbeitsunfähigkeitsmeldung durch den Arzt dem Arbeitgeber u. a. Beginn und Ende der ärztlich festgestellten Arbeitsunfähigkeit in elektronischer Form als Meldung zum Abruf bereitstellen. Die Pflicht des Arbeitnehmers, dem Arbeitgeber die Arbeitsunfähigkeit und deren voraussichtliche Dauer unverzüglich mitzuteilen, bleibt von der Neuregelung allerdings unberührt. Bei einer unverschuldeten krankheitsbedingten Arbeitsunfähigkeit kann der Arbeitnehmer gemäß § 3 Satz 1 EFZG eine Entgeltfortzahlung für eine Dauer von bis zu sechs Wochen Dauer beanspruchen. Der gesetzliche Entgeltfortzahlungsanspruch, der nicht abdingbar ist, wird in § 22 Abs. 1 Satz 1 TVöD wiedergegeben. Im Unterschied zu § 3 Abs. 3 EFZG setzt der tarifliche Anspruch nicht die Erfüllung einer Wartezeit voraus. Kein Fortzahlungsanspruch besteht, wenn der Beschäftigte die Arbeitsunfähigkeit grob fahrlässig oder vorsätzlich herbeigeführt hat (Protokollerklärung zu § 22 Abs. 1 Satz 1). Allerdings dürfte dies nur in Ausnahmefällen in Betracht kommen. Bei Sportunfällen wäre dies bspw. bei der Ausübung von besonders gefährlichen Sportarten anzunehmen, d. h. wenn das Verletzungsrisiko so hoch ist, dass auch ein gut ausgebildeter Sportler bei Beachtung aller Regeln dieses Risiko nicht vermeiden kann.[202] Allerdings hat das BAG in seiner Rechtsprechung bisher noch keine Sportart als besonders gefährlich bewertet.[203] Der Vollständigkeit halber sei an dieser Stelle erwähnt, dass Arbeitgeber nach § 167 Abs. 2 SGB IX für Beschäftigte, die innerhalb eines Jahres länger als sechs Wochen ununterbrochen oder wiederholt arbeitsunfähig sind, ein **betriebliches Eingliederungsmanagement** durchführen müssen. Das Eingliederungsmanagement beinhaltet, mit dem betroffenen Arbeitnehmer die Möglichkeiten zu erörtern, wie die Arbeitsunfähigkeit möglichst überwunden und mit welchen Leistungen oder Hilfen einer erneuten Arbeitsunfähigkeit vorgebeugt und der Arbeitsplatz erhalten werden kann.

Der Entgeltfortzahlungsanspruch setzt zudem voraus, dass die Arbeitsunfähigkeit die 94
alleinige Ursache für die Arbeitsverhinderung ist.[204] Ist die Pflicht zur Erbringung der Arbeitsleistung bereits aus anderen Gründen suspendiert (z. B. Sonderurlaub[205], Elternzeit) besteht kein Anspruch auf Entgeltfortzahlung. Dies gilt auch bei Beendigung des Arbeitsverhältnisses. Mit dessen Ende endet regelmäßig der Anspruch auf Entgeltfortzahlung (§ 8

201 BAG v. 20.3.2018 – 9 AZR 486/17 –.
202 BAG v. 7.10.1981 – 5 AZR 338/79 –.
203 HK-TVöD/TV-L § 22 Rn. 22, vgl. aber ArbG Hagen v. 15.9.1989 – 4 Ca 648/87 – für die Sportart Kickboxen.
204 BAG v. 22.8.2001 – 5 AZR 699/99 –.
205 BAG v. 25.5.1983 – 5 AZR 236/80 –.

EFZG, § 22 Abs. 4 TVöD) Für eine Erkrankung während des Urlaubs wurde in Gestalt von § 9 BUrlG eine abweichende Sonderregelung getroffen, wonach Tage der nachgewiesenen Arbeitsunfähigkeit nicht auf den Urlaub anzurechnen sind.

95 Der Beschäftigte hat bei einer Arbeitsunfähigkeit in Folge Krankheit Anspruch auf Entgeltfortzahlung nach § 21 TVöD bis zu einer Dauer von sechs Wochen (§ 22 TVöD). Bei einer **erneuten Arbeitsunfähigkeit** in Folge derselben Krankheit gelten die gesetzlichen Regelungen des EFZG. Tritt während einer Erkrankung mit Entgeltfortzahlung eine weitere Erkrankung hinzu, kann der Beschäftigte nach dem Grundsatz der Einheit des Verhinderungsfalles die Sechs-Wochen-Frist nur einmal in Anspruch nehmen. Etwas anderes gilt jedoch, wenn es sich um mehrfache unterschiedliche Erkrankungen handelt, zwischen denen der Beschäftigte kurzzeitig arbeitsfähig gewesen ist. In diesem Fall entsteht mit jeder neuen Erkrankung erneut ein Anspruch auf Entgeltfortzahlung für die Zeitdauer von bis zu sechs Wochen. Von einer Wiederholungs- bzw. **Fortsetzungserkrankung** ist auszugehen, wenn eine erneute Arbeitsunfähigkeit auf denselben, nicht behobenen Grundleiden beruht, auf dessen Grundlage bereits zuvor Zeiten der Arbeitsunfähigkeit entstanden sind. Bei einer solchen Wiederholungserkrankung besteht der Anspruch auf sechs Wochen Entgeltfortzahlung grundsätzlich nur einmal. Allerdings bestehen hiervon gemäß § 3 Abs. 1 S. 2 EFZG zwei Ausnahmen. Der Entgeltfortzahlungsanspruch beginnt von neuem, wenn nach dem Ende der letzten Arbeitsunfähigkeit ein Zeitraum von mindestens sechs Monaten bis zur erneuten Arbeitsunfähigkeit aufgrund des gleichen Grundleidens vergangen ist oder seit Beginn der ersten Arbeitsunfähigkeit in Folge derselben Krankheit eine Frist von zwölf Monaten abgelaufen ist. Dann entsteht auch bei einer Wiederholungserkrankung erneut ein Anspruch auf sechs Wochen Entgeltfortzahlung.

96 Nach Ablauf des auf sechs Wochen begrenzten Entgeltfortzahlungsanspruchs hat der Beschäftigte bei einer weiterhin andauernden Arbeitsunfähigkeit Anspruch auf einen **Krankengeldzuschuss** nach Maßgabe von § 22 TVöD. Der Krankengeldzuschuss wird gemäß Abs. 3 bei einer Beschäftigungszeit im Sinne vom § 34 Abs. 3 TVöD von mehr als einem Jahr längstens bis zum Ende der 13. Woche und bei einer Beschäftigungszeit von mehr als drei Jahren längstens bis zum Ende der 39. Woche seit dem Beginn der Arbeitsunfähigkeit in Folge derselben Krankheit gezahlt. Die sechs Wochen Entgeltfortzahlung werden mit eingerechnet.

97 Soweit der Beschäftigte Krankengeld oder eine entsprechende gesetzliche Leistung erhält, wird der Krankengeldzuschuss in **Höhe des Unterschiedsbetrages** zwischen den tatsächlichen Barleistungen des Sozialleistungsträgers und dem Nettoentgelt des Beschäftigten gewährt. Bei dem Nettoentgelt handelt es sich um das Entgelt im Sinne der Entgeltfortzahlung nach § 21 TVöD, vermindert um die gesetzlichen Abzüge und ohne Berücksichtigung der vermögenswirksamen Leistungen (§ 22 Abs. 2 Satz 2 TVöD). Die tatsächlichen Barleistungen des Sozialleistungsträgers sind das von den gesetzlichen Leistungsträgern erbrachte Bruttokrankengeld, also einschließlich der Beitragsanteile zur Sozialversicherung, und nicht der Auszahlungsbetrag des Krankengeldes an den Beschäftigten[206]. Für Beschäftigte, die nicht der gesetzlichen Krankenversicherung unterliegen und bei einer privaten Krankenversicherung versichert sind, ist bei der Berechnung des Krankengeldzuschusses fiktiv der Krankengeldhöchstsatz, der bei der Pflichtversicherung in der gesetzlichen Krankenversicherung zustünde, zugrunde zu legen.

98 **kk) Urlaub.** Der Abschnitt IV enthält Regelungen bezüglich der Gewährung von Erholungsurlaub, Zusatzurlaub, Sonderurlaub und von sonstigen Arbeitsbefreiungen. Nach § 26 Abs. 1 TVöD beträgt der **Erholungsurlaub** im Kalenderjahr 30 Arbeitstage. Die ursprüngliche altersabhängige Staffelung wurde aufgrund der Entscheidung des BAG vom 20.3.2012 zur Altersdiskriminierung aufgegeben[207] und zunächst durch eine Regelung ersetzt, die

[206] BAG v. 19.10.2011 – 5 AZR 138/10 –.
[207] BAG v. 20.3.2012 – 9 AZR 529/10 –.

einen Anspruch von 29 Urlaubstagen, ab dem vollendeten 55. Lebensjahr von 30 Tagen, vorsah. In der Tarifrunde 2014 erfolgte eine erneute Änderung mit der Folge, dass nunmehr alle Beschäftigten unabhängig vom Lebensalter einen Urlaubsanspruch von 30 Arbeitstagen haben. Bei der Anzahl der Urlaubstage wird eine Verteilung der wöchentlichen Arbeitszeit auf fünf Tage in der Kalenderwoche zugrunde gelegt. Bei einer anderen Verteilung der wöchentlichen Arbeitszeit erhöht oder vermindert sich der Urlaubsanspruch entsprechend (§ 26 Abs. 1 Satz 3 TVöD). Der tarifvertragliche Urlaubsanspruch geht somit über den gesetzlichen Urlaubsanspruch hinaus, der gemäß § 3 BUrlG 24 Werktage unter Zugrundelegung von sechs Arbeitstagen pro Woche vorsieht. Der Urlaubsanspruch ist allein an den Bestand eines Arbeitsverhältnisses gebunden, unabhängig davon, ob der Beschäftigte tatsächlich Arbeit leistet. Er entsteht daher auch dann, wenn der Arbeitnehmer nicht arbeitet, etwa weil er im Urlaubsjahr wegen Arbeitsunfähigkeit an einer Arbeitsleistung gehindert ist.[208] Kann der Arbeitnehmer aufgrund fortbestehender Arbeitsunfähigkeit seinen gesetzlichen Urlaubsanspruch nicht realisieren, verfällt dieser aufgrund unionsrechtskonformer Auslegung des § 7 Abs. 3 Satz 3 BUrlG 15 Monate nach Ablauf des Urlaubsjahres.[209] Gesetzlich begründete Urlaubsansprüche entstehen auch dann, wenn das Arbeitsverhältnis wegen des Bezugs einer befristeten Rente wegen Erwerbsminderung (§ 33 Abs. 2 Satz 6 TVöD) ruht.[210] Der gesetzlich zustehende Mindesturlaub unterliegt bei Ruhen des Arbeitsverhältnisses dementsprechend auch keiner Kürzung. Es ist zwischen dem gesetzlichen Mindesturlaub und dem tariflichen Mehrurlaub zu differenzieren und zu prüfen, ob der jeweilige Tarifvertrag eine eigenständige Urlaubsregelung enthält, die nicht ohne Weiteres den Regelungen für den gesetzlichen Mindesturlaub folgt. Für den TVöD hat das BAG mit Blick auf die tariflichen Bestimmungen zur Übertragung von Urlaub eine eigenständige Urlaubsregelung bejaht.[211]

Die Reduzierung des Urlaubs bei **ruhendem Arbeitsverhältnis** um ein Zwölftel für 99
jeden Kalendermonat (§ 26 Abs. 2 lit. c TVöD) betrifft daher lediglich den tariflichen Mehrurlaub, da die Tarifvertragsparteien nicht den gesetzlichen Mindesturlaub verkürzen dürfen. Etwas anders gilt, wenn eine Kürzung gesetzlich eröffnet ist, so z. B. in § 17 Abs. 1 Satz 1 BEEG für die Elternzeit und in § 4 Abs. 4 PflegeZG für die Pflegezeit. Eine weitere Ausnahme betrifft den Fall des Sonderurlaubs nach § 28 TVöD. Der Zeitraum des Sonderurlaubs ist bei der Berechnung des Urlaubsanspruches mit „null" Arbeitstagen in Ansatz zu bringen. Ein Urlaubsanspruch für die Zeit des Sonderurlaubs besteht deshalb regelmäßig nicht[212] und zwar weder auf gesetzlichen Mindesturlaub noch auf tariflichen Mehrurlaub. Darüber hinaus kommt eine **Kürzung** des Urlaubsanspruches in Betracht, wenn das Arbeitsverhältnis im Laufe eines Kalenderjahres beginnt oder endet. In diesem Fall steht dem Beschäftigten als Urlaubsanspruch für jeden vollen Monat des Arbeitsverhältnisses ein Zwölftel des tariflichen Urlaubsanspruches zu (§ 26 Abs. 2 lit. b TVöD). Dabei sind jedoch die Vorgaben des § 5 BUrlG zu beachten, der nicht zu Ungunsten der Beschäftigten abgedungen werden kann. Die dortige gesetzliche Regelung sieht in nur drei Fällen die Möglichkeit einer solchen Kürzung des Urlaubsanspruches vor: erstens für Zeiten eines Kalenderjahres, für die der Arbeitnehmer wegen Nichterfüllung der Wartezeit in diesem Kalenderjahr keinen vollen Urlaubsanspruch erwirbt. Zweitens, wenn der Arbeitnehmer vor erfüllter Wartezeit aus dem Arbeitsverhältnis ausscheidet und drittens, wenn der Beschäftigte nach erfüllter Wartezeit in der ersten Hälfte des Kalenderjahres ausscheidet. Damit ist bspw. eine Kürzung des gesetzlichen Urlaubsanspruchs nicht zulässig, wenn der Beschäftigte nach erfüllter Wartezeit in der zweiten Hälfte des Kalenderjahres aus dem Arbeitsverhältnis ausscheidet. Das Kürzungsverbot bezieht sich aber nur auf den gesetzlichen, nicht dagegen auf den weitergehenden tariflichen Urlaubsanspruch. In diesem Fall ist eine Ver-

---

[208] BAG v. 7.8.2012 – 9 AZR 353/10 –.
[209] BAG v. 7.8.2012 – 9 AZR 353/10 unter Hinweis auf EuGH v. 22.11.2011 – C – 214/10 –.
[210] BAG v. 7.8.2012 – 9 AZR 353/10 –.
[211] BAG v. 22.5.2012 – 9 AZR 575/10 –.
[212] BAG v. 19.3.2019 – 9 AZR 406/17 –.

gleichsberechnung anzustellen, die sichert, dass dem Beschäftigten der gesetzliche Mindesturlaubsanspruch verbleibt.

100 Der volle Urlaubsanspruch entsteht nach erfüllter Wartefrist mit Beginn des Kalenderjahres und muss grundsätzlich im **laufenden Kalenderjahr** realisiert werden. Während § 7 Abs. 3 BUrlG eine Übertragung des Urlaubs in das nächste Kalenderjahr nur in relativ engen Grenzen ermöglicht und vorschreibt, dass bei einer Übertragung der Urlaub in den ersten drei Monaten des folgendes Kalenderjahres gewährt und genommen werden muss (Ausnahme: langanhaltende Arbeitsunfähigkeit, ruhendes Arbeitsverhältnis bei befristeter Erwerbsunfähigkeitsrente: siehe Rn. 98), ist die tarifliche Regelung weiter gefasst (§ 26 Abs. 2 lit. a TVöD). Allerdings gilt auch nach dem TVöD, dass Urlaub grundsätzlich im jeweiligen Kalenderjahr zu nehmen ist und nur ausnahmsweise eine Übertragung in Betracht kommt, nämlich wenn dringende betriebliche oder in der Person des Arbeitnehmers liegende Gründe dies rechtfertigen (§ 7 Abs. 3 Satz 2 BUrlG). Der übertragene Urlaub muss in den ersten drei Monaten des folgenden Kalenderjahres **angetreten** werden, d. h. der erste Urlaubstag muss spätestens der 31. März sein. Eine noch zeitlich weitergehende Übertragung ist gleichfalls an das Vorliegen bestimmter Gründe gebunden. Danach kann der übertragene Urlaub auch noch nach dem 31. März bis zum 31. Mai angetreten werden, wenn innerhalb der ersten drei Monate des Kalenderjahres der Urlaub aufgrund einer Arbeitsunfähigkeit oder aus betrieblichen bzw. dienstlichen Gründen nicht angetreten werden konnte. Der Hinderungsgrund muss dabei in den ersten drei Monaten des folgenden Kalenderjahres vorgelegen haben. Wurde der Erholungsurlaub nicht bis zum 31. Mai des Folgejahres angetreten, geht er als Naturalanspruch unter. Dies gilt allerdings ohne Weiteres nur für den tariflichen Mehrurlaub. Der gesetzliche Mindesturlaub erlischt in unionsrechtskonformer Auslegung des § 7 Abs. 3 BUrlG nur dann am Ende des zulässigen Übertragungszeitraums, wenn der Arbeitgeber den Arbeitnehmer zuvor in die Lage versetzt hat, seinen Urlaubsanspruch wahrzunehmen, und der Arbeitnehmer den Urlaub dennoch aus freien Stücken nicht genommen hat. Der Arbeitgeber genügt seinen Mitwirkungsobliegenheiten bei der Verwirklichung des Urlaubsanspruches, indem er den Arbeitnehmer – erforderlichenfalls förmlich – auffordert, seinen Urlaub zu nehmen, und ihm klar und rechtzeitig mitteilt, dass der Urlaub mit Ablauf des Übertragungszeitraums verfällt, wenn er ihn nicht beantragt.[213] Dabei reicht es nicht aus, über abstrakte Angaben im Arbeitsvertrag oder in einem Merkblatt zu informieren, vielmehr muss sich der Arbeitgeber auf einen konkret bezeichneten Urlaubsanspruch eines bestimmten Jahres beziehen und den Anforderungen an eine völlige Transparenz genügen.[214] Die Übertragung in das Folgejahr vollzieht sich dabei kraft der gesetzlichen und tarifvertraglichen Regelungen, soweit die in § 7 Abs. 3 BUrlG und § 26 Abs. 2 Buchst. a TVöD geregelten Voraussetzungen vorliegen. Einer besonderen Erklärung des Arbeitgebers oder des Beschäftigten bedarf es nicht.[215]

101 Endet das Arbeitsverhältnis, ohne dass der Urlaubsanspruch vollständig realisiert wurde, wandelt sich der noch offene Urlaubsanspruch in einen **Abgeltungsanspruch** um (§ 7 Abs. 4 BUrlG). Endet das Arbeitsverhältnis durch Tod des Arbeitnehmers, so steht den Erben ein Anspruch auf Abgeltung des von diesem nicht genommenen Erholungsurlaubs nach § 1922 Abs. 1 BGB i. V. m. § 7 Abs. 4 BUrlG zu.[216] Das gilt im Übrigen auch für den nicht genommenen tariflichen Mehrurlaub nach § 26 TVöD, so das BAG in Abkehr von seiner bisherigen Rechtsprechung.[217] Der Abgeltungsanspruch ist ein reiner Geldanspruch, der der tariflichen Ausschlussfrist unterfällt.[218]

102 Die **Inanspruchnahme** von Urlaub bedarf grundsätzlich einer Freistellungserklärung (Genehmigung) durch den Arbeitgeber. Der Arbeitnehmer ist nicht zur Selbstbefreiung

213 BAG v. 19.2.2019 – 9 AZR 541/15 –.
214 BAG v. 19.2.2019 – 9 AZR 423/16 –.
215 BAG v. 9.8.1994 – 9 AZR 384/92 –.
216 BAG v. 22.1.2019 – 9 AZR 45/16 –.
217 BAG v. 22.1.2019 – 9 AZR 45/16 –.
218 BAG v. 21.2.2012 – 9 AZR 486/10 –.

befugt. Die Aufstellung eines verbindlichen Urlaubsplanes, in dem die Lage und die Dauer des gesamten Urlaubes oder großer Teile des Urlaubes bereits verbindlich zu Beginn des Kalenderjahres festgelegt werden, ist zulässig. Die Aufstellung eines derartigen Urlaubsplanes unterfällt regelmäßig der Beteiligung des Personalrats bzw. des Betriebsrates nach § 87 Abs. 1 Nr. 5 BetrVG. Bei der Lage und Dauer des Urlaubes sind die **Wünsche des Arbeitnehmers** angemessen zu berücksichtigen. Der Arbeitgeber hat dem Beschäftigten auf dessen Antrag hin Urlaub zu gewähren, es sei denn, dem stehen dringende betriebliche Belange (z. B. Personalausfall oder personalintensive Zeiten[219]) oder Urlaubswünsche anderer Arbeitnehmer, die unter sozialen Gesichtspunkten den Vorrang verdienen, entgegen (§ 7 Abs. 1 BUrlG).[220] Gemäß der Protokollerklärung zu § 26 Abs. 1 Satz 5 TVöD soll bei der Gewährung des Urlaubes zumindest ein Urlaubsteil mit einer Dauer von zwei Wochen angestrebt werden. Dies ist jedoch nicht zwingend. Aus Sinn und Zweck des Erholungsurlaubes ergibt sich jedoch, dass er in größeren zusammenhängenden Teilen zu nehmen ist, um den gewünschten Erholungseffekt sicher zu stellen. Hat der Arbeitgeber dem Beschäftigten die Gewährung des Urlaubes zu einem bestimmten Zeitpunkt genehmigt, kann ein einseitiger Widerruf des genehmigten Urlaubes weder durch den Arbeitnehmer noch durch den Arbeitgeber erfolgen. Der Arbeitgeber hat für den genehmigten Zeitraum auf sein Direktionsrecht hinsichtlich der Erbringung der Arbeitsleistung verzichtet. Dies gilt selbst dann, wenn aufgrund nicht vorhersehbarer Entwicklungen Umstände eingetreten sind, die nunmehr eine Versagung des Urlaubswunsches des Beschäftigten rechtfertigen würden; unvorhergesehene Notfälle können gemäß § 242 BGB allerdings ausnahmsweise eine Rücksichtnahmepflicht des Arbeitnehmers begründen.[221] Nur im gegenseitigen Einvernehmen kann die zeitliche Lage eines genehmigten Urlaubs verändert werden. Verweigert der Arbeitgeber beantragten Urlaub, ohne dass ihm hierfür rechtfertigende Gründe zur Seite stehen, kann der Arbeitnehmer im Wege einer einstweiligen Verfügung die Gewährung der Freistellung zu einem bestimmten Zeitpunkt verlangen.

Ist der Beschäftigte bereits aus anderen Gründen von der Pflicht zur Erbringung der **103**
Arbeitsleistung befreit, kann ihm kein Urlaub gewährt werden, da der Arbeitgeber den Beschäftigten mit der Gewährung des Urlaubs von der Arbeitsleistung befreit. Insofern ist maßgebend, welche **Arbeitsbefreiung** zuerst erfolgte. Andere, nach der Freistellungserklärung auftretende Tatbestände, die eine Arbeitsbefreiung begründen können (z. B. nach § 29 TVöD), sind dann nicht mehr relevant. Lediglich für eine **Arbeitsunfähigkeit,** die während des Urlaubs auftritt, wurde in § 9 BUrlG eine abweichende Regelung getroffen. Erkrankt der Arbeitnehmer während des Urlaubs, werden die Tage der Arbeitsunfähigkeit nicht auf den Urlaubsanspruch angerechnet. Für diese Tage erfolgt daher kein Verbrauch des Urlaubsanspruches. Voraussetzung ist jedoch, dass der Arbeitnehmer seine Arbeitsunfähigkeit durch ein ärztliches Zeugnis nachweist. Eine bloße Anzeige der Arbeitsunfähigkeit im Sinne von § 5 Abs. 1 Satz 1 EFZG ist nicht ausreichend. Ist der Arbeitnehmer während des Urlaubes vorübergehend erkrankt, führt dies nicht automatisch zu einer Veränderung der zeitlichen Lage des Urlaubs, d. h. er verlängert sich nicht um die Tage der Arbeitsunfähigkeit. Vielmehr erfolgt während der Dauer der Arbeitsunfähigkeit kein Verbrauch von Urlaub.

Zusätzlich zu dem in § 26 TVöD geregelten Erholungsurlaub können Beschäftigte, die **104**
ständig Wechselschicht oder Schichtarbeit leisten, für je zwei zusammenhänge Monate Wechselschichtarbeit (bei Schichtarbeit für je vier zusammenhängende Monate) einen Arbeitstag **Zusatzurlaub** erhalten (§ 27 TVöD). Dabei ist der Anspruch auf Zusatzurlaub auf maximal sechs Arbeitstage im Kalenderjahr beschränkt. Der Erholungsurlaub und der Zusatzurlaub dürfen im Kalenderjahr zusammen 35 Arbeitstage nicht überschreiten. Bei Beschäftigten, die das 50. Lebensjahr vollendet haben, gilt eine Höchstgrenze von 36

[219] HK-TVöD/TV-L § 26 Rn. 35.
[220] BAG v. 22.9.1992 – 9 AZR 483/91 –.
[221] HK-TVöD/TV-L § 26 Rn. 39 m. w. N.

Arbeitstagen. Wird keine ständige Wechselschicht bzw. keine ständige Schichtarbeit geleistet, soll bei entsprechender Belastung die Gewährung zusätzlicher Urlaubstage durch Betriebs- oder Dienstvereinbarung geregelt werden. Der Zusatzurlaub ist Bestandteil des tariflichen Mehrurlaubs. Schwerbehinderte Menschen haben Anspruch auf **Zusatzurlaub nach § 208 SGB IX** in einem Umfang von fünf Arbeitstagen im Jahr. Dieser Zusatzurlaub teilt grundsätzlich das Schicksal des gesetzlichen Mindesturlaubes. Eine anteilige Kürzung kann nach Maßgabe von § 5 BUrlG erfolgen.

105 Während des Urlaubs hat der Beschäftigte Anspruch auf **Fortzahlung des Entgelts.** Die entsprechende Bemessungsgrundlage ist in § 21 TVöD geregelt. Danach werden sowohl das Tabellenentgelt, als auch die in Monatsbeträgen festgelegten Entgeltbestandteile und der Durchschnittswert der nicht in Monatsbeträgen festgelegten Entgeltbestandteile weiter gezahlt.[222]

106 Nach § 28 TVöD können Beschäftigte bei Vorliegen eines wichtigen Grundes unter Verzicht auf die Fortzahlung des Entgelts **Sonderurlaub** erhalten. Den Beschäftigten wird kein Rechtsanspruch auf die Gewährung des Sonderurlaubs eingeräumt. Die Entscheidung hierüber hat der Arbeitgeber im Rahmen billigen Ermessens zu treffen, wobei er die vom Beschäftigten vorgebrachten wichtigen Gründe im Rahmen einer Interessenabwägung zu berücksichtigen hat. Liegen objektiv auf Seiten des Beschäftigten „wichtige Gründe", z. B. familiäre Gründe, vor, ist das Ermessen des Arbeitgebers entsprechend eingeengt. Unabhängig von tariflichen Voraussetzungen kann dem Arbeitnehmer jederzeit Sonderurlaub gewährt werden, ohne dass ein wichtiger Grund vorliegt. Aus Gründen der Rechtssicherheit empfiehlt es sich, die Dauer des Sonderurlaubes schriftlich zu vereinbaren. Grundsätzlich hat der Beschäftigte während des Sonderurlaubs keinen Anspruch auf Fortzahlung des Entgeltes.

107 **ll) Ansprüche auf Arbeitsbefreiung.** In § 29 TVöD werden mögliche Anlässe einer **zeitlich befristeten Arbeitsbefreiung** unter Fortzahlung des Entgelts geregelt. Absatz 1 konkretisiert mit der abschließenden Aufzählung der Freistellungsansprüche die Regelung in § 616 BGB. Bei den Tatbeständen unter Buchstaben a bis f ist der Arbeitnehmer verpflichtet, den entsprechenden Anlass zu belegen bzw. entsprechende Nachweise vorzulegen. Die Arbeitsbefreiung muss in unmittelbarem zeitlichen Zusammenhang mit dem jeweiligen Anlass stehen bzw. erfolgen.[223]

108 In den Fällen einer Arbeitsbefreiung wegen einer **schweren Erkrankung** des Kindes oder eines Angehörigen, der im selben Haushalt lebt, (Abs. 1 lit. e) erfolgt die Freistellung nur, soweit eine andere Person zur Pflege oder Betreuung nicht zur Verfügung steht. Bei einer Erkrankung des Kindes, das das 12. Lebensjahr noch nicht vollendet hat bzw. bei der schweren Erkrankung eines Angehörigen, der in demselben Haushalt lebt, ist eine ärztliche Bescheinigung erforderlich, die die Notwendigkeit der Anwesenheit des Beschäftigten zur vorläufigen Pflege ausdrücklich bescheinigt. Nach Abs. 1 lit. f besteht ein Anspruch auf Arbeitsbefreiung auch zur **ärztlichen Behandlung** des Beschäftigten, allerdings unter der Voraussetzung, dass diese ärztliche Behandlung während der Arbeitszeit erfolgen muss. Grundsätzlich sind Arzttermine so zu wählen, dass sie außerhalb der Arbeitszeit liegen. Die Behandlung während der Arbeitszeit muss unumgänglich sein. Der Beschäftigte hat dabei die Möglichkeiten der Arbeitszeitverlagerung (Gleitzeit) auszunutzen. Die Notwendigkeit der ärztlichen Behandlung während der Arbeitszeit ist von ihm nachzuweisen. Die tarifvertragliche Regelung verlangt, dass die gesamte erforderliche Abwesenheitszeit einschließlich der erforderlichen Wegezeit nachzuweisen ist. Dazu gehört es nicht nur, den Beginn, sondern auch die Dauer der Behandlung zu belegen.

109 Nach § 29 Abs. 2 TVöD besteht ein Anspruch auf Arbeitsbefreiung bei **Erfüllung allgemeiner staatsbürgerlicher Pflichten** nach deutschem Recht, soweit eine entsprechende Arbeitsbefreiung gesetzlich ausdrücklich vorgesehen ist. Es gilt der Grundsatz, dass

[222] → Rn. 91 f.

[223] BAG v. 27.4.1983 – 5 AZR 506/80 –.

die Ausübung der staatsbürgerlichen Pflichten nach Möglichkeit außerhalb der Arbeitszeit zu erfolgen hat. Ein Anspruch auf Fortzahlung des Entgelts besteht nur dann, soweit der Beschäftigte nicht anderweitige Ansprüche auf Ersatz des Entgeltes geltend machen kann. Als staatsbürgerliche Pflichten kommen die Mitwirkung in Wahlorganen bei Europa-, Bundestags-, Landtags- und Kommunalwahlen sowie die Tätigkeit als ehrenamtlicher Richter oder als Schöffe in Betracht.

Nach Absatz 4 besteht ein Anspruch auf Arbeitsbefreiung von bis zu acht Werktagen im 110
Jahr unter Fortzahlung des Entgeltes zur Teilnahme an der Ausübung der dort aufgeführten **Wahlfunktionen in der Gewerkschaft.** Zur Teilnahme an Tarifverhandlungen kann Gewerkschaftsmitgliedern auf Anforderung der vertragsschließenden Gewerkschaft Arbeitsbefreiung unter Fortzahlung des Entgelts ohne zeitliche Höchstgrenze erteilt werden. Gleichfalls ohne zeitliche Begrenzung kann zur Teilnahme an Sitzungen von Prüfungs- und Berufsbildungsausschüssen sowie für die Tätigkeit in Organen der Sozialversicherungsträger Arbeitsbefreiung unter Fortzahlung des Entgeltes gewährt werden, sofern der Freistellung nicht dringende dienstliche oder betriebliche Interessen entgegenstehen. Unbeschadet dessen ist der Arbeitgeber auch in anderen Fällen grundsätzlich berechtigt, unter Fortzahlung des Entgeltes Arbeitsbefreiung von bis zu drei Arbeitstagen nach § 29 Abs. 3 TVöD zu gewähren.

mm) befristete Arbeitsverträge. Der TVöD enthält in Abschnitt V in den §§ 30 bis 32 111
Regelungen zu befristeten Arbeitsverträgen. Während in den §§ 31 und 32 **besondere Gründe** für ein befristetes Arbeitsverhältnis geregelt sind, enthält § 30 vor allem Beschränkungen für den Abschluss befristeter Arbeitsverträge. Grundsätzlich sind gemäß § 30 Abs. 1 TVöD befristete Arbeitsverträge nach Maßgabe des TzBfG und anderer gesetzlicher Vorschriften zulässig. Die nachfolgenden Absätze 2 bis 5 gelten ausschließlich für das Tarifgebiet West und resultieren aus der ehemaligen SR 2y zum BAT, die im Tarifgebiet Ost keine Anwendung fand.

Nach § 14 Abs. 2 TzBfG sind kalendermäßige Befristungen **ohne sachlichen Grund** 112
mit einer Zeitdauer von bis zu zwei Jahren zulässig. Innerhalb der Höchstdauer von bis zu zwei Jahren kann das bestehende Arbeitsverhältnis bis zu dreimal verlängert werden. Eine solche sachgrundlose Befristung ist jedoch nicht zulässig, wenn mit demselben Arbeitgeber bereits zuvor ein Arbeitsverhältnis bestanden hat (§ 14 Abs. 2 Satz 2 TzBfG). Dieses Verbot kann allerdings insbesondere dann unzumutbar sein, wenn die Vorbeschäftigung bereits sehr lange zurückliegt. Das ist nach dem BAG nicht bereits dann der Fall, wenn die Vorbeschäftigung rund 15 Jahre zurückdatiert,[224]wohl aber dann, wenn die Vorbeschäftigung schon vor rund 22 Jahren endete.[225] Eine nach § 14 Abs. 2 TVöD zulässige Verlängerung der Befristung liegt nur vor, wenn der Vertrag zur Verlängerung noch während der Laufzeit der ursprünglichen Befristung schriftlich zwischen den Parteien vereinbart wird. Gegenstand des Verlängerungsvertrages darf dabei ausschließlich nur das geänderte Enddatum sein. Werden zugleich weitere Bedingungen des Arbeitsverhältnisses geändert, und sei es zu Gunsten des Beschäftigten, liegt kein Verlängerungsvertrag im Sinne von § 14 Abs. 2 Satz 1 TzBfG vor.[226] Eine Ausnahme gilt nur dann, wenn der Arbeitgeber anläßlich der Verlängerung den Vertragstext an die zum Zeitpunkt der Verlängerung geltende Rechtslage anpasst.[227]

Erleichterte Möglichkeiten zum Abschluss von kalendermäßig befristeten Verträgen ohne 113
sachlichen Grund bestehen nach § 14 Abs. 2a TzBfG für **neu gegründete Unternehmen,** die in den ersten vier Jahren nach ihrer Gründung kalendermäßig befristete Arbeitsverträge ohne Vorliegen eines sachlichen Grundes mit einer Dauer von bis zu vier Jahren abschließen können. Innerhalb dieser Gesamtdauer ist eine mehrfache Verlängerung zu-

[224] BAG v. 17.4.2019 – 7 AZR 323/17 –.
[225] BAG v. 21.8.2019 – 7 AZR 452/17 –, öAT 2020, S. 33.
[226] BAG v. 23.8.2006 – 7 AZR 12/06 –.
[227] BAG v. 23.8.2006 – 7 AZR 12/06 –.

lässig. Mit **älteren Arbeitnehmern,** die bereits das 52. Lebensjahr vollendet haben und die vor Beginn des befristeten Arbeitsverhältnisses mindestens vier Monate beschäftigungslos i. S. von § 138 Abs. 1 Nr. 1 SGB III waren, kann gemäß § 14 Abs. 3 TzBfG eine Befristung ohne sachlichen Grund mit einer Gesamtdauer von fünf Jahren vereinbart werden. Innerhalb dieser Gesamtdauer kann das Arbeitsverhältnis beliebig oft verlängert werden.

114 Grundsätzlich ist zu beachten, dass befristete Verträge ohne sachlichen Grund nur als **kalendermäßige Befristung** zulässig sind. Zweckbefristungen (z. B. zur Krankheitsvertretung) bedürfen hingegen immer eines sachlichen Grundes im Sinne von § 14 Abs. 1 TzBfG. Alle Befristungen, die nicht die Voraussetzungen nach § 14 Abs. 2, 2a und 3 TzBfG erfüllen, bedürfen eines sachlichen Grundes. § 14 Abs. 1 TzBfG enthält eine nicht abschließende Aufzählung relevanter sachlicher Gründe. Dazu gehören z. B. der vorübergehende Bedarf an Arbeitsleistung,[228] die Befristung im Anschluß an eine Ausbildung oder ein Studium zur Erleichterung des Übergangs in eine Anschlussbeschäftigung, die Beschäftigung zur Vertretung eines anderen Arbeitsnehmers[229] und die Beschäftigung zum Zwecke der Erprobung. Eine zeitliche Begrenzung für Befristungen mit **sachlichem Grund** besteht nicht. Die Dauer der Befristung steht in engen Zusammenhang mit dem jeweiligen sachlichen Grund, Befristungsgrund und Befristungsdauer müssen sich aber nicht entsprechen.[230] Der Abschluss mehrerer aufeinander folgender befristeter Arbeitsverträge mit sachlichem Grund ist ohne weiteres zulässig, soweit nicht im Einzelfall ein konstitutioneller Missbrauch anzunehmen ist. Die Aneinanderreihung von für sich betrachteten zulässigen Sachgrundbefristungen kann nach Ansicht des BAG ein Indiz für einen Missbrauch der rechtlichen Gestaltungsmöglichkeiten darstellen. Maßgeblich sind hierfür insbesondere die Anzahl und die Gesamtdauer der befristeten Verträge.[231] Eine umfassende Kontrolle nach den Grundsätzen eines institutionellen Rechtsmißbrauchs (§ 242 BGB) ist i. d. R. geboten, wenn die Gesamtdauer des befristeten Arbeitsverhältnisses mehr als acht Jahre beträgt oder mehr als zwölf Verlängerungen erfolgten oder bei einer Gesamtdauer von mehr als sechs Jahren und mehr als neun Verlängerungen. Unter diesen Voraussetzungen hängt es – so das BAG[232] – von weiteren, zunächst vom Arbeitnehmer vorzutragenden Umständen ab, ob ein Mißbrauch der Befristungsmöglichkeit anzunehmen ist. Ein indizierter Mißbrauch liegt i. d. R. vor, wenn die Gesamtdauer der Verträge mehr als zehn Jahre beträgt oder mehr als 15 Verlängerungen erfolgten oder wenn mehr als zwölf Verlängerungen mit einer Gesamtdauer von mehr als acht Jahren vorliegen.[233] In einem solchen Fall hat der Arbeitgeber die Möglichkeit, die Annahme des Rechtsmißbrauches durch den Vortrag besonderer Umstände zu entkräften. Eine Rechtspflicht zur Angabe des Befristungsgrundes im Arbeitsvertrag besteht nicht.[234] Nach § 14 Abs. 4 TzBfG muss die Befristungsabrede schriftlich vereinbart werden. Die Schriftform ist Wirksamkeitsvoraussetzung für eine Befristung, die schriftliche Vereinbarung muss vor Inkraftsetzung des Arbeitsverhältnisses vorliegen.[235] Ein Verstoß gegen das Schriftformgebot führt lediglich zur Unwirksamkeit der Befristung (§ 16 TzBfG) und lässt die übrigen Vertragsbedingungen unberührt.

115 Die o. g. gesetzlichen Regelungen gelten jedoch im Tarifgebiet West nur nach Maßgabe der **Einschränkungen des § 30 Abs. 2 bis 5 TVöD.** Nach Abs. 2 sind kalendermäßig befristete Arbeitsverträge **mit sachlichem Grund** nur zulässig, wenn die Dauer des

[228] Zur Abgrenzung von einer Daueraufgabe vgl. etwa BAG v. 23.1.2019 – 7 AZR 212/17 –, öAT 2019, 144.
[229] Vgl. hierzu i. E. Laber, Die Sachgrundbefristung im Wege der gedanklichen Zuordnung nach § 14 I 2 Nr. 3.
TzBfG, öAT 2019, 155 ff.
[230] HK-TVöD/TV-L, § 30 Rn. 29.
[231] BAG v. 20.2.2002, – 7 AZR 600/00 –.
[232] BAG v. 26.10.2016 – 7 AZR 135/15 –.
[233] BAG v. 26.10.2016 – 7 AZR 135/15 –.
[234] BAG v. 29.6.2011 – 7 AZR 774/09 –; v. 23.6.2004 – 7 AZR 636/03 –; *Breier/Dassau/Kiefer/Lang/Langenbrinck,* § 30 TVöD Rn. 203.
[235] BAG v. 1.12.2004 – 7 AZR 198/04 –.

einzelnen Vertrages fünf Jahre nicht übersteigt. Diese Einschränkung gilt allerdings nur für kalendermäßig befristete Arbeitsverträge, nicht jedoch für Zweckbefristungen oder auflösende Bedingungen. Zudem besteht die Verpflichtung, Beschäftigte mit kalendermäßig befristeten Arbeitsverträgen mit sachlichem Grund bei der Besetzung von freien Dauerarbeitsplätzen bevorzugt zu berücksichtigen, sofern sie die sachlichen und persönlichen Voraussetzungen für den jeweils infrage kommenden Arbeitsplatz erfüllen.

Nach § 30 Abs. 3 TVöD muss die Vertragsdauer eines befristeten Arbeitsvertrages **ohne** 116
sachlichen Grund mindestens sechs Monate betragen. Soll eine Befristung von weniger als sechs Monaten vereinbart werden, bedarf es eines sachlichen Grundes i. S. v. § 14 Abs. 1 TzBfG. Zudem soll die Vertragsdauer, sofern kein sachlicher Grund für die Befristung vorliegt, in der Regel zwölf Monate nicht unterschreiten. Im Unterschied zur zwingenden Mindestdauer von sechs Monaten ist dies nur als Sollvorschrift ausgestaltet. Zudem ist bei befristeten Arbeitsverträgen ohne sachlichen Grund der Arbeitgeber verpflichtet, vor Ablauf des Arbeitsvertrages Möglichkeiten einer unbefristeten oder befristeten Weiterbeschäftigung zu prüfen.

Als weitere Besonderheit ist zu beachten, dass gem. der tarifvertraglichen Vorschrift des 117
Abs. 4 bei befristeten Verträgen ohne sachlichen Grund lediglich die ersten sechs Wochen und bei befristeten Arbeitsverträgen mit sachlichen Grund die ersten sechs Monate als **Probezeit** gelten, innerhalb derer der Arbeitsvertrag mit einer Frist von zwei Wochen zum Monatsschluss gekündigt werden kann. Nach Ablauf der Probezeit ist die **Kündigung** eines befristeten Arbeitsvertrages tariflich nur zulässig, wenn die Vertragsdauer mindestens zwölf Monate beträgt (§ 30 Abs. 5 TVöD). Bei einer kürzeren Vertragslaufzeit, unabhängig davon ob mit oder ohne sachlichen Grund, ist das Recht zur ordentlichen Kündigung ausgeschlossen. Abweichend von § 34 Abs. 1 TVöD sind in § 30 Abs. 5 **besondere Kündigungsfristen** für eine zulässige ordentliche Kündigung eines befristeten Vertrages geregelt.

Die Einschränkungen in den Absätzen 2 bis 5 gelten ausdrücklich nur für das Tarifgebiet 118
West, nicht jedoch für Beschäftigte, auf die die Regelungen des **Tarifgebietes Ost** Anwendung finden. Für diese Beschäftigten können die gesetzlichen Möglichkeiten zum Abschluss von befristeten Verträgen mit und ohne sachlichen Grund im Sinne von § 14 TzBfG voll ausgeschöpft werden. Dabei ist allerdings zu beachten, dass gem. § 15 Abs. 3 TzBfG das Recht zur ordentlichen Kündigung nur besteht, wenn es einzelvertraglich oder in einem anwendbaren Tarifvertrag vereinbart ist. Für das Tarifgebiet West enthalten die Abs. 4 und 5 entsprechend eingeschränkte Kündigungsmöglichkeiten. Für das Tarifgebiet Ost ist jedoch im Tarifvertrag keine Regelung bezüglich der Kündbarkeit getroffen worden, so dass es im Bedarfsfall erforderlich ist, im befristeten Arbeitsvertrag das Recht zur ordentlichen Kündigung zu vereinbaren.

In den §§ 31 und 32 TVöD sind die Übertragung von Führungsfunktionen auf Probe 119
bzw. auf Zeit als Gründe für eine mögliche Befristung benannt worden. Nach § 31 Abs. 1 kann bei externen Bewerbern für die Übertragung einer **Führungsposition auf Probe** ein befristetes Arbeitsverhältnis mit einer Gesamtdauer von bis zu zwei Jahren vereinbart werden, wobei innerhalb dieser Höchstfrist eine zweimalige Verlängerung des Arbeitsvertrages zulässig ist. Als Führungspositionen gelten gem. § 31 Abs. 2 Stellen, die mit der Entgeltgruppe 10 oder höher bewertet sind und bei denen der Stelleninhaber mit einer Weisungsbefugnis gegenüber unterstellten Mitarbeitern ausgestattet ist; sie müssen vor Übertragung vom Arbeitgeber ausdrücklich als Führungspositionen auf Probe bezeichnet worden sein. Nicht vorgegeben ist die Anzahl der Mitarbeiter, gegenüber denen eine Weisungsbefugnis bestehen muss. Aus Sicht des TzBfG kann dies, soweit die Voraussetzungen nach § 14 Abs. 2, 2a oder 3 TzBfG vorliegen, als sachgrundlose Befristung gestaltet werden. Gegen einen Sachgrund „Führung auf Probe" bestehen erhebliche rechtliche Bedenken, da die Tarifvertragsparteien keine zusätzlichen Sachgründe i. S. v. § 14 Abs. 1 TzBfG schaffen können, sondern sich in dem von Gesetzgeber und Rechtsprechung gesetzten Rahmen bewegen müssen. Zwar sieht § 14 Abs. 1 Nr. 5 TzBfG die Erprobung

als Sachgrund an, aber die Rechtsprechung geht hierbei von einer regelmäßigen Höchstfrist von sechs Monaten aus, längere Befristungen zur Erprobung aufgrund besonderer Einzelfallumstände sind aber möglich.[236]

120 Soweit es sich um **interne Bewerber** handelt, kann dem Beschäftigten die Führungsposition zur Erprobung gem. § 31 Abs. 3 auch im Wege des Direktionsrechts im Sinne der vorübergehenden Übertragung einer höherwertigen Tätigkeit bis zur Dauer von zwei Jahren übertragen werden (§ 14 TVöD). In diesem Fall ist eine Zulage in Höhe des Unterschiedsbetrages zwischen der bisherigen Entgeltgruppe und der Entgeltgruppe, die sich ergeben hätte, wenn die Führungsfunktion auf Dauer übertragen worden wäre, zu gewähren.

121 Ziel der Übertragung einer Führungsfunktion auf Probe ist die dauerhafte Übertragung der Funktion, soweit sich der Bewerber bewährt hat. Im Unterschied dazu werden **Führungspositionen auf Zeit** nach Maßgabe von § 32 TVöD von vornherein nur befristet übertragen. Eine dauerhafte Beschäftigung auf der Stelle ist nicht beabsichtigt. Dies kann sowohl im Wege eines befristeten Arbeitsverhältnisses (externe Bewerber) als auch bei einem bestehenden Arbeitsverhältnis als vorübergehende Übertragung der Führungsfunktion erfolgen. Voraussetzung ist wiederum, dass die Führungsfunktion mindestens mit der Entgeltgruppe 10 oder höher bewertet ist und die Stelle mit entsprechenden Weisungsbefugnissen gegenüber unterstellten Beschäftigten ausgestattet ist. Die Übertragung der Führungsposition auf Zeit kann für eine Dauer von bis zu vier Jahren erfolgen. Dabei sind auch entsprechende Verlängerungen möglich. In den Entgeltgruppen 10 bis 12 kann eine höchstens zweimalige Verlängerung bis zu einer Gesamtdauer von acht Jahren erfolgen und ab der Entgeltgruppe 13 sogar eine höchstens dreimalige Verlängerung mit einer Gesamtdauer von bis zu zwölf Jahren.

122 Die von den Tarifvertragsparteien vorgesehene Befristung des Arbeitsverhältnisses auf bis zu vier Jahren, mit Verlängerung sogar bis zu acht bzw. zwölf Jahren ist grundsätzlich auch sachgrundlos zulässig gemäß § 14 Abs. 2 Satz 3 TzBfG. Allerdings sind die Möglichkeiten aufgrund dieser Regelung nicht völlig unbegrenzt. Lt. BAG ist unter Zugrundelegung der Grundsätze zur Mißbrauchskontrolle[237] vor dem Hintergrund von Art. 12 Abs. 1 GG eine sachgrundlose Befristung eines Arbeitsverhältnisses auf der Grundlage von § 14 Abs. 2 Satz 3 TzBfG nur bis zur **Dauer** von sechs Jahren und bis zu dieser Gesamtdauer die bis zu neunmalige Verlängerung des Arbeitsvertrages zulässig.[238]

123 Wird die Führungsfunktion auf Zeit nach § 32 Abs. 3 TzBfG bei einem bereits bestehenden Arbeitsverhältnis vorübergehend übertragen, hat der Beschäftigte für die Dauer der Übertragung Anspruch auf eine **Zulage,** und zwar in Höhe des Unterschiedsbetrages zwischen dem Tabellenentgelt der bisherigen Entgeltgruppe und dem Tabellenentgelt, das sich bei einer Höhergruppierung in Folge einer dauerhaften Übertragung der Tätigkeit ergeben würde. Zudem erhält er noch einen weiteren Zuschlag in Höhe von 75 % des Unterschiedsbetrages zwischen den Tabellenentgelten der Entgeltgruppe der übertragenen Tätigkeit und der nächsthöheren Entgeltgruppe. Da die Übertragung einer Führungsfunktion auf Zeit nicht zur Erprobung erfolgt, endet ein befristetes Arbeitsverhältnis mit Ablauf der vereinbarten Zeit. Ist einem Beschäftigten diese Führungsfunktion auf Zeit im Wege des Direktionsrechts übertragen worden, erhält er nach Fristablauf ein Tabellenentgelt gemäß seiner bisherigen Eingruppierung. Der bisher gewährte Zuschlag entfällt ersatzlos.

124 **nn) Beendigung von Arbeitsverhältnissen.** Der TVöD enthält in § 33 Regelungen zur Beendigung von Arbeitsverhältnissen **ohne Kündigung.** Dies betrifft die Beendigung durch Aufhebungsvertrag und wegen des Erreichens der Altersgrenze zum Bezug der Regelaltersrente sowie bei Bezug einer Erwerbsminderungsrente.

---

236 BAG v. 2.6.2010 – 7 AZR 85/09 –.
237 BAG v. 26.10.2016 – 7 AZR 135/15 –.
238 BAG v. 26.10.2016 – 7 AZR 140/15 –.

Ein Arbeitsverhältnis kann jederzeit im gegenseitigen Einvernehmen durch einen **Auflösungsvertrag** beendet werden. Zwar ist diese Form der Beendigung des Arbeitsverhältnisses ausdrücklich in § 33 Abs. 1 Buchst. b TVöD geregelt, allerdings bedarf es hierzu keiner tariflichen Ermächtigung, da dies Bestandteil der Privatautonomie im Arbeitsvertragsrecht ist (Art. 2 Abs. 1 GG und Art. 12 Abs. 1 GG). Ein Auflösungsvertrag kann zwischen den Arbeitsvertragsparteien jederzeit geschlossen werden, selbst wenn das Arbeitsverhältnis aufgrund gesetzlicher Verbote nicht oder nicht ohne weiteres gekündigt werden kann. Ein Aufhebungsvertrag bedarf zu seiner Wirksamkeit der Schriftform nach § 623 BGB. Wird die Schriftform nicht gewahrt, ist der Auflösungsvertrag nichtig (§ 125 BGB). Im Auflösungsvertrag ist zumindest der Zeitpunkt zu vereinbaren, zu dem das Arbeitsverhältnis sein Ende finden soll. Häufiger Bestandteil sind Regelungen zur Gewährung von Urlaub bzw. zur Urlaubsabgeltung, zur Freistellung, zur Zahlung von Abfindungen, zur Erteilung eines Zeugnisses usw.

Bei Abschluss eines Auflösungsvertrages ist der Arbeitgeber nach § 2 Abs. 2 Satz 2 Nr. 3 **125**
SGB III verpflichtet, den Arbeitnehmer über dessen Pflicht zu informieren, sich unverzüglich bei der Agentur für Arbeit arbeitssuchend zu melden. Allerdings hat ein Verstoß gegen diese **Informationspflicht** keine Folgen. Insbesondere ist der Arbeitgeber dem Arbeitnehmer aus diesem Grunde nicht zum Ersatz eines möglichen Schadens verpflichtet.[239] Unbeschadet der Informationspflicht nach SGB III ist der Arbeitgeber bei Abschluss eines Auflösungsvertrages grundsätzlich nicht verpflichtet, den Arbeitnehmer unaufgefordert über die möglichen Folgen einer einvernehmlichen Beendigung des Arbeitsverhältnisses aufzuklären. Vielmehr ist der Beschäftigte gehalten, sich über die möglichen Konsequenzen eines Auflösungsvertrages selbst zu informieren. Dies gilt auch dann, wenn der Aufhebungsvertrag mit negativen Folgen für eine betriebliche Altersversorgung verbunden ist.[240] Nur in Ausnahmefällen können im Ergebnis einer umfassenden Interessenabwägung nach Treu und Glauben Auskunftspflichten bestehen. Bspw. wenn die Unkenntnis des Arbeitnehmers offensichtlich ist und der Arbeitgeber die Auskünfte selbst unschwer erteilen kann oder wenn der Arbeitnehmer aufgrund besonderer Umstände darauf vertrauen darf, dass der Arbeitgeber ihn vor nachteiligen Folgen des Aufhebungsvertrags bewahren wird[241]. Auch in diesen Fällen muss der Arbeitgeber die Auskünfte nicht selbst erteilen, sondern er kann den Beschäftigten an die zuständigen Stellen (Zusatzversorgungskasse, Agentur für Arbeit usw.) verweisen. Erteilt der Arbeitgeber jedoch selbst Auskünfte, unabhängig davon, ob er hierzu verpflichtet war, müssen diese zutreffend sein, anderenfalls können dem Beschäftigten Schadensersatzsprüche entstehen. Dem Beschäftigten muss bei Abschluss eines Aufhebungsvertrages auch keine **Überlegungsfrist** eingeräumt werden. Letztlich ist es der autonomen Entscheidungsmacht des Beschäftigten selbst überlassen, ob er dem Auflösungsvertrag zustimmt.

Der Auflösungsvertrag stellt in der Praxis im Verhältnis zur Kündigung eine weitgehend **126**
rechtsichere Möglichkeit zur Beendigung von Arbeitsverhältnissen dar. Dem Arbeitnehmer verbleibt als Rechtsmittel regelmäßig nur die **Anfechtung** oder die Feststellung der Nichtigkeit. In der Praxis kommt insbesondere dem Anfechtungsrecht Bedeutung zu. Dabei geht es weniger um die Anfechtung wegen Irrtums (§ 119 BGB) oder wegen arglistiger Täuschung, sondern vorrangig um die Anfechtung wegen **widerrechtlicher Drohung** (§ 123 Abs. 1 BGB), da häufig anstelle einer (angedrohten) Kündigung ein Auflösungsvertrag abgeschlossen wird. Eine Drohung liegt nur vor, wenn dem Vertragspartner ein zukünftiges Übel angekündigt wird, um ihn zum Abschluss des Auflösungsvertrags zu veranlassen. Um jedoch eine Anfechtung zu begründen, muss diese Drohung widerrechtlich sein. Die Umsetzung dieser Drohung muss aus rechtlicher Sicht unzulässig sein. Grundsätzlich stellt die Inaussichtstellung einer Kündigung eine Drohung dar, die

---

239 BAG v. 29.9.2005 – 8 AZR 571/04 –.
240 BAG v. 3.7.1990 – 3 AZR 382/89 –.
241 BAG v. 3.7.1990 – 3 AZR 382/89 –.

jedoch für sich genommen noch nicht widerrechtlich ist. Widerrechtlich ist die Androhung einer Kündigung nur dann, wenn ein verständiger Arbeitgeber in dieser Situation eine Kündigung nicht ernsthaft in Erwägung ziehen durfte. Ob die angedrohte Kündigung, wenn sie dann erfolgt wäre, sich in einem Kündigungsschutzprozess als bestandskräftig erweisen würde, ist nicht maßgeblich.[242] Die Androhung einer außerordentlichen Kündigung ist daher widerrechtlich, wenn bspw. die Frist des § 626 BGB zum Zeitpunkt der Androhung bereits überschritten war oder es offensichtlich an einem wichtigen Grund für die außerordentliche Kündigung gefehlt hat. Auch bestehende gesetzliche oder tarifvertragliche Kündigungsverbote führen regelmäßig dazu, dass eine trotz der Verbote angedrohte Kündigung eine widerrechtliche Drohung im Sinne von § 123 Abs. 1 BGB darstellt. Die Anfechtung wegen widerrechtlicher Drohung oder arglistiger Täuschung muss innerhalb eines Jahres erfolgen (§ 124 BGB). In einem Rechtsstreit trägt grundsätzlich der Anfechtende die Darlegungslast dafür, dass die Voraussetzungen für eine Anfechtung vorgelegen haben. Es ist somit Sache des Beschäftigten nachzuweisen, dass er zum Abschluss des Aufhebungsvertrages durch widerrechtliche Drohungen seitens des Arbeitgebers veranlasst worden ist. Ein **Widerruf des Auflösungsvertrages** im Sinne von §§ 312, 355 BGB kommt nicht in Betracht, soweit der Aufhebungsvertrag im Betrieb und nicht an einem atypischen Ort (Wohnung des Beschäftigten, Gaststätte usw.) abgeschlossen worden ist.[243]

127 Gemäß § 33 Abs. 1 lit. a TVöD endet das Arbeitsverhältnis mit Ablauf des Monats, in dem der Beschäftigte das gesetzlich festgelegte Alter zum Erreichen der **Regelaltersrente** vollendet hat. Die in den Vorgängerregelungen enthaltene Altersgrenze, die auf die Vollendung des 65. Lebensjahres abstellte, ist aufgrund der durch das Rentenversicherungs-Altersgrenzenanpassungsgesetz vom 20.4.2007 vorgesehenen stufenweise Anhebung der Regelaltersgrenze von 65 Jahren auf 67 Jahre geändert worden. Eine tarifliche Regelung, die die Beendigung des Arbeitsverhältnisses mit dem Erreichen der Regelaltersgrenze vorsieht, ist grundsätzlich zulässig.[244] Das Erreichen der maßgeblichen Altersgrenze führt zur automatischen Beendigung des Arbeitsverhältnisses, ohne dass es einer Kündigung bedarf. Es kommt nicht darauf an, ob der Beschäftigte einen Rentenantrag gestellt hat oder ob er einen Anspruch auf den Bezug einer Altersrente hat. Die Möglichkeit eines vorzeitigen Bezugs der Altersrente führt jedoch nicht zu einer automatischen Beendigung des Arbeitsverhältnisses nach § 33 Abs. 1 TVöD. Der Arbeitgeber ist nicht verpflichtet, den Beschäftigten nach § 21 i. V. m. § 15 Abs. 2 TzBfG auf die bevorstehende Beendigung des Arbeitsverhältnisses hinzuweisen. Nach der Rechtsprechung des BAG handelt es sich bei einer solchen Altersgrenzenregelung nicht um eine auflösende Bedingung, sondern um eine kalendermäßig bestimmbare Befristung des Arbeitsverhältnisses, so dass eine dementsprechende Erklärung des Arbeitgebers nicht erforderlich ist.[245]

128 Nach Maßgabe von § 33 Abs. 5 TVöD besteht die Möglichkeit, einen Arbeitnehmer, dessen Arbeitsverhältnis aufgrund des Erreichens der Altersgrenze geendet hat, nach der Beendigung **weiter zu beschäftigen.** Hierzu ist ein neuer schriftlicher Arbeitsvertrag abzuschließen. Mit dem ausdrücklichen Hinweis auf den Abschluss eines neuen Arbeitsvertrages wird klargestellt, dass das Arbeitsverhältnis ab diesem Zeitpunkt auf eine neue Grundlage gestellt wird. Die Weiterbeschäftigung kann daher zu geänderten Bedingungen (andere Arbeitszeit, Tätigkeit, Eingruppierung usw.) erfolgen. Unter Beachtung der allgemeinen tariflichen und gesetzlichen Vorgaben ist auch der Abschluss befristeter Verträge möglich. Da allerdings diese Beschäftigten auch nach Erreichen der Regelaltersgrenze nicht vom Geltungsbereich des TVöD ausgenommen sind, finden die tarifvertraglichen Vorschriften uneingeschränkt Anwendung. Eine Modifizierung wurde jedoch dahingehend vorgenommen, dass in diesen Fällen nicht die Kündigungsfristen und die Schutzvorschriften des § 34 Abs. 1 und 2 TVöD gelten. Vielmehr kann das Arbeitsverhältnis jederzeit mit

242 BAG v. 12.8.1999 – 2 AZR 832/98 –.
243 BAG v. 27.11.2003 – AZR 135/03 –.
244 BAG v. 21.4.1977 – 2 AZR 125/76 –.
245 BAG v. 27.11.2002 – 7 AZR 414/01 –.

einer Frist von vier Wochen zum Monatsende unter Beachtung der sonstigen kündigungsschutzrechtlichen Vorschriften gekündigt werden, soweit im Arbeitsvertrag diesbezüglich keine anderen Vereinbarungen getroffen worden sind (§ 33 Abs. 5 S. 2 TVöD).

Zudem endet das Arbeitsverhältnis gemäß § 33 Abs. 2 TVöD, wenn der Beschäftigte eine **Rente wegen voller oder teilweiser Erwerbsminderung** erhält und zwar mit Ablauf des Monats, in dem der Bescheid des Rentenversicherungsträgers dem Arbeitnehmer zugestellt wird. Wird in dem Bescheid ein zukünftiger Rentenbeginn benannt, endet das Arbeitsverhältnis erst mit Ablauf des dem Rentenbeginn vorangehenden Tages. Da der Rentenbescheid nicht dem Arbeitgeber, sondern dem jeweiligen Beschäftigten zugestellt wird, und der Arbeitgeber insoweit keine Kenntnis vom Rentenbezug hat, ist der Beschäftigte gemäß § 33 Abs. 2 Satz 2 TVöD verpflichtet, den Arbeitgeber unverzüglich von der Zustellung des Rentenbescheides zu unterrichten. Der Arbeitsvertrag endet nicht, wenn der Arbeitnehmer rechtzeitig Widerspruch gegen den Rentenbescheid eingelegt hat und den Rentenantrag dann zurücknimmt oder einschränkt sowie den Arbeitgeber entsprechend unterrichtet.[246] 129

Nach der Rechtsprechung des BAG handelt es sich hierbei um eine **auflösende Bedingung** im Sinne von § 158 Abs. 2 BGB, deren Eintritt ungewiss ist.[247] Nach § 21 TzBfG gelten für eine auflösende Bedingung die Vorschriften über eine Zweckbefristung, so dass der Arbeitgeber verpflichtet ist, gemäß § 15 Abs. 2 TzBfG dem Arbeitnehmer mitzuteilen, dass sein Arbeitsverhältnis aufgrund der Gewährung einer Rente wegen voller oder teilweiser Erwerbsminderung sein Ende findet. Das Arbeitsverhältnis endet erst nach Ablauf der Zweiwochenfrist, frühestens jedoch zu dem tariflich vorgesehen Zeitpunkt. Handelt es sich um einen **schwerbehinderten Menschen,** ist vor der Beendigung noch die nach § 175 SGB IX erforderliche Zustimmung des Integrationsamtes einzuholen. Das Arbeitsverhältnis endet dann erst mit Ablauf des Tages, an dem der Zustimmungsbescheid des Integrationsamtes zugestellt worden ist. Maßgeblich ist dabei die Zustellung an den Arbeitgeber. 130

Wird eine Rente wegen Erwerbsminderung nur **auf Zeit** gewährt, führt dies nicht zu einer Beendigung des Arbeitsverhältnisses, vielmehr **ruht das Arbeitsverhältnis** für den Zeitraum der Rentengewährung (§ 33 Abs. 2 S. 5 und 6 TVöD). Maßgeblich für den Beginn des Ruhens ist bei einem rückwirkenden Rentenbeginn der erste Tag des Monats, der auf den Monat der Zustellung des Rentenbescheids beim Beschäftigten folgt. Wird die Rente jedoch erst nach Zustellung des Rentenbescheides gewährt, so ruht das Arbeitsverhältnis mit Ablauf des dem Rentenbeginn vorangehenden Tages. Für den Eintritt des Ruhens bedarf es keiner gesonderten Mitteilung des Arbeitgebers, es tritt vielmehr kraft Tarifvertrages ein. Bei schwerbehinderten Menschen bedarf es keiner Zustimmung des Integrationsamtes; diese ist nur dann erforderlich, wenn das Arbeitsverhältnis wegen teilweiser Erwerbsminderung, der Erwerbsminderung auf Zeit, der Berufsunfähigkeit oder der Erwerbsunfähigkeit endet (§ 175 SGB IX).[248] Mit dem Ruhen des Arbeitsverhältnisses entfallen die Hauptpflichten aus dem Arbeitsverhältnis. Das Ruhen hat dabei Auswirkungen auf die Stufenlaufzeit, da dieser Zeitraum gemäß § 17 Abs. 3 S. 2 TVöD nicht auf die Stufenlaufzeit angerechnet wird. Soweit der Ruhenszeitraum mehr als drei Jahre beträgt, ist die Zuordnung zu einer niedrigeren Stufe möglich. 131

Besonderheiten bestehen, wenn dem Beschäftigten lediglich eine Rente wegen **teilweiser Erwerbsminderung** zuerkannt wird. In diesem Fall endet bzw. ruht das Arbeitsverhältnis nicht, wenn der Beschäftigte innerhalb von zwei Wochen nach Zugang des Rentenbescheides seine Weiterbeschäftigung beim Arbeitgeber schriftlich beantragt hat und er nach seinem noch vorhandenen Leistungsvermögen auf seinem bisherigen oder einem anderen geeigneten und freien Arbeitsplatz weiterbeschäftigt werden kann (§ 33 Abs. 3 132

[246] BAG v. 23.3.2016 – 7 AZR 827/13 –.
[247] BAG v. 15.3.2006 – 7 AZR 332/05 –.
[248] OVG Koblenz v. 17.12.2004 – 12 A 11602/04 –.

TVöD). Für den Antrag ist die Einhaltung der Textform nach § 126b BGB ausreichend.[249] Stellt der Beschäftigte innerhalb dieser Ausschlussfrist keinen Antrag auf Weiterbeschäftigung, endet bzw. ruht sein Arbeitsverhältnis auch dann, wenn objektiv Weiterbeschäftigungsmöglichkeiten bestehen. Verlangt wird hingegen nicht, dass der Arbeitnehmer in seinem Antrag einen konkreten Arbeitsplatz benennt. Ausreichend ist, wenn er seinem Wunsch auf Weiterbeschäftigung, gleich auf welchem Arbeitsplatz, hinreichend schriftlich Ausdruck verleiht. Der Arbeitgeber ist bei Vorliegen eines solchen Antrags verpflichtet, anhand des vom Rentenversicherungsträger festgestellten Leistungsvermögens Weiterbeschäftigungsmöglichkeiten zu prüfen. Nicht verlangt wird eine Weiterbeschäftigung zu unveränderten Arbeitsbedingungen. So kann bspw. auch eine Weiterbeschäftigung auf dem bisherigen Arbeitsplatz mit verminderter Stundenzahl in Betracht kommen. Eine Beschäftigung auf anderen Arbeitsplätzen kommt nur in Betracht, wenn diese frei sind und der Arbeitnehmer, nach seinen fachlichen Kenntnissen und Fähigkeiten, sowie nach seinen gesundheitlichen Einschränkungen, hierfür geeignet ist. Der Arbeitgeber muss zwar grundsätzlich nicht einen freien Arbeitsplatz schaffen, er ist aber lt. BAG gehalten zu prüfen, ob durch zumutbare Umsetzungen ggf. ein Arbeitsplatz frei gemacht werden kann; dies gebietet die verfassungskonforme Auslegung des § 33 Abs. 3 TVöD.[250] Bestehen geeignete Weiterbeschäftigungsmöglichkeiten, so kann dem Anspruch des Arbeitnehmers nur ausnahmsweise entgegengetreten werden, wenn dringende dienstliche bzw. betriebliche Gründe vorliegen und damit zwingende Belange des Arbeitgebers entgegenstehen.[251]

133 Da die Beendigung bzw. das Ruhen des Arbeitsverhältnisses wegen einer Rente wegen Erwerbsminderung nur erfolgt, wenn ein Rentenbescheid vorliegt, der Arbeitnehmer aber rechtlich nicht verpflichtet werden kann, überhaupt einen entsprechenden Rentenantrag zu stellen, sieht § 33 Abs. 4 TVöD die Möglichkeit vor, dass ein vom Arbeitgeber in Auftrag gegebenes **Gutachten des Amtsarztes** oder eines nach § 3 Abs. 4 S. 2 TVöD bestimmten Arztes, in dem die volle oder teilweise Erwerbsminderung des Beschäftigten festgestellt wird, den Rentenbescheid ersetzt. Die Einholung eines ärztlichen Gutachtens anstelle des Rentenbescheides kommt nur in Betracht, wenn der Beschäftigte schuldhaft die Stellung eines Rentenantrages verabsäumt oder die Bearbeitung eines solchen Rentenantrages verzögert hat, er Altersrente nach §§ 236 oder 236a SGB VI bezieht oder nicht in der gesetzlichen Rentenversicherung versichert ist. Das Arbeitsverhältnis endet dann mit Ablauf des Monats, in dem dem Beschäftigten das Gutachten bekannt gegeben worden ist. Auch hier ist die Erklärungsfrist des § 15 Abs. 2 TzBfG zu beachten.

134 § 34 TVöD enthält Regelungen zur Beendigung des Arbeitsverhältnisses durch **Kündigung.** Die Kündigung des Arbeitsvertrages hat schriftlich zu erfolgen (§ 623 BGB), sie muss daher vom Aussteller eigenhändig durch Namensunterschrift unterzeichnet werden (§ 126 Abs. 1 BGB). Eine Begründung der Kündigung ist nicht erforderlich, es sei denn, es handelt sich um einen Ausbildungsvertrag nach Ablauf der Probezeit (§ 22 Abs. 3 BBiG). Für den Zugang der Kündigung (§ 130 BGB) ist darauf zu achten, dass sie so in den Machtbereich des Empfängers gelangt, dass mit einer Kenntnisnahme unter gewöhnlichen Umständen gerechnet werden kann.[252] Nach neuerer Rechtsprechung des BAG müssen dabei die allgemeinen örtlichen Postzustellungszeiten beachtet werden, die die Verkehrsauffassung über die übliche Entleerung des Hausbriefkastens beeinflussen kann.[253] Für bestimmte Personengruppen besteht besonderer Kündigungsschutz, so z. B. für werdende Mütter und Mütter innerhalb einer bestimmten Schutzfrist gemäß § 17 Abs. 1 MuSchG, für die Dauer der Elternzeit gemäß § 18 BEEG, für schwerbehinderte Menschen nach § 168 SGB IX und für Personal- und Betriebsratsmitglieder gemäß § 15 Abs. 1 und 2 KSchG.

[249] BAG v. 27.7.2016 – 7 AZR 276/14 –.
[250] BAG v. 17.3.2016 – 6 AZR 221/15 –.
[251] BAG v. 17.3.2016 – 6 AZR 221/15 –.
[252] HK-TVöD/TV-L § 34 Rn. 11.
[253] BAG v. 22.8.2019 – 2 AZR 111/19 –.

Die gesetzlichen **Kündigungsfristen** sind in § 622 Abs. 1 bis 3 BGB geregelt. Nach § 622 Abs. 4 BGB können die Tarifvertragsparteien hiervon abweichende Kündigungsfristen vereinbaren. Gemäß § 34 Abs. 1 TVöD ist die Kündigungsfrist abhängig von der Beschäftigungszeit und reicht von zwei Wochen zum Monatsschluss bis hin zu sechs Monaten zum Schluss eines Kalendervierteljahres bei einer Beschäftigungszeit von mindestens zwölf Jahren. Dabei ist zu beachten, dass es sich nicht nur um Fristen, sondern auch um den Beendigungszeitpunkt handelt. Das Arbeitsverhältnis kann daher bei einer Beschäftigungszeit von mehr als einem Jahr immer nur zum Schluss eines Kalendervierteljahres enden. Wird bspw. eine verhaltensbedingte Kündigung einem Beschäftigten mit einer Beschäftigungszeit von 13 Jahren am 02.01. eines Kalenderjahres ausgesprochen, endet das Arbeitsverhältnis erst mit Ablauf des 30.09. (zum Schluss eines Kalendervierteljahres). Die tariflich geregelten Kündigungsfristen gelten grundsätzlich für beide Parteien des Arbeitsvertrages. Auch bei einer Eigenkündigung hat der Beschäftigte die tariflichen Kündigungsfristen zu beachten. Eine Nichtbeachtung der maßgeblichen Kündigungsfrist führt nicht zu einer Unwirksamkeit der Kündigung, im Streitfall wird vielmehr das Arbeitsverhältnis bis zu dem maßgeblichen Beendigungszeitpunkt verlängert. 135

Bei der Ermittlung der zutreffenden Kündigungsfrist ist auf die **Beschäftigungszeit** im Sinne von § 34 Abs. 3 S. 1 und 2 TVöD abzustellen. Die Regelung in Abs. 3 enthält unterschiedliche Vorgaben für die Ermittlung der maßgeblichen Beschäftigungszeit. Die erweiterten Beschäftigungszeiten nach Satz 3 und 4 sind für die Bestimmung der Kündigungsfrist nicht relevant. Vielmehr gilt als maßgebliche Beschäftigungszeit die bei demselben Arbeitgeber im Arbeitsverhältnis zurückgelegte Zeit, auch wenn sie unterbrochen war. Es ist also auf die Arbeitgeberidentität abzustellen, Zeiten bei einem anderen Arbeitgeber zählen auch dann nicht, wenn dieser ebenfalls den TVöD anwendet.[254] Unschädlich sind dabei Arbeitgeberwechsel im Rahmen einer Gesamtrechtsnachfolge oder eines Betriebsüberganges nach § 613a BGB. Es sind nur Zeiten zu berücksichtigen, die in einem Arbeitsverhältnis zurückgelegt worden sind. Nicht berücksichtigt werden Zeiten in einem Beamtenverhältnis.[255] Rechtliche Unterbrechungen des Arbeitsverhältnisses, gleich aus welchen Gründen, sind unschädlich. Allerdings wird der Zeitraum der Unterbrechung nicht mitberücksichtigt. Die Zeiten von Sonderurlaub nach § 28 TVöD werden nicht als Beschäftigungszeit berücksichtigt, es sei denn der Arbeitgeber hat vor Antritt des Sonderurlaubs schriftlich ein dienstliches oder betriebliches Interesse anerkannt. Insofern kann die tarifliche Beschäftigungszeit kürzer sein als die Zeit der Betriebszugehörigkeit im Sinne von § 1 KSchG. Für übergeleitete Beschäftigte ist zudem die Vorschrift des § 14 TVÜ-VKA zu beachten. Bei der Bestimmung der maßgeblichen Kündigungsfrist kommt es auf die Dauer der Beschäftigungszeit zum Zeitpunkt des Ausspruchs der Kündigung an. Nicht maßgeblich ist hingegen die Dauer der Beschäftigungszeit zum Zeitpunkt der Beendigung des Arbeitsverhältnisses. 136

Nach § 34 Abs. 2 TVöD können Beschäftigte, für die die Regelungen des Tarifgebietes West Anwendung finden, bei Erfüllung bestimmter Voraussetzungen nicht mehr ordentlich gekündigt werden. Der Eintritt der **Unkündbarkeit** ist an zwei Voraussetzungen geknüpft, die spätestens an dem Tag, an dem die Kündigungserklärung zugeht, erfüllt sein müssen. Zum einen muss das 40. Lebensjahr vollendet sein und zum anderen muss die Beschäftigungszeit nach § 34 Abs. 3 S. 1 und 2 TVöD mehr als 15 Jahre betragen. Angesichts der relativ niedrigen Altersgrenze für den Bestandsschutz wird gegen die Regelung des § 34 Abs. 2 TVöD vorgetragen, sie verstoße gegen das Benachteiligungsverbot nach Art. 6 Abs. 1 der Richtlinie 2000/78 EG und des § 7 Abs. 1 AGG.[256] Hier ist wie bei der Kündigungsfrist auf den enger gefassten Begriff der Beschäftigungszeit zurückzugreifen. Sind beide Voraussetzungen erfüllt, kann dem Beschäftigten zulässig weder eine ordentliche 137

[254] BAG v. 22.2.2018 – 6 AZR 137/17 –.
[255] BAG v. 29.6.2017 – 6 AZR 364/16 –.
[256] HK-TVöD/TV-L § 34 Rn. 30 m. w. N.

Beendigungskündigung noch eine ordentliche Änderungskündigung ausgesprochen werden. In Betracht kommt dann nur noch eine **außerordentliche Kündigung.** Aus Gründen des Besitzstandschutzes bleiben übergeleitete Beschäftigte, die bereits aufgrund der bis zum 30.9.2005 geltenden tariflichen Regelung unkündbar waren, auch weiterhin tariflich unkündbar. Erfolgt trotzdem eine ordentliche Kündigung, muss der Arbeitnehmer, wenn er sich auf das tarifvertragliche Kündigungsverbot berufen will, innerhalb der Drei-Wochenfrist nach § 4 Satz 1 KSchG Klage erheben. Gegen diese Differenzierung zwischen den Tarifgebieten West und Ost hinsichtlich der Unkündbarkeit sind verschiedentlich rechtliche Bedenken erhoben worden. Allerdings ist diese unterschiedliche Regelung derzeit noch aufgrund der unterschiedlichen wirtschaftlichen Bedingungen gerechtfertigt.[257]Für die außerordentliche Kündigung gilt im Übrigen § 626 BGB. In der Praxis spielen insbesondere die außerordentliche krankheitsbedingte Kündigung[258] sowie zwischenzeitlich angesichts wirtschaftlicher Vorgaben auch die außerordentliche betriebsbedingte Kündigung[259] eine Rolle. Zu den Besonderheiten der **Kurzarbeit** während der COVID-19-Pandemie vgl. Rn. 232.

138 **oo) Zeugnis.** Bereits nach § 109 GewO haben Arbeitnehmer bei der Beendigung ihres Arbeitsverhältnisses Anspruch auf ein schriftliches Zeugnis, welches mindestens Angaben zu Art und Dauer der Tätigkeit enthalten muss. Zudem kann der Beschäftigte Angaben zu Leistung und Verhalten im Arbeitsverhältnis verlangen (qualifiziertes Zeugnis). An diese gesetzliche Vorschrift knüpft § 35 TVöD an. Danach besteht bei Vorliegen bestimmter Voraussetzungen Anspruch auf Erteilung eines Endzeugnisses, eines Zwischenzeugnisses oder eines vorläufigen Zeugnisses. Ein **Endzeugnis** kann der Arbeitnehmer nur bei Beendigung des Arbeitsverhältnisses verlangen (§ 35 Abs. 1 TVöD). Der Anspruch beschränkt sich dabei nicht auf die Erteilung eines einfachen Zeugnisses (Angaben über Art und Dauer der Tätigkeit), sondern dem Arbeitnehmer ist ein qualifiziertes Zeugnis (Angaben zu Verhalten, Führung und Leistung) zu erteilen. In dem Zeugnis müssen die Tätigkeit, die Position und der berufliche Werdegang hinreichend genau beschrieben werden. Die ausgeübten Tätigkeiten sind chronologisch unter Angabe des jeweiligen Zeitraumes aufzuführen. Ausfallzeiten infolge Krankheit usw. sind im Arbeitszeugnis nicht anzugeben. Bei länger andauernden wesentlichen Unterbrechungen, bspw. infolge von Elternzeit, kann jedoch eine Erwähnung in Betracht kommen[260]. Weiterhin muss das Zeugnis eine Leistungs- und Verhaltensbeurteilung beinhalten. Dabei ist auf die für die jeweils ausgeübte Position wichtigen Fähigkeiten und Eigenschaften Bezug zu nehmen. Zu beurteilen sind bspw. die Kenntnisse und deren Anwendung, der Arbeitserfolg in qualitativer und quantitativer Sicht, die Einsatz- und Leistungsbereitschaft, die Arbeitsweise, das Urteilsvermögen, die Eigeninitiative, die Belastbarkeit usw. Bei der Verhaltensbeurteilung ist das Verhalten des Arbeitnehmers während der gesamten Dauer des Arbeitsverhältnisses zu berücksichtigen und zwar gegenüber Vorgesetzten und anderen Mitarbeitern, als auch gegenüber Dritten (Kunden, Bürger). Regelmäßig enthält ein Arbeitszeugnis eine zusammenfassende Bewertung (Schlussnote). Dabei ist zu beachten, dass die Schlussnote und die vorangegangenen Beurteilungen nicht in Widerspruch zu einander stehen dürfen. Keinen Anspruch hat der Arbeitnehmer darauf, dass der Arbeitgeber im Zeugnis noch die besten Wünsche für die weitere Zukunft aufnimmt.[261] Grund und Art des Ausscheidens dürfen nach überwiegender Ansicht nicht gegen den Willen des Arbeitneh-

[257] LAG Mecklenburg-Vorpommern v. 25.10.2011 – 5 Sa 103/11 –; a. A.: HK-TVöD/TV-L § 34 Rn. 31.
[258] Näheres hierzu vgl. Bredemeier, Außerordentliche krankheitsbedingte Kündigung im öffentlichen Dienst bei unkündbaren Arbeitnehmern – § 34 II TVöD, § 34 II TV-L – Ein Überblick, öAT 2019, 221 ff.; Conze, Die aktuelle Rechtsprechung der Arbeitsgerichte zu den unkündbaren Tarifbeschäftigten des öffentlichen Dienstes, öAT 2020, 23 ff.
[259] Näheres hierzu vgl. Kraus, Reaktionsmöglichkeiten des öffentlichen Arbeitgebers bei betriebsbedingtem Änderungsbedarf in bestehenden Arbeitsverhältnissen, öAT 2019, 136 ff.
[260] HK-TVöD/TV-L § 35 Rn. 10.
[261] BAG v. 11.12.2012 – 9 AZR 227/11 –.

mers aus dem Zeugnis ersichtlich sein, insbesondere wenn sich die Vertragsparteien im Streit getrennt haben.[262]

Das Zeugnis ist nach Maßgabe von § 109 Abs. 2 S. 1 GewO klar und verständlich zu formulieren. Dem gegenüber hat sich jedoch in der Praxis mittlerweile eine relativ eigenständige Zeugnissprache entwickelt, bei der sich durch beredetes Schweigen und versteckte Formulierungen an sich umgangssprachlich positive Formulierungen ins Gegenteil verkehren können. Das Zeugnis muss grundsätzlich der Wahrheit entsprechen und soll zugleich so wohlwollend gestaltet sein, dass es das weitere berufliche Fortkommen des Beschäftigten nicht unnötig erschwert. Es ist daher zutreffend von einem Spannungsverhältnis von Wohlwollen und Wahrheit die Rede. Das Zeugnis ist schriftlich und in deutscher Sprache abzufassen. Der Aussteller muss es eigenhändig unterschreiben.[263] Für die Erstellung des Zeugnisses ist ein üblicher Firmenbogen zu verwenden[264]. Die ausstellende Person muss erkennbar sein und das Zeugnis muss datiert werden, und zwar regelmäßig mit dem **Ausstellungsdatum.** Bei nachträglich korrigierten Zeugnissen ist das Datum des ursprünglichen Zeugnisses anzugeben. Das Arbeitszeugnis ist vom Arbeitnehmer abzuholen (Holschuld). Der Arbeitgeber ist nicht verpflichtet, das Zeugnis auf dem Postweg oder durch Boten dem Arbeitnehmer zu übersenden. 139

Der Beschäftigte kann während des Arbeitsverhältnisses ein **Zwischenzeugnis** verlangen. Nach § 35 Abs. 2 TVöD ist hierfür ein triftiger Grund erforderlich. Ein solcher liegt bereits vor, wenn das Arbeitsverhältnis eine Veränderung erfährt. Der entsprechende Grund ist vom Arbeitnehmer darzulegen. Als Gründe kommen bspw. die Bewerbung auf eine andere Stelle bzw. ein beabsichtigter Wechsel des Arbeitgebers, ein bevorstehender Betriebsübergang nach § 613a BGB, eine bevorstehende Versetzung, Abordnung oder Umsetzung, der Wechsel des Vorgesetzten usw. in Betracht.[265] Auch eine möglicherweise bevorstehende Beendigung des Arbeitsverhältnisses begründet einen Anspruch auf Erteilung eines Zwischenzeugnisses. Hinsichtlich Form und Inhalt des Zwischenzeugnisses gelten die gleichen Vorgaben wie für die Gestaltung eines Endzeugnisses. Steht die Beendigung des Arbeitsverhältnisses, gleich aus welchen Gründen (Kündigung, Auflösungsvertrag), bevor, kann der Arbeitnehmer nach § 35 Abs. 3 TVöD ein **vorläufiges Zeugnis** verlangen. Dieses bezieht sich aber nur auf Art und Dauer der Tätigkeit und beinhaltet keine Leistungs- und Verhaltensbewertung (einfaches Zeugnis). Ansonsten gelten aus inhaltlicher und formeller Sicht die gleichen Anforderungen wie bei der Erstellung eines Endzeugnisses. 140

Nach § 35 Abs. 4 TVöD hat die Ausstellung der o. g. Zeugnisse **unverzüglich** zu erfolgen. Das Endzeugnis ist unmittelbar bei Beendigung des Arbeitsverhältnisses fällig, auch ohne dass der Arbeitnehmer seinen Anspruch ausdrücklich geltend macht. Das Zwischenzeugnis und das vorläufige Zeugnis sind aber nur auf Verlangen des Arbeitnehmers zu erstellen. Es bedarf insoweit einer ausdrücklichen Geltendmachung. Der Anspruch auf Erteilung eines Zeugnisses ist ein Anspruch aus dem Arbeitsverhältnis und unterliegt daher der tarifvertraglichen Ausschlussfrist des § 37 TVöD, wobei die Ausschlussfrist mit der Beendigung des Arbeitsvertrages zu laufen beginnt und in der Erhebung einer Kündigungsschutzklage nicht die Geltendmachung eines Zeugniserteilungsanspruches liegt.[266] 141

pp) Ausschlussfrist. Nach § 37 Abs. 1 TVöD verfallen sämtliche Ansprüche aus dem Arbeitsverhältnis, wenn sie nicht innerhalb einer **Ausschlussfrist von sechs Monaten** nach Fälligkeit vom Beschäftigten oder vom Arbeitgeber in Textform geltend gemacht werden. Erfasst werden hiervon sämtliche Ansprüche aus dem Arbeitsverhältnis, ganz gleich ob sie auf tarifvertraglicher, einzelvertraglicher oder gesetzlicher Grundlage beruhen. Glei- 142

[262] ErfK 20 Aufl./*Müller-Glöge,* § 109 GewO Rn. 56 ff.
[263] BAG v. 26.6.2001, – 9AZR 392/00 –.
[264] BAG v. 3.3.1993 – 5 AZR 182/92 –.
[265] ErfK 20 Aufl./*Müller-Glöge,* § 109 GewO Rn. 50.
[266] LAG Rheinland-Pfalz v. 19.12.2018 – 7 Sa 208/18 –.

ches gilt für Ansprüche aus Betriebs- oder Dienstvereinbarungen. Ausgenommen sind aufgrund der ausdrücklichen tarifvertraglichen Regelung in § 37 Abs. 2 TVöD Ansprüche aus einem Sozialplan sowie Ansprüche, soweit sie kraft Gesetzes einer Ausschlussfrist entzogen sind. Damit unterfallen auch Ansprüche auf Entfernung einer Abmahnung aus der Personalakte[267], Ansprüche auf eine Zusatzversorgung[268], auf gesetzlichen Mindesturlaub und auf tarifliche Urlaubsansprüche[269] sowie Ansprüche auf Sterbegeld[270] nicht der tariflichen Ausschlussfrist. Dies gilt auch bei gesetzlichen Ansprüchen, sofern sich aus deren Rechtsgrundlage eine eigenständige Ausschlussfrist ergibt (bspw. § 15 Abs. 4 AGG).

143 Nach der tariflichen Vorschrift hat die Geltendmachung seit 1. Januar 2020 nur noch **in Textform** zu erfolgen. Anhand des Textes muss erkennbar werden, welcher Anspruch erhoben werden soll. Die bloße Bitte um Prüfung eines Sachverhaltes ist regelmäßig keine fristwahrende Geltendmachung eines Anspruchs[271]. Geht es um die Geltendmachung von Zahlungsansprüchen, muss annähernd die Höhe des Anspruches sowie der Zeitraum, für den er verfolgt wird, mit hinreichender Deutlichkeit ersichtlich gemacht werden.[272] Ist jedoch lediglich der Anspruchsgrund strittig, etwa die maßgebende Entgeltgruppe, ist eine Bezifferung der Forderung nicht zwingend erforderlich.[273] Die Geltendmachung muss dem Schuldner innerhalb der Sechs-Monatsfrist zugehen. Für den Zugang ist der Gläubiger darlegungs- und beweisbelastet. Handelt es sich um wiederkehrende Leistungen, reicht für denselben Sachverhalt eine einmalige Geltendmachung auch für die später fällig werdenden Leistungen aus.

b) Besonderer Teil – Verwaltung (BT-V)

144 Der besondere Teil – Verwaltung – gilt für alle Beschäftigten, die unter den Geltungsbereich des § 1 TVöD fallen, soweit sie nicht von anderen besonderen Teilen des TVöD erfasst werden. Dem Teil Verwaltung kommt daher eine **Auffangfunktion** zu. Insofern fallen kommunale Unternehmen, die zum Geltungsbereich des TVöD gehören, aber nicht einem der anderen besonderen Teile zugeordnet werden können, unter den Anwendungsbereich des besonderen Teils Verwaltung. Dieser Teil ist vor allem durch zahlreiche Sonderregelungen für bestimmte Beschäftigtengruppen gekennzeichnet (z. B. feuerwehrtechnischer Dienst, Theater und Bühnen, Sozial- und Erziehungsdienst usw.) Nachfolgend werden die wichtigsten Ergänzungen zum allgemeinen Teil des TVöD kurz dargestellt.

145 In Ergänzung zu den allgemeinen Arbeitsbedingungen in § 3 TVöD sind nach § 41 S. 2 BT-V die Beschäftigten verpflichtet, sich durch ihr gesamtes Verhalten zur freiheitlich demokratischen Grundordnung im Sinne des Grundgesetzes zu bekennen. Diese **politische Treuepflicht** gilt aber nur, wenn bei dem Arbeitgeber hoheitliche Tätigkeiten erbracht werden. Abzustellen ist auf den Arbeitgeber, nicht jedoch auf die Aufgaben des Beschäftigten. Ausreichend ist, wenn nur teilweise hoheitliche Aufgaben zum Aufgabenbereich des Arbeitgebers gehören. Die Verpflichtung des Beschäftigten, sich zur freiheitlich demokratischen Grundordnung zu bekennen, bezieht sich dabei nicht nur auf das innerdienstliche, sondern auch auf das außerdienstliche Verhalten. So kann bspw. die Mitgliedschaft in einer verfassungsfeindlichen Partei oder Organisation Zweifel an der Verfassungstreue eines Beschäftigten begründen. Im Rahmen des Einstellungsverfahrens ist der Arbeitgeber, sofern er hoheitliche Tätigkeit ausübt, berechtigt, nach einer solchen Mitgliedschaft zu fragen. Bei einem bereits bestehenden Arbeitsverhältnis kann unter Umständen eine personenbedingte Kündigung in Betracht kommen, wenn dem Beschäftigten die für die Erfüllung der Aufgaben notwendige persönliche Eignung fehlt.

[267] BAG v. 14.12.1994 – 5 AZR 137/04 –.
[268] BAG v. 12.1.1974 – 3AZR 114/73 –.
[269] BAG v.19.6.2018 – 9 AZR 615/17 –; BAG v. 12.11.2013 – 9 AZR 727/12 –.
[270] BAG v. 4.4.2001 – 4 AZR 242/00 –.
[271] BAG v. 10.12.1997 – 4 AZR 228/96 –.
[272] BAG v. 18.2.2016 – 6 AZR 628/14 –.
[273] BAG v. 7.9.1982 -3 AZR 1252/79 –.

Der BT-V enthält einige abweichende und ergänzende Regelungen zur **Arbeitszeit.** In Ausnahmefällen besteht gemäß § 42 BT-V die Möglichkeit, die regelmäßige Arbeitszeit auf bis zu **60 Stunden** in einem Zeitraum von bis zu sieben Tagen zu verlängern, sofern durch Verkürzung der regelmäßigen wöchentlichen Arbeitszeit innerhalb des Ausgleichszeitraumes nach § 6 Abs. 2 S. 1 TVöD (ein Jahr) ein entsprechender Zeitausgleich herbeigeführt wird. Die Regelung knüpft an § 3 S. 2 ArbZG an, wonach die Arbeitszeit auf bis zu zehn Stunden täglich verlängert werden kann, wenn innerhalb von sechs Kalendermonaten bzw. von 24 Wochen der Durchschnitt von acht Stunden werktäglich nicht überschritten wird. Aufgrund der Öffnungsklausel in § 7 Abs. 1 Nr. 1 lit. b ArbZG können die Tarifvertragsparteien einen anderen Ausgleichszeitraum festlegen. Hiervon haben sie mit dem Verweis auf den Ausgleichszeitraum nach § 6 Abs. 2 S. 1 TVöD Gebrauch gemacht. Die Verlängerung der wöchentlichen Arbeitszeit liegt dabei im Direktionsrecht des Arbeitgebers, setzt aber voraus, dass die Verlängerung aufgrund spezieller Aufgaben oder saisonbedingt notwendig ist. **146**

Eine weitere abweichende Regelung besteht bezüglich der **Überstunden.** Es gilt gemäß § 43 Abs. 1 BT-V der Grundsatz, dass nach § 7 Abs. 7 und 8 TVöD entstandene Überstunden grundsätzlich durch Freizeit auszugleichen sind. Der Freizeitausgleich ist dabei spätestens bis zum Ende des dritten Kalendermonats, nach Möglichkeit aber schon bis zum Ende des nächsten Kalendermonats zu gewähren. Auch bei einem Freizeitausgleich bleibt der Anspruch auf den Zeitzuschlag für Überstunden nach § 8 Abs. 1 TVöD bestehen. Kann der Freizeitausgleich nicht gewährt werden, erhält der Beschäftigte für jede Stunde den maßgeblichen Anteil des Tabellenentgelts seiner jeweiligen Entgeltgruppe und Stufe, höchstens jedoch das Entgelt nach der Stufe 4. Sofern ein Arbeitszeitkonto besteht und der Beschäftigte eine Faktorisierung nach § 8 Abs. 1 TVöD geltend gemacht hat, kann statt der Vergütung eine entsprechende Faktorisierung zu Gunsten des Arbeitszeitkontos erfolgen. **147**

Eine besondere Arbeitszeitregelung gilt bei der Durchführung von **Dienstreisen.** Gemäß § 44 Abs. 2 S. 1 BT-V gilt die Reisezeit zum Aufsuchen eines auswärtigen Geschäftsortes grundsätzlich nicht als Arbeitszeit; eine Ausnahme gilt für die Erledigung von dienstlichen Aufgaben während der Fahrt (z. B. Vor- und Nachbereitung der auswärtigen Sitzung) oder auch für die Zeit, in der ein Dienstwagen gelenkt wird. Nur die Zeit der dienstlichen Inanspruchnahme am auswärtigen Geschäftsort ist als Arbeitszeit zu werten. Allerdings wird gemäß Satz 2 für jeden Tag der Dienstreise, einschl. der Reisetage, mindestens die auf den jeweiligen Tag entfallende regelmäßige durchschnittliche oder dienstplanmäßige Arbeitszeit berücksichtigt, wenn diese allein aufgrund der Nichtberücksichtigung der Reisezeit als Arbeitszeit nicht erreicht würde. Insofern wird die Reisezeit, die innerhalb der regelmäßigen oder durchschnittlichen Arbeitszeit liegt, zumindest fiktiv als Arbeitszeit angerechnet. Für nicht anrechenbare **Reisezeiten,** soweit sie mehr als 15 Stunden im Kalendermonat betragen, sind auf ausdrücklichen Antrag des Beschäftigten hin, 25 % dieser, die Grenze von 15 Stunden überschreitenden Zeit, entweder als Freizeitausgleich zu gewähren oder bei gleitender Arbeitszeit als Arbeitszeit anzurechnen (§ 44 Abs. 2 S. 3 BT-V). Der besonderen Situation von Teilzeitbeschäftigten ist Rechnung zu tragen und damit im Ergebnis ein zeitanteiliger Ausgleich von nicht anrechenbaren Reisezeiten vorzunehmen. **148**

Nach § 44 Abs. 3 BT-V ist es möglich, dass die Arbeitgeber bei der Anrechnung von Zeiten von Dienstreisen nach **eigenen Grundsätzen** und zwar abweichend von der Regelung des § 44 Abs. 2 BT-V verfahren. Es wird nicht verlangt, dass hierüber eine Vereinbarung zwischen den Betriebsparteien besteht. Ausreichend ist eine gefestigte tatsächliche Handhabung. Es handelt es sich um eine Öffnungsklausel, die auch Regelungen zu Lasten der Beschäftigten zulässt. Hinsichtlich der **Erstattung von Reise- und Umzugskosten sowie Trennungsgeld** verweist § 44 Abs. 1 BT-V auf die für die Beamten jeweils geltenden Bestimmungen, die entsprechend anzuwenden sind. Auch hierfür gilt die vorstehend genannte Öffnungsklausel in Absatz 3, die eine abweichende Regelung ermög- **149** licht. Zu berücksichtigen ist aber, dass sich aus §§ 670, 675 BGB ein gesetzlicher Erstattungsanspruch der Arbeitnehmer ergibt.

c) Besonderer Teil – Flughäfen (BT-F)

150 Unter diesen besonderen Teil fallen die Beschäftigten von Verkehrsflughäfen, unabhängig von deren Rechtsform, soweit der Arbeitgeber unter den Geltungsbereich des TVöD fällt. Die besonderen Regelungen beschränken sich auf **Öffnungsklauseln** zum Abschluss von landesbezirklichen Tarifverträgen sowie auf **Arbeitszeitregelungen** für Beschäftigte im Rampendienst. Gemäß § 41 BT-F kann durch landesbezirklichen Tarifvertrag geregelt werden, dass entgegen der Regelung in § 6 Abs. 1 S. 2 TVöD die gesetzlichen Pausen bei Wechselschichtarbeit nicht mit in die Arbeitszeit einzurechnen sind und dass Wechselschichtarbeit im Sinne von § 7 S. 1 TVöD erst dann vorliegt, wenn der Beschäftigte längstens nach Ablauf eines Monats erneut zu mindestens zwei Nachtschichten statt einer Nachtschicht herangezogen wird.

151 Das Entgelt für das auf den Verkehrsflughäfen beschäftigte **Feuerwehr- und Sanitätspersonal** soll landesbezirklich oder betrieblich geregelt werden (§ 43 BT-F). Beschäftigte im Feuerwehr- und Sanitätspersonal, die in Ausnahmefällen aus der zusammenhängenden Ruhezeit zur Arbeit gerufen werden, erhalten eine zusätzliche Vergütung, die landesbezirklich oder betrieblich zu vereinbaren ist. In § 42 BT-F sind Sonderregelungen für die Beschäftigten im **Rampendienst** aufgenommen worden. Hierunter sind Tätigkeiten bei dem Beladen und Entladen der Flugzeuge zu verstehen. Nach Abs. 1 steht Beschäftigten im Rampendienst für je sechs Arbeitstage ein freier Tag zu. Der freie Tag soll dabei so gelegt werden, dass im Jahresdurchschnitt jeder dritte freie Tag auf einen Sonntag fällt. Dabei gilt als arbeitsfreier Tag nicht ein Kalendertag von 24 Stunden, sondern eine zusammenhängende arbeitsfreie Zeit von 36 Stunden. Wenn die Betriebsverhältnisse es erfordern, kann diese arbeitsfreie Zeit im Ausnahmefall auch auf 32 Stunden verringert werden. Werden zwei zusammenhängende freie Tage gewährt, beträgt die arbeitsfreie Zeit nicht 72 Stunden, sondern 60 Stunden, die gleichfalls in Ausnahmefällen auf 56 Stunden verringert werden kann. Für weitere freie Tage erhöhen sich die Zeiten um jeweils 24 Stunden für einen Tag. Alle Zeitzuschläge nach § 8 Abs. 1 TVöD, also für Überstunden, Nacht-, Sonntags- und Feiertagsarbeit, für die Arbeit am 24. und 31.12. und für die Arbeit an Samstagen von 13.00 bis 21.00 Uhr, soweit diese nicht im Rahmen von Wechselschicht und Schichtarbeit anfällt, werden mit einem pauschalen Zuschlag in Höhe von 12 v. H. des auf ein Stunde entfallenden Anteils des monatlichen Entgeltes der Stufe 3 der jeweiligen Entgeltgruppe abgegolten.

d) Besonderer Teil – Sparkassen (BT-S)

152 Dieser besondere Teil gilt für die Beschäftigten des Dienstleistungsbereiches Sparkassen. Er wird durch seine abweichenden Regelungen zum **Leistungsentgelt** gekennzeichnet. Anstelle des § 18 TVöD gelten hierzu die Bestimmungen der §§ 41 bis 44 TVöD BT-S, die die Gewährung einer jährlichen **Sparkassensonderzahlung** (SSZ) vorsehen. Dafür haben die Beschäftigten keinen Anspruch auf die Jahressonderzahlung nach § 20 TVöD-AT (§ 44 Abs. 7 BT-S). Die SSZ besteht aus einem garantierten und einem variablen Anteil. Der **garantierte Anteil** beträgt ab dem Kalenderjahr 2018 88,7 % eines Monatstabellenentgelts (Ziff. 4 der Protokollerklärung zu § 44 Abs. 1 BT-S) und steht leistungsunabhängig jedem Beschäftigten zu. Maßgeblich ist das Monatstabellenentgelt, das dem Beschäftigten für den Monat Oktober zugestanden hat (§ 44 Abs. 2 BT-S). Der zusätzliche variable Anteil steht nur den bankspezifischen Beschäftigten zu, also denjenigen, deren Tätigkeit vor dem 1. Januar 2005 der Rentenversicherung der Angestellten unterlegen hätte (§ 38 Abs. 5 Satz 1 TVöD in Verbindung mit Ziff. 1 der Protokollerklärung zu § 44 Abs. 1 BT-S). Diejenigen Beschäftigten, die nach früherem Recht Arbeitertätigkeiten verrichtet haben, haben keinen Anspruch auf den variablen Anteil der SSZ. Allerdings eröffnet der BT-S die

Möglichkeit, auch für diese Beschäftigten eigene leistungsdifferenzierende Systeme einzuführen.

Der **variable Anteil** der Sparkassensonderzahlung besteht aus einem individuell- leistungsbezogenen Teil nach § 44 Abs. 3 BT-S sowie einem unternehmenserfolgsbezogenen Teil nach § 44 Abs. 4 BT-S. Für den **individuell-leistungsbezogenen Teil** wird für jeden Beschäftigten ab 2013 ein jährliches Leistungsbudget in Höhe von 64% eines Monatstabellenentgelts eingestellt. Die Ausschüttung dieses Budgets an den Beschäftigten erfolgt über Leistungszulagen oder Prämien auf der Grundlage von systematischen Leistungsbewertungen oder der Zielvereinbarung im Sinne der §§ 42, 43 BT-S. 153

Der **unternehmenserfolgsbezogene Anteil** bestimmt sich nach der Erreichung der institutsindividuellen Geschäftsziele der Sparkasse. Dabei ist der Arbeitgeber verpflichtet, entsprechende Geschäftsziele vor Beginn des Kalenderjahres festzulegen. Der Katalog der zu erreichenden Ziele und Kriterien für die Zielerreichung ist in einer einvernehmlichen Dienstvereinbarung zu regeln. Hierzu ist für jeden bankspezifischen Beschäftigten jährlich ein Betrag in Höhe eines halben Monatsentgeltes als Budget einzuplanen (§ 44 Abs. 4 Satz 2 BT-S). Werden die gestellten Unternehmensziele erreicht, ist jedem Beschäftigten das halbe Monatstabellenentgelt auszuzahlen. Werden die Ziele nicht oder nur teilweise erreicht, erfolgt nach Maßgabe der Dienstvereinbarung nur eine anteilige Ausschüttung des zurückgestellten Budgets. Werden die Ziele übererfüllt, kann nach Maßgabe der Dienstvereinbarung eine höhere Ausschüttung gewährt werden. Kommt eine Dienstvereinbarung nicht zustande, sind 25% des Monatstabellenlohns auszuschütten. 154

Es bedarf einer **einvernehmlichen Dienstvereinbarung,** um den variablen Teil der SSZ gewähren zu können. Dies setzt voraus, dass die Dienstvereinbarung ohne Einschaltung der Einigungsstelle zustande kommt. Die Dienstvereinbarung ist befristet unter Ausschluss der Nachwirkung zu vereinbaren (§ 41 Abs. 1 S. 1 BT-S). Kommt keine einvernehmliche Dienstvereinbarung zustande, gilt das Ausschüttungsprinzip, d. h. es werden für den individuell leistungsbezogenen und den unternehmenserfolgsbezogenen Anteil der SSZ jeweils 25% des Monatstabellenentgelts ausgeschüttet bzw. gestundet. Die Feststellung der individuellen Leistung soll über den Abschluss von Zielvereinbarungen und/oder die systematische Leistungsbewertung erfolgen. Grobe Vorgaben für die Ausgestaltung von Zielvereinbarungen bzw. der systematischen Leistungsbewertung sind in den §§ 42, 43 BT-S geregelt. Die konkreten Regelungen bleiben der einvernehmlichen Dienstvereinbarung überlassen. 155

Bei **Zielvereinbarungen** wird angestrebt, dass nach Möglichkeit mehrere Ziele vereinbart werden. Eine unterschiedliche Gewichtung der einzelnen Ziele ist zulässig und es können Zielerreichungsstufen festgelegt werden. Die Zielerreichung wird auf der Grundlage eines Soll-/Ist-Vergleiches festgestellt und ist dem Beschäftigten, sofern er es wünscht, zu erläutern. Dem Beschäftigten muss die Erfüllung der vereinbarten Ziele dabei innerhalb seiner vertraglichen Arbeitszeit möglich sein. Die Nichterreichung der Ziele darf für sich genommen nicht zu arbeitsrechtlichen Maßnahmen führen (§ 42 BT-S). Auf der Grundlage von Zielvereinbarungen sollen die Leistungsprämien gewährt werden. 156

Hinsichtlich der **systematischen Leistungsbewertung,** die als Grundlage für Leistungszulagen dienen soll, werden in § 43 BT-S beispielhaft einzelne Kriterien vorgegeben, die in einer Dienstvereinbarung, einschließlich ihrer Gewichtung, konkret zu regeln sind. Die Leistungsbewertung ist der tariflichen Regelung zufolge von der zuständigen Führungskraft vorzunehmen und mit dem betroffenen Beschäftigten zu besprechen. Die Führungskraft ist dabei verpflichtet, die Leistungsbewertung zu begründen. Eine Kombination von Zielvereinbarungen und systematische Leistungsbewertung ist möglich (Ziff. 1 Satz 3 der Niederschriftserklärung zu § 44 Abs. 3 BT-S). 157

Ähnlich wie die betriebliche Kommission nach § 18 TVöD-AT ist nach § 41 Abs. 2, 3 BT-S ein **gemeinsamer Ausschuss** zu bilden, der die Aufgabe hat, bei der Entwicklung, Einführung und dem Controlling der betrieblichen Systeme der leistungsabhängigen Vergütung mitzuwirken. Der Ausschuss ist auch für die Beratung von schriftlich begründeten 158

Beschwerden der Beschäftigten zuständig, die sich auf die Mängel des Systems oder seiner Anwendung beziehen. Hinsichtlich der Beschwerden kommt dem gemeinsamen Ausschuss allerdings kein Entscheidungsrecht zu. Er ist lediglich berechtigt, dem Arbeitgeber entsprechende Vorschläge zu unterbreiten. Das Entscheidungsrecht hinsichtlich der Beschwerden liegt allein beim Arbeitgeber. Der gemeinsame Ausschuss ist gemäß § 41 Abs. 2 BT-S paritätisch zu besetzen, wobei die Mitglieder je zur Hälfte vom Arbeitgeber und vom Personalrat aus dem jeweiligen Betrieb benannt werden. Die Bildung eines gemeinsamen Ausschusses ist keine zwingende Voraussetzung für die Gewährung des variablen Teils der SSZ.

159 Nach § 45 BT-S können mit Beschäftigten, die in die **EG 15** eingruppiert sind, auf einzelvertraglicher Grundlage vom Tarifrecht abweichende Regelungen zum Entgelt und der Arbeitszeit getroffen werden. Diese Beschäftigten können somit in Teilbereichen von der Geltung des TVöD ausgenommen werden. Die in § 3 Abs. 1 TVöD geregelte Verschwiegenheitspflicht ist dahingehend ergänzt worden, dass die Beschäftigten auch ohne ausdrückliche Anweisung des Arbeitgebers das **Bankgeheimnis** zu wahren haben (§ 46 BT-S). Zudem beträgt die **vermögenswirksame Leistung** gemäß § 49 BT-S für Vollbeschäftigte für jeden vollen Kalendermonat 40 EUR.

e) Besonderer Teil – Krankenhäuser (BT-K)

160 Der **Geltungsbereich** des besonderen Teils –Krankenhäuser- erfasst gemäß § 40 BT-K Beschäftigte in Krankenhäusern, in medizinischen Instituten von Krankenhäusern und in sonstigen Einrichtungen, in denen die betreuten Personen in ärztlicher Behandlung stehen, wenn die Behandlung durch in der Einrichtung selbst beschäftige Ärzte erfolgt. Es ist dabei nicht erforderlich, dass die o. g. Einrichtungen rechtlich selbständig sind. Auch Krankenhäuser, die bspw. als Eigenbetrieb eines Landkreises geführt werden, fallen unter den BT-K, sofern der Landkreis Mitglied eines Mitgliedsverbandes der VKA ist. Dabei ist es unerheblich, dass für die Kreisverwaltung der BT-V Anwendung findet. Besonderheiten bestehen, wenn ein Krankenhaus über eine Altenpflegeeinrichtung verfügt und zusammen mit dieser Pflegeeinrichtung einen einheitlichen Betrieb bildet. Dann gilt für die Altenpflegeeinrichtung nicht der BT-K, sondern der BT-B (Pflegeeinrichtungen), wobei es allerdings zulässig ist, durch landesbezirkliche Anwendungsvereinbarungen diese Altenpflegeeinrichtung in den Geltungsbereich des BT-K einzubeziehen.

161 Ergänzend zu § 3 TVöD-AT sind in § 42 BT-K weitergehende **allgemeine Pflichten für Ärzte** aufgenommen worden. Danach gehört es zu deren Arbeitspflichten, ärztliche Bescheinigungen auszustellen, am Rettungsdienst in Notarztwagen und Hubschraubern teilzunehmen sowie auf Wunsch des Arbeitgebers Gutachten, gutachterliche Äußerungen und wissenschaftliche Ausarbeitungen zu erstellen. Darüber hinaus kann der Arbeitgeber die Ärzte verpflichten, im Rahmen einer Nebentätigkeit Unterricht zu erteilen sowie Gutachten, gutachterliche Äußerungen und wissenschaftliche Ausarbeitungen, die von Dritten angefordert und vergütet werden, anzufertigen. Zudem können sie vom Arbeitgeber verpflichtet werden, im Rahmen einer Nebentätigkeit von leitenden Ärzten oder für Belegärzte innerhalb der Einrichtung ärztlich tätig zu werden.

162 Zusätzlich zur Qualifizierungsregelung des § 5 TVöD-AT enthält § 43 BT-K weitergehende Regelungen zur **Qualifizierung der Ärzte.** Danach ist der Arbeitgeber verpflichtet, für Ärzte, die sich in einer Weiterbildung im Sinne des Gesetzes über befristete Arbeitsverträge mit Ärzten in der Weiterbildung befinden, einen Weiterbildungsplan aufzustellen, der die zu vermittelnden Ziele und Inhalte der Weiterbildungsabschnitte sachlich und zeitlich gegliedert festlegt. Der Arbeitgeber hat dafür Sorge zu tragen, dass diese Weiterbildung so organisiert wird, dass der Beschäftigte die festgelegten Ziele erreichen kann. Können diese Weiterbildungsziele aus Gründen, die der Arbeitgeber zu vertreten hat, innerhalb der vereinbarten Dauer des Arbeitsverhältnisses nicht erreicht werden, ist der Arbeitgeber verpflichtet, den Arbeitsvertrag entsprechend zu verlängern. Die darüber

hinaus geltenden Regelungen des Gesetzes über befristete Arbeitsverträge mit Ärzten in Weiterbildung bleiben unberührt. Zudem ist nach § 43 Abs. 4 BT-K Ärzten zur Teilnahme an Kongressen, Fachtagungen u. ä. eine **Arbeitsbefreiung von bis zu drei Arbeitstagen** im Kalenderjahr unter Fortzahlung des Entgelts zu gewähren. Die erteilte Arbeitsbefreiung wird auf einen möglichen Anspruch nach den Weiterbildungsgesetzen der Länder angerechnet. Der Anspruch auf Arbeitsbefreiung verlängert sich auf bis zu fünf Tage, wenn eine Kostenerstattung durch Dritte erfolgt.

Breiten Raum im BT-K nehmen naturgemäß **Sonderregelungen zur Arbeitszeit** ein. **163**
Nach § 44 Abs. 2 BT-K beträgt die **regelmäßige Arbeitszeit** ausschließlich der Pausen für **Ärzte** einheitlich für beide Tarifgebiete durchschnittlich 40 Stunden wöchentlich. Die Arbeitszeiten sind durch elektronische Zeiterfassung oder auf andere Art und Weise zu dokumentieren (§ 44 Abs. 3 BT-K). Nach § 49 BT-K bestehen für alle Beschäftigten, die unter den BT-K fallen, Sonderregelungen für die **Arbeit an Sonn- und Feiertagen.** Wird Arbeit an einem gesetzlichen Feiertag geleistet, der auf einen Werktag fällt, hat ein entsprechender Freizeitausgleich durch Gewährung einer Freistellung an einem anderen Werktag bis zum Ende des dritten Kalendermonats zu erfolgen, wenn es die betrieblichen Verhältnisse zulassen. Kann der Freizeitausgleich nicht gewährt werden, erhält der Beschäftigte eine zusätzliche Vergütung für jede am Feiertag geleistete Stunde in Höhe von 100% des auf eine Stunde entfallenden Anteils des monatlichen Entgelts seiner individuellen Entgeltgruppe und Entgeltstufe. Darüber hinaus hat er Anspruch auf Bezahlung der Arbeit an dem Feiertag sowie auf die entsprechenden Zuschläge. Eine entsprechende Buchung auf das Arbeitszeitkonto anstelle des Freizeitausgleiches ist zulässig. Wird der Beschäftigte regelmäßig nach einem Dienstplan eingesetzt, der Wechselschichtdienst oder Schichtdienst an sieben Tagen der Woche vorsieht, verringert sich die regelmäßige Wochenarbeitszeit um ein Fünftel der arbeitsvertraglich vereinbarten durchschnittlichen Wochenarbeitszeit, wenn er an einem gesetzlichen Feiertag, der auf einen Werktag fällt, Arbeitsleistung zu erbringen hat oder nicht wegen des Feiertages, sondern dienstplanmäßig nicht zur Arbeitszeit eingeteilt ist und deswegen an anderen Tagen der Woche seine regelmäßige Arbeitszeit erbringen muss.

Weitgehende Sonderregelungen gelten hinsichtlich des Umfangs und der Vergütung des **164**
Bereitschaftsdienstes. Nach § 45 Abs. 2 BT-K kann die tägliche Höchstarbeitszeit, sofern eine entsprechende Dienst- oder Betriebsvereinbarung vorliegt, gemäß der Öffnungsklausel in § 7 Abs. 1 Nr. 1 und 4 ArbZG auf maximal 13 bzw. 16 Stunden verlängert werden, wenn mindestens die acht Stunden überschreitende Zeit im Rahmen von Bereitschaftsdiensten geleistet wird. Bei Bereitschaftsdiensten der Stufe I kann die tägliche Arbeitszeit auf bis zu maximal 16 Stunden täglich und bei den Bereitschaftsdiensten der Stufen II und III bis auf maximal 13 Stunden täglich verlängert werden. Zudem kann nach § 45 Abs. 3 S. 3 und 4 BT-K die tägliche Arbeitszeit auf bis zu 24 Stunden verlängert werden, wenn die dort geregelten Voraussetzungen erfüllt sind. Die Arbeitszeitverlängerungen nach § 45 Abs. 2 und 3 BT-K erlauben zwar die Verlängerung der täglichen Höchstarbeitszeit, lassen jedoch die Höchstgrenze von durchschnittlich 48 Stunden im Durchschnitt von zwölf Kalendermonaten unberührt (§ 7 Abs. 8 Satz 1 ArbZG). Insofern ist für die Verlängerung der täglichen Höchstarbeitszeit in diesen Fällen ein Zeitausgleich herbeizuführen.

Darüber hinaus ermöglicht § 45 Abs. 4 BT-K, die tägliche Arbeitszeit auch **ohne Zeit-** **165**
ausgleich zu verlängern. Grundlage hierfür ist § 7 Abs. 2a ArbZG. Danach kann in einem Tarifvertrag oder in einer Betriebs-/Dienstvereinbarung eine solche Verlängerung der täglichen Arbeitszeit zugelassen werden, wenn in die Arbeitszeit regelmäßig und in erheblichem Umfang Bereitschaftsdienst fällt und durch besondere Regelungen sichergestellt wird, dass die Gesundheit des Arbeitnehmers nicht gefährdet wird. Voraussetzung ist nach § 45 Abs. 3 Satz 1 BT-K eine Prüfung alternativer Arbeitszeitmodelle, eine Belastungsanalyse nach § 5 ArbSchG und ggf. daraus resultierende Maßnahmen zur Gewährleistung des Gesundheitsschutzes. Erforderlich ist zudem gemäß § 7 Abs. 7 ArbZG eine **schriftli-**

che Einwilligung des Beschäftigten (opt-out-Modell), die dieser mit einer Frist von sechs Monaten schriftlich widerrufen kann. Durch Betriebs-/Dienstvereinbarung oder landesbezirklichen Tarifvertrag kann die tägliche Arbeitszeit dann ohne Zeitausgleich verlängert werden, wobei bei Bereitschaftsdiensten der Stufe I die wöchentliche Arbeitszeit bis maximal durchschnittlich 58 Stunden und bei Bereitschaftsdiensten der Stufe II und III bis zu maximal durchschnittlich 54 Stunden wöchentlich betragen darf.

166 Die Zuordnung zu den einzelnen **Stufen des Bereitschaftsdienstes** erfolgt nach Maßgabe von § 46 Abs. 1 und 2 BT-K. Ausschlaggebend ist dabei die erfahrungsgemäß während eines Bereitschaftsdienstes durchschnittlich anfallende Arbeitsleistung. Beträgt die Arbeitsleistung innerhalb des Bereitschaftsdienstes erfahrungsgemäß bis zu 25 %, erfolgt die Zuweisung zur Stufe I, bei mehr als 25 bis zu 40 % zur Stufe II und bei mehr als 40 bis zu 49 % zur Stufe III. Die Zuweisung erfolgt durch die Betriebsparteien. Bei Ärzten ist gemäß § 46 Abs. 2 S. 2 BT- K die jeweilige Stufe als Nebenabrede zum Arbeitsvertrag schriftlich zu vereinbaren. Die Zuweisung zu einer bestimmten Stufe ist nicht nur für den Umfang einer Arbeitszeitverlängerung, sondern auch für die Bezahlung der geleisteten Bereitschaftsdienste maßgeblich. Unabhängig von der tatsächlich geleisteten Arbeitszeit, wird die Zeit des Bereitschaftsdienstes der Stufe I zu 60 %, der Stufe II zu 75 % und der Stufe III zu 90 % als Arbeitszeit bewertet (§ 46 Abs. 1 BT-K). Das entsprechende Entgelt für die Bereitschaftsdienstzeit ist in der Anlage G für die einzelnen Entgeltgruppen gesondert ausgewiesen. Zeitzuschläge für Feiertags- und Nachtarbeit sind in § 46 Abs. 5 und 6 geregelt. Nach Maßgabe von § 10 Abs. 3 S. 2 TVöD können die Bereitschaftsdienstentgelte auch auf ein bestehendes Arbeitszeitkonto gebucht werden. Dabei regelt § 46 Abs. 9 Satz 2 BT-K, wieviel Arbeitszeit für jede geleistete Stunde Bereitschaftsdienst auf das Arbeitszeitkonto gebucht werden kann.

167 Für Ärzte besteht nach § 46 Abs. 7 BT-K die Möglichkeit, anstelle der Auszahlung des Entgelts für die gewertete Arbeitszeit bis zum Ende des dritten Kalendermonats einen entsprechenden **Freizeitausgleich** zu erhalten. Dabei bemisst sich der Freizeitausgleich nach der entsprechenden Stufe des Bereitschaftsdienstes. Die Möglichkeit zum Freizeitausgleich umfasst auch die den Zeitzuschlägen nach den Absätzen 5 und 6 im Verhältnis 1:1 entsprechende Arbeitszeit. Das Entgelt für den Bereitschaftsdienst wird daher für Ärzte erst nach Ablauf der drei Monate am Zahltag des folgenden Kalendermonats fällig, sofern der Freizeitausgleich nicht gewährt worden ist.

168 Abweichend von § 6 Abs. 1 Satz 2 TVöD-AT werden nach § 48 Abs. 1 BT-K die gesetzlichen Pausen bei **Wechselschichtarbeit** nicht mit in die Arbeitszeit eingerechnet. Zudem wird für Wechselschichtarbeit verlangt, dass der Beschäftigte längstens nach Ablauf eines Monats erneut zu mindestens zwei Nachtschichten herangezogen werden muss.

169 Die **Eingruppierung der Ärzte** ist in Teil B Abschnitt II Ziff. 2 der Entgeltordnung (VKA) geregelt. In die Entgeltgruppe I sind Ärzte mit entsprechender Tätigkeit und in die Entgeltgruppe II Fachärzte mit entsprechender Tätigkeit eingruppiert. Die jeweilige Stufenzuordnung ergibt sich aus § 51 BT-K. Sie erfolgt in Abhängigkeit von der Dauer der ärztlichen bzw. fachärztlichen Berufserfahrung. Für die Ausübung von Leitungsfunktionen werden Funktionszulagen nach § 51 Abs. 3 und 4 BT-K gewährt; sie sind dynamisch und entfallen mit dem Wegfall der Funktion (§ 51 Abs. 5 BT-K). Das maßgebliche Tabellenentgelt der Ärzte ergibt sich aus den Tabellen nach der Anlage C. Für die nichtärztlichen Beschäftigten ergibt sich das Tabellenentgelt aus den Anlagen A und E. Alle Beschäftigten, die in die Entgeltgruppe 5 bis 15 bzw. P 5 bis P 16 eingruppiert sind, erhalten zusätzlich zum Tabellenentgelt eine nichtdynamische Zulage in Höhe von 25 EUR (§ 52 Abs. 3 BT-K).

170 Beschäftigte, die in die Entgeltgruppen 1 bis 4 eingruppiert sind, erhalten jeweils mit dem Tabellenentgelt für den Monat Juli jährlich eine **Einmalzahlung** in Höhe von 8,4 v. H. der Stufe 2 ihrer jeweiligen Entgeltgruppe im Monat Juli. Eine weitere Sonderregelung besteht hinsichtlich der **Jahressonderzahlung.** Abweichend von § 20 TVöD-AT erhalten Beschäftigte im Geltungsbereich des BT-K die Jahressonderzahlung auch dann, wenn ihr Arbeitsverhältnis bereits vor dem 1. Dezember des jeweiligen Kalenderjahres endet (§ 54 BT-K). Ärzte haben gemäß § 54 Abs. 2 BT-K keinen Anspruch auf eine Jahressonderzahlung, da die Jahressonderzahlung bei den Ärzten anteilig in deren Tabellenentgelt mit eingeflossen ist.

Zusätzlich zu den Möglichkeiten der Erlangung von **Zusatzurlaub** nach § 27 TVöD-AT besteht für die Beschäftigten, die unter den Geltungsbereich des BT-K fallen, die Möglichkeit, nach § 55 Abs. 1 BT-K Zusatzurlaub in Abhängigkeit von den geleisteten Nachtarbeitsstunden im Kalenderjahr zu erlangen; für jeweils 150 geleistete Nachtarbeitsstunden wird ein Tag Zusatzurlaub gewährt, maximal sind es jedoch vier Arbeitstage. Nachtarbeit, die in Zeiträumen geleistet wird, für die bereits Zusatzurlaub für Wechselschicht und Schichtarbeit beansprucht wurde, bleibt jedoch unberücksichtigt. Erholungsurlaub und Zusatzurlaub dürfen zusammen im Kalenderjahr 2020 38 Tage, im Kalenderjahr 2021 39 Tage und ab dem Kalenderjahr 2022 40 Arbeitstage nicht überschreiten. **171**

f) Besonderer Teil- Pflege- und Betreuungseinrichtungen (BT-B)

Die Regelungen des BT-B weisen zahlreiche Parallelen zum BT-K auf. Im Mittelpunkt stehen **Arbeitszeitfragen,** wie etwa die Verlängerung der täglichen Höchstarbeitszeit, Regelungen zu Bereitschaftsdienst und Rufbereitschaft sowie zur Arbeit an Sonn- und Feiertagen. Bezüglich der Ärzte werden die im TVöD aufgeführten allgemeinen Arbeitsbedingungen sowie die Vorschriften zur Qualifizierung ergänzt. **172**

Unter den **betrieblichen Geltungsbereich** des BT-B fallen nur Einrichtungen, deren Träger Mitglied eines Mitgliedsverbandes der VKA ist. In § 40 Abs. 1 BT-B wird abschließend aufgezählt, welche Einrichtungen hiervon erfasst werden. Dies betrifft insbesondere Heil-, Pflege- und Entbindungseinrichtungen sowie sonstige Einrichtungen und Heime, in denen Personen betreut werden, unabhängig davon, ob diese betreuten Personen in ärztlicher Behandlung stehen oder nicht, soweit sie nicht vom Geltungsbereich des BT-K erfasst werden. Hinsichtlich des **persönlichen Geltungsbereichs** wird mit § 41 BT-B die Vorschrift des § 1 Abs. 2 lit.b TVöD-AT dahingehend ergänzt, dass Ärzte, die bestimmte Leitungsfunktionen wahrnehmen bzw. als ständige Vertreter leitender Ärzte bestellt sind, auch dann unter den TVöD fallen, wenn sie ein Entgelt oberhalb der Entgeltgruppe 15 erhalten. Dabei ist es zulässig, durch abweichende einzelvertragliche Regelung die betroffenen Beschäftigten aus dem persönlichen Geltungsbereich des TVöD herauszunehmen. **173**

Wie im Bereich des BT-K wird der § 3 TVöD-AT durch weitere **allgemeine Pflichten** der Ärzte nach § 42 BT-B ergänzt. Danach gehört es zu den Arbeitspflichten der Ärzte, ärztliche Bescheinigungen auszustellen und am Rettungsdienst in Notarztwagen und Hubschraubern teilzunehmen (gegen Zahlung eines Einsatzzuschlags). Darüber hinaus können sie vom Arbeitgeber verpflichtet werden, Arbeitsleistungen für leitende Ärzte zu erbringen. Nach § 42 Abs. 3 BT-B gehört die Erstellung von Gutachten, gutachterlichen Äußerungen und wissenschaftlichen Ausarbeitungen zu den nicht gesondert zu vergütenden Pflichten aus der Haupttätigkeit der Ärzte, sofern diese Gutachten und Ausarbeitungen vom Arbeitgeber selbst, nicht aber von Dritten angefordert werden. Nach § 43 BT-B kann der Arbeitgeber von den Ärzten verlangen, dass sie im Rahmen einer Nebentätigkeit Unterricht erteilen. Die Unterrichtserteilung erfolgt außerhalb der regelmäßigen wöchentlichen Arbeitszeit und ist vom Arbeitgeber entsprechend zu vergüten. **174**

Die allgemeinen Regelungen zur **Qualifizierung** in § 5 TVöD werden durch § 44 BT-B ergänzt. Nach § 44 Abs. 1 BT-B ist für **Ärzte,** die sich nach dem Gesetz über befristete Arbeitsverträge mit Ärzten in der Weiterbildung in einem befristeten Arbeitsverhältnis zur Facharzt-, Schwerpunktweiterbildung oder Zusatzausbildung befinden, ein Weiterbildungsplan aufzustellen, der die zu vermittelnden Ziele und die Inhalte der Weiterbildungsabschnitte sachlich und zeitlich gegliedert festlegt. Des Weiteren ist gemäß § 44 Abs. 2 BT-B die Weiterbildung vom Arbeitgeber so zu organisieren, dass der Arzt die in dem Weiterbildungsplan festgelegten Weiterbildungsziele in der vorgesehenen Zeit erreichen **175** kann. Können die gesetzten Weiterbildungsziele aus Gründen, die der Arbeitgeber zu vertreten hat, nicht in der vereinbarten Dauer erreicht werden, verlangt § 44 Abs. 3 BT-B eine entsprechende Verlängerung des befristeten Arbeitsvertrages.

176 Für die Beschäftigten **im Erziehungsdienst** im Tarifgebiet West werden nach § 44 Abs. 4 BT-B in jedem Kalenderjahr 19,5 Stunden für die Vorbereitung und Qualifizierung verwendet. Teilzeitbeschäftigte erhalten diese Zeit anteilig im Verhältnis zu ihrer individuell vereinbarten Arbeitszeit. Dies bedeutet, dass die Beschäftigten während dieser Zeit keine erzieherischen oder betreuerischen Tätigkeiten ausüben. Nicht verlangt wird, dass dieser Zeitumfang allein für die Qualifizierung genutzt wird. Zulässig ist, diesen Zeitumfang ganz oder teilweise für die Vorbereitung auf die unmittelbare erzieherische oder betreuerische Arbeit zu verwenden.

177 Nach § 45 Abs. 2 BT-B kann die **tägliche Arbeitszeit** über acht Stunden hinaus verlängert werden, wenn zumindest die die acht Stunden übersteigende Zeit im Rahmen von **Bereitschaftsdiensten** geleistet wird. Danach ist mit entsprechendem Ausgleich bei Bereitschaftsdiensten der Stufe A und B eine Verlängerung bis zu insgesamt maximal 16 Stunden täglich und bei den Bereitschaftsdiensten der Stufe C und D bis zu maximal 13 Stunden täglich zulässig. Zudem ist nach Maßgabe von Abs. 3 eine Verlängerung der täglichen Arbeitszeit, ausschließlich der Pausen, auf maximal 24 Stunden möglich, wenn in die Arbeitszeit regelmäßig in erheblichem Umfange Bereitschaftsdienst fällt und die in Abs. 3 Satz 1 und 2 geregelten Voraussetzungen erfüllt sind. Nach Abs. 4 ist auch eine Verlängerung der täglichen Arbeitszeit **ohne Ausgleich** zulässig, soweit die Vorrausetzungen des Abs. 3 Satz 1 und 2 sowie des § 7 Abs. 2a ArbZG erfüllt sind. In diesen Fällen ist bei den Bereitschaftsdiensten der Stufe A und B eine wöchentliche Arbeitszeit von bis zu maximal durchschnittlich 58 Stunden und bei den Stufen C und D von bis zu maximal 54 Stunden möglich. Hierbei handelt es sich um eine auf § 7 Abs. 2 ArbZG gestützte Arbeitszeitverlängerung, die zusätzlich der schriftlichen Einwilligung des Arbeitnehmers bedarf (opt-out-Modell). Die schriftliche Einwilligung muss vor der Erbringung der entsprechenden Dienstleistung vorliegen und kann vom Arbeitnehmer gemäß § 7 Abs. 7 S. 2 ArbZG mit einer Frist von sechs Monaten schriftlich widerrufen werden.

178 Die Zuordnung zu den einzelnen **Stufen des Bereitschaftsdienstes** erfolgt gemäß § 46 Abs. 1 lit. a BT-B anhand der während des Bereitschaftsdienstes erfahrungsgemäß durchschnittlich anfallenden Arbeitsleistung. Eine Zuordnung zur Stufe A erfolgt, wenn die Arbeitsleistung durchschnittlich bis zu 10 % beträgt. Bei der Stufe B beträgt die Arbeitsleistung mehr als 10 bis zu 25 %, bei der Stufe C mehr als 25 bis zu 40 % und bei der Stufe D mehr als 40 bis zu 49 %. Die Zuordnung zu den Stufen des Bereitschaftsdienstes erfolgt durch die Betriebsparteien. Unabhängig von der tatsächlichen Arbeitsleistung während des Bereitschaftsdienstes werden zum Zwecke der **Entgeltberechnung** festgelegte Anteile des Bereitschaftsdienstes als Arbeitszeit gewertet. Nach § 46 Abs. 1 lit. a BT-B werden bei der Stufe A 15 %, bei der Stufe B 25 %, bei der Stufe C 40 % und bei der Stufe D 55 % der abgeleisteten Bereitschaftsdienststunden als Arbeitszeit berücksichtigt. Zusätzlich wird gemäß § 46 Abs. 1 lit.b BT-B noch auf die Anzahl der Bereitschaftsdienste im Kalendermonat abgestellt. Bei der Ableistung von bis zu acht Bereitschaftsdiensten im Kalendermonat werden zusätzliche weitere 25 % als Arbeitszeit gewertet. Bei neun bis zwölf Bereitschaftsdiensten werden 35 % und ab dem 13. Bereitschaftsdienst zusätzlich 45 % als Arbeitszeit bewertet. Dies bedeutet, dass bspw. einem Pfleger, der der Bereitschaftsdienststufe B zugeordnet ist und sechs Bereitschaftsdienste im Kalendermonat abgeleistet hat, 50 % der Bereitschaftsdienststunden als Arbeitszeit bewertet und vergütet werden (25 % nach lit. a und 25 % nach lit. b). Für Beschäftigte, mit Ausnahme der Ärzte, die in Einrichtungen und Heimen im Sinne von § 40 Abs. 1 lit d BT-B tätig sind, gelten hinsichtlich des Bereitschaftsdienstes Sonderregelungen. Bei den Arbeitszeitverlängerungen aufgrund von Bereitschaftsdiensten sind für diese Beschäftigten die Grenzen der Stufen A und B einzuhalten (§ 45 Abs. 10 BT-B). Bei der Entgeltberechnung wird die Zeit des Bereitschaftsdienstes einschließlich der geleisteten Arbeit pauschal mit 25 % als Arbeitszeit bewertet. Ab dem neunten Bereitschaftsdienst je Kalendermonat erfolgt eine zusätzliche Bewertung mit 15% als Arbeitszeit (§ 46 Abs. 3 Satz 2 BT-B).

Für die Zeit des Bereitschaftsdienstes und der Rufbereitschaft werden **Zeitzuschläge** 179 nach § 8 TVöD nicht gewährt (§ 46 Abs. 4 Satz 3 BT-B). Das Bereitschaftsdienstentgelt kann nach § 10 Abs. 3 TVöD-AT faktorisiert werden und im Verhältnis 1 zu 1 mit Freizeit abgegolten werden. Abweichend von § 6 Abs. 1 S. 2 TVöD-AT werden bei der Leistung von **Wechselschichtarbeit** die gesetzlichen Pausen nicht mit in die Arbeitszeit eingerechnet (§ 48 Abs. 1 BT-B). Des Weiteren liegt Wechselschichtarbeit nur dann vor, wenn neben dem regelmäßigen Wechsel der täglichen Arbeitszeit in Wechselschichten der Beschäftigte längstens nach Ablauf des Monats erneut zumindest zu zwei Nachtschichten statt zu einer Nachtschicht herangezogen wird.

In § 51 BT-B ist die **Stufenzuordnung** sowie die Gewährung von **Funktionszulagen** 180 **für Ärzte** geregelt. Danach werden Ärzte in Abhängigkeit von ihrer Berufserfahrung in die EG 14 Stufe 1 oder Stufe 2 eingruppiert; Fachärzte hingegen je nach Dauer der ausgeübten Facharzttätigkeit in die EG 15 Stufen 3 bis 6. In den Absätzen 3 bis 5 ist die Gewährung von dynamischen **Funktionszulagen** geregelt, die von der Ausübung einer bestimmten Vertretungsfunktion bzw. einer Führungsfunktion abhängig sind. Mit dem Wegfall der jeweiligen Funktion entfällt der Anspruch auf die Funktionszulage. §§ 51a und 52 BT-B regeln das Entgelt der Beschäftigten in der Pflege und im Sozial- und Erziehungsdienst einschließlich der Stufenzuordnung.

Für Beschäftigte im **Sozial- und Erziehungsdienst** sind in § 53 BT-B Maßnahmen der 181 **betrieblichen Gesundheitsförderung** vorgesehen, die darauf abzielen, die Arbeit und die Arbeitsbedingungen so zu organisieren, dass diese nicht Ursache von Erkrankungen oder Gesundheitsschädigungen sind. Der Beschäftigte hat einen Anspruch auf die Durchführung einer Gefährdungsbeurteilung nach § 5 ArbSchG. Über das Ergebnis der Gefährdungsbeurteilung ist er zu unterrichten, vorgesehene Maßnahmen sind mit ihm zu erörtern. Beim Arbeitgeber wird auf Antrag des Personalrates bzw. Betriebsrates eine betriebliche Kommission gebildet, die jeweils zur Hälfte vom Arbeitgeber und vom Personal- bzw. Betriebsrat besetzt wird. Die Kommission berät über erforderliche Maßnahmen, wenn der Beschäftigte einer vorgesehenen Maßnahme widerspricht, und unterbreitet Vorschläge. Sie kann auch zeitlich befristet Gesundheitszirkel zur Gesundheitsförderung einrichten mit der Aufgabe, Belastungen am Arbeitsplatz und deren Ursachen zu analysieren und Lösungsansätze zur Verbesserung der Arbeitssituation zu erarbeiten.

In den §§ 52 und 53 BT-B sind ergänzende Regelungen zum **Urlaub** aufgeführt. Nach 182 § 52 BT-B haben Beschäftigte in Heimschulen und Internaten ihren Urlaub in der Regel während der Schulferien zu nehmen. Zudem wird in § 53 BT-B ein Anspruch auf Zusatzurlaub in Abhängigkeit von den im Kalenderjahr abgeleisteten Nachtarbeitsstunden geregelt. Für je 150 geleistete Nachtarbeitsstunden wird ein Arbeitstag Zusatzurlaub, maximal werden jedoch vier Arbeitstage gewährt.

Nachtarbeitsstunden, die in Zeiträumen geleistet werden, für die Zusatzurlaub aufgrund von Wechselschicht- oder Schichtarbeit erlangt wird (§ 27 Abs. 1 TVöD-AT), bleiben unberücksichtigt. Weiterhin bestehen bleibt die in § 27 Abs. 4 TVöD-AT aufgenommene Regelung, wonach die Gesamtsumme aus Erholungs- und Zusatzurlaub im Kalenderjahr nicht 35 bzw. 36 Tage überschreiten darf.

g) Besonderer Teil – Entsorgung (BT-E)

Unter den fachlichen Geltungsbereich des BT-E fallen nur Betriebe, die vom Geltungs- 183 bereich des TVöD (§ 1) erfasst werden. Zudem muss es sich um einen **Entsorgungsbetrieb** handeln. Dieser Begriff wird in der tariflichen Regelung nicht näher bestimmt. Nach allgemeinem Verständnis ist unter „Entsorgung" die Erfassung, der Abtransport und die geordnete Beseitigung (durch Aufbereitung, Behandlung und/oder Deponierung) von Abfallstoffen aller Art (einschließlich Abwasser und Abgase) zu verstehen. Gleichfalls gehört hierzu die Abfallverwertung (Recycling). Sofern der Betriebszweck in der Erbringung der o. g. Entsorgungsaufgaben besteht, handelt es sich um einen Entsorgungsbetrieb i. S. von § 40 Abs. 1 BT-E. Abgrenzungsschwierigkeiten können bei **Mischbetrieben** auftreten, wenn ein Betrieb zugleich Versorgungs- und Entsorgungsleistungen erbringt (z B Trink- und Abwasserzweckverbände). Im Unterschied zum TV-V wird für den BT-E weder eine bestimmte Mindestanzahl an Beschäftigten, noch der Einsatz eines bestimmten Prozentsatzes der Beschäftigten für die Erbringung der Entsorgungsaufgaben verlangt. Da die Tarifvertragsparteien Abgrenzungskriterien geregelt haben und auch keine Anhaltspunkte ersichtlich sind, dass man vom Grundsatz der Tarifeinheit im Betrieb abweichen wollte, ist bei Betrieben, die neben Entsorgungsleistungen auch noch andere Leistungen erbringen (z. B. Versorgung mit Trinkwasser), darauf abzustellen, mit welchen Tätigkeiten die Arbeitnehmer des betreffenden Betriebes überwiegend beschäftigt werden (in Anknüpfung an die Rechtsprechung des BAG zur Tarifgeltung in Mischbetrieben).[274] Überwiegt aus arbeitszeitlicher Sicht nicht der Anteil der Entsorgungsaufgaben, sondern der der sonstigen Aufgaben, findet nicht der BT-E, sondern der BT-V Anwendung, dem insoweit gemäß § 40 Abs 1 S 1 BT-V eine Auffangfunktion zukommt. Der Geltungsbereich erstreckt sich auf alle Entsorgungsbetriebe unabhängig von ihrer Größe und ihrer Rechtsform. Erfasst werden somit sowohl Betriebe in privater Rechtsform (GmbH, AG usw.), als auch öffentlich-rechtliche Körperschaften (Zweckverbände). Da eine rechtliche Selbständigkeit nicht verlangt wird, sind auch Eigenbetriebe, die ausschließlich oder überwiegend Entsorgungsaufgaben erfüllen, dem Geltungsbereich des BT-E zuzuordnen.

184 Der BT-E enthält nur relativ **wenige Sonderbestimmungen.** Diese betreffen insbesondere eine ausdrückliche Öffnungsregelung zu § 14 TzBfG (§ 42 BT-E) und Regelungen zum betrieblichen Gesundheits- und Arbeitsschutz (§ 43 BT-E). In Abweichung zu § 6 Abs. 7 TVöD-AT wird der Zeitraum für die Rahmenzeit auf die Zeitspanne von 6 bis 22 Uhr (statt von 6 bis 20 Uhr) verlängert (§ 41 BT-E). Die Regelung in § 45 BT-E zur Qualifizierung hat keinen eigenständigen Regelungsgehalt, sondern ist wortgleich mit § 5 TVöD-AT.

185 Nach § 14 Abs. 2 S 3 TzBfG kann durch Tarifvertrag sowohl die Anzahl der Verlängerungen als auch gleichzeitig die Höchstdauer von **Befristungen ohne sachlichen Grund** abweichend geregelt werden. Diese Tariföffnungsklausel gilt nicht nur bei einer beiderseitigen Tarifbindung (§ 4 Abs. 1 S. 1 TVG), sondern auch, wenn nur eine oder keine der Arbeitsvertragsparteien tarifgebunden ist, aber das Arbeitverhältnis unter den Geltungsbereich des Tarifvertrages fällt und durch einzelvertragliche Abrede die Anwendung der tarifvertraglichen Bestimmungen vereinbart worden ist. Nach § 42 Abs. 1 BT-E darf ein kalendermäßig befristeter Arbeitsvertrag ohne sachlichen Grund bis zu einer Gesamtdauer von vier Jahren vereinbart werden. Während dieser Gesamtdauer ist höchstens eine dreimalige Verlängerung des befristeten Arbeitsvertrages möglich. Somit verbleibt es hinsichtlich der Anzahl der zulässigen Verlängerungen bei der gesetzlichen Regelung. Um Missbrauchsmöglichkeiten der Verlängerung der sachgrundlosen Befristung auf bis zu vier Jahre zu begrenzen, haben die Tarifvertragsparteien in den Absätzen 2 bis 5 zusätzliche Wirksamkeitsvoraussetzungen geregelt. Danach bedarf die sachgrundlose Befristung nach Abs. 1, soweit die Befristungsdauer 2 Jahre übersteigt, der vorherigen Zustimmung des Personal- bzw. Betriebsrats (Abs. 2). Zudem dürfen nicht mehr als 40 % aller beim Arbeitgeber begründeten Arbeitsverhältnisse als Befristungen ohne sachlichen Grund ausgestaltet sein (Abs. 3). Die Beschäftigung von Leiharbeitnehmern ist unzulässig, soweit von der Möglichkeit nach Abs. 1 Gebrauch gemacht wird (Abs. 4). Für Arbeitnehmer, die nach Maßgabe von Abs. 1 sachgrundlos länger als zwei Jahre beschäftigt worden sind, besteht eine Verpflichtung zur Übernahme in ein unbefristetes Arbeitsverhältnis, sofern im Fall des Ausscheidens dieser Beschäftigten für den betreffenden Funktionsbereich ein befristetes

[274] BAG v. 15.1.2014 – 10 AZR 669/13 –; v. 18.5.2011 – 10 AZR 190/10 –; v. 17.1.1996 – 10 AZR 138/95 –.

Arbeitsverhältnis mit anderen Beschäftigten begründet würde (Abs. 5). Sofern befristete Verträge ohne sachlichen Grund mit einer Laufzeit von mehr als zwei Jahren nach Abs. 1 vereinbart werden, sind Auszubildende beim Abschluss von Verträgen nach Absatz 1 vorrangig zu berücksichtigen (Abs. 6).

Angesichts der Bedeutung, die dem **betrieblichen Gesundheits- und Arbeitsschutz** 186 in der Abfall- und Entsorgungswirtschaft zukommt, wurden in § 43 BT-E hierzu besondere Regelungen getroffen, die allerdings über die einschlägigen gesetzlichen Regelungen nicht hinausgehen. Die Absätze 1 und 2 haben programmatischen Charakter und geben die allgemeinen Grundsätze des Arbeits- und Gesundheitsschutzes wieder, wie sie z. B. in § 4 ArbSchG zu finden sind. Es wird die gemeinsame Verantwortung von Arbeitgeber und Beschäftigten bei der Einhaltung der einschlägigen Sicherheitsvorschriften betont. Der Arbeitgeber ist verpflichtet, die Beschäftigten regelmäßig und bei besonderen Anlässen zu unterrichten (Abs. 3 Nr. 1) und der Beschäftigte wiederum ist gehalten, den Unterweisungen Folge zu leisten (Abs. 4 S. 1) und muss bei nicht ausreichender Unterrichtung dies einem betrieblich Verantwortlichen mitteilen (Abs. 5). Auf Beschäftigte, die der deutschen Sprache nicht hinreichend mächtig sind, ist entsprechend Rücksicht zu nehmen, in dem die Belehrung in einer ihnen verständlichen Sprache oder schriftlich in der Landessprache erfolgt.

Zu den Pflichten des Arbeitgebers gehört es weiterhin, die Schutzausrüstungen und 187 Arbeitsmittel in einem betriebssicheren Zustand zur Verfügung zu stellen (Abs. 3 Nr. 2) und für die Bereitstellung und Pflege der Schutzbekleidung zu sorgen (Abs. 3 Nr. 3). Die einschlägigen Unfallverhütungsvorschriften müssen den Beschäftigten auch in Betriebsstätten und festen Baustellen zugänglich sein (Abs. 6). Der Beschäftigte wiederum ist verpflichtet, die Schutzausrüstungen und notwendigen sicherheitstechnischen Vorrichtungen zu verwenden und sich von deren ordnungsgemäßen Zustand zu überzeugen (Abs. 4 Satz 2), sowie eine nicht ausreichende arbeitsschutzrechtliche Unterweisung vor Aufnahme der Arbeitsaufgabe zu melden (Abs. 5). Einzelheiten zur Durchführung der tariflichen Vorschrift können im Rahmen von (freiwilligen) Betriebs- oder Dienstvereinbarungen geregelt werden.

Zusätzlich zu dem in § 18 TVöD geregelten Leistungsentgelt ermöglicht § 44 BT-E die 188 Gewährung einer **Erfolgsbeteiligung** und zwar in Abhängigkeit von einem bestimmten wirtschaftlichen Erfolg. Diese wird zusätzlich zu dem in § 18 Abs. 3 TVöD vorgesehenen Startvolumen gezahlt. Ob und für welchen Zeitraum eine solche Erfolgsbeteiligung eingeführt wird, ist zunächst allein die Entscheidung des Arbeitgebers. Ebenso wie die Festlegung der zur Verteilung anstehenden Gesamtsumme. Die Kriterien und das Verfahren für die Ausschüttung der Erfolgsbeteiligung sind betrieblich zu vereinbaren. Ohne eine solche Vereinbarung mit der Arbeitnehmervertretung kann die Erfolgsbeteiligung nicht eingeführt werden. Fehlt eine Arbeitnehmervertretung, kann die Erfolgsbeteiligung ggf. als außertarifliche Leistung gewährt werden.

Nach § 46 BT-E sind **Reise- und ggf. Umzugskosten** nach den beim Arbeitgeber 189 geltenden Grundsätzen zu erstatten. Sofern der Arbeitgeber dem öffentlichen Haushaltsrecht unterliegt, finden die für die Beamten geltenden Vorschriften Anwendung, es sei denn, der Arbeitgeber hat für seine Arbeitnehmer zur Erstattung der Reise- und Umzugskosten eigene Regelungen geschaffen. In diesem Fall haben die betrieblichen Regelungen Vorrang.

3. Tarifvertrag Versorgungsbetriebe (TV-V)

Der Tarifvertrag Versorgungsbetriebe vom 5.10.2000 war der erste bundesweite Tarifver- 190 trag, mit dem ein bestimmter Dienstleistungsbereich aus dem BAT/BMT-G II herausgelöst wurde. Vom TV-V werden nur **rechtlich selbstständige Versorgungsbetriebe** erfasst, die dem BetrVG unterliegen und in der Regel mehr als 20 wahlberechtigte Arbeitnehmer beschäftigen (§ 1 Abs. 1 TV-V). Vom betrieblichen Geltungsbereich ausgeschlossen sind daher Zweckverbände, die dem Anwendungsbereich eines Personalvertretungsgesetzes unterliegen, sowie Eigenbetriebe usw., selbst wenn diese Versorgungsaufgaben wahrnehmen. Als Versorgungsbetriebe im Sinne des Tarifvertrages gelten dabei nur solche Unternehmen, bei denen im Bereich der Energie- und/oder Wasserversorgung mindestens 90% des Gesamtpersonalbestandes eingesetzt sind. Dazu können auch rechtlich selbstständige Netz- und Netzservicegesellschaften gehören. Trotz dieser Regelung kann die Abgrenzung im Einzelfall schwierig sein, weil häufig Wasserversorgung und Abwasserentsorgung in einem Betrieb zusammengefasst sind. In diesem Fall entscheidet der Einsatz des Personals, ob der Betrieb unter den Geltungsbereich des TV-V oder des TVöD fällt.[275] Allerdings können durch landesbezirklichen Tarifvertrag auch Betriebe in den Geltungsbereich des TV-V einbezogen werden, die die o. g. Voraussetzungen nicht erfüllen, so z. B. Zweckverbände oder rechtlich unselbstständige Versorgungsbetriebe (§ 1 Abs. 2 TV-V).

191 Auch im Bereich des TV-V sind bestimmte Arbeitnehmergruppen vom **persönlichen Geltungsbereich** ausgenommen. Dies betrifft u. a. die leitenden Angestellten im Sinne von § 5 Abs. 3 BetrVG, wenn ihre Arbeitsbedingungen einzelvertraglich besonders vereinbart sind; Arbeitnehmer die ein Entgelt erhalten, das über die höchste Entgeltgruppe des TV-V hinausgeht; Arbeitnehmer, für die Eingliederungszuschüsse nach den §§ 217 ff. SGB III bzw. nach den diese Regelungen seit 1. April 2012 ersetzenden §§ 88 SGB III gewährt werden, sowie geringfügig Beschäftigte im Sinne von § 8 Abs. 1 Nr. 2 SGB IV, d. h. die kurzzeitig Beschäftigten (§ 1 Abs. 3 TV-V). Auch Arbeitnehmer, die Arbeiten nach § 260 SGB III verrichten (sog. Arbeitsbeschaffungsmaßnahmen), unterfallen nicht dem Geltungsbereich des TV-V; da seit 1. April 2012 neue Arbeitsbeschaffungsmaßnahmen nicht mehr gefördert werden, kommt der Regelung allerdings keine praktische Bedeutung mehr zu.

192 Ebenso wie § 2 TVöD verlangt § 2 Abs. 1 TV-V, dass der Arbeitsvertrag schriftlich abgeschlossen wird, wobei die Schriftform keine konstitutive Wirkung hat.

Gleichfalls können schriftliche **Nebenabreden** getroffen werden, die, soweit vereinbart, mit einer Frist von zwei Wochen zum Monatsende gekündigt werden können.[276] Gemäß § 2 Abs. 2 TV-V gelten die ersten drei Monate der Beschäftigung als **Probezeit.** Jedoch kann eine längere Probezeit von bis zu sechs Monaten vereinbart werden.[277] Nach § 3 Abs. 2 TV-V sind die Beschäftigten verpflichtet, entgeltliche **Nebentätigkeiten** dem Arbeitgeber schriftlich anzuzeigen. Dieser kann, soweit entsprechende Gründe vorliegen, die Ausübung der Nebentätigkeit ganz untersagen oder mit Auflagen versehen. Die Regelung im TVöD ist nahezu gleich gestaltet, so dass hinsichtlich der Anzeige und Untersagung von Nebentätigkeiten auf die Ausführungen zum TVöD verwiesen werden kann.[278] Der Arbeitgeber ist bei entsprechender Veranlassung berechtigt, den Arbeitnehmer gemäß § 3 Abs. 3 TV-V durch einen Vertrauensarzt untersuchen zu lassen, ob er zur Leistung der arbeitsvertraglich geschuldeten Tätigkeit in der Lage ist. Die Kosten der Untersuchung sind, wie bei der analogen Regelung im TVöD (§ 3 Abs. 4), vom Arbeitgeber zu tragen.[279]

193 Als maßgebliche **Betriebszugehörigkeit** im Sinne des TV-V gilt die bei demselben Arbeitgeber in einem Arbeitsverhältnis zurückgelegte Zeit (§ 4 TV-V). Nicht verlangt wird ein ununterbrochenes Arbeitsverhältnis, so dass bei Unterbrechungen die Zeiten vor der Unterbrechung mit zu berücksichtigen sind, nicht jedoch die Zeit der Unterbrechung. Abzustellen ist auf die Arbeitgeberidentität. Zeiten, die bei einem anderen Arbeitgeber zurückgelegt worden sind, können daher nicht mitberücksichtigt werden, es sei denn der Arbeitgeberwechsel erfolgte im Rahmen eines Betriebsübergangs nach § 613a BGB oder einer Gesamtrechtsnachfolge. Die Dauer der Betriebszugehörigkeit ist für die Gewährung

[275] → Rn. 183.
[276] → Rn. 19.
[277] → Rn. 20.
[278] → Rn. 23 f.
[279] → Rn. 25.

des Jubiläumsgeldes nach § 17 Abs. 1 TV-V sowie für die Kündigungsfrist nach § 19 Abs. 5 TV-V von Bedeutung.

Die **Eingruppierung** richtet sich gemäß § 5 Abs. 1 TV-V nach der überwiegend vom Arbeitnehmer regelmäßig auszuübenden Tätigkeit[280]. In der Anlage 1 sind die für die 15 Entgeltgruppen maßgeblichen Tarifmerkmale geregelt. Dabei handelt es sich um abstrakte Oberbegriffe, die bis einschl. der Entgeltgruppe 11 mit beispielhaften Tätigkeiten näher bestimmt sind. Abweichend davon gilt für die Entgeltgruppe 1 ein Ausschließlichkeitskatalog, während dessen die Entgeltgruppen 12 bis 15 lediglich die abstrakten Oberbegriffe ohne Beispiele enthalten. Einige der Tätigkeitsmerkmale entsprechen denen der Entgeltordnung (Anlage 1 zum TVöD), so z. B. die gründlichen und vielseitigen Fachkenntnisse in Entgeltgruppe 5.2 und 6.2 sowie die selbstständigen Leistungen in Entgeltgruppe 6.2.[281] **194**

Die Entgeltgruppen 2 bis 15 sind in sechs **Stufen** aufgeteilt. Bei einer Einstellung wird der Arbeitnehmer in seiner Entgeltgruppe in die Stufe 1 eingereiht und erhält die jeweils nächste Stufe seiner Entgeltgruppe unter Berücksichtigung seiner Betriebszugehörigkeit. Er erreicht die Stufe 2 nach zwei Jahren in der Stufe 1, die Stufe 3 nach zwei Jahren in der Stufe 2, die Stufe 4 nach drei Jahren in der Stufe 3, die Stufe 5 nach vier Jahren in der Stufe 4 und die Stufe 6 nach vier Jahren in der Stufe 5 (§ 5 Abs. 2 TV-V). Förderliche Zeiten können für die Stufenzuordnung berücksichtigt werden, die Entscheidung des Arbeitgebers über deren Anrechnung ist nach billigem Ermessen gemäß § 315 Abs. 3 Satz 1 BGB zu treffen.[282]Da sich die Stufenlaufzeit nach der Betriebszugehörigkeit richtet, führen Höher- oder Rückgruppierung nicht zu einer Änderung der innegehabten Stufe. Ähnlich wie im TVöD kann jedoch die Stufenlaufzeit leistungsabhängig verkürzt oder einmal um bis zur Hälfte verlängert werden. Voraussetzung ist, dass die Leistungen erheblich über bzw. unter dem Durchschnitt liegen.[283] **195**

Zulässig ist es, dem Beschäftigten vorübergehend eine **höherwertige Tätigkeit** zu übertragen. Sofern der Beschäftigte die Tätigkeit mindestens einen Monat lang ausgeübt hat, erhält er eine Zulage für die gesamte Dauer der Übertragung. Die Zulage bemisst sich dabei nach dem Unterschiedsbetrag zwischen dem Entgelt, das der Arbeitnehmer erhalten würde, wenn er in die nächsthöhere Entgeltgruppe eingruppiert wäre und der Entgeltgruppe, in die er derzeit eingruppiert ist (§ 5 Abs. 3 TV-V). **196**

Ähnlich wie nach § 18 TVöD können nach § 6 Abs. 5, 6 TV-V **Leistungszulagen** und **Leistungsprämien** gewährt werden. Die Kriterien für die Gewährung dieser Leistungen und das Verfahren sind betrieblich zu vereinbaren. Gleichfalls ist eine betriebliche Kommission zu bilden, die paritätisch zu besetzen ist. Sie hat die Aufgabe, an der Entwicklung und dem Controlling des Systems der Leistungsbezahlung mitzuwirken, schriftliche Beschwerden der Beschäftigten zu bearbeiten und dem Arbeitgeber entsprechende Vorschläge zu unterbreiten. Eine tatsächliche Entscheidungskompetenz hat die betriebliche Kommission jedoch nicht. Es bleibt auch bei der Behandlung von Beschwerden bei der Entscheidungskompetenz des Arbeitgebers[284]. Im Unterschied zu § 18 TVöD sind keine weitergehenden Vorgaben zu Inhalt und Ausgestaltung des betrieblichen Systems geregelt. Insbesondere wird nicht die zur Ausschüttung bereitzustellende Summe vorgegeben. Die Entscheidung darüber liegt allein beim Arbeitgeber. Es besteht auch keine Pflicht, die o. g. Prämien und Zulagen zu gewähren. Der TV-V eröffnet lediglich die Möglichkeit dazu. **197**

Analog zu § 21 TVöD gilt als **Bemessungsgrundlage für die Entgeltfortzahlung** der Durchschnitt der tariflichen Entgelte, die in den letzten drei dem maßgeblichen Ereignis für die Fortzahlung vorhergehenden vollen Kalendermonate gezahlt worden sind, heranzuziehen (§ 6 Abs. 3 TV-V). Nicht zu berücksichtigen sind das zusätzlich für Überstunden **198**

---

280 Näheres zum Verfahren der Eingruppierung → Rn. 70–72.
281 → Rn. 72.
282 LAG Baden-Württemberg v. 24.4.2017 – 1 Sa 27/16 –.
283 → Rn. 76.
284 → Rn. 82.

gezahlte Arbeitsentgelt, die Leistungszulagen, die Leistungsprämien, die Sonderzahlung nach § 16 TV-V sowie die besonderen Zahlungen nach § 17 Abs. 1 TV-V.

199 Die Vorschriften im TV-V zur Arbeitszeit entsprechen weitgehend denen im TVöD. Nach § 8 Abs. 1 TV-V beträgt die **regelmäßige Arbeitszeit** ausschließlich der Pausen für Arbeitnehmer im Tarifgebiet West durchschnittlich 39 Stunden wöchentlich und im Tarifgebiet Ost durchschnittlich 40 Wochenstunden. Für die Berechnung des Durchschnittes ist ein Zeitraum von bis zu einem Jahr zugrunde zu legen, der bei Arbeitnehmern, die ständig Wechselschicht oder Schichtarbeit leisten, auch noch länger sein kann. Gemäß § 8 Abs. 6 TV-V kann durch Betriebs- oder Dienstvereinbarung ein wöchentlicher **Arbeitszeitkorridor** von bis zu 45 Stunden eingerichtet oder nach § 8 Abs. 7 TV-V in der Zeit von 6.00 bis 21.00 Uhr eine tägliche **Rahmenzeit** von bis zu 13 Stunden eingeführt werden.[285]

200 Die in § 9 TV-V enthaltenen Begriffsbestimmungen zu den **Sonderformen der Arbeit** sind weitgehend wortgleich mit der entsprechenden Regelung in § 7 TVöD, so dass auf die dortigen Ausführungen verwiesen werden kann.[286] Abweichungen gibt es lediglich bei der Definition von Überstunden. In beiden Tarifverträgen wird davon ausgegangen, dass Überstunden nur die auf Anordnung des Arbeitgebers geleisteten Arbeitsstunden sind, die über die im Rahmen der regelmäßigen Arbeitszeit eines Vollbeschäftigten für die Woche dienstplanmäßig oder betriebsüblich festgesetzten Arbeitsstunden hinausgehen. Dagegen fehlt im TV-V die im TVöD geregelte weitere Voraussetzung des Ausgleichs bis zum Ende der folgenden Kalenderwoche. Nach dem TV-V entstehen auch dann Überstunden, wenn in der darauffolgenden Kalenderwoche ein entsprechender Ausgleich erfolgt. Für die Ableistung von Sonderformen der Arbeit sind gemäß § 10 Abs. 1 TV-V entsprechende Zuschläge je geleisteter Stunde zu zahlen. Dabei können diese Zeitzuschläge auf Wunsch des Arbeitnehmers auf ein bestehendes Arbeitszeitkonto gebucht werden, ebenso wie die Überstunden selbst (§ 10 Abs. 1 Satz 5 TV-V). Für die **Rufbereitschaft** wird gemäß § 10 Abs. 3 TV-V eine tägliche Pauschale gezahlt, die für die Tage Montag bis Freitag das Zweifache, für Samstag, Sonntag und Feiertage das Vierfache des jeweiligen tariflichen Stundenentgeltes vorsieht. Wird Arbeitsleistung innerhalb der Rufbereitschaft außerhalb der dem Arbeitgeber anzuzeigenden Stelle nach § 9 Abs. 4 erbracht, wird jede angefangene Stunde Arbeitszeit einschl. der hierfür erforderlichen Wegezeiten auf eine volle Stunde gerundet und mit dem Entgelt für Überstunden sowie der maßgeblichen Zeitzuschläge nach § 10 Abs. 1 TV-V vergütet. Wird die Arbeitsleistung innerhalb der Rufbereitschaft telefonisch oder mittels technischer Einrichtungen am anzuzeigenden Ort nach § 9 Abs. 4, d. h. in der Regel von zu Hause aus, erbracht, wird die Summe der Arbeitsleistungen für jeden angefangenen 24-Stundenzeitraum der Rufbereitschaft auf die nächste volle Stunde gerundet und bezahlt. Arbeitnehmer, die ständig **Wechselschicht** oder Schichtarbeit leisten, erhalten nach Maßgabe von § 10 Abs. 5, 6 TV-V eine monatliche Zulage. Sofern nicht ständig Schichtarbeit oder Wechselschichtarbeit geleistet wird, wird für jede geleistete Arbeitsstunde ein Zuschlag gezahlt. Arbeitnehmer, die eine ständig versorgungs- bzw. entsorgungstypische Wechselschicht oder Schichtarbeit leisten, erhalten nach Maßgabe von § 10 Abs. 7, 8 TV-V eine erhöhte monatliche Zulage; Arbeitnehmern, die nicht ständig versorgungs- bzw. entsorgungstypische Wechselschicht bzw. Schichtarbeit leisten, wird für jede geleistete Arbeitsstunde ein Zuschlag gewährt. Was unter versorgungs- bzw. entsorgungstypischer Wechselschicht oder Schichtarbeit zu verstehen ist, ist beispielhaft in § 10 Abs. 9 TV-V aufgeführt. Die Tätigkeit in der Leitstelle eines Nahverkehrsbetriebes genügt hierfür nicht, auch wenn die Anwendung des TV-V gemäß dessen § 1 Abs. 2 vereinbart worden ist.[287]

201 Nach § 11 TV-V kann ein **Arbeitszeitkonto** durch Betriebs- oder Dienstvereinbarung eingeführt werden. Ein solches Konto ist zwingend einzurichten, wenn ein Arbeitszeitkor-

---

285 → Rn. 63.
286 → Rn. 50 ff.
287 BAG v. 14.11.2012 – 10 AZR 685/11 –.

ridor oder eine Rahmenzeit vereinbart ist. Die Regelung ist weitgehend inhaltsgleich mit § 10 TVöD, so dass auf die dortigen Ausführungen verwiesen werden kann.[288] Gleichfalls ist gemäß § 11 Abs. 5 TV-V die Einrichtung eines Langzeitkontos möglich. Dies ist mit dem jeweiligen Arbeitnehmer zu vereinbaren und eine Regelung zur Insolvenzsicherung zu treffen.

Wie gemäß § 11 TVöD haben vollbeschäftigte Arbeitnehmer im Geltungsbereich des TV-V nach § 7 Anspruch auf Reduzierung ihrer regelmäßigen Arbeitszeit, wenn sie ein Kind unter 18 Jahren oder einen pflegebedürftigen sonstigen Angehörigen tatsächlich betreuen oder pflegen und dem **Teilzeitwunsch** dringende betriebliche Belange nicht entgegenstehen. Diese Teilzeitbeschäftigung auf Antrag ist dabei grundsätzlich befristet und zwar auf bis zu fünf Jahre, wobei eine Verlängerung zulässig ist.[289] 202

Gemäß § 12 TV-V sind **Erschwerniszuschläge** für Arbeiten zu zahlen, die mit außergewöhnlichen Erschwernissen verbunden sind. Die Regelung folgt nahezu wortgleich § 19 TVöD. Auch der TV-V enthält keine abschließende Regelung, welche konkreten Tätigkeiten zuschlagspflichtig sind und welcher konkrete Zuschlag zu gewähren ist. 203

Vielmehr ist dies landesbezirklich zu vereinbaren. Die Zuschläge betragen dabei mindestens 5 %, maximal 15 % des Stundenentgeltes der Stufe 1 der EG 2.

Die Regelungen zur **Entgeltfortzahlung** in § 13 TV-V enthalten gegenüber § 22 TVöD keine wesentlichen Abweichungen.[290] Danach haben Arbeitnehmer bei unverschuldeter Arbeitsunfähigkeit für die Dauer von bis zu sechs Wochen Anspruch auf Entgeltfortzahlung. Die tarifliche Regelung wiederholt insoweit den gesetzlichen Fortzahlungsanspruch. Bei Wiederholungserkrankungen gelten die gesetzlichen Bestimmungen hinsichtlich der Lohnfortzahlung. Hat das Arbeitsverhältnis bei Beginn der Arbeitsunfähigkeit bereits sechs Monate bestanden, haben die Beschäftigten nach Ablauf des Entgeltfortzahlungszeitraumes Anspruch auf die Gewährung eines Krankengeldzuschusses. Der **Krankengeldzuschuss** wird längstens bis zum Ende der 39. Woche seit Beginn der Arbeitsunfähigkeit wegen derselben Erkrankung gezahlt. Die Zuschussgewährung ist dabei an die Gewährung von Krankengeld durch die Krankenkasse gebunden. Zahlt die Krankenkasse wegen des Verschuldens des Arbeitnehmers kein oder nur ein anteiliges Krankengeld, so entfällt oder vermindert sich der Anspruch auf den Krankengeldzuschuss entsprechend. Unterliegt der Beschäftigte nicht der Versicherungspflicht in der gesetzlichen Krankenversicherung, ist für die Zuschussberechnung der Krankengeldhöchstsatz der gesetzlichen Krankenversicherung zugrunde zulegen. Der Krankengeldzuschuss bemisst sich dabei aus dem Unterschiedsbetrag zwischen dem festgesetzten Nettokrankengeld und dem Nettoarbeitsentgelt des Beschäftigten. Sowohl die Entgeltfortzahlung im Krankheitsfall, als auch der Krankengeldzuschuss werden nicht über das Ende des Arbeitsverhältnisses hinaus gezahlt. 204

Der **Urlaubsanspruch** im Bereich des TV-V beträgt einheitlich 30 Arbeitstage, wobei eine Verteilung der wöchentlichen Arbeitszeit auf fünf Tage in der Kalenderwoche unterstellt wird (§ 14 Abs. 3). Bei einer abweichenden Verteilung ist der Urlaubsanspruch entsprechend umzurechnen. Beschäftigte, die Schichtarbeit leisten, erhalten einen Zusatzurlaub und zwar für je vier zusammenhängende Monate Schichtarbeit einen Urlaubstag. Bei Wechselschicht erhält der Arbeitnehmer für je zwei zusammenhängende Monate einen zusätzlichen Urlaubstag. Darüber hinaus besteht die Möglichkeit, Beschäftigten, die Schichtarbeit oder Wechselschichtarbeit leisten, aber nicht die Voraussetzungen für den Zusatzurlaub erfüllen, durch eine betriebliche Regelung entsprechenden Zusatzurlaub einzuräumen. 205

Beginnt oder endet das Arbeitsverhältnis im Laufe des Kalenderjahres, kommt eine Zwölftelung des Urlaubsanspruches in Betracht. Dabei sind allerdings die Vorgaben des § 5 BUrlG zu beachten, der nicht zuungunsten des Beschäftigten abbedungen werden kann.[291]

[288] → Rn. 64 ff.
[289] → Rn. 47 f.
[290] → Rn. 91 ff.
[291] → Rn. 99.

Eine Übertragung des Urlaubs auf das folgende Kalenderjahr ist nur zulässig, wenn dringende betriebliche oder in der Person des Arbeitnehmers liegende Gründe gegeben sind. In diesem Fall muss der Urlaub bis zum 31.03. des Folgejahres angetreten werden. Kann er innerhalb dieses Übertragungszeitraumes aufgrund von Arbeitsunfähigkeit nicht angetreten werden, ist er bis zum 31.05. anzutreten. Danach geht der Urlaubsanspruch unter, das gilt allerdings ohne Weiteres nur für den tariflichen Mehrurlaub. Der gesetzliche Mindesturlaub nach § 3 BUrlG erlischt in unionsrechtskonformer Auslegung des § 7 Abs. 3 BUrlG nur dann am Ende des Übertragungszeitraums, wenn der Arbeitgeber den Arbeitnehmer zuvor in die Lage versetzt hat, seinen Urlaubsanspruch wahrzunehmen, und der Arbeitnehmer den Urlaub dennoch aus freien Stücken nicht genommen hat. Der Arbeitgeber genügt seinen Mitwirkungsobliegenheiten bei der Verwirklichung des Urlaubsanspruches, indem er den Arbeitnehmer – erforderlichenfalls förmlich – auffordert, seinen Urlaub zu nehmen, und ihm klar und rechtzeitig mitteilt, dass der Urlaub mit Ablauf des Übertragungszeitraums verfällt, wenn er ihn nicht beantragt.[292]

206 Weiterhin können Beschäftigte nach § 15 Abs. 1 TV-V ebenso wie im Geltungsbereich des TVöD bei Vorliegen eines wichtigen Grundes **Sonderurlaub** unter Verzicht auf Fortzahlung des Entgeltes erhalten.[293] Im Unterschied zum TVöD enthält der TV-V keine Aufzählung von Tatbeständen im Sinne des § 616 BGB, die dem Arbeitnehmer einen Anspruch auf Arbeitsbefreiung unter Fortzahlung des Arbeitsentgeltes einräumen. Vielmehr wird den Betriebsparteien ermöglicht, durch eine Betriebs- oder Dienstvereinbarung die in Betracht kommenden Fallgestaltungen abschließend zu regeln. Nach § 15 Abs. 3 TV-V haben Beschäftigte, die Wahlfunktionen in Gewerkschaftsgremien ausüben, zur Teilnahme an Tagungen Anspruch auf Arbeitsbefreiung für bis zu sechs Werktage im Jahr unter Fortzahlung des Arbeitsentgelts. Auch zur Teilnahme an Tarifverhandlungen, soweit eine Anforderung einer der vertragsschließenden Gewerkschaften vorliegt, besteht ein Anspruch auf Arbeitsbefreiung unter Fortzahlung des Arbeitsentgeltes. Für diesen Anspruch ist keine zeitliche Begrenzung geregelt. Zudem kann dem Beschäftigten nach § 15 Abs. 4 TV-V zur Teilnahme an Sitzungen von Prüfungs- und Bildungsausschüssen sowie für eine Tätigkeit in den Organen von Sozialversicherungsträgern eine Arbeitsbefreiung unter Fortzahlung des Arbeitsentgeltes gewährt werden.

207 Nach § 16 TV-V haben die Arbeitnehmer, die am 01.12. im Arbeitsverhältnis stehen, einen Anspruch auf eine **jährliche Sonderzahlung.** Der Anspruch verringert sich um einen Zwölftel für jeden Kalendermonat, in dem der Arbeitnehmer keinen Anspruch auf Entgelt oder Entgeltfortzahlung hat. Über die Höhe der Sonderzahlung entscheidet der Arbeitgeber jährlich neu. Allerdings beträgt die Sonderzahlung mindestens 100 % des dem Arbeitnehmer im Oktober des Kalenderjahres zustehenden Arbeitsentgelts. Die Entscheidung des Arbeitgebers über die konkrete Höhe ist grundsätzlich mitbestimmungsfrei. Zudem kann durch eine betriebliche Regelung statt des Monats Oktober auch ein anderer Bemessungszeitraum vereinbart werden. Die Sonderzahlung ist mit dem für November zustehenden Entgelt auszuzahlen.

208 Nach § 17 Abs. 1 TV-V kann dem Beschäftigten bei langer Betriebszugehörigkeit ein **Jubiläumsgeld** gewährt werden. Ob, wann und in welcher Höhe ein solches Jubiläumsgeld gewährt wird, ist in einer Betriebs- oder Dienstvereinbarung zu regeln. Die Beschäftigten haben nach § 17 Abs. 2 TV-V einen Anspruch auf Gewährung einer **vermögenswirksamen Leistung** in Höhe von mindestens 6,65 EUR im Monat. Der Betrag erhöht sich auf 26 EUR im Monat, wenn der Beschäftigte bei einem Arbeitgeber im Sinne des § 1 Abs. 1 TV-V beschäftigt ist und die vermögenswirksame Leistung nach Maßgabe des Tarifvertrages Entgeltumwandlung im Rahmen der Entgeltumwandlung verwendet wird. Auch Arbeitgeber im Sinne von § 1 Abs. 2 TV-V können entsprechend verfahren. Betroffen sind Betriebe, die nicht originär unter den betrieblichen Geltungsbereich des TV-V fallen,

[292] BAG v. 19.2.2019 – 9 AZR 541/15 –, → Rn. 100.
[293] → Rn. 106.

sondern erst durch landesbezirklichen Tarifvertrag ganz oder teilweise in den Geltungsbereich einbezogen worden sind. In diesen Fällen hat der Arbeitnehmer keinen Rechtsanspruch auf die Erhöhung der vermögenswirksamen Leistung auf 26 EUR je Monat. Hat der Arbeitnehmer jedoch seine vermögenswirksame Leistung außerhalb der betrieblichen Altersvorsorge im Sinne von § 4 S. 2 lit. c TV-EUmw angelegt, kann er seinen Betrag nicht auf 26 EUR im Monat erhöhen. Verlangt wird, dass der Gesamtbetrag von 26 EUR zur Entgeltumwandlung verwendet wird. Aus Gründen des Besitzstandsschutzes besteht jedoch bei Anlageformen nach Maßgabe des Vermögensbildungsgesetzes, die bereits am 31.12.2008 bestanden haben und für die der Arbeitnehmer bisher die vermögenswirksame Leistung in Höhe von 6,65 EUR erhalten hat, die aber nicht der Altersvorsorge i. S. von § 4 S. 2 lit. c TV-EUmw dient, die Möglichkeit, einen weiteren Betrag in Höhe von 19,35 EUR im Rahmen der Entgeltumwandlung zu verwenden. Ein Anspruch auf die vermögenswirksame Leistung setzt eine entsprechende Mitteilung des Arbeitnehmers an den Arbeitgeber voraus, wonach er eine Anlageform nach dem Vermögensbildungsgesetz ausgewählt hat. Der Anspruch entsteht frühestens für den Kalendermonat, in dem die Mitteilung dem Arbeitgeber zugeht. Die Zulage kann rückwirkend für die beiden vorangegangenen Monate desselben Kalenderjahres gewährt werden.

Nach Maßgabe von § 17 Abs. 3 TV-V kann im Falle des Todes des Arbeitnehmers ein **209** **Sterbegeld** gezahlt werden. Eine Verpflichtung hierzu besteht nicht. Vielmehr ist dies allein der Entscheidung des Arbeitgebers überlassen. Ggf. kann hierzu eine Dienst- oder Betriebsvereinbarung abgeschlossen werden, die Voraussetzungen und Höhe des möglichen Sterbegeldes regelt.

Gemäß § 19 Abs. 1 TV-V endet das Arbeitsverhältnis mit Ablauf des Monats, in dem der **210** Arbeitnehmer das gesetzlich festgelegte Alter zum Erreichen einer abschlagsfreien Regelaltersrente vollendet hat. Dies gilt nach ab 1. Januar 2020 geltender Rechtslage nicht, wenn zwischen dem Arbeitgeber und Arbeitnehmer während des Arbeitsverhältnisses vereinbart worden ist, den Beendigungszeitraum nach § 41 Satz 3 SGB VI hinauszuschieben. Zudem endet das Arbeitsverhältnis, wenn mit Bescheid des Rentenversicherungsträgers festgestellt wird, dass der Arbeitnehmer voll **erwerbsgemindert** ist. Beginnt die Rente erst nach der Zustellung des Rentenbescheides, endet das Arbeitsverhältnis mit Ablauf des dem Rentenbeginn vorangehenden Tages. Da es sich hierbei um eine auflösende Bedingung nach § 21 TzBfG handelt, ist der Arbeitgeber allerdings verpflichtet, nach Vorlage des Rentenbescheides den Arbeitnehmer über die Beendigung des Arbeitsverhältnisses mit einer Auslauffrist von mindestens zwei Wochen zu unterrichten. § 19 Abs. 1 Satz 3 TV-V stellt daher seit 1. Januar 2020 nunmehr klar, dass das Arbeitsverhältnis frühestens zwei Wochen nach Zugang der schriftlichen Mitteilung des Arbeitgebers über den Zeitpunkt des Eintritts der auflösenden Bedingung endet. Falls dem Arbeitnehmer lediglich eine Rente wegen teilweiser Erwerbsminderung zuerkannt wird, ist der Arbeitgeber verpflichtet, Beschäftigungsmöglichkeiten zu prüfen. Fehlt es an solchen Beschäftigungsmöglichkeiten, endet das Arbeitsverhältnis ebenfalls mit Ablauf des Monats, in dem der Rentenbescheid zugestellt worden ist bzw. mit Ablauf des dem Rentenbeginn vorangehenden Tages. Sofern der Arbeitnehmer schwerbehindert ist, muss zuvor nach § 92 SGB IX die Zustimmung des Integrationsamtes eingeholt werden. Das Arbeitsverhältnis endet dann erst mit Ablauf des Tages der Zustellung des Zustimmungsbescheides des Integrationsamtes. Wird die Rente wegen voller oder teilweiser Erwerbsminderung nur auf Zeit gewährt, endet das Arbeitsverhältnis nicht, sondern es ruht für den Zeitraum, in dem die Rente gewährt wird (§ 19 Abs. 3 TV-V).

In § 19 Abs. 4 TV-V ist eine **Kündigungsmöglichkeit für befristete Arbeitsverhält-** **211** **nisse** tarifvertraglich verankert worden. Allerdings erstreckt sich dieses Kündigungsrecht lediglich auf die Dauer der Probezeit nach § 2 Abs. 2 TV-V. Soll das befristete Arbeitsverhältnis auch außerhalb der Probezeit ordentlich gekündigt werden können, bedarf es einer entsprechenden Vereinbarung im befristeten Arbeitsvertrag. In § 19 Abs. 5 TV-V sind die maßgeblichen **Kündigungsfristen** geregelt. Diese betragen in Abhängigkeit von der Betriebszugehörigkeit von zwei Wochen zum Monatsschluss bis zu sieben Monate zum Schluss eines Kalendervierteljahres. Dabei ist nicht nur die Kündigungsfrist, sondern auch der maßgebliche Beendigungszeitpunkt (zum Monatsschluss bzw. zum Schluss eines Kalendervierteljahres) geregelt.

212 Ebenso wie im TVöD beläuft sich die in § 20 TV-V geregelte **Ausschlussfrist** auf sechs Monate. Ansprüche aus dem Arbeitsverhältnis, gleich welcher Art, verfallen, wenn sie nicht innerhalb dieser sechsmonatigen Frist nach ihrer Fälligkeit in Textform gegenüber dem Vertragspartner geltend gemacht werden.[294] Dabei reicht für denselben Sachverhalt eine einmalige Geltendmachung aus. Des Weiteren enthält der TV-V umfangreiche **Überleitungsregelungen** hinsichtlich des Wechsels aus dem Geltungsbereich des BAT/BAT-O bzw. BMT-G II/BMT-G-O (§ 22 TV-V). Dies betrifft sowohl die Zuordnung zu den einzelnen Entgeltgruppen, als auch die Gewährung von Besitzstandszulagen, bspw. von kinderbezogenen Entgeltbestandteilen. Neben dem TV-V finden der Tarifvertrag über den Rationalisierungsschutz für Angestellte vom 9.1.1987 für Arbeitnehmer im Tarifgebiet West sowie für die Beschäftigten, die vom Geltungsbereich des Tarifvertrages betreffend der Überleitung der Arbeiter und Angestellten der Ostdeutschen Wasserversorgungs- und Abwasserbehandlungsbetriebe in das kommunale Tarifrecht vom 4.12.1991 erfasst waren, Anwendung. Weiterhin gelten der Tarifvertrag zur sozialen Absicherung (der zum 31.12.2009 außer Kraft trat), die Tarifverträge zur Zusatzversorgung und Entgeltumwandlung (ATV-K, TVEUmw) sowie der Tarifvertrag zur Regelung der Altersteilzeit.

4. Tarifvertrag für Ärztinnen und Ärzte an kommunalen Krankenhäusern (TV-Ärzte/VKA)

213 Aufgrund der Konkurrenzsituation der Gewerkschaften ver.di und Marburger Bund besteht für die Ärzte an kommunalen Krankenhäusern neben dem TVöD-K noch der TV-Ärzte (VKA) vom 17.8.2006. Am 10. Juli 2015 wurde der neue § 4a in das Tarifvertragsgesetz eingefügt, der verhindern sollte, dass in einem Betrieb mehrere nicht inhaltsgleiche Tarifverträge verschiedener Gewerkschaften Anwendung finden. Nach dieser Regelung ist im Kollisionsfall nur der Tarifvertrag derjenigen Gewerkschaft anwendbar, die zum Zeitpunkt des Abschlusses des zuletzt abgeschlossenen kollidierenden Tarifvertrages im Betrieb die meisten Mitglieder hat, sog. Mehrheitstarifvertrag.[295] Das BVerfG hat allerdings im Juli 2017 festgestellt, dass in § 4a TVG strukturelle Vorkehrungen zum Schutz der Mitglieder der Minderheitengewerkschaft fehlen.[296] § 4a TVG wurde daraufhin im Dezember 2018 um eine Bestimmung ergänzt, wonach die Regelungen des verdrängten Tarifvertrages weiterhin für die Mitglieder der Minderheitengewerkschaft gelten, wenn beim Zustandekommen des Mehrheitstarifvertrages die Interessen der Minderheit nicht ernsthaft und wirksam berücksichtigt worden sind. Die Neuregelung wird seitens des Marburger Bundes weiterhin kritisiert, da sie den Anschein erwecke, die Darlegungs- und Beweislast für eine nicht ernsthafte und wirksame Interessenberücksichtigung liege bei der mit Verdrängung bedrohten Minderheit. Anläßlich der Tarifrunde 2019 haben die VKA und der Marburger Bund zur **Tarifsicherung** eine schuldrechtliche Vereinbarung geschlossen, wonach die Rechtsfolgen aus § 4a TVG und damit eine Verdrängung der Tarifverträge des Marburger Bundes nicht eintreten. Die VKA verpflichtet sich zudem, mit den unter den persönlichen Geltungsbereich des TV-Ärzte fallenden Ärzten nur solche Arbeitsverträge abzuschließen, die eine dynamische Bezugsklausel enthalten, wonach sich die Bedingungen der Arbeitsverhältnisse nach den mit dem Marburger Bund abgeschlossenen Tarifverträgen in ihrer jeweils gültigen Fassung richten, unabhängig davon, ob der Tarifvertrag nach § 4a Abs. 2 TVG verdrängt wird. Mit dieser Vereinbarung werden die Rechtsfolgen des § 4a TVG

---

294 → Rn. 142 f.
295 → Rn. 8.
296 BVerfG v. 11.7.2017 – 1 BvR 1571/15 –, NZA 2017, 915.

faktisch ausgeschlossen und der TV-Ärzte bleibt im Falle einer Kollision mehrerer Tarifverträge im Ergebnis weiterhin auf die für ihn geltenden Ärzte anwendbar.

Die Änderungen des TV-Ärzte, die mit der **Tarifeinigung vom Mai 2019** erfolgten, betreffen neben Entgelterhöhungen vor allem arbeitszeitrechtliche Fragen im Zusammenhang mit dem Bereitschaftsdienst. Sie sind Ausdruck einer allgemein neuen Ausrichtung von Tarifverhandlungen, bei denen das Thema Freizeit stärker in den Blickpunkt gerückt wird.[297] 214

Der TV-Ärzte gilt gemäß § 1 für angestellte **Ärzte** und **Zahnärzte,** die an Krankenhäusern oder sonstigen Einrichtungen beschäftigt sind, in denen betreute Personen unter ärztlicher Behandlung stehen. Das Arbeitsverhältnis muss dabei mit einem Arbeitgeber bestehen, der Mitglied eines Mitgliedsverbandes der VKA ist. Wie auch beim TVöD sind Chefärzte vom Geltungsbereich ausgenommen, sofern ihre Arbeitsbedingungen einzelvertraglich vereinbart worden sind. 215

Die Regelungen in den §§ 2 bis 4 TV-Ärzte zum Arbeitsvertrag, zu den Nebenabreden, zur Probezeit, zu den **allgemeinen Arbeitsbedingungen** und Pflichten stimmen nahezu wortgleich mit den Bestimmungen in den §§ 2, 3 und 3.1 TVöD-K überein.[298] Gleiches für die Möglichkeiten zur Versetzung, Abordnung, Zuweisung und Personalgestellung[299] in § 5 TV-Ärzte und zur Qualifizierung (§ 6 TV-Ärzte)[300], die den Regelungen in den §§ 4 und 5 TVöD-K entsprechen. 216

Wie für den Bereich des TVöD-K beträgt gemäß § 7 TV-Ärzte die **regelmäßige Arbeitszeit** durchschnittlich 40 Stunden wöchentlich, wobei für die Berechnung des Durchschnittes auf einen Zeitraum von einem Jahr abzustellen ist. Sofern ständig Wechselschicht und Schichtarbeit geleistet wird, kann auch ein längerer Zeitraum für die Durchschnittsberechnung zugrunde gelegt werden (§ 7 Abs. 2 TV-Ärzte). Nach § 7 Abs. 3 TV-Ärzte besteht ein Anspruch auf Freistellung unter Fortzahlung des Entgeltes am 24. und 31. Dezember. Sofern diese Freistellung aus dienstlichen Gründen nicht gewährt werden kann, ist ein entsprechender Freizeitausgleich innerhalb von drei Monaten zu gewähren. Haben Ärzte an diesen beiden Tagen dienstplanmäßig frei und fallen diese Tage auf einen Werktag, vermindert sich die regelmäßige Arbeitszeit um die entsprechenden ausgefallenen Stunden. Nach § 7 Abs. 4 TV-Ärzte (wortgleich § 6 Abs. 4 TVöD-AT) kann aus dringenden betrieblichen Gründen auf der Grundlage einer Betriebs- oder Dienstvereinbarung im Rahmen des § 7 Abs. 1, 2 und des § 12 ArbZG von den Vorschriften des ArbZG abgewichen werden. Dies betrifft u. a. die Verlängerung der täglichen Arbeitszeit auf über zehn Stunden, die Festlegung anderer Ausgleichzeiträume, abweichende Regelungen zur Gesamtdauer der Ruhepausen und die Verkürzung der Ruhezeit. Die tägliche Arbeitszeit im **Schichtdienst** kann auf bis zu zwölf Stunden ausschließlich der Pausen ausgedehnt werden. In unmittelbarer Folge dürfen aber nicht mehr als vier über zehn Stunden dauernde Schichten und in einem Zeitraum von zwei Kalenderwochen nicht mehr als insgesamt acht über zehn Stunden dauernde Schichten geleistet werden. Zwischen der Ableistung von Bereitschaftsdienst und einer solchen Schicht muss zudem jeweils ein Zeitraum von 72 Stunden liegen. 217

Des Weiteren kann gemäß § 7 Abs. 7 TV-Ärzte ein **wöchentlicher Arbeitszeitkorridor** von bis zu 45 Stunden eingerichtet werden. Auch die Einrichtung einer **täglichen Rahmenzeit** von bis zu zwölf Stunden in der Zeitspanne von 6.00 bis 20.00 Uhr ist, wie im Bereich des TVöD, zulässig.[301] Eine Besonderheit besteht allerdings darin, dass nach § 7 Abs. 9 TV-Ärzte bei Abschluss entsprechender Dienst- bzw. Betriebsvereinbarungen der

[297] Vgl. hierzu und zu den Neuerungen des Tarifvertrages: Stier, Die Umsetzung der Tarifeinigung zwischen der Vereinigung der kommunalen Arbeitgeberverbände und dem Marburger Bund 2019, öAT 2019, 243 ff.

[298] → Rn. 13 ff., besondere ärztliche Pflichten → Rn. 161.

[299] → Rn. 28 ff.

[300] → Rn. 162.

[301] → Rn. 61 f.

jeweilige Kommunale Arbeitgeberverband und der Landesverband des Marburger Bundes hiervon unverzüglich zu informieren sind und diese Verbände die Möglichkeit haben, innerhalb von vier Wochen dem Inkrafttreten dieser Dienst- und Betriebsvereinbarungen zu widersprechen, und zwar ausschließlich in Bezug auf Ärzte, die unter den Geltungsbereich des TV-Ärzte fallen. Für diese Ärzte wird dann die Wirksamkeit der betrieblichen Vereinbarung ausgesetzt und es sind innerhalb von vier Wochen Tarifverhandlungen zwischen den Tarifverbänden aufzunehmen. Hierdurch kann eine arbeitzeitrechtliche Spaltung der Belegschaft herbeigeführt werden, wenn die betreffenden Ärzte aus dem Geltungsbereich der betrieblichen Vereinbarung herausgenommen werden und für sie eine separate tarifliche Vereinbarung herbeigeführt wird.

218 Die Regelungen zur Arbeit an Sonn- und Feiertagen (§ 8 TV-Ärzte), sowie die Begriffsbestimmungen für die **Sonderformen der Arbeit,** wie etwa Wechselschichtarbeit, Schichtarbeit, Nachtarbeit, Mehrarbeit, Überstunden, Bereitschaftsdienst und Rufbereitschaft entsprechen den tariflichen Bestimmungen im TVöD-K. Nach Maßgabe von § 10 TV-Ärzte kann die tägliche Arbeitszeit mit und ohne Zeitausgleich verlängert werden, wenn regelmäßig und in erheblichem Umfang Bereitschaftsdienst geleistet wird. Seit 1. Januar 2020 haben Ärzte allerdings innerhalb eines Kalenderhalbjahres im Durchschnitt je Monat nur vier Bereitschaftsdienste zu leisten. Darüber hinausgehende Bereitschaftsdienste sind nur zulässig, wenn andernfalls eine Gefährdung der Patientensicherheit droht (§ 10 Abs. 10 TV-Ärzte). Wird an Wochenenden und Feiertagen ausschließlich Bereitschaftsdienst geleistet, darf die tägliche Arbeitszeit bis zu 24 Stunden betragen, wenn dadurch für den einzelnen Arzt mehr Wochenenden und Feiertage frei sind.

219 Darüber hinaus ermöglicht § 10 Abs. 5 TV-Ärzte die tägliche Arbeitszeit auch **ohne Zeitausgleich** innerhalb der Grenzwerte von Abs. 2 und 3 zu verlängern, wenn der Beschäftigte seine **schriftliche Einwilligung** gegeben hat (opt-out-Modell). Eine schriftlich erteilte Einwilligung kann der Arbeitnehmer gemäß § 7 Abs. 7 Satz 2 ArbZG mit einer Frist von sechs Monaten schriftlich widerrufen. Liegt die Einwilligung vor, kann die tägliche Arbeitszeit ohne Zeitausgleich verlängert werden, wobei die wöchentliche Arbeitszeit maximal durchschnittlich 56 Stunden betragen darf. Durch einen Tarifvertrag auf Landesebene kann diese Grenze auf 66 Stunden angehoben werden. Ab Januar 2020 haben Ärzte zudem an mindestens zwei Wochenenden pro Monat im Durchschnitt innerhalb eines Kalenderhalbjahres keine Arbeitsleistung, d. h. auch keinen Bereitschaftsdienst und keine Rufbereitschaft zu leisten. Ausnahmen sind nur möglich, wenn andernfalls eine Gefährdung der Patientensicherheit droht (§ 10 Abs. 12 TV-Ärzte). Auf Antrag des Arztes sind die aus diesem Grund nicht gewährten freien Wochenenden innerhalb des nächsten Kalenderhalbjahres zusätzlich zu gewähren; eine weitere Übertragung auf das darauf folgende Kalenderhalbjahr ist nicht möglich. Am Ende des zweiten Kalenderhalbjahres müssen alle freien Wochenenden gewährt sein. Die Lage des Dienstes wird seit Januar 2020 außerdem in einem Dienstplan geregelt, der spätestens einen Monat vor Beginn des zu planenden Zeitraums aufzustellen ist. Sog. Sandwichdienste, d. h. Dienste, bei denen der Bereitschaftsdienst von Vollarbeit umschlossen ist, sind seit Januar 2020 nur zulässig, wenn ein Arbeitsabschnitt, der sich an den Bereitschaftsdienst anschließt, beispielsweise zum Zweck der Übergabe genutzt wird, er nicht länger als 60 Minuten dauert und sich der dem Bereitschaftsdienst vorangegangene Arbeitsabschnitt entsprechend verkürzt (§ 10 Abs. 3 TV-Ärzte).

220 Die Zuweisung zu den einzelnen **Stufen des Bereitschaftsdienstes** erfolgt anhand der erfahrungsgemäß durchschnittlich anfallenden Arbeitsleistung (§ 12 Abs. 1 TV-Ärzte), wobei die jeweilige Stufe als Nebenabrede zum Arbeitsvertrag zu vereinbaren ist. Die Zuordnung zur Stufe I erfolgt, wenn erfahrungsgemäß mit einem Zeitumfang von bis zu 25 % Arbeitsleistungen innerhalb des Bereitschaftsdienstes anfallen. Die Zuordnung zur Stufe II erfolgt bei einem Zeitanteil der Arbeitsleistungen von mehr als 25 bis 40 % und die Zuordnung zur Stufe III, wenn der Anteil der Arbeitsleistungen mehr als 40 bis zu 49 % beträgt (§ 12 Abs. 1 TV-Ärzte). Zur Entgeltberechnung werden je nach Stufe zwischen 60

und 90%, ab 1. Januar 2021 70 bis 100% der Zeiten des Bereitschaftsdienstes als Arbeitszeit bewertet und nach der jeweiligen Entgeltgruppe mit einem festen Stundensatz nach § 12 Abs. 2 TV-Ärzte vergütet. Ab mehr als monatlich vier Bereitschaftsdiensten im Sinne von § 10 Abs. 10 TV-Ärzte erhöht sich die Bewertung des Bereitschaftsdienstes um zehn Prozentpunkte; bei jedem weiteren Bereitschaftsdienst erhöht sich der Zuschlag um weitere zehn Prozentpunkte. Wird die Frist für die Dienstplanaufstellung nach § 10 Abs. 11 TV-Ärzte nicht eingehalten, erhöht sich die Bewertung des Bereitschaftsdienstes nach § 12 Abs. 1 TV-Ärzte um ebenfalls zehn Prozentpunkte. Zusätzlich zum Stundenentgelt nach § 12 Abs. 2 TV-Ärzte wird für die Zeit des Bereitschaftsdienstes je Stunde ein Zuschlag in Höhe von 15% des Stundenentgelts gewährt; dieser Zuschlag kann nicht in Freizeit abgegolten werden. Nach § 12 Abs. 6 TV-Ärzte kann die für einen Bereitschaftsdienst errechnete Arbeitszeit zum Zweck der Einhaltung des Arbeitszeitgesetzes auch in Freizeit ausgeglichen werden.

Zum **Ausgleich für Sonderformen der Arbeit** werden gemäß § 11 Abs. 1 TV-Ärzte entsprechende Zeitzuschläge gewährt. Diese werden hinsichtlich der Überstunden, der Sonntagsarbeit, der Feiertagsarbeit und für die Arbeit am 24. und 31.12. jeweils ab 6.00 Uhr mit dem gleichen v. H.-Satz vergütet wie im Bereich des TVöD. Maßgeblich ist das Tabellenentgelt der Stufe der jeweiligen Entgeltgruppe. Eine Sonderregelung besteht für Ärzte, die in die Entgeltgruppen III und IV (Oberarzt, leitender Oberarzt) eingruppiert sind: für deren Zuschläge ist die jeweils höchste tarifliche Stufe maßgebend. Die Zeitzuschläge für die Arbeit an Samstagen von 13.00 bis 21.00 Uhr werden als feste Beträge gewährt. Hinsichtlich der Rufbereitschaft wird eine tägliche Pauschale gewährt, die für die Tage Montag bis Freitag das Zweifache, für Samstag, Sonntag und die Feiertage das Vierfache des auf eine Stunde entfallenden Anteils des maßgeblichen Tabellenentgelts betragen. Beträgt die Rufbereitschaft weniger als zwölf Stunden, wird für jede angefangene Stunde der Rufbereitschaft 12,5 v. H. des auf eine Stunde entfallenden Anteils des Tabellenentgeltes gewährt. **221**

Nach § 13 TV-Ärzte haben die Beschäftigten einen Anspruch auf Reduzierung der vertraglich vereinbarten Arbeitszeit zur Betreuung eines Kindes unter 18 Jahren oder eines pflegebedürftigen sonstigen Angehörigen, sofern dem Anspruch nicht dringende betriebliche oder dienstliche Belange entgegenstehen. Die **Teilzeit** ist dabei auf bis zu fünf Jahre befristet, kann aber verlängert werden, sofern ein entsprechender Antrag gestellt wird.[302] Nach § 14 TV-Ärzte ist die Arbeitszeit des Arztes durch elektronische Verfahren oder auf ähnliche Art so zu erfassen, dass die gesamte Anwesenheit am Arbeitsplatz dokumentiert ist. Als Arbeitszeit gilt dabei die gesamte Anwesenheit des Arztes abzüglich der tatsächlich gewährten Pausen. Eine abweichende Bewertung ist nur bei Nebentätigkeiten zulässig, die keine Dienstaufgaben sind, und bei privaten Tätigkeiten; für diese Tätigkeiten trägt allerdings der Arbeitgeber die Darlegungs- und Beweislast (Ziff. 2 der Protokollerklärung zu § 14 TV-Ärzte). **222**

Die **Eingruppierung** der Ärzte wird in den §§ 15 und 16 abschließend geregelt. Danach sind die Ärzte je nach Ausbildung und entsprechender Tätigkeit in eine der vier Entgeltgruppen einzugruppieren. Ärzte werden in Entgeltgruppe I und Fachärzte in Entgeltgruppe II eingruppiert, Oberärzte in die EG III und leitende Oberärzte in die EG IV. Die Entgeltgruppen I und II sind jeweils in insgesamt fünf Stufen aufgeteilt. Der Aufstieg in die nächsthöhere Stufe erfolgt in Abhängigkeit von der Dauer der Tätigkeit innerhalb derselben Entgeltgruppe bei dem jeweiligen Arbeitgeber (§ 19 Abs. 1). Die Entgeltgruppe III weist dem gegenüber nur noch zwei Stufen und die Entgeltgruppe IV nur noch eine Stufe aus. Bei der Zuordnung zu den Stufen in den EG I und II können nach Maßgabe von § 19 Abs. 2 TV-Ärzte auch Vorbeschäftigungen entsprechend mitberücksichtigt werden. Zur Deckung des Personalbedarfs kann Ärzten ein um ein bis zwei Stufen höheres Entgelt vorweg gewährt werden. Ist bereits die Endstufe erreicht, können aus den gleichen Grün- **223**

---

302 → Rn. 46 ff.

den bis zu 20 % der Stufe 2 der jeweiligen Entgeltgruppe als Zuschlag gezahlt werden (§ 20 Abs. 5). Nach § 20 Abs. 2 TV-Ärzte kann in den Stufen 2 bis 5 die Stufenlaufzeit leistungsabhängig gestaltet werden. Liegen die Leistungen erheblich über dem Durchschnitt, kann die Laufzeit verkürzt werden. Bei Leistungen, die erheblich unter dem Durchschnitt liegen, kann hingegen die Laufzeit verlängert werden. Dabei hat der Arbeitgeber jährlich zu prüfen, ob die Verlängerung noch angemessen ist.

224 Die Vorschriften des TV-Ärzte zur Bemessungsgrundlage für die Entgeltfortzahlung (§ 22), die Entgeltfortzahlung im Krankheitsfall (§ 23), zur Gewährung der vermögenswirksamen Leistung, des Jubiläums- und Sterbegeldes und zur Erstattung von Reisekosten (§ 24) sind im wesentlichen identisch mit den Regelungen des TVöD. Dies gilt auch hinsichtlich der Vorschriften zur betrieblichen Altersversorgung (§ 26), zum Erholungsurlaub (§ 27), zum Zusatzurlaub (§ 28), zum Sonderurlaub (§ 29), zur Arbeitsbefreiung (§ 30), zu befristeten Arbeitsverträgen (§ 31), zur Führung auf Probe (§ 32), zur Führung auf Zeit (§ 33), zur Beendigung des Arbeitsverhältnisses ohne Kündigung (§ 34), zur Kündigung (§ 35), zum Zeugnis (§ 36) und zur Ausschlussfrist (§ 37). Diesbezüglich wird auf die Ausführungen zum TVöD Bezug genommen.

5. Tarif- und Arbeitsrecht in Zeiten von COVID-19

225 Die Weltgesundheitsorganisation (WHO) erklärte im März 2020 den COVID-19-Ausbruch zur **Pandemie.** Die weltweite Gesundheitskrise stellt kommunale Arbeitgeber vor enorme Herausforderungen. Sie haben ihren Beitrag dazu zu leisten, die weitere Ausbreitung des COVID-19-Virus soweit wie möglich zu verhindern, sie haben die Mitarbeiterinnen und Mitarbeiter im Betrieb sowie all die Menschen, die die Dienstleistungen des Betriebes in Anspruch nehmen, vor Infektionen zu schützen, sowie schließlich den Betrieb arbeits- und handlungsfähig zu halten. In kürzester Zeit war etwa von Afallwirtschaftsbetrieben, Wasserversorgern, Energieversorgern, Anbietern des ÖPNV, Krankenhäusern und Pflegeeinrichtungen eine umfassende Pandemieplanung für den jeweiligen Betrieb – so sie denn zumindest in Teilen nicht bereits vorhanden war – zu erstellen. Der Personaleinsatz war neu zu planen, Schichtsysteme einzurichten, organisatorische Vorkehrungen für Personalausfälle zu treffen, Hygienepläne zu erstellen, einschließlich der Information und Unterweisung für Beschäftigte und Nutzer. Es waren Arbeitsprozesse neu zu ordnen, Arbeitsplätze umzugestalten, Homeofficeplätze einzurichten, Arbeitssitzungen durch Videokonferenzen und Telefonkonferenzen zu ersetzen sowie Schutzausrüstung und Desinfektionsmittel zu beschaffen. Einrichtungen, die vom Lockdown betroffen waren, wie Museen, Theater, Bibliotheken, Schwimmbäder, mussten dies bei der schrittweise Öffnung der Einrichtungen ggf. zeitversetzt ebenfalls leisten. Fragen der Lohnfortzahlung bei Freistellungen sowie zu einer möglichen Kurzarbeit mussten schnell beantwortet werden. Dabei waren die Rechtsgrundlagen nicht immer eindeutig und zudem schnellen Änderungen unterworfen, je nach Verlauf der Pandemie. Im Folgenden werden die wichtigsten arbeits- und tarifrechtlichen Fragestellungen, die in der Corona-Krise eine Rolle spielen, angesprochen. Angesichts der schnellen und andauernden Fort- und Weiterentwicklung der zugrundeliegenden Rechtsvorschriften wird empfohlen, Änderungen der Rechtslage nach Redaktionsschluß dieses Werkes im Auge zu behalten.

226 Der Arbeitgeber hat für den Betrieb die notwendigen Infektionsschutzmaßnahmen entsprechend dem Ergebnis einer arbeitsschutzrechtlichen Gefährdungsbeurteilung zu treffen. Das Bundesministerium für Arbeit und Soziales (BMAS) hat am 16. April 2020 einheitliche Arbeitsschutzstandards herausgegeben, die konkrete Vorgaben zu betrieblichen technischen, organisatorischen und personenbezogenen Maßnahmen im Zuge der Pandemie enthalten. Diese Arbeitsschutzstandards wurden im August 2020 durch die SARS-CoV-2-Arbeitsschutzregel konkretisiert. Dieser **SARS-CoV-2-Arbeitsschutzstandard** ist auf der Homepage des BMAS abrufbar. In den Standards wird betont, dass der Arbeitgeber die Verantwortung für die Umsetzung der notwendigen Infektionsschutzmaßnahmen trägt und sich von den Fachkräften für Arbeitssicherheit sowie den Betriebsärzten beraten lassen und mit den betrieblichen Interessenvertretungen abstimmen muss. Die Umsetzung der Maßnahmen sollte durch einen ggf. bestehenden Arbeitsschutzausschuss oder durch einen Krisenstab koordiniert werden. Zu den technischen Maßnahmen gehören etwa eine Arbeitsplatzgestaltung, die den Mindestabstand von 1,5m gewährleistet oder alternative Schutzmaßnahmen, wo immer die Einhaltung dieses Mindestabstandes nicht möglich ist (Trennscheiben, etc.). Büroarbeit ist nach Möglichkeit im Homeoffice auszuführen (vgl. hierzu Rn. 16 und 228). Darüber hinaus sind Vorkehrungen für eine ausreichende Handhygiene sowie die Reinigung insbesondere von Türklinken und Handläufen vorzusehen; ebenso ist für ausreichendes Lüften zu sorgen. Zu den besonderen organisatorischen Maßnahmen gehört die Sicherstellung ausreichender Schutzabstände, etwa durch Umorganisation von Betriebsabläufen und durch Bodenmarkierungen mit Klebeband. Als alternative oder ergänzende Maßnahme ist das Tragen von Mund-Nase-Bedeckungen vorzusehen. Bei der Arbeitszeit- und Pausengestaltung ist durch versetzte Pausenzeiten und durch Schichtpläne, die unterschiedliche Arbeitszeiten ermöglichen und die Einteilung möglichst derselben Personen zu gemeinsamen Schichten vorsehen, die Belegungsdichte zu verringern. Besondere personenbezogene Maßnahmen sind das Zur-Verfügung-Stellen von Mund-Nasen-Bedeckungen, die Unterweisung des Personals zu Präventions- und Arbeitsschutzmaßnahmen sowie der **Schutz besonders gefährdeter Personen.** Zu diesen Personen gehören ältere Menschen, Personen mit Vorerkrankungen sowie Personen mit unterdrücktem Immunsystem. Der Arbeitgeber ist nicht verpflichtet, auf der Grundlage von haus- oder fachärztlichen Attesten Beschäftigte mit Vorerkrankungen grundsätzlich und ohne weiteres von der Arbeit freizustellen. Er hat jedoch gemäß § 3 Abs. 1 Satz 1 ArbMedVV auf der Grundlage der Gefährdungsbeurteilung eine angemessene arbeitsmedizinische Vorsorge zu treffen. Hierfür hat er den Betriebsarzt oder einen Arzt nach § 7 ArbMedVV zu beauftragen. Dieser schlägt dem Arbeitgeber geeignete Schutzmaßnahmen vor, wenn die normalen Arbeitsschutzmaßnahmen nicht ausreichen[303].

Was die **allgemeinen arbeitsvertraglichen Pflichten** in Zeiten von COVID-19 anbelangt, so wird die Pflicht zur Arbeitsleistung wegen der Infektionsgefahr durch COVID-19 grundsätzlich nicht berührt. Ein allgemeines Zurückbehaltungsrecht nach § 273 Abs. 1 BGB wegen der allgemeinen Infektionsgefahr am Arbeitsplatz oder auf dem Arbeitsweg steht dem nicht erkrankten Arbeitnehmer grundsätzlich nicht zu. Etwas anderes kann sich ergeben, wenn der Arbeitgeber seiner Fürsorgepflicht in Bezug auf Schutzvorkehrungen nicht ausreichend nachkommt und die Ausübung der übertragenen Aufgaben für den Arbeitnehmer eine Gefahr für Gesundheit oder Leben darstellt. Dem Arbeitgeber ist es jedoch möglich, den Arbeitnehmer auf dessen Wunsch unbezahlt von der Arbeit freizustellen. Der Arbeitgeber wiederum kann den Arbeitnehmer wegen einer konkreten Infektionsgefahr einseitig von der Arbeitsleistung freistellen, etwa, weil der begründete Verdacht besteht, dass der Arbeitnehmer an COVID-19 erkrankt ist. Der Arbeitnehmer hat den Arbeitgeber über eine Infektion mit dem COVID-19 Virus zu informieren; eine Mitteilungspflicht besteht auch, wenn Kontakt zu einer mit COVID-19 infizierten Person bestanden hat; weitere Angaben etwa zum konkreten Aufenthaltsort bei Privatreisen muss der Arbeitnehmer jedoch nicht machen. Muss sich ein Beschäftigter in Quarantäne begeben, entfällt aufgrund der Regelung des § 326 Abs. 1 BGB grundsätzlich der Anspruch auf Entgelt. Etwas anderes gilt, wenn ein Arbeiten im Homeoffice möglich ist und eine entsprechende Abrede mit dem Arbeitgeber besteht. Der entstandene Verdienstausfall kann nach § 56 Abs. 1 des Infektionsschutzgesetzes (IfSG) ersetzt werden. Ein Anspruch besteht jedoch in der Regel nicht, wenn sich der Beschäftigte aufgrund einer Reise in ein bekanntes Risikogebiet in Quarantäne begeben muss und die Quarantäne durch Prophyla- 227

[303] Einen umfassenden Überblick zum Arbeits- und Gesundheitsschutz in Zeiten von Corona gibt Kiesche/Kohte (Hrsg.), Arbeits- und Gesundheitsschutz in Zeiten von Corona, Der Leitfaden für Betriebe und Beschäftigte, München, 2020.

xe nach § 56 Abs. 1 Satz 3 IfSG hätte verhindern können. Ordnet der Arbeitgeber freiwillig aus Gründen der Ansteckungsvorsorge die Schließung des Betriebs oder von Teilen des Betriebes an, behalten die Arbeitnehmer, soweit sie arbeitsfähig sind, ihren Vergütungsanspruch auch für die Zeit der Freistellung. Wird der Betrieb oder ein Betriebsteil aufgrund einer behördlichen Anordnung geschlossen, behalten die Beschäftigten ihren Entgeltanspruch ebenso. Kann ein Beschäftigter wegen der Schließung der Kindertagesstätte oder der Schule seiner Arbeitsleistung im Betrieb nicht nachkommen, weil er ein Kind unter zwölf Jahre betreuen muss und eine alternative Betreuungsmöglichkeit nicht besteht, kann die Regelung des § 29 Abs. 3 TVöD übertariflich erweitert und es können über den Wortlaut hinaus bis zu 20 Tage Arbeitsbefreiung unter Fortzahlung des Entgelts gewährt werden. Diese Möglichkeit ist allerdings vorerst befristet bis zum 31.12.2020. Soweit keine Freistellung mit Lohnfortzahlung geleistet wird, besteht nach § 56 Abs. 1a IfSG ein Entschädigungsanspruch des Arbeitnehmers, den er unter den in § 56 IfSG näher geregelten Voraussetzungen bei der zuständigen Behörde für die Dauer von längstens zehn Wochen, bei alleiniger Kinderbetreuung sogar bis zu 20 Wochen beantragen kann; Zeitguthaben und Vorjahresurlaub müssen vorrangig abgebaut werden. Der Anspruch ist befristet bis zum 31. Dezember 2020.

228 Soweit sich Arbeitsplätze hierfür eignen, kann die Infektionsgefahr im Betrieb durch das zumindest teilweise Arbeiten im **Homeoffice** verringert werden. Der Arbeitgeber hat jedoch grundsätzlich kein Recht, Homeoffice auf der Grundlage des § 106 Satz 1 GewO einseitig anzuordnen. Hierzu bedarf es im Regelfall einer Vereinbarung zwischen Arbeitgeber und Arbeitnehmer. Das Arbeiten in der eigenen Wohnung ist mit einer Tätigkeit an der Betriebsstätte, die in der Regel zusammen mit anderen Mitarbeiterinnen und Mitarbeitern auszuüben ist, nicht vergleichbar.[304] Zum Teil wird das Erfordernis des Einvernehmens des Arbeitnehmers auch aus dem grundrechtlichen Schutz der Wohnung gemäß Art. 13 GG hergeleitet.[305] Für den Pandemiefall wird allerdings mitunter einzelfallbezogen aus der Treuepflicht des Arbeitnehmers ein Weisungsrecht des Arbeitgebers auf Homeoffice jedenfalls für die Fälle angenommen, in denen geeignete Räumlichkeiten in der Wohnung des Arbeitnehmers zur Verfügung stehen und geeignete alternative Räumlichkeiten in der Betriebsstätte nicht vorhanden sind.[306] Umgekehrt hat der Arbeitnehmer allerdings grundsätzlich auch kein Recht auf Homeoffice, es sei denn, dieses ergibt sich aus einer einzelvertraglichen Regelung oder einer Betriebsvereinbarung. Ein Anspruch darauf, seine Arbeitsleistung im Homeoffice zu erbringen, kann allenfalls dann ausnahmsweise angenommen werden, wenn der Arbeitnehmer nicht mehr in der Lage ist, die Arbeitsleistung außerhalb des Homeoffice in der Betriebsstätte zu erbringen.[307] Die allgemeine Befürchtung, sich am Arbeitsplatz oder auf dem Weg zur Arbeit mit COVID-19 anzustecken, reicht hierfür nicht aus. In Betracht kommen kann ein Anspruch auf Homeoffice aus der allgemeinen Rücksichtnahmepflicht nach § 242 BGB unter Umständen dann, wenn eine Erbringung der Arbeitsleistung am Arbeitsort nicht möglich ist, weil der Arbeitnehmer sich in Quarantäne halten muss, aber kein Tätigkeitsverbot nach § 31 IfSG besteht, oder er bei pandemiebedingter vorübergehender Schließung einer Kindertagesstätte oder einer Schule ein Kind unter zwölf Jahren zu betreuen hat und alternative Betreuungsangebote nicht vorhanden sind (vgl. § 56 Abs. 1a IfSG) oder wenn der Arbeitgeber Vorgaben des Arbeits- und Gesundheitsschutzes nicht beachtet.[308] Die Vereinbarung über Homeoffice

[304] LAG Berlin/Brandenburg v. 14.11.2018 – 17 Sa 562/18 –; vgl. auch LAG Düsseldorf v. 10.9.2014 – 12 Sa 505/14 –.

[305] Homeoffice in der arbeitsrechtlichen Praxis, Rechtshandbuch für die Arbeit 4.0, 2. Auflage 2020, Rn. 657.

[306] Homeoffice in der arbeitsrechtlichen Praxis, Rechtshandbuch für die Arbeit 4.0, 2. Auflage 2020, Rn. 658–660.

[307] Homeoffice in der arbeitsrechtlichen Praxis, Rechtshandbuch für die Arbeit 4.0, 2. Auflage 2020, Rn. 680.

[308] Müller, Homeoffice in der arbeitsrechtlichen Praxis, Rechtshandbuch für die Arbeit 4.0, 2. Auflage 2020, Rn. 681.

bedarf nicht zwingend der Schriftform, sie kann auch mündlich oder über E-Mail erfolgen.[309] Die Kosten für die Einrichtung des Homeoffice-Arbeitsplatzes (Laptop, etc.) trägt in der Regel der Arbeitgeber. Am häuslichen Arbeitsplatz sind die Regelungen des Datenschutzes und des Arbeitsschutzes zu beachten. Auch die arbeitszeitrechtlichen Bestimmungen finden im Homeoffice Anwendung. Das Arbeiten am heimischen Arbeitsplatz wird von der gesetzlichen Unfallversicherung mit umfasst. Bei Netzausfällen oder -störungen trägt der Arbeitgeber das Betriebsrisiko, allerdings hat der Arbeitnehmer ihn unverzüglich über die Betriebsstörung zu unterrichten.[310] Weitere Einzelheiten zum Homeoffice vgl. Rn. 16.

Nach der Rechtsprechung des BAG zu Notfällen[311] ist der Arbeitgeber berechtigt, **229** einseitig Überstunden anzuordnen, etwa wenn für die Allgemeinheit wichtige Arbeiten durchgehend erbracht werden müssen oder notwendige Arbeiten zu leisten sind, um eine Betriebsschließung zu verhindern. Für bestimmte Berufsgruppen sieht zudem die COVID-19-Arbeitszeitverordnung (COVID-19-ArbZV) Sonderregelungen zur **Arbeitszeit** vor, die bis zum 31. Juli 2020 befristet sind. Danach kann die tägliche und wöchentliche Arbeitszeit auf bis zu zwölf bzw. auf bis zu 60 Stunden verlängert werden. Die wöchentliche Arbeitszeit kann darüber hinaus in dringenden Ausnahmefällen auch noch weiter verlängert werden, soweit die Verlängerung nicht durch vorausschauende organisatorische Maßnahmen, durch Einstellungen oder sonstige personalwirtschaftliche Maßnahmen vermieden werden kann. Die Verlängerung der Arbeitszeit muss wegen der COVID-19-Epidemie zur Aufrechterhaltung der öffentlichen Sicherheit und Ordnung, des Gesundheitswesens und der pflegerischen Versorgung, der Daseinsvorsorge oder zur Versorgung der Bevölkerung mit existenziellen Gütern notwendig sein. Die Verlängerungsmöglichkeit betrifft insbesondere medizinisches Personal, das Personal der Not- und Rettungsdienste sowie das Personal in Abfallentsorgungsbetrieben. Unter den genannten Voraussetzungen sind auch Abweichungen von der Ruhezeit und eine Beschäftigung an Sonn- und Feiertagen möglich.

Eine „Arbeitgeberrichtlinie der KA zur Honorierung besonderer Belastungen von Be- **230** schäftigten während der durch das Corona-Virus (SARS-CoV-2) verursachten COVID-19-Pandemie (COVID-19-Prämien-RL)" eröffnet den kommunalen Arbeitgeberverbänden die Möglichkeit, eine außertarifliche Regelung zum Ausgleich von besonderen Belastungen durch das Corona-Virus zu treffen. Danach kann Beschäftigten, die in einem außergewöhnlich hohen Maß in ihrer Tätigkeit aufgrund der COVID-19-Pandemie belastet sind, in der Zeit vom 1. März 2020 bis zum 31. Dezember 2020 eine einmalige **Prämie** in Höhe von bis zu 1.500 EUR gezahlt oder Sachleistungen in entsprechender Höhe gewährt werden. Die Prämie fließt nicht in die Bemessungsgrundlage für die Entgeltfortzahlung gemäß § 21 TVöD sowie für die Jahressonderzahlung gemäß § 20 TVöD ein; sie ist zudem kein zusatzversorgungspflichtiges Entgelt.

In der Zeit der COVID-19-Pandemie gelten Besonderheiten für die Ausstellung von **231** **Arbeitsunfähigkeitsbescheinigungen.** Nach der Richtlinie über die Beurteilung der Arbeitsunfähigkeit und die Maßnahmen zur stufenweisen Wiedereingliederung (Arbeitsunfähigkeitsrichtlinie) des Gemeinsamen Bundesausschusses kann die Arbeitsunfähigkeit bei Versicherten mit Erkrankungen der oberen Atemwege, die keine schwere Symptomatik vorweisen, bis zum 31. Dezember 2020 auf telefonischem Wege festgestellt werden. Der Zeitraum der so festgestellten Arbeitsunfähigkeit kann bis zu 14 Kalendertage betragen.

Mit dem Tarifvertrag zur Regelung der Kurzarbeit im Bereich der Vereinigung der **232** kommunalen Arbeitgeberverbände **(TV COVID)** vom 30. März 2020 wird kommunalen

[309] Müller, Homeoffice in der arbeitsrechtlichen Praxis, Rechtshandbuch für die Arbeit 4.0, 2. Auflage 2020, Rn. 123

[310] Müller, Homeoffice in der arbeitsrechtlichen Praxis, Rechtshandbuch für die Arbeit 4.0, 2. Auflage 2020, Rn. 245.

[311] BAG v. 27.2.1981, – 2 AZR 1162/78 –.

Unternehmen während der COVID-19-Pandemie die Möglichkeit eröffnet, **Kurzarbeit** anzuordnen. Kurzarbeit war bislang für kommunale Unternehmen nicht von Relevanz. Die COVIS-19-Pandemie verschärft allerdings auch die finanzielle Situation kommunaler Betriebe bis hin zur Existenzbedrohung. Die Betriebsschließungen und –einschränkungen haben u. a. Theater, Museen und Schwimmbäder in erhebliche finanzielle Nöte gebracht. Bei Nahverkehrsbetrieben führte das Bestreben, den Fahrgästen Sicherheitsabstände zu ermöglichen, dazu, dass im Regelbetrieb gefahren wurde, obwohl die Fahrgastzahlen stark, stellenweise bis zu 90 %, eingebrochen sind. Um auch diesen betroffenen kommunalen Unternehmen die Möglichkeit zu eröffnen, Personalabbau und betriebsbedingte Kündigungen zu verhindern, haben die Tarifvertragsparteien, die VKA und die Gewerkschaften ver.di und dbb, den TV COVID vereinbart. Dieser ermöglicht es, kommunalen Arbeitgebern bei Vorliegen der gesetzlichen Voraussetzungen gemäß SGB III und Kurzarbeitergeldverordnung Kurzarbeit anzuordnen. Die sozialrechtlichen Voraussetzungen sind in §§ 95 ff. SGB III geregelt. Danach muss u. a. ein erheblicher Arbeitsausfall mit Entgeltausfall vorliegen. Die Erheblichkeit des Arbeitsausfalls muss auf wirtschaftlichen Gründen oder einem unabwendbaren Ereignis beruhen, vorübergehend und unvermeidbar sein (§ 96 Abs. 1 Nr. 1 SGB III). Die Bundesagentur für Arbeit gab im Februar 2020 bekannt, dass mit der COVID-19-Pandemie unabwendbare Ereignisse (z. B. behördlich veranlasste Maßnahmen wegen des Corona-Virus) und wirtschaftliche Ursachen (z. B. Auftragsmangel oder fehlendes Material) einhergehen können[312]. Von der Kurzarbeit ausgenommen sind Auszubildende, Praktikanten, geringfügig Beschäftigte, schwangere Frauen und werdende Väter, die Elterngeld in Anspruch nehmen, sowie Beschäftigte in der Freistellungsphase des Altersteilzeitblockmodells. Auch für Beschäftigte, deren Arbeitsverhältnis während des Kurzarbeitszeitraums aufgrund Aufhebungsvertrag oder Ablauf eines befristeten Arbeitsvertrages endet, kommt Kurzarbeit nicht in Betracht. Die Anordnung der Kurzarbeit bedarf der Beteiligung des Betriebs- oder Personarates und ist mit einer Frist von sieben Kalendertagen in betriebsüblicher Weise anzukündigen. Eingeführt werden kann die Kurzarbeit in Betrieben und Dienststellen sowie in Teilen derselben, nicht aber für einzelne Beschäftigte. Zielrichtung des Tarifvertrages sind laut der Niederschriftserklärung allerdings grundsätzlich nicht die kommunale Kernverwaltung, die Ordnungs- sowie die Hoheitsverwaltung. Die Kurzarbeit kann für die Dauer von bis zu neun Monaten eingeführt werden, sie endet allerdings spätestens am 31. Dezember 2021. Sie kann eine Herabsetzung der Arbeitszeit auf bis zu null Stunden vorsehen. Der Arbeitgeber muss bei der zuständigen Agentur für Arbeit unverzüglich die Anträge zur Gewährung von Kurzarbeitergeld stellen[313]. Die betroffenen Beschäftigten erhalten vom Arbeitgeber zusätzlich zum verkürzten Entgelt und dem von der Arbeitsagentur zu zahlenden Kurzarbeitergeld eine Aufstockung. In den Entgeltgruppen 1 bis 10 beträgt diese 95 % und in den Entgeltgruppen 11 bis 15 90 % des Nettomonatsentgelts. Bei der Ermittlung des Nettomonatsentgelts bleiben das zusätzlich für Überstunden und Mehrarbeit gezahlte Entgelt, leistungs- oder erfolgsabhängige Entgelte oder Prämienzahlungen sowie jährliche oder einmalige Sonderzahlungen außer Betracht. Ungekürzt weitergezahlt werden Urlaubsentgelt und Urlaubsgeld, vermögenswirksame Leistungen sowie die Jahressonderzahlung. Für die Dauer der Kurzarbeit und von drei Monaten nach deren Beendigung ist der Ausspruch betriebsbedingter Kündigungen für die in Kurzarbeit befindlichen Beschäftigten ausgeschlossen. Während der Kurzarbeit dürfen keine Überstunden oder Mehrarbeit angeordnet werden. Positive Arbeitszeitguthaben sind vor Beginn der Kurzarbeit abzubauen. Der Aufbau negativer Arbeitszeitsalden ist dagegen ausgeschlossen. Für die Dauer des Erholungsurlaubs werden Beschäftigte von der Kurzarbeit ausgenommen, erhalten also das ungekürzte Arbeitsentgelt für diese Zeit. Die Anwendung des TV COVID und die damit verbundene Aufstockung des Kurzarbeitergel-

[312] Näheres zu den sozialrechtlichen Voraussetzungen: Siebert, COVID 19: Kurzarbeit im öffentlichen Dienst, öAT 2020, S. 90 f.

[313] Einen praxisorientierten Leitfaden für Kurzarbeit in Zeiten von Corona gibt *Schmidt,* Erste Hilfe bei Kurzarbeit in Zeiten von Corona, Ein Leitfaden zu Kurzarbeit und Kurzarbeitergeld, München 2020.

des aus eigenen Mitteln steht im Übrigen nach Klarstellung des Bundesfinanzministeriums der Gemeinnützigkeit von tarifgebundenen Arbeitgebern mit Gemeinnützigkeitsstatus nicht entgegen[314].

[314] Schreiben des BMF vom 26. Mai 2020 an die Obersten Finanzbehörden der Länder.

G. Steuerrecht

Übersicht

I. Grundsystematik der Steuerpflicht der öffentlichen Hand

1. Einleitung

1 Zur Bestimmung der steuerlichen Pflichten der öffentlichen Hand sind drei verschiedene **Betätigungsfelder** voneinander abzugrenzen, die unterschiedliche steuerliche Konsequenzen nach sich ziehen. Zu unterscheiden sind

- Betriebe gewerblicher Art (im Weiteren„BgA"),
- hoheitliche Tätigkeiten sowie die
- Vermögensverwaltung.

2 Jede Tätigkeit, die eine Kommune ausübt, lässt sich einem dieser drei Bereiche zuordnen. Allerdings ist diese Zuordnung nicht trennscharf möglich. Sowohl die **Abgrenzung** zwischen BgA und hoheitlicher Tätigkeit als auch die zwischen BgA und Vermögensverwaltung kann im Grenzbereich äußerst schwierig sein. Häufig kann erst aufgrund der genauen Ausgestaltung der Tätigkeit im Einzelfall entschieden werden, welchem dieser drei Bereiche die Betätigung zuzuordnen ist.

3 Die **Zuordnung** zu einem dieser drei Bereiche hat jedoch eine entscheidende Auswirkung auf die **steuerlichen Pflichten,** die sich für eine Kommune aus einer bestimmten Tätigkeit ergeben. Während hoheitliche Tätigkeiten gänzlich nicht steuerbar sind[1], unterliegen Tätigkeiten der Vermögensverwaltung nur dann der Steuerpflicht, wenn ein Steuerabzug von den Erträgen aus dieser Tätigkeit vorgenommen wird. Demgegenüber werden Tätigkeiten, die als BgA zu qualifizieren sind, grundsätzlich besteuert.

4 Neben der Selbsterfüllung von Aufgaben, zum Beispiel in der Organisationsform eines Eigenbetriebes, nutzen juristische Personen des öffentlichen Rechts in den letzten Jahren verstärkt die Möglichkeit, bestimmte Tätigkeiten in **privatrechtliche Rechtsformen** auszulagern, um die Vorteile dieser Rechtsformen in Anspruch zu nehmen.[2] Die öffentliche Hand tritt in diesen Fällen als Gesellschafter oder Gewährträger auf.

5 Auch die **Tätigkeit als Gesellschafter** lässt sich in das oben dargestellte Schema einordnen, wobei entscheidend ist, ob eine Beteiligung an einer Kapital- oder an einer Personengesellschaft gehalten wird. Auch durch diese Gesellschafterstellung können sich für die öffentliche Hand beziehungsweise für die Gebietskörperschaft selbst (und nicht nur für die Gesellschaft) wiederum steuerliche Pflichten ergeben, wenn das Halten der Beteiligung bei der juristischen Person öffentlichen Rechts als BgA einzustufen ist.[3] So führt die Privatisierung einer Tätigkeit nicht automatisch dazu, dass die juristische Person des öffentlichen Rechts von allen steuerlichen Pflichten in diesem Zusammenhang befreit ist. Auch wenn die Aufgabe selbst auf eine private Rechtsform übertragen wurde und die Besteuerung der Tätigkeit somit grundsätzlich auf diese private Rechtsform verlagert wird, verbleiben – abhängig von der gewählten Rechtsform – bestimmte steuerliche Pflichten bei der Kommune.

6 Neben der Besteuerung der Tätigkeit an sich, die durch die öffentliche Hand selbst oder durch eine private Rechtsform ausgeführt werden kann, ergeben sich auch steuerliche Konsequenzen für die Überführung einer ehemals durch die öffentliche Hand selbst ausgeführten Tätigkeit in eine private Rechtsform im Wege einer **Umwandlung bzw. Ausgliederung.**[4]

---

[1] Im Bereich der Umsatzsteuer könnten sich aufgrund der Änderung der Besteuerungssystematik durch das Jahressteuergesetz 2015 hiervon Abweichungen ergeben, vgl. → Rn. 136 ff. uns insb. → 153 ff. – im Allgemeinen gilt diese vereinfachte pauschalierte Darstellung jedoch.

[2] → Rn. 206 ff.

[3] Zur Abgrenzung der Einstufung einer Beteiligung als BgA oder Vermögensverwaltung → Rn. 64.

[4] Zur Umwandlung kommunaler Betriebe in private oder öffentlich-rechtliche Rechtsformen → Rn. 240 ff.

2. Hoheitliche Tätigkeit

Soweit die öffentliche Hand die ausschließlich ihr übertragenen, hoheitlichen Aufgaben erfüllt, unterliegt sie **nicht** der Besteuerung, da grundsätzlich keine unbeschränkte Steuerpflicht für juristische Personen des öffentlichen Rechts besteht. 7

Hoheitliche Tätigkeiten sind steuerlich nicht relevant.[5] Ertragsteuerlich hat dies zur Folge, dass **Gewinne nicht versteuert** werden müssen. Dieser Vorteil dürfte nicht unbedingt ausschlaggebend sein, da im hoheitlichen Bereich ohnehin in der Regel keine wesentlichen Gewinne, sondern eher Verluste erwirtschaftet werden. 8

Im Bereich der Umsatzsteuer gelten juristische Personen öffentlichen Rechts bei der Ausübung bestimmter „hoheitlicher" Tätigkeiten[6] nicht als Unternehmer i. S. d. Umsatzsteuergesetzes. Dies hat zur Folge, dass **ausgeführte Leistungen nicht** der **Umsatzsteuer** unterliegen. Im Gegenzug **entfällt** jedoch auch die Möglichkeit des **Vorsteuerabzugs** aus empfangenen Lieferungen oder Leistungen. Dies hat zur Folge, dass Investitionen, die der hoheitliche Bereich durchführen muss,,„teurer" sind als Investitionen im unternehmerischen Bereich, da die Kosten immer„brutto" – also einschließlich Umsatzsteuer – anfallen. 9

Nach § 4 Abs. 5 S. 1 KStG sind Hoheitsbetriebe solche Betriebe, die überwiegend der Ausübung öffentlicher Gewalt dienen. Die **Ausübung öffentlicher Gewalt** ist eine Tätigkeit, die der öffentlich-rechtlichen Körperschaft **eigentümlich und vorbehalten** ist.[7] Es reichte bislang hierfür nicht aus, dass die Zuweisung der Aufgabe an eine Körperschaft des öffentlichen Rechts in einem Gesetz oder einer Satzung geregelt ist, auch wenn diese Zuweisung im Interesse des Gemeinwohls erfolgte.[8] So sind insbesondere Zwangs- und Monopolrechte für sich allein kein hinreichendes Kriterium für die Annahme eines Hoheitsbetriebes.[9] Ausreichend soll es jedoch sein, wenn der Empänger eine Leistung in Anspruch nehmen möchte, er diese aber nur bei einem öffentlichen Leistungserbringer nachfragen kann.[10] 10

Eigentümlich ist eine Tätigkeit für die Körperschaft öffentlichen Rechts dann, wenn sie ihr im Rahmen eines Gesetzes, einer Verordnung oder einer Satzung **zugewiesen** ist und die Körperschaft insoweit nicht im potentiellen Wettbewerb mit Privatanbietern steht. 11

Vorbehalten ist eine Aufgabe, die Kraft Gesetz, Verordnung oder Satzung **ausschließliche** Aufgabe der betreffenden Körperschaft des öffentlichen Rechts ist.[11] Trotz einer Aufgabenzuweisung an die jPöR liegt keine vorbehaltene Tätigkeit vor, wenn kein öffentlich-rechtlicher Benutzungszwang besteht, so dass die Leistung auch bei einem Dritten nachgefragt werden kann, der keine in- oder ausländische jPöR ist. Dies gilt ausnahmsweise nicht, wenn der Markt für die von der jPöR ausgeübte Tätigkeit örtlich so eingeschränkt ist, dass eine Wettbewerbsbeeinträchtigung steuerpflichtiger Unternehmen im In- und Ausland ausgeschlossen werden kann.[12] 12

Kennzeichnend für die Ausübung öffentlicher Gewalt ist die **Erfüllung von** aus der Staatsgewalt abgeleiteten **öffentlich-rechtlichen Aufgaben,** zu deren Annahme der Leis- 13

[5] Im Bereich der Umsatzsteuer gilt dies nach der neuen Rechtlage zumindest dann, wenn keine Wettbewerber in der konkreten Tätigkeit vorhanden sind; vgl. hierzu ausführlich → Rn. 153 ff.

[6] Der neue Gesetzteswortlaut (§ 2b UStG) spricht von „im Rahmen der obliegenden öffentlichen Gewalt ausgeübten Tätigkeiten"; vergleiche hierzu ausführlich → Rn. 153 ff. Während nach der „alten Rechtslage" jPöR nur im Rahmen von Betrieben gewerblicher Art zum Unternehmer i. S. d. UStG wurden, sind sie nach der „neuen Rechtslage" automatisch Unternehmer i. S. d. UStG, außer, sie führen Tätigkeiten im Rahmen der ihnen obliegenden öffentlichen Gewalt aus und die Behandlung als Nichtunternehmer führt nicht zu größeren Wettbewerbsverzerrungen.

[7] Z. B. BFH vom 8.1.1998, V R 32/97, BStBl. II 1998, S. 410 (411), zuerst BFH vom 22.9.1976, BStBl. II 1976, S. 793.

[8] Vgl. *Bürstinghaus* in: Herrmann/Heuer/Raupach, EStG/KStG, 298. Lieferung 06.2020, § 4 KStG, Rn 73.

[9] § 4 Abs. 5 S. 2 KStG.

[10] Vgl. *Krämer* in *Dötsch/Pung/Möhlenbrock,* Kommentar zum KStG (92. Erg. 2018), § 4 KStG, Rn. 87.

[11] *Strahl,* FR 2002, S. 916 (916); BMF vom 11.12.2009 IV C 7 – S 2706/07/10006.

[12] BMF vom 11.12.2009 IV C 7 – S 2706/07/10006.

tungsempfänger aufgrund gesetzlicher oder behördlicher Anordnung verpflichtet ist.[13] Eine Ausübung öffentlicher Gewalt ist allerdings insoweit ausgeschlossen, als dass eine Tätigkeit ausgeübt wird, die sich ihrem Inhalt nach von der Tätigkeit eines privaten gewerblichern Unternehmens nicht wesentlich unterscheidet.[14]

14 Anders ausgedrückt: Eine hoheitliche Tätigkeit liegt ebenfalls nicht vor, wenn sich die Körperschaft durch die Erfüllung einer Aufgabe in den allgemeinen wirtschaftlichen Verkehr einschaltet und eine Tätigkeit ausübt, die sich nach ihrem Inhalt von der eines privaten gewerblichen Unternehmens nicht wesentlich unterscheidet.

15 Die Abgrenzung zwischen dem hoheitlichen und dem nicht hoheitlichen Bereich einer juristischen Person öffentlichen Rechts hat der Rechtsprechung immer besondere Schwierigkeiten bereitet. Die Rechtsprechung des RFH versuchte, die Abgrenzung vom **Gegenstand der Betätigung** her vorzunehmen. Es sollten nur solche Tätigkeiten als hoheitlich gelten, die der öffentlichen Hand in ihrer Eigenschaft als Träger der öffentlichen Gewalt eigentümlich und vorbehalten sind.[15] Diese Art der Abgrenzung wurde jedoch bereits kritisiert mit dem Argument, sie führe zu Zufallsergebnissen, wenn nicht gar zu Willkür. Es wurde darauf hingewiesen, dass die Abgrenzung stattdessen von der **Art der Betätigung** ausgehen müsse.[16]

16 Nach der **Rechtsprechung des EuGH** spielen – im Gegensatz zum deutschen Recht – die Merkmale„eigentümlich" und„vorbehalten" zur Abgrenzung des Hoheitsbetriebes vom wirtschaftlichen Bereich keine Rolle. Nach dem EuGH[17] liegt eine hoheitliche Tätigkeit nämlich dann vor, wenn sie von„Einrichtungen des öffentlichen Rechts im Rahmen einer öffentlich-rechtlichen Sonderregelung" ausgeübt wird. Liegt dagegen eine privatrechtliche[18] Regelung vor, die zur Erzielung von Einkünften führt, so handelt es sich hierbei nicht um eine hoheitliche Tätigkeit.

17 In die Beurteilung, ob eine Tätigkeit Ausübung öffentlicher Gewalt ist, ist einzubeziehen, dass diese dem Wandel der rechtlichen Verhältnisse unterliegen kann. So wird eine juristische Person des öffentlichen Rechts nicht mehr hoheitlich, sondern im Rahmen eines BgA tätig, wenn ihr eine Aufgabe – z. B. durch Änderung der Rechtslage – nicht mehr vorbehalten ist und sie diese im **Wettbewerb mit privaten Unternehmen** ausführt.

18 Eine Körperschaft des öffentlichen Rechts kann selbst dann unternehmerisch tätig werden, wenn konkurrierende Privatunternehmer nicht vorhanden sind. Entscheidend ist, ob die juristische Person des öffentlichen Rechts eine Tätigkeit ausführt, die auch von einem privaten Unternehmen ausgeführt werden könnte.[19] Die Ausübung einer Tätigkeit im Rahmen der sog. Amtshilfe ist nicht ausreichend, um diese Tätigkeit als hoheitlich einzustufen.

19 Typische hoheitliche Tätigkeiten sind u. a.

- Abfallentsorgung(ausgenommen Abfallverwertung aus Industrie- und Gewerbebetrieben und – beratung)
- Abwasserbeseitigung
- Bauleitplanung und Erschließung
- „Klassische" Friedhöfe[20]

---

[13] Vgl. BFH vom 29.10.2008, BStBl. II 2009, 1022.

[14] Vgl. *Krämer* in *Dötsch/Pung/Möhlenbrock,* Kommentar zum KStG (92. Erg. 2018), § 4 KStG, Rn. 87.

[15] Gutachten des RFH vom 9.7.1937, RStBl. S. 1306 und Urt. v. 16.11.1937, RStBl. 1938 S. 15. Diese Abgrenzung der hoheitlichen Tätigkeit hat bis heute bestand (→ Rn. 9 ff.).

[16] Vgl. *Paulick,* StuW 1952, Sp. 679. Im Gegensatz zum Gegenstand der Betätigung soll hier demnach entscheidend sein, **welche** Tätigkeit ausgeführt wird und nicht **warum** eine Tätigkeit (weil sie der öffentlichen Hand eigentümlich und vorbehalten ist) ausgeführt wird.

[17] EuGH vom 14.12.2000, Rs. C-446/98, DStRE 2001, S. 260/261.

[18] D. h. ein Vertrag, wie er zwischen zwei beliebigen Vertragsparteien abgeschlossen werden könnte.

[19] BFH vom 30.6.1988, BStBl. II 1988, S. 910 und BFH vom 10.12.1992, BStBl. II 1993, S. 380.

[20] Dagegen sind beispielsweise Begräbniswälder nicht als hoheitlich einzustufen; zur genauen Abgrenzung und ausführlichen Erläuterungen hierzu siehe Sterzinger, Umsatzsteuer und Friedhöfe, UR 2018, S. 546–552.

- Schlachthöfe
- Schulen
- Straßenreinigung

Da sich die Begriffe „Hoheitsbetrieb" und „Betrieb gewerblicher Art" **nicht trennscharf** voneinander abgrenzen lassen und der Begriff „hoheitlich" selbst nicht genauer gesetzlich definiert ist, entscheiden bei noch nicht durch die Gerichtsbarkeit beurteilten Tätigkeiten in Zweifelsfällen die Gerichte erst im Nachhinein, ob eine Einrichtung als Hoheitsbetrieb anzusehen ist. 20

3. Betriebe gewerblicher Art

a) Allgemeine Aussagen zum Begriff Betrieb gewerblicher Art

Bei einem BgA handelt es sich nicht um eine Organisationsform eines Unternehmens, sondern lediglich um eine **steuerliche Fiktion.** Ein BgA kann deshalb nicht gegründet werden. Er liegt automatisch vor, wenn bestimmte Merkmale erfüllt sind. 21

Mit der Steuerpflicht für BgA von juristischen Personen des öffentlichen Rechts wird erreicht, dass eine Körperschaft öffentlichen Rechts, soweit sie sich privatwirtschaftlich betätigt, auch steuerlich den privatwirtschaftlichen Unternehmen gleichgestellt wird. Andernfalls würde ein nicht zu rechtfertigender Vorsprung vor den privatwirtschaftlichen Betrieben gewährt, was dem Gedanken der **gleichmäßigen Besteuerung** widersprechen und zu einer Wettbewerbsverzerrung führen würde.[21] 22

Ob eine Tätigkeit einer juristischen Person öffentlichen Rechts als BgA einzustufen ist und damit grundsätzlich der Besteuerung unterliegt, ergibt sich aus dem **KStG.** Der Begriff des BgA ist in § 4 Abs. 1 KStG wie folgt definiert: BgA von juristischen Personen des öffentlichen Rechts sind – soweit es sich nicht um Hoheitsbetriebe handelt – „alle Einrichtungen, die einer nachhaltigen wirtschaftlichen Tätigkeit zur Erzielung von Einnahmen außerhalb der Land- und Forstwirtschaft dienen und die sich innerhalb der Gesamtbetätigung der juristischen Person wirtschaftlich herausheben. Die Absicht, Gewinn zu erzielen und die Beteiligung am allgemeinen wirtschaftlichen Verkehr sind nicht erforderlich". 23

Das **Gesetz** gibt somit eine klare **Definition** des BgA anhand bestimmter Merkmale vor. Allerdings liegt insoweit kein BgA vor, als die Merkmale auf einen Hoheitsbetrieb der juristischen Person öffentlichen Rechts zutreffen. 24

Bis zur Einführung des § 2b im UStG wurde der Begriff des BgA zur Abgrenzung der Steuerpflicht der öffentlichen Hand sowohl im Bereich der Ertragsteuern als auch im Bereich der Umsatzsteuer herangezogen. Obwohl die Definition des BgA im KStG angesiedelt ist und somit zunächst auch nur für die Körperschaftsteuer Anwendung findet, galt sie auch für den Bereich der **Umsatzsteuer.** Der Gesetzgeber hatte auch für das Gebiet der Umsatzsteuer auf den Begriff „BgA" zurückgegriffen, um den der Umsatzsteuer unterliegenden unternehmerischen Bereich der Körperschaften des öffentlichen Rechts abzugrenzen. Da das Umsatzsteuergesetz auf die Definition im KStG Bezug nahm, ergab sich, dass der Begriff im UStG den gleichen Inhalt hat. Aus diesem Grund musste die Frage, ob und inwieweit eine Tätigkeit einer juristischen Person öffentlichen Rechts einen BgA darstellt, für beide Steuerarten grundsätzlich einheitlich entschieden werden.[22] Durch das Steueränderungsgesetz 2015[23] änderte sich jedoch die grundlegende Besteuerungssystematik im Bereich der Umsatzsteuer. Seitdem ist der Begriff des BgA im Bereich der USt nicht mehr relevant, entscheidend ist vielmehr, auf welcher vertraglichen Grundlage eine jPöR eine Leistung erbringt. Als nichtunternehmerisch gelten Tätigkeiten nur noch dann, wenn sie 25

---

[21] Vgl. *Herrmann/Heuer/Raupach,* Kommentar zum EStG und KStG, § 4 KStG, Rn. 4.

[22] Hierzu jedoch → Rn. 148 ff. zu Abgrenzungsproblemen und Auslegungsfragen zur Umsatzsteuerpflicht der öffentlichen Hand.

[23] Zur genauen zeitlichen Anwendung und zu weiteren Einzelheiten → FN 243 und → Rn 153 ff.

im Rahmen der Ausübung öffentlicher Gewalt erfolgen und es nicht zu größeren Wettbewerbsverzerrungen dabei kommt.[24]

26 In einem ersten Überblick lassen sich die Folgen der Steuerpflicht der öffentlichen Hand wie folgt darstellen:

- **Ertragsteuerlich** ergibt sich, dass Gewinne zu versteuern sind. Andererseits werden auch Verluste festgestellt, die mit in Vorjahren oder in Folgejahren erzielten Gewinnen verrechnet werden können. Unter bestimmten Voraussetzungen können auch Gewinne und Verluste verschiedener BgA steuerlich ausgeglichen werden.
- **Umsatzsteuerlich** ergibt sich die Folge, dass eine jPöR bei Ausübung einer unternehmerischen Tätigkeit wie„ein normales Unternehmen" behandelt wird. Die vom BgA ausgeführten Leistungen sind der Umsatzsteuer zu unterwerfen, im Gegenzug kann die Vorsteuer aus Eingangsleistungen in Abzug gebracht werden.

b) Definition des Begriffes „Betrieb gewerblicher Art"

27 BgA von (aa) juristischen Personen des öffentlichen Rechts i. S. d. § 1 Abs. 1 Nr. 6 KStG sind alle (bb) Einrichtungen, die einer (cc) nachhaltigen wirtschaftlichen Tätigkeit zur (dd) Erzielung von Einnahmen außerhalb der Land- und Forstwirtschaft dienen und die sich innerhalb der Gesamtbetätigung der juristischen Person des öffentlichen Rechts (ee) wirtschaftlich herausheben. Die Absicht, Gewinn zu erzielen und die Beteiligung am allgemeinen wirtschaftlichen Verkehr sind nicht erforderlich.

28 Ob ein BgA vorliegt, muss demnach für den Einzelfall geprüft werden.[25] Hierbei ist zu untersuchen, ob jedes der in § 4 Abs. 1 KStG genannten **Merkmale erfüllt** ist. Im Einzelnen:

29 **aa) Juristische Person des öffentlichen Rechts.** Als juristische Personen des öffentlichen Rechts gelten alle Gebilde, die aufgrund des **öffentlichen Rechts** mit eigener **Rechtspersönlichkeit** ausgestattet sind. Diese Eigenschaft kann entweder durch den Bund oder ein Land verliehen werden. Im Zweifelsfall ist nach allgemeinen Rechtsgrundsätzen zu entscheiden und zu klären, ob das Subjekt nach Verfassung oder Satzung und tatsächlicher Geschäftsführung in den staatlichen Organismus eingegliedert ist und öffentliche Aufgaben erfüllt.[26] Juristische Personen des öffentlichen Rechts sind beispielsweise Körperschaften wie Bund, Länder, Gemeinden, Gemeindeverbände und Zweckverbände, Innungen und Handwerkskammern, Industrie- und Handelskammern, Rechtsanwaltskammern, Steuerberaterkammern, Ärztekammern, öffentlich-rechtliche Religionsgemeinschaften, Universitäten, Studentenwerke, Landeszentralbanken, die Träger der Sozialversicherung sowie Anstalten des öffentlichen Rechts wie z. B. öffentlich-rechtliche Sparkassen und Giroverbände, Rundfunkanstalten aber auch Kommunalunternehmen.[27, 28]

30 **bb) Einrichtung.** Eine Einrichtung setzt eine **selbständige wirtschaftliche Tätigkeit** voraus. Dabei wird nicht verlangt, dass die Tätigkeit im Vergleich zu den sonstigen Betätigungen der juristischen Person des öffentlichen Rechts in einer verselbständigten Abteilung ausgeübt wird, sie kann auch innerhalb des allgemeinen Betriebs mit erledigt werden.[29]

31 Die Rechtsprechung verlangt dabei das Vorliegen einer **„funktionellen Einheit".** Entscheidend ist somit, ob sich die wirtschaftliche Tätigkeit von der übrigen Betätigung der

---

24 → Rn. 154 ff. zu den Details.
25 Zur Prüfung mit vielen Praxisbeispielen siehe z. B. Arbeitshilfe der OFD Rheinland zur Besteuerung juristischer Personen des öffentlichen Rechts vom 16.11.2020.
26 BFH vom 1.3.1951, BStBl. III 1951, S. 120.
27 R 4.1 Abs. 1 KStR; BMF vom 16.12.2016 – III C 2 – S 7107/16/10001 Rz. 3.
28 Vgl. → Rn. 39 und Fn. 51.
29 R 4.1 Abs. 2 S. 1 KStR.

juristischen Person des öffentlichen Rechts funktionell abhebt, indem sie eine andere Funktion oder einen anderen Zweck erfüllt.[30] Die Finanzverwaltung spricht dagegen von einer„**wirtschaftlich selbständigen Einheit"**, wobei sie dieses Merkmal wohl genauso auslegt wie die Rechtsprechung den Begriff „funktionelle Einheit". Stellt die Betätigung eine funktionelle Einheit dar, die sich von der sonstigen Tätigkeit abhebt, so ist es unerheblich, ob diese fortgesetzte Betätigung auch durch eine vermögensmäßige Trennung und eine gesonderte Buchführung äußerlich sichtbar geworden ist.[31]

Wirtschaftliche Selbständigkeit ist immer dann anzunehmen, wenn sich die wirtschaftliche Tätigkeit von der übrigen Betätigung der juristischen Person des öffentlichen Rechts abgrenzen lässt. Dabei spielen organisatorische Merkmale, wie z. B. eine besondere Leitung, eine eigene Buchführung oder ein geschlossener Geschäftskreis eine Rolle. Das wohl entscheidendste Kriterium ist jedoch der Umsatz und damit der Umfang der wirtschaftlichen Tätigkeiten. Übersteigt der **Jahresumsatz** im Sinne des § 1 Abs. 1 Nr. 1 UStG den Betrag von 130.000 EURO pro Jahr, ist dies ein wichtiges Merkmal für die Selbständigkeit der ausgeübten Tätigkeit. Die Finanzverwaltung geht in diesem Fall vom Vorliegen einer Einrichtung aus. [32] Berücksichtigt werden hierbei nur Umsätze, die gegen Entgelt an Dritte erbracht werden.[33, 34] 32

cc) Nachhaltige Tätigkeit. Eine weitere Voraussetzung für das Vorliegen eines BgA ist die Nachhaltigkeit der wirtschaftlichen Betätigung. Hierfür muss die Tätigkeit während eines bestimmten Zeitraumes mit der **Absicht der Wiederholung** ausgeübt werden. Kriterien wie z. B. planmäßiges Handeln, mehrjährige Tätigkeit, Intensität des Tätigwerdens oder das Auftreten wie ein Händler sprechen für Nachhaltigkeit. Besteht von vornherein eine Wiederholungsabsicht, genügt bereits ein einmaliges Tätigwerden. Wird durch eine einmalige Handlung ein Dauerzustand geschaffen, infolgedessen für längere Zeit Vergütungen anfallen, ist hingegen keine Nachhaltigkeit gegeben[35], denn das Merkmal„nachhaltig" bezieht sich auf die Tätigkeit und nicht auf die erzielten Einkünfte. Besteht also von Beginn an eine Wiederholungsabsicht, genügt auch ein einmaliges Tätigwerden. Es kommt also ausschließlich auf die Nachhaltigkeit der Betätigung und nicht auf die Nachhaltigkeit des Zuflusses von Einnahmen an.[36] 33

dd) Einnahmeerzielungsabsicht. Für das Vorliegen eines BgA ist außerdem Voraussetzung, dass die Tätigkeit mit der Absicht, **Einnahmen** zu erzielen, ausgeübt wird. Diese Absicht muss jedoch nicht der Hauptzweck der wirtschaftlichen Betätigung sein. Es spielt auch keine Rolle, ob diese Einnahmen in privat-rechtlicher oder öffentlich-rechtlicher Form, d. h. als Gebühren oder Beiträge, erhoben werden.[37] Eine Gewinnerzielungsabsicht 34

---

[30] Vgl. *Siegel,* Der Begriff des„Betriebs gewerblicher Art" im Körperschaftsteuer- und Umsatzsteuerrecht, S. 60.

[31] Vgl. *Krämer* in *Dötsch/Pung/Möhlenbrock,* Kommentar zum KStG (92. Erg. 2018), § 4 KStG, Rn. 27.

[32] R 4.1 Abs. 4 KStR 2015. Auch bei einem geringeren Umsatz kann jedoch eine selbständige Einrichtung vorliegen, wenn die Tätigkeit wirtschaftlich bedeutsam ist; vgl. *Beinert* in *Hoppe/Uechtritz* (Hrsg.), Handbuch kommunale Unternehmen, § 11 Steuerrecht, Rn. 11.

[33] OFD Hannover vom 6.9.2002, DStZ 2002, S. 799.

[34] Im Schrifttum wird zutreffend angemerkt, dass das Merkmal „Einrichtung" die notwendige Trennschärfe vermissen lässt. Die Finanzverwaltung stellt für die Feststellung der „Einrichtung", also der selbständigen wirtschaftlichen Tätigkeiten, hilfsweise auf das Überschreiten einer Umsatzgrenze ab. Kann jedoch ein Umsatz für eine wirtschaftliche Tätigkeit festgestellt werden, so ist hierfür bereits Voraussetzung, dass diese Tätigkeit abgegrenzt werden kann. Und kann eine Tätigkeit als selbständig abgegrenzt werden, so handelt es sich um eine Einrichtung. Die Umsatzgrenze wäre demnach nicht mehr notwendig; vgl. auch *Gastl,* DStZ 2003, S. 99 (100). Deshalb kann nur vermutet werden, dass neben der wirtschaftlichen Selbständigkeit einer Tätigkeit auch ein gewisser Umfang der Tätigkeit gefordert wird, dass aus Sicht der Finanzverwaltung eine Einrichtung vorliegt.

[35] BFH vom 14.11.1963, BStBl. III 1964, S. 139.

[36] Arbeitshilfe der OFD Rheinland, Besteuerung juristsicher Personen des öffentlichen Rechts 8.3, Stand: 15.3.2019.

[37] *Krämer* in *Dötsch/Pung/Möhlenbrock,* Kommentar zum KStG (92. Erg. 2018), § 4 KStG, Rn. 40.

ist nicht notwendig, so dass ein BgA bereits vorliegt, wenn die Leistungen tatsächlich oder aufgrund einer Gemeindesatzung zum Selbstkostenpreis erbracht werden.[38]

Die Einnahmeerzielungsabsicht i. S. d. § 4 Abs. 1 KStG umfasst nach dem Einnahmebegriff des § 8 Abs. 1 EStG nicht nur die Erzielung von Geldzuflüssen, sondern auch alle geldwerten Vorteile, die im Verlauf der wirtschaftlichen Aktivitäten der juristischen Person des öffentlichen Rechts entstehen. Zu den Einnahmen rechnen auch Gebühren, welche die öffentliche Hand im Rahmen einer privatunternehmerischen Tätigkeit erhebt, wie z. B. Gebühren für die Vermessungsleistungen der Vermessungsämter außerhalb der hoheitlichen Aufgaben.[39]

35 **ee) Wirtschaftliches Herausheben.** Gemäß der Finanzverwaltung und Rechtsprechung muss es sich bei einer wirtschaftlichen Heraushebung um eine **Tätigkeit von einigem wirtschaftlichen** Gewicht handeln.[40] Dies setzt voraus, dass die Tätigkeit Wettbewerbsrelevanz hat.[41] Die Rechtsprechung ging bereits früh von einer Tätigkeit von einigem Gewicht aus, wenn der durchschnittliche Jahresgewinn etwa 1.000 EURO[42] beträgt.[43] Die Verwaltung geht aus Vereinfachungsgründen von einer Umsatzgrenze aus, da die Ermittlung des Gewinns, der unter der Berücksichtigung der in der Privatwirtschaft üblichen Gewinnaufschläge erzielbar wäre, kaum möglich ist. Übersteigt der **Jahresumsatz** i. S. d. § 1 Abs. 1 Nr. 1 UStG nachhaltig 35.000 EURO, wird davon ausgegangen, dass die Tätigkeit von einigem Gewicht ist.[44] Bei einem darunter liegenden Jahresumsatz ist ein BgA nur anzunehmen, wenn die Tätigkeit im Wettbewerb zu anderen Unternehmen erfolgt, also von der juristischen Person des öffentlichen Rechts besondere Gründe hierfür vorgetragen werden.[45] Der BFH hat jedoch klargestellt, dass es keine absoluten Gewichtigkeitsgrenzen gibt, sondern auch bei einem Jahresumsatz von unter 6.000 EURO[46] ein BgA angenommen werden kann, wenn neben der bestehenden Wettbewerbssituation eindeutig eine selbständige wirtschaftliche Tätigkeit vorliegt.[47]

c) Erscheinungsformen von Betrieben gewerblicher Art

36 **aa) Betriebe gewerblicher Art ohne eigene Rechtspersönlichkeit, aber als gesonderte Organisationsform.** In der Regel wird ein BgA bewusst durch eine Kommune betrieben und ist auch entsprechend organisiert. So wird dem BgA beispielsweise bestimmtes (Betriebs-) Vermögen zugeordnet und der Gewinn des BgA gesondert ermittelt. Dies ist insbesondere für BgA der Fall, für die ohnehin aufgrund gesetzlicher Vorschriften Buchführungspflicht besteht. Um solche„typische" BgA handelt es sich beispielsweise bei Versorgungsbetrieben (Wasser-, Stromversorgung), Parkhäusern und Tiefgaragen sowie Schwimmbädern. Die jeweilige Tätigkeit wird häufig in den Organisationsformen des **Regie- oder des Eigenbetriebs** ausgeübt.[48]

---

38 Auch dauerdefizitäre BgA sind daher BgA, wenn sie mit Einnahmerzielungsabsicht betrieben werden. Tätigkeiten, die als „Liebhaberei" angesehen werden und die deshalb nicht als zum BgA gehörig gelten, gibt es bei BgA nicht (Geetzeswortlaut; § 8 Abs. 1 S. 2 KStG).

39 Vgl. *Krämer* in *Dötsch/Pung/Möhlenbrock,* Kommentar zum KStG (92. Erg. 2018), § 4 KStG, Rn. 40.

40 H 4.1 KStR, BFH vom 26.2.1957, BStBl. III 1957, S. 146.

41 BFH vom 25.10.1989, BStBl. II 1990, S. 868. Das Merkmal „wirtschaftliches Herausheben" weist insoweit Überschneidungen zum Begriff der Einrichtung auf; vgl. *Seer,* DStR 1992, S. 1751 (1754).

42 Im Urteil selbst wird eine Grenze von 2000 DM genannt, die in einen Eurobetrag umgerechnet und gerundet wurde.

43 BFH-Urteil vom 24.10.1961, BStBl. III 1961, S. 552.

44 R 4.1 Abs. 5 S. 1 KStR 2015.

45 R 4.1 Abs. 5 S. 4 u. 5 KStR 2015. Hierbei handelt es sich um eine „Selbstbindungsgrenze" der Finanzverwaltung. Wird Umsatz von 35.000 € nicht überschritten, greift die Verwaltung die Tätigkeit nicht auf.

46 Im Urteil selbst wird eine Grenze von 12.000 DM genannt, die in einen Eurobetrag umgerechnet und gerundet wurde.

47 BFH vom 25.10.1989, BStBl. II 1990, S. 868.

48 Zu den Rechtsgrundlagen vgl. Kap. D I., zur Buchführungspflicht und zum Rechnungs-, Berichts- und Prüfungswesen siehe Kap. E I.

Eigenbetriebe stellen eine besondere kommunalrechtliche Form von Unternehmen dar, die zwar eine eigenständige Organisationsform mit wirtschaftlicher Selbständigkeit darstellen, jedoch keine eigene Rechtsfähigkeit besitzen. Steuerlich gesehen handelt es sich lediglich – soweit keine hoheitlichen Tätigkeiten ausgeführt werden – um einen oder mehrere BgA. Die Gewinnermittlung eines Eigenbetriebs erfolgt nach den Vorschriften der Eigenbetriebsverordnungen der jeweiligen Länder. Diese schreiben i. d. R. eine kaufmännische doppelte Buchführung sowie die Aufstellung eines Jahresabschlusses nach den Vorschriften des HGB für große Kapitalgesellschaften vor.[49] Abgesehen von den speziellen Vorschriften über die Gewinnermittlung bei Eigenbetrieben erfolgt die Besteuerung wie bei jedem anderen BgA. Für **Regiebetriebe** (komplett im Haushalt der jeweiligen Gemeinde integriert, auch keine wirtschaftliche Selbständigkeit) bestehen keine eigenständigen Gewinnermittlungsvorschriften. Hier ergibt sich die Gewinnermittlungsverpflichtung rein aus den steuerlichen Vorschriften. 37

bb) Betriebe gewerblicher Art mit eigener Rechtspersönlichkeit. Ein BgA mit eigener Rechtspersönlichkeit liegt vor, wenn er alle Merkmale einer juristischen Person des öffentlichen Rechts erfüllt. Er muss insbesondere in vollem Umfang rechtsfähig sein. Teilrechtsfähigkeit reicht nicht aus.[50] Typische BgA mit eigener Rechtspersönlichkeit sind Zweckverbände oder nach Kommunalrecht errichtete Kommunalunternehmen (Anstalten des öffentlichen Rechts)[51], wenn diese nur *einen* BgA beinhalten. 38

Obwohl das **Kommunalunternehmen** aufgrund öffentlichen Rechts eine eigene Rechtsperson darstellt, ist es – ebenso wie der Eigenbetrieb – kraft seiner Rechtsform zunächst nicht steuerpflichtig. Es wird – ähnlich dem Eigenbetrieb – in der Praxis häufig zur Ausübung hoheitlicher Tätigkeiten eingesetzt. Führt es jedoch wirtschaftliche Tätigkeiten durch, so handelt es sich hierbei um einen oder mehrere BgA. Wird durch das Kommunalunternehmen nur eine wirtschaftliche Tätigkeit ausgeführt, so spricht man beim Kommunalunternehmen von einem BgA mit eigener Rechtspersönlichkeit, da der BgA in die Rechtsform des Kommunalunternehmens gekleidet wurde. Ebenso ist es jedoch möglich, dass in einem Kommunalunternehmen mehrere BgA vereint sind oder ein BgA neben einem Hoheitsbetrieb geführt wird. Aus steuerlicher Sicht wird man im Falle eines Kommunalunternehmens, das lediglich einen BgA neben einer oder mehreren hoheitlichen Sparten betreibt, ebenfalls von einem BgA mit eigener Rechtspersönlichkeit sprechen können.[52] 39

Ebenso wie Kommunalunternehmen stellen auch **Zweckverbände** – sofern sie steuerlich gesehen im Rahmen eines BgA tätig werden – BgA mit eigener Rechtspersönlichkeit dar. 40

Die Besteuerung von BgA mit eigener Rechtspersönlichkeit erfolgt nach den allgemeinen Grundsätzen der Besteuerung für BgA.[53] Die gewählte Rechtsform hat lediglich dann eine Auswirkung, wenn das Steuergesetz zwischen BgA mit und ohne eigene Rechtspersönlichkeit unterscheidet (z. B. § 20 Abs. 1 Nr. 10 EStG). 41

cc) Betriebe gewerblicher Art ohne gesonderte Organisationsform. Es ist jedoch auch möglich, dass eine Kommune einen BgA unterhält, ohne sich dessen bewusst zu sein. Dies ist vor allem dann der Fall, wenn keine besonderen Wirtschaftsgüter angeschafft wurden, die dem Bereich zuzuordnen sind. 42

---

49 Z. B. §§ 18 und 20 EBV By.

50 BMF-Schreiben vom 28.1.2019, – IV C 2 – S 2706-a/15/10001 Auslegungsfragen zu § 20 Absatz 1 Nummer 10 EStG bei Betrieben gewerblicher Art als Schuldner der Kapitalerträge Rn. 5 u. 6.

51 Während in einigen deutschen Bundesländern die Bezeichnung,,Kommunalunternehmen" gewählt wurde, wird in anderen von der,,Anstalt öffentlichen Rechts" gesprochen. Die Begriffe sind jedoch Synonyme.

52 Vgl. BMF Schreiben vom 28.1.2019 – IV C 2 – S 2706-a/15/10001 Auslegungsfragen zu § 20 Absatz 1 Nummer 10 EStG bei Betrieben gewerblicher Art als Schuldner der Kapitalerträge Rn. 7.

53 Hierzu → Rn. 74 ff. Steuerliche Pflichten für juristische Personen öffentlichen Rechts bei Vorliegen von BgA.

43 Beispielsweise stellt die Vermarktung einer (gemeindeeigenen) Hauswand zu Werbezwecken ebenso wie Stadion-, Banden- oder Trikotwerbung einen BgA dar. Auch die Veranstaltung von Märkten durch eine Gemeinde führt zur Begründung eines BgA. Das gleiche kann für Kindergärten[54], Kinderhorte und Kantinen einer Gemeinde gelten.

44 Die genannten Beispiele stellen jedoch nur „dem Grunde nach“ einen BgA dar. Die bereits erwähnten Umsatzgrenzen müssen überschritten sein, um tatsächlich einen BgA („der Höhe nach“) zu begründen.

4. Vermögensverwaltung

45 Es liegt weder eine hoheitliche Betätigung noch ein BgA vor, wenn eine juristische Person des öffentlichen Rechts Erträge erzielt, indem sie **Vermögensverwaltung** betreibt. Eine solche liegt immer dann vor, wenn bei einer natürlichen Person Einkünfte aus Kapitalvermögen oder aus Vermietung und Verpachtung erzielt würden.[55] Zwar ist nirgends ausdrücklich gesetzlich geregelt, dass die Vermögensverwaltung nicht zu den BgA rechnet.[56] Es ergibt sich jedoch aus dem Vergleich von Körperschaften des öffentlichen Rechts mit gemeinnützigen Körperschaften, welche nach § 14 AO nur dann im Rahmen ihrer wirtschaftlichen Geschäftsbetriebe tätig sind, wenn diese Tätigkeit über den Rahmen der Vermögensverwaltung hinausgeht. Da der wirtschaftliche Geschäftsbetrieb von gemeinnützigen Körperschaften als Pendant zu den BgA von Körperschaften des öffentlichen Rechts gilt, ist allgemein anerkannt[57], dass durch Vermögensverwaltung kein BgA begründet wird.[58] Typische Beispiele für Vermögensverwaltung bei juristischen Personen des öffentlichen Rechts sind Raum-, Haus-, Grund- oder Bodenvermietungen und die Verwaltung von Wertpapieren oder Beteiligungen.[59]

46 Im Bereich der **Ertragsteuern** unterliegt die juristische Person des öffentlichen Rechts im Rahmen der Vermögensverwaltung grundsätzlich nicht der Besteuerung. Erzielte Erträge (z. B. aus der Vermietung von Räumen) sind somit steuerfrei. Eine Ausnahme besteht allerdings für solche Einkünfte, von denen ein **Steuerabzug** vorzunehmen ist (§ 2 Nr. 2 KStG). Mit diesen Einkünften unterliegt die juristische Person des öffentlichen Rechts der **beschränkten Körperschaftsteuerpflicht.** Die Körperschaftsteuer für Einkünfte, die dem Steuerabzug unterliegen, ist durch den Steuerabzug abgegolten (§ 32 Abs. 1 Nr. 2 KStG). In der Praxis besteht somit eine Steuerpflicht insbesondere für **Kapitalerträge** i. S. d. § 20 Abs. 1 Nr. 1 EStG (Gewinnausschüttungen), denn von diesen ist gemäß § 43 Abs. 1 Nr. 1 EStG die Steuer durch Abzug vom Kapitalertrag (Kapitalertragsteuer) zu erheben.

47 Für den Bereich der **Umsatzsteuer** kann diese Aussage zur fehlenden Steuerpflicht nicht (mehr) getroffen werden. Ursprünglich wurde die Auffassung vertreten, dass die Umsatzbesteuerung von jPöR nur im Rahmen von BgA möglich sei[60], was durch den Verrweis auf § 4 Abs. 4 KStG und § 14 AO begündet wurde. Spätestens seit der Änderung der Besteuerungssystematik der öffentlichen Hand im Bereich der Umsatzsteuer[61] mit der Einführung des § 2b UStG trifft diese ursprüngliche Auffassung nicht mehr zu. Bereits im Vorfeld der Geetzesänderung wurde die Ansicht der fehlenden Steuerpflicht vom BFH nicht mehr

---

54 BFH vom 12.7.2012, BStBl. II 2012, S. 837, für allgemein anwendbar erklärt durch BMF am 1.11.2012; außerdem FG Hamburg vom 5.2.2013, EFG 2013, S. 956.

55 Ähnlich *Krämer* in *Dötsch/Pung/Möhlenbrock,* Kommentar zum KStG (92. Erg. 2018), § 4 KStG, Rn. 48 und R 15.7 EStR 2012.

56 Im Gegensatz zu den hoheitlichen Tätigkeiten, die ausdrücklich nicht als BgA in Frage kommen; § 4 Abs. 5 S. 1 KStG.

57 Vgl. z. B. *Seer/Wolsztynski,* Steuerrechtliche Gemeinnützigkeit, 2002, S. 58 f.

58 Vgl. *Strahl,* FR 2002, S. 916 (917).

59 Zu den Abgrenzungsproblemen zum BgA → Rn. 64 ff.

60 Z. B. BFH-Urteil vom 11.6.1997, BStBl. II 1999, S. 418; R 23 Abs. 4 S. 2 UStR 2008.

61 Änderung der Systematik durch die Einführung des § 2b UStG mit dem StÄndG 2015/Jahressteuergesetz 2016; vgl. ausführlich hierzu → Rn. 153 ff.

anerkannt.[62] Er stellte bereits vor der Gestzesänderung klar, dass dem Begriff der Vermögensverwaltung für Zwecke der Umsatzsteuer keine Bedeutung zukommt. Für den BFH war daher bereits vor Einführung der gesetzlichen Regelung des § 2b UStG ausschlaggebend für die Steuerpflicht im Bereich der Umsatzsteuer, ob die öffentliche Hand in den Handlungsformen des Zivilrechts oder des öffentlichen Rechts tätig ist.[63]

5. Abgrenzungsfragen zwischen den einzelnen Bereichen

Da die Einordnung einer Tätigkeit als BgA, hoheitliche Tätigkeit oder Vermögensverwaltung deren steuerliches Schicksal bestimmt, ist sie von besonders großer Bedeutung. Allerdings geben Gesetz und Verwaltungsanweisungen nur ungefähre Anhaltspunkte, die eine Zuordnung ermöglichen sollen.[64] Häufig wird erst durch die Rechtsprechung im Einzelfall bestimmt, welchem Bereich eine Tätigkeit im konkreten Sachverhalt angehört. **48**

a) Abgrenzung zwischen Betrieb gewerblicher Art und hoheitlicher Tätigkeit

In folgenden Grenzfällen entschied die Rechtsprechung über das Vorliegen einer hoheitlichen Tätigkeit und kam zu folgenden Ergebnissen: **49**

- Die **Abfallentsorgung** ist eine hoheitliche Aufgabe.[65] Sie umfasst neben der entgeltlichen Abgabe der Abfälle auch das Gewinnen von Stoffen und Energie. Zu der Annahme eines BgA kommt es allerdings, wenn die veräußerten Stoffe oder die veräußerte Energie nicht überwiegend aus Abfällen gewonnen werden und damit eine wirtschaftliche Tätigkeit vorliegt. Bei der Abgrenzung ist vom Brennwert der eingesetzten Abfälle und sonstigen Brennstoffe auszugehen.[66] Bei der Frage, ob die Sammlung, Sortierung oder Verwertung gebrauchter Verkaufsverpackungen der hoheitlichen oder der wirtschaftlichen Tätigkeit der öffentlichen Hand zuzuordnen ist, vertritt die Verwaltung die Auffassung, dass die Verantwortung für Systeme nach dem bis zum 31.12.2018 geltenden § 6 Abs. 3 VerpackVO[67] auf die Privatwirtschaft übergegangen ist, weil die VerpackVO durchgehend die Verantwortlichkeit von Herstellern und Betreibern für die Rücknahme und Wiederverwertung fordert. Damit stellt die **Sammlung, Sortierung oder Verwertung** gebrauchter Verkaufsverpackungen keine hoheitliche Tätigkeit dar.[68] Auch die **Abfallberatung** stellt keine hoheitliche Tätigkeit dar, denn sie ist keine den öffentlich-rechtlichen Entsorgungsträgern durch Gesetz zugewiesene Aufgabe.[69] **50**
- Die **Abwasserbeseitigung** gehört zu den grundlegenden hoheitlichen Versorgungspflichten der Gemeinde, da eine geregelte Abwasserentsorgung Grundvoraussetzung für die Volksgesundheit ist.[70] **51**
- Der Betrieb eines **Blockheizkraftwerkes** und der Verkauf des erzeugten Stromes bzw. der Wärme kann einen BgA darstellen. Allerdings liegt bei klärgas- oder abwasserbefeuerten BHKW von Abwasser- oder Abfallbeseitigungsanlagen nur dann eine wirtschaftliche Tätigkeit im Rahmen eines BgA vor, wenn die veräußerte Elektrizität oder Wärme überwiegend aus Deponiegas von Abfällen gewonnen wird, zu deren Annahme die beseitigungspflichtige Körperschaft nach § 15 Kreislaufwirtschafts- und Abfallgesetz nicht **52**

[62] BFH-Urteil vom 15.4.2010, BFH/NV 2010, S. 1574.
[63] *Becht* in: Lexikon des Steuerrechts, Stichwort „Betrieb gewerblicher Art“, 6. Aufl., Z. 1.2.7 Umsatzsteuer.
[64] Siehe „Kriterien zur Abgrenzung hoheitlicher von wirtschaftlicher Tätigkeit bei jPöR“; BMF-Schreiben (koord. Ländererlass) vom 11.12.2009; Arbeitshilfe der OFD Rheinland zur Besteuerung juristischer Personen des öffentlichen Rechts, Stand: 15.3.2009.
[65] BFH vom 23.10.1996, I R 1–2/94, BStBl. II 1997, S. 139.
[66] R 4.5 Abs. 6 KStR 2015.
[67] Das neue Verpackungsgesetz (VerpackG) ist am 1. Januar 2019 in Kraft getreten und hat die bis dahin geltende Verpackungsverordnung abgelöst.
[68] Vgl. Krämer in Dötsch/Pung/Möhlenbrock, Kommentar zum KStG (92. Erg. 2018), § 4 KStG, Rn. 109.
[69] BFH vom 3.4.2012; BFH/NV 2012, S. 1334; Vgl. *Krämer* in *Dötsch/Pung/Möhlenbrock,* Kommentar zum KStG (92. Erg. 2018), § 4 KStG, Rn. 109.
[70] Lippross Basiskommentar zu § 4 KStG, Rz. 176 Abführung von Abwässern, 95. Ergänzungslieferung.

verpflichtet ist (z. B. Gewerbemüll, Sondermüll). Verwenden BHKW bei der hoheitlichen Abwasserbeseitigung (§ 18a Wasserhaushaltgesetz) anfallendes Klärgas zur Strom- und Wärmeerzeugung, ist ein BgA erst dann gegeben, wenn der Brennwert zugekaufter Brennstoffe höher ist als der Brennwert der Faulgase.[71]

53 • Die Ausübung von **Amtshilfe** für eine andere jPöR ist dann eine hoheitliche Tätigkeit, wenn auch die Tätigkeit bei der anderen jPöR bei eigener Durchführung als hoheitlich einzustufen wäre. Dagegen verliert eine ihrem Inhalt nach wirtschaftliche Tätigkeit diese Eigenschaft nicht dadurch, dass sie im Wege der Amtshilfe für den wirtschaftlichen Bereich eines anderen Hoheitsträgers erfolgt.[72]

54 • Die **Friedhofsverwaltung** ist eine hoheitliche Tätigkeit, soweit Aufgaben des Bestattungsbetriebes wahrgenommen werden. Auch die allgemein als ein unverzichtbarer Bestandteil einer würdigen Bestattung angesehen Leistungen wie z. B. Läuten der Glocken, übliche Ausschmückung des ausgehobenen Grabes und die musikalische Umrahmung der Trauerfeier zählen zum Hoheitsbetrieb.[73] Dagegen sind **Blumenverkäufe** und **Grabpflegeleistungen** wirtschaftliche, vom Hoheitsbetrieb abgrenzbare Tätigkeiten.[74]

55 • **Grundstücksverkäufe** von Gemeinden führen nicht zur Annahme eines BgA.[75] Soweit die Gemeinden im Rahmen der von ihnen durchzuführenden Siedlungspolitik Grundstücke verkaufen, nehmen sie hoheitliche Aufgaben war und unterliegen deshalb nicht der Besteuerung. Gleiches gilt für Grundstückserwerbe der Gemeinden und die Festsetzung von Ausgleichsbeiträgen.[76]

56 • **Hochschulen** werden aufgrund ihrer **Forschungstätigkeit (Grundlagen- und Eigenforschung)** dann dem hoheitlichen Bereich zugeordnet, wenn die Forschung wegen ihrer Besonderheit und Einmaligkeit als wissenschaftlich anzusehen und damit der Hochschule eigentümlich und vorbehalten ist und die Ergebnisse erkennbar der Allgemeinheit zugute kommen.[77] **Routinemäßige Untersuchungen,** Beratungen und Begutachtungen werden hingegen nicht als hoheitlich anerkannt, weil sie auch von privaten Instituten durchgeführt werden können.[78] Die Zuordnung zum Hoheitsbetrieb oder BgA erfolgt über die Einnahmen. Handelt es sich dabei um echte Zuschüsse oder Spenden für Forschungstätigkeit, geht man von Einnahmen des hoheitlichen Bereichs der Hochschule aus. Einnahmen aus einer wirtschaftlichen Tätigkeit liegen vor, wenn sich ein Dritter durch die Zahlungen im Rahmen einer **Auftragsforschung** Exklusivrechte in irgendeiner Form für die Verwertung des Forschungsergebnisses einräumen lässt.[79]

57 • **Hochschulkliniken** sind als BgA zu behandeln. Die Tätigkeit der Hochschulkliniken lässt sich nicht klar dem hoheitlichen (Forschung und Lehre) oder dem wirtschaftlichen Bereich (Krankenhaus) zuordnen, weil die Patientenversorgung in der Regel mit Forschung und Lehre untrennbar verbunden ist. Es wird jedoch von einer wirtschaftlichen Tätigkeit ausgegangen, da überwiegend der Zweck der Patientenversorgung verfolgt wird. Je nach Bundesland variiert „die Beziehung" zwischen Universität und Universitäts-

---

[71] OFD Karlsruhe vom 31.1.2017, S 7104 Karte 6; UR 2017, 526; BMF-Schreiben vom 11.12.2009, BStBl. I 2009, S. 1597.

[72] Vgl. H4.4 „Beistandsleistung" KStR 2015.

[73] H 4.5 „Friedhofsleistungen" KStR 2015.

[74] BFH vom 14.4.1983, BStBl. II 1983, S. 491.

[75] Dies gilt zumindest dann, wenn die Grundstücke nicht dem Betriebsvermögen eines BgA zuzurechnen sind; vgl. auch Rz. 94 zu § 4 KStG-Kommentar, Lippross, 58. Ergänzungslieferung.

[76] Lediglich in einem Fall zur Umsatzsteuer hat das FG Baden-Württemberg, Urteil vom 7.2.1992, EFG 1992, S. 422, entschieden, dass eine Gemeinde, die allerdings innerhalb von 9 Jahren 207 Objekte verkauft hat, unternehmerisch tätig sei.

[77] Verfügung der OFD Rheinland vom 28.9.2009, S-2706-1032-St 134.

[78] Vgl. *Krämer* in *Dötsch/Pung/Möhlenbrock,* KSt-Kommentar (92. Erg. 2018), § 4 KStG, Rn. 109 (Forschungstätigkeit).

[79] Es handelt sich dann zwar um eine wirtschaftliche Tätigkeit, die aber im Bereich der Ertragsteuern steuerbefreit ist; Verfügung der OFD Düsseldorf vom 13.6.2005 zur Aufhebung von OFD-Verfügungen, S-1445 A-St 133, S-2930-172-St 132 K; zuvor: OFD Münster vom 16.5.1990, S-2706-73-St 13–31.DB 1990, S. 1212.

klinikum. Zum Teil liegen BgA der Uni vor, zum Teil handelt es sich um eigenständige BgA.[80] Allerdings dürfte es sich in der Regel um gemeinnützige BgA handeln.[81]

- Der Betrieb von **Parkuhren und Parkscheinautomaten** ist als Ausübung öffentlicher Gewalt anzusehen, soweit er im Rahmen der Straßenverkehrsordnung ausgeübt wird und für das Parken Gebühren aufgrund einer öffentlich-rechtlichen Gebührenordnung anfallen.[82] Dagegen stellt die Unterhaltung von bewachten gebührenpflichtigen **Parkplätzen** und von **Parkhäusern** sowie von **Tiefgaragen** eine wirtschaftliche Tätigkeit dar[83]; es handelt sich insoweit um Verkehrsbetriebe i. S. d. § 4 Abs. 3 KStG.[84] Dies gilt auch dann, wenn sich die juristische Person des öffentlichen Rechts auf Grund einer Benutzungssatzung einer Handlungsform des öffentlichen Rechts bedient.[85] Teilweise wird Seitens der Finanzverwaltung die Auffassung vertreten, dass auch die Bereitstellung von zusammenhängende Parkflächen außerhalb öffentlicher Straßen als BgA zu behandeln ist[86]. Selbst wenn dies im Rahmen der StVO erfolgt, sei die Parkflächenüberlassung nicht als Ausübung öffentlicher Gewalt zu würdigen, da die entgeltliche Überlassung selbständiger Parkplatzflächen nicht einer jPdöR vorbehalten ist.[87] 58
- Die öffentliche Nutzung eines gemeindlichen **Schwimmbads** für den Badebetrieb stellt eine wirtschaftliche Tätigkeit dar. Sofern die entsprechenden Größenkriterien erfüllt sind, liegt ein BgA vor. Dies gilt auch dann, wenn die nicht-öffentliche Nutzung (Schulschwimmen) überwiegt.[88] 59
- Die Überlassung von **Standplätzen** bei Wochen- und Krammärkten sowie die Unterhaltung von Zelt- oder **Campingplätzen** stellen wirtschaftliche Tätigkeiten dar.[89] 60
- Die **Straßenreinigung** stellt eine hoheitliche Tätigkeit dar.[90] 61
- Die Tätigkeit des **Vermessungs- und Katasteramtes** ist als Hoheitsbetrieb einzustufen. Hierfür ist unerheblich, dass dessen öffentlich-rechtliche Aufgaben auch von öffentlich bestellten Vermessungsingenieuren erfüllt werden dürfen.[91] 62
- Die **Wasserbeschaffung** erfolgt hoheitlich, die **Wasserversorgung** hingegen stellt eine wirtschaftliche Tätigkeit dar.[92] Wenn eine juristische Person des öffentlichen Rechts für ihren Wasserversorgungsbetrieb die Wasserbeschaffung selbst betreibt, liegt eine einheitliche, untrennbare wirtschaftliche Tätigkeit vor.[93] 63

b) Abgrenzung zwischen Betrieb gewerblicher Art und Vermögensverwaltung

Legt man die Verwaltungsmeinung zur Abgrenzung zwischen Gewerbebetrieb und Vermögensverwaltung zugrunde und wendet diese auf die Abgrenzung zwischen BgA und 64

---

80 Vgl. *Krämer* in *Dötsch/Pung/Möhlenbrock,* Kommentar zum KStG (92. Erg. 2018), § 4 KStG, Rn. 109.
81 Zur Gemeinnützigkeit → Rn. 279 ff.
82 BFH vom 27.2.2003, BFH/NV 2003, S. 1018, BStBl II 2004 S. 431, R 4.5 Abs. 4 Satz 1 KStR 2015.
83 R 4.5 Abs. 4 KStR 2015.
84 BFH vom 8.11.1989, BStBl. II 1990, S. 242, R 4.5 Abs. 4 Satz 1 KStR 2015.
85 R 4.5 Abs. 4 Satz 2 KStR 2015.
86 Arbeitshilfe der OFD NRW zur Besteuerung jPdöR 2019.
87 Hinweis: Unter Bezugnahme auf die Übergangsregelungen gem. den BMF-Schreiben vom 16.12.2016, BStBl I 2016 S. 1451, und vom 27.7.2017, BStBl I 2017 S. 1239, ist die Differenzierung zwischen selbständigen und unselbständigen Parkplätzen auf vor dem 1.1.2017 erbrachte Parkierungstätigkeiten und in den Fällen einer wirksamen Optionserklärung nach § 27 Abs. 22 Satz 3 UStG auf vor dem 1.1.2021 erbrachte Parkierungstätigkeiten jedoch nicht vorzunehmen. Für diesen Zeitraum ist das BFH-Urteil vom 27.2.2003, a. a. O., auch auf die Anwendung des § 4 KStG zu erstrecken (vgl. Kurzinfo KSt Nr. 06/2018 vom 25.10.2018 der OFD NRW). Arbeitshilfe der OFD NRW zur Besteuerung jPdöR 2019.
88 R 4.5 Abs. 5 KStR.
89 H 4.5 KStR 2015 (Campingplatz) sowie BFH vom 20.5.1960, BStBl. III 1960, S. 368.
90 Vgl. u. a. *Staats* in *Lippross/Seibel* Basiskommentar zu § 4 KStG, Rz. 176 Straßenreinigung, Lieferung 06.2020.
91 BFH vom 25.1.2005, BStBl. II 2005, S. 501; vorher FG Düsseldorf vom 5.6.2003, EFG 2003, S. 1333.
92 H 4.5 KStR 2015 (Wasserbeschaffung) und BFH vom 15.3.1972, BStBl. II 1972, S. 500 sowie BFH vom 28.1.1988, BStBl. II 1988, S. 473; FG des Landes Brandenburg vom 15.4.2002, EFG 2002, S. 1124.
93 BFH vom 30.11.1989, BStBl. II 1990, S. 452.

Vermögensverwaltung an[94], so liegt Vermögensverwaltung dann vor, wenn sich die Betätigung noch als **Nutzung von Vermögen** i. S. einer Fruchtziehung aus zu erhaltenden Substanzwerten darstellt und die Ausnutzung substantieller Vermögenswerte durch Umschichtung nicht entscheidend in den Vordergrund tritt. Die bloße Verwaltung eigenen Vermögens ist regelmäßig keine gewerbliche Tätigkeit. Ein Gewerbebetrieb[95] liegt jedoch vor, wenn eine selbständige nachhaltige Betätigung mit Gewinnabsicht unternommen wird, die sich als Beteiligung am allgemeinen wirtschaftlichen Verkehr darstellt und über den Rahmen der Vermögensverwaltung hinausgeht.[96]

65 Folgende **Grenzfälle** sind für juristische Personen des öffentlichen Rechts von besonderer Bedeutung:

66 Der Besitz und die Verwaltung von **Anteilen an einer Kapitalgesellschaft** stellen grundsätzlich Vermögensverwaltung dar – selbst dann, wenn eine beherrschende oder gar 100%ige Beteiligung vorliegt.[97] Es existieren jedoch zwei Ausnahmefälle, in denen das Halten einer Beteiligung an einer Kapitalgesellschaft als BgA angesehen wird. Zum einen dann, wenn tatsächlich ein Einfluss auf die Geschäftsführung über die Beteiligung ausgeübt und damit eine wirtschaftliche Tätigkeit entfaltet wird.[98] Dies ist insbesondere dann der Fall, wenn der Geschäftsführer der Tochterkapitalgesellschaft gleichzeitig eine leitende Funktion in der Organisation des Gesellschafters der Kapitalgesellschaft (hier: Kommune) ausübt, es sich also beispielsweise um den Bürgermeister handelt.[99] Zum anderen liegt dann ein BgA vor, wenn nicht das Halten der Beteiligung im Vordergrund steht, sondern Kauf und Verkauf von Beteiligungen den Rahmen der Vermögensverwaltung sprengen.[100]

67 Im Gegensatz zur Beteiligung an einer Kapitalgesellschaft stellt die **Beteiligung** der juristischen Person des öffentlichen Rechts an einer gewerblichen **Personengesellschaft**[101] dagegen grundsätzlich einen BgA dar, wenn die juristische Person des öffentlichen Rechts als Mitunternehmer[102] anzusehen ist.[103] Dies gilt auch für den Fall, dass die Tätigkeit der Personengesellschaft als hoheitlich zu beurteilen wäre, wenn sie von der juristischen Person des öffentlichen Rechts selbst ausgeführt würde.[104] Eine Ausnahme besteht lediglich dann, wenn die Personengesellschaft ausschließlich vermögensverwaltend tätig wird.[105] Dann stellt auch die Beteiligung an dieser Gesellschaft aus Sicht der juristischen Person öffentlichen Rechts eine vermögensverwaltende Tätigkeit dar. Der Umfang der Beteiligung spielt keine Rolle, da die„wirtschaftliche Heraushebung", die notwendiges Merkmal für das Vorhandensein eines BgA ist[106], bereits durch die Beteiligungsform erfüllt ist.[107]

68 Generell stellt die **Vermietung und Verpachtung von Gebäuden** Vermögensverwaltung dar.[108] So wurde beispielsweise entschieden, dass die Vermietung von drei Läden und Wohnungen an private Unternehmer zur Vermögensverwaltung zählt.[109] Wird jedoch neben einem Grundstück oder Gebäude auch Inventar mit vermietet, kann auch ein BgA

---

94 Von der Anwendbarkeit dieser Grundsätze geht auch *Krämer* in *Dötsch/Pung/Möhlenbrock,* Kommentar zum KStG (92. Erg. 2018), § 4 KStG, Rn. 48, aus.
95 Im konkreten Anwendungsfall ein BgA.
96 R 15.7 Abs. 1 S. 1–3 EStR.
97 Bereits RFH vom 29.3.1938, RStBl. 1938, S 471.
98 R 4.1 Abs. 2 S. 3 KStR 2015.
99 Vgl. auch *Augsten* in *Fabry/Augsten* (Hrsg.), Handbuch Unternehmen der öffentlichen Hand (2. Aufl.), Teil 5, Rn. 156 f.
100 Siehe Fn. 76.
101 Z. B. Kommanditgesellschaft (KG), offene Handelsgesellschaft (oHG), Gesellschaft bürgerlichen Rechts (GbR), atypisch stille Gesellschaft.
102 Eine Mitunternehmerschaft an einer Personengesellschaft liegt vor, wenn eine juristische Person öffentlichen Rechts Mitunternehmerinitiative und – risiko trägt, BFH vom 25.6.1984, BStBl. II 1984, S. 751.
103 BFH vom 9.5.1984, BStBl. II 1984, S. 726.
104 BMF- Schreiben vom 21.6.2017 Rn. 2, ausführlicher → Rn. 234.
105 BMF – Schreiben vom 21.6.2017 Rn. 1.
106 Zu den Merkmalen eines BgA vgl. → Rn. 29 ff.
107 BMF – Schreiben vom 21.6.2017 Rn. 1.
108 → Rn. 45 f.
109 FG München vom 20.3.2003, EFG 2003, S. 1054.

vorliegen, da es sich insoweit um die **Verpachtung eines BgA** handeln kann. Diese gilt prinzipiell selbst als BgA (§ 4 Abs. 4 KStG). Damit ist jede entgeltliche Überlassung von Einrichtungen, Anlagen oder Rechten, die beim Verpächter einen BgA darstellen würden, gemeint.[110] Beispielsweise stellt die **Verpachtung einer Gaststätte** einen BgA dar.[111] Wird für die Führung eines Betriebes größeres Inventar erforderlich, so ist die Verpachtung eines solchen Betriebes erst dann ein BgA, wenn der Verpächter das Inventar beschafft und dem Pächter zur Nutzung überlässt. Auch die Verpachtung eines BgA muss von einigem Gewicht sein, dass tatsächlich ein BgA vorliegt.[112] Die Frage, ob sich die Verpachtungstätigkeit aus der Gesamtbetätigung der juristischen Person des öffentlichen Rechts heraushebt, ist nicht nach den Verhältnissen der verpachtenden Körperschaft, sondern nach den Verhältnissen des Pächters zu beurteilen.[113] Folglich ist ein BgA grundsätzlich anzunehmen, wenn die jährlichen Umsätze des Pächters 35.000 EURO nachhaltig übersteigen.[114]

Die **Verpachtung einzelner Wirtschaftsgüter** führt nur dann zur Annahme eines BgA, wenn es sich um eine **Betriebsaufspaltung** handelt.[115] Die zur Betriebsaufspaltung aufgestellten Grundsätze sind auch bei juristischen Personen des öffentlichen Rechts anzuwenden[116], sie gelten demnach auch bei der Verpachtung von wesentlichen Betriebsgrundlagen an ihre Eigengesellschaft(en). 69

In folgenden **Grenzfällen der Vermietungstätigkeit** äußerte sich die Finanzverwaltung hinsichtlich des Vorliegens eines BgA: 70

- Beim Betrieb von **Sportstätten** durch juristische Personen des öffentlichen Rechts sprechen häufig kurzfristig wechselnde Nutzer und zusätzliche Leistungen wie die Überlassung von Bühnen, Tribünen sowie deren Auf- und Abbau und Reinigungsarbeiten für das Vorliegen eines BgA. Allerdings müssen alle Merkmale, wie Vorliegen einer Einrichtung und wirtschaftliche Bedeutsamkeit, erfüllt sein. Hierbei ist besonders zu beachten, dass die Überlassung an Schulen und sonstige Einrichtungen zum Beispiel für kulturelle Zwecke nicht zu den Umsätzen im Sinne des § 1 Abs. 1 Nr. 1 UStG zählt, sondern eine Nutzung für außerunternehmerische Zwecke gemäß § 3 Abs. 9a UStG darstellt.[117] 71
- Die **Überlassung von Räumen einer Hochschule** stellt einen BgA dar, wenn Hochschulen einzelne Gebäude oder Campusteile stunden- oder tageweise an ständig wechselnde Personen vermieten.[118] Laut Verwaltungsmeinung[119] wird jedoch unter Umständen nach Rücksprache mit dem Finanzamt von einer ertragsteuerlichen Erfassung abgesehen, wenn sich auf Dauer nur ein Verlust ergibt. Die Unternehmereigenschaft im umsatzsteuerlichen Sinn bleibt jedoch auch in diesen Fällen bestehen. Die umsatzsteuerliche Würdigung der Vermietung ist nach den Umständen des Einzelfalls zu entscheiden. Handelt es sich beispielsweise beim überlassenen Inventar nur um einfache Bestuhlung, liegt eine einheitliche Vermietungsleistung vor, die nach § 4 Nr. 12a UStG steuerfrei ist.[120] Ist die Überlassung von Inventar neben der Raumüberlassung nicht mehr von untergeordneter Bedeutung, kann ein gemischter Vertrag[121] vorliegen. Das Entgelt ist dann auf die steuerfreie Grundstücksvermietung und die steuerpflichtige Leistung anderer Art (gegebenenfalls durch Schätzung) aufzuteilen. 72

---

110 R 4.1 Abs. 5 S. 6 KStR 2015.
111 FG München vom 20.3.2003, EFG 2003, S. 1054.
112 → Rn. 35.
113 BFH vom 25.10.1989, BStBl. II 1990, S. 868; R 4.1 Abs. 5 S. 6 u. 7 KStR 2015.
114 Zu den Voraussetzungen für das Vorliegen eines BgA, insbesondere der wirtschaftlichen Heraushebung, → Rn. 30 ff.
115 Zum Begriff „Betriebsaufspaltung" → Rn. 93, insb. Fn. 143.
116 BFH-Urteil vom 14.3.1984, BStBL. II 1984, S. 496.
117 OFD Münster vom 2.3.2007, aktualisiert am 3.2.2009; DStR 2009, 1313.
118 LfSt Bayern vom 13.2.2008, S 7100 – 60 St 34 M.
119 LfSt Bayern vom 13.2.2008, a. a. O.
120 4.12.UStAE.
121 Siehe 4.12.5 UStAE.

73 • Die Überlassung von landeseigenen **Wasserflächen, Landflächen** und die Nutzungsüberlassung von **Sportboothäfen** stellt grundsätzlich Vermögensverwaltung dar. Ausnahmsweise kann auch ein BgA begründet werden.[122]

II. Besteuerung wirtschaftlicher Betätigungen der öffentlichen Hand

1. Steuerliche Pflichten für juristische Personen des öffentlichen Rechts

a) Körperschaftsteuer

74 **aa) Steuerpflicht und Steuersubjekt.** Im Rahmen der Körperschaftsteuer werden juristische Personen des öffentlichen Rechts (nur) im Rahmen ihrer Betriebe gewerblicher Art (BgA) erfasst. Nach § 1 Abs. 1 Nr. 6 i. V. m. § 4 KStG unterliegen BgA von juristischen Personen des öffentlichen Rechts der unbeschränkten **Körperschaftsteuerpflicht,** wenn sie ihre Geschäftsleitung oder ihren Sitz im Inland haben.

75 In § 10 AO wird die **Geschäftsleitung** als der„Mittelpunkt der geschäftlichen Oberleitung" definiert, womit der Ort gemeint ist, von dem aus ein Unternehmen tatsächlich geleitet wird. Dabei kommt es nicht darauf an, wo der Geschäftsverkehr letztlich stattfindet, sondern wo die erforderlichen Entscheidungen von einigem Gewicht für den Geschäftsbetrieb getroffen werden. Der **Sitz** einer Körperschaft, Personenvereinigung oder Vermögensmasse ist nach § 11 AO an dem Ort, der durch Gesetz, Gesellschaftsvertrag, Satzung, Stiftungsgeschäft oder dergleichen bestimmt ist.

76 Da es bei BgA keine gesetzlich vorgeschriebene Sitzfestlegung gibt und es auch in der Praxis oft an einer Sitzfestschreibung in der Satzung[123] fehlt, richtet sich die Eigenschaft als Körperschaftsteuersubjekt nach dem Ort der Geschäftsleitung. Dieser befindet sich bei deutschen Gebietskörperschaften (Städten, Gemeinden) zwangsläufig im Inland, weshalb für BgA grundsätzlich die unbeschränkte Körperschaftsteuerpflicht (aufgrund der Geschäftsleitung im Inland) gegeben ist.

77 Die **Steuerpflicht** beginnt bei Körperschaften mit der Erlangung der Rechtsfähigkeit. Bis auf wenige Ausnahmen (BgA mit eigener Rechtspersönlichkeit[124], z. B. Kommunalunternehmen) besitzen BgA jedoch keine eigene Rechtspersönlichkeit und sind daher nicht rechtsfähig. Die Steuerpflicht für BgA beginnt daher **automatisch,** sobald die in § 4 KStG genannten Voraussetzungen bei juristischen Personen des öffentlichen Rechts vorliegen. Auch wenn es sich um BgA mit eigener Rechtspersönlichkeit handelt, beginnt die Steuerpflicht mit Erfüllung der Voraussetzungen des § 4 KStG, da die Steuergesetze keine abweichende Regelung für BgA mit eigener Rechtspersönlichkeit enthalten.

78 Das **Steuersubjekt** ist nicht der BgA, sondern die **juristische Person des öffentlichen Rechts** selbst.[125] Hat die juristische Person des öffentlichen Rechts mehrere BgA, ist sie wegen jedes einzelnen oder mehrerer zusammengefasster Betriebe Subjekt der Körperschaftsteuer.[126]

79 **bb) Bemessungsgrundlage und Steuersatz. (1) Allgemeines zur Einkommensermittlung und Buchführungspflicht.** Die Körperschaftsteuer bemisst sich nach dem zu versteuernden **Einkommen** (§ 7 Abs. 1 KStG). Die Ermittlung des zu versteuernden Einkommens erfolgt nach den Vorschriften des Körperschaftsteuergesetzes (§ 8 Abs. 1 KStG) und des Einkommensteuergesetzes (siehe R 8.1 Abs. 1 Nr. 1 KStR 2015).

80 Ist ein BgA aufgrund außersteuerlicher Vorschriften (§ 140 AO) oder aufgrund originär steuerlicher Bestimmungen (§ 141 AO) zur Buchführung verpflichtet oder führt er freiwil-

---

[122] OFD Hannover vom 1.2.2007, S 2706-247-StO 241.

[123] In Frage kommt hier nur die Satzung der entsprechenden Organisationsform (z. B. des Regie- oder Eigenbetriebes).

[124] Vgl. hierzu → Rn. 38 ff.

[125] BFH vom 13.3.1974, I-R-7/71, BStBl. II 1974, S. 391.

[126] BFH vom 8.11.1989, I-R-187/85, BStBl. II 1990, S. 242.

lig Bücher und erstellt Jahresabschlüsse, sind seine Einkünfte ausschließlich als **Einkünfte aus Gewerbebetrieb** i. S. d. § 15 EStG zu behandeln (§ 8 Abs. 2 KStG) und im Rahmen eines Betriebsvermögensvergleichs nach § 4 Abs. 1, § 5 EStG zu ermitteln. Theoretisch wäre es somit möglich, dass ein BgA, wenn dieser nicht zur Buchführung verpflichtet ist und auch nicht freiwillig Bücher führt, neben Einkünften aus Gewerbebetrieb auch andere Einkunftsarten (z. B. Einkünfte aus Vermietung und Verpachtung und aus Kapitalvermögen) erzielt. Dies scheidet jedoch in der Praxis aus, da diese anderen Einkunftsarten dem Bereich der Vermögensverwaltung und damit nicht dem BgA zuzurechnen wären. Rechtsprechung[127] und Verwaltung[128] sind jedoch der einhelligen Ansicht, dass ein BgA ausschließlich Einkünfte aus Gewerbebetrieb erzielt. Damit haben BgA körperschaftsteuerlich auch dann Einkünfte aus Gewerbebetrieb, wenn sie wegen langjährig fehlender Gewinnerzielungsabsicht nicht der Gewerbesteuer unterliegen.[129] Auch Einkünfte aus der Verpachtung eines BgA sind körperschaftsteuerlich stets als Einkünfte aus Gewerbebetrieb zu behandeln.[130]

Eine **Buchführungspflicht** i. S. d. § 140 AO kann sich für einen BgA von juristischen Personen des öffentlichen Rechts durch Bestimmungen der landesspezifischen Eigenbetriebsgesetze bzw. -verordnungen und bei kaufmännischen Betrieben auch durch eine unmittelbare Anwendung der handelsrechtlichen Rechnungslegungsvorschriften (§§ 238 ff. HGB) ergeben. 81

- Wird ein BgA ohne eigene Rechtspersönlichkeit als **Eigenbetrieb** i. S. d. der Eigenbetriebsgesetze bzw. –verordnungen geführt, schreiben die landesspezifischen Bestimmungen i. d. R. eine kaufmännische doppelte Buchführung und die Aufstellung eines Jahresabschlusses, für welchen die für große Kapitalgesellschaften geltenden handelsrechtlichen Rechnungslegungsvorschriften (§§ 238 ff. i. V. m. §§ 264 ff. HGB) anzuwenden sind, vor. 82
- Wird der BgA ohne eigene Rechtspersönlichkeit nicht als Eigenbetrieb, sondern als sonstige Einrichtung **(Regiebetrieb)** geführt und erfüllt er die Voraussetzungen eines kaufmännischen Betriebes i. S. d. §§ 1 ff. HGB, ergibt sich die handelsrechtliche Buchführungspflicht unmittelbar aus den Bestimmungen der §§ 238 ff. HGB. § 263 HGB räumt bei Unternehmen ohne eigene Rechtspersönlichkeit einer Gemeinde, eines Gemeindeverbandes oder eines Zweckverbandes allerdings den Vorrang landesrechtlicher Bestimmungen ein, wenn diese von den Vorschriften des HGB abweichen. Reicht nach entsprechenden abweichenden landesrechtlichen Bestimmungen eine Buchführung im Rahmen des Haushaltes aus, kommt es zu einer Erleichterung für kommunale Einrichtungen. 83
- Auch BgA mit eigener Rechtspersönlichkeit (z. B. **Kommunalunternehmen**) unterliegen der handelsrechtlichen Buchführungs- und Bilanzierungspflicht i. S. d. §§ 238 ff. HGB, sofern sie ein kaufmännisches Handelsgewerbe gemäß § 1 Abs. 2, § 2 HGB betreiben. Die Buchführungspflicht kann sich jedoch auch schon explizit aus den Vorschriften zur Rechtspersönlichkeit (z. B. Kommunalunternehmensverordnung) ergeben. 84

Ergibt sich eine steuerliche Buchführungspflicht nicht aus anderen als den Steuergesetzen (§ 140 AO), sind die gewerblichen Einkünfte des BgA trotzdem im Rahmen einer Buchführung zu ermitteln, wenn der BgA bestimmte **Größenmerkmale** überschreitet (§ 141 AO)[131]. Dies ist der Fall, wenn Umsätze von mehr als 600.000 EURO im Kalenderjahr oder ein Gewinn von mehr als 60.000 EURO im Wirtschaftsjahr erzielt werden. 85

Juristische Personen des öffentlichen Rechts, die mit ihrem BgA weder nach § 140 AO noch nach § 141 AO zur Buchführung verpflichtet sind und auch nicht freiwillig ent- 86

---

127 Z. B. BFH vom 30.11.1989, BStBl. II 1990, S. 242.
128 H 8.2 KStR 2015 (Einkunftsart).
129 BFH vom 28.10.1970, BStBl. II 1971, S. 247; → Rn. 157 ff.
130 BFH vom 1.8.1979, BStBl. II 1979, S. 716.
131 Diese Vorschrift hat gegenüber § 140 AO nur subsidiäre Bedeutung.

sprechende Bücher führen, können ihren gewerblichen Gewinn vereinfacht durch eine Gegenüberstellung der Betriebseinnahmen und der Betriebsausgaben (§ 4 Abs. 3 EStG: **Einnahme-Überschuss-Rechnung**) ermitteln.

87 Ergibt die Einkommensermittlung, dass der BgA einen Verlust erwirtschaftet, so kann dieser nach § 10d EStG im Wege des **Verlustvor- und -rücktrages**[132] berücksichtigt werden.[133] Ein Verlustausgleich innerhalb derselben Periode zwischen verschiedenen Einkunftsarten[134] scheidet aus, da ausschließlich Einkünfte aus Gewerbebetrieb erzielt werden.

88 Für BgA von Körperschaften des öffentlichen Rechts wird ein **Freibetrag** i. H. v. **5.000 EURO** gewährt (§ 24 Abs. 1 KStG). Dieser Betrag i. H. v. 5.000 EURO ist somit vom zu versteuernden Einkommen abzuziehen, höchstens jedoch in Höhe des zuvor ermittelten Einkommens, so dass sich aufgrund der Berücksichtigung des Freibetrages kein negatives Einkommen ergeben kann.

89 Da die juristische Person des öffentlichen Rechts wegen jedes einzelnen BgA als Subjekt der Körperschaftsteuer angesehen wird[135] und folglich eine getrennte Einkommensermittlung erfolgt, wird auch der Freibetrag mehrmals gewährt. Bei der Zusammenfassung mehrerer BgA zu einem BgA steht diesem der Freibetrag nur einmal zu. Die Zusammenfassung der Betriebe mit dem Ziel des Verlustausgleichs kann sich somit auch als ungünstig erweisen und sollte deshalb im Einzelfall geprüft werden.[136]

90 Der **Körperschaftsteuersatz** für das Einkommen von BgA beträgt gemäß § 23 Abs. 1 KStG **15 %.** Dabei handelt es sich um einen Definitivsteuersatz, der unabhängig davon anfällt, ob die Gewinne an die Trägerkörperschaft weitergeleitet werden oder nicht. Zusätzlich fällt im Regelfall noch Kapitalertragsteuer in Höhe von 15 % an.[137]

91 **(2) Betriebsvermögen und Eigenkapital des BgA.** Da das Vermögen eines BgA rechtlich nicht von dem des Trägers abgegrenzt ist[138], kann der Gewinn des BgA durch die **Zuordnung** oder Nichtzuordnung **von Vermögensgegenständen** zum BgA beeinflusst werden. Es hat ebenso erhebliche Auswirkungen auf den Gewinn des Betriebes, ob dieser mit Fremdkapital des Trägers (Darlehen) oder mit Eigenkapital finanziert wird. Art und Umfang des dem Betrieb gewidmeten Vermögens haben insbesondere deshalb erhebliche steuerliche Bedeutung, weil Erlöse aus Darlehens-, Miet- und Pachtzinsen bei der Trägerkörperschaft in der Regel in den Bereich der Vermögensverwaltung fallen. Aus diesem Grund erfolgt keine steuerliche Belastung der Erträge (Zinsen)[139], weder mit Körperschaft- noch mit Gewerbesteuer.[140]

92 Eine juristische Person des öffentlichen Rechts hat grundsätzlich ein Wahlrecht, ob sie Wirtschaftsgüter, die ein BgA benötigt, diesem als eigenes Vermögen zuordnet oder ob sie diese Wirtschaftsgüter an ihn vermietet oder verpachtet. Auch nach bilanzsteuerlichen Grundsätzen notwendiges **Betriebsvermögen** kann somit durch den BgA lediglich gemietet oder gepachtet werden.[141, 142]

93 Eine Ausnahme besteht lediglich für Wirtschaftsgüter, die eine **wesentliche Betriebsgrundlage** des BgA darstellen. Miet- und Pachtverträge zwischen der jPöR und ihrem

---

132 Im Rahmen der Gewerbesteuer beschränkt auf Verlustvortrag.

133 Dieser Ausgleich wird auch als interperiodischer oder vertikaler Verlustausgleich bezeichnet.

134 Dieser Ausgleich wird auch als innerperiodischer oder horizontaler Verlustausgleich bezeichnet.

135 BFH vom 8.11.1989, BStBl. II 1990, S. 242.

136 Zur steuerlichen Zusammenfassung von BgA → Rn. 187 ff. Der steuerliche Querverbund.

137 Ausführlich hierzu (auch Ausnahmen davon) → Rn. 111 ff. Kapitalertragsteuer.

138 Denn der BgA wird für die Zwecke der Einkommensermittlung nur *fiktiv* verselbständigt.

139 Zur Vermögensverwaltung → Rn. 45 f.

140 Vgl. *Gosch,* KStG Kommentar, § 4 KStG, Rn 50.

141 BFH vom 14.3.1984, BStBl. II 1984, S. 496.

142 Ausgangspunkt dieser Rechtsprechung und Verwaltungsmeinung ist die steuerliche Gleichbehandlung des BgA mit einer in gleicher Weise tätigen Kapitalgesellschaft. Auch diese kann notwendiges Betriebsvermögen lediglich mieten oder pachten und dadurch die Steuerverhaftung stiller Reserven vermeiden oder die Gewerbesteuer mindern, denn Miet- und Pachtzahlungen stellen grds. Betriebsausgaben dar und mindern so den steuerpflichtigen Gewerbeertrag.

BgA werden dann nicht der Besteuerung zu Grunde gelegt, mit der Folge, dass die Miet- und Pachtzahlungen als verdeckte Gewinnausschüttung behandelt werden. Wie bei Kapitalgesellschaften greifen auch bei BgA für wesentliche Betriebsgrundlagen die Regeln über die **Betriebsaufspaltung,**[143] die jedoch im Fall von gemeinnützigen Einrichtungen nicht oder nur eingeschränkt anzuwenden sind.[144] Danach sind wesentliche Betriebsgrundlagen als Vermögen des BgA einzustufen mit der Folge, dass Miet- und Pachtzinsen insoweit nicht als Betriebsausgaben des BgA anerkannt werden[145]. Der Begriff der **„wesentlichen Betriebsgrundlage"** ist folgendermaßen definiert: Es handelt sich hierbei um Wirtschaftsgüter vor allem des Anlagevermögens, die zur Erreichung des Betriebszwecks erforderlich sind und ein besonderes wirtschaftliches Gewicht für die Führung des BgA haben (funktional-quantitative Betrachtungsweise).[146] Dies ist der Fall, wenn sie für den Betrieb wirtschaftlich von Gewicht, wenn sie für den Betrieb notwendig und auf die besonderen Bedürfnisse des Betriebes zugeschnitten sind.

So wurden beispielsweise die von einem BgA an die Gemeinde gezahlten **Entgelte für** **94**
die Nutzung öffentlicher Flächen nicht als Betriebsausgaben anerkannt, da die angepachteten Verkehrsflächen als wesentliche Betriebsgrundlage des BgA anzusehen waren.[147]

Da der Träger den Umfang des Vermögens des BgA bestimmen kann, ist auch die **95**
Bildung von **gewillkürtem Betriebsvermögen**[148] zulässig.[149] Die Zuordnung eines Wirtschaftsgutes zum gewillkürten Betriebsvermögen muss unmissverständlich kundgemacht werden, so dass ein sachverständiger Dritter ohne weitere Erklärung des Steuerpflichtigen die Zugehörigkeit zum Betriebsvermögen erkennen kann.[150] Die Einlage von Wirtschaftsgütern als gewillkürtes Betriebsvermögen ist jedoch dann nicht zulässig, wenn erkennbar ist, dass die betreffenden Wirtschaftsgüter dem Betrieb keinen Nutzen, sondern Verluste bringen werden.[151] Aufgrund des fehlenden Interessengegensatzes zwischen BgA und Trägerkörperschaft ist bei Bildung von gewillkürtem Betriebsvermögen immer eine verdeckte Gewinnausschüttung[152] zu prüfen. Eine solche kann dann angenommen werden, wenn der Trägerkörperschaft ein Vorteil zugewendet wird, der seine Ursache im einheitlichen Betätigungswillen von BgA und Trägerkörperschaft hat.

---

[143] Vgl. Erlass des Finanzministeriums Niedersachsen vom 22.1.2003, DStZ 2003, S. 320 mit weiteren Hinweisen zur Rechtsprechung zur Betriebsaufspaltung. Eine **Betriebsaufspaltung** liegt gem. H 15.7 (4) EStR (Allgemeines) vor, wenn ein Unternehmen (Besitzunternehmen) eine wesentliche Betriebsgrundlage an eine gewerblich tätige Personen- oder Kapitalgesellschaft (Betriebsunternehmen) zur Nutzung überlässt (sachliche Verflechtung) und eine Person oder mehrere Personen zusammen sowohl das Besitzunternehmen als auch das Betriebsunternehmen in dem Sinne beherrschen, dass sie in der Lage sind, in beiden Unternehmen einen einheitlichen geschäftlichen Betätigungswillen durchzusetzen (personelle Verflechtung). Liegen die Voraussetzungen einer personellen und sachlichen Verflechtung vor, ist die Vermietung oder Verpachtung keine Vermögensverwaltung mehr, sondern eine gewerbliche Vermietung oder Verpachtung. Das Besitzunternehmen ist Gewerbebetrieb.

[144] Insbesondere im Fall -der Umwandlung kommunaler gemeinnütziger Einrichtungen sind die Grundsätze der Betriebsaufspaltung nicht anzuwenden; genauer hierzu Verfügung OFD Koblenz vom 17.11.1998, KStK § 5 KStG Karte H 66, Verfügung der OFD Hannover vom 23.7.1998, KStK § 5 KStG Karte H 14.2, Erlass des Hessischen Finanzministeriums vom 13.10.1998, KStK § 5 KStG Karte H 21.

[145] Vgl. *Krämer* in Dötsch/Pung/Möhlenbrock, Kommentar zum KStG (92. Erg. 2018), § 4 KStG Rn. 72.

[146] H 16 (8) EStR, Schallmoser in Blümich, Kommentar EStG, 151. EL März 2020, § 16 Rn. 151 m. w. N.

[147] FG Düsseldorf vom 17.2.1998, EFG 1998, S. 1028, bestätigt durch BFH vom 17.5.2000, BStBl. I 2001, S. 558.

[148] Gewillkürtes Betriebsvermögen kann gebildet werden, wenn bestimmte Wirtschaftsgüter für den Betrieb des BgA zwar nicht notwendig, aber objektiv „betriebsdienlich"sind (vgl. Abgrenzung zum notwendigen Betriebsvermögen / Hoheitsvermögen: H 8.2 KStR 2015. Es muss dargelegt werden können, welche Beziehung das Wirtschaftgut zum Betrieb hat und welche vernünftigen wirtschaftlichen Überlegungen dazu geführt haben, es als Betriebsvermögen zu behandeln.; H 4.2 (1) EStR (Gewillkürtes Betriebsvermögen).

[149] Vgl. Merkblatt zur Besteuerung der Hochschulen vom 4. Juli 2019 (Landesamt für Steuern Niedersachsen) Tz. 3.5.2.2.

[150] H 4.2 Abs. 1 EStH; BFH vom 22.9.1993, BStBl. II 1994, S. 172.

[151] H 4.2 (1) EStR (Gewillkürtes Betriebsvermögen, fünfter Anstrich), BFH vom 19.2.1997, BStBl. II 1997, S. 399.

[152] Vgl. ausführlicher → Rn. 104 ff.

96 Die Einlage von Wirtschaftsgütern ist insbesondere dann von **Bedeutung,** wenn Aufwendungen im Zusammenhang mit diesem Wirtschaftsgut automatisch im Rahmen der Gewinnermittlung als **Betriebsausgaben** steuermindernd geltend gemacht werden sollen. Ein weiterer Grund ist die Stärkung bzw. Verbesserung der Eigenkapitalquote. Allerdings ist eine Zuordnung zum Betriebsvermögen nur bei solchen Wirtschaftsgütern möglich, die **nicht ausschließlich** der **hoheitlichen Tätigkeit** der Trägerkörperschaft dienen.[153] So versagte der BFH die Zuordnung öffentlicher Toilettenanlagen zum BgA„Marktbetrieb" einer Stadt.[154]

97 **Einlagen** von Wirtschaftsgütern in einen BgA sind laut Rechtsprechung mit dem Teilwert anzusetzen.[155] **Entnahmen** aus einem BgA stellen verdeckte Gewinnausschüttungen dar, die mit dem gemeinden Wert zu bewerten sind.[156] Sie liegen beispielsweise vor, wenn ein BgA veräußert worden ist, aber einzelne Gegenstände zurückbehalten werden und in das allgemeine Verwaltungsvermögen fallen.[157] Auch die Überführung von Wirtschaftsgütern von einem BgA der juristischen Person des öffentlichen Rechts in einen anderen BgA derselben Trägerin ist als **verdeckte Gewinnausschüttung** mit dem gemeinen Wert[158] anzusetzen, was zur zwingenden Aufdeckung der in den Wirtschaftsgütern enthaltenen stillen Reserven führt.

98 Der Träger eines BgA kann nicht nur dessen Ausstattung mit Vermögen, sondern auch dessen Ausstattung mit Kapital bestimmen. Es steht der Trägerkörperschaft grundsätzlich frei, über das Ausmaß der **Finanzierung mit Eigen- oder Fremdkapital** zu entscheiden. Während Eigenkapital dem BgA dauerhaft und unentgeltlich zur Verfügung gestellt wird, stellt Fremdkapital eine Überlassung gegen Entgelt dar. Die gezahlten Darlehenszinsen stellen Betriebsausgaben dar und mindern somit den Gewinn und die Höhe der zu zahlenden Steuern.

99 Aus diesem Grund werden **Fremdkapitalzinsen** nur dann als **Betriebsausgaben** des BgA anerkannt, wenn dem Betrieb in angemessener Höhe Eigenkapital zur Verfügung gestellt wurde. Soweit das zur Verfügung gestellte Eigenkapital diese Angemessenheitsgrenze unterschreitet, sind gewährte Darlehen als Eigenkapital zu behandeln mit der Folge, dass die angefallenen Zinsen als verdeckte Gewinnausschüttungen anzusehen sind.[159]

100 Nach Ansicht der Finanzverwaltung ist ein BgA dann mit **angemessenem Eigenkapital** ausgestattet, wenn dieses mindestens 30 % des Aktivvermögens beträgt. Von der juristischen Person des öffentlichen Rechts gewährte unverzinsliche Darlehen sind dabei als Eigenkapital zu behandeln.[160] Wird die Grenze von 30 % unterschritten, liegen insoweit verdeckte Gewinnausschüttungen in Höhe der gezahlten Darlehenszinsen vor.

101 Die Rechtsprechung[161] entschied jedoch, dass sich eine angemessene Eigenkapitalquote grundsätzlich im jeweiligen Einzelfall nach der Kapitalstruktur gleichartiger Unternehmen der Privatwirtschaft im maßgebenden Zeitraum bestimmt. Die Verwaltungsregelung (30 % Eigenkapital) hat keine Rechtsnormqualität und ist somit nicht verbindlich. Im Urteilsfall wurde eine Eigenkapitalausstattung in Höhe von 26 % als angemessen angesehen.

---

[153] Ausführlich hierzu FG Nürnberg, DStZ 2007, S. 261; *Krämer* in Dötsch/Pung/Möhlenbrock, Kommentar zum KStG (92. Erg. 2018), § 4 KStG Rn. 76.

[154] BFH vom 7.11.2007, BStBl. II 2009, S. 248. Anderer Ansicht zuvor FG Düsseldorf, 22.6.2006, EFG 2006, S. 1785.

[155] BFH vom 1.7.1987, FR 1987, S. 588. Danach ergibt sich die Bewertung zum Teilwert aus der entsprechend anzuwendenden Vorschrift des § 6 Abs. 1 Nr. 5 EStG, vgl. *Krämer* in Dötsch/Pung/Möhlenbrock, Kommentar zum KStG (92. Erg. 2018) Rn. 224.

[156] H 8.2 KStH 2015, vgl. auch *Krämer* in Dötsch/Pung/Möhlenbrock, Kommentar zum KStG (92. Erg. 2018), § 4 KStG Rn. 219.

[157] Vgl. *Krämer* in *Dötsch/Pung/Möhlenbrock,* Kommentar zum KStG (92. Erg. 2018), § 4 KStG, Rn. 218.

[158] H 8.2 KStH 2015, vgl. auch *Krämer* in Dötsch/Pung/Möhlenbrock, Kommentar zum KStG (92. Erg. 2018) § 4 KStG Rn. 219.

[159] R 8.2 KStR 2015, Zur verdeckten Gewinnausschüttung → Rn. 104 f.

[160] R 8.2 Abs. 2 S. 1–3 KStR 2015.

[161] BFH vom 9.7.2003, I-R-48/02, BStBl. II 2004, 425.

Für die **Praxis** bedeutet dies: BgA, deren Eigenkapitalquote 30% (oder sogar mehr) beträgt, sollten überprüfen, wie sich vergleichbare Unternehmen der Privatwirtschaft finanzieren. Wenn diese im Durchschnitt mit weniger Eigenkapital ausgestattet sind, so wäre es sinnvoll, das Eigenkapital des BgA zu senken und durch ein (verzinsliches) Darlehen der Trägerkörperschaft zu ersetzen. Somit kann der BgA die Zinsen als Betriebsausgaben geltend machen und die zu zahlende (Körperschaft-)Steuer verringern, während die durch die Trägerkörperschaft vereinnahmten Zinsen steuerfrei bleiben, da sie in der Regel die Vermögensverwaltung betreffen.[162] 102

Bei der „Ausstattung" eines BgA mit Fremdkapital ist allerdings die für alle Körperschaften geltende Regelung des **§ 8a KStG** zu beachten.[163] Diese führt bei Überlassung von Darlehensmitteln von einer Kommune an einen ihr zuzurechnenden BgA oder an eine Kapitalgesellschaft, deren Gesellschafterin sie ist, unter bestimmten Voraussetzungen zur Hinzurechnung der für die Überlassung der Darlehensmittel geschuldeten Vergütung (i. d. R. Zinszahlungen) zu dem steuerlichen Ergebnis des BgA bzw. der Kapitalgesellschaft (sog. **„Zinsschranke"**). Zinsaufwendungen sind danach[164] nur in Höhe des Zinsertrags in vollem Umfang abziehbar, darüber hinaus dürfen Zinsen nur in Höhe von 30% des EBITDA[165] abgezogen werden, wobei jedem Unternehmen eine Freigrenze von 1 Mio. EURO zugestanden wird. Ein Zinsabzug darf unabhängig von den oben genannten Vorschriften vorgenommen werden, wenn die Eigenkapitalquote des Betriebs nicht mehr als 1% schlechter ist als die des Mutterkonzerns oder der Betrieb nicht zu einem Konzern gehört. Die Konzernzugehörigkeit von BgA zu ihren Körperschaften des öffentlichen Rechts ist zu verneinen, soweit die Beteiligung nicht in einem BgA gehalten wird.[166] Der Zinsabzug ist für BgA, die keinem Konzern angehören, demnach nach den Vorschriften des § 8a KStG unbegrenzt möglich. Ungeachtet dessen gelten jedoch die Vorschriften zur Eigenkapitalausstattung[167] von BgA, die sich aus den Gewinnermittlungsvorschriften des § 8 KStG ergeben.[168] 103

(3) Verdeckte Gewinnausschüttungen bei Leistungsbeziehungen zwischen Betrieben gewerblicher Art und ihrer Trägerkörperschaft. BgA gelten für die Einkommensermittlung im Verhältnis zu der jeweiligen Gebietskörperschaft als verselbständigt[169], obwohl sie zivil- und verwaltungsrechtlich gesehen eine Einheit mit ihrer Trägerkörperschaft darstellen. Diese steuerliche Verselbständigung der BgA beruht auf einer Fiktion, die notwendigerweise auch die steuerliche **Anerkennung von Verträgen** zwischen BgA und der Trägerkörperschaft einschließt.[170] Aufgrund der fiktiven Selbständigkeit nehmen BgA eine ähnliche Stellung zu ihrer Trägerkörperschaft wie Kapitalgesellschaften zu ihren Gesellschaftern ein.[171] Vereinbarungen zwischen BgA und Trägerkörperschaft müssen daher schriftlich gefasst und klar und eindeutig[172] sein. Sie können nur für die Zukunft, nicht aber mit Rückwirkung für die Vergangenheit getroffen werden.[173] Sie müssen dem sogenannten „Fremdvergleich" standhalten, das heißt, dass die vereinbarten Konditionen so festgelegt sein müssen, wie sie auch unter fremden Dritten vereinbart worden wären. Wie 104

---

[162] Allerdings birgt das BFH-Urteil (vgl. Fn. 161) die Gefahr in sich, dass wohl auch höhere Eigenkapitalquoten als die bisher von der Verwaltung verwendeten 30% gefordert werden können, soweit konkurrierende private Unternehmen mit entsprechendem Eigenkapital ausgestattet sind.

[163] Durch den Gesetzgeber eingeführt mit Wirkung zum 1.1.2004.

[164] § 8a KStG i. V. m. § 4h EStG.

[165] **E**arnings **B**evor **I**nterest, **T**axes, **D**epreciation and **A**mortization; entspricht dem Ertrag vor Finanzergebnis, außerordentlichem Ergebnis, Steuern und Abschreibungen.

[166] Vgl. BMF vom 4.7.2008, DStR S. 1427–1435, S. 1435, Rz. 91.

[167] Vgl. → Rn. 98 ff.

[168] § 8 KStG i. V. m. R 8.2 KStR 2015.

[169] R 8.2 Abs. 1 S. 1 KStR 2015.

[170] H 8.2 KStR 2015.

[171] *Schallmoser* in: Herrmann/Heuer/Raupach, EStG/KStG, 298. Lieferung 06.2020, § 8 KStG, Rn 59.

[172] R 8.2 Abs. 1 S. 3 KStR.

[173] R 8.2 Abs. 3 S. 1 KStR.

bei Kapitalgesellschaften ist deshalb im Einzelfall zu prüfen, ob verdeckte Gewinnausschüttungen oder verdeckte Einlagen (→ Rn. 110) vorliegen.

105 **Verdeckte Gewinnausschüttungen** (vGA) sind Vermögensminderungen oder verhinderte Vermögensmehrungen des BgA, die durch das Verhältnis zur Trägerkörperschaft veranlasst sind und sich auf das Einkommen des BgA auswirken.[174] Gemäß § 8 Abs. 3 S. 2 KStG mindern sie das Einkommen nicht. Ausgaben, die ein BgA getätigt hat, werden somit nicht als Betriebsausgaben anerkannt und wirken sich nicht steuermindernd aus.

106 Verdeckte Gewinnausschüttungen können bei allen Rechtsbeziehungen zwischen BgA und Trägerkörperschaft eine Rolle spielen.[175] Beispielsweise haben **Leistungsverrechnungen** zwischen einem BgA und dem Hoheitsbereich der Trägerkörperschaft zu einem im Geschäftsverkehr üblichen Entgelt zu erfolgen, da sonst eine verdeckte Gewinnausschüttung vorliegt. Neben dem vollen Ausgleich der Kosten ist deshalb grundsätzlich auch ein angemessener Gewinnaufschlag erforderlich.[176] So liegt eine verdeckte Gewinnausschüttung vor, wenn Bedienstete eines BgA Wassermesseinrichtungen ablesen und die Ableseergebnisse (Hebedaten) der Trägerkörperschaft zu deren hoheitlichen Zwecken (Abwassergebührenerhebung) zur Verfügung stellen, ohne hierfür ein im Geschäftsverkehr übliches Entgelt zu verlangen.[177]

107 **Konzessionsabgaben** stellen für BgA grundsätzlich Betriebsausgaben dar, die im Bereich der Trägerkörperschaft als Einnahmen dem vermögensverwaltenden Bereich zuzuordnen sind. Allerdings führen unrichtige, überhöhte oder grundlegend nicht gerechtfertigte Konzessionsabgaben zu einer verdeckten Gewinnausschüttung.[178] Im Zeitpunkt der Erhebung der Abgabe müssen entsprechende Satzungen und Verträge vorliegen.

108 In der Vergangenheit bestand Uneinigkeit darüber, ob bei dauerdefizitären BgA grundsätzlich vGA an die Trägerkörperschaft vorlägen[179]. Durch die Einführung von § 8 Abs. 7 KStG[180] wurde gesetzlich geregelt, dass bei BgA die Rechtsfolgen einer vGA nicht bereits deshalb zu ziehen sind, weil sie ein **Dauerverlustgeschäft** ausüben.[181] Bei Kapitalgesellschaften gilt dies ebenso, wenn die Mehrheit der Stimmrechte an der Kapitalgesellschaft auf juristische Personen des öffentlichen Rechts entfällt und nachweißlich ausschließlich diese Gesellschafter die Verluste aus Dauerverlustgeschäften tragen.[182]

109 Allgemein lässt sich in Bezug auf durch die Finanzverwaltung für BgA **anerkannte Betriebsausgaben** Folgendes sagen: Wegen der zivil- und verwaltungsrechtlichen Einheit zwischen BgA und Träger sind Aufwendungen der Trägerkörperschaft, die dieser aus der Unterhaltung des BgA erwachsen, auch ohne besondere Regelung zwischen BgA und Trägerkörperschaft als Betriebsausgaben des BgA zu berücksichtigen.[183] Vereinbarungen in Form von vertraglichen Schuldverhältnissen sind zwischen dem Träger und dessen BgA insoweit nicht erforderlich beziehungsweise zivilrechtlich auch gar nicht möglich.[184] Grundvoraussetzung für den Betriebsausgabenabzug ist jedoch die Veranlassung der Aufwendungen durch die wirtschaftliche Betätigung. Kann diese nicht hinreichend dargelegt werden, so stellen auch Zahlungen an einen Dritten keine Betriebsausgaben des BgA dar,

[174] R 8.5 Abs. 1 KStR.
[175] Zu vGA bei Miet- und Pachtverträgen im Zusammenhang mit der Überlassung von betriebsnotwendigem Vermögen und zu vGA im Zusammenhang mit Darlehensverträgen zur Ausstattung des BgA mit Fremdkapital → Rn. 93.
[176] BFH vom 27.6.2001, BStBl. II 2001, S: 773 und BFH vom 10.7.1996, BStBl. II 1997, S. 230.
[177] BFH vom 10.7.1996, DStR 1997, S. 153.
[178] BMF vom 9.2.1998, BStBl. I 1998, S. 209f, *Märtens* in Gosch, KStG 4. Auflage 2020 Rn. 133–140.
[179] Z. B. BFH-Urteil vom 22.8.2007, BStBl II 2007, S. 961 und BMF-Schreiben vom 7.12.2007, IV B 7 – S 2706/07/0011 BStBl. I 2007, S. 905.
[180] Eingefügt durch Gesetz vom 19.12.2008.
[181] § 8 Abs. 7 Nr. 1 KStG.
[182] § 8 Abs. 7 Nr. 2 KStG.
[183] R 8.2 Abs. 3 S. 1 KStR 2015.
[184] Vgl. *Krämer* in Dötsch/Pung/Möhlenbrock, KSt-Kommentar (92. Erg. 2018), § 4 KStG, Rn. 205, 209 und 193.

da sie dem Hoheitsbereich zugerechnet werden.[185] Haben Kosten ihren Anlass sowohl im hoheitlichen Bereich als auch in der wirtschaftlichen Tätigkeit, so ist deren Anerkennung als Betriebsausgaben strittig.[186]

Im Unterschied zu verdeckten Gewinnausschüttungen werden **verdeckte Einlagen** **110** nicht im Gesetz erwähnt. Sie liegen vor, wenn eine juristische Person des öffentlichen Rechts einem BgA einen einlagefähigen Vermögensvorteil zuwendet und diese Zuwendung durch das Verhältnis zwischen der Trägerin und ihrem BgA veranlasst ist.[187] Dies ist dann der Fall, wenn ein fremder Dritter bei Anwendung der Sorgfalt eines ordentlichen Kaufmanns dem BgA den Vermögensvorteil nicht eingeräumt hätte.[188] Gegenstand einer verdeckten Einlage kann neben der Einlage eines Wirtschaftsguts beispielsweise auch der Erlass einer Forderung gegen den BgA (z. B. in Form eines Eigenbetriebes), aber nicht die Einräumung eines Nutzungsrechtes sein.[189] Auch Zuschüsse, die durch die Trägerkörperschaft beantragt und dann dem BgA „weitergeleitet" werden, können Gegenstand einer verdeckten Einlage sein.[190] Während sich auf der Seite der Trägerkörperschaft keine steuerlichen Folgen aus einer verdeckten Einlage ergeben[191], stellt die Vermögensmehrung innerhalb des BgAs keine Betriebseinnahme dar und ist daher gewinnneutral. Zwar ergibt sich in der Handelsbilanz eine Vermögensmehrung (Zugang Aktivseite oder Verminderung Passivseite), das steuerliche Einkommen des BgA bleibt jedoch unverändert. Aus diesem Grund ist eine verdeckte Einlage beispielsweise nicht geeignet, um einem dauerdefizitären BgA zu einer Gewinnrealisierung durch Vermögenszuführung zu verhelfen, um damit eventuell das Vorliegen eines Gewerbebetriebes herbeizuführen.[192]

b) Kapitalertragsteuer

Neben der steuerlichen **Ebene** des BgA selbst (entspricht der Gesellschaftsebene bei **111** Kapital- oder Personengesellschaften) spielt auch die Ebene der dahinterstehenden juristischen Personen des öffentlichen Rechts (entspricht der Gesellschafterebene) eine Rolle.

Vor dem Inkrafttreten des StSenkG im Jahr 2001[193] erfolgte eine Besteuerung ausschließ- **112** lich auf Ebene des BgA. Die versteuerten Gewinne konnten ohne weitere Abzüge an die juristische Person weitergeleitet bzw. durch diese entnommen werden. Dieser Vorgang war steuerlich irrelevant und wurde nicht als Ausschüttung qualifiziert.

Das StSenkG und das UntStFG[194] brachten jedoch eine wesentliche Änderung mit sich: **113** Mit § 20 Abs. 1 Nr. 10a und b EStG wurden neue Einkommenstatbestände in das EStG aufgenommen, die dazu führen, dass durch einen BgA an die **Trägerkörperschaft weitergeleitete** (§ 20 Abs. 1 Nr. 10a EStG) oder aber lediglich erzielte (und nicht weitergeleitete) **Gewinne** (§ 20 Abs. 1 Nr. 10b EStG)[195] wie eine Ausschüttung behandelt werden und damit für die juristische Person des öffentlichen Rechts **Einkünfte aus Kapitalvermögen** darstellen.

185 FG Rheinland-Pfalz vom 4.2.2000, 3-K-2136/97.

186 Der BFH hat zur Zuordnung der Kosten von wirtschaftlichen Geschäftsbetrieben bei gemeinnützigen Körperschaften die sog. **„Gewichtungstheorie"** entwickelt (BFH vom 27.3.1991, I-R-31/89, BStBl. II 1992, S. 103). Hierin wird auf die „überwiegende Verursachung" der Ausgaben im ideellen oder wirtschaftlichen Bereich abgestellt. In der Literatur wird eine Übertragbarkeit auf BgA jedoch abgelehnt. Strahl, Gewinnermittlung bei BgA, NWB 2009, S. 2732. Nach seiner Ansicht müssten aus Gründen der Wettbewerbsneutralität „auch gemischt verursachte Kosten aufgeteilt werden können". Ebenso *Krämer* in Dötsch/Pung/Möhlenbrock, KSt-Kommentar (92. Erg. 2018), § 4 KStG, Rn. 193

187 Analog zu R 8.9 Abs. 1 KStR 2015.

188 Z. B. BFH vom 16.4.1991, BStBl. II 1992, S. 234.

189 *Weber-Grellet,* Die verdeckte Einlage, DB 1998, S. 1532 (1535); H 8.9 KStR 2015.

190 Verfügung der OFD Cottbus vom 13.1.2004, S-2706-28-St 224 und *Meier/Semelka* in Herrmann/Heuer/Raupach, EStG/KStG, 296. Lieferung 02.2020, § 4 KStG Rn. 119.

191 Denn auf Seiten der Trägerkörperschaft ist nur der steuerlich irrelevante hoheitliche Bereich betroffen.

192 Zum BgA als Gewerbebetrieb → Rn. 171, zur Anwendung beispielsweise → Rn. 262, Organschaft.

193 Steuersenkungsgesetz vom 23.10.2000, BStBl. I 2000 S. 1428.

194 Unternehmensteuerfortentwicklungsgesetz vom 20.12.2001, BStBl. I 2002 S. 35.

195 Zur Abgrenzung der beiden Alternativen → Rn. 118 ff.

114 Die Steuererhebung auf die Einkünfte aus Kapitalvermögen erfolgt in Form der **Einbehaltung von Kapitalertragsteuer** in Höhe von **15 %**[196]. Aufgrund dieses Steuerabzugs ergibt sich eine beschränkte Körperschaftsteuerpflicht der juristischen Person des öffentlichen Rechts, da diese mit den Einkünften, von denen ein Steuerabzug vorzunehmen ist, beschränkt steuerpflichtig ist (§ 2 Nr. 2 KStG).

115 Damit wird die **wirtschaftliche Betätigung** einer juristischen Person des öffentlichen Rechts unabhängig davon, ob sie in der **Form** eines BgA oder einer Kapitalgesellschaft ausgeübt wird, im Ergebnis der gleichen Steuerbelastung unterworfen.[197]

116 Die Körperschaftsteuer für diese – dem Kapitalertragsteuerabzug unterliegenden – Einkünfte ist durch den Steuerabzug abgegolten (§ 32 Abs. 1 Nr. 2 KStG), es ergibt sich ebenfalls keine gesonderte Einkommensteuerpflicht[198]. Die einbehaltene KapESt ist somit nicht anrechenbar und kann auch nicht nach § 44c Abs. 2 Nr. 2 EStG zur Hälfte erstattet werden. Die juristische Person des öffentlichen Rechts gibt demzufolge auch keine Steuererklärung ab, in der die Einkünfte aus Kapitalvermögen anzugeben sind.

117 Durch das Unternehmensteuerreformgesetz 2008[199] wurden somit sogenannte Steuersparmodelle bezüglich der Kapitalertragsteuer, die auch von Gemeinden genutzt wurden, ausgeschlossen. Durch die Veräußerung von Dividendenansprüchen und Wertpapierleihe konnte bis dahin der Abzug von Kapitalertragsteuer und somit die beschränkte Körperschaftsteuerpflicht für juristische Personen des öffentlichen Rechts umgangen werden.[200]

118 Das Gesetz unterscheidet hinsichtlich der Rechtsfolgen beim Kapitalertragsteuerabzug zwischen BgA mit und ohne eigene Rechtspersönlichkeit.

119 **aa) Betrieb gewerblicher Art mit eigener Rechtspersönlichkeit.** Nach § 20 Abs. 1 Nr. 10a EStG stellen **Leistungen** eines nicht von der KSt befreiten BgA **mit eigener Rechtspersönlichkeit**[201], die zu mit Gewinnausschüttungen wirtschaftlich vergleichbaren Einnahmen führen, Einkünfte aus Kapitalvermögen dar.

120 Der im BgA mit eigener Rechtspersönlichkeit erwirtschaftete **Gewinn** muss daher an den Gewährträger **weitergeleitet,** also„ausgeschüttet“ werden, wenn dieser Steuertatbestand greifen soll.[202] Auch verdeckte Gewinnausschüttungen und Gewinnübertragungen

---

196 § 43a Abs. 1 Nr. 2 EStG i. V. m. § 43 Abs. 1 S. 1 Nr. 7b u. c EStG. Bis zum 31.12.2008 betrug der Abzug im Ergebnis lediglich 10 % (§ 43 Abs. 1 S. 1 Nr. 7b und 7c EStG i. V. m. § 43a Abs. 1 Nrn. 5 u. 6 EStG in der damaligen Gesetzesfassung.

197 BMF-Schreiben vom 11.9.2002, BStBl. I 2002, S. 935, Rn. 3; Rn. 22.

198 Klargestellt durch § 50 Abs. 1 S. 1 EStG.

199 Unternehmensteuerreformgesetz 2008 vom 14.8.2007, BGBl. I 2007, S. 1912.

200 Die Veräußerung von Dividendenansprüchen wurde von den Gemeinden beispielsweise folgendermaßen genutzt: Die Gemeinde hält ihren Aktienbesitz im vermögensverwaltenden Bereich. Die Ausschüttung unterliegt dem Kapitalertragsteuerabzug, womit die Gemeinde beschränkt steuerpflichtig nach § 2 Nr. 2 KStG wird. Wenn die Gemeinde die entstandenen Dividendenansprüche allerdings an eine Bank veräußerte, unterlag dieses Geschäft nicht dem Kapitalertragsteuerabzug und somit nicht der Körperschaftsteuer. Den Banken entstanden durch dieses Geschäft kein Nachteil, da sie zwar Betriebsausgaben hatten, jedoch Dividendeneinnahmen in gleicher Höhe. Einnahmen nach § 20 Abs. 2 Nr. 2a) EStG aus der Veräußerung von Dividendenscheinen und sonstigen Ansprüchen durch den Inhaber des Stammrechts zählen zu den Einkünften aus Kapitalvermögen, wenn die dazugehörigen Aktien oder sonstigen Anteile nicht mitveräußert werden. Durch das Unternehmensteuerreformgesetz 2008 unterliegen diese Kapitaleinkünfte nach § 43 Abs. 1 Nr. 1 EStG dem Kapitalertragsteuerabzug. In ähnlicher Weise wie bei der Veräußerung von Dividendenansprüchen wurde der Kapitalertragsteuerabzug durch Wertpapierleihe umgangen. Eine Gemeinde hat beispielsweise ihre Beteiligung an einer Aktiengesellschaft an eine Bank verliehen. Die Leihgebühr galt als im vermögensverwaltenden Bereich eingenommen und unterlag somit nicht der Besteuerung. Ein Kapitalertragsteuerabzug auf die Leihgebühr wurde nicht vorgenommen und mangels wirtschaftlichen Eigentums auch nicht auf die Dividendenerträge. Diese wurden von der Bank vereinnahmt und versteuert. Der Bank entstanden jedoch abziehbare Betriebsausgaben in Höhe der Leihgebühr. Im Rahmen des Unternehmensteuerreformgesetz 2008 wurde dieses Steuersparmodell jedoch unterbunden, da die beschränkte Steuerpflicht nach § 2 Nr. 2 KStG neben den in § 43 Abs. 3 EStG genannten Kapitalerträgen auch für Leihgebühr und Kompensationszahlungen entsteht; vgl. *Leippe,* ZKF 2007, S. 84.

201 Zum Vorliegen eines BgA mit eigener Rechtspersönlichkeit vgl. → Rn. 38.

202 Um eine Trennung von Gewinnanteilen zu ermöglichen, müssen BgA mit eigener Rechtspersönlichkeit ein steuerliches Einlagenkonto i. S. d. § 27 KStG führen, BMF-Schreiben vom 28.1.2019, Rn. 13.

aus steuerfreien Einnahmen (z. B. Gewinnausschüttungen von Kapitalgesellschaften, die nach § 8b Abs. 1 KStG zu 95% steuerfrei bleiben) unterliegen der Besteuerung.[203] Nicht besteuert wird dagegen die Rückgewähr von Einlagen aus dem steuerlichen Einlagekonto i. S. d. § 27 KStG.[204]

Außer für BgA mit eigener Rechtspersönlichkeit findet § 20 Abs. 1 Nr. 10a EStG auch dann Anwendung, wenn eine juristische Person aus ihrem BgA ohne eigene Rechtspersönlichkeit[205] Leistungen an eine andere juristische Person des öffentlichen Rechts (insbesondere deren BgA) erbringt. **121**

Die **KapESt** entsteht im **Zeitpunkt** des Zuflusses der Erträge bei der Trägerkörperschaft des BgA (§ 44 Abs. 1 S. 1 EStG). Der BgA muss den Steuerabzug für die Trägerkörperschaft vornehmen (§ 44 Abs. 1 S. 3 EStG).[206] **122**

Bisher wurde nur auf den wohl häufigsten Fall der „Gewinnausschüttung" an die eigene Trägerkörperschaft hingewiesen. Die Vorschrift greift jedoch auch, wenn der Empfänger der Leistungen unbeschränkt körperschaftsteuerpflichtig ist und die ausschüttungsgleichen Leistungen in einem inländischen gewerblichen Betrieb anfallen. Das heißt: Die KapESt ist auch abzuführen, wenn ein BgA an einen anderen BgA „ausschüttet". Allerdings kann die einbehaltene KapESt hier in vollem Umfang im Rahmen der Veranlagung zur KSt angerechnet werden (§ 36 Abs. 2 S. 2 Nr. 2 EStG i. V. m. § 31 KStG), so dass keine endgültige, sondern nur eine vorübergehende Belastung mit KapESt erfolgt. **123**

bb) Betrieb gewerblicher Art ohne eigene Rechtspersönlichkeit. Gemäß § 20 Abs. 1 Nr. 10b) EStG zählen auch nicht den Rücklagen zugeführte **Gewinne** und verdeckte Gewinnausschüttungen eines BgA **ohne eigene Rechtspersönlichkeit** zu den Einkünften aus Kapitalvermögen, wenn dieser seinen Gewinn durch Betriebsvermögensvergleich ermittelt, Umsätze von mehr als 350.000 EURO im Kalenderjahr oder einen Gewinn von mehr als 30.000 EURO im Wirtschaftsjahr erzielt. Außerdem werden Gewinne aus der Veräußerung von Anteilen i. S. d. § 22 Abs. 4 UmwStG[207] der Besteuerung unterworfen.[208] **124**

Sollte für einen BgA eine Verpflichtung zum Betriebsvermögensvergleich bestehen und wird diese nicht beachtet, so kann der Gewinn nach den Grundsätzen des Betriebsvermögensvergleichs zu schätzen sein (§ 162 AO)[209]. **125**

„Gewinn" in diesem Sinne ist derjenige Gewinn des BgA, den die juristische Person des öffentlichen Rechts für Zwecke außerhalb des Unternehmens verwenden kann. Dies entspricht nach handelsrechtlicher Betrachtung dem Jahresüberschuss (§ 275 HGB). Sollte nur eine Steuerbilanz aufgestellt werden, gilt als Gewinn der Unterschiedsbetrag nach § 4 Abs. 1 Nr. 1 EStG. Der ermittelte Gewinn ist weder um abziehbare Aufwendungen (§ 4 Abs. 5 EStG) noch um bei der Einkommensermittlung außer Ansatz bleibende Beträge (z. B. Gewinnausschüttungen oder Anteilsveräußerungen nach § 8b KStG) zu erhöhen. Er ist jedoch um die Beträge für den Ausgleich von Verlusten aus früheren Wirtschaftsjahren zu kürzen.[210] **126**

Bei einem **Eigenbetrieb** unterliegt der Gewinn nicht der Besteuerung nach § 20 Abs. 1 Nummer 10 Buchst. b EStG, soweit er den Rücklagen des BgA zugeführt wird. Als Zuführung zu den Rücklagen gilt jedes Stehenlassen von Gewinnen als Eigenkapital für Zwecke des BgA unabhängig davon, ob dies in der Form der Zuführung zu den Gewinn- **127**

---

203 BMF-Schreiben vom 28.1.2019, Rn. 8.
204 § 20 Abs. 1 Nr. 1 S. 3 EStG; vgl. BMF vom 28.1.2019, Rn. 8.
205 Z. B. ein Zweckverband, der neben dem BgA Wasserversorgung auch noch den Hoheitsbetrieb Entsorgung betreibt.
206 Im Ergebnis muss die juristische Person öffentlichen Rechts die Steuer demnach für sich selbst einbehalten, da der BgA nicht rechtsfähig und nur ein steuerliches Konstrukt ist.
207 Ehemals wurden diese Anteile als„einbringungsgeborene Anteile" bezeichnet, wobei diese Bezeichnung (ursprünglich § 21Abs. 1 S. 1 UmwStG a. F.) jetzt nicht mehr im Gesetz zu finden ist.
208 Zum Begriff und zur Entstehung von„einbringungsgeborenen Anteilen" (vgl. → Rn. 225).
209 *Krömker* in: Lippross/Seibel, Basiskommentar Steuerrecht, 119.01. Lieferung 06.2020, § 162 AO.
210 BMF-Schreiben vom 11.9.2002, Rn. 22.

rücklagen, als Gewinnvortrag oder unter einer anderen Position des Eigenkapitals vorgenommen wird. Die Rücklagenbildung ist unabhängig von haushaltsrechtlichen Regelungen anzuerkennen und ist auch nicht davon abhängig, dass die Zwecke des BgA ohne die Rücklagenbildung nachhaltig nicht erfüllt werden können.[211]

128 Bei einem **Regiebetrieb** ist für Zwecke des § 20 Abs. 1 Nr. 10 Buchst. b EStG die Rücklagenbildung anzuerkennen, soweit anhand objektiver Umstände nachvollzogen und überprüft werden kann, dass der handelsrechtliche Gewinn durch Stehenlassen dem Regiebetrieb als Eigenkapital zur Verfügung stehen soll.[212] Als objektiver Umstand wird insbesondere ein förmlicher Beschluss der zuständigen Gremien der Trägerkörperschaft anerkannt, der spätestens acht Monate nach Ablauf des Wirtschaftsjahrs des BgA gefasst sein muss.[213]

129 Die **Auflösung von Rücklagen** für Zwecke außerhalb des BgA gilt als Gewinn im o. g. Sinne. Sie liegt vor, wenn die Rücklagen für den hoheitlichen Bereich der Trägerkörperschaft eingesetzt werden, aber auch dann, wenn sie einem anderen BgA derselben Trägerkörperschaft oder einer Eigengesellschaft zugeführt werden.[214] Ebenso können zwischen verschiedenen BgA derselben Trägerkörperschaft auch verdeckte Gewinnausschüttungen vorliegen (nicht nur in der direkten Beziehung zwischen BgA und Trägerkörperschaft), die auf die gleiche Weise besteuert werden[215].

130 Die **Kapitalertragsteuer** auf Gewinne und verdeckte Gewinnausschüttungen **entsteht** im Zeitpunkt der Bilanzfeststellung.[216] Bei der Auflösung von Rücklagen entsteht die Steuer am Tage nach der Beschlussfassung über die Verwendung und auf Gewinne aus der Veräußerung von Anteilen, die durch Einbringung entstanden sind am Tage nach der (u. U. fiktiven[217]) Veräußerung, → Rn. 22 ff.

131 Für den Vergleich zwischen BgA mit und ohne Rechtspersönlichkeit bleibt also festzuhalten: Liegen „kleine" BgA (mit Gewinnen von nicht mehr als 30.000 EURO und Umsätzen bis zu 350.000 EURO) vor, die somit nicht nach § 141 AO buchführungspflichtig sind und auch nicht freiwillig bilanzieren, findet auch § 20 Abs. 1 Nr. 10b EStG keine Anwendung. „Ausschüttungen" solcher BgA an ihre Trägerkörperschaft können somit ohne Steuerbelastung erfolgen, wenn es sich nicht um BgA mit eigener Rechtspersönlichkeit (Zweckverband, Kommunalunternehmen) handelt.[218]

132 Während **Verluste** eines Eigenbetriebs vorgetragen oder im Jahr der Entstehung bzw. in späteren Wirtschaftsjahren durch Einlagen der Trägerkörperschaft tatsächlich ausgeglichen werden können, **gilt** der Verlust eines Regiebetriebs **bereits im Verlustjahr als durch die Trägerkörperschaft ausgeglichen.**[219] Dieser **fiktive Verlustausgleich** ist beim **steuerlichen Einlagekonto** als Zugang zu erfassen. Sowohl im Rahmen der Bilanzierung als auch bei Überschussermittlung wird dabei auf den i. R. der Gewinnermittlung ermittelten Jahresfehlbetrag abgestellt. Auf tatsächliche Zahlungsvorgänge kommt es dabei nicht an.

133 Nicht jeder BgA ist auch zur Führung eines steuerlichen Einlagekontos verpflichtet. Wird der Gewinn durch Einnahmen-Überschussrechnung ermittelt und werden die Grenzen des

211 BMF-Schreiben vom 28.1.2019, Rn. 34.

212 BFH vom 30.1.2018, VIII-R 15/16, BStBl. II 2019, S. 101.

213 BMF-Schreiben vom 28.1.2019, Rn. 35. Es ist jedoch auch ausreichend, wenn der Gewinn nachvollziehbar für den BgA oder für die gemeinnützige Tätigkeit der KdÖR verwendet werden soll; FG Düsseldorf vom 18.3.2016, EFG 2016, S. 1179.

214 Gedankliche Schritte: 1. Zuführung in den hoheitlichen Bereich der Trägerkörperschaft (vGA), 2. Einlage.

215 Die für verdeckte Gewinnausschüttungen und Einlagen entwickelten Grundsätze gelten entsprechend.

216 § 44 Abs. 6 S. 2 EStG i. V. m. BMF-Schreiben vom 11.9.2002, Rn. 32.

217 Neben der Veräußerung selbst lösen auch die in § 22 Abs. 1 S. 6 UmwStG aufgeführten Ereignisse die Rechtsfolgen einer Veräußerung innerhalb von 7 Jahren nach dem Einbringungsvorgang aus, z. B. Übertragung der Anteile auf eine Kapitalgesellschaft.

218 Zur Weiterleitung von Beteiligungserträgen (aus Kapitalgesellschaften) von BgA an ihre Träger → Rn. 214 ff.

219 BMF Schreiben vom 28.1.2019, Rn 55.

§ 2 Abs. 1 Nr. 10b EStG nicht überschritten, verzichtet die Finanzverwaltung auf das Führen eines steuerlichen Einlagenkontos im Sinne des § 27 KStG.[220]

Ist ein steuerliches Einlagenkonto zu führen, ist bei vGA besondere Vorsicht geboten. 134
Für nichtbegünstige Dauerverluste oder andere vGA sollte zwingend bis zur erstmaligen Feststellung des steuerlichen Einlagenkontos des jeweiligen Jahres eine entsprechende Bescheinigung über die Verwendung desselben ausgestellt werden. Erfolgt dies nicht, gilt des steuerliche Einlagenkonto als nicht verwendet mit der Folge der Kapitalertragsteuerpflicht.[221] Dies stellt ein besonderes Problem bei Feststellungen im Rahmen von steuerlichen Betriebsprüfungen dar.

An dieser Stelle sei nochmals darauf hingewiesen[222], dass die Belastung mit Kapitalertrag- 135
steuer nur die Ebene der juristischen Person des öffentlichen Rechts betrifft. Die Besteuerung des BgA läuft daneben parallel.[223]

c) Umsatzsteuer

aa) Allgemeines zur Umsatzsteuerpflicht. Juristische Personen des öffentlichen Rechts 136
sind nach § 2 Abs. 3 UStG im Rahmen ihrer BgA gewerblich tätig und damit **Unternehmer** im Sinne des Umsatzsteuergesetzes – dies gilt zumindest nach der derzeit für die meisten jPöR noch anzuwendenden **„alten Rechtslage"** des UStG.[224] Von BgA ausgeführte Lieferungen und Leistungen unterliegen somit grundsätzlich der Umsatzsteuer (§ 1 Abs. 1 UStG).

Die Gesamtheit aller BgA bildet **das Unternehmen** der juristischen Person des öffent- 137
lichen Rechts.[225] Die körperschaftsteuerliche Problematik der Zusammenfassung von BgA[226] spielt somit umsatzsteuerlich keine Rolle.

Bemessungsgrundlage der Umsatzsteuer für Lieferungen oder Leistungen eines BgA 138
ist das Entgelt. **Entgelt** ist alles, was der Leistungsempfänger aufwendet, um die Leistung zu erhalten, jedoch abzüglich der Umsatzsteuer (Gegenleistung).

Das Umsatzsteuergesetz sieht im Regelfall die Besteuerung nach vereinbarten Entgelten 139
vor (sog. **Soll-Besteuerung,** § 16 Abs. 1 S. 1 UStG). Die Bemessungsgrundlage richtet sich hierbei nach dem Entgelt in der Höhe, die zwischen „dem BgA" und dem Leistungsempfänger im Zeitpunkt der Ausführung des Umsatzes vereinbart wurde.

Für bestimmte Ausnahmefälle räumt das Gesetz die Möglichkeit ein, auf Antrag die 140
Umsatzsteuer nach dem vereinnahmten Entgelt (sog. **Ist-Besteuerung,** § 20 UStG) zu berechnen. Hierbei richtet sich die Bemessungsgrundlage nach dem tatsächlich gezahlten Entgelt. Dies gilt jedoch nur für Unternehmer, deren Gesamtumsatz im vorangegangenen Kalenderjahr nicht mehr als 500.000 EURO betragen hat oder für solche, die aufgrund von Billigkeitsmaßnahmen (§ 148 AO) von der Verpflichtung, Bücher zu führen oder regelmäßig Abschlüsse zu machen, befreit sind.

Zwar von untergeordneter Bedeutung, aber nicht völlig zu vernachlässigen, sind die 141
Regelungen zur Besteuerung von **unentgeltlichen Wertabgaben.** Hierunter fällt z. B. die **Entnahme** eines dem unternehmerischen Teil zugeordneten Gegenstandes durch die juristische Person des öffentlichen Rechts für Zwecke außerhalb des Unternehmens oder

[220] BMF Schreiben vom 28.1.2019, Rn. 44.

[221] Ist ein BgA Leistender, findet das Bescheinigungsverfahren ebenfalls Anwendung für Bescheinigungen, die nach dem 31.12.2013 auszustellen sind (Vfg. OFD Karlsruhe v. 20.12.2013).

[222] Vgl. → Rn. 111 ff.

[223] Vgl. vor allem → Rn. 74 ff. zur Körperschaftsteuer.

[224] Mit der Einführung des § 2b UStG durch das Jahressteuergesetz 2015 wurde den jPdöR gleichzeitig die Option eingeräumt, auf die Anwendung des § 2b UStG bis zum 31.12.2020 zu verzichten (§ 27 Abs. 22 UStG). Mit dem am 5.6.2020 in Kraft getretenen (ersten) Corona-Steuerhilfegesetz wurde eine Verlängerung der Übergangsregelung bis zum Wirksamwerden des § 2b UStG bis zum 31.12.2022 geregelt. Bis dahin können jPdöR weiterhin nur im Rahmen ihrer Betriebe gewerblicher Art als Unternehmer im Sinne des Umsatzsteuerrechts behandelt werden. Zur Neuregelung → Rn. 153 ff.

[225] 2.11 Abs. 2 S. 1 UStAE.

[226] → Rn. 190 ff.

auch nur die **Verwendung** eines Gegenstandes für Zwecke außerhalb des Unternehmens. Da das Entgelt i. H. v. „Null“ in diesen Fällen als Bemessungsgrundlage für die Umsatzsteuer ausscheidet, bemisst sich diese nach dem Einkaufspreis abzüglich AfA (Gegenstandsentnahme; § 10 Abs. 4 Nr. 1 UStG i. V. m. § 3 Abs. 1b S. 1 Nr. 1 UStG) oder nach den entstandenen Kosten (Leistungsentnahme; § 10 Abs. 4 Nr. 2 UStG i. V. m. § 3 Abs. 9a S. 1 Nr. 1 UStG).

142 Der **Steuersatz** beträgt gemäß § 12 Abs. 1 UStG grundsätzlich 19%. Für bestimmte Umsätze ist dieser Satz auf 7% ermäßigt.[227] Für BgA ist hier besonders die Steuerermäßigung für die Lieferung von Wasser von Bedeutung.[228] Daneben kommen Steuerbefreiungen für bestimmte Leistungen in Frage, die im § 4 des UStG geregelt sind – für diese Steuerbefreiungen ist die konkrete ausgeübte Tätigkeit entschiedend, die Rechtsform einer Körperschaft spielt hier in der Regel keine Rolle. Beispiele hierfür sind die Steuerbefreiung für die langfristige Vermietung von Grundstücken (§ 4 Nr. 12 UStG), die auch dann greift, wenn ein Grundstück aus einem BgA heraus vermietet wird oder die Steuerbefreiung für Krankenhausbehandlungen (§ 4 Nr. 14b) UStG).

143 Da eine juristische Person des öffentlichen Rechts mit ihren BgA Unternehmer ist, steht ihr der **Vorsteuerabzug** aus empfangenen Lieferungen und Leistungen zu. Die an andere Unternehmer für deren Lieferungen und Leistungen gezahlte Umsatzsteuer kann somit von der eigenen, an das Finanzamt zu entrichtenden Umsatzsteuer abgezogen werden. **Voraussetzung** für den Vorsteuerabzug ist, dass der BgA eine Rechnung erhält, in der die Umsatzsteuer neben dem Nettoentgelt gesondert ausgewiesen ist. Der Vorsteuerabzug ist möglich, sobald die Leistung ausgeführt wurde und die Rechnung vorliegt. Es kommt nicht auf die Zahlung des Umsatzsteuerbetrags an den leistenden Unternehmer an (Soll-Prinzip).

144 Ein Vorsteuerabzug ist nicht möglich, wenn die erhaltene Leistung für die Ausführung steuerfreier Umsätze verwendet wird (voller **Ausschluss vom Vorsteuerabzug;** § 15 Abs. 2 S. 1 Nr. 1 UStG). Er scheidet ebenfalls aus, wenn die Vorsteuerbeträge auf bestimmte nach dem Einkommensteuergesetz nicht abzugsfähige Aufwendungen entfallen (§ 15 Abs. 1a Nr. 1 UStG; teilweiser Ausschluss vom Vorsteuerabzug). Hier ist dann nicht entscheidend, ob sie zur Ausführung steuerfreier oder steuerpflichtiger Umsätze verwendet werden.

145 Weichen die Zeitpunkte, in denen Lieferungen oder sonstige Leistungen an den Unternehmer erfolgen und in denen dafür die Rechnungen erteilt werden, voneinander ab, ist der Vorsteuerabzug erst dann möglich, wenn sowohl die Lieferung oder sonstige Leistung erfolgt ist als auch die Rechnung mit gesondertem Steuerausweis erteilt ist. Eine Ausnahme bilden gesondert ausgewiesene Umsatzsteuerbeträge bei Anzahlungen, für die gemäß § 15 Abs. 1 Nr. 1 Satz 2 UStG das Vorliegen der (Anzahlungs-)Rechnung und die Leistung der Zahlung genügt.

146 Auch für BgA bzw. öffentliche Unternehmen ist das sog. **Reverse-Charge-Verfahren** zu beachten. [229] Hierbei geht die Verpflichtung zur Entrichtung der Umsatzsteuer auf den Leistungsempfänger über, im Gegenzug kann der Vorsteuerabzug geltend gemacht werden. Dies ist insbesondere für (Energie-)Versorgungsbetriebe von Bedeutung.

147 Wie für andere Unternehmer gelten auch für juristische Personen des öffentlichen Rechts die im Umsatzsteuergesetz allgemein geltenden Steuerbefreiungen.

148 **bb) Anwendungsfälle und Entscheidungen. Umsatzsteuer auf Leistungsbeziehungen zwischen einem Betrieb gewerblicher Art und dem hoheitlichen Bereich einer Trägerkörperschaft.** Insbesondere beim Einsatz von Personal ist es von Bedeutung, ob die **Überlassung von Personal** der juristischen Person des öffentlichen Rechts im Rahmen

[227] Durch das 2. Gesetz zur Umsetzung steuerlicher Hilfsmaßnahmen zur Bewältigung der Corona-Krise vom 29.6.2020 wurden die Steuersätze vorübergehend – vom 1.7.2020 bis zum 31.12.2020 – von 19% auf 16% (§ 12 Abs. 1 i. V. m. § 28 Abs. 1 UStG) und von 7% auf 5% (§ 12 Abs. 2 i. V. m. § 28 Abs. 2 UStG gesenkt.

[228] Anlage zum UStG i. V. m. § 13 Abs. 2 S. 1 Nr. 1 UStG.

[229] § 13b) Abs. 2 Nr. 5b) UStG; neu gefasst/ eingefügt durch Gesetz vom 26.6.2013.

eines BgA erfolgt und somit mit Umsatzsteuer zu belasten ist. Diese Frage bleibt im Ergebnis unwichtig, soweit die Überlassung an einen wirtschaftlichen Bereich[230] erfolgt, da hier zwar eine Umsatzbesteuerung eintritt, der empfangende Unternehmer diese jedoch als Vorsteuer geltend machen kann und somit zurückerstattet bekommt. Sie ist jedoch von entscheidender Bedeutung, wenn Personal für hoheitliche Tätigkeiten überlassen werden soll.

Die Finanzverwaltung[231] geht in folgen Fällen von **nicht steuerbaren Personalüberlassungen** aus: 149

- Eine juristische Person des öffentlichen Rechts setzt Bedienstete ihres Hoheitsbereichs in eigenen BgA ein (Innenleistung).
- Eine juristische Person des öffentlichen Rechts stellt Bedienstete ihres Hoheitsbereichs an den Hoheitsbereich einer anderen juristischen Person des öffentlichen Rechts ab (Amtshilfe)
- Eine juristische Person des öffentlichen Rechts stellt Bedienstete aus einem BgA an den eigenen Hoheitsbereich ab.[232]

In folgenden Fällen wird durch die **Personalüberlassung ein BgA** begründet: 150

- Eine juristische Person des öffentlichen Rechts stellt Bedienstete ihres Hoheitsbereichs an BgA anderer juristischer Personen des öffentlichen Rechts[233] oder an privatrechtliche Unternehmer ab.[234] Gleiches gilt für die Abstellung an einen als gemeinnützig anerkannten Verein, der nicht unternehmerisch tätig ist.[235]
- Eine juristische Person des öffentlichen Rechts stellt Bedienstete eines ihrer BgA an den Hoheitsbereich einer anderen juristischen Person des öffentlichen Rechts ab.[236]
- Eine juristische Person des öffentlichen Rechts stellt Bedienstete eines ihrer BgA an BgA anderer juristischer Person des öffentlichen Rechtsoder an privatrechtliche Unternehmen ab.[237]

Trotz Begründung eines BgA und damit grundsätzlicher Steuerbarkeit kann die **Personalgestellung** jedoch unter Umständen **steuerfrei** bleiben, z. B. wenn es sich um die Gestellung von Pflegepersonal eines Krankenhauses an andere Krankenhäuser oder an Pflegeeinrichtungen ambulanter Art[238] oder um die Gestellung von Personal durch religiöse Einrichtungen[239] handelt. 151

Eine **Beistellung von Personal** liegt immer dann vor, wenn der Auftraggeber dem Auftragnehmer zur Erfüllung des Auftrags Personal zur Verfügung stellt, um die gewollte Leistung näher zu bestimmen und die Ausführung durch fachkundiges Personal zu ermöglichen. Die Personalbeistellung ist grundsätzlich **kein** Bestandteil des **Leistungsaustausches** und somit nicht steuerbar, wenn sie nicht im Austausch für die gewollte Leistung erfolgt.[240] 152

---

230 In Frage kommen hier BgA der gleichen oder einer anderen Trägerkörperschaft oder privatwirtschaftliche Unternehmer.

231 UStAE 2.11, Abs. 15; Bsp. 1, 2 u. 8.

232 Zumindest dann, wenn eine eindeutige und leicht nachvollziehbare Trennung zwischen dem unternehmerischen Bereich (BgA) und dem Hoheitsbereich vorgenommen wird, ist die Personalüberlassung nicht als Wertabgabe i. S. d. § 3 Abs. 9a S. 1 Nr. 2 UStG zu sehen und damit nicht steuerbar; UStAE 2.11, Abs. 15, Bsp. 8.

233 UStAE 2.11 Abs. 15, Bsp. 3.

234 UStAE 2.11 Abs. 15, Bsp. 4. Eine Ausnahme besteht jedoch, wenn die Personalgestellung aufgrund organisatorischer Änderungen bedingt ist und weitere Voraussetzungen erfüllt sind. Dann wird durch die Personalgestellung kein BgA begründet; vgl. Verfügung der OFD Hannover vom 22.8.2002, KStK § 4 KStG Karte B 9.

235 UStAE 2.11 Abs. 15, Bsp. 5.

236 UStAE 2.11 Abs. 15, Bsp. 6. Die Personalgestellung kann jedoch dem hoheitlichen Bereich zugerechnet werden, wenn die Personalkostenerstattung dem Hoheitsbereich der das Personal zur Verfügung stellenden juristischen Person öffentlichen Rechts zufließt, UStAE 2.11 Abs. 15, Bsp. 6, S. 2.

237 UStAE 2.11 Abs. 15, Bsp. 7.

238 Es liegt dann ein eng mit dem Betrieb eines Krankenhauses verbundener Umsatz vor, der nach § 4 Nr. 14b) UStG steuerbefreit ist; UStAE 4.14.6 Abs. 2 Nr. 7.

239 § 4 Nr. 27a) UStG.

240 BFH vom 15.4.2010, BStBl. II 2010, S. 879.

Eine Beistellung von Personal liegt nach Ansicht der Finanzverwaltung nur dann vor, wenn folgende Voraussetzungen erfüllt sind[241]: Das Personal darf durch vertragliche Regelung und tatsächliche Ausführung nur im Rahmen des Auftrags für den Auftraggeber tätig werden, der Einsatz des Personals für Umsätze des Auftragnehmers an Drittkunden muss vertraglich und tatsächlich ausgeschlossen sein. Außerdem müssen Entlohnung und Weisungsrecht weiterhin beim Auftraggeber liegen, wobei das Weisungsrecht nur insoweit ausgeschlossen werden darf, als es für die Erbringung des Auftrags erforderlich ist.

153 **cc) Umsatzbesteuerung im Rahmen des § 2b UStG.** Mit der Einführung des § 2b UStG wurde die Systematik der Umsatzbesteuerung von Leistungen jPdöR neu geregelt.[242] § 2b UStG ist im Zusammenhang mit der allgemeinen Vorschrift zum Unternehmerbegriff des § 2 Abs. 1 UStG zu sehen. Es handelt sich um eine Spezialvorschrift, die die Frage der Unternehmereigenschaft aus Sicht der juristischen Personen des öffentlichen Rechts ergänzt.

154 Während nach der „alten" – derzeit in den meisten Fällen noch anzuwendenden Rechtslage[243] – die jPöR nur im Rahmen ihrer BgA als Unternehmer anzusehen sind bzw. waren, handelt eine jPöR nach dem neuen § 2b UStG nur dann **nicht** als Unternehmer, wenn sie **im Rahmen der öffentlichen** Gewalt handelt und außerdem die Nichtbesteuerung **nicht** zu größeren **Wettbewerbsverzerrungen** führt.[244]

155 Vereinfacht zusammengefasst bedeutet dies: handelt eine jPöR auf privatrechtlicher Grundlage, so ist sie grundsätzlich als Unternehmer (nach § 2 Abs. 1 UStG) anzusehen[245]. Handelt sie im Rahmen der Ausübung öffentlicher Gewalt, so ist im Ergebnis entscheidend, ob ein Wettbewerb mit privatwirtschaftlichen Unternehmen gegeben ist (sog. „Wettbewerbsverzerrung").[246, 247]

156 Von entscheidender Bedeutung ist es daher, festzustellen, ob eine Wettbewerbsverzerrung vorliegt. Das Gesetz definiert die Fälle, in denen **keine Wettbewerbsverzerrung** vorliegt (nicht abschließenden Aufzählung[248]). Nicht besteuert werden jPöR nur für solche Tätigkeiten, die sie mit ausschließlichen Rechten (Sonderrechtsverhältnisse) erbringt oder die auch für Private steuerbefreit sind.

157 Erhebliche praktische Bedeutung haben sog. **Hilfsgeschäfte,** da diese umsatzsteuerlich irrelevant bleiben. Zwar stellt die Finanzverwaltung klar, dass Hilfsgeschäfte – z. B. der Verkauf von hoheitlichem Anlagevermögen oder die Überlassung von PKW an Mitarbeiter der Kernverwaltung – grundsätzlich unternehmerisch im Sinne des § 2 Abs. 1 UStG sind. Gleichwohl geht sie davon aus, dass diese Tätigkeiten nicht nachhaltig und damit gerade nicht unternehmerisch ausgeführt werden.[249, 250]

---

241 1.1 Abs. 6 u. 7 UStAE.

242 Er greift die Art. 9 und 13 MwStSystRL, die Rechtsprechung des EuGH zum Vergaberecht, die Rechtsprechung des BFH und die EU-Vergaberichtlinie auf und setzt die unionsrechtlich bestehenden Vorschriften weitestgehend in deutsches nationales Recht um.

243 Das bisherige Recht (Besteuerung der BgA als Unternehmensgegenstand) ist nach Enführung des § 2b UStG bei Anwendung der Übergangsregelung des § 27 Abs. 22 UStG grds. bis zum 31.12.2020 weiter anzuwenden. Mit der Verabschiedung des Gesetzes zur Umsetzung steuerlicher Hilfsmaßnahmen zur Bewältigung der Corona-Krise (Corona-Steuerhilfegesetz) wurde die Option um weitere 2 Jahre bis zum 31.12.2022 verlängert. Es steht des jPdöR frei, die Option jederzeit (ggf. auch rückwirkend) zu widerrufen.

244 Nach der alten Rectslage war geregelt, wann eine jPöR – quais im Ausnahmefall – unternehmerisch handelt, während durch die neue Rechtslage geregelt wird, wann sie – im Ausnahmefall – nicht unternehmerisch handelt.

245 BMF vom 29.11.2019.

246 Nicht mehr relevant ist daher, ob die Leistungen ertragssteuerlich im Rahmen eines BgA oder im Rahmen der Vermögensverwaltung erbracht werden.

247 Vgl. BFH vom 10.2.2016, XI R 26/13.

248 BT-Drs. 18/6094, S. 95.

249 BMF-Schreiben vom 16.12.2016, Rn 19 und 20.

250 Andererseits werden die bisher im Rahmen von hoheitlichen Tätigkeiten steuerneutral betrachteten Hilfsgeschäfte – bspw. die Veräußerung von Energie aus Abfällen – zukünftig der Besteuerung zuzuführen sein. Sie erfolgen entweder bereits auf privatrechtlicher Grundlage und damit unternehmerisch oder werden im Wettbewerb erbracht; *Rublack/Gurnhofer* DStR 2018, 2187 Umsatzbesteuerung der öffentlichen Hand: Energieerzeugung durch Abfallentsorger.

Dürfen Leistungen aufgrund **gesetzlicher Bestimmungen** nur von jPöR erbracht werden, liegen keine Wettbewerbsverzerrungen vor[251] (sog. **Anschluss- und Benutzungszwang**) **158**

Nach dem Gesetzestext liegen **auch** in folgenden Fällen **keine größeren Wettbewerbsverzerrungen** vor: **159**

– Erbringung von gleichartigen Leistungen, die nicht mehr als 17.500 € betragen[252]
– Erbringung von Leistungen, die ohenhin steuerbefreit sind[253] [254]
– Zusammenarbeit von jPöR, die durch **gemeinsame spezifische öffentliche Interessen** bestimmt wird[255] (sog. **Kooperationen**)

Insbesondere im Fall der sog. Kooperationen ist es allerdings derzeit noch sehr fraglich, ob diese in der Praxis unter die Nichtsteuerbarkeit nach § 2b UStG fallen können. Zwar ist die Vorschrift im Gesetz verankert, und nennt folgende Fälle, in denen eine Zusammenarbeit von jPöR durch gemeinsame öffentlich-rechtliche Interessen bestimmt wird: **160**

a) Leistungen, die auf langfristigen öffentlich-rechtlichen Vereinbarungen beruhen,
b) Leistungen, die dem Erhalt der öffentlichen Infrastruktur und der Wahrnehmung einer allen Beteiligten obliegenden öffentlichen Aufgabe dienen,
c) Leistungen, die ausschließlich gegen Kostenerstattung erbracht werden und
d) der Leistende gleichartige Leistungen im Wesentlichen an andere juristische Personen des öffentlichen Rechts erbringt.

Allerdings schreibt die Finanzverwaltung auch für diese gesetzlich aufgeführten Fälle die **Erbringung eines Nachweises** vor, dass diese Leistungen auch potentiell nicht durch einen Dritten erbracht werden können.[256] Hierfür sei es erforderlich, anhand der Rechtsprechung der Finanzgerichte und des EuGH eine Prüfung von Wettbewerbsverzerrungen vorzunehmen und entsprechende Argumente zusammen zu tragen. Wie ein derartiger Nachweis aus Sicht der Finanzverwaltung konkret zu führen ist, ist allerdings offen.[257] **161**

Im Rahmen einer solchen **„gesonderten Wettbewerbsprüfung“** scheiden auch typische Hilfstätigkeiten wie Gebäudereinigung, Grünpflegearbeiten, Neubau- und Sanierungsmaßnahmen an Straßen und Gebäuden sowie unterstützende IT-Dienstleistungen regelmäßig aus der Nichtsteuerbarkeit aus.[258] **162**

In der Praxis wird die gesetzlich verankerte Befreiungsvorschrift auf dem Gebiet der gemeinsamen spezifisch öffentlichen Interessen wohl keine oder nur eine sehr untergeordnete Rolle spielen. **163**

Neben der Regelung, wann keine größeren Wettbewerbsverzerrungen bei Leistungen von jPöR vorliegen und diese daher nicht als Unternehmer handeln, regelt der neue § 2b UStG auch, bei welchen **Tätigkeiten jPöR stets als Unternehmer**[259] handeln[260], z. B. **164**

---

[251] § 2b Abs. 3 Nr. 1 UStG.
[252] § 2b Abs. 2 Nr. 1 UStG; Die genannte Grenze orientierte sich an der Kleinunternehmerregelung des § 19 UStG, ist aber tätigkeitsbezogen, während § 19 UStG das gesamte Unternehmen umfasst.
[253] § 2b Abs. 2 Nr. 2 UStG.
[254] Während derartige Tätigkeiten bei privaten Unternehmern **steuerbefreit** sind, gelten sie bei jPöR von vornherein als **nicht steuerbar.** Beides führt zwar im Ergebnis dazu, dass für die entsprechenden Leistungen kein USt entsteht, steuerrechtssystematisch stellt dies jedoch einen Unterschied dar (z. B. auch andere Angabe der entsprechenden Leistungen in der Umsatzsteuererklärung).
[255] § 2b Abs. 3 Nr. 2 UStG.
[256] BMF-Schreiben vom 14.11.2019.
[257] Im Zusammenhang mit der Einführung von § 4 Nr. 29 UStG (Kostenteilungsgemeinschaft) ist ein BMF Schreiben vorgesehen, welches wohl auch zur Frage des Nachweises von Wettbewerbsverzerrungen Stellung nehmen soll. Da die Frage des Wettwerbes in beiden Vorschriften (§ 2b und § 4 Nr. 29 UStG) zentraler Bestandteil ist, könnten sich hieraus eventuell Formen des Nachweises ableiten lassen.
[258] BMF-Schreiben vom 14.11.2019.
[259] Dies gilt allerdings nur dann, wenn die übrigen allgmeinen Voraussetzungen der Unternehmereigenschaft nach § 2 Abs. 1 UStG erfüllt sind, also insbesondere die Umsatzgrenze von 17.500 EURO pro Tätigkeit überstiegen ist.
[260] § 2b Abs. 4 UStG.

Tätigkeit der Notare im Landesdienst, Leistungen der Vermessungs- und Katasterbeörden (außer Amtshilfe).

165 **dd) Vorsteuerabzug bei juristischen Personen öffentlichen Rechts.** Wie bereits dargestellt[261], kann die Vorsteuer aus der Anschaffung für im Rahmen von unternehmerisch genutzten Gegenständen (oder Gebäuden) grundsätzlich in Abzug gebracht und damit erstattet werden, während die Anschaffung hoheitlich genutzter Gegenstände nicht zum Vorsteuerabzug berechtigt.[262]

Die Finanzverwaltung[263] nutzt hierfür seit einiger Zeit die Begriffe„umsatzsteuerrechtlich relevante Betätigung" und„nichtunternehmerische Tätigkeit".

166 **Abziehbar** sind **Vorsteuerbeträge** für Umsätze, die für den **unternehmerischen Bereich** der jPöR ausgeführt werden und in diesem Bereich nicht zur Ausführung von steuerfreien Umsätzen dienen. Werden dem Unternehmensbereich diendende Gegenstände später für den nichtunternehmerischen Bereich entnommen oder verwendet, liegt eine unentgeltliche Wertabgabe vor. Der **Vorsteuerabzug entfällt,** wenn sich der Umsatz auf den **nichtunternehmerischen Bereich** bezieht.[264]

167 Wird der Umsatz sowohl für den unternehmerischen als auch für den nichtunternehmerischen Bereich der jPöR ausgeführt **(teilunternehmerische Verwendung),** besteht eine Berechtigung zum Vorsteuerabzug nur im Umfang der beabsichtigten Verwendung für die unternehmerische Tätigkeit.[265] Der ehemals mögliche vollständige Vorsteuerabzug trotz überwiegend hoheitlicher Nutzung – bei anschließender Versteuerung der nichtunternehmerischen Verwendung (Stichwort: „Seeling-Urteil" aus dem Jahr 2003[266]) – ist seit der Änderung der BFH-Rechtsprechung im Jahr 2011[267] nicht mehr möglich.[268]

168 Mit der Einführung von § 2b UStG werden nicht nur die unternehmerischen Tätigkeitbereiche erweitert. Auch der Vorsteuerabzug kann sich entsprechend ausweiten.[269]

169 Unter Anwendung der Regelungen zur Vorsteuerberichtigung nach § 15a UStG ermöglicht die Finanzverwaltung auch den Vorsteuerabzug für **„Änderungen" aufgrund der Einführung des § 2b UStG.**[270] Erfolgt die **erstmalige Verwendung** der Leistung während des Optionszeitraums **nichtunternehmerisch** und wird sie bei einer zur erstmaligen Verwendung unveränderten Nutzung nach dessen Ablauf unternehmerisch verwendet, ist ein Vorsteuerabzug im Zeitpunkt des Leistungsbezuges ausgeschlossen. Jedoch ist die Berichtigung des Vorsteuerabzugs aus dieser Leistung unter den weiteren Voraussetzungen des § 15a UStG möglich. Erfolgt die erstmalige Verwendung der während des Optionszeitraums bezogenen Leistung nach Ablauf desselben **unternehmerisch,** ist ein

261 Vgl. → Rn. 143.

262 Strittig war in der Vergangenheit insbesondere die Frage des Vorsteuerabzugs aus Gegenständen, die im Rahmen der Vermögensverwaltung genutzt wurden. Während das deutsche Umsatzsteuerrecht hier den Vorsteuerabzug „verneinte", da der Gegenstand nicht im Rahmen eines BgA genutzt wurde, war er nach unionsrechtlichen Vorgaben hier bereits zulässig; MwStSystRL Art. 167, 168, 184; Der EuGH zog die Grenze beim Begriff des „Steuerpflichtigen" und „Handeln im Rahmen öffentlicher Gewalt" vgl. idS EuGH v. 2.6.2005 – C-378/02,EuGH, Urt. v. 25.7.2018 – C-140/17, Gmina Ryjewo.

263 15.19 Abs. 1 S. 1 UStAE, in Anwendung des BFH-Urteils vom vom 3.7.2008, BStBl. II 2009, S. 213.

264 15.19 Abs. 1–3. UStAE.

265 UStAE 15.19 Abs. 3 S. 1.

266 BFH vom 24.7.2003 (sog. „Seeling-Urteil", BStBl II 2004, S. 371; aufbauend auf EuGH vom 8.5.2003, DStR 2003, S. 873.

267 BFH vom 3.3.2011, BStBl. II 2012, S. 74.

268 Aufgrund des BFH-Urteils („Seeling-Urteil"), Fn. 266, ergab sich für Kommunen die Möglichkeit eines vollen **Vorsteuerabzugs trotz überwiegend hoheitlicher Nutzung,** wodurch die Investitionskosten gemindert werden konnten. Mit dem Urteil (Fn. 267) folgte der BFH der Auffassung des EuGH (→ Fn. 266) und somit der richtlinienkonformen Auslegung der 6. EG-Richtlinie im Hinblick auf die umsatzsteuerliche Beurteilung bestimmter Sachverhalte im Zusammenhang mit dem Vorsteuerabzug sogenannter „gemischt genutzter" Grundstücke. Auch die Verwaltung schloss sich dieser Auffassung an.

269 Während nach der „alten Rechtslage" bezüglich des Vorsteuerabzugs eine Berufung auf die die Vorschriften des Unionsrechts (Mehrwertsteuersystemrichtlinie) möglich war, kommt dieser jetzt automatisch in Frage, wenn eine unternehmerische Tätigkeit nach § 2 Abs. 1 oder § 2b UStG vorliegt.

270 BMF-Schreiben 16.12.2016, Rn 61 ff.

Vorsteuerabzug im Zeitpunkt des Leistungsbezugs unter Berücksichtigung der beabsichtigten Verwendung und unter den weiteren Voraussetzungen des § 15 UStG zulässig.

Es kommt für eine **Vorsteuerkorrektur** und damit für eine anteilige Rückerstattung lediglich darauf an, wie die Gegenstände bei der erstmaligen Verwendung genutzt wurden. Nicht nur eine tatsächliche Änderung der Verwendung, sondern auch eine mit der Einführung des § 2b UStG einhergehende geänderte rechtliche Beurteilung führt zu Vorsteuerkorrekturen – zu Gunsten, wie zu Lasten. **170**

d) Gewerbesteuer

BgA (im Sinne des Körperschaftsteuergesetzes) unterliegen, wenn sie neben der Einnahmeerzielungsabsicht auch noch Gewinnerzielungsabsicht haben und sich am allgemeinen wirtschaftlichen Verkehr beteiligen, der Gewerbesteuer. Sie erfüllen dann die Voraussetzungen für das **Vorliegen eines Gewerbebetriebes** i. S. d. § 15 Abs. 2 EStG, der nach § 2 Abs. 1 S. 1 GewStG der Gewerbesteuer unterliegt. **171**

Die **Verpachtung eines BgA** stellt keinen eigenständigen Gewerbebetrieb dar und unterliegt deshalb nicht der Gewerbesteuerpflicht.[271] **172**

Eine **Beteiligung am allgemeinen wirtschaftlichen Verkehr** liegt vor, wenn der BgA mit seiner Tätigkeit nach außen in Erscheinung tritt und sich mit ihr an die Allgemeinheit wendet.[272] **173**

Gewinnerzielungsabsicht wird zunächst grundsätzlich bei jedem BgA unterstellt. Selbst wenn ein BgA ständig mit Verlusten arbeitet (sogenannter„dauerdefizitärer“ BgA), ist die fehlende Gewinnerzielungsabsicht im Einzelfall unter Abwägung aller Umstände zu prüfen.[273] Nach der Rechtsprechung liegt Gewinnerzielungsabsicht selbst dann vor, wenn in einen ehemals dauerdefizitären BgA eine gewinnbringende Beteiligung an einer Kapitalgesellschaft eingelegt wird und im Zeitpunkt der Einlage abzusehen ist, dass die künftigen Erträge der eingelegten Anteile die Verluste übersteigen (sog. **Totalgewinn**).[274] Nach Ansicht der Finanzverwaltung erfüllt ein dauerdefizitärer BgA jedoch nicht die Voraussetzungen eines Gewerbebetriebes gemäß § 2 Abs. 1 S. 2 GewStG [275] und kann deshalb nicht „gewerbesteuerlicher Organträger“ einer gewinnbringenden Tochterkapitalgesellschaft sein. **174**

Während ein Verlustvortrag im Falle eines entstandenen Jahresfehlbetrages im Rahmen der Körperschaftsteuerveranlagung vom Finanzamt demnach immer festzustellen ist, kann es in der Praxis vorkommen, dass die Feststellung eines **gewerbesteuerlichen Verlustvortrages** unterbleibt, wenn fehlende Gewinnerzielungsabsicht unterstellt wird. Dies ist vor allem dann von Bedeutung, wenn es sich bei dem BgA nur vorübergehend um einen Verlustbetrieb handelt, der anschließend wieder Gewinne erwirtschaftet. Hier sollte – da sonst entsprechendes Steuerminderungspotential verschenkt wird – für alle Veranlagungszeiträume, für die die Festsetzungsfrist noch nicht abgelaufen ist, die (nachträgliche) Veranlagung beantragt werden. **175**

Arbeitet ein BgA tatsächlich **ohne Gewinnerzielungsabsicht,** so sollte dies in der Satzung, im Betriebsstatut, durch einen Gemeinderatsbeschluss oder auf ähnliche Weise **dokumentiert** werden.[276] Der Träger sollte sich nicht darauf verlassen, dass ohnehin keine Erträge erwirtschaftet werden, denn wegen der gewerbesteuerlichen Hinzurechnungen (§ 8 GewStG) kann aus einem körperschaftsteuerlichen Verlust im Bereich der Gewerbsteuer ein gewerbesteuerpflichtiger Gewinn werden. **176**

---

[271] R 2.2 GewStR. Im Gegensatz hierzu stellt die Verpachtung eines BgA im Körperschaftsteuerrecht jedoch einen eigenständigen BgA dar (§ 4 Abs. 4 KStG).
[272] H 15.4 EStH (Allgemeines), H 2.1 Abs. 6 GewStR.
[273] BFH vom 22.8.1984, BStBl. II 1985, S. 61.
[274] BFH vom 25.7.2002, BFH/NV 2002, S. 1341 und FG Düsseldorf vom 10.7.2003 (rkr.), 10-K-2561/00, EFG 2003, S. 1408. Zur genaueren Erläuterung des Begriffes„Totalgewinn“ vgl. H 15.3 EStR (Totalgewinn).
[275] Vgl. BMF-Schreiben zur Organschaft; BMF vom 26.8.2003, BStBl. I 2003, S. 437, Nr. 5.
[276] Vgl. *Himmelmann/Gloria,* KStZ 2000, S. 121 (125).

177 **Besteuerungsgrundlage** für die Gewerbesteuer ist der **Gewerbeertrag** (§ 6 GewStG). Dieser ist der nach den Vorschriften des Einkommensteuergesetzes und des Körperschaftsteuergesetzes ermittelte Gewinn eines BgA, modifiziert durch gewerbesteuerliche Hinzu- und Abrechnungen (§§ 7–9 GewStG). Für BgA spielen insbesondere die Hinzurechnung von Dauerschuldzinsen, die Hinzurechnung der hälftigen Miet- und Pachtzinsen für Anlagevermögen sowie die Kürzung um 1,2 % des Einheitswertes des Grundbesitzes eine Rolle. Auf den ermittelten Gewerbeertrag ist die **Gewerbesteuermesszahl** i. H. v. **3,5 %** anzuwenden (§ 11 Abs. 2 Nr. 2 GewStG).

178 Für Unternehmen von juristischen Personen des öffentlichen Rechts wird ein **Freibetrag** von **5.000 EURO** gewährt (§ 11 Abs. 1 S. 3 Nr. 2 GewStG). Da das Gesetz hierbei nicht nach Rechtsformen unterscheidet, *müssten* nach dem Gesetzeswortlaut hiermit zum einen BgA, zum anderen aber auch alle anderen Unternehmen von juristischen Personen des öffentlichen Rechts, z. B. GmbHs, erfasst sein. Allerdings ist durch Rechtsprechung[277] entschieden, dass Kapitalgesellschaften, deren Anteilseigner Körperschaften des öffentlichen Rechts sind, der Freibetrag nicht zusteht.

e) Weitere Steuerarten

179 **aa) Grunderwerbsteuer.** Soweit Grundstücke von juristischen Personen erworben werden, unterliegt diese Übertragung grundsätzlich der **Grunderwerbsteuer** (§ 1 GrEStG).[278] Es erfolgt jedoch keine Besteuerung, wenn das Grundstück aus Anlass des **Übergangs einer öffentlich-rechtlichen Aufgabe** übertragen wurde oder aus Anlass von **Grenzänderungen** von der einen auf die andere juristische Person des öffentlichen Rechts überging und es nicht überwiegend einem BgA dient (§ 4 Abs. 1 GrEStG).

180 Somit lässt sich festhalten: Der Erwerb eines Grundstückes durch einen BgA unterliegt grundsätzlich der Grunderwerbsteuer. Der Erwerb für den hoheitlichen Bereich wird nur dann nicht besteuert, wenn er mit einer öffentlich-rechtlichen Aufgabenübertragung oder einer Grenzänderung einhergeht.[279]

181 Der Steuersatz beträgt 3,5 % der Gegenleistung (§ 11 Abs. 1 i. V. m. § 8 Abs. 1 GrEStG), wobei als solche i. d. R. der Kaufpreis gilt (§ 9 Abs. 1 Nr. 1 GrEStG). Bei Grundstücksübergängen im Rahmen von Umwandlungen wird die Steuer nach den Bedarfswerten i. S. d. § 157 ff. BewG festgesetzt.[280]

182 **bb) Grundsteuer.** Juristische Personen des öffentlichen Rechts sind von der **Grundsteuer** auf den Einheitswert des inländischen Grundbesitzes **befreit,** soweit ihr Grundbesitz für

- einen öffentlichen Dienst oder Gebrauch (§ 3 Abs. 1 Nr. 1 GrStG) oder
- gemeinnützige oder mildtätige Zwecke (§ 3 Abs. 1 Nr. 3a) GrStG)

benutzt wird.

183 Als **öffentlicher Dienst oder Gebrauch** gilt dabei die hoheitliche Tätigkeit (§ 3 Abs. 2 GrStG), nicht aber die Tätigkeit von BgA (§ 3 Abs. 3 GrStG).

184 Damit gilt: Grundstücke des **hoheitlichen** Bereiches unterliegen nicht der Grundsteuer. Grundstücke von **BgA** unterliegen der Grundsteuer, außer es handelt sich um gemeinnützige BgA, die die Grundstücke auch unmittelbar für gemeinnützige Zwecke nutzen, z. B. Krankenhäuser.[281]

---

277 FG Münster vom 2.7.1997 (rkr.), EFG 1997, S. 1452.

278 Es unterliegen die Rechtsvorgänge der Grunderwerbsteuer, die auch sonst besteuert werden, insoweit gelten keine Sonderregelungen für juristische Personen öffentlichen Rechts. Daneben sind auch die allgemeinen Ausnahmen von der Besteuerung zu beachten (§ 3 GrEStG), wobei von besonderem Interesse auch bei der öffentlichen Hand die „Bagatellgrenze“ (keine Besteuerung für Grundstücke mit einem Wert bis zu 2.500 EURO) des § 3 Nr. 1 GrEStG sein dürfte.

279 Zudem darf das Grundstück nicht an einen BgA überlassen werden, der es zu mehr als der Hälfte (im Vergleich zur hoheitlichen Nutzung) nutzt.

280 Vgl. → Rn. 251.

281 Vgl. → Rn. 279.

cc) Schenkungsteuer. Der **Schenkungsteuer** unterliegen „Schenkungen unter Lebenden“ (§ 1 Abs. 1 Nr. 2 ErbStG). Auch juristische Personen des öffentlichen Rechts können eine Schenkung „unter Lebenden“ abschließen[282] und somit Beschenkte sein (§ 2 Abs. 1 Nr. 2 ErbStG). Eine Schenkung im Sinne des Gesetzes ist eine **freigiebige Zuwendung,** durch die der Bedachte auf Kosten des Zuwendenden bereichert wird (§ 7 Abs. 1 Nr. 1 ErbStG). **185**

Auch wenn juristische Personen des öffentlichen Rechts somit zwar grundsätzlich Steuerpflichtige im Rahmen der Schenkungsteuer sein können, entfällt eine Steuer meist aufgrund der **Befreiungsvorschrift** des § 13 Abs. 1 Nr. 15 ErbStG. Danach bleiben Anfälle an den Bund, ein Land oder eine inländische Gemeinde (Gemeindeverband) sowie solche Anfälle, die ausschließlich Zwecken des Bundes, des Landes oder einer inländischen Gemeinde (Gemeindeverband) dienen, steuerfrei. **186**

2. Der steuerliche Querverbund – Die Möglichkeit der Zusammenfassung von Betrieben gewerblicher Art

Steuersubjekt im Rahmen der Körperschaftsteuer ist die juristische Person des öffentlichen Rechts mit jedem einzelnen BgA.[283] Aus diesem Grund ist ein **Zusammenrechnen** der Ergebnisse der verschiedenen BgA eines Trägers im Rahmen der Einkommensermittlung nicht möglich. Damit ist auch ein **Verlustausgleich** zwischen den verschiedenen BgA grundsätzlich ausgeschlossen. **187**

Bei Erfüllung bestimmter Voraussetzungen können jedoch mehrere an sich selbständige BgA zu einem einheitlichen BgA zusammengefasst werden, so dass nur ein Einkommen ermittelt wird. Auf diesem Wege ist es möglich, Gewinne des einen BgA mit Verlusten eines anderen BgA zu verrechnen (sog. **steuerlicher Querverbund**), bevor es zur Versteuerung des Gesamtergebnisses kommt. Durch diese Verrechnung lässt sich demnach eine Minderung der Steuerbelastung erreichen. Verluste, die vor der Zusammenfassung von BgA entstanden sind, können jedoch nur mit Gewinnen jetzt zusammengefasster BgA verrechnet werden, wenn die Gewinne aus der gleichen Tätigkeit stammen, aus der auch die Verluste herrühren.[284] **188**

a) Grundsätzliche Vorgaben zur Zusammenfassung von Betrieben gewerblicher Art[285]

Eine **Zusammenfassung** von BgA mit Hoheitsbetrieben ist steuerlich untersagt.[286] **189**

Die Zusammenfassung mehrerer **gleichartiger BgA** ist zulässig.[287] Ebenso wird die Zusammenfassung von Versorgungs-, Verkehrs-, Hafen- und Flughafenbetrieben anerkannt.[288, 289] **190**

Darüber hinaus können BgA nur zusammengefasst werden, wenn zwischen diesen Betrieben nach dem Gesamtbild der tatsächlichen Verhältnisse objektiv eine enge **wechselseitige technisch-wirtschaftliche Verflechtung** von einigem Gewicht besteht.[290] Das **191**

282 Vgl. Meincke/Hannes/Holtz, ErbStG 17. Auflage 2018, § 1 Rn. 5.
283 BFH vom 8.11.1989, I-R-187/85, BStBl. II 1990, S. 242, BFH vom 3.12.2010, BFH/NV 2011, V-B-35/10, S. 462.
284 BFH vom 4.12.1991, BStBl. II 1992, S. 432, FG Münster vom 30.6.2003 (rkr.), EFG 2003, S. 1648.
285 Als Übersicht vgl. z. B. Verfügung OFD Frankfurt am Main vom 16.9.1991, KStK § 4 KStG Karte A 12.
286 § 4 Abs. 6 S. 2 KStG (Absatz eingefügt durch Jahressteuergesetz 2009); zuvor BFH vom 10.7.1962, BStBl. III 1962, S. 448 bzw. H 7 KStR.
287 § 4 Abs. 6 S. 1 Nr. 1 KStG, R 4.2 S. 1 und 2 KStR 2015.
288 § 4 Abs. 6 S. 1 Nr. 3 KStG.
289 Zur Möglichkeit der Zusammenfassung von Breitband-BgA mit anderenBgA siehe Kurzinformation des Finanzministeriums Schleswig-Holstein, 19.12.2019 (VI 312-S 2706-178).
290 § 4 Abs. 6 S. 1 Nr. 2 KStG.

Merkmal „von einigem Gewicht" ist gesetzlich nicht genauer definiert.[291] Die Verflechtung muss gegenseitig sein, das heißt, die Betriebe müssen gegenseitig aufeinander angewiesen sein.[292, 293]

192 In der Vergangenheit wurde oft versucht, eine solche Verflechtung nachzuweisen. Insbesondere ist nach einem BFH-Urteil[294] ein Blockheizkraftwerk dem Grunde nach geeignet, eine enge wechselseitige technisch-wirtschaftliche Verflechtung des Bereiches Stromversorgung mit anderen BgA (z. B. Schwimmbad) herzustellen.[295] Die Finanzverwaltung steht solchen Gestaltungen im Einzelfall jedoch skeptisch gegenüber, akzeptiert diese jedoch unter bestimmten Voraussetzungen[296].

193 Mehrere **verpachtete BgA** können nur zusammengefasst werden, wenn sie gleichartig sind[297]. Eine enge wechselseitige technisch-wirtschaftliche Verflechtung von einigem Gewicht reicht hier für eine Zusammenfassung nicht aus.

194 Die Zusammenfassung von BgA mit Einrichtungen, die zwar dem Grunde nach einen BgA darstellen, aber die erforderlichen Größenmerkmale hierfür nicht erfüllen, ist nur zulässig, wenn die entsprechenden BgA zusammengefasst werden dürften.[298]

195 Lange existierten keine konkreten Vorgaben der Finanzverwaltung und keine einschlägige Rechtsprechung für die **Zusammenfassung von BgA <u>in</u> einer Personengesellschaft.** Man konnte jedoch davon ausgehen, dass die Anweisungen zu Kapitalgesellschaften analog anzuwenden sind und eine steuerliche Zusammenfassung im Ergebnis demnach auch nur in Frage kommt, wenn eine Zusammenfassung der BgA möglich gewesen wäre. Mittlerweile hat sich die Finanzverwaltung[299] hierzu und auch zur **Zusammenfassung anderer BgA <u>mit</u> BgA,** die aus einer **Beteiligung an einer Personengesellschaft** herrühren, geäußert. Da eine Personengesellschaft selbst keine jPöR ist, kann sie nicht hoheitlich tätig werden. Eine Beteiligung an einer Personegesellschaft stellt daher auch dann einen BgA dar, wenn die Tätigkeit der Personengesellschaft ausschließlich hoheitlich ist. Die Zusammenfassung eines derartigen „Beteiligungs-BgA" mit anderen BgA der jPöR ist bei Erfüllung der übrigen Voraussetzungen des § 4 Abs. 6 KStG möglich.[300] Sofern es sich der der „hoheitlichen" Tätigkeit der Personengesellschaft um ein Dauerverlustgeschäft handelt, sind die Rechtsfolgen der verdeckten Gewinnausschüttung nicht zu ziehen.[301]

[291] Lt. Kommentierung zu § 4 KStG ist hierfür aber nicht Voraussetzung, dass die Betriebe in ihrer Betätigung gegenseitig aufeinander angewiesen sind. Für die Anerkennung einer technisch-wirtschaftlichen Verflechtung der Betätigungen der verschiedenen Betriebe ist entscheidend, ob die Verflechtungen so gewichtig sind, dass nach den Anschauungen des Verkehrs die Zusammenfassung zu einer wirtschaftlichen Einheit gerechtfertigt ist. *Staats* in: Lippross/Seibel, Basiskommentar Steuerrecht, Lieferung 06.2020, § 4 KStG Rn 211.

[292] BFH vom 8.2.1966, BStBl. III 1966, S. 287.

[293] Die ursprünglich geplante gesetzliche Verankerung der Möglichkeit der Zusammenfassung von Bäderbetrieben mit Versorgungsbetrieben (§ 4 Abs. 6 Nr. 3 i. V. m. Abs. 3 KStG in der Fassung des Regierungsentwurfes für ein Jahressteuergesetz 2009) wurde im endgültigen Jahressteuergesetz 2009 doch nicht umgesetzt. Die Finanzverwaltung hat indes mit Schreiben vom 11.5.2016 die Grundsätze zur Zusammenfassung dargelegt.

[294] BFH-Urt. v. 4.12.1991, I-R-74/89, BStBl. II 1992, S. 432.

[295] Im Regierungsentwurf zum Jahressteuergesetz 2009 war vorgesehen, den„Katalog der Versorgungsbetriebe" des § 4 Abs. 3 KStG um„öffentliche Badebetriebe" zu erweitern. Damit wäre eine Zusammenfassung von Versorgungs- und Bäderbetrieben immer – auch ohne wirtschaftlich-technische Verflechtung – möglich gewesen. Im endgültig verabschiedeten Jahressteuergesetz 2009 wurde diese beabsichtigte Neuregelung jedoch nicht übernommen.

[296] BMF-Schreiben vom 11.5.2016, erläuternd: Verfügung betr. Zusammenfassung von Betrieben gewerblicher Art nach § 4 Abs. 6 Satz 1 Nr. 2 KStG mittels eines Blockheizkraftwerks; Arbeitshilfe vom 27. März 2017 (OFD Karlsruhe S 270.6/265-St 213).

[297] R 4.2 S. 3 KStR 2015.

[298] R 4.2 S. 2 KStR 2015.

[299] BMF-Schreiben vom 21.6.2017.

[300] BMF-Schreiben vom 21.6.2017, Rn 3; Verfügung betr. Beteiligung einer juristischen Person des öffentlichen Rechts an einer Personengesellschaft – Arbeitshilfe – vom 14. Juni 2018 (OFD Karlsruhe S 270.6/242-St 213) Tz. 2.3.4.

[301] Entsprechende Anwendung der Vorschrift des § 8 Abs. 7 S. 2, 2. HS KStG aus Billigkeitsgründen, BMF Schreiben vom 21.6.2017 Rn. 11.

b) Aussagen zum Gestaltungsmissbrauch

Da BgA keine Rechtsform verkörpern, sondern es sich hierbei nur um ein steuerliches Konstrukt handelt, hat die Finanzverwaltung konkrete Vorgaben und Grundsätze aufgestellt, unter welchen Voraussetzungen eine Zusammenfassung von BgA möglich ist und wann nicht.[302] Anders gestaltet sich jedoch die Situation, wenn Aufgabenbereiche oder Tätigkeiten, die einen BgA darstellten, auf eine privatrechtliche Gesellschaft übertragen und in dieser zusammengefasst werden sollen. In rechtlicher Hinsicht kann diese Zusammenfassung nicht untersagt werden, da grundsätzlich für alle unternehmerischen Tätigkeiten die Möglichkeit einer freien Rechtsformwahl besteht. Für steuerliche Zwecke gilt aus Sicht der Finanzverwaltung Folgendes: 196

Die **Zusammenfassung** von BgA **in Kapitalgesellschaften** ist grundsätzlich anzuerkennen.[303] Dies gilt für alle BgA unabhängig davon, ob eine Gleichartigkeit gegeben ist, eine enge wechselseitig technisch-wirtschaftliche Verflechtung vorliegt oder ob es sich um völlig verschiedenartige Betriebe handelt. Eine Zusammenfassung mehrerer Gewinnbetriebe wird daher immer anerkannt. Bei der Zusammenfassung von „Gewinn- mit Verlustbetrieben", das heißt, dass auch dauerdefizitäre Sparten oder Geschäftsbereiche von einer Kapitalgesellschaft betrieben werden, stellt sich jedoch die Frage des Missbrauchs rechtlicher Gestaltungsmöglichkeiten gemäß § 42 AO[304]. 197

Die **Rechtsprechung** entschied jedoch[305], dass eine Zusammenfassung von BgA in Kapitalgesellschaften der öffentlichen Hand grundsätzlich anzuerkennen ist und kein Gestaltungsmissbrauch i. S. v. § 42 AO vorliegt. Soweit die Voraussetzungen für den steuerlichen Querverbund jedoch nicht vorliegen, ist von einer verdeckten Gewinnausschüttung auszugehen.[306] 198

Die **Finanzverwaltung** sah[307] einen Ausgleich von Verlusten mit Gewinnen nur dann als nicht rechtsmissbräuchlich an, wenn auch eine Zusammenfassung der BgA (außerhalb einer Kapitalgesellschaft) wegen Gleichartigkeit oder enger wechselseitig technisch-wirtschaftlicher Verflechtung möglich gewesen wäre.[308] Somit unterstellte die Finanzverwaltung immer einen Gestaltungsmissbrauch, wenn Gewinn- und Verlustbetriebe in eine GmbH eingebracht wurden, die als BgA *nicht* hätten zusammengefasst werden dürfen. In Reaktion auf das oben zitierte BFH-Urteil änderte jedoch auch die Finanzverwaltung ihre Ansicht und legte fest[309], dass ab dem Veranlagungszeitraum 2004 bei der Zusammenfassung von BgA in Kapitalgesellschaften, die nicht als BgA hätten zusammengefasst werden dürfen, kein Gestaltungsmissbrauch i. S. d. § 42 AO vorliegt. Nach den Umständen des Einzelfalls könne jedoch eine verdeckte Gewinnausschüttung vorliegen. Auf Tätigkeiten, die in einem BgA hätten zusammengefasst werden können, ist das Urtel danach nicht anzuwenden. 199

Die gleichen Grundsätze sollen auch bei der **Zusammenfassung** der Ergebnisse **durch sonstige Gestaltungen,** z. B. in Form der Organschaft, angewendet werden.[310] 200

---

[302] Siehe R 4.2 KStR.

[303] Zur Umwandlung von BgA in Kapitalgesellschaften im Wege der Ausgliederung/Einbringung in eine GmbH gegen Gewährung von Gesellschaftsrechten vgl. → Rn. 240 ff.

[304] Ein Missbrauch rechtlicher Gestaltungsmöglichkeiten liegt immer dann vor, wenn „eine unangemessene rechtliche Gestaltung gewählt wird, die beim Steuerpflichtigen oder einem Dritten im Vergleich zu einer angemessenen Gestaltung zu einem gesetzlich nicht vorgesehenen Steuervorteil führt"; § 42 Abs. 2 S. 1 AO.

[305] BFH-Urteil vom 22.8.2007, BStBl. II 2007, S. 961.

[306] Als Begründung führte der BFH (Fn. 305), aus, dass ein ordentlicher Geschäftsführer keine Geschäfte ausführen würde, die dauerhaft Verluste nach sich ziehen.

[307] In Reaktion auf das oben aufgeführte BFH-Urteil vom 22.8.2007 (Fn. 305), änderte auch die Finanzverwaltung seine Auffassung; BMF-Schreiben vom 7.12.2007, IV B 7 – S-2706/07/0011.

[308] A 5 Abs. 11 S. 3 KStR a. F.

[309] BMF-Schreiben vom 7.12.2007, BStBl. I 2007, S. 905.

[310] BMF-Schreiben vom 7.12.2007 (Fn. 309).

c) Die Rolle des steuerlichen Querverbundes bei verschiedenen Steuerarten

201 **Umsatzsteuerlich** spielt der steuerliche Querverbund bzw. die Möglichkeit der Zusammenfassung von BgA keine Rolle, da Unternehmer i. S. d. Umsatzsteuergesetzes nicht der BgA, sondern die juristische Person des öffentlichen Rechts ist. Umsätze zwischen verschiedenen BgA eines Trägers sind damit ohnehin wie Innenumsätze eines Unternehmens zu behandeln, so dass eine weitere steuerliche Zusammenfassung nicht in Betracht kommt.

202 Ein Problem ergibt sich bei der Unterscheidung zwischen körperschaftsteuerlicher und gewerbesteuerlicher Einordnung des steuerlichen Querverbundes, weil das Körperschaftsteuergesetz auf die Einnahmeerzielungsabsicht, das Gewerbesteuergesetz hingegen auf die Gewinnerzielungsabsicht abstellt.

203 Im **körperschaftsteuerlichen** Sinne ist die Zusammenfassung eines dauerhaft defizitären Verkehrsbetriebes mit einem gewinnträchtigen Versorgungsbetrieb anzuerkennen.[311]

204 Im **gewerbesteuerlichen** Sinne würde eine solche Zusammenfassung nach dem Gesetz ausscheiden, da ein sog. „stehender Gewerbebetrieb" i. S. d. GewStG nur dann vorliegt, wenn auch Gewinnerzielungsabsicht gegeben ist.[312] Da bei verlustträchtigen (Verkehrs-) Unternehmen grundsätzlich die Gewinnerzielungsabsicht fehlte, unterlägen diese auch nicht der Gewerbesteuer. Dies hätte zur Folge, dass die (nicht steuerpflichtigen) Verluste solcher Unternehmen nicht mit steuerpflichtigen Gewinnen von Versorgungsbetrieben verrechnet werden könnten. Damit unterlägen die Erträge des Versorgungsbetriebs der Gewerbesteuer und die Verluste des Verkehrsbetriebs blieben gewerbesteuerlich irrelevant, was zu einer höheren gewerbesteuerlichen Belastung führte.

205 Die Finanzverwaltung stellt jedoch klar[313], dass letztendlich maßgebend sei, ob das nach den Grundsätzen des Körperschaftsteuergesetzes zusammengefasste Unternehmen mit Gewinnerzielungsabsicht betrieben wird. Ist dies der Fall, so sei auch eine Zusammenfassung im Rahmen der Gewerbesteuerveranlagung möglich.[314]

III. Privatisierung kommunaler Unternehmen

1. „Das Ziel": Kommunale Unternehmen in den Rechtsformen des privaten Rechts

a) Kommunale Unternehmen in der Rechtsform der Kapitalgesellschaft

206 Während die steuerlichen Folgen der Qualifizierung als BgA „automatisch" eintreten, wenn die gesetzlichen Voraussetzungen erfüllt sind, muss eine Kapitalgesellschaft durch Gesellschaftsvertrag errichtet und ins Handelsregister eingetragen werden. Unabhängig von der Tätigkeit, die diese Kapitalgesellschaft ausübt, erfolgt anschließend deren steuerliche Behandlung. Kommunen haben somit die Möglichkeit, ihre Tätigkeiten grundsätzlich in der privaten Rechtsform einer Kapitalgesellschaft (i. d. R. GmbH) auszuüben. Es können damit nicht nur Tätigkeiten, die ohnehin einen BgA darstellen würden, auf Kapitalgesellschaften übertragen werden. Auch die Ausführung hoheitlicher Tätigkeiten (z. B. Abwasserbeseitigung) kann auf eine GmbH übertragen werden[315], wenn für die Rechtsformwahl ein wirtschaftlicher Grund (der nicht ausschließlich in einer Steuerersparnis besteht) vorliegt. Sollte kein wirtschaftlicher Grund gegeben sein, kann die Übertragung der Tätigkeit auf eine GmbH einen Gestaltungsmissbrauch nach § 42 AO darstellen.[316]

311 § 4 Abs. 6 S. 1 Nr. 3 KStG.
312 BMF-Schreiben vom 12.11.2009, IV C 7 – S -2706/08/10004, Rz. 96.
313 § 2 Abs. 1 S. 1 GewStDV.
314 BMF-Schreiben vom 12.11.2009, a. a. O. Rz. 98.
315 Allerdings können kommunalrechtliche Vorschriften eine solche – aus steuerlicher Sicht zulässige – Übertragung – untersagen; siehe z. B. Art. 87 GO By zur Allgemeinen Zulässigkeit von Unternehmen und Beteiligungen und Art. 92 GO By speziell zu Unternehmen in Privatrechtsformen.
316 Zum Gestaltungsmissbrauch vgl. → Rn. 197 ff.

aa) Besteuerung der Gesellschaft. Eine Kapitalgesellschaft stellt ein selbständiges **Rechtssubjekt** dar, das der Besteuerung unterliegt. 207

Bemessungsgrundlage für die **Körperschaftsteuer** ist das zu versteuernde Einkommen (§ 7 KStG). Dieses ist grundsätzlich durch Betriebsvermögensvergleich zu ermitteln, da Kapitalgesellschaften als Handelsgesellschaften nach dem HGB grundsätzlich zur Buchführung verpflichtet sind. Aus diesem Grund erzielen Kapitalgesellschaften ausschließlich **Einkünfte aus Gewerbebetrieb** (§ 8 Abs. 2 KStG). 208

Der Steuersatz beträgt gemäß § 23 Abs. 1 KStG 15%. Hinsichtlich des Steuersatzes ergeben sich somit keine Unterschiede zur Besteuerung von BgA. Hinsichtlich der Gewinnermittlung können sich (insbesondere bei kleinen Kapitalgesellschaften) Unterschiede ergeben, da BgA ihren Gewinn bei Unterschreitung bestimmter Größenmerkmale auch durch Einnahmeüberschussrechnung ermitteln können.[317] 209

Auch für die Einkünfte einer Kapitalgesellschaft gelten die sachlichen Steuerbefreiungen, insbesondere für Gesellschaften, die gemeinnützigen, mildtätigen oder kirchlichen Zwecken dienen (§ 5 Abs. 1 Nr. 9 KStG). Der für BgA gewährte Freibetrag kommt jedoch für Kapitalgesellschaften nicht in Betracht. Ebenso wie bei BgA besteht bei erzielten Verlusten die Möglichkeit des **Verlustvortrags oder -rücktrags** nach § 10d EStG im Rahmen der Körperschaftsteuer bzw. nur des **Verlustvortrages** im Rahmen der Gewerbesteuer[318]. 210

Die Einkünfte von Kapitalgesellschaften unterliegen auch grundsätzlich der **Gewerbesteuer.** 211

Die Übertragung von Grundstücken auf eine Kapitalgesellschaft unterliegt der **Grunderwerbsteuer** (§ 1 Abs. 1 GrEStG) nach den allgemeinen Vorschriften des GrEStG. 212

bb) Besteuerung des Gesellschafters (Kommune). Ähnlich wie Privatpersonen Beteiligungen an Kapitalgesellschaften im Privatvermögen oder im Betriebsvermögen halten können, haben auch Kommunen in gewisser Weise ein Wahlrecht[319], Beteiligungen im Rahmen der Vermögensverwaltung oder als Betriebsvermögen im Rahmen ihrer BgA zu halten. Während dieser Unterscheidung bis zur Einführung des StSenkG[320] erhebliche Bedeutung zukam, da die steuerlichen Folgen deutlich voneinander abwichen, werden nach jetzigem Recht weitestgehend gleiche steuerliche Konsequenzen erreicht. Dies betrifft sowohl die Besteuerung der Gewinnausschüttungen als auch die Besteuerung der Veräußerung der Anteile. Aus diesem Grund könnte es möglich sein, dass in Zukunft der Abgrenzung der Vermögensverwaltung vom BgA im Bereich „Beteiligungen an Gesellschaften" nicht mehr die in der Vergangenheit gewidmete Aufmerksamkeit entgegengebracht werden muss. 213

(1) Besteuerung der laufenden Erträge (Gewinnausschüttungen). Bei der Besteuerung der laufenden Erträge aus der Beteiligung an einer Kapitalgesellschaft (Gewinnausschüttung) ergibt sich[321] in der Regel die **gleiche Steuerbelastung** unabhängig davon, ob eine Beteiligung im Rahmen der Vermögensverwaltung, als BgA[322] oder als Betriebsvermögen in einem BgA gehalten wird. 214

Hält eine juristische Person des öffentlichen Rechts eine Beteiligung an einer Kapitalgesellschaft und hat sie weder Einfluss auf deren Geschäftsführung[323], noch sind die Voraussetzungen einer Betriebsaufspaltung erfüllt und es wurde auch keine Gestaltung dahin- 215

[317] → Rn. 80ff., insb. → Rn. 85.

[318] Dabei wird die Verlustverrechnung beschränkt, soweit der maßgebende Gewerbeertrag 1 Mio. EURO übersteigt; Einzelheiten hierzu siehe § 10a GewStG.

[319] Zur Einordnung einer Beteiligung an einer Kapitalgesellschaft als Vermögensverwaltung oder BgA vgl. → Rn. 66.

[320] Steuersenkungsgesetz vom 23.10.2000, BStBl. I 2000, S. 1248 mit der Umstellung vom körperschaftsteuerlichen Anrechnungsverfahren auf das Halbeinkünfteverfahren; Inkfrattreten zum 1.1.2001.

[321] Dies gilt seit Inkfrattretens des Steuersenkungsgesetzes vom 23.10.2000 im Jahr 2001.

[322] Bei entsprechender Einflussnahme auf die Geschäftsführung der Kapitalgesellschaft; vgl. → Rn. 66.

[323] Zur Abgrenzung der Vermögensverwaltung vom BgA in diesem Fall → Rn. 66.

gehend vorgenommen, dass die Beteiligung bewusst in einen BgA eingelegt wurde, so liegt **Vermögensverwaltung** vor.

216 Die juristische Person des öffentlichen Rechts wird mit den Einnahmen (aus der Ausschüttung der Kapitalgesellschaft)[324] **beschränkt steuerpflichtig.**[325] Dies hat zur Folge, dass die **Körperschaftsteuer mit** der **Kapitalertragsteuer** auf die Dividende **abgegolten** ist[326]. Aus der Steuerbelastung durch Kapitalertragsteuer, die an sich nur eine besondere Erhebungsform der Einkommensteuer und Körperschaftsteuer ist, wird somit eine endgültige Körperschaftsteuerbelastung für die empfangende Kommune.

217 Allerdings wird der **Steuerabzug** bei inländischen juristischen Personen öffentlichen Rechts bei bestimmten Kapitalerträgen[327] **nicht vorgenommen**[328], wenn der Gläubiger (jPöR) dem Schuldner der Kapitalerträge durch eine Bescheinigung nachweist, dass er eine jPöR ist[329]; sog. **Nichtveranlagungsbescheinigung.**

218 Der **Steuersatz** für den **Steuerabzug** beträgt im Regelfall 25 %.[330] Für jPöR und andere begünstigte Steuerpflichtige[331] ist er jedoch auf 3/5 davon, also **15 %** herabgesetzt.[332]

219 Die Steuer entsteht in dem Zeitpunkt, in dem die Kapitalerträge der Kommune zufließen[333]. Sie ist von der ausschüttenden Kapitalgesellschaft einzubehalten und innerhalb eines Kalendermonats jeweils bis zum 10. des folgenden Monats an das Finanzamt abzuführen.[334]

220 Ist die Beteiligung an einer Kapitalgesellschaft in einen **BgA eingelegt** worden, so stellen die erhaltenen Gewinnausschüttungen Beteiligungserträge dar, die bei der Ermittlung des Einkommens des BgA zu 95 % außer Ansatz bleiben und damit zu diesem Teil steuerfrei sind[335]. Im Zusammenhang mit der Beteiligung entstandene Aufwendungen (z. B. Fremdkapitalzinsen zur Finanzierung der Beteiligung) sind im Gegenzug insoweit vom Abzug ausgeschlossen.[336] Die bei der Ausschüttung einbehaltene und abgeführte Kapitalertragsteuer und der Solidaritätszuschlag werden im Rahmen der Körperschaftsteuerveranlagung angerechnet. Will der BgA die erhaltenen Gewinnausschüttungen jedoch an den Hoheitsbereich seiner Trägerkörperschaft weiterleiten, so fällt (erneut) Kapitalertragsteuer i. H. v. 15 % auf diese Weiterleitung an[337] Somit beträgt auch hier die Belastung mit KapESt im Ergebnis 15 %.

221 Es ist zu beachten, dass Gewinne des BgA, die dieser durch die Beteiligungserträge unter Umständen erzielt, selbst wenn es sich zuvor um einen Verlust-BgA gehandelt haben sollte, bei einem Regiebetrieb als fiktive „Ausschüttung“ an die Trägerkörperschaft gelten, wenn kein anderslautender Beschluss vorhanden ist.[338] Somit fällt auf den Gewinn des BgA (nicht auf die Ausschüttung der Kapitalgesellschaft[339]) Kapitalertragsteuer i. H. v. 15 % an.[340]

---

[324] I. S. d. § 20 Abs. 1 Nr. 1 EStG.
[325] § 2 Nr. 2 KStG.
[326] § 32 Abs. 1 Nr. 2 KStG.
[327] Kapitalerträge i. S. d. § 43 Abs. 1 S. 1 Nr. 4 bis 7 und 8–12 sowie S. 2 EStG.
[328] § 44a Abs. 4 S. 1 Nr. 2 EStG.
[329] § 44a Abs. 4 S. 1 Nr. 2 i. V. m. S. 3 EStG.
[330] § 43a Abs. 1 S. 1 Nr. 1 EStG.
[331] Nach § 5 Abs. 1 KStG steuerbefreite Körperschaften, allerdings nur solche, die nicht nach § 5 Abs. 1 Nr. 9 KStG („Gemeinnützigkeit“) befreit sind (§ 44a Abs. 8 S. 1 Nr. 1 EStG), denn für diese ist nach § 44a Abs. 7 EStG der Steuerabzug gar nicht vorzunehmen.
[332] § 44a Abs. 8 S. 1 Nr. 2 EStG.
[333] § 44 Abs. 1 S. 2 u. Abs. 2 EStG.
[334] § 44 Abs. 1 S. 3 EStG.
[335] § 8b Abs. 1 KStG i. V. m. § 20 Abs. 1 Nr. 1 EStG.
[336] § 3c Abs. 1 EStG.
[337] § 20 Abs. 1 Nr. 10b EStG.
[338] → Rn. 127 f.
[339] Denn die im Rahmen der Ausschüttung abgeführte KapESt wird in der KSt-Veranlagung des BgA angerechnet und erstattet.
[340] Vgl. zur KapESt auf den Gewinn eines BgA ohne eigene Rechtspersönlichkeit → Rn. 124 ff.

(2) Besteuerung von Anteilsveräußerungen. Neben der Besteuerung der laufenden Gewinnausschüttungen ist bei der Veräußerung der Anteile der einmalige Veräußerungsgewinn zu besteuern. Dieser spiegelt die Wertsteigerungen der Anteile seit der Anschaffung wider. 222

Die Veräußerung einer Beteiligung, die in einem **BgA** gehalten wird, wird grundsätzlich im Rahmen der Gewinnermittlung erfasst und ist damit steuerverhaftet. Allerdings sind Gewinne aus der Veräußerung von Beteiligungen an Kapitalgesellschaften zu 95 % **steuerfrei** gestellt.[341] Sollten jedoch in der Vergangenheit Teilwertabschreibungen auf die betreffenden Anteile steuerwirksam geltend gemacht und nicht durch einkommenserhöhende Zuschreibungen ausgeglichen worden sein, besteht insoweit eine Steuerpflicht.[342] 223

Veräußert eine Kommune Anteile, die sie im Rahmen einer **Vermögensverwaltung** gehalten hat, so ist diese Veräußerung grundsätzlich steuerfrei, da Kommunen im Rahmen der Vermögensverwaltung zunächst keiner Steuerpflicht unterliegen.[343] Eine **Ausnahme** von der partiellen Steuerfreiheit von Anteilsveräußerungen besteht jedoch für die Veräußerung von **Anteilen,** die im Rahmen einer **Einbringung in eine Kapitalgesellschaft** entstanden sind. Diese wird grundsätzlich besteuert, wenn sie innerhalb von 7 Jahren nach Einbringung erfolgt.[344, 345] 224

Kommunen erhalten„**einbringungsgeborene Anteile"** i. S. d. UmwStG[346], wenn ein BgA in eine Kapitalgesellschaft „umgewandelt wird", das heißt, dass sämtliche dem BgA zuzuordnenden Aktiva und Passiva in eine GmbH eingelegt werden, und die Wirtschaftsgüter in der Eröffnungsbilanz der Kapitalgesellschaft mit ihrem Buchwert (oder einem anderen Wert unter dem Teilwert) angesetzt werden. Bei der Umwandlung zu Buchwerten erfolgt keine Aufdeckung der sog. **stillen Reserven**[347] und damit keine Besteuerung. Aus diesem Grund werden die stillen Reserven bei der Veräußerung der Anteile grundsätzlich voll besteuert. 225

Die Veräußerung von sperrfristbehafteten Anteilen innerhalb eines Zeitraums von 7 Jahren nach Einbringung führt rückwirkend im Wirtschaftsjahr der Einbringung zu einer Zerlegung in einen „Veräußerungsgewinn I" i. S. d. § 16 EStG (§ 22 Abs. 1 UmwStG)[348] und einen Veräußerungsgewinn, der dem § 8b KStG unterliegt. Die Veräußerung der erhaltenen Anteile gilt insoweit als rückwirkendes Ereignis i. S. v. § 175 Abs. 1 S. 1 Nr. 2 AO, eine rückwirkende Verzinsung ist hiermit jedoch gemäß § 233 Abs. 2a AO nicht verbunden. Die rückwirkende Ermittlung der stillen Reserven könnte in der Praxis u. U. problematisch sein. Zur Vermeidung von Streitigkeiten mit der Finanzverwaltung emp- 226

[341] § 8b Abs. 2 S. 1 KStG.

[342] § 8b Abs. 2 S. 2 KStG.

[343] Vgl. → Rn. 45 ff.

[344] § 22 Abs. 1 S. 1 UmwStG i. V. m. § 16 EStG und § 8 Abs. 1 KStG; ausführlicher → Rn. 216 ff.

[345] Bis zum Jahr 2006 war die Besteuerung derartiger Anteilsveräußerungen im KStG bzw. EStG geregelt (§ 8 Abs. 4 S. 1 Nr. 1 KStG bzw. § 3 Nr. 40 S. 3 und 4 EStG a. F.) Die ansonsten steuerfreie Veräußerung von Anteilen an Kapitalgesellschaften wurde steuerpflichtig, wenn „einbringungsgeborene Anteile" innerhalb von 7 Jahren nach Einbringung veräußert wurden. Durch das SEStEG vom 7.12.2006 (BGBl. I, S. 2782/2791) wurden diese Vorschriften jedoch abgelöst durch das **Konzept der nachträglichen Besteuerung des zu Grunde liegenden Einbringungsvorgangs,** wenn die Anteile innerhalb von 7 Jahren nach der Einbringung veräußert werden. Dieses ist in **§ 22 UmwStG** geregelt. Somit wurde zwar der rechtssystematische Aufbau der Besteuerung derartiger Veräußerungen grundlegend geändert, im Ergebnis werden jedoch grundsätzlich die gleichen Rechtsfolgen erzielt. Lediglich Steuerumgehungen, die von der ehemaligen Regelung nicht erfasst wurden, unterliegen jetzt auch der Besteuerung.

[346] Aufgrund des UmwG ergeben sich mehrere Möglichkeiten, auf welche Art und Weise sog. **„sperrfristverhaftete Anteile"** entstehen können, für die ein jährlicher Nachweis zu erbringen ist, dass die Anteile noch im Besitz „des Einbringenden" sind. Da im Rahmen der „Umwandlung" bestimmtes Vermögen im Wege der Sacheinlage in die Kapitalgesellschaft eingebracht wird, spricht man auch von „einbringungsgeborenen Anteilen".

[347] Unter **„Stillen Reserven"** versteht man die Differenz zwischen dem „wahren Wert" eines Wirtschaftsgutes und dem Buchwert dieses Wirtschaftsgutes, der in der Bilanz angesetzt ist.

[348] Für den Bereich der Vermögensverwaltung regelt § 22 Abs. 4 Nr. 1 UmwStG, dass der Gewinn aus der Veräußerung der Anteile als „in einem BgA der Körperschaft entstanden" gilt (sog. **Fingierter BgA**), womit das KStG Anwendung findet.

fiehlt sich, die Wertverhältnisse im Einbringungszeitpunkt bereits ausreichend zu dokumentieren.[349]

227 Da die Veräußerung derartiger „einbringungsgeborener" bzw. „sperrfristverhafteter" Anteile eine entsprechende Steuerpflicht nach sich zieht, wenn ein Eigenbetrieb oder Regiebetrieb unter Buchwertfortführung in eine Kapitalgesellschaft (z. B. GmbH) umgewandelt worden ist, und anschließend die Veräußerung eines Anteils oder der gesamten Beteiligung an der GmbH erfolgt, ist bei einer geplanten Veräußerung stets zu prüfen, ob nicht ein Behalten der Beteiligung bis zum Ablauf der Siebenjahresfrist sinnvoller ist.

b) Kommunale Unternehmen in der Rechtsform der Personengesellschaft

228 Neben der Möglichkeit, Tätigkeiten auf eine Kapitalgesellschaft auszulagern, kommt auch die Gründung einer Personengesellschaft in Frage. Insbesondere wenn Grundvermögen (mit) übertragen werden soll, ist dieser Rechtsform besondere Beachtung zu schenken.[350] Aus Gründen der Haftungsbegrenzung kommen für Körperschaften des öffentlichen Rechts nur GmbH & Co.KG oder AG & Co.KG in Betracht.

229 **aa) Besteuerung der Gesellschaft.** Personengesellschaften stellen für die Einkommensbesteuerung **kein selbständiges Körperschaftsteuersubjekt** dar. Die Einkommensermittlung erfolgt bei Personengesellschaften zweistufig: Zuerst wird ausgehend von der Handelsbilanz der Gewinn (bzw. Verlust) der Gesellschaft ermittelt. Da Handelsgesellschaften (OHG, KG) nach § 140 AO buchführungspflichtig sind, erfolgt die Gewinnermittlung durch Betriebsvermögensvergleich (§ 4 Abs. 1 S. 1 EStG). Der auf diese Weise ermittelte Gewinn wird einheitlich und gesondert festgestellt (§ 179 f. AO). Auf der zweiten Stufe erhält jeder Mitunternehmer entsprechend seinem Mitunternehmeranteil an der Personengesellschaft den auf ihn entfallenden Gewinn zugerechnet. Dieser ist dann vom Gesellschafter selbst (als Einkünfte aus Gewerbebetrieb i. S. d. § 15 EStG) zu versteuern. Eine Besteuerung auf Ebene der Gesellschaft (mit Körperschaftsteuer) findet demnach nicht statt.[351] Zu beachten ist, dass Einnahmen der Mitunternehmer aus Leistungsbeziehungen zwischen der Personengesellschaft und deren Mitunternehmern zu Sonderbetriebseinnahmen[352] i. S. d. § 15 Abs. 1 Nr. 2 EStG führen.

230 Lediglich im Rahmen der **Gewerbesteuer** sind Personengesellschaften selbständiges **Steuersubjekt.**[353] Der ermittelte Gewinn ist um die Hinzurechnungen und Kürzungen im Rahmen der gewerbesteuerlichen Gewinnermittlung zu modifizieren (§§ 7–9 GewStG). Des Weiteren steht der Personengesellschaft ein Freibetrag i. H. v. 24.500 EURO zu (§ 11 Abs. 1 S. 3 Nr. 1 GewStG). Die auf den Gewerbeertrag anzuwendende Steuermeßzahl beträgt wie im Falle von BgA 3,5 % (§ 11 Abs. 2 GewStG).

231 Eine Personengesellschaft ist – sofern sie eine selbständige Tätigkeit nachhaltig und gegen Entgelt ausübt – **Unternehmer i. S. d. Umsatzsteuergesetzes** und unterliegt damit der Umsatzsteuer.[354]

232 **bb) Besteuerung des Mitunternehmers.** Ähnlich wie bei Kapitalgesellschaften führen sowohl die jährlich gesondert und einheitlich festgestellten Gewinne als auch die Veräußerung von Mitunternehmeranteilen zu steuerlichen Folgen. Zu beachten ist, dass das

---

349 Bereits früher: Vgl. *Ritzer/Rogall/Stangl,* WPg 2006 S. 1210, 1216.

350 Vgl. → Rn. 272 ff. zur Darstellung der steuerlichen Vorzüge einer GmbH & Co. KG.

351 Allerdings gilt bei Kommunen die Beteiligung an einer Mitunternehmerschaft wieder als BgA, der der Körperschaftsteuer unterliegt. Somit bleibt der anteilig zugeordnete Gewinn aus einer Mitunternehmerschaft nicht unversteuert, sondern wird als Gewinn eines BgA erfasst.

352 Entsprechend liegen bei der Personengesellschaft Sonderbetriebsausgaben vor.

353 Im Gegensatz zur Kapitalgesellschaft, die unabhängig von der tatsächlich ausgeübten Tätigkeit gewerbesteuerpflichtig ist, tritt bei Personengesellschaften eine solche nur dann ein, wenn eine gewerbliche Tätigkeit vorliegt; § 2 Abs. 1 S. 1 u. 2 GewStG; R 2.1 Abs. 2 GewStR.

354 § 2 Abs. 1 UStG; 2.1 Abs. 1 S. 1 u. Abs. 2 UStAE.

Halten der Beteiligung an einer Personengesellschaft für die juristische Person des öffentlichen Rechts grundsätzlich einen BgA darstellt.[355]

(1) Besteuerung der laufenden Erträge. Grundsätzlich hat jeder Gesellschafter den ihm zugerechneten Gewinnanteil mit seinem persönlichen Steuersatz zu besteuern. Da die Beteiligung an einer Personengesellschaft bei der juristischen Person des öffentlichen Rechts zur Begründung eines BgA führt, stellen die zugerechneten Gewinne demnach Einkünfte des BgA dar und unterliegen der Körperschaftsteuerpflicht.[356] Eine Zusammenfassung nach § 4 Abs. 6 KStG ist möglich. Bei der Einkommensermittlung der Personengesellschaft dürfen jedoch die Beziehungen zwischen Gesellschaft und Mitunternehmer (Kommune) nicht vernachlässigt werden, z. B. bei der Erfassung von Sonderbetriebseinnahmen. 233

Folgende Prinzipien gelten bei der Erfassung der Erträge einer Personengesellschaft bei der jPöR als Mitunternehmer[357]: 234

- Auf die Rechtsform der Personengesellschaft kommt es grundsätzlich nicht an.
- Ein BgA kann nur angenommen werden, soweit die Einkünfte der Personengesellschaft nicht vermögensverwaltend oder land- und forstwirtschaftlich sind.
- Jede Tätigkeit der Mitunternehmerschaft ist gesondert zu beurteilen.
- Die für die Merkmale der wirtschaftlichen Selbständigkeit und des wirtschaftlichen Gewichts geltenden Umsatzgrenzen sind unerheblich.
- Vermögensverwaltende Tätigkeiten können als Hilfs- oder Nebengeschäft zu einer übrigen Tätigkeit der Mitunternehmerschaft einzuordnen sein.
- Die Beteiligung an einer Personengesellschaft, die ausschließlich auf Grund einer gewerblichen Prägung gewerbliche Einkünfte erzielt, führt bei der beteiligten jPdöR zu keinem BgA.
- Übt die Mitunternehmerschaft auch einzelne Tätigkeiten aus, die nicht mit Gewinn- bzw. Einkünfteerzielungsabsicht betrieben werden, sind die mit diesen Tätigkeiten jeweils im Zusammenhang stehenden Einnahmen und Ausgaben auch nicht bei der gesonderten und einheitlichen Gewinnfeststellung zu berücksichtigen.
- Ist die Personengesellschaft insgesamt nicht mit Gewinnerzielungsabsicht tätig, liegt keine gewerbliche Mitunternehmerschaft vor. Die Einkünfte sind unter Beachtung des § 4 KStG festzustellen.

(2) Besteuerung der Veräußerung von Mitunternehmeranteilen. Grundsätzlich führt die Veräußerung eines Mitunternehmeranteils zur Aufdeckung der darin enthaltenen stillen Reserven (§ 16 Abs. 1 S. 1 Nr. 2 EStG). Veräußerungsgewinn ist dabei der Betrag, um den der Veräußerungspreis den Wert des Betriebsvermögens übersteigt (§ 16 Abs. 2 EStG). 235

Da durch das Halten eines Mitunternehmeranteils durch eine juristische Person ein BgA begründet wird, löst auch die Veräußerung des Mitunternehmeranteils[358] die Steuerpflicht aus, da sie im Rahmen eines BgA erfolgt. Andernfalls würde sie im Rahmen der Vermögensverwaltung erfolgen und wäre damit steuerfrei. Dieses Ergebnis wäre allerdings nicht folgerichtig, da somit die stillen Reserven unversteuert aufgedeckt werden könnten.[359] 236

[355] Vgl. → Rn. 67. Nur im Ausnahmefall – wenn die Personengesellschaft lediglich eine vermögensverwaltende Tätigkeit ausführt – kann die Beteiligung Vermögensverwaltung darstellen. Im Gegensatz hierzu stellt das Halten der Beteiligung an einer Kapitalgesellschaft in der Regel Vermögensverwaltung dar.

[356] Hierzu ausführlich → Rn. 74 ff.

[357] Vgl. BMF Schreiben vom 21.6.2017, IV C 2-S-2706/14/10001 und ausführlich OFD Karlsruhe Arbeitshilfe vom 14.6.2018.

[358] Genau genommen führt die Veräußerung des Mitunternehmeranteils automatisch zum Wegfall des BgA, da ja das Halten der Beteiligung einen oder mehrere BgA begründet. Man kann aber wohl davon ausgehen, dass die Veräußerung des Mitunternehmeranteils selbst zur Begründung eines neuen BgA führt oder als „letzte Aktion" des BgA „Halten der Beteiligung" gilt, so dass sie der Besteuerung unterliegt.

[359] Zum gleichen Ergebnis der Steuerpflicht der Veräußerung eines Mitunternehmeranteils kommt, allerdings ohne Begründung, auch *Augsten* in *Fabry/Augsten* (Hrsg.), Handbuch Unternehmen der öffentlichen Hand (2. Aufl.), Teil 5, Rn. 176.

c) Kommunale Unternehmen in der Rechtsform des Kommunalunternehmens

237 Neben der Umwandlung bzw. Ausgliederung von kommunalen Betrieben in Kapital- oder Personengesellschaften kommt auch die Überführung von Bereichen in ein **Kommunalunternehmen** in Frage. Das Kommunalunternehmen stellt eine selbständige, öffentlich-rechtliche Rechtsform dar, weshalb der „Rechtformwechsel“[360] erhebliche Auswirkungen für das kommunale Unternehmen in rechtlicher und organisatorischer Hinsicht hat. Die Umwandlung eines kommunalen Betriebes in ein Kommunalunternehmen erfolgt in der Regel im Wege der Gesamtrechtsnachfolge nach Landesrecht.[361]

238 Unter steuerlichen Gesichtspunkten erfolgt jedoch keine Änderung. Auch das Kommunalunternehmen unterliegt nur im Rahmen seiner BgA der Besteuerung.[362] Allerdings erfolgt eine Änderung der Trägerkörperschaft des BgA, da nicht mehr die Kommune die juristische Person des öffentlichen Rechts darstellt, die im Rahmen ihrer BgA der Besteuerung unterliegt, sondern das Kommunalunternehmen selbst stellt die juristische Person des öffentlichen Rechts dar und ist somit Steuersubjekt.

239 Es können sich jedoch steuerliche Folgen aus der Umwandlung selbst ergeben, beispielsweise wenn Grundvermögen auf das Kommunalunternehmen übertragen wird (Grunderwerbsteuer)[363]. In körperschaftsteuerlicher Hinsicht wird, obwohl dies nicht ausdrücklich gesetzlich geregelt ist, von einer analogen Anwendbarkeit der Rechtsfolgen für Kapitalgesellschaften ausgegangen[364], weshalb die im Folgenden beschriebenen Rechtsfolgen Anwendung finden.

2. „Der Weg“: Umwandlungen

a) Allgemeines

240 Aus rechtstechnischer Sicht vollzieht sich die Umgestaltung von BgA juristischer Personen des öffentlichen Rechts im Wesentlichen in drei Schritten, die teilweise zeitlich parallel nebeneinander her zu vollziehen sind. In aller Regel ist die Frage nach der **Bewertung** des Betriebes zu stellen, da hiervon insbesondere die „Einbringungswerte“ bzw. „Umwandlungswerte“ oder „Abspaltungswerte“ im Rahmen des Rechtsformwechsels abhängen. Parallel sollte in jedem Fall mit den zuständigen Rechtsaufsichtsbehörden die **öffentlich-rechtliche Durchführbarkeit** der Umorganisation abgeklärt und abgesichert werden. Schließlich erfolgt die rechtstechnische **Umsetzung** der Einbringung bzw. Umwandlung des Betriebes bis hin zur Eintragung des nun in privat-rechtlicher (z. B. GmbH) oder öffentlich-rechtlicher Rechtsform (Kommunalunternehmen) geführten Unternehmens in das Handelsregister[365].

241 Die Frage nach der Bewertung des Betriebes ist – von Spezialfällen abgesehen – regelmäßig in zwei Richtungen hin zu beantworten. Zum einen müssen die **handelsrechtlichen und steuerbilanziellen Werte** festgestellt werden, die in der Einbringungsbilanz

[360] Obwohl das kommunale Unternehmen in eine neue Rechtsform gekleidet wird und somit im sprachlichen Sinn ein Rechtsformwechsel vorliegt, ist ein solcher nach der Definition des Umwandlungsgesetzes nicht gegeben, da ein Formwechsel nur für bestimmte privatrechtliche Rechtsformen in Frage kommt; vgl. Umwandlungssteuererlass, BMF vom 25.3.1998, geändert am 21.8.2001, Beck'sche Steuererlasse 130 Rn. 00.06.

[361] Z. B. Art. 89 Abs. 1 S. 1 GO By.

[362] Vgl. hierzu ausführlicher → Rn. 39 f. und → Rn. 74 ff.

[363] → Rn. 251 ff.

[364] Die gilt allerdings nur bezüglich der Möglichkeit der Buchwertansätze (in der Regel analoge Anwendung von § 6 Abs. 3 EStG), nicht jedoch bzgl. der Übernahme eventueller Verlustvorträge; Vgl. BFH vom 12.1.2011, I-R-112/09, BFH/NV 2011, S. 1194 oder Kurzinformation der OFD Münster vom 14.7.2011.

[365] Während eine GmbH zwingend in Handelsregister einzutragen ist, gilt für Kommunalunternehmen bzw. Anstalten des öffentlichen Rechts keine zwingende Eintragungspflicht; die Möglichkeit der Eintragung besteht aber.

bzw. in der Umwandlungsbilanz festgehalten werden sollen.[366] Eine solche Bilanz ist auf den Stichtag der Einbringung bzw. Umwandlung aufzustellen. Dies gilt in jedem Fall auch dann, wenn die bisherige juristische Person des öffentlichen Rechts, die den Betrieb als öffentlich-rechtlichen Betrieb bereits führte, gleichzeitig alleinige Gesellschafterin bzw. Anteilseignerin des neuen privatrechtlichen Unternehmens ist. Zum zweiten ergeben sich selbstverständlich Bewertungsprobleme insbesondere dann, wenn mehrere Betriebe des öffentlichen Rechts, die bisher von unterschiedlichen juristischen Personen des öffentlichen Rechts geführt wurden, in eine gemeinsame Unternehmung des Zivilrechts eingebracht bzw. verschmolzen werden sollen und hierbei die **Anteilsverhältnisse** zwischen den einzelnen Gesellschaftern bzw. Anteilseignern festzulegen sind.

b) Wertansätze aus handels- und steuerbilanzieller Sicht

Ob eine Umwandlung steuerliche Belastungen für den Umwandelnden (Kommune) oder die neu gegründete Gesellschaft auslöst, hängt zum Großteil von der Bewertung des in die neue Rechtsform eingebrachten Vermögens ab. Zum einen ergibt sich hieraus, ob der Einbringende (Kommune) in den eingebrachten Wirtschaftsgütern enthaltene **stille Reserven**[367] zu versteuern hat. Zum anderen entscheidet der Wertansatz in der neuen Gesellschaft auch über die **künftigen steuerlichen Belastungen,** die beispielsweise von der Höhe der Abschreibungen abhängen, die sich wiederum aus der Bewertung des übertragenen Anlagevermögens ergeben. 242

Im Folgenden gehen wir für die Beschreibung der steuerlichen Folgen einer Umwandlung in eine Kapital- oder Personengesellschaft oder ein Kommunalunternehmen davon aus, dass ein **vollständiger Betrieb, Teilbetrieb**[368] oder Mitunternehmeranteil in die neue Rechtsform überführt wird. Sollte nicht ein gesamter Betrieb, sondern lediglich einzelne Wirtschaftsgüter übertragen werden, so liegt keine Umwandlung[369], sondern nur eine Entnahme und gleichzeitig erfolgende Einlage von Wirtschaftsgütern in die Gesellschaft im Tausch gegen Gesellschaftsrechte vor.[370] 243

Eine Kapital- oder Personengesellschaft hat das **Wahlrecht,** das im Rahmen der Umwandlung eingebrachte Betriebsvermögen mit dem **Buchwert** oder einem höheren Wert (maiximal dem **gemeinen Wert** oder einem **Zwischenwert**) anzusetzen.[371] Erfolgt der Ansatz mit einem Wert über dem Buchwert, so werden die in den einzelnen Wirtschaftsgütern enthaltenen stillen Reserven (teilweise) aufgedeckt. Dies führt beim Einbringenden (Kommune) zu einem **Veräußerungsgewinn,** der grundsätzlich der Steuerpflicht unterliegt.[372] Auch die nicht aufgedeckten stillen Reserven werden rückwirkend besteuert, wenn innerhalb von 7 Jahren eine Veräußerung der Anteile erfolgt.[373] 244

Bewertungsfragen erübrigen sich regelmäßig dann, wenn die Buchwerte der Schlussbilanz des öffentlichen Betriebes fortgeführt werden sollen. Wird z. B. ein Eigenbetrieb einer Kommune in eine GmbH eingebracht und soll **Umwandlungsstichtag** der 1. Ja- 245

[366] Hierzu nachfolgend → Rn. 242 ff.

[367] Zum Begriff „stille Reserven" vgl. → Fn. 347.

[368] Die Einbringung eines Betriebes oder Teilbetriebes in diesem Sinne (gemäß § 20 UmwStG) setzt voraus, dass alle **wesentlichen Betriebsgrundlagen** mit eingebracht werden. Es genügt nicht, der Kapitalgesellschaft diese Wirtschaftsgüter nur zur Nutzung zu überlassen, genauer hierzu BMF-Schreiben vom 11.11.2011, IV C 2-S-1978b/08/10001; Tz. 15.07.

[369] Jedenfalls keine Umwandlung im Sinne des UmwStG.

[370] Vgl. → Rn. 97 zur Entnahme und Einlage von Wirtschaftsgütern aus einem bzw. in einen BgA (also auch in ein Kommunalunternehmen). Einlagen in Personen- oder Kapitalgesellschaften sind gemäß § 6 Abs. 1 Nr. 5 EStG grundsätzlich mit dem Teilwert anzusetzen.

[371] § 20 Abs. 1 S. 1 und 2 UmwStG bzw. § 3 Abs. 1 und 2 UmwStG.

[372] Der Veräußerungsgewinn kann dennoch steuerbefreit sein, wenn z. B. die Ausgliederung eines gemeinnützigen Betriebes (z. B. städtisches Krankenhaus in der Form eines Regiebetriebes) in eine gemeinnützige GmbH erfolgt.; → Rn. 279 ff. zum Gemeinnützigkeitsrecht.

[373] Ausführlich → Rn. 226 ff.

nuar eines Kalenderjahres, 00:00 Uhr, sein[374], so ist auf den 31. Dezember des vorangegangenen Kalenderjahres nach handelsrechtlichen Regeln unter Fortführung der im Jahresabschluss des Eigenbetriebes des Vorjahres bilanzierten Werte ein Jahresabschluss aufzustellen. Aus diesem Jahresabschluss ergeben sich die fortgeführten handelsrechtlichen Schlussbilanzwerte, die im Rahmen der so genannten „Buchwertfortführung" gleichzeitig die Werte der **Eröffnungsbilanz** zum 1. Januar des folgenden Kalenderjahres darstellen. Nach den steuerlichen Regeln ist außerdem gegebenenfalls eine abweichende Steuerbilanz auf den Umwandlungsstichtag aufzustellen. Die **Schlussbilanz** zum 31. Dezember des vorangegangenen Kalenderjahres ist in diesem Fall gleichzeitig die **Umwandlungsbilanz,** aufgrund derer die Umwandlung erfolgt und zur Eintragung in das Handelsregister gelangt.

246 Sollen höhere als die fortgeführten handelsbilanziellen Buchwerte zum Ansatz kommen, so werden dies in aller Regel die Verkehrswerte (steuerlich: gemeine Werte) sein. Möglich ist auch der Ansatz von Zwischenwerten, die zwischen den Buchwerten und den tatsächlichen Verkehrswerten liegen. Allerdings sind die **Wertansätze** nicht von entscheidender Bedeutung, wenn alleinige Gesellschafterin bzw. Anteilseignerin des neuen privatrechtlichen Unternehmens wiederum die juristische Person des öffentlichen Rechts ist, die schon bisher den Betrieb führte. Hier haben die Wertansätze zwar **Einfluss auf die Höhe des Veräußerungsgewinns** (und damit die Höhe der zu zahlenden Steuern) und der Anschaffungskosten bzw. der künftigen Abschreibungen der neuen Gesellschaft, sie wirken sich aber nicht unmittelbar auf **Anteilsverhältnisse** oder den **Kaufpreis** aus.

247 Bringen mehrere juristische Personen des öffentlichen Rechts unterschiedliche Betriebe in eine gemeinsame Gesellschaft des Zivilrechts ein oder beteiligt sich ein privater Dritter im Wege einer Sacheinlage an der neuen Gesellschaft, so sind diese Betriebe anhand von objektiven Kriterien zu bewerten. Die Bewertung hat hier direkten Einfluss auf die Bestimmung der Anteilsverhältnisse in der neuen Gesellschaft und auf einen eventuellen Veräußerungspreis der Anteile. Die Heranziehung von handels- oder steuerbilanziellen Werten reicht deshalb hier im Regelfall nicht aus. In der Praxis kommen die **Substanz-**[375] und die **Ertragswertmethode** zum Einsatz, wobei der Ertragswertmethode[376] unter betriebswirtschaftlichen Gesichtspunkten wohl der Vorrang einzuräumen ist.

c) Verkehrssteuern bei Umwandlungen

248 **aa) Umsatzsteuer.** Soweit im steuerlichen Sinne ein gesamter BgA in eine Personengesellschaft oder in eine Kapitalgesellschaft (gegen Gewährung von Gesellschafterrechten) eingebracht wird, ist dies in aller Regel als eine **„Geschäftsveräußerung im Gan-**

[374] Der Umwandlungsstichtag darf bis zu 8 Monate vor der Anmeldung der Umwandlung zur Eintragung ins Handelsregister liegen (§ 20 Abs. 6 UmwStG). Soll die Bilanz zum 31. 12. des Vorjahres Grundlage für die Bewertung sein, so muss die Umwandlung demnach spätestens bis zum 31.8. des laufenden Jahres beim Handelsregister angemeldet sein.

[375] Bei der **Substanzwertmethode** wird der Wert eines Unternehmens nach dessen „Substanz", also den im Betrieb vorhandenen Vermögenswerten bestimmt. Hierzu werden zum einen die Buchwerte der einzelnen Wirtschaftsgüter, zum anderen aber auch die in diesen Wirtschaftsgütern enthaltenen „stillen Reserven" (→ Fn. 347) herangezogen. Der Substanzwert umfasst aber regelmäßig nur einen Teil des Reproduktionswertes eines Unternehmens, da lediglich die Aufwendungen für bilanzierte oder bilanzierungsfähige Vermögensgegenstände berücksichtigt werden. Nicht berücksichtigt werden die für eine vollständige Reproduktion notwendigen Aufwendungen für Faktoren wie Kundenbeziehungen, Bekanntheitsgrad des Unternehmens, Anerkennung und Vertrauen bei Kunden sowie in der Öffentlichkeit; siehe ausführlicher Beck'sches Steuerberaterhandbuch, 17. Auflage 2019, Rn. 10–18.

[376] Die **Ertragswertmethode** geht von dem Grundgedanken aus, dass ein Betrieb, der in eine Gesellschaft eingebracht werden soll, nur insoweit einen eigenständigen Wert verkörpert, als er in Zukunft Gewinne abwirft. Der Ertragswert ist der Barwert aller dem Unternehmen zukünftig entziehbaren Einahmen- oder Ertragsüberschüsse. Dabei wird unterstellt, dass das Unternehmen bzw. der Betrieb ewig fortbesteht („Going Concern"). Die Ergebnisse der Ertragswertmethode hängen insbesondere von der Planungsrechnung der künftigen Erträge und vom angewandten Diskontierungszinssatz ab; siehe ausführlicher Beck'sches Steuerberaterhandbuch, 17. Auflage 2019, Rn. 19–22.

zen"[377] im umsatzsteuerlichen Sinne zu behandeln. Hierbei dürfen jedoch keine wesentlichen Betriebsgrundlagen zurückbehalten werden. Liegt eine Geschäftsveräußerung im Ganzen vor, so ist der Einbringungs- bzw. Umwandlungsvorgang **nicht umsatzsteuerbar.**[378]

Sollte im umsatzsteuerlichen Sinne keine „Geschäftsveräußerung im Ganzen" vorliegen, weil wesentliche Betriebsgrundlagen zurückbehalten worden sind, ergibt sich folgendes **Problem:** Vorsteuerbeträge, die aufgrund der Anschaffung oder Herstellung von umsatzsteuerpflichtig genutzten Gegenständen geltend gemacht wurden, sind zu korrigieren, wenn diese nicht mindestens 10 Jahre (im Falle von Gebäuden) bzw. 5 Jahre (im Falle von beweglichen Vermögensgegenständen) nach der Geltendmachung dieser Vorsteuerbeträge zu umsatzsteuerpflichtigen Leistungen genutzt werden[379] Ändert sich während dieses Zeitraumes die tatsächliche Nutzung des Gebäudes bzw. des beweglichen Vermögensgegenstandes von einer umsatzsteuerpflichtigen Nutzung hin zu einer umsatzsteuerfreien Nutzung, so ist für jedes Jahr, für das die Voraussetzung einer umsatzsteuerpflichtigen Nutzung nicht gegeben ist und das innerhalb des 10-jährigen bzw. 5-jährigen Berichtigungszeitraumes liegt, ein Zehntel (bei Gebäuden) bzw. ein Fünftel (bei beweglichen Vermögensgegenständen) des ursprünglich geltend gemachten Vorsteuerbetrages zu korrigieren und an die Finanzverwaltung zurückzuzahlen.[380] Bei Zurückbehaltung von wesentlichen Betriebsgrundlagen im Rahmen einer Umwandlung handelt es sich regelmäßig um eine solche **„schädliche" Nutzungsänderung,** da ein ursprünglich einem BgA und damit dem Unternehmen zugeordneter Gegenstand in den hoheitlichen und damit nicht unternehmerischen Bereich überführt wird. Liegt jedoch eine Geschäftsveräußerung im Ganzen vor, so tritt der erwerbende Unternehmer an die Stelle des Veräußerers[381] mit der Folge, dass die unternehmerische (Weiter-) Nutzung gesichert ist.[382] 249

Bei BgA, die vor der Überführung z. B. in eine Kapitalgesellschaft ausschließlich **umsatzsteuerfreie Umsätze** tätigten, beispielsweise Krankenhäuser, löst die Übertragung der vorhandenen Wirtschaftsgüter unter Umständen **erstmals Umsatzsteuer** aus, wenn nicht alle wesentlichen Betriebsgrundlagen übertragen werden. 250

bb) Grunderwerbsteuer. Die Einbringung von Grund und Boden und/oder Gebäuden **in eine Kapitalgesellschaft** löst grundsätzlich **Grunderwerbsteuer** aus (§ 1 Abs. 1 GrEStG). Die GrESt bemisst sich bei Umwandlungen nach den Bedarfswerten (§ 8 Abs. 2 Nr. 2 GrEStG i. V. m. §§ 157 ff. BewG). Für bebaute Grundstücke ist das 12,5-fache der Jahresmiete anzusetzen, wobei eine Wertminderung wegen Alters erfolgt. Lässt sich eine Jahresmiete nicht ermitteln, so sind der Wert des Grund und Bodens und der Wert des Gebäudes getrennt zu ermitteln. Als Wert des Gebäudes gelten dann die Buchwerte. 251

Wird **Immobilienvermögen** hingegen **in eine Personenhandelsgesellschaft,** wie eine GmbH & Co. KG, eingelegt, und ist die einbringende juristische Person des öffentlichen Rechts alleinige Kommanditistin dieser Personenhandelsgesellschaft[383], so löst dies keine Grunderwerbsteuer aus (§ 5 Abs. 2 GrEStG). 252

---

377 Eine solche liegt gemäß § 1 Abs. 1a S. 2 UStG vor, wenn ein Unternehmen oder ein in der Gliederung eines Unternehmens gesondert geführter Betrieb im Ganzen entgeltlich oder unentgeltlich übereignet oder in eine Gesellschaft eingebracht wird.

378 § 1 Abs. 1a UStG.

379 § 15a Abs. 1 UStG.

380 § 15a Abs. 2 UStG.

381 § 1 Abs. 1a S. 3 UStG.

382 Auch bei Vorliegen einer Geschäftsveräußerung im Ganzen und damit der Übertragung aller wesentlichen Betriebsgrundlagen kann es möglich sein, dass andere „„nicht wesentliche" Wirtschaftsgüter zurückbehalten werden und für diese eine Vorsteuerkorrektur gemäß § 15a UStG zu erfolgen hat. Allerdings kann eine solche Korrektur wohl nur von geringem Umfang sein, da „teure" Wirtschaftsgüter in der Regel wesentliche Betriebsgrundlagen darstellen und mit übertragen worden sind.

383 Zudem darf die Komplementärkapitalgesellschaft nicht am Vermögen der Kommanditgesellschaft beteiligt sein; vgl. → Rn. 276 ff. zur GmbH&Co. KG.

253 Für den Anfall von Grunderwerbsteuer ist es somit erheblich, ob eine Kapital- oder Personengesellschaft im Wege einer Umwandlung entstanden ist. Unerheblich ist insoweit, ob alle wesentlichen Betriebsgrundlagen auf die Gesellschaft übertragen wurden. **Besteuert** wird die **Übertragung des Grundstücks** auf eine Kapitalgesellschaft, in welchem Kontext diese erfolgte, ist irrelevant. Eine im Zusammenhang mit Umwandlungen relevante Steuerbefreiung ergibt sich aus Sicht der öffentlichen Hand nur dann, wenn ein Grundstück von der juristischen Person des öffentlichen Rechts auf eine Gesamthand (z. B. GmbH & Co. KG) übergeht (§ 5 Abs. 2 GrEStG).

254 Daraus folgt, dass bei BgA, die in eine GmbH umgewandelt werden sollen, Grunderwerbsteuer im Regelfall nicht vermieden werden kann. Dies gilt auch für die Ausgliederung gemeinnütziger BgA, es sei denn, die **Immobilien** werden von der einbringenden jPöR **zurückbehalten** und später an die gemeinnützige GmbH vermietet.[384, 385] In diesem Falle könnte sich jedoch die Frage stellen, ob überhaupt noch ein gesamter Betrieb in die Kapitalgesellschaft eingelegt wird, oder ob nicht wegen Zurückbehaltung von wesentlichen Betriebsgrundlagen die entsprechenden Vorschriften des Umwandlungssteuergesetzes gar nicht anwendbar sind.[386]

3. Gestaltungen im Rahmen der Privatisierung unter steuerlichen Gesichtspunkten

a) Steuerliche Zielsetzungen im Rahmen der Privatisierung

255 Neben rein organisatorischen und wirtschaftlichen Gründen spielen sicher bei einer Reihe von Umwandlungen kommunaler Betriebe in private Rechtsformen auch steuerliche Aspekte eine nicht ganz untergeordnete Rolle. Die steuerliche Betrachtung von Umwandlungen kann daher unter zwei Gesichtspunkten vorgenommen werden:

- Unter der Prämisse, dass ein Tätigkeitsbereich (mit allen Vermögensgegenständen) aus organisatorischen Gründen definitiv in eine Gesellschaft mit privater Rechtsform ausgegliedert werden soll, ist eine steuerlich geeignete Gestaltung zu finden.
- Zur steuerlichen Optimierung sind gezielt rechtlich mögliche Gestaltungen zu finden, die das gewünschte steuerliche Ergebnis hervorbringen.

256 Steht das Finden von zulässigen Gestaltungen mit dem Ziel einer Steuerminderung im Vordergrund, so lassen sich die Ziele im Bereich der einzelnen Steuerarten wie folgt kurz darstellen:

257 Aus **ertragsteuerlicher Sicht** geht es grundsätzlich um das Ziel, eine Ergebnisverrechnung von Verlust- mit Gewinnsparten zu erreichen, um so die **Körperschaftsteuergesamtbelastung** auf das ermittelte steuerliche Einkommen zu mindern. Das gleiche Ziel wird für die **Gewerbesteuer** verfolgt. Da jedoch Unterschiede in der Ermittlung des körperschaftsteuerlichen und des gewerbesteuerlichen Einkommens bestehen, müssen auch für vorteilhafte Gestaltungen unterschiedliche Aspekte betrachtet und Konsequenzen gezogen werden. Neben der *Erreichung* der Ergebnisverrechnung spielt auch die *Erhaltung* des steuerlichen Querverbundes für den Fall eine Rolle, dass ein fremder Dritter an einer Tochtergesellschaft beteiligt werden soll.

---

[384] Bei Mitübertragung der Grundstücke und anschließender gemeinnütziger Nutzung lässt die Finanzverwaltung jedoch fördermittelfinanzierte Gebäudeteile außer Ansatz; vgl. z. B. Lippross, Komm. zu § 147 BewG, Rn. 24 (90. EL 2015).

[385] Auch bei sogenannten **„Public-Private-Partnership"-Modellen** (auch „ppp-Modelle") kann unter bestimmten Voraussetzungen die Belastung mit Grunderwerbsteuer und Grundsteuer verhindert oder reduziert werden; vgl. sehr ausführlich hierzu Keyser, Public Private Partnership und Steuern – Die Sicht der öffentlichen Hand (2013).

[386] Dies würde jedoch ertragsteuerlich dann keine Rolle spielen, wenn aufgrund der Gemeinnützigkeit des BgA, aus dem heraus bestimmte Vermögensgegenstände in die Kapitalgesellschaft eingelegt werden, bei dieser Einbringung ohnehin kein **steuerpflichtiger** Veräußerungsgewinn entsteht; Zur Steuerpflicht gemeinnütziger Einrichtungen → Rn. 279 ff.

Im Bereich der **Umsatzsteuer** werden vordergründig zwei Ziele verfolgt: Zum einen sollen nicht steuerbare hoheitliche Tätigkeiten (z. B. Abwasserentsorgung) in einen „steuerpflichtigen Bereich" überführt werden, so dass die **Möglichkeit des Vorsteuerabzugs** aus Investitionen und anderen Anschaffungen gegeben ist. Somit verringern sich die Baukosten, da diese nur„netto" (im umsatzsteuerlichen Sinne) anfallen. Zum anderen soll versucht werden, **Leistungen,** die für eine juristische Person des öffentlichen Rechts bezogen werden (insbesondere menschliche Arbeitsleistungen), so in das Unternehmen der juristischen Person des öffentlichen Rechts zu integrieren, dass gar nicht erst eine Belastung von an sich umsatzsteuerpflichtigen Leistungen bzw. Tätigkeiten erfolgt, da Umsätze innerhalb derselben juristischen Person des öffentlichen Rechts als Innenumsätze unversteuert bleiben. 258

Im Hinblick auf die **Kapitalertragsteuer** gilt es, diese so gering wie möglich zu halten, indem Einnahmen, die im wirtschaftlichen Bereich einer juristischen Person des öffentlichen Rechts anfallen und für deren hoheitlichen Bereich bestimmt sind bzw. benötigt werden, ohne Belastung mit Kapitalertragsteuer an den hoheitlichen Bereich weitergeleitet werden können. Gestaltungsspielraum könnte sich hier insbesondere durch die Nichtbelastung der Gewinne von BgA ergeben, die bestimmte Größenmerkmale unterschreiten.[387] 259

Anders als bei den bisher genannten Steuerarten bietet sich im Bereich der **Grunderwerbsteuer** kein eigenständiges Motiv zur Steuerersparnis, da diese nur anfallen kann, wenn Grundvermögen übertragen wird, gleiches gilt für den Bereich der **Schenkungsteuer.** Deshalb kann das steuerliche Ziel in diesen Bereichen nur lauten, eine Steuerbelastung durch Wahl einer geeigneten Gestaltung zu vermeiden. 260

Jede rechtlich mögliche Gestaltung ist dabei unter dem Blickwinkel eines eventuellen Gestaltungsmissbrauchs nach § 42 AO zu betrachten.[388] Sollte die Finanzverwaltung oder die Finanzrechtsprechung einen solchen annehmen, so treten die steuerlichen Folgen so ein, als ob die Gestaltung nicht vorhanden wäre. 261

b) Organschaft

Die steuerliche **Organschaft** dient der **Verlagerung von Einkünften** zwischen verschiedenen Beteiligungsunternehmen. Sie spielt daher in erster Linie aus ertragsteuerlicher Sicht, aber auch aus umsatzsteuerlicher Sicht eine Rolle. Bei Vorliegen der Voraussetzungen für eine Organschaft werden die Einkünfte des Tochterunternehmens dem Mutterunternehmen zugerechnet und von diesem versteuert. Auf diese Weise kann ein **Verlustausgleich beim Mutterunternehmen** erreicht werden, ohne dass zuvor die Gewinne des Tochterunternehmens versteuert werden. Ebenso denkbar ist der umgekehrte Fall, dass Gewinne des Mutterunternehmens durch die Übernahme von Verlusten des Tochterunternehmens ausgeglichen werden. 262

Da für Organschaften bei juristischen Personen des öffentlichen Rechts die gleichen „Missbrauchskriterien" bzw. Hinzurechnungsvorschriften (Stichwort: vGA) wie für die Zusammenfassung von BgA gelten[389], ist sie nicht geeignet, einen **steuerlichen Querverbund** herzustellen. Sie eignet sich jedoch als Variante zur Aufrechterhaltung des Querverbundes, wenn ein **fremder Dritter** an der Organgesellschaft – also der Tochtergesellschaft der juristischen Person öffentlichen Rechts – beteiligt werden soll.[390] 263

Das Vorliegen einer Organschaft ist im Rahmen der Körperschaftsteuer, der Gewerbesteuer und der Umsatzsteuer getrennt zu beurteilen. Während es im Bereich Körperschaftsteuer und Gewerbesteuer tatsächlich zu **Steuerentlastungen** führen kann, führt das Vorliegen einer Umsatzsteuerorganschaft im „Normalfall" lediglich zur **Vereinfachung** in 264

---

[387] Ausführlich hierzu → Rn. 111 ff., insb. → Rn. 131.

[388] → Rn. 196 ff., insb. → Rn. 198.

[389] Vgl. → Rn. 189 ff.

[390] Vgl. auch *Beinert/Kostic* in: *Hoppe/Uechritz/Reck,* Handbuch Kommunale Unternehmen, 3. Aufl. 2012, § 11 Steuerrecht, Rn 237.

Bezug auf die Ermittlung von Umsätzen sowie hinsichtlich der Abgabe von Umsatzsteuervoranmeldungen und Umsatzsteuererklärungen. Die Beziehungen innerhalb des Organkreises unterliegen nicht der Besteuerung (§ 2 Abs. 2 Nr. 2 S. 3 UStG), was jedoch in der Regel keine Ergebnisauswirkung, sondern lediglich eine abweichende Behandlung der Innenumsätze (ohne Umsatzsteuer) von den Außenumsätzen (mit Umsatzsteuer) zur Folge hat.

265 Die umsatzsteuerliche Organschaft führt jedoch zu einer **Steuerentlastung,** wenn die Muttergesellschaft keine umsatzsteuerpflichtigen Leistungen erbringt. **Beispiel:** Hat ein Krankenhausbetrieb den Reinigungsdienst bereits in der Vergangenheit fremd vergeben, so fällt auf die von dem Reinigungsunternehmen zu erbringenden Leistungen Umsatzsteuer an, die der Krankenhausbetrieb nicht als Vorsteuer gegenüber dem Fiskus geltend machen kann. Besteht zwischen dem Krankenhaus und der Tochtergesellschaft jedoch eine umsatzsteuerliche Organschaft[391], so unterliegen Leistungen der Tochter an die Krankehaus-Mutter nicht der Besteuerung.[392]

266 Für das Vorliegen der **körperschaftsteuerlichen und gewerbesteuerlichen**[393] Organschaft müssen zwei **Voraussetzungen** erfüllt sein: Gemäß § 14 Abs. 1 KStG muss zum einen die **finanzielle Eingliederung** vorliegen, das heißt, der Organträger muss vom Beginn des Wirtschaftsjahres an ununterbrochen mit der Mehrheit der Stimmrechte an der Organgesellschaft beteiligt sein. Zum anderen muss ein **Ergebnisabführungsvertrag** gemäß § 291 Abs. 1 AktG bestehen, in dem sich die Organgesellschaft verpflichtet, ihren gesamten Gewinn an den Organträger abzuführen. In diesem Vertrag muss auch geregelt sein, dass im Verlustfall der Organträger verpflichtet ist, den Verlust der Organgesellschaft auszugleichen. Der Ergebnisabführungsvertrag muss auf mindestens 5 Jahre geschlossen sein und auch tatsächlich durchgeführt werden, um auch steuerlich anerkannt zu werden (§ 14 Abs. 1 Nr. 3 KStG).

267 Bei der **Organgesellschaft** (Tochtergesellschaft) muss es sich grundsätzlich um eine Kapitalgesellschaft handeln (§ 17 KStG i. V. m. § 14 Abs. 1 S. 1 KStG). Ein BgA kommt daher als Organgesellschaft nicht in Frage. Dies wird unter anderem auch damit begründet, dass der BgA rechtlich Bestandteil der Körperschaft öffentlichen Rechts ist und somit deren Willen unterliegt und er sich nicht dem Willen eines anderen, nämlich des Organträgers, unterordnen kann.[394]

268 **Organträger** einer Organschaft kann nur ein einziges **gewerbliches Unternehmen** sein.[395] Probleme können deshalb auftreten, wenn eine Organschaft zwischen einer gewinnbringenden Tochtergesellschaft und deren defizitärer Muttergesellschaft begründet werden soll. Während die Tätigkeit einer **Kapitalgesellschaft** stets und in vollem Umfang als Gewerbebetrieb gilt, und somit auch dauerdefizitäre Kapitalgesellschaften grundsätzlich als Organträger in Betracht kommen, erfüllt ein **dauerdefizitärer BgA** aufgrund fehlender Gewinnerzielungsabsicht nach Ansicht der Finanzverwaltung nicht die allgemeinen Voraussetzungen für einen Gewerbebetriebs i. S. d. § 2 Abs. 1 S. 2 GewStG.[396] Damit scheiden beispielsweise auch Kommunalunternehmen als Organträger aus, wenn sie mit ihren BgA

---

[391] Zu den Voraussetzungen für das Vorliegen einer Umsatzsteuerorganschaft bzw. einer Organgesellschaft → Rn. 271 bzw. → Rn. 267.

[392] Die bis zum Jahr 2002 mögliche sog. „Mehrmütterorganschaft", bei der bspw. ein Krankenhaus und eine private Reinigungsgesellschaft ein gemeinsames Tochterunternehmen gründen konnten, ist seit dem Veranlagungszeitraum 2003 nicht mehr möglich; vgl. → Fn. 395.

[393] Die Voraussetzungen für das Vorliegen der gewerbesteuerlichen und der körperschaftsteuerlichen Organschaft sind seit dem Erhebungszeitraum 2002 identisch; Rz. 11 des BMF-Schreibens vom 26.8.2003, BStBl. I 2003, S. 437.

[394] Vgl. *bereits früher: Augsten* in *Fabry/Augsten* (Hrsg.), Handbuch Unternehmen der öffentlichen Hand (2. Aufl.), Rn. 89.

[395] Die bis zum Veranlagungszeitraum 2002 anerkannte **Mehrmütterorganschaft** – im Hinblick auf die Ergebnisverteilung „fairste" Form der Organschaft – kommt damit nicht mehr in Frage; allerdings kann eine (eigens hierfür errichtete) gewerblich tätige Personengesellschaft Organträger sein; § 14 Abs. 1 Nr. 2 KStG.

[396] BMF vom 26.8.2003, BStBl. I 2003, S. 437 Tz. 4–5.

dauerhaft Verluste erwirtschaften.[397] Daneben ist auch bei nicht dauerdefizitären BgA aus kommunalrechtlicher Sicht[398] zu prüfen, ob es zulässig ist, einen Ergebnisabführungsvertrag mit einer Tochtergesellschaft zu schließen. Denn ein solcher fordert auch eine unbeschränkte Verlustübernahme, und eine unbegrenzte Verlustübernahme im Rahmen von Beteiligungen an privatwirtschaftlichen Gesellschaften ist für Kommunen nicht zulässig.

Personengesellschaften kommen nur dann als Organträger in Frage, wenn sie eine originär gewerbliche Tätigkeit i. S. d. § 15 Abs. 1 Nr. 1 EStG ausüben.[399] Gewerblich geprägte Personengesellschaften, d. h. also solche Personengesellschaften, an denen ausschließlich nicht persönlich haftende Gesellschafter (z. B. Kapitalgesellschaften) als persönlich haftende Gesellschafter beteiligt sind, erfüllen diese Voraussetzungen nicht, wenn ihre Tätigkeit sich beispielsweise auf Vermögensverwaltung beschränkt.[400] 269

Ist neben dem Organträger ein **Dritter** an der Organgesellschaft beteiligt, so ist für diesen Minderheitsgesellschafter eine **Garantiedividende** (oder Ausgleichszahlung) zu vereinbaren. Diese ist unabhängig von der Höhe des Gewinns der Organgesellschaft an den Minderheitsgesellschafter abzuführen. Sie muss – im Gegensatz zum an den Organträger abgeführten Gewinn – von der Organgesellschaft selbst versteuert werden (§ 16 KStG). Aus Sicht der Minderheitsgesellschafter ist bei Organschaftsverhältnissen die Vereinbarung einer festen Ausgleichszahlung unvermeidbar, da der Organträger die Geschäftspolitik und damit auch die Jahresabschlusserstellung der Organgesellschaft beeinflussen kann. Im Wege dieser Einflussnahme hat er auch die Möglichkeit, den Gewinn der Organgesellschaft zu steuern und gegebenenfalls so niedrig auszuweisen, dass Minderheitsgesellschafter keine Dividende bekommen würden. Das Risiko des Mehrheitsgesellschafters, auch im „echten Verlustfall" eine derartige Dividende zahlen zu müssen, konnte bis zum Veranlagungszeitraum 2002 durch Begründung einer **Mehrmütterorganschaft** (→ Fn. 395) ausgeschlossen werden. 270

Für eine **umsatzsteuerliche Organschaft** müssen die Merkmale der finanziellen, wirtschaftlichen und organisatorischen Eingliederung erfüllt sein (§ 2 Abs. 2 Nr. 2 UStG). **Finanzielle Eingliederung** liegt vor, wenn der Organträger die Anteilsmehrheit an der Organgesellschaft besitzt und diese es dem OT ermöglicht, durch Mehrheitsbeschlüsse seinen Willen in der OG durchzusetzen.[401] **Wirtschaftliche Eingliederung** ist gegeben, wenn die Organgesellschaft im Rahmen des Gesamtunternehmens, und zwar in engem wirtschaftlichem Zusammenhang mit diesem, tätig ist.[402] **Organisatorische Eingliederung** setzt voraus, dass die mit der finanziellen Eingliederung verbundene Möglichekeit der Beherrschung der Tochtergesellschaft durch die Muttergesellschaft in der laufenden Geschäftsführung tatsächlich wahrgenommen wird. (z. B. vollständige Personalunion der Geschäftsführung oder leitender Angestellter).[403] Auch ein Beherr- 271

---

[397] In der Literatur wird jedoch die Meinung vertreten, dass in dem Fall, in dem eine ertragstarke Beteiligung in einen BgA eingelegt ist und die Gewinne aus der Beteiligung – zumindest unter Einbeziehung des Veräußerungsgewinnes – die Verluste übersteigen (sog. Totalgewinn), unter Umständen doch ein gewerbliches Unternehmen und damit eine mögliche Organträgerschaft anzunehmen sei; vgl. Schiffers, GmbHR 2001, S. 315 (319) sowie die Ausführungen zum steuerlichen Querverbund im gewerbesteuerlichen Sinn, → Rn. 204 f.

[398] Z. B. § 92 Abs. 1 Nr. 3 GO BY, § 108 GO NRW.

[399] § 14 Abs. 1 Nr. 2 KStG.

[400] Eine GmbH & Co. KG, bei der die GmbH neben der Komplementärshaftung auch die Geschäftsführung innerhalb der KG übernimmt, kann beispielsweise eine solche gewerblich geprägte Personengesellschaft darstellen; siehe auch R 15.8 (6) EStR.

[401] 2.8 Abs. 5 UStAE.

[402] 2.8 Abs. 6 f. UStAE.

[403] 2.8 Abs. 7 ff. UStAE; siehe ausführlich hierzu BMF-Schreiben vom 7.3.2013, BStBl. I 2013, S. 333. Durch das BMF-Schreiben wurden die Anforderungen für das Vorliegen der organisatorischen Eingliederung verschärft. Das Schreiben berücksichtigt im Vorfeld ergangene BFH-Entscheidungen, z. B. BFH-Urteile vom 5.12.2007, BStBl. II 2008, S. 451, vom 3.4.2008, BStBl. II 2008, S. 905, vom 28.10.2010, BStBl. II 2011, S. 391 und vom 7.7.2011, BStBl. II 2013, S. 218. Es muss *sichergestellt* sein, dass in der Tochtergesellschaft eine vom Willen des Organträgers abweichende Willensbildung nicht stattfindet; z. B. Personenidentität in den Leitungsgremien *beider* Gesellschaften, Stimmenmehrheit der personenidenti-

schungsvertrag i. S. d. § 291 AktG ist möglich, um eine organisatorische Eingliederung zu begründen[404].

c) GmbH & Co.KG

272 Die GmbH & Co.KG oder AG & Co.KG als Rechtsform eines privatisierten Unternehmens der öffentlichen Hand spielt besonders dann eine Rolle, wenn viel Grundvermögen auf die neue Gesellschaft übertragen werden soll. Bei dieser Rechtsform ist es möglich, den Anfall von **Grunderwerbsteuer** zu **vermeiden,** ohne dabei auf die aus Sicht der öffentlichen Hand wichtige Haftungsbeschränkung zu verzichten. Daneben kann die GmbH & Co.KG dann von großem Interesse sein, wenn ein fremder Dritter an der privatisierten Gesellschaft beteiligt werden und die Gewinnverteilung entsprechend der Höhe der Beteiligungen erfolgen soll.[405]

273 Die GmbH & Co.KG lässt sich wie folgt charakterisieren: Es handelt sich um eine **Mischform** zwischen einer Personengesellschaft (Kommanditgesellschaft) und einer Kapitalgesellschaft. Die GmbH & Co. KG gilt jedoch sowohl gesellschaftsrechtlich als auch steuerrechtlich als **Personenhandelsgesellschaft,** nicht als Kapitalgesellschaft.[406]

274 Regelmäßig wird eine GmbH & Co. KG als Organisationsform von Betrieben der öffentlichen Hand wie folgt konstruiert: Der Anteilseigner (die **Kommune,** oder generell die juristische Person des öffentlichen Rechts) hält sämtliche oder jedenfalls die **Mehrheit der Kommanditanteile** der Gesellschaft. Die Haftung der Kommanditistin ist dabei auf die Höhe der im Handelsregister eingetragenen Hafteinlage begrenzt. Die Haftung innerhalb der GmbH & Co. KG übernimmt die als so genannte **Komplementärin** fungierende GmbH (im Falle einer AG & Co.KG ist dies eine Aktiengesellschaft), die gleichzeitig die Geschäftsführung der GmbH & Co. KG innehat. Wichtig ist, dass diese GmbH regelmäßig nicht am Vermögen und auch nicht an den Ergebnissen der Kommanditgesellschaft beteiligt ist, folglich auch keine Einlage in die Kommanditgesellschaft erbringt.[407] Diese Kapitalgesellschaft hat genau zwei Gegenstände als Gesellschaftszweck: zum einen die Übernahme der persönlichen Haftung für die Kommanditgesellschaft und zum anderen die Vertretung der Gesellschaft nach außen sowie Übernahme der Geschäftsführung im Innenverhältnis. Sie wird regelmäßig mit dem Mindestkapital als Stammkapital (EUR 25.000,00) gegründet. Die Geschäftsanteile an dieser GmbH wiederum hält die juristische Person des öffentlichen Rechts bzw. dieselben Anteilseigner, die auch die Kommanditanteile an der Kommanditgesellschaft halten.

275 **aa) Grunderwerbsteuerbefreite Übertragungen von Grundvermögen.** Übertragungen von Grundvermögen auf eine Gesamthand[408] lösen insoweit keine Grunderwerbsteuer aus, als der „Überträger" der Grundstücke am Vermögen der Gesamthand beteiligt ist (§ 5 Abs. 2 GrEStG). Ist die juristische Person des öffentlichen Rechts wie im oben dargestellten Beispiel demnach einziger Kommanditist der KG, so fällt keine Grunderwerbsteuer auf Grundstücksübertragungen an. Ist dagegen ein fremder Dritter als Kommanditist beteiligt, so fällt Grunderwerbsteuer in der Höhe an, in der der Dritte beteiligt ist.

---

schen Geschäftsführer, wenn Entscheidungen in der Tochtergesellschaft durch Mehrheitsbeschlüsse erfolgen, leitende Mitarbeiter des OT sind Geschäftsführer der OG.

404 2.8 Abs. 10 S. 4 UStAE.

405 Im Gegensatz hierzu ist beispielsweise bei der Organschaft der gesamte Gewinn der Tochtergesellschaft an die Mutter abzuführen, während der Minderheitsgesellschafter eine Garantiedividende oder Ausgleichszahlung erhält; ausführlicher → Rn. 270.

406 Zur grundsätzlichen steuerlichen Behandlung deshalb → Rn. 228 ff.

407 Man spricht auch von einer Beteiligung von 0 %.

408 Neben der GmbH & Co.KG kämen demzufolge auch alle anderen Personengesellschaften als Rechtsform in Frage, wenn der Anfall von Grunderwerbsteuer auf die Übertragung des Grundvermögens vermieden werden soll. Unter Haftungsgesichtspunkten stellt jedoch die GmbH & Co. die einzige hierfür in Frage kommende Rechtsform dar, da die juristische Person öffentlichen Rechts in allen anderen Fällen einer unbegrenzten Haftung ausgesetzt wäre.

bb) Vorzüge der GmbH & Co.KG unter ertragsteuerlichen Gesichtspunkten. Die GmbH & Co.KG wird wie jede andere Mitunternehmerschaft besteuert. Entsprechend ihrer Beteiligung wird den Kommanditisten[409] das einheitlich und gesondert festgestellte Ergebnis der Gesellschaft zugerechnet und von diesen mit dem persönlichen Steuersatz versteuert. Für die juristische Person des öffentlichen Rechts gilt die Kommanditbeteiligung an der KG als BgA mit der Folge, dass zugerechnete Gewinne als Gewinne aus einem BgA zu versteuern sind.[410] Unter den erforderlichen Voraussetzungen ist auch eine Ergebnisverrechnung mit anderen BgA der juristischen Person des öffentlichen Rechts möglich.[411] Die GmbH & Co.KG kann somit – zumindest unter dem Gesichtspunkt der Ergebniszurechnung – in gewisser Weise die Funktion der nicht mehr zulässigen Mehrmütterorganschaft[412] übernehmen, da auch bei dieser Gestaltung das Ergebnis anteilig den Gesellschaftern zugerechnet wurde. In vielen Praxisfällen dürfte somit die GmbH & Co.KG für Kommunen die einzig gangbare Möglichkeit für die Beteiligung eines Dritten sein, die auch eine gewisse steuerliche Ergebnisverrechnung zulässt. Die (einfache) Organschaft scheitert in manchen Fällen am zu hohen Risiko, das die Kommune bei Zusage einer Garantiedividende an einen Minderheitsgesellschafter eingehen müsste.[413] 276

Unter steuerlichen Gesichtspunkten stellt die Rechtsform der GmbH & Co.KG auch für defizitäre Betriebe eine geeignete Rechtsform dar. Während Verluste in Kapitalgesellschaften „eingeschlossen"[414] sind, werden sie bei der GmbH & Co.KG ihren Gesellschaftern anteilig zugerechnet und sind bei diesen unter gewissen Beschränkungen steuerlich berücksichtigungsfähig. Deshalb dürfte die Rechtsform der GmbH & Co.KG insbesondere für Mitgesellschafter aus dem Bereich der Privatwirtschaft interessant sein, wenn diese in anderen Bereichen Gewinne erzielen. Im Rahmen der einheitlichen und gesonderten Gewinnfeststellung der KG wird neben dem auf die Mitunternehmer zu verteilenden Gewinn oder Verlust der KG auch die Höhe der Kapitalkonten der einzelnen Mitunternehmer festgestellt. Diese Kapitalkonten setzen sich zusammen aus denen als Eigenkapital zu beurteilenden Gesellschafterkonten (Hafteinlagen und Pflichteinlagen). Darlehenskonten zählen hierzu nicht, im Einzelfall kann die Abgrenzung schwierig sein. Ergibt sich aus der einheitlichen und gesonderten Gewinnfeststellung der Mitunternehmerschaft (GmbH und Co. KG) ein Verlust, so kann jeder der beteiligten Kommanditisten den auf ihn entfallenden Verlustanteil bis zur Höhe seines Kapitalkontos mit anderen positiven Einkünften ausgleichen (§ 15a EStG). 277

Bei ausschließlich ertragsteuerlicher Betrachtung ist es grundsätzlich denkbar, dass eine Kommune unter dem Dach einer GmbH & Co. KG, die daneben auch noch originär gewerblich tätig ist, ihre sämtlichen Beteiligungen ebenfalls jeweils in der Rechtsform der GmbH & Co. KG hält. Auf Ebene der „Mutter-GmbH & Co. KG" könnten dann, vorausgesetzt die jeweiligen Kapitalkonten sind hoch genug, Gewinne und Verluste der einzelnen Beteiligungen ausgeglichen werden. Allerdings muss diese Art der GmbH & Co. KG neben dem „bloßen Halten von Beteiligungen" **eine eigene gewerbliche Tätigkeit entfalten,**[415] worunter unter Umständen auch die Erbringung von Dienstleistungen fallen könnte.[416] Vor Durchführung solcher Gestaltungen sollten verbindliche Zusagen der Finanzverwaltung eingeholt werden. 278

---

409 Bzw. der juristischen Person öffentlichen Rechts als alleiniger Kommanditistin, wenn keine weiteren Kommanditisten vorhanden sind.

410 Hierzu ausführlich → Rn. 232 ff.

411 Vgl. Voraussetzungen für den steuerlichen Querverbund → Rn. 187 ff.

412 Vgl. → Fn. 394.

413 Vgl. → Rn. 270.

414 Da die Kapitalgesellschaft ein eigenständiges Steuersubjekt ist und als solches besteuert wird, sind Verluste, die eine Kapitalgesellschaft erzielt, in ihr „eingeschlossen". Sie können nicht „ausgeschüttet" oder in einer anderen Weise ihren Gesellschaftern zugerechnet werden. Lediglich der Verlustrück (KSt)- oder -vortrag (KSt, GewSt) kommt in Betracht.

415 § 14 Abs. 1 Nr. 2, Satz 2 KStG.

416 Die Finanzverwaltung nimmt hierzu nicht eindeutig Stellung, vgl. BMF vom 26.8.2003, IV A 2 – S 2770-18/03, Rn. 3 u. 27.

IV. Gemeinnützigkeit als steuerliche Besonderheit bei kommunalen Unternehmen aller Rechtsformen

279 Häufig betreiben Kommunen **„gemeinnützige" Unternehmen.** Hierbei handelt es sich meist um Krankenhäuser, aber auch andere gemeinnützige Betätigungen, z. B. das Betreiben von Kindergärten oder Kinderhorts oder von Altenheimen oder weiteren Einrichtungen der Wohlfahrtspflege kommen in Betracht.

280 Zwar wird häufig von „gemeinnützigen" Zwecken gesprochen, gemeint sind dabei aber **„steuerbegünstigte Zwecke"** i. S. d. Abgabenordnung[417], bei denen es sich um gemeinnützige (§ 52 AO), mildtätige (§ 53 AO) oder kirchliche (§ 54 AO) Zwecke handeln kann. Entscheidend für den jeweiligen Betreiber der Einrichtung ist es in der Regel, die entsprechenden Steuervergünstigungen zu erhalten.

281 Es existieren eine Reihe von **steuerlichen Vergünstigungen** für nach den Vorschriften der Abgabeordnung steuerbegünstigte Körperschaften, die unabhängig von der jeweiligen Rechtsform gewährt werden. Es ist somit für die Besteuerung vorerst irrelevant, ob z. B. das Krankenhaus in Form eines Eigen- oder Regiebetriebes oder eines Kommunalunternehmens und damit aus steuerlicher Sicht als BgA geführt wird oder ob beispielsweise eine gemeinnützige GmbH vorliegt.

282 Ob eine Körperschaft wegen der ausschließlichen und unittelbaren Verfolgung von gemeinnützigen, mildtätigen oder kirchlichen Zwecken steuerbefreit ist, bestimmt sich nach den Vorschriften der Abgabenordnung (§§ 51–68 AO).

283 Das Gesetz schreibt vor, dass die steuerbegünstigten Zwecke **ausschließlich** und **unmittelbar** verfolgt werden müssen. Dies muss sich auch aus der **Satzung** der Körperschaft ergeben (§ 59 f. AO), die die steuerbegünstigten Zwecke und die Art ihrer Verwirklichung genau bestimmen muss. Ob die **satzungsmäßigen Voraussetzungen** der §§ 51, 59, 60 und 61 AO eingehalten sind, wird gesondert festgestellt – entweder, wenn die Körperschaft dies beantragt oder automatisch von Amts wegen bei der Veranlagung zur Körperschaftsteuer (§ 60a AO).

284 Das Vorliegen einer „korrekten" Satzung ist allerdings noch keine ausreichende Voraussetzung für die Erlangung der Steuerbegünstigung. Es ist zudem wichtig, dass die **tatsächliche Geschäftsführung** diesen Satzungsbestimmungen entspricht (§ 59 AO, 2. HS).

285 Körperschaften, die gemeinnützigen, mildtätigen oder kirchlichen Zwecken dienen, sind nach § 5 Abs. 1 Nr. 9 KStG von der **Körperschaftsteuer befreit,** es sei denn, sie unterhalten einen wirtschaftlichen Geschäftsbetrieb (§ 14 AO), der die Steuerbefreiung insoweit ausschließt. Stellt der wirtschaftliche Geschäftsbetrieb jedoch einen Zweckbetrieb dar (§§ 65–68 AO), ist die Steuerbefreiung wiederum gegeben.

286 Dies bedeutet: Sofern eine Körperschaft ausschließlich die in der Satzung festgeschriebenen steuerbegünstigten Zwecke verfolgt und damit im Rahmen ihres **ideellen Bereichs** tätig wird, greift die Steuerbefeiung uneingeschränkt.

287 Soweit sie sich jedoch am allgemeinen Wirtschaftsleben beteiligt und hieraus Einnahmen erzielt, handelt sie im Rahmen von **wirtschaftlichen Geschäftsbetrieben,** für die die Steuerbefreiung nicht gilt. Ein wirtschaftlicher Geschäftsbetrieb ist gemäß § 14 S. 1 AO eine selbständige, nachhaltige und über den Rahmen der Vermögensverwaltung hinausgehende Tätigkeit, durch die Einnahmen oder andere wirtschaftliche Vorteile erzielt werden.[418] Beispiele für wirtschaftliche Geschäftsbetriebe gemeinnütziger Körperschaften sind Beteiligungen an nicht ausschließlich vermögensverwaltend tätigen Personengesellschaften[419], aktive

---

[417] § 51 Abs. 1 S. 1 AO.

[418] Damit ist der wirtschaftliche Geschäftsbetrieb gemeinnütziger Körperschaften ähnlich definiert wie der BgA von juristischen Personen des öffentlichen Rechts; vgl. → Rn. 27 ff. Zur Vermögensverwaltung → Rn. 45; grundsätzlich zu Fragen der Gemeinnützigkeit vgl. Anwendungserlass zur Abgabenordnung AEAO zu § 51 ff.

[419] BFH vom 25.5.2011, BStBl. II 2011, S. 858.

Werbeaktivitäten[420], teilweise auch Fälle des sog. Sponsoring[421] oder beispeilsweise der Betrieb einer Cafeteria[422] oder die entgeltliche Überlassung von Telefonen oder Fernsehgeräten[423] in einem Krankenhaus.

Eine Ausnahme von der Besteuerung wirtschaftlicher Geschäftsbetriebe besteht jedoch wiederum, wenn der Art nach zwar ein wirtschaftlicher Geschäftsbetrieb vorliegt, dieser jedoch dazu dient, die steuerbegünstigten satzungsmäßigen Zwecke zu verwirklichen. Dann handelt es sich um einen **Zweckbetrieb,** der wiederum steuerbefreit ist. Bei einer Reihe von Zweckbetrieben (sog. „Katalogzweckbetriebe") ist gesetzlich geregelt, dass es sich um solche handelt, wenn zusätzlich bestimmte Kriterien erfüllt sind, z. B. Krankenhäuser (§ 67 AO) [424], sportliche Veranstaltungen eines Sportvereins (§ 67a AO) oder Alten-, Altenwohn- und Pflegeheime oder Kindergärten (§ 68 Nr. 1a) u. b) AO). Daneben kann bei Vorliegen der allgemeinen Voraussetzungen des § 65 AO ein Zweckbetrieb vorliegen, dies ist jedoch jeweils im Einzelfall zu prüfen und es sind strengere Voraussetzungen zu erfüllen als bei Vorliegen der sog. „Katalogzweckbetriebe" der § 66 ff. 288

Finanzielle Mittel aus dem ideellen Bereich einer gemeinnützigen Körperschaft dürfen niemals für wirtschaftliche Geschäftsbetriebe eingesetzt werden (**Grundsatz der Mittelbindung,** § 55 Abs. 1 Nr. 1 AO), sonst ist die Anerkennung der Gemeinnützigkeit der Körperschaft gefährdet. Sie dürfen deshalb nur für satzungsmäßige Zwecke verwendet werden, wobei diese Verwendung spätestens in den auf den Zufluss folgenden zwei Kalenderjahren zu erfolgen hat (§ 55 Abs. 1 Nr. 5 S. 1 und 3 AO). Das Gesetz spricht hier von **„zeitnaher" Mittelverwendung.**[425] 289

Im Rahmen der **Umsatzsteuer** existiert keine allgemeine Steuerbegünstigung für gemeinnützige Körperschaften. Hier sind lediglich bestimmte Tätigkeiten steuerbefreit.[426] 290

Im Bereich der **Gewerbesteuer** (§ 3 Nr. 6 GewStG), der **Grundsteuer** (§ 3 Abs. 1 Nr. 3a u. 3b GrStG) und der **Schenkungsteuer** (§ 13 Abs. 1 Nr. 16 ErbStG) existieren jedoch wiederum vollständige Steuerbefreiungen für gemeinnützige Körperschaften, soweit sie nicht im Rahmen wirtschaftlicher Geschäftsbetriebe handeln.[427] 291

V. Grundlegende Aussagen und Ausblick

Die Besteuerung von juristischen Personen des öffentlichen Rechts soll nach dem Grundgedanken der Wahrung der **Wettbewerbsneutralität** erfolgen. Deshalb wurde das derzeit gültige System geschaffen, das juristische Personen des öffentlichen Rechts nur dann der Besteuerung unterwerfen soll, wenn sie sich wirtschaftlich betätigen und in Konkurrenz zu privatwirtschaftlichen Unternehmen treten. 292

Derzeit erfolgt eine Besteuerung von juristischen Personen des öffentlichen Rechts **ertragsteuerlich** nur im Rahmen ihrer BgA. Dies gilt für Kommunen oder andere Gebietskörperschaften ebenso wie für Kommunalunternehmen. Viele Jahre war die umsatzsteuerliche Behandlung an das Ertragsteuerrecht „angehängt", so dass die ertragsteuerliche Einordnung einer Leistung zum BgA oder zum hoeitlichen Bereich auch ausschlaggebend für deren umsatzsteuerliche Behandlung war. 293

Für den Bereich der **Umsatzsteuer** erfolgte nun durch die **Einführung des § 2b UStG** bereits eine **Änderung der Systematik** der Besteuerung der öffentlichen Hand. Während 294

---

420 Z. B. BFH vom 26.6.2019, BStBl. II 2019, S. 654.
421 AEAO zu § 64, Nrn. 8–11.
422 BFH vom 11.4.1990, BStBl. II 1990, S. 724.
423 OFD Frankfurt am Main vom 20.7.2016, DStR 2016, S. 1994.
424 Die Einordnung der Krankenhäuser als Zweckbetrieb hat auch in den Fällen Bedeutung, in denen die Gemeinnützigkeit selbst für eine Steuerbefreiung zunächst nicht erforderlich ist, z. B. § 3 Nr. 20b) GewStG, § 4 Nr. 6 GrStG.
425 § 55 Abs. 1 Nr. 5 S. 1 AO.
426 Z. B.: Umsätze, die mit dem Betrieb eines Krankenhauses eng verbunden sind, § 4 Nr. 14b) UStG.
427 Ausführlich zur Steuerpflicht gemeinnütziger Körperschaften siehe bspw. *Buchna,* Leichinger, Seeger, Brox, Gemeinnützigkeit im Steuerrecht, 12. Auflage 2020.

die öffentliche Hand zuvor zunächst als Nichtunternehmer angesehen wurde – mit der Folge, dass ausgeführte Leistungen nicht der Umsatzsteuer unterlagen und nur bei Erfüllung bestimmter Voraussetzungen eine Steuerpflicht zum Tragen kam, ist die Sichtweise jetzt „umgekehrt“: Die öffentliche Hand ist grundsätzlich Unternehmer, die Leistungen erbringt, die der Umsatzteuer unterliegen. Nur wenn bestimmte, eng umrissene Voraussetzungen erfüllt sind, handelt sie als „Nichtunternehmer“ und unterliegt daher nicht der Umsatzbesteuerung.

295 Vereifacht ausgedrückt ist ein Handeln im Rahmen öffentlich-rechtlicher Sonderregelungen als **Nichtunternehmer** gemäß § 2b UStG dann gegeben, wenn **keine größeren Wettbewerbsverzerrungen** vorliegen. Zwar besagt das Gesetz, dass größere Wettbewerbsverzerrungen insbesondere dann nicht vorliegen, wenn die Zusammenarbeit durch gemeinsame spezifische öffentliche Interessen bestimmt wird, was regelmäßig der Fall sein soll, wenn die Leistungen auf langfristigen öffentlich-rechtlichen Vereinbarungen beruhen[428]. Allerdings hat die Finanzverwaltung die Anwendung des Gesetzeswortlauts bereits dahingehend eingeschränkt, dass sie trotz langfristiger öffentich-rechtlicher Vereinbarung eine Prüfung eines **potenziellen Wettbewerbs** fordert. Im Ergebnis scheint die öffentlich-rechtliche Zusammenarbeit, die nicht aufgrund gesetzlicher Bestimmungen vorgeschrieben ist, daher nach derzeitiger Sicht nicht unter die neue Befreiungsvorschrift des § 2b UStG zu fallen. Es ist zu beobachten, dass die verschiedenen gesetzgebenden Einrichtungen versuchen, gesetzliche Bestimmungen (in der Regel auf Landesebene) zu verankern, die die öffentlich-rechtliche Zusammenarbeit verpfichtend vorschreibt.[429] Ob diese Vorgehensweise „erfolgversprechend“ sein wird, kann derzeit nicht beurteilt werden. Auch ob gegebenfalls der Gesetzeswortlaut erneut geändert werden muss, da er auch in der neuen Form des § 2b UStG nicht den Vorgaben des EU-Rechts entspricht, bleibt abzuwarten.

296 Mit der Neuregelung im Bereich der Umsatzsteuer wurde „die Besteuerungswelt“ der öffentlichen Hand in „zwei Teilwelten“ aufgespalten. Umsatzsteuerliche und ertragsteuerliche Folgen sind seitdem voeinander unabhängig zu betrachten. Ob auch im Bereich der **Ertragsteuern** eine Änderung der Besteuerungssystematik erfolgen wird, ist noch offen. Es sind derzeit noch keine konkreten Änderungsabsichten in Sicht, allerdings ist auch im Bereich der Ertragsteuern eine Gleichbehandlung der öffentlichen Hand mit privaten Unternehmern noch nicht erreicht. Insbesondere die „tätigkeitsbezogene Nichtaufgriffsgrenze“ i. H. v. 35 TEUR[430] stellt eine Bevorteilung der jPöR dar. Auch die nicht trennscharfte Abgrenzung der sog. hoheitichen Tätigkeiten stellt immer wieder ein Problem für Finanzerwaltung und Rechtsprechung dar.

[428] § 2b Abs. 3 Nr. 2a) UStG; vgl. ausführlich hierzu BMF vom 14.11.2019, und → Rz. 159 ff.
[429] Um die Anwendbarkeit der Vorschrift des § 2b Abs. 3 Nr. 1 UStG zu erreichen.
[430] → Rn. 35.

H. Vergabe- und Beihilferecht

Übersicht

Literatur:

Antweiler, in: *Ziekow/Völlink,* Vergaberecht, 3. Aufl., 2018; *Burgi,* Vergaberecht, 2. Aufl., 2018; *Büsching/ Homann/Wiese,* Das Europäische Beihilferecht, 4. aktualisierte Fassung, 2012; *Dreher,* in: *Dreher/Stockmann,* Kartellvergaberecht, 4. Aufl., 2008; *Eschenbruch,* in: *Kulartz/Kus/Portz/Prieß,* Kommentar zum GWB-Vergaberecht, 4. Aufl., 2016; *Heidenhain,* in: *Heidenhain,* Handbuch des Europäischen Beihilfenrechts, 2003; *Heuvels,* in: *Heuvels/Höß/Kuß/Wagner,* Vergaberecht, 2013; *Masing,* in: *Reidt/Stickler/Glahs,* Vergaberecht, 4. Aufl., 2018; *Pünder,* in: *Pünder/Schellenberg,* Vergaberecht, 3. Aufl., 2019; *Püstow,* in: *Säcker,* Münchener Kommentar Europäisches und Deutsches Wettbewerbsrecht, Band 3 Vergaberecht I, 2. Aufl., 2018; *Röbke, in: Müller/Wrede,* GWB Vergaberecht, 2016; *Wagner,* in: *Langen/Bunte,* Kartellrecht, Band I Deutsches Kartellrecht, 13. Aufl., 2018; *Werner,* in: Münchener Kommentar, Europäisches und Deutsches Wettbewerbsrecht (Kartellrecht), Bd. 3 Beihilfen- und Vergaberecht, 2011; *Wiedemann,* in: *Byok/Jaeger,* Vergaberecht, 4. Aufl., 2018; *Ziekow,* in: *Ziekow/Völlink,* Vergaberecht, 3. Aufl., 2018.

I. Vergaberecht

1 Das Vergaberecht kennzeichnet **begrifflich** alle Vorschriften, nach denen die öffentliche Hand, insbes. die staatlichen und kommunalen Gebietskörperschaften, Zweckverbände, öffentliche Einrichtungen sowie in bestimmten Sektorenbereichen tätige Auftraggeber des privaten Rechts, Waren, Bau- und Dienstleistungen am Markt mittels öffentlicher Aufträge oder Konzessionen beschaffen müssen. Es schreibt den Auftrag-/Konzessionsgebern nur vor, *wie* sie ihren Bedarf decken müssen. *Ob* und *was* die öffentliche Hand am freien Markt einkaufen möchte, regelt das Vergaberecht dagegen nicht.

2 Die Regeln für die Vergabe öffentlicher Aufträge sind wegen ihrer großen ökonomischen **Bedeutung** für eine Volkswirtschaft notwendig. So entfallen auf das öffentliche Auftragswesen in der Europäischen Union (EU) ca. 14 % des Bruttoinlandsproduktes (BIP).[1] Alleine in der Bundesrepublik Deutschland werden jährlich Bau-, Dienst- und Lieferleistungen mit einem öffentlichen Auftragsvolumen von schätzungsweise 480 Mrd. EUR vergeben.[2] Hiervon profitieren vor allem mittelständische Auftragnehmer: Ca. 55 % der öffentlichen Aufträge akquirieren Unternehmen mit weniger als 200 Beschäftigten und nur ca. 8 % gehen an Unternehmen mit mehr als 500 Beschäftigten.[3] Das Vergaberecht sichert nicht nur der privaten Wirtschaft faire Wettbewerbsverfahren, sondern gewährleistet der öffentlichen Hand ein ökonomisches, strategisches und korruptionspräventives Beschaffungssystem. Ein rechtssicheres öffentliches Auftragswesen nutzt somit öffentlichen Auftraggebern und gewerblichen Auftragnehmern gleichermaßen.

1. Rechtsgrundlagen

3 Bis zum Jahr 1993/1994 war die Vergabe öffentlicher Aufträge nach den Bestimmungen des jeweiligen **Haushaltsrechts** des Bundes, der Länder und Kommunen durchzuführen.[4] Die unterschiedlichen Haushaltsordnungen sahen im Wesentlichen vor, Leistungen grundsätzlich im Wege der öffentlichen Ausschreibung zu beschaffen und dabei nach Maßgabe einheitlicher Richtlinien zu verfahren. Von Bedeutung waren vor allem die sog. Vergabe- und Vertragsordnung für Bauleistungen, Teil A (VOB/A) und die Vergabe- und Vertragsordnung für Leistungen, Teil A (VOL/A). Diese rein haushaltsrechtlichen Regelungen des öffentlichen Auftragswesens hatten sich aus Sicht der Auftragnehmer vor allem wegen des praktisch nicht vorhandenen oder nicht effektiven Rechtsschutzes als nachteilhaft erwiesen. Denn die primäre Überprüfung von Vergabeverfahren und Vergabeentscheidungen war mangels eigenständiger subjektiver Bieterrechte nicht möglich.

4 Im Zuge der Umsetzung der **europäischen Vergaberichtlinien** in das Haushaltsgrundsätzegesetz (HGrG) im Jahr 1994 hat der deutsche Gesetzgeber versucht, ein den europäischen Vorgaben entsprechendes Vergaberechtsschutzsystem einzuführen (sog. haushaltsrechtliche Lösung). Verfahrensverletzungen von VOB/A, VOL/A und der Vergabeordnung für freiberufliche Leistungen (VOF) konnten damals lediglich in einem zweistufigen Verwaltungsverfahren überprüft werden. Ein primär wirkender Rechtsschutz bestand weiterhin nicht, da den Teilnehmern an Vergabewettbewerben auch nach der haushaltsrechtlichen Lösung kein rechtlich einklagbarer Anspruch auf Einhaltung der Vergabevorschriften zur Seite stand.

5 Erst nachdem der Europäische Gerichtshof (EuGH) im Jahr 1995 festgestellt hatte,[5] dass die von der Bundesrepublik Deutschland gewählte haushaltsrechtliche Lösung nicht mit europäischem Recht vereinbar war, wurde mit Verabschiedung und Inkrafttreten des sog.

---

1 EU-Kommission, C(2019) 5494 final v. 24.7.2019.
2 BT-Drs. 19/8550, 1.
3 *Dreher* Vor §§ 97 ff. Rn. 62.
4 ZB: § 55 BHO, § 31 BayKommHV-Kameralistik bzw. § 30 BayKommHV-Doppik.
5 EuGH Urt. v. 11.8.1995 –C-433/93 – Kommission/Deutschland = NVwZ 1995, 367 ff.

Vergaberechtsänderungsgesetzes (VgRÄG)[6] zum 1.1.1999 das Vergaberecht mit einem effektiven Primärrechtsschutzsystem optimiert und in das **Gesetz gegen Wettbewerbsbeschränkungen (GWB)**[7] eingefügt. Im Jahr 2016 wurde das GWB-Vergaberecht zuletzt grundlegend modernisiert.[8] Damit sollte die Struktur des deutschen Vergaberechts einfacher und anwenderfreundlicher, der bürokratische Aufwand sollte verringert und die kommunalen Handlungsspielräume sollten ausgebaut werden. Zudem wurden die Möglichkeiten erweitert, strategische Ziele zu berücksichtigen. Die Kommunikation im Vergabeverfahren erfolgt nun grundsätzlich elektronisch und die Wirtschaftskriminalität soll wirksamer bekämpft werden.

Im Jahr 2001 wurde das Vergaberecht durch die – seitdem mehrfach geänderte – **Vergabeverordnung (VgV)**[9] ergänzt und im Jahr 2005 durch das sog. ÖPP-Beschleunigungsgesetz[10] selbst geändert. Letztmals wurde die VgV im Jahr 2016 modernisiert.[11] Mit der Neuregelung sollte dem Rechtsanwender ein möglichst übersichtliches und leicht handhabbares Regelwerk zur Vergabe von öffentlichen Aufträgen zur Verfügung gestellt werden. Durch eine stärkere Gliederung und Strukturierung der Regelungen auf Verordnungsebene soll es einfacher werden, die für den jeweiligen Verfahrensschritt im Vergabeprozess anzuwendenden Vorschriften zu ermitteln. Die VgV spiegelt daher in ihrer Struktur den jeweiligen Ablauf der Vergabeverfahren wider. 6

2009 erfolgte außerdem eine Neuregelung der für die Sektorenauftraggeber anzuwendenden Vergaberegeln in einer Vorschrift, dh in der Verordnung über die Vergabe von öffentlichen Aufträgen im Bereich des Verkehrs, der Trinkwasserversorgung und der Energieversorgung **(Sektorenverordnung – SektVO).**[12] 7

Mit der Verordnung über die Vergabe von Konzessionen **(Konzessionsvergabeverordnung – KonzVgV)** wurden im Jahr 2016 erstmals die Verfahrensregeln zur Vergabe von Dienstleistungs- und Baukonzessionen in einer Rechtsverordnung zusammengeführt.[13] 8

Auf Grund der haushaltsrechtlichen Tradition des deutschen Vergaberechts und der stark zunehmenden Bedeutung der europäischen Rechtssetzung, besteht heute ein vielfältiger und umfangreicher Rechtskatalog, der das öffentliche Auftragswesen auszeichnet. Diese Einflüsse führen zu einer **Zweiteilung** des Vergaberechts. Sie bezieht sich auf die Unterscheidung zwischen europaweiten und nationalen Auftragsvergaben, für die verschiedene Rechtsnormen zu beachten sind. Welche Rechtsvorschriften im Einzelfall angewandt werden müssen, beurteilt sich danach, ob ein Beschaffungsvorhaben ober- oder unterhalb bestimmter, von der Europäischen Kommission festgesetzter Schwellenwerte, liegt. Diese Schwellenwerte werden alle zwei Jahre von der Europäischen Kommission überprüft und ggf. neu festgesetzt. 9

a) Europarecht

Die primären Grundlagen für das europäische Vergaberecht sind im Vertrag über die Arbeitsweise der Europäischen Union (AEUV)[14] festgelegt. Zu beachten sind vor allem die 10

[6] Gesetz zur Änderung der Rechtsgrundlagen für die Vergabe öffentlicher Aufträge (Vergaberechtsänderungsgesetz – VgRÄG) v. 26.8.1998, BGBl. I 2512.
[7] Gesetz gegen Wettbewerbsbeschränkungen (GWB), zul. geändert durch Gesetz v. 12.7.2018, BGBl. I 1151.
[8] BGBl. I 203.
[9] Verordnung über die Vergabe öffentlicher Aufträge (Vergabeverordnung – VgV), zul. geändert durch Verordnung v. 12.7.2019, BGBl. I 1081.
[10] Gesetz zur Beschleunigung der Umsetzung von Öffentlich-Privaten-Partnerschaften und zur Verbesserung gesetzlicher Rahmenbedingungen für Öffentlich-Private-Partnerschaften v. 1.9.2005, BGBl. I 2676.
[11] BGBl. I 624.
[12] Verordnung über die Vergabe von öffentlichen Aufträgen im Bereich des Verkehrs, der Trinkwasserversorgung und der Energieversorgung (Sektorenverordnung – SektVO), zul. geändert durch Gesetz v. 10.7.2018, BGBl. I 1117.
[13] BGBl. I 683.
[14] Vertrag über die Arbeitsweise der Europäischen Union (AEUV) v. 26.10.2012, ABl. EU, C 326, 1.

Gewährleistung des freien Waren-, Dienstleistungs-, Niederlassungs- und Kapitalverkehrs sowie die daraus folgenden Grundsätze der Gleichbehandlung, Nichtdiskriminierung, gegenseitigen Anerkennung, Verhältnismäßigkeit und Transparenz. Auf diesen Grundlagen verfolgt die Europäische Union insbes. mit Hilfe eines (sekundären) **Richtlinienprogramms** die Schaffung eines Binnenmarktes für das öffentliche Auftragswesen. Aktuell sind im Wesentlichen folgende Vergaberichtlinien zu beachten:

11 • RL 89/665/EWG des Rates vom 21.12.1989 zur Koordinierung der Rechts- und Verwaltungsvorschriften für die Anwendung der Nachprüfungsverfahren im Rahmen der Vergabe öffentlicher Liefer- und Bauaufträge **(Rechtsmittelrichtlinie)**[15]; RL 2007/66/EG des Europäischen Parlaments und des Rates vom 11.12.2007 zur Änderung der Richtlinien 89/665/EWG und 92/13/EWG des Rates im Hinblick auf die Verbesserung der Wirksamkeit der Nachprüfungsverfahren bezüglich der Vergabe öffentlicher Aufträge;[16]

12 • RL 92/13/EWG des Rates vom 25.2.1992 zur Koordinierung der Rechts- und Verwaltungsvorschriften für die Anwendung der Gemeinschaftsvorschriften über die Auftragsvergabe durch Auftraggeber im Bereich der Wasser-, Energie und Verkehrsversorgung sowie im Telekommunikationssektor **(Rechtsmittelrichtlinie Sektoren)**[17]; RL 2007/66/EG des Europäischen Parlaments und des Rates vom 11.12.2007 zur Änderung der Richtlinien 89/665/EWG und 92/13/EWG des Rates im Hinblick auf die Verbesserung der Wirksamkeit der Nachprüfungsverfahren bezüglich der Vergabe öffentlicher Aufträge;[18]

13 • RL 2009/81/EG des Europäischen Parlaments und des Rates vom 13.7.2009 über die Koordinierung der Verfahren zur Vergabe bestimmter Bau-, Liefer- und Dienstleistungsaufträge in den Bereichen Verteidigung und Sicherheit und zur Änderung der Richtlinien 2004/17/EG und 2004/18/EG **(Verteidigungskoordinierungsrichtlinie);**[19]

14 • RL 2014/24/EU des Europäischen Parlaments und des Rates vom 26.2.2014 über die öffentliche Auftragsvergabe und zur Aufhebung der Richtlinie 2004/18/EG **(Vergaberichtlinie);**[20]

15 • RL 2014/25/EU des Europäischen Parlaments und des Rates vom 26.2.2014 über die Vergabe von Aufträgen durch Auftraggeber im Bereich der Wasser-, Energie- und Verkehrsversorgung sowie der Postdienste und zur Aufhebung der RL 2004/17/EG **(Sektorenvergaberichtlinie);**[21]

16 • RL 2014/23/EU des Europäischen Parlaments und des Rates vom 26.2.2014 über die Konzessionsvergabe **(Konzessionsvergaberichtlinie);**[22]

b) Bundesrecht

17 Das Vergaberecht des Bundes ist durch das sog. **Kaskadensystem** gekennzeichnet. Darunter ist eine dreigestufte Ordnung bestehend aus Gesetz, Verordnung und (Vertrags-) Vergabeordnung zu verstehen. Diese drei Regelungsebenen mit unterschiedlichem Rechtsnormcharakter (formelles Gesetz, Rechtsverordnung und Verwaltungsvorschrift) sind durch – mitunter zahlreiche – Verweisungsbestimmungen miteinander verknüpft.

18 An hierarchisch oberster Stelle der bundesrechtlichen Vergabevorschriften steht der **vierte Teil des GWB** (§§ 97 bis 184 GWB). Dort finden sich zB Regelungen zu Grundsätzen, Definitionen und Anwendungsbereich (§§ 97 ff. GWB), zur Vergabe von öffentlichen Aufträgen durch öffentliche Auftraggeber (§§ 115 ff. GWB), zur Vergabe von

[15] ABl. EG, L 395, 33.
[16] ABl. EU, L 335, 31.
[17] ABl. EG, L 76, 14.
[18] ABl. EU, L 335, 31.
[19] ABl. EU, L 216, 76.
[20] ABl. EU, L 94, 65.
[21] ABl. EU, L 94, 243.
[22] ABl. EU, L 94, 1.

öffentlichen Aufträgen in besonderen Bereichen und Konzessionen (§§ 136 ff. GWB) und zum Nachprüfungsverfahren (§§ 155 ff. GWB). Außerdem ist insbes. das **WRegG**[23] zu beachten.

Auf Verordnungsebene sind die **VgV, SektVO, KonzVgV** und **VergStatVO**[24] zu beachten. So enthält die VgV zB allgemeine Bestimmungen und regelt die Kommunikation (§§ 1 ff. VgV), die Vergabeverfahren (§§ 14 ff. VgV), besondere Vorschriften für die Vergabe von sozialen und anderen besonderen Dienstleistungen (§§ 64 ff. VgV), besondere Vorschriften für die Beschaffung energieverbrauchsrelevanter Leistungen und von Straßenfahrzeugen (§§ 67 f. VgV), Planungswettbewerbe (§§ 69 ff. VgV), besondere Vorschriften für die Vergabe von Architekten- und Ingenieurleistungen (§§ 73 ff. VgV) sowie Übergangs- und Schlussbestimmungen (§§ 81 f. VgV). 19

Schließlich trifft die **VOB/A**[25] für die Vergabe von Bauleistungen in ihrem Abschnitt 1 (Basisparagrafen), Abschnitt 2 (Vergabebestimmungen im Anwendungsbereich der RL 2014/24/EU) und Abschnitt 3 (Vergabebestimmungen im Anwendungsbereich der RL 2009/81/EG) Regeln für die Auftragsvergabe. Im Bereich der Vergabe von Liefer- und Dienstleistungen hat der Bund zuletzt die **UVgO**[26] erlassen, welche die VOL/A ersetzt. 20

c) Landesrecht

Alle Bundesländer verfügen entweder über **eigene** Vergabegesetze und/oder über sonstige Landesgesetze (zB Mittelstandsförderungsgesetze) mit für das öffentliche Auftragswesen bedeutsamen Vorschriften. Nachfolgend sind die wichtigsten Landesgesetze mit vergaberechtlichen Bezügen aufgelistet: 21

- **Baden-Württemberg:** Tariftreue- und Mindestlohngesetz für öffentliche Aufträge in Baden-Württemberg (Landestariftreue- und Mindestlohngesetz – LTMG) vom 16.4.2013;[27] Gesetz zur Mittelstandsförderung vom 19.12.2000;[28] 22
- **Bayern:** Gesetz über die Förderung der kleinen und mittleren Unternehmen sowie der Freien Berufe (Mittelstandsförderungsgesetz – MfG) vom 20.12.2007;[29]
- **Berlin:** Berliner Ausschreibungs- und Vergabegesetz (BerlAVG) vom 8.7.2010;[30]
- **Brandenburg:** Gesetz zur Förderung des Mittelstandes im Land Brandenburg (Brandenburgisches Mittelstandsförderungsgesetz – BbgMFG) vom 8.5.1992;[31] Brandenburgisches Gesetz über Mindestanforderungen für die Vergabe von öffentlichen Aufträgen (Brandenburgisches Vergabegesetz – BbgVergG) vom 29.9.2016;[32]
- **Bremen:** Bremisches Gesetz zur Sicherung von Tariftreue, Sozialstandards und Wettbewerb bei öffentlicher Auftragsvergabe (Tariftreue- und Vergabegesetz – BremTtVG) vom 24.11.2009;[33] Bremisches Gesetz zur Förderung von kleinsten, kleinen und mittleren Unternehmen (Mittelstandsförderungsgesetz) vom 28.3.2006;[34]
- **Hamburg:** Hamburgisches Vergabegesetz vom 13.2.2006;[35]

---

[23] Gesetz zur Einrichtung und zum Betrieb eines Registers zum Schutz des Wettbewerbs um öffentliche Aufträge und Konzessionen (Wettbewerbsregistergesetz – WRegG) v. 18.7.2017, BGBl. I 2739.
[24] Verordnung zur Statistik über die Vergabe öffentlicher Aufträge und Konzessionen (Vergabestatistikverordnung – VergStatVO) v. 12.4.2016, BGBl. I 624, 691.
[25] Vergabe- und Vertragsordnung für Bauleistungen Teil A (VOB/A) v. 31.1.2019, BAnz. AT 19.2.2019 B2, 3.
[26] Verfahrensordnung für die Vergabe öffentlicher Liefer- und Dienstleistungsaufträge unterhalb der EU-Schwellenwerte (Unterschwellenvergabeordnung – UVgO) v. 2.2.2017, BAnz AT 7.2.2017 B1, ber. 8.2.2017 B1.
[27] GBl. 50.
[28] GBl. 745.
[29] GVBl. 926.
[30] GVBl. 399.
[31] GVBl. I, 166.
[32] GVBl. I/16, Nr. 21.
[33] Brem. GBl. 476.
[34] Brem. GBl. 151.
[35] HmbGVBl. 57.

- **Hessen:** Gesetz zur Förderung der mittelständischen Wirtschaft und zur Vergabe öffentlicher Aufträge vom 25.3.2013;[36] Hessisches Vergabe- und Tariftreuegesetz (HVTG) vom 19.12.2014;[37]
- **Mecklenburg-Vorpommern:** Gesetz über die Vergabe öffentlicher Aufträge in Mecklenburg-Vorpommern (Vergabegesetz Mecklenburg-Vorpommern – VgG M-V) vom 7.7.2011;[38]
- **Niedersachsen:** Gesetz zur Förderung kleiner und mittlerer Unternehmen vom 30.4.1978;[39] Niedersächsisches Gesetz zur Sicherung von Tariftreue und Wettbewerb bei der Vergabe öffentlicher Aufträge (Niedersächsisches Tariftreue- und Vergabegesetz – NTVergG) vom 31.10.2013;[40]
- **Nordrhein-Westfalen:** Gesetz über die Sicherung von Tariftreue und Mindestlohn bei der Vergabe öffentlicher Aufträge (Tariftreue und Vergabegesetz Nordrhein-Westfalen – TVgG NRW) vom 22.3.2018;[41] Gesetz zur Förderung des Mittelstandes in Nordrhein-Westfalen vom 18.12.2012;[42]
- **Rheinland-Pfalz:** Landesgesetz zur Gewährleistung von Tariftreue und Mindestentgelt bei öffentlichen Auftragsvergaben (Landestariftreuegesetz – LTTG) vom 1.12.2010;[43] Mittelstandsförderungsgesetz vom 9.3.2011;[44]
- **Saarland:** Gesetz Nr. 1798 über die Sicherung von Sozialstandards, Tariftreue und Mindestlöhnen bei der Vergabe öffentlicher Aufträge im Saarland (Saarländisches Tariftreuegesetz – STTG) vom 6.2.2013;[45] Gesetz Nr. 1899 zur Förderung der Unternehmen der mittelständischen Wirtschaft (Mittelstandsförderungsgesetz – MFG) v. 13.7.2016;[46]
- **Sachsen:** Sächsisches Vergabegesetz (SächsVergabeG) vom 14.2.2013;[47]
- **Sachsen-Anhalt:** Gesetz über die Vergabe öffentlicher Aufträge in Sachsen-Anhalt (Landesvergabegesetz – LVG LSA) vom 19.11.2012;[48] Mittelstandsförderungsgesetz (MFG) vom 27.6.2001;[49]
- **Schleswig-Holstein:** Vergabegesetz Schleswig-Holstein (VGSH) vom 8.2.2019;[50]
- **Thüringen:** Thüringer Gesetz über die Vergabe öffentlicher Aufträge (Thüringer Vergabegesetz – ThürVgG) vom 18.4.2011.[51]

23 Auf Landesebene sind zusätzlich die von den Bundesländern zT zahlreich erlassenen **untergesetzlichen** Verordnungen,[52] Richtlinien, Erlasse, Rundschreiben und sonstigen Verwaltungsvorschriften (zB Umwelt-, Mittelstands-, Bevorzugten- oder Korruptionsrichtlinien) zu beachten, die im Einzelfall für die Vergabe öffentlicher Aufträge Bedeutung erlangen können.

---

[36] GVBl. 119.
[37] GVBl. 354.
[38] GVOBl. M-V 411.
[39] Nds. GVBl. 377.
[40] Nds. GVBl. 259.
[41] GV. NRW 172.
[42] GV. NRW 673.
[43] GVBl. 426.
[44] GVBl. 66.
[45] Amtsbl. 84.
[46] Amtsbl. 834.
[47] SächsGVBl. 109.
[48] GVBl. LSA 536.
[49] GVBl. LSA 230.
[50] GVOBl. Schl.-H 40.
[51] GVBl. 69.
[52] ZB: Verordnung zur Durchführung des Tariftreue- und Vergabegesetzes Nordrhein-Westfalen (Verordnung Tariftreue- und Vergabegesetz Nordrhein-Westfalen – RVO TVgG NRW) vom 21.2.2017, GV NRW 273.

2. Sachlicher Anwendungsbereich („Was")

Der sachliche Anwendungsbereich bezeichnet, (a) welche Leistungsarten und (b) in welchem Umfang solche Leistungen unter Beachtung des Vergaberechts zu beschaffen sind. Allen öffentlichen Aufträgen ist gemein, dass es sich um **entgeltliche** Verträge zwischen öffentlichen Auftraggebern und Unternehmen handeln muss (§ 103 Abs. 1 GWB). Der Begriff der Entgeltlichkeit ist weit auszulegen. Die Gegenleistung des öffentlichen Auftraggebers muss nicht notwendig in Geld bestehen; erfasst wird vielmehr jede Art von Vergütung, die einen Geldwert haben kann.[53] Daher fällt jede Art von zweiseitig verpflichtendem Vertrag darunter, so zB auch ein echter Erschließungsvertrag nach dem BauGB.[54] Im Rahmen einer interkommunalen Zusammenarbeit kann das Entgelt zB in der Freistellung von finanziellen Rücklageverpflichtungen, in Kostenerstattungsregelungen und schließlich in der Befugnis zur Gebührenerhebung liegen.[55] Ein Vertrag ist auch dann als entgeltlich einzuordnen, wenn sich die vorgesehene Vergütung auf den Ersatz der Kosten beschränkt, die durch die Erbringung der vereinbarten (Dienst-)Leistung entstehen.[56] 24

a) Liefer-, Bau- und Dienstleistungsaufträge sowie Konzessionen

Ein **Lieferauftrag** zielt auf die Beschaffung von Waren (§ 103 Abs. 2 GWB). Zu diesem Zweck können insbes. Kauf-, Ratenkauf-, Leasing-, Miet- oder Pachtverträge geschlossen werden. Die Verträge können auch Nebenleistungen umfassen. Maßgebliches Kriterium zur Beurteilung einer Lieferleistung ist nicht die Vertragsart, sondern allein die Verschaffung der Verfügungsgewalt, gleich ob durch Erwerb oder Gebrauchsüberlassung.[57] Ein Auftrag, der nicht über den reinen Austausch einer Ware gegen Vergütung hinausgeht, der bspw. die bloße Lieferung von Baustoffen oder Bauteilen ohne individuelle, auf das Bauvorhaben bezogene Be- oder Verarbeitung zum Gegenstand hat, zählt nicht zu den Bau-, sondern zu den Lieferaufträgen.[58] Eine Lieferleistung liegt zB auch bei der Beschaffung von Elektrizität oder Gas vor. 25

Bauaufträge sind Verträge über die Ausführung oder gleichzeitige Planung und Ausführung (1.) von Bauleistungen im Zusammenhang mit einer der Tätigkeiten, die in Anhang II der RL 2014/24/EU genannt sind, oder (2.) eines Bauwerkes für den Auftraggeber, das Ergebnis von Tief- oder Hochbauarbeiten ist und eine wirtschaftliche oder technische Funktion erfüllen soll (§ 103 Abs. 3 S. 1 GWB). Bautätigkeiten nach dem vorgenannten RL-Anhang sind etwa: die vorbereitende Baustelleneinrichtung (Abbruch von Gebäuden, Test- und Suchbohrung), Hoch- und Tiefbau (zB Brücken- und Tunnelbau, Dachdeckerei, Zimmerei, Straßenbau), Bauinstallation (bspw. Elektro-, Gas-, Wasser- und Heizungsinstallation, Kälte- und Wärmedämmung), sonstiger Ausbau (zB Verputzerei, Bautischlerei, Bauschlosserei, Fußboden- und Fliesenlegerei, Maler- und Glasgewerbe) und die Vermietung von Baumaschinen und -geräten mit Bedienungspersonal. Ein Bauauftrag liegt auch dann vor, wenn ein Dritter eine Bauleistung gemäß den vom Auftraggeber genannten Erfordernissen erbringt, die Bauleistung dem Auftraggeber unmittelbar wirtschaftlich zugutekommt und dieser einen entscheidenden Einfluss auf Art und Planung der Bauleistung hat (§ 103 Abs. 3 S. 2 GWB). An der Bauleistung eines Dritten hat der Auftraggeber ein unmittelbar wirtschaftliches Interesse, wenn er entweder (1.) Eigentum an dem Bauwerk erwirbt, oder (2.) er einen Rechtstitel erlangt, der ihm die Verfügbarkeit des Bauwerkes für die öffentliche Zweckbestimmung sicherstellt, oder (3.) er wirtschaftliche Vorteile aus der Nutzung bzw. dem Verkauf des Bauwerks ziehen kann, oder (4.) er sich finanziell an der Erstellung des Bauwerks beteiligt, oder (5.) er Risiken für den Fall des 26

[53] BGH Beschl. v. 1.12.2008 – X ZB 31/08; *Burgi* Vergaberecht § 10 Rn. 5.
[54] VK Baden-Württemberg Beschl. v. 20.6.2002 – 1 VK 27/02 = ZfBR 2003, 81 f.
[55] OLG Naumburg Beschl. v. 3.11.2005 – 1 Verg 9/05 = NZBau 2006, 58 ff.
[56] EuGH Urt. v. 13.6.2013 – Rs. C-386/11 – Piepenbrock.
[57] VK Südbayern Beschl. v. 8.10.2001 – 28-08/01.
[58] OLG München Beschl. v. 28.9.2005 – Verg 19/05 = VergabeR 2006, 238 ff.

wirtschaftlichen Fehlschlages übernimmt.[59] Bloße Grundstücksgeschäfte hingegen, in denen zwar eine bestimmte Nutzung vereinbart sein kann, die aber keine Bauverpflichtung enthalten, zB ein ausschließlich nach städtebaulichen Vorgaben realisiertes Hotelprojekt ohne Bauverpflichtung oder ohne Festlegung von baulichen Erfordernissen, sind keine Bauaufträge. Einen ausschreibungspflichtigen Bauauftrag hat die Rechtsprechung[60] dagegen in folgendem Fall angenommen: Eine Polizeibehörde mietet für 15 Jahre (mit einer Option für fünf weitere Jahre) eine nach ihren Anforderungen (zB hinsichtlich Wach- und Diensträume, Zufahrten) neu zu errichtende Polizeiwache oder ein entsprechend umzubauendes Bestandsgebäude an, wobei die Gesamt-Mietkosten in etwa den zu erwartenden Baukosten entsprechen.

27 Als **Dienstleistungsauftrag** iSd § 103 Abs. 4 GWB gelten alle Verträge über Leistungen, die nicht als Liefer- oder Bauauftrag zu qualifizieren sind. Für diesen Auffangtatbestand ist nicht die zivilrechtliche Einordnung als Dienstvertrag iSd § 611 BGB entscheidend, sondern allein die negative Abgrenzung.[61] Dem Grunde nach sollen alle Einkäufe der öffentlichen Hand dem europäischen Binnenmarkt zur Verfügung stehen.[62] Eine Dienstleistung liegt bspw. vor, wenn Baggermaterial zur Entsorgung angenommen wird[63] oder im Falle der Gebäudereinigung.[64]

28 Von öffentlichen Aufträgen abzugrenzen sind **Konzessionen** nach § 105 GWB. Dabei handelt es sich um entgeltliche Verträge, mit denen ein Konzessionsgeber ein Unternehmen entweder (1.) mit der Erbringung von Bauleistungen betraut (Baukonzessionen); dabei besteht die Gegenleistung entweder allein in dem Recht zur Nutzung des Bauwerkes oder in diesem Recht zuzüglich einer Zahlung, oder (2.) mit der Erbringung und der Verwaltung von Dienstleistungen betraut, die nicht in der Erbringung von Bauleistungen bestehen (Dienstleistungskonzessionen); dabei besteht die Gegenleistung entweder allein in dem Recht zur Verwertung der Dienstleistungen oder in diesem Recht zuzüglich einer Zahlung (§ 105 Abs. 1 GWB). In Abgrenzung zur Vergabe öffentlicher Aufträge geht bei der Vergabe einer Bau- oder Dienstleistungskonzession das Betriebsrisiko für die Nutzung des Bauwerkes oder für die Verwertung der Dienstleistungen auf den Konzessionsnehmer über. Das ist der Fall, wenn (1.) unter normalen Betriebsbedingungen nicht gewährleistet ist, dass die Investitionsaufwendungen die Kosten für den Betrieb des Bauwerkes oder die Erbringung der Dienstleistungen wieder erwirtschaftet werden können, und (2.) der Konzessionsnehmer den Unwägbarkeiten des Marktes tatsächlich ausgesetzt ist, sodass potenziell geschätzte Verluste des Konzessionsnehmers nicht vernachlässigbar sind (§ 105 Abs. 2 S. 1 GWB). Kann eine sichere Aussage über die Risikoverteilung zwischen Konzessionsgeber und Konzessionsnehmer zum Zeitpunkt der Ausschreibung nicht getroffen werden, und besteht deshalb die Möglichkeit, dass das wirtschaftliche Risiko in nennenswertem Umfang beim Auftraggeber verbleibt, ist im Interesse eines fairen und transparenten Wettbewerbs von einem Dienstleistungsauftrag und nicht von einer Dienstleistungskonzession auszugehen.[65] Beispiele für typische Konzessionen aus dem Dienstleistungsbereich sind etwa die Konzession zur Durchführung eines Wochenmarktes,[66] zur Aufstellung von Großflächenwerbeanlagen,[67] der Betrieb einer Fahrradstation mit Servicedienstleistungen,[68] das Recht zur Vermittlung von Abschleppdienstleistungen[69] und das Recht zur Errichtung von Kabelnetzen.[70]

[59] EuGH Urt. v. 25.3.2010 – C-451/08 – Helmut Müller = NJW 2010, 2189 ff.
[60] OLG Düsseldorf Beschl. v. 7.8.2013 – VII-Verg 14/13.
[61] OLG Naumburg Beschl. v. 26.7.2012 – 2 Verg 2/12.
[62] BayObLG Beschl. v. 11.12.2001 – Verg 15/01 = NZBau 2002, 233 ff.
[63] OLG Düsseldorf Beschl. v. 21.1.2002 – Verg 45/01 = VergabeR 2002, 282 ff.
[64] VK Düsseldorf Beschl. v. 17.1.2001 – VK-29 (30)/2000 – L.
[65] OLG München Beschl. v. 21.5.2008 – Verg 5/08 = IR 2008, 212 f.
[66] OLG Naumburg Beschl. v. 4.12.2001 – 1 Verg 10/01 = ZfBR 2002, 303 ff.
[67] VK Südbayern Beschl. v. 28.12.2001 – 47-11/01.
[68] VK Hamburg Beschl. v. 2.4.2003 – VgK FB 2/03.
[69] VK Südbayern Beschl. v. 18.6.2007 – Z3-3-3194-1-22-05/07.
[70] OLG München Beschl. v. 25.3.2011 – Verg 4/11.

aa) Gemischte Aufträge und Konzessionen. Werden verschiedene Arten von Leistungen (zB Bau- und Lieferleistungen beim Energiesparcontracting oder Bau- und Dienstleistungen beim Facility-Management) in einem Vergabeverfahren ausgeschrieben, so liegt ein gemischter Vertrag vor. Öffentliche Aufträge, die verschiedene Leistungen wie Liefer-, Bau- oder Dienstleistungen zum Gegenstand haben, werden nach den Vorschriften vergeben, denen der Hauptgegenstand des Auftrages zuzuordnen ist (§ 110 Abs. 1 S. 1 GWB). Dasselbe gilt für die Vergabe von Konzessionen, die sowohl Bau- als auch Dienstleistungen zum Gegenstand haben (§ 110 Abs. 1 S. 2 GWB). Der Hauptgegenstand öffentlicher Aufträge und Konzessionen, die teilweise aus Lieferleistungen und teilweise aus Dienstleistungen bestehen, wird danach bestimmt, welcher geschätzte Wert der jeweiligen Liefer- oder Dienstleistung am höchsten ist (§ 110 Abs. 2 Nr. 2 GWB). Ist kein Hauptgegenstand feststellbar, so kommt es auf die den jeweiligen Einzelfall kennzeichnenden rechtlichen und wirtschaftlichen Umstände an, vor allem auf die Verteilung der mit der Auftragsdurchführung verbundenen Risiken.[71] Von der Rechtsprechung ist bspw. die Lieferung und Montage von maschinentechnischen Teilen für die Nachrüstung einer Müllverbrennungsanlage mit einer Rauchgasreinigungsanlage und einem Notstromaggregat als Bauleistung, nicht als Lieferleistung eingeordnet worden.[72] 29

bb) Änderung und Nichtkündigung von Verträgen. Es ist grundsätzlich anerkannt, dass sowohl das nationale als auch das europäische Vergaberecht lang dauernde Vertragsverhältnisse nicht verbieten. So würde die Verpflichtung zur Ausschreibung unbefristeter Verträge, die vor Erlass der europäischen Vergaberichtlinien geschlossen wurden, den Gedanken der Rechtssicherheit verletzen. Vor diesem Hintergrund ist verständlich, dass die unterlassene Nichtkündigung eines vertraglichen Verhältnisses oder das Gebrauchen einer (Verlängerungs-)Option einen vergaberechtlich irrelevanten Vorgang darstellt.[73] Es kommt in diesen Fällen zu keinem neuen Vertragsabschluss, sondern der einst wirksam zu Stande gekommene Vertrag wird lediglich fortgesetzt. 30

Anders ist die Rechtslage zu beurteilen, wenn die Änderung in der Sache einer Neuvergabe von Leistungen gleichkommt bzw. **wesentliche** Vertragselemente neu geregelt werden.[74] Wesentliche Änderungen eines öffentlichen Auftrages während der Vertragslaufzeit erfordern daher ein neues Vergabeverfahren (§ 132 Abs. 1 S. 1 GWB). Wesentlich sind Änderungen, die dazu führen, dass sich der öffentliche Auftrag erheblich von dem ursprünglich vergebenen öffentlichen Auftrag unterscheidet (§ 132 Abs. 1 S. 2 GWB). Eine wesentliche Änderung liegt insbes. vor, wenn (1.) mit der Änderung Bedingungen eingeführt werden, die, wenn sie für das ursprüngliche Vergabeverfahren gegolten hätten, entweder die Zulassung anderer Bewerber oder Bieter ermöglicht oder die Annahme eines anderen Angebotes erlaubt oder das Interesse weiterer Teilnehmer am Vergabeverfahren geweckt hätten (§ 132 Abs. 1 S. 3 Nr. 1 GWB), oder wenn (2.) mit der Änderung das wirtschaftliche Gleichgewicht des öffentlichen Auftrages zugunsten des Auftragnehmers in einer Weise verschoben wird, die im ursprünglichen Auftrag nicht vorgesehen war (§ 132 Abs. 1 S. 3 Nr. 2 GWB), oder wenn (3.) mit der Änderung der Umfang des öffentlichen Auftrages erheblich ausgeweitet wird (§ 132 Abs. 1 S. 3 Nr. 3 GWB), oder wenn (4.) ein neuer Auftragnehmer den bisherigen Auftragnehmer ersetzt (§ 132 Abs. 1 S. 3 Nr. 4 GWB). Bsp.: Preiserhöhungen sind regelmäßig als wesentliche Änderung einzuordnen; die Reduzierung eines Auftragspreises ist dagegen nicht als wesentliche Änderung einzuordnen, weil sie zu keiner Verschiebung des wirtschaftlichen Gleichgewichtes zugunsten des Auftragnehmers führt.[75] Die vorgenannten Vorschriften gelten weitgehend entsprechend auch für die Vergabe von Konzessionen (§ 154 Nr. 3 GWB). 31

---

[71] OLG Düsseldorf Beschl. v. 23.5.2007 – Verg 50/06 = VergabeR 2007, 200 ff.
[72] VÜA Nordrhein-Westfalen Beschl. v. 18.3.1996 – 415-84-43-1/95 001k.
[73] OLG Düsseldorf Beschl. v. 22.2.2012 – VII-Verg 87/11; OLG Celle Beschl. v. 4.5.2001 – 13 Verg 5/00 = NZBau 2002, 53 ff.
[74] So schon OLG Düsseldorf Beschl. v. 8.5.2002 – VII-Verg 8 -15/01.
[75] *Heuvels* § 99 GWB Rn. 143.

32 **Keine wesentlichen** Änderungen, die somit kein neues Vergabeverfahren erfordern, liegen in folgenden Ausnahmefällen vor:

- In den ursprünglichen Vergabeunterlagen sind klare, genaue und eindeutig formulierte **Überprüfungsklauseln** oder Optionen vorgesehen, die Angaben zu Art, Umfang und Voraussetzungen möglicher Auftragsänderungen enthalten, und sich aufgrund der Änderung der Gesamtcharakter des Auftrages nicht verändert (§ 132 Abs. 2 S. 1 Nr. 1 GWB);
- Es sind **zusätzliche** Liefer-, Bau- oder Dienstleistungen erforderlich, die nicht in den ursprünglichen Vergabeunterlagen vorgesehen waren, und ein Wechsel des Auftragnehmers (1.) aus wirtschaftlichen oder technischen Gründen nicht erfolgen kann und (2.) mit erheblichen Schwierigkeiten oder beträchtlichen Zusatzkosten für den öffentlichen Auftraggeber verbunden wäre (§ 132 Abs. 2 S. 1 Nr. 2 GWB); zudem darf der Preis um nicht mehr als 50 % des Wertes des ursprünglichen Auftrages erhöht werden (§ 132 Abs. 2 S. 2 GWB) und die Änderung ist im EU-Amtsblatt bekannt zu machen (§ 132 Abs. 5 GWB);
- Die Änderung ist aufgrund von Umständen erforderlich, die der öffentliche Auftraggeber im Rahmen seiner Sorgfaltspflicht **nicht vorhersehen** konnte, und sich aufgrund der Änderung der Gesamtcharakter des Auftrages nicht verändert (§ 132 Abs. 2 S. 1 Nr. 3 GWB); zudem darf der Preis um nicht mehr als 50 % des Wertes des ursprünglichen Auftrages erhöht werden (§ 132 Abs. 2 S. 2 GWB) und die Änderung ist im EU-Amtsblatt bekannt zu machen (§ 132 Abs. 5 GWB);
- Ein **neuer Auftragnehmer** ersetzt den bisherigen Auftragnehmer (1.) aufgrund einer Überprüfungsklausel im vorgenannten Sinne, oder (2.) aufgrund der Tatsache, dass ein anderes Unternehmen, das die ursprünglich festgelegten Anforderungen an die Eignung erfüllt, im Zuge einer Unternehmensumstrukturierung, wie zB durch Übernahme, Zusammenschluss, Erwerb oder Insolvenz, ganz oder teilweise an die Stelle des ursprünglichen Auftragnehmers tritt, sofern dies keine weiteren wesentlichen Änderungen zur Folge hat, oder (3.) aufgrund der Tatsache, dass der öffentliche Auftraggeber selbst die Verpflichtungen des Hauptauftragnehmers gegenüber seinen Unterauftragnehmern übernimmt (§ 132 Abs. 2 S. 1 Nr. 4 GWB);
- **Bagatelländerung:** Der Wert einer nicht den EU-Schwellenwert übersteigenden Änderung beträgt bei Liefer- und Dienstleistungsaufträgen nicht mehr als 10 % und bei Bauaufträgen nicht mehr als 15 % des ursprünglichen Auftragswertes, wenn sich der Gesamtcharakter des Auftrages nicht ändert (§ 132 Abs. 3 GWB).

33 **cc) Nicht vergabepflichtige Aufträge.** Keiner europaweiten Ausschreibung bedürfen öffentliche Aufträge und Konzessionen, die ausdrücklich von der Anwendung des EU-Vergaberechts ausgenommen sind. So sind zB die allgemeinen Vergabeausnahmen für öffentliche Aufträge und Konzessionen in § 107 GWB sowie die Ausnahmen bei öffentlich-öffentlicher Zusammenarbeit in § 108 GWB geregelt:

34 • § 107 Abs. 1 Nr. 2 GWB: Erwerb, Miete oder Pacht von **Grundstücken,** vorhandenen Gebäuden oder anderem unbeweglichem Vermögen sowie Rechten daran, zB Erbbaurechte, Dienstbarkeiten, dingliche Vorkaufsrechte oder Anwartschaftsrechte.[76] Da sich das Nachfrageinteresse des Auftraggebers bei grundstücksbezogenen Miet- oder Kaufverträgen idR von vornherein auf ein ganz bestimmtes Grundstück konzentriert,[77] macht eine EU-weite Ausschreibung grundsätzlich keinen Sinn.[78] Tritt der Auftraggeber hingegen als Anbieter von Immobilien auf, zB bei reinen Grundstücksveräußerungen, so besteht schon mangels eines entgeltlichen Beschaffungsaktes keine Ausschreibungspflicht nach dem Vergaberecht. Die öffentliche Hand beschafft mit der Veräußerung gerade keine Leistung, sondern stößt vielmehr einen Vermögenswert ab.[79] Solche rein der Vermögensverwaltung

[76] *Antweiler* § 107 Rn. 27.
[77] *Dreher* NZBau 2009, 543.
[78] VK Nordbayern Beschl. v. 27.3.2008 – 21.VK-3194 – 48/07.
[79] BGH Urt. v. 22.2.2008 – V ZR 56/07 = VergabeR 2008, 649 ff.

dienenden Verträge haben keinen Beschaffungscharakter. Kauf- oder Mietverträge über noch zu errichtende Gebäude unterfallen hingegen nicht dem Ausnahmetatbestand, weil der Kauf- oder Mietvertrag ohne die nötigen Umbauten oder den Neubau nicht abgeschlossen werden würde, sodass er mit den vergaberechtspflichtigen Bauleistungen steht und fällt.[80]

- § 107 Abs. 1 Nr. 3 GWB: Der Abschluss von **Arbeitsverträgen.** Im Unterschied zum vergaberechtspflichtigen öffentlichen Dienstleistungsauftrag „beschafft" der öffentliche Auftraggeber beim Abschluss von Arbeitsverträgen das Personal für seine eigene Aufgabenerledigung. Beim Abschluss eines öffentlichen Dienstleistungsauftrages hingegen bezieht er personelle Dienstleistungen von einem am Markt tätigen Unternehmen. Das europäische Vergaberecht hat schon seit je her nur Dienstleistungen erfassen wollen, die aufgrund von öffentlichen Aufträgen erbracht werden. Andere Grundlagen für Dienstleistungen, wie etwa Gesetz oder Arbeitsvertrag, wurden und werden nicht erfasst. Denn der Abschluss eines Arbeitsvertrages begründet ein engeres Pflichtenverhältnis als dies bei einem reinen Dienstleistungsvertrag der Fall ist. Letztlich soll das EU-Vergaberecht den Arbeitgeber nicht daran hindern, seiner personellen Auswahlentscheidung auch subjektive und persönliche Eindrücke zugrunde zu legen. Ein ausschreibungsfreier Arbeitsvertrag liegt nach der europäischen Rechtsprechung daher vor, wenn sich eine natürliche Person gegenüber einem öffentlichen Auftraggeber verpflichtet, unter seiner Leitung und Anweisungen Arbeitsleistungen gegen Entgelt zu erbringen. Ob das Arbeitsverhältnis befristet oder unbefristet, zivil- oder öffentlich-rechtlich (zB Beamte) ausgestaltet ist, spielt keine Rolle.[81] Die Überlassung von Arbeitskräften nach dem Arbeitnehmerüberlassungsgesetz (AÜG) ist dagegen nicht vergaberechtsfrei. Denn der Arbeitsvertrag wird dort nicht zwischen dem entliehenen Arbeitnehmer und öffentlichen Auftraggeber als Entleiher begründet. Vielmehr besteht das Arbeitsverhältnis nur zum Verleiher, der am Markt personelle Dienstleistungen im Wege des AÜG anbietet. Das Gleiche gilt entsprechend auch für sonstige Formen der vertraglichen Personalgestellung. Strittig ist, ob auch Anstellungsverträge für die Mitglieder der Geschäftsleitung eines öffentlichen Unternehmens unter die vergaberechtliche Ausnahme fallen. Nach Sinn und Zweck der vergaberechtlichen Freistellung müssen auch Anstellungsverträge von Geschäftsleitungsmitgliedern richtigerweise ausschreibungsfrei sein. Und zwar ganz gleich, ob zB der Geschäftsführer irgendwelchen Weisungen unterliegt oder nicht. Denn auch bei der Auswahl von Mitgliedern einer Geschäftsleitung sind personenbezogene und auf die höchstpersönliche Leistung gerichtete Aspekte entscheidend. Außerdem versagt Art. 45 AEUV einem Geschäftsleitungsmitglied nicht automatisch den Status eines Arbeitnehmers. 35
- § 108 Abs. 1 bis Abs. 5, Abs. 7 und 8 GWB: Von großer praktischer Bedeutung ist das sog. **Inhouse-Geschäft.** Die (Teil-) Privatisierung von öffentlichen Aufgaben und Leistungen erfolgt regelmäßig vor dem Hintergrund, die betriebswirtschaftliche Existenz solcher privatisierten kommunalen Unternehmen durch die Erteilung öffentlicher Aufträge der Gesellschafterkommune abzusichern. Problematisch ist in diesem Zusammenhang, ob im Verhältnis der Kommune (als öffentlichen Auftraggeber) zum Unternehmen (als Auftragnehmer) EU-Vergaberecht Anwendung finden muss oder nicht. In letzterem Fall spricht man von einem ausschreibungsfreien sog. Inhouse-Geschäft. 36

Für ein Inhouse-Geschäft müssen im Wesentlichen ein Kontroll-, ein Tätigkeits- und ein Öffentlichkeitskriterium vorliegen. Der öffentliche Auftraggeber muss den Auftragnehmer gemäß § 108 Abs. 1 Nr. 1 GWB wie eine eigene Dienststelle kontrollieren **(„Kontrollkriterium").** Hierfür ist eine unmittelbare oder auch mittelbare Kontrolle möglich (§ 108 Abs. 2 S. 2 GWB). Eine Kontrolle wird vermutet, wenn der öffentliche Auftraggeber einen ausschlaggebenden Einfluss auf die strategischen Ziele und wesentlichen Entscheidungen des Auftragnehmers ausüben kann (§ 108 Abs. 2 S. 1 GWB). Der Gesetzgeber stellt zudem 37

[80] EuGH Urt. v. 10.7.2014 – C-213/13 -Impresa Pizzarotti.
[81] EuGH Urt. v. 25.10.2018 – C-260/17 – Anodiki Services EPE.

klar, dass auch eine gemeinsame Kontrolle mehrerer Vergabestellen möglich ist (§ 108 Abs. 4 GWB). In einem solchen Fall ist es notwendig, dass die jeweiligen Unternehmensorgane des Auftragnehmers durch alle öffentlichen Auftraggeber besetzt sind, sie darüber hinaus einen maßgeblichen Einfluss auf die strategischen Ziele und wesentlichen Entscheidungen des Beauftragten nehmen können und dieser keine Interessen verfolgt, die denjenigen der öffentlichen Auftraggeber widersprechen (§ 108 Abs. 5 GWB). Eine Kontrolle wie über eine eigene Dienststelle wird oftmals anzunehmen sein, wenn das kommunale Unternehmen in der Rechtsform der GmbH geführt wird und die Kommune 100 % der Gesellschaftsanteile hält. In diesem Fall bestehen von Gesetzes wegen umfangreiche Einwirkungsmöglichkeiten der Kommune in und auf die Gesellschaftsorgane (Gesellschafterversammlung, Geschäftsführung und ggf. Aufsichtsrat). Wird dagegen die Rechtsform der AG zur Aufgabenerfüllung gewählt, so bestehen regelmäßig keine entsprechenden Kontrollmöglichkeiten der Kommune, selbst wenn diese Alleinaktionär ist. Dies wird bereits dadurch deutlich, dass der Vorstand – im Gegensatz zur Geschäftsführung einer GmbH – die AG unter eigener Verantwortung leitet und vertritt.[82]

38 Weiter hat der Gesetzgeber den von der Rechtsprechung[83] eingeführten, aber unscharfen Begriff der „Wesentlichkeit" mit einem Wert von 80 % des Umfangs der Tätigkeiten konkretisiert **(„Tätigkeitskriterium").** Demnach müssen mehr als 80 % der Tätigkeiten des Auftragnehmers entweder der vom öffentlichen Auftraggeber übertragenen Aufgaben oder von anderen – von der Vergabestelle kontrollierten – Personen übertragenen Aufgaben dienen (§ 108 Abs. 1 Nr. 2 GWB). Als Bezugsgröße der Tätigkeit kann entweder der durchschnittliche Umsatz oder ein anderer geeigneter, aber tätigkeitsgestützter Wert (zB Kosten) der letzten drei Jahre, bezogen auf alle Leistungen, gewählt werden (§ 108 Abs. 7 S. 1 GWB). Hierbei ist der Umsatz ausschlaggebend, den der Auftragnehmer aufgrund der Vergabeentscheidungen des/r kontrollierenden öffentlichen Auftraggeber/s erzielt. Dazu zählen die mit der Vergabestelle selbst erzielten Umsatzerlöse sowie die mit Dritten als Nutzern erzielten Umsätze. Wichtig ist, dass die Umsätze stets auf die vom öffentlichen Auftraggeber mit dem Auftragnehmer eingegangenen Rechtsbeziehungen zurückzuführen sind. Nicht entscheidend ist hingegen, wer das auftragnehmende Unternehmen vergütet oder in welchem Gebiet die beauftragten Leistungen erbracht werden.[84] Soweit für die letzten drei Jahre keine entsprechenden Angaben vorliegen oder nicht mehr bedeutsam sind, genügt auch eine Glaubhaftmachung (§ 108 Abs. 7 S. 3 GWB).

39 Überdies wird gesetzlich klargestellt, dass bei einer privaten Beteiligung an dem Auftragnehmer eine Inhouse-Vergabe grundsätzlich ausgeschlossen ist **(„Öffentlichkeitskriterium").** Grund dafür ist nach der europäischen Rechtsprechung,[85] dass die Vergabe eines öffentlichen Auftrages ohne Wettbewerbsverfahren einem privaten Unternehmen, das am Kapital der kontrollierten juristischen Person beteiligt ist, einen unzulässigen Vorteil gegenüber seinen Wettbewerbern verschaffen würde. Unschädlich sind dagegen nicht beherrschende Formen der privaten Kapitalbeteiligung und Formen der privaten Kapitalbeteiligung ohne Sperrminorität, wenn diese gesetzlich vorgeschrieben sind und keinen ausschlaggebenden Einfluss auf die kontrollierte juristische Person vermitteln (§ 108 Abs. 1 Nr. 3 GWB). Hierbei ist aber zu beachten, dass bspw. nicht beherrschende private Kapitalbeteiligungen nur in seltenen Fällen gesetzlich vorgeschrieben sein dürften. Eine private Kapitalbeteiligung am kontrollierenden öffentlichen Auftraggeber ist für ein Inhouse-Geschäft dagegen nicht schädlich.[86]

40 Schließlich ist die Ausweitung der Inhouse-Vergabe auf **Sonderformen** für die Beschaffungspraxis von großer Bedeutung. Hierzu zählen das „umgekehrte Inhouse-Geschäft", dh der Auftragnehmer beauftragt den ihn kontrollierenden öffentlichen Auftraggeber (§ 108

[82] BGH Urt. v. 3.7.2008 – I ZR 145/05 = WRP 2008, 1182 ff.
[83] EuGH Urt. v. 18.11.1999 – Rs. C-107/98 – Teckal = NZBau 2000, 90 f.
[84] EuGH Urt. v. 11.5.2006 – Rs. C-340/04 – Carbotermo = NZBau 2006, 452 (456).
[85] EuGH Urt. v. 11.1.2005 – Rs. C-26/03 – Stadt Halle = NVwZ 2005, 187 ff.
[86] *Wiedemann* § 108 GWB Rn. 33.

Abs. 3 S. 1, 1. Alt. GWB). Außerdem ist das „Schwester-Inhouse-Geschäft" zulässig, also dann, wenn der kontrollierte Auftragnehmer eine andere, von demselben öffentlichen Auftraggeber kontrollierte Person beauftragt (§ 108 Abs. 3 S. 1, 2. Alt. GWB). Die bereits oben genannten Inhouse-Voraussetzungen (zB nur ausnahmsweise private Kapitalbeteiligung) sind bei den Sonderformen entsprechend zu beachten.

- § 108 Abs. 6 GWB: Kommunen kooperieren in vielen Bereichen, wie etwa beim gemeinsamen Winterdienst, bei den Baubetriebshöfen oder bei der Informationstechnologie. Die **interkommunale Zusammenarbeit** (IKZ) ist durch eine Kooperation zwischen zwei oder mehr öffentlichen Auftraggebern auf horizontaler Ebene gekennzeichnet. Anders als beim vergabefreien Inhouse-Geschäft fehlt es in diesen Fällen aber an einem vertikalen Über- und Unterordnungsverhältnis und der damit verbundenen Kontrolle des öffentlichen Auftraggebers über den Auftragnehmer. § 108 Abs. 6 GWB ermöglicht deshalb öffentlichen Auftraggebern unter bestimmten Voraussetzungen Dienstleistungen gemeinsam zu erbringen, ohne dass Vergaberecht angewandt werden muss. 41

Ein IKZ-Kooperationsvertrag muss gewährleisten, dass die von den öffentlichen Auftraggebern zu erbringenden Dienstleistungen auf Grundlage eines **gemeinsamen Ziels** ausgeführt werden (§ 108 Abs. 6 Nr. 1 GWB). Die öffentlichen Auftraggeber sind dabei nicht verpflichtet, eine bestimmte Rechtsform zu wählen. Sie sind insoweit grundsätzlich frei. Die IKZ ist nicht auf bestimmte Dienstleistungen beschränkt, sondern kann alle Arten von Tätigkeiten umfassen. Die Dienstleistungen müssen nicht identisch sein, sondern können sich ergänzen. Nicht erforderlich ist es, dass alle öffentlichen Auftraggeber die Ausführung wesentlicher Vertragspflichten übernehmen. Wichtig ist insoweit nur, dass sie sich verpflichtet haben, einen Beitrag zur gemeinsamen Ausführung der betreffenden Dienstleistungen zu leisten.[87] 42

Weiter darf die IKZ einzig und allein durch Überlegungen im **öffentlichen Interesse** bestimmt werden (§ 108 Abs. 6 Nr. 2 GWB). Dies gilt insbes. für etwaige Finanztransfers zwischen den teilnehmenden öffentlichen Auftraggebern. Für eine vergaberechtsfreie Kooperation reicht es nicht aus, wenn sich der Beitrag eines Partners auf die bloße Zahlung beschränkt. Zusammenarbeit ist schon begrifflich mehr als die bloße Leistung gegen Bezahlung.[88] 43

Die IKZ darf nicht den Wettbewerb zu Lasten privater Unternehmen verzerren. Deshalb dürfen die IKZ-Partner maximal **20 %** an IKZ-gleichen Leistungen für fremde Dritte auf dem offenen Markt anbieten (§ 108 Abs. 6 Nr. 3 GWB). Für die Berechnung des Prozentwerts ist der durchschnittliche Gesamtumsatz der letzten drei Jahre oder andere tätigkeitsgestützte Werte heranzuziehen, wie zB die entstandenen Kosten der vergangenen drei Jahre. Falls keine solchen Informationen vorliegen, sind die erforderlichen Werte zB durch Prognosen über die Geschäftsentwicklung glaubhaft zu machen (§ 108 Abs. 7 GWB). 44

Soweit der IKZ-Auftrag ausschließlich zwischen öffentlichen Auftraggebern, dh Gebietskörperschaften, öffentlichen Einrichtungen oder Verbänden, geschlossen wird und die bereits oben genannten Voraussetzungen erfüllt sind, können auch öffentliche Auftraggeber mit **privater Kapitalbeteiligung** die Ausnahmeregelung für die IKZ beanspruchen.[89] Die Vergabeausnahme gilt darüber hinaus für bestimmte „öffentliche" Konzessions- und Sektorenauftraggeber. Dadurch wird sichergestellt, dass „private" Konzessions- und Sektorenauftraggeber keine IKZ für sich beanspruchen können. Sie können aber ggf. vergaberechtsfrei beschaffen, wenn die Ausnahme bei verbundenen Unternehmen nach § 138 GWB einschlägig ist. 45

Eine Veröffentlichungspflicht besteht im Übrigen **nicht.** Die von den Kritikern der IKZ geforderte Transparenz, um potenzielle private Wettbewerber über entsprechende IKZ 46

[87] BT-Drs. 18/6281, 82.
[88] OLG Koblenz Beschl. v. 3.12.2014 – Verg 8/14.
[89] BT-Drs. 18/6281, 82.

durch Bekanntmachung in Kenntnis zu setzen, hat im Gesetz keine weitere Berücksichtigung gefunden.

47 Weitere besondere **Ausnahmen** von der Anwendung europavergaberechtlicher Vorschriften, die für kommunale Unternehmen bei der Vergabe von öffentlichen Aufträgen und Konzessionen von besonderem Interesse sein können, sind etwa:

48 • § 116 Abs. 1 Nr. 2 GWB: **Forschungs- und Entwicklungsaufträge** sind grundsätzlich dem europäischen Vergaberecht entzogen, es sei denn, die Ergebnisse werden ausschließlich Eigentum des öffentlichen Auftraggebers für seinen Gebrauch bei der Ausübung seiner eigenen Tätigkeit und die Dienstleistung wird vollständig durch die Vergabestelle vergütet. Erfasst wird sowohl die Grundlagenforschung als auch die angewandte Forschung. Bloße reflexartige Begünstigungen der Allgemeinheit nehmen dem jeweiligen Forschungsergebnis nicht die alleinige Zuordnung zur Eigentumssphäre des öffentlichen Auftraggebers und die Bestimmung zur Nutzung durch dessen eigene Behörden.[90] Nach § 149 Nr. 2 GWB gilt die besondere Ausnahme auch für die Konzessionsvergabe.

49 • § 116 Abs. 1 Nr. 5 GWB: **Kredite** und Darlehen sowie der Ankauf von Wertpapieren. Daneben sind auch finanzielle Dienstleistungen nicht vergaberechtspflichtig, bei denen ein besonderes kapitalmarktbezogenes Vertrauensverhältnis erforderlich ist, das die Anwendung des Vergaberechts unmöglich, zumindest aber unangemessen erscheinen lässt. Dies können Transaktionsgeschäfte mit Finanzinstrumenten sein, aber auch solche vorbereitenden und begleitenden Dienstleistungen, die mit dem Finanzierungsgeschäft in einem solchen Zusammenhang stehen, dass sie die Durchführung des Geschäfts selbst beeinflussen können, wie zB der Arrangeurvertrag über einen US-Cross-Border-Leasing-Vertrag.[91] Gemäß § 149 Nr. 5 GWB findet die besondere Ausnahme auch auf die Vergabe von Konzessionen Anwendung.

50 Besondere Ausnahmen von der EU-weiten Ausschreibungspflicht bestehen auch bei der Auftragsvergabe durch **Sektorenauftraggeber.** Hierzu zählen zB:

51 • § 137 Abs. 1 Nr. 7 GWB: Die Beschaffung von **Wasser** im Rahmen der Trinkwasserversorgung. Der Grund für die vergaberechtliche Freistellung liegt in der Notwendigkeit der öffentlichen Auftraggeber, sich aus in der Nähe des Verwendungsortes gelegenen Quellen zu versorgen.[92]

52 • § 137 Abs. 1 Nr. 8 GWB: Die Beschaffung von **Energie** oder von Brennstoffen zur Energieerzeugung im Rahmen der Energieversorgung. Der Sinn und Zweck der Vergabeausnahme ist in der Erkenntnis zu suchen, dass das Vergaberecht kein taugliches Instrument zur Liberalisierung des Energiemarktes darstellt, weil insbes. der Zugang zu den Versorgungsnetzen in fremden Mitgliedstaaten nicht besteht.[93]

53 • § 137 Abs. 1 Nr. 9 GWB: **Weiterveräußerung** oder Vermietung an Dritte. Voraussetzung dafür ist, dass dem Sektorenauftraggeber kein besonderes oder ausschließliches Recht zum Verkauf oder zur Vermietung des Auftragsgegenstandes zusteht und andere Unternehmen die Möglichkeit haben, den Auftragsgegenstand unter den gleichen Bedingungen wie der betreffende Sektorenauftraggeber zu verkaufen oder zu vermieten. Bsp.: Beschaffung von Wärmemengenzählern durch einen Sektorenauftraggeber zur Weitergabe an Endkunden.[94]

54 Das Vergaberecht findet ferner keine Anwendung, wenn der öffentliche Auftraggeber lediglich **Vermögen veräußert,** also nicht als Nachfrager, sondern als Anbieter von Waren und Leistungen auftritt (zB Verkauf von Betriebseinrichtungen oder -grundstücken). Gleiches gilt für die bloße Veräußerung von Gesellschaftsanteilen.[95] Durch den Anteilsverkauf

---

[90] BayObLG Beschl. v. 27.2.2003 – Verg 25/02 = NZBau 2003, 634 ff.
[91] VK Baden-Württemberg Beschl. v. 30.11.2001 – 1 VK 40/01.
[92] Erw.grd. 24 RL 2014/25/EU.
[93] *Röbke* § 137 Rn. 38.
[94] *Röbke* § 137 Rn. 50.
[95] OLG Brandenburg Beschl. v. 3.8.2001 – Verg 3/01 = VergabeR 2002, 45 ff.

werden dem Erwerber einerseits lediglich zukünftige Gewinnchancen ermöglicht, andererseits stellt der Eintritt in die Gesellschaft noch keine Leistung dar, die für den öffentlichen Auftraggeber erbracht wird. Etwas Anderes kann jedoch dann gelten, wenn die Anteilsveräußerung mit einer Auftragsvergabe tatsächlich kombiniert wird. Dies ist bspw. dann der Fall, wenn eine indirekte Beteiligung eines neu eintretenden Gesellschafters an einem öffentlichen Auftrag besteht, der einer Tochtergesellschaft des öffentlichen Auftraggebers zu einem früheren Zeitpunkt langfristig erteilt worden war.[96]

Europäisches Vergaberecht ist auch nicht bei der Übertragung von hoheitlichen Befugnissen auf Private durch **Verwaltungsakt** zu beachten. 55

b) EU-Schwellenwerte

Die für öffentliche Aufträge geltenden EU-Schwellenwerte teilen das Vergaberecht in einen nationalen und einen europäischen Teil (sog. **Zweiteilung** des Vergaberechts). 56

aa) Bedeutung. Nach § 106 Abs. 1 GWB werden nur solche öffentlichen Aufträge und Konzessionen vom europäischen Vergaberecht erfasst, deren geschätzter Auftrags- oder Vertragswert die jeweils festgelegten EU-Schwellenwerte erreicht oder überschreitet (§ 106 Abs. 1 S. 1 GWB). Der jeweilige EU-Schwellenwert ergibt sich für öffentliche Aufträge, die von öffentlichen Auftraggebern vergeben werden, aus Art. 4 RL 2014/24/EU in der jeweils geltenden Fassung (§ 106 Abs. 2 Nr. 1 GWB). Für öffentliche Aufträge, die von Sektorenauftraggebern zum Zweck der Ausübung einer Sektorentätigkeit vergeben werden, aus Art. 15 RL 2014/25/EU in der jeweils geltenden Fassung (§ 106 Abs. 2 Nr. 2 GWB). Für Konzessionen ergibt sich der jeweilige EU-Schwellenwert aus Art. 8 RL 2014/23/EU in der jeweils geltenden Fassung (§ 106 Abs. 2 Nr. 4 GWB). Wird der jeweilige EU-Schwellenwert überschritten, so kommen neben dem GWB, der VgV, SektVO und KonzVgV auch die VOB/A-EU und VOB/A-VS zur Anwendung. Bedeutsam ist die Zweiteilung des Vergaberechts vor allem deshalb, weil nur das europäische Vergaberecht einen besonderen primären Vergaberechtsschutz kennt, das sog. Nachprüfungsverfahren (§§ 152 ff. GWB). Werden die EU-Schwellenwerte dagegen unterschritten, gelten vorrangig die haushaltsrechtlichen Bestimmungen der jeweiligen Bundesländer über die Vergabe öffentlicher Aufträge. Ein dem Nachprüfungsverfahren vergleichbarer Rechtsschutz im Unterschwellenbereich besteht in den meisten Bundesländern dagegen nicht. 57

bb) Höhe. Die EU-Schwellenwerte für europaweite Vergabeverfahren sind abhängig von der Art des zu vergebenden Auftrages (Liefer-, Bau- oder Dienstleistungsauftrag) und teilweise von der Person des Auftraggebers (oberste Bundesbehörden uä). 58

Für **Bauleistungen** gilt – unabhängig von der Art der öffentlichen Auftraggebereigenschaft – derzeit ein Schwellenwert von 5,35 Mio. EUR. Bei der losweisen Vergabe von Bauaufträgen kommt es darauf an, dass der geschätzte gesamte Auftragswert sämtlicher Lose den Schwellenwert von 5,35 Mio. EUR erreicht bzw. überschreitet. Eine europaweite Ausschreibungspflicht besteht ausnahmsweise nicht für einzelne Lose, deren geschätzter Auftragswert jeweils weniger als 1 Mio. EUR beträgt und mindestens 80 % des geschätzten Gesamtwertes aller Lose europaweit vergeben wird (§ 3 Abs. 9 VgV). 59

Bei **Liefer- und Dienstleistungsaufträgen** beträgt der Schwellenwert aktuell 214.000 EUR. Bei der losweisen Vergabe von Liefer- und Dienstleistungsaufträgen besteht eine Pflicht zur Anwendung des europäischen Vergaberechts nur bei Losen mit einem geschätzten Auftragswert von mindestens 80.000 EUR. Eine Ausnahme von der Ausschreibungsverpflichtung besteht dann, wenn der geschätzte Auftragswert einzelner Lose jeweils weniger als 80.000 EUR beträgt und mindestens 80 % des gesamten Auftragsvolumens unter Beachtung des europäischen Vergaberechts vergeben wird (§ 3 Abs. 9 VgV). 60

Sonderregelungen bestehen für Liefer- und Dienstleistungsaufträge in den Sektorenbereichen Wasser, Elektrizität, Gas, Wärme, Verkehrsleistungen, Häfen, Flughäfen und 61

[96] OLG Brandenburg Beschl. v. 3.8.2001 – Verg 3/01 = VergabeR 2002, 45 ff.

fossile Brennstoffe sowie im Verteidigungs- und Sicherheitsbereich. Dort liegt der zu beachtende Schwellenwert derzeit bei 428.000 EUR. Ein weiterer Sonderfall besteht für oberste und obere Bundesbehörden bzw. vergleichbare Bundeseinrichtungen. Vergeben die vorgenannten Stellen Liefer- oder Dienstleistungsaufträge im Wert von mindestens 139.000 EUR, so ist ein europaweites Vergabeverfahren durchzuführen. Für Konzessionen gilt aktuell ein Schwellenwert von 5,35 Mio. EUR.

62 cc) **Berechnung.** Die vorgenannten EU-Schwellenwerte sind auf der Grundlage einer Schätzung des Auftrags- oder Vertragswertes zu ermitteln (§ 3 Abs. 1 VgV, § 2 Abs. 1 SektVO, § 2 Abs. 1 KonzVgV). Die Schätzung muss nach objektiven Kriterien erfolgen.[97] Die Vergabestelle hat eine wirklichkeitsgetreue, seriöse und nachvollziehbare Prognose zu treffen.[98] Zur ordnungsgemäßen Schätzung zählt auch die ordentliche Ermittlung der Schätzungsgrundlage.[99] Bei Konzessionen ist der geschätzte Vertragswert nach einer objektiven Methode zu berechnen, die in den Vergabeunterlagen anzugeben ist (§ 3 Abs. 1 KonzVgV). Ein pflichtgemäß geschätzter Auftragswert ist jener Wert, den ein umsichtiger und sachkundiger öffentlicher Auftraggeber nach sorgfältiger Prüfung des relevanten Marktsegmentes und im Einklang mit den Erfordernissen betriebswirtschaftlicher Finanzplanung bei der Anschaffung der vergabegegenständlichen Sachen veranschlagen würde.[100] Maßgebend ist grundsätzlich der Verkehrs- oder Marktwert, zu dem eine bestimmte Leistung zum maßgebenden Zeitpunkt bezogen werden kann.[101] Bei Aufträgen und Konzessionen sind alle Optionen oder etwaige Vertragsverlängerungen zu berücksichtigen (§ 3 Abs. 1 S. 2 VgV, § 2 Abs. 3 Nr. 1 KonzVgV). Maßgeblicher Zeitpunkt für die Schätzung des Auftrags-/Konzessionswertes ist der Tag der Absendung der Auftrags-/Konzessionsbekanntmachung oder die sonstige Einleitung des Vergabeverfahrens (§ 3 Abs. 3 VgV, § 2 Abs. 5 KonzVgV). Wurde der Auftragswert bereits zu einem sehr frühen Zeitpunkt geschätzt, ist eine aktuelle Kostenschätzung zum Zeitpunkt der Einleitung des Vergabeverfahrens nochmals notwendig, wenn es sich um einen Grenzfall handelt, also Zweifel bestehen, ob der Schwellenwert über- oder unterschritten wird.[102] Nur wenn dies nicht der Fall ist, erübrigt sich eine erneute Schätzung des Auftrags- und Konzessionswertes.

63 Verboten sind **Manipulationen** bei der Schätzung oder Aufteilung des Auftrags- und Konzessionswertes, um den öffentlichen Auftrag bzw. die Konzession der Anwendung des Vergaberechts zu entziehen (§ 3 Abs. 2 VgV, § 2 Abs. 2 KonzVgV). Vergabestellen ist es zwar nicht untersagt, Beschaffungen unterhalb der EU-Schwellenwerte durchzuführen. Es ist auch grundsätzlich nicht zu beanstanden, wenn die öffentlichen Auftraggeber bzw. Konzessionsgeber den Nebengedanken hegen, eine finanziell aufwändige EU-Ausschreibung zu vermeiden.[103] Ihnen ist es aber verwehrt, ein objektiv dem Vergaberecht unterfallenden öffentlichen Auftrag bzw. Konzession so gezielt und planmäßig zu beeinflussen, dass der Auftrags- bzw. Vertragswertwert die EU-Schwellenwerte unterschreitet. Bsp.: Bei der Schätzung des Auftragswertes zu einem Bauprojekt, das in mehrere Bauabschnitte aufgeteilt ist, wird der Gesamtauftragswert aller Bauabschnitte der Schätzung zu Grunde gelegt und nicht etwa nur einzelne Bauabschnitte. Auch die Befristung eines Auftrages ist noch kein Indiz dafür, dass ein Beschaffungsvorhaben durch Aufteilung des Auftrages dem Vergaberecht entzogen wird; nur der regelmäßige Abschluss befristeter Verträge mit unüblich kurzen Vertragslaufzeiten könnte auf eine Umgehung des europäischen Vergaberechts hindeuten.[104] Auch eine mit dem Ziel der Vermeidung eines europaweiten Vergabever-

---

97 OLG Düsseldorf Beschl. v. 8.5.2002 – Verg 5/02 = VergabeR 2002, 665 ff.
98 VK Bund Beschl. v. 12.5.2003 – VK 2–20/03.
99 OLG Dresden Beschl. v. 24.7.2012 – Verg 002/12.
100 OLG Brandenburg Beschl. v. 29.1.2013 – Verg W 8/12; OLG Naumburg Beschl. v. 16.10.2007 – 1 Verg 6/07 = ZfBR 2008, 83 ff.
101 OLG Celle Beschl. v. 5.2.2004 – 13 Verg 26/03.
102 VK Baden-Württemberg Beschl. v. 9.10.2001 – 1 VK 27/01.
103 OLG Frankfurt Beschl. v. 7.9.2004 – 11 Verg 11/04 = NZBau 2004, 692 ff.
104 VK Münster Beschl. v. 17.1.2002 – VK 23/01.

fahrens vorgenommene Begrenzung der Vertragslaufzeit bei an sich längerfristig bestehendem Bedarf stellt eine unzulässige Aufteilung eines Auftrages und damit eine Umgehung vergaberechtlicher Vorschriften dar.[105]

Hat sich der öffentliche Aufraggeber **verschätzt,** indem er etwa einen Auftragswert unterhalb des maßgeblichen EU-Schwellenwertes geschätzt hat, aber der Ausschreibungswettbewerb überwiegend Angebote ergibt, die deutlich über dem europäischen Schwellenwert liegen, so besteht damit alleine noch keine missbräuchlich niedrige Schätzung. Etwas anderes gilt nur dann, wenn der Auftrags- bzw. Konzessionswert absichtlich unterhalb der Grenze des EU-Schwellenwertes veranschlagt wird, um einen europaweiten Vergabewettbewerb zu vermeiden.[106] Hat der öffentliche Auftraggeber hingegen eine Schätzung oberhalb des europäischen Schwellenwertes unter Berücksichtigung der bekannten Marktgegebenheiten in seriöser, nachvollziehbarer Weise vorgenommen, so hat die Tatsache, dass einige der eingegangenen Angebote den EU-Schwellenwert nicht erreichen, auf die Wahl des europaweiten Vergabeverfahrens keinen Einfluss und beseitigt nicht die Zulässigkeit der Anrufung der Vergabekammer.[107] Fehlt eine Schätzung des Auftrags- oder Vertragswertes durch den öffentlichen Auftraggeber vollständig, so ist die angerufene Vergabekammer zur eigenständigen Wertermittlung nicht nur berechtigt, sondern verpflichtet. Hierbei kann das Kostenvolumen des preisgünstigsten Bieters zu Grunde gelegt werden.[108] 64

Bei Aufträgen über **Liefer- oder Dienstleistungen,** für die kein Gesamtpreis angegeben wird, ist Berechnungsgrundlage für den geschätzten Auftragswert bei zeitlich begrenzten Aufträgen mit einer Laufzeit von bis zu 48 Monaten der Gesamtwert für die Laufzeit dieser Aufträge (§ 3 Abs. 11 Nr. 1 VgV) und bei Aufträgen mit unbestimmter Laufzeit oder mit einer Laufzeit von mehr als 48 Monaten der 48-fache Monatswert (§ 3 Abs. 11 Nr. 2 VgV). 65

Besonderheiten bestehen bei der Schätzung des Auftragswertes für **Bauleistungen.** Hierbei ist auch der geschätzte Wert der Liefer- und Dienstleistungen zu berücksichtigen, die für die Ausführung der Bauleistungen erforderlich sind (zB Baustellenausstattungen) und vom öffentlichen Auftraggeber zur Verfügung gestellt werden (§ 3 Abs. 6 S. 1 VgV). Dazu zählt bspw. der Wert der Bauleitung, wenn diese vom öffentlichen Auftraggeber selbst übernommen wird. In diesem Fall stellt die Übernahme der Bauleitung einen werthaltigen Bestandteil der Bauleistung dar, die auf den Gesamtauftragswert anzurechnen ist.[109] Unberücksichtigt bleiben zB die Baunebenkosten,[110] der Grundstückswert[111] und die Planungsleistungen von Architekten, Ingenieuren und Statikern,[112] es sei denn, dass der öffentliche Auftraggeber sowohl die Leistung als auch die Planung ausschreibt, weil sich der Auftrag bzw. der abzuschließende Vertrag dann auf beide Leistungsteile bezieht.[113] 66

Bei der Berechnung des geschätzten Vertragswertes einer **Konzession** sind nach den Umständen des Einzelfalles insbes. die Einkünfte aus Gebühren oder Entgelten sowie Geldbußen oder Vertragsstrafen zu berücksichtigen, die von den Nutzern der Bauwerke oder Dienstleistungen gezahlt werden, soweit diese nicht im Auftrag des Konzessionsgebers erhoben werden (§ 2 Abs. 4 Nr. 2 KonzVgV). Ferner sind die Zahlungen des Konzessionsgebers oder jeder anderen Behörde an den Konzessionsnehmer oder weitere finanzielle Vorteile jedweder Art, einschließlich Gegenleistungen für die Erfüllung von Gemeinwohlverpflichtungen sowie staatlicher Investitionsbeihilfen (§ 2 Abs. 4 Nr. 3 KonzVgV) ein- 67

[105] OLG Frankfurt Beschl. v. 7.9.2004 – 11 Verg 11/04 = NZBau 2004, 692 ff.
[106] OLG München Beschl. v. 31.10.2012 – Verg 19/12.
[107] KG Berlin Beschl. v. 24.10.2013 – Verg 11/13.
[108] OLG Celle Beschl. v. 12.7.2007 – 13 Verg 6/07 = VergabeR 2007, 808 ff.
[109] VK Düsseldorf Beschl. v. 11.9.2001 – VK 19/2001-L.
[110] OLG Celle Beschl. v. 14.11.2002 – 13 Verg 8/02 = IBR 2003, 37 (Ls.); OLG Stuttgart Beschl. v. 12.8.2002 – 2 Verg 9/02 = NZBau 2003, 340 ff.
[111] VK Baden-Württemberg Beschl. v. 6.3.2013 – 1 VK 02/13; Brandenburgisches OLG Beschl. v. 20.8.2002 – Verg W 4/02 = IBR 2002, 677 (Ls.).
[112] VK Düsseldorf Beschl. v. 11.9.2001 – VK 19/2001-L.
[113] OLG München Beschl. v. 31.10.2012 – Verg 19/12.

zuberechnen. Zudem ist der Wert von Zuschüssen oder sonstigen finanziellen Vorteilen jeglicher Art, die von Dritten für die Durchführung der Konzession gewährt werden (§ 2 Abs. 4 Nr. 4 KonzVgV), zu beachten. Weiter sind die Einkünfte aus dem Verkauf von Vermögensgegenständen, die Teil der Konzession sind (§ 2 Abs. 4 Nr. 5 KonzVgV) und der Wert aller Lieferungen und Dienstleistungen, die der Konzessionsgeber für den Konzessionsnehmer bereitstellt, sofern sie für die Erbringung der Bau- oder Dienstleistungen erforderlich sind (§ 2 Abs. 4 Nr. 6 KonzVgV), zu schätzen. Schließlich finden auch Prämien oder Zahlungen an Bewerber oder Bieter (§ 2 Abs. 4 Nr. 7 KonzVgV) Berücksichtigung.

68 Der Wert einer **Rahmenvereinbarung** oder eines dynamischen elektronischen Verfahrens wird auf der Grundlage des geschätzten Gesamtwertes aller Einzelaufträge berechnet, die während deren Laufzeit geplant sind (§ 3 Abs. 4 VgV). Rahmenvereinbarungen sind Vereinbarungen zwischen einem oder mehreren öffentlichen Auftraggebern oder Sektorenauftraggebern und einem oder mehreren Unternehmen, die dazu dienen, die Bedingungen für die öffentlichen Aufträge, die während eines bestimmten Zeitraums vergeben werden sollen, festzulegen, insbes. in Bezug auf den Preis (§ 103 Abs. 5 S. 1 GWB). Schließen mehrere öffentliche Auftraggeber eine Rahmenvereinbarung zur gemeinsamen Beschaffung ab, ist auch für die Bemessung des Auftragswertes auf diesen (gebündelten) Bedarf abzustellen und jedem einzelnen der öffentlichen Auftraggeber gegenüber der volle Auftragswert des in Aussicht genommenen Rahmenvertrages in Ansatz zu bringen.[114]

3. Persönlicher Anwendungsbereich („Wer")

69 Das durch die EU-Schwellenwerte zweigeteilte Vergaberecht kennt unterschiedliche persönliche Anwendungsbereiche. Anknüpfungspunkt für die weitere Unterscheidung ist die **Eigenschaft** als öffentlicher Auftraggeber.

a) Öffentliche Auftraggeber unterhalb der EU-Schwellenwerte

70 Bei Auftragsvergaben unterhalb der jeweils geltenden EU-Schwellenwerte gilt das Landesrecht, vorrangig das staatliche und kommunale Haushaltsrecht. Zu deren Adressatenkreis zählen in erster Linie die typischen, dh **institutionell** geprägten öffentlichen Auftraggeber, wie etwa kommunale Gebietskörperschaften (Gemeinden, Kreise und Bezirke) sowie die sonstigen Einrichtungen, Körperschaften, Anstalten und Stiftungen des öffentlichen Rechts.

71 **aa) Regie- und Eigenbetriebe.** Gemeindliche Regie- und Eigenbetriebe sind rechtlich unselbständig und daher Teil der Kommunalverwaltung, mithin der jeweiligen kommunalen Gebietskörperschaft. Sie haben deshalb das jeweils geltende kommunale Haushaltsrecht und Landesrecht zu beachten und sind grundsätzlich als typische öffentliche Auftraggeber gehalten, ihre Beschaffungen deutschlandweit auszuschreiben. Mangels eigenständiger Rechtspersönlichkeit ist nicht der kommunale Regie- oder Eigenbetrieb selbst als öffentlicher Auftraggeber einzuordnen, sondern die jeweilige Trägergemeinde.

72 Ob Regie- und Eigenbetriebe Bau-, Liefer- und Dienstleistungen zwingend nach den Bestimmungen der VOB/A und UVgO vergeben müssen oder bspw. ihre Anwendung lediglich vom Landesgesetzgeber empfohlen wird, regeln grundsätzlich die einschlägigen (vornehmlich haushaltsrechtlichen) Landesvorschriften. So sehen die meisten **kommunalen Haushaltsverordnungen** vor, dass bei der Vergabe von Aufträgen bestimmte Vergaberichtlinien oder Vergabegrundsätze anzuwenden sind, die das jeweils zuständige Landesministerium bekannt gibt. Dadurch wird im Interesse der Gemeinden und Städte gewährleistet, dass das wirtschaftlich günstigste Marktangebot erzielt werden kann und zugleich ein geordneter, transparenter Wettbewerb der Korruption vorbeugt.

[114] OLG Düsseldorf Beschl. v. 26.7.2002 – Verg 28/02 = VergabeR 2003, 87 ff.

Die folgende Darstellung erläutert für die einzelnen Bundesländer die **wesentlichen,** für Regie- und Eigenbetriebe bei der Vergabe von Bau- sowie Liefer- und Dienstleistungen zu beachtenden, Vergabevorschriften nach der VOB/A (1. Abschnitt) und UVgO oder VOL/A (1. Abschnitt): **73**

In **Baden-Württemberg** ist die VOB/A als zwingender Vergabegrundsatz iSd § 31 Abs. 2 GemHVO zu beachten.[115] Für die Vergabe von Liefer- und Dienstleistungen ist die UVgO hingegen lediglich empfohlen. **74**

In **Bayern** ist die VOB/A als Vergabegrundsatz nach § 31 Abs. 2 KommHV-Kameralistik bzw. § 30 Abs. 2 KommHV-Doppik zwingend von den Gemeinden und damit auch von ihren Regiebetrieben anzuwenden.[116] Für bayerische Eigenbetriebe findet § 31 Abs. 2 KommHV-Kameralistik bzw. § 30 Abs. 2 KommHV-Doppik über § 9 EBV entsprechende Anwendung. Die UVgO ist für kommunale Auftraggeber unterhalb der Schwellenwerte dagegen nicht verbindlich eingeführt,[117] sodass auch die rechtlich unselbständigen Regie- und Eigenbetriebe nicht zur Beachtung der UVgO verpflichtet sind. Die Anwendung der UVgO ist den bayerischen Regie- und Eigenbetrieben zur Vermeidung von rechtlichen Risiken jedoch empfohlen. Es ist aber weder Anlass für eine rechtsaufsichtliche Beanstandung noch für die Annahme eines schweren Vergabeverstoß, wenn sich kommunale Regie- und Eigenbetriebe nach der Empfehlung zur Anwendung der UVgO bei der Vergabe von Liefer- und Dienstleistungsaufträgen noch auf die Bestimmungen der VOL/A stützen.[118] **75**

In **Berlin** gilt über § 55 Abs. 2 LHO[119] bei der Vergabe von Bauaufträgen verbindlich die VOB/A.[120] Bei der Vergabe von Liefer- und Dienstleistungsaufträgen (mit Ausnahme freiberuflicher Dienstleistungen) ist weiterhin die VOL/A zwingend zu beachten.[121] **76**

In **Brandenburg** sind Bauaufträge gemäß § 30 Abs. 2 KomHKV[122] weitgehend bzw. leicht modifiziert nach der VOB/A zu vergeben. Nach § 30 Abs. 3 KomHKV ist für die Vergabe von Liefer- und Dienstleistungen die UVgO in weiten Teilen bzw. mit Änderungen anwendbar. Für kommunale Eigenbetriebe ist § 30 KomHKV sinngemäß anzuwenden (§ 66 KomHKV iVm §§ 86 Abs. 2, 63 Abs. 2 BbgKVerf[123]). **77**

In **Bremen** erklärt § 55 Abs. 2 LHO[124] Nr. 2.7 VV-LHO[125] zu § 55 LHO für anwendbar, wonach bei der Vergabe von Bauaufträgen grundsätzlich die VOB/A anzuwenden ist (§ 6 Abs. 2 BremTtVG). Die Vergabe von Liefer- und Dienstleistungsaufträgen erfolgt generell nach den Bestimmungen der UVgO (§ 7 Abs. 1 BremTtVG). **78**

In **Hamburg** gilt nach § 2a S. 1 Nr. 1 HmbVgG die UVgO für die Vergabe von Liefer- und Dienstleistungen, während für Bauleistungen die VOB/A anzuwenden ist (§ 2a S. 1 Nr. 2 HmbVgG). **79**

In **Hessen** sind über § 29 GemHVO[126] für die Vergabe von Bauaufträgen die VOB/A und für die Ausschreibung von Liefer- und Dienstleistungen die VOL/A anzuwenden.[127] **80**

---

[115] Ziff. 2.1.1 Verwaltungsvorschrift des Innenministeriums über die Vergabe von Aufträgen im kommunalen Bereich (VergabeVwV) v. 27.2.2019, GABl. 118.

[116] Ziff. 1.1.1 Bekanntmachung des Bayerischen Staatsministeriums des Innern und für Integration v. 31.7.2018 – B3–1512-31-19, AllMBl. 547.

[117] Ziff. 4.1 Bekanntmachung des Bayerischen Staatsministeriums des Innern und für Integration v. 31.7.2018 – B3–1512-31-19, AllMBl. 547.

[118] Rundschreiben StMI v. 18.5.2018 – B3–1512-31-19, 5.

[119] Landeshaushaltsordnung (LHO v. 30.1.2009, GVBl. 31, 486.

[120] Ziff. 3.1.1 Ausführungsvorschrift zu § 55 LHO (Stand: 10/2018).

[121] Ziff. 3.1.2 Ausführungsvorschrift zu § 55 LHO (Stand: 10/2018).

[122] Verordnung über die Aufstellung und Ausführung des Haushaltsplans der Gemeinden (Kommunale Haushalts- und Kassenverordnung – KomHKV) v.14.2.2008, GVBl.II/08 [Nr. 03], 14.

[123] Kommunalverfassung des Landes Brandenburg (BbgKVerf) v. 18.12.2007, GVBl.I/07 [Nr. 19], 286.

[124] Haushaltsordnung der Freien Hansestadt Bremen (Landeshaushaltsverordnung – LHO) v. 25.5.1971, Brem.GBl. 143.

[125] Verwaltungsvorschriften zur Haushaltsordnung der Freien Hansestadt Bremen (VV-LHO) v. 4.10.1976, Brem.ABl. 413.

[126] Verordnung über die Aufstellung und Ausführung des Haushaltsplans der Gemeinden (Gemeindehaushaltsverordnung – GemHVO) v. 2.4.2006, GVBl. I 235.

[127] Ziff. 1.1 Gemeinsamer Runderlass zum öffentlichen Auftragswesen (Vergabeerlass) v. 27.6.2016, StAnz. 710.

81 In **Mecklenburg-Vorpommern** gilt über § 21 GemHVO-Doppik[128] für die Vergabe von Bauleistungen die VOB/A (§ 2 Abs. 1 S. 1 Nr. 2 VgG M-V), während für Liefer- und Dienstleistungen nach § 2 Abs. 1 S. 1 Nr. 3 VgG M-V die UVgO gilt. Nach § 28 Abs. 8 EigVO M-V[129] gilt für Eigenbetriebe § 21 GemHVO-Doppik entsprechend, der wiederum auf das VgG M-V in seiner jeweiligen Fassung verweist.

82 In **Niedersachsen** sind gemäß § 3 Abs. 1 NTVergG die UVgO für die Vergabe von Liefer- und Dienstleistungsaufträgen und nach § 3 Abs. 2 NTVergG die VOB/A für die Ausschreibung von Bauleistungen anzuwenden. Für Eigenbetriebe stellt § 11 EigBetrVO[130] klar, dass § 28 KomHKVO[131] sinngemäß gilt, wonach der Abschluss von Verträgen über Lieferungen und Leistungen nach einheitlichen Richtlinien über das bei der Vergabe einzuhaltende Verfahren erfolgt, soweit die Vergabe nicht durch Landesrecht (wie hier durch das NTVergG) geregelt ist.

83 In **Nordrhein-Westfalen** „soll" die VOB/A als haushaltsrechtlicher Vergabegrundsatz gemäß § 26 Abs. 2 KomHVO[132] unterhalb der Schwellenwerte Beachtung finden.[133] Die UVgO „soll" ebenfalls zur Vermeidung rechtlicher Risiken angewandt werden.[134] Die vorstehenden Vergabegrundsätze gelten grundsätzlich nur für die gemeindlichen Regiebetriebe und eigenbetriebsähnlichen Einrichtungen iSd § 107 Abs. 2 GO NRW, nicht hingegen für kommunale Eigenbetriebe.[135]

84 In **Rheinland-Pfalz** gilt über § 22 Abs. 2 GemHVO[136] für die Vergabe von Liefer- und Dienstleistungen die VOL/A und für die Vergabe von Bauaufträgen die VOB/A.[137]

85 Im **Saarland** ist über § 24 Abs. 2 KommHVO[138] die VOB/A bei der Beschaffung von Bauleistungen zwingend zu beachten. Die UVgO wird bei der Vergabe von Liefer- und Dienstleistungen hingegen lediglich zur Anwendung empfohlen.[139] Nach § 25 EigVO[140] gelten diese Vergabegrundsätze auch für die Eigenbetriebe der kommunalen Körperschaften.[141]

86 In **Sachsen** ist nach § 1 Abs. 2 SächsVergabeG die VOB/A für die Vergabe von Bauleistungen und die VOL/A für die Beschaffung von Liefer- und Dienstleistungen anzuwenden.

87 In **Sachsen-Anhalt** ist gemäß § 1 Abs. 2 S. 1 LVG LSA bei der Vergabe von Liefer- und Dienstleistungen die VOL/A und bei Bauaufträgen die VOB/A anzuwenden.

---

128 Gemeindehaushaltsverordnung-Doppik (GemHVO-Doppik) v. 25.2.2008, GVOBl. M-V 34.

129 Eigenbetriebsverordnung (EigVO M-V) v. 14.7.2017, GVOBl. M-V 206.

130 Eigenbetriebsverordnung (EigBetrVO) v. 12.7.2018, Nds. GVBl., 161.

131 Verordnung über die Aufstellung und Ausführung des Haushaltsplans sowie die Abwicklung der Kassengeschäfte der Kommunen (Kommunalhaushalts- und -kassenverordnung – KomHKVO –) v. 18.4.2017, Nds. GVBl. 130.

132 Verordnung über das Haushaltswesen der Kommunen im Land Nordrhein-Westfalen (Kommunalhaushaltsverordnung Nordrhein-Westfalen – KomHVO NRW) v.12.12.2018, GV NRW 708.

133 Ziff. 4.1 Runderlass des Ministeriums für Heimat, Kommunales, Bau und Gleichstellung v. 28.8.2018 – 304-48-07-01/01–169/18 (Kommunale Vergabegrundsätze).

134 Ziff. 5.1 Runderlass des Ministeriums für Heimat, Kommunales, Bau und Gleichstellung v. 28.8.2018 – 304-48-07-01/01–169/18 (Kommunale Vergabegrundsätze).

135 Ziff. 1.2 Runderlass des Ministeriums für Heimat, Kommunales, Bau und Gleichstellung v. 28.8.2018 – 304-48-07-01/01–169/18 (Kommunale Vergabegrundsätze).

136 Gemeindehaushaltsverordnung (GemHVO) v. 18.5.2006, GVBl. 203.

137 Ziff. 2.2 Verwaltungsvorschrift des Ministeriums für Wirtschaft, Klimaschutz, Energie und Landesplanung, des Ministeriums des Innern, für Sport und Infrastruktur, des Ministeriums der Finanzen und des Ministeriums der Justiz und für Verbraucherschutz v. 24.4.2014 – 40.5–00006 Ref. 8203, MinBl. 48.

138 Kommunalhaushaltsverordnung (KommHVO) v. 10.10.2006, Amtsbl. 1842.

139 Ziff. 1.1 Bekanntgabe der von den Gemeinden, Gemeindeverbänden, kommunalen Eigenbetrieben und kommunalen Zweckverbänden bei der Vergabe von Aufträgen anzuwendenden Vergabegrundsätze (Vergabeerlass) v. 5.4.2019.

140 Eigenbetriebsverordnung (EigVO) v. 29.11.2010, Amtsbl. 1426.

141 Ziff. 2.5 Bekanntgabe der von den Gemeinden, Gemeindeverbänden, kommunalen Eigenbetrieben und kommunalen Zweckverbänden bei der Vergabe von Aufträgen anzuwendenden Vergabegrundsätze (Vergabeerlass) v. 5.4.2019.

In **Schleswig-Holstein** ist bei der Vergabe von Liefer- und Dienstleistungen die UVgO (§ 3 Abs. 1 Nr. 1 VGSH) und bei der Beschaffung von Bauleistungen die VOB/A (§ 3 Abs. 1 Nr. 2 VGSH) anzuwenden. Das VGSH wird insoweit durch die SHVgVO[142] konkretisiert. 88

In **Thüringen** sind nach § 31 Abs. 2 ThürGemHV[143] bzw. § 24 Abs. 2 ThürGemHV-Doppik[144] und § 1 Abs. 2 S. 1 Nr. 1 ThürVgG die UVgO für die Vergabe von Liefer- und Dienstleistungsaufträgen und bei der Beschaffung von Bauleistungen die VOB/A gemäß § 1 Abs. 2 S. 1 Nr. 2 ThürVgG anzuwenden. Für kommunale Eigenbetriebe stellt § 9 ThürEBV[145] klar, dass für die Vergabe von Aufträgen § 31 ThürGemHV gilt, nach dessen Abs. 2 ebenfalls die UVgO und VOB/A zu beachten sind. 89

bb) Kommunalunternehmen. Die Anwendungspflicht von VOB/A, UVgO oder VOL/A durch Kommunalunternehmen in der Rechtsform der Anstalt des öffentlichen Rechts ist in den Bundesländern unterschiedlich geregelt: 90

In **Baden-Württemberg** hat der Gesetzgeber für die selbständige kommunale Anstalt keine speziellen Regeln für die Vergabe von öffentlichen Aufträgen unterhalb der jeweils geltenden EU-Schwellenwerte vorgesehen. Da nach § 102a Abs. 6 GemO für die Wirtschaftsführung der selbständigen kommunalen Anstalt hauptsächlich die Vorschriften des Handelsgesetzbuches gelten und die verbindlichen Vergabegrundsätze nach § 31 Abs. 2 GemHVO nur für die Gemeinde selbst gelten, ist auch die VergabeVwV und damit die zwingende Anwendung der VOB/A und die Empfehlung der UVgO nicht einschlägig. 91

In **Bayern** haben Kommunalunternehmen mangels einer normativen Regelung unterhalb der EU-Schwellenwerte grundsätzlich keine Vergabevorschriften zu beachten. Eine vergleichbare Bestimmung wie § 9 EBV für bayerische Eigenbetriebe ist in Bayern bislang nicht erlassen worden. 92

In **Brandenburg** „sollte" § 30 Abs. 2 KomHKV – als Ausprägung des Gebots der Wirtschaftlichkeit und Sparsamkeit – nach Ansicht des Innenministeriums zwar Anwendung finden.[146] Allerdings fehlt für kommunale Anstalten ein ausdrücklicher Verweis auf die Anwendung der KomHKV. Da auch die Wirtschaftsführung der kommunalen Anstalt generell nach den Regeln der kaufmännischen doppelten Buchführung und den handelsrechtlichen Grundsätzen erfolgt (§ 95 Abs. 3 S. 1 BbgKVerf[147]), verbleibt für die zwingende Geltung der VOB/A und der empfohlenen UVgO nach § 30 Abs. 2 KomHKV kein Raum. 93

In **Bremen** verweist § 10 Bremisches Kommunalunternehmensgesetz[148] auf § 105 Abs. 1 Nr. 2 LHO und § 55 Abs. 2 LHO. Danach erklärt Nr. 2.7 VV-LHO zu § 55 LHO das BremTtVG für anwendbar. Kommunalunternehmen müssen daher bei der Vergabe von Bauaufträgen grundsätzlich die VOB/A anwenden (§ 6 Abs. 1 BremTtVG). Die Vergabe von Liefer- und Dienstleistungsaufträgen erfolgt generell nach den Bestimmungen der UVgO (§ 7 Abs. 1 BremTtVG). 94

In **Hessen** enthält § 126a HGO[149] keine besonderen Bestimmungen für die Vergabe öffentlicher Aufträge. Der hessische Vergabeerlass, der die VOB/A und VOL/A zur Beachtung vorschreibt, gilt allerdings nicht für kommunale Anstalten, weil diese nicht den Vergabegrundsätzen des § 29 GemHVO[150] unterliegen. 95

---

142 Landesverordnung über die Vergabe öffentlicher Aufträge (Schleswig-Holsteinische Vergabeverordnung – SHVgVO) v. 1.4.2019, GVOBl. 72.

143 Thüringer Gemeindehaushaltsverordnung (ThürGemHV) vom 26.1.1993, GVBl. 181.

144 Thüringer Gemeindehaushaltsverordnung-Doppik (ThürGemHV-Doppik) v. 11.12.2008, GVBl. 504.

145 Thüringer Eigenbetriebsverordnung (ThürEBV) v. 6.9.2014, GVBl. 642.

146 Ziff. 2.2 Rundschreiben zum kommunalen Auftragswesen im Land Brandenburg v. 26.8.2019 – 31–313-35.

147 Kommunalverfassung des Landes Brandenburg (BbgKVerf) v. 18.12.2007, GVBl. I/07 [Nr. 19], 286.

148 Bremisches Kommunalunternehmensgesetz (BremKuG) v. 24.3.2015, Brem.GBl. 114.

149 Hessische Gemeindeordnung (HGO) v. 7.3.2005, GVBl. I 142.

150 Verordnung über die Aufstellung und Ausführung des Haushaltsplans der Gemeinden Gemeindehaushaltsverordnung – GemHVO – v. 2.4.2006, GVBl. I 235.

96 In **Mecklenburg-Vorpommern** findet für Kommunalunternehmen über § 75 Abs. 1 S. 2 KV M-V[151] iVm § 21 GemHVO-Doppik das VgG M-V Anwendung. Für die Vergabe von Bauleistungen gilt demnach die VOB/A (§ 2 Abs. 1 S. 1 Nr. 2 VgG M-V), während für Liefer- und Dienstleistungen nach § 2 Abs. 1 S. 1 Nr. 3 VgG M-V die UVgO gilt.

97 In **Niedersachsen** haben kommunale Anstalten als öffentliche Auftraggeber iSd § 2 Abs. 5 NTVergG über § 3 Abs. 1 NTVergG die UVgO für die Vergabe von Liefer- und Dienstleistungen und gemäß § 3 Abs. 2 NTVergG die VOB/A bei der Beschaffung von Bauleistungen entsprechend anzuwenden.

98 In **Nordrhein-Westfalen** gelten über die Verweisungsvorschrift in § 8 KUV[152] die verbindlichen Vergabegrundsätze nach § 26 KomHVO insoweit, als für die Vergabe von Aufträgen über die Lieferung und Leistung sowie von Aufträgen zur Durchführung von Baumaßnahmen die Auftragsvergabe der Erfüllung von durch Satzung übertragenen hoheitlichen Aufgaben aus den in § 107 Abs. 2 der GO NRW angeführten Bereichen dient. Soweit dies der Fall ist, „soll" für die Vergabe von Bauleistungen die VOB/A gelten.[153] Zur Vermeidung rechtliche Risiken bei Aufträgen über Liefer- und Dienstleistungen „soll" die UVgO angewandt werden.[154] Nimmt das Kommunalunternehmen keine hoheitlichen Aufgaben wahr, muss weder die VOB/A noch die UVgO zwingend beachtet werden.

99 In **Rheinland-Pfalz** gelten nach § 39 EigAnVO[155] die §§ 31 bis 33 GemHVO. Letztere regeln jedoch nicht die Vergabe von öffentlichen Aufträgen, die in § 22 GemHVO normiert ist. Dementsprechend ist die über § 22 Abs. 2 GemHVO anzuwendende Ziff. 2.2 der Verwaltungsvorschrift „Öffentliches Auftrags- und Beschaffungswesen in Rheinland-Pfalz",[156] die eine Anwendung der VOL/A und VOB/A vorschreibt, für kommunale Anstalten nicht anwendbar.

100 In **Sachsen-Anhalt** sehen das AnstG[157] und die AnstVO[158] keine besonderen Regeln für die Vergabe öffentlicher Aufträge durch Kommunalunternehmen iSd § 128 KVG LSA[159] vor. Allerdings erklärt § 7 Abs. 3 S. 1 AnstG den achten Teil („Aufsicht") des KVG LSA sinngemäß für anwendbar. Damit unterliegt das Kommunalunternehmen auch einer entsprechenden Aufsicht des Landes iSd § 2 Abs. 1 LVG LSA, sodass bei der Vergabe von Liefer- und Dienstleistungen die VOL/A und bei der Beschaffung von Bauleistungen die VOB/A zwingend zu beachten sind.

101 In **Schleswig-Holstein** werden Kommunalunternehmen nach § 1 Abs. 1 S. 1 VGSH als sonstige öffentliche Auftraggeber iSd § 99 GWB normativ erfasst, sodass bei der Vergabe von Liefer- und Dienstleistungen grundsätzlich die UVgO (§ 3 Abs. 1 Nr. 1 VGSH) und

---

151 Kommunalverfassung für das Land Mecklenburg-Vorpommern (Kommunalverfassung – KV M-V) v. 13.7.2011, GVOBl. M-V 777.

152 Verordnung über kommunale Unternehmen und Einrichtungen als Anstalt des öffentlichen Rechts (Kommunalunternehmensverordnung – KUV) v. 24.10.2001, GV NRW 773.

153 Ziff. 4.1 Runderlass des Ministeriums für Heimat, Kommunales, Bau und Gleichstellung, 304-48.07.01/01–169/18 (Vergabegrundsätze für Gemeinden nach § 25 der Kommunalhaushaltsverordnung Nordrhein-Westfalen – Kommunale Vergabegrundsätze) v. 28.8.2018, MBI.NRW 497.

154 Ziff. 5.1 Runderlass des Ministeriums für Heimat, Kommunales, Bau und Gleichstellung, 304-48.07.01/01–169/18 (Vergabegrundsätze für Gemeinden nach § 25 der Kommunalhaushaltsverordnung Nordrhein-Westfalen – Kommunale Vergabegrundsätze) v. 28.8.2018, MBI.NRW 497.

155 Eigenbetriebs- und Anstaltsverordnung (EigAnVO) v. 5.10.1999, GVBl. 373.

156 Verwaltungsvorschrift des Ministeriums für Wirtschaft, Klimaschutz, Energie und Landesplanung, des Ministeriums des Innern, für Sport und Infrastruktur, des Ministeriums der Finanzen und des Ministeriums der Justiz und für Verbraucherschutz (Öffentliches Auftrags- und Beschaffungswesen in Rheinland-Pfalz) v. 24.4.2014 – 40 5 – 00006 Ref. 8203 –, MinBl. 48.

157 Gesetz über die kommunalen Anstalten des öffentlichen Rechts (Anstaltsgesetz – AnstG) v. 3.4.2001, GVBl. LSA 136.

158 Verordnung über die kommunalen Anstalten des öffentlichen Rechts (Anstaltsverordnung – AnstVO) v. 14.1.2004, GVBl. LSA 38.

159 Kommunalverfassungsgesetz des Landes Sachsen-Anhalt (Kommunalverfassungsgesetz – KVG LSA) v. 17.6.2014, GVBl. LSA 288.

bei der Beschaffung von Bauleistungen die VOB/A (§ 3 Abs. 1 Nr. 2 VGSH) anzuwenden sind. Das VGSH wird insoweit durch die SHVgVO konkretisiert.

In **Thüringen** muss die kommunale Anstalt bei der Vergabe von Aufträgen gemäß § 6 ThürAVO[160] nach § 31 ThürGemHV verfahren. § 31 Abs. 2 ThürGemHV regelt, dass bei der Vergabe von Liefer- und Dienstleistungen die UVgO und bei der Beschaffung von Bauleistungen die VOB/A Anwendung finden. Damit korrespondieren §§ 1 Abs. 2 S. 1, 2 Abs. 2 ThürVgG. **102**

cc) GmbH und AG. Als privatrechtlich verfasste juristische Personen sind gemeindliche Eigen- und Beteiligungsgesellschaften in Form der GmbH oder AG grundsätzlich nicht an das kommunale Haushaltsrecht gebunden. Damit gelten für sie regelmäßig auch nicht die auf Grund der jeweiligen Gemeinde- oder Kommunalhaushaltsverordnungen bekannt gemachten Vergaberichtlinien. Vergaberechtliche Bestimmungen müssen privatrechtliche Eigen- und Beteiligungsgesellschaften nur dann beachten, wenn sie zu ihrer Anwendung **in besonderer Weise** verpflichtet werden. Dies kann etwa bei der Zuwendung von öffentlichen Fördermitteln durch Verwaltungsakt oder öffentlich-rechtlichen Vertrag erfolgen. Daneben können vor allem Landesgesetze, wie zB Tariftreue- und Vergabegesetze, dazu führen, dass kommunale Eigen- oder Beteiligungsgesellschaften die VOB/A und UVgO oder VOL/A anwenden müssen. **103**

In **Baden-Württemberg** ist die Gemeinde verpflichtet, ihre Gesellschafterrechte in Unternehmen des privaten Rechts iSd § 99 Abs. 2 GWB, auf die sie durch mehrheitliche Beteiligung oder in sonstiger Weise direkt oder indirekt bestimmenden Einfluss nehmen kann, so auszuüben, dass die VOB/A angewandt und die VOL/A empfohlen wird (§ 106b Abs. 1 S. 1 GemO[161]). Ausnahmen hiervon regelt § 106b Abs. 2 GemO. Von Bedeutung ist in diesem Zusammenhang auch § 22 Abs. 6 und 7 Gesetz zur Mittelstandsförderung. **104**

In **Bayern** sollen nach Art. 18 Abs. 5 MfG die Gemeinden ihre Gesellschafterrechte in Unternehmen des privaten Rechts, auf die sie durch mehrheitliche Beteiligung oder in sonstiger Weise direkt oder indirekt bestimmenden Einfluss nehmen können, lediglich so ausüben, dass bei der Vergabe von Aufträgen unterhalb der EU-Schwellenwerte die Grundsätze des fairen Wettbewerbs, der Transparenz und der Gleichbehandlung beachtet und die Belange des Mittelstandes berücksichtigt werden. Eine Anwendungspflicht von VOB/A und UVgO bzw. VOL/A besteht hingegen nicht. **105**

In **Berlin** schreibt das BerlAVG der GmbH und AG keine zwingende Beachtung der VOB/A und UVgO bzw. VOL/A vor. **106**

In **Brandenburg** müssen Kommunen nach § 5 Abs. 7 BbGMFG in Ausübung ihrer Gesellschafterrechte in Unternehmen, an denen sie beteiligt sind, darauf hinwirken, dass am Verfahren zur Vergabe und Weitervergabe öffentlicher Aufträge unter Beachtung der VOB/A und VOL/A kleine und mittlere Unternehmen angemessen beteiligt werden (vgl. § 5 Abs. 2 BbGMFG). **107**

In **Bremen** ist gemäß § 8 S. 1 Mittelstandsförderungsgesetz bei der Vergabe durch Gesellschaften des privaten Rechts mit mehrheitlich öffentlicher Beteiligung das Vergaberecht zu beachten. GmbH und AG iSd § 99 Nr. 2 GWB (vgl. § 2 Abs. 1 S. 1 BremTtVG) müssen deshalb bei der Vergabe von Bauaufträgen die VOB/A (§ 6 BremTtVG) und bei der Vergabe von Liefer- und Dienstleistungsaufträgen die UVgO (§ 7 BremTtVG) anwenden. **108**

Bei juristischen Personen des privaten Rechts, an denen **Hamburg** unmittelbar oder mittelbar mit Mehrheit beteiligt ist oder auf die Hamburg in sonstiger Weise direkt oder indirekt bestimmenden Einfluss nehmen kann, haben die zuständigen Behörden darauf hinzuwirken, dass unterhalb der EU-Schwellenwerte die UVgO (§ 2a Abs. 1 S. 1 Nr. 1 **109**

[160] Thüringer Verordnung über die kommunalen Anstalten des öffentlichen Rechts (Thüringer Kommunalanstaltsverordnung -ThürAVO –) v. 28.4.2016, GVBl. 196.
[161] Gemeindeordnung für Baden-Württemberg (Gemeindeordnung – GemO) v. 24.7.2000, GBl. 581.

HmbVgG) und die VOB/A (§ 2a Abs. 1 S. 1 Nr. 2 HmbVgG) angewendet werden (§ 2 Abs. 2 HmbVgG). Eine Ausnahme hiervon regelt § 2 Abs. 3 HmbVgG.

110 In **Hessen** sieht das HVTG keine zwingende Beachtung der VOB/A und UVgO oder VOL/A durch gemeindliche GmbH und AG vor.

111 In **Mecklenburg-Vorpommern** beinhaltet das VgG M-V keinen Anwendungszwang von VOB/A und UVgO oder VOL/A für kommunale GmbH und AG.

112 In **Niedersachsen** müssen GmbH und AG iSd § 99 Nr. 2 GWB (vgl. § 2 Abs. 5 NTVergG) bei der Vergabe von Bauaufträgen die VOB/A und bei der Vergabe von Liefer- und Dienstleistungsaufträgen die UVgO (§ 3 Abs. 1 NTVergG) anwenden.

113 In **Nordrhein-Westfalen** finden die kommunalen Vergabegrundsätze ausdrücklich keine Anwendung auf kommunal beherrschte Unternehmen und Einrichtung in einer Rechtsform des privaten Rechts.[162] Es sind deshalb weder die VOB/A noch die UVgO oder VOL/A zwingend zu beachten.

114 In **Rheinland-Pfalz** sehen das LTTG und Mittelstandsförderungsgesetz keine verpflichtende Anwendung der VOB/A und UVgO oder VOL/A durch kommunale GmbH und AG vor.

115 Im **Saarland** müssen gemäß § 20 MFG Vertreter und Vertreterinnen der öffentlichen Hand in Organen juristischer Personen, die dem beherrschenden Einfluss der öffentlichen Hand unterliegen, im Rahmen ihrer Aufsichts- und Vertretungsrechte und -pflichten insbes. darauf hinwirken, dass das STTG Beachtung findet (§ 11 Abs. 2 MFG). Eine Verpflichtung zur Anwendung der VOB/A und UVgO oder VOL/A besteht aber nicht.

116 In **Sachsen** bestimmt § 2 Abs. 3 SächsVergabeG, dass kommunale Auftraggeber in Ausübung ihrer Gesellschafterrechte in Unternehmen, an denen sie beteiligt sind, darauf hinwirken, dass die VOB/A und VOL/A beachtet werden (§ 1 Abs. 2 SächsVergabeG).

117 In **Sachsen-Anhalt** müssen kommunale GmbH und AG iSd § 99 Nr. 2 GWB (§ 2 Abs. 2 LVG LSA) die VOB/A und VOL/A entsprechend anwenden (§ 1 Abs. 2 S. 1 LVG LSA).

118 In **Schleswig-Holstein** haben GmbH und AG iSd § 99 Nr. 2 GWB (§ 1 Abs. 1 S. 1 VGSH) die VOB/A (§ 3 Abs. 1 Nr. 2 VGSH) und die UVgO (§ 3 Abs. 1 Nr. 2 VGSH) anzuwenden.

119 In **Thüringen** gilt für kommunale GmbH und AG iSd § 99 Nr. 2 GWB (§ 2 Abs. 3 ThürVgG) die VOB/A und UVgO entsprechend (§ 1 Abs. 2 S. 1 LVG LSA).

b) Öffentliche Auftraggeber oberhalb der EU-Schwellenwerte

120 Im Gegensatz zum institutionellen Auftraggeberbegriff bei Beschaffungen unterhalb der EU-Schwellenwerte, wird der öffentliche Auftraggeber oberhalb derselben **funktional** bestimmt. Ausschlaggebend ist nicht die Rechtsform, sondern die öffentliche Aufgabenwahrnehmung. Daher unterliegen nicht nur die typischen „klassischen" öffentlichen Auftraggeber, wie Bund, Länder und Kommunen, sondern alle Einrichtungen, die Aufgaben im öffentlichen Interesse wahrnehmen, dem europäischen Vergaberecht. Neben den juristischen Personen des öffentlichen Rechts (zB Körperschaften und Anstalten) können daher auch privatrechtlich organisierte juristische Personen (bspw. GmbH, AG) unter bestimmten Voraussetzungen als öffentliche Auftraggeber eingeordnet werden, sofern sie staatliche Funktionen erfüllen.

121 Eine materiell-rechtliche Zurechnung einer Auftragsvergabe zu Gunsten des eigentlichen öffentlichen Auftraggebers kann sich auch durch eine **mittelbare Stellvertretung** des öffentlichen Auftraggebers ergeben. Eine mittelbare Stellvertretung liegt vor, wenn jemand ein Rechtsgeschäft im eigenen Namen, aber im Interesse und für Rechnung eines anderen,

[162] Ziff. 1.2 Runderlass des Ministeriums für Heimat, Kommunales, Bau und Gleichstellung, 304-48.07.01/01–169/18 (Vergabegrundsätze für Gemeinden nach § 26 der Kommunalhaushaltsverordnung Nordrhein-Westfalen – Kommunale Vergabegrundsätze) v. 28.8.2018, MBl.NRW 497.

dh des Geschäftsherrn vornimmt.[163] Beschafft zB ein privater Dritter ein Forschungsgerät im Interesse eines öffentlichen Auftraggebers und erhält er die Selbstkosten vom öffentlichen Auftraggeber ersetzt, so ist das Vergaberecht anzuwenden.[164]

aa) Staatliche Institutionen, § 99 Nr. 1 GWB. Öffentliche Auftraggeber gemäß § 99 Nr. 1 GWB sind die Gebietskörperschaften, also insbes. der Bund, die Bundesländer, Bezirke, Landkreise, Städte und Gemeinden sowie ihre rechtlich unselbständigen Untergliederungen, wie zB Regiebetriebe. Zum Anwendungsbereich des § 99 Nr. 1 GWB zählen ausdrücklich auch die Sondervermögen der Gebietskörperschaften, vor allem die kommunalen Eigenbetriebe,[165] aber auch die nicht rechtsfähigen kommunalen Stiftungen des öffentlichen Rechts.[166] Die Kirchen zählen dagegen nicht zu den Gebietskörperschaften und sind auch nicht in den staatlichen Rechtskreis ein- oder untergeordnet.[167] 122

bb) Öffentliche Einrichtungen, § 99 Nr. 2 GWB. Die Vorschrift drückt das funktionale Verständnis des öffentlichen Auftraggeberbegriffes im europäischen Sinne besonders aus. Denn neben den juristischen Personen des öffentlichen Rechts unterstellt die Vorschrift auch diejenigen juristischen Personen des Privatrechts dem europäischen Vergaberegime, die (1.) über eine eigene Rechtspersönlichkeit verfügen und (2.) zu dem Zweck gegründet wurden, (3.) im Allgemeininteresse liegende Aufgaben in (4.) nichtgewerblicher Art zu erfüllen, und (5.) zugleich von einem öffentlichen Auftraggeber finanziert werden oder seiner Leitung bzw. Aufsicht unterliegen. 123

Kommunale Anstalten bzw. **Kommunalunternehmen** in der Rechtsform der Anstalt des öffentlichen Rechts sind als Auftraggeber iSd § 99 Nr. 2 GWB zu qualifizieren, weil sie nach den jeweiligen gemeinderechtlichen Gründungsbestimmungen regelmäßig nur Aufgaben wahrnehmen können, die im allgemeinen öffentlichen Interesse liegen, und die sie grundsätzlich nichtgewerblich durchführen. Zudem werden sie von der öffentlichen Hand beherrscht und finanziert. 124

(1) Eigene Rechtspersönlichkeit. § 99 Nr. 2 GWB will – neben den juristischen Personen des öffentlichen Rechts – vor allem die juristischen Personen in privatrechtlicher Rechtsform erfassen. Für den kommunalen Bereich sind in erster Linie die Kapitalgesellschaften von Bedeutung, dh die GmbH und die AG. Dazu zählen auch die Vorgesellschaften der juristischen Personen (sog. Vor-GmbH oder Vor-AG), die ebenfalls dem Vergaberecht unterfallen.[168] Über den bloßen Wortlaut hinaus sind auch Personenhandelsgesellschaften (zB OHG, KG, GmbH & Co. KG) in den Anwendungsbereich von § 99 Nr. 2 GWB einzubeziehen.[169] Diese sind zwar keine juristischen Personen, besitzen aber Teilrechtsfähigkeit und können wie jene öffentliche Aufgaben im funktionalen Sinne erfüllen. 125

(2) Gründungszweck. Der Gründungszweck der Einrichtung muss darauf gerichtet sein, im Allgemeininteresse liegende Aufgaben nichtgewerblicher Art auszuführen. Der Zweck lässt sich zumeist aus dem Gesellschaftsvertrag, der Satzung oder dem sonstigen Errichtungsakt ableiten. In diesem Zusammenhang hat der EuGH[170] entschieden, dass es gleichgültig ist, ob eine Einrichtung bereits zu dem besonderen Zweck gegründet wurde, Aufgaben nichtgewerblicher Art im Allgemeininteresse zu erfüllen. Selbst wenn diese Einrichtung erst zu einem späteren Zeitpunkt solche Aufgaben übernommen hat und diese seitdem tatsächlich wahrnimmt, liegt der besondere Gründungszweck vor, soweit die Übernahme dieser öffentlichen Aufgaben objektiv festgestellt werden kann. 126

[163] VK Bund Beschl. v. 23.3.2011 – VK 1-12/11; VK Brandenburg Beschl. v. 18.6.2007 – 1 VK 20/07.
[164] VK Bund Beschl. v. 8.6.2006 – VK 2-114/05 = ZfBR 2007, 194 ff.
[165] OLG Celle Beschl. v. 25.8.2011 – 13 Verg 5/11.
[166] *Dreher* § 98 Rn. 16.
[167] OLG Celle Beschl. v. 25.8.2011 – 13 Verg 5/11.
[168] *Pünder* § 99 GWB Rn. 21.
[169] OLG Celle Beschl. v. 14.9.2006 – 13 Verg 3/06 = NordÖR 2006, 405 ff.
[170] EuGH, Urt. v. 12.12.2002 – Rs. C-470/99 – Universale Bau AG = NZBau 2003, 162 ff.

127 **(3) Aufgaben im Allgemeininteresse.** Im Allgemeininteresse liegende Aufgaben sind solche, die hoheitliche Befugnisse, die Wahrnehmung der Belange des Staates und damit letztlich Aufgaben betreffen, die der Staat selbst erfüllt, oder bei denen er einen entscheidenden Einfluss behalten möchte.[171] Da der EuGH[172] einen möglichst weiten Anwendungsbereich der europäischen Vergaberichtlinien für notwendig hält, soll mit diesem Merkmal eine Flucht aus der Staatlichkeit verhindert werden. Denn in privater Rechtsform geführte Staatsbetriebe entreißen den mit ihnen konkurrierenden Privatunternehmen durchaus erhebliche Marktanteile und führen so eine Verzerrung des Wettbewerbs herbei, gegen die sich der private Unternehmer nicht oder nur schwer wehren kann.[173]

128 **Beispiele** für im Allgemeininteresse liegende Aufgaben sind etwa die Bereitstellung von sozialem Wohnraum,[174] der Betrieb von Kliniken,[175] die Abfallentsorgung,[176] das Betreiben und Bereitstellen eines Stromnetzes in einer Großstadt,[177] der Betrieb des öffentlichen Personennahverkehrs[178] bzw. eines U-Bahn-Netzes,[179] die Wirtschaftsförderung,[180] das Leichen- und Bestattungswesen[181], der Betrieb öffentlicher Bäder[182] oder die Planung einer Landesgartenschau.[183]

129 **(4) Nichtgewerblichkeit.** Die Frage der Nichtgewerblichkeit der unternehmerischen Aufgaben muss unter Berücksichtigung aller erheblichen rechtlichen und tatsächlichen Umstände im Einzelfall beantwortet werden.[184] Dazu gehören zB die Umstände, die zur Gründung der betroffenen Einrichtung geführt haben und die Voraussetzungen, unter denen sie ihre Tätigkeiten ausübt. Die fehlende Gewinnerzielungsabsicht ist dabei ein wichtiges, aber nicht das entscheidende Kriterium. Selbst wenn eine Einrichtung keine Gewinnerzielungsabsicht verfolgt, ihre Geschäftsführung sich aber an Leistungs-, Effizienz- und Wirtschaftlichkeitskriterien ausrichtet und sie gleichzeitig in einem wettbewerblich geprägten Umfeld tätig wird, so erfüllt die Einrichtung ihre Aufgaben in gewerblicher Art und Weise.[185]

130 Nichtgewerblich sind demzufolge solche Einrichtungen bzw. Unternehmen, die in Geschäftsfeldern tätig sind, die keinen Marktkräften ausgesetzt sind und bei denen eine Staatsgebundenheit in der Gestalt von Beherrschungs-, Kontroll- und finanziellen **Ausgleichsmechanismen** vorliegt. Die Gewerblichkeit kann demgemäß bejaht werden, wenn das Unternehmen bei seiner gesamten Geschäftstätigkeit im Wettbewerb steht und dem Insolvenzrisiko ausgesetzt ist oder nicht mit einem Wertausgleich durch den öffentlichen Anteilseigner rechnen kann.[186]

131 Für die Beurteilung der Nichtgewerblichkeit sind folgende **Merkmale** maßgeblich: (1.) die Intensität des Wettbewerbs, dem sich ein Unternehmen zu stellen hat, (2.) die Gewinnerzielungsabsicht, (3.) die Übernahme der mit der Tätigkeit verbundenen Risiken und (4.) die etwaige Finanzierung der Tätigkeit aus öffentlichen Mitteln.[187]

---

[171] OLG Düsseldorf Beschl. v. 19.6.2013 – VII-Verg 55/12; OLG München, Beschl. v. 7.6.2005 – Verg 4/05 = ZfBR 2005, 597 ff.
[172] EuGH Urt. v. 27.2.2003 – Rs. C-373/00 – Santex = NZBau 2003, 284 ff.
[173] VK Münster Beschl. v. 24.6.2002 – VK 03/02 = ZfBR 2002, 724 ff. (m. Anm. *Schröder*).
[174] Brandenburgisches OLG Beschl. v. 3.8.2001 – Verg 3/01 = VergabeR 2002, 45 ff.
[175] VK Niedersachsen Beschl. v. 3.9.2012 – VgK-29/2012; OLG München Beschl. v. 11.6.2007 – Verg 6/07 = VergabeR 2007, 684 ff.
[176] VK Düsseldorf Beschl. v. 30.9.2002 – VK-26/2002.
[177] OLG München Beschl. v. 20.4.2005 – Verg 8/05 = VergabeR 2005, 802 ff.
[178] OLG Düsseldorf Beschl. v. 4.5.2009 – VII-Verg 68/08; VK Brandenburg Beschl. v. 28.1.2003 – VK 71/02.
[179] BayObLG Beschl. v. 5.11.2002 – Verg 22/02 = NZBau 2003, 342 ff.
[180] VK Südbayern Beschl. v. 5.9.2002 – 35-07/02.
[181] EuGH Urt. v. 27.2.2003 – Rs. C-373/00 – Santex = NZBau 2003, 284 ff.
[182] VK Nordbayern Beschl. v. 15.2.2002 – 320.VK-3194-02/02.
[183] OLG Düsseldorf Beschl. v. 4.2.2009 – VII-Verg 65/08.
[184] OLG Hamburg, Beschl. 11.2.2019 – 1 Verg 3/15.
[185] EuGH Urt. v. 10.5.2001 – Rs. C-223/99 u. Rs. C-260/99 – Agora = NZBau 2001, 403 ff.
[186] OLG Hamburg Beschl. v. 25.1.2007 – 1 Verg 5/06 = NZBau 2007, 801 ff.
[187] OLG Rostock Beschl. v. 15.6.2005 – 17 Verg 3/05 = NZBau 2006, 593 ff.

Beispiele für die Nichtgewerblichkeit sind die Krankenhausversorgung[188] oder der öffentliche Personennahverkehr (ÖPNV).[189] 132

(5) Finanzierung oder Aufsicht. Öffentliche Einrichtungen müssen von Auftraggebern iSd § 99 Nr. 1 oder Nr. 3 GWB einzeln oder gemeinsam durch Beteiligung oder auf sonstige Weise überwiegend finanziert werden oder über ihre Leitung die Aufsicht ausüben oder mehr als die Hälfte der Mitglieder eines ihrer zur Geschäftsführung oder zur Aufsicht berufenen Organe bestimmt haben. Der Begriff der Finanzierung durch den Staat ist funktionell zu verstehen.[190] 133

Eine überwiegende Finanzierung liegt bereits dann vor, wenn eine passive Inhaberschaft der **Kapitalmehrheit** besteht.[191] Aber auch andere Finanzierungsbeiträge (Bargeld, Sacheinlagen usw), welche die öffentliche Einrichtung von Dritten erhält, sind zu berücksichtigen, sofern eine Finanzierung von mehr als 50 % erfolgt.[192] Maßgeblich ist die Zurverfügungstellung von finanziellen Mitteln und nicht die Finanzierungsart. Bei der Beurteilung und Feststellung der überwiegenden Finanzierung ist auf die juristische Person insgesamt abzustellen, nicht auf das einzelne von ihr wahrgenommene Aufgabengebiet.[193] Im Gegensatz zu § 99 Nr. 4 GWB stellt der Wortlaut des § 99 Nr. 2 GWB auf den Rechtsträger ab und nicht auf die Aufgabenbereiche.[194] 134

Neben der überwiegenden Finanzierung kann eine Beherrschung auch vorliegen, wenn die aufsichtliche Einflussnahme des öffentlichen Auftraggebers so ausgestaltet ist, dass er die Entscheidungen der öffentlichen Einrichtung in Bezug auf öffentliche Aufträge **beeinflussen** kann.[195] Dies ist der Fall, wenn die öffentliche Hand nicht nur die Jahresabschlüsse der betreffenden Einrichtung kontrolliert, sondern auch ihre laufende Verwaltung im Hinblick auf ihre ziffernmäßige Richtigkeit, Ordnungsmäßigkeit, Sparsamkeit, Wirtschaftlichkeit und Zweckmäßigkeit überprüft, und darüber hinaus berechtigt ist, die Betriebsräume und Anlagen der öffentlichen Einrichtung zu besichtigen und über das Ergebnis dieser Prüfung zu berichten.[196] Ein solcher Einfluss verlangt also regelmäßig nicht nur eine nachträgliche Kontrolle der Tätigkeit der Einrichtung, sondern eine Einflussmöglichkeit auf die laufende Geschäftsführung.[197] 135

Gemessen an den vorstehenden Grundsätzen ist daher die bloße **Rechtsaufsich**t nicht als Aufsicht iSd § 99 Nr. 2 GWB zu werten, weil sie – im Gegensatz zur Fachaufsicht – nicht in die unternehmerischen Entscheidungen der öffentlichen Einrichtung eingreifen kann und somit nicht die Unternehmenspolitik beherrscht.[198] In zivilrechtlicher Hinsicht kann eine Aufsicht zB auch durch einen Gesellschaftsvertrag begründet werden.[199] 136

cc) Verbände, § 99 Nr. 3 GWB. Die Vorschrift erfasst in der Beschaffungspraxis hauptsächlich kommunale Zweckverbände. Der Begriff der Verbände umfasst darüber hinaus aber Zusammenschlüsse aller Art, ungeachtet der jeweiligen Rechtsform.[200] 137

dd) Subventionierte Auftraggeber, § 99 Nr. 4 GWB. Gemäß § 99 Nr. 4 GWB unterliegen natürliche oder juristische Personen des Privatrechts sowie des öffentlichen Rechts 138

188 OLG Saarbrücken Beschl. v. 20.9.2006 – 1 Verg 3/06 = VergabeR 2007, 110 ff.
189 VK Düsseldorf Beschl. v. 2.3.2007 – VK-05/2007-L.
190 EuGH Urt. v. 12.9.2013 – Rs. C-526/11 – Ärztekammer Westfalen-Lippe.
191 VK Baden-Württemberg Beschl. v. 9.10.2001 – 1 VK 27/01.
192 *Dreher* § 98 Rn. 94.
193 OLG Naumburg Beschl. v. 17.3.2005 – 1 Verg 3/05 = VergabeR 2005, 635 ff.
194 VK Mecklenburg-Vorpommern Beschl. v. 8.5.2007 – 3 VK 4/07.
195 EuGH Urt. v. 1.2.2001 – Rs. C-237/99 – Französische Republik = VergabeR 2001, 118 ff.
196 EuGH Urt. v. 27.2.2003 – Rs. C-373/00 – Santex = NZBau 2003, 284 ff.
197 OLG Naumburg Beschl. v. 17.3.2005 – 1 Verg 3/05 = VergabeR 2005, 635 ff.
198 EuGH Urt. v. 12.9.2013 – Rs. C-526/11 – Ärztekammer Westfalen-Lippe; BayObLG Beschl. v. 10.9.2002 – Verg 23/02 = NZBau 2003, 348 f.; aA: OLG Düsseldorf Beschl. v. 19.12.2007 – Verg 51/07 = NZBau 2008, 194 ff.
199 VK Bund Beschl. v. 3.5.2007 – VK 3–31/07.
200 OLG Düsseldorf Beschl. v. 18.10.2006 – VII-Verg 30/06.

dem Vergaberecht in Fällen, in denen sie für Tiefbaumaßnahmen, für die Errichtung von Krankenhäusern, Sport-, Erholungs- oder Freizeiteinrichtungen, Schul-, Hochschul- oder Verwaltungsgebäuden oder für damit in Verbindung stehende Dienstleistungen und Wettbewerbe von Stellen, die unter § 99 Nr. 1 bis 3 GWB fallen, Mittel erhalten, mit denen diese Vorhaben zu mehr als 50% subventioniert werden. Der in § 99 Nr. 4 GWB enthaltene Katalog von Bauvorhaben ist abschließend und nicht lediglich aufzählender Natur. Sinn und Zweck der Vorschrift ist es zu verhindern, dass sich der Staat seinen vergaberechtlichen Verpflichtungen durch Zwischenschaltung von durch ihn subventionierten Auftraggebern entzieht.[201]

139 Nach dem Zweck der Regelung macht es keinen Unterschied, ob ein Auftraggeber nach den Vorschriften der § 99 Nr. 1 bis Nr. 3 GWB selbst Unternehmen beauftragt oder ob er die Subventionsmittel an Dritte weiter gibt, welche die Auftragsvergabe vornehmen.[202] Der Begriff der Finanzierung umfasst jede Art der Überlassung von Geldmitteln mit unmittelbarem **Subventionscharakter.** Der Begriff „subventionieren" beschränkt sich dabei nicht auf positive Leistungen, sondern umfasst auch sonstige Begünstigungen, zB Steuernachlässe.[203] Dies kann im Einzelfall auch durch Bürgschaften, verringerte Zinssätze, verlorene Zuschüsse uä erfolgen.[204] Die Vorschrift ermöglicht es somit, dass eine juristische Person für entsprechende Bauvorhaben öffentlicher Auftraggeber ist und für andere nicht.[205]

140 **ee) Sektorenauftraggeber, § 100 GWB.** Sektorenauftraggeber sind zum einen öffentliche Auftraggeber gemäß § 99 Nr. 1 bis 3 GWB, die eine Sektorentätigkeit nach § 102 GWB ausüben („öffentliche Sektorenauftraggeber", § 100 Abs. 1 Nr. 1 GWB). Zum anderen sind Sektorenauftraggeber auch natürliche oder juristische Personen des privaten Rechts, die eine Sektorentätigkeit gemäß § 102 GWB ausüben, wenn diese Tätigkeit auf der Grundlage von besonderen oder ausschließlichen Rechten ausgeübt wird, die von einer zuständigen Behörde gewährt wurden, oder öffentliche Auftraggeber gemäß § 99 Nr. 1 bis 3 GWB auf diese Personen einzeln oder gemeinsam einen beherrschenden Einfluss ausüben können („private Sektorenauftraggeber", § 100 Abs. 1 Nr. 2 GWB). Unter die Vorschrift fallen nur Unternehmen, welche die Sektorentätigkeit als solche erbringen, nicht die bloße Organisation solcher Dienstleistungen.[206]

141 Die Sektorentätigkeiten sind in § 102 GWB im Einzelnen legal **definiert:**

142 **(1) Wasser.** Sektorentätigkeiten im Bereich Wasser sind die Bereitstellung oder das Betreiben fester Netze zur Versorgung der Allgemeinheit im Zusammenhang mit der Gewinnung, der Fortleitung und der Abgabe von Trinkwasser (§ 102 Abs. 1 S. 1 Nr. 1 GWB), und die Einspeisung von Trinkwasser in diese Netze (§ 102 Abs. 1 S. 1 Nr. 2 GWB). Die Einspeisung von Trinkwasser in feste Netze zur Versorgung der Allgemeinheit durch einen Sektorenauftraggeber nach § 100 Abs. 1 Nr. 2 GWB stellt jedoch keine Sektorentätigkeit dar, sofern die Erzeugung von Trinkwasser durch den betreffenden Auftraggeber erfolgt, weil dessen Verbrauch für die Ausübung einer Tätigkeit erforderlich ist, die keine Sektorentätigkeit „Wasser", „Elektrizität", „Gas und Wärme" oder „Verkehrsleistungen" darstellt, und die Einspeisung in das öffentliche Netz nur von dem Eigenverbrauch des betreffenden Auftraggebers abhängt und bei Zugrundelegung des Durchschnitts der letzten drei Jahre einschließlich des laufenden Jahres nicht mehr als 30% der gesamten Trinkwassererzeugung des betreffenden Auftraggebers ausmacht (§ 102 Abs. 1 S. 3 GWB). Der Begriff der Einspeisung umfasst auch die Erzeugung und Produktion sowie den Groß- und Einzelhandel (§ 102 Abs. 7 S. 1 GWB).

---

[201] OLG München Beschl. v. 10.11.2010 – Verg 19/10.
[202] VK Düsseldorf Beschl. v. 12.8.2003 – VK-22/2003-B.
[203] BT-Drs. 18/6281, 70.
[204] OLG Celle Beschl. v. 9.7.2013 – 13 Verg 7/13; BayObLG Beschl. v. 29.10.2004 – Verg 22/04 = NZBau 2005, 234 ff.
[205] OLG München Beschl. v. 10.11.2010 – Verg 19/10.
[206] OLG Düsseldorf Beschl. v. 7.11.2012 – VII-Verg 11/12.

Zu den Sektorentätigkeiten „Wasser" zählen auch Tätigkeiten, die im Zusammenhang mit Wasserbau-, Bewässerungs- oder **Entwässerungsvorhaben** stehen, sofern die zur Trinkwasserversorgung bestimmte Wassermenge mehr als 20 % der Gesamtwassermenge ausmacht, die mit den entsprechenden Vorhaben oder Bewässerungs- oder Entwässerungsanlagen zur Verfügung gestellt wird oder die im Zusammenhang mit der Abwasserbeseitigung oder –behandlung steht (§ 102 Abs. 1 S. 2 GWB). 143

(2) Elektrizität. Sektorentätigkeiten im Bereich Elektrizität umfassen die Bereitstellung oder das Betreiben fester Netze zur Versorgung der Allgemeinheit im Zusammenhang mit der Erzeugung, der Fortleitung und der Abgabe von Elektrizität (§ 102 Abs. 2 Nr. 1 GWB), und die Einspeisung von Elektrizität in diese Netze, es sei denn, die Elektrizität wird durch einen Sektorenauftraggeber nach § 100 Abs. 1 Nr. 2 GWB erzeugt, weil ihr Verbrauch für die Ausübung einer Tätigkeit erforderlich ist, die keine Sektorentätigkeit „Wasser", „Elektrizität", „Gas und Wärme" oder „Verkehrsleistungen" darstellt, und die Einspeisung nur von dem Eigenverbrauch des Sektorenauftraggebers abhängt und bei Zugrundelegung des Durchschnitts der letzten drei Jahre einschließlich des laufenden Jahres nicht mehr als 30 % der gesamten Energieerzeugung des Sektorenauftraggebers ausmacht (§ 102 Abs. 2 Nr. 2 GWB). Der Begriff der Einspeisung umfasst auch die Erzeugung und Produktion sowie den Groß- und Einzelhandel (§ 102 Abs. 7 S. 1 GWB). 144

(3) Gas und Wärme. Im Bereich von Gas und Wärme sind Sektorentätigkeiten die Bereitstellung oder das Betreiben fester Netze zur Versorgung der Allgemeinheit im Zusammenhang mit der Erzeugung, der Fortleitung und der Abgabe von Gas und Wärme (§ 102 Abs. 3 Nr. 1 GWB), und die Einspeisung von Gas und Wärme in diese Netze, es sei denn, die Erzeugung von Gas oder Wärme durch einen Sektorenauftraggeber nach § 100 Abs. 1 Nr. 2 GWB ergibt sich zwangsläufig aus der Ausübung einer Tätigkeit, die keine Sektorentätigkeit „Wasser", „Elektrizität", „Gas und Wärme" oder „Verkehrsleistungen" darstellt, und die Einspeisung zielt nur darauf ab, diese Erzeugung wirtschaftlich zu nutzen und macht bei Zugrundelegung des Durchschnitts der letzten drei Jahre einschließlich des laufenden Jahres nicht mehr als 20 % des Umsatzes des Sektorenauftraggebers aus (§ 102 Abs. 3 Nr. 2 GWB). Der Begriff der Einspeisung umfasst auch die Erzeugung und Produktion sowie den Groß- und Einzelhandel (§ 102 Abs. 7 S. 1 GWB). 145

(4) Verkehrsleistungen. Sektorentätigkeiten im Bereich der Verkehrsleistungen sind die Bereitstellung oder das Betreiben von Netzen zur Versorgung der Allgemeinheit mit Verkehrsleistungen per Eisenbahn, automatischen Systemen, Straßenbahn, Trolleybus, Bus oder Seilbahn; ein Netz gilt als vorhanden, wenn die Verkehrsleistung erbracht wird, dazu gehören die Festlegung der Strecken, die Transportkapazitäten und die Fahrpläne (§ 102 Abs. 4 GWB). So besteht zB das Betreiben von Netzen durch ein Eisenbahnverkehrsunternehmen darin, dass es das Recht ausübt, eine Eisenbahninfrastruktur zu nutzen, um damit Einkünfte zu erzielen; die Bereitstellung von Netzen bezieht sich dagegen auf die Verwaltung des Netzes.[207] 146

Ein **Betrieb von Netzen** liegt zB aber nicht vor, wenn ein Unternehmen für die Durchführung des öffentlichen Personennahverkehrs nach dem PBefG über keine eigenen Omnibusse verfügt, sondern die Bedienung der für das Unternehmen konzessionierten Linien insgesamt durch den Abschluss von Betriebsführungsverträgen mit Omnibusunternehmen organisiert, die insoweit als Nachunternehmer tätig werden.[208] 147

„Privaten Sektorenauftraggebern" iSd § 100 Abs. 1 Nr. 2 Buchst. a) GWB müssen – neben der Ausübung einer Sektorentätigkeit – **besondere oder ausschließliche Rechte** gewährt worden sein. Die besonderen oder ausschließlichen Rechte sind in § 100 Abs. 2 S. 1 GWB legal definiert. Dabei handelt es sich um Rechte, die dazu führen, dass die Ausübung dieser Tätigkeiten einem oder mehreren Unternehmen vorbehalten wird und 148

[207] EuGH Urt. v. 28.2.2019 – Rs. C-388/17 – SJ.
[208] VK Lüneburg Beschl. v. 15.11.1999 – 203-VgK-12/99.

dass die Möglichkeit anderer Unternehmen, diese Tätigkeiten auszuüben, erheblich beeinträchtigt wird.

149 **Keine** besonderen oder ausschließlichen Rechte sind Rechte, die aufgrund eines Verfahrens gewährt wurden, das angemessen bekannt gemacht wurde und auf objektiven Kriterien beruht (§ 100 Abs. 2 S. 2 GWB). Zu diesen Verfahren zählt zB die Vergabe öffentlicher Dienstleistungsaufträge nach der VO (EG) Nr. 1370/2007.[209]

150 „Private Sektorenauftraggeber" iSd § 100 Abs. 1 Nr. 2 Buchst. b) GWB müssen – neben der Ausübung einer Sektorentätigkeit – einem **beherrschenden Einfluss** durch öffentliche Auftraggeber iSd § 99 Nr. 1 bis Nr. 3 GWB unterliegen. Eine Beherrschung wird nach § 100 Abs. 3 GWB vermutet, wenn ein öffentlicher Auftraggeber unmittelbar oder mittelbar die Mehrheit des gezeichneten Kapitals besitzt, über die Mehrheit der mit den Anteilen des Unternehmens verbundenen Stimmrechte verfügt oder mehr als die Hälfte der Mitglieder des Verwaltungs-, Leitungs- oder Aufsichtsorgans des Unternehmens stellen kann.

151 **ff) Konzessionsgeber, § 101 GWB.** Auftraggeber iSd GWB sind auch die Konzessionsgeber (§ 98 GWB). Konzessionsgeber sind nach § 101 Abs. 1 somit (1.) öffentliche Auftraggeber gemäß § 99 Nr. 1 bis 3 GWB, die eine Konzession vergeben, (2.) Sektorenauftraggeber gemäß § 100 Abs. 1 Nr. 1 GWB, die eine Sektorentätigkeit gemäß § 102 Abs. 2 bis 6 GWB (dh keine Sektorentätigkeit „Wasser") ausüben und eine Konzession zum Zweck der Ausübung dieser Tätigkeit vergeben, und (3.) Sektorenauftraggeber gemäß § 100 Abs. 1 Nr. 2 GWB, die eine Sektorentätigkeit gemäß § 102 Abs. 2 bis 6 GWB (dh keine Sektorentätigkeit „Wasser") ausüben und eine Konzession zum Zweck der Ausübung dieser Tätigkeit vergeben.

152 **gg) Einzelfälle.** Die Einordnung kommunaler Unternehmen unter den zutreffenden Auftraggebertypus nach § 98 GWB kann im Einzelfall problematisch sein. Das ist häufig dann der Fall, wenn die Gesellschaft gleichzeitig die Voraussetzungen unterschiedlicher Auftraggeberbegriffe zu erfüllen scheint oder die zahlreichen unbestimmten Rechtsbegriffe, wie etwa „im Allgemeininteresse" oder „Nichtgewerblichkeit", mehrere Auslegungsmöglichkeiten zulassen. Obwohl eine pauschale vergaberechtliche Eingruppierung nicht möglich ist, sollen im Folgenden typische kommunale Unternehmen dargestellt und vergaberechtlich charakterisiert werden.

153 **(1) Stadt- oder Gemeindewerke.** Privatrechtlich organisierte Stadt- oder Gemeindewerke widmen sich traditionell überwiegend Aufgaben der Daseinsvorsorge. Dazu zählen zB die Versorgung mit Wasser, Elektrizität, Gas und Wärme, die Entsorgung von Abwässern und Abfällen und die Durchführung des ÖPNV. Die unternehmerische Tätigkeit zielt dabei in erster Linie auf die Erfüllung des kommunalrechtlich geforderten öffentlichen Zwecks ab und nicht auf die Erzielung von Gewinnen. Solche kommunalen Ver- und Entsorgungsunternehmen werden daher grundsätzlich im öffentlichen bzw. allgemeinen Interesse tätig. Sie werden regelmäßig auch nichtgewerblich iSd Vergaberechts wirtschaften, da sie bei der Aufgabenerfüllung nicht dem Wettbewerb am Markt ausgesetzt sind.[210]

154 Eine von marktmäßigen Mechanismen abweichende Aufgabenerfüllung hat die obergerichtliche **Rechtsprechung** zB für eine Stadtwerke-GmbH angenommen, deren Unternehmensgegenstand in der Versorgung der Bevölkerung mit Strom, Gas, Wasser und Wärme, dem Betrieb von öffentlichen Verkehrsmitteln und Bädern sowie der Telekommunikation bestand.[211] Die Erfüllung eines solchen Aufgabenkatalogs durch ein Stadtwerk ist nicht durch die Gewinnerzielung motiviert, sondern vorrangig durch die öffentliche Ziel- und Zwecksetzung, die Bevölkerung mit Leistungen der Daseinsvorsorge zu versorgen. Stadt- und Gemeindewerke sind daher regelmäßig als öffentliche Einrichtungen iSd § 99 Nr. 2 GWB einzuordnen. Üben sie dabei zugleich eine Sektorentätigkeit nach § 102 GWB aus, so gelten

[209] RL 2014/25/EU v. 26.2.2014, Erw.grd. 20.
[210] *Dreher* § 98 Rn. 145.
[211] BayObLG Beschl. v. 5.11.2002 – Verg 22/02 = NZBau 2003, 342 ff.

Stadt- und Gemeindewerke als Sektorenauftraggeber (§ 100 Abs. 1 Nr. 1 GWB), die bei der Vergabe von Bau-, Dienst- und Lieferleistungen die SektVO, dh nicht die VgV und VOB/A-EU, anwenden müssen. Beschaffen Stadt- und Gemeindewerke hingegen außerhalb der Sektorentätigkeiten, so gelten für sie die VgV und VOB/A-EU.

(2) Wohnungsbauunternehmen. Städtische oder gemeindliche Wohnungsbaugesell- 155 schaften in privater Rechtsform, die im Rahmen des sozialen Wohnungsbaus tätig sind und von der öffentlichen Hand beherrscht werden, sind regelmäßig als öffentliche Einrichtung gemäß § 99 Nr. 2 GWB einzuordnen.[212] Hier steht die im Allgemeininteresse liegende sozialverträgliche Leistung im Vordergrund, preiswerten Wohnraum zur Verfügung zu stellen. Diese Aufgabe kann der gewerbliche Immobilienmarkt nicht erfüllen. Die öffentliche Hand wahrt in der Praxis ihren Einfluss auf derartige Wohnungsbauunternehmen, um sozialpolitisch nicht gewollten Zuständen entgegenwirken zu können, ohne dabei auf Gewinnmaximierungserwartungen Rücksicht nehmen zu müssen. Etwas anderes gilt dann, wenn das Wohnungsbauunternehmen entsprechend dem Gesellschaftszweck seiner Satzung praktisch keinerlei originär staatliche oder im allgemeinen Interesse liegende Aufgaben übernimmt, auch keine Funktion im sozialen Wohnungsbau; ist zudem nicht ersichtlich, dass es sich von anderen als rein wirtschaftlichen Überlegungen leiten lässt, ist die Eigenschaft als öffentlicher Auftraggeber zu verneinen.[213] Bsp.: Die unter Mehrheitsbeteiligung der Freien Hansestadt Hamburg geführte Gesellschaft für Wohnen und Bauen mbH (GWG) handelt nicht als öffentlicher Auftraggeber, weil sie ihre Aufgaben mit Gewinnerzielungsabsicht und daher gewerblich wahrnimmt.[214]

(3) Messegesellschaften. Einer Einzelfallentscheidung bedarf es auch, ob öffentlich be- 156 herrschte Messegesellschaften dem funktionalen Auftraggeberbegriff nach § 99 Nr. 2 GWB unterfallen. Der EuGH hat dies im Falle einer italienischen Messegesellschaft verneint.[215] Die europäischen Richter haben zwar ein Allgemeininteresse festgestellt, weil Messen einen Ort zur Förderung des Warenabsatzes verkörpern und dem Informationsbedürfnis der Verbraucher dienen. Die Abhaltung von Messen erfolgte dort in einem wettbewerblich geprägten Umfeld und damit gewerblich. Dies gilt jedenfalls dann, wenn die Messegesellschaft selbst das wirtschaftliche Risiko ihrer Tätigkeit trägt und insbes. nach Leistungs-, Effizienz- und Wirtschaftlichkeitskriterien arbeitet. Hingegen hat die deutsche Vergaberechtsprechung[216] entschieden, dass eine zB zu 100 % von einer Kommune (über eine Holdinggesellschaft) getragene Messegesellschaft jedenfalls dann öffentlicher Auftraggeber iSd § 99 Nr. 2 GWB ist, wenn sie das wirtschaftliche Risiko ihrer Tätigkeit wegen einer Gewinnabführungs- und Verlustausgleichsvereinbarung nicht selbst trägt.[217]

(4) Wirtschaftsförderungs- und Wirtschaftsentwicklungsgesellschaften. Wirt- 157 schaftsförderungs- und Wirtschaftsentwicklungsunternehmen nehmen grundsätzlich Aufgaben im Allgemeininteresse in nichtgewerblicher Form iSd § 99 Nr. 2 GWB wahr. Denn für die Aufgabe der Wirtschaftsförderung und Wirtschaftsentwicklung besteht (bislang) kein voll entwickelter Wettbewerb. So bestehen zB für die Erschließung und Vermarktung von Technologieparks neben den reinen Erwerbsunternehmen in nicht unerheblichem Umfang sog. Non-Profit-Parks,[218] deren Existenz gegen einen intensiven Wettbewerb und gegen die Marktausgesetztheit spricht.

[212] OLG Rostock, Beschl. v. 2.10.2019 – 17 Verg 3/19; KG Berlin Beschl. v 6.2.2003 – 2 Verg 1/03 = NZBau 2003, 346 ff.
[213] OLG Karlsruhe Beschl. v. 17.4.2008 – 8 U 228/06.
[214] OLG Hamburg, Beschl. v. 11.2.2019 – 1 Verg 3/15.
[215] EuGH Urt. v. 10.5.2001 – Rs. C-223/99 u. Rs. C-260/99 – Agora = NZBau 2001, 403 ff.; vgl. dazu auch: *Schröder* DÖV 2002, 335 ff.
[216] OLG Düsseldorf, Beschl. v. 21.3.2018 – VII-Verg 50/16.
[217] OLG Hamburg Beschl. v. 25.1.2007 – 1 Verg 5/06 = NZBau 2007, 801 ff.; ähnlich: KG Berlin Beschl. v. 27.7.2006 – 2 Verg 5/06 = NZBau 2006, 725 ff.
[218] VK Baden-Württemberg Beschl. v. 6.6.2001 – 1 VK 6/01.

158 **(5) Planungsgesellschaften.** Die hauptsächlich im Bereich der Städte und Gemeinden privatisierten Planungsabteilungen der Bauämter sind ebenfalls grundsätzlich als öffentliche Einrichtungen iSd § 99 Nr. 2 GWB einzugruppieren. Denn die privatisierten Planungsgesellschaften nehmen Annexfunktionen wahr, welche die Verwaltungsaufgaben des übrigen kommunalen Verwaltungsapparats entlasten und unterstützen. Etwas anderes gilt nur dann, wenn sich die neugebildeten Einheiten unter allein marktwirtschaftlichen Gesichtspunkten wie private Planungsunternehmen in einem entwickelten Wettbewerb bewegen.[219]

159 **(6) Krankenhausgsesellschaften.** Das Gesundheitswesen und insbes. die Bereitstellung von jedermann zugänglichen Krankenhäusern ist eine Aufgabe der Daseinsvorsorge und mithin eine im Allgemeininteresse liegende Aufgabe.[220] Kommunale Krankenhäuser sind daher idR als öffentliche Auftraggeber gemäß § 99 Nr. 2 GWB einzuordnen.[221]

4. Vergabeverfahren („Wie")

160 Das europäische Vergaberecht kennt für die Vergabe öffentlicher Aufträge **fünf** unterschiedliche Verfahrensarten (§ 119 Abs. 1 GWB). Dabei handelt es sich um das offene Verfahren, das nicht offene Verfahren, das Verhandlungsverfahren, den wettbewerblichen Dialog und die Innovationspartnerschaft. Damit korrespondieren – mit Ausnahme des wettbewerblichen Dialoges und der Innovationspartnerschaft – bei deutschlandweiten Vergaben die öffentliche Ausschreibung, die beschränkte Ausschreibung und die freihändige Vergabe bzw. Verhandlungsvergabe.

161 Konzessionsgeber dürfen das Verfahren zur Vergabe von **Konzessionen** dagegen grundsätzlich frei ausgestalten (§ 151 Abs. 1 S. 3 GWB, § 12 Abs. 1 S. 1 KonzVgV). Der Konzessionsgeber kann das Verfahren an den Vorschriften der VgV zum Ablauf des Verhandlungsverfahrens mit Teilnahmewettbewerb ausrichten (§ 12 Abs. 1 S. 2 KonzVgV). Das Verfahren kann ein- oder mehrstufig durchgeführt und der Konzessionsgeber darf auch mit den Bewerbern und Bietern Verhandlungen führen (§ 12 Abs. 2 S. 1 u. 2 KonzVgV).

162 Rahmenvereinbarungen (zB § 21 VgV), dynamische Beschaffungssysteme (zB §§ 22 ff. VgV), elektronische Auktionen (zB § 25 VgV) und elektronische Kataloge (zB § 27 VgV) stellen als **besondere Methoden** und Instrumente in Vergabeverfahren keine eigenständigen Verfahrensarten dar. Sie können – soweit zulässig – im Wege einer der Verfahrensarten durchgeführt werden.

a) Verfahrensarten

163 Öffentlichen Auftraggebern steht das offene Verfahren und das nicht offene Verfahren, das stets einen Teilnahmewettbewerb erfordert, nach ihrer freien **Wahl** zu Verfügung (§ 119 Abs. 2 S. 1 GWB). Die anderen Verfahrensarten stehen nur zur Verfügung, soweit dies aufgrund des GWB gestattet ist (§ 119 Abs. 2 S. 2 GWB). Das offene Verfahren (ähnlich der öffentlichen Ausschreibung) und das nicht offene Verfahren (ähnlich der beschränkten Ausschreibung) gehen somit dem Verhandlungsverfahren (ähnlich der freihändigen Vergabe bzw. Verhandlungsvergabe) und dem wettbewerblichen Dialog vor, die nur bei Vorliegen bestimmter Gründe durchgeführt werden dürfen. Diese strenge Rangfolge der Vergabeverfahren führt dazu, dass diejenigen Tatbestände, die eine Abweichung von den offenen bzw. öffentlichen und nicht offenen bzw. beschränkten Verfahren rechtfertigen können, eng auszulegen sind. Wählt ein öffentlicher Auftraggeber objektiv die falsche, dh eine den Wettbewerb einschränkende Verfahrensart, liegt darin regelmäßig ein Vergabefehler. Ein Bieter kann sich auf einen solchen Vergabeverstoß berufen, um ein Nach-

[219] *Eschenbruch* § 99 Rn. 276.
[220] OLG Naumburg, Beschl. v. 17.2.2004 – 1 Verg 15/03.
[221] VK Niedersachsen, Beschl. v 17.8.2009 – VgK-36/2009, zu einer gemeinnützigen GmbH als Trägerin eines städtischen Krankenhauses.

prüfungsverfahren vor der zuständigen Vergabekammer einzuleiten. Er muss dazu aber darlegen, dass und in welchem Umfang er ein anderes, chancenreicheres Angebot abgegeben hätte, als er dies zB im Rahmen des tatsächlich durchgeführten Verhandlungsverfahrens getan hat.[222]

Ausnahmen von der strikten Rangfolge der EU-Vergabeverfahrensarten bestehen für die Vergabe von Konzessionen (siehe dazu oben), bei der Vergabe von Architekten- und Ingenieurleistungen und für Sektorenauftraggeber. Architekten- und Ingenieurleistungen werden in der Regel im Verhandlungsverfahrens mit Teilnahmewettbewerb oder im wettbewerblichen Dialog vergeben (§ 74 VgV). Sektorenauftraggebern steht das offene Verfahren, das nicht offene Verfahren, das Verhandlungsverfahren mit Teilnahmewettbewerb und der wettbewerbliche Dialog nach ihrer Wahl zur Verfügung (§ 141 Abs. 1 GWB). 164

Die **Innovationspartnerschaft** stellt ein eigenständiges Verfahren dar und steht in keinem ausdrücklichen nachrangigen Verhältnis zu den übrigen Verfahrensarten. 165

aa) Offenes Verfahren bzw. öffentliche Ausschreibung. Im offenen Verfahren wird eine unbeschränkte Anzahl von Unternehmen öffentlich zur Abgabe von Angeboten aufgefordert (§ 119 Abs. 3 GWB). Inhaltlich entsprechend werden bei der öffentlichen Ausschreibung Bau-, Dienst- und Lieferleistungen nach öffentlicher Aufforderung einer unbeschränkten Zahl von Unternehmern zur Einreichung von Angeboten vergeben (§ 3 Nr. 1 VOB/A bzw. § 9 Abs. 1 UVgO). Der stark formalisierte Verfahrensablauf offener bzw. öffentlicher Ausschreibungen wird zB dadurch gekennzeichnet, dass eine Auftragsbekanntmachung zu veröffentlichen ist, eine unbeschränkte Teilnahmemöglichkeit für Interessenten besteht, idR bestimmte Mindestfristen von den Bietern zu beachten sind, die Leistungsbeschreibung eindeutig und erschöpfend sein muss, die eingegangenen Angebote von der Vergabestelle bis zur Submission geheim zu halten sind und das Verbot der Nachverhandlung von Angeboten strikt einzuhalten ist.[223] 166

bb) Nicht offenes Verfahren bzw. beschränkte Ausschreibung. Bei nicht offenen Verfahren wird nach vorheriger öffentlicher Aufforderung zur Teilnahme eine beschränkte Anzahl von Unternehmen nach objektiven, transparenten und nichtdiskriminierenden Kriterien ausgewählt, die zur Abgabe von Angeboten aufgefordert werden (§ 119 Abs. 4 GWB). Bei der beschränkten Ausschreibung mit Teilnahmewettbewerb von Bau-, Liefer-/Dienstleistungen fordert der öffentliche Auftraggeber eine unbeschränkte Anzahl von Unternehmen öffentlich zur Abgabe von Teilnahmeanträgen auf (§ 3b Abs. 2 S. 2 VOB/A, § 10 Abs. 1 S. 1 UVgO). Die transparenten, objektiven und nichtdiskriminierenden Eignungskriterien für die Begrenzung der Zahl der Bewerber, die Mindestzahl und gegebenenfalls Höchstzahl der einzuladenden Bewerber gibt der Auftraggeber in der Auftragsbekanntmachung des Teilnahmewettbewerbs an (§ 3b Abs. 2 S. 4 VOB/A) bzw. mit dem Teilnahmeantrag übermitteln die Unternehmen die vom Auftraggeber geforderten Informationen für die Prüfung ihrer Eignung und des Nichtvorliegens von Ausschlussgründen (§ 10 Abs. 1 S. 3 UVgO). Nur diejenigen Unternehmen, die vom Auftraggeber nach Prüfung der übermittelten Informationen dazu aufgefordert werden, dürfen ein Angebot abgeben (§ 10 Abs. 2 S. 1 UVgO). Eine beschränkte Ausschreibung ohne Teilnahmewettbewerb ist überdies nur möglich, wenn dafür die Zulässigkeitsvoraussetzungen vorliegen (§ 3a Abs. 2 VOB/A bzw. § 8 Abs. 3 UVgO). 167

Charakteristisch für das nicht offene Verfahren und regelmäßig auch für die beschränkte Ausschreibung ist die öffentliche **Aufforderung zur Wettbewerbsteilnahme** um einen öffentlichen Auftrag. Ein Teilnahmewettbewerb dient der Ermittlung geeigneter (fachkundiger, leistungsfähiger und nicht auszuschließender bzw. zuverlässiger) Bewerber. Anders als beim offenen Verfahren bzw. bei der öffentlichen Ausschreibung ist die beschränkte Auswahl von Wettbewerbsteilnehmern wesensprägend. Bei der Vergabe von Liefer- und 168

[222] OLG Düsseldorf Beschl. v. 26.7.2002 – Verg 22/02 = VergabeR 2002, 607 ff.
[223] VK Südbayern Beschl. v. 17.7.2001 – 23-06/01; *Pietzcker* ZHR 162 (1998), 452.

Dienstleistungen im Wege der beschränkten Ausschreibung darf die vom Auftraggeber vorgesehene Mindestzahl der zur Angebotsabgabe aufzufordernden Bewerber nicht niedriger als drei sein (§ 36 Abs. 2 S. 1 UVgO), bei der Vergabe von Bauleistungen hingegen nicht niedriger als fünf (§ 3b Abs. 2 S. 5 VOB/A). Beim nicht offenen Verfahren müssen mindestens fünf geeignete Bewerber zur Angebotsabgabe aufgefordert werden (§ 51 Abs. 2 S. 1 VgV bzw. § 3b EU Abs. 2 Nr. 3 S. 3 VOB/A).

169 **cc) Verhandlungsverfahren bzw. freihändige Vergabe/Verhandlungsvergabe.** Verhandlungsverfahren sind Verfahren, bei denen sich der Auftraggeber mit oder ohne Teilnahmewettbewerb an ausgewählte Unternehmen wendet, um mit einem oder mehreren dieser Unternehmen über die Angebote zu verhandeln (§ 119 Abs. 5 GWB). Freihändig werden Bauleistungen in einem vereinfachten Verfahren vergeben (§ 3 Nr. 3 VOB/A). Bei Liefer- und Dienstleistungen darf im Wege der Verhandlungsvergabe grundsätzlich ebenfalls über den gesamten Angebotsinhalt verhandelt werden (§ 12 Abs. 4 S. 1 UVgO). Wie beim nicht offenen Verfahren dient auch beim Verhandlungsverfahren bzw. freihändiger Vergabe/Verhandlungsvergabe die Vorschaltung eines Teilnahmewettbewerbs der Eignungsfeststellung der Bewerber. Beim Verhandlungsverfahren darf die vom öffentlichen Auftraggeber vorgesehene Mindestzahl der einzuladenden Bewerber nicht niedriger als drei sein (§ 51 Abs. 2 S. 1 VgV bzw. § 3b EU Abs. 3 Nr. 3 VOB/A). Bei der freihändigen Vergabe von Bauleistungen ist keine ausdrückliche Mindestanzahl einzuladender Bewerber geregelt, während bei der Verhandlungsvergabe von Liefer- und Dienstleistungen mindestens drei Unternehmen zur Teilnahme an Verhandlungen aufzufordern sind (§§ 12 Abs. 2 S. 1, 36 Abs. 2 S. 1 UVgO).

170 Das Verhandlungsverfahren und die freihändige Vergabe bzw. Verhandlungsvergaben unterliegen grundsätzlich keinen strengen formalen Anforderungen. Daher können bspw. die Angebotsinhalte und der Angebotspreis zwischen dem öffentlichen Auftraggeber und den möglichen Auftragnehmern **verhandelt** werden. Verhandeln heißt in diesem Zusammenhang, dass öffentlicher Auftraggeber und potentielle Auftragnehmer den Auftragsinhalt und die Auftragsbedingungen solange besprechen, bis klar ist, wie die Leistung ganz konkret beschaffen sein soll, zu welchen Konditionen der Auftragnehmer diese liefert und grundsätzlich insbes. auch, zu welchem Preis geliefert wird.[224] Die Mindestanforderungen und die Zuschlagskriterien dürfen kein Gegenstand der Verhandlungen sein (§ 3b Abs. 3 Nr. 5 VOB/A bzw. § 17 Abs. 10 S. 2 VgV). Sogar ohne in Verhandlungen einzutreten, kann der öffentliche Auftraggeber den Auftrag auch auf der Grundlage der Erstangebote vergeben, wenn er sich dies in der Auftragsbekanntmachung vorbehalten hat (§ 17 Abs. 11 VgV bzw. § 3b EU Abs. 3 Nr. 7 VOB/A). Bei den Verhandlungen ist ferner zu beachten, dass in der Schlussphase noch so viele Angebote vorliegen müssen, dass ein echter Wettbewerb gewährleistet ist (§ 17 Abs. 12 S. 2 VgV bzw. § 3b EU Abs. 3 Nr. 8 S. 3 VOB/A). Sofern der öffentliche Auftraggeber in der Auftragsbekanntmachung oder in den Vergabeunterlagen darauf hingewiesen hat, kann er die Verhandlungen in verschiedenen aufeinanderfolgenden Phasen abwickeln, um so die Zahl der Angebote, über die verhandelt wird, anhand der vorgegebenen Zuschlagskriterien zu verringern (§ 17 Abs. 12 S. 1 VgV bzw. § 3b EU Abs. 3 Nr. 8 S. 1 u. 2 VOB/A). Beabsichtigt der öffentliche Auftraggeber die Verhandlungen abzuschließen, so unterrichtet er die verbliebenen Bieter und legt eine einheitliche Frist für die Einreichung neuer oder überarbeiteter Angebote fest (§ 3b EU Abs. 3 Nr. 10 S. 1 VOB/A bzw. § 17 Abs. 14 S. 1 VgV).

171 **dd) Wettbewerblicher Dialog.** Der nur bei europaweiten Vergaben anwendbare wettbewerbliche Dialog ist ein Verfahren zur Vergabe öffentlicher Aufträge mit dem Ziel der Ermittlung und Festlegung der Mittel, mit denen die Bedürfnisse des öffentlichen Auftraggebers am besten erfüllt werden können. Nach einem Teilnahmewettbewerb eröffnet der öffentliche Auftraggeber mit den ausgewählten Unternehmen einen Dialog zur Erörterung

[224] OLG Düsseldorf Beschl. v. 3.8.2011 – VII-Verg 16/11; *Wagner* Kartellrecht § 119 GWB Rn. 30.

aller Aspekte der Auftragsvergabe (§ 119 Abs. 6 GWB). Ein wettbewerblicher Dialog ist zB zulässig, wenn die Bedürfnisse des öffentlichen Auftraggebers nicht ohne die Anpassung bereits verfügbarer Lösungen erfüllt werden können (§ 14 Abs. 3 Nr. 1 VgV, §§ 3a EU Abs. 4 iVm Abs. 2 Nr. 1 lit. a VOB/A), der Auftrag konzeptionelle oder innovative Lösungen umfasst (§ 14 Abs. 3 Nr. 2 VgV, §§ 3a EU Abs. 4 iVm Abs. 2 Nr. 1 lit. b VOB/A) oder der Auftrag aufgrund konkreter Umstände, die mit der Art, der Komplexität oder dem rechtlichen oder finanziellen Rahmen oder den damit einhergehenden Risiken zusammenhängen, nicht ohne vorherige Dialog vergeben werden kann (§ 14 Abs. 3 Nr. 3 VgV, §§ 3a EU Abs. 4 iVm Abs. 2 Nr. 1 lit. c VOB/A).

ee) Innovationspartnerschaft. Die Innovationspartnerschaft ist ein Verfahren zur Entwicklung innovativer, noch nicht auf dem Markt verfügbarer Liefer-, Bau- oder Dienstleistungen und zum anschließenden Erwerb der daraus hervorgehenden Leistungen. Erstmals wird durch die Innovationspartnerschaft die Vergabe von Entwicklung und Ausführung geregelt.[225] Nach einem Teilnahmewettbewerb verhandelt der öffentliche Auftraggeber in mehreren Phasen mit den ausgewählten Unternehmen über die Erst- und Folgeangebote (§ 119 Abs. 7 GWB). Der Beschaffungsbedarf, welcher der Innovationspartnerschaft zugrunde liegt, darf nicht durch auf dem Markt bereits verfügbare Liefer-, Dienst- oder Bauleistungen befriedigt werden können. **172**

b) Vergabegrundsätze

In § 97 GWB sind die **allgemeinen** Grundsätze für europaweite Vergabeverfahren geregelt. Die dort genannten vergaberechtlichen Ge- und Verbote sind auch im Unterschwellenbereich in der VOB/A und UVgO weitgehend ähnlich geregelt. **173**

aa) Wettbewerbsprinzip. Öffentliche Aufträge sind regelmäßig im Wettbewerb zu beschaffen (§ 97 Abs. 1 S. 1 GWB, § 2 Abs. 1 S. 1 VOB/A und § 2 Abs. 1 S. 1 UVgO). Der Wettbewerbsgrundsatz bezweckt nicht nur die Interessen der Vergabestelle zu schützen, sondern auch die der Wettbewerbsteilnehmer.[226] Dies erlegt den öffentlichen Auftraggebern die Verpflichtung auf, die Auftragsvergabe nach Möglichkeit wettbewerbsintensiv auszugestalten.[227] Unter einer wettbewerblichen Beschaffung ist dabei ein Verfahrensarrangement zu verstehen, das allen interessierten Unternehmen Zugang zu dem Beschaffungsvorgang in Form der Bereitstellung der erforderlichen Informationen, der Eröffnung der Möglichkeit zur Abgabe eines Angebotes und dem Vergleich dieser Angebote in einem fairen Verfahren eröffnet.[228] Das Wettbewerbsprinzip kommt zB im Geheimwettbewerb als einer aus dem Wettbewerbsprinzip abgeleiteten Voraussetzung eines „echten Bieterwettbewerbs" zum Ausdruck,[229] oder auch in der Verpflichtung des öffentlichen Auftraggebers, Leistungen nur dann auszuschreiben, wenn die erforderliche konzeptionelle Vergabereife vorliegt.[230] **174**

bb) Transparenzgrundsatz. Die Beschaffungstätigkeit der öffentlichen Hand muss transparent, also in klarer und nachvollziehbarer Weise erfolgen (§ 97 Abs. 1 S. 1 GWB). Diesem seit jeher tragenden Prinzip des Vergaberechts wird bei Beachtung und Anwendung der europäischen und deutschen Beschaffungsregeln Rechnung getragen. Transparent sind Vergabeverfahren bspw. dann, wenn der öffentliche Auftraggeber seinen Dokumentationspflichten im Vergabeverfahren nachkommt (§ 8 VgV, § 2 S. 1 VgV iVm § 8 VgV, § 20 VOB/A, § 6 UVgO). Weitere Beispielsfälle zum Transparenzgebot sind insbes. die Pflicht des öffentlichen Auftraggebers, die Gewichtung der Zuschlagskriterien anzugeben, **175**

[225] *Püstow* § 119 GWB Rn. 102.
[226] OLG Düsseldorf Beschl. v. 17.6.2002 – Verg 18/02 = VergabeR 2002, 607 ff.
[227] BGH Urt. v. 5.6.2012 – X ZR 161/11.
[228] *Ziekow* § 97 GWB Rn. 3.
[229] OLG Düsseldorf Beschl. v. 4.2.2013 – VII-Verg 31/12.
[230] OLG Naumburg Beschl. v. 16.9.2002 – 1 Verg 02/02 = NZBau 2003, 628 ff.

wenn eine Gewichtung vorgenommen wurde,[231] die Bindung der Vergabestelle an die von ihr bekannt gemachten Zuschlagskriterien[232] oder die Verpflichtung des öffentlichen Auftraggebers zur Durchführung eigener Wertungsüberlegungen.[233]

176 cc) **Wirtschaftlichkeitsgrundsatz.** Vergabeverfahren verfolgen das Ziel, das bestmögliche Preis-Leistungs-Verhältnis zu ermitteln (§ 127 Abs. 1 S. 3 GWB). Dementsprechend ist in § 97 Abs. 1 S. 2 GWB das Wirtschaftlichkeitsgebot bestimmt, wonach der Zuschlag auf das wirtschaftlichste Angebot zu erteilen ist (§ 127 Abs. 1 S. 1 GWB). Neben dem Preis sind daher grundsätzlich andere auftragsbezogene Zuschlagskriterien bei der Angebotswertung zu berücksichtigen, wie etwa die Ausführungsfrist, Betriebs- und Folgekosten, Gestaltung, Rentabilität oder der technische Wert (§ 58 Abs. 2 S. 2 VgV, § 16d Abs. 1 Nr. 5 S. 2 VOB/A, § 43 Abs. 2 S. 2 UVgO). Zur Ermittlung des wirtschaftlichsten Angebotes kann uU auch eine elektronische Auktion zum Einsatz kommen (§ 120 Abs. 2 S. 1 GWB).

177 **Zuschlagskriterien** müssen mit dem Auftragsgegenstand in Verbindung stehen (§ 127 Abs. 3 S. 1 GWB), dh auftrags-/leistungsbezogen wirken. Der Preis ist ein bedeutendes, nicht aber das allein entscheidende Zuschlagskriterium. Umstritten ist bspw., ob der Angebotspreis bei der Auswahl des wirtschaftlichsten Angebots mit einer bestimmten Mindestquote als Zuschlagskriterium zu gewichten ist. Das OLG Dresden vertritt dazu die Auffassung, dass bei der Gewichtung mehrerer Zuschlagskriterien für den Preis eine Größenordnung von 30 % nicht unterschritten werden sollte.[234] Demgegenüber vertritt das OLG Düsseldorf zu Recht die Ansicht, dass das Vergaberecht keine Mindestquote von 30 % vorschreibt.[235] Der Angebotspreis ist zwar ein wichtiges Wirtschaftlichkeitskriterium, aber nicht das einzige Kriterium zur Feststellung des besten Preis-Leistungs-Verhältnisses. Es obliegt der Vergabestelle im konkreten Einzelfall ihren Beurteilungs- und Ermessensspielraum ordnungsgemäß dahin auszuüben, Preis und Leistung in ein nachvollziehbares Verhältnis zueinander zu setzen. Die Festlegung von Mindestquoten würde den Beurteilungs- und Ermessensspielraum des öffentlichen Auftraggebers unabhängig vom jeweils zu beurteilenden Sachverhalt willkürlich einengen.

178 Die Verbindung mit dem Auftragsgegenstand ist auch dann anzunehmen, wenn sich ein Zuschlagskriterium auf Prozesse im Zusammenhang mit der Herstellung, Bereitstellung oder Entsorgung der Leistung, auf den Handel mit der Leistung oder auf ein anderes Stadium im **Lebenszyklus** der Leistung bezieht, auch wenn sich diese Faktoren nicht auf die materiellen Eigenschaften des Auftragsgegenstandes auswirken (§ 127 Abs. 3 S. 2 GWB).

179 Zur Berücksichtigung **sozialer Aspekte** hat die Europäische Kommission schon in einer sog. Interpretierenden Mitteilung vom 15.10.2001 dargestellt, in welchem Umfang soziale Merkmale bei der Vergabe von öffentlichen Aufträgen Berücksichtigung finden können.[236]

180 **dd) Verhältnismäßigkeit.** Dass öffentliche Auftraggeber bei ihren Beschaffungsaktivitäten auch den Grundsatz der Verhältnismäßigkeit wahren müssen, insbes. bei den Anforderungen an die Leistungsbeschreibung, die Eignung, den Zuschlag und die Ausführungsbedingungen, folgt ausdrücklich aus EU-Vergaberichtlinien. Durch die klarstellende Aufnahme des Verhältnismäßigkeitsgrundsatzes in § 97 Abs. 1 S. 2 GWB mit Blick auf die Anforderungen an das Vergabeverfahren wird das umfassende Leistungsbestimmungsrecht des öffentlichen Auftraggebers nicht angetastet; dieser bestimmt auch weiterhin selbst, welche konkrete Leistung seinem Beschaffungsbedarf am besten entspricht.[237]

---

231 EuGH Urt. v. 12.12.2002 – Rs. C-470/99 – Universale Bau AG = NZBau 2003, 342 ff.
232 BGH Urt. v. 17.2.1999 – X ZR 101/97 = NJW 2000, 137 ff.
233 OLG Dresden Beschl. v. 6.6.2002 – WVerg 4/02 = WuW/E Verg 711 ff.
234 OLG Dresden Beschl. v. 5.1.2001 – WVerg 11/00 u. WVerg 12/00 = VergabeR 2001, 41 ff.
235 OLG Düsseldorf Beschl. v. 29.12.2001 – Verg 22/01 = VergabeR 2002, 267 ff.
236 KOM(2001) 566 endgültig.
237 BT-Drs. 18/6281, 68.

ee) Gleichbehandlungsgebot. Das Gleichbehandlungsgebot oder Diskriminierungsverbot ist in § 97 Abs. 2 GWB und § 2 Abs. 2 VOB/A sowie § 2 Abs. 2 UVgO verankert. Nach ständiger Rechtsprechung erfordert dieser Grundsatz, dass vergleichbare Sachverhalte nicht unterschiedlich und unterschiedliche Sachverhalte nicht gleich behandelt werden, es sei denn, dass eine solche Behandlung objektiv gerechtfertigt ist.[238] Es besagt, dass alle Wettbewerbsteilnehmer aus dem In- und Ausland unterschiedslos zu behandeln sind. Kein Bewerber oder Bieter darf aus sachlich nicht gerechtfertigten Erwägungen während eines Vergabeverfahrens benachteiligt werden. Das Nichtdiskriminierungsgebot bezweckt, dass die Vergabeentscheidung auf der Grundlage eines funktionierenden Wettbewerbs willkürfrei und sachlich ergeht.[239] Das Gleichbehandlungsgebot begründet allerdings keinen Anspruch, etwa bereits vorhandene Wettbewerbsnachteile oder -vorteile möglicher Auftragnehmer durch eine entsprechende Erstellung der Vergabeunterlagen zu egalisieren.[240] Ein Verstoß gegen das Gleichbehandlungsgebot ist zB anzunehmen, wenn in unzulässiger Weise Nachverhandlungen geführt werden,[241] oder wenn nicht allein der Inhalt der eingereichten Angebote zur Grundlage der Vergabeentscheidung gemacht wird.[242] 181

ff) Strategische Zielverfolgung. Durch die EU-Vergaberichtlinien wurde die Einbeziehung strategischer Ziele bei der Beschaffung umfassend gestärkt. In jeder Phase eines Verfahrens, von der Definition der Leistung über die Festlegung von Eignungs- und Zuschlagskriterien bis hin zur Vorgabe von Ausführungsbedingungen, können qualitative, soziale, umweltbezogene und innovative (nachhaltige) Aspekte einbezogen werden. Mit Blick auf die Beschaffung energieverbrauchsrelevanter Waren oder die Berücksichtigung der Belange von Menschen mit Behinderung bei der Definition der Leistung sind vom öffentlichen Auftraggeber sogar zwingende Vorgaben zu treffen. Diesem Umstand trägt § 97 Abs. 3 GWB Rechnung, indem bereits bei den Grundsätzen der Auftragsvergabe auf diese Möglichkeit für den Auftraggeber hingewiesen wird.[243] 182

gg) Berücksichtigung des Mittelstandes. Nach § 97 Abs. 4 GWB sind mittelständische Interessen bei der Vergabe öffentlicher Aufträge vornehmlich zu berücksichtigen, indem die Leistungen in der Menge aufgeteilt (Teillose) und getrennt nach Art oder Fachgebiet (Fachlose) zu vergeben sind. Die Vorschrift rechtfertigt es nicht, Großunternehmen generell von Vergabeverfahren auszuschließen.[244] Der Grundsatz der Losaufteilung bzw. des Mittelstandsschutzes ist auch bei Unterschwellenvergaben zu beachten (§ 5 Abs. 2 VOB/A, §§ 2 Abs. 4, 22 Abs. 1 S. 1 UVgO). So stellt zB die Aufteilung von Gebäudereinigungsdienstleistungen in die Unterhalts-/Grundreinigungs- einerseits und Glasreinigungsarbeiten andererseits ein praktisches Beispiel für die Fachlosaufteilung dar.[245] Eine gemeinsame Vergabe von mehreren Teil- oder Fachlosen ist nur ausnahmsweise möglich. Nur wenn wirtschaftliche oder technische Gründe dies erfordern, kommt eine gemeinsame Vergabe in Betracht (§ 97 Abs. 4 S. 3 GWB, § 5 Abs. 2 S. 2 VOB/A, § 22 Abs. 1 S. 2 UVgO). 183

hh) Elektronische Kommunikation. § 97 Abs. 5 GWB setzt den Grundsatz der elektronischen Kommunikation im Vergabeverfahren der EU-Vergaberichtlinien um. In jedem Stadium eines Vergabeverfahrens sollen sowohl die Auftraggeber als auch die Unternehmen grundsätzlich elektronische Mittel nutzen. Die elektronische Kommunikation betrifft insbes. die elektronische Erstellung und Bereitstellung der Bekanntmachung und der Vergabeunterlagen, die elektronische Angebotsabgabe sowie die elektronische Vorbereitung des Zuschlags. Die Umstellung auf die elektronische Kommunikation ist zwingend, und zwar 184

[238] EuGH Urt. v. 10.10.2013 – Rs. C-336/12 – Manova.
[239] Saarländisches OLG Beschl. v. 29.5.2002 – 5 Verg 1/01 = VergabeR 2002, 493 ff.
[240] BayObLG Beschl. v. 5.11.2002 – Verg 22/02 = NZBau 2003, 342 ff.
[241] OLG Saarbrücken Beschl. v. 29.5.2002 – 5 Verg 1/01 = VergabeR 2002, 493 ff.
[242] OLG Düsseldorf, Beschl. v. 12.2.2013 – VII-Verg 1/13.
[243] BT-Drs. 18/6281, 68.
[244] *Masing* § 97 GWB Rn. 85.
[245] OLG Düsseldorf, Beschl. v. 11.1.2012 – VII-Verg 52/11 = VergabeR 2012, 658 m. Anm. *Schröder.*

unabhängig vom Liefer- oder Leistungsgegenstand, welcher der Vergabe zugrunde liegt. Mit der Pflicht zur Umstellung auf den Einsatz von elektronischen Kommunikationsmitteln im Vergabeverfahren ist nicht die Pflicht zur Verwendung spezifischer Programme oder elektronischer Hilfsmittel verbunden, wie zB Programmen zur Gebäudedatenmodellierung (sog. BIM-Systeme). Die Entscheidung über den Einsatz solcher spezifischen Programme oder elektronischen Hilfsmittel treffen allein die Auftraggeber. Die öffentlichen Auftraggeber müssen, von spezifischen Sonderfällen abgesehen, elektronische Kommunikationsmittel nutzen, die nichtdiskriminierend, allgemein verfügbar sowie mit den allgemein verbreiteten Erzeugnissen der Informations- und Kommunikationstechnologien kompatibel sind und den Zugang der Wirtschaftsteilnehmer zum Vergabeverfahren nicht einschränken. Dabei ist den besonderen Bedürfnissen von Menschen mit Behinderungen hinreichend Rechnung zu tragen. Seit dem 18.4.2016 dürfen EU-weite Bekanntmachungen nur noch elektronisch beim Amt für Veröffentlichungen der EU eingereicht werden. Die Bekanntmachungen müssen zwingend eine Internetadresse enthalten, unter der sämtliche Vergabeunterlagen unentgeltlich, uneingeschränkt und vollständig direkt mithilfe von elektronischen Kommunikationsmitteln abgerufen werden können. Ausnahmen gelten ausschließlich für diejenigen Bestandteile der Vergabeunterlagen, die nicht mithilfe allgemein verfügbarer elektronischer Kommunikationsmittel abgebildet werden können oder hinsichtlich derer durch die EU-Vergaberichtlinien eng umrissene Sicherheitsbedenken geltend gemacht werden können. Seit dem 18.10.2018 ist auch das Einreichungsverfahren ausnahmslos elektronisch auszugestalten. Andere als elektronische Angebote dürfen nach den vorgenannten Stichtagen, außer in wenigen Ausnahmefällen, nicht mehr entgegengenommen und im Vergabeverfahren berücksichtigt werden.[246]

185 **ii) Rechtsanspruch.** § 97 Abs. 6 GWB vermittelt den an einem Vergabeverfahren beteiligten Wettbewerbsteilnehmern ein konstitutiv wirkendes subjektives Recht auf Einhaltung der Bestimmungen des Vergabeverfahrens.[247]

c) Verfahrensvorbereitung

186 Vor der Einleitung eines Vergabeverfahrens kann der öffentliche Auftraggeber Marktkonsultationen bzw. **Markterkundungen** zur Vorbereitung der Auftragsvergabe und zur Unterrichtung der Unternehmer über seine Pläne zur Auftragsvergabe und die Anforderungen an den Auftrag durchführen (§ 28 Abs. 1 VgV, § 2 EU Abs. 7 VOB/A, § 20 Abs. 1 UVgO). Marktkonsultationen sind oftmals sinnvoll, um fundierte Leistungsbeschreibungen auf realistischer Kalkulationsgrundlage erstellen zu können.[248] Markterkundungen dürfen nicht wettbewerbsverzerrend sein und dürfen zu keinem Verstoß gegen die Grundsätze der Nichtdiskriminierung und der Transparenz führen.[249]

187 Hat ein Unternehmen oder ein mit ihm in Verbindung stehendes Unternehmen den öffentlichen Auftraggeber beraten oder war auf andere Art und Weise an der Vorbereitung des Vergabeverfahrens beteiligt **(vorbefasstes Unternehmen),** so ergreift der öffentliche Auftraggeber angemessene Maßnahmen, um sicherzustellen, dass der Wettbewerb durch die Teilnahme dieses Unternehmens nicht verzerrt wird (§ 7 Abs. 1 VgV, § 2 S. 1 VgV iVm § 7 Abs. 1 VgV, § 5 Abs. 1 UVgO). Solche Maßnahmen können etwa sein die Unterrichtung aller Unternehmen über ausgetauschte Informationen und die Festlegung angemessener Fristen. Können Maßnahmen eine Wettbewerbsverzerrung nicht beseitigen, so besteht ein fakultativer Ausschlussgrund (§ 124 Abs. 1 Nr. 6 GWB).

188 Organmitglieder oder Mitarbeiter des öffentlichen Auftraggebers oder eines im Namen des öffentlichen Auftraggebers handelnden Beschaffungsdienstleisters, bei denen ein Interessenkonflikt besteht, dürfen in einem Vergabeverfahren **nicht mitwirken** (§ 6 Abs. 1

[246] BT-Drs. 18/6281, 69.
[247] BT-Drs. 18/6281, 69.
[248] BR-Drs. 87/16, 246.
[249] BR-Drs. 87/16, 246.

VgV, § 2 EU Abs. 5 VOB/A iVm § 6 Abs. 1 VgV, § 4 Abs. 1 UVgO). Ein Interessenkonflikt besteht für Personen, die an der Durchführung des Vergabeverfahrens beteiligt sind oder Einfluss auf den Ausgang eines Vergabeverfahrens nehmen können und die ein direktes oder indirektes finanzielles, wirtschaftliches oder persönliches Interesse haben, das ihre Unparteilichkeit und Unabhängigkeit im Rahmen des Vergabeverfahrens beeinträchtigen könnte (§ 6 Abs. 2 VgV, § 2 EU Abs. 5 VOB/A iVm § 6 Abs. 2 VgV, § 4 Abs. 2 UVgO). Ist ein Interessenkonflikt festzustellen, so besteht ein fakultativer Ausschlussgrund (§ 124 Abs. 1 Nr. 5 GWB).

Der öffentliche Auftraggeber kann **Nebenangebote** in der Auftragsbekanntmachung zulassen oder vorschreiben (§ 35 Abs. 1 S. 1 VgV, § 8 EU Abs. 2 Nr. 3 S. 1 VOB/A, § 25 S. 1 UVgO). Bei unterschwelligen Bauvergaben hat der öffentliche Auftraggeber in der Auftragsbekanntmachung hingegen ggf. Angaben zur Nichtzulassung von Nebenangeboten zu treffen (§ 12 Abs. 1 Nr. 2 lit. j VOB/A). Unter einem Nebenangebot wird jede Abweichung vom geforderten „Amtsvorschlag" verstanden. Damit wird die Abgabe von innovativen Angeboten bezweckt. Sind bei Oberschwellenvergaben Nebenangebote zugelassen, so muss der öffentliche Auftraggeber in den Vergabeunterlagen Mindestanforderungen festlegen (§ 35 Abs. 2 S. 1 VgV, § 8 EU Abs. 2 Nr. 3 S. 4 lit. b VOB/A). Der öffentliche Auftraggeber berücksichtigt nur Nebenangebote, welche die Mindestanforderungen erfüllen (§ 35 Abs. 3 S. 1 VgV, § 16 EU Nr. 5 VOB/A). 189

Nach § 121 Abs. 1 GWB legt der öffentliche Auftraggeber mit der **Leistungsbeschreibung** den Auftragsgegenstand und damit sowohl den sachlichen Gehalt der Angebote als auch den Inhalt des abzuschließenden Vertrages fest. Die Leistungsbeschreibung ist das Kernstück der Vergabeunterlagen. Für die Wertung der Angebote gibt die Leistungsbeschreibung die Entscheidungsmaßstäbe vor, an die sich der öffentliche Auftraggeber selbst bindet. Dadurch soll den Bewerbern und Bietern im Vergabeverfahren eine sichere Kalkulationsgrundlage an die Hand gegeben werden. Gleichzeitig dient die Leistungsbeschreibung auch dazu, die Vergleichbarkeit der Angebote zu sichern. Die Formulierung des § 121 Abs. 1 GWB lässt einen weiten Spielraum bei Art und Umfang der Beschreibung zu. So kann der Beschaffungsgegenstand durch konkrete Leistungsanforderungen oder – offener – durch Funktionsanforderungen definiert werden. Bei geistig-schöpferischen Leistungen, etwa mit Blick auf zu erbringenden Planungsleistungen, kann auch bereits die Beschreibung der zu lösenden Aufgabe ausreichen.[250] § 121 GWB wird im Oberschwellenbereich durch §§ 31 ff. VgV und § 7 EU VOB/A konkretisiert. Bei der Vergabe unterschwelliger Aufträge sind die §§ 7 ff. VOB/A und §§ 23 f. UVgO zu beachten. 190

d) Angebotswertung

Die Angebotswertung (§§ 56 ff. VgV, §§ 16 EUff. VOB/A, §§ 41 ff. UVgO, §§ 16 ff. VOB/A) zählt zu den wichtigsten Phasen eines Vergabeverfahrens. Die Praxis und Rechtsprechung zeigen, dass gerade bei der Auswahl des wirtschaftlichsten Angebotes zahlreiche Vergabeverstöße festzustellen sind. Oftmals erteilen die Vergabestellen nicht dem wirtschaftlichsten Angebot den Zuschlag, sondern dem billigsten. Sowohl bei Vergaben oberhalb der EU-Schwellenwerte als auch darunter ist dem besten angebotenen Preis-Leistungs-Verhältnis der Vorzug einzuräumen. Das preislich günstigste Angebot ist idR nicht entscheidend. 191

Die Ermittlung des wirtschaftlichsten Angebotes erfolgt in mehreren **Prüfungs- und Wertungsstufen:** (1.) Ausschluss von Angeboten, (2.) Nachforderung von Unterlagen, (3.) Eignungs- und Ausschlussprüfung, (4.) Prüfung auf rechnerische, technische und wirtschaftliche Richtigkeit, (5.) Prüfung der Angemessenheit des Preises und (6.) Auswahl des wirtschaftlichsten Angebotes. 192

---

[250] BT-Drs. 18/6281, 100.

193 **Ausschluss von Angeboten** (1. Stufe). Im ersten Wertungsschritt prüft der Auftraggeber, ob zwingende Ausschlussgründe vorliegen (§ 16 EU Abs. 1 VOB/A, § 57 Abs. 1 Nr. 1 bis 6 VgV, § 16 Abs. 1 VOB/A, § 42 Abs. 1 UVgO). Eine Pflicht zum Ausschluss besteht zB nach § 16 EU Abs. 1 VOB/A bei

- Angeboten, die nicht fristgerecht eingegangen sind,
- Angeboten, die den Bestimmungen des § 13 EU Abs. 1 Nr. 1, 2 und 5 VOB/A nicht entsprechen,
- Angeboten, die die geforderten Unterlagen iSd § 8 EU Abs. 2 Nr. 5 VOB/A nicht enthalten, wenn der Auftraggeber gemäß § 16a EU Abs. 3 VOB/A festgelegt hat, dass er keine Unterlagen nachfordern wird,
- Angeboten, bei denen der Bieter Erklärungen oder Nachweise, deren Vorlage sich der Auftraggeber vorbehalten hat, auf Anforderung nicht innerhalb einer angemessenen, nach dem Kalender bestimmten Frist vorgelegt hat,
- nicht zugelassenen Nebenangeboten sowie Nebenangeboten, die den Mindestanforderungen nicht entsprechen,
- Hauptangeboten von Bietern, die mehrere Hauptangebote abgegeben haben, wenn der Auftraggeber die Abgabe mehrerer Hauptangebote in der Auftragsbekanntmachung nicht zugelassen hat,
- Nebenangeboten, die dem § 13 EU Abs. 3 S. 2 VOB/A nicht entsprechen,
- Hauptangeboten, die dem § 13 EU Abs. 3 S. 3 VOB/A nicht entsprechen.

194 **Nachforderung von Unterlagen** (2. Stufe). Fehlende, unvollständige oder fehlerhafte unternehmensbezogene Unterlagen müssen (Bauleistungen) bzw. können (Dienst-/Lieferleistungen) nachgereicht, vervollständigt oder korrigiert werden, es sei denn der Auftraggeber hat in der Auftragsbekanntmachung oder Vergabeunterlagen die Nachforderung ausgeschlossen (§ 56 Abs. 2 VgV, § 16a EU Abs. 1 u. 3 VOB/A, § 16a Abs. 1 VOB/A, § 41 Abs. 1 UVgO). Ebenso müssen (Bauleistungen) bzw. können (Dienst-/Lieferleistungen) fehlende oder unvollständige leistungsbezogene Unterlagen nachgereicht werden, es sei denn der Auftraggeber hat in der Auftragsbekanntmachung oder Vergabeunterlagen die Nachforderung ausgeschlossen oder es handelt sich um unwesentliche Preispositionen, wenn dadurch der Wettbewerb und Wertungsreihenfolge nicht beeinträchtigt werden (§ 56 Abs. 2 VgV, § 16a EU Abs. 1 u. 3 VOB/A, § 16a Abs. 1 u. 2 VOB/A, § 41 Abs. 3 UVgO).

195 **Eignungs- und Ausschlussprüfung** (3. Stufe). Beim offenen Verfahren bzw. bei der öffentlichen Ausschreibung erfolgt die Eignungs- und Ausschlussprüfung (§ 122 GWB, § 16b EU Abs. 1 VOB/A, § 57 Abs. 1 VgV, § 6a Abs. 1 VOB/A, § 31 UVgO) als dritte Stufe. Anders beim nicht offenen Verfahren bzw. bei der beschränkten Ausschreibung sowie beim Verhandlungsverfahren bzw. bei der freihändigen Vergabe/Verhandlungsvergabe. Dort ist die Eignungs- und Ausschlussprüfung bereits vor der Aufforderung zur Angebotsabgabe durchzuführen. Bei den zuletzt genannten Vergabeverfahren wird die Eignungs- und Ausschlussprüfung „vorgezogen", sodass nur geeignete und nicht auszuschließende Unternehmen zur Angebotsabgabe bzw. zu Verhandlungen aufgefordert werden.

196 Die Ausschlussgründe können zwingender oder fakultativer Natur sein. **Zwingende Ausschlussgründe** liegen zB nach § 123 GWB, § 6e EU Abs. 1–4 VOB/A vor bei

- rechtskräftiger Verurteilung wegen einer Katalogstraftat (zB Bestechung, Geldwäsche, Bildung krimineller Vereinigung),
- einer rechts-/bestandskräftigen Gerichts-/Verwaltungsentscheidung wegen Verstoß gegen die Steuer-, Abgaben- oder Sozialversicherungsbeitragspflicht.

Kein Ausschluss kommt in Betracht, wenn eine Selbstreinigung nachgewiesen wurde (§ 125 GWB, § 6f EU VOB/A, § 42 Abs. 1 VgV) oder ein öffentliches Interesse (§ 6e EU Abs. 5 VOB/A) besteht.

Fakultative Ausschlussgründe sind zB nach § 124 GWB, § 6e EU Abs. 6 VOB/A gegeben bei der 197

– Erfüllung eines Katalogtatbestandes (Verstoß gegen umwelt-, sozial- oder arbeitsrechtliche Verpflichtungen, schwere Verfehlung bei beruflicher Tätigkeit, wettbewerbsbeschränkenden Abreden).

Liegt ein solcher Katalogtatbestand vor, kann unter Beachtung der Verhältnismäßigkeit der Ausschluss erfolgen. Ein Ausschluss kann auch unterbleiben, wenn eine Selbstreinigung nachgewiesen wurde (§ 125 GWB, § 6f EU VOB/A).

Öffentliche Aufträge dürfen nur an fachkundige und leistungsfähige, dh geeignete Unternehmer vergeben werden (§ 122 Abs. 1 GWB, § 16b EU Abs. 1 VOB/A, § 42 Abs. 1 VgV, § 6a VOB/A, §§ 31 Abs. 2 S. 1, 33 UVgO). Ein Unternehmen ist **geeignet,** wenn es die durch den öffentlichen Auftraggeber im Einzelnen zur ordnungsgemäßen Ausführung des öffentlichen Auftrages festgelegten Eignungskriterien erfüllt. Die Eignungskriterien dürfen bspw. nach § 122 Abs. 2 S. 2 GWB ausschließlich Folgendes betreffen: 198

– Befähigung und Erlaubnis zur Berufsausübung,
– Wirtschaftliche und finanzielle Leistungsfähigkeit,
– Technische und berufliche Leistungsfähigkeit.

Zur Befähigung und Erlaubnis zur **Berufsausübung** kann der öffentliche Auftraggeber bspw. nach § 44 Abs. 1 S. 1 VgV verlangen, dass der Unternehmer in einem Berufs- oder Handelsregister eingetragen ist. 199

Zwecks Nachweis der **wirtschaftlichen** und **finanziellen Leistungsfähigkeit** kann der öffentliche Auftraggeber zB nach § 45 Abs. 1 S. 2 VgV insbes. einen bestimmten Mindestjahresumsatz oder eine Berufs- oder Betriebshaftpflichtversicherung in bestimmter geeigneter Höhe verlangen. 200

Im Hinblick auf die **technische** und **berufliche Leistungsfähigkeit** kann der öffentliche Auftraggeber bspw. nach § 46 Abs. 3 VgV geeignete Referenzen über früher ausgeführte Liefer- und Dienstleistungsaufträge oder die Angabe der technischen Fachkräfte fordern. 201

Prüfung auf rechnerische, technische und wirtschaftliche Richtigkeit (4. Stufe). Die nicht ausgeschlossenen Angebote geeigneter Bieter sind auf die Einhaltung der gestellten Anforderungen, insbes. in rechnerischer, technischer und wirtschaftlicher Hinsicht zu prüfen (§ 16c EU Abs. 1 S. 1 VOB/A, § 16c Abs. 1 VOB/A). Entspricht der Gesamtbetrag einer Leistungsposition nicht dem Ergebnis der Multiplikation von Mengenansatz und Einheitspreis, so ist der Einheitspreis maßgebend. (§ 16c EU Abs. 2 Nr. 1 VOB/A, § 16c Abs. 2 Nr. 1 VOB/A). 202

Prüfung der Angemessenheit des Preises (5. Stufe). Im fünften Wertungsschritt prüft der öffentliche Auftraggeber, ob der Preis oder die Kosten eines Angebotes im Verhältnis zu der zu erbringenden Leistung ungewöhnlich niedrig sind; ist dies der Fall verlangt der öffentliche Auftraggeber vom Bieter Aufklärung (§ 60 Abs. 1 VgV, § 16d EU Abs. 1 Nr. 2 S. 1 VOB/A, § 44 Abs. 1 UVgO, § 16d Abs. 1 Nr. 2 S. 1 VOB/A). Für die nähere Prüfung der Preisbildung eines Angebots sind in der Rechtsprechung sog. Aufgreifschwellen anerkannt. Bei deren Erreichen wird eine Verpflichtung des Auftraggebers angenommen, den Angebotspreis näher aufklären und prüfen zu müssen. Unterschiedliche Einschätzungen bestehen aber darüber, ob diese Aufgreifschwelle immer erst bei einem Preisabstand von 20 % zum nächsthöheren Angebot erreicht ist oder schon in einem Bereich über 10 % einsetzen kann.[251] Sodann ist die Zusammensetzung des Angebotes zu prüfen, insbes. die Wirtschaftlichkeit des Fertigungsverfahrens einer Lieferleistung oder der Erbringung einer Dienstleistung, die gewählten technischen Lösungen oder die außergewöhnlich günstigen Bedingungen, über die das Unternehmen bei der Lieferung der Waren oder bei der Erbringung der Dienstleistung verfügt, die Besonderheiten der angebotenen Liefer- oder 203

[251] BGH, Urt. v. 31.1.2017 – X ZB 10/16.

Dienstleistung, die Einhaltung der Verpflichtungen nach § 128 Abs. 1 GWB (vor allem umwelt-, sozial- und arbeitsrechtliche Vorschriften), die etwaige Gewährung einer staatlichen Beihilfe an das Unternehmen (§ 60 Abs. 2 VgV, § 44 Abs. 2 S. 1 UVgO) oder die Wirtschaftlichkeit des Bauverfahrens, die gewählten technischen Lösungen oder sonstige günstige Ausführungsbedingungen (§ 16d EU Abs. 1 Nr. 2 S. 2 VOB/A, § 16d Abs. 1 Nr. 2 S. 2 VOB/A). Kann der öffentliche Auftraggeber nach der Prüfung die geringe Höhe des Preises oder der angebotenen Kosten nicht zufriedenstellend aufklären, darf er den Zuschlag auf das Angebot ablehnen (§ 60 Abs. 3 S. 1 VgV, § 44 Abs. 3 S. 1 UVgO). In die engere Wahl kommen nur solche Angebote, die unter Berücksichtigung rationellen Baubetriebs und sparsamer Wirtschaftsführung eine einwandfreie Ausführung einschließlich Haftung für Mängelansprüche erwarten lassen (§ 16d EU Abs. 1 Nr. 4 VOB/A, § 16d Abs. 1 Nr. 3 VOB/A). Der öffentliche Auftraggeber lehnt das Angebot ab, wenn er festgestellt hat, dass der Preis oder die Kosten des Angebotes ungewöhnlich niedrig sind, weil der Bieter Verpflichtungen gegen umwelt-, sozial- und arbeitsrechtliche Vorschriften nicht eingehalten hat (§ 60 Abs. 3 S. 2 VgV, § 16d EU Abs. 1 Nr. 3 S. 1 VOB/A, § 44 Abs. 3 S. 2 UVgO).

204 **Auswahl des wirtschaftlichsten Angebotes** (6. Stufe). Auf der letzten Wertungsstufe ermittelt die Vergabestelle unter den verbliebenen Angeboten anhand der auftragsbezogenen Zuschlagskriterien das wirtschaftlichste (§ 127 GWB, § 58 VgV, § 16d EU Abs. 2 VOB/A, § 43 Abs. 1 UVgO, § 16d Abs. 1 Nr. 4 S. 1 VOB/A). Das wirtschaftlich günstigste Angebot bestimmt sich nach dem besten Preis-Leistungs-Verhältnis, zu dessen Ermittlung neben dem Preis oder den Kosten auch qualitative (zB technischer Wert), umweltbezogene (bspw. Energieeffizienz) oder soziale (zB Einsatz von Langzeitarbeitslosen) Aspekte berücksichtigt werden können. Das Zuschlagskriterium „Kosten" kann auf der Grundlage der Lebenszykluskosten der Leistung berechnet werden (§ 59 VgV, § 16d EU Abs. 2 Nr. 5 VOB/A, § 43 Abs. 4 UVgO). Ebenso können auch die Organisation, Qualifikation und Erfahrung des mit der Ausführung des Auftrags betrauten Personals beim Zuschlag berücksichtigt werden, wenn die Qualität des eingesetzten Personals erheblichen Einfluss auf das Niveau der Auftragsausführung haben kann. Der öffentliche Auftraggeber kann auch Festpreise oder Festkosten vorgeben, sodass das wirtschaftlichste Angebot ausschließlich nach qualitativen, umweltbezogenen oder sozialen Zuschlagskriterien bestimmt wird (§ 58 Abs. 2 S. 3 VgV, § 16d EU Abs. 2 Nr. 4 VOB/A, § 43 Abs. 2 S. 3 UVgO, § 16d Abs. 1 Nr. 5 S. 3 VOB/A). Zulässig ist es auch, den Zuschlag allein auf das preislich günstigste Angebot zu erteilen.[252] Wie die einzelnen Zuschlagskriterien gewichtet sind, um das wirtschaftlichste Angebot zu ermitteln, ist in der Auftragsbekanntmachung oder den Vergabeunterlagen aufzuführen (§ 58 Abs. 3 S. 1 VgV, § 16d EU Abs. 2 Nr. 2 S. 1 VOB/A, § 43 Abs. 6 S. 1 UVgO, § 16d Abs. 1 Nr. 5 S. 1 VOB/A).

e) Verfahrensende

205 Vergabeverfahren können entweder durch Zuschlag oder Aufhebung beendet werden. Der **Zuschlag** stellt die zivilrechtliche Annahmeerklärung (§ 147 BGB) des öffentlichen Auftraggebers auf das wirtschaftlichste Angebot (§ 145 BGB) dar. Mit dem Zuschlag kommt zwischen öffentlichen Auftraggeber und Unternehmen ein Vertrag zustande. Wird der Zuschlag mit Erweiterungen/Einschränkungen/Änderungen oder verspätet erteilt, so muss sich der Bieter über die Annahme erklären (§ 18 EU Abs. 2 VOB/A, § 18 Abs. 2 VOB/A). An der Entscheidung über den Zuschlag sollen idR mindestens zwei Vertreter des öffentlichen Auftraggebers mitwirken (§ 58 Abs. 5 VgV, § 43 Abs. 8 UVgO).

206 Öffentliche Auftraggeber sind berechtigt, Vergabeverfahren ganz oder teilweise rechtmäßig aufzuheben, wenn ein entsprechender Aufhebungstatbestand vorliegt. Die Aufhebungstatbestände sind in § 63 Abs. 1 S. 1 VgV, § 17 EU Abs. 1 VOB/A, § 48 Abs. 1

[252] BT-Drs. 18/6281. 111.

UVgO, § 17 Abs. 1 VOB/A geregelt. Während eine vom Vergaberecht gedeckte und somit rechtmäßige **Aufhebung** zur Folge hat, dass die Aufhebung keine Schadensersatzansprüche wegen eines fehlerhaften Vergabeverfahrens begründet, kann der Bieter im Falle einer nicht unter die einschlägigen Tatbestände fallenden Aufhebung[253] die Feststellung beantragen, dass er durch das Verfahren in seinen Rechten verletzt ist.[254] Bei der Vergabe von oberschwelligen Liefer- und Dienstleistungen kann zB ein Vergabeverfahren aufgehoben werden, wenn (1.) kein Angebot eingegangen ist, das den Bedingungen entspricht, (2.) sich die Grundlage des Vergabeverfahrens wesentlich geändert hat, (3.) kein wirtschaftliches Ergebnis erzielt wurde oder (4.) andere schwerwiegende Gründe bestehen. Keine rechtmäßige Aufhebung kann erfolgen, wenn bspw. der Auftragswert unzureichend genau ermittelt und deshalb zu geringe Finanzmittel bereitgestellt wurden.

f) Dokumentation

Die Dokumentation von Vergabeverfahren ermöglicht die Rückverfolgbarkeit und **Transparenz** von Entscheidungen in Vergabeverfahren, um solide Verfahren zu gewährleisten und Korruption sowie Betrug wirksam zu bekämpfen. § 8 VgV regelt die Dokumentation bei der Vergabe von oberschwelligen Liefer- und Dienstleistungsaufträgen. Über die Verweisnorm nach § 20 EU VOB/A gilt § 8 VgV auch bei der europaweiten Vergabe von Bauleistungen. Die unterschwelligen Dokumentationspflichten nach § 20 VOB/A und § 6 UVgO sind weniger umfangreich reguliert. Generell ist im Oberschwellenbeeich zwischen der von Beginn des Vergabeverfahrens an bestehenden Dokumentationspflicht und der Pflicht zur Erstellung eines Vergabevermerks (spätestens) nach Abschluss des Vergabeverfahrens zu unterscheiden. Die Dokumentationspflicht ist übergreifend. Der Vergabevermerk bildet davon lediglich eine Teilmenge.[255] **207**

Nach § 8 Abs. 1 VgV ist der öffentlichen Auftraggeber verpflichtet, die maßgeblichen Aspekte eines Vergabeverfahrens von Beginn an fortlaufend zu dokumentieren. Die Dokumentation ist somit Ausdruck des Transparenzgrundsatzes. Die Dokumentation dient dazu, die Entscheidungen des öffentlichen Auftraggebers nachvollziehen und rechtlich prüfen zu können. Die Dokumentation ist in **Textform** gemäß § 126b BGB zu erstellen. Dokumentiert werden müssen zB die Kommunikation mit den Unternehmen, interne Beratungen, die Vorbereitung der Auftragsbekanntmachung und Vergabeunterlagen, die Öffnung der Angebote und Teilnahmeanträge, Verhandlungen sowie die Gründe für die Auswahlentscheidungen und der Zuschlag. **208**

§ 8 Abs. 2 VgV regelt die Pflicht des öffentlichen Auftraggebers, über jedes Vergabeverfahren zudem einen Vergabevermerk in Textform anzufertigen. In zeitlicher Hinsicht kann der Vergabevermerk auch erst nach Abschluss des Vergabeverfahrens und nach Veröffentlichung der Vergabebekanntmachung erstellt werden.[256] Soweit die Vergabebekanntmachung die geforderten Informationen enthält, kann sich der öffentliche Auftraggeber nach § 8 Abs. 3 VgV auch auf diese beziehen. Durch diese Möglichkeit soll der Verwaltungsaufwand minimiert werden. Zu den **Mindestinhalten** des Vergabevermerks zählen bspw. der Name und die Anschrift des öffentlichen Auftraggebers sowie Gegenstand und Wert des Auftrages, die Namen der berücksichtigten Bewerber oder Bieter und die Gründe für ihre Auswahl, die nicht berücksichtigten Angebote und Teilnahmeanträge sowie die Namen der nicht berücksichtigten Bewerber oder Bieter und die Gründe für ihre Nichtberücksichtigung, die Gründe für die Ablehnung von Angeboten, die für ungewöhnlich niedrig befunden werden, die Gründe aufgrund derer mehrere Teil- oder Fachlose zusammen vergeben wurden und Angaben zu aufgedeckten Interessenkonflikten und getroffenen Abhilfemaßnahmen. Der Vergabevermerk muss die vorgegebenen Mindest- **209**

[253] Vgl. etwa § 63 Abs. 1 S. 2 VgV.
[254] BR-Drs. 87/16, 217.
[255] BR-Drs. 87/16, 162.
[256] BR-Drs. 87/16, 162.

inhalte entweder direkt aufführen oder die entsprechenden Inhalte durch Bezugnahme auf beigefügte Anlagen kenntlich machen.

210 § 8 Abs. 4 VgV regelt, dass die Dokumentation für die Dauer der Vertragslaufzeit sowie mindestens für drei Jahre ab dem Tag der Vergabe des Auftrages aufzubewahren ist. Die **Aufbewahrungspflicht** erstreckt sich auch auf den Vergabevermerk sowie die Angebote, Teilnahmeanträge und ihre Anlagen. Gleiches gilt für Kopien aller abgeschlossenen Verträge, die mindestens einen Auftragswert von 1 Mio. EUR im Falle von Liefer- und Dienstleistungsaufträgen und von 10 Mio. EUR bei Bauaufträgen aufweisen. Kopien sind nötig, um interessierten Parteien den Zugang zu diesen Dokumenten gewähren zu können. In Deutschland richtet sich dieser Zugang insbes. nach den Informationsfreiheitsgesetzen des Bundes und der Länder. Die Unterlagen müssen im Übrigen nicht als physische Kopien aufbewahrt werden. Eine entsprechend gesicherte elektronische Speicherung ist insoweit ausreichend.[257]

211 Der Vergabevermerk oder dessen Hauptelemente sowie die abgeschlossenen Verträge sind gemäß § 8 Abs. 5 VgV der Europäischen Kommission und den zuständigen nationalen Behörden auf deren Anforderung hin zu übermitteln. Zuständige nationale Behörden sind vor allem die mit der Fach- oder Rechtsaufsicht betrauten Behörden, die Rechnungshöfe des Bundes und der Länder sowie – im Falle von Vertragsverletzungsverfahren – das zuständige Bundesministerium für Wirtschaft und Energie. Andere oder weitergehende **Übermittlungspflichten** bleiben unberührt. So ist zB die Übermittlung vertraulicher Unterlagen auch im Rahmen von Zuwendungsverhältnissen weiterhin gestattet. Hierbei kann sich der Zuwendungsgeber auch Dritter zur Verwendungs- und Nachweisprüfung bedienen, ohne das Vertraulichkeitsgebot zu verletzen.[258]

5. Grundzüge des Vergaberechtsschutzes

212 Die Zweiteilung des Vergaberechts begründet **unterschiedliche** Rechtsschutzmöglichkeiten gegen Vergabeverstöße des öffentlichen Auftraggebers.

a) Unterhalb der EU-Schwellenwerte

213 Bei Auftragsvergaben unterhalb der europäischen Schwellenwerte besteht im Allgemeinen kein förmliches, **spezielles Vergabenachprüfungsverfahren** mit dessen Hilfe benachteiligte Bieter oder Bewerber ihr primäres Interesse an der Auftragserteilung gerichtlich überprüfen und durchsetzen können. Das in den §§ 155 ff. GWB normierte Rechtsschutzsystem gilt für öffentliche Aufträge oberhalb der EU-Schwellenwerte und kann nicht entsprechend auf Beschaffungen unterhalb der europäischen Schwellenwerte Anwendung finden. Die Beschränkung des primären Vergaberechtsschutzes auf europaweite Auftragsvergaben verstößt nicht gegen das Grundgesetz.[259] In einigen Bundesländern (zB Sachsen, Sachsen-Anhalt) bestehen hingegen auch bei Unterschwellenvergaben Nachprüfungsmöglichkeiten.

214 Aufgrund des regelmäßig fehlenden Nachprüfungsverfahrens kommt dem **vorläufigen Rechtsschutz** vor den Zivilgerichten in der Vergabepraxis eine beachtliche Bedeutung zu. Die Rechtsprechung ist insoweit uneinheitlich. Nach einer Auffassung gibt es auch bei Aufträgen unterhalb der Schwellenwerte keine einstweiligen Verfügungsverfahren vor der ordentlichen Gerichtsbarkeit nach der ZPO.[260] Nach einer anderen, zutreffenden Rechtsmeinung hat ein Kläger oder Antragsteller im einstweiligen Rechtsschutz regelmäßig den Anspruch darauf, dass sich die Gerichte der ordentlichen Gerichtsbarkeit mit seinem Anliegen befassen und es sachlich bescheiden.[261]

[257] BR-Drs. 87/16, 162 f.
[258] BR-Drs. 87/16, 163.
[259] BVerfG Urt. v. 13.6.2006 – 1 BvR 1160/03 = NJW 2006, 3701 ff.
[260] LG Oldenburg Urt. v. 16.5.2002 – 5 O 1319/02 = ZfBR 2003, 181 f.
[261] OLG Brandenburg Beschl. v. 29.5.2008 – 12 U 235/07 = IBR 2008, 529; LG Landshut Urt. v. 11.12.2007 – 73 O 2576/07 = VergabeR 2008, 298 ff.

Fraglich sind die Rechtsschutzmöglichkeiten vor der **Verwaltungsgerichtsbarkeit.** So nimmt bspw. das OVG Nordrhein-Westfalen an, dass ein Ausschluss des Verwaltungsrechtsweges für Vergaben unterhalb der Schwellenwerte nicht angenommen werden könne.[262] Ähnlich haben auch die Oberverwaltungsgerichte in Sachsen und Rheinland-Pfalz entschieden.[263] 215

Bieter und Bewerber können bei inländischen Vergabeverfahren vor allem im Wege des sog. sekundären Rechtsschutzes allgemeine zivilrechtliche, kartell- oder wettbewerbsrechtliche Schadensersatz- oder Unterlassungsansprüche gerichtlich durchsetzen. Der öffentliche Auftrag selbst kann damit nicht (primär) erlangt werden. **Sekundäransprüche** auf Unterlassung oder Schadensersatz können hauptsächlich vor der ordentlichen Gerichtsbarkeit geltend gemacht werden. Als Rechtsgrundlagen kommen vorrangig Ansprüche auf Ersatz des Schadens wegen Verletzung eines vorvertraglichen Schuldverhältnisses (§§ 241 Abs. 2, 280 Abs. 1, 311 Abs. 2 BGB) oder auf § 20 Abs. 1 und Abs. 2 GWB gestützte Unterlassungsansprüche wegen Missbrauch einer marktbeherrschenden Stellung in Betracht. 216

Öffentliche Auftraggeber haben bei der Vergabe von Bauleistungen gemäß § 21 VOB/A immerhin die sog. **Nachprüfstellen** (Aufsichtsbehörden) anzugeben, an die sich die Teilnehmer eines Vergabewettbewerbs zur Nachprüfung behaupteter Verstöße gegen Vergabevorschriften wenden können. Ob und in welcher Weise diese Nachprüfstellen (idR als sog. VOB-Stellen bezeichnet) in das Vergabeverfahren eingreifen, obliegt ihrem pflichtgemäßen Ermessen. Ein Rechtsanspruch auf ein aufsichtliches Einschreiten besteht grundsätzlich nicht, weil es sich dabei nur um ein internes Verwaltungsprüfverfahren handelt. Obwohl für die Vergabe von Lieferungen und Dienstleistungen eine § 21 VOB/A vergleichbare Regelung in der UVgO fehlt, sind Wettbewerbsteilnehmer dadurch aber generell nicht gehindert, die zuständigen Aufsichtsbehörden einzuschalten. Die zuständige Aufsichtsbehörde kann auch ohne besondere Bestimmung in der UVgO angerufen und ggf. tätig werden. 217

b) Oberhalb der EU-Schwellenwerte

Für europaweit zu vergebende öffentliche Aufträge konstituieren die Vorschriften der §§ 155 ff. GWB ein eigenständiges förmliches **Primärrechtsschutzsystem** zur Nachprüfung von Vergabeverfahren. In diesem vergaberechtlichen Nachprüfungsverfahren können Bieter bzw. Bewerber ihre subjektiven Rechte auf Einhaltung der Bestimmungen über das Vergabeverfahren iSd § 97 Abs. 6 GWB durchsetzen. Die Vergabekammern stellen hierbei im Wege eines zweistufigen Rechtsschutzverfahrens die primäre Kontrollinstanz auf der Verwaltungsebene dar.[264] 218

In **erster Instanz** kann der Bieter bzw. Bewerber die jeweils zuständige Vergabekammer des Bundes und der Länder um Rechtsschutz ersuchen. Dazu ist ein schriftlicher Antrag auf Nachprüfung bei der zuständigen Vergabekammer einzureichen. Der Antrag kann nur vor der Erteilung des Zuschlags gestellt werden, weil ein wirksam erteilter Zuschlag von der Vergabekammer nicht mehr aufgehoben werden kann (§ 168 Abs. 2 S. 1 GWB). Antragsbefugt sind nur solche potentiellen Auftragnehmer, die ein Interesse am Auftrag haben und eine Verletzung von Rechten iSd § 97 Abs. 6 GWB reklamieren sowie darlegen, dass ihnen durch den Vergabeverstoß ein Schaden entstanden ist oder droht (§ 160 Abs. 2 GWB). Der Nachprüfungsantrag ist unzulässig, soweit der Antragsteller den gerügten Vergabeverstoß im Vergabeverfahren erkannt und gegenüber dem öffentlichen Auftraggeber nicht innerhalb einer Frist von zehn Kalendertagen gerügt hat (§ 160 Abs. 3 S. 1 Nr. 1 GWB). Dem steht es gleich, wenn der Vergabefehler bereits auf Grund der Bekanntmachung erkennbar ist und nicht spätestens bis zum Ablauf der Angebots- oder Bewer- 219

---

[262] OVG Münster Beschl. v. 12.1.2007 – 15 E 1/07 = NWVBl. 2007, 190 ff.

[263] OVG Bautzen Beschl. v. 13.4.2006 – 2 E 270/05 = NZBau 2006, 393 f.; OVG Koblenz Beschl. v. 14.9.2006 – 2 B 11024/06 = DÖV 2007, 39 f.

[264] OLG München Beschl. v. 11.6.2008 – Verg 6/08.

bungsfrist gerügt wurde (§ 160 Abs. 3 S. 1 Nr. 2 GWB). Ferner sind die Präklusionstatbestände nach § 160 Abs. 3 S. 1 Nr. 3 und Nr. 4 GWB zu beachten. Ist der Nachprüfungsantrag nicht offensichtlich unzulässig oder unbegründet, so übermittelt die Vergabekammer dem öffentlichen Auftraggeber den Nachprüfungsantrag und fordert bei ihm die Akten an, die das Vergabeverfahren dokumentieren (§ 163 Abs. 2 S. 3 GWB). Die Vergabestelle ist dann bis zur Entscheidung der Vergabekammer und bis zum Ablauf der für die Einlegung der sofortigen Beschwerde beim Beschwerdegericht geltenden Frist gehindert, den Zuschlag zu erteilen (§ 169 Abs. 1 GWB). Die Entscheidung der Vergabekammer ergeht in der Regel binnen einer Frist von fünf Wochen durch Verwaltungsakt (§ 167 Abs. 1 S. 1 GWB).

220 Gegen das vorgenannte **Zuschlagsverbot** kann sich die Vergabestelle wehren. Dazu muss sie bei der Vergabekammer beantragen, dass ihr die Zuschlagserteilung gestattet wird (§ 169 Abs. 2 GWB). Dem Antrag wird stattgegeben, wenn unter Berücksichtigung aller möglicherweise geschädigten Interessen sowie des Interesses der Allgemeinheit an einem raschen Abschluss des Vergabeverfahrens die nachteiligen Folgen einer Verzögerung der Vergabe bis zum Abschluss der Nachprüfung die damit verbundenen Vorteile überwiegen.

221 Die **Kosten** des Nachprüfungsverfahrens vor der Vergabekammer belaufen sich auf mindestens 2.500 EUR und können im Einzelfall, wenn der Aufwand oder die wirtschaftliche Bedeutung außergewöhnlich hoch sind, bis zu einem Betrag von maximal 100.000 EUR erhöht werden (§ 182 Abs. 2 GWB). Die Kosten, die den Verfahrensbeteiligten für die Rechtsverfolgung entstehen, zB Anwaltskosten, sind in den Kosten der Vergabekammer nicht enthalten. Soweit ein Beteiligter im Nachprüfungsverfahren unterliegt, hat er die zur zweckentsprechenden Rechtsverfolgung oder Rechtsverteidigung notwendigen Aufwendungen des Antragsgegners zu tragen (§ 182 Abs. 4 S. 1 GWB).

222 Gegen die Entscheidung der Vergabekammer ist in der **zweiten Instanz** die sofortige Beschwerde zum jeweils zuständigen Vergabesenat des Oberlandesgerichts möglich (§§ 171 ff. GWB). Die sofortige Beschwerde ist binnen einer Frist von zwei Wochen schriftlich und begründet beim Oberlandesgericht einzureichen. Da die sofortige Beschwerde aufschiebende Wirkung gegenüber der Entscheidung der Vergabekammer entfaltet, darf die Vergabestelle den Zuschlag nicht erteilen. Allerdings entfällt die aufschiebende Wirkung zwei Wochen nach Ablauf der Beschwerdefrist (§ 173 Abs. 1 S. 2 GWB), wobei im Falle der erstinstanzlichen Ablehnung des Nachprüfungsantrages das Beschwerdegericht auf Antrag des Beschwerdeführers die aufschiebende Wirkung bis zur Entscheidung über die Beschwerde verlängern kann (§ 173 Abs. 1 S. 3 GWB). Wie in der ersten Instanz kann der öffentliche Auftraggeber auch in der zweiten Instanz die Gestattung der Zuschlagserteilung auf Antrag erwirken (§ 176 GWB).

223 **Sekundärrechtsschutz** besteht nach der Zuschlagserteilung bzw. mit Ende des Vergabeverfahrens. Hat sich das Nachprüfungsverfahren durch Erteilung des Zuschlages, durch Aufhebung oder durch Einstellung des Vergabeverfahrens oder in sonstiger Weise erledigt, stellt die Vergabekammer auf Antrag eines Beteiligten fest, ob eine Rechtsverletzung vorgelegen hat (§ 168 Abs. 2 S. 2 GWB). Hat der öffentliche Auftraggeber gegen eine den Schutz von Unternehmen bezweckende Vorschrift verstoßen und hätte das Unternehmen ohne diesen Verstoß bei der Angebotswertung eine echte Chance gehabt, den Zuschlag zu erhalten, die aber durch den Rechtsverstoß beeinträchtigt wurde, so kann das Unternehmen Schadensersatz für die Kosten der Vorbereitung des Angebotes oder der Teilnahme an dem Vergabeverfahren verlangen (§ 181 S. 1 GWB). Der in seinen Rechten verletzte Wettbewerbsteilnehmer kann auch weiterreichende Ansprüche auf Schadensersatz geltend machen (§ 181 S. 2 GWB iVm. §§ 241 Abs. 2, 280 Abs. 1, 311 Abs. 2 BGB uä).

6. Praxisthemen

224 Nachfolgend werden für kommunale Unternehmen vergaberechtlich wichtige und praktisch bedeutsame Themengebiete behandelt.

a) Erfüllung kommunaler Aufgaben mit Privaten

Kommunale Aufgaben werden heute zunehmend durch nichtkommunale Stellen, vor allem durch oder unter Heranziehung privater Dritter erledigt. Dabei steht weniger die vollständige Aufgabenübertragung auf einen Dritten (sog. Aufgabenprivatisierung) im Vordergrund, sondern die Übertragung der Aufgabendurchführung auf private Dritte (sog. **Durchführungsprivatisierung**). So kann etwa der Betrieb einer kommunalen Kläranlage oder Abfallentsorgungsanlage einem Privaten obliegen, die Aufgabe jedoch bei der entsorgungspflichtigen Gebietskörperschaft verbleiben. In der Kommunalpraxis sind Betreiber- und Betriebsführungsmodelle typisch. Sie sollen im Folgenden näher auf ihre vergaberechtliche Relevanz dargestellt werden. 225

aa) Betreibermodell. Unter einem Betreibermodell ist die kommunale Aufgabendurchführung durch einen privatrechtlichen Dritten („Betreiber") mittels Finanzierung, Planung, Bau und Betrieb eines aufgabennotwendigen Vorhabens (zB Müllverbrennungsanlage) zu verstehen. Auf den Betreiber wird nicht die Aufgabe selbst, sondern allein ihre Durchführung übertragen. Rechtliche Beziehungen (Betreibervertrag, Erbbaurechtsvertrag usw.) bestehen grundsätzlich nur zwischen dem Betreiber und der Kommune, nicht aber zwischen dem Betreiber und Bürger. Da der Dritte die in seinem privaten Eigentum stehende Anlage eigenverantwortlich betreibt, setzt er hierzu zumeist auch eigenes Personal ein. 226

Betreiberverträge sind grundsätzlich im Wettbewerb zu vergeben. Die Durchführung einer öffentlichen Ausschreibung bzw. eines offenen Verfahrens wird in vielen Fällen aber nicht sachgerecht sein. Planung, Finanzierung und Betrieb lassen sich oftmals nicht im Vorhinein detailliert und erschöpfend im Rahmen einer Leistungsbeschreibung bestimmen, sondern können erst im Wege der Verhandlung oder des Dialogs mit den in Frage kommenden Bietern gemeinsam festgelegt werden. Daher wird das **Verhandlungsverfahren** bzw. die freihändige Vergabe/Verhandlungsvergabe oder auch der wettbewerbliche Dialog oftmals als zielführende Verfahrensarten in Betracht kommen. 227

bb) Betriebsführungsmodell. Im Gegensatz zum Betreibermodell wird dem privaten Dritten bei diesem Modell nur die kaufmännische und/oder technische Betriebsführung einer in kommunalem Eigentum stehenden Anlage übertragen. Betreiber bleibt weiterhin die Kommune, während der private Dritte für seine Tätigkeit ein Betriebsführungsentgelt erhält. 228

Betriebsführungsverträge sind überwiegend als Dienstleistungsaufträge iSd VgV bzw. UVgO ausgestaltet. Sind die jeweiligen Leistungsanforderungen eindeutig und erschöpfend beschreibbar, so erfolgt die Vergabe im **offenen Verfahren** bzw. als öffentliche Ausschreibung. Die Wahl des Verhandlungsverfahrens mit öffentlichem Teilnahmewettbewerb kann im Einzelfall gerechtfertigt sein, darf jedoch nicht allein aus dem Grunde erfolgen, Mängel in der Vorbereitung des Vergabeverfahrens zu kaschieren.[265] Da der Betriebsführer – im Gegensatz zum Betreibermodell – kein Eigentum an der betroffenen Anlage erwirbt, ist ein Wechsel des Betriebsführers durch einen erneuten Ausschreibungswettbewerb möglich. Einer dem Wettbewerb entzogenen Alleinstellung des Betriebsführers und einer langjährigen Abhängigkeit der Kommune kann dadurch begegnet werden. 229

b) Kommunale Unternehmen als Wettbewerber

Die wirtschaftliche Betätigung kommunaler Unternehmen erstreckt sich zunehmend auf Bereiche, in denen häufig die Privatwirtschaft tätig ist. Dazu zählen nicht zuletzt die öffentlichen Beschaffungsmärkte selbst. So konkurrieren städtische und gemeindliche Unternehmen heute mit Privaten um öffentliche Aufträge von Bund, Ländern und anderen Kommunen. Vergaberechtlich ist von Interesse, ob gemeindliche Unternehmen als Bewerber bzw. Bieter an der Ausschreibung öffentlicher Aufträge teilnehmen können. Hierbei 230

[265] OLG Naumburg Beschl. v. 26.8.2002 – 1 Verg 02/02 = NZBau 2003, 628 ff.

steht das Marktzutrittsverbot bei unzulässiger **wirtschaftlicher Betätigung** im Fokus. Öffentliche Auftraggeber verletzen das Wettbewerbsprinzip iSd § 97 Abs. 1 S. 1 GWB,[266] wenn sie kommunale Unternehmen als Bieter oder Bewerber zu einem Vergabeverfahren zulassen, obwohl die kommunalen Unternehmen die ausgeschriebene Leistung nur unter Verstoß gegen die gesetzlichen Bestimmungen des Kommunalwirtschaftsrechts erbringen können.[267] Dies stellt eine Wettbewerbsverfälschung und Störung des Bieterwettbewerbs dar, die vom öffentlichen Auftraggeber grundsätzlich zu unterbinden ist. Hierzu ist der öffentliche Auftraggeber – neben § 97 Abs. 1 S. 1 GWB – auch nach § 2 EU Abs. 1 S. 2 VOB/A verpflichtet, weil er „wettbewerbsbeschränkende und unlautere Verhaltensweisen" bekämpfen muss.

231 Das OLG Düsseldorf hat bspw. festgestellt, dass die Interessen privatwirtschaftlicher Unternehmen, die durch eine gegen § 107 GO NRW verstoßende Ausdehnung kommunaler Wirtschaftstätigkeit beeinträchtigt werden, in den Schutzbereich dieser Vorschrift unmittelbar einbezogen sind. § 107 GO NRW zählt auch unmittelbar zu den **drittschützenden** Vorschriften, die der öffentliche Auftraggeber im Vergabeverfahren iSd § 97 Abs. 6 GWB einzuhalten hat.[268] Denn bei der gesamten Regelung des § 107 GO NRW geht es, was den Zweck der wirtschaftlichen und der sog. nicht wirtschaftlichen Betätigung der jeweiligen Gemeinde anbelangt, um die „Erfüllung ihrer Aufgaben". Das ist im Normtext des § 107 Abs. 1 GO NRW ausdrücklich aufgenommen worden und versteht sich in Anbetracht der Art der in § 107 Abs. 2 GO NRW aufgezählten „nicht wirtschaftlichen" Betätigungen für diese von selbst.[269] Für einen möglichen Verstoß gegen § 107 GO NRW durch Beteiligung an einem Wettbewerbsverfahren kann das Handeln der Kommune durch eine Beteiligungsgesellschaft ausreichend sein, wenn dies bei funktionaler Betrachtung als wirtschaftliche Betätigung beim Betrieb des Unternehmens als Hersteller, Anbieter oder Verteiler von Waren und/oder Dienstleistungen erscheint.[270] Ist die Betätigung einem öffentlichen Zweck hingegen in der Weise förderlich, als dafür ein anerkennenswertes Bedürfnis nicht zu verneinen ist, ist eine Fehleinschätzung, die ein korrigierendes Eingreifen der Nachprüfungsinstanzen gebietet, in der Regel auszuschließen.[271]

c) Zentrale Beschaffungsstellen

232 Die **Zentralisierung** von Beschaffungstätigkeiten soll das öffentliche Beschaffungsmanagement verbessern und professionalisieren. § 120 Abs. 4 GWB erlaubt es daher „zentrale Beschaffungsstellen" einzurichten. Die Vorschrift verbessert die Möglichkeiten, den Beschaffungsbedarf öffentlicher Auftraggeber zusammenzuführen, um so Größenvorteile zu erzielen und Transaktionskosten zu verringern. Die Regelung schränkt aber nicht die Möglichkeit ein, dass öffentliche Auftraggeber auch ohne den institutionellen Rahmen einer zentralen Beschaffungsstelle nur bei Gelegenheit gemeinsam Vergabeverfahren durchführen oder bei der Vorbereitung oder Durchführung von Ausschreibungen zusammenarbeiten.[272]

233 Eine zentrale Beschaffungsstelle ist selbst **öffentlicher Auftraggeber,** der auf Dauer zentrale Beschaffungstätigkeiten einschließlich damit zusammenhängender Beratungs- oder Unterstützungsleistungen für andere öffentliche Auftraggeber erbringt. Die zentrale Beschaffungsstelle kann dabei entweder selbst Waren oder Dienstleistungen beschaffen und

[266] OLG Düsseldorf Beschl. v. 13.8.2008 – VII-Verg 42/07; anders wohl das OVG Nordrhein-Westfalen Beschl. v. 1.4.2008 – 15 B 122/08 = DVBl. 2008, 919 ff., das für Auslegungsfragen im Zusammenhang mit der wirtschaftlichen Betätigung von Kommunen primär allein die Verwaltungsgerichte für zuständig erachtet.

[267] OLG Düsseldorf Beschl. v. 17.6.2002 – Verg 18/02 = NZBau 2002, 626 ff.

[268] OLG Düsseldorf Beschl. v. 17.6.2002 – Verg 18/02 = NZBau 2002, 626 ff. u. Beschl. v. 9.4.2003 – Verg 43/02.

[269] OLG Düsseldorf Beschl. v. 29.3.2006 – Verg 77/05 = VergabeR 2006, 509 ff.

[270] VK Düsseldorf Beschl. v. 24.8.2007 – VK-24/2007-L.

[271] OLG Düsseldorf Beschl. v. 7.8.2013 – VII-Verg 14/13.

[272] BT-Drs. 18/6281, 99.

anschließend weiterverkaufen oder aber im Auftrag und auf Rechnung anderer öffentlicher Auftraggeber Vergabeverfahren zur Beschaffung von Liefer-, Bau- und Dienstleistungen für diese durchführen. Bei letzterer Möglichkeit kann eine solche Vermittlertätigkeit entweder im Wege eines autonom durchgeführten Vergabeverfahrens ausgeübt werden oder nach Weisung der betreffenden öffentlichen Auftraggeber. Führt ausschließlich die zentrale Beschaffungsstelle das Vergabeverfahren durch, so ist sie für die Rechtmäßigkeit des Verfahrens allein und unmittelbar verantwortlich. Ist das nicht der Fall, bleibt der öffentliche Auftraggeber selbst für die Maßnahmen des Vergabeverfahrens verantwortlich, die er selbst durchführt oder anweist.[273]

Das Vergaberecht gestattet es öffentlichen Auftraggebern ausdrücklich, zentrale Beschaffungsstellen ohne ein Vergabeverfahren mit der Erbringung von Beschaffungstätigkeiten zu beauftragen (§ 120 Abs. 4 S. 3 GWB). Dies gilt insbes. auch dann, wenn es sich bei dem Auftrag um eine entgeltliche Leistung handelt. Solche nicht ausschreibungspflichtigen Aufträge können auch Beratungs- und Unterstützungsleistungen bei der Planung und Durchführung von Vergabeverfahren, sog. **Nebenbeschaffungstätigkeiten** umfassen (§ 120 Abs. 4 S. 4 GWB). Sie beinhalten insbes. die Bereitstellung der technischen Infrastruktur oder Beratungsleistungen für die Durchführung von Vergabeverfahren sowie die Vorbereitung und Verwaltung des Verfahrens selbst. Handelt es sich bei einer solchen Beauftragung aber ausschließlich um Beratungs- oder Unterstützungsleistungen, ist dagegen eine Ausschreibung erforderlich.[274] **234**

Die zentrale Beschaffungsstelle ist begrifflich von der **„zentralen Vergabestelle"** zu trennen. Bei letzterer handelt es sich idR nur um eine zentrale organisatorische Einheit innerhalb eines öffentlichen Auftraggebers. Sie führt die Ausschreibungen für die jeweiligen Bedarfsstellen durch und ist selbst nicht rechtlich selbstständig. Zentrale Beschaffungsstellen hingegen müssen eigenständige Rechtsträger sein. Rein privatwirtschaftliche Unternehmen sind dafür ungeeignet, weil die zentrale Beschaffungsstelle selbst öffentlicher Auftraggeber sein muss. **235**

Die zentralisierte Beschaffung darf keine unzulässige Konzentration der öffentlichen Kaufkraft herbeiführen. Transparenz und Wettbewerb sowie der Marktzugang für kleine und mittlere Unternehmen müssen sichergestellt sein. Insbes. dürfte auch das **Kartellverbot** gemäß § 1 GWB für zentrale Beschaffungsstellen Anwendung finden. So hat die deutsche Rechtsprechung das Kartellverbot in der Vergangenheit auch auf Einkaufskooperationen der öffentlichen Hand angewandt und etwaige Freistellungen hiervon geprüft. Allerdings können nach dem schleswig-holsteinischen Oberlandesgericht[275] mögliche kartellrechtliche Verstöße nicht Gegenstand eines Nachprüfungsverfahrens sein, weil sie außerhalb des Vergaberechtsweges zu prüfen sind. **236**

d) Vergabeverstöße und Kommunalabgabenrecht

Die Kommunalabgabengesetze der Länder verweisen bei der Bemessung der Gebührenobergrenze generell auf die nach betriebswirtschaftlichen Grundsätzen **ansatzfähigen Kosten.** Die Höhe von ansatzfähigen Fremdleistungsentgelten (zB für die Betriebsführung der Abwasserentsorgung) ist durch den Grundsatz der Erforderlichkeit begrenzt. In diesem Zusammenhang gewährleistet das Vergaberecht, dass ein öffentlicher Auftrag nicht zu einem überhöhten Entgelt vergeben wird, da der Ausschreibungswettbewerb zu Marktpreisen führt, die von den Gebührenpflichtigen akzeptiert werden können. **237**

Umstritten ist in der Rechtsprechung, ob die Verletzung von vergaberechtlichen Vorschriften, insbes. eine unterlassene Ausschreibung, gebührenrechtliche Folgen hat. Im Kern geht es also um die Frage, ob Gebührenbescheide und -satzungen rechtswirksam sind, wenn eine Ausschreibung unterblieben oder fehlerhaft ist. **238**

---

[273] BT-Drs. 18/6281, 99.
[274] BT-Drs. 18/6281, 99 f.
[275] OLG Schleswig, Urt. v. 25.1.2013 – Verg 8/12.

239 Das **OVG Niedersachsen** meint, dass eine Gebührenkalkulation nicht automatisch durch eine unterlassene Ausschreibung rechtswidrig wird. Soweit die Gebührenkalkulation einer Überprüfung auf Grund der Vorschriften des öffentlichen Preisprüfungsrechts (VO PR 30/53 über die Preise bei öffentlichen Aufträgen) standhält, ist der Erforderlichkeitsgrundsatz nicht berührt. Stimmen die Vertragskonditionen des Auftragnehmers dagegen nicht mit dem öffentlichen Preisrecht überein, so sind die Gebührenkalkulation und der darauf fußende Gebührenbescheid rechtswidrig.[276]

240 Eine ähnliche Auffassung vertritt auch das **OVG Nordrhein-Westfalen.** Danach führt ein Verstoß gegen Ausschreibungspflichten zu keiner Nichtigkeit des geschlossenen Vertrages.[277] Auch stellt die Vergaberechtswidrigkeit alleine die Erforderlichkeit von Aufwand nicht in Frage, vielmehr ist dies nur dann der Fall, wenn die Vergaberechtswidrigkeit zu einem erhöhten Aufwand geführt hat, etwa wenn statt des wirtschaftlichsten Angebotes ein Angebot zu unangemessenem Preis zum Zuge kommt.[278]

241 Das **OVG Rheinland-Pfalz** ist dagegen der Ansicht, dass eine Gebührenfestsetzung, die unter Missachtung der Ausschreibungspflicht vorgenommen wurde, unwirksam ist.[279] Denn nur eine Ausschreibung, also die Ausnutzung des Wettbewerbs zwischen mehreren konkurrierenden Unternehmen, bezweckt und gewährleistet idR einen im Vergleich zur freihändigen Vergabe bzw. Verhandlungsvergabe niedrigeren Kostenaufwand. Die Beachtung der Pflicht zur Durchführung einer Ausschreibung vor der Vergabe von Aufträgen an Dritte ist daher aus gebührenrechtlicher Sicht grundsätzlich unerlässlich.[280] Etwas anderes könnte nur bei Dringlichkeit der Vergabeentscheidung gelten. In diesem Fall braucht keine Ausschreibung durchgeführt werden, wenn die Gebühren nach dem Grundsatz der Erforderlichkeit gerechtfertigt sind.[281] Ein Verstoß gegen die Ausschreibungspflicht führt also nicht ohne Weiteres zur Unwirksamkeit einer Gebührenfestsetzung. Die Angemessenheit der Kosten ist im Hinblick auf den der Kommune zustehenden Ermessensspielraum nur dann zu verneinen, wenn sich der Einrichtungsträger bei der Vergabe der Aufträge oder bei der Durchführung der Maßnahme offensichtlich nicht an das Gebot der Wirtschaftlichkeit gehalten hat und dadurch augenfällig Mehrkosten entstanden sind, dh wenn die Kosten in für den Abgabengläubiger erkennbarer Weise eine grob unangemessene Höhe erreichen.[282]

242 Eine Gebührensatzung ist – so das **OVG Schleswig-Holstein** – nichtig, wenn die Ausschreibung einer Drittbeauftragung mit bestimmten Leistungen unterblieben ist. Das Gericht stützt seine Argumentation auf vermutete Mehraufwendungen auf Grund der fehlenden Ausschreibung. Dies gilt auch dann, wenn sich nicht aufklären lässt, ob die vergebene Leistung nach Durchführung eines Ausschreibungswettbewerbs tatsächlich kostengünstiger wäre.[283]

243 Das VG Saarlouis meint, dass das Vergaberecht nicht nur dem Schutz der Bieter, sondern auch dem Interesse des Gebührenzahlers an der Einhaltung des allgemeinen abgabenrechtlichen Gebots der sparsamen und wirtschaftlichen Haushaltsführung dient.[284] Das **OVG Mecklenburg-Vorpommern** ist der Ansicht, dass ein Verstoß gegen das Vergaberecht für die Frage der Gebührenfähigkeit eines Fremdleistungsentgeltes nicht zwingend bedeutet, dass die Kalkulation fehlerhaft sei.[285] Ähnlich urteilt das VG Augsburg, wonach eine Verletzung vergaberechtlicher Vorschriften nicht automatisch zur Rechtswidrigkeit einer Beitragserhebung führe.[286] Nach dem VG Potsdam sind Mängel des Vergabeverfahrens nur

---

276 OVG Lüneburg Urt. v. 24.6.1998 – 9 L 2504/96 = AbfallPrax 1999, 32 ff.
277 OVG Münster Urt. v. 15.12.1994 – 9 A 2251/93 = NWVBl. 1995, 173 ff.
278 OVG Münster Urt. v. 19.2.2008 – 15 A 2568/05 = ZKF 2008, 166 f.
279 OVG Koblenz Urt. v. 1.12.1994 – 12 A 11892/92 = NVwZ-RR 1996, 230 ff.
280 OVG Koblenz Urt. v. 17.6.2004 – 12 C 10660/04.OVG.
281 OVG Koblenz Urt. v. 4.2.1999 – 12 C 13291/96 = NVwZ-RR 1999, 673 f.
282 OVG Koblenz Urt. v. 17.6.2004 – 12 C 10660/04.OVG.
283 OVG Schleswig Urt. v. 24.6.1998 – 2 L 113/97 = AbfallPrax 1999, 28 ff.
284 VG Saarlouis Urt. v. 12.3.2008 – 11 K 246/05.
285 OVG Greifswald Urt. v. 12.10.2011 – 4 K 31/06.
286 VG Augsburg Urt. v. 13.6.2013 – 2 K 12.1237.

dann zu berücksichtigen, wenn sich daraus ergeben könnte, dass dadurch Kosten entstandenen wären, die nicht erforderlich waren.[287]

244 Die divergierende Rechtsprechung verdeutlicht, dass jedenfalls eine den vergaberechtlichen Vorschriften entsprechende Beschaffung von gebührenrelevanten Drittleistungen zu keinen unwirksamen Abgabensatzungen und -bescheiden führt. Dagegen ist das **Risiko** der Nichtigkeit bzw. Rechtswidrigkeit von Satzungen oder Bescheiden bei nicht erfolgter Durchführung eines Vergabeverfahrens außerordentlich hoch.

e) Vergabefehler und Fördermittel

245 Bei der Zuwendung von öffentlichen Fördermitteln werden regelmäßig die Vorschriften der VOB/A, oftmals auch der UVgO, zum Gegenstand von Nebenbestimmungen des Bewilligungsbescheides gemacht. Die Pflicht zur Beachtung der Bestimmungen der VOB/A oder UVgO wird den Zuwendungsempfängern vom Fördermittelgeber dabei nicht nur im Interesse einer sparsamen und effizienten Verwendung öffentlicher Mittel aufgetragen, sondern auch im wirtschaftspolitischen Interesse des chancengleichen Zugangs zu öffentlichen Aufträgen. Daher können Verstöße gegen auferlegte Vergabevorschriften den **Widerruf** eines Fördermittelbescheides ganz oder zum Teil rechtfertigen. Der Zuwendungsempfänger ist dann verpflichtet, erhaltene Fördermittel vollständig oder teilweise zurückzuerstatten. Förderschädliche Vergabeverstöße werden in der Praxis im Rahmen der Prüfung der Verwendungsnachweise entweder durch die selbst prüfende Bewilligungsbehörde oder einer ihr nachgeordneten Behörde (oftmals die VOB-Stellen) aufgedeckt.

246 In **Bayern**[288] wird den Zuwendungsempfängern regelmäßig im Fördermittelbescheid mit den Allgemeinen Nebenbestimmungen (ANBest-I/P/K) insbes. die Beachtung des 1. Abschnitts der VOB/A bei der Vergabe von Aufträgen zur Erfüllung des Zuwendungszwecks zur Auflage gemacht. Verletzt der Fördermittelempfänger die VOB/A-Auflage, so kann der Zuwendungsgeber nach Art. 49 Abs. 2a Nr. 2 BayVwVfG den Fördermittelbescheid ganz oder teilweise widerrufen und die Zuwendung insoweit zurückfordern.

247 Grundsätzlich gilt in Bayern, dass bei **allen** VOB/A-Verstößen die feststellbaren vermeidbaren Mehrausgaben wegen der Nichtbeachtung oder fehlerhafter Anwendung der Vergabegrundsätze (zB wegen unvollständiger Leistungsbeschreibung, durch unzutreffende Mengenansätze oder in sonstiger Weise) durch Widerruf des Fördermittelbescheides in entsprechender Höhe aus der Förderung herauszunehmen sind. Insoweit handelt es sich wegen des unwirtschaftlichen Verhaltens des Zuwendungsempfängers um nicht förderfähige Ausgaben.

248 Liegt sogar ein **schwerer** VOB/A-Verstoß in Bayern vor, so ist generell ein Widerruf des Zuwendungsbescheides und die Neufestsetzung bzw. Kürzung der Förderung vorzunehmen. Dabei sind die Kosten für die jeweilige mit dem Verstoß belastete Auftragseinheit (bspw. Fachlos) von der Förderung auszuschließen. Würde der Ausschluss der jeweiligen Auftragseinheit jedoch zu einem völligen oder sehr weitgehenden Förderausschluss für die Gesamtmaßnahme und damit zu einer erheblichen Härte für den Fördermittelempfänger führen, kann der Kürzungsbetrag grundsätzlich auf 20 % bis 25 % der gesamten Fördersumme beschränkt werden. Ausnahmsweise ist auch eine Über- oder Unterschreitung des vorgenannten Rahmens denkbar.

249 Schwere Vergabeverstöße liegen in Bayern hauptsächlich in **fünf Fällen** vor: (1.) Freihändige Vergaben ohne die dafür notwendigen vergaberechtlichen Voraussetzungen, (2.) Ungerechtfertigte Einschränkung des Wettbewerbs, zB durch lokale Begrenzung des Bieterkreises, sowie vorsätzliches und fahrlässiges Unterlassen einer vergaberechtlich notwendigen europaweiten Bekanntmachung, (3.) Übergehen oder Ausscheiden des wirtschaftlichsten Angebots durch grob vergaberechtswidrige Wertung, (4.) Vorsätzlicher Verstoß gegen

---

[287] VG Potsdam Urt. v. 16.11.2017 – 1 K 1306/16.

[288] Vgl. dazu: Bayerisches Staatsministerium der Finanzen, Bekanntmachung v. 23.11.2006 über Richtlinien zur Rückforderung von Zuwendungen bei schweren Vergabeverstößen – 11-H 1360-001-44571/06.

die allgemeinen Vergabegrundsätze und (5.) Vergabe an einen Generalübernehmer, sofern dies nicht zugelassen ist.

f) Besondere Instrumente der elektronischen Vergabe

250 Zur Unterstützung und Ausweitung der elektronischen Vergabe ermöglicht das Vergaberecht den öffentlichen Auftraggebern den Einkauf auch mittels elektronischer Auktionen, elektronischer Kataloge und dynamischer Beschaffungssysteme. **Dynamische Beschaffungssysteme** (iSd § 120 Abs. 1 GWB) sind zeitlich befristete, ausschließlich elektronische Verfahren zur Beschaffung marktüblicher Leistungen, bei denen die allgemein auf dem Markt verfügbaren Merkmale den Anforderungen des öffentlichen Auftraggebers genügen.

251 Unter **elektronischen Auktionen** (iSd § 120 Abs. 2 GWB) sind sich schrittweise wiederholende elektronische Verfahren zur Ermittlung des wirtschaftlichsten Angebotes zu verstehen. Jeder elektronischen Auktion geht eine vollständige erste Bewertung aller Angebote voraus.

252 Ein **elektronischer Katalog** (nach § 120 Abs. 3 GWB) ist ein auf der Grundlage der Leistungsbeschreibung erstelltes Verzeichnis der zu beschaffenden Liefer-, Bau- und Dienstleistungen in einem elektronischen Format. Er kann insbes. beim Abschluss von Rahmenvereinbarungen eingesetzt werden und Abbildungen, Preisinformationen und Produktbeschreibungen umfassen.

II. Europäisches Beihilferecht

253 Das europäische Beihilferecht ist primär in den Vorschriften über staatliche Beihilfen gemäß der Art. 107 bis 109 AEUV geregelt. Dabei handelt es sich um **europäische** Regelungen, die sich gegen die von den Mitgliedstaaten ausgehenden Eingriffe in den Wettbewerb richten.[289] Insoweit ist es mit dem EU-Vergaberecht vergleichbar, das die staatliche Beschaffung reguliert, um insbes. Wettbewerbsbeeinträchtigungen zu vermeiden. Sinn und Zweck des Beihilferechts ist es somit, einen fairen Wettbewerb zwischen den Unternehmen zu gewährleisten. Staatliche Beihilfen an Unternehmen sind deshalb grundsätzlich gemäß Art. 107 Abs. 1 AEUV verboten. Von den Beihilfevorschriften sind auch öffentliche Unternehmen und Unternehmen betroffen, denen besondere oder ausschließliche Rechte gewährt wurden (Art. 106 Abs. 1 AEUV). Nach Art. 106 Abs. 2 S. 1 AEUV gilt dies ausnahmsweise nicht für Unternehmen, die mit Dienstleistungen von allgemeinem wirtschaftlichen Interesse betraut sind, soweit die Anwendung des Beihilferechts die Erfüllung der ihnen übertragenen besonderen Aufgaben rechtlich oder tatsächlich verhindert.

254 Mit dem am 29.11.2005 veröffentlichten sog. Monti-Paket[290] der Europäischen Kommission wurden erstmals Regelungen geschaffen, die als Reaktion auf die Rechtsprechung des EuGH[291] zur Anwendbarkeit des Beihilferechts auf Unternehmen gelten durften, die mit Dienstleistungen von allgemeinem wirtschaftlichem Interesse (DAWI) betraut sind. Das Monti-Paket wurde mit Wirkung zum 31.12.2012 durch das sog. **Almunia-Paket** ersetzt. Dieses Reformpaket besteht aus vier Teilen: die sog. DAWI-Mitteilung[292] beinhaltet Be-

---

[289] *Heidenhain* § 1 Rn. 1.

[290] Entscheidung der Kommission v. 28.11.2005 über die Anwendung von Artikel 86 Absatz 2 EG-Vertrag auf staatliche Beihilfen, die bestimmten mit der Erbringung von Dienstleistungen von allgemeinem wirtschaftlichen Interesse betrauten Unternehmen als Ausgleich gewährt werden, ABl. EU, L 312, 67 v. 29.11.2005 („Freistellungsentscheidung"); Gemeinschaftsrahmen für staatliche Beihilfen, die als Ausgleich für die Erbringung öffentlicher Dienstleistungen gewährt werden, ABl. EU, C 297, 4 v. 29.11.2005 („Gemeinschaftsrahmen"); RL 2005/81/EG der Kommission vom 28.11.2005 zur Änderung der RL 80/723/EWG über die Transparenz der finanziellen Beziehungen zwischen den Mitgliedstaaten und den öffentlichen Unternehmen sowie über die finanzielle Transparenz innerhalb bestimmter Unternehmen, ABl. EU, L 312, 47 v. 29.11.2005 („Transparenzrichtlinie").

[291] EuGH Urt. v. 24.7.2003 – Rs. C-280/00 – Altmark-Trans = NJW 2003, 2515 ff.

[292] Mitteilung der Kommission über die Anwendung der Beihilfevorschriften der Europäischen Union auf Ausgleichsleistungen für die Erbringung von Dienstleistungen von allgemeinem wirtschaftlichem Interesse, ABl. EU, C 8, 4 v. 11.1.2012 („DAWI-Mitteilung").

griffsdefinitionen und allgemeine Erläuterungen, der sog. DAWI-Freistellungsbeschluss[293] erläutert unter welchen Bedingungen eine Beihilfe von der Anmeldung bei der EU-Kommission (Notifizierung) freigestellt ist, der sog. DAWI-Rahmen[294] enthält Regelungen für Beihilfen, die nicht freigestellt sind, und die sog. DAWI-De-Minimis-Verordnung[295] bestimmt, welche Ausgleichsleistungen für Dienstleistungen von allgemeinem wirtschaftlichen Interesse beihilferechtskonform gewährt werden können. Das europäische Beihilferecht ist somit von großer Bedeutung für die Rechtmäßigkeit von Ausgleichszahlungen, die Städte und Gemeinden ihren Einrichtungen und Unternehmen sowie Dritten für die Erbringung von Aufgaben der Daseinsvorsorge leisten.

Die Kenntnis der europäischen Beihilfevorschriften zählt zu den **Pflichten** eines ordent- **255** lichen Kaufmannes mit der Folge, dass zB der Geschäftsführer einer Stadtwerke-GmbH persönlich nach § 43 Abs. 2 GmbHG zur Haftung herangezogen werden kann.[296] Zudem kann eine Nichtbeachtung der Notifizierungspflichten zum Verlust eines etwaigen Vertrauensschutzes des Beihilfenempfängers führen.[297]

1. Beihilfe gemäß Art. 107 Abs. 1 AEUV

Staatliche Beihilfen „gleich welcher Art" sind nach Art. 107 Abs. 1 AEUV mit dem **256** gemeinsamen europäischen Markt unvereinbar, wenn sie durch die Begünstigung bestimmter Unternehmen oder Unternehmensgruppen den Wettbewerb verfälschen oder zu verfälschen drohen und den innergemeinschaftlichen Handel beeinträchtigen. Fehlt nur eine der nachfolgenden **Tatbestandsvoraussetzungen** (Buchstaben a bis e), so liegt keine Beihilfe iSd Art. 107 Abs. 1 AEUV tatbestandlich vor, die bei der Europäischen Kommission notifiziert, dh angemeldet werden muss (Art. 108 Abs. 3 AEUV). Einer Notifizierung bedarf eine tatbestandliche Beihilfe auch dann nicht, wenn sie mit dem EU-Binnenmarkt vereinbar ist, dh gerechtfertigt ist. Solche Rechtfertigungsgrundlagen sind vor allem im EU-Sekundärrecht geregelt, wie etwa dem DAWI-Freistellungsbeschluss oder der Allgemeinen Gruppenfreistellungsverordnung (AGVO).

Wird eine notifizierungspflichtige Beihilfe nicht angemeldet, so ist sie formal **rechts- 257 widrig** und darf nicht gewährt werden (Art. 108 Abs. 3 S. 3 AEUV).[298] Da Art. 108 Abs. 3 AEUV darüber hinaus ein Verbotsgesetz iSd § 134 BGB darstellt, ist ein privatrechtlicher Vertrag nichtig, durch den eine nicht notifizierte Beihilfe gewährt wurde.[299] Die Nichtigkeit kann auch von einem Wettbewerber des zu Unrecht Begünstigten im Wege der Nichtigkeitsfeststellungsklage gerichtlich geltend gemacht werden.

[293] Beschluss der Kommission vom 20. Dezember 2011 über die Anwendung von Artikel 106 Absatz 2 des Vertrags über die Arbeitsweise der Europäischen Union auf staatliche Beihilfen in Form von Ausgleichsleistungen zugunsten bestimmter Unternehmen, die mit der Erbringung von Dienstleistungen von allgemeinem wirtschaftlichem Interesse betraut sind, ABl. EU, L 7, 3 v. 11.1.2012 („DAWI-Freistellungsbeschluss").

[294] Mitteilung der Kommission zum Rahmen der Europäischen Union für staatliche Beihilfen in Form von Ausgleichsleistungen für die Erbringung öffentlicher Dienstleistungen (2011), ABl. EU, C 8, 15 v. 11.1.2012 („DAWI-Rahmen").

[295] VO (EU) Nr. 360/2012 der Kommission vom 25. April 2012 über die Anwendung der Artikel 107 und 108 des Vertrags über die Arbeitsweise der Europäischen Union auf De-minimis-Beihilfen an Unternehmen, die Dienstleistungen von allgemeinem wirtschaftlichem Interesse erbringen, ABl. EU, L 114, 8 v. 26.4.2012 („DAWI-De-Minimis-Verordnung").

[296] LG Münster Urt. v. 18.5.2006 – 12 O 484/05 Rn. 13 f. = NZBau 2006, 523 ff.

[297] EuGH Urt. v. 20.3.1997 – Rs. C-24/95 Rn. 39 ff. – Alcan Deutschland GmbH = EuZW 1997, 276 ff.

[298] Somit ist bereits der Erlass eines, einen Anspruch begründenden, Verwaltungsaktes, einer subjektive Rechte gewährenden Rechtsnorm, einer verwaltungsrechtlichen Zusage und die Begründung vertraglicher Verpflichtungen nicht erlaubt.

[299] BGH Beschl. v. 13.9.2012 – III ZB 3/12, Rn. 19; BGH Urt. v. 20.1.2004 – XI ZR 53/03 = NVwZ 2004, 636 ff.

a) Unternehmen als Beihilfeempfänger

258 Das Beihilfeverbot nach Art. 107 Abs. 1 AEUV erfasst die Begünstigung von Unternehmen. Der Begriff des Unternehmens bezeichnet jede, eine **wirtschaftliche** Tätigkeit ausübende Einheit, unabhängig von ihrer Rechtsform (privat- oder öffentlich-rechtlich) und der Art ihrer Finanzierung.[300] Wenn ein Unternehmen somit Waren oder Dienstleistungen am Markt anbietet, dann liegt eine wirtschaftliche Tätigkeit vor. Zu den Unternehmen können daher juristisch selbständige Gesellschaften in der Rechtsform der GmbH (zB Stadtwerke-GmbH) und AG (bspw. Versorgungs-AG) genauso gerechnet werden wie der rechtlich unselbständige Eigenbetrieb (zB Stadtentwässerungsbetrieb) oder der Regiebetrieb (bspw. Bauhof). Eine Einheit, die sowohl wirtschaftliche als auch nichtwirtschaftliche Tätigkeiten ausübt, ist nur im Hinblick auf erstere als Unternehmen anzusehen.[301]

259 Vom europäischen Beihilferecht nicht erfasst werden dagegen zB Einrichtungen, die **hoheitliche** Befugnisse ausüben (zB Justiz, Militär, Polizei).[302] Ebenso stellt der Bau und Betrieb von kommunalen Infrastrukturen, die nicht kommerziell genutzt werden sollen, wie etwa öffentliche Straßen und Brücken, keine wirtschaftliche Tätigkeit dar.[303] Nichtwirtschaftlicher Natur sind zudem kulturelle Aktivitäten und Aktivitäten zur Erhaltung des kulturellen Erbes, die der Öffentlichkeit kostenlos zugänglich gemacht werden.[304] Beihilferechtliche Vorschriften sind überdies nicht von Bedeutung, wenn das kommunale Unternehmen ausschließlich und allein den eigenen Bedarf der Kommune abdeckt, zB im Rahmen eines Inhouse-Geschäftes. In einem solchen Falle fehlt es an der beihilferechtlich notwendigen marktbezogenen Tätigkeit des Unternehmens.[305]

b) Transfer staatlicher Mittel

260 Staatliche oder aus staatlichen Mitteln gewährte Beihilfen iSd Art. 107 Abs. 1 AEUV erfassen auch Zuwendungen der Kommunen oder aus **kommunalen Mitteln.**[306] Die Beihilfe muss daher nicht vom Staat selbst gewährt werden. Eine Zurechnung zum Staat ist auch für Mittel anzunehmen, die originäre Einnahmen eines Unternehmens darstellen. Solche Mittel sind dem Staat zuzurechnen, wenn das Unternehmen unter staatlicher Kontrolle steht (zB durch Mehrheitsbeteiligung) und die Mittelverwendung auch im Einzelnen mit Zustimmung der staatlichen Einheit erfolgt.[307] Von Bedeutung ist dies etwa für kommunale Stadtwerke oder Beteiligungsholdings, bei denen oftmals verlustträchtige Sparten durch Gewinne aus anderen Bereichen querfinanziert werden.[308]

c) Selektive Zuwendung

261 Die öffentliche Zuwendung muss selektiven Charakter haben. Die Zuwendung darf nur einem **bestimmten** einzelnen Unternehmen oder einer bestimmbaren Gruppe von Unternehmen oder bestimmten Wirtschaftszweigen einen Vorteil gewähren.[309] Zuwendungen von rein allgemeinem Charakter, die nicht bestimmte Unternehmen oder Produktions-

[300] EuGH Urt. v. 10.1.2006 – Rs. C-222/04 Rn. 107 – Cassa di Risparmio di Firenze Spa.
[301] EuG Urt. v. 12.12.2000 – Rs. T-128/98 Rn. 108 – Aéroports de Paris/Kommission.
[302] Bekanntmachung der Kommission zum Begriff der staatlichen Beihilfe im Sinne des Artikels 107 Absatz 1 des Vertrags über die Arbeitsweise der Europäischen Union, ABl. EU, C 262, 1 v. 19.7.2016, Rn. 17.
[303] Bekanntmachung der Kommission zum Begriff der staatlichen Beihilfe im Sinne des Artikels 107 Absatz 1 des Vertrags über die Arbeitsweise der Europäischen Union, ABl. EU, C 262, 1 v. 19.7.2016, Rn. 203.
[304] Bekanntmachung der Kommission zum Begriff der staatlichen Beihilfe im Sinne des Artikels 107 Absatz 1 des Vertrags über die Arbeitsweise der Europäischen Union, ABl. EU, C 262, 1 v. 19.7.2016, Rn. 34.
[305] Ministerium für Finanzen und Wirtschaft Baden-Württemberg, Leitfaden EU-Beihilfenrecht, Band 1: Grundlagen, Stand: 2/2016, S. 38.
[306] *Messink-Dropmann* GemHH 2019, 153.
[307] EuGH, Urt. v. 16.5.2002 – Rs. C-482/99 Rn. 38 – Stardust Marine.
[308] Ministerium für Finanzen und Wirtschaft Baden-Württemberg, Leitfaden EU-Beihilfenrecht, Band 1: Grundlagen, Stand: 2/2016, S. 37.
[309] Bekanntmachung der Kommission zum Begriff der staatlichen Beihilfe im Sinne des Artikels 107 Absatz 1 des Vertrags über die Arbeitsweise der Europäischen Union, ABl. EU, C 262, 1 v. 19.7.2016, Rn. 117.

zweige begünstigen, fallen nicht unter Art. 107 Abs. 1 AEUV. Aber selbst Maßnahmen, die prima facie für Unternehmen im Allgemeinen gelten, können bis zu einem gewissen Grad selektiv sein und sind entsprechend als Zuwendungen zu betrachten, die darauf ausgelegt sind, bestimmte Unternehmen oder Produktionszweige zu begünstigen: Eine staatliche Maßnahme kann weder aufgrund der großen Zahl der begünstigten Unternehmen (zu denen sogar alle Unternehmen eines bestimmten Wirtschaftszweigs zählen können) noch aufgrund der Verschiedenartigkeit und der Bedeutung der Wirtschaftszweige, zu denen diese Unternehmen zählen, als eine allgemeine wirtschaftspolitische Maßnahme angesehen werden, wenn sie nicht allen Wirtschaftszweigen zugutekommt.[310]

d) Wirtschaftliche Begünstigung

Im Mittelpunkt des Beihilfebegriffs steht die wirtschaftliche Begünstigung, die nicht zwingend in der Zuwendung von Geldmitteln bestehen muss, sondern auch in der Gewährung eines **geldwerten Vorteils** zum Ausdruck kommen kann. Ein Vorteil im Sinne des Art. 107 Abs. 1 AEUV ist somit jede wirtschaftliche Vergünstigung, die ein Unternehmen unter normalen Marktbedingungen, dh ohne Eingreifen des Staates, nicht erhalten könnte.[311] Geldwerte Vorteile können daher – unabhängig von der jeweiligen vertraglichen oder gesetzlichen Grundlage – in verschiedenen Ausprägungen in der Praxis auftreten. So kann bspw. die Veräußerung von gemeindeeigenen Grundstücken unterhalb ihres Verkehrs-/Marktwertes ebenso einen geldwerten Vorteil darstellen wie die Übernahme kommunaler Bürgschaften oder der Abschluss von Verlustübernahmeverträgen bzw. das Bestehen eigenkapitalbezogener Nachschusspflichten zu Lasten der Kommune. In der kommunalen Praxis kann ferner der einem Unternehmen zu Vorzugskonditionen gewährte entgeltfreie Zugang zu Infrastrukturen von Bedeutung sein. 262

Doch nicht jede durch Städte und Gemeinden gewährte wirtschaftliche Begünstigung stellt eine Beihilfe iSd Art. 107 Abs. 1 AEUV dar. Als ein Korrektiv dient hierfür die **Marktüblichkeit** der unternehmerischen Gegenleistung. Begünstigungen, die Kommunen ihren Unternehmen oder Dritten gewähren, stellen dann keine Beihilfe dar, wenn ein marktwirtschaftlich handelnder privater Kapitalgeber die Leistung unter Rentabilitätsgesichtspunkten in der gleichen Art und Weise erbracht hätte[312] (sog. Private-Investor-Test[313]). Der Grundsatz des marktwirtschaftlich handelnden Kapitalgebers dient dazu, um bei öffentlichen Investitionen (insbes. Kapitalzuführungen) festzustellen, ob eine staatliche Beihilfe vorliegt: Um zu ermitteln, ob eine Investition einer öffentlichen Stelle eine staatliche Beihilfe darstellt, ist zu prüfen, ob ein unter normalen Marktbedingungen handelnder privater Kapitalgeber von vergleichbarer Größe in ähnlicher Lage zu der fraglichen Investition hätte bewegt werden können.[314] 263

Als weiteres Korrektiv können die vom EuGH[315] entwickelten sog. **Altmark-Trans-Kriterien**[316] herangezogen werden. Keine wirtschaftliche Begünstigung und damit keine Beihilfe besteht somit, wenn die nachfolgenden vier Voraussetzungen erfüllt sind: 264

(1.) Das begünstigte Unternehmen muss mit der Erfüllung klar definierter gemeinwirtschaftlicher Verpflichtungen betraut sein.
(2.) Die Ausgleichsparameter sind zuvor objektiv und transparent festzulegen.

---

310 Bekanntmachung der Kommission zum Begriff der staatlichen Beihilfe im Sinne des Artikels 107 Absatz 1 des Vertrags über die Arbeitsweise der Europäischen Union, ABl. EU, C 262, 1 v. 19.7.2016, Rn. 118.

311 Bekanntmachung der Kommission zum Begriff der staatlichen Beihilfe im Sinne des Artikels 107 Absatz 1 des Vertrags über die Arbeitsweise der Europäischen Union, ABl. EU, C 262, 1 v. 19.7.2016, Rn. 66.

312 Ministerium für Finanzen und Wirtschaft Baden-Württemberg, Leitfaden EU-Beihilfenrecht, Band 1: Grundlagen, Stand: 2/2016, S. 44 ff.

313 Vgl. dazu auch: *Köster/Molle* EuZW 2007, 534 ff.

314 Bekanntmachung der Kommission zum Begriff der staatlichen Beihilfe im Sinne des Artikels 107 Absatz 1 des Vertrags über die Arbeitsweise der Europäischen Union, ABl. EU, C 262, 1 v. 19.7.2016, Rn. 74.

315 EuGH Urt. v. 24.7.2003 – Rs. C-280/00 – Altmark-Trans = NJW 2003, 2515 ff.

316 Ministerium für Finanzen und Wirtschaft Baden-Württemberg, Leitfaden EU-Beihilfenrecht, Band 1: Grundlagen, Stand: 2/2016, S. 70 ff.

(3.) Der Ausgleich darf nur die Kosten umfassen, die zur Erfüllung der gemeinwirtschaftlichen Verpflichtungen unter Berücksichtigung der dabei erzielten Einnahmen und eines angemessenen Gewinns aus der Erfüllung dieser Verpflichtung ganz oder teilweise notwendig sind.

(4.) Die Höhe des erforderlichen Ausgleichs ist auf der Grundlage einer Analyse der Kosten zu bestimmen, die ein durchschnittliches, gut geführtes und angemessen mit Produktionsmitteln ausgestattetes Unternehmen hätte, es sei denn, dass das begünstigte Unternehmen im Rahmen eines öffentlichen Ausschreibungswettbewerbs ausgewählt wurde.

265 Nach dem Altmark-Trans-Urteil des EuGH muss folglich entweder eine **öffentliche Ausschreibung** erfolgen, um das Unternehmen zu identifizieren, das die gemeinwirtschaftlichen Leistungen am wirtschaftlichsten erbringt, oder aber die Höhe des erforderlichen Ausgleichs muss auf der Basis einer hypothetischen Vergleichsberechnung der Kosten eines durchschnittlich gut geführten Unternehmens erfolgen.[317] In diesen beiden Fällen liegt keine Beihilfe iSd Art. 107 Abs. 1 AEUV vor.

e) Auswirkungen auf Handel und Wettbewerb

266 Ein Beihilfetatbestand gemäß des AEUV erfordert eine tatsächliche oder drohende Verfälschung des **unionsweiten** Wettbewerbs und die Beeinträchtigung des innergemeinschaftlichen Handels. Wann eine solche unionsweite Wettbewerbsverfälschung und Handelsbeeinträchtigung vorliegt, ist positiv schwer zu bestimmen. Die subjektive Sichtweise des Beihilfeempfängers jedenfalls ist nicht maßgeblich. Auch ist kein Nachweis einer tatsächlichen Auswirkung erforderlich, sondern allein die Eignung zur Handelsbeeinträchtigung[318] oder eine drohende Wettbewerbsverfälschung. Entscheidend sind die Auswirkungen auf einen potentiellen, europäischen Wettbewerber.

267 Ausgeschlossen ist eine **Wettbewerbsverfälschung** jedenfalls dann, wenn sämtliche folgenden Voraussetzungen erfüllt sind: (1.) eine Dienstleistung unterliegt einem (im Einklang mit dem Unionsrecht errichteten) rechtlichen Monopol, (2.) das rechtliche Monopol schließt nicht nur den Wettbewerb auf dem Markt, sondern auch den Wettbewerb um den Markt aus, in dem es jeglichen möglichen Wettbewerb um die Stellung als alleiniger Erbringer einer Dienstleistung ausschließt, (3.) die Dienstleistung konkurriert nicht mit anderen Dienstleistungen, und (4.) wenn der Dienstleister auf einem anderen für den Wettbewerb geöffneten (räumlich oder sachlich relevanten) Markt tätig ist, muss eine Quersubventionierung ausgeschlossen werden. Dies setzt voraus, dass getrennte Bücher geführt werden, Kosten und Einnahmen ordnungsgemäß zugewiesen werden, und die staatlichen Zuwendungen für die einem rechtlichen Monopol unterliegende Dienstleistung nicht für andere Tätigkeiten verwendet werden können.[319]

268 Keine Handelsbeeinträchtigung besteht bei Zuwendungen mit ausschließlich **lokal** begrenzter Auswirkung. In diesen Fällen stellte die Europäische Kommission insbes. fest, dass der Beihilfeempfänger Waren oder Dienstleistungen nur in einem geografisch begrenzten Gebiet in einem Mitgliedstaat anbot und es unwahrscheinlich war, dass er Kunden aus anderen Mitgliedstaaten gewinnen würde; ferner war nicht davon auszugehen, dass die Maßnahme mehr als marginale Auswirkungen auf grenzüberschreitende Investitionen oder die Niederlassung von Unternehmen in anderen Mitgliedstaaten haben würde.[320] Während sich keine allgemeinen Kategorien von Maßnahmen festlegen lassen, die diese Voraussetzungen idR erfüllen, finden sich in Kommissionsbeschlüssen Beispiele für Situationen, in

[317] Ministerium für Finanzen und Wirtschaft Baden-Württemberg, Leitfaden EU-Beihilfenrecht, Band 1: Grundlagen, Stand: 2/2016, S. 71.

[318] EuGH Urt. v. 8.5.2013 – Rs. C-197/11 u. C-203/11 Rn. 76 – Libert ua.

[319] Bekanntmachung der Kommission zum Begriff der staatlichen Beihilfe im Sinne des Artikels 107 Absatz 1 des Vertrags über die Arbeitsweise der Europäischen Union, ABl. EU, C 262, 1 v. 19.7.2016, Rn. 188.

[320] Bekanntmachung der Kommission zum Begriff der staatlichen Beihilfe im Sinne des Artikels 107 Absatz 1 des Vertrags über die Arbeitsweise der Europäischen Union, ABl. EU, C 262, 1 v. 19.7.2016, Rn. 196.

denen die Europäische Kommission angesichts der besonderen Umstände des Einzelfalles davon ausging, dass die staatlichen Förderungen nicht geeignet waren, den Handel zwischen Mitgliedstaaten zu beeinflussen.

Einige **Beispiele** solcher Fälle sind: (a) Sport- und Freizeiteinrichtungen mit überwiegend lokalem Einzugsgebiet, die kaum für Kunden oder Investitionen aus anderen Mitgliedstaaten von Interesse sein dürften (im Fall des Freizeitbades Dorsten betrug das Einzugsgebiet des dortigen kommunalen Freizeitbades lediglich 50 km),[321] (b) kulturelle Veranstaltungen und kulturelle Einrichtungen mit wirtschaftlichen Tätigkeiten, die jedoch kaum Nutzer oder Besucher dazu veranlassen dürften, diese Angebote anstatt ähnlicher Angebote in anderen Mitgliedstaaten zu nutzen; nach Auffassung der Europäischen Kommission dürften nur Zuwendungen für große und renommierte Kultureinrichtungen und -veranstaltungen, für die intensiv außerhalb ihres regionalen Einzugsgebiets in dem betreffenden Mitgliedstaat geworben wird, geeignet sein, den Handel zwischen Mitgliedstaaten zu beeinflussen, (c) Krankenhäuser und andere Gesundheitseinrichtungen, welche die üblichen medizinischen Leistungen für die örtliche Bevölkerung erbringen und kaum für Kunden oder Investitionen aus anderen Mitgliedstaaten von Interesse sein dürften, (d) Nachrichtenmedien und/oder kulturelle Erzeugnisse, die aus sprachlichen und räumlichen Gründen ein örtlich begrenztes Publikum haben, (e) Tagungszentren, bei denen es aufgrund des Standorts und angesichts der potenziellen Auswirkungen der Beihilfe auf die Preise unwahrscheinlich ist, dass Nutzer von Tagungszentren in anderen Mitgliedstaaten abgeworben werden.[322] 269

Eine Verfälschung des Wettbewerbs und eine Handelsbeeinträchtigung liegen auch dann nicht vor, wenn der finanzielle Vorteil für das Unternehmen nur geringfügig ist. So unterfallen Beihilfen im Rahmen der sog. **DAWI-De-Minimis-Verordnung**[323] nicht dem Beihilfetatbestand des Art. 107 Abs. 1 AEUV. Die DAWI-De-Minimis-Verordnung nimmt an, dass Beihilfen für DAWI bis zu einer Höhe von 500.000 EUR in drei Steuerjahren den Handel zwischen den Mitgliedstaaten nicht beeinträchtigen und den Wettbewerb nicht verfälschen. Der DAWI-Schwellenwert von bis zu 500.000 EUR steht aber nur in der Höhe zur Verfügung, in der er nicht bereits durch die Gewährung anderer (nicht DAWI-)De-Minimis-Beihilfen in Anspruch genommen wurde.[324] 270

So beträgt der maximal zulässige Beihilfehöchstbetrag nach der allgemeinen **De-Minimis-Verordnung** insgesamt 200.000 EUR, jeweils über drei aufeinanderfolgende Steuerjahre kumuliert betrachtet.[325] Solche Bagatellbeihilfen sind auf Ebene des Empfängers zu kumulieren, dh die einzelnen Beihilfewerte von Maßnahmen sind zu addieren und dürfen kumuliert den Höchstbetrag nicht überschreiten.[326] 271

Eine hohe praktische Bedeutung in der kommunalen Praxis genießen **Kommunalbürgschaften,** die auf der Grundlage einer Garantieregelung gewährt werden. Sie stellen ein wichtiges Finanzierungsinstrument für kommunale Regie- und Eigenbetriebe sowie kom- 272

---

321 Europäische Kommission, Entscheidung N 258/2000 v. 21.12.2000, ABl. EU, C 172, 16 vom 16.6.2001; Schreiben der Kommission v. 12.1.2001, SG (2001) D/285046.

322 Bekanntmachung der Kommission zum Begriff der staatlichen Beihilfe im Sinne des Artikels 107 Absatz 1 des Vertrags über die Arbeitsweise der Europäischen Union, ABl. EU, C 262, 1 v. 19.7.2016, Rn. 197.

323 VO (EU) Nr. 360/2012 der Kommission vom 25. April 2012 über die Anwendung der Artikel 107 und 108 des Vertrags über die Arbeitsweise der Europäischen Union auf De-minimis-Beihilfen an Unternehmen, die Dienstleistungen von allgemeinem wirtschaftlichem Interesse erbringen, ABl. EU, L 114, 8 v. 26.4.2012 („DAWI-De-minimis-Verordnung"); VO (EU) 2018/1923 der Kommission vom 7. Dezember 2018 zur Änderung der VO (EU) Nr. 360/2012 hinsichtlich ihrer Geltungsdauer, ABl. EU, L 313, 2 v. 10.12.2018: gültig bis zum 31.12.2020.

324 Ministerium für Finanzen und Wirtschaft Baden-Württemberg, Leitfaden EU-Beihilfenrecht, Band 1: Grundlagen, Stand: 2/2016, S. 59.

325 VO (EU) Nr. 1407/2013 der Kommission vom 18. Dezember 2013 über die Anwendung der Artikel 107 und 108 des Vertrags über die Arbeitsweise der Europäischen Union auf De-minimis-Beihilfen, ABl. EU, L 352, 1 v. 24.12.2013 („De-Minimis-Verordnung").

326 Ministerium für Finanzen und Wirtschaft Baden-Württemberg, Leitfaden EU-Beihilfenrecht, Band 1: Grundlagen, Stand: 2/2016, S. 59.

munale Unternehmen dar. Bürgschaften können Beihilfen sein, wenn sie städtischen oder gemeindlichen Unternehmen ermöglichen, Darlehen aufzunehmen, die sie ohne die kommunale Bürgschaft nicht oder nicht zu den Konditionen erhalten hätten. Wegen der Insolvenzunfähigkeit von Städten und Gemeinden führen Kommunalbürgschaften in der Regel zu günstigeren Darlehenskonditionen. Für Kommunalbürgschaften gilt nach der DAWI-De-Minimis-Verordnung eine zulässige Höchstgrenze von 3,75 Mio. EUR pro Unternehmen. Die Bürgschaft darf hierbei höchstens 80 % des Darlehens abdecken. Auch darf die Bürgschaft nur für einen Kredit abgegeben werden, dessen Kreditnehmer sich in keinen finanziellen Schwierigkeiten befindet.

2. DAWI-Freistellungsbeschluss

273 Liegt eine Beihilfe nach Art. 107 Abs. 1 AEUV tatbestandlich vor, so besteht **keine Notifizierungspflicht** des Zuwendungsgebers, wenn der sog. DAWI-Freistellungsbeschluss[327] der Europäischen Kommission die Beihilfe rechtfertigt. In diesem Fall gilt die Zuwendung als mit dem Gemeinsamen Markt vereinbar und muss nicht nach Art. 108 Abs. 3 AEUV notifiziert werden. Für den Bereich des Öffentlichen Personennahverkehrs (ÖPNV) gilt die Freistellungsverordnung nicht[328], weil die dort bestehenden sektorspezifischen Verordnungen vorrangig sind.

274 Der DAWI-Freistellungsbeschluss gilt für Beihilfen, die den Ausgleich für die Erbringung von Dienstleistungen von allgemeinem wirtschaftlichem Interesse bezwecken. Eine unionsrechtliche Definition von **DAWI** fehlt, sodass Städte und Gemeinden über einen beachtlichen Ermessensspielraum verfügen, was als DAWI einzuordnen ist und was nicht. In der deutschen Praxis werden zB folgende Leistungen als DAWI eingeordnet: Errichtung und Betrieb öffentlicher Krankenhäuser, sozialer Wohnungsbau, Schulschwimmen, allgemeines Stadt- und Regionsmarketing und Tourismusmarketing.[329] Als weiteres Beispiel führt die Europäische Kommission den Breitbandsektor an und unterscheidet zwischen Gebieten, in den bereits wettbewerbsfähige Breitbanddienste mit einer angemessenen Flächen vorhanden sind (marktmäßige Dienstleistung) und solchen Gebieten, in denen private Investoren nicht in der Lage sind, eine angemessene Breitbandversorgung anzubieten (DAWI).[330]

275 Der DAWI-Freistellungsbeschluss findet nur auf DAWI Anwendung, für deren Erbringung **Ausgleichsleistungen** von bis zu 15 Mio. EUR/Jahr je Maßnahme geleistet werden. Schwankt die Höhe der Ausgleichsleistung während des Betrauungszeitraumes, so ist der jährliche Betrag als Durchschnitt der Jahresbeträge der für den Betrauungszeitraum vorgesehenen Ausgleichsleistungen zu berechnen. Die vorstehende Betragsgrenze gilt aber bspw. nicht für Krankenhäuser, die medizinische Versorgung leisten, für Sozialdienstleistungen, wie etwa Langzeitpflege und Kinderbetreuung, und für Flughäfen mit höchstens 200.000 Passagieren. In diesen DAWI-Kategorien gilt der DAWI-Freistellungsbeschluss ohne die vorgenannte Betragsgrenze.

---

[327] Beschluss der Kommission vom 20. Dezember 2011 über die Anwendung von Artikel 106 Absatz 2 des Vertrags über die Arbeitsweise der Europäischen Union auf staatliche Beihilfen in Form von Ausgleichsleistungen zugunsten bestimmter Unternehmen, die mit der Erbringung von Dienstleistungen von allgemeinem wirtschaftlichem Interesse betraut sind, ABl. EU, L 7, 3 v. 11.1.2012 („DAWI-Freistellungsbeschluss").

[328] Erw.grd. 23 und Art. 2 Abs. 5 Beschluss der Kommission vom 20. Dezember 2011 über die Anwendung von Artikel 106 Absatz 2 des Vertrags über die Arbeitsweise der Europäischen Union auf staatliche Beihilfen in Form von Ausgleichsleistungen zugunsten bestimmter Unternehmen, die mit der Erbringung von Dienstleistungen von allgemeinem wirtschaftlichem Interesse betraut sind, ABl. EU, L 7, 3 v. 11.1.2012 („DAWI-Freistellungsbeschluss").

[329] Ministerium für Finanzen und Wirtschaft Baden-Württemberg, Leitfaden EU-Beihilfenrecht, Band 1: Grundlagen, Stand: 2/2016, S. 63.

[330] Mitteilung der Kommission über die Anwendung der Beihilfevorschriften der Europäischen Union auf Ausgleichsleistungen für die Erbringung von Dienstleistungen von allgemeinem wirtschaftlichem Interesse, ABl. EU, C 8, 4 v. 11.1.2012 („DAWI-Mitteilung"), Rn. 49.

Die Erbringung von DAWI wird dem Unternehmen im Wege eines oder mehrerer sog. **Betrauungsakte** verbindlich auferlegt. Eine bestimmte Form des Betrauungsaktes gibt die EU-Kommission nicht vor. Dementsprechend können bspw. Verwaltungsakte, öffentlich-rechtliche Verträge (bspw. Zuwendungsvertrag) oder privatrechtliche Verträge (zB Gesellschaftsvertrag kombiniert mit einem Beschluss des zuständigen kommunalen Beschlussgremiums) sein. Denkbar ist auch eine Betrauung durch einen internen kommunalen Organisationsakt (zB Betriebssatzung kombiniert mit einem Beschluss des zuständigen Kommunalgremiums), der sich bei Regie- oder Eigenbetrieben anbieten könnte. 276

Inhaltlich muss der Betrauungsakt mindestens die folgenden Angaben enthalten: 277

(1.) Gegenstand und Dauer der gemeinwirtschaftlichen Verpflichtungen,
(2.) das Unternehmen und ggf. das betreffende Gebiet,
(3.) Art etwaiger dem Unternehmen durch die Bewilligungsbehörde gewährter ausschließlicher oder besonderer Rechte,
(4.) Beschreibung des Ausgleichsmechanismus und Parameter für die Berechnung, Überwachung und Änderung der Ausgleichsleistungen,
(5.) Maßnahmen zur Vermeidung und Rückforderung von Überkompensationszahlungen und
(6.) einen Verweis auf den DAWI-Freistellungsbeschluss.

Zur Freistellung von der Notifizierungspflicht müssen die vorgenannten Mindestinhalte bereits zu einem Zeitpunkt in einem Betrauungsakt festgelegt worden sein, **bevor** die DAWI erbracht werden. Ein im Nachhinein erfolgender Ausgleich von Verlusten zum Ende eines Geschäftsjahres ist damit grundsätzlich nicht vereinbar. 278

Im Hinblick auf den Ausgleichsmechanismus hat sich in der Praxis bewährt, zunächst die DAWI-Kosten nach allgemein anerkannten Rechnungslegungsgrundsätzen aus dem Wirtschaftsplan des betrauten Unternehmens zu ermitteln. Auf die so ermittelten Kosten sind sodann sämtliche Einnahmen des betrauten Unternehmens aus der Erbringung der DAWI anzurechnen. Die Nettokosten errechnen sich aus der Differenz von Kosten und Einnahmen. Der voraussichtliche **Ausgleichsbedarf** wird im jährlichen Wirtschaftsplan prognostiziert. Die Bestimmung der tatsächlich angefallenen Nettokosten und die Abrechnung mit eventuell unterjährig gewährten Abschlagszahlungen erfolgt dann nach Abschluss eines Wirtschaftsjahres.[331] 279

Ferner muss regelmäßig kontrolliert werden, dass die Höhe der Ausgleichszahlungen nicht über das erforderliche Maß hinausgeht und es müssen Vorkehrungen dafür getroffen werden, dass überhöhte Ausgleichszahlungen zurückgezahlt werden. Hat ein Unternehmen einen höheren Ausgleich erhalten als vorgesehen, so ist es zur Rückzahlung der **Überkompensation** aufzufordern. Übersteigt die Überkompensation den durchschnittlichen jährlichen Ausgleich nicht um mehr als 10 %, so kann sie auf den nächsten Zeitraum übertragen und von dem für diesen Zeitraum zu zahlenden Ausgleich abgezogen werden. 280

Schließlich sollte im Betrauungsakt fixiert werden, dass die Unterlagen, aus denen sich feststellen lässt, ob die beihilferechtlichen Vorgaben beachtet wurden, für mindestens zehn Jahre ab dem Ende des Betrauungszeitraumes **aufbewahrt** werden.[332] Hierzu dürften insbes. Jahresrechnungen oder Jahresabschlüsse der Kommune, Jahresabschlüsse und Lageberichte des Unternehmens, die zu Grunde liegenden Gremiumsbeschlüsse auf kommunaler Seite und Unternehmensseite sowie die entsprechenden Buchungsbelege zählen. 281

Werden **nicht** alle Verpflichtungen des DAWI-Freistellungsbeschlusses beachtet, so sind die Ausgleichsleistungen nicht freigestellt, können aber notifiziert werden. Die Notifizierung bedeutet nicht, dass die kommunalen Ausgleichszahlungen per se mit dem AEUV unvereinbar sind. Wegen der regelmäßig beachtlichen Höhe einer Beihilfe und des höheren 282

[331] Ministerium für Finanzen und Wirtschaft Baden-Württemberg, Leitfaden EU-Beihilfenrecht, Band 1: Grundlagen, Stand: 2/2016, S. 66 f.
[332] *Büsching/Homann/Wiese,* S. 83.

Risikos von Wettbewerbsverzerrungen müssen diese jedoch von der Europäischen Kommission überprüft werden, um sicher zu stellen, dass tatsächlich alle Bedingungen für die Vereinbarkeit mit dem europäischen Beihilferecht erfüllt sind. Maßstab hierfür ist der DAWI-Rahmen.

283 Wenn der Anwendungsbereich des DAWI-Freistellungsbeschlusses nicht eröffnet ist, muss die zu gewährende Beihilfe bei der Europäischen Kommission notifiziert werden, um die Rechtskonformität sicher zu stellen. Maßstab für die Entscheidung der Europäischen Kommission ist der **DAWI-Rahmen.**[333] Dieser enthält den Prüfungsmaßstab der Europäischen Kommission, anhand dessen die Ausgleichsleistungen als mit dem europäischen Binnenmarkt vereinbar angesehen und genehmigt werden. Die Voraussetzungen sind mit den Erfordernissen des DAWI-Freistellungsbeschlusses weitgehend vergleichbar.

3. Allgemeine Gruppenfreistellungsverordnung

284 Wenn eine tatbestandliche Beihilfe nicht über den DAWI-Freistellungsbeschluss gerechtfertigt ist, kann sie möglicherweise nach den Grundsätzen der Allgemeinen Gruppenfreistellungsverordnung **(AGVO)**[334] mit dem EU-Binnenmarkt vereinbar sein. Mit Hilfe der AGVO werden Beihilfen insbes. für folgende Bereiche und Aktivitäten freigestellt: Regionalbeihilfen, Beihilfen für KMU, Umweltschutzbeihilfen, Beihilfen für Breitbandinfrastrukturen, Beihilfen für Kultur und die Erhaltung des kulturellen Erbes, Beihilfen für Sportinfrastrukturen und multifunktionale Freizeitinfrastrukturen und Beihilfen für lokale Infrastrukturen. Im Rahmen der AGVO freigestellte Beihilfen müssen lediglich bei der Europäischen Kommission angezeigt werden.

285 Die AGVO enthält **allgemeine** und besondere Bestimmungen, die für eine Freistellung einzuhalten sind. Beihilfen für Unternehmen in Schwierigkeiten können nicht freigestellt werden (Art. 1 Abs. 4 AGVO). Ebenso kommt die AGVO nicht zur Anwendung, wenn der Beihilfeempfänger unionsrechtswidrig einheimische Waren verwenden oder einheimische Dienstleistungen in Anspruch nehmen muss (Art. 1 Abs. 5 AGVO). Die AGVO gilt nur für Beihilfen, die bestimmte Anmeldeschwellen nicht überschreiten (Art. 4 AGVO). Die Anmeldeschwellen betragen derzeit zB bei Investitionsbeihilfen für Sportinfrastrukturen und multifunktionale Freizeitinfrastrukturen: 30 Mio. EUR oder die Gesamtkosten über 100 Mio. EUR pro Vorhaben; bei Betriebsbeihilfen für Sportinfrastrukturen: 2 Mio. EUR pro Infrastruktur und Jahr.[335] Ferner muss die Beihilfe gemäß Art. 5 Abs. 1 AGVO transparent sein, dh ihr Bruttosubventionsäquivalent muss sich im Voraus genau berechnen lassen, ohne dass eine Risikobewertung erforderlich ist. Unter Bruttosubventionsäquivalent ist die Höhe der Beihilfe zu verstehen, wenn diese als Zuschuss gewährt worden wäre, vor Abzug von Steuern und sonstigen Abgaben (Art. 22 Abs. 2 AGVO). Auf Grundlage der AGVO freigestellte Beihilfen müssen zudem einen Anreizeffekt (Art. 6 AGVO) aufweisen, weil keine Beihilfen freigestellt werden sollen, die der Empfänger auch ohne Beihilfe unter Marktbedingungen durchführen würde. Diese allgemeine Voraussetzung ist erfüllt, wenn der Beihilfeempfänger vor Beginn der Arbeiten für das Vorhaben

[333] Mitteilung der Kommission zum Rahmen der Europäischen Union für staatliche Beihilfen in Form von Ausgleichsleistungen für die Erbringung öffentlicher Dienstleistungen (2011), ABl. EU, C 8, 15 v. 11.1.2012 („DAWI-Rahmen“).

[334] VO (EU) Nr. 651/2014 der Kommission vom 17. Juni 2014 zur Feststellung der Vereinbarkeit bestimmter Gruppen von Beihilfen mit dem Binnenmarkt in Anwendung der Artikel 107 und 108 des Vertrags über die Arbeitsweise der Europäischen Union, ABl. EU, L 187, 1 v. 26.6.2014 („AGVO“); VO (EU) 2017/1084 der Kommission vom 14. Juni 2017 zur Änderung der VO (EU) Nr. 651/2014 in Bezug auf Beihilfen für Hafen- und Flughafeninfrastrukturen, in Bezug auf Anmeldeschwellen für Beihilfen für Kultur und die Erhaltung des kulturellen Erbes und für Beihilfen für Sportinfrastrukturen und multifunktionale Freizeitinfrastrukturen sowie in Bezug auf regionale Betriebsbeihilferegelungen für Gebiete in äußerster Randlage und zur Änderung der VO (EU) Nr. 702/2014 in Bezug auf die Berechnung der beihilfefähigen Kosten, ABl. EU, L 156, 1 v. 20.6.2017.

[335] Art. 1 Nr. 3b), bb) VO (EU) 2017/1084.

oder die Tätigkeit einen schriftlichen Beihilfeantrag gestellt hat. Ferner regelt Art. 8 AGVO die Voraussetzungen, unter denen Beihilfen kumuliert werden dürfen.

Die **besonderen** Freistellungsvoraussetzungen sind in den Art. 13 ff. AGVO geregelt. So sind die Freistellungsbedingungen für zB sportinfrastrukturelle Einrichtungen in Art. 55 AGVO geregelt. Neben der Unterschreitung der bereits oben genannten Anmeldeschwellen müssen zusätzlich vor allem folgende Voraussetzungen erfüllt sein: (1.) die Sportinfrastruktur darf nicht ausschließlich von einem einzigen Profisportnutzer genutzt werden, sondern auf andere Profi- oder Amateursportnutzer müssen jährlich mindestens 20 % der verfügbaren Nutzungszeiten entfallen, (2.) die Sportinfrastruktur muss mehreren Nutzern zu transparenten und diskriminierungsfreien Bedingungen offenstehen; (3.) die Nutzungspreise und -bedingungen der Sportinfrastruktur müssen öffentlich bekannt gemacht werden, (4.) die Erteilung von Konzessionen oder Aufträgen für den Bau, die Modernisierung und/oder den Betrieb einer Sportinfrastruktur durch Dritte muss zu offenen, transparenten und diskriminierungsfreien Bedingungen und unter Einhaltung der geltenden Vergabevorschriften erfolgen und (5.) bei Investitionsbeihilfen darf der Beihilfebetrag nicht höher sein als die Differenz zwischen den beihilfefähigen Kosten (materielle/immaterielle) und dem Betriebsgewinn der Investition; bei Betriebsbeihilfen für Sportinfrastrukturen darf der Beihilfebetrag nicht höher sein als die Betriebsverluste in dem betreffenden Zeitraum. 286

4. Notifizierung

Das **Kontrollverfahren** der Europäischen Kommission gründet sich auf Art. 108 AEUV. 287
Die Einzelheiten der Notifizierung sind in der sog. Durchführungsverordnung[336] geregelt. Danach müssen alle sachdienlichen Auskünfte, insbes. das Vorhaben, die Zielsetzung sowie der (mögliche) Begünstigte in der Anmeldung bei der Europäischen Kommission enthalten sein. Mit Eingang der Anmeldung wird das sog. vorläufige Prüfverfahren eingeleitet, das einen Zeitraum von insgesamt zwei Monaten umfassen darf. Die Europäische Kommission bildet sich hier eine erste Meinung über die Zulässigkeit der Beihilfe. Ergeht innerhalb dieses Zeitrahmens keine Entscheidung, gilt die Beihilfe als von der Europäischen Kommission genehmigt. Eine Positiventscheidung erlässt die Europäische Kommission immer dann, wenn sie zu dem Ergebnis gelangt, dass entweder keine Beihilfe vorliegt oder gegen eine solche keine Einwände bestehen. Eine Negativentscheidung dahingehend, dass die Beihilfe unvereinbar mit dem Recht der Europäischen Union ist, kann im vorläufigen Prüfverfahren dagegen nicht getroffen werden. In einem derartigen Fall muss die EU-Kommission ein förmliches Prüfverfahren nach Art. 108 Abs. 2 AEUV einleiten.[337]

Die Anmeldung der Beihilfe selbst erfolgt durch den **Mitgliedstaat,** dh nicht durch den Zuwendungsgeber (bspw. die Stadt). Daher ist eine frühzeitige Kontaktaufnahme bei den zuständigen Stellen (Freistaat Bayern, Bund) sinnvoll und zielführend. Gegebenenfalls kann auch ein sog. Pränotifizierungsgespräch mit der EU-Kommission (Generaldirektion Binnenmarkt) zur sachlichen und beihilferechtlichen Klärung dienen. 288

In dem Verfahren nach Art. 108 AEUV kann die EU-Kommission einzelne Beihilfen nach pflichtgemäßen **Ermessen** vom Beihilfeverbot des Abs. 1 freistellen, wenn die Tatbestandsvoraussetzungen der jeweiligen Ausnahme, insbes. nach Art. 107 Abs. 3 lit. a) bis d) AEUV erfüllt sind. In Art. 107 Abs. 3 lit. c) AEUV heißt es etwa, dass „Beihilfen zur Förderung der Entwicklung gewisser Wirtschaftszweige oder Wirtschaftsgebiete, soweit sie die Handelsbedingungen nicht in einer Weise verändern, die dem gemeinsamen Interesse zuwiderläuft", als mit dem Binnenmarkt vereinbar angesehen werden können. Nach der 289

[336] VO (EG) Nr. 794/2004 der Kommission vom 21. April 2004 zur Durchführung der VO (EG) Nr. 659/1999 des Rates über besondere Vorschriften für die Anwendung von Artikel 93 des EG-Vertrags, ABl. EU, L 140, 1 v. 30.4.2004.

[337] Vgl. dazu: *Werner,* in: Münchener Kommentar, Europäisches und Deutsches Wettbewerbsrecht (Kartellrecht), Bd. 3 Beihilfen- und Vergaberecht, Art. 108 AEUV Rn. 19 ff. u. 74 ff.

einschlägigen Rechtsprechung[338] kann die EU-Kommission eine staatliche Beihilfe als mit dem Binnenmarkt vereinbar erklären, wenn die betreffende Beihilfe zur Verwirklichung eines Ziels von gemeinsamen Interesse beiträgt, sie für die Verwirklichung eines solchen Ziels erforderlich ist und sie die Handelsbedingungen nicht in einer Weise verändert, die dem gemeinsamen Interesse zuwiderläuft. Entsprechend ist es gängige europäische Kommissionspraxis, dass Maßnahmen direkt nach Art. 107 Abs. 3 lit. c) AEUV als mit dem Binnenmarkt vereinbar erklärt werden können, wenn sie erforderlich und verhältnismäßig sind und die positiven Auswirkungen im Hinblick auf das gemeinsame Ziel die negativen Auswirkungen auf Wettbewerb und Handel überwiegen.[339]

290 Ob die EU-Kommission bspw. die vorgenannten Voraussetzungen gemäß Art. 107 Abs. 3 lit. c) AEUV als erfüllt ansieht, ist letztlich eine **Einzelfallfrage.** So hat die EU-Kommission im Falle der durch die Bundesländer und Kommunen unterstützten Errichtung von Kletteranlagen des Deutschen Alpenvereins e. V. die Vereinbarkeit mit dem europäischen Binnenmarkt bejaht. Eine Vereinbarkeit mit dem EU-Beihilferecht hat die Europäische Kommission zB auch bei dem von der Stadt Chemnitz geplanten Umbau und Nutzung ihres Fußballstadions[340] sowie beim Bau und Betrieb der Multifunktionsarenen der Städte Jena[341] und Erfurt[342] angenommen.

5. Anforderungen an die kommunale Praxis

291 Das europäische Beihilferecht macht es erforderlich, dass Städte und Gemeinden alle Rechtsbeziehungen zu tatsächlichen oder möglichen Empfängern von öffentlichen Ausgleichszahlungen **überprüfen** und diese ggf. rechtlich anpassen, um beihilferechtliche Risiken zu vermeiden bzw. minimieren. Soweit eine Beihilfe (vgl. oben Ziffer II.1) nicht zweifelsfrei ausgeschlossen werden kann, stehen die Merkmale des DAWI-Freistellungsbeschlusses (vgl. oben Ziffer II.2) und der AGVO (vgl. oben Ziffer II.3) im Mittelpunkt der kommunalen Beihilfepraxis.

292 Kommunen sollten daher bei den von ihnen finanziell begünstigten Unternehmen und Einrichtungen im Rahmen eines beihilferechtlichen **Fragenkatalogs** vor allem folgende Merkmale würdigen, um die Notwendigkeit einer konkreten, einzelfallbezogenen Beihilfeprüfung besser einschätzen zu können:

(1.) Liegen alle Voraussetzungen (Unternehmen als Beihilfeempfänger, Transfer staatlicher Mittel, selektive Zuwendung, wirtschaftliche Begünstigung, Auswirkungen auf Handel und Wettbewerb – ggf. De-Minimis-Verordnung, DAWI-De-Minimis-Verordnung) einer **Beihilfe** vor? Wenn nein, dann liegt tatbestandlich keine notifizierungspflichtige Beihilfe vor. Wenn ja, dann weiter mit (2.)

(2.) Ist die tatbestandliche Beihilfe normativ **gerechtfertigt** (insbes. DAWI-Freistellungsbeschluss, AGVO)? Wenn ja, dann bedarf die gerechtfertigte Beihilfe keiner Notifizierung. Wenn nein, dann weiter mit (3.)

(3.) Kann die Beihilfe erfolgreich bei der EU-Kommission **notifiziert** werden (insbes. nach Art. 107 Abs. 3 lit. c) AEUV)? Wenn ja, dann ist die Beihilfe erlaubt. Wenn nein, dann weiter mit (4.)

(4.) **Beihilfeverbot.**

---

338 EuG, Urt. v. 14.1.2009 – Rs. T-162/09 – Kronoply/Kommission.

339 EU-Kommission, Staatliche Beihilfe SA. 33952 (2012/NN) – Deutschland, Kletteranlagen des Deutschen Alpenvereins vom 5.12.2012, C(2012) 8761 final, Rn. 67.

340 EU-Kommission, Staatliche Beihilfe SA. 36105 (2013/N) – Deutschland, Fußballstadion Chemnitz vom 2.10.2013, C(2013) 5839 final, Rn. 30.

341 EU-Kommission, Staatliche Beihilfe SA. 35440 (2012/N) – Deutschland, Multifunktionsarena der Stadt Jena vom 20.3.2013, C(2013) 1521 final, Rn. 24.

342 EU-Kommission, Staatliche Beihilfe SA. 35135 (2012/N) – Deutschland, Multifunktionsarena der Stadt Erfurt vom 20.3.2013, C(2013) 1517 final, Rn. 23.

III. Zusammenfassung und Ausblick

Das Vergabe- und Beihilferecht kennzeichnet **heute** einen für die Geschäftstätigkeit im Allgemeinen und für den kommunalen Einkauf im Besonderen praktisch wichtigen Bereich. In beiden Rechtskreisen sind die Kenntnis der jeweiligen Rahmenbedingungen und der „Fallstricke" des Vergabe- und Beihilferechts für eine gerichtsfeste Auftragsvergabe, eine erfolgreiche Wettbewerbsteilnahme und eine rechtskonforme Gewährung von Ausgleichszahlungen von hoher Bedeutung. Der Stellenwert des Vergaberechts zeigt sich bspw. auch daran, dass seine Grundprinzipien zunehmend Eingang in nicht beschaffungsnahe Lebensbereiche finden, wie etwa bei der Vergabe von Stellplätzen für Carsharingfahrzeuge nach dem CsgG.[343] **293**

Auf europäischer und nationaler Ebene werden zwar immer wieder unterschiedliche Maßnahmen und Initiativen ergriffen, das Vergabe- und Beihilferecht für die **Zukunft** anwendungsfreundlicher und einfacher zu gestalten. Dennoch sollten die Erwartungen, die mit einem Bürokratie- und Normabbau verbunden sind, nicht allzu hoch sein. Denn die Vergangenheit lehrt, dass sowohl das Vergaberecht als auch das Beihilferecht weiter an Gewicht gewinnen. Die von der Legislative und der Judikative insoweit ausgehenden Impulse werden deshalb zu einer dynamischen Fortentwicklung im öffentlichen Auftragswesen und Beihilferecht beitragen. Kommunale Unternehmen müssen sich diese Herausforderungen vergegenwärtigen und sich daraus ergebende Chancen wie Risiken sachgerecht bewerten, um die Weichen für eine erfolgreiche und bestandssichernde Unternehmensentwicklung richtig stellen zu können. **294**

[343] Gesetz zur Bevorrechtigung des Carsharing (Carsharinggesetz – CsgG) v. 5.7.2017, BGBl. I 2230.

I. Kartell- und Wettbewerbsrecht

Übersicht

Literatur:

Kartellrecht: *Bechtold/Bosch,* GWB, 9. Aufl. 2018; *Bechtold/Bosch/Brinker,* EG-Kartellrecht, 3. Aufl. 2014; *Calliess/Ruffert,* EUV/AEUV, 5. Aufl. 2016; *Grabitz/Hilf/Nettesheim,* Das Recht der Europäischen Union, 69. EGL 2020; *Haberer/Rung,* Teilhabe- und Zugangsansprüche gegenüber der öffentlichen Hand – Ein Fall für das Kartellrecht?, NZKart 2018, 185; *Immenga/Mestmäcker,* Wettbewerbsrecht, 6. Aufl. 2020, Band 1: Europäisches Kartellrecht (EU), Band 2: GWB; *Jungbluth,* Die 9. GWB-Novelle – Digitalisierung, Schließung der Wurstlücke, Kartellschadensersatz und anderes mehr…, NZKart 2017, 257; *Langen/Bunte,* Kommentar zum deutschen und europäischen Kartellrecht, 13. Aufl. 2018, Band 1: Deutsches Kartellrecht, Band 2: Europäisches Kartellrecht; *Loewenheim/Meessen/Riesenkampff/Kersting/Meyer-Lindemann* (LMRKM), Kartellrecht, Europäisches und deutsches Recht, 4. Aufl. 2020; *Schultze/Pautke/Wagner,* Vertikal-GVO, Gruppenfreistellungsverordnung für vertikale Vereinbarungen, 4. Aufl. 2019; *Staebe/Denzel,* Die neue Europäische Fusionskontrollverordnung (VO 139/2004), EWS 2004, S. 194; *Weck/Schmidt,* Kartellrechtliche Effizienzkontrolle kommunaler Gebühren nach der 8. GWB-Novelle – ein Schlag ins Wasser?, NZKart 2013, S. 343; *Wiedemann,* Handbuch des Kartellrechts, 4. Aufl. 2020; *Wolf,* Unternehmensbegriff, Zuständigkeit der Kartellämter und Rechtsweg bei öffentlich-rechtlichen Leistungsbeziehungen, BB 2011, S. 648; *ders.,* Kartellrechtliche Grenzen der öffentlich-rechtlichen Gebührenerhebung, NZKart 2013, 17 – **Wettbewerbsrecht:** *Berneke/Schüttpelz,* Die einstweilige Verfügung in Wettbewerbssachen, 4. Aufl. 2018; *Dallmann,* Englische Klauseln nach der 7. GWB-Novelle, WRP 2006, S. 347; *Gloy/Loschelder/Danckwerts,* Wettbewerbsrecht, 5. Aufl. 2019; *Götting/Nordemann,* UWG, 3. Aufl. 2016; *Guilliard,* Die Tätigkeit der öffentlichen Hand als geschäftliche Handlung im UWG, GRUR 2018, 791; *Köhler/Bornkamm/Feddersen,* Gesetz gegen den unlauteren Wettbewerb, 38. Aufl. 2020; *Harte-Bavendamm/Henning-Bodewig,* UWG, 4. Aufl. 2016; *Hoeren,* Das neue UWG – der Regierungsentwurf im Überblick, BB 2008, S. 1182; *Köhler „* Die Umsetzung der Richtlinie über unlautere Geschäftspraktiken in Deutschland- eine kritische Analyse, GRUR 2012, S. 1073; *Sosnitza,* Der Regierungsentwurf zur Änderung des Gesetzes gegen den unlauteren Wettbewerb, GRUR 2015, 318, *Teplitzky,* Wettbewerbsrechtliche Ansprüche und Verfahren, 12. Aufl. 2019; *Ohly/Sosnitza,* Gesetz gegen den unlauteren Wettbewerb, UWG, 7. Aufl. 2016; *Schink,* Wirtschaftliche Betätigung kommunaler Unternehmen, NVwZ 2002, S. 129.

1 Das Wettbewerbsrecht dient der Erhaltung der wirtschaftlichen Handlungs- und Entscheidungsfreiheit des Einzelnen. Der Schutz des Wettbewerbs wird im deutschen Recht auf zwei Wegen, die mit dem Oberbegriff „Wettbewerbsrecht" zusammengefasst werden, gewährleistet. Zum einen sollen im Bereich des Kartellrechts mit Hilfe des **Gesetzes gegen Wettbewerbsbeschränkungen** (GWB) wettbewerbsbeschränkende Verhaltensweisen verhindert werden, um den Wettbewerb als Institution zu schützen. Verboten sind deshalb zB wettbewerbsbeschränkende Vereinbarungen (vgl. § 1 GWB),[1] aber auch der Missbrauch einer marktbeherrschenden Stellung (vgl. § 18 ff. GWB).[2] Auf der anderen Seite bezweckt das **Gesetz gegen den unlauteren Wettbewerb** (UWG), dass die aufgrund des Wettbewerbs gewährleistete wirtschaftliche Freiheit nicht zum Schaden der Konkurrenten, der Verbraucher oder der Allgemeinheit missbraucht wird. Nicht zulässig sind mithin zB irreführende Angaben oder sonstige unlautere Verhaltensweisen (vgl. die Generalklausel des § 3 Abs. 1 UWG).[3]

[1] → Rn. 20.
[2] → Rn. 77.
[3] → Rn. 149.

I. Kartellrecht

1. Rechtsgrundlagen

Die Vorschriften des deutschen Kartellrechts finden sich im Gesetz gegen Wettbewerbsbeschränkzungen **(GWB).** Die Vorschriften sind zuletzt wesentlich durch die 8. GWB-Novelle, die am 30.6.2013 in Kraft getreten ist, reformiert worden.[4] Kernpunkt der 8. GWB-Novelle war die Anpassung der nationalen Fusionskontrollvorschriften, der allgemeinen Missbrauchsaufsicht sowie der kartellrechtlichen Verfahrens- und Ordnungswidrigkeitenvorschriften an das europäische Kartellrecht. 2

Aus **kommunaler Sicht** waren insoweit namentlich die Änderungen in § 130 Abs. 1 S. 2 GWB aF bedeutsam (heute § 185 Abs. 1 S. 2 GWB): Danach findet das Verbot des Missbrauchs einer marktbeherrschenden Stellung auf **öffentlich-rechtliche Gebühren und Beiträge** als Ausgleich für die Erbringung hoheitlicher Leistungen **keine** Anwendung. Hingegen unterliegt die Preishöhe in privatrechtlichen Leistungsbeziehungen der kartellrechtlichen Missbrauchskontrolle. Hierauf wird zurückzukommen sein.[5]

Das europäische Recht entfaltet aber nicht nur auf mittelbar, über das weitestgehend angeglichene deutsche Recht, Geltung, vielmehr kommt einzelnen Vorschriften unmittelbare Wirkung zu. Sofern ihr Anwendungsbereich eröffnet ist, kommen zB das Kartellverbot des **Art. 101 AEUV (ex-Art. 81 EGV)** und die Missbrauchsaufsicht des **Art. 102 AEUV (ex-Art. 82 EGV)** unmittelbar zur Anwendung. 3

Grundsätzlich gilt, dass das GWB auf Wettbewerbsbeschränkungen Anwendung findet, die sich im Inland auswirken, Art. 101 und 102 AEUV hingegen auf solche, die den Handel zwischen den Mitgliedstaaten beeinträchtigen können. Dabei kann es zu Überschneidungen kommen. Im Falle solcher Überschneidungen gilt, dass die deutschen und europäischen Vorschriften grundsätzlich parallel anwendbar sind, im Konfliktfall hat jedoch das europäische **Gemeinschaftsrecht Vorrang.** Das heißt, verbietet das europäische Gemeinschaftsrecht eine Verhaltensweise, kann diese nicht durch das deutsche Recht erlaubt sein. In § 22 GWB ist der Vorrang des europäischen Rechts ausdrücklich normiert. Im Bereich der Missbrauchsaufsicht indes kann die Anwendung nationalen Rechts zu einer „strengeren" Beurteilung führen, als dies nach europäischem Recht der Fall wäre, siehe insoweit § 22 Abs. 3 S. 3 GWB.

2. Anwendungsbereich

Für **kommunale Unternehmen** von Bedeutung ist, dass das GWB für **alle Unternehmen** bzw. jede unternehmerische Tätigkeit Anwendung findet. Der Unternehmensbegriff wird sehr weit gefasst. Unternehmen im Sinne des GWB ist jede natürliche oder juristische Person, die am wirtschaftlichen Verkehr (nicht nur rein privat) teilnimmt, also Waren oder Dienstleistungen nachfragt oder anbietet.[6] Es gilt der **funktionale Unternehmensbegriff:** Die Rechtsform, in der die geschäftliche Tätigkeit ausgeübt wird, ist irrelevant, weil der funktionale Unternehmensbegriff gerade nicht an das Unternehmen als Institution anknüpft, sondern allein an das Handeln im wirtschaftlichen Verkehr.[7] 4

§ 185 Abs. 1 S. 1 GWB erklärt ausdrücklich, dass das GWB auch Anwendung auf Unternehmen findet, die **ganz oder teilweise im Eigentum der öffentlichen Hand** stehen oder die von ihr verwaltet bzw. betrieben werden oder an denen die öffentliche Hand ganz oder teilweise beteiligt ist. Dabei wird auf die Rechtsnatur der jeweiligen Leistungs- 5

[4] Achtes Gesetz zur Änderung des Gesetzes gegen Wettbewerbsbeschränkungen v. 30.6.2013, BGBl. 2013 I S. 1738. Die in 2017 durch die 9. GWB-Novelle erfolgenden Änderungen des GWB waren demgegenüber von weniger Gewicht – vgl. zur 9. Novelle die Übersicht von *Jungbluth* NZKart 2017, 257.

[5] → Rn. 104.

[6] BGH 18.10.2011, NJW 2012, 1150 (1151); 22.7.1999, NJW 2000, 866 (867).

[7] Siehe dazu im Einzelnen *Grave/Nyberg* in LMRKM AEUV Art. 101 Rn. 97 ff., speziell zur Tätigkeit der öffentlichen Hand Rn. 105 ff.

beziehungen abgestellt: Allein bei privatrechtlicher Gestaltung der Leistungsbeziehung findet das GWB auf die Wettbewerbsbeziehungen der öffentlichen Hand zu ihren Konkurrenten Anwendung, nicht hingegen bei einer Leistungserbringung in öffentlich-rechtlicher Form.[8] Von privatrechtlicher Leistungserbringung ist auszugehen, wenn die öffentliche Hand und ihre Unternehmen auf dem jeweils relevanten Markt Leistungen neben anderen anbieten oder nachfragen, so dass schützenswerte Wettbewerbsbeziehungen entstehen. Die Beschaffungstätigkeit der öffentlichen Hand wurde dabei herkömmlich von der nationalen Rechtsprechung als unternehmerisch qualifiziert.[9] Das GWB bleibt stets unabhängig von der Rechtsform und dem verfolgten Zweck anwendbar in den Fällen, in denen die öffentliche Hand zur Erfüllung ihrer öffentlichen Aufgaben zu privatrechtlichen Mitteln greift.[10] Hinzuweisen ist darauf, dass eine Leistung, die im Verhältnis zu den Abnehmern als hoheitlich zu werten ist, im Verhältnis zu den Konkurrenten als privatrechtlich beurteilt werden kann.[11] Der Europäische Gerichtshof ordnet die Beschaffungstätigkeit der öffentlichen Hand hingegen im Allgemeinen nicht dem Anwendungsbereich des Art. 101 AEUV zu, wenn die Beschaffung dazu dient, ihr spezifisch hoheitliche, nicht wirtschaftliche Tätigkeiten zu ermöglichen.[12] Der nicht wirtschaftliche Charakter der späteren Verwendung des erworbenen Erzeugnisses bestimmt demnach nach Auffassung des Europäischen Gerichtshofs den Charakter der Einkaufstätigkeit als nicht unternehmerische Tätigkeit.[13] Die Unternehmereigenschaft der öffentlichen Hand lebt auf, wenn die öffentliche Hand den ihm durch das öffentliche Recht zugewiesenen Aufgabenbereich verlässt und eine in den Wettbewerb eingreifende Maßnahme vornimmt.[14] Dem Europäischen Gerichtshof zufolge kann eine Einstufung als unternehmerische Tätigkeit der Beschaffungstätigkeit der öffentlichen Hand nicht von der Einordnung des Rahmens durch die nationalen Rechtsordnungen, in dem die Tätigkeit durchgeführt wird, abhängen.[15] Der Bundesgerichtshof hat bisher offen gelassen, ob er seine gefestigte Rechtsprechung zu dem Unternehmensbegriff aufgibt.[16] Gegen die Verbindlichkeit des europäischen Unternehmensbegriffs könnte eingewendet werden, dass der Vorrang des Gemeinschaftsrechts einer weiteren abweichenden Verwendung des Unternehmensbegriffs nicht entgegenhalten werden kann, soweit im Einzelfall eine Eignung zur Beeinträchtigung des Gemeinschaftsrechts nicht vorliegt.[17] Ferner könnte eine Schutzlücke entstehen, wenn die öffentliche Beschaffungstätigkeit vollständig der kartellrechtlichen Kontrolle entzogen wird.[18] Ob eine Angleichung der weiteren Rechtspraxis durch die nationalen Gerichte an die europäische Rechtsprechung erfolgen wird, bleibt abzuwarten. Der Bundesgerichtshof hat diese Frage in seiner Entscheidung aus dem Jahre 2012 und nachfolgenden Entscheidungen ausdrücklich offengelassen.[19]

---

[8] BGH GS 10.4.1986, NJW 1986, 2359 (2360); 10.10.1989, NJW 1990, 1531; BGH 18.10.2011, NJW 2012, 1150 (1151); *Emmerich* in Immenga/Mestmäcker GWB § 185 Rn. 9.

[9] BGH 26.10.1961, WuW/E BGH 442 (445) – Gummistrümpfe; BGH 12.11.2002, WuW/E DE-R 1087 (1089); BKartA TB 2001/2002, 130; TB 2003/2004, 90 f.; BGH 22.3.1994, WuW/E 2919 (2921) – Orthopädisches Schuhwerk; OLG Düsseldorf 7.5.1991, WuW/E 5007 (5012) – Apothekenverrechnungsstelle in den neuen Bundesländern.

[10] BGH 9.3.1999, WuW/E DE-R 289 (293) – Lottospielgemeinschaft.

[11] BGH 22.7.1999, WM 1999, 2371 (2374); 14.3.1990, NJW 1990, 2815; Wolf BB 2011, 648 (651); *Emmerich* in Immenga/Mestmäcker GWB § 185 Rn. 15.

[12] Vgl. EuGH 11.7.2006, EuZW 2006, 600 (602) – FENIN/Kommission; EuGH 16.3.2004, EuZW 2004, 241 (244) – Krankenkassen.

[13] *Bechtold/Bosch* GWB § 1 Rn. 13.

[14] BGH 19.3.1991, WuW/E 2688 (2694) – Warenproben in Apotheken; OLG Düsseldorf 17.9.2008, WuW/E 2436 (2439) – Lotto Rheinland-Pfalz II; vgl. zur uU schwierigen Abgrenzung im Einzelfall auch *Haberer/Rung,* NZKart 2018, 185 (187).

[15] EuGH 19.2.2002, EuR 2002, 263 (269).

[16] *Zimmer* in Immenga/Mestmäcker GWB § 1 Rn. 21: „…*weiterhin offen*".

[17] *Zimmer* in Immenga/Mestmäcker GWB § 1 Rn. 24 f.

[18] AA OLG München 11.11.2010, BeckRS 2012, 17077 Rn. 3 f.

[19] BGH 5.6.2012, NZBau, 2012, 652 (653), im Nachgang zu OLG München, siehe vorige Fn.; vgl. auch BGH 6.11.2013, NZKart 2014, 31, Rn. 52, 59 – VBL Gegenwert I = BGHZ 199. 1; BGH 16.6.2015, NJW 2016, 74, Rn. 37 – E*inspeiseentgelt.*

Generell ausgenommen vom Anwendungsbereich (s. o.) sind Leistungen, die aufgrund **hoheitlicher Bestimmungen** gefordert oder gewährt werden (zB ein angeordneter Anschluss- und Benutzungszwang). Wird dem Staat bzw. den Kommunen eine öffentliche Aufgabe übertragen, die nur unter Verstoß gegen das GWB erfüllt werden kann, so scheidet dessen Anwendung ebenfalls aus.[20] **6**

Das GWB findet daher, unter der Voraussetzung, dass keine öffentlich-rechtlichen Sonderregelungen eingreifen und der Staat bzw. seine Gliederungen mit wirtschaftlichen Handlungen im Wettbewerb mit anderen Unternehmen tätig wird, unabhängig von der Rechtsform und von den verfolgten Zwecken eines kommunalen Unternehmens,[21] Anwendung. Deshalb ist das GWB sowohl auf rechtlich selbständige kommunale Unternehmen (oHG, GmbH, AG oder AöR) als auch auf rechtlich unselbständige wie Eigen- oder Regiebetriebe[22] anzuwenden. Auf die **Rechtsform** kommt es dabei ebenso wenig an wie auf eine **Gewinnerzielungsabsicht,**[23] so dass das GWB auch auf gemeinnützige kommunale Unternehmen Anwendung findet. **7**

Da der Unternehmensbegriff im GWB sehr weit verstanden wird, beschränkt sich der Anwendungsbereich nicht allein auf die öffentlichen Unternehmen, sondern auch auf den Staat und seine Gliederungen einschließlich der **Kommunen,** wenn sie sich durch das Angebot (zB Vertrieb von Nummernschildern über die Kraftfahrzeugzulassungsstelle[24]) oder die Nachfrage (zB Kauf von Löschfahrzeugen[25]) von wirtschaftlichen Leistungen am wirtschaftlichen Verkehr in Wettbewerb mit anderen Nachfragern und Anbietern beteiligen.[26] Hier sind aber die Unterschiede zum europäischen Kartellrecht zu beachten (vgl. → Rn. 5). Die §§ 97–184 GWB enthalten spezielle Schutzvorschriften, die bei der **Vergabe öffentlicher Aufträge** anzuwenden sind.[27] Durch sie wird die Anwendbarkeit der allgemein kartellrechtlichen Regeln auf die Nachfragetätigkeit der öffentlichen Auftraggeber nicht ausgeschlossen. Ausnahmen gelten außerdem dort, wo sie im GWB oder anderen Sondervorschriften ausdrücklich vorgesehen sind. **8**

§ 28 GWB enthält eine Sonderregelung für die Landwirtschaft. Sie wird aus dem Anwendungsbereich des § 1 GWB ausgenommen, jedoch werden horizontale Preisbindungen und freigestellte Verträge, die den Wettbewerb ausschließen, weiterhin erfasst. § 28 Abs. 3 GWB verweist auf den Anhang I des AEUV für die Definition der landwirtschaftlichen Erzeugnisse. **9**

Im Bereich der **Energiewirtschaft** (Strom und Gas) enthält § 29 GWB eine besondere Verbotsvorschrift für den Missbrauch einer marktbeherrschenden Stellung durch überhöhte Entgelte. Daneben ist das Energiewirtschaftsgesetz **(EnWG)** zu beachten, das eine möglichst sichere, preisgünstige und umweltverträgliche Versorgung mit Elektrizität und Gas bezweckt. EnWG und GWB sind **nebeneinander anwendbar.** Die Zusammenarbeit der Bundesnetzagentur und des Bundeskartellamts sind in § 58 EnWG normiert. **10**

§ 30 GWB stellt vertikale Preisbindungen für alle Handelsstufen von Herstellern von Zeitschriften und Zeitungen von § 1 GWB frei, zusätzlich erfassen die §§ 30 Abs. 2a) und 2b) GWB Branchenvereinbarungen für den Vertrieb von Zeitungen und Zeitschriften über **10a**

---

[20] *Bechtold/Bosch* GWB, § 185 Rn. 5; *Emmerich* in Immenga/Mestmäcker GWB § 185 Rn. 71.

[21] BGH 4.4.1975, NJW 1975, 1223 (1224); 22.5.1975, NJW 1976, 194 (195); 7.3.1989, NJW 1989, 3010 (3011); 25.6.1964, WuW/E BGH 675 (678) – Uhrenoptiker; BGH 23.10.1979, WuW/E BGH 1661 (1662) – Berliner Musikschulen.

[22] OLG Hamburg 17.11.1983, WRP 1984, 88 (91); *Bechtold/Bosch* GWB § 185 Rn. 4.

[23] Vgl. die Begründung des Gesetzes BGBl. 1955 S. 31 ff.; KG 14.12.1977, WuW/E OLG 1967 (1970) – WAZ; KG 26.6.1991, WuW/E OLG 4811 (4823) – Radio NRW.

[24] BGH 28.9.1999, NJW 2000, 809 ff.

[25] OLG Koblenz 5.11.1998, WuW/E Verg 184 (187) – Feuerlöschgeräte; OLG Celle 13.5.1998, WuW/E Verg 188 (189) – Feuerwehrbedarfsartikel; BGH 12.11.2002, GRUR 2003, 633 (634) – Ausrüstungsgegenstände für Feuerlöscher.

[26] KG 20.5.1998, WUW/E Verg 111 (114) – Tariftreueerklärung; OLG Düsseldorf 12.2.1980, WuW/E OLG 2274 (2275) – Errichtung von Fernmeldetürmen I; BKartA Tätigkeitsbericht 1971, 23; *Emmerich* in Immenga/Mestmäcker GWB § 185 Rn. 31.

[27] Vgl. Kapitel H.

den Groß- und stationären Einzelhandel durch Presseverlage und Vereinigungen von Presse-Grossisten. Die Privilegierung des Buchhandels wird durch das Buchpreisbindungsgesetz[28] sichergestellt. § 30 Abs. 3 GWB enthält spezielle Regelungen zur Missbrauchsaufsicht über zugelassene Preisbindungen für Zeitungen und Zeitschriften.

10b Die Wasserwirtschaft wird in den §§ 31 ff. GWB erfasst, § 31 GWB enthält spezielle Regelungen zu der Freistellung und Missbrauchsaufsicht der Wasserwirtschaft. § 31a, b GWB regeln die verfahrensrechtlichen Vorschriften. § 31a GWB normiert eine Anmeldepflicht für bestimmte Verträge in der Wasserwirtschaft, § 31b GWB bestätigt, dass für die betreffenden Verträge eine Auskunftspflicht der Unternehmen besteht, während § 31b Abs. 3 die Befugnisse der nationalen Aufsichtsbehörden im Falle eines Missbrauchs regelt.

11 Für die **Verkehrswirtschaft** findet sich nach Wegfall des § 99 aF GWB nur noch die Freistellung der Verkehrsverbünde (vgl. § 8 Abs. 3b PBefG, § 12 AEG) als Ausnahmeregelung. Damit soll die Kooperation von Verkehrsunternehmen zwecks Bildung zusammenhängender Liniennetze gefördert werden.

12 *(bleibt frei)*

13 Auch das **EU-Kartellrecht** ist grundsätzlich auf **alle Wirtschaftszweige** anwendbar. Für die Landwirtschaft finden sich aber sowohl im Primär- als auch im Sekundärrecht Ausnahmeregelungen.[29] Für die Sektoren Kredit- und Versicherungswirtschaft und die Verkehrswirtschaft gelten ebenfalls zahlreiche Sondervorschriften.

3. Relevanter Markt

14 Um festzustellen, ob im Einzelfall eine Wettbewerbsbeschränkung vorliegt, muss zunächst der **relevante Markt** ermittelt werden. Hierfür ist eine Abgrenzung in sachlicher, räumlicher und zeitlicher Hinsicht erforderlich.

15 Für die Ermittlung des **sachlich** relevanten Marktes wird auf die Marktgegenseite abgestellt. Nach dem sogenannten **Bedarfsmarktkonzept** werden diejenigen Produkte oder Dienstleistungen einem sachlich relevanten Markt zugerechnet, die der Abnehmer nach Eigenschaft, Verwendungszweck und Preislage zur Deckung **eines bestimmten Bedarfs** als austauschbar (substituierbar) ansieht.[30] Die Gleichartigkeit der Produktmerkmale und des Verwendungszwecks allein genügt aber uU nicht, um festzustellen, ob zwei Produkte Nachfragesubstitute darstellen. In der Praxis werden deshalb weitere Aspekte wie Preise, die Standorte von Kunden und Wettbewerbern, die sog. „Kreuz-Preis-Elastizität" (mit der die Flexibilität der Abnehmer bei Preiserhöhungen bewertet wird), allgemeine Verbraucherpräferenzen und die Struktur von Angebot und Nachfrage berücksichtigt.[31]

Unterschiedliche Energieträger beispielsweise, die zur Heizung von Räumen verwendet werden, sind unterschiedlichen Märkten zuzuordnen, da die Heizsysteme nicht unbedingt vergleichbar sind und die Umstellung auf ein anderes Heizsystem mit erheblichen Kosten verbunden ist.[32] Ist die Art der Herstellung der Ware/Dienstleistung wie beispielsweise bei Strom (aus Steinkohle, Öl, Erdgas, Atomenergie etc) unerheblich, da sie sich auf die Verwendung nicht auswirkt, ist von einem sachlich einheitlichen Markt auszugehen.[33] Die Kommission unterscheidet im Bereich der Energieversorgung zwischen dem Markt für

---

[28] BGBl. I S. 1530.

[29] Beispielsweise Art. 42 AEUV.

[30] So schon KG 18.2.1969, WuW/E DE-R 1995 – Handpreisauszeichner; aber auch BGH 22.9.1987, WuW/E BGH 2433 – Gruner + Jahr-Zeit; vgl. auch die Bekanntmachung der Kommission über die Definition des relevanten Marktes v. 9.12.1997, ABl. 1997 C 372, S. 5.

[31] Siehe *Bechtold/Bosch* GWB § 18 Rn. 9 und zum Europäischen Recht etwa *Fuchs* in Immenga/Mestmäcker, EU, AEUV Art. 102 Rn. 48 ff.

[32] Vgl. BKartA 9.3.1976, WuW/E BKartA 1647 ff. – Erdgas Schwaben.

[33] KG 15.3.1979, WuW/E OLG 2113 (2116) – Steinkohlestromerzeuger; Substitutionswettbewerb zwischen leitungsgebundenen Energiearten nur auf Letztversorgungsstufe BKartA 12.3.1999, WuW/E DE-V 91 (93) – LEW; BKartA 26.1.2001, DE-V 395 (397) – Schwäbisch Gmünd vgl. Bundeskartellamt, Abschlussbericht Sektoruntersuchung Fernwärme, 2012, Rn. 174 ff.

Stromgroßhandel (Import oder Erzeugung) sowie für Stromübertragung.[34] Hinsichtlich des Verkaufs an Endverbraucher werden separate Märkte für die Belieferung von Haushaltskunden, von industriellen und gewerblichen Kleinkunden und von industriellen bzw. gewerblichen Großkunden angenommen.[35]

Gilt es umgekehrt, den sachlichen Markt für die Feststellung einer **Nachfragemacht** 16
zu ermitteln, so ist aus Sicht der Marktgegenseite, also den Anbietern, unter Anwendung des Bedarfsmarktkonzepts danach zu fragen, inwieweit ein Anbieter seine Produktion umstellen kann, um so einem Nachfrager oder einer Nachfragergruppe auszuweichen („Angebotsumstellungskonzept"").[36] Zu prüfen ist ebenfalls, inwieweit auf andere Nachfrager ausgewichen werden kann. Das fällt üblicherweise in Fällen gesetzlich begründeter Monopole sowie bei der Nachfrage bestimmter Leistungen durch die öffentliche Hand schwer.

Die Abgrenzung des **räumlich relevanten Marktes** erfolgt für die Angebotsseite 17
ebenfalls aus Sicht der Abnehmer und nach den räumlich gegebenen Austauschmöglichkeiten. Ausgangspunkt der räumlichen Marktabgrenzung ist das Gebiet, in dem das Produkt oder die Dienstleistung vertrieben wird, in dem die Wettbewerbsbedingungen hinreichend homogen sind und das sich von benachbarten Gebieten durch spürbar unterschiedliche Wettbewerbsbedingungen unterscheidet. Unerheblich ist demgegenüber, wo es hergestellt worden ist, wer es wo erfunden hat oder wo es benutzt wird.[37] In der Regel bildet das gesamte Gebiet der Bundesrepublik Deutschland den räumlich relevanten Markt. Der räumlich relevante Markt entspricht aber nicht dem Geltungsbereich des Gesetzes. Das GWB findet Anwendung auf alle Wettbewerbsbeschränkungen, die sich im Inland auswirken, auch wenn sie nicht im Inland veranlasst werden, § 185 Abs. 2 GWB. Die Vorschrift des § 18 Abs. 2 GWB stellt demgegenüber klar, dass der räumlich relevante Markt größer sein kann, als der Geltungsbereich des GWB.[38] Diese Differenzierung entspricht auch der Kommissionspraxis: Der Geltungsbereich des europäischen Kartellrechts richtet sich nach den Mitgliedsstaaten; der räumlich relevante Markt kann aber durchaus ein Weltmarkt sein.[39] Aus der Eigenschaft von Produkten (Kurzlebigkeit, Haltbarkeit, Transportdauer und -kosten etc)[40] können sich auch kleinere Gebiete als die räumlich relevanten Märkte ergeben. Beispielsweise wird in der **Stromversorgung** bei der Belieferung von Kleinkunden auf die örtlichen Leistungsnetze der Stromversorger als räumlich relevantem Markt abgestellt,[41] während für die Belieferung von Großkunden und Weiterverteilern das Bundesgebiet als räumlich relevanter Markt angesehen wird.[42] In der Gasversorgung hingegen werden die Märkte räumlich generell nach dem Netzgebiet der Versorger abgegrenzt.[43] Im Verkehrsbereich wird zum Teil auf einzelne Strecken abgestellt. Jedenfalls der öffentliche Personennahverkehr findet in der Regel in einem räumlich eng einzugrenzenden Markt statt.

---

34 Europäische Kommission 14.4.2010 – COMP/39.351, ABl. C 142, S. 28 – Swedish Interconnectors.

35 Europäische Kommission 17.3.2010 – COMP/39.386, ABl. C 262/32, S. 32– Langfristige Stromlieferverträge in Frankreich.

36 So BGH 23.2.1988, WuW/E BGH 2483 – Sonderungsverfahren; BGH 10.12.2008, GRUR 2009, 514 (514); KG 5.11.1986, WuW/E OLG 3917 (3927) – Coop/Wandmarker; vgl. auch *Fuchs* in Immenga/Mestmäcker GWB § 18 Rn. 78, zur Nachfrage der öffentlichen Hand Rn. 83a f.

37 *Jung* in Grabitz/Hilf/Nettesheim AEUV Art. 102 Rn. 49.

38 So auch nach der 8. GWB Novelle: BGH 5.10.2004, WuW/E DE-R 1355 – Staubsaugerbeutelmarkt.

39 *Fuchs* in Immenga/Mestmäcker, EU, AEUV Art. 102 Rn. 65 mit Bsp. aus der Kommissionspraxis; vgl. auch die Bekanntmachung der Kommission über die Definition des relevanten Marktes, ABl. 1997 C 372, S. 5.

40 BGH 7.3.1989, WuW/E BGH 2575 – Kampffmeyer-Plange; BKartA 2.7.2001, WuW/E DE-V 465 – Readymix"; *Wiedemann* in Wiedemann, § 23 Rn. 19..

41 BKartA 17.1.2001, WuW/E DE-V 511 (514) – E.ON/Ruhrgas; weitere Nachweise bei: *Bechtold/Bosch* GWB, § 18 Rn. 18.

42 BKartA 17.1.2001, WuW/E DE-V 511 (514 f.) – E.ON/Ruhrgas.

43 BKartA 17.1.2001, WuW/E DE-V 511 (514) – E.ON/Ruhrgas; vgl. auch *Bechtold/Bosch* GWB § 18 Rn. 19.

18 Aus der Abgrenzung des **zeitlich relevanten Marktes** ergibt sich der Zeitraum, für den die Wettbewerbsverhältnisse zu untersuchen sind. Es kann ausnahmsweise notwendig sein, auf einen bestimmten Zeitpunkt bei der Prüfung der Wettbewerbsbeschränkung abzustellen, wenn ein Unternehmen aufgrund bestimmter zeitlicher Ereignisse eine vorübergehende Machtposition innehat. Dies kann zum Beispiel bei der Vergabe von Standplätzen für bestimmte Sportereignisse, Messen oder Volksfeste etc der Fall sein.[44]

4. Wettbewerbsbeschränkungen

19 Der deutsche Gesetzgeber hat sich in materieller sowie verfahrensrechtlicher Hinsicht für eine sehr weitgehende Anpassung an das europäische Kartellrecht entschieden. § 1 GWB entspricht bis auf die Zwischenstaatlichkeitsklausel in seinem Regelungsgehalt demjenigen des Art. 101 Abs. 1 AEUV und erfasst damit horizontale wie vertikale Wettbewerbsbeschränkungen.

Trotz einheitlicher Regelung in § 1 GWB ist aber eine Differenzierung zwischen **horizontalen** wettbewerbsbeschränkenden Vereinbarungen, die zwischen Unternehmen der gleichen Wirtschaftsstufe bestehen und **vertikalen** Wettbewerbsbeschränkungen zwischen Unternehmen in aufeinander folgenden Wettbewerbsstufen, die daher zumeist in einem Käufer-Verkäufer-Verhältnis stehen, sinnvoll.

Von den horizontalen oder vertikalen Vereinbarungen zu unterscheiden sind des Weiteren einseitige, verhaltensbedingte Wettbewerbsbeschränkungen, die als **missbräuchliche oder diskriminierende Verhaltensweisen** gewertet und von §§ 18–21 GWB und Art. 102 AEUV EGV erfasst werden können.

Schließlich kann der auch Zusammenschluss mehrerer Unternehmen wettbewerbsbeschränkende Wirkung entfalten. **Unternehmenszusammenschlüsse** können daher der Zusammenschlusskontrolle nach §§ 35–43 GWB und/oder der Fusionskontrollverordnung (FKVO)[45] unterliegen.

5. Horizontale wettbewerbsbeschränkende Vereinbarungen

20 Die für (horizontale) wettbewerbsbeschränkende Verhaltensweisen zentrale Norm des § 1 GWB enthält ein Verbot von

- **Vereinbarungen** zwischen Unternehmen,
- **Beschlüssen** von Unternehmensvereinigungen und
- aufeinander abgestimmten **Verhaltensweisen,**

die eine Verhinderung, Einschränkung oder Verfälschung des Wettbewerbs bezwecken oder bewirken. § 1 GWB ist eine Generalklausel, die einen **Verbotstatbestand** enthält.

a) Vereinbarungen zwischen miteinander im Wettbewerb stehenden Unternehmen

21 Welche Voraussetzungen Unternehmen erfüllen müssen, um als Adressat des § 1 GWB in Betracht zu kommen, wurde bereits oben erläutert.[46] Die beteiligten Unternehmen müssen für die Annahme eines Horizontalverhältnisses miteinander im **Wettbewerb** stehen. Das Horizontalverhältnis ist in Abgrenzung zum Vertikalverhältnis dadurch definiert, dass die Unternehmen auf derselben Marktstufe bzw. auf derselben Produktions- oder Vertriebsstufe stehen. Das bedeutet aber nicht automatisch, dass sie Wettbewerber sind.[47] Die Wettbewerbereigenschaft ist vielmehr gesondert zu prüfen. Eine horizontale Wettbewerbs-

[44] BGH 3.3.1969, NJW 1969, 1716 – Sportartikelmesse; BGH 26.5.1987, NJW 1987, 3007 – Inter Mailand.
[45] VO 139/2004, ABl. 2004 L 24, S. 1.
[46] Vgl. → Rn. 4 ff.
[47] *Bechtold/Bosch* GWB § 1 Rn. 49 ff..

beschränkung ist nur möglich, wenn die Unternehmen auf demselben sachlich relevanten Markt tätig sind **(aktueller Wettbewerb)** oder dies kaufmännisch sinnvoll sein könnte **(potenzieller Wettbewerb).**

Im europäischen Kartellrecht wird die Frage **konzerninterner Wettbewerbsbeschränkungen** als ein Problem des Unternehmensbegriffs betrachtet. Der Konzern wird als wirtschaftliche Einheit, mithin als ein Unternehmen betrachtet, was nicht verhindert, dass einzelne Konzernunternehmen gegenüber Dritten als selbständiges Unternehmen und Wettbewerber angesehen werden können. Im nationalen Kartellrecht geht man hingegen davon aus, dass eine wirtschaftliche Unselbständigkeit aufgrund einer Weisungsgebundenheit im Konzern für den Unternehmensbegriff ohne Bedeutung ist.[48] Nach beiden Auffassungen sind Maßnahmen zwischen herrschenden und beherrschten Gesellschaften kartellrechtlich irrelevant. Wenn und soweit ein Konzernunternehmen sein Marktverhalten nicht autonom bestimmen kann, sondern den Weisungen der herrschenden Gesellschaft unterliegt, scheidet ein Verstoß gegen § 1 GWB aus.[49] **21a**

Die Vereinbarung muss nach der Zielsetzung der Parteien dazu dienen, zwischen ihnen bestehenden oder potenziellen Wettbewerb zu beschränken.[50] Als Vereinbarung zu werten ist **dabei jede Willensübereinstimmung** zwischen Unternehmen über ihr gemeinsames Auftreten am Markt. Besondere Anforderungen an das Zustandekommen werden dabei nicht gestellt. Das heißt, Vereinbarungen können sowohl formlos als auch stillschweigend zustande kommen. Vereinbarungen können in Form zivilrechtlicher Verträge, aber auch als sog. „gentlemen's agreements“, die keine rechtliche, aber eine moralische, wirtschaftliche oder gesellschaftliche Bindung vorsehen, zustande kommen. **22**

b) Beschlüsse von Unternehmensvereinigungen

Der Begriff der Unternehmensvereinigung wird weit verstanden, so dass darunter jeder privatrechtliche oder öffentlich-rechtliche Zusammenschluss mehrerer Unternehmen fällt, dessen Zweck unter anderem darin besteht, die Interessen seiner Mitglieder wahrzunehmen. Erfasst werden mithin Gesellschaften, Vereine etc, in deren Gremien Beschlüsse gefasst werden.[51] Damit wird klargestellt, dass auch sog. **gleichgerichtete einseitige Willensäußerungen,** denen kein vertraglicher Charakter zukommt, von dem Verbot des § 1 GWB erfasst werden können. Als Beispielsfall kann auf den Beschluss einer Wirtschaftsvereinigung/eines Branchenverbands verwiesen werden, wenn dieser Preisveränderungen der Mitgliedsunternehmen oder sonstiges Verhalten der Mitglieder im Wettbewerb zum Gegenstand hat. Hingegen unterfallen Beschlüsse von Wirtschaftsvereinigungen, die lediglich interne Maßnahmen – wie die Erhöhung von Mitgliedsbeiträgen – betreffen, nicht dem Verbot des § 1 GWB. **23**

c) aufeinander abgestimmte Verhaltensweisen

Um das Verbot horizontaler Wettbewerbsbeschränkungen lückenlos auszugestalten, wurde das Verbot letztlich noch auf abgestimmte Verhaltensweisen erstreckt. Hierunter fällt jede sonstige Form der **willentlichen Koordinierung** des Verhaltens von mindestens zwei selbständigen Unternehmen am Markt. Kennzeichnend ist, dass die Beteiligten von Anfang an auf eine rechtliche oder faktische Verbindlichkeit ihrer Abstimmung verzichten.[52] Ein Beispiel hierfür ist die vorherige gegenseitige Information der Unternehmen über ihr **24**

---

[48] Zu den Auswirkungen dieser Differenzierung *Zimmer* in Immenga/Mestmäcker, EU, AEUV Art. 101 Rn. 35 ff. und Rn. 109 ff.; EuGH 24.10.1996, C-73/95 P, Slg. 1996, I-5482, Rn. 6 – Viho.

[49] *Bechtold/Bosch* GWB § 1 Rn. 30..

[50] BGH 13.1.1998, WuW/E DE-R 115 – Carpartner; 27.5.1986, WuW/E BGH 2285 (2287) – Spielkarten.

[51] *Bechtold/Bosch* GWB § 1 Rn. 21.

[52] KG 7.11.1980, WuW/E OLG 2369 ff. – Gemeinsame Zementverkaufsstelle; mit weiteren Beispielen aus der Rspr., *Grave/Nyberg* in LMRKM AEUV Art. 101 Rn. 202.

zukünftiges Verhalten am Markt oder der Austausch von Informationen (über Kunden, Preise, Absatzmengen etc), der später zu einem beabsichtigten Parallelverhalten führt.

Selbstverständlich steht es Unternehmen hingegen grundsätzlich frei, ihr Marktverhalten dem der Konkurrenten anzupassen. Ein sog. gleichförmiges Verhalten wird von § 1 GWB daher nicht erfasst. Sobald aber eine irgendwie geartete Kontaktaufnahme mit dem Ziel oder der Wirkung, die anderen Unternehmen über das geplante eigene Verhalten zu informieren oder das Verhalten anderer Unternehmen zu informieren, stattfindet, greift das Verbot des § 1 GWB ein.

d) wettbewerbsbeschränkend

25 Die aufgeführten Verhaltensweisen sind nach § 1 GWB nur dann verboten, wenn sie eine Wettbewerbsbeschränkung bezwecken oder bewirken. Da § 1 GWB das Verbot als einheitliche Rechtsfolge vorsieht, kommt es auf die graduelle Differenzierung einer Verhinderung, Einschränkung oder Verfälschung des Wettbewerbs nicht an. Erforderlich ist eine Beeinträchtigung der **wettbewerblichen Handlungsfreiheit** als Anbieter oder Nachfrager. Betroffen sein müssen wettbewerbsrelevante Handlungen. Das sind beispielsweise solche, die sich auf Preise, Umsätze[53] oder Ausschreibungen bis hin zur unterlassenen Teilnahme am Wettbewerb[54] beziehen.

26 Die Wettbewerbsbeschränkung muss darüber hinaus bezweckt oder bewirkt sein. Um festzustellen, ob eine Beschränkung des Wettbewerbs **bezweckt** war, kann auf die subjektiven Vorstellungen der Parteien[55] oder auf den Zweck aus objektiver Sicht[56] abgestellt werden. Alternativ ist es ausreichend, dass eine Wettbewerbsbeschränkung **bewirkt** wird; hierfür kann auf die (zu erwartenden) objektiven Auswirkungen abgestellt werden.

27 Als Korrektiv für den sich daraus ergebenden sehr weiten Anwendungsbereich des § 1 GWB wird eine **spürbare Außenwirkung** der Wettbewerbsbeschränkung für die Marktgegenseite gefordert. Die wirtschaftlichen Betätigungsmöglichkeiten und die zur Verfügung stehenden Alternativen der Marktteilnehmer müssen merklich beeinträchtigt sein. Die Spürbarkeit ist im Einzelfall anhand konkreter Tatsachen zu ermitteln. Von Bedeutung ist hierbei auch der Marktanteil der Beteiligten auf dem relevanten Markt. Allerdings kann ein geringer Marktanteil von zB nur 5 % bei schwereren Wettbewerbsverstößen wie Preis-, Quoten- und Gebietsabsprachen bereits ausreichen.[57] Die spürbare Außenwirkung ist ein ungeschriebenes Tatbestandsmerkmal,[58] mit dessen Hilfe sog. **Bagatellfälle** aus dem Anwendungsbereich des § 1 GWB ausgeschieden werden sollen. Das BKartA hat hierzu eine sogenannte Bagatellbekanntmachung erlassen, in der Kriterien aufgestellt werden, in welchen Fällen bei Kooperationsabreden keine spürbare Außenwirkung anzunehmen ist.[59]

e) Fallgruppen

28 **aa) Preisabsprachen.** Der klassische Fall einer gegen das Kartellverbot verstoßenden Vereinbarung ist die Bindung von Preisen bei Waren und Dienstleistungen. In Betracht kommen neben Vereinbarungen über Höchst-, Fest- oder Mindestpreise weitere vielfältige Formen der Preisabsprachen:[60] So werden bei Gebietsschutzvereinbarungen[61] beispielsweise

53 BKartA 7.5.1997, NJWE-WettbR 1997, 191 f. – Starkstromkabel.
54 ZB negatives Bietabkommen: OLG Frankfurt a. M. 26.1.1989, WuW/E 4475 (4476).
55 *Bechtold/Bosch* GWB § 1 Rn. 37.
56 BKartA 25.8.1999, WuW/E DE-V 209 ff. – Stellenmarkt II.
57 Vgl. Bekanntmachung BKartA Nr. 18/2007 v. 13.3.2007, abrufbar auf der Webseite des Bundeskartellamts: www.bundeskartellamt.de.
58 BGH 13.1.1998, GRUR 1998, 739 (743) – Car Partner; BKartA 25.8.1999, WuW/E DE-V 209 (213) – Stellenmarkt II.
59 BKartA Nr. 18/2007 v. 13.3.2007, abrufbar auf der Webseite des Bundeskartellamts: www.bundeskartellamt.de.
60 Vgl. auch den Überblick bei *Zimmer* in Immenga/Mestmäcker GWB § 1 Rn. 82 ff. mwN.
61 Vgl. dazu → Rn. 30.

häufig zudem Ausgleichszahlungen vereinbart, die einen Ersatz für den entgangenen Gewinn darstellen sollen.[62]

bb) Submissionsabsprachen. Die Beteiligten verpflichten sich, bei Ausschreibungen entweder auf die Abgabe eines Gebots zu verzichten oder ein überhöhtes Gebot abzugeben. Auf diese Weise soll sichergestellt werden, dass ein bestimmter Wettbewerber den Zuschlag erhält und die an dem Kartell Beteiligten in den Genuss kommen, in einem späteren Ausschreibeverfahren den Zuschlag zu erhalten.[63] Submissionskartelle sind nicht nur kartellrechtlich verboten, sondern die Beteiligten machen sich zudem nach § 298 StGB strafbar. 29

cc) Gebietsschutzvereinbarungen. Unzulässig sind auch Vereinbarungen, die einen Markt sachlich und/oder räumlich aufteilen und gleichzeitig festlegen, dass jeweils einer der an der Absprache Beteiligten in einem abgegrenzten Teilbereich ausschließlich tätig werden darf.[64] 30

dd) Einkaufskooperationen. Derartige Kooperationen dienen dazu, die Güternachfrage der Beteiligten zu bündeln, um durch den **gemeinsamen Einkauf** möglichst **günstige Konditionen** zu erreichen. Ein Verstoß gegen § 1 GWB wird angenommen, wenn sich die Mitglieder der Kooperation einem Bezugszwang unterwerfen.[65] Für die Annahme eines unzulässigen Kartells soll es bereits ausreichend sein, wenn die Mitglieder einem faktischen Bezugszwang unterliegen. Dieser wird angenommen, wenn die angebotenen günstigen Lieferbedingungen abhängig sind von der Abnahme einer Mindestmenge und daher nur wahrgenommen werden können, wenn einzelne Kooperationsmitglieder von einer anderweitigen Beschaffung absehen. 31

Allerdings kommt es in jedem Einzelfall auf die konkreten Umstände an. Hat beispielsweise die Einkaufskooperationen eine große Anzahl von Mitgliedern, so kann auch kein faktischer Bezugszwang angenommen werden.[66] Anderes gilt auch, wenn durch die Kooperation eine Teilnahme am Leistungsaustausch erst möglich wird.[67] 32

ee) Verkaufsgemeinschaften. Mit den Einkaufskooperationen vergleichbar ist die Errichtung einer gemeinsamen Vertriebsstelle, sog. Verkaufsagenturen oder -gemeinschaften. Bei einer Beurteilung anhand des § 1 GWB ist nicht allein darauf abzustellen, ob für die Beteiligten eine Andienungspflicht besteht,[68] entscheidend ist vielmehr, ob sich aus dem Gesamtzusammenhang aller Vertragsbestimmungen unter Berücksichtigung der besonderen Umstände des jeweiligen Einzelfalls ergibt, dass sich die an der Verkaufskooperation beteiligten Unternehmen in ihrem Wettbewerbsverhalten, insbesondere beim Absatz, der Konditionen- und Preisgestaltung beschränken.[69] Unzulässig ist daher beispielsweise wenn alle Beteiligten ihre Ware zu denselben Preisen an die Verkaufsstelle abgeben uÄ.[70] 33

ff) weitere Absprachen. Mengen-/Kapazitätsbeschränkungen,[71] Absprachen über Geschäfts- und Arbeitszeitbedingungen[72] etc. 34

[62] OLG Düsseldorf 30.7.1981, WuW/E OLG 2715 (2717) – Subterra Methode.
[63] BGH 15.2.1962, WuW/E BGH 495 (498) – Ausschreibung von Putzarbeiten II; KG 29.4.1975, WuW/E OLG 1627 (1630 f.) – Mülltonnen.
[64] Vgl. zu langfristigen Gaslieferverträgen: BGH 18.2.2003, WuW/E DE-R 1119 – Verbundnetz II; OLG Düsseldorf 7.11.2001, RdE 2002, 44; OLG Stuttgart 21.3.2002, RdE 2002, 182; KG 9.5.2001, Kart 53/99, RdE 2002, 101 und zu langfristigen Stromlieferverträgen: OLG Dresden 20.12.2001, RdE 2002, 144; LG FaM 26.7.2001, WuW/E DE-R 959; LG Mannheim 16.4.1999, RdE 1999, 158.
[65] BGH 13.12.1983, WuW/E BGH 2049 (2050) – Holzschutzmittel; *Zimmer* in Immenga/Mestmäcker GWB § 1 Rn. 109 ff.
[66] KG 16.6.1982, WuW/E OLG 2745 (2750 ff.) – HFGE.
[67] KG 26.2.1986, WuW/E OLG 3737 (3741 ff.) – Selex-Tania.
[68] BGH 19.6.1975, WuW/E BGH 1367 (1373) – Zementverkaufsstelle Niedersachsen II; KG 27.1.1981, WuW/E OLG 2429 – Zementverkaufsstelle II; *Zimmer* in Immenga/Mestmäcker GWB § 1 Rn. 121 ff.
[69] BGH 1.12.1981, WuW/E 1871 (1874) – Transportbeton-Vertrieb.
[70] Vgl. BGH 1.12.1981, WuW/E 1901 (1903) – Transportbeton-Vertrieb II.
[71] BKartA 6.1.1969, WuW/E BKartA 1244 (1246) – Kalksandstein.
[72] BKartA 31.1.1961, WuW/E BKartA 339 – Sonnabendarbeitszeit.

6. Vertikale Wettbewerbsbeschränkungen

35 Der Schutz der wettbewerblichen Handlungsfreiheit iSd § 1 GWB umfasst auch die Gewährleistung von Wettbewerb im Vertikalverhältnis, also zwischen unterschiedlichen Wirtschaftsstufen, zB zwischen Hersteller und Händler. Vertikalvereinbarungen sind nach Art. 1 Abs. 1 lit. a VO 330/2010[73] (dies ist die sogenannte Vertikal-Gruppenfreistellungsverordnung oder Vertikal-GVO) iVm § 2 Abs. 2 GWB Vereinbarungen zwischen zwei Unternehmen, von denen jedes zwecks Durchführung der Vereinbarung auf einer unterschiedlichen Produktions- oder Vertriebsstufe tätig ist, und welche die Bedingungen betreffen, zu denen die Parteien bestimmte Waren oder Dienstleistungen beziehen, verkaufen oder weiterverkaufen können. Die Definition der europäischen Kommission stellt ausschließlich auf die Tätigkeit auf verschiedenen Produktions- und Vertriebsstufen ab. Ob die an der Vereinbarung Beteiligten miteinander (auch) im Wettbewerb stehen – wie es § 1 aF und § 16 aF GWB noch forderten – ist für die Einstufung als vertikale Vereinbarung unerheblich, erlangt aber bei der wettbewerblichen Bewertung an Bedeutung. Art. 2 Abs. 4 VO 330/2010 iVm § 2 Abs. 2 GWB setzt strengere Maßstäbe an Vertikalvereinbarungen zwischen Wettbewerbern als an Vereinbarungen zwischen Nichtwettbewerbern.[74]

36 Gleichwohl sind vertikale Vereinbarungen im Vergleich zu horizontalen Vereinbarungen gesondert zu betrachten. Vertriebssysteme, die vertikale Beschränkungen enthalten, können gerade hierdurch die Effizienz des Vertriebs zum Wohle des Wettbewerbs fördern, da sie zu einer besseren Koordination zwischen den beteiligten Unternehmen führen.[75] Dies hat zu einer bisweilen großzügigeren kartellrechtlichen Praxis bei der Beurteilung von Vertikalvereinbarungen geführt.[76]

Vertikale Vereinbarungen können den Wettbewerb gleichwohl in vielerlei Hinsicht beschränken. Bezugsbindungen an einen Lieferanten führen zu einer Beschränkung des Wettbewerbs zwischen Herstellern konkurrierender Produkte und damit zu einer Schwächung des sog. Interbrand-Wettbewerb (Markenwettbewerb), während andere typische Vertikalverträge zu einer Beschränkung des Wettbewerbs zwischen verschiedenen Anbietern eines Produktes eines bestimmten Herstellers führen und damit den sog. Intrabrand-Wettbewerb (markeninterner Wettbewerb) beeinträchtigen können. Mit Angleichung des deutschen Kartellrechts an das europäische Kartellrecht ist neben dem interbrand-Wettbewerb auch der intrabrand-Wettbewerb als schutzbedürftig anzusehen.

37 Die Regelungen bis zur 7. GWB-Novelle unterschieden zwischen „Erstverträgen“ und „Zweitverträgen“. Der Erstvertrag entspricht der Vereinbarung (bzw. dem abgestimmten Verhalten) im Sinne von § 1 GWB in der heutigen Fassung. Typischerweise handelt es sich um Kaufverträge (aber auch Miet- oder Werkverträge), etwa zwischen Hersteller und Händler. Der Zweitvertrag ist ein Vertrag, den das durch den Erstvertrag gebundene Unternehmen mit einem Dritten abschließt. Das kann ein Vertrag des Händlers mit dem Endverbraucher sein, jedoch auch mit anderen Unternehmen. Diese Systematik und die früheren gesetzlichen Regelungen aufnehmend kann auch heute noch zwischen Inhaltsbindungen und Abschlussbindungen unterschieden werden.

a) Inhaltsbindungen

38 Inhaltsbindungen sind dadurch gekennzeichnet, dass im Erstvertrag Bestimmungen über den Inhalt des Zweitvertrages festgelegt werden (etwa Weiterverkaufspreise vorgegeben werden oÄ). Durch die vertragliche Bindung wird die Gestaltungsfreiheit des Unternehmens, insbesondere hinsichtlich der Preise oder Geschäftsbedingungen, unter deren Zugrundelegung das Unternehmen mit Dritten Verträgen abschließt, beschränkt. Zweck des

[73] ABl. 2010 L 102, S. 1.

[74] Vgl. zur Definition der „vertikalen Vereinbarung“ in Art. 1 Abs. 1 lit. a der VO 330/2010 *Seeliger* in Wiedemann, § 11 Rn. 78 ff.

[75] 6. Erwägungsgrund zur VO 330/2010.

[76] Vgl. *Bechtold/Bosch* GWB § 1 Rn. 63.

Verbots ist es deshalb, die Freiheit der Unternehmen in der Gestaltung ihrer Zweitverträge zu schützen.[77] Erfasst werden rechtliche und tatsächliche Beschränkungen. Um eine tatsächliche Beschränkung handelt es sich, wenn die Nichtbeachtung des Vereinbarten zwar nicht vertraglich verboten ist, aber nach den Regeln des Erstvertrages zu wirtschaftlichen Nachteilen bei dem betroffenen Unternehmen führen wird. Eine solche Erstvereinbarung liegt beispielsweise vor, wenn eine Gemeinde bei der Verpachtung einer Stadthalle **Preisbindungs-Vorgaben** für deren Verwendung macht.[78] Gleiches gilt, wenn der Hersteller dem Händler im Erstvertrag **die Preise für den Weiterverkauf** vorschreiben will, aber auch wenn er vorschreiben will, zu welchen Preisen er den Kundendienst machen soll.[79]

Die Freiheit der Preisgestaltung wird zB bei Vorgabe von Endpreisen oder von preisbildenden Faktoren, bei der Festlegung von Höchst- und/oder Mindestpreisen, von Gewinnspannen oder von Kalkulationsschemata etc, die für den Zweitvertrag gelten sollen, eingeschränkt. **Preisbindungsvereinbarungen** wurden auch in Verträgen von Gemeinden mit Pächtern einer Stadthalle oder mit Festwirten erkannt.[80] Dasselbe gilt, wenn kommunale Unternehmen ihre Vertragspartner zur Tariftreue verpflichten wollen, mittels einer sog. Tariftreueerklärung. Der Begriff der Geschäftsbedingungen wird mithin sehr weit verstanden [81]. **39**

Die Vorgabe von Höchstpreisen ist indes im Rahmen der Anwendbarkeit der VO 330/2010 – Vertikal-GVO – kartellrechtlich zulässig.[82] **40**

b) Abschlussbindungen

Das Verbot des § 1 GWB umfasst auch Beschränkungen, die sich auf das „Ob" des Vertragsschlusses beziehen. Regulatorisches Ziel, geleitet von dem Markterschließungsgedanken, ist es, durch die Vermeidung von Marktzutrittsschranken die Märkte offen zu halten.[83] Folgende Abschlussbindungen lassen sich typischerweise unterscheiden: **41**

- **Verwendungsbindungen** liegen vor, wenn eine Vereinbarung einen Vertragsbeteiligten in der Freiheit der Verwendung der gelieferten Waren, anderer Waren oder gewerblicher Leistungen beschränkt.[84] Den Verwendungsbeschränkungen kommt in der Praxis nur eine geringe Bedeutung zu.[85] Beispiel hierfür ist das an einen gewerblichen Mieter gerichtete Verbot des Vermieters, bestimmte Arten von Automaten aufzustellen. Erfasst wird hiervon auch ein Pachtvertrag, bei dem eine Kommune eine Hafeneinrichtung mit einem ausschließlichen Umschlagsrecht einem Pächter überlässt, der jedoch gleichzeitig die Verpflichtung des Pächters enthält, bei allen Aufträgen in erster Linie die Bürger der Gemeinde zu berücksichtigen.[86] Ebenso ist an das Verbot eines Herstellers zu denken, der seine Maschine mit der Beschränkung verkauft, auf ihr ausschließlich bestimmte Produkte herzustellen. **42**
- Um **Ausschließlichkeitsbindungen** handelt es sich bei Vereinbarungen, die einen Vertragsbeteiligten darin beschränken, andere Waren oder gewerbliche Leistungen von Dritten zu beziehen oder Waren an Dritte abzugeben. Derartige Ausschließlichkeitsbindungen können auch faktisch entstehen, wenn der Lieferant mit der Lieferung den Gesamtbedarf des Käufers deckt. Liegt dieser Gesamtbedarfsdeckung ein einziger Liefervertrag **43**

[77] BGH 6.10.1992, WuW/E BGH 2819 ff. – Zinssubvention, noch zu § 14 GWB.
[78] LKartB Hessen 23.8.1962, WuW/E LKartB 83 (84) – Stadthalle.
[79] *Bechtold/Bosch* GWB § 1 Rn. 66.
[80] LKartB Hessen 23.8.1962, WuW/E LKartB 83 (84) – Stadthalle; vgl. auch OLG Stuttgart 14.1.1975, WuW/E OLG 1557 ff. – Arzneilieferungsvertrag; BKartA Tätigkeitsbericht 1972, 91.
[81] Darunter fällt bspw. auch die Verpflichtung des Vertragspartners zur Tariftreue, vgl.: BGH 18.1.2000, ZIP 2000, 426 ff. – Tariftreueerklärung.
[82] Vgl. Artikel 4 lit. a) der VO 330/2010; *Bechtold/Bosch* GWB § 1 Rn. 68.
[83] BGH 18.5.1993, WuW/E BGH 2869 – Pauschalreisen-Vermittlung II; BGH 14.3.1990, WuW/E BGH 2627 – Sportübertragungen.
[84] *Bechtold/Denzel* WuW 2008, 1272 (1273 ff.).
[85] Vgl. aber: KG 28.11.1979, WuW/E OLG 2247 ff. – Parallellieferteile.
[86] KG 9.7.1974, WuW/E OLG 245 – Hafeneinrichtung.

zugrunde, ist er grundsätzlich als wettbewerbsrechtlich neutral einzuordnen. Etwas Anderes gilt dann, wenn der Käufer über längere Zeit rechtlich und tatsächlich gehindert ist, weitere Verträge mit Dritten abzuschließen. **Alleinbezugsverträge** mit einer Laufzeit bis zu zwei Jahren sind in der Regel als unbedenklich einzuordnen, allerdings abhängig von der hieraus resultierenden Behinderung Dritter und der Art der Waren oder Dienstleistungen.[87] Dabei ist ebenso der Grad der Bedarfsdeckung zu berücksichtigen, also etwa eine Bedarfsdeckung zu 100 %, die kritischer zu sehen ist, als eine Bedarfsdeckung von nur 70 % oder 80 %, weil bei dieser das gebundene Unternehmen noch Verträge mit Dritten abschließt. Im Bereich der Energielieferverträge zwischen Unternehmen verschiedener Verteilerstufen sieht das Bundeskartellamt längere Laufzeiten verbunden mit einem hohen Grad der Bedarfsdeckung zunehmend kritischer (80 % und Laufzeit 2 Jahre/50 % und Laufzeit 4 Jahre).[88]

44 • **Vertriebsbindungen** sind Vereinbarungen, die einen Vertragsbeteiligten darin beschränken, die gelieferte Ware an einen Dritten abzugeben. [89] Das absolute Verbot der Weitergabe von Waren ist der Ausnahmefall. In der Regel geht es um Beschränkungen der Weitergabe/der Weiterveräußerung. Hierunter fällt etwa das Verbot gegenüber Großhändlern, unmittelbar an Endverbraucher zu liefern (Sprunglieferungsverbot), das Verbot, Unternehmen derselben Wirtschaftsstufe zu beliefern (Querlieferungsverbot) und das Verbot, Nicht-Fachhändler zu beliefern. Gegenstand der Vertriebsbindung kann aber auch das Gebot sein, bestimmte Erstverkaufstage oder andere Bedingungen einzuhalten. In jüngerer Zeit haben insbesondere die Versuche von Markenherstellern, ihren Händlern den Vertrieb über das Internet oder bestimmte Internetplattformen zu untersagen, die Gerichte beschäftigt.[90] Solche Beschränkungen sind nur in engen Grenzen möglich und bedürfen daher stets genauer Prüfung aller Umstände des Einzelfalls.

45 • Bei **Kopplungsgeschäften** handelt es sich letztlich um die Verpflichtung, neben der eigentlichen Ware auch sachlich oder handelsüblich nicht zugehörige Waren oder gewerbliche Leistungen abzunehmen. Ist an einem Kopplungsgeschäft ein marktbeherrschendes Unternehmen beteiligt, so sind die §§ 18, 19 GWB zu beachten. Ein unzulässiges Kopplungsgeschäft liegt beispielsweise vor, wenn ein marktbeherrschendes Unternehmen die Einräumung von Rabatten bei besonders gefragten Produkten davon abhängig macht, dass gleichzeitig andere – weniger begehrte – Produkte bestellt werden.

7. Freistellung vom Verbot nach § 1 GWB

46 Da Kartelle bzw. wettbewerbsbeschränkende Vereinbarungen unter Umständen aufgrund einer Gesamtwürdigung wettbewerbspolitisch unbedenklich sein oder gar erwünschte Wirkungen haben können, enthält § 2 Abs. 1 GWB eine dem Art. **101 Abs. 3** AEUV nachempfundene Legalausnahme. Eine weitere Ausnahme findet sich in § 3 GWB für „Mittelstandskartelle".

47 **Dabei gilt das Prinzip der „Selbstveranlagung".** Das Unternehmen muss selbst beurteilen, ob die Voraussetzungen des § 2 Abs. 1 GWB oder des § 3 GWB gegeben sind und damit eine Freistellung vom Verbot nach § 1 GWB vorliegt.[91]

a) Freistellung nach § 2 Abs. 1 GWB

48 Voraussetzung für die Freistellung nach § 2 Abs. 1 GWB ist:

[87] LG Frankfurt a. M. 26.7.2001, WuW/E DE-R 959; Bechtold GWB § 1 Rn. 73.

[88] BKartA 13.1.2006, WuW/E DE-V 1147 – E.ON/Ruhrgas; *Bechtold/Bosch* GWB § 1 Rn. 75.

[89] *Bechtold/Bosch* GWB § 1 Rn. 77.

[90] Vgl. etwa KG 19.9.2013, EuZW 2013, 873; LG Kiel 8.11.2013, WUW 2014, 95; vgl. zum aktuellen Stand der Diskussion *Zimmer* in Immenga/Mestmäcker GWB, § 1 Rn. 200 ff.

[91] Nach § 32c GWB besteht aber die Möglichkeit, das Bundeskartellamt um eine Mitteilung zu bitten, dass die Voraussetzungen des § 1 GWB nicht gegeben sind. Eine solche Mitteilung liegt aber im Ermessen der Behörde, ein Anspruch besteht nicht, siehe *Bechtold/Bosch* GWB § 32c Rn. 3.

- Die Beteiligung der Verbraucher am entstehenden Gewinn und
- die Verbesserung der Warenerzeugung oder -verteilung oder die Förderung des technischen oder wirtschaftlichen Fortschritts, ohne dass
- den beteiligten Unternehmen Beschränkungen auferlegt sind, die für die Verwirklichung der Ziele nicht unerlässlich sind oder
- Möglichkeiten eröffnet werden, für einen wesentlichen Teil der betroffenen Waren/Dienstleistungen den Wettbewerb auf dem relevanten Markt auszuschalten.

Erste Voraussetzung sind mithin Effizienzvorteile durch die Förderung des technischen Fortschritts oder die Warenerzeugung bzw. –verteilung. Sie müssen wirtschaftlicher Art sein.[92] Sie können in allen unternehmerischen Funktionen eintreten. Klassische Effizienzgewinne sind Kosteneinsparungen und Qualitätsverbesserungen. Dabei müssen die Vorteile objektiv vorliegen. Die Vorteile, die sich aus der Absprache ergeben, müssen die sich hieraus ergebenden Nachteile überwiegen.[93] Typischerweise entstehen Effizienzvorteile im Horizontalbereich durch die Arbeitsteilung bei Forschungs- und Entwicklungsvereinbarungen. Auch Rationalisierungs- oder Spezialisierungsvereinbarungen können zu Effizienzvorteilen führen. Im Vertikalbereich können Vertriebsvereinbarungen dadurch den Absatz besonders fördern, dass er auf wenige Händler konzentriert wird. Wettbewerbsverbote und Alleinbezugsverträge können durch ihre quantitative und qualitative Selektion Effizienzvorteile generieren, so dass derartige Vereinbarungen in der Praxis innerhalb gewisser Grenzen als zulässig anzusehen sind.[94] 49

An diesen Effizienzvorteilen müssen die Verbraucher angemessen beteiligt werden. Unter „Verbraucher" sind in diesem Falle alle Unternehmen und Personen der Marktgegenseite (also Kunden) zu verstehen.[95] Die an die Marktgegenseite weiterzugebenden Vorteile müssen die durch die Wettbewerbsbeschränkung zu erwartenden Nachteile zumindest ausgleichen.[96] 50

Zudem muss die Wettbewerbsbeschränkung zur Erreichung des Ziels unerlässlich sein. Bestimmte Klauseln, wie etwa Preisbindungen, werden dabei von vornherein als nie unerlässlich angesehen. 51

Schließlich darf der Wettbewerb nicht ausgeschaltet werden. Dies ist insbesondere bei marktbeherrschenden Unternehmen von Bedeutung. Das Vorliegen oder die Begründung einer marktbeherrschenden Stellung führt jedoch nicht automatisch zur Ausschaltung des Wettbewerbs; erst der Missbrauch dieser Stellung kann dazu führen.[97] 52

b) Gruppenfreistellungsverordnungen

Über die dynamische Verweisung in § 2 Abs. 2 GWB finden die europäischen Gruppenfreistellungsverordnungen auch in rein nationalen Sachverhalten unmittelbare Anwendung. Durch die Gruppenfreistellungsverordnungen werden bestimmte Verträge unter den dort genannten näheren Voraussetzungen pauschal vom Verbot des Art. 101 Abs. 1 AEUV und über § 2 Abs. 2 GWB auch vom Verbot des § 1 GWB freigestellt. In den Gruppenfreistellungsverordnungen ist zugleich geregelt, welche Vertragsklauseln einer Freistellung entgegenstehen. Neben den Gruppenfreistellungsverordnungen für bestimmte Branchen, etwa KFZ, Luftverkehr und Reedereien, gibt es solche im Bereich der Forschung und Entwicklung und des Technologietransfers. Praktisch höchst relevant ist die bereits genannte Gruppenfreistellungsverordnung für Vertikalvereinbarungen.[98] 53

---

92 *Nordemann/Grave* in LMRKM GWB § 2 Rn. 18; AEUV Art. 101 Rn. 22ff.
93 *Bechtold/Bosch* GWB § 2 Rn. 14.
94 *Bechtold/Bosch* GWB § 2 Rn. 16.
95 *Nordemann/Nyberg* in LMRKM AEUV Art. 101 Abs 3 Rn. 46.
96 *Nordemann/Nyberg* in LMRKM AEUV Art. 101 Abs 3 Rn. 49.
97 *Bechtold/Bosch* GWB § 2 Rn. 25.
98 Eine Liste mit den in Kraft befindlichen Gruppenfreistellungsverordnungen findet sich etwa bei *Bechtold/Bosch* GWB § 2 Rn. 31 und bei *Elger* in; Immenga/Mestmäcker EU, AEUV Art. 101 Abs. 3 Rn. 460; zur „Vertikal-GVO" im Einzelnen siehe Schultze/Pautke/Wagner, Vertikal-GVO, 4. Aufl. 2019.

c) Mittelstandskartell nach § 3 GWB

54 Das sog. **Mittelstandskartell** umfasst Beschlüsse und Vereinbarungen, die die Rationalisierung wirtschaftlicher Vorgänge durch eine andere Art der zwischenbetrieblichen Zusammenarbeit als durch Spezialisierung zum Gegenstand haben, den Wettbewerb auf dem Markt nicht wesentlich beeinträchtigen und dazu dienen, die Wettbewerbsfähigkeit **kleiner und mittlerer Betriebe** zu verbessern. Der Gesetzgeber geht davon aus, dass die Voraussetzungen des § 2 GWB erfüllt sind, wenn diejenigen des § 3 Abs. 1 GWB erfüllt sind. Da das europäische Recht eine solche Freistellung nicht kennt, greift die Freistellung nach § 3 Abs. 1 nur bei Mittelstandskartellen ein, die nicht in den Anwendungsbereich des Art. 101 Abs. 1 AEUV fallen (d. h. die Zwischenstaatlichkeitsklausel darf nicht erfüllt sein).

8. Rechtsfolgen eines Verstoßes gegen das Verbot des § 1 GWB

55 Aus einem Verstoß gegen § 1 GWB ergeben sich sowohl zivilrechtliche, verwaltungsrechtliche als auch bußgeldrechtliche Rechtsfolgen.

a) Zivilrechtliche Folgen

56 Da § 1 GWB als Verbotstatbestand ausgestaltet ist, sind die zivilrechtlichen Vereinbarungen, die gegen § 1 GWB verstoßen, nach § 134 BGB nichtig. Das heißt, sie gelten als von Anfang an (ex tunc) unwirksam. Verstößt nur ein Teil der Vereinbarung gegen § 1 GWB, bestimmt sich die Wirksamkeit des restlichen Vertrages gemäß § 139 BGB danach, ob die Parteien die Vereinbarung auch ohne den nichtigen Teil geschlossen hätten. Auch eine sog. salvatorische Vertragsklausel, mit deren Hilfe die Parteien der Gesamtnichtigkeit des gesamten Vertrages für den Fall der Nichtigkeit nur eines Teils vorbeugen können, schützt aber nicht vor der Nichtigkeit der gesamten Vereinbarung, wenn dies der Sinn der anordnenden Norm gerade fordert.[99]

57 Folgeverträge in Ausführung des unwirksamen Kartellvertrages sind hingegen vorbehaltlich anderer Unwirksamkeitsgründe grundsätzlich wirksam.[100]

58 Dritte können gegen die an dem Kartell Beteiligten nach § 33 GWB einen **Beseitigungs-, Unterlassungs- und nach § 33a GWB zudem einen Schadensersatzanspruch** haben. Ein drittschützender Charakter der Norm ist nicht erforderlich. Entscheidend ist ein Verstoß gegen Normen des GWB, gegen Art. 101 oder 102 AEUV oder aber gegen eine Verfügung der Kartellbehörde. Hiervon ausgenommen sind lediglich Gesetzesverstöße, die, wie etwa § 30 Abs. 3 GWB, ausdrücklich nur ein Eigreifen der Kartellbehörde vorsehen.

b) Befugnisse der Kartellbehörden

59 Die Kartellbehörde ist berechtigt, den Abschluss einer gegen § 1 GWB verstoßenden Vereinbarung nach § 32 GWB zu **untersagen** bzw. die Unternehmen zur Abstellung der Zuwiderhandlung zu verpflichten. Ist den Parteien ein Verschulden nachzuweisen, so kann darüber hinaus nach § 81 Abs. 4 GWB ein **Bußgeld** von bis zu 1.000.000 Euro (bei natürlichen Personen) oder 10% des letzten Konzern-Jahresumsatzes (bei Unternehmen) verhängt werden, wobei diese Höchstgrenze nicht als Kappungsgrenze sondern als Bußgeldobergrenze gilt, mithin den Bußgeldrahmen definiert[101] Das Bundeskartellamt hat hierzu Richtlinien für die Festsetzung von Bußgeldern erlassen,[102] die auch eine Bonus-

[99] BGH 24.9.2002, NJW 2003, 347 – Tennishallenpacht; *Bechtold/Bosch* GWB § 1 Rn. 95.

[100] OLG Frankfurt a. M. 30.7.1996, NJWE-WettbR 1996, 259 – Der grüne Punkt; BGH 4.5.1956, WuW/E 152 (153) – Spediteur-Bedingungen; *Bechtold/Bosch* GWB § 1 Rn. 97.

[101] BGH 26.2.2013, NJW 2013, 1972 (1974) – Grauzementkartell.

[102] Bundeskartellamt, Leitlinien für die Bußgeldzumessung in Kartellordnungswidrigkeitenverfahren vom 25.6.2013, abrufbar über die Webseite des Bundeskartellamts: www.bundeskartellamt.de.

regelung vorsehen, sofern eine Mitwirkung bei der Ermittlung erfolgt. Das Bußgeldverfahren kann als Ordnungswidrigkeitsverfahren gegen das Unternehmen (§ 30 OWiG) oder die Aufsichtspflichtigen des Unternehmens (§ 130 OWiG) geführt werden.

9. Das europäische Kartellverbot

Der für horizontale Wettbewerbsbeschränkungen relevante **Art. 101 Abs. 1 AEUV** besagt, dass Vereinbarungen zwischen Unternehmen, Beschlüsse von Unternehmensvereinigungen und aufeinander abgestimmte Verhaltensweisen, welche den Handel zwischen den Mitgliedstaaten zu beeinträchtigen geeignet sind und eine Verhinderung, Einschränkung oder Verfälschung des Wettbewerbs innerhalb des Gemeinsamen Marktes bezwecken oder bewirken, mit dem Gemeinsamen Markt nicht vereinbar und **verboten** sind. Das deutsche und das europäische Kartellrecht weisen also dieselbe Struktur mit vergleichbaren Begrifflichkeiten auf. Allerdings ist an dieser Stelle nochmals auf den unterschiedlichen Unternehmensbegriff aufmerksam zu machen.[103] **60**

Anders als im deutschen Recht ist für die Anwendung des europäischen Kartellverbots jedoch eine wettbewerbsbeschränkende Wirkung im **zwischenstaatlichen Handel** erforderlich. Diese sog. Zwischenstaatlichkeitsklausel stellt indes keine hohen Hürden auf und ist bereits erfüllt, wenn die betreffende Maßnahme aufgrund der gesamten Umstände geeignet ist, mittelbar oder unmittelbar den Handel zwischen den Mitgliedstaaten in einer Weise zu beeinträchtigen, die für die Verwirklichung der Ziele eines einheitlichen zwischenstaatlichen Marktes nachteilig sein kann, indem sie zur Errichtung von Handelsschranken im Gemeinsamen Markt beiträgt und die vom EG-Vertrag gewollte Durchdringung der Märkte erschwert.[104] Die Klausel wird denkbar weit ausgelegt.[105] Die auf EU-Ebene zuständige EU Kommission hat Leitlinien zur Anwendbarkeit des Art. 101 AEUV auf Vereinbarungen über horizontale Zusammenarbeit herausgegeben.[106] **61**

Wie im deutschen Kartellverbot muss auch auf europäischer Ebene die **Spürbarkeit** der Wettbewerbsbeschränkung als ungeschriebenes Tatbestandsmerkmal vorliegen. Auch hier hat die EU Kommission in ihrer sog. de-minimis-Bekanntmachung quantitative Grenzen festgelegt.[107] **62**

Nach Art. 101 Abs. 3 AEUV kann eine **Freistellung** vom europäischen Kartellverbot erfolgen. Die Kriterien entsprechen denjenigen des § 2 Abs. 1 GWB. Auch hier gilt das Prinzip der Selbstveranlagung. Daneben greifen die ebenfalls bereits angesprochenen Gruppenfreistellungsverordnungen. **63**

Verstößt eine Vereinbarung gegen Art. 101 Abs. 1 AEUV EGV, können neben der EU Kommission bzw. dem EuGH auch die nationale Behörde, in Deutschland also in der Regel das Bundeskartellamt, und die nationalen Gerichte die daraus resultierende **Unwirksamkeit** der Vereinbarung feststellen. Die Kommission und die Behörden der Mitgliedstaaten können außerdem nach Art. 7 VO 1/2003 eine Untersagungsverfügung erlassen. Die Kommission kann schließlich nach Art. 23 VO 1/2003 ein Bußgeld[108] verhängen, wobei ebenfalls Bonusregelungen zur Anwendung kommen können. § 81 Abs. 1 GWB sieht auch im Fall der Verletzung der europäischen Vorschriften die Verhängung eines Bußgelds vor. **64**

(bleiben frei) **65–76**

---

[103] Vgl. → Rn. 5.

[104] EuGH 31.3.1993, EuZW 1993, 377 (379 ff.) – Zellstoff; EuGH 28.4.1998, EuZW 1998, 404 (406) – Javico; EuZW 1999, 212 (214 ff.) – Bagnasco.

[105] *Zimmer* in Immenga/Mestmäcker EU, AEUV Art. 101 Abs. 1 Rn. 173; Rn. 187 ff.; vgl. Europ. Komm. Leitlinien zum Merkmal der Beeinträchtigung des zwischenstaatlichen Handels, ABl. 2004 C 101, S. 81.

[106] ABl. 2011 C 11, S. 1.

[107] Bekanntmachung über Vereinbarungen von geringer Bedeutung, die im Sinne des Artikels 101 Absatz 1 des Vertrags über die Arbeitsweise der Europäischen Union den Wettbewerb nicht spürbar beschränken (De-minimis-Bekanntmachung), 30.8.2014, ABl. C 291 S. 1.

[108] Europ. Komm. Leitlinien für das Verfahren zur Festsetzung von Geldbußen gem. Art. 23 Abs. 2 lit. a der Verordnung (EG) Nr. 1/2003, 1.9.2006, ABl. C 210 S. 2.

10. Missbrauchsaufsicht

77 Die Vorschriften des GWB sanktionieren nicht nur wettbewerbsbeschränkende Vereinbarungen oder abgestimmte Verhaltensweisen zwischen Unternehmen, sondern auch **missbräuchliches einseitiges Verhalten** eines Unternehmens. Voraussetzung hierfür ist eine marktbeherrschende Stellung des Unternehmens, die außerdem auch für die Zusammenschlusskontrolle von Bedeutung ist.[109] Die Missbrauchsaufsicht findet sich in den folgenden Vorschriften des GWB:

- Missbrauchs-, Behinderungs- und Diskriminierungsverbot, §§ 18, 19, 20 GWB
- Boykottverbot, § 21 GWB

a) Marktbeherrschende Stellung

78 Die Missbrauchstatbestände der §§ 18 ff. GWB setzen voraus, dass sie unter Ausnutzung einer marktbeherrschenden Stellung begangen werden. Wann eine Marktbeherrschung anzunehmen ist, kann § 18 GWB entnommen werden.

79 • Nach § 18 Abs. 1 Nr. 1 GWB ist ein Unternehmen marktbeherrschend, wenn es als Anbieter oder Nachfrager einer bestimmten Art von Waren oder Dienstleistungen ohne Wettbewerber ist (Monopol).

80 • § 18 Abs. 1 Nr. 2 GWB bestimmt ergänzend, dass ein Unternehmen als Quasi-Monopolist auch dann marktbeherrschend ist, wenn es keinem wesentlichen Wettbewerb ausgesetzt ist. Für die Beurteilung, ob wesentlicher Wettbewerb besteht, ist eine Gesamtbetrachtung anzustellen.

81 • § 18 Abs. 1 Nr. 3 GWB bestimmt, dass auch Unternehmen mit einer **überragenden Marktstellung** marktbeherrschend sind. Für die Überprüfung, ob eine überragende Marktstellung vorliegt, werden in § 18 Abs. 3 GWB beispielhaft die Höhe des Marktanteils, die Finanzkraft, der Zugang zu den Beschaffungs- und Absatzmärkten, Verflechtungen mit anderen Unternehmen, der Marktzutritt anderer Unternehmen, der tatsächliche oder potenzielle Wettbewerb durch Unternehmen, die innerhalb oder außerhalb des Geltungsbereichs des GWB ansässig sind, die Fähigkeit, sein Angebot oder seine Nachfrage auf andere Waren oder gewerbliche Leistungen umzustellen, sowie die Möglichkeit der Marktgegenseite, auf andere Unternehmen auszuweichen genannt. Es können jedoch auch weitere Faktoren Berücksichtigung finden.

82 • Möglich ist auch, dass zwei oder mehrere Unternehmen gemeinsam eine marktbeherrschende Stellung haben. Nach § 18 Abs. 5 GWB ist ein solches **Oligopol** anzunehmen, wenn entweder im Innenverhältnis der Unternehmen kein wesentlicher Wettbewerb besteht oder im Außenverhältnis diese Gruppe von Unternehmen keinem oder keinem wesentlichen Wettbewerb ausgesetzt ist oder gegenüber den anderen Wettbewerbern eine überragende Marktstellung innehat.

83 Bei der Prüfung, ob im Einzelfall eine marktbeherrschende Stellung vorliegt, kann auf die in § 18 Abs. 4 GWBenthaltene **Vermutung** zurückgegriffen werden, wonach ein Unternehmen bei einem Marktanteil von mindestens 40 % als markbeherrschend gilt. Die frühere Marktanteilsschwelle von einem Drittel gem. § 19 Abs. 3 GWB aF wurde durch die 8. GWB-Novelle aufgegeben. Für Oligopole gilt die Vermutung des § 18 Abs. 6 GWB, demzufolge gilt eine Gesamtheit von Unternehmen als marktbeherrschend, wenn sie aus drei oder weniger Unternehmen besteht, die zusammen einen Marktanteil von 50 % erreichen, oder aus fünf oder weniger Unternehmen besteht, die zusammen einen Marktanteil von zwei Dritteln erreichen.

Für **Kommunen und kommunale Unternehmen** kommt oftmals eine marktbeherrschende Stellung aufgrund ihrer **Nachfragemacht** in Frage. Aufgrund ihrer oftmals ausschließlichen Angebots- oder Nachfragestellung ist bei Kommunen/kommunalen Unter-

[109] Vgl. → Rn. 115 ff.

nehmen in der Vergangenheit in zahlreichen Fällen Marktbeherrschung angenommen worden.[110]

b) Missbrauchsverbot (§ 19 GWB)

Die Missbrauchstatbestände sind in § 19 GWB geregelt. 84

aa) Missbrauchstatbestände. Die Generalklausel des § 19 Abs. 1 GWB erfasst den Fall, dass ein Normadressat allein oder mit anderen marktbeherrschend ist und diese marktbeherrschende Stellung missbraucht. Für die Marktabgrenzung und Marktbeherrschung ist § 18 GWB heranzuziehen. § 19 Abs. 2 GWB enthält eine **beispielhafte Aufzählung** von Missbrauchsfällen, die allerdings nicht abschließend ist, wobei Missbräuche sowohl von Anbietern als auch Nachfragern erfasst werden 85

(1) Behinderungsmissbrauch und Diskriminierungsverbot. § 19 Abs. 2 Nr. 1 GWB umfasst zwei verschiedene Missbrauchsformen. § 19 Abs. 2 Nr. 1 GWB verbietet den sog. Behinderungsmissbrauch und die sachlich nicht gerechtfertigte andersartige Behandlung (Diskriminierung). Eine missbräuchliche Behinderung wird angenommen, wenn ein marktbeherrschendes Unternehmen als Anbieter oder Nachfrager einer bestimmten Art von Waren oder Leistungen die Wettbewerbsmöglichkeiten anderer Unternehmen in einer für den Wettbewerb auf dem Markt erheblichen Weise unbillig bzw. ohne sachlich gerechtfertigten Grund beeinträchtigt.[111] 86

Hervorzuheben ist für kommunales Handeln die Fallgruppe **Missbrauch der Nachfragemacht.** In bestimmten Bereichen wurden seitens des Bundeskartellamtes in der Vergangenheit immer wieder Verfahren wegen des vermuteten Missbrauchs der Nachfragemacht durchgeführt. 2011 erfolgte eine Sektoruntersuchung des Bundeskartellamtes hinsichtlich der „Nachfragemacht des Handels", welche insbesondere den Lebensmittelhandel betraf.[112] Das Problem des Missbrauchs der Nachfragemacht ist ua auch ein solches der öffentlichen Hand, die auf vielen Märkten alleiniger Nachfrager von Waren und Dienstleistungen ist.[113] Der öffentlichen Hand als Auftraggeber kann bereits aus vergaberechtlichen Gründen die Verpflichtung obliegen, eine Ausschreibung nach den Grundsätzen des öffentlichen Vergaberechts durchzuführen. Auch wenn im Einzelfall das Vergaberecht nicht anwendbar ist, muss die Auftragsvergabe dann, wenn sie durch einen Marktbeherrscher erfolgt, an sachlichen und transparenten Kriterien gemessen werden.[114] In der Vergangenheit wurde zum Beispiel die Anwendung die Anbieter einseitig belastender Geschäftsbedingungen- und Vergabebedingungen, ua die Berücksichtigung vergabefremder Kriterien – etwa eine Bevorzugung von Betrieben, die Lehrlinge ausbilden –, als Missbrauch der Nachfragemacht gewertet. 87

Das **Diskriminierungsverbot** erfasst die sachlich ungerechtfertigte andersartige Behandlung von gleichartigen Unternehmen. § 19 Abs. 2 Nr. 1 GWB erfasst dabei lediglich Diskriminierungen von Unternehmen, jedoch nicht zusätzlich das Verhältnis zu privaten Endverbrauchern, die aber unter die Generalklausel fallen können.[115] Das Diskriminierungsverbot erlangt Bedeutung im Rahmen von Lieferpflichten bzw. Lieferverweigerungen, wobei ein Unternehmen von einem marktbeherrschenden Unternehmen verlangen kann, beliefert zu werden, wenn von ihm gleichartige Unternehmen ebenfalls beliefert 87a

---

110 BGH 14.7.1998, NJW 1998, 3778 ff. – Schilderpräger im Landratsamt; KG 6.11.1996, WuW/E OLG 5787 (5792 ff.) – Kfz-Zulassungsstelle; OLG Karlsruhe 27.1.1988, WuW/E OLG 4260 (4262) – Blumenverkauf; OLG München 8.2.1996, GRUR 1996, 993 ff. – Gastgeberverzeichnis.

111 *Bechtold/Bosch* GWB § 19 Rn. 9 ff.

112 BKartA Tätigkeitsbericht 2011/2012, BT-Drs. 17/13675, 11 ff.

113 BKartA Tätigkeitsberichte 1991/92, 34; 1989/90, 27 ff.; 1985/86, 22 f.; BGH 18.1.2000, NZA 2000, 327 (329); 21.7.2005, NJW-RR 2005, 1562 (1564 f.).

114 OLG Düsseldorf 12.2.1980, WuW/E 2274 (2280), vgl. *Bechtold/Bosch* GWB § 19 Rn. 52.

115 *Bechtold/Bosch* GWB § 19 Rn. 35.

werden,[116] es sei denn, die Lieferverweigerung ist sachlich gerechtfertigt. Hier kann also ausnahmsweise sogar ein Kontrahierungszwang zu bejahen sein.

88 **(2) Ausbeutungsmissbrauch.** Nach § 19 Abs. 2 Nr. 2 GWB ist es missbräuchlich, wenn ein marktbeherrschendes Unternehmen Entgelte oder sonstige Geschäftsbedingungen[117] fordert, die von denjenigen erheblich abweichen, die sich bei wirksamen Wettbewerb mit hoher Wahrscheinlichkeit ergeben würden.[118] Dazu gehört der Fall, wenn seitens des Marktbeherrschers nachträglich eine Skontoeinräumung oder sonstige Sonderrabatte und -boni oder die Gewährung unentgeltlicher Dienstleistungen verlangt wird.

89 Bei der Missbrauchskontrolle von Preisen sieht § 19 Abs. 2 GWB das sogenannte Vergleichsmarktkonzept vor. Das bedeutet, dass zur Ermittlung des Wettbewerbspreises auf die Verhaltensweisen von Unternehmen auf vergleichbaren Märkten mit wirksamem Wettbewerb abgestellt wird. Aufgrund des fehlenden Wettbewerbs auf dem relevanten Markt bereitet es nämlich in der Regel Schwierigkeiten, auf einen Vergleichsmarkt abzustellen. Herangezogen wird stattdessen meist ein inländischer Teilmarkt oder ein vergleichbarer Markt im Ausland etc. Häufig wird vom Bundeskartellamt in der Praxis zudem eine konkrete Kostenkontrolle durchgeführt.[119]

90 **(3) Preis- und Konditionenspaltung.** Missbräuchlich ist es nach § 19 Abs. 2 Nr. 3 GWB außerdem, wenn ein marktbeherrschendes Unternehmen unterschiedliche Preise oder Konditionen gegenüber gleichartigen Abnehmern auf vergleichbaren Märkten verlangt, welche in sich widersprüchlich, willkürlich oder nicht sachlich gerechtfertigt sind.[120] Eine Preisspaltung ist beispielsweise anzunehmen, wenn dasselbe Produkt innerstädtisch zu einem anderen Preis als außerhalb der Stadt angeboten wird und dies nicht durch einen sachlichen Grund – wie zB unterschiedliche Wettbewerbsverhältnisse – begründet werden kann. Eine sachliche Rechtfertigung kann zum Beispiel die Vermeidung von Verlusten auf dem beherrschten Markt sein, was von dem Unternehmen konkret nachgewiesen werden muss. Andernfalls wird nach § 19 Abs. 2 Nr. 3 GWB angenommen, dass es sich um eine missbräuchliche Verhaltensweise unter Ausnutzung der marktbeherrschenden Stellung handelt.

91 **(4) Verweigerung des Zugangs zu wesentlichen Einrichtungen.** Dieser Missbrauchstatbestand (§ 19 Abs. 2 Nr. 4 GWB) richtet sich an die Inhaber von Netzen und anderer Infrastruktureinrichtungen. Der angesprochene Adressatenkreis wird verpflichtet, anderen Unternehmen gegen ein angemessenes Entgelt Zugang zu ihren Netzen oder anderen Infrastruktureinrichtungen zu verschaffen. Eine Zugangsverweigerung stellt den Missbrauch einer marktbeherrschenden Stellung dar, wenn es dem anderen Unternehmen dadurch unmöglich ist, auf dem vor- oder nachgelagerten Markt als Wettbewerber des marktbeherrschenden Unternehmens tätig zu werden. Ein verweigerter Zugang kann allenfalls dadurch gerechtfertigt werden, dass die Mitnutzung aus betriebsbedingten oder anderen Gründen nicht möglich oder zumutbar ist. Zu den Netzen zählen die Strom- und Gasversorgungsnetze, während zu sonstigen Infrastruktureinrichtungen beispielsweise Friedhöfe,[121] Hafeneinrichtungen,[122] aber auch Bahnhöfe uÄ zu rechnen sind. Der Inhaber eines lokalen

[116] *Bechtold/Bosch* GWB § 19 Rn. 45.
[117] Vgl. BGH 16.12.1976, WuW/E 1445 (1454) – Valium; KG 12.2.1982, WuW/E 2617 (2618 f.).
[118] Vgl. zu der Angemessenheit von Netznutzungsentgelten im Bereich der leitungsgebundenen Energie: BKartA Tätigkeitsbericht 2001/02, 29.
[119] BKartA 17.2.2003, B 11 – 40100 – T – 20/02, ZNER 2003, 156 – RWE Net; BKartA 17.4.2003 – B 11 – 40100 – T – 38/01, ZNER 2008, 263- Stadtwerke Mainz; BKartA 14.2.2003, WuW/E DE-V 722 – TEAG; dazu auch: OLG Düsseldorf 30.4.2003, WuW/E DE-R 1094 – TEAG und 22.4.2002, WuW/E DE-R 914.
[120] Vgl. zur Preisspaltung BGH 22.7.1999, WuW/E DE-R 375 (376 f.) – Flugpreisspaltung.
[121] Vgl. dazu *Emmerich* in Immenga/Mestmäcker GWB § 185 Rn. 87 mwN.
[122] BKartA 21.12.1999, WuW/E DE-V 253 (255) – Puttgarden; vgl. auch: BGH 15.11.1994, WuW/E BGH 2953 – Gasdurchleitung; OLG Düsseldorf 25.4.2000, WuW/E DE-R 472; BKartA 30.8.1999, WuW/E DE-V 149 – Berliner Stromdurchleitung.

Stromversorgungsnetzes hat aufgrund § 19 Abs. 2 Nr. 4 GWB die Verpflichtung, anderen Energielieferanten die Durchleitung von Strom durch sein Netz gegen Zahlung eines angemessenen Netznutzungsentgelts zu ermöglichen, damit dieser auf dem nachgelagerten Markt, Stromhandel/-lieferung, tätig werden kann.

(5) Missbrauch durch Aufforderung oder Veranlassung zur Gewährung von Vorteilen. Nach dem durch die 8. GWB-Novelle eingefügten § 19 Abs. 2 Nr. 5 GWB handelt missbräuchlich, wer seine Marktstellung dazu ausnutzt, andere Unternehmen dazu aufzufordern oder zu veranlassen, ihm ohne sachlich rechtfertigenden Grund Vorteile zu gewähren. § 19 Abs. 2 Nr. 5 GWB erfasst auch die Ausnutzung einer Marktstellung auf Nachfragemärkten. Der Tatbestand verlangt, dass der begünstigte Nachfrager auf den Lieferanten dahingehend einwirkt, dass dieser anderen Nachfragern einen entsprechenden Vorteil vorenthält.[123] **91a**

Durch die 8. GWB-Novelle wurde der § 19 GWB um einen Abs. 3 erweitert. Dieser dehnt den Anwendungsbereich des Diskriminierungs- und Behinderungsverbots und Missbrauchstatbestands der Verweigerung des Zugangs zu wesentlichen Einrichtungen aus auf Vereinigungen von miteinander im Wettbewerb stehenden Unternehmen, also für horizontale Kartelle, die nach §§ 2, 3 und 28 Abs. 1 GWB freigestellt werden. Verbände der Verleger und Presse-Grossisten, die nach § 30 Abs. 2a GWB an den dort geregelten Branchenvereinbarungen beteiligt sind und die Unternehmen der Wasserwirtschaft, die die Freistellung nach § 31 Abs. 1 Nr. 1, 2 und 4 GWB in Anspruch nehmen, werden in den Anwendungsbereich des § 19 GWB einbezogen. § 19 Abs. 3 S. 2 GWB bezieht Preisbinder in den Geltungsbereich des § 19 Abs. 2 Nr. 1. § 19 Abs. 3 S. 2 GWB erlangt Bedeutung bei vertikalen Preisbindungen von Zeitungen und Zeitschriften (§ 30 GWB), bei landwirtschaftlichen Erzeugnissen (§ 28 Abs. 2 GWB) und bei Höchstpreisbindungen von Wasserversorgungsunternehmen (§ 31 Abs. 1 Nr. 3 GWB). **91b**

bb) Rechtsfolgen. Soweit Vereinbarungen gegen das Missbrauchsverbot des § 19 GWB verstoßen, sind sie zivilrechtlich gemäß § 134 BGB nichtig.[124] Durch den Verstoß gegen das Missbrauchsverbot Geschädigte haben einen Anspruch auf Beseitigung, Unterlassung und Schadensersatz nach § 33 GWB. **92**

Das Bundeskartellamt kann ein missbräuchliches Verhalten nach § 32 GWB untersagen. Wer gegen das Verbot des § 19 GWB verstößt, macht sich außerdem gemäß § 81 Abs. 2 Nr. 1 GWB bußgeldpflichtig. **93**

c) Ausdehnung auf Unternehmen mit „relativer Marktmacht"

§ 19 Abs. 1 und Abs. 2 Nr. 1 GWB in Verbindung mit § 20 Abs. 1 GWB erfasst auch diskriminierende und behindernde Verhaltensweisen solcher Unternehmen, die zwar noch nicht die Schwelle zur Marktbeherrschung erreicht haben, allerdings über „relative Marktmacht" verfügen. **94**

aa) Adressatenkreis. Gemäß § 19 Abs. 1, Abs. 2 Nr. 1 in Verbindung mit § 20 Abs. 1 GWB richtet sich das Verbot missbräuchlichen Verhaltens, insbesondere durch Diskriminierung oder unbillige Behinderung, auch an Unternehmen mit „relativer Marktmacht". Zur Begründung wird darauf verwiesen, dass Störungen des freien Wettbewerbs nicht allein von marktbeherrschenden Unternehmen drohen, sondern die Stellung eines Unternehmens auch unterhalb der Schwelle einer Marktbeherrschung so stark sein kann, dass von ihm Störungen des Marktgeschehens ausgehen. **95**

Marktstarke Unternehmen. § 20 Abs. 1 GWB erfasst dabei Unternehmen und Vereinigungen von Unternehmen, von denen kleine oder mittlere Unternehmen als Anbieter oder Nachfrager von Waren oder gewerblichen Leistungen **abhängig** sind. Nach der **96**

[123] *Bechtold/Bosch* GWB § 19 Rn. 86 ff.
[124] OLG Düsseldorf 17.12.2008, NJW 2009, 1087 (1088).

gesetzlichen Definition ist dann von einer „relativen Marktmacht" auszugehen.[125] Für die Feststellung der Abhängigkeit muss geprüft werden, ob für das betroffene (also abhängige) Unternehmen eine ausreichende und zumutbare Möglichkeit besteht, auf andere Unternehmen auszuweichen.[126] Man unterscheidet dabei typischerweise die sortimentsbedingte-, mangel-, unternehmens- und nachfragebedingte Abhängigkeit. Es gilt zudem die Vermutung des § 20 Abs. 1 S. 2 GWB.

97–98 *(bleibt frei)*

99 **bb) unbillige Behinderung/Diskriminierung.** Für Unternehmen, die unter den Tatbestand des § 20 Abs. 1 GWB fallen, gilt das Behinderungs- und Diskriminierungsverbot des § 19 Abs. 2 Nr. 1 GWB in gleichem Umfang wie für marktbeherrschende Unternehmen. § 20 GWB verbietet den vorgenannten Adressaten, andere Unternehmen in einem Geschäftsverkehr, der gleichartigen Unternehmen üblicherweise zugänglich ist, unmittelbar oder mittelbar unbillig zu behindern oder sie im Vergleich zu gleichartigen Unternehmen unterschiedlich zu behandeln.

100–101 *(bleibt frei)*

102 Eine Diskriminierung bzw. Behinderung wurde beispielsweise bei der Vergabe von Aufträgen durch die öffentliche Hand unter Voraussetzung der Einhaltung geltender Lohntarife angenommen (sog. Tariftreueeklärung). In diesem Fall werden tarifungebundene Unternehmen diskriminiert und behindert.[127] Ebenso hat die Vermietung von Räumlichkeiten in einer Kfz-Zulassungsstelle an gewerbliche Schilderpräger diskriminierungsfrei zu erfolgen.[128] Umgekehrt kann eine Nichtbelieferung gerechtfertigt sein, wenn dies aus Gründen, die in der Person oder dem Verhalten des betroffenen Unternehmens liegen, begründet ist.[129]

103 Aus einer Nachfragemacht durch die Vergabe öffentlicher Aufträge[130] kann für die öffentliche Hand die grundsätzliche Pflicht zur Ausschreibung der von ihr benötigten Waren und Leistungen resultieren. Auf diese Weise soll eine diskriminierungsfreie Vergabe sichergestellt werden. Die freihändige Vergabe von Aufträgen sowie eine nur beschränkte Ausschreibung wird dabei im Einzelfall als Verstoß gegen das Diskriminierungsverbot gewertet.[131]

103a Nach § 20 Abs. 2 GWB gilt der Tatbestand des Missbrauchs durch Aufforderung oder Veranlassung zur Gewährung von Vorteilen nach § 19 Abs. 2 Nr. 5 GWB auch für marktstarke Unternehmen. Die Marktstärke ergibt sich aus der Abhängigkeit der Unternehmen der Marktgegenseite, wobei keine Begrenzung auf kleine und mittlere Unternehmen vorgenommen wird.[132]

103b § 20 Abs. 3 und Abs. 4 enthalten noch zwei weitere Tatbestände des Diskriminierung- und Behinderungsverbots. § 20 Abs. 3 verbietet Unternehmen mit gegenüber kleinen und mittleren Wettbewerbern überlegener Marktmacht ihre Marktmacht dahingehend auszunutzen, solche Wettbewerber unmittelbar oder mittelbar ohne sachliche Rechtfertigung zu behindern. § 20 Abs. 3 GWB benennt als Beispiel das **Angebot unter Einstandspreis**

---

125 *Markert* in Immenga/Mestmäcker GWB § 20 Rn. 5 ff.

126 BGH 13.11.1990, WuW/E BGH 2683 – Zuckerrübenanlieferungsrecht.

127 BGH 18.1.2000, WuW/E Verg 297 – Tariftreueerklärung.

128 BGH 14.7.1998, WuW/E DE-R 201 (204 f.) – Schilderpräger im Landratsamt; OLG Karlsruhe 13.12.1995, WuW/E OLG 5615 ff. – Schilderprägebetriebe.; vgl. zum Missbrauch einer aufgrund hoheitlicher Sonderstellung bestehenden marktbeherrschenden Stellung auch *Haberer/Rung,* NZKart 2018, 185 (190).

129 BGH 25.10.1988, WuW/E BGH 2535 – Lüsterbehangsteine.

130 Vgl. dazu umfassend → H.

131 Grundsätzlich dazu: BGH 26.5.1987, NJW 1988, 772 – Krankentransporte; OLG Frankfurt a. M. 26.7.1988, WuW/E OLG 4354 (4355) – Betankungsvorteile; OLG Celle 3.7.1987, WuW/E OLG 4130 (4132) – Rettungsdienst Emden; OLG Düsseldorf 12.2.1980, WuW/E OLG 2274 (2277) – Errichtung von Fernmeldetürmen; LG Hannover 17.4.1997, EuZW 1997, 638 (639); BKartA Tätigkeitsbericht 1995/96, 28 f.

132 *Bechtold/Bosch* GWB § 20 Rn. 26.

(§ 20 Abs. 3 S. 2 Nr. 2 GWB) Der systematische Verkauf unter Einstandspreis durch Großbetriebe des Handels soll unterbunden werden.[133] § 20 Abs. 3 S. 2 Nr. 1, S. 3 und S. 4 GWB verbieten das **Angebot von Lebensmitteln unter Einstandspreis.** § 20 Abs. 3 S. 3 nimmt eine sachliche Rechtfertigung bei drohendem Verderb oder sonstiger Unverkäuflichkeit der Lebensmittel an, S. 4 wirkt tatbestandsauschließend für den Fall, das Lebensmittel an gemeinnützige Einrichtungen zur Verwendung im Rahmen ihrere Aufgaben aufgegeben werden. § 20 Abs. 3 S. 2 Nr. 3 GWB erfasst den Fall der **Preis-Kosten-Schere,** bei der ein Unternehmen von kleinen und mittleren Unternehmen, mit denen er auf dem nachgelagerten Markt beim Vertrieb von Waren oder gewerblichen Leistungen im Wettbewerb steht, für deren Belieferung einen höheren Preis fordert, als es selbst auf diesem Markt anbietet.

§ 20 Abs. 5 GWB enthält ein unmittelbar geltendes Verbot der Ablehnung der Auf- **103c**
nahme in Wirtschafts-, Berufsvereinigungen und Gütezeichengemeinschaften.[134] Ein Aufnahmezwang wird angenommen, wenn die Ablehnung der Annahme eine sachlich nicht gerechtfertigte ungleiche Behandlung darstellt.

d) Ausnahme: Öffentlich-rechtliche Gebühren und Beiträge

Öffentlich-rechtliche Gebühren und Beiträge. Im Rahmen der 8. GWB-Novelle **104**
wurden durch § 130 Abs. 1 S. 2 GWB aF (jetzt: § 185 Abs. 1 S. 2 GWB) die öffentlich rechtlichen Gebühren und Beiträge aus dem Anwendungsbereich der §§ 19, 20 und 31b Abs. 5 GWB herausgenommen. Auf eine solche Regelung hatten insbesondere die kommunalen Spitzenverbände hingewirkt, nachdem das Bundeskartellamt und auch einige Gerichte die Auffassung vertreten haben, auch Gebühren unterfielen der kartellrechtlichen Missbrauchskontrolle, jedenfalls soweit die erbrachte Leistung eine „unternehmerische" ist, die auch von Privaten erbracht werden könnte. Der Bundesgerichtshof hat diesbezüglich geurteilt, dass auch öffentlich-rechtliche Wasserversorger „Unternehmen" im kartellrechtlichen Sinne sind und daher der Kartellbehörde gegenüber Auskünfte erteilen müssen.[135] Ob die seitens eines solchen Unternehmens erhobenen Gebühren der Missbrauchsaufsicht unterfallen, blieb allerdings höchstrichterlich offen.[136]

Nach § 185 Abs. 1 S. 2 GWB gilt:

Für den Fall, dass juristische Personen des öffentlichen Rechts verwaltungsrechtlich, insbesondere kommunalrechtlich, die **Wahlfreiheit** haben, ihr Entgelt für gewährte Leistungen privatrechtlich als Preis bzw. öffentlich-rechtlich als Gebühr oder Beitrag geltend zu machen, steht es ihnen frei, **zur Vermeidung der kartellrechtlichen Missbrauchsaufsicht** Gebühren und/oder Beiträge zu erheben.[137] Die erhobenen Gebühren/Beiträge werden nur an den besonderen Anforderungen des öffentlichen Abgaberechts gemessen und unterliegen der Kommunalaufsicht. Die öffentlich-rechtliche Kostenkontrolle knüpft an das Kostendeckungsgebot und an das Äquivalenzprinzip an. Das öffentliche Abgaberecht mangelt aber an einer Lösung des Problems der ineffizient überhöhten Kosten,[138] da nach nationaler Rechtsprechung lediglich sachlich schlechthin unvertretbare Aufwendungen bei der Gebührenkalkulation nicht ansatzfähig sind.[139] Eine Effizienzkontrolle ist daher im Rahmen der kommunalen Gebührenaufsicht nicht möglich. Dabei unter Umständen auftretende Schutzlücken für den Verbraucher, dem es letztlich egal sein dürfte, ob er aufgrund

---

[133] Vgl. BGH 4.4.1995, NJW 1995, 2293 (2295).
[134] Vgl. im Einzelnen zu diesem Tatbestand *Markert* in Immenga/Mestmäcker GWB § 20 Rn. 128.
[135] BGH 18.10.2011, NJW 2012, 1150 – Niederbarnimer Wasserverband.
[136] Dagegen aus der Instanzgerichtsbarkeit etwa OLG Frankfurt a. M. 20.9.2011, WuW/E DE-R 3525 – Stadtwerke Wetzlar"; dafür beispielsweise *Wolf* NZKart 2013, 17.
[137] Vgl. zur Wahlfreiheit die gemeinsame Erklärung der kommunalen Spitzenverbände und des Verbands Kommunaler Unternehmen vom 6.6.2013 „Vermittlungsausschuss bestätigt kommunales Gebührenmodell", http://www.staedtetag.de/presse/mitteilungen/066089/index.html (zuletzt abgerufen am 25.6.2020).
[138] *Weck/Schmidt* NZKart 2013, 343 (347).
[139] BVerfG 19.3.2003, BeckRS 2003, 30312220.

fehlender Effizienz überhöhte „Gebühren“ oder „Preise“ bezahlen muss, hat der Gesetzgeber damit in Kauf genommen.

(a) **Gebühren** sind Geldleistungen, die als Gegenleistung für eine besondere Inanspruchnahme der Verwaltung von denjenigen erhoben werden, auf deren Veranlassung oder in deren Interesse die Inanspruchnahme erfolgt.[140]

(b) **Beiträge** sind Geldleistungen, die zur vollen oder teilweisen Deckung des Aufwandes einer öffentlichen Einrichtung oder Anlage von denjenigen erhoben werden, denen die Herstellung, Anschaffung oder der Bestand der Einrichtung oder Anlage besondere Vorteile gewährt.[141]

(c) Der Unterschied zwischen Gebühren und Beiträgen liegt darin, dass bei letzterem kein unmittelbarer Zusammenhang zwischen Leistung und Gegenleistung erforderlich ist.

§ 185 Abs. 1 S. 2 GWB bestätigt den Gedanken, dass die Verwaltung, wenn sie in öffentlich-rechtlicher Rechtsform und somit nicht wettbewerblich relevant handelt, nicht dem Kartellrecht unterliegt. § 185 Abs. 1 S. 2 GWB erfasst dabei insbesondere die sog. Benutzungsgebühr, so dass der Tatbestand Bedeutung erlangt in den Bereichen der **Abfall- und Abwasserbeseitigung,** für **Marktstände, Musikschulunterricht,** für den **öffentlichen Personennahverkehr,** für die **Nutzung kommunaler Schwimmbäder** und die **Trinkwasserversorgung.**[142] Gerade an dem Beispiel der Trinkwasserversorgung zeigt sich eine Tendenz der Kommunen, eine **„Flucht ins Gebührenrecht“** vorzunehmen. Seit einigen Jahren zeichnet sich insoweit eine Neigung zur sog. „Rekommunalisierung“ der Wasserversorger ab.[143]

§ 31b Abs. 3 GWB erlaubt als Sonderregel hinsichtlich der Kontrolle von Trinkwasserentgelten allerdings gleichwohl, gegen bestimmte Verhaltensweisen vorzugehen. Dabei wird zumindest in der Literatur vertreten, dass die „Sperre“ des § 185 Abs. 1 S. 2 GWB hinsichtlich der Gebührenkontrolle nicht auch einer Kontrolle nach § 31b Abs. 3 GWB entgegensteht, da § 185 Abs. 1 S. 2 GWB sich dem Wortlaut nach lediglich auf § 31b Abs. 5 GWB beziehe. Folglich sei lediglich die „entsprechende“, nicht aber die „originäre“ Anwendung des § 31b Abs. 3 GWB ausgeschlossen. Es handele sich bei § 31b Abs. 3 und Abs. 5 GWB um unterschiedliche Missbrauchsvorschriften, welche einerseits auf die Marktmacht und andererseits auf Kartellvereinbarungen abstellten.[144] Ob die Rechtsprechung dieser Ansicht angesichts des gesetzgeberischen Willens, öffentlich-rechtliche Gebühren aus dem Anwendungsbereich der Missbrauchskontrolle herauszunehmen, folgen wird, bleibt freilich abzuwarten.[145]

104a Eine Anwendung des EU-Kartellrechts scheidet nicht automatisch aus, falls die Erhebung von Gebühren und Beiträgen als privatrechtlich qualifiziert wird, sie erlangt jedoch erst dann Bedeutung, wenn der Sachverhalt eine gemeinschaftliche Beeinträchtigung, folglich einen Bezug zum zwischenstaatlichen Handel, beinhaltet.[146]

e) Rechtsfolgen

105 Zivilrechtlich haben geschädigte Dritte einen Anspruch auf Unterlassung, Beseitigung und Schadensersatz nach § 33 GWB. Im Falle einer unzulässigen Lieferverweigerung oder des verweigerten Zugangs zu einer wesentlichen Einrichtung hat das begehrende Unternehmen einen Anspruch auf Abschluss eines Vertrages zu angemessenen Konditionen, sog. Kontrahierungszwang.[147]

[140] *Bechtold/Bosch* GWB § 185 Rn. 11.
[141] *Bechtold/Bosch* GWB § 185 Rn. 11.
[142] *Weck/Schmidt* NZKart 2013, 343 (344).
[143] *Weck/Schmidt* NZKart 2013, 343 (345).
[144] *Weck/Schmidt* NZKart 2013, 343 (346).
[145] *Schwensfeier/Knauff* in LMRKM GWB § 185 Abs. 1 Rn. 73 weisen zudem auf die geringe praktische Bedeutung angesichts der in der Wasserwirtschaft anzutreffenden „natürlichen Monopolstrukturen“ hin.
[146] *Bechtold/Bosch* GWB § 185 Rn. 29, siehe auch *Weck/Schmidt* NZKart 2013, 343 (348).
[147] BGH 6.10.1992, WuW/E BGH 2805 – Stromeinspeisung.

Das Bundeskartellamt kann das beanstandete Verhalten untersagen, § 32 GWB. Nur im Falle eines vorsätzlichen Verstoßes gegen § 20 GWB kann die Kartellbehörde zudem ein Bußgeld nach § 81 Abs. 4 GWB verhängen. 106

f) Boykottverbot

Schließlich findet sich in § 21 Abs. 1 GWB noch das sog. Boykottverbot, das die an Unternehmen und Unternehmensvereinigungen gerichtete Aufforderung zu Liefer- und Bezugssperren in der Absicht unbilliger Behinderung bestimmter Unternehmen verbietet. Ein Wettbewerbsverhältnis ist nicht erforderlich. Ein bloßes Auffordern ist bereits ausreichend. Die Durchführung der Liefer- bzw. Bezugssperre ist nicht notwendig. Eine Liefer- und Bezugssperre kann sich nicht nur auf Waren, sondern auch auf Dienstleistungen beziehen.[148] So kann auch in der Verweigerung einer Vermietung von Ausstellungseinrichtungen ein Verstoß gegen das Boykottverbot erkannt werden. Verboten ist auch das Veranlassen zu einem unerlaubten Verhalten (Einsatz von Druck- und Lockmitteln) nach § 21 Abs. 2 GWB. § 21 Abs. 2 GWB wurde durch die 8. GWB-Novelle hinsichtlich der Unzulässigkeitsgründe durch die Nr. 1–3 neu gegliedert. Das Verhalten muss kartellrechtlich entweder nach dem GWB, nach Art. 101 oder Art. 102 AEUV unzulässig sein. Nr. 3 erfasst noch den Fall von Abstellungsverfügungen auf Grundlage des § 32 GWB oder Art. 7 VO 1/2003 des Bundeskartellamtes oder der Europäischen Kommission. § 21 Abs. 3 GWB regelt den Tatbestand der Zwangsausübung, wenn dadurch ein Verhalten erreicht werden soll, das zwar wettbewerbsbeschränkend, aber legal ist. Eine solche Einflussnahme auf die Willensbildung wird jedoch in den meisten Fällen schwer nachweisbar sein, da sie typischerweise konkludent bzw. stillschweigend erfolgt. § 21 Abs. 3 GWB erfasst nach Nr. 1 die Ausübung von Druck, einem Kartell iSv § 1 GWB beizutreten, wenn dieses nach §§ 2, 3 oder 28 Abs. 1 GWB freigestellt ist. Nr. 2 verbietet, auf Unternehmen Zwang auszuüben, damit sie sich mit anderen Unternehmen iSv § 37 GWB zusammenschließen. Nr. 3 verbietet zum Beispiel Maßnahmen gegen Wettbewerber, um gleichförmiges Preisverhalten zu erreichen.[149] Letztlich enthält § 21 Abs. 4 GWB noch das Verbot, einem anderen einen wirtschaftlichen Nachteil zuzufügen, weil dieser ein Einschreiten der Behörde beantragt oder angeregt hat. Die Vorschrift des § 21 GWB enthält unmittelbar wirkende Verbote, so dass bei einem Verstoß ein Bußgeldverfahren nach § 81 Abs. 2 Nr. 1 GWB in Betracht kommt. 107

g) Europäisches Recht

Auf europäischer Ebene ist das **Missbrauchsverbot in Art. 102 AEUV** enthalten. Die Vorschrift verbietet die missbräuchliche Ausnutzung einer beherrschenden Stellung auf dem Gemeinsamen Markt oder auf einem wesentlichen Teil desselben durch ein oder mehrere Unternehmen, soweit dies dazu führen kann, den Handel zwischen den Mitgliedstaaten zu beeinträchtigen. 108

Anders als im deutschen Recht[150] ist auf europäischer Ebene der Begriff der **Marktbeherrschung** gesetzlich nicht ausdrücklich definiert. Die Rechtsprechung nimmt eine marktbeherrschende Stellung an, wenn ein Unternehmen eine wirtschaftliche Machtstellung besitzt, die dieses in die Lage versetzt, die Aufrechterhaltung eines wirksamen Wettbewerbs auf dem relevanten Markt zu verhindern, indem sie ihm die Möglichkeit verschafft, sich seinen Wettbewerbern, seinen Abnehmern und letztlich den Verbrauchern gegenüber in einem nennenswerten Umfang unabhängig zu verhalten.[151] Faktoren bei der 109

---

148 BGH Beschl. v. 5.7.1995, WuW/E 3006 (3308) – Handelsvertretersperre.
149 Vgl. *Bechtold/Bosch* GWB § 21 Rn. 19.
150 Vgl. → Rn. 77 und 95.
151 EuGH 13.2.1979, Slg. 1979, 461 (519 ff.) – Hoffmann-la-Roche; EuGH 19.4.2012, EuZW 2012, 741 (741 ff.).

Ermittlung evtl. Marktbeherrschung sind die Marktstellung der beteiligten Unternehmen und ihre Finanzkraft, ihr Zugang zu den Absatz- und Beschaffungsmärkten etc.

110 Art. 102 AEUV verbietet die **missbräuchliche Ausnutzung** einer marktbeherrschenden Stellung. Ein missbräuchliches Verhalten ist anzunehmen, wenn die Verhaltensweise eines Unternehmens die Strukturen eines Marktes beeinflussen kann, auf dem der Wettbewerb gerade wegen der Anwesenheit des marktbeherrschenden Unternehmens bereits geschwächt ist, und die die Aufrechterhaltung des auf dem Markt noch bestehenden Wettbewerbs oder dessen Entwicklung durch die Verwendung von Mitteln behindern, welche von den Mitteln normalen Produkt- oder Dienstleistungswettbewerbs abweichen.[152] Beispielhaft werden in der Vorschrift vier Fälle des Missbrauchs genannt:

111
- Die Erzwingung von unangemessenen Einkaufs- und Verkaufspreisen oder sonstigen Geschäftsbedingungen;
- Einschränkung der Erzeugung, des Absatzes oder der technischen Entwicklung zum Schaden der Verbraucher;
- Anwendung unterschiedlicher Bedingungen bei gleichwertigen Leistungen gegenüber Handelspartnern, wodurch diese im Wettbewerb benachteiligt werden;
- Kopplungsgeschäfte.

112 Ebenfalls als missbräuchliche Verhaltensweise wird die Verweigerung des Zugangs zu wesentlichen Einrichtungen, die sich in der Hand eines Monopolisten befinden, gewertet.[153] Bejaht wird in diesem Fall ein Missbrauch, wenn es dem Zugangbegehrenden durch den verweigerten Zugang unmöglich gemacht wird, sich auf einem vor- oder nachgelagerten Markt zu betätigen.

113 Auch hinsichtlich des Missbrauchsverbots muss die **Zwischenstaatlichkeitsklausel**[154] erfüllt sein.

114 Als zivilrechtliche Rechtsfolge ist die **Unwirksamkeit** evtl. Vereinbarungen festzuhalten (§ 134 BGB). Die EU Kommission kann bei einem Verstoß gegen Art. 102 AEUV außerdem nach der VO 1/2003 ein **Bußgeld** verhängen. Daneben kann sie Maßnahmen zur **Abstellung des Missbrauchs** ergreifen. Die Verletzung von Art. 102 AEUV ist zudem nach § 81 Abs. 4 GWB bußgeldbewehrt.

11. Zusammenschlusskontrolle

115 Der Zusammenschluss mehrerer Unternehmen kann ebenfalls wettbewerbsbeschränkende Wirkung haben und den Wettbewerb gefährden, da durch Zusammenschlüsse die bestehende Marktstruktur verändert wird.[155] Sowohl das europäische als auch das deutsche Recht sehen daher für Zusammenschlüsse mit einer gewissen Bedeutung eine **präventive Kontrolle** vor.

a) Anwendungsbereich

116 Die Zusammenschlusskontrolle findet auf öffentliche Unternehmen ebenso Anwendung wie auf Unternehmen, die sich ausschließlich in privater Hand befinden.[156] Allerdings unterfällt der Zusammenschluss von Gebietskörperschaften gem. § 35 Abs. 2 S. 2 GWB nicht der Zusammenschlusskontrolle der §§ 35 ff. GWB, insoweit hat das speziellere öffentliche Organisationsrecht Vorrang vor dem GWB.[157]

---

[152] EuGH 3.7.1991, Slg. 1991, I-3359 (3455) – Akzo; EuGH 11.12.1980, Slg. 1980, 3775 (3794) – L'Oreal; *Calliess/Ruffert,* AEUV Art. 102 Rn. 28.

[153] Vgl. dazu *Markert* WuW 1995, 560 ff.

[154] → Rn. 61.

[155] BGH 2.12.1980, WuW/E BGH 1749 (1750 f.) – Klöckner-Becorit.

[156] KG 16.6.1981, WuW/E OLG 2507 (2508) – Veba/Stadtwerke Wolfsburg; vgl. im Übrigen zum Unternehmensbegriff → Rn. 4 ff.

[157] *Bechtold/Bosch* GWB § 35 Rn. 49 ff.; *Emmerich* in Immenga/Mestmäcker GWB § 185 Rn. 101.

Im deutschen Kartellrecht wird nicht jeder Zusammenschluss einer vorherigen Kontrolle unterzogen. Grundsätzlich finden die Vorschriften über die Zusammenschlusskontrolle (= Fusionskontrolle) nach § 35 Abs. 1 GWB nur Anwendung, wenn **117**

- die beteiligten Unternehmen insgesamt **weltweit Umsatzerlöse** von mehr als 500 Mio. Euro (Nr. 1) und
- mindestens ein beteiligtes Unternehmen **im Inland Umsatzerlöse** von mehr als 50 Mio. Euro (erste Inlandsumsatzschwelle) und **ein anderes** beteiligtes Unternehmen Umsatzerlöse von mehr als 17,5 Millionen Euro (zweite Inlandsumsatzschwelle) (Nr. 2)

im letzten Geschäftsjahr vor dem Zusammenschluss erzielt haben.

Für Übernahmen von Unternehmen, die zwar noch keine erheblichen Umsatzerlöse vorweisen können, aber hinsichtlich derer von einem erheblichen Potential auszugehen ist, sieht § 35 Abs. 1a) GWB abweichende Schwellen vor, die maßgeblich auf den „Wert der Gegenleistung" (also typischweise den Kaufpreis) abstellen. Liegt dieser Wert über 400 Millionen Euro, so kann die Zusammenschlusskontrolle anwendbar sein, auch wenn die „normalen" Umsatzschwellen nicht erreicht werden. Insbesondere Übernahmen im Bereich digitaler Unternehmen sollen so besser erfasst werden.[158] **117a**

Die Umsatzerlöse werden nach § 277 HGB ermittelt. Außerdem enthält § 38 GWB **Berechnungsregeln** zur Ermittlung der relevanten Umsätze, wobei für einzelne Branchen Sonderregelungen gelten.[159] Beim Handel mit Waren werden beispielsweise nur drei Viertel der Umsatzerlöse in Ansatz gebracht (Abs. 2).[160] Bei Presseerzeugnissen ist das Achtfache des Umsatzerlöses in Ansatz zu bringen (Abs. 3). Maßgebend ist also, ob das Achtfache des Umsatzes die Schwellenwerte erreicht. Gegenüber der früheren Rechtslage (nach aF war das 20-Fache der Umsatzerlöse in Ansatz zu bringen) führt dies im Pressebereich zu einer erheblichen Ausweitung der „kontrollfreien" Zusammenschlüsse. Mit Hilfe der in § 36 GWB enthaltenen Verbundklausel kann die **maßgebliche Unternehmenseinheit** ermittelt werden. Abhängige oder herrschende Unternehmen iSd § 17 AktG sowie Konzernunternehmen iSd § 18 AktG[161] sind als einheitliche Unternehmen anzusehen (Abs. 2). Nach der sog. Mehrmütterklausel des § 36 Abs. 2 S. 2 GWB wird außerdem berücksichtigt, dass ein Unternehmen von mehreren Unternehmen abhängig sein kann. **118**

Eine Zusammenschlusskontrolle kommt nicht in Betracht, sofern die sog. de-minimis-Klausel des § 35 Abs. 2 GWB oder die Bagatellmarktklausel des § 36 Abs. 1 Nr. 2 GWB erfüllt sind: **119**

- **De-minimis-Klausel:** Keine Kontrolle findet statt, wenn sich ein Unternehmen, das nicht iSd § 36 Abs. 2 GWB abhängig ist und im letzten Geschäftsjahr weltweit Umsatzerlöse von weniger als 10 Mio. Euro hat, mit einem anderen Unternehmen zusammenschließt.[162] **120**
- **Bagatellmarktklausel:** Eine Kontrolle ist außerdem entbehrlich, wenn ein Markt betroffen ist, auf dem seit mindestens fünf Jahren Waren oder gewerbliche Leistungen angeboten werden und auf dem im letzten Kalenderjahr weniger als 15 Mio. Euro umgesetzt wurden.[163] Voraussetzung ist, dass von dem Zusammenschluss nur ein Bagatellmarkt und nicht mehrere sachlich eng miteinander verbundene Einzelmärkte betroffen sind. Es ist aber darauf hinzuweisen, dass der entsprechende Zusammenschluss gleichwohl anzumelden ist., wenn die Schwellenwerte des § 35 GWB erreicht werden. **121**

---

[158] Vgl. *Meyer-Lindemann* in LMRKM GWB § 35 Rn. 28: *„Als praktisch wichtigster Anwendungsfall wird oft das Exit-Szenario eines erfolgreichen Start-ups angesehen."*; vgl. auch *Meyer-Lindemann* in LMRKM GWB § 35 Rn. 31 zum Fall *„Facebook/WhatsApp"*.

[159] Vgl. Abs. 3 und Abs. 4, die Sonderbestimmungen für Presse, Rundfunk, Banken, Kredit- und Finanzinstituten sowie Versicherungen enthält.

[160] Dies gilt allerdings in aller Regel nicht für Energieversorgungsunternehmen, vgl. KG 18.2.1985, WuW/E OLG 3469 (3470) – Thüringer Gas/Westerland, *Neuhaus* in LMRKM GWB § 38 Rn. 17.

[161] Vgl. dazu Kapitel D.

[162] KG 16.6.1981, WuW/E OLG 2507 – Veba/Stadtwerke Wolfsburg.

[163] BGH GRUR Int. 2008, 255 (255).

b) Zusammenschlusstatbestände

122 Die Definition des Zusammenschlussbegriffs findet sich in § 37 GWB. Die Aufzählung der Zusammenschlusstatbestände ist abschließend. Für die Anwendung der §§ 35 ff. GWB muss einer der aufgeführten Tatbestände vorliegen, im Einzelfall können auch mehrere Tatbestände erfüllt sein.[164]

123 • **Vermögenserwerb:** Nach § 37 Abs. 1 Nr. 1 GWB gilt als Zusammenschluss der Erwerb des Vermögens eines Unternehmens ganz oder zum wesentlichen Teil.[165]

124 • **Kontrollerwerb:** Der Erwerb der unmittelbaren oder mittelbaren Kontrolle durch ein oder mehrere Unternehmen über die Gesamtheit oder Teile eines oder mehrerer anderer Unternehmen gilt als Zusammenschluss gemäß § 37 Abs. 1 Nr. 2 GWB. Eine Kontrolle liegt vor, wenn auf die Tätigkeit eines anderen Unternehmens bestimmender Einfluss ausgeübt wird, der Erwerber also beispielsweise Eigentums- oder Nutzungsrechte an der Gesamtheit/Teilen des Vermögen (Nr. 1) oder Einfluss auf die Besetzung der Geschäftsführerorgane bzw. strategische Entscheidungen hat (Nr. 2).[166]

125 • **Anteilserwerb:** § 37 Abs. 1 Nr. 3 GWB qualifiziert außerdem den Erwerb von Anteilen an einem anderen Unternehmen als Zusammenschluss, sofern die Anteile allein oder zusammen mit sonstigen, dem Unternehmen bereits gehörenden Anteilen entweder 50 % oder 25 % des Kapitals oder der Stimmrechte des anderen Unternehmens ausmachen.

126 • Durch Nr. 3 S. 3 werden auch sog. **Gemeinschaftsunternehmen (GU)** erfasst. Danach wird ein Zusammenschluss auch angenommen, wenn mehrere Unternehmen gleichzeitig oder nacheinander Anteile in Höhe von 25 % oder 50 % an einem anderen Unternehmen erwerben. Abzustellen ist auf den Markt, auf dem das andere Unternehmen, von dem die Anteile erworben werden, tätig ist. Ein GU kann gleichfalls den Kontrollerwerbstatbestand (Nr. 2) erfüllen.[167] Außerdem kann ein GU gleichzeitig der Kontrolle anhand § 1 GWB, der sog. Doppelkontrolle, unterliegen.[168]

127 • § 37 Abs. 1 Nr. 4 GWB bestimmt außerdem, dass auch die **Herbeiführung sonstiger Verbindungen mit wettbewerblich erheblichem Einfluss** einen Zusammenschlusstatbestand darstellt. Hiervon erfasst werden sollen Minderheitsbeteiligungen von Wettbewerbern, die unter 25 % liegen. Der wettbewerblich erhebliche Einfluss kann sich beispielsweise auf die künftige Gestaltung der Anteilseignerstruktur, der Absatzpolitik etc beziehen.[169]

128 Schließlich wird durch § 37 Abs. 2 GWB klargestellt, dass ein Zusammenschluss tatbestandsmäßig auch vorliegt, wenn Unternehmen bereits zuvor iSd § 37 Abs. 1 GWB zusammengeschlossen waren und ihre bestehende Unternehmensverbindung beispielsweise durch eine Anteilserhöhung wesentlich verstärkt wird. Ist keine wesentliche Verstärkung zu bejahen, scheidet ein Zusammenschluss aus. Hintergrund ist der Rechtsgedanke, dass konzerninterne Umstrukturierungen fusionskontrollfrei sein sollen.[170] Konzerninterne Umstrukturierungsmaßnahmen, wie zB die Gründung einer 100 %-Tochtergesellschaft, werden daher von Abs. 2 nicht erfasst.[171]

---

164 BGH 15.7.1997, WuW/E DE-R 24 (27 ff.) – Stromversorgung Aggertal.

165 Bsp. für einen Vermögenserwerb zu einem wesentlichen Teil: BGH 23.10.1979, WuW/E BGH 1655 – Zementmahlanlage II; BGH 20.11.1975, WuW/E BGH 1377 (1378) – Zementmahlanlage I; BGH 6.12.2011, NJOZ 2012, 1152 (1154).

166 Vgl. Merkblatt des BKartA zur deutschen Fusionskontrolle (Stand. Juli 2005), V. 4, abrufbar über die Webseite des Bundeskartellamts: www.bundeskartellamt.de.

167 Vgl. → Rn. 124.

168 BGH 1.10.1985, WuW/E BGH 2196 – Mischwerke.

169 Vgl. dazu die Begründung, BT-Drs. 11/4610, 20.

170 Vgl. *Riesenkampff/Steinbarth* in LMRKM GWB § 37 Rn. 35.

171 BGH 15.7.1997, WuW/E DE-R 24 (29) – Stromversorgung Aggertal.

c) marktbeherrschende Stellung

Ein Zusammenschluss ist gemäß § 36 Abs. 1 GWB danach zu beurteilen, ob er den wirksamen Wettbewerb erheblich behindern bzw. beschränken würde (nach dem sog. SIEC-Test: significant impediment to effective competition). Durch die 8. GWB-Novelle ist eine Angleichung der deutschen an die europäische Fusionskontrolle erfolgt, der SIEC-Test ist für die Beurteilung von Zusammenschlüssen auf europäischer Ebene bereits seit 2004 Standard.[172] Die Begründung oder Verstärkung einer marktbeherrschenden Stellung bleibt als Regelbeispiel erhalten, so dass sich keine wesentlichen Änderungen in der Praxis ergeben. Der relevante Markt wird anhand der oben dargestellten Kriterien ermittelt. Wann eine marktbeherrschende Stellung vorliegt, ergibt sich – wie bei der Missbrauchsaufsicht[173] – aus § 18 GWB. Allerdings ändert sich die zeitliche Beurteilung insofern, als bei der Missbrauchsaufsicht auf die Vergangenheit abgestellt wird, während bei der Fusionskontrolle eine Prognose für die Zukunft gestellt werden muss.[174] Das Bundeskartellamt hat Auslegungsgrundsätze zur Prüfung der Marktbeherrschung veröffentlicht.[175] Die erhebliche Behinderung bzw. Beschränkung wirksamen Wettbewerbs muss auf den Zusammenschluss zurückzuführen sein. Von der Untersagung des Zusammenschlusses kann allerdings abgesehen werden, wenn den Unternehmen der Nachweis gelingt, dass den eintretenden Nachteilen der Marktbeherrschung Verbesserungen der Wettbewerbsbedingungen gegenüberstehen und überwiegen (vgl. § 36 Abs. 1 Nr. 1 GWB).[176] Daneben kann bei dem bevorstehenden finanziellen Zusammenbruch eines Unternehmens ausnahmsweise eine sog. Sanierungsfusion in Betracht kommen.[177] **129**

d) Verfahren

Liegt einer der Zusammenschlusstatbestände vor, sind die beteiligten Unternehmen zur **Anmeldung** beim Bundeskartellamt verpflichtet, bevor der Zusammenschluss vollzogen wird. Die Anmeldung muss Angaben zur Art des Zusammenschlusses, zu den beteiligten Unternehmen und der Art ihrer Beteiligung enthalten. Im Übrigen müssen die in § 39 Abs. 3 S. 2 Nr. 1–6 GWB aufgeführten Angaben enthalten sein.[178] **130**

Vorprüfverfahren: Das Bundeskartellamt prüft innerhalb eines Monats ab Eingang der Anmeldung, ob eine eingehende Prüfung erforderlich ist. Hält es eine eingehende Prüfung für nicht erforderlich, so macht es den Beteiligten über die Nichterforderlichkeit des Hauptprüfverfahrens Mitteilung. Der Zusammenschluss ist damit **formlos freigegeben.** Hält das Bundeskartellamt eine eingehende Prüfung für erforderlich, so macht es den beteiligten Unternehmen innerhalb eines Monats ab Anmeldungseingang Mitteilung (sog. Monatsbrief, § 40 Abs. 1 S. 1 GWB).[179] **131**

Hauptprüfverfahren: Das Hauptprüfverfahren, das dem Bundeskartellamt eine eingehende Prüfung ermöglichen soll, muss spätestens vier Monate nach Eingang der vollständigen Anmeldung abgeschlossen sein. Am Ende des Hauptprüfverfahrens kann eine Freigabeentscheidung (§ 40 Abs. 2 S. 1 Alt. 2 GWB) stehen, die ggf. auch mit Auflagen und Bedingungen[180] verbunden werden kann (§ 40 Abs. 3 S. 1 GWB). Ergeht keine Verfügung **132**

[172] Vgl. Monopolkommmission, Sondergutachten 63, S. 9.
[173] Vgl. → Rn. 78.
[174] BGH 15.7.1997, WuW/E DE-R 24 (29) – Stromversorgung Aggertal; *Schnelle* GRUR-Prax, 2012, 542 (542).
[175] BKartA, Leitfaden zur Marktbeherrschung in der Fusionskontrolle, 29.3.2012; abrufbar über die Webseite des Bundeskartellamts: www.bundeskartellamt.de.
[176] Vgl. dazu: BGH 12.12.1978, WuW/E BGH 1533 (1539 ff.) – Erdgas Schwaben; KG 18.2.1985, WuW/E OLG 3469 – Thüringer Gas/Westerland.
[177] BGH 2.12.1978, WuW/E BGH 1533 (1539) – Erdgas Schwaben.
[178] Vgl. Merkblatt des BKartA zur deutschen Fusionskontrolle (Stand. Juli 2005).
[179] BKartA, Merkblatt zur deutschen Fusionskontrolle (Stand. Juli 2005), S. 3 ff.
[180] ZB die Verpflichtung zur Veräußerung von Unternehmensteilen BKartA 3.7.2000, WuW/E DE-V 301 (308) – RWE/VEW; zur Marktöffnung: BKartA 14.10.1999, WuW 2000, 45 – VEW/Westfälische Ferngas; allgemein zu Bedingungen und Auflagen siehe BKartA Tätigkeitsbericht 2011/2012, BT-Drs. 17/13876, 93.

des Bundeskartellamtes, so gilt der Zusammenschluss nach Ablauf von vier Monaten als freigegeben (§ 40 Abs. 2 S. 2 GWB). Umgekehrt kann der Zusammenschluss nicht vollzogen werden, wenn das Bundeskartellamt innerhalb der Vier-Monats-Frist eine Untersagungsverfügung erlässt. Die Frist kann – beispielsweise durch die Zustimmung der Beteiligten – verlängert werden (vgl. § 40 Abs. 2 S. 3 GWB).

133 Bei einer Untersagungsentscheidung des Bundeskartellamtes haben die Unternehmen die Möglichkeit innerhalb eines Monats ab Zugang der Entscheidung beim Bundeswirtschaftsminister eine Erlaubnis für den Zusammenschluss zu beantragen (sog. **Ministererlaubnis**), sofern im konkreten Einzelfall die Wettbewerbsbeschränkung von gesamtwirtschaftlichen Vorteilen aufgewogen wird oder der Zusammenschluss durch ein überragendes Interesse der Allgemeinheit gerechtfertigt ist (§ 42 GWB).

e) Rechtsfolgen

134 Ein anmeldepflichtiger Zusammenschluss darf nach § 41 Abs. 1 GWB vor der Freigabe durch das Bundeskartellamt nicht vollzogen werden (Vollzugsverbot). Die Verträge, die den Zusammenschluss betreffen, sind daher bis zur Freigabe **schwebend unwirksam** und werden mit der Freigabe rückwirkend wirksam. Ggf. kann das Bundeskartellamt von diesem Vollzugsverbot befreien, § 41 Abs. 2 GWB.

135 Die vorsätzliche oder fahrlässige Nichtbeachtung des Vollzugsverbots ist nach § 81 Abs. 2 Nr. 1 iVm Abs. 4 GWB bußgeldpflichtig. Ein **Bußgeld** kann auch verhängt werden, wenn ein Zusammenschluss vorsätzlich oder fahrlässig nicht, nicht richtig, nicht vollständig oder nicht rechtzeitig anmeldet oder wenn in der Anmeldung unvollständige oder unrichtige Angaben (§ 81 Abs. 2 Nr. 3, 4 GWB) gemacht werden.

f) Rechtsmittel

136 Die im Hauptprüfverfahren ergangene **Freigabeentscheidung** stellen verwaltungsrechtliche Verfügungen dar und können (auch) von Dritten angefochten werden, sofern sie als Dritte auf Antrag zum Verfahren beigeladen wurden (§ 63 Abs. 2, § 54 Abs. 2 Nr. 3 GWB). Gegen eine **Untersagungsentscheidung** können die am Zusammenschluss beteiligten Unternehmen Beschwerde beim OLG Düsseldorf einlegen (§§ 54, 63 GWB).

g) Europäisches Recht

137 Die europäischen Vorschriften zur Zusammenschlusskontrolle finden sich in der Verordnung Nr. 139/2004[181] über die Kontrolle von Unternehmenszusammenschlüssen **(FKVO).** Diese Verordnung ist am 1.5.2004 in Kraft getreten und hat die bis dahin geltende Verordnung VO 4064/89 abgelöst.

138 **aa) Anwendungsbereich.** Zu beachten ist, dass die **deutsche Zusammenschlusskontrolle nicht zur Anwendung kommt,** wenn die Anwendungsvoraussetzungen der europäischen Fusionskontrolle vorliegen.[182] Entscheidet die Kommission, dass die Anwendungsvoraussetzungen der europäischen Fusionskontrolle für einen Zusammenschluss nicht vorliegen, lebt die Zuständigkeit der nationalen Behörden wieder auf und es kann eine Prüfung nach nationalem Recht erfolgen. Um zukünftige Mehrfachanmeldungen zu vermeiden, sieht die FKVO nunmehr in Art. 9 veränderte Regeln der Verweisung an die Mitgliedstaaten vor. Auf Antrag der am Zusammenschluss Beteiligten kann ebenfalls eine Verweisung der Kommission an die Mitgliedstaaten und umgekehrt erfolgen (vgl. Art. 4 Abs. 3–5 FKVO).

[181] Verordnung (EG) Nr. 139/2004 des Rates vom 20.1.2004 über die Kontrolle von Unternehmenszusammenschlüssen („EG-Fusionskontrollverordnung"), 29.1.2004 ABl. 2004, S. 1.

[182] Sog. „One-Stop-Shop"-Prinzip, vgl. Art. 21 Abs. 3 FKVO und § 35 Abs. 3 GWB; vgl. *Simon* in LMRKM FKVO Art. 1 Rn. 1 und Art. 21 Rn. 3.

Die FKVO findet auf Zusammenschlüsse mit **gemeinschaftsweiter Bedeutung** Anwendung. Die gemeinschaftsweite Bedeutung ist zu bejahen, wenn 139

- die am Zusammenschluss beteiligten Unternehmen einen **weltweiten Gesamtumsatz** von mehr als fünf Milliarden Euro haben und (Art. 1 Abs. 2a FKVO)
- mindestens zwei beteiligte Unternehmen einen **gemeinschaftsweiten Gesamtumsatz** von jeweils mehr als 250 Mio. Euro haben. (Art. 1 Abs. 2b FKVO)

Dies gilt nicht, wenn die am Zusammenschluss beteiligten Unternehmen nicht jeweils mehr als zwei Drittel ihres gemeinschaftsweiten Gesamtumsatzes in demselben Mitgliedstaat erzielen.

Die FKVO findet unabhängig von der Erreichung der dargestellten Schwellenwerte in folgenden Fällen Anwendung: 140

- wenn der **weltweite Gesamtumsatz** aller beteiligten Unternehmen zusammen mehr als 2,5 Milliarden Euro beträgt (Art. 1 Abs. 3a FKVO);
- wenn der Gesamtumsatz aller beteiligten Unternehmen in **mindestens drei Mitgliedstaaten** jeweils 100 Mio. Euro übersteigt (Art. 1 Abs. 3b FKVO);
- wenn in jedem von mindestens drei von Art. 1 Abs. 3b FKVO erfassten Mitgliedstaaten der Gesamtumsatz von mindestens zwei beteiligten Unternehmen jeweils mehr als 25 Mio. Euro beträgt (Art. 1 Abs. 3c FKVO);
- wenn der gemeinschaftsweite Gesamtumsatz von mindestens zwei beteiligten Unternehmen jeweils 100 Mio. Euro übersteigt (Art. 1 Abs. 3d FKVO).

Auch hier wird die Anwendung der europäischen Fusionskontrolle für den Fall ausgeschlossen, dass die am Zusammenschluss beteiligten Unternehmen nicht jeweils **mehr als zwei Drittel** ihres gemeinschaftsweiten Gesamtumsatzes in demselben Mitgliedstaat erzielen.[183] 141

Art. 5 FKVO und der Mitteilung der Kommission über die **Berechnung des Umsatzes** ist zu entnehmen, wie der relevante Umsatz zu ermitteln ist.[184] 142

bb) Zusammenschlusstatbestände. Die Zusammenschlusstatbestände sind anders als im deutschen Recht als Generalklauseln formuliert:[185] 143

- Eine sog. **Fusion** liegt nach Art. 3 Abs. 1a FKVO vor, wenn zwei oder mehr bisher voneinander unabhängige Unternehmen fusionieren. 144
- Ein sog. **Kontrollerwerb** ist gemäß Art. 3 Abs. 1b FKVO anzunehmen, wenn ein oder mehrere Personen bzw. Unternehmen die Kontrolle über die Gesamtheit oder über Teile eines oder mehrerer anderer Unternehmen erwerben. 145
- Gleichzeitig stellt Art. 3 Abs. 4 FKVO klar, dass die Gründung eines Gemeinschaftsunternehmens als Kontrollerwerb und damit als Zusammenschlusstatbestand iSd Art. 3 Abs. 1b FKVO zu werten ist, wenn das Gemeinschaftsunternehmen auf Dauer alle Funktionen einer selbständigen wirtschaftlichen Einheit erfüllt, sog. **Vollfunktionsgemeinschaftsunternehmen.**[186] 146

cc) marktbeherrschende Stellung. Liegt einer der Zusammenschlusstatbestände vor und wird durch die Fusion wirksamer Wettbewerb im Gemeinsamen Markt oder in einem wesentlichen Teil desselben erheblich behindert würde (nach dem sog. SIEC-Test), insbesondere durch Begründung oder Verstärkung einer beherrschenden Stellungauf dem relevanten Markt, so ist diese zu untersagen. Wann eine marktbeherrschende Stellung im europäischen Recht anzunehmen ist, bestimmt sich nach den oben bei der Missbrauchs- 147

[183] Vgl. → Rn. 139.
[184] Vgl. Berichtigung der Konsolidierten Mitteilung der Kommission zu Zuständigkeitsfragen,21.2.2009, ABl. 2009 C 43 S. 9, S. 35 ff.
[185] Vgl. Berichtigung der Konsolidierten Mitteilung der Kommission zu Zuständigkeitsfragen, 21.2.2009, ABl. 2009 C 43/09, S. 4 ff.
[186] Vgl. Berichtigung der Konsolidierten Mitteilung der Kommission zu Zuständigkeitsfragen ABl. 2009 C 43/09, S. 32 ff.

aufsicht dargelegten Grundsätzen.[187] Zu beachten sind außerdem die Leitlinien der Kommission zur Bewertung horizontaler Zusammenschlüsse.[188]

148 **dd) Verfahren.** Das europäische und das deutsche Fusionskontrollverfahren sind sehr ähnlich ausgestaltet, insbesondere erfolgte durch die 8. GWB-Novelle eine weitere Angleichung des deutschen Fusionskontrollverfahrens an die europäische Ebene. Auch im europäischen Recht ist eine **Anmeldung** der Fusion – unter Verwendung eines Formblattes – nach Vertragsschluss notwendig. Die Anmeldung wird veröffentlicht. Ebenso wie im deutschen Recht existieren ein **Vorprüf- und ein Hauptprüfverfahren.** Anders als im deutschen Recht endet im europäischen Recht das Verfahren aber in jedem Fall mit einer förmlichen Entscheidung (vgl. Art. 8 FKVO), im Übrigen weisen die Verfahren aber eine starke Ähnlichkeit auf, so dass für die Grundzüge auf die Darstellung zum deutschen Verfahren[189] und wegen der Einzelheiten auf die Vorschriften der FKVO verwiesen wird (Art. 4, 6–15 der FKVO). Nach der novellierten FKVO (VO 139/04) ergeben sich zunächst keine wesentlichen Änderungen. Durch die neue Verordnung wurden die Befugnisse der Kommission für den Fall, dass ein Zusammenschluss ohne Freigabeentscheidung bereits vollzogen wurde oder Verpflichtungen seitens der Unternehmen nicht eingehalten werden, erweitert.[190] Die in den einzelnen Prüfphasen laufenden Fristen wurden flexibilisiert.[191]

II. Wettbewerbsrecht

1. Einleitung

a) Ziele und Schutzzweck

149 Das Gesetz gegen den unlauteren Wettbewerb (UWG)[192] dient dem Schutz der **Lauterkeit des Wettbewerbs.** Während das Kartellrecht die Institution des Wettbewerbs an sich schützt, knüpft das Lauterkeitsrecht an die einzelne Handlung im Wettbewerb an und schützt die **Funktionsfähigkeit des Wettbewerbs,** indem es unlautere Verhaltensweisen für unzulässig erklärt.[193] Solche als unfair zu qualifizierenden Verhaltensweisen gefährden nämlich mittelfristig das Vorhandensein eines funktionsfähigen Wettbewerbs. § 1 UWG normiert daher den Gesetzeszweck wie folgt:

„Dieses Gesetz dient dem Schutz der Mitbewerber, der Verbraucherinnen und Verbraucher sowie der sonstigen Marktteilnehmer vor unlauteren geschäftlichen Handlungen. [2]Es schützt zugleich das Interesse der Allgemeinheit an einem unverfälschten Wettbewerb."

Die Tatbestände des UWG können parallel zu denjenigen des GWB verwirklicht werden.

b) Historie

150 Das UWG in seiner aktuellen Fassung beruht auf einem umfassenden Novellierungsprozess während der letzten Jahre, an dessen Ende das frühere UWG,[194] das beinahe ein Jahr-

[187] Vgl. → Rn. 109.
[188] ABl. 2004 C 31, S. 5.
[189] Vgl. → Rn. 130; vgl. auch die Durchführungsverordnung VO 802/2004, ABl. 2004 L 33, S. 1 mit dem entsprechenden Formblatt.
[190] Vgl. Art. 8 FKVO.
[191] Vgl. dazu Art. 10 FKVO.
[192] Gesetz gegen den unlauteren Wettbewerb vom 3.3.2010 (BGBl. I S. 254), zuletzt geändert durch Art. 5 G zur Umsetzung der RL (EU) 2016/943 zum Schutz von Geschäftsgeheimnissen vor rechtswidrigem Erwerb sowie rechtswidriger Nutzung und Offenlegung vom 18.4.2019 (BGBl. I S. 466).
[193] Vgl. dazu auch → Rn. 1 zur Abgrenzung zwischen Wettbewerbs- und Kartellrecht.
[194] Gesetz gegen den unlauteren Wettbewerb vom 7.6.1909 RGBl. S. 499 zuletzt geändert durch das Gesetz zur Änderung des Rechts der Vertretung durch Rechtsanwälte vor den Oberlandesgerichten vom 23.7.2002, BGBl. I S. 2850.

hundert gegolten hat, durch wesentliche Neuregelungen im Jahr 2004, 2008 und zuletzt im Jahr 2015 abgelöst wurde.

Das alte UWG aus dem Jahre 1909, das bis in das Jahr 2004 Bestand hatte, enthielt als zentrale Verbotsnorm eine weit gefasste Generalklausel, wonach sittenwidrige Handlungen verboten waren. Diese Generalklausel wurde durch eine umfangreiche Rechtsprechungskasuistik konkretisiert, in der sich bereits eine Vielzahl einzelner Unlauterkeitsfallgruppen herausgebildet hatte.

Um das alte UWG transparenter zu gestalten und zu modernisieren, wurde das Gesetz erstmals im Jahr 2004 – damit vor Erlass der Richtlinie 2005/29/EG[195] über unlautere Geschäftspraktiken im Jahre 2005 – umfassend reformiert und neu gefasst.[196] Große Teile der späteren Richtlinie 2005/29/EG wurden bereits durch die Reform des UWG im Jahre 2004 umgesetzt. Dabei wurden die von der Rechtsprechung entwickelten Zielsetzungen, Rechtsinstitute und Fallgruppen kodifiziert und in den Gesetzestext aufgenommen.[197] Zusätzlich sollte die Neufassung den Liberalisierungstendenzen auf europäischer Ebene Rechnung tragen und den Verbraucherschutz stärken.

Die UWG-Novelle 2008 hat mit der Umsetzung der Richtlinie 2005/29/EG die deutsche Wettbewerbspraxis der europäischen Ebene angeglichen, da die Richtlinie 2005/29/EG eine vollständige Rechtsangleichung (Vollharmonisierung) und nicht wie bisher eine Mindestharmonisierung vorsah.[198]

Die UWG-Novelle 2015[199] schließlich sorgte für eine weitere Angleichung bzw. noch exaktere Umsetzung der Richtlinie und ordnete die Tatbestände des UWG in Teilen neu an.[200]

Der Anwendungsbereich des UWG ist jedoch weiter als der der Richtlinie 2005/29/EG, das Gesetz schützt zwar auch den Verbraucher, aber auch Mitbewerber und sonstige Marktteilnehmer (§ 1 S. 1 UWG), als auch das Interesse der Allgemeinheit an einem unverfälschten Wettbewerb (§ 1 S. 2 UWG).[201] Der Anwendungsbereich wird durch das Merkmal der **geschäftlichen Handlung** begrenzt, er ersetzt den früheren Begriff der Wettbewerbshandlung. Nach der Definition in § 2 Abs. 1 Nr. 1 UWG ist geschäftliche Handlung jedes Verhalten einer Person zugunsten des eigenen oder eines fremden Unternehmens, bei oder nach einem Geschäftsabschluss, das mit der Förderung des Absatzes oder des Bezugs von Waren oder Dienstleistungen oder mit dem Abschluss oder der Durchführung eines Vertrags über Waren oder Dienstleistungen objektiv zusammenhängt.

§ 3 Abs. 1 UWG enthält eine Neufassung der Generalklausel unter Verzicht auf das Merkmal der Beeinträchtigung des Wettbewerbs. Anknüpfungspunkt sind nunmehr die Interessen von Mitbewerbern, Verbrauchern oder sonstigen Markteilnehmern. § 3 Abs. 4 UWG stellt hinsichtlich der geschäftlichen Handlung, die sich an eine bestimmte Verbrauchergruppe richtet, auf das vom EuGH entwickelte und vom BGH in ständiger Rechtsprechung verwendete **Verbraucherleitbild** des informierten, verständigen und angemessen aufmerksamen Durchschnittsverbrauchers ab.[202] § 3 Abs. 3 UWG verweist auf einen Anhang mit einer Liste (schwarze Liste) geschäftlicher Handlungen gegenüber Verbraucher, die per se unzulässig sind (Verbot ohne Wertungsvorbehalt), die 30 irreführende bzw.

---

[195] Richtlinie 2005/29/EG über unlautere Geschäftspraktiken im binnenmarktinternen Geschäftsverkehr (UGP-Richtlinie, ABl. L 149, S. 22.

[196] Vgl. zu der Reform 2004 Köhler NJW 2004, 2121.

[197] Vgl. zu dieser Reform *Köhler* GRUR 2012, 1073 (1073 ff.); *Hoeren* BB 2008, 1182 ff.; *Köhler* NJW 2008, 3032 ff.; *Kuntz* JurPC Web-Dok. 8/2009; *Peifer* WRP 2008, 556 ff.

[198] Vgl. Erwägungsgrund 6 der Richtlinie 2005/29/EG über unlautere Geschäftspraktiken im binnenmarktinternen Geschäftsverkehr (UGP-Richtlinie, ABl. L 149, S. 22).

[199] Vgl. zum Regierungsentwurf zur Novelle 2015 *Sosnitza,* GRUR 2015, 318 ff.

[200] Vgl. zu den durch die Novelle 2015 erfolgten Neuerungen auch jeweils *Köhler* in Köhler/Bornkamm/Feddersen UWG § 3 Rn. 1.8; § 3a Rn. 1.5; § 4 Rn. 0.1 und § 4a Rn. 1.1.

[201] Vgl. dazu auch Erwägungsgrund 8 der Richtlinie 2005/29/EG über unlautere Geschäftspraktiken im binnenmarktinternen Geschäftsverkehr (UGP-Richtlinie, ABl. L 149, S. 22).

[202] Vgl. Begründung zu Regierungsentwurf, BT-Drs. 16/10145, 22.

aggressive Geschäftspraktiken enthält. Unlautere Geschäftshandlungen, wie sie exemplarisch in § 4a UWG (Aggressive geschäftliche Handlungen) aufgezählt sind, sind ebenfalls verboten.

Der Tatbestand des § 5a Abs. 2 UWG regelt die Irreführung durch Unterlassen. Damit ist auch ein Vorenthalten von Informationen, die die Entscheidungsfähigkeit von Verbrauchern beeinflussen können, unzulässig.

Die in § 7 UWG enthaltenen Regelungen über die Unzulässigkeit unzumutbarer Leistungen gewährleisten schließlich den Schutz der Privatsphäre.

c) Anwendbarkeit auf kommunales Handeln

151 Sofern Kommunen sich erwerbswirtschaftlich betätigen, indem sie eigene Unternehmen betreiben oder sich an solchen beteiligen, ist ihr Handeln ebenso an den Vorschriften des UWG zu messen wie das der privaten Konkurrenten. Es gilt insoweit der **Grundsatz der Gleichbehandlung der öffentlichen Hand.**[203] Der Anwendbarkeit des UWG steht auch nicht entgegen, dass die meisten Gemeindeordnungen für die wirtschaftliche Betätigung von Kommunen einen öffentlichen Zweck fordern. An den Vorschriften des UWG wird nämlich nicht das **Ob,** sondern das **Wie** der Beteiligung der öffentlichen Hand am wirtschaftlichen Wettbewerb gemessen.[204]

Voraussetzung für die Anwendbarkeit des UWG ist, dass es sich um **privatrechtliche Rechtsbeziehungen** und nicht um öffentlich-rechtlich geregelte Beziehungen des Staates zu seinen Konkurrenten handelt.[205] Für diese Abgrenzung kommt es in aller Regel nicht auf die Rechtsnatur der jeweiligen Leistungsbeziehung an. Vielmehr wird bei der Beurteilung in verstärktem Maße auf wettbewerbsrechtliche Kriterien abgestellt, so dass es beispielsweise für die Anwendung des UWG bereits ausreicht, dass eine Leistung von der öffentlichen Hand auf einem Markt neben privaten Konkurrenten angeboten wird, selbst wenn diese von der öffentlichen Hand in öffentlich-rechtlicher Form wahrgenommen wird.[206]

2. Definitionen, § 2 UWG

152 In § 2 UWG finden sich die Definitionen der wichtigsten Begriffe des UWG:

„(1) Im Sinne dieses Gesetzes bedeutet

1. "geschäftliche Handlung" jedes Verhalten einer Person zugunsten des eigenen oder eines fremden Unternehmens vor, bei oder nach einem Geschäftsabschluss, das mit der Förderung des Absatzes oder des Bezugs von Waren oder Dienstleistungen oder mit dem Abschluss oder der Durchführung eines Vertrags über Waren oder Dienstleistungen objektiv zusammenhängt; als Waren gelten auch Grundstücke, als Dienstleistungen auch Rechte und Verpflichtungen;

2. "Marktteilnehmer" neben Mitbewerbern und Verbrauchern alle Personen, die als Anbieter oder Nachfrager von Waren oder Dienstleistungen tätig sind;

3. "Mitbewerber" jeder Unternehmer, der mit einem oder mehreren Unternehmern als Anbieter oder Nachfrager von Waren oder Dienstleistungen in einem konkreten Wettbewerbsverhältnis steht;

4. "Nachricht" jede Information, die zwischen einer endlichen Zahl von Beteiligten über einen öffentlich zugänglichen elektronischen Kommunikationsdienst ausgetauscht oder weitergeleitet wird; dies schließt nicht Informationen ein, die als Teil eines Rundfunkdienstes über ein elektronisches Kommunikationsnetz an die Öffentlichkeit weitergeleitet werden, soweit die Informationen nicht mit dem identifizierbaren Teilnehmer oder Nutzer, der sie erhält, in Verbindung gebracht werden können;

---

[203] Vgl. *Keller* in Harte-Bavendamm/Henning-Bodewig § 2 Rn. 42; *Köhler* in Köhler/Bornkamm/Feddersen UWG § 3a Rn. 2.41.

[204] BGH 26.4.1974, GRUR 1974, 733 (734) – KFZ-Schilderverkauf.

[205] *Köhler* in Köhler/Bornkamm/Feddersen UWG § 3a Rn. 2.18 ff.

[206] BGH GS 10.4.1986, NJW 1986, 2359 – orthopädische Hilfs- und Heilmittel; BGH 14.1.1993, NJW 1993, 1659 – Vermessungsämter; vgl. zur Anwendbarkeit des UWG auf Handlungen der öffentlichen Hand auch *Guilliard,* GRUR 2018, 791.

5. "Verhaltenskodex" Vereinbarungen oder Vorschriften über das Verhalten von Unternehmern, zu welchem diese sich in Bezug auf Wirtschaftszweige oder einzelne geschäftliche Handlungen verpflichtet haben, ohne dass sich solche Verpflichtungen aus Gesetzes- oder Verwaltungsvorschriften ergeben;

6. "Unternehmer" jede natürliche oder juristische Person, die geschäftliche Handlungen im Rahmen ihrer gewerblichen, handwerklichen oder beruflichen Tätigkeit vornimmt, und jede Person, die im Namen oder Auftrag einer solchen Person handelt;

7. "unternehmerische Sorgfalt" der Standard an Fachkenntnissen und Sorgfalt, von dem billigerweise angenommen werden kann, dass ein Unternehmer ihn in seinem Tätigkeitsbereich gegenüber Verbrauchern nach Treu und Glauben unter Berücksichtigung der anständigen Marktgepflogenheiten einhält;

8. "wesentliche Beeinflussung des wirtschaftlichen Verhaltens des Verbrauchers" die Vornahme einer geschäftlichen Handlung, um die Fähigkeit des Verbrauchers, eine informierte Entscheidung zu treffen, spürbar zu beeinträchtigen und damit den Verbraucher zu einer geschäftlichen Entscheidung zu veranlassen, die er andernfalls nicht getroffen hätte;

9. "geschäftliche Entscheidung" jede Entscheidung eines Verbrauchers oder sonstigen Marktteilnehmers darüber, ob, wie und unter welchen Bedingungen er ein Geschäft abschließen, eine Zahlung leisten, eine Ware oder Dienstleistung behalten oder abgeben oder ein vertragliches Recht im Zusammenhang mit einer Ware oder Dienstleistung ausüben will, unabhängig davon, ob der Verbraucher oder sonstige Marktteilnehmer sich entschließt, tätig zu werden.

(2) Für den Verbraucherbegriff gilt § 13 des Bürgerlichen Gesetzbuchs entsprechend."

Hervorzuheben ist zunächst die Definition der **geschäftlichen Handlung** in § 2 Abs. 1 Nr. 1 UWG.[207] Dieser Begriff ist für den Anwendungsbereich des UWG zentral und erstreckt sich auch auf nachvertragliches Verhalten des Unternehmers, beispielsweise im Rahmen der Gewährleistungsabwicklung.[208]

Ausreichend in subjektiver Hinsicht ist ein **objektiver Bezug** der geschäftlichen Handlung zu der Absatz- oder Bezugsförderung oder der Durchführung eines hierauf gerichteten Vertrages.

Die in § 2 Abs. 1 Nr. 6 UWG enthaltene eigenständige Definition des **Unternehmer**-Begriffs erfasst im Unterschied zu § 14 BGB neben gewerblichen auch handwerkliche und unselbständige berufliche Tätigkeiten und ist damit weiter gefasst, als der Unternehmerbegriff des § 14 BGB. Für den Verbraucherbegriff bleibt es hingegen gemäß § 2 Abs. 2 UWG bei dem Verweis auf die entsprechende Definition in § 13 BGB.

3. Die Generalklausel des § 3 UWG

Zentralnorm des UWG ist die Generalklausel des § 3 UWG, das Verbot unlauterer geschäftlicher Handlungen: **153**

„(1) Unlautere geschäftliche Handlungen sind unzulässig.

(2) Geschäftliche Handlungen, die sich an Verbraucher richten oder diese erreichen, sind unlauter, wenn sie nicht der unternehmerischen Sorgfalt entsprechen und dazu geeignet sind, das wirtschaftliche Verhalten des Verbrauchers wesentlich zu beeinflussen.

(3) Die im Anhang dieses Gesetzes aufgeführten geschäftlichen Handlungen gegenüber Verbrauchern sind stets unzulässig.

(4) [1] Bei der Beurteilung von geschäftlichen Handlungen gegenüber Verbrauchern ist auf den durchschnittlichen Verbraucher oder, wenn sich die geschäftliche Handlung an eine bestimmte Gruppe von Verbrauchern wendet, auf ein durchschnittliches Mitglied dieser Gruppe abzustellen. [2] Geschäftliche Handlungen, die für den Unternehmer vorhersehbar das wirtschaftliche Verhalten nur einer

---

[207] In der Richtlinie heißt es „Geschäftspraktiken"; der Bundesgesetzgeber hat sich gleichwohl für den Begriff „geschäftliche Handlung" entschieden, ohne inhaltlich von der Richtlinie abweichen zu wollen; vgl. Begründung Regierungsentwurf, BT-Drs. 16/10145, 20.

[208] Vgl. *Köhler* in Köhler/Bornkamm/Feddersen UWG § 2 Rn. 33.

eindeutig identifizierbaren Gruppe von Verbrauchern wesentlich beeinflussen, die auf Grund von geistigen oder körperlichen Beeinträchtigungen, Alter oder Leichtgläubigkeit im Hinblick auf diese geschäftlichen Handlungen oder die diesen zugrunde liegenden Waren oder Dienstleistungen besonders schutzbedürftig sind, sind aus der Sicht eines durchschnittlichen Mitglieds dieser Gruppe zu beurteilen."

Während die Generalklausel gemäß § 3 Abs. 1 UWG nicht nur im Verhältnis zwischen Unternehmer und Verbraucher (sog. „B2C-Bereich"), sondern auch im Verhältnis zwischen Unternehmern (sog. „B2B- Bereich") untereinander gilt, setzen die Abs. 2 und 3 die Richtlinie über unlautere Geschäftspraktiken um und gelten daher entsprechend des Anwendungsbereichs der Richtlinie ausdrücklich nur für das Verhältnis B2C.

154 Schließlich ist auf § 3 Abs. 4 UWG hinzuweisen: Abzustellen ist grundsätzlich auf den **Durchschnittsverbraucher.** Dieser Maßstab war durch die Vorgaben des Europäischen Gerichtshofs freilich auch für das UWG alter Fassung maßgebend.

4. Die „schwarze Liste" unzulässiger geschäftlicher Handlungen

155 § 3 Abs. 3 UWG verweist auf die als Anhang zu dieser Vorschrift normierte „schwarze Liste" von stets unzulässigen geschäftlichen Handlungen. Diese sind im Verhältnis zu Verbrauchern immer, also per se, unzulässig, ohne die weiteren Voraussetzungen der Generalklausel erfüllen zu müssen. Entsprechend der Struktur der Richtlinie sind s. g. **irreführende** und **aggressive Praktiken** zu unterscheiden. Auf eine solche ausdrückliche Unterscheidung wurde bei der Umsetzung der Richtlinie ins deutsche Recht jedoch verzichtet.[209]

Die wichtigsten per se unzulässigen geschäftlichen Handlungen sind:

„2. die Verwendung von Gütezeichen, Qualitätskennzeichen oder Ähnlichem ohne die erforderliche Genehmigung;

(...)

5. Waren- oder Dienstleistungsangebote im Sinne des § 5a Abs. 3 zu einem bestimmten Preis, wenn der Unternehmer nicht darüber aufklärt, dass er hinreichende Gründe für die Annahme hat, er werde nicht in der Lage sein, diese oder gleichartige Waren oder Dienstleistungen für einen angemessenen Zeitraum in angemessener Menge zum genannten Preis bereitzustellen oder bereitstellen zu lassen (Lockangebote). Ist die Bevorratung kürzer als zwei Tage, obliegt es dem Unternehmer, die Angemessenheit nachzuweisen;

(...)

9. die unwahre Angabe oder das Erwecken des unzutreffenden Eindrucks, eine Ware oder Dienstleistung sei verkehrsfähig;

(...)

13. Werbung für eine Ware oder Dienstleistung, die der Ware oder Dienstleistung eines Mitbewerbers ähnlich ist, wenn dies in der Absicht geschieht, über die betriebliche Herkunft der beworbenen Ware oder Dienstleistung zu täuschen;

14. die Einführung, der Betrieb oder die Förderung eines Systems zur Verkaufsförderung, das den Eindruck vermittelt, allein oder hauptsächlich durch die Einführung weiterer Teilnehmer in das System könne eine Vergütung erlangt werden (Schneeball- oder Pyramidensystem);

(...)

17. die unwahre Angabe oder das Erwecken des unzutreffenden Eindrucks, der Verbraucher habe bereits einen Preis gewonnen oder werde ihn gewinnen oder werde durch eine bestimmte Handlung einen Preis gewinnen oder einen sonstigen Vorteil erlangen, wenn es einen solchen Preis oder Vorteil tatsächlich nicht gibt, oder wenn jedenfalls die Möglichkeit, einen Preis oder sonstigen Vorteil zu

[209] Die irreführenden Praktiken finden sich in den Nummern 1–24 des Anhangs, die aggressiven Praktiken wurden in den Nummern 25–30 umgesetzt. Nr. 26 des Anhangs I der Richtlinie schließlich findet sich in § 7 Abs. 2 Nr. 1 UWG wieder.

erlangen, von der Zahlung eines Geldbetrags oder der Übernahme von Kosten abhängig gemacht wird;

(...)

22. die Übermittlung von Werbematerial unter Beifügung einer Zahlungsaufforderung, wenn damit der unzutreffende Eindruck vermittelt wird, die beworbene Ware oder Dienstleistung sei bereits bestellt;

23. die unwahre Angabe oder das Erwecken des unzutreffenden Eindrucks, der Unternehmer sei Verbraucher oder nicht für Zwecke seines Geschäfts, Handels, Gewerbes oder Berufs tätig;

(...)

28. die in eine Werbung einbezogene unmittelbare Aufforderung an Kinder, selbst die beworbene Ware zu erwerben oder die beworbene Dienstleistung in Anspruch zu nehmen oder ihre Eltern oder andere Erwachsene dazu zu veranlassen;

(...)"

5. Weitere Unlauterkeitstatbestände: Aggressive geschäftliche Handlungen, § 4a UWG

Eine geschäftliche Handlung ist zudem stets dann unlauter, wenn die Merkmale eines der in § 4a UWG enthaltenen Beispielstatbestände aggressiver Handlungen erfüllt sind – und zwar unabhängig davon, ob bereits eine Interessenbeeinträchtigung eingetreten ist oder nicht. **156**

§ 4a UWG lautet:

„(1) [1] Unlauter handelt, wer eine aggressive geschäftliche Handlung vornimmt, die geeignet ist, den Verbraucher oder sonstigen Marktteilnehmer zu einer geschäftlichen Entscheidung zu veranlassen, die dieser andernfalls nicht getroffen hätte. [2] Eine geschäftliche Handlung ist aggressiv, wenn sie im konkreten Fall unter Berücksichtigung aller Umstände geeignet ist, die Entscheidungsfreiheit des Verbrauchers oder sonstigen Marktteilnehmers erheblich zu beeinträchtigen durch

1. *Belästigung,*
2. *Nötigung einschließlich der Anwendung körperlicher Gewalt oder*
3. *unzulässige Beeinflussung.*

[3] Eine unzulässige Beeinflussung liegt vor, wenn der Unternehmer eine Machtposition gegenüber dem Verbraucher oder sonstigen Marktteilnehmer zur Ausübung von Druck, auch ohne Anwendung oder Androhung von körperlicher Gewalt, in einer Weise ausnutzt, die die Fähigkeit des Verbrauchers oder sonstigen Marktteilnehmers zu einer informierten Entscheidung wesentlich einschränkt.

(2) [1] Bei der Feststellung, ob eine geschäftliche Handlung aggressiv im Sinne des Absatzes 1 Satz 2 ist, ist abzustellen auf

1. *Zeitpunkt, Ort, Art oder Dauer der Handlung;*
2. *die Verwendung drohender oder beleidigender Formulierungen oder Verhaltensweisen;*
3. *die bewusste Ausnutzung von konkreten Unglückssituationen oder Umständen von solcher Schwere, dass sie das Urteilsvermögen des Verbrauchers oder sonstigen Marktteilnehmers beeinträchtigen, um dessen Entscheidung zu beeinflussen;*
4. *belastende oder unverhältnismäßige Hindernisse nichtvertraglicher Art, mit denen der Unternehmer den Verbraucher oder sonstigen Marktteilnehmer an der Ausübung seiner vertraglichen Rechte zu hindern versucht, wozu auch das Recht gehört, den Vertrag zu kündigen oder zu einer anderen Ware oder Dienstleistung oder einem anderen Unternehmer zu wechseln;*
5. *Drohungen mit rechtlich unzulässigen Handlungen.*

[2] Zu den Umständen, die nach Nummer 3 zu berücksichtigen sind, zählen insbesondere geistige und körperliche Beeinträchtigungen, das Alter, die geschäftliche Unerfahrenheit, die Leichtgläubigkeit, die Angst und die Zwangslage von Verbrauchern."

Im Folgenden werden die für die wirtschaftliche Betätigung kommunaler Unternehmen bedeutsamsten einzelnen Beispielstatbestände des § 4a UWG näher erläutert:

a) Beeinträchtigung der Entscheidungsfreiheit, § 4a Abs. 1 UWG

157 Gemäß § 4a Abs. 1 UWG liegt eine unlautere aggressive geschäftliche Handlung immer dann vor, wenn die Entscheidungsfreiheit der Verbraucher oder sonstigen Marktteilnehmer in unlauterer Weise durch die in Abs. 1 genannten Mittel beeinträchtigt wird.

§ 4a Abs. 1 UWG erfasst insofern auch die Tatbestände der in der Vergangenheit von der Rechtsprechung entwickelten Fallgruppe **„Kundenfang/unlautere Kundenwerbung"**, unter der Wettbewerbsmethoden, die die Entscheidungsfreiheit des Umworbenen beeinträchtigen, zusammengefasst wurden. Es handelt sich dabei um Verhaltensweisen, die darauf gerichtet sind, die Entschließung des Kunden nicht mit Mitteln des Leistungswettbewerbs, sondern auf **sachfremde** Art und Weise zu beeinflussen.

158 **aa) Ausnutzen von Vertrauen/Vertrauensmissbrauch.** Für öffentliche Unternehmen kann insbesondere die Fallgruppe des **Ausnutzens von Vertrauen/Vertrauensmissbrauchs** (oder auch „Autoritätsmissbrauch", s. u.) von Bedeutung sein.[210] Es ist nämlich davon auszugehen, dass der Bürger Äußerungen der öffentlichen Hand (wie zB Auskünfte, Empfehlungen, Werbe- oder Verkaufsmaßnahmen) besonderes Vertrauen entgegenbringt.[211] Da dieses Vertrauen als schutzwürdig eingestuft wird, ist die öffentliche Hand zu **neutraler und objektiver** Amtsführung verpflichtet. Ein Missbrauch dieses Vertrauens zur Förderung eigenen oder fremden Wettbewerbs ist daher wettbewerbswidrig.[212]

So handelt beispielsweise ein kommunales Energieversorgungsunternehmen wettbewerbswidrig, wenn es auf Nachfrage unrichtige Auskünfte über Notdienste erteilt.[213] Auskünfte sind unparteiisch, objektiv und sachgerecht zu erteilen.[214] Dasselbe gilt für die räumliche Verbindung eines stadteigenen Reisebüros mit dem städtischen Passamt, wenn die Besucher durch die Art der Unterbringung veranlasst werden, ihre Fahrkarten bei dem kommunalen Reisebüro zu erwerben. Ebenso verhält es sich bei einer Unterbringung einer kommunalen Schilderpräge-Stelle in unmittelbarer räumlicher Verbindung mit der städtischen Kfz-Zulassungsstelle. Hierin kann zudem ein Verstoß gegen § 20 GWB liegen.[215]

Ob eine Empfehlung vorliegt, beurteilt sich nach dem Empfängerhorizont bzw. dem Eindruck des Verkehrs. In der Versendung von Elternbriefen durch die Stadt, in der Werbeinformationen einer Sparkasse beigefügt werden, ist zB nicht ohne weiteres eine „amtliche Empfehlung" zu sehen.[216] Die Empfehlung muss ebenfalls neutral, objektiv und sachgerecht sein, um eine unlautere Empfehlung handelt es sich, wenn das Vertrauen in die Neutralität der Amtsführung ausgenutzt wird.[217]

Bei kritischen Äußerungen ist bei einer pauschalen Herabsetzung von Wettbewerbern von Unlauterkeit im Sinn des § 4 UWG (Mitbewerberschutz) auszugehen.

159 **bb) Missbrauch von Autorität/ Hoheitsbefugnissen.** Des Weiteren ist für öffentliche Unternehmen auch die Fallgruppe des sog. **Autoritätsmissbrauchs** maßgeblich, die Fälle umfasst, in denen seitens der öffentlichen Hand sachwidrig Druck auf eine Kundenentscheidung ausgeübt wird.[218] Unerheblich ist, worin der Druck besteht oder wie er ausgeübt wird. Ausreichend soll sein, wenn beim „Kunden" der Eindruck entsteht, dass seine Kaufentscheidung Einfluss auf das Verhalten der öffentlichen Hand haben könnte.

---

[210] *Köhler* in Köhler/Bornkamm/Feddersen UWG § 3a Rn. 2.57.
[211] BGH 22.4.2009, NJW 2009, 3365 (3367).
[212] BGH 12.11.1998, WRP 1999, 176 (180) – Verwaltungsstellenleiter.
[213] BGH 24.2.1994, GRUR 1994, 516 (517) – Auskunft über Notdienste.
[214] BGH 12.7.2012 GRUR 2013, 301 (303) – Solarinitiative.
[215] Dazu → Rn. 102; vgl. dazu auch *Guilliard,* GRUR 2018, 791.
[216] BGH 18.10.2001, GRUR 2002, 550 (551 ff.) – Elternbriefe; der BGH kommt aber aus anderen Gründen zu dem Ergebnis der Unlauterkeit: „Als unlauter ist es aber auch zu erachten, wenn amtlich erlangte Informationen dazu verwendet werden, um unter Ausnutzung amtlicher Autorität eigenen oder fremden Wettbewerb zu fördern. So liegt es im Streitfall."
[217] *Köhler* in Köhler/Bornkamm/Feddersen § 3a Rn. 2.52.
[218] Vgl. dazu BGH 22.9.1972, GRUR 1973, 530 (531) – Crailsheimer Stadtblatt; dort wurde ein Wettbewerbsverstoß aber verneint.

Kein Autoritätsmissbrauch wurde hingegen bei der Kopplung eines Grundstücksverkaufs mit einem privatrechtlichen Anschluss- und Benutzungszwang angenommen, da sachliche Gründe wie der Klima- und Umweltschutz geeignet seien, die rechtliche Verbindung dieser beiden Geschäfte zu rechtfertigen.[219]

Als unlauter und daher wettbewerbswidrig einzustufen ist zudem der eng mit dem Autoritätsmissbrauch verbundene **Missbrauch von Hoheitsbefugnissen.**[220] Diese Fallgruppe betrifft den sachwidrigen Einsatz von Hoheitsbefugnissen zur Förderung des eigenen oder fremden Wettbewerbs, wie beispielsweise in Form der Gebührenermäßigung oder Genehmigungserteilung im Falle einer Kaufentscheidung. So darf eine Gemeinde eine Kostenbeteiligung an bestimmten Neuerwerbungen nicht davon abhängig machen, dass etwaige betroffene Waren bei einem bestimmten Unternehmen gekauft werden.[221]

cc) Verquickung öffentlicher und privater Interessen. Eine **Verquickung öffentlicher und privater Interessen** kann unter bestimmten Umständen ebenfalls eine unlautere geschäftliche Handlung darstellen. So ist es stets wettbewerbswidrig, wenn die öffentliche Hand amtliche oder amtlich erlangte Informationen, die den privaten Wettbewerbern nicht oder nicht im selben Maße zugänglich sind, dazu nutzt, eigenen oder fremden Wettbewerb zu fördern. Eine Verquickung der amtlichen und privaten Tätigkeit, insbesondere wenn bei dem Publikum der Eindruck entsteht, dass die erwerbswirtschaftliche Tätigkeit noch Bestandteil der hoheitlichen Aufgabenerfüllung sei, ist nicht zulässig.[222] **160**

Die Frage nach der Verquickung öffentlicher und privater Interessen stellt sich in der Praxis zumeist im Zusammenhang mit der **Randnutzung öffentlicher Einrichtungen,** die nicht per se wettbewerbswidrig ist.[223] So ist es durchaus zulässig, dass sich ein kommunal betriebener Schilderverkauf in der Kfz-Zulassungsstelle befindet. Allerdings ist darauf zu achten, dass keine unzulässige Verquickung (fehlende räumliche Trennung) erfolgt,[224] die Standortvorteile nicht von Preisvergleichen mit privaten Anbietern abhalten (Hinweis auf private Bezugsmöglichkeiten)[225] und gewährleistet ist, dass nicht eine Überlassung der Schilderprägung an Private (zB durch Ausschreibung oder Verpachtung der betreffenden Räume) ausreichend ist, um die Bürgerbelange zu wahren.[226]

b) Behinderung, § 4 Nr. 4 UWG

Gemäß § 4 Nr. 4 UWG liegt eine unlautere geschäftliche Handlung dann vor, wenn ein Unternehmer seine Mitbewerber **gezielt behindert.** **161**

Das Merkmal des gezielten Handelns erfordert nicht notwendig auch das Vorhandensein einer subjektiven Behinderungsabsicht. Sofern das Verhalten von einer solchen Absicht getragen wird, ist allerdings die vorausgesetzte Zielgerichtetheit stets zu bejahen. Eine Behinderung von Wettbewerbern als bloße – nicht seltene – Folge leistungsorientierten Wettbewerbs reicht demgegenüber nicht aus.

Eine lauterkeitsrechtlich relevante Behinderung liegt vielmehr immer dann vor, wenn die **wettbewerblichen Entfaltungsmöglichkeiten** eines Mitbewerbers (zB bezüglich Absatz, Bezug, Werbung Produktion, Finanzierung, Personal etc) beeinträchtigt werden. Dies ist stets der Fall, wenn die beeinträchtigende Maßnahme sich zwar als Entfaltung eigenen **162**

[219] BGH 9.7.2002, GRUR 2003, 77 – Fernwärme für Börnsen.
[220] BGH 26.3.1998, WRP 1998, 857 (859) – 1000,– DM Umweltbonus; BGH 12.11.1998, WRP 1999, 650 (654) – Holsteiner Pferd; BGH 9.7.2002, GRUR 2003, 77 (78) – Fernwärme für Börnsen; BGH 24.9.2002, GRUR 2003, 167 (169) – Kommunaler Schilderprägebetrieb.
[221] OLG Stuttgart 26.10.1979 WRP 1980, 101 – Beteiligung an Schulbüchern.
[222] Verneinend BGH 26.2.2009 GRUR 2009, 606 (607) – Buchgeschenk vom Standesamt.
[223] Vgl. hierzu auch *Köhler* in Köhler/Bornkamm/Feddersen UWG § 3aRn. 2.58.
[224] Vgl. BGH 26.4.1974, NJW 1974, 1333 – Schilderverkauf; BGH 19.6.1986, GRUR 1987, 116 (117 f.) – Kommunaler Bestattungswirtschaftsbetrieb I; BGH 21.7.2005, GRUR 2005, 960 (962) – Friedhofsruhe; Hauck GRUR 2008, 665 (667 f.).
[225] BGH 10.2.1956, GRUR 1956, 227 (228) – Reisebüro.
[226] BGH 24.9.2002, GRUR 2003, 167 – Kommunaler Schilderprägebetrieb.

Wettbewerbs darstellt, aber das Eigeninteresse des Handelnden weniger schutzwürdig ist als die Interessen der übrigen Beteiligten und der Allgemeinheit. Zur Konkretisierung sind auch hier in der Vergangenheit von der Rechtsprechung Untergruppen entwickelt worden, die im Rahmen des neuen UWG herangezogen werden können:

163 **aa) Preisunterbietung.** Grundsätzlich ist der **Unternehmer in der Gestaltung seiner Preise frei,** so dass auch der Verkauf von Waren zum Selbstkostenpreis oder unter Einstandspreis zulässig ist. Treten jedoch weitere besondere Umstände hinzu, kann dies im Einzelfall unlauterkeitsbegründende Wirkung haben. Dies ist ua dann anzunehmen, wenn der Verkauf von Waren unter dem Selbstkostenpreis geeignet ist und zu dem Zweck erfolgt, einzelne Mitbewerber zu verdrängen.

Auch im Falle des Wettbewerbs der öffentlichen Hand ist die Preisunterbietung stets nach § 4 Nr. 4 UWG unlauter, sofern sie auf die Verdrängung eines Mitbewerbers abzielt, zu dessen Verdrängung tatsächlich geeignet und der Preis nicht kostendeckend ist.[227] Darüber hinaus kann eine Preisunterbietung privater Konkurrenten durch die öffentliche Hand unter dem Gesichtspunkt der **Zweckentfremdung öffentlicher Mittel** unlauter sein, wenn sie aus Mitteln finanziert wird, die der öffentlichen Hand zur Erfüllung eines anderen öffentlichen Zwecks zufließen, und die Kosten der Preisunterbietung dadurch auf Beitrags- und Steuerzahler abgewälzt werden.[228] Insoweit ist jedoch nicht bereits jede geringfügige Abweichung von den gebotenen Preisen unlauter.[229] Ein Verstoß wurde aber zB in einem Fall bejaht, in dem ein aus öffentlichen Mitteln finanziertes „Haus der Jugend" entgegen den Bestimmungen der Satzung auch Erwachsene aufnahm und so die üblichen Hotelpreise der Konkurrenten unterbot.[230]

Ist die Preisunterbietung hingegen zur Erbringung eines öffentlichen Zwecks erforderlich (wie zB im Falle von Sozialtarifen) oder die öffentliche Hand zur Erbringung der Leistung verpflichtet und in der Preisgestaltung nicht frei, so liegt bereits keine geschäftliche Handlung vor, so dass der Anwendungsbereich des UWG gar nicht erst eröffnet ist.[231]

164 **bb) Absatzbehinderung.** Im Zusammenhang mit der Absatzbehinderung wird allgemein zwischen den Fallgruppen der **produkt-, vertriebs- und kundenbezogenen** Behinderung unterschieden.

Die **produktbezogene Absatzbehinderung** setzt ein unmittelbares (zB Beschädigen, Zerstören) oder mittelbares Einwirken auf die Konkurrenzware voraus.[232] Ein mittelbares Einwirken ist anzunehmen, wenn Waren vertrieben werden, die es ermöglichen, unter Überwindung von Sperren und Ähnlichem kostenlos in den Genuss entgeltlich angebotener Leistungen zu kommen.[233] In Frage kommt eine produktbezogene Absatzbehinderung unter besonderen Umständen auch bei einem Aufkauf von Konkurrenzware, der Inzahlungnahme gebrauchter Waren, dem Eintritt in Kundenbestellungen etc.[234]

165 Eine **vertriebsbezogene Absatzbehinderung** setzt die Errichtung von Vertriebshindernissen voraus, die bei Fehlen eines sachlichen Rechtfertigungsgrundes stets wettbewerbswidrig sind.[235] Beispiele für Vertriebsbehinderungen sind etwa Ausschließlichkeitsbindungen. Diese waren früher an § 16 Nr. 2 GWB aF zu messen. Nach der siebten GWB-

227 *Köhler* in Köhler/Bornkamm/Feddersen UWG § 3a Rn. 2.43.

228 RG 138, 174 (178); OLG Schleswig 8.8.1995, WRP 1995, 971 – gewerbliche Zimmervermittlung; BGH 25.2.1982, GRUR 1982, 433 (436) – Kinderbeiträge; BGH 19.6.1986, GRUR 1987, 116 (118) – Kommunale Bestattungswirtschaftsbetrieb I; BGH 8.10.1992, WRP 1993, 106 (108) – EWG-Baumusterprüfung; BGH 26.9.2002, GRUR 2003, 164 (166) – Altautoverwertung. Vgl. dazu auch *Köhler* in Köhler/Bornkamm/Feddersen UWG § 3a Rn. 2.44.

229 BGH 25.2.1982, GRUR 1982, 433 (436) – Kinderbeiträge.

230 RGZ 138, 174 (178) – Haus der Jugend.

231 *Köhler* in Köhler/Bornkamm/Feddersen UWG § 3a Rn. 2.42; OLG Frankfurt a. M. 28.3.1985, GRUR Int. 1985, 762 (763).

232 *Wirtz* in Götting/Nordemann UWG § 4 Rn. 4.66 ff.

233 Für das Anbieten gefälschter Telefonkarten: OLG Frankfurt a. M. 13.6.1995, NJW 1996, 264.

234 Siehe dazu im Einzelnen *Ohly* in Ohly/Sosnitza UWG § 4 Rn. 4/59 ff.

235 *Wirtz* in Götting/Nordemann UWG § 4 Rn. 4.69.

Novelle unterfallen sie nunmehr direkt § 1 GWB.[236] Eine gezielte Behinderung kann im Einzelfall auch durch den Erwerb von Sperrzeichen, wie zB Marken oder Internet-Domains, erfolgen, sofern der Anmelder in Kenntnis des schutzwürdigen Besitzstandes des Vorbenutzers ohne ausreichenden sachlichen Grund für gleiche oder ähnlichen Waren eine identische oder verwechslungsfähige Bezeichnung als Marke anmeldet oder als Domain registrieren lässt mit dem Ziel, den Gebrauch für den Vorbenutzer zu sperren.[237] In derartigen Fällen können dem Vorbenutzer neben lauterkeitsrechtlichen Ansprüchen auch Ansprüche nach dem MarkenG zustehen.

Bei der **kundenbezogenen Absatzbehinderung** ist zu beachten, dass es grundsätzlich 166 kein Recht auf Schutz und Erhalt eines Kundenstamms gibt.[238] Eine unlautere Kundenbehinderung ist daher erst dann anzunehmen, wenn (potenzielle) Kunden des Mitbewerbers durch unangemessene unsachliche Einwirkung am möglichen Erwerb dessen Waren gehindert werden sollen. Das ist der Fall bei Einsatz von Drohung oder Gewalt (vgl. dann auch § 4 Nr. 1 UWG), aber auch die Einwirkung mit Hilfe von Werbung kann im Einzelfall bereits ausreichen. Das Abfangen von Kunden eines Wettbewerbers durch gezieltes Ansprechen sowie die Verteilung von Handzetteln in unmittelbarer Nähe des Geschäftslokals im Einzelfall reicht allerdings für die Unlauterkeit nicht aus.[239] Für das Vorliegen der Wettbewerbswidrigkeit des Ausspannens von Kunden bedarf es stets des Hinzutretens besonderer, den Wettbewerb verfälschender und daher zu missbilligender Umstände. Vor diesem Hintergrund werden Kunden ausspannende Werbemaßnahmen nach bisheriger Rechtsprechung erst dann als wettbewerbswidrig beurteilt, wenn der Werbende sich mit ihrer Hilfe gleichsam **zwischen** den – noch nicht konkret zum Kauf entschlossenen – **Interessenten und das in seinem Blickfeld liegende Geschäftslokals der Konkurrenz schieben** will, um diesen zB zu **hindern,** das Geschäftslokal der Konkurrenz wahrzunehmen und es bei einem ruhigen Überblick in den Kreis der Erwägungen einzubeziehen.[240] Ebenso unlauter ist das Abwerben von Kunden durch irreführende oder unsachliche Angaben über den Mitbewerber.[241]

(bleibt frei) 167–169

c) Rechtsbruch, § 3a UWG

In § 3a UWG ist die in der Rechtsprechung entwickelte Fallgruppe „Vorsprung durch 170 Rechtsbruch" normiert, die früher in § 4 Nr. 11 UWG aF enthalten war. Danach liegt eine unlautere geschäftliche Handlung dann vor, wenn ein Wettbewerber sich durch Ausnutzung eines **Verstoßes gegen eine gesetzliche Vorschrift, die auch dazu bestimmt ist, das Marktverhalten im Interesse der Marktteilnehmer zu regeln,** einen geschäftlichen Vorteil verschafft. Angesichts der Schutzzweckbestimmung des § 1 UWG wird jedoch nicht generell jede Wettbewerbshandlung, die auf einem Gesetzesverstoß beruht, erfasst. Aufgenommen wurde vielmehr eine Beschränkung, nach der der verletzten Norm zumindest eine sekundäre Schutzfunktion zu Gunsten des Wettbewerbs zukommen muss. Es sollen daher nur solche Normen erfasst werden, die **zumindest auch** Marktbezug aufweisen.[242]

---

236 Vgl. → Rn. 65; zur Beurteilung von Ausschließlichkeitsbindungen nach der aktuellen Fassung des GWB auch *Dallmann* WRP 2006, 347 ff.

237 BGH 28.9.1979, GRUR 1980, 110 (111) – Torch; BGH 10.1.2008, GRUR 2008, 621 (624) – Akademiks; BGH 20.1.2005, GRUR 2005, 581 (582) – The Color of Elégance.

238 BGH 7.4.2005, GRUR 2005, 603 (604) – Kündigungshilfe; BGH 22.4.2004, GRUR 2004, 704 (705) – Verabschiedungsschreiben.

239 BGH 27.2.1986, GRUR 1986, 547 (548); *Omsels* in Harte-Bavendamm/Henning-Bodewig UWG § 4 Nr. 4 Rn. 82 mit weiteren Nachweisen.

240 KG 9.9.2008, GRUR-RR 2009, 61; OLG München 22.6.2005, MDR 2005, 1425; BGH 8.4.1960, GRUR 1960, 431 (433) – Kraftfahrzeugnummernschilder; BGH 17.5.2001, GRUR 2001, 1061 (1063).

241 BGH 11.2.1988, GRUR 1988, 545 (546) – Ansprechpartner.

242 BGH 25.4.2002, GRUR 2002, 825 – Elektroarbeiten; vgl. auch *Köhler* in Köhler/Bornkamm/Feddersen UWG § 3a Rn. 1.61.

171 Ein Marktbezug ist beispielsweise nicht bei Produktions-, Bau-, Arbeitnehmerschutz- und Datenschutzvorschriften gegeben. Hingegen kommen als relevante **Marktverhaltensregeln** solche in Betracht, die sich auf das berufliche Verhalten, das angebotene Produkt oder dessen Absatz beziehen, also beispielsweise die Preisangabenverordnung, das Ladenschlussgesetz etc.[243]

172 Eine auf die Lauterkeit des Wettbewerbs bezogene Schutzfunktion soll weiter beispielsweise bei Vorschriften zu bejahen sein, die als Voraussetzung für die Ausübung bestimmter Tätigkeiten den Nachweis besonderer fachlicher Fähigkeiten erfordern und damit die Sicherstellung einer bestimmten Qualität oder Sicherheit der angebotenen Ware bezwecken.

173 In diesem Zusammenhang hat sich auch die Frage gestellt, ob die **kommunalrechtlichen Regelungen zur wirtschaftlichen Betätigung** in den Anwendungsbereich des § 3a UWG fallen. So enthalten nämlich zB sämtliche **Gemeindeordnungen** Vorschriften zu den Zulässigkeitsvoraussetzungen einer wirtschaftlichen Betätigung von Kommunen.[244] Lange Zeit war umstritten, ob diese Vorschriften dazu dienen, Wettbewerber der Kommunen vor deren erwerbswirtschaftlicher Tätigkeit oder die Kommunen durch einschränkende Voraussetzungen (zB den öffentlichen Zweck der wirtschaftlichen[245] Betätigung) vor einem unbedachten erwerbswirtschaftlichen Tätigwerden und damit vor potentieller Verschuldung zu schützen.[246]

Im Jahr 2002 wurde diese Frage höchstrichterlich entschieden: Bezüglich der von einem kommunalen Stadtwerk durchgeführten Elektroarbeiten entschied der Bundesgerichtshof, dass sich die Beurteilung nach dem UWG nur auf die **Art und Weise** der Beteiligung der öffentlichen Hand am Wettbewerb bezieht und nicht auf die Frage, **ob** die öffentliche Hand in dem jeweiligen Fall erwerbswirtschaftlich tätig werden darf.[247] Die Verletzung gemeinderechtlicher Normen **über den Marktzutritt** von Kommunen bzw. ihrer Unternehmen ist **daher wettbewerbsrechtlich irrelevant** mit der Folge, dass private Wettbewerber dagegen keine Ansprüche auf der Grundlage des UWG geltend machen können.[248]

An diese Rechtsprechung knüpft die Regelung des § 3a UWG an.

174 Dabei ist für kommunale Unternehmen noch Folgendes zu beachten: Vorschriften mit ausschließlich innerbehördlicher Bindung **ohne Außenwirkung** haben keine wettbewerbsrechtliche Relevanz. Dasselbe gilt für **haushaltsrechtliche Vorschriften.** Sie bewirken lediglich eine Bindung der öffentlichen Hand nach innen und dienen daher nicht dem Schutz von Wettbewerbern. Ihre Verletzung kann daher keinen Wettbewerbsverstoß begründen. Ebenso verhält es sich bei den öffentlich-rechtlichen **Zuständigkeitsregelungen.** Für die öffentliche Hand besteht im Übrigen eine **Grundrechtsbindung.** Sie darf daher die Grundrechte Privater (zB aus Art. 12, 14, 5, 2 GG) nicht verletzen. Private Konkurrenten können allerdings keine Grundrechtsverletzung mit der Begründung geltend machen, dass für die erwerbswirtschaftliche Betätigung einer Kommune keine ausdrückliche Ermächtigung vorhanden sei.

6. Irreführende geschäftliche Handlungen, §§ 5 und 5a UWG

175 Die UWG-Reform 2008 hat zudem zu wesentlichen Änderungen im Bereich der Vorschriften zur Irreführung geführt. Lautete die Überschrift des alten § 5 UWG noch

[243] Köhler NJW 2004, 2121 (2124); vgl. auch die Übersicht bei *Köhler* in Köhler/Bornkamm/Feddersen UWG § 3a Rn. 1.68 ff. und Rn. 1.113 ff.

[244] Vgl. dazu Kapitel C.

[245] Vgl. hierzu OLG Düsseldorf 28.10.1999 – 2 U 7/99, NVwZ 2000, 111; dort wurde das Recycling von Altautos als Teil der Abfallentsorgung nicht als wirtschaftliche Betätigung der Gemeinde gewertet.

[246] Vgl. BGH 24.9.2002, GRUR 2003, 167 – Kommunaler Schilderprägebetrieb.

[247] BGH 25.4.2002, GRUR 2002, 825 (826) – Elektroarbeiten; vgl. auch die nachfolgenden Entscheidungen: BGH 4.11.2003, GRUR 2004, 255 (258) – Strom und Telefon I und BGH 4.11.2003, GRUR 2004, 259 (262) – Strom und Telefon II.

[248] So *Köhler* in Köhler/Bornkamm/Feddersen UWG § 3a Rn. 2.13.

„Irreführende Werbung", so vollzog das UWG mit der Reform den Wechsel von der Wettbewerbshandlung zur geschäftlichen Handlung nach und überschreibt die Norm seither wie folgt:

§ 5 UWG Irreführende geschäftliche Handlungen: **176**

„(1) [1] Unlauter handelt, wer eine irreführende geschäftliche Handlung vornimmt, die geeignet ist, den Verbraucher oder sonstigen Marktteilnehmer zu einer geschäftlichen Entscheidung zu veranlassen, die er andernfalls nicht getroffen hätte. [2] Eine geschäftliche Handlung ist irreführend, wenn sie unwahre Angaben enthält oder sonstige zur Täuschung geeignete Angaben über folgende Umstände enthält:

1. *die wesentlichen Merkmale der Ware oder Dienstleistung wie Verfügbarkeit, Art, Ausführung, Vorteile, Risiken, Zusammensetzung, Zubehör, Verfahren oder Zeitpunkt der Herstellung, Lieferung oder Erbringung, Zwecktauglichkeit, Verwendungsmöglichkeit, Menge, Beschaffenheit, Kundendienst und Beschwerdeverfahren, geographische oder betriebliche Herkunft, von der Verwendung zu erwartende Ergebnisse oder die Ergebnisse oder wesentlichen Bestandteile von Tests der Waren oder Dienstleistungen;*
2. *den Anlass des Verkaufs wie das Vorhandensein eines besonderen Preisvorteils, den Preis oder die Art und Weise, in der er berechnet wird, oder die Bedingungen, unter denen die Ware geliefert oder die Dienstleistung erbracht wird;*
3. *die Person, Eigenschaften oder Rechte des Unternehmers wie Identität, Vermögen einschließlich der Rechte des geistigen Eigentums, den Umfang von Verpflichtungen, Befähigung, Status, Zulassung, Mitgliedschaften oder Beziehungen, Auszeichnungen oder Ehrungen, Beweggründe für die geschäftliche Handlung oder die Art des Vertriebs;*
4. *Aussagen oder Symbole, die im Zusammenhang mit direktem oder indirektem Sponsoring stehen oder sich auf eine Zulassung des Unternehmers oder der Waren oder Dienstleistungen beziehen;*
5. *die Notwendigkeit einer Leistung, eines Ersatzteils, eines Austauschs oder einer Reparatur;*
6. *die Einhaltung eines Verhaltenskodexes, auf den sich der Unternehmer verbindlich verpflichtet hat, wenn er auf diese Bindung hinweist, oder*
7. *Rechte des Verbrauchers, insbesondere solche auf Grund von Garantieversprechen oder Gewährleistungsrechte bei Leistungsstörungen.*

(2) Eine geschäftliche Handlung ist auch irreführend, wenn sie im Zusammenhang mit der Vermarktung von Waren oder Dienstleistungen einschließlich vergleichender Werbung eine Verwechslungsgefahr mit einer anderen Ware oder Dienstleistung oder mit der Marke oder einem anderen Kennzeichen eines Mitbewerbers hervorruft.

(3) Angaben im Sinne von Absatz 1 Satz 2 sind auch Angaben im Rahmen vergleichender Werbung sowie bildliche Darstellungen und sonstige Veranstaltungen, die darauf zielen und geeignet sind, solche Angaben zu ersetzen.

(4) [1] Es wird vermutet, dass es irreführend ist, mit der Herabsetzung eines Preises zu werben, sofern der Preis nur für eine unangemessen kurze Zeit gefordert worden ist. [2] Ist streitig, ob und in welchem Zeitraum der Preis gefordert worden ist, so trifft die Beweislast denjenigen, der mit der Preisherabsetzung geworben hat."

a) Irreführung

Kern des § 5 UWG ist der Begriff der **Irreführung,** der durch § 5 Abs. 1 Nr. 1–7, Abs. 2–4 **177** UWG konkretisiert und ausgefüllt wird. Dabei kann neben einer objektiv unwahren Behauptung – ausgehend von dem maßgeblichen Verständnis des durchschnittlich informierten und verständigen Verbrauchers,[249] dessen Grad an Aufmerksamkeit abhängig ist von der jeweiligen Situation und der Bedeutung der beworbenen Sache – auch eine objektive wahre Angabe irreführend sein, wenn sie missverständlich wirkt.[250] Umgekehrt kann auch eine

[249] § 3 Abs. 4 UWG; vgl. zum Verbaucherleitbild nach altem Recht BGH 20.10.1999, WRP 2000, 517 (520) – Orient-Teppichmuster; BGH 13.1.2000, WRP 2000, 1129 (1130) – Tageszulassung II; vgl. auch EuGH 16.7.1998, WRP 1998, 848 (851) – Gut Springenheide; EuGH 4.4.2000, WRP 2000, 489 (491) – Darbo.

[250] *Bornkamm/Feddersen* in Köhler/Bornkamm/Feddersen UWG § 5 Rn. 1.57 f., vgl. auch Richtlinie über irreführende und vergleichende Werbung 2006/114/EG und Richtlinie 2005/29/EG.

objektiv unwahre Angabe im Einzelfall als nicht irreführend und damit unbedenklich einzustufen sein, wenn die Unrichtigkeit von den Betroffenen ohne weiteres erkannt wird (zB bei offensichtlicher Spaßwerbung).

Es ist daher für die Frage nach dem Vorliegen einer irreführenden Werbung im Sinne von § 5 UWG stets auf den konkreten Einzelfall abzustellen. Dogmatisch führt das Vorliegen einer Irreführung nur zur Unlauterkeit der geschäftlichen Handlung. Um zur Unzulässigkeit zu gelangen, muss darüber hinaus die **Spürbarkeitsschwelle** des § 3 Abs. 2 UWG überschritten werden.

b) Fallgruppen

178 **aa) Alleinstellungs- und Spitzengruppenwerbung.** Bei der **Alleinstellungswerbung** behauptet der Werbende eine zu seinen Gunsten bestehende, wie auch immer geartete Vorzugsstellung gegenüber anderen Wettbewerbern (zB: „das beste", „älteste", „größte" etc).[251] Um eine sog. **Spitzengruppenwerbung** handelt es sich, wenn mit der Zugehörigkeit zu einer bestimmten (Spitzen-)Gruppe (zB: „eines der größten", „eines der ältesten" usw)[252] geworben wird. Zulässig ist eine solche Werbung nur, wenn sie wahr ist, also der Werbende zB tatsächlich den behaupteten deutlichen, nicht nur vorübergehenden Vorsprung gegenüber seinen Mitbewerbern besitzt.[253]

179 **bb) Lockvogelwerbung.** Hierunter versteht man Angebote, mit denen der Kunde zum Kauf angelockt werden soll. Unzulässig ist zum Beispiel das Angebot von Waren, die überhaupt nicht oder nicht in ausreichender Menge vorhanden sind.[254] Diese Fallgruppe ist zudem als per se-Verbot ohne Wertungsmöglichkeit in Nr. 5 der Liste der Klauselverbote des Anhangs zu § 3 Abs. 3 UWG als grundsätzlich unzulässige Handlung erfasst.[255] Nach dieser Vorschrift muss von der angebotenen Ware mindestens ein Zwei-Tages-Vorrat vorhanden sein, anderenfalls wird vermutet, dass der Vorrat nicht angemessen war. Nach der in S. 2 der Nr. 5 des Anhangs enthaltenen Beweislastregel kann die Vermutungswirkung jedoch durch den Nachweis einer unerwartet hohen Nachfrage, unvorhergesehener Lieferschwierigkeiten und ähnlicher von dem anbietenden Unternehmen nicht zu vertretender Umstände entkräftet werden.

180 **cc) Blickfangwerbung.**[256] Werden Teile einer Werbung mit einzelnen Reizwörtern wie „gratis" etc blickfangartig herausgestellt, so dürfen diese Angaben – auch für sich genommen – nicht irreführend sein. Dies ist aber beispielsweise der Fall, wenn erst im „Kleingedruckten" auf die genauen Konditionen hingewiesen wird.[257] Ein deutlicher Hinweis auf die wahre Bedeutung der Werbeaussage mit Hilfe eines Sternchens (*), der jedoch strengen Anforderungen an Transparenz und Erkennbarkeit unterliegt, kann im Einzelfall allerdings die Irreführung verhindern.[258] Voraussetzung ist, dass der Sternchenhinweis am Blickfang teilhat, so dass der Betrachter die Einschränkung der herausgestellten Werbeaussage unmittelbar wahrnimmt.

181 **dd) Preisgegenüberstellungen.** Diese Fallgruppe betrifft die Fälle, bei denen der Wettbewerber seinen aktuellen Preis unter Zufügung eines anderen Preises präsentiert. Meist

---

[251] BGH 26.2.1969, GRUR 1969, 415 (417) – Kaffeerösterei; *Helm/Sonntag/Burger* in Gloy/Loschelder/Danckwerts, Wettbewerbsrecht, § 59 Rn. 174 ff.

[252] OLG Koblenz 8.11.1984, GRUR 1985, 300 (301) – Spitzengruppenwerbung; OLG Zweibrücken 7.2.2002, NJW-RR 2002, 1066 (1067); OLG Karlsruhe 7.5.2012, WRP 2012, 1131 (1133).

[253] BGH 11.7.1991, GRUR 1991, 850 (851) – Spielzeug-Autorennbahn.

[254] BGH 16.3.2000, WRP 2000, 1131 (1133) – Lieferstörung; BGH 9.5.1996, GRUR 1996, 800 (801) – EDV-Geräte.

[255] → Rn. 155.

[256] Siehe dazu BGH 13.12.1990, NJW-RR 1991, 751 (751).

[257] BGH 5.10.1989, GRUR 1990, 282 (285) – Wettbewerbsverein.

[258] OLG Stuttgart 21.10.1983, WRP 1984, 170 (171) – Sternchenwerbung; OLG Brandenburg 25.1.2011, GRUR-RR 2012, 165 (166).

wird dabei ein Vergleich mit der unverbindlichen Preisempfehlung des Herstellers oder eigenen früher verlangten Preisen hergestellt, der grundsätzlich zulässig ist. Eine Irreführung liegt jedoch regelmäßig dann vor, wenn zB nicht klargestellt wird, dass es sich bei der Preisempfehlung des Herstellers um eine unverbindliche Empfehlung handelt oder der angegebene eigene frühere Preis tatsächlich nie oder nicht über eine ausreichende Zeit (Mondpreiswerbung) verlangt wurde (vgl. § 5 Abs. 4 UWG).[259]

c) Irreführung durch Unterlassen, § 5a UWG

Erstmals ist durch die Umsetzung der Richtlinie über unlautere Geschäftspraktiken mit § 5a UWG auch eine ausführliche Regelung der Irreführung durch Unterlassen ins UWG aufgenommen worden. 182

§ 5a UWG lautet:

„(1) Bei der Beurteilung, ob das Verschweigen einer Tatsache irreführend ist, sind insbesondere deren Bedeutung für die geschäftliche Entscheidung nach der Verkehrsauffassung sowie die Eignung des Verschweigens zur Beeinflussung der Entscheidung zu berücksichtigen.

(2) [1]Unlauter handelt, wer im konkreten Fall unter Berücksichtigung aller Umstände dem Verbraucher eine wesentliche Information vorenthält,

1. *die der Verbraucher je nach den Umständen benötigt, um eine informierte geschäftliche Entscheidung zu treffen, und*
2. *deren Vorenthalten geeignet ist, den Verbraucher zu einer geschäftlichen Entscheidung zu veranlassen, die er andernfalls nicht getroffen hätte.*

[2]Als Vorenthalten gilt auch

1. *das Verheimlichen wesentlicher Informationen,*
2. *die Bereitstellung wesentlicher Informationen in unklarer, unverständlicher oder zweideutiger Weise,*
3. *die nicht rechtzeitige Bereitstellung wesentlicher Informationen.*

(3) Werden Waren oder Dienstleistungen unter Hinweis auf deren Merkmale und Preis in einer dem verwendeten Kommunikationsmittel angemessenen Weise so angeboten, dass ein durchschnittlicher Verbraucher das Geschäft abschließen kann, gelten folgende Informationen als wesentlich im Sinne des Absatzes 2, sofern sie sich nicht unmittelbar aus den Umständen ergeben:

1. *alle wesentlichen Merkmale der Ware oder Dienstleistung in dem dieser und dem verwendeten Kommunikationsmittel angemessenen Umfang;*
2. *die Identität und Anschrift des Unternehmers, gegebenenfalls die Identität und Anschrift des Unternehmers, für den er handelt;*
3. *der Gesamtpreis oder in Fällen, in denen ein solcher Preis auf Grund der Beschaffenheit der Ware oder Dienstleistung nicht im Voraus berechnet werden kann, die Art der Preisberechnung sowie gegebenenfalls alle zusätzlichen Fracht-, Liefer- und Zustellkosten oder in Fällen, in denen diese Kosten nicht im Voraus berechnet werden können, die Tatsache, dass solche zusätzlichen Kosten anfallen können;*
4. *Zahlungs-, Liefer- und Leistungsbedingungen sowie Verfahren zum Umgang mit Beschwerden, soweit sie von Erfordernissen der unternehmerischen Sorgfalt abweichen, und*
5. *das Bestehen eines Rechts zum Rücktritt oder Widerruf.*

(4) Als wesentlich im Sinne des Absatzes 2 gelten auch Informationen, die dem Verbraucher auf Grund unionsrechtlicher Verordnungen oder nach Rechtsvorschriften zur Umsetzung unionsrechtlicher Richtlinien für kommerzielle Kommunikation einschließlich Werbung und Marketing nicht vorenthalten werden dürfen.

(5) Bei der Beurteilung, ob Informationen vorenthalten wurden, sind zu berücksichtigen:

1. *räumliche oder zeitliche Beschränkungen durch das für die geschäftliche Handlung gewählte Kommunikationsmittel sowie*

[259] BGH 28.9.1979, GRUR 1980, 108 (109) – unter empfohlenem Preis; BGH 15.12.1999, WRP 2000, 386 (388) – Preisknaller; BGH 17.3.2011, GRUR 2011, 1151 (1152).

2. alle Maßnahmen des Unternehmers, um dem Verbraucher die Informationen auf andere Weise als durch das Kommunikationsmittel nach Nummer 1 zur Verfügung zu stellen.

(6) Unlauter handelt auch, wer den kommerziellen Zweck einer geschäftlichen Handlung nicht kenntlich macht, sofern sich dieser nicht unmittelbar aus den Umständen ergibt, und das Nichtkenntlichmachen geeignet ist, den Verbraucher zu einer geschäftlichen Entscheidung zu veranlassen, die er andernfalls nicht getroffen hätte."

Wie § 5 UWG erfasst auch § 5a UWG nicht mehr nur die Werbung, sondern das Verschweigen aller Tatsachen, die für die geschäftliche Entscheidung von Bedeutung sein können. Insbesondere werden damit auch **nachvertragliche geschäftliche Handlungen** in den Anwendungsbereich der Vorschrift einbezogen. Während § 5a Abs. 1 UWG für alle Marktteilnehmer gilt, finden § 5 Abs. 2–4 der Vorschrift ausschließlich Anwendung auf Waren- und Dienstleistungsangebote im Verhältnis zwischen Unternehmern und Verbrauchern.

Fraglich war nach der Einführung des § 5a UWG, ob hieraus auch weitergehende **Informationspflichten** für die Unternehmen abzuleiten sind, denn die in § 5a Abs. 3 UWG enthaltene Aufzählung wesentlicher Informationen, deren Unterlassung irreführend ist, sollte lediglich beispielhaften Charakter haben und einer Ausdehnung durch die Rechtsprechung nicht im Wege stehen.[260] Der EuGH geht indes wohl von einer abschließenden Aufzählung aus.[261]

7. Vergleichende Werbung, § 6 UWG

183 Die vergleichende Werbung ohne erkennbare Bezugnahme auf Dritte wird nicht von § 6 UWG erfasst, allerdings kann sich die Unlauterkeit aus einem Verstoß gegen die Generalklausel des § 3 UWG, je nach Lage des Falles in Verbindung mit §§ 5, 5a UWG oder einem der Beispielstatbestände des § 4 oder § 4a UWG ergeben.

Allgemein gehaltene Vergleiche sind grundsätzlich zulässig, da sie die Markttransparenz und Kundeninformation verbessern können.[262] Neben dem Preis kann sich der Vergleich auf Leistungen oder Warenarten beziehen. Zulässig ist so zum Beispiel die Aufforderung, die eigene und die Konkurrenzware zu vergleichen und zu erproben. Der Vergleich muss wahrheitsgemäß und sachlich erfolgen. Unlauter und daher gemäß §§ 3 Abs. 1, 5 Abs. 1 UWG unzulässig ist hingegen die vergleichende Werbung, wenn bei einem durchschnittlich informierten, aufmerksamen und verständigen Durchschnittsverbraucher ein unrichtiger oder irreführender Gesamteindruck entsteht.[263] Daneben kommt ein Verstoß auch in Betracht, wenn wesentliche Umstände verschwiegen[264] – vgl. § 5a Abs. 1 UWG – oder konkurrierende Angebote pauschal abgewertet werden.[265] Als unzulässiger Werbevergleich wurde vor diesem Hintergrund der folgende Slogan betrachtet: *„Wir sind keine anonyme AG. Unsere Geschäftspolitik ist stabil und wird vom Inhaber persönlich bestimmt und nicht durch Aktionäre oder sonstige Gesellschafter"*. Dieser Hinweis enthält zwar keine Bezugnahme auf bestimmte Mitbewerber, aber eine unnötige Kritik und pauschale Abwertung der Konkurrenten, deren Gesellschaftsform eine AG ist.

---

260 Vgl. Begründung Regierungsentwurf, BT-Drs. 16/10145, 50; aA aber *Hoeren* BB 2008, 1182 (1186), der von einer abschließenden Regelung in der Richtlinie ausgeht.

261 Vgl. EuGH 26.10.2016 GRUR Int. 2017, 65 (69) – „Canal Digital Danmark". Vgl. dazu auch *Köhler* in Köhler/Bornkamm/Feddersen, § 5a Rn. 4.9: uU kommt aus anderen Gründen eine Unlauterkeit in Betracht.

262 BGH 15.6.1966, GRUR 1967, 30 (33) – Rum-Verschnitt; BGH 27.2.1986, GRUR 1986, 548 (549) – Dachsteinwerbung.

263 EuGH 12.1.2000, WRP 2000, 289 (292) – Lifting Creme; BGH 20.10.1999, GRUR 2000, 619 (621) – Orient-Teppichmuster; BGH 14.12.2000, WRP 2001, 688 (690) – Eröffnungswerbung.

264 BGH 15.3.1967, GRUR 1967, 596 (599) – Kuppelmuffenverbindung; BGH 27.2.1986, GRUR 1986, 548 (549) – Dachsteinwerbung.

265 BGH 19.6.1981, GRUR 1981, 823 (826) – Ecclesia-Versicherungsdienst; BGH 11.7.1985, GRUR 1985, 982 (983) – Großer Werbeaufwand; BGH 14.12.2000, WRP 2001, 688 (689) – Eröffnungswerbung.

Vergleichende Werbung unter Bezugnahme auf Dritte hingegen ist hinsichtlich ihrer wettbewerbsrechtlichen Zulässigkeit an § 6 UWG[266] zu messen: 184

„(1) Vergleichende Werbung ist jede Werbung, die unmittelbar oder mittelbar einen Mitbewerber oder die von einem Mitbewerber angebotenen Waren oder Dienstleistungen erkennbar macht.

(2) Unlauter handelt, wer vergleichend wirbt, wenn der Vergleich

1. sich nicht auf Waren oder Dienstleistungen für den gleichen Bedarf oder dieselbe Zweckbestimmung bezieht,
2. nicht objektiv auf eine oder mehrere wesentliche, relevante, nachprüfbare und typische Eigenschaften oder den Preis dieser Waren oder Dienstleistungen bezogen ist,
3. im geschäftlichen Verkehr zu einer Gefahr von Verwechslungen zwischen dem Werbenden und einem Mitbewerber oder zwischen den von diesen angebotenen Waren oder Dienstleistungen oder den von ihnen verwendeten Kennzeichen führt,
4. den Ruf des von einem Mitbewerber verwendeten Kennzeichens in unlauterer Weise ausnutzt oder beeinträchtigt,
5. die Waren, Dienstleistungen, Tätigkeiten oder persönlichen oder geschäftlichen Verhältnisse eines Mitbewerbers herabsetzt oder verunglimpft oder
6. eine Ware oder Dienstleistung als Imitation oder Nachahmung einer unter einem geschützten Kennzeichen vertriebenen Ware oder Dienstleistung darstellt.“

§ 6 UWG normiert den Grundsatz der Zulässigkeit vergleichender Werbung, indem Abs. 2 der Vorschrift Voraussetzungen festlegt, unter denen vergleichende Werbung ausnahmsweise als unlauter anzusehen ist.

§ 6 Abs. 2 UWG ist für den jeweiligen Spezialfall der vergleichenden Werbung **abschließend,** dh aus § 3 UWG dürfen weder strengere noch mildere Maßstäbe hergeleitet werden.[267]

So müssen die miteinander verglichenen Produkte zB stets auch vergleichbar, dh substituierbar[268], sein (§ 6 Abs. 2 Nr. 1 UWG). Auch muss der Vergleich dem Sachlichkeitsgebot entsprechen, also einen objektiv nachprüfbaren Inhalt[269] haben (§ 6 Abs. 2 Nr. 2 UWG) usw. Ein unlauterer Vergleich liegt hingegen beispielsweise dann vor, wenn unter Hinweis auf den niedrigen Preis des Konkurrenten beim Publikum der unrichtige Eindruck erweckt wird, es handele sich bei diesen Produkte um solche minderer Qualität.

8. Unzumutbare Belästigungen, § 7 UWG

Durch § 7 UWG werden solche geschäftlichen Handlungen – insbesondere Werbung – als unzulässig eingestuft, die einen Marktteilnehmer **in unzumutbarer Weise belästigen.** Dabei geht es um **die Art und Weise der Werbung** und nicht um deren Inhalt, der bereits Gegenstand der §§ 3–6 UWG ist. Durch die Novellierung des UWG im Jahr 2004 wurde diese Fallgruppe erstmals als eigenständiger Tatbestand in das UWG aufgenommen. Im Zuge der Umsetzung der Richtlinie wurde der Verweis auf die Unlauterkeit iSd § 3 UWG ersetzt durch die Formulierung „ist unzulässig“. Allerdings enthält § 7 Abs. 1 UWG mit dem Merkmal der Unzumutbarkeit eine eigene Bagatellklausel. Die Belästigungstatbestände 185

[266] § 6 UWG ist im Lichte der zugrundeliegenden Richtlinie 2006/114/EG über irreführende und vergleichende Werbung auszulegen; vgl. *Köhler* in Köhler/Bornkamm/Feddersen UWG § 6 Rn. 9 ff. Diese Richtlinie löste ohne inhaltliche Änderungen die früheren Richtlinien 84/450/EWG und 97/55/EG ab.

[267] *Köhler* in Köhler/Bornkamm/Feddersen UWG § 6 Rn. 19; OLG Saarbrücken 7.11.2007, GRUR-RR 2008, 312 (314).

[268] So BGH 15.10.1998, WRP 1999, 414 (416) – Vergleichen Sie; OLG Hamburg 29.7.1999, GRUR 2000, 243 (245) – Lottoschein; *Ohly* in Ohly/Sosnitza UWG § 6 Rn. 36: „*…hinreichend austauschbare Produkte…*“

[269] BGH 23.4.1998, WRP 1998, 1065 (1067) – Preisvergleichsliste II; *Sack* in Harte-Bavendamm/Henning-Bodewig UWG § 6 Rn. 147 ff.

werden im Rahmen der – jedoch nicht abschließenden – Aufzählung des § 7 Abs. 2 UWG näher konkretisiert.

§ 7 UWG lautet:

„(1) [1] Eine geschäftliche Handlung, durch die ein Marktteilnehmer in unzumutbarer Weise belästigt wird, ist unzulässig. [2] Dies gilt insbesondere für Werbung, obwohl erkennbar ist, dass der angesprochene Marktteilnehmer diese Werbung nicht wünscht.

(2) Eine unzumutbare Belästigung ist stets anzunehmen

1. *bei Werbung unter Verwendung eines in den Nummern 2 und 3 nicht aufgeführten, für den Fernabsatz geeigneten Mittels der kommerziellen Kommunikation, durch die ein Verbraucher hartnäckig angesprochen wird, obwohl er dies erkennbar nicht wünscht;*
2. *bei Werbung mit einem Telefonanruf gegenüber einem Verbraucher ohne dessen vorherige ausdrückliche Einwilligung oder gegenüber einem sonstigen Marktteilnehmer ohne dessen zumindest mutmaßliche Einwilligung,*
3. *bei Werbung unter Verwendung einer automatischen Anrufmaschine, eines Faxgerätes oder elektronischer Post, ohne dass eine vorherige ausdrückliche Einwilligung des Adressaten vorliegt, oder*
4. *bei Werbung mit einer Nachricht,*
   a) bei der die Identität des Absenders, in dessen Auftrag die Nachricht übermittelt wird, verschleiert oder verheimlicht wird oder
   b) bei der gegen § 6 Absatz 1 des Telemediengesetzes verstoßen wird oder in der der Empfänger aufgefordert wird, eine Website aufzurufen, die gegen diese Vorschrift verstößt, oder
   c) bei der keine gültige Adresse vorhanden ist, an die der Empfänger eine Aufforderung zur Einstellung solcher Nachrichten richten kann, ohne dass hierfür andere als die Übermittlungskosten nach den Basistarifen entstehen.

(3) Abweichend von Absatz 2 Nummer 3 ist eine unzumutbare Belästigung bei einer Werbung unter Verwendung elektronischer Post nicht anzunehmen, wenn

1. *ein Unternehmer im Zusammenhang mit dem Verkauf einer Ware oder Dienstleistung von dem Kunden dessen elektronische Postadresse erhalten hat,*
2. *der Unternehmer die Adresse zur Direktwerbung für eigene ähnliche Waren oder Dienstleistungen verwendet,*
3. *der Kunde der Verwendung nicht widersprochen hat und*
4. *der Kunde bei Erhebung der Adresse und bei jeder Verwendung klar und deutlich darauf hingewiesen wird, dass er der Verwendung jederzeit widersprechen kann, ohne dass hierfür andere als die Übermittlungskosten nach den Basistarifen entstehen."*

9. Rechtsfolgen von Verstößen

a) zivilrechtliche Folgen

186 **aa) Unterlassungs- und Beseitigungsanspruch.** Liegt ein Verstoß gegen einen der Tatbestände der §§ 3–7 UWG vor, kommt zunächst stets ein **Beseitigungsanspruch,** im Fall des Vorliegens einer Wiederholungsgefahr ein **Unterlassungsanspruch,** gegen den Handelnden gemäß § 8 Abs. 1 UWG in Betracht:

„(1) [1] Wer eine nach § 3 oder § 7 unzulässige geschäftliche Handlung vornimmt, kann auf Beseitigung und bei Wiederholungsgefahr auf Unterlassung in Anspruch genommen werden. [2] Der Anspruch auf Unterlassung besteht bereits dann, wenn eine derartige Zuwiderhandlung gegen § 3 oder § 7 droht."

Der Unterlassungs- und der Beseitigungsanspruch sind **verschuldensunabhängig,** dh es ist nicht erforderlich, dass der Schädiger vorsätzlich oder fahrlässig gehandelt hat. Während der Beseitigungsanspruch auf die Beseitigung eines in der Vergangenheit geschaffenen Störungszustandes gerichtet ist, besteht der Unterlassungsanspruch regelmäßig nur dann, wenn eine sog. **Wiederholungsgefahr** gegeben ist.

Diese liegt immer vor, wenn eine in der Vergangenheit begangene Rechtsgutverletzung die Besorgnis begründet, dass der Betreffende auch zukünftig dieselbe Verletzungshandlung erneut begeht.[270] Im Wettbewerbsrecht wird die Wiederholungsgefahr stets **vermutet,** wenn bereits ein Wettbewerbsverstoß begangen wurde.[271] Es ist Aufgabe des Schädigers, diese Vermutung zu widerlegen. 187

Welcher Personenkreis zur Geltendmachung eines Unterlassungs- oder Beseitigungsanspruchs berechtigt ist, bestimmt sich nach § 8 Abs. 3 UWG: 188

„3) Die Ansprüche aus Absatz 1 stehen zu:

1. *jedem Mitbewerber;*
2. *rechtsfähigen Verbänden zur Förderung gewerblicher oder selbständiger beruflicher Interessen, soweit ihnen eine erhebliche Zahl von Unternehmern angehört, die Waren oder Dienstleistungen gleicher oder verwandter Art auf demselben Markt vertreiben, wenn sie insbesondere nach ihrer personellen, sachlichen und finanziellen Ausstattung imstande sind, ihre satzungsmäßigen Aufgaben der Verfolgung gewerblicher oder selbständiger beruflicher Interessen tatsächlich wahrzunehmen und soweit die Zuwiderhandlung die Interessen ihrer Mitglieder berührt;*
3. *qualifizierten Einrichtungen, die nachweisen, dass sie in der Liste der qualifizierten Einrichtungen nach § 4 des Unterlassungsklagengesetzes oder in dem Verzeichnis der Europäischen Kommission nach Artikel 4 Absatz 3 der Richtlinie 2009/22/EG des Europäischen Parlaments und des Rates vom 23. April 2009 über Unterlassungsklagen zum Schutz der Verbraucherinteressen (ABl. L 110 vom 1.5.2009, S. 30) eingetragen sind;*
4. *den Industrie- und Handelskammern oder den Handwerkskammern."*

bb) Schadensersatzanspruch. Sofern durch eine **vorsätzlich oder fahrlässig** begangene und gem. § 3 oder § 7 UWG unlautere geschäftliche Handlung **ein Schaden** verursacht wird, ist dieser gemäß **§ 9 UWG** durch den Handelnden zu ersetzen. Im Gegensatz zum Unterlassungsanspruch bedarf es also für die Geltendmachung von Schadensersatzansprüchen stets eines **Verschuldens** des Handelnden. Auch kann der Schadensersatzanspruch nur durch Mitbewerber geltend gemacht werden, § 9 S. 1 UWG. Im Verhältnis zum Unterlassungsanspruch ist der Schadensersatzanspruch praktisch weniger relevant, da der Nachweis eines Verschuldens oftmals nicht einfach zu führen ist. Zudem bereitet auch die Berechnung der konkreten Schadenshöhe häufig enorme praktische Schwierigkeiten. 189

Mit dem Schadensersatzanspruch geht regelmäßig ein **Auskunftsanspruch,** uU sogar ein **Rechnungslegungsanspruch** des Mitbewerbers einher. Da nämlich der Geschädigte regelmäßig keine Informationen darüber hat, in welchem Umfang und über welchen Zeitraum der Verletzte von seiner unlauteren Verhaltensweise profitiert hat, kann er naturgemäß seinen eigenen Schaden nur schwer einschätzen. So weiß üblicherweise nur der Schädiger, wie häufig und in welchen Medien eine unzulässige Werbung geschaltet wurde. Aus diesem Grunde ist der Schädiger, wenn seine Pflicht zum Schadensersatz feststeht, gewohnheitsrechtlich verpflichtet, Auskunft zu erteilen über beispielsweise die Dauer und den Umfang der unlauteren geschäftlichen Handlung. Welche Informationen im Einzelnen zu erteilen sind und ob die Preisgabe dieser Informationen dem Schädiger zugemutet werden kann, ist durch eine **Interessenabwägung** zu ermitteln. Hierbei sind die konkreten Umstände des Einzelfalls maßgebend. 190

Die Höhe des Schadens berechnet sich nach den allgemeinen zivilrechtlichen Regeln der §§ 249 ff. BGB, dh grundsätzlich ist der Geschädigte so zu stellen, wie er ohne die schädigende Handlung stehen würde.[272]

---

[270] Vgl. BGH 28.3.1996, GRUR 1996, 781 (783) – Verbrauchsmaterialien.

[271] BGH 26.10.2000, GRUR 2001, 453 (455) – TCM-Zentrum; BGH 25.10.2001, GRUR 2002, 717 (719) – Vertretung der Anwalts-GmbH.

[272] Vgl. zu den Voraussetzungen und den Möglichkeiten der Berechnung *Melullis* in Gloy/Loschelder/Danckwerts, Wettbewerbsrecht, § 80 Rn. 84 ff.; *Goldmann* in Harte-Bavendamm/Henning-Bodewig UWG § 9 Rn. 141 ff.

191 cc) **Gewinnabschöpfungsanspruch.** Im Falle einer nicht nur fahrlässigen, sondern **vorsätzlichen,** nach §§ 3 und 7 UWG unlauteren, geschäftlichen Handlung, die auf eine Gewinnerzielung zu Lasten einer **Vielzahl von Abnehmern** gerichtet ist, kann von den gem. § 8 Abs. 3 Nr. 2–4 UWG zur Geltendmachung eines Unterlassungsanspruchs Berechtigten gem. § 10 UWG die Herausgabe dieses Gewinns **an den Bundeshaushalt** verlangt werden. Im Gegensatz zum Schadensersatzanspruch dient der Gewinnabschöpfungsanspruch also nicht dem individuellen Schadensausgleich zwischen Schädiger und Geschädigten Vielmehr soll mittels dieses Anspruchs der durch die wettbewerbswidrige Handlung erzielte Gewinn – sofern diesem ein unmittelbarer Vermögensnachteil beim Abnehmer gegenübersteht – abgeschöpft werden. Relevant ist dieser Anspruch insbesondere für die Fälle der sog. **Streuschäden,** bei denen dem wettbewerbswidrigen Verhalten auf der einen Seite eine Vielzahl von, allerdings jeweils nur in geringem Ausmaß betroffener, Geschädigter gegenüber stehen, von denen jeder Einzelne aufgrund seines nur geringen individuellen Schadens keine rechtlichen Schritte einleiten würde. In der Praxis spielt der Gewinnabschöpfungsanspruch jedoch bislang keine große Rolle.

b) strafrechtliche Folgen

192 Gem. § 16 UWG sind bestimmte Formen der irreführenden (Abs. 1) sowie der progressiven (Abs. 2) Werbung strafrechtlich sanktioniert. Im Falle eines nachgewiesenen Verstoßes kann eine Geldstrafe oder eine Haftstrafe von bis zu zwei Jahren verhängt werden.

10. Prozessuales Vorgehen/Rechtschutz

a) Abmahnung

193 Vor der gerichtlichen Geltendmachung eines Unterlassungsanspruchs soll in der Regel eine **Abmahnung** des Handelnden erfolgen. Die in der Vergangenheit von der Rechtsprechung entwickelten Grundsätze zur Abmahnung sind in § 12 Abs. 1 UWG enthalten:

„(1) [1]Die zur Geltendmachung eines Unterlassungsanspruchs Berechtigten sollen den Schuldner vor der Einleitung eines gerichtlichen Verfahrens abmahnen und ihm Gelegenheit geben, den Streit durch Abgabe einer mit einer angemessenen Vertragsstrafe bewehrten Unterlassungsverpflichtung beizulegen. [2]Soweit die Abmahnung berechtigt ist, kann der Ersatz der erforderlichen Aufwendungen verlangt werden."

Die Abmahnung ist die Aufforderung an den Schädiger, das beanstandete wettbewerbswidrige Verhalten **unverzüglich aufzugeben** und **in der Zukunft zu unterlassen.** Sie enthält daher regelmäßig eine Darstellung der beanstandeten Verletzung, deren rechtliche Bewertung, die Bezeichnung der geltend gemachten Ansprüche, eine Aufforderung zur Abgabe einer Unterlassungserklärung mit Vertragsstrafeverpflichtung binnen angemessener Frist und die Androhung gerichtlicher Geltendmachung. Dabei ist darauf zu achten, die gerügte Verletzungshandlung **richtig und vollständig** wiederzugeben, denn die Abmahnung soll dem in Anspruch Genommenen die Möglichkeit geben, den Vorwurf und sein Risiko im Fall der Fortsetzung des Verhaltens selbständig zu prüfen. Fehlt es an der Bestimmtheit der Abmahnung, so droht in einem späteren Prozess trotz der Abmahnung das Risiko, die Prozesskosten tragen zu müssen, wenn der Betreffende im Prozess den Verstoß von Anfang an einräumt und sich unterwirft, vgl. § 93 ZPO.

Eine Vermeidung des Kostenrisikos setzt weiter voraus, dass die Aufforderung zur Unterlassung **ernsthaft und endgültig** ist.

194 Vor Aussendung einer Abmahnung ist genau zu prüfen, ob der gerügte Verstoß tatsächlich vorliegt, da eine unberechtigte Abmahnung des vermeintlichen Schädigers wiederum Schadensersatzansprüche gegen den Abmahnenden auslösen kann. Erforderlich ist daher stets eine sorgfältige Prüfung der eigenen Rechtsposition.

Die Kosten einer **berechtigten Abmahnung** trägt gemäß § 12 Abs. 1 S. 2 UWG sowie nach den Grundsätzen der Geschäftsführung ohne Auftrag der Abgemahnte. Zu den erforderlichen Aufwendungen im Sinn dieser Vorschrift gehören insbesondere etwaige **Rechtsanwaltskosten,** die entstanden sind, weil sich der Verletzte zur Erstellung der Abmahnung der Hilfe eines Rechtsanwalts bedient hat.

b) Unterlassungsverpflichtungserklärung

Die Abmahnung dient insbesondere dazu, eine außergerichtliche Klärung der Angelegenheit herbeizuführen. Ist nämlich eine Wettbewerbsrechtsverletzung im Sinne der §§ 3 ff. UWG bereits eingetreten, kann die dadurch begründete **Wiederholungsgefahr** (die Gefahr der Wiederholung einer gleichartigen Verletzungshandlung, s. o.) nur durch Abgabe einer **ernsthaften, unwiderruflichen** und hinreichend **strafbewehrten Unterlassungsverpflichtungserklärung** ausgeräumt werden. Hierfür reicht es insbesondere **nicht** aus, lediglich das verletzende Verhalten einzustellen, vgl. § 12 Abs. 1 S. 1 UWG. 195

In der Praxis ist es üblich, der Abmahnung eine vorformulierte Erklärung beizulegen, die der Adressat der Abmahnung nur noch zu unterzeichnen und zurückzusenden hat. In dieser Erklärung muss der Gegenstand der Unterlassungspflicht **klar und eindeutig** festgelegt werden. Bestehen Zweifel an der Auslegung, so kann dies unter Umständen zur Unwirksamkeit der Erklärung führen.[273]

c) einstweilige Verfügung/Klageverfahren

Erfolgt ausnahmsweise keine Abmahnung oder ist der Abgemahnte nicht bereit, die Unterwerfungserklärung abzugeben, so kann der Anspruchsberechtigte **gerichtliche Hilfe** in Anspruch nehmen. 196

Es kommt insofern die Einleitung eines Klageverfahrens sowie in dringlichen Fällen – im Wettbewerbsrecht üblich – die Beantragung einer **einstweiligen Verfügung** (§§ 936, 916 ff. ZPO) in Betracht.[274] § 12 Abs. 2 UWG stellt klar, dass der Erlass einstweiliger Verfügungen auch ohne die Darlegung und Glaubhaftmachung der in den §§ 935 und 940 ZPO genannten Voraussetzungen der Dringlichkeit erfolgen kann. Die Eilbedürftigkeit wird in Wettbewerbssachen nämlich vermutet:

„(2) Zur Sicherung der in diesem Gesetz bezeichneten Ansprüche auf Unterlassung können einstweilige Verfügungen auch ohne die Darlegung und Glaubhaftmachung der in den §§ 935 und 940 der Zivilprozessordnung bezeichneten Voraussetzungen erlassen werden."

Der Abgemahnte kann – sofern er einen entsprechenden Antrag des Verletzten befürchtet – vorsorglich **eine Schutzschrift** bei den in Frage kommenden Gerichten hinterlegen. Die Schutzschrift dient als **vorbeugendes Verteidigungsmittel** dazu, die Zurückweisung des erwarteten einstweiligen Verfügungsantrags bzw. die Anberaumung einer mündlichen Verhandlung zu beantragen. Die Schutzschrift hat sich als Instrument in der Praxis entwickelt, sie ist gesetzlich nicht geregelt. In der Schutzschrift stellt der potentiell in Anspruch genommene Schädiger den Sachverhalt aus seiner Sicht dar und führt insbesondere aus, warum er der Auffassung ist, dadurch keine Rechte des mutmaßlichen Antragstellers zu verletzen. 197

d) Rechtsweg

Wird ein Anspruch gegenüber **kommunalen Unternehmen** geltend gemacht, so richtet sich die **Zulässigkeit des Rechtswegs** nach dem geltend gemachten Anspruch: Der Rechtsweg zu den ordentlichen Gerichten ist eröffnet, wenn eine lauterkeitsrechtliche und somit eine bürgerlich-rechtliche Streitigkeit iSd § 13 GVG vorliegt und keine spezielle 198

[273] Vgl. zur Unterwerfungserklärung auch *Bornkamm* in Köhler/Bornkamm/Feddersen UWG § 12 Rn. 1.18.
[274] Vgl. im Einzelnen Berneke/Schüttpelz Rn. 27 ff. und im Einzelnen Rn. 243 ff.

Rechtswegzuweisung erfolgt ist (zB zu den Sozialgerichten gem. § 51 II 1 Nr. 3, 2 SGG) Durch § 17a I GVG (Bindungswirkung) ist die Abgrenzungsproblematik für die Praxis entschärft.[275]

[275] *Köhler,* in: Köhler/Bornkamm/Feddersen, § 3a Rn. 2.8; *Ohly* in Ohly/Sosnitza, Einführung D. Rn. 22 ff.

J. Praxisbeispiele

Übersicht

I. Recht und Praxis im Bereich „Öffentlicher Personennahverkehr"

Literatur:

Kaufmann, Lübbig, Prieß, Pünder, Fehling: VO (EG) 1370/2007, Beck'sche Kurzkommentare, München 2010; *Saxinger, Winnes,* Recht des Öffentlichen Personenverkehrs, Kommentar zur Personenbeförderung auf Straße und Schiene, Carl Link Kommunalverlag von Wolters Kluwer in Köln, 17. EL Stand Dez 2018; *Corina Jürschik,* Verordnung über öffentliche Personenverkehrsdienste, Kommentierung, Kohlhammer Verlag, Stuttgart 2018; *Winfried Reinhardt,* Öffentlicher Personennahverkehr, Springer Vieweg, Verlag Wiesbaden, 2. Auflage 2018; *Heinze/Fehling/Fiedler,* Personenbeförderungsgesetz, Beck'sche Kurzkommentare, 2. Auflage 2014

1. Einführung: Die Rahmenbedingungen

In den vorangehenden Kapiteln sind die für kommunale Unternehmen wichtigen Rechtsfragen systematisch dargestellt. Aufbauend darauf wird in diesem Kapitel die Anwendung auf den Öffentlichen Personennahverkehr (ÖPNV) behandelt. Um zu verstehen, wie die Verwaltung in der Praxis den ÖPNV organisiert, ist zunächst eine Zusammenstellung der rechtlichen Fragen und Möglichkeiten erforderlich, die sich speziell für die kommunalen Aktivitäten im Bereich des Öffentlichen Personennahverkehrs ergeben, und zwar unter Betrachtung der europarechtlichen, der verfassungsrechtlichen und der einfachgesetzlichen Vorgaben. Daran schließen sich konkrete Handlungsempfehlungen und Praxisbeispiele an. 1

Unter dem **Öffentlichen Personennahverkehr** versteht man die allgemein zugängliche Beförderung von Personen mit Verkehrsmitteln im Linienverkehr, die überwiegend dazu bestimmt sind, die Verkehrsnachfrage im Stadt-, Vorort oder Regionalverkehr zu befriedigen. Dies ist im Zweifel der Fall, wenn in der Mehrzahl der Beförderungsfälle eines Verkehrsmittels die gesamte Reiseweite 50 Kilometer oder die gesamte Reisezeit eine Stunde nicht übersteigt.[1] Maßgeblich sind damit die **Zweckbestimmung** des einzelnen 2

[1] So die Legaldefinition in § 8 Abs. 1 Personenbeförderungsgesetz (PBefG) und fast wortgleich in § 2 Regionalisierungsgesetz (RegG), daran orientieren sich die Legaldefinitionen in den ÖPNV-Gesetzen der Länder.

Verkehrsmittels und im Zweifelsfall die Gesamtstrecke oder die Gesamtfahrzeit der Mehrzahl der Fahrgäste.

3 Der ÖPNV gliedert sich in den **Schienenpersonennahverkehr** (nachfolgend SPNV), also den ÖPNV auf der Eisenbahn einerseits, und den **allgemeinen ÖPNV** mit Bussen, Straßenbahnen, U-Bahnen oder sonstigen Bahnen andererseits. Oft bezeichnet man auch den allgemeinen ÖPNV kurz als „ÖPNV". Auch das Personenbeförderungsgesetz (nachfolgend PBefG) gilt nur für den Personenverkehr mit Straßenbahnen, Obussen und Kraftfahrzeugen einschließlich der U-Bahnen,[2] nicht jedoch für die Berg- und Seilbahnen und nicht für den Schienenpersonennahverkehr auf der Eisenbahn. Sofern also nachfolgend nichts anderes gesagt ist, wird unter dem ÖPNV nur der allgemeine ÖPNV verstanden, nicht jedoch der Schienenpersonennahverkehr.

4 Aktuell ist die Frage der Organisation des ÖPNV seit Anfang der 90er Jahre des 20. Jahrhunderts. In der bis dahin historisch gewachsenen Struktur wurde der SPNV in den alten Bundesländern fast vollständig von der Bundesbahn erbracht.[3] Der ÖPNV in der Fläche war geprägt durch die Bahnbusse, die Postbusse und zahlreiche Mittelständler sowie durch die Stadtbusse in den mittleren Städten, wozu in den größeren Städten noch die Straßen- und U-Bahnen kamen. Das **damalige System** führte an verschiedenen Stellen zur **Unzufriedenheit:**[4] Der Bund litt unter dem hohen und steigenden Defizit der behördlich organisierten Bundesbahn (DB), er musste irgendwie mit der unwirtschaftlichen Reichsbahn (RB) umgehen und wollte aber aus verkehrs- und umweltpolitischen Gründen das Verkehrsangebot verbessern. Die Europäische Union verfolgte ihre Politik der **Liberalisierung,** des **Wettbewerbs** und der **Transparenz.** Die EU gab die Richtung vor, indem sie durch die Verordnung (EWG) 1893/91[5] die Verordnung (EWG) 1191/69[6] mit dem Ziel der Neustrukturierung des gesamten ÖPNV änderte: Der Verkehr sollte nunmehr von **Verkehrsunternehmen** produziert werden, die sich unternehmerisch verhalten. Dem wurde die **öffentliche Hand** gegenübergestellt, die zwar Mehrverkehre oder Verkehre zu günstigeren Tarifen erreichen konnte, als es sich aus dem freien Spiel der marktwirtschaftlichen Kräfte ergäbe. Aber dafür hat die öffentliche Hand zu den geringsten Kosten für die Allgemeinheit einen Ausgleich zu zahlen, der die Kosten dieser Wünsche transparent macht. Diese Struktur wurde nicht nur für die Eisenbahn sondern für den gesamten ÖPNV eingeführt.[7] Die Umsetzung und die Folgen dieses Kurswechsels beschäftigen die Akteure im ÖPNV bis heute. Und die **Nachfolgeverordnung VO (EG) 1370/07**[8] wird es auch künftig tun.

2. Europarechtliche Vorgaben für die Organisation des ÖPNV

a) Vorgaben aus dem Primärrecht

5 Die (rechtliche) Entwicklung im Bereich des ÖPNV war wenigstens seit den 1980er Jahren maßgeblich beeinflusst durch die Vorgaben der Europäischen Union. Aus dem Primärrecht der Europäischen Union ergeben sich mannigfache Anforderungen für die Ausgestaltung des ÖPNV. Zunächst gelten – soweit das Europarecht greift – die **Grundfreiheiten,** wie

---

2 Legaldefinitionen in § 4 Absätze 2 bis 5 PBefG.

3 Zur Historie: *Heise,* Die Deutsche Bahn AG zwischen Wirtschaftlichkeit und Gemeinwohlverantwortung, Diss. 2013.

4 Ausführlich zur Historie und Motivation: *Reinhardt,* Öffentlicher Personennahverkehr, Springer Vieweg, Wiesbaden, 2. Auflage 2018, S. 88 ff.

5 VO (EWG) 1893/91 vom 20.6.1991, ABl. EG L 169, S. 1.

6 VO (EWG) 1191/69 vom 26.6.1969, ABl. EG L 156, S. 1.

7 *Tödtmann* und *Schauer,* Die Zukunft des ÖPNV aus juristischer Perspektive, Der Nahverkehr 2007, 25–30, 26.

8 VO 1370/07 vom 23.10.2007, ABl. EG Nr. L. 315 S. 1, zuletzt geändert durch die Verordnung (EU) 2016/2338 vom 14.12.2016, ABl. EG Nr. L. 354/22, S. 22, konsolidierte Fassung veröffentlicht im Amtsblatt vom 24.12.2017, S. 1 allerdings unter Weglassung der Vorbemerkungen.

die Freizügigkeit und die Dienstleistungsfreiheit. Und es gilt das **Wettbewerbsrecht** mit den **beihilfe- und vergaberechtlichen** Vorgaben.

6 Durch Art. 4 Abs. 2g) AEUV[9] ist eine mit den Mitgliedsstaaten geteilte Zuständigkeit auf dem Gebiet des **„Verkehrs"** eröffnet, bei dem die Ziele der Verträge im Rahmen einer gemeinsamen Verkehrspolitik verfolgt werden.[10] Auch für Verkehrsunternehmen gelten die Wettbewerbsregeln.[11] Der Verkehrstitel (Titel VI AEUV) gilt für Beförderungen im Eisenbahn-, Straßen- und Binnenschiffsverkehr.[12] Im Hinblick auf Wünsche und Aktivitäten von Kommunen ist Art. 93 AEUV zentral, der ausnahmsweise solche Beihilfen[13] als mit den Verträgen vereinbar ansieht, die den Erfordernissen der Koordinierung des Verkehrs oder der Abgeltung bestimmter Verpflichtungen des öffentlichen Dienstes[14] dienen.

b) Sekundärrechtliche Vorgaben nach altem Recht (VO (EWG) 1191/69)

7 Während die EU den Bereich der Eisenbahnen in den vergangenen Jahren recht aktiv geregelt hat, ist die Anzahl der Bestimmungen für den ÖPNV überschaubar geblieben. Zentral war die **VO (EWG) 1191/69**[15] in der Fassung der VO (EWG) 1893/91.[16] Diese Verordnung hat von 1992 bis 2009 die Entwicklung des ÖPNV in den Mitgliedsstaaten geprägt und war für die Kommunalwirtschaft von hoher Bedeutung. Sie ist wichtig zum Verständnis der Nachfolgeverordnung (EWG) 1370/07. Und sie gilt im Hinblick auf Art. 8 Abs. 2 und 3, Art. 10 Abs. 1 VO (EG) 1370/07 auch während er Übergangsfrist bis Ende 2019 weiter.[17]

8 Der **Anwendungsbereich** umfasste seit dem Inkrafttreten der Änderungsvorordnung VO (EWG) 1893/91 zum 1.7.1992 laut Art. 1 Abs. 1 Unterabsatz 1 VO (EWG) 1191/69 über den ÖPNV hinaus zB auch den gesamten Schienenverkehr. Von der Möglichkeit, gemäß Art. 1 Abs. 1 Unterabsatz 2 die im Nahverkehr tätigen Unternehmen vom Anwendungsbereich der Verordnung auszunehmen, hat die Bundesrepublik Deutschland Gebrauch gemacht: § 8 Abs. 4 PBefG wurde als eine umfassende Teilbereichsausnahme verstanden.[18] Der Vollständigkeit halber sei zum Anwendungsbereich der VO 1191/69 die Verordnung vom 31.7.1992 erwähnt, die alle Stadt-, Vorort- und Regionalverkehrsdienste vom 1.8.1992 bis 31.12.1995 ausgenommen hat.[19]

9 Die VO (EWG) 1191/69 wurde durch die VO (EWG) 1893/91 ab 1992 entscheidend geändert: das Verkehrsangebot soll nicht mehr durch staatliche Institutionen (zB Deutsche Bundesbahn) sondern von **Unternehmen** erbracht werden, die in ihrer Angebots- und Tarifgestaltung frei sind und daher rein wettbewerblich handeln. Dem gegenüber standen die **zuständigen Behörden** der Mitgliedstaaten, die den Wunsch nach einem besseren oder für den Kunden preiswerteren Verkehrsangebot haben. Um dies zu erreichen, konnten sie die Verkehrsunternehmen mit einer **„Verpflichtung des öffentlichen Dienstes"** belegen. In Art. 2 VO (EWG) 1191/69 wurden drei Arten dieser Verpflichtungen unterschieden:

[9] Vertrag über die Arbeitsweise der Europäischen Union (AEUV), Fassung aufgrund des am 1.12.2009 in Kraft getretenen Vertrages von Lissabon, (Konsolidierte Fassung bekanntgemacht im ABl. EG C 115 vom 9.5.2008, S. 47, Vorgänger war bis zum 30.11.2009 der „Vertrag zur Gründung der Europäischen Gemeinschaft" (EGV).

[10] Art. 90 AEUV (ex-Art. 70 EGV).

[11] Art. 106 Abs. 2 AEUV (ex-Art. 86 EGV).

[12] Art. 100 AEUV (ex-Art. 80 EGV).

[13] Das grundsätzliche Beihilfeverbot ist in Art. 107 AEUV (ex-Art. 87 EGV) geregelt.

[14] Der Begriff wird zB verwendet in Art. 1 Abs. 1 VO (EWG) 1191/69 vom 26.6.1969, ABl. EG L 156, S. 1.

[15] VO (EWG) 1191/69 vom 26.6.1969, ABl. EG L 156, S. 1.

[16] VO (EWG) 1893/91 vom 20.6.1991, ABl. EG L 169, S. 1.

[17] *Oertel* und *Vanussi,* Direktvergabe vor oder nach Inkrafttreten der neuen Verordnung? Der Nahverkehr 11/2008, 45–47, 46.

[18] Zu den Einzelheiten: *Heinze,* in Heinze/Fehling/Fiedler, Beck'scher Kurzkommentar zum PBefG, Beck Verlag München, 2. Auflage 2014, § 8 Rn. 60 ff.

[19] BGBl I, 1992, 1442.

- Bei der **Betriebspflicht** erbringt der Verkehrsunternehmer überhaupt eine Verkehrsleistung, er erbringt sie häufiger (in dichterem Takt) oder zu höherer Qualität (zB Pünktlichkeit, Fahrgastinformation) als er dies von sich aus machen würde (zB § 21 PBefG).
- Bei der **Beförderungspflicht** befördert der Verkehrsunternehmer Fahrgäste oder Güter überhaupt (zB Beförderungspflicht im Sinne des § 22 PBefG) oder er befördert sie zu bestimmten Entgelten oder Bedingungen, auf die er sich sonst nicht einließe.
- Die **Tarifpflicht** ist die Verpflichtung zur Anwendung behördlich festgesetzter oder genehmigter, sich nicht aus einer kaufmännischen Kalkulation ergebenden Tarife (zB § 45a PBefG).

10 Nach der **zentralen Vorschrift** des Art. 1 Abs. 3 VO (EWG) 1191/69 hatten die Mitgliedstaaten alle bestehenden Verpflichtungen des öffentlichen Dienstes aufzuheben. Von der generellen **Pflicht zur Aufhebung der Verpflichtungen des öffentlichen Dienstes** und damit der Abkehr von der politischen Einflussnahme gab es für die zuständigen Behörden der Mitgliedstaaten zwei Ausnahmen nach Art. 1 Abs. 4 und 5 VO (EWG) 1191/69:

- Im gesamten Anwendungsbereich der Verordnung konnten die zuständigen Behörden der Mitgliedstaaten insbesondere aus sozialen, umweltpolitischen oder landesplanerischen Gründen **Verträge mit den Verkehrsunternehmen** abschließen,[20] damit diese eine bessere Verkehrsbedienung oder günstigere Tarife für bestimmte Gruppen von Fahrgästen anbieten. Der Vertrag musste bestimmten Vorgaben genügen, insbesondere einen finanziellen Ausgleich vorsehen (Art. 14 VO (EWG) 1191/69).
- Nur im Personennahverkehr hatten die zuständigen Behörden der Mitgliedstaaten zusätzlich die Möglichkeit der **Auferlegung,** d. h. sie konnten durch einseitige Anordnung bestehende Verpflichtungen des öffentlichen Dienstes beibehalten oder neue oder geänderte Verpflichtungen des öffentlichen Dienstes hoheitlich auferlegen. Auch in diesem Fall hatte die auferlegende Behörde einen finanziellen Ausgleich zu gewähren.

11 Unabhängig davon, welches der beiden Instrumente die Behörde wählte, musste es jeweils ihr Ziel sein, ein **ausreichendes Verkehrsangebot** zu den **geringsten Kosten für die Allgemeinheit** zu erhalten (Art. 3 VO (EWG) 1191/69). Die Art. 3 bis 13 VO (EWG) 1191/69 enthalten die Vorschriften zur Berechnung des Ausgleichs. Vorrangig war allerdings ein Marktpreis als Ergebnis eines durchgeführten Wettbewerbs.[21] Es bestand also keine Pflicht zur Ausschreibung nach der VO (EWG) 1191/69,[22] aber es empfahl sich durchaus, um die riskante Berechnung der Ausgleichszahlung zu vermeiden.

12 Im Fall des Vertrages war für die **Auswahl des Verkehrsunternehmens** nach überwiegender Meinung das allgemeine Vergaberecht mit der Sektorenrichtlinie (SKR)[23] anzuwenden.[24] Nach der Rechtsprechung des Europäischen Gerichtshofes (EuGH) war jedoch bei einer Inhouse-Vergabe eine Ausschreibung nicht notwendig, weil – wirtschaftlich gesehen – kein Vertrag mit einem Dritten abgeschlossen wurde.[25] Eine solche Inhouse-Vergabe liegt vor, wenn der Auftraggeber über den Auftragnehmer die Kontrolle wie über eine eigene Dienststelle ausübt, und wenn der Auftragnehmer im Wesentlichen nur für den Auftraggeber tätig ist.[26] Außerdem war eine Ausschreibung nicht nach der Sektorenrichtlinie erforderlich, wenn es sich um eine **Dienstleistungskonzession** handelte, d. h. wenn

---

[20] Eine Checkliste und einen Mustervertrag enthält: *Krämer,* Handbuch Personenbeförderungsrecht, Verkehrs-Verlag Fischer, Düsseldorf, 8. Auflage 2007, Erläuterung VO (EWG) 1191/69 Nr. 4 und Anhang Ziffer 6.1.

[21] *Krämer,* Erläuterung VO (EWG) 1191/69 Nr. 8.

[22] *Winnes,* Legenden und Irrtümer, Der Nahverkehr 7–8/2008, 25–28, 25.

[23] RL 2004/17/EG vom 31.3.2004, ABl. 2004 L 134, S. 1.

[24] *Partsch,* und *Wellens,* Vergaberegeln im ÖPNV, Der Nahverkehr 3/2008, 58–62, 58; veraltet insofern *Knauff,* Die Gewährleistung des Daseinsvorsorgeauftrags im öffentlichen Personennahverkehr, Nomos, Diss. 2009/2010, S. 378–381 mit einer Darstellung des früheren Meinungsstandes.

[25] *Partsch,* und *Wellens,* S. 59; zur Inhouse-Vergabe allgemein: *Schröder,* → H. Rn. 36 ff.

[26] Zur Entwicklung der Rechtssprechung und den verschiedenen Konstellationen (zB zum Problem des Mischverbundes): *Partsch,* und *Wellens,* S. 59.

keine Beschaffung vorliegt, weil der Unternehmer die Erlaubnis und das Recht bekommt, etwas zu tun, wofür er das wirtschaftliche Risiko übernimmt.[27] Dies ist der Fall, wenn die behördliche Leistung nicht nur in einem (festen) Entgelt sondern (hauptsächlich) in einer Nutzungsmöglichkeit besteht, die eröffnet wird, und der Unternehmer die Verantwortung übernimmt.[28] Für den Fall der **Auferlegung** kann in der Regel kein Vergabeverfahren durchgeführt werden. Beispielsweise bei einer Tarifpflicht kommt praktisch nur das Verkehrsunternehmen als Adressat in Betracht, das die Verkehrsleistung schon erbringt.

Die Auferlegung einer Verkehrsleistung ist nach deutschem Verwaltungsrecht – da einseitig verfügt und mit Bindungswirkung ausgestattet – zweifellos ein **Verwaltungsakt** im Sinne von § 35 VwVfG. Dann liegt es nahe, die Verträge zwischen der zuständigen Behörde und den Verkehrsunternehmen als **öffentlich-rechtliche Verträge** iSv § 54 VwVfG zu qualifizieren.[29] Der Abschluss eines Vertrages ist der geringere (bzw. gar kein) Eingriff in die Berufs- und die allgemeine Handlungsfreiheit (Art. 12, 2 Abs. 1 GG) im Vergleich zu der einseitig hoheitlichen Auferlegung. Ersterer ist daher nach dem Verhältnismäßigkeitsgrundsatz (Art. 20 Abs. 3 GG) vorzuziehen. 13

Von ihrem Regelungsgegenstand her war die ÖPNV-Verordnung nicht nur dem Ordnungs- sondern auch dem **Beihilferecht** zuzuordnen. Denn wenn sie regelt, welcher finanzielle Ausgleich den Verkehrsunternehmen für die Verpflichtungen des öffentlichen Dienstes zu gewähren ist, dann muss eine Zahlung in dieser Höhe auch (europarechtlich) zulässig sein. Dies ist deshalb wichtig, weil für den ÖPNV die so genannte Freistellungsentscheidung der Europäischen Kommission wegen vorrangiger sektorspezifischer Regelungen nicht gilt.[30] Eine darüber hinausgehende Zahlung ist allerdings wieder beihilferechtlich kritisch. So ergab sich, dass der sich nach der ÖPNV-Verordnung errechnende finanzielle Ausgleich sowohl die Unter- als auch die Obergrenze des Zulässigen war. Das Verfahren zur Auswahl des Unternehmers wurde jedoch nicht geregelt. 14

Hält man sich die zentralen Vorschriften der ÖPNV-Verordnung vor Augen so wird die mit diesem alten Recht verfolgte **Zielsetzung** der Europäischen Union recht deutlich: Die wirtschaftliche Eigenständigkeit und Unabhängigkeit der Verkehrsunternehmen sollte gestärkt werden.[31] Dies betont den **gewerberechtlichen** Flügel des Verkehrsrechts. Den Unternehmen wurde die Behörde gegenübergestellt, für die eine politische bzw. behördliche Einflussnahme auf die Verkehrsunternehmen zwar erschwert, jedoch nicht unmöglich gemacht wurde. Die Erbringung der Verkehrsleistung erfolgt damit nicht mehr frei von jeglicher **behördlichen Planung und Steuerung.** Vielmehr wird die öffentliche Hand als zweite, starke Säule neben die Verkehrsunternehmen gestellt. Es ging um die Zulässigkeit öffentlicher Pflichten und die dafür notwendigen Ausgleichsleistungen.[32] Damit sollte transparent werden, wie viel die mannigfach an die Verkehrsunternehmen herangetragenen Wünsche kosten. 15

c) Die Altmark-Trans-Rechtsprechung des EuGH als Wegbereiter des neuen Rechts

Hält man sich die eben dargestellten europarechtlichen Anforderungen vor Augen, so überrascht es nicht, dass die vielfach geübte Praxis der Finanzierung des ÖPNV den Gerichten zur Überprüfung vorgelegt wurde. Der EuGH hat in der Grundsatzentscheidung **Altmark Trans**[33] diese Praxis an der ÖPNV-Verordnung und dem europäischen Beihilferecht gemessen: 16

---

27 *Schröder* → H. Rn. 253 ff.

28 Mittelung der Kommission zu Auslegungsfragen im Bereich Konzessionen im Gemeinschaftsrecht, ABl. C 121/4 vom 29.4.2000.

29 *Krämer,* Erläuterung VO (EWG) 1191/69 Nr. 4 verweist allerdings auf § 58 VwVfG.

30 *Schröder* → H. Rn. 253 ff.

31 *Muthesius,* Taschenbuch der ÖPNV-Gesetze, S. 10.

32 *Winnes,* S. 26.

33 EuGH Urt. (Vorabentscheidung) v. 24.7.2003 – C 280/00, NJW 2003, 2515 ff.

17 Die Abgrenzung zwischen Verkehren ohne und mit Verpflichtungen des öffentlichen Dienstes im Sinne der VO (EWG) 1191/69 lief nicht ganz synchron mit der Abgrenzung zwischen den eigen- und gemeinwirtschaftlichen Verkehren. Denn in der bis Ende 2012 geltenden Fassung des § 8 Abs. 4 PBefG führten bestimmte Ausgleichs- und Erstattungszahlungen nicht zur Gemeinwirtschaftlichkeit. Nach § 8 Abs. 4 Satz 3 PBefG[34] galt die VO (EWG) 1191/69 nur für solche Verkehre, die nicht eigenwirtschaftlich im Sinne von § 8 Abs. 4 Sätze 1 und 2 PBefG stattfinden. Unternehmer, die nur **gesetzliche** Ausgleichs- und Erstattungsleistungen erhalten,[35] waren also damit von der VO (EWG) 1191/69 ausgenommen. Diese vom EuGH in der Sache Altmark Trans gesehene **Teilbereichsausnahme** im Sinne von Art. 1 Abs. 1 Unterabsatz 2 VO (EWG) 1191/69 hat auch das BVerwG[36] so gesehen.[37] Folglich waren Finanzierungsbeiträge für andere als eigenwirtschaftliche Verkehre im Sinne von § 8 Abs. 4 Satz 2 PBefG aus beihilferechtlicher Sicht nur am Primärrecht zu messen, während ansonsten die ÖPNV-Verordnung selbst den Maßstab für die Höhe der Finanzbeiträge bildet.[38]

18 Der EuGH hat in der Sache Altmark Trans außerdem über den Prüfungsmaßstab des Primärrechts entschieden, d. h. unter welchen vier Voraussetzungen **Ausgleichsleistungen keine staatliche Beihilfe** im Sinne des Primärrechts (Art. 87 EGV) darstellen:[39] Der Empfänger der Leistung musste mit einer klar definierten gemeinwirtschaftlichen Verpflichtung **betraut** sein, die Parameter zur Berechnung der Ausgleichszahlung mussten zuvor transparent festgelegt sein, der Ausgleich durfte nur die gemeinwirtschaftlichen Pflichten abgelten und schließlich durfte der Ausgleich nur in der Höhe gewährt werden, in der er bei einem durchschnittlichen, gut geführten Unternehmen angefallen wäre. Unter diesen vier Voraussetzungen war eine Zahlung nur der Ausgleich einer gemeinwirtschaftlichen Verpflichtung, damit kein wirtschaftlicher Vorteil und folglich keine Beihilfe.[40] Liegt keine allen vier Altmark-Trans-Kriterien entsprechende **Betrauung**[41] vor, so besteht das Risiko, dass die Ausgleichszahlung zurück zu gewähren ist. Für mehrere Jahre hat der EuGH mit dieser Entscheidung die Maßstäbe des Handelns vorgegeben[42] und letztlich auch die Nachfolge-VO determiniert.

d) Das neue europäische Sekundärrecht – die Verordnung (EG) 1370/2007

19 **aa) Inkrafttreten und Änderung der neuen ÖPNV-Verordnung.** Im Amtsblatt L 315/1 der Europäischen Union vom 3.12.2007 wurde nach langer Diskussion[43] die **Verordnung** (EG) des Europäischen Parlaments und des Rates vom 23.10.2007 **über öffentliche Personenverkehrsdienste auf Schiene und Straße** und zur Aufhebung der Ver-

---

34 Gemeint ist in diesem Abschnitt immer die bis 31.12.2012 geltende Fassung des PBefG.

35 Das Ausschließlichkeitskriterium durfte, zB bei Unternehmen mit anderen Tätigkeitsbereichen nicht zu eng gesehen werden, weil die Teilbereichsausnahme sonst praktisch leer gelaufen wäre, ebenso: *Lenz,* Eigenwirtschaftliche Genehmigung bei verkehrsfremden Tätigkeiten, Der Nahverkehr 11/2008, 28–31, 30; andere Ansicht VG Gießen, Urt. v. 19.10.2006 – 6 E 1240/07.

36 BVerwG Urt. v. 19.10.2006 – 3 C 33/05, BVerwGE 127, 42–55, DVBl 2007, 307–312, NZBau 2007, 191–195, NJW 2007, 1224 (nur Leitsätze).

37 Zu den Einzelheiten: *Heinze,* in Heinze/Fehling/Fiedler, Kommentar zum PBefG, § 8 Rn. 60 ff. Ausführlich und weiterführend zur Entscheidung des BVerwG: *Saxinger* und *Fischer,* Busliniengenehmigungen im öffentlichen Personennahverkehr, VersorgW 2007, 77–80.

38 *Tödtmann* und *Schauer,* S. 27.

39 *Schröder* → H. Rn. 253 ff.; *Partsch* und *Wellens,* S. 60; *Linke,* Die Gewährleistung des Daseinsvorsorgeauftrags im öffentlichen Personennahverkehr, Nomos, Diss. 2009/2013, S. 109 ff.

40 Die Entscheidung, dass es sich schon begrifflich um gar keine Beihilfe handelt wurde vom EuGH nochmals bestätigt in der Sache Laboratoires Boiron SA, Urteil vom 7.9.2006 – C-526/04.

41 Zum Betrauungsakt allgemein: *Schröder* → H. Rn. 253 ff.

42 Der Verkehrsverbund Rhein-Ruhr hat sich 2006 dementsprechend neu aufgestellt, so *Husmann, Bayer, Jäger, Hafenrichter* und *Zuck,* EU-konform: Finanzierungssystem des Verkehrsverbundes Rhein-Ruhr, Der Nahverkehr 2011, 26–29.

43 Zur Entstehungsgeschichte: *Saxinger* und *Fischer,* Die Verordnung (EG) 1370/2007, in Verkehr und Technik 2008/2, 75–81, 75; allgemein auch *Linke,* Die Gewährleistung des Daseinsvorsorgeauftrags im öffentlichen Personennahverkehr, Nomos, Diss. 2009/2013, S. 109 ff.

ordnungen (EWG) Nr. 1191/69 und (EWG) Nr. 1107/70[44] des Rates verkündet. Die bisher einzige Änderung erfolgt im Zuge des 4. Eisenbahnpakets durch die VO (EU) 2116/2338,[45] laut deren Art. 2 mit Wirkung ab dem 24.12.2017. Es gibt zwar **Auslegungsleitlinien** zu der Verordnung (EG) Nr. 1370/2007 über öffentliche Personenverkehrsdienste auf Schiene und Straße,[46] die anfangs Debatten auslösten, weil sie in einige Punkten von der VO 1370 abwichen. Sie stellen zwar die Rechtsauffassung der Kommission dar, sind aber für den EuGH nicht bindend.

Seit ihrem **Inkrafttreten** am 3.12.2009 (Art. 12[47]) gilt die neue ÖPNV-Verordnung[48] 20
allgemein, unmittelbar, verbindlich und vorrangig,[49] wenngleich mit Übergangsfristen. Zugleich treten gemäß Art. 10 die VO (EWG) 1191/69 und die VO (EWG) 1107/70 außer Kraft. Abgesehen von der zweijährigen Inkrafttretensfrist enthält die VO 1370 auch eine komplexe **Übergangsregelung** in Art. 8 für Altverträge, d. h. diese können 10 Jahre gültig bleiben, unter Umständen sogar für ihre vorgesehene Laufzeit, jedoch nicht länger als 30 Jahre. Solange und soweit nach dieser Übergangsregelung Altverträge weiterhin gelten, können sie nicht an der VO 1370 gemessen werden. Insofern kommt noch das alte Recht einschließlich der in der Rechtssache Altmark-Trans entwickelten Grundsätze zur Anwendung.

bb) Der Anwendungs- und Regelungsbereich. Die VO 1370 ist auf den **Personen-** 21
verkehr auf Schiene und Straße anwendbar, ausgenommen touristische und historische Verkehre.[50] Die Ergänzung „öffentlicher" Personenverkehr ist in Art. 1 Abs. 1, in Art. 2a) und im Erwägungsgrund Nr. 5 genannt. Auch der eingangs der VO 1370 als Befugnisnorm genannte Art. 71 EGV[51] dürfte – besonders im Hinblick auf das Subsidiaritätsprinzip in Art. 5 Abs. 3 AEUV – nur eine Regelung des öffentlichen Verkehrs zulassen. Der **öffentliche Personenverkehr** ist in Art. 2a) definiert als Personenbeförderungsleistungen von allgemeinem wirtschaftlichem Interesse, die für die Allgemeinheit diskriminierungsfrei und fortlaufend erbracht werden. Dies dürfte keine Einschränkung des Anwendungsbereichs sein nach dem Motto: „Einmal nicht diskriminierungsfrei angeboten, schon ist man von der Verordnung befreit". Eher greift Art. 2a) auf die Bestimmungen des nationalen Rechts oder die allgemeinen Geschäftsbedingungen des Verkehrsunternehmers zurück, d. h. maßgeblich ist die Frage, wie die Verkehrsleistung angeboten werden muss. Die VO (EU) 2016/2338 hat einige Ergänzungen für den Schienenverkehr und den grenzüberschreitenden Verkehr gebracht. Im Wesentlichen gilt die VO 1370 für den gesamten ÖPNV nach obigem Verständnis.[52]

Die VO 1370 regelt aber nicht jede Frage, die im Zusammenhang mit der Erbringung 22
einer öffentlichen Personenverkehrsleistung steht. Vielmehr liegt ihr **Zweck** darin, festzulegen, wie die zuständigen Behörden innerhalb des Anwendungsbereichs tätig werden können, damit die **Verkehrsleistungen zahlreicher, sicherer, hochwertiger oder preisgünstiger** sind, als es das freie Spiel des Marktes ermöglicht hätte. Den Erwägungsgründen ist als Ziel zu entnehmen, dass den zuständigen Behörden der Mitgliedstaaten die

[44] VO (EWG) 1107/70 des Rates vom 4.6.1970 über Beihilfen im Eisenbahn-, Straßen- und Binnenschiffsverkehr, Abl. EG Nr. L 130 vom 15.6.1970, S. 1, geändert durch die VO (EWG) 543/97 Abl. EG L 84 vom 17.3.1997 S. 6.

[45] Verordnung (EU) 2016/2338 vom 14.12.2016, ABl. EG Nr. L. 354/22, S. 22, konsolidierte Fassung veröffentlicht im Amtsblatt vom 24.12.2017, S. 1 allerdings unter Weglassung der Vorbemerkungen und ohne Verbindlichkeit.

[46] Mitteilung der Kommission, veröffentlicht im Amtsblatt 2014/C 92/01 vom 29.3.2014.

[47] In diesem Abschnitt sind alle Artikel ohne weitere Angabe solche der VO (EG) 1370/07 in der Fassung der VO (EU) 2016/2338. Die folgenden Ausführungen beziehen sich in der Regel auf die geänderte Fassung.

[48] Nachfolgend auch genannt: „VO 1370".

[49] Art. 288 Abs. 2 AEUV (ex-Art. 249 EGV).

[50] Art. 1 Abs. 2 VO (EG) 1370/07.

[51] Jetzt Art. 91 AEUV.

[52] Siehe → Rn. 2.

Möglichkeit eröffnet wird, Verkehrsleistungen sicherzustellen, die zwar im allgemeinen Interesse erforderlich sind, aber rein kommerziell nicht betrieben werden könnten.[53] Ergänzend geht es in Art. 4 Abs. 4a und 5 auch um soziale Fragen, im Wesentlichen um die **Rechte der Arbeitnehmer** bei einem Betreiberwechsel. Es werden die Bedingungen und Verfahren festgelegt, unter denen die zuständigen Behörden den Verkehrsunternehmern gemeinwirtschaftliche Verpflichtungen auferlegen können bzw. mit ihnen solche vereinbaren können, und welche Ausgleichsleistungen oder Vorrechte dafür gewährt werden dürfen.[54] Es geht also um Art und Umfang behördlicher Vorgaben an den ÖPNV,[55] d. h. um die Modalitäten eines behördlichen Markteingriffs. Der Anwendungsbereich ist eröffnet, wenn es um **Regelungen zwischen Behörde (Aufgabenträger) und Verkehrsunternehmer** geht, nicht jedoch im Verhältnis zwischen dem Aufgabenträger und einer Aufgabenträgergesellschaft, die nicht Verkehrsunternehmer ist, sondern den Zweck hat, den Aufgabenträger bei der Erfüllung seiner Aufgabe zu unterstützen. Insofern schließt die VO (EG) 1370/07 an die Vorgängerverordnung (EWG) 1191/69 an und übernimmt den Ordnungsrahmen, nämlich den Dualismus zwischen Unternehmer und Aufgabenträger.

23 Der **Regelungsbereich** der VO 1370 erfasst den Angebots- und den Tarifbereich, ergänzend auch soziale Fragen. Im Einzelnen werden der Behörde dazu Möglichkeiten eröffnet, das **Angebot zu verdichten** (zB Taktverdichtung in der Hauptverkehrszeit, Taktausweitung in der Schwachlastzeit abends oder am Sonntag), das **Angebot sicherer** zu machen (zB Mitgliedstaat schreibt Feuerlöscher vor oder stellt Anforderungen an Haltestangen oder Halteschlaufen), das **Angebot hochwertiger** zu machen (zB Behörde wünscht Fahrgastinformation per App in Echtzeit, Mitgliedstaat schreibt barrierefreie Haltestellen vor[56]) und das **Angebot preisgünstiger** zu machen (zB Mitgliedstaat schreibt günstige Tarife für Senioren oder Schüler vor,[57] oder die Behörde wünscht die Anwendung eines Verbundtarifes). Um bei einem Betreiberwechsel die **Rechte der Arbeitnehmer** zu stärken, kann die Behörde auch dann die Rechte wie bei einem Betriebsübergang gewähren, wenn kein solcher vorliegt, oder kann Sozialstandards festschreiben.

24 Die VO 1370 enthält die Möglichkeit, gemeinwirtschaftliche Verpflichtungen vertraglich zu vereinbaren oder aufzuerlegen. Auch wenn die grundsätzliche Vorgabe, die gemeinwirtschaftlichen Verpflichtungen aufzuheben, anders als noch in Art. 1 Abs. 3 VO (EWG) 1191/69 nicht mehr in der VO 1370 enthalten ist,[58] so geht diese doch davon aus, dass die **gemeinwirtschaftliche Verpflichtung** die **Ausnahme** ist. Denn der Regelfall und Bezugsfall ist das freie Spiel des Marktes.[59] Festgelegt und eröffnet werden die Möglichkeiten und Modalitäten eines Markteingriffs.[60]

25 Die VO (EG) 1370/07 ist nicht einschlägig, wenn keine **gemeinwirtschaftlichen Verpflichtungen**[61] gemacht werden und keinerlei **Ausgleichsleistung**[62] an die Verkehrsunternehmer gezahlt sowie keine **ausschließlichen Rechte**[63] gewährt werden. Aufgabenträger, die mit dem ohnehin vorhandenen Angebot zufrieden sind, und für den ÖPNV keinerlei Mittel gewähren, sind von der VO 1370 nicht berührt. Weder verpflichtet die VO 1370 nationale Behörden, gemeinwirtschaftliche Vorgaben zu machen, noch gibt sie einen Anspruch darauf, dass überhaupt Finanzmittel bereitgestellt werden.[64] Alle Aufgabenträger

---

53 Erwägungsgrund Nr. 5 VO (EG) 1370/07.
54 Art. 1 Abs. 1 Unterabsatz 1 und 2.
55 *Winnes,* S. 26.
56 Ein weiteres Beispiel ist die „Festlegung von Qualitätsstandards“ in Art. 4 Abs. 6.
57 Ein weiteres Beispiel ist die „Festsetzung von Höchsttarifen“ in Art. 3 Abs. 2 und 3.
58 *Winnes,* S. 26.
59 Art. 1 Abs. 1 Unterabsatz 1 am Ende.
60 Art. 1 Abs. 1 Unterabsatz 2.
61 Art. 2c).
62 Art. 2g).
63 Art. 2 f).
64 *Ipsen,* Die EU-Verordnung 1370/07 und das Personenbeförderungsgesetz, Der Nahverkehr 6/2008, 20–22, 20.

jedoch, die auch nach dem 3.12.2009 (erstmals) auf den ÖPNV Einfluss nehmen oder den ÖPNV finanzieren wollen, müssen sich mit der Frage auseinandergesetzt haben, wie dies rechtssicher geschehen soll. Anders als Art. 1 Abs. 1 Unterabsatz 2 VO (EWG) 1191/69 enthält das neue Recht keine Teilbereichsausnahme[65] mehr. Aber nach Art. 3 Abs. 3 können die Mitgliedstaaten bestimmte allgemeine Vorschriften aus dem Anwendungsbereich der VO 1370 ausnehmen mit der Folge, dass das allgemeine Beihilferecht gilt, und die Regelung nach Art. 108 Abs. 3 AEUV zu notifizieren ist.[66] Deutschland hat in § 8 Abs. 4 Satz 3 PBefG von der in Art. 3 Abs. 3 eingeräumten Möglichkeit Gebraucht gemacht und die Abgeltung von Schülerermäßigungen nach § 45a PBefG ausgenommen.

Als selbstverständlich wird vorausgesetzt, dass (finanzielle) Leistungen der öffentlichen Hand an die Privatwirtschaft immer im Verdacht stehen, eine nach Art. 107 AEUV verbotene **Beihilfe** zu sein. Gemäß Art. 9 sind Ausgleichsleistungen aber mit dem Europarecht vereinbar, wenn sie entsprechend der VO 1370 gewährt werden. Nach Art. 9 Abs. 1 S. 2 entfällt auch die Pflicht zur vorherigen Notifizierung nach Art. 108 Abs. 3 AEUV. Die Betrachtung kann nur gesondert für jede gewährte Finanzierung geschehen. Es ist daher sinnvoll, die Anzahl der Finanzinstrumente und –quellen möglichst gering zu halten. In dieser **beihilferechtlichen Befreiung** liegt die zentrale Rechtsfolge und Wohltat der VO 1370: Wer als Behörde im Rahmen der Nachfolge-VO zahlt bzw. als Verkehrsunternehmer in diesem Rahmen Leistungen empfängt ist nicht zur Rückforderung bzw. Rückzahlung verpflichtet. 26

cc) Inhalte von Dienstleistungsauftrag und allgemeiner Vorschrift. Auch die VO 1370 basiert darauf, dass es zwei getrennte Parteien mit unterschiedlichen Funktionen gibt, nämlich die **zuständige Behörde** im Sinne von Art. 2b) und c) und den **Betreiber eines öffentlichen Dienstes** im Sinne von Art. 2d), d. h. also einerseits zB den Aufgabenträger nach deutschem Recht, der sich im Allgemeininteresse, also im Sinne der Daseinsvorsorge, um eine ausreichende Verkehrsbedienung sorgt, und andererseits den Verkehrsunternehmer, der kommerziell handelnd die Verkehrsleistung im Wettbewerb anbietet.[67] Aus Art. 2d) ergibt sich, dass im Sinne der VO 1370 auch die öffentliche Hand eine Verkehrsleistung erbringen kann. Dann wird der Dienstleistungsauftrag „mit sich selbst" abgeschlossen. Auch wenn nach Art. 2i) zweiter Anstrich die zuständige **Behörde die Dienstleistung selbst erbringt,** wird ein Dienstleistungsvertrag angenommen. 27

Die VO 1370 setzt nicht die Unterscheidung zwischen Aufgabenträger und Genehmigungsbehörde voraus, die in Deutschland die Genehmigung nach §§ 9 bis 15 PBefG erteilt. Sie kennt überhaupt keine Genehmigung oder Genehmigungsbedürftigkeit, woraus sich bei der Anwendung des deutschen Rechts verschiedene Fragen ergeben. 28

Damit die Mitgliedstaaten und deren zuständige Behörden, die irgendwie im Bereich des ÖPNV aktiv sein wollen, ihre Ziele erreichen können, stellt die Nachfolge-VO genau zwei Vorteile bereit, nämlich die Gewährung **ausschließlicher Rechte** oder eines **finanziellen Ausgleichs.** 29

In formeller Hinsicht stellt die Nachfolge-VO der Behörde als Grundlage für **Geldleistungen** folgende zwei **Instrumente** zur Verfügung, was nunmehr in § 8a Abs. 1 PBefG nachvollzogen ist: 30

- Der Dienstleistungsauftrag ist nach Art. 2i) jede rechtsverbindliche, individuelle Regelung zwischen der Behörde und einem Verkehrsunternehmer über gemeinwirtschaftliche Verpflichtungen, d. h. zulässiger Inhalt eines Dienstleistungsauftrages ist das gesamte Spektrum gemeinwirtschaftlicher Verpflichtungen im Sinn von Art. 3 Abs. 1. Wenn individuell Ausgleichszahlungen (oder ausschließliche Rechte) gewährt werden, kann dies nur in

[65] Siehe zur Teilbereichsausnahme → Rn. 17.
[66] Erwägungsgrund Nr. 5 Satz 4, *Lübbig,* in Kaufmann/Lübbig/Preis/Pünder, Beck'scher Kurzkommentar zur VO (EG) 1370/2007, Art. 3 Rn. 14.
[67] Erwägungsgrund Nr. 5 Sätze 1 bis 2.

der Form eines Dienstleistungsauftrages erfolgen.[68] Je nach nationalem Recht kann diese individuelle Regelung durch Vereinbarung oder auch einseitig hoheitlich sein, also nicht nur per Vertrag, sondern auch durch einen Verwaltungsakt. Dann ist das als Notmaßnahme mit einer Auferlegung nach Art. 5 Abs. 5 vorgesehen. Die Auferlegung ist damit ein Beispiel für einen Dienstleistungsauftrag per einseitigem „rechtsverbindlichem Akt" in Art. 2i). Es kann sich auch um eine Satzung handeln, sofern die Regelung nur für den Einzelfall gilt. Nähere Regelungen zum Dienstleistungsauftrag werden in den Art. 3–6 getroffen, insbesondere zur Auswahl des Verkehrsunternehmers und zur Höhe der Ausgleichszahlung.

- Mit einer **allgemeinen Vorschrift** regelt die Behörde laut Art. 2l) gleichermaßen für eine Vielzahl von Fällen eine gemeinwirtschaftliche Verpflichtung. Gemeint sind also Gesetze, Verordnungen und Satzungen,[69] die Bund, Länder und Aufgabenträger für die Verkehrsunternehmer erlassen. Auch ein multilateraler Vertrag[70] oder ein verbindlich wirkender Nahverkehrsplan könnte darunter fallen. Zulässiger **Inhalt** einer allgemeinen Vorschrift ist nach Art. 3 Abs. 2 nur die **Festsetzung von Höchsttarifen**[71] für alle Fahrgäste (zB Verpflichtung zur Anerkennung und Anwendung eines Verbundtarifes) oder für bestimmte Gruppen von Fahrgästen (zB Schwerbehindertenfreifahrt). Nähere Regelungen zur allgemeinen Vorschrift werden in den Art. 3 Abs. 2, Art. 4 und 6 getroffen, denn Art. 5 gilt nur für den Dienstleistungsauftrag.

31 Als Instrument zur Gewährung eines **ausschließlichen Rechts** kommt nur der **Dienstleistungsauftrag** in Betracht.

32 **dd) Das Zustandekommen von Dienstleistungsauftrag und allgemeiner Vorschrift – insbesondere die Auswahl des Betreibers.** Für das **Zustandekommen einer allgemeinen Vorschrift** enthält die VO 1370 keine Regelung. Eine Art. 5 entsprechende Vorschrift kann es für die allgemeine Vorschrift nicht geben, weil sie sich immer an einen unbestimmten Adressatenkreis wendet. So bleibt es für das Zustandekommen von allgemeinen Vorschriften beim nationalen Recht. Typischerweise wird es eine Satzung oder ein Gesetz sein, wenn zB ein Landkreis oder ein Land tätig werden.

33 Zum **Zustandekommen öffentlicher Dienstleistungsaufträge,**[72] trifft die VO 1370 selbst weitreichende Regelungen denn nach Art. 5 Abs. 1 S. 1 werden öffentliche Dienstleistungsaufträge nach den Vorgaben dieser Verordnung vergeben. Die in der Verordnung enthaltenen Vorschriften beanspruchen damit Vorrang vor allen anderen Bestimmungen des Vergaberechts, und regeln die Vergabe abschließend.[73]

34 Art. 5 Abs. 1 zieht aber nicht nur die Regelung der Betreiberauswahl an sich, sondern enthält auch eine **Weichenstellung.** Art. 5 Abs. 1 nennt hier die Richtlinien 2004/17/EG und 2004/18/EG, die allerdings durch die Richtlinien 2014/24/EU und 2014/25/EU aufgehoben und ersetzt wurden, weshalb die Verweise in Art. 5 der Verordnung 1370 als Verweise auf die neuen Richtlinien zu verstehen sind.[74]

35 Für Dienstleistungsaufträge im Sinne der genannten Richtlinien gilt das darin geregelte Vergaberecht, wenn es sich nicht um **Dienstleistungskonzessionen** handelt, wenn also

[68] *Wittig* und *Schimanek,* Sanfte Anpassung oder drastischer Paradigmenwechsel? Der Nahverkehr 3/2008, 22 – 25, 22.

[69] *Winnes,* Die Allgemeine Vorschrift als Steuerungs- und Finanzierungsinstrument im ÖPNV, Kommunal-Praxis spezial 2013, 96 – 101.

[70] *Jürschik,* Verordnung über öffentliche Personenverkehrsdienste, Kommentierung, 2018, Art. 3 Rn. 5.

[71] *Karl* und *Schaaffkamp,* Handlungsoptionen der Aufgabenträger nach der PBefG-Novellierung, Verkehr und Technik 2014, 65 – 70, 68.

[72] *Winnes,* S. 26, zu dem Thema umfassend: *von Wietersheim* (Hrsg.), Vergaben im ÖPNV, Bundesanzeiger Verlag, Forum Vergabe Band 45, 2013.

[73] Von einem „Sondervergaberecht" spricht *Diemon-Wies,* Vergaberecht trifft ÖPNV, Verkehr und Technik 2013, 469 – 471.

[74] Auslegungsleitlinien, Amtsblatt 2014/C 92/01 vom 29.3.2014, Ziffer 2.1.1; nun auch EuGH Urt. v. 21.3.2019 – C–266/17 und C–267/17, Vorabentscheidung auf Vorlage des OLG Düsseldorf mit Beschluss vom 3.5.2017.

ein Bruttovertrag zu vergeben ist. § 8a Abs. 2 PBefG stellt klar, dass dann auch das zur Umsetzung der Richtlinien erlassene Bundesrecht gilt, nämlich das Kartellvergaberecht der §§ 97 ff. GWB.[75] Wenn es sich aber um Dienstleistungskonzessionen (Nettoverträge) handelt, gelten gemäß Art. 5 Abs. 1 S. 2 nicht die Verfahren dieser Richtlinien, sondern die Vergabeverfahren des Art. 5 Abs. 2–6. Die VO 1370 dehnt damit den Regelungsbereich über den des Vergaberechts aus, d. h. wenn auch nur ein Euro fließt, muss eine Auswahl des Empfängers erfolgen, die den Anforderungen des Art. 5 genügt.

Damit kommt es für die Frage, welches Vergaberecht anwendbar ist darauf an, ob eine **36** Dienstleistungskonzession vergeben wird oder nicht. Artikel 5 Absatz 1 Buchstabe b der Richtlinie 2014/23/EU über die Konzessionsvergabe versteht unter einer „Dienstleistungskonzession" einen entgeltlichen, schriftlich geschlossenen Vertrag, mit dem der Auftraggeber einen Wirtschaftsteilnehmer mit der Erbringung und Verwaltung von Dienstleistungen betraut, wobei die Gegenleistung entweder allein in dem Recht zur Verwertung der vertragsgegenständlichen Dienstleistungen oder in diesem Recht zuzüglich einer Zahlung besteht. In Artikel 5 Absatz 1 heißt es weiter: Mit der Vergabe einer Konzession geht auf den Konzessionsnehmer das Betriebsrisiko für die Nutzung beziehungsweise für die Verwertung über, wobei es sich um ein Nachfrage- und/oder ein Angebotsrisiko handeln kann. Das Betriebsrisiko gilt als vom Konzessionsnehmer getragen, wenn nicht garantiert ist, dass die Investitionsaufwendungen oder die Kosten für den Betrieb oder die Erbringung der Dienstleistungen, wieder erwirtschaftet werden können. Der Teil des auf den Konzessionsnehmer übergegangenen Risikos umfasst es, den Unwägbarkeiten des Marktes tatsächlich ausgesetzt zu sein, so dass potenzielle geschätzte Verluste des Konzessionsnehmers nicht rein nominell oder vernachlässigbar sind.[76]

Wird eine Dienstleistungskonzession vergeben, eröffnet Art. 5 der zuständigen örtlichen **37** Behörde folgende Möglichkeiten zur Auswahl des Betreibers, wobei hier die Rechtsprechung des EuGH zur Dienstleistungskonzession und zur Inhouse-Vergabe[77] nachgezeichnet wird:

- Die Behörde kann nach Art. 5 Abs. 2 S. 1 Alt. 1 ohne weitere Voraussetzungen die **Verkehrsleistung selbst erbringen.** Übertragen auf das Kommunalrecht betrifft das „selbst erbringen" die Fälle des Regiebetriebs oder des Eigenbetriebs. Eigentlich handelt es sich wegen der rechtlichen Identität gar nicht um eine Beauftragung, sondern um eine Entscheidung zur Selbsterbringung. Gleiches dürfte anzunehmen sein, wenn es der Kommune gelingt, die Aufgabenträgereigenschaft zB auf einen Zweckverband komplett zu übertragen und der Zweckverband die Verkehrsleistung selbst erbringt. Dies gilt ausdrücklich auch für den Aufgabenträgerverbund, wie er in Art. 2m) mit den Merkmalen „ein Informationsdienst, ein Fahrausweis und ein Fahrplan" definiert ist. Auch bei der Gründung eines Aufgabenträgerverbundes schließen die Aufgabenträger gemäß Art. 2i) „mit sich selbst" einen Dienstleistungsauftrag. Obwohl und weil es sich nicht um einen Vertrag im eigentlichen Sinne handelt, darf nicht übersehen werden, die Entscheidung im Kreistag oder Stadtrat zu treffen und zu dokumentieren. Weiter hat der Aufgabenträger nichts zu beachten, d. h. für ihn ist damit das Thema VO (EG) 1379/07 erledigt. Denn der interne Betreiber, der mit dem Aufgabenträger identisch ist, erhält keine Ausgleichsleistung im Sinne von Art. 6, so dass eine Prüfung der Vorschriften des Anhangs nicht möglich ist.
- Der Aufgabenträger kann stattdessen nach Art. 5 Abs. 2 auch einen **öffentlichen Dienstleistungsauftrag direkt** an eine von ihm rechtlich getrennte Einheit vergeben, sofern die weiteren Voraussetzungen der Art. 5 Abs. 2 Unterabsatz 3 Buchstaben a) bis e) eingehalten sind. Wenn also eine **Kontrolle wie über eine eigene Dienststelle** besteht

[75] *Fehling, in Heinze/Fehling/Fiedler,* Kommentar zum PBefG, § 8a, Rn. 28, weiterführend *Hübner,* Bestellung nach GWB-Vergaberecht, in *Knauff* (Hrsg.), Bestellung von Verkehrsleistungen im ÖPNV, Nomos 2018, S. 47–62.

[76] Auslegungsleitlinien, Amtsblatt 2014/C 92/01 vom 29.3.2014, Ziffer 2.1.1.

[77] Grundlegend EuGH vom 18.11.1999 Teckal, C 107-98.

und der interne Betreiber im Sinne von Art. 2j) **nur auf eigenem Territorium** Verkehre betreibt, sowie sich nicht anderorts an Vergabeverfahren beteiligt (Reziprozität), dann kann der Aufgabenträger (oder der Aufgabenträgerverbund) ohne Verfahrensanforderungen direkt vergeben. Auf diese Vorschrift stützt sich die Betrauung vieler Kommunalunternehmen und Stadtwerke, gleich in welcher Gesellschaftsform sie organisiert sind.[78] Die Nachfolge-VO ist gegenüber den vom EuGH in der Sache Altmark-Trans entwickelten Voraussetzungen etwas weniger streng, führt aber zwei zusätzliche Merkmale ein,[79] nämlich die **Reziprozität** und die **Beschränkung der Untervergabe,** indem verlangt wird, dass der interne Betreiber den überwiegenden Teil des Verkehrs selbst fährt.[80] Der EuGH hat klargestellt, dass es auch für Direktvergaben von Busleistungen an kommunale Töchter einer Dienstleistungskonzession bedarf,[81] weil das spezifische Regelwerk von Vergabevorschriften in Art. 5 Abs. 2 bis 6 VO 1370 nur auf Konzessionen anwendbar ist.

38 Der Bundesgesetzgeber wiederholt unnötigerweise diese Auswahlmöglichkeit in § 8a Abs. 3 PBefG. Die Optionen sind allerdings durch die Nutzung von **Gruppen** noch deutlich ausgeweitet. Denn Behörden können sich zu Gruppen im Sinne von Art. 5 Abs. 2, Art. 2j) zusammenschließen,[82] etwa indem sie sich zu Verbünden (Art. 2m)) zusammenschließen.

39 Der Aufgabenträger hat nach Art. 5 Absätze 4 bis 6a noch **weitere Möglichkeiten der Direktvergabe** eines Nettovertrages ohne ausdrückliche Verfahrensanforderungen: bei Kleinaufträgen, bei Notmaßnahmen und beim Eisenbahnverkehr.

- Bei **Kleinaufträgen** (Art. 5 Abs. 4) gilt eine Wertgrenze von erwarteten 1 Mio. EUR oder alternativ eine Leistungsgrenze von 300.000 Wagenkilometern (Jahreswerte). Die beiden Werte verdoppeln sich nochmals, wenn an kleine oder mittlere Unternehmen mit bis zu 23 Fahrzeugen vergeben wird. Abzustellen ist nach Art. 2k) auf den Gesamtwert der Einnahmen, also auch auf die Fahrgeldeinnahmen oder die staatlichen Ausgleichsleistungen, nicht jedoch die Mehrwertsteuer. Erwägungsgrund 23 verbietet die Stückelung, die mit dem Ziel der Grenzwertunterschreitung erfolgt. Nach § 8a Abs.
- Die **Notvergabe** (Art. 5 Abs. 5) kann einseitig hoheitlich (Auferlegung) oder einvernehmlich erfolgen. Wenn die Verkehrsbedienung unterbrochen oder dies unmittelbar absehbar ist, kann die Behörde einen bestehenden Dienstleistungsauftrag ausweiten oder einen neuen Betreiber suchen und ihn per Auflage zu einer bestimmten Verkehrsleistung verpflichten. Sie darf höchstens zwei Jahre umfassen. Aber auch nach Ablauf der Frist kann wieder eine Notlage bestehen.
- Für Vergaben im **Eisenbahnbereich** hat die Verordnung (EU) 2016/2338[83] mehrere Neuerungen in Art. 5 geschaffen: Nunmehr bestehen Direktvergabemöglichkeiten in den Absätzen 3a, 4a und 4b.

40 Sind die Möglichkeiten der Direktvergabe ohne Ausschreibung nicht einschlägig oder gewünscht, so steht in Art. 5 Abs. 3 eine weitere Option offen:

- Bei dem vereinfachten **wettbewerblichen Vergabeverfahren**[84] sind die Anforderungen an das Verfahren gering:[85] Es muß für alle Betreiber offen sein, es muß fair sein und den

---

[78] Weiterführend *Wittig* und *Donhauser,* Möglichkeiten der Direktvergabe von Personenverkehrsdiensten an interne Betreiber im Spannungsfeld mit dem Vorrang kommerzieller Verkehre, KommunalPraxis spezial 2013, 76–83.

[79] *Saxinger* und *Fischer,* S. 77.

[80] Art. 5 Abs. 2 S. 2c) und e).

[81] EuGH Urt. v. 21.3.2019 – C–266/17 und C–267/17, Vorabentscheidung auf Vorlage des OLG Düsseldorf mit Beschluss vom 3.5.2017.

[82] Zur Gruppe von Behörden: *Karl* und *Werner,* Anforderungen an die Verfasstheit einer Gruppe von Behörden, Verkehr und Technik 2018, 247–252.

[83] Verordnung (EU) 2016/2338 vom 14.12.2016, ABl. EG L. 354/22, S. 22.

[84] Weiterführend Saxinger, Das neue wettbewerbliche Vergabeverfahren, KommunalPraxis spezial 2013, 71–75.

[85] *Winnes,* Öffentliche Auftragsvergabe im ÖPNV, VergabeR 2009, 712–719, 717.

Grundsätzen der Transparenz und Nichtdiskriminierung genügen. Die Behörde kann ein zweistufiges Verfahren wählen und die vorausgewählten Angebote verhandeln. Mit diesen wenigen Vorgaben hat die Behörde viele Freiheiten. Der Drang, unbedingt eine Direktvergabe zu erreichen, relativiert sich angesichts dessen. Für den Schienenpersonenverkehr gibt es eine Ergänzung in Art. 5 Abs. 3b. Der Bundesgesetzgeber hat ergänzende Regelungen in § 8b PBefG getroffen.

Sowohl die Direktvergabe also auch das wettbewerbliche Vergabeverfahren hat die Behörde nach Art. 7 Abs. 2 mit einem Vorlauf von einem Jahr im EU-Amtsblatt durch eine **Vorabbekanntmachung** anzukündigen. Wird eine Direktvergabe nach Art. 5 Absätze 2 und 4 angekündigt, können interessierte Unternehmer nach Art. 7 Abs. 4, § 8a Abs. 5 PBefG binnen eines halben Jahres Auskunft über die Gründe verlangen. 41

Für die beiden Möglichkeiten der Direktvergabe an interne Betreiber sowie für die Kleinaufträge und bei der Eisenbahn gilt die Einschränkung, dass die Direktvergabe nur möglich ist, wenn sie nicht nach nationalem Recht untersagt ist. In **Deutschland** besteht ein solch ausdrückliches Verbot nicht, aber es gibt ergänzende Regelungen in § 8a Abs. 4 PBefG: Bei der Vergabe eines öffentlichen Dienstleistungsauftrages nach Art. 5 Absätze 3 und 4 sind die Interessen des Mittelstandes angemessen zu berücksichtigen. Beim vereinfachten wettbewerblichen Vergabeverfahren (Art. 5 Abs. 3) sind Leistungen in Lose aufgeteilt zu vergeben. Der Bundesgesetzgeber hat außerdem in § 62 PBefG eine Erleichterung geschaffen: Öffentliche Dienstleistungsaufträge durften bis zum 31.12.2013 abweichend von Artikel 5 Abs. 2 bis 4 vergeben werden. 42

Zum **Begriff und Inhalt der Verfahren** macht die VO 1370 ansonsten wenig Vorgaben: 43

- Zur Direktvergabe gibt es nur in Art. 2 lit. h) die Aussage, es bedürfe keines vorherigen wettbewerblichen Vergabeverfahrens.
- Aber in § 8a Abs. 6 PBefG hat der Bundesgesetzgeber eine weitreichende Ergänzung vorgenommen: Die Unternehmen können verlangen, dass die zuständige Behörde die Bestimmungen über die Vergabe öffentlicher Dienstleistungsaufträge einhält. Damit sind wohl bei allen Vergaben nach Art. 5 die **Verfahrensvorschriften des Kartellvergaberechts** eingeführt.[86] Das ist zwar im Hinblick auf Art. 5 Abs. 1 Satz 1 kritisch zu sehen, aber die meisten Absätze des Art. 5 stehen unter dem Vorbehalt der anderweitigen nationalen Regelung.
- Weiterhin ist zumindest fraglich, ob die Behörde in allen Fällen ohne Markterkundung oder -sondierung den Auftrag erteilen darf. Der Grundsatz der Sparsamkeit und Wirtschaftlichkeit legt es nahe, dass auch eine Direktvergabe nicht ohne jede Plausibilisierung erfolgen soll.

Nach Art. 5 Abs. 7 sind die Mitgliedstaaten verpflichtet, für alle Vergaben, die nach der VO 1370 erfolgen, einen effektiven **Rechtsschutz** zu eröffnen. Der Bundesgesetzgeber hat dies mit § 8a Abs. 7 PBefG umgesetzt und für die Nachprüfung der Vergabeentscheidung das Verfahren nach Teil 4 Kapitel 2 GWB eröffnet. Dies hat den Vorteil, dass immer die Vergabekammern anzurufen sind. Dies gilt, obwohl es sich bei den Dienstleistungsaufträgen eigentlich um öffentlich-rechtliche Verträge handelt,[87] und unabhängig davon wie die Weichenstellung in Art. 5 Abs. 1 ausgeht. Danach der Zivilrechtsweg ist auch für Schadenersatzforderungen eröffnet, während der Konkurrentenstreit um die Vergabe eigenwirtschaftlicher Liniengenehmigungen beim Verwaltungsgericht bleibt.[88] 44

ee) Inhalte von Dienstleistungsauftrag und allgemeiner Vorschrift. Neben der Frage der Auswahl des Betreibers beim Dienstleistungsauftrag stellt sich – auch für die allgemeine 45

[86] *Fehling, in Heinze/Fehling/Fiedler,* Kommentar zum PBefG, Beck Verlag München, 2. Auflage 2014, § 8a, Rn. 76.
[87] Siehe dazu → Rn. 13.
[88] *Fehling, in Heinze/Fehling/Fiedler,* Kommentar zum PBefG, § 8a, Rn. 83 f.

Vorschrift – die Frage nach den inhaltlichen Vorgaben bzw. Möglichkeiten. Hinsichtlich des Inhalts ist die Behörde zunächst einmal frei.

46 Die per Dienstleistungsauftrag möglichen Regelungen sind umfassend. Es geht um die **Qualität und die Quantität des Verkehrs in jeder Hinsicht,** ebenso um den Tarif und die Gewährung eines ausschließlichen Rechts. Dabei können auch Qualitäts- oder Sozialstandards eingeführt werden. Hinsichtlich der sozialen Fragen stellt Art. 4 Abs. 4b zunächst klar, dass bei einem **Betriebsübergang** im Sinne der Richtlinie 2001/23/EG[89] den Arbeitnehmern die entsprechenden Rechte zustehen. In Deutschland gilt hier § 613a BGB. Aber die zuständige Behörde kann in einem Dienstleistungsauftrag den Betreiber verpflichten, seinen Mitarbeitern diese Rechte auch dann zu gewähren, wenn beim Betreiberwechsel kein Betriebsübergang im Sinne der Richtlinie 2001/23/EG vorliegt,[90] d. h. die Rechts aus § 613a BGB auch dann zu gewähren. Zusätzlich kann die zuständige Behörde in einem Dienstleistungsauftrag den Betreiber verpflichten, nicht näher bestimmte **Sozialstandards** einzuhalten.[91]

47 Die Festsetzung eines Höchsttarifs ist per allgemeiner Vorschrift[92] oder per Dienstleistungsauftrag möglich. Im Hinblick auf Art. 2l) ist naheliegend, dass eine allgemeine Vorschrift diskriminierungsfrei sein muss. Zulässiger **Inhalt** einer allgemeinen Vorschrift ist nach Art. 3 Abs. 2 nur die **Festsetzung von Höchsttarifen**[93] für alle Fahrgäste (zB Verpflichtung zur Anerkennung und Anwendung eines Verbundtarifes) oder für bestimmte Gruppen von Fahrgästen (zB Schwerbehindertenfreifahrt), d. h. es handelt sich um einen hoheitlich festgelegten Tarif. Wenn also zB ein 365-Euro-Tickets festgesetzt wird, dann ist auch festzulegen, für wen und in welchem Gebiet es gilt. Auch ein kostenfreier ÖPNV wäre festsetzbar,[94] etwa um an bestimmten Tagen mehr Fahrgäste vom IV zum ÖPNV zu bewegen. Daneben sieht Art. 3 Abs. 2 die Festlegung einer Ausgleichsleistung vor. Über deren Höhe gibt es keine konkrete Aussage, die Ausgleichsleistung darf nur nicht übermäßig sein, gemessen an den Grundsätzen der Art. 4 und 6 und dem Anhang.

48 Nach Art. 3 Abs. 1 kann ein ausschließliches Recht nur im Rahmen eines Dienstleistungsauftrages gewährt werden, aber nicht im Rahmen einer allgemeinen Vorschrift. Die **Gewährung ausschließlicher Rechte** im Sinne von Art. 2 f) ermöglicht es, bestimmte Verkehrsleistungen zu erbringen, und dabei andere Betreiber auszuschließen.[95] Die zuständige Behörde bestimmt gemäß § 8a Abs. 8 PBefG den räumlichen und zeitlichen Geltungsbereich sowie die Art des Personenverkehrs, der unter Ausschluss anderer Betreiber zu erbringen ist. Eine unerhebliche Beeinträchtigung darf aber nicht ausgeschlossen werden.

49 Sowohl für den Dienstleistungsauftrag als auch für die allgemeine Vorschrift sind **inhaltliche Vorgaben** in Art. 4 gemacht:

50 In Anlehnung an die Altmark-Trans-Kriterien des EuGH sind die **gemeinwirtschaftliche Verpflichtung** als solche und der **geographische Geltungsbereich** klar zu definieren. Die **Parameter zur Berechnung** der nach Art. 6 zu gewährenden Ausgleichsleistung

---

89 Richtlinie 2001/23/EG vom 12.3.2001 zur Angleichung der Rechtsvorschriften der Mitgliedstaaten über die Wahrung von Ansprüchen der Arbeitnehmer beim Übergang von Unternehmen, Betrieben oder Unternehmens- oder Betriebsteilen, ABl. L 082 vom 22.3.2001, S. 16, zuletzt geändert durch die Richtlinie (EU) 2015/1794 vom 6.10.2015 ABl. L 263 vom 8.10.2015, S. 1.

90 Art. 4 Abs. 5.

91 Handreichung zu dem gesamten Thema: Beschäftigtenübergang und Sozialstandards bei wettbewerblichen Vergabeverfahren im Busverkehr, VDV-Mitteilung 9064, beka Verlag 12/2016.

92 Weiterführend zu den Inhalten: *Ritschny* und *Schnell,* Verbreitung und Ausgestaltung von allgemeinen Vorschriften, Der Nahverkehr 2017, 46–49.

93 *Karl* und *Schaaffkamp,* Handlungsoptionen der Aufgabenträger nach der PBefG-Novellierung, Verkehr und Technik 2014, 65–70, 68.

94 *Mocanu,* in: Nahverkehrs-Tage 2019, Finanzierung des öffentlichen Verkehrs: zwischen leistungsorientierten E-Tarifen, preisgünstigen Flats und Drittnutzerfinanzierung, Herausgeber Carsten Sommer, kassel university press, 2019, 115–132, der bei einem deutschlandweiten kostenlosen ÖPNV von einer Verdoppelung der Nachfrage ausgeht, ohne das Kapazitätsthema anzusprechen.

95 Vertiefend: *Sitsen,* Der Begriff des ausschließlichen Rechts und seine Bedeutung für den ÖPNV, InfrastrukturRecht 2011, 76–81.

müssen laut Art. 4 Abs. 1b) zuvor transparent aufgestellt sein, und die Aufteilung von Kosten und Einnahmen ist klar zu regeln. Nach diesen Regeln darf es zu keiner Überkompensation kommen. Dabei ist die Summe der finanziellen Nettoauswirkungen unter Berücksichtigung eines angemessenen Gewinns zu ermitteln. Diesem bloßen **Übermaßverbot** muss laut Art. 4 Abs. 1b) Satz 1 am Ende, 6 Abs. 1 Satz 1 jede Ausgleichsleistung genügen.

Für die Fälle der **Direktvergabe** nach Art. 5 oder der **allgemeinen Vorschrift**[96] wird diese recht allgemeine und kursorische Vorgabe durch Art. 6 Abs. 1 Satz 2 ergänzt, indem zusätzlich auf den **Anhang** verwiesen wird. Es gibt damit also zwei Fälle für den Dienstleistungsauftrag: Wurde vom Aufgabenträger ein Vergabeverfahren nach Art. 5 Abs. 1 oder Abs. 3 durchgeführt, erfolgt nur eine (überschlägige) Prüfung der Ausgleichsleistung am Übermaßverbot. In den anderen Fällen, wenn also direkt vergeben wurde, gelten zusätzlich die detaillierteren Regeln des Anhangs. 51

Für den praktisch wichtigen Fall der Direktvergabe an den internen Betreiber gelten gemäß Art. 4 Abs. 1 die ersten drei **Kriterien der Altmark-Trans-Entscheidung** des EuGH, wobei allerdings das dritte Kriterium aufgeweicht wurde.[97] Das vierte Kriterium, nämlich der Vergleich mit einem fiktiven, durchschnittlich gut geführten Unternehmen wird aber im **Anhang** der VO (EG) 1370/07 durch eine andere Regelung ersetzt. Nach dessen Ziffer 2 ist eine konkrete Kostenbetrachtung anzustellen, die nach Ziffer 7 mit einem Anreizmodell zu versehen ist. Die gesamte Vorschriftenkette zielt darauf ab, eine Überkompensation zu vermeiden. Weder gibt die VO 1370 einen Anspruch auf eine Ausgleichszahlung, noch wird ein unzureichender Anspruch aufgefüllt.[98] Lediglich nach Ziffer 3 des Anhangs wird auch betrachtet, ob eine Zahlung unzureichend ist. Ansonsten ergibt sich aber aus dem Beihilferecht, dass es nur darum geht, übermäßige Zahlungen auszuschließen. Dann allerdings ist die Zahlung nach Art. 9 mit dem Europarecht vereinbar. 52

Möglicher weiterer Inhalt eines Dienstleistungsauftrags ist nach Art. 4 Abs. 5 die Verpflichtung des Bewerbers, die bisherigen **sozialen Standards der Mitarbeiter** so einzuhalten, als wäre ein Betriebsübergang im Sinne von § 613a BGB erfolgt. Möglich ist nach Art. 4 Abs. 6 auch die Festlegung bestimmter **Qualitätsstandards,** wofür in Erwägungsgrund Nr. 17 als Beispiele Vorgaben im sozialen oder im Umweltbereich genannt werden. Und schließlich ist nach Art. 4 Abs. 7 anzugeben, ob und inwieweit eine Vergabe von **Unteraufträgen** zugelassen wird. In Art. 4 Abs. 7 ist die Möglichkeit beschränkt,[99] den Dienstleistungsauftrag komplett unterzuvergeben. 53

Alsbald nach dem Inkrafttreten der VO 1370 stellte sich die Frage, wie die Behörde an die zur Erstellung der Vergabeunterlagen wichtigen Informationen kommt. Der bisherige Betreiber kann nicht bereit sein, Erlösdaten einer Linie herauszugeben oder Daten der Mitarbeiter, die für Kalkulationen, für soziale Standards oder den Übergang von Mitarbeitern relevant sind. Wenn die Behörde diese Informationen nicht – unter Berücksichtigung des Vertraulichkeitsschutzes – veröffentlichen kann, wird der Markt nicht funktionieren. Die Verordnung (EU) 2016/2338 löst dieses Thema, indem sie zwar selbst keinen Anspruch auf derartige Informationen gibt. Aber Art. 4 Abs. 8 sieht nun als zwingenden Inhalt von Dienstleistungsaufträgen vor, den bisherigen Betreiber zur Herausgabe der Informationen vertraglich zu verpflichten. 54

Die **Laufzeit der Regelung** ist laut Art 4 Abs. 3 auf 15 Jahre begrenzt, wenn eine Eisenbahn dabei ist, sonst auf 10 Jahre. Sie kann um bis zu 50 % verlängert werden, wenn der Verkehrsunternehmer erheblich investiert hat und die so erworbenen Güter anderweitig 55

[96] Zutreffend *Ipsen,* Die EU-Verordnung 1370/07 und das Personenbeförderungsgesetz, Der Nahverkehr 6/2008, 20–22, 20 unter Verweis auf Art. 6 Abs. 1 Satz 2.

[97] Anders *Ipsen,* S. 20, der die VO (EG) 1370/07 und die Altmark-Trans-Kriterien hier gleichsetzt.

[98] Anders noch die VO (EWG) 1191/69.

[99] Als „Selbsterbringungsgebot" bezeichnet von *Barth* in: Neuorganisation kommunalen Nahverkehrs nach der EU-VO 1370? in Der Nahverkehr 2010, 24–26.

kaum verwendbar sind, oder wenn der Verkehr in Gebieten mit äußerster geographischer Randlage zu erbringen ist. Die Laufzeit einer Auferlegung als Notmaßnahme ist auf zwei Jahre begrenzt.

56 Wichtig für Verkehrsunternehmer ist noch die Verpflichtung, zur **Vermeidung von Quersubventionen** die Buchführung nach Aktivitäten mit und ohne Ausgleichszahlungen zu trennen.[100] Diese Vorschrift schließt den **Querverbund** nicht aus,[101] zielt aber auf eine hohe Transparenz.

57 **ff) Weitere Pflichten für die Behörden.** Um die Transparenz zu erhöhen, sieht die VO 1370 umfangreiche **Veröffentlichungen** vor, wobei die Frage der Sanktionen bei der Verletzung der Pflichten nicht geregelt ist.

58 Jede zuständige Behörde ist nach Art. 7 Abs. 1 zur Erstellung eines öffentlich zugänglichen, **jährlichen Gesamtberichts** über die gemeinwirtschaftlichen Pflichten, die ausgewählten Betreiber, die gewährten Ausgleichszahlungen und die ausschließlichen Rechte verpflichtet.[102] Die inhaltlichen Anforderungen sind in Art. 7 Abs. 1 Satz 2 genannt. Eine weitergehende Detaillierung schreibt die Nachfolge-VO nicht vor, insbesondere ist bei den Ausgleichszahlungen nicht vorgeschrieben, dass die Werte für jede Linie getrennt genannt werden.

59 Außerdem besteht nach Art. 7 Abs. 2 für jede Behörde – außer bei einer Notmaßnahme – die **Pflicht zur Vorabbekanntmachung** im Amtsblatt der Europäischen Union ein Jahr vor Einleitung eines wettbewerblichen Vergabeverfahrens oder einer Direktvergabe.[103] Bei Bagatellaufträgen von unter 50.000 Wagenkilometern pro Jahr kann darauf verzichtet werden. Bei jeder Direktvergabe hat die Behörde die Gründe für die Entscheidung für die Direktvergabe jeder interessierten Person mitzuteilen.[104] Noch weitergehende Informationspflichten gelten bei **Direktvergaben an Eisenbahnen.** Wird eine Eisenbahn direkt beauftragt, so sind unaufgefordert bestimmte Informationen öffentlich zugänglich zu machen.[105] Diese Informationspflichten stehen im Zusammenhang mit dem nach Art. 5 Abs. 7 vorgesehenen effektiven Rechtsschutz, d. h. der enttäuschte Bewerber kann sich – je nach zeitlichem Ablauf – zuerst informieren und dann über die Einlegung des Rechtsmittels entscheiden.

e) Resümee

60 Die VO (EG) 1370/07 regelt in Weiterführung der VO (EWG) 1191/69 das **Verhältnis zwischen den Behörden und den Verkehrsunternehmen** neu. Die Regelung ist klarer und umfassender geworden. Sie eröffnet in einigen Punkten mehr Spielräume. Erfreulich sind die Möglichkeiten der Direktvergabe und das einfache wettbewerbliche Vergabeverfahren. So belohnt die VO 1370 in den Fällen, wo der Unternehmer das überwiegende Risiko übernimmt. Die deutsche Handschrift scheint mancherorts durch, wenn zB auf den Verwaltungsakt Bezug genommen wird. Als bedauerlich mag es mancher empfinden, wenn die Vorschrift sich auf das Beihilferecht reduziert und nur mehr einen übermäßigen Ausgleich verbiete, aber kein Mindestentgelt gewährt.

61 Die **Anforderungen** an die einzuhaltenden Verfahren und die bereitzustellenden Informationen sind nicht zu unterschätzen. So bringt die Neuregelung wie so oft ein Mehr an Bürokratie. Die Aufgabenträger müssen sich organisatorisch und personell auf diese Herausforderung einstellen. Bei vielen Aufgabenträgern mag sich der Wunsch nach der scheinbar einfacheren Direktvergabe einstellen. Aber die hohen Anforderungen an die Berechnung der Ausgleichsleistung sind eine Hürde. So können die Aufgabenträger unter Umständen

[100] Anhang Nr. 5.
[101] Zum Querverbund siehe → Rn. 117.
[102] Art. 7 Abs. 1.
[103] Erwägungsgrund 30.
[104] Art. 7 Abs. 4, § 8a Abs. 5 PBefG.
[105] Art. 7 Abs. 3.

zwischen zwei Übeln wählen, nämlich der einmal schwierigen Ausschreibung und der dauerhaft anspruchsvollen Direktvergabe.

Die VO 1370 ist weder der Grund für das Entstehen eines „Behörden-ÖPNV" noch 62 schlägt sie sich auf die Seite der Verkehrsunternehmer. Vielmehr klärt sie die Rollen der beiden Seiten und ihr Verhältnis zueinander. Allerdings trennt sie weiterhin die Behörde, die aus allgemeinem, zB wirtschaftlichem oder verkehrlichem Interesse Vorgaben an den Personenverkehr machen möchte, von den Verkehrsunternehmen, die kommerziell handeln. Die **Trennung** der **politischen von der unternehmerischen Aufgabe** ist eine der Vorgaben für die Kommunen.

f) Die europarechtlichen Vorgaben für das deutsche Recht

Letztlich setzt auch die VO 1370 das Prinzip „Wer anschafft, zahlt" durch. Die Europäische 63 Union spielt den Ball an die Mitgliedstaaten weiter: Voraussetzung einer jeden Einflussnahme auf die Verkehrsleistung in den Mitgliedstaaten ist, dass zuständige Behörden installiert sind. Die Europäische Union macht es zur **Sache der Mitgliedstaaten,** zunächst den ÖPNV als öffentliche Aufgabe zu definieren,[106] dann Behörden einzurichten, die einen verkehrs- oder sozialpolitischen Auftrag und die entsprechende Zuständigkeit haben, sowie über die notwendigen Personal- und Sachmittel und die notwendigen Rechtsinstrumente verfügen. Daher wird im Folgenden dargestellt, wie die verfassungs- und verwaltungsrechtliche **Ausgangslage in Deutschland** war, wie diese europarechtlichen Vorgaben umgesetzt wurden und welche Auswirkungen dies auf die wirtschaftliche Tätigkeit der Kommunen im Bereich des ÖPNV hat.

Die VO (EG) 1370/07 hat an zahlreichen Stellen im PBefG und in den Landes-ÖPNV- 64 Gesetzen einen **Anpassungsbedarf** ausgelöst.[107] Beispielsweise war der nach Art. 5 Abs. 7 vorgesehene Rechtsschutz zu installieren,[108] oder überall, wo auf die VO (EWG) 1191/69 Bezug genommen war, muss nun die VO (EG) 1370/07 erscheinen.[109] Die zuständige Behörde muss nicht eine einheitliche sein, d. h. es kann zB auf Ebene der Aufgabenträger und der Länder agiert werden. Und neben den Aufgabenträgern kann es weiterhin Genehmigungsbehörden geben.[110] Für die Übergangszeit[111] bis zum Inkrafttreten des neuen PBefG[112] galt jedenfalls schon die Nachfolge-VO, aber noch mit dem alten PBefG.

3. Die verfassungsrechtlichen Rahmenbedingungen für den ÖPNV

Ausgangspunkt einer jeden Diskussion der Betätigung von Kommunen in Deutschland ist 65 das **Grundgesetz** und hier namentlich **Art. 30,** wonach die Ausübung der staatlichen Gewalt in Legislative, Exekutive und Judikative eine Sache der Länder ist, sofern das Grundgesetz nicht anderes bestimmt oder auf seiner Grundlage eine andere Bestimmung getroffen ist. Verfassungsrechtlich betrachtet gehören die Kommunen (Gemeinden und Landkreise) zu den Ländern. Die praktische Bedeutung der Zuständigkeitsvorschriften wird im Lichte des Art. 104a Abs. 1 GG deutlich, wonach die **Ausgabenverantwortung** immer der **Kompetenzzuweisung** folgt. Die Ausgabenverantwortung bedeutet dabei sowohl Finanzierungsbefugnis als auch Finanzierungspflicht,[113] und zwar für die Kosten der

[106] Nachvollzogen in § 1 Regionalisierungsgesetz.
[107] *Ipsen,* S. 21–22.
[108] *Saxinger* und *Fischer,* in Verkehr und Technik 2008/2, 75–81, 81.
[109] Nach einer Lösung suchend: *Wittig* und *Schimanek,* S. 23.
[110] *Ipsen,* S. 22.
[111] Zu dem Zusammenspiel der Nachfolge-VO mit dem alten PBefG: *Fiedler,* Der Genehmigungswettbewerb unter dem Regime der VO 1370/2007, Verkehr und Technik 2011, 107–111; *Saxinger* und *Niemann,* Linienverkehrsgenehmigungen nach neuem EU-Recht, Der Nahverkehr 2010, 24–26.
[112] § 62 PBefG regelt das Inkrafttreten des „neuen PBefG" (Gesetz vom 14.12.2012) und die Übergangsvorschriften.
[113] *Jarass-Pieroth,* Beck'scher Kurzkommentar zum Grundgesetz, Beck Verlag München, 15. Auflage 2018, Art. 104a GG, Rn. 5.

Verwaltung, der Gesetzgebung und der Rechtsprechung. Bedeutsam ist dieser **„Konnexitätsprinzip"** genannte Grundsatz – was das Kostenvolumen anbelangt – vor allem bei der Verwaltung, wenngleich er auch für die Parlaments- und Justizzuständigkeit gilt.[114]

66 Eine **ausschließliche Gesetzgebungskompetenz** des Bundes gibt es nur für die bundeseigenen Eisenbahnen aus Art. 73 Abs. 1 Nr. 6a GG. Für Schienenbahnen, die nicht Eisenbahnen des Bundes sind, ausgenommen die Bergbahnen, gibt Art. 74 Nr. 23 GG dem Bund eine **konkurrierende Gesetzgebungskompetenz.** Für den ÖPNV kann auch noch Art. 74 Nr. 22 GG herangezogen werden, der die konkurrierende Gesetzgebungskompetenz für den Straßenverkehr eröffnet.[115] Wegen seiner weiterhin gewerberechtlichen Prägung stützen sich die meisten Vorschriften des PBefG auf Art. 74 Nr. 11 GG und mithin auf die Gesetzgebungskompetenz für das Gewerberecht.[116] Der Bund hat seine Gesetzgebungskompetenzen im Wesentlichen nur dazu genutzt, das Personenbeförderungsgesetz (PBefG) und das Regionalisierungsgesetz (RegG) zu erlassen und auf dieser Grundlage einige Verordnungen.

67 Im Rahmen der **grundgesetzlichen** Aufgabenzuweisungsnormen findet sich keine Bestimmung, die dem Bund eine **Exekutivkompetenz für den ÖPNV** gibt. Insbesondere ist für den ÖPNV keine bundeseigene Verwaltung eröffnet, wie es nach Art. 87 GG in der bis 31.12.1994 geltenden Fassung für den Eisenbahnbereich der Fall war. Art. 87e Abs. 1 GG normiert die bundeseigene Verwaltung lediglich für die Aufsicht über die Eisenbahnen des Bundes. Art. 87e Abs. 4 GG definiert zwar die Aufgabe des Bundes[117] für die Eisenbahninfrastruktur und das Verkehrsangebot der Eisenbahnen,[118] nimmt jedoch den SPNV hiervon ausdrücklich aus. Der ÖPNV ist von der Regelung gar nicht umfasst. Der Bund hat sich auch nicht per einfachem Bundesgesetz gemäß Art. 87 Abs. 3 GG eine **Verwaltungskompetenz** eröffnet. Damit bleibt die **Ausgestaltung, Organisation und Abwicklung des ÖPNV** nach Art. 30, 83, 84 GG vollständig **bei den Ländern,** die damit – im Verhältnis zum Bund – auch alleine die Ausgabenverantwortung im Sinne des Art. 104a Abs. 1 GG trifft. Deutlich wird dies an der bundesrechtlich geregelten Ausgleichsleistung für ermäßigte Zeitfahrausweise des Ausbildungsverkehrs (§ 45a PBefG): Die Verbescheidung und Auszahlung ist Ländersache, und zwar aus Landesmitteln.

68 Folgende **Vorgaben** für die Länder und Kommunen ergeben sich aus dem **Verfassungsrecht des Bundes** abgesehen vom **Rechtsstaats-** und dem **Demokratieprinzip:**

- Das **Sozialstaatsprinzip** (Art. 20 Abs. 1 GG) verpflichtet jede staatliche Gewalt in Deutschland, an der Herstellung gleichwertiger Lebensverhältnisse mitzuwirken. Der ÖPNV ist im Rahmen der Daseinsvorsorge[119] ein Teil des Sozialstaatsprinzips.
- Die **Selbstverwaltungsgarantie** (Art. 28 Abs. 2 Satz 1 GG) gibt den Gemeinden das Recht, alle Angelegenheiten der örtlichen Gemeinschaft im Rahmen der Gesetze selbst zu regeln. Dazu gehört auch der öffentliche Verkehr im jeweiligen Gebiet. Nicht bei jeder örtlichen Aufgabe ist die Zuständigkeit eröffnet, weil das Erfordernis des legitimen Aufgabenzugriffs gilt, und weil der Aufgabenzugriff gegen ausdrückliche gesetzliche Wertungen nicht zulässig ist.[120] Für die Gemeindeverbände, wozu auch die Landkreise

---

[114] *Jarass-Pieroth,* Kommentar zum GG, Art. 104a GG, Rn. 4.

[115] *Fielitz* und *Grätz,* Personenbeförderungsgesetz, Luchterhand Verlag, Stand 67. Aktualisierung bis Dez. 2013, § 1 PBefG Rn. 1.

[116] Ausführlicher dazu *Heinze, in Heinze/Fehling/Fiedler,* Kommentar zum PBefG, Vorbemerkung II, Rn. 52.

[117] Vom „Gewährleistungsauftrag" des Bundes spricht *Heise,* Die Deutsche Bahn AG zwischen Wirtschaftlichkeit und Gemeinwohlverantwortung, Diss. 2013, S. 234.

[118] *Arnold,* Das Sicherstellungsgebot des Art. 87e IV GG im Bereich des Schienenpersonenfernverkehrs, in: Recht – Wirtschaft – Kultur, Herausforderungen an Staat und Gesellschaft im Zeitalter der Globalisierung, Festschrift für Hablitzel, hrsg. von *Wollenschläger, Kreßel* und *Egger,* Berlin 2005, S. 33–54; zu den Gewährleistungspflichten und zum Gewährleistungsstaat: *Knauff,* Die Gewährleistung des Daseinsvorsorgeauftrags im öffentlichen Personennahverkehr, Nomos, Diss. 2009/2010, S. 91 ff.

[119] *Heinze, in Heinze/Fehling/Fiedler,* Kommentar zum PBefG, Vorbemerkung I, Rn. 24, II Rn 29.

[120] *Knauff,* S. 201.

gehören,[121] gilt das Recht nach Art. 28 Abs. 2 Satz 2 GG nur im Rahmen des gesetzlich zugewiesenen Aufgabenbereichs.

Die **Länderverfassungen** entsprechen in den eben genannten Grundaussagen im Hinblick auf die Homogenitätsklausel (Art. 28 Abs. 1 GG) dem Grundgesetz. Art. 83 Abs. 1 Bayerische Verfassung stärkt sogar noch die Stellung der Gemeinden, indem sie den **örtlichen Verkehr** zum **eigenen Wirkungskreis** der Gemeinden rechnet. Wichtiger noch ist die fiskalische Aussage in Art. 83 Abs. 3 Bayerische Verfassung: Überträgt der Staat den Gemeinden eine Aufgabe, macht er eine Aufgabe des eigenen Wirkungskreises zu einer Pflichtaufgabe oder stellt er besondere Anforderungen an die Erfüllung von Aufgaben, so hat er zugleich über die Deckung der dadurch verursachten Kosten zu entscheiden. Bei Mehrbelastungen hat der Staat einen finanziellen Ausgleich zu schaffen. Mit diesem Prinzip („Wer anschafft, zahlt") wird die grundsätzliche Verantwortung des Staates für eine Mindestausstattung der Kommunen ergänzt.[122] 69

4. Die ÖPNV-Gesetzte – Der ÖPNV als Aufgabe der Kommunen

Nach der bisherigen Diskussion des für den ÖPNV relevanten Europa- und Verfassungsrechts richtet sich der Blick nun auf die **einfachgesetzlichen Vorgaben.** Neben dem Regionalisierungsgesetz (RegG) und dem Personenbeförderungsgesetz (PBefG) sind hier die Kommunal- und die ÖPNV-Gesetze der Länder[123] zentral. Soweit es um Landesrecht geht, erfolgt die Darstellung beispielhaft anhand der recht ausführlich geregelten Rechtslage in Bayern,[124] wobei auf Abweichungen in anderen Ländern exemplarisch eingegangen wird. 70

a) Der ÖPNV als Selbstverwaltungsangelegenheit der Gemeinde

Regelungen gab es in den Kommunalgesetzen schon weit vor der oben angesprochenen Neuordnung des ÖPNV Anfang der Neunziger Jahre. Ein Beispiel hierfür ist neben dem bereits genannten Art. 83 Abs. 1 Bayerische Verfassung der gleichgerichtete Art. 57 Abs. 1 Bayerische Gemeindeordnung (Bay GO). Danach sollen die **Gemeinden** die **öffentlichen Einrichtungen** schaffen und erhalten, die nach den örtlichen Verhältnissen für das wirtschaftliche, soziale und kulturelle Wohl und die Förderung des Gemeinschaftslebens ihrer Einwohner erforderlich sind. 71

Umfang und Inhalt der Aufgabe sind schwer abzugrenzen. Der öffentliche Verkehr in Art. 57 Abs. 1 Bay GO wird zwar in der Kommentarliteratur eher mit dem Bau und Unterhalt von Gemeindestraßen in Verbindung gebracht,[125] aber eine solche straßenbezogene Auslegung findet im Wortlaut keinen Anhalt. Vielmehr wird dem ÖPNV schon weit vor und unabhängig von der Regionalisierung, eine zentrale Bedeutung im wirtschaftlichen, sozialen und kulturellen Leben einer Gemeinde beigemessen, und zwar unabhängig von deren Größe. Die Reichweite der Zuständigkeit kann aus der **Zielsetzung** gefolgert werden. Nach Art. 57 Abs. 1 Bay GO geht es darum, was für das wirtschaftliche, soziale und kulturelle Wohl der Gemeindeeinwohner und die Förderung ihres Gemeinschaftslebens erforderlich ist. Der öffentliche Verkehr diente also beispielsweise dazu, Arbeitneh- 72

[121] *Hömig/Wolff,* GG für die Bundesrepublik Deutschland, Nomos Handkommentar, 12. Auflage 2018, Art. 28 Rn. 18, ähnlich BVerfGE 103, 332, 359 f.

[122] *Nawiasky, Leusser, Schweiger* und *Zacher,* Die Verfassung des Freistaates Bayern, Kommentar, Beck Verlag, München, Stand der EL 13 vom Juli 2005, Art. 83 BV, Rn. 8; grundlegend auch: *Henneke,* Die Kommunen in der Finanzverfassung des Bundes und der Länder, Kommunal- und Schul-Verlag, 4. Auflage 2008.

[123] Siehe dazu → Rn. 92.

[124] *Knauff,* S. 446, Fn. 525: das bayerische ÖPNV-Gesetz wurde als erstes erlassen und war daher Vorbild für die anderen Länder.

[125] *Widtmann/Grasser/Glaser,* Kommentar zur bayerischen Gemeindeordnung, Beck Verlag, Stand 1.5.2018, Art. 57 GO, Rn. 11.

mer zu den Arbeitsplätzen zu bringen, auch für weniger wohlhabende Bevölkerungsschichten die Mobilität zu ermöglichen oder die Teilnahme am Sporttraining oder einer Theaterveranstaltung zu erlauben. Zu den Einrichtungen des öffentlichen Verkehrs zählen auch die **örtlichen Verkehrsunternehmen.**[126] Insgesamt wird man im Hinblick auf Art. 28 Abs. 2 GG von einem sachlich weiten Begriff des örtlichen Verkehrs ausgehen können.

73 Damit wird deutlich, dass sich der ÖPNV in Art. 57 Abs. 1 Bay GO um die örtliche Gemeinschaft dreht, d. h. es geht um den Verkehr in der Gemeinde und im Hinblick auf das Territorialitätsprinzip[127] grundsätzlich nicht um den Verkehr anderer Gemeinden, zB zwischen Gemeindeteilen einer Nachbargemeinde. Dies ergibt sich auch daraus, dass Art. 57 Abs. 1 Bay GO ausdrücklich von einer Aufgabe des **eigenen Wirkungskreises** spricht, der in Art. 7 Abs. 1 Bay GO als **Angelegenheit der örtlichen Gemeinschaft** definiert wird. Es geht also um die Selbstverwaltung der Gemeinde[128] innerhalb ihrer Grenzen.

74 Es ist zwar eine freiwillige Aufgabe, aber der Gesetzgeber legt es den Gemeinden dringend nahe, hier tätig zu werden.[129] der Gemeinde zum Tätigwerden. Denn nach Art. 57 Abs. 1 Satz 1 Bay GO **sollen** die Gemeinden lediglich tätig werden, die Norm gilt nur in den Grenzen der jeweiligen Leistungsfähigkeit und nach Satz 2 bestimmt sich die Verpflichtung zur Erfüllung der Aufgaben nach den besonderen gesetzlichen Vorschriften. Auch aus der Selbstverwaltungsgarantie ergibt sich keine umfassende Verpflichtung zur Daseinsvorsorge.[130] Wenn keine konkrete Verpflichtung besteht, dann ist erst recht nicht geregelt, in welcher **Art und Weise** die Gemeinde überhaupt tätig wird, ob sie eine kommunale öffentliche Einrichtung aufbaut, sich des kommunalen Wirtschaftsrechts bedient oder ob sie die Aufgabe im Rahmen der kommunalen Zusammenarbeit erledigt. Auch eine bewusste Entscheidung, nichts zu tun, wird kaum zu beanstanden sein.

75 Wenn hier eine **Freiheit der Gemeinde** besteht, dann hat sie keine Pflicht zum Tätigwerden, und erst recht gibt es **keinen Anspruch** gegen die Gemeinde auf ein (bestimmtes) Tätigwerden. Damit liegt keiner der in Art. 83 Abs. 3 Bayerische Verfassung[131] genannten Fälle vor, weshalb sich kein Anspruch der Gemeinde gegen den Freistaat Bayern auf **Finanzausstattung** alleine und unmittelbar aus dieser Vorschrift ergibt.

76 Die Einordnung der Aufgabe in den **eigenen Wirkungskreis** bedeutet nach Art. 109 Bay GO und nach Art. 83 Abs. 4 Bayerische Verfassung, dass die Gemeinde gemäß Art. 7 Abs. 2 Bay GO nach eigenem, freiem Ermessen handelt, die staatliche Aufsicht auf die Rechtmäßigkeit beschränkt ist (nur Rechtsaufsicht) und eine Aufsicht über die Zweckmäßigkeit nicht stattfindet (keine Fachaufsicht).

77 Diese Freiheit der Gemeinden eröffnet auch organisatorisch alle Möglichkeiten. Sie können die Zuständigkeit innerhalb der eigenen Verwaltung – auch als Regiebetrieb – wahrnehmen oder sich **gemeindlicher Unternehmen** bedienen. Vorgesehen sind in Art. 86 Bay GO die Rechtsformen des Eigenbetriebs, des selbständigen Kommunalunternehmens oder die Rechtsformen des Privatrechts. Für die Errichtung eines solchen gemeindlichen Unternehmens gibt es zwar eine **Schrankentrias,**[132] die in Bayern in Art. 87 Bay GO sogar in vier Voraussetzungen ausgebaut ist: Es muss für die Tätigkeit eine öffent-

---

[126] *Bauer/Böhle/Ecker,* Bayerische Kommunalgesetze, Kommentar, Boorberg Verlag, München, Stand Juni 2019, Art. 57 GO Rn 12.

[127] Zum Örtlichkeitsprinzip zB *Geis,* Kommunalrecht, Beck Verlag, München, 1. Auflage 2008, § 12 Rn. 83; *Jarass,* Aktivitäten kommunaler Unternehmen außerhalb des Gemeindegebiets, insbesondere im öffentlichen Personennahverkehr, DVBl 2006, 1–11, 4; oder *Knemeyer,* Bayerisches Kommunalrecht, Boorberg Verlag, München, 12. Auflage 2007, Rn. 337: Interessen der anderen Gemeinde dürfen nicht verletzt sein.

[128] *Prandl, Zimmermann* und *Büchner,* Kommunalrecht in Bayern, Carl-Link-Kommentare, Stand Februar 2007, Art. 57 GO, Rn. 11.

[129] *Widtmann/Grasser/Glaser,* Art. 57 GO Rn. 7.

[130] *Knauff,* S. 205.

[131] Siehe dazu oben → Rn. 68 (Fn. 120).

[132] S. *Gaß* C. Kommunalrechtliche Rahmenbedingungen (→ C. Rn. 51 und → C. Rn. 99).

liche Aufgabe bestehen, die Unternehmensgröße muss angemessen sein im Verhältnis zur Aufgabe und zur Gemeinde, die Aufgabe muss für eine Auslagerung geeignet sein und nicht ebenso gut durch einen (privaten) Dritten erfüllt werden können. Aber die Rechtsprechung[133] hat im Hinblick auf die hohe Wertigkeit des – auch verfassungsrechtlich garantierten – Selbstverwaltungsrechts[134] der Gemeinde die Geltung der Subsidiaritätsklausel eingeschränkt: Örtlich tätige Verkehrsunternehmen sind keine Unternehmen im Sinne der Subsidiaritätsklausel. Der gesamte Bereich der Daseinsvorsorge ist insofern ausgenommen. Die Gemeinde kann also aus kommunalrechtlicher Sicht in ihrem Bereich ein **kommunales Verkehrsunternehmen** einrichten – und damit Besteller und gleichzeitig Ersteller sein,[135] obwohl in der Regel die Verkehrsleistung auch von einem privaten Verkehrsunternehmer erbracht werden könnte. Diese traditionelle Option des Kommunalrechts ist nachvollzogen im neuen Europarecht, wo in Art. 5 Abs. 2 VO 1370 die Direktvergabe an kommunale Töchter erlaubt wird.

b) Der ÖPNV als Aufgabe der Daseinsvorsorge

In Umsetzung der europarechtlichen Vorgaben und zur Lösung der eigenen Probleme hat der Bund mit den Eisenbahnneuordnungsgesetzen vom 20.12. und 27.12.1993 nicht nur das Grundgesetz und das PBefG geändert sondern auch das Regionalisierungsgesetz (RegG)[136] erlassen.[137] Diese **Neuordnung** wirkte **zum 1.1.1996,**[138] der so zum maßgebliche Datum der Neuordnung des ÖPNV (und des SPNV) wurde. **78**

Kernstück für den ÖPNV ist das **Regionalisierungsgesetz** (RegG), das in zwei Teile zerfällt: Im **ersten Teil** (§§ 1 bis 4 RegG) wird der ÖPNV definiert, er wird zur Aufgabe der Daseinsvorsorge gemacht, den Ländern wird vorgeschlagen, den ÖPNV zentral zu organisieren, und schließlich wird klargestellt, dass für den Vollzug der VO (EG) 1370/07 die Länder bzw. die von diesen bestimmten Stellen zuständig sind. **79**

Zentral ist in diesem ersten Teil § 1 Abs. 1 RegG, der den ÖPNV zur **Aufgabe der Daseinsvorsorge** macht. Bei der Daseinsvorsorge handelt es sich um die Bereitstellung wichtiger Leistungen für die Bevölkerung durch die öffentliche Hand,[139] wobei die öffentliche Hand sich auch Dritter bedienen kann. Damit ist klar auf das Sozialstaatsprinzip Bezug genommen, es wird die hohe Bedeutung des ÖPNV für die Grundversorgung der Bevölkerung festgeschrieben und es ist gesetzlich klargestellt, dass es sich beim ÖPNV um eine **öffentliche Aufgabe**[140] handelt. Auch wenn der ÖPNV weiterhin gewerblich geprägt ist, ist dies eine grundsätzliche Neuregelung. Das RegG hat damit die Vorgaben der VO (EWG) 1191/69 bzw. jetzt der VO (EG) 1370/07 nachvollzogen. In der Systematik des deutschen öffentlichen Rechts erhebt das RegG den ÖPNV zur gewährleistungsstaatlich geprägten,[141] öffentlichen Aufgabe, während er vorher – abgesehen vom Schienenverkehr – nur im Gewerberecht sowie rudimentär im Sozialstaatsprinzip und im Kommunalrecht zu finden war. **80**

---

[133] Urteil des Bayerischen Verfassungsgerichtshofes vom 23.12.1957, VerfGHE 10 II 113 – 125; *Widtmann/Grasser/Glaser,* Art. 87 GO Rn. 36.

[134] Siehe dazu → Rn. 68.

[135] *Knauff,* S. 451 Fn. 565 m. w. N.

[136] Verkündet als Artikel 4 des Eisenbahnneuordnungsgesetzes vom 27.12.1993, BGBl. I S. 2378 ff, zuletzt geändert durch Art. 19 Abs. 23 Gesetz vom 23.12.2016, BGBl. I S. 3234.

[137] Zur Diskussion vor der Regionalisierung: *Grafberger,* Der Öffentliche Personennahverkehr – Aufgabe, Organisation und verkehrsgewerberechtlicher Rahmen, Diss. Erlangen-Nürnberg 1992, S. 13–90.

[138] Zur Reform von 1996; *Knauff,* S. 350 ff.

[139] Zum ähnlichen Art. 2 Abs. 1 Bay ÖPNVG: *Gabler,* Öffentlicher Nahverkehr in Bayern, Diss. Univ. Regensburg 1999, Peter Lang Verlag, Frankurt am Main 2000, S. 109, *Scheder,* Gesetz über den öffentlichen Personennahverkehr in Bayern, Gemeinde- und Schulverlag Bavaria, München 1997, Art. 2 Bay ÖPNVG, Nr. 1: beide sprechen etwas überzogen sogar von lebenswichtigen Leistungen.

[140] Dazu: *Homeister,* Öffentliche Aufgabe, Organisationsform und Rechtsbindungen, Diss Berlin, Eigenverlag, 2005, S. 15.

[141] *Knauff,* S. 391–394.

81 Bis zur Eisenbahnneuordnung war der SPNV nach Art. 87 GG als Teil der bundeseigenen Verwaltung eine Aufgabe des Bundes. Nun aber übernehmen die Länder eine **qualifizierte Aufgabe für den gesamten ÖPNV einschließlich SPNV,** denn es handelt sich jetzt insgesamt um eine Aufgabe der Daseinsvorsorge. Mangels anderweitiger Festlegung ergibt sich schon aus Art. 30 und 83 GG die Verwaltungszuständigkeit der Länder für die öffentliche Aufgabe ÖPNV, d. h. die Länder haben die **Aufgaben- und Ausgabenverantwortung** für den gesamten ÖPNV übernommen. Die notwendigen Gesetze dazu können die Länder nach Art. 30, 70 GG und § 1 Abs. 2 RegG erlassen.

82 Im **zweiten Teil** wird in § 5 RegG bestimmt, **welche zusätzlichen Finanzmittel den Ländern** im Gegenzug zur Übernahme der Verwaltungsaufgabe aus welchem Steueraufkommen zustehen. Weiterhin werden die Verteilung auf die Länder und die Dynamisierung festgelegt. Diese, den Ländern im Grundsatz schon nach Art. 106a GG zustehenden Mittel sind zwar eine Gegenleistung für die Übernahme der Aufgabe „gesamter ÖPNV", sollen jedoch nach § 6 Abs. 1 RegG von den Ländern[142] **insbesondere für den SPNV** verwendet werden.

c) Die Einführung des Aufgabenträgers

83 Neben dem Erlass des RegG war der grundsätzlich neu gefaßte[143] § 8 PBefG[144] die zweite herausragende bundesgesetzliche Vorgabe für die Neuausrichtung des ÖPNV. In § 8 Abs. 3 PBefG wurde damals der Begriff des **Aufgabenträgers des ÖPNV** eingeführt, jedoch damals noch nicht legaldefiniert. Die Norm richtete sich hauptsächlich an die Genehmigungsbehörde und machte es ihr zur Aufgabe, sich um eine ausreichende Bedienung mit Verkehrsleistungen zu sorgen, um eine wirtschaftliche Verkehrsgestaltung und um eine Integration der Nahverkehrsbedienung. Lediglich § 3 RegG war zu entnehmen, dass es beim Aufgabenträger um drei Funktionen geht, nämlich die Planung, die Organisation und die Finanzierung des ÖPNV. Damit waren neben die Genehmigungsbehörden als weitere Kümmerer die Aufgabenträger gestellt, ohne dass die Abgrenzung der Aufgaben klar war. Jedenfalls knüpfte der Bundesgesetzgeber mit der Einführung des Aufgabenträgers an die **zuständige Behörde** im Sinne von Art. 1 Abs. 3 und 5 VO (EWG) 1191/69 an.

84 Die Novellierung zum 1.1.2013[145] verschiebt den Schwerpunkt des Personenbeförderungsgesetzes weg vom Gewerberecht[146] und hin zum Gewährleistungsrecht, indem es eine klarere Rollenverteilung und eine Rollenverschiebung bringt. Nun ist in § 8 Abs. 3 PBefG eine **Legaldefinition** enthalten: Es ist Sache der Aufgabenträger, für die Sicherstellung einer ausreichenden Bedienung der Bevölkerung mit Verkehrsleistungen im ÖPNV zu sorgen. Der **Aufgabenträger** kann dazu in drei Bereichen Vorgaben machen: er definiert die **Anforderungen an Umfang und Qualität des Verkehrsangebotes,** dessen **Umweltqualität** sowie die Vorgaben für die **verkehrsmittelübergreifende Integration** der Verkehrsleistungen. Das Instrument, das ihm der Bundesgesetzgeber zur Hand gibt, ist der Nahverkehrsplan. Die **Genehmigungsbehörde** hat nach § 8 Abs. 3a PBefG nur mehr eine **Mitwirkungspflicht** an der Erfüllung der dem Aufgabenträger obliegenden Aufgaben. Sie hat insbesondere einen ordnungsgemäß zustande gekommenen Nahverkehrsplan zu berücksichtigen, wenn er vorhandene Verkehrsstrukturen beachtet. Damit bleibt die Genehmigungsbehörde zwar erhalten, aber nun in einer unterstützenden Funk-

[142] Beispielhaft zu den Finanzströmen innerhalb eines Landes, insbesondere zur Bündelung der Finanzen beim Aufgabenträger: *Hickmann, Berschin, Schaaffkamp, Karwiese* und *Schulze,* Bundesland Brandenburg setzt die Reform der ÖPNV-Finanzierung fort, Der Nahverkehr 2008, 36–41.

[143] § 8 PBefG ab 1996 geändert durch Art. 6 Abs. 116 Eisenbahnneuordnungsgesetz vom 27.12.1993, BGBl. I S. 2378 ff.

[144] Personenbeförderungsgesetz in der Fassung der Bekanntmachung vom 8.8.1990, BGBl. I S. 1690, zuletzt geändert durch Art. 5 des Gesetzes vom 21.12.2019, BGBl. I S. 2886.

[145] Gesetz zur Änderung personenbeförderungsrechtlicher Vorschriften vom 14.12.2012, BGBl. I S. 2598.

[146] *Karl* und *Schaaffkamp,* Handlungsoptionen der Aufgabenträger nach der PBefG-Novellierung, Verkehr und Technik 2014, 65–70, 66.

tion. Sie kann sich mehr auf ihre aufsichtlichen Befugnisse konzentrieren, während die Aufgabenträger das Verkehrsangebot im Auge haben. Die Kompetenzen haben sich damit seit 2013 hin zum Aufgabenträger verschoben[147] und sind klarer abgegrenzt.

Grundsätzlich ist ein Aufgabenträger ein Träger öffentlicher Gewalt, dem über eine normale Zuständigkeit hinaus eine **Aufgabe im Bereich der Leistungsverwaltung zur Erledigung besonderes zugewiesen** wird. Er hat einen bestimmten, komplexen Lebensbereich selbständig zu beobachten und eigenverantwortlich nach seinem **planerischen Ermessen** regulierend einzugreifen. Denn die Planung ist in dem Sinn der Kern einer jeden Aufgabenerfüllung, dass der Planende eine Bestandsaufnahme und eine Zielbestimmung macht, sodann einen Soll-Ist-Vergleich und daraus die erforderlichen Schritte ableitet. Auch wenn dann nach außen nichts veranlasst ist, die vorausgehenden planerischen Schritte sind für einen Aufgabenträger unerlässlich. 85

Die Aufgabenträgerschaft umfasst dabei grundsätzlich alle **Phasen der Aufgabenerfüllung,** nämlich die Konzeptionierung, die Planung, die Organisation, die Ausführung bzw. Überwachung, die (Qualitäts-) Kontrolle, das Berichtswesen und die Finanzierung. Selbst wenn sich ein Aufgabenträger bereits in der Konzeptionierungs- oder Planungsphase dafür entscheidet, dass (derzeit) kein Handlungsbedarf besteht, so wird dies im Hinblick auf sein Planungsermessen kaum zu beanstanden sein, weil er ja sein Planungsermessen ausgeübt hat. Am Beispiel des ÖPNV bedeutet dies. Der Aufgabenträger ist aufgefordert, den ÖPNV innerhalb seiner Grenzen umfassend zu gestalten und im Ergebnis zu gewährleisten, unabhängig davon, ob er selbst der Inhaber eines Verkehrsunternehmens ist.[148] 86

Der **Aufgabenträger stellt die Leistung im Ergebnis sicher,** muss sie aber nicht selbst erbringen. Der Aufgabenträger hat – wie auch immer – für das Endergebnis zu sorgen. Dies umfasst die Planung von Angebot, Qualität und Tarif und dann die Umsetzung der Planung durch eigenes Erbringen der Leistung oder die Vereinbarung mit einem Dritten und dessen Finanzierung, damit dieser die Leistung erbringt. Die Aufgabenverantwortung ist damit Letztverantwortung, zu unterscheiden von der Aufgabenwahrnehmung.[149] Die Aufgabenträgerschaft ist mehr als eine bloße politische Verantwortung. Der Aufgabenträger ist nicht Interessenvertreter der Bevölkerung.[150] Bei einer Aufgabenträgerschaft besteht grundsätzlich **kein Anspruch auf eine Aufgabenerledigung,** weder des Bürgers noch einer staatlichen Behörde. 87

Der Aufgabenträger handelt nie gewinnorientiert, da er immer Teil der öffentlichen Hand ist. Für eine Kommune, auch für ein kommunales Unternehmen hat zwingend die Aufgabenerfüllung Vorrang vor dem Ertragsstreben.[151] Auch bei privatrechtlicher Organisation auf der Leistungsseite soll wohl nicht mit Gewinnerzielungsabsicht im Sinne des Gewerberechtes gehandelt werden.[152] 88

In § 8 Abs. 3 PBefG ist dem Aufgabenträger das **Instrument des Nahverkehrsplans** an die Hand gegeben. In § 8 Abs. 3 Satz 2 PBefG werden Vorgaben für den Inhalt des Nahverkehrsplans gemacht, in den nachfolgenden Sätzen zu den Zielen und zum Umfang der Abstimmung. Im Übrigen regeln die Länder die Aufstellung des Nahverkehrsplans. Ob es eine Pflicht zur Aufstellung gibt, war für die bis Ende 2012 geltende Fassung des PBefG umstritten.[153] Seit 2013 besagt das PBefG insofern zweierlei: der Aufgabenträger definiert seine Anforderungen, und er macht dies in der Regeln in einem Nahverkehrsplan. Dies ist wohl so zu verstehen, dass es eine Pflicht gibt, die Anforderungen zu definieren, aber bei der Wahl des Mittels gibt es nur eine Soll-Vorgabe, von der abgewichen werden kann. 89

[147] *Fromm, Sellmann, Zuck,* Kommentar Personenbeförderungsrecht, Beck Verlag 2013, § 8 PBefG Rn. 4.
[148] *Krämer,* Erläuterung PBefG Nr. 13.
[149] *Ziekow,* S. 130.
[150] *Knauff,* S. 399 f.
[151] S. *Gaß* C. Kommunalrechtliche Rahmenbedingungen (→ C. Rn. 67).
[152] *Tettinger* und *Wank,* Gewerbeordnung, Kommentar, Beck Verlag, 7 Auflage 2004, § 1 Rn. 23, siehe auch → Rn. 120.
[153] *Knauff,* S. 407: keine bundesrechtliche Pflicht zur Aufstellung; andere Ansicht: *Krämer,* Erläuterung PBefG Nr 13: Aus § 8 Abs. 3 PBefG soll sich eine Pflicht zur Aufstellung eines Nahverkehrsplans ergeben.

90 Allerdings gibt es für einen Nahverkehrsplan eine Vorgabe, nämlich sich mit dem Ziel der **Barrierefreiheit** zu befassen. Mit § 8 Abs. 3 PBefG zielt der Bund darauf ab, seine Verpflichtungen aus der UN-Behindertenrechtskonvention[154] umzusetzen,[155] die ansonsten als völkerrechtliche Norm nicht innerstaatlich gilt. Allerdings betrifft die vollständige Barrierefreiheit nicht nur Behinderte sondern einen weiteren Kreis. Dazu bestimmen § 8 Abs. 3 Sätze 3 und 4 PBefG dreierlei:

- Der Nahverkehrsplan hat die Belange der in ihrer Mobilität oder sensorisch eingeschränkten Menschen zu berücksichtigen. Insofern handelt es sich um eine Vorgabe des Bundesgesetzgebers an den Aufgabenträger, um einen bei der Aufstellung des Nahverkehrsplans zu berücksichtigenden Belang, also um eine ermessenleitende Norm.
- Er hat dies mit dem Ziel zu tun, für die Nutzung des öffentlichen Personennahverkehrs bis zum 1.1.2022 eine vollständige Barrierefreiheit zu erreichen. Dieses Ziel hat der Aufgabenträger – neben anderen Zielen – in seine Abwägung einzustellen.
- Die Frist des 1.1.2022 gilt nicht, sofern in dem Nahverkehrsplan Ausnahmen konkret benannt und begründet werden. Der Bundesgesetzgeber relativiert hier das Zieldatum, indem er die Möglichkeit eröffnet, Ausnahmen festzulegen.

91 Unabhängig davon, wie nun die Abwägung ausgeht, ist jedenfalls der Nahverkehrsplan nicht bindend, er ist keine Rechtsnorm sondern ein behördeninternes Instrument zur Selbstbindung des Aufgabenträgers.[156] Aber er entfaltet an bestimmten Stellen eine Außenwirkung zB nach § 13 Abs. 2a PBefG. Die herrschende Meinung sieht eine Verpflichtung zur Herstellung der Barrierefreiheit, aber der Gesetzestext gibt das nicht her.

d) Die Bestimmung des Aufgabenträgers

92 Nach den Gesetzen zur Neustrukturierung des ÖPNV zum 1.1.1996 war Regelungsbedarf für die Länder entstanden, zB ist es nach § 8 Abs. 3 Satz 1 PBefG Sache der Länder, die Aufgabenträger zu bestimmen. Im Anschluss an den 1.1.1996 haben auch die Länder Gesetze zur Regelung des ÖPNV erlassen, die sogenannten **Landes-ÖPNV-Gesetze.**[157] Im Rahmen der europa- und bundesrechtlichen Vorgaben enthalten die Landes-ÖPNV-Gesetze allgemeine Bestimmungen zur Definition des ÖPNV und zu allgemeinen Bedienungsstandards, zum Nahverkehrsplan, sowie die Bestimmung eines Aufgabenträgers, seiner Rechte und Pflichten und Regelungen zur Finanzierung des ÖPNV.

93 In den Landes-ÖPNV-Gesetzen nehmen die Länder zur Organisation des ÖPNV[158] ausdrücklich oder stillschweigend auf das Regionalisierungsgesetz und die darin enthaltene Einführung eines Aufgabenträgers Bezug. Die meisten Länder haben als **Aufgabenträger für den allgemeinen ÖPNV** die **Landkreise und kreisfreien Städte**[159] bestimmt. Teils sind aber auch die „mittleren und großen kreisangehörigen Städte benannt, die ein eigenes Verkehrsunternehmen betreiben oder daran wesentlich beteiligt sind",[160] oder es sind „auch alle Gemeinden mit mehr als 50.000 Einwohnern".[161] In den Stadtstaaten ist dies naturgemäß abweichend, zB sind es in der Freien und Hansestadt Bremen die beiden Stadtgemeinden Bremen und Bremerhaven[162] und in Berlin das Land Berlin selbst.[163] Nur die

[154] Übereinkommen der Vereinten Nationen über die Rechte von Menschen mit Behinderung (Convention of the United Nations on the rights of persons with disabilities – CRPD), beschlossen am 13.12.2006 von der Generalversammlung der Vereinten Nationen, in Kraft getreten am 3.5.2008, BGBl II 2009, 818.

[155] *Barth,* in *Baumeister,* Recht des ÖPNV, Band 2, A2 Rn. 50.

[156] *Heinze, in Heinze/Fehling/Fiedler,* Kommentar zum PBefG, § 8, Rn. 42–45.

[157] Sammlung in: *Baumeister,* Recht des ÖPNV, Band 1 Gesetze, DVV Media Group 2013; nicht mehr aktuell sind: *Muthesius,* Taschenbuch der ÖPNV-Gesetze der Länder, Hestra-Verlag 1996, oder *Lammich* und *Ostrowski,* Personenbeförderungsrecht, Luchterhand 1996.

[158] Ausführlich *Barth,* in *Baumeister,* Recht des ÖPNV, Band 2, DVV Media Group 2013, A2 Rn. 156 ff.

[159] ZB Art. 8 Abs. 1 S. 1 Bay ÖPNVG, § 3 Abs. 3 Satz 1 ÖPNV-Gesetz Brandenburg.

[160] § 3 Abs. 1 S. 1 ÖPNVG NRW.

[161] § 5 Abs. 1 S. 1 Hessisches ÖPNVG.

[162] § 6 Abs. 1 Satz 1 BremÖPNVG.

[163] § 3 Abs. 1 Satz 1 ÖPNV-Gesetz Berlin.

Freie und Hansestadt Hamburg hat kein ÖPNV-Gesetz erlassen, sondern trifft die notwendigen Regelungen durch interne Vorschriften.

Die Anzahl der Fälle, in denen die Landkreise und kreisfreien Städte auch zum **Aufgabenträger für den SPNV** bestimmt wurden, hat abgenommen. Der anfängliche Trend der Länder, auch beim SPNV zu einer so kleinteiligen Regelung wie beim ÖPNV zu kommen, hat sich nach den zwischenzeitlich gemachten Erfahrungen umgekehrt. Im Ergebnis sind nun entweder die Länder selbst Aufgabenträger für den SPNV,[164] teils auch mit der Möglichkeit der Delegation auf einzelne Landkreise, kreisfreie Städte oder deren Zusammenschlüsse, d. h. die Verbünde.[165] Oder es werden zwar die Landkreise und kreisfreien Städte für zuständig erklärt, jedoch wird auch gleich deren Zusammenarbeit zB durch die Gründung von Zweckverbänden geregelt, an welche die Aufgabe „durchgeleitet" wird.[166] 94

e) Die Vorgaben der Landes-ÖPNV-Gesetze für den Umfang der Aufgabe

Der ÖPNV gehört bei den Landkreisen und kreisfreien Städten zum **eigenen Wirkungskreis,**[167] d. h. es ist eine Aufgabe der **Selbstverwaltung.** Im Umkehrschluss ist der ÖPNV also keine staatliche Aufgabe, die den Landkreisen und kreisfreien Städten übertragen wurde. Dies hat einerseits den Vorteil, dass die Kommune weisungsfrei nach eigenem, freiem Ermessen handelt und nur an die gesetzlichen Vorgaben gebunden ist. Folglich ist die staatliche Aufsicht auf die Rechtmäßigkeit beschränkt (nur Rechtsaufsicht) und eine Aufsicht über die Zweckmäßigkeit findet nicht statt (keine Fachaufsicht).[168] Andererseits ergibt sich unmittelbar aus dem Landkreisrecht[169] keine Verpflichtung zur Bereitstellung von Mitteln. Allerdings bleibt es beim grundsätzlichen Anspruch gegen das Land auf aufgabenangemessene Finanzausstattung.[170] Im eigenen Wirkungskreis besteht in vielen Ländern eine Satzungsautonomie, in Bayern beispielsweise kann eine Gemeinde bzw. ein Landkreis im eigenen Wirkungskreis nach Art. 23 Satz 1 Bay GO bzw. nach Art. 17 Satz 1 Bay LKrO eine Satzung als allgemeine Vorschrift im Sinne von Art. 3 Abs. 2 VO 1370 in Verbindung mit § 8a Abs. 1 Satz 2 PBefG erlassen.[171] 95

Innerhalb des eigenen Wirkungskreises gehört der ÖPNV nicht zu den Pflichtaufgaben sondern zu den **freiwilligen Aufgaben,**[172] die in den Grenzen der eigenen Leistungsfähigkeit durchzuführen ist.[173] Lediglich in Hessen ist der ÖPNV zur Pflichtaufgabe geworden, wobei die Aufgabenträger allerdings ihre Aufgaben gemeinsam in Verkehrsverbünden erfüllen.[174] 96

Sind nun im Zuge der Regionalisierung die Landkreise und kreisfreien Städte zum Aufgabenträger für den ÖPNV bestimmt, so waren andererseits zahlreiche **Gemeinden** schon vorher aufgrund des Kommunalrechts[175] zuständig und tätig. Im Hinblick auf Art. 28 Abs. 2 GG stellt sich daher die Frage nach der **vertikalen Aufgabenkonkurrenz:** Für die Frage, wer darf bzw. muss etwas tun oder lassen, gibt es unterschiedliche Lösungsansätze: Zahlreiche Länder haben den Gemeinden eine Möglichkeit eingeräumt, sich die Aufgabe in der einen oder anderen Weise vom Aufgabenträger übertragen zu 97

---

164 Art. 15 Abs. 1 Satz 1 Bay ÖPNVG.
165 § 4 Abs. 1 Nr. 1 und Abs. 2 Niedersächsisches NVG.
166 § 6 Abs. 2 und 3 NVG Rheinland-Pfalz oder § 3 Abs. 1 iVm §§ 4 bis 6 ÖPNVG NRW.
167 Art. 8 Abs. 1 Satz 1 Bay ÖPNVG iVm Art. 9 Abs. 1 S. 2 Bay GO, § 4 Abs. 6 Niedersächsisches Nahverkehrsgesetz.
168 Art. 5 Abs. 2 iVm Art. 95 Abs. 1 und 2 Bay LKrO.
169 ZB Art. 6 Abs. 4 Bay LKrO.
170 Grundlegend *Henneke,* Die Kommunen in der Finanzverfassung des Bundes und der Länder, Kommunal- und Schul-Verlag, 4. Auflage 2008.
171 Allgemein zur Rechtsgrundlage einer allgemeinen Vorschrift: *Schieferdecker,* Gewerbearchiv 2014, 6–11.
172 *Barth,* in *Baumeister,* Recht des ÖPNV, Band 2, A2 Rn. 32.
173 Art. 8 Abs. 1 S. 1 Bay ÖPNVG, § 5 Abs. 1 S. 2 LNVG Rheinland Pfalz.
174 §§ 5 Abs. 2 und 6 Abs. 2 Hessisches ÖPNVG.
175 Zur Zuständigkeit der Gemeinden nach den Gemeindeordnungen → Rn. 71.

lassen.[176] Manche hingegen haben die Konkurrenz dergestalt geregelt, dass die Aufgaben ohne weiteres nebeneinander bestehen,[177] bzw. dass der Nahverkehrsplan den Rahmen für die Tätigkeit kreisangehöriger Gemeinden vorgibt.[178] Soweit ersichtlich hat kein Land den Gemeinden die Zuständigkeit ausdrücklich genommen.

98 Soweit gesetzlich nicht anders geregelt hilft zur Lösung der Konkurrenz ein Blick auf das Herkommen und die Natur der Zuständigkeit: Die Gemeinde hat eine aus der Allzuständigkeit für die örtlichen Angelegenheiten stammende Kompetenz für den **örtlichen** Verkehr. Denn die Länder hätten trotz der Selbstverwaltungsgarantie in Art. 28 Abs. 2 GG die Möglichkeit gehabt, diese neue Aufgabe den neuen Aufgabenträgern exklusiv zuzusprechen, was sie aber nicht getan haben. Die Aufgabe, die den Aufgabenträgern in den Landesnahverkehrsgesetzen zugesprochen wurde, ist eine der **überörtlichen Gemeinschaft.** Mit anderen Worten handelt es sich um Aufgaben, die über die Zuständigkeit und das Leistungsvermögen der kreisangehörigen Gemeinden hinausgehen.[179] Schon diese kommunalrechtliche Betrachtung zeigt, dass die Aufgabenträgerschaft der Landkreise und die Zuständigkeit der zu ihnen gehörenden kreisangehörigen Gemeinden nicht kollidiert, sondern sich ergänzt.[180] Die Landkreise planen, organisieren und finanzieren den überörtlichen ÖPNV,[181] die kreisangehörigen Gemeinden den ortsbezogenen insbesondere den innerörtlichen ÖPNV. Nur wenn kreisangehörige Gemeinden einen Verkehr finanzieren, der über das vom Landkreis als ausreichend im Sinne von § 1 Abs. 1 RegG angesehene hinausgeht,[182] muss auf die grundgesetzlich garantierte Selbstverwaltungsgarantie zurückgegriffen werden.

99 Eine Frage der **horizontalen Aufgabenkonkurrenz** stellt sich angesichts des Territorialitätsprinzips.[183] Dieses geht davon aus, dass die Zuständigkeit an den räumlichen Grenzen der Aufgabenträger endet, die Verkehrsbedürfnisse überschreiten diese aber. Für Verkehre, welche die Landkreisgrenzen oder die Grenzen einer kreisfreien Stadt überschreiten, gibt es zahlreiche Regelungen zur **Zusammenarbeit der Aufgabenträger:** Die Aufgabenträger sind generell zur Zusammenarbeit verpflichtet,[184] haben ihre Planungen abzustimmen,[185] können einen regionalen Nahverkehrsraum bilden und dafür einen gemeinsamen Nahverkehrsplan aufstellen,[186] oder die Aufgabenträger sind ohnehin per Gesetz in Verkehrsverbünden zusammengeschlossen, die sogar Ländergrenzen überschreiten können.[187] Daneben gibt es die klassischen Formen der privatrechtlichen oder der kommunalen Zusammenarbeit, wie zB den Zweckverband, der vereinzelt auch gleich im Landesnahverkehrsgesetz festgeschrieben ist.[188] Die effektivste Zusammenarbeit geschieht in der Praxis in Verkehrsverbünden oder sonstigen Aufgabenträgerorganisationen.

100 Trotz aller freiwilligen oder unfreiwilligen Zusammenarbeit und Abstimmung bleibt die Frage, wer letztlich die Verkehre verantwortet, die den Zuständigkeitsbereich mehrerer Aufgabenträger berühren, und das Defizit hieraus übernimmt. Unter mehreren möglichen Anknüpfungsmöglichkeiten erscheint das **Wohnsitzprinzip** am überzeugendsten: Jeder

---

176 Übertragung einzelner Aufgaben nach Art. 9 Bay ÖPNVG, § 4 ÖPNVG LSA, Übertragung der Aufgabenträgerschaft in § 4 Abs. 3 Niedersächsisches NVG, § 2 Abs. 3 ÖPNVG Schleswig-Holstein.

177 § 4 Abs. 4 Niedersächsisches NVG, § 6 I 2 ÖPNVG Baden-Württemberg.

178 § 5 Abs. 3 Hessisches ÖPNVG.

179 So Art. 4 Abs. 1 und 5 Abs. 1 BayLKrO.

180 Anders *Scheder,* Art. 9 Bay ÖPNVG, Nr. 1, der – allerdings im Hinblick auf Art. 83 Bayerische Verfassung – davon ausgeht, dass es unumgänglich (and damit implizit notwendig) gewesen sei, den Gemeinden einen Anspruch auf Übertragung der Aufgabe zuzubilligen.

181 Dazu Art. 9 Abs. 1, 19 Abs. 1 S. 2 Bay ÖPNVG.

182 Möglich zB nach Art. 19 Abs. 1 S. 3 BayLKrO.

183 Zum Territorialitätsprinzip: s. *Gaß* C. Kommunalrechtliche Rahmenbedingungen; (→ C. Rn. 180); *Hösch,* Gewerbearchiv 2001, 223–231; siehe auch → Rn. 72 (Fn. 125).

184 § 4 Abs. 5 ÖPNVG M-V, Art. 7 Bay ÖPNVG, § 3 Abs. 2 ÖPNVG LSA.

185 § 5 Abs. 1 Niedersächsisches NVG, Art. 12 Abs. 4 ÖPNVG Baden-Württemberg.

186 Art. 6, 13 BayÖPNVG.

187 § 6 Abs. 2 Hessisches ÖPNVG.

188 § 5 ÖPNVG NRW.

Aufgabenträger hat die ausreichenden Verkehrsbedürfnisse seiner Einwohner zu gewährleisten. Denn im Widerstreit zwischen einem rein territorialen und einem einwohnerbezogenen Ansatz muss es um die Bedürfnisse der Bürger gehen. Jeder Landkreis kann daher auch Verkehre planen, organisieren und finanzieren, die in den benachbarten Landkreis oder die angrenzende kreisfreie Stadt hineinreichen.[189] Die benachbarte Gebietskörperschaft ist eigentlich in keinem Recht verletzt,[190] weil dies allenfalls dazu führen kann, dass sich auf ihrem Gebiet das Angebot verbessert. Aber eine Vereinbarung der Aufgabenträger zur Regelung der Einzelheiten ist mindestens sinnvoll.

Die Aufgabenträger müssen nicht selbst bzw. nicht alleine tätig werden, um die aus- 101
reichende Verkehrsbedienung zu planen und sicherzustellen. Vielmehr enthalten zahlreiche Nahverkehrsgesetze ausdrücklich eine Kann-,[191] Soll-[192] oder eine zwingende[193] Vorgabe hinsichtlich der **Einschaltung Dritter,** wie der privaten Planungsbüros oder der privaten Verkehrsunternehmer. Es gibt aber auch die Vorgabe, die Aufgabenträger sollten bestimmte Funktionen, die den Verkehrsunternehmen obliegen, **selbst erfüllen,** wie die Information der Öffentlichkeit durch Fahr- und Linienpläne.[194] Einzelne Länder sehen zwingend Aufgabenträgerorganisationen[195] vor oder einen Beirat,[196] der den Aufgabenträger unterstützt. Andererseits enthalten viele Kommunalgesetze Schranken für die operative Tätigkeit der Landkreise, jedenfalls wenn diese außerhalb der eigenen Verwaltung durchgeführt wird.[197] Bei den kreisfreien Städten ist die Rechtsprechung im Hinblick auf die hohe Wertigkeit des Selbstverwaltungsrechts großzügiger.[198] In Bayern sind die strengen Schranken des Art. 75 Abs. 1 Bay LKrO durch Art. 11 Bay ÖPNVG wieder aufgehoben,[199] und somit alle grundsätzlich möglichen Rechtsformen eröffnet. Die Rechtslage ist zwischen den einzelnen Ländern folglich uneinheitlich. Für jedes Land ist eigens zu prüfen, ob und inwieweit die Aufgabenträger im Zusammenspiel von Landes-ÖPNVG und Kommunalrecht den Verkehr selbst erbringen können, dürfen oder müssen.

f) Die Vorgaben in den Landes-ÖPNV-Gesetzen zur Aufgabenerfüllung

Die **Aufgabe des Aufgabenträgers** ergibt sich zunächst aus § 8 Abs. 3 PBefG und §§ 1 102
und 3 RegG, d. h. er hat im Rahmen der Daseinsvorsorge eine ausreichende Verkehrsbedienung sicherzustellen und dabei den ÖPNV zu planen, zu organisieren und zu finanzieren. Die Landes-ÖPNV-Gesetze konkretisieren diesen allgemeinen Auftrag, indem sie Ziele vorgeben,[200] indem abstrakt Bedienungsstandards,[201] Leitlinien[202] oder Leistungsmerkmale[203] festgelegt werden, oder indem die Aufgabenträger zur Erfüllung konkreter Aufgaben verpflichtet werden.[204]

Hinsichtlich der **Instrumente,** um dieser Aufgabe gerecht zu werden, hatte praktisch 103
jedes Landes-ÖPNV-Gesetz vorgesehen, dass die **Aufgabenträger** auch **zuständige Be-**

[189] Ähnlich der Begriff der „abgehenden Linien" in Art. 5 Abs. 2 Buchstabe b) VO (EG) 1370/07.
[190] *Jarass,* Aktivitäten kommunaler Unternehmen außerhalb des Gemeindegebiets, insbesondere im öffentlichen Personennahverkehr, DVBl 2006, 1–11.
[191] § 3 Abs. 4 Thür ÖPNVG, § 2 Abs. 6 ÖPNVG Schl-H für die Planung und Organisation.
[192] Art. 8 Abs. 1 S. 3 Bay ÖPNVG, § 4 Abs. 1 S. 2 NVG Rheinland-Pfalz.
[193] § 8 Abs. 1 und 3 Hessisches ÖPNVG, § 4 Abs. 3 ÖPNVG M-V, § 2 Abs. 7 ÖPNVG Schl-H für die Durchführung.
[194] § 5 Abs. 3 ÖPNVG LSA.
[195] § 6 Abs. 1 iVm § 2 Abs. 4 Hessisches ÖPNVG.
[196] § 14 ÖPNVG LSA.
[197] S. *Gaß* C. Kommunalrechtliche Rahmenbedingungen; auch *Schneider* (→ D. Rn. 16).
[198] Zur Schrankentrias bei Gemeinden siehe → Rn. 77.
[199] Unklar *Scheder,* Art. 11 Bay ÖPNVG, der von einer „im wesentlichen deklaratorischen Bedeutung" spricht, was aber nicht dazu führen darf, dass die Vorschrift leer läuft.
[200] Art. 2 Bay ÖPNVG, § 2 Niedersächsisches NVG, § 1 Abs. 2 ÖPNVG LSA.
[201] Art. 5 Bay ÖPNVG.
[202] § 4 ÖPNVG Baden-Württemberg, § 3 NVG Rheinland-Pfalz.
[203] § 4 Abs. 2 und 5 Hessisches ÖPNVG.
[204] § 7 Hessisches ÖPNVG.

hörde im Sinne von Art. 1 Abs. 3 und 5 VO (EWG) 1191/69 sind. Sie können Verträge mit den Verkehrsunternehmen abschließen oder diesen eine Verpflichtung des öffentlichen Dienstes auferlegen. Die Länder sind also der Organisationsempfehlung des § 3 RegG und vor allem § 8 Abs. 4 Satz 4 Halbsatz 2 PBefG alter Fassung gefolgt, haben die **Funktionen gebündelt** und den Aufgabenträger zum **Besteller und Finanzier gemeinwirtschaftlicher Leistungen** gemacht.[205] Ähnlich empfiehlt jetzt § 8a Abs. 1 Satz 3 PBefG neuer Fassung, dass die zuständige Behörde im Sinne der VO 1370 grundsätzlich mit dem Aufgabenträger identisch sein soll. Insofern sind die notwendigen Anpassungen an das seit 2009 bzw. 2013 geltende Europa- und Bundesrecht noch nicht in allen Ländern erfolgt.

104 Für die Planung des ÖPNV enthalten die Landes-ÖPNV-Gesetze weitere Bestimmungen[206] zum **Nahverkehrsplan,** der den Aufgabenträgern jetzt in § 8 Abs. 3 Satz 2 PBefG[207] an die Hand gegeben ist. Teils gibt es noch ergänzende Pläne, zB den Investitionsplan,[208] oder den langfristig angelegten Nahverkehrsentwicklungsplan.[209] Je nach Land stehen den Aufgabenträgern also unterschiedlich ausgebildete Instrumente zur Verfügung. Vermutlich ist hauptsächlich der Nahverkehrsplan gemeint, wenn in Art. 2a VO 1370 von **„Strategiepapieren"** die Rede ist.

105 Angesichts der eben dargestellten vielfältigen Pflichten, die den Aufgabenträgern auferlegt werden, stellt sich – je nach Land in unterschiedlicher Intensität – die Frage, ob es sich beim ÖPNV wirklich noch um eine **freiwillige Aufgabe** handelt oder ob der hessische Weg nicht doch der konsequentere war, den ÖPNV zur **Pflichtaufgabe** zu machen. Die Folgen wären nicht gravierend, denn auch eine Pflichtaufgabe verpflichtet weder zu einem konkreten Tun noch gibt sie jemandem einen konkreten Anspruch. Ein besonders prägnantes Beispiel für den Zwiespalt ist das bayerische Recht. Während das Bayerische ÖPNVG den Aufgabenträgern zahlreiche Vorgaben macht, wurde im Zuge des Bürokratieabbaus die Pflicht zur Aufstellung eines Nahverkehrsplans in eine bloße Kann-Vorschrift umgewandelt.[210] Nachdem die Planung aber der Kern der Aufgabenerfüllung ist, kann diese Gesetzesänderung nur in formeller Hinsicht eine Erleichterung bringen; die Planung als solche im Sinne der grundsätzlichen Auseinandersetzung mit ihrer Aufgabe ist den Aufgabenträgern damit nicht erlassen.

g) Die Abgrenzung zur Aufgabe der Schülerbeförderung

106 In den Ländern gibt es eigene Vorschriften,[211] wonach die **Aufgabe der Schülerbeförderung** den Gemeinden bzw. den Landkreisen oder kreisfreien Städten zugewiesen ist. In diesen Bestimmungen wird die Schülerbeförderung als eigenständige Pflichtaufgabe zugewiesen (Art. 1 Abs. 1 und 2 SchKfrG), es wird ein Vorrang der Verwendung des allgemeinen ÖPNV (und damit ein Nachrang von Schulbussen) festgelegt (Art. 1 Abs. 2 SchKfrG) und es werden Entfernungsgrenzen eingeführt, ab denen die Beförderung mit öffentlichen oder privaten Verkehrsmitteln als notwendig angesehen wird (3 km in eine Richtung gemäß Art. 2 Abs. 1 SchKfrG).

107 Die Aufgabenträgerschaft für den allgemeinen ÖPNV umfasst nicht die Beförderung der Schüler, was beispielsweise in Art. 8 Abs. 3 Bay ÖPNVG klargestellt ist. Vielmehr stehen die Aufgaben **nebeneinander,** können sich aber ergänzen. Auch wenn die Schüler mit Linienbussen befördert werden, für die der Landkreis als Aufgabenträger für den allgemeinen ÖPNV gerade steht, so geht diese Aufgabe nur dahin, dass der Bus überhaupt oder zu

---

205 Krämer, Erläuterung PBefG Nr. 13.
206 ZB förmliches Aufstellungsverfahren in Sachsen-Anhalt nach § 7 ÖPNVG LSA.
207 Allgemein dazu → Rn. 89.
208 Art. 14 Bay ÖPNVG, § 14 Abs. 2 Nr. 7 Hessisches ÖPNVG (Investitionsprogramm).
209 Art. 11 Abs. 5 ÖPNVG Baden-Württemberg.
210 Art. 13 Abs. 1 Bay ÖPNVG.
211 ZB in Bayern das Gesetz über die Kostenfreiheit des Schulwegs (SchKfrG) in der Fassung der Bekanntmachung vom 31.5.2000, zuletzt geändert durch § 1 Abs. 215 der Verordnung vom 26.3.2019 (GVBl. S. 98).

einem bestimmten Tarif fährt. Als Aufgabenträger für den Schulweg kauft derselbe Landkreis dann eine Fahrkarte für die Schüler, was zu einem **eigenen,** unabhängig zu beurteilenden **Finanzierungsstrom** führt.

5. Die Vorgaben des neuen PBefG für die Aufgabenträger

In diesem rechtlichen Umfeld waren nicht nur die Landes- sondern vor allem auch der Bundesgesetzgeber aufgerufen, ihre Normen an die neue VO (EG) 1370/07 anzupassen. Das Bundesverkehrsministerium hatte mit Datum vom 27.8.2008 einen Referentenentwurf zur Novellierung des PBefG vorgelegt, zu dem so zahlreiche und konträre Stellungnahmen vorlagen, dass der Bund davon Abstand nahm, vor der Bundestagswahl am 27.9.2009 einen Regierungsentwurf vorzulegen. Die zweijährige Inkrafttretensfrist verstrich insofern ungenutzt, so dass die VO (EG) 1370/07 nach ihrem Art. 12 am 3.12.2009 ohne die notwendigen Anpassungen des PBefG in Kraft trat. Die Rechtsunsicherheit war erheblich, weshalb sich einige Länder veranlasst sahen, die Zwischenzeit mit Anwendungserlassen[212] zu überbrücken, um den Genehmigungsbehörden und den Aufgabenträgern Vollzugshinweise an die Hand zu geben. **108**

Nach der Sommerpause 2012 legte die Bundesregierung einen Kompromißvorschlag auf den Tisch, der dann zügig alle Gremien durchlief, so dass am unter dem 14.12.2012 das Gesetz zur Änderung personenbeförderungsrechtlicher Vorschriften veröffentlicht wurde.[213] Die **wichtigsten Änderungen** sind neben den redaktionellen Anpassungen an das neue Europarecht: **109**

- **Neuregelung der Aufgaben** von Aufgabenträger und Genehmigungsbehörde (§ 8 Absätze 3 und 3a PefG): klarere Abgrenzung und Kompetenzverschiebung in Richtung Aufgabenträger[214]
- Es bleibt zwar beim Vorrang der eigenwirtschaftlichen Verkehre (§ 8 Abs. 4 Satz 1 PBefG), aber die **Abgrenzung zwischen eigen- und gemeinwirtschaftlichen Verkehren** wird modifiziert. Eigenwirtschaftlich sind nur mehr Verkehre, die sich aus Tarifeinnahmen, sonstigen Unternehmenserlösen (zB für Werbeflächen) und Zahlungen aufgrund allgemeiner Vorschriften finanzieren. Wenn aber ein ausschließliches Recht gewährt wird oder Ausgleichszahlungen erfolgen, ist der Verkehr gemeinwirtschaftlich (§ 8 Abs. 4 Satz 2 PBefG).[215] Dies wirkt sich aus auf die Unterscheidung zwischen den eigenwirtschaftlichen und damit **unternehmensinitiierten** (§ 12 Abs. 5 PBefG) und den gemeinwirtschaftlichen, weil **behördeninitiierten** (§ 12 Abs. 6 PBefG) **Genehmigungsverfahren.**[216] Dementsprechend gibt es neue Prüfroutinen bei der Genehmigungserteilung in § 13 Absätze 2a–2c PBefG
- Einführung der **Vorabbekanntmachung** im Sinne von Art. 7 Abs. 2 VO (EG) 1370/07 in § 8a Abs. 2 PBefG: zur Vorbereitung eines Dienstleistungsauftrags veröffentlicht die Behörde ihre Anforderungen hinsichtlich Fahrplan, Tarif und Standards. Werden die Anforderungen der Vorabbekanntmachung nicht erfüllt, so ist grundsätzlich nach § 13 Abs. 2a Satz 2 PBefG die Genehmigung zu versagen.
- Einführung des **ausschließlichen Rechts** im Sinne von Art. 2 Buchstabe f) und Art. 3 Abs. 1 VO 1370 in § 8a Abs. 8 PBefG. Die Regelung ist dürftig: Wenn einem Unternehmer ein ausschließliches Recht verliehen wurde, dann erbringt er seine Verkehrsleistung unter Ausschluss anderer Betreiber. Unerhebliche Beeinträchtigungen der geschützten

212 Leitlinien zur Anwendung der Verordnung (EG) 1370/2007 über öffentliche Personenverkehrsdienste auf Schiene und Straße, Bekanntmachung des Bayerischen Staatsministeriums für Wirtschaft, Infrastruktur, Verkehr und Technologie vom 14.8.2009 (Az.: VII/2–7410/160/1).

213 Gesetz vom 14.12.2012, BGBl. I S. 2598.

214 Siehe dazu → Rn. 84.

215 *Karl* und *Schaaffkamp,* Handlungsoptionen der Aufgabenträger nach der PBefG-Novellierung, Verkehr und Technik 2014, 65–70, 67.

216 Lenz, Neue PBefG-Genehmigung bei bestehender Betrauungsregelung, Der Nahverkehr 2013, 28–31.

Verkehre sind aber nicht ausgeschlossen. Verletzt ein beantragter Verkehr ein ausschließliches Recht, so ist die Genehmigung nach § 13 Abs. 2 Nr. 2 PBefG zu versagen.

- Ergänzende Regelungen zum **wettbewerblichen Vergabeverfahren** nach Art. 5 Abs. 3 VO 1370 in § 8b PBefG: Obwohl Art. 5 Abs. 1 Satz 1 VO 1370 die Vergabe öffentlicher Dienstleistungsaufträge selbst abschließend regelt, sah sich der Bundesgesetzgeber veranlasst, hier noch ergänzende Regelungen zu erlassen.
- Einführung der **allgemeinen Vorschrift** und des **öffentlichen Dienstleistungsauftrags** in § 8a Abs. 1 Satz 2 PBefG, letzterer bestimmt die Laufzeit der Genehmigung (§§ 16 Abs. 2 Satz 4 und 25 Abs. 1 Nr. 3 PBefG) und macht die Genehmigung der Tarife, der Beförderungsbedingungen und des Fahrplans entbehrlich (§§ 39 Abs. 1 Satz 3 und Abs. 6 Satz 3, 40 Abs. 2 Satz 7 PBefG).
- Einführung der **verbindlichen Zusicherung** beim Genehmigungsantrag (§ 12 Abs. 1a PBefG): Die verbindliche Zusicherung wird bei der Erteilung der Genehmigung geprüft (§ 13 Abs. 2a Satz 3 PBefG) und sie festigt die Betriebspflicht (§ 21 Absätze 1 und 4 PBefG).
- Neuregelung der **Genehmigungsdauer** entsprechend Art 4 Abs. 3 VO 1370 in § 16 PBefG
- Betonung der **Barrierefreiheit** (§ 8 Abs. 3 PBefG): die Zielvorgabe der vollständigen Barrierefreiheit bis zum 1.1.2022 ist bei der Aufstellung des Nahverkehrsplans zu berücksichtigen[217]
- Erleichterungen für den **Personenfernverkehr** (§ 45 Abs. 2 PBefG)[218] und **Bedarfsverkehre** (§ 2 Abs. 6 PBefG)[219]
- Der nach Art. 5 Abs. 7 VO 1370 vorzusehende **Rechtsschutz** ist durch § 8a Abs. 7 PBefG umgesetzt. Die Nachprüfung ist nach Teil 4 Kapitel 2 GWB eröffnet.[220]

110 Mit der allgemeinen Vorschrift setzt sich der Bundesgesetzgeber nicht näher auseinander. Aber er hat mit der Novellierung des PBefG einige Grundsatzentscheidungen getroffen. Die Aufgabenträger werden gestärkt, aber die Genehmigungsbehörden bleiben bestehen. Dieser Dualismus bei den Behörden setzt sich auch fort bei den Instrumenten: Neben die Genehmigung treten – jedenfalls bei finanziell unterstützten Verkehren – die **allgemeine Vorschrift** bzw. der **öffentliche Dienstleistungsauftrag,** die **vorrangig** sind: Die Genehmigung steht nach § 13 Abs. 2a Satz 5 PBefG in Frage, wenn der Antrag nicht den durch allgemeine Vorschrift aufgegebenen Tarif enthält. Ist die beantragte Verkehrsleistung Gegenstand eines öffentlichen Dienstleistungsauftrages im Sinne von Art. 3 Abs. 1 VO 1370 darf laut § 16 Abs. 2 Satz 3 PBefG die Geltungsdauer der Genehmigung die Laufzeit des öffentlichen Dienstleistungsauftrages nicht überschreiten. Wenn der Dienstleistungsauftrag wegfällt, ist nach § 25 Abs. 1 Nr. 3 PBefG die Genehmigung zu widerrufen. Letztlich hängt die Genehmigung also am Dienstleistungsauftrag, d. h. zunächst entscheidet der Aufgabenträger, wem er den Dienstleistungsauftrag gibt. Dann bekommt der bereits ausgewählte Unternehmer die Genehmigung dazu.[221]

111 Der Gesetzgeber hat sich entschieden, nicht die Genehmigung als ausschließliches Recht auszugestalten, sondern das **ausschließliche Recht** wurden neu eingeführt (§ 8a Abs. 8 PBefG) und neben die Genehmigung gestellt. Die Frage, ob die Erteilung der Genehmigung nach den §§ 9 bis 15 PBefG ein solches ausschließliches Recht gewährt, gehörte bis zur PBefG-Novelle 2013 zu den strittigsten Fragen.[222] Nachdem in § 2 PBefG

---

[217] Siehe dazu → Rn. 90.

[218] Dazu vertiefend *Maier,* Die Liberalisierung des Fernbuslinienverkehrs, DÖV 2013, 180–186, Saxinger, Der neue Rechtsrahmen für Busfernverkehre, GewerbeArchiv 2013, 346–351.

[219] Dazu vertiefend *Baumeister* und *Fiedler,* Atypische Liniengenehmigungen gemäß dem PBefG für digital gesteuerte On-Demand-Verkehre in Städten und Ballungsräumen, Verkehr und Technik 2019, 17–24.

[220] Siehe dazu → Rn. 44.

[221] Es gibt aber auch den umgekehrten Fall, dazu Lenz, Der Nahverkehr 2013, 28–31.

[222] *Niemann,* Was bringt die PBefG-Novelle – Warum der Streit um kommerzielle Verkehre? in Verkehr im Wandel, hrsg. von Rödl & Partner, Nürnberg, 3/2008, 6–8.

die Erbringung einer Verkehrsleistung an das Vorliegen einer Genehmigung geknüpft wird, in § 13 Abs. 2 Nr. 3, Absätze 2b und 3 PBefG der vorhandene Unternehmer materiellrechtlich und in § 14 PBefG verfahrensrechtlich geschützt wird, und nachdem ungenehmigte Verkehre sogar nach § 61 PBefG als Ordnungswidrigkeit geahndet werden, hätte die Erteilung einer Genehmigung nach § 11 Abs. 1 PBefG europarechtlich betrachtet zugleich die Verleihung eines ausschließlichen Rechts im Sinne der Nachfolge-VO sein können,[223] und damit zugleich der Abschluss eines Dienstleistungsauftrages[224] im Sinne von Art. 3 Abs. 1. Auf Druck von Verbänden hat der Bundesgesetzgeber aber anders entschieden. Seit der PBefG-Novelle 2013 ist klargestellt, dass ein ausschließliches Recht nicht von der Genehmigungsbehörde sondern vom Aufgabenträger in einem Dienstleistungsauftrag nach § 8a Abs. 1 PBefG verliehen wird und dann nach 13 Abs. 2 Nr. 2 PBefG zu beachten ist.

6. Die Vorgaben für die Aufgabenträger aus weiteren Rechtsgebieten

Abgesehen von den Vorgaben des PBefG und der Landes-ÖPNV-Gesetze gibt es an verschiedenen Stellen **Vorgaben im nationalen Recht** für die Organisation des ÖPNV, wovon die wichtigsten die in der gebotenen Kürze dargestellt werden. **112**

Teil des **allgemeinen Verwaltungsrechts** ist das **Verwaltungsorganisationsrecht.** Das allgemeine Verwaltungsrecht ist im Verwaltungsverfahrengesetz (VwVfG des Bundes und der Länder) teilweise kodifiziert. Das **Wirtschaftsverwaltungsrecht** enthält Vorgaben für die Betätigung der Behörden an der Schnittstelle zur Wirtschaft. Da die Aufgabenträgerschaft im Regionalisierungsgesetz und den Landes-ÖPNV-Gesetzen normiert ist, kann der Aufgabenträger die Aufgabe nicht mehr ablegen, d. h. es kommt **keine materielle Privatisierung** in Betracht. Jedoch kann der Aufgabenträger **formell privatisieren,** d. h. die Erfüllung der Aufgabe auf eine vollständig vom Aufgabenträger getragene Person des privaten Rechts übertragen. Der Aufgabenträger hat auch die Freiheit, eine **funktionale Privatisierung** durchzuführen, d. h. an der Person des privaten Rechts, auf welche die Erfüllung der Aufgabe übertragen wird, ist zumindest ein partiell vom Aufgabenträger unabhängiger Dritter beteiligt.[225] Diese Arten der Privatisierung betreffen jedoch nur die Erfüllung der Aufgabe, die Aufgabe selbst ist und bleibt gesetzlich dem Aufgabenträger zugewiesen. Daher verbleibt bei diesem stets zumindest die **Gewährleistungsverantwortung** im Sinne der Aufgabenträgerschaft. **113**

Beispielsweise bei der funktionalen Privatisierung arbeitet der Aufgabenträger mit einem Privaten zusammen. Für eine solche, insbesondere projektbezogene Zusammenarbeit hat sich der Begriff der **Public Private Partnership** (PPP) oder auch der **öffentlich-privaten Partnerschaft** (ÖPP) etabliert.[226] Man erwartet sich davon eine wirtschaftlichere Erfüllung von Aufgaben und damit letztlich eine Entlastung der öffentlichen Haushalte. Bei der Zusammenarbeit ist das **Verbot wettbewerbsbeschränkender Vereinbarungen** zu beachten, wobei Verkehrsverbünde in § 8 Abs. 3b PBefG privilegiert sind.[227] **114**

223 *Winnes,* S. 27, *Saxinger* und *Fischer,* in Verkehr und Technik 2008/2, 75–81, 80; *Wittig* und *Schimanek,* S. 22 f; *Schwarz, Mietzsch, Vanussi* und *Winnes,* Novellierungsentwurf für ein Personenbeförderungsgesetz, Nahverkehr – praxis 9–2008, 50–53, 50; *Sitsen* (InfrastrukturRecht 2011, 76–81) empfahl, die Genehmigung mit der Verleihung eines ausschließlichen Rechts zu verknüpfen; a. A. *Batzill,* Legenden und Tatsachen – Was bringt die neue EU-Verordnung?, in Der Nahverkehr 12/2007, 25–28, 26, *Ipsen,* S. 21.

224 *Saxinger* und *Fischer,* S. 80; auch *Winnes,* S. 26–27 kommt zum selben Ergebnis, indem er die Erteilung einer Liniengenehmigung als Verpflichtung sieht, nämlich im Hinblick auf die damit verbundene Betriebs-, Beförderungs- und Tarifpflicht.

225 Nach *Ziekow,* S. 131 ff.

226 *Ziekow,* S. 132.

227 Fromm, Sellmann, Zuck, § 8 PBefG Rn. 8; *Bechtold* und *Bosch,* Kartellgesetz – Gesetz gegen Wettbewerbsbeschränkungen, Kommentar, Beck Verlag, 9. Auflage 2018, vor § 28, Rn. 12–14, zur parallelen Regelung im Eisenbahnrecht: *Gerstner,* in: *Hermes* und *Sellner* (Hrsg.), Beck'scher AEG-Kommentar, 2. Auflage 2014, § 12 Rn 83.

115 Kernelement des Haushaltrechts ist das **Gebot der sparsamen und wirtschaftlichen Verwendung von Haushaltsmitteln.**[228] Das **Vergaberecht** wendet sich zunächst an alle dem Haushaltsrecht unterworfenen Behörden. Für privatrechtlich verfasste juristische Personen gilt das Haushaltsrecht nur kraft besonderer Verpflichtung, zB durch einen Förderbescheid. Den Sektorenauftraggeber (§ 98 Nr. 4 GWB) gibt es auch im Verkehrsbereich, wobei ein „Betreiben von Netzen" allerdings nicht vorliegt, wenn ein Unternehmen keine eigenen Busse unterhält,[229] zB bei reinen Aufgabenträgerorganisationen.

116 In steuerlicher Hinsicht geht es einerseits um das **Umsatzsteuerrecht.** Klar ist, dass bei der Bestellung von Verkehrsleistungen eine Umsatzsteuer anfällt. Die Erbringung von Verkehrsleistungen aufgrund eines öffentlichen Dienstleistungsauftrages ist eine steuerbare Leistung. Wenn Aufgabenträger ihre Bestellorganisationen oder Verbünde finanzieren, geht man eher davon aus, dass es sich nicht um ein Leistungs-Gegenleistungsverhältnis handelt. Allerdings sollen Planungs- und Organisationsleistungen kommunaler Tochtergesellschaften steuerbare Leistungen sein, soweit sie die Arbeit der Behörde entlasten und die Leistungen nicht unmittelbar Dritten zugute kommen.[230] Nach Auffassung des FG Baden-Württemberg steht bei kommunalen Tochtergesellschaften die Erfüllung des eigenen Gesellschaftszwecks im Vordergrund, weshalb es an einem steuerbaren Leistungsaustausch fehlt.[231]

117 Im Hinblick auf die **Ertragssteuern** geht es hauptsächlich um die Frage, ob dauerhaft Verluste aus dem ÖPNV mit Gewinnen aus dem Energiebereich verrechnet werden können. Der steuerliche **Querverbund** ist zwar, weil er durch das BFH-Urteil vom 22.8.2007 in Frage gestellt war, im Jahressteuergesetz 2009 enthalten. Nachdem der Querverbund nicht durch die VO 1370 ausgeschlossen sein soll,[232] wurden im Wesentlichen die §§ 4, 8, 8c und 15 Körperschaftsteuergesetz (KStG) geändert und in § 34 KStG ist eine Übergangsregelung vorgesehen. Wie bisher dürfen danach **Betriebe gewerblicher Art** zusammengefasst werden, wenn sie gleichartig oder technisch-wirtschaftlich verflochten sind. Und dauerdefizitäre Tätigkeiten begründen keine verdeckte Gewinnausschüttung, wenn der Dauerverlust dadurch entsteht, dass die Gemeinde aus Gründen der Daseinsvorsorge auf kostendeckende Entgelte verzichtet.[233] Bei Kapitalgesellschaften, die Dauerverlustgeschäfte ausüben, ist unter bestimmten Voraussetzungen die Verlustverrechnungsbeschränkung durch Einführung einer Spartenbetrachtung geregelt.

118 Angriffe auf den Querverbund kommen zum einen von der Bundesnetzagentur. Nach ihrer Auffassung dürfen monopolartige Netze (Energie- und Wasserversorgung) nicht planmäßig dazu genutzt werden, Gewinne zu erzielen, die dann dauerhaft wiederkehrend in defizitäre (Verkehrs- und Bade-) Betriebe fließen. Damit sei in Monopolbereichen das Entgelt teils zu hoch, teils zu niedrig.

119 Zum anderen ziehen auch die Steuergerichte das System in Zweifel. Der Bundesfinanzhof hatte dem EuGH die Rechtsfrage zur Vorabentscheidung vorgelegt, ob die Steuerbegünstigung nach § 8 Abs. 7 Satz 1 Nr. 2 KStG eine selektive und damit genehmigungspflichtige Beihilfe iS von Art. 107 Abs. 1 iVm Art. 108 Abs. 3 AEUV darstellt, wenn der Querverbund bei überwiegend öffentlich gehaltenen Kapitalgesellschaften keine verdeckte Gewinnausschüttung ist.[234] Mit dieser Frage wurde das in fast allen Städten bestehende Finanzierungssystem in Frage gestellt. Der BFH hat mit Beschluss vom 29.1.2020 das Revisionsverfahren eingestellt und sein Vorabentscheidungsersuchen zurückgenommen, nachdem die Klägerin des Rechtsstreits die Revision zurückgenommen und das beklagte

[228] *Ziekow,* S. 136.
[229] S. *Schröder* H. Vergabe- und Beihilferecht, → H. Rn. 147.
[230] Finanzgericht Schleswig Holstein, 4 K 51/10, Urteil vom 29.8.2011, BetriebsBerater 2012, 153.
[231] Finanzgericht Baden-Württemberg Urteil vom 22.6.2018, 9 K 1021/15.
[232] *Linke,* Abschied von der Quersubventionierungspraxis im ÖPNV? Verkehr und Technik 2010, 429–432.
[233] Auswertung des Deutschen Städte- und Gemeindebundes e.V., Berlin, auf dessen Homepage, vom Februar 2009.
[234] BFH, Beschluss vom 13.3.2019, I R 18/19.

Finanzamt dem zugestimmt hat.[235] Der EuGH hat diese Rechtssache in seinem Register gestrichen.[236] Die Frage ist also noch offen.

Nach **gewerberechtlicher Betrachtungsweise** handelt gewerblich, wer nach Gewinn strebt. Dies soll allerdings bei einer Tätigkeit im Rahmen der Leistungsverwaltung unabhängig von der Organisationsform (auch GmbH, AG, ...) nicht der Fall sein.[237] Anders ist es aber, wenn ein privater Verkehrsunternehmer fährt oder ein Privater an einem kommunalen Verkehrsunternehmen beteilig ist. 120

7. Handlungsoptionen für Aufgabenträger und Praxisbeispiele zur ÖPNV-Organisation

a) Handlungsoptionen hinsichtlich Organisationsform und Finanzierung

Den Aufgabenträgern stehen im Bereich des öffentlichen Rechts die sich aus dem Kommunalrecht ergebenden **Organisationsformen** zur Verfügung, d. h. der Regiebetrieb, der Eigenbetrieb, die Anstalt des öffentlichen Rechts bzw. das Kommunalunternehmen, der Zweckverband und die sonstigen Formen kommunaler Zusammenarbeit. Als Personen des Privatrechts kommen die Gesellschaftsformen in Betracht, die das Gesellschaftsrecht anbietet. 121

Die Art der **Finanzierung,**[238] d. h. des Defizitausgleichs hängt von der Organisationsform ab. Die interne Zuweisung gibt es nur beim Regie- und beim Eigenbetrieb. Die Zuwendung von Finanzmitteln bietet sich bei allen anderen Organisationsformen an, während die gesellschaftsrechtliche Finanzierung (Einlage, Gesellschafterdarlehen) nur für den Gesellschafter in Betracht kommt. Auf vertraglicher Grundlage können immer Finanzmittel gewährt werden, den Regiebetrieb ausgenommen. 122

Das neue PBefG und die bisher dargestellte Basis betrachtend ergeben sich für den Aufgabenträger folgende **Handlungsoptionen:** 123

Sofern der Aufgabenträger nicht zum Tätigwerden verpflichtet ist, kann er sich nach der Analyse eines vorhandenen bzw. eines möglichen eigenwirtschaftlichen Verkehrs und nach Ausübung seines Planungsermessens für das **„Nichtstun"** im Sinne der VO 1370 entscheiden. Dies schießt nicht aus, dass er einen Nahverkehrsplan erlässt, in dem er seine Vorstellungen dokumentiert. Der Erlass eines Nahverkehrsplans ist sogar zu empfehlen, um sich mit der Zielvorgabe der vollständigen Barrierefreiheit auseinanderzusetzen. Wer sich nicht in der Lage sieht, das bis zum Jahr 2022 vollständig umzusetzen, kann das im Nahverkehrsplan konkret benennen und hat sich insoweit nach § 8 Abs. 3 Satz 4 PBefG befreit. Nichtstun heißt aber, keinen Einfluss zu nehmen auf den ÖPNV und vor allem, keine Finanzmittel bereitzustellen, ausgenommen für die Schülerbeförderung. 124

Allerdings kann die Genehmigungsbehörde eine Genehmigung nach § 13 Abs. 2a Satz 1 PBefG versagen, wenn die Anforderungen eines Nahverkehrsplans nicht erfüllt werden. Dann gerät der Aufgabenträger in Zugzwang, weil (kurzfristig) eine Lösung erforderlich ist. Daher wird die Genehmigungsbehörde vor der Ausübung ihres Ermessens den Aufgabenträger anhören, ob er damit einverstanden ist, dass der Verkehrsunternehmer weniger fahren will, oder ob er in die (Ko-) Finanzierung des ÖPNV einsteigt. 125

Der Aufgabenträger entscheidet sich für das **Tätigwerden,** wenn der eigenwirtschaftlich vorhandene oder zu erwartende Verkehr nicht seinen Vorstellungen entspricht. Wenn er zumindest in Zweifel ist, ob bei der nächsten Genehmigung die Qualität oder die Quantität des Angebots oder der Tarif nicht seinen Vorstellungen entsprechen, dann wird er tätig. Er muß damit rechnen, dass dann aus dem unternehmensgeprägten ein behördenbestimmter 126

[235] BFH, Beschluss vom 29.1.2020 und Pressemitteilung Nummer 008/20 vom 6.2.2020.
[236] EuGH, Beschluss vom 14.2.2020 in der Rechtssachte C-797/19.
[237] *Tettinger* und *Wank,* § 1 Rn. 23.
[238] Nahverkehrs-Tage 2019, Finanzierung des öffentlichen Verkehrs: zwischen leistungsorientierten E-Tarifen, preisgünstigen Flats und Drittnutzerfinanzierung, Herausgeber Carsten Sommer, kassel university press, 2019, mit aktuellen Beispielen und Ansätzen.

ÖPNV wird. Andererseits spricht der grundsätzliche **Vorrang eigenwirtschaftlicher Verkehre** in § 8 Abs. 4 Satz 1 PBefG für die Zurückhaltung des Aufgabenträgers. Das ist die entscheidende **Weichenstellung und** die strategische **Entscheidung,**[239] die der Aufgabenträger für jede Genehmigung frühzeitig zu treffen hat.

127 Um das Paket für die Bieter attraktiv zu machen, ist auf die richtige Größe zu achten. Dafür ist die Möglichkeit der Bildung von **Linienbündeln**[240] eröffnet, ebenso die Verleihung **ausschließlicher Rechte.** Eine Sonderform ist die **Betrauung** eines kommunalen Unternehmens, wofür die Direktvergabe nach Art. 5 Abs. 2 VO 1370 oft als Mittel der Wahl gesehen wird. Auch wer kein eigenes Kommunalunternehmen hat, kann sich über die Bildung einer **Gruppe** von Behörden die Möglichkeit der Direktvergabe eröffnen.

128 Das Tätigwerden besteht zunächst darin, sich zu entscheiden, ob man nur im Bereich des Tarifs Vorgaben machen will, oder ob es darüber hinausgeht. Denn wenn es um konkrete und bindende Vorgaben an Verkehrsunternehmen geht, stehen dem Aufgabenträger grundsätzlich zwei Instrument zur **Auswahl,** nämlich der **Dienstleistungsauftrag** oder die **allgemeine Vorschrift.** Für die Auswahl des Instruments sind zunächst zwei Gesichtspunkte wichtig: Die allgemeine Vorschrift ermöglicht nur die Festlegung von Höchsttarifen, der Dienstleistungsauftrag hingegen gestattet alle Arten der gemeinwirtschaftlichen Verpflichtung. Entscheidet sich der Aufgabenträger für ein wettbewerbliches Vergabeverfahren oder für eine Direktvergabe nach Art. 5 VO 1370, muss er zunächst nach Art. 7 Abs. 2 VO 1370 eine **Vorabbekanntmachung** entwerfen und veröffentlichen. Ein Jahr vorher sind die Anforderungen an den Fahrplan, den Tarif und die Standards zu veröffentlichen.[241]

129 Weder der Erlass einer allgemeinen Vorschrift noch Zahlungen aufgrund einer solchen machen den Verkehr gemeinwirtschaftlich (§ 8 Abs. 4 Satz 2 PBefG). Insofern wird die allgemeine Vorschrift von den Verkehrsunternehmern bevorzugt. Es ist aber entschieden,[242] dass sich trotz des grundsätzlichen **Vorrangs eigenwirtschaftlicher Verkehre** in § 8 Abs. 4 Satz 1 PBefG das Auswahlermessen des Aufgabenträgers nicht dahin reduziert, er habe sich für die allgemeine Vorschrift zu entscheiden.[243] Er kann vielmehr nach freier Auswahl auch das Instrument des Dienstleistungsauftrags wählen.

130 Der Aufgabenträger wird den Dienstleistungsauftrag wählen, wenn er mehr will, als nur den Tarif festzusetzen. Wenn es ihm nur um den Tarif geht, kann er sich frei entscheiden. Möglich ist es natürlich auch, die beiden **Instrumente** zu **kombinieren:** Der Aufgabenträger kann für den gesamten Verkehr den Tarif mit einer allgemeinen Vorschrift regeln. Und er kann dazu noch für die Qualität und Quantität des Angebotes einzelne Dienstleistungsaufträge vergeben. Natürlich sind bei einer Kombination von Instrumenten die finanziellen Berechnungen und Zuordnungen schwieriger. Städte, die ihre Stadtbusunternehmen stabilisieren wollen, streben eine Direktvergabe an, bei der sich möglichst kein Wettbewerber mit einem eigenwirtschaftlichen Antrag melden soll. Sie werden tendenziell eher den gesamten finanziellen Ausgleich nach einem Dienstleistungsauftrag zahlen wollen. Nicht angestrebt werden Tarifausgleiche nach allgemeiner Vorschrift, weil das eigenwirtschaftliche Konkurrenzanträge begünstigt.

131 Der **Umfang des Eingreifens** ist Sache des Aufgabenträgers. Es ist seine Entscheidung, wie umfangreich und detailliert seine Vorgaben sind, zB ob er die Integration in einen Verkehrsverbund vorgibt. Eine andere Frage ist die der **Vergütung.** Die Obergrenze ergibt sich aus Art. 4 Abs. 1b) VO (EG) 1370/07. Aber es ist wiederum Sache des Aufgabenträgers festzulegen, wie sich das Entgelt bestimmt. Inwieweit die **Chancen und**

[239] Handreichung zu den Themen und Fragestellungen für den Aufgabenträger: Vergaben von Busverkehrsleistungen nach der EU-Verordnung 1370/2007, VDV-Mitteilung 9061, beka Verlag 5/2015.
[240] §§ 8a Abs. 2 Satz 4, 13 Abs. 2 Nr. 3d) PBefG.
[241] Art. 7 Abs. 2 VO (EG) 1370/07 iVm § 8a Abs. 2 Satz 3 PBefG.
[242] BVerwG Urt. v. 10.10.2019 – BVerwG 10 C 3.19.
[243] Ablehnend mit einer Darstellung der Argumente: *Karl* und *Schaaffkamp,* Handlungsoptionen der Aufgabenträger nach der PBefG-Novellierung, Verkehr und Technik 2014, 65–70, 70.

Risiken beim Aufgabenträger oder beim Verkehrsunternehmer liegen, ist nicht nur dafür entscheidend, welche Vergabeverfahren ihm offen stehen, sondern es geht auch um die Wirtschaftlichkeit. Um über die Jahre zu einem wirtschaftlichen Vertrag zu kommen, muss der Dienstleistungsauftrag jedes Risiko dem zuweisen, der es am besten beherrschen und tragen kann. Das Ergebnis dieser Überlegungen ist dann der zu vergebende Brutto-, Netto- oder Mischvertrag. Der Vertragstyp bestimmt nach Art. 5 Abs. 1 VO 1370 die möglichen Vergabeverfahren.

b) Generelle Analyse kommunaler Aktivitäten

In der Praxis nehmen die Aufgabenträger für den ÖPNV in Deutschland ihre Rolle und 132
Funktion mit unterschiedlichem Anspruch, auf unterschiedliche Weise, in unterschiedlichem Umfang und in vielfältigen Organisationsformen wahr. Noch vor wenigen Jahren nahmen knapp drei Viertel der Aufgabenträger ihre Aufgabe innerhalb der eigenen Verwaltung wahr,[244] immerhin 10 % der Aufgabenträger bedienen sich eines Zweckverbandes. Die Anzahl der Aufgabenträger, die ein eigenes Verkehrsunternehmen besitzen oder daran wesentlich beteiligt sind, war etwa gleich groß der Anzahl, die keines besitzen und keine Beteiligung halten. Für mehr als 80 % der Aufgabenträger gilt, dass auf ihrem Gebiet ein Verkehrsverbund besteht,[245] Tendenz steigend.

Die Anzahl der für den allgemeinen ÖPNV engagierten Aufgabenträger scheint zu- 133
zunehmen. Dabei gibt es in der Praxis höchst **unterschiedliche Organisations- und Finanzierungsformen,** wovon nachfolgend einige dargestellt werden. Dabei handelt es sich um eine Momentaufnahme, d. h. die Strukturen sind im Fluss, derzeit mehr denn je. Zahlreiche Aufgabenträger setzen in unterschiedlicher Form auf einen Verkehrsverbund.[246]

Einen spürbaren Auftrieb hat der ÖPNV durch die Klimadebatte erfahren. Der öffent- 134
liche Verkehr wird als Möglichkeit wahrgenommen, den Ausstoß an klimaschädlichen Treibhausgasen zu reduzieren. Dementsprechend haben der Bund und vor allem die Länder den ÖPNV wiederentdeckt. Die Mittelausstattung ist Ende der 10er Jahre spürbar verbessert worden, bei vielen Ländern besteht die Bereitschaft, bedarfsgesteuerte Bedienformen und sonstige Angebotsverbesserungen finanziell zu unterstützen. Dank besserer Förderung und wirtschaftlicherer Technik sind auch moderne Informations- und Vertriebssysteme auf dem Vormarsch.

Im Frühjahr 2020 kam dann aber ein massiver Einbruch. Durch die **Corona-Pandemie** 135
blieben die Fahrgäste weg und der Fahrscheinverkauf wurde bei den meisten Verkehren eingestellt. Beides führte zu gravierenden Fahrgeldausfällen, während die Leistung nur vorübergehend zurückgefahren werden konnte. Staatliche Hilfe kann das nur teilweise ausgleichen. Von entscheidender Bedeutung ist es, die Fahrgäste rasch wieder zu gewinnen.

c) Einzelbeispiele

Es gibt einige Landkreise, die den eigenwirtschaftlichen Verkehr sich selbst überlassen. Die 136
einfachste Integrationsform ist die Verkehrsgemeinschaft. Im Landkreis Kelheim (Bezirk Niederbayern) besteht eine **Verkehrsgemeinschaft** der Verkehrsunternehmer, nämlich die Verkehrsgemeinschaft im Landkreis Kelheim (VLK). Diese läuft als BGB-Gesellschaft

244 *Deloitte,* Die Rolle der ÖPNV-Aufgabenträger in der Bundesrepublik Deutschland – Eine Untersuchung in Zusammenarbeit mit der Bundesarbeitsgemeinschaft der ÖPNV-Aufgabenträger in der Bundesvereinigung der kommunalen Spitzenverbände Deutschlands (BAG ÖPNV), Stand 8/2008, S. 3.

245 Einen Überblick gibt *Reinhardt,* Öffentlicher Personennahverkehr, 2. Auflage, S. 186 ff.

246 Instruktiv und fundiert: *Knieps,* Aufgabenträger oder Verkehrsunternehmen als Gesellschafter von Verkehrsverbünden? Eine Analyse bestehender Verbundstrukturen und eine Bewertung unterschiedlicher Organisationsmodelle unter institutenökonomischen Gesichtspunkten, Diss Univ Gießen 2004, nur im Internet veröffentlicht; zur Entstehung der ersten Verbünde: *Horn,* Ordnungskonzept für die Einnahmeaufteilung und den Defizitausgleich bei den Verkehrsverbünden des ÖPNV, Verlag Josef Eul, Bergisch Gladbach und Köln, Diss Univ. Köln 1993, S. 63–114.

unter der Federführung der Regionalbus Ostbayern GmbH (RBO), die zugleich Sprecher der Verkehrunternehmer gegenüber dem Landkreis ist. Vom Landkreis gewünschte Verbesserungen werden von diesem mit der RBO verhandelt und dann auf vertraglicher Grundlage vergütet. Etwa seit 2015 ist der Landkreis Kelheim aktiver geworden: Er macht Vorabbekanntmachungen, schreibt Verkehre aus und hat mehrere Technologieprojekte initiiert.

137 Der Landkreis Amberg-Sulzbach und die kreisfreie Stadt Amberg (beide Bezirk Oberpfalz) haben einen eigenen **Zweckverband** gegründet, den Zweckverband Nahverkehr Amberg-Sulzbach (ZNAS), der für diese beiden Gebietskörperschaften den ÖPNV plant. Die Verkehrsunternehmen bilden eine Verkehrsgemeinschaft Amberg-Sulzbach mit koordinierender Funktion, die auch für Auskünfte, Beschwerden und Fundsachen zuständig ist.

138 Eine höhere Stufe der Integration stellt der **Verbund** dar, der allerdings in verschiedenen Organisationsformen bestehen kann. Öffentlich-rechtlich organisiert gibt es ihn beispielsweise im Ruhrgebiet als **Anstalt des öffentlichen Rechts** „Verkehrsverbund Rhein-Ruhr AöR". Er ist nach nordrhein-westfälischem Recht nicht nur für den allgemeinen ÖPNV sondern auch für den SPNV verantwortlich. Auch die im Verkehrsverbund Rhein Ruhr (VRR) zusammengefassten Gebietskörperschaften haben den SPNV und dessen Finanzierung auf den Verbund übertragen.[247] Der Landshuter Verkehrsverbund (LAVV) ist als **Zweckverband** gegründet und seit 2019 operativ tätig. Die Gründung erfolgte durch zwei Verbandsmitglieder, die kreisfreie Stadt Landshut und den Landkreis Landshut. Der LAVV hat einen Gemeinschaftstarif mittels allgemeiner Vorschrift eingeführt.

139 Privatrechtlich ist der Verbund im Großraum München als **Aufgabenträgerverbund** in der Rechtsform der GmbH organisiert. Gesellschafter der Münchner Verkehrs- und Tarifverbund GmbH (MVV) sind die Landeshauptstadt München, die umliegenden Landkreise und – als Besonderheit – der Freistaat Bayern. Der MVV plant, vergibt und organisiert als Geschäftsbesorger der Landkreise den Regionalbusverkehr.[248] Zu seinen Aufgaben in diesem Bereich gehören die Durchführung von Ausschreibungsverfahren, Direktvergaben, das Vertragscontrolling und die Abwicklung der gesamten Finanzströme zwischen den Aufgabenträgern und den Betreibern sowie die Vorgabe von Qualitätsstandards. Zu den Basisaufgaben des MVV im gesamten Verbundraum gehören die Pflege des Gemeinschaftstarifs, die Einnahmeaufteilung, das Systemmarketing, die Verkehrs- und Marktforschung, die übergeordnete Kundeninformation und die Koordination der Verbundpartner. Zudem erstellt der MVV den regionalen Nahverkehrsplan und wirkt auf eine Homogenität und Kompatibilität der Nahverkehrsplanungen der Aufgabenträger hin.[249]

140 In Regensburg gibt es die „das Stadtwerk Mobilität GmbH", vormals die städtischen Regensburger Verkehrsbetriebe GmbH (RVB). Anlässlich der Entstehung des Regensburger Verkehrsverbundes (RVV) gründete der Landkreis Regensburg eine eigene „Gesellschaft zur Förderung des öffentlichen Personennahverkehrs im Landkreis Regensburg mbH" (GFN), die dann neben der RVB/den Stadtwerken Gesellschafterin des RVV wurde. Der Stadtbusverkehr wird weiterhin von den Stadtwerken gefahren, der Regionalbusverkehr von den Kooperationspartnern der GFN. So ist der RVV **formell** ein **Unternehmensverbund.** Da die Aufgabenträger aber über die beiden Gesellschafter das Sagen haben, ist es **sachlich** eher ein **Aufgabenträgerverbund.** Auf Ebene der Aufgabenträger gibt es außerdem eine besondere öffentlich-rechtliche Arbeitsgemeinschaft Verkehrsverbund Regensburg (VVR), die aber ein Schattendasein fristet. Dem RVV wurden weitreichende Funktionen übertragen: er ist Betriebsführer und tragt so das unternehmerische Risiko. Auch übernimmt er alleine das gesamte Marketing und den kompletten Vertrieb.

---

247 *Husmann, Bayer, Jäger, Hafenrichter* und *Zuck,* EU-konform: Finanzierungssystem des Verkehrsverbundes Rhein-Ruhr, Der Nahverkehr 2011, 26–29.

248 Die Umsetzung der Aufgaben beschreibend: *Freitag, Meyer, Metzner* und *Schenk,* 20 Jahre Liberalisierung im straßengebundenen ÖPNV, Der Nahverkehr, 2017, 44–49.

249 *Freitag,* Entstehung und Entwicklung des Münchner Verkehrs- und Tarifverbundes –MVV, Nahverkehrspraxis 4–2006, 33–35.

Die Aufgabenträger im Großraum Nürnberg haben einerseits einen **Zweckverband** gegründet, den Zweckverband Verkehrsverbund Großraum Nürnberg (ZVGN), der die Zusammenarbeit der Aufgabenträger koordiniert und sich an der Finanzierung der verbundbedingten Aufwendungen beteiligt. Andererseits gibt es die **Verbundgesellschaft** VGN GmbH, deren Gesellschafter acht Verkehrsunternehmen sind, und die den Gemeinschaftstarif entwickelt, die Einnahmen zuscheidet und das Verbundmarketing betreibt. Diese beiden Institutionen sind durch den **Grundvertrag** (GA) verbunden, der die Basis des gesamten Vertragswerkes ist. Er regelt die Ziele und Aufgaben des VGN und die Zusammenarbeit der Aufgabenträger. Den Grundvertragsparteien steht auch bei wichtigen Entscheidungen der VGN GmbH ein Letztentscheidungsrecht zu. **141**

Im Raum Würzburg hatten – ausgehend vom klassischen **Drei-Ebenen-Modell** – die Stadt Würzburg und das Kommunalunternehmen des Landkreises Würzburg für diesen (erste Ebene) mit der Nahverkehr Würzburg-Mainfranken GmbH (NWM) eine **Aufgabenträgergesellschaft** (zweite Ebene) gegründet. Die NWM fungierte als Dienstleister der Aufgabenträger, vereinbart und finanziert „gemeinwirtschaftliche" Verkehrsleistungen und vollzieht das Gesetz über die Kostenfreiheit des Schulwegs. Auf der dritten Ebene haben sich die Verkehrsunternehmen zur **Verkehrsunternehmens-Verbund** Mainfranken GmbH (vvm) zusammengeschlossen, die Liniennetz und Tarif entwickelt, das Fahrplanangebot abstimmt und gemeinsame Interessen der Verkehrsunternehmen vertritt. Die Zusammenarbeit zwischen NWM und vvm ist in einem **Kooperationsvertrag** geregelt, nach dem bestimmte Maßnahmen der Abstimmung bedürfen (zB Tarif- und Fahrplangestaltung, Öffentlichkeitsarbeit). Der Landkreis Kitzingen ist beigetreten.[250] Derzeit ist allerdings eine neue Struktur im Aufbau: alle Aufgabenträger um Würzburg und Schweinfurt haben sich zur **Nahverkehr Mainfranken GmbH** zusammengeschlossen, die als neuer und größerer Verbund die bisherigen Strukturen ablösen soll. **142**

Schon diese wenigen Beispiele zeigen die große Vielfalt an Organisationsformen und – strukturen, deren sich die Aufgabenträger bedienen. Mangels konkreter Vorgaben hat sich kein Leitbild der ÖPNV-Organisation entwickelt, sondern es gibt **gewachsene Strukturen vielfältiger Art.** Dies und die ständige Fortentwicklung der Systeme[251] erschweren die Vergleichbarkeit der Verhältnisse. Bei der Anpassung der Strukturen an das neue Europa- und Bundesrecht gibt es wegen der Unterschiedlichkeit des status quo keinen Standardweg. Vielmehr ist in jedem Fall individuell zu prüfen, ob bzw. welche Schritte notwendig sind, die Vorgaben zu erfüllen, um dem Fahrgast einen attraktiven Verkehr zu bieten. **143**

II. Bereich Abfallentsorgung

1. Einleitung

In den letzten 45 Jahren hat die Abfallfallwirtschaft in Europa regulatorisch eine Metamorphose durchlaufen, aus der deutlich wird, dass Kreislaufwirtschaft weitaus mehr ist als die Entsorgung, die Behandlung und das Recycling von Abfällen. Seit dem ersten Europäischen Umweltaktionsprogramm für die Jahre 1974 und 1975 sind zahlreiche europäische Regelungen auf den Weg gebracht worden, die den Rahmen für zukünftigen Wohlstand und Wachstum setzen sollen. Und das siebte EU-Umweltaktionsprogramm formuliert das Ziel für die nächsten 30 Jahre wie folgt: *„Bis zum Jahr 2050 sollen die Europäer nicht nur in Wohlstand leben, sondern dabei auch die ökologischen Grenzen des Planeten respektieren. (…) Der* **1**

[250] Perspektivisch noch: *Schäfer* und *Schraml,* Neuorganisation und Expansion, Nahverkehr-praxis 7/8–2008.

[251] Zwei Beispiele für eine Neuorganisation: *Schütze, Mellenthin* und *Rompca,* Das Pforzheimer Modell zur Neustrukturierung des ÖPNV, Der Nahverkehr 3/2009, 35–39; *Faustmann, Brödno, Christmann* und *Landsberg,* Voraussetzungen erfolgreicher Privatisierungsverfahren im ÖPNV, Der Nahverkehr 3/2009, 42–45.

Wohlstand der Menschen und eine gesunde Umwelt sollten zu diesem Zeitpunkt fest in einer innovativen Kreislaufwirtschaft verankert sein, in der nichts verschwendet wird und in der der vollständige Wert der biologischen Vielfalt anerkannt und geschützt ist.[252]

2 Dabei sei gleich zu Beginn dieses Beitrages darauf hingewiesen, dass die europäische Verwendung des Begriffs der Kreislaufwirtschaft (oder im Englischen „Circular Economy") weit über das deutsche Verständnis hinausgeht. Im deutschen Sprachgebrauch wird der Begriff der Kreislaufwirtschaft meist in Verbindung mit der Abfallwirtschaft gebraucht. Doch der Begriff der zirkulären Wirtschaft, wie er in den politischen Programmen der Europäischen Union (EU) oder auch der Vereinten Nationen (UN) verwendet wird, geht weit darüber hinaus. Zwar beinhaltet das deutsche Verständnis der Kreislaufwirtschaft bereits wichtige Elemente der zirkulären Wirtschaft; allerdings ist sie nur ein Teil des Gesamtkonzeptes. Eine allgemeingültige Definition des Begriffs der zirkulären Wirtschaft gibt es noch nicht. Doch nach allgemeiner Auffassung umfasst eine zirkuläre Wirtschaft ein neues Verständnis von Ressourceneffizienz und gesellschaftlichen Konsumansprüchen. Diese verändern die Nachfrage nach Produkten und Dienstleistungen, was wiederum neue Produkte und Geschäftsmodelle hervorbringt.[253] Die Vision von einer zirkulären Wirtschaft zielt auf vollständig „geschlossene Stoffkreisläufe und die damit einhergehende Minimierung von Abfällen, Emissionen bzw. Material- und Energieverlusten".[254] Es geht also um die gesamte Wertschöpfungskette.

3 Der Aktionsplan der EU-Kommission aus dem Jahr 2015, mit dem der Systemwandel auf EU-Ebene final und nachdrücklich auf die politische Agenda gehoben wurde, definiert die europäische Kreislaufwirtschaft als eine „*Wirtschaft, bei der es darum geht, den Wert von Produkten, Stoffen und Ressourcen innerhalb der Wirtschaft so lange wie möglich zu erhalten und möglichst wenig Abfall zu erzeugen.*[255] Die Listung der Sektoren, auf die die EU-Kommission in ihrer Mitteilung fokussiert, bestätigt das vorher Erläuterte, nämlich, dass die Abfallwirtschaft zwar eine wichtige Rolle in diesem Konzept einnimmt, aber eben nur einen Teil darstellt. So finden sich in der Mitteilung Ausführungen zur Produktion, d. h. zur Produktgestaltung und Produktionsprozessen, zum Verbrauch, d. h. zum Konsumverhalten und zur Abfallbewirtschaftung, hier vor allem zum Recycling. Zudem äußert die Mitteilung den Wunsch nach einer Stärkung des Marktes für Sekundärrohstoffe und nach notwendigen neuen Investitionen und Innovation. Sie bezeichnet den Übergang zur Kreislaufwirtschaft als einen Systemwandel, in welchem Innovationen eine Schlüsselrolle zukommen werde.

4 Die regionalen und lokalen Gebietskörperschaften sind in zweierlei Hinsicht von der zirkulären Wirtschaft gefordert. Einerseits kommt ihnen – auch nach Ansicht der EU-Institutionen – eine „zentrale Rolle"[256] bei der Abfallbewirtschaftung zu. Zum anderen werden Innovationen, geändertes Konsumverhalten und neue Geschäftsmodelle die Rolle der Abfallwirtschaft, so wie wir sie bisher kannten, teilweise in Frage stellen und neu definieren. Ziel dieses Beitrags ist daher eine Einordnung der rechtlichen und politischen Diskussion der zirkulären Wirtschaft aus europäischer Perspektive und ein Ausblick auf kommende Herausforderungen aus Sicht der deutschen Kreislaufwirtschaft.

---

[252] Europäische Kommission: Von jetzt bis 2020: Das neue Umweltaktionsprogramm der EU, URL: https://ec.europa.eu/environment/efe/news/here-2020-eus-new-environment-action-programme-2014-04-29_de [26.12.2019].

[253] Vgl. Prognos: trendletter Magazin 01/19/ Zirkulär statt Linear – Wie wir die Wirtschaft in neue Bahnen lenken oder Verband der chemischen Industrie: VCI-Workshopreihe „Zirkuläre Wirtschaft" (mit weiterführenden Beiträgen), URL: https://www.vci.de/die-branche/chemie-40/zirkulaere-wirtschaft/vci-workshop-zirkulaere-wirtschaft-mehr-als-recycling-15-februar-2019-vortraege.jsp [26.12.2019].

[254] Kreditanstalt für Wiederaufbau (KfW): Circular Economy als Schlüssel für nachhaltiges Wirtschaften und Ressourcensicherheit, KfW Research Fokus Volkswirtschaft Nr. 258, 19. Juli 2019, S. 2.

[255] Europäische Kommission: Den Kreislauf schließen – ein Aktionsplan der EU für die Kreislaufwirtschaft, KOM(2015) 614 final, Brüssel, den 2.12.2015, S. 2.

[256] Vgl. Europäische Kommission: Den Kreislauf schließen – ein Aktionsplan der EU für die Kreislaufwirtschaft, KOM(2015) 614 final, Brüssel, den 2.12.2015, S. 10.

Dazu wird eine Genese der rechtlichen Rahmenbedingungen vom ersten EU-Umwelt- 5
aktionsprogramm bis heute an den Anfang gestellt. Sie soll das heutige Verständnis einer zirkulären Wirtschaft sukzessive herleiten und dabei auch auf die rechtlichen Anforderungen an die kommunale Abfallwirtschaft eingehen.

Im Kapitel *Status Quo* werden Vision und Wirklichkeit gegenübergestellt. Anhand kon- 6
kreter Zahlen zu einigen ausgewählten Bereichen wird aufgezeigt, wie sich entscheidende Kennzahlen der zirkulären Wirtschaft aktuell darstellen und welche Fortschritte seit dem ersten EU-Umweltaktionsprogramm erreicht werden konnten.

Anschließend erfolgt eine Überleitung zu konkreten Beispielen europäischer Regionen 7
und Gebietskörperschaften, die sich bereits auf den Weg in die zirkuläre Wirtschaft begeben haben.

Der Beitrag schließt mit einer Einordnung der Herausforderungen der deutschen Ge- 8
bietskörperschaften im Kontext der zirkulären Wirtschaft.

Abbildung 1: Wertschöpfungskreislauf in der Circular Economy

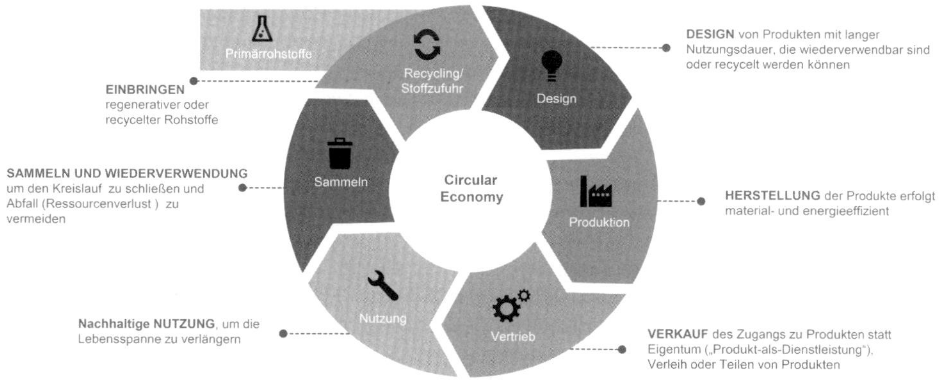

Quelle: KfW-Research, in Anlehnung an acatech (2018)

2. Europarechtliche Rahmenbedingungen

a) Ursprünge einer nachhaltigen europäischen Wirtschaft und Gesellschaft

aa) EU-Umweltaktionsprogramme und ihre abfallrechtlichen Aussagen. Umwelt- 9
aktionsprogramme der EU legen für einen vorab definierten Zeitraum die Zielsetzungen der europäischen Umweltpolitik fest. Im Laufe der Jahre bildeten sie das politische Gerüst auf dessen Basis einschlägige rechtliche Regelungen erlassen wurden und werden. Das 1. EU-Umweltaktionsprogramm galt für einen relativ kurzen Zeitraum. Es wurde 1973 verabschiedet und galt für die Jahre 1974 und 1975.[257] Dass europäische Vorgaben auf EU-Ebene überhaupt möglich wurden, ist der Pariser Gipfelkonferenz von 1972 zu verdanken. Denn umweltpolitische Aspekte spielten in den Gründungsverträgen der EU noch keine Rolle. Auf der Pariser Gipfelkonferenz stellten die Staats- und Regierungschefs erstmals fest, dass wirtschaftliche Expansion kein Selbstzweck sein solle, sondern vorrangig dazu dienen solle, die Unterschiede in den Lebensbedingungen zu verringern. Expansion müsse ihren Niederschlag in einer Verbesserung der Lebensqualität und des Lebensstandards finden; dem europäischen Geist gemäß würde eine besondere Aufmerksamkeit den nichtmateriellen Werten und Gütern sowie dem Umweltschutz gelten, damit der Fortschritt wirklich im Dienst des Menschen stehe. Daher betonten die Staats- und Regierungschefs *„die Bedeutung einer Umweltpolitik in der Gemeinschaft. Sie fordern daher die Organe der Gemein-*

[257] Das 7. Umweltaktionsprogramm umfasst einen Geltungszeitraum von 2013 bis 2020.

schaft auf, bis zum 31. Juli 1973 ein Aktionsprogramm mit einem genauen Zeitplan auszuarbeiten."[258]

10 Das 1. EU-Umweltaktionsprogramm umfasste drei Kategorien:[259]

- Aktionen zur Eindämmung und Verhütung von Umweltbelastungen;
- Aktionen zur Verbesserung der Umwelt und des Lebensrahmens;
- Aktion der Gemeinschaft oder gegebenenfalls gemeinsames Vorgehen der Mitgliedstaaten in den mit Umweltfragen befassten internationalen Einrichtungen.

11 Mit insgesamt 54 Seiten wurde bereits das 1. EU-Umweltaktionsprogramm bei einzelnen Maßnahmen schon sehr konkret. Schon 1975 trat die erste EU-Richtlinie über Abfälle in Kraft (weitere Ausführungen dazu siehe nächster Gliederungspunkt). Institutionell zeigte sich die gesteigerte Aufmerksamkeit des Politikbereichs in der Einrichtung einer Generaldirektion „Umwelt, nukleare Sicherheit und Katastrophenschutz" im Jahr 1981.[260] Bis dahin arbeitete seit 1973 eine Verwaltungsgruppe Umweltfragen dem Industrie- und Handelskommissar zu.[261]

12 Das 2. Umweltaktionsprogramm galt für die Jahre 1977 bis 1981.[262] Im Gegensatz zum 1. Umweltaktionsprogramm enthielt das 2. Umweltaktionsprogramm ein eigenes Kapitel zur Abfallwirtschaft. Bereits in diesem Kapitel wurde das Problem der Deponierung von Abfällen als ein zentrales Thema aufgeworfen: *„Die Praxis des Ablagerns ist nach wie vor eines der häufigsten Verfahren der Beseitigung, und wenn das Ablagern keiner Kontrolle untersteht, bringt es für die Bevölkerung und die Umwelt ernsthafte Risiken mit sich, da zahlreiche Abfälle toxische und gefährliche Stoffe enthalten. (...) Ganz allgemein stellen die abgelagerten Abfälle, die zur Zeit etwa 70 bis 80% aller Abfälle ausmachen — abgesehen von den möglicherweise damit verbundenen Umweltproblemen —, einen Verlust an Stoffen dar, soweit diese Abfälle wirtschaftlich weiter genützt werden können."*[263]

13 Gleichzeitig wird auf die Importabhängigkeit der EU vor allem im Bereich Zellstoff und Papier (60 Prozent) sowie Eisen, Zink und Zinn (80–90 Prozent) hingewiesen. Das Umweltaktionsprogramm fordert daher Maßnahmen zum Ressourcenschutz und zur Verringerung der Importabhängigkeit auf unterschiedlichen Ebenen. Interessant ist, dass bereits im 2. Umweltaktionsprogramm der EU sehr sorgfältig zwischen Maßnahmen für einzelne Akteursgruppen unterschieden wird, darunter die Verbraucher, die Industrie, die Kommunalbehörden, die für das Sammeln und gegebenenfalls das Sortieren der Abfälle verantwortlich seien und die nationalen Behörden, die beispielsweise durch Vergabe öffentlicher Aufträge eine bedeutende Rolle bei der Ausweitung der Absatzmärkte für bestimmte wiedergewonnene Stoffe spielen könnten, so das Umweltaktionsprogramm.

14 Auch wenn es damals noch nicht so genannt wurde, ist auch das Prinzip des Ökodesigns bereits im 2. Umweltaktionsprogramm angelegt, indem es heißt: *„Eine Politik der Abfallwirtschaft muss unter Berücksichtigung der wirtschaftlichen und technischen Sachzwänge das Ziel haben, die Entstehung von Abfall zu vermeiden und dafür Sorge zu tragen, dass die Stoffe auf allen Stufen der Herstellung und des Gebrauchs von Erzeugnissen so effizient wie möglich verwendet werden. Auf Grund dieser Aktion sollte die Möglichkeit untersucht werden, Substitutionsstoffe für besonders knappe oder im Laufe der Zeit knapp werdende Stoffe zu verwenden; ferner sollten die Industriebetriebe angeregt werden, Erzeugnisse so zu entwerfen und herzustellen, dass nicht nur eine Verschwendung*

[258] Erklärung der Pariser Gipfelkonferenz 19.-21. Oktober 1972, Bulletin der Europäischen Gemeinschaften. Oktober 1972, n° 10. Luxemburg: Amt für amtliche Veröffentlichungen der Europäischen Gemeinschaften. „Erklärung der Pariser Gipfelkonferenz „, p. 15–24, URL: https://www.cvce.eu/de/obj/erklarung_der_pariser_gipfelkonferenz_19_21_oktober_1972-de-b1dd3d57-5f31-4796-85c3-cfd2210d6901.html [26.12.2019].

[259] Vgl. 1. EU-Umweltaktionsprogramm 1973–1976 (OJ C 112, 20.12.73).

[260] Vgl. Weidenfeld, Werner/ Wessels Wolfgang: Europa von A bis Z – Taschenbuch der europäischen Integration, Nomos Verlag, 14. Auflage 2016, S. 404.

[261] Vgl. Thorsten Schulz-Walden: Anfänge globaler Umweltpolitik, Oldenburg Verlag, München 2013, S. 155.

[262] Vgl. 2. EU-Umweltaktionsprogramm 1977–1981 (OJ C 139, 13.6.77).

[263] 2. EU-Umweltaktionsprogramm 1977–1981 (OJ C 139, 13.6.77), Abschnitt 2, Abfallwirtschaft.

vermieden, sondern auch die Rückgewinnung der Rohstoffe erleichtert wird (Ausarbeitung von Spezifikationen, Normung, Verlängerung der Lebensdauer der Erzeugnisse usw.)."[264]

Neben der ersten Abfallrahmenrichtlinie von 1975 legte die EU-Kommission 1976 einen Richtlinienvorschlag über giftige und gefährliche Abfälle vor (weitere Ausführungen dazu siehe nächster Gliederungspunkt). D. h. bereits die ersten beiden EU-Umweltaktionsprogramme legten den Grundstein für ein fast 45 Jahre lang geltendes Verständnis der Abfallwirtschaft in Europa. 1987 mit Inkrafttreten der Einheitlichen Europäischen Akte und einem neuen Titel „Umwelt" wurde die Bedeutung der Umweltpolitik – und damit auch der Abfallpolitik – auch im Primärrecht nachvollzogen. Die Einheitliche Europäische Akte verankerte das erste Mal primärrechtlich das Verursacherprinzip, wenngleich seinerzeit nur der Rat (und nicht das EU-Parlament) und dies auch nur einstimmig über etwaige Maßnahmen abstimmen konnte. In Ausnahmefällen konnte der Rat beschließen, welche Fragestellungen mit qualifizierter Mehrheit beschlossen werden konnten. 15

Vor Inkrafttreten der Einheitlichen Europäischen Akte wurde das 3. Umweltaktionsprogramm beschlossen, welches für die Jahre 1982 bis 1986 lief und vor allem das Prinzip der schonenden Nutzung der natürlichen Ressourcen noch stärker in die Ziele der Umweltpolitik aufnahm.[265] 16

Das 4. Umweltaktionsprogramm lief dann bis zur Verabschiedung des Vertrags von Maastricht für die Jahre 1987 bis 1992.[266] In diesem Programm wird erstmals das Setzen von erreichbaren Zielen für die Verwertung und Wiederverwendung von Abfällen festgeschrieben, ohne konkrete Zahlen zu nennen. Dazu kündigte die EU-Kommission eine Mitteilung an. Gleichzeitig sollten Forschungs- und Demonstrationsvorhaben auf dem Gebiet der Abfallrückführung sowie Kosten/Nutzen-Bewertung alternativer Möglichkeiten für die Abfallbewirtschaftung gefördert werden. 17

Der Vertrag von Maastricht, der im Jahr 1993 in Kraft trat, nahm dann das Prinzip der nachhaltigen Entwicklung in die Ziele der Gemeinschaft auf: *Die Konferenz stellt fest, dass die Kommission sich verpflichtet, bei ihren Vorschlägen voll und ganz den Umweltauswirkungen und dem Grundsatz des nachhaltigen Wachstums Rechnung zu tragen, und dass die Mitgliedstaaten sich verpflichtet haben, dies bei der Durchführung zu tun.*[267] 18

Die heute noch bekannte Abfallhierarchie stammt aus einem Strategiedokument des Jahres 1989 (SEK(89) 934 endg., September 1989) in welcher die Abfallvermeidung bereits an erster Stelle eingeordnet wurde. Danach folgten auch damals schon die Förderung von Wiederverwertung und Wiederverwendung sowie schließlich die Optimierung der Beseitigung von Abfällen, die nicht wiederverwendet werden können.[268] 19

Im 5. Umweltaktionsprogramm, das für die Jahre 1993 bis 2000 gelten sollte, wurde mit Ernüchterung konstatiert, dass die laufenden Maßnahmen offenbar nicht ausreichten, um der wachsenden Umweltbelastungen Herr zu werden.[269] Dies ging aus einem Bericht über den Zustand der Umwelt hervor, der 1992 veröffentlich wurde. Im 5. Umweltaktionsprogramm wurde daher das Ziel ausgerufen, noch weitergehende, kohärentere und noch besser koordinierte Politiken und Strategien zu entwickeln, für die eine Einbeziehung aller gesellschaftlichen Gruppen erforderlich sei. 20

In Bezug auf die Abfallwirtschaft wird im 5. Umweltaktionsprogramm erstmals der Begriff der Kreislaufwirtschaft verwendet. So heißt es in den Erwägungsgründen: Die Vertreter der Regierungen der Mitgliedstaaten *„befürworten unter anderem zur Reduzierung der Verschwendung natürlicher Ressourcen und zur Verhinderung der Umweltverschmutzung die Erarbeitung des Konzepts der Kreislaufwirtschaft bei Produkten und Verfahren, insbesondere in Bezug auf die Abfallwirtschaft, den Einsatz sauberer oder saubererer Technologien sowie die Ersetzung* 21

[264] 2. EU-Umweltaktionsprogramm 1977–1981 (OJ C 139, 13.6.77), Abschnitt 2, Abfallwirtschaft.
[265] Vgl. 3. EU-Umweltaktionsprogramm 1982–1986 (OJ C 46, 17.2.83).
[266] Vgl. 4. EU-Umweltaktionsprogramm 1987–1992 (OJ C 328, 7.12.87).
[267] Vertrag über die Europäische Union (OJ C 191/1, 29.07.92).
[268] Vgl. 5. EU-Umweltaktionsprogramm 1993–2000 (OJ C 138, 17.5.93), Kapitel 5.7, Abfallwirtschaft.
[269] Vgl. 5. EU-Umweltaktionsprogramm 1993–2000 (OJ C 138, 17.5.93).

bestimmter gefährlicher Verfahren und Stoffe durch weniger gefährliche Verfahren und Stoffe in der wirtschaftlichsten Weise".[270] Nähere Ausführungen zu diesem Konzept erfolgen zunächst nicht.

22 In Bezug auf die Abfallwirtschaft wird im 5. Umweltaktionsprogramm konstatiert: *„Trotz der Tatsache, dass seit 1975 Richtlinien über Abfall im allgemeinen sowie über giftigen und gefährlichen Abfall und über die grenzüberschreitende Verbringung von Abfällen gelten, ist es noch nicht gelungen, das riesige Abfallaufkommen der Gemeinschaft unter Kontrolle zu bekommen. Recycling und Wiederverwertung stecken in den meisten Gebieten noch in den Kinderschuhen. Eine mangelhafte Abfallbewirtschaftung gefährdet nicht nur die Umwelt, sie könnte auch im Zusammenhang mit der Vollendung des Binnenmarktes unerwünschte Auswirkungen haben.'*[271] In diesem Zusammenhang bemängelt das Aktionsprogramm auch eine 13-prozentige Zunahme an Siedlungsabfall in den letzten fünf Jahren, trotz zunehmendem Recycling und mahnt die Beachtung der Abfallhierarchie an. In einem Anhang zum Aktionsprogramm werden abfallwirtschaftliche Ziele bis zum Jahr 2020 formuliert, darunter in Bezug auf die Siedlungsabfälle beispielsweise das Einfrieren der Abfallerzeugung pro Kopf auf 300 kg, gerechnet als Durchschnitt pro Mitgliedstaat, das Recycling bzw. die Wiederverwendung von Papier, Glas und Kunststoffen mit einem Anteil von mindestens 50 Prozent.

23 Im 6. Umweltaktionsprogramm mit einer Laufzeit von 2002 bis 2012 sind die Anfänge einer zirkulären Wirtschaft angelegt, so wie sie in der Einleitung beschrieben sind. Demnach *„soll dafür gesorgt werden, dass der Verbrauch erneuerbarer und nicht erneuerbarer Ressourcen die Tragfähigkeitsgrenzen der Umwelt nicht übersteigt. Das soll erreicht werden, indem das Wirtschaftswachstum vom Ressourcenverbrauch abgekoppelt wird, die Ressourcen effizienter genutzt werden und das Abfallaufkommen reduziert wird. Das Ziel speziell für Abfall besteht in einer Verminderung des endgültig zu entsorgenden Abfalls um 20% bis zum Jahr 2010 und um 50% bis zum Jahr 2050."*[272]

24 Dafür wurden im 6. Umweltaktionsprogramm folgende Maßnahmen vorgesehen[273]:

- Beschreibung der gefährlichen Stoffe, die in den verschiedenen Abfallströmen die größten Probleme verursachen und, sofern möglich, Förderung der Substitution durch weniger gefährliche Stoffe oder eines alternativen Produktdesigns;
- Einbeziehung von Zielen und Prioritäten der Abfallvermeidung in die Integrierte Produktpolitik (IPP)
- Förderung wirtschaftlicher Instrumente wie Ökosteuern, die auf ressourcen- und abfallintensive Produkte und Verfahren erhoben werden;
- sofern sinnvoll, sollten die Hersteller die Verantwortung für die Abfälle aus ihren Produkten tragen;
- Beeinflussung der Verbrauchernachfrage zugunsten von Produkten und Verfahren, bei denen weniger Abfälle entstehen, z. B. nach ökologischen Kriterien ausgelegte Beschaffungspolitik, Vergabe von Umweltzeichen, Informationskampagnen und sonstige Instrumente;
- Vergabe einer Studie mit dem Ziel der Beschreibung der problematischsten und gefährlichsten Abfallströme nach Produktionssektoren (z. B. Bergbau, Energiegewinnung, verarbeitenden Industrie, Bau, Landwirtschaft) und partnerschaftliche Zusammenarbeit mit den betreffenden Sektoren, um diese Abfallströme zu verringern und gänzlich zu eliminieren.

25 Insbesondere die Thematik der erweiterten Herstellerverantwortung bildet einen für die Gebietskörperschaften relevanten Diskussionsstrang ab und wird im weiteren noch Gegenstand der Ausführungen sein.

---

[270] 5. EU-Umweltaktionsprogramm 1993–2000 (OJ C 138, 17.5.93).
[271] 5. EU-Umweltaktionsprogramm 1993–2000 (OJ C 138, 17.5.93), Kapitel 1: Der Zustand der Umwelt: Fortschritte und Aussichten.
[272] 6. EU-Umweltaktionsprogramm 2002–2012 (OJ L 242, 10.09.02).
[273] Vgl. 6. EU-Umweltaktionsprogramm 2002–2012 (OJ L 242, 10.09.02).

Das 7. Umweltaktionsprogramm für die Jahre 2013 bis 2020 listet neun Ziele bis 2020 mit einer langfristigen Perspektive bis 2050 auf.[274] Es soll nach eigener Auskunft auf den politischen Initiativen im Rahmen der Strategie „Europe 2020" aufbauen, darunter das Klima- und Energiepaket der Union, die Mitteilung der Kommission über einen Fahrplan für den Übergang zu einer wettbewerbsfähigen CO2 -armen Wirtschaft bis 2050, die EU-Strategie zum Schutz der Biodiversität bis 2020, der Fahrplan für ein ressourcenschonendes Europa, die Leitinitiative „Innovationsunion" und die Strategie der Europäischen Union für die nachhaltige Entwicklung. 26

Mit dem Siebten Umweltaktionsprogramm werden neun prioritäre Ziele verfolgt: 27

- Schutz, Erhaltung und Verbesserung des Naturkapitals der Union;
- Übergang zu einer ressourceneffizienten, umweltschonenden und wettbewerbsfähigen CO2-armen Wirtschaftsweise;
- Schutz der Unionsbürger vor umweltbedingten Belastungen, Gesundheitsrisiken und Risiken für die Lebensqualität;
- Maximierung der Vorteile aus dem Umweltrecht der Union durch verbesserte Umsetzung;
- Verbesserung der Wissens- und Faktengrundlage für die Umweltpolitik der Union;
- Sicherung von Investitionen für Umwelt- und Klimapolitik und Berücksichtigung der externen Umweltkosten;
- Verbesserung der Einbeziehung von Umweltbelangen und der Politikkohärenz;
- Förderung der Nachhaltigkeit der Städte in der Union;
- Verbesserung der Fähigkeit der Union, wirksam auf internationale Umwelt- und Klimaprobleme einzugehen.

In Bezug auf die Kreislaufwirtschaft wurde eine umfängliche Überprüfung des geltenden Rechts angekündigt, die im Jahr 2018 mit dem neuen sogenannten Kreislaufwirtschaftspaket, das u. a. eine Novelle der EU-Abfallrahmenrichtlinie sowie ihrer Tochterrichtlinien beinhaltete, abgeschlossen wurde (s. Kapitel II. 2a)). 28

Die Vision für das Jahr 2050, die sich im Anhang zum 7. Umweltaktionsprogramm findet, verdeutlicht, dass die Kreislaufwirtschaft als integraler und zugleich prioritärer Bestandteil der EU-Umweltpolitik betrachtet wird. So heißt es: *„Im Jahr 2050 leben wir gut innerhalb der ökologischen Belastbarkeitsgrenzen unseres Planeten. Unser Wohlstand und der gute Zustand unserer Umwelt sind das Ergebnis einer innovativen Kreislaufwirtschaft, bei der nichts vergeudet wird und natürliche Ressourcen so nachhaltig bewirtschaftet werden und die Biodiversität so geschützt, geachtet und wiederhergestellt wird, dass sich die Widerstandsfähigkeit unserer Gesellschaft verbessert. Unser CO2- armes Wirtschaftswachstum ist längst von der Ressourcennutzung abgekoppelt und somit Schrittmacher für eine sichere und nachhaltige globale Gesellschaft."*[275] 29

Die Vorlage des 8. Umweltaktionsprogramms, das von 2021 bis 2030 laufen soll, verzögerte sich dann im Rahmen der COVID-19-Pandemie. Ursprünglich sollte die EU-Kommission Anfang 2020 einen Vorschlag vorlegen, hatte diesen dann aber auf Ende 2020 verschoben, so dass es bis Redaktionsschluss dieses Aufsatzes noch nicht vorlag. Inhaltlich hatte sich der Umweltministerrat in seinen Schlussfolgerungen Ende 2019 dafür ausgesprochen, die Schwerpunkte auf die Themen Klimawandel, Umweltbelastung, Artensterben und die steigende Nachfrage nach natürlichen Ressourcen zu legen.[276] 30

bb) Erste abfallrechtliche Rahmengesetzgebungen auf EU-Ebene. Wie bereits erwähnt, bilden die Umweltaktionsprogramme der EU den politischen Rahmen für die Regulierung. Die erste Richtlinie über Abfälle[277] (RL 75/442/EWG) trat nach Ende des 31

---

[274] Vgl. 7. EU-Umweltaktionsprogramm 2013–2020 (OJ L354/172, 28.12.13).
[275] 7. EU-Umweltaktionsprogramm 2013–2020 (OJ L354/172, 28.12.13), Anhang.
[276] Vgl. Rat der Europäischen Union: 8. Umweltaktionsprogramm Rat nimmt Schlussfolgerungen an, Pressemitteilung 4.10.2019, URL: https://www.consilium.europa.eu/de/press/press-releases/2019/10/04/8th-environmental-action-programme-council-adopts-conclusions/ [27.4.2020].
[277] Vgl. Richtlinie 75/442/ EWG über Abfälle (OJ L194/48, 25.7.75).

1. Umweltaktionsprogramms im Jahr 1975 in Kraft. Der nur dreiseitige Richtlinientext mit 15 Artikeln hatte die Vergemeinschaftung der Rechtsvorschriften auf dem Gebiet der Abfallwirtschaft zur Förderung des Gemeinsamen Marktes zum Zweck. In Artikel 1 findet sich eine Definition des Abfallbegriffs sowie des Begriffs der Beseitigung. In den folgenden Artikeln werden die Mitgliedstaaten aufgefordert, zuständige Behörden einzusetzen, die für vorab definierte Gebiete Maßnahmen zur Abfallbeseitigung planen, organisieren, zu genehmigen und zu überwachen. Es wird ferner festgelegt, dass alle Anlagen oder Unternehmen, in denen Abfälle gelagert oder aufbereitet werden, einer Genehmigung bedürfen. Diese Genehmigung musste regelmäßig überprüft werden. Wenngleich noch keine Ziele etwa für das Recycling o. ä. festgelegt wurden, enthielt die Richtlinie die Verpflichtung für die Mitgliedstaaten alle drei Jahre einen Bericht über die Abfallbeseitigung in ihrem Land zu erstellen und diesen an die EU-Kommission zu übermitteln. Diese wiederum verpflichtete sich dazu, auf dieser Basis alle drei Jahre dem Rat und dem Parlament Bericht zu erstatten. Zudem wurde festgelegt, dass gemäß dem Verursacherprinzip die Kosten für die Beseitigung der Abfälle von den Besitzern und/oder den früheren Besitzern oder dem Hersteller des Erzeugnisses zu tragen seien.

32 Drei Jahre später trat die Richtlinie 78/319/EWG über giftige und gefährliche Abfälle in Kraft. Sie bestand aus sechs Seiten und 22 Artikeln und beruhte auf einem Vorschlag aus dem Jahr 1976.[278] Durch gemeinsame Regelungen zur Einschränkung des Abfalls, zur Verwertung und zur Aufbereitung giftiger und gefährlicher Stoffe, sollten die natürlichen Versorgungsquellen erhalten werden. Dazu definierte der Anhang der Richtlinie 27 Stoffe. Nach Artikel 5 der Richtlinie sollten die Mitgliedstaaten zudem die erforderlichen Maßnahmen treffen, um eine ungeordnete Deponierung der genannten Stoffe zu unterbinden.

33 Die beiden Richtlinien wurden 1991 durch die jeweils erste Novelle überarbeitet. Die Richtlinie 91/156/EWG ersetzte die Richtlinie 75/442/EGW über Abfälle und die Richtlinie 91/689/EWG ersetzte die Richtlinie 78/319/EWG über giftige und gefährliche Abfälle. In der neuen Abfallrahmenrichtlinie aus 1991 findet sich in den Erwägungsgründen erstmals das Prinzip der Entsorgungsautarkie. Zudem werden die Definitionen ausgeweitet und in Artikel 3 der Richtlinie die Abfallhierarchie niedergelegt. Ein Anhang definiert sehr ausführlich die anerkannten Verfahren zur Beseitigung und zur Verwertung.

34 Schon in diesen frühen Jahren entstanden auch sektorspezifische Gesetzgebungen wie beispielsweise die Richtlinie 75/439/EWG über die Altölbeseitigung, die Richtlinie 85/339/EWG über Verpackungen für flüssige Lebensmittel oder die Richtlinie 86/278/EWG über den Schutz der Umwelt, und insbesondere der Böden, bei der Verwendung von Klärschlamm in der Landwirtschaft.

35 Hervorgehoben werden soll ferner die erste umfassende Richtlinie über Verpackungen und Verpackungsabfälle aus dem Jahr 1994 (RL 94/62/EG).[279] Sie sollte für alle Arten von im Verkehr befindlichen Verpackungen und alle Verpackungsabfälle gelten. Allen Richtlinien war gemein, dass sie als erstes Prinzip die Vermeidung von Abfällen verfolgten. Die Verpackungsrichtlinie forderte die Mitgliedstaaten zudem auf, Rückgabesysteme für gebrauchte Verpackungen und/ oder Verpackungsabfälle einzurichten. An diesen Systemen sollten sich alle Marktteilnehmer der betreffenden Wirtschaftszweige und die zuständigen Behörden beteiligen können (Artikel 7). Der Vorbote für das Duale System, wie wir es heute kennen. In Artikel 6 definierte die Richtlinie konkrete Verwertungsziele *(„Spätestens fünf Jahre nach dem Zeitpunkt, zu dem diese Richtlinie in innerstaatliches Recht umgesetzt sein muss, werden zwischen mindestens 50 und höchstens 65 Gewichtsprozent der Verpackungsabfälle verwertet. Innerhalb dieses Verwertungsziels und innerhalb der gleichen Frist werden zwischen mindestens 25 und höchstens 45 Gewichtsprozent des gesamten Verpackungsmaterials, das in Verpackungsabfällen enthalten ist, und mindestens 15 Gewichtsprozent jedes einzelnen Verpackungsmaterials stofflich verwertet.")*. Die Anhänge der Richtlinie definieren dezidierte Anforderungen an die Her-

[278] Vgl. Richtlinie 78/319/EWG über giftige und gefährliche Abfälle (OJ L84/43, 31.3.78).
[279] Richtlinie 94/62/EG über Verpackungen und Verpackungsabfälle (OJ L365/10, 31.12.94).

stellung und Zusammensetzung von Verpackungen, an die Wiederverwertbarkeit von Verpackungen und schaffen die Grundlange für erste Statistiken der in den Mitgliedstaaten anfallenden Verpackungsabfälle.

Diese Verpackungs-Richtlinie sollte dann bis zu ihrer Überarbeitung im Jahr 2018 **36** Geltung behalten. Im Gegensatz zur europäischen Verpackungsrichtlinie erfuhr die Abfallrahmenrichtlinie im Laufe der Jahre zwischenzeitlicher Anpassungen. Die letzte große Anpassung vor der Novelle 2018 erfolgte 2006 durch Richtlinie 2006/12/EG über Abfälle.[280] Als zentrales Element der Abfallpolitik der EU wurde mit der Richtlinie das Konzept der sogenannten Abfallbewirtschaftungspläne fortgesetzt. Jeder Mitgliedstaat sollte einen oder mehrere solcher Abfallbewirtschaftungspläne erstellen und folgendes umfassen: Art, Menge und Ursprung der zu verwertenden oder zu beseitigenden Abfälle; allgemeine technische Vorschriften; besondere Vorkehrungen für bestimmte Abfälle; geeignete Flächen für Deponien und sonstige Beseitigungsanlagen. Die Abfallbewirtschaftungspläne sollten dazu beitragen, die Ziele einer Vermeidung und Verringerung sowie der Wiederverwertung und umweltverträglichen Entsorgung von Abfällen zu verwirklichen und ein integriertes und angemessenes Netz von Entsorgungseinrichtungen in der Europäischen Union einzurichten. Das Konzept der Abfallbewirtschaftungspläne wurde bereits mit der ersten Abfallrichtlinie 1975 eingeführt. Dass es die EU-Kommission damit ernst meinte, wird aus einem Vertragsverletzungsverfahren aus dem Jahr 1999 deutlich, indem es unter anderem Deutschland wegen des Versäumnisses verklagte, die vorgeschriebenen Abfallbewirtschaftungspläne nicht verabschiedet zu haben und nicht der EU-Kommission vorgelegt zu haben.[281] Zwar habe Deutschland der Kommission eine Reihe verabschiedeter Abfallbewirtschaftungspläne übermittelt, diese scheinen jedoch nicht alle Bundesländer und Abfallarten vollständig abzudecken. Ferner enthalten die für einige Bundesländer übermittelten Pläne weder Angaben über die zur Wiederverwertung bestimmten Abfälle noch ein besonderes Kapitel über die Wiederverwertung von Verpackungsabfällen.

Bevor es im 2. Kapitel um die aktuell geltenden Regelungen in der Kreislaufwirtschaft **37** geht, soll noch erwähnt werden, dass die erste europäische Deponie-Richtlinie aus dem Jahr 1999 stammt (Richtlinie 1999/31/EG über Abfalldeponien). Kurz darauf trat auch die erste Richtlinie 2000/53/EG über Altfahrzeuge[282] in Kraft. Die Deponierichtlinie enthielt neben neuen Begriffsdefinitionen für die Deponierung bereits konkrete Minderungsziele. So sah Artikel 5 der Richtlinie vor, dass spätestens fünf Jahre nach Inkrafttreten die zu deponierende Menge biologisch abbaubarer Siedlungsabfälle auf 75 (Gewichts-)Prozent der Gesamtmenge der biologisch abbaubaren Siedlungsabfälle verringert werden muss, die 1995 oder im letzten Jahr vor 1995, für das einheitliche Eurostat-Daten vorliegen, erzeugt wurde.[283]

cc) Zwischenfazit zur Genese der europäischen zirkulären Wirtschaft. Aus der **38** Genese der abfallrechtlichen Gesetzgebung der EU von 1975 bis zum Anfang der 2000er Jahre wird deutlich, dass die gesetzgebenden Institutionen sowohl einen umweltpolitischen wie auch einen juristischen Lernprozess durchlaufen haben. Umweltpolitisch setzte sich die Erkenntnis durch, dass Wirtschaftswachstum und eine starke Rolle der EU im außenpolitischen Kontext nur in einem logischen Zusammenhang mit einer Ressourcenwirtschaft funktioniert, die auf Nachhaltigkeit und Autarkie setzt. Kreislaufwirtschaft wurde sukzessive zu einem wirtschaftspolitisch relevanten Element der europäischen Politikgestaltung! Die weiteren Ausführungen werden zeigen, dass die klimapolitische Perspektive diesen Ansatz zukünftig noch nachschärfen wird.

Gesetzgeberisch haben die EU-Institutionen lernen müssen, dass mit bloßen Visionen **39** und Zielsetzungen, die aber nicht durch konkrete Zielvorgaben umgesetzt und nach-

[280] Richtlinie 2006/12/EG über Abfälle (OJ L114/11, 27.4.2006).
[281] Vgl. Europäische Kommission: Pressemitteilung IP/99/487 vom 12. Juli 1999.
[282] Richtlinie 2000/53/EG über Altfahrzeuge (OJ L269/34, 21.10.2000).
[283] Richtlinie 1999/31/EG über Abfalldeponien (OJ L182/1, 16.7.1999).

gehalten werden, keine Umweltpolitik machbar ist. Dies hat der Bericht zum Zustand der Umwelt von 1992 eindrücklich aufgezeigt. So hielten sukzessive konkrete Definitionen und Zielvorgaben Einzug sowohl in die Umweltaktionsprogramme wie auch in die einschlägigen Richtlinien. Was die abfallwirtschaftliche Gesetzgebung betrifft, so haben viele Grundaussagen, die bereits in den Anfängen festgelegt wurden, wie beispielsweise das Prinzip der Autarkie oder das Prinzip der Abfallhierarchie noch heute Geltung.

40 Zuletzt ist zu konstatieren, dass viele – bereits in den ersten Umweltaktionsprogrammen und Abfallrichtlinien – angelegte Konzepte und Prinzipien bis heute Geltung haben, ja sogar mehr und mehr Ausprägungen erfahren. So zum Beispiel das im 2. Umweltaktionsprogramm bereits angelegte Prinzip des Ökodesigns oder das Prinzip der Abfallhierarchie, ebenso wie das Verursacherprinzip und das Prinzip der Nachhaltigen Entwicklung. Und nicht zuletzt eben die Kreislaufwirtschaft, erstmals im 5. Umweltaktionsprogramm 1993 erwähnt.

b) Aktuelle europarechtliche Vorgaben im Rahmen des Pakets zur Kreislaufwirtschaft

41 **aa) Das Kreislaufwirtschaftspaket von 2018.** Im Jahr 2018 sind zentrale rechtliche Vorschriften der europäischen Kreislaufwirtschaft insgesamt novelliert worden. Das neue an dieser letzten Novelle war das Bestreben der EU-Kommission, die bestehenden Richtlinien auf Kohärenz zu prüfen und einer gemeinsamen Revision zu unterziehen. Bis zu diesem Zeitpunkt, waren die einzelnen Richtlinien jeweils getrennt voneinander überprüft und novelliert worden, was teilweise zu Inkohärenzen führte. Dem Abfallpaket von 2018 gehören folgende Richtlinien an:

- Richtlinie 2018/851 vom 30. Mai 2018 zur Änderung der Richtlinie 2008/98/EG über Abfälle
- Richtlinie 2018/849 vom 30. Mai 2018 zur Änderung der Richtlinie 2000/53/EG über Altfahrzeuge, der Richtlinie 2006/66/EG über Batterien und Akkumulatoren sowie Altbatterien und Altakkumulatoren sowie der Richtlinie 2012/19/EU über Elektro- und Elektronik-Altgeräte
- Richtlinie 2018/850 vom 30. Mai 2018 zur Änderung der Richtlinie 1999/31/EG über Abfalldeponie
- Richtlinie 2018/852 vom 30. Mai 2018 zur Änderung der Richtlinie 94/62/EG über Verpackungen und Verpackungsabfälle

42 Die Veröffentlichung der Legislativvorschläge erfolgte im Dezember 2015.

43 Die Änderungen der EU-Abfallrahmenrichtlinie betreffen eine Ausweitung der Anforderungen an die Abfallvermeidung, neue Anforderungen an die getrennten Sammlung, ein neues (Output-basiertes) Berechnungsmodell und darauf aufbauend neue Recyclingquoten für Siedlungsabfälle sowie die Stärkung des Instruments der erweiterten Herstellerverantwortung und eine Konkretisierung des Endes der Abfalleigenschaft.[284]

44 Was das europäische Verständnis der zirkulären Wirtschaft betrifft, so gibt der erste Erwägungsgrund der Richtlinie Auskunft: *„Die Abfallbewirtschaftung in der Union sollte verbessert und zu einer nachhaltigen Materialwirtschaft umgestaltet werden mit dem Ziel, die Umwelt zu schützen, zu erhalten und ihre Qualität zu verbessern, die menschliche Gesundheit zu schützen, eine umsichtige, effiziente und rationelle Verwendung der natürlichen Ressourcen zu gewährleisten, die Grundsätze der Kreislaufwirtschaft und die Verbreitung erneuerbarer Energieträger zu fördern, die Energieeffizienz zu verbessern, die Abhängigkeit der Union von Ressourceneinfuhren zu verringern und für neue Chancen in der Wirtschaft sowie zur langfristigen Wettbewerbsfähigkeit beizutragen. Damit eine wirklich kreislauforientierte Wirtschaft entsteht, müssen in Bezug auf die Nachhaltigkeit*

[284] Vgl. Umweltbundesamt: Europäisches Kreislaufwirtschaftspaket -Überarbeitung des Legislativvorschlags (für eine knappe Zusammenfassung), URL: https://www.umweltbundesamt.de/sites/default/files/medien/479/dokumente/bewertung_eu-richtlinien_abfall_stand_18.4.18.pdf [3.1.2020].

von Erzeugung und Verbrauch zusätzliche Maßnahmen getroffen werden, indem der gesamte Lebenszyklus von Produkten in einer Art und Weise betrachtet wird, die Ressourcen erhält und den Kreislauf schließt. Die effizientere Nutzung der Ressourcen würde bei gleichzeitiger Senkung der jährlich insgesamt entstehenden Treibhausgasemissionen auch zu wesentlichen Nettoersparnissen für Unternehmen, Behörden und Verbraucher in der Union führen.“ [285]

Ein Ausfluss eines sich verändernden Verständnisses der zirkulären Wirtschaft ist denn auch die genannte Stärkung der erweiterten Herstellerverantwortung. Nach der neuen Abfallrahmenrichtlinie sind *„Regime der erweiterten Herstellerverantwortung ein Bündel von Maßnahmen, die von Mitgliedstaaten getroffen werden, um sicherzustellen, dass die Hersteller der Erzeugnisse die finanzielle Verantwortung oder die finanzielle und organisatorische Verantwortung für die Bewirtschaftung in der Abfallphase des Produktlebenszyklus übernehmen“*. Das bedeutet, Produzentinnen und Produzenten müssen zukünftig alle Kosten für die Abfallbewirtschaftung ihrer Produkte übernehmen. Dies wiederum bedeutet neue Anreize für ein kreislauffreundliches Ökodesign. Bis zum 5. Januar 2023 haben die Mitgliedstaaten die umfänglichen Kriterien zur erweiterten Herstellerverantwortung umzusetzen. 45

Als zweite Maßnahme auf dem Weg zu einer echten zirkulären Wirtschaft wurde auch die Recyclingquote für Siedlungsabfälle angehoben. Bis 2025 werden die Vorbereitung zur Wiederverwendung und das Recycling von Siedlungsabfällen auf mindestens 55 Gewichtsprozent erhöht. Bis 2030 auf mindestens 60 Gewichtsprozent und bis 2035 auf mindestens 65 Gewichtsprozent. Die Erhöhung der Recyclingquoten ist an eine neue Output-orientierte Berechnungsmethode geknüpft. Das heißt, es zählt künftig nur der Output an Wertstoffen im finalen Recyclingprozess – nicht die Menge an Wertstoffen, die dem Recyclingverfahren zugeführt wurden. In Kombination mit einer außerdem neu gefassten Definition des Siedlungsabfalls sind diese Ziele selbst für Deutschland mehr als ambitioniert (s. Kapitel Status Quo: Zahlen, Daten, Fakten). 46

Kernelement der neuen Verpackungsrichtlinie[286] sind neue Mindestziele für das Recycling von Verpackungsabfällen. So sollen spätestens bis 31. Dezember 2025 mindestens 65 Gewichtsprozent aller Verpackungsabfälle recycelt werden. Ebenfalls bis 2025 sollen für folgende Materialien, die in Verpackungsabfällen enthalten sind, Mindestgewichtsvorgaben für das Recycling erreicht sein: 50 Gewichtsprozent bei Kunststoffen (bis 2030 55 Gewichtsprozent), 25 Gewichtsprozent bei Holz (bis 2030 30 Gewichtsprozent), 70 Gewichtsprozent bei Eisenmetallen (bis 2030 80 Gewichtsprozent), 50 Gewichtsprozent bei Aluminium (bis 2030 60 Gewichtsprozent), 70 Gewichtsprozent bei Glas (bis 2030 75 Gewichtsprozent), 75 Gewichtsprozent bei Papier und Karton (bis 2030 85 Gewichtsprozent). 47

Die neue EU-Deponierichtlinie[287] fordert, ab 2035 nicht mehr als 10 Gewichtsprozent der erzeugten Siedlungsabfälle zu deponieren. Ab 2030 sollen dann gar keine Abfälle auf Deponien mehr abgelagert werden, sich zum Recycling oder anderen Formen von Material- und Energierückgewinnung eignen. Im Gegensatz zu Deutschland, wo es bereits seit 2005 ein Verbot für die Deponierung unvorbehandelter Siedlungsabfälle gibt, dürften diese Ziele viele andere EU-Staaten vor große Herausforderungen stellen. 48

Die Änderung der Richtlinie 2018/849 über Batterien und Akkumulatoren sowie Altbatterien und Altakkumulatoren sowie über Elektro- und Elektronik-Altgeräte beinhaltet zum jetzigen Zeitpunkt lediglich eine Anpassung von Berichtspflichten und die Vorgabe, die Altfahrzeuge-Richtlinie bis Ende 2020 zu überarbeiten. 49

bb) Zusammenfassung der wesentlichsten Neuerungen. Insgesamt kann die Novelle des Kreislaufwirtschaftspakets als sehr ambitioniert gewertet werden, selbst aus Sicht eines kreislaufwirtschaftlich weit entwickelten Mitgliedstaates der EU wie Deutschland. Abzuwarten bleibt, inwieweit die neuen Vorgaben umsetzbar sind. Diese war – so zeigten 50

[285] Richtlinie 2018/851 über Abfälle (OJ L150/109, 14.6.2018).
[286] Richtlinie 2018/852 über Verpackungen und Verpackungsabfälle (OJ L150/141, 14.6.2018).
[287] Richtlinie 2018/850 über Abfalldeponien (OJ L150/100, 14.6.2018).

bereits die Ausführungen zur Entwicklung der europäischen abfallrechtlichen Vorgaben – jeher ein Problem. Die Einleitung von Vertragsverletzungsverfahren durch die EU-Kommission konnte hier jeweils nur wenig Abhilfe leisten, da die verklagten Mitgliedstaaten oftmals nicht wussten, wie sie die Vorgaben effektiv und fristgerecht in die Praxis umsetzen sollten. Bußgelder halfen hier wenig. Und so steht auch das neue EU-Kreislaufwirtschaftspaket unter der Prämisse des in den einzelnen Mitgliedstaaten politisch Gewollten und Durchsetzbaren sowie des wirtschaftlich und rechtlich Machbaren. Fakt ist gleichwohl, dass sich das Verständnis der Abfallpolitik in Europa von einem rein umweltpolitischen hin zu einem gesamtwirtschaftlichen Verständnis weiterentwickelt hat und dass diese Entwicklung unumkehrbar ist.

51 Dies zeigt sich auch in weiteren aktuellen Regelungen zur Nachhaltigkeit und zur Klimapolitik, auf die im Folgenden eingegangen werden soll.

c) Aktuelle europäische Regelungen zur nachhaltigen Wirtschaft

52 Kurz nach Verabschiedung des neuen europäischen Kreislaufwirtschaftspakets wurde die Richtlinie über die Verringerung der Auswirkungen bestimmter Kunststoffprodukte auf die Umwelt verabschiedet.[288] Mit der Richtlinie soll gegen Kunststoffabfälle und ihre Auswirkungen auf die Umwelt und den Menschen vorgegangen werden. Sie wurde ebenfalls im Aktionsplan der EU für die Kreislaufwirtschaft angekündigt. Auch in dieser Richtlinie findet sich der gedankliche Ansatz der zirkulären Wirtschaft wieder, indem es in den Erwägungsgründen 1 und 2 heißt: *„(...) hin zur Schaffung einer Kreislaufwirtschaft, in der bei der Gestaltung und Herstellung von Kunststoffen und Kunststoffprodukten den Erfordernissen in Bezug auf Wiederverwendung, Reparatur und Recycling in vollem Umfang Rechnung getragen wird und nachhaltigere Materialien entwickelt und gefördert werden." „Diese Richtlinie fördert kreislauforientierte Ansätze, die nachhaltige und nichttoxische wiederverwendbare Artikel und Wiederverwendungssysteme gegenüber Einwegartikeln bevorzugen, wobei in erster Linie auf die Verringerung des Abfallaufkommens abgezielt wird."*

53 Eingedämmt werden sollen insbesondere kurzlebige Kunststoffprodukte, wie Wattestäbchen, Besteck, Teller, Trinkhalme, Rührstäbchen und Luftballonstäbe. Sie sollen ab 2021 verboten werden. Zudem werden Produktanforderungen für die Hersteller definiert. So sollen die Mitgliedstaaten dafür Sorge tragen, dass Einwegkunststoffartikel, die im Anhang aufgeführt sind und deren Verschlüsse und Deckel aus Kunststoff bestehen, nur in Verkehr gebracht werden dürfen, wenn diese Verschlüsse und Deckel während der für das Produkt vorgesehenen Verwendungsdauer an den Behältern befestigt bleiben. Zudem wurde das System der erweiterten Herstellerverantwortung auf weitere Einwegkunststofferzeugnisse ausgeweitet. PET-Flaschen, also Getränkeflaschen, die hauptsächlich aus Polyethylenterephthalat bestehen, sollen bis zum Jahr 2025 zu mindestens 25 Prozent und bis zum Jahr 2030 zu mindestens 30 Prozent aus recyceltem Kunststoff bestehen. Zuletzt werden konkrete Vorgaben für die getrennte Sammlung von Einwegkunststoffartikeln gemacht. Bis 2025 sollen 77 Gewichtsprozent der Abfälle aus Einwegkunststoffartikeln gemäß gemessen an den in einem bestimmten Jahr in Verkehr gebrachten Einwegkunststoffartikeln getrennt gesammelt werden. Bis 2029 soll der Anteil auf 90 Gewichtsprozent steigen.

54 Ein weiterer Schwerpunkt, der sich bereits in den vergangenen Jahren im Rahmen der Novelle der EU-Vergaberichtlinien niedergeschlagen hat, aber mit dem Aktionsplan zur Kreislaufwirtschaft aus 2015 noch einmal neue politische Unterstützung erfuhr ist die Rolle des öffentlichen Auftragswesens in der zirkulären Wirtschaft. Die Begriffe der grünen und der nachhaltigen Beschaffung (Green Public Procurement/ GPP und Sustainable Public Procurement/ SPP) werden seitdem um einen neuen Begriff der zirkulären Beschaffung (Circular Procurement) ergänzt. In 2017 veröffentlichte die EU-Kommission einen Praxis-

[288] Richtlinie 2019/904 über die Verringerung der Auswirkungen bestimmter Kunststoffprodukte auf die Umwelt (OJ L155/1, 12.6.2019).

leitfaden zum Beschaffungswesen in der zirkulären Wirtschaft[289], der neben (verfahrens-) technischen Hinweisen auch zahlreiche Beispiele aus den Mitgliedstaaten der EU enthält. Bereits in ihrem Aktionsplan 2015 hat die EU-Kommission darauf hingewiesen, dass das öffentliche Auftragswesen 20 Prozent des Bruttoinlandsproduktes der EU ausmache und daher für die Kreislaufwirtschaft eine wichtige Rolle spiele.[290] Mit dem Praxisleitfaden ermutigt sie die öffentliche Hand nun erneut, den Gedanken der Kreislaufwirtschaft auch bei der Beschaffung weiter konsequent umzusetzen. Sie verweist in diesem Zusammenhang auf die Möglichkeit im Rahmen der geltenden EU-Vergaberichtlinie (RL 2014/24/EU), vor Einleitung des Vergabeverfahrens sogenannte Marktkonsultationen zur Vorbereitung der Auftragsvergabe durchzuführen. Dies ermögliche es den vergebenden Stellen unter anderem Erkundigungen darüber einzuholen, was nach dem neusten Stand der Technik möglich sei und einen Überblick darüber zu bekommen, welche Produkte und Dienstleistungen grundsätzlich verfügbar seien.

Die Aufforderung zu einem nachhaltigen Beschaffungswesen findet sich außerdem in der 55 Agenda der Vereinten Nationen unter dem SDG Ziel 12 „Nachhaltiger Konsum und Produktion". Dazu folgen in Kapitel II.5 weitere Ausführungen.

Im Rahmen des Aktionsplans zur Kreislaufwirtschaft wurde zudem auch dem Ökodesign 56 eine noch größere Bedeutung beigemessen. Bis dato konzentrierten sich die europäischen Vorgaben dazu vermehrt auf den Energieverbrauch von Produkten (so zum Beispiel Richtlinie 2009/125/EG vom 21. Oktober 2009 zur Schaffung eines Rahmens für die Festlegung von Anforderungen an die umweltgerechte Gestaltung energieverbrauchsrelevanter Produkte[291]). Laut Aktionsplan der EU-Kommission von 2015 sollen zukünftig auch Aspekte wie Reparierbarkeit, Langlebigkeit, Nachrüstbarkeit und Recycelfähigkeit systematisch geprüft werden.[292] Hierzu werden von der EU-Kommission zusammen mit den Mitgliedstaaten produktspezifische Verordnungen erarbeitet, die verbindliche Mindestanforderungen an das Produktdesign verschiedener Produkte festlegen. Aktuell betrifft dies mehr als 20 Produktgruppen.

d) Aktuelle europäische klimapolitische Regelungen

Zusätzlich zu den originären abfallrechtlichen europäischen Regelungen, dem öffentlichen 57 Auftragswesen und dem Ökodesign sind die kommunalen Gebietskörperschaften auch von den europäischen klimapolitischen Vorhaben betroffen. Auch diese wurden im Jahr 2018 entsprechend des neuen Kohärenz-Ansatzes der EU-Kommission einer umfassenden Novelle unterzogen. Dazu gehören die:

- Richtlinie 2018/410 vom 14. März 2018 zur Änderung der Richtlinie 2003/87/EG zwecks Unterstützung kosteneffizienter Emissionsreduktionen und zur Förderung von Investitionen mit geringem CO2-Ausstoß (ETS-Richtlinie)
- Richtlinie 2018/2001 vom 11. Dezember 2018 zur Förderung der Nutzung von Energie aus erneuerbaren Quellen (Neufassung)
- Richtlinie 2018/2002 vom 11. Dezember 2018 zur Änderung der Richtlinie 2012/27/EU zur Energieeffizienz

Eine der relevantesten gesetzgeberischen Vorgaben für den Abfallsektor ist aber die 58 Verordnung 2018/842 vom 30. Mai 2018 zur Festlegung verbindlicher nationaler Jahresziele für die Reduzierung der Treibhausgasemissionen im Zeitraum 2021 bis 2030 als Beitrag zu Klimaschutzmaßnahmen zwecks Erfüllung der Verpflichtungen aus dem Über-

[289] Vgl. Europäische Kommission: Public Procurement for a Circular Economy – Good practice and guidance, 2017.

[290] Vgl. Europäische Kommission: Den Kreislauf schließen – ein Aktionsplan der EU für die Kreislaufwirtschaft, KOM(2015) 614 final, Brüssel, den 2.12.2015, S. 9.

[291] Inkl. der im Oktober 2019 verabschiedeten Verordnungen: https://ec.europa.eu/energy/en/regulation-laying-down-ecodesign-requirements-1-october-2019.

[292] Vgl. Europäische Kommission: Den Kreislauf schließen – ein Aktionsplan der EU für die Kreislaufwirtschaft, KOM(2015) 614 final, Brüssel, den 2.12.2015, S. 4.

einkommen von Paris sowie zur Änderung der Verordnung (EU) Nr. 525/2013. Sie regelt die Reduktion von Emissionen in den sogenannten Non-ETS-Sektoren und subsummiert darunter explizit auch die Abfallwirtschaft. Deutschland verpflichtet sich im Rahmen dieser Verordnung zu einer Emissionsreduktion von 38 Prozent bis 2030 gegenüber dem Jahr 2005[293]. Neben der Abfallwirtschaft gehören zu den Non-ETS-Sektoren außerdem Landwirtschaft, Gebäude und Verkehr. Wie die Mitgliedstaaten ihr Gesamtziel erreichen und wie sie die Lasten auf die einzelnen Sektoren verteilen, bleibt ihnen überlassen. Der wissenschaftliche Dienst der Bundesregierung stellte in diesem Zusammenhang klar, dass der Anteil der Abfall- und Kreislaufwirtschaft an klimarelevanten Gesamtemissionen in Deutschland circa ein Prozent betrage – dazu gehörten vor allem Emissionen aus der Abwasserbehandlung und Emissionen aus Deponiegasen. Die Emissionen des Sektors seien seit 1990 mit 70,5 Prozent stark gesunken, was insbesondere auf reduzierte Methanemissionen durch das Verbot der Deponierung organisch abbaubarer Siedlungsabfälle zurückgeführt wird.[294] Demgegenüber liegen der Anteil der Landwirtschaft bei acht Prozent der Gesamtemissionen und der Anteil des Verkehrs bei 17,7 Prozent. Die Bundesregierung hat dementsprechend beschlossen, ab 2021 eine CO2-Bepreisung für die Sektoren Verkehr und Wärme einzuführen. Die Abfallwirtschaft hat die Bundesregierung in ihrem Klimaschutzprogramm[295] aufgegriffen und dort auch auf die einschlägige EU-Verordnung verwiesen. Darin beschreibt sie, welch große Anstrengungen die Abfallwirtschaft in den vergangenen Jahren hinsichtlich der Reduktion von Emissionen bereits geleistet hat und gesteht ein, dass hier nur noch wenig Potenzial für eine weitere Verringerung bleibt. Als einzige Maßnahme in Bezug auf die Abfallwirtschaft sieht das Klimaschutzprogramm denn auch ein Förderprogramm zur Ausweitung der Deponiebelüftung und Optimierung der Gasfassung vor.[296] Interessanterweise taucht der Begriff der Kreislaufwirtschaft im Klimaschutzprogramm der Bundesregierung überhaupt nicht auf. Dieses wurde denn auch von zahlreichen Akteuren der Kreislaufwirtschaft kritisiert.

e) Exkurs: Internationale Vorgaben

59 Auch wenn sich dieses Kapitel vornehmlich den europäischen Vorgaben für die Kreislaufwirtschaft widmet, soll ein kurzer Blick auf den internationalen Kontext, vor allem auf die Agenda 2030 der Vereinten Nationen geworfen werden, da sich zahlreiche europäische (und auch nationale) Vorschriften an dieser Agenda und den 17 Zielen für die nachhaltige Entwicklung (Sustainable Development Goals/ SDG) orientieren. Die Ziele für nachhaltige Entwicklung traten am 1. Januar 2016 in Kraft und gelten bis zum Jahr 2030.

60 Aus Sicht der Kreislaufwirtschaft sind vor allem die Ziele 3, 8, 11, 12, 13, und 14 relevant:

- Ziel 3: Gesundes Leben für alle – ein gesundes Leben für alle Menschen jeden Alters gewährleisten und ihr Wohlergehen fördern
- Ziel 8: Nachhaltiges Wirtschaftswachstum und menschenwürdige Arbeit – dauerhaftes, breitenwirksames und nachhaltiges Wirtschaftswachstum, produktive Vollbeschäftigung und menschenwürdige Arbeit für alle fördern
- Ziel 11: Nachhaltige Städte und Siedlungen – Städte und Siedlungen inklusiv, sicher, widerstandsfähig und nachhaltig gestalten

[293] Verordnung 2018/842 vom 30. Mai 2018 zur Festlegung verbindlicher nationaler Jahresziele für die Reduzierung der Treibhausgasemissionen im Zeitraum 2021 bis 2030 als Beitrag zu Klimaschutzmaßnahmen zwecks Erfüllung der Verpflichtungen aus dem Übereinkommen von Paris sowie zur Änderung der Verordnung (EU) Nr. 525/2013 (OJ L 156/26, 19.6.2018), Anhang I.

[294] Vgl. Deutscher Bundestag, Wissenschaftliche Dienste: Sachstand Nationale bzw. EU-weite Einbeziehung weiterer Sektoren in das Europäische Emissionshandelssystem, 28.3.2018, S. 6.

[295] Vgl. Deutsche Bundesregierung: Klimaschutzprogramm 2030 der Bundesregierung zur Umsetzung des Klimaschutzplans 2050, Fassung Oktober 2019.

[296] Vgl. Deutsche Bundesregierung: Klimaschutzprogramm 2030 der Bundesregierung zur Umsetzung des Klimaschutzplans 2050, Fassung Oktober 2019, Kapitel 3.4.6.

- Ziel 12: Nachhaltige Konsum- und Produktionsweisen – nachhaltige Konsum- und Produktionsmuster sicherstellen
- Ziel 13: Sofortmaßnahmen ergreifen, um den Klimawandel und seine Auswirkungen zu bekämpfen
- Ziel 14: Bewahrung und nachhaltige Nutzung der Ozeane, Meere und Meeresressourcen

Zur Konkretisierung der Oberziele wurden Unterziele mit Indikatoren entwickelt, die national umgesetzt werden. Basis für die deutsche Umsetzung ist die Deutsche Nachhaltigkeitsstrategie. **61**

So lautet beispielsweise das Unterziel 11.6: *Bis 2030 die von den Städten ausgehende Umweltbelastung pro Kopf senken, unter anderem mit besonderer Aufmerksamkeit auf der Luftqualität und der kommunalen und sonstigen Abfallbehandlung.* Und das Unterziel 12.5: *Bis 2030 das Abfallaufkommen durch Vermeidung, Verminderung, Wiederverwertung und Wiederverwendung deutlich verringern.* Als Indikator dient hier die Nationale Recyclingquote.[297] **62**

Zahlreiche Städte, Gemeinden und Landkreise haben sich bereits auf den Weg gemacht, die UN-Ziele für sich zu interpretieren und umzusetzen. Der Deutsche Städtetag stellt gemeinsam mit dem Rat der Gemeinden und Regionen Europas/Deutsche Sektion für seine Mitgliedstädte deshalb die Musterresolution „2030-Agenda für Nachhaltige Entwicklung: Nachhaltigkeit auf kommunaler Ebene gestalten" zur Verfügung.[298] Über diese Mustererklärung können Städte ihre Bereitschaft erklären, sich für ausgewählte Themen der Nachhaltigkeit zu engagieren und entsprechend ihrer Spezifika vor Ort entsprechende Maßnahmen ergreifen. Die Resolution ist inzwischen (Stand Juni 2019) von mehr als 100 Kommunen unterzeichnet worden.[299] **63**

Für die kommunale Ebene in Deutschland haben der Deutsche Städtetag, der Deutsche Landkreistag der Deutsche Städte- und Gemeindebund, das Deutsche Institut für Urbanistik (Difu), das Bundesinstitut für Bau-, Stadt- und Raumforschung (BBSR), die Servicestelle Kommunen in der Einen Welt (SKEW) von Engagement Global, der Rat für Nachhaltige Entwicklung (RNE) und die Landesarbeitsgemeinschaft Agenda 21 NRW e. V. (LAG 21 NRW) in einem Bericht von Juni 2018 47 Kernindikatoren ausgewählt und bewertet.[300] Auf dieser Basis wurde 2018 eine Website für Kommunen mit mehr als 5.000 Einwohnern entwickelt. Das Portal[301] ermöglicht einen einfachen und schnellen Zugriff auf alle Nachhaltigkeitsindikatoren. Nutzer können sich die verfügbaren Daten im Zeitvergleich und im Vergleich mit einer anderen Kommune anzeigen lassen.[302] **64**

Da sich immer mehr Gebietskörperschaften entschließen, die UN-Ziele ganz bewusst zu unterstützen, nehmen diese ebenfalls Einfluss auf den Gestaltungsrahmen auch der kommunalen Abfallwirtschaft in Europa, zumal das Thema der Kreislaufwirtschaft, wie die ausgewählten oben genannten Ziele zeigen, implizit und explizit Gegenstand der UN-Ziele ist. **65**

f) Ausblick – Der europäische grüne Deal

Die voranstehenden Kapitel bilden die Genese der Entwicklung der zirkulären Wirtschaft bis zum Status Quo ab. Ein Blick in die geplanten Vorhaben auf EU-Ebene erlaubt bereits einen Ausblick auf kommende Vorhaben. So hat die Kommissionspräsidentin Ursula von der Leyen zu Beginn ihrer Amtszeit ihre politischen Schwerpunkte vorgelegt.[303] Als oberste **66**

[297] Statistisches Bundesamt: Indikatoren der UN-Nachhaltigkeitsziele, Juni 2018.

[298] Vgl. Deutscher Städtetag: 2030 – Agenda für Nachhaltige Entwicklung: Nachhaltigkeit auf kommunaler Ebene gestalten, URL: http://www.staedtetag.de/imperia/md/content/dst/presse/2015/2030-agenda_nachhaltige_entwicklung_sept_2015.pdf [3.1.2020].

[299] Deutscher Städtetag: Forum Nachhaltigkeit 13. Juni 2019 im Bundeskanzleramt, S. 29.

[300] Vgl. Deutsches Institut für Urbanistik: SDG-Indikatoren für Kommunen – Indikatoren zur Abbildung der Sustainable Development Goals der Vereinten Nationen in deutschen Kommunen, 27. Juni 2018.

[301] Abrufbar unter www.sdg-portal.de

[302] Deutscher Städtetag: Forum Nachhaltigkeit 13. Juni 2019 im Bundeskanzleramt, S. 29.

[303] Vgl. Ursula von der Leyen: Eine Union, die mehr erreichen will – Meine Agenda für Europa, Von der Kandidatin für das Amt der Präsidentin der Europäischen Kommission, 16.7.2019.

Priorität kündigte sie für die ersten 100 Tage ihrer Amtszeit einen sogenannten Europäischen Grünen Deal an. Darin ruft sie auch das Ziel aus, in der Kreislaufwirtschaft und bei sauberen Technologien weltweit führend zu sein.[304] Die Kreislaufwirtschaft sei von entscheidender Bedeutung für die Entwicklung des künftigen europäischen Wirtschaftsmodells. Sie werde daher einen neuen Aktionsplan für die Kreislaufwirtschaft vorschlagen, dessen Schwerpunkt auf der nachhaltigen Ressourcennutzung liege, insbesondere in ressourcenintensiven Sektoren mit großen ökologischen Auswirkungen wie der Textilindustrie und dem Bauwesen.[305] In engem Zusammenhang zu diesem Aktionsplan sieht die EU-Kommission eine neue EU-Industriestrategie, was einmal mehr davon zeugt, dass die EU-Kommission den Begriff der Kreislaufwirtschaft viel breiter versteht, als rein auf die Abfallwirtschaft bezogen.

67 Zudem möchte sie Europa zum ersten klimaneutralen Kontinent machen. Wie dies konkret geschehen soll, legte die EU-Kommission wenig später in ihrer Mitteilung zum europäischen Green Deal vor.[306] Laut dieser Mitteilung plant die EU-Kommission, die Treibhausgasemissionen bis 2030 nicht wie bisher politisch vereinbart, um 40 Prozent, sondern um 50 bis 55 Prozent im Vergleich zu 1990 zu verringern.

68 In ihrer Mitteilung zum Green Deal wird die EU-Kommission auch konkreter, was die Planungen zur Kreislaufwirtschaft betrifft. Die Kommission werde rechtliche Anforderungen in Erwägung ziehen, um den Markt für Sekundärrohstoffe mithilfe eines vorgeschriebenen Recyclinganteils (z. B. für Verpackungen, Fahrzeuge, Baustoffe und Batterien) zu fördern. Um für die Bürgerinnen und Bürger die Abfallentsorgung einfacher zu gestalten und saubere Sekundärmaterialien für Unternehmen sicherzustellen, werde die Kommission auch ein EU-Modell für die getrennte Abfallsammlung vorschlagen. Die Kommission sei ferner der Auffassung, dass die EU ihre Abfälle nicht mehr ausführen sollte, und werde daher die Vorschriften über die Verbringung von Abfällen und illegale Ausfuhren überprüfen. Im Jahr 2020 werde die EU-Kommission Rechtsvorschriften vorschlagen, um eine sichere, kreislauforientierte und nachhaltige Wertschöpfungskette für alle Batterien zu gewährleisten, unter anderem zur Versorgung des wachsenden Marktes für Elektrofahrzeuge.[307] Doch für die Verwirklichung einer klimaneutralen und kreislauforientierten Wirtschaft müsse die gesamte Industrie mobilisiert werden, so die EU-Kommission. Es dauere 25 Jahre, also eine ganze Generation, um einen Industriesektor und alle Wertschöpfungsketten umzugestalten. Um dies bis 2050 zu erreichen, müssen in den nächsten fünf Jahren Beschlüsse gefasst und Maßnahmen ergriffen werden.[308]

69 Der neue Aktionsplan zur Kreislaufwirtschaft, der im März 2020 veröffentlicht wurde[309], war denn auch Teil des sogenannten Green Deals. Darin schreibt die EU-Kommission: „Die Ausweitung der Kreislaufwirtschaft von den Vorreitern auf die etablierten Wirtschaftsakteure wird entscheidend dazu beitragen, bis 2050 Klimaneutralität zu erreichen, das Wirtschaftswachstum von der Ressourcennutzung zu entkoppeln und zugleich die langfristige Wettbewerbsfähigkeit der EU zu sichern und niemanden zurückzulassen." Der Aktionsplan beinhaltet eine Strategie für „nachhaltige Produkte" , die ein kreislauforientiertes Design aller Produkte unterstützen soll, das auf gemeinsamen Methoden und Grund-

[304] Vgl. Ursula von der Leyen: Eine Union, die mehr erreichen will – Meine Agenda für Europa, Von der Kandidatin für das Amt der Präsidentin der Europäischen Kommission, 16.7.2019, S. 6.

[305] Vgl. Ursula von der Leyen: Eine Union, die mehr erreichen will – Meine Agenda für Europa, Von der Kandidatin für das Amt der Präsidentin der Europäischen Kommission, 16.7.2019, S. 8.

[306] Vgl. Europäische Kommission: Mitteilung Der europäische Green Deal, COM(2019)640 final, 11.12.2019.

[307] Vgl. Europäische Kommission: Mitteilung Der europäische Green Deal, COM(2019)640 final, 11.12.2019,S. 10.

[308] Vgl. Europäische Kommission: Mitteilung Der europäische Green Deal, COM(2019)640 final, 11.12.2019,S. 8.

[309] Europäische Kommission: Ein neuer Aktionsplan für die Kreislaufwirtschaft – Für ein saubereres und wettbewerbsfähigeres Europa, KOM(2020) 98 final, 11.3.2020.

sätzen basiert. Dabei sollen dem geringeren Einsatz und der Wiederverwendung von Werkstoffen Vorrang gegenüber dem Recycling eingeräumt werden. Mit dem Aktionsplan sollen neue Geschäftsmodelle gefördert und Mindestanforderungen festgelegt werden, um zu verhindern, dass umweltschädliche Produkte in der EU in Verkehr gebracht werden.[310] Der Schwerpunkt liegt auf Produktgruppen, die im Zusammenhang mit den Wertschöpfungsketten festgelegt wurden, wie Elektronik, IKT und Textilien, aber auch Möbel und Zwischenprodukte mit hohen Umweltauswirkungen wie Stahl, Zement und Chemikalien. Weitere Produktgruppen sollen auf der Grundlage ihrer Umweltauswirkungen und ihres Kreislaufpotenzials festgelegt werden. Um die wirksame und effiziente Anwendung des neuen Rahmens für nachhaltige Produkte zu unterstützen, wird die Kommission außerdem einen gemeinsamen europäischen Datenraum für intelligente kreislauforientierte Anwendungen mit Daten zu Wertschöpfungsketten und Produktinformationen einrichten. Daneben beabsichtigt die EU-Kommission die Rolle der Verbraucher zu stärken und diese noch besser mit zuverlässigen und sachdienlichen Informationen über Produkte zu versorgen, einschließlich Informationen über deren Lebensdauer und über die Verfügbarkeit von Reparaturdiensten, Ersatzteilen und Reparaturanleitungen. Dieses soll aus Sicht der Kommission am Ende in einem „Recht auf Reparatur" münden.[311]

Darüber hinaus kündigt die EU-Kommission neben konkreten Maßnahmen in den oben 70 genannten Produktgruppen an, im Rahmen eines umfassenderen Maßnahmenpakets zur Abfallvermeidung im Zusammenhang mit der Überarbeitung der Richtlinie 2008/98/EG Zielvorgaben für die Abfallreduzierung bei bestimmten Abfallströmen vorzuschlagen, inklusive der konsequenten Umsetzung der kürzlich angenommenen Anforderungen an Systeme der erweiterten Herstellerverantwortung. All dies soll dem Ziel dienen, das Gesamtabfallaufkommen erheblich zu verringern und die Menge der (nicht recycelten) Restsiedlungsabfälle bis 2030 zu halbieren.[312]

Insgesamt kündigt die EU-Kommission auf Basis der Mitteilung gut 35 legislative und nicht-legislative Vorhaben an[313], die alle darauf abzielen, die Kreislaufwirtschaft zu einem integralen Bestandteil der des gesamtwirtschaftlichen Umfeldes der EU zu machen.

g) Zwischenfazit

Das heißt, die EU-Kommission wird den Weg zur echten zirkulären Wirtschaft in der 71 Legislaturperiode 2019–2024 konsequent weiterverfolgen. Für die kommunale Abfallwirtschaft in Europa bedeutet dies ebenfalls ein Umdenken. Sie wird noch mehr als bisher schon Teil eines Größeren Ganzen. Auch vor Ort in den Städten, Gemeinden und Landkreisen wird ein umfassendes Stakeholdermanagement zur Umsetzung zukünftiger Maßnahmen notwendig sein. Es gilt, die eigene Rolle neu zu definieren. Doch bevor es im letzten Kapitel dieses Beitrags zu einer abschließenden Bewertung kommen soll, wird das nächste Kapitel zunächst einen Blick auf die Zahlen und Fakten werfen, die die zirkuläre Wirtschaft aktuell kennzeichnen. Welche Fortschritte wurden tatsächlich bisher erzielt? Welche Rolle spielt dabei die kommunale Abfallwirtschaft?

3. Status Quo: Zahlen, Daten, Fakten zur Europäischen zirkulären Wirtschaft

a) Fakten zur Abfallwirtschaft

Laut Eurostat belief sich im Jahr 2016 das gesamte Abfallaufkommen aller Wirtschaftszweige 72 und Haushalte in der EU-28 auf 2.538 Millionen Tonnen. Pro Kopf fielen durchschnittlich

[310] Vgl. Europäische Kommission: Mitteilung Der europäische Green Deal, COM(2019)640 final, 11.12.2019, S. 9.
[311] Vgl. ebd. S. 5–6.
[312] Vgl. ebd. S. 15.
[313] Vgl. Europäische Kommission: Ein neuer Aktionsplan für die Kreislaufwirtschaft – Für ein saubereres und wettbewerbsfähigeres Europa, KOM(2020) 98 final, Anhang, 11.3.2020.

5 Tonnen je Einwohner an. Deutschland liegt dabei ganz knapp unter diesem Durchschnitt. In der EU-28 entfielen auf Bau- und Abbruchabfälle 36,4 Prozent der Gesamtmenge im Jahr 2016. Dahinter rangierten Bergbau und Gewinnung von Steinen und Erden (25,3 Prozent), verarbeitendes Gewerbe (10,3 Prozent), Abfall- und Wasserwirtschaft (10 Prozent) und private Haushalte (8,5 Prozent). Die restlichen 9,5 Prozent stammten aus anderen Wirtschaftszweigen, insbesondere aus den Bereichen Dienstleistungen (4,6 Prozent) und Energieversorgung (3,1 Prozent).[314]

73 Was die Abfallbehandlung betrifft, so wurden 2016 laut Eurostat etwa 2.312 Milliarden Tonnen Abfall in der EU-28 behandelt; exportierte Abfälle sind in diesem Wert nicht enthalten, die Behandlung von in die EU eingeführten Abfällen ist darin aber berücksichtigt. Eurostat weist selber darauf hin, dass die angegebenen Mengen mit den Angaben zum Abfallaufkommen nicht direkt vergleichbar sind. Die Menge der verwerteten Abfälle, d. h. der Abfälle, die dem Recycling zugeführt oder zur Verfüllung (von Abgrabungen zum Neigungsausgleich, aus Sicherheitsgründen oder zur Landschaftsgestaltung) genutzt oder mit energetischer Verwertung verbrannt wurden, nahm zwischen dem Jahr 2004 und 2016 um 28,2 Prozent von 960 Millionen Tonnen im Jahr 2004 auf 1.231 Millionen Tonnen im Jahr 2016 zu. Der Anteil dieser Art von Abfallverwertung an der gesamten Abfallbehandlung stieg von 45,4 Prozent im Jahr 2004 auf 53,2 Prozent im Jahr 2016. Die Menge des beseitigten Abfalls sank von 1.154 Millionen Tonnen im Jahr 2004 auf 1.081 Millionen Tonnen im Jahr 2016, was einer Abnahme von 6,3 Prozent entspricht. Der Anteil der Beseitigung an der Abfallbehandlung insgesamt ging von 54,6 Prozent (2004) auf 46,8 Prozent (2016) zurück. In der EU-28 im Jahr 2016 etwas mehr als die Hälfte (53,2 Prozent) der Abfälle einer Rückgewinnung – Recycling (37,8 Prozent des gesamten behandelten Abfalls), Verfüllung (9,9 Prozent) oder energetische Verwertung (5,6 Prozent) – zugeführt. Von den verbleibenden 46,8 Prozent wurden 38,8 Prozent in Deponien entsorgt (1,0 Prozent) ohne energetische Verwertung verbrannt und 7,0 Prozent durch andere Verfahren beseitigt. Die jeweiligen Behandlungsmethoden wurden laut Eurostat in den EU-Mitgliedstaaten ganz unterschiedlich angewandt. So wiesen einige Mitgliedstaaten (wie Italien und Belgien) besonders hohe Recyclingquoten auf, während andere (Griechenland, Bulgarien, Rumänien, Finnland und Schweden) die Deponierung bevorzugten. Die Recyclingquote liegt mit 76,9 Prozent in Belgien am höchsten und mit vier Prozent in Rumänien am niedrigsten. Deutschland weist laut Eurostat für das Jahr 2016 eine Recyclingquote von 42,7 Prozent aus. Hinzu kommen 26,6 Prozent Verfüllung und 11,3 Prozent energetische Verwendung. [315]

74 Etwas anders sind die Zahlen gelagert, wenn man sich nur das Abfallaufkommen und das Recycling im Bereich des Siedlungsabfalls anschaut.

75 Im Zeitraum von 2005 bis 2016 ging die durchschnittliche Menge an Siedlungsabfällen pro Person in der EU um sieben Prozent zurück. Dennoch sind für die einzelnen EU-Mitgliedsländer unterschiedliche Trends erkennbar: So gibt es zum Beispiel in Dänemark, Deutschland, Griechenland, Malta und Tschechien Zuwächse. Einen Rückgang der Werte verzeichnen Bulgarien, Spanien, Ungarn, Rumänien und die Niederlande. 2016 wurden EU-weit 46 Prozent der Abfälle recycelt. Das EU-Ziel für 2025 liegt bei 55 Prozent. Deutschland liegt hier im Jahr 2016 (wichtig: noch nicht auf Basis der neuen Output-orientierten Berechnungen gerechnet) mit 66 Prozent an der EU-Spitze, gefolgt von Österreich mit 59 Prozent und Slowenien mit 58 Prozent. Am unteren Ende der Skala liegen Malta mit acht Prozent, Rumänien mit 15 Prozent und Griechenland mit 17 Prozent. Der Anteil der deponierten Siedlungsabfälle liegt EU-weit allerdings immer noch bei 25 Prozent im Durchschnitt. Das EU-Ziel für 2025 liegt bei zehn Prozent. Dies ist vor allem darauf zurückzuführen, dass Malta immer noch 92 Prozent des Siedlungsabfalls deponiert, Griechenland 82 Prozent, Zypern 81 Prozent, Rumänien 80 Prozent und

[314] Vgl. Eurostat: Waste Statistics – Abfallstatistik, Datenauszug von Juni 2019.
[315] Vgl. Eurostat: Waste Statistics – Abfallstatistik, Datenauszug von Juni 2019.

Kroatien 78 Prozent. Weitere Mitgliedstaaten wie Spanien, Bulgarien, Ungarn oder die Slowakei liegen immer noch zwischen 50 und 60 Prozent.[316]

Deutschland konnte sich damit vom Jahr 2004 an gerechnet beim Recycling von Siedlungsabfällen noch einmal um zehn Prozentpunkte verbessern (2004 betrug die Quote 56,4 Prozent). Auch die Verbesserungen der zurückliegenden Mitgliedstaaten sind nicht zu unterschätzen. 2004 lag die Recyclingquote von Siedlungsabfall in Griechenland zum Beispiel bei nur 10,1 Prozent (2016 bei 17,2 Prozent und 2018 bei 18,9 Prozent). Zypern hat sich von 3,2 Prozent in 2014 auf 17,2 Prozent in 2016 gesteigert und Rumänien von 1,1 auf 13,3.[317] 76

Der Rohstoffverbrauch der EU beläuft sich auf 16 Tonnen pro Kopf im Jahr, wovon 10 Tonnen in den Materialbestand (Infrastruktur, Wohnraum, langlebige Güter) fließen, während 6 Tonnen als Abfälle aus dem Wirtschaftssystem ausscheiden.[318] 77

b) Fakten zur zirkulären Wirtschaft

Soweit die Zahlen zur originären Abfallwirtschaft. Allerdings hat der vorliegende Beitrag ja gelehrt, dass in Bezug auf die Kreislaufwirtschaft nach europäischem Verständnis nicht mehr nur die Abfallwirtschaft in ihrem originären Sinne im Fokus steht, sondern neben ihr viele andere Wirtschaftszweige. Daher hat die EU-Kommission im Jahr 2018 auch einen ersten sogenannten Überwachungsrahmen Kreislaufwirtschaft veröffentlicht.[319] Er wird begleitet von einem umfassenden Arbeitspapier.[320] Grundlage dafür ist abermals der Aktionsplan zur Kreislaufwirtschaft aus dem Jahr 2015, in welchem sich die EU-Kommission dazu verpflichtete. 78

Ihrer Pflicht nachkommend schlug sie mit der Mitteilung zum Überwachungsrahmen in 2018 ein Set an Indikatoren vor, mit denen der Fortschritt auf dem Weg zu einer umfassenden europäischen Kreislaufwirtschaft zukünftig gemessen werden soll. Dabei gesteht sie selbst zu, dass eine solche Überwachung der Fortschritte anspruchsvoll sei, da es keinen allgemein anerkannten Indikator für „Kreislauforientiertheit" gebe und der Übergang zur Kreislaufwirtschaft nicht auf bestimmte Materialien oder Sektoren beschränkt sei, sondern einen Systemwandel der gesamten Wirtschaft bedeute. Im Idealfall, so die EU-Kommission, könnten Indikatoren Trends bei der Erhaltung des wirtschaftlichen Wertes von Produkten, Materialien und Ressourcen und bei der Entwicklung des Abfallaufkommens aufzeigen.[321] Der Überwachungsrahmen enthält einen Vorschlag für zehn Indikatoren, die sich auf vier Phasen der Kreislaufwirtschaft verteilen.[322] Sie sollen den Startschuss für eine neue Art von Statistik für die kommenden Jahrzehnte setzen. 79

Die von der EU-Kommission in ihrem Überwachungsrahmen vorgeschlagenen Indikatoren beruhen auf der Sichtweise, zu betrachten, wie Materialien in die Wirtschaft gelangen, 80

[316] Vgl. Europäisches Parlament: Abfallwirtschaft in der EU: Zahlen und Fakten, in: Aktuelles Europäisches Parlament, 9.4.2018.

[317] Vgl. Eurostat: Abfall in Ressourcen verwandeln – Recyclingquote von Siedlungsabfällen, URL: https://ec.europa.eu/eurostat/de/web/environmental-data-centre-on-natural-resources/resource-efficiency-indicators/resource-efficiency-scoreboard/thematic-indicators/transforming-the-economy/turning-waste-into-resource-recycling-rate [3.1.2020].

[318] Vgl. Europäisches Parlament: Ressourceneffizienz und Kreislaufwirtschaft, Kurzdarstellungen über die Europäische Union 2019, S. 1.

[319] Vgl. Europäische Kommission: Mitteilung über einen Überwachungsrahmen für die Kreislaufwirtschaft, COM(2018)29 final, 16.1.2018.

[320] Vgl. Europäische Kommission: Commission staff working document: Measuring progress towards circular economy in the European Union – Key indicators for a monitoring framework, Accompanying the document Communication on a monitoring framework for the circular economy, SWD (2018) 17 final, 16.1.2018.

[321] Vgl. Europäische Kommission: Mitteilung über einen Überwachungsrahmen für die Kreislaufwirtschaft, COM(2018)29 final, 16.1.2018, S. 2.

[322] Darunter folgende Indikatoren: 1. Selbstversorgung der EU mit Rohstoffen, 2. Umweltverträgliche öffentliche Auftragsvergabe, 3. Abfallaufkommen, 4. Lebensmittelverschwendung, 5. Recyclingraten insgesamt, 8. Handel mit recyclingfähigen Stoffen oder 10. Patente.

sich darin bewegen und sie (schließlich) verlassen. Eine solche visuelle Übersicht könne ein Materialflussdiagramm geben, das die Ströme sämtlicher Rohstoffe (aggregiert und nach Materialkategorien gruppiert) innerhalb der Wirtschaft illustriert – von ihrer Gewinnung bis zu dem Zeitpunkt, an dem sie zu Abfall werden.[323]

81 Auf dieser Basis kommt die EU-Kommission zu dem Schluss, dass es (basierend auf dem Materialfluss im Jahr 2014) aktuell noch erhebliches Verbesserungspotenzial auf dem Weg zur Kreislaufwirtschaft gibt. Denn die Input-Seite zeige, dass in der EU jährlich 8 Milliarden Tonnen Rohstoffe zu Energie oder Produkten verarbeitet würden. Nur 0,6 Milliarden Tonnen stammen aus dem Recycling. Auf der Output-Seite zeige sich, dass von den 2,2 Milliarden Tonnen anfallenden Abfalls lediglich 0,6 Milliarden Tonnen in Form von Recyclaten in das System zurückfließen. Der Rest des Materials, d. h. 1,5 Milliarden Tonnen, sei Abfall.[324]

82 Bei näherer Betrachtung der einzelnen Indikatoren, z. B. beim Indikator „Selbstversorgung der EU mit Rohstoffen" kommt die EU-Kommission zu dem Schluss, dass die EU ihre Versorgung mit den meisten nicht-metallischen Mineralen, wie Baumaterialien und Industrieminerale, zwar weitgehend allein bestreitet. Es zeige sich aber auch, dass sich die EU bei der Versorgung mit kritischen Rohstoffen in großem Umfang auf Importe stützt.[325] Für die Abfallwirtschaft konstatiert der Überwachungsrahmen allgemein positive, wenngleich auch auf Ebene der Mitgliedstaaten höchst unterschiedliche Entwicklungen. Sie verweist auf die guten Fortschritte im Bereich des Recyclings von Siedlungsabfällen mit 46 Prozent (in 2016) im Vergleich zu 37 Prozent im Jahr 2008. Allerdings befriedigten recycelte Materialien trotz kontinuierlicher Verbesserung seit 2004 nur rund 10 Prozent des Rohstoffbedarfs der EU.[326] Die Zunahmen an Patenten in den Bereichen Recycling und Sekundärrohstoffe um 35 Prozent zwischen 2000 und 2013 zeigt, dass sich sukzessive ein Markt rund um die Kreislaufwirtschaft entwickelt.

83 Die neusten Statistiken zur Kreislaufwirtschaft finden sich aufgeteilt in die einzelnen Mitgliedstaaten auf der eigens neu eingerichteten Eurostat Website zur Kreislaufwirtschaft.[327] Da es durch die Phase der Publikation dieses Beitrags zu Änderungen kommen konnte, empfiehlt sich für eine aktuelle Einschätzung der Zahlen ein Blick auf die angegebene Internetseite. Teilweise sind dort bereits heute Zahlen bis ins Jahr 2018 verfügbar.

84 Mit dem Überwachungsrahmen für die Kreislaufwirtschaft hat die EU-Kommission einen Startpunkt für eine neue Form der europäischen Statistik für die kommenden Jahrzehnte geschaffen. Es ist davon auszugehen, dass die einschlägigen Statistiken zur Abfallwirtschaft fortgeführt werden – zumal sie als wichtige Indikatoren in den Überwachungsrahmen fließen – doch zeigt das Aufsetzen des neuen Statistikrahmens auch auf Ebene der Daten den Systemwandel zur zirkulären Wirtschaft.

4. Reaktionen europäischer Regionen und Gebietskörperschaften

a) Einleitung

85 Ein Haushalten in Kreisläufen betrifft Naturkapital, Humankapital, Kulturkapital sowie das weite Feld der nicht-monetären Gesellschaft, der Sharing Society. Die lineare Fertigungsgesellschaft ist wie ein Fluss; sie lebt vom Verkauf ihrer Güter und wird getrieben durch

[323] Vgl. Europäische Kommission: Mitteilung über einen Überwachungsrahmen für die Kreislaufwirtschaft, COM(2018)29 final, 16.1.2018, S. 2.
[324] Vgl. Europäische Kommission: Mitteilung über einen Überwachungsrahmen für die Kreislaufwirtschaft, COM(2018)29 final, 16.1.2018, S. 3.
[325] Vgl. Europäische Kommission: Mitteilung über einen Überwachungsrahmen für die Kreislaufwirtschaft, COM(2018)29 final, 16.1.2018, S. 7.
[326] Vgl. Europäische Kommission: Mitteilung über einen Überwachungsrahmen für die Kreislaufwirtschaft, COM(2018)29 final, 16.1.2018, S. 10.
[327] Vgl. Eurostat: Circular Economy Overview, URL: https://ec.europa.eu/eurostat/web/circular-economy [27.4.2020].

Mode, Emotionen und Fortschritt, ihr Erfolg misst sich an der Durchflussmenge und wird in nationalen Statistiken bis ins Kleinste erfasst. Ein Wirtschaften in Kreisläufen ist wie ein See; sein Motor ist die Nutzenoptimierung, sein Erfolg wird gemessen an der Zunahme von Qualität und Quantität der Bestände an gefertigten Gütern und Natur-, Human- und Kulturkapital, welche statistisch noch kaum erfasst sind. Die Vision einer neuen werterhaltenden Nutzen-Ökonomie ist keine Utopie, sondern schon weltweite Wirklichkeit.[328],[329]

Der Overshoot Day (Erdüberlastungstag), ein jährlicher Indikator für die Übernutzung der Biokapazität des Planeten, schreitet jedes Jahr voran: Im Jahr 2019 fiel er auf den 29. Juli, während er zu Beginn dieses Jahrhunderts noch für den 23. September berechnet wurde.[330] Für Deutschland allein lag der sogenannte Overshoot Day, der Übernutzungstag 2019 sogar noch früher – es war der 3. Mai, [331] so früh wie nie zuvor. Derzeit benötigen die Menschen die Ressourcen von 1,7 Planeten.[332] 86

Der Launch der Circular Economy Initiative Deutschland[333] am 29. Juli 2019 fiel genau auf den Earth Overshoot Day. Ein Zufall, der die Herausforderung, vor der wir stehen, perfekt verdeutlicht. Denn geht die Nutzung unserer globalen natürlichen Ressourcen weiter wie bisher, bräuchten wir im Jahr 2050 zwei Erden.[334] 87

Über 90 % der weltweit verwendeten Rohstoffe werden nach Nutzung nicht mehr in den Wirtschaftskreislauf zurückgeführt. Dies führt zu einer massiven Übernutzung der endlichen natürlichen Ressourcen unseres Planeten und zur Belastung unseres Klimas. 88

Die Treibhausgasemissionen und allgemeine Verschmutzung haben ein beispielloses Niveau erreicht und gefährden die menschliche Lebensgrundlage, die Ernährungssicherheit, die biologische Vielfalt sowie das allgemeine Wohlergehen des Planeten.[335] 89

Auf der Suche nach Lösungen begannen Pioniere der Nachhaltigkeit, sich von dem traditionellen und immer noch weit verbreiteten linearen Ökonomiemodell der Produktion und Nutzung von Gütern und Dienstleistungen (take, make, dispose) hin zu kreislaufförmigen Lösungen (make, reuse, recycle) zu bewegen.[336] 90

Take, make, use, dispose. Das sind Prinzipien unseres linearen Wirtschaftsmodells. Unternehmen verarbeiten Rohstoffe und machen daraus Produkte, die wir kaufen, verwenden und am Ende in den Müll schmeißen. Es ist ein Modell, das zunehmend in Frage steht. Die Auswirkungen des jahrhundertelangen Take, Make, Use, Dispose werden immer augenfälliger. Umweltprobleme verschärfen sich. Verteilungskonflikte nehmen zu. Und wir stehen vor der ganz konkreten Frage, ob dieses System, in dem Ressourcenverbrauch und Wirtschaftswachstum gekoppelt sind, nicht auch zutiefst unökonomisch ist, weil es die Voraussetzungen zerstört, auf die es gebaut ist.[337] 91

Es wird zunehmend anerkannt, dass die Pariser Klimaziele nur mit dem Übergang zu einer Circular Economy zu erreichen sind. Beispielsweise deuten Ergebnisse des Interna- 92

---

328 Walter Stahel zu Nutzen und Wissen, Eigentum und Haftung, Werte und Identität – ein Haushalten in Kreisläufen ist anders, in Sepp Eisenriegler Hrsg., Kreislaufwirtschaft in der EU, Eine Zwischenbilanz, Springer Gabler Verlag 2020.

329 Walter Stahel, Gründer und Direktor des Instituts für Produktdauerforschung Genf, Sonderbeauftragter Kreislaufwirtschaft der EU-Kommission.

330 Vgl. Janpeter Beckmann, Circular Cities und Circular Procurement – eine Symbiose „Aus Wissenschaft und Forschung", „Kleine Kniffe" – Magazin für eine nachhaltige Beschaffung in Kommunen, Kirchen und Wohlfahrtsverbänden, Oktober 2019, S. 42.

331 Maja Göpel, Unsere Welt neu denken, Eine neue Realität, S. 23 f.

332 Vgl. factor´y, Magazin für nachhaltiges Wirtschaften, 2019 Nr. 2, S. 22.

333 Deutschland auf dem Weg zur Circular Economy, Erkenntnisse aus europäischen Strategien, Vorstudie, acatech.

334 Earth Overshoot Day 2019, URL: https://www.overshootday.org/.

335 Janpeter Beckmann, Circular Cities und Circular Procurement – eine Symbiose „Aus Wissenschaft und Forschung", „Kleine Kniffe" – Magazin für eine nachhaltige Beschaffung in Kommunen, Kirchen und Wohlfahrtsverbänden, Oktober 2019, Seite 42.

336 Janpeter Beckmann, Circular Cities und Circular Procurement – eine Symbiose „Aus Wissenschaft und Forschung", „Kleine Kniffe" – Magazin für eine nachhaltige Beschaffung in Kommunen, Kirchen und Wohlfahrtsverbänden, Oktober 2019, Seite 42.

337 Vgl. Christian Böllhoff, Prognos trendletter, Zirkulär statt Linear, Editorial.

tional Resource Panel darauf hin, dass entsprechende Strategien in den G7-Ländern im Jahr 2050 Treibhausgasemissionen von Gebäuden und Fahrzeugen um bis zu je 40% senken könnten.[338] In einer anderen Studie zeigt *Material Economics,* dass die europäische Industrie in der Nutzung ihrer vier emissionsstärksten Materialien (Stahl, Plastik, Aluminium und Zement), im Jahr 2050 bis zu 60% Treibhausgaseinsparungen verglichen zum „Business-as-Usual" Szenario erzielen kann, wenn Zirkularitäts-Maßnahmen wie Materialeffizienz, Wiederverwendung und Rohstoffrückgewinnung konsequent umgesetzt würden.[339] Konsequenterweise wurde die Transformation zu einer Circular Economy von der Europäischen Kommission als Priorität im Rahmen des European Green Deals für das Erreichen der europäischen Klimaziele erklärt.[340]

93 Die Bundesregierung hat ihren Klimaschutzplan bis 2050 aufgestellt: Bis 2020 eine CO2-Reduktion um 40 Prozent gegenüber 1990, 55 Prozent bis 2030, 95 Prozent 2050. Damit wären das Land selbst 2050 noch nicht bei Nullemissionen und das Pariser Ziel von „deutlich unter zwei Grad" weit verfehlt. Notwendig wäre eine fünf Mal größere Reduktionsrate als bisher, also um 40 statt 8 Megatonnen jährlich. Hebt die EU ihr Klimaziel auf 55 Prozent Reduktion bis 2030 (bisher 40%) – was laut IPCC-Synthesebericht 2019 notwendig ist –, müsste Deutschland um 70 Prozent bis 2030 reduzieren. Um diese wesentlich schnellere Reduktion zu erreichen – da sind sich alle Experten und Expertinnen einig – sind wesentlich schärfere Maßnahmen als bisher erforderlich.[341]

94 Den systemischen Wandel von der linearen zur zirkulären Wirtschaftsweise als EU-Ordnungspolitik zu implementieren, war ein später, dennoch mutiger Schritt in die richtige Richtung. Selten zuvor waren sich die beteiligten Interessengruppen in der EU so einig, dass zur Aufrechterhaltung unseres Lebensstils ein Abkoppeln vom Rohstoffverbrauch nötig ist.[342]

95 Der EU-Aktionsplan[343] hat zu einem europäischen Verständnis und Narrativ für Circular Economy (CE) beigetragen, das sich in den nationalen Länderstrategien wiederfindet. Im EU-Aktionsplan werden soziale, ökologische und ökonomische Potenziale der Transformation zu einer CE herausgearbeitet. Er diente vielen als Legitimierung nationaler Aktivitäten und damit findet sich auch das Narrativ des Aktionsplans in den Länderstrategien wieder. Übergreifende Motive in den bestehenden Narrativen sind die Nennung globaler Druckpunkte wie die Überschreitung planetarer Grenzen, Klimaschutz oder der Beitrag zu den UN-Nachhaltigkeitszielen. Auch wirtschaftliche Fragen, wie die Abhängigkeit von Rohstoffimporten bzw. -preisen oder die Schaffung von Arbeitsplätzen, sind in den Strategien vielfach vertreten. In allen EU-Ländern herrscht das einheitliche Verständnis, dass mit der Transformation zu einer CE soziale, ökologische und ökonomische Ziele erreicht werden können.[344]

96 Wirtschaftswachstum vom Ressourcenverbrauch entkoppeln: Das ist die Vision der Circular Economy.

---

[338] International Resource Panel 2020, Resource efficiency and climate change, gemeint sind „THG-Emissionen, die mit Material und Energieverbrauch verbunden sind.

[339] Material Economics, 2018, The Circular Economy – A Powerful Force for Climate Mitigation.

[340] Dr. Susanne Kadner in: Müll und Abfall, Heft 4, Jahrgang 2020, Seite 181 f.

[341] Factor'y, Magazin für nachhaltiges Wirtschaften, S. 3.

[342] Sepp Eisenriegler, Kreislaufwirtschaft in der EU, Eine Zwischenbilanz, Springer Gabler Verlag 2020, Vorwort.

[343] Zitat aus dem EU-Aktionsplan für die Kreislaufwirtschaft der EU KOM 2015: „Die Kreislaufwirtschaft wird die EU wettbewerbsfähiger machen, weil Unternehmen nicht mit Ressourcenknappheit und Preisschwankungen konfrontiert sein werden, und auf diese Weise zur Entwicklung neuer Geschäftsmöglichkeiten und innovativer, effizienterer Produktions- und Verbrauchsmuster beitragen. Sie wird lokale Arbeitsplätze auf allen Ebenen schaffen und die Integration und den sozialen Zusammenhalt fördern. Sie ermöglicht gleichzeitig das Einsparen von Energie und wird dazu beitragen, irreversible Schäden zu vermeiden, die dadurch verursacht werden, dass Ressourcen – bezogen auf Klima und Biodiversität, Luft, Boden und Gewässerverunreinigung – schneller aufgebraucht werden, als die Erde sie regenerieren kann."

[344] Deutschland auf dem Weg zur Circular Economy, Erkenntnisse aus europäischen Strategien, Vorstudie, acatech, Seite 27.

Die Europäische Union und zahlreiche Mitgliedsländer haben bereits strategische Pläne für einen Übergang zu einer ressourcenschonenden Wirtschaftsweise nach den Prinzipien der Circular Economy entwickelt– zum Beispiel die Niederlande, Portugal oder Luxemburg. Auch außerhalb von Europa folgen Länder dieser Leitidee, beispielsweise China, Japan oder Kanada.[345] 97

Bei der Entwicklung der Länderstrategien zeigt sich die Eigenschaft der Circular Economy als ressortübergreifendes Thema auch in der Einbindung der verschiedenen Akteure auf politischer Ebene. Häufig lag die Verantwortung bei einer Kombination aus Umwelt- und Wirtschaftsministerium. Teilweise wurden weitere Ministerien als Autor oder Herausgeber eingebunden, wenn diese für bestimmte Zielsetzungen relevant waren. Viele Länder erkannten, dass Circular Economy als Querschnittsthema in alle Ministerien integriert werden muss. Daher wurden in einigen Ländern ressortübergreifende Gremien ins Leben gerufen.[346] Wahrscheinlich wird sich die Transformation zu einer Circular Economy über mehrere Legislaturperioden ziehen und dementsprechend über diese hinaus in den politischen Agenden möglicher zukünftiger Regierungen verankert sein müssen.[347] 98

Schätzungen zufolge könnte die Circular Economy der Europäischen Union über zehn Jahre ein Wachstum von bis zu vier Prozent generieren (ING 2015) und bis 2030 etwa zwei Millionen neue Arbeitsplätze schaffen (Europäische Kommission 2014). Kurz: Die Circular Economy ist gut für die Umwelt und gut für die Wirtschaft. Deshalb hat die EIB in den letzten fünf Jahren mehr als zwei Milliarden Euro dafür bereitgestellt und will in diesem Bereich noch viel mehr tun.[348] 99

In den vergangenen Jahren sind verschiedene Studien erschienen, die sich mit den Wirkungen einer veränderten Lebens-, Wirtschafts- und Produktionsweise auf die Wirtschaft, die Gesellschaft, die Umwelt und unser Konsumverhalten beschäftigen. So ermittelte eine Studie für die Ellen MacArthur Foundation für Europa wirtschaftliche Vorteile in Höhe von etwa 1,8 Billionen Euro bis zum Jahr 2030 – rund 900 Milliarden Euro mehr als unter Beibehaltung des linearen Entwicklungspfades. Aktuelle Berechnungen der Prognos zeigen ferner: In Europa sind heute in den entsprechenden Branchen schon rund 7 Millionen Menschen beschäftigt.[349] 100

b) Beispiele auf nationaler Ebene

aa) Niederlande. Die Niederlande sind in Sachen zirkulärer Wirtschaft Vorreiter. Sie haben sich zum Ziel gesetzt, bis 2030 zu 50 % und bis 2050 zu 100 % zirkulär zu wirtschaften. Die meisten anderen Mitgliedsstaaten müssen erst noch auf das Potenzial der Kreislaufwirtschaft aufmerksam werden. 101

Circular Economy-Strategien werden dazu genutzt, verschiedene nationale und internationale Programme und Zielsetzungen zu harmonisieren. In vielen Ländern wurde hervorgehoben, wie zirkuläre Ansätze zum Erfüllen selbstgesteckter Ziele oder internationaler Verpflichtungen beitragen können. So wurden etwa in den Niederlanden die positiven Wechselwirkungen mit aktuellen politischen Strategien herausgearbeitet (unter anderem Biomass Vision for 2030, Raw Materials Memorandum, Green Growth Programmes). Im Koalitionsvertrag der niederländischen Regierung 2016 wurde Circular Economy als Hebel zur Erreichung der Klimaziele explizit hervorgehoben.[350] 102

---

345 Deutschland auf dem Weg zur Circular Economy, Erkenntnisse aus europäischen Strategien, Vorstudie, acatech, Seite 5.

346 Deutschland auf dem Weg zur Circular Economy, Erkenntnisse aus europäischen Strategien, Vorstudie, acatech, Seite 29.

347 Deutschland auf dem Weg zur Circular Economy, Erkenntnisse aus europäischen Strategien, Vorstudie, acatech, Seite 27.

348 Prognos trendletter, Zirkulär statt Linear, Seite 6.

349 Prognos trendletter, Zirkulär statt Linear, Seite 4.

350 Circular Economy Initiative Deutschland, Vorstudie, Seite 27.

103 Die niederländische Regierung hat dazu ein regierungsweites Programm für die Kreislaufwirtschaft aufgelegt, an dem mehrere Ministerien[351] beteiligt sind. Es umfasst alle Programme, die auf einen effizienteren Umgang mit Rohstoffen abzielen: z. B. die Programme „From Waste to Resource" (VANG), „Green Growth" und „Biobased Economy".

104 Das regierungsweite Programm für eine Kreislaufwirtschaft mit dem Titel „Eine Kreislaufwirtschaft in den Niederlanden bis 2050" wurde am 14. September 2016 dem Repräsentantenhaus vorgestellt. Das Programm legt dar, was zu tun ist, um die Rohstoffe, Produkte und Dienstleistungen effizienter und intelligenter zu nutzen und so das ehrgeizige Ziel – eine zirkuläre Niederlande bis 2050 – verwirklichen zu können.[352]

105 An der Ernsthaftigkeit ihres Anliegens lassen die Niederlande auch keinen Zweifel aufkommen. So wurde am 24. Januar 2017 in Den Haag eine Regierungserklärung abgegeben und mit zahlreichen Partnern (Unternehmen, Regierungen, Wissensinstitute, NGOs und viele andere[353]) eine Absichtserklärung unterzeichnet mit dem Ziel, gemeinsam Programme für den Übergang zu einer Kreislaufwirtschaft zu entwickeln.[354]

106 Die Niederlande stützen ihre Strategie auf der Annahme, dass ein gesünderer Planet auch eine starke Wirtschaft hervorbringt. Eine intelligentere Ressourcennutzung wird es den Menschen auch in Zukunft ermöglichen, ein wohlhabendes Leben auf einem gesunden Planeten mit einer starken und nachhaltigen Wirtschaft zu führen, weshalb eine Kreislaufwirtschaft aus drei Gründen notwendig ist: wegen des Ressourcenverbrauchs (1), der Abhängigkeit (2) von anderen Ländern und den Auswirkungen (3) auf die Umwelt.

107 Viele Rohstoffe werden derzeit importiert. Die Niederlande importieren zum Beispiel viel Magnesium aus China. In einer Kreislaufwirtschaft werden die Niederlande viel weniger abhängig von anderen Ländern sein. Produkte, die früher weggeworfen und verbrannt wurden, werden in Zukunft als Rohstoffquelle genutzt werden.

108 Autos, Züge und Flugzeuge werden mit Kraftstoffen wie Diesel, Benzin und Kerosin betrieben. Die Gewinnung und der Verbrauch dieser Ressourcen wirken sich auf die Umwelt aus. Ein höherer Energieverbrauch erhöht auch die Kohlenstoffemissionen. Eine Kreislaufwirtschaft hat weniger negative Auswirkungen auf die Umwelt und verringert den Kohlenstoffausstoß.[355]

---

[351] Ministerium für Wirtschaft und Klimapolitik, Ministerium für Auswärtige Angelegenheiten, Ministerium für Infrastruktur und Wasserwirtschaft, Ministerium für Inneres und Königreichsbeziehungen.

[352] A Circular Economy in the Netherlands by 2050, Government-wide Programme for a Circular Economy, www.government.nl/circular-economy, September 2016.

[353] Partners
The drafting partners of this agreement are:
VNO-NCW (Confederation of Netherlands Industry and Employers) and MKB-Nederland (representing small and medium-sized enterprises)
FNV, Federatie Nederlandse Vakbeweging (Dutch Federation of Trade Unions)
VCP, Vakcentrale voor Professionals (Trade Union Federation for highly educated professionals)
Stichting Natuur & Milieu (Nature & Environment Foundation)
VNG, Vereniging Nederlandse Gemeenten (Association of Netherlands Municipalities)
IPO, Interprovinciaal Overleg (Association of Provincial Authorities)
Unie van Waterschappen (Association of Dutch Regional Water Authorities)
the Dutch Minister for the Environment and the Minister of Economic Affairs, also on behalf of the Minister for Housing and the Central Government Sector, and the Minister for Foreign Trade and Development Cooperation (referred to jointly hereinafter as the „National Government");
and:
supporting partners that co-endorse this agreement and would like to contribute to its implementation from the following groups:
Entrepreneurs
Employees
Environmental and nature conservation organisations
Municipalities, regions, provinces and water authorities
Financial institutions
Institutions of knowledge and education
Other social organisations, partnerships and platforms.

[354] Vgl. National Agreement on the Circular Economy, www.circulaireeconomienederland.nl.

[355] Vgl. A Circular Economy in the Netherlands by 2050, S. 9/10.

109 Besonders hervorzuheben ist der niederländische Ansatz der Green Deals, der mittlerweile von zahlreichen Ländern sowie auf EU-Ebene übernommen worden ist. Das „Green Deal"-Programm in den Niederlanden ist eine gemeinsame Initiative des Ministeriums für Wirtschaft, des Ministeriums für Infrastruktur und Wasserwirtschaft sowie des Ministeriums für Inneres und Königreichsbeziehungen.

110 Mit diesem Programm gibt die Regierung Organisationen und Unternehmen die Möglichkeit, existierende Barrieren, die grünes Wachstum oder die Implementierung von CE-Aktivitäten verhindern, selbstständig zu erkennen und einen Antrag auf Revision zu stellen. Durch die Beratung zur Regulierung, Verwaltung, Finanzierung und in einigen Fällen zur Änderung von Vorschriften ist es der Regierung gelungen, die Wirtschaftstätigkeit von zirkulären Geschäftsideen von Grund auf anzuregen, ohne weitere finanzielle Anreize setzen zu müssen.[356]

111 Auf einem Portal für Beschleuniger der Kreislaufwirtschaft[357] unterstützt die niederländische Regierung beispielsweise Unternehmen bei ihren Plänen oder Ideen für eine Kreislaufwirtschaft, beantwortet Fragen zu Partnern, Gesetzgebung oder Finanzierung.

112 Darüber hinaus will die niederländische Regierung mit Hilfe der Gesetzgebung den Übergang zur Kreislaufwirtschaft vorantreiben. Zu diesem Zweck identifiziert das Programm zur Beseitigung regulatorischer Hindernisse für grünes Wachstum Bereiche, in denen die Gesetzgebung geändert werden muss. Da dieses Programm Ende 2019 auslief, untersucht das Programm zur Umsetzung der Kreislaufwirtschaft 2019–2023[358] nun, welche Gesetzesänderungen notwendig sind.

113 Hersteller und Importeure sollen sich die Verantwortung für die Bewirtschaftung der Abfälle teilen, die durch die von ihnen vermarkteten Produkte entstehen. Dies soll die Hersteller ermutigen, ihre Produkte so nachhaltig wie möglich zu gestalten. Es wird auch dafür sorgen, dass mehr Produkte am Ende ihrer Nutzungsdauer gesammelt und recycelt werden.

114 Die Herstellerverantwortung gilt bereits für Hersteller und Importeure von: Autos, Reifen, elektronischen Waren, Verpackungen, und Batterien. Die Regierung prüft die Möglichkeit, die Herstellerverantwortung auszuweiten, indem sie mit den Herstellern eine Vereinbarung darüber trifft, wie viel wiederverwertbares (recyceltes oder biobasiertes) Material in ihren Produkten enthalten sein soll. Die Regierung prüft auch die Möglichkeit, die Herstellerverantwortung für Produkte wie Matratzen, Einwegwindeln und Textilien einzuführen.[359]

115 Zirkuläres Design ist wichtig für eine Kreislaufwirtschaft. Das bedeutet, Produkte so zu gestalten und zu entwickeln, dass sie leicht zu reparieren, zu recyceln und wiederzuverwenden sind. Zirkuläres Design ist auf die Vermeidung von Abfall ausgerichtet. So werden beispielsweise immer mehr modulare Telefone auf den Markt gebracht, die aus Teilen bestehen, die einzeln ersetzt werden können. Wenn also z. B. die Kamera kaputt ist, muss nur dieser Teil ersetzt werden, nicht das gesamte Gerät.[360]

116 Das Ziel der Regierung ist es, dass bis 2022 so viele Herstellerfirmen wie möglich zum zirkulären Design animiert zu haben, was mit Schreiben der Regierung an das Parlament als Antwort auf die Übergangsagenden dargelegt wird.

117 Die Regierung kann mit gezielten Preisanreizen (Marktanreizen) das Land in eine Kreislaufwirtschaft führen. Dies kann Hersteller dazu ermutigen, sich für recycelte oder biobasierte Materialien zu entscheiden, und Verbraucher dazu, sich für nachhaltige Produkte zu entscheiden.

---

356 Vgl. Business.gov.nl o. J.
357 Nederland Cirulair! versnellingshuisce.nl/.
358 Government of the Netherlands (Rijksoverheid), https://www.rijksoverheid.nl/onderwerpen/circulaire-economie/documenten/rapporten/2019/02/08/uitvoeringsprogramma-2019–2023.
359 A Circular Economy in the Netherlands by 2050, S. 25 ff.
360 A Circular Economy in the Netherlands by 2050, S. 34 f.

118 Beispiele für Marktanreize: höhere Preise für Produkte, deren Herstellung schlecht für die Umwelt ist; finanzielle Vorteile für Unternehmen, die Ressourcen so nachhaltig und effizient wie möglich nutzen.[361]

119 Anders als bei normalen Beschaffungsverfahren wird bei der zirkulären Beschaffung von Anfang an überlegt, was mit einem Produkt geschehen soll, wenn es das Ende seiner Lebensdauer erreicht hat. Das Prinzip ist, dass es möglich sein sollte, seine Teile oder Materialien wiederzuverwenden oder neu zu verwenden. Es ist wichtig, dass Produkte und Komponentenmaterialien ihren Wert behalten. Beispiel: Altpapier kann z. B. zur Herstellung von Toilettenpapier verwendet werden.

120 Die Regierung ist bestrebt, beim Übergang zu einer Kreislaufwirtschaft mit gutem Beispiel voranzugehen. Alle öffentlichen Behörden in den Niederlanden werden sich gemeinsam bemühen, eine Million Tonnen Kohlenstoffemissionen durch zirkuläre Beschaffung zu vermeiden. *Rijkswaterstaat* zum Beispiel experimentiert mit dem Bau eines Viadukts aus wiederverwendbaren Komponenten, und das Verteidigungsministerium lässt Teile seiner Ausrüstung aus recycelten Teilen alter Militärausrüstung herstellen.[362]

121 Die Regierung strebt an, dass bis 2030 50 % der Materialien so weit wie möglich wiederverwendet werden und dass Abfälle nach Möglichkeit in nutzbare Rohstoffe umgewandelt werden. Zu diesem Zweck beabsichtigt sie, im Jahr 2020 einmalig 80 Millionen Euro für zirkuläre Projekte zur Verfügung zu stellen, die die Kohlenstoffemissionen aus Erd-, Straßen- und Wasserbau verringern. In ihrem Haushalt 2020 hat die Regierung außerdem 8 Millionen Euro für Programme zur Förderung des Übergangs zur Kreislaufwirtschaft in verschiedenen Sektoren bereitgestellt.

122 Um sicherzustellen, dass die Niederlande auf dem Weg zu ihren Zielen für 2050 bleiben, wird die Regierung die Programme überwachen und gegebenenfalls Anpassungen vornehmen.[363]

123 **bb) Frankreich.** Unter dem Titel 50 Maßnahmen für eine 100%ige Kreislaufwirtschaft hatte die französische Regierung im April 2018 eine Roadmap zur Circular Economy vorgelegt. Erarbeitet wurde diese Roadmap vom Umwelt- und Sozialministerium sowie vom Finanz- und Wirtschaftsministerium.

124, 125 Ziel ist es, zu einer anderen Form von Wirtschaft überzugehen, in der in Maßen konsumiert wird, in der Produkte eine längere Lebensdauer haben, in der Abfall reduziert wird und die uns in die Lage versetzt, Abfall wieder als Rohstoff zurückzugewinnen. Dieser Übergang zu einem neuen Wirtschaftsmodell wird als gesellschaftliches Projekt identifiziert, dessen Ziel es ist, wegzukommen von der Wegwerfgesellschaft, die Lebensweise zu ändern und neue und nachhaltigere Produktions- und Verbrauchsmethoden zu finden. Die Roadmap adressiert sämtliche Sektoren und befasst sich vorrangig mit der Produktion, dem Verbrauch, der Abfallwirtschaft, den Sekundären Rohstoffen sowie Innovation und Investitionen.[364]

126 Das 50-Punkte-Schema ist das Ergebnis einer Konsultation mit Interessenvertretern (November 2017 – Januar 2018) und einer zweistufigen Online-Beteiligung der Öffentlichkeit (November 2017 – Februar 2018).

127 Vorangegangen war ein Wahlkampfversprechen des französischen Präsidenten, dass Frankreich im Jahr 2025 eine Kunststoff- und Recyclingquote von 100 Prozent haben werde. Daran anknüpfend ist ein Themenschwerpunkt der französischen Roadmap Kunststoffe.[365]

---

361 A Circular Economy in the Netherlands by 2050, S. 27 f.

362 A Circular Economy in the Netherlands by 2050, Seiten 28, 52, 62, 67.

363 A Circular Economy in the Netherlands by 2050.

364 Vgl. circulareconomy.europa.eu, Circular Economy roadmap of France: https://circulareconomy.europa.eu/platform/en/strategies/circular-economy-roadmap-france-50-measures-100-circular-economy.

365 Vgl. Deutschland auf dem Weg zur Circular Economy, Erkenntnisse aus europäischen Strategien, Vorstudie, acatech, S. 34.

Frankreich hat noch einen langen Weg vor sich, um in der Kreislaufwirtschaft voranzukommen. Im Jahr 2014 lag die Verwertungsquote von Haushalts- und ähnlichen Abfällen bei 39 % – viel niedriger als in Deutschland (65 %) oder Belgien (50 %). Der Rest, der zur Hälfte aus organischen Abfällen besteht, wird daher verbrannt oder deponiert, was zu lokaler Umweltverschmutzung und Energieverschwendung führt, die mit den französischen Klimazielen unvereinbar ist. Um 100 % des recycelbaren Abfalls zu sammeln, soll den Bürgern das Sortieren von Abfällen erheblich erleichtert werden. Bioabfälle sollen getrennt gesammelt werden, es sollen Preisanreize in der Abfallwirtschaft geschaffen werden. Die Regierung will sicherstellen, dass Unternehmen und Regierungsbehörden, die große Abfallmengen produzieren, ihren Verpflichtungen hinsichtlich der Sortierung der fünf am leichtesten recycelbaren Abfallarten nachkommen: Metall, Papier, Holz, Kunststoff und Glas. Für Bauabfälle sollen Sortier- und Recyclingziele beim Abbruch, aber auch während der Bauphase festgelegt werden.[366] **128**

Am 10. Juli 2019 wurde nun ein neuer Gesetzesentwurf zur Abfallvermeidung und der Kreislaufwirtschaft im Ministerrat vorgelegt. Hauptziel dieses Gesetzes ist es, den Übergang vom linearen Wirtschaftsmodell „Herstellen, Konsumieren, Wegwerfen" zu einem Kreislaufmodell zu vollziehen. Konkret erfordert dies die Berücksichtigung des gesamten Lebenszyklus von Konsumgütern. Gesetzesänderungen müssen Produktdesign, -verbrauch und -entsorgung integrieren. Die neue Gesetzgebung zielt darauf ab, alle Formen von Verschwendung zu bekämpfen sowie Treibhausgasemissionen und die Abhängigkeit von nichterneuerbaren Rohstoffen zu reduzieren. Insbesondere dient dieses Gesetz zur: Umsetzung der europäischen Richtlinien im Bereich der Kreislaufwirtschaft (Circular Economy Package, sowie einige Bestimmungen der Richtlinie über die Umweltauswirkungen bestimmter Kunststoffe, auch bekannt als „Einweg-Plastik-Richtlinie") (1); Neugestaltung der Funktionsweise der erweiterten Herstellerverantwortung (EPR) (2); Ausweitung der EPR auf weitere Stoffströme (3); Verbesserung der Verbraucherinformationen (4); kreislaufwirtschaftlichen Regulierung des Online-Handels (5). Zum ersten Mal seit 1992 wird Abfall als wirtschaftlicher Rohstoff definiert.[367] **129**

Im Bereich der erweiterten Produktverantwortung ist Frankreich in der Kreislaufwirtschaft Vorreiter. Das Prinzip der erweiterten Herstellerverantwortung ist in Frankreich bereits seit 1975 gesetzlich verankert. Das erste landesweite System wurde 1992 für die Sammlung von Verpackungsabfällen privater Endverbraucher eingeführt. Später wurden ähnliche Systeme für Batterien und Akkus, Papier, elektrische und elektronische Geräte etc. eingeführt. Mittlerweile gibt es in Frankreich ca. 20 verschiedene EPR-Systeme.[368] **130**

---

[366] Vgl. European Compost Network, https://www.compostnetwork.info/.

[367] Vgl. Deutsch-Französische Industrie- und Handelskammer, https://www.francoallemand.com/publikationen/neue-gesetzgebung-in-der-kreislaufwirtschaft/.

[368] Nach der Reform sieht der Artikel L.541-10-1 des Umweltgesetzbuches eine erweiterte Herstellerverantwortung für folgende Produkte vor (vereinfacht):
Verpackungsabfälle privater Endverbraucher,
Verpackungsabfälle gewerblicher Endverbraucher (ab dem 1.1.2025),
Bedrucktes Papier, welches für Endverbraucher bestimmt ist (mit Ausnahme von Büchern),
Bauprodukte und Baumaterialien (ab dem 1.1.2022),
Elektrische und elektronische Geräte,
Batterien und Akkumulatoren,
Chemische Produkte und ihre Behälter, die ein erhebliches Gesundheits- und Umweltrisiko darstellen können, soweit sie Haushaltsabfälle darstellen (ab dem 1.1.2021 alle Abfälle dieser Produkte),
Arzneimittel,
Perforierende medizinische Geräte, die von Patienten zur Selbstbehandlung verwendet werden (ab dem 1.1.2021 auch elektrische oder elektronische Geräte, die mit einem solchen Gerät verbunden sind und nicht bereits unter Nr. 5 fallen),
Möbel und gepolsterte Sitz- oder Schlafmöbel (ab 1.1.2022 auch textile Dekorationselemente),
Textile Bekleidung, Schuhe und Haushaltswäsche für Verbraucher sowie Textilprodukte für die Wohnung,
Spielzeug,
Sport- und Freizeitartikel,

131 An dieser Stelle setzt der neue Gesetzesentwurf an, der sich nicht auf die in den europäischen Texten genannten Stoffströme beschränkt, sondern die EPR noch ausweitet. Künftig sollen auch Spielzeug, Sport-, Freizeit-, Heimwerker- und Gartenartikel, Kraftfahrzeuge, Mineralöle und synthetische Öle, sowie das Baugewerbe betroffen sein. Die Umsetzung entsprechender Maßnahmen ist im Zeitraum zwischen dem 1. Januar 2021 und dem 1. Januar 2025 vorgesehen.[369]

132 Zudem wird durch die Reform die Herstellerverantwortung auf das Produktdesign erweitert. Hersteller betroffener Produkte müssen künftig fünfjährige Ökodesign-Aktionspläne aufstellen, um ihre Produkte recyclebarer zu machen. Hersteller, die ihre Produkte umweltfreundlich gestalten, erhalten einen Rabatt auf den Beitrag, den sie für die Entsorgung ihrer Produkte zahlen müssen. Hersteller, die ihre Pflichten nicht erfüllen, zahlen dagegen einen erhöhten Beitrag. Weiter trifft den Händler einer von der EPR betroffenen Produktgruppe nun die Pflicht, dem Käufer auf Anfrage die Nummer mitzuteilen, unter welcher der Hersteller registriert ist, den für das fragliche Produkt die EPR-Pflichten treffen (Art. L.541-10-13 des französischen Umweltgesetzbuches).[370]

133 Im Verpackungsbereich ist der boomende Onlinehandel besonders stark von Trittbrettfahrern betroffen, da die Verkäufer aus dem Ausland keine Geschäftspräsenz oder Niederlassung in dem Land haben, in dem die Produkte auf den Markt gebracht werden.

134 Aus diesem Grund wurden im französischen Gesetzesentwurf besondere Bestimmungen für Online-Händler aufgenommen. In seiner derzeitigen Fassung sieht Artikel 8 eine Verpflichtung der Internetplattformen im Bereich der Herstellerverantwortung vor, falls die Händler bzw. Hersteller, die ihre Produkte auf diesen Internetplattformen anbieten ihren Pflichten in diesem Bereich nicht nachkommen. Auch werden seit 2012 Tarifanpassungen vorgenommen, die einen Anreiz für die Inverkehrbringer darstellen sollen, ihre Produkte kreislaufwirtschaftsfreundlichen Kriterien entsprechend zu gestalten. Zudem zielt der Gesetzesentwurf darauf ab, Ökodesign auf nachhaltige Weise in die Praxis von Unternehmen zu integrieren. Der Entwurf sieht nämlich die Verallgemeinerung der Öko-Modulation auf alle Stoffströme nach Umweltkriterien, wie z. B. Nachhaltigkeit, Recycling- und Reparaturfähigkeit, sowie Mindestquoten für die Integration von Recyclingmaterial bei der Konzeption neuer Verpackungen vor.[371]

135 Schlussendlich sieht der Gesetzesentwurf eine verbindliche Anbringung des „Triman"-Logos auf allen Produkten vor, die einem EPR-Stoffstrom unterliegen, einschließlich Glasverpackungen, welche zuvor davon ausgenommen waren. Mit der verpflichtenden Aufbringung des Triman-Logos will Frankreich der Verunsicherung der Bürger in Bezug auf die Sortierung und Recyclingfähigkeit von Materialien entgegenwirken.[372]

Heimwerker- und Gartenartikel,
PKW, Lieferwagen, zwei- oder dreirädrige Kraftfahrzeuge und vierrädrige Kraftfahrzeuge (ab dem 1.1.2022),
Reifen (ab dem 1.1.2023),
Mineralische oder synthetische Schmier- oder Industrieöle (ab dem 1.1.2022),
Sportboote,
Tabakwaren mit Filtern, die ganz oder zum Teil aus Kunststoff bestehen (ab dem 1.1.2021),
Nicht biologisch abbaubare synthetische Kaugummis (ab dem 1.1.2024),
Einweg-Sanitärtextilien, einschließlich vorgetränkter Wischtücher für den persönlichen und häuslichen Gebrauch (ab dem 1.1.2024),
Fischfanggeräte, die Kunststoff enthalten (ab dem 1.1.2025).

[369] Vgl. Deutsch-Französische Industrie- und Handelskammer, https://www.francoallemand.com/publikationen/neue-gesetzgebung-in-der-kreislaufwirtschaft/.

[370] Loi n° 2020-105 du 10 février 2020 relative à la lutte contre le gaspillage et à l'économie circulaire, abrufbar unter: https://www.legifrance.gouv.fr/eli/loi/2020/2/10/TREP1902395L/jo/texte.

[371] Vgl. Deutsch-Französische Industrie- und Handelskammer, https://www.francoallemand.com/publikationen/neue-gesetzgebung-in-der-kreislaufwirtschaft/.

[372] Vgl. Deutsch französische Industrie und Handelskammer, Interview: https://www.francoallemand.com/publikationen/neue-gesetzgebung-in-der-kreislaufwirtschaft.

Immer mehr Franzosen schließen sich der *No-Waste-Bewegung* an. Deren Ziel: Die Abfallmenge, die auf Deponien oder in Verbrennungsanlagen landet, bestmöglich zu verringern. In Paris läuft dazu ein weltweit nahezu einmaliges Experiment, bei dem sich Bewohner und Geschäftsleute gemeinsam mit der Stadtverwaltung am Projekt „abfallfreie Straße" beteiligen, siehe hierzu: https://www.br.de/nachrichten/deutschland-welt/muellvermeidung-frankreich-setzt-auf-zero-dechet,RX9Sd8j [373] Zum Erfolg zirkulärer Produkte und Dienste bedarf es einer Verhaltensänderung der Konsumierenden, da Circular Economy nicht rein technisch umgesetzt werden kann. Zero Waste Frankreich[374] ruft mit seiner Aktion „Nothing New" die Gesellschaft auf, die eigenen Verbrauchsgewohnheiten zu hinterfragen und möglichst keine neuen Artikel zu kaufen. Im Jahr 2018 nahmen 15.000 Personen in ganz Frankreich an der Challenge teil. 136

cc) Deutschland. Für Deutschland fehlt ein Circular Economy-Plan derzeit.[375] Daher arbeiten Wissenschaft, Unternehmen und zivilgesellschaftliche Organisationen zusammen an einem Zielbild für Deutschland. Die Analysen der Deutschen Akademie der Technikwissenschaften (acatech) und SYSTEMIQ zeigen, dass andere Länder Deutschland hier bereits voraus sind. Die Initiative unter Federführung von acatech wird vom Bundesministerium für Bildung und Forschung (BMBF) gefördert. Die Circular Economy Initiative Deutschland will den Dialog anstoßen, wie eine systemische Trendwende vom linearen zum zirkulären Wirtschaften gelingen kann.[376] 137

Viele Länder erkannten, dass Circular Economy als Querschnittsthema in alle Ministerien integriert werden muss. Daher wurden in einigen Ländern ressortübergreifende Gremien ins Leben gerufen.[377] Für Deutschland heißt es, dass eine ressortübergreifende Zusammenarbeit zwischen verschiedenen Ministerien auch empfehlenswert erscheint, also neben dem Bundesministerium für Bildung und Forschung (BMBF) zumindest auch mit dem Bundesministerium für Umwelt, Naturschutz und nukleare Sicherheit (BMU), dem Bundesministerium für Wirtschaft und Energie (BMWi) sowie dem Bundesministerium für wirtschaftliche Zusammenarbeit (BMZ). 138

Wahrscheinlich wird sich die Transformation zu einer Circular Economy über mehrere Legislaturperioden ziehen und dementsprechend über diese hinaus in den politischen Agenden möglicher zukünftiger Regierungen verankert sein müssen.[378] 139

Deutschland ist stolz auf den selbstverliehenen Titel „Recyclingweltmeister"; ein Großteil der Bevölkerung sieht die ordentliche Mülltrennung als einen seiner wichtigsten Beiträge zum Umweltschutz (gleichzeitig liegt jedoch der Anteil von „Fehlwürfen", d. h. falsch zugeordneter Abfallfraktionen, bei bis zu 40 %).[379] Das ist auch der Grund, weshalb in Deutschland die Notwendigkeit zum Zirkulären Wirtschaften noch nicht so dringend gesehen wird. 140

Laut der KFW-Bank gehört Deutschland, mit Blick auf die rein abfallwirtschaftliche Seite der Circular Economy – dem Recycling – zu den Vorreitern in der EU. Bezüglich der Themen Abfallvermeidung, lange Produktnutzungsdauer, recyclingfreundliche Produktgestaltung sowie Materialeffizienz zeige sich jedoch, dass Deutschland, wie Gesamteuropa, noch große Entwicklungspotenziale aufweist.[380] 141

---

373 BR Bayerischer Rundfunk, https://www.br.de/radio/bayern2/sendungen/breitengrad/frankreich-muellvermeidung-zero-dechet-100.html.

374 Vgl. Foulon 2018; https://www.zerowastefrance.org/en/.

375 Vgl. Deutschland auf dem Weg zur Circular Economy, Erkenntnisse aus europäischen Strategien, Vorstudie, acatech, Seite 5.

376 Deutschland auf dem Weg zur Circular Economy, Erkenntnisse aus europäischen Strategien, Vorstudie, acatech, Seite 4.

377 Deutschland auf dem Weg zur Circular Economy, Erkenntnisse aus europäischen Strategien, Vorstudie, acatech, Seite 29.

378 Deutschland auf dem Weg zur Circular Economy, Erkenntnisse aus europäischen Strategien, Vorstudie, acatech, Seite 27.

379 Uwe Schneidewind, Die große Transformation, 3 Auflage Juli 2019, S. 218.

380 KfW Research, Fokus Volkswirtschaft, Nr. 258, 19. Juli 2019, Circular Economy als Schlüssel für nachhaltiges Wirtschaften und Ressourcensicherheit.

142 Die Art, wie wir als Gesellschaft produzieren und konsumieren, geht zulasten von Mensch und Umwelt. Das Konzept der Circular Economy zielt darauf ab, dies grundlegend zu verändern.[381]

143 400 Millionen Tonnen Abfälle werden Jahr für Jahr in Deutschland der Kreislaufwirtschaft zugeführt. In rund 10.800 privaten und kommunalen Unternehmen sorgen rund 275.000 Mitarbeiter an rund 15.800 Sortier- und Aufbereitungsanlagen dafür, dass die Abfälle sortiert, aufbereitet, verwertet oder beseitigt werden. Das Ziel: möglichst viele Stoffe aus dem Abfall zurückzugewinnen.[382]

144 Mit Blick auf die abfallwirtschaftliche Seite der Circular Economy gehört Deutschland zu den EU-Mitgliedstaaten, in denen das Recycling seit Langem einen hohen Stellenwert hat. Im Jahr 2016 wurden 70 % des gesamten deutschen Abfallaufkommens einer stofflichen Verwertung zugeführt.[383] Dadurch lassen sich nicht nur Primärrohstoffe einsparen, sondern auch relevante Mengen an Energie und damit verbundenen Treibhausgasemissionen. Allein 2013 konnten durch die Aktivitäten der deutschen Sekundärrohstoffwirtschaft 493 Mio. Tonnen Primärrohstoffe und 1.400 Petajoule Primärenergie im In- und Ausland vermieden werden.[384]

145 Um das Ziel einer Circular Economy zu erreichen, die an der gesamten Wertschöpfungskette einer Volkswirtschaft ansetzt, besteht jedoch auch in Deutschland noch weiterer Handlungsbedarf. Zuletzt wurden in Deutschland erst rund 14 % der nicht energetischen Rohstoffe, die die Wirtschaft einsetzt, aus Abfällen gewonnen.[385] Und speziell bei Themen wie Wiederverwendung, Reparatur, lange Produktnutzungsdauer, recyclingfreundliche Produktgestaltung sowie Materialeffizienz zeigt sich, dass Deutschland – ebenso wie Gesamteuropa – noch große Entwicklungspotenziale aufweist. Die wichtigsten Herausforderungen in Deutschland auf dem Weg zu einer kreislauforientierten Wirtschaft sind:

- Abfallvermeidung/Ressourceneffizienz: Zwischen 2000 und 2016 ist das Gesamtabfallaufkommen in Deutschland um rund 12 % gesunken. Seit 2012 ist allerdings wieder ein Anstieg (+8 %) der Abfallmengen zu verzeichnen.[386] Bei den Siedlungsabfällen liegt Deutschland mit 626 kg pro Kopf und Jahr deutlich über dem EU-Durchschnitt von 482 kg.[387] Vor diesem Hintergrund bedarf es weiterer Maßnahmen zur Abfallvermeidung und der Stärkung der Materialeffizienz.
- Recyclingquoten: Auch in Deutschland können noch weitere Recyclingpotenziale gehoben werden. Zwei Beispiele: Aufgrund einer neuen EU-weiten Berechnungsweise ist die EU-Recyclingquote für Siedlungsabfälle, die bis 2035 erreicht werden muss (65 %), auch für Deutschland anspruchsvoll und erfordert zusätzliche Anstrengungen. Die neue Berechnungsmethode wird dazu führen, dass die von Deutschland bisher gemeldete Recyclingrate von 66 % auf einen niedrigeren Wert absinken wird, weil künftig nicht mehr die Inputmenge an den Recyclinganlagen, sondern nur noch das tatsächlich recycelte Material (Outputmenge) berücksichtigt werden darf. Darüber hinaus sieht das neue deutsche Verpackungsgesetz unter anderem vor, dass die Recyclingrate für Kunststoff-Verkaufsverpackungen bis zum Jahr 2022 von derzeit 36 auf 63 % gesteigert werden muss.[388] Problematisch bleibt, dass Teile des in Deutschland anfallenden Plastikmülls zur

381 Zitat: Prof. Dr. Reinhard F. Hüttl, Vizepräsident, acatech.
382 Vgl. Dr. Bärbel Birnstengel, Prognos Trendletter 2019.
383 Vgl. Statistisches Bundesamt (2018): Abfallbilanz 2016.
384 Vgl. Umweltbundesamt (2019): Stoffstromorientierte Ermittlung des Beitrags der Sekundärrohstoffwirtschaft zur Schonung von Primärrohstoffen und Steigerung der Ressourcenproduktivität (Texte 34/2019), Dessau-Roßlau.
385 Vgl. BMU – Bundesministerium für Umwelt, Naturschutz und nukleare Sicherheit (2018): Abfallwirtschaft in Deutschland 2018. Fakten, Daten, Grafiken, Berlin.
386 Vgl. Umweltbundesamt (2018): Abfallaufkommen, https://www.umweltbundesamt.de/daten/ressourcen-abfall/abfallaufkommen.
387 Vgl. Europäisches Parlament (2018): a. a. O.; Daten aus 2016.
388 Vgl. Umweltbundesamt (2018): Schwerpunkt Recycling, in: Das Magazin des Umweltbundesamtes 1/2018.

Verwertung in Länder mit geringen Umweltstandards beim Recyclingprozess sowie bei der Entsorgung der Sortierreste exportiert werden – insbesondere nach Südostasien. Zum Schutz der Umwelt und der Weltmeere soll ab 2021 ein EU-weites Exportverbot von schlecht recycelbaren Kunststoffabfällen gelten.

- Qualität der Recyclingprodukte: Um Kreisläufe weitgehend schließen zu können und die Akzeptanz für den Einsatz von Sekundärrohstoffen auf der Abnehmerseite zu erhöhen, muss die Verbesserung der Qualität der Rezyklate zukünftig noch stärker im Fokus stehen (Vermeidung von Downcycling). Hierzu bedarf es neben einer sortenreinen Erfassung der jeweiligen Abfallfraktionen innovativer Aufbereitungs- und Recyclingtechnologien sowie ggf. Qualitätsstandards für Sekundärrohstoffe. Darüber hinaus brauchen auch die Unternehmen noch stärkere Anreize, damit einerseits recyclingfreundlichere Produkte entwickelt werden und andererseits in der Produktion vermehrt Sekundärrohstoffe (Rezyklate) zum Einsatz kommen.
- Strategisch wichtige Rohstoffe: Technologiemetalle, wie z. B. Indium, Seltene Erden, Gallium, Neodym, sind für die Digitalisierung der Wirtschaft und zahlreiche Umwelttechnologien (z. B. Elektromobilität, Erneuerbare Energien) von großer Bedeutung. Gleichzeitig ist die Versorgung mit diesen Rohstoffen stark risikobehaftet, sei es weil die vorhandenen Reserven auf einzelne Länder oder Unternehmen konzentriert oder die statischen Reichweiten sehr gering sind. Obwohl das Recycling von Technologiemetallen ein wichtiger Ansatz zur Ressourcensicherung in Deutschland sein könnte, sind dessen Potenziale bis heute kaum erschlossen. Die Verwertung von Elektroaltgeräten und Altfahrzeugen ist beispielweise heute noch weitestgehend auf die Rückgewinnung von Massemetalle (Eisen, Kupfer, Aluminium) ausgelegt. Erschwert wird das Recycling von Technologiemetallen durch die kleinteilige Verwendung in den Endprodukten. Um dieses Rohstoffpotenzial vermehrt erschließen zu können, sind stärkere Anreize für das Recycling (z. B. über Recyclingquoten für kritische Rohstoffe) sowie die Entwicklung innovativer Recyclingverfahren notwendig. Eine besondere Herausforderung ist hierbei, dass derzeit erhebliche Mengen der in Deutschland anfallenden technologiemetallhaltigen Altgeräte und -produkte nicht in den regulierten Wertstoffkreislauf zurückfließen. Grund sind legale und illegale Exporte von Altprodukten in Entwicklungs- und Schwellenländer. Hinzu kommt, dass trotz einer ausgedehnten Sammelinfrastruktur in Deutschland häufig noch immer Elektrokleingeräte über die Restmülltonne entsorgt werden.[389]

Die vorgenannten Ausführungen lassen erahnen, dass der Wandel zu einer Circular **146**
Economy nicht von allein kommen wird. Wesentliche Hemmnisse auf dem Weg zu einer kreislauforientierten Wirtschaft sind höhere Kosten von hochwertigem Recycling im Vergleich zu anderen Abfallentsorgungsmöglichkeiten wie z. B. Müllverbrennung oder Downcycling, niedrige Preise für Primärrohstoffe (die die Umweltschadenskosten nicht abbilden) sowie eine bislang zu geringe Nachfrage nach Recyclingprodukten. Die Umsetzung einer Circular Economy bedarf daher eines klaren regulativen Rahmens seitens der Politik sowie wirtschaftlicher Anreize. Die EU hat mit ihrem Aktionsplan einen wichtigen Impuls gesetzt. Um eine umfangreiche Entkopplung der Wertschöpfung von der Zufuhr neuer Rohstoffe erreichen zu können, sind allerdings weitere Schritte erforderlich. Notwendig sind insbesondere verbindlichere Vorgaben zur Verbesserung der Qualität der Recyclingprodukte sowie zur Abfallvermeidung. Für eine erfolgreiche Umsetzung ist es zudem wichtig, dass alle Akteure des Wertschöpfungskreislaufs Verantwortung übernehmen und miteinander kooperieren – vom Produktdesigner und Produzenten über den Handel und den Konsumenten bis hin zu den Unternehmen der Recyclingwirtschaft.[390]

---

389 Vgl. Institut für Zukunftsstudien und Technologiebewertung (2018): Recycling von Technologiemetallen. Fallstudie, Berlin.

390 KfW Research, Fokus Volkswirtschaft, Nr. 258, 19. Juli 2019, Circular Economy als Schlüssel für nachhaltiges Wirtschaften und Ressourcen-sicherheit.

147 Am 12. Februar 2020 hat das Bundeskabinett auf Vorschlag der Bundesumweltministerin den Gesetzesentwurf zur Novelle des Kreislaufwirtschaftsgesetzes auf den Weg gebracht.[391] Die Bundesregierung will damit die Abfallvermeidung verbessern und das Recycling verstärken. Neu ist die sogenannte Obhutspflicht, bei der Hersteller und Händler in die Verantwortung genommen werden sollen. Die Novelle des Kreislaufwirtschaftsgesetzes soll die Grundlagen für wichtige Fortschritte auf dem Weg hin zu weniger Abfall und mehr Recycling legen. Mit **drei** zentralen Maßnahmen sollen Bund, aber auch Hersteller und Händler stärker als bisher in die Verantwortung genommen werden.

148 Recycelte Produkte sollen Vorrang in der öffentlichen Beschaffung bekommen. Die neuen Regeln zur öffentlichen Beschaffung zielen darauf, die Nachfrage nach recyceltem Material zu erhöhen. Denn für sogenannte Rezyklate gibt es häufig noch keinen ausreichend großen Markt. Darum nimmt sich die Bundesregierung mit diesem Gesetzentwurf selbst in die Pflicht. Künftig sollen die 6.000 Beschaffungsstellen in Bundesbehörden sowie bundeseigenen und vom Bund beherrschten Unternehmen Produkte aus Recycling gegenüber Neuanfertigungen bevorzugen. Auf Grundlage des neuen Gesetzes müssen sie – sofern keine unzumutbaren Mehrkosten entstehen – beim Einkauf Produkte bevorzugen, die rohstoffschonend, abfallarm, reparierbar, schadstoffarm und recyclingfähig sind.

149 Mit der neuen ‚Obhutspflicht' soll der Staat in Zukunft erstmals eine rechtliche Handhabe gegen die Vernichtung von Neuware oder Retouren haben. Um das bisher sehr intransparente Vorgehen mancher Händler systematisch auszuleuchten, erarbeitet das Bundesumweltministerium derzeit eine Transparenzverordnung. Hersteller und Händler müssen dann eindeutig nachvollzierbar dokumentieren, wie sie mit nicht verkauften Waren umgehen. Eine Möglichkeit ist, diese Produkte günstiger zu verkaufen oder zu spenden.

150 Wer Einwegprodukte, wie To-Go-Becher oder Zigarettenkippen in Verkehr bringt[392], muss sich zukünftig an den Reinigungskosten von Parks und Straßen beteiligen. Für die Reinigung von Parks und Straßen kommen bislang allein die Bürgerinnen und Bürger über kommunale Gebühren auf.

151 Der Sachverständigenrat für Umweltfragen kritisiert in seinem Umweltgutachten vom 14.5.2020[393], dass der Referentenentwurf des Kreislaufwirtschaftsgesetzes zwar eine Reihe neuer Anforderungen enthielte, die das Potenzial hätten, positive Änderungen hin zu einer Kreislaufwirtschaft zu entfalten, der Entwurf insgesamt aber die Chance einer ambitionierten Umsetzung mutiger nutzen könnte.

c) Beispiele auf regionaler Ebene

152 Die Anzahl der Städte (Amsterdam, Paris, Rotterdam, London, Glasgow, Helsinki, Brüssel, etc.), die bereits stadtweite Konzepte zur Umsetzung der kommunalen Circular Economy entwickelt haben, wächst ständig. Der Verbund der großen europäischen Städte EUROCITIES hat eine eigene Task Force zur Umsetzung der Ziele der Circular Economy ins Leben gerufen.

153 **aa) Amsterdam.** Städte haben eine wichtige Katalysatorfunktion für eine zirkuläre Zukunft. Die Stadt Amsterdam hat weltweit eine Vorreiterrolle. Seit 2015 setzt das Amsterdam Economic Board neue Modelle der Zusammenarbeit um. Das Amsterdam Economic Board arbeitet gemeinsam mit Industrie, Universitäten und Regierung daran, die intelligente, grüne und gesunde Metropole der Zukunft für alle Einwohner der Region Amsterdam zu entwickeln. Kreislaufwirtschaft spielt dabei eine Schlüsselrolle. Die Philosophie dabei ist, dass eine Kreislaufwirtschaft nur dann wirklich in Gang kommen kann, wenn sie die Nachfrage nach Produkten stimuliert, die zirkulär designed und produziert werden. Das Amsterdam Economic Board hat 2015 mit 32 Gemeinden und zwei Provinzen die Koope-

[391] Entwurf eines Gesetzes zur Umsetzung der Abfallrahmenrichtlinie der Europäischen Union, Deutscher Bundestag – 19. Wahlperiode – Drucksache 19/19373.
[392] Hersteller und Vertreiber von Einweg-Produkten aus Kunststoff.
[393] Umweltgutachten SRU v. 14.5.2020, Kreislaufwirtschaft: Von der Rhetorik zur Praxis, S. 132.

ration zur Transformation begonnen. Heute ist das Zusammenarbeitsmodell „mainstream“. Im Rahmen des sogenannten Resource Transition Programme liegt der Fokus auf der Neugestaltung und Wiederverwendung von Produkten sowie auf der Schaffung von optimalen Wertschöpfungsketten für ausgewählte Materialflüsse.[394]

Die Stadt Amsterdam treibt mit großen Schritten den Übergang zu einer Kreislaufwirtschaft voran. Die Stadt Amsterdam will den Übergang zu einer Kreislaufwirtschaft so bald wie möglich. In den letzten Jahren hat die Stadt bereits über 70 Projekte abgeschlossen, die zu einer Kreislaufwirtschaft beitragen. Die Bewertung dieser Projekte hat ergeben, dass die Kreislaufwirtschaft sowohl realistisch und auch profitabel ist. Um die Kreislaufwirtschaft so schnell wie möglich in die gängige Praxis zu überführen, konzentriert sich Amsterdam nun auf die Beschleunigung dieser bestehenden zirkulären Projekte. Dazu will die Stadt alle ihr zur Verfügung stehenden Instrumente einsetzen. Darüber hinaus setzt sich die Stadtverwaltung auf nationaler und europäischer Ebene für die Anpassung finanzieller, steuerlicher und rechtlicher Rahmenbedingungen ein. Die Stadt Amsterdam plant, so schnell wie möglich – spätestens bis 2050 – eine zirkuläre Wirtschaft umgesetzt zu haben.[395] **154**

Das Motto von Amsterdam ist und bleibt „learning by doing“. Dies bringt den innovativen Charakter der Stadt und ihre Bürger, Unternehmen und Wissenseinrichtungen zum Vorschein. **155**

Amsterdam will bis 2050 eine vollständig zirkuläre Stadt sein. Um dieses Ziel zu erreichen, ist ein Systemwandel erforderlich. Die Stadt Amsterdam ist die erste Stadt der Welt, die das Doughnut-Wirtschaftsmodell anwendet. Mit diesem Modell baut Amsterdam eine integrale Kreislaufwirtschaftsstrategie für den Zeitraum 2020–2025 auf; es schafft einen Punkt am Horizont, an dem ökologische, gesellschaftliche und wirtschaftliche Prioritäten im Mittelpunkt stehen. **156**

Das Doughnut-Modell vereint die Themen ökologische Nachhaltigkeit und soziale Gerechtigkeit in einem leicht verständlichen Rahmen unter einem Dach. Es bietet den Nationen, Städten, Unternehmen und Bürgern gleichermaßen die Möglichkeit, auf die Schaffung eines sicheren und gerechten Raums hinzuarbeiten – es schafft die Bausteine für die Kreislaufwirtschaft und leitet den radikalen Übergang zu einem neuen Wirtschaftssystem ein. **157**

Das von der britischen Ökonomin *Kate Raworth* entwickelte Doughnut-Modell[396] verdeutlicht die Unzulänglichkeiten des gegenwärtigen globalen Wirtschaftssystems und die Dichotomie zwischen sozialem Wohlergehen und ökologischer Nachhaltigkeit. Obsessiv darauf konzentriert, Abfall zu produzieren, zu konsumieren und zu entsorgen, treibt das globale System globale Umweltkrisen voran und verstärkt gleichzeitig die soziale Ungleichheit – der Wohlstand wird immer ungleicher verteilt. Mit dem Doughnut-Modell beschreibt Kate Raworth, wie wir in einem sicheren und gerechten Raum für die Menschheit arbeiten können; einem Raum, der es Gesellschaften ermöglicht, zu gedeihen, ohne unserem Planeten zu schaden. **158**

In ihrer Donut-Theorie stellt die britische Wirtschaftswissenschaftlerin die Welt als Donut dar – als ein rundes, frittiertes Gebäck. In der Mitte das gesellschaftliche Fundament, darum der Kreis aus Ökologie, Politik, Wirtschaft – alles harmonisch im Einklang. Ihre Vision einer neuen Ökonomie verspricht eine bessere Welt. Sie will weg von einer konstanten Profitmaximierung – hin zu einem Wirtschaftswachstum, das sich an den tatsächlichen Bedürfnissen der Menschen orientiert. **159**

Nach Raworth sage ein steigendes Bruttoinlandsprodukt weder etwas über die Verteilung von Wohlstand innerhalb eines Landes aus, noch mache es deutlich, welchen gesellschaftli- **160**

[394] Vgl. Circular Hub Magazin, https://circularhub.ch/magazin/details/mit-zusammenarbeit-in-die-kreislaufwirtschaft/.

[395] Vgl. City of Amsterdam in BUILDING BLOCKS FOR THE NEW STRATEGY AMSTERDAM CIRCULAR 2020–2025.
Directions for a thriving city within the planetary boundaries.

[396] Kate Raworth, Die Donut-Ökonomie, Carl Hanser Verlag 2017.

chen Mehrwert geleistete Arbeit habe – Stichwort Pflegekräfte. Außerdem schade ständiger Konsum unserem Planeten.

161 Die Strategie der niederländischen Hauptstadt lautet: Reparieren, Recyceln, und Teilen statt Besitzen. Konsumgüter, Nahrung und Gebäude sollen durch diese Maßnahmen zu einer Kreislaufwirtschaft beitragen, die auf Wiederverwertung basiert, und sich von Neuproduktionen löst. Der Vorteil: Anders als bei einer globalisierten Lieferkette fördert die Strategie der Stadt Amsterdam Arbeitsplätze vor Ort und die Umwelt wird geschont.

162 Als erste konkrete Maßnahme setzt sich die niederländische Hauptstadt unter anderem für eine Steuerreform ein. Dadurch soll die Ressourcennutzung höher versteuert werden, die Löhne der Niederländerinnen und Niederländer niedriger. Das bedeutet, dass der Preis eines Produkts neben den wirtschaftlichen so auch die ökologischen Kosten abdecken würde.[397]

163 Im Auftrag der Stadt Amsterdam führte Circle Economy[398] den neu entwickelten City Circle Scan durch, um Bereiche zu identifizieren, in denen Amsterdam die bedeutendsten, greifbarsten Fortschritte bei der Realisierung einer Kreislaufwirtschaft erzielen kann.

163a Der daraus resultierende Bericht ist der erste City Circle Scan, der in diesem Umfang weltweit durchgeführt wurde. Er identifiziert Bereiche, in denen zirkuläre Geschäftsmodelle angewendet werden können, und zeigt Strategien zur praktischen Umsetzung dieser nachhaltigen Lösungen auf.

164 Der Bericht umreißt die Einzelheiten der Systemprozesse der Stadt und identifiziert die Bau- und die organische Abfallkette als potenzielle Triebkräfte für den Übergang zur Zirkularität und die langfristigen Auswirkungen, die beide auf die derzeitige lineare Wirtschaft Amsterdams haben werden.

165
- Mehrwert: Die Umsetzung von Strategien zur Materialwiederverwendung hat das Potenzial, innerhalb des Bausektors einen Wert von 85 Millionen Euro pro Jahr und mit effizienteren organischen Restströmen einen Wert von 150 Millionen Euro pro Jahr zu schaffen.
- Materialeinsparungen: Die Materialeinsparungen könnten sich auf fast 900 Tausend Tonnen pro Jahr summieren, ein beträchtlicher Betrag im Vergleich zum derzeitigen jährlichen Import von 3,9 Millionen Tonnen, der derzeit von der Region genutzt wird.
- Schaffung von Arbeitsplätzen: Höhere Produktivitätsniveaus können bis zu 700 zusätzliche Arbeitsplätze im Bausektor und 1200 zusätzliche Arbeitsplätze in der Landwirtschaft und der Nahrungsmittelindustrie schaffen.

166 Der Bericht schließt mit einer Zukunftsvision, einschließlich eines Fahrplans und einer Aktionsagenda, und bietet eine Anleitung, wie die Wertschöpfungsketten der Stadt verändert werden können, um Innovation, Geschäftsmöglichkeiten und die Schaffung von Arbeitsplätzen sowohl in etablierten als auch in neu geschaffenen Sektoren zu fördern.

167 **bb) Paris.** Die Stadt Paris verabschiedete im Juli 2017 ihren Kreislaufwirtschaftsplan. Dieser Kreislaufwirtschaftsplan war das Ergebnis einer Reihe früherer Initiativen, die die Stadt Paris seit 2007 durchgeführt hatte. Unter den Städten, die sich bereits der Kreislaufwirtschaft verschrieben haben, ist Paris ein Vorreiter.

168 Im Jahr 2015 organisierte die Stadt Paris in Zusammenarbeit mit einer Reihe von Gebietskörperschaften des Großraums Paris die „General-Estates on Circular Economy", die zur Veröffentlichung eines Weißbuchs über die Kreislaufwirtschaft im Großraum Paris führten. Über 120 verschiedene Organisationen wurden zusammengebracht, um 65 Initiativen für eine „grünere und gerechtere Wirtschaft" vorzuschlagen.

169 Von den 65 Initiativen, die im Weißbuch identifiziert wurden, wurden 15 Aktionen für den ersten Fahrplan 2017 des Pariser Kreislaufwirtschaftsplans ausgewählt, um die Wahrscheinlichkeit ihrer erfolgreichen Umsetzung zu maximieren. Diese Aktionen wurden in 5 Sektoren unterteilt: Planung und Bau (3 Aktionen), Reduzierung, Wiederverwendung und

[397] Building blocks for the new strategy Amsterdam Circular 2020–2025, Amsterdam, 19 June 2019.
[398] Circle Economy, www.circle-economy.com.

Reparatur (4 Aktionen), Unterstützung der lokalen Akteure (5 Aktionen), verantwortungsbewusster Konsummuster (1 Aktion), Öffentliche Beschaffung (2 Aktionen).

- Planung und Bauen.
  Die Bauindustrie gehört zu denen, die den meisten Abfall erzeugen und die meisten natürlichen Ressourcen verbrauchen. Ziel ist es, die Grundlagen für ein neues Modell des nachhaltigen und kreisförmigen Bauens in Paris zu schaffen. Die Stadt verfügt über rund 10 Pilotstandorte, an denen alle Materialien wiederverwendet werden müssen: Der Rückbau ersetzt also den Abriss.
- Wiederverwendung und Reparatur.
  Ziel ist es, die Dienstleistungsangebote zu stärken, die die Lebensdauer der Objekte verlängern und so der geplanten Überalterung entgegenwirken.
- Unterstützung für lokale Akteure.
  Paris unterstützt Akteure, die den zirkulären Wandel der Stadt vorantreiben. Wegweisend ist der zirkuläre Wirtschaftsinkubator Paris & Co, der im Juni 2017 seine erste Start-up-Klasse beherbergte.
- Neue Konsummuster.
  Ziel ist es, neue Formen des nachhaltigen Konsums wie Großeinkäufe und kooperative Supermärkte zu fördern. Die Stadt will auch ihren Plan zur Bekämpfung von Lebensmittelabfällen ausweiten, insbesondere durch Chartas in Kantinen und Aufrufe für Projekte zur Umwandlung unverkaufter Lebensmittel.
- Öffentliche Beschaffung.
  Paris ändert seine Auswahlkriterien für das öffentliche Beschaffungswesen (im Wert von 1,6 Milliarden Euro pro Jahr), um umweltfreundliche Unternehmen zu fördern. Beispielsweise wird die Stadt bis 2020 nur noch Papier aus Recyclingfasern kaufen.

Der Plan zur Kreislaufwirtschaft ist Teil einer umfassenderen Strategie, um Paris zu einer **170** „nachhaltigeren, kohärenteren, verantwortungsvolleren und widerstandsfähigeren" Stadt zu machen. Weitere Pläne umfassen einen Klima- und Energieplan, ein lokales Stadtplanungsprogramm, einen Plan zur Entwicklung der städtischen Landwirtschaft, ein lokales Abfallvermeidungsprogramm und einen Plan für nachhaltige Lebensmittel. Für Paris geht der Plan der Kreislaufwirtschaft Hand in Hand mit der Idee der territorialen Innovation (Entwicklung neuer Technologien, neuer Organisationsformen, sozialer Innovationen und Dienstleistungsinnovationen). Der Plan der Kreislaufwirtschaft stellt somit ein territoriales Instrument zur Förderung einer nachhaltigen wirtschaftlichen Entwicklung dar, das sich einerseits an die Erzeuger und Verbraucher und andererseits an die öffentlichen und privaten Akteure richtet.[399]

cc) Glasgow. Circular Glasgow[400] ist das Ergebnis einer konstruktiven Zusammenarbeit **171** zwischen der Glasgower Handelskammer mit Unterstützung von Zero Waste Scotland und dem Glasgow City Council. Der Bericht geht auf die wesentliche Frage ein: Wo fangen wir an, um unsere Stadt zirkulärer zu machen? Glasgow setzt sich für die Entwicklung einer grüneren Wirtschaft bei ihrer Umwandlung in eine nachhaltigere, intelligentere und widerstandsfähigere Stadt ein.

Eine zirkuläre Wirtschaft passt gut in dieses Bestreben. Das Projekt hat es der Handels- **172** kammer Glasgow ermöglicht, Bereiche mit zirkulärer Wirtschaft zu identifizieren, zu bestimmen, wie sie die lokale Wirtschaft unterstützen kann, und zum Vorreiter der zirkulären Wirtschaft in Glasgow zu werden.

Der Circle City Scan von Glasgow wurde in vier Phasen durchgeführt: **173**

1. Lokale Agenda – Beurteilung des wirtschaftlichen und politischen Willens
   Auf der Grundlage des wirtschaftlichen Profils und der politischen Agenda identifizierten die ersten Ergebnisse des Circle City Scan von Glasgow drei Schlüsselsektoren von

[399] Vgl. Circular Economy Plan Paris 2017 – 2020, adopted at the Paris City Council of 3, 4 and 5 July 2017.
[400] CIRCULAR GLASGOW, A vision and action plan for the city of Glasgow, https://circularglasgow.com/.

wirtschaftlicher Bedeutung für Glasgow: Bildung, Produktion und Gesundheit. Zusammen bieten diese drei Sektoren über 117.500 Arbeitsplätze und mehr als ein Viertel des wirtschaftlichen Wertes von Glasgow.

2. Stoffströme – Kartiert den aktuellen Stand der Umweltauswirkungen der Wirtschaftssektoren
Mit starken Stakeholder-Beziehungen zu den privaten Wirtschaftssektoren, verbunden mit einem wirtschaftlichen Wert von ca. 329,7 Millionen Pfund Sterling, wurde das verarbeitende Gewerbe als der Bereich mit dem größten Zirkulationspotenzial identifiziert, insbesondere im Nahrungsmittel- und Getränkesektor.
3. Zirkuläre Innovationen – Identifiziert konkrete zirkuläre Strategien
Neun potentielle zirkuläre Strategien innerhalb der folgenden drei Nahrungsmittel- und Getränke-Subsektoren wurden festgelegt: Bäckerei, Fleisch & Fisch und Bier & Spirituosen. Nach weiteren Diskussionen der Interessenvertreter wurde vereinbart, dass vier der neun zirkulären Strategien in den Mittelpunkt gestellt werden sollten:
Wärmerückgewinnung – Bäckerei
Wärme aus Bäckereiöfen kann zurückgewonnen und durch den Einsatz von Wärmetauschern zu den Kesseln umgeleitet werden, wodurch 15 – 30 % der derzeit im Backprozess verwendeten Energie eingespart werden kann.
Aquaponik – Fleisch und Fisch
Eine vielversprechende Technologie, bei der die Fischzucht mit dem Anbau erdloser Pflanzen kombiniert wird, was zu erheblichen Einsparungen beim Wasserverbrauch (90 %) im Vergleich zur traditionellen Landwirtschaft führt.
Brot zum Bier – Bier & Spiritus
Verwendet Brotabfälle im Bierbrauprozess, wodurch 1/3 der im Brauprozess verwendeten Ressourcen eingespart wird. Lebensmittelabfälle werden ebenfalls reduziert.
Hochwertige Kaskadierung – Bier & Spirituosen
Restströme aus dem Brauereiwesen (Biertreber) können bis zu 50 % des Mehls ersetzen, das für die Brotherstellung in der Backindustrie benötigt wird.
4. Aktionsplan – Durchführung

Nach Abschluss des City Circle Scan und der daraus resultierenden Identifizierung der oben genannten vier zirkulären Strategien wird sich die nächste Phase dieses Projekts auf die Umsetzung der Pilotprojekte konzentrieren. Diese ausgewählten Fallstudien werden als Ausgangspunkt dienen, um zu veranschaulichen, wie die Kreislaufwirtschaft durch praktische und skalierbare Strategien umgesetzt werden kann, wie Unternehmen davon profitieren und welche positiven Auswirkungen sie auf die Bürger von Glasgow haben wird.

174 Circular Glasgow ist der Ausgangspunkt für ein breit angelegtes Arbeitsprogramm in Städten und Regionen in ganz Schottland, das von Zero Waste Scotland in Zusammenarbeit mit lokalen Handelskammern und anderen lokalen Akteuren geleitet und finanziert wurde. Die Lehren und Erfahrungen aus dem Projekt Circular Glasgow wurden angepasst und weiterentwickelt, um verschiedenen Städten und Regionen gerecht zu werden. Aufbauend auf den Erfahrungen aus verschiedenen Städten konnte sich in Schottland eine regionale Kreislaufwirtschaft entwickeln.[401]

175 **dd) München.** Die Landeshauptstadt München hat als typische deutsche Großstadt ein umfangreiches Abfallwirtschaftskonzept zur Umsetzung der Ziele der Abfallgesetzgebung und liegt mit einer durchschnittlichen Recyclingquote von 55 % im oberen Mittelfeld. Die Zuständigkeiten für Abfallwirtschaft, Umwelt- und Klimaschutz, Wirtschafsförderung, Bau- und Bauunterhalt, Finanzen und Stadtplanung sind auf verschiedene Organisationseinheiten der Stadtverwaltung verteilt.

176 Diese Aufgabenverteilung erschwert die Entwicklung einer einheitlichen Circular Economy Strategie. Der Abfallwirtschaftsbetrieb München (AWM) kam durch seine intensive

[401] Ellen MacArthur Foundation, http://www.ellenmacarthurfoundation.org/our-work/activities/circular-economy-in-cities.

Europa- und Verbandsarbeit bereits 2014 mit der von der EU-Kommission vorgestellten neuen zirkulären Wirtschaftsweise in Berührung. Bereits damals wurde es klar, dass die Idee weit über den rein abfallwirtschaftlich geprägten deutschen Begriff der Kreislaufwirtschaft hinaus geht und alle Bereiche der Herstellung, Distribution, Nutzung und Entsorgung von Produkten umfasst. Viele Maßnahmen der Abfallvermeidung und Wiederverwendung, die vom AWM im Laufe der Jahre initiiert und umgesetzt wurden, können zu Bausteinen einer Circular Economy Strategie gezählt werden.

So erhielt der AWM im Jahr 2017 den EUROCITIES Award Circular Economy für sein Gebrauchtwarenkaufhaus Halle 2 in der Kategorie Kooperation. In einem für den Wettbewerb produzierten Videoclip wurde die Halle 2 einem breiten Publikum vorgestellt.[402] 177

Abbildung 2: Halle 2 – Das Gebrauchtwarenkaufhaus der Stadt München

Am 12. November veranstaltete der AWM unter dem Titel „Von der Wegwerfgesellschaft hin zu einer zirkulären Kreislaufwirtschaft" ein Stadtratshearing zum Thema „Circular Economy- Status Quo und Chancen einer zirkulären Wirtschaft in München.[403] 178

Ziel der Stadt München ist es, das Bewusstsein für dieses Thema zu schärfen und gemeinsam mit Politik, Stadtgesellschaft, Wirtschaft und Wissenschaft die Vision einer zirkulären Wirtschaft in München zu entwickeln. 179

Im Kommunalwahlkampf 2019/2020 spielten Einzelthemen einer Circular Economy Strategie eine Rolle, obwohl nur ein Stadtratsantrag den Begriff dezidiert benutzte. Nach der Wahl wurde der AWM beauftragt, die einzelnen Stadtratsanträge zu bearbeiten, erste Skizzen einer Circular Economy Strategie zu entwickeln und sie dem Stadtrat als Beschlussentwurf vorzulegen. Die im Rahmen der Beschlusserarbeitung bei allen städtischen Orga- 180

[402] Munich – 'Halle 2' – EUROCITIES 2017 AWARDS, https://www.youtube.com/watch?v=VURfqLLvTCM.
[403] Stadt München, https://www.muenchen.de/rathaus/Stadtpolitik/Der-Muenchner-Stadtrat/Hearing.html4.

nisationseinheiten durchgeführte Befragung zeigte, dass auch hier viele Bausteine einer CE umgesetzt werden, ohne dass es eine einheitliche gesamtstädtische Koordination gibt.

181 Unter dem Titel: „Circular Munich – Kreislaufwirtschaft für ein nachhaltiges München“ soll der Beschlussentwurf im Juli 2020 dem Stadtrat zur Entscheidung vorgelegt werden. Der Stadtrat soll letztendlich über die Federführung dieser gesamtstädtischen Aufgabe entscheiden.

182 **ee) Kreis Lippe.** Im Kreis Lippe hat sich ein Konsortium unter dem Namen „Lippe zirkulär“ zusammengeschlossen, das sich aus Vertretern von Unternehmen, Industrie und Wirtschaftsverbänden, Universitäten, Forschungseinrichtungen und weiteren Multiplikatoren zusammensetzt. Erklärtes Ziel ist es, gemeinsam Strategien und Prognosen anzustoßen, die Produktnutzen ohne Rohstoffverbrauch neu definieren. Mit Blick auf Nachhaltigkeit, Qualität und Nützlichkeit gilt es, eine gesamtgesellschaftliche Sensibilisierung ins Bewusstsein zu bringen – weg von der reinen Öko-Effizienz hin zu einer Öko-Effektivität in Lehre, Wirtschaft, öffentlicher Hand und bei Endverbrauchern. Eine neue Mentalität, die Teilen und gemeinsamen Nutzen von Dingen und Dienstleistungen in den Mittelpunkt stellt.

183 Grundlage für die Arbeit des Konsortiums ist eine Studie aus dem Jahr 2016, die die Potenziale, An- und Herausforderungen einer zirkulären Wertschöpfung vor Ort analysierte. Sie bescheinigte dem Kreis nahezu optimale Bedingungen für eine zirkuläre Wertschöpfungsstruktur. Erklärtes Ziel des Konsortiums ist es, Pilotprojekte zu initiieren und die tragfähigen Netzwerkaktivitäten in Lippe und Ostwestfalen so zu bündeln. Für 2020 fokussiert sich Lippe zirkulär auf die Bereiche Social Media und Bildung, um den Gedanken weiterzutragen und zu verbreiten.[404]

5. Ausblick und Herausforderungen für die (deutschen) kommunalen Gebietskörperschaften

a) Politische Einordnung

184 Insgesamt wird deutlich, dass die Verwirklichung einer Circular Economy einen integrierten und langfristigen Systemwechsel erfordert. Notwendig ist ein breites Spektrum von Ansätzen, um die Art und Weise, wie wir produzieren und konsumieren, sowie die Formen der öffentlich-privaten Zusammenarbeit in dieser Transformation zu verändern. Die Politik muss eine starke Rolle bei der Steuerung des Übergangs zu einer Circular Economy einnehmen, dann kann es gelingen – in Deutschland und im Rest der Europäischen Union.[405]

185 **aa) Circular Economy von gesamtgesellschaftlichem Interesse / Kreislaufwirtschaft als Strategie für urbane Räume.** Zwei Drittel der Weltbevölkerung werden 2050 in Städten leben.[406] Laut den Vereinten Nationen steigt der Anteil der städtischen Bevölkerung bis zur Mitte des 21. Jahrhunderts von aktuell 55 % auf 68 %. Zwei Drittel der weltweiten Energie und rund 70 % aller Ressourcen werden in Städten genutzt. Viele Städte wenden sich dem Konzept der Kreislaufwirtschaft zu, um die urbanen Herausforderungen als gesamtgesellschaftliche Chancen zu nutzen. Die Europäische Umweltbehörde bringt die Vorteile auf den Punkt: „Ökonomische Vorteile: neue Möglichkeiten für Wachstum und Innovation sowie Einsparungen aufgrund höherer Ressourceneffizienz; Verbesserte Ressourcensicherheit und sinkende Abhängigkeiten von Importen dank niedrigerem Rohstoffbedarf; Reduzierte Umweltauswirkungen einschließlich einer drastischen Reduzierung von Treibhausgas-Emissionen; Soziale Vorteile, zum Beispiel Schaffung

[404] Kreis Lippe, https://www.kreis-lippe.de/Natur-und-Umwelt/Lippe-zirkul%C3%A4r/Initiative/.
[405] Mirjam Buck, Prognos trendletter Mai 2019, Seite 9.
[406] Ellen MacArthur Foundation, https://www.ellenmacarthurfoundation.org/our-work/activities/circular-economy-in-cities.

neuer Arbeitsplätze für alle Kompetenzniveaus und Veränderungen im Konsumentenverhalten“[407]

Auch die Europäische Investitionsbank (EIB) weist den Städten eine besondere Rolle zu. **186** Warum? Städte können sowohl Wiege als auch Motor der Umstellung auf eine Circular Economy sein. Städte bieten ein enormes Kreislaufpotenzial, da sich hier Menschen, Unternehmen und Ressourcen auf engem Raum konzentrieren. Somit könnten dort auch Ressourcen und Güter effizient gemeinsam genutzt werden. Außerdem können Städte die Umstellung auf eine Circular Economy vorantreiben, indem sie selbst mit gutem Beispiel vorangehen, etwa bei Gebäuden, Produkten oder Dienstleistungen, die sie anbieten oder nachfragen.[408]

Allein bis zum Jahr 2030 wird die städtische Bevölkerung weltweit um 1,1 Milliarden **187** Menschen wachsen. Das entspricht 1.000 zusätzlichen Millionenstädten in der Größe von Köln. In den kommenden zwölf Jahren müssen für diese Menschen zusätzliche Wohnungen und Beschäftigungsmöglichkeiten geschaffen und die entsprechende Infrastruktur aufgebaut werden. Gleichzeitig muss die bereits bestehende Infrastruktur der Städte nachhaltiger gestaltet werden. Schon heute wird in Städten rund 70 Prozent des globalen Bruttoinlandsprodukts erwirtschaftet, es werden aber auch 70 Prozent der Treibausgase und des Abfalls produziert. Vor diesem Hintergrund hatte das *Hochrangige Panel der UN* zur Agenda 2030 bereits in seinem Bericht 2013 festgestellt: „Der Kampf um nachhaltige Entwicklung wird in den Städten gewonnen oder verloren.“[409]

Mit der Frage, welche Rolle Städte bei der Umsetzung der Agenda 2030 und der **188** Bewältigung des Klimawandels spielen können, hat sich auch die *Habitat III-Konferenz der Vereinten Nationen* (United Nations Conference on Housing and Sustainable Urban Development) im Oktober 2016 in Quito befasst. Die Delegierten einigten sich dort auf die *Neue Urbane Agenda (NUA),* ein Rahmenwerk zur besseren Planung und Steuerung nachhaltiger Stadtentwicklung.[410] Mit der NUA bekennen sich die Regierungen dazu, die Handlungsfähigkeit und die finanziellen Möglichkeiten der Städte sowie die Partizipation auf lokaler Ebene zu stärken.[411]

bb) Integrative Ansätze. Die zirkuläre Wirtschaft leistet einen wichtigen Beitrag zum **189** Klimaschutz. 55 % der Weltbevölkerung erzeugen in Städten 85 % des Bruttoinlandsproduktes. Dabei werden 70 % der weltweiten Ressourcen verbraucht. Je nach Gutachten verursacht die Produktion von Gütern, deren Distribution und Konsum sowie die anschließende Einsammlung und Entsorgung rund 45 % der weltweiten Treibhausgasemissionen. Wichtige Aspekte sind das „Ökodesign“ von Produkten (Langlebigkeit, Reparierbarkeit, Verwertbarkeit), die Verlängerung der Lebenszyklen (Secondhand Shops, Upcycling, Reparierbarkeit durch ausreichende Ersatzteilversorgung, etc.) und die Nutzung von regenerativen Energien bei Produktion, Transport und Entsorgung.[412]

Doch selbst gute Recyclingraten führen nicht notwendigerweise zu geschlossenen Kreis- **190** läufen: Die neuen und höheren „Recyclingquoten“ des im Frühjahr 2018 verabschiedeten EU-Kreislaufwirtschaftspaketes werden zwar zu mehr Recyclingrohstoffen führen, aber die entsprechende Nachfrage ist derzeit im Markt nicht gesichert. Weitgehend geschlossene Rohstoffkreisläufe sind aber eine Grundvoraussetzung der Circular Economy. Daher ist es notwendig, über neue Instrumente die Nachfrage nach Recyclingrohstoffen zu erhöhen.[413]

---

[407] European Environment Agency, Circular economy in Europe, Developing the knowledge base, EEA Report No 2/2016.

[408] Vgl. Dr. Werner Hoyer, EIB-Präsident, Prognos Trendletter 2019, S. 8.

[409] UN High-Level Panel of Eminent Persons on the Post-2015 Development, Agenda (2013), S. 17.

[410] Vgl. Vereinte Nationen (2016).

[411] Agende 2030 kommunal, Die Umsetzung der UN-Nachhaltigkeitsziele in Städten und Gemeinden von Jens Martens.

[412] Ellen MacArthur Foundation, https://www.ellenmacarthurfoundation.org/publications/completing-the-picture-climate-change.

[413] Vgl. Dr. Bärbel Birnstengel, Prognos Trendletter Mai 2019, S. 10.

191 Dazu gehört zum einen eine verbindliche und nach Stoffen differenzierte Substitutionsquote. Eine solche Quote gibt das Verhältnis der einzusetzenden Recyclingrohstoffe bezogen auf die eingesetzten Primärrohstoffe in einem Produkt an. Zum anderen kann auch die Nachfrage nach Produkten, die Recyclingrohstoffe enthalten, im Rahmen einer konsequenten „Grünen Beschaffung" (Green Procurement) durch die öffentliche Hand (bei einem jährlichen Beschaffungsvolumen von mehr als 350 Milliarden Euro) noch deutlich gesteigert werden.[414]

192 Es muss also eine Lösung gefunden werden, die die effektive Recyclingquote erhöht und sowohl die Industrie als auch den Verbraucher im Blick hat. Andere Länder machen es vor: So erzielt Norwegen mit einer Pfandgebühr, die beim Fahrzeugkauf abgeführt und an den Letzthalter erstattet wird, eine Rücklaufquote von praktisch 100 Prozent. Aber auch die Schweiz mit einer durch die Autoimporteure finanzierten Forschungsstiftung und Japan mit seinen nach Fahrzeuggrößen differenzierten Entsorgungsgebühren erzielen mit Rücklaufquoten von 40 Prozent (Schweiz) bzw. 75 Prozent (Japan) bessere Ergebnisse als Deutschland (20 Prozent).

193 Die Circular Economy ist eine Herausforderung für Wirtschaft und Unternehmen: Stoffströme und Lieferketten müssen neu gedacht, neue Partner entlang des Kreislaufs gefunden und eingebunden sowie Innovationen umgesetzt werden. Staatliche Strukturen können die Transformation vorantreiben – und gleichen doch eher einem Flickenteppich.[415]

b) Rechtliche Einordnung

194 **aa) Regulatorischer Rahmen erweitert sich stetig (v. a. auf EU-Ebene).** Den deutschen Kommunen als Vertreter der Daseinsvorsorge und auch als Wachstumsmotor ist bei Diskussionen zum Thema „Neue Kreislaufwirtschaft ein Korsett angelegt. Sie sind an die Vorgaben der Bundesregierung gebunden, wenn es um die Umsetzung zirkulärer Ansätze oder Ideen geht. Insofern wird es nicht leicht sein, das Gleiche zu machen wie in Amsterdam oder Paris. Den französischen und niederländischen Kommunen sind jeweils nationale Strategien vorausgegangen, die die Weichen für eine nachhaltige zirkuläre Wirtschaft und Stadtentwicklung gestellt haben.

195 Beim Konjunkturprogramm der Bundesregierung zur Stärkung der Wirtschaft und der Umwelt[416] hat die „Neue Kreislaufwirtschaft" keine Berücksichtigung gefunden. Auf staatlicher Ebene gibt es bisher keinen Ansatz.[417] Immerhin hilft die Bundesregierung bei der Frage, wie die Europäische Kommission Themen wie Circular Economy und Produktpolitik horizontal, d. h. produktgruppenübergreifend betrachten kann, wie sie in ihrem Ressourceneffizienzprogramm III mitgeteilt hat.[418]

196 In Deutschland ist die Kreislaufwirtschaft nach wie vor gleichzusetzen mit der Abfallwirtschaft. Die Geschäftsmodelle kommunaler und privater Entsorgungsunternehmen fußen auf den bisherigen rechtlichen Grundlagen.

197 Der Referentenentwurf des Kreislaufwirtschaftsgesetzes enthält zwar eine Reihe neuer Anforderungen, die das Potenzial haben, positive Änderungen hin zu einer Kreislaufwirtschaft zu entfalten. Insgesamt könnte der Entwurf die Chance einer ambitionierten Umsetzung aber mutiger nutzen – so wie dies auch der Sachverständigenrat für Umweltfragen fordert.[419]

[414] Vgl. Dr. Bärbel Birnstengel, Prognos Trendletter Mai 2019, S. 10.

[415] Vgl. Jan Tiessen, Prognos Trendlletter, S. 13.

[416] Die Bundesregierung hat am 12. Juni 2020 umfangreiche steuerliche Erleichterungen und Hilfen beschlossen, darunter die befristete Senkung der Umsatzsteuer und den Kinderbonus. Diese und viele weitere Maßnahmen sind zentrale Bestandteile des beispiellosen Konjunkturpakets im Umfang von insgesamt 130 Milliarden Euro, auf das sich der Koalitionsausschuss verständigt hat. Es soll dafür sorgen, dass Deutschland gestärkt aus der Coronakrise hervorgeht.

[417] Vgl. auch Deutschland auf dem Weg zur Circular Economy, Erkenntnisse aus europäischen Strategien, Vorstudie, acatech, Seite 5.

[418] Deutsches Ressourceneffizienzprogramm III 2020 – 2023, Programm zur nachhaltigen Nutzung und zum Schutz der natürlichen Ressourcen, S. 14.

[419] SRU, Kreislaufwirtschaft: Von der Rhetorik zur Praxis, S. 132.

In Deutschland wurde Kreislaufwirtschaft erstmals im Kreislaufwirtschaftsgesetz (KrWG) von 2012 definiert – und zwar als „Vermeidung und Verwertung von Abfällen" (§ 3 Nr. 19 KrWG). In der Praxis hat sich aufbauend auf spezifizierte und quantifizierte Anforderungen zu Recycling und sonstiger Verwertung (Tz. 133) eine recyclingorientierte Abfallwirtschaft entwickelt. In der Abfallrahmenrichtlinie 2008/98/EG (AbfRRL) wird Kreislaufwirtschaft nicht definiert, aber in den Erwägungsgründen sowie im Aktionsplan für die Kreislaufwirtschaft erläutert. So gibt der Aktionsplan als Ziel der Kreislaufwirtschaft eine „stärker kreislauforientierte Wirtschaft, bei der es darum geht, den Wert von Produkten, Stoffen und Ressourcen innerhalb der Wirtschaft so lange wie möglich zu erhalten und möglichst wenig Abfall zu erzeugen" an (Europäische Kommission 2015c). Um dies zu erreichen, soll laut Erwägungsgründen zur novellierten Abfallrahmenrichtlinie 2018 „der gesamte Lebenszyklus von Produkten in einer Art und Weise betrachtet [werden], [die] die Ressourcen erhält und den Kreislauf schließt" (Erwägungsgrund 1 der Änderungsrichtlinie 2018/851/EU). 198

Im Gegensatz zum bis dato in Deutschland gebräuchlichen Verständnis von Kreislaufwirtschaft bezieht die EU-Strategie also die Produktions- und Konsumphase explizit mit ein (JARON 2017; UBA 2018c). Damit geht der Begriff Circular Economy über die übliche bisherige Nutzung des Begriffs Kreislaufwirtschaft im deutschsprachigen Raum hinaus. Die in Deutschland bisher praktizierte Kreislaufwirtschaft wird deshalb als „kreislauforientierte Abfallwirtschaft" bezeichnet. Wird der Begriff Kreislaufwirtschaft genutzt, ist das weitergehende Verständnis des EU-Kreislaufwirtschaftspakets gemeint.[420] 199

Nötig ist im Ergebnis ein Paradigmenwechsel! Die Kreislaufwirtschaft darf nicht zuvorderst als ein Thema der Abfallwirtschaft betrachtet werden, sondern muss ganz besonders die Produktpolitik in den Fokus stellen. 200

Der Begriff „Produkt" umfasst dabei in einem weiten Sinn alle materiellen Güter, die in Europa in Verkehr gebracht werden: Elektronik, Möbel, Autos, Haushaltsgeräte, Baumaterialien, Gebäude, Textilien und Materialien, die in der Industrie als Zwischenprodukt genutzt werden. Angelehnt an die bereits existierende Abfallhierarchie werden in einer Produktrahmenrichtlinie Grundprinzipien festgelegt, an denen sich eine kreislaufwirtschaftskompatible Produktpolitik orientiert: Mindeststandards für Langlebigkeit (1), Vorrang für Mehrweg vor Einweg (2), Reparierbarkeit und Wiederverwendung zum Standard machen (3), Recycelbarkeit als Voraussetzung für Marktzugang (4).[421] 201

bb) Kommunale Gebietskörperschaften müssen ihre Rolle in der Vielfalt von Akteuren finden. Städte tragen als Wachstumsmotoren am meisten zum Klimawandel bei und sind für bis zu 76 % der Kohlenstoffemissionen verantwortlich. Obwohl sie weniger als 2 % der Erdoberfläche einnehmen, machen sie 75 % des Verbrauchs der natürlichen Ressourcen und 50 % der weltweiten Abfallproduktion aus. Auf der Lösungsseite sind Städte aber auch Ausgangspunkt für kreatives Potential und damit Vermittler gesellschaftlicher Transformation hin zu mehr Nachhaltigkeit sowohl im öffentlichen als auch im privaten Sektor. Städte gehören zu den wichtigsten Akteuren, die die Entwicklung positiv beeinflussen können, wenn sie zunehmend Prinzipien der Kreislaufwirtschaft verinnerlichen.[422] 202

Der Weg zu einer Circular City ist von ganz unterschiedlichen Herausforderungen geprägt: Die Notwendigkeit technischer Innovationen, die Schaffung neuer oder die Neugestaltung bestehender Infrastrukturen, das Verständnis für das Potential neuer Geschäftsmodelle, die Bewältigung des Wandels zu nachhaltigeren und faireren Beschaffungsmustern sowie die Entwicklung von Ansätzen zur Motivation der Bürgerinnen und Bürger für einen 203

[420] Vgl. Sachverständigenrat für Umweltfragen, Für eine entschlossene Umweltpolitik in Deutschland und Europa, Umweltgutachten 2020, S. 118.

[421] Vgl. Dr. Bettina Hoffmann MdB, Diskussionspapier: Grüne Strategie für eine ressourcenleichte, giftfreie und klimaneutrale Kreislaufwirtschaft.

[422] Janpeter Beckmann, Circular Cities und Circular Procurement – eine Symbiose „Aus Wissenschaft und Forschung", „Kleine Kniffe" – Magazin für eine nachhaltige Beschaffung in Kommunen, Kirchen und Wohlfahrtsverbänden, Oktober 2019, Seite S. 43.

nachhaltigeren Lebensstil. Bei der Diskussion der Frage nach dem „Wie" zeigt sich deutlich, dass eine Zusammenarbeit der verschiedenen Interessengruppen innerhalb der Städte unabdingbar ist; dies betrifft Bürger und Privatinitiativen, Unternehmer, Nichtregierungsorganisationen, Politiker und Wissenschaftler. Und natürlich fällt auch dem öffentlichen Einkauf mit seiner Hebelwirkung und Innovationsinduktion eine entscheidende Rolle zu.[423] Die Übernahme der Verantwortung muss rechtlich sichergestellt werden, sofern diese anderenfalls nicht hinreichend wahrgenommen wird.[424]

204 **cc) Sharing Economy, EPR-Systeme als Herausforderungen für (deutsche) Kommunen und kommunale Unternehmen.** Das Problem deutscher Kommunen ist noch, dass in der Kreislaufwirtschaft – wie wir sie kennen – vornehmlich die klassische Abfallwirtschaft im Vordergrund steht. Kreislaufwirtschaft umfasst ausdrücklich die Vermeidung, Verwertung und ordnungsgemäße Beseitigung von Abfällen. Kreislaufwirtschaft ist mit einer funktionierenden, effektiv regulierten Abfall- und Sekundärrohstoffwirtschaft gleichzusetzen. Im deutschsprachigen politischen Raum setzt man den Begriff der Circular Economy nicht mit Kreislaufwirtschaft, sondern eher mit „Zirkulärem Wirtschaften" gleich, um die Kreislaufwirtschaft gemäß KrWG davon abzugrenzen.

205 In einer „echten Kreislaufwirtschaft", der „Zirkulären Wirtschaft", nennen wir sie „Neue Kreislaufwirtschaft", wird zukünftig über den „Tonnenrand" geschaut werden müssen.

206 Längst etablieren sich Systeme wie (EPR, Abfallvermeidungsprogramme, Konzepte zur Reduzierung und Vermeidung von Abfall, die Sharing Economy, Sufficiency-Geschäftsmodelle etc. und reduzieren damit zunehmend diejenigen Stoffströme und Abfallmengen, die durch den Anschluss – und Benutzungszwang bisher den Kommunen überlassen wurden. Eine zirkuläre Wirtschaft zielt auf ein „Zero Waste" Modell ab.

Abbildung 3: Von der linearen zur zirkulären Wirtschaft

Quelle: © Susanne A. Schalz[425]

207 In 5 bis 10 Jahren werden Produkte voraussichtlich anders aussehen, in 20 Jahren zirkulär sein, dann ist die graue Tonne fast leer! Bei der Circular Economy gibt es kein Ende, nach der Wiederverwertung und dem erneuten Recycling findet ein erneutes Produkt-Re-Design statt usw. Die gesamten Wertschöpfungsketten sowie die Rohstoffketten müssen neu überdacht, Aufgaben neu verteilt werden.

---

423 Janpeter Beckmann, Circular Cities und Circular Procurement – eine Symbiose „Aus Wissenschaft und Forschung", „Kleine Kniffe" – Magazin für eine nachhaltige Beschaffung in Kommunen, Kirchen und Wohlfahrtsverbänden, Oktober 2019, Seite S. 43.

424 Vgl. Umweltbundesamt, Leitsätze einer Kreislaufwirtschaft, S. 32.

425 Abbildung Susanne A. Schalz, Atelier Pott in Farbe, www.pott-in-farbe.de.

dd) Nachhaltige Beschaffung strategisch nutzen. „Um eine Wertschöpfungskette nachhaltig neu zu gestalten, muss ich vorne anfangen: bei der Beschaffung“[426] 208

Strategische Bedeutung kommt aus Sicht des Nachhaltigkeitsrats der Berücksichtigung von Nachhaltigkeitsaspekten in der öffentlichen Beschaffung zu. Mit einem Einkaufsvolumen der öffentlichen Hand von schätzungsweise über 350 Mrd. € pro Jahr können wichtige Impulse für innovative, faire und umweltfreundliche Produkte und Dienstleistungen gesetzt werden. Eine nachhaltige öffentliche Beschaffung kann zudem durch die Berücksichtigung von Qualität, Lebenszykluskosten, Reparatur- und Recyclingfähigkeit öffentliche Haushalte entlasten. 209

Die Bundesregierung hat die Hebelfunktion der öffentlichen Beschaffung erkannt und mit dem Maßnahmenprogramm Nachhaltigkeit 2015 erste Schritte unternommen. Der aktuelle Monitoringbericht zum Maßnahmenprogramm zeigt deutlich, dass es bisher nur schwache Fortschritte gibt. Deshalb ist entschiedeneres Vorgehen dringend nötig. Ambitionierte Ziele (z. B. CO2-freie Fuhrparks in Ministerien, Bundesbehörden und Bundestag bis 2030) sind für die Vorbildwirkung des Staates ebenso nötig wie passende Indikatoren (z. B. die Ausweitung und Präzisierung der produktspezifischen Indikatoren auf Bürobedarf, Arbeits- und Schutzkleidung) und konkrete Maßnahmen (z. B. Hilfestellungen für die rechtssichere Ausschreibungen, eine transparente, differenzierte Berichterstattung und die Angabe der Konsequenzen bei einer Zielverfehlung). 210

Darüber hinaus sollte es gemeinsame Vorgaben für die Nachhaltigkeitskonzepte/Leitfäden aller Bundesministerien, obersten Bundesbehörden sowie nachgeordneten Behörden geben. Zudem sind ein Erlass zur Berücksichtigung von Umwelteffekten bei der vergaberechtlichen Bewertung, die zwingende Berücksichtigung von Lebenszykluskosten bei höherwertigen und langlebigen Produkten sowie die explizite Aufforderung zur Nutzung des Instrumentariums der innovativen oder vorkommerziellen Auftragsvergabe erforderlich. 211

Für das öffentliche Beschaffungswesen sind zuverlässige und unabhängige Orientierungshilfen nötig, damit sich die für den Einkauf Verantwortlichen darauf verlassen können. Es sollte geprüft werden, ob bereits bestehende Portale der Bundesregierung wie „siegelklarheit.de“ zu einer staatlichen Kontroll- und Überprüfungsinstanz für Zertifizierungssysteme ausgebaut werden können („Siegel-TÜV“), um im „Siegel-Dschungel“ Spreu vom Weizen zu trennen.[427] 212

Sowohl Unternehmen als auch die öffentliche Hand befinden sich heute immer noch in der Innovationsphase: Nach wie vor werden nicht-zirkuläre Produkte in großem Stil verkauft, im Bausektor wird noch auf traditionelle Weise gebaut und große Mengen an Primärressourcen fließen in lineare Wertschöpfungsketten. Eine große Hebelwirkung hat die Stadt Amsterdam bei sich selbst identifiziert. 213

Die Evaluierung hat gezeigt, dass die Transparenz bei der Preisgestaltung negativer externer Kosten von Produkten und eine nachhaltige Preisfindung weitere Aufmerksamkeit erfordern. Wenn faire Preise der neue Standard sind, werden nicht-zirkuläre Produkte teurer. Übernimmt die öffentliche Hand hier eine aktive Rolle als Nachfrager, kann sie vor allem in den Bereichen Bau, Food und Konsumgütern eine Dynamik erzielen. Diese drei Wertschöpfungskreisläufe haben nicht nur einen hohen Einfluss auf die Umwelt, sondern sind bereits im Fokus der Bemühungen der Europäischen Union und der niederländischen Regierung.[428] 214

ee) Urbane Rohstofflager smart nutzen. Die moderne Industrie- und Digitalgesellschaft basiert auf dem Einsatz endlicher Rohstoffe und seltener Erden, deren Recyclingraten jedoch meist bei unter einem Prozent liegen. Zwar sind Gebäude, Straßen und 215

[426] Marjolein Brasz, Challenge Lead for Circular Economy, Circular Hub Magazin, https://circularhub.ch/magazin/details/mit-zusammenarbeit-in-die-kreislaufwirtschaft/.

[427] Erste Empfehlungen des Nachhaltigkeitsrates zur Weiterentwicklung der Deutschen Nachhaltigkeitsstrategie, Berlin, den 13. Mai 2020.

[428] Circular Hub Magazin, https://circularhub.ch/magazin/details/kreislaufwirtschaft-als-strategie-fuer-urbane-raeume/.

Schienen ein wichtiges Lager solcher Rohstoffe, doch gibt es kaum Informationen darüber, welche Rohstoffe tatsächlich an welchen Stellen und in welchen Mengen verbaut sind. Ein gezieltes Recycling ist daher schwer möglich. Um diesem Problem zu begegnen, hat *bonnorange* als kommunales Entsorgungsunternehmen für die Stadt Bonn eine Bestandsaufnahme der verbauten kritischen Metalle durchgeführt und untersucht, wie diese künftig stärker und gezielter recycelt werden können. In der Zukunft könnten Informationen über die verbauten Rohstoffe direkt beim Bau dokumentiert werden. Hier kommt den Kommunen eine Schlüsselposition zu: Neben der Dokumentation eigener Bau- und Abbruchtätigkeiten kann der Verkauf kommunaler Grundstücke an Dokumentationspflichten gebunden werden. Die digitale Methode „Building Information Modeling" zur Planung, Errichtung und Bewirtschaftung von Gebäuden ermöglicht darüber hinaus bereits beim Bau eine detaillierte Dokumentation durch den Bauträger. Dies erleichtert nicht nur das Recycling nach dem Abbruch – auch das laufende Instandhaltungsmanagement wird verbessert und somit die Nutzungszeit von Gebäuden und Infrastruktur verlängert.[429]

216 „Nachhaltiges Bauen" ist ein Konzept, das manchmal nur auf die Materialauswahl oder die Energieeffizienz beschränkt ist. Das Konzept ist jedoch viel umfassender. Gebäude machen 40% des Endenergieverbrauchs der EU und 36% der CO2-Emissionen aus. Deshalb ist ein besonderer Fokus auf die Ressourceneffizienz der bebauten Umwelt und der Gebäude erforderlich. Damit Gebäude nachhaltig sind, muss der gesamte Lebenszyklus von Gebäuden berücksichtigt werden, von der Architekturplanung, der Bautechnik und dem Entwurf über die Bau- und Materialauswahl bis hin zum Betrieb, der Abänderung und Renovierung und der endgültigen Entsorgung. Außerdem brauchen wir eine intelligente und nachhaltige Raumordnung und eine grüne Infrastruktur, die in den Rahmen für nachhaltiges Bauen integriert werden muss. Stadtplanungs- und Verkehrslösungen spielen auch beim Aufbau einer nachhaltigen Gesellschaft eine Schlüsselrolle. Bei der Festlegung von Standards für nachhaltiges Bauen ist ein hohes Maß an Ehrgeiz erforderlich. Renovierungen werden meist nur selten durchgeführt, sodass es im Interesse der Gesellschaft und des Eigentümers des Gebäudes liegt, „alles richtig zu machen". Alle Renovierungen, die jetzt stattfinden, sollten auf ein Höchstmaß an Ressourceneffizienz abzielen.

217 Da 90% des bewohnten Wohnungsbestandes von 2050 bereits vorhanden sind, sind ehrgeizige Maßnahmen zur Unterstützung der Renovierung bestehender Gebäude entscheidend für eine zukünftige leistungsstarke, ressourceneffiziente bebaute Umwelt. Renovierungen würden in einer Vielzahl von Bereichen mehrere Vorteile bringen, wie der Raumluftqualität und einer erhöhten Nachfrage nach KMUs, die den größten Teil des europäischen Renovierungssektors ausmachen und einen Sektor darstellen, der seine Arbeitsplätze nicht aus Europa verlagern kann. In der Branche gibt es nach wie vor große Inkonsistenzen bei der Definition von nachhaltigen Bau- und Baustoffen. Das Konzept des nachhaltigen Bauens ist schwach, da es keine Harmonisierung gibt, was hohe Kosten, mangelndes Vertrauen und eine komplizierte Kommunikation mit sich bringt. Ein an sich notwendiges Benchmarking für die gesamte Branche hinweg ist so gut wie unmöglich. Die Hindernisse für die Nutzung des Potenzials der in Gebäuden enthaltenen Ressourcen sind oft wirtschaftlicher Natur: Es ist billiger zu deponieren als zu sammeln, zu sortieren und zu recyceln. Darüber hinaus fehlt es in vielen Mitgliedstaaten an einer Recyclinginfrastruktur. Anreize und Auflagen würden zu einer besseren Planung der Ressourcennutzung und einer nachhaltigen Materialauswahl über den gesamten Lebenszyklus führen.[430]

218 Auch die Stadt Amsterdam hat die Vision einer zirkulären Baukette und eine Strategie hierfür in ihrer Roadmap hinterlegt. Durch eine zirkuläre Organisation der Baukette bei gleichzeitiger Erfüllung des Wachstumsziels, bis 2040 70 Tausend neue Wohnungen zu bauen, kann die Gemeinde eine Produktivitätssteigerung von 3% im Wert von 85 Millio-

---

[429] Marieke Eckhardt, Prognos Trendletter Mai 2019, Urbane Rohstofflager smart nutzen / Eine gute Idee.

[430] Vgl. Sirpa Pietikäinen, Die Prozesse zur Kreislaufwirtschaft im Europäischen Parlament, Themen, Diskussionen, Aktivitäten und Herausforderungen – ein persönlicher Ansatz in Sepp Eisenriegler Hrsg., Kreislaufwirtschaft in der EU, Eine Zwischenbilanz, Springer Gabler Verlag 2020.

nen Euro pro Jahr erzielen. Dieses Wirtschaftswachstum wird zum großen Teil durch Werterhalt aufgrund von Materialwiederverwendung und Effizienzsteigerungen realisiert. Dies lässt sich jedoch nicht von heute auf morgen erreichen.

Das Produktivitätswachstum führt zu mehr Beschäftigungsmöglichkeiten; im Laufe der Zeit können etwa 700 zusätzliche Arbeitsplätze geschaffen werden. 75 Tausend Menschen sind derzeit im Amsterdamer Bausektor beschäftigt. In den meisten Fällen handelt es sich dabei um zusätzliche Arbeitsplätze für gering bis mittelmäßig qualifiziertes Personal. 219

Die skizzierte Verbesserung der Wiederverwendung von Materialien führt zu Materialeinsparungen in Höhe von 500 Tausend Tonnen, was im Vergleich zum derzeitigen jährlichen Import von 1,5 Millionen Tonnen Material eine erhebliche Einsparung darstellt. 220

Die Treibhausgasemissionen werden schätzungsweise um eine halbe Million Tonnen CO2 pro Jahr sinken – das entspricht 2,5 % der derzeitigen jährlichen CO2-Emissionen der Stadt Amsterdam. 221

Die oben genannten Auswirkungen basieren auf vier Strategien, die den Kreislauf des Bausektors verbessern: (1) Intelligentes Design: Verpflichtung zur intelligenten Gestaltung von Gebäuden, um sie besser für die Umnutzung und die Wiederverwendung von Materialien geeignet zu machen. (2) Demontage und Trennung: Die effiziente Demontage und Trennung von Abfallströmen ermöglicht eine hochwertige Wiederverwendung. (3) Hochwertiges Recycling: Hochwertige Rückgewinnung und Wiederverwendung von Materialien und Komponenten. (4) Marktplatz und Ressourcenbank: Austausch von Gütern zwischen Marktteilnehmern. Der Fahrplan und die Aktionsagenda in der Studie präsentieren eine große Anzahl kurz- und langfristiger Maßnahmen, die zur Transformation der Baukette und damit zur Realisierung der Auswirkungen beitragen können.[431] 222

Die in den Niederlanden entwickelte Madaster-Plattform fungiert bereits heute als öffentliche Online-Bibliothek für Materialien in der gebauten Umgebung. Dabei werden Informationen zu Materialart und Materialort verknüpft und in einem Materialpass festgehalten.[432] 223

Auch Finnland hat sich in einer Circular Economy Roadmap bereits auf den Weg gemacht, eine zentrale Material-Datenbank zu schaffen.[433] 224

ff) Handlungsfähigkeit von Kommunen verbessern. Investitionsprogramme zum Aufbau einer Zirkulären Wirtschaft auflegen, um die Potenziale der Circular Economy als Nachhaltigkeitsstrategie in den Kommunen zu heben; der finanzielle Eigenanteil der Kommunen sollte dabei ausgesetzt werden. Zusätzlich sollten finanzschwache Kommunen unterstützt werden, um deren Handlungsfähigkeit sicherzustellen, Betriebe der Daseinsvorsorge aufrecht zu erhalten und nachhaltige Beschaffung zu ermöglichen. 225

Das Umweltbundesamt (UBA) fordert sogar eine gemeinsame Plattform für alle umwelt-, ressourcenschonungs- und klimaschutzrelevanten Fördermittel (z. B. Kommunalrichtlinie der NKI), die sich an Kommunen richten, inkl. Beratungs- und Informationsangebote („One stop shop").[434] 226

Ebenso fordert das UBA, die nachhaltige öffentliche Beschaffung zu fördern und dadurch Nachfrage nach umweltverträglich hergestellten Produkten und Dienstleistungen zu steigern; dafür Verwendung bspw. des Umweltzeichens ‚Blauer Engel' oder der Kriterien auf dem Informationsportal des Umweltbundesamtes.[435] 227

Der Sachverständigenrat für Umweltfragen empfiehlt sogar der Bundesregierung, die kommunale Kompetenz für eine nachhaltige Entwicklung auszubauen und zu nutzen. Das erfordert auch einen strukturierten Austauschprozess mit kommunalen Akteuren zur Umsetzung der Nachhaltigkeitsziele und des Gemeinschaftswerks. Die dazu aufgelegten Initiativen 228

[431] Circular Amsterdam, A vision and action agenda for the city and metropolitan area.
[432] Madaster (2020): Madaster Plattform.
[433] Sitra (2019): Building a database enhances the circulation of materials.
[434] Umweltbundesamt, Position Mai 2020, Nachhaltige Wege aus der Wirtschaftskrise Umwelt und Klima schützen, Beschäftigung sichern, sozialverträgliche Transformation einleiten.
[435] Vgl. Umweltbundesamt (2020): Umweltfreundliche Beschaffung. Online abrufbar: www.beschaffung-info.de.

und Förderprogramme von verschiedenen Bundesministerien haben wichtige Impulse gesetzt. Es scheint aber nun an der Zeit, diese verschiedenen Initiativen – in Abstimmung mit den Ländern – in einem gemeinsamen Handlungskonzept für die Unterstützung der kommunalen Nachhaltigkeit zu bündeln, um Doppelstrukturen abzubauen, die Kommunen vom „Antragshopping" zu entlasten und insgesamt eine bessere Wirksamkeit der Unterstützungsangebote zu erreichen. Zudem sollte geprüft werden, ob die Bundesregierung ähnlich den kommunalen Klimaschutzmanagern auch Nachhaltigkeitsmanager in den Kommunen mitfinanzieren kann. Entsprechende Modellprojekte in den Strukturwandelprozessen der Braunkohleregionen werden vom Nachhaltigkeitsrat ausdrücklich begrüßt.[436]

229 Auch spezielle Förderprogramme wären hilfreich. So haben beispielsweise die Stadt Graz und das Land Oberösterreich Förderprogramme zur Reparatur von Haushalts- und Elektrogeräten aufgelegt. Unterstützt wird die Reparatur defekter Geräte durch anerkannte und beim Fördermittelgeber registrierte Dienstleister mit nicht rückzahlbaren Zuschüssen. Maximal 50 Prozent oder 100 Euro der Reparaturkosten werden übernommen. So können Verbraucher den Produktzyklus ihres alten Gerätes verlängern, ohne sich finanziell schlechter zu stellen. Eine Idee, die nach Nachahmung ruft. Auch deutsche Kommunen und Bundesländer sollten die Einführung solcher Förderprogramme in Betracht ziehen. Durch eine Steigerung der Attraktivität von Reparaturdienstleistungen könnte die Circular Economy in Deutschland ein großes Stück vorangebracht werden.[437]

230 **gg) Beispiele ressourcenpolitischer Instrumente.** „Die ökologische Wahrheit: Ressourcensteuern für mehr Effizienz."[438]

231 „Wichtig für eine hohe Akzeptanz wäre, dass die Steuerlast insgesamt nicht steigt: Was durch Ressourcensteuern eingenommen wird, sollte durch Senkung anderer Steuern wieder zurückgegeben werden"[439]

232 Andere Länder nutzen die Möglichkeiten und „Spielräume würde es auch jetzt schon geben", sagt Bettina Bahn, die beim Wuppertal Institut für Kreislaufwirtschaft zuständig ist. „Deutschland nutzt sie aber nicht." Nach der Mehrwertsteuersystemrichtlinie der EU können die Mitgliedstaaten schon derzeit zwei ermäßigte Steuersätze nutzen. In Belgien beispielsweise gibt es neben dem reduzierten Satz von zwölf Prozent den noch günstigeren Satz von sechs Prozent. Dieser wird bei der Personenbeförderung fällig, Bahnfahrten eingeschlossen. Deutschland macht von dieser Möglichkeit bisher keinen Gebrauch. Dasselbe gilt für kleine Reparaturdienstleistungen. In Schweden und acht weiteren EU-Ländern (Belgien, Irland, Luxemburg, Malta, Niederlande, Polen, Portugal, Slowenien) wird dafür nur der reduzierte Steuersatz fällig. In Deutschland ist es hingegen der volle Satz von 19 Prozent. In einem Hintergrundpapier hat die Entwicklungsorganisation Germanwatch vor zwei Jahren detailliert aufgezeigt, wie die Förderung der Reparatur sowohl umweltpolitische als auch sozialpolitische Vorteile bringt: Die Lebensdauer der Produkte wird verlängert, Umwelt und Ressourcen werden geschont, zugleich bleiben Arbeitsplätze im Handwerk erhalten oder können neu geschaffen werden. Selbst für die Reparatur von Elektroprodukten, für die es nach EU-Recht bislang noch keine Mehrwertsteuerreduktion geben kann, hat Schweden seit 2017 eine Fördermöglichkeit gefunden – über Steuergutschriften von etwa 2.600 Euro pro Jahr. So können die Arbeitskosten für Reparaturen günstiger erworben werden. Für ältere Bürger ist die Gutschrift sogar doppelt so hoch.[440]

233 „Die aufkommensstärkste Steuerart in Deutschland ist die Mehrwertsteuer. Mit einer Senkung dieser Steuer z. B. auf Tickets der Bahn, auf ökologisch produzierte, ressourcen-

[436] Vgl. SRU, Empfehlungen zur Weiterentwicklung der Kreislaufwirtschaft, Umweltgutachten 2020.

[437] Vgl. Yannik Vogel, Prognos Trendletter 2019, S. 20.

[438] Von Bettina Bahn-Walkowiak und Henning Wilts, factor'y, Magazin für nachhaltiges Wirtschaften, 2019 Nr. 2.

[439] Kai Schlegelmilch, Bundesamt für Naturschutz, Vorsitzender des Forums Ökologisch-Soziale Marktwirtschaft (FÖS), „Mit Steuern Ressourcen steuern", Interview mit der Zeitschrift „Ökologiepolitik", Ausgabe November 2016.

[440] Factor'y, das Magazin für nachhaltiges Wirtschaften, 2019 Nr. 2, Den besseren Konsum steuern.

effiziente, reparaturfähige Produkte oder mit einer Erhöhung der Verbrauchssteuern auf Fleisch aus Massentierhaltung ließe sich eine Vielzahl von Veränderungen herbeiführen, um so nachhaltige und suffiziente Lebensstile zu fördern."[441]

Steuern sind zum Steuern da, und Statistiken sind die Grundlage jedes Managements; dies gilt auch für ein Wirtschaften in Kreisläufen. Erneuerbare und nachwachsende Ressourcen werden in vielen Ländern subventioniert, mit einer Ausnahme: menschliche Arbeit. Sie wird in den meisten Ländern hoch besteuert. Das ist völlig unverständlich, ist Humankapital doch die einzige Ressource mit einer qualitativen Komponente: Durch Erziehung und Ausbildung kann ihre Qualität entschieden erhöht werden; umgekehrt führt eine Nicht-Nutzung des Wissens rasch zu seinem Verlust und kann direkt in die soziale Katastrophe führen (Jugendarbeitslosigkeit).[442] Mehrwertsteuern (MwSt.) tragen ihre Zweckbestimmung im Namen. Ein Wirtschaften in Kreisläufen erhält bestehende Werte und schafft keinen Mehrwert, deshalb sollte auf diesen Tätigkeiten keine MwSt. erhoben werden.[443] **234**

Schweden ist weltweit das erste Land, welches diese Herausforderung einer nachhaltigen Finanzpolitik akzeptiert hat. Ab 1. Januar 2017 werden bestimmte Reparaturarbeiten mit einem MwSt.-Satz von nur zwölf Prozent (statt 25 %) belegt, und Private können die Arbeitskosten an Reparaturarbeiten bei der Einkommenssteuer in Abzug bringen.[444] Schweden wird vielleicht in Zukunft die führende nachhaltige Wirtschaftsnation. Ausfälle an Lohnsteuer- und MwSt.-Einnahmen können kompensiert werden durch eine Besteuerung unerwünschter Faktoren, wie der Verbrauch von nicht-erneuerbaren Ressourcen und die Abschaffung von Subventionen des Naturverbrauchs – diese betragen allein für Produktion und Verbrauch von fossilen Ressourcen wie Kohle, Öl und Gas weltweit jährlich über vier Billionen EUR.[445] **235**

Deutschland ist ein Steuerparadies der besonderen Art: In einem Ranking der Umweltsteuern aller 28 EU-Länder belegt Deutschland 2017 mit einem Anteil von 4,6 Prozent Umweltsteuereinnahmen am Gesamtsteueraufkommen inzwischen einen traurigen vorletzten Platz. Andere Länder überschreiten bereits die 10-Prozent-Marke, die der Fahrplan der EU-Leitinitiative „Ressourcenschonendes Europa" 2011 als Ziel für das Jahr 2020 proklamiert hatte. Dazu gehören z. B. Lettland (11,2 Prozent), Griechenland (10,2 Prozent) und Slowenien (10,2 Prozent).[446] **236**

Die Mischung machts, denn eine erfolgreich einzuleitende Ressourcenwende[447], wie sie das Wuppertal Institut fordert, muss eine Ressourcensteuer in eine umfassende ökologische Steuerreform einbinden, die auch die Konsumentenseite berücksichtigt: Nur so wären alle Produktionsstufen und Sektoren direkt oder indirekt betroffen und könnten als klarer Innovationsanreiz zur Förderung von Recycling, Wiederverwendung und Kreislaufwirtschaft wirken[448]. **237**

---

441 Von Verena Kern, factor'y, Magazin für nachhaltiges Wirtschaften, 2019 Nr. 2.

442 Vgl. Schumacher, F. (1973). Small is beautiful, economics as if people mattered. London: Blond & Briggs.

443 Walter Stahel zu Nutzen und Wissen, Eigentum und Haftung, Werte und Identität – ein Haushalten in Kreisläufen ist anders, in Sepp Eisenriegler Hrsg., Kreislaufwirtschaft in der EU, Eine Zwischenbilanz, Springer Gabler Verlag 2020.

444 Vgl. Wijkman, A., & Skanberg, K. (2016). The Circular Economy and Benefits for Society. Jobs and Climate Clear Winners in an Economy Based on Renewable Energy and Resource Efficiency. Club of Rome. http://www.clubofrome.org/wp-content/uploads/2016/03/The-Circular-Economy-and-Benefits-for-Society.pdf.

445 Vgl. Walter Stahel zu Nutzen und Wissen, Eigentum und Haftung, Werte und Identität – ein Haushalten in Kreisläufen ist anders, in Sepp Eisenriegler Hrsg., Kreislaufwirtschaft in der EU, Eine Zwischenbilanz, Springer Gabler Verlag 2020.

446 factor'y, Magazin für nachhaltiges Wirtschaften, 2019 Nr. 2, Die ökologische Wahrheit: Ressourcensteuern für mehr Effizienz.

447 Schneidewind, U. (2018) Die Große Transformation – Eine Einführung in die Kunst gesellschaftlichen Wandels. Frankfurt.

448 Wilts, H., & O'Brien, M. (2019). A Policy Mix for Resource Efficiency in the EU: Key Instruments, Challenges and Research Needs. Ecological Economics, 155(C), 59–69.

238 Die Einbindung in einen Gesamtmix ist bei der Ressourcensteuer auch deshalb dringend zu empfehlen, weil sie unabhängig von der finanziellen Leistungsfähigkeit eines jeden Einzelnen erhoben wird: Ähnlich wie die Mehrwertsteuer trifft sie den Sozialhilfeempfänger genau wie den Millionär in der exakt gleichen Höhe für jedes einzelne Produkt; gemessen am Einkommen bevorteilt sie daher höhere Einkommensgruppen. Damit eine Ressourcensteuer aber tatsächlich sozial akzeptiert und mehrheitsfähig wird, müsste hier ein entsprechender Ausgleich geschaffen werden, z. B. durch eine Reduktion der Mehrwertsteuer in bestimmten Bereichen oder Entlastungen durch Bonus- oder Prämiensysteme.[449]

239 Die wohl umfassendste Maßnahme auf gesellschaftlicher Ebene in Richtung Förderung einer längeren Nutzungsdauer wäre eine sozial-ökologische Steuerreform, die eine Entlastung des Faktors Arbeit bei gleichzeitiger Erhöhung der Steuern für natürliche Ressourcen vorsieht. Auf diese Weise könnten Dienstleistungen wie Reparaturen für KonsumentInnen attraktiver gemacht werden und zudem Arbeitsplätze in diesem Bereich entstehen. Im Vergleich zu anderen Maßnahmen erweist sich diese als besonders herausfordernd in der Umsetzung. Dabei muss dafür genau abgewogen werden, welche Gruppen durch Änderungen des Steuersystems mehr bzw. weniger belastet werden sollen.[450]

240 Insgesamt muss es für Unternehmen und die Wirtschaft attraktiver und interessanter werden, nachhaltige Geschäftsmodelle auszuprobieren, ohne von den Mühlen des Wettbewerbs mit nichtnachhaltigen Geschäftsmodellen zermahlen zu werden oder die Insolvenz zu riskieren. Aller Anfang ist schwer!

241 Auch sollte der wirtschaftliche Erfolg oder gar das Überleben eines zirkulären Unternehmens oder Start-Ups nicht zwingend von seiner Größe abhängen nach dem Motto, je größer, desto wirtschaftlicher. Nachhaltiges und zirkuläres Wirtschaften bedeutet auch Verkehrswege und Transporte zu reduzieren. So könnten viele lokale Arbeitsplätze entstehen und auch die Verkehrsinfrastruktur entlastet werden. Hierdurch würden Kommunen und Bürger profitieren. Der Kreis könnte in den Städten geschlossen werden!

Abbildung 4: Beispiele ressourcenpolitischer Instrumente aus anderen europäischen Ländern.[451]

Belastende ökonomische Anreize	
Steuern	
Großbritannien	Plastiktüten-Steuer (fünf Pence pro Tüte): nachweislicher Einfluss auf das Konsumentenverhalten, Anregung zur Nutzung wiederverwendbarer Tragetüten, Rückgang des Verkaufs um achtzig Prozent bereits im ersten Jahr nach Implementierung.
Gebühren	
Slowakei	Gesetz zur Einführung von Flaschenpfand für Kunststoffflaschen auf den Weg gebracht.
Niederlande	Deutliche Erhöhung der Abfallgebühr von 13,21 € pro 1.000 kg im Jahr 2018 auf 32,12 € pro 1.000 kg in 2019.

449 Factor'y, Magazin für nachhaltiges Wirtschaften, 2019 Nr. 2, Die ökologische Wahrheit: Ressourcensteuern für mehr Effizienz.

450 Sylvia Mandl und Nina Tröger zu Perspektiven zur Verlängerung der Nutzungsdauer von Gebrauchsgütern in Sepp Eisenriegler Hrsg., Kreislaufwirtschaft in der EU, Eine Zwischenbilanz, Springer Gabler Verlag 2020.

451 Vgl. Deutschland auf dem Weg zur Circular Economy, Erkenntnisse aus europäischen Strategien, Vorstudie, acatech, S. 48 f.

Belohnende ökonomische Anreize	
Steuererleichterungen	
Portugal	Steuerminderungen auf Auto- und Motorradreparaturen, auf Forschungs- und Entwicklungskosten für KMU (generelle zusätzliche Minderungen auf Ökodesign F&E).
Luxemburg	Ermäßigter Steuersatz von acht Prozent auf Reparaturen von Fahrrädern, Schuhen, Lederwaren, für Änderungsschneiderei und Heimtextilien. Eine weitere Reduktion auf drei Prozent wird gerade auf Konformität mit der europäischen Gesetzgebung geprüft.
Frankreich	Reduktion der Umsatzsteuer auf Aktivitäten, die mit CE zusammenhängen, in Planung.
Subventionen	
Portugal	Zuschüsse für CE-Projekte von Firmen, Universitäten und Gemeinden (Förderquote im Schnitt 85 Prozent, ohne Rückzahlung).
Niederlande-Friesland	Fördermittel für KMU für die Entwicklung von zirkulären Geschäftsmodellen; Unterstützung bei Förderanträgen auf nationaler und EU-Ebene.
Informationsinstrumente	
Öffentlichkeitskampagnen	
Frankeich	Format „Nationale Debatte", um die politische Teilhabe für Bürgerinnen und Bürger zu ermöglichen: öffentliche Dialoge zwischen Politikerinnen und Politikern und Bürgerinnen und Bürgern, Webportal mit der Möglichkeit, Kritik und Vorschläge einzureichen. Ein Teil der „Nationalen Debatte" befasst sich mit der ökologischen Transformation des Landes. Hier wurde deutlich, dass Umweltfragen und CE wichtige Themen für die Bürgerinnen und Bürger sind.
Finnland	100smartways – hundert Möglichkeiten, klug und nachhaltig zu sein: entstanden aus der Erkenntnis, dass siebzig Prozent des nationalen CO2-Fußabdrucks durch die Lebensweise der Einwohner bestimmt ist. Es werden den Bürgerinnen und Bürger über hundert mögliche Hebel aufgezeigt, ihren persönlichen Fußabdruck zu reduzieren.

Schottland	Jährliche „Pass It On Week" („Gib's weiter"- Woche): Mobilisierung von Bürgerinnen und Bürgern, Tausch-, Spende- oder Reparaturaktivitäten durchzuführen. Dazu wird online Material zur Verfügung gestellt, mit Leitfäden und Ideen für eine erfolgreiche Umsetzung.[452]
Großbritannien	Kampagne „Love Food Hate Waste", um Bürgerinnen und Bürger über die Vermeidung von Lebensmittelbfällen aufzuklären und Maßnahmen an die Hand zu geben, diese zu vermeiden.[453]
Ökolabels	
	Mit der Kampagne „Clever akafen" (clever kaufen) will die „SuperDrecksKëscht" umweltfreundliche und abfallarme Produkte im Handel sichtbar machen und die Konsumierenden bei ihrer nachhaltigen Kaufentscheidung unterstützen. Ausgewählte Produkte in den teilnehmenden Supermärkten und Fachgeschäften werden mit dem Hinweis „Clever akafen" beworben.[454] LENOZ – Zertifikat für nachhaltiges Bauen, Nachhaltigkeitsbewertungssystem für Gebäude.[455]
Beratungsangebot für Unternehmen	
Schottland	„Circular Economy Support Service" und „Resource-Efficient-Scotland-Programme": Expertenberatung und Unterstützung von KMU bei der Einführung von Energieeffizienz- und Zirkularitätsmaßnahmen.
Luxemburg	Fit4Circularity-Programm: Workshops und Konferenzen, um CE auf die Innovationsagenda von Unternehmen zu rufen.[456]
Portugal	Programm „Vale Economia Circular" unterstützt Beratungsdienstleistungen zum Thema CE für Unternehmen.
Sonstige	
Finnland:	Liste mit Best-Practice-Beispielen von Unternehmen und Städten bei der Umsetzung von CE-Maßnahmen.

452 Vgl. Recycle for Scotland 2019.
453 Vgl. WRAP 2018.
454 Vgl. SDK 2019.
455 Vgl. 1nergie S. A. 2018.
456 Vgl. Luxinnovation o. J.

Niederlande-Friesland	Großangelegte Umfrage unter regionalen KMU, um evidenzbasierte Politik für die Umsetzung zirkulärer Geschäftsmodelle zu entwickeln.
Ordnungsrechtliche Anreize	
Erweiterte Produzentenverantwortung (EPR)	
Luxemburg	„gemeinnützige Vereinigung Ecobatterien" organisiert die separate Einsammlung von tragbaren, industriellen und PKW-Batterien und Akkus und deren fachgerechte und ökologische Entsorgung und Wiederverwertung.[457]
Frankreich	Hier gibt es 14 verpflichtende EPR-Regelungen, die weit mehr als die von der EU vorgegebenen Produktströme abdecken. Darunter sind beispielsweise EPR-Systeme für die Produktgruppen Möbel, Reifen, grafische Papiere und infektiöse Abfälle im Gesundheitswesen.
Normierung und Standardisierung	
Großbritannien	Standardisierung für die Nutzung von Polymeren in Planung.
Niederlande-Friesland	Standardisierungen für den Bausektor in Planung.
Öffentliche Beschaffung	
Finnland	2018 Aufbau eines Kompetenzzentrums für nachhaltige und innovative öffentliche Beschaffung, um zum Beispiel Städte dabei zu unterstützen, CE-Aspekte für zukünftige Beschaffung mit zu berücksichtigen.
Slowakei	Aktuell bereits der dritte „Nationale Aktionsplan für Grüne Öffentliche Beschaffung" (2016–2020) wirksam, mit zwölf priorisierten Produktgruppen.
Schottland	Integration von Lebensdauer-Kostenbetrachtung und Lebenzyklus-Betrachtungen in der öffentlichen Beschaffung, Prozess im Gange.
Portugal	Strategie für grüne öffentliche Beschaffung mit zwanzig Produktgruppen, von denen bereits für sechs entsprechende Kriterienkataloge und Kennzahlen entwickelt wurden. Im Jahr 2019 sollen weitere sechs Produktgruppen mit Kennzahlen hinterlegt werden.

[457] Vgl. Ecobatterien o. J.

Sonstige	
Niederlande	„Dutch Green Deals“: Unternehmen können Antrag auf Revision von Gesetzen stellen, die CE-Geschäftsmodelle verhindern.
Bildung und Forschung	
Etablierung von Lehrstühlen und Kursangeboten an Universitäten	
Schottland	CE-Master-Programme werden gerade an verschiedenen schottischen Universitäten entwickelt.
Portugal	Masterstudiengang in „Eco Design for Circular Economy“ an der Universität Aveiro; „Industrial Ecology“ ist Teil der Lehrpläne für Umwelt- und Maschinenbau-Ingenieursstudiengänge.
Niederlande	Es gibt bereits vier explizite CE-Master-Programme an drei verschiedenen Universitäten.
Integration in allgemeine Bildung	
Finnland	Finnische Bildungsreform: Integration von CE in bestehende Lehrpläne von Kindergärten bis zu Universitäten.
Niederlande-Friesland	„Spark the Movement“[458] – Programm zur Unterstützung von Bildungseinrichtungen, um diese bei der strukturellen Einbindung von CE-Lehrinhalten zu unterstützen.
Portugal	Nationale Strategie für Umweltbildung – eine Achse davon ist CE. Zur Umsetzung der Strategie stehen Fördermittel vom Environmental Funding Program zur Verfügung.
Ausweisen von Forschungsbudget	
Slowakei	Im nationalen Finanzierungsprogramm zur Unterstützung von Forschung und Entwicklung (2019–2023) sollen 112 Mio. Euro für Material- und Produktforschung und -entwickung bereitgestellt werden, die auf heimischen Rohstoffen und effizient zurückgewonnenen Sekundärmaterialien basieren. Ein Unterpunkt dieses Forschungsschwerpunkts ist „Effektive Verarbeitung strategisch wichtiger Rohstoffe als Basis für die Kreislaufwirtschaft“. Das Programm befindet sich noch im Genehmigungsprozess.

[458] Vgl. SPARK o. J.

Sonstige	
Niederlande-Friesland	Niederlande-Friesland: Fortbildungen für alle Mitarbeitenden des öffentlichen Diensts, um sie zu CE aufzuklären und dazu zu befähigen, CE-konforme Entscheidungen zu treffen.
Slowakei	Die slowakische Regierung hat in Zusammenarbeit mit dem Wirtschafts- und Nichtregierungssektor 2017 einen Green Education Fund eingerichtet. Der Fonds ist ein innovatives Instrument zur Förderung des Umweltbewusstseins und der Umwelterziehung. Eine zweite Auflage ist in Vorbereitung.
Slowenien	Cel.cycle: 21 Unternehmen haben sich, mitgefördert durch die EU, für Forschung, Entwicklung und Produktion im Sinne der CE zusammengeschlossen, um das Potenzial von Biomasse für eine CE zu skalieren.
Freiwillige Selbstverpflichtungen	
Schottland	SWITCH – Scottish Waste Industry Training, Competence, Health & Safety Forum – Ziel ist, eine industrielle Vorreiterrolle zu übernehmen, um die Standards für Gesundheit und Sicherheit, Ausbildung und Entwicklung sowie technische Kompetenz anzuheben und die schottische Ressourcenmanagement- Branche zu fördern.
Finnland	„Society's Commitment to Sustainable Development" – Gesellschaftsvertrag für nachhaltige Entwicklung – als Instrument, eine gemeinsame Wertegrundlage zu schaffen und eine geteilte Verantwortlichkeit zu erreichen, im Format eines gesellschaftsweiten „Wettbewerbs". Unternehmen, Bildungseinrichtungen, Verwaltungsorgane, Parteien, Kommunen und andere Akteure können konkrete operative Verpflichtungen eingehen, um zur Verwirklichung der gemeinsamen Ziele beizutragen.

c) Fazit: Herausforderungen und Chancen für Kommunen und kommunale Unternehmen

„Der Kampf um nachhaltige Entwicklung wird in den Städten gewonnen oder verloren."[459] **242**

[459] UN High-Level Panel of Eminent Persons on the Post-2015 Development, Agenda (2013), S. 17.

Das Thema Circular Economy („echte Kreislaufwirtschaft“, neuerdings auch „Zirkuläre Wirtschaft“ genannt) wird das bisherige Geschäftsmodell kommunaler Abfallwirtschaftsunternehmen und die Aufgaben der Kommunen nachhaltig verändern. Wahrscheinlich nicht heute und morgen, aber wenn man die beginnende Entwicklung zu Ende denkt, und etwas plakativ beschreibt, bleiben den Kommunen die „Staubsaugerbeutel und die Zigarettenkippen“.[460]

243 In einer Circular Economy nach europäischer Gedankenwelt, wird ein kommunaler Entsorger eine andere Rolle spielen als in der deutschen Kreislaufwirtschaft. Darauf müssen die deutschen Kommunen eine Antwort und eine neue Rolle finden, denn freiwillige Rücknahmesysteme, erweiterte Herstellerverantwortung, neue Logistikunternehmen, Start-Ups, Sharing-Plattformen, Suffizienz- und Repair-Bewegungen werden die Abfallwirtschaft, wie wir sie kennen, nachhaltig verändern.[461]

244 Die Bundesregierung muss einen gesetzlichen Rahmen für die Circular Economy schaffen, wie es in den Niederlanden und Frankreich durch die nationalen Circular Economy Strategien und Pläne bereits geschehen ist.

245 Sämtliche Disziplinen einer Kommune müssen bei der „Neuen Kreislaufwirtschaft“ zusammenarbeiten, angefangen bei der Stadtentwicklung, dem Klimaschutz bis hin zur Wirtschaftsförderung und letztlich auch der Abfallwirtschaft. Da sind massive Zielkonflikte vorprogrammiert.

246 Eine der größten Herausforderungen wird sein, schon die Ressourcen in der Stadtentwicklung mitzudenken, z. B. statt „Abreißen“ – Umnutzungsänderung, statt „Entsorgen“ – Bauteile wiederverwenden oder recyceln.

247 Hieran kann man erkennen, dass die sektorale Aufteilung von Zuständigkeiten ein nachhaltiges zirkuläres Wirtschaften erschwert. Zwei Beispiele illustrieren das ganz besonders. Als die EU-Kommission die Glühbirnen verbot, wurden zur Energieeinsparung vielfach Leuchtstofflampen mit elektronischen Vorschaltgeräten und Quecksilberdampf eingesetzt. Das hat derzeit, und wird in absehbarer Zeit zu Problemen in der Abfallwirtschaft führen. Das zweite Beispiel ist die nachträgliche Wärmedämmung an bestehenden Hausfassaden. Der Dämmstoff auf Erdölbasis enthält vielfach chemischen Flammschutz, der Recycling unmöglich macht und auch bei der fachgerechten Entsorgung zunehmend Probleme verursachen wird. In beiden Fällen wurde nur die Energieeinsparung gesehen, ohne auf die Wiederverwertbarkeit zu achten und den Ressourceneinsatz zu berücksichtigen.

248 Aktuell gibt es in den Kommunen keine Instanz, die die Themen der Circular Economy bündeln könnte. Sinnvoll wäre die Einrichtung einer Koordinierungsstelle, die mit besonderen Befugnissen ausgestattet wird und in der Lage ist, Partikularinteressen zu bündeln und bei Zielkonflikten der verschiedenen Disziplinen die Circular Economy umzusetzen. Der „Nachhaltigkeitsmanager“ könnte ein neues Berufsbild werden.

249 Circular Economy muss Teil der kommunalen Nachhaltigkeitsstrategie und DNA werden, die sowohl Umweltgesichtspunkte als auch die Wirtschaft und soziale Aspekte berücksichtigt (vgl. Doughnut Modell von Kate Raworth[462]). In den Städten kann man den Kreis leichter schließen, da hier eine „kritische Masse“ an neuen Ideen, Universitäten, Konsumenten, Ressourcen etc. vorhanden ist. Die Niederlande haben das bereits erkannt, andere Länder auch. Nun ist Deutschland an der Reihe.

250 In einer Linearwirtschaft wandern Produkte in den Müll, in einer Circular Economy bleiben sie im Umlauf. Wenn 75 % des Verbrauchs natürlicher Ressourcen in Städten erfolgt, 90 % der verwendeten Rohstoffe nach Verbrauch und Nutzung verloren gehen und nicht mehr in den Wirtschaftskreislauf zurückgeführt werden und je nach Gutachten die Produktion von Gütern, deren Distribution und Konsum sowie die anschließende Ein-

[460] Interview mit Günther Langer, Abfallwirtschaftsbetrieb München, Juni 2020.
[461] Interview mit Günther Langer, Abfallwirtschaftsbetrieb München, Juni 2020.
[462] Kate Raworth, Die Donut-Ökonomie, Carl Hanser Verlag 2017.

sammlung und Entsorgung rund 45 % der weltweiten Treibhausgasemissionen verursacht, kommt auf die Kommunen eine große Verantwortung zu.

Kommunen sollten sich auch selber mit Ideen zum Recycling und Upcycling beschäftigen dürfen.[463] In großen Städten wie Hamburg, Dortmund, München oder Wien gibt es von Kommunen betriebene Gebrauchtwarenkaufhäuser. Solche Systeme können ausgebaut und erweitert werden. 251

Außerdem haben Sie die Chance, beim Aufbau einer Circular Economy die Weichen mitzustellen, wie einige Städte in Europa es bereits vormachen. Zudem schafft eine Circular Economy neue Arbeitsplätze und neue Berufsfelder, nicht nur für hoch Qualifizierte, sondern auch für geringer Qualifizierte. Hierdurch könnte auch das GAP aufgefangen werden, welches durch eine zunehmende Digitalisierung und den dadurch bedingten Wegfall von Arbeitsplätzen entstehen wird. 252

Solch ein systemischer Wandel erfordert eine ehrgeizige und durch Rechtsvorschriften gestützte Politik, die in der Lage ist, den Investoren die richtigen Impulse zu signalisieren. Auch dürfen wirtschaftliche Risiken nicht auf die Kommunen abgewälzt werden. Land und Bund sollten hier eine unterstützende Rolle übernehmen. 253

Auch ist es notwendig, die Innovation von Produktionsprozessen und Geschäftsmodellen voranzutreiben, auf denen die Kreislaufwirtschaft basieren muss. Hierbei könnte auch an die intensivere Nutzung von Einkaufsgemeinschaften und interkommunale Kooperationen zwischen Kommunen aber auch an neue Kooperationsmodelle mit lokalen Initiativen oder lokalen Start-Ups gedacht werden. Kommunen könnten Portale entwickeln, über die sie Zirkuläre Ideen von Unternehmen und Start-Ups fördern, wie in den Niederlanden. Dort gibt es Unterstützung bei Unternehmen mit Plänen oder Ideen für eine Kreislaufwirtschaft. Auch Fragen zu potentiellen Geschäftspartnern sowie zur Gesetzgebung oder Finanzierungsmöglichkeiten werden dort beantwortet. 254

Die Beschleunigung des Übergangs zu einem Kreislaufwirtschaftsmodell ist keine Option, sondern eine zwingende Entscheidung. Während wir uns den markanten Auswirkungen des Klimawandels – auch wirtschaftlich – mit einem zunehmenden globalen Wettbewerb um fehlende Ressourcen stellen müssen, dürfen wir diese Chance nicht verpassen,[464] um die Kommunale Abfallwirtschaft in eine Zirkuläre Wirtschaft zu transformieren. 255

6. Abbildungsverzeichnis

7. Literaturverzeichnis

1. EU-Umweltaktionsprogramm 1973–1976 (OJ C 112, 20.12.73) 257
2. EU-Umweltaktionsprogramm 1977–1981 (OJ C 139, 13.6.77)
3. EU-Umweltaktionsprogramm 1982–1986 (OJ C 46, 17.2.83)
4. EU-Umweltaktionsprogramm 1987–1992 (OJ C 328, 7.12.87)
5. EU-Umweltaktionsprogramm 1993–2000 (OJ C 138, 17.5.93)
6. EU-Umweltaktionsprogramm 2002–2012 (OJ L 242, 10.09.02)
7. EU-Umweltaktionsprogramm 2013–2020 (OJ L354/172, 28.12.13)

463 Zielkonflikte zwischen öffentlicher Daseinsvorsorge und Wettbewerb.

464 Vgl. Simona Bonafé, Die Beschleunigung des Übergangs zu einem Kreislaufwirtschaftsmodell ist keine Option, sondern eine zwingende Entscheidung, Kreislaufwirtschaft in der EU, Eine Zwischenbilanz, Springer Gabler Verlag 2020.

1nergie S. A. 2018, 1nergie S. A.: Lenoz Zertifizierung, 2018. URL: https://www.1nergie.lu/de/produkt/lenoz [Stand: 12.4.2019].

Abfallwirtschaftsbetrieb München, Büro der Werkleitung, Interview mit Günther Langer, Juni 2020

A Circular Economy in the Netherlands by 2050, Government-wide Programme for a Circular Economy, www.government.nl/circular-economy, September 2016

Agenda 2030 kommunal, Die Umsetzung der UN-Nachhaltigkeitsziele in Städten und Gemeinden von Jens Martens https://www.2030agenda.de/de/publication/agenda-2030-kommunal

BMU – Bundesministerium für Umwelt, Naturschutz und nukleare Sicherheit (2018): Abfallwirtschaft in Deutschland 2018. Fakten, Daten, Grafiken, Berlin.

Business.gov.nl o. J., Business.gov.nl: Green Deal. URL: https://business.gov.nl/ subsidy/green-deal/ [Stand: 12.4.2019].

City of Amsterdam, Building blocks for the new strategy Amsterdam Circular 2020–2025, Directions for a thriving city within the planetary boundaries, Amsterdam, 19 June 2019, https://www.circle-economy.com/insights/building-blocks-for-the-new-strategy-amsterdam-circular-2020–2025-amsterdam-city-doughnut

Circular Amsterdam, A vision and action agenda for the city and metropolitan area https://docplayer.net/27554205-Circular-amsterdam-a-vision-and-action-agenda-for-the-city-and-metropolitan-area.html

Circular Economy Plan Paris 2017 – 2020, adopted at the Paris City Council of 3, 4 and 5 July 2017 https://www.google.de/url?sa=t&rct=j&q=&esrc=s&source=web&cd=&ved=2ahUKEwia7fqe56HqAhXEzaQKHVFECUcQFjADegQIARAB&url=https%3A%2F%2Fapi-site-cdn.paris.fr%2Fimages%2F97397&usg=AOvVaw3oLqZXY-JESQL84TQSpMwwj

CIRCULAR GLASGOW, A vision and action plan for the city of Glasgow https://circularglasgow.com/

Club of Rome. http://www.clubofrome.org/wp-content/uploads/2016/03/The-Circular-Economy-and-Benefits-for-Society.pdf.

Deutsch-Französische Industrie- und Handelskammer, https://www.francoallemand.com/publikationen/neue-gesetzgebung-in-der-kreislaufwirtschaft/

Deutsche Bundesregierung: Klimaschutzprogramm 2030 der Bundesregierung zur Umsetzung des Klimaschutzplans 2050, Fassung Oktober 2019

Deutscher Bundestag, Wissenschaftliche Dienste: Sachstand Nationale bzw. EU-weite Einbeziehung weiterer Sektoren in das Europäische Emissionshandelssystem, 28.3.2018

Deutscher Städtetag: 2030 – Agenda für Nachhaltige Entwicklung: Nachhaltigkeit auf kommunaler Ebene gestalten, URL: http://www.staedtetag.de/imperia/md/content/dst/presse/2015/2030-agenda_nachhaltige_entwicklung_sept_2015.pdf [3.1.2020]

Deutscher Städtetag: Forum Nachhaltigkeit 13. Juni 2019 im Bundeskanzleramt

Deutsches Institut für Urbanistik: SDG-Indikatoren für Kommunen – Indikatoren zur Abbildung der Sustainable Development Goals der Vereinten Nationen in deutschen Kommunen, 27. Juni 2018

Deutsches Ressourceneffizienzprogramm III 2020 – 2023, Programm zur nachhaltigen Nutzung und zum Schutz der natürlichen Ressourcen

Deutschland auf dem Weg zur Circular Economy, Erkenntnisse aus europäischen Strategien, Vorstudie, Thomas Weber und Martin Stuchtey (Hrsg.), Deutsche Akademie der Technikwissenschaften (acatech) https://www.acatech.de/publikation/deutschland-auf-dem-weg-zur-circular-economy/

Earth Overshoot Day 2019, URL: https://www.overshootday.org/

Ecobatterien o. J., Ecobatterien: *Startseite.* URL: http://www.ecobatterien.lu/de/[Stand: 12.4.2019].

Entwurf eines Gesetzes zur Umsetzung der Abfallrahmenrichtlinie der Europäischen Union, Deutscher Bundestag – 19. Wahlperiode – Drucksache 19/19373

Erste Empfehlungen des Nachhaltigkeitsrates zur Weiterentwicklung der Deutschen Nachhaltigkeitsstrategie, Berlin, den 13. Mai 2020 https://www.nachhaltigkeitsrat.de/aktuelles/nachhaltigkeitsrat-legt-erste-empfehlungen-zur-weiterentwicklung-der-deutschen-nachhaltigkeitsstrategie-2020-vor/

European Environment Agency, Circular economy in Europe, Developing the knowledge base, EEA Report No 2/2016 https://www.eea.europa.eu/publications/circular-economy-in-europe

Europäische Kommission: Commission staff working document: Measuring progress towards circular economy in the European Union – Key indicators for a monitoring framework, Accompanying the document Communication on a monitoring framework for the circular economy, SWD(2018) 17 final, 16.1.2018

Europäische Kommission: Den Kreislauf schließen – ein Aktionsplan der EU für die Kreislaufwirtschaft, KOM(2015) 614 final, Brüssel, den 2.12.2015

Europäische Kommission: Ein neuer Aktionsplan für die Kreislaufwirtschaft – Für ein saubereres und wettbewerbsfähigeres Europa, KOM(2020) 98 final, 11.3.2020

Europäische Kommission: Pressemitteilung IP/99/487 vom 12. Juli 1999

Europäische Kommission: Public Procurement for a Circular Economy – Good practice and guidance, 2017

Europäische Kommission: Mitteilung Der europäische Green Deal, COM(2019)640 final, 11.12.2019

Europäische Kommission: Mitteilung über einen Überwachungsrahmen für die Kreislaufwirtschaft, COM(2018)29 final, 16.1.2018

Europäische Kommission: Von jetzt bis 2020: Das neue Umweltaktionsprogramm der EU, URL: https://ec.europa.eu/environment/efe/news/here-2020-eus-new-environment-action-programme-2014-04-29_de [26.12.2019]

Europäisches Parlament: Abfallwirtschaft in der EU: Zahlen und Fakten, in: Aktuelles Europäisches Parlament, 9.4.2018

Europäisches Parlament: Ressourceneffizienz und Kreislaufwirtschaft, Kurzdarstellungen über die Europäische Union 2019

Europäisches Parlament (2018): a. a. O.; Daten aus 2016

Eurostat: Abfall in Ressourcen verwandeln – Recyclingquote von Siedlungsabfällen, URL: https://ec.europa.eu/eurostat/de/web/environmental-data-centre-on-natural-resources/resource-efficiency-indicators/resource-efficiency-scoreboard/thematic-indicators/transforming-the-economy/turning-waste-into-resource-recycling-rate [3.1.2020]

Eurostat: Circular Economy – Indicators – Monitoring Framework, URL: https://ec.europa.eu/eurostat/web/circular-economy/indicators/monitoring-framework [3.1.2020]

Eurostat: Circular Economy Overview, URL: https://ec.europa.eu/eurostat/web/circular-economy [27.4.2020]

Eurostat: Waste Statistics – Abfallstatistik, Datenauszug von Juni 2019

Erklärung der Pariser Gipfelkonferenz 19.-21. Oktober 1972, Bulletin der Europäischen Gemeinschaften. Oktober 1972, n° 10. Luxemburg: Amt für amtliche Veröffentlichungen der Europäischen Gemeinschaften. „Erklärung der Pariser Gipfelkonferenz „,, p. 15–24, URL: https://www.cvce.eu/de/obj/erklarung_der_pariser_gipfelkonferenz_19_21_oktober_1972-de-b1dd3d57-5f31–4796-85c3-cfd2210d6901.html [26.12.2019]

factor´y, Magazin für nachhaltiges Wirtschaften, 2019 Nr. 2 https://www.factory-magazin.de/

Foulon 2018, Foulon, M.: Un Défi „Rien de Neuf" à Grande Echelle pour 2019, 2018. URL: https://www.zerowastefrance.org/un-defi-rien-de-neuf-agrande-echelle-pour-2019/ [Stand: 12.4.2019].

Grüne Strategie für eine ressourcenleichte, giftfreie und klimaneutrale Kreislaufwirtschaft. https://www.google.de/url?sa=t&rct=j&q=&esrc=s&source=web&cd=&ved=2ahUKEwiE2_uBpKfqAhUSC-wKHfkqBuQQFjACegQIBBAB&url=https%3A%2F%

2Fwww.bettina-hoffmann.info%2Fde%2F2020_02_27_Bettina_Hoffmann_Diskussionspapier_Kreislaufwirtschaft.pdf&usg=AOvVaw1wZSIuXNNJ8lu7Lfobl-OZ

Institut für Zukunftsstudien und Technologiebewertung (2018): Recycling von Technologiemetallen. Fallstudie, Berlin.

International Resource Panel 2020, Resource efficiency and climate change, gemeint sind „THG-Emissionen, die mit Material und Energieverbrauch verbunden sind.

Kate Raworth, Die Donut-Ökonomie, Carl Hanser Verlag 2017

Kleine Kniffe – Magazin für eine nachhaltige Beschaffung in Kommunen, Kirchen und Wohlfahrtsverbänden, Oktober 2019 https://nachhaltige-beschaffung.com/

Kreditanstalt für Wiederaufbau (KfW): Circular Economy als Schlüssel für nachhaltiges Wirtschaften und Ressourcensicherheit, KfW Research Fokus Volkswirtschaft Nr. 258, 19. Juli 2019 https://www.kfw.de/KfW-Konzern/Service/Download-Center/Konzernthemen/Research/Fokus-Volkswirtschaft/

Kreislaufwirtschaft in der EU, Eine Zwischenbilanz, Sepp Eisenriegler Hrsg., Springer Gabler Verlag 2020

Loi n° 2020-105 du 10 février 2020 relative à la lutte contre le gaspillage et à l'économie circulaire, abrufbar unter: https://www.legifrance.gouv.fr/eli/loi/2020/2/10/TREP1902395L/jo/texte

Luxinnovation o. J., Luxinnovation: Performance Programmes. Fit 4 Circularity. URL: https://www.luxinnovation.lu/innovate-in-luxembourg/performanceprogrammes/fit-4-circularity/ [Stand: 12.4.2019].

Madaster (2020): Madaster Plattform

Maja Göpel, Unsere Welt neu denken, Ullstein Verlag, Februar 2020

Material Economics, 2018, The Circular Economy – A Powerful Force for Climate Mitigation.

„Mit Steuern Ressourcen steuern“, Interview mit der Zeitschrift „Ökologiepolitik“, Ausgabe November 2016

Müll und Abfall, Heft 4, Jahrgang 2020

National Agreement on the Circular Economy, www.circulaireeconomienederland.nl

Prognos: trendletter Magazin 01/19/ Zirkulär statt Linear – Wie wir die Wirtschaft in neue Bahnen lenken oder Verband der chemischen Industrie: VCI-Workshopreihe „Zirkuläre Wirtschaft“ (mit weiterführenden Beiträgen), URL: https://www.vci.de/die-branche/chemie-40/zirkulaere-wirtschaft/vci-workshop-zirkulaere-wirtschaft-mehr-als-recycling-15-februar-2019-vortraege.jsp [26.12.2019]

Rat der Europäischen Union: 8. Umweltaktionsprogramm Rat nimmt Schlussfolgerungen an, Pressemitteilung 4.10.2019, URL: https://www.consilium.europa.eu/de/press/press-releases/2019/10/04/8th-environmental-action-programme-council-adopts-conclusions/ [27.4.2020]

Recycle for Scotland 2019, Recycle for Scotland: Re-Use. Pass it on Week, 2019. URL: https:// www.recycleforscotland.com/re-use/passing-it [Stand: 12.4.2019].

Richtlinie 75/442/ EWG über Abfälle (OJ L194/48, 25.7.75)

Richtlinie 78/319/EWG über giftige und gefährliche Abfälle (OJ L84/43, 31.3.78)

Richtlinie 94/62/EG über Verpackungen und Verpackungsabfälle (OJ L365/10, 31.12.94)

Richtlinie 1999/31/EG über Abfalldeponien (OJ L182/1, 16.7.1999)

Richtlinie 2000/53/EG über Altfahrzeuge (OJ L269/34, 21.10.2000)

Richtlinie 2006/12/EG über Abfälle (OJ L114/11, 27.4.2006)

Richtlinie 2018/850 über Abfalldeponien (OJ L150/100, 14.6.2018)

Richtlinie 2018/851 über Abfälle (OJ L150/109, 14.6.2018)

Richtlinie 2018/852 über Verpackungen und Verpackungsabfälle (OJ L150/141, 14.6.2018)

Richtlinie 2019/904 über die Verringerung der Auswirkungen bestimmter Kunststoffprodukte auf die Umwelt (OJ L155/1, 12.6.2019)

Sachverständigenrat für Umweltfragen, SRU, Umweltgutachten v. 14.5.2020, Kreislaufwirtschaft: Von der Rhetorik zur Praxis

Schneidewind, U. (2018) Die Große Transformation -Eine Einführung in die Kunst gesellschaftlichen Wandels. Frankfurt.

SDK 2019, SuperDrecksKëscht (SDK): Startseite, Quick links, 2019. URL:https://www.sdk.lu/index.php/lu/ [Stand: 12.4.2019].

Sitra (2019): Building a database enhances the circulation of materials

Small is beautiful, economics as if people mattered. London: Blond & Briggs.

SPARK o. J., SPARK: *Startseite*. URL: https://sparkthemovement.nl [Stand:12.4.2019].

Statistisches Bundesamt (2018): Abfallbilanz 2016.

Statistisches Bundesamt: Indikatoren der UN-Nachhaltigkeitsziele, Juni 2018

Umweltbundesamt: Europäisches Kreislaufwirtschaftspaket -Überarbeitung des Legislativvorschlags URL:https://www.umweltbundesamt.de/sites/default/files/medien/479/dokumente/bewertung_eu-richtlinien_abfall_stand_18.4.18.pdf [3.1.2020]

Umweltbundesamt (2018): Schwerpunkt Recycling, in: Das Magazin des Umweltbundesamtes 1/2018.

Umweltbundesamt (2019): Stoffstromorientierte Ermittlung des Beitrags der Sekundärrohstoffwirtschaft zur Schonung von Primärrohstoffen und Steigerung der Ressourcenproduktivität (Texte 34/2019), Dessau-Roßlau.

Umweltbundesamt (2018): Abfallaufkommen, https://www.umweltbundesamt.de/daten/ressourcen-abfall/abfallaufkommen

Umweltbundesamt, Leitsätze einer Kreislaufwirtschaft, März 2020 https://www.umweltbundesamt.de/publikationen/leitsaetze-einer-kreislaufwirtschaft

Umweltbundesamt, Position Mai 2020, Nachhaltige Wege aus der Wirtschaftskrise Umwelt und Klima schützen, Beschäftigung sichern, sozialverträgliche Transformation einleiten https://www.umweltbundesamt.de/en/publikationen/nachhaltige-wege-aus-der-wirtschaftskrise

Umweltbundesamt (2020): Umweltfreundliche Beschaffung. Online abrufbar: www.beschaffung-info.de.

UN High-Level Panel of Eminent Persons on the Post-2015 Development, Agenda (2013)

Ursula von der Leyen: Eine Union, die mehr erreichen will – Meine Agenda für Europa, Von der Kandidatin für das Amt der Präsidentin der Europäischen Kommission, 16.7.2019

Uwe Schneidewind, Die große Transformation, Fischerverlag, 3 Auflage Juli 2019

Vereinte Nationen (2016)

Verordnung 2018/842 vom 30. Mai 2018 zur Festlegung verbindlicher nationaler Jahresziele für die Reduzierung der Treibhausgasemissionen im Zeitraum 2021 bis 2030 als Beitrag zu Klimaschutzmaßnahmen zwecks Erfüllung der Verpflichtungen aus dem Übereinkommen von Paris sowie zur Änderung der Verordnung (EU) Nr. 525/2013 (OJ L 156/26, 19.6.2018)

Weidenfeld, Werner/ Wessels Wolfgang: Europa von A bis Z – Taschenbuch der europäischen Integration, Nomos Verlag, 14. Auflage 2016

Wijkman, A., & Skanberg, K. (2016). The Circular Economy and Benefits for Society. Jobs and Climate Clear Winners in an Economy Based on Renewable Energy and Resource Efficiency.

Wilts, H., & O'Brien, M. (2019). A Policy Mix for Resource Efficiency in the EU: Key Instruments, Challenges and Research Needs. Ecological Economics, 155(C), 59–69

WRAP 2018, The Waste and Resources Action Programme (WRAP): Love Food Hate Waste, 2018. URL: https://www.lovefoodhatewaste.com/ [Stand: 12.4.2019].

8. Websites

258 BR Bayerischer Rundfunk, https://www.br.de/radio/bayern2/sendungen/breitengrad/frankreich-muellvermeidung-zero-dechet-100.html

circulareconomy.europa.eu, Circular Economy roadmap of France: https://circulareconomy.europa.eu/platform/en/strategies/circular-economy-roadmap-france-50-measures-100-circular-economy

Circular Hub Magazin, https://circularhub.ch/magazin/details/mit-zusammenarbeit-in-die-kreislaufwirtschaft/

Circle Economy, www.circle-economy.com

European Compost Network, https://www.compostnetwork.info/

Ellen MacArthur Foundation, https://www.ellenmacarthurfoundation.org/publications/completing-the-picture-climate-change

Ellen MacArthur Foundation, http://www.ellenmacarthurfoundation.org/our-work/activities/circular-economy-in-cities

Kreis Lippe, https://www.kreis-lippe.de/Natur-und-Umwelt/Lippe-zirkul%C3%A4r/Initiative/

Stadt München, https://www.muenchen.de/rathaus/Stadtpolitik/Der-Muenchner-Stadtrat/Hearing.html4

Atelier Pott in Farbe, https://www.pott-in-farbe.de/

Nederland Circulair! https://versnellingshuisce.nl/

Government of the Netherlands (Rijksoverheid), https://www.rijksoverheid.nl/onderwerpen/circulaire-economie/documenten/rapporten/2019/02/08/uitvoeringsprogramma-2019–2023

Munich – 'Halle 2' – EUROCITIES 2017 AWARDS, https://www.youtube.com/watch?v=VURfqLLvTCM

III. Bereich „Krankenhaus"

1. Einführung und ordnungspolitischer Rahmen

1 Im Freistaat Bayern sind zahlreiche Krankenhäuser in öffentlich-rechtlicher Trägerschaft in Form eines Kommunalunternehmens (kommunale Anstalt des öffentlichen Rechts) organisiert.[465] Die nicht geringe Anzahl und die bedeutende Stellung der Krankenhäuser im Rahmen der medizinischen Daseinsvorsorge für die Bevölkerung bieten den Anlass für eine praxisnahe Kurzdarstellung der rechtlichen Besonderheiten der Betriebsführung eines Krankenhauses in der Trägerschaft eines (selbständigen) Kommunalunternehmens.[466]

2 Dieser Praxisbeitrag soll die rechtlichen Ansatzpunkte hinsichtlich der grundlegenden Fragen im Rahmen der Betriebs- und Wirtschaftsführung eines Krankenhauses in der Trägerschaft eines Kommunalunternehmens darstellen und auch einige erläuternde Hinweise zu Rechtsfragen der medizinischen Leistungserbringung liefern.

3 Der ordnungspolitische Rahmen, der die gesamte Gesetzes- und Verordnungslage im Hinblick auf die gesundheitspolitischen Zielsetzungen des Bundes und der Länder zusammenfassend umschreibt, orientiert sich zunehmend an dem Gedanken der Kostendämpfung im Gesundheitswesen, vor allem vor dem Hintergrund des zu erwartenden demographischen Wandels, der Entdeckung neuer Erkrankungen und damit einhergehend neuer Behandlungsnotwendigkeiten sowie des medizinischen und medizintechnischen Fortschritts. Die Kostendämpfung hat vor allem die Begrenzung der Ausgaben der gesetzlichen Krankenkassen und damit die Stabilität der Beitragssätze im Blickfeld. Gesetzlich ist dieses

[465] Umfassende Darstellung in: Rinken, Alternativen zur Privatisierung – Das selbständige Kommunalunternehmen als Organisationsplattform der kommunalen Daseinsvorsorge am Beispiel kommunaler Krankenhäuser, 2008, S. 235 ff.

[466] Die nachfolgende Darstellung erfolgt nur im Hinblick auf die Gesetzgebung des Bundes und des Freistaats Bayern.

Ziel unter anderem in § 71 SGB V sowie § 17 Abs. 1 S. 3 KHG festgelegt. Entsprechend dieser Vorgaben ist beispielsweise bei der Ermittlung der Pflegesätze der Grundsatz der Beitragssatzstabilität dergestalt zu berücksichtigen, dass Beitragssatzerhöhungen ausgeschlossen werden, es sei denn, dass die notwendige medizinische Versorgung auch nach Ausschöpfung von Wirtschaftlichkeitsreserven nicht mehr zu gewährleisten ist. Ob und wie die notwendigen künftigen Ansätze zur Bekämpfung von Pandemien hierauf Einfluss nehmen werden, bleibt indes abzuwarten. Die gesetzlichen Grundlagen zur Finanzierung der Krankenhäuser selbst, deren Legaldefinition sich vor allem in § 2 KHG und § 107 SGB V findet[467], werden unter Ziffer 5. näher dargestellt.

Der vorstehend beschriebene Gedanke der Beitragssatzstabilität wirkt sich naturgemäß somit direkt auf die finanzielle Ausstattung des einzelnen Krankenhauses aus, da die Krankenhäuser gemäß § 18 Abs. 1 KHG die Pflegesätze mit den Sozialleistungsträgern zu vereinbaren haben. Der Grundsatz der Beitragsstabilität, vor allem im Hinblick auf den Gesundheitsfonds, führt in diesem Rahmen vielfach dazu, dass de facto die Steigerung der Kosten des Krankenhauses nicht mehr aufgefangen werden können. Dies führt zu einer Disparität zwischen den Erlösen (deren Höhe und Steigerungsraten gesetzlichen Begrenzungen unterliegen) und den Kosten für die Betriebs- und Wirtschaftsführung des Krankenhauses. Dieses „Kostendämpfungsgebot", das durch den ordnungspolitischen Rahmen festgelegt wird, und die Tatsache, dass die Zahlungen aus gesetzlichen Fördermitteln im bundesweiten Durchschnitt weiterhin tendenziell rückläufig sind, führen zu einem erheblichen Kostendruck bei den medizinischen Leistungserbringern und somit auch bei den Krankenhäusern in öffentlicher Trägerschaft[468]. 4

Der Kostendruck wird zudem durch die allgemeine Kostensteigerungen für die Krankenhäuser beispielsweise im Hinblick auf die Entwicklung der Tarifsituation, die geltende Rechtslage im Rahmen der Pflegepersonaluntergrenzen-Verordnung (PpUGV)[469] und den gesetzlichen Rahmenbedingungen durch die Änderungen des Gesetzes für bessere und unabhängigere Prüfungen (MDK-Reformgesetz)[470], weiter verschärft. Entsprechende Änderungen des ordnungspolitischen Rahmens sind daher aus Sicht der Krankenhäuser weiterhin notwendig, um dem erheblichen Kostendruck zu begegnen und die Sicherstellung der medizinischen Daseinsvorsorge, gerade auch im Pandemie Fall, nicht zu gefährden. 5

Trotz der bisher erfolgten Ansätze des Gesetzgebers in Form von Finanzierungshilfen, Kostendämpfungsmaßnahmen und ordnungspolitische Neuausrichtungen der Krankenhausfinanzierung musste der Gesetzgeber immer wieder erneut tätig werden[471]. Insbesondere mit dem Gesetz zur Stärkung des Pflegepersonals (PpSG) inkl. der Einführung eines Krankenhausstrukturfonds (§ 12a KHG)[472], dem Gesetz zur Weiterentwicklung der Versorgung und der Vergütung für psychiatrische und psychosomatische Leistungen (PsychVVG)[473], dem PsychEntgG[474] und dem Beitragsschuldengesetz[475] wurden u. a. mit der Ausgliederung der Pflegepersonalkosten, der sogenannten Tarifausgleichrate und dem Versorgungszuschlag neue Instrumente zur vorübergehenden Verbesserung der Finanzie- 6

[467] Vgl. auch § 67 AO.

[468] Vgl. zu den wirtschaftlichen Ergebnissen der Krankenhäuser in Deutschland: Krankenhaus Barometers 2019, S. 7 ff100 (wirtschaftliche Lage).https://www.dkgev.de/fileadmin/default/Mediapool/3_Service/3.4._Publikationen/3.4.5._Krankenhaus_Barometer/Krankenhaus_Barometer_2019.pdf (letzter Abruf 29.6.2020).

[469] Zum Themenbereich Personal vgl. unten 7 f.

[470] Vgl. Gesetz für bessere und unabhängigere Prüfungen (MDK-Reformgesetz)(BGBl. I 2019, S. 2789).

[471] Vgl. die Übersicht über die Inhalte Reformgesetzgebung unter https://www.bundesgesundheitsministerium.de/service/gesetze-und-verordnungen/guv-18-lp.html (letzter Abruf 29.6.2020).

[472] Gesetz zur Stärkung des Pflegepersonals (PpSG) vom 11.12.2018 (BGBl. I, 2395).

[473] Gesetz zur Weiterentwicklung der Versorgung und der Vergütung für psychiatrische und psychosomatische Leistungen (PsychVVG) vom 19.12.2016, BGBl. I 2986.

[474] Gesetz zur Einführung eines pauschalierenden Entgeltsystems für psychiatrische und psychosomatische Einrichtungen (Psych-Entgeltgesetz – PsychEntgG) vom 21.7.2012 (BGBl. I, S. 1613).

[475] Gesetz zur Beseitigung sozialer Überforderung bei Beitragsschulden in der Krankenversicherung vom 15.7.2013 (BGBl. I 2423).

rungslage etabliert. Ob diese Ansätze die vorstehend beschriebenen Probleme zu lösen vermögen, kann an dieser Stelle jedoch noch nicht bewertet werden.

Abzuwarten bleiben auch die Effekte der finanziellen Entlastungen für die Krankenhäuser im Rahmen der Covid-19 Pandemie[476]. Das sog. Covid-19-Entlastungsgesetz sieht u. a. Ausgleichszahlungen für Einnahmeausfälle der Krankenhäuser bzw. Zuschläge für die Beschaffung von Schutzausrüstung vor, die aus den Liquiditätsreserven des Gesundheitsfonds stammen[477].

2. Vorteile und Nachteile des Kommunalunternehmens für die Betriebs- und Wirtschaftsführung eines Krankenhauses

7 Das Kommunalunternehmen kann für die Gebietskörperschaften grundsätzlich eine interessante Alternative im Vergleich zum Eigenbetrieb, zum Regiebetrieb und zur gemeinnützigen GmbH darstellen.[478]

a) Vorteile

8 Das selbständige Kommunalunternehmen ist als rechtsfähige Anstalt des öffentlichen Rechts im Gegensatz zu den eingangs genannten Eigenbetrieben und Regiebetrieben eine eigenständige juristische Person, die dementsprechend rechtsfähig ist.[479] Diese Rechtsfähigkeit ermöglicht dem Kommunalunternehmen eine größere Selbständigkeit und Flexibilität, als dies den Eigenbetrieben und Regiebetrieben möglich ist. Diese Flexibilität ist unter Beachtung der zukünftigen demographischen Entwicklungen, der wachsenden medizinischen Bedürfnisse der Bevölkerung und der Änderungen der gesundheitspolitischen Rahmenbedingungen gerade auch für den Betrieb eines Krankenhauses ein gewichtiger Faktor, um dem medizinischen Fortschritt, den steigenden Ansprüchen von Patienten, Beschäftigten und Kooperationspartnern an ein modernes Krankenhaus angemessen entsprechen zu können und den bisher erreichten Standard in der medizinischen Daseinsvorsorge auch zukünftig erhalten zu können.

9 Auf Grund des großen Kostendrucks im Gesundheitswesen bedarf ein Krankenhaus einer Trägerform, die mögliche Synergieeffekte, die insbesondere durch Kooperationen ermöglicht werden können, weitgehend flexibel und eigenständig nutzen kann. Die Nutzung solcher Synergiepotentiale ermöglicht ein Kommunalunternehmen insbesondere auch in der Form des gemeinsamen Kommunalunternehmens gemäß Art. 49 und 50 KommZG. Als zusätzlicher Vorteil ist in diesem Zusammenhang auch die Möglichkeit zu sehen, sich an deren (privatrechtlichen) Unternehmen zu beteiligen, wenn die Beteiligung dem in der Satzung niedergelegten Zweck des Kommunalunternehmens entspricht.[480]

10 Weiter sprechen für das Kommunalunternehmen die in Art. 90 Abs. 2 S. 1 GO vorgesehenen Überwachungsmöglichkeiten und die durch Art. 90 Abs. 2 S. 4 und 5 GO eröffneten Einflussmöglichkeiten der Gebietskörperschaft im Hinblick auf das Krankenhaus. Zudem bewirkt die fehlende Bindung an den Öffentlichkeitsgrundsatz, dass Entscheidungen im Rahmen der Positionierung des Krankenhaus, die immer häufiger auch nach wettbewerblichen Gesichtspunkten zu treffen sind, gerade in nicht öffentlichen Sitzungen getroffen werden können.[481] Zu beachten ist aber die Regelung des § 27 Abs. 3 Verordnung über Kommunalunternehmen (KUV). Im Gegensatz zu den anderen möglichen Rechtsformen zählen die schlanke Struktur sowie die steuerliche Gleichbehandlung mit

---

[476] Zur Bewältigung der Pandemie im Krankenhausbereich vgl. unten 7g.

[477] Gesetz zum Ausgleich COVID-19 bedingter finanzieller Belastungen der Krankenhäuser und weiterer Gesundheitseinrichtungen (Covid-19-Entlastungsgesetz) vom 27.3.2020, BGBl. I, 580.

[478] *Pfaffeneder,* BayBgm 1996, 139; *Rinken,* aaO, S. 118 ff.; *Neusinger/Lindt,* Ein Unternehmen auf dem Vormarsch, BayVBl. 2002, S. 689.

[479] *Widtmann/Grasser,* BayGO Art. 89 Rn. 2–6.

[480] *Widtmann/Grasser,* aaO.

[481] *Rinken,* aaO, S. 133.

den Eigenbetrieben sowie der Bestand der Rechtsaufsicht über das Unternehmen zu den übrigen Vorteilen[482]. Auf Grund der Regelung des Art. 90 Abs. 5 GO dürften auch keine Probleme mit den eventuell verbeamteten ärztlichen und nichtärztlichen Mitarbeitern eines umzuwandelnden Regie- oder Eigenbetriebs in ein Kommunalunternehmen zu erwarten sein und somit dürfte auch der laufende medizinische Betrieb im Rahmen einer Umwandlung nicht gefährdet werden.

b) Nachteile

Gerade im Hinblick auf die Rechtsformen des Privatrechts als Träger eines Krankenhauses ist als Nachteil aufzuführen, dass eine Beteiligung Dritter an dem Kommunalunternehmen gesetzlich nicht vorgesehen ist. Im Rahmen der betriebswirtschaftlichen Erkenntnisse der Gesundheitsökonomie kann sich dies wegen der zunehmend häufiger werdenden Kooperationen im Gesundheitswesen, sei es mit anderen Krankenhäusern oder anderen medizinischen Leistungserbringern, und hinsichtlich der Investitionsentscheidungen von Investoren als ein Manko darstellen.[483] Überwindbar wäre dieses Manko aber eventuell durch die Beteiligung über Tochterunternehmen gemäß Art. 89 Abs. 1 S. 2 GO. 11

Bei der Gründung eines Kommunalunternehmens käme als Nachteil auch die Grunderwerbssteuerpflicht bezüglich der Übertragung von Grundeigentum für den Betrieb des Krankenhauses in Betracht. Als Lösungsmöglichkeit bietet sich im Rahmen der Gründung aber eventuell der Abschluss von langfristigen Verträgen (Pacht oder Leihe) über die Grundstücke für den Betrieb des Krankenhauses an. 12

Als Nachteilig wird zudem angeführt, dass die betriebenen Krankenhäuser große Vermögenswerte darstellen und die vorstehend genannten Einflussmöglichkeiten, insbesondere gemäß Art. 90 Abs. 2 GO, nicht ausreichend seien. 13

c) Förderrechtliche Auswirkungen

Die Wahl der Rechtsform hat im Hinblick auf die Gewährung von Fördermitteln keine relevanten Auswirkungen, da das Gesetz zur wirtschaftlichen Sicherung der Krankenhäuser und zur Regelung der Krankenhauspflegesätze (KHG) in § 1 Abs. 2 S. 1 KHG die Beachtung der Vielfalt der Krankenhausträger festschreibt. 14

3. Kommunalrechtliche Grundlagen für die Betriebsführung eines Krankenhauses als Kommunalunternehmen im Freistaat Bayern

a) Allgemeine kommunalrechtliche Grundlagen

Der Sicherstellungsauftrag, der insbesondere auf die Versorgung der Bevölkerung mit den erforderlichen Krankenhausstrukturen gerichtet ist, wird in den kommunalrechtlichen Regelungen grundsätzlich festgeschrieben. 15

In Art. 51 Abs. 3 S. 1 Nr. 1 LKrO werden die Landkreise verpflichtet, im Rahmen des eigenen Wirkungskreises und in den Grenzen ihrer Leistungsfähigkeit, die erforderlichen Krankenhäuser zu errichten und zu unterhalten. Sollte diese Aufgabe die Leistungsfähigkeit eines Landkreises überschreiten, so ist die Aufgabe gemäß der Regelung des Art. 51 Abs. 4 LKrO in kommunaler Zusammenarbeit zu erfüllen. Art. 9 Abs. 1 GO verpflichtet insoweit auch die kreisfreien Gemeinden. Eine spezialgesetzliche Regelung enthält Art. 48 Abs. 3 Nr. 1 BezO, der die Bezirke in den Grenzen ihrer Leistungsfähigkeit verpflichtet, die Krankenhausstrukturen für psychische Erkrankungen, neurologische Erkrankungen und Suchterkrankungen zu errichten und zu unterhalten. 16

---

[482] *Widtmann/Grasser,* aaO.

[483] Vgl. hierzu ausführlicher Leinekugel „Die Überlegenheit der GmbH gegenüber öffentlich rechtlichen Rechtsformen“ in: *Lenz/Dettling/Kieser,* Krankenhausrecht, Wissenschaftliche Verlagsgesellschaft Stuttgart, 2007, S. 203 ff.

17 Bereits mit dem Gesetz zur Änderung des kommunalen Wirtschaftsrechts vom 26.7.1995[484] wurde das selbständige Kommunalunternehmen des öffentlichen Rechts als Rechtsform in die bayerischen Kommunalgesetze eingeführt und trägt dem Sicherstellungsauftrag dadurch Rechnung, dass die Rechtsform des selbständigen Kommunalunternehmens auch für die Errichtung von Krankenhäusern genutzt werden kann. Diese ursprünglichen Regelungen des Kommunalunternehmens erfuhren in der nachfolgenden Zeit bedeutende Änderungen, von denen insbesondere die Zuweisung von Beamten durch das Gesetz zur Änderung kommunalrechtlicher Vorschriften vom 26.6.1997[485] und die diversen Umwandlungsmöglichkeiten von Unternehmen in der Rechtsform einer Kapitalgesellschaft in ein Kommunalunternehmen sowie die Einführung des fünften Teiles des KommZG mit dem Titel „Gemeinsames Kommunalunternehmen" durch das Gesetz zur Änderung des Kommunalrechts vom 26.7.2004[486] der Erwähnung bedürfen, da die LKrO gerade die kommunale Zusammenarbeit als Lösungsmöglichkeit im Rahmen der Krankenhausversorgung als Teil der Daseinsvorsorge ansieht, wenn die Aufgabe die Leistungsfähigkeit der Gebietskörperschaft übersteigt.

18 Die Regelungen über die (gemeinsamen) Kommunalunternehmen, die durch die erwähnten gesetzlichen Änderungen im Laufe der Zeit auch an die Bedürfnisse einer modernen Betriebsführung für kommunale Unternehmen angepasst wurden, fanden dementsprechend auch ihren Eingang in die gesetzlich festgeschriebenen Trägerstrukturen von öffentlichen Krankenhäusern. Insbesondere Art. 25 S. 1 des Bayerischen Krankenhausgesetzes (BayKrG), der nunmehr in seiner aktuellen Fassung die möglichen Rechtsformen der kommunalen Krankenhäuser nur im Grundsatz festlegt, wurde durch die Neufassung des BayKrG vom 28. März 2007[487] gestrafft und verzichtet inhaltlich zur Gänze auf die Aufzählung aller zulässigen Rechtsformen für kommunale Unternehmen. Die Neuregelung stellt diesbezüglich aber allgemein auf die Geltung der Vorschriften des Kommunalrechts ab und bezieht damit insbesondere das Kommunalunternehmen als möglichen Träger eines öffentlichen Krankenhauses und zudem die Vorschriften des Gesetzes über die Kommunale Zusammenarbeit (KommZG) mit ein. Somit können kommunale Krankenhäuser in der Form von (selbständigen) Kommunalunternehmen des öffentlichen Rechts betrieben bzw. in diese umgewandelt werden sowie in Form eines Gemeinsamen Kommunalunternehmens nach Art. 2 Abs. 2 und 4 iVm Art. 49 Abs. 1 KommZG errichtet bzw. in dieses umgewandelt werden.

b) Besondere kommunalrechtliche Grundlagen

19 Die Regelungen des Art. 123 Abs. 1 Nr. 15 GO, des Art. 109 Abs. 1 Nr. 15 LKrO sowie Art. 103 Abs. 1 Nr. 15 BezO sehen eine Verordnungsermächtigung des Staatsministeriums des Inneren im Einvernehmen mit dem Staatsministerium der Finanzen im Hinblick auf den Vollzug der entsprechenden kommunalen Vorschriften vor.

20 Von der vorstehenden Ermächtigungsgrundlagen hat das Bayerische Staatsministerium des Innern im Einvernehmen mit dem Staatsministerium der Finanzen Gebrauch gemacht und hat die Verordnung über Kommunalunternehmen (KUV) vom 19.3.1998[488] sowie die Verordnung über die Wirtschaftsführung der kommunalen Krankenhäuser (WkKV) am 11.3.1999[489] erlassen, um unter anderem auf die Bestrebungen der Gebietskörperschaften zu reagieren, auch Krankenhäuser zukünftig in der Trägerschaft von Kommunalunternehmen betreiben zu können.

21 **aa) Verordnung über Kommunalunternehmen (KUV).** Die Verordnung regelt insbesondere im Hinblick auf die Betriebsführung eines kommunalen Krankenhauses in § 1

[484] GVBl. Bay S. 376.
[485] GVBl. Bay S. 344.
[486] GVBl. Bay S. 272.
[487] GVBl. Bay S. 288; zuletzt geändert durch § 1 Abs. 149 der Verordnung vom 26. März 2019 (GVBl. S. 98).
[488] GVBl. Bay S. 220; zuletzt geändert durch § 1 Abs. 56 der Verordnung vom 26. März 2019 (GVBl. S. 98).
[489] GVBl. Bay S. 132; zuletzt mehrfach geändert durch § 4 V. v. 5.10.2007.

Abs. 3 KUV zunächst, dass die Vorschriften dieser Verordnung keine Anwendung auf diejenigen Krankenhäuser finden, die den Bestimmungen der Bundespflegesatzverordnung unterliegen. Ebenso finden die Vorschriften der KUV keine Anwendung auf Pflegeeinrichtungen, die den Bestimmungen des Elften Buchs Sozialgesetzbuch – Soziale Pflegeversicherung – unterliegen.

Eine Ausnahme von diesem Grundsatz gilt jedoch sowohl für die vorstehend angesprochenen Krankenhäuser als auch für die vorstehend angesprochenen Pflegeeinrichtungen, wenn in der Krankenhaus-Buchführungsverordnung (KHBV[490]), der Verordnung über die Wirtschaftsführung der kommunalen Krankenhäuser (WkKV), der Pflege-Buchführungsverordnung (PBV) bzw. der Verordnung über die Wirtschaftsführung der kommunalen Pflegeeinrichtungen (WkPV) abweichende Regelungen getroffen sind. Beachtenswert ist im Falle des Betriebs mehrerer Krankenhäuser durch eine Gemeinde, dass die als „Soll-Vorschrift" ausgestaltete Regelung des § 6 S. 1 KUV besagt, dass die Versorgungsbetriebe die gleiche Rechtform haben sollen und, wenn sie Kommunalunternehmen sind, zu einem Kommunalunternehmen zusammengefasst werden sollen. Der Hintergrund hierfür dürfte in der Vereinfachung der Verwaltung der Krankenhäuser und der Ermöglichung der verbesserten Nutzung von Synergieeffekten liegen. 22

Die Verordnung besitzt gemäß § 1 Abs. 2 KUV auch Geltung für die Kommunalunternehmen der Landkreise, Bezirke, Verwaltungsgemeinschaften und Zweckverbände und somit für deren Krankenhäuser. Die Vorschriften der KUV gelten auch für gemeinsame Kommunalunternehmen, mit Ausnahme der Vorschrift des § 28 KUV, der den Vermögensübergang bei Auflösung des Kommunalunternehmens im Wege der Rechtsnachfolge auf die Gemeinden bestimmt. 23

Hinzuweisen ist an dieser Stelle noch auf die Regelungen zur Finanzausstattung nach § 9 KUV und zur Finanzierung von Investitionen nach § 10 KUV. Danach ist sicherzustellen, dass das Kommunalunternehmen seine Aufgaben nachhaltig erfüllen kann und entsprechende Investitionen für die technische und wirtschaftliche Fortentwicklung insbesondere durch angemessene Rücklagen ermöglicht werden. Der Jahresgewinn soll zudem nach § 14 Abs. 1 KUV so hoch sein, dass neben angemessenen Rücklagen mindestens eine marktübliche Verzinsung des Eigenkapitals erwirtschaftet wird. Hieraus zeigt sich, dass auch bei Kommunalunternehmen wirtschaftliche Ziele festgeschrieben werden, um das Unternehmen wirtschaftlich stabil zu halten. 23a

bb) Verordnung über die Wirtschaftsführung kommunaler Krankenhäuser (WkKV) und deren Verwaltungsvorschriften (VVWkKV). Für die kommunalen Krankenhäuser gelten neben der KUV die weiteren spezialgesetzlichen Vorschriften der WkKV[491]. Die Ermächtigungsgrundlage für den Erlass der WkKV durch das Bayerische Staatsministerium des Inneren im Einvernehmen mit dem Bayerischen Staatsministerium für Arbeit, Sozialordnung, Frauen und Familie bestimmt sich nach dem Art. 123 Abs. 1 S. 3 GO, dem Art 109 Abs. 1 S. 3 LKrO und dem Art. 103 Abs. 1 S. 3 BezO. Konkretisiert werden die Vorschriften der WkKV durch die Verwaltungsvorschriften zur Verordnung über die Wirtschaftsführung der kommunalen Krankenhäuser (VVWkKV)[492]. 24

(1) Die Verordnung über die Wirtschaftsführung der kommunalen Krankenhäuser (WkKV). (a) Anwendungsbereich. Der Anwendungsbereich der WkKV wird von der Verordnung klar definiert. § 1 Abs. 2 S. 1 WkKV regelt zunächst, dass für kommunale Krankenhäuser, die als Regiebetrieb, Eigenbetrieb oder selbständiges Kommunalunternehmen des öffentlichen Rechts geführt werden, die für die Gemeinden, die Landkreise und die Bezirke geltenden Vorschriften über die Wirtschaftsführung nicht anzuwenden sind, 25

490 Zuletzt geändert zuletzt geändert durch Artikel 2 der Verordnung vom 21. Dezember 2016 (BGBl. I S. 3076).

491 Zuletzt geändert durch § 4 V v. 5.10.2007, 707.

492 Verwaltungsvorschriften zur Verordnung über die Wirtschaftsführung der kommunalen Krankenhäuser (VVWkKV) vom 12. Juli 2001 Az.: I B 3–1512.6-3; AllMBl 2001, S. 258 (Nr. 7).

soweit in der Krankenhaus-Buchführungsverordnung (KHBV) und in der WkKV abweichende Regelungen getroffen sind. Es wird somit der Vorrang dieser spezialgesetzlichen Regelungen ausdrücklich festgeschrieben. Die WkKV gilt jedoch gemäß § 1 Abs. 2 S. 2 WkKV nicht für Krankenhäuser in einer Rechtsform des privaten Rechts, die einen kommunalen Träger haben oder an denen ein kommunaler Träger beteiligt ist.

26 **(b) Inhalt der WkKV.** Die WkKV bestimmt in § 1 Abs. 4, dass diejenige Kommunalhaushaltsverordnung anzuwenden ist, die auch für die Haushaltsführung der Kommune gilt. Für das gemeinsame Kommunalunternehmen nach § 49 Abs. 1 KommZG ist demnach gemäß § 1 Abs. 4 S. 2 KUV in der Unternehmenssatzung zu regeln, welche Kommunalhaushaltsordnung anzuwenden ist. Die WkKV beinhaltet vor allem in den Regelungen zu §§ 2 bis 6 die rechtlichen Rahmenbedingungen hinsichtlich der jährlich durchzuführenden wirtschaftlichen und finanziellen Planungen des Krankenhauses. Insbesondere ist ein Wirtschaftsplan aufzustellen, der aus einem darin enthaltenen Erfolgs- und Vermögensplan zu bestehen hat und dem ein Stellenplan und eine Stellenübersicht beigefügt werden muss. Für den Fall, dass mehrere Krankenhäuser betrieben werden, ist für jedes Krankenhaus, für das nach § 9 WkKV ein Jahresabschluss aufgestellt wird, nach den Verwaltungsvorschriften zu § 2 Nr. 3 VVWkKV ein eigener Wirtschaftsplan zu erstellen.

27 Der Krankenhaus-Erfolgsplan ist in den Planansatz, das Ergebnis des Jahresabschluss sowie in Erläuterungen zu unterteilen und hat alle voraussehbaren Erträge und Aufwendungen eines Geschäftsjahres zu enthalten. Diese Mindestgliederung hat nach § 3 Abs. 1 S. 2 WkKV entsprechend der Gewinn- und Verlustrechnung zu erfolgen.

28 Der Krankenhaus-Vermögensplan hat insbesondere alle voraussehbaren Ausgaben eines Geschäftsjahres darzulegen und muss zudem Auskunft über die Tilgungsleistungen geben. Zusätzlich hat er Auskunft über die Höhe des in dem entsprechenden Geschäftsjahr zu deckenden Verlustes, die vorhandenen und zu beschaffenden Deckungsmittel zu geben und hat abschließend die notwendigen Verpflichtungsermächtigungen zu enthalten.

29 Weiter ist gemäß § 6 WkKV ein fünfjähriger Krankenhaus-Finanzplan aufzustellen, der eine nach Jahren gegliederte Auskunft über die Ausgaben und Deckungsmittel sowie über die nach Jahren gegliederte Entwicklung der Jahresüberschüsse oder Fehlbeträge zu geben hat. Eine Rücklage nach § 20 KommHV ist gemäß § 8 WkKV nicht erforderlich. Für das Krankenhaus ist am Schluss des jeweiligen Geschäftsjahres ein Krankenhaus-Jahresabschluss (§ 4 Abs. 1 und 3 KHBV) aufzustellen.

30 § 11 WkKV regelt abschließend die Verpflichtung zur Aufstellung eines jährlichen Lageberichts für das Krankenhaus. Der Lagebericht muss in Anlehnung an § 289 Abs. 2 HGB erstellt werden und hat dementsprechend die dort beschriebenen Inhalte, wie Vorgänge besonderer Bedeutung, voraussichtliche Entwicklung, Forschung und Entwicklung sowie Zweigniederlassungen, zu behandeln. Weiter hat der Lagebericht insbesondere Auskunft auch über den Stand der im Bau befindlichen Anlagen oder geplanten Bauvorhaben des Krankenhauses und des Personalaufwandes zu geben.

31 **(2) Die Verwaltungsvorschriften zur Verordnung über die Wirtschaftsführung der kommunalen Krankenhäuser (VVWkKV).** Die VVWkKV vom 12.7.2001[493] nehmen direkten und erläuternden Bezug auf die einzelnen Vorschriften der WkKV und enthalten in der Anlage ein Muster eines Wirtschaftsplanes für ein Krankenhaus. Rechtstechnisch handelt es sich hierbei nicht um sogenannte Außenrechtssätze.[494] Vielmehr dienen die Verwaltungsvorschriften aus Sicht des Verordnungsgebers dazu, die Bestimmungen für den jeweiligen Rechtsanwender verständlich und handhabbar zu machen.

c) Auswirkungen des europäischen Beihilferechts

32 Die kommunalen Krankenhäuser sind eine wichtige Stütze im Rahmen der Daseinsvorsorge der Bevölkerung. Die Krankenhausleistungen sind daher im europäischen Kontext als

[493] AllMBl S. 258.
[494] Vgl. *Kopp/Schenke,* VwGO – Kom., 25. Aufl., § 47 Rn. 29.

Dienstleistungen von allgemeinem wirtschaftlichen Interesse (DAWI) zu sehen und bedürfen vor allem im Hinblick auf eventuelle staatliche Beihilfen einer genauen Betrachtung[495]. Der rechtliche Rahmen dieser Beihilfen orientiert sich nunmehr insbesondere an dem unter dem Stichwort „Almunia-Paket" bekannt gewordene Maßnahmenpaket[496] und sollte im Rahmen der Betriebsführung des kommunalen Krankenhauses stets berücksichtigt werden. Beachtung sollte hierbei vor allem dem in der so genannten Freistellungsentscheidung[497] eingeführten Betrauungsakt geschenkt werden. Zur Rechtsfrage des Vorliegens eines wettbewerbsrechtlichen Unterlassungsanspruchs auf Grund der angeblichen Verletzung des europäischen Beihilferechts ist aktuell ein Urteil des LG Tübingen beachtenswert, das sich auch mit den Rechtsfragen des Durchführungsverbots nach Art. 108 Abs. 3 S. 2 AEUV befasst[498].

4. Krankenhausrechtliche Grundlagen für die Krankenhausplanung und die Betriebs- und Wirtschaftsführung eines Krankenhauses als Kommunalunternehmen im Freistaat Bayern

Die wirtschaftliche Sicherung der Krankenhäuser und die Regelung der Krankenhauspflegesätze unterliegen der konkurrierenden Gesetzgebung gemäß Art. 74 Abs. 1 Nr. 19a GG. Dementsprechend müssen in der Darstellung der landesrechtlichen Vorschriften stets auch die bundesrechtlichen Regelungen, beispielsweise das Gesetz zur wirtschaftlichen Sicherung der Krankenhäuser und zur Regelung der Krankenhauspflegesätze (Krankenhausfinanzierungsgesetz – KHG), die Bundespflegesatzordnung (BPflV) und das Gesetz über die Entgelte für voll- und teilstationäre Krankenhausleistungen (Krankenhausentgeltgesetz – KHEntgG) beachtet werden. Die wichtigsten landesrechtlichen Vorschriften für die Krankenhausplanung und die Betriebs- und Wirtschaftsführung eines Krankenhauses sind im Bayerischen Krankenhausgesetz (BayKrG) vom 28.3.2007[499] sowie in der Verordnung zur Durchführung des Bayerischen Krankenhausgesetzes (DVBayKrG) vom 14.12.2007[500] verortet. 33

a) Krankenhausplanung im Rahmen des Bayerischen Krankenhausgesetz (BayKrG)

In der Fassung der Bekanntmachung vom 28.3.2007 wurde das Bayerische Krankenhausgesetz neu gefasst und den geänderten Rahmenbedingungen im Gesundheitswesen, nicht zuletzt hinsichtlich der notwendigen Überwindung der sektoralen Grenzen zwischen ambulanter und stationärer Behandlung, angepasst. 34

Der Gesetzesziel nach Art. 1 BayKrG ist die bedarfsgerechte stationäre Versorgung der Bevölkerung du rch ein funktional abgestuftes und effizient strukturiertes Netz einander ergänzender Krankenhäuser freigemeinnütziger, privater und öffentlich-rechtlicher Träger. Dies soll auf Grundlage der Krankenhausplanung durch die Förderung eigenverantwortlich wirtschaftender, leistungsfähiger Krankenhäuser erreicht werden. Die hierzu grundlegende bundesrechtliche Regelung für die Krankenhausplanung findet sich in § 1 Abs. 1 KHG iVm. § 6 KHG und legt als gesetzgeberisches Ziel die wirtschaftliche Sicherung der 35

---

495 Vgl. Art. 107 Abs. 1, Art 106 Abs. 2 AEUV; Zum sog. Krankenhausstrukturfons nach § 12a KHG vgl. Wollenschläger, Baier, Der Krankenhausstrukturfonds im Fokus des EU-Beihilfenrechts: Anforderungen an eine beihilfenrechtskonforme Ausgestaltung der Umwandlungsförderung, NZS 2020, S. 370.

496 In Kraft seit dem 31.1.2012; vgl. zudem DAWI Mitteilung ABl C 8, 11.1.2012, S. 4, sog. Freistellungsbeschluss ABl L 7, 11.1.2012, S. 3, Mitteilung der Kommission ABl C 8. 11.1.2012, S. 15, DAWI Deminimis-Verordnung ABl L 114, 26.4.2012, S. 8.

497 2005/842/EG, Abl. 2005 L 312, S. 67 ff.

498 LG Tübingen, Urt. vom 23.12.2013, Az. 5 O 72/13.

499 GVBl. Bay S. 288; zuletzt geändert durch § 1 Abs. 149 der Verordnung vom 26. März 2019 (GVBl. S. 98).

500 GVBl. Bay S. 989; zuletzt geändert durch § 1 Abs. 150 der Verordnung vom 26. März 2019 (GVBl. S. 98).

Krankenhäuser, die bedarfsgerechte Versorgung der Bevölkerung mit leistungsfähigen Krankenhäusern und die sozial tragbaren Pflegesätze fest. Der in § 1 Abs. 2 S. 1 KHG zum Ausdruck gekommene Gedanke der Trägervielfalt findet in Art. 1 S. 1 BayKrG eine entsprechende landesgesetzliche Regelung.

36 Das BayKrG beinhaltet nach seinem Zweck insbesondere die Regelungen zur Krankenhausplanung sowie die Vorschriften hinsichtlich der Vergabe von Fördermittel für Investitionskosten des Krankenhauses und stellt somit als gesetzgeberisches Ziel auf die Daseinsvorsorge für die Bevölkerung im Hinblick auf die (voll- und teil-) stationäre medizinische Versorgung ab. Weiter trägt diese Vorschrift den gesetzgeberischen Zielen des § 1 Abs. 1 KHG auf Landesebene Rechnung.

37 **aa) Ziele der Krankenhausplanung.** Zur Verwirklichung der Zielsetzung des Bayerischen Krankenhausgesetzes wird demnach im Rahmen der staatlichen Planungshoheit ein Krankenhausplan für das bayerische Staatsgebiet aufgestellt und kontinuierlich – zumeist jährlich – gemäß § 6 Abs. 1 KHG sowie Art. 3 und 4 BayKrG fortgeschrieben.[501] Der Krankenhausplan stellt den konkreten Bedarf an Kapazitäten zur Erbringung von voll- und teilstationären Krankenhausbehandlungen fest und bestimmt, welche Krankenhäuser zur bedarfsgerechten Versorgung der Bevölkerung notwendig sind und entsprechend den gesetzlichen Bestimmungen gefördert werden. Weiter legt er fest, welche Gesamtbettenzahl und welche Fachrichtungen für die Versorgung der Bevölkerung jedem Krankenhaus zuerkannt werden. Hiervon ist der vorstehend beschriebene kommunale Sicherstellungsauftrag im Rahmen der Kommunalgesetze (GO, LKrO, BezO) zu unterscheiden. Es zeigt sich daher, dass die Verantwortung für die Daseinsvorsorge sowohl eine kommunale als auch eine landesgesetzliche Ausprägung besitzt. Die Großgeräteplanung als Ausfluss der Krankenhausplanung für den Freistaat Bayern, die ein Verfahren zur Abstimmung medizinisch-technischer Großgeräte in Krankenhäusern und einen Katalog abstimmungspflichtiger Großgeräte zum Inhalt hatte, wurde im Jahre 1997 jedoch aufgehoben.

38 Ein weiteres Ziel der Krankenhausplanung ist es, Fehlinvestitionen im Krankenhausbereich und damit gesundheits- und wirtschaftspolitisch unvertretbare Fehlleitungen öffentlicher Mittel, ausgehend vom konkreten Bedarf an stationären Krankenhausleistungen im Rahmen der Daseinsvorsorge, zu verhindern.

39 Die Krankenhausplanung soll nach den ausdrücklichen Worten des Gesetzes in Art. 3 Abs. 2 S. 2 BayKrG auch die Zusammenarbeit der Krankenhäuser unterstützen und über kommunale Gebietsgrenzen hinweg eine Zusammenarbeit fördern. Der Hintergrund dürfte auch hier die vermehrte Nutzung von Synergieeffekten und Einsparpotentialen sein. Schlagwortartig hat der Krankenhausplan nach der Rechtsprechung des BVerwG somit eine Bedarfsanalyse, eine Krankenhausanalyse und die Festlegung der zur Bedarfsdeckung notwendigen Krankenhäuser zu enthalten (sog. Versorgungsentscheidung).[502]

40 **bb) Rechtsgrundlagen für die Krankenhausplanung im Freistaat Bayern.** § 6 Abs. 1 KHG schreibt fest, dass die Länder zur Verwirklichung der in § 1 KHG genannten Ziele Krankenhauspläne und Investitionspläne aufzustellen haben. Das Nähere ist nach § 6 Abs. 4 KHG durch das jeweilige Landesrecht zu regeln. Diesem gesetzlichen Auftrag kommt das BayKrG durch die landesrechtliche Regelung in Art. 3 BayKrG nach und regelt, dass zur Verwirklichung einer bedarfsgerechten stationären Versorgung der Bevölkerung im Freistaat Bayern ein Krankenhausplan für das gesamte Staatsgebiet aufgestellt und entsprechend der Entwicklung fortgeschrieben wird.

41 Der Krankenhausplan selbst besitzt weder Verwaltungsaktqualität noch ist er als normative Rechtssetzung zu verstehen. Vielmehr ist der Krankenhausplan ein so genanntes „Verwaltungsinternum" (Planungsinstrument).[503]

[501] Vgl. hierzu BVerfGE 82, 209.
[502] Vgl. BVerwGE 72, 38.
[503] Vgl. *Stollmann* in Huster/Kaltenborn, Krankenhausrecht, § 4 RdNr. 8 *Quaas/Zuck,* Medizinrecht, 4. Aufl., § 25 Rn. 89 und § 26 Rn. 573.

cc) Inhalt des Krankenhausplans. Der Krankenhausplan des Freistaats Bayern besteht konkret aus zwei Teilen:[504] Teil I: Er beinhaltet die allgemeinen Grundsätze der Krankenhausplanung im Freistaat Bayern und konkretisiert dessen Inhalt. Insbesondere beinhaltet dieser Teil, dass mit Vorlage dieses Planes keine Festschreibung im Bereich der Krankenhausversorgung geschaffen werden soll und die nach Art. 3 Abs. 1 BayKrG vorgesehene Fortschreibung anhand der Entwicklung des tatsächlichen Bedarfs kontinuierlich durchzuführen ist. Aussagen zum Umfang der Krankenhausfinanzierung macht der Krankenhausplan auf Grund seiner Intention als reines Planungsinstrument nicht. Vielmehr enthält er Grundsätze und Leitlinien für die Krankenhausplanung. Zudem besagt dieser Teil des Krankenhausplans, den nur allgemeinen landes- und bundesgesetzlichen Vorgaben folgend, dass die innere Struktur der Krankenhäuser nicht reglementiert werden soll. 42

Teil II: Dieser Teil beinhaltet die nach Regierungsbezirken unterteilten Krankenhäuser, die Schulen für Berufe des Gesundheitswesens, die stationäre Versorgungseinrichtungen von Risiko-Neugeborenen sowie die stationäre Palliativversorgung. Der dem Teil II des Krankenhausplans nachfolgende Anhang führt neben den nichtgeförderten Krankenhäusern mit Versorgungsvertrag insbesondere auch die Hochschulkliniken im Freistaat Bayern auf. 43

Die in Teil II des Krankenhausplans aufgenommen Krankenhäuser (sogenannte „Plankrankenhäuser") sind in ihrem medizinischen Leistungsangebot abgestuft und gemäß Art. 4 Abs. 2 BayKrG i. V. m. Art. 28 Abs. 2 BayKrG in drei Versorgungsstufen und Fachkrankenhäuser unterteilt: 44

- Erste Versorgungsstufe: Diese Krankenhäuser dienen der Grundversorgung.
- Zweite Versorgungsstufe: Diese Krankenhäuser erfüllen in Diagnose und Therapie auch überörtliche Schwerpunktaufgaben.
- Dritte Versorgungsstufe: Diese Krankenhäuser halten im Rahmen des Bedarfs ein umfassendes und differenziertes Leistungsangebot sowie entsprechende medizin-technische Einrichtungen vor.
- Fachkrankenhäuser für bestimmte Krankheitsarten oder Kranke bestimmter Altersstufen.

Der Krankenhausplan wird zudem durch Fachprogramme, beispielsweise die Fachprogramme für Palliativstationen, ergänzt und informiert ohne planerische Konsequenz über die am DMP Programm Brustkrebs teilnehmenden Krankenhäuser. 45

Der Grund für die Einteilung der Krankenhäuser in Versorgungsstufen ist zum einen ein krankenhausplanerischer Aspekt, zum anderen dient die Einteilung aber auch der Festlegung der Höhe der pauschalen Förderung nach der Regelung des Art. 12 BayKrG, der nunmehr jedoch gemäß § 6 Abs. 2 DVBayKrG zum überwiegenden Teil „leistungsbezogen" ausgestaltet ist. Die nach Regierungsbezirken aufgeteilten Plankrankenhäuser werden in Teil II des Krankenhausplans nachfolgend einzeln namentlich aufgelistet und hinsichtlich der Trägerschaft, Gesamtbettenzahl, Fachrichtungen, eventuellen Bemerkungen sowie dem Standort näher bezeichnet. 46

Der Bettenbedarf (BB) im Rahmen der Bedarfsanalyse für das gesamte Staatsgebiet des Freistaats Bayern wird grundsätzlich anhand der Hill-Burton-Formel ermittelt: 47

Einwohnerzahl x Krankenhaushäufigkeit6Verweildauer6100
= BB
Bettennutzung610006365

Die Bettenbenutzung (BN), die in einem von Hundert Satz ausgedrückt wird, errechnet sich nach folgender Formel: 48

Berechnungs- und Belegungstage
= BN
Betten6365

Aus fachlicher Sicht legt der Krankenhausplan eine Bettennutzung in Höhe von 85 v. H. als den Erfordernissen an eine medizinisch leistungsfähige und wirtschaftliche Akutversorgung fest, wobei stets der Einzelfall zu beachten ist. Aussagen über die Finanzierung 49

[504] Vgl. Krankenhausplan des Freistaats Bayern vom 1.1.2020 (45. Fortschreibung).

von Investitionen enthält der Krankenhausplan (mit Ausnahme der Auflistung der nicht geförderten Krankenhäuser) nicht. Zudem soll der Krankenhausplan keine Regelungen über die internen Strukturen der Krankenhäuser treffen, da dies zu staatlichem Dirigismus und zur Hemmung innerer struktureller Entwicklungen der Krankenhäuser führen würde.

50 **dd) Aufnahme in den Krankenhausplan.** Ein Anspruch auf die Feststellung der Aufnahme eines Krankenhauses in den Krankenhausplan besteht gemäß § 8 Abs. 2 S. 1 KHG nicht. Im Rahmen der Entscheidung über die Aufnahme in den Krankenhausplan hat die zuständige Landesbehörde gemäß § 8 Abs. 2 S. 2 KHG unter Berücksichtigung der öffentlichen Interessen und der Vielfalt der Krankenhausträger nach pflichtgemäßem Ermessen zu entscheiden, welches Krankenhaus den Zielen der Krankenhausplanung des Landes am besten gerecht wird[505].

51 Art. 5 Abs. 1 BayKrG übernimmt diese bundesgesetzliche Vorgabe und regelt die vorstehend beschriebene Bedarfsgerechtigkeit eines Krankenhauses dahingehend, dass es die Gewähr dafür zu bieten hat, dass das Krankenhaus nach seinem Standort und seiner Größenordnung seine Aufgabe medizinisch leistungsfähig und wirtschaftlich wahrzunehmen. Zu beachten ist in diesem Zusammenhang, dass diese Grundsätze für die Prüfung der Bedarfsgerechtigkeit nicht nur für das gesamte Krankenhaus, sondern auch für die Prüfung der im Krankenhaus vorgehaltenen Bettenzahl und Abteilungen gilt.[506]

52 Im Rahmen der Feststellungen des Krankenhausplans, stellt sich häufig auch die Frage nach den Möglichkeiten des Konkurrentenschutzes. Der Beschluss des Bundesverfassungsgerichts vom 14.1.2004 hat zunächst vor allem Klarheit über die Zulässigkeit einer Klage eines im Planaufnahmeverfahren unterlegenen freigemeinnützigen Krankenhauses gegen den ergangenen positiven Feststellungsbescheid des mit ihm um die Planaufnahme konkurrierenden Krankenhauses gebracht hat (sogenannte „aktive Konkurrentenklage“).[507] Es stellte sich darüber hinaus aber bislang die Frage der Zulässigkeit einer Konkurrentenklage eines oder mehrerer Plankrankenhauses im Hinblick auf die Verhinderung der Aufnahme eines konkurrierenden Krankenhauses in den Krankenhausplan (sogenannte „passive Konkurrentenklage“).[508] Mit Urteil vom 25.9.2008 hat das Bundesverwaltungsgericht zu dieser Fragestellung Stellung bezogen.[509] Konkurrieren dementsprechend mehrere Krankenhäuser um einen bestimmten Versorgungsbedarf und trifft die Behörde unter ihnen eine Auswahl, so könne nach der Rechtsprechung des Bundesverwaltungsgerichts eine Anfechtungsklage des einen Krankenhauses gegen den an das andere Krankenhaus gerichteten begünstigenden Bescheid zulässig sein. Voraussetzung sei freilich, dass der Kläger für sich selbst eine Planaufnahme erstreiten und nicht lediglich eine Planherausnahme abwehren will. Nimmt die Behörde aber ein Krankenhaus in den Plan auf, ohne eine Auswahlentscheidung zum Nachteil eines anderen Krankenhauses zu treffen, so werden Rechte des anderen Krankenhauses nicht berührt.

b) Durchführungsverordnung zum BayKrG (DVBayKrG)

53 Die DVBayKrG wurde auf Grund Art. 23 Abs. 1 und 2 BayKrG erlassen und enthält unter anderem die Vorschriften für die Durchführung der im BayKrG vorgesehenen Bereitstellung von Fördermitteln, aber auch Vorschriften nach einem Trägerwechsel bzw. ergänzende Bestimmungen. Die DVBayKrG differenziert im Bereich der Fördermittel für ein Krankenhaus hinsichtlich der Vorgaben des BayKrG zwischen der Einzelförderung von

[505] Vgl. umfassend: Wollenschläger, Auswahlentscheidungen in der Krankenhausplanung vor dem Hintergrund der Konkurrenz von Fach- und Allgemeinversorgern (Teil 1)“, VSSAR, Heft 2/2020, S. 87 ff.

[506] Vgl. *Quaas/Zuck/Clemens,* Medizinrecht, 4. Aufl., § 26 Rn. 583.

[507] BVerfG Beschluss vom 14.1.2004, GesR 2004, S. 85.

[508] Zum Meinungsstreit vgl. *RehbornThomae* in *Ratzel/Luxenburger,* Handbuch Medizinrecht, 3. Aufl. § 30 Rn. 142ff;

[509] BVerwG vom 25.9.2008 (Az. BVerwG 3 C 35.07).

Investitionen und der Pauschalen Förderung nach dem dritten Abschnitt des BayKrG. Die jährlich festzusetzende pauschale Förderleistung errechnet sich dabei nunmehr aus einem leistungsbezogenen und einem aufgabenbezogenen Teilbetrag[510].

Zur Bestimmung des leistungsbezogenen Teilbetrags der Jahrespauschale sind die nach durchschnittlicher Fallschwere gewichteten Fallzahlen des Krankenhauses maßgeblich[511].

Der aufgabenbezogene Teilbetrag der Jahrespauschale ergibt sich aus den für die medizinische Aufgabenstellung nach dem Krankenhausplan jeweils zu Jahresbeginn ausgewiesenen Kapazitäten an voll- und teilstationären Behandlungsplätzen des Krankenhauses, die nach dem gruppenspezifischen Investitionsbedarf zu gewichten und mit dem jährlich festzusetzenden anteiligen Förderbetrag zu multiplizieren sind[512]. Für die im kooperativen Belegarztwesen vorgehaltenen Behandlungskapazitäten erhöht sich dabei zudem der Gewichtungsfaktor[513].

§ 17 DVBayKrG regelt in Verbindung mit Art. 21 BayKrG insbesondere die Mitbenut- 54
zung von bedarfsnotwendigen Anlagegütern zu Zwecken außerhalb der akutstationären Versorgung. Unter dem Begriff der bedarfsnotwendigen Anlagegüter versteht man gemäß § 2 Nr. 2b KHG die Güter des zum Krankenhaus gehörenden Anlagevermögens. Diese werden im Rahmen von Kooperationen oder dem Betrieb von ambulanten Einrichtungen durch das Krankenhaus teilweise auch zur Durchführung von ambulanten Behandlungen von Patienten oder vergleichbaren Nutzungen benutzt. Da die Zielsetzung der Krankenhausplanung und die hieraus resultierende finanzielle Förderung der Krankenhäuser ausschließlich an dem Bedarf an (teil-) stationärer Behandlung der Bevölkerung ausgerichtet ist und den ambulanten Bereich in der Regel nicht zu berücksichtigen hat, statuiert § 17 DVBayKrG in Verbindung mit Art. 21 BayKrG eine entsprechend anteilige Kürzung der Förderleistungen für die Krankenhäuser. Der Programmsatz des Art. 3 Abs. 3 BayKrG, dass die Kooperation der Krankenhäuser insbesondere mit den niedergelassenen Ärzten im Rahmen der Anwendung der landesgesetzlichen Reglungen hinsichtlich des Krankenhauswesens grundsätzlich berücksichtigt werden sollen, verliert bei dieser Kürzungsregelung etwas an Gewicht. Im Hinblick auf die stetig zunehmende und gesundheitspolitisch geforderte enge Verzahnung von ambulanter und (teil-) stationärer Patientenbehandlung durch eine sinnvolle Kooperation der jeweiligen Leistungserbringer und auf Grund der örtlichen Unterschiede im Rahmen der medizinischen Versorgung der Bevölkerung, ist daher eine enge Auslegung dieser Vorschrift und eine zu strikte Geringfügigkeitsgrenze als kontraproduktiv im Hinblick auf den Programmsatz des Art. 3 Abs. 3 BayKrG und die gesundheitspolitischen Zielsetzungen zu bezeichnen.

c) Versorgungsauftrag

Die gesetzliche Regelung des § 109 Abs. 4 S. 2 SGB V legt fest, dass das zugelassene 55
Krankenhaus im Rahmen seines Versorgungsauftrages zur Krankenhausbehandlung der gesetzlich Versicherten verpflichtet und dementsprechend auch berechtigt ist. Gemäß § 8 Abs. 1 S. 3 KHEntgG wird auf den Begriff des Versorgungsauftrages zwar Bezug genommen und festgelegt, dass das Krankenhaus nur im Rahmen seines Versorgungsauftrages die Möglichkeit hat, die entsprechende Krankenhausleistung mit den Krankenkassen abzurechnen. Jedoch erfolgt keinerlei gesetzliche Definition für den Versorgungsauftrag eines Krankenhauses. Eine wichtige Ausnahme von dem Verbot der Abrechnung von Leistungen außerhalb des Versorgungsauftrages eines Krankenhauses gilt im Rahmen von Notfällen. § 8 Abs. 1 S. 1 KHEntgG regelt, dass die Entgelte für alle Benutzer des Krankenhauses einheitlich zu berechnen sind.

---

510 Vgl. GVBl. Bay S. 989; zuletzt geändert durch Verordnung v. 26.9.2013, 621zuletzt geändert durch § 1 Abs. 150 der Verordnung vom 26. März 2019 (GVBl. S. 98).

511 § 6 Abs. 3 DVBayKrG; dort wird auf die Modalitäten des KHEntgG Bezug genommen.

512 § 6 Abs. 4 DVBayKrG.

513 § 6 Abs. 4 S. 2 DVBayKrG.

56 Die Regelung des § 8 Abs. 1 S. 4 Nr. 1 KHEntgG iVm § 6 Abs. 1 und § 8 Abs. 1 S. 3 KHG legt fest, dass sich der Versorgungsauftrag bei einem Plankrankenhaus aus den Festlegungen des Krankenhausplans in Verbindung mit den Bescheiden zu seiner Durchführung und den ergänzenden Vereinbarungen nach § 109 SGB V ergibt.[514] Bei anderen Krankenhäusern ist der Versorgungsvertrag nach § 8 Abs. 1 S. 4 Ziffer 3 iVm § 108 Nr. 3 SGB V maßgeblich. Eine abschließende und individuell-konkrete Festlegung der im Einzelfall erbringbaren und abrechenbaren medizinischen Leistungen lässt sich hieraus aber nicht ableiten, so dass unter anderem anhand der Feststellungsbescheide und der medizinischen Aufgabenzuweisungen, insbesondere anhand der einschlägigen Weiterbildungsordnungen, des Umfangs und der Vergütung der Leistungen sowie im Hinblick auf die vorgehaltenen personellen und sachlichen Mittel im Einzelfall geklärt werden muss.[515] Der Krankenhausträger kann im Rahmen des Versorgungsauftrages unter Beachtung der Vorgaben des Krankenhausplans und den Bescheiden zu seiner Durchführung aber beispielsweise frei entscheiden, ob eine Abteilung als Belegabteilung oder Hauptabteilung geführt wird[516]. Diese Frage ist nicht Teil des Versorgungsauftrages selbst und demnach Teil der inneren Strukturentwicklung des Krankenhauses, die vom Krankenhausplan gerade nicht berührt werden soll.[517] Gerade im Freistaat Bayern ist eine entsprechende „Rahmenplanung" mit geringem Detaillierungsgrad gegeben.

57 Beachtenswert ist in diesem Zusammenhang auch, dass der Versorgungsauftrag neben der inhaltlichen auch eine räumliche Komponente besitzt, die auf den Umfang begrenzend wirken kann und im Rahmen der Covid-19-Pandemie durch behördliche Allgemeinverfügung befristet erweitert wurde[518].

d) Trägerwechsel und Widerruf der Förderbescheide gemäß Art. 20 Abs. 1 BayKrG

58 Die Förderung nach dem KHG und dem BayKrG ist rechtsformunabhängig ausgestaltet und Ausfluss des Grundsatzes des dargestelltenGrundsatzes der Trägerpluralität des § 1 Abs. 2 S. 1 KHG. Für den Betrieb eines Krankenhauses als (gemeinsames) Kommunalunternehmen ergeben sich daher gegenüber den Krankenhausträgern in anderer Rechtsform deshalb keine gesetzlichen Unterschiede.[519] Zu beachten ist, dass jedenfalls die Umwandlung eines als Regie- oder Eigenbetrieb geführten Krankenhauses in ein selbständiges Kommunalunternehmen wohl einen Trägerwechsel im Sinne des Art. 20 Abs. 1 BayKrG darstellt.[520] Ein solcher liegt stets vor, wenn ein Krankenhausbetrieb auf einen anderen Rechtsträger übergeht. Der Trägerwechsel hat laut Art. 19 Abs. 1 iVm Art. 20 BayKrG grundsätzlich den Widerruf der Förderbescheide nach den allgemeinen Bestimmungen, insbesondere des Bayerischen Verwaltungsverfahrensgesetzes gemäß Art. 49 BayVwVfG iVm Art. 1 BayVwVfG, zufolge. Von einem Widerruf ist jedoch gemäß Art. 20 Abs. 1 BayKrG dann abzusehen, wenn die Voraussetzungen des Art. 5 Abs. 1 BayKrG vorliegen, der bisherige Krankenhausträger die gewährten Fördermittel auf den neuen Krankenhausträger überträgt, der neue Krankenhausträger durch schriftliche Erklärung gegenüber dem Freistaat Bayern sämtliche bisherige Förderbescheide sowie die mit

[514] *Thomae,* Versorgungsauftrag des Krankenhauses – Bestimmungen, Einschränkungen, aktuelle Urteile, in das Krankenhaus 7.2008, S. 725.

[515] Vgl. hierzu: Clemens in Wenzel, Handbuch des Fachanwalts Medizinrecht, 3. Aufl. 2013, Kap. 11 RdNr. 258 ff m. w. N.; BSG, Urt. v. 16.5.2012, Az. B 3 KR 9/11; BSG, Urt. v. 24.7.2003, Az. B 3 KR 28/02; Die Mindestmengenregelungen und Strukturvorgaben des Gemeinsamen Bundesausschusses (G-BA) bergen in diesem Zusammenhang ein weiteres Konfliktfeld.

[516] Vgl. BT-Drs. 11/2237, S. 203; vgl. auch Bär, Bayerisches Krankenhausgesetz – Kom., Art 4, Ziffer 14

[517] Vgl. auch Schiedsstelle für die Festsetzung von Krankenhauspflegesätzen in Hessen vom 12.2.2008, GesR 2008 S. 256.

[518] Vgl. näheres unter Ziffer 7g.

[519] Vgl. auch *Neusinger/Lindt,* aaO, S. 690.

[520] Bayerischer Kommunaler Prüfungsverband, Geschäftsbericht 1998, S. 122; *Quaas/Zuck,* Medizinrecht, 2. Aufl., § 25 Rn. 341.

der Förderung verbundenen Verpflichtungen, Bedingungen und Auflagen anerkennt und letztlich sichergestellt ist, dass mögliche Rückforderungsansprüche nach dem Krankenhausfinanzierungsgesetz und dem BayKrG ausreichend gesichert sind. Ein Trägerwechsel liegt auch im Fall einer Betriebsaufspaltung vor, bei der nur der Betrieb des Krankenhauses, nicht aber die Grundstücke einschließlich der Gebäude oder anderer Anlagegüter auf das Kommunalunternehmen übertragen werden[521]. Im Fall einer Betriebsaufspaltung hängt der Widerrufsverzicht zudem davon ab, ob die zweckentsprechende Nutzung der Grundstücke einschließlich der Gebäude durch eine langfristige Nutzungsvereinbarung oder eine gleichwertige sonstige Vereinbarung von mindestens 25 Jahren Laufzeit sichergestellt wird[522]. Das Vorliegen der Voraussetzungen für einen Widerrufsverzicht gem. Art. 20 Abs. 1 BayKrG und der Widerrufsverzicht selbst werden zumeist aus Gründen der Rechtssicherheit durch Bescheid gegenüber der Kommune und dem Kommunalunternehmen festgestellt[523].

Eine Frage im Rahmen des Art. 49 KommZG ist, ob auch bei einer Gründung eines 59
gemeinsamen Kommunalunternehmens beziehungsweise bei dem Beitritt einer Gebietskörperschaft zu einem bereits bestehenden Kommunalunternehmen ein Trägerwechsel im Sinne der vorstehenden Vorschriften stattfindet. Nach dem Wortlaut des Art. 20 BayKrG ist wohl davon auszugehen, dass bei allen Arten der Entstehung eines gemeinsamen Kommunalunternehmens auch ein Trägerwechsel stattfindet. Dies ergibt sich zusätzlich aus der Pflicht zur Bekanntmachung der neuen bzw. geänderten Unternehmenssatzung gemäß Art. 49 Abs. 5 KommZG.

Abschließend sei in diesem Zusammenhang auf die Regelung des Art. 27a BayPVG 60
hingewiesen, der die Belange der Personalvertretung regelt.

e) Fördermittelsicherung

Nach Art. 18 Abs. 3 BayKrG kann vom Krankenhausträger verlangt werden, dass er für 61
einen möglichen Rückforderungsanspruch vor Auszahlung oder Übertragung der Fördermittel nach dem KHG in geeigneter Weise, in der Regel durch Bestellung von Grundpfandrechten, Sicherheit leistet[524]. Gebietskörperschaften wurden aber im Freistaat Bayern nach der sog. Absicherungsrichtlinie von der Pflicht zur Absicherung von Förderleistungen nach dem KHG befreit[525].

5. Kurzüberblick über die gesetzlichen Grundlagen zur Finanzierung von Krankenhäusern

Die Finanzierung der Krankenhäuser richtet sich nach der sogenannten dualen Finanzie- 62
rung, die bereits im Jahr 1972 als gesetzliche Grundlage zur wirtschaftlichen Sicherung der Krankenhäuser eingeführt wurde und die zu sozial tragbaren Pflegesätzen beitragen soll.[526] Im Rahmen dieses Beitrags kann nur die grundlegende Systematik der Finanzierung auf Grund ihrer Komplexität dargestellt werden.

a) Duale Finanzierung

Die duale Finanzierung der Krankenhäuser wird grundsätzlich durch § 4 Nr. 1 und 2 KHG 63
bestimmt und ist unabhängig von der Rechtsform des Krankenhausträgers. Nach dieser

[521] Haertle, Diller, Das Krankenhaus als Kommunalunternehmen, BKPV GB 1998, Ziffer 8.1.
[522] Haertle, Diller, Das Krankenhaus als Kommunalunternehmen, BKPV GB 1998, Ziffer 8.1.
[523] Zu den planerischen Folgen eines Trägerwechselns vgl. Art 20 Abs. 2 BayKrG iVm Art 5 Abs. 1 BayKrG.
[524] Haertle, Diller, Das Krankenhaus als Kommunalunternehmen, BKPV GB 1998, Ziffer 8.2.
[525] FMS vom 29.5.1981 – 2 – FV 6070 – 68/1675 – 13 770/80; vgl. ausführlich Haertle, Diller, Das Krankenhaus als Kommunalunternehmen, BKPV GB 1998, Ziffer 8.2.
[526] Vgl. eingehend zur Finanzierung von Krankenhäusern: *Tuschen/Trefz,* Krankenhausentgeltgesetz – Kommentar, S. 4 ff.; *Quaas/Zuck/Clemens,* Medizinrecht, 4. Aufl., § 26 Rn. 1 ff.

Regelung erfolgt die wirtschaftliche Sicherung der Krankenhäuser auf zwei zu differenzierenden Wegen (duale Finanzierung):

64 Die Investitionskosten der Krankenhäuser werden hiernach im Wege der öffentlichen Förderung übernommen (Investitionskostenfinanzierung) und die Krankenhäuser erhalten leistungsgerechte Erlöse aus den sogenannten Pflegesätzen sowie für die Durchführung von vor- und nachstationären Behandlungen und stationsersetzenden Eingriffen (insb. ambulanten Operationen) zur Betriebskostenfinanzierung. Hierzu kommen insbesondere noch die Einnahmen aus den wahlärztlichen Leistungen.

65 **aa) Investitionskostenfinanzierung.** Nach den Grundsätzen der dualen Finanzierung erhält das Krankenhaus (nach fachlicher Prüfung) zur Finanzierung bestimmte Investitionsfördermittel, die entweder als Einzelförderungsmaßnahmen nach Art. 11 BayKrG von Investitionen für die Errichtungsmaßnahmen im Rahmen von Neu-, Erweiterungs- bzw. Umbaumaßnahmen des Krankenhauses, Wiederbeschaffung bzw. Ergänzungsbeschaffung von langfristigen Anlagegütern oder als jährliche pauschale Förderung nach Art. 12 BayKrG insbesondere für die Wieder- bzw. Ergänzungsbeschaffung der kurzfristigen Anlagegüter erfolgen. Zudem sieht Art. 15 BayKrG die Förderung von Lasten aus Investitionsdarlehen- und Art. 17 BayKrG die Förderung bei Schließung oder Umstellung von Krankenhäusern vor.

66 Die Bemessung der Höhe der Fördermittel richtet sich nach §§ 9 Abs. 5 KHG iVm 8 KHG der festschreibt, dass die Höhe der Fördermittel (unter Beachtung betriebswirtschaftlicher Grundsätze) die notwendigen Investitionskosten zu decken habe. Dementsprechend besteht ein Anspruch auf die für das jeweilige Krankenhaus notwendigen Investitionsmittel. Trotz dieses Anspruchs und einer Beteiligung der Kommunen im Rahmen der Krankenhausumlage besteht in vielen Bundesländern ein beachtlicher „Investitionsstau", der durch die negative Haushaltslage der Länder bedingt wird. Als Auswirkung dieser Haushaltslage kommt es zu den Festbetragsförderungen für Einzelmaßnahmen und knapp kalkulierten Pauschalförderungen.[527]

67 **bb) Betriebskostenfinanzierung.** Über die so genannten Pflegesätze werden gemäß § 4 Nr. 2 KHG der Krankenhäuser nur die Betriebskosten finanziert.

68 Die so genannten Pflegesätze werden zwischen den Kostenträger, also den gesetzlichen Krankenversicherungen, und dem jeweiligen Krankenhaus gemäß § 18 Abs. 2 KHG prospektiv vereinbart (Pflegesatzvereinbarung) und von der Landesbehörde gemäß § 18 Abs. 5 KHG genehmigt. Grundlage dieser Vereinbarung, die eventuell auch über ein Schiedsstellenverfahren nach § 18a KHG zustande kommen kann, ist ein im Voraus zu vereinbarender Gesamtbetrag (§ 4 Abs. 3 S. 1 KHEntgG).

69 Dieser Gesamtbetrag richtet sich nach den prognostizierten notwendigen medizinischen Leistungen des jeweiligen Krankenhauses und deren hierfür nach dem Krankenhausentgeltgesetz (KHEntgG) oder der Bundespflegesatzverordnung (BPflV) ergebenden Vergütungen. Bei der Vergütung nach dem KHEntgG erhalten die Krankenhäuser sogenannte Fallpauschalen (ergänzt durch Zusatzentgelte) nach den Diagnosis Related Groups (DRG), die eine Vergütung nach der jeweiligen Fallschwere und einem von den Bundesverbänden der Selbstverwaltung aufgestellten Entgeltkatalog nach § 9 Abs. 1 KHEntgG vorsehen. Bei der Vergütung nach der BPflV erhalten die Krankenhäuser tagesbezogene Abteilungspflegesätze und den Basispflegesatz. Zu beachten ist jedoch, dass die Pflegesatzfinanzierung der Krankenhäuser einer bindenden Budgetierung unterliegt, wobei Abweichungen von dieser Budgetierung nach den gesetzlichen Vorschriften teilweise ausgeglichen werden.

[527] Vgl. DKG e. V. Bestandsaufnahme zur Krankenhausplanung und Investitionsfinanzierung in den Bundesländern – Stand: Dezember 2019, S. 82 ff; https://www.dkgev.de/fileadmin/default/Mediapool/3_Service/3.4._Publikationen/2019_DKG_Bestandsaufnahme_KH-Planung_Investitionsfinanzierung.pdf (letzter Abruf am 29.6.2020)

Mit dem sog. MDK-Reformgesetz traten auch zahlreiche neue Regelungen im Bereich der Vergütungsregelungen ein. Dies sind v. a. Neuerungen bei der Durchführung und dem Umfang von Prüfungen (Prüfquoten) durch den Medizinischen Dienst im Krankenhaus[528]. 70

cc) Abgrenzungsverordnung. In der Abgrenzungsverordnung (AbgrV) wird die Abgrenzung der in der Pflegesatzfinanzierung nicht zu berücksichtigenden Investitionskosten von den sogenannten pflegesatzfähigen Kosten getroffen. Insbesondere § 3 AbgrV enthält die grundlegenden Zuordnungsgrundsätze. 71

6. Übertragung und Fremdbewirtschaftung von Einrichtungen eines Krankenhauses als Kommunalunternehmen

Nach den Regelungen des Art. 21 Abs. 1 BayKrG, der eine förderrechtliche Privilegierung darstellt, besteht für die Krankenhausträger eine gesetzlich festgeschriebene Möglichkeit der Ausgliederung und Fremdbenutzung von einzelnen Krankenhauseinrichtungen. 72

a) Grundsätze der Übertragung und Fremdbewirtschaftung

Die Übertragung von Krankenhauseinrichtungen kann nur unter der Wahrung der Qualität und der Wirtschaftlichkeit der stationären Versorgung erfolgen. Der Gesetzgeber hat diese sinnvolle Form der Bewirtschaftung und die daraus resultierende Konzentration auf die Kernaufgaben eines Krankenhausbetriebs somit generell im BayKrG anerkannt und damit auch einen Beitrag zur Durchbrechung der zu stark sektorenorientierten Behandlung geleistet. Zur Wahrung der im Gesetz genannten Qualität und des bestehenden Leistungsumfangs des jeweiligen Krankenhauses, steht die Ausgliederung jedoch unter dem Vorbehalt der vorherigen Zustimmung der zuständigen Förderbehörde, die entsprechend rechtzeitig einzuholen ist. 73

Auf Grund der Koppelung der Förderung an die Betreibereigenschaft des Krankenhausträgers können jedoch nach der erfolgten Ausgliederung keine Investitionskosten mehr für Umbau, Sanierung oder Neubau sowie für die Beschaffung von kurzfristigen Anlagegütern gefördert werden, auch wenn ausschließlich eine akutstationäre Behandlung erfolgt. Auf den in dieser Konstellation gesetzlich vorgesehenen Widerruf von Förderbescheiden gemäß Art. 19 BayKrG iVm Art. 48 ff. BayVwVfG kann von Seiten der Förderbehörde gemäß Art. 21 Abs. 1 Ziffern 1 und 2 BayKrG verzichtet werden, wenn mit Zustimmung der zuständigen Behörde der Betrieb bedarfsnotwendiger Krankenhauseinrichtungen einem Dritten zur eigenverantwortlichen Bewirtschaftung übertragen und die Qualität und Wirtschaftlichkeit der stationären Versorgung dadurch nicht gefährdet wird. Zudem muss für die Nutzung außerhalb der stationären Versorgung ein Nutzungsentgelt entrichtet werden, das der Krankenhausträger zu 25 v. H. seinen Pauschalmitteln nach Art. 12 BayKrG zuführt und zu 75 v. H. an den Freistaat Bayern erstattet. Ein Nutzungsentgelt ist aber dann nicht zu entrichten, wenn der Dritte für bedarfsnotwendige akutstationäre Zwecke tätig ist. Der Widerruf wird gegenüber dem Krankenhausträger durch Bescheid festgestellt und ist eine Ermessensentscheidung der zuständigen Behörde. 74

In Art. 19 des BayKrG wurde ein neuer Abs. 2 eingefügt. Ziel der Gesetzesänderung ist es, notwendige Umstrukturierungen des Krankenhauses zu erleichtern. Bisher standen diesen Maßnahmen oft förderrechtliche Probleme entgegen. Künftig soll die Umwidmung von geförderten Bereichen in eine Nutzung außerhalb der akutstationären Versorgung erleichtert werden. Unter bestimmten Voraussetzungen kann auf den bisher obligatorischen Widerruf der Förderbescheide verzichtet werden. Die Voraussetzungen sind dabei zunächst der Ablauf eines Zeitraums von regelmäßig 15 Jahren seit Inbetriebnahme der entsprechenden Krankenhauseinrichtung. Weiter muss die Umwidmung im krankenhausplanerischen Interesse sein und die durch die Umwidmung erzielbaren Entgelte aus der neuen Nutzung 75

[528] S. Fn. 470.

müssen in Höhe eines angemessenen Investitionskostenanteils an den Freistaat Bayern abgeführt werden. Unter bestimmten Voraussetzungen kann der Krankenhausträger die Erstattung zu 50% seinen Pauschalmitteln zuführen. Sie können dem Träger ganz belassen werden, wenn er die Umwidmun durch Bereitstellung eigenfinanzierter, qualitativ und funktional gleichwertiger Krankenhauseinrichtungen ausgleicht.

b) Förderung und Kooperation im Bereich der medizinischen Großgeräte

76 Der zunehmende Zwang der Krankenhäuser zur Bildung medizinischer Behandlungsschwerpunkte und zur Eingehung von Kooperationen sowie der stetig wachsende Kostendruck auf die Krankenhäuser führen auch dazu, dass auch im Bereich der Nutzung der medizinischen Großgeräte (beispielsweise MRT, Linksherzkatheter-Messplatz, etc.) entsprechende Kooperationen von den Krankenhäusern eingegangen beziehungsweise angestrebt werden. Wegen der üblichen Nutzungsdauer solcher Geräte zwischen 3 bis 15 Jahren, handelt es sich hierbei um sogenannte kurzfristige Anlagegüter. Die Einzelförderung zur Anschaffung dieser medizinischen Großgeräte nach Art. 11 Abs. 1 Ziffer 3 BayKrG wird zunehmend von der zuständigen Förderbehörde verneint. Der Grund hierfür ist, dass eine Förderung nach Art. 11 Abs. 1 Ziffer 3 BayKrG nur noch dann in Betracht kommt, wenn die medizinischen Großgeräte den Status des „Außergewöhnlichen" nicht verloren haben und damit zur Standardvorhaltung eines Krankenhauses werden, die allein durch die Pauschalförderung finanziert werden kann.[529]

77 Als Kooperationsmöglichkeiten kommen dementsprechend folgende Möglichkeiten in Betracht[530]:

78 Zunächst kann die Einrichtung mit den vorgehaltenen Geräten ausgegliedert und einem Dritten zur Bewirtschaftung übertragen werden, von dem das Krankenhaus dann wieder die entsprechenden Leistungen bezieht.

79 Des Weiteren kann der Krankenhausträger mit einem ambulanten Leistungserbringer (bspw. einem niedergelassener Arzt oder einem Medizinischen Versorgungszentrum) eine Kooperation zum Betrieb eines im Eigentum des Kooperationspartners stehenden medizinischen Großgerätes im Krankenhaus eingehen, wenn das Gerät einen wichtigen Beitrag zur akutstationären Versorgung der Bevölkerung im Einzugsgebiet der Klinik hat, aber die zur wirtschaftlichen Betriebsführung erforderlichen Leistungszahlen nur unter Einbeziehung ambulanter Patienten erreicht werden können. Das Krankenhaus stellt in dieser Konstellation dem Kooperationspartner die benötigten Räume für den Betrieb des Großgerätes zur Verfügung.

7. Ausgewählte rechtliche Aspekte der medizinischen Leistungserbringung im Hinblick auf die Betriebs- und Wirtschaftsführung eines Krankenhauses als Kommunalunternehmen

a) Patientenrechtegesetz

80 Zum 26.2.2013 ist das Gesetz zur Verbesserung der Rechte von Patientinnen und Patienten in Kraft getreten[531]. Nunmehr sind im Rahmen der medizinischen Leistungserbringung die Regelungen der §§ 630a ff BGB zu beachten, die zwar die bestehende (richterrechtlich geprägte) Rechtslage abbilden sollten, aber dennoch einige neue Ansätze im Behandlungsverhältnis zwischen dem Behandelnden und dem zu behandelnden Patienten verfolgen[532]. Behandelnder ist dabei derjenige, der die vereinbarte medizinische Leistung zusagt. Mithin

[529] Vgl. AMS des Bayerischen Staatsministeriums für Arbeit, Sozialordnung, Familie und Frauen sowie des Bayerischen Finanzministeriums vom 23.10.2007 (Az. II 2/9480/1/06, 62-FV 6800-008-51486/06).
[530] Vgl. AMS des Bayerischen Staatsministeriums für Arbeit, Sozialordnung, Familie und Frauen sowie des Bayerischen Finanzministeriums vom 23.10.2007 (Az. II 2/9480/1/06, 62-FV 6800-008-51486/06).
[531] Vgl. BGBl. I 2013, 277.
[532] Vgl. umfassend: Walter, Das neue Patientenrechtegesetz, 1. Aufl., 2013.

können natürlich (wie bislang auch) die Krankenhaus-Träger Vertragspartner werden. Hinsichtlich der Rechte und Pflichten ist von Seiten der Krankenhausträger dabei auf die zum Teil vermehrten Informations- und Aufklärungspflichten[533] zu achten, so dass man konstatieren muss, dass eine solide Dokumentation aber auch an eine gute Kommunikation und ausreichende Information des Vertragspartners noch mehr in den Fokus der Leistungserbringung werden treten müssen.

b) Neue Versorgungsformen

Unter den sogenannten neuen Versorgungsformen versteht man Instrumente, die der Gesetzgeber zur Verbesserung der Verzahnung von ambulanter und stationärer Behandlungen, der Verbesserung der Versorgung in vertragsärztlich unterversorgten Bereichen sowie zur Kostenreduktion im Gesundheitswesen eingeführt hat. Dies sind im Krankenhausbereich vor allem die Medizinischen Versorgungszentren (MVZ) nach § 95 SGB V, die Integrierte Versorgung nach §§ 140a ff SGB V und die neue spezialfachärztliche Versorgung nach § 116b SGB V. Zum anderen fällt hierunter aber auch die ambulante Versorgung bei Unterversorgung nach § 116a SGB V.[534] Gerade diese neuen Versorgungsformen sind für die strategische Positionierung von Krankenhäusern interessant und sollen nachfolgend kurz mit Bezug auf die Besonderheiten eines Kommunalunternehmens dargestellt werden

aa) Medizinische Versorgungszentren nach § 95 SGB V. Den nach § 108 SGB V zugelassenen Krankenhäusern steht die Gründung Medizinischer Versorgungszentren (MVZ) gemäß § 95 Abs. 2 SGB V grundsätzlich offen.[535] Dies ermöglicht es den Krankenhäusern, über die diversen übrigen gesetzlich eröffneten Möglichkeiten der ambulanten Behandlung im Krankenhaus hinaus, an der ambulanten Versorgung von Patienten zu partizipieren und hierdurch Synergieeffekte auf Grund einer verstärkten Kooperation des ambulanten mit dem stationären Sektors zu schaffen. Auf Grund des Willens des Sozialgesetzgebers, dass eine Verzahnung des stationären mit dem ambulanten Sektor erfolgen soll, muss diese Möglichkeit auch den als (selbständiges) Kommunalunternehmen geführten Krankenhäusern offen stehen[536]. Mit dem GKV-VStG hat der Gesetzgeber bezüglich der MVZ einige wichtige Änderungen der Gesetzeslage vorgenommen. § 95 Abs. 1 S. 3 SGB V n. F. sieht nunmehr vor, dass der ärztliche Leiter eines MVZ in diesem auch als angestellter Arzt oder Vertragsarzt tätig sein muss. Das GKV-VStG beschränkte die zulässigen Rechtsformen jedoch auf die Personengesellschaft, die eingetragene Genossenschaft oder die Gesellschaft mit beschränkter Haftung. Für bereits zum 1.1.2012 existierende MVZ gilt jedoch ein Bestandsschutz nach § 95 Abs. 1a S. 2 SGB V, wonach diese MVZ in ihrer bisherigen Rechtsform weiterbetrieben werden können. **81**

Die ambulante Behandlung der Patienten erfolgt im MVZ über angestellte Ärzte oder über freiberuflich tätige Vertragsärzte. Diese ambulante Behandlung steht jedoch in einem Wettbewerb mit den niedergelassenen (Vertrags-) Ärzten, der in seinen Auswirkungen auf das Krankenhaus stets zu durchdenken ist. Im Rahmen der Satzung eines Krankenhauses, das in der Rechtsform eines (selbständigen) Kommunalunternehmens geführt wird, gilt es, dieses neue ambulante Betätigungsfeld des Krankenhauses adäquat abzubilden und die Versorgung mit ambulanten Gesundheitsleistungen in den Gegenstand des Kommunalunternehmens aufzunehmen. Dies sollte vor allem dann geschehen, wenn auch das MVZ **82**

[533] Vgl. §§ 630c, 630d, 630f.

[534] Allgemein zu diesem Thema: vgl. *Münzel/Zeiler,* Ambulante Leistungen in und an Krankenhäusern, Kohlhammer Verlag, 2008.

[535] Allgemein zu diesem Thema: vgl. DKG – Hinweise zur Gründung Medizinischer Versorgungszentren, Deutsche Krankenhausverlagsgesellschaft, 3. Aufl. 2007; *Zwingel/Preißler,* Ärzte-Kooperationen und Medizinische Versorgungszentren, Deutscher Ärzteverlag, 2. Auflage, 2008.

[536] Vgl. auch Zwingel/Preißler, Ärzte-Kooperationen und Medizinische Versorgungszentren, Deutscher Ärzteverlag, 2. Auflage, 2008, S. 88.

gemeinnützig betrieben werden soll. Auf Grund dieser Erwägungen und einer Verfügung der OFD Frankfurt/M. vom 26.9.2006[537] sollte der Gegenstand daher auf die ambulante Behandlung von Patienten erweitert und diese Erweiterung in den Rahmen der Wohlfahrtspflege im Sinne des § 53 AO iVm § 66 AO gestellt werden.[538] Der Verlustgefahr hinsichtlich der Gemeinnützigkeit des Krankenhauses, beispielsweise durch eventuelle Verlustausgleiche im Rahmen des MVZ, sollte durch entsprechende Vorkehrungen begegnet werden.

83 Zwischenzeitlich sind im Rahmen der Gründung und des Betriebs von Medizinischen Versorgungszentren sozialgerichtliche Entscheidungen ergangen, die unter anderem die Zulässigkeit der belegärztliche Tätigkeit eines MVZ betreffen und somit eine noch engere Kooperation des MVZ mit dem Krankenhaus ermöglichen.[539] Probleme im Rahmen der Gründung von MVZ durch kommunale Krankenhäuser treten regelmäßig im Rahmen der sozialgesetzlich verankerten Verpflichtung zur Abgabe einer Bürgschaft nach § 95 Abs. 2 S. 6 SGB V auf.[540] Das SGB V fordert in dieser Regelung für die Zulassung eines MVZ in der Rechtsform einer juristischen Person des Privatrechts, dass die Gesellschafter selbstschuldnerische Bürgschaftserklärungen für Forderungen der Kassenärztlichen Vereinigung und Krankenkassen abzugeben haben. Die Abgabe einer der Höhe nach unbegrenzten Bürgschaftserklärung, wie es die Kassenärztlichen Vereinigungen teilweise verlangen, führt dann zu Schwierigkeiten, wenn das Kommunalrecht (wie beispielsweise in Art. 92 Abs. 1 Nr. 3 GO) vorschreibt, dass sich die Gebietskörperschaften nicht zur Übernahme von Verlusten in unbestimmter oder unangemessener Höhe verpflichten dürfen und die Gebietskörperschaft über das Kommunalunternehmen Krankenhaus mittelbar Gesellschafter in der Trägergesellschaft des MVZ (z. B. einer GmbH) wird. Da nach der Rechtsprechung die Beteiligung im Sinne des Art. 92 Abs. 1 GO weit auszulegen ist und Art. 92 Abs. 2 GO die mittelbare Beteiligung erfasst, käme eine mittelbare Verpflichtung der Kommune im Rahmen der Bürgschaftserklärung hinsichtlich der Gründung des MVZ in Frage.[541] Hierbei käme eventuell aber das Argument zum Tragen, dass die medizinischen Leistungen des MVZ der Daseinsvorsorge unterfallen (so zumindest bei einer Unterversorgung) und entsprechend die ambulanten Leistungen des MVZ eine Aufgabe der jeweiligen Gebietskörperschaft darstellen. Auf Grund dieser garantenähnlichen Stellung und der Tatsache, dass aus sozialrechtlichen Gründen eine Rückforderung von Seiten der Kassenärztlichen Vereinigung und den Krankenkassen in der Regel auf die letzten vier Jahre beschränkt ist, käme eine Befreiung von der Haftungsbegrenzung durch die Rechtsaufsichtsbehörde in Betracht, da der angestrebte Zweck des MVZ unter anderen Beteiligungsmöglichkeiten nicht bzw. nur schwer zu erreichen wäre und die finanziellen Belastungen anhand der durchschnittlichen Regresse der Kassenärztlichen Vereinigungen durchaus abschätzbar wären. Zudem könnte die Bürgschaftshöhe auf einen Betrag begrenzt werden, der dem Sicherungsbedürfnis der Kassenärztlichen Vereinigung genügt. Als Bemessungsgrundlage für diese Begrenzung käme der Jahresumsatz des MVZ in Betracht, beispielsweise begrenzt auf vier Jahre.

84 Bezüglich der Wettbewerbssituation eines MVZ mit den niedergelassenen Ärzten ist zudem die Verhinderung von Wettbewerbsverzerrungen zu beachten. Es sollte daher gesichert sein, dass das MVZ weder direkt noch indirekt Vorteile aus der Investitionsförderung des Krankenhauses oder durch Defizitausgleiche von Kommunen für das Krankenhaus erlangt. Daher sind dem MVZ insbesondere die vom Krankenhaus bezogenen Leis-

[537] Verfügung der OFD Frankfurt/M. vom 26.9.2006, Az. S 0184 A – 11 – St 53.

[538] Der Betrieb 2006, S. 2261.

[539] Urteil des Sozialgerichts Marburg vom 30.1.2008 (Az. S 12 KA 1079/06); Urteil des Sozialgerichts Marburg vom 30.1.2008 (Az. S 12 KA 77/07); vgl. auch *Neusinger/Lindt,* aaO, S. 694.

[540] Zur Notwendigkeit einer eigenständigen Rechtsform für ein MVZ eines kommunalen Krankenhauses vgl. den Beschluss des Sozialgerichts Marburg vom 25.10.2007 (Az. S 12 KA 404/07 ER). Hier werden jedoch der Wortlaut des § 95 SGB V und die zugrunde gelegten gesetzgeberischen Motive zu eng ausgelegt.

[541] BayVGH, BayVBL. 1960, S. 319.

tungen oder die Bereitstellungen von geförderten Räumen und Geräten durch das Krankenhaus in Höhe sachgerechter Kosten in Rechnung zu stellen. Die Regelung des § 17 DVBayKrG ist ebenso zu beachten.

Abschließend ist auf die Möglichkeit der Befristung von Zulassungen nach § 98 Abs. 2 SGB V sowie die Nachrangigkeit von Krankenhaus-MVZ bei der Fortführung von Vertragsarztsitzen nach § 103 Abs. 4c SGB V hinzuweisen.

bb) Besondere Versorgung nach § 140a SGB V. Auch die besondere Versorgung nach 85 § 140a SGB V soll die Verzahnung des ambulanten und stationären Sektors fördern und bietet den Krankenkassen die Möglichkeit, unter anderem mit den Trägern von Krankenhäusern Verträge abzuschließen, die über verschiedene Leistungssektoren hinweg eine übergreifende Versorgung der Versicherten oder eine interdisziplinär-fachübergreifende Versorgung beinhalten. Diese Versorgungsform soll eine weiter verbesserte Patientenbehandlung ermöglichen und hierdurch zu weiteren Kostenersparnissen führen. Die Verträge können nach § 140a Abs. 2 SGB V zudem abweichende Regelungen zu den Vorschriften des SGB V, des Krankenhausfinanzierungsgesetzes (KHG) und des Krankenhausentgeltgesetzes (KHEntgG) treffen. Dies eröffnet den Vertragspartnern einen weiten Gestaltungsspielraum, der jedoch seine Grenzen in den gesetzlichen Vorgaben findet.

cc) Ambulante spezialfachärztliche Versorgung nach § 116b SGB V. Gemäß 86 § 116b Abs. 2 Satz 1 SGB V sind an der vertragsärztlichen Versorgung teilnehmende Leistungserbringer und nach § 108 SGB V zugelassene Krankenhäuser berechtigt, Leistungen der ambulanten spezialfachärztlichen Versorgung nach § 116b Abs. 1 SGB V, zu erbringen, soweit sie die maßgeblichen Anforderungen und Voraussetzungen erfüllen und eine entsprechende Anzeige an den sogenannten erweiterten Landesausschuss abgegeben haben. Den jeweiligen Behandlungsumfang hat der Gemeinsame Bundesausschuss (G-BA) nach § 116b Abs. 4 und 5 SGB V zu bestimmen, in dem er das Nähere zur ambulanten spezialfachärztlichen Versorgung regelt. Insbesondere hat der G-BA die Erkrankungen nach § 116b Abs. 1 SGB V zu konkretisieren und die sächlichen sowie personellen bzw. kooperativen Anforderungen zu regeln. Vertragsärzte und Krankenhäuser sind demnach grundsätzlich gleichermaßen zur Teilnahme an der spezialfachärztlichen Versorgung berechtigt, sofern die vom G-BA festgelegten Voraussetzungen erfüllt sind. Es handelt sich damit um eine bedarfsunabhängige Ermöglichung zur ambulanten Leistungserbringung[542]. Zuständig für das Anzeige- und Prüfverfahren wird gemäß § 116b Abs. 3 Satz 1 SGB V der neu geschaffene „erweiterte Landesausschuss (eLA)“. Die Entscheidung, ob ein Leistungserbringer zur Teilnahme an der ambulanten spezialfachärztlichen Versorgung nach § 116b SGB V berechtigt ist, liegt damit in der Zuständigkeit des erweiterten Landesausschusses[543].

dd) Ambulante Behandlung nach § 116a SGB V. Diese Regelung soll die ambulante 87 und eigentlich der vertragsärztlichen Versorgung vorbehaltene Behandlung in den sogenannten unterversorgten Gebieten sicherstellen. Im Rahmen der Feststellung einer ärztlichen Unterversorgung eines bestimmten Zulassungsbezirks nach § 100 SGB V kann demnach auf Antrag ein Krankenhaus zur ambulanten vertragsärztlichen Versorgung ermächtigt werden, soweit und solange dies erforderlich ist. Beachtenswert ist in diesem Zusammenhang, dass hinsichtlich der Regelung des § 31a Ärzte-Zulassungsverordnung (Ärzte-ZV) in Verbindung mit der Bedarfsplanungsrichtlinie der Ärzte (BedarfsplRL-Ä), die Ermächtigung von Krankenhausärzten der Ermächtigung von Krankenhäusern vorgeht.

c) Sonderproblem: Zukunft des Belegarztwesen

Zwar soll nach Art. 3 Abs. 3 BayKrG die Kooperation der Krankenhäuser mit niedergelasse- 88 nen Ärzten, insbesondere mit Belegärzten entsprechende Berücksichtigung finden. Jedoch

[542] Vgl. BT-Drs. 17/6906, S. 81.
[543] Zur Rechtsnatur der Mitteilung nach § 116b Abs. 2 S. 4 SGB V vgl. Adam, NZS 2013, S. 888 ff.

lässt sich feststellen, dass kooperationswillige Belegärzte auf Grund ungünstiger Arbeitszeiten, steigender Versicherungskosten und der als ungünstig wahrgenommenen Vergütungssituation seltener werden. Damit verliert ein tradiertes und rechtlich stringentes System wirtschaftlichen Rückhalt und wird immer häufiger durch andere Kooperationsformen, beispielsweise durch eine honorarärztliche Tätigkeit[544], ersetzt. Gerade diese honorarärztliche Tätigkeit ist zwar durch den Gesetzgeber rechtlich ermöglicht worden, jedoch ist diese Art der Kooperation an hohe rechtliche Hürden gebunden und setzt eine rechtlich einwandfreie Umsetzung der Kooperation in der Praxis voraus, wobei rechtliche Bereiche (beispielsweise im Rahmen der wahlärztlichen Leistungen aber auch im Rahmen der sozialversicherungsrechtlichen Einordnung der Honorarärzte) als bislang noch ungeklärt anzusehen sind[545].

d) Ausblick: Selektivvertragliche Versorgungsmodelle als zukünftige Versorgungsform?

89 Unter diesem Stichwort versteht man den Gedanken der teilweisen Abkehr von dem Kontrahierungszwang der Krankenkassen mit den Krankenhäusern und die Hinwendung zu einem Selektivvertragssystem, in dem nur Häuser zur Abrechnung bestimmter Leistungen zugelassen sind, die über einen entsprechenden Vertrag mit den Krankenkassen verfügen. Es wird gesundheitsökonomisch erwogen, deshalb eine Abkehr von dem bestehenden System – zumindest in Teilbereichen der planbaren Eingriffe – zu vollziehen, um hierdurch einen Vertragswettbewerb zu generieren, der langfristig zu Kosteneinsparungen führen soll. Dieser Planung ist jedoch entgegenzuhalten, dass hierdurch die landesrechtliche Krankenhausplanung in Frage gestellt würde. Zudem könnte hierdurch die Sicherstellung der flächendeckenden Versorgung der Bevölkerung eventuell gefährdet werden, wenn eine Abrechnungsmöglichkeit dieser rein auf vertraglicher Basis „vergebenen" medizinischen Leistungen für Krankenhäuser in strukturschwachen Regionen mangels eines solchen Selektivvertrages nicht mehr gegeben ist. Die gesetzliche Einführung dieser denkbaren neuen Versorgungsform ist nach dem heutigen Stand noch nicht absehbar, dennoch wird die Möglichkeit des Abschlusses von „Qualitätsverträgen" als Selektivverträge, beispielsweise für planbare Leistungen nach eventuellen Vorgaben des G-BA politisch diskutiert[546]. Ob dies ein richtiger Weg insbesondere im Hinblick auf eine denkbare Risikovermeidung ist und, ob damit die medizinische Versorgung schwerstkranker Patienten gestärkt wird, bleibt zukünftig zu diskutieren.

e) Qualitätssicherung

90 Die Vorgaben zur Qualitätssicherung werden für den Krankenhausbereich immer wichtiger. Neben der allgemeinen Verpflichtung der Krankenhäuser zur Sicherung und Weiterentwicklung der Qualität der von ihnen erbrachten Leistungen nach § 135a SGB V (einrichtungsbezogene Qualitätssicherung) sind nunmehr auch (je nach landesrechtlicher Ausgestaltung) die Vorgaben zu den planungsrelevanten Qualitätsindikatoren nach § 136c Abs. 2 i. V. m §§ 1 Abs. 1, 8 Abs. 1a, b KHG zu beachten.

Im Rahmen der einrichtungsbezogenen Qualitätssicherung sind dabei insbesondere die Richtlinien und Beschlüsse des Gemeinsamen Bundesausschusses (G-BA) nach § 135a Abs. 2 SGB V i. V.m § 136 SGB V bzw. § 136b SGB V relevant[547]. Die Rechtsfolgen legt § 137 SGB V i. V. m. der jeweiligen Richtlinie bzw. dem jeweiligen Beschluss fest.

---

544 Vgl. § 2 Abs. 1 S. 1 KHEntgG: „ärztliche Behandlung (...) durch nicht fest angestellte Ärztinnen und Ärzte".

545 Vgl. umfassend: Clemens in Wenzel, Handbuch des Fachanwalts Medizinrecht, 3. Aufl. 2013, Kap. 11 RdNr. 195ff m. w. N.; LG Würzburg: Hinweisbeschluss vom 22.5.2012 – 42 S 409/12; LG Nürnberg Beschluss vom 21.3.2012, Az. 11 S 9701/11; Bender GesR 8/2013, S. 449 ff; LG Kiel, Urteil vom 31.5.2013, Az. 1 S 75/12.

546 Vgl. Koalitionsvertrag zwischen CDU, CSU und SPD zur 18. Legislaturperiode, S. 56.

547 § 91 SGB V; vgl. https://www.g-ba.de/richtlinien/ (letzter Abruf 26.6.2020).

Im Rahmen der planungsrelevanten Qualitätsindikatoren erhält die Qualität der Leistungen gemäß § 8 KHG auch einen krankenhausplanerischen Aspekt. Dabei sind die Empfehlungen des Gemeinsamen Bundesausschusses (G-BA) nach § 136c SGB V Teil der Krankenhausplanung bzw. gelten diese für die im Landesrecht vorgesehenen Qualitätsvorgaben (vgl. § 6 Abs. 1a S. 1 bzw. Abs. 1c KHG)[548].

Zu beachten ist dabei jedoch, dass durch § 6 Abs. 1a S. 2 KHG nach Landesrecht die Geltung der planungsrelevanten Qualitätsindikatoren ganz oder teilweise ausgeschlossen oder eingeschränkt werden können und weitere Qualitätsanforderungen zum Gegenstand der Krankenhausplanung gemacht werden können[549].

f) Personalvorgaben

§ 137i SGB V i. V. m. der Pflegepersonaluntergrenzen-Verordnung (PpUGV) regelt die verbindliche Einführung von Pflegepersonaluntergrenzen in pflegesensitiven Bereichen in Krankenhäusern. Flankiert wird diese Verordnung mit der Vereinbarung nach § 137i Absatz 4 SGB V über den Nachweis zur Einhaltung von Pflegepersonaluntergrenzen (PpUG-Nachweis-Vereinbarung) und der Vereinbarung gemäß § 137i Absatz 1 Satz 10 SGB V über entsprechende Sanktionen nach § 137i Absatz 5 SGB V bei Nichteinhaltung der Pflegepersonaluntergrenzen (PpUG-Sanktions-Vereinbarung)[550]. 91

Für ausgewählte pflegesensitive Bereiche im Krankenhaus werden hiermit Pflegepersonaluntergrenzen je Patient festgelegt. Dies tritt neben die übrigen weiteren Regelungen zur Personalausstattung, insbesondere solche nach den einschlägigen G-BA Vorgaben.

g) Umgang mit Pandemien im Krankenhausbereich

Das Auftreten des neuen sogenannten Corona Virus oder der Covid-19 (2019-nCoV) Pandemie im Jahr 2020 führte auch für den Krankenhausbereich zu enormen Herausforderungen. Die Belastungen für das medizinische Personal in den Krankenhäusern waren im Rahmen dieser Pandemie teils immens. Die Anforderungen an den Krankenhausbereich stiegen dabei auch durch die pandemiebedingten gesetzlichen wie behördlichen Maßnahmen deutlich an, da der Gesetzgeber auf Landes- und Bundesebene ebenso wie die zuständigen Behörden auf das Pandemiegeschehen zum effektiven Schutz der Bevölkerung vor den Infektionsgefahren entsprechend reagierten. Maxime war dabei die Aufrechterhaltung der Leistungsfähigkeit des Gesundheitssystems[551]. 92

Neben den behördlichen und gesetzlichen Maßnahmen stellten sich zudem große Herausforderungen in Beschaffungs- und Informationsaufgaben.

Dargestellt seien nachfolgend exemplarisch und kursorisch die behördlichen und gesetzgeberischen Ansätze im Freistaat Bayern den Krankenhausbereich betreffend.

Auf Grundlage des Infektionsschutzgesetztes (IfSG), des Bayerischen Krankenhausgesetzes (BayKrG) und auch (nach Verkündung des sog. Katastrophenfalls) des Bayerischen Katastrophenschutzgesetzes (BayKSG) ergingen zunächst diverse Verwaltungsakte in Form der sog. Allgemeinverfügungen zur Sicherung der gesundheitlichen Versorgung der Bevölkerung im Rahmen der Pandemie[552]. Adressat waren u. a. die Träger zugelassener Kran-

548 Richtlinie zu planungsrelevanten Qualitätsindikatoren gemäß § 136 Absatz 1 SGB V i. V. m. § 136c Absatz 1 und Absatz 2 SGB V – plan. QI-RL; https://www.g-ba.de/downloads/62–492-2159/plan-QI-RL_2020-05-14_iK_2020-05-14.pdf (letzter Abruf 26.6.2020).

549 Vgl. exemplarisch Art. 4 Abs. 1 S. 3 Bayerisches Krankenhausgesetz (BayKrG) bzw. § 3 S. 1 Gesetz zur Neuordnung des Krankenhauswesens (Sächsisches Krankenhausgesetz – SächsKHG) i. V. m. § 6 KHG.

550 Vgl. Reich, Pflegepersonaluntergrenzen in pflegesensitiven Bereichen: § 137i SGB V und die PpUGV, der Krankenhaus-Justiziar 2/2019, S. 49 ff.

551 Vgl. https://www.stmgp.bayern.de/coronavirus/massnahmen/stationaere-Versorgung (letzter Abruf 26.6.2020).

552 Vgl. § 35 S. 2 BayVwVfG.

kenhäuser, wie auch die Träger von Rehakliniken oder sogenannter Privatkrankenanstalten nach § 30 GewO[553].

Die Inhalte der Allgemeinverfügungen waren v. a. Regelungen zur Aufrechterhaltung und Sicherung der Krankenhauskapazitäten. Dies wurde exemplarisch zunächst erreicht durch eine Allgemeinverfügung zur Verschiebung elektiver Eingriffe und geplanter Behandlungen im Krankenhaus, um möglichst umfangreiche Kapazitäten für die Versorgung an Covid-19 erkrankten Patientinnen und Patienten zu freizuhalten[554].

In der Folge wurden Vorgaben zur Organisation der Krankenhausbelegung, Melde- und Koordinierungspflichten, Pflichten zur Schaffung zusätzlicher Behandlungskapazitäten und Pflichten zu einer erweiterten Zusammenarbeit erlassen. Des Weiteren wurden für einen zeitlich begrenzten Zeitraum die sog. Versorgungsaufträge für die Krankenhäuser behördlich deutlich erweitert[555].

All diese Ansätze mussten in den einzelnen Krankenhäusern dann entsprechend aufwändig umgesetzt werden, was eine medizinische, logistische und kommunikative Herausforderung darstellte. Hierzu wurden beispielsweise vor Ort Koordinierungsgruppen und überörtlich Koordinierungsbezirke gebildet[556].

Angedachte Konzeptionen für sogenannte „Hilfskrankenhäuser" mussten wegen des Abschwächens des Pandemiegeschehens jedoch nicht umgesetzt werden.

Nachfolgend ergingen weitere, inhaltlich speziellerer, Allgemeinverfügungen, die z. B. Genehmigung zusätzlicher intensivmedizinischer Behandlungskapazitäten zum Inhalt hatten[557].

Im zeitlichen Fortgang wurden diese (zumeist befristeten) Allgemeinverfügungen zunächst verlängert[558] bzw. nach Abschwächung des Pandemiegeschehens durch neue Allgemeinverfügungen ersetzt oder es trat Fristablauf ein. Teilweise ergingen auch in der Folge „nur" behördliche Handlungsempfehlungen, insbesondere zur Wiederaufnahme des Regelbetriebs.

Neben den behördlichen Allgemeinverfügungen wurden Verordnungen auf Basis des IfSG erlassen, die entsprechende Infektionsschutzmaßnahmen zum Inhalt hatten. Für den Krankenhausbereich waren hierbei beispielsweise Betretungs- und Besuchsverbote von Relevanz, die im Rahmen der laufenden Reihe der Bayerischen Infektionsschutzmaßnahmenverordnungen geregelt wurden[559].

[553] Vgl. zu den nachfolgenden Rechtsstreitigkeiten exemplarisch Verwaltungsgericht Minden, Beschluss vom 21.4.2020, Az. 7 L 299/20; VG Ansbach, Beschluss vom 25. April 2020, Az.: AN 18 S 20.00739.

[554] Vgl. Vollzug des Infektionsschutzgesetzes (IfSG) – Corona-Pandemie: Verschiebung elektiver Eingriffe und geplanter Behandlungen in Krankenhäusern vom 19. März 2020, Az. G24-K9000-2020/125, BayMBl. 2020 Nr. 151 vom 25.3.2020.

[555] Vgl. Notfallplan Corona-Pandemie: Allgemeinverfügung zur Bewältigung erheblicher Patientenzahlen in Krankenhäusern vom 24. März 2020, Az. D4–2484-2–7 und G24-K9000-2020/134, BayMBl. 2020 Nr. 164 vom 1.4.2020.

[556] Vgl. Notfallplan Corona-Pandemie: Allgemeinverfügung zur Bewältigung erheblicher Patientenzahlen in Krankenhäusern vom 24. März 2020, Az. D4–2484-2–7 und G24-K9000-2020/134, BayMBl. 2020 Nr. 164 vom 1.4.2020.

[557] Vollzug des Krankenhausfinanzierungsgesetzes (KHG) Genehmigung zusätzlicher intensivmedizinischer Behandlungskapazitäten mit maschineller Beatmungsmöglichkeit in zugelassenen Krankenhäusern vom 9.4.2020, Az. G24a-K9000-2020/177, BayMBl. 2020 Nr. 202.

[558] Vgl. Vollzug des Infektionsschutzgesetzes (IfSG) Verlängerung von Maßnahmen anlässlich der Corona-Pandemie vom 30.4.2020, Az. GZ6a-G8000-2020/122–263, BayMBl. 2020, Nr. 236.

[559] Vgl. Bayerische Verordnung über Infektionsschutzmaßnahmen anlässlich der Corona-Pandemie (Bayerische Infektionsschutzmaßnahmenverordnung – BayIfSMV) vom 27. März 2020, BayMBl. 2020 Nr. 158 vom 27.3.2020 inkl. deren nachfolgende Verordnungen; zum Besuchsverbot vgl. weiter: Vollzug des Infektionsschutzgesetzes (IfSG) – Corona-Pandemie: Allgemeinverfügung zur Änderung der Allgemeinverfügung über die Einschränkung der Besuchsrechte für Krankenhäuser, Pflege- und Behinderteneinrichtungen vom 13. März 2020, Az. G51b-G8000-2020/122-56, BayMBl. 2020 Nr. 146 vom 25.3.2020.

Im Wege der Gesetzgebung reagierte der Freistaat Bayern mit dem Bayerischen Infektionsschutzgesetz[560]. Inhaltlich sind v. a. die Sicherung der Materialversorgung und die Sicherung der Personalkapazitäten für den Krankenhausbereich relevant[561].

Die Gewährung von Zahlungen seitens des Freistaates Bayern erfolgten nach Maßgabe von Richtlinien und der allgemeinen haushaltsrechtlichen Bestimmungen, insbesondere nach Art. 53 der Bayerischen Haushaltsordnung[562].

Umfassende, wegen der föderalistischen Struktur aber hauptsächlich nur auf den finanziellen Bereich bezogene, gesetzgeberische Maßnahmen erfolgten auch auf Bundesebene mit Auswirkungen auf die Krankenhäuser im Freistaat Bayern. Vor allem mit dem Zweiten Gesetz zum Schutz der Bevölkerung bei einer epidemischen Lage von nationaler Tragweite beschloss der Bundesgesetzgeber ein Maßnahmenpaket, das die Liquidität der Krankenhäuser sichern und die COVID-19-bedingten finanziellen Belastungen ausgleichen soll[563]. Das Paket enthält u. a. Ausgleichszahlungen für Erlösverluste infolge der Schaffung freier Bettenkapazitäten, eine Mehrkostenpauschale, einen Investitionszuschuss für zusätzliche Intensivbetten und die Verkürzung der Zahlungsfristen der gesetzlichen Krankenkassen auf fünf Tage nach Rechnungseingang.

Flankierend kamen entlastende Maßnahmen der EU Kommission, des Gemeinsamen Bundesausschusses (G-BA) und der Selbstverwaltung im Gesundheitswesen hinzu, um der Pandemie zu begegnen.

Diese Maßnahmen, da sie sich in ihrer Gesamtheit wohl bewährt haben, dürften daher für auch zukünftig nicht auszuschließende Pandemie-Ereignisse ein Handlungsmaßstab werden.

IV. Bereich „Kultur“ (Theater und Orchester GmbH Neubrandenburg/ Neustrelitz) (mit einem Exkurs: Management kommunaler Spielstätten und Veranstaltungshäuser)

1. Einleitung

1 Der Beitrag stellt am Beispiel der Theater und Orchester GmbH Neubrandenburg/Neustrelitz in Mecklenburg-Vorpommern den Aufbau einer privatrechtlich organisierten Gesellschaft im Bereich „Kultur“ mit einem Landkreis und zwei kreisangehörigen Städten als gleichberechtigte kommunale Gesellschafter, sog. „Theaterträger“, (siehe Abb. 1) vor. Aus verschiedenen Vorgängereinrichtungen bildete sich eines der vier öffentlichen Mehrspartentheater des Landes – mit Schauspiel, Musiktheater und der Neubrandenburger Philharmonie.

560 Bayerisches Infektionsschutzgesetz (BayIfSG) vom 25. März 2020, GVBl. S. 174.

561 Vgl. hierzu die kritische Auseinandersetzung des Wissenschaftlichen Dienstes des Bundestages zur Gesetzgebungskompetenz für den Infektionsschutz, WD 3 – 3000 – 081/20; https://www.bundestag.de/resource/blob/691276/d7b39e76d5cd2649a5ffe3e6596df907/WD-3–081-20-pdf-data.pdf (letzter Abruf 26.6.2020).

562 Vgl. Richtlinie über die Gewährung einer Sonderzahlung für besondere Aufwände im Rahmen der stationären Behandlung von COVID-19-Erkrankten vom 3. Juni 2020, Az. G24a-K9000-2020/470-25, BayMBl. 2020 Nr. 320 vom 3.6.2020; Richtlinie über die Gewährung von Vorhaltepauschalen für Privatkliniken nach § 30 Gewerbeordnung (GewO) ohne Zulassungen oder Verträge im Bereich der Sozialversicherungen für die Freihaltung von Kapazitäten zur Bekämpfung der Corona-Pandemie vom 3. Juni 2020, Az. G21c-K9000-2020/133-25, BayMBl. 2020 Nr. 318 vom 3.6.2020.

563 BGBl. 2020 Teil I Nr. 23 vom 22.5.2020, 1018; im Gesetz zum Schutz der Bevölkerung bei einer epidemischen Lage von nationaler Tragweite vom 27.3.2020 (BGBl. 2020 I Nr. 14, 587) wurden v. a. Änderungen des IfSG zur Verbesserung der Koordinierung und Versorgung beschlossen.

Abb. 1: Gesellschafterstruktur und Spielstätten der Theater und Orchester GmbH Neubrandenburg/Neustrelitz

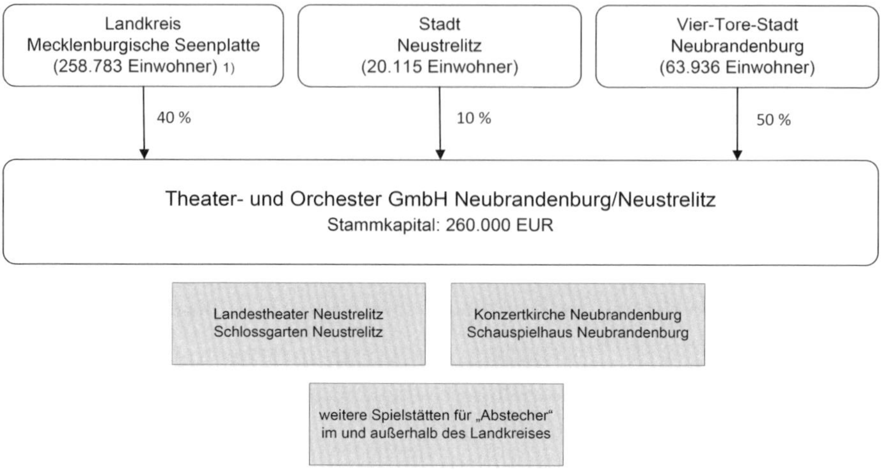

Quelle: Autor; 1) Einwohnerangaben in Klammern: Stat. Landesamt MV: Bevölkerungsstand der Kreise, Ämter und Gemeinden in Mecklenburg-Vorpommern, Herausgabe: 30.6.2019 unter: www.laiv-mv.de/static/LAIV/Statistik/Dateien/Publikationen; für die Städte als Davon-Position

Unmittelbar nach der Wiedervereinigung 1989/90 deckten zunächst mehrere kommunale und vereinsgetragene Einrichtungen die Nachfrage im Bereich der „Hochkultur" ab. Allein die Dimension dieser Einrichtungen und das Erfordernis ihren Betrieb auch dauerhaft sicherzustellen, brachten die dringende Frage mit sich, eine langfristig effiziente Organisation einzurichten. Die in den 1990er Jahren getroffenen Entscheidungen zur Etablierung eines Theater- und Konzertangebots in der Region und zur Errichtung hochwertiger, ja im Fall der Konzertkirche und des Schauspielhauses Neubrandenburg einzigartiger Spielstätten, deren Nutzung auf Dauer zu gewährleisten ist, führten konsequenterweise zur Bildung einer Theater- und Orchestergesellschaft, mit schließlich drei leistungsfähigen kommunalen Trägern als Gesellschafter.

Der Beitrag führt Ziele, Maßnahmen und Entwicklungsschritte an, die zur Schaffung der Theater und Orchester GmbH Neubrandenburg/Neustrelitz erforderlich waren. Nach einer Vorstellung der Städte und der Region werden zunächst Ausgangssituation und Rahmenbedingungen anhand der ursprünglich vorhandenen Einrichtungen und der vorhandenen Spiel- und Veranstaltungsstätten angeführt. Im dritten Abschnitt folgen die Konzeptionen zur Herausbildung der aktuellen Struktur der Theater und Orchester GmbH Neubrandenburg/Neustrelitz, die damit verfolgten Ziele und Effekte und deren praktische Umsetzung.

2 In einem gesonderten Exkurs wird anhand der vormaligen Marienkirche, seit 2001 Konzertkirche Neubrandenburg als neue Heimstätte der Neubrandenburger Philharmonie, mit einem Eigenbetrieb als Eigentümer und einer städtischen Eigengesellschaft als Betreiberin, die Entwicklung einer geeigneten Struktur für den Betrieb kommunaler Kultur- und Veranstaltungsstätten vorgestellt. Es ist ein Bespiel für eine effiziente, gemischt öffentlich-rechtlich und privatrechtlich organisierte Bewirtschaftung solcher kommunalen Häuser. Das erfolgreiche Management von Kulturimmobilien ist für den Spielbetrieb der Theater und Orchester GmbH Neubrandenburg/Neustrelitz von Bedeutung, da im Unterschied zu anderen großen Theatern oder auch zum Theaterstandort Neustrelitz diese Gebäude nicht durch das Land, sondern allein durch die kommunale Ebene langfristig bereitgestellt, unterhalten und betrieben werden und sich u. a. aus der Nutzung für den Theater- und Konzertbetrieb refinanzieren.

2. Ausgangssituation und Rahmenbedingungen

a) Die Region Mecklenburgische Seenplatte und ihre Theaterstandorte Neubrandenburg und Neustrelitz

Der Landkreis Mecklenburgische Seenplatte in Mecklenburg-Vorpommern ist flächenmäßig der größte deutsche Landkreis und gleichzeitig auch einer der am dünnsten besiedelten: Die Einwohnerdichte beläuft sich auf 47 Einwohner je km² gegenüber 232 Einwohner je km² im Bundesdurchschnitt und 69 im Landesdurchschnitt (31.12.2018)[564] [565]. Die Wirtschaft des Landkreises wird durch den Tourismus, die Agrar- und Forstwirtschaft sowie meist mittelständische Industrieunternehmen geprägt. Die dünne Besiedlung stellt eine besondere Herausforderung dar, um für die Bevölkerung dennoch u. a. ein angemessenes kulturelles Angebot vorzuhalten. 3

Neubrandenburg führt seinen Namen auf die Stadtgründung 1248 durch die Brandenburger Markgrafen zurück. Die Stadt ist als eines der vier Oberzentren des Bundeslandes der Hauptort in einem etwa 420.000 Einwohner zählenden Einzugsgebiet[566] und liegt zentral zwischen der Ostsee und den Ballungsräumen von Stettin, Rostock, Berlin und Hamburg. Vormals kreisfrei, seit einer Landkreisneuordnung 2011 Kreisstadt zählt sie etwa 65.000 Einwohner. Trotz der geringen Größe erfüllt sie die Aufgaben eines Oberzentrums und hält gemeinsam mit dem Landkreis entsprechende Einrichtungen für Bevölkerung, Industrie, Gewerbe und Gäste vor. 4

Neubrandenburg ist durch eine gut erhaltene Stadtbefestigung der Backsteingotik, ihre Veranstaltungs- und Kulturlandschaft samt Konzertkirche und Neubrandenburger Philharmonie, als Sportstadt und für den zentrumsnahen Tollensesee bekannt. Die Stadt hatte um 2011 die zweitgrößte Wirtschaftskraft pro Einwohner aller Städte in den neuen Bundesländern.[567] Bedeutende Industrieunternehmen und eine Hochschule sind hier beheimatet. Wegen der markanten mittelalterlichen Stadttore trägt Neubrandenburg den Namenszusatz „Vier-Tore-Stadt“.[568]

Neustrelitz, 30 km südlich von Neubrandenburg, ist als frühere herzogliche Residenzstadt und einstige Landeshauptstadt von Mecklenburg-Strelitz heute mit etwa 20.000 Einwohnern eines der 18 Mittelzentren des Landes. Aus der Residenzzeit blieben der Schlosspark mit Orangerie, Schlosskirche, Marstall und eine Vielzahl sehenswerter Gebäude im Residenzviertel erhalten und befinden sich wie auch das Theater im Eigentum des Landes. Wegen seiner zentralen Lage im Mecklenburger Seenland, der Funktion als Verkehrsknoten, einer schiffbaren Verbindung mit überregionalen Gewässern, Kulturveranstaltungen wie die Schlossgartenfestspiele sowie vieler Baudenkmale etablierte sich Neustrelitz als namhaftes Urlaubsziel. Neben mittelständigen Betrieben sind das Deutsche Zentrum für Luft- und Raumfahrt und seit 2020 die Bundesstiftung für Engagement und Ehrenamt namhafte Arbeitgeber. Neustrelitz ist Standort des Landestheaters.[569] 5

b) Die Vorgängereinrichtungen

aa) Neubrandenburger Philharmonie e. V. Bereits 1951 etablierte sich eine Musiziergemeinschaft mit einem eigenen Dirigenten, die zu einem kleinen Sinfonieorchester anwuchs. Im Jahre 1981 erhielt das Ensemble seinen Namen „Neubrandenburger Philharmonie“. Das Orchester, hinsichtlich der Besetzung ein B-Ensemble mit 68 Musikerstellen, gastiert an diversen Häusern im In- und Ausland, so auch an der renommierten Berliner Philharmonie. 6

---

564 Statistisches Amt MV – Bevölkerungsstand der Kreise, Ämter und Gemeinden 2018.

565 Statistisches Bundesamt, www.destatis.de, Bundesländer mit Hauptstädten nach Fläche, Bevölkerung und Bevölkerungsdichte am 31.12.2018.

566 COMFORT Städtereport Neubrandenburg 2014, abgerufen am 13.3.2016.

567 Neubrandenburg: Kaff der guten Hoffnung, Die Zeit Online, 3.1.2013.

568 Vgl. www.neubrandenburg.de – offizielle Webseite.

569 Vgl. www.neustrelitz.de – offizielle Webseite.

Nachdem es in der ehemaligen DDR als staatliche Einrichtung geführt wurde, diente in den 1990er Jahren ein e. V. als rechtliche Trägerstruktur für das Ensemble. Der Verein zählte acht Städte und Landkreise als Mitglieder. Der Etat der Philharmonie setzte sich aus eigenen Einnahmen, einer jährlichen Theaterförderung des Landes und der kommunalen Vereinsmitglieder sowie aus Spenden und Sponsoring zusammen. Die vereinsgetragene Philharmonie wie auch die nachstehend beschriebenen Einrichtungen stellten somit jeweils einen eigenständig organisierten und finanzierten Kulturbetrieb mit gemeinnützigen Charakter dar. Zur Saison 1993/94 musste aus Sparzwängen dem 51-köpfigen Orchester am Landestheater Neustrelitz gekündigt werden und die Neubrandenburger Philharmonie übernahm die Dienste für das Musiktheater, die sie auch heute noch erbringt. Im Jahr 2000, zum Zeitpunkt der Fusion, zählte die Philharmonie insgesamt 86 Mitarbeiter.

7 **bb) Landestheater Mecklenburg GmbH Neustrelitz.** Beide Städte blicken auf eine über 250-jährige Theater- und Orchestergeschichte zurück. Hervorgegangen aus einem Hoftheater am herzoglichen Hof, firmierte das Theater zu Neustrelitz nach einer wechselvollen Geschichte ab 1919 als „Landestheater", ab 1948 als „Volksbühne Neustrelitz – Mecklenburgische Landesbühne" und ab 1954 schließlich als „Friedrich-Wolf-Theater" des vormaligen Bezirks Neubrandenburg. Das Theater gastierte regelmäßig mit Musiktheater- und Schauspielvorstellungen in der Vier-Tore-Stadt. Theaterbusse und Sonderzüge gestatteten andererseits die Anfahrt des Publikums nach Neustrelitz.

8 Das Mehrspartentheater wurde 1991 in eine GmbH umgewandelt. Zu den 17 Gesellschaftern gehörten Landkreise, Städte und Gemeinden. Im weiteren Verlauf musste es aufgrund wirtschaftlicher Zwänge das eigene Orchester (→ Rn. 6) und das Ballett auflösen. Im Jahr 2000 betrug die Mitarbeiterzahl noch 142.

9 **cc) Kammertheater Neubrandenburg im Schauspielhaus e. V.** Die Schauspieltradition geht wie in Neustrelitz auf das herzogliche Hoftheater zurück, da sich hier die Sommerresidenz des Hofes befand. In den 1970er Jahren wurde zudem ein Staatliches Puppentheater Neubrandenburg gegründet, welches schnell größere Bekanntheit erlangte. Das Schauspielensemble benannte sich 1990 wegen seines gattungsübergreifenden Repertoires in „Kammertheater Neubrandenburg" um und zog 1994 in das wiederhergestellte Schauspielhaus (→ Rn. 12) ein. Der 1990 gegründete Trägerverein des Ensembles hatte 15 natürliche Personen als Mitglieder. Im Jahr 2000 umfasste der Betrieb 26 Mitarbeiter, so dass sich der Personalbestand aller drei Vorgängereinrichtungen auf 254 Beschäftigte summiert.

c) Die Spiel- und Veranstaltungsstätten

10 **aa) Konzertkirche Neubrandenburg.** Nach Abrissplänen für die Ruine der im Krieg zerstörten Hauptpfarrkirche St. Marien erwarb die Stadt diese 1975 von der Kirchgemeinde und begann mit dem Wiederaufbau und Ausbau als Konzerthalle. Im Juli 2001 ging die neue Spielstätte in Betrieb. Der Zuschauersaal umfasst etwa 800 Plätze und verfügt über eine hervorragende Akustik.

11 Die Konzertkirche ist seitdem Stammspielstätte der Neubrandenburger Philharmonie, die hier jede Saison an die dreißig Konzerte gibt und ihre Proben durchführt. Außerdem ist sie ein fester Spielort der Festspiele Mecklenburg-Vorpommern. Im Jahr 2011 war die Konzertkirche einer der zentralen Austragungsorte des Bundeswettbewerbes „Jugend musiziert" in Neubrandenburg und Neustrelitz.[570] Eine weitere Aufwertung erfuhr die Konzertkirche Neubrandenburg 2017 durch den Einbau einer modernen Konzertorgel. Als Organistin von Weltrang ist die Lettin *Iveta Apkalna* seit 2019 „Artist in Residence" der Vier-Tore-Stadt Neubrandenburg und gibt in der Konzertkirche regelmäßig Konzerte. Der Orgelstifter, ein ortsansässiger Unternehmer, ermöglicht jährliche Wettbewerbe junger Organis-

[570] Vgl. www.vznb.de/veranstaltungshaeuser/konzertkirche.

ten und die Gestaltung von Konzertreihen mit deren Preisträgern. Weitere Informationen finden sich im Abschnitt 4.

bb) Schauspielhaus Neubrandenburg. Das Schauspielhaus Neubrandenburg ist das älteste erhaltene Theatergebäude des Landes. Der Fachwerkbau wurde als „Comödienhaus" für das herzogliche Hoftheater errichtet. Nach einer wechselvollen Geschichte war das Haus in den 1960er bis 1980er Jahren einem fortschreitenden Verfall ausgesetzt, wurde nach 1990 wieder zu einem Schauspielhaus umgebaut und erhielt seine ursprüngliche äußere Gestalt zurück. Die Wiedereröffnung erfolgte 1994. Das 180 Zuschauer fassende Theater ist mit moderner Bühnentechnik inkl. Drehbühne und Orchestergraben ausgestattet. Zum Gebäudeensemble gehören ein historisches Fachwerkhaus für Besucherservice und Verwaltung sowie ein gläserner Verbindungsbau als Eingangsbereich. Am Schauspielhaus befinden sich im Gebäude des ehemaligen Marstalls eine Probebühne, Theaterwerkstätten und weitere Funktionsräume. 12

Bis 2001 vom Neubrandenburger Kammertheater im Schauspielhaus e. V. (→ Rn. 9) bespielt, ist das Schauspielhaus heute eine der Hauptspielstätten der Theater und Orchester GmbH Neubrandenburg/Neustrelitz. Auf dem Spielplan stehen Schauspiele aller Epochen und Genres – klassische Bühnenwerke und Stücke moderner Autoren, Komödien und Lustspiele, zeitgemäße Kinder- und Jugendstücke, auch Puppenspiele für Kinder und Erwachsene sind beliebt. Im Schauspielhaus finden auch Aufführungen der Niederdeutschen Bühne Neubrandenburg und des Festivals Neubrandenburger Amateurtheatertage statt. Mit den (K)ammerteuren verfügt das Schauspielhaus über eine eigene Laientheatergruppe. Pro Saison gehen rd. 200 Theateraufführungen und Veranstaltungen über die Bühne. 13

cc) Landestheater Neustrelitz. Nach der Zerstörung des Theaterbaus im April 1945 erfolgte ein in der äußeren Gestalt nahezu identischer Neubau mit einer zeitgemäßen Innengestaltung, der 1954 in Betrieb ging. Das Gebäude befindet sich im Eigentum des Landes MV, wurde in den vergangenen Jahren umfassend modernisiert und ist eine der Hauptspielstätten der Theater und Orchester GmbH Neubrandenburg/Neustrelitz sowie Sitz von Intendanz und Verwaltung. Zum Komplex gehören weitere historische Gebäude, welche Werkstätten, Probebühne, Fundus und andere Funktionsräume beherbergen. 14

Der Zuschauersaal bietet 400 Besucherplätze, die Bühne ist mit Orchestergraben und großer Drehbühne ausgestattet. Musiktheater- und Schauspielinszenierungen als auch philharmonische Konzerte und Ballettabende werden von den eigenen Ensembles und Gästen präsentiert. In den Sommermonaten bildet der benachbarte Schlossgarten die Kulisse für die Schlossgartenfestspiele Neustrelitz mit Freiluft-Inszenierungen. An den Neustrelitzer Spielstätten werden jährlich rd. 220 Aufführungen gegeben, davon 140 auf der großen Bühne im Landestheater. 15

dd) Weitere Kultur- und Veranstaltungsstätten in Neubrandenburg. Die Theater und Orchester GmbH Neubrandenburg/Neustrelitz nutzt daneben weitere Spielstätten. Nachstehend sind Häuser in der Vier-Tore-Stadt aufgeführt, welche allesamt durch eine stadteigene Gesellschaft bewirtschaftet und von vielen Veranstaltern, so auch der Theatergesellschaft, genutzt werden.[571] Hierzu gehören: 16

- Haus der Kultur und Bildung (HKB; Eröffnung 1965, bis 2015 grundlegend umgebaut und im Besitz der städtischen Wohnungsgesellschaft): ein kultureller Veranstaltungskomplex im Zentrum der Stadt, beherbergt Regionalbibliothek, Stadtarchiv, einen multifunktionalen Veranstaltungssaal, Seminarräume, Tourist-Information, Restaurants, ein Modekaufhaus und Büros; der Saal (1.000 m² Fläche für bis zu 1.000 Besucher) wird für Events aller Art, wie Show, Unterhaltung, Messen und Tagungen, genutzt;

[571] Vgl. https://www.vznb.de/veranstaltungshaeuser.

- Jahnsportforum (Eröffnung 1996): ein multifunktionaler Sportkomplex vor allem für den Leistungssport, aber auch Breiten- und Schulsport, befindet sich im Eigentum der städtischen Betreibergesellschaft selber; mit Platz für bis zu 5.000 Besucher, genutzt für Sportereignisse (u. a. mehrere Box-Weltmeisterkämpfe), Training, aber auch große Show- und Konzertevents;
- Stadthalle (Eröffnung 1969): mit einer Nutzfläche von 1.400 m^2 und Platz für bis zu 1.400 Besucher, genutzt für Tagungen, Messen, Show-, Musik-, Tanz- und Sportveranstaltungen; in städtischem Besitz;
- „Latücht" (niederdt. für Laterne; Wiedereröffnung 1996, vormals katholische Kirche): ein multifunktionales Veranstaltungsgebäude und Kino mit einer Besucherkapazität von 100 Plätzen, genutzt durch einen e. V. als Programmkino und Veranstaltungsort; in städtischem Besitz;
- „Belvedere" (errichtet 1823): ein Aussichtspunkt oberhalb des Tollensesees in Form eines griechischen Tempels, genutzt für Open-air-Events und Trauungen; in städtischem Besitz. (→ Rn. 34: Exkurs „Management kommunaler Spielstätten und Veranstaltungshäusern")

3. Konzeptionen und Umsetzung

a) Motive für die Zusammenführung der Einrichtungen

17 Ende der 1990er Jahre waren die drei Einrichtungen der Theaterstandorte Neubrandenburg/Neustrelitz (→ Rn. 6 ff.) aufgrund unvermeidlicher Mehrausgaben bei nur leicht steigenden Einnahmen ernsthaft von Unterfinanzierung und Insolvenzgefahr bedroht. Dazu kamen der absehbare finanzielle Mehrbedarf für die Einmietung der Neubrandenburger Philharmonie in die Konzertkirche (ab Eröffnung 2001) sowie ein unterproportionaler kommunaler Anteil an der Gesamtfinanzierung der Landestheater Mecklenburg GmbH Neustrelitz, der ab 2001 zwangsläufig zu einer Reduzierung der FAG-Zuweisung des Landes geführt haben würde. Ebenso sahen die drei Einrichtungen und ihre kommunalen Träger innerhalb der bestehenden eigenständigen Strukturen keine Einsparpotentiale mehr, welche diese Mehrbelastungen hätten entscheidend kompensieren können.

18 Als Alternativen zeichneten sich in dieser Situation drei Optionen ab:

a) einschneidende Sparmaßnahmen im künstlerischen Bereich aller drei Körperschaften;
b) Grundsatzentscheidung für eine der drei Körperschaften und Liquidation der übrigen;
c) Fusion der drei Körperschaften zu einem Rechtsträger.

Die Gesellschafter der Theater GmbH und die Mitglieder der Vereine waren sich jedoch darin einig, dass insbesondere der Bestand des künstlerischen Potentials aller drei Einrichtungen langfristig zu sichern ist, nachdem aufgrund der Sparzwänge vormals bereits Musiktheaterorchester und Ballettensemble des Landestheaters aufgelöst werden mussten.

19 Eine Fusion nach c) ermöglichte ein weit höheres Sparpotential insbesondere im nichtkünstlerischen Bereich, durch Zusammenlegung und Nutzung von Synergien in Verwaltung, Abrechnung, Öffentlichkeitsarbeit, Ticketverkauf, Werkstätten etc. Zudem gestattete sie den Erhalt der lokalen Sympathien und Identitäten, da die bestehenden künstlerischen Ensembles und ihre Label unter dem Dach eines fusionierten Rechtsträgers weitergeführt würden. Daher entschied man sich folgerichtig im Sommer 2000 in den Vertretungen der wichtigsten Trägergebietskörperschaften für eine Fusion. Für diesen Prozess wurden gemeinsam klare kulturpolitische Ziele, die künftige Rolle der zusammengeführten Ensembles, die Nutzung der Spielstätten etc. vereinbart, ebenso die sozialen Aspekte der bevorstehenden Fusion.

b) Praktische Umsetzung und Ergebnisse

Aus den drei Einrichtungen ging, unter Umfirmierung der Landestheater GmbH, die **Theater- und Orchester GmbH Neubrandenburg/Neustrelitz** hervor. Das rechtliche Verfahren gestaltete sich wie folgt: Die Fusion wurde mittels Verschmelzung durch Aufnahme der beiden e. V. auf die Kapitalgesellschaft[572], welche nach einer Neuregelung des UmwG erstmals möglich geworden war[573], vollzogen. Das Vermögen der übertragenden Rechtsträger ging, unter deren Auflösung ohne Abwicklung, einschließlich der Verbindlichkeiten auf die übernehmende Gesellschaft über[574]. Die fusionierte GmbH führte in ihrer Eröffnungsbilanz zum 1.8.2000 die in der Schlussbilanz der e. V. zum 31.7.2000 angesetzten Werte der Aktiva und Passiva fort. Als Fusionsstichtag wählte man mit dem 31.7./1.8. den Abschluss der Theater- bzw. Konzertspielzeit aller drei Vorgängereinrichtungen. Die Arbeitsverhältnisse, die mit den e. V. bestanden, gingen zum Stichtag gem. § 613a BGB auf die GmbH über. Die Gesellschaft gewährte den Mitgliedern der e. V. als Gegenleistung für die Übertragung des Vermögens auf die GmbH kostenfrei Geschäftsanteile. Die Berechnung der resultierenden Geschäftsanteile der nunmehr 35 Gesellschafter erfolgte unter Einbeziehung aller vormals durch die jeweiligen Gesellschafter bzw. Vereinsmitglieder gehaltenen Anteile, gewährten Zuschüsse und der erzielten Einspielergebnisse der Rechtsvorgänger (als Mittelwerte der letzten drei Jahre). 20

Zur Sicherstellung der längerfristigen Finanzierung wurde zwischen dem Land MV und dem sog. Theaterverbund, bestehend aus den drei maßgeblichen Gesellschaftern Neubrandenburg, Neustrelitz und Landkreis Mecklenburg-Strelitz, einem der Vorgängerlandkreise des heutigen Landkreises Mecklenburgische Seenplatte, ein sog. Theatervertrag mit einer Laufzeit von vier Jahren geschlossen. Dieser regelte die gemeinsamen künstlerischen Ziele, die Entwicklung der Gesellschaft sowie deren Finanzierung durch das Land und die kommunale Seite. 21

Im Ergebnis der Fusion konnten erhebliche Synergien und Effekte genutzt werden. Durch Zusammenlegung der Kräfte im nicht-künstlerischen Bereich reduzierte sich der Personalbedarf um 20 Stellen mit weiterem Einsparpotential in den Folgejahren, die vormals fünf Führungspositionen reduzierten sich um zwei. Der Personalabbau wurde gemäß den bestehenden Tarifverträgen sozialverträglich vorgenommen. Erhebliche Effekte ergaben sich aus gemeinsamer Immobiliennutzung, Öffentlichkeitsarbeit, bei Verwaltungs- und Vertriebskosten, Werkstatt- und Logistikleistungen. Dies zusammen gestattete eine wirtschaftliche Konsolidierung der Gesellschaft im Folgezeitraum. 22

c) Entwicklung der Gesellschaft in der Folgezeit

Im Ergebnis bestand eine vorerst wirtschaftlich stabile Gesellschaft, jedoch mit 35 Personen- und kommunalen Gesellschaftern, die sich an der Finanzierung des laufenden Betriebs in sehr unterschiedlicher Höhe oder auch gar nicht beteiligten und diese Beteiligung in der Folgezeit tlw. reduzierten oder auch einstellten. Gleichzeitig hatten alle Gesellschafter gleiches Stimmrecht, mit einem konstruktiven Vetorecht seitens der Vier-Tore-Stadt Neubrandenburg als Mehrheitsgesellschafterin und Trägerin der finanziellen Hauptlast. 23

Es bedurfte eines weiteren schwierigen Entwicklungsprozesses von 12 Jahren, bis 2012 ein Großteil der Gesellschafter ausgeschieden waren und sich die Trägerschaft der Gesellschaft in der aktuellen Konstellation herausbildete: alleinige Gesellschafter sind seitdem die Vier-Tore-Stadt Neubrandenburg (50 %), die Stadt Neustrelitz (10 %) und der Landkreis Mecklenburgische Seenplatte (40 %). Es wurde ein neuer Gesellschaftsvertrag geschlossen, der den geänderten Verhältnissen einer auf Dauer angelegten, trilateralen kommunalen Partnerschaft Rechnung trug und bis heute Bestand hat (→ Rn. 31). Die laufende Finanzie- 24

572 Nach §§ 46–59, 99–104a UmwG.
573 Gem. § 99 Abs. 2 UmwG darf dagegen eine GmbH nicht auf einen e. V. verschmolzen werden.
574 Gem. § 2 Nr. 1 UmwG.

rung ist grundsätzlich nach der Höhe der Geschäftsanteile bemessen. Gleiches gilt für die Stimmrechte, wobei einige wesentliche Beschlüsse der Gesellschafterversammlung der Zustimmung aller Gesellschafter bedürfen.

25 Die Theatergesellschaft und ihre drei Gesellschafter durchlebten in den Jahren ab 2012, nachdem die aus der Fusion überkommenen internen Probleme überwunden waren, einen weiteren schwierigen Prozess. Die Landesregierung MV bemühte sich in verschiedenen Modellen um eine weitere Strukturreform innerhalb der vier öffentlichen Mehrspartentheater des Landes, um dadurch sich abzeichnenden Kostenentwicklungen zu begegnen. Der Theaterbetrieb war wie in anderen Häusern des Landes wiederum von laufender Unterfinanzierung geprägt, weshalb die Beschäftigten, nach einer Ruhendstellung der Mitgliedschaft im kommunalen Arbeitgeberverband unter Abkopplung von der Tarifentwicklung und ohne Arbeitszeitausgleich, im Weiteren untertariflich vergütet wurden. Unter Ausrichtung auf eine Orchester- bzw. Theaterfusion mit einem zweiten Mehrspartentheater fand ein weiterer Personalabbau statt, die Instandhaltung der Theaterausstattung wurde auf ein Minimum begrenzt, die Geschäftsführung temporär nebenamtlich ausgeübt etc.

26 Im Verlaufe des Jahres 2018 gelang es jedoch Land und kommunalen Gesellschaftern, eine langfristige, „Theaterpakt" genannte, Vereinbarung auszuhandeln und zu schließen, welche einen eigenständigen Fortbestand der Gesellschaft und eine auskömmliche Finanzierung bei einer weiterhin schlanken Personalausstattung des Mehrspartentheaters gestattet. Die kommunalen Gesellschafter und das Land haben dafür ihre laufenden finanziellen Beiträge deutlich angehoben und vereinbart, diese mit einer konstanten Rate von jährlich 2,5 % zu dynamisieren. Der „Theaterpakt" hat für 10 Jahre Bestand.

d) Organisationsstruktur der Gesellschaft

27 Die Gesellschaft ist unverändert Trägerin eines Mehrspartentheaters mit eigenen Ensembles in den Kunstgattungen Schauspiel, Musiktheater und Konzertwesen. Tanztheater wird in den Spielstätten der Gesellschaft durch eine Zusammenarbeit mit der Deutschen Tanzkompanie Neustrelitz, ein Ensemble in Stiftungsträgerschaft, angeboten. Die Organisationstruktur ist in der nachstehenden Abb. 2 veranschaulicht.

28 Die Geschäftsführung ist mit einer Doppelspitze, einem geschäftsführenden Intendanten und einem kaufmännischen Leiter, zur Umsetzung eines internen Vier-Augen-Prinzips, besetzt und in der Geschäftsordnung ist die Geschäftsverteilung für beide Ressorts geregelt. Querschnittsaufgaben, wie Personalangelegenheiten, Öffentlichkeitsarbeit und Marketing, sind der Zuständigkeit beider Geschäftsführer unterstellt. Für technische Produktionsbereiche, d. h. technische Direktion mit Bühnentechnik und Werkstätten, Kostümschneiderei, Maskenbildnerei etc., ist geregelt, dass die personalrechtliche Zuständigkeit für die Beschäftigten beim kaufmännischen Geschäftsführer, die Zuständigkeit für deren künstlerische Produktion jedoch beim Intendanten liegt. Dadurch ist ein ausgewogenes Verhältnis in der Personalverantwortung beider Geschäftsführer für die insgesamt 204 Beschäftigten gegeben.

Hinsichtlich der künstlerischen Produktion der Gesellschaft sind dem Intendanten die Direktoren der drei Ensembles Musiktheater (Operndirektor), Schauspiel (Schauspieldirektor) und Philharmonie (Generalmusikdirektor GMD) sowie das KBB als Organisationseinheit für Planung, Disposition und Koordination aller internen Produktionsprozesse unterstellt. Auch für die Neubrandenburger Philharmonie ist im Rahmen des KBB ein Konzertdisponent tätig.

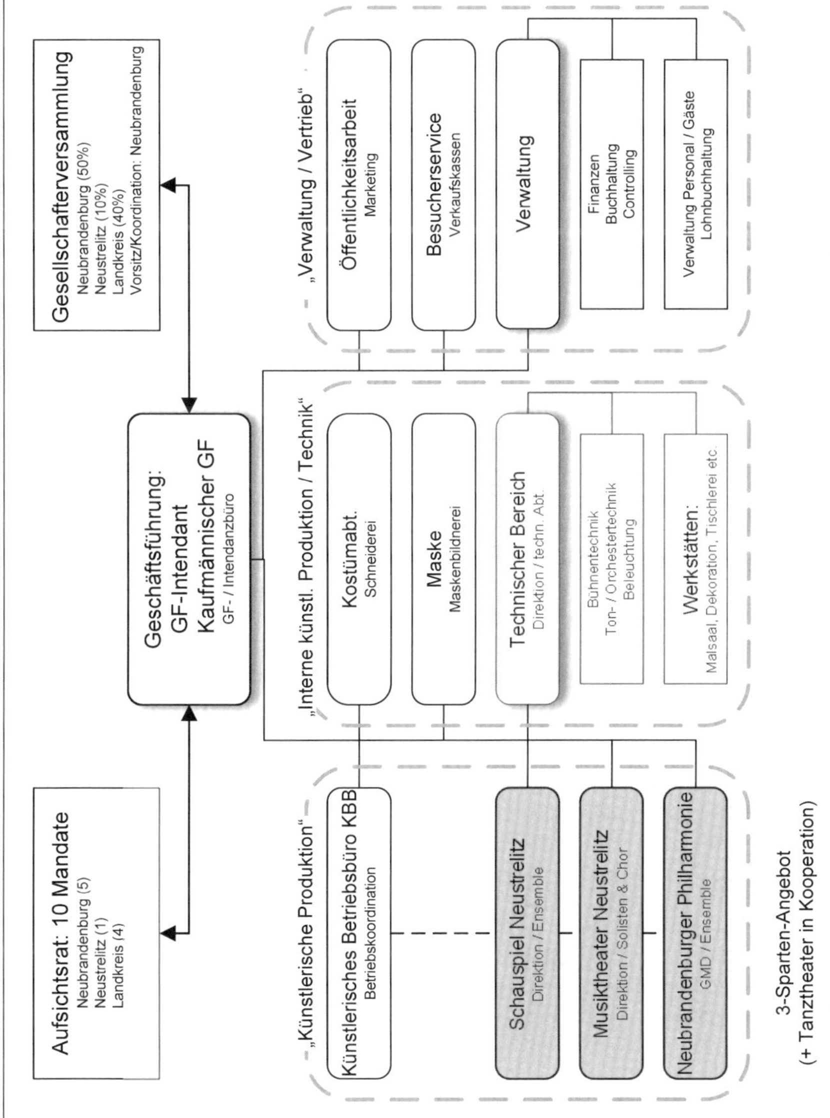

Abb. 2: Organisationsstruktur der Theater und Orchester GmbH Neubrandenburg/Neustrelitz

Quelle: Autor

e) Die Gesellschaft als leistungsstarker öffentlicher Kulturbetrieb in der Region

29 Der Zuschauereinzugsbereich erstreckt sich auf den Landkreis Mecklenburgische Seenplatte und teilweise auf angrenzende Landkreise. So wird bspw. als Kooperation das Ernst-Barlach-Theater Güstrow im Landkreis Rostock bespielt. Die Vorstellungen der Gesellschaft sind ein wichtiger Publikumsmagnet in der Touristenregion Mecklenburgische Seenplatte. Die Gesellschaft bietet jährlich 500 bis 600 Vorstellungen in ihren Spielstätten sowie bei Gastspielen. Die jährlichen Zuschauerzahlen bewegen sich auf einem Niveau von 100 bis 120 Tausend. Der Mitarbeiterbestand beträgt stabil 204 Stellen gegenüber 254 vor der Fusion bei einem dennoch vergleichbaren künstlerischen Leistungsvolumen.

30 Die Gesellschaft verfügt über keine eigenen Theater- und Betriebsimmobilien, sondern nutzt Liegenschaften des Landes in Neustrelitz und des Theaterträgers Neubrandenburg auf der Basis von Miet– bzw. Pachtverträgen. Im Anlagevermögen der Gesellschaft, welches sich auf 0,9 Mio. EUR (25,6% der Bilanzsumme; Angaben zum 31.12.2018)[575] bemisst, befinden sich im Wesentlichen neben der herkömmlichen Betriebs- und Geschäftsausstattung einer GmbH die theaterspezifischen Ausstattungen der Häuser sowie der Fundus. 2020 wurde jedoch der Bau einer eigenen Theaterwerkstatt durch die Gesellschaft begonnen (Umfang: 2,8 Mio. EUR).

31 Nach dem Gesellschaftsvertrag sind die drei Gesellschafter, als kommunale Träger des Mehrspartentheaters, neben den gesetzlich zugewiesenen Aufgaben zuständig für die Festlegung und Fortschreibung der mit der Gesellschaft mittelfristig verfolgten Ziele. 2019 haben daher die Gesellschafter und ihre Verwaltungen, der Aufsichtsrat sowie die kommunalen Gebietskörperschaften (Kreistag, Stadtvertretungen und ihre Ausschüsse) über mittelfristige Ziele für die Gesellschaft beraten und diese einvernehmlich als Grundlage der Tätigkeit der Gesellschaft und ihrer Organe festgeschrieben. Nach dem Gesellschaftsvertrag bedarf die Festlegung und Änderung dieser Ziele, ebenso wie eine Änderung des Gesellschaftsvertrages selber oder eine Auflösung der Gesellschaft, einer Mehrheit von 95% der Stimmen, somit der Zustimmung aller drei Gesellschafter. Dadurch ist der Minderheitsgesellschafter Neustrelitz „auf Augenhöhe" an wesentlichen Entscheidungen der Gesellschafterversammlung mit maßgeblichem Einfluss beteiligt – ein wichtiger Aspekt für die „innere Stabilität" der Gesellschaft.

32 Die Gesellschaft verfügt über einen kommunal besetzten fakultativen Aufsichtsrat[576]. Für die Tätigkeit der Mitglieder des Aufsichtsrates gilt, dass sie den Weisungen und Richtlinien des entsendenden Kreistags bzw. der Gemeindevertretungen zu folgen haben, soweit durch Gesetz nichts anderes bestimmt ist.[577] Insoweit ist ein starker Einfluss der Gebietskörperschafften sowohl in der Gesellschafterversammlung als auch im Aufsichtsrat gegeben. Wesentliche Entscheidungen der Geschäftsführung sind an die Zustimmung des Aufsichtsrates gebunden. So unterliegen die Grundzüge des Repertoires und der Bespielung an den eigenen und auswärtigen Spielstätten (Spielplan) sowie die damit verbundene Zuschauererwartung seiner Zustimmung. Damit besteht ein gewisser Einfluss auf die Spielplanausrichtung und die Effizienz des Spielbetriebes, ohne in die Freiheit der Kunst[578] unzulässig einzugreifen. Weiter ist der Aufsichtsrat für die Anstellung der künstlerischen Vorstände zuständig und bestimmt daher ebenso das künstlerische Profil indirekt mit.

33 Neben der erreichten wirtschaftlichen, rechtlichen und künstlerischen Stabilisierung der Gesellschaft konnten unlängst zukunftsorientierte Vorhaben eingeleitet werden: Vorbereitung des Neubaus einer Zentralwerkstatt am Standort Neustrelitz und eines Programms zur

[575] Vgl. Beteiligungsbericht 2018 der Stadt Neubrandenburg, veröffentlicht unter: https://www.neubrandenburg.de/Wirtschaft-Entwicklung/Städtische-Beteiligungen.

[576] Nach § 52 GmbHG.

[577] Vgl. § 71 Abs. 2 i. V. m. Abs. 1 der Kommunalverfassung des Landes Mecklenburg-Vorpommern (KV MV) vom 13.7.2011, GVOBl. MV S. 777; die Geltung des § 111 Abs. 5 AktG i. V. m. §§ 116, 93 AktG ist lt. Gesellschaftsvertrag abbedungen.

[578] Vgl. Art. 5 Ab. 3 GG: „Kunst und Wissenschaft, Forschung und Lehre sind frei…".

Bewältigung eines grundlegenden Sanierungsbedarfs bei der technischen Theaterausstattung, Entwicklung eines zeitgemäßen Marketingkonzepts u. a.

4. Exkurs: Management kommunaler Spielstätten und Veranstaltungshäuser, u. a. Beispiel der Marienkirche Neubrandenburg als Konzerthalle

a) Wesentliche Akteure seitens der Vier-Tore-Stadt Neubrandenburg

Nachstehend werden städtische Akteure vorgestellt, die für das Management der Theater- und Veranstaltungsimmobilien in der Vier-Tore-Stadt von Belang sind. Eingangs werden die für die Stellung der Stadt als Hauptgesellschafterin der Theater und Orchester GmbH und für das Management von Kultureinrichtungen, Veranstaltungen und Immobilien relevanten Bereiche der Stadtverwaltung angeführt. 34

aa) Stadtverwaltung. Die Verwaltungsstruktur der Vier-Tore-Stadt Neubrandenburg wurde im Zuge von Verwaltungsreformen, zuletzt nach dem Verlust der Kreisfreiheit und Etablierung als große kreisangehörige und Kreisstadt des Landkreises Mecklenburgische Seenplatte mit der am 4.9.2011 in Kraft getretenen Kreisgebietsreform[579], mehrfach geändert und optimiert. Die bestehenden Dezernate und Ämter wurden letztlich durch vier Fachbereiche und einen Eigenbetrieb für die Bewirtschaftung der Immobilien, Straßen und Grünanlagen (→ Rn. 38 ff.) ersetzt.[580] 35

Im Bereich des Oberbürgermeisters zeichnet die Abteilung Zentrale Steuerung/Beteiligungsmanagement[581] sowohl für die Analyse und Steuerung interner Prozesse als auch für das Controlling der städtischen Unternehmen, so der im Kultur- und Immobilienbereich tätigen Beteiligungsgesellschaften, verantwortlich. Sie verwaltet auch die städtische Theaterfinanzierung und nimmt im Auftrag der drei Gesellschafter Empfang und Ausreichung der Landesförderung an die Theatergesellschaft vor. 36

Dem Fachbereich „Stadtplanung, Wirtschaft, Bauaufsicht und Kultur" ist die Kulturabteilung zugeordnet. Sie befasst sich mit der Kulturförderung, die Dritten als Kulturträger gewährt wird – der jährliche Etat beläuft sich auf 343.300 EUR (Haushalt 2020), sowie mit der Koordination und Erteilung von Hilfestellung bei der Tätigkeit der freien Kulturträger in Vorbereitung und Durchführung von besonderen Projekten. Der Abteilung sind die kommunalen Kultureinrichtungen zugeordnet – Regionalbibliothek, Stadtarchiv, Regionalmuseum und Kunstsammlung. 37

bb) Eigenbetrieb Immobilienmanagement: Der Eigenbetrieb hat u. a. einen Großteil der wirtschaftlich genutzten Kultur- und Veranstaltungsstätten der Stadt im Eigentum (→ Rn. 10 ff.). Dafür hatte er bereits in den 1990er Jahren steuerlich einen Betrieb gewerblicher Art (BgA)[582] eingerichtet. 38

Die Vier-Tore-Stadt hat sich früh, im Zuge der Verwaltungsmodernisierung und der Einführung neuer Steuerungsmodelle, mit einer Zusammenführung und zentralen Bewirtschaftung städtischer Immobilien befasst. Sie wurden aus der Zuständigkeit einzelner Dezernate und Ämter herausgelöst und in einem städtischen Regiebetrieb zusammengefasst. Die Ziele bestanden darin, eine effektivere Bewirtschaftung durch eine Konzentration der vorhandenen personellen, materiellen und finanziellen Ressourcen zu ermöglichen, eine einheitliche Strategie für Instandhaltung, Sanierung und Um- und Neubau umzuset- 39

[579] Vgl. Gesetz zur Schaffung zukunftsfähiger Strukturen der Landkreise und kreisfreien Städte des Landes Mecklenburg-Vorpommern (Kreisstrukturgesetz) vom 12.7.2010, GVOBl. MV S. 366.

[580] Vgl. https://www.neubrandenburg.de/Politik-Verwaltung/Rathaus/Organisation.

[581] Vgl. § 75a der Kommunalverfassung des Landes Mecklenburg-Vorpommern (KV MV) vom 13. Juli 2011, GVOBl. MV S. 777.

[582] Vgl. https://www.haufe.de/steuern/steuer-office-kanzlei-edition/frotscherdrueen: „§ 4 Abs. 1 KStG definiert den Betrieb gewerblicher Art als eine Einrichtung, die einer nachhaltigen wirtschaftlichen Tätigkeit zur Erzielung von Einnahmen dient und sich innerhalb der Gesamtbetätigung der juristischen Person wirtschaftlich heraushebt."

zen, ein Vermieter-Mieter-Modell einzuführen und auf dem Wege einer weiterentwickelten Kostenrechnung das Kostenbewusstsein für den rationellen Umgang mit Immobilien stärker auszuprägen.

40 In konsequenter Weiterentwicklung erfolgte 2005 die Gründung eines Eigenbetriebes Immobilienmanagement (EBIM) auf der Rechtsgrundlage von Kommunalverfassung und Eigenbetriebsverordnung des Landes MV. Die Umwandlung in einen Eigenbetrieb geschah mit der Zielsetzung, die Vorteile eines wirtschaftlich stärker eigenständigen kommunalen Unternehmens, welches streng nach wirtschaftlichen Gesichtspunkten in der laufenden Betriebsführung und in der Investitionspolitik geführt wird, weiter auszubauen, das Vermieter-Mieter-Modell noch zu vertiefen sowie durch eine enge Zusammenarbeit mit der stadteigenen Wohnungsgesellschaft, dem „Spezialisten für Immobilienbewirtschaftung", weiteres Know-how an die städtischen Mitarbeiter zu transferieren und Synergieeffekte zu heben.

41 Der Begriff „Immobilien" ist weit gefasst. Neben den Hochbauten sind auch alle Straßen, Wege und Plätze inklusive verkehrstechnischer Infrastruktur, Grünanlagen, Friedhöfe, städtische Wald- und Ackerflächen etc. im Eigentum des Eigenbetriebs. Somit beläuft sich das Anlagevermögen aktuell auf 379,3 Mio. EUR (zu Anschaffungs- und Herstellkosten) bzw. 276,1 Mio. EUR (zum Buchwert; Angaben zum 31.12.2018) [583]. Im Eigenbetrieb sind 138 Mitarbeiter beschäftigt (136,3 VzÄ; Angaben aus dem Stellenplan 2020).

42 Die wirtschaftliche Tätigkeit im Bereich Hochbauten ist die eines Immobilienunternehmens. Für die Vermietung von Hochbauten hat die Stadt ein einheitliches Kalkulationsschema zur Festsetzung der Nettokaltmiete in Form von Kostenmieten beschlossen. Diese Kalkulationsgrundsätze werden einheitlich angewandt – durch den Eigenbetrieb gegenüber seinen öffentlichen und privatrechtlich organisierten öffentlichen Mietern, wie Veranstaltungszentrum Neubrandenburg GmbH und Theater und Orchester GmbH Neubrandenburg/Neustrelitz, aber auch durch die Veranstaltungszentrum Neubrandenburg GmbH wiederum gegenüber ihren öffentlichen Mietern und Nutzern der städtischen Veranstaltungsstätten.

43 **cc) Veranstaltungszentrum Neubrandenburg GmbH.** Das Veranstaltungszentrum Neubrandenburg bestand vormals als städtische Einrichtung (Regiebetrieb) und hat im Wesentlichen den HKB-Komplex und die Stadthalle Neubrandenburg betrieben sowie kulturelle, gesellschaftliche, stadttouristische und Bildungsveranstaltungen organisiert. 1992 in eine stadteigene GmbH umgewandelt, hat die Gesellschaft zum Gegenstand: „… (die) Errichtung, Betreuung, Bewirtschaftung, Vermietung, Veräußerung und Verwaltung von Immobilien, die zur Durchführung von Veranstaltungen geeignet sind. Zu den Aufgaben der Gesellschaft gehört … die Erarbeitung und Umsetzung des Veranstaltungsmarketings…".

44 Neben Errichtung und Betrieb des Jahnsportforums bewirtschaftet die Gesellschaft weitere städtische Veranstaltungsimmobilien, wie die Konzertkirche Neubrandenburg, Teile des zum Medien- und Veranstaltungszentrum umgebauten HKB resp. den neuen Veranstaltungssaal und Seminarräume sowie die Tourist-Information mit Ticketservice im HKB (ab 2015), die Veranstaltungsstätte „Latücht", das „Belvedere" (→ Rn. 16). Die Gesellschaft tritt als Veranstalterin von Stadtfesten auf.

45 Aufgrund des Eigentums an dem Komplex Jahnsportforum ist die Gesellschaft mit Vermögen ausgestattet. Die übrigen von ihr bewirtschafteten Veranstaltungsimmobilien sind von der Stadt oder von der stadteigenen Wohnungsgesellschaft mbH gemietet bzw. gepachtet.

46 Die Gesellschaft stellt den öffentlichen und privaten Nutzern die Kultur- und Veranstaltungsstätten zur Verfügung sowie erforderliche Veranstaltungstechnik und Serviceleistungen bei und ist somit für diese Veranstalter ein wichtiger Dienstleister. Das Niveau ihrer

[583] Vgl. Beteiligungsbericht 2018 der Stadt Neubrandenburg, veröffentlicht unter: https://www.neubrandenburg.de/Wirtschaft-Entwicklung/Städtische-Beteiligungen.

Aufgabenerfüllung trägt wesentlich zum Erfolg der Veranstaltungen und zur Profilierung der Vier-Tore-Stadt Neubrandenburg als Kultur-, Sport- und Eventstadt bei.

b) Modell für die Spielstätte Konzertkirche Neubrandenburg

aa) Konzertkirche Neubrandenburg – Errichtung und Betriebsmodell. Die Errichtung der Konzertkirche Neubrandenburg erfolgte ab 1998 nach einem Beschluss der Stadtvertretung Neubrandenburg. Als unmittelbare Bauherrin trat die Stadt Neubrandenburg auf, das Projektmanagement übernahm die Stadtentwicklungsgesellschaft Neubrandenburg mbH. Neben städtischen Eigenmitteln kamen Städtebaufördermittel zum Einsatz, da das Vorhaben im Sanierungsgebiet Altstadt liegt. 47

Zur Förderung des Vorhabens fanden bis zur Eröffnung vier landesweit beachtete Baustellenkonzerte statt. Die Eröffnung und Namensgebung als „Konzertkirche Neubrandenburg" beging man im Juli 2001. Später folgten die Übergabe des neu gestalteten Marienkirchplatzes, die Eröffnung der Dauerausstellung „Wege zur Backsteingotik" im Turm, die Weihe von 5 neuen Bronzeglocken, der Einbau einer Multimedia-Show im Turm-Oktogon und schließlich 2017 – die Einweihung einer Konzertorgel (→ Rn. 11). Für Teilvorhaben des Gesamtprojektes kamen Spenden und Sponsoringgelder zum Einsatz. Ein wichtiger Initiator dabei war und ist der Freundeskreis Neubrandenburger Philharmonie / Konzertkirche e. V.[584] 48

Mit dem Betrieb der Konzertkirche wurde die stadteigene Veranstaltungszentrum Neubrandenburg GmbH (→ Rn. 43) anhand der von ihr vorgelegten Konzeption betraut. Mit dem Betreiberbeschluss wurde festgestellt, dass auch der Betrieb der Konzertkirche wie der anderer Veranstaltungsstätten nicht vollauf kostendeckend gestaltbar ist und dauerhaft eine Erhöhung des allgemeinen Verlustausgleichs aus dem städtischen Haushalt an die Betreibergesellschaft erforderlich sein wird. 49

Zwischen der Stadt, seit seiner Gründung 2005 vertreten durch den Eigenbetrieb Immobilienmanagement (→ Rn. 38) als Eigentümer und Vermieter, und der Betreiberin ist ein 25-jähriger Pachtvertrag[585] geschlossen. Neben dem Pachtzins von der Betreibergesellschaft fließt dem Eigenbetrieb jährlich eine sog. städtische Kapitaldiensthilfe für den Fremdfinanzierungsanteil der Immobilie zu. Der Eigentümer ist für die Instandhaltung „an Dach und Fach" zuständig. Die Betreiberin unterhält das ebenso verpachtete Zubehör und Inventar, stellt das zur Nutzung als Konzertsaal erforderliche weitere Inventar, wie Bestuhlung, Bühnenaufbau, Mobiliar, Veranstaltungstechnik, und ist für dessen Unterhaltung und Erneuerung zuständig. 50

Die Betreiberin stellt Nutzern die Veranstaltungsstätte zur Verfügung. Mit 809 Plätzen, davon 554 Plätze im Parkett, der Raumgröße, der exzellenten Akustik und ihrem festlichen Ambiente mit einer Symbiose aus Gotik und Moderne erfährt die Konzertkirche eine Nutzung für unterschiedlichste Veranstaltungszwecke. Jährlich werden hier 140 bis 160 Veranstaltungen, darunter allein 50 Klassikkonzerte, durchgeführt. Seit der Eröffnung erlebten 1,6 Mio. Besucher Veranstaltungen in der Konzertkirche (bis 2020). Sie ist fester Spielort der Festspiele Mecklenburg-Vorpommern mit jährlich mehreren Konzerten, u. a. findet das Eröffnungskonzert traditionell hier statt. 51

Hauptnutzer ist jedoch mit einem Anteil von 50 % die Neubrandenburger Philharmonie. Neben den Konzerten und öffentlichen Generalproben finden rund 90 Probentage im Jahr statt. Grundlage bildet ein jährlicher Mietvertrag, nach dem die Einordnung der Nutzungstermine mit einem anderthalbjährigen Vorlauf erfolgt und Vorrang vor allen anderen Veranstaltern hat. Seit nunmehr 19 Jahren bilden die Neubrandenburger Philharmonie und die Konzertkirche Neubrandenburg eine gemeinsame „Marke". 52

Das nachstehende Schaubild verdeutlicht die grundsätzliche Betriebs- und Nutzungskonzeption der Konzertkirche Neubrandenburg. 53

[584] Vgl. http://www.freundeskreis-nb.de.
[585] Vgl. §§ 581 ff. BGB.

Abb. 3: Schema zur Konzeption Betrieb und Nutzung der Konzertkirche Neubrandenburg

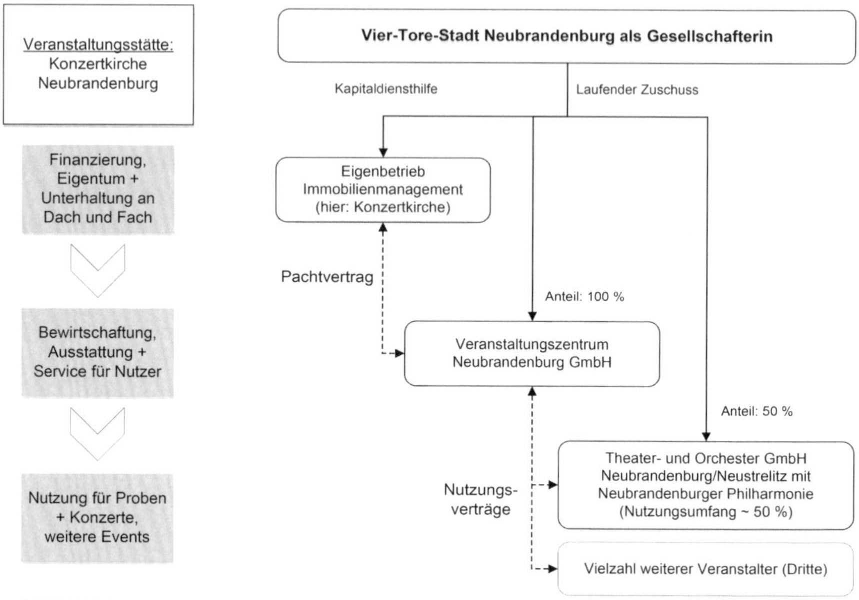

Quelle: Autor

54 **bb) Die Veranstaltungszentrum Neubrandenburg GmbH als kommunale Betreiberin.** Für die Übernahme der zusätzlichen Betreiberaufgabe war eine Ergänzung des Gesellschaftsvertrages nicht erforderlich. Die Gesellschaft ist für die Erfüllung solcher Aufgaben spezialisiert, es ist ihr öffentlicher Zweck und Auftrag. Auch die Zulässigkeitsvoraussetzungen für eine wirtschaftliche Betätigung der Stadt in diesem Tätigkeitsfeld und die Zulässigkeit einer privatrechtlichen Organisation derselben wurden vor einem Beschluss über die Übertragung der Betreiberaufgabe an die Gesellschaft nochmals geprüft und beide liegen vor[586].

55 Die Veranstaltungszentrum Neubrandenburg GmbH war ebenso organisatorisch für die Übernahme der neuen Aufgabe ausgerichtet. Die aktuelle Struktur ist in dem nachfolgenden Schaubild wiedergegeben.

[586] Vgl. §§ 68 der Kommunalverfassung des Landes Mecklenburg-Vorpommern (KV MV) vom 13.7.2011, GVOBl. MV S. 777: „Als wirtschaftliche Betätigung ist der Betrieb von Unternehmen zu verstehen, die als Hersteller, Anbieter oder Verteiler von Gütern oder Dienstleistungen am Markt tätig werden, sofern die Leistung ihrer Art nach auch von einem Privaten mit der Absicht der Gewinnerzielung erbracht werden könnte … Unternehmen der Gemeinde sind nur zulässig, wenn 1. der öffentliche Zweck das Unternehmen rechtfertigt, 2. das Unternehmen nach Art und Umfang in einem angemessenen Verhältnis zur Leistungsfähigkeit der Gemeinde und zum voraussichtlichen Bedarf steht und 3. die Gemeinde die Aufgabe ebenso gut und wirtschaftlich wie Dritte erfüllen kann." Vgl. weiter § 69 ebenda.

Abb. 4: Organisationsstruktur der Veranstaltungszentrum Neubrandenburg GmbH

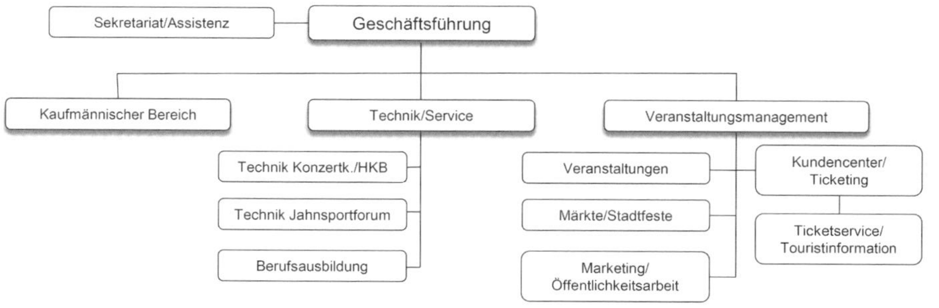

Quelle: Veranstaltungszentrum Neubrandenburg GmbH

Innerhalb des kaufmännischen Bereichs ist das Controlling hervorzuheben, welches ein operatives Controlling der Veranstaltungshäuser, Einzelnutzungen, eigenen Veranstaltungen und weiteren Tätigkeiten des Unternehmens gewährleistet. Zusätzlich fordert die Stadt als Gesellschafterin jährlich eine vom Abschlussprüfer testierte Spartenrechnung, die nach Häusern und Tätigkeiten sowie Nutzergruppen ebenso wie hinsichtlich der Soll- und Ist-Nutzungsentgelte Aussagen ermöglicht. Insgesamt beträgt der Kostendeckungsgrad der Gesellschaft 74,0 %[587] und die laufende Tätigkeit wird über einen jährlichen Verlustausgleich der Stadt als Gesellschafterin ausfinanziert.

Wichtige Teilbereiche für die Auslastung der Veranstaltungsimmobilien und Vorankündigung/Vermarktung der Veranstaltungen stellen die Marketingabteilung und die Tourist-Information mit dem Ticketservice dar. Es werden auch Tickets für sämtliche Veranstaltungen der Theater und Orchester GmbH Neubrandenburg/Neustrelitz angeboten.

Insgesamt beschäftigt die Gesellschaft 25 festangestellte Mitarbeiter. Die Vergütung 56
erfolgt nach dem Tarifvertrag für den öffentlichen Dienst (TvöD). Die Gesellschaft bildet eigene Veranstaltungskaufleute und -techniker zur Nachwuchssicherung aus.

c) Einbettung der städtischen Kulturunternehmen in die Beteiligungsstruktur des Theaterträgers Vier-Tore-Stadt Neubrandenburg

Die Beteiligungsstruktur soll hier nur kurz umrissen werden, da sie für jede Stadt sehr 57
spezifisch ist. Das aktuelle Beteiligungsportfolio findet sich inklusive aller rechtlichen und wirtschaftlichen Angaben im jährlichen Beteiligungsbericht der Stadt.[588]

Neben der Veranstaltungszentrum Neubrandenburg GmbH bestehen zwei weitere Eigengesellschaften, die im Bereich Versorgung/Verkehr und im Bereich Wohnungs-/Immobilienwirtschaft als Obergesellschaften größerer Konzerne mit nachgeordneten Unternehmensbeteiligungen tätig sind. Diese beiden Unternehmen sind vermögens- und ertragsstark und ermöglichen jährliche Ausschüttungen an den städtischen Haushalt und dies in einer Höhe, welche die erforderlichen Zuschüsse an andere Beteiligungen im freiwilligen Aufgabenbereich, die für ihre Aufgabenerfüllung aufgrund des ihnen zugewiesenen Tätigkeitsfeldes darauf angewiesen sind, übersteigt. Zu letzteren gehören vor allem die Theater und Orchester GmbH Neubrandenburg/Neustrelitz und die Veranstaltungszentrum Neubrandenburg GmbH. Die Vier-Tore-Stadt verfügt über weitere GmbH-Beteiligungen in Höhe von 6,0 % bis 56,3 % in den Bereichen wirtschaftsnahe Infrastruktur, Stadtentwicklung, Wirtschaftsförderung und Soziales. Es besteht der Eigen-

[587] Vgl. Beteiligungsbericht 2018 der Stadt Neubrandenburg, veröffentlicht unter: https://www.neubrandenburg.de/Wirtschaft-Entwicklung/Städtische-Beteiligungen.
[588] Vgl. ebenda.

betrieb Immobilienmanagement (→ Rn. 38 ff.) sowie eine AöR gemeinsam mit zwei Landkreisen für die interkommunale Zusammenarbeit bei der öffentlichen IT-Versorgung.

58 Seit 2005 existiert ein sog. Säulen-Modell innerhalb der Beteiligungsstruktur, nach welchem den großen Unternehmen Neubrandenburger Stadtwerke GmbH und Neubrandenburger Wohnungsgesellschaft mbH als sog. Führungsgesellschaften Management- und Dienstleistungsaufgaben für einige kleinere städtische Beteiligungsgesellschaften zugeordnet sind. Das Modell ermöglicht es, branchenspezifisches Know-how und Know-how bei der Erledigung von Verwaltungs- und Querschnittsaufgaben der großen Gesellschaften als Dienstleistungen für die anderen verfügbar zu machen, erhebliche Synergien innerhalb der Beteiligungsunternehmen zu nutzen und bei den kleineren Unternehmen schlanke Strukturen vorzuhalten. Das trifft auch auf die Veranstaltungszentrum Neubrandenburg GmbH wegen ihrer Tätigkeit im Bereich der Immobilienbewirtschaftung als sog. „virtuelle Tochter" der Neubrandenburger Wohnungsgesellschaft mbH zu. Die Beteiligungsstruktur der Vier-Tore-Stadt Neubrandenburg bildet hinsichtlich der Vielfalt der Tätigkeitsbereiche, der rechtlichen, wirtschaftlichen und inhaltlichen Verflechtungen und der Führung durch die kommunale Gesellschafterin einen klassischen „Konzern Stadt" ab.

5. Bewertung

59 Zur Theater und Orchester GmbH Neubrandenburg/Neustrelitz ist zusammenfassend festzustellen, dass mit der Fusion vormals eigenständiger kultureller Einrichtungen zu einem Mehrspartentheater in kommunaler Trägerschaft, mit den Sparten Schauspiel, Musiktheater und der Neubrandenburger Philharmonie, und der daraufhin ermöglichten Entwicklung im Folgezeitraum eine wesentliche Voraussetzung für einen effizienten Kulturbetrieb und damit für die Sicherstellung des Kulturangebotes in der Region geschaffen werden konnte. Die nunmehr konsolidierte Gesellschaft absolvierte 2019 ein künstlerisch und wirtschaftlich erfolgreiches Jahr. Das Theater- und Konzertangebot erreichte mehr als 113.000 Besucher, darunter allein das Konzertangebot der Neubrandenburger Philharmonie in der Konzertkirche nahezu 25.000 Besucher. Insgesamt ist das Konzertwesen mit mehr als 43.000 Zuhörern die besucherstärkste Sparte, worin der exzellente Konzertsaal und der hohe künstlerische Anspruch des Ensembles ihren Ausdruck finden. Die Gesellschaft beendete das Geschäftsjahr planmäßig mit einem Jahresüberschuss, der für erforderliche Investitionen verwandt wird. Daneben konnten inhaltlich wichtige Weichenstellungen für die Zukunft vorgenommen werden.

60 Wie im Exkurs (→ Rn. 34 ff.) dargelegt, wurde für Vorhaltung und Betrieb kommunaler Spielstätten und Veranstaltungshäuser, wie am Beispiel der Konzertkirche Neubrandenburg, unabhängig von der Theater und Orchester GmbH Neubrandenburg/Neustrelitz eine wirtschaftlich, rechtlich und organisatorisch geeignete Struktur geschaffen, welche hohe Flexibilität und Effizienz im unternehmerischen Handeln und dennoch einen ausreichend starken kommunalen Einfluss ermöglicht. Die inhaltliche Aufgabenerfüllung der Veranstaltungszentrum Neubrandenburg GmbH verläuft professionell und erfolgreich. Erforderliche Kooperationen und Synergieeffekte werden genutzt und die gesteckten Ziele für den sparsamen Einsatz öffentlicher Gelder weitgehend erreicht. Die Vier-Tore-Stadt plant im Rahmen der Erneuerung ihres Leibildes und der städtischen Entwicklungsstrategien die Erstellung eines zeitgemäßen Stadtmarketingkonzepts. Im Ergebnis soll auch eine Aufgabenerweiterung der Gesellschaft geprüft werden im Hinblick auf eine mögliche Entwicklung zur Veranstaltungs- und Marketing GmbH, mit einer zentralen Stellung bei der Koordination und Umsetzung des Marketingkonzepts.

V. Bereich „Energie“ – Gemeinden und Städte aktiv in der Energiewende

1. Einleitung

Mit der Einleitung der Energiewende im Juni 2011[589], dem Entschluss zum Ausstieg aus der Kernenergie, und dem ebenso beschlossenen Ausstieg aus der Kohleverstromung[590], erfahren die Versorgungsstrukturen in Deutschland einen grundlegenden Wandel. Die ursprünglich zentrale Energieversorgung wird zunehmend von dezentralen Strukturen der Energieerzeugung und –versorgung, weg von atomaren und fossilen Energieträgern, hin zur regenerativen Energieproduktion ersetzt. Eine Vielzahl an dezentral angesiedelten erneuerbaren Energien, der Aus- und Umbau der Stromübertragungsnetze und neue, intelligente Technologien auf Ebene der Ortsverteilnetze prägen die Energielandschaft von heute und müssen zwangsweise die alten Strukturen der Großkraftwerke substituieren. Die zentralen Akteure der Energiewende sind dabei perspektivisch vor allem Gemeinden, Städte, ihre kommunalen Unternehmen[591] und die Bürger[592] vor Ort. 1

Dabei sind die Ziele der Energiewende klar formuliert. In den Energiewendebeschlüssen[593] war seinerzeit nicht nur festgelegt, dass bis spätestens 2022 der Ausstieg aus der Kernenergie erfolgen soll, sondern auch, dass: 2

- die **Treibhausgasemissionen** bis 2020 um 40 % und bis 2050 um 80 % gegenüber dem Jahr 1990 gesenkt,
- der Anteil **erneuerbarer Energien** am Bruttoenergieverbrauch bis 2050 auf 60 % und an der Stromversorgung auf mind. 80 % ausgebaut,
- der **Netzausbau** beschleunigt und
- der **Energieverbrauch** bis 2050 um 50 % (gegenüber 2008), der Stromverbrauch bis 2050 um 25 %, der Endenergieverbrauch im Verkehrssektor bis 2050 um 40 % (gegenüber 2005) gesenkt und die Gebäudesanierungsrate von 1 auf 2 % verdoppelt werden soll. Dahinter steht das so genannte Zieldreieck, das eine sichere, wirtschaftliche und umweltfreundliche Energieversorgung anvisiert. Die Kernziele „erneuerbare Energien ausbauen“ und „Energieeffizienz erhöhen“ sollen vor allem in den Bereichen Strom, Wärme und Verkehr erreicht werden.[594]

Auf der Grundlage wurde im Juni 2011 ein ganzes Gesetzespaket verabschiedet.[595] Dabei haben sicherlich das Erneuerbare-Energien-Gesetz (EEG), das Netzausbaubeschleunigungsgesetz (NABEG) und das Kraft-Wärme-Koppelungsgesetz (KWKG) eine ganz besondere Bedeutung für die regionalen und lokalen Akteure der Energiewende. Die Komplexität des Vorhabens wird anhand einer „Gesetzeskarte für das Energieversorgungssystem“ verdeutlicht, die das Bundesministerium für Wirtschaft und Energie seit einigen Jahren publiziert. Ausgehend von den Strategien, Richtlinien und Verordnungen auf

[589] Beschlüsse der Bundesregierung vom 6. Juni 2011 (abrufbar unter https://www.bmwi.de/Redaktion/DE/Downloads/E/energiekonzept-2010-beschluesse-juni-2011.html).

[590] Beschluss des Bundesrats vom 3.7.2020, BR-Drucksache Nr. 392/2020 (abrufbar unter https://www.bundesrat.de/SharedDocs/drucksachen/2020/0301–0400/392-20(B).pdf?__blob=publicationFile&v=1)

[591] Der Anteil kommunaler Stadtwerke an der Stromerzeugung lag 2018 bei 274 Terrawattstunden Strom (abrufbar unter https://de.statista.com/statistik/daten/studie/155570/umfrage/stromabsatz-der-vku-mitglieder-seit-1997/). Im Jahr 2018 wurden insgesamt 445 Terrawattstunden Strom abgesetzt, sodass der „kommunale Anteil“ bei 61,57 % liegt (abrufbar unter: https://de.statista.com/statistik/daten/studie/7024/umfrage/entwicklung-der-stromabsatzmenge-seit-1972/).

[592] Etwa 31,5 % der bundesweit installierten Leistung zur Stromerzeugung aus Erneuerbare-Energien-Anlagen soll Privatpersonen zurechenbar sein, so die Agentur für Erneuerbare Energien e. V. (abrufbar unter https://www.erneuerbareenergien.de/archiv/buerger-sind-die-wahren-treiber-der-energiewende-150–437-106495.html).

[593] Beschlüsse der Bundesregierung vom 6. Juni 2011 (s. o.).

[594] Erläuterungen des BMWi zur Zielarchitektur der Energiewende, abrufbar unter https://www.bmwi.de/Redaktion/DE/Downloads/E/energiekonzept-2010-beschluesse-juni-2011.html.

[595] Die Gesetze sind unter http://www.bundestag.de/dokumente/textarchiv/2011/34867973_kw26_sp_energiewende/ abrufbar.

europäischer Ebene, wurde das Energiekonzept der Bundesregierung entwickelt, das in zwischenzeitlich 26 Bundesgesetzen und 33 Verordnungen des Bundes seinen Niederschlag gefunden hat.[596]

Deutlich wird in einer Vielzahl dieser Normen: Gemeinden, Städte und ihre Energieversorgungsunternehmen sind in ganz besonderer Weise in die Energiewende involviert.

a) Gemeinden und Städte in der Energiewende

3 Es sind die Gemeinden und Städte, vor allem im Ländlichen Raum, in denen die erneuerbaren Energien angesiedelt, auf deren Gebieten die Stromtrassen gebaut, Energiekonzepte entwickelt, die erforderliche Infrastruktur geschaffen wird und alle örtlichen Energieakteure zusammentreffen. Sie sind dabei nicht nur Planungs- und Vorhabenträger, sondern auch Verpächter und Verkäufer der benötigten Flächen. Wo sie über keine eigenen Flächen verfügen, kommt ihnen neben ihrer planerischen Zuständigkeit vielfach auch eine moderierende Rolle zu. Als größter öffentlicher Gebäudebesitzer und Auftraggeber von Bauaufträgen, Waren und Dienstleistungen, nehmen sie zudem eine Vorbildfunktion für die Bürger und die örtliche Wirtschaft ein.

b) Energiepolitik und Klimaschutz als teil-kommunale Aufgabe

4 Die Energiepolitik wird auch als teil-kommunale Aufgabe verstanden. Was ihre Umsetzung vor Ort konkret bedeutet, erfahren Gemeinde und Städte allerdings nicht erst seit den Beschlüssen der Energiewende vom Juni 2011. Eine Vielzahl an Energie- und Klimaschutzkonzepten stammen bereits weit aus der vorhergehenden Zeit. Erneuerbare Energien sind mittlerweile fester und sichtbarer Bestandteil in vielen deutschen Gemeinden und Städten. Die sich vollziehende Energiewende hat an der Stelle jedoch eine neue Dimension hineingebracht.

5 Im Zuge der Energiewende ist eine Vielzahl neuer kommunaler Aufgabenfelder entstanden, die sowohl erhebliche Chancen, als auch Herausforderungen für Kommunen bereithalten. Einerseits sind ihre Aktivitäten wichtig, um die Ausbauziele der Bundesregierung, und die daraus abgeleiteten, teils noch schärferen Vorgaben der Landesregierungen, erreichen zu können. Andererseits bedeuten erneuerbare Energien auch Investitionsmöglichkeiten, die Wertschöpfungseffekte für die Gemeinde und die Region mit sich bringen und eine Identifikation der Bürger vor Ort mit der Thematik schaffen. Gemeinden und Städte sind teils nicht nur mehr selbst Energieverbraucher, sondern werden zunehmend auch zu Energieproduzenten und -lieferanten, indem sie den Betrieb örtlicher Anlagen und Stromnetze (wieder) selbst übernehmen. Die sog. „Rekommunalisierung“, also die Rückübertragung der Ortsverteilnetze an die Kommunen, ihre Eigenbetriebe und Eigengesellschaften, ist dabei ein Trend der regional unterschiedlich dynamisch verlaufen ist, teils auch zum Stocken kam. Doch gerade im Lichte der vielschichtigen Debatten um den Klimawandel, insbesondere die sog. „Fridays for future“-Bewegung, greifen derartige Überlegungen gelegentlich wieder Platz. Dieser gesellschaftliche Trend ermöglicht es sich gemeinsam mit Bürgerinnen und Bürgern für den Einsatz erneuerbarer Energien vor Ort zu engagieren. Dabei handelt es sich vorrangig um Projekte im Strom,- Gas- und Wärmebereich mit dem Ziel einer wirtschaftlichen, ortsnahen, sicheren und ökologischen Energieversorgung.

Darüberhinaus haben auch überregionale Betreiber der Ortsverteilnetze erkannt, dass eine strategische Beteiligung der Kommunen sinnhaft sein kann. Zuletzt hat zB die NetzeBW GmbH, eine Tochtergesellschaft der Energie Baden-Württemberg AG, mit „EnBW vernetzt“ ein Beteiligungsmodell geschaffen, das es Kommunen ermöglicht sich

---

[596] Die derzeit gültige Fassung dieser – einer durchaus dynamischen Anpassung unterworfenenen – Gesetzes- und Verordnungskarte, findet sich im Internetangebot des BMWi unter https://www.bmwi.de/Redaktion/DE/Publikationen/Energie/gesetzeskarte.pdf?__blob=publicationFile&v=40 (Stand: 9.8.2020).

kommunal- und kartellrechtskonform an dieser Netzgesellschaft zu beteiligen, und damit an der Energiewende zu partizipieren.[597]

Gleichzeitig wird, auch im Sinne der genannten Beschlüsse der Bundesregierung, die Energieeffizienz und -einsparung in öffentlichen Gebäuden oder im Bereich der Straßenbeleuchtung forciert. Letzteres beispielsweise mittels Contracting, also einem Mechanismus in dem ein Dienstleister einen wirtschaftlichen Vorteil für sich erzielt, indem er Energie- und Kosteneffizienz für die Kommune ermöglicht.[598]

Spürbar ist zudem seit einigen Jahren, dass Gemeinden, Städte und Landkreise den Energieversorgungsbedarf ihrer Gebäude aus erneuerbaren Energien decken, indem sie ihre notwendigen Ausschreibungen auf sog. „Ökostrom" ausrichten. Hier gibt es zwar enge vergaberechtliche Vorgaben, doch ermöglichen es insbesondere landesweite Einkaufskooperationen diese Anforderungen rechtssicher, mit dem maximalen ökologischen Nutzen, umzusetzen.[599]

Im Vordergrund steht bei all diesen Maßnahmen, die Energiewende vor Ort politisch zu gestalten, um die Bürger mitzunehmen. Alle beteiligten Akteure können dabei auf vielfache Weise profitieren. Durch Investitionen in erneuerbare Energien können, wenn auch auf niedrigem Niveau,Steuermehreinnahmen generiert, ggf. neue Arbeitsplätze geschaffen, Aufträge an die lokale Wirtschaft vergeben oder auch direkte Gewinne, z. B. durch Beteilungserträge, erzielt werden. Damit eröffnen sich Vorteile und wirtschaftliche Perspektiven, gerade auch für Gemeinden und Städte im ländlichen Raum. Sie treten als Energielieferanten für die Ballungsräume auf uns stärken damit die Stadt-Umland-Beziehungen. Gemeinden und Städte sind also Energieproduzenten, Energienetzbetreiber, Energieeffizienzmotoren und Erneuerbare-Energien-Förderer.

Die Kehrseite dieser Entwicklungen zeitigt sich jedoch in einer aufgeklärten Bürgergesellschaft, die vielfach Planungen und Projektierungen zum Anlass für Bürgerbegehren und Bürgerentscheide nimmt. Das Phänomen „Energiewende ja – aber nicht vor meiner Haustür", zeigt sich bundesweit. Ob nun mit Blick auf neue Windkraftanlagen oder den dringend notwendigen Ausbau der Übertragungsnetze, es müssen erhebliche Anstrengungen unternommen werden, um Akzeptanz zu schaffen. **6**

c) Kommunale Handlungsbereiche im Energiebereich

aa) Optionen im Energiebereich tätig zu werden. Städte und Gemeinden haben, wie vorstehend dargelegt, verschiedene Optionen im Energiebereich tätig zu werden. **7**

Sie können als Energieproduzenten selbst in den Bau und Betrieb von Erneuerbare-Energien-Anlagen einsteigen. Gemeindeeigene Grundstücke und öffentliche Gebäude bieten sich an, um darauf Solaranlagen zu errichten. Auch in diesen Fällen sollte ein Ertrag für den kommunalen Haushalt, mindestens in Höhe einer marktüblichen Eigenkapitalverzinsung erwirtschaftet werden.[600] **8**

Darüber hinaus kann die Gemeinde ihren Wärmebezug auch aus erneuerbaren Energien für ihre Liegenschaften sichern. Nahwärmepotenziale bieten sich häufig an wo Energieträger wie Holz und Abwärme aus der Biogasproduktion vorliegen. Solarthermische Großanlagen und Geothermie gelten als weitere relevante Bezugsquellen. Darüber hinaus kön-

[597] Presseberichten zufolge haben sich an diesem Modell in einer ersten Tranche 116 Gemeinden und Städte beteiligt, mit einem Volumen von etwas mehr als 200 Mio. Euro; vgl. zum Modell auch https://www.enbw.com/energie/kommunen/produkte/kommunale-beteiligung.

[598] Vergleiche dazu beispielgebend die Informationen des Kompetenzzentrums Contracting der Klimaschutz- und Energieagentur Baden-Württemberg GmbH (abrufbar unter https://www.kea-bw.de/contracting).

[599] Vergleiche hierzu die Bündelausschreibungen Strom und Erdgas verschiedener Tochtergesellschaften Kommunaler Landesverbände, wie beispielsweise der Gt-service Dienstleistungsgesellschaft mbH des Gemeindetags Baden-Württemberg (https://www.gtservice-bw.de/buendelausschreibung-strom/), oder der Kommunalen Wirtschafts- und Leistungsgesellschaft des Niedersächsischen Städte- und Gemeindebundes (http://www.kommunaleinkauf.de/index.php/energie).

[600] Zu weiteren planungsrechtlichen Maßgaben, die sich aus dem EEG ergeben, vgl. untenstehend.

nen kommunale Blockheizkraftwerke und Abwärme aus Gewerbe und Industrie in Betracht kommen, um den Grundstein eines Nahwärmenetzes zu legen.[601] Entscheidend ist dabei vielfach nicht die rein ingenieurtechnische Möglichkeit etwas zu tun, sondern vielmehr der kommunale Gestaltungswille vorhandene eigene Potenziale, oder jene die sich auf der Gemarkung befinden, zu erkennen, und ggf. zusammenzuführen. Mithin aus diesen Erwägungen forciert zB das Land Baden-Württemberg die kommunale Wärmeplanung für Große Kreisstädte, gleichwohl ein Zwang zu ebensolchen aus kommunaler Sicht nicht erstrebenswert ist, da Zwang nicht die notwendige Eigenmotivation (und Erkenntnis) zu ersetzen vermag.

9 In begrenztem Maße bieten sich, mindestens alle 20 Jahre, auch Gestaltungsmöglichkeiten durch auslaufende Konzessionsverträge von Leitungsnetzen im Strom- und Gasbereich und die, mit einer sog. „Rekommunalisierung" einhergehenden, mögliche Einrichtung eines eigenen kommunalen Netzbetriebs. Die Gemeinde kann in diesen Fällen als Investor agieren. Über die Entschlüsse des Stadt- oder Gemeinderates können auch die Bürgerbelange punktuell besser berücksichtigt werden. Sie kann sich dadurch ihren Einfluss und Kontrolle über die örtlichen Versorgungsstrukturen sichern, muss jedoch berücksichtigen, dass die wirtschaftlichen und regulatorischen Rahmenbedingungen hoch sind. Vielfach erfolgen „Rekommunalisierungen" daher im Kontext von Kooperationen mit benachbarten Stadtwerken, oder überregional tätigen Netzbetreibern.

10 **bb) Zusammenarbeit mit örtlichen Akteuren.** Oftmals bieten sich für die Umsetzung der Energieprojekte Kooperationen mit mit Bürgern, Landwirten oder benachbarten Gemeinden an. Durch die Vergabe von Aufträgen an örtliche Unternehmen und Handwerksbetriebe kann die lokale Wirtschaft gefördert, lokale Arbeitsplätze geschaffen und die erzielten Gewinne in der Gemeinde verbleiben. Darüber hinaus können Städte und Gemeinden das Engagement ihrer Bürger für Projekte der Erzeugung von Strom und Wärme mit erneuerbaren Energien am besten anstoßen. Mit ihnen gemeinsam werden oftmals ganze Energie- und Klimaschutzprojekte umgesetzt. Der Einbezug der Bürgerinnen und Bürger und die Organisation von bürgerschaftlichen „Erneuerbare-Energien-Initiativen" stärkt nicht nur die Akzeptanz für den Ausbau und schafft positive regionalwirtschaftliche Effekte, sondern kann auch als finanzielle Unterstützung dienen. Insbesondere dort, wo Kommunen sich bislang nicht finanziell an Projekten beteiligen dürfen, weil das Gemeindewirtschaftsrecht dieses nicht zulässt. Ihnen verbleibt dann die Rolle als „Moderator der Energiewende".

11 **cc) Nutzung unterschiedlicher Energiearten.** Neben dem Bereich der erneuerbaren Energien sind Städte und Gemeinden auch im Bereich der Netze und Kraftwerke aktiv. Dabei geht es um den Einsatz neuer, klimafreundlicher Gas- und Dampfkraftwerke und Kraft-Wärme-Kopplung, um die Stromerzeugung mit dem Wärmebereich zu kombinieren.

2. Rahmenbedingungen für die kommunale Betätigung im Energiebereich

a) Energieversorgung als Teil der kommunalen Daseinsvorsorge

12 Die Energieversorgung zählt unstreitig zur kommunalen Daseinsvorsorge.[602] Vor dem Hintergrund der verfassungsrechtlichen Gewährleistung der kommunalen Selbstverwaltung in Art. 28 Abs. 2 S. 1 GG unterfällt diese der Eigenverantwortung der Gemeinde und zählt zu den Angelegenheiten der örtlichen Gemeinschaft. Dies gilt grundsätzlich unabhängig von der Liberalisierung oder Privatisierung von Energiemärkten, da es sich bei der Energieversorgung um die Erfüllung eines Grundbedürfnisses der Bevölkerung handelt, welches

[601] Vertiefend zu diesen Stichwörtern: Positionspapier der Klimaschutz- und Energieagentur Baden-Württemberg GmbH, Nr. 3/2014: „Bedeutung von Wärmenetzen für die Energiewende", abrufbar unter: https://www.kea-bw.de/fileadmin/user_upload/Publikationen/Positionspapier_zu_Nahwaerme.pdf.

[602] BVerfG 16.5.1989, NJW 1990, 1783.

auch von Privaten erbracht werden kann. Nach dem Energiewirtschaftsrecht[603] zählt hierzu neben dem Vertrieb von Energie an Kunden und dem Betrieb eines Energieversorgungsnetzes auch die Erzeugung von Energie zur Belieferung von Kunden.

Ungeachtet dessen haben Kommunen bei der energiewirtschaftlichen Betätigung eine 13
Vielzahl an rechtlichen Rahmenbedingungen zu beachten. Die wichtigsten sollen im Folgenden kurz dargestellt werden.

b) Gemeindewirtschaftsrecht

Das Gemeindewirtschaftsrecht setzt der wirtschaftlichen Betätigung im Energiebereich von 14
Gemeinden eindeutige Grenzen.[604] Auch wenn es in die Kompetenz der Länder fällt und deshalb unterschiedlich ausgestaltet ist, steht die kommunale, wirtschaftliche Betätigung regelmäßig unter dem Vorbehalt der sog. „Schrankentrias“. Danach muss die wirtschaftliche Tätigkeit durch den öffentlichen Zweck gerechtfertigt sein (a.), die wirtschaftliche Betätigung muss in einem angemessenen Verhältnis zur Leistungsfähigkeit der Kommune und zum voraussichtlichen Bedarf stehen (b.) und der wirtschaftliche Zweck darf nicht besser oder wirtschaftlicher bzw. ebenso gut und wirtschaftlich durch einen Privaten erbracht werden (c.). Zahlreiche Bundesländer stellen die umweltfreundliche, nachhaltige Energiegewinnung und -versorgung als Element der Daseinsvorsorge bzw. aus Umweltschutzgesichtspunkten von vornherein von gemeindewirtschaftsrechtlichen Vorgaben frei und privilegieren diesen Bereich, insbesondere mit Blick auf das Örtlichkeitsprinzip. In diesen Ländern wurden gesonderte Regelungen getroffen.[605]

aa) Öffentlicher Zweck. Der öffentliche Zweck setzt zunächst voraus, dass das Unter- 15
nehmen der jeweiligen kommunalen Aufgabenstellung dient.[606] Damit sind diejenigen Bedürfnisse und Interessen gemeint, die in der örtlichen Gemeinschaft wurzeln oder auf sie einen spezifischen Bezug haben.[607] Grundsätzlich sind Art und der Umfang, wie Kommunen ihre Aufgaben für das Gemeinwohl erfüllen, recht weit gefasst. Der Begriff des „öffentlichen Zwecks" stellt einen unbestimmten Rechtsbegriff mit Beurteilungsspielraum dar. Im Falle der lokalen Erzeugung erneuerbarer Energien bereitet diese Voraussetzung in der Regel keine Probleme, da die Energieversorgung als Angelegenheit der örtlichen Gemeinschaft insoweit anerkannt ist.[608] Um die Einhaltung des öffentlichen Zwecks auch im Falle der Beteiligung oder Gründung eines Unternehmens in Privatrechtsform gewährleisten zu können, hat sich die Kommune einen angemessenen Einfluss auf das Unternehmen zu sichern.[609]

Teilweise wird bereits im Rahmen der öffentlichen Zweckbindung, jedenfalls aber als 16
zusätzliche Voraussetzung für die gemeindewirtschaftliche Betätigung das sogenannte Örtlichkeitsprinzip geprüft, wonach das Angebot des Unternehmens auch räumlich ganz überwiegend dem kommunalen Wirkungskreis zuzuordnen sein muss. Vereinzelt wird dieses Kriterium von der Rechtsprechung in Bezug auf die Energieerzeugung sehr eng ausgelegt, wenn der erzeugte Strom nicht (zu einem gewissen Anteil) unmittelbar der Versorgung von Abnehmern im Gebiet der betreibenden Gemeinde dient, sondern in ein überörtliches Netz gegen Vergütung nach dem EEG eingespeist wird.[610] Im Falle eines kommunalen Unternehmens sollte die Beteiligungsquote in etwa dem Anteil entsprechen, mit dem das Unternehmen seine Geschäftstätigkeit im Gemeindegebiet entfaltet.[611] Gemeinden, die planen, kommunalwirtschaftliche Unternehmen benachbarter Gemeinden an ihren Ener-

---

[603] § 3 Nr. 36 EnWG.
[604] Vgl. → C Rn. 78 ff.
[605] Vgl. dazu im Überblick → C Rn. 4 f., 45, 51.
[606] *Wolff* in Schneider/Theobald, Recht der Energiewirtschaft, § 5 B. Rn. 21 ff. Vgl. → C Rn. 100 ff.
[607] BVerfGE 79, 121 (151).
[608] S. o. unter RN 12.
[609] Vgl. im Einzelnen → Rn. 24 ff.
[610] So OVG Magdeburg 7.5.2015, NVwZ 2015, 1231. Vgl. dazu → C Rn. 178.
[611] Kaler/Kneuper, „Erneuerbare Energien und Bürgerbeteiligung“, NVwZ 2012, 791 (793).

gieprojekten und an der eigenen Betreibergesellschaft zu beteiligen, müssen daher prüfen, ob der öffentliche Zweck gewahrt bleibt. Sie haben jedoch die Möglichkeit, den Gesellschaftszweck auf diese Beteiligungskonstellation abzustimmen.[612] Solche Formen der so genannten interkommunalen Zusammenarbeit könnte es theoretisch in der Rechtsform des Zweckverbandes geben. Häufiger sind diese aber wohl als interkommunal getragene Kommunalanstalt, oder in Rechtsformen des Privatrechts, wie bspw. einer GmbH & Co. KG vorzufinden.

17 Besondere Konflikte mit dem „Örtlichkeitsprinzip" kann es unter Umständen geben, wenn es um die Beteiligung von Städten und Gemeinden im Offshore-Windenergie-Bereich geht. Eine solche Beteiligung muss daher genau auf das Vorhandensein eines öffentlichen Zwecks überprüft werden. Die Rechtfertigung dürfte schwerer fallen, als eine Beteiligung an einem regionalen Energieversorger. Denn die Bindung an den öffentlichen Zweck bedeutet auch, dass das Unternehmen eine spezifisch gemeinwohlorientierte Zielsetzung verfolgen muss. Eine rein erwerbswirtschaftliche Zielsetzung mit Gewinnerzielungsabsicht ist nicht zulässig. Ausgeschlossen sind damit nicht per se Gewinne der Gemeinde, die sie durch die Beteiligung im Bereich der erneuerbaren Energien erwirtschaftet. Die Gewinnerzielung darf aber lediglich als Folge des Auftrags der Daseinsvorsorge auftreten. Dies muss in jedem Einzelfall hinreichend dargelegt werden. Die gemeindliche Beteiligung muss die Erfüllung des öffentlichen Zwecks erfordern, d. h. die Energieversorgungssituation in der Kommune sollte eine solche Beteiligung vernünftigerweise gebieten.[613] Je schwerer der mit der Beteiligung verbundene Eingriff in den Markt ist, desto gewichtiger muss der öffentliche Zweck der Energieversorgung und der Beteiligung an der Energiewende sein. Insofern bietet sich als Anhaltspunkt eine Betrachtung des Umfangs der Beteiligung, der Konkurrenzsituation auf dem relevanten Markt oder des mit einer Beteiligung der Kommune verbundenen Einflusses an.[614]

18 **bb) Relationsklausel.** Die Relationsklausel verbietet es der Gemeinde, wirtschaftliche Risiken einzugehen, die ihre Leistungsfähigkeit überschreiten. Sie darf keine Unternehmen unterhalten, die den lokalen Bedarf übersteigen und damit ihre finanzielle Leistungsfähigkeit überfordern.[615] Hintergrund für die gesetzliche Voraussetzung ist der Schutz der Gemeindefinanzen. Die lokalen Erfordernisse müssen dabei mit einbezogen werden. Gemeinden müssen daher bei der Gründung bzw. Beteiligung an einer Gesellschaft des Privatrechts vor allem die begrenzte Haftung zum Schutz des Kommunalvermögens sicherstellen. Die Gemeinde wird allerdings ihre Leistungsfähigkeit durch die Einbeziehung privater Investitionsmittel durchaus fördern dürfen. Die Anforderungen, die diese Grundsätze mit sich bringen, variieren je nach Landesrecht, Gemeinde und Energieprojekt. Es kommt auf den Einzelfall an. Die Energieerzeugung muss in einem vernünftigen Maß konzipiert werden. Eine bilanzielle Energieautarkie, also das rechnerisch ermittelte Gleichgewicht zwischen Energieerzeugung und Energieverbrauch innerhalb einer Gemeinde, kann hierfür ein Maßstab sein. Diese ist nicht zu verwechseln mit tatsächlicher Energieautarkie, die es bereits aufgrund der physischen Netzverflechtungen nicht geben kann.

19 **cc) Subsidiaritätsklausel.** Die Anforderungen des dritten Kriteriums, der so genannten „Subsidiaritätsklausel", variieren je nach Ausgestaltung in den Bundesländern[616]. Die meisten sehen vor, dass der öffentliche Zweck des Unternehmens nicht besser und wirtschaftlicher durch einen privaten Dritten erfüllt wird oder erfüllt werden kann (so genannte „einfache Subsidiaritätsklausel"). Zum einen beziehen sich die Anforderungen dabei auf Kriterien, wie Zuverlässigkeit und Nachhaltigkeit und zum anderen auf Wirtschaftlichkeit

[612] Kaler/Kneuper, NVwZ 2012, 791 (793).
[613] OVG Münster, NVwZ 2008, 1035.
[614] LKV 2013, 202 (206).
[615] *Wolff* in Schneider/Theobald, § 5 B. Rn. 35 ff. Vgl. ausführlich dazu → C Rn. 127 ff.
[616] Ausführlich dazu → C Rn. 131 ff.

und Effizienz. In einigen Bundesländern gilt die so genannte „strenge" Subsidiaritätsklausel.[617] Diese zieht deutlich engere Grenzen. Sie bestimmt, dass die wirtschaftliche Tätigkeit nur zulässig ist, wenn der Zweck nicht ebenso gut und wirtschaftlich durch einen anderen erfüllt wird oder erfüllt werden kann. Sofern nicht eine gesetzliche Bereichsausnahme für die Energieversorgung definiert ist, bedarf es einer besonders sorgsamen Einzelfallprüfung. Eine entsprechende Prüfung und Begründung kann jedoch dann entbehrlich sein, wenn die Subsidiaritätsklausel nur außerhalb der kommunalen Daseinsvorsorge anwendbar ist. Hierzu zählt man auch die dezentrale örtliche Erneuerbare-Energien-Erzeugung, da diese Leistung nach heutigem Ermessen für eine fortdauernde Sicherstellung der Energieversorgung unerlässlich geworden ist.[618]

c) Bauplanungsrecht

Erneuerbare-Energien-Anlagen unterfallen grundsätzlich dem Planungsvorbehalt der Gemeinde. Ausgenommen sind unter anderem Wind-Offshore-Parks und den der Fachplanung unterworfenen Anlagen wie Wasserkraftwerke. Die Gemeinden haben so die Möglichkeit, im Rahmen der Bauleitplanung die Zulässigkeit dieser Anlagen räumlich zu steuern. In vielen Fällen, insbesondere bei der Errichtung von Photovoltaikparks und großen Biomasse-Anlagen, ist es zudem erforderlich, dass die Gemeinde die Zulässigkeit dieser Anlagen durch die Aufstellung eines Bebauungsplans erst eröffnet.[619] 20

Der gesetzliche Zulässigkeitsrahmen ist für Anlagen zur Nutzung erneuerbarer Energien unterschiedlich gefasst. Grundsätzlich kommt es darauf an, wo das Vorhaben realisiert wird. Handelt es sich um ein Vorhaben im Außenbereich richtet sich die Zulässigkeit nach § 35 Baugesetzbuch (BauGB). Wenn es innerhalb eines im Zusammenhang bebauten Ortsteils realisiert werden soll, ist § 34 Abs. 1 bis 3a BauGB einschlägig, wenn und soweit für das Gebiet kein Bebauungsplan aufgestellt ist. Besteht bereits ein Bebauungsplan in dem betroffenen Gebiet, beurteilt sich die Zulässigkeit grundsätzlich nach den Festsetzungen des Bebauungsplans bzw. bei nicht qualifizierten Bebauungsplänen i. S. v. § 30 Abs. 1 BauGB ergänzend, je nach Lage, nach § 34 oder § 35 BauGB. Die wichtigste Fallgruppe betrifft die Entwicklung von Standorten für erneuerbare Energien im Außenbereich. Aber auch innerhalb von im Zusammenhang bebauten Ortsteilen gewinnt die Nutzung erneuerbarer Energien eine immer wichtigere Bedeutung. Dies ist mithin darin begründet, dass nach dem Erneuerbare-Energien-Wärmegesetz (EEWärmeG) bei der Errichtung von Gebäuden regelmäßig ein bestimmter Anteil des Wärmebedarfs des Gebäudes durch erneuerbare Energien gedeckt werden muss. 21

In den Fällen, in den gänzlich neue Baugebiete zur Erweiterung der Siedlungsfläche, aber auch zur Umnutzung brachgefallener, ehemals genutzter Flächen im Siedlungsbestand entstehen sollen, geschieht dies grundsätzlich auf der Basis von Bauleitplänen. Die Gemeinde hat somit die Möglichkeit, die Standortentwicklung für erneuerbare Energien zu steuern. Eines der für die Gemeinde wichtigsten Steuerungsinstrumente ist dabei der Flächennutzungsplan. Er ermöglicht es, vor allem Windenergieanlagen in so genannten „Konzentrationszonen" zu bündeln (§ 35 Abs. 3 S. 3 BauGB, § 35 Abs. 1 Nr. 2 bis 6 BauGB).[620] Eine ähnliche Funktion kann auch der so genannte Regionalplan erfüllen, wenn Windenergieanlagen als raumbedeutsam gelten, was aufgrund ihrer Dimension des Öfteren der Fall ist. Was die Standortauswahl und auch das Ausmaß der Energienutzung angeht, unterliegen Gemeinden jedoch einigen Einschränkungen. Bauleitpläne sind gemäß § 1 Abs. 4 BauGB immer den Zielen der Raumordnung anzupassen. Jede Gemeinde, die im Wege der konkretisierenden Bauleitplanung Flächen für z. B. Windenergienutzung ausweisen möchte, ist daher in der Regel an die im Regionalplan vorgezeichneten Eignungsgebiete in der 22

[617] Baden-Württemberg, Bayern, Hessen, Rheinland-Pfalz, Saarland, Thüringen.
[618] Kaler/Kneuper, NVwZ 2012, 791 (794).
[619] Praxisleitfaden „Klimaschutz in Kommunen", 3. Auflage, Deutsches Institut für Urbanistik, S. 144, 2018.
[620] *Mayer* in Die Energiewende erfolgreich umsetzen, Kap. 5 IV 1a, 1. Auflage 2017.

Weise gebunden, dass sie zum einen nicht noch weitere, außerhalb der Eignungsgebiete für Windenergie liegende, Flächen ausweisen darf. Darüber hinaus muss die konkretisierende Bauleitplanung der Gemeinde auch mit den städtebaulichen Zielsetzungen in § 1 Abs. 5 BauGB und mit den gemäß § 1 Abs. 6 BauGB zu beachtenden Belangen (Nutzung erneuerbarer Energien sowie die Versorgung mit Energie) in Einklang stehen. Von den in § 1 Abs. 5 BauGB genannten Zielsetzungen sind dabei insbesondere der allgemeine Klimaschutz (durch Verbesserung der Akzeptanz von Windenergieanlagen), eine dem Wohl der Allgemeinheit dienende sozialgerechte Bodennutzung (durch Bürgerbeteiligung), der Schutz der natürlichen Lebensgrundlagen und die Sicherung einer menschenwürdigen Umwelt zu beachten. Des Weiteren müssen die planerischen Festsetzungen gemäß § 1 Abs. 3 BauGB insgesamt städtebaulich erforderlich sein. Daraus folgt für jede Gemeinde das Gebot konsequenter konzeptioneller Planung. Ein neu aufzustellender Flächennutzungs- oder Bebauungsplan muss sich folglich auch in das planerische Gesamtkonzept der Gemeinde selbst einfügen.

Spannend ist darüberinaus eine sehr aktuelle Änderung des Baugesetzbuches. Das Gesetz zur Vereinheitlichung des Energieeinsparrechts für Gebäude und zur Änderung weiterer Gesetze vom 8. August 2020 wurde am 13. August 2020 im Bundesgesetzblatt (BGBl. I S. 1728) verkündet. Das Gesetz enthält in Artikel 2 (BGBl. I S. 1793) Änderungen des BauGB. Hieraus ergibt sich eine nicht unwesentliche Neuerung mit Blick auf die notwendigen Abstandsflächen zwischen Wohnbebauung und Windenergieanlagen:

§ 249 Absatz 3 wurde neu gefasst:"(3) Die Länder können durch Landesgesetze bestimmen, dass § 35 Absatz 1 Nummer 5 auf Vorhaben, die der Erforschung, Entwicklung oder Nutzung der Windenergie dienen, nur Anwendung findet, wenn sie bestimmte Mindestabstände zu den im Landesgesetz bezeichneten zulässigen baulichen Nutzungen zu Wohnzwecken einhalten. Ein Mindestabstand nach Satz 1 darf höchstens 1 000 Meter von der Mitte des Mastfußes der Windenergieanlage bis zur nächstgelegenen im Landesgesetz bezeichneten baulichen Nutzung zu Wohnzwecken betragen. Die weiteren Einzelheiten, insbesondere zur Abstandsfestlegung und zu den Auswirkungen der festgelegten Abstände auf Ausweisungen in geltenden Flächennutzungsplänen und Raumordnungsplänen, sind in den Landesgesetzen nach Satz 1 zu regeln. Auf der Grundlage von § 249 Absatz 3 in der bis zum 14. August 2020 geltenden Fassung erlassene Landesgesetze gelten fort; sie können geändert werden, sofern die wesentlichen Elemente der in dem fortgeltenden Landesgesetz enthaltenen Regelung beibehalten werden."

Diese sog. „Länderöffnungsklausel" war und ist politisch durchaus umstritten. Einzelne Landesregierungen haben sich dazu bereits dergestalt positioniert, dass sie nicht beabsichtigen von dieser Öffnungsklausel Gebrauch zu machen, da sie bereits individuelle Lösungen gefunden haben. Ein wesentlicher Schub für die Entwicklung von Windenergieanlagen an Land ist auch insoweit nicht zu erwarten.

d) Vergaberecht

23 Bei einer Beteiligung von Städten und Gemeinden an Unternehmen oder Gesellschaften, können auch vergaberechtliche Bestimmungen greifen. Das gilt unter anderem für Gesellschaften, auf die die öffentliche Hand einen beherrschenden Einfluss ausüben kann, soweit in den einzelnen Vergabefällen die einschlägigen Schwellenwerte überschritten sind. Dies richtet sich nach § 98 Nr. 4 des Gesetzes gegen Wettbewerbsbeschränkungen (GWB). Das Unternehmen bzw. die Gesellschaft hat dann Bauleistungen, Liefer- und Dienstleistungsaufträge nach vergaberechtlichen Bestimmungen auszuschreiben. Die Gründung eines Unternehmens selbst ist nicht per se ausschreibungspflichtig. Sollen private Partner am Unternehmen beteiligt werden, ist jedoch nach den Anforderungen der Europäischen Kommission ein faires und transparentes Verfahren zu wählen.[621] Die kommunalwirtschaftlichen Akteure müssen – nach Gründung – gleichwohl prüfen, ob sie die Gesellschaft direkt

[621] *Gaß/Popp,* Die Gemeinde als Unternehmer, 2. Aufl. 2018, 90 f.

mit Leistungen beauftragen können. Geht es nicht um die Gründung eines neuen Unternehmens bzw. entsteht keine neue Rechtspersönlichkeit, muss geprüft werden, ob die Beteiligung Auswirkungen auf die so genannte „In-House-Fähigkeit" des betreffenden Unternehmens hat.[622]

e) Haushaltsrecht

Bei aller Euphorie für Energie- und Klimaschutzprojekte darf nicht vergessen werden, dass es möglich, zulässig, und vielfach auch geboten ist, Erträge für die kommunalen Haushalte zu generieren.[623] Dies gilt umso mehr wenn die Gemeinde selbst nicht an den Projekten im Einzelnen beteiligt ist. Zurecht wird in der Literatur darauf hingewiesen, dass insbesondere Entgelte für Einspeiseleitungen dort geboten sind, wo sie nicht der Konzessionsabgabe im Sinne der Konzessionsabgabenverordnung unterfallen. Dies ist vor allem dann der Fall, wenn es an einer Letztverbraucherbelieferung fehlt. Ein Entgelt für die Nutzung ist dennoch zulässig, und eben aus haushaltsrechtlicher Sicht, geboten, wenn und soweit die Einlegung von Versorgungsleitungen beispielsweise in Straßen, Wege und Plätze erfolgt, die in öffentlicher Baulast stehen. Es handelt sich um eine Sondernutzung, die auch gesondert zu vergüten ist. In der Praxis gibt es hierzu bewährte Vertragsmuster und Entgeltmodelle, auf die bei Bedarf zurückgegriffen werden kann.[624] Der Grundsatz der Gleichbehandlung gebietet auch die Anwendung auf Bestandsanlagen.

Weitergehende Überlegungen hat das Bundesministerium für Wirtschaft und Energie in die Diskussion eingebracht, mit seinem Papier zur finanziellen Beteiligung von Kommunen und Bürgern am Betrieb von Windparks. Betreiber von neuen Windenergieanlagen sollen hiernach jährlich eine Zahlung in Höhe von 0,2 Cent/kWh an die Standortkommune der Windenergieanlage leisten. Eine Ermäßigung auf 0,1 Cent/kWh für Betreiber, die den Abschluss von mindestens 80 vergünstigten Stromlieferverträgen mit Bewohnern der Standortkommune nachweisen könnten sei ebenso vorgesehen („Bürgerstromtarif"). Der Bürgerstromtarif, der auch von beauftragten Dritten angeboten werden kann, dürfe maximal 90% des örtlichen Grundversorgertarifs betragen. Die diesbezügliche Diskussion ist zum Redaktionsschluss nicht vollends abgeschlossen und wird im Lichte der laufenden EEG-Novelle zu bewerten sein. Einzelne Diskussionsgegenstände sind jedoch beispielsweise den Stellungnahmen des Verbandes Kommunaler Unternehmen zu entnehmen.[625]

3. Praxisbeispiele Energiekommune

a) Wahl der Rechtsformen für die energiewirtschaftliche Betätigung

Um die Energieversorgung vor Ort zu übernehmen und auf erneuerbare Erzeugungsformen 24 umstellen zu können, kann es sinnvoll sein, entweder selbst oder in Kooperation mit Partnern, ein kommunales Unternehmen umzugestalten oder neu zu gründen. Grundsätzlich bietet sich diese Option nicht nur für größere Kommunen mit eigenen Stadtwerken, sondern auch für kleinere Gemeinden und Städte (ohne eigene Stadt- und Gemeindewerke) an, um vor allem Erneuerbare-Energien-Anlagen und örtliche Stromnetze betreiben zu können. Bei der Auswahl der Gesellschaftsform bietet das Gemeindewirtschaftsrecht eine Vielfalt an Optionen. Bei privaten Rechtsformen müssen Gemeinden vor allem die begrenzte Haftung zum Schutz des Kommunalvermögens sicherstellen und zum anderen sich einen angemesse-

622 Vgl. zur Inhouse-Vergabe → H I. Rn. 36 ff.
623 Vgl. bsp.haft die Reihenfolge zur Erzielung von Erträgen und Einzahlungen nach § 78 Abs. 2 GemO BW.
624 ZB den Musterkonzessionsvertrag Strom und Gas, Bek des Bayerischen Staatsministeriums des Innern v. 16.2.2015, AllMBl. 2015, 67. Vertiefend dazu Graf/Dirnberger/Gaß, Gemeinden in der Energiewende, Kap. 1.3 Entgelte für Einspeiseleitungen, 1. Auflage 2013.
625 Vgl. unter https://www.vku.de/themen/infrastruktur-und-dienstleistungen/bmwi-vorschlag-zur-finanziellen-beteiligung-von-kommunen-und-buergern-am-betrieb-von-windenergieanlagen/

nen Einfluss auf die Gesellschaft sichern.[626] Weitere Kriterien, wie die Flexibilität der Organisation und Finanzierungsfragen sind dabei zu beachten. Daneben sind insbseondere Aspekte des Vergaberechts, des Steuerrechts sowie der Kooperationsmöglichkeiten mit anderen Unternehmen zu berücksichtigen. Die möglichen Rechtsformen sollen im Folgenden mit möglichen Vor- und Nachteilen dargestellt werden:

25 **aa) eingetragene Genossenschaften (eG).** In der Rechtsform der eG können die unterschiedlichsten Modelle zur Realisierung von Anlagen der erneuerbaren Energien umgesetzt werden.

26 **(1) Grundsätzliches.** Die eG ist ihrer Struktur nach eine Sonderform des rechtsfähigen Wirtschaftsvereins.[627] Sie gründet auf der Idee der förderwirtschaftlichen Mitgliederselbsthilfe.[628] Gemäß § 1 I Genossenschaftsgesetz (GenG) ist der Zweck einer eG darauf gerichtet, die Belange ihrer Mitglieder durch gemeinsamen Geschäftsbetrieb zu fördern. Zu dieser Grundkonzeption gehört, dass die Leistungen, die die Genossenschaft im Rahmen ihres Geschäftsbetriebs erbringt, in erster Linie den Mitgliedern selbst zugutekommen sollen. Die Genossenschaft kann dazu dienen, Anlagen zur Erzeugung regenerativer Energien zu erwerben, zu betreiben und den Verkauf des erzeugten Stroms zu regeln. Die Finanzierungsmöglichkeiten von Genossenschaften mit Eigen- und Fremdkapital sind dabei vielfältig.

27 Eine Genossenschaft kann bereits von drei Personen oder Unternehmen gegründet werden. Jede Genossenschaft hat grundsätzlich drei Organe, die Generalversammlung, den Aufsichtsrat und den Vorstand. Bei Genossenschaften mit weniger als 20 Mitgliedern kann auf einen Aufsichtsrat verzichtet werden und der Vorstand kann aus nur einer Person bestehen.Sofern auf den Aufsichtsrat verzichtet wird, nimmt die Generalversammlung seine Aufgaben wahr. Bei mehr als 20 Mitgliedern müssen mindestens zwei Personen in den Vorstand und drei Personen in den Aufsichtsrat gewählt werden (§ 9 Abs. 1 S. 2 GenG. § 24 Abs. 2 S. 3 GenG).Gründerin einer Energiegenossenschaft kann die Stadt oder Gemeinde selbst oder in Kooperation mit öffentlichen und privaten Dritten sein. Die Bürger haben insoweit auch die Möglichkeit, sich durch den Beitritt als Genossenschaftsmitglied an ihr zu beteiligen. In vielen Fällen initiieren die Bürger selbst Genossenschaften zur gemeinsamen Errichtung und Nutzung von Erneuerbare-Energien-Anlagen. In dem Fall beteiligt sich die Gemeinde mit Genossenschaftsanteilen daran. Hier ist eine Vielzahl an Mischformen denkbar. Während bei den anderen Gesellschaftsformen das Stimmrecht in der Regel vom Kapitaleinsatz abhängt, hat in der Genossenschaft jedes Mitglied grundsätzlich nur eine Stimme, was Abhängigkeiten von einzelnen Mitgliedern verhindern soll. Die Satzung kann einem Mitglied jedoch unter bestimmten Bedingungen auch weitere Stimmen einräumen (vgl. § 43 Abs. 2, Abs. 3 GenG). Wie andere Unternehmen auch, kann die Genossenschaft für ihre Finanzierung eine Dividende auf das eingezahlte Kapital gewähren. Wie die Gewinne verwendet werden, entscheidet die Generalversammlung der Mitglieder. Sie trifft die grundsätzlichen Entscheidungen in der Genossenschaft. Genossenschaften können ihre Mitglieder auch über das für sie typische Instrument der Rückvergütung am finanziellen Unternehmenserfolg beteiligen – eine Form der umsatzorientierten Beteiligung, die steuerlich als Betriebsausgabe anerkannt werden kann.

28 **(2) Vor- und Nachteile.** Die Rechtsform der eG ist insbesondere für Bürgerbeteiligungsmodelle attraktiv. Die Mitglieder haben zunächst stets ein Mitspracherecht und sind nicht nur Kapitalgeber. Die Haftung ist zunächst auf das Vermögen der Genossenschaft beschränkt (vgl. § 2 GenG) und es ist kein Mindestkapital gesetzlich festgelegt, soddass dieses in der Satzung bestimmt werden muss (vgl. § 8a Abs. 1 GenG). Die Satzung kann folglich

[626] Vgl. → C Rn. 195 ff..
[627] Ausführlich zur Genossenschaft → Kapitel D.
[628] Althanns, „Genossenschaftliche Modelle bei der Realisierung von Anlagen der erneuerbaren Energien", ZfBR-Beil. 2012, 36.

recht frei gestaltet werden. Eine notarielle Beurkundung ist ebenfalls nicht erforderlich. Die Genossenschaft ist offen für neue Mitglieder. Kommunale Betriebe, regionale Partner und Bürger können ohne Umstände durch schriftliche Erklärung und Zulassung seitens der Genossenschaft beitreten (vgl. §§ 15, 15a GenG). Mit dem Beitritt ist die Übernahme eines oder mehrerer Geschäftsanteile verbunden (vgl. § 7a GenG), wodurch das Vermögen der Genossenschaft mit zunehmender Mitgliederzahl stetig wächst. Im Hinblick auf die Anforderungen des Gemeindewirtschaftsrechts [629] ist die Einschränkung durch den Leistungsfähigkeitsbezug bei der Rechtsform der eG am geringsten. Hier ist die Kommune nur einer unter vielen Genossen. Regelmäßig wird die eG auch anderen Kommunen offenstehen. Zudem ist für die Gründung einer eG keine Gewinnerzielungsabsicht erforderlich. Die Haftung der Kommune ist auf die von ihr übernommenen Geschäftsanteile beschränkt, sofern die Nachschusspflicht per Satzung ausgeschlossen wird. Dies wird in aller Regel empfehlenswert sein. Die in § 105 Abs. 1 S. 1 GenG eröffnete Klausel sollte daher im kommunalen Interesse Eingang in die Satzung finden, um der kommunalrechtlich geforderten Haftungsbeschänkung tatsächlich gerecht zu werden, Ein weiterer besonderer Vorteil der Genossenschaft für die Kommune ist, dass ihr Sitz der Ort der Geschäftstätigkeit, also die Kommune ist. Damit erbringen sie ihre Wirtschaftsleistung vor Ort und ermöglichen es, regionale Akteure verantwortlich einzubinden und stärken die Wertschöpfung vor Ort. Hinzukommt, dass die Kommune auch, soweit entstehend, von der Gewerbesteuer vor Ort profitiert. Genossenschaften können zudem neue Projekte aufnehmen und ihre Geschäftstätigkeit bis hin zur Versorgung der Mitglieder mit dem erzeugten Strom ausbauen. Der Energiepreis muss für alle Abnehmer nach objektiven Kriterien gleich hoch sein. Er muss jedoch aus kommunalrechtlicher und kommunalwirtschaftlicher Perspektive auch marktfähig sein.

Nachteile der eG sind, dass eine Beteiligung zwingend eine Mitgliedschaft im Prüfungs- 29
verband erfordert. Während bei den anderen Gesellschaftsformen das Stimmrecht in der Regel vom Kapitaleinsatz abhängt, hat in der Genossenschaft jedes Mitglied grundsätzlich nur eine Stimme, was insoweit nicht zwingend mit dem Kapitaleinsatz korrespondiert. Aus gemeindlicher Sicht kann das eingeschränkte Stimmrecht daher zu einer Kollision mit den Anforderungen des Gemeindewirtschaftsrechts führen. Die Gemeinde ist danach grundsätzlich verpflichtet, sich einen angemessenen Einfluss auf das Unternehmen zu sichern, was sich nur mit ausreichenden Einwirkungs- und Kontrollmöglichkeiten umsetzen lässt.[630] Eine Lösung hierfür kann die Gründung einer so genannten „Sekundärgenossenschaft" oder „doppelstöckigen Genossenschaft" sein[631], in der zugunsten eines Mitglieds ausnahmsweise Mehrheitsstimmrechte bestimmt werden können, wenn die Mitglieder ausschließlich oder mehrheitlich eine eingetragene Genossenschaften sind. Hier wird in einem ersten Schritt eine oder mehrere Beteiligungs- oder Bürgergenossenschaften gegründet, die in einem zweiten Schritt Mitglied einer durch die Stadt oder Gemeinde gegründeten Betriebsgenossenschaft wird. Letztere betreibt die Erneuerbare-Energien-Anlagen im Wesentlichen mit dem Kapital der Bürgergenossenschaft. In der Betriebsgenossenschaft können die Stimmrechte der Mitglieder dann so ausgestaltet werden, dass ausnahmsweise Mehrheitsstimmrechte nach der Höhe der Geschäftsanteile eines Mitglieds oder nach einem anderen Maßstab bestimmt werden. Auch bei der Besetzung der Organe der eG hat sich die Gemeinde einen angemessenen Einfluss zu sichern. Dies kann zumindest bei der Besetzung des Vorstandes dadurch geschehen, dass vom Entsenderecht nach § 36 Abs. 5 GenG Gebrauch gemacht wird. Die Möglichkeiten bei der Besetzung des Aufsichtsrats sind dagegen beschränkt.[632] Oft ist es bei Genossenschaften so, dass die technische und wirtschaftliche Betreuung ehrenamtlich übernommen wird. Die Projekte müssen vielfachüber einen erheblichen Zeitraum betreut werden und sind mit erheblichem Aufwand verbun-

[629] Vgl. → Rn. 12.
[630] Vgl. → C Rn. 197.
[631] Vgl. *Gaß/Popp* Die Gemeinde als Unternehmer, 2. Aufl. 2018, 207 ff.
[632] Vgl. → C Rn. 197.

den. Die Mitgliedschaft in einer Genossenschaft kann ohne deren Zustimmung gekündigt werden. Es besteht jedoch die Möglichkeit, die erwirtschafteten Überschüsse am Ende des Geschäftsjahres in Form der Rückvergütung als Betriebsausgabe an die Mitglieder im Verhältnis ihres Umsatzes mit der Genossenschaft auszukehren. Die Auszahlung des Auseinandersetzungsguthabens erfolgt jedoch erst nach Ablauf der in der Satzung festgelegten Kündigungsfrist, die maximal fünf Jahre beträgt. Nur wenn die Genossenschaft zustimmt, können die Geschäftsanteile auch übertragen werden. Das ausscheidende Mitglied erhält seinen eingezahlten Geschäftsanteil zurück. Es hat jedoch keinen Anspruch auf die stillen Reserven oder Rücklagen der Genossenschaft.

30 **(3) Praxisbeispiele Genossenschaften.** Energiegenossenschaften spielen für eine dezentrale Energiewende nach wie vor eine relevante Rolle. Zum 31.12.2016 ging man von 1.024 eingetragenen Energiegenossenschaften aus, während es 2008 noch 147 gewesen seien.[633] Neben der Energiebereitstellung durch Photovoltaik- und Windkraftanlagen können auch Nahwärme- und Stromnetze durch Energiegenossenschaften betrieben werden. Aufgrund der dynamischen Entwicklung in dem Bereich der Energiegenossenschaften sollen die verschiedenen Beispiele hier etwas ausführlicher dargestellt werden.

31 **(a) Genossenschaften im Nahwärmebereich.** Genossenschaften im Nahwärmebereich haben den Bau, Betrieb und Unterhalt eines Nahwärmenetzes zum Gegenstand. Dies kann vor allem im Ländlichen Raum eine sinnvolle Möglichkeit darstellen, insbesondere, wenn auch die vorhandenen Ressourcen hierfür genutzt werden können. Die Genossenschaft bezieht dabei die Wärme von einem Heizwerk oder einer Biogasanlage und leitet die Wärme an die Mitglieder weiter. Sie kann die Anlagen dabei auch selbst betreiben. Möglich ist der Betrieb auch durch Kraft-Wärme-Kopplung, indem die Abwärme von Stromkraftwerken genutzt wird. Die Mitglieder sind über die Genossenschaft Eigentümer des Nahwärmenetzes und auf der anderen Seite die Abnehmer der Wärme. Die Finanzierung der Nahwärmenetzgenossenschaft erfolgt über das von den Mitgliedern einzuzahlende Geschäftsguthaben, durch Eintrittsgelder, Mitgliederdarlehen bzw. KfW-Fördermittel und Bankdarlehen. Auf Grund des Förderauftrages gegenüber den Mitgliedern kann der Preis für die Wärmeenergie für die Mitglieder an den Selbstkosten orientiert sein. Eine Gewinnerzielung der Genossenschaft ist insbesondere in dem Maße erforderlich, als Rücklagen für etwaige Nachrüstungen, Instandhaltungen usw. zu bilden sind.[634]

32 Mit dem Bau eines Holzhackschnitzel-Heizwerkes ist es dem Bioenergiedorf Lieberhausen[635] bei Gummersbach (ca. 330 Einwohner) gelungen, sich fast vollständig unter Verwendung von Holz mit Heizwärme und Warmwasser zu versorgen. Von 104 Häusern des Ortes sind inzwischen 85 Häuser an das zentrale Heizungssystem angeschlossen, bei sieben weiteren Grundstücken sind die Anschlüsse bereits vorhanden oder vorbereitet. Die Einsparungen je Haushalt belaufen sich derzeit auf rund 800 Euro im Jahr gegenüber Erdgas oder Heizöl. Wesentliche Bestandteile des Projektes sind die Heizzentrale, das Nahwärmenetz, welches die Wärme aus dem Heizwerk im Ort verteilt und die Hausübergabestationen für Raumwärme und Brauchwasser. Das Heizwerk wird in eigener Regie durch Personen aus dem Dorf auf 400-Euro-Basis betrieben. Das geschieht unter dem organisatorischen Dach der Energiegenossenschaft Lieberhausen eG (EGL). Entscheidungskriterien für die Umsetzung war der Umweltaspekt, die Einsparmöglichkeiten durch Eigeninitiative bei Planung, Bau und Betrieb sowie die Wahrung der Selbstbestimmung und Selbstverantwortung.

---

[633] Vgl. Kahla, Franziska/Holstenkamp, Lars/Müller, Jakob R./Degenhart Heinrich, Entwicklung und Stand von Bürgerenergiegesellschaften und Energiegenossenschaften in Deutschland – Studie, Mai 2017, Leuphan Universität Lüneburg (abrufbar unter https://www.buendnis-buergerenergie.de/fileadmin/user_upload/wpbl27_BEG-Stand_Entwicklungen.pdf).

[634] Althanns, ZfBR-Beil. 2012, 36 (42).

[635] Weitere Informationen sind unter http://www.energieagentur.nrw.de/biomasse/praxisbeispiele/Holzhackschnitzel-Heizwerk_Lieberhausen.pdf abrufbar.

(b) Genossenschaften im Bereich Photovoltaikanlagen. Für die Errichtung und den Betrieb von Photovoltaikanlagen kann die Genossenschaft Flächen anpachten oder Photovoltaikanlagen auf unterschiedlichen Dächern zusammenfassen, gemeinsam betreiben oder verwalten. Sie hat die Möglichkeit, den dort produzierten Strom zu verkaufen und die Vergütung des Erneuerbare-Energien-Gesetz (EEG) zu erhalten.[636] Dies gilt insbesondere, wenn sich an einem großen Solarpark gemeindeübergreifend verschiedene Kommunen und Bürgergenossenschaften beteiligen. Die Finanzierung kann auch hier durch Geschäftsguthaben, Eintrittsgelder oder verschiedenen Formen von Darlehen erfolgen. Die Förderleistung für die Mitglieder liegt in der gemeinsamen Erzeugung regenerativer Energie und der wirtschaftlichen Umsetzung der Energiewende in der Region sowie in der Gewährung von Dividenden im Rahmen der Gewinnverteilung.[637] 33

Die Stadt Wolfhagen hat ein eigenes Stadtwerk unter Beteiligung der Bürger Wolfhagen gegründet. Noch bis 2012 war die Stadtwerke Wolfhagen GmbH zu 100 Prozent im Besitz der Kommune. Im April 2008 beschloss die Wolfhager Stadtverordnetenversammlung einstimmig, bis zum Jahr 2015 Wolfhagen komplett mit regional erzeugtem erneuerbarem Strom zu versorgen. Der Bau eines Windparks, der weitere Ausbau der Photovoltaik sowie die Errichtung von Biomassekraftwerken sollten dies möglich machen. Heute halten die Wolfhager Bürger, organisiert in der BürgerEnergieGenossenschaft Wolfhagen eG (BEG) [638], ein Viertel der Anteile. Im März 2012 trafen sich 370 Bürger in der Wolfhager Stadthalle zur Gründung der BürgerEnergieGenossenschaft Wolfhagen eG – 264 von ihnen wurden noch am selben Abend Mitglied. Stadtwerke, Stadt Wolfhagen und BEG schlossen kurz darauf einen Zusammenarbeits- und Beteiligungsvertrag. Im September 2012 erwarb die Genossenschaft auf Basis dieser Vereinbarung einen 25-prozentigen Anteil an den Stadtwerken. Dies geschah im Zuge einer Kapitalerhöhung, so dass der Kaufpreis von rund 2,3 Millionen Euro für Projekte aus dem Bereich erneuerbare Energien zur Verfügung stand. Der Genossenschaftsanteil liegt bei 500 Euro. Die Anzahl der Anteile ist auf maximal 20 pro Genosse und 10.000 Euro gedeckelt. Der Wolfhager Solarpark wurde binnen vier Wochen errichtet und ging im September ans Netz. Auch die Planungen für den Windpark sind bereits weit fortgeschritten. 34

In der Gemeinde Staufenberg wurde Frühjahr 2010 die Bürgerenergiegenossenschaft „Sonnenland eG“[639] gegründet, um in Kooperation mit Landkreis, Kommunen, Unternehmen und den Bürgern der Region Projekte für nachhaltige Energien umzusetzen und dauerhaft zu betreiben. Die Genossenschaft hat sich regionale Förderung zum Ziel gesetzt und innerhalb kurzer Zeit bereits über vier Millionen Euro in Energieerzeugungsanlagen investiert. Bürger können sich bereits mit 100 Euro an den Projekten der Genossenschaft beteiligen. Somit steht die Beteiligung einer breiten Bürgerschaft aus allen Bevölkerungsschichten offen. 30 Prozent der Anteile an der gemeinsamen Gesellschaft liegen in der Hand der Genossenschaft. 35

Im Fall Leutkirch im Allgäu[640] hat die Stadt gemeinsam mit den Bürgern eine Energiegenossenschaft Leutkirch eG[641] zum Betrieb von Photovoltaikanlagen gegründet. Sie wurde im Oktober 2009 ins Leben gerufen. 84 Mitglieder steuerten auf Anhieb über 80.000 Euro Startkapital bei. Mittlerweile machen bereits etwa 260 Bürger in der Energiegenossenschaft mit. Mehr als 650.000 Euro Kapital wurden der Genossenschaft anvertraut. Die Mindestinvestition liegt bei lediglich 200 Euro. Daneben entwickelten die Bürger zusammen Ideen und Konzepte für die zukünftige Entwicklung der Stadt. In fünf Arbeitsgruppen luden die Bürger Experten zu regelmäßigen Workshops ein, informierten 36

[636] Zu berücksichtigen ist das schrittweise Absenken der EEG-Vergütung.
[637] Althanns, ZfBR-Beil. 2012, 36 (42).
[638] Weitere Informationen auf der Homepage der Genossenschaft unter http://www.beg-wolfhagen.de/.
[639] Weitere Informationen sind unter http://www.sonnenland-eg.de/ abrufbar.
[640] Weitere Informationen sind unter http://www.leutkirch.de/de/Bauen+Umwelt/Energie+Klimaschutz verfügbar.
[641] Die eigene Homepage der Genossenschaft ist unter http://www.eg-leutkirch.de/ abrufbar.

sich umfassend und einigten sich schließlich auf Vorschläge. Der Gemeinderat beschloss daraufhin das „Energie-Leitbild", das ein ausgewogenes Verhältnis von Effizienz, Wirtschaftlichkeit, Ökologie als Grundvoraussetzungen für nachhaltige Projekte formuliert. Zunächst hat man sich für die Gründung einer Gesellschaft bürgerlichen Rechts (GbR)[642] entschieden. Damit sich die Bürger auch mit geringeren finanziellen Möglichkeiten beteiligen können, hat man sich dann für die Gründung einer Energiegenossenschaft entschieden. Derzeit werden jedoch keine neuen Mitglieder mehr aufgenommen. Eine Erhöhung der Anteile ist ebenfalls nicht mehr möglich.

37 **(c) Genossenschaften im Bereich Windenergie.** Im Falle der Windenergie bieten sich Genossenschaften an, da in der Regel ein höheres Investitionsvolumen anfällt. Alleine der Investitionsbedarf und die Auswirkungen auf die Umwelt legen die Beteiligung Vieler nahe. Bau und Betrieb der Anlagen machen wegen der Auswirkungen auf die Landschaft und die Natur eine breite Bürgerbeteiligung erforderlich, um für das Vorhaben die Akzeptanz der Bevölkerung zu schaffen. Dabei gibt es unterschiedliche Modelle, Genossenschaften in diesem Bereich zu gründen.[643] Zunächst besteht die Möglichkeit, dass Investoren wie Gemeinden und örtliche Banken eine Genossenschaft gründen, die eine Windkraftanlage errichtet, an der sich die Bürger mit weiteren Genossenschaftsanteilen beteiligen. In einem zweiten Schritt kann auf das Modell der so genannten Zentralgenossenschaft zurückgegriffen werden, wenn die einzelnen Bürgergenossenschaften, Gemeinden und regionalen Banken in einen gemeinsamen Windpark investieren. Projektierung, Bau und Betrieb erfolgen dann aus einer Hand über die Zentralgenossenschaft. Der Standort des Windparks kann dann im Einvernehmen mit den Bürgern und Gemeinden nach den Standortkriterien gewählt werden.

38 Eines der ersten Projekte der Stadt Ettenheim[644] war die Umsetzung der Regio-Windparks Ettenheim im Sommer 2000, der zu Spitzenzeiten etwa 3,5 Millionen Kilowattstunden Strom pro Jahr erzeugt und damit knapp 15 Prozent des gesamten Jahresstrombedarfs der Stadt decken kann. Eine Besonderheit dieses Windparks ist die deutsch-französische Zusammenarbeit, denn zwei der drei Windräder befinden sich in der Hand von 108 Bürgern, die sich zu einer Genossenschaft zusammengetan haben. Die Bürger stammen zwar alle aus der unmittelbaren Region, einige kommen aber auch aus Frankreich. Entscheidend war, dass die Teilhaber aus einem Umkreis von 20 Kilometern stammen.

39, 40 **bb) Gesellschaft mit beschränkter Haftung (GmbH) und Aktiengesellschaft (AG).** Als privatrechtliche Organisationsformen kommen auch die Gesellschaft mit beschränkter Haftung (GmbH) und die Aktiengesellschaft (AG), insbesondere für die Kooperation mehrerer Gebietskörperschaften, in Betracht.

41 **(1) Grundsätzliches.** Die GmbH[645] ist eine juristische Person des Privatrechts mit eigener Rechtspersönlichkeit und rechtlich sowie organisatorisch gegenüber einer Kommune verselbständigt. Die Gesellschaft darf nur öffentliche Ziele verfolgen. Deshalb muss der öffentliche Zweck im Gesellschaftsvertrag ausdrücklich festgelegt und präzisiert sein. Die GmbH kann als juristische Person klagen und verklagt werden. Sie haftet selbst und beschränkt, wenigstens auf ihr Mindeststammkapital von 25.000 Euro. Die Gesellschafter der GmbH sind durch einen Geschäftsanteil (Stammeinlage) am Vermögen beteiligt, sie übernehmen aber durch die Beteiligung grundsätzlich keine persönliche Haftung gegenüber Gläubigern. Zu ihrer Gründung ist ein notariell beurkundeter Gesellschaftsvertrag erforderlich. Außer-

642 Vgl. unten.
643 So auch Althanns, ZfBR-Beil. 2012, 36 (42).
644 Nähere Informationen sind unter https://www.ettenheim.de/regio-windpark-ettenheim abrufbar. Die Stadt Ettenheim ist auch auf dem Portal www.kommunal-erneuerbar.de der Agentur für Erneuerbare Energien als Energiekommune im Juni 2013 vorgestellt worden. Das Portal stellt regelmäßig unterschiedliche Energieprojekte von Kommunen dar und stellt Informationen zu den Themen rund um erneuerbare Energien und kommunale Wertschöpfung zur Verfügung.
645 Ausführlich dazu → D IV. Rn. 241 ff.

dem muss sie im Handelsregister eingetragen werden. Die GmbH hat zwingend zwei Organe, einen – oder im Fall interkommunaler Zusammenarbeit – mehrere Gesellschafter und die Gesellschafterversammlung. Dagegen hat die AG[646] drei, den Vorstand, Aufsichtsrat und die Hauptversammlung. Mit der gerichtlichen und außergerichtlichen Vertretung ist bei der GmbH der Geschäftsführer betraut. Bei der GmbH kann noch ein zusätzlicher Aufsichtsrat eingerichtet werden, der ähnlich wie bei der AG Kontroll- und Überwachungsfunktion hat. Anders als bei der AG unterliegt die Einrichtung eines Aufsichtsrates jedoch vielfach der freien Entscheidung der Gesellschafter (so genannter fakultativer Aufsichtsrat). Bei der AG beträgt das Grundkapital mindestens 50.000 Euro. Die Haftung der Aktionäre ist ebenfalls auf die Höhe ihrer Einlage beschränkt.

Eine GmbH kann nicht nur von einer, sondern auch von mehreren Kommunen gegründet werden (so genannte „gemischt-öffentliche Gesellschaft“). Diese setzt nach den landesrechtlichen Bestimmungen der Vertretungsorgane der jeweiligen Mitgliedsgemeinden voraus. Erforderlich ist zudem ein Gesellschaftsvertragsbeschluss der Mitglieder, in dem der öffentliche Zweck der Gesellschaft festgelegt wird. Je nach Land, sind unterschiedliche Anzeige- bzw. Genehmigungsvorbehalte der Kommunalaufsichtsbehörden zu beachten. Um den Anforderungen an das Gemeindewirtschaftsrecht gerecht zu werden, sind Kommunen rechtlich verpflichtet, ihren Einfluss auf die GmbH in ausreichendem Maße zu sichern. Dies kann durch den Modus der Bestellung, durch Informationspflichten und Auskunftsrechte sowie seitens des kommunalen Unternehmens durch angemessene Weisungsrechte sowie Steuerungs- und Kontrollrechte erfolgen.[647] Der Stadt- bzw. Gemeinderat ist gegenüber den dort entsandten Mitgliedern im Falle eines fakultativ errichteten Aufsichtsrats der GmbH, sofern die Kommune eine Mehrheitsbeteiligung hält, vielfach, aber nicht in jedem Fall, weisungsbefugt.[648] Dies wird für eine zulässige Beteiligung der Kommunen in einigen Landesgesetzen ausdrücklich verlangt.[649] Auch im Rahmen der interkommunalen Zusammenarbeit müssen sich die Kommunen daher mit ihrer jeweiligen Beteiligungsquote entsprechenden Befugnissen ausstatten lassen. Es empfiehlt sich eine klare Regelung in der Satzung bzw. im Gesellschaftsvertrag. Bei der AG ist zu beachten, dass die Gemeindeordnungen einiger Länder die Subsidiarität der Aktiengesellschaft gegenüber anderen Gesellschaftsformen festlegen[650], da Gemeinden in dieser Rechtsform enge Grenzen für die Absicherung des kommunalen Einflusses gesetzt sind. 42

(2) Vorteile- und Nachteile. Die GmbH gilt als eine der bekanntesten Gesellschaftsformen. Sie eignet sich grundsätzlich für Energieprojekte, die ein höheres Investitionsvolumen haben. Auf diesem Wege können viele Kapitalgeber eingebunden werden. Es besteht die Möglichkeit, einen Aufsichtsrat einzusetzen, in dem unter anderem auch Vertreter der Gemeindeorgane oder der beteiligten Kommunen vertreten sind. Das macht die Gesellschaft auch für Windprojekte von Kommunen attraktiv. Im Gesellschaftsvertrag und in der Gesellschaftssatzung einer GmbH kann in gewissen Grenzen ein Weisungsrecht der Kommune verankert werden und damit eine engere Bindung erreicht werden. 43

Nachteile der GmbH sowie der AG sind, dass der Gründungsaufwand und die damit verbundenen Kosten relativ hoch sind. Bei der AG sind strenge Anforderungen des Aktienrechts einzuhalten. In manchen Bundesländern wird, wie bereits erwähnt, zudem eine Nachrangigkeit der AG im Verhältnis zu GmbH geregelt. bzw. diese Rechtsform grundsätzlich ausgeschlossen.[651] Der Gesellschaftsvertrag bedarf in beiden Fällen der notariellen Form. Auch für die Übertragung der Gesellschaftsanteile bedarf es der notariellen Form. Im Gesellschaftsvertrag besteht nur eine geringfügige Gestaltungsfreiheit. Es gilt die sog. Satzungsstrenge, d. h. es sind nur dort Abweichungen möglich, wo es das Gesetz zulässt. Eine 44

[646] Vgl. dazu → D. Rn. 411 ff.
[647] Vgl. C III 5.
[648] Vgl. zu der Frage der Weisungsgebundenheit BVerwG 31.8.2011 – 8 C 16.10.
[649] So u. a. § 108 II Nr. 2 GO NRW.
[650] Vgl. → C Rn. 199 ff. mwN.
[651] Gem. § 68 Abs. 4 S. 2 KV MV ist die Gründung bzw. Umwandlung der AG grds. ausgeschlossen.

angemessene Steuerung und Einflussnahme der Gemeinde lässt sich daher nur eingeschränkt sicherstellen. Für die GmbH müssen zudem eigenständige Jahresabschlüsse erstellt werden. Steuerrechtlich besteht eine größere Gefahr der verdeckten Gewinnausschüttung.[652]

45 **(3) Praxisbeispiele.** In der hessischen Gemeinde Staufenberg haben sich sechs Gemeinden, eine Bürgerenergiegenossenschaft und ein regionaler Energieversorger zu einer gemeinsamen Betreiber-GmbH zusammengeschlossen, um künftig gemeinsame Energieanlagen in Betrieb zu nehmen und die eigene Region voranzubringen. Als erstes gemeinschaftliches Projekt wurde der Solarpark Buchenberg auf einer ehemaligen Erddeponie im Ortsteil Daubringen der Stadt Staufenberg[653] errichtet, der Ende Juni 2012 in Betrieb genommen wurde. Jede der Kommunen hält 8,33 Prozent an der Unternehmung. 30 Prozent der Anteile an der gemeinsamen Gesellschaft liegen in der Hand der Genossenschaft. Die Stadtwerke Gießen AG sind der regionale Stromversorger und Netzbetreiber, bedeutender Arbeitgeber der Region und Betreiber von öffentlichem Nahverkehr und Bädern sowie etlichen Energieerzeugungsanlagen. Ein großer Teil der erzielten Einnahmen fließt bereits heute als regionale Wertschöpfung in die Region. Die Aktiengesellschaft in kommunalem Besitz hält die restlichen 20 Prozent der Anteile der gemeinsamen Energiegesellschaft.

46, 47 **cc) GmbH & Co. KG. (1) Grundsätzliches.** Die GmbH & Co. KG[654] ist eine besondere Form der Kommanditgesellschaft (KG). Die Gründung erfolgt durch Abschluss eines Gesellschaftsvertrages zwischen einer bestehenden oder noch zu gründenden GmbH (mit eigenem Gesellschaftsvertrag) und mindestens einem Kommanditisten. Sie ist im Handelsregister anzumelden. Die Anmeldung ist von einem Notar zu beglaubigen. Die Geschäfte der GmbH & Co. KG werden von einem oder mehreren hauptamtlichen Geschäftsführern geführt. Eine oder mehrere Personen übernehmen hauptamtlich die Geschäfte, gleichzeitig können jedoch viele Kapitalgeber eingebunden werden. Während allerdings bei einer reinen KG die Geschäftsführer (Komplementäre) mit ihrem Privatvermögen haften, übernimmt hier eine GmbH die Rolle des Komplementärs und damit die Haftung in Höhe des Stammkapitals von mindestens 25.000 Euro. Die Haftung ist dadurch auf die Höhe der Kapitaleinlage beschränkt. Auch die Gesellschafter (Kommanditisten) müssen für Verbindlichkeiten nur in Höhe ihrer Einlage haften. Oberhalb bestimmter Bagatellgrenzen muss die GmbH & Co. KG in einem Verkaufsprospekt umfassend über die Geldanlage informieren und diesen von der Bundesanstalt für Finanzdienstleistungsaufsicht (BaFin) prüfen lassen. Die GmbH & Co. KG ist gewerbesteuerpflichtig. Verluste werden für jedes Wirtschaftsjahr den Gesellschaftern entsprechend ihrem Kapitalanteil zugewiesen. Die Kontrolle der Aufsicht über das Unternehmen wird auch hier durch die Gemeinde als Gesellschafter ausgeübt. Die Gemeinde muss die Kontrolle über das Unternehmen in einem ausreichenden Maße sichern, indem sie dafür Sorge trägt, dass aufsichtsrechtliche Auflagen und Weisungen umgesetzt werden.[655]

48 **(2) Vorteile- und Nachteile.** Die GmbH & Co. KG ist ebenfalls wie die GmbH für kostenintensivere Projekte geeignet. Das finanzielle Risiko von Beteiligungen kann relativ gering gehalten werden, da Verluste mit positiven Einnahmen verrechnet werden und die Steuerlast verringern kann. Anleger bei der KG erhalten eine Steuergutschrift in Höhe

[652] Danach ist es für die Einkommensermittlung der Gesellschaft ohne Bedeutung, ob das Einkommen verteilt wird, insbesondere mindern verdeckte Gewinnausschüttungen das Einkommen nicht, sind also keine abzugsfähigen Betriebsausgaben. Auf Ebene des Gesellschafters – also der Kommune – führt die verdeckte Gewinnausschüttung zu einer kapitalertragsteuerlichen Belastung und damit faktisch zu verminderten Einnahmen.

[653] Vgl. https://www.staufenberg.de/seite/de/stadt/1003/-/Eroeffnung_des_Solarparks.html.

[654] Ausführlich hierzu → D VI. Rn. 635 ff.

[655] *Grünewald* in Danner/Theobald, Kommentar zum Energierecht, Band 4, XI B1, Rn. 68, September 2013.

ihrer Anteile, für die Abgeltungssteuer (zuzüglich Solidaritätszuschlag) abgeführt wird. Attraktiv an der Rechtsform ist zudem, dass die Geschäftsanteile leicht übertragbar sind. Der Gesellschaftsvertrag ist flexibel in seiner Ausgestaltung. Es besteht zudem kein Erfordernis der notariellen Beurkundung, weder des Gesellschaftsvertrages noch des Konsortialvertrages.

Nachteilig an der Rechtsform ist der erhöhte Verwaltungsaufwand, der in dem Fall 49
für zwei Gesellschaften anfällt. Für die GmbH und für die KG müssen je eigenständige Jahresabschlüsse erstellt werden. Auch die Buchführung und Steuererklärungen sind dementsprechend aufwändiger. Ähnlich wie bei der Genossenschaft ist auch bei der GmbH & Co. KG die Haftung der Gesellschafter auf ihren Anteil beschränkt. Aufgrund der gleichzeitigen Stellung als Gesellschafter der Komplementär-GmbH wird jedoch eine führende Rolle übernommen, der eine entsprechende Verantwortung für die Geschäftstätigkeit der Gesellschaft und deren sachlich-örtlichen Umfang gegenübersteht. Wenn es im Fall einer Kommune oder eines Stadtwerks um die schuldrechtliche Beteiligung in Form von Darlehen und Inhaberschuldverschreibungen geht, kommt zu dieser Verantwortung noch hinzu, dass die Kommune bzw. das Stadtwerk regelmäßig die Haftung für Rückzahlungen und Zinszahlungen übernimmt. Ein Nachteil gegenüber der Genossenschaft ist, dass nicht zwangsläufig in der Region besteuert wird, sondern am Sitz der Komplementär-GmbH.

(3) Praxisbeispiel. Die nordbayerische Stadt Fürth[656] hat im März 2003 den Bau einer 50
großflächigen Photovoltaikanlage auf der Deponie beschlossen, um damit den klimarelevanten CO_2-Minderungseffekt der Anlage zu erhöhen. Die Stadt betreibt die Deponie seit 1968, auf der bis 1999 an dem Standort Haus- und Gewerbemüll, Klärschlamm und inerte Abfälle abgelagert wurden. Die Anlage wird in Form einer GmbH & Co. KG betrieben. Um das Projekt zu finanzieren, beteiligte sich die Stadt Fürth mit einer Einlage von 500.000 Euro an der Photovoltaikfreiflächenanlage mit einer installierten Leistung von 1000 Kilowatt. Die städtische Beteiligung wurde als internes Darlehen aus den Rücklagen des „Nachsorge-Haushalts“ der Deponie finanziert. 120 Bürger der Kommune beteiligten sich mit rund 1,2 Millionen Euro an dem Projekt. Die Anlage ging im März 2004 in Betrieb und erzeugt seitdem jährlich über eine Million Kilowattstunden Solarstrom. Während der 3-monatigen Bauzeit der Anlage im letzten Quartal 2003 wurden 5760 Solarmodule mit einer Gesamtleistung von 1008 Kilowatt Peak (kWp)[657] am Südhang der Deponie installiert. Auf der Deponie wird zudem auch das Verfahren der Kraft-Wärme-Kopplung angewandt. Über die Deponiegasverwertung in Verbindung mit einem Heizwerk wird Strom und die anfallende Abwärme genutzt.

dd) Anstalt des öffentlichen Rechts (AöR). (1) Grundsätzliches. Die AöR ist als 51
Alternative zu den Organisationsformen des Regie- oder Eigenbetriebs und den privatrechtlichen Eigen- und Beteiligungsgesellschaften entwickelt worden. Sie ist mittlerweile in fast allen Gemeindeordnungen bzw. Kommunalverfassungen – mit Ausnahme von Sachsen und dem Saarland – als zulässige Rechtsform anerkannt.[658] Mit der Anstaltslösung wird der Versuch unternommen, die Vorteile öffentlich-rechtlicher Betriebsformen, wie etwa die Wahrung der kommunalen Steuerung und die Dienstherrenfähigkeit, mit den Vorzügen privater Rechtsformen, zum Beispiel der organisatorischen Flexibilität und der unternehmerischen Selbständigkeit, zu vereinen. Die AöR ist eine eigenständige, juristische Person, der der Gemeinde ein eigenes Satzungsrecht übertragen kann.[659] Sie hat zwei Organe, zum einen den Vorstand und zum anderen den Verwaltungsrat.

[656] Weitere Informationen sind unter http://www.fuerth.de/Home/stadtentwicklung/solarstadt-fuerth.aspx abrufbar.

[657] Maximale Leistung eines Photovoltaik-Moduls bzw. einer Solarstromanlage.

[658] In Bayern, Schleswig-Holstein und Mecklenburg-Vorpommern wird sie als „Kommunalunternehmen“ bezeichnet.

[659] Ausführlich dazu Kapitel D II. mwN.

52 Neben der Neuerrichtung können, je nach Landesrecht, auch bestehende Eigenbetriebe im Wege der Gesamtrechtsnachfolge in kommunale Anstalten umgewandelt werden[660] oder sich mehrere Gemeinden zu einem gemeinsamen Kommunalunternehmen zusammenschließen.[661] Die Gemeinde oder der Zweckverband regeln hierbei die Rechtsverhältnisse einer Anstalt zwingend durch eine Unternehmenssatzung. Die landesrechtlichen Bestimmungen sehen vor, dass eine Kommune der Anstalt einzelne oder alle mit einem bestimmten Zweck zusammenhängenden Aufgaben übertragen kann. Dabei wird die Ausrichtung auf einen bestimmten Zweck großzügig ausgelegt. Zu den Aufgaben zählen neben den freiwilligen auch die pflichtigen Selbstverwaltungsaufgaben, die Pflichtaufgaben zur Erfüllung nach Weisung und Auftragsangelegenheiten. Mehrzweckanstalten sind allerdings unzulässig. Maßgebliches Kriterium ist, ob das jeweils einschlägige Gesetz die Aufgabendelegation oder anderweitige Aufgabenerledigung erlaubt.

53 **(2) Vor- und Nachteile.** Die Anstalt ist eine rechtlich selbstständige juristische Person des öffentlichen Rechts. Die Entscheidungsprozesse sind aufgrund der schlanken Organschaft flexibel und schnell umsetzbar. Vorteilhaft ist auch, dass eine gemeinsame Bündelung und Umsetzung der wirtschaftlichen Ziele möglich ist und die Satzung flexibel ausgestaltet werden kann. Die AöR kann im Gegensatz zu privaten Gesellschaften sowohl eigene als auch von der Gemeinde übertragene, hoheitliche Aufgaben wahrnehmen. Gegenüber der Kommunalaufsicht besteht lediglich eine Anzeigepflicht, eine Genehmigung muss dagegen nicht eingeholt werden. Die Rechtsform ist grundsätzlich offen für die Aufnahme neuer Mitglieder. Gerade bei der Beteiligung an Windenergieanlagen und Photovoltaikanlagen ist diese Rechtsform für Kommunen attraktiv, denn sie ist flexibel und lässt sich gut steuern. Die Gewinne können sich die beteiligten Gemeinden teilen. Die Kommune haftet allerdings zumeist uneingeschränkt für die Verbindlichkeiten der Anstalt (sog. Gewährträgerhaftung). Soweit eine Gewährträgerhaftung durch Landesrecht ausgeschlossen ist, wird die Anstalt jedoch nicht die gleichen Konditionen am Kapitalmarkt erhalten, wie die Kommunen selbst. Sie nähert sich dann in der wirtschaftlichen Betrachtung den Privatrechtsformen an. In sehr großen interkommunalen Projekten wird die Kommunalanstalt insoweit unattraktiv wenn jede beteiligte Körperschaft üblicherweise im Verwaltungsrat vertreten sein muss. Dann bietet sich eher die Gründung eines Zweckverbandes, mit seinen Organen Verbandsversammlung, fakultativer Verwaltungsrat und Verbandsvorsitz an.

54 **(3) Praxisbeispiel.** Die Verbandsgemeinde Arzfeld[662] gründete im Juni 2011 eine AöR, die „Islek Energie AöR", die Photovoltaik-Dachflächenanlagen betreibt. Bisher sind insgesamt 24 Anlagen mit einer installierten Leistung von rd. 440 Kilowatt Peak (kWp) und einer Investitionssumme von rd. 960.000 Euro gebaut worden. Daneben wurden auch Freiflächenanlagen auf einer Fläche von 4 Hektar mit rund 1,5 Megawatt installierter Leistung und Investitionskosten von rund 3,1 Millionen Euro errichtet. Beteiligt haben sich 15 Kommunen und ein Eigenbetrieb. Vorsitzender des Verwaltungsrates ist der Bürgermeister der Verbandsgemeinde, die Geschäftsführung erfolgt durch die Verbandsgemeindewerke. Vorstandsvorsitzender ist Kraft seiner Funktion der Werkleiter der Verbandsgemeindewerke. Die Stammeinlage der Mitgliedsgemeinden liegt bei 500 Euro.

55 **ee) Gesellschaft bürgerlichen Rechts (GbR). (1) Grundsätzliches.** Auch die Gesellschaft bürgerlichen Rechts (GbR) kann grundsätzlich als Organisationsform gewählt werden. Sie kann von mindestens zwei Personen mit einem formlosen Vertrag gegründet werden. Ein Stammkapital ist nicht notwendig. Alle Gesellschafter vertreten und führen die GbR gemeinsam und müssen sämtliche Unterschriften leisten. Die Beteiligten haften unbeschränkt und führen die Geschäfte gemeinsam oder sie übertragen die Geschäftsführung

660 ZB Art. 89 Abs. 1 S. 1 BayGO, § 141 Abs. 1 S. 1 NKomVG.
661 Vgl. → D. Rn. 143 ff.
662 Weitere Informationen sind unter http://www.vg-arzfeld.de/rathaus/islek_energie.php abrufbar.

durch eine Vollmacht auf eine Person. Häufig wird allerdings einer Person per Vollmacht die Geschäftsführung übertragen.

(2) Vor- und Nachteile. Die GbR eignet sich insbesondere für kleinere Erneuerbare- 56
Energien-Anlagen mit Investitionssummen von wenigen 100.000 Euro, wie zum Beispiel für Bürgersolaranlagen.

Der entscheidende Nachteil ist allerdings, dass die Gesellschafter unbeschränkt mit ihrem Privatvermögen für sämtliche Verbindlichkeiten der GbR haften, was dazu führt, dass diese Gesellschaftsform zum Teil als für Kommunen grundsätzlich ungeeignet eingestuft wird[663]. Die Gesellschaftsform eignet sich zudem nicht für kostenintensivere Anlagen. Das Risiko kann gegebenenfalls durch geeignete Versicherungen und die Wahl erfahrener Installateure verringert werden. Auch die GbR muss oberhalb bestimmter Bagatellgrenzen einen von der BaFin geprüften Verkaufsprospekt erstellen.

(3) Praxisbeispiele. In der Gemeinde Ebhausen[664] wurden einige GbR gegründet, um 57
insgesamt 12 Photovoltaikanlagen zu betreiben. Zusätzlich zu eigenen Dachanlagen hat sich die Gemeinde an der Bürger Solar Ebhausen GBR, Sonnenfreunde Ebershardt/ Ebhausen, Sporthalle Rotfelden GBR, Aktion Bürger Solar GBR beteiligt.

ff) Stiftungen. (1) Grundsätzliches. Auch die Gründung einer Stiftung kommt als 58, 59
Rechtsform in Betracht, wenn die Energieerzeugung verbunden werden soll mit Engagement etwa im sozialen oder politischen Bereich. Von der kommunalen Stiftung umfasst, sind alle Stiftungen, die durch die Gemeinde selbst gegründet werden, wie auch die Stiftungen, die von Bürgern gegründet und der Kommune zur Verwaltung übertragen werden. Voraussetzung ist weiterhin, dass der Stiftungszweck im Rahmen der öffentlichen Aufgaben der jeweiligen Kommune liegt und nicht wesentlich über ihren räumlichen Bereich hinausreicht. Die Stiftung hat einen Vorstand und einen Beirat, in dem auch Bürgermeister oder Privatpersonen vertreten sein können. Eine Stiftung ermöglicht es den Gemeinden, außerhalb des kommunalen Haushalts im Bereich erneuerbarer Energien aktiv zu werden und Überschüsse für gemeinnützige Zwecke einzusetzen. Laut Bundesverband Deutscher Stiftungen[665] sind für die Gründung einer rechtsfähigen Stiftung mindestens 50.000 Euro erforderlich. Bei den Gründungsvoraussetzungen sind Besonderheiten in den Vorschriften der Länder zu beachten.[666]

(2) Vor- und Nachteile. Der Vorteil bei der Nutzung des Instruments der Stiftung 60
besteht in der dadurch ermöglichten organisatorischen Verselbständigung der kommunalen Aufgabe. Die Stiftung genießt in der Bevölkerung ein besonderes Ansehen, was dazu führt, dass die Wahrnehmung kommunaler Aufgaben in der Rechtsform der Stiftung eine erhöhe Akzeptanz erfährt. Die kommunale Stiftung generiert insoweit einen ideellen Mehrwert, der die Bereitschaft zu gesellschaftlichem Engagement zu aktivieren vermag. Für Windenergieprojekte werden Stiftungen als ungeeignet angesehen, da die Höhe der Ausschüttung für gemeinnützige Zwecke nicht begründbar ist. Die Gründung einer Stiftung kommt besonders dann in Frage, wenn die Energieerzeugung mit einem Engagement in anderen Bereichen (Soziales, Kultur) verknüpft werden soll. Der Gründungsaufwand wird allerdings als relativ hoch angesehen. Voraussetzung ist zunächst, dass genug Mitglieder bereit sind, der Stiftung Kapital für einen bestimmten, häufig gemeinnützigen Zweck zu schenken. Da Kommunen die Stiftung häufig als Stiftung in privater Rechtsform gründen und ihr gleichzeitig öffentliche Aufgaben der Daseinsvorsorge übertragen, haben sie sowohl das Gesell-

---

663 Vgl. hierzu → C Rn. 195.

664 Weitere Informationen sind unter http://www.ebhausen.de/index.php?id=278 abrufbar.

665 Vgl. unter http://www.stiftungen.org/de/news-wissen/stiftungsgruendung.html.

666 So fordert z. B. § 3 V des rheinland-pfälzischen Stiftungsgesetzes (RhPfStiftG) als weiteres Begriffsmerkmal der kommunalen Stiftung, dass die kommunale Stiftung als solche errichtet oder anerkannt wurde. Einige Bundesländer, u. a. Art. 20 II BayStiftG und § 18 II HessStiftG i. V. m. § 120 I 1 HessGO kennen allerdings auch nicht kommunal verwaltete kommunale Stiftungen.

schaftsrecht auf der einen und das Kommunalverfassungsrecht auf der anderen Seite miteinander in Einklang zu bringen.[667] Zudem sind haushaltsrechtliche Vorgaben zu beachten. So sehen einige Landesrechte einen Nachrang der Stiftung vor, indem sie regeln, dass Gemeindevermögen nur im Rahmen der Aufgabenerfüllung der Gemeinde und nur dann in Stiftungsvermögen eingebracht werden darf, wenn der mit der Stiftung verfolgte Zweck auf andere Weise nicht erreicht werden kann.[668]

61 **(3) Praxisbeispiel.** Die saarländische Gemeinde Nohfelden[669] errichtete im Februar 2012 die Stiftung Sonne für Nohfelden. Ziel der Stiftung ist die Errichtung einer Photovoltaik-Freiflächenanlage auf einer Gewerbefläche von 2,6 ha Größe, die sich in kommunalem Eigentum befindet. Der jährliche Stromertrag liegt noch ein gutes Stück über dem Jahresverbrauch aller knapp 300 Haushalte im Ortsteil Eisen, in dem sich das Gewerbegebiet befindet. Die Stiftung verwendet sämtliche Überschüsse, die aus der Einspeisevergütung für den produzierten Strom, nach Abzug der Finanzierungs- und Betriebskosten, erwirtschaftet werden, um ihre gemeinnützigen Stiftungszwecke in der Gemeinde zu verwirklichen. Partner der neuen Stiftung für die Errichtung und den Betrieb der Anlage ist die Firma „WVE“ aus Kaiserslautern. Sie ist eine Tochtergesellschaft der dortigen Stadtwerke.

b) Konkrete Projektplanung von Energiekonzepten

62 Abschließend soll auf die konkrete Herangehensweise der Städte und Gemeinden bei der Umsetzung von einzelnen Aktivitäten im Energiebereich oder ganzheitlichen Energiekonzepten, welche Verbrauch, Erzeugung, Speicherung und Energieeffizienz- und Energieeinsparmaßnahmen allumfassend betrachten, eingegangen werden.

63 **aa) Motivation von Städten und Gemeinden.** Die Gründe, warum sich Städte, Gemeinden und ihre Bürger so stark im Energiebereich engagieren, sind vielfältig. Seit Beginn der Energiewende kommt hinzu, dass ein neuer Ansporn für eine aktive Mitgestaltung vor Ort geschaffen wurde. Im Vordergrund steht in vielen Fällen eine nachhaltige, auf die örtlichen Gegebenheiten angepasste, Energieerzeugung und -versorgung mit dem Ziel, den Strom- und Wärmebedarf zu senken und auf der Erzeugerseite die benötigte Energie möglichst regenerativ bereitzustellen. Vor dem Hintergrund ansteigender Energiekosten und immer knapp werdender Ressourcen wird der Fokus oftmals auf den bewussten Umgang und das nachhaltige Wirtschaften mit Energie und den natürlichen Ressourcen gelegt. So wird versucht, alle vor Ort vorhandenen Ressourcen zu nutzen, um auf den Import von Rohstoffen und einen weiten Transport weitgehend verzichten zu können. Durch die Nutzung von Wärme aus erneuerbaren Energien, z. B. in den kommunalen Liegenschaften oder Kraft-Wärme-Kopplung, werden einerseits konventionelle Energiekosten eingespart und andererseits auch die Versorgungsicherheit in der Zeit gewährleistet, in denen die erneuerbaren Energien keinen Strom erzeugen. Gleichzeitig sichern sich Städte und Gemeinden mit eigenen Projekten vor Ort die Planungs- und Entscheidungshoheit für die kommunale Entwicklung und eine Vielzahl an Gestaltungsmöglichkeiten.

64 Die gemeinsame Umsetzung von Energieprojekten mit den Bürgern vor Ort spielt dabei eine ganz wesentliche Rolle. Viele Städte und Gemeinden verstehen sich als Vorbild und schaffen damit eine Identifikation der Bürger mit ihrer Region und der Energiewende. Denn die Energie, die vor Ort produziert wird, stellt einen direkten Bezug der Bürger zu den Anlagen her. Damit wird auch zum bewussteren Verbrauch von Energie angeregt. Andererseits können sowohl die Bürger, als auch lokale Handwerksbetriebe, mittelständische Unternehmen, regionale Banken und örtliche Landwirte davon finanziell profitieren. Lokale und regionale Wertschöpfung in Form von Gewinnen, kommunalen Steuern,

[667] Werner, Kommunale Stiftungstätigkeit und ihre Schranken, NVwZ 2013, 1520 (1521).
[668] Vgl. zB Art. 75 Abs. 4 BayGO, § 100 Abs. 3 GO NRW.
[669] Homepage der Gemeinde Nohfelden unter www.nohfelden.de abrufbar.

Pachteinnahmen, sowie dem Erhalt und der Schaffung von Arbeitsplätzen ist ein ganz entscheidendes Motiv für die energiewirtschaftlichen Aktivitäten.

bb) Ermittlung der Potenziale vor Ort und in der Region. Zunächst liegt es nahe zu ermitteln, welche Potenziale in der Gemeinde liegen, um erneuerbare Energien aufzustellen. Dabei werden durch Potenzialbögen oder Machbarkeitsstudien die nutzbaren Flächen und Standorte, mögliche Erzeugungsarten und die prognostizierte Wertschöpfung aus dem Betrieb der Anlage berechnet.[670] Dabei wird unter anderem geprüft, ob es bereits bestehende Anlagen gibt und ob gegebenenfalls auch die dort produzierte Wärme genutzt werden kann, ob bereits ein Leitungsnetz existiert oder ein solches erst errichtet werden muss.[671] Hinzukommt in vielen Fällen die Untersuchung nach Energieeinsparpotenzialen und Energieeffizienzsteigerungen, insbesondere an öffentlichen Gebäuden. Für die neue Errichtung von kleinen als auch größeren Anlagen wird zu prüfen sein, ob und wo geeignete Standorte bereits bestehen oder Gebiete geeignet sein könnten. So kommen unter anderem auch Standorte, wie Altdeponien und Konversionsflächen durchaus in Betracht. 65

Darüber hinaus ist zu überlegen, ob sich auch Objekte für Anlagen zum Eigenverbrauch eignen. Bei der Planung von Biomasseanlagen bietet es sich an, in die Überlegungen mit einzubeziehen, ob unter anderem Energiepflanzenanbaumöglichkeiten im direkten Einzugsgebiet vorhanden sind. Bei der Ausweisung neuer Flächen werden oftmals Gutachten in Auftrag gegeben. In manchen Bundesländern erfolgt die Ausweisung durch die regionalen Planungsverbände. Die Gemeinden werden in die verschiedenen Beteiligungsverfahren einbezogen. Sie können dann vortragen, welche Belange für oder gegen eine Ausweisung sprechen, so beispielsweise des Natur- und Umweltschutz oder anderweitige konkrete gemeindliche Planungen. Bei der Nutzung erneuerbarer Energien geht es immer auch um die Frage, wie ein Ausbau mit dem Erhalt des Landschaftsbildes Hand in Hand gehen kann. Zudem wird in vielen Fällen untersucht, was in den Bereichen Gebäudesanierung, Städtebau und Mobilität für Möglichkeiten bestehen. 66

cc) Einbeziehung und Beteiligung kommunaler Akteure. (1) Gespräche mit betroffenen Flächeneigentümern. Wenn es sich bei den vorgesehenen Flächen nicht um solche der Gemeinde selbst handelt, muss zunächst ermittelt werden, an wen die Flächen verpachtet sind, um mit den betroffenen Flächeneigentümern Gespräche führen zu können. Darüber hinaus wird zu untersuchen sein, ob bereits Vorverträge mit anderen Projektierern geschlossen wurden. Auch Gespräche mit den ortsansässigen Landwirten können erforderlich sein, beispielweise wenn es bei der Nutzung von Biogasanlagen um die Möglichkeiten geht, einen Ertrag an Energiepflanzen zu liefern. 67

(2) Bürgerinformation und Beteiligung. Die Bürger in der Gemeinde zumindest zu informieren und darüber hinaus auch aktiv zu beteiligen, ist bereits eine gefestigte Praxis in Städten und Gemeinden. Für die Umsetzung von Energieprojekten wird zudem in der Regel Zustimmung des Gemeinde- bzw. Stadtrats eingeholt, um sich den entsprechenden Rückhalt und die Akzeptanz für das Projekt einzuholen. So hob auch der Bürgermeister der Stadt Wolfhagen, Reinhard Schaake, bei der Umsetzung des Energiekonzepts der Stadt Wolfhagenhervor, dass „um die Menschen beim Umbau der Energieversorgung mitzunehmen, zwei Dinge wichtig seien: Die Menschen müssen verstehen, was auf Sie zukommt und sie müssen Anreize und Möglichkeiten vorfinden, um etwas umzusetzen“.[672] Denn auch wenn in dem Fall der Beschluss für die Zustimmung des Projekts der Stadtverordneten 68

[670] Ein Wertschöpfungsrechner für Kommunen soll zeitnah hier bereitgestellt werden: https://www.unendlich-viel-energie.de/die-agentur/projekte/online-wertschoepfungsrechner/online-wertschoepfungsrechner3.

[671] Zur Ermittlung der Wertschöpfungspotenziale bei der Nutzung erneuerbarer Energien vgl. auch die Dokumentation des DStGB und der Deutschen Umwelthilfe (DUH) Nr. 114 „Handlungsempfehlungen für Kommunen zur Optimierung der Wertschöpfung aus Erneuerbaren Energien“.

[672] Schaake, „Bevölkerung aktiv beteiligen“, Verbandszeitschrift des Deutschen Städte- und Gemeindebundes „Stadt und Gemeinde“ Ausgabe September 2013.

einstimmig fiel, erfuhren in dem Fall insbesondere die Pläne für den Windpark bei Teilen der Bevölkerung nicht die gleiche ungeteilte Zustimmung. Sorgen um den Wald, die Landschaft, die Natur wurden geäußert, schließlich wurde eine Bürgerinitiative „Wolfhager Land – Keine Windkraft in unseren Wäldern" gegründet. Auf Infoveranstaltungen, mit Flyern, Broschüren und einem eigenen Film „Der Wind des Wandels" traten Stadt und Stadtwerke Zweifeln und Vorurteilen entgegen. Die Stadt veranlasste Sitzungen mit einem Mediator und mehrfache Exkursionen zu Windstandorten im Wald. Auf der anderen Seite wuchs das Engagement der Bürger, die dem Projekt gegenüber positiv auftraten. Sie gründeten die bereits dargestellte Genossenschaft. Teil des Plans bei der Aufstellung des Energiekonzepts war, die Bürger mit einzubeziehen, zum einen durch direkte Beteiligungsmöglichkeiten, zum anderen durch die stärkere lokale Wertschöpfung und die Steigerung der Attraktivität der Region – immer aber durch umfassende Informationen und fairen Dialog.

69 Im Praxisbeispiel Leutkirch[673] wurde die Grundlage für das „Energie-Leitbild" in einem moderierten Bürgerbeteiligungsverfahren erarbeitet. In drei Workshop-Runden beteiligten sich dabei 75 ausgewählte Bürger, davon 60 statistisch, repräsentativ per Zufall ausgewählt und 15 Vertreter von örtlichen Institutionen und Verbänden. Die in den Workshops erarbeitete Grundlage wurde von Fachleuten aus verschiedenen Fachbereichen auf Plausibilität überprüft und aufgearbeitet. Die redaktionelle Bearbeitung wurde hauptsächlich von Mitarbeiter der Leutkircher Stadtverwaltung ausgeführt. Das in diesem Prozess entstandene Leitbild wurde im Sommer 2012 im Leutkircher Gemeinderat diskutiert. Nach einer abschließenden Überarbeitung wurde schließlich das Leitbild „Energie" in der Sitzung am 1.10.2012 vom Gemeinderat einstimmig beschlossen.

70 **(3) Suche nach geeigneten Partnern.** Eine Vielzahl an Städten und Gemeinden begibt sich auf die Suche nach geeigneten Partnern für ihr Vorhaben. Dabei kommen unter anderem bestehende Stadt- oder Gemeindewerke, Projektierer, Bürger und Landwirte in Betracht. Durch einen Partner kann das fachliche Know-How eingeholt und die technische und kaufmännische Betriebsführung gewährleistet werden. Zudem können die Vorplanungs- und Planungskosten entweder vom Partner getragen oder zumindest aufgeteilt werden, so dass das eigentliche Risiko für die Gemeinde erst mit der Verwirklichung des Projektes beginnt. Gleichzeitig ist in solchen Fällen eine sorgfältige Wirtschaftlichkeitsprüfung unabdingbar, da viele Faktoren wie beispielsweise Anlagentyp sowie Kosten für Planung, Montage und Betrieb erheblichen Einfluss auf die Wirtschaftlichkeit einer Anlage nehmen können und die Entscheidungslage komplizierter gestalten. Die potenziellen Risiken müssen im Voraus erkannt und bedacht werden. Für die Kommunen mit eigenen Stadtwerken oder entsprechenden Beteiligungen ist zu prüfen, ob und wie der Bereich der Energieerzeugung in einem eigenen Unternehmen auf- oder ausgebaut werden kann. Dabei ist die Kenntnis über die örtlichen Gegebenheiten und Ressourcen der Region von Vorteil, so dass die Versorgung auf den lokalen Bedarf besser abgestimmt werden kann. Letztlich bedeutet der Betrieb eigener Stadtwerke auch Wahrnehmung und Stärkung kommunaler Selbstverwaltung.

71 **dd) Einbindung der beteiligten Behörden, Planer und Banken.** Zum anderen muss die Rechtsaufsichtsbehörde eingebunden werden sowie in bestimmten Fällen die regionalen Planungsverbände. Dann wird die Gemeinde sich für die konkrete Umsetzung mit örtlichen Regionalbanken, Sparkasse, dem örtlichen Planern, Handwerksbetrieben in Verbindung setzen.

72 **ee) Gründung der Projektierungs- und Betreibergesellschaft.** Schlussendlich steht die tatsächliche Gründung der Projektierungs- und Betreibergesellschaft an und die eigentliche Umsetzung des Vorhabens kann beginnen.

---

[673] Vgl. Ausführungen der Stadt Leutkirch unter https://www.leutkirch.de/de/Leben/Bauen-Umwelt/Energie-Klimaschutz/Leitbild-Energie

4. Fazit

Die Möglichkeiten von Städten und Gemeinden im Energiebereich tätig zu werden, sind vielfältig. Es gibt insoweit nicht ein ideales Modell für „die Energiekommune“ in Deutschland. Vielmehr wird man abhängig von den örtlichen Gegebenheiten und den Bedürfnissen vor Ort eine Lösung finden, die sinnvoll ist und von der am Ende möglichst viele profitieren. Der Dialog und die Zusammenarbeit mit allen Akteuren vor Ort in allen Phasen der Planung von Projekten sind dabei unentbehrlich. Durch ihr Engagement leisten Städte und Gemeinden, die kommunalen Unternehmen und die Bürger vor Ort einen wertvollen Beitrag für das Gelingen der Energiewende. 73

5. Literaturverzeichnis zum Bereich „Energie“

Bücher/Kommentare 74

Danner, Wolfgang/Theobald, Christian, Kommentar zum Energierecht, Band 4, 78. Auflage 2013, Beck-Verlag, München

Graf, Stefan/Dirnberger, Franz/Gaß, Andreas, Gemeinden in der Energiewende, 1. Auflage 2013, Kommunal- und Schul-Verlag GmbH & Co. KG, Wiesbaden

Schneider, Jens Peter/Theobald, Christian, Praxishandbuch Recht der Energiewirtschaft, 4., neu bearb. Aufl. 2013, Beck-Verlag München

Zeitschriften

Althanns, Dr. Andrea: „Genossenschaftliche Modelle bei der Realisierung von Anlagen der erneuerbaren Energien“, Zeitschrift für deutsches und internationales Bau- und Vergaberecht-Beilage (ZfBR-Beil.) Heft 5/2012, Seiten 36–42

Gaß, Dr. Andreas: „Zulässigkeitsvoraussetzungen und Kooperationsmodelle für den Betrieb von Anlagen erneuerbarer Energien auf gemeindlicher Ebene“, KommunalPraxis Bayer (KommP BY) Heft 1/2012, Seiten 2–11

Kaler, Dr. Matthias/Kneuper, Dr. Friedrich: „Erneuerbare Energien und Bürgerbeteiligung“, Neue Zeitschrift für Verwaltungsrecht (NVwZ) Heft 13/2012,Seiten 791–796.

Knemeyer, Prof. Dr. Franz-Ludwig: „Kommunale Steuerung und unternehmerische Freiheit – ein lösbarer Spagat“ Kommunaljurist (KommJur) Heft 7/2007, Seiten 241–244

Schaake, Reinhard: „Bevölkerung aktiv beteiligen“, Verbandszeitschrift des Deutschen Städte- und Gemeindebundes („Stadt und Gemeinde“) Ausgabe 9/2013, Seiten 387–389

Sonder, Dr. Nicolas: „Wirtschaftliche Betätigung von Kommunen im Wandel“, Landes- und Kommunalverwaltung (LKV) Heft 5/2013, Seiten 202–207

Werner, Dr. Rüdiger: „Kommunale Stiftungstätigkeit und ihre Schranken“, Neue Zeitschrift für Verwaltungsrecht (NVwZ) Heft 23/2013, Seiten 1520–1525

Leitfäden/Dokumentationen

Deutschen Städte- und Gemeindebund e. V. (DStGB). „Dokumentation Nr. 51“ Interkommunale Zusammenarbeit-Praxisbeispiele, „Rechtsformen und Anwendung des Vergaberechts“, Verlagsbeilage, ‚Stadt und Gemeinde INTERAKTIV“ Ausgabe 10/2005, Verlag WINKLER & STENZEL GmbH

Deutsches Institut für Urbanistik (Difu), Pravisleitfaden, „Klimaschutz in Kommunen“, 2011, Gestaltung und Satz: dezign: johlige Werbeagentur, Nauen, Herstellumg: AZ Druck und Datentechnik GmbH, Berlin

Genossenschaftsverband Bayern e. V., Leitfaden für Kommunen „Erfolgsmodell Genossenschaft: die Energiewende gemeinsam gestalten“, Mai 2012, Redaktion und Gestaltung: fischer/Appelt, relations GmbH, LIGALUX GmbH

Städtetag Baden-Württemberg/Landkreistag Baden-Württemberg/KEA Klimaschutz- und Energieagentur Baden-Württemberg/Hochschule für öffentliche Verwaltung Kehl, Die Energiewende erfolgreich umsetzen – Ein LEitfaden mit Handlungsempfehlungen und Praxishinweisen, 2017, Richard Boorberg Verlag

Links

Agentur für Erneuerbare Energien e. V., www.kommunal-erneuerbar.de; http://www.lommunal-erneuerbar.de/de/kommunale-wertschoepfung/rechner.html

Bioenergiedorfs von der Tannen GmbH, www.bioenergiedorf-vor-der-Tannen.de

Bundesumweltministerium, http://www.bmu.de/detailansicht/artikel/beschluesse-des-bundeskabinetts-zur-energiewende-vom-6-juni-2011/)

Bundesverband Deutscher Stiftungen e. V., http://www.stiftungen.org/de/news-wissen/stiftungsgru endung.html

Bürgerenergiegenossenschaft Sonnenland eG, http://www.sonnenland-eg.de/

BürgerenErgieGenossenschaft Wolfhagen eG, http://www.beg-wolfhagen.de/

Deutschenr Genossenschafts- und Raiffeisenverband e. V. (DRGV), http://www.genossenschaften.de/dgrv-stellt-aktuelle-umfrage-zu-energiegenossenschaften-vor

Deutscher Raiffeisen- und Genossenschaftsverband e. V. (DGRV), http://www.neuegenossenschaften.de/gruendungen/umwelt_energie_wasser/Lieberhausen.html

Deutscher Bundestag, http://www.bundestag.de/dokumente/textarchiv/2011/34867973_kw26_sp_ener giewende/

Energiegenossenschaft Leutkirch eG, http:www.eg-leutkirch.de/

Energiegenossenschaft Odenwald eG, http://www.energiegenossenschaft-odenwald.de/

Gemeinde Ebhausen, http:www.ebhausen.de/index.php?id=278

Gemeinde Nohfelden, www.nohfelden.de

Gemeinde Schipkau, http://www.gemeinde-schipkau.de/texte/seite.php?id=82552

Stadt Ettenheim, http://ettenheim.de/dynasite.cfm?dsmid=238

Stadt Fürth, http://www.fuerh.de/Home/stadtentwicklung/solarstadt-fuerth.aspx

Stadt Leutkirch, http://www.leutkirch.de/de/Bauen+Umwelt/Energie+Klimaschutz

Stadt Norderstedt, http://www.norderstedt.de/klimaschutz

Stadt Wolfhagen, http://wolfhagen.de/de/wirtschaft/energiewende/energiewende.php?navanchor=1110131

Verband Kommunaler Unternehmen (VKU), http://www.vku.de/service-navigation/presse/pressemitteilungen/liste-pressemitteilung/erzeugungszahlen.html

Verbandsgemeinde Arzfeld, http:www.vg-arzfeld.de/rathaus/islek_energie.php

Verbandsgemeinde Bruchmühlbach-Miesau, http://www.bruchmuehlbach-miesau.de/vg_bruchmue hlbach_miesau/Rathaus/Umwelt/Erneuerbare%20Energien/

K. Entscheidungskriterien für die Wahl der Rechtsform

Übersicht

Literatur:

Baumbach/Hopt, Kommentar zum Handelsgesetzbuch, 36. Aufl. 2014; *Burgi,* Privatisierung öffentlicher Aufgaben, Gutachten zum DJT 2008, Bd. I, Gutachten/Teil D, sowie die Dokumentation der diesbezüglichen Fachdiskussion in der Abteilung Öffentliches, Bd. II; *Detig,* Gründung von Wohnbauunternehmen: Was muss getan/beachtet werden?, KommP spezial 2017, 114; *Ehlers,* Recht der öffentlichen Unternehmen, Gutachten E zum 64. DJT Berlin 2002, 2002; *ders.,* Verwaltung in Privatrechtsform, 1984; *Erbguth/Stollmann,* Erfüllung öffentlicher Aufgaben durch Privatrechtssubjekte? Zu den Kriterien bei der Wahl der Rechtsform, DÖV 1993, 798 ff.; *Gaß,* Die Umwandlung gemeindlicher Unternehmen, 2003; *Gaß/Popp,* Die Gemeinde als Unternehmer, 2. Aufl. 2018; *Henneke,* Neuregelung des Rechts der öffentlichen Unternehmen im Spannungsfeld von öffentlichem Auftrag und Wettbewerb (zu den Ergebnissen des 64. DJT), in: Der Landkreis 2002, S. 644 ff., sowie Diskussion in: Der Landkreis 2003, S. 32 f.; *ders.* (Hrsg.), Organisation kommunaler Aufgabenerfüllung: Optimierungspotentiale im Spannungsfeld von Demokratie und Effizienz, 1997; *Hoppe/Uechtritz/Reck* (Hrsg.), Handbuch Kommunale Unternehmen, 3. Aufl. 2012; *Ipsen* (Hrsg.) Unternehmen Kommune?, 17. Bad Iburger Gespräche, 2007; *Ipsen,* Wirtschaftliche Betätigung der Gemeinden als kommunalrechtliche und verfassungsrechtliche Fragestellung, in: Festschrift für Dietrich Rauschning, 2001, S. 645–677; *Klein/Uckel/Ibler,* Kommunen als Unternehmer: Gründung, Umwandlung und Führung kommunaler Betriebe, Losebl.; *Knemeyer/Kempen,* Kommunales Wirtschaftsrecht, in: *Achterberg/Püttner/Würtenberger,* Besonderes Verwaltungsrecht, Bd. II, § 17, 2. Aufl. 2000; *Mann/Püttner (Hrsg.),* Handbuch der kommunalen Wissenschaft und Praxis (HKWP), Band 2, Kommunale Wirtschaft, 3. Aufl. 2011; *Müller,* Rechtsformenwahl bei der Erfüllung öffentlicher Aufgaben, 1993; *Neumeyer,* Nicht steuerliche wirtschaftliche Aspekte bei der Entscheidung über die Rechtsform kommunaler Einrichtungen, KommPraxBy 1998, 374 ff.; *Ossala-Haring,* Die GmbH mit kommunaler Beteiligung und die gemeinnützige GmbH, 3. Aufl. 2009; *Püttner* (Hrsg.), Zur Reform des Gemeindewirtschaftsrechts, Schriften der Gesellschaft für öffentliche Wirtschaft, Heft 49, 2002; *ders.* (Hrsg.), Handbuch der kommunalen Wissenschaft und Praxis, Band 5: Kommunale Wirtschaft, 2. Aufl. 1984; *Riedmayer/Schraml,* Das Kommunalunternehmen – Anstalt des öffentlichen Rechts: Erweiterung kommunaler Handlungsmöglichkeiten, Kommunalforschung für die Praxis (KFP) 42/43, 2000; *Schulz,* Neue Entwicklungen im kommunalen Wirtschaftsrecht Bayerns, BayVBl. 1996, 129 ff.; *Wurzel,* Die Bestandsschutzregelung im GO-Reformgesetz NRW, Der Landkreis 2007, S. 576 ff.; *Schiffer/Wurzel,* Weisungsrecht des Stadtrats gegenüber seinen Vertretern im Aufsichtsrat eines kommunalen Versorgungsbetriebs, KommJur 2012, 52 ff.; *Wurzel/Probst,* in: *Ossola-Haring* (Hrsg.), Die GmbH mit kommunaler Beteiligung und die gemeinnützige GmbH, 3. Aufl. 2009, 4. Teil: Öffentlich-private Partnerschaften, S. 301 ff.

Die Kommunalwirtschaft befindet sich im Aufwind. Seit 2007 gingen über 200 Konzessionsverträge von privaten Betreibern auf kommunale Unternehmen über, im gleichen Zeitraum wurden nach Zahlen des Wuppertal Instituts bundesweit mehr als 150 Stadtwerke neu gegründet.[1] Gemeinden engagieren sich mit ihren Stadtwerken verstärkt und auch außerhalb des Gemeindegebiets insbesondere im Bereich der Energieversorgung. Die meisten Landesgesetzgeber haben die kommunalwirtschaftlichen Regelungen zwischenzeitlich geändert mit dem erklärten Ziel, die kommunalen Handlungsspielräume in liberalisierten Bereichen und die – auch überregionale – Wettbewerbsfähigkeit kommunaler 1

[1] Vgl. ZfK 9.1.2019.

Unternehmen zu stärken, die hochwertige, flächendeckende Versorgung mit wichtigen Dienstleistungen zu sichern sowie die wirtschaftlichen Betätigungsmöglichkeiten der Kommunen zur Steigerung des Anteils erneuerbarer Energien und zum Ausbau der Breitbandinfrastruktur im ländlichen Raum zu erleichtern.[2] Erwartungsgemäß beklagen die Wirtschaftsverbände reflexartig eine exzessive, nicht wettbewerbsgerechte wirtschaftliche Betätigung der Kommunen und fordern deren Eindämmung mittels gesetzlicher Maßnahmen. Allerdings scheint auch in der öffentlichen Debatte nach einem langjährigen Trend zu Privatisierungen – nicht zuletzt im Zuge der Kapitalmarkt- und Bankenkrise – ein Umdenkprozess stattzufinden. In Fachbeiträgen und Diskussionsrunden sind immer häufiger die Begriffe „Kommunalisierung" oder „Rekommunalisierung" wahrzunehmen, wobei dies allerdings auch kritische Stimmen auf den Plan ruft.[3] Volksbegehren über den Rückkauf ehemals privatisierter Stromnetze und die Gründung von Stadtwerken oder die Rekommunalisierung von Wasserbetrieben erregten bundesweite Aufmerksamkeit.[4] Repräsentativen Umfragen zufolge spricht sich eine überwältigende Mehrheit in der Bevölkerung für eine kommunale Beteiligung bei der Erbringung von Leistungen der Daseinsvorsorge aus.[5]

Es scheint sich also ein Trend zur „(Re)Kommunalisierung" jedenfalls in bestimmten Sektoren wie dem Energiebereich abzuzeichnen, wenngleich es für diese Entwicklung zum Teil vorhersehbare und „handfeste" Gründe gibt.[6] So sind bei den Entscheidungsträgern vor Ort die aktuell geführten Diskussionen über die Zukunft der Strom- und Gasnetze vor allem darauf zurückzuführen, dass in den letztem Jahren bundesweit sehr viele der Konzessionsverträge zeitlich ausgelaufen und daher für die nächsten in der Regel 20 Jahre neu vergeben worden sind. Das verstärkte Engagement der Kommunen im Bereich der Energieversorgung ist politisch gewollte Folge der 2011 eingeleiteten „Energiewende" und der damit einhergehenden Dezentralisierung der Versorgungslandschaft. Hinzu kommt eine äußerst dynamische Entwicklung gerade im Energiesektor und die durch die Digitalisierung weiter zunehmende Vernetzung verschiedener Dienstleistungen und Aufgabenfelder.[7] Eine Rolle für die verstärkte Investitionstätigkeit mögen auch die weiterhin niedrigen Zinsen für Kommunalkredite spielen. Freilich sehen die Gemeinden darin auch die Chance, durch zusätzliche Einnahmen ihre Handlungsspielräume zu sichern. Andere Bereiche wie etwa die Abfallbeseitigung, Abwasserentsorgung, Wasserversorgung oder der ÖPNV sind bereits traditionell durch kommunale Leistungserbringung geprägt.

Bei – notwendiger – sachlicher Betrachtung wird man feststellen, dass „(Re)Kommunalisierung" ebenso wie „Privatisierung" keine Werte an sich sind.[8] Vielmehr ist die Entscheidung, unternehmerisch tätig zu werden, mit „kühlem Kopf" zu treffen. Erwägt die Gemeinde beispielsweise einen Netzrückkauf, sind neben den rechtlichen Risiken[9] ins-

---

2 Vgl. → C Rn. 4, 45 mwN.

3 Vgl. ua die – aus kommunaler Sicht kritisch zu bewertenden – Ausführungen im XX. Hauptgutachten der Monopolkommission (2012/2013), Kapitel V Kommunale Wirtschaftstätigkeit und der Trend zur Rekommunalisierung, abrufbar unter www.monopolkommission.de.

4 ZB die erfolgreichen Volksentscheide des Berliner Wassertischs zur Offenlegung der Teilprivatisierungsverträge bei den Berliner Wasserbetrieben am 13.2.2011 und der Initiative „Unser Hamburg – unser Netz" am 22.9.2013 in Hamburg; Volksentscheid über die Rekommunalisierung der Berliner Energieversorgung am 3.11.2013 (abgelehnt); Bürgerbegehren „Augsburger Stadtwerke in Augsburger Bürgerhand", vgl. dazu VGH München 17.5.2017 – 4 B 16.1856, BayVBl. 2018, 22.

5 So die Ergebnisse der 2011 durchgeführten repräsentativen Umfrage „Daseinsvorsorge und politisches Vertrauen" der Freiherr vom Stein-Akademie für Europäische Kommunalwissenschaften eV. Vgl. generell dazu *Willenberg,* Daseinsvorsorge und politisches Vertrauen (2019).

6 Allgemein zu Rekommunalisierungen → A Rn. 23a ff. und → C Rn. 6 mwN.

7 Vgl. dazu nur die Beiträge in *Kment,* Energiewirtschaft und kommunale Selbstverwaltung (2019); *Oebbecke,* Die kommunalen Versorgungs- und Verkehrsbetriebe im Kommunalwirtschaftsrecht, Der Gemeindehaushalt 2019, 217 ff.; *Wolters/Frey,* Stadtwerke und ihre Dienstleistungen hinter dem Stromzähler, KommJur 2018, 205 ff.

8 So zu Recht *Henneke* → A Rn. 23e.

9 Vgl. nur BGHZ 199, 289 = NVwZ 2014, 807. Dazu DStGB-Dokumentation Nr. 144, Auslaufende Konzessionsverträge, 3. Aufl. 2017, abrufbar unter www.dstgb.de, Publikationen.

besondere die Frage der Wirtschaftlichkeit einer kritischen Prüfung zu unterziehen. Auch haben einige Gemeinden zwischenzeitlich die schmerzhafte Erfahrung machen müssen, dass nicht jedes Erneuerbare-Energien-Projekt wirtschaftlich sein muss. Im Rahmen der Aufgabenerfüllung oder (Re)Kommunalisierung stellt sich zudem die Frage, wie dies am optimalsten zu bewerkstelligen sein kann. Pauschale Antworten können aufgrund der Vielfalt relevanter Entscheidungskriterien und möglicher Ausgestaltungen nicht gegeben werden, zumal viele der Kriterien konfligieren. Es muss also darum gehen, im Rahmen einer Abwägung vor Ort unter Berücksichtigung aller maßgeblichen Kriterien die für eine im Interesse der Gemeindebürger effektive und wirtschaftliche Aufgabenerfüllung optimale Organisationsform zu finden.

I. Rechtsformenwahl als Zielkonflikt

Die Kommunen entscheiden im Rahmen ihrer Organisationshoheit und der gesetzlichen Vorgaben in eigener Verantwortung, in welcher Rechtsform sie ihre Aufgaben erfüllen und sich wirtschaftlich betätigen.[10] Die Wahl einer bestimmten Rechts- oder Betriebsform zählt zu den langfristig wirksamen Maßnahmen, die unmittelbare Folgen für das Unternehmen selbst und seinen Träger nach sich zieht. Bedeutsam für die Entscheidung sind nicht zuletzt die gesetzlichen Rahmenbedingungen – heute zunehmend auch weitreichende europarechtliche Vorgaben.[11] 1a

So knüpft das Gesetz an bestimmte Rechts- und Betriebsformen unterschiedliche Rechtsfolgen, deren Konsequenzen für die Entscheidung eine große Rolle spielen können. Von besonderer Bedeutung sind in diesem Zusammenhang die **Zweckmäßigkeitskriterien**[12] wie etwa betriebswirtschaftliche, gesellschafts- und unternehmensrechtliche, personal- sowie steuerrechtliche Aspekte, die Finanzierungsmöglichkeiten mit Fremd- und Eigenkapital, Aufwendungen für die Gründung und den Betrieb der Rechtsform, gesetzliche Vorschriften über Umfang, Prüfung und Offenlegung des Jahresabschlusses, die Leitungsbefugnisse (Geschäftsführung, Mitbestimmung), die Haftung oder die Steuerbelastung des Unternehmens(-trägers) sowie die Möglichkeiten der Kooperation mit anderen Rechtssubjekten.[13]

Weitaus größere Relevanz haben aber die mit der Entscheidung verbundenen Konsequenzen für den **kommunalpolitischen Einfluss** auf das Unternehmen und letztlich die Beziehung der Kommune im Außenverhältnis zum Bürger; denn im Unterschied zur Rechtsformenwahl im privaten Sektor stehen die zuvor genannten, an einer wirtschaftlichen Sichtweise orientierten Zweckmäßigkeitskriterien bei der Rechtsformenwahl öffentlicher Unternehmen in einem Konkurrenzverhältnis zu den besonderen öffentlich-rechtlichen Bindungen des kommunalen Unternehmensträgers. 2

Der grundlegende **Zielkonflikt** im Rahmen der Entscheidungsfindung für eine bestimmte Rechts- oder Betriebsform besteht darin, einerseits dem Unternehmen durch Verselbständigung die erforderliche Handlungsfreiheit zugestehen zu wollen, andererseits dem kommunalen Unternehmensträger die notwendigen Möglichkeiten der Einflussnahme sichern zu müssen, um weiterhin eine ordnungsgemäße Erfüllung der jeweiligen kommunalen Aufgabe gewährleisten zu können.[14] Diese Notwendigkeit ist im Interesse des 3

---

[10] BVerfG 26.10.1994, NVwZ 1995, 677 (678); BVerwG 6.4.2005, KommJur 2005, 373 (375); BGH 5.4.1984 – III ZR 12/83, NJW 1985, 197 (200).

[11] Vgl. dazu Kapitel B und Kapitel C.

[12] Vgl. *Müller* Rechtsformenwahl S. 108.

[13] Insgesamt dazu ua *Neumeyer* KommPraxBy 1998, 374; *Erbguth/Stollmann* DÖV 1993, 798 (801); *Klein/Uckel/Ibler,* Kommunen als Unternehmer, Kennzahl 23.00; *Gaß* Umwandlung gemeindlicher Unternehmen S. 54 ff.; *Müller* Rechtsformenwahl S. 299 ff.; *Scholz/Schoppa* Rechtsformenwahl in Mann/Püttner HKWP § 43 Rn. 11, 24 ff.; *Ehlers* Verwaltung in Privatrechtsform, S. 292 ff.; zu den Rechts- und Betriebsformen vgl. → D.

[14] *Scholz/Schoppa* in Mann/Püttner HKWP § 43 Rn. 30; *Püttner* Die Wahl der Rechtsform für kommunale Unternehmen in Püttner, Zur Reform des Gemeindewirtschaftsrechts, S. 143 ff.

Bürgers als Legitimationsträger und „Kunde" verfassungs- und kommunalrechtlich verankert,[15] so dass bei der Rechtsformenwahl letztlich auch die Ausgestaltung der Beziehung der Verwaltung im Außenverhältnis zum Bürger tangiert ist. Im Vordergrund darf daher nicht die reine Gewinnerzielung stehen, sondern der **citizen value** verstanden als Gemeinwohlorientierung. Ein entscheidender Gesichtspunkt muss demnach die Überlegung sein, ob und wie vor dem Hintergrund der jeweils zu erfüllenden kommunalen Aufgabe eine Balance zwischen erforderlicher unternehmerischer Freiheit und notwendiger kommunaler Steuerung und Kontrolle möglich ist.

4 Mit dieser Überlegung untrennbar verbunden ist die Frage nach dem **wirtschaftlichen Handlungsspielraum,** den die jeweilige Rechts- oder Betriebsform eröffnet. Wirtschaftliches Handeln im Sinne einer effektiven und rentablen Aufgabenerfüllung benötigt Selbständigkeit, Unabhängigkeit und Eigenverantwortlichkeit der Leitungskräfte. Diese Zielvorgaben gilt es, unter Berücksichtigung der besonderen Anforderungen an einen öffentlich-rechtlichen Aufgabenträger zu verwirklichen. Unabhängigkeit und Eigenverantwortlichkeit einerseits und öffentlich-rechtliche Aufgabenbindung andererseits lassen sich aber wiederum nur dort vereinbaren, wo die Unternehmensstrukturen eine flexible, den individuellen Bedürfnissen und Aufgaben entsprechende Gestaltung zulassen. Das vordringliche Bestreben der Kommunen muss demnach darauf gerichtet sein, vor dem Hintergrund der konkret zu erfüllenden Aufgabe eine Rechts- oder Betriebsform zu wählen, durch die sich der angesprochene Zielkonflikt wenn nicht auflösen, so doch minimieren lässt.

4a Eine sorgfältige **Vorteils- und Wirtschaftlichkeitsanalyse** im Vorfeld der Gründung kommunaler Unternehmen, wie sie teilweise in den Kommunalverfassungen mancher Länder ausdrücklich vorgesehen ist[16], gebietet bereits der allgemeine haushaltsrechtliche Wirtschaftlichkeitsgrundsatz und sollte eine Selbstverständlichkeit sein.

II. Die Eröffnung wirtschaftlicher Handlungsspielräume

5 Die Wahl einer bestimmten Rechts- oder Betriebsform erzwingt nicht per se schon eine größere **Wirtschaftlichkeit** oder geringere Defizite. Dieses vor allem im Rahmen von Privatisierungsvorgängen zugunsten von Privatrechtsformen immer wieder undifferenziert und pauschal vorgebrachte Argument verkennt zum Teil komplexe Sachverhalte wie den Bereich der Daseinsvorsorge und vermag – schon mit Blick auf die Erfolgsgeschichte von Sparkassen in Deutschland und auf viele als Kommunalunternehmen bzw. Anstalt des öffentlichen Rechts geführte kommunale Betriebe – sachlich kaum zu überzeugen, zumal in öffentlich-rechtlich organisierten Unternehmen bereits von Gesetzes wegen die Grundsätze der Wirtschaftlichkeit und Sparsamkeit zu beachten sind. Diese Erkenntnis scheint sich mittlerweile – wohl auch befördert durch die erfolgreiche Einführung der Rechtsform des Kommunalunternehmens in Form der Anstalt des öffentlichen Rechts (im Folgenden: AöR) in nunmehr elf Bundesländern – in der Praxis durchzusetzen, da in den traditionellen Betätigungsfeldern kommunaler Unternehmen insgesamt ein Trend zur Re-Kommunalisierung zu verzeichnen ist.[17] Dieser Trend wurde sicherlich durch die weltweite Finanzkrise und zum Teil bittere Erfahrungen einzelner Kommunen befördert.[18] Letztlich geht es bei

[15] Zu den europa-, verfassungs- und kommunalrechtlichen Vorgaben vgl. Kapitel B und Kapitel C. *Tettinger* Verfassungsrechtliche Selbstverwaltungsgarantie und kommunale Wirtschaft in Püttner, Zur Reform des Gemeindewirtschaftsrechts, S. 23 ff.

[16] Vgl. → C Rn. 190 f.

[17] Vgl. dazu → Rn. 1 und → A Rn. 23a ff., → C Rn. 6, jeweils mwN.

[18] Zu den Auswirkungen der Finanzmarktkrise zB auf Cross-Border-Leasing-Geschäfte der Kommunen vgl. die Stellungnahme des Innenministeriums Baden-Württemberg zu einem entsprechenden Antrag des Landtags von Baden-Württemberg vom 2.10.2008 (Drs. 14/3313) sowie die Antwort der Bundesregierung vom 19.12.2008 auf eine Kleine Anfrage der Fraktion Bündnis 90/Die Grünen an die Bundesregierung (BT-Drs. 16/11519). Generell zu Kommunalleasinggeschäften und den mit diesen verbundenen Risiken vgl. die Antwort des Bayerischen Staatsministeriums des Innern vom 17.1.2005 auf eine Interpellation der SPD-Fraktion im Bayerischen Landtag (LT-Drs. 15/2599); aufgrund der erhöhten Risiken für die Kommunen wurde in Bayern mit Gesetz zur Änderung des Kommunalrechts vom 26.7.2004 (GVBl.

der Entscheidung vor Ort aber nicht um eine ordnungspolitische Positionierung zwischen den Extremen Privatisierung und Kommunalisierung. Durch die Rechtsformenwahl sollen vielmehr die institutionellen Rahmenbedingungen für eine wirtschaftlichere Aufgabenerfüllung geschaffen werden.[19]

Ausgehend von der Prämisse, dass den Entscheidungsträgern für wirtschaftliches Handeln ausreichend Spielräume zur Verfügung stehen müssen, um flexibel (im Sinne von unabhängig und eigenverantwortlich), marktorientiert und damit effizient agieren zu können, rückt somit die **interne Organisationsstruktur** der einzelnen Rechts- oder Betriebsformen in den Fokus des Interesses. Wirtschaftliches Handeln in diesem Sinne kann nur in einem Organisationsgefüge möglich sein, das eine hinreichend klare Abgrenzung der Kompetenzen respektive eine strikte Trennung zwischen Verantwortung und Kontrolle zulässt; denn je mehr die Zuständigkeiten intern zwischen den einzelnen Unternehmensorganen und/oder extern zwischen Unternehmen und Kommune verwischen, desto schwerfälliger und damit letztlich (folge-)kostenintensiver wird die Entscheidungsfindung.[20] 6

Daneben muss der Leitungsebene im Rahmen der **Kompetenzverteilung** die erforderliche Autonomie als Voraussetzung für selbständiges und flexibles Handeln eingeräumt werden. Aufgrund der Komplexität und Vielfalt kommunaler Betätigungsfelder und im Hinblick auf den eingangs erwähnten Zielkonflikt zwischen Handlungsfreiheit und Einflussnahmepflicht[21] sollte auch das Organisationsgefüge selbst flexibel gestaltbar sein, um die interne Struktur des Unternehmens besser auf die zu erfüllende Aufgabe ausrichten und damit eine gesteigerte Effizienz erreichen zu können. So wird die Kommune im Rahmen der Wahrnehmung freiwilliger Aufgaben wirtschaftlicher, sozialer oder kultureller Art der Betriebs-/Unternehmensführung eher ein hohes Maß an Autonomie und entsprechend weitgehende Kompetenzen zugestehen können als im Bereich kommunaler Pflichtaufgaben, deren ordnungsgemäße Erfüllung sie zu gewährleisten hat. Dabei darf freilich der öffentliche Zweck des Unternehmens nicht aus den Augen verloren werden. 7

Um wirtschaftliche Handlungsspielräume zu schaffen oder zu erweitern, sollten sich die Kommunen folglich primär für solche Rechts- oder Betriebsformen entscheiden, die – bei effektiver Aufgabenwahrnehmeung – eine flexible **Gestaltung der internen „Organisations-/Unternehmensverfassung“** zulassen. Die strukturellen Voraussetzungen für wirtschaftliches Handeln können dann durch eine aufgabenorientierte Ausgestaltung, insbesondere eine klare Kompetenzverteilung und die Stärkung der Autonomie der Unternehmensleitung, geschaffen werden. 8

Bei Betrachtung der zur Verfügung stehenden Rechts- und Betriebsformen allein nach diesen Kriterien erscheinen insbesondere die **rechtlich verselbständigten Rechtsformen** vorteilhaft. Allerdings sollten die Kommunen davor gewarnt sein, die propagierte „Schaffung wirtschaftlicher Handlungsspielräume“ dahin gehend misszuverstehen, sich selbst diese Handlungsspielräume durch die Ausgliederung von Defiziten auf selbständige Rechtsträger einzuräumen. Derartige „Umschuldungen“ stünden dem hier verfolgten Anliegen nach einer wirtschaftlicheren Ausrichtung des kommunalen Unternehmens wegen der in diesem Fall defizitär bedingten Verengung unternehmerischer Handlungsspielräume diametral entgegen.[22] Abgesehen davon sollte auch nach einer Ausgliederung eines Unternehmens aus 9

S. 272) ein Risikominimierungsgebot in die Kommunalgesetze aufgenommen (vgl. auch die amtliche Begründung, LT-Drs. 15/1063, 19). Vgl. auch SZ vom 9./10.5.2009 („Trick 17 mit fataler Langzeitwirkung“).

19 So auch *Riedmayer* in Riedmayer/Schraml, Kommunalunternehmen, 27; *Ehlers* Verwaltung in Privatrechtsform, 299.

20 Vgl. *Klein/Uckel/Ibler* Kommunen als Unternehmer, Kennzahl 23.00 Anm. 2.2.2; *Müller* Rechtsformenwahl S. 335; *Scholz/Pitschas* Rechtsformenwahl in Püttner Handbuch der kommunalen Wissenschaft und Praxis, 128, 132.

21 Dazu sogleich → Rn. 11 ff.

22 Vgl. nur BGH 20.9.2010 – II ZR 78/09, DStR 2010, 2090 (Vorinstanz OLG Brandenburg 17.2.2009 – 6 U 102/07, BeckRS 2009, 7174) zur Insolvenz einer zur Entlastung des städtischen Haushaltes gegründeten und aufgrund der übertragenen Lasten nicht konkurrenzfähigen GmbH. Große Aufmerksamkeit

dem Kernhaushalt der Kommune dieses bei der Beurteilung der finanzwirtschaftlichen Lage der gesamten Kommune nicht aus dem Blick verloren werden.[23]

10 Von den rechtlich verselbständigten Rechtsformen gewährleistet die **Aktiengesellschaft** ein hohes Maß an unternehmerischer Freiheit, lässt aber wegen der zwingend normierten Kompetenzverteilung nur wenig Raum für eine flexible Anpassung der Unternehmensstruktur an die Bedürfnisse eines öffentlichen Rechtsträgers, während die Rechtsformen der rechtsfähigen **Anstalt des öffentlichen Rechts (AöR)** und der **GmbH** – in einigen Bundesländern nunmehr verstärkt auch der unselbständige **Eigenbetrieb** – den Kommunen einen weiten Spielraum bei der Gestaltung der Unternehmensverfassung eröffnen. Der **Regiebetrieb** dagegen eignet sich aufgrund des durch die unmittelbare Einbindung in die Kommunalverwaltung bestehenden Kompetenzgemenges nur sehr eingeschränkt für ein wirtschaftlich orientiertes Unternehmen. Unentbehrliche Voraussetzung für eine größere wirtschaftliche Effektivität oder sogar bessere Erfüllung der öffentlichen Aufgabe bleibt aber unabhängig vom Ergebnis der Entscheidung letzten Endes die tatsächliche Nutzung der wirtschaftlichen Spielräume durch die verantwortlichen Leitungsorgane.

III. Der Verlust kommunaler Einflussnahme und Kontrolle

11 Die Kommunen dürfen die Rechts- und Betriebsform ihrer Unternehmen nicht ausschließlich nach wirtschaftlichen Kriterien wählen, sondern sind an den öffentlichen Zweck ihrer Unternehmung gebunden und zur ordnungsgemäßen Erfüllung ihrer Aufgaben in Verantwortung gegenüber dem Bürger verpflichtet. Um dieser Verpflichtung gerecht zu werden, müssen den Kommunen wirksame **Steuerungs- und Kontrollmöglichkeiten** gegenüber dem Unternehmen zur Verfügung stehen, um Fehlentwicklungen erkennen und korrigieren sowie selbst auf unternehmerische Planungen einwirken zu können. Die Entscheidung für eine unter dem Gesichtspunkt der Wirtschaftlichkeit als vorteilhaft erachtete rechtliche Verselbständigung des Unternehmens führt aber zwangsläufig zu einem Verlust an kommunalen Steuerungs- und Kontrollmöglichkeiten und damit zum eingangs beschriebenen Konflikt zwischen dem Ziel, größere unternehmerischer Freiheit gewähren zu wollen, und der Notwendigkeit, steuernd auf das Unternehmen einwirken zu können. Nicht selten erwachsen hieraus Rechtsstreitigkeiten zwischen der Kommune und Vertetern in Organen rechtlich verselbständigter kommunaler Unternehmen zum Beispiel zur Frage der Weisungsgebundenheit.[24] Handelt es sich um ein Unternehmen in Privatrechtsform, ist zu beachten, dass die Kommunen als Unternehmensträger sich nur innerhalb der gesellschaftsrechtlichen Regelungen einen Einfluss sichern können. Der Kommune als Unternehmer kommt hier kein Sonderstatuts zu.[25]

12 Darüber hinaus wird durch die Verlagerung der Aufgabenerfüllung auf eine Privatrechtsform auch die (kommunal-)externe Kontrolle der Einhaltung des öffentlichen Zwecks im Wege der **Kommunalaufsicht,** der unmittelbar nur die öffentlich-rechtlich organisierten Organisationsformen unterworfen sind, abgeschwächt, so dass sich die Gefahr eines „Entgleitens" des Unternehmens aus dem öffentlichen Einfluss- und Kontrollbereich erhöht. Auch wenn die Minderung kommunalpolitischer Einflussnahme oder staatlicher Kontrolle

erregte auch das 2014 eingeleitete Insolvenzverfahren über die Stadtwerke Gera AG, das lt. Presseberichten 2021 zum Abschluss kommen soll.

[23] Nach dem Kommunalen Finanzreport 2019 der Bertelsmann Stiftung betrug der Anteil der Extrahaushalte an den kommunalen Investitionskrediten zum Stichtag 31.12.2018 im Flächenländerdurchschnitt knapp 15 Prozent, der Gesamtschuldenanteil der Extrahaushalte noch ca. 10,6 Prozent (siehe www.kommunaler-finanzreport.de, S. 54 ff.). Vgl. auch Zur Lage des Konzerns Kommune, Public Governance Frühjahr 2018, S. 6 ff., abrufbar unter www.publicgovernance.de.

[24] Vgl. BVerwG 31.8.2011 – 8 C 16/10, NVwZ 2012, 115 (fakultativer Aufsichtsrat einer GmbH); VGH Kassel 9.2.2012 – 8 A 2043/10, DVBl. 2012, 647 (Aufsichtsrat einer AG); OVG Bautzen 3.7.2012 – 4 B 211/12, GmbHR 2013, 35 (Aufsichtsrat einer GmbH).

[25] Exemplarisch zum „Vorrang des Gesellschaftsrechts" VGH Kassel 9.2.2012 – 8 A 2043/10, NVwZ-RR 2012, 566 (568 f.) mwN. Näher dazu → D IV. Rn. 351 ff., V. Rn. 525 ff., VI. Rn. 72 ff., VI. Rn. 854 ff.

nicht selten ein wesentliches Motiv einer Umstrukturierung darstellt, sollten sich die kommunalen Entscheidungsträger in diesem Zusammenhang stets bewusst sein, dass sich die kommunale Unternehmung allein aus der Erfüllung eines öffentlichen Zwecks zum Wohle der Bürgerinnen und Bürger rechtfertigt und damit auch zum eigenen Schutz in gewissem Maße der öffentlichen Kontrolle unterworfen sein muss.[26]

Aufgrund der Bedeutung dieses Zielkonfliktes für das künftige Zusammenspiel zwischen Unternehmensträger und Unternehmen sind der Entscheidung für eine Rechts- oder Betriebsform zwingend Überlegungen dahin gehend voranzustellen, wie viel **wirtschaftlicher Handlungsspielraum** dem Unternehmen zugestanden werden kann oder anders ausgedrückt, in welchem Umfang **kommunale Einflussnahme** erforderlich ist, um die möglichen Gefahren einer Verselbständigung zu minimieren. Wie bereits angeklungen, haben sich diese Überlegung im Wesentlichen an der im Einzelfall zu erfüllenden kommunalen Aufgabe und den daraus erwachsenden Bedürfnissen zu orientieren.[27] **13**

Daran schließt sich in einem zweiten Schritt die entscheidende Frage an, durch welche der zur Verfügung stehenden Rechts- oder Betriebsformen sich das angestrebte Verhältnis von unternehmerischer Freiheit einerseits und kommunaler Einflussnahme andererseits optimal verwirklichen lässt. Die Schaffung einer diesen Determinanten entsprechenden **Unternehmensstruktur** kann wiederum nur gelingen, wenn diese Rechts- oder Betriebsform eine flexible Gestaltung der Unternehmensverfassung ermöglicht. **14**

Hat die Kommune beispielsweise im Bereich der **Daseinsvorsorge** ein gesteigertes Bedürfnis nach Einwirkungs- und Kontrollmöglichkeiten bei gleichzeitigem Bestreben, die erforderlichen wirtschaftlichen Handlungsspielräume zu gewähren, wird sie eine Rechts- oder Betriebsform favorisieren, innerhalb derer die Kompetenzen der Leitungsebene zugunsten eines internen Kontrollorgans oder extern des zuständigen Kommunalorgans auch bei zukünftigen marktbedingten Veränderungen der Determinanten entsprechend verschoben werden können. Daneben wird die Kommune zur Sicherung ihrer Einflussnahme- und Kontrollmöglichkeiten in der Unternehmensverfassung evtl. weitere flankierende Maßnahmen treffen wollen wie etwa die Normierung von Informations- und Weisungsrechten oder die Regelung der pers. Besetzung der Unternehmensorgane. **15**

Umgekehrt wird die Kommune im Rahmen der **Wahrnehmung freiwilliger oder im Wettbewerb zu erfüllender Aufgaben** unter Umständen der Leitungsebene weiterreichende Kompetenzen einräumen und kommunalpolitische Einflussnahme eher vermindern wollen. Die gebotene Balance zwischen den kollidierenden Zielen der Aufgabenbindung (sowie der daraus resultierenden Pflicht zur Einflussnahme) und der Einräumung unternehmerischer Freiheit lässt sich demnach nur im Rahmen einer ausreichend elastischen Organisationsstruktur herstellen. **16**

Unter den für kommunale Unternehmen zulässigen Rechts- und Betriebsformen eröffnen die rechtlich unselbständigen **Regie- und Eigenbetriebe** zwar weitreichende Einflussnahmemöglichkeiten durch den Unternehmensträger, begrenzen aber in diesem Maße die Spielräume für die Auflösung des erwähnten Spannungsverhältnisses. Dies gilt vor allem für den unmittelbar in die Kommunalverwaltung integrierten Regiebetrieb, während der Eigenbetrieb als Sondervermögen mit eigenen Organen noch eher eine aufgabenbezogene Ausgestaltung der Betriebssatzung zulässt.[28] **17**

---

[26] Zur Forderung nach Information der Öffentlichkeit über das Handeln von Organen kommunaler Unternehmen im Rahmen eines Bürgerbegehrens bzw. zur Verschwiegenheitspflicht der Organmitglieder vgl. VGH München 8.5.2006 – 4 BV 05.756, KommJur 2007, 176. Zur Frage der „Transparenz" von Rechtsformen *Gaß/Popp* Gemeinde als Unternehmer, 63 ff.; zur Öffentlichkeit von Ratssitzungen bei Angelegenheiten kommunaler Unternehmen *Burgi* NVwZ 2014, 609 ff.

[27] Allgemein zum Zusammenhang zwischen Aufgabenerfüllung und Einflussnahmepflicht *Scholz/Pitschas* in Mann/Püttner HKWP, S. 128, 137 ff.; *Ehlers* Verwaltung in Privatrechtsform, 131 f.; *Püttner,* Die Wahl der Rechtsform für kommunale Unternehmen, in: *Püttner,* Zur Reform des Gemeindewirtschaftsrechts, 143, 153 ff.

[28] Vgl. dazu → D. Rn. 61 ff.

18 Im Gegensatz dazu räumen die zwingenden Vorschriften des Aktienrechts dem Vorstand einer **Aktiengesellschaft** eine größtmögliche Eigenverantwortlichkeit und Selbständigkeit vom Unternehmensträger/Aktionär ein und geben ein relativ starres Kompetenzgefüge vor. Eine kommunale Einflussnahme auf den Vorstand ist direkt nur über eine konzernrechtliche Einbindung der Aktiengesellschaft, ansonsten in begrenztem Umfang und nur mittelbar über in den Aufsichtsrat entsandte Personen möglich.[29] Die Aktiengesellschaft ist von ihrer Struktur her nicht auf die Berücksichtigung individueller Bedürfnisse der Unternehmensträger/Aktionäre, sondern auf eine Vielzahl von Teilhabern angelegt und daher eher für wirtschaftlich orientierte Unternehmungen größeren Umfangs geeignet. Vor diesem Hintergrund haben einige Bundesländer einen Nachrang der Aktiengesellschaft gegenüber anderen Rechtsformen normiert.[30]

Der Vollständigkeit halber sei an dieser Stelle darauf hingewiesen, dass auch die – in letzter Zeit vor allem im Energiebereich Verbreitung findende[31] – Rechtsform der **Genossenschaft** aufgrund des genossenschaftsrechtlichen Prinzips, dass jedem Mitglied grundsätzlich unabhägig von seiner Kapitalbeteiligung (nur) eine Stimme in der Generalversammlung zusteht und die Mitglieder des Aufsichtsrats von der Generalversammlung gewählt werden, nur eingeschränkte Einflussnahmemöglichkeiten für eine sich beteiligende Kommune eröffnet.[32] Um einen angemessenen Einfluss zu gewährleisten, muss unter Umständen auf Konstruktionen wie die Sekundärgenossenschaft oder doppelstöckige Genossenschaft bzw. Holding-Modelle zurückgegriffen werden.[33]

19 Der weitaus größte Gestaltungsspielraum steht den Kommunen dagegen bei der Wahl der Rechtsform einer **GmbH** oder einer **AöR** zur Verfügung, deren Unternehmensstruktur der Gesetzgeber bewusst offen gestaltet hat. So kann die Kommune im Gesellschaftsvertrag der GmbH oder in der Unternehmenssatzung der AöR Einwirkungsmöglichkeiten ähnlich der Situation bei einem Regiebetrieb festlegen oder aber die Geschäftsführung wie den Vorstand einer Aktiengesellschaft mit autonomen Kompetenzen ausstatten. Für die Rechtsform der GmbH gilt dies jedenfalls, soweit sie nicht mitbestimmungsrechtlichen Regelungen unterliegt und infolgedessen ein obligatorischer Aufsichtsrat gebildet werden muss, dessen Kompetenzen sich aus dem Aktiengesetz ergeben.[34] Somit bleibt es der Kommune selbst vorbehalten, die Reichweite ihrer Einflussnahme durch eine entsprechende Gestaltung der Unternehmensverfassung zu bestimmen, so dass sich die Rechtsformen der GmbH und der AöR in besonderer Weise dazu eignen, einerseits dem Bedürfnis nach mehr unternehmerischer Freiheit nachzukommen und gleichzeitig der Notwendigkeit einer maßvollen Einflussnahme gerecht zu werden.[35]

IV. Möglichkeiten der Kooperation mit anderen Rechtssubjekten

20 Im Rahmen der Zweckmäßigkeitskriterien sind aus kommunaler Sicht vor allem die **Kooperationsmöglichkeiten** von Bedeutung, die die jeweilige Rechts- oder Betriebsform eröffnet. Für die Notwendigkeit einer verstärkten Zusammenarbeit mit anderen

[29] Vgl. → D V. Rn. 532, 681 ff. Dies hat auch Bedeutung für die Frage der Zulässigkeit vergaberechtsfreier Inhouse-Geschäfte zwischen Kommune und AG, vgl. → C Rn. 201 und → H. Rn. 36 ff.

[30] Vgl. dazu → C. Rn. 199 ff.

[31] Nach Angaben des Deutschen Genossenschafts- und Raiffeisenverbands e. V. (DRGV) sind von 2008 bis 2019 deutschlandweit rund 1.900 Genossenschaften gegündet worden, davon rund 900 Energiegenossenschaften, vgl. DGR Geschäftsbericht 2019, 6 f.

[32] Gewisse Erleichterungen hat der durch G vom 17.7.2017 (BGBl. I S. 2434) eingeführte § 36 Abs. 5 GenG gebracht, nach dem die Satzung unter bestimmten Voraussetzungen Entsenderechte vorsehen kann. Vgl. zur Genossenschaft Kapitel D VII.

[33] Vgl. dazu *Gaß/Popp* Gemeinde als Unternehmer, 207 ff.

[34] Vgl. dazu die Ausführungen unter → Rn. 45.

[35] Ebenso *Klein/Uckel/Ibler* Kommunen als Unternehmer, Kennzahl 31.40, Anm. 2.3 und Kennzahl 51.40, Anm. 2.1; *Knemeyer* Kommunalunternehmen in Henneke, Organisation kommunaler Aufgabenerfüllung, 131, 142; *Uechtritz/Reck* in Hoppe/Uechtritz/Reck Handbuch kommunale Unternehmen, § 16 Rn. 49, 52.

Kommunen, aber auch mit Privaten gibt es viele Gründe. Die demografische Entwicklung, knappe finanzielle Ressourcen, permanent steigende rechtliche und technische Anforderungen an die Aufgabenerfüllung, aber auch höhere Erwartungen der Bürgerinnen und Bürger an die Leistungserbringung durch die Gemeinden zwingen zu mehr Effizienz, Wirtschaftlichkeit und Kooperationen über das Gemeindegebiet hinaus. Hinzu kommen die fortschreitende Liberalisierung und Deregulierung ursprünglich originär kommunaler Aufgabenbereiche, durch die die Kommunen und ihre Unternehmen mehr und mehr dem Wettbewerb ausgesetzt werden.

So steht nach der Entmonopolisierung der **Abfallentsorgung** und der **Energiewirtschaft** weiterhin die Öffnung der Bereiche der **Wasserversorgung und Abwasserbeseitigung** für private Anbieter zur Debatte.[36] Gleichzeitig lässt sich eine Zunahme der Verwaltungsaufgaben insbesondere im Bereich der **Daseinsvorsorge,** aber auch eine Ausdehnung kommunaler Betätigungsfelder im wirtschaftlichen Bereich beobachten. Um diesen veränderten Rahmenbedingungen gerecht zu werden, ziehen Kommunen in Erwägung, ihre wirtschaftlichen Aktivitäten zu koordinieren und zusammenzuarbeiten, sei es, um durch den Abbau von Überkapazitäten und eine Bündelung der Nachfragemacht die Vorteile der Liberalisierung zu nutzen und dadurch im Wettbewerb um die Kunden die günstigsten Konditionen zu erzielen, sei es zum Abbau von Doppelstrukturen, wo in räumlicher Nähe inhaltsgleiche Aufgaben wahrgenommen werden, oder zur gebietsüberschreitenden Expansion. Auch die Erreichung politischer Ziele wie die Umsetzung der Energiewende und der Klimaschutz hat hier Bedeutung. 21

Zu diesen Zwecken gewinnt neben der **interkommunalen Zusammenarbeit** auch die **Kooperation mit oder Beteiligung an privaten Rechtssubjekten** unter dem Schlagwort Public-Private-Partnership an Bedeutung. So kann durch eine solche Zusammenarbeit privates Know-how kostengünstig nutzbar gemacht werden. Vor dem Hintergrund der prekären Finanzlage der Kommunen dient die Beteiligung Privater an kommunalen Eigengesellschaften in zunehmendem Maße auch der Erschließung von Eigenkapital zur Vermeidung erneuter Kreditaufnahmen und der Verringerung der Abhängigkeit von der finanziellen Situation der Trägerhaushalte. Aktuelle Beispiele sind die Übernahme der Strom- und Gasnetze im Rahmen der Konzessionsvergabe durch neu und gemeinsam mit einem strategischen Partner gegründete Stadtwerke[37] oder die Gründung öffentlich-privater Gesellschaften zur Klärschlammentsorgung (vgl. auch → Rn. 23). Die Frage nach der Kooperationsfähigkeit mit anderen Rechtssubjekten spielt daher eine immer wichtigere Rolle im Rahmen der Entscheidung für eine bestimmte Rechts- und Betriebsform. 22

Allerdings ist festzustellen, dass mit der steigenden Bedeutung insbesondere des Themas interkommunale Zusammenarbeit auch die rechtlichen Anforderungen zunehmen. Dies gilt vor allem für die Bereiche des Steuer- und des Vergaberechts. So kann durch die (nach derzeitigem Stand) spätestens ab dem 1.1.2023 allgemein anzuwendende Vorschrift des § 2b UStG[38] die Wirtschaftlichkeit derartiger Projekte in Frage stehen. Auch die zum 18.4.2016 in Kraft getretenen Neuregelungen in § 108 GWB, mit denen der Gesetzgeber erstmals und in Umsetzung der EU-Vergaberichtlinien die Voraussetzungen für vergaberechtsfreie Inhouse-Geschäfte[39] und horizontale Zusammenarbeiten öffentlicher Auftrag-

[36] Der zuletzt im Verfahren zum Erlass der am 15.1.2014 beschlossenen Richtlinie 2014/23/EU über die Konzessionsvergabe (ABl. 2014 L 94, S. 1) unternommene Versuch der EU-Kommission, sog. kommunale Spartenunternehmen durch konzessionsrechtliche Vorgaben zu einer öffentlichen Ausschreibung der Konzessionen im Wasser- und Abwasserbereich zu zwingen, ist gescheitert. Seit Ende Januar 2021 findet eine Evaluation der Vergaberichtlinien unter besonderer Berücksichtigung der Entwicklungen im Bereich der Wasserversorgung statt.

[37] Vgl. aus der Rechtsprechung OLG Düsseldorf 9.1.2013 – VII-Verg 26/12, EnZW 2013, 125.

[38] Bezeichnend die amtl. Begr. zum G vom 19.6.2020 (BGBl. I S. 1385), mit dem die Optionsfrist in § 27 Abs. 22a UStG um zwei Jahre verlängert wurde mit der Begründung, bei Beibehaltung des bisherigen Endes der Übergangsfrist seien nachhaltige Folgen ua für die interkommunale Zusammenarbeit zu befürchten, vgl. BT-Drs. 19/19150, 7. Zur Umsatzbesteuerung nach § 2b UStG → G Rn. 153 ff.

[39] Ausführlich dazu → H. Rn. 36 ff.

geber regelte, haben nicht die erhofften Spielräume eröffnet und zu mehr Rechtssicherheit geführt, wie die aktuelle Rechtsprechung hierzu zeigt.[40] Das erklärte Ziel einer Vereinfachung des Vergaberechts wurde jedenfalls nicht erreicht.[41] Immerhin wurden zwischenzeitlich bürokratische Hürden bei der Überlassung von Personal an andere Kommunen durch Anpassung der Regelungen des Arbeitnehmerüberlassungsgesetzes (AÜG) ein Stück weit abgebaut.[42]

Auch bei der Auswahl eines privaten Kooperationspartners können nach der Mitteilung der EU-Kommission bereits vergaberechtliche Vorgaben zur Anwendung kommen bzw. die Durchführung eines fairen und transparenten Verfahrens erforderlich sein[43]; im Übrigen ist beim vergaberechtlichen Auswahlverfahren zu prüfen, ob eine beihilfenrelevante Begünstigung der privaten Beteiligten erfolgt.

23 Beabsichtigt die Kommune eine Kooperation mit anderen Körperschaften oder Privaten, ist zunächst an eine **Zusammenarbeit auf vertraglicher Basis** zu denken. Dafür ist die Rechtsfähigkeit der Vertragspartner erforderlich, so dass diese Form der Kooperation für Regie- und Eigenbetriebe nicht in Betracht kommt. Für sie muss die Gebietskörperschaft selbst entsprechende Vereinbarungen mit anderen Rechtssubjekten schließen. Auf kommunaler Ebene geschieht dies in der Regel in Form von **Arbeitsgemeinschaften** oder **Zweckvereinbarungen** bzw. im Rahmen anderer Formen **interkommunaler Zusammenarbeit.** Daneben wurden in der Praxis unter dem Stichwort **„Public-Private-Partnership"** zahlreiche Kooperationsmodelle für die vertragliche Zusammenarbeit zwischen Kommunen und Privaten – zB Betreiber-, Betriebsführungs- oder Leasingmodelle – entwickelt[44], die in der Regel als kreditähnliche Rechtsgeschäfte anzusehen sind. Hierzu werden den Kommunen von Bund und Ländern als Hilfestellung mittlerweile zahlreiche Handlungsleitfäden und Vertragsmuster zur Verfügung gestellt.[45] Den Unternehmen in der Rechtsform der AöR oder in Privatrechtsform ist kraft ihrer Rechtsfähigkeit eine eigenständige vertragliche Zusammenarbeit mit anderen Rechtssubjekten im Rahmen des jeweiligen Unternehmenszwecks uneingeschränkt möglich.

24 Neben der vertraglichen Zusammenarbeit ist auch die gemeinsame **Beteiligung an einem Rechtsträger von großem Interesse.** Dabei kann zunächst festgehalten werden, dass eine Beteiligung Dritter an einem Regie- oder Eigenbetrieb als unselbständiger Teil der Kommune ebenso wenig möglich ist wie die Beteiligung von Regie- und Eigenbetrieben mangels deren Rechtsfähigkeit an anderen Rechtssubjekten. Regie- und Eigenbetriebe sind demnach für eine Kooperation ungeeignet und müssen im Falle entsprechender Planungen als mögliche Betriebsformen ausscheiden.

25 Als „klassische" Kooperationsform sieht das Kommunalrecht den kommunalen **Zweckverband** als eigenständige öffentlich-rechtliche Rechtsform vor, die ihrerseits kommunale Unternehmen betreiben kann.[46] Unter dem Dach dieser Rechtsform können sich Gebiets-

[40] Vgl. nur EuGH 4.6.2020 – C-429/19, NZBau 2020, 457; EuGH 28.5.2020 – C-796/18, BeckRS 2020, 10203; EuGH 21.12.2016 – C-51/15, NVwZ 2017, 373, dazu *Wachinger/Scholz* NVwZ 2017, 376 ff.; OLG Koblenz 14.5.2019 – Verg 1/19, NZBau 2019, 534; OLG Naumburg 17.3.2017 – 7 Verg 8/16, BeckRS 2017, 111379.

[41] Nähere Informationen dazu unter www.dstgb-vis.de.

[42] Vgl. dazu → F II. Rn. 36.

[43] Mitteilung der EU-Kommission zu Auslegungsfragen in Bezug auf die Anwendung der gemeinschaftlichen Rechtsvorschriften für öffentliche Aufträge und Konzessionen auf institutionalisierte öffentlich-private Partnerschaften (IÖPP) 2008/C 91/02, ABl. 2008 C 91, S. 4. Unklar ist allerdings, wie dem Transparenzgebot im Einzelfall Rechnung getragen werden soll. Ein zweistufiges Auswahlverfahren sowohl bei der Unternehmensgründung als auch bei der anschließenden Auftragsvergabe an dieses Unternehmen ist allerdings nicht erforderlich, vgl. EuGH 15.10.2009 – C-196/08, EuZW 2009, 849.

[44] Insgesamt dazu *Wurzel/Probst* in *Ossola-Haring,* Die GmbH mit kommunaler Beteiligung und die gemeinnützige GmbH, 4. Teil, S. 301 ff. Vgl. auch das Gutachten des Wissenschaftlichen Beirats beim BMF 02/2016 zu Chancen und Risiken Öffentlich-Privater Partnerschaften, abrufbar unter www.bundesfinanzministerium.de.

[45] Empfehlenswert die „PPP-Leitfäden" und sonstigen Materialien, die als download erhältlich sind zB unter www.ppp.bayern.de, www.ppp.nrw.de, www.ppp.niedersachsen.de.

[46] Ausführlich zum Zweckverband siehe Kapitel D III.

körperschaften, daneben aber auch Kommunalunternehmen als Anstalten des öffentlichen Rechts sowie – je nach Ausgestaltung der einschlägigen Voraussetzungen – juristische Personen des Privatrechts wie die GmbH oder die Aktiengesellschaft zusammenschließen. Der Zweckverband stellt damit das öffentlich-rechtliche Pendant zur privatrechtlich organisierten Beteiligungsgesellschaft dar.

Im Gegensatz zur Beteiligungsgesellschaft offenbart das **Zweckverbandsrecht** aber nicht unerhebliche Schwächen. Die Verbandsstruktur orientiert sich primär am Prinzip der Mitgliedschaft und dem Umlageverfahren, so dass eine Beteiligung der Mitglieder nach der Höhe ihrer Kapitaleinlage oder Investitionen nicht in Betracht kommt. Daneben verfügt der Zweckverband nicht über ein festes Stammkapital als Haftungsgrundlage und Kreditsicherheit. Schließlich kann das Nebeneinander von Verbands- und Unternehmensverfassung, aber auch die Rückkopplung der Verbandsräte an die Entscheidungsgremien der Verbandsmitglieder zu Reibungsverlusten führen. Insgesamt ist der Zweckverband von seiner Struktur daher eher auf eine Zusammenarbeit öffentlich-rechtlicher Rechtsträger im Bereich hoheitlich-verwaltender Tätigkeit und nicht so sehr für die wirtschaftliche Betätigung oder gar die Beteiligung Privater ausgelegt. Vor diesem Hintergrund wird eine grundsätzlich mögliche Beteiligung kommunaler Zweckverbände an anderen Rechtssubjekten nur in seltenen Fällen in Betracht kommen. 26

Das Kommunalunternehmen als **rechtsfähige Anstalt des öffentlichen Rechts** kann sich ebenfalls ohne weiteres an anderen Rechtssubjekten beteiligen, soweit dies dem Unternehmenszweck dient. In umgekehrter Richtung ist die Beteiligung Dritter an der AöR wegen dessen monistischer Trägerstruktur nur bei Bestehen einer gesetzlichen Ermächtigungsgrundlage möglich. In vielen Bundesländern, die für kommunale Unternehmen die Rechtsform der Anstalt des öffentlichen Rechts eingeführt haben, ist auch die Mehrträgerschaft in Form eines **„gemeinsamen Kommunalunternehmens" als Alternative zum Zweckverband** zulässig, dh mehrere Kommunen können sich als gemeinsame Anstaltsträger eines Kommunalunternehmens bedienen.[47] Damit werden alternative Gestaltungsmodelle wie etwa das Kooperations-Kommunalunternehmen[48] oder die Gründung eines „ausgehöhlten" Zweckverbands[49], durch die das Defizit an Kooperationsfähigkeit verringert werden konnte, überflüssig. Eine unmittelbare, operative Beteiligung Privater an Kommunalunternehmen ist aber auch weiterhin ausgeschlossen; hier bleibt nur der Weg einer Kooperation über ein privatrechtlich organisiertes Tochterunternehmen im Rahmen einer Holding-Konstruktion.[50] 27

Grundsätzlich uneingeschränkte Kooperationsmöglichkeiten bestehen bei Privatrechtsformen wie der **GmbH** oder der **Aktiengesellschaft.** Diese Rechtsformen können wie ein Kommunalunternehmen Tochtergesellschaften gründen oder sich an anderen Rechtssubjekten beteiligen, darüber hinaus aber auch selbst Dritte als Mitgesellschafter aufnehmen. 28

[47] Näher dazu → D II. Rn. 239a ff.

[48] Grundlage für das Kooperations-Kommunalunternehmen ist eine Zweckvereinbarung zwischen den beteiligten Kommunen, durch die sie die künftig vom Kommunalunternehmen wahrzunehmende Aufgabe oder die mit einem bestimmten Zweck zusammenhängenden Aufgaben auf eine Kommune übertragen, die sodann das Kommunalunternehmen errichtet.

[49] Im Rahmen des „ausgehöhlten" Zweckverbands schließen sich mehrere Kommunen zu einem Zweckverband zusammen zum Zwecke des Betriebs eines Kommunalunternehmens. Um ein Nebeneinander von Verbands- und Unternehmensorganen zu vermeiden, wird der Zweckverband dergestalt „ausgehöhlt", dass durch entsprechende Gestaltung der Verbands- und Unternehmenssatzung eine weitgehende personelle Identität zwischen den Mitgliedern der Vorstände sowie zwischen Verbandsversammlung und Verwaltungsrat hergestellt wird mit der Folge, dass die unternehmerischen Entscheidungen faktisch nur von zwei Organen vorzubereiten und zu treffen sind.

[50] Die Rechtssubjekte werden hier an einer vom Kommunalunternehmen gegründeten (privatrechtlich organisierten) Tochtergesellschaft beteiligt und arbeiten im Rahmen dieser Gesellschaft mit dem Kommunalunternehmen zusammen. Die Tätigkeit des Kommunalunternehmens als Holding besteht dann im Wesentlichen in der Leitung der Beteiligungsgesellschaften gemeinsam mit den Partnern. Näher dazu *Schraml* in Riedmayer/Schraml Kommunalunternehmen, 29 ff. zur Holding des Landkreises Würzburg; zu den Kooperationsmöglichkeiten insgesamt vgl. → D II. Rn 135 ff.

Voraussetzung für die Beteiligung öffentlich-rechtlicher oder privater Rechtssubjekte an einer kommunalen Gesellschaft ist allerdings, dass die Kommune weiterhin angemessenen Einfluss auf das Unternehmen erhält.

29 Neben der größeren Flexibilität haben **Privatrechtsformen** im Gegensatz zum Zweckverband in der Regel den weiteren Vorteil, dass sich die Beteiligungsverhältnisse und die daraus resultierenden Einflussrechte ohne weiteres abstufen und variabel verändern lassen.[51] Andererseits darf nicht unberücksichtigt bleiben, dass gerade bei der Kooperation von Kommunen mit Privaten im Rahmen von Beteiligungsgesellschaften, die nichts anderes als eine materielle **Teilprivatisierung** der kommunalen Aufgabe darstellt, die Gefahr eines zunehmenden Verlustes an kommunalen Steuerungs- und Kontrollmöglichkeiten wegen der unterschiedlichen Interessen der Gesellschafter – öffentlicher Zweck versus Gewinnerzielungsabsicht – als besonders groß einzuschätzen ist. Die Kommunen sind daher angehalten, in den Gesellschaftsverträgen oder Unternehmenssatzungen entsprechende Instrumentarien zur Sicherung ihrer Einwirkungsrechte und letztlich der Gewährleistung einer ordnungsgemäßen Aufgabenerfüllung vorzusehen.[52] In diesem Zusammenhang ist zudem zu beachten und bei einer geplanten **Kooperation mit Privaten** in Beteiligungsgesellschaften zu prüfen, ob für die Auswahl des Privaten die vergaberechtlichen – europaweit geltenden – Vorgaben und das EU-Beihilfenrecht einschlägig sind. Eine Beteiligung Privater an kommunalen Unternehmen hat zudem in der Regel zur Folge, dass die Kommune Aufträge nicht ohne vorhergehende **Ausschreibung** an dieses Unternehmen vergeben kann (sog. „Inhouse-Geschäft").[53]

30 Strebt die Kommune mit einem ihrer Unternehmen also eine Kooperation mit anderen Rechtssubjekten an, hängt die Wahl der Rechtsform dieses Unternehmens letztlich entscheidend von der geplanten Form der Zusammenarbeit und den potenziellen Kooperationspartnern ab. Die interkommunale Zusammenarbeit ist in einem **Zweckverband** möglich, im Rahmen eines **gemeinsamen Kommunalunternehmens** (als AöR) bzw. den mit dem Kommunalunternehmen entwickelten Kooperationsmodellen oder einer kommunalen **Beteiligungsgesellschaft** aufgrund der genannten Nachteile des Zweckverbands aber jedenfalls flexibler. Will sich die Kommune dagegen die Option einer Kooperation mit Privaten innerhalb einer Rechtsform offen halten, wird sie um die Entscheidung für eine Privatrechtsform – eventuell auch im Rahmen einer Holding-Konstruktion – nicht umhin kommen. Wegen der weitgehenden Möglichkeiten zur Gestaltung des Gesellschaftsvertrags dürfte die GmbH die hierfür geeignete Rechtsform darstellen.

V. Steuerrechtliche Aspekte[54]

31 In der Praxis wird den steuerlichen Auswirkungen der Wahl einer Rechtsform oftmals eine erhebliche Bedeutung zugemessen.[55] Dabei ist der Bereich der **Steuergesetzgebung** wie kein anderer ständigen Änderungen unterworfen, so dass planerische Zukunftsprognosen schon auf mittelfristige Sicht kaum möglich sind.

32 Dies gilt vor allem im Hinblick auf steuerliche Begünstigungen öffentlicher Unternehmen, die mit dem Ziel der Herstellung von Wettbewerbsneutralität zwischen öffentlichen und privaten Unternehmen abgebaut werden. In diesem Zusammenhang hat das Steuersenkungsgesetz 2001 die **Körperschaftsteuersätze** vereinheitlicht und die nach alter Rechts-

[51] Dies gilt jedenfalls für Kapital- und Personengesellschaften. Zur Genossenschaft vgl. → Rn. 18.

[52] Dies erst recht im Hinblick auf die – umstrittene – Entscheidung des BVerwG vom 27.5.2009 – 8 C 10/08, NVwZ 2009, 1305, in der das Gericht die (materielle) Privatisierung eines örtlich bedeutsamen Weihnachtsmarkts mangels Sicherung von Steuerungs- und Einwirkungsmöglichkeiten als unzulässige Selbstbeschränkung der kommunalen Selbstverwaltung qualifiziert hat. Zu den kommunalrechtlichen Vorgaben vgl. → C Rn. 195 ff.

[53] Vgl. § 108 Abs. 1 Nr. 3 GWB; dazu → H. Rn. 39 und → Rn. 70 mwN.

[54] Ausführlich zur Besteuerung kommunaler Unternehmen, zu steuerlichen Gestaltungsmöglichkeiten und zu steuerlichen Auswirkungen von Umwandlungen vgl. Kapitel G.

[55] Statt vieler *Müller* Rechtsformenwahl, 332 mwN.

lage bestehende unterschiedliche Ertragsteuerbelastung bei Gewinnausschüttungen von Betrieben gewerblicher Art und Eigen- oder Beteiligungsgesellschaften beseitigt. Gleiches gilt für die bis dato differenzierte Behandlung von Beteiligungen im Rahmen der Vermögensverwaltung und als Betrieb gewerblicher Art zu qualifizierenden Beteiligungen. Damit ist in Bezug auf die Körperschaftsteuerbelastung grundsätzlich die Rechtsformneutralität für wirtschaftliche Betätigungen juristischer Personen des öffentlichen Rechts hergestellt worden.

Auch aus **gewerbe- und umsatzsteuerrechtlicher Sicht** bestehen grundsätzlich keine **33** Unterschiede zwischen der Besteuerung von Betrieben gewerblicher Art und Eigen- oder Beteiligungsgesellschaften. Für das Umsatzsteuerrecht gilt dies erst recht seit Inkrafttreten der Neuregelung des § 2b UStG zum 1.1.2016[56], die nunmehr kraft Gesetzes unterstellt, dass juristische Personen des öffentlichen Rechts grundsätzlich Unternehmer im Sinne des Umsatzsteuerrechts sind. Befreiungen von der Umsatzsteuerpflicht sind nur noch in den in § 2b UStG vorgesehenen Fällen möglich, insbesondere wenn die Kommune mit ihrem Unternehmen hoheitliche Aufgaben wahrnimmt (zum Beispiel Abfallentsorgung, Abwasserbeseitigung). In diesem Bereich sind die öffentlich-rechtlichen Rechts- und Betriebsformen in der Regel von der Körperschaft-, Umsatz- und Gewerbesteuerpflicht befreit.[57]

Wie die zurückhaltende Formulierung vermuten lässt, sind im Steuerrecht allerdings **34** kaum allgemein gültige Aussagen für und wider einer bestimmten Rechts- oder Betriebsform möglich. So können die Steuerpflicht eines kommunalen Unternehmens und die damit verbundene Steuerbelastung auch zu **Kostenentlastungen** führen.

Beispielsweise ergibt sich bei einer umsatzsteuerpflichtigen Unternehmung, die größere **35** Investitionen etwa für den Erwerb von Anlagevermögen erfordert, aus der Möglichkeit des sofortigen **Vorsteuerabzugs** jedenfalls vorübergehend ein nicht unerheblicher Finanzierungsvorteil und eine Liquiditätsverbesserung, sodass in diesen Fällen ein steuerstrategischer Wechsel der Rechtsform in Betracht kommt.[58] Dabei ist aber zu beachten, dass sich durch die Umsatzsteuerbelastung der Leistungen des Unternehmens (auch an die Kommune selbst) der anfängliche Vorteil mittelfristig auch in einen Nachteil verkehren kann; dies ist genau zu prüfen. Die unter bestimmten Voraussetzungen zulässige **Zusammenfassung mehrerer steuerpflichtiger kommunaler Betriebe (steuerlicher Querverbund)** und die dadurch mögliche Verrechnung der Gewinne profitabler Betriebe mit den Verlusten defizitärer Betriebe kann zu einer Reduzierung des zu versteuernden Gewinns bis zur gänzlichen Vermeidung einer Steuerbelastung genutzt werden.[59] Auch steuerliche Vergünstigungen im Sinne von **Investitionszulagen** setzen die Steuerpflicht des betreffenden Betriebs voraus.[60]

Vor diesem Hintergrund lässt sich die Frage, ob die Effekte steuerlicher Gestaltungs- **36** möglichkeiten den Vorteil der Steuerfreiheit des Unternehmens auszugleichen vermögen, nur unter Berücksichtigung der konkreten Situation des Unternehmens beantworten, wobei diese Überlegungen freilich überhaupt nur bei grundsätzlich (ertrag)steuerfreien **Hoheitsbetrieben** oder Betrieben der **Vermögensverwaltung** relevant werden können.

In Bezug auf die steuerpflichtigen **kommunalen Betriebe (gewerblicher Art) oder** **37** **Rechtsformen (des Privatrechts)** kann eine Entscheidung für eine bestimmte Rechtsform aus steuerlichen Gründen wegen der angestrebten und bereits im Wesentlichen umgesetzten steuerrechtlichen Rechtsformneutralität und der damit einhergehenden Angleichung der Steuerbelastung erst recht nur im Einzelfall getroffen werden. Berücksichtigt man daneben

---

56 G vom 2.11.2015 (BGBl. I S. 1834). Die Neuregelung war frühestens zum 1.1.2017 anzuwenden, zudem bestand nach § 27 Abs. 22 UStG die Möglichkeit, für einen Übergangszeitraum zur alten Rechtslage zu optieren, der nach § 27 Abs. 22a UStG bis Ende 2022 verlängert wurde. Aufühlich dazu → G Rn. 136 ff.

57 Vgl. zur Umsatzbesteuerung das BMF-Schreiben vom 16.12.2016 zu Anwendungsfragen des § 2b UStG, Rn. 6 ff.

58 Zur Möglichkeit des Vorsteuerabzugs vgl. → G Rn. 165 ff.

59 Vgl. dazu → G Rn. 187 ff.

60 Vgl. § 1 Investitionszulagegesetz 2010 (InvZulG).

die bereits auf mittlere Sicht schwierig einzuschätzende Entwicklung der Steuergesetzgebung, lassen sich aus dem Steuerrecht im Ergebnis grundsätzlich keine stringenten Gründe für eine bestimmte Rechtsform oder einen Rechtsformwechsel ableiten. Im Gegenteil darf der steuerrechtliche Aspekt nicht zu Lasten anderer wichtiger Entscheidungskriterien zu sehr in den Vordergrund gestellt werden. Bei geplanten Umstrukturierungen ist zudem die durch eine Aufdeckung stiller Reserven im Rahmen der Umwandlung unter Umständen entstehende Steuerbelastung in die Bewertung einzubeziehen.

VI. Personalbezogene Kriterien

38 Der Begriff „Personalbezogene Kriterien" beinhaltet eine Vielzahl von Aspekten, die bei der Entscheidung für eine bestimmte Rechts- oder Betriebsform eine Rolle spielen können. Im Vordergrund steht dabei die durch die jeweilige Organisationsform eröffnete **Flexibilität in der Personalwirtschaft** insbesondere im Hinblick auf arbeits-, dienst- und mitbestimmungsrechtliche Bindungen, daneben auch die Möglichkeit der Beschäftigung von Beamten sowie die Mitverantwortung der Führungskräfte.[61]

39 Die Praxis tendiert in diesem Bereich weiterhin dazu, sich vom **öffentlichen Dienstrecht,** besonders der **öffentlichen Tarifbindung,** zu trennen. Mit dem beamtenrechtlichen Laufbahnsystem, dem großzügigen Kündigungsschutz für Arbeitnehmer, der Eingruppierungssystematik der einschlägigen Tarifverträge und den starren Stellenplänen wird diese Rechtsmaterie im Verhältnis zum privaten Arbeitsrecht als zu wenig leistungsbefördernd, zu komplex und infolgedessen schwieriger handhabbar angesehen. Dies kann sich unter dem Gesichtspunkt der personellen Flexibilität negativ auf das Unternehmen auswirken. Hinzu kommt der sich bis 2030 noch deutlich verschärfende **Fachkräftemangel**[62] und der damit einhergehende „Wettbewerb um die Köpfe", der immer häufiger als Grund für eine Ausgliederung bestimmter Aufgabenbereiche genannt wird, um bei der Bezahlung der Arbeitnehmerinnen und Arbeitnehmer mit der Privatwirtschaft konkurrieren zu können.

40 Allerdings wurde das **Tarifrecht** des öffentlichen Dienstes mit dem seit 1.10.2005 einheitlich für alle Arbeitnehmer (Arbeiter und Angestellte) geltenden Tarifvertrag für den öffentlichen Dienst **(TVöD)** grundlegend reformiert und auf die besonderen Bedürfnisse einzelner Dienstleistungsbereiche ausgerichtet.[63] Weitere Kernpunkte des neuen Tarifrechts sind insbesondere die Flexibilisierung der Arbeitszeit und Regelungen über eine leistungsabhängige Vergütung.[64] Der Aspekt einer „Flucht aus dem öffentlichen Dienstrecht" dürfte sich daher zumindest ein Stück weit relativiert haben, zumal der personalbezogene Vorteil einer Privatisierung durch die Fortgeltung von Kollektivnormen nach § 613a BGB ohnehin geschmälert wird. Ein beträchtlicher Kostenfaktor stellt aber weiterhin die **Zusatzversorgung** im öffentlichen Dienst dar. Darüber hinaus wird von einer Umstrukturierung oftmals eine **Senkung der Personalkosten** erwartet.

41 Soweit die Kommune vor der Entscheidung über eine Neuerrichtung eines Unternehmens steht, lassen sich diese Besonderheiten des öffentlichen Dienstrechts durch die Wahl einer rechtlich selbständigen Organisationsform, der der Beitritt zum kommunalen Arbeitgeberverband bzw. der Abschluss von Tarifverträgen grundsätzlich frei steht, vermeiden. In der Regel geht es den Kommunen aber nicht um die Neugründung eines Unternehmens, sondern um die Wahl einer optimalen Rechts- oder Betriebsform für bereits vorhandene kommunale Unternehmen. Der **Wechsel** vom öffentlichen Dienstrecht zum privaten Arbeitsrecht im Rahmen von Unternehmensumstrukturierungen kann aber mit **erheblichen**

[61] Vgl. ausführlich zum Beamten- und Arbeitsrecht Kapitel F.
[62] Nach einer im November 2018 veröffentlichten Studie von pwc zum Fachkräftemangel im öffentlichen Dienst ist bis 2030 deutschlandweit im öffentlichen Sektor mit bis zu 800.000 fehlenden Fachkräften zu rechnen. Der Fachkräftemonitor der Industrie- und Handelskammern prognostiziert allein in Bayern im Jahr 2030 einen Engpass von 450.000 Arbeitskräften.
[63] Zum Tarifsystem im öffentlichen Dienst vgl. Kapitel F. II.
[64] Ausführlich dazu → F II. Rn. 44 ff., 79 ff.

Kosten verbunden sein, die in Relation zum angestrebten und erreichbaren Einsparungspotential und sonstigen Systemvorteilen, insbesondere unter Berücksichtigung des das öffentliche Tarifrecht unter Umständen ersetzenden Tarifsystems, betrachtet werden müssen.

Probleme verursacht dabei insbesondere die bereits angesprochene **Zusatzversorgung** 42 der öffentlich Bediensteten. Im Falle einer Privatisierung muss der neue Rechtsträger aufgrund des durch § 613a BGB vermittelten Bestandsschutzes sowohl die bis zur Privatisierung entstandenen als auch die künftig anwachsenden **Versorgungsanwartschaften** der Arbeitnehmer übernehmen. Da diese Versorgungslasten über Umlagen finanziert und im umzuwandelnden Betrieb nicht durch entsprechende Rücklagen gedeckt sind, muss der neu entstandene private Rechtsträger, wenn er das Ziel einer weitgehenden Flexibilität im personellen Bereich erreichen und sich aus der Zusatzversorgung zurückziehen will, Pensionsrückstellungen in beträchtlicher Höhe bilden, um die geschuldeten Versorgungsleistungen erbringen zu können.[65]

Daneben ist zu berücksichtigen, dass auch die übrigen von den Beschäftigten bis zur 43 Umwandlung erworbenen **Rechte nach § 613a BGB** in ihrem Bestand geschützt und Änderungen bisheriger Besitzstände zu Lasten der Arbeitnehmer, soweit sie überhaupt politisch durchsetzbar sind, nicht ohne weiteres zulässig sind. Dies gilt insbesondere für aufgrund **tarifvertraglicher Regelungen** begründete Rechte.[66]

Bei alledem darf nicht vergessen werden, dass der Erfolg einer Unternehmensumwand- 44 lung in großem Maße auch von der **Identifikation der Beschäftigten** mit den Zielen der Umstrukturierung abhängt. Eine Privatisierung mit dem alleinigen oder hauptsächlichen Ziel, Personalkosten zu senken oder einfachere Lohnstrukturen einzuführen, wird demnach nur in seltenen Fällen zur Erreichung des angestrebten Erfolgs führen. Dies gilt erst recht in Zeiten des Fachkräftemangels und – zumindest in Mangelberufen – arbeitnehmerfreundlicher Rahmenbedingungen, gepaart mit einer zunehmenden Wechselbereitschaft der Beschäftigten auch des öffentlichen Dienstes.

Auch unter dem Gesichtspunkt mitbestimmungsrechtlicher Bindungen ist keine eindeu- 45 tige Aussage für oder gegen eine bestimmte Rechts- oder Betriebsform möglich, zumal Nutzen und Nachteile der **Arbeitnehmermitbestimmung** nicht eindeutig belegbar sind und diesbezüglich sehr unterschiedliche Meinungen vertreten werden. Diese Frage kann ohnehin nur bei Organisationsformen bedeutsam werden, für die das Gesetz Mitbestimmungsrechte für Arbeitnehmer vorsieht, mithin insbesondere bei Kapitalgesellschaften ab 500 (Drittelparität) bzw. 2000 (Parität) Arbeitnehmern,[67] teilweise auch bei Eigenbetrieben und bei Kommunalunternehmen.[68]

Die öffentlich-rechtlichen Organisationsformen weisen insoweit eine größere personelle 46 Flexibilität auf, als nur sie die **Dienstherrenfähigkeit** besitzen und ihnen daher die Wahlmöglichkeit zusteht, das zur Erfüllung des Unternehmenszwecks geeignete Personal öffentlich-rechtlich im Rahmen von Beamtenverhältnissen oder privatrechtlich durch Begründung von Angestellten- oder Arbeitsverhältnissen anzustellen. Vor dem Hintergrund der umfassenden Qualifikation und der besonderen Treuepflichten der Beamten kann die Dienstherrenfähigkeit durchaus von Vorteil sein.

---

[65] Zur Problematik der Zusatzversorgung im Rahmen von Privatisierungen *Schuster/Lorenzen* in Hoppe/Uechtritz/Reck Handbuch kommunale Unternehmen, § 12 Rn. 70 ff., 87.

[66] Dazu und insbesondere zu der mit BAG 14.12.2005 – 4 AZR 536/04, NJW 2006, 2571 (2572 f.) angekündigten Rechtsprechungsänderung in Bezug auf die Auslegung so genannter individualvertraglicher Bezugnahmeklauseln *Schuster/Lorenzen* in Hoppe/Uechtritz/Reck Handbuch kommunale Unternehmen, § 12 Rn. 89 ff., 92 ff. In dem zitierten Urteil hat das BAG entschieden, dass ab dem 1.1.2002 eine vertragliche Bezugnahme auf einen Tarifvertrag immer dynamisch wirke (dem folgend BAG 17.11.2010 – 4 AZR 391/09, BeckRS 2011, 68567 mwN). Dies hat zur Folge, dass künftige Änderungen des TVöD, insbesondere Lohnerhöhungen, grundsätzlich weiterhin zum Tragen kommen und sich dadurch Privatisierungsvorhaben weiter verteuern können.

[67] Vgl. §§ 1, 4 Abs. 1 DrittelbG bzw. §§ 1, 6 Abs. 1, 7 Abs. 1 MitbestG, wobei Tendenzbetriebe nach § 1 Abs. 2 S. 1 Nr. 2 DrittelbG bzw. § 1 Abs. 4 MitbestG ausgenommen sind. Zur Mitbestimmung in Aufsichtsräten kommunaler Unternehmen vgl. auch § 108a, § 108b GO NRW.

[68] ZB § 114 Abs. 3 GO NRW; § 8 Abs. 2 EigBG LSA; § 145 Abs. 4 NKomVG.

47 Eine im Hinblick auf die Personalpolitik effizientere und damit wirtschaftlichere Unternehmensführung wird bei den rechtlich selbständigen Rechtsformen durch die einheitliche Zusammenfassung der **Personalhoheit** in den Händen der Unternehmensleitung zumindest gefördert.

48 Mit dem unter II. behandelten Aspekt der Eröffnung wirtschaftlicher Handlungsspielräume eng verknüpft ist die Frage nach der **Mitverantwortung der Führungskräfte** des Unternehmens. Durch eine klare Abgrenzung zwischen Leitungs- und Kontrollzuständigkeiten werden nicht nur Freiräume für eigenverantwortliches und wirtschaftliches Handeln geschaffen. Eine klare Kompetenzzuweisung ist darüber hinaus Voraussetzung dafür, dass dem zuständigen Organ(-mitglied) der Erfolg oder Misserfolg seiner unternehmerischen Entscheidungen zugerechnet und dieses für etwaige unternehmerische Fehlentscheidungen zur Verantwortung gezogen werden kann. Denn ein Mehr an Eigenverantwortung und unternehmerischer Freiheit muss konsequenterweise auch eine gesteigerte Mitverantwortung für die eingeschlagene Unternehmenspolitik nach sich ziehen. Diese Mitverantwortung der Entscheidungsträger äußert sich durch die Sanktionierung unternehmerischer Fehlentscheidungen, aber auch durch eine erfolgs- und leistungsorientierte Gestaltung der Vergütung.

Nicht zu unterschätzen ist in diesem Zusammenhang das zu beobachtende gestiegene Interesse der Öffentlichkeit nach mehr Transparenz und Kontrolle öffentlicher Unternehmen.[69] Besonders sensibel reagiert die Öffentlichkeit bei persönlichen Verfehlungen oder der Inanspruchnahme von Vergünstigungen.

Nicht nur im Hinblick auf die Minimierung von Haftungsrisiken für kommunale Unternehmen und deren Unternehmensleitung gewinnt daher das Thema **Compliance/Governance-Kodex**[70] für kommunale Unternehmen an Bedeutung.

49 Durch die Sanktionierung von Fehlentscheidungen wird nicht nur eine effektive **Kontrolle der Leitungsebene** im Interesse des Unternehmens gefördert, vielmehr kann sie auch zur **Motivation der Beschäftigten** beitragen, indem leistungsschwache/-unwillige Kräfte entlassen oder gegenüber anderen Leistungsträgern zurückgestuft werden.[71]

50 Weder der **Regie-** noch der **Eigenbetrieb** eröffnen derartige **Sanktionsmöglichkeiten.** Bei diesen Betriebsformen fehlt es zum einen – wie bereits unter II. dargelegt – an der Grundvoraussetzung einer eindeutigen Trennung zwischen Verantwortung und Kontrolle, zum anderen am entsprechenden Sanktionspotential, da die betriebliche Leitung nur unter Beachtung der restriktiven beamten- und arbeitsrechtlichen Vorschriften in Anspruch genommen werden kann. Bei Vorliegen hinreichend wichtiger Gründe ist immerhin die Abberufung der Werkleitung durch den Gemeinderat möglich.[72]

51 Anders verhält es sich dagegen bei den **rechtlich verselbständigten Rechtsformen,** bei denen kraft Gesetzes oder durch den Gesellschaftsvertrag bzw. die Satzung den Unternehmensorganen klare Kompetenzen zugewiesen und die verantwortlichen Organe bzw. Organmitglieder dementsprechend erkennbar sind. Hier verfügt die Kommune als Unternehmensträger oder (Mit-)Gesellschafter über **Sanktionsmöglichkeiten** von der jederzeitigen Abberufung der Leitungsebene[73] über eine außerordentliche Kündigung des An-

[69] Vgl. zB die von einigen Ländern erlassenen Transparenzgesetze; *Papenfuß/Schmidt/Keppeler,* Vergütungstransparenz-Ranking 2018; VGH München 14.5.2012 – 7 CE 12.370, BayVBl. 2012, 761 ff., zum Auskunftsanspruch zum Gehalt des Geschäftsführers einer kommunalen GmbH; VGH München 8.5.2006 – 4 BV 05.756, KommJur 2007, 176 ff., zur Zulässigkeit eines Bürgerbegehren zur Einschränkung der Verschwiegenheitspflicht der Mitglieder des (fakultativen) Aufsichtsrats einer kommunalen GmbH.

[70] Ausführlich dazu Kapitel E II.

[71] In diesem Sinne auch *Klein/Uckel/Ibler* Kommunen als Unternehmer, Kennzahl 25.15, Anm. 4.

[72] Als vertretungsberechtigtes Organ der Gemeinde unterfällt der Werkleiter eines Eigenbetriebs grundsätzlich nicht dem Kündigungsschutzgesetz, vgl. → D. I. Rn. 78.

[73] Vgl. zB § 84 Abs. 3 AktG, §§ 46 Nr. 5, 38 Abs. 1 GmbHG. Für das Kommunalunternehmen ist die Abberufung des Vorstands nicht ausdrücklich geregelt. Aufgrund der vergleichbaren Interessenlage muss eine Abberufung durch den Verwaltungsrat aber ebenso wie beim Eigenbetrieb bei Vorliegen eines wichtigen Grunds möglich sein, vgl. → D II. Rn. 188.

stellungsvertrags nach § 626 BGB[74] bis hin zu zivilrechtlichen Haftungsansprüchen.[75] Entscheidend für eine tatsächliche Mitverantwortung der Führungskräfte dürfte aber letztlich nicht das bloße Bestehen einer Sanktionsmöglichkeit, sondern insbesondere der politische Wille zur Durchsetzung entsprechender Maßnahmen sein. Danach wird die Kommune auch die Bedeutung dieses Aspekts für ihre Entscheidung zur Rechtsformenwahl zu beurteilen haben.

Als Pendant zur Sanktion unternehmerischer Fehlentscheidungen kann eine **leistungs- und/oder erfolgsorientierte Gestaltung der Vergütung** – wie bei allen Beschäftigten – zusätzlich Anreize schaffen, Verantwortung zu übernehmen. In den Anstellungsverträgen der Vorstandsmitglieder und Geschäftsführer rechtlich selbständiger Rechtsformen sind entsprechende Regelungen unbeschränkt möglich; diese sollten auf mittel- und langfristige Erfolge ausgerichtet sein, wie die weiterhin aktuelle Diskussion über Boni-Zahlungen an Manager zeigt. Die Leiter eines Regie- oder Eigenbetriebs können nur innerhalb der durch Art. 33 Abs. 4 GG gezogenen Grenzen in einem außertariflichen Angestelltenverhältnis beschäftigt und leistungsbezogen vergütet werden.[76] 52

Soweit das kommunale Unternehmen mit der Erfüllung hoheitlicher Aufgaben betraut ist, kann sich die **Vergütung** der Höhe nach an den im öffentlichen Dienst in vergleichbarer Position gezahlten Gehältern orientieren. Dient das Unternehmen dagegen der Erfüllung von Aufgaben, die im Wettbewerb am Markt erbracht werden, wird die Kommune bzw. das Unternehmen nicht umhin kommen, mit in der Privatwirtschaft üblichen Vergütungen vergleichbare Gehälter anzubieten, um entsprechend qualifiziertes Personal zu gewinnen. Gerade in diesen Betätigungsfeldern, in denen tendenziell verselbständigte Rechtsformen verwendet werden, müssen die Kommunen daher mit höheren Kosten für das Führungspersonal rechnen.[77] Allerdings ist in diesem Zusammenhang auch aus der Praxis bereits auf die Gefahr hingewiesen worden, dass hoch dotierte Geschäftsführer- oder Aufsichtsratsposten geschaffen und eher mit verdienten Politikern als mit entsprechenden Fachleuten besetzt werden.[78] Eine derartige Entwicklung gilt es zu vermeiden. 53

VII. Möglichkeiten der Haftungsbeschränkung

Als weiteres Motiv für die Wahl bestimmter Rechts- oder Betriebsformen kommt die Beschränkung der Haftung auf das Unternehmensvermögen in Betracht.[79] Im Falle der **Insolvenz** wären dann nur die auf das Unternehmen ausgelagerten Vermögensteile und nicht (auch) das Vermögen der Kommune als Unternehmensträger dem Zugriff der Gläubiger ausgesetzt, so dass sich deren finanzielles Risiko eingrenzen ließe. 54

Zu diesem Zweck muss die angestrebte Rechtsform notwendigerweise über ein im Verhältnis zum kommunalen Rechtsträger eigenständiges Vermögen verfügen können und als rechtlich selbständige juristische Person in der Lage sein, eigene Rechte und Pflichten zu begründen. Folglich scheidet der **Regiebetrieb** als unselbständiger Teil der Kommunal- 55

---

[74] Soweit der Anstellungsvertrag unter der auflösenden Bedingung eines Widerrufs der Bestellung geschlossen wurde, ist eine außerordentliche Kündigung nicht erforderlich. Im Übrigen sind der körperschaftliche Akt der Bestellung und der schuldrechtliche Anstellungsvertrag aber getrennt zu beurteilen.

[75] Die Geschäftsführer einer GmbH haften der Gesellschaft grundsätzlich nach § 43 GmbHG, der Vorstand einer Aktiengesellschaft nach § 93 AktG. Vgl. allgemein dazu → D. IV. Rn. 438 ff. und → D. V. Rn. 627 ff. Der Vorstand eines Kommunalunternehmens haftet dem Kommunalunternehmen aus positiver Vertragsverletzung des Anstellungsvertrags (vgl. auch § 3 Abs. 1 BayKUV). Diese Ansprüche können durch den Verwaltungs- oder Aufsichtsrat bzw. die Gesellschafterversammlung geltend gemacht werden. Vgl. aus der Rspr. zB OLG Jena 12.1.2011 – 1 Ws 352/10, BeckRS 2011, 15232.

[76] Vgl. *Erbguth/Stollmann* DÖV 1993, 798 (805); *Ehlers,* Verwaltung in Privatrechtsform, S. 307.

[77] Dies bestätigt die im Februar 2016 veröffentlichte Studie der Managementberatung Kienbaum „Vorstands- und Geschäftsführerbezüge in öffentlichen Unternehmen".

[78] So *Erbguth/Stollmann* DÖV 1993, 798 (805); *Ehlers,* Verwaltung in Privatrechtsform, S. 308; *Siekmann,* Haftung der Kommunen für ihre privatrechtlich organisierten Unternehmen, in: *Püttner,* Zur Reform des Gemeindewirtschaftsrechts, S. 159 ff.

[79] Statt vieler *Ehlers,* Verwaltung in Privatrechtsform, S. 315 f.

verwaltung ebenso aus wie der **Eigenbetrieb,** der zwar außerhalb der allgemeinen Verwaltung als Sondervermögen geführt wird, aber mangels eigener Rechtspersönlichkeit nicht Träger von Rechten und Pflichten sein kann. Sämtliche von den Betriebsorganen geschlossene Rechtsgeschäfte verpflichten daher unmittelbar die Kommune selbst und nicht den Betrieb als solchen.

56 Das **Kommunalunternehmen** als AöR erfüllt zwar die genannten Voraussetzungen. Aufgrund der kommunalen Gewährträgerhaftung haftet die Kommune gegenüber den Gläubigern des Kommunalunternehmens aber in der Regel als Anstaltsträger subsidiär und unbeschränkt für die Verbindlichkeiten des Unternehmens.[80] Dadurch soll dem Umstand Rechnung getragen werden, dass sich die Kommune bei der Erfüllung ihrer (Pflicht-) Aufgaben der Anstalt bedient bzw. diese Aufgabe selbst auf die Anstalt überträgt und daher die Funktionsfähigkeit der Anstalt respektive die Aufgabenerfüllung ungeachtet von Liquiditätsschwierigkeiten sichergestellt werden muss.[81] Eine Beschränkung der Haftung auf das Vermögen des Unternehmens ist bei der Wahl einer öffentlich-rechtlichen Organisationsform demnach ausgeschlossen.

57 Für die **GmbH** und die **Aktiengesellschaft** als Kapitalgesellschaften hingegen gilt das Prinzip der Trennung von Gesellschaftsvermögen und Gesellschaftervermögen, so dass den Gläubigern für Verbindlichkeiten der Gesellschaft als Haftungsmasse ausschließlich das Gesellschaftsvermögen zur Verfügung steht.[82] Eine unmittelbare Haftung des Gesellschafters bzw. Aktionärs ist daher grundsätzlich nur möglich, wenn dieser sich selbst kraft Vertrags neben der Gesellschaft verpflichtet hat. Eine Beschränkung der Haftung auf das ausgegliederte Unternehmensvermögen kann somit nur durch die Wahl einer privatrechtlichen Rechtsform erreicht werden.

58 Jedoch darf die wirtschaftliche Betätigung von Kommunen mittels **Privatrechtsformen** trotz des generellen Vorrangs gesellschaftsrechtlicher Regelungen nicht dazu führen, dass die besonderen öffentlich-rechtlichen Bindungen gänzlich entfallen. Soweit sich die Kommune der Privatrechtsform zur **Erfüllung kommunaler Pflichtaufgaben** bedient, trifft sie die Pflicht zur Sicherstellung der ordnungsgemäßen Erfüllung dieser Aufgabe. Daher kommt die ersatzlose Zerschlagung einer solchen Gesellschaft im Rahmen eines Insolvenzverfahrens nicht in Betracht, vielmehr hat die Kommune die Liquidität und Funktionsfähigkeit der Gesellschaft zu erhalten und deren Insolvenz abzuwenden.[83] Mithin kann sich die Kommune im Rahmen der Erfüllung von Pflichtaufgaben ihrer finanziellen Verantwortung auch durch eine rechtsformbedingte Haftungsbeschränkung nicht entziehen. Vor dem Hintergrund des gesellschaftlichen Trennungsprinzips besteht diese **Insolvenzabwendungspflicht** anders als die Gewährträgerhaftung aber nur im Innenverhältnis zwischen Kommune und Gesellschaft und nicht im Außenverhältnis zwischen Kommune und Gesellschaftsgläubiger.[84] Zumindest insoweit zieht die Wahl einer Privatrechtsform nicht zwingend auch eine Eingrenzung finanzieller Risiken nach sich.

59 Geht es dagegen um die **Erfüllung freiwillig übernommener Aufgaben,** kann die Kommune kraft ihres Selbstverwaltungsrechts selbst entscheiden, ob sie die Insolvenz der betreffenden Gesellschaft abwenden oder die hierfür aufzuwendenden Mittel zur Erfüllung anderer Aufgaben einsetzen will.[85] In diesem Bereich kann sich die Kommune daher gegenüber den Gläubigern auf die Beschränkung der Haftung auf das Gesellschaftsvermögen berufen.

---

[80] Vgl. Art. 89 Abs. 4 BayGO; § 114a Abs. 5 S. 1 GO NRW; § 86a Abs. 4 GemO RhPf.; § 4 AnstG LSA; anders dagegen § 144 NKomVG; § 106a Abs. 4 GO SchlH.

[81] *Schulz* BayVBl. 1996, 129 (131); ausführlicher dazu → D II. Rn. 128 f.

[82] Vgl. § 1 Abs. 1 S. 2 AktG, § 13 Abs. 2 GmbHG.

[83] Zu den rechtlichen Grundlagen der Konkursabwendungspflicht *Gaß* Umwandlung gemeindlicher Unternehmen S. 78 ff. mwN.

[84] Eine Durchgriffshaftung der Gläubiger auf das Vermögen der Trägerkommune ablehnend auch *Uechtritz/Reck* in *Hoppe/Uechtritz/Reck,* Handbuch kommunale Unternehmen, § 16 Rn. 70 ff., mwN.

[85] So zutreffend OLG Celle 12.7.2000 – 9 U 125/99, NVwZ-RR 2000, 754, das über die Konkursabwendungspflicht einer Gemeinde bei Insolvenz ihrer Kurbetriebsgesellschaft mbH zu entscheiden hatte.

VIII. Verbesserung der Finanzierung

Angesichts der prekären Haushaltslage vieler Kommunen und der volatilen gesamtwirtschaftlichen Entwicklung ist der Aspekt der **Finanzierungsmöglichkeiten,** die eine Rechts- oder Betriebsform offeriert, trotz der anhaltenden Niedrigzinsphase weiter von Bedeutung. Die Möglichkeiten der Fremdfinanzierung hängen im Wesentlichen von der Kreditwürdigkeit und den rechtlichen Vorgaben für die Kreditaufnahme ab. 60

Ein hohes Maß an **Kreditwürdigkeit** minimiert das Risiko des Geldgebers und führt regelmäßig zu günstigeren Kreditkonditionen durch geringere Fremdfinanzierungskosten etwa in Bezug auf die Zinshöhe oder die Bestellung von Sicherheiten. In diesem Zusammenhang werden den **rechtlich verselbständigten Rechtsformen** aufgrund ihrer Eigenkapitalausstattung generell bessere Fremdfinanzierungsmöglichkeiten bescheinigt, da sie über eine eigene Haftungsgrundlage verfügen und entsprechend Sicherheiten bestellen können.[86] 61

Diese privatwirtschaftlich geprägte Argumentation lässt sich allerdings nicht ohne weiteres auf den Sektor kommunaler Wirtschaftsbetätigung übertragen. Im Gegenteil führt die **uneingeschränkte Haftung der Kommunen** für ihre **Regie- und Eigenbetriebe** in der Regel zu einem besseren Fremdfinanzierungsrahmen,[87] da nur ein Zusammenbruch der öffentlichen Haushalte die Rückzahlung des Kredits gefährden könnte, was trotz der derzeitigen Haushaltslage kaum zu erwarten ist. 62

Für die Gläubiger eines **Kommunalunternehmens als AöR** verbreitert sich die Haftungsmasse über das Stammkapital hinaus ebenfalls um das Vermögen des Unternehmensträgers, der in den meisten Bundesländern[88] als Gewährträger diesen gegenüber subsidiär, aber uneingeschränkt haften muss. Im Gegensatz zu den unselbständigen Betriebsformen belastet der Kredit aber nicht unmittelbar den Kommunalhaushalt, sondern allein den Haushalt des Kommunalunternehmens. Die Bonität und Kreditwürdigkeit öffentlich-rechtlich organisierter Unternehmen ergibt sich damit in erster Linie aus der Finanzkraft der Kommune als Unternehmensträger und nicht (nur) aus der – nur bei der AöR vorhandenen – in ihrem Umfang regelmäßig geringeren Eigenkapitalausstattung.[89] 63

Bei **Privatrechtsformen** liegt das Risiko des Kreditgebers für den insolvenzbedingten Ausfall der Forderung wegen der rechtsformbedingten Beschränkung der Haftung auf das Gesellschaftsvermögen dagegen deutlich höher, so dass die Bedingungen bei der Kreditvergabe entsprechend stringenter sein müssen.[90] Hinsichtlich der Kreditwürdigkeit sind öffentlich-rechtliche Organisationsformen den Privatrechtsformen aufgrund der dort bestehenden Haftungsbeschränkungen daher grundsätzlich überlegen. An dieser (rechtsformbezogenen) These ändern auch die zwischenzeitlich eingetretenen Unsicherheiten an den Finanzmärkten im Zuge der weiterhin schwelenden europäischen Staatsschuldenkrise oder regulatorische Maßnahmen im Rahmen der Umsetzung der „Baseler Beschlüsse" nichts. Diesbezüglich stellt sich eher die – an anderer Stelle zu diskutierende – Frage nach den Auswirkungen auf die kommunalen Finanzen im Allgemeinen. 64

Ein spürbarer Nachteil der Betriebsformen des Regie- und Eigenbetriebs ergibt sich allerdings durch deren Einbindung in den Kommunalhaushalt und die damit verbundenen 65

[86] Vgl. *Erbguth/Stollmann* DÖV 1993, 798 (803) mwN.

[87] Dem kann auch nicht die Privilegierung der Kommunen und Anstalten des öffentlichen Rechts in der Zwangsvollstreckung entgegengehalten werden. Nach § 882a ZPO sind nur die Gegenstände von der Zwangsvollstreckung ausgenommen, die für die Erfüllung öffentlicher Aufgaben unentbehrlich sind, im Übrigen ist eine Vollstreckung in das kommunale Vermögen bzw. das Anstaltsvermögen uneingeschränkt zulässig.

[88] Vgl. → Rn. 56.

[89] Vgl. *Ehlers,* Verwaltung in Privatrechtsform, S. 324; dagegen *Neumeyer* KommPraxBy 1998, 374 (376).

[90] Vor dem Hintergrund der Ausführungen unter VII. relativiert sich der aus der Haftungsbeschränkung resultierende Nachteil in den Bereichen, in denen die Kommune eine Konkursabwendungspflicht trifft. Allerdings haftet die Kommune dann lediglich im Innenverhältnis zur Gesellschaft und nicht unmittelbar gegenüber den Gläubigern.

kommunal- und **haushaltsrechtlichen Bindungen,** die das Verfahren der Kreditaufnahme erschweren und zu Entscheidungsverzögerungen führen können. Dagegen unterliegen die AöR und Eigen- oder Beteiligungsgesellschaften nicht den Erfordernissen einer entsprechenden Kreditermächtigung im Kommunalhaushalt oder etwaiger Genehmigungserteilungen für die Bestellung von Sicherheiten, so dass sich diese wegen der geringeren formalen Anforderungen schneller an veränderte finanzielle Rahmenbedingungen und Schwankungen des Zinsniveaus anpassen können.[91] Umso wichtiger ist es für die Kommunen, die wirtschaftliche Entwicklung ihrer Unternehmen und (unmittelbaren und mittelbaren) Beteiligungen im Blick zu behalten und gegebenenfalls Einfluss hierauf auszuüben. Der Versuch, durch die Auslagerung von Verbindlichkeiten auf und Kreditaufnahmen durch rechtlich verselbständigte Unternehmen Spielräume in den Kernhaushalten zu schaffen, erweist sich bei mittel- und langfristiger Betrachtung nicht selten als untauglich. In diesem Zusammenhang sind auch die Rechtsaufsichtsbehörden gefordert, um die dauerhafte Leistungsfähigkeit der betreffenden Kommune und zumindest mittelbar auch die dauerhafte Finanzierung des kommunalen Unternehmens zu gewährleisten.

66 Die Eigenfinanzierung im Sinne einer **Eigenkapitalerhöhung** kommt von vornherein nur bei den rechtlich verselbständigten Rechtsformen in Betracht, da nur diese über ein eigenes Stamm- oder Nominalkapital verfügen. Die Erweiterung der Eigenkapitalbasis ist zum einen durch Thesaurierung von Unternehmensgewinnen zur Erhöhung der offenen Rücklagen oder durch Nachschusszahlungen des Unternehmensträgers bzw. der Gesellschafter möglich.

67 Von größerer Bedeutung ist aber die Beschaffung von Eigenkapital durch die **Beteiligung Dritter,** die mit ihren Beteiligungen den Kapitalstock des Unternehmens erhöhen. Diese Form der Eigenkapitalbeschaffung kann nicht nur wegen der Kostenneutralität für die bisherigen Anteilsinhaber und der im Verhältnis zur Fremdkapitalbeschaffung geringeren Risikostruktur Vorteile bringen, sondern darüber hinaus die Möglichkeit eröffnen, das Know-how Dritter für die Unternehmung zu erschließen.

68 Am besten geeignet für die Teilnahme einer unbegrenzten Anzahl von Gesellschaftern und die dadurch bedingte Aufbringung hoher Kapitalbeträge ist die Rechtsform der **Aktiengesellschaft,** die deshalb regelmäßig eine zweckmäßige Organisationsform für Großbetriebe darstellt. Auch bei der Rechtsform der **GmbH** ist eine Aufnahme neuer Gesellschafter jederzeit möglich, wobei die Zahl der Gesellschafter meist wesentlich kleiner sein wird als bei der Aktiengesellschaft. Soll das Ziel die Beteiligung einer möglichst großen Anzahl von Personen ohne spezifische unternehmerische Interessen etwa im Rahmen von **Bürgerbeteiligungsgesellschaften** für Projekte zur Erzeugung erneuerbarer Energien sein, kommen Rechtsformen wie die **GmbH & Co.KG** oder die **Genossenschaft** in Betracht.[92]

69 Dagegen ist eine Beschaffung „echten" Eigenkapitals durch die **Kommune** selbst oder ein **Kommunalunternehmen als AöR** mangels Möglichkeit einer direkten Beteiligung Dritter ausgeschlossen. Wie bereits unter IV. dargestellt, weisen die öffentlich-rechtlichen Organisationsformen in Bezug auf die Kooperationsmöglichkeiten und damit letztlich auch im Hinblick auf die Möglichkeiten der Eigenfinanzierung Nachteile gegenüber den Privatrechtsformen auf.

---

[91] So zutreffend *Klein/Uckel/Ibler,* Kommunen als Unternehmer, Kennzahl 23.00, Anm. 2.2.8. Dieser Vorteil besteht aber nur, soweit die Kommune nicht ihrerseits über die Bestellung einer Sicherheit für den Kredit des Kommunalunternehmens oder ihrer Eigen- oder Beteiligungsgesellschaft entscheiden muss.

[92] Zur GmbH & Co.KG vgl. → D. VI. Rn. 743 ff.; zur Genossenschaft → D. VII. Allgemein dazu → J V. Rn. 24 ff. und *Gaß,* Zulässigkeitsvoraussetzungen und Kooperationsmodelle für den Betrieb von Anlagen erneuerbarer Energien auf gemeindlicher Ebene, KommP BY 2012, 2 ff. Dabei sind ggf. bank- und kapitalmarktrechtliche Regelungen zu beachten.

IX. Vergaberechtliche Bindungen

Aufgrund der fortschreitenden Ausdehnung der Anwendung des Vergaberechts auf kommunal(wirtschaftlich)e Betätigungen und Formen interkommunaler Zusammenarbeit wird diesem Aspekt in der Praxis zunehmend Einfluss auf die Entscheidung für eine Rechts- oder Betriebsform beigemessen.[93] Soweit ein kommunales Unternehmen aufgrund seiner Rechts-, Betriebs- oder Organisationsform bei der **Vergabe von Aufträgen** an Dritte nicht vergaberechtlichen Bindungen unterliegt[94], besteht mangels Pflicht zur Rücksichtnahme auf vergaberechtliche Verfahrensvorschriften grundsätzlich eine größere politische Eigenständigkeit bei der Gestaltung der Aufgabenwahrnehmung. Unter Umständen kann flexibler auf Angebote Dritter reagiert und können durch den bestehenden Verhandlungsfreiraum möglicherweise günstigere Vertragskonditionen ausgehandelt werden, jedenfalls kann der Dritte, der Partner, gezielter – unter Beachtung wirtschaftlicher Grundsätze – ausgewählt werden. 70

Die **Gründung** eines kommunalen Unternehmens oder der Rechtsformenwechsel durch Umwandlung eines bestehenden Unternehmens sind als innerstaatlicher (kommunaler) Organisationsakt grundsätzlich nicht vergaberechtsrelevant. Allerdings kann die Gründung eines kommunalen Unternehmens unter Beteiligung Privater bereits einen ausschreibungspflichtigen Vorgang darstellen, wenn dies im Zusammenhang mit einer Auftragserteilung durch die Kommune als öffentlicher Auftraggeber an diese Gesellschaft steht.[95] Unterliegt die Auswahl des privaten Partners dem Vergaberechtsregime, so ist bei Überschreitung der europäischen Schwellenwerte grundsätzlich eine europaweite Ausschreibung unumgänglich. Im Übrigen ist nach Auffassung der EU-Kommission bei der Auswahl privater Partner ein faires und transparentes Verfahren durchzuführen; im Einzelnen sind die Anforderungen an das Transparenzgebot aber unklar.[96]

Von großer Praxisrelevanz, insbesondere wenn es um die Beteiligung Privater oder die Gründung bzw. Beteiligung an einer Aktiengesellschaft geht, ist das vergabefreie **Inhouse-Geschäft** als Ausnahme von der grundsätzlichen Ausschreibungspflicht. Durch die am 17.4.2014 in Kraft getretene europäische Vergabekoordinationsrichtlinie[97] wurden die einzelnen Kriterien für das Vorliegen eines Inhouse-Geschäfts – teilweise in Abkehr von der bisherigen Rechtsprechung des EuGH[98] – erstmals kodifiziert und 2016[99] in die neu gefasste Regelung des § 108 GWB übernommen.[100] Nachdem die Rechtsprechung hierzu weiterhin im Fluss ist[101], bedarf es insoweit einer sorgfältigen Prüfung. Liegt ein vergabefreies Inhouse-Geschäft nicht vor, droht die Gefahr, dass die Kommune dem

[93] Vgl. ausführlich zum Vergaberecht Kapitel H. I. Sehr informativ bzgl. aktueller Rechtsprechung und der Fortentwicklung dieses Rechtsbereichs ist das Vergabeinformationssystem VIS des Deutschen Städte- und Gemeindebundes unter www.dstgb-vis.de.

[94] Vgl. dazu → H. Rn. 69 ff.

[95] Vgl. EuGH 10.11.2005 – C-29/04, NVwZ 2006, 70 (72). Eine doppelte Ausschreibung sowohl der privaten Beteiligung am Unternehmen als auch der Beauftragung des Unternehmens ist dann aber nicht mehr erforderlich, vgl. EuGH 15.10.2009 – C-196/08, NZBau 2009, 804 (808).

[96] Mitteilung der EU-Kommission zu Auslegungsfragen in Bezug auf die Anwendung der gemeinschaftlichen Rechtsvorschriften für öffentliche Aufträge und Konzessionen auf institutionalisierte öffentlich-private Partnerschaften (IÖPP) 2008/C 91/02, ABl. 2008 C 91, S. 4. Fraglich ist zB, ob das Transparenzgebot auch für Bürgerbeteiligungsgesellschaften Anwendung findet oder wie dem Rechnung getragen werden kann.

[97] Richtlinie 2014/24/EU vom 26.2.2014 über die öffentliche Auftragsvergabe und zur Aufhebung der Richtlinie 2004/18/EG, ABl. L 94, S. 65.

[98] Ua in Bezug auf das „Wesentlichkeitskriterium", die Möglichkeit der Beteiligung Privater an einer Inhouse-Gesellschaft und die Frage der Ausübung der gemeinsamen Kontrolle mehrerer Gesellschafter über eine Gesellschaft. Vgl. → B Rn. 31 ff. mwN.

[99] Gesetz zur Modernisierung des Vergaberechts (Vergaberechtsmodernisierungsgesetz – VergRModG) vom 17.2.2016, BGBl. I S. 203.

[100] Vgl. dazu → H Rn. 36 ff.; zudem → C Rn. 7.

[101] Vgl. zB OLG Düsseldorf 19.2.2020 – VII-Verg 2/19, BeckRS 2020, 2260, zur Inhousefähigkeit eines sogenannten Mehrspartenunternehmens (ua ÖPNV und Energieversorgung; strittig).

betreffenden Unternehmen ohne Ausschreibung keine Aufträge erteilen kann, andernfalls nicht unerhebliche nachteilige Folgen inklusive Strafzahlungen (zunächst an die Bundesrepublik Deutschland gerichtet) entstünden; bei einem Vergabeverfahren steht die Erfüllung der kommunalen Aufgabe unter dem Vorbehalt, dass im Vergabeverfahren kein anderes Unternehmen – als das eigentlich „gewollte" – ein wirtschaftlicheres Angebot abgibt.[102]

Auch der Bereich der **interkommunalen Zusammenarbeit** wird weiterhin wesentlich durch die nationale und europäische Rechtsprechung geprägt, einige Auslegungsfragen sind noch offen. Immerhin hatte der EuGH in einer Entscheidung vom 21.12.2016 Gelegenheit zu einigen grundlegenden Ausführungen zur **Vergaberechtsfreiheit der Übertragung kommunaler Aufgaben** auf einen Zweckverband,[103] die auch für Aufgabenübertragungen auf ein (gemeinsames) Kommunalunternehmen oder mittels einer öffentlich-rechtlichen Zweckvereinbarung fruchtbar gemacht werden können. Umstritten ist aber zB die Vergaberechtsfreiheit der Übertragung von Teilaufgaben und die Anforderungen an die vom EuGH geforderte Befugnisübertragung. Die Voraussetzungen für die **vergaberechtsfreie horizontale Zusammenarbeit** zwischen öffentlichen Auftraggebern auf vertraglicher Basis wurden 2016 in § 108 Abs. 6 GWB ebenfalls erstmals – in Umsetzung der oben erwähnten EU-Vergaberichtlinie und unter Fortentwicklung der bis dahin hierzu ergangenen Rechtsprechung des EuGH[104] – gesetzlich normiert. Die Regelung enthält einige unbestimmte Rechtsbegriffe, Rechtssicherheit besteht auch insoweit allenfalls partiell.[105]

Angesichts der strengen Vorgaben des Vergaberechts, weiterhin bestehender Unsicherheiten im Hinblick auf dessen Reichweite und der Konsequenzen bei dessen Nichteinhaltung ist insgesamt eine sorgfältige Prüfung der vergaberechtlichen Folgen eines Umstrukturierungsvorgangs bzw. des mit ihm verfolgten Ziels anzuraten. Eine Rechtsformenwahl allein unter dem Aspekt der „Vermeidung" vergaberechtlicher Bindungen greift angesichts der weiteren zu berücksichtigenden Entscheidungskriterien (zB → Rn. 71) jedenfalls zu kurz. Sollen staatliche Fördermittel für bestimmte Maßnahmen beantragt werden, ist zudem zu beachten, dass die einschlägigen Förderrichtlinien in der Regel die Anwendung des Vergaberechts bei der Auftragsvergabe durch das Unternehmen an Dritte voraussetzen, zudem kann das „Durchreichen" von Fördermitteln an verselbständigte Unternehmen (zB Wohnraumförderung; Breitbandförderung) umsatzsteuerrelevant sein.

X. Rechtsformabhängige Kosten

71 Unter dem Gesichtspunkt der Wirtschaftlichkeit einer Rechts- und Betriebsform können schließlich noch die für die jeweilige Organisationsform aufzuwendenden **Gründungs- und Betriebskosten** Bedeutung erlangen. Gründungskosten fallen insbesondere für die notarielle Beurkundung der Unternehmenssatzung, für deren Bekanntmachung oder Veröffentlichung sowie für die unter Umständen erforderliche Eintragung ins Handelsregister an.

72 Bei der Errichtung **öffentlich-rechtlicher Rechtsformen** entstehen Kosten nur für die Veröffentlichung der Betriebs- oder Unternehmenssatzung und eine eventuell obligatori-

[102] Ausführlich zum Vergabeverfahren → H. Rn. 160 ff.

[103] EuGH 21.12.2016 – C-51/15, NVwZ 2017, 373 – Remondis I; im Nachgang OLG Celle 3.8.2017 – 13 Verg 3/13, KommJur 2017, 376.

[104] Die kommunalfreundliche Entscheidung des EuGH vom 9.6.2009 (C-480/06, EuZW 2009, 529 – Stadtreinigung Hamburg) zur vergaberechtsfreien Zusammenarbeit zwischen Kommunen wurde bereits durch die Entscheidungen vom 19.12.2012 (C-159/11, NVwZ 2013, 710 – Lecce) und 13.6.2013 (C-386/11, NVwZ 2013, 931 – Kreis Düren) „konkretisiert".

[105] Vgl. aus der jüngeren Rechtsprechung EuGH 18.6.2020 – C-328/19, juris; EuGH 4.6.2020 – C-429/19, EuZW 2020, 816 mAnm *Knauff* – Remondis II; EuGH 28.5.2020 – C-796/18, KommJur 2020, 275; OLG Naumburg 17.3.2017 – 7 Verg 8/16, VergabeR 2017, 627.

sche[106] oder fakultative[107] Eintragung in das Handelsregister. Die Satzung eines Eigenbetriebs oder einer AöR ist nicht beurkundungspflichtig. Die Einrichtung eines Regiebetriebs ist dagegen insgesamt kostenneutral.

Demgegenüber ist der finanzielle Aufwand bei der Gründung einer **Privatrechtsform** 73 größer, da neben der zwingend vorgeschriebenen Eintragung in das Handelsregister und der Bekanntmachung des Gesellschaftsvertrags die notarielle Beurkundung des Gesellschaftsvertrags bzw. der Unternehmenssatzung – im Falle der Umwandlung zusammen mit dem Ausgliederungsvertrag bzw. Ausgliederungsplan – und unter Umständen die Erstellung eines Sachgründungsberichts erforderlich ist.

Soweit die Kommune im Rahmen der Gründung eines rechtsfähigen Kommunalunter- 74 nehmens als AöR bzw. einer privatrechtlichen Gesellschaft Grundeigentum übertragen will, fällt hierfür **Grunderwerbsteuer** in beträchtlicher Höhe an.[108] Bei den unselbständigen Regie- und Eigenbetrieben verbleibt das betreffende Grundstück jedenfalls im Eigentum der Gemeinde.

Zu den laufenden, durch Steuern und Personal verursachten Kosten treten **rechtsform-** 75 **spezifische Betriebskosten** im Wesentlichen für die Rechnungslegung, Veröffentlichung der Jahresabschlüsse sowie die Rechnungsprüfung.[109] Diese Kosten fallen bei allen Rechtsformen an, die ihre Rechnung nach den Regeln der doppelten kaufmännischen Buchführung legen, und werden in ihrem Umfang vor allem durch die Größe des Unternehmens bestimmt. Hinzu kommen bei Beteiligungen an Privatrechtsformen die durch die Erstellung der kommunalrechtlich in der Regel vorgeschriebenen Beteiligungsberichte sowie die durch die **Einrichtung eines kommunalen Beteiligungsmanagements** verursachten Kosten.[110]

Zusammenfassend lässt sich feststellen, dass in Bezug auf die bei der Gründung einer 76 Rechts- oder Betriebsform und im laufenden Betrieb entstehenden Kosten die privatrechtlichen Rechtsformen tendenziell mit größeren finanziellen Belastungen verbunden sind als die öffentlich-rechtlichen Rechtsformen. Diese Kosten müssen allerdings im Zusammen-

---

[106] Nach § 29 HGB besteht eine Eintragungspflicht für Eigenbetriebe oder Kommunalunternehmen, soweit sie als Kaufmann im Sinne von § 1 HGB qualifiziert werden können. Als kaufmännisches Handelsgewerbe im Sinne dieser Vorschrift gilt eine erkennbare, auf Dauer angelegte, selbständige, aber nicht freiberufliche, auf Gewinnerzielung ausgerichtete oder jedenfalls wirtschaftliche Tätigkeit am Markt, vgl. *Baumbach/Hopt* HGB § 1 Rn. 12 mwN. Eine derartige wirtschaftliche Betätigung wird insbesondere bei Energieversorgungsunternehmen angenommen, nicht aber regelmäßig bei Unternehmen, die mit der Zielrichtung einer (rein) öffentlichen Aufgabe betrieben werden (vgl. OLG München 25.7.2012 – 34 AR 196/12, BeckRS 2012, 17367) wie etwa solche der Abwasserbeseitigung, vgl. BGH 12.2.1970, NJW 1970, 938 (939), oder der Wasserversorgung (vgl. BGH 22.4.1982, NJW 1982, 1815 (1816) zu einem öffentlich-rechtlichen Wasser- und Bodenverband), oder Unternehmen, die sich ausschließlich öffentlich-rechtlicher Handlungsformen bedienen (OLG Brandenburg 30.1.2020 – 7 W 51/17, NZG 2020, 423). Typische defizitäre Betriebe (zB Verkehrsbetriebe, Bäder) sind von der Eintragungspflicht ebenfalls nicht betroffen, soweit eine Gewinnerzielung praktisch ausgeschlossen ist und diese nicht im Querverbund mit Versorgungsbetrieben geführt werden, vgl. BKPV-Mitteilungen 3/1998 Rn. 27. Bei Regiebetrieben fehlt es bereits am Merkmal der Selbständigkeit und damit am Vorliegen eines Gewerbebetriebs in genanntem Sinne.

[107] Durch die Eintragung in das Handelsregister eröffnet sich beispielsweise die Möglichkeit der Erteilung von Prokura, vgl. §§ 2 S. 1, 48 HGB.

[108] Soweit dem Kommunalunternehmen ein Grundstück aus Anlass des Übergangs von öffentlich-rechtlichen Aufgaben übertragen wird und dies nicht überwiegend einem Betrieb gewerblicher Art dient (zB im Bereich hoheitlicher Aufgaben wie etwa der Abfallentsorgung oder Abwasserbeseitigung), ist der Übertragungsvorgang nach § 4 Nr. 1 GrEStG grunderwerbsteuerneutral; vgl. aber FG München 19.6.2019 – 4 K 2515/16, BeckRS 2019, 17395, zur Umwandlung eines Regiebetriebs in eine AöR, wonach die Vermietung von Sozialwohnungen nicht unter § 4 Nr. 1 GrEStG fällt. Bei Privatrechtsformen findet diese Vorschrift keine Anwendung, vgl. BFH 9.11.2016, NVwZ-RR 2017, 305; FG Niedersachsen 12.7.2006 – 7 K 25/05, juris Rn. 19. Die Belastung mit Grunderwerbsteuer kann vermieden werden, indem die Kommune auf die Übertragung des Grundeigentums verzichtet und dem Unternehmen stattdessen die Nutzung des Grundstücks im Rahmen eines Pacht- oder Leihvertrags überlässt.

[109] *Neumeyer* KommPraxBy 1998, 374 (375); ausführlich zum Prüfungswesen vgl. → E Rn. 150 ff.

[110] Zu den diesbezüglichen kommunalrechtlichen Vorgaben vgl. → C Rn. 212 ff. Allgemein dazu → E Rn. 100 ff., insbes. Rn. 104 ff.

hang mit den der jeweiligen Rechts- oder Betriebsform dauerhaft anhaftenden – oftmals vorrangigen – positiven Kriterien betrachtet und abgewogen werden.

XI. Sonstige Entscheidungskriterien und Ausblick

77 Neben den genannten, sicherlich zentralen Kriterien lassen sich noch **einige andere Aspekte** aufzählen, die die Entscheidung der Kommune für eine bestimmte Rechts- oder Betriebsform beeinflussen können. Beispielhaft seien hier vor allem das Rechnungs- und Prüfungswesen, die Publizitätsanforderungen,[111] Möglichkeiten der Entgelt- und Gebührenkalkulation und auch die Ausgestaltung der Nutzungsverhältnisse zwischen Unternehmen und Bürger sowie die damit zusammenhängende Anwendbarkeit des Verwaltungsvollstreckungsrechts erwähnt.

78 Vorrangig sollten die Kommunen mit der Wahl einer Rechts- oder Betriebsform das Ziel verfolgen, die Erfüllung der jeweiligen öffentlichen Aufgabe zu optimieren. Aufgrund der Komplexität dieses Ziels ist die allgemeine Empfehlung einer bestimmten Rechts- oder Betriebsform aber selbst für einzelne kommunale Tätigkeitsbereiche nur schwer möglich, sondern erfordert – wie dies bereits mehrfach angeklungen ist – eine eingehende **Bewertung** der Betriebs- oder Unternehmenssituation **in jedem konkreten Einzelfall.** Deshalb können dieser Beitrag und dieses Handbuch nur sensibilisieren für die im Rahmen dieser Erwägungen zu beachtenden Problemfelder und eine Art **Check-Liste** der relevanten Kriterien an die Hand geben.

79 Für welche Rechts- oder Betriebsform sich die Kommune dann entscheidet, hängt letztlich von der Gewichtung der einzelnen Kriterien im Rahmen ihrer **Abwägung** ab. Bei alledem sollte die Frage nach der **Durchsetzbarkeit und Akzeptanz** der unternehmerischen Entscheidung bei den betroffenen Beschäftigten, aber auch in der Bevölkerung nicht außer Acht bleiben: Kommunen und kommunale Unternehmen verspüren in jüngster Zeit bei aller vorhandenen Wertschätzung ein verstärktes Interesse der Öffentlichkeit nach mehr Transparenz und Kontrolle öffentlicher Unternehmen. Das Thema Compliance/ Governance-Kodex ist „in". Dabei bedeuten diese „neudeutschen" Begriffe eigentlich nur die Einhaltung aller Gesetze, was für Kommunen und kommunale Unternehmen und deren Amtsträger und Personal selbstverständlich sein sollte, aber leider auch hier gelegentlich nicht der Fall ist. Dies kann zu berechtigtem Unmut bei den Bürgerinnen und Bürgern führen, die gerade in die kommunale Aufgabenwahrnehmung im Bereich der Daseinsvorsorge und in die Gemeinwohlverpflichtung hohes Vertrauen haben. Aus der Nähe zur öffentlichen Hand, etwa bei der Verantwortung für öffentliche Mittel, ergeben sich generell gerade für kommunale Unternehmen und ihr breites Betätigungsfeld regelmäßig besondere Sorgfaltspflichten.

80 Schließlich ist – mit Blick auf die **Effizienz** und die möglichen **Kosten einer Umstrukturierung** – auch zu prüfen, ob die angestrebten Ziele nicht ebenso durch eine Modernisierung vorhandener Strukturen erreichbar sind. Allzu viele Kommunen mussten in der Vergangenheit die teilweise kostspielige Erfahrung machen, dass der Wechsel von Rechts- oder Betriebsformen allein kein Allheilmittel für die Lösung kommunaler (Finanz-)Probleme darstellt. Mit Blick auf die Komplexität vieler Vorgänge dürfte es auch im Interesse der Kommunen selbst liegen, frühzeitig die Kommunalaufsicht einzubinden.

[111] Vgl. zu diesem Komplex Kapitel E I.

Sachverzeichnis

Die fettgedruckten Buchstaben geben das Kapitel, die römischen Zahlen das Unterkapitel an, die mageren Zahlen die Randnummern.